百衲本

舊唐書

（後晉）劉昫等撰

1

國家圖書館出版社

圖書在版編目(CIP)數據

百衲本舊唐書:全二册/(後晉)劉昫等撰.—北京:國家圖書館出版社,2014.9(2024.7重印)

(百衲本二十四史)

ISBN 978-7-5013-5410-8

Ⅰ.①百… Ⅱ.①劉… Ⅲ.①中國歷史—唐代—紀傳體 Ⅳ.①K242.042

中國版本圖書館CIP數據核字(2014)第148348號

書　　名　百衲本舊唐書(全二册)
著　　者　(後晉)劉昫等撰
叢 書 名　百衲本二十四史
責任編輯　陳　卓
重印編輯　張珂卿

出版發行　國家圖書館出版社(北京市西城區文津街7號　100034)
(原書目文獻出版社　北京圖書館出版社)
010-66114536　63802249　nlcpress@nlc.cn(郵購)
網　　址　http://www.nlcpress.com
印　　裝　河北三河弘翰印務有限公司
版次印次　2014年9月第1版　2024年7月第4次印刷

開　　本　710×1000　1/16
印　　張　95.25
書　　號　ISBN 978-7-5013-5410-8
定　　價　290.00圓

百衲本二十四史影印出版説明

『二十四史』是中國古代各朝被政府納爲正統的二十四部史書的總稱，其上起《史記》，下迄《明史》，記載了從傳説中的五帝時代到清朝初年約四千餘年中政治、經濟、文化等諸多方面的歷史，是我國古代最權威、最詳細的史學著作。

清代最通行的『二十四史』，是乾隆年間刊行的『欽定武英殿本二十四史』，即『殿本』。殿本版式疏朗，刻印精良，但是校勘不够審慎，存在誤字、衍字、缺字甚至整段文字脱失的情况。而且，由於殿本的編纂官皆屬御用史官，不得不爲帝王所左右，史實記録上存在竄改等原因造成的缺憾。晚清時，又出現了由各省官書局刊刻的局本，廣爲流傳，但仍以殿本爲依據，存在不少問題。

二十世紀二十年代起，張元濟先生耗費巨資搜訪宋元善本，通過采用當時最先進的攝影製版技術，歷經多年努力，至一九三六年，終於出齊了整套影印版的『二十四史』。因各書底本多殘缺不全，不得不通過許多版本相互參校、補綴而成，猶如僧侣之『百衲衣』，故名之曰『百衲本二十四史』。其中除《舊五代史》《元史》《明史》以明清時的版本作爲底本外，均以宋元版爲主要底本。百衲本對殿本、局本中的謬誤多有匡正，其對歷史研究的功績有目共睹，影響深巨，被史學界一致公認爲『中國最佳全本正史』，是中國史學史上的一座豐碑，具有極高的版本價值、研究價值和收藏價值。

百衲本二十四史自問世以來，曾數次被影印出版，其中的宣紙綫裝本，因價格不菲，不便學者購藏利用。而縮印本則多存在質量問題，其中質量較好的，當數二十世紀五十年代北京商務印書館的精裝二十四册本。但年代既久，流傳亦少，已屬罕見。爲滿足文史工作者的研究需求，也讓更多的文史愛好者接觸到百衲本二十四史，我社决定將之再度影印出版。

本次影印，將每部正史單獨製作，采取每頁分上下雙欄的形式印製，并爲每部正史編製了分卷目録。需要説明的是，此次我社在編製目録時，爲更好地反映百衲本原貌，充分體現其與殿本、局本等其他系統傳本的差异，原則上均依原書卷端著録，部分保留了原書中使用的簡體字、俗體字及异體字等。對原書中有目無傳或有傳無目等情況，不予改動，僅對極個别處出現的明顯衍、漏、誤字等情況進行了修改。不當之處，請讀者批評指正。

國家圖書館出版社

二〇一四年七月

百衲本舊唐書目録

刻舊唐書叙

書以紀事諛聞爲曠事以著代間逸則遺是故史氏之書與天地相爲始終六經相爲表裡疑信並傳闕文不飾以紀事實以昭世代故六經道明萬世宗仰非徒文藝之誇誕而已也尚書壁存典訓不斁魯史麟絕杞宋失徵繼而有作其惟司馬氏及小司馬以迨班范諸家八書十志經緯天人八志十典紘維政事藏山刊石繁紹聖經歷漢躋隋炳發靈憲是故王敎之要國典之源代有徵考若覩著蔡李唐嗣興萬目畢舉其經畫之精詳維持之愼密雖未上躡周軌亦足並驟漢疆晋史臣劉昫氏者爰集館寮博稽載典纂脩二十一本紀首高祖以迄哀帝而汶哲具昭旁脩十一志始禮儀以終刑法而巨細畢舉列傳一千一百八十有奇内以紀后妃之淑慝外以悉文武之臧否宗室族屬互以時叙外戚宦官各以類别良吏酷吏鑒戒具昭忠義孝友褒論悉當儒學文苑表以著達方伎隱逸兼以察微詳傳列女以彰婦順分傳蠻狄以立大防卷凡二百一十有四統名之曰唐書識博學宏才優義正眞有唐一代之良史秦隋以下罕有其儷固後世之刑鑒具在也有宋迭興分職書局載輯唐鑑於祖禹繼纂唐書於昌朝王宋諸賢相繼彙輯復成一代之新書遂亡劉氏之舊帙詮謬司文學徧歷輔畿爰校六經兼讎諸史始知漢晋以迄宋元皆有監本司成甬川張公嘗奉

旨校勘總爲二十一史刊證謬訛粲然明備惟劉氏唐書鬱絕不傳無所考覓積集再期酷志刊復苦無善本莫可繼志竊惟古人有云層臺雲構所缺過乎榱桷爲山霞高不終踰乎一匱憫哉斯言益用惶怵乃旁謀學屬博訪諸司間禮儒賢以探往籍更歷三載竟莫有成末復弭節姑蘇窮搜力索吳令朱子遂得列傳於光禄張氏長洲賀子隨得紀志於守溪公遺籍俱出宋時模板旬月之間二美璧合古訓有獲私喜無涯乃督同蘇庠嚴爲校刻司訓沈子獨肩斯任効勤四載書幸成編匱直千金刻未竟業石江歐陽公聞而助以厚鎰午山馮子西郭陳子以迨郡邑諸長貳咸力輔以終事數百年之闕典於是乎始有可稽矣物之成毁信各有數是書之成夫豈偶哉肇工於嘉靖乙未卒刻於嘉靖戊戌珠璣璀璨亥豕盡刊玉薤精嚴塵葉罔翳煥新一代之舊文遐續百王之訓典追配諸史允備全書因布多方以惠多士餘姚聞人詮叙

舊唐書重鋟紀勛序

李唐氏有天下三百年三代而降英君明辟若唐文皇功德固在首列厥後子孫迭興雖中更喪亂猶不失為
盛朝而玄憲二宗至配貞觀與漢七廟同稱何也其典章灋度貽謀之善不可及已盖作唐史者有三人焉吳兢韋述令狐垣此皆金閨上彥操筆石渠而未竟一代至石晉朝始敕中書劉昫等因垣舊文增為百九十卷然後有唐事跡悉載無遺而撰述詳贍妙極模寫足以上追史漢下包魏陳信乎史之良者無以加于是矣柰何宋之慶曆又出新編大有增損至使讀者不復得覩
唐朝一詔令歷年五百舊書湮蔑君子不能無病諸
皇上右文弘道化被四遠由是縉紳士夫咸以修緝典墳為已任此書故有刻本在吳中惜亦未全先任提學侍御北江聞人公聞之慨然欲壽諸梓與菁莪共擇可託者得蘇學司訓沈君有問學幹局良儒師也因授之俾董厥事且命廣搜殘逸足其卷數及募士出貲佐經費君鳩工堂西大舍中無啻三十手朱墨讎校不舍晝夜成未及半而北江公以憂去以貲不紹白之巡撫大中丞石江歐陽公公命掌郡事別駕鍾侯助其役未幾府主王侯至任許相以完大巡侍御西郭陳公尤加贊相樂

書之成而其事則總於今任提學侍御午山馮公焉盖學政之臺書之所由起也工將畢士子袁貞輩相率扣予請先序諸後予惟三古聖人作為經書人極立矣十九朝史官述為史書往事鑒矣去聖既遠後儒蠹經經不可蠹猶雲翳白日行空自如也史又可以新掩舊哉且文章之作率視其區宇之全缺鉅唐疆域幅員萬里其廣大與軒后等是以詞華蔚茂有至光焰萬丈者郎舍相踵既出螭坳親見又遇劉司徒之博洽乃克成書其難如此忽有攺圖殆不其然今日群公雲萃晉紳盛舉盖匪創則無以始弗繼將莫能終至於中間經畫尤艱其任此殆至寶將出之幸會其數天也偉矣哉惜予耄矣而不能卒業抑不知青雲士能覩以否所謂前朝國勢先賢行事故黎命脉班班具存推之於政古今一也有能舍其新而舊是圖將來挾以為
國家用吾知事業發揮必當煒煒崢嶸勝常而不凡也詎止以資見聞談說而已哉沈君名桐字大材號春波嘉禾望族學通辟經累試場屋知名以趍貢入胄監屈就令官其於斯績甚勤且出私帑不之校斯文不墜係其承理之功多也因併及云時在
嘉靖十七年秋仲東吳耄生楊循吉謹序

重刊唐書叙

嘉靖己亥吳郡重刊唐書成書凡二百卷本紀卷二十志三十列傳百有五十石晉宰相涿人劉昫撰初御史紹興聞人公詮視學南畿以是書世無梓本他日按吳遂命郡學訓導沈桐刊置學宮工未竟而公以憂去及是書成以書来屬徵明為叙按唐興令狐德棻等始撰武德貞觀兩朝國史八十卷至吳兢合前後為書百卷而柳芳韋述嗣緝之起義寧訖開元僅〻百餘年而于休烈令狐峘以次增緝訖於建中而止而大曆元和以後則成於崔龜從厥後韋澳諸人又增緝之凡為書百四十有六卷而芳等又有唐曆四十卷續曆二十二篇皆當時紀載之言非成書也晉革唐命昫等始因舊史緒成此書然五代史昫傳不載此事豈其書出一時史館而昫特以宰相領

其事邪然不可考已或謂五代搶攘文氣卑弱而是書紀次無法詳略失中不足傳遠宋慶曆中詔翰林儒臣刊修之自慶曆甲申至嘉祐庚子歷十有七年成新書二百二十五卷視舊史削六十一傳增傳三百三十有一續撰儀衛選舉及兵及藝文四志別撰宰相方鎮及宗室世系宰相世系四表所謂其事則增於前其文則省於舊寔當時表奏之語而弟賞刪詞亦謂閎博精覈度越諸子良以宋景文歐陽文忠皆當時大手筆而是書寔更二公之手故朝野尊信而舊書遂廢不行然議者則以用字奇澀為失體刊削詔令為太略固不若舊書之為愈也司馬氏修通鑑悉據舊史而於新書無取焉惟周益公稱其刪繁為簡變今以古有合於所謂文省於舊之論而劉元城顧謂事增文省正新書之失唐庚氏尤深斥之乃

極言舊書之佳其所引決海救焚引鴆止渴之語豈直工儷而已自是一代名言也然則是書也其可以無傳乎雖然不能無可議者叚秀實請辭郜晞有吾戴吾頭之語新書省一吾字議者以為失實是矣而舊史秀實傳乃都不書夫秀實大節固不以此而此事亦卓詭可喜柳宗元叙事尤號奇警且鄭重致詞上於史館若是而不得登載則其所遺亦多矣。甚者詆韓愈文章為紕謬謂順宗實錄繁簡不當拙於取舍異哉豈晁氏所謂多所闕漏是非失實者邪甚矣作史之難也心術有邪正詞理有工拙識見有淺深而史隨以異要在傳信傳著不失其實而已今二書具在其工拙繁簡是非得失莫之有揜焉彼斥新書為亂道誠為過論而或緣此遂廢舊史又豈可哉此聞人公所為梓行之意也

是書嘗刻於越州卷後有教授朱倬名倬忤秦檜出為越州教授當是紹興初年今四百年矣其書復行而公又出於越其事豈偶然哉。先是書久不行世無善本沈君僅得舊刻數冊較全書才十之六七於是徧訪藏書之家殘章斷簡悉取以從事校閱惟審一字或數易歷三暑寒乃克就緒其勤誠有足嘉者因附著之是歲三月望前翰林待詔長洲文徵明叙

桐空空鄙夫繆承校史之役寔維

臺憲群公而下後先協讚功乃成其詳已載諸序序所未及者弗敢畧也爰備録之

惠借藏書

陳沂（應天府人太僕寺卿）　王延喆（吳縣人中書舍人）

王穀祥（長洲縣人吏部員外郎）　張汴（長洲縣人光祿署丞）

捐俸助膳

萬燮（江西南昌人長洲知縣）　馮汝弼（浙江平湖人常熟知縣）

汪旦（福建泉州人吳縣知縣）　郭愷（江西泰和人蘇州府學教授）

蕭文佐（江西萬安人長洲學教諭）

何鍾秀（福建人吳縣學訓導）　鄧瓚（江西人吳縣學訓導）

分畨校對

許祺　陳棟

時兆文　王謨

俞文聚　陳模　盧恩

袁貞　龔雷　金用

周雅　姚圭

蔣球王　陳國祥

金表　宋純仁

李尭臣　陸應澤（以上俱蘇州府學生）

錢江（餘姚縣學生）　吳岫（太學生）

出貲經費

曾子修　嚴汝賢

陳讓　陸一陽（以上俱國子生）

許道（蘇州府學生）　高本文（華亭縣人）

嘉靖十八年四月旣望蘇州府儒學訓導沈桐識

唐書目録

地理一
志卷第十九　唐書三十九
地理二
志卷第二十　唐書四十
地理三
志卷第二十一　唐書四十一
地理四
志卷第二十二　唐書四十二
職官一
志卷第二十三　唐書四十三
職官二
志卷第二十四　唐書四十四
職官三
志卷第二十五　唐書四十五

輿服
志卷第二十六　唐書四十六
經籍上
志卷第二十七　唐書四十七
經籍下
志卷第二十八　唐書四十八
食貨上
志卷第二十九　唐書四十九
食貨下
志卷第三十　唐書五十
刑法
列傳卷第一　唐書五十一
后妃上
高祖太穆皇后竇氏　太宗文德皇后長孫氏

賢妃徐氏　高宗廢后王氏 良娣蕭氏
中宗和思皇后趙氏　中宗韋庶人
上官昭容　睿宗肅明皇后劉氏
睿宗昭成皇后竇氏　玄宗廢后王氏
玄宗貞順皇后武氏　玄宗楊貴妃
列傳卷第二　唐書五十二
后妃下
玄宗元獻皇后楊氏　肅宗張皇后
肅宗韋妃　肅宗章敬皇后吳氏
代宗崔妃　代宗睿貞皇后沈氏
代宗貞懿皇后獨孤氏　德宗昭德皇后王氏
德宗韋妃　順宗莊憲皇后王氏
憲宗懿安皇后郭氏　憲宗孝明皇后鄭氏
女學士尚宮宋氏　穆宗恭僖皇后王氏

敬宗郭貴妃　穆宗貞獻皇后蕭氏
穆宗宣懿皇后韋氏　武宗王賢妃
宣宗元昭皇后晁氏　懿宗東安皇后王氏
昭宗積善皇后何氏
列傳卷第三　唐書五十三
李密
列傳卷第四　唐書五十四
王世充　竇建德
列傳卷第五　唐書五十五
薛舉 子仁杲　李軌
劉武周 苑君璋附　劉黑闥 徐圓朗
高開道
列傳卷第六　唐書五十六
蕭銑　杜伏威 闞稜 王雄誕

輔公祏 沈法典
李子通 朱粲 張善安 林士弘 羅藝
梁師都 劉季貞 李子和
列傳卷第七 唐書五十七
裴寂 子律師 律師子承先 文靜子樹藝 李孟嘗 劉世龍 趙文恪
劉文靜 弟文起 張平高 李思行 李高遷 許世緒 劉師立 錢九隴 樊興 公孫武達 龐卿惲 張長遜 李安遠
列傳卷第八 唐書五十八
唐儉 子觀 從心子晙 觀子從心 長孫順德
劉弘基 子仁實 殷嶠
劉政會 柴紹 平陽公主 馬三寶附
武士彠 長兄士稜 次兄士逸
列傳卷第九 唐書五十九
屈突通 子壽 詮子仲翔 少子詮 任瓌

唐書目錄 六

丘和 子行恭 行恭子神勣 許紹 紹孫力士 紹次子智仁 力士子欽明 少子圉師
李襲志 弟襲譽 兄子懷儼
姜謩 子行本 簡弟柔遠 行本子簡 柔遠子晈 簡子晞 晈子慶初
列傳卷第十 唐書六十
宗室 太祖諸子 代祖諸子
永安王孝基
淮安王神通 子道彥 孝友 孝察 孝節 孝同 孝義 孝慈
襄邑王神符 長平王叔良
襄武王琛 河間王孝恭 子晦 孝恭弟瑰 璩
漢陽王瓌 附河間王 廬江王瑗 王君廓附
淮陽王道玄 江夏王道宗
隴西王博乂
列傳卷第十一 唐書六十一
溫大雅 子無隱 大有 大雅弟彥博 彥博子振 挺

陳叔達
竇威 子惲 兄子軌 抗子衍 靜 少子孝諶 抗季弟璡 軌子奉節 靜子逵 抗季子誕 軌弟琮 誕子孝慈 從子抗 孝慈子希瑊
列傳卷第十二 唐書六十二
李綱 子少植 少植子安仁 鄭善果 從弟元璹
楊恭仁 子思訓 執柔子滔 思訓孫睿交 恭仁弟續 續孫執柔 執柔弟執一 恭仁少弟師道
皇甫無逸 孫忠 李大亮 族孫迥秀
列傳卷第十三 唐書六十三
封倫 子言道 兄子行高 蕭瑀 兄子鈞 兄子嗣業 鈞子瓘
裴矩 子宣機 宇文士及
列傳卷第十四 唐書六十四
高祖二十二子
隱太子建成 衛王玄霸
巢王元吉 楚王智雲

唐書目錄 七

荊王元景 漢王元昌
酆王元亨 周王元方
徐王元禮 韓王元嘉
彭王元則 鄭王元懿
霍王元軌 虢王鳳
道王元慶 鄧王元裕
舒王元名 魯王靈夔
江王元祥 密王元曉
滕王元嬰
列傳卷第十五 唐書六十五
高士廉 長孫無忌
列傳卷第十六 唐書六十六
房玄齡 杜如晦
列傳卷第十七 唐書六十七

目錄　八

唐書目錄　九

目錄　六

目錄　九

于休烈 子肅 肅子敖 敖子球　令狐峘
歸崇敬 子登 登子融　奚陟
張薦 祖文成 文成子又新 又新子讀　蔣乂 子係 伸
柳登 父芳 登弟冕 登子璟　沈傳師 父既濟 子詢

列傳卷第一百　唐書一百五十

德宗順宗諸子
舒王誼　通王諶
虔王諒　肅王詳
文敬太子謜　資王謙
代王諲　昭王誡
欽王諤　珍王諴
郯王經　均王緯
溆王縱　莒王紓
密王綢　郇王綜

目錄　二十

邵王約　宋王結
集王緗　冀王綠
和王綺　衛王絢
欽王績　會王纁
福王綰　珍王繕
撫王紘　岳王緄
袁王紳　桂王綸
翼王綽　蘄王緝

列傳卷第一百一　唐書一百五十一

高崇文 子承簡　伊慎
朱忠亮　劉昌裔
范希朝　王鍔 子稷
閻巨源　孟元陽
趙昌

列傳卷第一百二　唐書一百五十二

馬璘　郝廷玉
王栖曜 子茂元　劉昌 子士涇
李景略　張萬福
高固　郝玼
段佐　史敬奉 野詩良輔附

列傳卷第一百三　唐書一百五十三

姚南仲　劉迺 子伯芻 孫端夫 曾孫允章附
袁高　段平仲
薛存誠 子廷老 廷老子保遜 保遜子昭緯　盧坦

列傳卷第一百四　唐書一百五十四

孔巢父 從子戡 戣 戢　許孟容
呂元膺　劉栖楚
張宿　熊望

目錄　二十一

栢耆

列傳卷第一百五　唐書一百五十五

穆寧 子贊 質 員 賞　崔邠 弟鄯 郾 鄲
竇羣 兄常 牟 弟庠 鞏　李遜 弟建
薛戎 弟放

列傳卷第一百六　唐書一百五十六

于頔 子敏 季友 方　韓弘 子公武 弘弟充
李質　王智興 子晏平 晏宰

列傳卷第一百七　唐書一百五十七

王翃 兄翊　郗士美
李鄘 子柱 柱子磎　辛祕
馬摠　韋弘景
王彥威

列傳卷第一百八　唐書一百五十八

列傳卷第一百三十一　唐書一百八十一
史憲誠 子孝章　何進滔
韓允忠　樂彥禎
羅弘信 子威
列傳卷第一百三十二　唐書一百八十二
王重榮　王處存 弟處直
諸葛爽　高駢 畢師鐸 秦彥
時溥　朱瑄 弟瑾
列傳卷第一百三十三　唐書一百八十三
外戚
獨孤懷恩
竇德明 姪懷貞 希瓘子鍔 族弟孝諶 希瓘從父弟維鍌 孝諶子希瑊 希球 希瓘
長孫敞
武承嗣 子延秀 攸暨 從父弟三思 攸暨妻太平公主 三思子崇訓 從祖弟懿宗 從父弟攸緒

薛懷義　韋溫
王仁皎 子守一　吳溆 弟湊
竇覦 柳晟附　王思敬 子難得 難得子子顏
列傳卷第一百三十四　唐書一百八十四
宦官
楊思勗　高力士
袁思藝　李輔國
程元振　魚朝恩
劉希暹　賈明觀
竇文場　霍仙鳴
俱文珍　吐突承璀
王守澄　仇士良
田令孜　楊復光
楊復恭　劉季述

王奉先　韓全誨
列傳卷第一百三十五上　唐書一百八十五上
良吏上
韋仁壽　陳君賓
張允濟　李桐客
李素立　薛大鼎
賈敦頤 弟敦實　李君球
崔知溫　高智周
田仁會 子歸道　韋機
權懷恩　馮元常
蔣儼　王方翼
薛季昶
列傳卷第一百三十五下　唐書一百八十五下
良吏下

裴懷古　張知謇 兄知玄 弟知泰 知晦 知默
楊元琰 子仲昌 仲嗣　倪若水
李濬 子鶚　楊嶠
宋慶禮　姜師度
强循 和逢堯　潘好禮
楊茂謙　楊瑒
崔隱甫　李尚隱
呂諲　蕭定
蔣沇　薛珏 子存慶
李惠登　任迪簡
范傳正　袁滋
薛苹　閻濟美
列傳卷第一百三十六上　唐書一百八十六上
酷吏上

列傳卷第一百四十一　唐書一百九十一

方伎

崔善爲　薛頤

甄權弟立言　宋俠

許胤宗　乙弗弘禮

袁天綱　孫思邈

明崇儼　張憬藏

李嗣眞　張文仲

尚獻甫裴知古附　孟詵

嚴善思　金梁鳳

張果　葉法善

僧玄奘　神秀六祖慧能弟子普寂義福附

一行泓附　桑道茂

列傳卷第一百四十二　唐書一百九十二

隱逸

王績　田遊巖

史德義　王友貞

盧鴻一　王希夷

衛大經　李元愷

王守愼　徐仁紀

孫處玄　白履忠

王遠知　潘師正

劉道合　司馬承禎

吳筠　孔述睿子敏行

陽城　崔覯

列傳卷第一百四十三　唐書一百九十三

列女

李德武妻裴氏　楊慶妻王氏獨孤師仁乳母王氏附

楊三安妻李氏　魏衡妻王氏

樊會仁母敬氏　絳州孝女衛氏

濮州孝女賈氏　鄭義宗妻盧氏

劉寂妻夏侯氏　楚王靈龜妃上官氏

楊紹宗妻王氏　于敏直妻張氏

冀州女子王氏　樊彥琛妻魏氏

鄒保英妻奚氏古玄應妻高氏附　宋庭瑜妻魏氏

崔繪妻盧氏　奉天縣竇氏二女

盧甫妻李氏王泛妻裴氏附　鄒待徵妻薄氏

李湍妻　董昌齡母楊氏

韋雍妻蘭陵縣君蕭氏　衛方厚妻武昌縣君程氏

女道士李玄眞　孝女王和子鄭神佐女附

列傳卷第一百四十四上　唐書一百九十四上

突厥上

列傳卷第一百四十四下　唐書一百九十四下

突厥下

列傳卷第一百四十五　唐書一百九十五

迴紇

列傳卷第一百四十六上　唐書一百九十六上

吐蕃上

列傳卷第一百四十六下　唐書一百九十六下

吐蕃下

列傳卷第一百四十七　唐書一百九十七

南蠻　西南蠻

林邑　婆利

盤盤　眞臘

陀洹　訶陵

墮和羅　墮婆登

東謝蠻　西趙蠻
牂牁蠻　南平獠
東女國　南詔蠻
驃國
列傳卷第一百四十八　唐書一百九十八
西戎
泥婆羅　党項羌
高昌　吐谷渾
焉耆　龜茲
踈勒　于闐
天竺　罽賓
康國　波斯
拂菻　大食
列傳卷第一百四十九上　唐書一百九十九上

目録　三四

東夷
高麗　百濟
新羅　倭國
日本
列傳卷第一百四十九下　唐書一百九十九下
北狄
鐵勒　契丹
奚　室韋
靺鞨　渤海靺鞨
霫　烏羅渾
列傳卷第一百五十上　唐書二百上
安祿山 子慶緒　高尚
孫孝哲　史思明 朝義
列傳卷第一百五十下　唐書二百下

朱泚
秦宗權　黃巢
唐書目録終

唐書目録　三五

唐書本紀卷第一

監修國史推誠守節保運功臣特進守司空兼門下侍郎同中書門下平章事上柱國譙國公食邑五千戸食實封四百戸臣劉昫等奉勅修

皇明奉勅提督南畿學政山西道監察御史餘姚聞人詮校刻
蘇州府儒學訓導門人嘉興沈桐同校

高祖

高祖神堯大聖光孝皇帝姓李氏諱淵其先隴西狄道人凉武昭王暠七代孫也暠生歆歆生重耳仕魏爲弘農太守重耳生熙爲金門鎮將領豪傑鎮武川因家焉儀鳳中追尊宣皇帝熙生天錫仕魏爲幢主大統中贈司空儀鳳中追尊光皇帝皇祖諱虎後衛左僕射封隴西郡公與周文帝及太保李弼大司馬獨孤信等以功參佐命當時稱爲八柱國家仍賜姓大野氏周受禪追封唐國公謚曰襄至隋文帝作相還復本姓武德初追尊景皇帝廟號太祖陵曰永康皇考諱昞周安州總管柱國大將軍襲唐國公謚曰仁武德初追尊元皇帝廟號世祖陵曰興寧高祖以周天和元年生於長安七歲襲唐國公及長倜儻豁達任性眞率寛仁容衆無貴賤咸得其歡心隋受禪補千牛備身文帝獨孤皇后即高祖從母也由是特見親愛累轉譙隴岐三州刺史有史世良者善相人謂高祖曰公骨法非常必爲人主願自愛勿忘鄙言高祖頗以自負大業初爲滎陽樓煩二郡太守徵爲殿内少監九年遷衛尉少卿遼東之役督運於懷遠鎮及楊玄感反詔高祖馳驛鎮弘化郡兼知關右諸軍事高祖歷試中外素樹恩德及是結納豪傑衆多款附時煬帝多所猜忌人懷疑懼會有詔徵高祖詣行在所遇疾未謁時甥王氏在後宮帝問曰汝舅何遲王氏以疾對帝曰可得死否高祖聞之益懼因縱酒沈湎納賄以混其迹焉十一年煬帝幸汾陽宮命高祖往山西河東黜陟討捕師次龍門賊帥毋端兒帥衆數千薄於城下高祖從十餘騎擊之所射七十發皆應弦而倒賊乃大潰十二年遷右驍衛將軍十三年爲太原留

守郡丞王威武牙郎將高君雅爲副將群賊蜂起江都阻絶太宗與晉陽令劉文靜首謀勸舉義兵俄而馬邑校尉劉武周據汾陽宮舉兵反太宗與王威高君雅將集兵討之高祖乃命太宗與劉文靜及門下客長孫順德劉弘基各募兵旬日間衆且一萬密遣使召世子建成及元吉于河東威君雅見兵大集恐高祖爲變相與疑懼請高祖祈雨於晉祠將爲不利晉陽鄉長劉世龍知之以告高祖高祖陰爲之備五月甲子高祖與威君雅視事太宗密嚴兵於外以備非常遣開陽府司馬劉政會告威等謀反即斬之以徇遂起義兵甲戌遣劉文靜使於突厥始畢可汗令率兵相應六月甲申命太宗將兵徇西河下之癸巳建大將軍府并置三軍分爲左右以世子建成爲隴西公左領大都督左統軍隸焉太宗爲燉煌公右領大都督右統軍隸焉裴寂爲大將軍府長史劉文靜爲司馬石艾縣長殷開山爲掾劉政會爲屬長孫順德劉弘基竇琮等分爲左右統軍開倉庫以賑窮乏遠近響應秋七月壬子高祖率兵西圖關中以元吉爲鎮北將軍太原留守癸丑發自太原有兵三萬丙辰師次靈石縣營於賈胡堡隋武牙郎將宋老生屯霍邑以拒義師會霖雨積旬餽運不給高祖命旋師太宗切諫乃止有白衣老父詣軍門曰余爲霍山神使謁唐皇帝曰八月雨止路出霍邑東南吾當濟師高祖曰此神不欺趙無恤豈負我哉八月辛巳高祖引師趨霍邑斬宋老生平霍邑丙戌進下臨汾郡及絳郡癸巳至龍門突厥始畢可汗遣康稍利率兵五百人馬二千疋與劉文靜會于麾下隋驍衛大將軍屈突通鎮河東津梁斷絶關中向義者頗以爲阻於東水濵居人競進舟檝不謀而至前後數百人九月壬寅馮翊賊帥孫華土門賊帥白玄度各率其衆送款并具舟檝以待義師高祖令華與統軍王長諧劉弘基引兵渡河屈突通遣其武牙郎將桑顯和率衆數千夜襲長諧義師不利太宗以遊騎數百掩其後顯和潰散義軍復振丙辰馮翊太守蕭造以郡來降戊午高祖親率衆圍河東屈突通自守不出乃命攻城不利而還文武將吏請高祖領太尉加置僚佐從之華陰令李孝常以永

豐倉來降庚申高祖率軍濟河舍于長春宮三秦士庶至者日以千數高祖禮之咸過所望人皆喜悅丙寅遣隴西公建成司馬劉文靜屯兵永豐倉兼守潼關以備他盜太宗率劉弘基長孫順德等前後數萬人自渭北徇三輔所至皆下高祖從弟父神通起兵鄠縣柴氏婦舉兵於司竹至是並與太宗會鄠縣賊帥丘師利李仲文盩厔賊帥何潘仁等合衆數萬來降乙亥命太宗自渭汭屯兵阿城隴西公建成自新豐趣霸上高祖率大軍自下邽西上經煬帝行宮園苑悉罷之宮女放還親屬冬十月辛巳至長樂宮有衆二十萬京師留守刑部尚書衛文昇右翊衛將軍陰世師京兆郡丞滑儀挾代王侑以拒義師高祖遣使至城下諭以匡復之意再三皆不報諸將固請圍城十一月丙辰攻拔京城衛文昇先已病死以陰世師滑儀等拒義兵並斬之癸亥率百僚備法駕立代王侑為天子遙尊煬帝為太上皇大赦改元為義寧甲子隋帝詔加高祖假黃鉞使持節大都督內外諸軍事大丞相進封唐王總錄萬機以武德殿為丞相府改教為

○令以隴西公建成為唐國世子太宗為京兆尹改封秦公姑臧公元吉為齊公十二月癸未丞相府置長史司錄已下官僚金城賊帥薛舉寇扶風命太宗為元帥擊之遣趙郡公孝恭招慰山南所至皆下癸巳太宗大破薛舉之衆於扶風屈突通自潼關奔東都劉文靜等追擒於閿鄉虜其衆數萬河池太守蕭瑀以郡降丙午遣雲陽令詹俊武功縣正李仲衮徇巴蜀下之二年春正月戊辰世子建成為撫寧大將軍東討元帥太宗為副總兵七萬徇地東都二月清河賊帥竇建德僭稱長樂王吳興人沈法興據丹陽起兵三月丙辰右屯衛將軍宇文化及弒隋太上皇於江都宮立秦王浩為帝自稱大丞相徙封太宗為趙國公戊辰隋帝進高祖相國總百揆備九錫之禮唐國置丞相以下立皇帝祖已下四廟於長安通義里第夏四月辛卯停竹使符頒銀菟符於諸郡戊戌世子建成及太宗自東都班師五月乙巳天子詔高祖冕十有二旒建天子旌旗出警入蹕王后王女爵命之號一遵舊典戊午隋帝詔曰天禍隋國大行太上皇遇盜江都酷甚望夷釁深驪北憫予小子奄造丕愆哀號永感心情糜潰仰惟荼毒仇復靡申形影相弔罔知啓處相國唐王膺期命世扶危拯溺自北徂南東征西怨致九合於諸侯決百勝於千里糾率夷夏大庇甿黎保乂朕躬繫王是賴德侔造化功格蒼旻兆庶歸心曆數斯在屈為人臣載違天命在昔虞夏揖讓相推苟非重華誰堪命禹當今九服崩離三靈改卜大運去矣請避賢路兆謀布德　顧己莫能私僮命駕須歸藩國予本代王及予而代天之所廢豈其如是庶憑稽古之聖以誅四凶幸值惟新之恩預充三恪雪寃恥於皇祖守禋祀為孝孫朝聞夕殞及泉無恨今遵故事遜于舊邸庶官群辟改事唐朝宜依前典趨上尊號若釋重負感泰兼懷假手真人俾除醜逆濟濟多士明知朕意仍勑有司凡有表奏皆不得以聞遣使持節兼太保刑部尚書光祿大夫梁郡公蕭造兼太尉司農少卿裴之隱奉皇帝璽綬于高祖高祖辭讓百寮上表勸進至于再三乃從之隋帝遜于舊邸改大興殿為太極殿甲子高祖即皇帝位於太極殿命刑

○部尚書蕭造兼太尉告於南郊大赦天下改隋義寧二年為唐武德元年官人百姓賜爵一級義師所行之處給復三年罷郡置州改太守為刺史丁卯宴百官于太極殿賜帛有差東都留守官共立隋越王侗為帝壬申命相國長史裴寂等修律令六月甲戌太宗為尚書令相國府長史裴寂為尚書右僕射相國府司馬劉文靜為納言隋民部尚書蕭瑀相國府司錄竇威並為內史令廢隋大業律令頒新格己卯備法駕迎皇高祖宣簡公已下神主祔於太廟追謚妃竇氏為太穆皇后陵曰壽安庚辰立世子建成為皇太子封太宗為秦王齊國公元吉為齊王封宗室蜀國公孝基為永安王柱國公道玄為淮陽王長平公叔良為長平王鄭國公神通為永康王安吉公神符為襄邑王柱國德良為長樂王上開府道素為竟陵王上柱國博乂為隴西王奉慈為勃海王諸州總管加號使持節癸未封隋帝為酅國公薛舉寇涇州命秦王為西討元帥征之改封永康王神通為淮安王壬辰加秦王雍州牧餘官如故辛丑內史令竇威卒秋七月丙午刑

部尚書蕭造爲太子太保追封皇子玄霸爲衛王西突厥遣使内附秦王與薛舉大戰於涇州我師敗績八月壬午薛舉死其子仁杲復僭稱帝命秦王爲元帥以討之丁亥詔曰隋太常卿高熲上柱國賀若弼並抗節不阿婞杌無撓司隷大夫薛道衡刑部尚書宇文弼左翊衛將軍董純並懷忠抱義以陷極刑宜從褒飾以慰泉壤熲可贈上柱國郯國公弼贈上柱國杞國公各令有司加謚道衡贈上開府臨河縣公弼贈上開府平昌縣公純贈柱國狄道縣公又詔曰隋右驍衛大將軍李金才左光祿大夫李敏並鼎族高門元功世胄橫受屠殺朝野稱冤然李氏將興天祚有應宜契深隱妄肆誅夷朕受命君臨志存刷蕩申冤旌善無忘寤寐金才可贈上柱國申國公敏可贈柱國觀國公又前代酷濫子孫被流者並放還鄉里凉州賊帥李軌以其地來降拜凉州總管封凉王九月乙巳親錄囚徒改銀菟符爲銅魚符辛未追謚隋太上皇爲煬帝宇文化及至魏州鴆殺秦王浩僭稱太子國號許冬十月壬申朔日有蝕之李密率衆來降封皇

○從父弟襄武公琛爲襄武王黄臺公瑗爲廬江王癸巳詔行傳仁均所造戊寅曆十一月己酉以京師穀貴令四面入關者車馬牛驢各給課米充其自食秦王大破薛仁杲於淺水原降之隴右平乙巳凉王李軌僭稱天子於凉州詔頒五十三條格以約法緩刑十二月壬申加秦王太尉陝東道大行臺丁丑封上柱國李孝常爲義安王庚子李密反於桃林行軍總管盛彦師追討斬之二年春正月乙卯初令文官遭父母喪者聽去職黄門侍郎陳叔達兼納言二月丙戌詔天下諸宗人無職任者不在徭役之限每州置宗師一人以相統攝丁酉竇建德攻宇文化及于聊城斬之傳首突厥閏月辛丑劉武周侵我并州己酉李密舊將徐世勣以黎陽之衆及河南十郡降授黎州總管封曹國公賜姓李氏庚戌上微行都邑以察氓俗即日還宮甲寅賊帥朱粲殺我使散騎常侍段確奔洛陽夏四月乙巳王世充篡越王侗位僭稱天子國號鄭辛亥李軌爲其僞尚書安興貴所執以降河右平突厥始畢可汗死五月己卯酅國公薨追崇爲隋帝謚曰恭六月戊寅令國子學立周公孔子廟四時致祭仍博求其後癸亥尚書右僕射裴寂爲晉州道行軍總管以討劉武周秋七月壬申置十二軍以關内諸府分隷焉王世充遣其將羅士信侵我穀州士信率其衆來降西突厥葉護可汗及高昌並遣使朝貢九月辛未賊帥李子通據江都僭稱天子國號吴沈法興據毗陵僭稱梁王丁丑和州賊帥杜伏威遣使來降授和州總管東南道行臺尚書令封楚王裴寂與劉武周將宋金剛戰於介州我師敗績右武衛大將軍姜寶誼死之并州總管齊王元吉懼武周所逼奔於京師并州陷乙未京師地震冬十月己亥封幽州總管羅藝爲燕郡王賜姓李氏黄門侍郎楊恭仁爲納言殺民部尚書魯國公劉文靜乙卯討劉武周軍于蒲州爲諸軍聲援壬子劉武周進圍晉州甲子上親祠華岳十一月丙子竇建德陷黎陽盡有山東之地淮安王神通左武候大將軍李世勣皆没於賊十二月丙申永安王孝基工部尚書獨孤懷恩總管于筠爲劉武周將宋金剛掩襲並没焉甲辰狩于華山壬子大風拔

○木三年春正月辛巳幸蒲州命祀舜廟癸巳至自蒲州甲午李世勣於竇建德所自拔歸國建德僭稱夏王二月丁酉京師西南地有聲如山崩庚子幸華陰工部尚書獨孤懷恩謀反伏誅三月癸酉西突厥葉護可汗高昌王麴伯雅遣使朝貢突厥貢條支巨鳥己卯改納言爲侍中内史令爲中書令給事郎爲給事中甲戌内史侍郎封德彝兼中書令封賊帥劉孝真爲彭城王賜姓李氏夏四月壬寅至自華陰於益州置行臺尚書省甲寅加秦王益州道行臺尚書令秦王大破宋金剛於介州金剛與劉武周俱奔突厥遂平并州僞總管尉遲敬德尋相以介州降六月壬辰徙封楚王杜伏威爲吴王賜姓李氏加授東南道行臺尚書令丙午親錄囚徒封皇子元景爲趙王元昌爲魯王元亨爲酆王皇孫承宗爲太原王承道爲安陸王承乾爲恒山王恪爲長沙王泰爲宜都王秋七月壬戌命秦王率諸軍討王世充遣皇太子鎮蒲州以備突厥丙申突厥殺劉武周於白道冬十月庚子懷戎賊帥高開道遣使降授蔚州總管封北平郡王賜姓李

氏

四年春正月丁卯竇建德行臺尚書令胡大恩以大安鎮來降封定襄郡王賜姓李氏辛巳命皇太子總統諸軍討稽胡三月徙封宜都王泰爲衛王竇建德來援王世充攻陷我管州夏四月甲寅封皇子元方爲周王元禮爲鄭王元嘉爲宋王元則爲荆王元茂爲越王初置都護府官員五月己未秦王大破竇建德之衆於武牢擒建德河北悉平丙寅王世充舉東都降河南平秋七月甲子秦王凱旋獻俘於太廟丁卯大赦天下廢五銖錢行開元通寶錢斬竇建德於市流王世充於蜀未發爲讎人所害甲戌建德餘黨劉黑闥據漳反置山東道行臺尚書省於洛州八月兖州總管徐圓朗舉兵反以應劉黑闥僭稱魯王冬十月乙丑加秦王天策上將位在王公上領司徒陝東道大行臺尚書令齊王元吉爲司空乙巳趙郡王孝恭平荆州獲蕭銑十一月甲申於洛州置大行臺廢洛州都督府庚寅焚都督紫微宮乾陽殿會稽賊帥李子通以其地來降十二月丁卯命秦王及齊

王元吉討劉黑闥壬申徙封宋王元嘉爲徐王五年春正月丙申劉黑闥據洛州僭稱漢東王三月丁未秦王破劉黑闥于洛水上盡復所陷州縣黑闥亡奔突厥蔚州總管北平王高開道叛寇易州夏四月庚戌秦王還京師高祖迎勞於長樂宮壬申代州總管定襄郡王大恩爲虜所敗戰死六月劉黑闥引突厥寇山東置諫議大夫官員秋七月丁亥吳王伏威來朝隋漢陽太守馮盎以南越之地來降嶺表悉定八月辛亥以洛荆并幽交五州爲大總管府改封恒山王承乾爲中山王葬隋煬帝於揚州丙辰突厥頡利寇鴈門己未進寇朔州遣皇太子及秦王討擊大敗之冬十月癸酉遣齊王元吉擊劉黑闥於洛州時山東州縣多爲黑闥所守所在殺長吏以應之行軍總管淮陽王道玄與黑闥戰于下博道玄敗沒十一月甲申命皇太子率兵討劉黑闥丙申幸宜州簡閱將士十二月丙辰校獵於華池庚申至自宜州皇太子破劉黑闥於魏州斬之山東平六年春正月吳王杜伏威爲太子太保二月辛亥校獵於驪山三月乙未幸昆明池宴百官夏四月己未舊宅改爲通義宮曲赦京城繫囚於是置酒高會賜從官帛各有差癸酉以尚書右僕射魏國公裴寂爲左僕射中書令宋國公蕭瑀爲右僕射侍中觀國公楊恭仁爲吏部尚書秋七月突厥頡利寇朔州遣皇太子及秦王屯并州以備之八月壬子東南道行臺僕射輔公祏據丹陽反僭稱宋王遣趙郡王孝恭及嶺南道大使永康縣公李靖討之丙寅吐谷渾內附九月丙子突厥退皇太子班師改東都爲洛州高開道引突厥寇幽州冬十月幸華陰十一月校獵於沙苑十二月乙巳以奉義監爲龍躍宮武功宅爲慶善宮甲寅至自華陰

七年春正月己酉封高麗王高武爲遼東郡王百濟王扶餘璋爲帶方郡王新羅王金眞平爲樂浪郡王二月高開道爲部將張金樹所殺以其地降丁巳幸國子學親臨釋奠改大總管府爲大都督府吳王伏威薨三月戊寅廢尚書省六司侍郎增吏部郎中秩正四品掌選事戊戌趙郡王孝恭大破輔公祏擒之丹陽平夏四月庚子大赦

天下頒行新律令以天下大定詔遭父母喪者聽終制五月造仁智宮於宜州之宜君縣李世勣討徐圓朗平之六月辛丑幸仁智宮秋七月甲午至自仁智宮巂州地震山崩江水咽流八月戊辰突厥寇并州京師戒嚴壬午突厥退乙未京師解嚴冬十月丁卯幸慶善宮癸酉幸終南山謁老子廟十一月戊辰校獵于高陵庚午至自慶善宮八年春二月己巳親錄囚徒多所原宥夏四月造太和宮於終南山六月甲子幸太和宮突厥寇定州命皇太子往幽州秦王往并州以備突厥八月并州道總管張公謹與突厥戰於太谷王師敗績中書令溫彥博沒於賊九月突厥退冬十月辛巳幸周氏陂校獵因幸龍躍宮十一月辛卯幸宜州庚子講武於同官縣改封蜀王元軌爲吳王漢王元慶爲陳王加授秦王中書令齊王元吉侍中天策上將府司馬宇文士及權檢校侍中十二月辛酉至自宜州

九年春正月丙寅命州縣修城隍備突厥尚書左僕射魏國公裴寂爲司空二月庚申加齊王元吉爲司徒戊寅親祠社稷三月辛卯幸

昆明池夏五月辛巳以京師寺觀不甚清淨詔曰釋迦闡教清淨爲先遠離塵垢斷除貪欲所以弘宣勝業修植善根開導愚迷津梁品庶是以敷演經教檢約學徒調懺身心捨諸染著衣服飲食咸資四輩自覺王遷謝像法流行末代陵遲漸以虧濫乃有猥賤之侶規自尊高浮情之人苟避徭役妄爲剃度託號出家嗜欲無厭營求不息出入閭里周旋闤闠驅策田產聚積貨物耕織爲生估販成業事同編戶迹等齊人進違戒律之文退無禮典之訓至乃親行劫掠躬自穿窬造作妖訛交通豪猾每罹憲網自陷重刑黷亂眞如傾毀妙法譬玆稂莠有穢嘉苗類彼淤泥混夫清水又伽藍之地本曰淨居栖心之所理尚幽寂近代以來多立寺舍不求閑曠之境唯趨喧雜之方繕采崎嶇棟宇殊拓錯舛隱匿誘納姦邪或有接延鄽邸隣近屠酤埃塵滿室羶腥盈道徒長輕慢之心有虧崇敬之義且老氏垂化本實冲虛養志無爲遺情物外全眞守一是謂玄門驅馳世務尤乖宗旨朕膺期馭宇興隆教法志思利益情在護持欲使玉石區分薰

○蕕有辨長存妙道永固福田正本澄源宜從沙汰諸僧尼道士女冠等有精勤練行守戒律者並令大寺觀居住給衣食勿令乏短其不能精進戒行者有闕不堪供養者並令罷遣各還桑梓所司明爲條式務依法教違制之事悉宜停斷京城留寺三所觀二所其餘天下諸州各留一所餘悉罷之事竟不行六月庚申秦王以皇太子建成與齊王元吉同謀害己率兵誅之詔立秦王爲皇太子總統萬機大赦天下八月癸亥詔傳位于皇太子尊帝爲太上皇徙居弘義宮改名太安宮貞觀八年三月甲戌高祖讌西突厥使者於兩儀殿顧謂長孫無忌曰當今蠻夷率服古未嘗有無忌上千萬歲壽高祖大悅以酒賜太宗太宗又奉觴上壽流涕而言曰百姓獲安四夷咸附皆奉遵聖旨豈臣之力於是太宗與文德皇后互進御膳并上服御衣物一同家人常禮是歲閱武於城西高祖親自臨視勞將士而還置酒於未央宮三品已上咸侍高祖命突厥頡利可汗起舞又遣南越酋長馮智戴詠詩既而笑曰胡越一家自古未之有也太宗奉觴上壽曰臣早蒙慈訓教以文道爰從義旗平定京邑重以薛舉武周世充建德皆上稟睿筭幸而剋定三數年間混一區宇天慈崇寵遂蒙重任今上天垂祐時和歲阜被髮左衽並爲臣妾此豈臣智力皆由上稟聖筭高祖大悅群臣皆呼萬歲極夜方罷九年五月庚子高祖大漸下詔既殯之後皇帝宜於別所視軍國大事其服輕重悉從漢制以日易月園陵制度務從儉約是日崩於太安宮之垂拱前殿年七十群臣上謚曰大武皇帝廟號高祖十月庚寅葬於獻陵高宗上元元年八月改上尊號曰神堯皇帝天寶十三年二月上尊號神堯大聖大光孝皇帝

史臣曰有隋季年皇圖板蕩荒主燀燎原之焰群盜發逐鹿之機殄暴無厭横流靡救高祖審獨夫之運去知新主之勃興密運雄圖未伸龍躍而屈己求可汗之援卑辭答李密之書決神機而速若疾雷驅豪傑而從如偃草洎謳謡允屬揖讓受終刑名大剗于煩苛爵位不踰於適軸縣是攫金有恥伏莽知非人懷漢道之寬平不責高皇

○之慢罵然而優柔失斷浸潤得行誅文靜則議法不從酬裴寂則曲恩太過姦佞由之貝錦嬖幸得以掇蜂獻公遂間於申生小白寧懷於召忽一旦兵交愛子矢集申孫匈奴尋犯於便橋京邑咸憂於左衽不有聖子王業殆哉

贊曰高皇創圖勢若摧枯國運神武家難聖謨言生牀笫禍切肌膚鴟鴞之詠無損於吾

唐書本紀卷第一

唐書本紀卷第二

劉昫 等修

聞人詮校刻沈桐同校

太宗上

太宗文武大聖大廣孝皇帝諱世民高祖第二子也母曰太穆順聖皇后竇氏隋開皇十八年十二月戊午生於武功之别館時有二龍戲於館門之外三日而去高祖之臨岐州太宗時年四歲有書生自言善相謁高祖曰公貴人也且有貴子見太宗曰龍鳳之姿天日之表年將二十必能濟世安民矣高祖懼其言泄將殺之忽失所在因採濟世安民之義以爲名焉太宗幼聰睿玄鑒深遠臨機果斷不拘小節時人莫能測也大業末煬帝於鴈門爲突厥所圍太宗應募救援隸屯衛將軍雲定興營將行謂定興曰必賫旗鼓以設疑兵且始畢可汗舉國之師敢圍天子必以國家倉卒無援我張軍容令數十里幡旗相續夜則鉦鼓相應虜必謂救兵雲集望塵而遁矣不然彼

衆我寡悉軍來戰必不能支矣定興從焉師次崞縣突厥候騎馳告始畢曰王師大至由是解圍而遁及高祖之守太原太宗時年十八有高陽賊帥魏刀兒自號歷山飛來攻太原高祖擊之深入賊陣太宗以輕騎突圍而進射之所向皆披靡拔高祖於萬衆之中適會步兵至高祖與太宗又奮擊大破之時隋祚已終太宗潛圖義舉每折節下士推財養客群盜大俠莫不願効死力及義兵起乃率兵略徇西河剋之拜右領大都督右三軍皆隸焉封燉煌郡公大軍西上賈胡堡隋將宋老生率精兵二萬屯霍邑以拒義師會久雨糧盡高祖與裴寂議且還太原以圖後舉太宗曰本興大義以救蒼生當須先入咸陽號令天下遇小敵即班師將恐從義之徒一朝解體還守太原一城之地此爲賊耳何以自全高祖不納促令引發太宗遂號泣於外聲聞帳中高祖召問其故對曰今兵以義動進戰則必剋退還則必散衆散於前敵乘於後死亡須臾而至是以悲耳高祖乃悟而止八月己卯雨霽高祖引師趣霍邑太宗恐老生不出戰乃將數騎先詣其城下舉鞭指麾若將圍城者以激怒之老生果怒開門出兵背城而陣高祖與建成合陣於城東太宗及柴紹陣於城南老生麾兵疾進先薄高祖而建成墜馬老生乘之高祖與建成軍咸却太宗自南原率二騎馳下峻坂衝斷其軍引兵奮擊賊衆大敗各捨仗而走懸門發老生引繩欲上遂斬之平霍邑至河東關中豪傑爭走赴義太宗請進師入關取永豐倉以賑窮乏收群盜以圖京師高祖稱善太宗以前軍濟河先定渭北三輔吏民及諸豪猾詣軍門請自効者日以千計扶老攜幼滿於麾下收納英俊以備僚列遠近聞者咸自託焉師次于涇陽勝兵九萬破胡賊劉鷂子并其衆留殷開山劉弘基屯長安故城太宗自趣司竹賊帥李仲文何潘仁向善志等皆來會頓于阿城獲兵十三萬長安父老賫牛酒詣旌門者不可勝紀勞而遣之一無所受軍令嚴肅秋毫無所犯尋與大軍平京城高祖輔政受唐國內史改封秦國公會薛舉以勁卒十萬來逼渭濱太宗親擊之大破其衆追斬萬餘級略地至于隴坻義寧元年十二月復

爲右元帥總兵十萬徇東都及將旋謂左右曰賊見吾還必相追躡設三伏以待之俄而隋將段達率萬餘人自後而至度三王陵發伏擊之段達大敗追奔至于城下因於宜陽新安置熊穀二州戍之而還徙封趙國公高祖受禪拜尚書令右武候大將軍進封秦王加授雍州牧武德元年七月薛舉寇涇州太宗率衆討之不利而旋九月薛舉死其子仁杲嗣立太宗又爲元帥以擊仁杲相持於折墌城深溝高壘者六十餘日賊衆十餘萬兵鋒甚銳數來挑戰太宗按甲以挫之賊糧盡其將牟君才梁胡郎來降太宗謂諸將軍曰彼氣衰矣吾當取之遣將軍龐玉先陣於淺水原南以誘之賊將宗羅睺并軍來拒玉軍幾敗既而太宗親御大軍奄自原北出其不意羅睺望見復迴師相拒太宗將驍騎數十入賊陣於是王師表裏齊奮羅睺大潰斬首數千級投澗谷而死者不可勝計太宗率左右二十餘騎追奔直趣折墌以乘之仁杲大懼嬰城自守將夕大軍繼至四面合圍詰朝仁杲請降俘其精兵萬餘人男女五萬口既而諸將奉賀因問

曰始大王野戰破賊其主尚保堅城王無攻具輕騎騰逐不待步兵徑薄城下咸疑不剋而竟下之何也太宗曰此以權道迫之使其計不暇發以故剋也羅睺恃往年之勝兼復養鋭日久見吾不出意在相輕今喜吾出悉兵來戰雖擊破之擒殺蓋少若不急躡還走投城仁杲收而撫之則便未可得矣且其兵衆皆隴西人一敗披退不及廻顧散歸隴外則折墌自虚我軍隨而迫之所以懼而降也此可謂成筭諸君盡不見耶諸將曰此非凡人所能及也獲賊兵精騎甚衆還令仁杲兄弟及賊帥宗羅睺翟長孫等領之太宗與之遊獵馳射無所間然賊徒荷恩懾氣咸願効死時李密初附高祖令密馳傳迎太宗於豳州密見太宗天姿神武軍威嚴肅驚悚歎服私謂殷開山曰眞英主也不如此何以定禍亂乎凱旋獻捷於太廟拜太尉陝東道行臺尚書令鎮長春宮關東兵馬並受節度尋加左武候大將軍凉州摠管宋金剛之陷澮州也兵鋒甚鋭高祖以王行本尚據蒲州呂崇茂反於夏縣晉澮二州相繼陷没關中震駭乃手勅曰賊勢如

○此難與爭鋒宜棄河東之地謹守關西而已太宗上表曰太原王業所基國之根本河東殷實京邑所資若舉而棄之臣竊憤恨願假精兵三萬必能平殄武周克復汾晉高祖於是悉發關中兵以益之又幸長春宮親送太宗

二年十一月太宗率衆趣龍門關履氷而渡之進屯柏壁與賊將宋金剛相持尋而永安王孝基敗於夏縣于筠獨孤懷恩唐儉並爲賊將尋相尉遲敬德所執將還澮州太宗遣殷開山秦叔寶邀之於美良川大破之相等僅以身免悉虜其衆復歸柏壁於是將咸請戰太宗曰金剛懸軍千里深入吾地精兵驍將皆在於此武周據太原專倚金剛以爲捍士卒雖衆内實空虚意在速戰我堅營畜鋭以挫其鋒粮盡計窮自當遁走

三年二月金剛竟以衆餒而遁太宗追之至介州金剛列陣南北七里以拒官軍太宗遣摠管李世勣程齩金秦叔寶當其北翟長孫秦武通當其南諸軍戰小却爲賊所乘太宗率精騎擊之衝其陣後賊衆大敗追奔數十里敬德相率衆八千來降還令敬德督之與軍營相參屈突通懼其爲變驟以爲請太宗曰昔蕭王推赤心置人腹中並能畢命今委任敬德又何疑也於是劉武周奔於突厥并汾悉復舊地詔就軍加拜益州道行臺尚書令七月摠率諸軍攻王世充於洛邑師次穀州世充率精兵三萬陣於慈澗太宗以輕騎挑之時衆寡不敵陷於重圍左右咸懼太宗命左右先歸獨留後殿世充驍將單雄信數百騎夾道來逼交搶競進太宗幾爲所敗太宗左右射之無不應弦而倒獲其大將燕頎世充乃拔慈澗之鎮歸於東都太宗遣行軍摠管史萬寶自宜陽南據龍門劉德威自太行東圍河内王君廓自洛口斷賊粮道又遣黃君漢夜從孝水河中下舟師襲廻洛城剋之黃河已南莫不響應城堡相次來降大軍進屯邙山九月太宗以五百騎先觀戰地卒與世充萬餘人相遇會戰復破之斬首三千餘級獲大將陳智略世充僅以身免其所署筠州摠管楊慶遣使請降遣李世勣率師出轘轅道安撫其衆滎汴洧豫九州相繼來降

○世充遂求救於竇建德四年二月又進屯青城宫營壘未立世充衆二萬自方諸門臨穀水而陣太宗以精騎陣於北邙山令屈突通率步卒五千渡水以擊之因誡通曰待兵交即放煙吾當率騎軍南下兵纔接太宗以騎衝之挺身先進與通表裏相應賊衆殊死戰散而復合者數焉自辰及午賊衆始退縱兵乘之俘斬八千人於是進營城下世充不敢復出但嬰城自守以待建德之援太宗遣諸軍掘塹匝布長圍以守之吳王杜伏威遣其將陳正通徐召宗率精兵二千來會於軍所僞鄭州司馬沈悅以武牢降將軍王君廓應之擒其僞荆王王行本會竇建德以兵十餘萬來援世充至于酸棗蕭瑀屈突通封德彝皆以腹背受敵恐非萬全請退師穀州以觀之太宗曰世充粮盡内外離心我當不勞攻擊坐收其敝建德新破孟海公將驕卒惰吾當進據武牢扼其襟要賊若冒險與我爭鋒破之必矣如其不戰旬日間世充當自潰若不速進賊入武牢諸城新附必不能守二賊併力將若之何通又請解圍就險以候其變太宗不許於是留通

輔齊王元吉以圍世充親率步騎三千五百人趣武牢建德自滎陽西上築壘於板渚太宗屯武牢相持二十餘日諜者曰建德伺官軍芻盡候牧馬於河北因將襲武牢太宗知其謀遂牧馬河北以誘之詰朝建德果悉衆而至陳兵汜水世充將郭士衡陣於其南綿亘數里鼓譟諸將大懼太宗將數騎昇高丘以望之謂諸將曰賊起山東未見大敵今度險而囂是無政令逼城而陣有輕我心我按兵不出彼氣衰陣久卒饑必將自退追而擊之無往不剋吾與公等約必以午時後破之建德列陣自辰至午兵士饑倦皆坐列又爭飲水逡巡斂退太宗曰可擊矣親率輕騎追而誘之衆繼至建德迴師而陣未及整列太宗先登擊之所向皆靡俄而衆軍合戰囂塵四起太宗率史大奈程齩金秦叔寶宇文歆等揮幡而入直突出其陣後張我旗幟賊顧見之大潰追奔三十里斬首三千餘級虜其衆五萬生擒建德於陣太宗數之曰我以干戈問罪本在王世充得失存亡不預汝事何故越境犯我兵鋒建德股慄而言曰今若不來恐勞遠取

高祖聞而大悅手詔曰隋氏分崩崤函隔絕兩雄合勢一朝清蕩兵既剋捷更無死傷無愧爲臣不憂其父並汝功也乃將建德至東都城下世充懼率其官屬二千餘人詣軍門請降山東悉平太宗入據宮城令蕭瑀竇軌等封守府庫一無所取令記室房玄齡收隋圖籍於是誅其同惡段達等五十餘人枉被囚禁者悉釋之非罪誅戮者祭而誄之大饗將士班賜有差高祖令尚書左僕射裴寂勞於軍中六月凱旋太宗親披黃金甲陳鐵馬一萬騎甲士三萬人前後部鼓吹俘二僞主及隋氏器物輦輅獻于太廟高祖大悅行飲至禮以享焉高祖以自古舊官不稱殊功乃別表徽號用旌勳德十月加號天策上將陝東道大行臺位在王公上增邑二萬戶通前二萬戶賜金輅一乘衮冕之服玉璧一雙黃金六千斤前後部鼓吹及九部之樂班劒四十人于時海內漸平太宗乃銳意經籍開文學館以待四方之士行臺司勳郎中杜如晦等十有八人爲學士每更置閣下降以溫顏與之討論經義或夜分而罷未幾竇建德舊將劉黑闥舉兵反據洺州十二月太宗總戎東討

五年正月進軍肥鄉分兵絕其糧道相持兩月黑闥窘急求戰率步騎二萬南渡洺水晨壓官軍太宗親率精騎擊其馬軍破之乘勝蹂其步卒賊大潰斬首萬餘級先是太宗遣堰洺水上流使淺令黑闥得渡及戰乃令決堰水大至深丈餘賊徒既敗赴水者皆溺死焉黑闥與二百餘騎北走突厥悉虜其衆河北平時徐圓朗阻兵徐兗太宗迴師討平之於是河濟江淮諸郡邑皆平十月加左右十二衛大將軍七年秋突厥頡利二可汗自原州入寇侵擾關中有說高祖云秖爲府藏子女在京師故突厥來若燒却長安而不都則胡寇自止高祖乃遣中書侍郎宇文士及行山南可居之地即欲移都蕭瑀等皆以爲非然終不敢犯顏正諫太宗獨曰霍去病漢廷之將帥耳猶且志滅匈奴臣忝備藩維尚使胡塵不息遂令陛下議欲遷都此臣之責也幸乞聽臣一申微効取彼頡利若一兩年間不係其頸徐建移都之策臣當不敢復言高祖怒仍遣太宗將三十餘騎行剗還日

固奏必不可移都高祖遂止八年加中書令九年皇太子建成齊王元吉謀害太宗六月四日太宗率長孫無忌尉遲敬德房玄齡杜如晦宇文士及高士廉侯君集程知節秦叔寶段志玄屈突通張士貴等於玄武門誅之甲子立爲皇太子庶政皆斷決太宗乃縱禁苑所養鷹犬并停諸方所進珍異政尚簡肅天下大悅又令百官各上封事備陳安人理國之要己巳令曰依禮二名不偏諱近代已來兩字兼避廢闕已多率意而行有違經典其官號人名公私文籍有世民兩字不連續者並不須諱罷幽州大都督府辛未廢陝東道大行臺置洛州都督府廢益州道行臺置益州大都督府壬午幽州大都督廬江王瑗謀逆廢爲庶人乙酉罷天策府七月壬辰太子左庶子高士廉爲侍中右庶子房玄齡爲中書令尚書右僕射蕭瑀爲尚書左僕射吏部尚書楊恭仁爲雍州牧太子左庶子長孫無忌爲吏部尚書右庶子杜如晦爲兵部尚書太子詹事宇文士及爲中書令封德彝爲尚書右僕射八月癸亥高祖傳位於皇太子太宗即位於東宮

顯德殿遣司空魏國公裴寂柴告于南郊大赦天下武德元年以來
責情流配者並放還文武官五品已上先無爵者賜爵一級六品已
下加勳一轉天下給復一年癸酉放掖庭宮女三千餘人甲戌突厥
頡利突利寇涇州乙亥突厥進寇武功京師戒嚴丙子立妃長孫氏
爲皇后己卯突厥寇高陵辛巳行軍摠管尉遲敬德與突厥戰於涇
陽大破之斬首千餘級癸未突厥頡利至于渭水便橋之北遣其酋
帥執失思力入朝爲覘自張形勢太宗命囚之親出玄武門馳六騎
幸渭水上與頡利隔津而語責以負約俄而衆軍繼至頡利見軍容
既盛又知思力就拘由是大懼遂請和詔許焉即日還宮乙酉又幸
便橋與頡利刑白馬設盟突厥引退九月丙戌頡利獻馬三千疋羊
萬口帝不受令頡利歸所掠中國戶口丁未引諸衛騎兵統將等習
射于顯德殿庭謂將軍已下曰自古突厥與中國更有盛衰若軒轅
善用五兵即能北逐獯鬻周宣驅馳方召亦能制勝太原至漢晉之
君逮於隋代不使兵士素習干戈突厥來侵莫能抗禦致遣中國生

民塗炭於寇手我今不使汝等穿池築苑造諸淫費農民恣令逸樂
兵士唯習弓馬庶使汝鬬戰亦望汝前無橫敵於是每日引數百人
於殿前教射帝親自臨試射中者隨賞弓刀布帛朝臣多有諫者曰
先王制法有以兵刃至御所者刑之所以防萌杜漸備不虞也今引
稗卒之人彎弧縱矢於軒陛之側陛下親在其間正恐禍出非意非
所以爲社稷計也上不納自是後士卒皆爲精鋭壬子詔私家不得
輒立妖神妄設淫祀非禮祠禱一皆禁絶其龜易五兆之外諸雜占
卜亦皆停斷長孫無忌封齊國公房玄齡邢國公尉遲敬德吳國公
杜如晦蔡國公侯君集潞國公冬十月丙辰朔日有蝕之癸亥立中
山王承乾爲皇太子癸酉裴寂食實封一千五百戶長孫無忌王君
廓尉遲敬德房玄齡杜如晦一千三百戶長孫順德柴紹羅藝趙郡
王孝恭一千二百戶侯君集張公謹劉師立一千戶李世勣劉弘基
九百戶高士廉宇文士及秦叔寶程知節七百戶安興貴安修仁唐
儉竇軌屈突通蕭瑀封德彝劉義節六百戶錢九隴樊世興公孫武

達李孟常段志玄龐卿惲張亮李藥師杜淹元仲文四百戶張長遜
張平高李安遠李子和秦行師馬三寶三百戶十一月庚寅降宗室
封郡王者並爲縣公十二月癸酉親錄囚徒是歲新羅龜茲突厥高
麗百濟党項並遣使朝貢

貞觀元年春正月乙酉改元辛丑燕郡王李藝據涇州反尋爲左右
所斬傳首京師庚午以僕射竇軌爲益州大都督三月癸巳皇后親
蠶尚書左僕射宋國公蕭瑀爲太子少師丙午詔齊故尚書僕射崔
季舒給事黄門侍郎郭遵尚書右丞封孝琰等昔仕鄴中名位通顯
志存忠讜抗表極言無救社稷之亡遂見龍逢之酷其季舒子剛遵
子雲孝琰子君遵並以門遭時譴淫刑濫及宜從褒獎特異常倫可
免内侍量才別叙夏四月癸巳涼州都督長樂王幼良有罪伏誅六
月辛巳尚書右僕射密國公封德彝薨壬辰太子少保宋國公蕭瑀
爲尚書左僕射是夏山東諸州大旱令所在賑恤無出今年租賦秋
七月壬子吏部尚書齊國公長孫無忌爲尚書右僕射八月戊戌貶

侍中義興郡公高士廉爲安州大都督戶部尚書裴矩卒是月關東
及河南隴右沿邊諸州霜害秋稼九月辛酉命中書侍郎温彦博尚
書右丞魏徵等分往諸州賑恤中書令郢國公宇文士及爲殿中監
御史大夫檢校吏部尚書參預朝政安吉郡公杜淹署位十二月壬
午上謂侍臣曰神仙事本虛妄空有其名秦始皇非分愛好遂爲方
士所詐乃遣童男女數千人隨徐福入海求仙藥方士避秦苛虐因
留不歸始皇猶海側踟躕以待之還至沙丘而死漢武帝爲求仙乃
將女嫁道術人事既無驗便行誅戮據此二事神仙不煩妄求也尚
書左僕射宋國公蕭瑀坐事免戊申利州都督義安王孝常右武衛
將軍劉德裕等謀反伏誅是歲關中饑至有鬻男女者

二年春正月辛丑尚書右僕射齊國公長孫無忌爲開府儀同三司
徙封漢王恪爲蜀王衛王泰爲越王楚王祐爲燕王復置六侍郎副
六尚書事并置左右司郎中各一人前安州大都督趙王元景爲雍
州牧蜀王恪爲益州大都督越王泰爲揚州大都督二月丙戌靺鞨

内屬十二月戊申朔日有蝕之丁卯遣御史大夫杜淹巡關内諸州出御府金寶贖男女自賣者還其父母庚午大赦天下夏四月己卯詔骸骨暴露者令所在埋瘗丙申契丹内屬初詔天下州縣並置義倉夏州賊帥梁師都爲其從父弟洛仁所殺以城降五月大雨雹六月庚寅皇子治生宴五品以上賜帛有差仍賜天下是日生者粟辛卯上謂侍臣曰君雖不君臣不可以不臣裴虔通煬帝舊左右也而親爲亂首朕方崇奬敬義豈可猶使宰民訓俗詔曰天地定位君臣之義以彰卑高既陳人倫之道斯著是用篤厚風俗化成天下雖復時經治亂主或昏明疾風勁草芬芬無絶剖心焚體赴蹈如歸夫豈不愛七尺之軀重百年之命諒由君臣義重名教所先故能明大節於當時立清風於身後至如趙高之殞二世董卓之鴆弘農人神所疾異代同憤況凡庸小竪有懷凶悖遐觀典策莫不誅夷辰州刺史長蛇縣男裴虔通昔在隋代委質晉藩煬帝以舊邸之情特相愛幸遂乃志蔑君親潛圖弑逆密伺間隙招結羣醜長戟流矢一朝竊發

。天下之惡孰云可忍宜其夷宗焚首以彰大戮但年代異時累逢赦令可特免極刑除名削爵遷配驩州秋七月戊申詔萊州刺史牛方裕絳州刺史薛世良廣州都督府長史唐奉義隋武牙郎將高元禮並於隋代俱蒙任用乃協契宇文化及構成弑逆宜依裴虔通除名配流嶺表太宗謂侍臣曰天下愚人好犯憲章凡赦宥之恩唯及不軌之輩古語曰小人之幸君子之不幸一歲再赦好人喑啞凡養稂莠者傷禾稼惠姦宄者賊良人昔文王作罰刑茲無赦又蜀先主嘗謂諸葛亮曰吾周旋陳元方鄭康成間每見啓告理亂　之道備矣曾不語赦也夫小人者大人之賊故朕有天下已來不甚放赦今四海安静禮義興行非常之恩施不可數將恐愚人常冀僥倖唯欲犯法不能改過八月甲戌朔幸朝堂親覽冤屈自是上以軍國無事每日視膳於西宫癸巳公卿奏曰依禮季夏之月可以居臺榭今隆暑未退秋霖方始宫中卑濕請營一閣以居之帝曰朕有氣病豈宜下濕若遂來請糜費良多昔漢文帝將起露臺而惜十家之産朕德不逮于漢帝而所費過之豈謂爲民父母之道也竟不許是月河南河北大霜人饑九月丙午詔曰尚齒重舊先王以之垂範還章解組朝臣於是克終釋菜合樂之儀東膠西序之制養老之義遺文可覩朕恭膺大寶憲章故實乞言尊事彌切深衷然情存今古世踵澆季而策名就列或乖大體至若筋力將盡桑榆且迫徒竭夙興之勤未悟夜行之罪其有心驚止足行堪激勵謝事公門收斂閭里能以禮讓固可嘉焉内外文武羣官年高致仕抗表去職者參朝之日宜在本品見任之上丁未謂侍臣曰婦人幽閉深宫情實可愍隋氏末年求採無已至于離宫別館非幸御之所多聚宫人皆竭人財力朕所不取且灑掃之餘更何所用今將出之任求伉儷非獨以惜費亦人得各遂其性於是遣尚書左丞戴胄給事中杜正倫等於掖庭宫西門簡出之冬十月庚辰御史大夫安吉郡公杜淹卒戊子殺瀛州刺史盧祖尚十一月辛酉有事於圓丘十二月壬午黄門侍郎王珪爲侍中三年春正月辛亥契丹渠帥來朝戊午謁太廟癸亥親耕籍田辛未

。司空魏國公裴寂坐事免二月戊寅中書令邢國公房玄齡爲尚書左僕射兵部尚書檢校侍中蔡國公杜如晦爲尚書右僕射刑部尚書檢校中書令永康縣公李靖爲兵部尚書右丞魏徵爲守祕書監參預朝政夏四月辛巳太上皇徙居大安宫甲子太宗始於太極殿聽政五月周王元方薨六月戊寅以旱親録囚徒遣長孫無忌房玄齡等祈雨於名山大川中書舍人杜正倫等往關内諸州慰撫又令文武官各上封事極言得失己卯大風折木秋八月己巳朔日有蝕之薛延陀遣使朝貢九月癸丑諸州置醫學冬十一月丙午西突厥高昌遣使朝貢庚申以并州都督李世勣爲通漢道行軍摠管兵部尚書李靖爲定襄道行軍摠管以擊突厥十二月戊辰突利可汗來奔癸未杜如晦以疾辭位許之癸丑詔建義已來交兵之處爲義士勇夫殞身戎陣者各立一寺命虞世南李伯藥褚亮顔師古岑文本許敬宗朱子奢等爲之碑銘以紀功業是歲戶部奏言中國人自塞外來歸及突厥前後内附開四夷爲州縣者男女一百二十餘萬口

唐書本紀卷第二

唐書本紀卷第三

劉昫 等修

聞人詮校刻沈桐同校

太宗下

四年春正月乙亥定襄道行軍摠管李靖大破突厥獲隋皇后蕭氏及煬帝之孫正道送至京師癸巳武德殿北院火二月己亥幸溫湯甲辰李靖又破突厥于陰山頡利可汗輕騎遠遁丙午至自溫湯甲寅大赦賜酺五日民部尚書戴胄以本官檢校吏部尚書參預朝政太常卿蕭瑀爲御史大夫與宰臣參議朝政御史大夫西河郡公溫彥博爲中書令三月庚辰大同道行軍副摠管張寶相生擒頡利可汗獻於京師甲申尚書右僕射蔡國公杜如晦薨甲午以俘頡利告於太廟夏四月丁酉御順天門軍吏執頡利以獻捷自是西北諸蕃咸請上尊號爲天可汗於是降璽書册命其君長則兼稱之秋七月甲子朔日有蝕之上謂房玄齡蕭瑀曰隋文何等主對曰克己復禮

勤勞思政每一坐朝或至日昃五品已上引之論事宿衛之人傳飧而食雖非性體仁明亦勵精之主也上曰公得其一未知其二此人性至察而心不明夫心暗則照有不通至察則多疑於物自以欺孤寡得之謂群下不可信任事皆自決雖勞神苦形未能盡合於理朝臣既知上意亦復不敢直言宰相已下承受而已朕意不然以天下之廣豈可獨斷一人之慮朕方選天下之才爲天下之務委任責成各盡其用庶幾於理也因令有司詔勑不便於時即宜執奏不得順旨施行八月丙午詔三品已上服紫五品已上服緋六品七品以綠八品九品以青婦人從夫色甲寅兵部尚書代國公李靖爲尚書左僕射九月庚午令收瘞長城之南骸骨仍令致祭壬午令自古明王聖帝賢臣烈士墳墓無得芻牧春秋致祭冬十月壬辰幸隴州曲赦隴岐二州給復一年十日校獵於貴泉谷十三日校獵於魚龍川自射鹿獻於大安宮甲子至自隴州戊寅制決罪人不得鞭背以明堂孔穴針灸之所兵部尚書侯君集參議朝政十二月辛亥開府儀同

三司淮安王神通薨甲寅高昌王麴文泰來朝是歲斷死刑二十九
人幾致刑措　東至于海南至于嶺皆外戶不閉行旅不齎糧焉五
年正月癸酉大蒐於昆明池蕃夷君長咸從丙午親獻禽於大安宮
己卯幸左藏庫賜三品已上帛任其輕重癸未朝集使請封禪己酉
封皇弟元裕爲鄶王元名爲譙王靈夔爲魏王元祥爲許王元曉爲
密王庚戌封皇子愔爲梁王貞爲漢王惲爲郯王治爲晉王愼爲申
王囂爲江王簡爲代王夏四月壬辰代王簡薨以金帛購中國人因
隋亂沒突厥者男女八萬人盡還其家六月甲寅太子少師新昌
縣公李綱薨七月甲辰遣使毀高麗所立京觀收隋人骸骨祭而葬
之戊申初令天下決死刑必三覆奏在京諸司五覆奏其日尚食進
蔬食內教坊及太常不擧樂秋九月乙丑賜群官大射於武德殿冬
十月右衛大將軍順州都督北平郡王阿史那什鉢苾卒十二月壬
寅幸溫湯癸卯獵於驪山丙午賜新豐高年帛有差戊申至自溫湯
六年春正月乙卯朔日有蝕之二月丙戌置三師官員戊子初置律

學三月戊辰幸九成宮六月己亥鄧王元亨薨辛亥江王囂薨冬十
月乙卯至自九成宮十二月辛未親錄囚徒歸死罪者二百九十人
于家令明年秋末就刑其後應期畢至詔悉原之是歲党項羌前後
內屬者三十萬口
七年春正月戊子詔曰宇文化及弟智及司馬德戡裴虔通孟景元
禮楊覽唐奉義牛方裕元敏薛良馬擧元武達李孝本李孝質張愷
許弘仁令狐行達席德方李覆等大業季年咸居列職或恩結一代
任重一時乃包藏凶慝罔思忠義爰在江都遂行弒逆罪百閻趙釁
深梟獍雖事是前代歲月已久而天下之惡古今同棄宜寘重典以厲
臣節其子孫並宜禁錮勿令齒敘是日上製破陣樂舞圖辛丑賜京
城酺三日丁卯雨土乙酉薛延陀遣使來朝庚寅秘書監檢校侍中
魏徵爲侍中癸巳直太史將仕郎李淳風鑄渾天黃道儀奏之置於
凝暉閣夏五月癸未幸九成宮八月山東河南三十州大水遣使賑
恤冬十月庚申至自九成宮十一月丁丑頒新定五經壬辰開府儀

同三司齊國公長孫無忌爲司空十二月丙辰狩于少陵原詔以少
牢祭杜如晦杜淹李綱之墓
八年正月癸未右衛大將軍阿史那吐苾卒辛丑右屯衛大將軍張
士貴討東西五洞反獠平之壬寅命尚書右僕射李靖特進蕭瑀楊
恭仁禮部尚書王珪御史大夫韋挺鄜州大都督府長史皇甫無逸
揚州大都督府長史李襲譽幽州大都督府長史張亮涼州大都督
李大亮右領軍大將軍竇誕太子左庶子杜正倫綿州刺史劉德威
黃門侍郎趙弘智使于四方觀省風俗二月乙巳皇太子加元服丙
午賜天下酺三日三月庚辰幸九成宮五月辛未朔日有蝕之丁丑
上初服翼善冠貴臣服進德冠七月始以雲麾將軍階爲從三品隴
右山崩大蛇屢見山東河南淮南大水遣使賑恤八月甲子有星孛
于虛危歷于氐十一月上旬乃滅九月丁丑皇太子來朝冬十月右
驍衛大將軍褒國公段志玄擊吐谷渾破之追奔八百餘里甲子至
自九成宮十一月辛未右僕射代國公李靖以疾辭官授特進丁亥吐

谷渾寇涼州己丑吐谷渾拘我行人趙道德十二月辛丑命特進李
靖兵部尚書侯君集刑部尚書任城王道宗涼州都督李大亮等爲
大總管各帥師分道以討吐谷渾壬子越王泰爲雍州牧乙卯帝從
太上皇閱武於城西是歲龜茲吐蕃高昌女國石國遣使朝貢
九年春三月洮州羌叛殺刺史孔長秀壬午大赦每鄉置長一人佐
二人乙酉鹽澤道總管高甑生大破叛羌之衆庚寅敕天下戶立三
等未盡升降置爲九等夏四月壬寅康國獻獅子閏月丁卯日有蝕
之癸巳大總管李靖侯君集李大亮任城王道宗破吐谷渾於牛心
堆五月乙未又破之於烏海追奔至烏海副總管薛萬均薛萬徹又
破之於赤水源獲其名王二十人庚子太上皇崩於大安宮壬子李
靖平吐谷渾於西海之上獲其王慕容伏允以其子慕容順光降封
爲西平郡王復其本國秋七月甲寅增修太廟爲六室冬十月庚寅
葬高祖太武皇帝於獻陵戊申祔于太廟辛丑左僕射魏國公房玄
齡加開府儀同三司餘如故十二月甲戌吐谷渾西平郡王慕容順

光爲其下所弑遣兵部尚書侯君集率師安撫之仍封順光子諾曷
鉢爲河源郡王使統其衆右光祿大夫宋國公蕭瑀依舊特進復令
參預朝政
十年春正月壬子尚書左僕射房玄齡侍中魏徵上梁陳齊周隋五
代史詔藏于秘閣癸丑徙封趙王元景爲荆王魯王元昌爲漢王鄭
王元禮爲徐王徐王元嘉爲韓王荆王元則爲彭王滕王元懿爲鄭
王吳王元軌爲霍王豳王元鳳爲虢王陳王元慶爲道王魏王靈夔
爲燕王蜀王恪爲吳王越王泰爲魏王燕王祐爲齊王梁王愔爲蜀
王郯王惲爲蔣王漢王貞爲越王申王慎爲紀王夏六月以侍中魏
徵爲特進仍知門下省事壬申中書令溫彥博爲尚書右僕射甲戌
太常卿安德郡公楊師道爲侍中己卯皇后長孫氏崩于立政殿冬
十一月庚寅葬文德皇后於昭陵十二月壬申吐谷渾河源郡王慕
容諾曷鉢來朝乙亥親錄京師囚徒是歲關內河東疾病命醫齎藥
療之

○十一年春正月丁亥朔徙鄶王元裕爲鄧王譙王元名爲舒王癸巳
加魏王泰爲雍州牧左武候大將軍庚子頒新律令於天下作飛山
宮甲寅房玄齡等進所修五禮詔所司行用之二月丁亥詔曰夫生
者天地之大德壽者修短之一期生有七尺之形壽以百齡爲限含
靈稟氣莫不同焉皆得之於自然不可以分外企也是以禮記云君
即位而爲椑莊周云勞我以形息我以死豈非聖人遠鑒通賢深識
末代已來明辟蓋寡靡不矜黃屋之尊慮白駒之過並多拘忌有慕
遐年謂雲車易乘義輪可駐異軌同趣其蔽甚矣有隋之季海內橫
流豺狼肆暴吞噬黔首朕投袂發憤情深拯溺扶翼義師濟斯塗炭
賴蒼昊降鑒股肱宣力提劍指麾天下大定此朕之宿志於斯已畢
猶恐身後之日子子孫孫習於流俗猶循常禮加四重之櫬伐百祀
之木勞擾百姓崇厚陵令預爲此制務從儉約於九嵕之山足容棺
而已積以歲月漸而備之木馬塗車土桴葦籥事合古典不爲時用
又佐命功臣或義深舟檝或謀定帷幄或身摧行陣同濟艱危克成
鴻業追念在昔何日忘之使逝者無知咸歸寂寞若營魂有識還如
疇曩居止相望不亦善乎漢氏使將相陪陵又給以東園秘器篤終
之義恩意深厚古人豈異我哉自今已後功臣密戚及德業佐時者
如有薨亡宜賜塋地一所及以秘器使窀穸之時喪事無闕所司依
此營備稱朕意焉甲子幸洛陽宮命祭漢文帝三月丙戌朔日有蝕
之丁亥車駕至洛陽丙申改洛州爲洛陽宮辛亥大蒐於廣城澤癸
丑還宮夏四月甲子震乾元殿前槐樹丙寅詔河北淮南舉孝悌淳
篤兼閑時務儒術該通可爲師範文辭秀美才堪著述明識政體可
委宇人并志行修立爲鄉閭所推者給傳詣洛陽宮六月甲寅尚書
右僕射虞國公溫彥博薨丁巳幸明德宮己未定制諸王爲世封刺
史戊辰定制勳臣爲世封刺史改封任城王道宗爲江夏郡王趙郡
王孝恭爲河間郡王己巳改封許王元祥爲江王秋七月癸未大霪
雨穀水溢入洛陽宮深四尺壞左掖門毀宮寺十九所洛水溢漂六
百家庚寅詔以災命百官上封事極言得失丁酉車駕還宮壬寅廢

○明德宮及飛山宮之玄圃院分給遭水之家仍賜帛有差丙午脩老
君廟於亳州宣尼廟於兗州各給二十戶享祀焉涼武昭王復近墓
二十戶充守衛仍禁芻牧樵採九月丁亥河溢壞陝州河北縣毀河
陽中潬幸白司馬坂以觀之賜遭水之家粟帛有差冬十二月辛卯
幸懷州乙未狩于濟源丙午車駕還宮十二月辛酉百濟王遣其太
子隆來朝
十二年春正月乙未吏部尚書高士廉等上氏族志一百三十卷壬
寅松叢二州地震壞人廬舍有壓死者二月乙卯車駕還京癸亥觀
砥柱勒銘以紀功德甲子夜郎獠反夔州都督齊善行討平之乙丑
次陝州自新橋幸河北縣祀夏禹廟丁卯次柳谷頓觀鹽池戊寅以
隋鷹揚郎將堯君素忠於本朝贈蒲州刺史仍錄其子孫閏二月庚
辰朔日有蝕之丙戌至自洛陽宮夏五月壬申銀青光祿大夫永興
縣公虞世南卒六月庚子初置玄武門左右飛騎秋七月癸酉吏部
尚書申國公高士廉爲尚書右僕射冬十月乙卯狩于始平賜高年

粟帛有差乙未至自始平己亥百濟遣使貢金甲雕斧十二月辛巳右武候將軍上官懷仁大破山獠於壁州

十三年春正月乙巳朔謁獻陵曲赦三原縣及行從大辟罪丁未至自獻陵戊午加房玄齡爲太子少師二月丙子停世襲刺史三月乙丑有星孛于畢昴夏四月戊寅幸九成宮甲申阿史那結社爾犯御營伏誅壬寅雲陽石燃者方丈晝如灰夜則有光投草木於上則焚歷年而止自去冬不雨至于五月甲寅避正殿令五品以上上封事減膳罷役分使賑恤申理冤屈乃雨六月丙申封皇弟元嬰爲滕王秋八月辛未朔日有蝕之庚辰立右武候大將軍化州都督懷化郡王李思摩爲突厥可汗率所部建牙于河北冬十月甲申至自九成宮十一月辛亥侍中安德郡公楊師道爲中書令十二月丁丑吏部尚書陳國公侯君集爲交河道行軍大總管帥師伐高昌乙亥封皇子福爲趙王壬午嶲州都督王志遠有罪伏誅詔於洛相幽徐齊并秦蒲等州並置常平倉己丑吐谷渾河源郡王慕容諾曷鉢來逆女

唐紀三　六

○壬辰狩于咸陽是歲滁州言野蠶食槲葉成繭大如柰其色緑凡六千五百七十碩高麗新羅西突厥吐火羅康國安國波斯疎勒于闐焉耆高昌林邑昆明及荒服蠻酋相次遣使朝貢

十四年春正月庚子初命有司讀時令甲寅幸魏王泰宅赦雍州及長安獄大辟罪已下二月丁丑幸國子學觀釋奠赦大理萬年繫囚國子祭酒以下及學生高第精勤者加一級賜帛有差庚辰左驍衛將軍淮陽王道明送弘化公主歸于吐谷渾壬午幸溫湯辛卯至自溫湯乙未詔以梁皇侃褚仲都周熊安生沈重陳沈文阿周弘正張譏隋何妥劉焯劉炫等前代名儒學徒多行其義命求其後三月戊午置寧朔大使以護突厥夏五月壬戌徙封燕王靈夔爲魯王六月乙酉大風拔木己丑薛延陁遣使求婚己未滁州野蠶成繭凡收八千三百碩八月庚午新作襄城宮癸巳交河道行軍大總管侯君集平高昌以其地置西州九月癸卯曲赦西州大辟罪乙卯於西州置安西都護府冬十月己卯詔以贈司空河間元王孝恭贈陝東道大行臺尚書右僕射鄖節公殷開山贈民部尚書渝襄公劉政會等配饗高祖廟庭閏月乙未幸同州甲辰狩于堯山庚戌至自同州丙辰吐蕃遣使獻黃金器千斤以求婚十一月甲子朔日南至有事于圜丘十二月丁酉交河道旋師吏部尚書陳國公侯君集執高昌王麴智盛獻捷于觀德殿行飲至之禮賜酺三日乙卯高麗世子相權來朝

十五年春正月丁卯吐蕃遣其國相祿東贊來逆女丁丑禮部尚書江夏王道宗送文成公主歸吐蕃辛巳幸洛陽宮三月戊申幸襄城宮庚午廢襄城宮夏四月辛卯詔以來年二月有事太山所司詳定儀制五月壬申并州僧道及老人等抗表以太原王業所因明年登封已後願時臨幸上於武成殿賜宴因從容謂侍臣曰朕少在太原喜羣聚博戲暑往寒逝將三十年矣時會中有舊識上者相與道舊以爲笑樂因謂之曰他人之言或有面諛公等朕之故人實以告朕即日政教於百姓何如人間得無疾苦耶皆奏即日四海太平百姓

唐紀三　七

○歡樂陛下力也臣等餘年日惜一日但眷戀聖化不知疾苦因固請過并州上謂曰飛鳥過故鄉猶躑躅徘徊況朕於太原起義遂定天下復少小遊觀誠所不忘岱禮若畢或冀與公等相見於是賜物各有差丙子百濟王扶餘璋卒詔立其世子扶餘義慈嗣其父位仍封爲帶方郡王六月戊申詔天下諸州舉學綜古今及孝悌淳篤文章秀異者並以來年二月總集泰山己酉有星孛于太微犯郎位丙辰停封泰山避正殿以思咎命食減膳秋七月甲戌孛星滅冬十月辛卯大閱於伊闕壬辰幸嵩陽辛丑還宮十一月壬戌廢鄉長壬申還京師癸酉薛延陁以同羅僕骨廻紇靺鞨霫之衆度漠屯于白道川命營州都督張儉統所部兵厭其東境兵部尚書李勣爲朔方行軍總管右衛大將軍李大亮靈州道行軍總管涼州都督李襲譽爲涼州道行軍總管分道以禦之十二月戊子朔至自洛陽宮甲辰李勣及薛延陁戰于諾眞水大破之斬首三千餘級獲馬萬五千匹薛延陀跳身而遁勣旋破突厥思結於五臺縣虜其男女千餘口獲羊馬

稱是

十六年春正月辛未詔在京及諸州死罪囚徙配西州為戶流人未達前所者徙防西州兼中書侍郎江陵子岑文本為中書侍郎專知機密夏六月辛卯詔復隱王建成曰隱太子改封海陵剌王元吉曰巢剌王秋七月戊午司空趙國公無忌為司徒尚書左僕射梁國公玄齡為司空九月丁巳特進鄭國公魏徵為太子太師知門下省事如故冬十一月丙辰狩于岐山辛酉使祭隋文帝陵丁卯宴武功士女於慶善宮南門酒酣上與父老等涕泣論舊事老人等遞起為舞爭上萬歲壽上各盡一杯庚午至自岐州十二月癸卯幸溫湯甲辰狩于驪山時陰寒晦冥圍兵斷絕上乘高望見之欲捨其罰恐虧軍令乃迴轡入谷以避之是歲高麗大臣蓋蘇文弒其君高武而立武兄子藏為王

十七年春正月戊辰右衛將軍代州都督劉蘭謀反腰斬太子太師鄭國公魏徵薨戊申詔圖畫司徒趙國公無忌等勳臣二十四人於

凌煙閣二月丙辰齊州都督齊王祐長史權萬紀典軍韋文振據齊州自守詔兵部尚書李勣刑部尚書劉德威發兵討之兵未至兵曹杜行敏執之而降遂賜死于內侍省丁巳熒惑守心前星十九日而退夏四月庚辰朔皇太子有罪廢為庶人漢王元昌吏部尚書侯君集並坐與連謀伏誅丙戌立晉王治為皇太子大赦賜酺三日丁亥中書令楊師道為吏部尚書己丑加司徒趙國公長孫無忌太子太師司空梁國公房玄齡太子太傅特進宋國公蕭瑀太子太保兵部尚書英國公李勣為太子詹事仍同中書門下三品庚寅上親謁太廟以謝承乾之過癸巳魏王泰以罪降爵為東萊郡王五月乙丑手詔舉孝廉茂才異能之士六月己卯朔日有蝕之壬午改葬隋恭帝丁酉尚書右僕射高士廉請致仕詔以為開府儀同三司同中書門下三品閏月戊午薛延陀遣其兄子突利設獻馬五萬匹牛駝一萬羊十萬以請婚許之丙子徙封東萊郡王泰為順陽王秋七月庚辰京城訛言云上遣棖棖取人心肝以祠天狗遞相驚悚上遣使遍加宣諭月餘乃止丁酉司空太子太傅梁國公房玄齡以母憂罷職八月工部尚書鄖國公張亮為刑部尚書參預朝政九月癸未徙庶人承乾于黔州冬十月丁巳房玄齡起復本職十一月己卯有事于南郊壬午賜天下酺三日以涼州獲瑞石曲赦涼州并錄京城及諸州繫囚多所原宥

十八年春正月壬寅幸溫湯夏四月辛亥幸九成宮秋八月甲子至自九成宮丁卯散騎常侍清苑男劉洎為侍中中書侍郎江陵子岑文本中書侍郎馬周並為中書令九月黃門侍郎褚遂良參預朝政冬十月辛丑朔日有蝕之甲辰初置太子司議郎官員甲寅幸洛陽宮安西都護郭孝恪師師滅焉耆執其王突騎支送行在所十一月壬寅車駕至洛陽宮庚子命太子詹事英國公李勣為遼東道行軍摠管出柳城禮部尚書江夏郡王道宗副之刑部尚書鄖國公張亮為平壤道行軍摠管以舟師出萊州左領軍常何瀘州都督左難當副之發天下甲士召募十萬並趣平壤以伐高麗十二月辛丑庶人

承乾死

十九年春二月庚戌上親統六軍發洛陽乙卯詔皇太子留定州監國開府儀同三司申國公高士廉攝太子太傅與侍中劉洎中書令馬周太子少詹事張行成太子右庶子高季輔五人同掌機務以吏部尚書安德郡公楊師道為中書令贈殷比干為太師謚曰忠烈命所司封墓葺祠堂春秋祠以少牢上自為文以祭之三月壬辰上發定州以司徒太子太師兼檢校侍中趙國公長孫無忌中書令岑文本楊師道從夏四月癸卯誓師於幽州城南因大饗六軍以遣之丁未中書令岑文本卒于師癸亥遼東道行軍大摠管英國公李世勣攻蓋牟城破之五月丁丑車駕渡遼甲申上親率鐵騎與李世勣會圍遼東城因烈風發火弩斯須城上屋及樓皆盡麾戰士令登乃拔之六月丙辰師至安市城丁巳高麗別將高延壽高惠真帥兵十五萬來援安市以拒王師李世勣率兵奮擊上自高峯引軍臨之高麗大潰殺獲不可勝紀延壽等以其衆降因名所幸山為駐蹕山刻石紀

功焉賜天下大酺二日秋七月李世勣進軍攻安市城至九月不剋
乃班師冬十月丙辰入臨渝關皇太子自定州迎謁戊午次漢武臺
刻石以紀功德十一月辛未幸幽州癸酉大饗還師十二月戊申幸
并州侍中清苑男劉洎以罪賜死是歲薛延陁眞珠毗伽可汗死
二十年正月上在并州丁丑遣大理卿孫伏伽黃門侍郎褚遂良等
二十二人以六條巡察四方黜陟官吏庚辰曲赦并州宴從官及起
義元從賜粟帛給復有差三月己巳車駕至京師己丑刑部尚書鄖
國公張亮謀反誅閏月癸巳朔日有蝕之夏四月甲子太子太師趙
國公長孫無忌太子太傅梁國公房玄齡太子太保宋國公蕭瑀各
辭調護之職詔許之六月遣兵部尚書固安公崔敦禮特進英國公
李世勣擊破薛延陁於鬱督軍山北前後斬首五千餘級虜男女三
萬餘人秋八月甲子封皇孫爲陳王己巳幸靈州庚午次涇陽頓鐵
勒迴紇拔野古同羅僕骨多濫葛思結阿跌契苾跌結渾斛薛等十
一姓各遣使朝貢奏稱延陁可汗不事大國部落烏散不知所之奴

等各有分地不能逐延陁去歸命天子乞置漢官詔遣會靈州九月
甲辰鐵勒諸部落俟斤頡利發等遣使相繼而至靈州者數千人來
貢方物因請置吏咸請至尊爲可汗於是北荒悉平爲五言詩勒石
以序其事辛亥靈州地震有聲冬十月前太子太保宋國公蕭瑀貶
商州刺史丙戌至自靈州
二十一年春正月壬辰開府儀同三司申國公高士廉薨丁酉詔以來
年二月有事泰山甲寅賜京師酺三日二月壬申詔以左丘明卜子夏
公羊高穀梁赤伏勝高堂生戴聖毛萇孔安國劉向鄭衆杜子春馬
融盧植鄭康成服子愼何休王肅王輔嗣杜元凱范甯等二十一人
代用其書垂於國胄自今有事於太學並命配享宣尼廟堂丁丑皇
太子於國學釋菜夏四月乙丑營太和宮於終南之上改爲翠微宮
五月戊子幸翠微宮六月癸亥司徒趙國公無忌加授揚州都督秋
七月庚子建玉華宮於宜君縣之鳳凰谷庚戌至自翠微宮八月壬
戌詔以河北大水停封禪辛未骨利幹國遣使貢名馬丁酉封皇子

明爲曹王冬十一月癸卯徙封順陽王泰爲濮王十二月戊寅左驍
衛大將軍阿史那社爾右驍衛大將軍契苾何力安西都護郭孝恪
司農卿楊弘禮爲崑山道行軍大總管以伐龜茲是歲墮婆登乙利
鼻林送都播羊同石波斯康國吐火羅阿悉吉等遠夷十九國並遣
使朝貢又於突厥之北至于迴紇部落置驛六十六所以通北荒焉
二十二年春正月庚寅中書令馬周卒司徒趙國公無忌兼檢校中
書令知中書門下二省事己亥刑部侍郎崔仁師爲中書侍郎參知機
務戊戌幸溫湯戊申還宮二月前黃門侍郎褚遂良起復黃門侍郎
中書侍郎崔仁師除名配流連州癸丑西番沙鉢羅葉護率衆歸附
以其俟斤屈裴祿爲忠武將軍兼大俟斤戊午以結骨部置堅昆都
督乙亥幸玉華宮乙卯賜所經高年篤疾粟帛有差乙卯虎子華原
四月甲寅磧外蕃人爭牧馬出界上親臨斷決然後咸服丁巳右武
候將軍梁建方擊松外蠻下其部落七十二所五月庚子右衛長史
王玄策擊帝那伏帝國大破之獲其王阿羅那順及王妃子等虜男

女萬二千人牛馬二萬餘以詣闕使方士那羅邇娑婆於金飈門造
延年之藥吐蕃贊普擊破中天竺國遣使獻捷六月癸酉特進宋國
公蕭瑀薨秋七月癸卯司空梁國公房玄齡薨八月己酉朔日有蝕
之九月己亥黃門侍郎褚遂良爲中書令十月癸亥至自玉華宮十
一月戊戌眉邛雅三州獠反右衛將軍梁建方討平之庚子契丹帥
窟哥奚帥可度者並率其部內屬以契丹部爲松漠都督以奚部置
饒樂都督十二月乙卯增置殿中侍御史監察御史各二員大理寺
置平事十員閏月丁丑朔崑山道總管阿史那社爾降處密處月破
龜茲大撥等五十城虜數萬口執龜茲王訶黎布失畢以歸龜茲平
西域震駭副將薛萬徹脅于闐王伏闍信入朝癸未新羅王遣其相
伊贊千金春秋及其子文王來朝是歲新羅女王金善德死遣册立
其妹眞德爲新羅王
二十三年春正月辛亥俘龜茲王訶黎布失畢及其相那利等獻于
社廟二月丙戌置瑤池都督府隸安西都護府丁亥西突厥肆葉護

可汗遣使來朝三月丙辰置鄯州都督府自去冬不雨至于此月己
未乃雨辛酉大赦丁卯勑皇太子於金液門聽政是月日赤無光四
月己亥幸翠微宮五月戊午太子詹事英國公李世勣爲疊州都督
辛酉開府儀同三司衛國公李靖薨己巳上崩於含風殿年五十二
遺詔皇太子即位於柩前喪紀宜用漢制秘不發喪庚午遣舊將統飛
騎勁兵從皇太子先還京發六府甲士四千人分列於道及安化門
翼從乃入大行御馬輿從官侍御如常壬申發喪六月甲戌朔殯于
太極殿八月丙子百寮上謚曰文皇帝廟號太宗庚寅葬昭陵■上
元元年八月改上尊號曰文武聖皇帝天寶十二載二月改上尊號
爲文武大聖大廣孝皇帝

史臣曰臣觀文皇帝發迹多奇聰明神武拔人物則不私於黨負志
業則咸盡其才所以屈突尉遲由仇敵而願傾心膂馬周劉洎自疎
遠而卒委鈞衡終平泰階諒由斯道嘗試論之礎潤雲興蟲鳴螽躍
雖堯舜之聖不能用檮杌窮奇而治平伊呂之賢不能爲夏桀殷辛

而昌盛君臣之際遭遇斯難以至抉目剖心蟲流筋擢良由遭值之
異也以房魏之智不踰于丘軻遂能尊主庇民者遭時也或曰以太
宗之賢失愛於昆弟失教於諸子何也曰然舜不能仁四罪堯不能
訓丹朱斯前志也當神堯任讒之年建成忌功之日苟除畏偪孰顧
分崩變故之興間不容髮方懼毀巢之禍寧虞尺布之謠承乾之愚
聖父不能移也若文皇自定儲於哲嗣不騁志於高麗用人如貞觀
之初納諫比魏徵之日況周發周成之世襲我有遺妍較漢文漢武
之恢弘彼多慚德迹其聽斷不惑從善如流千載可稱一人而已

贊曰昌發啓國一門三聖文定高位友于不令管蔡既誅成康道正
貞觀之風到今歌詠

唐書本紀卷第三

唐書本紀卷第四

劉昫等修
聞人詮校刻沈桐同校

高宗上

高宗天皇大聖大弘孝皇帝諱治太宗第九子也母曰文德順聖長
孫皇后以貞觀二年六月生於東宫之麗正殿五年封晉王七年遥
授并州都督幼而岐嶷端審寛仁孝友初授孝經於著作郎蕭德言
太宗問曰此書中何言爲對曰夫孝始於事親中於事君終於立身
君子之事上進思盡忠退思補過將順其美匡救其惡太宗大悅曰
行此足以事父兄爲臣子矣及文德皇后崩晉王時年九歲哀慕感
動左右太宗屢加慰撫由是特深寵異尋拜右武候大將軍十七年
皇太子承乾廢魏王泰亦以罪黜太宗與長孫無忌房玄齡李勣等
計議立晉王爲皇太子太宗每視朝常令在側觀決庶政或令參議
太宗數稱其善十八年太宗將伐高麗命太子留鎮定州及駕發有

期悲啼累日因請飛驛遞表起居并遞勑垂報並許之飛表奏事自
此始也及軍旋太子從至并州時太宗患癰太子親吮之扶輦步從
數日二十三年五月己巳太宗崩庚午以禮部尚書兼太子少師黎
陽縣公于志寧爲侍中太子少詹事兼尚書左丞張行成爲兼侍中
檢校刑部尚書太子右庶子兼吏部侍郎攝戸部尚書高季輔爲兼
中書令檢校吏部尚書太子左庶子高陽縣男許敬宗兼禮部尚書
辛未還京六月甲戌朔皇太子即皇帝位時年二十二詔曰大行皇
帝奄棄普天痛貫心靈若窴湯火思遵大孝不敢滅身永慕長號將
何逮及粤以孤眇屬當元嗣思勵空薄康濟黎元敬順惟新仰昭先
德宜布凱澤被乎億兆可大赦天下内外文武賜勳官一級諸年八
十以上賚以粟帛雍州及諸州比年供軍勞役尤甚之處並給復一
年辛巳改民部尚書爲戸部尚書疊州都督英國公勣爲特進檢校
洛州刺史仍於洛陽宮留守癸未詔司徒揚州都督趙國公無忌爲
太尉兼檢校中書令知尚書門下二省事餘並如故賜物三千段癸

巳特進英國公勣爲開府儀同三司同中書門下三品秋七月丙午改治書侍御史爲御史中丞諸州治中爲司馬別駕爲長史治禮郎爲奉禮郎以避上名以貞觀時不諱先帝二名禮不偏諱上既單名臣子不合指斥上乃從之已酉于闐王伏闍信來朝八月癸酉朔河東地震晉州尤甚壞廬舍壓死者五千餘人三日又震詔遣使存問給復二年壓死者賜絹三匹以開府儀同三司英國公勣爲尚書左僕射同中書門下三品僕射始帶同中書門下庚寅葬太宗於昭陵九月甲寅加授鄜州刺史荊王元景爲司徒前安州都督吳王恪爲司空兼梁州刺史丙寅贈太尉梁國公玄齡贈司徒申國公士廉贈左僕射蔣國公屈突通並可配食太宗廟庭冬十一月甲子以瑤池都督阿史那賀魯爲左驍衛大將軍乙丑晉州地又震是冬無雪

○永徽元年春正月辛丑朔上不受朝詔改元壬寅御太極殿受朝而不會丙午立妃王氏爲皇后丁未以陳王忠爲雍州牧二月辛卯封皇子孝爲許王上金爲杞王素節爲雍王夏四月已巳朔晉州地又震五月丁未上謂羣臣曰朕謬膺大位政教不明遂使晉州之地屢有震動良由賞罰失中政道乖方卿等宜各進封事極言得失以匡不逮吐火羅遣使獻大鳥如駝食銅鐵上遣獻于昭陵吐蕃贊普死遣右武衛將軍鮮于匡濟齎璽書往吊祭六月庚辰晉州地震秋七月丙寅以旱親録京城囚徒九月癸卯右驍衛郎將高侃執車鼻可汗詣闕獻于社廟及昭陵已未尚書左僕射英國公勣固請解職許之令以開府儀同三司同中書門下三品十一月已未中書令河南郡公褚遂良左授同州刺史十二月瑤池都督沙鉢羅葉護阿史那賀魯以府叛自稱可汗摠有西域之地是歲雍絳同等九州旱蝗齊定等十六州水

二年春正月戊戌詔曰去歲關輔之地頗弊蝗螟天下諸州或遭水旱百姓之間致有罄乏此由朕之不德兆庶何辜矜物罪己載深憂惕今獻歲肇春東作方始糧廩或空事資賑給其遣蟲水處有貧乏者得以正義倉賑貸雍同二州各遣郎中一人充使存問務盡哀矜之旨副朕乃眷之心乙巳黃門侍郎平昌縣公宇文節加銀青光祿大夫依舊同中書門下三品守中書侍郎柳奭爲中書侍郎依舊同中書門下三品夏四月乙酉秩太廟令及獻昭二陵令從五品丞從七品五月壬辰開府儀同三司及京官文武職事四品五品並給隨身魚六月辛酉開府儀同三司襄邑王神符薨秋七月丁未賀魯寇陷金嶺城蒲類縣遣武候大將軍梁建方右驍衛大將軍契苾何力爲弓月道總管以討之正月乙丑大食國始遣使朝獻已巳侍中燕國公于志寧爲尚書左僕射侍中兼刑部尚書北平縣公張行成爲尚書左僕射並同中書門下三品猶不入銜中書令兼檢校吏部尚書蓨縣公高季輔爲侍郎九月癸巳改九成宮爲萬年宮廢玉華宮以爲佛寺閏月辛未頒新定律令格式於天下冬十月辛卯晉州地震十一月辛丑有事於南郊戊辰定襄地震丁丑以高昌故地置安西都護府白水蠻寇麻州命左領軍將軍趙孝祖討平之

○三年春正月癸亥以去秋至于是月不雨上避正殿降天下死罪及流罪遞減一等徒以下咸有之弓月道摠管梁建方契苾何力等大破處月朱耶孤注於牢山斬首九千級虜渠帥六千俘生口萬餘獲牛馬雜畜七萬丙寅太尉趙國公無忌以旱請遜位不許已巳同州刺史河南郡公褚遂良爲吏部尚書門下三品丙子親祠太廟丁亥籍于千畝賜羣官帛有差三月辛巳黃門侍郎平昌縣公宇文節爲侍中中書侍郎柳奭爲中書令庚申幸觀德殿賜文武群官大射夏四月庚寅左領軍將軍趙孝祖大破白水蠻大教律甲午澧州刺史彭王元則薨五月庚辰詔以周司沐大夫裴融齊侍中崔季舒給事黃門侍郎裴澤尚書左丞封孝琰隋儀同三司豆盧毓御史中丞游楚客等並門梃忠鯁其子孫各宜甄擢秋七月丁巳立陳王忠爲皇太子大赦天下五品已上子爲父後者賜勳一轉大酺三日乙丑左僕射于志寧兼太子少師右僕射張行成兼太子少傅侍中高季輔兼太子少保侍中宇文節兼太子詹事丁丑上問戶部尚書高履行

去年進戶多少覆行奏稱進戶揔一十五萬又問曰隋日有幾戶今
見有幾戶覆行奏隋開皇中有戶八百七十萬即今見有戶三百八
十萬九月丁巳改太子中允爲内允中書舍人爲内史舍人諸率府
中郎將改爲旅賁郎以避太子名冬十月戊戌幸同安大長公主第
又幸高陽長公主第即日還宫十一月乙亥駁馬國遣使朝貢庚寅
弘化長公主自吐谷渾來朝十二月癸巳濮陽王泰薨
四年春正月癸丑朔上臨軒不受朝以濮王泰在殯故也丙子新除
房州刺史駙馬都尉房遺愛司徒秦州刺史荆王元景司空安州刺
史吳王恪寧州刺史駙馬都尉薛萬徹嵐州刺史駙馬都尉柴令武
謀反二月乙酉遺愛萬徹令武等並伏誅元景恪巴陵高陽公主並
賜死左驍衛大將軍安國公執失思力配流巂州侍中兼太子詹事
平昌縣公宇文節配流桂州戊子特進太常卿江夏王道宗配流桂
州恪母弟蜀王愔廢爲庶人己亥絳州刺史徐王元禮加授司徒開
府儀同三司英國公勣爲司空三月壬子朔頒孔穎達五經正義於

○天下每年明經令依此考試丙辰上御觀德殿陳逆人房遺愛等口
馬資財爲五垜引王公諸親蕃客及文武九品已上射夏四月戊子
林邑國王遣使來朝貢馴象壬寅以旱避正殿減膳親録繫囚遣
使分省天下寃獄詔文武官極言得失八月己亥隕石十八于同州
之馮翊有聲如雷九月壬寅尚書右僕射北平縣公張行成薨甲戌
吏部尚書河南郡公褚遂良爲尚書右僕射依舊知政事冬十月庚
子幸新豐之温湯甲辰曲赦新豐乙巳至自温湯戊申睦州女子陳
碩貞舉兵反自稱文佳皇帝攻陷睦州屬縣婺州刺史崔義玄揚州
都督府長史房仁裕各率衆討平之十一月癸丑兵部尚書固安縣
公崔敦禮爲侍中頒新律疏於天下十二月庚子侍中兼太子少保
蓨縣公高季輔卒
五年春三月戊午幸萬年宫辛未曲赦所經州縣繫囚以工部尚書
閻立德領丁夫四萬築長安羅郭夏四月守黃門侍郎潁川縣公韓
瑗守尚書侍郎來濟並加銀青光禄大夫依舊同中書門下三品閏

五月丁丑夜大雨水漲暴溢漂溺麟遊縣居人及當番衛士死者三
千餘人六月恒州大雨滹沱河泛溢溺五千餘家癸丑蒲州汾陰縣
暴雨漂溺居人浸壞廬舍癸亥中書令柳奭罷爲吏部尚書丙寅河北
諸州大水七月辛巳有小鳥如雀生大鳥如鳩於萬年宫皇帝舊宅
八月大理奏決死囚揔管七十餘人辛亥詔自今已後五品已上有
薨亡者隨身魚並不須追收辛未吐蕃使人獻馬百匹及大驢可高
五丈廣袤各二十七步九月丁酉至自萬年宫冬十一月癸酉築京
師羅郭和雇京兆百姓四萬一千人板築三十日而罷九門各施觀
十二月癸丑倭國獻琥珀碼碯琥珀大如斗碼碯大如五斗器戊午
發京師謁昭陵在路生皇子賢己未勅二年一定戶
六年春正月壬申朔親謁昭陵曲赦醴泉縣民放今年租賦陵所宿
衛將軍郎將進爵一等陵令丞加階賜物甲戌至自昭陵於陵側建
佛寺庚寅封皇子弘爲代王賢爲潞王二月乙巳皇太子忠加元服
内外文武職事五品已上爲父後者賜勳一級大酺三日三月營州

○都督程元振破高麗於貴端水嘉州辛道讓妻一産四男壬戌昭儀
武氏著内訓一篇夏五月癸未命左屯衛大將軍盧國公程知節等
五將軍帥師出葱山道以討賀魯黃門侍郎潁川郡公韓瑗爲侍中
中書侍郎南陽男來濟爲中書令兼吏部尚書河東縣男柳奭貶遂
州刺史六月大食國遣使朝貢秋七月乙亥侍中固安縣公崔敦禮
爲中書令乙酉均天下州縣公廨八月尚藥奉御蔣孝璋員外特置
仍同正員外同正自蔣孝璋始也己酉大理更置少卿一員先是大
雨道路不通京師米價暴貴出倉粟糶之京師東西二市置常平倉九
月庚午尚書右僕射河南郡公褚遂良以諫立武昭儀貶授潭州都
督乙酉洛州大水毀天津橋冬十月己酉廢皇后王氏爲庶人立昭
儀武氏爲皇后大赦天下十一月丁卯朔臨軒命司空勣左僕射志
寧册皇后文武群官及蕃夷之長奏朝皇后於肅義門十一月己巳
皇后見于廟癸酉追贈后父故工部尚書應國公贈并州都督武士
彠爲司空丙子淄州高苑縣吳文威妻魏氏一産四男三見育癸巳

應國夫人楊氏改封代國夫人十二月遣禮部尚書高陽縣男許敬宗每日侍詔於武德殿西門

七年春正月辛未廢皇太子忠爲梁王立代王弘爲皇太子壬申大赦改元爲顯慶文武九品已上及五品已下子爲父後者賜勳官一轉大酺三日甲子尚書左僕射兼太子少師燕國公于志寧兼太子太傅侍中韓瑗中書令來濟禮部尚書許敬宗並爲太子賓客始有賓客也御玄武門餞葱山道大總管程知節二月庚寅名破陣樂爲神功破陣樂辛亥贈司空武士彠爲司徒周國公三月辛巳皇后祀先蠶于北郊丙戌戶部侍郎杜正倫爲守黃門侍郎同中書門下三品夏四月戊申御安福門觀僧玄奘迎御製并書慈恩寺碑文導從以天竺法儀其徒甚盛五月己卯太尉長孫無忌進史官所撰梁陳周齊隋五代史志三十卷弘文館學士許敬宗進所撰東殿新書二百卷上自製序六月岐州刺史潞王賢爲雍州牧秋七月癸未中書令兼檢校太子詹事固安縣公崔敦禮爲太子少師同中書門下三品

○改戶部尚書爲度支尚書侍郎亦然八月丙申太子少師崔敦禮卒左衛大將軍程知節與賀魯所部歌邏祿獲剌頡發及處月預支俟斤等戰於榆慕谷大破之斬首千餘級獲駝馬牛羊萬計九月癸酉初詔戶滿三萬已上爲上州二萬已上爲中州先爲上州中州者各依舊皇后製外戚誡庚辰括州海水泛溢壞安固永嘉二縣損四千餘家辛巳初制都督及上州各置執刀十五人中州下州十人癸未初置驃騎大將軍官爲從一品程知節與賀魯男咥運戰斬首數千級進至怛篤城俘其部落戶口及貨物鉅積冬十一月乙丑皇子顯生詔宗官朝集使各加勳級十二月乙酉置算學左屯衛大將軍程知節坐討賀魯逗留追賊不及減死免官罷蘭州都督鄯州置都督

二年春正月庚寅幸洛陽命右屯衛將軍蘇定方等四將軍爲伊麗道將軍帥師以討賀魯二月辛酉入洛陽宮曲赦洛州庚午封皇第七子顯爲周王徙封許王素節爲鄅王三月甲子中書侍郎李義府爲中書令兼檢校御史大夫黃門侍郎杜正倫兼度支尚書依舊同中書門下三品夏五月丙申幸明德宮秋七月丁亥還洛陽宮八月丁卯侍中潁川縣公韓瑗左授振州刺史中書令兼太子詹事南陽侯來濟左授台州刺史皆坐諫立武昭儀爲皇后救褚遂良之貶也禮部尚書高陽郡公許敬宗爲侍中以立武后之功也九月庚寅度支尚書杜正倫爲中書令冬十月戊戌親講武於許鄭之郊曲赦鄭州遣使祭鄭大夫國僑漢太丘長陳寔墓十二月乙卯還洛陽宮庚午改昬葉宮丁卯手詔改洛陽宮爲東都洛州官員階品並准雍州廢穀州以福昌等四縣并懷州河陽濟源溫鄭州汜水並隸洛州己巳中書省置起居舍人兩員品同起居郎庚午以周王顯爲洛州牧壬午分散騎常侍爲左右各兩員其右散騎常侍隸中書省

三年春正月戊子太尉趙國公無忌等脩新禮成凡一百三十卷二百五十九篇詔頒於天下二月丁巳車駕還京壬午親錄囚徒多所原宥蘇定方攻破西突厥沙鉢羅可汗賀魯及咥運闕啜賀魯走石國副將蕭嗣業追擒之收其人畜前後四十餘萬甲寅西域平以其

○地置濛池崑陵二都督府復於龜茲國置安西都護府以高昌故地爲西州置懷化大將軍正三品歸化將軍從三品以授初附首領仍分隸諸衛六月程元振攻高麗九月廢書算律學有司奏請造排車七百乘擬行幸載排城上以爲勞民乃於舊頓置院墻焉冬十一月乙酉兼中書令皇太子賓客兼檢校御史大夫河閒郡公李義府左授普州刺史兼中書令皇太子賓客襄陽郡公杜正倫左授橫州刺史中書侍郎李友益除名配流巂州戊戌侍中許敬宗權檢校中書令戊子侍中皇太子賓客權檢校中書令高陽縣公許敬宗爲中書令賓客已下如故大理卿辛茂將爲侍中鴻臚卿蕭嗣業於石國取賀魯至獻於昭陵甲辰開府儀同三司鄂國公尉遲敬德薨

四年春二月乙亥上親策試舉人凡九百人惟郭侍封張九齡五人居上第令待詔弘文館隨仗供奉三月以左驍衛大將軍郕國公契苾何力往遼東經略夏四月己未太子太傅尚書左僕射燕國公于志寧爲太子太師仍同中書門下三品乙丑黃門侍郎許圉師同中

書門下三品丙戌太子太師同中書門下三品燕國公于志寧免官放還私第戊戌太尉揚州都督趙國公無忌帶揚州都督於黔州安置依舊準一品供給五月丙申兵部尚書任雅相度支尚書盧承慶並參知政事秋七月壬子普州刺史李義府爲吏部尚書同中書門下三品冬十月乙巳皇太子加元服大赦天下文武五品已上子孫爲父祖後者加勳官一級大酺三日閏十月戊戌幸東都皇太子監國戊戌至東都十一月以中書侍郎許圉師爲散騎常侍檢校侍中戊午兼侍中辛茂將卒癸亥以邢國公蘇定方爲神丘道摠管劉伯英爲嵎夷道摠管

五年春正月甲子幸并州二月辛巳至并州丙戌宴從官及諸親并州官屬父老賜帛有差曲赦并州及管內諸州義旗初職事五品已上身亡殁墳墓在并州者令所司致祭佐命功臣子孫及大將軍府僚佐已下今見存者賜階級有差量才處分起義之徒職事一品已下賜物有差年八十已上版授刺史縣令佐命功臣食別封身已殁者爲後子孫各加兩階賜酺三日甲午祠舊宅以武士彠殷開山劉政會配食三月丙午皇后宴親族鄰里故舊於朝堂命婦婦人入會於內殿及皇室諸親賜帛各有差及從行文武五品以上制以皇后故鄉并州長史司馬各加勳級又皇后親預會每賜物一千段朞親五百段大功已下及無服親鄰里故舊有差城內及諸婦女年八十已上各版授郡君仍賜物等己酉講武於并州城西上御飛閣引群臣臨觀辛亥發神丘道軍伐百濟丁巳左右領始改左右千牛夏四月戊寅車駕還東都造八關宮于東都苑內癸亥至自并州五月壬戌幸八關宮改爲合璧宮六月庚午朔日有蝕之辛卯詔文武五品已上四科舉人甲午駕還東都秋七月乙巳廢梁王忠爲庶人徙於黔州戊辰度支尚書同中書門下三品盧承慶以罪免八月庚辰蘇定方等討平百濟面縛其王扶餘義慈國分爲五部郡三十七城二百戶七十六萬以其地分置熊津等五都督府曲赦神丘嵎夷道摠管已下賜天下大酺三日九月戊午賜英國公勣墓塋一所冬十月丙子代國夫人楊氏改榮國夫人品第一位在王公母妻之上十一月戊戌朔邢國公蘇定方獻百濟王扶餘義慈太子隆等五十八人俘於則天門責而宥之乙卯狩于許鄭之郊十二月己卯至自許州

六年春正月乙卯於河南河北淮南六十七州募得四萬四千六百四十六人往平壤帶方道行營二月乙未以益綿等州皆言龍見改元曲赦洛州龍朔元年三月丙申朔改元壬戌幸合璧宮夏五月丙申命左驍衛大將軍涼國公契苾何力爲遼東道大摠管左武衛大將軍邢國公蘇定方爲平壤道大摠管兵部尚書同中書門下三品樂安縣公任雅相爲浿江道大摠管以伐高麗是日皇后請禁天下婦人爲俳優之戲詔從之甲子晦日有蝕之六月庚寅中書令許敬宗等進累璧六百三十卷目錄四卷秋七月癸卯車駕還東都八月丙戌令諸州舉孝行尤著及累葉義居可以勵風俗者九月甲辰以河南縣大女張年百三歲親幸其第又幸李勣之第天宮寺是高祖潛龍時舊宅上周歷殿宇感愴久之度僧二十人皇后至許圉師第

壬子徙封潞王賢爲沛王是日以雍州牧幽州都督沛王賢爲揚州都督左武候大將軍牧如故以洛州牧周王顯爲并州都督是日勑中書門下五品已上諸司長官尚書省侍郎并諸親三等已上並詣沛王宅設宴禮奏九部樂禮畢賜帛雜綵等各有差冬十月丁卯狩于陸渾癸酉還宮是歲新羅王金春秋卒其子法敏嗣立

二年春正月乙巳太府寺更置少卿一員分兩京檢校丙午東都初置國子監并加學生等員均分於兩都教授二月甲子改京諸司及百官名尚書省爲中臺門下省爲東臺中書省爲西臺左右僕射爲左右匡政左右丞爲肅機侍中爲左相中書令爲右相自餘各以義訓改之又改六宮內職名甲戌司戎太常伯浿江道摠管樂安縣公任雅相卒于軍三月甲申自東都還京癸丑幸同州蘇定方破高麗于葦島又進攻平壤城不克而還夏四月庚申朔至自東都辛巳造蓬萊宮成徙居之五月丙申左侍極許圉師爲左相乙巳復置律書筭三學六月己未朔皇子旭輪生乙丑初令道士女冠僧尼等並盡

禮致拜其父母乙亥制蓬萊宮諸門殿亭等名秋七月丁亥朔以東宮誕育滿月大赦天下賜酺三日八月甲午右相許敬宗乞骸骨壬寅許敬宗爲太子少師同東西臺三品仍知西臺事九月司禮少常伯孫茂道奏稱八品九品舊令著青亂紫非卑品所服望令著碧詔從之戊寅前吏部尚書河閒郡公李義府起復爲司列太常伯同東西臺三品冬十月丁酉幸溫湯皇太子弘監國丁未至自溫湯庚戌西臺侍郎上官儀同東西臺三品十一月辛未左相許圉師下獄癸酉封皇第四子旭輪爲殷王十二月辛丑改魏州爲大都督府改冀州爲魏州又以幷揚荊益四都督府竝爲大都督府沛王賢爲揚州大都督周王顯爲幷州大都督殷王旭輪遙領冀州大都督左相許圉師解見任

三年春正月左武衛大將軍鄭仁泰等帥師討鐵勒餘種盡平之乙丑司列太常伯李義府爲右相二月丙戌隴雍同岐等一十五州戶口徵修蓬萊宮癸巳置太子左右諭德及桂坊大夫等官員改司經局

爲桂坊館崇賢館罷隸左春坊丁酉減京官一月俸助修蓬萊宮庚戌詔曰天德施生陽和在節言念幽圄載惻分宵雖復每有哀矜猶恐未免枉濫在京繫囚應流死者每日將二十人過於是親自臨問多所原宥不盡者令皇太子錄之詔以書學隸蘭臺筭學隸秘閣律學隸詳刑寺改燕然都護府爲瀚海都護府瀚海都護府爲雲中都護府二月前左相許圉師左遷虔州刺史太子弘撰瑤山玉彩成書凡五百卷夏四月乙丑右相李義府下獄戊子李義府除名配流嶲州丙午幸蓬萊宮新起含元殿秋八月癸卯彗星見於左攝提戊申詔百寮極言正諫命司元太常伯竇德玄司刑太常伯劉祥道等九人爲持節大使分行天下仍令內外官五品已上各舉所知冬十月丙申絳州麟見于介山丙午含元殿前麟趾見十一月癸酉雨水十二月庚子詔改來年正月一日爲麟德元年春正月甲子改雲中都護府爲單于大都護府官品同大都督府二月丁亥加授殷王旭輪單于大都護戊子幸萬年宮三月辛亥長大赦禮丁卯長女追封安定公主謚曰思其鹵簿鼓吹及供葬所須竝如親王之制於德業寺遷于崇敬寺夏四月衛州刺史道王元慶薨五月許王孝薨乙卯於昆明之弄棟川置姚州都督府秋八月丙子朔至自萬年宮便幸舊宅己卯降萬年縣繫囚因幸大慈恩寺壬午還蓬萊宮戊子兼司列太常伯檢校沛王府長史城陽縣侯劉祥道兼右相大司憲竇德玄兼司元太常伯檢校左相九月己卯詔曰周京兆尹左右宮伯大將軍司衛上將軍少冢宰廣陵郡公宇文孝伯忠亮存心貞堅表志遙刑旣逞方納諫而求仁忍忌將加甘捐軀而徇節年載雖久風烈猶生宜峻徽章式旌胤胄其孫左威衛長史思純可加授朝散大夫十二月丙戌殺西臺侍郎上官儀戊子庶人忠坐與儀交通賜死右相城陽縣侯劉祥道爲司禮太常伯太子右中護檢校西臺侍郎樂彥瑋西臺侍郎孫處約同知政事是冬無雪

二年春正月壬午幸東都丁酉幸合璧宮戊子慮雍洛二州及諸司囚甲子以發向太山停選三月甲寅兼司戎太常伯永安郡公姜恪

同東西臺三品辛未東都造乾元殿成閏月癸酉日有蝕之四月丙午曲赦桂廣黔三都督府管內大辟罪已上丙寅講武邙山之陽御城北樓觀之戊辰左侍極仍檢校大司成嘉興縣子陸敦信爲檢校右相其大司成宜停西臺侍郎孫處約樂彥瑋竝停知政事五月辛卯以秘閣郎中李淳風造曆成名麟德曆頒之以司空英國公李勣少師高陽郡公許敬宗右相嘉興縣子陸敦信左相鉅鹿男竇德玄爲檢校封禪使六月鄜州大水壞城邑秋七月鄧王裕薨冬十月戊午皇后請封禪司禮太常伯劉祥道上疏請封禪癸亥高麗王高藏遣其子福男來朝丁卯將封泰山發自東都是歲大稔米斗五錢𪎭麥不列市十一月丙子次于原武以少牢祭漢將紀信墓贈驃騎大將軍庚寅華州刺史燕國公于志寧卒十二月丙午御齊州大廳乙卯命有司祭泰山丙辰發靈巖頓

唐書本紀卷第四

唐書本紀卷第五

劉昫　等修

聞人詮校刻沈桐同校

高宗下

麟德三年春正月戊辰朔車駕至泰山頓是日親祀昊天上帝於封祀壇以高祖太宗配饗己巳帝升山行封禪之禮庚午禪於社首祭皇地祇以太穆太皇太后文德皇太后配饗皇后爲亞獻越國太妃燕氏爲終獻辛未御降禪壇壬申御朝覲受朝賀改麟德三年爲乾封元年諸行從文武官及朝覲華戎岳牧致仕老人朝朔望者三品已上賜爵二等四品已下七品以上加階八品已下加一階勳一轉諸老人百歲已上版授下州刺史婦人郡君九十八十節級齊州給復一年半管嶽縣二年所歷之處無出今年租賦乾封元年正月五日已前大赦天下賜酺七日癸酉宴群臣陳九部樂賜物有差日昳而罷丙子皇太子弘設會丁丑以前恩澤普進爵及階勳等男子賜

古爵兗州界置紫雲仙鶴萬歲觀封巒非煙重輪三寺天下諸州置觀寺一所丙戌發自泰山甲午次曲阜縣幸孔子廟追贈太師增修祠宇以少牢致祭其裹聖侯德倫子孫並免賦役二月己未次亳州幸老君廟追號曰太上玄元皇帝創造祠堂其廟置令丞各一員改谷陽縣爲真源縣縣內宗姓特給復一年夏四月甲辰車駕至自泰山先謁太廟而後入庚寅改鑄乾封泉寶錢六月壬寅高麗莫離支蓋蘇文死其子男生繼其父位爲其弟男建所逐使其子獻誠詣闕請降詔左驍衛大將軍契苾何力率兵以應接之秋七月乙丑徙封殷王旭輪爲豫王庚午左侍極檢校右相嘉興子陸敦信緣老病乞辭機務拜大司成兼知左侍極大司憲兼檢校右中護劉仁軌兼右相檢校右中護八月辛丑兼司元太常伯兼檢校左相鉅鹿男竇德玄卒丁未殺司衛少卿武惟良淄州刺史武懷運仍改姓蝮氏冬十月己酉命司空英國公勣爲遼東道行軍大總管以伐高麗

二年春正月丁丑以去冬至于是月無雨雪避正殿減膳親錄囚徒罷乾封錢復行開元通寶錢二月戊戌涪陵郡王愔薨辛丑改萬年官依舊名九成宮夏六月乙卯西臺侍郎楊武西臺侍郎道國公檢校太子左中護戴至德正諫議大夫檢校東臺侍郎安平郡公李安期東臺侍郎張文瓘並同東西臺三品秋八月己丑朔日有蝕之丙辰東臺侍郎李安期出爲荊州大督府長史

三年春正月庚寅詔繕工大監兼瀚海都護劉審禮爲西域道安撫大使壬子以右相劉仁軌爲遼東道副大總管二月戊午遼東道破薛賀水五萬人陣斬首五千餘級獲生口三萬餘人器械牛馬不可勝計丙寅以明堂制度歷代不同漢魏以還彌更訛舛遂增古今新制其圖下詔大赦改元爲總章元年二月戊寅幸九成宮己卯分長安萬年置乾封明堂二縣分理於京城之中癸未皇太子弘釋奠於國學贈顏回太子少師曾參太子少保夏四月丙辰有彗星見於畢昴之間乙丑上避正殿減膳詔內外群官各上封事極言過失於是群臣上言星雖孛而光芒小此非國眚不足上勞聖慮請御正殿復

常饌帝曰朕獲奉宗廟撫臨億兆譴見于天誡朕之不德也當責躬修德以禳之群臣復進曰星孛于東北此高麗將滅之徵帝曰高麗百姓即朕之百姓也既爲萬國之主豈可推過於小蕃竟不從所請乙亥彗星滅辛巳西臺侍郎楊武卒秋八月癸酉至自九成宮九月癸巳司空英國公勣破高麗拔平壤城擒其王高藏及其大臣男建等以歸境內盡降其城一百七十戶六十九萬七千以其地爲安東都護府分置四十二州

二年春正月封諸王嫡子皆爲郡王二月東臺侍郎同東西臺三品兼知左史事張文瓘署位始入銜三月東臺侍郎郝處俊同東西臺三品癸酉皇后親祀先蠶夏四月乙酉幸九成宮置司列少常伯司戎少常伯各兩員五月庚子移高麗戶二萬八千二百車一千八十乘牛三千三百頭馬二千九百疋駝六十頭將入內地萊營二州般次發遣量配於江淮以南及山南并京以西諸州空閑處安置八月戊申朔日有蝕之括州大風雨海水泛溢永嘉安固二縣城郭漂百

姓宅六千八百四十三區溺殺人九千七十牛五百頭損田草四千一百五十頃冀州大水漂壞居人廬舍數千家並遣使賑給秋七月劒南益瀘嶲茂陵邛雅縣翼維始簡資榮隆果梓普遂等一十九州旱百姓乏絶摠三十六萬七千六百九十戶遣司珍大夫路勵行存問賑貸癸巳冀州大都督府奏自六月十三日夜降雨至二十日水深五尺其夜暴水深一丈已上壞屋一萬四千三百九十區害田四千四百九十六頃遣右衛大將軍涼國公契苾何力爲鷩海道行軍大摠管秋八月甲戌改瀚海都護府爲安北都護府九月己亥發自九成宮壬寅停華林頓大蒐于岐乙巳至岐州高祖初仕隋爲扶風太守故曲赦岐州管內高祖時胥徒隨材擢用賜高年衣物粟帛各有差冬十月丁巳至自九成宮十一月庚辰發九州人夫轉發太原倉米粟入京丁亥徙封豫王旭輪爲冀王仍令單名輪十二月戊申司空太子太師英國公勣薨是冬無雪

三年春正月丁丑右相樂成男劉仁軌致仕辛卯列遼東地爲州縣

○

二月戊申以旱親錄囚徒祈禱名山大川癸丑日色出如赭三月甲戌朔大赦天下改元爲咸亨元年三月丁丑改蓬萊宮爲含元殿壬辰太子少師同東西臺三品許敬宗致仕夏四月吐蕃寇陷白州等一十八州又與于闐合衆襲龜茲撥換城陷之罷安西四鎭辛亥以右威衛大將軍薛仁貴爲邏娑道行軍大摠管右衛員外大將軍阿史那道眞左衛將軍郭待封爲副領兵五萬以擊吐蕃庚午幸九成宮雍州大雨雹五月丙戌詔曰諸州縣孔子廟堂及學館有破壞幷先來未造者遂使生徒無肄業之所先師闕奠祭之儀久致飄露深非敬本宜令所司速事營造六月壬寅朔日有蝕之秋七月戊子前西臺侍郎李敬玄起復本職仍依舊同東西臺三品薛仁貴郭待封至大非川爲吐蕃大將論欽陵所襲大敗仁貴等並坐除名吐谷渾全國盡沒唯慕容諾曷鉢及其親信數千帳內屬仍徙於靈州界八月甲子至自九成宮王梁州都督趙王福薨丙寅以久旱避正殿尚食減膳九月甲申衛國夫人楊氏薨贈魯國夫人謚曰忠烈閏月壬子

故贈司徒周忠孝公士彠贈太尉太子太師太原郡王贈魯國忠烈太夫人贈太原王妃甲寅葬太原王妃京官文武九品已上及外命婦送至便橋宿次冬十月癸酉大雪平地三尺餘行人凍死者贈帛給棺木令雍同華州貧窶之家有年十五已下不能存活者聽一切任人收養爲男女充驅使皆不得將爲奴婢丙申太子右中護兼檢正諫大夫同東西臺三品趙仁本爲左肅機罷知政事十二月庚寅諸司及百官各復舊名是歲天下四十餘州旱及霜蟲百姓飢乏關中尤甚詔令任往諸州逐食仍轉江南租米以賑給之

三年春正月乙巳幸東都留皇太子弘於京監國令侍臣戴至德張文瓘李敬玄等輔之唯以閻立本郝處俊從甲子至東都二月丁亥雍州人梁金柱請出錢三千貫賑濟貧人夏四月戊子大風折木六月戊寅左散騎常侍兼檢校秘書太子賓客周國公武敏之以罪復本姓賀蘭氏除名流雷州丁亥以旱親錄囚徒秋九月地震司徒潞州刺史徐王元禮薨冬十月搜揚明達禮樂之士十一月甲午朔日

○

有蝕之庚戌幸許汝等州教習癸酉冬狩校獵於許州葉縣昆水之陽十二月丙戌還東都

三年春正月辛丑發梁益等一十八州兵募五千三百人遣右衛副率梁積壽往姚州擊叛蠻辛未制雍洛二州人聽任本州官二月己卯侍中永安郡公姜恪卒於河西鎭守夏四月戊寅幸合璧宮壬午於水南教旗上問中書令閻立本黃門侍郎郝處俊伊尹負鼎俎干湯應是補緝時政不知鑄鼎所緣復在何國將爲國之重器歷代傳寶閻立本以古義對五月乙未五品已上改賜新魚袋並飾以銀三品已上各賜金裝刀子礪石一具六月丙子於洛州栢崖置倉八月壬子特進高陽郡公許敬宗卒九月乙卯冀州大都督府復爲魏州魏州復爲冀州壬寅沛王賢徙封雍王冬十月己未皇太子監國壬戌車駕還京師乙亥中書侍郎同中書門下三品道國公戴至德加兼戶部尚書黃門侍郎同中書門下三品張文瓘檢校大理卿黃門侍郎甑山縣公同中書門下三品郝處俊爲中書侍郎兼檢校吏部

侍郎同中書門下三品李敬玄爲吏部侍郎並依舊同中書門下三品十一月戊子朔日有蝕之甲辰至自東都十二月癸卯太子左庶子劉仁軌同中書門下三品是冬左監門大將軍高侃大敗新羅之衆於橫水

四年春正月甲午詔咸亨初收養爲男女及驅使者聽量酬衣食之直放還本處丙辰絳州刺史鄭王元懿薨二月壬午以左金吾將軍裴居道女爲皇太子弘妃夏四月丙子幸九成宮閏五月丁卯燕山道總管李謹行破高麗叛黨於瓠盧河之西高麗平壤餘衆遁入新羅秋七月庚午九成宮太子新宮成上召五品已上諸親宴太子宮極歡而罷辛巳婺州暴雨水泛溢漂溺居民六百家詔令賑給八月辛丑上瘧疾令太子受諸司啓事己酉大風毀太廟鴟吻冬十月壬午中書令博陵縣子閻立本卒乙未皇太子弘納妃裴曲赦岐州大酺三日庚子還京師乙巳至自九成宮十一月丙寅上製樂章有上元二儀三才四時五行六律七政八風九宮十洲得一慶雲之曲詔

有司諸大祠享即奏之十二月丙午弓月疏勒二國王入朝請降

五年春二月壬午遣太子左庶子同中書門下三品劉仁軌爲雞林道大總管以討新羅仍令衛尉卿李弼右領大將軍李謹行副之三月辛亥朔日有蝕之己巳皇后祀先蠶夏四月辛卯以尚輦奉御周國公武承嗣爲宗正卿五月己未詔春秋二社本以祈農如聞此外別爲邑會此後除二社外不得聚集有司嚴加禁止六月壬寅太白入東井秋八月壬辰追尊宣簡公爲宣皇帝懿王爲光皇帝太祖武皇帝爲高祖神堯皇帝太宗文皇帝爲文武聖皇帝太穆皇后爲太穆神皇后文德皇后爲文德聖皇后皇帝稱天皇皇后稱天后改咸亨五年爲上元元年大赦戊戌勑文武官三品已上服紫金玉帶四品深緋五品淺緋並金帶六品深綠七品淺綠並銀帶八品深青九品淺青鍮石帶庶人服黃銅鐵帶一品已下文官並帶手巾筭袋刀子礪石武官欲帶亦聽之九月辛亥百寮具新服上宴之於麟德殿癸丑追復長孫無忌官爵仍以其曾孫翼襲封趙國公許歸葬於昭陵先造之墳十一月丙午朔幸東都己酉狩于華山之曲武原戊辰至東都十二月蔣王惲薨戊子于闐王伏闍雄來朝辛卯波斯王卑路斯來朝壬寅天后上意見十二條請王公百寮皆習老子每歲明年一準孝經論語例試於有司又請子父在爲母服三年虢王鳳薨

二年春正月甲寅焚感化房壬戌支汗郡王獻碧玻瓈丙寅以于闐爲毗沙都督府以尉遲伏闍雄爲毗沙都督分其境內爲十州以伏闍雄有擊吐蕃功故也庚午龜茲王白素稽獻銀頗羅辛未吐蕃遣其大臣論吐渾彌來請和不許二月雞林道行軍大總管大破新羅之衆於七重城斬獲甚衆新羅遣使入朝獻方物伏罪赦之復其王金法敏官爵三月丁未日色如赭丁巳天后親蠶於邙山之陽時帝風疹不能聽朝政事皆決於天后自誅上官儀後上每視朝天后垂簾於御座後政事大小皆預聞之內外稱爲二聖帝欲下詔令天后攝國政中書侍郎郝處俊諫止之夏四月分括州永嘉永固二縣置溫州析臨海縣爲樂安永寧二縣辛巳周王顯妃趙氏以罪幽死己亥

皇太子弘薨于合璧宮之綺雲殿時帝幸合璧宮是日還東都五月己亥追謚太子弘爲孝敬皇帝六月戊寅以雍王賢爲皇太子大赦秋七月辛亥洛州復置緱氏縣以管孝敬皇帝恭陵慈州刺史杞王上金坐事於灃州安置八月庚子太子左庶子同中書門下三品樂成侯劉仁軌爲左僕射依舊監修國史中書門下三品大理卿張文瓘爲侍中中書侍郎同三品甑山公郝處俊爲中書令監修國史如故吏部侍郎檢校太子左庶子監修國史李敬玄吏部尚書兼太子左庶子同中書門下三品依前監修國史左丞許圉師爲戶部尚書九月丙午宰相劉仁軌戴至德張文瓘郝處俊並兼太子賓客冬十月析永州營道江華唐興三縣置道州壬午星孛於角亢之南長五尺十二月丁亥龜茲王白素稽獻名馬

三年春正月戊戌徙封冀王輪爲相王二月甲戌移安東都護府於遼東乙亥堅昆獻名馬丁亥幸汝州之溫湯三月癸卯黃門侍郎來恒中書侍郎薛元超並同中書門下三品甲辰還東都三月己巳朔吐

蕃入寇鄯廓河芳等四州乙酉洛州牧周王顯爲洮州道行軍元帥領工部尚書劉審禮等十二揔管并州都督相王輪爲京州道行軍元帥領左衛將軍契苾何力等軍以討吐蕃二王竟不行戊午勑制比用白紙多爲蟲蠹今後尚書省下諸司州縣宜並用黃紙其承制勑之司量爲卷軸以備披檢庚寅車駕還京夏四月戊申至自東都甲寅中書侍郎李義琰同中書門下三品戊午幸九成宮六月癸丑黃門侍郎高智周同中書門下三品秋七月彗起東井指北河漸東北長三丈掃中台指文昌宮五十八日方滅八月乙未吐蕃寇疊州庚子以星變避殿減膳放京城繫囚令文武官各上封事言得失壬寅置南選使簡補廣交黔等州官吏青齊等州海泛溢又大雨漂溺居人五千家遣使賑卹之九月甲子朔車駕還京丙申鄶王素節削戶三分之二於袁州安置癸丑於北京置金鄯州十一月丁卯勑新造上元舞圓丘方澤享太廟用之餘祭則停壬申以陳州言鳳凰見於宛丘改上元三年曰儀鳳元年大赦庚寅吏部尚書李敬玄爲中

○

書令十二月丙申皇太子賢上所注後漢書賜物三萬段戊午遣使分道巡撫宰相來恒河南道薛元超河北道左丞崔知悌等江南道

二年春正月乙亥上躬籍田於東郊庚辰京師地震壬辰幸司竹園即日還宮二月丁巳工部尚書高藏授遼東都督封朝鮮郡王遣歸安東府安輯高麗餘衆司農卿扶餘隆熊津州都督封帶方郡王令往安輯百濟餘衆仍移安東都護府於新城以統之夏四月以河南河北旱遣使賑給八月徙封周王顯爲英王改名哲乙巳太白犯軒轅十二月乙卯勑關內河東諸州召募勇敢以討吐蕃詔京文武職事官三品已上每年各舉文武才能堪任將帥牧守者一人是冬無雪

三年四月丁亥朔以旱避正殿親錄囚徒悉原之戊申大赦改來年正月一日爲通乾癸丑涇州獻二小兒連心異體年四歲五月壬戌幸九成宮以相王輪爲洛州牧秋七月丁巳宴近臣諸親於咸亨殿上謂霍王元軌曰去冬無雪今春少雨自避暑此宮甘雨頻降夏麥豐熟秋稼滋榮又得敬玄表奏吐蕃入龍支張虔勗與之戰一日兩陣斬馘極多又太史奏七月朔太陽合虧而不虧此蓋上天垂祐宗社降靈豈虛薄所能致此又男輪最小特所留愛比來與選新婦多不稱情近納劉延景女觀其極有孝行復是私喜一喜思與叔等同爲此歡各宜盡醉上因賦七言詩効柏梁體侍臣並和九月丁巳還京師辛酉至自九成宮癸亥侍中張文瓘卒丙寅洮河道行軍大揔管中書令李敬玄左衛大將軍劉審禮等與吐蕃戰于青海之上王師敗績審禮被俘上以蕃寇爲患問計於侍臣中書舍人郭正一等咸以備邊不深討爲上策十月丙午徐州刺史密王元曉薨閏十月戊寅熒惑犯鉤鈐十一月乙未昏霧四塞連夜不解丙申雨木冰壬子黃門侍郎同中書門下三品來恒卒十二月詔停明年通乾之號以反語不善故也

四年正月辛未戶部尚書平恩縣公許圉師卒己酉幸東都庚戌尚書右僕射道國公戴至德薨二月壬戌吐蕃贊普卒遣使弔祭之乙丑東都饑官出糙米以救饑人夏四月戊午熒惑入羽林星左丞崔

○

知悌爲戶部尚書中書令郝處俊爲侍中五月壬午盜殺正諫大夫明崇儼丙戌皇太子賢監國戊戌造紫桂宮於沔池之西六月辛亥制大赦天下改儀鳳四年爲調露元年秋七月己卯朔詔以今年冬至有事嵩岳禮官學士詳定儀注八月丁巳侍中郝處俊左庶子高智周黃門侍郎崔知溫給事中劉景先兼脩國史九月壬午吏部侍郎裴行儉討西突厥擒其十姓可汗阿史那都支及別帥李遮匐以歸冬十月單于大都護府突厥阿史德溫傅及奉職二部相率反叛立阿史那泥熟匐爲可汗二十四州首領並叛遣單于大都護長史蕭嗣業將軍花大智李景嘉等討之與突厥戰爲賊所敗嗣業配流桂州壬子令將軍曹懷舜率兵往恒州守井陘崔獻往絳州守龍門以備突厥庚申前詔封嵩山宜停癸亥吐蕃文成公主遣其大臣論塞調傍來告喪請和親不許遣郎將來令文使吐蕃會贊普之葬十一月戊寅朔左庶子同三品高智周罷知政事癸未以吏部侍郎裴行儉爲禮部尚書賞擒都支遮匐之功也甲辰裴行儉爲定襄道大

摠管與營州都督周道務等兵十八萬并西軍程務挺東軍李文暕等摠三十萬以討突厥甲寅臨軒試應岳牧舉人

二年春正月乙酉宴諸王諸司三品已上諸州都督刺史於洛城南門樓奏新造六合還淳之舞二月丙午詔曰故符璽郎李延壽撰正典一部辭殫雅正雖已淪亡功循可録宜賜其家絹五十疋壬子霍王元軌率文武百寮請出一月俸料助軍以討突厥癸丑幸汝州温湯丁巳至少室山戊午親謁少姨廟賜故玉清觀道士王遠知謚曰昇真先生贈太中大夫又幸隱士田遊巖所居己未幸嵩陽觀及啓母廟並命立碑又幸逍遥谷道士潘師正所居甲子自温湯還東都三月裴行儉大破突厥於黑山擒其首領奉職偽可汗泥熟匐爲其部下所殺傳首來降夏四月乙丑幸紫桂宫戊辰黄門侍郎裴炎崔知温中書侍郎王德真並同中書門下三品五月癸未熒惑犯輿鬼丁酉太白經天秋七月吐蕃寇河源屯于良非川河西鎮撫大使李敬玄與吐蕃將賛婆戰于湟中官軍敗績時左武衛將軍黒齒常之

○

力戰大破蕃軍遂擢爲河源軍經畧大使令李敬玄鎮鄯州爲之援丙申江王元祥薨是月突厥餘衆圍雲州中郎將程務挺擊破之八月丁未自紫桂宫還東都丁巳鄯州都督李敬玄左遷衡州刺史甲子廢皇太子賢爲庶人幽於别所乙丑立英王哲爲皇太子改調露二年爲永隆元年赦天下大酺三日太子左庶子同中書門下三品張大安坐庶人左遷普州刺史九月河南河北諸州大水遣使賑䘏溺死者官給棺槥其家賜物七段冬十月壬寅蘇州刺史曹王明封零陵郡王於黔州安置坐附庶人賢也己酉自東都還京十一月朔日有蝕之洛州饑減價官糶以救饑人

二年春正月突厥寇原慶等州乙亥命將軍李知十王杲等分兵禦之癸巳遣禮部尚書裴行儉爲定襄道大摠管率師討突厥温傅部落己亥詔雍岐華同民戶宜免兩年地稅河南河北遭水處一年上詔雍州長史李義玄曰朕思還淳返朴示天下以質素如聞游手墮業此類極多時稍不豐便致饑饉其異色綾錦并花間裙衣等靡費既廣俱害女工天后我之匹敵常著七破間裙豈不知更有靡麗服飾務遵節儉也其紫服赤衣閭閻公然服用兼商賈富人厚葬越禮卿可嚴加捉搦勿使更然二月丙午皇太子親行釋奠禮三月辛卯左僕射同三品劉仁軌兼太子少傅侍中郝處俊爲太子少保罷知政事五月丙戌定襄道摠管曹懷舜與突厥史伏念戰於横水官軍大敗懷舜減死配流嶺南六月壬子故江王元祥男晫以犯名教斬於大理寺後園七月太平公主出降薛紹赦京城繫囚閏七月丁未黄門侍郎裴炎爲侍中黄門侍郎崔知温中書侍郎薛元超並爲中書令庚申上以服餌令皇太子監國丙寅雍州大風害稼米價騰踊是月裴行儉大破突厥史伏念之衆伏念爲程務挺急追遂執温傅來降行儉於是盡平突厥餘黨行儉執伏念温傅振旅凱旋八月丁卯朔河南河北大水許遭水處往江淮已南就食丁亥戶部尚書崔知温卒辛卯改交州爲安南都護府九月丙申彗星見於天市長五尺冬十月丙寅朔日有蝕之乙丑改永隆二年爲開耀元年曲赦定

○

襄軍及緣征突厥官吏兵募等丙寅斬阿史那伏念及温傅等五十四人於都市丁亥新羅王金法敏薨仍以其子政襲位十一月癸卯從庶人賢于巴州十二月吐火羅獻金衣一領上不受辛未太子少保甑山縣公郝處俊薨

永淳元年正月乙未朔以年饑罷朝會關内諸府兵令於鄧綏等州就穀二月癸未以太子誕皇孫滿月大赦改開耀二年爲永淳元年大酺三日戊午立皇孫重照爲皇太孫欲開府置寮屬吏部郎中王方慶曰按周禮有嫡子無嫡孫漢魏已來皇太子在不立太孫但封王耳晉立愍懷太子子或爲太孫齊立文惠太子子昭業爲太孫便居東宫而皇太子在而立太孫未有前例上曰自我作古可乎亦可然竟不立府寮是春關内旱日色如赭四月甲子朔日有蝕之丙寅幸東都皇太子京師留守命劉仁軌裴炎薛元超等輔之上以穀貴減扈從兵士庶從者多殍踣於路辛未以裴行儉爲金牙道行軍大摠管與將軍閻懷旦等三摠管兵分道討十姓突厥阿史那車薄行

儉未行而卒安西副都護王方翼破車薄咽麪西域平戊寅次澠池之紫桂宮乙酉至東都丁亥黃門侍郎郭待舉兵部侍郎岑長倩中書侍郎郭正一吏部侍郎魏玄同並同中書門下同承受進止平章事上謂叅知政事崔知温曰待舉等歷任尚淺且令預聞政事未可卽與卿等同名稱自是外司四品已下知政事者遂以平章爲名五月壬寅置東都苑揔監自丙午連日澍雨洛水溢壞天津及中橋立德弘教景行諸坊溺居民千餘家六月關中初雨麥苗澇損後旱京兆岐隴螟蝗食苗並盡加以民多疫癘死者枕藉於路詔所在官司埋瘞丁丑以岐州刺史蘇良嗣爲雍州長史京師人相食寇盜縱橫秋七月己亥造奉天宮於嵩山之陽仍置嵩陽縣又於藍田造萬全宮庚申零陵王明薨是秋山東大水民饑吐蕃寇柘松翼等州冬十月甲子京師地震丙寅黃門侍郎劉景先同平章事十二月南天竺于闐各獻方物突厥餘黨阿史那骨篤祿等招合殘衆據黑沙城入寇并州北境

○二年春正月甲午朔幸奉天宮遣使祭嵩岳少室箕山具茨等山西王母啓母巢父許由等祠二月甲午洛州長史李仲玄爲宗正卿庚午突厥寇定州嬀州之境己卯左領軍衛大將軍薛仁貴卒三月庚寅突厥阿史那骨篤祿阿史德元珍等圍單于都護府丙午彗見五車北二十五日而滅癸丑中書令崔知温卒夏四月己巳還東都甲申綏州部白鐵余據城平縣反命將軍程務挺將兵討之五月庚寅幸芳桂宮阻雨還東都突厥寇蔚州殺刺史李思儉豐州都督崔智辯率師出朝那山掩擊之爲賊所敗遂寇嵐州秋七月己丑封皇孫重福爲唐昌郡王甲辰相王輪改封豫王仍名旦己丑令唐昌郡王重福爲京留守劉仁軌副之召皇太子至東都己巳河水溢壞河陽城水面高於城內五尺北至鹽坎居人廬舍漂沒皆盡南北並壞庚戌熒惑入輿鬼犯質星十一月皇太子來朝癸亥幸奉天宮時天后自封岱之後勸上封中岳每下詔草儀注即歲饑邊事警急而止至是復行封中岳禮上疾而止上苦頭重不可忍侍醫秦鳴鶴曰刺頭

微出血可愈天后帷中言曰此可斬欲刺血於人主首耶上曰吾苦頭重出血未必不佳即刺百會上曰吾眼明矣戊戌命將軍程務挺爲單于道安撫大使以招討揔管材山賊元珍骨篤祿賀魯等詔皇太子監國裴炎劉齊賢郭正一等於東宮同平章事丁未自奉天宮還東都上疾甚宰臣已下並不得謁見十二月己酉詔改永淳二年爲弘道元年將宣赦書上欲親御則天門樓氣逆不能上馬遂召百姓於殿前宣之禮畢上問侍臣曰民庶喜否曰百姓蒙赦無不感悅上曰蒼生雖喜我命危篤天地神祇若延吾一兩月之命得還長安死亦無恨是夕帝崩於貞觀殿時年五十六宣遺詔七日而殯皇太子即位于柩前園陵制度務從節儉軍國大事有不決者取天后處分群臣上謚曰天皇大帝廟號高宗文明元年八月庚寅葬于乾陵天寶十三載改謚曰天皇大弘孝皇帝

○史臣曰大帝往在藩儲見稱長者暨昇旒扆頓異明哉虛襟似納於觸鱗下詔無殊於扇暍既蕩情於帷簿遂忽怠於基扃惑麥鐵之佞言中宮被毒聽趙師之誣說元舅啣寃忠良自是脅肩姦佞於焉得志卒致盤維盡戮宗社爲墟古所謂一國爲一人興前賢爲後愚廢信矣哉

贊曰韡文鴻業僅保餘位封岱禮天其德不類伏戎于寢構堂終墜自蘊禍胎邦家殄瘁

唐書本紀卷第五

唐書本紀卷第六

劉 昫 等修

聞人詮校刻沈桐同校

則天皇后

則天皇后武氏諱曌并州文水人也父士彠隋大業末爲鷹揚府隊正高祖行軍於汾晉毎休止其家義旗初起從平京城貞觀中累遷工部尚書荆州都督封應國公初則天年十四時太宗聞其美容止召入宮立爲才人及太宗崩遂爲尼居感業寺大帝於寺見之復召入宮拜昭儀時皇后王氏良娣蕭氏頻與武昭儀爭寵互讒毁之帝皆不納進號宸妃永徽六年廢王皇后而立武宸妃爲皇后高宗稱天皇武后亦稱天后后素多智計兼涉文史帝自顯慶已後多苦風疾百司表奏皆委天后詳決自此内輔國政數十年威勢與帝無異當時稱爲二聖

弘道元年十二月丁巳大帝崩皇太子顯即位尊天后爲皇太后既將篡奪是日自臨朝稱制庚午加授澤州刺史韓王元嘉爲太尉豫州刺史滕王元嬰爲開府儀同三司絳州刺史魯王靈夔爲太子太師相州刺史越王貞爲太子太傅安州都督紀王慎爲太子太保元嘉等地尊望重恐其生變故進加虚位以安其心甲戌劉仁軌爲尚書左僕射岑長倩爲兵部尚書魏玄同爲黄門侍郎並依舊知政事劉齊賢爲侍中裴炎爲中書令

嗣聖元年春正月甲申朔改元二月戊午廢皇帝爲廬陵王幽于别所仍改賜名哲己未立豫王輪爲皇帝令居於别殿大赦天下改元文明皇太后仍臨朝稱制庚午廢皇太孫重照爲庶人太常卿兼豫州府長史王德眞爲侍中中書侍郎豫王府司馬劉禕之同中書門下三品三月庶人賢死于巴州夏四月滕王元嬰薨改封畢王上金爲澤王葛王素節爲許王丁丑遷廬陵王哲於均州閏五月禮部尚書武承嗣同中書門下三品秋七月突厥骨咄禄元珍寇朔州命左威衛大將軍程務挺拒之彗星見西北方長二丈餘經三十三日乃滅九月大赦天下改元爲光宅旗幟改從金色飾以紫畫以雜文改東都爲神都又改尚書省及諸司官名初置右肅政御史臺官員故司空李勣孫柳州司馬徐敬業僞稱揚州司馬殺長史陳敬之據揚州起兵自稱上將以匡復爲辭冬十月楚州司馬李崇福率所部三縣以應敬業命左玉鈐衛大將軍李孝逸爲大總管率兵三十萬以討之殺内史裴炎丁酉追削敬業父祖官爵復其本姓徐氏十二月前中書令薛元超卒殺左威衛大將軍程務挺

垂拱元年春正月以敬業平大赦天下改元劉仁軌薨三月遷廬陵王哲於房州頒下親撰垂拱格於天下夏四月内史騫味道左授青州刺史五月秋官尚書裴居道爲内史納言王德眞配流象州冬官尚書蘇良嗣爲納言詔内外文武九品已上及百姓咸令自舉是夏大旱

二年春正月皇太后下詔復政於皇帝以皇太后既非實意乃固讓皇太后仍依舊臨朝稱制大赦天下初令都督刺史並準京官帶魚三月初置匭於朝堂有進書言事者聽投之由是人間善惡事多所知悉夏四月岑長倩爲内史六月蘇良嗣爲文昌左相天官尚書韋待價爲文昌右相並同鳳閣鸞臺三品右肅政御史大夫韋思謙爲納言

三年春正月封王子成義爲恒王隆基爲楚王隆範爲衛王隆業爲趙王二月韋思謙請致仕許之夏四月裴居道爲納言夏官侍郎張光輔爲鳳閣侍郎同鳳閣鸞臺平章事庚午劉禕之賜死於家秋八月地官尚書魏玄同檢校納言

四年春二月毁乾元殿就其地造明堂山東河南甚飢乏詔司屬卿王及善司府卿歐陽通冬官侍郎狄仁傑巡撫賑給夏四月魏王武承嗣僞造瑞石文云聖母臨人永昌帝業令雍州人唐同泰表稱獲之洛水皇太后大悦號其石爲寶圖擢授同泰游擊將軍五月皇太后加尊號曰聖母神皇秋七月大赦天下改寶圖曰天授聖圖封洛水神爲顯聖加位特進并立廟就水側置永昌縣天下大酺五日八

月壬寅博州刺史琅耶王沖據博州起兵命左金吾大將軍丘神勣爲行軍總管討之庚戌沖父豫州刺史越王貞又舉兵於豫州與沖相應九月命內史岑長倩鳳閣侍郎張光輔左監門大將軍鞠崇裕率兵討之丙寅斬貞及沖等傳首神都改姓爲虺氏曲赦博州韓王元嘉魯王靈夔元嘉子黃國公譔靈夔子左散騎常侍范陽王藹霍王元軌及子江都王緒故虢王元鳳子東莞公融坐與貞通謀元嘉靈夔自殺元軌配流黔州譔等伏誅改姓虺氏自是宗室諸王相繼誅死者殆將盡矣其子孫年幼者咸配流嶺外誅其親黨數百餘家十二月神皇拜洛水受天授聖圖是日還宮明堂成

永昌元年春正月神皇親享明堂大赦天下改元大酺七日三月張光輔爲內史武承嗣爲納言夏四月誅蔣王惲道王元慶徐王元禮曹王明等諸子孫徙其家屬於巂州五月命文昌右相韋待價爲安息道大總管以討吐蕃六月令文武官五品已上各舉所知秋七月紀王慎被誣告謀反載以檻車流于巴州改姓虺氏韋待價坐遲留不進士卒多飢饉而死配流繡州八月左肅政御史大夫王本立同鳳閣鸞臺三品辛巳誅內史張光輔九月納言魏玄同賜死于家冬十月春官尚書范履冰鳳閣侍郎邢文偉並同鳳閣鸞臺平章事改羽軍百騎爲千騎

載初元年春正月神皇親享明堂大赦天下依周制建子月爲正月改永昌元年十一月爲載初元年十二月爲臘月改舊正月爲一月大酺三日神皇自以曌字爲名遂改詔書爲制書春一月蘇良嗣爲特進武承嗣爲文昌左相岑長倩爲文昌右相裴居道爲太子少傅並依舊同鳳閣鸞臺三品鳳閣侍郎武攸寧爲納言邢文偉爲內史秋七月殺豫章王亶遷其父舒王元名於和州有沙門十人僞撰大雲經表上之盛言神皇受命之事制頒於天下令諸州各置大雲寺總度僧千人丁亥殺隨州刺史澤王上金舒州刺史許王素節幷其子數十人九月九日壬午革唐命改國號爲周改元爲天授大赦天下賜酺七日乙酉加尊號曰聖神皇帝降皇帝爲皇嗣丙戌初立武

氏七廟於神都追尊 神皇父贈太尉太原王士彠爲孝明高皇帝兄子文昌左相承嗣爲魏王天官尚書三思爲梁王堂姪懿宗等十二人爲郡王司賓卿史務滋爲納言鳳閣侍郎宗秦客爲內史給事中傅游藝爲鸞臺侍郎仍依舊知鳳閣鸞臺平章事令史務滋等十人分道存撫天下改內外官所佩魚並作龜冬十月改并州文水縣爲武興縣依漢豐沛例百姓子孫相承給復

二年正月親祀明堂春三月改唐太廟爲享德廟夏四月令釋教在道法之上僧尼處道士女冠之前六月命岑長倩率諸軍討吐蕃左肅政御史大夫格輔元爲地官尚書鸞臺侍郎樂思晦並同鳳閣鸞臺平章事秋七月徙關內雍同等七州戶數十萬以實洛陽分京兆置鼎稷鴻宜四州夏官尚書歐陽通知納言事九月傅游藝下獄死右羽林衛大將軍建昌王攸寧爲納言洛州司馬狄仁傑爲地官侍郎同鳳閣鸞臺平章事冬十月制官人者咸令自舉殺 文昌左相岑長倩納言歐陽通地官尚書格輔元

三年正月親祀明堂春一月冬官尚書楊執柔同鳳閣鸞臺平章事三月五天竺國並遣使朝貢四月大赦天下改元爲如意禁斷天下屠殺秋七月大雨洛水汎溢漂流人居五千餘家遣使巡問賑貸八月魏王承嗣爲特進建昌王攸寧爲冬官尚書楊執柔爲地官尚書並罷知政事秋官侍郎崔元綜爲鸞臺侍郎夏官侍郎李昭德爲鳳閣侍郎檢校天官侍郎姚璹爲文昌左丞地官侍郎李元素爲文昌右丞並同鳳閣鸞臺平章事九月大赦天下改元爲長壽改用九月爲社大酺七日并州改置北都冬十月武威軍總管王孝傑大破吐蕃復龜茲于闐疏勒碎葉鎮

二年春一月親享明堂癸亥殺皇嗣妃劉氏竇氏臘月改封皇孫成器爲壽春郡王宜王成義爲衡陽郡王隆基爲臨淄郡王衛王隆範爲巴陵郡王隆業爲彭城郡王春二月尚方監裴匪躬坐潛謁皇嗣腰斬於都市秋九月上加金輪聖神皇帝號大赦天下大酺七日辛丑司賓卿豆盧欽望爲內史文昌右丞韋巨源同鳳閣鸞臺平章事

秋官侍郎陸元方爲鸞臺侍郎同鳳閣鸞臺平章事
三年春一月親享明堂三月鳳閣侍郎李昭德檢校內史鸞臺侍郎
蘇味道同鳳閣鸞臺平章事韋巨源爲夏官侍郎依舊知政事四月
夏官尚書王孝傑同鳳閣鸞臺三品五月上加尊號爲越古金輪聖
神皇帝大赦天下改元爲延載大酺七日秋八月司賓少卿姚璹爲
納言左肅政御史中丞楊再思爲鸞臺侍郎洛川司馬杜景儉爲鳳
閣侍郎仍並同鳳閣鸞臺平章事梁王武三思勸率諸蕃酋長奏請
大徵斂東都銅鐵造天樞於端門之外立頌以紀上之功業九月內
史李昭德左授欽州南賓縣尉冬十月文昌右丞李元素爲鳳閣鸞
臺平章事
證聖元年春一月上加尊號曰慈氏越古金輪聖神皇帝大赦天下
改元大酺七日戊子豆盧欽望韋巨源杜景儉蘇味道陸元方並左
授趙鄜集綏等州刺史丙申夜明堂災至明而並從煨燼庚子以明
堂災告廟手詔責躬令內外文武九品已上各上封事極言正諫春

○二月上去慈氏越古尊號秋九月親祀南郊加尊號天冊金輪聖神
皇帝大赦天下改元爲天冊萬歲大辟罪已下及犯十惡常赦所不
原者咸赦除之大酺九日萬歲登封元年臘月甲申上登封于嵩嶽
大赦天下改元大酺九日丁亥禪于少室山己丑又制內外官三品
已上通前賜爵二等四品已下加兩階洛州百姓給復
二年癸巳至自嵩嶽甲午親謁太廟春一月重造明堂成夏四月親
享明堂大赦天下改元爲萬歲通天大酺七日以天下大旱命文武
官九品以上極言時政得失五月營州城傍契丹首領松漠都督李
盡忠與其妻兄嬀誠州刺史孫萬榮殺都督趙文翽舉兵反攻陷營
州盡忠自號可汗乙丑命鷹揚將軍曹仁師右金吾大將張玄遇右
武威大將軍李多祚司農少卿麻仁節等二十八將討之秋七月命
春官尚書梁王三思爲安撫大使納言姚璹爲之副制改李盡忠爲
盡滅孫萬榮爲萬斬秋八月張玄遇曹仁師麻仁節與李盡滅戰于
西硤石黃麞谷官軍敗績玄遇仁節並爲賊所虜九月命右武衛大

將軍建安王攸宜爲大摠管以討契丹并州長史王方慶爲鳳閣侍
郎與殿中監李道廣並同鳳閣鸞臺平章事吐蕃寇涼州都督許欽
明爲賊所執庚申王方慶爲鳳閣侍郎仍依舊知政事李盡滅死其
黨孫萬斬代領其衆冬十月孫萬斬攻陷冀州刺史陸寶積死之十
一月又陷瀛州屬縣
二年正月親享明堂鳳閣侍郎李元素夏官侍郎孫元亨坐與綦連
耀謀反伏誅原州都督府司馬婁師德爲鳳閣侍郎同鳳閣鸞臺平
章事春二月王孝傑蘇宏暉等率兵十八萬與孫萬斬戰于硤石谷
王師敗績孝傑沒於陣宏暉棄甲而遁夏四月鑄九鼎成置于明堂
之庭前益州大都督府長史王及善爲內史五月命右金吾大將軍
河內王懿宗爲大摠管右肅政御史大夫婁師德爲副大摠管右武威
衛大將軍沙吒忠義爲前軍摠管率兵二十萬以討孫萬斬六月內
史李昭德司業少卿來俊臣以罪伏誅孫萬斬爲其家奴所殺餘黨
大潰魏王承嗣梁王三思並同鳳閣鸞臺三品秋八月納言姚璹爲

○益州大都督府長史九月以契丹李盡滅等平大赦天下改元爲神
功大酺七日婁師德爲納言冬十月前幽州都督狄仁傑爲鸞臺侍
郎司刑卿杜景儉爲鳳閣侍郎並同鳳閣鸞臺平章事
聖曆元年正月親享明堂大赦天下改元大酺九日春三月召廬陵
王哲於房州夏五月禁天下屠殺突厥默啜上言有女請和親秋七
月令淮陽王武延秀往突厥納默啜女爲妃遣右豹韜衛大將軍閻
知微攝春官尚書赴虜庭八月突厥默啜以延秀非唐室諸王乃囚
於別所率衆與閻知微入寇嬀檀等州命司屬卿高平王重規右武
威衛大將軍沙吒忠義幽州都督張仁亶右羽林衛大將軍李多祚
等率兵二十萬逆擊之方放延秀還己丑默啜攻陷定州刺史孫彥高
死之焚燒百姓廬舍遇害者數千人魏王承嗣卒庚子梁王三思爲
內史狄仁傑爲納言九月建昌王攸寧同鳳閣鸞臺平章事默啜攻
陷趙州刺史高叡遇害丙子廬陵王哲爲皇太子令依舊名顯大赦天
下大酺五日令納言狄仁傑爲河北道行軍元帥辛巳皇太子謁太

廟天官侍郎蘇味道鳳閣侍郎同鳳閣鸞臺平章事癸未默啜盡殺所掠趙定州男女萬餘人從五迴道而去所至殘害不可勝紀冬十月夏官侍郎姚元崇麟臺少監李嶠並同鳳閣鸞臺平章事是月閻知微自突厥叛歸族誅之

二年春二月封皇嗣旦為相王初為寵臣張易之及其弟昌宗置控鶴府官員尋改為奉宸府班在御史大夫下左肅政御史中丞魏元忠為鳳閣侍郎吉頊為天官侍郎並同鳳閣鸞臺平章事戊子幸嵩山過王子晉廟丙申幸緱山丁酉至自嵩山夏四月吐蕃大論贊婆來奔秋七月上以春秋高慮皇太子相王與梁王武三思定王武攸寧等不協令立誓文於明堂八月王及善為文昌左相豆盧欽望為文昌右相仍並同鳳閣鸞臺三品冬十月乙亥幸福昌縣王及善薨

三年正月戊寅梁王三思為特進天官侍郎吉頊配流嶺表臘月辛巳封皇太子男重潤為召王狄仁傑為內史戊寅幸汝州之溫湯甲戌至自溫造三陽宮于嵩山春三月李嶠為鸞臺侍郎知政事如故

。夏四月戊申幸三陽宮五月癸丑上以所疾康復大赦天下改元為久視停金輪等尊號大酺五日六月魏元忠為左肅政御史大夫仍舊知政事是夏大旱秋七月至自三陽宮天官侍郎張錫為鳳閣侍郎同鳳閣鸞臺平章事其甥鳳閣鸞臺平章事李嶠為成均祭酒罷知政事壬寅制曰隋尚書令楊素昔在本朝早荷殊遇稟凶邪之德有諂佞之才惑亂君上離間骨肉搖動冢嫡寧唯握蠱之禍誘扇後王卒成請蹯之釁隋室喪亡蓋惟多僻究其萌兆職此之由生為不忠之人死為不義之鬼身雖幸免子竟族誅斯則姦逆之謀是為庭訓險薄之行遂成門風刑戮雖加枝胤仍在何得肩隨近侍齒列朝行朕接統百王恭臨四海上嘉賢佐下惡賊臣常欲從容於萬機之餘褒貶於千載之外況年代未遠耳目所存者乎其楊素及兄弟子孫已下並不得令任京官及侍衛九月內史狄仁傑卒冬十月甲寅復舊正朔改一月為正月仍以為歲首正月依舊為十一月大赦天下韋巨源為地官尚書文昌左丞韋安石為鸞臺侍郎同鳳閣鸞臺平章事丁卯幸新安曲赦其縣壬申至自新安十二月開唐禁諸祠祭令依舊用牲牢大足元年春正月制改元二月鸞臺侍郎李懷遠同鳳閣鸞臺平章事三月姚元崇為鳳閣侍郎依舊知政事丙申鳳閣侍郎張錫坐贓配循州夏五月幸三陽宮命左肅政御史大夫魏元忠為總管以備突厥天官侍郎顧琮同鳳閣鸞臺平章事六月夏官侍郎李迥秀同鳳閣鸞臺平章事辛未曲赦告城縣秋七月甲戌至自三陽宮九月召王重潤為易之譖構令自死冬十月幸京師大赦天下改元為長安

二年春正月突厥寇鹽夏等州殺掠人吏秋九月乙丑日有蝕之不盡如鉤京師及四方見之冬十月日本國遣使貢方物十一月相王旦為司徒戊子親祀南郊大赦天下

三年春三月壬戌日有蝕之夏四月庚子相王旦表讓司徒許之改文昌臺為中臺李嶠知納言事六月寧州雨山水暴漲漂流二千餘家溺死者千餘人秋七月殺右金吾大將軍唐休景秋九月正諫大

。夫朱敬則鳳閣鸞臺平章事戊申相王旦為雍州牧是月御史大夫兼知政事太子右庶子魏元忠為張昌宗所譖左授端州高要尉京師大雨雹人畜有凍死者冬十月丙寅駕還神都乙酉至自京師

四年春正月造興泰宮於壽安縣之萬安山天官侍郎韋嗣立為鳳閣侍郎同鳳閣鸞臺平章事朱敬則請致仕許之三月進封平恩郡王重福為譙王夏官侍郎宗楚客同鳳閣鸞臺平章事夏四月韋安石知納言事李嶠知內史事丙子幸興泰宮六月天官侍郎崔玄暐同鳳閣鸞臺平章事李嶠為國子祭酒知政事如故七月丙戌楊再思為內史甲午至自興泰宮宗楚客左授原州都督八月姚元崇為司僕卿知政事韋安石檢校楊州大都督府長史冬十月秋官侍郎張柬之同鳳閣鸞臺平章事十一月李嶠為地官尚書張柬之為鳳閣鸞臺平章事自九月至於是日夜陰晦大雨雪都中人有飢凍死者令官司開倉賑給

神龍元年春正月大赦改元上不豫制自文明元年已後得罪人除

揚豫博三州及諸逆魁首咸赦除之癸亥麟臺監張易之與弟司僕卿昌宗反皇太子率左右羽林軍桓彥範敬暉等以羽林兵入禁中誅之甲辰皇太子監國揔統萬機大赦天下是日上傳皇帝位于皇太子徙居上陽宮戊申皇帝上尊號曰則天大聖皇帝冬十一月壬寅則天將大漸遺制祔廟歸陵令去帝稱則天大聖皇后其王蕭二家及褚遂良韓瑗等子孫親屬當時緣累者咸令復業是日崩于上陽宮之仙居殿年八十三謚曰則天大聖皇后二年五月庚申祔葬于乾陵睿宗即位詔依上元年故事號爲天后未幾追尊爲大聖天后改號爲則天皇太后太后嘗召文學之士周思茂范履冰衛敬業令撰玄覽 及古今內範各百卷青宮紀要少陽政範各三十卷維城典訓鳳樓新誡孝子列女傳各二十卷內軌要略樂書要錄各十卷百寮新誡兆人本業各五卷臣範兩卷垂拱格四卷并文集一百二十卷藏于秘閣

史臣曰治亂時也存亡勢也使桀紂在上雖十堯不能治使堯舜在上雖十桀不能亂使懦夫女子乘時得勢亦足坐制羣生之命肆行不義之威觀夫武氏稱制之年英才接軫靡不痛心於家索扼腕於朝危竟不能報先帝之恩衛吾君之子俄至無事被陷引頸就誅天地爲籠去將安所悲夫昔掩鼻之讒古稱其毒人彘之酷世以爲寃武后奪嫡之謀也振喉絕襁褓之兒葅醢碎椒塗之骨其不道也甚矣亦姦人妒婦之恒態也然猶汎延讜議時禮正人初雖牝雞司晨終能復子明辟飛語辯元忠之罪善言慰仁傑之心尊時憲而抑幸臣聽忠言而誅酷吏有旨哉有旨哉

贊曰龍漦易貌丙殿昌儲胡爲穹昊生此夔魖奰衊神器穢褻皇居窮妖白首降鑒何如

唐書本紀卷第六

唐書本紀卷第七

劉　昫　等修

聞人詮校刻沈桐同校

中宗　睿宗

中宗大和聖昭孝皇帝諱顯高宗第七子母曰則天順聖皇后顯慶元年十一月乙丑生於長安明年封周王授洛州牧儀鳳二年徙封英王改名哲授雍州牧永隆元年章懷太子廢其年立爲皇太子弘道元年十二月高宗崩遺詔皇太子柩前即帝位皇太后臨朝稱制改元嗣聖元年二月皇太后廢帝爲廬陵王幽於別所其年五月遷於均州尋徙居房陵聖曆元年召還東都立爲皇太子依舊名顯時張易之與弟昌宗潛圖逆亂神龍元年正月鳳閣侍郎張柬之鸞臺侍郎崔玄暐左羽林將軍敬暉右羽林將軍桓彥範司刑少卿袁恕己等定策率羽林兵誅易之昌宗迎皇太子監國揔司庶政大赦天下鳳閣侍郎韋承慶正諫大夫房融司禮卿韋慶等下獄甲辰命地官侍郎樊忱往京師告廟陵司刑少卿兼王府司馬袁恕己爲鳳閣鸞臺平章事乙巳則天傳位於皇太子丙午即皇帝位於通天宮大赦天下唯易之黨與不在原限爲周興來俊臣所枉陷者咸令雪免內外文武官加兩階三品已上加爵二等入五品等特減四考大酺五日以并州牧相王旦及太平公主有誅易之兄弟功相王加號安國相王進拜太尉同鳳閣鸞臺三品公主加號鎮國太平公主仍賜實封通前滿五千戶皇親先被配沒者子孫令復屬籍仍量敘官爵出宮女三千丁未天后徙居上陽宮庚戌鳳閣侍郎同鳳閣鸞臺平章事張柬之爲夏官尚書同鳳閣鸞臺三品封漢陽郡公鸞臺侍郎兼檢校太子右庶子同鳳閣鸞臺平章事崔暐爲守內史封博陵郡公袁恕己同鳳閣鸞臺三品封南陽郡公敬暉爲納言平陽郡公桓彥範爲納言譙郡公並加銀青光祿大夫賜實封五百戶右羽林大將軍遼國公李多祚進封遼陽郡王賜實封六百戶內直郎駙馬都尉王同皎爲雲麾將軍右千牛將軍琅耶郡公食實封五百戶並賞

誅張易之兄弟功其餘封各有差上天后尊號爲則天大聖皇帝二月甲寅復國號依舊爲唐社稷宗廟陵寢郊祀行軍旗幟服色天地日月寺宇臺閣官名並依永淳已前故事神都依舊爲東都北都爲并州大都督府老君依舊爲玄元皇帝諸州百姓免今年租稅房州百姓給復三年改左右肅政臺爲左右御史臺韋承慶貶高要尉房融配流欽州中書令楊再思爲戶部尚書同中書門下三品京留守太僕卿同中書門下三品姚元之出爲亳州刺史己未封堂兄左金吾將軍鬱林郡公千里爲成紀郡王左金吾衛大將軍實封五百戶令貢舉人停習臣軌依舊習老子甲好妃韋氏爲皇后大赦天下內外官階位者賜勳一轉大酺三日后父故豫州刺史玄貞爲上洛郡王后母崔氏贈上洛郡王妃初韓王元嘉霍王元軌等自垂拱以來皆遭非命是日追復官爵令備禮改葬有胤嗣者即令承襲無胤嗣者聽取親爲後詔九品已上及集朝使極言朝政得失兼舉賢良方正直言極諫之士丙寅左散騎常侍譙王重福貶濮州員外刺史不知州事特進太子賓客梁王武三思爲司空同中書門下三品加實封五百戶通前一千五百戶丁卯右散騎常侍定安郡王駙馬都尉武攸暨封定王爲司徒更加實封四百戶通前一千戶辛未上徃觀風殿朝天后太尉安國相王旦固讓太尉及知政事遂從其請甲戌國子祭酒祝欽明同中書門下三品黃門侍郎知侍中事韋安石爲刑部尚書罷知政事丙子諸州置寺觀一所以中興爲名丁丑武三思固讓司空同中書門下三品武攸暨固讓司徒封王許之改封義興郡王重俊爲衛王北海郡王重茂爲溫王三月辛巳追復故司空英國公李勣官爵令所司爲起墳改葬甲申制文明已來破家臣僚所有子孫並還資蔭其揚州構逆徒黨唯徐敬業一房不在免限餘並原宥丁亥廢左右司員外郎其酷吏劉光業王德壽王處貞屈貞筠劉景陽等五人雖已身死官爵並宜追奪景陽見在貶祿州樂單尉丘神勣來子珣萬國俊周興來俊臣魚承曄王景昭索元禮傅遊藝王弘義張知默裴籍焦仁亶侯思止郭霸李敬仁皇甫文備陳嘉

唐紀七　二

言等雖已身死並宜除名唐奉一配流李秦授曹仁哲並改與嶺南遠惡處己丑中書侍郎兼檢校相王府長史南陽郡公袁恕己爲中書令兼檢校安國相王府長史詔曰君臣朝序貴賤之禮斯殊兄弟大倫先後之儀亦異聖人之制率由斯道朕臨玆寶極位在崇高氣象當陽雖受宗枝之敬退朝私謁仍用家人之禮近代以來罕遵斯度上及公主曲致私情姑叔之尊拜於子姪違法背禮情用惻然自今已後宜從革弊安國相王其及鎮國太平公主更不得輒拜衛王重俊兄弟及長寧公主姊妹等宜告宗屬知朕意焉先是諸王及公主皆以親爲貴天子之子諸姑叔見之必先致拜若致書則稱爲啓事上志欲敦睦親族故下制革之庚寅衛王重俊上洛州牧王乘驛馬車轂隨從諸王公已下中書門下五品已上及諸親並祖送禮儀甚盛事畢賜物有差辛卯以故司僕少卿徐有功執法平恕追贈越州都督并授一子官戊戌左右千牛衛各置大將軍一員罷奉宸府官員以安北大都護安國相王旦爲左右千牛大將軍每大朝會內供奉丙午改秋社依舊用仲秋戊申相王旦於太常廳上王公諸親祖送衛尉張設光祿造食禮畢賜物如衛王上洛州牧之儀夏四月乙丑端州尉魏元忠爲衛尉卿同中書門下三品甲戌左庶子韋安石爲吏部尚書太子賓客李懷遠爲右散騎常侍右庶子唐休璟爲輔國大將軍右庶子崔玄暐爲特進檢校益州大都督府長史判都督事右庶子西留守戶部尚書弘農郡公楊再思爲檢校揚州大都督府長史判都督事少詹事兼侍讀國子祭酒祝欽明爲刑部尚書並依前知政事以上在春宮故僚也乙亥張柬之爲中書令戊寅追贈郡王重潤爲懿德太子同官縣大雨雹燕雀多死漂溺居人四百家遣使賑給五月壬午遷武氏七廟神主于西京崇尊廟東都創置太廟社稷戊子制依舊以周隋爲二王後壬辰封成紀郡王千里爲成王癸巳侍中敬暉封爲平陽郡王侍中桓彥範扶陽郡王賜姓韋氏中書令張柬之漢陽郡王中書令袁恕己南陽郡王特進崔玄暐海陵郡王並加授特進罷知政事吏部尚書韋安石爲兼中書令兵

唐紀七　三

部尚書魏元忠爲兼侍中丙申皇后表請天下士庶爲出母爲三年
服年二十二成丁五十九免役癸卯降梁王武三思爲德靜郡王定
王武攸暨爲樂壽郡王河內王武懿宗等十餘人並降爲國公甲辰
特進芮國公豆盧欽望爲尚書左僕射輔國大將軍酒泉郡公唐休
璟爲尚書右僕射依舊同中書門下三品丙午制以鄎魯之邑百戶
爲太師隆道公宣尼采邑用供薦享又授裔孫褒聖侯崇基朝散大
夫仍許子孫傳襲六月丁巳河北十七州大水漂沒人居癸亥尚書
左僕射豆盧欽望軍國重事中書門下可共平章檢校中書令韋安
石中書令兼檢校吏部尚書檢校侍中魏元忠兼檢校兵部尚書楊
再思兼戶部尚書兼檢校中書令丁卯祔孝敬皇帝神主於太廟廟
號義宗非禮也戊辰洛水暴漲壞廬舍二千餘家溺死者甚衆秋七
月辛巳太子賓客韋巨源同中書門下三品乙未以特進漢陽郡王
張柬之爲襄州刺史仍不知州事八月戊申以水災令文武官九品
以上直言極諫河南洛陽百姓被水兼損者給復一年甲子追冊故

唐紀七　四

○妃趙氏爲恭皇后尊敬妃裴氏爲皇后乙亥上親祔太祖景皇帝獻
祖光皇帝世祖元皇帝高祖神堯皇帝皇祖太宗文武皇帝皇考高
宗天皇大帝皇兄義宗孝敬皇帝神主于太廟皇后廟見丁丑御洛
城南門觀鬭象九月壬午親祀明堂大赦天下禁化胡經及婚娶之
家父母親亡停喪成禮天下大酺三日戊戌太子賓客韋巨源爲禮
部尚書依舊知政事冬十月癸亥幸龍門香山寺乙丑幸新安改弘
文館爲修文館辛未魏元忠爲中書令楊再思爲侍中十一月戊寅
加皇帝尊號曰應天皇后尊號曰順天壬午皇帝皇后親謁太廟告
授徽號之意大赦天下賜酺三日己丑御洛城南門樓觀潑寒胡戲辛
丑衛王重俊爲左衛大將軍遙領揚州大都督溫王重茂爲右衛大
將軍遙領并州大都督十二月　壬寅則天皇太后崩
二年春正月丙申護則天靈駕還京戊戌吏部尚書李嶠同中書門
下三品中書侍郎于惟謙同中　書門下平章事閏月丙午朔置公主
府官員乙卯以特進敬暉桓彥　範袁恕己等三人爲滑洺豫刺史二

月乙未刑部尚書韋巨源同中書門下三品遣十使巡察風俗丙申
僧會範道士史崇玄等十餘人授官封公以賞造聖善寺功也三月
甲辰中書令韋安石爲戶部尚書罷知政事戶部尚書蘇瓌爲侍中
京留守乙巳黃霧四塞唐休璟請致仕許之庚戌殺光祿卿駙馬都
尉王同皎壬子洛陽城東七里許地色如水側近樹木往來車馬歷
歷影見水中經月餘乃滅是月大置員外官自京諸司及諸州佐凡
二千餘人超授閹官七品已上及員外者千餘人壬戌贈后父韋玄
貞太師益州都督夏四月甲戌又贈玄貞爲酆王玄貞第四人並贈
郡王己卯左散騎常侍同中書門下三品李懷遠請致仕許之辛巳
洛水暴漲壞天津橋六月戊寅特進朗州刺史平陽郡王敬暉貶崖
州司馬特進亳州刺史扶陽郡王桓彥範瀧州司馬特進鄀州刺史
袁恕己竇州司馬特進均州刺史博陵郡王崔玄暐白州司馬特進
襄州刺史漢陽郡王張柬之新州司馬並員外置長任舊官封爵並
追奪秋七月丙午立衛王重俊爲皇太子丙寅中書令兼檢校兵部

唐紀七　五

○尚書齊國公魏元忠爲尚書左僕射兼中書令仍知兵部事吏部尚
書李嶠爲中書令刑部尚書韋巨源爲吏部尚書依舊同中書門下
三品庚午禮部尚書祝欽明爲中丞蕭至忠所劾前左散騎常侍李
懷遠爲左散騎常侍同中書門下三品東都留守九月祝欽明貶青
州刺史壬寅幸白馬寺戊午左散騎常侍李懷遠卒壬寅置戶部侍
郎一員冬十月己卯車駕還京師戊戌至自東都十一月乙巳大赦
天下行從文武官賜勳一轉改河南爲合宮洛陽爲永昌嵩陽爲乾
封陽城爲告城戊午兼秘書鄭普思坐妖逆配流儋州其黨與皆伏
誅十二月己卯突厥默啜寇靈州鳴沙縣靈武軍大總管沙吒忠義
逆擊之官軍敗績死者三萬丁巳突厥進寇原會等州掠隴右牧馬
萬餘而去甲申募能斬默啜者封授諸大衛大將軍丙戌以突厥犯
邊京師旱令減膳徹樂河北水大飢命侍中蘇瓌存撫賑給丙申
特進尚書左僕射兼安國相王府長史芮國公豆盧欽望爲開府儀
同三司依舊平章事軍國重事尚書右僕射兼中書令知兵部事督

國公魏元忠爲尚書左僕射兼中書令仍兼知兵部事是冬牛大疫
三年春正月庚子朔不受朝會喪未再朞也庚戌以默啜寇邊制募
猛士武藝超絕者各令自舉内外羣官各進破滅突厥之策丙辰以
旱親録囚徒己巳遣武攸暨武三思往乾陵祈雨于則天皇后既而
雨降上大感悅二月辛未制武氏崇恩廟依舊享祭仍置五品令七
品丞其昊陵順陵置令丞如廟壬午贈太師鄠王廟號衷德陵號榮
先置六品令八品丞庚寅改中興寺觀爲龍興内外不得言中興辛
卯幸安樂公主宅三月丙子吐蕃贊普遣大臣悉董熱獻方物是春
自京師至山東疾疫民死者衆河北河南大旱夏四月辛巳以嗣雍
王守禮女爲金城公主出降吐蕃贊普庚寅幸薦福寺曲赦雍州五
月戊戌左屯衞大將軍兼檢校潞州長史張仁亶爲朔州道大總管
以備突厥丙午突厥默啜殺我行人臧思言六月丁卯朔日有蝕之
戊子姚巂道討擊使侍御史唐九徵擊姚州叛蠻破之俘虜三千計
遂於其處勒石紀功焉是夏山東河北二十餘州旱飢饉疾疫死者

數千計遣使賑卹之秋七月庚子皇太子重俊與羽林將軍李多祚
等率羽林千騎兵三百餘人誅武三思武崇訓遂引兵自肅章門斬關
而入帝惶遽登玄武樓重俊引兵至下上自臨軒諭之衆遂散去殺
李多祚重俊出奔至鄠縣爲部下所殺癸卯大赦天下八月丙子改
玄武門爲神武門樓爲制勝樓丙戌左僕射兼中書令魏元忠請致
仕授特進九月丁酉兵部尚書郢國公宗楚客左衞將軍兼太府卿
紀處訥並同中書門下三品吏部侍郎兼左御史臺中丞蕭至忠爲
黃門侍郎兼左御史中丞同中書門下三品中書侍郎東海郡公于
惟謙國子祭酒罷知政事庚子上皇帝尊號曰應天神龍皇后尊號
曰順天翊聖大赦天下改元爲景龍兩京文武官三品已上賜爵一
級四品已下加一階外官賜勳一轉景龍元年九月甲辰特進魏元
忠左授務川尉言與重俊通謀也庚辰侍中兼左御史臺大夫楊再
思爲中書令吏部尚書韋巨源太府卿紀處訥並爲侍中侍中蘇瓌
爲吏部尚書壬戌改左右羽林衞千騎爲萬騎仍分爲左右冬十月

壬午彗見于西月餘而滅壬午皇后上神武頌令兩京及四大都督
府皆刻之於石十二月乙丑朔日有蝕之丁丑京師雨土
二年春正月丙申滄州雨雹大如雞卵二月辛未幸左金吾大將軍
陳國公陸頌宅皇后自言衣箱中裙上有五色雲起令畫工圖之以
示百寮乃大赦天下癸未夜天保星墜西南有聲如雷野雉皆雊乙
酉帝以后服有慶雲之瑞大赦天下内外五品已上母妻各加邑號
一等無妻者聽授女天下婦人八十已上版授鄉縣郡等君三月丙
子朔方道大總管張仁亶築受降城於河上夏四月庚午左散騎常
侍樂壽郡王駙馬都尉武攸暨讓郡王改封楚國公癸未修文館增
置大學士八員直學士十二員己丑幸長樂公主莊即日還宮六月
丁亥改太史局爲太史監罷隸秘書省秋七月辛卯台州地震癸巳
左屯衞大將軍攝右御史臺大夫朔方道行營大總管韓國公張仁
亶同中書門下三品有赤氣竟天其光燭地經三日乃止九月甲戌
黃霧昏濁冬十一月庚申突厥首領娑葛叛自立爲可汗遣弟遮弩

率衆犯塞己卯以安樂公主出降假皇后仗出於禁中以盛其儀帝
及后御安福樓以觀之禮畢大赦天下賜酺三日癸未安西都護牛
師獎與娑葛戰于火燒城師獎敗績沒于陣是冬西京吏部置兩侍
郎銓試東都又置兩銓恣行囑請又有斜封授官預用秋闕
三年春正月丁卯黃霧四塞癸酉幸薦福寺乙亥宴侍臣及近親於
黎園亭二月己丑幸玄武門與近臣觀宮女大酺既而左右分曹共
爭勝負上又遣宮女爲市肆鬻賣衆物令宰臣及公卿爲商賈與之
交易因爲忿爭言辭猥褻上與后觀之以爲笑樂壬寅侍中舒國公
韋巨源爲尚書左僕射並同中書門下三品戊午兵部尚書郢國公
宗楚客爲中書令中書侍郎鄭國公蕭至忠爲侍郎太府卿韋嗣立爲
兵部尚書同中書門下三品中書侍郎檢校吏部侍郎崔湜同中書
門下平章事兵部侍郎趙彥昭爲中書侍郎同中書門下平章事庚
申日赤紫色無光戊寅禮部尚書兼揚州大都督曹國公韋溫爲太
子少保兼揚州大都督同中書門下三品太常少卿兼檢校吏部侍

鄭同中書門下平章事夏五月丙戌崔湜鄭愔坐贓湜貶襄州刺史愔貶江州司馬六月癸丑太白晝見于東井庚子以經籍多缺使天下搜括壬寅以旱避正殿減膳親録囚徒癸卯尚書左僕射楊再思薨秋七月乙卯朔鎮軍大將軍右驍衛將軍兼知太史事迦業至忠配流桺州丙辰娑葛遣使來降辛酉幸黎園亭宴侍臣學士皇后表請諸婦人不因夫子而加邑號者許同見任職事官聽子孫用蔭從之壬戌安福門外設無遮齋三品巳上行香癸亥御承慶殿録囚徒壬午遣使冊驍衛大將軍兼衛尉卿金河王突騎施守忠爲歸化可汗八月乙酉特進行中書令趙國公李嶠爲特進同中書門下三品侍中鄭國公蕭至忠爲中書令特進鄭國公韋安石爲侍中庚寅諸州各置司田叅軍一員吐蕃贊普遣使勃禄星奉進國信贊普祖娑進物及上中宫安國相王太平公主有差壬辰遣十使巡察天下有星孛于紫宫令特進佩魚散職佩魚自此始也乙未親送朔方軍揔管韓國公張仁亶於通化門外上製序賦詩乙巳幸安樂公主山亭

○宴侍臣學士賜繒帛有差九月壬戌幸九曲亭子宴侍臣學士戊辰吏部尚書冝懐縣公蘇瓌爲尚書右僕射同中書門下三品冬十月庚寅幸安樂公主金城新宅宴侍臣學士十一月乙丑親祀南郊皇后登壇亞獻左僕射舒國公韋巨源爲終獻大赦天下見繫囚徒及十惡咸赦除之雜犯流人並放還京文武三品巳上賜爵一等四品巳上加一階京官及應龒岳牧入三品五品減考高年版授大酺三日壬申幸見子陵甲戌開府儀同三司芮國公豆盧欽望薨吐蕃贊普遣其大臣尚贊吐來逆女十二月壬戌前尚書右僕射宋國公唐休璟爲太子少師同中書門下三品甲子上幸新豐之温湯庚子幸兵部尚書韋嗣立莊封嗣立爲逍遥公上親製序賦詩便游白鹿觀甲辰曲賜新豐縣百姓給復一年行從官賜勲一轉是月幸驪山乙巳至自温湯乙酉令諸司長官向醴泉坊看潑胡王乞寒戲

四年春正月乙卯於化度寺門設無遮大齋丙寅上元夜帝與皇后微行觀燈因幸中書令蕭至忠之第是夜放宫女數千人看燈因此多有亡逸者丁卯夜又微行看燈丁丑命左驍衛大將軍河源軍使楊矩爲送金城公主入吐蕃使巳卯幸始平送金城公主歸吐蕃二月壬午曲赦咸陽始平爲金城縣便幸長安令王光輔馬嵬北原莊癸未至自金城庚戌令中書門下供奉官五品巳上文武三品巳上并諸學士等自芳林門入集於梨園毬場分朋拔河帝與皇后公主親往觀之三月甲寅幸臨渭亭修禊飲賜羣官桺棬以辟惡丙辰游宴桃花園庚申京師雨氷井水溢壬戌賜宰臣巳下内　巾子夏四月丁亥上游櫻桃園引中書門下五品巳上諸司長官學士等入芳林園嘗櫻桃便令馬上口摘置酒爲樂乙未幸隆慶池結綵爲樓宴侍臣泛舟戲樂因幸禮部尚書竇希宅五月辛酉秘書監駙王邕改封汴王乙丑皇后請加嗣王三品丁卯前州司兵叅軍燕欽融上書言皇后干預國政安樂公主武延秀宗楚客等同危宗社帝怒召欽融廷見撲殺之時安樂公主志欲皇后臨朝稱制而求立爲皇太女由是與后合謀進酖六月壬午帝遇毒崩于神龍殿年五十秘不

○發喪皇后親揔庶政癸未以刑部尚書裴談工部尚書張錫並同中書門下三品依舊東都留守吏部尚書張嘉福中書侍郎岑羲吏部侍郎崔湜並同中書門下平章事又命左右金吾衛大將軍趙承恩右監門大將軍薛簡帥兵五百人往均州備譙王重福立温王重茂爲皇太子甲申發喪于太極殿宣遺制皇太后臨朝大赦天下改元爲唐隆見繫囚徒常赦所不免者咸赦除之長流任放歸田里負犯痕瑕咸從洗滌内外官三品巳上賜爵一級四品巳下加一階以安國相王旦爲太子太師進封雍王守禮爲邠王壽春郡王成器爲宋王宗正卿晋封新興王丁亥皇太子即帝位於柩前時年十六皇太后韋氏臨朝稱制大赦天下常赦所不原者咸赦除之内外兵馬諸親掌仍令韋温揔知時召諸府折衝兵五萬人分屯京城列爲左右營諸韋子姪分統之壬辰遣使諸道巡撫紀處訥關内道張嘉福河北道岑羲河南道庚子夜臨淄王諱舉兵誅諸韋武皆梟首於安福門外韋太后爲亂兵所殺九月丁卯百官上謚曰孝和皇帝廟號中

宗十一月巳酉葬于定陵天寶十三載二月改謚曰大和大聖大昭孝皇帝

史臣曰廉士可以律貪夫賢臣不能輔孱主誠以志昏近習心無遠圖不知創業之難唯取當年之樂孝和皇帝越自負扆遷于房陵崎嶇瘴癘之鄉契濶幽囚之地所以張漢陽徘徊于克復狄梁公哽咽以奏論遂得生還廬非己力洎滌除金虎再握璿衡不能罪己以謝萬方而更漫游以應八政縱豔妻之煽黨則聚檮争衡信妖女以撓權則彝倫失序桓敬由之覆族節愍所以興戈竟以元首之尊不免齊眉之禍比漢晉之惠盈輩爲優苟非繼以命世之才則土德去也

睿宗玄貞大聖大興孝皇帝諱旦高宗第八子中宗母弟龍朔二年六月巳未生於長安其年封殷王遥領冀州大都督單于大都護右金吾衛大將軍及長謙恭孝友好學工草隷尤愛文字訓詁之書乾封元年徙封豫王總章二年徙封冀王上初名旭輪至是去旭字上元二年徙封相王拜右衛大將軍儀鳳三年遷洛牧改名旦徙封豫

○王嗣聖元年則天臨朝廢中宗爲廬陵王立豫王爲皇帝仍臨朝稱制及革命改國號爲周降帝爲皇嗣令依舊名輪徙居東宮其具儀一比皇太子聖曆元年中宗自房陵還帝數稱疾不朝請讓位於中宗則天遂立中宗爲皇太子封帝爲相王又改名旦授太子右衛率長安中并司徒右羽林衛大將軍自則天初臨朝及革命之際王室屢有變故帝每恭儉退讓竟免于禍神龍元年以誅張易之昆弟功進號安國相王遷太尉加實封其年立爲皇太弟固辭不受景龍四年夏六月中宗崩韋庶人臨朝引用其黨分握政柄忌帝望實素高潛謀危害庚子夜臨淄王諱與太平公主子薛崇簡前朝邑尉劉幽求長上果毅麻嗣宗苑總監鍾紹京等率兵入北軍誅韋温紀處訥宗楚客武延秀馬秦客葉静能趙履温楊均等諸韋武黨與皆誅之辛丑帝挾少帝御安福門樓慰諭百姓大赦天下見繫囚徒常赦所不免者咸赦除之内外文武官三品已上賜爵一級四品已下加一階親皇三等已上加兩階四等已下及諸親賜勳三轉天下百姓免今年田租之半進封臨淄王爲平王以薛崇簡爲立節郡王鍾紹京爲中書侍郎劉幽求爲中書舍人並參知機務加實封其餘封賞有差遣使分行諸道宣諭仍令往均州慰勞譙王壬寅左千牛中郎將宋王成器爲左衛大將軍司農少卿同正員衡陽王成義爲右衛大將軍太府少卿同正員巴陵王隆範爲左羽林衛大將軍太僕少卿同正員彭城王隆業爲右羽林衛大將軍黄門侍郎李日知同中書門下三品癸卯殿中兼知内外閑廄檢校龍武右軍仍押左右廂萬騎平王諱同中書門下三品中書侍郎潁川郡公鍾紹京爲中書令中書令鄭國公蕭至忠爲許州刺史兵部尚書逍遥公韋嗣立爲宋州刺史中書侍郎趙彦昭爲絳州刺史蕭韋趙特置位誅吏部尚書張嘉福於懷州其日王公百寮上表咸以國家多難宜立長君以帝衆望所歸請即尊位甲辰少帝詔曰自古帝王必有符命兄弟相及存諸典禮朕以孤藐遭家艱難顧兹蒙識未洽途茫茫四海將何所屬累聖丕基若墜于地王室多難義擇長君思與羣公推崇明聖叔

○父相王高宗之子昔以天下讓于先帝孝友寬簡彰信兆人神龍之初已有明旨將立太弟以爲副君爲王懇辭未行册命所以東宫虚位至于歷年徽綴在辰禍變倉卒然後稱制許立沖人欽奉前懷顧遵理命上申天聖之旨下遂蒼生之心俯稽圖緯之文仰跂祖宗之烈擇今日請叔父相王即皇帝位朕退守本藩歸于舊邸凡百卿士敬承朕言克贊我天人之休期光我有唐之勳業布告遐邇咸使聞知相王上表讓曰臣以宗社事重家國情深誅鋤巨逆奉戴嗣主今承制旨猥推宸極在臣虚薄不敢祇膺循環震驚無任感哽制荅曰皇極大寶天下至公王者臨之蓋非獲己王先聖舊意蒼生推仰龍光紫宸貴允係望請遵前旨勿或推讓于是少帝遜于別宫是日即皇帝位御承天門樓大赦天下常赦所不免並原之内外官四品已上加一階相王府官吏加兩階流人長流長任未還者並放還立功人王承曄已下千餘人賜爵秩有差封少帝爲王其日景雲見乙巳中書令鍾紹京爲户部尚書越國公實封五百户中書舍人劉幽求

爲尚書左丞徐國公實封五百戶並依前知政事左衛大將軍宋王成器爲太子太師雍州牧揚州大都督加實封二百戶宮人比來取百姓子女入宮者放還其家丙午新除太常少卿薛稷爲黃門侍郎參知機務丁未許州刺史梁縣侯姚元之爲兵部尚書同中書門下三品兵部尚書韋嗣立爲中書令追削武三思武崇訓官爵戊申蕭至忠韋嗣立趙彥昭崔湜並停刺史衡陽王成義封申王巴陵王隆範封岐王彭城王隆業封薛王巳酉鎮國太平公主加實封五百戶通前一萬戶秋七月癸丑兵部侍郎兼知雍州長史崔日用爲黃門侍郎參知機務丙辰則天大聖皇后依舊號爲天后追謚雍王賢爲章懷太子庶人重俊曰節愍太子復敬暉桓彥範崔玄暐張柬之袁恕巳成王千里李多祚等官爵丁巳河南洛陽華州並依舊名以洛州長史宋璟爲檢校吏部尚書同中書門下三品中書侍郎岑羲爲右散騎常侍壬戌以蕭至忠爲晉州刺史韋嗣立爲許州刺史趙彥昭爲宋州刺史兵部尚書姚元之兼太子右庶子吏部尚書宋璟兼

太子左庶子癸亥吏部侍郎崔湜爲尚書右丞罷知政事甲子右僕射許國公蘇瓌兵部尚書姚元之吏部尚書宋璟右常侍判刑部尚書岑羲並充使冊定陵丙寅姚元之兼中書令丁卯蘇瓌爲尚書左僕射仍舊同中書門下三品宋國公唐休璟致仕右武衛大將軍攝右御史大夫同中書門下三品韓國公張仁亶右衛大將軍戊辰崔日用爲雍州長史薛稷爲右散騎常侍並停知機務特進同中書門下三品趙國公李嶠爲懷州刺史廢司田參軍巳巳冊平王爲皇太子大赦天下改元爲景雲內外官九品巳上及子爲父後者各加勳一轉自神龍以來直諫枉遭非命者咸令式墓天下州縣名目天授以來改爲武字者並令復舊廢武氏崇恩廟其昊陵順陵並去陵名景雲元年七月巳巳制自今授左右僕射侍中中書令六尚書巳上官聽讓其餘停讓追廢皇后韋氏爲庶人安樂公主爲悖逆庶人丁丑改太史監爲太史局隸秘書省八月癸巳新除集州刺史譙王重福潛入東都構逆州縣討平之先是中宗時官爵渝濫因依妃主墨勑而授官者謂之斜封至是並令罷免癸卯改門下坊爲左春坊典書坊爲右春坊左右羽林衛依舊爲左右羽林軍九月庚戌封皇太子男嗣眞爲許昌郡王嗣謙爲眞定郡王冬十月甲申詔孝敬皇帝神主先祔太廟有違古義於東都別立義宗廟丁未姚元之爲中書令兼檢校兵部尚書十一月巳酉葬孝和皇帝于定陵辛亥太子太師宋王成器爲尚書左僕射蘇瓌爲太子少傅侍中郇國公韋安石爲太子少保改封郇國公並罷知政事戊辰宋王成器爲司徒兼領揚州大都督庚午太子少傅蘇瓌薨是歲韋庶人悖逆庶人並以禮改葬武三思父子剖棺戮屍

二年春正月丁未朔以山陵日近不受朝賀癸丑改泉州爲閩州都督改榮州爲泉州突厥默啜遣使請和親許之巳未太僕卿郭元振中書侍郎張說並同中書門下平章事甲子改封溫王重茂爲襄王遷于集州乙丑追尊皇后劉氏爲肅明皇后墓曰惠陵德妃竇氏爲昭成皇后墓曰靖陵二月丁丑令皇太子監國甲辰姚元之左授申

州刺史宋璟左授楚州刺史韋安石爲侍中丙戌劉幽求爲戶部尚書罷知政事戊子詔中宗時斜封官並許依舊庚申復置太子左右諭德太子左右贊善各置兩員戊戌郭元振爲兵部尚書仍依舊同中書門下平章事巳未改修文館爲昭文館黃門侍郎李日知爲左臺御史大夫依舊同中書門下三品夏四月庚辰張說爲兵部侍郎依舊同中書門下平章事癸未分瀛州置鄚州詔以釋典玄宗理均跡異拯人化俗教別功齊自今每緣法事集會僧尼道士女冠等宜齊行道集甲申韋安石爲中書令宋王成器爲太子賓客仍依舊遙領揚州大都督丙申李日知爲侍中壬寅大赦天下重福徒黨放雪京官四品巳下加一階外官賜勳一轉三品巳下各賜爵一級天下濫度僧尼道士女冠並依舊又令內外官依上元元年九品巳上文武官咸帶手巾筭袋武官咸帶七事鞊鞢並足其腰帶一品至五品並用金六品七品並用銀八品九品並用鍮石魚袋着紫者金裝着緋者銀裝景龍三年巳前逋懸並放免天下大酺五日五月庚戌復

武氏昊陵順陵仍量置官屬太平公主爲武攸暨請也庚申韋安石加開府儀同三司辛丑改西城公主爲金仙公主昌隆公主爲玉眞公主仍置金仙玉眞兩觀壬戌殿中監竇懷貞爲左臺御史大夫同中書門下平章事六月壬午依漢代故事分置二十四都督府閏六月初置十道按察使秋七月新置都督府並停唯雍洛州長史揚益荆并四大都督府長史階爲三品八月乙卯詔以興聖寺是高祖舊宅有柿樹天授中枯死至是重生大赦天下其謀殺劫殺造僞頭首並免死配流嶺南官典受贓者特從放免天下大酺三日丁巳皇太子釋奠于太學己巳韋安石爲尚書右僕射同中書門下三品兼太子賓客禮部尚書竇希玠爲太子少傅庚午改左右屯衛爲左右威衛左右宗衛率府爲左右司禦府渾儀監爲太史監九月丁卯竇懷貞爲侍中冬十月甲辰吏部尚書劉幽求爲侍中散騎常侍魏知古同中書門下三品太子詹事崔湜爲中書侍郎同中書門下三品中書侍郎陸象先同中書門下平章事韋安石爲尚書左僕射東都留守侍中李日知爲戶部尚書兵部尚書郭元振爲吏部尚書侍中兼檢校左臺御史大夫竇懷貞爲左臺御史大夫兵部侍郎兼左庶子張說爲尚書左丞罷知政事十一月戊寅改太史監爲太史局依舊隷秘書省改王師爲傅

三年春正月辛未朔親謁太廟癸酉上始釋慘服御正殿受朝賀甲戌并汾絳三州地震壞人廬舍辛巳南郊戊子躬耕耤田己丑大赦天下改元爲太極內外官四品已下加一階三品已上加爵一級孔宣父祠廟本州取側近三十戶以供灑掃天下大酺五日特賜老人九十已上緋衫牙笏八十已上綠衫木笏乙未戶部尚書岑羲左臺御史大夫竇懷貞並同中書門下三品二月丁酉祕書增少監一員光祿大理鴻臚太府衛尉宗正各增置少卿一員少府監將監增置少監一員國子監增置司業一員左右臺各增置中丞一員雍洛二州并益荆揚四大都督府各增置司馬一員仍分爲左右司馬丁亥皇太子釋奠於國學追贈顏回爲太子太師曾參爲太子太保每年春秋釋奠以四科弟子曾參從祀列于七十二賢之上辛酉廢右御史臺官員己巳頒新格式於天下夏四月辛丑制曰朕聞措刑由於用刑去殺存乎必殺明罰峻典自古而然立制齊人於是乎在自我朝建國僅將百年天下和平其來已久往承隋季守法頗專比屬時安持綱日緩況朕薄德甚莫遠先惟人難理遠不如昔粤從守位三載于玆庶務煩勞不損晷景嘗謂自我作則感而成化痛乎遂俗怠返不威罔懲將至純風先歸重典比者贓賄不息渝濫公行放心未寧禁犯無懼此焉覽革期於承平遂割小慈以崇大體自今已後造僞頭首者斬仍沒一房資財同用蔭者並停奪非頭首者絞其承前造僞人限十日內首使盡官典主司枉法受贓一匹以上先決杖一百其緣贓及惡狀被解及與替者非選時不得輒入京城縱家貫在京不得輒至朝堂妄有披訴如有此色並決杖仍加貶斥其先在京城者限三日內勒還上下官寮輒緣私情相囑者其受囑人宜封狀奏聞成器已下朕自決罰其餘王公已下並解見任官三五年間不須齒錄其進狀人別加褒賞御史宜令分察諸司五月戊寅親祀北郊辛未大赦天下改元爲延和桓彥範敬暉崔玄暐張柬之袁恕己等特還其子孫實封二百戶天下大酺五日六月癸丑戶部尚書岑羲爲侍中乙卯追尊則天皇后曰天后聖帝庚申幽州都督孫佺率左驍衛將軍李楷洛左威衛將軍周以悌等將兵三萬與奚首領李大輔戰于硎山爲賊所敗佺沒於陣壬戌魏知古爲戶部尚書仍依舊同中書門下三品秋七月庚午竇懷貞爲尚書右僕射平章軍國重事己卯上觀樂於安福門以燭繼晝經日乃止八月庚子帝傳位于皇太子自稱太上皇帝五日一度受朝於太極殿自稱曰朕五品已上除授及大刑獄並自決之其處分事稱誥令皇帝每日受朝於武德殿自稱曰予三品已下除授及重罪並令決之其處分事稱制勅甲辰大赦天下改元爲先天八月戊申皇帝子許昌王嗣直改封郯王眞定王嗣謙爲郢王己酉以宋王成器爲司空依舊遙領揚州大都督庚戌竇懷貞爲尚書左僕射同中書門下三品仍兼御史大

夫劉幽求爲尚書右僕射依舊同中書門下三品魏知古爲侍中崔湜爲中書令並監修國史丁巳立皇帝子妃王氏爲皇后癸亥劉幽求配流封州九月丁卯朔日有蝕之甲申封皇帝子嗣昇爲陝王冬十月庚子皇帝親謁太廟禮畢御延喜門大赦天下壬寅祔昭成皇后肅明皇后神主於儀坤廟癸卯皇帝幸新豐之温湯校獵於渭川十二月丁未詔禁人屠殺大雞戊午改箕州爲儀州

二年春正月勅江北諸州團結兵馬皆令本州刺史押掌乙亥吏部尚書兼太子右諭德鄎國公蕭至忠爲中書令上元日夜上皇御安福門觀燈出内人連袂踏歌縱百寮觀之一夜方罷二月丙申改隆州爲閬州始州爲劍州分典州置深州初有僧婆陁請夜開門然燈百千炬三日三夜皇帝御延喜門觀燈縱樂凡三日夜左拾遺嚴挺之上疏諫之乃止三月辛卯皇后祀先蠶癸巳制勅表狀書奏牋牒年月等數作一十三十四十字夏六月丙辰兵部尚書朔方道行軍大總管郭元振加同中書門下三品秋七月甲子太平公主與僕射竇

懷貞侍中岑羲中書令蕭至忠左羽林大將軍常元楷等謀逆事覺皇帝率兵誅之窮其黨與太子少保薛稷左散騎常侍賈膺福右羽林將軍李慈李欽中書舍人李猷中書令崔湜尚書左丞盧藏用太史令傅孝忠僧惠範等皆誅之兵部尚書郭元振從上御承天門樓大赦天下自大辟罪已下無輕重咸赦除之翌日太上皇誥曰朕將高居無爲自今後軍國刑政一事以上並取皇帝處分開元四年夏六月甲子太上皇帝崩于百福殿時年五十五秋七月己亥上尊謚曰大聖貞皇帝廟曰睿宗冬十月庚午葬于橋陵天寶十三載二月改謚曰玄貞大興孝皇帝

史臣曰法不一則姦僞起政不一則朋黨生上既啓其泉源下胡息於奔競觀夫天后之時雲委於二張之第孝和之世波注於三王之門獻奇則除設盈庭納賄則斜封滿路咸以進趨相軌姦利是圖如火投泉安得無敗洎景龍繼統汚俗廓清然猶投杼於乘輿之間抵掌於太平之日以至書頻告變上不自安宫臣致禦魅之科天子慊巡邊之詔彼既彎弓而射我我則號泣以行刑此雖鎮國之尤亦是臨軒之失夫君人孝愛錫之以典刑納之於軌物俾無僭偪下絶覬覦自然治道惟新亂階不作孝和既巳失之玄貞亦未爲得

贊曰孝和玄貞皆肖先人率情背禮取樂於身喪塗不屏寢輟攸遵扶持聖嗣賴有賢臣

唐書本紀卷第七

劉昫等修
聞人詮校刻沈桐同校

玄宗上

玄宗至道大聖大明孝皇帝諱隆基睿宗第三子也母曰昭成順聖皇后竇氏垂拱元年秋八月戊寅生於東都性英斷多藝尤知音律善八分書儀範偉麗有非常之表三年閏七月丁卯封楚王天授三年十月戊戌出閤開府置官屬年始七歲朔望車騎至朝堂金吾將軍武懿宗忌上嚴整訶排儀仗因欲折之上叱之曰吾家朝堂干汝何事敢迫吾騎從則天聞而特加寵異之尋却入閤長壽二年臘月丁卯改封臨淄郡王聖曆元年出閤賜第於東都積善坊大足元年從幸西京賜宅於興慶坊長安中歷右衛郎將尚輦奉御神龍元年遷衛尉少卿景龍二年四月兼潞州別駕十二月加銀青光祿大夫州境有黃龍白日昇天嘗出畋有紫雲在其上後從者望而得之前後符瑞凡一十九事四年中宗將祀南郊來朝京師將行使術士韓禮筮之蓍一莖孑然獨立禮驚曰蓍立奇瑞非常也不可言屬中宗末年王室多故上常陽引材力之士以自助上所居宅外有水池浸溢頃餘望氣者以為龍氣四年四月中宗幸其第因遊其池結綵為樓船令巨象踏之至六月中宗暴崩韋后臨朝稱制韋溫宗楚客紀處訥等謀傾宗社以睿宗介弟之重先謀不利道士馮道力處士劉承祖皆善於占兆詣上布誠款上所居里名隆慶時人語訛以隆為龍韋庶人稱制改元又為唐隆皆符御名上益自負乃與太平公主謀之公主喜以子崇簡從上乃與崇簡朝邑尉劉幽求長上折衝麻嗣宗押萬騎果毅葛福順李仙鳧寶昌寺僧普潤等定策誅之或曰先啓大王上曰我拯社稷之危赴君父之急事成福歸於宗社不成身死於忠孝安可先請憂怖大王乎若請而從是王與危事請而不從則吾計失矣遂以庚子夜率幽求等數十人自苑南入摠監鍾紹京又率丁匠百餘以從分遣萬騎往玄武門殺羽林將軍韋播高嵩持

首而至衆歡叫大集攻白獸玄德等門斬關而進左萬騎自左入右萬騎自右入合於淩煙閣前時太極殿前有宿梓宮萬騎聞譟聲皆披甲應之韋庶人惶惑走入飛騎營為亂兵所害於是分遣誅韋氏之黨比明內外討捕皆斬之乃比謁睿宗謝不先啓請之罪睿宗遽前抱上而泣曰宗社禍難由汝安定神祇萬姓賴汝之力也拜殿中監同中書門下三品兼押左右萬騎進封平王睿宗即位與侍臣議立皇太子僉曰除天下之禍者享天下之福拯天下之危者受天下之安平王有聖德定天下又聞成器已下咸有推讓宜膺主鬯以副羣心睿宗從之丙午制曰舜去四凶而功格天地武有七德而戡定黎人故知有大勳者必受神明之福仗高義者必為七鬯之主朕恭臨寶位亭育寰區以萬物之心為心以兆人之命為命雖承繼之道咸以冢嫡居尊而無私之懷必推功業為首然後可保安社稷永奉宗祧第三子平王基孝而克忠義而能勇比以朕居藩邸虔守國彝貴戚中人都無引接羣邪害正兇黨寔繁利口巧言讒說罔極韋溫延秀朋黨競起晉卿楚客交搆其間潛結回邪排擠端善潛貯兵甲將害朕躬基密聞其期先難奮發推身鞠弭衆應如歸呼吸之間凶渠殄滅安七廟於幾墜拯羣臣於將殞方舜之功過四比武之德逾七靈祇望在昆弟樂推一人元良萬邦以定為副君者非此而誰可立為皇太子有司擇日備禮冊命七月己巳睿宗御承天門皇太子詣朝堂受冊是日有景雲之瑞改元為景雲大赦天下二月又制曰惟天生烝人牧以元后維皇立國副以儲君將以保綏家邦安固後嗣者也朕纂承洪業欽奉寶圖夜分不寢日旰忘倦茫茫四海懼一人之未周烝烝萬姓恐一物之失所雖卿士竭誠守宰宣化緬懷庶域仍未小康是以求下人之瘼風遵先朝之故事皇太子基仁孝因心溫恭成德深達禮體能辨皇猷宜令監國俾爾為政其六品已下除授及徒罪已下並取基處分延和元年六月兇黨因術人聞睿宗曰據玄象帝座及前星有災皇太子合作天子不合更居東宮矣睿宗曰傳德避災吾意決矣七月壬午制曰朕以寡昧虔奉鴻休本殊

王季之賢早達延陵之節昔在聖曆已讓皇嗣之尊爰曁神龍終辭太弟之授豈唯衣冠所覩抑亦兆庶咸知頃屬國步不夷時艱主幼大業有綴旒之懼寶位深墜地之憂議迫公卿遂司契纂日慎一日以至于今一紀之勞勤亦至矣萬方之俗化漸行矣將成宿願脫屣寰區昔堯之禪舜唯能是與禹以命啓匪私其親神器之重允歸公授皇太子基有大功於天地定阽危於社稷溫文旣習聖敬克躋委之監國已移歲年時政益明庶工惟序朕之知子庶不負時曆數在躬宜陟元后可令即皇帝位有司擇日授冊朕方比迹洪古希風太皇神與化遊思與道合無爲無事豈不美歟王公百寮宜識朕意上意惶懼馳見叩頭請所以傳位之旨睿宗曰吾因汝功業得宗社今帝座有眚思欲遜避唯聖德大勳始轉禍爲福易位於汝吾知晚矣上始居武德殿視事三品已下除授及徒罪皆自決之先天二年七月三日尚書左僕射竇懷貞侍中岑羲中書令蕭至忠崔湜雍州長史李晉左羽林大將軍常元楷右羽林將軍李慈等與太平公主同

○謀期以其月四日以羽林軍作亂上密知之因以中旨告岐王範薛王業兵部尚書郭元振將軍王毛仲取閑廐馬及家人三百餘人率太僕少卿李令問王守一內侍高力士果毅李守德等親信十數人出武德殿入虔化門梟常元楷李慈於北闕擒賈膺福李猷於內客省以出執蕭至忠岑羲於朝皆斬之睿宗明日下詔曰朕將高居無爲自今軍國政刑一事已上並取皇帝處分上御承天門樓下制曰朕承累聖之洪休荷重光之積慶昔因多難內屬攙屯寶位淪墜地之憂神器有綴旒之懼事殷家國義感神祇吟嘯風雲龔行雷電致君親於堯舜濟黔首於休和遂以孟秋允昇儲貳旋承內禪繼體宸居拜首之請空勤讓立之誠莫展恭臨億兆三載于茲上稟聖謨下凝庶績八荒同軌瀛海無波不謂姦慝潛謀蕭牆竊發逆賊竇懷貞等並以庸妄權齒朝廷毫髮之効未申丘山之釁仍積共成梟獍將肆姦回太上皇聖斷宏通英謀獨運命朕率岐王範薛王業等躬事誅鋤膂斧一麾凶渠盡殪太陽朗耀澄氛靄於天衢高風順時厲肅殺

於秋序神靈協贊夷夏相歡四族之愿旣清七日之祥方永爰承後命載闡休期揔軍國之大猷施雲雨之鴻澤承乾之道旣光被於無垠作解之恩思式覃於品物當與億兆同此惟新可大赦天下大辟罪已下咸赦除之加邠王守禮實封三百戶宋王成器申王成義各加實封一千戶岐王範薛王業各加實封七百戶文武官三品已下賜爵一級四品已下各加一階內外官人被諸道按察使及御史所摘伏咸宜洗滌選日依次敘用丁卯崔湜盧藏用除名長流嶺表壬申王琚爲銀青光祿大夫工部尚書封趙國公實封三百戶姜皎銀青光祿大夫工部尚書封楚國公實封五百戶李令問銀青光祿大夫殿中監實封三百戶王毛仲輔國大將軍左武衛大將軍檢校內外閑廐兼知監牧使霍國公實封五百戶王守一銀青光祿大夫太常卿同正員進封晉國公實封五百戶並賞其定策功琚皎令問固讓癸丑中書侍郎陸象先爲益州大都督府長史兼劒南道按察兵馬使尚書左丞張說爲檢校中書令甲戌令毀天樞取其銅鐵充軍

○國雜用庚辰王琚爲中書侍郎加實封二百戶姜皎殿中監仍充內外閑廐使加實封二百戶李令問殿中少監知尚食事加實封二百戶己丑周孝明高皇帝依舊追贈太原王宜去帝號孝明皇后宜稱太原王妃昊陵順陵並稱太原王及妃墓八月壬辰封州流人劉幽求爲尚書左僕射知軍國重事徐國公仍依舊實封七百戶制曰凡有刑人國家常法掩骼埋胔王者用心自今已後輒有屠割刑人骨肉者依法科殘害之罪九月司空兼揚州大都督宋王成器爲太尉兼揚州大都督益州大都督兼右金吾大將軍申王成義爲司徒兼益州大都督單于大都護兼左金吾大將軍邠王守禮爲司空癸丑封華嶽神爲金天王九月丁卯宋王成器爲開府儀同三司尚書左僕射劉幽求同中書門下三品檢校中書令燕國公張說爲中書令特進王仁皎爲開府儀同三司己卯宴王公百寮於承天門令左右於樓下撒金錢許中書門下五品已上官及諸司三品已上官爭拾之仍賜物有差郭元振兼御史大夫丙戌又置右御史臺冬十一月

甲申幸新豐之温湯癸卯講武於驪山兵部尚書代國公郭元振坐虧失軍容配流新州給事中攝太常少卿唐紹以軍禮有失斬於纛下甲辰畋獵於渭川同州刺史梁國公姚元之爲兵部尚書同中書門下三品乙巳至自温湯十一月乙丑劉幽求兼知侍中戊子上加尊號爲開元神武皇帝十二月庚寅朔大赦天下改元爲開元内外官賜勲一轉改尚書左右僕射爲左右丞相中書省爲紫微省門下省爲黄門省侍中爲監雍州爲京兆府洛州爲河南府長史爲少尹國初以來宰相及食實封功臣子孫一應沈翳未承恩者令量才擢用

開元元年十二月己亥禁斷潑寒胡戲癸丑尚書左丞相兼黄門監劉幽求爲太子少保罷知政事紫微令張說爲相州刺史甲寅門下侍郎盧懷慎同紫微黄門平章事

二年春正月關中自去秋至于是月不雨人多饑乏遣使賑給制求直諫言弘益政理者名山大川並令祈祭丙寅紫微令姚崇上言精檢責天下僧尼以偽濫還俗者二萬餘人甲申并州大都督府長史

兼檢校左衛大將軍薛訥同紫微黄門三品仍總兵以討奚契丹二月突厥默啜遣其子同俄特勤率衆寇北庭都護府右驍衛將軍郭虔瓘擊敗之斬同俄於城下己酉以旱親録囚徒改太史監罷隷秘書省閏月癸亥令道士女冠僧尼致拜父母丁卯復置十道按察使己未突厥默啜妹婿火拔頡利發石失畢與其妻來奔封燕山郡王授左衛員外大將軍紫微侍郎趙國公王琚左授澤州刺史賜實封一百户餘並停丁亥劉幽求爲睦州刺史三月甲辰青州刺史郇國公韋安石爲沔州別駕太子賓客逍遥公韋嗣立爲岳州別駕特進致仕李嶠先隨子在袁州又貶滁州別駕並員外置去年九月有詔毁天樞至今春始夏五月辛亥黄門監魏知古工部尚書罷知政事六月丁巳開府儀同三司宋王成器爲岐州刺史司徒申王成義爲豳州刺史司空邠王守禮爲虢州刺史委務於上佐内出珠玉錦繡等服玩又令於正殿前焚之乙丑兵部尚書致仕韓國公張仁愿卒七月薛訥與副將杜賓客崔宣道等總兵六萬自檀州道遇賊於灤河爲賊所敗訥等屏甲遁歸減死除名爲庶人辛未光禄卿會希瑊爲太子太傅房州刺史襄王重茂薨於梁州謚曰殤帝丙午昭文館學士柳沖太子左庶子劉子玄刊定姓族系録二百卷上之以興慶宮諸王傅並停京官所帶跨巾筭袋每朝參日着外官衙日着餘日停吐蕃寇臨洮軍又遊寇蘭州渭州掠群牧起薛訥攝左羽林將軍隴右防禦使率杜賓客郭知運王晙安思順以禦之太常卿岐王範爲華州刺史秘書監薛王業爲同州刺史八月戊午西天竺國遣使獻方物九月戊申幸新豐之温泉甲寅制曰自古帝王皆以厚葬爲誡以其無益亡者有損生業故也近代以來共行奢靡遞相倣傚浸成風俗既竭家產多至凋弊然則魂魄歸天明精誠之已遠卜宅於地蓋思慕之所存古者不封未爲非遠且墓爲貞宅自便有房今乃別造田園名爲下帳又冥器等物皆競驕侈失禮違令殊非所宜戮屍暴骸實由於此承前雖有約束所司曾不申明喪葬之家無所依准宜令所司據品令高下明爲節制冥器等物仍定色數及長短大

小園宅下帳並宜禁絶墳墓塋域務遵簡儉凡諸送終之具並不得以金銀爲飾如有違者先決杖一百州縣長官不能舉察並貶授遠官冬十月戊午至自温泉薛訥破吐蕃於渭川西界武階驛斬首一萬七千級馬七萬七匹牛羊四萬頭豐安軍使郎將判將軍王海賓先鋒力戰死之十一月庚寅葬殤帝於武功西原十二月乙丑封皇子嗣真爲鄫王嗣初爲鄂王嗣玄爲鄄王特右威衛中郎將周慶立爲安南使舶使與波斯僧廣造奇巧將以進内監選使殿中侍御史柳澤上書諫上嘉納之

三年春正月丁亥立郢王嗣謙爲皇太子降死罪已下大酺三日癸卯黄門侍郎盧懷慎爲檢校黄門監甲辰工部尚書魏知古卒二月禁斷天下採捕鯉魚十姓部落左廂五咄六啜右廂弩五失畢五俟斤及高麗王莫離支高文簡都督跌思太等各率其衆自突厥相繼來奔前後總二千餘帳析許州唐州置仙州夏四月岐王範兼虢州刺史薛王業兼幽州刺史六月山東諸州大蝗飛則蔽景下則食苗

稼聲如風雨紫微令姚崇奏請差御史下諸道促官吏遣人驅撲焚瘞以救秋稼從之是歲田收有獲人不甚飢秋七月刑部尚書李日知卒冬十月甲寅制曰朕聽政之暇常覽史籍事關理道實所留心中有闕疑時須質問宜選耆儒博學一人每日入內侍讀以光祿卿馬懷素爲左散騎常侍褚無量並充侍讀甲子幸郿縣之鳳泉湯十一月已卯至自鳳泉湯乙酉幸新豐之温湯丁亥妖賊崔子嵒等入相州作亂戊子州司討平之甲午至自温湯十二月庚午以軍器使爲軍器監置官員是冬無雪

四年春正月癸未尚衣奉御長孫昕恃以皇后妹壻與其妹夫楊仙玉毆擊御史大夫李傑上令朝堂斬昕以謝百官以陽和之月不可行刑累表陳請乃命杖殺之丁亥宋王成器申王成義以成字犯昭成皇后謚號於是成器改名憲成義改爲撝刑部尚書中山郡公李乂卒二月丙辰幸新豐之温湯丁卯至自温湯以關中旱遣使祈雨于驪山應時澍雨令以少牢致祭仍禁斷樵採夏六月庚寅月蝕既

○癸亥太上皇崩于百福殿辛未京師華陝三州大風拔木癸酉突厥可汗默啜爲九姓拔曳固所殺斬其首送于京師默啜兄子小殺繼立爲可汗是夏山東河南河北蝗蟲大起遣使分捕而瘞之其迴紇同羅霫勃曳固僕固五部落來附於大武軍北安置秋七月丙申分嶲雅二州置黎州冬十月癸丑戸部尚書新除太子詹事畢構卒庚午葬睿宗大聖貞皇帝于橋陵以同州蒲城縣爲奉先縣隷京兆府十一月丁亥徙中宗神主于西廟甲午尚書左丞源乾曜爲黄門侍郎同紫微黄門平章事辛丑黄門監兼吏部尚書盧懷慎卒十二月乙卯幸新豐之温湯其夜定陵寢殿災乙丑至自温湯尚書廣平郡公宋璟爲吏部尚書兼黄門監紫微侍郎許國公蘇頲同紫微黄門平章事兵部尚書兼紫微令梁國公姚崇爲開府儀同三司黄門侍郎安陽男源乾曜守京兆尹並罷知政事停十道採訪使

五年春正月壬寅朔上以喪制不受朝賀癸卯寅時太廟屋壞移神主于太極殿上素服避正殿輟朝五日日躬親祭享辛亥幸東都戊辰昏霧四塞二月甲戌至自東都大赦天下唯謀叛大逆不在赦限餘並宥之河南百姓給復一年河南河北遭澇及蝗蟲處無出今年地租武德貞觀以來勳臣子孫無位者訪求其後奏聞有嘉遯幽棲養高不仕者州牧各以名薦三月庚戌於柳城依舊置營州都督府丁巳以辛景初女封爲固安縣主妻于奚首領饒樂郡王大酺夏四月巳丑皇帝第九子嗣一薨追封夏王謚曰悼甲午以則天拜洛受圖壇及碑文并顯聖侯廟初因唐同泰僞造瑞石文所建令即廢毀六月壬午鞏縣暴雨連月山水泛濫毀郭邑廬舍七百餘家人死者七十二汜水同日漂壞近河百姓二百餘家秋七月甲子詔曰古者操皇綱執大象者何嘗不上稽天道下順人極或變通以隨時爰損益以成務且衢室創制度堂以筵因之以禮神是光孝德用之以布政蓋稱視朔先王所以厚人倫感天地者也少陽有位上帝斯歆此則神貴於不黷禮殷於至敬今之明堂俯鄰宮掖比之嚴祝有異肅恭苟非憲章將何軌物由是禮官博士公卿大臣廣參羣議欽若前

○古宜存露寢之式用罷辟雍之號可改爲乾元殿每臨御依正殿禮

九月壬寅改紫微省依舊爲中書省黄門省爲門下省黄門監爲侍中冬十月丙子京師修太廟成丁丑詔以故越王貞死非其罪封故許王男琳爲嗣越王以繼其後戊寅祔神主于太廟十一月巳亥契丹首領松漠郡王李失活來朝以宗女爲永樂公主以妻之司徒兼鄜州刺史申王撝兼虢州刺史

六年春正月丙辰朔以未經大祥不受朝賀辛酉禁斷天下諸州惡錢行二銖四分巳上好錢不堪用者並即銷破覆鑄將作大匠韋湊上疏請遷孝敬神主別立義宗廟以太子少師兼許州刺史岐王範兼鄭州刺史二月甲戌禮幣徵嵩山隱士盧鴻夏五月乙未孝敬哀皇后祔于恭陵契丹松漠郡王李失活卒六月甲申瀍水暴漲壞人廬舍溺殺千餘人乙酉制以故侍中桓彥範敬暉故中書令兼吏部尚書張柬之故特進崔玄暐故中書令袁恕己配饗中宗廟庭故司空蘇瓌故左丞相太子少保郴州刺史劉幽求配饗睿宗廟庭秋七

月巳未秘書監馬懷素卒九月乙未遣工部尚書劉知柔持節往河
南道存問冬十月丙申車駕還京師十一月辛卯至自東都丙申親
謁太廟迴御承天門詔七廟元皇帝巳上三祖枝孫有失官序者各
與一人五品京官内外官三品巳上有廟者各賜物三十四以備修
祭服及俎豆賜文武官有差乙巳傳國八璽依舊改稱寶符璽郎爲
符寶郎十二月以開府儀同三司兼澤州刺史宋王憲爲涇州刺史
司徒兼虢州刺史申王撝爲隆州刺史以太子少師兼鄭州刺史岐
王範爲岐州刺史以太子少保兼徽州刺史薛王業爲虢州刺史
七年春正月吐蕃遣使朝貢三月丁酉左武衛大將軍霍國公王毛
仲加特進渤海靺鞨郡王大祚榮死其子武藝嗣位夏四月癸酉開
府儀同三司王仁皎薨五月己丑朔日有蝕之秋七月丙辰制以亢
陽日久上親録囚徒多所原免諸州委州牧縣宰量事處置八月癸
丑勑周公制禮歷代不刊子夏爲傳孔門所受逮及諸家或變例與
其改作不如好古諸服紀宜一依舊文九月甲子改昭文館依舊爲

弘文館宋王憲徙封寧王冬十月於東都來庭縣廨置義宗廟辛卯
幸新豐之溫湯癸卯至自溫湯戊寅皇太子詣國學行齒胄禮陪位
官及學生賜物有差十二月丙戌置弘文崇文兩館讐校書郎官員
八年春正月甲子朔皇太子加元服乙丑皇太子謁太廟丙寅會百
官於太極殿賜物有差壬申右散騎常侍舒國公褚無量卒己卯侍
中宋璟爲開府儀同三司中書侍郎蘇頲爲禮部尚書並罷知政事
京兆尹源乾曜爲黃門侍郎并州大都督府長史張嘉貞爲中書侍
郎並同中書門下平章事二月丁酉皇太子敏薨追封懷王謚曰哀
夏五月丁卯源乾曜爲侍中張嘉貞爲中書令南天竺國遣使獻五
色鸚鵡六月壬寅夜東都暴雨穀水泛漲新安澠池河南壽安鞏縣
等廬舍蕩盡共九百六十一戸溺死者八百一十五人許衛等州掌
閑番兵溺者千一百四十八人秋九月突厥欲谷寇甘源等州涼州
都督楊敬述爲所敗掠契苾部落而歸以御史大夫王晙爲兵部尚
書兼幽州都督黃門侍郎韋抗爲御史大夫朔方總管以禦之甲子

太子少師兼岐州刺史岐王範兼太子少傅太子少保兼虢州刺史
薛王業爲太保餘並如故冬十月辛巳幸長春宮壬午畋于下邽十
一月乙丑至自長春宮辛未突厥寇涼州殺人掠羊馬數萬計而去
九年春正月丙辰改蒲州爲河中府置中都丙寅幸新豐之溫湯夏
四月庚寅蘭池州叛胡顯首僞稱葉護康待賓安慕容爲多覽殺大
將軍何黑奴僞將軍石神奴康鐵頭等據長泉縣攻陷六胡州兵部
尚書王晙發隴右諸軍及河東九姓掩討之甲戌上親策試應制舉
人於含元殿謂曰古有三道今減二策近無科甲朕將存其上第務
收賢俊用寧軍國仍令有司設食秋七月戊申罷中都依舊爲蒲州
己酉王晙破蘭池州叛胡殺三萬五千騎丙辰揚潤等州暴風發屋
拔樹漂損公私船舫一千餘隻辛酉討諸酋長斬康待賓先天中重
修三九射禮至是給事中許景先抗疏罷之九月己巳朔日有蝕之
丁未開府儀同三司梁國公姚崇薨丁巳御丹鳳樓宴突厥首領庚
申幸中書省癸亥右羽林將軍權檢校并州大都督長史燕國公張

說爲兵部尚書同中書門下三品冬十一月丙辰左散騎常侍元行
沖上羣書目録二百卷藏之内府庚午冬至大赦天下内外官九品
巳上加一階三品巳上加爵一等自六月二十日七月三日匡衛社稷食實封功臣坐
事削除官爵中間有生有死並量加收贈致仕官合佩魚者聽其終
身賜酺三日十二月乙酉幸新豐之溫湯壬午至自溫湯是冬無雪
十年春正月丁巳幸東都甲子省王公巳下視品官參佐及京三品
巳上官伏身職員乙丑停天下公廨錢其官人料以稅戸錢充每月
准舊分例數給戊申内外官職田除公廨田園外並官收給還逃戸
及貧下戸欠丁田二月戊寅至東都三月戊申詔自今内外官有犯
職至解免巳上縱逢赦免並終身勿齒夏四月丁酉封契丹首領松
漠都督李鬱于爲松漠郡王奚首領饒樂都督李魯蘇爲饒樂郡王
五月東都大雨伊汝等水泛漲漂壞河南府及許汝仙陳等州廬舍
數千家溺死者甚衆閏五月壬申兵部尚書張說往朔方軍巡邊戊
寅勑諸番充質宿衛子弟並放還國六月辛丑上訓註孝經頒于天

下癸卯以餘姚縣主女慕容氏為燕郡公主出降奚首領饒樂郡王
李魯蘇己巳增置京師太廟為九室移孝和皇帝神主以就正廟秋
八月丙戌嶺南按察使裴伷先上言安南賊帥梅叔鸞等攻圍州縣
遣驃騎將軍兼內侍楊思勗討之丁亥遣戶部尚書陸象先往汝許
等州存撫賑給丙申博棣等州黃河堤破漂損田稼九月張說擒康
願子於木盤山詔移河曲六州殘胡五萬餘口於許汝唐鄧仙豫等
州始空河南朔方千里之地甲戌秘書監楚國公姜皎坐事詔杖之六
十配流欽州死於路都水使者劉承祖配流雷州乙亥制曰朕君臨
宇內子育黎元內修睦親以叙九族外協庶政以濟兆人勳戚加優
厚之恩兄弟盡友于之至務崇敦本克慎明德令小人作孽已伏憲
章恐不逞之徒猶未能息凡在宗屬用申懲誡自今已後諸王公主
駙馬外戚家除非至親以外不得出入門庭妄說言語所以共存至
公之道永協和平之義克固藩翰以保厥休貴戚懿親宜書座右又
下制約百官不得與卜祝之人交游來往乙卯夜京兆人權梁山偽

稱襄王男自號光帝與其黨權屯營兵數百人自景風長樂等門斬
關入宮城構逆至曉兵敗斬梁山傳首東都廢河陽柏崖倉冬十月
癸丑乾元殿依舊題為明堂甲寅幸壽安之故興泰宮畋獵于土宜
川庚申至自興泰宮波斯國遣使獻獅子十一月乙未初令宰相共
食實封三百戶十二月停按察使
十一年春正月丁卯降都城見禁囚徒流死罪減一等餘並原之己
巳北都巡狩勅所至處存問高年鰥寡惸獨征人之家減流死罪一
等徒以下放免庚辰幸并州潞州宴父老曲赦大辟罪已下給復五
年別改其舊宅為飛龍宮辛卯改并州為太原府官吏補授一準京兆
河南兩府百姓給復一年貧戶復二年元從戶復五年武德功臣及
元從子孫有才堪文武未有官者委府縣搜揚具以名薦上親制起
義堂頌及書刻石紀功于太原府之南街戊申次晉州壇場使中書
令張嘉貞貶為幽州刺史壬子祠后土于汾陰之脽上昇壇行事官
三品已上加一爵四品已上加一階陪位官賜勳一轉改汾陰為寶
鼎縣癸亥兵部尚書張說兼中書令 三月庚午車駕至京師制所經
州府縣無出今年地稅京城見禁囚徒並原免之夏四月丙辰遷祔
中宗神主于太廟癸亥張說正除中書令吏部尚書中山公王晙為
兵部尚書同中書門下三品五月己巳北都置軍器監官員王晙為
朔方節度使兼知河北郡隴左河西兵馬使六月王晙赴朔方軍秋
八月戊申尊八代祖宣皇帝廟號獻祖光皇帝廟號懿祖始祔于太
廟之九廟九月己巳頒上撰廣濟方於天下仍令諸州各置醫博士
一人春秋二時釋奠諸州宜依舊用牲牢其屬縣用酒脯而已冬十
月丁酉幸新豐之溫泉宮甲寅至自溫泉十一月戊寅親祀南郊大
赦天下見禁囚徒死罪至徒流已下免除之昇壇行事及供奉官三
品已上賜爵一級四品轉一階武德以來實封功臣知政宰輔淪屈
者所司具以狀聞賜酺三日京城五日是月自京師至于山東淮南
大雪平地三尺餘丁亥廢軍器監官員少府監加置少監一人以克
之十二月甲午幸鳳泉湯戊申至自鳳泉湯庚申王晙授蘄州刺史

十二年春正月夏四月封故澤王上金男義珣為嗣澤王嗣許王瓘
左授鄂州別駕以弟璆為上金嗣故也癸卯嗣江王禕降為信安郡
王嗣蜀王褕為廣漢郡王嗣密王徹為濮陽郡王嗣曹王臻為濟國
公嗣趙王琚為中山郡王武陽郡王堪為澧國公褘等並自神龍之
後相繼為王以瓘利澤王之封盡令歸宗改封焉秋七月壬申月蝕
既己卯廢皇后王氏為庶人后弟太子少保駙馬都尉守一貶為澤
州別駕至藍田賜死戶部尚書河東伯張嘉貞貶台州刺史冬十一
月庚申幸東都至華陰上制岳廟文勒之于石立于祠南之道周戊
寅至自東都庚辰司徒申王撝薨追謚曰惠莊太子五溪首領覃行
璋反遣鎮軍大將軍兼內侍楊思勗討平之閏十二月丙辰朔日有
蝕之
十三年春正月乙酉以幽州都督府為大都督府戊子降死罪從流
流已下罪悉原之分遣御史中丞蔣欽緒等往十道疏決囚徒二月
戊午幸龍門即日還宮乙亥初置彍騎分隸十二司丙子改豳州為

邠州　州爲莫州梁州爲襄州沅州爲　巫州舞州爲　州　州爲福
州以避文相類及聲相近者三月甲午皇太子嗣謙改名鴻郯王嗣
直改名潭徙封慶王陝王嗣昇改名浚徙封忠王鄫王嗣眞改名洽
徙封棣王鄂王嗣初改名涓徙封郎王嗣玄改名滉封榮王又第八
子湝封爲光王第十二男濰封爲儀王第十三男澐封爲潁王第十
六男澤封爲永王第十八男清封爲壽王第二十男洄封爲延王第
二十一男沐封爲盛王第二十二男溢封爲濟王丙申御史大夫程
行諶奏周朝酷吏來子珣萬國俊王弘義侯思止郭霸焦仁亶張知
默李敬仁唐奉一來俊臣周興丘神勣索元禮曹仁哲王景昭裴籍
李秦授劉光業王德壽屈貞筠鮑思恭劉景陽王處貞等二十三人
殘害宗枝毒陷良善情狀尤重子孫不許仕官陳嘉言魚承曄皇甫
文備傅遊藝四人情狀雖輕子孫不許近任請依開元二年二月五
日勅夏四月丁巳改集仙殿爲集賢殿麗正殿書院改集賢殿書院
內五品已上爲學士六品已下爲直學士癸酉令朝集使各舉所部

○孝悌文武集於泰山之下五月庚寅妖賊劉定高率其黨夜犯通洛
門盡擒斬之六月乙亥廢都西市冬十月癸丑新造銅儀成置於景
運門內以示百官辛酉東封泰山發自東都十一月丙戌至兗州大
宗頓丁亥致齋於行宮己丑日南至備法駕登山仗衛羅列嶽下百
餘里詔行從留於谷口上與宰臣禮官昇山庚寅祀昊天上帝於上
壇有司祀五帝百神于下壇禮畢藏玉冊於封祀壇之石𥖁然後燔
柴燎發羣臣稱萬歲傳呼自山頂至嶽下震動山谷上還齋宮慶雲
見日抱戴辛卯祀皇地祇於社首藏玉冊於石𥖁如封祀壇之禮壬
辰御帳殿受賀朝大赦天下流人未還者放還內外官三品已上賜
爵一等四品已下賜一階登山官封賜一階褒聖侯量才與處分封
泰山神爲天齊王禮秩加三公一等近山十里禁其樵採賜輔臣侍
中源乾曜爲尚書左丞相兼侍中中書令張說爲尚書右丞相兼中
書令甲午發岱嶽丙申幸孔子宅親設奠祭十二月己巳至東都時
累歲豐稔東都米斗十錢青齊米斗五錢是冬分吏部爲十銓勅禮

部尚書蘇頲刑部尚書韋抗工部尚書盧從愿等分掌選事
十四年春正月癸亥改封契丹松漠郡王李邵固爲廣化王奚饒樂郡
王李魯蘇爲奉誠王封宗室外甥女二人爲公主各以妻之二月庚
戌朔邕州獠首領梁大海周光等據賓橫等州叛遣驃騎大將軍兼
內侍楊思勗討之三月壬寅以國甥東華公主降于契丹李邵固夏
四月癸丑御史中丞宇文融與御史大夫崔隱甫彈尚書右丞兼中
書令張說鞫於尚書省丁巳戶部侍郎李元紘同中書門下平章事
庚申張說停兼中書令丁卯太子少師岐王範薨冊贈惠文太子辛
丑於定恒莫易滄等五州置軍以備突厥五月癸卯戶部進計帳今
年管戶七百六萬九千五百六十五管口四千一百四十一萬九千
七百一十二六月戊午大風拔木發屋毀端門鴟吻都城門等及寺
觀鴟吻落者殆半上以旱暴風雨命中外羣官上封事指言時政得
失無有所隱秋七月癸丑夜瀍水暴漲入漕漂沒諸州租船數百艘
溺者甚衆九月己丑檢校黃門侍郎兼磧西副大都護杜暹同中書

○門下平章事是秋十五州言旱及霜五十州言水河南河北尤甚蘇
同常福四州漂壞廬舍遣御史中丞宇文融檢覆賑給之冬十月廢
麟州庚申幸汝州廣成湯己巳還東都十一月甲戌突厥遣使來朝
辛丑渤海靺鞨遣其子義信來朝并獻方物十二月丁巳幸壽安之
方秀州己未日色赤如赭壬戌還東都
十五年春正月戊寅制草澤有文武高才令詣闕自舉庚子太史監
復爲太史局依舊隸秘書省辛丑涼州都督王君㚟破吐蕃於青海
之西虜輜車馬羊而還二月遣左監門將軍黎敬仁往河北賑給貧
乏時河北牛畜大疫己巳尚書左丞相張說御史大夫崔德甫中丞
宇文融以明黨相構制說致仕德甫免官侍母融左遷魏州刺史夏
五月晉州大水漂損居人廬舍癸酉以慶王潭爲涼州都督兼河西
諸軍節度大使忠王浚爲單于大都護朔方節度大使棣王洽爲太
原冀北牧河北諸軍節度大使鄂王涓爲幽州都督河北節度大使
榮王滉爲京兆牧隴右節度大使光王湝爲廣州都督五府節度大

使儀王濰爲河南牧潁王澐爲安東都護平盧軍節度大使永王澤爲荆州大都督壽王清爲益州大都督劍南節度大使延王洄爲安西大都護磧西節度大使盛王沐爲揚州大都督並不出閤秋七月甲戌雷震興教門樓兩鴟吻欄檻及柱災禮部尚書蘇頲卒庚寅鄜州洛水泛漲壞人廬舍辛卯又壞同州馮翊縣廨宇及溺死者甚衆丙申改武臨縣爲潁陽縣己亥赦都城繫囚死罪降從流徒已下罪悉免之九月丙子吐蕃寇瓜州執刺史田元獻及王君㚟父壽殺掠人吏盡取軍資倉糧而去丙戌突厥毗伽可汗使其大臣梅録啜來朝閏月庚子突厥騎施蘇祿吐蕃贊普圍安西副大都護趙頤貞擊走庚申車駕發東都還京師廻紇部落殺王君㚟于甘州之鞏筆驛制檢校兵部尚書蕭嵩兼判凉州事揔兵以禦吐蕃是秋六十三州水十七州霜旱河北飢轉江淮之南租米百萬石以賑給之冬十月己卯至自東都十二月乙亥幸温泉宮丙戌至自温泉宮

十六年春正月庚子始聽政于興慶宮秦隴等州獠首領瀧州刺史

陳行範廣州首領馮仁智何遊反魯叛遣驃騎大將軍楊思勗討之壬寅安西副大都護趙頤貞敗吐蕃于曲子城甲子黑水靺鞨遣使來朝獻秋七月吐蕃寇瓜州刺史張守珪擊破之乙巳檢校兵部尚書蕭嵩鄯州都督張志亮攻拔吐蕃門城斬獲數千級收其資畜而還丙辰新羅王金興光遣使貢方物八月己巳特進張説進開元大衍曆詔命有司頒行之辛卯蕭嵩又遣杜賓客擊吐蕃于祁連城大破之獲其大將一人斬首五千級九月丙午以久雨降死罪從流徒以下原之冬十月己卯幸温泉宮己丑至自温泉宮十一月癸巳朔檢校兵部尚書河州節度判凉州事蕭嵩爲兵部尚書同中書門下平章事餘如故十二月丁卯幸温泉宮丁丑至自温泉宮

十七年二月丁卯巂州都督張審素攻破蠻拔昆明城及鹽城殺獲萬人庚子特進張説復爲尚書左丞相同州刺史陸象先爲太子少保甲寅禮部尚書信安王禕帥衆攻拔吐蕃石堡城夏四月癸亥令中書門下分就大理京兆萬年長安等獄疏決囚徒制天下繫囚死罪減一等餘並宥之丁亥大風震電藍田山崩五月癸巳復置十道按察使右散騎常侍徐堅卒六月甲戌尚書右丞相源乾曜停兼侍中黄門侍郎杜暹爲荆州大都督府長史中書侍郎李元紘爲曹州刺史兵部尚書蕭嵩兼中書令户部侍郎兼鴻臚卿宇文融爲黄門侍郎兵部侍郎裴光庭爲中書侍郎並同中書門下平章事秋七月辛丑工部尚書張嘉貞卒八月癸亥上以降誕日讌百寮于花萼樓下百寮表請以每年八月五日爲千秋節王公已下獻鏡及承露囊天下諸州咸令讌樂休暇三日仍編爲令從之丙寅越州大水漂壞廨宇及居人廬舍己卯中書侍郎裴光庭兼御史大夫依舊知政事乙酉尚書右丞相開府儀同三司兼吏部尚書宋璟爲尚書右丞相尚書左丞相源乾曜爲太子少傅九月壬子宇文融左遷汝州刺史俄又貶昭州平樂尉壬寅裴光庭爲黄門侍郎依舊知政事冬十月戊午朔日有蝕之不盡如鉤癸未睦州獻竹實庚申前太子賓客元行沖卒十一月庚申親饗九廟辛卯發京師丙申謁橋陵上望陵涕

泣左右並哀感制奉先縣同赤縣以所管萬三百户供陵寢三府兵馬供宿衛曲赦縣内大辟罪已下戊戌謁定陵己亥謁獻陵壬寅謁昭陵乙巳謁乾陵戊申車駕還宮大赦天下流移人並放還左降官移近處百姓無出今年地税之半每陵取側近六鄉供陵寢内外官三品已上加爵一等四品已下賜一階五品已上請父母亡者依級賜官及邑號十二月辛酉幸温泉宮乙丑校獵渭濱壬申至自温泉宮是冬無雪

十八年春正月辛卯黄門侍郎裴光庭爲侍中依舊兼御史大夫左丞相張説加開府儀同三司丙午幸薛王業宅即日還宮二月丙寅大雨雪俄而雷震左飛龍廐災三月辛卯改定州縣上中下户口之數依舊給京官職田夏四月乙卯築京城外郭城凡十月而功畢壬戌幸寧親公主第即日還宮乙丑裴光庭兼吏部尚書是春命侍臣及百寮每旬暇日尋勝地讌樂仍賜錢令所司供帳造食丁卯侍臣已下讌于春明門外寧王憲之園池上御花萼樓邀其迴騎便令坐

歆逷起爲舞頌賜有差五月契丹衙官突可汗殺其主李召固率部
落降于突厥奚部落亦隨西叛奚王李魯蘇來奔召固妻東華公主
陳氏及魯蘇妻東光公主韋氏並奔投平盧軍制幽州長史趙含章
率兵討之六月庚申命左右丞相尚書及中書門下五品已上官舉
才堪邊任及刺史者甲子彗星見于五車癸酉有星孛于畢昴丙子
命單于大都護忠王浚爲河北道行軍元帥御史大夫李朝隱京兆
尹裴伷先爲副率十八摠管以討契丹及奚等事竟不行壬午東都
瀍洛泛漲壞天津永濟二橋及堤象門外仗舍損居人廬舍千餘家
閏月甲申分幽州置薊州巳丑令范安及韓朝宗就瀍洛水源疏決
置門以節水勢辛卯禮部奏請千秋節休假三日及村閭社會並就
千秋節先賽白帝報田祖然後坐飲散之秋七月庚辰幸寧王憲第
即日還宮八月丁亥上御花蕚樓以千秋節百官獻賀賜四品巳上
金鏡珠囊縑綵賜五品巳下束帛有差上賦八韻詩又制秋景詩辛
亥幸永穆公主宅即日還宮九月先是高戶捉官本錢乙卯御史大
○夫李朝隱奏請薄稅百姓一年租錢充依舊高戶及典正等捉隨月
收利供官人稅錢冬十月吐蕃遣其大臣名悉獵獻方物請降許之
庚寅幸岐州之鳳泉湯癸卯至自鳳泉湯十一月丁卯幸新豐溫泉
宮十二月戊子豐州刺史袁振坐妖言下獄死戊申尚書左丞相燕
國公張說薨是歲百寮及華州父老累表請上尊號內請加聖文兩
字并封西嶽不允

十九年春正月壬戌開府儀同三司霍國公王毛仲貶爲襄州別駕
中路賜死黨與貶黜者十數人辛卯遣鴻臚卿崔琳入吐蕃報聘丙
子親耕於興慶宮龍池巳卯禁採捕鯉魚天下州府春秋二時社及
釋奠停牲牢唯用酒酺永爲常式二月甲午以崔琳爲御史大夫三
月乙酉朔崔琳使于吐蕃夏四月壬午於京城置禮院丙申令兩京
及天下諸州各置太公尚父廟以張良配饗春秋二時仲月上戊日
祭之壬戌五嶽各置老君廟六月乙酉大風拔木秋八月辛巳降天
下死罪從流徒巳下悉原之九月辛未吐蕃遣其國相論尚他硉來

朝冬十月丙申幸東都十一月丙辰至自東都甲子太子少傅源乾
曜薨十二月嶲州都督張審素以刼制使監察御史楊汪伏誅是冬
浚苑內洛水六十餘日而罷戊戌裴光庭上搖山往則維城前軌各一
卷上令賜太子諸王各一本

二十年春正月乙卯以禮部尚書信安王褘率兵討契丹丁巳幸長
芬公主宅乙丑幸薛王業宅並即日還宮二月巳未勑文武選人承
前例三月三十日爲例然開選門北團甲進官至夏來自今巳後選
門並正月內關團甲二月內訖分命宰相錄京城諸獄繫囚三月信
安王褘與幽州長史趙含章大破奚契丹於幽州之北山夏四月乙
亥讌百寮於上陽東州醉者賜以牀褥肩輿而歸相屬于路癸巳改
造天津橋毀皇津橋合爲一橋五月癸卯寒食上墓宜編入五禮永
爲恒式辛亥金仙長公主薨戊辰信安王獻奚契丹之俘上御應天
門受之六月丁丑單于大都護河北東道行軍元帥忠王浚加司徒都
護如故副大使安王褘加開府儀同三司庚寅幽州長史趙含章坐
○盜用庫物左監門員外將軍楊元方受含章饋餉並於朝堂決杖流瀼
州皆賜死于路其月遣范安及於長安廣花蕚樓築夾城至芙蓉園
秋七月戊辰幸寧王憲宅即日還宮八月辛未朔日有蝕之巳卯戶
部尚書王晙卒九月乙巳中書令蕭嵩等奏上開元新禮一百五十
卷制所司行用之渤海靺鞨寇登州殺刺史韋俊命左領軍將軍蓋
福順發兵討之冬十月丙戌命巡幸所至有賢才未聞達者舉之仍
令中書門下疏決囚徒辛卯至潞州之飛龍宮給復三年兵募丁防
先差未發者令改出餘州辛丑至北都癸丑曲赦太原三年十一月
庚午祀后土於脽上大赦天下左降官量移近處內外文武官加一
階開元勳臣盡假紫及緋大酺三日十二月壬申至京師其年戶部
計戶七百八十六萬一千二百三十六口四千五百四十三萬一千
二百六十五

二十一年春正月庚子朔制令士庶家藏老子一本每年貢舉人量
減尚書論語兩條策加老子策乙巳還祔肅明皇后神主于廟毀儀

坤廟丁巳幸溫泉宮己未命工部尚書李嵩使于吐蕃癸亥至自溫
泉宮三月乙巳侍中裴光庭薨甲寅尚書右丞韓休為黃門侍郎同
中書門下平章事閏月幽州道副揔管郭英傑等討契丹為所敗於
都山之下英傑死之夏四月丁巳以久旱命太子少保陸象先戶部
尚書杜暹等七人往諸道宣慰賑給及令黜陟官吏疏決囚徒丁酉
寧王憲為太尉薛王業為司徒慶王潭為太子太師忠王浚為開府
儀同三司棣王洽為太子少傅鄂王涓為太子太保五月甲申皇太
子納妃薛氏制天下死罪降從流流已下釋放京文武官賜勳一轉
秋七月乙丑朔日有蝕之九月壬午封皇子溢為濟王沔為信王泚
為義王漼為陳王澄為豐王潓為恒王漩為凉王滔為深王冬十月
庚戌幸溫泉宮十一月戊子尚書右丞相宋璟以年老請致仕許之
十二月丁未兵部尚書徐國公蕭嵩為尚書右丞相黃門侍郎韓休
為兵部尚書並罷知政事京兆尹裴耀卿為黃門侍郎前中書侍郎
張九齡起復舊官並同中書門下平章事是歲關中久雨害稼京師
○

飢詔出太倉米二百萬石給之
二十二年春正月癸亥朔制古聖帝明皇嶽瀆海鎮用牲牢餘並以
酒酺充奠己巳幸東都辛未太府卿嚴挺之戶部侍郎裴寬於河南
存問賑給乙酉懷衛邢相等五州之糧遣中書舍人裴敦復巡問量
給種子己丑至東都二月壬寅秦州地震廨宇及居人廬舍崩壞殆
盡壓死官吏已下四十餘人殷殷有聲仍連震不止命尚書右丞相
蕭嵩往祭山川並遣使存問賑恤之壓死之家給復一年一家三人
已上死者給復二年辛亥初置十道採訪處置使徵恒州張果先生
授銀青光祿大夫號曰通玄先生三月沒京兆商人任令方資財六
十餘萬貫壬午欲令不禁私鑄錢遣公卿百寮詳議可否衆以為不
可遂止四月乙未伊西北庭且依舊為　節度廢太廟署以太常寺
奉宗廟庚子唐州界准勝州例立表測候日晷影長短乙巳詔京都
見禁囚徒令中書門下及留守檢校覆降罪天下諸州委刺史丁未
唐州鼎皇山下江水中得寶鼎甲寅北庭都護劉渙謀反伏誅五月

戊子黃門侍郎裴耀卿為侍中中書侍郎張九齡為中書令黃門侍
郎李林甫為禮部尚書同中書門下平章事關中大風拔木同州尤
甚是夏上自於苑中種麥率皇太子已下躬自收穫謂太子等曰此
將薦宗廟是以躬親亦欲令汝等知稼穡之難也因分賜侍臣謂曰
比歲令人巡檢苗稼所對多不實故自種植以觀其成且春秋書麥
禾豈非古人所重也六月乙未遣左金吾將軍李佺於赤嶺與吐蕃
分界立碑七月己巳司徒薛王業薨追謚為惠宣太子甲申遣中書
令張九齡充河南開稻田使八月先是駕至東都遣侍中裴耀卿充
江淮河南轉運使河口置輸場壬寅於輸場東置河陰縣又遣張九
齡於許豫陳亳等州置水屯九月壬申改饒樂都督府為奉誠都督
府辛巳移登州平海軍於海口安置冬十月甲辰試司農卿陳思問
以贓私配流瀼州十二月戊子朔日有蝕之乙巳幽州長史張守珪
發兵討契丹斬其王屈烈及其大臣可突干於陣傳首東都餘叛奚
皆散走山谷立其酋長李過折為契丹王是歲突厥毗伽可汗死斷
○

京城乞兒
二十三年春正月己亥親耕籍田上加至九推而止卿已下終其畝
大赦天下京文武官及朝集採訪使三品已下加一爵四品已下加
一階外官賜勳一轉其才有霸王之略學究天人之際及堪將帥牧
宰者令五品已上清官及刺史各舉一人致仕官量與改職依前致
仕賜酺三日三月丁卯殿中侍御史楊萬頃為讎人所殺夏五月戊
寅宗子請率月俸於興慶宮建龍池上聖德頌秋七月丙子皇太子
鴻改名瑛慶王直已下十四王並改名又封皇子玭為義王珪為陳
王珙為豐王琪為恒王璿為凉王璥為汴王其榮王琬已下並開府
置官屬各食實封二千戶八月戊子制鰥寡惸獨免今年地稅之半
江淮已南有遭水處本道使賑給之九月戊申移泗州就臨淮縣置
冬十月辛亥移隸伊西北庭都護屬四鎮節度突騎施寇北庭及安
西撥換城十一月壬申朔日有蝕之十二月新羅遣使朝獻
二十四年春正月吐蕃遣使獻方物北庭都護蓋嘉運率兵擊突騎

破之三月乙未始移考功貢舉遣禮部侍郎掌之夏六月丙午京兆
醴泉妖人劉志誠率衆爲亂將趨京城咸陽官吏燒便橋以斷其路
俄而散走京兆府盡擒斬之是夏大熱道路有暍死者秋七月庚子
太子太保陸象先卒辛丑李林甫爲兵部尚書依舊知政事己巳初
置壽星壇祭老人星及角亢等七宿八月戊申朔加親舅小功服舅
母緦麻服堂舅袒免己亥深王滔薨九月壬午改尚書主爵曰司封
冬十月戊申車駕發東都還西京甲子至華州曲赦行在繫囚丁丑
至自東都十一月壬寅侍中裴耀卿爲尚書左丞相中書令張九齡
爲尚書右丞相並罷知政事兵部尚書李林甫兼中書令殿中監牛
仙客兵部尚書同中書門下三品尚書右丞相蕭嵩爲太子太師工
部尚書韓休爲太子少保十二月戊申太子太師慶王琮爲司徒丙
寅牛仙客知門下省事

唐書本紀卷第八

唐書本紀卷第九

劉昫 等修

聞人詮校刻沈桐同校

玄宗下

開元二十五年春正月壬午制朕猥集休運多謝哲王然而哀矜之
情小大必慎自臨寰宇子育黎烝未嘗行極刑起大獄上玄降鑒應
以祥和思協平邦之典致之仁壽之域自今有犯死刑除十惡罪宜
令中書門下與法官詳所犯輕重具狀奏聞崇德尚齒三代丕義敦
風勸俗五教攸先其曾任五品已上清資官以禮去職者所司具錄
名奏老疾不堪釐務者與致仕道士女冠宜隸宗正寺僧尼令祠部
檢校百司每旬節休假並不須入曹司任遊勝爲樂宣示中外知朕
意焉癸卯道士尹愔爲諫議大夫集賢學士兼知史館事二月新羅
王金興光卒其子承慶嗣位遣贊善大夫邢璹攝鴻臚少卿往吊祭
冊立之壬子加宗正丞一員戊午罷江淮運停河北運癸酉張守珪
破契丹餘衆於捺祿山殺獲甚衆三月乙卯河北節度使崔希逸自
涼州南率衆入吐蕃界二千餘里己亥希逸至青海西郎佐素文子
觜與賊相遇大破之斬首二千餘級夏四月庚戌陳許豫壽四州開
稻田辛酉監察御史周子諒上書忤旨撲之殿庭朝堂決杖死之甲
子尚書右丞相張九齡以曾薦引子諒左授荊州長史乙丑皇太子
瑛鄂王瑤光王琚並廢爲庶人太子妃兄駙馬都尉薛鏽長流瀼州
至藍田驛賜死六月壬戌熒惑犯房至心星越度而過秋七月己卯
大理少卿徐嶠奏天下今歲斷死刑五十八幾致刑措鳥巢寺之獄
上特推功元輔庚申封李林甫爲晉國公牛仙客爲豳國公己卯勅
諸陵廟並隸宗正寺其宗正寺官員自今並以宗枝爲之九月壬申
頒新定令式格及事類一百三十卷於天下冬十月制自今年每年
立春日迎春於東郊其夏及秋冬如常以十二月朔日於正殿受朝
讀時令十一月壬申幸溫泉宮丁丑開府儀同三司廣平郡公宋璟
薨十二月丙午惠妃武氏薨追謚爲貞順皇后葬於敬陵吐蕃使其

大臣屬盧論莽藏來朝貢
二十六年春正月乙亥工部尚書牛仙客爲侍中丁丑親迎氣于東
郊祀青帝制天下繫囚死罪流嶺南餘並放免鎮兵部還京兆府新
開稻田並散給貧人百官賜勳絹長安萬年兩縣各與本錢一千貫
收利供驛仍付雜驛天下州縣每鄉一學仍擇師資令其教授諸鄉
貢每年令就國子監謁先師明經加口試內外八品已下及草澤有
博學文辭之士各委本司本州聞薦二月辛卯以李林甫遙領隴右
節度使甲辰禁大寒食以雞卵相饋送庚申葬貞順皇后于敬陵乙卯
以牛仙客遙領河東道節度使辛酉廢仙州分其屬縣隸許汝等州
三月已巳朔減秘書省校書正字官員丙子有星孛于紫微垣中歷
斗魁十餘日因陰雲不見已酉河南洛陽兩縣亦借本錢一千貫收
利充人吏課役癸未京兆地震吐蕃寇河西左散騎常侍崔希逸擊
破之鄯州都督杜希望又攻拔新羅城制以其城爲威戎軍夏四月
已亥朔始令太常御韋縚讀時令于宣政殿百寮於殿上列坐而聽

之五月乙酉以李林甫遙領河西節度使兼判梁州事庚寅幸咸宜
公主宅六月庚子立忠王璵爲皇太子秋七月已巳冊皇太子大赦
天下常赦所不免者咸赦除之內外文武官及五品已下爲父後者
各賜勳一轉忠王府官及侍講加一階賜酺三日庚辰分越州置明
州九月丙申朔日有蝕之庚子於舊六胡之地置宥州益州長史王
昱率兵攻吐蕃安戎城爲賊所據官軍大敗昱棄甲而遁兵士死者
數千人冬十月戊寅幸温泉宮是歲渤海靺鞨王大武藝死其子欽
茂嗣立遣使吊祭冊立之其冬兩京建行宮造殿宇各千餘間潤州
刺史齊澣開伊婁河於揚州南瓜州浦析左右羽林軍置左右龍武
軍以左右萬騎營隸焉
二十七年春正月乙巳大雨雪二月已巳加尊號開元聖文神武皇
帝大赦天下常赦所不免者咸赦除之開元已來諸色痕瑕人咸從
洗滌左降官量移近處百姓免今年租稅三品已上賜爵一級四品
已上加一階宗廟薦饗自今已後並用宗子賜酺五日夏四月丁丑

廢洮州隸蘭州改臨州爲洮州乙酉太子少傅竇瑊爲開府儀同三
司吏部尚書李暠爲太子少傅丁酉侍中牛仙客爲兵部尚書兼侍
中兵部尚書兼中書令李林甫爲吏部尚書依舊兼中書令以東宮
內侍隸內侍省爲署五月癸卯置龍武軍官員先是鄎國公主之子
薛諗與其黨李談崔洽石如山同於京城殺人或利其財或違其志
即白日椎殺煮而食之其夏事發皆決殺於京兆府門諗以國親流
瀼州賜死於城東驛六月甲戌內常侍牛仙童坐贓決殺之幽州節
度使兼御史大夫張守珪以賄貶爲括州刺史太子太師徐國公蕭
嵩以嘗賂仙童左授青州刺史秋七月辛丑熒惑犯南斗北庭都護
蓋嘉運以輕騎襲破突騎施於碎葉城殺蘇祿威震西陲八月吐蕃
寇白草安人等甲申制追贈孔宣父爲文宣王顏回爲兗國公餘十
哲皆爲侯夾坐後嗣褒聖侯改封爲文宣公九月皇太子改名紹汴
州刺史齊澣請開汴河下流自虹縣隋清至淮陰北合于淮逾時而
功畢因弃沙壅舊路行者弊之尋而新河之水勢淙急遂塡塞矣前

刑部尚書致仕崔德甫卒冬十月將改作明堂訛言官取小兒埋於
明堂之下以爲厭勝村野童兒藏於山谷都城騷然咸言兵至上惡
之遣主客郎中王佶往東都及諸州宣慰百姓久之定冬十月毀東
都明堂之上層改拆下層爲乾元殿戊戌幸温泉宮辛丑至自温泉
宮十二月東都副留守太子賓客崔沔卒以益州司馬章仇兼瓊權
劍南節度等使是歲蓋嘉運大破突騎施之衆擒其王吐火仙送于
京師
二十八年春正月兩京路及城中苑內種果樹癸巳幸温泉宮庚子
至自温泉宮壬寅以望日御勤政樓讌羣臣連夜燒燈會大雪而罷
因命自今常以二月望日夜爲之三月丁亥朔日有蝕之壬子權判
益州長史章仇兼瓊拔吐蕃安戎城分兵鎮守之夏五月乙未太子
少師韓休太子少傅李暠卒六月懷州刺史信安王褘爲太子少師
庚寅太子賓客李商隱卒秋七月壬寅追　尊宣皇帝陵名曰建初
光皇帝陵名曰啓運仍置官員九月魏州刺史盧暉開通濟渠自石

戍巢引流至州城而西却滙魏橋九月庚寅封皇孫俶等十九人爲郡王冬十月甲子幸温泉宫辛巳至自温泉宫乙酉夜東都新殿後佛光寺災吐蕃寇安戎城十一月牛仙客停遥兼朔方河東節度使十二月乙卯突騎施酋長莫賀達干率衆内屬己未禮部尚書杜暹卒是歲金城公主薨吐蕃遣使來告喪其時頻歲豐稔京師米斛不滿二百天下乂安雖行萬里不持兵刃

二十九年春正月丁丑制兩京諸州各置玄元皇帝廟并崇玄學置生徒令習老子莊子列子文中子每年准明經例考試内外官有伯叔兄弟子姪堪任刺史縣令所司親自保薦禁九品已下清資官置客舍邸店車坊士庶夯葬三月吐蕃突厥各遣使來朝丙午風霾日色無影夏四月庚戌朔丙辰以太原裴伷先爲工部尚書韋虚心卒親王已下及内外官各賜錢令讌樂壬午以左右金吾大將軍裴寬爲太原尹北都留守秋七月乙卯洛水汎漲毁天津橋及上陽宫伏舍洛渭之間廬舍壞溺死者千餘人突厥登利可汗死北州刺史王

○解斯爲幽州節度使幽州節度副使安禄山爲營州刺史充平盧軍節度副使押兩蕃渤海黑水四府經略使九月大雨雪稻禾偃折又霖雨月餘道途阻滯是秋河北博洺等二十四州言雨水害稼命御史中丞張倚往東都及河北賑恤之壬申御興慶門試明四子人姚子産元載等冬十月丙申幸温泉宫戊戌分遣大理卿崔翹等八人往諸道黜陟官吏十一月庚戌司空邠王守禮薨辛酉至自温泉宫己巳雨木氷凝寒凍冽數日不解辛未太尉寧王憲薨謚爲讓皇帝葬于惠陵十二月丁酉吐蕃入寇陷廓州達化縣及振武軍石堡城節度使蓋嘉運不能守女國王趙曳夫及佛逝國王日南國王遣其子來朝獻

天寶元年春正月丁未朔大赦天下改元常赦不原咸赦除之百姓所欠負租税及諸色並免之前資官及白身人有儒學博通文辭秀英及軍謀武藝者所在具以名薦京文武官才堪爲刺史者各令封状自舉改黃鉞爲金鉞内外官各賜勲兩轉甲寅陳王府參軍田同秀上言玄元皇帝降見于丹鳳門之通衢告賜靈符在尹喜之故宅上遣使就函谷故關尹喜臺西發得之乃置玄元廟於大寧坊陝郡太守李齊物先鑿三門辛未渠成放流二月丁亥上加尊號爲開元天寶聖文神武皇帝辛卯親享玄元皇帝于新廟甲午親享太廟丙申合祭天地于南郊劒天下囚徒罪無輕重並釋放流人移近處左降官依資叙用身死貶處者量加追贈枉法贓十五疋當絞今加至二十疋莊子號爲南華眞人文子號爲通玄眞人列子號爲冲虚眞人庚桑子號爲洞虚眞人其四子所著書改爲眞經崇玄學置博士助教各一員學生一百人桃林縣改爲靈寶縣改侍中爲左相中書左右丞相依舊爲僕射又黃門侍郎爲門下侍郎東都爲東京北都爲北京天下諸州改爲郡刺史改爲太守陝州河北縣爲平陸縣老幼版授文武官三品已上加一爵四品已上加一階庚子平盧節度使安禄山進階驃騎大將軍夏六月庚寅武功山水暴漲壞人廬舍溺死數百人秋七月癸卯朔日有蝕之辛未左相豳國公牛仙客卒

○八月丁丑刑部尚書兼御史大夫李適之爲左相丁亥突厥阿布思及默啜可汗之孫登利可汗之女相與率其黨屬來降壬辰吏部尚書兼右相李林甫加尚書左僕射左相李適之兼兵部尚書左僕射裴耀卿爲尚書左僕射九月辛卯上御花萼樓出宫女讌毗伽可汗妻可敦及男女等賞賜不可勝紀丙寅改天下縣名不穩及重名一百一十處兩京玄元廟改爲太上玄元皇帝宫天下准此冬十月丁酉幸温泉宫辛丑改驪山爲會昌山仍於秦坑儒之所立祠宇以祀遭難諸儒新成長生殿名曰集靈臺以祀天神十一月己巳至自温泉宫是歲命陝郡太守韋堅引滻水開廣運潭於望春亭之東以通河渭京兆尹韓朝宗又分渭水入自金光門置潭於西市之兩衙以貯材木是冬無氷其年天下郡府三百六十二縣一千五百二十八鄉一萬六千八百二十九戶部進計帳今年管戶八百五十二萬五千七百六十三口四千八百九十萬九千八百

二年春正月丙辰追尊玄元皇帝爲大聖祖玄元皇帝兩京崇玄學

改爲崇玄館博士爲學士三月壬子親祀玄元廟以册尊號制追尊聖祖玄元皇帝父周上御史大夫敬曰先天太上皇母益壽氏號先天太后仍於譙郡本鄉置廟尊咎繇爲德明皇帝改西京玄元廟爲太清宮東京爲太微宮天下諸郡爲紫極宮韋堅開廣濟潭畢功盛陳舟艦丙寅上幸廣運樓以觀之即日還宮夏六月甲戌夜雷震東京應天門觀災延燒至左右延福門經日不滅七月癸丑致仕禮部尚書王丘卒丙辰尚書右僕射裴耀卿薨九月太子少保崔琳卒辛酉譙郡紫微宮改爲太清宮冬十月戊辰太子太保信安王禕卒戊寅幸温泉宮十一月乙卯至自温泉宮十二月己亥東京應天門改爲乾元門戊申幸温泉宮丙辰至自温泉宮十二月乙酉太子賓客賀知章請度爲道士還鄉是冬無雪

三載正月丙辰朔改年爲載赦見禁囚徒庚子遣左右相已下祖别賀知章於長樂坡上賦詩贈之壬寅幸温泉宮二月己巳還京丁丑封讓皇帝男琳爲嗣寧王故邠王守禮男承寧爲嗣邠王讓帝男璹

爲嗣申王惠宣太子男珍爲嗣岐王瑱爲嗣薛王庚寅皇太子紹改名亨是月河南尹裴敦復卒閏月辛亥有星如月墜於東南墜後有聲京師訛言官遣棖捕人肝以祭天狗人相恐畿縣尤甚發使安之三月庚午武威郡上言番禾縣天寶山有醴泉湧出嶺石化爲瑞麰遠近貧乏者取以給食改番禾爲天寶縣癸酉制天下見禁囚徒死罪降流流已下並原之夏四月南海太守劉巨鱗擊破海賊吳令光永嘉郡平勑兩京天下州郡取官物鑄金銅天尊及佛各一軀送開元觀開元寺五月戊寅長安令柳升坐贓於朝堂決殺之秋八月丙午九姓拔悉密葉護攻殺突厥烏蘇米施可汗傳首京師庚申内外文武官六品已下自今已後赴任之後計載終滿二百日已上許其成考冬十月癸巳幸温泉宮丁未改史國爲來威國十一月癸卯還京癸丑每載依舊取正月十四日十五日十六日開坊市門燃燈永以爲常式玉真公主先爲女道士讓號及實封賜名持盈十二月甲午分新豐縣置會昌縣甲寅親祀九宮貴神於東郊禮畢大赦天下百姓十八已上爲中男二十三已上成丁每歲庸調八月起徵可延至九月詔天下民間家藏孝經一本

四載春三月甲申宴羣臣於勤政樓壬申封外孫獨孤氏女爲靜樂公主出降契丹松漠都督李懷節封外孫楊氏女爲宜芳公主出降奚饒樂都督李延寵秋八月甲辰册太真妃楊氏爲貴妃是月河南睢陽淮陽譙等八郡大水九月契丹及奚酋長各殺公主舉部落叛隴右節度使皇甫惟明與吐蕃戰于石堡城官軍不利副將褚直廉等死之冬十月於單于都護府置金河縣安北都護府置陰山縣丁酉幸温泉宮壬子以會昌縣爲同京縣十二月戊戌還京

五載春正月癸酉刑部尚書韋堅貶括蒼太守隴右節度使皇甫惟明貶播川太守尋決死於黔中乙亥勑大小縣令並准畿官吏三選聽集禮記月令改爲時令封中嶽爲中天王南嶽爲司天王北嶽爲安天王天下山水名稱或同義且不經多因於里諺宜令所司各據圖籍改定丙子遣禮部尚書席豫左丞崔翹御史中丞王鉷等七人

分行天下黜陟官吏夏四月庚寅左相渭源伯李適之爲太子少保罷知政事丁酉門下侍郎陳希烈同中書門下平章事五月庚申勑今後每至旬節休假中書門下文武百寮不須入朝外官不須衙集癸卯停郡縣差丁白直課錢六月勑三伏内令宰相辰時還宅秋七月丙子韋堅爲李林甫所構配流臨封郡賜死堅妹皇太子妃聽離堅外甥嗣薛王瑱貶夷陵郡别駕女壻巴陵太守盧幼臨長流合浦郡太子少保李適之貶宜春太守到任飲藥死八月以戸部侍郎郭虛己爲御史大夫劍南節度使九月壬子於太清宮刻石爲李林甫陳希烈像侍於聖容之側冬十月丁酉幸温泉宮改臨淄郡爲濟南郡十一月己巳還京十二月辛未贊善大夫杜有隣著作郎王曾左驍衛兵曹柳勣等爲李林甫所構並下獄死

六載正月辛巳朔北海太守李邕淄川太守裴敦復並以事連王曾柳勣遣使就殺之丁亥親享太廟戊子親祀圜丘禮畢大赦天下除絞斬刑但決重杖於京城置三皇五帝廟以時享祭其章懷節愍惠

莊惠文惠宣等太子宜與隱太子懿德太子同爲一廟每日立杖食及設杖於庭此後並宜停廢五嶽既已封王四瀆當昇公位封河瀆爲靈源公濟瀆爲清源公江瀆爲廣源公淮瀆爲長源公三月戊戌南海太守彭杲坐贓決杖長流溱溪郡死于路夏四月戊午門下侍郎陳希烈爲左相兼兵部尚書癸酉復置軍器監自五月不雨至秋七月乙酉以旱命宰相臺寺府縣録繫囚死罪決杖配流徒已下特免庚寅始雨冬十月戊申幸温泉宮改爲華清宮十一月乙亥戶部侍郎楊慎矜及兄少府少監慎餘與弟洛陽令慎名並爲李林甫及御史中丞王鉷所構下獄死十二月丙辰工部尚書陸景融卒壬戌還京

七載春正月己卯禮部尚書席豫卒己亥韋縚奏御案褥袱帷等望去紫用赤黃從之三月乙酉大同殿柱產玉芝有神光照殿羣臣請加皇帝尊號曰開元天寶聖文神武應道許之夏四月辛丑以高力士爲驃騎大將軍五月壬午上御興慶宮受冊徽號大赦天下百姓

免來載租庸三皇以前帝王京城置廟以時致祭其歷代帝王肇跡之處未有祠宇者所在各置一廟忠臣義士孝婦烈女德行彌高者亦置祠宇致祭賜酺三日六月范陽節度使安禄山賜實封及鐵券秋八月己亥朔改千秋節爲天長節壬子改萬年縣爲咸寧縣冬十月庚午幸華清宮封貴妃姊二人爲韓國虢國夫人十二月戊戌言玄元皇帝見于華清宮之朝元閣乃改爲降聖閣改會昌縣爲昭應縣會昌山爲昭應山封山神爲玄德公仍立祠宇辛酉還京

八載春正月甲申賜京官絹備春時遊賞二月戊申引百官於左藏庫縱觀錢幣賜絹而歸三月朔方節度使張齊丘於東受降城北築橫塞城夏四月咸寧太守趙奉璋決杖而死著作郎韋子春貶端溪尉李林甫陷之也幸華清宮觀風樓五月辛巳於開遠門外作振旅亭戊子南海太守劉巨鱗坐贓決死之六月大同殿又產玉芝一莖隴右節度使哥舒翰攻吐蕃石堡城拔之閏月己丑改石堡城爲神武軍劍南索磨川新置都護府宜以保寧爲名丙寅上親謁太清宮冊聖祖玄元皇帝尊號爲聖祖大道玄元皇帝高祖太宗高宗中宗睿宗五帝皆加大聖皇帝之字太穆文德則天和思昭成皇后皆加順聖皇后之字羣臣上皇帝尊號爲開元天寶聖文神武應道皇帝丁卯上御含元殿受冊大赦天下自今後每至禘祫並於太清宮聖祖前序昭穆初太白山人李渾言太白山金星洞有帝福壽玉版石記求得之乃封太白山爲神應公金星洞爲嘉祥公所管華陽縣爲真符縣戊辰太子太師徐國公蕭嵩薨丁亥南衙立仗馬宜停省進馬官秋八月戊子郡別駕宜停下郡置長史冬十月丙寅幸華清宮十一月丁巳幸御史中丞楊釗莊

九載春正月庚寅朔與歲次同始受朝於華清宮己亥還京庚戌羣臣請封西嶽從之二月壬午御史中丞宋渾坐贓及姦長流高要郡三月庚戌改匭使爲獻納辛亥西嶽廟災時久旱制停封西嶽夏五月庚寅以旱録囚徒乙卯安禄山進封東平郡王節度使封王自此始也秋七月己亥國子監置廣文館從生徒爲進士業者九月乙卯

處士崔昌上五行應運曆以國家合承周漢請廢周隋不合爲二王後冬十一月庚寅幸華清宮己丑制自今告獻太清宮及太廟改爲朝獻巡陵爲朝拜告宗廟爲奏天地享祀文改昭告爲昭薦以告者臨下之義故也辛卯幸楊國忠亭子辛丑立周武王漢高祖廟於京城司置官吏十二月乙亥還京

十載春正月乙酉朔壬辰朝獻太清宮癸巳朝饗太廟甲午有事于南郊合祭天地禮畢大赦天下太廟置內官供洒掃諸陵廟己亥改傳國寶爲承天大寶丁未李林甫領安北副大都護朔方節度使庚戌大風陝郡運船失火燒米船二百餘隻人死者五百計癸丑分遣嗣吳王祗等十三人祭嶽瀆海鎮二月丁巳安禄山兼雲中太守河東節度使夏四月劍南節度使鮮于仲通將兵六萬討雲南與雲南王閤羅鳳戰于瀘川官軍大敗死於瀘水者不可勝數五月丁亥改諸衛幡旗緋色者爲赤黃以符土運秋八月乙卯廣陵郡大風潮水覆船數千艘丙辰京城武庫災燒器械四十七萬事是秋霖雨積旬

牆屋多壞西京尤甚冬十月辛亥幸華清宮十一月乙未幸楊國忠
宅丙午兵部侍郎兼御史中丞楊國忠兼領劒南節度使
十一載春正月辛亥還京二月癸酉禁惡錢官出好錢以易之旣而
商旅不便訴於國忠乃止之三月朔方節度副使奉信王阿布思與
安禄山同討契丹布思與禄山不協乃率其部下叛歸漠地丙午制
今後每月朔望宜令薦食於太廟每室一牙盤仍五日一開室門洒
掃改吏部爲文部兵部爲武部刑部爲憲部其部内諸司有部字者
並改將作大匠少匠爲大少二監夏四月御史大夫兼京兆尹王鉷
賜死坐弟銲與兇人邢縡謀逆故也楊國忠兼京兆尹五月戊申慶
王琮薨贈靖德太子六月戊子東京大風拔樹發屋八月己丑幸左
藏庫賜羣臣帛有差九月甲寅改諸衛士爲武士冬十月戊寅幸華
清宮十一月乙卯尚書左僕射兼右相晉國公李林甫薨於行在所
庚申御史大夫兼蜀郡長史楊國忠爲右相兼文部尚書十二月甲
戌楊國忠奏請兩京選人銓日便定流放無長名己亥還京

○十二載春正月壬子楊國忠於尚書省注官注訖於都堂對左相與
諸司長官唱名二月庚辰選人鄭䢼等二十餘人以國忠銓注無滯
設齋於勤政殿下立碑於尚書省門癸未追削故右相李林甫在身
官爵男將作監岫宗黨李復道等五十人皆流貶國忠誣奏林甫陰
結叛胡阿布思故也夏五月乙酉以魏周隋依舊爲三恪及二王後
復封韓介酅等公辛亥太廟諸陵署依舊隸太常寺七月壬子天下
齊人不得鄉貢須補國子學生然後貢舉八月京城霖雨米貴令出
太倉米十萬石減價糶與貧人仍令中書門下就京兆大理疏決囚
徒九月己亥朔隴右節度使涼國公哥舒翰進封西平郡王食實封
五百戶冬十月戊申幸華清宮和雇京城丁戶一萬三千人築興慶
宮牆起樓觀至十二月改横密城爲天德軍庚寅行從官憲部尚書
張筠等請上尊號爲開元天地大寶聖文神武孝德證道皇帝
十三載春正月丁酉朔上御華清宮之觀風樓受朝賀己亥安慶緒
獻俘千行在帝引見於禁中賞賜鉅萬乙巳加安禄山尚書左僕射賜
實封千戶奴婢十房莊宅各一區又加閑廏五坊宮苑隴右羣牧都
使以武部侍郎吉溫爲副丙午還京二月癸酉上親朝獻太清宮上
玄元皇帝尊號曰大聖祖高上大道金闕玄元太皇大帝甲戌親饗
太廟上高祖神堯大聖大光孝皇帝太宗謚曰太宗文武大聖大廣
孝皇帝高宗謚曰高宗天皇大聖大弘孝皇帝中宗謚曰中宗太和
大聖大昭孝皇帝睿宗謚曰睿宗玄真大聖興孝皇帝乙亥御興慶
殿受徽號禮畢大赦天下左降官遭父母憂放歸獻陵等五署改爲
臺令丞各升一階文武三品已上賜爵一級四品已下加一階賜酺
三日戊寅右相兼文部尚書楊國忠守司空餘如故甲申司空楊國
忠受冊天雨黃土霑於朝服禄山奏前後討契丹立功將士跳盪等
請超三資告身仍望好寫於是超授將軍者五百餘人中將者二千
餘人三月丁酉太常卿張垍貶盧溪郡司馬垍兄憲部尚書均貶建
安太守丙午御躍龍殿門張樂宴羣臣賜右相絹一千五百疋綵羅
三百疋綵綾五百疋左相絹三百疋綵羅綾各五十疋餘三品八十

○疋四品五品六十疋六品七品四十疋極歡而罷壬戌御勤政樓大
酺北庭都護程千里生擒阿布思獻于樓下斬之於朱雀街乙丑左
羽林上將軍封常清權北庭都護伊西節度使萬春公主出降楊朏
夏五月熒惑守心五十餘日六月乙丑朔日有蝕之不盡如鉤侍御
史劒南留後李宓率兵擊雲南蠻於西洱河糧盡軍旋馬足陷橋爲
閤羅鳳所擒擧軍皆沒廢濟陽郡以所領五縣隸東平郡秋八月丁
亥以久雨左相許國公陳希烈爲太子太師罷知政事文部侍郎韋
見素爲武部尚書同中書門下平章事是秋霖雨積六十餘日京城
垣屋頹壞殆盡物價暴貴人多乏食令出太倉米一百萬石開十場
賤糶以濟貧民東都瀍洛暴漲漂沒一十九坊上御勤政樓試四科
制舉人策外加詩賦各一首制舉加詩賦自此始也冬十月壬寅幸
華清宮貶河東太守韋陟爲桂嶺尉武部侍郎吉溫爲澧陽郡長史
乙巳開府儀同三司畢國公竇珒薨戊午還京其載戶部計今年見
管州縣戶口管郡總三百二十一縣一千五百三十八鄉一萬六千

八百二十九戶九百六十一萬九千二百五十四三百八十八萬六千五
百四不課五百三十萬一千四十四課口五千二百八十八萬四百
八十八四千五百二十一萬八千四百八十不課七百六十六萬二
千八百課
十四載春三月丙寅宴羣臣於勤政樓奏九部樂上賦詩敎栢梁體
癸未遣給事中裴士淹等廵撫河南河北淮南等道八月壬辰上親
録囚徒冬十月壬辰幸華清宮甲午頒御注老子并義疏於天下十
一月戊午朔始寧太守羅希奭以停止張博濟決杖而死吉温自縊
於獄丙寅范陽節度使安禄山率蕃漢之兵十餘萬自幽州南向詣
闕以誅楊國忠爲名先殺太原尹楊光翽於博陵郡壬申聞於行在
所癸酉以郭子儀爲靈武太守朔方節度使封常清自安西入奏至
行在甲戌以常清爲范陽平盧節度使兼御史大夫令募兵三萬以
禦逆胡戊寅還京以羽林大將軍王承業爲太原尹以衛尉卿張介
然爲陳留太守河南節度採訪使以金吾將軍程千里爲潞州長史

○並令討賊甲申以京兆牧榮王琬爲元帥命高仙芝副之於京城召
募號曰天武軍其衆十萬丙戌高仙芝等進軍上御勤政樓送之十
二月丙戌朔禄山於靈昌郡度河辛卯陷陳留郡殺張介然甲午陷
滎陽郡殺太守崔無詖丙申封常清與賊戰于成皐甖子谷官軍敗
績常清奔於陝郡丁酉禄山陷東京殺留守李憕中丞盧奕判官蔣
清時高仙芝鎮陝郡棄城西保潼關常山太守顔杲卿與長史袁履
謙賈深等殺賊將李欽湊執賊將何千年高邈送京師辛丑詔皇太
子統兵東討以永王璘爲山南節度使以江陵長史源洧副之潁王
璬爲劒南節度使以蜀郡長史崔圓副之二王不出閤丙午斬封常
清高仙芝于潼關以哥舒翰爲太子先鋒兵馬元帥領河隴兵募守
潼關以拒之辛亥榮王琬薨贈靖恭太子
十五載春正月乙卯御宣政殿受朝其日禄山僭號於東京庚申以
李光弼爲雲中太守河東節度使壬戌賊將蔡希德陷常山郡執太
守顔杲卿長史袁履謙殺民吏萬餘城中流血甲子哥舒翰進位尚
書左僕射同中書門下平章事乙丑賊將安慶緒犯潼關哥舒翰擊
退之乙巳加平原太守顔真卿戶部侍郎禦守城也二月丙戌李光
弼郭子儀將兵東出井陘與賊將史思明戰大破之進取郡縣十餘
丙辰誅工部尚書安思順三月壬午朔以河東節度使李光弼爲御
史大夫范陽節度使乙酉以平原太守顔真卿爲河北採訪使已亥
改常山郡爲平山郡房山縣爲平山縣鹿泉縣爲獲鹿縣鹿成縣爲
東鹿縣夏四月丙午以贊善大夫來瑱爲潁川太守招討使五月戊
午南陽太守魯炅與賊將武令珣戰于滍水上官軍大敗爲賊所虜
進寇我南陽詔嗣虢王巨自藍田出師救南陽六月癸未朔顔真卿
破賊將袁知泰於堂邑北海太守賀蘭進明收信都庚寅哥舒翰將
兵八萬與賊將崔乾祐戰于靈寶西原官軍大敗死者十六七其日
李光弼與賊將史思明戰于常山東嘉山大破之斬獲數萬計辛卯
哥舒翰至潼關爲其帳下火拔歸仁以左右數十騎執之降賊關門
不守京師大駭河東華陰上洛等郡皆委城而走甲午將謀幸蜀乃

○下詔親征仗下從士庶恐駭奔走于路乙未凌晨自延秋門出微雨
霑濕扈從惟宰相楊國忠韋見素内侍高力士及太子親王妃主皇
孫已下多從之不及平明渡便橋國忠欲斷橋上曰後來者何以能
濟命緩之辰時至咸陽望賢驛置頓官吏駭散無復儲供上憩於宮
門之樹下亭午未進食俄有父老獻麨上謂之曰如何得飯於是百
姓獻食相繼俄又尚食持御膳至上頒給從官而後食是夕次金城
縣官吏已遁令魏方進男允招誘俄得智藏寺僧進蒭粟行從方給
丙辰次馬嵬驛諸衛頓軍不進龍武大將軍陳玄禮奏曰逆胡指闕
以誅國忠爲名然中外羣情不無嫌怨今國步艱阻乘輿震蕩陛下
宜徇羣情爲社稷大計國忠之徒可置之于法會吐蕃使二十一人
遮國忠告訴於驛門衆呼曰楊國忠連蕃人謀逆兵士圍驛四合乃
誅楊國忠衆方退一族兵猶未解上令高力士詰之迴奏曰諸將既
誅國忠以貴妃在宮人情恐懼上即命力士賜貴妃自盡玄禮等見
上請罪命釋之丁酉將發馬嵬驛朝臣惟韋見素一人乃命見素子

京兆府司録諤爲御史中丞充置頓使議其所向軍士或言河隴或言靈武太原或言還京爲便韋諤曰還京須有捍賊之備兵馬未集恐非萬全不如且幸扶風徐圖所向上詢于衆咸以爲然及行百姓遮路乞留皇太子願勠力破賊收復京城因留太子戊戌次扶風縣巳亥次扶風郡軍士各懷去就咸出醜言陳玄禮不能制會益州貢春綵十萬匹上悉命置于庭召諸將諭之曰卿等國家功臣陳力久矣朕之優奬常亦不輕逆胡背恩事須迴避甚知卿等不得别父母妻子朕亦不及親辭九廟言發涕流又曰朕須幸蜀路險狹人若多往恐難供承今有此綵卿等即宜分取各圖去就朕自有子弟中官相隨便與卿等訣别衆咸俯伏涕泣曰死生願從陛下上曰去住任卿自此悖亂之言稍息庚子以司勳郎中劔南節度留後崔圓爲蜀郡長史劔南節度副大使以穎王璬爲劔南節度大使以監察御史宋若思爲御史中丞充置頓使韋諤充巡閣道使並令先發辛丑發扶風郡是夕次陳倉壬寅次散關分部下爲六軍穎王璬先行壽王瑁等分統六軍前後左右相次

○丙午河池郡崔圓奏劔南歲稔民安儲供無闕上大悦授圓中書侍郎同中書門下平章事蜀郡長史劔南節度如故以前華州刺史魏犀爲梁州長史秋七月癸丑朔壬戌次益昌縣渡吉栢江有雙魚夾舟而躍議者以爲龍甲子次普安郡憲部侍郎房琯自後至上與語甚悦即日拜爲吏部尚書同中書門下平章事丁卯詔以皇太子諱充天下兵馬元帥都統朔方河東河北平盧等節度兵馬收復兩京永王璘江陵府都督統山南東路黔中江南西路等節度大使盛王琦廣陵郡大都督統江南東路淮南河南等路節度大使豐王珙武威郡都督領河西隴右安西北庭等路節度大使初京師陷賊車駕倉皇出幸人未知所向衆心震駭及聞是詔遠近相慶咸思効忠於興復庚午次巴西郡太守崔渙奉迎即日以渙爲門下侍郎同中書門下平章事以韋見素爲左相庚辰車駕至蜀郡扈從官吏軍士到者一千三百人宮女二十四人而已八月癸未朔御蜀郡府衙宣詔曰朕以薄德嗣守神器每乾乾惕厲勤念生靈一物失所無忘罪巳聿來四紀人亦小康推心于人不疑于物而姦臣兇豎棄義背恩割剥黎元擾亂區夏皆朕不明之過也今巡撫巴蜀訓厲師徒仍令太子諸王蒐兵重鎮誅夷兇醜以謝昊穹思與羣臣重弘理道可大赦天下癸巳靈武使至始知皇太子即位丁酉上用靈武册稱上皇詔稱誥巳亥上皇臨軒册肅宗命宰臣韋見素房琯使靈武册命曰朕稱太上皇軍國大事先取皇帝處分後奏朕知候克復兩京朕當怡神姑射偃息大庭明年九月郭子儀收復兩京十月肅宗遣中使啖廷瑶入蜀奉迎丁卯上皇發蜀郡十一月丙申次鳳翔郡肅宗遣精騎三千至扶風迎衛十二月丙午肅宗具法駕至咸陽望賢驛迎奉上皇御宮之南樓肅宗拜慶樓下嗚咽流涕不自勝爲上皇徒步控轡上皇撫背止之即騎馬前導丁未至京師文武百寮京城士庶夾道歡呼靡不流涕即日御大明宮之含元殿見百寮上皇親自撫問人人感咽時太廟爲賊所焚權移神主於大内長安殿上皇謁廟請罪遂幸興慶宮三載二月肅宗與羣臣

○奉上皇尊號曰太上至道聖皇帝乾元三年七月丁未移幸西内之甘露殿時閹官李輔國離間肅宗故移居西内高力士陳玄禮等遷謫上皇寖不自懌上元二年四月甲寅崩于神龍殿時年七十八羣臣上謚曰至道大聖大明孝皇帝廟號玄宗初上皇親拜五陵至橋陵見金粟山崗有龍盤鳳翥之勢復近先塋謂侍臣曰吾千秋後宜葬此地得奉先陵不忘孝敬矣至是追奉先旨以創寢園以廣德元年三月辛酉葬于泰陵

史臣曰孔子稱王者必世而後仁李氏自武后移國三十餘年朝廷罕有正人附麗無非險輩持苞苴而請謁奔走權門效鷹犬以飛馳中傷端士以致斲喪王室屠害宗枝骨鯁大臣屢遭誣陷舞文酷吏坐致顯榮禮儀無復興行刑政壞於犬馬端揆出阿黨之語冕旒有和事之名朋比成風廉耻都盡我開元之有天下也糺之以典刑明之以禮樂愛之以慈儉律之以軌儀黜前朝徼倖之臣杜其姦也焚後庭珠翠之玩戒其奢也禁女樂而出宮嬪明其教也賜酺賞而放

哇淫慢其荒也叙友于而敦骨肉厚其俗也蒐兵而責帥明軍法也朝集而計最校吏能也廟堂之上無非經濟之才表著之中皆得論思之士而又旁求宏碩講道藝文昌言嘉謨日聞於獻納長轡遠馭志在於昇平貞觀之風一朝復振于斯時也烽燧不驚華戎同軌西蕃君長越繩橋而競款玉關北狄酋渠捐毳幕而爭趨鴈塞象郡炎州之玩雞林鯷海之珍莫不結轍於象胥駢羅於典屬膜拜丹墀之下夷歌立仗之前可謂冠帶百蠻車書萬里天子乃覽雲臺之義草泥金之札然後封日觀禪雲亭訪道於穆清怡神於玄牝與民休息比屋可封於時垂髫之倪皆知禮讓戴白之老不識兵戈虜不敢乘月犯邊士不敢彎弓報怨康哉之頌溢于八紘所謂世而後仁見於開元者矣年踰三紀可謂太平於戲國無賢臣聖亦難理山有猛虎獸不敢窺得人者昌信不虛語昔齊桓公行同禽獸不失霸主之名梁武帝靜比桑門竟被臺城之酷蓋得管仲則淫不害霸任朱异則善不救亡開元之初賢臣當國四門俱穆百度唯貞而釋老之流頗

以無爲請見上乃務清淨事薰修留連軒后之文舞詠伯陽之說雖稍移於勤倦亦未至於怠荒俄而朝野怨咨政刑紕繆何哉用人之失也自天寶已還小人道長如山有朽壞雖大必虧木有蠹蟲其榮易落以百口百心之讒諂蔽兩目兩耳之聰明苟非鐵腸石心安得不惑而獻可替否靡聞姚宋之言妬賢害功但有甫忠之奏豪猾因兹而睥睨明哲於是乎卷懷故祿山之徒得行其爲厲階之作匪降自天謀之不臧前功併棄惜哉

贊曰開元握圖永鑒前車景氣融朗昏氛滌除政纔勤倦妖集廷除先民之言靡不有初

唐書本紀卷第九

唐書本紀卷第十

劉　昫　等修

聞人詮校刻沈桐同校

肅宗

肅宗文明武德大聖大宣孝皇帝諱亨玄宗第三子母曰元獻皇后楊氏景雲二年乙亥生初名嗣昇二歲封陝王五歲拜安西大都護河西四鎮諸蕃落大使上仁愛英悟得之天然及長聰敏強記屬辭典麗耳目之所聽覽不復遺忘開元十五年正月封忠王改名浚五月領朔方大使單于大都護十八年奚契丹犯塞以上爲河北道元帥信安王禕爲副帥御史大夫李朝隱京兆尹裴伷先等八人總管兵以討之仍命百寮設次於光順門與上相見左丞相張說退謂學士孫逖韋述曰嘗見太宗寫真圖忠王英姿穎發儀表非常雅類聖祖此社稷之福也二十年諸將大破奚契丹以上遙統之功加司徒二十三年改名璵二十五年皇太子瑛得罪二十六年六月庚子立上

爲皇太子改名紹後有言事者云紹與宋太子名同改今名初太子瑛得罪上召李林甫議立儲貳時壽王瑁母武惠妃方承恩寵林甫希旨以瑁對及立上爲太子林甫懼不利已乃起韋堅柳勣之獄上幾危者數四後又楊國忠依倚妃家恣爲褻瀆懼上英武潛謀不利爲患久之天寶十三載正月安祿山來朝上嘗密奏云祿山有反相玄宗不聽十四載十一月祿山果叛稱兵詣闕十二月丁未陷東京辛丑制太子監國仍遣上親總諸軍進討時祿山以誅楊國忠爲名由是軍民切齒於楊氏國忠懼乃與貴妃謀間其事上遂不行乃召河西節度使哥舒翰爲皇太子前鋒兵馬元帥令率衆二十萬守潼關明年六月哥舒翰爲賊所敗關門不守國忠諷玄宗幸蜀丁酉至馬嵬頓六軍不進請誅楊氏於是誅國忠賜貴妃自盡車駕將發留上在後宣諭百姓衆泣而言曰逆胡背恩主上播越臣等生於聖代世爲唐民願勠力一心爲國討賊請從太子收復長安玄宗聞之曰此天啓也乃令高力士與壽王瑁送太子內人及服御等物留後軍

廐馬從上令力士口宣曰汝好去百姓屬望愼勿違之莫以吾爲意且西戎北狄吾嘗厚之今國步艱難必得其用汝其勉之上廻至渭北便橋已斷水暴張無舟楫上號令水濱百姓歸者三千餘人渭水可涉又遇潼關散卒誤以爲賊與之戰士衆多傷乃收其餘衆比上軍既濟其後皆溺上喜以爲天之佑時從上惟廣平建寧二王及四軍將士纔二千人自奉天而北夕次永壽百姓遮道獻牛酒有白雲起西北長數丈如樓閣之狀議者以爲天子之氣戊戌至新平郡時晝夜奔馳三百餘里士衆器械亡失過半所存之衆不過一旅己亥至安定郡斬新平太守薛羽保定太守徐瑴以其弃郡也庚子至烏氏驛彭原太守李遵謁見率兵士奉迎乃進衣服糧糗上至彭原又募得甲士四百率私馬以助軍辛丑至平涼郡蒐閑監牧公私馬得數萬疋官軍益振時賊據長安知上治兵河西三輔百姓皆曰吾太子大軍即至賊望西北塵起有時奔走戊申扶風人康景龍殺賊宣慰使薛揔等二百餘人陳倉令薛景仙率衆收扶風郡守之由是關

○輔豪右皆謀殺賊賊故不敢侵軼上在平涼數日之間未知所適會朔方留後杜鴻漸魏少遊崔漪等遣判官李涵奉牋迎上備陳兵馬招集之勢倉儲庫甲之數上大悅鴻漸又發朔方步騎數千人於白草頓奉迎時河西行軍司馬裴冕新授御史大夫赴闕遇上於平涼亦勸上治兵於靈武以圖進取上然之上初發平涼有彩雲浮空白鶴前引出軍之後有黃龍自上所憇屋騰空而去上行至豐寧南見黃河天塹之固欲整軍北渡以保豐寧忽大風飛沙跬步之間不辨人物及廻軍趨靈武風沙頓止天地廓清七月辛酉上至靈武時魏少遊預備供帳無不畢備裴冕杜鴻漸等從容進曰今寇逆亂常毒流函谷主上倦勤大位移幸蜀川江山阻險奏請路絕宗社神器須有所歸萬姓顒顒思崇明聖天意人事不可固違伏願殿下順其樂推以安社稷王者之大孝也上曰俟平寇逆奉迎鑾輿從容儲闈侍膳左右豈不樂哉公等何急也冕等凡六上牋辭情激切上不獲已乃從是月甲子上即皇帝位於靈武礼畢冕等跪進曰自逆賊憑陵

兩京失守聖皇傳位陛下再安區宇臣稽首上千萬歲壽羣臣舞蹈稱萬歲上流涕歔欷感動左右即日奏其事於上皇是日御靈武南門下制曰朕聞聖人畏天命帝者奉天時知皇靈眷命不敢違而去之知曆數可歸不獲已而當之在昔帝王靡不由斯而有天下者也乃者羯胡亂常京關失守天未悔禍羣兇尚扇聖皇久厭大位思傳眇身軍興之初已有成命予恐不德罔敢秪承今羣工卿士僉曰孝莫大於繼德功莫盛於中興朕所以治兵朔方將殄寇逆務以大者本其孝乎須安兆庶之心敬順羣臣之請乃以七月甲子即皇帝位於靈武敬崇徽號上尊聖皇曰上皇天帝所司擇日昭告上帝朕以薄德謬當重位既展承天之礼宜覃率土之澤可大赦天下改元曰至德內外文武官九品已上加兩階賜兩轉三品已上賜爵一級以朔方度支副使大理司直杜鴻漸爲兵部郎中朔方節度判官崔漪爲吏部郎中並知中書舍人以御史中丞裴冕爲中書侍郎同中書門下平章事河西兵馬使周佖爲河西節度使隴右兵馬使彭元曜

○爲隴右節度使前蒲州刺史呂崇賁爲關內節度使兼順化郡太守以陳倉縣令薛景仙爲扶風太守以隴右節度使郭英乂爲天水郡太守改靈武郡爲大都督府上縣爲望中縣爲上丁卯逆胡害霍國長公主永王妃侯莫陳氏義王妃閻氏陳王妃韋氏信王妃任氏駙馬楊朏等八十餘人於崇仁之街甲戌賊黨同羅部五千餘人自西出降朔方軍己卯京兆尹崔光遠長安令蘇震等率府縣官吏大呼於西市殺賊數千級然後來赴行在詔改扶風爲鳳翔郡八月壬午朔方節度使郭子儀范陽節度李光弼破賊於常山郡之嘉山上以治兵收京城詔子儀等旋師子儀光弼率所統步騎五萬至屯河北詔以子儀爲兵部尚書依前靈州大都督府長史光弼爲戶部尚書兼太原尹北京留守同中書門下平章事廻紇吐蕃遣使繼至請和親願助國討賊皆宴賜遣之是日上皇至成都大赦癸巳上所奉表始達成都丁酉上皇遜稱誥遣左相韋見素文部尚書房琯門下侍郎崔渙等奉冊書赴靈武九月壬辰上南幸彭原郡封故邠王守礼

男承寀爲燉煌王令使迴紇和親冊迴紇可汗女爲毗伽公主仍令僕固懷恩送承寀至迴紇部內官邊令誠背上皇投賊至是復來見上命斬之丙子至順化郡韋見素房琯崔渙等自蜀郡賫上冊書及傳國寶等至巳卯斬潼關敗將李承光於纛下十月辛巳朔日有蝕之旣癸未彭原郡以軍興用度不足權賣官爵及度僧尼上素知房琯名至是琯請爲兵馬元帥收復兩京許之仍令兵部尚書王思禮爲副分兵爲三軍楊希文劉貴哲李光進等各將一軍其衆五萬辛丑琯與賊將安守忠戰于陳濤斜官軍敗績楊希文劉貴哲等降於賊琯亦奔還平原太守顔真卿以食盡援絶弃城渡河於是河北郡縣盡陷於賊十一月辛亥河西地震有聲圮裂廬舍張掖酒泉尤甚戊子迴紇引軍來赴難與郭子儀同破賊黨同羅部三千餘衆於河上詔宰相崔渙巡撫江南補授官吏十二月戊子以王思禮爲關內節度彭原郡百姓給復二載郡同六雄縣昇緊望以秦州都督郭英乂爲鳳翔太守諫議大夫高適爲廣陵長史淮南節度兼採訪使賊

○

將阿史那承慶攻陷潁川郡執太守薛愿長史龎堅甲辰江陵大都督府永王璘擅領舟師下廣陵

二載春正月庚戌朔上在彭原受朝賀是日通表入蜀賀上皇上皇在蜀每得上表疏訊其使者知上涕戀晨省乃下誥曰至和育物大孝安親古之哲王必由斯道朕往在春宮嘗事先后問安靡闕視膳無違及同氣天倫聯華棣蕚居嘗共被食必分甘今皇帝奉而行之未嘗失墜每有銜命而來戒途將發必肅恭拜跪涕泗漣洏左右侍臣罔不感動聞者抱戴赤雀白狼之瑞接武荐臻此皆皇帝聖敬之符孝友之感也故能誕敷德教橫于四海信可以光宅寰宇永綏黎元者哉其天下有至孝友悌行著鄉閭堪旌表者郡縣長官採聽聞奏庶孝子順孫沐于玄化也甲寅以襄陽太守李峘爲蜀郡長史劒南節度使將作少監魏仲犀爲襄陽山南道節度使永王傅劉彙爲丹陽太守兼防禦使以憲部尚書李麟同中書門下平章事上皇遣平章事崔圓奉誥赴彭原乙卯逆胡安祿山爲其子慶緒所殺辛酉

於江寧縣置金陵郡仍置軍分人以鎭之甲子幸保定郡丙寅武郡九姓商胡安門物等叛殺節度使周佖判官崔稱率衆討平之是日蜀郡健兒賈秀等五千人謀逆上皇御蜀郡南樓將軍席元慶等討平之二月戊子幸鳳翔郡文城太守武威郡九姓齊莊破賊五千餘衆上議大舉收復兩京盡括公私馬以助軍給事中李粵署云無馬大夫崔光遠劾之貶廣江華太守節度使李光弼大破賊將蔡希德之衆於城下斬虜七萬軍資器仗稱是朔方節度使郭子儀大破賊將崔乾祐於潼關收河東郡永王璘兵敗奔於嶺外至大庾嶺爲洪州刺史皇甫侁所殺三月癸亥河西自去冬地震至是方止辛酉以左相韋見素平章事裴冕爲左右僕射並罷知政事以前憲部尚書致仕苗晉卿爲左相吐蕃遣使和親遣給事中南巨川報命癸亥大雨至癸酉不止詔疏理刑獄甲戌方止夏四月戊寅朔以郭子儀爲司空兼副元帥統諸節度李光弼爲司徒乙酉太史奏歲星太白熒惑集于東井五月癸丑郭子儀與賊將安守忠戰于清渠官軍敗績

○

子儀退保武功丁巳房琯爲太子少師罷知政事以諫議大夫張鎬爲中書侍郎同中書門下平章事以武部侍郎杜鴻漸爲河西節度庚申誥追贈故妃楊氏爲元獻皇太后上母也甲子郭子儀以失律讓司空許之七月庚戌夜蜀郡軍人郭千仞謀逆上皇御玄英樓節度使李峘討平之丁巳賊將安武臣陷陝郡民無遺類八月甲申以黃門侍郎崔渙爲餘杭太守江東採訪防禦使巳丑以平章事張鎬兼河南節度採訪處置等使靈昌太守許叔冀爲賊所攻援兵不至拔衆投睢陽郡癸巳大閱諸軍上御城樓以觀之丁酉改雍縣爲鳳翔縣陳倉爲寶雞縣閏八月辛未賊將遽寇鳳翔崔光遠行軍司馬王伯倫判官李椿率衆捍賊賊退乘勝至中渭橋殺賊守橋衆千人追擊入苑中時賊大軍屯武功聞之燒營而去伯倫與賊血戰而死李椿力窮被執然自是賊不敢西侵九月丁丑上黨節度使程千里與賊挑戰爲賊將蔡希德所擒燉煌王承寀自迴紇使還拜宗正卿納迴紇公主爲妃迴紇封爲葉護持四節與迴紇葉護太子率兵四千

助國討賊葉護入見宴賜加等丁亥元帥廣平王統朔方安西迴紇南蠻大食之衆二十萬東向討賊壬寅與賊將安守忠李歸仁等戰于香積寺西北賊軍大敗斬首六萬級賊帥張通儒弃京城東走癸卯廣平王收西京甲辰捷書至行在百寮稱賀即日告捷于蜀上皇遣裴冕入京啓告郊廟社稷冬十月乙巳朔以崔光遠爲京兆尹詔曰緣京城初收要安百姓又洒掃宮闕奉迎上皇以今月十九日還京應緣供頓務從減省吐蕃寇陷西平郡癸丑賊將尹子奇陷睢陽害張巡姚闇許遠賊自香積之敗悉衆保陝郡廣平王統郭子儀等進攻與賊戰于陝西之新店賊衆大敗斬首十萬級橫屍三十里庚申安慶緒與其黨奔河北壬戌廣平王入東京陳兵天津橋南士庶歡呼路側陷賊官僞署侍中陳希烈中書令張垍等三百餘人素服待罪癸亥上自鳳翔還京仍遣太子太師韋見素入蜀迎上皇鳳翔郡給復五載丙寅至望賢宮得東京捷書至上大喜丁卯入長安士庶涕泣拜忭曰不圖復見吾君上亦爲之感惻九廟爲賊所焚上素服哭於

○廟三日入居大明宮是日上皇發蜀郡己巳文武臽從官免冠徒跣朝堂待罪禁之府獄命中丞崔器劾之迴紇葉護自東京還宴之于宣政殿便辭還蕃乃封葉護爲忠義王約每年送絹二萬疋至朔方王便交授十一月壬申朔上御丹鳳樓下制曰我國家出震乘乾立極開統謳謌曆數啓聖千齡文物聲名握圖六葉安祿山夷羯賤類粗立邊功遂肆兇殘變起倉卒而毒流四海塗炭萬靈朕興言痛憤提戈問罪靈武聚一旅之衆至鳳翔合百萬之師親總元戎掃清妖孽廣平王俶受委元帥能振天聲郭子儀決勝無前克成大業兼迴紇葉護雲南子弟諸蕃兵馬力戰平兇勢若摧枯易同破竹朕早承聖訓嘗讀禮經義切奉先恐不克荷今復宗廟於函洛迎上皇於巴蜀導鑾輿而反正朝寢門而問安寰宇載寧朕願畢矣且復人將有主敬當天地之心興豈在予實爲社稷之祐今兩京無虞三靈通慶可以昭事宜在覃恩待上皇到日當取處分是時河南河東諸郡縣皆平宮省門帶安字者改之僞御史大夫嚴莊來降新成九廟神主上親告享十二月丙午上皇至自蜀上至望賢宮奉迎上皇御宮南樓上望樓辟易下馬趨進樓前再拜蹈舞稱慶上皇下樓上匍匐捧上皇足涕泗嗚咽不能自勝遂扶侍上皇御殿親自進食自御馬以進上皇上馬又躬攬轡而行止之後退上皇曰吾享國長久吾不知貴見吾子爲天子吾知貴矣上乘馬前導自開遠門至丹鳳門旗幟燭天綵棚夾道士庶舞忭路側皆曰不圖今日再見二聖百寮班於含元殿庭上皇御殿左相苗晉卿率百辟稱賀人人無不感咽禮畢上皇詣長樂殿謁九廟神主即日幸興慶宮上請歸東宮上皇遣高力士再三慰譬而止受賊僞署左相陳希烈達奚珣等二百餘人並禁於楊國忠宅鞫問甲寅以左相苗晉卿爲中書侍郎同中書門下平章事十二月戊午朔上御丹鳳門下制大赦蜀郡靈武元從功臣太子太師豳國公韋見素內侍齊國公高力士右龍武大將軍陳玄禮各加實封三百戶田長文張崇俊杜休祥各加二百戶右僕射裴冕冀國公殿中監李輔國成國公宗正卿李遵鄭國公兼進封邑廣

○平王俶封楚王加實封二千戶左僕射朔方節度郭子儀加司徒進封代國公實封一千戶兵馬使僕固懷恩封豐國公右金吾將軍李嗣業封虢國公司徒兼太原尹李光弼薊國公關內節度王思禮霍國公淮南節度來瑱潁國公南陽太守魯炅岐國公仍並加實封京兆尹崔光遠鄴國公開府李光進范陽郡公左相苗晉卿爲侍中封韓國公憲部尚書平章事李麟褒國公中書侍郎崔圓爲中書令趙國公中書侍郎張鎬南陽縣公近日所改百司額及郡名官名一依故事改蜀郡爲南陽鳳翔府爲西京西京改爲中京蜀郡改爲成都府鳳翔府官寮並同三京名號其李憕盧弈潁杲卿袁履謙許遠張巡張介然蔣清龐堅等即與追贈訪其子孫厚其官爵文武三品已上賜爵一級四品已下加一階賜酺五日進封南陽王係爲趙王新城王僅爲彭城王潁川王僩爲兗王第七男侹爲涇王第九男倕封襄王第十男佋封興王第十一男偲封杞王第十二男倜封定王甲子上皇御宣政殿授上傳國璽上於殿下涕泣而受之己丑賊將偽

范陽節度使史思明以其兵衆八萬之籍與偽河東節度使高秀巖並表送降庚午制人臣之節有死無二爲國之體叛而必誅況乎委質賊廷宴安逆命躭受寵祿淹延歲時不顧恩義助其効用此其可宥法將何施達奚珣等或受任台輔位極人臣或累葉寵榮姻聯戚里或歷踐臺閣或職通中外夫以犬馬微賤之畜猶知戀主龜蛇蠢動之類皆能報恩豈曰人臣曾無感激自逆胡作亂傾覆邦家凡在黎元皆含怨憤殺身殉國者不可勝數此等黔首猶不背國恩受任於梟獍之間咨謀於豺虺之輩靜言此情何可放宥達奚珣等一十八人並宜處斬陳希烈等七人並賜自盡前大理卿張均特宜免死配流合浦郡是日斬達奚珣等於子城西南隅獨柳樹仍集百寮往觀之

三載正月甲戌朔戊寅上皇御宣政殿冊皇帝尊號曰光天文武大聖孝感皇帝上以徽號中有大聖二字上表固讓不允乙酉勑因亂所失庫物先差使搜檢如聞下吏因便擾人其搜檢使一切並停務

令安輯內出宮女三千人庚寅大閱諸軍於含元殿庭上御棲鸞閣觀之庚子冊良娣張氏爲淑妃二月癸卯朔賊將偽淄青節度能元皓以其地請降用爲河北招討使并其子昱並授官爵乙巳上御興慶宮奉冊上皇徽號曰太上至道聖皇大帝丁未御明鳳門大赦天下改至德三載爲乾元元年成都靈武扈從功臣三品已上與一子官五品已下與一子出身六品已下量與改轉死王事陷賊不受偽命而死者並與追贈陷賊官先推鞫者例減罪一等今後醫卜入仕者同明法例處分三月癸酉朔甲戌元帥楚王俶改封成王乙亥山南東道河南淮南江南皆置節度使辛卯以歲飢禁酤酒麥依常式太史監爲司天臺取承寧坊張守珪宅置仍補官員六十人夏四月癸卯以太子少師嗣虢王巨爲東京留守河南尹充京畿採訪處置使己酉冊淑妃張氏爲皇后辛亥九廟成備法駕自長安殿迎九廟神主入新廟甲寅上親享九廟遂有事於圓丘即日還宮翌日御明鳳門大赦天下戊辰上進鍊石英金竈於興慶宮五月壬申朔迴紇黑衣大食各遣使朝貢至閤門爭長詔其使合從左右門入壬午詔近緣狂寇亂常諸道分置節度蓋摠管內徵發文牒往來仍加採訪轉滋煩擾其諸道先置採訪黜陟二使宜停癸未夜月掩心前星戊子以河南節度中書侍郎平章事張鎬爲荊州大都督府長史本州防禦使以禮部尚書崔光遠爲河南節度庚寅立成王俶爲皇太子以荊州長史季廣琛赴河南行營會計討賊於河北己未中書令崔圓爲太子少師刑部尚書同平章事李麟爲太子少傅並罷知政事以太常少卿知禮儀事王璵爲中書侍郎同中書門下平章事丙申燉煌王承寀薨六月辛丑朔吐火羅康國遣使朝貢己酉初置太一神壇於圓丘東是日命宰相王璵攝行祠事癸丑夜月入南斗魁戊午諸三司所推劾受賊偽官等恩澤頻加科條遞減原其事狀稍近平人所推問者並宜釋放秋七月辛未朔吐火羅葉護烏利多并九國首領來朝助國討賊上令赴朔方行營丙戌初鑄新錢文曰乾元重寶用一當十與開元通寶同行用丁亥制上皇第二女寧國公主

出降迴紇英武威遠毗伽可汗八月壬寅以青徐等五州節度使季廣琛兼許州刺史河南節度使崔光遠兼汴州刺史以青州刺史許叔冀兼滑州刺史充青滑六州節度使甲辰上皇誕節上皇宴百官於金明門樓朔方節度使郭子儀河東節度使李光弼關內節度使王思禮來朝加子儀中書令光弼侍中思禮兵部尚書餘如故九月庚午朔右羽林大將軍趙泚爲蒲州刺史蒲同虢三州節度使貝州刺史能元皓爲齊州刺史齊兖鄆等州防禦使庚寅大舉討安慶緒於相州命朔方節度郭子儀河東節度李光弼關內潞州節度使王思禮淮西襄陽節度魯炅興平節度李奐滑濮節度許叔冀平盧兵馬使董秦北庭行營節度使李嗣業鄭蔡節度使季廣琛等九節度之師步騎二十萬以開府魚朝恩爲觀軍容使癸巳廣州奏大食國波斯國兵衆攻城刺史韋利見弃城而遁十月乙未以鳳翔尹李齊物爲刑部尚書以濮州刺史張方須爲廣州都督五府節度使郭子儀奏破賊十萬於衛州獲安慶緒弟慶和進收衛州甲寅上皇幸華

清宮上送於灞上許叔冀奏衛州婦人侯四娘滑州婦人唐四孃婦
人王二娘相與歃血請赴行營討賊皆補果毅壬申王思禮破賊二
萬於相州十一月丁丑郭子儀收魏州得僞署刺史蕭華於州獄詔
復以華爲刺史是日上皇至自華清宮上迎於灞上上自控上皇馬
轡百餘步誥止之乃已十二月癸卯以河南節度崔光遠爲魏州刺
史追蕭華赴相州行營甲辰以昇州刺史韋黃裳爲蘇州刺史浙西
節度使庚戌以戶部尚書李峘充淮南浙西觀察使處置節度使丙
寅立春上御宣政殿讀時令常參官五品已上升殿序坐而聽之時
王師圍相州慶緒食盡求救於史思明率衆來援丁卯思明復陷魏州
刺史崔光遠出奔

二年春正月己巳朔上御含元殿受尊號曰乾元大聖光天文武孝
感皇帝是日史思明自稱燕王於魏州僭立年號丁丑上親祀九宮
貴神齋宿於壇所戊寅有事於籍田上行九推禮官奏太過上曰朕
勸農率下所恨不終于畝耳癸未夜月掩歲星乙丑以御史中丞崔

○寓都統浙江淮南節度處置使丙申開府儀同三司衛尉卿懷州北
庭行營節度使虢國公李嗣業卒于相州行營庚子以太子少師崔
圓充東京留守判尚書省事二月壬子望月蝕既百官請加皇后張
氏尊號曰翊聖上以月蝕陰德不修而止貶東京留守嗣虢王巨以
陝州刺史苛政也丙辰月犯心大星壬戌遣侍中苗晉卿王璵分錄
囚徒三月丁卯朔己巳皇后祀先蠶於苑中壬申相州行營郭子儀
等與賊史思明戰王師不利九節度兵潰子儀斷河陽橋以餘衆保
東京辛卯以衛尉卿荔非元禮爲懷州刺史權鎮西北庭行營節度
使以滑州刺史許叔冀充滑汴曹宋等州節度使以鄆州刺史尚衡
爲徐州刺史充亳潁等州節度使甲午以兵部侍郎呂諲同中書門
下平章事以太子賓客薛景仙爲鳳翔尹本府防禦使乙未侍中苗
晉卿爲太子太傅平章事王璵爲刑部尚書並罷知政事以京兆尹
李峴爲吏部尚書禮部侍郎李揆爲中書侍郎與戶部侍郎第五琦
等並同中書門下平章事丙申以郭子儀爲東畿山東河南等道節
度防禦兵馬元帥權東京留守判尚書省事以河西節度副使來瑱
爲陝州刺史充陝華節度潼關防禦團練等使四月丁酉朔王思禮
奏於潞城縣東直千嶺破賊萬人壬寅詔以逆孽未平務懷撝挹自
今以後朕常膳及服御等物並從節減諸作坊造坊並停比緣軍國
務殷或宣口勑處分今後非正宣並不得行用中外諸務各歸有司
英武軍及六軍諸使比因論竟便行追攝今後須經臺府如處斷不
平具狀聞奏自文武五品已上正官各舉賢良方正直言極諫一人
任自封進兩省官十日一上封事御史臺欲彈事不須進狀仍服豸
冠殘妖未殄國步猶艱共體至公以康庶政朕推誠御物與衆共之
思與蒼生臻夫至道宣示中外知朕意焉甲辰以鄧州刺史魯炅爲
鄭州刺史充陳鄭潁亳節度使以徐州刺史尚衡爲青州刺史充青
淄密登萊沂海等州節度使以商州刺史興平軍節度李奐兼豫許
汝等州節度使乙巳第五琦依舊判度支租庸等使史思明僭號於
魏州貶季廣琛宣州刺史崔光遠爲太子少保癸亥以久旱徙市雩

○祈雨五月辛巳貶宰相李峴蜀州刺史丁亥上御宣政殿試文經秇
國等四科舉人乃以汝州刺史劉展爲滑州刺史以平盧軍節度都
知兵馬使董秦爲濮州刺史六月乙未朔以右僕射裴冕爲御史大
夫成都尹持節充劍南節度副大使本道觀察使以邠州刺史房琯
爲太子賓客以饒州刺史顏眞卿爲昇州刺史充浙江西道節度使
己巳以明州刺史呂延之爲越州刺史充浙江東道節度使以右羽
林大將軍彭元曜爲鄭州刺史充陳鄭申光壽等州節度使秋七月
乙丑朔以禮部尚書韋陟充東京留守太子少傅兗國公李麟卒辛
巳制以趙王係爲天下兵馬元帥司空兼侍中李光弼爲副丁亥以
兵部尚書潞州大都督府長史潞沁節度霍國公王思禮兼太原尹
充北京留守河東節度副大使刑部尚書王璵爲蒲州刺史充蒲同
絳三州節度使八月乙亥襄州偏將康楚元逐刺史王政據城自守
丙辰寧國公主自迴紇還宮副元帥李光弼兼幽州大都督府長史
河北節度等使九月甲午襄州賊張嘉延襲破荆州澧朗復郢硤歸

等州官吏皆弃城奔竄戊辰新鑄大錢文如乾元重寶而重其輪用
一當五十以二十二斤成貫丁亥以太子少保崔光遠充荊襄等州
招討使右羽林大將軍王仲昇充申安沔等州節度使右羽林將軍
李抱眞爲鄭州刺史鄭陳穎亳四州節度使庚寅逆胡史思明陷洛
陽副元帥李光弼守河陽汝鄭滑等州陷賊冬十月丁酉制親征史
思明竟不行乙巳李光弼奏破賊於城下壬戌宰相呂諲起復依前
平章事十一月甲子朔商州刺史韋倫破康楚元荊襄平庚午戶部
侍郎同平章事第五琦貶忠州長史御史大夫賀蘭進明貶秦州司
馬十二月癸巳朔神策將軍衛伯玉破賊於陝東彊子坂甲寅以御
史大夫史翽爲襄州刺史充山南東道節度觀察處置等使
三年春正月癸亥朔辛巳李光弼進位太尉兼中書令餘如故以杭
州刺史侯令儀爲昇州刺史充浙江西道節度兼江寧軍使戊子以
朔方節度使郭子儀兼邠寧鄜坊兩道節度使二月癸巳朔以右丞
崔寓爲蒲州刺史充蒲同晉絳等州節度使庚戌第五琦除名長流

夷州癸丑以太子少保崔光遠爲鳳翔尹秦隴節度使三月壬申以
京兆尹李若幽爲成都尹劍南節度使甲申以蒲州爲河中府其州
縣官吏所置同京兆河南二府四月甲午李光弼奏破賊於懷州河
陽甲辰以禮部尚書東京留守韋陟爲吏部尚書太子賓客房琯爲
禮部尚書以太子賓客平章事張鎬爲左散騎常侍太子賓客崔渙
爲大理卿是歲饑米斗至一千五百文戊申襄州軍亂殺節度使史
翽部將張維瑾據州叛丁巳夜彗出東方在婁胃間長四尺許戊午以
右丞蕭華爲河中尹兼御史中丞充同晉絳等州節度觀察處置使
己未以陝州刺史來瑱爲襄州刺史充山南東道襄鄧等十州節度
觀察處置等使庚申以右羽林大將軍郭英乂爲陝州刺史陝西節
度潼關防禦等使閏四月辛酉朔彗出西方其長數丈壬戌以禮部
尚書房琯爲晉州刺史甲子制彭王僅充河西節度大使兗王僩北
庭節度大使涇王侹隴右節度大使杞王倕陝西節度大使興王佋
鳳翔節度大使蜀王傀邠寧節度大使並不出閤丁卯太原尹王思

禮進位司空甲戌天下兵馬元帥趙王係改封越王己卯以星文變
異上御明鳳門大赦天下改乾元爲上元追封周太公望爲武成王
依文宣王例置廟時大霧自四月雨至閏月末不止米價翔貴人相
食餓死者委骸於路壬午以刑部尚書王璵爲太常卿右散騎常侍
韓擇木爲禮部尚書五月庚寅朔丙午以太子太傅韓國公苗晉卿
爲侍中壬子黃門侍郎同中書門下三品呂諲爲太子賓客罷知政
事癸丑以河南尹劉晏爲戶部侍郎勾當度支鑄錢鹽鐵等使是夜
月掩昴六月乙丑詔先鑄重稜錢一當五十宜減當三十文開元宜
一當十七月丁未上皇自興慶宮移居西內丙辰開府高力
士配流巫州內侍王承恩流播州魏悅流溱州左龍武大將軍陳玄
禮致仕丙辰御史大夫崔器卒八月辛未吏部尚書韋陟卒丁丑以
太子賓客呂諲爲　州大都督府長史澧朗硤忠五州節度觀察處
置等使己卯以將作監王昂爲河中尹本府晉絳等州節度使丁亥
贈故興王佋爲恭懿太子九月甲午以荊州爲南都州曰江陵府官

吏制置同京兆其蜀郡先爲南京宜復爲蜀郡十月壬申以廬州刺
史趙良弼爲越州刺史充浙江東道節度使青州刺史殷仲卿爲淄
州刺史淄沂滄德棣等州節度使甲申以兵部侍郎尚衡爲青州刺
史青登等州節度使十一月乙巳李光弼奏收懷州宋州刺史劉展
赴鎮揚州揚州長史鄧景山以兵拒之爲展所敗展進陷揚潤昇等
州十二月庚辰以右羽林軍大將軍李鼎爲鳳翔尹興鳳隴等州節
度使癸未夜歲星掩房
二年春正月丁亥朔辛卯溫州刺史季廣琛爲宣州刺史充浙江西
道節度使甲午上不康皇后張氏刺血寫佛經甲寅詔府縣御史臺
大理疏理繫囚死罪降從流流已下並釋放乙卯平盧軍兵馬使田
神功生擒劉展揚潤平二月己未党項寇寶雞入散關陷鳳州殺刺
史蕭愧鳳翔李鼎邀擊之癸亥以鳳翔尹崔光遠爲成都尹劍南節
度度支營田觀察處置等使以太子詹事趙國公崔圓爲揚州大都
督府長史淮南節度觀察等使辛未夜月有蝕之既戊寅李光弼率

河陽之軍五萬與史思明之衆戰於北邙官軍敗績光弼僕固懷恩走保聞喜魚朝恩衛伯玉走保陜州河陽懷州共陷賊京師戒嚴癸未中書侍郎同中書門下三品李揆貶爲袁州長史以前河中尹蕭華爲中書侍郎同平章事集賢殿崇文館大學士兼修國史三月甲子史朝義率衆夜襲我陜州衛伯玉逆擊敗之戊戌史思明爲其子朝義所殺李光弼以失律讓太尉中書令許之授侍中河中尹晉絳等州節度觀察使夏四月乙亥朔嗣岐王珍得罪廢爲庶人於溱州安置連坐竇如玢崔昌處斬駙馬都尉楊洄薛履謙賜自盡左散騎常侍張鎬貶辰州司戶長任巳未以吏部侍郎裴遵慶爲黃門侍郎同中書門下平章事青州刺史尚衡兗州刺史能元皓並奏破賊壬午梓州刺史段子璋叛襲破遂州殺刺史嗣虢王巨東川節度使李奐戰敗奔成都五月甲午思明僞將滑州刺史令狐彰以滑州歸朝授彰御史中丞依前滑州刺史滑魏德貝相六州節度使乙未劍南節度使崔光遠率師與李奐擊敗段子璋於綿州擒子璋殺之綿州平李光弼來朝進位太尉兼侍中充河南副元帥都統河南淮南山南東道五道行營節度鎮臨淮北京留守司空太原尹河東節度副大使霍國公王思禮卒辛丑以鴻臚卿趙國公管崇嗣爲太原尹兼御史大夫充北京留守河東節度副大使壬子太子少傅宗正卿李齊物卒六月癸丑朔巳卯以鳳翔尹李鼎爲鄯州刺史隴右節度營田等使秋七月癸未朔日有蝕之既大星皆見甲辰延英殿御座梁上生玉芝一莖三花上製玉靈芝詩八月癸丑朔以中官李輔國守兵部尚書於尚書省上輪臣百官送之酺宴竟日自七月霖雨至是方止牆宇多壞漉魚道中辛巳以殿中監李若幽爲戶部尚書充朔方鎮西北庭陳鄭等州節度使鎮絳州賜名國禎九月壬午朔壬辰以太子賓客集賢殿學士昌黎伯韓擇木爲禮部尚書壬寅制朕獲守不業敢忘謙冲欲垂範而自我亦去華而就實其乾元大聖光天文武孝感等尊崇之稱何德以當之欽若昊天定時成歲春秋五始義在體元惟以紀年更無潤色至于漢武飾以浮華非前王之茂典豈末代而作則自今巳後朕號唯稱皇帝其年號但稱元年去上元之號其以今北庭潞儀陳等州行營本管節度觀察等事移鎮絳州壬申嗣寧王棣薨癸酉河南副元帥李光弼破賊於許州城下收復許州建辰月庚辰朔壬午詔天下見禁繫囚無輕重一切釋放丙戌夜月有白冠癸巳以襄州刺史來瑱爲安州刺史充淮西申安蘄黃沔等十六州節度使甲午党項奴剌寇梁州刺史李勉棄郡走丙申党項寇奉天上不康百寮於佛寺齋僧丁未詔左降官流人一切放還戊申中書侍郎平章事徐國公蕭華爲禮部尚書罷知政事以尚書戶部侍郎元載同中書門下平章事以禮部尚書韓擇木爲太子太保建巳月庚戌朔壬子楚州刺史崔侁獻定國寶玉十三枚一曰玄黃天符如笏長八寸闊三寸上圓下方近圓有孔黃玉也二曰玉雞毛文悉備白玉也三曰穀璧白玉也徑可五六寸其文粟粒無雕鐫之迹四曰西王母白環二枚白玉也徑六七寸五曰碧色寶圓而有光六曰如意寶珠形圓如雞卵光如月七曰紅靺鞨大如巨栗赤如櫻桃八曰琅玕珠二枚長一寸二分九曰玉玦形如玉環四分缺一十曰玉印大如半手斜長理如鹿形陷入印中以印物則鹿形著焉十一曰皇后採桑鉤長五六寸細如筯屈其末似眞金又似銀十二曰雷公石斧長四寸闊二寸無孔細緻如青玉十三寶置于日中皆白氣連天侁表云楚州寺尼眞如者恍惚上昇見天帝授以十三寶曰中國有災宜以第二寶鎭之甲寅太上至道聖皇天帝崩於西內神龍殿上自仲春不豫聞上皇登遐不勝哀悸因茲大漸乙丑詔皇太子監國又曰上天降寶獻自楚州因以體元叶于五紀其元年宜改爲寶應建巳月爲四月餘月並依常數仍依舊以正月一日爲歲首丁卯宣遺詔是日上崩于長生殿年五十二羣臣上謚曰文明武德大聖大宣孝皇帝廟號肅宗寶應二年三月庚午葬于建陵

史臣曰臣每讀詩至許穆夫人閔宗國之顚覆周大夫傷宮室之黍離其辭情於邑賦諭勤懇未嘗不廢書興嘆及觀天寶失馭流離奔

播又甚於詩人之於邑也當其戎羯負恩奄爲豨突豺豕遽興於轂
下胡越寧慮於舟中借人之戈持　之反刺變生於不意也所幸太
王去國豳人不忘於周君新莽據圖黔首仍思於漢德是以宣皇帝
蒙六聖之遺業因百姓之樂推號令朔方旬日而車徒雲合旋師右
輔朞月而關隴張平故兩都再復於鑾輿九廟復歆於黍稷觀其迎
上皇於蜀道陳拜慶於望賢父子於是感傷行路爲之隕涕昔太公
迎子或從家令之言而西伯事親靡忌寢門之問曾參孝已足以擬
倫然而道屈知幾志微遠略殘妖未殄宜先恢復之謀餘燼纔收何
暇昇平之禮方聽王璵伏奏輔國贊成紺轅躬籍于春郊翠幰先鑾
於蘭館或御殿曉宣時令或登壇宿禮貴神禮即宜然時何暇給鍾
縣未移於鎮簴思明已陷於洛陽是知祝史矯人安能及遠猶賴大
臣宣力諸將効忠旄頭終隕於三川杲日重明於六合比平王之遷
洛我則英雄論元帝之渡江彼誠么麽寧親復國肅邇休哉
。贊曰犬羊犯順輦輅播遷兇徒竟斃景祚重延星馳蜀道雨泣望賢
孝宣之謚誰曰不然

唐書本紀卷第十

唐書本紀卷第十一

劉　昫　等修

閩人詮校刊沈桐同校

代宗

代宗睿文孝武皇帝諱豫肅宗長子母曰章敬皇太后吳氏以開元
十四年十二月十三日生于東都上陽宮初名俶年十五封廣平王
玄宗諸孫百餘上爲嫡皇孫宇量弘深寬而能斷喜懼不形於色仁
孝溫恭動必由禮幼而好學尤專禮易玄宗鍾愛之祿山之亂京城
陷賊從肅宗蒐兵靈武以上爲天下兵馬元帥時朝廷草創兵募寡
弱上推心示信招懷流散比至彭原兵衆數萬及肅宗迴幸鳳翔時
房琯郭子儀繼戰不利賊鋒方銳屢來寇襲上選求勇幹頻挫其鋒
聖慮遑寧士心大振及師進討百官辭送步出闕門方始乘馬迴紇
葉護王子率兵入助勇冠諸蕃上接以優恩結爲兄弟故香積之戰
賊徒大敗遂委西京而遁雖子儀嗣業之奮命由上恩信結於士心
。故人思自效既收京城令行禁止民庶按堵秋毫不犯耆老歡迎數
之歎歙闔賊殘衆猶保陝郊即日長驅東趨虢洛新店之後一戰大
捷慶緒之黨十殲七八數旬之間河南底定兩都恢復二聖迴鑾統
率之功推而不受肅宗還京大赦改封楚王乾元元年三月改封成
王四月庚寅立爲皇太子改名豫上元末年兩宮不豫太子往來侍
疾躬嘗藥膳衣不解帶者久之及承監國之命流涕從之寶應元年
四月肅宗大漸所幸張皇后無子后懼上功高難制陰引越王係於
宮中將圖廢立乙丑皇后矯詔召太子中官李輔國程元振素知之
乃勒兵於凌霄門俟太子至即衛從太子入飛龍廄以俟其變是夕
勒兵於三殿收捕越王係及內官朱光輝馬英俊等禁錮之幽皇后
於別殿丁卯肅宗崩元振等始迎上於九仙門見羣臣行監國之禮
己巳即皇帝位於柩前甲戌詔國之大事戎馬爲先朝有舊章親賢
是屬故求諸必當用制於中權存乎至公豈懸於內舉特進奉節郡
王适可天下兵馬元帥乙亥以兵部尚書判元帥行軍關廄等使李

輔國進號尚父飛龍閑廐副使程元振爲右監門將軍流宦官朱光輝啖庭瑶陳仙甫等於黔中五月己卯朔以李輔國爲司空兼中書令餘如故辛卯制曰三年之喪天下達禮苟或變革何以教人朕遘此閔凶攀號罔極公卿固請俾聽朝務斬焉縗絰痛貫心靈豈可便議公除遽移諒闇昨見所司儀注今月十三日大祥十五日從吉仰遵遺制又欲抑予孺慕惟哀思深謂未可其百寮並以此釋服朕將繼武丁之道素冠之詩恭默再周不忍權奪凡庶在位宜悉哀懷宰臣苗晉卿等三十表請依遺制方聽政丙戌嗣魯王宇改封鄒王奉節郡王适進封魯王李光弼進封臨淮王貶禮部尚書蕭華爲峽州司馬改行乾元錢重稜小錢一當二重稜大錢一當三丙申以戶部侍郎元載同中書門下平章事充度支轉運使改乾元大小錢並一當一丁酉御丹鳳樓大赦子儀光弼李光進諸道節度使並加實封四月十七日立功人並號寶應功臣内外文武官三品已上進爵四品已下加階諸州防禦使並停内外官三考一轉益昌郡王邈進封鄭

唐紀十一　二

○王延慶郡王迥進封韓王故庶人皇后王氏故庶人太子瑛鄂王瑤光王琚並宜復封號棣王琰永王璘並與昭雪建昌王追封齊王崇恩王追封衛王靈昌王追封鄆王壬寅以來瑱復爲襄州刺史山南東道節度使六月己酉朔百寮臨于西宮上不視朝自是每朔望皆如之迄于山陵凡人臣有事辭見先臨西宮然後詣朝改豫州爲蔡州避上名也侍中苗晉卿以老疾請三日一入中書從之己未罷尚父李輔國判元帥行軍及兵部尚書閑廐節使輔國請遜位辛酉以輔國爲博陵王罷中書令許朝朔望壬申以通州刺史劉晏爲戶部侍郎兼御史大夫京兆尹充度支轉運鹽鐵諸道鑄錢等使秋七月己卯朔辛巳觀軍容使魚朝恩封馮翊郡開國公宦官程元振爲鎮軍大將軍保定郡開國公乙酉襄州刺史裴義長流費州賜死於藍田驛庚寅詔不許匭使閱投匭人文狀賜道州司馬敬羽自盡來瑱自襄州來朝郭子儀自河中來朝八月己酉朔自七月不雨至此月癸丑方雨庚午夜西北有赤光亘天貫紫微漸移東北彌漫半天貶太子少傅李遵爲袁州刺史台州賊袁晁陷台州連陷浙東州縣九月丁丑朔魯王适改封雍王以山南東道節度使來瑱爲兵部尚書同中書門下平章事節度如故程元振進封邠國公丙申右僕射山陵使裴冕貶施州刺史戊戌迴紇登里可汗率衆來助國討逆令御史大夫尚衡宣慰之甲午太州至陝州二百餘里黃河清澄澈見底甲午祕書監韓穎中書舍人劉烜配流嶺表尋賜死坐狎昵李輔國也冬十月辛酉詔天下兵馬元帥雍王統河東朔方及諸道行營迴紇等兵十餘萬討史朝義會軍於陝州加朔方行營節度使大寧郡王僕固懷恩同中書門下平章事丁卯夜盜殺李輔國於其第竊首而去戊辰元帥雍王率諸軍進發留郭英乂魚朝恩鎮陝州壬申王師次洛陽北郊甲戌戰于橫水賊大敗俘斬六萬計史朝義奔冀州乙亥雍王奏收東京河陽汴鄭滑相魏等州乙酉陝西節度使郭英乂權知東京留守丁酉僞恒州節度使張忠志以趙定深恒易五州歸順以忠志檢校禮部尚書恒州刺史充成德軍節度使賜姓名曰李

唐紀十一　三

○寶臣於是河北州郡悉平賊范陽尹李懷仙斬史朝義首來獻請降十二月庚戌太子太師邠國公韋見素薨辛未僕固懷恩爲尚書左僕射兼中書令靈州大都督府長史河北副元帥邛州新置鎮南軍是歲江東大疫死者過半吐蕃陷我臨洮秦成渭等州二年春正月丁亥朔甲午戶部尚書兼御史大夫都統淮南節度觀察等使越國公李峘卒國子祭酒兼御史大夫京兆尹劉晏爲吏部尚書同中書門下平章事度支諸使如故壬寅制開府儀同三司行兵部尚書同中書門下平章事充山東道節度觀察處置等使上柱國潁國公來瑱削在身官爵長流播州尋賜死于路閏月戊申以史朝義下降將李寶臣爲檢校禮部尚書兼御史大夫恒州刺史清河郡王充成德軍節度使薛嵩爲檢校刑部尚書相州刺史相衛等州節度使李懷仙檢校兵部尚書兼侍中武威郡王幽州節度使田承嗣檢校戶部尚書魏州刺史鴈門郡王魏博等州都防禦使二月甲午迴紇登里可汗辭歸蕃三月甲辰朔襄州右兵馬使梁崇義殺大將李昭據城

自固乃授崇義襄州刺史山南東道節度使丁未袁傪破袁晁之衆
於浙東玄宗肅宗歸祔山陵自三月一日廢朝至於晦日百寮素服
詣延英門通名起居四月戊寅朔太州依舊爲華州太陰縣爲華陰
縣庚辰河南副元帥李光弼奏生擒袁晁浙東州縣盡平辛巳群臣
請上尊號五月癸卯朔丙寅尚書省試制舉人命左右丞侍郎對試
賜食如舊儀太常卿杜鴻漸奏婚葬合給鹵簿望於國立大功及二
等已上親則給餘不在給限從之六月癸酉朔癸未以陳鄭澤潞節
度使李抱玉檢校司空封武威郡王河中節度使王昂檢校刑部尚
書封邵國公同華節度使李懷讓檢校工部尚書同日入省宰相
送上甲申以前淮西節度使王仲昇爲右羽林大將軍兼御史大夫
六軍將軍兼大夫自仲昇始也甲午觀軍容使魚朝恩自陝州入朝
上御達禮門命公卿百寮觀兵馬同華節度使李懷讓自殺爲程元
振所構秋七月壬寅朔戊申群臣上尊號曰寶應元聖文武皇帝御
含元殿受冊壬子御宣政殿宣制改元曰廣德大赦天下常赦不原

○
者咸赦除之安祿山史思明親族應在諸道一切原免不問民戶三
丁免一丁庸租稅依舊每畝二升男子二十成丁五十入老元帥雍
王兼尚書令河北副元帥僕固懷恩加太保迴紇登里可汗進徽號
功臣皆賜鐵券藏名太廟畫像凌煙閣刺史縣令自今後改轉刺史
以三年爲限縣令四年爲限員外及攝試不得釐務丁巳僕固瑒兼
御史大夫充朔方行營節度是月吐蕃大寇河隴陷我秦成渭三州
入大震關陷蘭廓河鄯洮岷等州盜有隴右之地八月以荊南節度
使李峴爲宗正卿九月壬戌朔僕固懷恩拒命於汾州遣宰臣裴遵
慶往宣撫之己丑吐蕃寇涇州刺史高暉以城降因爲吐蕃鄉導冬
十月庚午朔辛未高暉引吐蕃犯京畿寇奉天武功盩厔等縣蕃軍
自司竹園渡渭循南山而東丙子駕幸陝州上出苑門射生將王獻
忠率四百騎叛脅豐王已下十王歸京從官多由南山諸谷赴行在
郭子儀收合散卒屯於商州丁丑次華州官吏藏竄無復儲擬會魚
朝恩領神策軍自陝來迎駕乃幸朝恩軍戊寅吐蕃入京師立廣武

王承宏爲帝仍逼前翰林學士于可封爲制封拜辛巳車駕至陝州
子儀在商州會六軍使張知節烏崇福長孫全緒等率兵繼至軍威
遂振舊將王甫誘聚京城惡少齊擊街鼓於朱雀街蕃軍震懾狼狽
奔潰庚寅子儀收京城壬辰以宰臣元載判天下元帥行軍司馬京
兆尹兼吏部侍郎嚴武爲黃門侍郎朗州刺史第五琦爲京兆尹兼
御史大夫癸巳以郭子儀爲京留守高暉聞吐蕃潰以三百騎東奔
至潼關爲關守李伯越所殺十一月辛丑朔太常博士柳伉上疏以
蕃寇犯京師罪由程元振請斬之以謝天下上甚嘉納以元振有保
護之功削在身官爵放歸田里十二月甲辰宦官市舶使呂太一逐
廣南節度使張體縱下大掠廣州丁亥車駕發陝郡還京辛卯鄂州
大風火發江中焚船三千艘焚居人廬舍二千家甲午上至自陝州
乙未以侍中苗晉卿爲太保黃門侍郎同平章事裴遵慶爲太子少
傅並罷知政事宗正卿梁國公李峴爲黃門侍郎同中書門下平章
事丙申放廣武王承宏于華州一切不問丁酉朔方行營節度使僕

○
固瑒爲帳下梟首來獻懷恩聞瑒死燒營遁入吐蕃朝臣稱賀上不
悅曰朕之涼德信不及人致勳臣顛覆用增愧恧何至賀爲程元振
自三原縣衣婦人服入京城京兆府擒之以聞乃下御史臺鞫問吐
蕃陷松州維州雲山城籠城
二年春正月己亥朔壬寅御史臺以程元振獄狀聞配流溱州既行
追念舊勳特矜遐裔令於江陵府安置甲辰復置京畿觀察使以御
史中丞領之癸卯尚書右丞顏真卿爲刑部尚書兼御史大夫充朔
方宣慰使癸亥吏部尚書同平章事度支轉運使劉晏爲太子賓客
黃門侍郎同平章事李峴爲太子詹事並罷知政事以前右散騎常
侍王縉爲黃門侍郎太常卿杜鴻漸爲兵部侍郎並同中書門下平
章事罷度支使以戶部侍郎第五琦專判度支及諸道鹽鐵轉運鑄
錢等使甲子元帥尚書令雍王三上章讓皇太子第五琦奏諸道置
常平倉使司量置本錢和糴許之丁卯司徒兼中書令郭子儀充河
東副元帥河中等處觀察兼雲州大都督單于鎮北大都護二月己

巳朔冊天下兵馬元帥尚書令雍王适爲皇太子癸酉上親薦獻太
清宮太廟乙亥祀昊天上帝於圜丘即日還宮戊寅以澧州刺史裴
冕爲左僕射兼御史大夫充東都河南江南淮南轉運使己未第五
琦開決汴河五月丁酉朔戊午勅中書門下兩省加置散騎常侍四
員官爲正三品庚申罷歲貢孝悌力田童子等科甲子禁錮作珠翠
等奏所司切加捉搦癸未制太保兼中書令靈州大都督府長史單
于鎮北副大都護充朔方節度關內度支營田鹽池押諸蕃部落副
大使知節度事六城水運使河北副元帥上柱國大寧郡王僕固懷
恩先任靈州大都督府長史揮鎮北副元帥朔方節度使宜並停其
太保兼尚書令大寧郡王如故七月己酉朔河南副元帥太尉兼侍
中臨淮王李光弼薨於徐州廢朝三日判度支第五琦兼京兆尹御
史大夫八月丁卯宰臣王縉爲侍中持節都統河南淮西淮南山南
東道節度行營事進封太原郡公固讓侍郎從之宰相杜鴻漸判門
下省事癸巳王縉兼領東京留守九月乙未朔丙申詔徵河中兵討

吐蕃將發是夜軍衆諠譟劫節度使崔寓家財及民家財產殆盡皆
重裝而行吏不能禁自七月大雨未止京城米斗值一千文蝗食田
丙午河東節度使辛雲京檢校尚書右僕射同中書門下平章事太
原尹北京留守己酉江南西道觀察洪州刺史張鎬卒辛亥河東副
元帥中書令汾陽郡王郭子儀加太尉充北道邠寧涇原河西已東
通和吐蕃及朔方招撫使陳鄭澤潞節度使李抱玉進位司徒充南
道通和吐蕃使鳳翔秦隴臨洮東觀察使子儀三表懇讓太尉許
之己未劍南節度嚴武攻拔吐蕃當狗城破蕃軍七萬尚書左丞楊
綰知東京選礼部侍郎賈至知東都舉兩都分舉選自至始也辛酉
以太子詹事李峴爲吏部尚書兼御史大夫知江南東西及福建道
選事并觀察宣慰使仍命洪州刺史李勉副知選事是秋蝗食田殆
盡關輔尤甚米斗千錢冬十月丙寅僕固懷恩引吐蕃二萬寇邠州
節度使白孝德閉城拒守丁卯寇奉天京師戒嚴先鋒郭晞斬賊營
於邠州西俘斬數百計子儀屯涇陽蕃軍挑戰子儀不出甲申河南

尹蘇震卒劍南嚴武奏收吐蕃鹽井城十一月乙未懷恩與蕃軍自
潰京師解嚴丁未子儀自涇陽入覲詔宰臣百寮迎之於開遠門上
御安福寺待之十二月乙丑加子儀關內河中副元帥兼尚書令吏
部侍郎暢璀爲左散騎常侍河中尹子儀三表讓尚書令詞情懇切
優詔從之丁卯夜星流如雨戊辰子儀於都省領副元帥事宰臣百
寮送仍令射生五百騎戎服自光範門送至省門右僕射郭英乂以
樂迎之是日便赴奉天是歲戶部計帳管戶二百九十三萬三千一
百二十五口一千六百九十二萬三百八十六

永泰元年春正月癸巳朔制曰叶五紀者建號以體元授四時者布
和而順氣天心可見人欲是從爰立大中之道式受惟新之命朕嗣
膺下武獲主萬方顧以薄德乘茲艱運戎麾問罪今已十年歛至黷
勲惟凶渠之授首勞師顯武豈人主之用心軍役屢興干戈未戢茫
茫士庶斃于鋒鏑皇穹以朕爲子蒼生以朕爲父至德不能被物精
誠不能動天俾我生靈淪於溝壑非朕之咎孰之過歟朕所以馭朽

懸旌坐而待曙勞懷罪己之念延想安人之策亦惟羣公卿士百辟
庶寮咸聽朕命協宣乃力履清白之道還淳素之風率是黎元歸于
仁壽君臣一德何以尚茲洒者刑政不修惠化未洽既盡財力良多
抵犯靜惟哀矜實軫于懷今將大振綱維益明懲勸肇舉改元之典
弘敷在宥之澤可大赦天下改廣德三年爲永泰元年是日雪盈尺
戊申澤潞李抱玉兼鳳翔隴右節度使兼南道通和吐蕃鳳翔秦隴臨
洮已東觀察處置等使仍命四鎮行營節度使馬璘爲副和吐蕃使
癸丑罷岐州之鳳翔縣併入天興縣乙卯左散騎常侍高適卒戊午
劍南節度使嚴武加檢校吏部尚書山南節度使張獻誠加檢校工
部尚書以前太子少保王璵爲太子少師前袁州刺史李遵爲太子
少保聽朝朔望二月甲子夜雷霆震擊丁丑內出宮女千人品官六
百人守洛陽宮戊寅党項羌寇富平焚定陵寢殿庚辰儀王璲薨諸
陵署隸太常寺戊子河西党項永定等十二州部落內屬請置宜
芳等十五州許之三月壬辰朔詔左僕射裴冕右僕射郭英乂太子

少傳裴遵慶檢校太子少保白志貞太子詹事臧希讓左散騎常侍暢璀檢校刑部尚書王昂高昇檢校工部尚書崔渙吏部侍郎李季卿王延昌禮部侍郎賈至涇王傅吳令瑤等十三人並集賢院待詔上以勳臣罷節制者京師無職事乃合於禁門書院間以文儒公卿寵之也仍特給飱本錢三千貫庚子夜降霜木有冰歲饑米斗千錢諸穀皆貴丙午鳳翔李抱玉讓司徒從之授左僕射同平章事庚戌吐蕃請和詔宰臣元載杜鴻漸與蕃使同盟于興唐寺辛亥大風拔木是春大旱京師米貴斛至萬錢夏四月巳巳乃雨戊子太保致仕苗晉卿薨庚寅劒南節度使檢校吏部尚書嚴武卒五月癸丑以尚書右僕射定襄郡王郭英乂為成都尹御史大夫充劒南節度使是月麥稔判度支第五琦奏請十畝稅一畝效古什一而徵從之六月癸亥吏部尚書李峴南選迴至江陵貶衢州刺史自春無雷至此月甲申大風而雷代州置代北軍平州置柳城析通州石鼓縣置巴渠縣穰七月辛卯朔淄青節度使侯希逸為副将李懷玉所逐制以鄭

○王邈為平盧淄青節度大使令懷王權知留後事以久旱遣近臣分録京城諸獄繫囚甲午昇平公主出降駙馬都尉郭曖庚子雨時久旱京師米斗一千四百他穀食稱是八月乙亥河南道副元帥涇原節度使馬璘封扶風郡王九月辛卯太白經天丁酉僕固懷恩死于靈州之鳴沙縣時懷恩誘吐蕃數十萬寇邠州客將尚品息贊磨尚悉東贊等寇奉天醴泉党項羌渾奴剌寇同州及奉天逼鳳翔府盩厔縣京師戒嚴時以星變羌虜入寇內出仁王佛經兩轝付資聖西明二佛寺置百尺高座講之及奴虜寇逼京畿方罷講己酉郭子儀自河中至進屯涇陽李忠臣屯東渭橋李光進屯雲陽馬璘郝玉屯便橋駱奉仙李伯越屯盩厔李抱玉屯鳳翔周智光屯同州杜冕屯坊州上親率六軍屯苑內庚戌下詔親征內官魚朝恩上言請括私馬京城男子悉單衣團結塞京城二門之一士庶大駭有踰垣鑿竇出城者吏不能禁自丙午至甲寅大雨平地水流丁巳吐蕃大掠京畿男女數萬計焚廬舍而去同華節度周智光以兵追擊于澄城

破賊萬計冬十月巳未復講仁王經於資聖寺吐蕃至邠州與迴紇相遇復合從入寇辛酉逼奉天癸亥党項攻同州焚州民廬舍丁丑郭子儀說諭迴紇令與吐蕃疑貳庚辰子儀先鋒將白元光合迴紇軍擊吐蕃之衆於靈臺縣之西原斬首五萬級俘獲人畜凡三百里不絕辛巳京師解嚴壬午僕固懷恩大將僕固名臣以千騎來降詔稅百官錢市絹十萬以賞迴紇乙酉迴紇首領胡祿都督來朝癸卯朔方將李迴方奏收靈武郡丁亥分宣饒歙戶口於穐浦縣置池州分信州弋陽置貴溪縣閏十月辛卯以京兆少尹黎幹為京兆尹丙午封朔方大將孫守亮等九人為異姓王李國臣等十三人為同姓王丁亥百寮上表以軍興急於粮餉請納職田以助費從之戊申進封渭北節度使李光進為武威郡王以刑部侍郎路嗣恭檢校工部尚書兼御史大夫靈州大都督府長史充關內副元帥兼知朔方節度等使劒南節度使郭英乂為其檢校西川兵馬使崔旰所殺邛州柏茂林瀘州楊子琳劒南李昌巎皆起兵討旰蜀中亂十一月宰臣

○河南都統王縉請減諸道軍資錢四十萬貫修洛陽宮從之十二月己酉勑如聞諸州承本道節度觀察使牒科役百姓致戶口凋弊此後委轉運使察訪以聞

二年春正月丁巳朔大雪平地二尺壬申減子孫襲實封者半租承為常式乙酉制治道同歸師氏為上化人成俗必務于學俊造之士皆從此途國之貴遊罔不受業修文行忠信之教崇祗庸孝友之德盡其師道乃謂成人然後揚于王庭敷以政事徵之以理任之以官寘於周行莫匪邦彥樂得賢也其在茲乎朕志承理體尤重儒術先王設教敢不虔行頃以戎狄多虞急於經略太學空設諸生蓋寡絃誦之地寂寥無聲函丈之間殆將不掃上庠及此甚用閔焉今寓縣人寧文武並備方投戈而講藝俾釋菜以行禮使四科咸進六藝復興神人以和風化浸美日用此道將無間然其諸道節度觀察都防禦等使朕之腹心久鎮方面眷其子弟為奉義方修德立身是資藝業恐干戈之後學校尚微僻居遠方無所咨稟負經來學宜集京師

其宰相朝官六軍諸將子弟欲得習學可並補國子學生其中身雖
有官欲附學讀書者亦聽其學官委中書門下選行業堪爲師範者充
其學生員數所習經業供承糧料增修學館委本司條奏以聞丙戌
以戶部尚書劉晏充東都京畿河南淮南江南東西道湖南荆南山
南東道轉運常平鑄錢鹽鐵等使以戶部侍郎第五琦充京畿關內河
東劍南西道轉運常平鑄錢鹽鐵使至是天下財賦始分理焉二月
丁亥朔釋奠於國學賜宰臣百官飧錢五百貫於國學食壬辰鎮南
都護依舊爲安南都護府乙未貶刑部尚書顏真卿爲峽州員外別
駕以不附元載載陷之於罪也壬子命黃門侍郎同平章事杜鴻漸
兼成都尹持節充山南西道劍南東川等道副元帥仍充劍南西川
節度使以平郭英乂之亂也以四鎮行營節度使馬璘兼邠州刺史
癸丑以山南西道節度使梁州刺史張獻誠兼充劍南東川節度觀
察使邛州刺史栢茂林充邛南防禦使劍南西山兵馬使崔旰爲茂
州刺史充劍南西山防禦使從杜鴻漸請也三月辛未張獻誠與崔旰

戰于梓州爲旰所敗僅以身免夏四月辛亥詔尚書省郎中授中州
刺史員外郎授下州刺史爲定制五月丙辰稅青苗地錢使殿中侍
御韋光裔諸道稅地迴是歲得錢四百九十萬貫自乾元已未天下
用兵百官俸錢折乃議於天下地畝青苗上量配稅錢命御史府差
使徵之以充百官俸料每年據數均給之歲以爲常式六月戊戌以
淮南節度使崔回檢校尚書右僕射自春旱此月庚子始雨丁未日
重輪其夜月重輪穐七月辛酉檢校兵部尚書衢州刺史李峴卒自
五月大雨洛水泛溢漂溺居人廬舍二十坊河南諸州水加荆南節
度使衛伯玉檢校工部尚書癸未太廟二室芝草生八月丁亥國子
監釋奠復用牲牢上元二年詔諸祠獻熟至是魚朝恩請復舊制壬
寅以茂州刺史崔旰爲成都尹兼御史大夫劍南西川節度行軍司
馬邛南防禦使邛州刺史栢茂林爲邛南節度使從杜鴻漸所請也
癸卯太子少保裴遵慶爲吏部尚書吏部尚書崔寓爲太子少傅甲
辰以開府儀同三司右監衛大將軍觀軍容宣慰處置使神策軍兵

馬使上柱國馮翊郡開國公魚朝恩加內侍監判國子監事充鴻臚
禮賓等使進封鄭國公辛亥以檢校禮部尚書裴士淹充禮儀使九
月庚申京兆尹黎幹以京城薪炭不給奏開漕渠自南山谷口入京
城至薦福寺東街北抵景風延喜門入苑闊八尺深一丈渠成是日
上幸安福門以觀之丙子宣州刺史李佚坐贓二十四萬貫集衆杖
死籍沒其家冬十月癸未朔巳丑宗正卿吳王祗奏上皇室永泰新
論二十卷太常博士柳芳撰和蕃使楊濟與蕃使論位藏等來朝丙
申令宰臣宴論位藏於中書省十一月甲寅乾陵令於陵署得赤兔
以獻丙辰詔古者量其國用而立稅典必於經費由之重輕公田之
籍可謂通制履畝而稅斯誠弊法所期折中以便於時億兆不康君
孰與足故愛人之體先以博施富國之源必均節用朕自臨宸極比
屬艱難嘗欲闡淳朴之風守冲儉之道每念黎庶思致和平而邊事
猶殷戎車屢駕軍興取給皆出邦畿九伐之師尚勤王略千金之費
重困吾人乃者遵冉有之言守周公之制什而稅一務於行古今則

編戶流亡而墾田減稅計量入之數甚倍征之法納隍之懼當宁軫
懷慮失三農憂深萬姓務從省約稍與蠲除用申勤卹之懷以救惸
嫠之弊京兆府今年合徵八十二萬五千石數內宜減放一十七萬
五千石青苗地頭錢宜三分取一在京諸司官員久不請俸頗聞艱辛
其諸州府縣官及折衝府官職田據苗子多少三分取一隨處糶貨
市輕貨以送上都納青苗錢庫以助均給百官甲子日長至上御含
元殿下制大赦天下改永泰二年爲大曆元年十二月巳亥彗起匏
瓜其長尺餘犯宦者星癸卯同華節度使周智光專殺陝州監軍張
志斌前虢州刺史龐充據華州謀叛是冬雪
二年春正月壬子朔丁巳密詔關內河東副元帥郭子儀治兵討周
智光壬戌貶智光爲澧州刺史甲子以兵部侍郎張仲光爲華州刺
史潼關防禦使大理卿敬括爲同州刺史長春宮等使是日周智光
帳下將斬智光并子元耀元幹三首傳之以獻巳巳詔潼關置兵三
千癸酉詔天文著象職在於疇人讖緯不經蠹深於疑衆蓋有國之禁

非私家所藏雖裨竈明徵子產尚推之人事王彤必驗景略猶貫於
典刑況動皆詭謬率是矯誣者乎故聖人以經籍之義資理化之本
側言曲學寔紊大猷去左道之亂政俾彝倫而攸敘自四方多故一紀
于茲或有妄庸輒陳休咎假造符命私習星曆共肆窮鄉之辯相傳
委巷之譚作偽多端順非僥澤熒惑州縣詿誤閭閻壞紀挾邪莫逾
於此其玄象器局天文圖書七曜曆太一雷公式等私家不合輒有
今後天下諸州府切宜禁斷本處分明牓示嚴加捉搦先藏蓄此等
書者勑到十日內送官本處長吏集衆焚毀限外隱藏爲人所告者
先決一百留禁奏聞所告人有官即與超資注擬無官者給賞錢五
百貫兩京委御史臺處分各州方面勳臣洎百僚庶尹罔不誠亮王
室簡于朕心無近憸人慎乃有位端本靜末其誠之哉丁丑昇魏州
爲大都督府戊寅勑同華兩州頃因盜據民力凋殘宜給復二年一
切蠲免庚辰禁王公宗子郡縣主之家不得與軍將婚姻交好委御
史臺察訪彈奏二月壬午幸昆明池踏青丙戌封華州牙將姚懷爲

唐紀十一　　十二

。感義郡王李延後爲承化郡王以斬智光之功也郭子儀自河中來
朝癸卯宰臣元載王縉左僕射裴冕戶部侍郎第五琦京兆尹黎幹
各出錢三十萬置宴於子儀之第三月辛亥夜大風丁巳河中府獻
玄狐汴宋節度使田神功來朝戊辰貶太子少保李遵永州司馬坐
贓也甲戌魚朝恩宴子儀宰相節度度支使京兆尹於私第乙亥子
儀亦置宴于其第戊寅田神功宴于其第時以子儀元臣寇難漸平
蹈舞王化乃置酒連宴酒酣皆起舞公卿大臣列坐於席者百人子
儀朝恩神功一宴費至十萬貫夏四月巳亥以江南西道都團練觀
察等使洪州刺史李冕爲京兆尹刑部侍郎魏少遊爲洪州刺史兼
御史大夫江西觀察團練等使庚子宰臣內侍魚朝恩與吐蕃同盟
於興唐寺丙午加田神功檢校右僕射癸酉以工部侍郎徐浩爲廣
州刺史嶺南節度觀察使六月戊戌山南劍南副元帥杜鴻漸自蜀
入朝壬寅荆南節度使衛伯玉封城陽郡王癸卯御史大夫王翊卒
秋七月戊申朔以右散騎常侍于休烈爲檢校工部尚書知省事時

方面勳臣昇八座者多非正員朝命正官者以知省事爲名以中書
舍人張延賞檢校河南尹丙寅以劍南西川節度行軍司馬崔旰劍
南節度觀察等使遂州刺史杜濟爲劍南東川節度觀察等使以杭
州刺史張伯儀爲安南都護癸酉析道州延唐縣置大曆縣甲戌酉
時有白氣竟天八月庚辰鳳翔節度使李抱玉來朝壬午月入氐丙
戌渤海朝貢辛卯潭衡水災丙申月犯畢壬寅太常卿駙馬都尉姜
慶初得罪賜自盡勑陵廟署復隸宗正寺九月戊申朔歲星守東井
七日甲寅吐蕃寇靈州進寇邠州詔子儀率師三萬自河中鎮涇陽
京師戒嚴戊午夜白霧起西北竟天子儀移鎮奉天乙丑晝有大流
星出于午沒于亥命左丞李涵宣慰河北熒惑犯南斗辛未靺鞨使
來朝桂州山獠陷州城刺史李良遁去十月戊寅靈州奏破吐蕃二
萬京師解嚴甲申減京官職田三分之一給軍糧乙酉醴泉出于樑
陽飲之愈疾迴紇党項使來朝癸卯上御紫宸殿策試茂才異行安
貧樂道孝悌力田高蹈不仕等四科舉人十一月庚申改黄門侍郎

唐紀十一　　十三

。依舊爲門下侍郎詔曰春秋以九命作上公而謂之宰臣者三公之
職漢制中書令出納詔命典司樞密侍中上殿稱制參議政事魏晉
已還益重其任職有關於公府事不係於尚書雖陳咨沃之謀未專
宰臣之稱所以委遇斯大品秩非崇至于國朝實執其政當左輔右
弼之寄總代天理物之名典領百寮陶鎔景化豈可具瞻之地命數
不加固當進以等威副其僉屬其侍中中書令宜昇入正二品門下
中書侍郎昇入正三品壬戌夜月暈南北河東井鎮星入輿鬼久之方散
甲子月去軒轅一尺巳丑率百官京城士庶出錢以助軍壬申京師
地震自東北來其聲如雷十二月甲申鳳翔李抱玉來朝丁酉太原
節度使辛雲京來朝熒惑入壁壘戊戌黑氣如塵竟北方是秋河東
河南淮南浙江東西福建等道五十五州奏水災
三年春正月丙午朔辛亥劍南西山罷乾州管招武寧遠二縣壬子
夜月掩畢甲子册新羅國王金乾運母爲太妃甲戌以工部侍郎蔣
渙爲尚書左丞江西團練觀察使蘇州刺史韋元甫爲尚書右丞左

丞李涵右丞賈至並爲兵部侍郎乙亥永和公主薨二月己卯以常州刺史李栖筠蘇州刺史兼御史中丞浙西團練觀察使壬午邠寧節度馬璘來朝三月乙巳朔日有蝕之壬申割恒州衛唐縣置洹州以靈壽恒陽隸之夏四月戊寅以山南西道節度使鄧國公張獻誠爲檢校戸部尚書以疾辭位也右羽林将軍張獻恭爲梁州刺史兼御史中丞充山南西道節度觀察使兄獻誠所薦也壬寅滑亳節度使令狐彰加檢校工部尚書劒南西川節度使兼御史大夫崔旰來朝五月戊申加崔旰檢校右散騎常侍乙卯追謚故齊王倓爲承天皇帝興信公主亡女張氏爲恭順皇后祔葬辛酉改桂州臨源縣爲全義縣癸酉以左散騎常侍崔昭爲京兆尹是日地震戊辰以劒南西川節度使崔旰檢校工部尚書改名寧寧爲栢茂林楊子琳所攻寧既入朝子琳乘虛襲據成都府朝廷憂之即日詔寧還成都庚午以邛州刺史鮮于叔明爲梓州刺史充劒南東川節度使六月戊子承天皇帝祔奉天皇帝廟同殿異室庚寅太子少師王璵卒壬辰幽

州節度使檢校侍中幽州大都督府長史李懷仙爲麾下兵馬使朱希彩所殺庚子淮南節度使檢校尚書左僕射知省事楊州大都督府長史趙國公崔圓卒閏月己酉郭子儀加司徒庚申宰臣充河南副元帥王縉兼幽州節度使以尚書右丞韋元甫楊州大都督府長史兼御史大夫充淮南節度觀察等使丁卯以幽州節度副使試太常卿朱希彩知幽州留後遣兵部侍郎李涵兼御史大夫使河北宣慰以幽州亂故也庚午相州薛嵩魏州田承嗣恒州李寶臣並加左右僕射七月壬申崔寧弟寬攻破楊子琳收復成都府是月五星並聚於東井占曰中國之利也乙亥王縉赴鎮州八月己未月掩畢辛酉月入東井壬戌吐蕃十萬寇靈武熒惑犯太微垣丁卯吐蕃寇邠州京師戒嚴戊辰邠寧節度使馬璘破吐蕃二萬於邠州御史大夫崔渙爲稅地青苗錢使給百官俸錢不平詔尚書左丞蔣渙按鞫貶崔渙爲道州刺史庚午河東節度使檢校左僕射太原尹同中書門下平章事辛雲京卒門下侍郎同中書門下平章事兼幽州長史

持節河南副元帥都統河南淮西山南東道諸節度行營兼幽州盧龍等軍節度使太微宮使弘文館大學士兼東都留守齊國公王縉兼太原尹北都留守充河東軍節度餘官使並如故辛未以門下侍郎同中書門下平章事山劒副元帥太淸宮使崇玄館大學士杜鴻漸兼東都留守九月壬申郭子儀自河中移鎮奉天歲星入輿鬼丁丑濟王環薨熒惑入太微垣壬午吐蕃寇靈州甲申以尚書左丞蔣渙爲華州刺史充鎮國軍潼關防禦使丙戌檢校戸部尚書知省事鄧國公張獻誠卒丁亥工部尚書趙國珍卒庚寅以前華州刺史張重光爲尚書左丞壬辰靈州將白元光破吐蕃二萬於靈武戊戌靈武奏破吐蕃六萬百寮稱賀京師解嚴冬十月甲寅朔方留後靈武大都督府長史常讓光加檢校工部尚書乙未以京兆尹李勉爲廣州刺史充嶺南節度使丁卯子儀自奉天來朝十一月丁亥幽州留後朱希彩爲幽州長史充幽州盧龍節度使癸巳加廊下百官厨料增舊五分之一十二月壬寅道州刺史崔渙卒己酉以邠寧節度

使馬璘爲涇原節度移鎮涇州其邠寧割隸朔方軍邠州將吏以燒馬坊爲亂兵馬使段秀實斬其兇首八人方定

四年春正月庚午朔甲戌大風乙亥大雪平地盈尺甲申日有蝕之子儀自河中戊子勑有司定王公士庶每戸秋錢分上中下三等宗室潁州刺史李岵專殺法司以議親宜賜自盡乙未福建觀察使李承昭請徙汀州於長汀縣之白石村從之黑衣大食國使朝貢二月乙巳以瀘州刺史楊子琳爲陜州刺史乙卯宰臣杜鴻漸讓山劒副元帥從之丙辰夜地震有聲如雷者三辛酉以湖南都團練觀察使衡州刺史韋之晉爲潭州刺史因是徙湖南軍於潭州江西團練使魏少遊來朝三月壬申詔夫計人而置官度事而賦任因時立制損益在焉吏足以理人人足以奉吏則官稱其祿祿當其秩然後上下相樂公私不匱昔漢光武時及魏太和中並減吏員兼省鄉邑致理之道此其一隅今連歲治戎天下凋瘵京師近甸煩苦尤重比屋流散念之惻然人寡吏多困於供費欲其蘇息不可得也設令廉恥守

分以奉科條猶有祿廩之煩役使之弊而況貪猾縱欲而動踰典章作威以雲下厚歛以潤己者乎古者縣置大夫一員足以爲治矣必貳佐分掌而後治耶且京畿戶口減耗大半職員如舊何以堪之豈可以重困之人供不給之費使人不倦其在變通制事之宜式從省便其京兆府長安萬年宜各減丞一員尉兩員餘縣各減丞尉一員餘委吏部條件處分吏部尚書裴遵慶爲右僕射劉晏攺吏部尚書庚寅江西團練使魏少遊封趙國公丙申復置仙州夏四月壬寅陝州虞邑縣復爲安邑縣虢州天平縣復爲湖城縣五月丙戌京師地震辛卯以僕固懷安女爲崇徽公主嫁廻紇可汗仍令兵部侍郎李涵往册命六月丁酉以太子詹事臧希讓檢校工部尚書充渭北節度以渭北節度李光進爲太子太保辛亥昇辰州爲都督府析辰巫溪錦業等州置團練觀察使秋七月己丑以澧州刺史崔瓘爲潭州刺史湖南〇都團練觀察使癸未詔至理之代先德後刑上歡然以歸下下欣然而奉上禍亂不作法令可施去聖久遠薄於教化簡書填

唐紀十一 十六

〇委獄訟煩興苛吏舞文冤人致辟思欲刷恥攺行厥路無由豈天地父母慈愛之意也朕主三靈之重託群后之上夕惕若厲不敢荒寧內訪卿士外咨方岳日不暇給八年于茲而大道淳風鬱而不振四郊多壘連歲備邊師旅在外役費尤廣賦役轉輸疾耗吾人困竭無聊犯斯濫矣下庶暗昧不見刑綱戎士在軍未習法令犯禁抵罪其徒實繁徙扞之間未詳事實吏議不決動淹時月傷沮和氣屢彰咎徵此皆朕之不明教之未至上失其道而繩下以刑敢不罪己以荅災眚人者君之支體害之則君有所傷刑者教之輔助失之則人無所措慮有冤濫憮然憂傷用明愼罰之典俾弘在宥之澤其天下見禁囚死罪降從流流已下釋放左降流人移隸等委司奏聽進言如聞州縣官比來率意恣行簏杖不依格令致使殞斃深可哀傷頻有處分仍聞乖越自今已後非灼然蠹害不得輒加非理所司嚴加糾察以聞先是皇姨弟薛華因酒色之忿手刃三人棄屍於井事發繫獄賜自盡故有是詔八月丙申朔自夏四月連雨至此月京城米斗

八百文官出米二萬石減估而糶以惠貧民己卯虎入長壽坊元載家廟射生將周皓引弩斃之冬十月己卯以汝州刺史孟皞爲京兆尹十一月辛未禁畿內弋獵乙亥門下侍郎同中書門下平章事衛國公杜鴻漸卒丙子以左僕射冀國公裴冕同中書門下平章事充東都留守河南淮南淮西山南東道副元帥十二月乙未勑左右補闕拾遺內供奉員左右各置兩員餘罷之戊戌裴冕卒辛酉勑京兆府稅宜分作兩等上等每畝稅一斗下等稅六升能耕墾荒地者稅二升

五年春正月乙丑朔辛卯以陝州節度使皇甫溫判鳳翔尹充鳳翔河隴節度使鳳翔節度使李抱玉判梁州事充山南西道節度使壬申河南尹張延賞兼御史大夫充東都留守罷河南淮西淮南山南東道副元帥所管軍隸東都留守二月戊戌李抱玉〇鳳翔移鎮盩厔鳳翔軍忿發縱兵大掠數日方止己亥廢仙州襄城葉縣隸汝州詔罷魚朝恩觀軍容使己巳朝恩自縊而死戊寅詔定京兆府戶稅

唐紀十一 十七

〇夏稅上田畝稅六升下田四升秋稅上田畝五升下田三升荒田開墾者二升己丑勑唐虞之際內有百揆庶政惟和至于宗周六卿分職以倡九牧書曰龍作納言帝命惟允詩云仲山甫王之喉舌皆尚書之任也雖西漢以二府分理東京以三公總務至于領錄天下之綱綜覈萬事之要邦國善否出納之由莫不處正於會府也今僕以綜詳朝政丞郎以彌綸國典法天地而分四序配星辰而統五行元本於是乎在九卿之職亦中臺之輔助小大之政多所關決自王室多難一紀于茲東征西伐略無寧歲內外薦費徵求調發皆迫於國計切於軍期率於權便裁之新書從事且救當時之急殊非致理之道今外虞既平罔不率俾天時人事表裏相符將明畫一之法大布惟新之命陶甄化源去末歸本魏晉有度支尚書校計軍國之用國朝但以郎官署領辦集有餘時艱之後方立使額參佐既衆簿書轉煩終無弘益又失事體其度支使及關內河東山南西道劍南西川轉運常平鹽鐵等使宜停禮儀之本職在奉常往年置使因循未攺

有乖舊制實曠司存委太常卿自舉本職其使宜停漢朝丞相與公卿已下五日一決事帝親斷可否且國之安危不獨注於將相政之理亂固亦在於庶官尚書侍郎左右丞及九卿叅領要重朕所親倚固當朝夕進見以之匡益也並宜詳校所掌具陳損益如非時宜須有奏議亦聽詣閤請對當親覽其意擇善而從朕受昊天之成命承累聖之鴻業齊心滌慮夙夜憂勞顧以不敢不明薄於德化致使舊章多廢至理未弘其心愧恥終食三歎雖詔書屢下以申振䘏且朝典未舉猶深鬱悼思與百辟卿士勵精於理俾國經王道可舉而行各宜承式以恭爾位諸州置屯亦宜停于是悉以度支之務委於宰相辛卯以兵部侍郎賈至為京兆尹以京西兵馬使李忠臣為鳳翔尹代皇甫溫溫移鎮陝州庚子湖南都團練使崔灌為○為其兵馬使臧玠所殺玠據潭州為亂澧州刺史楊子琳道州刺史裴虬衡州刺史楊濟各出軍討玠乙巳夜歳入軒轅丙午復置先農馬祖壇祀之丁未封幽州節度使朱希彩為高密郡王巳未夜彗起五車長三丈庚

○申宰臣太原尹王縉入朝五月辛未刑部侍郎黎幹為桂州刺史桂管防禦經略招討觀察等使巳卯夜彗起北方其色白庚辰貶禮儀使禮部尚書裴士淹為處州刺史戶部侍郎判度支第五琦為饒州刺史皆魚朝恩黨也元載既誅朝恩下制罷使仍放黜之癸未以羽林大將軍辛京杲為潭州刺史湖南觀察使甲申西北白氣竟天從置嘗悉相靜恭五州於山險要害地備吐蕃也六月巳未彗星始滅赦天下見禁囚徒秋七月丁卯以浙東觀察使越州刺史御史大夫薛兼訓為檢校工部尚書太原尹北都留守充河東節度使是月京城米斗一千文八月辛卯宰臣元載上疏請置中都於河中府秋杪行幸春中還京以避蕃戎侵冦之患疏入不報載疏大旨以關輔河東等十州戶稅入奉京師創置精兵五萬以威四方辭多捭闔欲權歸於巳也九月丁丑以宣歙池等州都團練觀察使宣州刺史兼御史中丞陳少遊充浙江東道團練觀察使吐蕃冦永壽汴州田神功來朝十二月乙未改巫州為漵州業州為獎州

六年春正月巳未朔戊寅於鄜州之析城置肅戎軍二月乙酉御史大夫敬括卒夏四月丁巳上御宣政殿試制舉人至夕策未成者令太官給燭俾盡其才巳未澧州刺史楊子琳來朝賜名猷丁丑改泉州為充州戊寅詔纂組文繡止害女紅令師旅未息黎元空虛豈可使淫巧之風有虧常制其綾錦花文所織盤龍對鳳麒麟獅子天馬辟邪孔雀仙鶴芝草萬字雙勝透背及大繝錦竭鑿六破巳上並宜禁斷其長行高麗白錦大小花綾錦任依舊例織造有司明行曉諭五月癸卯以河南尹張延賞為御史大夫秋七月乙巳月掩畢八月乙卯淮南節度使韋元甫卒丙辰以東都副留守常休明為檢校左散騎常侍河陽三城使夏旱此月巳未始雨庚午以御史大夫張延賞為揚州大都督府長史淮南節度使丙午以蘇州刺史浙江觀察使李栖筠為御史大夫丁丑獲白兎於太極殿之內廊庚辰夜月入紫微垣九月壬辰夜熒惑犯哭星自八月連雨害秋稼戊申於輪臺置靜塞軍辛亥熒惑入壁壘冬十月壬午滄州置橫海軍十一月巳亥

○文單國王婆彌來朝獻馴象一十一壬寅夜月入太微又掩氐十二月巳未江西觀察使檢校刑部尚書魏少游卒庚午制以文單王婆彌為開府儀同三司試殿中監是歳春旱米斛至萬錢

七年春正月癸未朔戊子於魏州頓丘縣置澶州以頓丘縣之觀城店置觀城縣以張之清豐店置清豐縣幷割魏州之臨黃縣並隸澶州以貝州臨清縣之張橋店置永濟縣乙未月犯軒轅庚子以檢校戶部尚書路嗣恭為洪州刺史兼御史大夫江西觀察使辛丑太常卿楊綰兼充禮儀使甲辰迴紇使出鴻臚寺刼掠坊市吏不能禁止復三百騎犯金光朱雀等門是日皇城諸門皆閉慰諭之方止二月甲寅以兵部侍郎李涵為蘇州刺史兼御史中丞充浙西觀察使鎮星臨太微戊午夜月掩天關三月壬辰詔諫議大夫置四員為定四月甲寅迴紇王子李秉義卒歸國宿衛賜名也五月乙酉雨雹大風折樹丙戌夜月入太微辛卯徙忻州之七聖容於太原府之紫極宮乙未詔蹟於道者化淳而刑措善於理者綱舉而綱疎朕涉道未弘燭

理多昧常亦遐想太古高抱玄風保合太和在宥天下蓋德淳而未
臻也是用因時以設教便俗以立防務盡平恕用申哀卹又化淺而
多犯也加以邊虞未戢徵賦適繁荒廢之際寇攘斯起遂令圜土嘉
石之下積有繫囚竹章牙簡之中困於法吏屬盛陽之候大暑分蒸
仍念狴牢何堪鬱灼所以汩傷和氣感致咎徵天道人事豈相遠也
如聞天下諸州或愆時雨首種不入宿麥未登哀我矜人何時不恐
皆由朕過益用懼焉惕然憂嗟深自咎責所以減膳徹樂別居齋宮
禱于神明冀獲嘉應仲夏之月靜事無為以助晏陰以弘長養斷薄
決小已過於麥秋繼長增高宜順乎天意可大赦天下見禁囚徒罪
無輕重一切釋放癸亥以檢校禮部尚書蔣渙充東都留守六月庚
戌朔有司言日蝕陰雲不見丁丑詔誡薄葬不得造假花果及金手
脫寶鈿等物秋七月癸巳迴紇蕃客奪長安縣令邵說所乘馬人吏
不能禁八月庚戌賜北庭都護曹令忠姓名曰李元忠九月乙未工
部尚書于休烈卒冬十月壬子上畋于苑中矢一發貫二兎從臣皆

賀辛未以權知幽州盧龍節度留後朱泚檢校左散騎常侍充幽州
盧龍節度使丙子以大府卿呂崇賁為廣州都督充嶺南節度使十
一月庚辰詔自頃蕃戎入寇巴南屢多征役其巴蓬渠集壁充通間
等州宜放二年租庸甲申以福建觀察使李承昭為禮部尚書華州
刺史李琦為福州刺史福建都團練觀察使辛卯以嶺南節度李勉
為工部尚書十二月丙寅雨土是夜長星出於參辛未滑州置永平
軍壬子禁鑄銅器癸酉大雪是秋稔迴紇吐蕃大食渤海室韋靺鞨
契丹奚牂牁康國石國並遣使朝貢
八年春正月丁丑朔壬午昭義軍節度檢校右僕射相州刺史薛嵩
卒癸卯勑天下青苗地頭錢每畝十五文率京畿三十文自今一例
十五文京官三品已上郎官御史每年各舉一人堪為刺史縣令者
甲子御史大夫李栖筠彈吏部侍郎徐〇丁卯幽州〇節度使朱泚
加檢校戶部尚書封懷寧郡王〇徐浩薛邕違格並停知選事壬申永
平軍節度使檢校右僕射滑州刺史霍國公令狐彰卒遺表薦劉晏

李勉代巳丙子以工部尚書李勉兼御史大夫滑州刺史充永平軍
節度滑亳觀察等使夏四月戊申乾陵上仙觀之尊殿有雙鵲啣柴
泥補殿之隙缺凡十五處戊午以大僕卿吳仲孺為鄂州刺史鄂嶽沔
等州團練觀察使五月乙酉貶吏部侍郎徐浩明州別駕薛邕歙州
刺史京兆尹杜濟杭州刺史皆坐典選也以太府卿于頎為京兆尹
辛卯鄭王邈薨贈昭靖太子壬辰曲赦京城繫囚癸卯詔赦天下繫
囚死罪降從流流已下並放六月龍州華亭縣置義寧軍癸亥戶部
侍郎判度支韓滉奏安邑鹽池生乳鹽是夏城奉天以備蕃寇秋七
月巳卯太白入東井乙未月掩畢八月甲寅詔吏部尚書劉晏知三銓
選事巳未吐蕃寇靈武庚午靈武奏蕃軍退去辛未幽州節度使朱
泚弟滔率五千騎來朝請河西防秋詔千騎逕於國門許自皇城南
面出開遠門赴涇州行營九月癸酉臨晉公主薨壬午嶺南節度使
廣州刺史呂崇賁為部將哥舒晃所殺癸未晉州男子郇謨以麻辮
髮持竹筐及葦席哭於東市請進三十字如不稱旨請裂尸於席筐

上召見賜衣館之禁中內二字曰監團欲去諸道監軍團練使也丁
亥貶左巡使殿中侍御史楊護以其抑郇謨而不上聞也戊子詔〇
京五品以上各上封事言政得失是歲大有年巳丑夜太白入太微甲
午東都留守蔣璵兼知東都貢舉戊戌以辰錦觀察使李昌巙為桂
州刺史桂管防禦觀察使大鳥見武功肉翅狐首四足有爪爪長四
尺三寸毛赤如蝙蝠羣鳥隨而噪之神策將張白芬射獲以獻冬十
月癸卯魏博田承嗣加同平章事丁巳夜月掩畢吐蕃寇涇州邠州
甲子子儀先鋒將渾瑊與吐蕃戰于宜祿我師不利瑊與涇原馬璘
極力追躡蕃軍潰去乙丑以江西觀察使路嗣恭為廣州刺史充嶺
南節度使封翼國公以浙東觀察使越州刺史陳少遊為楊州大都
督府長史充淮南節度使戊辰郭子儀奏破吐蕃十萬百寮稱賀十
月巳卯夜月入羽林癸巳月入太微十一月壬寅朔庚戌汴宋節度使
田神功來朝辛酉淮西節度使李忠臣來朝十二月癸酉月入羽林
自冬無雪是歲大有年九年春正月庚子朔壬寅汴宋節度使太子

少師檢校尚書右僕射兼御史大夫汴州刺史田神功卒澧朗兩州
鎮遏使澧州刺史楊猷擅浮江而下至鄂州詔許赴汝州遂泝漢而
上復鄧襄等州皆閉城拒之二月巳丑以田神功弟神王權知汴宋
留後癸巳郭子儀自邠州來朝李抱玉自鳳翔來朝三月丙午禁畿
內漁獵採捕自正月至五月晦永爲常式戊子以澧州刺史楊猷爲
洮州刺史○夏四月丁丑月入太微巳卯以桂管觀察使黎幹爲京兆
尹兼御史大夫甲申中書舍人常衮率兩省官一十八人詣閤請論
事詔三人引各盡所懷乙酉詔郭子儀等大閱兵師以備吐蕃壬辰
詔赦大辟巳下繫囚無輕重釋放乙未華陽公主薨上悲惜之累日
不聽朝宰臣抗疏陳請之庚戌廢沔州庚申詔度支使支七十萬貫
轉運使五十萬貫和糴歲豐穀賤也乙丑詔四海之內方協大寧西
戎無猒獨阻王命不可忘戰尚勞邊事朕頃以兵革之後軍國空耗
躬率節儉務勸農桑上玄儲休仍歲大稔益用多愧不知其然雖屬
此人和近於家給而邊穀未實戎備猶虛因其天時思致豐積將設
○

唐紀十一　二二二

平糴以之餽軍然以中都所供內府不足租充常入之數豈啻倍餘
之收其在方面蓋臣成茲大計其佐公家之急以資塞下之儲每道
歲有防秋兵馬其淮南四千人浙西三千人魏博四千人昭義二千
人成德三千人山南東道三千人荊南二千人湖南三千人山南西
道二千人劍南西川三千人東川二千人鄂嶽一千五百人宣歙三
千人福建一千五百人其嶺南浙東浙西亦合準例恐路遠往來增
費各委本道每年取當使諸色雜錢及迴易利潤贓贖錢等每人計
二十貫每道據合配防秋人數多少都計錢數市輕貨送納上都以
備和糴仍以秋收送畢涇原節度使馬璘來朝丙寅加馬璘尚書左
僕射知省事璘諷將士進狀求宰相故有是授幽州節度使朱泚遣
弟滔奉表請自入朝兼自率五千騎防秋許之詔所司築第待之巳
卯月掩南斗庚辰月入太微秋七月甲辰月掩房又入羽林久旱京
兆尹黎幹歷禱諸祠未雨又請禱文宣廟上曰丘之禱久矣八月辛
未以虢州刺史宋晦爲同州刺史充長春宮營田等使戊寅以陝州

大都督府長史皇甫溫爲越州刺史充浙東觀察使辛卯月掩軒轅
九月庚子幽州節度使朱泚來朝乙巳渭北節度使坊州刺史臧希
讓卒是秋大雨冬十月壬申信安王瑝薨乙亥梁王璿薨以前宣州
刺史李廣琛爲右散騎常侍十一月戊戌大雪平地盈尺庚子以商
州刺史李國清爲陝州大都督府長史充陝州觀察使十二月庚寅
以中書舍人楊炎祕書少監韋肇並爲吏部侍郎中書舍人常衮爲
禮部侍郎壬辰赦京繫囚死罪降從流流巳下並釋放
十年春正月乙未朔巳酉昭義牙將裴志清逐其帥薛崿崿奔洺
州上章待罪志清率衆歸田承嗣壬寅壽王瑁薨乙未朱泚抗表乞
留京師西征吐蕃請以弟滔權爲幽州留後許之以昭義將薛擇爲
相州刺史薛雄爲衛州刺史薛堅爲洺州刺史皆嵩之族人也戊申
遣使慰諭田承嗣令各守封疆承嗣不奉詔壬子充州復爲果州癸
丑田承嗣盜取洺州又破衛州二月乙丑盜殺衛州刺史薛雄丙寅
罷辰錦溪獎五州經略使復隸黔中辛未制第四子述封睦王充嶺
○

唐紀十一　二二三

南節度支營田五府經略觀察處置等大使第五子逾可封郴王
充渭北鄜坊等州節度大使第六子連封恩王第七子韓王迥可充
汴宋節度大使第八子遘可封鄜王第十三子造封忻王充昭義節
度大使第十四子暹封韶王十五子運封嘉王十六子遇封端王十
七子遹封循王十八子通封恭王十九子達封原王二十子逸封雅
王並可開府儀同三司不出閤丙子以華州刺史李承昭爲相州刺
史知昭義兵馬留後時田承嗣盡盜入相衛所管四州之地自署長
吏是日河陽軍亂逐城使常休明迫牙將王惟恭爲留後軍士大掠
數日休明奔東都甲申以平盧淄青節度觀察海運押新羅渤海兩
蕃等使檢校工部尚書青州刺史李正己檢校尚書左僕射前隴右
節度副使隴州刺史馬燧爲商州刺史充本州防禦使三月甲午陝
州軍亂逐觀察使李國清縱兵大掠國清卑詞徧拜將士方免禍一
夕而定巳薛崿常休明至闕下素服待罪丁未以左散騎常侍孟
皞爲華州刺史充潼關防禦使庚戌熒惑入壁壘八月太常寺奏諸

州府所用斛秤當寺給銅斛秤州府依樣製造而行從之乙未制魏
博節度使開府儀同三司太尉檢校尚書左僕射同中書門下平章
事魏州大都督府長史上柱國鴈門郡王田承嗣可貶永州刺史仍
詔河東鎮冀幽州淄青淮西滑亳汴宋澤潞河陽道出師進討甲申
大雨雹暴風拔樹飄屋瓦落鴟吻人震死者十之二京畿損稼者七
縣五月乙未田承嗣部將霍榮國以磁州歸癸卯劍南置昌州罷兩
都貢舉都集上都停童子科六月辛未田承嗣遣其黨裴志清攻圍
冀州爲李寶臣所敗秋七月己未戶部尚書暢璀卒杭州大風海水翻
潮溺州民五千家船千艘八月丁卯田承嗣上表請束身歸朝戊子
夜月入太微乙丑田承嗣將盧子期攻磁州九月戊戌荊南節度使
衞伯玉來朝壬寅宥京城繫囚戊申迴紇白晝殺人於市吏捕之拘
於萬年獄其首領赤心持兵入縣劫囚而出斫傷獄吏月暈熒惑犯
昴五車參東井等星癸丑吐蕃寇隴州鳳翔李抱玉擊退之戊午幽
州節度使朱泚鎮奉天冬十月辛酉日有蝕之癸亥以商州刺史馬

○ 舊紀十一 二四

燧檢校左散騎常侍河陽三城使甲子昭義節度使李承昭與盧子
期戰於磁州清水縣大破之生擒子期以獻丙寅貴妃獨孤氏薨追
贈曰貞懿皇后己丑尚書右僕射裴遵慶卒十一月辛卯新平公主
薨丁酉田承嗣新署瀛州刺史吳希光以城降丁未路嗣恭攻破廣
州擒哥舒晃斬首以獻

十一年正月庚寅朔田承嗣上表請罪壬辰遣諫議大夫杜亞使魏
州宣慰許其自新辛亥劍南節度使崔寧奏大破吐蕃二十萬斬首
萬級生擒首領一千一百五十人獻于闕下二月癸亥荊南節度使
衞伯玉卒于京師戊子河陽軍復亂大掠三日監軍使冉廷蘭率兵
斬其亂首方定戊申昌樂公主薨辛亥御史大夫李栖筠卒夏四月
戊午朔丙子以浙西觀察使蘇州刺史御史大夫李涵知臺事充京
畿觀察使己卯以前淮南節度使揚州大都督府長史御史大夫張
延賞爲江陵尹兼御史大夫充荊南節度使五月癸巳以永平軍節
度使李勉爲汴州刺史充汴宋等八州節度觀察留後時汴將李靈
耀專殺濮州刺史孟鑒北連田承嗣故命勉兼領汴州授靈耀濮州
刺史靈耀不受詔六月戊戌以李靈耀爲汴州刺史充節度留後秋
七月戊子夜暴澍雨平地水深盈尺溝渠漲溢壞坊民千二百家庚
寅田承嗣兵寇滑州李勉拒戰而敗八月丙寅幽州節度使朱泚加
同中書門下平章事李靈耀據汴州叛甲申命淮西李忠臣滑州李
勉河陽馬燧三鎮兵討之閏月丁酉太白經天九月乙丑李忠臣等
兵進營鄭州靈耀之衆來薄戰淮西兵亂乃退軍於滎澤戊辰淄青
李正己奏取鄆濮二州冬十月乙酉忠臣等軍破賊於中牟進軍又
敗賊於汴州郭外乃攻之乙丑承嗣遣姪悅率兵三萬援靈耀丙午
淮西河陽之師合擊田悅管其衆大敗悅脫身北走靈耀聞悅之敗
棄城遁走汴州平丁未滑將杜如江生擒靈耀而獻十二月丁亥加
平盧淄青節度使檢校尚書左僕射青州刺史饒陽王李正己爲檢
校司空同中書門下平章事成德軍節度使太子太傅檢校尚書左
僕射隴西郡王李寶臣檢校司空同中書門下平章事庚寅涇原節

○ 舊紀十一 二五

度使檢校尚書左僕射知省事扶風郡王馬璘卒丁酉以涇原節度
副使試太常卿張掖郡王段秀實權知河東節度留後北都留守薛
兼訓病故也昭義節度使李承昭抗表稱疾以澤潞行軍司馬李抱
王權知磁邢兵馬留後庚戌加淮西節度檢校右僕射安州刺史西
平郡王李忠臣檢校司空同中書門下平章事仍兼汴州刺史

十二年春正月甲寅朔辛酉以四鎮北庭涇原節度副使知節度使
事張掖郡王段秀實爲涇州刺史兼御史大夫充本州團練使月掩
軒轅渤海使獻日本國舞女十一人癸酉夜月掩心前大星又入南
斗魁京師旱分命祈禱二月戊子淄青節度使李正己之子納爲青
州刺史充淄青節度留後丁未以朗州刺史李國清爲黔州刺史經
畧招討觀察使三月乙卯河西隴右副元帥鳳翔懷澤潞秦隴等州
節度觀察等使兵部尚書同中書門下平章事潞州大都督府長史知
鳳翔府事上柱國涼國公李抱玉卒壬戌月入太微癸亥以太原少
尹河南節度行軍司馬權知河東留後鮑防爲太原尹御史大夫充

北都留守河東節度使戊辰夜月逼心前星庚午左降官永州刺史田承嗣復授魏博節度使官並如故承嗣姪悅子綰緒綸並復舊官庚辰宰相元載王縉得罪下獄命吏部尚書劉晏訊鞫之辛巳制中書侍郎平章事元載賜自盡門下侍郎平章事王縉貶括州刺史夏四月壬午以朝議大夫守太常卿兼修國史楊綰爲中書侍郎尚書禮部侍郎集賢院學士常衮爲門下侍郎並同中書門下平章事癸未以右庶子潘炎爲禮部侍郎貶吏部侍郎楊炎爲遠州司馬元載黨也諫議大夫知制誥韓洄王定包佶徐璜戶部侍郎趙縱大理少卿裴冀太常少卿王紘起居舍人韓會等十餘人皆坐元載貶官也給事中杜亞使魏州賜田承嗣鐵券癸巳以前秘書監李揆爲睦州刺史揆故宰相爲元載所忌二十年流落丐食江湖間載誅方得爲郡又召顔眞卿於湖州亦載所忌斥外也乙未月掩心前星丁酉西川破吐蕃於望漢城擒蕃將大籠官論器然以獻壬寅以前商州刺史烏崇福爲安南都護本管經略使渤海奚契丹室韋靺鞨並遣使朝貢

○己酉加京官料錢文武班諸司共二千七百九十六員文官一千八百五十四員武官九百四十二員歲加給一十五萬六千貫幷舊給凡二十六萬貫以關內副元帥兵馬使渾瑊兼邠州刺史五月辛亥罷天下州團練守捉使名甲寅諸道邸務在上都名曰留後改爲進奏院丙辰夜月入太微辛酉貶刑部尚書王昂連州刺史昂至萬州卒庚午勑毀元載祖父墳剖棺棄骸焚毀私廟主於大寧里甲戌以前安南都護張伯儀爲廣州刺史兼御史大夫充嶺南節度使六月癸巳時小旱上齋居祈禱聖體不康是日不視朝秋七月戊午罷潤州丹陽軍蘇州常州軍己巳中書侍郎同中書門下平章事集賢殿崇文館大學士兼修國史楊綰卒八月癸巳賜東川節度使鮮于叔明姓李氏癸卯宰臣讓賜食先是元載王縉輔政每日賜食因爲故事至是常衮等上表云飧錢已多更煩御膳胡顔自安乞停賜食從之甲辰以湖州刺史顔眞卿爲刑部尚書乙巳以久雨宥常參百寮不許御史糾班九月乙卯許以庶人禮葬元載辛酉以涇原節度副使段秀實爲四鎭北庭行營涇原鄭潁等節度使庚午吐蕃寇坊州掠党項羊馬而去是秋宋亳陳滑等州水冬十月丁亥戶部侍郎判度支韓滉言解縣兩池生瑞鹽乃置祠號寶應靈慶池壬寅夜月掩昴又入太微乙巳以滑州牙將劉洽爲宋州刺史京兆尹黎幹奏水損田三萬一千頃度支使韓滉奏所損不多兼渭南令劉藻曲附滉亦云部內田不損差御史趙計檢渭南田亦附滉云不損上曰水旱咸均不宜渭南獨免復命御史朱敖檢之渭南損田三千頃上歎息曰縣令職在字人不損亦宜稱損損而不聞豈有卹隱之意耶劉藻趙計皆貶官十一月癸丑太白臨哭星乙卯夜月入羽林癸酉以右散騎常侍蕭昕爲工部尚書刑部尚書顔眞卿獻所著韻海鏡源三百六十卷十二月丁亥西川崔寧奏於西山破吐蕃十萬斬首八千生擒九百人己亥天下仙洞靈迹禁樵捕庚子以幽州節度使朱泚兼隴右節度副大使權知河西澤潞行營兵馬事京兆尹請修六門堰許之

○十三年春正月戊申朔辛酉壞白渠碾磑八十餘所以奪農溉田也壬戌刑部尚書魯郡公顔眞卿三抗章乞致仕不允淄青節度使李正己請附屬籍從之戊辰迴紇寇太原鮑防與之戰我師不利朱泚從封遂寧郡王二月庚辰代州都督張光晟擊迴紇戰于羊武谷破之北人乃安己亥吐蕃寇靈武甲辰太僕寺佛堂有小脫空金剛右臂忽有黑汗滴下以紙承之色類血三月甲戌河陽將士刼迴紇輜重因與相鬬縱兵大掠久之方定四月丁亥以浙西觀察留後李道昌爲蘇州刺史兼御史中丞充浙西都團練觀察使己丑以前浙西觀察使李涵爲御史大夫甲辰吐蕃寇靈州朔方留後常謙光擊敗之五月戊午宦官劉清潭賜名忠翼六月戊戌隴右節度使朱泚於軍士趙貴家得猫鼠同乳不相害籠而獻之秋七月壬子中書舍人崔祐甫知吏部選事癸丑劍南節度使崔寧加檢校司空東川李叔明加檢校工部尚書辛未吐蕃寇鹽州慶州八月甲戌朔成德軍節度使李寶臣抗章請復本姓張氏從之冬十月丁酉葬貞懿皇后於莊

陵十一月丁卯日長至有司祀昊天上帝於南郊上不視朝故也十二月丙戌以吏部尚書劉晏爲左僕射判使如故以給事中杜亞爲洪州刺史兼御史中丞充江西觀察使以江西觀察使路嗣恭爲兵部尚書是歲郴州黄山崩壓死者有數百人

十四年春正月壬寅朔壬戌以楚州刺史李泌爲澧州刺史二月癸未魏博七州節度使太尉檢校尚書左僕射同中書門下平章事魏州大都督府長史田承嗣卒甲申以魏博中軍兵馬使左司馬田悅兼御史中丞充魏博節度留後三月丁未汴宋節度使李忠臣爲麾下將族姪李希烈所逐忠臣狼狽歸朝上以忠臣立功於國乃授檢校司空同平章事庚戌以河南尹嚴郢爲京兆尹河中少尹知府事趙惠伯爲河南尹辛酉以前容管經略使容州刺史王雄爲河中少尹知府事夏四月癸未成德軍節度使張寶臣復請姓李從之五月癸卯上不康至辛亥不視朝北都留守鮑防以北庭歸朝辛酉詔皇太子監國是夕上崩于紫宸上內殿遺詔皇太子柩前即位壬戌遷神

柩于太極殿發喪八月庚申羣臣上尊謚曰睿文孝武皇帝廟號代宗十月巳酉葬於元陵十二月丁酉祔於太廟

史臣曰嗚呼治道之失也若河決金堤火炎崑崗雖神禹之乘四載玄冥之瀍八瀛亦不能堙洪濤而撲烈焰者何也良以勢既壞而不能遽救也觀夫開元之治也則橫制六合駿奔百蠻及天寶之亂也天子不能守兩都諸侯不能安九牧是知有天下者治道其可忽乎明皇之失馭也則禄山暴起於幽陵至德之失馭也則思明再陷於河洛大曆之失馭也則懷恩鄉導於犬戎自三盜合從九州羹沸軍士膏於原野民力殫於轉輸室家相弔人不聊生而子儀號泣於用兵元載殷憂於避狄然而代宗皇帝少屬亂離老於軍旅識人間之情僞知稼穡之艱難內有李郭之効忠外有昆戎之幸利遂得兇渠傳首叛黨革心闒輔載寧熏戎漸弭至如稔輔國之惡議元振之罪去朝恩之權不以酷刑俾之自斃亦云法念功之旨也罪巳以傷僕固徹樂而悼神功懲縉載之姦回重袞縮之儒雅脩巳以禳星變側身以謝咎徵古之賢君未能及此而[illegible]李靈耀作梗田承嗣負恩命將出軍勞師弊賦者蓋陽九之未泰豈君道之過歟

贊曰羣盜方梗諸戎競侵猛士嘗膽忠臣痛心掃除沴氣敷衍德音延洪納祉帝慮何深

唐書本紀卷第十一

按本卷錯簡兩節均經後人校正若循原式閱者殊苦不便茲亦遵改並於銜接處各加○以存其跡其原式如左

今第十六葉前十二行崔瓘爲潭州刺史湖南下原接今第十七葉前十二行鳳翔移鎭盩厔

今第十七葉前十二行二月戊戌李抱玉下原接今第十八葉前十一行爲其兵馬使臧玠所殺

今第十八葉前十一行湖南都團練使崔灌爲下原接今第十六葉前十三行都團練觀察使癸未詔

今第二十葉後十二行李栖筠彈吏部侍郎徐下原接今第二十一葉後三行京五品以上

今第二十一葉後二行戊子詔下原接今第二十葉後十二行節度使朱泚加檢校戶部尚書封懷寧郡王

今第二十二葉前六行楊猷爲洮州刺史下原接今第二十葉後十二行丁卯幽州

今第二十葉後十二行丁卯幽州下原接今第二十葉後十三行徐浩薛邕違格

但殿本於今第十六葉前十三行癸未詔下增以天下刑官濫刑七字按上文三月壬申省減吏員詔並不先著理由今增七字必非原文又於今第十七葉前十二行移鎭盩厔上刪鳳翔二字按鳳翔二字上似脫一自字是時抱玉固爲鳳翔節度使也殿本任意增損殊嫌臆斷今第十八葉前十一行都團練使崔灌句經改正後衍一爲字殿本亦已刪去又今第二十葉後十二行李栖筠彈吏部侍郎徐下殿本旁注闕字按徐浩傳浩爲吏部侍郎坐以妾弟冒選託侍郎薛邕注授京尉爲御史大夫李栖筠所彈今第二十葉後十三行原有徐浩薛邕違格並停知選事句是上文李栖筠所彈者必即其人其事竊以爲李栖筠彈吏部侍郎徐下宜與徐浩薛邕云云相接於事方合特衍一徐字耳殿本插入丁卯幽州云云二十一字似有未愜並舉所疑以貿讀者張元濟識

唐書本紀卷第十二

劉　昫　等修

聞人詮校刊沈桐同校

德宗上

德宗神武孝文皇帝諱适代宗長子母曰睿眞皇后沈氏天寶元年四月癸巳生於長安大内之東宮其年十二月拜特進封奉節郡王代宗即位之年五月以上爲天下兵馬元帥改封魯王八月改封雍王時史朝義據東都十月遣上會諸軍於陝州大舉討賊十一月破賊於洛陽進收東都河南平定朝義走河北分命諸將追之俄而賊將李懷仙斬朝義首以獻河北平以元帥功拜尚書令食實封二千戶與郭子儀等八人圖形凌煙閣廣德二年二月立爲皇太子大曆十四年五月辛酉代宗崩癸亥即位於太極殿閏月壬申貶中書舍人崔祐甫爲河南少尹甲戌貶門下侍郎平章事常袞爲潮州刺史召崔祐甫爲門下侍郎同中書門下平章事丙子詔諸州府新羅○渤海歲貢鷹鷂皆停戊寅詔山南枇杷江南柑橘歲一貢以供宗廟餘貢皆停庚寅以兵部尚書路嗣恭爲東都留守以常州刺史蕭復爲潭州刺史湖南團練觀察使辛巳罷邕府歲貢奴婢癸未改括州爲處州括蒼縣爲麗水縣停梨園使及伶官之冗食者三百人留者皆隸太常劒南歲貢春酒十斛罷之甲申以司徒兼中書令河中尹靈州大都督單于鎭北大都護充關内河東副元帥朔方節度關内支度鹽池六城水運大使押諸蕃部落營田及河陽等道觀察使上柱國汾陽郡王山陵使食實封一千九百戶郭子儀可加號尚父守太尉餘官如故加實封通前二千戶月給一千五百人糧馬二百匹草料以朔方都虞候李懷光爲河中尹邠寧慶晉絳慈隰等州節度觀察使以朔方右留後常謙光兼靈州大都督西受降城定遠軍天德鹽夏豐節度等使以朔方左留後單于副都護渾瑊爲單于大都護振武東軍中二受降城鎭北及綏銀麟勝等軍州節度營田使丙戌詔禁天下不得貢珍禽異獸銀器勿以金飾丁亥詔文單國所獻舞

象三十二令放荆山之陽五坊鷹犬皆放之出宫女百餘人己丑以右羽林大將軍吴希光檢校散騎常侍兼御史中丞充渭北鄜坊丹延都團練觀察使辛卯以河陽三城鎮遏使馬燧檢校工部尚書兼太原尹御史大夫北都留守河東節度使壬辰以河東節度留後鮑防爲京畿觀察使陳州刺史李芃檢校太常少卿爲東陽三城鎮遏使癸巳以壽州刺史杜亞爲江西觀察使甲午册太尉子儀自開元以來册禮多費天寶中楊國忠册司空至是行子儀之册以江西觀察使杜亞爲陝州長史充轉運使丙申詔兵部侍郎黎幹害若豺狼特進劉忠翼掩義隱賊並除名長流既行俱賜死丁酉以京畿觀察使鮑防爲福州刺史福建都團練觀察使以戶部侍郎判度支韓滉爲太常卿吏部尚書劉晏判度支鹽鐵轉運等使初晏與滉分掌天下財賦至是晏都領之六月己亥朔御丹鳳樓大赦天下罪無輕重咸赦除之內外文武三品已上賜爵一級四品已下加一階致仕官同見任百姓爲戶者賜古爵一級加李正己司徒太子太傅崔寧李勉本

○官同平章事天下進獻事緣郊祀陵廟所須依前勿闕餘並停諸州刺史上佐今後准式入計諸州刺史常參官父在未有官量與五品致仕官父亡沒與追贈自至德已來別敕或因人奏或臨事須行差互不同使人疑惑中書門下與詳定官決取堪久長行用者編入格條自今更不得奏置寺觀及度人庚子封元子誦爲宣王次子謨爲舒王諶爲通王諒爲虔王詳爲肅王並加開府儀同三司乙巳封皇弟迺爲益王迅爲隨王丙午舉先天故事非供奉侍衛之官自文武六品已上清望官每日二人更直待制以備顧問仍以延英南藥院故地爲廨癸丑詔皇族五服等已上居四方者家一人赴山陵縣次給食己未揚州每年貢端午日江心所鑄鏡幽州貢麝香皆罷之辛酉罷宣歙池鄂岳沔二都團練觀察使陝虢都防禦使以其地分隸諸道復置東都京畿觀察使以御史中丞爲之壬戌處州刺史王縉湖州刺史第五琦皆爲太子賓客睦州刺史李揆爲國子祭酒並留司東都中官邵光超送淮西旌節李希烈遺縑七百匹事發杖六十配

流由是中官不敢受賂癸亥詔中書門下御史臺五品已上諸司三品已上長官各舉可任刺史縣令者人一中書門下量才進擬有犯坐舉主秋七月戊辰朔日有蝕之禮儀使吏部尚書顏真卿奏列聖謚號文字繁多請以初謚爲定兵部侍郎袁傪議云陵廟玉册已刻不可輕改罷傪妄奏不知玉册皆刻初謚而已庚午詔邕州所奏金坑誠爲潤國語人以利非朕素懷其坑任人開採官不得禁辛未以吏部侍郎房宗偃爲御史中丞東都畿觀察使罷右銀臺門客省歲給廩料萬二千斛自永泰已來或四方奏計未遣者或上書言事忤旨者及蕃客未報者常數百人於客省給食權費已甚故罷之壬申毁元載馬璘劉忠翼之第以其雄侈踰制也癸酉減宮中服御常貢者千數丁丑復置廄馬隨仗於月華門外己卯詔王公卿士不得與民爭利諸節度觀察使於揚州置迴易邸並罷之庚辰詔鴻臚寺蕃客入京各服本國之服罷商州歲貢穤膠辛卯罷天下榷酒丁酉詔國用未給其宣王已下開府俸料皆罷給八月庚辰以門下侍郎平章

○事崔祐甫爲中書侍郎平章事以道州司馬司正楊炎爲門下侍郎平章事以懷州刺史喬琳爲御史大夫同平章事京畿觀察使乙巳遣太常少卿韋倫使吐蕃以蕃俘五百人還之修好也癸亥詔人死亡於外以棺柩還城者勿禁九月甲戌以淮西節度爲淮寧軍辛巳以檢校刑部尚書白孝德爲太子少傅丙戌秘書少監邵説爲吏部侍郎給事中劉迺爲兵部侍郎中書舍人令狐峘爲禮部侍郎冬十月丁酉朔吐蕃合南蠻之衆號二十萬三道寇茂州扶文黎雅等州連陷郡邑發兵四千助蜀大破之己酉葬代宗於元陵戊午九成宮貢立戰炭鑪襄州貢種蘵翡之工皆罷之散官豢豬三十頭給貧民十一月辛未以鴻臚卿賈耽爲梁州刺史山南西道節度觀察使丁丑以陝州長史杜亞爲河中尹河中晉絳慈隰都防禦觀察使壬午御史大夫平章事喬琳爲工部尚書罷知政事加劍南西川節度觀察度支營田等使檢校司空平章事成都尹崔寧兼御史大夫京畿觀察使癸巳加崔寧兼靈州大都督單于鎮北大都護朔方節度等使

出鎭坊州以荆南節度使檢校禮部尚書兼江陵尹御史大夫張延
賞檢校兵部尚書兼成都尹御史大夫劍南西川節度度支營田觀
察等使以朔方節度虞候杜希全爲靈州留後以鄜州刺史張光晟
單于振武軍使東中二受降城綏銀鄜勝等軍州留後延州刺史李建爲
鄜坊丹延留後楊炎素惡崔寧雖授以三鎭仍署此三人爲留後奪
寧之權也人皆憤之十二月己亥南選使可以專達勿復以御史臨
之乙卯制宣王某可立爲皇太子丙寅晦日有蝕之詔元日朝會不
得奏祥瑞事建中元年春正月丁卯朔御含元殿改元建中群臣上
尊號曰聖神文武皇帝己巳上朝太清宮庚午謁太廟辛未有事於
郊丘是日還宮御丹鳳門大赦天下自艱難以來徵賦名目頗多今
後除兩稅外輒率一錢以枉法論常叅官諸道節度觀察防禦等使
都知兵馬使刺史少尹畿赤令大理司直評事等授訖三日内於四
方館上表讓一人以自代其外官委長吏附送其表付中書門下每
官闕以舉多者授之王府六品以上官及諸州縣有司可併省及諸官
○藏者量事廢省天下子爲父後者賜勳兩轉己巳福建觀察使鮑防湖南
觀察使蕭復讓憲官從之自兵興已來方鎭重任必兼臺省長官以至
外府僚佐亦帶臺省銜至是除韓滉蘇州刺史杜亞河中少尹而領
都團練觀察使不帶臺省兼官自是諸道非節度而兼憲官者皆讓
甲午詔東都河南江淮山南東道等轉運租庸青苗鹽鐵等使尚書
左僕射劉晏頃以兵車未息權立使名久勤元老集我庶務悉心瘁
力垂二十年朕以征稅多門郡邑凋耗聽于群議思有變更將置時
和之理宜復有司之制晏所領使宜停天下錢穀委金部倉部中書
門下揀兩司郎官准格式調掌是月浚豐州陵陽渠二月丙申遣黜
陟使一十一人分行天下癸卯以戸部郎中韓洄爲諫議大夫以涇
原節度使段秀實爲司農卿己酉貶尚書左僕射劉晏爲忠州刺史
癸丑昭義軍節度留後李抱眞爲本道節度使甲寅貶史館修撰禮
部侍郎令狐峘郴州司馬右補闕柳冕巴州司戸日本國朝貢癸亥
朱泚兼四鎭北庭行軍涇原節度使三月丙寅禮儀使奏東都太廟

闕木主請造詔下議之不決庚午監察御史張著以法冠彈中丞嚴
郢浚陵陽渠匿詔不行削郢官著賜緋魚辛未左散騎常侍翰林學
士張涉放歸田里甲戌以前司農卿庾準爲江陵尹兼御史中丞荆
南節度使癸巳以諫議大夫韓洄爲戸部侍郎判度支時將貶劉晏
罷使名歸尚書省本司令又命洄判度支令金部郎中杜佑權勾當
江淮水陸運使一如劉晏韓滉之則蓋楊炎之排晏也夏四月乙未
朔涇原裨將劉文喜據城叛己亥地震辛未命江西觀察使崔昭冊
命迴紇可汗戊申以福建觀察使鮑防爲洪州刺史江西團練觀察使
癸丑上誕日不納中外之貢唯李正己田悅各獻縑三萬匹詔付度
支妃父王景先駙馬高怡獻金銅像上曰有何功德非吾所爲退還
之壬戌以衡州刺史嗣曹王皐爲潭州刺史湖南團練觀察使御史
中丞元全柔爲杭州刺史五月甲子朔戊辰以太常少卿韋倫爲太
常卿復使吐蕃己卯右金吾衛大將軍李通爲黔州刺史黔中經略
招討觀察鹽鐵等使湖州刺史常袞爲福建觀察使涇州將劉光國
○殺劉文喜降荆州平六月甲午朔中書侍郎同中書門下平章事崔祐
甫卒辛丑築奉天城加試殿中監劉海賓兼御史中丞封樂平郡王海
賓涇州將賞殺劉文喜也乙卯京兆尹源休使迴紇册武義成功可
汗秋七月丁丑罷内出盂蘭盆不命僧爲内道場壬申以鴻臚寺左
右威遠營隸金吾己丑忠州刺史劉晏賜自盡八月甲午振武軍使
張光晟殺領蕃迴紇首領突董統等千人收駝馬千餘繒錦十萬匹
乃徵光晟歸朝以彭令芳代之乙未河中晉絳觀察使杜亞爲睦州
刺史丁未加朱泚中書令餘官使並如故以舒王謨爲涇原節度大
使尚書右丞孟皥爲涇州刺史知留後東蠻烏蠻守來朝貢丁巳遥
尊上母沈氏曰皇太后戊午以吏部尚書顔眞卿爲太子少師依前
禮儀使改封嗣舒王藻爲嗣郢王九月戊辰判度支韓洄奏請於商
州紅崖冶洛源監置十鑪鑄錢江淮七監每鑄一千費二千文請皆
罷從之己卯雷冬十月甲午貶尚書左丞薛邕爲連山尉坐贓也乙
巳太子少傅昌化郡王白孝德卒庚寅以睦王述爲奉迎皇太后使

工部尚書喬琳爲副十一月辛酉朔朝集使及貢使見於宣政殿兵興已來四方州府不上計內外不朝會者二十有五年至此始復舊制州府朝集者一百七十三人詔每令分番二人待詔乙丑贈故驃等五王官又贈張九齡司徒鍾紹京太子太傅戊寅諸王有官者初令出閤就班又出嫁嶽陽等一十縣主皆在諸王院久而未適人者上悉命以禮出降十二月辛卯韋倫使迴與吐蕃宰相論欽明思等五十五人同至獻方物修好也丁酉令詳定國以來將相功臣房玄齡等一百八十七人據功績分爲三等是歲戶部計帳戶總三百八萬五千七十有六賦入一千三百五萬六千七十貫鹽利不在此限二年春正月庚申朔戊辰成德軍節度恒定等州觀察使司空兼太子太傅同中書門下平章事恒州刺史隴西郡王李寶臣卒丙子以汴宋滑亳陳潁泗節度觀察使檢校吏部尚書同平章事李勉爲永平軍節度汴滑陳等州觀察等使以兵部尚書東都留守路嗣恭爲鄭汝陝河陽三城節度東畿觀察等使以宋州刺史劉洽爲宋亳潁

節度使以鄭州隸永平軍自去年十月無雪至甲申方雨雪丁亥檢校戶部尚書張獻恭爲東都留守以河南尹趙惠伯爲河中尹河中晉絳慈隰都防禦觀察使以前鄭州刺史于頎爲河南尹二月乙未以御史中丞盧杞爲御史大夫京畿觀察使以桂管觀察使李昌巙爲江陵尹兼御史大夫荆南節度等使以前荆南節度使庾準爲左丞甲辰以容州刺史盧嶽爲桂州防禦觀察使乙巳以門下侍郎楊炎爲中書侍郎同中書門下平章事以御史大夫盧杞爲門下侍郎同中書門下平章事丙午以宋亳節度爲宣武軍丁未以御史中丞袁高爲京畿觀察使乙卯振武軍亂殺其帥彭令芳監軍劉惠光三月庚申朔築汴州城初大曆中李正已有淄青齊海登萊沂密德棣曹濮兗鄆十五州之地李寶臣有恒定易趙深冀滄七州之地田承嗣有魏博相衛洺貝澶七州之地梁崇義有襄鄧均房復郢六州之地各聚兵數萬始因叛亂得位雖朝廷寵待加恩心猶疑貳皆連衡盤結以自固朝廷增一城浚一池便飛語有辭而諸盜完城繕甲略無

寧日至是田悅初稟命劉文喜殄除群兇震懼又奏計者還都無賜與既歸皆構怨言先是汴州以城隘不容衆請廣之至是築城正已田悅移兵於境爲備故詔分汴宋滑爲三節度移京西防秋兵九萬二千人以鎮關東又於偃城置溵州辛巳以汾州刺史王栖爲振武軍使東中二受降城鎮北綏銀麟勝等州留後以萬年令崔漢衡爲殿中少監使吐蕃夏四月己酉朔省沔州庚寅襄州梁崇義兼同中書門下平章事己亥省燕州順化州乙卯併平琴州爲黨州丁巳貶禮部侍郎于召桂州刺史御史中丞袁高韶州長史五月丙寅以軍興十一而稅己巳以淮寧軍節度使李希烈充漢南北諸道都知兵馬招撫處置等使封南平王庚寅以浙江西道爲鎮海軍加蘇州刺史韓滉檢校禮部尚書潤州刺史充鎮海軍節度使浙江東西道觀察等使以御史中丞一員爲理匭使諫議大夫一員知匭使給事中中書舍人爲監考使辛丑尚父中書令汾陽郡王郭子儀薨丙午以檢校秘書少監鄭叔則爲御史中丞東都畿觀察使壬子以懷鄭河

陽節度副使李芃爲河陽三城懷州節度使仍割東畿五縣隸焉秋七月戊子朔詔曰二庭四鎮統任西夏五十七蕃十姓部落國朝以來相奉率職自關隴失守東西阻絕忠義之徒泣血相守慎固封略奉遵禮教皆侯伯守將交修共理之所致也伊西北庭節度觀察使李元忠可北庭大都護四鎮節度留後郭昕爲安西大都護四鎮節度觀察使自河隴陷虜伊西北庭爲蕃戎所隔間者李嗣業荔非元禮孫志直馬璘輩皆遙領其節度使名初李元忠郭昕爲伊西北庭留後隔絕之後不知存亡至是遣使歷迴紇諸蕃入奏方知音信上嘉之其伊西北庭將士敘官仍超七資庚申以中書侍郎平章事楊炎爲左僕射以前永平軍節度使張鎰爲中書侍郎同中書門下平章事司空淮陽郡王侯希逸卒丁丑以河中尹關播爲給事中同州刺史李承爲河中尹晉絳都防禦觀察使辛巳以邠寧節度使李懷光兼靈州大都督單于鎮北大都護朔方節度使以鄜坊丹延觀察留後李建徽爲坊州刺史鄜坊丹延都團練觀察使壬午以幽州盧

右節度使中書令朱泚爲太尉田悅攻冦臨洺守將張伾城守八月辛卯平盧淄青節度觀察使司徒太子太保同中書門下平章事李正己卒庚戌以中書舍人衛晏爲御史中丞京畿觀察使壬子淮寧軍節度使李希烈攻襄陽誅梁崇義斬其同惡三十餘人九月辛酉以易州刺史張孝忠爲恒州刺史充成德軍節度觀察使壬戌加李希烈同中書門下平章事癸亥兵部尚書翼國公路嗣恭卒甲子以晉絳觀察使李承爲襄州刺史山南節度觀察等使戊辰以杭州刺史元全柔爲黔中經略招討觀察等使冬十一月乙酉尚書左僕射楊炎貶崖州司馬尋賜死戊申加宣武軍節度使劉洽御史大夫徐州刺史李洧棄其帥李納以州來降十一月辛未宣武節度劉洽與神策將曲環大破李納之衆於徐州己巳詔成德軍節度都知兵馬使恒州刺史襲高麗朝鮮郡王李惟岳以其父寶臣有忠勞於王室惟岳隳墜父業蔑棄國恩縗絰之中擅掌戎務外結兇黨包固姦謀不孝不忠宜肆原野削爾在身官爵乙亥貶戶部侍郎判度支韓洄

○蜀州刺史以江淮轉運使度支郎中杜佑代判度支戶部事丁丑以陝州長史李齊爲河中尹充河中晉絳防禦觀察使以商州刺史姚明敭爲陝州長史本州防禦陸運使以權鹽鐵使戶部郎中包佶充江淮水陸運使李納將海州刺史王涉以州降十二月庚寅河中節度使馬燧檢校左僕射澤潞節度使李抱眞檢校兵部尚書賞破田悅之功也丙申太子賓客王縉卒

三年春正月乙卯朔丙寅幽州節度使朱滔張孝忠破李惟嶽之兵於東鹿辛未詔供御及太子諸王常膳有司宜減省之於是宰臣上言減堂廚百官月俸請三分省一以助軍從之庚辰追封皇叔僖爲宋王贈皇弟選荆王閏月丙申以文宣王三十七代孫齊賢爲兗州司功襲文宣公辛丑復置具員簿甲辰成德軍兵馬使王武俊殺李惟嶽傳首京師庚戌馬燧李抱眞李艽破兵於恒水進攻魏州二月戊午惟嶽將定州刺史楊政義以州降加朱滔檢校司徒以張孝忠檢校兵部尚書易定滄三州節度使以檢校太子賓客王武俊檢校秘書監恒州刺史恒冀都團練觀察使康日知爲趙州刺史深趙都團練觀察使三月丁亥贈故衛尉卿顏杲卿司徒故常山太守袁履謙左散騎常侍故許州長史龐堅右散騎常侍故鞏縣主簿蔣清禮部侍郎贈故驍衛將軍代國公安金藏兵部尚書授其子承恩廬州長史乙未以徐州刺史李洧爲徐沂海團練觀察使戊戌田悅洺州刺史田昂以城降以嶺南節度使張伯儀檢校兵部尚書兼江陵尹御史大夫荆南節度等使以容管經略使元琇爲廣州刺史嶺南節度使丙午貶京兆尹盧惎爲撫州長史夏四月李納守德州將王士眞守棣州將李長卿皆以城降庚申先陷蕃僧尼將士八百人自吐蕃而還壬戌封朱滔爲通義郡王朱滔王武俊與田悅合從而叛太常博士韋都賓陳京以軍興庸調不給請借京城富商錢大率每商留萬貫餘並入官不一二十大商則國用濟矣判度支杜佑曰今諸道用兵月費度支錢一百餘萬貫若獲五百萬貫纔可支給數月甲子詔京兆尹長安萬年令大索京畿富商刑法嚴峻長安令薛萃荷校乘車

○於坊市搜索人不勝鞭笞乃至自縊京師囂然如被盜賊搜括既畢計其所得纔八十萬貫少尹韋禎又取僦櫃質庫法拷索之纔及二百萬丁丑彭王傅徐浩卒贈太子少師戊寅以中書侍郎平章事張鎰兼鳳翔尹隴右節度使以代朱泚加泚實封五百戶賜賈氏名園涇水上腴田及錦綵金銀器以安其意時滔叛故也壬午貶御史大夫嚴郢爲費州長史杖殺左巡使殿中侍御史鄭詹尹歲餘卒五月丙戌增兩稅鹽榷錢兩稅每貫增二百鹽每㪷增一百丁亥貶太子詹事邵說歸州刺史卒於貶所辛卯詔朔方節度使李懷光率神策及朔方軍東討丙申詔故伊西北庭節度使楊休明故河西節度使周鼎故西州刺史李琇璋故瓜州刺史張銑等寄崇方鎮時屬殷憂固守西陲以抗戎虜歿身異域多歷歲年以追　于茲旅櫬方旋誠深追悼宜加寵贈以賁幽泉休明可贈司徒鼎贈太保琇璋贈戶部尚書銑贈兵部侍郎皆隴右牧守至德已來陷吐蕃而歿故至是西蕃通和方得歸葬也丁酉加河東節度使檢校左僕射馬燧同平章事

澤潞李抱眞檢校右僕射河陽李芃檢校兵部尚書神策營招討使李晟右散騎常侍賞破田悅功也乙巳貶戶部侍郎判度支杜佑爲蘇州刺史以中書舍人趙贊爲戶部侍郎判度支辛亥易定節度賜名義武軍六月丁巳尚書左丞庚準卒甲子京師地震以左散騎常侍李涵爲入迴紇弔祭使京兆少尹源休爲光祿卿戊寅以前衢州刺史趙涓爲尚書左丞右庶子柳載爲右丞辛未朱滔王武俊兵救田悅至魏州北是日李懷光兵亦至馬燧抱眞李芃等盛軍容迓懷光朱滔等慮其掩襲遽出兵懷光與之接戰於連篋山之西王師不利各還營壘賊乃壅河決水絕我糧道秋七月甲申以前振武軍使王翃爲京兆尹以兵部郎中楊眞爲御史中丞京畿觀察使以括率商戶人情不安癸巳詔除已收納入庫外一切停已貯納者仍明置簿曆各給文牒後准元數却還甲午以前同州刺史蕭復爲兵部侍郎庚子馬燧李懷光李抱眞李芃等四節度兵退保魏橋朱滔王武俊田悅之衆亦屯於魏橋東南與官軍隔河對壘自五月不雨甲辰始雨

宣武節度李勉爲檢校司徒懷寧李希烈檢校司空永寧李懷光同平章事李芃封開陽郡王八月丁未初分置汴東西水陸運兩稅鹽鐵事從戶部侍郎判度支趙贊奏也戊午太子賓客第五琦卒華西辛酉以涇原節度留後姚令言爲涇原節度使戊辰以江淮鹽鐵使太常少卿包佶爲汴東水陸運兩稅鹽鐵使己巳加劍南西川節度使張延賞檢校吏部尚書甲戌以大理少卿崔縱爲汴西水運兩稅鹽鐵使丁丑以禮儀使太子少師顏眞卿爲太子太師庚辰徐海沂都團練使李洧卒江淮訛言有毛人捕人食其心人情大恐九月丁亥以李洧部將高承宗爲徐州刺史徐海沂都團練使判度支趙贊上言請爲兩都江陵成都揚汴蘇洪等州署常平輕重本錢上至百萬貫下至十萬貫收貯斛斗匹段絲麻候貴則下價出賣賤則加估收糴權輕重以利民從之贊乃於諸道津要置吏稅商貨每貫稅二十文竹木茶漆皆什一稅一以充常平之本己亥夜有猛獸入宣陽里傷二人詰朝獲之冬十月辛亥以湖南觀察使嗣曹王皐爲洪州刺史

江西節度使丙辰以吏部侍郎關播爲中書侍郎同平章事都官員外郎樊澤使吐蕃迴與蕃相尚結贊約來年正月望日會盟清水丙子蕭王祥薨十一月己卯以淮南節度使賈耽檢校工部尚書兼襄州刺史御史大夫山南東道節度使以興鳳團練使嚴震爲梁州刺史山南西道節度使甲午以前山南東道節度使李承爲潭州刺史湖南觀察使是月朱滔田悅王武俊於魏縣軍壘各相推奬僭稱王號滔稱大冀王武俊稱趙王悅稱魏王又勸李納稱齊王僭署官名如國初親王行臺之制丁丑李希烈自稱天下都元帥太尉建興王與朱滔等四盜膠固爲逆

四年春正月戊寅朔丁亥鳳翔節度使張鎰與吐蕃宰相尚結贊同盟于清水庚寅李希烈陷汝州執州將李元吉而去東都震駭甲午遣顏眞卿宣慰李希烈軍戊戌以龍武大將軍哥舒曜爲東都畿汝節度使率鳳翔邠寧涇原等軍東討希烈丙午福建觀察使常袞卒二月戊申於河陽三城置河陽軍節度乙卯哥舒曜收汝州丁丑以工部侍郎蔣鎮充禮儀使三月己卯復置沔州癸未以左散騎常侍孟皡爲福建都團練觀察使辛卯嗣曹王皐擊李希烈將陳質之衆敗之收復黃州丁酉荆南張伯儀與賊戰敗績嗣曹王收復蘄州夏四月庚申以永平宣武河陽等軍節度都統檢校司徒平章事李勉爲淮西招討使襄陽帥賈耽江西嗣曹王等爲之副甲子京師地震生黃白毛長尺餘丙子哥舒曜進軍至隸橋大震雷人死者十之三四乃退保襄城五月辛巳夜京師地震乙酉潁王璬薨乙巳滑濮二州黃河清滑州馬生角六月庚戌初稅屋間架除陌錢時馬燧李懷光李抱眞李芃屯魏縣李晟屯易定李勉陳少遊哥舒曜屯懷汝間神策諸軍皆臨賊境凡諸道之軍出境仰給於度支謂之食出界糧月費錢一百三十萬貫判度支趙贊巧法聚斂終不能給至是又稅屋所吏秉筆持筭入人廬舍而抄計峻法繩之愁嘆之聲徧於天下秋七月甲申以國子祭酒李揆爲禮部侍郎復其爵甲午以李揆爲左僕射兼御史大夫爲入吐蕃會盟使八月丁未李希烈率衆三萬攻

哥舒曜於襄城湖南觀察使李承卒九月戊寅龍見於汝州之城濠
丙戌李勉將唐漢臣劉德信喪師於扈澗汴軍自此不振東都危急
冬十月丙午詔涇原節度使姚令言率涇原之師救哥舒曜丁未涇
原軍出京城至滻水倒戈謀叛姚令言不能禁上令載繒綵二車遣
晉王往慰諭之亂兵已陣于丹鳳闕下促神策軍拒之無一人至者
與太子諸王妃主百餘人出苑北門右龍武軍使令狐建方教射於
軍中聞難聚射士得四百人扈從其夕至咸陽飯數匕而過戊申至
奉天己酉元帥都虞候渾瑊以子弟家屬至乃以瑊爲行在都虞候
神策軍使白志貞爲行在都知兵馬使以令狐建爲中軍鼓角使金
吾將軍侯仲莊爲奉天防城使亂兵既剽京城屯於白華乃於晉昌
里迎朱泚爲帥稱太尉居含元殿上以奉天隘欲幸鳳翔壬子鳳翔軍
亂殺節度使張鎰乃止癸丑李希烈陷襄城哥舒曜走洛陽乙卯賜
檢校司空崔寧死丁巳以吏部尚書蕭復刑部侍郎劉從一諫議大
夫姜公輔並以本官同中書門下平章事邠寧節度韓遊瓌與論惟

明率兵三千至幾入奉天賊軍亦至乃出拒之王師不利賊乘勝攻
門自卯至午殺傷殆半會有草車在門外渾瑊令焚之賊衆遂退癸
巳泚賊三面攻城渾瑊力戰禦之方退大將呂希倩死之賊自丁未
攻城至己巳二十餘日矢石不絶十一月乙亥以隴右節度判官隴
州留後殿中侍御史韋皐爲隴州刺史兼御史大夫奉義軍節度使
靈武留後杜希全鹽州刺史戴休顏夏州刺史常春合兵六千來援
至漠谷爲賊所敗而退賊由是攻城愈急矢石雨下死傷者衆人心
危蹙上與渾瑊對泣朱泚據乾陵作樂下瞰城中詞多侮慢戊子賊
造雲橋攻東北隅兵仗不能及城中憂恐相顧失色渾瑊預爲地道
及雲橋成城脚陷不得進瑊命焚之風迴焰轉橋焚而賊退朔方節
度李懷光遣兵馬使張詔奉表言大軍將至乃令昇詔巡城叫呼歡
聲動地賊不之測疑懼緩攻癸巳懷光軍次醴泉是夜賊解圍而去
神策將李晟自定州率師赴難軍於渭橋甲午以商州都虞候王仙
鶴權商州防禦使十二月壬戌貶門下侍郎平章事盧杞爲新州司馬

貶行在都知兵馬使白志貞爲恩州司馬戶部侍郎判度支趙贊爲
播州司馬癸亥以京兆少尹裴腆判度支甲子以湖南觀察留後趙
憬爲湖南觀察使乙丑以祠部員外郎陸贄爲考功郎中金部員外
郎吳通微爲職方郎中翰林學士並如故以侍御史吳通玄爲起居
舍人充翰林學士己巳以河中尹李齊運爲宗正卿庚午李希烈陷
汴州以右庶子崔縱爲京兆尹癸酉以中書侍郎平章事關播爲刑
部尚書司封郎中杜黃裳爲給事中命給事中孔巢父淄青宣慰華
州刺史董晉河北宣慰
興元元年春正月癸酉朔上在奉天行宮受朝賀詔曰立政興化必
在推誠忘己濟人不吝改過朕嗣服丕構君臨萬邦失守宗祧越在
草莽不念率德誠莫追於既往永言思咎期有復於將來明徵其義
以示天下小子懼德不嗣罔敢怠荒然以長於深宮之中暗於經國
之務積習易溺居安忘危不知稼穡之艱難不恤征戍之勞苦致澤
靡下究情不上通事既壅隔人懷疑阻猶昧省己遂用興戎徵師四

方轉餉千里賦車籍馬遠近騷然行賫居送衆庶勞止力役不息田
萊多荒暴令峻於誅求疲民空於杼軸轉死溝壑離去鄉里邑里丘
墟人煙斷絶天譴于上而朕不寤人怨于下而朕不知馴致亂階變
起都邑賊臣乘釁肆逆滔天曾莫愧畏敢行凌偪萬品失序九廟震
驚上累于祖宗下負于蒸庶痛心靦面罪實在予永言愧悼若墜泉
谷賴天地降祐人祇協謀將相竭誠爪牙宣力群盜斯屏皇維載張
將弘遠圖必布新令朕晨興夕惕惟省前非乃者公卿百寮用加虛
美以聖神文武之號被蒙暗寡昧之躬固辭不獲俯遂群議昨因內
省良所瞿然自今已後中外書奏不得言聖神文武之號今上元統
曆獻歲發祥宜革紀年之號式敷在宥之澤可大赦天下改建中五
年爲興元元年李希烈田悅王武俊李納咸以勳舊繼守藩維朕撫
馭乖方致其疑懼皆由上失其道而下罹其災一切並與洗滌復其
爵位待之如初仍即遣使宣諭朱滔以泚連坐路遠必不同謀永念
舊勳務存弘貸如能効順亦與惟新朱泚反易天常盜竊名器暴犯

陵寢所不忍言獲罪祖宗朕不敢赦除泚外並從原宥應赴奉天并
進收京城將士並賜名奉天定難功臣身有過犯減罪三等子孫過
犯減罪二等先稅除陌間架等錢竹木茶漆等稅並停奉天昇爲赤
縣分命朝臣諸道宣諭以奉天行營都團練使楊惠元檢校工部尚
書丙戌以吏部侍郎蕭復爲門下侍郎同平章事以吏部侍郎盧翰
爲兵部侍郎同平章事戊子命宰臣蕭復往山南荆南湖南江西沔
鄂浙江東西福建等道宣慰己丑以京兆尹裴腆爲戶部侍郎判度
支丙申以山南東道行軍司馬樊澤爲襄州刺史山南東道節度使
以渾瑊爲行在都知兵馬使以前趙州觀察使康日知兼同州刺史
充奉誠軍節度使辛丑詔六軍各置統軍一員秩從二品左右常侍
各加一員太子賓客加四員二月戊寅詔故司農卿張掖王段秀實
贈太尉謚曰忠烈賜實封五百戶贈滑州兵馬使賈隱林左僕射以
滑州刺史李澄兼汴州刺史汴滑節度使是日李晟自咸陽移兵東
渭橋避懷光也晟以懷光反狀已明請上幸蜀王武俊効順加中書

○門下平章事兼幽州節度使令討朱滔吐蕃遣使來朝請以兵助國
討逆乃令御史大夫于頎入蕃宣諭之甲子加李懷光太尉仍賜鐵
券赦三死罪懷光怒曰凡人臣反逆乃賜鐵券今賜懷光是反必矣
乃投之於地上命翰林學士陸贄曉諭之是日人心恐駭懷光奪楊
惠元李建徽所將兵惠元被害丁卯車駕幸梁州留戴休顏守奉天
以御史中丞齊映爲沿路置頓使李晟大集兵賦以收復爲己任李
懷光惠之移軍涇陽連朱泚欲同滅晟晟卑詞厚意致書諭之冀其
感悟懷光頗增愧懼三月甲申以秘書監崔漢衡爲上都留守右散
騎常侍于頎爲京兆尹是日懷光燒營走歸河中其將孟涉段威勇
等千人奔歸李晟丙戌以前饒州刺史杜祐爲廣州刺史嶺南節度
使加神策節度使李晟兼京畿渭北鄜坊丹延節度觀察使庚寅車
駕次城固唐安公主薨上愛女悼惜之甚壬申至梁州丁丑宣武節
度使劉洽加同平章事己亥以行在都知兵馬使渾瑊檢校左僕射
同平章事靈州大都督充朔方節度使邠寧振武永平奉天行營副

元帥是日詔授李懷光太子太保其餘官職並罷涇州亂牙將田希
鑒殺其帥馮河清自稱留後四月辛丑朔時將士未給春衣上猶夾
服漢中早熱左右請御暑服上曰將士未易冬服獨御春衫可乎俄
而貢物繼至先給諸軍而始御之壬寅詔奉天隨從將士並賜號元
從功臣以邠寧兵馬使韓遊瓌爲邠寧節度使尚書左丞趙涓卒己
巳以陝虢防遏使唐朝臣爲河中尹河中同晉絳節度使御史大夫李
齊運兼京兆尹魏博行軍司馬田緒殺其帥田悅詔贈悅太尉以緒
爲魏州長史魏博節度觀察使甲寅以諫議大夫平章事姜公輔爲
左庶子加劍南節度使張延賞同平章事以前山南東道節度使賈
耽爲工部尚書甲子入蕃使左僕射李揆卒於鳳州乙丑渾瑊與吐
蕃將論莽羅之衆破賊將韓旻之衆於武功斬首萬級丙寅加李納
平章事丁卯義王玭薨五月淮南節度使陳少遊加檢校司徒東川
節度使李叔明太子太傅鎮海軍韓滉檢校右僕射癸酉涇王侹薨
徐沂海團練使高承宗卒以其子明應知徐州事丙子李抱真王武

○俊破朱滔於京城東南斬首三萬級擒僞相朱良祐李俊以獻朱滔
遁歸幽州癸未嶽州李兼黔南元全柔桂管盧嶽加御史大夫嶽加
中丞庚寅李納上章稟命乃贈李正己太尉壬辰商州尚可孤破賊
於藍田乙未安西四鎮節度使郭昕北庭都護李元忠加左右僕射
是夜李晟自渭北移軍於光泰門外賊來薄我軍爭奮擊大敗之遲
入光泰門斬馘數千計賊黨慟哭而入白華戊辰列陣於光泰門外
遣騎將史萬頃往神麚村開苑墻二百餘步賊樹柵當之我軍爭柵
雲合雷擊與賊血戰賊黨大敗追擊至白華朱泚姚令言率衆萬餘
遁去晟收復京城是日渾瑊與戴休顏亦破賊三千於咸陽韓遊瓌
追朱泚於涇州六月庚子朔昇恒州爲大都督府癸卯贈神策兵馬
使楊惠元右僕射是日李晟上收城露布上覽之涕下霑襟涇州田
希鑒斬姚令言幽州京士韓旻於彭原斬朱泚並傳首至行在乙巳
遣吏部侍郎班宏入京宣諭己酉加李晟司徒兼中書令實封一千
戶駱元光尚可孤加檢校左右僕射皆實封五百戶以涇州將田希

鑒爲涇州刺史涇原節度使癸丑詔以良州爲興元府鄭縣爲赤畿
官名品制視京兆河南百姓給復二年見任官員加兩階耆老與版
授鄭縣令賜緋加興元尹嚴震檢校右僕射賜實封一百戶加渾瑊
侍中實封八百戶韓遊瓌檢校左僕射實封四百戶戴休顏檢校右
僕射實封二百戶考功郎中知制誥陸贄司封郎中知制誥吉中孚
並爲諫議大夫水部員外郎顧少連爲禮部郎中並依前充翰林學士
行在左右廂兵馬使令狐建時常春並加散騎常侍丙辰斬僞相李
忠臣籍沒其家李晟奏受賊僞署同惡抵法之家所沒財物牛馬奴
婢請以賞軍士從之戊午車駕還京發興元是日大雨及入斜谷時
霽從官將士懽然以爲天助秋七月丙子車駕次鳳翔府詔放管內
今年秋稅耆壽侍老八十已上各與版授刺史賜紫其餘版授上佐
賜緋府縣置頓官考滿日放選受僞署官喬琳蔣鎮張光晟李通蔣
鑑伏誅朱泚害郡王王子王孫七十七人於馬璘宅丁丑令所司具
凶禮收殮於淨域寺庚辰詔李懷光往因職任頗著幹能朕嗣位之
○

唐紀十二　十六

初首加援擢託爲心膂授以節旄頃歲河朔不寧俾令征討任兼將
相恩極丘山及朱泚猖狂擾亂京邑懷光迴軍赴難宗社再寧保佑
朕躬厥功甚茂故元帥河中之權太尉中書之秩仍加實封爰及宗親
人臣之榮孰可爲比非朕於懷光不厚豈朕報懷光不崇賊寇未除
猜嫌已構受朱泚姦兇之說聽張佋罔惑之言曾不沈思遂生疑阻
交通逆黨廢害忠良朕志在推誠事皆掩覆禮遇轉厚委任益隆懷光
都不改圖愈深不軌勑書慰問將士懷光並不令宣三軍咸欲收城
懷光並不令出自云已共朱泚定約不能更事國家朕以眇身獲承
鴻業務全大計移幸山南倉皇之間備歷危險據其罪狀情實難容
然以解圍奉天其功不細昨又遣男璀謝罪請束身歸朝朕憫其知
過之心念其赴難之效以功贖罪務在優恩今遣給事中孔巢父賚
先授懷光太子太保勑牒往河中宣諭三日內便與懷光同赴上都
如欲家口同行亦聽懷光自便朕必能保全終始寵待如初朔方將
士嘗立大功子儀再收京城咸是此軍之效昨遠從河朔赴難奉天

逆賊畏威望風奔遁永言勞績朕不暫忘將士各竭忠謀中遘迫脅朕
每念痛心自咎比者君臣阻隔只爲懷光一人懷光既請入朝尚捨
其罪況諸將士並是功臣各宜坦然勿更憂慮先賜官封一切如舊
壬午至自興元時渾瑊韓遊瓌戴休顏以其衆扈從李晟駱元光尚
可孤以其衆奉迎步騎十餘萬旌旗連亘數十里都民僧道歡呼感
泣李晟見於三橋自陳收城遲晚之咎伏地請罪上慰勞遣之丁亥
河中宣慰使孔巢父中官啖守盈並爲懷光所害辛卯御丹鳳樓大
赦天下賜李晟永崇里第女樂八人甲午命宰臣諸將送晟入新賜
第教坊樂京兆府供帳食饌鼓吹導從京城以爲榮觀八月辛丑詔
所司爲贈太尉段秀實樹碑立廟淄青節度使承前帶陸海運押新
羅渤海兩蕃等使宜令李納兼之癸卯加司徒中書令合川郡王李
晟兼鳳翔尹充鳳翔隴右節度等使涇原四鎮北庭行營兵馬副元
帥改封西平郡王河東保寧軍節度使太原尹北都留守檢校司徒
平章事北平郡王馬燧爲奉誠軍晉絳慈隰節度行營兵馬副元帥
○

唐紀十二　十七

以靈鹽節度使侍中兼靈州大都督樓煩郡王渾瑊爲河中尹晉絳
節度使河中同陝虢等州及管內行營兵馬副元帥改封咸寧郡王
時方命瑊與馬燧各出師討懷光故也甲辰以金吾大將軍杜希全
爲靈州大都督西受降城天德軍靈鹽豐夏節度營田等使以同絳
節度使唐朝臣爲鄜坊丹延等州節度使以保義軍節度使鳳翔尹
李楚琳爲金吾大將軍以奉義軍節度使隴州刺史韋皐爲左金吾
衛大將軍戊申以奉天行營節度戴休顏爲左龍武統軍己酉以延
王玢隨王迅西平長公主薨廢朝巳未前湖州刺史袁高爲給事中
九月庚午宗正卿李琬卒賜渾瑊大寧里第并女樂五人詔宰臣諸
將賜樂饌贈如送李晟入第故事壬午贈故右僕射致仕李涵太子
太保乙亥王武俊加檢校司徒李抱眞檢校司空並賜實封五百戶
賞破朱滔之功也甲申以前嶺南節度使元琇爲戶部侍郎判度支
丁亥上顧謂宰臣曰今大盜雖除時猶多難宜廣延納以達下情近
日諫官都無論奏自今每正衙及延英坐日常令朝臣三兩人面奏

時政得失康有弘益也是秋蝗蝻蔽野草木無遺冬十月乙丑馬燧
收絳州戊辰令中官竇文場王希遷監左右神策軍都知兵馬使閏
月庚午詔朕臨御萬方失於君道兵革不息于今五年閔衆庶之勞
悔征伐之事而李希烈度義棄德反道虐人朕哀彼生靈陷于塗炭
苟存拯物不憚屈身故於歲首特布新令赦其殊死待以至誠使臣
纔及於郊圻巨猾已聞其僭竊酷烈滋甚吞噬無厭將相大臣咸懷
憤激繼陳章疏固請討除朕以所行天誅本去人害兵戈既接玉石
難分言念勳臣横遭脅制雖思改革厥路無由受汚終身嚮寃没代
淪胥以逞誠可痛傷豈孽自一夫而毒流萬姓爲人父母寧不愧懷
宜令諸道節度使明行曉諭罪止元兇脇制之徒一切不問唐朝臣
奏收永樂縣癸酉以右龍武大將軍李觀爲涇州刺史涇原節度使
乙亥詔宋亳淄青澤潞河東恒冀幽易定魏博等八節度螟蝗爲害
蒸民饑饉毋節度賜米五萬石河陽東畿各賜三萬石所司般運於
楚州分付丁丑李晟至涇州誅節度使田希鑒罪其殺馮河清也戊

子希烈將李澄以滑州歸國甲午以李澄爲汴州刺史汴滑節度使
封武威郡王神策行營節度使檢校尚書右僕射馮翊郡王尚可孤
卒十一月癸卯宋亳節度使劉洽與曲環破希烈之衆於陳州俘斬
三萬級生擒賊將翟崇暉以獻戊午劉洽大破希烈之衆擒其僞相
鄭賁等五人以獻希烈遁歸蔡州汴州平乙丑宰相蕭復三上章乞
罷免許之十二月乙亥淮南節度使檢校司空平章事陳少遊卒贈
藹定太子太師以壽州刺史張建封爲濠壽都團練使庚辰以刑部
侍郎杜亞爲揚州長史淮南節度使戊子以吏部郎中崔造爲給事
中辛卯以諫議大夫陸贄爲中書舍人依前翰林學士詔翰林學士
朝服班序宜同諸司官知制誥例
貞元元年正月丁酉朔御含元殿受朝賀禮畢宣制大赦天下改元
貞元戊戌大風雪寒去秋螟蝗冬旱至是雪寒甚民饑凍死者踣於
路丁未以饒州刺史盧惎爲福州刺史福建觀察使癸丑始聞太子
太師魯郡王顔眞卿爲希烈所害追贈司徒廢朝五日謚曰文忠仍

特授男頵碩等官壬戌以吉州長史盧杞爲澧州別駕尋卒二月丙
寅朔遣工部尚書賈耽侍郎劉太眞分往東都兩河宣慰河南河北
饑米斗千錢癸未李抱眞嚴振來朝寒食節上與諸將擊鞠於内殿
丙戌以檢校秘書監金良相爲檢校太尉使持節大都督雞林州刺
史寧海軍使襲封新羅王辛卯大雨三月丙申朔以蜀州刺史韓洄
爲兵部侍郎以汴東水陸運等使左庶子包佶爲刑部侍郎辛丑戶
部侍郎判度支元琇兼諸道水陸運使丁未李希烈陷南陽殺首將
黄金嶽甲寅詔宰臣宜諭御史今後上封彈奏人自陳論不得群署
章疏戊午宣武帥劉洽檢校司空以汴滑節度使李澄爲滑州刺史
充鄭滑節度使加李納司空夏四月乙丑朔晉王誼改封舒王癸酉
鄂嶽觀察使李兼爲洪州刺史江西都團練觀察使丁丑以江西節
度使嗣曹王臯爲江陵尹荆南節度使己卯改滑州永平軍名曰義
成江陵度支院失火燒租賦錢穀百餘萬時關東大饑賦調不入由
是國用益窘關中饑民蒸蝗蟲而食之汴帥劉洽賜名玄佐五月癸

卯分命朝臣禱羣神以祈雨蝗自海而至飛蔽天毎下則草木及畜
毛無復孑遺穀價騰踊辛酉以河陽都知兵馬使雍希顔爲河陽懷
都團練使六月丙子以兵部侍郎韓洄爲京兆尹辛巳劉玄佐兼汴
州刺史壬午以工部尚書賈耽兼御史大夫東都留守都畿汝州防
禦使以汴州刺史薛珏爲河南尹辛卯以左金吾衛大將軍韋臯檢
校戶部尚書兼成都尹御史大夫劒南西川節度觀察使以國子祭
酒董晉爲左金吾衛大將軍幽州朱滔卒贈司徒秋七月甲午朔河
東節度使馬燧自河中行營來朝庚子大風拔樹辛丑以左散騎常
侍李泌爲陝州長史陝虢都防禦觀察陸運使丙午以鎭海軍浙江東
西道節度使韓滉檢校尚書左僕射同平章事江淮轉運使以河南
尹薛珏爲河南水陸運使戊申馬燧還行營辛亥加檢校工部尚書
王士眞爲德棣都團練觀察使壬子以前涿州刺史兼御史中丞劉
怦爲幽州御史大夫幽州盧龍節度副大長史兼使知節度管理度
支營田觀察押奚契丹經略盧龍等軍使丁巳以左散騎常侍柳渾

爲兵部侍郎庚申以諫議大夫高叅爲中書舍人關中蝗食草木都盡旱甚灞水將竭井多無水有司計度支錢穀纔可支七旬甲子詔夫人事失於下則天變形於上咎徵之作必有由然自頃已來災沴仍集雨澤不降綿歷三時蟲蝗繼臻彌亘千里嵗粟翔貴稼穡枯瘁嗷嗷蒸人聚泣田畝興言及此實切痛傷徧祈百神曾不獲應方悟禱祠非救災之術言詞非謝譴之誠憂心如焚深自刻責得非刑法舛繆忠良鬱湮暴賦未蠲勞師靡息事或無益而重爲煩費任或非當而横肆侵蠹有一於兹足傷和氣本其所以罪實在予萬姓何辜重罹饑殍所宜出次貶食節用緩刑側身增脩以謹天戒朕自今視朝不御正殿有司供膳並宜減省不急之務一切停罷除諸軍將士外應食糧人諸色用度本司本使長官商量減罷以救兇荒俟嵗豐登即令復舊甲子李懷光大將尉珪以焦離堡降丁卯懷光將徐庭光以長春宮兵六千人降甲戌朔方大將牛名俊斬李懷光傳首闕下馬燧收復河中丁丑始雨己卯詔朕誠信未著撫御失宜致使功臣

陷於誅戮謂之克敵能不愧心然以懷光一家在法無捨念其昔居將相嘗寄腹心罪雖挂於刑書功已藏於王府以千紀之迹固合滅身以赴難之勳所宜有後宜以懷光男一人爲嗣賜莊宅各一區仍還懷光屍首任其收葬懷光妻諸兒女遞送澧州委李皐逐便安置使得存立其出嫁女諸親並釋放陷賊將士一切並與洗雪河中絳百姓給復一年北平王馬燧咸寧王渾瑊並與一子五品正員官燧可侍中瑊可檢校司空駱元光韓遊瓌唐朝臣各賜實封二百戶與一子六品正員官昨河中行營將士共賜二十萬端匹以充宴賞放歸本道新除中書侍郎平章事張延賞爲尚書左僕射時宰相劉從一病詔徵延賞李晟與延賞有隙自鳳翔上表論之延賞罷鎮西川還行至興元改授左僕射戊子前河陽節度使檢校尚書左僕射開封郡王李芃卒九月己亥幽州節度劉怦病請以子濟權知軍州事從之癸卯以牛名俊爲丹州刺史御史大夫崔縱奏准制勘會内外官員商量併省停減詳議聞奏者伏以兵戎未息仕進頗多在官者

既合停還有功者又須褒賞比來每至選集不免據闕留人皆難遣才仍招怨望況有恩詔甄録功勞諸道叙優人數甚廣見須處置不可稽留今若停減吏員實恐未便於事非但成優者無官可授抑又叙進者無路可容本冀便人翻成歛怨事仍舊貫以適時宜更待事平然後經度制從之乙巳上御正殿策賢良方正能直言極諫等三科舉人辛亥宰相劉從一以疾辭任授戶部尚書庚申劉從一卒幽州節度使劉怦卒辛巳以權知幽州盧龍軍府事劉濟爲幽州長史兼御史大夫幽州盧龍節度觀察押奚契丹兩蕃等使丙戌渾瑊自河中來朝十一月癸巳朔山南嚴震來朝癸卯上親祀昊天上帝於貟丘時河中渾瑊澤潞李抱真山南嚴震同華駱元光邠寧韓遊瓌鄜坊唐朝臣奉誠康日知等大將侍祠郊壇畢還宮御丹鳳樓大赦天下丁丑詔文武常叅官共賜錢七百萬貫以歲凶穀貴衣冠窘乏故也十二月戊辰詔延英視事日令常叅官七人引對陳時政得失自是群官互進有不達理道者因多詆訐不適事宜上亦優容遣之

○二年春正月壬辰朔以歲饑罷元會禮也丙申詔以民饑御膳之費減半宮人月共糧米都一千五百石飛龍馬減半料臺郎御史與兼官出爲畿赤令庚子大雪平地尺餘壬寅以散騎常侍劉滋給事中崔造中書舍人齊映並守本官同中書門下平章事門下侍郎平章事盧翰爲太子賓客丁未以禮部侍郎鮑防爲京兆尹京兆尹韓洄爲刑部侍郎國子祭酒包佶知禮部貢舉以江陵少尹李復爲容州刺史本管經略使癸丑以御史大夫崔縱爲吏部侍郎諫議大夫知制誥翰林學士吉中孚爲戶部侍郎判度支兩稅元琇判諸道鹽鐵搉酒詔宰相齊映判兵部李勉判刑部劉滋判吏部禮部崔造判戶部工部甲寅詔天下兩稅錢物委本道觀察使刺史差人送上都其先置諸道水陸轉運使及度支巡院江淮轉運等使並停時崔造專政改易錢穀職事多隳敗造尋以憂病歸第二月癸亥山南樊澤奏破希烈將杜文朝之衆五千擒文朝以獻乙丑鹿入含元殿衛士執之甲戌戶部侍郎元琇爲尚書左丞京兆少尹李竦爲戶部侍郎判

鹽鐵榷酒三月壬寅滑州李澄奏破希烈之衆於鄭州乙巳以司農卿李模爲黔中觀察使四月丙寅淮西李希烈爲其牙將陳仙奇所酖并誅其妻子仙奇以淮西歸順戊辰以前黔中觀察使元全柔爲湖南觀察使辛巳陝州觀察使李泌奏盧氏山冶出瑟瑟請禁以充貢奉上曰瑟瑟不產中土有則與民共之任人採取甲申詔以淮西牙將陳仙奇爲蔡州刺史淮西節度使都統劉玄佐李澄曲環李皐賈耽張建封各與一子正員官賞平淮蔡功也丁未以劍南東川節度使李叔明爲太子太傅以東川兵馬使王叔邕爲梓州刺史劍南東川節度使五月丙申自癸巳大雨至於茲日饑民俟夏麥將登又此霖澍人心甚恐米斗復千錢丁酉以伊西北庭節度留後揚襲古爲北庭大都護伊西北庭節度度支營田瀚海等使己亥百寮請上復常膳是時民久饑困食新麥過多死者甚衆伊西北庭節度使李元忠卒贈司空辛酉大風雨街陌水深數尺人有溺死者癸未橫海軍使滄州刺史程日華卒以其子懷直權知軍州事秋七月戊子黔中

〇觀察使理所復在黔州辛卯以開州別駕白志貞爲果州刺史乙未福建觀察盧惎卒己酉以虔王諒爲申光隨蔡節度大使以淮西兵馬使吳少誠爲蔡州刺史知節度留後加東都留守賈耽東都畿唐汝鄧都防禦觀察使以隴右行營節度使曲環爲陳許節度使戊午以鄜坊節度唐朝臣爲單于大都護振武綏銀節度使右金吾大將軍論惟明爲鄜州刺史鄜坊都防禦觀察使己巳以金吾大將軍董晉爲尚書右丞庚辰右散騎常侍蔣沇卒丙戌吐蕃寇涇隴邠寧諸鎮守閉壁自固京師戒嚴遣河中節度駱元光鎮咸陽九月詔左右金吾及十六衛將軍故事皆擇勳臣出鎮方隅入居侍從自天寶艱難之後衛兵雖然廢闕將軍品秩尤高此誠文武勳臣出入轉還之地宜增祿秩以示優崇並宜加給料錢及隨身糧課仍舉故事置武班朝參其廊下食亦宜加給其十六衛各置上將軍一人秩從二品左右金吾上將軍俸料次於六統軍支給欲求致理必藉兼才文武遞還不全限隔自今內外文武缺官於文武班中量才望相參敘用

仍依故事於本衛量置衛兵所司條件以聞丁酉義成軍節度鄭滑觀察等使檢校尚書左僕射滑州刺史武威郡王李澄卒以東都畿唐鄧汝等防禦觀察使賈耽檢校尚書右僕射兼滑州刺史義成軍節度鄭滑等州觀察使戊戌以吏部侍郎崔縱檢校禮部尚書東都留守東都畿唐鄧汝防禦觀察使己亥勅左右衛上將軍大將軍並於衙內宿乙巳吐蕃寇好畤京師戒嚴李晟部將王佖擊吐蕃於汧陽城敗其中軍辛亥寇鳳翔李晟出師禦之一夕而退冬十月壬午奏關內河中河南等道秋夏兩稅青苗等錢悉折納粟麥兼加估收糴以便民從之是月李晟破吐蕃摧沙堡十一月甲午冊淑妃王氏爲皇后乙未兩浙節度使韓滉來朝丁酉冊皇后王氏是日后崩謚曰昭德辛丑吐蕃陷鹽州壬寅劉玄佐曲環鄂嶽盧玄卿並來朝十二月丁巳以韓滉兼度支諸道鹽鐵轉運使吐蕃陷夏州又陷銀州庚申以給事中同平章事崔造爲右庶子貶尚書右丞度支元琇爲雷州司戶爲韓滉誣奏人以爲非罪諫官屢論之辛未鳳翔李晟來

〇朝壬申京城畿內榷酒每斗榷錢一百五十文濁酒戶差役從度支奏也

三年春正月丙戌朔壬寅以左僕射張延賞同中書門下平章事乙巳禮部侍郎薛播卒辛亥以戶部侍郎李竦爲鄂嶽觀察使壬子以兵部侍郎柳渾同中書門下平章事劉滋守本官罷知政事中書舍人平章事齊映貶虁州刺史戊寅度支鹽鐵轉運使鎮海軍節度浙江東西道觀察等使檢校左僕射同中書門下平章事晉國公韓滉卒贈太傅以果州刺史白志貞爲潤州刺史兼御史大夫浙西觀察使宣州刺史皇甫政爲越州刺史浙東觀察使三月庚寅詔今年朝集使宜停丙午鳳翔隴右元帥副兵馬使吳詵爲福建觀察使鳳翔都虞候邢君牙爲鳳翔尹本府團練使丁未制鳳翔隴右涇原四鎮北庭管內兵馬副元帥鳳翔隴右道節度使奉天靖難功臣司徒兼中書令鳳翔尹上柱國西平郡王食實封一千五百戶李晟可太尉兼中書令庚戌以晟甥元帥兵馬使王佖爲右威衛上將軍辛亥河東

唐紀十二 二十三

馬燧來朝時蕃相尚結贊使大將論頰熱畢辭厚意告馬燧請兩國同盟和好上疑其不誠不允故燧自將論頰熱入朝盛言蕃相請盟可以保信上乃從之許盟于平涼夏四月庚申詔蕃寇雖退疆理猶虞安邊之策必有良算宜令常參官各陳邊事隨所見封進以聞入蕃使崔澣奏於蕃中詰問給役者求蕃國人馬眞數云凡五萬九千餘人馬八萬六千匹可戰者僅三萬人餘悉老幼庚午御麟德殿試定難樂曲馬燧所獻五月丁亥以侍中渾瑊爲吐蕃清水會盟使兵部尚書崔漢衡副之瑊與駱元光率師二萬往會盟所丁酉以左丞暢悅爲湖南觀察使戊戌左右神策左右龍武各加將軍一員丙午以嶺南節度使杜祐爲尚書右丞以容管經略使李復爲廣州刺史嶺南節度使蕃相尚結贊請改會盟之所於原州之土梨樹神策將馬有麟奏土梨地多險阸恐蕃軍隱伏不如平涼川其地坦平又近涇州乃改盟於平涼川十月東都河南江陵汴州揚州大水漂民廬舍閏月乙卯以國子司業裴胄爲潭州刺史湖南觀察使戊午陝虢

○李泌獻瑞麥一莖五穗庚申詔省州縣官員上州畱上佐録事參軍司戶司士各一員中州上佐録事參軍司戶司兵各一員下州上佐録事司戶各一員京兆河南兩府司録判司及四赤丞簿尉量畱一半諸赤畿縣畱令丞尉各一員時宰相張延賞請減官收俸料以助軍討吐蕃故也壬戌日有黑暈自辰及申方散癸亥以荊南節度使檢校戶部尚書嗣曹王臯爲襄州刺史山南東道節度襄鄧郢安隨唐等州觀察使以山南東道節度使樊澤爲江陵尹荊南[illegible]節度使辛未侍中渾瑊與吐蕃宰相尚結贊同盟于平涼爲蕃兵所刼瑊狼狽遁而獲免崔漢衡已下將吏陷沒者六十餘人癸酉遣使齎書以讓結贊蕃界不受戊寅枉矢墜于虛危辛巳以少府監盧嶽爲陝虢觀察使是月太白晝見凡四十餘日六月丙戌以檢校司徒侍中馬燧爲司徒兼侍中以贊吐蕃之盟失策而罷兵柄也以陝虢觀察使李泌爲中書侍郎平章事以左龍武將軍李自良爲檢校工部尚書太原尹河東節度使乙巳浙西觀察使白志貞卒是月吐蕃驅鹽夏二州居民焚其州城而去七月甲寅渾瑊自盟所來素服待罪釋之乙卯詔朕頃緣興師備邊費用不給遂權議減官以務集事近聞授官者皆已隨牒之任扶老携幼盡室而行俸禄未請歸還無所衣冠之弊流寓何依其先勅所減官員並依仍舊初既減員內外咨怨張延賞

李泌初入相乃諷諫官論之乃下此詔丙辰平涼陷蕃官員崔漢衡已下各與一子正員官以左羽林大將軍韓潭爲夏州刺史夏綏銀等州節度使壬申賜駱元光姓曰李元諒尚書左僕射同中書門下平章事張延賞薨贈太保癸酉復置吏部小選八月辛巳朔日有蝕之丁亥陷蕃兵部尚書崔漢衡得還己丑以兵部侍郎平章事柳渾爲散騎常侍罷知政事壬申以給事中王緯爲潤州刺史江西觀察使常州刺史劉贊爲宣州刺史宣歙池觀察使戊戌貶前門下侍郎同平章事蕭復爲太子左庶子饒州安置坐宗人位佩儒偲鼎等連郜國長公主蠱事也戊辰吐蕃犯塞諸軍戒嚴九月丁巳吐蕃大掠汧陽吳山華亭界民庶徙於安化峽西庚申左庶子崔造卒癸

○亥迴紇可汗遣使合闕將軍請昏於我許以咸安公主降之丙寅吐蕃陷華亭又陷涇州之連雲堡甲戌吐蕃退俘掠邠涇隴等州民戶殆盡自是蕃寇常至涇隴冬十月吐蕃修源州城屯據之丁亥太子太傅李叔明卒丙戌神策將魏循上言射生將韓欽緒等十餘人與資敬寺妖僧李廣弘同謀不軌廣弘自言當爲人主約十月十日大舉已署置將相名目詔捕劾之連坐死者百餘人欽緒遊瓌之子特赦之是月復降魚書停刺史務十一月丁丑以湖南觀察使趙憬爲給事中是夜京師地震者三鳥巢散落壬申禁商人不得以口馬兵械市於党項辛丑鄜坊節度使論惟明卒是歲作玄英觀於大明宮北垣

唐書本紀卷第十二

唐書本紀卷第十三

劉　昫　等修

聞人詮校刊沈桐同校

德宗下

貞元四年春正月庚戌朔上御丹鳳樓制曰朕以菲薄託於王公之上恭承天地之序虔奉祖宗之訓遐想至理思臻大和而誠不感物化不柔遠聲教猶鬱征賦仍繁頃者務於安人不憚屈已與西蕃結好申以齊盟而戎心不猒背義虧信劫脅士庶屢犯封疆元元何辜皆朕之失乃者輦轂之下兇狂結構上帝垂祐悉自伏誅刑以止殺誅非獲已今三陽布和萬物資始思與羣公兆庶惟新政理宜敷在宥之澤以覃作解之恩可大赦天下大辟已下罪咸赦除之是日質明含元殿前階基欄檻壞損三十餘間壓死衛士十餘人京師地震辛亥又震壬子又震壬戌以左龍武大將軍王西曜爲麟州刺史鄜坊丹延節度使丁卯京師地震戊辰又震庚午又震以宣武軍行營節度使劉昌爲涇州刺史四鎮北庭行軍涇原等州節度使癸酉京師地震甲戌以華州潼關節度使李元諒兼隴右節度使臨洮軍使乙亥地震金房尤甚江溢山裂廬舍多壞居人露處陳留雨木如大指長寸餘有孔通中下而植於地凡十里許辛巳李泌以京官俸薄請取中外給用除陌錢及闕官俸外一分職田額內官俸及刺史執刀司馬軍事等錢令戶部別庫貯之以給京官月俸令御史中丞竇參專掌之歲得錢三百萬貫謂之戶部別處錢朝臣歲不過五十萬常有二百餘萬以資國用壬午地震甲申又震乙酉又震丙申又震甲辰太僕郊牛生犢六足又豕生兩首四足築延喜門北複道屬永春門涇原劉昌復築連雲堡戊辰鹿入京師市門甲寅地震宴羣臣於麟德殿設九部樂內出舞馬上賦詩一章羣臣屬和己未地震丁卯有司條奏省官其左右常侍太子賓客請依前置四員從之庚午地震詔涇原劉昌於平涼會盟所收被害將士骸骨葬於淺水原爲二冢丘石娯志之題曰懷忠冢辛未地震中書省梧樹有鵲以泥爲巢癸

巳以太子左庶子暢悅爲桂管觀察使改左右射生爲左右神威軍福建兵亂逐觀察使吳詵丁未隴右李元諒築良原城丁巳右龍武統軍張伯儀卒辛酉以吉州刺史張庭爲安南都護本管經略使昇鄆州爲大都督府壬戌加置諫議大夫八員分中書四員爲右門下四員爲左檢校左庶子蕭復卒於饒州丙寅地震丁卯又震月犯歲星辛未太子賓客吳湊爲福建觀察使乙亥熒惑歲鎮三星聚營室凡二十日是月吐蕃寇涇邠寧慶鄜等州焚彭原縣邊將閉城自固賊驅人畜三萬計凡二旬而退吐蕃入寇以秋冬今盛暑而來華人陷蕃者道之也六月丁丑鄂岳觀察使李兼卒乙酉以尚書左丞杜祐爲陝州長史陝虢觀察使徵夏縣處士先除著作郎陽城爲諫議大夫城以褐衣詣闕上賜之章服而後召乙丑桂管都防禦觀察使暢悅卒乙未以諫議大夫何士幹爲鄂岳沔蘄黃等州都團練觀察使乙亥封皇子皇弟邕王諒等七人爲王兼卿監祭酒等官癸卯熒惑退行入羽林秋七月庚戌以左金吾將軍張獻甫爲邠寧節度使陳許防禦兵馬使韓全義檢校工部尚書充長武城及諸軍行營節度使癸丑邠寧軍因韓遊瓌受代憚張獻甫之嚴乘其無帥縱兵大掠仍脅監軍楊明義奏請范希朝爲帥都虞候楊朝晟斬其亂首二百餘人方定朝命仍以希朝副獻甫己未奚室韋寇振武軍壬戌詔以太尉中書令西平郡王李晟長子愿爲銀青光祿大夫太子賓客賜勳上柱國與晟門並列戟乙丑以前撫州刺史戴叔倫爲容州刺史兼御史中丞本管經略使丁丑以兵部尚書崔漢衡爲晉州刺史晉慈隰觀察使壬申詔嗣王郡王朝會班位在本官班之上左右庶子准令在左右丞侍郎之下諸司四品之上今在少卿之下非也宜改之乙亥以蘇州刺史孫晟爲桂州刺史桂管觀察使荆河自陝州至河陰水色如墨流入汴口至汴州一宿而復又汴鄭管內鳥皆入田緒李納之境銜柴爲城方十餘里高二三尺緒納惡而去之信宿復如之鳥口皆流血八月以權判吏部侍郎吉中孚爲中書舍人乙酉檢校司徒兼太子太師汧國公李勉薨甲午京師地震其聲如雷九

月丙午詔比者卿士內外左右朕躬朝夕公門勤勞庶務今方隅無事烝庶小康其正月晦日三月三日九月九日三節日宜任文武百寮選勝地追賞爲樂每節宰相及常參官共賜錢五百貫文翰林學士一百貫文左右神威神策等軍每廂共賜錢五百貫文金吾英武威遠諸衛將軍共賜錢二百貫文客省奏事共賜錢一百貫文委度支每節前五日支付永爲常式戊申晉慈隰觀察使崔漢衡加都防禦使名癸丑賜百寮宴於曲江亭仍作重陽賜宴詩六韻賜之群臣畢和上品其優劣以劉太真李紓爲上等鮑防于邵爲次等張濛殷亮等二十人又次之唯李晟馬燧李泌三宰相之詩不加優劣庚申吐蕃寇邠寧坊等州冬十月詔中書門下選常參官曾爲牧宰有理行者以名聞宰臣奏于頎董晉等十二人前任有治迹詔頎等於左右丞聽各言政要左右丞條奏上乃御宣政殿親試其言而後用之丙戌以右神策將軍李長榮爲河陽三城懷州團練使仍賜名元戊子迴紇公主將妻媵六十餘人馬二千匹來迎咸安公主命刑部尚書關播送公

主歸蕃十二月辛巳少府監李觀卒

五年春正月壬辰朔乙卯詔四序嘉辰歷代增置漢崇上巳晉紀重陽或說禳除雖因舊俗與衆共樂咸合當時朕以春方發生候及仲月勾萌畢達天地和同俾其昭蘇宜助暢茂自今宜以二月一日爲中和節以代正月晦日備三令節數內外官司休假一日宰臣李泌請中和節日令百官進農書司農獻穜稑之種王公戚里上春服士庶以刀尺相問遺村社作中和酒祭勾芒以祈年穀從之丁卯右散騎常侍宜城縣子柳渾卒二月己丑貶京兆尹鄭叔則爲永州長史戊戌以滄景留後程懷直爲滄景觀察使庚子以大理卿董晉爲門下侍郎同中書門下平章事以御史中丞竇參爲中書侍郎平章事兼轉運使以戶部侍郎班宏爲戶部尚書依前度支轉運副使三月甲辰中書侍郎同平章事李泌卒乙卯以兵部郎中姚南仲爲御史中丞司農卿薛珏爲京兆尹以大理卿李速爲黔州刺史黔州觀察使癸亥以資州刺史龐復爲安南都護本管經略使丙寅貶禮部侍郎劉太真爲信州刺史以給事中杜黃裳爲河南尹戊辰詔以李懷光外孫燕八八爲左衛率府冑曹參軍賜姓名曰李承緒仍賜錢千貫俾自營居業夏四月乙未以太子少師蕭昕爲工部尚書致仕給半祿料永爲常式初致仕官只給半祿無料上加之以待老臣半料自昕始也五月戊辰宋州麥一莖九岐者百餘本六月乙未以光祿卿裴腆爲桂管觀察使秋七月以嗣滕王湛然爲太子賓客入迴紇使八月辛未以同州刺史竇頴爲戶部侍郎九月壬戌詔以褚遂良已下至李晟等二十七人圖形於凌煙閣以繼國初功臣之像冬十月丙午西川韋皐奏與東蠻合力大破吐蕃於故巂州擒其將藏遮遮自是吐蕃挫銳竟復巂州庚午百寮請復徽號不允己丑易定節度使檢校司空平章事張孝忠以擅出兵襲蔚州降檢校司空爲左僕射桂管觀察御史中丞孫晟卒癸巳以戶部侍郎竇覦爲揚州長史兼御史大夫淮南節度使十二月庚午迴紇汨咄祿長壽天親毗伽可汗卒辛未以淮南節度使杜亞爲東都留守畿汝州都防禦

使兵部侍郎裴諝爲河南尹司農卿李翼爲陝虢都防禦觀察使壬申以陝虢觀察使杜祐檢校禮部尚書兼揚州長史淮南節度使

六年春正月戊辰朔戊申大雪二月戊辰朔百寮會宴於曲江亭上賦中和節羣臣賜宴七韻是日百寮進兆人本業三卷司農獻黍粟各一斗岐州無憂玉寺有佛指骨寸餘先是取來禁中供養乙亥詔送還本寺丙戌以中書舍人陸贄權兵部侍郎甲午以吏部侍郎劉滋爲吏部尚書丁酉王武俊守棣州將趙鎬以郡歸李納武俊怒以兵攻之三月庚子百寮宴于曲江亭上賦上巳詩一篇賜之壬寅渾瑊自河中來朝戊午牂牁蠻來朝甲子以旱日色如血無光夏四月甲辰大風雷閏月庚申太白辰星聚東井戊午始雨五月丙寅朔上御紫宸受朝上以是月一陰生臣子道長父子必以是朔面焉故取朔日受朝壬午以寧州刺史范希朝爲單于大都護麟勝節度使是夏淮南浙東西福建等道旱井泉多涸人渴乏疫死者衆秋七月丙寅淮南節度使竇覦卒癸酉復嗥親王母曰太妃公主母曰太儀八

月丁未工部尚書致仕鮑防卒九月乙丑收諸道進奏院官印悉毀之己卯詔十一月八日有事於南郊太廟行從官吏將士等一切並令自備食物其諸司先無公廚者以本司闕職物充其王府官度支量給廩物其儀仗禮物並仰御史撙節處分冬十月己亥文武百寮京城道俗抗表請徽號上曰朕以春夏亢旱粟麥不登朕精誠祈禱獲降甘雨既致豐穰告謝郊廟朕尚因禋祀而受徽號是有爲爲之勿煩固請也辛亥迴紇弔祭使鴻臚卿郭降復命迴紇遣達北勒梅録將軍來告九姓迴紇登里邏没密施俱録忠貞毗伽可汗之喪十一月庚午日南至上親祀昊天上帝於郊丘禮畢還宮御丹鳳樓宣赦見禁囚徒減罪一等立仗將士及諸軍兵賜十八萬段匹今後刺史縣令以四考爲限青州李納以棣州還王武俊并其兵士三千是歲吐蕃陷我北庭都護府節度使楊襲古奔西州迴紇大相頡干迦斯紿襲古請合軍收復北庭乃殺襲古安西因是阻絶唯西州猶固守之迴紇亦爲吐蕃所逼取浮圖川乃遷部落羊馬於牙帳之南以避之

七年春正月壬戌朔己巳襄王僙薨庚辰以湖南觀察使裴胄爲洪州刺史江西觀察使以常州刺史李衡爲潭州刺史湖南觀察使蔡州置汝南縣黑衣大食遣使朝貢以中書舍人韓皐爲御史中丞二月己巳涇原帥劉昌復築平涼城城去故原州一百五十里本原之屬縣地當禦戎之衝要昌復浹辰而功畢分兵戍之邊患稍弭庚子侍中渾瑊自河中來朝三月辛酉陳許節度使曲環奏請權停當道冗官待一二年後民力稍給則復之壬戌左龍武統軍戴休顏卒甲子涇原節度使劉昌築胡谷堡改名彰義堡堡在平涼西三十五里亦禦戎之要地壬申詔頃來賜衣文彩不常非制也朕今思之宜有定制節度使宜以鶻銜綬帶觀察使宜以鴈銜威儀威儀瑞草也關輔牛疫死十亡五六上遣中使以諸道兩稅錢買牛散給畿民無牛者辛巳詔神威神策六軍將士自相訟軍司推劾與百姓相訟委府縣推劾小事移牒大事奏取處分軍司府縣不得相侵癸未義武軍節度使檢校司空平章事張孝忠卒夏四月庚子太子少師致仕蕭昕卒汴州獻白烏戊午詔仲夏之時萬物敷暢陽德方茂陰事始承昔者觀　法象因天地交會之序爲父子相見之儀公習成風古今不易王者制事在於因人酌其情而用中順其俗以爲禮咸覩之義既行於父子之間資事之情豈隔於君臣之際申恩卿士自我爲初起今年五月朔御正殿召見　文武百官外官因朝奏咸聽就列仍編禮式以爲常典己未安南首領杜英翰叛攻都護府都護高正平憂死五月庚申朔上御宣政殿見百官從新制也辛未置柔遠軍爲安南都護府甲申端王遇薨許州獻白烏戊子以衡州刺史齊映爲桂管觀察使六月庚子朔乙巳太常卿崔縱卒秋七月庚午以信州刺史鄭叔則爲福建觀察使癸酉上幸章敬寺賦詩九韻皇太子與群臣畢和題之寺壁戊寅以邕王諒爲義武軍節度使易定觀察等大使以定州刺史張昇雲爲留後庚辰以虔州刺史趙昌爲安南都護經略招討使八月己丑以翰林學士歸從敬爲工部尚書甲午給事

中鄭瑜爲中書舍人丙申貶宗正卿李翰爲雅王傅翰林學士陸贄爲兵部侍郎罷學士庚戌夏州奏開延化渠引烏水入庫狄澤溉田二百頃九月庚申兵部尚書致仕馬炫卒冬十月癸丑每御延英令諸司官長二人奏本司事壽又勑常參官毎一日二人引對訪以政事謂之巡對十一月乙丑令常參官趨朝入閤不得奔走周親已下喪者禁慘服朝會須服本色綾袍金玉帶丁酉以前福建觀察使吳湊爲陝州長史陝虢觀察使是冬無雪

八年春正月丙辰朔癸酉罷桂管經略招討使二月丁亥許州人李狗兒持杖入含元殿擊欄檻又格擒者誅之庚子京師雨土己酉吏部尚書李紓卒乙丑山南東道節度使檢校戸部尚書嗣曹王皐薨庚午宣武軍節度使司徒平章事劉玄佐卒癸酉劍南西川節度使韋皐奏請有當道閑員官吏增其俸禄從之己亥以湖南觀察使李衡爲洪州刺史江西觀察使襄州軍亂掠府庫民財殆盡都將徐誠斬其亂首楊清潭方止丙子以荆南節度使樊澤爲襄州刺史

山南東道節度使以江西觀察使裴胄爲江陵尹荆南節度使以戶
部尚書班宏判度支戶部侍郎張滂爲諸道鹽鐵轉運使己卯以陝
虢觀察使吳湊爲汴州刺史宣武軍節度汴宋等州觀察使辛巳以
同州刺史姚南仲爲陝虢觀察使壬午以左庶子李充爲京兆尹以
蘇州刺史齊抗爲潭州刺史湖南觀察使夏四月丁丑貶左金吾大將
軍嗣虢王則之爲昭州司馬左諫議大夫知制誥吳通玄爲泉州司
馬給事中竇申道州司馬戊子以雅王傅李翰爲金吾衛大將軍翰
前爲竇參所惡貶官至是參敗上遽召翰口授將軍使令金吾仗上
事翌日除書方下庚寅以汴州長史劉士寧爲汴州刺史宣武軍節
度使時吳湊行次汜水聞其有變而還乙未貶中書侍郎平章事竇
參爲郴州別駕竇申景州司戶尋杖殺申諸竇皆貶以尚書左丞趙
憬兵部侍郎陸贄爲中書侍郎同中書門下平章事丁酉韋皐請十
二而稅以給官吏從之丙午以東都河南淮南江南嶺南山南東道
兩稅等物令戶部侍郎張滂主之以河內河東劍南山南西道等財

○戶部尚書判度支班宏主之一遵大曆故事如劉晏韓滉分掌焉給
事中常夏卿左遷常州刺史坐交諸竇也是月吐蕃寇雲州五月乙
卯朔上御宣政殿受朝丙辰初增稅京兆青苗畮三錢以給掌閑
彍騎戊午以光祿少卿崔穆爲黔州觀察使己未大風吹壞廬舍門
關丙寅以大理卿王胡爲福建觀察使戊辰初令授臺省官者各具
舉主於授官詔先是郎官缺左右丞舉之御史缺大夫中丞舉之詔
書不具所舉及趙憬陸贄爲相諫議郎官不宜專於左右丞宜令尚
書丞郎各舉其可詔書具所舉官名御史亦如之異日考殿最以舉
主能否從之癸酉平盧淄青節度使檢校司徒平章事李納卒癸未
前太僕少卿劉士幹有罪賜死劉玄佐養子也六月吐蕃寇涇州秋
七月甲寅朔戶部尚書判度支蕭國公班宏卒以管桂觀察使齊映
爲洪州刺史江西觀察使以翰林學士歸崇敬爲兵部尚書致仕辛
巳大雨八月乙丑以天下水災分命朝臣宣撫賑貸河南河北山南
江淮凡四十餘州大水漂溺死者二萬餘人辛卯以青州刺史李師

古爲鄆州大都督府長史平盧淄青等州節度觀察海運陸運押新
羅渤海兩蕃等使丁未詔以歲凶罷九月賜宴九月丁巳韋皐攻吐
蕃之維州獲蕃將論莽熱以獻貶太子賓客于邵江州別駕尋卒乙
亥以太子賓客薛珏爲嶺南節度使冬十月己亥追封故皇弟遐爲
均王庚戌復命金吾置門籍十一月壬子朔日有蝕之己巳貶右庶
子姜公輔泉州別駕嚴震奏破吐蕃於芳州壬申詔自今死刑勿決
先杖十二月庚寅詔賜遭水縣乏絕戶米三十萬石丁未以給事中
李巽爲潭州刺史湖南觀察使閏月癸酉門下省奏郵驛條式應給
紙券除門下外諸使諸州不得給往還券至所詣州府納之別給俾
還朝常參官在外除授及分司假寧往來並給券從之甲戌牂牁室
韋靺鞨皆遣使朝貢
九年春正月庚辰朔朝賀畢上賦退朝觀仗歸營詩乙酉劍南東川節
度使王叔邕來朝癸卯初稅茶歲得錢四十萬貫從鹽鐵使張滂所
奏茶之有稅自此始也甲辰禁賣劍銅器天下有銅山任人採取其

○銅官買除鑄鏡外不得鑄造二月庚戌朔先是宰相以三節大宴府
縣有供帳之弊請以宴錢分給各令諸司選勝宴會從之是日中和
節宰相宴于曲江亭諸司隨便自是分燕焉易定留守張昇雲爲義
武軍節度使辛酉詔復築鹽州城貞元三年城爲吐蕃所毀自是塞
外無保障犬戎入寇既成之後邊患息焉三月己亥以駕部郎中知
制誥張式爲虢州刺史夏四月辛酉地震有聲如雷河中關輔尤甚
壞城壁廬舍地裂水涌五月庚申廢諸州府執刀甲辰以義成軍節
度使檢校右僕射賈耽爲左僕射同中書門下平章事以尚書左丞
盧邁本官同平章事以鄭州刺史李融爲滑州刺史義成軍節度使
乙巳韋皐奏遣軍出西山破吐蕃峨和城定兼城通鶴軍凡平壁五
十餘所是日以蕃俘器杖來獻丙戌以門下侍郎平章事董晉爲禮部
尚書罷知政事甲寅加韋皐檢校右僕射以司農少卿裴延齡爲戶部
侍郎判度支庚申以給事中李衡爲戶部侍郎諸道鹽鐵轉運使秋
七月乙未勅縣令以四考爲限無替者宜至五考庚子以信州刺史孫

公器爲邕管經略使故事宰相秉筆決事每人十日一易至是賈耽趙憬陸贄盧邁同平章政事百寮有所關白更相讓而不言始詔令旬日秉筆後詔每日更秉筆劒南西川羌女國王湯立志哥鄰王董卧庭白狗王羅陀忩弱水王董避和逋租王弟鄧吿知南水王姪尚悉曩等六國君王自來朝貢六國初附吐蕃韋皐出西山討吐蕃故六蠻內附各授官勑遣之八月庚戌太廟中書令西平郡王李晟薨贈太師廢朝五日巳巳皇太子長男廣陵王淳納妃郭氏九月巳卯罷九日宴以太師晟喪也冬十月巳酉侍中馬燧對于延英燧足疾詔令不拜行仆於地命宦者扶持之上謂之曰前日卿與太尉晟俱來今公獨至因獻欷泣下及燧退上送及階癸酉環王國獻犀牛上令見于太廟十一月乙酉日南至上親郊圜丘是日還宮御丹鳳樓制曰朕以寡德祇膺大寶勵精理道十有五年夙夜惟寅罔敢自逸小大之務莫不祗勤皇靈懷顧宗社垂祐年穀豐阜荒服會同遠至邇安中外咸若永惟多祐實荷玄休是用虔奉禮章躬薦郊廟克展因

心之敬獲申報本之誠慶感滋深悚惕惟勵大福所賜豈獨在予思與萬方均其惠澤可大赦天下辛卯華州潼關鎭國軍隴右節度使李元諒卒於良原以其部將阿史那叙統元諒之衆戍良原壬寅河南尹東都留守裴諝卒甲辰冬制薦官宜令尚書丞郎於都堂訪以理術試時務狀考其通否及歷任考課事迹定爲三等幷舉主姓名仍令御史一人爲監試如授官後政事能否委御史臺觀察使以聞而殿最舉主十二月丙午朔制今後使府判官副使行軍巳下使罷後如是檢校試五品以上官不合集於吏部選任準罷使郎官御史例冬季聞奏丙辰宣武軍亂逐節度使劉士寧壬戌以通王諶爲宣武軍節度使以宣武軍節度使副使李萬榮爲汴州刺史宣武軍節度汴宋等州觀察留後朔方靈鹽節度副大使太子少師檢校左僕射餘姚郡王杜希全卒

十年春正月乙亥朔乙酉以虔王諒爲朔方靈鹽豐節度大使以朔方等道行軍司馬李欒爲留後壬辰南詔異牟尋大破吐蕃於神川使來獻捷巳亥昭義節度使檢校司空平章事李抱眞請降官乃授檢校左僕射時抱眞病巫祝言宜降爵故有是請二月丙午以瀛州刺史劉澭爲秦州刺史隴右經略軍使理普潤縣仍以普潤軍爲名乙卯以給事中齊抗爲河南尹乙丑義成軍節度使鄭滑觀察使李融卒丁卯詔君臣之際義莫重焉每聞薨殂良深悼惻應文武朝臣薨卒者其月俸料宜全給仍更准本官一月俸料以爲賻贈三月乙亥黃霧四塞日無光以華州刺史李復爲滑州刺史義成軍節度使滄州程懷直來朝賜安業坊宅妓一人復令還鎭庚辰南詔異牟尋攻收吐蕃鐵橋巳東城壘一十六擒其王五人降其民衆十萬口壬申以同州刺史盧徵爲華州刺史潼關防禦鎭國軍等使辛丑以延州刺史李如暹所部蕃落賜名曰安塞軍以如暹爲軍使夏四月戊辰地震癸丑復震恒州奏見巨人迹以雲南告捷使高細龍爲左武衛將軍是月太白晝見有大鳥飛集宮中食雛骨是春霖雨罕有晴日六月壬寅朔昭義軍節度使檢校左僕射同中書門下平章事義

陽王李抱眞卒詔以其將王延貴權知昭義軍事癸丑以祠部郎中袁滋兼御史中丞爲冊南詔使甲寅以辰州刺史房孺復爲容管經略使丙寅韋皐奏西山峨和城擊破吐蕃城柵斬首二千八百級庚午度支使裴延齡兼靈鹽等州鹽池井権使辛未晦有水鳥集於左藏庫是夜暴雨大風折木秋七月壬申朔以邕王諒爲昭義軍節度使以昭義軍押衙王延貴爲路府左司馬充昭義節度留後賜名虔休抱眞別將權知洺州事元誼不悅虔休爲留後據洺州叛陰結田緒庚辰賜南詔異牟尋金印銀窠其文曰貞元冊南詔印先是吐蕃以金印授南詔韋皐因其舊而請之汴州軍亂攻節度留後李萬榮不勝而潰萬榮悉捕斬其孥巳亥前汴州節度使劉士寧宜於郴州安置欽州守鎭黃少卿叛攻邕管經略使孫公器又陷欽橫潯貴等州吐蕃大將論乞髯陽沒藏悉諾硉以其家內附授歸義將軍因置四品巳下武官以授四夷歸附者仍定懷化大將軍巳下俸錢九月辛未朔以袁州刺史董頲爲邕管經略使戊子賜百寮九日宴上賦

詩賜之辛卯南詔獻鐸槊浪人劍吐蕃印八紐戊戌定州張雲昇昳
名莪昭冬十月癸卯御宣政殿試賢良方正能直言極諫等舉人壬
戌刑部尚書劉滋卒十一月乙酉諸道鹽鐵轉運使張滂爲衛尉卿
以浙西觀察使王緯爲諸道鹽鐵轉運使庚寅秘書監致仕穆寧卒
十二月庚子朔壬戌貶中書侍郎平章事陸贄爲太子賓客
十一年春正月庚午朔乙亥嶺南節度使薛珏卒乙未以秘書少監
王䕫爲黔中經略觀察使衛尉少卿武少儀爲邕管經略使丙申以
邕管經略使王鍔爲廣州刺史嶺南節度使二月癸卯以衢州刺史
李若初爲福建觀察使乙巳冊渤海大欽茂之子嵩爲渤海郡王忽
汗州都督乙卯於涇州彰信堡置潘原縣甲子九姓迴紇骨咄祿毗
伽奉誠可汗卒三月庚午司徒兼侍中馬燧以疾請罷侍中不許辛
未賜宰臣兩省供奉官宴於曲江亭乙丑以吏部侍郎鄭瑜爲河南淮
南水陸轉運使丙申諸州準例薦隱居丘園不求聞達蔡廣成等九
人各受試官令給公乘到京日量才叙用夏四月旱壬戌貶太子賓
。　　　　（唐紀十三）　　　　十二
客陸贄爲忠州別駕京兆尹李元信翀史衛尉卿張滂汀州長史癸
亥以兵部侍郎韓臯爲京兆尹甲子賜南詔勅書始列中書三官奉
宣行復舊制也丙寅幽州劉濟奏大破奚王啜刺等六萬餘衆五月
丁卯朔庚午命有司慮囚旱故也丁丑以宣武留後李萬榮爲汴州
刺史宣武節度副使知節度事以昭義軍節度留後王虔休爲潞州
大都督府長史昭義軍節度副大使知節度事管內度支營田潞澤
磁邢洺觀察使又以朔方留後李欒爲靈州大都督府長史朔方靈
鹽豐夏四州受降定遠城天德軍節度副大使知節度事管內度支
營田觀察押蕃落等使甲申河東節度使檢校工部尚書太原尹李
自良卒庚寅遣使冊九姓迴紇騰里羅羽録没密施合胡六骨咄祿
毗伽懷信可汗癸巳以通王諶爲河東節度使以河東行軍司馬李
説爲河東節度營田觀察留後北都副留守甲午初鑄河東監軍印
監軍有印自王定遠始也六月河陽獻白烏甲辰晉慈隰觀察使崔
漢衡卒癸丑以絳州刺史姚齊梧爲晉慈隰都防禦觀察使秋七月

丙寅朔右諫議大夫陽城爲國子司業河東監軍王定遠配流崖州坐
專殺也辛卯江西觀察使洪州刺史齊映卒八月辛亥司徒兼侍中
北平郡王馬燧薨贈太傅丙辰以楚州刺史路寰爲洪州刺史江西
觀察使閏月己丑國子司業裴澄表上乘輿月令十二卷理典十二
卷九月己卯賜宰臣兩省供奉官宴於曲江賦詩六韻賜之丁巳加
韋臯統押近界諸蠻及山西八國雲南安撫等使滄州大將程懷信
逐其帥程懷直冬十月丁丑以虔王諒爲橫海軍節度大使以兵馬
使程懷信爲留後十一月丙申日南至不受朝賀以司徒馬燧葬也
辛丑太常定馬燧謚曰景武上曰景太祖謚改莊武可也己酉潭州
獻赤烏十二月戊辰上獵苑中戒多殺止行三驅之禮勞士而還
十二年春正月甲午朔庚子元誼李文通率洺州兵五千民五萬家
東奔田緒壬子以前滄州節度使程懷直爲左龍武統軍乙丑成德
軍節度使檢校司徒兼侍中渾瑊兼中書令興元節度使嚴震魏博
田緒西川韋臯並加檢校左右僕射同中書門下平章事於是方鎮
。　　　　（唐紀十三）　　　　十三
皆叙進兼官上制貞元廣利藥方五百八十六首頒降天下三月癸
巳朔甲午韋臯奏收降蠻七千戶得吐蕃所賜金字告身五十五片
乙巳以戶部侍郎裴延齡爲戶部尚書戊申以兵部尚書董晉充東
都留守判東都尚書省東畿汝州都防禦使四月壬戌朔戊辰左右
十軍使奏去年冬車駕幸諸營欲於銀臺亭子門外立碑以紀聖迹
從之庚午魏博節度使度支營田觀察使檢校左僕射平章事魏州
長史駙馬都尉鴈門郡王田緒卒庚辰上降誕日命沙門道士加文
儒官討論三教上大悅五月辛卯朔丙申邠寧節度使張獻甫卒甲
辰以邠寧都虞候楊朝晟爲邠州刺史邠寧慶節度使銀夏節度使
韓潭讓所授禮部尚書乞雪崔寧許其家收葬丁巳駙馬郭曖王士
平曖弟煦暄坐代宗忌辰飲宴貶官歸第六月壬戌故驩州司戶竇
參許其家收葬乙丑初置左右護軍中尉監中護軍監以授宦官以左
右神策軍使竇文場霍僊鳴爲左右神策護軍中尉監以左右神威
軍使張尚進焦希望爲左右神威中護軍監李邑宣歙觀察使宣州刺

史劉贊卒七月乙未以東都留守兵部尚書董晉檢校左僕射同中書門下平章事汴州刺史宣武軍節度使宋亳潁觀察使時李萬榮病萬榮子迺自署爲兵馬使軍人又逐迺汴州亂故命董晉帥之以太子賓客王翃爲東都留守判東都尚書省事東畿汝都防禦使是日汴州節度使李萬榮卒八月辛未朔日有蝕之己巳以前魏博節度副使田季安爲魏州長史魏博節度觀察等使庚午增修望仙門廣夾城十王宅六王宅癸酉以虢州刺史崔衍爲宣歙池觀察使以乞髯子湯忠義爲歸德軍丙子以汝州刺史陸長源爲宣武行軍司馬丙戌門下侍郎平章事趙憬薨九月甲午以河東行軍司馬李景略爲豐州刺史天德軍豐州西受降城都防禦使丙午戶部尚書判度支裴延齡卒庚戌幸魚藻宮即日還内壬子吐蕃寇慶州冬十月壬戌詔以京畿旱放租稅甲戌諫議大夫崔損給事中趙宗儒並同中書門下平章事俱賜金紫以少府監崔穆爲晉州刺史晉慈隰觀察使十一月辛卯昭義王虔休造誕聖樂曲以獻十二月己未大雪

○平地二尺竹栢多死環王國所獻犀牛甚珍愛之是冬亦死上著刑政箴一首癸未迴紇南詔劍南西山國女國王並來朝賀

十三年春正月戊子朔庚寅太子少師致仕關播卒壬寅吐蕃贊普遣使修好塞上以聞上以犬戎負約不受其使東都尚書省火二月丁巳賜宰臣兩省供奉官宴於曲江亭乙亥度支郎中蘇弁爲戶部侍郎判度支兵部郎中王召判戶部三月戊子造會慶亭於麟德殿前乙巳以福建都團練使李若初爲明州刺史浙東觀察使以婺州刺史柳冕爲福建觀察使夏四月壬戌上幸興慶宮龍堂祈雨乙丑大雪庚午義成軍節度使鄭滑觀察營田檢校左僕射滑州刺史李復卒己卯以大理卿于頔爲陝州長史陝虢觀察使庚辰以陝虢都防禦觀察轉運等使姚南仲爲滑州刺史義成軍節度鄭滑觀察使五月丙戌朔韋皐收復巂州畫圖來上壬子以庫部郎中翰林學士鄭餘慶爲工部侍郎知吏部選事六月己卯朔以衛州刺史陳雲爲邕管經略使辛巳引龍首渠水自通化門入至太清宮前壬午韋皐奏於巂州破吐蕃生擒大籠官士人馬畜器械不可勝紀秋七月丙戌宰相盧邁請告累月四表避相位是日命宰臣問疾於盧邁私第己丑右神策中尉霍仙鳴病賜馬十四令於諸寺齋僧壬辰浚湖渠魚藻池深五尺乙未地震甲辰以兵部郎中判戶部　王召爲戶部侍郎乙丑詔令後嗣王薨葬所司並供鹵簿永爲常式八月丁巳詔京兆尹韓皐修昆明池石炭賀蘭兩堰兼湖渠壬午容管經略使房孺復卒九月己丑盧邁懇讓相位乃授太子賓客辛卯九日宴宰臣百官於曲江上賦詩以賜之己未江西觀察使路應卒甲辰陞定州爲大都督府以湖南觀察使李巽爲江州刺史江西觀察使以禮部侍郎呂渭爲潭州刺史湖南觀察使冬十月癸丑朔以前滁州刺史房濬爲容管經略使丙辰黔中觀察使奏溪州人戶訴被前刺史魏從琚於兩稅外每年加進朱砂一千觔水銀二百馱戶民疾苦請停從之淮南吳少誠擅開淘刁河汝河詔使不能禁癸酉宰相賈耽以疾避相位不允丁丑徐泗節度使張建封來朝上嘉之次日於延英召對

○癸巳贈太傅馬燧祔廟命所司供少牢祭仍給鹵簿從宅至廟十二月庚辰右龍武統軍韓遊瓌卒

十四年春正月壬午朔庚寅詔諸道州府應貞元八年至十一年兩稅及搉酒錢在百姓復内者總五百六十萬七千貫並除放甲午勑比來朝官或相過從金吾皆上聞其間如是親故或嘗同寮伏臘歲時須有還往亦人倫常禮今後不須奏聞因張建封奏議也二月壬子朔戊午上御麟德殿宴文武百寮初奏破陣樂徧奏九部樂及宮中歌舞妓十數人列於庭先是上制中和樂武曲是日奏之日宴方罷比詔二月一日中和節宴以雨雪改用此日上又賦中春麟德殿宴群臣詩八韻羣臣頌賜有差乙亥賜光蔡節度曰彰義軍三月丙申右神策行營節度鳳翔隴右觀察使檢校尚書右僕射鳳翔尹邢君牙卒以右神策將軍張昌爲鳳翔尹右神策行營節度鳳翔隴右節度使仍改名敬則夏四月乙丑以左諫議大夫平章事崔損爲修奉八陵使先是昭陵寢殿爲火所焚至是獻昭乾定泰五陵各造屋三

百八十間橋元建三陵壖闕補造五月庚辰朔甲午前東都留守東畿汝都防禦使檢校吏部尚書杜亞卒丙午戶部侍郎判度支蘇弁爲太子詹事上待召度支郎中于頔于延英兼御史中丞賜金紫令判度支閏月庚申以左神策行營節度韓全義爲夏州刺史兼鹽夏綏銀節度使以代韓潭甲子貶太子詹事蘇弁爲汀州司戶兄贊善大夫衮爲永州司戶前京兆府士曹晁爲信州司戶六月癸卯太子賓客盧邁卒乙巳以旱儉出太倉粟賑貸秋七月以吉州刺史杜春爲邕管經略使乙卯貶京兆尹韓皐爲撫州司馬召右金吾將軍吳湊于延英面授京兆尹即令入府視事是夏熱甚壬申以給事中同中書門下平章事趙宗儒爲太子左庶子以左諫議大夫平章事崔損爲門下侍郎平章事以工部侍郎鄭餘慶爲中書侍郎同平章事左神策護軍中尉霍僊鳴卒丁丑以宦者第五守亮代僊鳴爲中尉已卯左右神策置統軍品秩奉給視六軍統軍例甲午崔損修奉八陵寢宮畢群臣於宣政殿行稱賀江西觀察使潤州刺史王緯卒九

月丁未朔己酉山南東道節度使檢校尚書右僕射襄州刺史樊澤卒乙卯以同州刺史崔宗爲陝州大都督府長史陝虢觀察水陸轉運使以浙東觀察李若初爲潤州刺史浙西觀察使及諸道鹽鐵轉運使又以常州刺史裴肅爲越州刺史浙東觀察使丙辰以陝虢觀察使于頔爲襄州刺史山南東道節度使丁卯杞王倕薨以太常卿杜確爲同州刺史本州防禦長春宮使癸酉諫議大夫田登奏言兵部武舉人持弓挾矢數千百人入皇城恐非所宜上聞之瞿然乃命停武舉冬十月癸酉以歲凶穀貴出太倉粟三十萬石開場糶以惠民庚子夏州韓全義奏破吐蕃鹽州十一月己未韋皐進開西南蠻事狀十卷叙開復南詔之由十二月戊子太子少師致仕郢國公韋倫卒癸酉出東都含嘉倉粟七萬石開場糶以惠河南饑民己亥南詔異牟尋遣使賀正旦明州鎮將栗鍠殺刺史盧雲

十五年春正月丙午朔甲寅雅王逸薨甲戌浙西觀察使李若初卒二月罷中和節宴會年凶故也丁丑宣武軍節度使檢校左僕射平章事汴州刺史董晉卒乙酉以行軍司馬陸長源檢校禮部尚書汴州刺史御史大夫宣武軍節度使度支營田汴宋亳潁節察等使以常州刺史李錡爲潤州刺史浙西觀察使及諸道鹽鐵轉運使是日汴州軍亂殺陸長源及節度判官孟叔度丘潁軍人臠而食之監軍俱文珍以宋州刺史劉逸準久爲汴之大將以書招之俾靜亂乙丑以宋州刺史劉逸準檢校工部尚書兼汴州刺史宣武軍節度使仍賜名全諒乙未裴肅奏於台州擒粟鍠以獻斬於獨柳樹癸卯罷三月羣臣宴賞歲饑也出太倉粟十八萬碩糶於京畿諸縣三月甲寅吳少誠叛唐州殺監軍召國朝掠居民千餘而去丁巳以度支郎中兼中丞于頔爲戶部侍郎依前判度支戊午昭義軍節度使檢校工部尚書王虔休卒戊辰以河陽三城節度使李元爲潞州長史昭義軍節度澤潞磁邢洺觀察使以河陽節度押衙衛濟爲懷州刺史河陽三城懷州節度使辛未太子少師致仕于頎卒壬申於易州滿城縣置永清軍癸酉令江淮歲運米二百萬石雖有是命然歲運不過四十

萬石四月丁丑以久旱令陰陽人法術祈雨壬午內侍省加置內給事二員癸未以安州刺史伊慎爲安黃節度營田觀察使庚寅應京城內外諸軍縣鎮職員官見共五萬八千二百七十一人宜令每人賜粟一石乙未特進兵部尚書歸崇敬卒五月甲辰朔戊辰宗正卿嗣吳王巘薨六月己卯黔中觀察使御史中丞王礎卒癸巳山南西道節度使檢校尚書左僕射平章事嚴震卒秋七月乙巳以興州刺史興元都虞候嚴礪爲興元尹兼御史大夫山南西道節度度支營田觀察等使丙午故唐安公主賜謚曰莊穆公主賜謚自唐安始也丁未以王礎廢朝一日觀察使卒廢朝自礎始也戊午貶諫議大夫苗拯萬州刺史左拾遺李繁播州參軍以私議除拜嚴礪不當而無章疏而僞言累上疏故也鄭滑大水八月壬申朔丙申陳許節度使檢校尚書右僕射許州刺史曲環卒丁酉以洋州刺史韋士及爲黔中觀察使丙午以陳許兵馬使前陳州刺史上官涗爲許州刺史陳許節度使吳少誠謀逆漸甚陷臨潁進圍許州庚戌宣武軍節度使

檢校工部尚書汴州刺史劉全諒卒丙辰制吳少誠非次擢用授以節旄秩居端揆之榮任總列城之重期申報效奉我典章而秉心匪彝自底不類兇狡成性扇構多端擅動甲兵暴越封壤壽州茶園輒縱凌奪唐州詔使僭搆殺傷干犯國章罪在無赦朕以王者之德在乎好生人君之體務於含垢寧屈己以宥罪不殘人以興師以上稽宗社之威外抑忠賢之請庶有悛革尚議優容幸隣境之喪逞貪亂之志焚略縣邑殘暴吾民朕尤冀知非爲之忍耻亟頒恩命未許出師至乃攻逼許州肆其蠆毒恣行殺戮流害黎蒸惡稔禍盈人神同棄輿言致討實愜于懷宜令諸道各出師徒掎角齊進吳少誠在身官爵並宜削奪己巳自今中和重陽二節每節只禁屠一日辛酉以大理評事宣武軍都知兵馬使韓弘檢校工部尚書兼汴州刺史御史大夫宣武軍節度使冬十月己丑邕王謜薨吏部侍郎奚陟卒十一月乙巳冬至罷朝會兵興也壬子襄州于頔奏于朗山破淮南賊三千人十二月庚午朔方等道副元帥河中絳州節度使檢校司徒

兼奉朔中書令渾瑊薨乙未戰淮西賊於小溵河王師不利諸軍自潰丁酉以同州刺史杜確爲河中尹河中絳州觀察使

十六年春正月庚子朔乙巳恒冀定州許河陽四鎮之師與賊戰皆不利而退南詔獻奉聖樂舞曲上閱於麟德殿前二月己酉以左神策行營銀夏節度等使韓全義爲蔡州行營招討使陳許節度使上官涚副之己丑左龍武統軍程懷直卒己酉華州刺史潼關防禦鎮國軍使盧徵卒壬子以尚書右丞袁滋爲華州刺史潼關防禦鎮國軍使夏四月丁亥黔中知宴設吏傅近逐觀察使韋士宗己丑以昭義軍節度使姚南仲爲右僕射以權知新羅國事金俊邕襲祖開府檢校太尉雞林州都督新羅國王辛卯以義成軍行軍司馬盧羣爲滑州刺史兼御史中丞義成軍節度使壬申檢校兵部尚書京兆尹吳湊卒五月戊戌朔以雨罷朝庚戌韓全義與蔡賊將吳少誠戰於溵水南王師敗績徐泗濠節度使檢校尚書右僕射徐州刺史張建封卒壬子徐州軍亂不納行軍司馬韋夏卿迫建封子愔爲留後丙寅韋

士宗却入黔州丁卯以吏部侍郎顧少連爲京兆尹六月丙午鄆州李師古淮南杜祐並加同平章事以祐兼領徐泗濠節度以前虢州參軍張愔起復驍衛將軍兼徐州刺史御史中丞本州團練使知徐州留後秋七月湖南觀察使呂渭卒八月癸酉以河中尹王□爲潭州刺史湖南觀察使九月宥吳少誠駙馬都尉郭曖卒義成軍節度使盧羣卒丙午前太常卿裴郁卒戊辰以左丞李光素爲滑州刺史兼御史大夫義成軍節度使庚戌貶中書侍郎同中書門下平章事鄭餘慶爲郴州司馬戶部侍郎判度支于頔爲泉州司戶以戶部侍郎王召判度支以戶部郎中崔從質爲戶部侍郎癸酉吳少誠賊迫官軍溵水砦下營韓全義退保陳州諸軍散還本道官軍不振以河南少尹張式爲河南尹水陸轉運使庚申以太常卿齊抗爲中書侍郎同平章事癸亥以虔王諒爲徐州節度使張愔爲留後冬十月辛未興元嚴礪希監軍旨誣奏流人通州別駕崔河圖長流崖州賜死人士傷之吳少誠引兵歸蔡州上表待罪戊子詔雪吳少誠復其官

爵乙丑河東節度使檢校禮部尚書太原尹兼御史大夫北都留守李悅卒甲午以河東行軍司馬鄭儋檢校工部尚書太原尹河東節度使十一月癸卯泗州濠州宜隸淮南觀察使戊申以太府卿韋渠牟爲太常寺卿十二月戊寅罷吏部復考判官及禮部別頭貢舉

十七年春正月甲午朔甲寅韓全義自蔡州行營還詔歸鎮華州二月癸巳朔賜群臣宴於曲江亭上賦中和節賜宴曲江詩六韻賜之丁酉雨雹己亥雨霜戊申夜雷震雨雹庚戌大雨雪兼雹三月乙丑賜群臣宴於曲江亭己巳黔中觀察使韋士宗復爲三軍所逐癸酉衢州刺史鄭式瞻進絹五千匹銀二千兩上曰式瞻犯贓已詔御史按問所進宜付左藏庫丁丑省天下州府別駕司馬田曹參軍京兆河南太原三府外諸府判司雙曹者省一夏四月丁未始命駙馬及郡縣王壻無子者養男不用毋蔭辛亥以諫議大夫裴佶爲黔中觀察使五月壬戌朔日有蝕之乙酉邠寧節度使檢校工部尚書邠州刺史楊朝晟卒丙戌以工部侍郎趙植爲廣州刺史兼御史大夫嶺南

節度使六月戊戌以定平鎭兵馬使李朝寀檢校工部尚書兼邠州
刺史朔方邠寧慶節度使以中官楊志廉爲右神策護軍中尉浙西
人崔善貞詣闕上書論浙西觀察使李錡罪狀上覽奏不悅令械善
貞送於李錡錡爲鑿坑待善貞旣至和械推而埋之由是錡恣横叛已
酉以邠寧兵馬使高固爲邠州刺史兼御史大夫邠寧慶節度使丁
巳成德軍節度使恒冀深趙德棣觀察等使恒州大都督府長史檢
校太尉中書令瑯琊郡王王武俊薨贈太師謚曰忠烈秋七月戊寅
吐蕃寇鹽州辛巳以前成德軍節度副使檢校工部尚書知恒府事
清河郡王王士眞起復授恒州長史充成德軍節度使乙酉太常卿
韋渠牟卒巳丑吐蕃陷麟州殺刺史郭鋒毁城壘而去八月戊午以
河東行軍司馬嚴綬檢校工部尚書兼太原尹御史大夫河東節度
使九月壬戌韋皐奏大破吐蕃於雅州戊辰群臣宴曲江上賦九日
賜宴曲江亭詩六韻賜之丁丑禮部尚書李齊運卒冬十月加韋皐
檢校司徒中書令封南康郡王賞破吐蕃功也戊午鹽州刺史杜彥
。

先委城奔慶州辛未宰相賈躭上海内華夷圖及古今郡國縣道四
夷述四十卷甲戌翰林待詔戴少平死十六日復生庚戌以京兆尹
顧少連爲吏部尚書以吏部侍郎韋夏卿爲京兆尹淮南節度使杜
祐進通典凡九門共二百卷
十八年春正月戊午朔大雨雪罷朝賀乙丑驃國王遣使悉利移來
朝貢幷獻其國樂十二曲與樂工三十五人乙亥韋皐以所擒蕃相
論莽熱來獻庚辰以常州刺史賈全爲越州刺史浙東觀察使二月
戊子朔賜群臣宴於馬璘之山池三月癸未以劍南東川行軍司馬
李康爲梓州刺史兼御史大夫劍南東川節度使乙丑賜宴群臣於
馬璘之山池巳巳以蘄州刺史鄭紳爲鄂州刺史鄂岳蘄沔觀察使
癸酉以浙東團練副使齊總爲衢州刺史總以横賦進奉希恩給事
中許孟容封還制書丙戌以河中行軍司馬鄭元爲河中尹兼御史
大夫河中絳節度使五月癸亥以竇群爲左拾遺庚辰以祠部員外
郎裴泰爲檢校兵部郞中充安南都護本管經略使六月癸巳以吏

部尚書顧少連爲兵部尚書東都留守東都畿汝防禦使前東都留
守檢校禮部尚書王栩卒秋七月庚辰蔡申光三州春水夏旱賜帛
五萬段米十萬碩鹽三千碩八月壬寅以邕管經略使徐申爲廣州刺
史嶺南節度使甲辰以嶺南節度掌書記試大理評事張正元爲邕
州刺史御史中丞邕管經略使給事中許孟容以非先賜授封還詔
書丁未以戸部侍郎判度支王召爲戸部尚書判度支九月乙卯朔
以太常少卿楊憑爲澧州刺史湖南觀察使癸亥賜羣臣宴於馬璘
山池上賦九日賜宴詩六韻賜之冬十月丁亥以刑部尚書王鍔爲
淮南節度副使兼行軍司馬巳酉鄜坊丹延節度使檢校禮部尚書
王栖耀卒十一月丙辰以同州刺史劉公濟爲鄜州刺史鄜坊丹延
節度使十二月乙巳貶大理卿李正臣爲衛尉少卿正臣爲御史彈
劾下獄不堪其辱而死戊申黎州蠻牂牁使入朝
十九年春正月癸丑朔二月壬午朔賜宴馬璘山池丁亥修含元殿
賜寗賷節度曰奉義軍丙申以桂管留後韋武爲桂州刺史桂管觀察
。

使巳亥安南經略使裴泰爲州將王季元所逐甲辰淮南節度使杜
祐來朝三月壬子朔以杜祐檢校司空同中書門下平章事太清宮
使以淮南行軍司馬王鍔檢校尚書右僕射兼揚州大都督府長史
淮南節度使丁卯以今年孟夏禘饗前議太祖懿獻之位未決至此
禘祭方正太祖東向之位巳下列序昭穆其獻祖懿祖祔于德明興
聖之廟毎禘祫年就本室饗之乙亥以司農卿李實爲京兆尹夏四
月乙未涇原節度使劉昌奏請移行原州爲平凉城從之戊戌百官
以祔廟畢蹈舞稱賀五月辛亥湖南節度使檢校工部尚書江陵尹
裴胄卒乙未以荆南行軍司馬裴鈞爲江陵尹兼御史大夫荆南節
度使甲子四鎭北庭行軍涇原節度使檢校右僕射涇州刺史劉昌
卒甲戌以涇原節度留後段佑爲涇州刺史兼御史大夫四鎭北庭
行軍涇原節度使乙亥吐蕃遣使論頰熱入朝甲辰以陳許行軍司
馬劉昌裔檢校工部尚書兼許州刺史陳許節度使自正月至是未
雨分命祈禱山川秋七月戊午以關輔饑罷吏部選禮部貢舉巳未

中書侍郎平章事齊抗爲太子賓客病免也甲戌始雨乙亥尚書右僕射姚南仲薨貸京畿民麥種八月乙未大雨霖冬十月乙未以太子賓客韋夏卿爲東都留守東都畿汝都防禦使閏月丁巳門下侍郎同平章事崔損卒十一月戊寅朔以鹽州兵馬使李興幹爲鹽州刺史許專達于上不隸夏州丙午振武麟勝節度使范希朝來朝戊午以振武行軍司馬閻巨源檢校工部尚書兼單于大都護振武麟勝節度使庚申以太常卿高郢爲中書侍郎同中書門下平章事壬申監察御史崔薳入臺近不練故事違式入右神策軍上怒笞四十配流崖州

二十年春正月丁丑朔丙申天德軍防禦團練使豐州刺史李景略卒以其判官任簡迪代領其任己亥以鄜坊丹延節度使劉公濟爲工部尚書以其行軍司馬裴玢代領其任二月丙午朔罷中和節宴歲儉也庚戌大雷震雨雹三月甲申以吐蕃贊普卒廢朝己亥以國子祭酒趙昌爲安南都護御史大夫本管經略使夏四月辛酉太子賓

唐紀十三

○客齊抗卒丙寅吐蕃使臧　河南觀察使論乞冉等五十四人來朝貢陳許節度賜號忠武軍五月甲戌朔御宣政殿乙亥以史館修撰秘書監張薦爲工部侍郎兼御史大夫充入吐蕃弔祭使七月癸酉朔大雨雹辛卯福建觀察使柳冕奏置萬安監牧於泉州界置群牧五悉索部内馬牛羊近萬頭匹監吏主之八月戊申以房州刺史鄭士美爲黔中觀察使己未以昭義兵馬使盧從史爲檢校工部尚書兼潞州長史昭義軍節度澤潞磁邢洺觀察使九月庚辰賜群臣宴於馬璘山池冬十月甲辰於景州南皮縣置唐昌軍辛亥易定節度使張茂昭來朝十一月丁酉以監察御史李程秘書正字張聿藍田縣尉王涯並爲翰林學士十二月吐蕃南詔日本國並遣使朝貢庚午以桂管防禦使顏証爲桂州刺史桂管觀察使

二十一年春正月辛未朔御含元殿受朝貢是日上不康丙子以浙東觀察判官凌準爲翰林學士癸巳會群臣於宣政殿宣遺詔皇太子宜於柩前即位是日上崩於會寧殿享壽六十四甲午遷神柩太極殿丙申發喪群臣縞素皇太子即位永貞元年九月丁卯群臣上謚曰神武孝文廟號德宗十月己酉葬于崇陵昭德皇后王氏祔焉

史臣曰德宗皇帝初總萬機勵精治道思政若渴視民如傷凝旒延納於讜言側席思求於多士其始也去無名之費罷不急之官出永巷之嬪嬙放文單之馴象減太官之膳誡服玩之奢解鷹犬而放伶倫止榷酤而絕貢奉百神咸秩五典克從御正殿而策賢良輟廷臣而治畿甸此皆前王之能事有國之大猷率是而行夫何敢議加以天才秀茂文思雕華灑翰金鑾無愧淮南之作屬辭鈆槧何慙隴坻之書文雅中興夐高前代二南三祖豈盛於茲然而王霸迹殊淳醨代變揆時而理斟酌斯難苟於交喪之秋輕取鄙夫之論歷觀近世靡不敗亡德宗在藩齒胄之年曾爲統帥及出震承乾之日頗負經綸故從初罷郭令戎權非次聽楊炎謬計遂欲混同華裔束縛奸豪南行襄漢之誅北舉恒陽之伐出車雲擾命將星繁罄國用不足以餽軍竭民力未聞于破賊一旦德音掃地愁歎連甍果致五盜僭擬於

唐紀十三

○天王二朱憑凌於宗社奉天之窘可爲涕零罪己之言補之何益所賴忠臣戮力否運再昌雖知非竟逐於楊炎而受佞不忘於盧杞用延賞之私怨奪李晟之兵符取延齡之奸謀罷陸贄之相位知人則哲其若是乎貞元之辰吾道窮矣

贊曰聰明文思惟睿作聖保姦傷善聽斷不令御曆三九適逢天幸賜宴之辰徒矜篇咏

唐書本紀卷第十三

劉　昫　等修

聞人詮校刻沈桐同校

順宗　憲宗上

順宗至德大聖大安孝皇帝諱誦德宗長子母昭德皇后王氏上元二年正月生於長安之東内大曆十四年六月封宣王建中元年正月丁卯立爲皇太子貞元二十一年正月癸巳德宗崩丙申即位於太極殿上自二十年九月風病不能言暨德宗不豫諸王親戚皆侍醫藥獨上臥病不能侍德宗彌留思見太子涕咽久之大行發喪人情震懼上力疾衰服見百寮於九仙門既即位知社稷有奉中外始安庚子群臣上書請聽政二月辛丑朔甲申以河陽三城行軍司馬元韶爲懷州刺史河陽懷州節度使丙午罷翰林醫工相工占星射覆冗食者四十二人己酉以易定張茂昭兼同平章事以來朝故寵之是夜太白犯昴辛卯以吏部郎中韋執誼爲尚書右丞相同中書門下平章事辛酉貶京兆尹李實通州長史尋卒壬子淄青李師古以兵寇滑之東鄙聞國喪也甲寅釋仗内囚嚴懷志呂温等一十六人平凉之盟陷蕃久之得還以習蕃中事不欲令出外故囚之仗内至是方釋之日本國王并妻還蕃賜物遣之壬寅以太子侍書翰林待詔王伾爲左散騎常侍充翰林學士以前司功叅軍翰林待詔王叔文爲起居舍人充翰林學士以鴻臚卿王權爲京兆尹甲子御丹鳳樓大赦天下諸道除正勑率稅外諸色榷稅並宜禁斷除上供外不得别有進奉百姓九十已上賜米二石絹兩疋版授上佐縣君仍令本部長吏就家存問百歲已上賜米五石絹二疋綿一屯羊酒版授下州刺史郡君戊辰以開府儀同三司檢校太尉使持節大都督鷄林州諸軍事鷄林州刺史上柱國新羅王金重熈兼寧海軍使以重熈母和氏爲太妃妻朴氏爲妃三月庚午出宫女三百人于安國寺又出掖庭教坊女樂六百人于九仙門召其親族歸之戊寅以常皋兼檢校太尉李師古劉濟兼檢校司空張茂昭司徒丙戌檢校司

空同平章事杜佑爲度支鹽鐵使戊子徐州節度賜名武寧軍蔡州吳少誠兼同平章事以翰林學士王叔文爲度支鹽鐵轉運使副杜佑雖領使名其實叔文專揔宰相賈躭兼檢校司空鄭珣瑜吏部尚書高郢刑部尚書韋執誼中書侍郎鎮冀王士真淮南王鍔魏博田季安皆檢校司空癸巳詔冊廣陵郡王淳爲皇太子改名純夏四月壬寅制第十弟諤封欽王第十一弟誠封珍王男建康郡王渙封郯王改名經洋川郡王沔封均王改名緯臨淮郡王洵封溆王改名縱弘農王浼封莒王改名紓漢東郡王涞封密王改名綢晉陵郡王湜封郇王改名約雲安郡王滋封宋王改名結宣城郡王淮封集王改名緗德陽郡王滑封冀王改名絿河東郡王浥封和王改名綺十七男絢封衡王十九男纁封會王二十男綰封福王二十一男紘封撫王二十三男緄封岳王二十四男紳封袁王二十五男綸封桂王二十七男緷封翼王彌臣國嗣王道勿禮封彌臣國王西平郡王晟男左羽林大將軍愿襲封岐國公食邑三千戶戊申詔以冊太子禮畢

○赦京城繫囚大辟降從流流以下減一等以給事中陸質中書舍人崔樞並爲太子侍讀庚戌封太子男寧寛宥察寰寮等六人爲郡王並食邑三千戶癸丑贈入吐蕃使工部侍郎兼御史大夫張薦禮部尚書丙寅罷萬安監牧戊辰以杭州刺史韓皋爲尚書右丞五月己巳以右金吾衛大將軍范希朝爲右神策統軍充左右神策京西諸城鎮行營兵馬節度使丁丑以邕管經略使韋丹爲河南少尹以嶲年縣令房啓爲容管經略招討使癸未以郴州司馬鄭餘慶爲尚書左丞甲辰以檢校司空忽汗州都督渤海國王大嵩璘檢校司徒丞徽王氏趙氏可昭儀崔氏楊氏可充儀王氏可昭媛王氏可昭容牛氏可修儀張氏可美人以右丞韓臯爲鄂岳沔蘄都團練觀察使丁亥昇襄州爲大都督府臨漢縣仍徙于鄧城辛卯以鹽鐵轉運使副王叔文爲戶部侍郎六月丙申詔二十一年十月已前百姓所欠諸色課利租賦錢帛共五十二萬六千八百四十一貫石匹束並宜除免七月戊辰朔吐蕃使論悉諾來朝貢丙子鄆州李師古加檢校侍

中贈故忠州別駕陸贄兵部尚書諡曰宣贈故道州刺史陽城爲左散騎常侍戊寅以戶部侍郎潘孟陽爲度支鹽鐵轉運使副丙戌閑東韓皐食田稼癸巳横海軍節度使滄州刺史程懷信卒以其子副使執恭起復滄州刺史横海軍節度使甲子度支使杜佑奏太倉見米八十萬石貯來十五年東渭橋米四十五萬石支諸軍皆不悅今歲豐阜請權停北河轉運於濵河州府和糴二百萬石以救農傷之弊乃下百寮議議者同異不決而止乙未詔朕承九聖之烈荷萬邦之重顧以寡德涉道未明虔恭寅畏懼不克荷恐上墜祖宗之訓下貽卿士之憂夙夜祗勤如臨淵谷而積疚未復至于經時怡神保和常所不暇永惟四方之大萬務之殷不躬不親慮有曠廢加以山陵有日霖潦踰旬是用儆于朕心以荅天戒其軍國政事宜令皇太子勾當時上久疾不復延納宰臣共論大政事無巨細皆決于李忠言王伾王叔文物論諠雜以爲不可藩鎮屢上牋於皇太子指三豎之撓政故有是詔以太常卿杜黄裳爲門下侍郎左金吾衛大將軍袁滋爲中書侍郎並同中書門下平章事鄭珣瑜爲吏部尚書高郢刑部尚書並罷知政事皇太子見百寮於朝堂丙申皇太子於麟德殿西亭見奏事官八月丁酉朔庚子詔惟皇天佑命烈祖誕受方國九聖儲祉萬邦咸休肆予一人獲纘丕業嚴恭守位不遑暇逸而天佑不降疾恙無瘳將何以奉宗廟之靈展郊禋之禮疇咨庶尹對越上玄內愧于朕心上畏于天命夙夜祗慄深惟永圖一日萬機不可以久曠天工人代不可以久違皇太子純睿哲溫文寬和仁惠孝友之德愛敬之誠通乎神明格于上下是用皇王至公之道遵父子傳歸之制付之重器以撫兆人必能宣祖宗之重光荷天地之休命奉若成憲永綏四方宜令皇太子即皇帝位朕稱太上皇居興慶宮制稱誥辛丑誥有天下傳歸於子前王之制也欽若大典斯爲至公式揚耿光用體文德朕獲奉宗廟臨御萬方降疾不瘳庶政多闕乃命元子代予守邦爰以令辰光膺冊禮宜以今月九日冊皇帝於宣政殿國有大命恩俾惟新宜因紀元之慶用覃在宥之澤宜改貞元二十一年

爲永貞元年自貞元二十一年八月五日已前天下死罪降從流流以下遞減一等誥立良娣王氏爲太上皇后良媛董氏爲太上皇德妃壬寅貶右散騎常侍王伾爲開州司馬前戶部侍郎度支鹽鐵轉運使王叔文爲渝州司戶元和元年正月丙寅朔皇帝率百寮上太上皇尊號曰應乾聖壽甲申太上皇崩於興慶宮之咸寧殿年四十六歲六月乙卯皇帝率群臣上大行太上皇諡曰至德大聖大安孝皇帝廟號順宗秋七月壬申葬于豐陵

史臣韓愈曰順宗之爲太子也留心藝術善隸書德宗工爲詩每賜大臣方鎮詩制必命書之性寬仁有斷禮重師傅必先致拜從幸奉天賊泚逼迫常身先禁旅乘城拒戰督勵將士無不奮激德宗在位歲久稍不假權宰相左右倖臣如裴延齡李齊運韋渠牟等因間用事刻下取功而排陷陸贄張滂輩人不敢言太子從容論爭故卒不任延齡渠牟爲相嘗侍宴魚藻宮張水嬉綵艦雕靡宮人引舟爲棹歌絲竹間發德宗歡甚太子引詩人好樂無荒爲對每於敷奏未嘗以顏色假借宦官居儲位二十年天下陰受其賜惜乎寢疾踐祚近習弄權而能傳政元良克昌運祚賢哉

憲宗上

憲宗聖神章武孝皇帝諱純順宗長子也母曰莊憲王太后大曆十三年二月生于長安之東內六七歲時德宗抱置膝上問曰汝誰子在吾懷對曰是第三天子德宗異而憐之貞元四年六月封廣陵王順宗即位之年四月冊爲皇太子七月乙未權勾當軍國政事八月丁酉朔授內禪乙巳即皇帝位於宣政殿先是連月霖雨上即位之日晴霽人情忻悅丙午昇平公主進女口十五人上曰太上皇不受獻朕何敢違其還郭氏丁未始御紫宸對百寮己酉以道州刺史路恕爲邕管經略使庚戌荊南獻龜二詔曰朕以寡昧纂承丕業永思理本所宝惟賢至如嘉禾神芝奇禽異獸蓋王化之虛美也所以光武形於詔令春秋不書祥瑞朕誠薄德思及前人自今已後所有祥瑞但令准式申報有司不得上聞其奇禽異獸亦宜停進癸丑劒南西

川節度使檢校太尉中書令南康郡王韋皋薨甲寅以常州刺史穆贊爲宣歙池觀察使以前宣歙觀察使崔衍爲工部尚書己未以中書侍郎平章事袁滋爲劍南東西兩川山南西道安撫大使時韋皋卒劉闢據蜀邀節鉞故也辛酉太上皇誥冊良娣王氏爲太上皇后癸亥以朝請大夫守尚書左丞輕車都尉賜紫金魚袋鄭餘慶同中書門下平章事丙寅以饒州刺史李吉甫爲考功郎中夔州刺史唐次爲吏部郎中並知制誥九月丁卯朔己巳罷教坊樂人授正員官之制辛未河陽三城節度使元韶卒癸酉以陳州刺史孟元陽爲懷州刺史河陽三城孟懷節度使丙子勑申光蔡陳許兩道比遭亢旱宜加賑恤申光蔡賑米十萬石陳許五萬石丁丑前戶部侍郎蔡幷卒襄州于頔進鷹詔還之己卯京西神策行營節度行軍司馬韓泰貶撫州刺史司封郎中韓曄貶池州刺史禮部員外郎柳宗元貶召州刺史屯田員外郎劉禹錫貶連州刺史坐交王叔文也辛巳給事中陸質卒冬十月丙申朔丁酉

○集百寮發曾太皇太后沈氏哀於肅章門外檢校司空兼左僕射同中書門下平章事魏國公賈耽卒戊戌以宰臣劍南安撫使袁滋檢校吏部尚書同中書門下平章事成都尹劍南西川節度觀察等使以西川行軍司馬劉闢爲給事中邵王誼薨庚子南詔使趙迦寬來赴山陵浙東觀察使賈全卒辛丑吐蕃使論乞縷貢助山陵金銀衣服太常上大行曾太皇太后沈氏謚曰睿真皇后丙午以華州刺史楊於陵爲越州刺史浙東觀察使丁未改桂州純化縣爲慕化縣蒙州純義縣爲正義縣己酉葬德宗皇帝于崇陵甲寅以刑部尚書高郢爲華州刺史潼關防禦鎮國軍使御史中丞李鄘爲京兆尹貶京兆尹王權爲雅王傅以兩京師鹽貴出庫鹽二萬石糶以惠民乙巳祔睿真皇后神主德宗皇帝神主于太廟壬申貶正議大夫中書侍郎平章事韋執誼爲崖州司馬以交王叔文也潤池揚楚湖杭睦江等州旱貶劍南西川節度使袁滋爲吉州刺史以其慰撫三川逗留不進故也以左驍衛將軍李演爲夏州刺史夏綏銀等州節度使以右庶子武元衡爲御史中丞己卯再貶撫州刺史韓泰爲虔州司馬河中少尹陳諫台州司馬召州刺史柳宗元爲永州司馬連州刺史劉禹錫朗州司馬池州刺史韓曄饒州司馬和州刺史凌準連州司馬岳州刺史程异郴州司馬皆坐交王叔文初貶刺史物議罪之故再加貶竄辛巳宣撫和郴郢袁衢七州旱壬午吏部尚書鄭珣瑜卒甲申以湖南觀察使楊憑爲洪州刺史江西觀察使以虢州刺史薛苹爲潭州刺史湖南觀察使鄂岳蘄衡等州旱癸巳宣歙觀察使穆贊卒十二月丙申朔庚子以東都留守韋夏卿爲太子少保以兵部尚書王紹爲東都留守壬寅改淳州爲睦州還淳縣爲青溪縣淳風縣爲從化縣姓淳于者改姓于甲辰襄陽于頔加平章事丙申月犯畢己酉以新除給事中西川行軍司馬劉闢爲成都尹劍南西川節度使歲星犯太微西垣庚戌金州復析漢陰縣置石泉縣壬子以右諫議大夫韋丹爲梓州刺史充劍南東川節度使以常州刺史路應爲宣州刺史宣歙池觀察使壬

○戌以朝請大夫守中書舍人翰林學士上柱國鄭絪爲中書侍郎同平章事集賢殿學士以考功郎中知制誥李吉甫爲中書舍人以考功員外郎裴垍爲考功郎中知制誥並充翰林學士

元和元年春正月丙寅朔皇帝率群臣於興慶宮奉上太上皇尊號曰應乾聖壽太上皇丁卯御含光殿受朝賀禮畢御丹鳳樓大赦天下改元曰元和自正月二日昧爽已前大辟罪已下常赦不原者咸赦除之辛未以鄂岳沔觀察使韓皋爲鄂岳蘄安黃等州節度使丁丑太子少保韋夏卿卒辛未以興元元從功臣右神策護軍使副薛盈軫爲右神策護軍中尉壬午成德軍節度使檢校司空王士真同中書門下平章事癸未詔以太上皇舊恙愆和親侍藥膳起今月十六日已後權不聽政以左神策長武城防秋都知兵馬使高崇文檢校工部尚書充神策行營節度使甲申太上皇崩于興慶宮遷殯于太極殿發喪乙酉宰相杜佑攝冢宰杜黃裳爲禮儀使右僕射伊愼大明宮留守視事於尚書省壬辰復置斜谷路館驛戊子制劍南西川

彊界素定藩鎮守備各有區分頃因元臣薨謝隣藩不睦劉闢乃因虛構隙以忿結讎遂勞王軍蕪害百姓朕志存含垢務欲安人遣使諭宣委之旄鉞如聞道路擁塞未息干戈輒肆攻圍擬圖吞併為君之體義在勝殘命將興師蓋非獲已宜令興元嚴礪東川李康掎角應接神策行營節度使高崇文神策兵馬使李元奕率步騎之師與東川興元之師類會進討其糧料供餉委度支使差官以聞甲午高崇文之師由斜谷路李元奕之師由駱谷路俱會于梓潼辛卯群臣請聽政二月乙未朔以度支郎中寬敬為山劍行營糧料使嚴礪奏收劍州乙丑入朝奚王梅落可銀青光祿大夫檢校司空封饒樂郡王放還蕃癸卯贈宣武軍節度使陸長源為右僕射贈故吉州刺史姜公輔礼部尚書甲辰以錢少禁用銅器癸丑以魏博田季安同平章事戊戌謂宰臣曰前代帝王或怠于聽政或躬決繁務其道如何杜黃裳對曰帝王之務在於脩己簡易擇賢委任宵旰以求民瘼捨己從人以厚下固不宜怠肆安逸然事有綱領小大常務知其遠者大者

○至如簿書訟獄百吏能否本非人主所自任也昔秦始王自程決事見嗤前代諸葛亮王覇之佐二十罰以上皆自省之亦為敵國所誚知不久堪魏明帝欲省尚書擬事陳矯言其不可隋文帝日旰聽政令衛士傳餐文皇帝亦笑其煩察為人主之體固不可代下司職但擇人委任責其成効賞罰必信誰不盡心傳稱帝舜之德曰夫何為哉恭己南面而已誠以能舉十六相去四凶也豈與劳神疲體自任耳目之主同年而語哉但人主常勢患在不能推誠人臣之弊患在不能自竭由是上疑下詐礼貌或虧欲求致理自然難致苟無此弊何患不至於理上稱善久之以京兆尹李鄘為尚書右丞以金吾大將軍鄭雲逵為京兆尹三月乙丑朔戊辰詔常參官寒食拜墓在畿內聽假日往還他州府奏取進止辛未御史中丞武元衡奏中書門下御史臺五品已上尚書省四品已上諸司正三品已上從三品職事官東都留守轉運鹽鐵節度觀察使團練防禦招討經畧等使河南尹同華州刺史諸衛諸軍三品已上官除授皆入閤謝其餘官許於宣政南班拜訖便退詔曰如此例中有加使及職掌並准此又兵部吏部礼部貢院官員每舉選限内有十月至二月不奉朝參若稱事繁則中書門下御史臺度支京兆府公事至重朝謁如常兇旬節已賜歸休又許分日一月之内絕奉十日朝參甚暑甚寒又蒙矜放臣求故實以為王顏任中丞日嘗論其事舉對甚詳伏請准貞元十二年四月二十七日勑永為常式從之丙子嚴礪收梓州丁丑制削奪劉闢在身官爵先是韓全義入朝令其甥楊惠琳知留後俄有詔除李演為節度代全義演赴任惠琳據城叛詔發河東天德兵誅之辛巳夏州兵馬使張承金斬惠琳傳首以獻壬辰大行太上皇德妃董氏卒以右神策行營節度高崇文檢校兵部尚書梓州刺史劍南東川節度戊戌以安南經畧副使張舟為安南都護本管經畧使己亥以前劍南東川節度使韋丹為晉絳觀察使壬寅以前安南經畧使趙昌為廣州刺史嶺南節度使癸卯前嶺南節度使徐申卒丙午命宰臣監試制舉人於尚書省以制舉人先朝所徵不欲親試也丁未以

○檢校司空平章事杜佑為司徒所司備礼冊拜平章事如故罷領度支鹽鐵轉運等使從其讓也仍以兵部侍郎李巽代領其任戊申以隴右經畧使秦州刺史劉澭為保義軍節度使賑浙東米十萬石己未武元衡奏常參官兼御史大夫中丞者准檢校省官例立在本品同類之上壬戌郇王約薨武元衡奏正衙待制官本置此官以備問比來正衙多不奏事自今後請以尚書省六品以上職事官東宮師傅賓詹王傅等每坐日令兩人待退朝詔於延英候對從之五月甲子朔丁卯京兆尹鄭雲逵卒辛未以兵部侍郎嵩武為京兆尹兼御史大夫壬申貶劍南東川節度使李康為雷州司馬陳許蔡等州旱以横海軍留後程執恭横海軍節度使庚辰左丞同平章事鄭餘慶為太子賓客罷知政事辛卯冊太上皇后王氏為皇太后六月癸巳朔以冊太后礼畢赦天下繫囚死罪降從流流以下遞減一等文武內外官加母邑號太后諸親量與優給丙子冊德宗充容武氏為崇陵德妃大風折樹丁酉高崇文破賊萬人於鹿頭關加幽州劉濟侍中

淄青李師古檢校司徒癸卯高崇文收漢州閏六月壬子朔淄青李師古卒戊辰以祕書監董叔經爲京兆尹壬午諫議大夫去左右字只置四員以前司封員外郎韋況爲諫議大夫甲申吐蕃論勃藏來朝貢秋七月壬辰朔壬寅葬順宗于豐陵己酉太子少保致仕韓全義卒八月辛酉朔癸亥以左衛大將軍李愿檢校礼部尚書夏州刺史充夏綏銀節度使甲子郇王母王昭儀宋王母趙昭儀郯王母張昭訓衛王母閻昭訓等各以其王並爲太妃以許氏爲美人尹氏段氏爲才人溥陽公主母崔昭訓爲太妃韓全義子進女樂八人詔還之丁卯封王子平原郡王寧爲鄧王同安郡王寬爲澧王延安郡王宥爲遂王彭城郡王察爲深王高密郡王寰爲洋王文安郡王寮爲絳王第十男審爲建王己巳以建王審爲鄆州大都督平盧淄青節度使以節度副使李師道權知鄆州事充節度留後乙亥冊妃郭氏爲貴妃靈武李奕奏黃河岸塌處得古錢三千二百其形小方孔三足壬午左降官常執誼韓泰陳諫柳宗元劉禹錫韓曄凌準程异等八

。人縱逢恩赦不在量移之限癸未京兆尹董叔經卒甲申御史臺奏常參官在城未上及在外未到假故等在外未到計水陸程外滿百日並停解從之丙戌以尚書右丞李鄘爲京兆尹九月辛卯朔癸卯詔自今後兩省官每坐日一人對丙午以太子賓客鄭餘慶爲國子祭酒辛亥高崇文奏收成都擒劉闢以獻癸丑以山人李渤爲左拾遺徵不至甲子易定張茂昭來朝丙寅以劒南東川節度使檢校兵部尚書梓州刺史封渤海郡王高崇文檢校司空兼成都尹御史大夫充劒南西川節度副大使知節度事管內度支營田觀察使處置統押近界諸蠻及西山八國兼雲南安撫等使仍改封南平郡王食邑三千戶戊戌以山南西道節度使嚴礪爲梓州刺史劒南東川節度使以將作監柳晟檢校工部尚書兼興元尹充山南西道節度使庚辰以吉州刺史袁滋爲御史大夫充義成軍節度使壬午以淄青節度使留後李師道檢校工部尚書兼鄆州大都督府長史充平盧淄青節度副大使知節度事丙戌以渤海國王大嵩璘檢校太尉戊

子斬劉闢并子超郎等九人於獨柳樹下十一月庚寅朔己巳以簡王傅王權爲河南尹丁未以司農卿李上公爲陝州大都督府長史充陝虢觀察使甲申以武寧軍節度張愔爲工部尚書以東都留守王召檢校右僕射兼徐州刺史武寧軍節度使徐泗濠等州觀察等使庚戌以吏部侍郎趙宗儒爲東都留守東畿汝防禦使以國子祭酒鄭餘慶爲河南尹甲寅以給事中劉宗經爲華州刺史潼關防禦鎮國軍等使丙辰以內常侍吐突承璀爲神策護軍中尉十二月丙申朔太上奏隱太子章懷懿德節閔惠莊惠文惠靖恭昭靖以下九太子陵代數已遠官額空存今請陵戶外並停乙亥工部尚書張愔卒丙戌新羅渤海牂柯迴紇各遣使朝貢二年春正月己丑朔上親獻太清宮太廟辛卯祀昊天上帝于郊丘是日還宮御丹鳳樓大赦天下先是將及大禮陰晦浹辰宰臣請改日上曰郊廟事重齋戒有日不可遽更享獻之辰景物晴霽人情忻悅丁酉司徒杜佑辭知政事詔令每月三度入朝便於中書商量政事庚子迴紇請于河南府太

。原府置摩尼寺許之乙巳以門下侍郎同平章事南陽郡開國公杜黃裳檢校司空同平章事兼河中尹河中晉絳等州節度使停諸陵留守己卯以戶部侍郎賜緋魚袋武元衡爲門下侍郎同平章事賜紫金魚袋以中書舍人翰林學士李吉甫爲中書侍郎同平章事丁巳停中和重陽二節賜宴其上巳宴仍舊賜之二月辛酉詔僧尼道士全隸左右街功德使自是祠部司封不復關奏丙寅左右羽林軍廳官月番飛騎總五千六百一十三人並停己巳起居舍人鄭隨次對而受進止令宣與省供奉官自今已後有事即進狀次對官宜停庚午司天造新曆成詔題爲元和觀象曆壬申夜月掩歲星丁丑寒食節宴羣臣於麟德殿賜物有差壬午以第五国軫為右神策軍中尉三月辛卯賜羣臣宴於曲江亭癸卯判度支李巽為兵部尚書依前判度支鹽鐵轉運使夏四月甲子禁鉛錫錢以右金吾衛大將軍范希朝爲檢校司空靈州長史朔方靈鹽節度使戊寅近置英武軍額宜停庚辰嶺南節度使趙昌進瓔

管僧振萬安六州六十二洞歸降圖六月丁巳朔始置百官待漏院於建福門外故事建福望仙等門昏而閉五更而啓與諸坊門同時至德中有吐蕃囚自金吾仗亡命因勑晚開門宰相待漏於太僕寺車坊至是始令有司據班品置院戊午鳳翔節度使張敬則卒乙丑五坊色役戶及中書門下兩省納課陪厨戶及捉錢人並歸府縣色役已巳停舒廬滁和四州團練使額癸丑東都莊宅使織造戶並委府縣收管乙亥停潤州丹陽軍額丙子左神策軍新築夾城置玄化門晨耀樓辛巳以京兆尹李鄘爲鳳翔尹鳳翔隴右節度使蔡州水平地深七八尺秋七月丙戌朔勑刑部侍郎許孟容等删定開元格後勑丁亥勑外命婦朝謁皇太后多有前却今後諸親委宗正寺百官母妻委臺司如有違越者夫子奪一月俸頻不到有司具狀奏聞戊子録配享功臣之後得蘇瓌孫繫用爲京兆府司録崔玄暐孫元方張說孫勞並爲監察御史狄仁傑桓玄範爲右拾遺敬暉孫元亮表愬已孫德師相次叙用癸巳太僕寺丞令狐丕進亡父峘所撰代

舊紀十四　十一

○宗實録四十卷詔贈峘工部尚書八月丙辰朔辛酉擢武元衡兼判戶部事壬戌刑部奏改律卷第八爲鬬競律甲子以職方員外郎王紫爲嶺南選補使監察御史崔元方監之甲戌中書奏先停諸道奏祥瑞伏以所獻祥瑞皆緣臘饗告廟元會奏聞今後諸大瑞隨表聞奏中瑞下瑞申有司其元日奏祥瑞請依令式從之辛巳封杜黄裳爲邠國公于頔爲燕國公沒蕃僧惟良閰等四百五十人自蕃中還九月乙酉密王綢薨十月巳酉以浙西節度使李錡爲左僕射以御史大夫李元素爲潤州刺史鎭海軍浙西節度使庚申李錡據潤州反殺判官王澹大將趙琦時錡詐請入朝署澹爲𠕇因諷兵士亂殺澹琦遂令蘇常杭湖睦五州戍將殺刺史修石頭故城謀欵僭逆壬戌詔李錡屬列宗枝任居方伯窮赫奕之貴飽綢繆之恩待以親賢報之以逆節授其師旅用之以亂常累獻表章亟請朝會初則詐疾後乃縱兵僚佐以獻規受屠王臣以傳命見脇朕初於含垢未忍發明累降中人令遵前旨無輅車之戒路有沴氣之滔天加以日逞淫

刑同暴賦朕爲人父母聞甚惻然顧惟紀綱焉敢廢墜李錡在身官爵並宜削奪以淮南節度使王諤充諸道行營招討使内官薛尚衍爲監軍宰汴徐鄂淮南宣歙之師取宣州路進討丁卯以門下侍郎平章事武元衡檢校吏部尚書兼門下侍郎平章事成都尹充劒南西川節度使仍封臨淮郡公將行上御安福門慰勞之癸酉潤州大將張文良李奉僊等執李錡以獻辛巳錡從父弟宋州刺史銛通事舍人銑坐貶嶺外十一月甲申斬李錡於獨柳樹削錡屬籍丙戌以擒李錡潤州牙將張文良爲左金吾衛將軍封南陽郡王田少卿李奉僊等爲羽林將軍並封公甲辰詔司徒杜佑筋力未衰起今後每日入中書視事十二月甲寅宰相李吉甫封贊皇侯丙辰上謂宰臣曰朕覽國書見文皇帝行事少有過差諫臣論諍往復數四况朕之寡昧涉道未明今後事或未當卿等每事十論不可一二而止丁巳東都國子監增置學生一百人癸亥御史臺奏文武常參官准乾元元年三月十四日勑如有朝堂相吊慰及跪拜待漏行立失序

舊紀十四　十二

○語笑諠譁入衙入閤執笏不端行立遲慢立班不正趨拜失儀言語微諠穿班穿仗出入閤門無故離位廊下飲食行坐失儀諠鬧入朝及退朝不從正衙出入非公事入中書等每犯奪一月俸班列不肅所由指摀循或飾非即具聞奏貶責臣等商量於舊條每罰各減一半所貴有犯必舉從之丙寅以劒南西川節度使高崇文檢校司空同平章事兼邠州刺史邠寧慶節度使充京西諸軍都統壬申禮部舉人罷試口義試墨義十條五經通五明經通六即放進士舉人曾爲官司科罰曾任州縣小吏雖有辭藝長吏不得舉送違者舉送官停任考試官貶黜丙子令宰臣宣勑百寮遊宴過從餞別此後所由不得奏報務從歡泰保義軍節度使劉濟卒己卯史官李吉甫撰元和國計簿總計天下方鎮凡四十八管州府二百九十五縣一千四百五十三戶二百四十四萬二百五十四其鳳翔鄜坊邠寧振武涇原銀夏靈鹽河東易定魏博鎮冀范陽滄景淮西淄青十五道凡七十一州不申戶口每歲賦入倚辦止於浙江東西宣歙淮南江西鄂

岳福建湖南等八道合四十九州一百四十四萬戶比量天寶供稅之戶則四分有一天下兵戎仰給縣官者八十三萬然人比量天寶士馬則三分加一率以兩戶資一兵其他水旱所損徵科發斂又在常役之外吉甫都纂其事成書十卷是歲吐蕃迴紇奚契丹渤海牂柯南詔並朝貢

三年春正月癸未朔癸巳群臣上尊號曰睿聖文武皇帝御宣政殿受冊禮畢移仗御丹鳳樓大赦天下庚子涇原段祐請脩臨涇城在涇州北九十里扼犬戎之衝要詔從之戊申罷左右神威軍合為一號天威軍二月丙申宰相李吉甫進封趙國公己丑以武昌軍節度使韋皋為潤州刺史鎮海軍節度浙江觀察使辛未贈故布衣崔善貞睦州司馬忠諫而死於李錡也癸丑以鄜坊節度使裴玢為興元戶山南西道節度使丙子以右金吾衛大將軍路恕為鄜州刺史鄜坊節度使戊寅咸安大長公主薨於迴紇三月癸巳郇王總薨庚子以定平鎮兵馬使宋仁倜為四鎮北庭涇原等州節度使乙巳御宣

政殿試制科舉人夏四月癸丑中使郭里旻酒醉犯夜杖殺之金吾薛伾巡使韋纁皆貶逐賜朱仁倜名曰忠亮乙丑貶翰林學士王涯虢州司馬時涯甥皇甫湜與牛僧孺李宗閔並登賢良方正科第三等策語太切權倖惡之故涯坐親累貶之壬申大風毀含元殿欄檻二十七間乙亥以嶺南節度使趙昌為江陵尹荊南節度使以戶部侍郎楊於陵為廣州刺史嶺南節度使丁丑以荊南節度使裴均為右僕射判度支勅五月一日御殿受朝賀禮宜停己卯裴均為尚書省都堂上僕射其送印　呈孔目唱案授案皆尚書郎為之文武三品已上升階列坐四品五品及郎官御史拜於廳下然後召御史中丞左右丞侍郎升階荅拜雖修故事行之議者論其太過五月壬辰兵部請復武舉從之甲午勅東都畿汝州都防禦使及副使宜停所管將士三千七百三十人隨畿汝界分留守及汝州防禦使分掌之辛丑右僕射裴均請取荊南雜錢萬貫脩尚書省從之丙午正衙冊九姓迴紇可汗為登囉里汨密施合毗伽保義可汗六月戊辰詔以

錢少欲設畜錢之令先告諭天下商賈畜錢者並令逐便市易不得畜錢天下銀坑不得私採癸亥以邕管將黃少卿為歸順州刺史弟少高少溫並受官西原蠻酋也貞元中屢寇邕管至是歸款乙丑罷江淮私堰埭二十二從轉運使奏也甲戌以河南尹鄭餘慶為東都留守丁丑沙陀突厥七百人攜其親屬歸振武節度使范希朝乃授其大首領烏勤河波陰山府都督秋七月辛巳朔日有蝕之己亥復以度支安邑解縣兩池留後為榷鹽使丁未涪州復隸黔中道八月庚申復置東都防禦兵七百人九月己丑淮南節度使王鍔來朝庚寅以山南東道節度使于頔守司空同平章事以右僕射裴均檢校左僕射同平章事襄州長史充山南東道節度使加宣武韓弘同平章事丙申以戶部侍郎裴垍為中書侍郎同平章事戊戌以中書侍郎平章事李吉甫檢校兵部尚書兼中書侍郎平章事揚州大都督府長史淮南節度使以淮南節度使王鍔檢校司徒河南尹河中晉絳慈隰節度使河中節度使檢校司空同平章事邠國公杜黃裳卒是秋

京師大雨十月己酉朔癸亥以太常卿高郢為御史大夫甲子以御史中丞竇群為湖南觀察使既行改為黔中觀察使群黜李吉甫擢用及持憲反傾吉甫吉甫劾其陰事故貶之丁卯度支使下判案官以四員為定十一月甲午橫海軍節度使程執恭來朝十二月庚戌以臨涇縣為行原州命鎮將郝玼為刺史自玼鎮臨涇西戎不敢犯塞甲子南詔異牟尋卒辛未以諫議大夫段平仲使南詔弔祭仍立其子驃信苴蒙閣勸為南詔是歲淮南江南江西湖南山南東道旱夏四月丙子朔戊寅國子祭酒馮伉卒壬午裴均進銀器一千五百兩以違勅付左藏庫甲申令皇太子居少陽院武功人張英奴撰迴波辭惑衆杖殺之丙申撫州山人張洪騎牛冠履獻書於光順門書不足採遣之庚子制故太尉西平郡王李晟宜編附屬籍以太常卿李元素為戶部尚書判度支以商州刺史元義方為福建觀察使甲辰以兵部侍郎權德輿為太常卿仍賜金紫以御史大夫高郢為兵部尚書以刑部郎中侍御史知雜李夷簡為御史中丞五月丙午朔

辛酉刑部尚書鄭元卒丁卯監鐵使吏部尚書李巽卒六月乙亥朔
丁丑以河東節度李鄘爲刑部尚書充諸道鹽鐵轉運使以靈鹽節
度使范希朝爲太原尹北都留守河東節度使以右衛上將軍王泌
爲靈州大都督府長史靈鹽節度使辛丑五嶺已北銀坑任人開採
禁錢不過嶺南秋七月乙巳朔御制前代君臣事迹十四篇書於六
扇屏風是月出書屏以示宰臣李藩等表謝之丁未渭南暴水壞廬
舍二百餘戶溺死六百人命府司賑給乙卯右羽林統軍高固卒壬
戌御史中丞李夷簡彈京兆尹楊憑前爲江西觀察使時贓罪貶憑
臨賀尉戊辰以尚書右丞許孟容爲京兆尹賜金紫八月甲戌朔癸
未兗州魚臺縣移置於黃臺市丙申安南都護張舟奏破環王國三
萬餘人獲戰象兵械并王子五十九人癸卯贈太師裴冕宜配享代
宗廟庭贈太師李晟贈太尉段秀實宜配享德宗廟庭九月甲辰朔
庚戌以成德軍都知兵馬使鎮府右司馬王承宗起復檢校工部尚
書充成德軍節度使以德州刺史薛昌朝檢校左常侍充保信軍節

度德棣等州觀察等使昌朝薛嵩之子婚於王氏時爲德州刺史朝
廷以承宗難制乃割二州爲節度以授昌朝制纔下承宗以兵虜昌
朝歸鎮州丁卯邠寧節度使檢校司空同平章事高崇文卒冬十月
癸酉朔以右羽林統軍閻巨源爲邠州刺史邠寧慶節度使以少府
監崔頲爲同州刺史本州防禦長春宮等使癸未詔成德軍節度使
王承宗頃在苫廬潛窺戎鎮而内外以事君之禮叛而必誅分土之
儀專則有辟朕念其先祖嘗有茂勳貸以私恩抑於公議使臣旁午
以告諭孽童俯伏以陳誠願獻兩州期無二事朕亦收其後効用以
曲全授節制於舊疆齒勳賢於列位況德棣本非成德所管昌朝又
是承宗懿親俾撫近隣斯誠厚澤外雖兩鎮内是一家而承宗象恭
懷姦肖貌稔惡欺裴武於得位之後囚昌朝於授命之中加以表疏
之間悖慢斯甚義士之所興嘆天地之所不容恭行天誅盖示朝典
承宗在身官爵並宜削奪以神策左軍中尉吐突承璀爲鎮州行營
招討處置等使以龍武將軍趙萬敵爲神策先鋒將内官宋惟澄曹

進玉馬朝江等爲行營館驛糧料等使京兆尹許孟容與諫官面論
征伐大事不可以内官爲將帥補闕獨孤郁其言激切詔旨秖改處
置爲宣慰尤存招討之名己丑詔軍進討其　王武俊士眞墳墓軍
士不得樵採其士平士則各守本官仍令士則各襲武俊之封庚寅
冊鄧王寧爲皇太子癸巳以冊儲肆赦繫囚死罪降從流流以下遞
降一等文武常參官外州府長官子爲父後者賜勳兩轉工部侍郎
歸登給事中呂元膺爲皇太子諸王侍讀己亥吐突承璀軍發京師
上御通化門勞遣之十一月癸卯朔浙西蘇潤常州旱儉賑米二萬
石甲子河南尹杜兼卒己巳彰義軍節度使檢校司空同平章事吳
少誠卒十二月壬申朔以戶部侍郎張弘靖爲陝府長史陝虢觀察
陸運等使賜金紫以陝虢觀察使房式爲河南尹中丞李夷簡奏諸
州府於兩稅外違格科率請諸道鹽鐵轉運度支巡院察訪報臺司
以憑舉奏從之
五年春正月壬寅朔己巳浙西觀察使韓皐以杖決安吉令孫澥致

死有乖典法罰一月俸料二月辛未朔戊子禮院奏東宮殿閣名及
宮臣姓名與太子名同者改之其上臺官列王官爵士無例輒改從
之東臺監察御史元稹攝河南尹房式於臺擅令停務貶江陵府士
曹參軍三月辛丑朔宰相杜佑與同列宴於樊川別墅上遣中使賜
酒饌乙巳以御史中丞李夷簡爲戶部侍郎判度支以兵部侍郎王
播爲御史中丞癸巳以太子賓客鄭絪檢校禮部尚書廣州刺史嶺
南節度使己未制以遂王宥爲彰義軍節度使以中州刺史吳少陽
爲申光蔡節度留後甲子大風折木丁卯宰相于頔請依杜佑例一
月三朝從之夏四月庚午朔癸酉戶部尚書李元素卒甲申鎮州行
營招討使吐突承璀執昭義節度使盧從史載從史送京師丁亥河
東范希朝奏破賊於木刀溝福州復置候官長樂二縣建州置將樂
縣壬申以昭義都知兵馬使潞州左司馬烏重胤爲懷州刺史河陽
三城懷州節度使以河陽節度使孟元陽爲潞州長史昭義軍節度
澤潞磁邢洺觀察使戊戌貶前昭義節度使盧從史爲驩州司馬五

月庚子朔乙巳昭義軍三千人夜潰奔魏州右神策軍使段祐卒庚申吐蕃使論思邪熱朝貢幷歸鄭叔矩路泌之柩六月庚午朔戊寅以太府卿李少和爲洪州刺史江西觀察使奚廻紇室韋寇振武癸巳應給食實封例節度使兼宰相每食實封百戶歲給八百端匹若是絹加給綿六百兩節度使不兼宰相每百戶給百匹軍使諸衛大將軍每百戶給三百五十端匹秋七月己亥朔庚子王承宗遣判官崔遂上表自首請輸常賦朝廷除授官吏丁未詔昭洗王承宗復其官爵待之如初諸道行營將士共賜物二十八萬四百三十端匹時招討非其人諸軍解體而藩隣觀望養寇空爲逗撓以獘國賦而李師道劉濟亟請昭雪乃歸罪盧從史而有承宗不得已而貸之也幽帥劉濟加中書令魏博田季安加司徒淄青李師道加僕射並以罷兵加賞也乙卯幽州節度使劉濟爲其子總鴆死庚申以虔州刺史馬總爲安南都護本管經略使八月乙巳朔乙亥上顧謂宰臣曰神仙之事信乎李藩對曰神仙之說出於道家所宗老子五千文爲本老子指歸與經無異後代好怪之流假託老子神仙之說故秦始王遣坊載童女入海求仙漢武帝嫁女與方士求不死藥二主受惑卒無所得文皇帝服胡僧長生藥遂致暴疾不救　古詩云服食求神僊多爲藥所誤誠哉是言也君人者但務求理四海樂推社稷延永自然長年也上深然之以浙東觀察使薛苹爲潤州刺史浙西觀察使以常州刺史李遜爲越州刺史浙東觀察使以都官郎中韋貫之爲中書舍人起居舍人裴度爲司封員外郎知制誥癸巳以鄧州刺史崔詠爲邕州刺史本管經略使九月戊戌朔辛亥以吐突承璀復爲左軍中尉諫官以承璀建謀討伐無功請行朝典上有之降承璀爲軍器使乃以內官程文幹爲左軍中尉壬戌以瀛州刺史劉總起復受幽府長史充幽州盧龍軍節度使癸亥以兵部尚書高郢爲右僕射致仕景寅制以正議大夫守太常卿上柱國襄武縣開國侯賜紫金魚袋權德輿可守禮部尚書同中書門下平章事丁卯翰林學士獨孤郁守本官起居以婁權德輿在中書避嫌也

冬十月戊辰朔以京兆尹許孟容爲兵部侍郎以中丞王播代孟容又以呂元膺代播昇平大長公主獻廣庚辰宰相裴垍進所撰德宗實錄五十卷賜垍錦綵三百疋銀器等史官蔣武常處厚等頒賜有差辛巳定州將楊伯玉誘三軍爲亂拘行軍司馬任廸簡別將張佐元殺伯玉廸簡詠歸朝三軍懼乃殺佐元壬辰制以廸簡檢校工部尚書定州長史充義武軍節度觀察北平軍等使甲午以前義武軍節度檢校太尉兼太子太傅同平章事張茂昭檢校太尉兼中書令河中尹充河中晉絳慈隰節度使十一月戊戌朔浙西奏當鎮舊有丹陽軍今請併爲鎮海軍從之庚子右金吾衛大將軍伊慎降爲右衛將軍以行賂三十萬與中尉第五從直求爲河東節度故也甲辰會王纁卒庚戌以前河中節度使王鍔檢校司空兼太子太傅太原尹北都留守河東節度使以代州刺史阿跌光進爲單于大都護振武麟勝節度度支營田觀察押蕃落等使庚申以中書侍郎平章事裴垍爲兵部尚書以前保信軍節度使德州刺史薛昌朝爲右武衛將軍前爲王承宗虜之囚於鎮州至是歸朝故也丙寅吏部郎中柳公綽獻太醫箴上深喜納遣中使撫勞之十二月丁卯朔癸酉諸道鹽鐵轉運使刑部尚書李鄘檢校吏部尚書兼揚府長史充淮南節度使以河南尹房式爲宣州刺史宣歙池觀察采石軍等使以前宣歙觀察使盧坦爲刑部侍郎充諸道鹽鐵轉運使壬午以吏部郎中柳公綽爲御史中丞以前御史中丞呂元膺爲鄂州刺史鄂黃岳沔蘄安黃等州觀察使以鄂岳觀察使郗士美爲河南尹新授諫議大夫蔣武請改名乂以吏部侍郎崔邠爲太常卿

六年春正月丙申朔丙申以彰義軍留後吳少陽檢校工部尚書充彰義軍節度申光蔡等州觀察使勑諫議大夫孟簡給事中劉伯芻工部侍郎歸登右補闕蕭俛等於醴泉寺翻譯大乘本生心地觀音經庚申以淮南節度使中書侍郎同平章事趙國公李吉甫復知政事集賢殿大學士監脩國史二月丙寅朔壬申門下侍郎同平章事李藩爲太子詹事藩與吉甫不叶吉甫既用事故罷藩相位丙子河

中節度使檢校太尉中書令張茂昭卒以太府卿裴次元爲福建觀察使己丑忻王造薨癸巳以陝虢觀察使張弘靖檢校禮部尚書河中尹晉絳慈隰等州節度使以右丞衛次公爲陝府長史陝虢觀察使以中書舍人翰林學士李絳爲戶部侍郎以京畿民貧貸常平義倉粟二十四萬石諸道州府依此賑貸三月乙未朔以河南尹鄭士美檢校工部尚書兼潞府長史昭義軍節度使丁未以檢校右僕射嚴綬爲江陵尹荆南節度使河東舊使錫錢民頗爲弊宜於蔚州置五爐鑄錢乙卯畿內軍鎮牧放駙馬貴族畋獵並不得帶兵仗恐雜盜也夏四月乙丑朔戊辰兵部尚書裴垍爲太子賓客以諫議大夫裴堪爲同州防禦使庚午以戶部侍郎判度支李夷簡檢校禮部尚書襄州大都督府長史山南東道節度使以刑部侍郎鹽鐵轉運使盧坦爲戶部侍郎判度支京兆尹王播爲刑部侍郎充諸道鹽鐵轉運使以福建觀察使元義方爲京兆尹癸酉以張茂昭家妓四十七人歸定州己卯月近房以前荆南節度使趙宗儒刑部尚書東都留守

唐紀十四　十九

○鄭餘慶爲兵部尚書依前留守王播奏江淮河嶺已南兗鄆等鹽院元和五年都收賣鹽價錢六百九十八萬五千五百貫校量未改法已前四倍擡估虛錢一千七百四十六萬三千七百貫除鹽本外付度支收管從之辛卯戶部奏置巡官五月甲午朔取受王承宗錢物人品官王伯恭杖死庚子以左金吾衛將軍李惟簡檢校戶部尚書鳳翔尹隴右節度使丙午前山南東道節度使檢校左僕射平章事裴均卒壬子以振武節度阿跌光進夙彰誠節久立茂勲宜賜姓李氏弟洺州刺史光顔已從別勑處分六月甲子朔減教坊樂人衣粮丁卯中書門下奏官省則事省事省則人清官煩則事煩事煩則人濁清濁之由在官之煩省國家自天寶已後中原宿兵見在軍士可使者八十餘萬其餘浮爲商販度爲僧道雜入色役不歸農桑者又十有五六則是天下常以三分勞筋苦骨之人奉七分坐衣待食之輩今內外官給俸料者不下一萬余員其間有職出異名奉離本局府寺曠廢簪組因循者甚衆況斂財日寡而授祿至多設官有限

而入色無數九流安得不雜萬物安得不煩漢初置郡不過六十文景釀化百王莫先則官少不必政素郡多不必事理今天下三百郡一千四百縣故有一邑之地虛設群司一鄉之甿徒分縣職所費至廣所制全輕伏請勑吏兵部侍郎中給事中中書舍人各一人錯綜利病詳定廢置吏員可併省者併省之州縣可併合者併合之每年入仕者可停減者停減之此則利廣而易求官少而易理稍減冗食足寬疲甿又國家舊章依品制俸官一品月俸三十千其餘職田祿米大約不過千石自一品以下多少可知艱難已來禁網漸弛於是增置使額厚請俸錢故大曆中權臣月俸有至九十貫者列郡刺史無大小給皆千貫常衮爲相始立限約至李泌又量其閑劇隨事增加時謂通濟理難減削然猶有名存職廢額去俸存閑劇之間厚薄頓異將爲永式須立常規從之乃命給事中段平仲中書舍人韋貫之兵部侍郎許孟容戶部侍郎李絳等詳定減省甲申以御史中丞柳公綽爲湖南觀察使丁亥太白近右執法戊子賜御史中丞竇

唐紀十四　二十

○易直緋魚袋秋七月癸巳朔尚書右僕射致仕高郢卒庚申贈銀青祿大夫太子賓客裴垍太子少傅八月癸亥朔戶部侍郎李絳奏諸州闕官職田祿米及見任官抽一分職田請所在收貯以備水旱賑貸從之乙丑以天德軍防禦使張煦爲夏州刺史夏綏銀等州節度使丁卯荆南先制永安軍宜停辛巳以常州刺史崔芃爲洪州刺史江西觀察使九月癸巳朔以蜀州刺史崔能爲黔中觀察使戊戌富平縣人梁悅爲父復仇殺秦杲投獄請罪特勑免死決杖一百配流循州職方員外郎韓愈獻議執奏之減諸司流外摠一千七百六十九人貶黔中觀察使竇群爲開　州刺史以爲政煩苛辰錦二州蠻叛故也冬十月以前夏州節度使李愿檢校兵部尚書徐州刺史充武寧軍節度使戊辰以戶部尚書韓皐爲東都留守判東都尚書省事以太子詹事李藩爲華州刺史潼關防禦鎮國軍使以東都留守鄭餘慶爲吏部尚書己巳詔朕於百執事群有司方澄源流以責實效轉運重務專委使臣每道有院分督其任今陝路漕引悉歸中都

而尹守職名尚仍舊貫又諸道都團練使足脩武備以靖一方而別
置軍額因加吏祿亦既虛設頗為浮費思去煩以循本期省事以便
人其河南水陸運陝府陸運潤州鎮海軍宣州采石軍越州義成軍
洪州南昌府福州靖海軍等使額並宜停所收使已下俸料一事已
來委本道充代百姓闕額兩稅仍具數奏聞戊寅詔王者之牧黎元
也愛之如子視之如傷苟或風雨不時稼穡不稔則必除煩就簡惜
力重勞以圖便安以阜生業況邦畿之內百役所叢雖勤卹之令亟
行而供億之制猶廣重以經夏炎暵自秋霖澍南畝虧播植之功西
成失豐登之望內乏口食外牽王徭豈惟轉輸之虞慮有餒殍之患
斯蓋理道猶鬱和氣未通永言於茲良所咨歎京兆府每年所配折
糴粟二十五萬石宜放於百姓有粟情願折納者時估外特加優饒
今春所貸義倉粟方屬歲饑容至豐熟歲送納元和五年已前諸色
逋租並放百官職田其數甚廣今緣水潦諸處道路不通宜令所在
貯納度支䑣令百官據數于太倉請受遭水旱處通計所損便與除

唐紀十四　二十二

○破不得檢覆為理之本在乎安人咨爾尹京宰邑之臣實為親人阜
俗之寄必當詢其疾苦奉我詔條恤隱為心無怠於事罔或徇利以
剥下吐剛而茹柔使閭井咸安慢嬻獲濟各勉忠孝宜悉朕懷丙戌
以諫議大夫孔戣為皇太子諸王侍讀十一月壬辰朔癸巳新授華
州刺史李藩卒乙巳以工部尚書趙昌檢校　兵部尚書兼華州刺
史充潼關防禦鎮國軍等使十二月癸亥朔壬申詔委宗正卿選人
門嫁十六宅諸王女仍封為縣主甲申京兆尹元義方戶部侍郎判
度支盧坦以違令立戟罰一月俸收奪所請門戟己丑制以朝義郎
守尚書戶部侍郎驍騎尉賜紫金魚袋李絳為朝議大夫守中書侍
郎同中書門下平章事閏十二月辛卯朔右衛上將軍伊慎卒辛亥
皇太子寧薨諡曰惠昭廢朝三日國典無太子薨禮國子司業裴茝
精禮學特勅於西內定儀

唐書本紀卷第十四

唐書本紀卷第十五

劉　昫　等修

聞人詮校刻沈桐同校

憲宗下

元和七年春正月辛酉朔己巳以刑部尚書趙宗儒檢校吏部尚書興
元尹山南西道節度使庚午以兵部尚書王紹判戶部事辛未以京
兆尹元義方為鄜州刺史鄜坊丹延觀察使以司農卿李銛為京兆
尹是夜月掩熒惑壬申廢信州永豐縣越州山陰縣衢州盈川縣癸
酉振武河溢毀東受降城二月庚寅朔壬辰詔以去秋旱歉賑京畿
粟三十萬石其元和六年春賑貸百姓粟二十四萬石並宜放免辛
丑尚書省重定左右僕射上事儀注壬寅以兵部侍郎許孟容為河
南尹辛亥山南西道節度使裴玢卒癸丑入蕃使不得與私覿正員
官量別支給以充私覿舊使絕域者許賣正官員十餘員取貨以備
私覿雖優假遠使殊非典法故革之勅錢重物輕為弊頗甚詳求適

唐紀十五　一

○變將以便人所貴緡貨通行里閭寬恤宜令群臣各隨所見利害狀
以聞三月己未朔辛酉以惠昭太子喪罷曲江上巳宴庚午以旱勅
諸司疏決繫囚夏四月戊子朔癸巳勅天下州府民戶每田一畝種
桑二樹長吏逐年檢■計以聞辛亥鹽鐵使王播奏元和六年賣鹽
鐵除峽內井鹽外計收六百八十五萬九千二百貫五月戊午朔庚
申上謂宰臣曰卿等累言吳越去年水旱昨有御史自江淮迴言不至
為災人非甚困李絳對曰臣得兩浙淮南狀繼言歉旱方隅授任皆
朝廷信重之臣御史非良或容希媚此正當姦佞之臣況推誠之道
君人大本任大臣以事不可以小臣言間之伏望明示御史姓名正
之典刑上曰卿言是也朝廷大體以恤人為本一方不稔即宜賑救
濟其饑寒況可疑之也向者不思而有此問朕言過矣絳等拜賀癸
亥熒惑近太微右執法六月丁亥朔舒州桐城梅天陂內有黃白二龍
自陂中乘風雷躍起高二百尺行六里入浮塘陂癸巳以金紫光祿
大夫守司徒同平章事崇文館大學士太清宮使上柱國岐國公杜

佑為光祿大夫守太保致仕宜朝朔望佑累表懇請故也己亥月近
南斗魁第四星鎮州甲仗庫一十三間火兵仗都盡王承宗常畜叛
謀至是始懼天罰兇氣稍奪仍殺三庫吏百餘人乙丑以兵部員外
郎王涯知制誥乙亥制立遂王宥為皇太子改名恒己卯以新羅大
宰相金彥昇為開府儀同三司檢校太尉使持節大都督雞林州諸
軍事雞林州刺史兼寧海軍使上柱國封新羅國王仍冊彥昇妻貞
氏為妃八月丁亥朔新除新羅國大宰相金崇斌等三人宜令本國
准例賜戟戊戌魏博節度使田季安卒丁丑廢蓬州宕渠縣甲辰宣
歙觀察使房式卒丙午以蘇州刺史范傳正為宣歙觀察使戊申制
諸州府五品已上官替後委本道長官具其才行官業資歷每年冬
季一度聞薦其罷使郎官御史許朝臣每年冬季准此聞薦諸使府
參佐檢校■官從元授官月日計如是五品已上官及臺省官經三
十箇月外任餘轉改餘官經三十六箇月奏轉改如未經考便有事故
及停替官本限之外更加十箇月即任申奏辛亥以左龍武大將軍
○薛苹為滑州刺史義成軍節度使冬十月乙未魏博三軍舉其衙將
田興知軍州事時田季安死子懷諫年十一為副大使知軍府事軍
政一決於家僮蔣士則數易大將軍情不安因田興入衙兵環而劫
請興頓仆於地軍眾不散興曰欲聽吾命勿犯副大使眾曰諾但殺蔣
士則等十數人而止即日移懷諫於外令朝京師甲辰以魏博都知
兵馬使兼御史中丞沂國公田興為銀青光祿大夫檢校工部尚書
兼魏州大都督府長史充魏博節度使庚戌澧王寬改名惲深王察
改名悰洋王寰改名忻絳王寮改名悟建王審改名恪以鄭滑節度
使袁滋為戶部尚書十一月丙辰朔乙丑詔田興以魏博請命宜令
司封郎中知制誥裴度往彼宣慰賜三軍賞錢一百五十萬貫以河
陰院諸道合進內庫物充六州百姓給復一年兼赦管內見繫囚徒
及度至魏州田興禮待甚恭仍請度至六州諸縣宣達朝旨辛未太
保致仕杜佑卒東川觀察使潘孟陽奏龍州武安縣嘉禾生有麟食之麟
之來群鹿環之光彩不可正視使畫工圖之以獻乙亥以給事中李逢

吉司勳員外郎李巨並充皇太子諸王侍讀戊寅吏部尚書鄭餘慶
請復置吏部考官三員吏部郎中楊於陵執奏以為不便乃詔考官
常頗等三人祇考及第科目人其餘吏部侍郎自定己卯江西觀察
使崔芃卒辛巳以前魏博節度副使田懷諫為右監門衛將軍賜宅
一區芻粟等甲申以同州刺史裴堪為河西觀察使十二月丙戌朔以
吏部尚書鄭餘慶為太子少傅丙辰左拾遺楊歸厚以自娶婦進狀
借禮會院與國子主簿分司戊戌以京兆尹裴向為同州防禦使己
亥魏博奏管內州縣官員二百五十三員請吏部銓注
八年春正月乙卯朔庚午冊大言義為渤海國王授秘書監忽汗州都督
辛未制以正議大夫守禮部尚書同平章事上柱國扶風郡開國公權德
輿守禮部尚書罷知政事癸未以山南東道節度使李夷簡檢校戶部
尚書成都尹充劍南西川節度使以戶部尚書袁滋檢校兵部尚書
襄州刺史充山南東道節度使二月乙酉朔辛卯田興改名弘正宰
相李吉甫進所撰元和郡國圖三十卷又進六代略三十卷文為十
○道州郡圖五十四卷宰相于頔男太常丞敏專殺梁正言奴棄溷中
事發頔與男季友素服待罪貶頔恩王傅于敏長流雷州錮身遣
殿中少監駙馬都尉于季友詿罔公主藏匿內人轉授兇兄移貯外舍
傷風黷禮莫大於茲宜削奪所任官令在家修省贊善大夫于正秘書
丞于方並停見任皆頔之子也捕獲授于頔賂為致出鎮人梁正言
及交構權貴僧鑒虛並付京兆府杖死甲子以劍南西川節度使銀
青光祿大夫檢校吏部尚書兼門下侍郎同平章事上柱國臨淮郡
開國公食邑二千戶武元衡復入中書知政事兼崇玄館大學士太
清宮使辛未上以久旱親於禁中求雨是夜澍雨霑足丙子大風壞
崇陵寢殿鴟尾折門戟六夏四月癸未朔乙酉以邕管經略使房啟
為桂管觀察使以開州刺史竇群為邕管經略使丙戌以錢重貨輕
出庫錢五十萬貫令兩常平倉收市布帛每段匹於舊估加十之一
鄜坊觀察使元義方卒辛卯以將作監薛伾為鄜坊觀察使乙未長
安西市豕生三耳八足二尾僧鑒虛為高崇文納賂四萬五千貫與

宰相杜黃裳共引致人求樂縣令吳憑付錢與黃裳男載勅吳憑配流昭州黃裳崇文已薨殁所用錢不須勘問杜載釋放辛亥賜魏博田弘正錢二十萬貫收市軍糧庚申河中尹張弘靖奏脩古舜城六月辛巳朔時積雨延英不開十五日是日上謂宰臣曰今後每三日雨亦對來乙酉工部尚書致仕裴佶卒丙戌以東都留守韓皐檢校吏部尚書兼許州刺史充忠武軍節度使庚寅京師大風雨毁屋飄瓦人多壓死所在川瀆暴漲行人不通辛丑出宮人二百車任從所適以水災故也壬寅宰臣武元衡李吉甫李絳舊相鄭餘慶權德輿各奉詔令進舊詩秋七月辛亥朔癸丑以權德輿檢校吏部尚書東都留守丁卯以振武節度使李光進爲靈州大都督府長史靈武節度使癸酉命中尉彭中獻脩興唐觀壯其規制北拒禁城開複道以通行幸是夜月近五諸侯丁丑新授桂管觀察使房啓降爲太僕少卿啓初拜桂管啓吏賂吏部主者私得官告以授啓俄有詔命中使賫告牒與啓曰受之五日矣上怒杖吏部令史罰郎官啓亦即降之以安南都

○護馬總爲桂管觀察使以江州刺史張勔爲安南都護本管經畧招討使鄜坊觀察使薛伾卒八月辛巳朔癸未以蘄州刺史裴行立爲安南都護本管經畧招討使以張勔耄年也丁亥以司農卿裴武爲鄜坊觀察使庚寅詔毀家狥國故徐州刺史李洧等一十家子孫並宜甄獎甲午太白近軒轅辛丑以東川節度使潘孟陽爲戶部侍郎判度支盧坦爲梓州刺史劍南東川節度使乙巳廢天武軍併入神策軍九月庚戌朔景辰淄青李師道進鶻十二命還之戊午賜群臣宴於曲江乙丑詔比聞嶺南五管并福建黔中等道多以南口餉遺及於諸處博易骨肉離析良賤難分此後嚴加禁止如違長吏必當科罰淮西吳少陽獻馬三百匹丙寅詔減死戍邊前代美政量其遠邇亦有便宜今後兩京關內河南河東河北淮南山南東西道州府除大辟罪外輕犯不得配流天德五城戊辰以給事中竇易直爲陝虢防禦使仍賜金紫壬申以恩王傅于頔爲太子賓客以前朔方靈鹽節度使王佖爲右衛將相出入翰林草制謂之白麻至佖奏罷中書草

制因爲例也太常習樂始復用大鼓冬十月庚辰朔己丑熒惑近太微西垣南首星庚寅以湖南觀察使柳公綽爲岳鄂沔蘄安黃觀察使辛卯涇原節度使朱忠亮卒壬辰汴州劉弘進所撰聖朝萬歲樂譜共三百首己巳以宗正少卿李道古爲黔中觀察使以蘇州刺史張正甫爲湖南觀察使丙申以大雪放朝人有凍踣者雀鼠多死戊戌以神策晉潤鎮使蘇光榮爲涇州刺史四鎮北庭行軍涇原節度使翰林學士司封員外郎韋弘景守本官以草光榮詔漏敘功勳故也壬辰振武奏迴紇千騎至鸊鵜泉十一月庚戌朔丙辰以福建觀察使裴次元爲河南尹丙寅以鹽州隸夏州自夏州至豐州初置八驛丁卯以泗州刺史薛謇爲福建觀察使右龍武統軍劉昌裔卒癸酉昭義郗士美奏諸軍就食于臨洺京畿水旱霜損田三萬八千頃十二月庚辰朔以京兆尹李銛爲鄜坊觀察使以代裴武入爲京兆尹辛巳勑應賜王公公主百官等莊宅碾磑店鋪車坊園林等一任貼典貨賣其所緣稅役使令府縣收管勑張茂昭立功河朔舉族歸朝義烈

○之風史册收載如聞身殁之後家無餘財追懷舊勳特越常典宜歲賜絹二千匹春秋二時支給群臣上表請立德妃郭氏爲皇后丙戌以桂管觀察使馬總爲廣州刺史嶺南節度使以邕管經畧使崔詠爲桂管觀察使庚寅以夔州刺史馬平陽爲邕管經畧使振武軍亂逐其帥李進賢屠其家乃以夏州節度使張煦代進賢率兵二千赴鎮許便宜擊斷丙午以金吾衛將軍田進爲夏州刺史夏綏銀節度使以河溢浸滑州羊馬城之半滑州薛平魏博田弘正徵役萬人於黎陽界開古黃河道南北長十四里東西闊六十步深一丈七尺決舊河水勢滑人遂無水患

九年春正月己酉乙卯大霧而雪李吉甫累表辭相位不許乙亥張煦入單于都護府誅作亂軍士蘇國珍等二百五十二人二月己卯朔戶部侍郎判度支兼京北五城營田使丁丑貶前鎮武節度使李進賢爲通州刺史監軍駱朝見配役于定陵丁未詔以歲飢放關內元和八年已前逋租錢粟賑常平義倉粟三十萬石丙申賜振武軍

絹二萬匹丁酉月近心大星癸卯制朝議大夫守中書侍郎同平章事上柱國高邑男李絳守禮部尚書累表辭相位故也三月己酉朔丙辰巂州地震晝夜八十震壓死者百餘人庚申妖人梁叔高自廣州來授書與吏部侍郎楊於陵使爲己輔於陵執之以告殺之辛酉以太子少傅鄭餘慶檢校右僕射興元尹山南西道節度使代趙宗儒爲御史大夫丁卯隕霜殺桑召大理卿裴棠棣男損前昭應令杜式方男悰見于麟德殿前各賜緋許尚公主夏四月戊寅朔庚寅詔賜太師咸寧王渾瑊宜配享德宗廟庭五月丁未朔以嶺南節度使鄭絪爲工部尚書庚申移宥州於涇原軍郭下置延恩縣隸夏州觀察使是月旱穀貴出太倉粟七十萬石開六場糶以惠飢民乙丑桂王綸薨以旱免京畿夏稅十三萬石青苗錢五萬貫六月丙子朔戊寅以天德軍經畧使周懷义卒廢朝一日經畧使廢朝自懷义始也庚辰以義武軍節度副使渾鎬檢校工部尚書兼定州大都督府長史充義武軍節度使易定觀察使北平軍等使丙戌以左龍武將軍

○燕重盱爲豐州刺史天德軍豐州西城中城都防禦押蕃落等使乙未置禮賓院於長興里之北丙申以左丞孔戣爲華州刺史潼關防禦鎮國軍等使壬寅制河中晉絳慈隰等州節度使張弘靖守刑部尚書同中書門下平章事秋七月丙午朔乙未以御史大夫趙宗儒檢校尚書右僕射兼河中尹河中晉絳等州節度使戊辰以太子司議郎杜悰爲銀青光祿大夫殿中少監駙馬都尉尚岐陽公主閏八月乙巳朔辛酉以河陽節度使烏重胤兼汝州刺史壬戌以中書舍人王涯屯田郎中韋綬爲皇太子諸王侍讀己巳加田弘正檢校右僕射賞三軍錢二十萬貫九月甲戌朔以洺州刺史李光顏爲陳州刺史忠武軍都知兵馬使丙戌以山南東道節度使袁滋檢校兵部尚書兼江陵尹荆南節度使以荆南節度使嚴綬檢校司空襄州刺史山南東道節度使乙丑月掩軒轅淮西節度使吳少陽卒其子元濟匿喪自總兵柄乃焚劫舞陽等四縣朝廷遣使弔祭拒而不納壬辰真臘國朝貢戊戌加河東節度使王鍔檢校司空同平章事以給事

中孟簡爲越州刺史浙東觀察使贈吳少陽尚書右僕射冬十月甲辰朔丙午金紫光祿大夫中書侍郎同平章事集賢大學士監脩國史上柱國趙國公李吉甫卒甲寅以刑部員外郎令狐楚爲職方員外郎知制誥壬戌以忠武軍節度使韓皐爲吏部尚書以忠武軍節度副使兼陳州刺史李光顏爲許州刺史忠武軍節度使甲子制朕嗣膺寶位于茲十年每推至誠以御方夏庶以仁化臻于太和宵衣旰食意屬於此今淮西一道未達朝經擅自繼襲肆行寇掠將士等迫於受制非是本心思去三面之羅庶遵兩階之義宜以山南東道節度使嚴綬兼充申光蔡等州招撫使仍命內常侍崔潭峻爲監軍戊辰以尚書左丞呂元膺檢校工部尚書東都留守舊例命留守賜旗甲與方鎮同及元膺受命不賜諫官援華汝壽三州例有賜居守之重不宜獨闕上曰此三處亦宜停賜十一月甲戌朔甲申以吏部尚書韓皐爲太子賓客甲午以御史中丞胡証爲單于大都護振武麟勝等軍節度使丁酉太子太傅范希朝卒戊戌以中書舍人裴度爲御史

○中丞以左金吾大將軍郭釗檢校工部尚書邠州刺史充邠寧節度使以職方員外郎知制誥令狐楚爲翰林學士十二月甲辰朔丁未鎮武節度使張煦卒辛亥邠寧節度使檢校右僕射閻巨源卒癸丑兵部尚書王召卒己未右羽林統軍孟元陽卒丙寅太子少保趙昌卒戊辰制以中大夫守尚書右丞上騎都尉賜紫金魚袋韋貫之本官同中書門下平章事

十年春正月癸酉朔乙酉宣武軍節度使韓弘守司徒平章事並如故丙申嚴綬師次蔡州界己亥制削奪吳元濟在身官爵庚子桂管奏移富州治於故城二月癸卯朔甲辰嚴綬軍爲賊所襲敗於磁丘退守唐州田弘正子布韓弘子公武各率師隸李光顏討賊辛亥以禮部尚書李絳爲華州潼關防禦鎮國軍等使壬戌河東防秋將劉輔殺豐州刺史燕重盱己巳以羽林將軍李稟爲涇原節度使三月壬申朔以右金吾將軍李奉仙爲豐州刺史天德軍西城中城都防禦使己卯以劍南西川節度行軍司馬李程爲兵部郎中知制誥乙

酉以虔州司馬韓泰爲漳州刺史以永州司馬柳宗元爲柳州刺史饒州司馬韓曄爲汀州刺史朗州司馬劉禹錫爲播州刺史台州司馬陳諫爲封州刺史御史中丞裴度以禹錫母老請移近處乃改授連州刺史贈故太常卿崔邠禮部尚書李光顏破賊於南頓辛亥盜焚河陰轉運院凡燒錢帛二十萬貫匹米二萬四千八百石倉室五十五間防院兵五百人營於縣南盜火發而不救呂元膺召其將殺之自盜火發河陰人情駭擾壬戌以長安縣令徐俊爲邕管經略使五月辛未朔辛巳御史中丞裴度兼刑部侍郎時度自淮西行營宣慰還所言軍機多合上旨故以兼官寵之丙申李光顏大破賊黨於洄曲自徵兵討賊凡十餘鎮之師環於申蔡未立戰功裴度使還奏曰臣觀諸將惟光顏見義能勇必能立功至是告捷京師相賀上尤賞度之知人六月辛丑朔癸卯鎮州節度使王承宗遣盜夜伏於靖安坊刺宰相武元衡死之又遣盜於通化坊刺御史中丞裴度傷首而免是日京城大駭自京師至諸門加衛兵宰相導從加金吾騎士出入

舊紀十五　八

則彀弦露刃每過里門訶索甚諠公卿持事柄者以家僮兵仗自隨武元衡死數日未獲賊兵部侍郎許孟容請見奏曰豈有國相橫尸路隅不能擒賊因灑泣極言上爲之憤歎乃詔京城諸道能捕賊者賞錢萬貫仍與五品官敢有蓋藏全家誅戮乃積錢二萬貫於東西市京城大索公卿節將複壁重轑者皆搜之庚戌神策將士王士則王士平以盜名上言且言王承宗所使乃捕得張晏等八人誅之乙丑制以朝議郎守御史中丞兼刑部侍郎飛騎尉賜紫金魚袋裴度爲朝議大夫守刑部侍郎同中書門下平章事秋七月庚午朔靈武節度使李光進卒辛未以神策軍長武城使杜叔良爲朔方靈鹽定遠城節度觀察使甲戌詔成德軍節度使王承宗自滌瑕疵累加獎拔列在維藩之任待以忠正之徒謂懷君父之恩克勵人臣之節而動思棄命恣逞非心傲狠反常横辱無畏以其先祖嘗立忠勳每念含容庶聞悛革曾不知陰謀逆狀久則逾彰凶德禍機盈而自覆乃敢輕肆指斥妄陳表章潛遣姦人內懷兵刃賊殺元輔毒傷憲臣縱其兇

殘無所顧望推窮事迹罪狀昭明周覽謝詞良用驚歎宜令絕其朝貢其所部博野樂壽兩縣本屬范陽宜卻隸劉總駙馬都尉王承系太子贊善王承迪冊王府司馬王承榮並宜遠郡安置先是承宗上表怨咎武元衡留中不報又肆指斥上使持其表以示百官群臣皆請問罪丙戌涇原節度使李彙卒以將作監王潛爲荊州刺史四鎮北庭涇原節度使乙未以京兆尹裴武爲司農卿以捕賊弛慢故也八月己亥朔日有蝕之丙寅訶陵國遣使獻僧祇僮及五色鸚鵡頻伽鳥并異香名寶丁未淄青節度使李師道陰與嵩山僧圓淨謀反勇士數百人伏於東都進奏院乘洛城無兵欲竊發焚燒宮殿而肆行剽掠小將楊進李再興告變留守呂元膺乃出兵圍之賊突圍而出入嵩岳山棚盡擒之訊其首僧圓淨主謀也僧臨刑歎曰誤我事不得使洛城流血九月癸酉以宣武軍節度使韓弘充淮西行營兵馬都統丁酉以太子賓客韓臯爲兵部尚書冬十月庚子始析山南東道爲兩節度以戶部侍郎李遜爲襄州刺史充襄復郢均房節

舊紀十五　九

度使以右羽林將軍高霞寓爲唐州刺史充唐隨鄧節度使刑部尚書權德輿奏請行用新刪定敕格三十卷從之壬子以太子賓客于頔爲戶部尚書十一月戊辰詔出內庫繒絹五十五萬匹供軍乙亥以山南東道節度使嚴綬爲太子少保戊寅盜焚獻陵寢宮詔發振州兵二千會義武軍以討王承宗十二月壬寅夜太白犯鎮星甲辰李愿擊敗李師道之衆九千斬首二千級壬子東都留守呂元膺請募置三河子弟以衛宮城甲寅越州復置山陰縣庚申新造指南車記里鼓出宮人七十二人置京城寺觀有家者歸之乙丑河東節度使王鍔卒是歲渤海新羅奚契丹黑水南詔牂柯並遣使朝貢

十一年春正月丁卯朔以宿師于野不受朝賀己巳以中書侍郎平章事張弘靖檢校吏部尚書兼太原尹北都留守河東節度使戊寅詔群臣曰今用兵已久利害相半其攻守之宜罰宥之要宜各具議狀以聞庚辰翰林學士錢徽蕭俛各守本官以上疏請罷兵故也癸未削奪王承宗在身官爵所襲封邑賜武俊子金吾將軍士平令河

東河北道諸鎮加兵進討甲申盜斷建陵門戟四十七竿甲子李光顏奏破賊二月癸卯吐蕃贊普卒以中書舍人權知禮部貢舉賜緋魚袋李逢吉爲門下侍郎同平章事賜紫金魚袋以内庫絹四萬疋賞幽魏將士甲寅以華州刺史李絳為兵部尚書丙辰月掩心戊午南詔蠻酋晟龍盛卒三月庚午皇太后崩于興慶宮之咸寧殿是日群臣發喪於西宮兩儀殿以宰臣裴度爲禮儀使吏部尚書韓皋爲大明宫留守設次于中書辛未勅諸司公事宜權取中書門下處分癸酉分命朝臣告哀于天下甲戌見群臣于紫宸門外廡下己卯以宰臣李逢吉充大行皇太后山陵使出内庫繒帛五萬匹充奉山陵己丑月近鎮星夏四月壬寅西川節度使李夷簡遣使告哀於南詔后喪邊鎮告四夷舊制也庚戌貶戶部侍郎判度支楊於陵爲郴州刺史坐供軍有闕也丁巳以徐宿飢賑粟八萬石五月丁卯夜辰歲二宿合于東井宿州軍亂逐刺史駱怡壬申李光顏破賊于凌雲柵六月甲辰高霞寓敗于鐵城退保新興柵是日人情悚駭宰相奏對多請

○罷兵上曰勝負兵家常勢不可以一將失利便沮成計今但議用兵方畧朝廷庶務制置可否耳是夜月掩心後星庚戌田弘正軍討王承宗次于南宮辛酉群臣上大行太皇后謚曰莊憲秋七月丁丑貶隨唐節度使高霞寓爲歸州刺史以河南尹鄭權爲襄州刺史充山南東道節度使以荆南節度使袁滋爲唐州刺史彰義軍節度使申光唐蔡隨鄧州觀察使權以唐州爲理所以華州刺史裴武爲江陵尹充荆南節度使戊寅以隨州刺史楊旻爲唐州刺史充行營都知兵馬使以滋儒者故復以旻將其兵壬午宣武軍奏破賊八月壬寅以宰臣韋貫之爲吏部侍郎罷知政事貫之以淮西河北兩處用兵勞於供餉請緩承宗而專討元濟與裴度爭論上前故也戊申容州奏颶風海水毁州城甲申附莊憲皇后於豐陵九月丁卯饒州奏浮梁樂平二縣五月内暴雨水溢失四千七百戶溺死者一百七十人丙子新除吏部侍郎韋貫之再貶湖南觀察使辛未貶吏部侍郎韋顗爲陝州刺史刑部郎中李正辭爲金州刺史度支郎中薛公幹爲房州刺史屯田郎中李宣爲忠州刺史考功郎中韋處厚爲開州刺史禮部員外郎崔韶爲果州刺史並爲補闕張宿所搆言與貫之朋黨故也乙酉蔡州軍前奏拔凌雲柵冬十月丁巳以刑部尚書權德輿檢校吏部尚書兼興元尹充山南西道節度使丙寅幽州劉總加平章事鄆州李師道加檢校司空師道聞拔凌雲柵乃懼僞貢款誠故有是命庚午以司農卿王遂爲宣州刺史宣歙池觀察使以京兆尹李僯爲潤州刺史浙西觀察使以遂僯常歷計司能聚斂方藉供軍故有斯授壬申勑諸道奏事官非急切不得乘驛馬丁丑出内庫錢五十萬貫供軍戊寅夜月犯歲辛巳命内常侍梁守謙監淮西行營諸軍仍以空名告身五百通及金帛付之戊子夜土火合于虛危十二月丙午以易州刺史陳楚爲定州刺史義武軍節度使丁未以翰林學士尚書工部侍郎知制誥王涯爲中書侍郎同平章事甲寅以閑厩宫苑使李愬檢校左散騎常侍兼鄧州刺史充唐隨鄧等州節度使初置淮潁水運使運揚子院米自淮陰泝流至壽州四千里入潁

○口又泝流至潁州沈丘界五百里至于項城又泝流五百里入溵河又三百里輸于郾城得米五十萬石茭一千五百萬束省汴運七萬六千貫己未邕管奏黃洞賊屠巖州未央宫及飛龍草場火京畿水害田潤常湖衢陳許大水是歲冬雷桃杏花迴鶻靺鞨奚契丹牂牁渤海等朝貢

十二年春正月辛酉朔以用兵不受朝賀癸未貶義武軍節度使渾鎬爲循州刺史坐討賊失律也甲申貶唐鄧節度袁滋爲撫州刺史以上疏請罷兵故也乙酉夜星見而雨戊子夜彗出畢南長丈餘指西南凡三日南近參箕而没二月壬申出内庫絹布六千九萬段匹銀五千兩付度支供軍庚子勑京城居人五家相保以搜姦慝時王承宗李師道欲阻用兵之勢遣人折陵廟之戟焚芻藁之積流矢飛書恐駭京國故搜索以防姦及賊平復得淄青簿領中有賞蒲潼關吏察乃知容姦者關吏也搜索不足以爲防庚申勑宜於許汝行營側近置行郾城以處賊中歸降人戶甲寅岳鄂團練使李道古師攻申

州剋羅城賊力戰道古之衆大敗三月壬戌昭義郗士美兵敗於柏鄉兵士死者千人戊辰滄州程執恭改名權太常定李吉甫謚曰敬憲度支郎中張仲方非之上怒貶爲遂州司馬賜吉甫謚曰忠丁丑月犯心後星癸未賊將吳秀琳以文城柵兵三千降李愬夏四月辛卯李光顔破賊三萬於郾城殺其卒什二三獲馬千匹器甲三萬辛丑駙馬都尉于季友居嫡母喪與進士劉師服歡宴夜飲季友削官爵笞四十忠州安置師服笞四十配流連州于頔不能訓子削階己酉出太倉粟二十五萬石糶于西京以惠飢民庚戌敕改蔡州吳房縣爲遂平縣移置於文城柵南新城內丁卯賊郾城守將鄧懷金與縣令董昌齡以郾城降甲戌渭南雨雹中人有死者丙子詔權罷河北行營專討淮蔡五月庚寅朔癸巳隨唐節度使李愬奏敗賊於吳房獲賊將李佑己亥以尚書左丞許孟容爲河東晉守充都畿防禦使時東畿民戶供軍尤苦車數千乘相錯于路牛皆饋軍民戶多以驢耕己酉作蓬萊池周廊四百間六月己未朔以衛尉卿程异爲鹽

鐵使代王播時异爲鹽鐵使副自江南收拾到供軍錢一百八十五萬以進故得代播壬戌賊吳元濟上表請束身歸朝時連破三柵賊勢追蹙實欲歸朝而制於左右故不果行乙酉京師大雨含元殿一柱傾市中水深三尺壞坊民二千家秋七月戊子朔壬辰詔以定州飢募人入粟受官及減選超資河北水災邢洺尤甚平地或深二丈甲辰戶部尚書于頔請致仕不允嶺南節度使崔詠卒乙酉敕今後左降官及責授正員官等宜從到任經五考滿許量移如未滿五考遇恩赦者從節支處分如犯十惡大逆贓賄緣坐奏取進止庚戌以國子祭酒孔戣爲廣州刺史嶺南節度使丙辰制以中書侍郎平章事裴度守門下侍郎同平章事使持節蔡州諸軍事蔡州刺史充彰義軍節度申光蔡觀察處置等使仍充淮西宣慰處置使以朝散大夫守尚書戶部侍郎上護軍賜紫金魚袋崔群爲中書侍郎同中書門下平章事以刑部侍郎馬摠兼御史大夫充淮西行營諸軍宣慰副使以太子右庶子韓愈兼御史中丞充彰義軍行軍司馬以司勳

員外郎李正封都官員外郎馮宿禮部員外郎李宗閔皆兼侍御史爲判官書記從度出征詔以郾城爲行蔡州治所八月戊午朔庚申裴度發赴行營敕神策軍三百人衛從上御通化門勞遣之度望門再拜銜涕而辭上賜之犀帶以河南尹辛秘爲潞府長史昭義軍節度使代郗士美以士美爲工部尚書孟簡爲戶部侍郎戊辰以同州刺史張正甫爲河南尹甲申裴度至郾城九月丁亥朔戊子出內庫羅綺犀玉金帶之具送度支估計供軍甲午御史臺奏同制除官承前以名字高下爲班位先後或名在前身在外及到却在舊人之上今請以上日爲先後敕曰名在前上日在後未逾月不在此限行立班次即宜以敕內前後爲定戊戌劍南東川節度盧坦卒己亥貶京兆尹竇易直爲金州刺史以鞫獄得贓不實故也辛丑以御史中丞爲京兆尹壬寅以湖廣觀察使韋貫之爲太子詹事分司乙巳以刑部郎中知雜崔元略爲御史中丞丁未以朝議大夫門下侍郎同平章事李逢吉檢校兵部尚書使持節梓州諸軍事梓州刺史充劍南

東川節度副大使知節度事庚子以撫州刺史袁滋爲湖南觀察使冬十月壬申裴度往沲口觀板築五溝賊遽至注弩挺刃將及度而李光顔田布扼其歸路大敗之是日度幾陷癸酉內出元和辯謗略三卷付史館甲申以淮南節度使檢校左僕射李鄘爲門下侍郎同中書門下平章事以左丞衛次公代鄘爲淮南節度使己卯隨唐節度使李愬率師入蔡州執吳元濟以獻淮西平甲申詔淮西立功將士委韓弘裴度條疏奏聞淮西軍人一切不問宜準元敕給復二年十一月丙戌朔御興安門受淮西之俘以吳元濟徇兩市斬於獨柳樹妻沈氏沒入掖庭弟二人子三人配流尋誅之判官劉協等七人處斬錄平淮西功隨唐節度使檢校左散騎常侍李愬檢校尚書左僕射襄州刺史充山南東道節度襄鄧隨唐福郢均房等州觀察等使加宣武軍節度使韓弘兼侍中　忠武軍節度使李光顔河陽節度使烏重胤並檢校司空以宣武軍都虞候韓公武檢校左散騎常侍鄜州刺史鄜坊丹延節度使以魏博行營兵馬使田布爲右金吾衛

將軍皆賞破賊功也甲午恩王連薨以蔡州郾城爲溵州析上蔡西平遂平三縣隸焉戊申以淮西宣慰副使刑部侍郎馬揔爲彰義軍節度留後十二月壬戌以彰義軍節度淮西宣慰處置使門下侍郎同平章事裴度守本官賜上柱國晉國公食邑三千戶以蔡州留後馬揔檢校工部尚書蔡州刺史彰義軍節度使溵州潁陳許節度使丙子以右庶子韓愈爲刑部侍郎是歲河南河北水

十三年春正月乙酉朔御含元殿受朝賀禮畢御丹鳳樓大赦天下己丑以文宣王三十八代孫孔惟晊襲文宣公庚寅勅李師道頻獻表章披露懇誠宜令諫議大夫張宿往彼宣慰辛亥以禮部尚書王播爲成都尹劍南西川節度使二月乙亥御麟德殿宴群臣大合樂凡三日而罷頒賜有差三月庚寅以前劍南西川節度使李夷簡爲御史大夫丙申以同州刺史鄭絪爲東都留守都畿汝防禦使庚子以御史大夫李夷簡爲門下侍郎同平章事宰相李鄘守戶部尚書罷知政事丁未以太子少師鄭餘慶爲左僕射辛亥詔百司職田多

○少不均爲弊日久宜令逐司各收職田草粟都數自長官以下除留守至銀臺待罪請獻德棣二州兼入管內租稅壬戌前東都留守許孟容卒庚辰詔復王承宗官爵以華州刺史鄭權爲德州刺史橫海軍節度德棣滄景等州觀察使五月乙酉鳳翔節度使李惟簡卒乙未月近心後星丙辰以忠武軍節度使李光顏爲滑州刺史義武軍節度使以彰義軍節度使馬揔爲許州刺史忠武軍節度使陳許溵蔡觀察等使戊戌以山南東道節度使李愬爲鳳翔尹鳳翔隴右節度使辛丑知渤海國務大仁秀檢校秘書監忽汗州都督冊爲渤海國王丙午以戶部侍郎孟簡檢校工部尚書襄州刺史山南東道節度使六月癸丑朔日有食之乙丑湖南觀察使袁滋卒丁丑以滄景節度使程權爲邠州刺史邠州節度使出內庫絹三十萬匹錢三十萬貫付度支供軍秋七月癸未以新除鳳翔節度使李愬爲徐州刺史武寧軍節度使甲申以田弘正校檢司空乙酉詔削奪淄青節度使李師道在身官爵仍令宣武魏博義成武寧橫海等五鎮之師分路進討辛丑以門下侍郎同平章事李夷簡檢校左僕射同平章事揚州大都督府長史淮南節度使己酉詔諸道節度使先帶度支營田使名者並罷之庚戌以左僕射鄭餘慶爲鳳翔隴右節度使八月壬子以中書侍郎平章事王涯爲兵部侍郎罷知政事戊午以尚書右丞崔從爲興元尹山南西道節度使甲戌太白近左執法乙亥勅應同司官有大功已上親者但非連判及勾檢之官并官長則不在廻避改換之限時刑部員外郎楊嗣復以父於陵除戶部侍郎遂以近例避嫌請出省不從因有是勑丁丑木金水三宿聚于軫戊寅前山南西道節度使權德輿卒九月甲申以左衛將軍高霞寓爲單于大都護振武陵勝節度使甲辰以戶部侍郎判度支皇甫鎛同中書門下平章事依前判度支以衛尉卿充諸道鹽鐵轉運使程异爲工部侍郎同中書門下平章事依前充使是時上切於財賦故用聚歛之臣居相位詔下群情驚駭宰臣裴度崔群極諫不納二人請退榮惑近哭星丁未出內庫絹十萬匹給東軍冬十月甲寅吐蕃寇宥州

○壬戌靈武奏破吐蕃二萬於定遠城癸亥前淮南節度使衛次公卒甲子平涼鎮遏兵馬使郝玼奏收復原州破吐蕃二萬是夜月近昴丙子以左金吾衛大將軍薛平檢校刑部尚書滑州刺史充義成軍節度使以義成軍節度使李光顏爲許州刺史充忠武軍節度使陳許觀察等使十一月辛巳朔夏州破吐蕃五萬靈武奏攻破吐蕃長樂州羅城丁亥以山人柳泌爲台州刺史爲上於天台山採仙藥故也制下諫官論之不納壬寅以河陽節度使烏重胤爲滄州刺史橫海軍節度滄景德棣觀察等使丁未以華州刺史令狐楚以懷州刺史充河陽三城懷孟節度使十二月辛亥勅左右龍武軍六軍及威遠營應納課戶共一千八百人衣糧並停仍付府縣收管戊寅軍前擒到李師道將夏侯澄等四十七人詔並釋付魏博及義成軍收管要還賊中者則量事優給放還上顧謂宰臣曰人臣事君但力行善事自致公望何乃好樹朋黨朕甚惡之裴度對曰君子小人未有無徒者君子之徒則同心同德小人之徒是爲朋黨上曰他人之言亦與

卿等相似豈易辨之哉度曰君子小人觀其所行當自區別矣上曰凡好事口說則易躬行則難卿等既言之須行之勿空口說度等謝曰陛下處分可謂至矣臣等敢不激勵然天下之人從陛下所行從陛下所言臣等亦願陛下每言之則行之上頗忻納是歲迴紇南詔渤海高麗吐蕃奚契丹訶陵國並朝貢

十四年春正月庚辰朔以東師宿野不受朝賀壬午復置仗內教坊於延政里丁亥徐州軍破賊二萬於金鄉迎鳳翔法門寺佛骨至京師留禁中三日乃送諸寺王公士庶奔走捨施如不及刑部侍郎韓愈上疏極陳其弊癸巳貶愈為潮州刺史丙申魏博軍破賊五萬於東河辛巳斬前滄州刺史李宗奭於獨柳樹朝廷初除鄭權滄州宗奭拒詔不受代既而為三軍所逐乃入朝故誅之癸卯夜月近南斗魁丙午魏博軍破賊萬人於陽穀二月己酉朔以商州刺史嚴謨為黔中觀察使乙卯勅淄青行營諸軍所至收下城邑不得妄行傷殺及焚燒廬舍掠奪民財開發墳墓宜嚴加止絕以鎮冀水災賜王承

宗綾絹萬匹辛酉襄陽節度使孟簡舉鄭鄉鎮遏使趙潔為鄭鄉令有虧常式罰一月俸料壬戌田弘正奏今月九日淄青都知兵馬使劉悟斬李師道并男二人首請降師道所管十二州平甲子上御宣政殿受賀己巳上御興安門受田弘正所獻賊俘羣臣賀於樓下庚午制以淄青兵馬使金紫光祿大夫試殿中監兼監察御史劉悟檢校工部尚書滑州刺史充義成軍節度使封彭城郡王食邑三千戶賜錢二萬貫莊宅各一區癸酉田弘正加檢校司徒同中書門下平章事三月己卯朔丁酉上以齊魯初平宴羣臣於麟德殿賜物有差戊子以華州刺史馬總為鄆濮曹等州觀察等使己丑以義成軍節度使薛平為青州刺史充平盧軍節度淄青齊登萊等州觀察等使以淄青四面行營供軍使王遂為沂州刺史充沂海兗密等州都團練觀察等使析李師道所據十二州為三鎮也庚寅浙西觀察使李翛卒辛卯李師道妻魏氏并男沒入掖庭堂弟師賢師智姪弘巽配流乙未以中書舍人衞中行為華州刺史潼關防禦鎮國軍等使辛

丑上顧謂宰臣曰聽受之間大是難事推誠選任所謂委寄必合盡心及至所行臨事不無偏黨朕臨御已來歲月斯久雖不明不敏然漸見物情每於行為務欲詳審比令學士集前代昧政之事為辯謗略每欲披閱以為鑒誡耳崔群對曰無情曲直辯之至易稍懷欺詐審之實難故孔子有衆好衆惡之論浸潤膚受之說蓋以暧昧難辯故也若擇賢而任之待之以誠糺之以法則人自歸公孰敢行偽陛下詳觀載籍以廣聰明實天下幸甚丁未以撫州司馬令狐通為右衞將軍給事中崔植封還制書言通前刺史壽州用兵失律未宜褒用上令宰臣諭植以通父彰有功不忍遂棄其子其制方行夏四月戊申朔乙卯太白順行近東井戊午以刑部尚書李愿為鳳翔尹充鳳翔隴右節度使丙寅詔諸道節度都團練防禦經略等使所管支郡除本軍州外別置鎮遏守捉兵馬者並合屬刺史如刺史帶本州團練防禦鎮遏等使其兵馬額便隷此使如無別使即屬軍事其有邊於谿洞連接蕃蠻之處特建城鎮不關州郡者不在此限辛未工

部侍郎同平章事諸道鹽鐵轉運等使程异卒丙子制金紫光祿大夫門下侍郎同中書門下平章事兼弘文館大學士上柱國晉國公食邑三千戶裴度可檢校左僕射兼門下侍郎平章事太原尹北都留守充河東節度觀察處置等使五月戊寅朔以刑部侍郎柳公綽充鹽鐵轉運等使庚辰以楚州刺史李聽為夏州刺史夏綏銀宥等州節度使丙辰以河東節度使檢校吏部尚書同平章事張弘靖為吏部尚書以忠武軍節度使李光顏為邠寧慶節度使仍以忠武軍六千人赴鎮庚寅以工部尚書郗士美檢校刑部尚書許州刺史充忠武軍節度使是夜月近心大星己亥置臨海監牧命淮南節度使兼之勑李師古妻裴氏女宜娘於鄧州安置李宗奭妻韋氏放出掖庭坐李師道族人籍沒上愍之宥以輕典以宣歙觀察使竇易直為潤州刺史充浙西觀察使韓弘進助平淄青絹二十萬疋女樂十人女樂還之六月丁未朔癸丑以福建觀察使元錫為宣州刺史宣歙池觀察使庚申以戶部侍郎歸登為工部尚書以鄭州刺史裴乂為

福州刺史福建觀察使癸酉勑定州大都督府復上州甲子以前兵
部尚書李絳檢校吏部尚書河中尹充河中晋絳磁隰觀察使癸酉
詔左金吾大將軍胡証充京西北巡邊使所經鎮戍與守將審量利
害具事實奏聞秋七月丁丑朔戊寅汴州韓弘來朝己卯左散騎常
侍致仕薛苹卒乙酉夜月掩心大星辛巳群臣上尊號曰元和聖文
神武法天應道皇帝是日御宣政殿受冊禮畢御丹鳳樓大赦天下
京畿今年秋稅青苗榷酒等錢每貫量放四百文元和五年已前逋
租賦並放甲午韓弘進絁絹二十八萬疋銀器二百七十事丁酉以
河陽三城懷州節度使朝議郎使持節懷州諸軍事守懷州刺史兼
御史大夫賜紫金魚袋令狐楚可朝議大夫守中書侍郎同中書門
下平章事壬寅以永州刺史韋正武爲邕管經略使癸卯以前黔中
觀察使魏義通爲懷州刺史河陽三城懷孟節度使沂州軍亂殺節
度使王遂甲辰以棣州刺史曹華爲沂州刺史充沂海兖密等州都
團練觀察使乙巳罷晋州防禦使八月丁未朔己酉制宣武軍節度

○ 唐紀十五 十八

副大使知節度事汴宋亳潁等州觀察處置等使開府儀同三司守
司徒兼侍中汴州刺史上柱國許國公食邑三千戶韓弘可守司徒
兼中書令弘堅辭戎鎮故也癸丑以吏部尚書張弘靖爲檢校尚書
左僕射同平章事汴州刺史宣武軍節度使甲寅於襄州穀城縣置
臨漢監以牧馬仍令山南東道節度使兼充監牧使戊午王承宗進
位檢校左僕射己未田弘正來朝上謂宰臣曰天下事重一日不可
曠廢若遇連假不坐有事即詣延英請對崔群以殘暑方甚目同列
將退上止之曰數日一見卿等時雖暑熱朕不爲苦久之方罷丁亥
宴田弘正與大將判官二百人於麟德殿賜物有差戊辰陳許節度
使檢校刑部尚書郗士美卒九月丙子朔戊寅考功郎中蕭祐進右
畫古書二十卷斬沂州亂首王弁于東市癸未以國子祭酒李遜檢
校禮部尚書許州刺史忠武軍節度陳許殷蔡等觀察使庚寅以右
衛大將軍田縉爲衞王傅縉前鎮夏州私用軍粮四萬石強取党項
羊馬致党項引吐蕃入寇故也甲午以太子少師鄭餘慶兼判國子

祭酒辛丑以田弘正兄相州刺史田融檢校刑部尚書兼太子賓客
分司東都甲辰以魏博節度使光祿大夫檢校司徒同平章事兼魏
州大都督長史上柱國沂國公食邑三千戶田弘正依前檢校司徒
兼侍中賜實封三百戶時弘正三上表乞留闕庭不許乙巳上顧謂
宰臣曰朕讀玄宗實錄見開元初銳意求理至十六年已後稍似懈倦
開元末又不及中年何也崔群對曰玄宗少歷民間身經迍難故即位
之初知人疾苦躬勤庶政加之姚崇宋璟蘇頲盧懷慎等守正之輔
孜孜獻納故致治平及後承平日久安於逸樂漸遠端士而近小人
宇文融以聚斂媚上心李林甫以奸邪惑上意加之以國忠故及於
亂願陛下以開元初爲法以天寶末爲戒即社稷無疆之福也時皇
甫鎛以諂刻欺蔽在相位故群因奏以諷之冬十月丙午朔壬戌安
南軍亂殺都護李象古并家屬部曲千餘人皆遇害 丙寅以唐州
刺史桂仲武爲安南都護潮州刺史韓愈爲袁州刺史是月吐蕃寇
鹽州十一月乙亥朔以戶部尚書李鄘爲太子賓客東都留守辛卯

○ 唐紀十五 十九

靈武大將史奉敬破吐蕃於鹽州城下賜奉敬實封五十戶賞之丁
酉以原王傅鄭權爲右金吾大將軍充右街使上服方士柳泌金丹
藥起居舍人裴潾上表切諫以金石含酷烈之性加燒鍊則火毒難
制若金丹已成且令方士自服一年觀其效用則進御可也上怒己
亥貶裴潾爲江陵令十二月乙巳朔庚戌國子祭酒鄭餘慶奏見任
文官一品至九品外使兼京正員官者每月於所請料錢每貫抽十
文脩國子監從之乙卯以諫議大夫守中書侍郎同中書門下平章
事上柱國賜紫金魚袋崔群爲潭州刺史兼御史大夫充湖南觀察
使爲皇甫鎛所譖及群被貶人皆切齒於鎛
十五年春正月甲戌朔上以餌金丹小不豫罷元會庚辰鎮冀觀察
使王承宗奏鎮冀深趙等州每州請置錄事參軍一員判司三員每
縣請置令一員從之壬午以前湖南觀察使崔倰權知戶部侍郎判
度支丙戌沂海四州觀察使府移置於兖州改觀察使曹華爲兖州刺
史乙未命邠寧李光顏修築鹽州城此月七日已後晝常陰晦

徵雨雪夜則晴明凡十七日方澄霽丙申月犯心大星光彩相及廢齊
州豐齊縣入長清廢全節縣入歷城廢章丘縣入亭山縣義成軍節
度使劉悟來朝戊戌上對悟於麟德殿上自服藥不佳數不視朝人
情恟懼及悟出道上語京城稍安庚子以少府監韓璀為鄜州刺史
鄜坊丹延節度使是夕上崩於大明宮之中和殿享年四十三時以
暴崩皆言內官陳弘志弒逆史氏諱而不書辛丑宣遺詔壬寅移仗
西內五月丁酉群臣上謚曰聖神章武孝皇帝廟號憲宗庚申葬于
景陵

史臣蔣係曰憲宗嗣位之初讀列聖實錄見貞觀開元故事竦慕不
能釋卷顧謂丞相曰太宗之創業如此玄宗之致理如此既覽國史
乃知萬倍不如先聖當先聖之代猶須宰執臣寮同心輔助豈朕今
日獨能為理哉自是延英議政晝漏率下五六刻方退自貞元十年
已後朝廷威福日削方鎮權重德宗不委政宰相人間細務多自臨
決姦佞之臣如裴延齡輩數人得以錢穀數術進宰相備位而已及

上自藩邸監國以至臨御訖于元和軍國樞機盡歸之於宰相由是
中外咸理紀律再張果能剪削亂階誅除群盜睿謀英斷近古罕儔
唐室中興章武而已任异鎛之聚斂逐群度於藩方政道國經未至
衰紊惜乎服食過當閹豎竊發苟天假之年庶幾于理矣

贊曰貞元失馭群盜箕踞章武赫斯削平嘯聚我有宰衡耀德觀兵
元和之政聞于頌聲

唐書本紀卷第十五

唐書本紀卷第十六

劉　昫　等修

聞人詮校刻沈桐同校

穆宗

穆宗睿聖文惠孝皇帝諱恒憲宗第三子母曰懿安皇后郭氏貞元
十一年七月生於大明宮之別殿初名宥封建安郡王元和元年八
月進封遂王五年三月領彰義軍節度大使七年十月冊為皇太子
改今諱十五年正月庚子憲宗崩丙午即皇帝位於太極殿東序是
日召翰林學士段文昌杜元穎沈傳師李肇侍讀薛放丁公著對于
思政殿並賜金紫丁未集群臣班於月華門外貶門下侍郎同平章
事皇甫鎛為崖州司戶戊申上見宰臣於紫宸門外辛亥以朝議郎
守御史中丞飛騎尉襲徐國公賜緋魚袋蕭俛為朝散大夫守中書
舍人翰林學士武騎尉賜紫金魚袋段文昌為中書侍郎同平章事
上始御延英對宰臣詔曰山人柳泌輕懷左道上惑先朝固求牧人

貴欲疑衆自知虛誕仍更遁逃僧大通醫方不精藥術皆妄既延禍
釁俱是姦邪邦國固有常刑人神所宜共棄付京兆府決杖處死金
吾將軍李道古貶循州司馬憲宗末年銳於服餌皇甫鎛與李道古
薦術人柳泌僧大通待詔翰林泌於台州為上鍊神丹上服之日加
躁渴遽棄萬國甲寅二王後介國公宇文仲達卒有司舉舊典奏祭
之以監察御史李德裕右拾遺李紳禮部員外郎庾敬休並守本官
充翰林學士丁巳以劍南東川節度使李逢吉為襄州刺史充山南
東道節度使以吏部侍郎王涯檢校禮部尚書梓州刺史充劍南東
川節度使己未改恒岳為鎮岳恒州為鎮州定州恒陽縣為曲陽縣
恒王房子孫改為浜王房丙寅以右神策大將軍張維清為單于大
都護充振武麟勝節度使丁卯上及群臣皆釋服從吉戊辰群臣始
朝於宣政衙是夜地震庚午冊大行皇帝貴妃郭氏為皇太后貶諫
議大夫李景儉為建州刺史二月癸酉朔丁丑御丹鳳樓大赦天下
宣制畢陳俳優百戲於丹鳳門內上縱觀之丁亥幸左神策軍觀角

抵及雜戲日昃而罷癸巳罷邕管經略使所管州縣隸邕府甲午以桂管觀察使裴行立爲安南都護充本管經畧使乙未以太僕卿杜式方爲桂州刺史充桂管觀察使丙申冊丹王逾薨丁酉勅入廻紇使宜與私覿正員官十三員入吐蕃使與八員庚子太子賓客呂元膺卒辛丑以戶部侍郎楊於陵爲戶部尚書壬寅勅舉賢良方正直言極諫等科目人宜令中書門下尚書省四品已上於尚書省同試三月癸卯朔贈皇太后父郭曖太傅毋號國大長公主贈齊國大長公主壬子召侍講學士韋處厚路隨於太液亭講毛詩關雎尚書洪範等篇旣罷並賜緋魚袋左右軍中尉馬進潭梁守謙魏弘簡等請立門戟從之以太子詹事分司東都韋貫之爲河南尹丁巳御史中丞崔植奏元和十二年勅御史臺三院御史據除拜上日爲後未上日不得計月數又准其年九月十七日勅踰一箇月不在此限行立班次即宜以勅內先後爲定臣覿此後勅未便事宜請自今後三院御史職事行立一切依勅文先後爲定除拜上日便爲月數從之戊午

○吏部尚書趙宗儒奏先奉勅先朝所放制科舉人令與中書門下四品已上官同於尚書省就試者臣伏以制科所設本在親臨南省策試亦非舊典今覃恩旣畢庶政惟新況山陵日近公務繁迫待問之士就試非多臣等商量恐須停罷從之罷申州歲貢茶乙丑以皇太后兄司農卿郭釗爲刑部尚書兼司農卿右金吾衛大將軍郭鏦檢校工部尚書丁卯貶太子賓客留司東都孟簡爲吉州員外司馬戊辰夜大風震夏四月壬申朔丁丑澧王寬薨乙酉三恪酅國公楊造卒丁亥勅內侍省見管高品官白身都四千六百一十八人除官員一千六百九十六人外其餘單貧無屋室居止宜每人加衣糧半分五月壬寅朔癸卯詔以國用不足應天下兩稅鹽利榷酒稅茶及戶部闕官除陌等錢兼諸道雜榷稅等應合送上都及留州留使諸道支用諸司使職掌人課料等錢並每貫除舊墊陌外量抽五十文仍委本道本司本使據數逐季收計其諸道錢便差綱部送付度支收管待國用稍充即依舊制其京百司俸料文官已抽修國學不可重

有抽取武官所給校簿亦不在抽取之限壬子詔入景陵玄宮合供千味食魚肉肥鮮恐致薰穢宜令尚藥局以香藥代食庚申葬憲宗於景陵六月辛未朔丁丑以司徒兼中書令韓弘爲河中尹充河中晉絳磁隰等州節度使安南都護桂仲武奏誅賊首楊清收復安南府戊寅以金吾將軍李佑檢校左散騎常侍兼夏州刺史充夏綏銀宥節度使代李聽以聽爲靈州大都督府長史充朔方靈鹽節度使以中書舍人王仲舒爲洪州刺史御史中丞充江西觀察使己卯放京兆府今年夏青苗錢八萬三千五百六十貫宜委令狐楚以山陵用不盡綾絹准實估付京兆府代所放青苗錢庚辰加邠寧慶節度使李光顏特進以城鹽州之功也以考功員外郎史館脩撰李翱爲朗州刺史坐與李景儉相善故也癸未併兗州萊蕪縣入乾封縣己丑工部尚書歸登卒壬辰詔帝王所重者國體所切者人情苟得其體必臻於大和如失其情是曲於小利況設官求理須祿責功敎旣有常寧宜就減近以每歲經費量入數少外官俸料據數收貫朕再三思度

○終所未安今則歲屬豐登兵方偃息自宜克己以足用何得剝下以爲謀臨軒載懷實所增愧其今年五月勅應給用錢每貫抽五十文都計一百五十萬貫宜併停抽仍出內庫錢三十七萬五千貫付度支給用初憲宗用兵擢皇甫鎛爲相苛斂剝下人皆咎之以至譴逐至是宰臣創抽貫之利制下人情不悅故罷之癸巳皇太后移居興慶宮皇帝與六宮侍從大合宴于南內迴幸右軍須賜中尉等有差自是凡三日一幸左右軍及御宸暉九仙等門觀角抵雜戲秋七月辛丑朔壬寅以河中晉絳觀察使李絳爲兵部尚書甲辰以大理卿孔戢爲潭州刺史湖南觀察使乙巳詔皇太后就安長樂朝夕承顏慈訓所加慶感無極今月六日是朕載誕之辰奉迎皇太后於宮中上壽朕旣深歡慰欲與臣下同之其日百寮命婦宜於光順門進名叅賀朕於光順門內殿與百寮相見永爲常式非典也鄆曹濮等州節度賜號天平軍從馬總奏也丙午勅乙巳詔書載誕受賀儀宜停先是左丞韋綬奏行之宰臣以古無降誕受賀之禮奏罷之丁未苑內

假山毀壓死役者七人自五月不雨涯月壬子始雨甲寅御新成永安殿觀百戲極歡而罷乙卯勑自今後新除節度觀察使到任日具見在錢帛斛斗器械數目分析以聞安南都護裴行立卒是日上幸安國寺觀盂蘭盆邕管經略使楊旻卒平盧軍新加押新羅渤海兩蕃使賜印一面許諸巡官一人新作寶慶殿庚申夜熒惑入羽林壬戌盛飾安國慈恩千福開業章敬等寺縱吐蕃使者觀之丙寅以新成永安殿與中宮貴主置宴以樂之嬪妃皆預丁卯以門下侍郎平章事令狐楚爲宣州刺史兼御史大夫充宣歙池觀察使楚爲山陵使縱吏于翬刻下不給工徒價錢積留錢十五萬貫爲羨餘以獻故及于貶八月庚午朔辛未兵部尚書楊於陵總百寮錢貨輕重之議取天下兩稅榷酒鹽利等悉以布帛任土所產物充稅並不徵見錢則物漸重錢漸輕農人見免賤賣匹段請中書門下御史臺諸司官長重議施行從之癸酉太子少傅致仕李鄘卒甲戌安南都護桂仲武斬叛將楊清首以獻收復安南府乙亥賜教坊錢五千貫充息利

本錢御勤政樓問人疾苦前江西觀察使裴次元卒己卯月掩牽牛同州雨雪害秋稼京兆府戶曹參軍韋正牧專知景陵工作刻削厨料充私用計贓八千七百貫文石作專知官奉仙縣令于翬刻削計贓一萬三千貫並宜決重杖處死壬辰幸魚藻池發神策軍二千人浚魚藻池戊戌以朝議郎守御史中丞武騎尉賜紫金魚袋崔植爲朝散大夫守中書侍郎同中書門下平章事己亥宣歙觀察使令狐楚再貶衢州刺史九月庚子朔改河北稅鹽使爲榷鹽使辛丑大合樂於魚藻宮觀競渡又召李愬李光顏入朝欲於重陽日宴群臣拾遺李珏等上疏諫云元朔未改園陵尚新雖易月之期俯從人欲而三年之制猶服心喪夫遏密弛禁蓋爲齊人合樂內庭事將未可不聽乙巳以駕部郎中知制誥李宗閔爲中書舍人宋州大水損田六千頃戊申以重陽節曲宴郭釗兄弟貴戚主壻等於宣和殿己酉大雨三日至是雨雪樹木無風而摧仆者十五六以吏部侍郎崔群爲御史大夫滄景水損田戊午加河東節度使金紫光祿大夫檢校尚書右僕射兼

門下侍郎同平章事太原尹北都留守上柱國晉國公食邑三千戶裴度守司空門下侍郎同平章事以邠寧節度使檢校司空邠州刺史上柱國武威郡開國公食邑二千戶李光顏並同中書門下平章事又以武寧軍節度徐泗濠等州觀察等使檢校尚書左僕射徐州刺史上柱國京國公食邑三千戶李愬爲同中書門下平章事潞州大都督府長史充昭義軍節度澤潞磁邢洺觀察處置等使夏州奏移宥州于長澤縣置辛酉宴李光顏李愬於麟德殿頒賜優厚以袁州刺史韓愈爲朝散大夫守國子祭酒復賜金紫丙寅以御史大夫崔群檢校兵部尚書徐州刺史充武寧軍節度徐泗宿濠觀察等使以將作監崔能爲廣州刺史充嶺南節度使丁卯以兵部尚書李絳爲御史大夫戊辰以前嶺南節度使孔戣爲吏部侍郎冬十月庚午朔閣婆國遣使朝貢庚辰宰相與吐蕃使於中書議事京百司共賜錢一萬貫仰御史臺據司額大小公事閑劇均之成德軍節度使王承宗卒其弟承元上表請朝廷命帥遣起居舍人柏耆宣慰之辛巳金

公亮修成指南車記里鼓車壬午吐蕃寇涇州命中尉梁守謙將神策軍四千人及八鎮兵赴援乙酉以魏博等州節度觀察等使光祿大夫檢校司徒兼侍中魏博大都督府長史上柱國沂國公食邑三千戶實封三百戶田弘正可檢校司徒兼中書令鎮州大都督府長史成德軍節度鎮冀深趙等州觀察處置等使以鎮冀深趙等觀察度支使朝議郎試金吾左衛胄曹參軍兼監察御史王承元可銀青光祿大夫檢校工部尚書使持節滑州諸軍事守滑州刺史御史大夫充義成軍節度鄭滑等州觀察等使以昭義節度使檢校尚書左僕射同中書門下平章事李愬可本官爲魏州大都督府長史充魏博等州節度觀察等使以義成軍節度使劉悟依前檢校右僕射兼潞州大都督府長史充昭義節度澤潞邢洺磁等州觀察等使以左金吾將軍田布爲檢校左散騎常侍兼懷州刺史御史大夫充河陽三城懷孟節度使乙酉涇州奏吐蕃退去時夏州節度使田縉貪猥侵刻党項羌羌引西蕃入寇賴郝玼李光顏奮命拒之方退丁亥西川奏吐

蕃侵雅州令發兵鎮守東川節度使王涯陳破吐蕃策言以厚賂北
蕃俾入西蕃據地得人多少賞之十一月乙亥朔癸卯制朕聞帝王
丕宅四海子育群生如天無不覆如日無不燭乃睠興方初喪戎師念乎
三軍之事洎于四州之人或懷忠積誠而思用莫展或災荒兵役而望
恤何階今則昌運一開誠節咸著王承元首陳章疏願赴闕庭永念
父兄之忠克固君臣之義已加殊獎別委重藩又念成德軍將士等
叶謀向義冊欵載申咸欲効其器能各宜列之爵秩大將史重歸牛
元翼已超授寵榮今更都加厚賜宜令諫議大夫鄭覃往鎮州宣慰
賜錢一百萬貫王澤所洽天網方恢宥過釋冤與人休泰其管內見禁
囚徒罪無輕重並宜釋放朕以武俊之勳勞光于彝鼎士真之恭恪
繼被節旄承宗感恩亦克立効永言十代之宥俾賜一門之榮承宗
兄弟已授官爵其承宗葬事亦差官監視務令周厚丁未封王承宗
祖母李氏爲晉國太夫人辛亥田弘正奏王承元以今月九日領兵
二千人赴鎮滑州成德軍徵賞錢頗急乃命柏耆先往諭之以華州刺

史衛中行爲陝州長史充陝虢觀察使以宗正卿李翺爲華州刺史潼
關防禦鎮國軍使乙卯上幸金吾將軍郭鏦城南莊鏦以莊爲獻戊午
詔曰朕來日暫往華清宮至暮却還御史大夫李絳常侍崔元略已
下伏延英門切諫上曰朕以成行不煩章疏諫官再三論列是日田
弘正奏今月十六日入鎮州訖已未上由複道出城幸華清宮左右
中尉擗伏六軍諸使諸王駙馬千餘人從至晚還宮癸亥檢校司徒
兼太子少師鄭餘慶卒以渭州刺史涇原行營兵馬使保定郡王郝
玼爲慶州刺史玼勇將深入吐蕃接戰朝廷恐失勇將故移之內地十
二月已巳朔戊寅召故女學士宋若華妹若昭入宮掌文奏壬午幸
右軍擊鞠遂畋於城西丙戌前昭義軍節度使辛祕卒已丑以庫部
郎中知制誥牛僧孺爲御史中丞嶺南奏崖州司戶參軍皇甫鎛卒
丙申以司門員外郎白居易爲主客郎中知制誥是歲計戶帳戶總
二百三十七萬五千四百口總一千五百七十六萬定鹽夏劍南東
西川嶺南黔中邕管容管安南合九十七州不申戶帳長慶元年正

月已亥朔上親薦獻太清宮太廟是日法駕赴南郊日抱珥宰臣賀
於前辛丑祀昊天上帝於圓丘即日還宮御丹鳳閣大赦天下改元
長慶內外文武及致仕官三品已上賜爵一級四品已下加一階陪
位白身人賜勳兩轉應緣大禮移仗宿衛御樓兵仗將士普恩之外
賜勳爵有差仍准舊例賜錢物二十萬四千九百六十端匹禮畢群
臣於樓前稱賀仗退上朝太后於興慶宮壬寅夏州節度使奏浙東
湖南等道防秋兵不習邊事請留其兵甲歸其人靈武節度使李聽
奏請於淮南忠武武寧等道防秋兵中取三千人衣賜月糧賜當道
自召募一千五百人馬驍勇者以備邊仍令五十人爲一社每一馬
死社人共補之馬永無闕從之癸卯以河陽懷節度使田布爲涇州
刺史充四鎮北庭行營涇原節度使以刑部尚書兼司農卿郭釗檢
校戶部尚書懷州刺史充河陽三城懷節度使以涇原節度使王潛
檢校兵部尚書江陵尹充荊南節度使乙巳鄜坊節度使韓璀改名
充已酉以前檢校大理少卿駙馬都尉劉士涇爲太僕卿給事中韋

弘景薛存慶封還詔書上諭之曰士涇父昌有邊功久爲少列十餘
年又以尚雲安公主朕欲加恩制官勑下制命始行翰林學士司
勳員外郎李德裕上疏曰臣見國朝故事駙馬國之親密不合與朝
廷要官往來開元中禁止尤切近日駙馬多至宰相及要官宅此輩
無他才可以延接唯是漏洩禁密交通中外伏望宣示駙馬等今後
有事任至中書見宰臣此外不得至宰臣及臺省官私第從之戊午
夜星孛于翼壬戌制朝議大夫守門下侍郎同中書門下平章事徐
國公蕭俛爲尚書右僕射累表乞罷政事故也癸亥以左散騎常侍
崔元略爲黔州刺史充黔中觀察使丁卯星孛於氐近太微西垣南
第一星二月戊辰朔癸酉以尚書右僕射蕭俛爲吏部尚書甲戌以
檢校右僕射兼吏部尚書韓皐守右僕射乙亥夜太白犯昴丙子上
觀雜伎樂於麟德殿歡甚顧謂給事中丁公著曰比聞外間公卿士
庶時爲歡宴蓋時和民安甚慰予心公著對曰誠有此事然臣之愚
見風俗如此亦不足嘉百司庶務漸恐勞煩 聖慮上曰何至於是對

曰夫賓宴之禮務達誠敬不繼以淫故詩人美樂且有儀憐異屢舞前代名士良辰宴聚或清談賦詩投壺雅歌以杯酌獻酬不至於亂國家自天寶已後風俗奢靡宴席以諠譁沉湎爲樂而居重位秉大權者優雜倨肆於公吏之間曾無愧耻公私相效漸以成俗由是物務多廢獨聖心求理安得不勞宸慮乎陛下宜頒訓令禁其過差則天下幸甚時上荒于酒樂公著因對諷之頗深嘉納己卯幽州節度使劉總奏請去位落髪爲僧又請分割幽州所管郡縣爲三道請支三軍賞設錢一百萬貫壬申以中書侍郎平章事叚文昌檢校刑部尚書同平章事成都尹充劒南西川節度等使以朝散大夫尚書戶部侍郎知制誥翰林學士上柱國建安縣開國男杜元穎守本官同中書門下平章事以劒南西川節度使王播爲刑部尚書充鹽鐵轉運使乙酉天平軍節度使馬摠奏當道見管軍士三萬三千五百人從去年正月已後情願居農者放逃亡者不捕先是平定河南及王承元去鎮州宰臣蕭俛等不顧遠圖乃獻銷兵之議請密詔天下

○軍鎮每年限百人內破八人逃死故摠有是奏丁亥夜月犯歲星在尾十三度辛卯寒食節宴群臣於麟德殿頒賜有差壬辰刑部侍郎李建卒癸巳九姓廻紇毗伽保義可汗卒三月丁酉朔浙東奏移明州於鄮縣置劉摠進馬一萬五千匹甲辰鄭滑節度使王承元祖母晉國太夫人李氏來朝既見上令朝太后於南內丁未宗正寺奏准貞元二十一年勅宗子陪位放五百七十人出身准今年勅放三百人伏緣人數至多不霑恩澤乞降特恩更放二百人出身從之平盧薛平奏海賊掠賣新羅人口於緣海郡縣請嚴加禁絕俾異俗懷恩從之戊申罷京西京北和糴使擾人故也罷河北榷鹽法許約計課利都數付榷鹽院庚戌以左丞韋綬爲禮部尚書是夜太白近五車辛亥命給事中韋弘慶充幽州宣慰使左拾遺狄兼謨副之鹽鐵使王播奏江淮鹽估每㪷加五十文兼舊三百文癸丑以幽州盧龍軍節度副大使知節度事押奚契丹兩蕃經畧等使檢校司空同中書門下平章事楚國公劉總可檢校司徒兼侍中天平軍節度鄆曹濮等州觀察等使以宣武軍節度使檢校右僕射同平章事張弘靖爲檢校司空同平章事兼幽州大都督府長史充幽州盧龍軍節度使從劉總所奏故也以鳳翔節度使李愿檢校司空汴州刺史充宣武軍節度使以邠寧節度使李光顏爲鳳翔尹依前檢校司空平章事充鳳翔隴右節度使以右衛大將軍高霞寓檢校工部尚書邠州刺史充邠寧節度使諫官上䟽論霞寓敗軍左讁未宜拜方鎮不從乙卯以權知京兆尹盧士玫爲瀛州刺史充瀛莫等州都團練觀察使從劉總奏析置也丁巳制劉總已極上台仍移重鎮兄弟子姪各授官榮大將賓寮亦宜超擢幽州百姓給復一年賜三軍賞設錢一百萬貫令宣慰使薛存慶與弘靖計會支給戊午封皇弟憬爲鄜王悅爲瓊王恒爲沔王懌爲婺王愔爲茂王怡爲光王協爲淄王憺爲衢王惋爲澧王皇子湛爲景王涣爲江王湊爲漳王溶爲安王瀍爲頴王以兵部侍郎栁公綽爲京兆尹兼御史大夫己未以屯田員外郎李德裕爲考功郎中左補闕李紳爲司勳員外郎並依前知制誥翰林學士勅

○今年錢徽下進士及第鄭朗等一十四人宜令中書舍人王起主客郎中知制誥白居易等重試以聞甲子劉總請以私第爲佛寺乃遣中使賜寺額曰報恩幽州奏劉總堅請爲僧又賜以僧衣賜號大覺總是夜遁去幽州人不知所之乙丑以漳州刺史韓泰爲郴州刺史汀州刺史韓曄爲永州刺史循州刺史陳諫爲道州刺史量移也夏四月丙寅朔授劉總弟約及總男等一十一人官內五人爲刺史餘朝班環衛庚午易定奏劉總已爲僧三月二十七日卒于當道界贈太尉甲戌秘書監蔣乂卒丙子以前天平軍節度使馬摠復爲天下節度使丁丑詔國家設文學之科本求才實苟容僥倖則異至公訪聞近日浮薄之徒扇爲朋黨謂之關節干擾主司每歲策名無不先定求言敗俗深用興懷鄭朗等昨令重試意在精覈藝能不於異常之中固求深僻題目貴令所試成就以觀學藝淺深孤竹管是祭天之樂出於周礼正經閱其呈試之文都不知其本事辭律鄙淺蕪累何多亦令宣示錢徽庶其深自懷愧誠宜盡棄以警將來但以四海無虞

人心方泰用弘寬假式示殊恩孔温業趙存約竇洵直所試粗通與
及第盧公亮等十一人可落下自今後礼部舉人宜准開元二十五
年勑及第人所試雜文并策送中書門下詳覆貶礼部侍郎錢徽爲
江州刺史中書舍人李宗閔爲劍州刺史右補闕楊汝士爲開州開
江令戊寅宰臣崔植杜元穎奏請坐日所有君臣獻替事關禮體便
隨日撰録號爲聖政紀歲終付史館從之事亦不行丙戌正衙命使
册九姓迴紇爲登羅羽録没密施句録毘伽可汗辛卯以衡州刺史
令狐楚爲郢州刺史吉州司馬孟簡爲睦州刺史壬辰詔百辟卿士
宜各徇公勿爲朋黨甲午以張弘靖入幽州受朝賀中書門下奏燕
薊八州平准礼宜告陵廟從之五月丙申朔戊戌以刑獄淹滞立程
凡大事大理寺三十五日詳斷訖申刑部三十日聞奏中事大理寺
三十日刑部二十五日小事大理寺二十五日刑部二十日所断罪
二十件已上爲大十件已上爲中十件已下爲小刑部四覆官大理
六丞每月常須二十日入省寺其厨料令户部加給從中丞牛僧孺

唐紀十六　十一

○奏也已亥貶考功員外郎李渤爲虔州刺史以前書宰相考辭太過
宰相杜元穎等奏貶之癸卯幽州大將李恭已下十八人並爲刺史
及諸衛將軍已酉右散騎常侍致仕柳登卒辛亥造百尺樓於宮中
壬子加茶榷舊額百文更加五十文從王播奏拾遺李珏上疏論其
不可疏奏不報丙辰建王審薨丁巳滄州先置景州於弓高縣置歸
化縣於福壽草市並宜停廢壬戌幽州宣慰使給事中薛存慶卒於
鎮州癸亥勑先置瀛州於鄚城宜廢其鄚城上蔡西平遂平兩縣復
隸蔡州皇妹太和公主出降迴紇登羅骨没施合毘伽可汗甲子命
金吾大將軍胡証充送公主入迴紇使兼册可汗又以太府卿李鋭
爲入迴紇婚礼使六月乙丑朔辛未吐蕃犯青塞堡甲申賜御史中
丞牛僧孺金紫秋七月乙未朔壬寅月掩房次厢壬子群臣上尊號
曰文武孝德皇帝是日上受册於宣政殿礼畢御丹鳳樓大赦天下
甲寅幽州監軍使奏今月十日軍亂囚節度使張弘靖别館害判官
韋雍張宗元崔仲卿鄭塤軍人取朱滔子洄爲留後丁巳貶張弘靖

爲太子賓客分司已未再貶弘靖爲吉州刺史朱洄自以年老令軍
人立其子克融爲留後初劉總歸朝籍其軍中素難制者送歸闕庭
克融在籍中宰相崔植杜元穎素不知兵心無遠慮謂兩河無虞不
復禍亂矣遂奏劉總所籍大將並勒還幽州故克融爲亂復失河北
矣庚申以昭義軍節度使劉悟檢校司空兼幽州大都督府長史充
幽州盧龍軍節度副大使知節度事以國子祭酒韓愈爲兵部侍郎
辛酉太和長公主發赴迴紇上以半仗御通化門臨送群臣班於章
敬寺前八月甲子朔已巳鎮州監軍宋惟澄奏七月二十八日夜軍
亂節度使田弘正并家属將佐三百餘口並遇害軍人推衙將王廷
湊爲留後辛未以左金吾將軍楊元卿爲涇州刺史充四鎮北庭行
軍涇原節度使勑公卿大臣至中書議幽鎮討伐之謀癸酉王廷湊
遣盜殺冀州刺史王進岌據其郡乙亥以前涇原節度使田布起復
檢校工部尚書兼魏州大都督府長史充魏博節度使巳卯以深州
刺史本州團練使牛元翼充深冀節度使辛巳夜太白近軒轅左角

唐紀十六　十二

○冀州刺史吴暐潜爲幽州兵所逐瀛州兵亂囚觀察使盧士玫瀛州
尋爲幽州兵所擄乙丑以河東節度裴度充幽鎮兩道招撫使庚寅
以建州刺史李景儉爲諫議大夫壬辰夜太白近太微西垣癸巳鎮
州出兵圍深州九月甲午朔丁酉廢興州鳴水縣戊戌夜太白近太微
右執法壬寅大雨震霆乙巳相州兵亂殺刺史邢楚丙午令内常侍
叚文政監領鄜滑河東許三道兵救援深州吐蕃請盟許之辛亥夜
月近天關壬子幽州賊掠易州淶水遂城滿城癸丑以前魏博節度
使李愬爲太子少保癸酉魏博節度使田布奏出師五千赴貝州行
營冬十月甲子朔丙寅太中大夫守刑部尚書騎都尉王播可中書
侍郎同中書門下平章事依前充鹽鐵轉運使以河東節度使裴度
充鎮州四面行營都招討使以左領軍衛大將軍杜叔良充深冀諸
道行營節度使戊辰以深冀節度使牛元翼爲鎮州大都督府長史
充成德軍節度鎮冀深趙等州節度使辛未以中書舍人知貢舉王
起爲禮部侍郎兵部郎中楊嗣復爲庫部郎中知制誥壬申以東都

留守鄭絪爲吏部尚書以吏部尚書李絳檢校右僕射判東都尚書省事東都留守都畿防禦使以工部尚書丁公著檢校左散騎常侍兼越州刺史御史中丞充浙東觀察使乙亥沂州刺史王智興爲武寧軍節度副使丁丑裴度奏自將兵取故開路進討朱克融兵冠蔚州戊寅王廷湊兵寇貝州易州刺史柳公濟奏於白石嶺破燕軍三千滄州烏重胤奏於饒陽破賊工部尚書韋貫之卒壬午以尚書主客郎中知制誥白居易爲中書舍人河東節度使裴度三上章論翰林學士元稹與中官知樞密魏弘簡交通傾亂朝政以稹爲工部侍郎罷學士弘簡爲弓箭庫使甲申以京兆尹御史大夫柳公綽爲吏部侍郎丙戌以深冀行營節度使杜叔良爲滄州刺史橫海軍節度使以代烏重胤授重胤檢校司徒興元尹充山南西道節度使時上急於誅賊杜叔良出征日面辭奏云臣必旦夕破賊重胤善將知兵以賊勢未可卒平用兵稍緩故有是拜丁亥前浙東觀察使薛戎卒戊子魏博田布奏自率全師進討太子少保李愬卒己丑以戶部侍郎判度

唐紀十六 十二

○支崔倰爲工部尚書判度支以山南西道節度使崔從爲尚書左丞以祕書監許季同爲華州刺史充潼關防禦鎮國軍使辛卯昭義劉悟奏自將兵次臨城十一月甲午朔裴度奏破賊於會星鎮朱克融兵大寇定州節度使陳楚出師拒戰破賊二萬乙巳徐州崔群奏遣節度使王智興率師赴行營戊申以司農卿裴武爲鎮州行營供軍使戊午上御宣政殿試制科舉人辛酉淄青牙將馬延崟謀逆節度使薛平覺其謀而誅之詔中書舍人白居易繕部郎中陳岵考功員外郎賈餗同考制策十二月甲子朔丙寅以前容州經略使留後嚴公素爲容州刺史容管經略使丁卯貶諫議大夫李景儉爲楚州刺史庚午杜叔良之軍與賊戰於博野爲賊所敗七千人陷賊叔良僅免乙亥勑諸道除上供外留州留使錢內每貫割二百文以助軍用賊平後仍舊定州陳楚破朱克融賊二萬於望都戊寅以鳳翔節度使李光顏爲忠武軍節度使代李遜仍兼深冀行營節度以李遜爲鳳翔節度使貶員外郎獨孤朗韶州刺史起居舍人溫造朗州刺史司勳員外郎李肇灃州刺史刑部員外郎王鎰郢州刺史坐與李景儉於史館同飲景儉乘醉見宰相謾罵故也兵部郎中知制誥馮宿庫部郎中知制誥楊嗣復各罰一季俸料亦坐與景儉同飲然先起不貶官辛巳李光顏赴鎮百寮餞於章敬寺上御通化門臨送賜玉帶名馬仍勑神策副使楊承和充深冀行營都監押壬午出內庫錢五萬貫以助軍乙酉以幽州都知兵馬使朱克融檢校右散騎常侍充幽州盧龍軍節度使其拘囚張弘靖殺害府寮之罪一切釋放時朝議以克融能保全弘靖王廷湊殺害弘正可赦燕而誅趙故有是詔是歲天下戶計二百三十七萬五千八百五口一千五百七十六萬二千四百三十二元不進戶軍州不在此內二年春正月癸巳朔以用兵罷元會乙未以夔州刺史王承弁爲安南都護本管經略招討使丁酉朱克融陷滄州弓高縣賊攻下博兼邀餉道車六百乘而去庚子魏博兵自潰於南宮縣戊申魏牙將史憲誠奪師田布伏劍而卒己酉以魏博中軍先鋒兵馬使史憲誠檢校工部尚書兼魏州大都

唐紀卷十六 十三

○督府長史充魏博節度使是日大風霾庚戌以德州刺史王日簡爲滄州刺史充橫海軍節度滄德棣觀察等使以代叔良壬子貶叔良爲歸州刺史以獻計誅幽鎮無功而兵敗喪所持旌節也甲寅以工部尚書度支崔倰檢校禮部尚書兼鳳翔尹充鳳翔隴節度使以鴻臚卿兼御史大夫判度支竇易直代以弓高縣爲景州青州奏海凍二百里乙卯以前鳳翔節度使李遜爲刑部尚書己未刑部尚書李遜卒庚子以兗沂密觀察使曹華爲節度使以天德軍防禦使李進誠兼靈州刺史充朔方靈鹽定遠城等州節度使以晉州刺史李岵爲豐州刺史充天德軍豐州東西受降城都防禦使內出繒帛八萬匹以助軍權停嶺南黔中今年選補二月癸亥朔甲子詔雪 王廷湊仍授鎮州大都督府長史御史大夫充成德軍節度鎮冀深趙等州觀察等使三軍將士待之如初仍令兵部侍郎韓愈往彼宣諭以前吉州刺史張弘靖爲撫州刺史弘靖初貶官尚在幽州拘留半歲克融授節始得還故有是命丙寅以前成德軍節度使牛元翼檢校工部尚

書襄州刺史充山南東道節度觀察臨漢監牧等使丁卯以考功郎中知制誥李德裕爲中書舍人依前翰林學士癸酉以鄜坊丹節度使韓充爲義成軍節度使以代王承元爲鄜坊節度使甲戌夜火木星相近滄州以成元節度使王日簡賜姓名全略辛巳以正議大夫守中書侍郎同中書門下平章事武騎尉賜紫金魚袋崔植爲刑部尚書罷知政事以工部侍郎元稹守本官同平章事以翰林學士中書舍人李德裕爲御史中丞司勳員外郎知制誥李紳爲中書舍人依前翰林學士右庶子王仲周以奉使緩命貶台州刺史癸未以深冀行營諸軍節度忠武軍節度使李光顏爲滄州刺史橫海軍節度使兼忠武軍節度深冀行營並如故以橫海軍節度使李全略爲德州刺史德棣等州節度丙戌以兵部郎中知制誥馮宿檢校左庶子充山南東道節度副使權知襄州軍府事以牛元翼在深州重圍故也丁亥以河東節度使司空兼門下侍郎平章事裴度守司徒平章事充東都留守判東都尚書省事都畿汝防禦使太微宮等使以前

靈武節度使李聽爲太原尹北都留守河東節度使三月壬辰朔詔曰武班之中淹滯頗久又諸鎮送大將或隨節度使歸朝自今已後宜令神策六軍軍使及南衙常參武官各具歷任送中書門下素立大功及有才器者量加獎擢常參官依月限改轉諸道軍府帶監察已上官者限三周年即與改轉軍士死王事者三周年內不得停衣糧先於留州留使錢內每貫割二百文助軍今後不用抽取上於馭軍之道未得其要常云宜姑息戎臣故即位之初傾府庫頒賞之長行所護人至鉅萬非時賜與不可勝紀故軍旅益驕法令益弛戰則不勉國祚日危洎頒此詔方鎮多以大將文符攣之富貴曲爲論奏以取朝秩者疊委於中書矣名臣扼腕無如之何癸巳以兵部尚書蕭俛爲太子少保以前山南東道節度使李逢吉爲兵部尚書壬寅左驍衛上將軍張奉國卒以鴻臚卿判度支張平叔爲戶部侍郎充職平叔以曲承恩顧上疏請官自賣鹽可以富國強兵陳利害十八條詔下其疏令公卿詳議中書舍人韋處厚隨條詰難固言不可事遂不

行朱克融王廷湊合兵攻深州不解裴度與書諭之克融還鎮廷湊攻城亦緩乃並加檢校工部尚書戊申裴度來朝對於麟德殿伏奏龍墀因敘河北用兵嗚咽流涕上改容慰勞之壬子以新授東都留守裴度為揚州大都督府長史充淮南節度使癸丑徐州節度使崔群爲其副使王智興所逐智興自專軍務甲寅以右僕射韓皐為左僕射以前淮南節度使李夷簡爲右僕射前東都留守李絳復拜舊官丙辰守司徒裴度正衙受冊訖謁太廟赴尚書省上宰臣百寮皆送丁巳以左丞崔從檢校禮部尚書鄜州刺史鄜坊節度使以代王承元以承元爲鳳翔隴節度使戊午司徒裴度復入中書知政事以中書侍郎平章事王播檢校右僕射兼揚州大都督府長史充淮南節度使依前兼諸道鹽鐵轉運使以鳳翔節度使崔倰爲河南尹牛元翼率十餘騎突圍出深州來朝深州大將臧平等一百八十人皆爲王廷湊所殺己未以武寧軍節度使王智興檢校工部尚書兼徐州刺史充武寧軍節度使以德棣節度使李全略復爲滄州節度使

仍合滄景德棣爲一鎮李光顏還鎮許州夏四月辛酉朔日有蝕之甲子左僕射韓皐赴省上中使賜酒饌宰臣百寮送一如近式雲陽縣角抵力人張莅負羽林官騎康憲錢憲徵之莅乘醉打憲將殞憲男買德年十四持木鍾擊莅首破三日而卒刑部奏覆勅曰買德尚在童年能知子道雖殺人當死爲父可哀若從沉命之科恐失原情之意可減死罪一等忻州刺史李寰守博野王廷湊攻之不下其李寰所領兵宜割屬右神策以寰爲軍使仍以忻州軍爲名庚辰桂州觀察使杜式方卒癸未以武寧軍節度使崔群爲祕書監分司東都翰林侍講學士韋處厚路隨進所撰六經法言二十卷賜錦綵二百疋銀器二百事處厚改中書舍人隨改諫議大夫並賜金紫丁亥以祕書監嚴謩爲桂管觀察使是夜東北有流星光彩燭地殷殷有聲出天市垣至郎位滅五月辛卯朔以德州刺史李景儉為諫議大夫癸丑太子少傅嚴綬卒戊午幽州朱克融上表進馬萬匹羊十萬口先請其價賞軍隴山有異獸如猴腰尾皆長色青赤而猛鷙見黃人

則躍而食之遇漢人則否六月甲戌朔甲子司徒平章事裴度守尚書右僕射工部侍郎平章事元稹爲同州刺史以正議大夫守兵部尚書輕車都尉李逢吉爲門下侍郎同中書門下平章事乙丑大風震電墜太廟鴟吻霹御史臺樹丁卯以易州刺史柳公濟爲定州刺史義武軍節度使壬申諫官論責裴度太重元稹太輕乃追稹制書削長春宮使戊寅以前右僕射李夷簡爲太子少保分司東都戊子復置邕管以安南副使崔結爲邕管經畧使秋七月己丑朔丙申宋王結薨廢朝戊戌汴州軍亂逐節度使李愿立牙將李㝏爲留後好畤縣山水漂溺居人三百家陳許蔡等州水壬寅出中書舍人白居易爲杭州刺史乙巳詔南北省五品已上官議討李㝏丙午貶李愿爲隨州刺史以鄭滑節度使韓充爲汴州刺史宣武軍節度使汴宋亳潁觀察等使鄭滑如故以宣武軍節度押衙李㝏爲右金吾衛將軍丁未內出綾綃五十萬匹付度支以供軍用陳許水災賑粟五萬石己酉中使揚再昌使鎮州王廷湊奉詔取牛元翼家族請至秋

未發遣其田弘正骸骨尋訪不知所在辛亥以贈司徒忠烈公李憕子源爲諫議大夫賜緋魚袋乙卯勑員外郎知制誥二年後轉郎中又二年後轉前行郎中又一年即正除諫議大夫知同前郎中給事中并翰林學士別宣知者不在此限以前義武軍節度使陳楚爲東都留守判尚書省事東畿汝防禦使本朝故事東都留守罕用武臣今用楚以李㝏擾汴宋故也八月己未朔以絳州刺史崔弘禮爲河南尹兼東畿防禦副使給事中常穎以弘禮望輕封還詔書上遣中使諭之乃下詔陳許李光顔將兵收汴州戊辰以左僕射韓臯爲東都留守判尚書省事東畿汝防禦使以東都留守陳楚爲河陽懷節度使癸酉韓充奏今月六日發軍入汴州界營于千塔丙子汴州監軍姚文壽與兵馬使李質同謀斬李㝏及其黨薛志忠秦鄰等丁丑韓充入汴州以前東都留守李絳爲華州刺史充潼關防禦鎮國軍等使浙東處州大水溺居民以兗海沂密節度使曹華爲華州刺史充義成軍節度鄭滑潁等州觀察等使以宋州刺史高承簡爲兗州

刺史兗海沂密等州節度使以汴州防城兵馬使李質爲右金吾衛將軍潁州隸鄭滑觀察使鹽鐵轉運使王播進開潁口圖九月戊子朔浙西大將王國清謀叛觀察使竇易直討平之同惡二百餘人並誅之韓充送李㝏男道源道樞道瀹等三人斬於西市㝏妻馬氏小男道本女汴娘配於掖庭壬子太子少師李夷簡卒贈太子太保癸卯以前河陽節度使郭釗爲河中尹兼河中絳隰等州節度使御史中丞李德裕爲潤州刺史兼御史大夫浙江西道都團練觀察處置等使以代竇易直以易直爲吏部侍郎加晉州刺史李寰爲晉磁等州都團練觀察使乙巳勑團練防禦州置判官一員其副使推巡並停辛亥以吏部侍郎柳公綽爲御史大夫先有詔廣芙蓉苑南面居人廬舍墳墓並移之群情駭擾癸丑降勑罷之德州軍亂害刺史王稷盡剽其家財奴僕丁亥以萬州刺史李元喜爲安南都護陰山府沙陁突厥兵馬使朱耶執宜來朝貢賜官誥錦綵銀器冬十月戊午朔壬戌前河中晉絳慈隰等州節度使開府儀同三司守司徒中書令河

中尹上柱國許國公韓弘可守司徒兼中書甲子夜月掩牽牛中星戊辰興元節度使烏重胤來朝移授天平軍節度使己卯以工部侍郎鄭權爲工部尚書以前華州刺史許季同爲工部侍郎是日上由複道幸咸陽止於善因佛寺施僧錢百萬咸陽令絹百疋閏十月戊子朔入迴紇使金吾大將軍胡証副使光祿卿李憲婚禮使衛尉卿李銳副使宗正少卿李子鴻等送太和公主自蕃中迴庚寅以吏部尚書鄭絪爲太子少傅以太常卿趙宗儒爲吏部尚書韋綬爲興元尹充山南西道節度使壬辰右驍衛大將軍韓公武卒廢朝以戶部尚書楊於陵爲太常卿丙申迴紇可汗遣使獻國信四狀女口六人葛祿口四人己亥勑翰林侍講學士諫議大夫路隨中書舍人韋處厚兼充史館修撰憲宗實録仍更日入史館實録未成且許不入內署仍放朝參甲寅詔江淮諸州旱損頗多所在米價不免踊貴眷言疲困須議優矜宜委淮南浙西東宣歙江西福建等道觀察使各於當道有水旱處取常平義倉斛㪷據時估減半價出糶以惠貧民

丙辰以太子賓客令狐楚爲陝虢觀察使十一月丁巳朔丁卯尚書左丞庾承宣爲陝虢觀察使令狐楚復爲太子賓客分司東都楚已至陝州視事一日追改之庚午命景王率禁軍五百騎侍從皇太后幸華清宮又幸石甕寺辛未以前安南都護桂仲武爲邕管經畧使癸酉上幸華清宮迎太后巡狩于驪山下即日馳還太后翌日方還丙子集王緗薨庚辰上與內官擊鞠禁中有內官欻然墜馬如物所擊上恐罷鞠升殿遽足不能履地風眩就牀自是外不聞上起居者三日是夜月近房十二月丁亥朔詔五坊鷹隼並解放獵具皆毀之庚寅宰臣李逢吉率百寮至延英門請見上不許中外與度等三上疏請立皇太子是夜司徒中書令韓弘卒辛卯上於紫宸殿御大繩牀見百官李逢吉奏景王成長請立爲皇太子左僕射裴度又極言之癸巳詔景王爲皇太子淮南奏和州飢烏江百姓殺縣令以取官米甲午內出絹二百疋賑兩市癃殘窮者己未兩軍容內司公主戚屬之家並以上疾痊平諸寺爲僧齋仍勑在京諸司疏放繫囚丙午上

御宣政殿冊皇太子受冊畢百寮謁太子於東宮太子舉簾執笏答拜宮寮拜則受之丁未判度支戶部侍郎張平叔貶通州刺史是夜月掩左角己酉以前天平軍節度使馬揔檢校左僕射守戶部尚書庚戌以吏部侍郎竇易直爲戶部侍郎判度支癸丑以太子冊礼畢宣制赦囚徒以前黔中觀察使崔元略爲鄂岳蘄黃安等州觀察使太子賓客孟簡卒乙卯以前陝虢觀察使衞中行爲尚書右丞是冬十月頻雪其後恒燠水不冰凍草木萌發如正二月之後三年正月丁巳朔上以疾不受朝賀是日大風昏翳竟日嗣鄆王佐宜於崖州安置坐妄傳禁中語也勑不得買新羅人爲奴婢已在中國者即放歸其國禮部侍郎王起奏當司所試貢舉人試訖申送中書候覆訖下當司然後大字放牓從之二月天平軍監軍奏節度使烏重胤病牙將王贇割股肉以療河陽節度使陳楚奏移使府於三城未有門戟欲移懷州門戟於河陽從之諫議大夫殷侑奏礼部貢舉請置三傳三史科從之戶部尚書崔倰卒三月丁巳宰臣百寮賜宴於曲江亭勑應御服及器用在淮南兩浙宣歙等道合供進者並端午誕節常例進獻者一切權停其鷹犬之類除備蒐狩外並令解放以牛僧孺同中書門下平章事日晡晚後有賊入通化門闘廐者一人傷者六人賜宣徽院供奉官錢自一百二十貫文已下有差五月山南西道奏移成州於寶井堡山南東道節度使牛元翼卒秘書少監李隨奏請造當司圖書印一面從之十月宰相監修國史杜元穎奏史官沈傳師除鎮湖南其本分修史便令將赴本任修撰從之勑京兆尹御史大夫韓愈宜放臺參後不得爲例七月國子祭酒韋乾慶卒八月鄭滑節度使曹華卒檢校尚書右僕射戶部尚書馬揔卒興元節度使韋綬卒上由複道幸興慶宮至通化門賜持盂僧絹二百匹因幸五方賜從官金銀鋌有差九月澤潞節度使劉悟進位平章事賜宰臣百寮重九宴于曲江亭南詔王丘佺進金碧文絲十有六品十月以京兆尹韓愈爲兵部侍郎以御史中丞李紳爲江西觀察使宰相李逢吉與李紳不協紳有時望恐用爲相及紳爲中丞乃除韓愈

爲京兆尹兼御史大夫仍放臺參紳性峭直屢上疏論其事遂與愈辭理往復逢吉乃兩罷之然紳出而愈留宰相杜元頴罷知政事除成都尹劍南西川節度使龍武統軍陳楚卒以兵部侍郎韓愈爲吏部侍郎新除江西觀察使李紳爲戶部侍郎紳既罷除江西上令中使就第賜玉帶紳因除叙泣而請留中使具奏故與愈俱改官召翰林學士龐嚴對因賜金紫內園使公廨本錢一萬貫軍器使三千貫杜元頴赴鎮上御安福門餞因賜皇城留守及金吾衞率　等帛有差十一月上御通化門觀作毗沙門神因賜絹五百匹停浙東貢甜菜海蚶十二月浙西觀察使李德裕奏去管內淫祠一千一十五所　四年正月辛亥朔上御殿受朝如常儀上餌金石之藥處士張臯上疏切諫上悅召之求臯不獲澤潞判官賈直言新授諫議大夫劉悟上表乞留從之禮部尚書致仕孔戣卒辛未上大漸詔皇太子監國壬申上崩於寢殿時年三十群臣上謚曰睿聖文惠孝皇帝廟號穆宗十一月庚申葬于光陵

史臣曰臣觀五運之推遷百王之隆替亦無常治亦無常亂在人而已匪降自天當軒黃御宇之秋則百年無事及商辛握圖之日則四海橫流昔章武皇帝犒國命之不行惜朝綱之將墜乃求賢俊揔攬英雄果能扼大盜之喉制姦臣之命五十載已終之土復入提封百萬戶受弊之甿重蘇昌化元和之政幾致昇平鴟梟方革於好音龍鼎俄傷於短祚苟或時有平勃之佐繼以文景之才則廷湊克融自縮螳蜋之臂智興李尒敢萌徇鼠之謀強盜寧窺孟賁之金餓隷不拾嬰兒之餌觀夫孱主可謂痛心不知創業之艱難不恤黎元之疾苦謂威權在手可以力制萬方謂旒冕在躬可以坐馳九有曾不知聚則萬乘散則獨夫朝作股肱暮爲讎敵仲長子所謂至於運徙勢去獨不覺悟者豈非富貴生不仁沉溺致愚疾存亡以之迭代治亂從此周復誠哉是言也

贊曰惠王不令敗度亂政驕僻偶全實賴遺慶皇皇上帝爲民立正此何人哉遽干鼎命

唐書本紀卷第十七上

劉　昫　等脩
聞人詮校刊沈桐同校

敬宗　文宗上

敬宗睿武昭愍孝皇帝諱湛穆宗長子母曰恭僖太后王氏元和四年六月七日生於東內之別殿長慶元年三月封景王二年十二月立爲皇太子四年正月壬申穆宗崩癸酉皇太子即位柩前時年十六甲子左僕射韓皐卒丙子群臣準遺詔奏皇帝寶冊禮畢詔賞神策諸軍士人絹十匹錢十千畿內諸軍鎮絹十匹錢五千其餘軍鎮須給有差內出綾絹三百萬段以助賞給穆宗初即位在京軍士人獲五十千在外軍鎮差降無幾至是宰臣奏議請量國力須賞故差減於先朝物議是之羣臣五上章請聽政從之二月辛巳朔上縗服見羣臣於紫宸門外壬午渤海送備宿衛大聰叡等五十人入朝癸未貶戶部侍郎李紳爲端州司馬丙戌貶翰林學士駕部郎中知制誥龐嚴爲信州刺史翰林學士司封員外郎知制誥　防爲汀州刺史皆紳之引用者以右拾遺吳思爲殿中侍御史充入蕃告哀使李紳之貶李逢吉受賀群官至中書而思獨不往逢吉怒而斥爲遠使戊子河北告哀使諫議大夫高允恭卒於東都辛卯勅沒掖庭宮人先配內園宮人並宜放出任其所適己亥冊大行皇帝皇太后爲太皇太后庚子西川節度使杜元穎進罨畫打毬衣五百事非禮也辛丑上始御紫宸殿受朝既退幸飛龍院厚賜內官等物有差以米貴出太倉粟四十萬碩於兩市賤糶以惠貧民癸未夜太白犯東井北轅乙巳上率羣臣詣光順門冊皇太后丁未御中和殿擊毬賜教坊樂官綾絹三千五百匹戊申擊毬於飛龍院己酉大合樂於中和殿極歡而罷內官須賜有差三月庚戌朔貶司農少卿李彤吉州司馬以前爲鄧州刺史坐贓百萬仍自刻德政碑故也壬子上御丹鳳樓大赦天下京畿夏青苗錢並放秋青苗錢每貫放二百文天下常貢之外不得進獻六宅十宅諸王女宜令每年於選人中選擇降嫁令

後戸帳田畝五年一定稅是日風且雨甲寅始於延英對宰臣丙辰以尚書右丞韋顗爲戸部侍郎戊午禮儀使奏外命婦正旦及四始日舊行起居之禮伏以禮無典則請停從之庚申工部尚書胡証檢校戸部尚書京兆尹甲子故山南東道節度使牛元翼家爲王廷湊所害上惜其冤横傷悼久之仍歎宰執非才縱姦臣跋扈翰林學士韋處厚奏曰理亂之本非有他術順人則理違人則亂陛下當食歎息恨無蕭曹今有一裴度尚不能用此馮唐所以感悟漢文雖有頗牧不能用也以太子少保張弘靖爲太子少師分司東都太子賓客令狐楚爲河南尹丁卯以刑部尚書段文昌判左丞事戊辰羣臣入閤日高猶未坐有不任立而踣者諫議大夫李渤出次白宰相俄而始坐班退左拾遺劉栖楚極諫頭叩龍墀血流上爲之動容仍賜緋魚袋編甿徐忠信闌入浴堂門杖四十配流天德庚午賜内教坊錢一萬貫以備遊幸是夜太白犯東井北轅甲戌夏州節度使李祐奏於塞外築烏延宥州臨塞陰河陶子等五城以備蕃寇又以党項爲

盜於蘆子關北木瓜嶺築壘以扼其衝乙亥幸教坊賜伶官綾絹三千五百匹夏四月庚申朔甲申以御史大夫王涯爲戸部尚書兼御史大夫充鹽鐵轉運等使壬辰兵部侍郎武儒衡卒丙申賊張韶等百餘人至右銀臺門殺閽者揮兵大呼進至清思殿登御榻而食弓箭庫右神策軍兵馬使康藝全率兵入宮討平之是日上聞其變急幸左軍丁酉上還宮羣臣稱慶諫議大夫李渤以上輕易致盜言甚激切己亥九仙門等監共三十五人並笞之辛丑染坊使田晟段政直流天德以張韶染坊役夫故也詔雪吐突承璀之罪令男士曄改葬之丙午宰臣李逢吉封涼國公牛僧孺封奇章縣子五月己酉朔乙卯制以正議大夫尚書吏部侍郎上柱國渭源縣開國男食邑三百戸賜紫金魚袋李程守本官同中書門下平章事以朝議郎守尚書戸部侍郎兼御史大夫判度支上柱國賜紫金魚袋竇易直爲朝散大夫本官同中書門下平章事判度支戸部侍郎韋顗賜金紫己未割富平縣之豐水鄉下邽縣之翟公鄉澄城縣之撫道鄉白水

縣之會賓鄉以奉景陵癸亥以鹽州刺史傅良弼爲夏州節度使東都江陵監大轉運留後並改爲知院官從其使王涯請也六月己卯朔以左神策大將康日全爲鄜坊節度使辛巳勑以霖雨命疏決京城三囚庚辰大風吹壞延喜景風等門工部侍郎張惟素卒壬辰以左金吾衛大將軍李愿檢校司空兼河中尹御史大夫充河中絳陽等州節度使丙申山南西道節度使守司空裴度加同中書門下平章事度之拜興元也爲宰相李逢吉所排不帶平章事李程韋處厚日爲度論於上前故有是命加陳許節度使李光顏守司徒癸卯太保張弘靖卒己巳浙西水壞太湖堤水入州郭漂民廬舍丁未以吏部尚書趙宗儒爲太常卿兵部尚書鄭絪爲吏部尚書秋七月戊申朔己酉睦州青溪等六縣大雨山谷發洪水泛溢漂城郭廬舍庚辰以前河中節度使郭釗爲兵部尚書戊午太子賓客許季同卒辛酉疏靈州特進渠置營田六百頃乙丑鄆曹濮暴雨水溢壞城郭廬舍丁卯勑以穀貴凡給百官俸内一半合給匹段令宜給粟每斗折錢五

十文辛未以大理卿崔元略爲京兆尹兼御史大夫甲戌左金吾衛大將軍李祐進馬二百五十匹御史温造於閤内奏彈祐違勑進奉祐趨出待罪詔宥之襄均復等州漢江溢漂民廬舍丙子浙西觀察使李德裕奏詔令當道造盝子二十具計用銀一萬三千兩金一百三十兩昨已進段具用銀一千三百兩當道在庫貯備銀無二三百兩皆百計收市方成此兩具臣當道唯有留使錢五萬貫每事節儉支費猶欠十三萬貫不足臣若因循不奏則負陛下任使之恩若分外誅求又累陛下慈儉之德伏乞宣令宰臣商議何以遣臣得上不違宣索下不闕軍須不困疲人不斂物怨時有詔罷進奉故德裕有是奏八月丁酉朔是夜火犯土星妖賊馬文忠與品官季文德等凡一千四百人將圖不軌皆杖一百處死癸未火犯東井甲寅詔於關内關東折糴和糴粟一百五十萬石陳許蔡鄆曹濮等州水害秋稼丁亥火入東井己丑以李憕孫宏爲河南府兵曹恭奏蔣澧孫鄴爲伊陽令録忠臣後也是夜金犯軒轅右角壬辰江王府長

史段釗上言稱前任龍州刺史近郭有牛心山山上有仙人李龍遷祠頗靈應玄宗幸蜀時特立祠廟上遣高品張士謙往龍州檢行迴奏牛心山有掘斷處群臣言宜須脩築時方冱寒役民數萬計東川節度使李絳表訴之甲子以太常卿趙宗儒爲太子少師乙巳宣武軍節度韓充卒九月丙午朔丁未波斯大商李蘇沙進沉香亭子材拾遺李漢諫云沉香爲亭子不異瑶臺瓊室上怒優容之庚戌以河南尹令狐楚檢校禮部尚書汴州刺史宣武軍節度宋汴亳觀察等使乙卯罷理匭使以諫議大夫李渤知匭奏請置胥吏添課料故也戊午加朱克融檢校司空詔浙西織造可幅盤條撩綾一千匹觀察使李德裕上表論諫不奉詔乃罷之巳巳以兵部侍郎王起爲河南尹甲子吐蕃遣使求五臺山圖巳巳浙西淮南各進宣索銀粧奩三具冬十月丙子朔宗正寺選尚縣主壻和元亮等二十五人各賜錢三十万令備吉礼辛巳以吏部侍郎崔從爲太常卿庚子嶺南節度使鄭權卒辛丑吐蕃貢犛牛鑄成銀犀牛羊鹿各一壬寅以鄂岳觀

○察使檢校兵部尚書崔植檢校吏部尚書兼廣州刺史御史大夫充嶺南節度觀察經略使以戶部侍郎韋顗爲御史中丞兼戶部侍郎以御史中丞鄭覃權知工部侍郎以刑部侍郎韋弘景爲吏部侍郎以權知礼部侍郎李宗閔權知兵部侍郎以工部侍郎于敖爲刑部侍郎十一月丙午朔戊申安南都護李元喜奏黃家賊與環王国合勢陷睦州殺刺史葛維蘇常湖嶽吉潭郴等七州水傷稼庚申葬穆宗于光陵十二月乙亥朔癸未迴紇吐蕃奚契丹遣使朝貢襄州柳公綽滄州李全畧晉州李寰滑州高承簡並自尚書加檢校右僕射以前起居舍人劉栖楚爲諫議大夫淮南節度使王播厚賂貴要求領鹽鐵使諫議大夫獨孤朗張仲方起居郎孔敏行柳公權宋申錫補闕韋仁實劉敦儒拾遺李景讓薛廷老等伏延英抗疏論之戊子夜月掩東井庚寅加天平軍節度使烏重胤同平章事乙未徐泗王智興請置僧尼戒壇浙西觀察使李德裕奏狀論其姦幸時自憲宗朝有物禁私度戒壇智興冒禁陳請蓋緣久不興置由是天下沙門奔走如不及智興邀其厚利由是致富時議醜之丁酉宰相牛僧孺進封奇章郡公李程彭原郡公竇易直晉陽郡公並食邑三千戶吏部侍郎韓愈卒

寶曆元年春正月乙巳朔辛亥親祀昊天上帝于南郊禮畢御丹鳳樓大赦改元寶曆元年先是鄠縣令崔發坐誤辱中官下獄是日與諸囚陳於金雞竿下俟釋放忽有內官五十餘人環發而毆之發破面折齒臺吏以席蔽之方免有詔復繫於臺中宰相救之方釋宰相牛僧孺累表乞解機務帝許以郊禮後乙卯以僧孺檢校禮部尚書同平章事鄂州刺史充武昌軍節度鄂岳觀察使淮南節度使王播兼諸道鹽鐵轉運使於鄂州特置武昌軍額寵僧孺也壬申以給事中李渤爲桂州刺史兼御史中丞桂管防禦觀察使李德裕獻丹扆箴六首上深嘉之命學士韋處厚優其荅詔辛卯以前禮部郎中李翺爲廬州刺史以求知制誥面數宰相李逢吉過故也辛丑江西觀察使薛放卒癸卯以職方郎中知制誥王璠爲御史中丞三月乙巳

○朔以兵部尚書郭釗爲梓州刺史劍南東川節度使壬子宴群臣於三殿戊辰夜有流星長三丈出紫微入濁滅辛未以前桂管觀察使殷侑爲江西觀察使上御宣政殿試制舉人二百九十一人以中書舍人鄭涵吏部郎中崔琯兵部郎中李虞仲並充考制策官夏四月甲戌朔宰相涼國公李逢吉進封鄭國公以右神策大將軍康志睦檢校工部尚書兼青州刺史平盧軍節度使宣中書以諫議大夫劉栖楚爲刑部侍郎丞郎宣授自栖楚始也鄭涵等考定制舉人勑下後數日上謂宰相曰韋端符楊魯士皆涉物議宜與外官乃授端符白水尉魯士誠固尉宰臣請其罪名不報癸巳群臣上徽號曰文武大聖廣孝皇帝御宣政殿受冊禮畢御丹鳳樓大赦天下大辟罪已下無輕重咸赦除之時李紳貶官李逢吉惡紳不欲紳量移乃於赦書節文內但言左降官已經量移宜與量移近處不言未量移者宜與量移翰林學士上疏論列云不可爲李紳一人與逢吉相惡遂令近年流貶官皆不得量移則乖曠蕩之道也帝遽命追赦書添改之乙

亥以劍南東川節度檢校司空李絳為左僕射御史蕭徹彈京兆尹兼御史大夫崔元略違詔徵畿內所放錢萬七千貫付三司勘鞫不虛辛丑勑削元略兼御史大夫五月甲辰朔以前平盧軍節度使檢校左僕射兼戶部尚書賜振武軍錢一十四萬貫修築東受降城庚戌幸魚藻宮觀競渡庚申正衙命使冊九姓迴紇登里囉汨沒密施毗伽昭禮可汗丙寅太子少傅致仕闞濟美卒丁卯湖南觀察使沈傳師奏當道先配吐蕃羅沒等一十七人準赦放還本國今各得狀不願還從之庚午以右金吾將軍李文悅為豐州刺史天德軍防禦使安南李元喜奏移都護府於江北岸六月壬申朔乙酉詔公主郡主並不得進女口丙戌將作監張武均出為洋州刺史坐贓犯也諸司白身馮志謀等三百九人並賜緑丁亥命品官田務豐領國信十二車賜迴紇可汗及太和公主己丑河中節度使檢校司空李愿卒乙未以檢校左僕射兼戶部尚書薛平檢校司空河中尹河中節度使秋七月癸卯朔以忠武軍節度使守司徒兼侍中李光顏為太原

唐紀十七上　六

○尹北京留守以河東節度使王沛為許州刺史忠武軍節度使熒惑犯右執法甲辰鹽鐵使王播進羨餘絹一百萬匹仍請日進二萬計五十日方畢播自掌鹽鐵以正入錢進奉以希寵固位託稱羨餘物議欲鳴鼓而攻之乙酉鄜坊水壞廬舍癸丑以右金吾衛大將軍張茂宗為兗海沂密節度使乙卯正衙命使冊司徒李光顏丙辰淄王傳分司元錫卒己未詔王播造競渡船二十隻供進仍以船材京內造時計其功當半年轉運之費諫議大夫張仲方切諫乃改進十隻辛酉萬年縣典賈鎮誣告故統軍王偘男王謨等七人謀亂詔杖殺之甲子夜月犯畢乙丑侍講學士崔郾高重進纂要十卷賜錦綵二百匹丁卯以戶部侍郎韋顗為吏部侍郎京兆尹崔元略為戶部侍郎奉天縣水壞廬舍辛未以左散騎常侍胡証為戶部尚書判度支太子賓客分司盧士玫卒閏七月壬午朔以權知工部侍郎鄭覃為京兆尹甲申拾遺李漢舒元褒薛廷老於閤內論曰伏見近日除授往往不由中書進擬多是內中宣出臣恐紀綱濅壞姦邪恣行伏希

詳察上然之詔度支進銅三千斤金薄十萬翻修清思院新殿及昇陽殿圖障丙戌戶部尚書致仕裴堪卒戊子以給事中盧元輔為工部侍郎壬辰以前河東節度使李聽為義成軍節度使戊戌以刑部尚書段文昌為兵部尚書依前判左丞事八月辛丑朔戊申以鄜國公楊造男元湊襲鄜國公食邑三千戶兩京河西大稔勑度支和糴折糴粟二百萬石乙卯夜太白近房戊午遣中使往湖南江南等道及天台山採藥時有道士劉從政者說以長生久視之道請於天下求訪異人冀獲靈藥仍以從政為光祿少卿號昇玄先生秋九月辛未朔丁丑衛尉卿劉遵古役人安再榮告前袁王府長史武昭謀害宰相李逢吉詔三司鞫之壬午昭義節度使劉悟卒癸未夜太白犯南斗丙戌夜月犯右執法丁酉華州暴水傷稼徐州王智興奏大將武華等四百人謀亂並伏誅十月庚子朔河南尹王起奏盜鑄錢為佛像者請以盜鑄錢論丁巳振武節度使張惟清以東受降城濱河歲久雉堞摧壞乃移置於綏遠峰南及是功成己未以崖州安置人嗣鄧王佐

唐紀十七上　七

○為潁王府長史分司東都仍賜金紫壬戌夜太白近哭星甲子三司鞫武昭獄得實武昭及弟棗役人張少騰宜付京兆府決河陽節度掌書記李仲言配流象州棗流崖州太學博士李涉流康州皆坐武昭事也十一月庚午朔辛未以御史中丞王璠為工部侍郎以諫議大夫獨孤朗為御史中丞癸酉鎮星近東井癸未以殿中少監嚴公素為容管經略使是夜月犯東井庚寅車駕幸溫湯即日還宮壬辰以刑部侍郎劉栖楚為京兆尹丙申詔封皇子普為晉王丁酉吏部侍郎韋顗卒十二月己亥朔辛丑以晉王普為昭義軍節度副大使以劉悟子將作監主簿從諫起復雲麾將軍守金吾衛大將軍同正檢校左散騎常侍兼御史大夫充昭義節度留後戊申夜月犯畢其夜北方有霧起須臾遍天霧上有赤氣久而方散甲子以左僕射李絳為太子少師分司東都戊辰勑農功所切實在耕牛疫甿多乏須議給賜委度支往河東振武靈夏等州市耕牛一萬頭分給畿內貧下百姓是歲淮南浙西宣襄鄂潭湖南等州言旱傷稼

二年春正月己巳朔辛未貶殿中侍御史王源植爲昭州司馬時源植街行爲教坊樂伎所侮導從呵之遂成紛競京兆尹劉栖楚決責樂伎御史中丞獨孤朗論之太切上怒遂貶源植庚午湖南觀察使沈傳師奏奉詔校尋葉靖能羅光遠文案檢尋不獲癸酉右賛善大夫李光現與品官李重實爭忿以笏擊重實流血上以宗屬罰兩月俸料甲戌以諸軍丁夫二萬入內穿池脩殿辛巳興元節度使裴度奏脩斜谷路及館驛皆畢功壬辰裴度來朝甲午以衛尉卿劉遵古爲湖南觀察使以國子祭酒衛中行爲福建觀察使丙申鹽鐵使王播奏揚州城內舊漕河水淺舟船澁滯輸不及期程今從閶門外古七里港開河向東屈曲取禪智寺橋東通舊官河計長一十九里其功役所費當使自方圓支遣從之二月己亥朔辛丑容管經略使嚴公素奏當州普寧等七縣請同廣昭桂賀四州例北選從之丙午夜月犯畢丁未以山南西道節度觀察處置等使光祿大夫守司空同中書門下平章事興元尹上柱國晉國公裴度守司空同平章事復知政事丁巳寒食節三殿宴群臣自戊午至庚申方止丙寅正冊司空裴度丁卯以禮部尚書王涯檢校左僕射爲山南西道節度使三月戊辰朔命興唐觀道士孫準入翰林待詔辛未江西觀察使殷侑請於洪州寶歷寺置僧尼戒壇勑殷侑故違制令擅置戒壇罰一季俸料甲戌賜宰臣百寮上巳宴于曲江亭乙亥右散騎常侍李翺卒戊寅幸魚藻宮觀競渡辛巳以同州刺史蕭俛爲太子少保分司壬午以工部尚書裴武爲同州刺史癸未嶺南節度使崔植奏廣湖封雷潘辯等七州戍軍除折衝別將外並請停從之丙戌昆明夷遣使朝貢丁亥勑冊才人郭氏爲貴妃丙申以吏部侍郎韋弘景爲陝虢觀察使四月戊戌朔橫海軍節度使李全略卒壬寅以右金吾衛大將軍高承簡爲邠寧慶節度使丙午王廷湊檢校司空戊申昭義節度使留後劉從諫檢校工部尚書充昭義節度副大使知節度事庚戌鄂嶽觀察使牛僧孺奏當道沔州與鄂州隔江相對纔一里餘其州請併省其漢陽汶川兩縣隷鄂州從之丙辰右金吾衛大將軍高霞寓卒丙寅先是

王廷湊請於當道立聖德碑是日內出碑文賜廷湊五月戊辰朔上御宣和殿對內人親屬一千二百人並於教坊賜食各頒錦綵辛未祕書省著作郎韋公肅注太宗所撰帝範十二篇進特賜錦綵百匹甲戌以涇原節度楊原卿爲河陽三城懷州節度使以金吾衛大將軍李祐爲涇原節度使是夜月近太微星浙西送到絕粒女道士施子微戊寅幸魚藻宮觀競渡庚辰中使自新羅取鷹鷂迴幽州軍亂殺其帥朱克融及男延齡軍人立其第二子延嗣爲留後辛巳神策軍苑內古長安城中脩漢未央宮掘獲白玉床一張長六尺癸未山人杜景先於光順門進狀稱有道術令中使押杜景先往淮南及江南湖南嶺南諸州求訪異人甲申以右丞丁公著爲兵部侍郎以前湖南觀察使沈傳師爲尚書左丞辛卯贈朱克融司徒甲午夜熒惑犯昴賜興唐觀道士劉從政脩院錢二萬貫六月丁酉朔賜御史中丞獨孤朗金紫丁巳減放苑內役人二千五百帝性好土木自春至冬興作相繼庚申鄆州進驢打毬人石定寬等四人是夜太白犯昴辛酉幸凝碧池令兵士千餘人於池中取大魚長大者送入新池癸亥以旱命京城諸司疏理繫囚以延康坊官宅一區爲諸王府司局甲子上御三殿觀兩軍教坊內園分明驢鞠角抵戲酣有碎首折臂者至一更二更方罷秋七月丙寅朔乙亥河中進力士八人癸未衛王絢薨癸巳勑鄠縣渼陂尚食管係太倉廣運潭復賜司農寺八月丙申朔以司空平章事裴度判度支以工部侍郎王播爲河南尹代王起以起爲吏部侍郎以前福州觀察使徐晦爲工部侍郎是夜太白近太微令供奉道士二十人隨浙西處士周息元入內宮之山亭院上問以道術言讖張果葉靜能浙西觀察使李德裕上疏言息元誕妄無異於人庚戌以太府卿李憲爲江西觀察使丁丑夜月犯輿鬼加京兆尹劉栖楚兼御史大夫癸丑以太常卿崔從檢校吏部尚書判東都尚書省事兼御史大夫東都留守東畿汝都防禦使九月丁丑朔太合宴於宣和殿陳百戲自甲戌至丙子方已戊寅河東節度使守司徒兼侍中李光顏卒出內庫錢萬貫令內園召募力士幽

州監軍奏都知兵馬使李再義與弟再寧同殺朱延嗣并其家屬三
百餘人推再義爲留後壬申宰相李程爲北都留守河東節度使勅
戸部所管同州長春宮莊宅宜令內莊宅使管係冬十月乙未朔乙
亥以幽州衙前都知兵馬使李再義檢校戸部尚書充盧龍軍節度
副大使知節度使仍賜名載義壬戌以中書舍人崔郾爲禮部侍郎
十一月甲子朔以太清宮道士趙歸眞充兩街道門都教授博士帝
好深夜自捕狐狸宮中謂之打夜狐中官許遂振李少端兼志弘以
侍從不及削職壬申以戸部尚書胡証檢校兵部尚書兼廣州刺史
充嶺南節度使甲申以右僕射同平章事李逢吉檢校司空同平章
事兼襄州刺史充山南東道節度使臨漢監牧使乙酉同州刺史裴
武卒巳丑詔朝官及方鎭人家不得置私白身癸巳以前東都留守
楊於陵爲太子少傅中官李奉義王惟直成守貞各杖三十分配諸
陵宣徽使閆弘約副使劉弘逸各杖二十十二月甲午朔辛丑帝夜
獵還宮與中官劉克明田務成許文端打毬軍將蘇佐明王嘉憲石

○定寛等二十八人飲酒帝方酣入室更衣殿上燭忽滅劉克明等同
謀害帝即時殂於室內時年十八羣臣上謚曰睿武昭愍孝皇帝廟
號敬宗太和元年七月十三日葬于莊陵

史臣曰古人謂堯無子舜無父言其賢不肖之相遠也以文惠驕誕
之性繼之以昭愍固其宜也而昭獻昭肅英特不羣文足以緯邦家
武足以平禍亂三子之操行頓異其何道哉寶曆不君國統幾絶天
未降喪幸賴裴度復任彌諧彼狡童兮夫何足議

文宗元聖昭獻孝皇帝諱昂穆宗第二子母曰貞獻皇后蕭氏元和
四年十月十日生長慶元年封江王初名涵寶曆二年十二月八日
敬宗遇害賊蘇佐明等矯制立絳王勾當軍國事樞密使王守澄中
尉梁守謙率禁軍討賊誅絳王迎上于江邸癸卯見宰臣于閤內下
教處分軍國事甲辰僧惟眞齊賢正簡道士趙歸眞並配流嶺南擊
毬軍將于登等六人令本軍處置宰臣百寮三上表勸進乙巳即位
於宣政殿丙午上赴西宮成服丁未宰臣百寮上表請聽政三表許

之道士紀處玄楊沖虛伎術人李元戢王信等並配流嶺南戊申尊
聖母爲皇太后巳酉勅鳳翔淮南先進女樂二十四人並放歸本道
庚戌以正議大夫尚書兵部侍郎知制誥充翰林學士柱國賜紫金
魚袋韋處厚爲中書侍郎同中書門下平章事以翰林學士路隨承
旨侍講學士宋申錫充書詔學士丙辰以山南東道節度使柳公綽爲
刑部尚書丁巳爲絳王舉哀廢朝三日庚申詔君天下者莫尚乎崇
澹泊于困窮遵道以端本推誠而逮下故聖祖之誡以慈儉爲寶大
易明訓垂簡易之文未有上約而下不豐欲寡而求不給朕以眇躬
遭逢內難剏君父之讐恥攄億兆之哀冤而股肱大臣羣卿庶士引
義抗請至于再三以圖宗社之安以荅華夷之望俯從衆欲夙夜震
兢思所以克己復禮脩政安人宵興匪寧旰食勞慮夫儉過則酌之
以禮文勝則矯之以質庶乎俗登太古道洽生靈儀刑家邦以化天
下內庭宮人非職掌者放三千人任從所適長春宮斛斗諸物依前
戸部收管鄠縣渼陂鳳翔府洛谷地還府縣教坊樂官翰林待詔伎

○術官并總監諸色職掌內冗員者共一千二百七十人並宜停廢總
監中一百二十四人先屬諸軍並各歸本司餘七百三人勒納牒身
放歸本管先供教坊衣糧一百分廂家及諸司新加衣糧三千分並
宜停給五方鷹鷂並解放今年新宣附食度支衣糧小兒一百人並
停給別詔宣索組繡雕鏤不在常貢內者並停度支鹽鐵戸部及州府
百司應供宮禁年支一物巳上並準貞元元額爲定先造供禁中床
榻以金筐瑟瑟寶鈿者悉宜停造東頭御馬坊毬場宜卻還龍武軍
其殿及亭子所司毀拆餘舍賜本軍應行從處張陳不得用花纈結
綵華飾今年巳來諸道所進音聲女人各賜束帛放還城外墳墓先
有開斸以備行幸處宜曉示百姓任其脩塞其大逆魁首蘇佐明等
二十八人並巳處斬宗族籍沒妖妄僧惟貞道士趙歸眞等或假於
卜筮或託以醫方疑衆挾邪巳從流竄其情非姦惡迹涉詿悞者一
切不問兇徒既殄寰宇佇康載舉令猷用弘庶績布告中外知朕意
焉帝在藩邸知兩朝之積獘此時釐革並出宸衷士民相慶喜理道

之復興矣壬戌以前江西觀察使殷侑爲大理卿
太和元年春正月癸亥朔庚午以御史中丞獨孤朗爲戸部侍郎以
兵部尚書權判左丞事段文昌爲御史大夫是夜月掩畢大星戊寅
以左散騎常侍李益爲禮部尚書致仕以京兆尹劉栖楚爲桂管觀
察使以前戸部侍郎于敖爲宣歙觀察使代崔群以群爲兵部尚書
癸未以吏部侍郎庾承宣爲京兆尹兼御史大夫丙申復置兩輔六
雄十望十緊三十四州別駕其諸色在京及内外諸軍使等職事並
不在揀各限己亥以右散騎常侍集賢殿學士判院事張正甫爲工
部尚書辛丑以前廣州節度使崔植爲戸部尚書以太子少師分司
東都李絳檢校司空兼太常卿乙巳御丹鳳樓大赦改元太和甲寅
勑諸道節度觀察使去任日宜具交割狀仍限新使到任一月分析聞
奏以憑殿最丙辰以華州刺史錢徽爲尚書右丞以前河陽節度使
崔弘禮爲華州鎮國軍使己未以太子少保分司蕭俛爲檢校右僕
射兼禮部尚書庚申以虔州刺史韓約爲安南都護三月庚戌朔右

軍中尉梁守謙請致仕以樞密使王守澄代之戊寅以前蘇州刺史
白居易爲祕書監仍賜金紫壬午幽州李載義奏故張弘靖判官家
屬凡一百九十人並送赴闕四月壬辰朔癸巳以太子少傅楊於陵
守右僕射致仕俸料全給甲午鳳翔築臨汧城於汧陽縣西北八十
里壬寅毀昇陽殿東放鴨亭戊申毀望仙門側看樓十間並敬宗所
造也以前亳州刺史張遵爲邕管經略使乙卯以禮部尚書蕭俛爲
太子少師分司己未忠武軍節度使王沛卒庚申以太僕卿高瑀檢
校左散騎常侍充忠武軍節度己巳以山南東道節度副使李續爲
涪州刺史山南東道行軍司馬張又新爲汀州刺史李逢吉黨也五
月壬戌朔戊辰詔元首股肱君臣象類義深同體理在坦懷夫任則
不疑疑則不任然自魏晉已降參用霸制虛儀搜索因習尚存朕方
推表大信置人心腹庶使諸侯方嶽鼓洽道化夷貊飛走暢泳治功
况吾台宰又何間焉自今已後紫宸坐朝衆寮既退宰臣復進奏事
其監搜宜停丙子以天平軍節度使守司徒同中書門下平章事烏

重胤爲橫海軍節度使以前滄橫海軍節度副使檢校國子祭酒侍
御史李同捷檢校左散騎常侍兼兗州刺史充兗海沂密等州節度
使就加魏博史憲誠同平章事甲申淮南節度鹽鐵轉運等使王播
來朝丙戌夜熒惑犯右執法六月辛卯朔勑文武常參官朝參不到
據料錢多少每貫罰二十五文癸巳以淮南節度副大使知節度事
管内營田觀察處置臨漢監牧等使兼諸道鹽鐵轉運等使銀青光
祿大夫檢校司空同中書門下平章事揚州大都督府長史上柱國
太原縣開國伯食邑七百戸王播可尚書左僕射同中書門下平章
事依前充諸道鹽鐵轉運使以御史大夫段文昌代播爲淮南節度
使丙申左司郎中兼侍御史知雜温造權知御史中丞癸卯詔元和
長慶中皆因用兵權以濟事所下制勑難以通行宜令尚書省取元
和已來制勑參詳删定訖送中書門下議定聞奏甲寅以旱放繫囚
七月辛酉朔癸亥太常卿李絳進封魏國公李同捷除兗海不受詔
結幽鎮謀叛癸酉葬敬宗于莊陵辛巳勑今年權于東都置舉徐州

王智興請全軍討李同捷八月庚寅朔以工部侍郎獨孤朗爲福建
觀察使以太府卿裴弘泰爲黔中經略使觀察使左僕射致仕楊於
陵讓全給俸料許之庚子詔削奪李同捷在身官爵復以張茂宗爲
兗海沂密節度使辛丑邠寧節度使高崇簡卒壬寅以刑部尚書柳
公綽檢校左僕射充邠寧節度使戊申以諫議大夫張仲方爲福建
觀察使癸丑前福建觀察使獨孤朗卒九月庚申朔癸亥以左神策
軍將軍知軍事何文哲爲鄜坊丹延節度使甲戌以左神策大將軍
知軍事李泳爲單于都護充振武麟勝節度使丁丑浙西觀察使李
德裕浙東觀察使元稹就加檢校禮部尚書壬午桂管觀察使劉栖
楚卒丙戌以諫議大夫蕭裕爲桂管觀察使癸丑兗州復置萊蕪縣
十一月己未朔丙申河中薛平奏虞鄉縣有白虎入靈峯觀天平橫
海等軍節度使守司徒同中書門下平章事烏重胤卒庚辰以保義
軍節度晉慈等州觀察處置等使李寰爲橫海軍節度使癸巳以晉
州慈州復隸河中癸巳以左丞錢徽爲華州刺史丁酉右金吾衛大

將軍王公亮爲潭州刺史湖南觀察使
二年春正月戊午朔壬申以右散騎常侍孔戣爲京兆尹二月丁亥
朔以兵部侍郎王起爲陝虢觀察使代韋弘景以弘景爲尚書左丞
乙巳以刑部侍郎盧元輔爲兵部侍郎秘書監白居易爲刑部侍郎
庚戌勅李絳所進則天太后刪定兆人本業三卷宜令所在州縣寫
本散配鄉村三月丁丑朔度支奏京兆府奉先縣界鹵池側近百姓
取水柏柴燒灰煎鹽每一石灰得鹽一十二觔一兩亂法甚於鹹土
請行禁絕今後犯者據灰計鹽一如兩池鹽法條例科斷從之辛巳
上御宣政殿親試制策舉人以左散騎常侍馮宿太常少卿賈餗庫
部郎中龐嚴爲考制策官閏三月丙戌朔內出水車樣令京兆府造
水車散給緣鄭白渠百姓以溉水田夏四月丙辰朔壬午以邕管經
略使王茂元爲容管經略使五月乙酉朔丁巳命中使於漢陽公主
及諸公主第宣旨今後每遇對日不得廣插釵梳不須著短窄衣服
乙未以吏部侍郎丁公著爲禮部尚書庚子勅應諸道進奉內庫四

唐紀十七上 十四

節及降誕進奉金花銀器幷纂組文纈雜物並折充鋌銀及綾絹
其中有賜與所須待五年後續有進止帝性恭儉惡侈靡庶人務敦
本故有是詔帝與侍講學士許康佐語及取蚺蛇膽生剖其腹爲之
惻然乃詔度支曰每年供進蚺蛇膽四兩桂州一兩賀州二兩泉州
一兩宜於數內減三兩桂賀泉三州輪次歲貢一兩帝自撰集尚書
中君臣事迹命畫工圖於太液亭朝夕觀覽焉王廷湊出兵侵鄰藩欲
撓王師以援李同捷昭義劉從諫請出軍討之六月乙卯朔晉王普
薨贈爲悼懷太子陳州水害秋稼癸亥四方館請賜印其文以中書
省四方館爲名辛酉以吏部尚書鄭絪爲太子少保辛巳以靈武節
度使李進誠爲邠寧節度使以天德軍使李文悅爲靈武節度使乙
酉以前邠寧節度使柳公綽檢校左僕射兼刑部尚書甲辰詔宰臣
集三署四品已上常參官議討王廷湊可否是夜彗西出攝提南長
二尺八月甲寅朔丁巳以兵部侍郎盧元輔爲華州鎮國軍使以代
錢徽以徽爲吏部尚書致仕壬戌京畿奉先等十七縣水九月甲申

朔丁亥王智興拔棣州以新除橫海軍節度使李寰爲夏州節度使
甲午詔削奪王廷湊在身官爵隣道接界隨便進討以前夏州節度
使傅良弼爲橫海軍節度使庚戌安南軍亂逐都護韓約冬十月癸
丑朔丁巳罷揚州海陵監牧以戶部尚書崔植爲華州刺史鎮國軍
使丙寅嶺南節度使胡証卒辛未以江西觀察使李憲爲嶺南節度
使癸酉以尚書右僕射同平章事竇易直檢校左僕射同平章事充
山南東道節度使臨漢監牧等使代李逢吉以逢吉爲宣武軍節度
使代令狐楚以楚爲戶部尚書以右丞沈傳師爲江西觀察使己卯
以河南尹王璠爲右丞以左散騎常侍馮宿爲河南尹十一月癸未
朔乙酉以右金吾衛大將軍李祐爲橫海軍節度使新除傅良弼赴
鎮卒於陝州故也甲辰禁中巳時昭德寺火直宣政殿之東至午未
間北風起火勢益甚至暮稍息十二月壬子朔乙丑魏博行營都知
兵馬使亓志紹率所部兵馬二萬人謀叛欲殺史憲誠父子壬申中
書侍郎同平章事韋處厚暴卒戊寅詔以兵部侍郎知制誥充翰林

唐紀十七上 十五

學士路隨爲中書侍郎同平章事
三年春正月壬午朔丙戌亓志紹率兵迴據永濟縣其衆分散入諸
縣邑史憲誠告難詔滄州行營兵士赴之丁亥京兆尹孔戣卒庚寅
吏部尚書致仕錢徽卒庚子李聽殺敗亓志紹兵志紹北走鎮州甲
辰以太常卿李絳檢校司空兼興元尹山南西道節度使華州刺史
鎮國軍潼關防禦使崔植卒己酉以前山南西道節度使王涯爲太
常卿二月辛亥朔以兵部尚書崔群爲荊南節度使甲寅荊南節度
使王潛卒三月辛巳朔以戶部尚書令狐楚爲東都留守乙酉勅兵
戈未息教坊每日祗候樂人宜權停壬辰易定節度使柳公濟卒以
前東都留守崔從爲戶部尚書夏四月庚午王智興奏部下將石雄
搖扇軍情請行朝典乃長流白州五月己卯朔甲申栢耆斬李同捷
於將陵滄景平李祐入滄州丁亥御興安樓受滄州所獻李祐送李
同捷母妻及男元達等赴闕詔並宥之令於湖南安置貶滄德宣慰
使諫議大夫栢耆循州司戶宣慰判官殿中侍御史沈亞之虔州南

康尉以擅入滄州取李同捷諸鎮所怒奏論之也丙申橫海軍節度
使李祐卒以涇原節度使李祐爲齊德等州節度使改名有裕丁酉
以前義武軍節度使傅毅爲滄州刺史橫海軍節度使辛丑以右金
吾衛大將軍張惟清檢校司空充涇原節度使以左金吾衛大將軍
劉遵古爲邠寧節度使六月己酉朔辛亥以魏博節度使史憲誠檢
校司徒兼侍中河中尹充河中晉絳節度使以義成軍節度使李聽
兼充魏博節度使以魏博節度副使檢校工部尚書史孝章爲相衛
節度使壬申勅元和四年勅禁鉛錫錢皆納官許人糺告一錢賞百
錢此爲太過此後以鉛錫錢交易者一貫以下州府常行杖決脊杖
二十十貫以下決六十徒三年過十貫已上集衆決殺能糺告者一
貫賞錢五十文秋七月己卯朔癸未中使劉弘逸送史憲誠旌節自
魏州還稱六月二十六日夜魏博軍亂殺史憲誠立大將何進滔爲
留後其新節度使李聽入城不得乙丑河中節度使薛平依前河中
節度使乙未嶺南節度使李憲卒兵部侍郎盧元輔卒丁酉以京兆

唐紀十七上　十六

○尹崔護爲御史大夫廣南節度使戊戌以大理卿李諒爲京兆尹乙
巳以禮部尚書翰林侍講學士丁公著檢校戶部尚書兼潤州刺史
充浙江西道觀察使以前浙西觀察使檢校禮部尚書李德裕爲兵
部侍郎辛亥魏博何進滔奏準詔割相衛三州三軍不受壬子詔以
魏博衙內都知兵馬使何進滔檢校左散騎常侍充魏博節度使癸
丑以衛尉卿殷侑檢校工部尚書爲齊德滄節度使辛酉京畿奏先
等九縣旱損田播州流人衛中行卒宋亳水害稼壬申詔雪王廷湊
復官爵甲戌以吏部侍郎李宗閔同中書門下平章事九月戊寅朔
辛巳勅兩軍諸司內官不得著紗縠綾羅等衣服帝性儉素不喜華
侈駙馬韋處仁戴夾羅巾帝謂之曰比慕卿門地清素以之選尚如
此巾服從他諸戚爲之唯卿非所宜也壬辰以兵部侍郎李德裕檢
校戶部尚書兼滑州刺史義成軍節度使戊戌以前睦州刺史陸亘爲
越州刺史浙東觀察使代元稹以稹爲尚書左丞代韋弘景以弘景
爲禮部尚書冬十月戊申朔己酉江西沈傳師奏皇帝誕月請爲僧

尼起方等戒壇詔曰不度僧尼累有勅命傳師忝爲藩守合奉詔條
誘致愚妄庸非禮道宜罰一月俸料丙辰以前義成軍節度使李聽
爲太子少師癸亥以戶部侍郎崔元略爲戶部尚書判度支以中書
舍人韋詞爲湖南觀察使十一月丁丑朔庚辰太子太傅鄭絪卒丙
戌勅前亳州刺史李繁於京兆府賜死甲申帝親祀昊天上帝於南
郊禮畢御丹鳳門大赦節文禁止奇貢云四方不得以新樣織成非
常之物爲獻機杼纖麗若花絲布撩綾之類並宜禁斷勅到一月機
杼一切焚棄刺史分憂得以專達事有違法觀察使然後奏聞丙申
西川奏南詔蠻入冦甲辰王智興來朝乙巳以智興守太傅依前平
章事武寧軍節度使進封鴈門郡王十二月丁未朔南蠻逼戎州遣
使起荊南鄂嶽襄鄧陳許等道兵赴援蜀川以劍南東川節度使郭
釗爲西川節度使仍權東川事壬子貶劍南西川節度使杜元穎爲
韶州刺史遣中使楊文端齎詔賜南蠻王蒙豐佑蠻軍陷邛雅等州
戊午以右領軍衛大將軍董重質充神策西川行營都知兵馬使西
川奏蠻軍陷成都府東川奏蠻軍入梓州西郭門下營又詔促諸鎮

唐紀十七上　十七

○兵救援西川己丑以東都留守令狐楚檢校右僕射天平軍節度使
代崔弘禮爲東都留守　丁卯貶杜元穎循州司馬乙巳郭釗
奏蠻軍抽退遣使賜蠻帥蒙嵯巔國信辛未以太子少師李聽爲邠
寧節度使癸酉以中丞溫造爲右丞吏部郎中宇文鼎爲中丞

唐書本紀卷第十七上

劉　昫　等修

聞人詮校刊沈桐同校

文宗下

太和四年春正月丙子朔辛卯武昌軍節度使牛僧孺來朝丙戌以左神策軍大將軍丘直方爲鄜坊節度使戊子詔封長男永爲魯王辛卯以武昌節度使鄂岳蘄黃安申等觀察處置等使金紫光禄大夫檢校吏部尚書同中書門下平章事上柱國奇章郡開國公牛僧孺爲兵部尚書同中書門下平章事壬辰以兵部侍郎崔鄲爲陝虢觀察使封魯王毋王氏爲昭儀癸巳以前邠寧節度使劉遵古爲劍南東川節度使甲午守左僕射同平章事諸道鹽鐵轉運使王播卒丙申以太常卿王涯爲吏部尚書充諸道鹽鐵轉運使辛丑以尚書左丞杜元穎檢校戸部尚書充武昌軍節度鄂岳蘄黃安申等州觀察使癸卯以前陝虢觀察使王起爲左丞二月丙午朔戊午興元軍

亂節度使李絳舉家被害判官薛齊趙存約死之庚申以左丞溫造爲興元節度使辛未夏州節度使李寰卒壬申以神策行營節度使董重質爲夏綏銀宥節度使三月乙亥以河東節度使李程檢校左僕射同平章事兼河中尹晉絳磁隰等州節度使以刑部尚書柳公綽檢校左僕射太原尹北都留守河東節度使丁丑以前河中節度使薛平爲太子太保丁亥以衛尉卿桂仲武爲福建觀察使興元溫造奏害李絳賊首丘銮丘鑄及官健千人並處斬訖其親刃絳者斬一百段號令者三段餘並斬首內一百首祭李絳三十首祭死王事官寮其餘屍首並投於漢江己丑詔興元監軍使楊叔元宜配流康州百姓錮身遞於配所丁酉監修國史中書侍郎平章事路隨進所撰憲宗實録四十卷優詔荅之賜史官等五人錦綵銀器有差癸卯以淮南節度使段文昌檢校尚書左僕射同中書門下平章事兼江陵尹充荊南節度使以前太子賓客崔從檢校右僕射揚州大都督府長史淮南節度使甲辰以前荊南節度使崔群檢校右僕射兼太常卿以中書舍人李虞仲爲華州刺史代嚴休復以休復爲右散騎常侍夏四月乙巳朔丙午以右散騎常侍翰林侍講學士鄭覃爲工部尚書丁未兵部尚書致仕張賈卒丁巳貶前齊德滄景等州節度使李有裕爲永州刺史馳驛赴任庚申以尚書左丞王起爲戸部尚書判度支代崔元略以元略檢校吏部尚書爲東都留守辛酉夜月掩南斗第二星壬戌詔曰儉以足用令出惟行著在前經斯爲理本朕自臨四海愍元元之久困日昃忘食宵興疚懷雖絕文繡之飾尚愧茅茨之儉亦諭卿士形于詔條如聞積習流弊餘風未革車服第室相高以華靡之制資用貨寶固啓于貪冒之源有司不禁侈俗滋扇蓋朕教導之未敷使兆庶昧於恥尚也其何以足用行令臻于致理歟永念慨歎迨玆申勑自今內外班列職位之士各務素朴弘玆國風有僭差尤甚者御史糾上主者宣示中外知朕意焉文宗承長慶寶曆奢靡之風鋭意懲革躬行儉素以率厲之辛未以前東都留守崔弘禮爲刑部尚書鎮州王廷湊請修建初啓運二陵從之五月甲戌朔

丁丑以旱命京城諸司疏理繫囚己卯通化南北二門鎖不可開鑰入如有持之者上令鐵工破鎖時日巳及辰矣丁亥改鄆州東平縣爲天平縣戊子勑度支每歲於西川織造綾羅錦八千一百六十七匹令數內減二千五百十四匹六月癸卯朔丁未以守司徒門下侍郎平章事上柱國開國公食邑三千戸食實封三百戸裴度爲守司徒平章軍國重事待疾損日每三日五日一度入中書辛未夜自一更至五更大小星流旁午觀者不能數壬申詔如聞諸司刑獄例多停滯委尚書左右丞及監察御史糾舉以聞秋七月癸酉朔癸未詔以朝議郎尚書右丞上柱國賜紫金魚袋宋申錫爲正議大夫行尚書右丞同中書門下平章事乙酉勑前行郎中知制誥者約滿一周年即與正授從諫議大夫知者亦宜準此餘依長慶二年七月二十七日勑處分振武置雲伽關加鎮兵千人以吏部侍郎王播爲京兆尹兼御史大夫代李諒爲桂管觀察使太原飢賑粟三萬石賜十六宅諸王綾絹二萬匹丁酉守司徒裴度上表辭册命言臣此官已三度

受冊有靦面目從之八月壬寅朔丙辰鄜州水溺居民三百餘家太原柳公綽奏雲代蔚三州山谷間石化爲麪人取食之己未宣歙觀察使于敖卒甲子内出綾絹三十萬匹付戸部充和糴戊辰幸梨園亭會昌殿奏新樂九月壬申朔丁丑以大理卿裴誼檢校右散騎常侍充江西觀察使代沈傳師以傳師爲宣歙觀察使内出綾三千匹賜宥州築城兵士戊寅舒州太湖宿松望江三縣水溺民戸六百八十詔以義倉賑貸庚辰吏部尚書王涯爲右僕射依前鹽鐵轉運使壬午以守司徒平章軍國重事晉國公裴度守司徒兼侍中充山南東道節度使以投來奚王茹羯爲右驍衛將軍同正丙戌以前山南東道節度使竇易直爲尚書左僕射戊子吏部尚書致仕裴向卒己丑淮南天長等七縣水害稼丁酉前豐州刺史天德軍使渾瑊坐贓七千貫貶袁州司馬冬十月壬寅朔戊申以東都留守崔元略檢校吏部尚書兼滑州刺史義成軍節度使代李德裕以德裕檢校兵部尚書兼成都尹充劍南西川節度使己酉京師有能入莊嚴寺庚戌

○以前刑部尚書崔弘禮爲東都留守甲寅以前劍南西川節度使檢校司空郭釗爲太常卿代崔群爲吏部尚書丁卯御史中丞宇文鼎奏今月十三日宰臣宣言今後羣臣延英奏事前一日進狀入來者臣以尋常公事不暇面論但見表章足以陳露儻臨時忽有公務文字不足盡言則咫尺天聽無路聞達更俟後坐動踰數辰處置之間便有不及伏乞重賜宣示限以狀入者並在卯前如在卯後聽不收覽自然人各遵守禮亦得中從之十一月辛未朔是夜熒惑近左執法癸巳以左丞庾承宣爲兗海沂密等州節度使淮南大水及蟲霜並傷稼十二月辛丑朔滄州殷侑請廢景州爲景平縣己酉義成軍節度使崔元略卒壬子以左金吾衛大將軍段嶷爲義成軍節度使癸丑湖南觀察使韋詞卒丙辰以工部侍郎崔琯爲京兆尹代王播爲尚書左丞癸亥東都留守崔弘禮卒以同州刺史高重爲潭州刺史兼御史中丞充湖南觀察使甲子左僕射致仕楊於陵卒贈司空丙寅以前河南尹馮宿爲工部侍郎戊辰以太子賓客分司白居易爲河南尹以代韋弘景以弘景守刑部尚書東都留守閏十二月辛未朔壬申太常卿郭釗卒贈司徒壬辰廢齊州歸化縣地入臨邑縣廢景州其縣隸滄州刺史是歲京畿河南江南荊襄鄂岳湖南等道大水害稼出官米賑給

五年春正月庚子朔以積陰浹旬罷元會丁巳賜滄德節度使曰義昌軍太原旱賑粟十萬石己未詔方鎮節度觀察使請入覲者先上表奏聞候允則任進程庚申幽州軍亂逐其帥李載義立後院副兵馬使楊志誠爲留後癸亥詔端午節辰方鎮例有進奉其雜綵匹段許進生白綾絹己丑以權知渤海國務大彝震檢校秘書監忽汗州都督渤海國王二月庚午朔壬辰以盧龍軍節度使守太保同平章事李載義守太保同中書門下平章事時載義失守入朝賜第於永寧里給賜優厚丙申以桂管觀察使李諒爲嶺南節度使戊戌神策中尉王守澄奏得軍虞候豆盧著狀告宰相宋申錫與漳王謀反即令追捕庚子詔貶宋申錫爲太子右庶子壬寅左常侍崔玄亮及諫官等

○十四人伏奏王階北軍所告事請不於内中鞫問乞付法司帝曰吾已謀於公卿矣卿等且退崔玄亮泣涕陳諫久之帝改容勞之曰朕即與宰臣商議玄亮等方退癸卯詔漳王湊可降爲巢縣公左庶子宋申錫開州司馬同正初京師悩悩以宰相實聯親王謀逆三四日後方知誣搆人士側目於守澄鄭注故諫官號泣論之申錫方免其禍己酉勑以李載義入朝於曲江亭賜宴仍命宰臣百寮赴會辛酉以黔中觀察使裴弘泰爲桂管經畧使以前安州刺史陳正儀爲黔中觀察使丁卯紫宸奏事宰相隨至龍墀身仆于地令中人掖之翌日上疏陳退議者嘉之夏四月己巳朔甲戌以新羅王嗣子金景徽爲開府儀同三司檢校太保使持節雞林州諸軍事雞林州大都督寧海軍使上柱國封新羅王仍封其母朴氏爲新羅國太妃丁亥詔史官記事用戒時常朝舊制並得隨仗其後宰臣撰時政記因循斯久廢墜實多自今後宰臣奏事有關獻替及臨時處分稍涉政刑者委中書門下丞一人隨時撰録每季送史館庶警朕闕且復官常

巳丑以李載義爲山南西道節度依前守太保同平章事代溫造以
造爲兵部侍郎以幽州盧龍節度留後楊志誠檢校工部尚書爲幽
州盧龍節度使五月戊戌朔太廟第四室第六室破漏有司不時修
葺各罰俸上命中使領工徒及以禁中修營材葺之右補闕韋溫上
疏論曰宗廟不葺罪在有司弛慢宜加重責今有司止於罰俸便委
內臣葺修是許百司之官公然廢職以宗廟之重爲陛下所司則群官
有司便同委棄此臣竊爲聖朝惜也事關宗廟皆書史册苟非舊典
不可率然伏乞更下詔書復委所司營葺則制度不紊官業各修矣
疏奏帝嘉之乃追止中使命有司修奉戊午西川李德裕奏南蠻放
還先虜掠百姓工巧僧道約四千人還本道辛酉東都留守刑部尚
書韋弘景卒丙寅以京兆尹崔琯爲尚書左丞太常少卿龐嚴權知
京兆尹六月丁卯朔戊寅以霖雨涉旬詔疏理諸司繫囚辛卯蘇杭
湖南水害稼甲午東川奏玄武江水漲二丈梓州羅城漂人廬舍秋
七月丁酉朔庚子贈太子賓客李渤禮部尚書辛丑以兵部侍郎溫

造檢校戶部尚書爲東都留守甲辰以太子少師分司上柱國襲徐
國公蕭俛守左僕射致仕劍南東西兩川水遣使宣撫賑給己未以
給事中羅讓爲福建觀察使八月丙寅朔庚午武昌軍節度使檢校
戶部尚書元稹卒辛未貶刑部員外郎舒元輿爲著作郎元輿累上
表請自效并進文章朝議責其躁進也壬申以河陽三城懷州節度
使楊元卿爲宣武軍節度使代李逢吉以逢吉檢校司徒兼太子太
師充東都留守代溫造以溫造爲河陽三城懷州節度使戊寅以陝
虢觀察使崔郾爲鄂岳安黃觀察使甲申以中書舍人崔咸爲陝州
防禦使詔陝州舊有都防禦觀察使額宜停兵馬屬本州防禦使丙
戌京兆尹龐嚴卒庚寅以司農卿駙馬都尉杜悰爲京兆尹九月丙
申朔甲辰貶太子左庶子郭求爲婺王府司馬以其心疾與同寮忿競
也翰林學士薛廷老李讓夷皆罷職守本官廷老在翰林終日酣醉
無儀檢故罷讓夷常推薦廷老故坐累也己未以左僕射竇易直判
太常卿西川李德裕奏收復吐蕃所陷維州差兵鎮守冬十月乙丑

朔以前綿州刺史鄭綽爲安南都護戊寅蠻寇巂州陷二縣辛巳滄
州移清池縣於南羅城內置十一月乙未朔庚戌鳳翔節度使王承
元來朝己未以承元檢校司空青州刺史充平盧軍節度使癸亥以
尚書左僕射判太常卿事竇易直檢校司空爲鳳翔隴右節度使十
二月乙丑朔戊寅以左丞王璠兼判太常卿事甲申貶新除桂管觀
察使裴弘泰爲饒州刺史以除鎮淹程不進爲憲司所糺故也癸巳
以鄭州刺史李翱爲桂管觀察使是歲淮南浙江東西道荆襄鄂岳
南東川並水害稼請蠲秋租是冬京師大雨雪
六年春正月乙未朔以久雪廢元會戊戌振武李泳招收得黑山外
契苾部落四百七十三帳壬子詔朕聞天聽自我人聽天視自我人
視朕之菲德涉道未明不能調序四時導迎和氣自去冬已來踰月
雨雪寒風尤甚頗傷于和念茲庶甿或羅凍餒無所假貸莫能自存
中宵載懷旰食興歎怵惕若厲時予之辜思弘惠澤以順時令天下
死罪囚除官典犯贓故意殺人外并降從流流已下遞降一等應京

畿諸縣宜令以常平義倉斛斗賑恤京城內鰥寡癃殘無告不能自
存者委京兆尹量事濟恤具數以聞言念赤子視之如傷天或譴予
示此陰沴撫躬夕惕予甚悼焉羣臣拜表上徽號甲寅司徒致仕薛
平卒二月甲子朔以前義昌軍節度使殷侑檢校吏部尚書充天平
軍節度鄆曹濮等州觀察使代令狐楚以楚檢校右僕射兼太原尹
北都留守河東節度使戊寅蘇湖二州水賑米二十二萬石以本州
常平義倉斛斗給庚辰戶部尚書判度支王起請於邠寧置營
田務從之己丑寒食節上宴羣臣於麟德殿是日雜戲人弄孔子帝
曰孔子古今之師安得侮瀆亟命驅出三月甲午朔辛丑以武寧軍
節度使守太傅同平章事王智興兼侍中充忠武軍節度陳許蔡觀
察等使以邠寧節度使李聽爲武寧軍節度徐泗濠觀察等使以金
吾衛大將軍孟友亮爲邠寧節度使以前河東節度使柳公綽爲兵
部尚書辛酉以前忠武軍節度使高瑀檢校右僕射充武寧軍節度
徐泗濠觀察等使夏四月癸亥朔乙丑兵部尚書柳公綽卒戊寅以

新除武寧軍節度使李聽爲太子太保五月癸巳朔甲辰西川修邛峽關城又移嶲州於臺登城壬子浙西丁公著奏杭州八縣災疫賑米七萬石丁巳以鹽州刺史王晏平檢校左散騎常侍御史大夫充靈鹽節度使己未興平縣人上官興因醉殺人而亡竄官捕其父囚之興歸聯有司京兆尹杜悰中丞宇文鼎以興自首免父之囚其孝可獎請免死詔兩省參議皆言殺人者死古今共守興不可免上竟從悰等議免死決杖八十配流靈州庚申詔如聞諸道水旱害人疾疫相繼宵旰罪己興寝疚懷令長史奏申札瘥猶甚蓋教化未感於蒸人精誠未格於天地法令或爽官吏爲非有一於茲皆傷和氣並委中外臣寮一一具所見聞奏朕當親覽無憚直言其遭災疫之家一門盡殁者官給凶器其餘據其人口遭疫多少與減稅錢疫疾未定處官給醫藥諸道既有賑賜國費復慮不充其供御所須及諸公用量宜節減以救凶荒六月壬戌朔丙寅京兆尹杜悰兼御史大夫戊寅右僕射王涯奉勅准令式條疏士庶衣服車馬第舍之制度勅下後浮議沸騰杜悰於勅內條件易施行者寬其限事竟不行公議惜之秋七月辛卯朔甲午以諫議大夫王彥威戶部郎中楊漢公祠部員外郎蘇滌右補闕裴休並充史館修撰故事史官不過三員或止兩員今四人並命論者非之戊申原王逵薨癸丑以前靈武節度使李文悅爲兗海沂密節度使己未以河中節度使李程爲左僕射以戶部尚書判度支王起檢校吏部尚書充河中晉磁隰節度使以御史中丞兼刑部侍郎宇文鼎爲戶部侍郎判度支八月辛酉朔吏部尚書崔羣卒以駕部郎中知制誥李漢爲御史中丞乙丑以尚書右丞判太常卿王璠檢校禮部尚書潤州刺史浙西觀察使庚午山南東道節度使裴度來朝壬申以前浙西觀察使丁公著爲太常卿甲戌御史中丞李漢奏論僕射上事儀不合受四品已下官拜時左僕射李程將赴省上故也詔曰僕射上儀近定所緣拜禮皆約令文已經施行不合更改宜準太和四年十一月十六日勅處分九月庚寅朔淄青初定兩稅額五州一十九萬三千九百八十九貫自此淄青始有上供庚子以太傅趙宗儒守司空致仕辛丑涿州置新城縣古督亢之地也丁未太常卿丁公著卒庚戌司空致仕趙宗儒卒壬子以右金吾衛將軍史孝章爲鄜州刺史鄜坊丹延節度使冬十月庚子朔甲子詔魯王永宜冊爲皇太子壬午以左金吾衛將軍李昌言檢校左散騎常侍充夏綏銀宥節度使甲申以諫議大夫王彥威爲河中少尹以其論上官興獄太激訐故也十一月己丑朔丁未淮南節度使檢校右僕射崔從卒乙卯以荊南節度使段文昌爲劍南西川節度使依前檢校左僕射同平章事十二月己未朔乙丑以中書侍郎同平章事牛僧孺檢校右僕射同平章事揚州大都督府長史充淮南節度使戊辰內養王宗禹渤海使迴言渤海置左右神策軍左右三軍一百二十司畫圖以進以尚書右丞崔琯爲江陵尹荊南都團練觀察使珍王誠薨乙亥昭義節度使劉從諫來朝丁未以前西川節度使李德裕爲兵部尚書貴授循州司戶杜元穎卒贈湖州刺史

○七年春正月乙丑朔御含元殿受朝賀比年以用兵雨雪不行元會之儀故書吳蜀貢新茶皆於冬中作法爲之上務恭儉不欲逆其物性詔所供新茶宜於立春後造甲午加劉從諫同平章事襄州裴度奏請停臨漢監牧從之此監元和十四年置馬三千二百匹廢百姓田四百餘頃停之爲便乙亥以太府卿崔珙爲廣州刺史嶺南節度使壬子詔朕承上天之睠佑荷列聖之丕圖宵旰憂勞不敢暇逸思致康乂八年于茲而水旱流行疫疾作沴兆庶艱食札瘥相仍蓋德未動天誠未感物一類失所其過在予載懷罪己之心深軫納隍之歎如聞關輔河東去年亢旱秋稼不登今春作之時農務又切若不賑救懼至流亡京兆府賑粟十萬石河南府河中府絳州各賜七萬石同華陝虢晉等州各賜十萬石並以常平義倉物充以新除嶺南節度使崔珙檢校工部尚書充武寧軍節度使以右金吾衛將軍王茂元爲嶺南節度使丙辰以前武寧軍節度使高瑀爲刑部尚書嶺南五管及黔中等道選補使宜權停一二年二月己未朔己巳以吏

部侍郎庾承宣爲太常卿癸酉以宗正卿李誂爲陝州防禦使代崔咸以咸爲右散騎常侍己卯麟德殿對吐蕃渤海牂牁昆明等使辛巳御史臺奏均王傅王堪男禎國忌日於私第科決罰人詔曰準令國忌日禁飲酒舉樂決罰人吏都無明文起今後從有此類不須舉奏王禎宜釋放丙戌詔以銀青光祿大夫守兵部尚書上柱國贊皇縣開國伯食邑七百戶李德裕以本官同中書門下平章事三月戊子朔庚寅以前戶部侍郎楊嗣復爲尚書左丞壬辰以左散騎常侍張仲方爲太子賓客分司仲方爲郎中時常駁故相李吉甫謚德裕秉政仲方請告因授之己亥嶺南節度使李諒卒辛丑和王綺薨復於埇橋置宿州割徐州符離縣蘄縣泗州虹縣隸之以東都鹽鐵院官吳季眞爲宿州刺史癸卯以京兆尹駙馬都尉杜悰檢校禮部尚書充鳳翔隴右節度己酉安南奏蠻寇當管金龍州當管生獠國赤珠落國同出兵擊蠻敗之庚戌出給事中楊虞卿爲常州刺史中書舍人張元夫汝州刺史以太府卿韋長爲京兆尹丙辰以散騎常侍嚴

休復爲河南尹丁巳以給事中蕭澣爲鄭州刺史夏四月戊午朔辛酉九姓迴紇可汗卒癸亥前鳳翔節度使檢校司空竇易直卒癸酉以同州刺史吳士矩爲江西觀察使以吏部侍郎高鉞爲同州刺史庚辰以工部侍郎李固言爲右丞中書舍人楊汝士爲工部侍郎壬子以河南尹白居易爲太子賓客分司東都甲申以江西觀察使裴誼爲歙池觀察使代沈傳師以傳師爲吏部侍郎以右金吾衛將軍唐弘實使迴紇冊九姓迴紇愛登里羅汨沒使合句錄毗伽彰　信可汗五月丁亥朔丁酉以李聽爲鳳翔隴右節度使依前檢校司徒兼太子太保癸卯興元李載義來朝癸丑以前邛州刺史劉旻爲安南都護六月丁巳朔乙巳以山南西道節度使李載義爲太原尹北都留守河東節度使依前守太保同平章事壬申以御史中丞李漢爲禮部侍郎以工部尚書翰林侍講學士鄭覃爲御史大夫甲戌以刑部尚書高瑀爲太子少保分司乙亥以中書侍郎平章事李宗閔檢校禮部尚書同平章事兼興元尹山南西道節度使丁丑以左金吾衛將軍李從易爲桂管觀察使己卯以右神策大將軍李用爲邠寧節度使河陽脩防口堰役工四萬溉濟源河內溫縣武德武陟五縣田五千餘頃癸未涇原節度使張惟清卒乙酉以前河東節度使令狐楚檢校右僕射兼吏部尚書秋七月丙戌朔丁亥以右龍武統軍康志睦爲四鎮北庭行軍涇原節度使壬寅以金紫光祿大夫守尚書右僕射諸道鹽鐵轉運使上柱國代郡公食邑二千戶王涯可同中書門下平章事領使如故甲辰右丞李固言等奏狀論僕射省中上事不合受四品已下拜敕旨宜準大和四年十一月十六日敕處分乙巳虢州刺史崔玄亮卒以左丞楊嗣復檢校禮部尚書充劍南東川節度使以戶部侍郎庾敬休爲左丞己酉以旱命京城諸司疏決繫囚壬子敕應任外官帶一品正京官者縱不知政事其俸料宜兼給癸丑以左僕射李程檢校司空兼汴州刺史宣武軍節度使甲寅以旱徙市左降官開州司馬宋申錫卒詔許歸葬閏七月乙卯朔詔曰朕嗣守丕圖覆燾生類兢業寅畏上承天休而陰陽失和膏澤愆

候害我稼穡災于黔黎有過在予敢忘咎責從今避正殿減供膳停教坊樂廐馬量減芻粟百司廚饌亦宜權減陰陽鬱堙有傷和氣宜出宮女千人五坊鷹犬量須減放內外脩造事非急務者並停時久無雨上心憂勞詔下數日雨澤霑洽人心大悅乙丑以前宣武軍節度楊元卿爲太子太保戊戌以給事中崔戎爲華州刺史癸未以太子賓客李紳檢校左散騎常侍兼越州刺史充浙東觀察使代陸亘以亘爲宣歙觀察使八月甲申朔御宣政殿冊皇太子永是日降詔應犯死降徒流流已下遞減一等諸王自今年後相次出閤授緊望已上州刺史佐其十六宅諸縣主委吏部於選人中簡擇配匹且以名聞皇太子方從師傅傳授六經一二年後當令齒冑國庠以興墜典宜令國子選名儒宜五經博士各一人其公卿士族子弟明年已後不先入國學習業不在應明經進士限其進士舉宜先試帖經并略問大義取經義精通者放及第卿大夫者下人之所視遠方之所傚若非恭儉克己廉眞任人而望其服從固不可得況朕不寶珠玉

不御纖華遠于六宮皆務儉薄卿大夫得一不叶朕此志率先兆人比年所須制度皆約國家令式去其甚者稍謂得中而士大夫尚自便身安於習俗因循未革以至于今百官士族起今年十月其衣服輿馬並宜準太和六年十月七日勅如有固違重加黜責文武常祭官及諸州府長官子爲父後者賜勳兩轉癸巳太子太保楊元卿卒戊申以京兆尹韋長兼御史大夫以刑部尚書高瑀爲忠武軍節度使九月甲寅朔丙寅侍御史李款閤內奏彈前邠州行軍司馬鄭注曰注內通勅使外連朝官兩地往來卜射財貨晝伏夜動干竊化權人不敢言道路以目請付法司推劾旬日之中諫章數十上由是授注通王府司馬兼侍御史充神策軍判官中外駭歎甲寅以前忠武軍節度使王智興依前守太傅兼侍中河中尹河中晉絳慈隰節度使代王起以起爲兵部尚書冬十月癸未朔揚州江都等七縣水害稼壬辰上降誕日僧徒道士講論於麟德殿翌日御延英上謂宰臣曰降誕日設齋起自近遠朕緣相承已久未可便革雖置齋會唯對王

源中等暫入殿至僧道講論都不臨聽宰相路隨等奏誕日齋會誠資景福本非中國教法臣伏見開元十七年張說源乾曜請以誕日爲千秋節內外宴樂以慶昌期頗爲得禮上深然之宰臣因請十月十日爲慶成節上誕日也從之辛酉潤常蘇湖四州水害稼十一月癸丑朔乙亥涇原節度使康志睦卒己卯以左神策長武城使朱叔夜爲涇州刺史充涇原節度使壬午於銀州置監牧十二月癸未朔己亥刑部詳定大理丞謝登新編格後勅六十卷令刪落詳定爲五十卷庚子幸望春宮聖體不康癸卯天平軍節度檢校司空王承元卒丁未以河南尹嚴休復檢校禮部尚書充平盧軍節度淄青登萊棣觀察等使戊申以給事中王質權知河南尹以河東節度副使李石爲給事中

八年春正月癸丑朔丁巳聖體瘁平御太和殿見內臣甲子御紫宸殿見群臣丙寅脩太廟令太常卿庾承宣攝太尉徧告九室遷神主於便殿癸酉揚楚舒廬壽滁和七州去年水損田四萬餘頃二月壬午朔日有蝕之庚寅詔以聖躬痊復赦繫囚放逋賦移流人己亥蔚州飛狐鎮置鑄錢院三月壬子朔甲寅上巳賜群臣宴於曲江亭庚午以山南東道節度使裴度充東都留守依前守司徒兼侍中以東都留守李逢吉檢校司徒兼右僕射癸酉兗海節度使李文悅卒丙子以右丞李固言爲華州刺史代崔戎以戎爲兗海觀察使四月壬午朔壬辰集賢學士裴潾撰通選三十卷以擬昭明太子文選潾所取偏僻不爲時論所稱甲午以宿州刺史吳季真爲邕管經略使乙巳翰林學士兵部侍郎王源中辭內職乃以源中爲禮部尚書五月辛亥朔己巳脩奉太廟畢以吏部尚書令狐楚攝太尉偏告神主復正殿飛龍神駒中廄火六月庚辰朔辛巳徙市壬午大理卿劉遵古卒壬辰陳許節度使高瑀卒甲午以旱詔諸司疏決繫囚丙申以前鳳翔節度使駙馬都尉杜悰起復檢校戶部尚書充忠武軍節度使戊戌宰臣王涯路隨奏請依舊制讀時令庚子兗海觀察使崔戎卒辛丑同州刺史高鉞卒戊申以將作監駙馬都尉崔杞爲兗海沂密觀

察使秋七月庚戌朔丙辰以工部侍郎楊汝士爲同州刺史戊午奉先美原櫟陽等縣雨損夏麥辛酉定陵臺大雨震東廊廊下地裂一百三十尺詔宗正卿李仍叔啓告脩塞癸亥覃王經薨己巳夜月犯昴壬申以右金吾衛大將軍段百倫檢校工部尚書充福建觀察使堂帖中外臣寮各舉善周易學者八月己卯朔右龍武統軍董重質卒庚寅太白犯熒惑辛卯詔故澧王大男漢可封東陽郡王第二男源可封安陸郡王第三男演可封臨川郡王故深王大男潭可封河內郡王第二男淑可封吳興郡王故絳王大男洙可封新安郡王第二男滂可封高平郡王故溆王大男湧可封潁川郡王淄王大男澣可封許昌郡王沔王大男瀛可封晉陵郡王祁王大男溥可封平陽郡王仍並賜光祿大夫丙申罷諸色選舉歲旱故也己亥御寫周易義五道示群臣有人明此義者三日內聞奏時李仲言以易道惑上及下其義人皆竊笑卒無進言者九月乙酉朔辛亥夜彗起太微近郎位西指長丈餘西北行凡九夜越郎位西北五尺滅癸丑月入南

丰乙亥宣州觀察使陸亘卒巳未宰臣李德裕進御臣要略及柳氏
舊聞三卷隨州刺史杜師仁前刺吉州坐贓計絹三萬匹賜死于家
故江西觀察使裴誼乖於廉察削所贈工部尚書庚申右軍中尉王
守澄宣召鄭注對于浴堂門仍賜錦彩銀器是夜彗出東方長三尺
輝耀甚偉辛酉以權知河南尹王質爲宣歙觀察使戶部尚書致仕張
正甫卒癸亥以尚書吏部侍郎鄭澣爲河南尹甲子鄭注進藥方一
卷庚午安王溶潁王瀍皆檢校兵部尚書宰相路隨冊拜太子太師
辛巳幽州節度使楊志誠監軍李懷仵悉爲三軍所逐立其部將史
元忠爲留後陝州江西旱無稼巳丑秘書監崔咸卒庚寅以山南西
道節度使檢校禮部尚書同平章事上柱國襄武縣開國侯食邑一
千戶李宗閔可中書侍郎同中書門下平章事辛卯以中使田全操
充皇太子見太師禮儀使壬辰召國子四門助教李仲言對於思政殿賜
緋河南府鄧州同州揚州並奏旱蟲傷損秋稼甲午以銀青光祿大
夫守中書侍郎平章事李德裕檢校兵部尚書同平章事興元尹充

○ 唐紀十七下　十三

山南西道節度使以助教李仲言爲國子周易博士充翰林侍講學
士皇太子見太師路隨於崇明門丙申諫官上疏論李仲言不合獎
任上令中使宣諭諫官曰朕留仲言禁中顧問經義敕命已行不可
遽改淮南兩浙黔中水爲災民戶流亡京師物價暴貴庚子詔鄭注
對於太和殿以御史大夫鄭覃爲戶部尚書壬寅翰林院宴李仲言
賜法曲弟子二十人奏樂以寵之丙午以新除興元節度使李德裕
爲兵部尚書十一月丁未朔庚戌以尚書左僕射致仕蕭俛爲太子
太傅辛亥以左金吾衛大將軍蕭洪爲河陽三城節度使襄州水損
田壬子滁州奏清流等三縣四月雨至六月諸山發洪水漂溺戶萬
三千八百癸丑以禮部尚書王源中檢校戶部尚書充山南西道節
度使以戶部侍郎李漢爲華州刺史鎮國軍潼關防禦使成德軍節
度使王廷湊卒以前揚州節度使溫造爲御史大夫巳卯幽州節度
使楊志誠被逐入朝下御史臺訊鞫志誠在幽州被服皆爲龍鳳乃
流之嶺外至商州殺之乙亥以兵部尚書李德裕檢校右僕射充鎮

海軍節度浙江西道觀察等使丙子李仲言奏請改名訓從之十二
月丁丑朔巳卯以昭義節度副使檢校庫部員外郎賜紫金魚袋鄭
注爲太僕卿辛巳以棣州刺史韓威爲安南都護癸未以通王爲幽
州盧龍節度使以權勾當幽州兵馬史元忠爲留後甲申許太子太
傅蕭俛致仕是夜月掩昴巳丑以太子賓客分司張仲方爲左散騎
常侍常州刺史楊虞卿爲工部侍郎巳亥以尚書左僕射李逢吉守
司徒致仕以宗正卿李仍叔爲湖南觀察使代李翺以翺爲刑部侍
郎代裴潾以潾爲華州鎮國軍潼關防禦使昭成寺火
九年春正月丁未朔巳卯以鎮州左司馬王元逵起復定遠將軍守
左金吾衛大將軍檢校工部尚書充成德軍節度使鎮冀深趙觀察
等使以太常卿庾承宣檢校吏部尚書充天平軍節度使代殷侑以侑
爲刑部尚書癸亥巢縣公湊薨追封齊王壬申司徒致仕李逢吉卒
癸酉以右散騎常侍舒元輿爲陝州防禦觀察使以前棣州刺史田
早爲安南都護二月丙子朔甲申以司農卿王彦威兼御史大夫充

○ 唐紀十七下　十四

平盧軍節度使丁亥發神策軍一千五百人脩淘曲江如諸司有力
要於曲江置亭館者宜給與閑地辛丑冀王絿薨癸卯京師地震甲
辰以幽州留後史元忠爲盧龍節度使乙巳劍南節度使西川檢校
左僕射同平章事段文昌卒庚申以劍南東川節度使楊嗣復檢校
戶部尚書兼成都尹西川節度使乙丑以歲饑河北尤甚賜魏博六
州粟五萬石陳許鄆曹濮三鎮各賜糙米二萬石庚午左丞庾敬休
卒廢朝一日詔曰官至丞郎朕所親委不幸云亡者宜爲之廢朝自
今丞郎宜準諸司三品官例罷朝一日夏四月丙子朔丙戌以桂管
觀察使李從易爲廣州刺史嶺南節度使以鎮海軍節度使浙西觀
察等使李德裕　爲太子賓客分司東都辛卯以京兆尹賈餗爲浙
西觀察使以工部侍郎楊虞卿爲京兆尹仍賜金紫以給事中韓佽
爲桂管觀察使丙申以太子太師門下侍郎平章事路隨爲鎮海軍
節度浙西觀察等使戊戌詔以新浙西觀察使賈餗爲中書侍郎同
中書門下平章事庚子詔銀青光祿大夫守太子賓客分司東都上

柱國贊皇縣開國伯食邑七百戶李德裕貶袁州長史辛丑大風含
元殿四鴟吻並皆落壞金吾仗舍廢樓觀城四十　餘所壬寅吏部
侍郎沈傳師卒五月乙巳朔丁未以浙東觀察使李紳爲太子賓客
分司東都乙卯以給事中高銖爲浙東觀察使戊午以御史大夫溫
造爲禮部尚書以吏部侍郎李固言爲御史大夫辛酉太和公主進
馬射女子七人沙陀小兒二人戊辰以金吾大將軍李玭爲黔中觀
察使以尚書右丞王璠爲戶部尚書判度支己巳以戶部尚書鄭覃
爲秘書監辛未宰相王涯冊拜司空癸酉以河中節度使王智興爲
宣武軍節度使依前守太傅兼侍中六月乙亥朔西市火以前宣武
軍節度使李程爲河中節度使庚寅夜月掩歲癸巳以吏部尚書令
狐楚爲太常卿丁酉禮部尚書溫造卒京兆尹楊虞卿家人出妖言
下御史臺虞卿弟司封郎中漢公并男知進等八人撾登聞鼓稱冤
勑虞卿歸私第己亥以右神策大將軍劉沔爲涇原節度使壬辰詔
以銀青光祿大夫守中書侍郎同平章事襄武縣開國侯食邑一千

○　唐紀十七下　十五

戶李宗閔貶明州刺史時楊虞卿坐妖言人歸第人皆以爲冤誣宗
閔於上前極言論列上怒面數宗閔之罪叱出之故坐貶秋七月甲
申朔貶京兆尹楊虞卿爲虔州司馬同正丙午以給事中李石權知
京兆尹戊申填龍首池爲鞠場曲江脩紫雲樓辛亥詔以御史大夫
李固言爲門下侍郎同平章事壬子再貶李宗閔爲虔州長史癸丑
以右司郎中兼侍御史知雜事舒元輿爲御史中丞貶吏部侍郎李
漢爲汾州刺史刑部侍郎蕭澣爲遂州刺史丁巳詔不得度人爲僧
尼戊午貶工部侍郎充皇太子侍讀崔侑爲洋州刺史貶吏部郎中
張諷夔州刺史考功郎中皇太子侍讀蘇滌忠州刺史戶部郎中楊
敬之連州刺史辛酉以鄂岳觀察使崔郾充浙西觀察使以國子祭
酒高重爲鄂岳觀察使壬戌鎮海軍節度使路隨卒癸亥貶侍御史
李甘爲封州司馬殿中侍御史蘇特爲潘州司戶甲子以周易博士
李訓爲兵部郎中知制誥依前充翰林侍講　學士丁卯天平軍節度
使庾承宣卒以大理卿羅讓爲散騎常侍以　汝州刺史郭行餘爲大

理卿戊辰以刑部尚書殷侑爲天平軍節度使以吉州刺史裴泰爲
邕管經略使八月甲戌朔以戶部侍郎李翺檢校禮部尚書充山南
東道節度使代王起以起爲兵部尚書判戶部事丙子又貶虔州長
史李宗閔爲潮州司戶丁丑以太僕卿鄭注爲工部尚書充翰林侍
講學士上幸左軍龍首殿因幸梨園含元殿大合樂戊寅以秘書監
鄭覃爲刑部尚書貶翰林學士守尚書戶部侍郎知制誥李珏爲江州
刺史以鄜坊節度使李章爲義成軍節度使甲申以左神策軍大將
軍趙儋爲鄜坊節度使甲午貶中書舍人權璩爲鄭州刺史丙申內
官楊承和於驩州安置韋元素象州安置王踐言恩州安置仰錮身
遞送言李宗閔爲吏部侍郎時託駙馬沈𥡴於宮人宋若憲處求宰
相承和踐言元素居中導達故也宗閔黨楊虞卿李漢蕭澣皆再貶
壬寅貶中書舍人高元裕爲閬州刺史元裕爲鄭注除官制說注醫
藥之功注銜之故也以蘇州刺史盧周仁爲河南觀察使九月癸卯
朔奸臣李訓鄭注用事不附己者即時貶黜朝廷悚震人不自安是

○　唐紀十七下　十六

日下詔曰朕承天之序燭理未明勞虛襟以求賢勵寬德以容衆頃
者台輔乖弼諧之道而具寮翕朋比之風翕然相從實斁彝憲致使
薰蕕共器賢不肖並馳退迹者咸後時之夫登門者有迎吠之客繆
盭之氣堙鬱未平而望陰陽順時疵癘不作朝廷清肅班列和安自
古及今未嘗有也今既再申朝典一變澆風掃清朋附之徒匡飭貞
廉之俗凡百卿士惟新令猷如聞周行之中尚蓄疑懼或有妄相指
目令不自安今茲曠然明喻朕意應與宗閔德裕或新或故及門生
舊吏等除今日已前放黜之外一切不問辛亥以太子賓客分司東
都白居易爲同州刺史代楊汝士以汝士爲駕部侍郎乙亥以涇原
節度使劉沔爲振武麟勝節度使丙辰以權知御史中丞舒元輿爲
御史中丞兼判刑部侍郎庚申以鳳翔節度使李聽爲忠武軍節度
使癸亥令內養齊抱真將杖於清泥驛決殺前襄州監軍陳弘志以
有弒逆之罪也丁卯以門下侍郎同平章事李固言爲興元尹山南
西道節度使以翰林侍講學士工部尚書鄭注檢校右僕射充鳳翔

隴右節度使戊辰以右軍中尉王守澄爲左右神策觀軍容使兼十二
衛統軍己巳詔以朝議郎守御史中丞兼刑部侍郎賜紫金魚袋舒
元輿本官同中書門下平章事朝議郎守兵部郎中知制誥充翰林
侍講學士賜緋魚袋李順可守尚書禮部侍郎同中書門下平章事
仍賜金紫壬申以刑部郎中兼侍御史知雜李孝本權知御史中丞
冬十月癸酉朔乙亥杜悰復爲陳許節度使李聽爲太子太保分司
內出曲江新造紫雲樓彩霞亭額左軍中尉仇士良以百戲於銀臺
門迎之時鄭注言秦中有災宜興土功厭之乃濬昆明曲江二池上
好爲詩每誦杜甫曲江行云江頭宫殿鎖千門細柳新蒲爲誰綠乃
知天寶已前曲江四岸皆有行宫臺殿百司廨署思復昇平故事故
爲樓殿以壯之王涯獻榷茶之利乃以涯爲榷茶使茶之有榷稅自涯始
也京兆河南兩畿旱以吏部尚書令狐楚爲左僕射以刑部尚書鄭
覃爲左僕射辛巳遣中使李好古齎酖賜王守澄是日守澄卒壬午
賜羣臣宴於曲江亭癸未以前廣州節度使王茂元爲涇原節度使
○

丁亥禮部郎中錢可復兵部員外郎李敬彝駕部員外郎盧簡能主
客員外郎蕭傑左拾遺盧弘等皆授鳳翔使府判官從鄭注奏請
也乙未以新授同州刺史白居易爲太子少傅分司以汝州刺史劉
禹錫爲同州刺史己亥以前河陽節度使蕭洪爲鄜坊節度使淄青
觀察使王彥威請停管內縣丞一十九員從之庚子東都留守特進
守司徒侍中裴度進位中書令餘如故以前山南西道節度使王源
中爲刑部尚書十一月壬寅朔乙巳令內養馮叔良殺前徐州監軍
王守涓於中牟縣以左神策將軍胡沐爲容管經略使以大理卿郭
行餘爲邠寧節度使丁未鄜坊節度使趙儋卒乙酉左金吾衛大將
軍崔鄯卒癸丑以左僕射令狐楚判太常卿事右僕射鄭覃判國子
祭酒事丁巳以戶部尚書判度支王璠爲太原尹北都留守河東節
度使戊午以京兆尹李石爲戶部侍郎判度支以京兆少尹羅立言
權知府事己未以太府卿韓約爲左金吾衛大將軍壬戌中尉仇士
良率兵誅宰相王涯賈餗舒元輿李訓新除太原節度王璠郭行餘

鄭注羅立言李孝本韓約等十餘家皆族誅時李訓鄭注謀誅內官
詐言金吾仗舍石榴樹有甘露請上觀之內官先至金吾仗見幕下
伏甲遽扶帝輦入內故訓等敗流血塗地京師大駭旬日稍安癸亥
詔以銀青光祿大夫尚書左僕射上柱國滎陽郡開國公鄭覃以本
官同中書門下平章事乙丑詔以朝議郎守尚書戶部侍郎判度支
李石可朝議大夫本官同平章事丁卯以左神策大將軍陳君奔爲
鳳翔節度使戊辰以給事中李翊爲御史中丞左右軍中尉仇士良
魚志弘並兼上將軍十二月壬申朔諸道鹽鐵轉運榷茶使令狐楚
奏榷茶不便於民請停從之癸丑太子太保張茂宗卒甲子勅左右
省起居齋筆硯及紙於螭頭下記言記事丙子以刑部尚書王源中
爲天平軍節度使丁丑勅諸道府不得私置曆日板己卯鳳翔監軍
奏鄭注判官錢可復等四人並處斬訖庚辰上御紫宸謂宰相曰坊
市之間人漸安未李石奏曰人情雖安然刑殺過多致此陰沴又聞
鄭注在鳳翔招致兵募不少今皆被刑戮臣恐乘此生事切宜原赦
○

以安之上曰然鄭覃又陳理道上曰我每思貞觀開元之時觀今日
之事往往憤氣填膺耳癸未儀仗使田全操巡邊迴馳馬入金光門
街市訛言相驚縱橫散走賴金吾大將軍陳君賞以其徒立望仙門
下至晚　方定丁亥以權知京兆尹張仲方爲華州防禦使以司
農卿薛元賞權知京兆左僕射令狐楚奏方鎮節度使等具帑幞帶
器仗就尚書省兵部參辭伏乞停罷如須參謝令具公服從之時楚
引訓注奸謀用王璠郭行餘兵仗遂云不宜以兵仗入省參辭殊乖
事體也物議尤之先是宰相武元衡被害憲宗出內庫弓箭陌刀賜
左右街使俟宰相入朝以爲翼從及建福門退至是亦停之辛卯置
諫院印

開成元年正月辛丑朔帝常服御宣政殿受賀遂宣詔大赦天下改
元開成乙巳御紫宸殿宰臣李石奏曰陛下改元御殿人情大悅全
放京兆一年租賦又停四節進奉恩澤所該實當要切帝曰朕務行
其實不欲崇長空文石曰赦書須內留一本陛下時看之又十道黜

陜使發日更付與公事根本令向外與長吏詳擇施行方盡利害之要丁未以秘書監韋𫄧爲工部尚書勑楊承和韋元素王踐言崔潭峻頃遭誣陷毎用追傷宜復官爵聽其歸葬以銀州刺史劉源爲夏綏銀宥節度使丙辰望日有蝕之二月辛未朔以左散騎常侍羅讓爲江西觀察使乙亥夜四更京師地震屋瓦皆墮丙申左武衛大將軍朱叔夜賜死於藍田關天德奏生退渾部落三千帳來投豐州三月庚子朔壬寅以袁州長史李德裕爲滁州刺史庚申幸龍首池觀内人賽雨因賦暮春喜雨詩昭義節度使劉從諫三上疏問王涯罪名内官仇士良聞之惕懼是日從諫遣焦楚長入奏於客省進狀請面對上召楚長慰諭遣之夏四月庚午朔以河南尹鄭澣爲左丞以太子賓客分司東都李紳爲河南尹癸酉以亳州刺史裴弘泰爲義成軍節度使以諫議大夫李讓夷兼權知起居舍人事己卯以潮州司戶李宗閔爲衡州司馬以江州刺史李珏爲太子賓客分司癸未吏部侍郎李虞仲卒辛卯淄王協薨甲午詔以山南西道節度使檢校兵部尚書李固言爲門下侍郎同中書門下平章事以左僕射諸道鹽鐵轉運使令狐楚檢校左僕射爲山南西道節度使丙申李固言判戶部事李石判度支兼諸道鹽鐵轉運使五月乙亥朔癸卯以翰林學士歸融爲御史中丞丁未以給事中郭承嘏爲華州防禦使給事中盧載以承嘏公正守道屢有封駁不宜置之外郡乃封還詔書翌日復以承嘏爲給事中乃以給事中盧鈞代嘏守華州乙卯御紫宸上謂宰臣曰爲政之道自古所難李石對曰朝廷法令行則易丁巳以尚書右丞鄭肅爲陝虢都防禦觀察使前罷觀察復置之以中書舍人唐扶爲福建觀察使庚申判國子祭酒宰臣鄭覃奏太學新置五經博士各一人請依王府官例賜以祿粟從之丙寅昭義奏開東儀山路通太原晉州從之閏五月己巳朔甲申以河中節度使李程爲左僕射判太常卿事乙酉以太子太保分司李聽爲河中節度使丙戌烏集唐安寺逾月方散己丑以神策大將軍魏仲卿爲朔方靈鹽節度湖南觀察使盧周仁進羨餘錢二萬貫雜物八萬段不

受還之使貸貧下戶征稅六月戊戌朔癸亥以河南尹李紳檢校禮部尚書汴州刺史充宣武軍節度使秋七月戊辰朔御史臺奏秘書省管新舊書五萬六千四百七十六卷長慶二年已前並無文案太和五年已後並不納新書今請創立簿籍據闕添寫卷數逐月申臺從之辛未以左金吾衛將軍傅毅爲鄜坊節度使癸酉宣武軍節度使王智興卒辛卯刑部尚書殷侑檢校右僕射充山南東道節度使壬午以滁州刺史李德裕爲太子賓客甲午以金吾衛大將軍陳君賞爲平盧軍節度使代王彥威以彥威爲戶部侍郎判度支丙申湖南觀察使盧周仁進羨餘錢一十萬貫御史中丞歸融彈其違制進奉詔以周仁所進錢於河陰院收貯八月戊戌朔甲戌詐稱國舅人前鄜坊節度使蕭洪宜長流驩州戊申以皇太后親弟蕭本爲右贊善大夫九月丁卯朔庚辰詔復故左降開州司馬宋申錫正議大夫尚書右丞同平章事仍以其子慎微爲臣固尉以饒州刺史馬植爲安南都護辛巳以壽州刺史高承恭爲邕管經略使辛卯勑秘書省集賢院應欠書四萬五千二百六十一卷配諸道繕寫冬十月丁酉朔己酉揚州江都七縣水旱損田十一月丙寅朔庚辰浙西觀察使李鄘卒以太子賓客分司東都李德裕檢校戶部尚書充浙西觀察使壬午以兵部尚書皇太子侍讀王起兼判太常卿甲申以左僕射李程兼吏部尚書忠武帥杜悰天平帥王源中奏當道常平義倉斛斗除元額外請別置十萬石十二月丙申朔以京兆尹兼御史大夫薛元賞爲武寧節度徐泗宿濠觀察等使以戶部侍郎兼御史中丞歸融爲京兆尹以給事中狄兼謨爲御史中丞己酉嶺南節度使李從易卒庚戌以華州刺史盧鈞爲廣州刺史充嶺南節度使以中書舍人崔龜從爲華州防禦使辛亥劒南東川節度使馮宿卒壬子太僕卿殷伯倫卒癸丑以兵部侍郎楊汝士檢校禮部尚書充劒南東川節度使己未潁王縱薨

二年春正月乙丑朔丙寅宣州觀察使王質卒乙亥以吏部侍郎崔鄲爲宣歙觀察使以右丞鄭澣爲刑部尚書判左丞事庚寅戶部侍

郎判度支王彦威進所撰供軍圖略序曰至德乾元之後迄于貞元元和之際天下有觀察者十節度二十有九防禦者四經略者三掎角之師犬牙相制大都通邑無不有兵約計中外兵額至八十餘萬長慶戶口凡三百三十五萬而兵額又約九十九萬通計三戶資奉一兵今計天下租賦一歲所入總不過三千五百餘萬而上供之數三之一焉三分之中二給衣賜自留州留使兵士衣食之外其餘四十萬衆仰給度支焉二月乙未朔丙申刑部侍郎郭承嘏卒丙午夜彗出東方長七尺在危初西指戊申王彦威進所撰唐典七十卷起武德終永貞庚戌均王緯薨辛酉夜彗長丈餘直西行稍南指在虛九度半壬戌夜彗長二丈餘廣三尺在女九度自是漸長闊三月甲子朔內出音聲女妓四十八人令歸家乙丑夜彗星長五丈岐分兩尾其一指氐其一掩房丙寅罷曲江宴是夜彗長六丈尾無岐在亢七度勑尚食使自今每一日御食料分爲十日停內脩造戊辰夜彗長八丈有餘西北行東指在張十四度辛未宣徽院法曲樂官放歸

○壬申詔曰朕嗣丕構對越上玄虔恭寅畏于今一紀何甞不宵衣念道昃食思愆師周文之小心慕易乾之夕惕懼德不類貽列聖羞將欲俗致和平時無殃沴然誠未格物謫見於天仰愧三靈俯慙庶彙思獲攸濟浩無津涯昔宋景發言星因退舍魯僖納諫飢不害人取鑒往賢深惟自勵載軫在予之責宜降恤辜之恩式表殷憂冀荅昭誡天下死罪降從流流已下並釋放唯故殺人官典犯贓主掌錢穀賊盜不在此限諸州遭水旱處並蠲租稅中外脩造並停五坊鷹隼悉解放朕今素服避殿徹樂減膳近者內外臣寮繼貢章表欲加徽號夫道大爲帝朕膺此稱祇愧已多矧鍾星變之時敢議名揚之美非德既往且儆將來中外臣寮更不得上表奏請表已在路並宜速還在朝群臣方岳長吏宜各上封事極言得失弼違納誨副我虛懷甲戌以左僕射李程爲山南東道節度使壬午以楚州刺史嚴譽爲桂管觀察使甲申以山南東道節度使殷侑爲太子賓客分司貞興門外鵲巢于古冢丁亥邠寧節度使李用卒戊子以河南尹李珏爲戶部侍郎己丑以金吾大將軍李直臣爲邠寧節度使壬辰桂管觀察使韓佽卒以兵部侍郎裴潾爲河南尹夏四月甲午朔戊戌詔將仕郎守尚書工部侍郎知制誥充翰林學士兼皇太子侍讀上騎都尉賜紫金魚袋陳夷行可本官同中書門下平章事丙子以中書舍人敬昕爲江西觀察使戊申前江西觀察使羅讓卒己酉秘書監張仲方卒丁卯宰相李石奏定長定選格庚申太原節度使李載義辛酉詔置終南山神祠遂州復置蓬池二縣五月癸亥朔乙丑以東都留守裴度爲太原尹北都留守河東節度使依前守司徒中書令丙寅戶部侍郎李珏判本司事以浙西觀察使李德裕檢校戶部尚書兼揚州大都督府長史充淮南節度使辛未詔以前淮南節度使牛僧孺爲檢校司空東都留守以蘇州刺史盧商爲浙西觀察使壬申上幸十六宅與諸王宴樂決十六宅宮市內官范文喜等三人以供諸王食物不精故也六月癸巳朔丁酉以成德軍節度使王元逵爲駙馬都尉尚壽安公主己亥以鴻臚卿李遠爲天德軍都防禦使庚子吏

○部奏長定選格請加置南曹郎中一人別置印一面以新置南曹之印爲文從之丙午河陽軍亂逐節度使李泳戊申以左金吾衛將軍李執方爲河陽三城懷州節度使庚戌以右金吾衛大將軍崔珙爲京兆尹魏博澤潞淄青滄德兗海河南府等州並奏蝗害稼鄆州奏蝗得雨自死丁亥以御史中丞狄兼謨爲刑部侍郎以前京兆尹歸融爲秘書監以給事中李翊爲湖南觀察使秋七月壬戌朔乙亥以久旱徙市閉坊門甲申以太府卿張賈爲兗海觀察使詔除河北三鎮外諸州府不得以試銜奏官鄆州奏當州先發天平平陰兩縣請復置平陰縣以制盜賊從之乙酉以蝗旱詔諸司疏決繫囚己丑遣使下諸道巡覆蝗蟲是日京畿雨群臣表賀外州李紳奏蝗蟲入境不食田苗詔書褒美仍刻石于相國寺八月壬辰朔丁酉彗出虛危之間振武奏突厥入寇營田庚戌詔昭儀王氏冊爲德妃昭容楊氏冊爲賢妃又詔敬宗皇帝第二子休復第三子執中第四子言揚第六子成美等宜開列土之封用申睦族之典休復可封梁王執中可封

襄王言揚可封杞王成美可封陳王皇第二男宗儉可封蔣王乙丑
房州刺史盧行簡坐贓杖殺巳巳以前湖南觀察使盧行術爲陝觀
察使甲申詔曰慶成節朕之生辰天下錫宴庶同歡泰不欲屠宰用
表好生非是信尚空門將希無妄之福恐中外臣庶不諭朕懷廣置
齋筵大集僧衆非獨凋耗物力兼恐致惑生靈自今宴會蔬食任陳
醯醢永爲常例又勅慶成節宜令京兆尹准上巳重陽例於曲江會
文武百寮延英奉觴宜權停戊子以尚書戶部侍郎判度支王彥威
爲衛尉卿分司東都冬十月辛卯朔詔改天后所撰三教珠英爲海
內珠英戊戌詔嘉王運循王遹通王諶並可光祿大夫檢校司空賜
勳上柱國仍依百官例給料錢安王溶潁王瀍並給料錢庚子慶成
節賜羣臣宴于曲江上幸十六宅與諸王宴樂癸卯宰臣判國子祭
酒鄭覃進石壁九經一百六十卷時上好文鄭覃以經義啓導稍折
文章之士遂奏置五經博士依後漢蔡伯喈刊碑列于太學創立石
壁九經諸儒校正訛謬上又令翰林勒字官唐玄度復校字體又乖

唐紀十七下　二十三

○師法故石經立後數十年名儒皆不窺之以爲蕪累甚矣戊申以門下
侍郎同平章事李固言爲劍南西川節度使依前同門下侍郎平章
事甲寅勅鹽鐵戶部度支三使下監院官皆郎官御史爲之使雖更
改院官不得移替如顯有贓敗即具事以聞己未以前西川節度使
楊嗣復爲戶部尚書充諸道鹽鐵轉運使十一月辛酉朔壬戌以太子
賓客分司東都殷侑爲忠武軍節度使癸亥狂病人劉德廣突入含元
殿付京兆府杖殺乙丑京師地震丁丑興元節度使令狐楚卒丁亥
以刑部尚書鄭澣爲山南西道節度使己丑契丹朝貢十二月庚寅
朔丙申閤內對左右史裴素等上自開成初復故事每入閤左右史執
筆立於螭頭之下君臣論奏得以備書故開成政事最詳於近代壬
寅以前忠武軍節度使杜悰爲工部尚書判度支時悰既除官久未
謝恩戶部侍郎李珏奏杜悰爲岐陽公主服假內珏因言比來駙馬
爲公主行服三年所以士族之家不願爲國戚者以此帝大駭其奏
即日詔曰制服輕重必資典禮如聞往者駙馬爲公主行服三年緣

情之義殊非故實違經之制今乃聞知宜行朞周永爲定制
三年春正月庚申朔甲子宰臣李石遇盜於親仁里中劍斷其馬尾
又中流矢不甚傷是時京城大恐捕盜不獲旣而知仇士良所爲乙
丑常參官入朝者九人而已餘皆潛竄累日方安乙卯詔故齊王湊
贈懷懿太子戊申以諸道鹽鐵轉運使正議大夫守戶部尚書上柱
國弘農郡開國伯食邑七百戶賜紫金魚袋楊嗣復可本官同中書
門下平章事朝議郎戶部侍郎判戶部事上柱國賜紫金魚袋李珏
可本官同中書門下平章事依前判戶部事丙子以中書侍郎同中
書門下平章事李石爲荆南節度使依前中書侍郎平章事丁丑以
前荆南節度使韋長爲河南尹癸未詔去秋蝗蟲害稼處放逋賦仍
以本處常平倉賑貸是日大雪二月己丑朔乙未上謂宰臣曰李宗
閔在外數年可別與一官鄭覃陳夷行曰宗閔養成鄭注幾覆朝廷
其奸邪甚於李林甫楊嗣復李珏奏曰太和末宗閔德裕同時得罪
二年之間德裕再量移爲淮南節度使而宗閔尚在貶所凡事貴得

唐紀十七下　二十四

○中不可但狥私情上曰與一郡可也丁酉以衡州司馬李宗閔爲杭
州刺史庚子吏部奏去年所修長定選格或乖往例頗不便人不可
久行請却用舊格從之乙巳詔僕射尚書侍郎左右丞大卿監每遇
坐日宜令兩人循次進對丁未以同州刺史孫簡爲陝號觀察使代盧
衎以衎爲福王傅分司東都乙酉禮部尚書許康佐卒辛亥左丞盧
載爲同州防禦使三月己未朔庚午封故陳王第十九男儼爲宣城
郡王故襄王第三男㮧爲樂平郡王夏四月戊子朔己丑禮部尚書
致仕徐晦卒辛卯戶部侍郎崔龜從判本司事詔曰戶部侍郎兩員
今後先授上者宜令判本司錢穀加帶平章事判鹽鐵度支兼中丞
學士不在此限壬辰以給事中裴夔爲華州防禦使己酉改法曲爲
仙韶曲仍以伶官所處爲仙韶院兵部侍郎裴潾卒癸丑屯田郎中
李衢汚王府長史林贇等進所修皇唐玉牒一百五十卷五月丁巳
朔勅禮部貢院進士舉人歲限放三十人及第辛酉詔前江西觀察
使吳士䂓坐贓長流端州庚午月犯天心大星癸未以吏部侍郎高

錯爲鄂岳觀察使代高重以重爲兵部侍郎六月丁未朔辛酉出宮
人四百八十送兩街寺觀安置廢晉州平陽院砦官並歸州縣癸丑
上御紫宸對宰臣曰幣輕錢重如何楊嗣復曰此事已久不可遽變其
法法變則擾人但禁銅器斯得其要秋七月丙辰朔壬戌陳許節度
使殷侑卒甲子以衛尉卿王彥威檢校禮部尚書充忠武軍節度使以
右金吾衛大將軍史孝章爲邠寧節度使戊辰西川節度使李固言
再上表讓門下侍郎及檢校右僕射八月丙戌朔甲午山南東道諸
州大水田稼漂盡丁酉詔大河而南幅員千里楚澤之北連亘數州
以水潦暴至隄防潰溢既壞廬舍復損田苗言念黎元罹此災沴或
生業蕩盡農功索然困餒彫殘豈能自濟宜令給事中盧弘宣往陳
許鄭滑曹濮等道宣慰刑部郎中崔瑨往山南東道鄂岳蘄黃道宣
慰己亥嘉王運薨魏博六州蝗食秋苗並盡九月丙辰朔辛酉荊南
李石讓中書侍郎乃改授檢校兵部尚書壬戌上以皇太子慢遊敗
度欲廢之中丞狄兼謨垂涕切諫是夜移太子於少陽院殺太子宮

人左右數十人戊辰詔梁王等五人先於北內可却歸十六宅辛未
易定節度使張璠卒壬申以易州刺史李仲遷爲定州刺史充義武
軍節度使戊寅以東都留守牛僧孺爲左僕射辛巳詔皇太子侍讀
竇宗直隔日入少陽院冬十月乙酉朔以尚書左丞崔琯檢校戶部
尚書充東都留守易定軍亂不納新使李仲遷立張璠子元益爲留
後己丑以少府監張沼爲黔中觀察使壬辰以右金吾衛將軍高霞
寓爲夏綏銀宥節度使癸巳以中書舍人李景讓爲華州防禦使甲
午慶成節命中人以酒脯仙韶樂賜群臣宴於曲江亭丁酉夏州節
度使劉源卒庚子皇太子薨於少陽院謚曰莊恪乙巳以左金吾將
軍郭旼爲邠寧慶節度使是夜彗起於軫其長三丈東西指己酉前
邠寧節度使史孝章卒十一月乙卯朔是夜彗孛東西竟天壬戌詔
曰上天蓋高感應必由乎人事寰宇雖廣理亂盡繫於君心從古已
來必然之義朕嗣膺寶位十有三年常尅己以恭虔毋推誠於衆庶
將以導迎休應漸致輯熙期克倚於宗祧思保寧於華夏而德有所
未至信有所未孚災氣上騰天文謫見再周朞月重擾星纏當求衣
之時覩垂象之變兢懼惕厲若蹈泉谷是用舉成湯之六事念宋景
之一言詳求讜告之端採聽銷禳之術必有精理蘊於衆情兾屈法
以安人爰恤刑而原下應京城諸道見繫囚自十二月八日已前死
罪降流已下遞減一等十惡大逆殺人劫盜官典犯贓不在此限今
年遭水蝗蟲處並宜存撫賑給以滄州節度使李彥佐爲鄆曹濮節
度使以德州刺史滄景節度副使劉約爲義昌軍節度使癸亥以宋
州刺史唐弘實爲邕管經略使乙丑天平軍節度使王源中卒庚午
以翰林學士丁居晦爲御史中丞壬申以棣州刺史韓威爲定州刺
史義武軍節度北平軍等使十二月乙酉朔辛丑詔以河東節度使
開府儀同三司守司徒兼中書令太原尹北都留守上柱國晉國公
食邑三千戶裴度可守司徒中書令以兵部侍郎狄兼謨爲河東節
度使丙午守太子太師尚書右僕射門下侍郎國子祭酒同平章事
鄭覃罷太子太師仍三五日入中書日本國貢真珠絹

四年春正月甲寅朔丁巳熒惑太白辰聚於南斗丁卯夜於咸泰殿
觀燈作樂三宮太后諸公主等畢會上性節儉延安公主衣裾寬大即
時斥歸駙馬竇澣待罪詔曰公主入參衣服踰制從夫之義過有所
歸澣宜奪兩月俸錢閏月甲申朔以吏部侍郎鄭肅檢校禮部尚書
河中晉絳慈隰等州節度使以蘇州刺史李道樞爲浙東觀察使以
諫議大夫高元裕爲御史中丞丙申以前河中節度使李聽爲太子
太保己亥裴度自太原至上令中人就第問疾辛丑以司農卿李玭
爲福建觀察使諫官論其不可乃罷之丙午以大理卿盧貞爲福建
觀察使丁未興元節度使鄭澣卒戊申闍婆國朝貢二月癸酉朔辛
酉以吏部侍郎歸融檢校禮部尚書充山南西道節度使丙寅寒食
節上御通化門以觀遊人戊辰幸勤政樓觀角抵蹴鞠三月癸未朔
乙酉賜羣臣上巳宴於曲江是夜月掩東井第三星丙申司徒中書
令裴度卒癸酉浙東觀察使李道樞卒以戶部侍郎崔龜從爲宣歙
觀察使代崔鄲以鄲爲太常卿以楚州刺史蕭俶爲浙東觀察使夏

四月壬子朔以右羽林統軍李昌元爲鄜坊節度使壬戌有麞出太廟五月辛丑朔丁亥閤內上謂宰臣曰新修開元政要如何楊嗣復曰臣等未見陛下欲以此書傳示子孫則宣付臣等參定可否緣開元政事與貞觀不同玄宗或好畋遊或好聲色選賢任能未得盡美撰述示後所貴作程豈容易哉丙申鄭覃陳夷行罷知政事覃守左僕射夷行爲吏部侍郎丙午邠寧節度使郭旼卒天平魏博易定等管內蝗食秋稼六月辛亥朔以長武城使符澈爲邠寧節度使庚申上幸十六宅安王頴王院宴樂賜與頗厚戊辰以久旱分命祠禱每憂動於色宰臣等奏曰水旱時數使然乞不過勞聖慮上改容言曰朕爲人主無德及天下致茲災旱又謫見於天若三日不雨當退歸南內更選賢明以主天下宰臣嗚咽流涕各請策免是夜大雨霑霈丁丑襄陽山竹結實其米可食秋七月庚辰朔西蜀水害稼乙未夜月犯熒惑壬寅以河南尹韋長爲平盧軍節度使以刑部侍郎高鍇爲河南尹甲辰以大中大夫守太常卿上柱國賜紫金魚袋崔鄲可

本官同中書門下平章事滄景淄青大水八月庚戌朔以給事中姚合爲陝虢觀察使辛亥鄭王經薨丙辰邢州廢青山縣磁州移昭義縣於固鎮驛癸亥以左僕射牛僧孺檢校司空同平章事兼襄州刺史充山南東道節度使辛未夜流星出羽林尾長八十餘尺滅後有聲如雷壬申鎮冀四州蝗食稼至於野草樹葉皆盡九月己卯朔辛卯以劍南東川節度楊汝士爲吏部侍郎丁酉夜月掩東井第三星辛丑以吏部侍郎陳夷行爲華州鎮國軍防禦使以蘇州刺史李頔爲江西觀察使以諫議大夫馬定爲桂管觀察使甲辰以京兆尹鄭復爲劍南東川節度使丙午以前江西觀察使敬昕爲京兆尹冬十月己酉朔戊午慶成節賜群臣宴於曲江亭辛酉夜星入斗魁前桂管觀察使嚴謩卒丙寅制以敬宗第六男陳王成美爲皇太子丁丑太子太保李聽卒十一月己卯朔壬申前福建觀察使唐扶卒己亥曲赦京城繫囚十二月己酉朔癸丑貶光祿卿駙馬都尉韋讓爲澧州長史乙卯乾陵火以杭州刺史李宗閔爲太子賓客分司東都辛酉上不康百寮赴延英起居乙亥宰臣入謁見上于太和殿是歲戶部計見管戶四百九十九萬六千七百五十二

五年春正月戊寅朔上不康不受朝賀己卯詔立親弟穎王瀍爲皇太弟權勾當軍國事皇太子成美復爲陳王辛巳上崩於大明宮之太和殿壽享三十三羣臣謚曰元聖昭獻皇帝廟號文宗其年八月十七日葬于章陵

史臣曰昭獻皇帝恭儉儒雅出於自然承父兄奢弊之餘當閹寺撓權之際而能以治易亂化危爲安太和之初可謂明矣初帝在藩時喜讀貞觀政要每見太宗孜孜政道有意于茲洎即位之後每延英對宰臣率漏下十一刻故事天子隻日視事帝謂宰輔曰朕欲與卿等每日相見其輟朝放朝用雙日可也時憲宗郭后居興慶宮曰太皇太后敬宗母寶曆太后及上母蕭太后時呼三宮太后帝性仁孝三宮問安其情如一嘗內園進櫻桃所司啓曰別賜三宮太后帝曰太后宮送物焉得爲賜遽取筆改賜爲奉宗正寺以祭器朽敗請易之及

有司呈進命陳於別殿具冠帶而閱之容色悽然尤勤於政理凡選內外羣官宰府進名帝必面訊其行能然後補除中書用鴻臚卿張賈爲衢州刺史賈好博朝辭日帝謂之曰聞卿善長行對曰政事之餘聊與賓客爲戲非有所妨帝曰豈有好之而無妨也內外聞之悚息而帝以累世變起禁闈尤側目於中官欲盡除之然訓注狂狡之流制御無術矢謀旣誤幾致顛危所謂有帝王之道而無帝王之才雖旰食焦憂不能弭患惜哉

贊曰昭獻統天洪惟令德心憤讐恥志除凶慝未殄梟鴟又生鬼蜮天未好治亂何由息

唐書本紀卷第十七下

劉昫 等修

聞人詮校刻沈桐同校

武宗

武宗至道昭肅孝皇帝諱炎穆宗第五子母曰宣懿皇后韋氏元和九年六月十二日生於東宮長慶元年三月封潁王本名瀍開成中加開府儀同三司檢校吏部尚書依百官例逐月給俸料初文宗追悔莊恪太子殂不由道乃以敬宗子陳王成美為皇太子開成四年冬十月宣制未遑冊禮五年正月二日文宗暴卒宰相李珏知樞密劉弘逸奉密旨以皇太子監國兩軍中尉仇士良魚弘志矯詔迎潁王於十六宅曰朕自嬰疾疹有加無瘳懼不能躬總萬機日釐庶政稽於謨訓謀及大臣用建親賢以貳神器親弟潁王瀍昔在藩邸與朕常同師訓動成儀矩性禀寬仁俾奉昌圖必諧人欲可立為皇太弟應軍國政事便令權勾當百辟卿士中外庶臣宜竭迺心輔成予志

○陳王成美先立為皇太子以其年尚沖幼未漸師資比日重難不遑冊命迴踐朱邸式協至公可復封陳王是夜士良統兵士於十六宅迎太弟赴少陽院百官謁見於東宮思賢殿二日仇士良收捕宣詔院副使尉遲璋殺之屠其家四日文宗崩宣遺詔皇太弟宜於柩前即皇帝位宰相楊嗣復攝冢宰十四日受冊於正殿時年二十七陳王成美安王溶殂於邸第初楊賢妃有寵於文宗而莊恪太子母王妃失寵怨望為楊妃所譖王妃死太子廢及開成末年帝多疾無嗣賢妃請以安王溶嗣帝謀於宰臣李珏珏非之乃立陳王至是仇士良立武宗欲歸功於已乃發安王舊事故二王與賢妃皆死二月制穆宗妃韋氏追謚宣懿皇太后帝之母也上御正殿降德音以開府右軍中尉仇士良封楚國公左軍中尉魚弘志為韓國公太常卿崔鄲戶部尚書判度支崔珙並本官同中書門下平章事勑二月十五日玄元皇帝降生日宜為降聖節休假一日三月詔宮人劉氏王氏並為妃勑朔望入閣對刑法官是日非便宜停五月中書奏六月十二日皇帝載誕之辰請以其日為慶陽節祔宣懿太后于太廟初武宗欲啓穆宗陵祔葬中書門下奏曰園陵已安神道貴靜光陵二十餘載福陵則近又修崇稱惟孝思足彰嚴奉今若再因合祔須啓二陵或慮聖靈不安未合先旨又以陰陽避忌亦有所疑不移福陵實協典禮乃止就舊墳增築名曰福陵又奏准今年二月八日赦文應京諸司勒留官令本處剋留手力雜給與攝官者臣等檢詳諸道正官料錢絶少雜給手力即多今正官勒留亦管公事料錢少於雜給剋下事未得中臣等商量其正官料錢雜給等錢望每貫割留二百文與攝官餘並如舊從之秋七月制檢校禮部尚書華州刺史陳夷行復為中書侍郎同平章事八月十七日葬文宗皇帝于章陵知樞密劉弘逸薛季稜率禁軍護靈駕至陵所二人素為文宗奬遇仇士良惡之心不自安因是掌兵欲倒戈誅士良弘志鹵簿使兵部尚書王起山陵使崔珙覺其謀先諭鹵簿諸軍是日弘逸季稜伏誅門下侍郎同平章事楊嗣復檢校吏部尚書潭州刺史充湖南都團練觀察使中

○書侍郎同平章事李珏檢校兵部尚書桂州刺史充桂管防禦觀察等使御史中丞裴夷直為杭州刺史皆坐弘逸季稜黨也易定軍亂逐節度使陳君賞君賞鳩合豪傑數百人復入城盡誅謀亂兵士軍城復安九月以淮南節度使檢校尚書左僕射李德裕為吏部尚書同中書門下平章事尋兼門下侍郎以宣武軍節度使檢校吏部尚書汴州刺史李紳代德裕鎮淮南帝在藩時頗好道術修攝之事是秋召道士趙歸真等八十一人入禁中於三殿修金籙道場帝幸三殿於九天壇親受法籙右拾遺王哲上疏言王業之初不宜崇信過當疏奏不省十一月鹽鐵轉運使奏江淮已南請復稅茶從之魏博節度使何進滔卒三軍推其子重霸知留後事會昌元年正月壬寅朔庚戌有事於郊廟禮畢御丹鳳樓大赦改元二月壬寅以淮南節度使檢校吏部尚書李紳為中書侍郎同平章事中書奏南宮六曹皆有職分各責官業即事不因循近者戶部度支多是諸軍奏請本司郎吏束手閑居今後請祗令本行分判委中書門下簡擇公幹才器相當

者轉授從之車駕幸昆明池賜仇士良紀功碑詔右僕射李程爲其文三月貶湖南觀察使楊嗣復湖州司馬桂管觀察使李玨端州司馬杭州刺史裴夷直驩州司戶辛臣李德裕進位司空三月壬申宰相李德裕陳夷行崔珙李紳等奏憲宗皇帝有恢復中興之功請爲百代不遷之廟帝曰所論至當續議之事竟不行贈故中書令晉國公裴度太師山南東道蝗害稼造靈符應聖院於龍首池四月辛丑勅憲宗實錄舊本未備宜令史官重脩進內其舊本不得注破候新撰成同進時李德裕先請不遷憲宗廟爲議者沮之復恐或書其不善之事故復請改撰實錄朝野非之五月辛未中書門下奏據六典隋置諫議大夫七人從四品上大曆二年昇門下侍郎爲正三品兩省遂闕四品建官之道有所未周詩云袞職有闕仲山甫補之周漢大臣願入禁闥補過拾遺張衡爲侍郎爲居帷幄從容諷諫此皆大臣之任故其秩峻其任重則敬其言而行其道況蹇諤之地宜老成之人秩未優崇 則難用耆德其諫議大夫

望依隋氏舊制昇爲從四品分爲左右以備兩省四品之闕向後與丞郎出入迭用以重其選又御史中丞爲大夫之貳緣大夫秩崇官不常置中丞爲憲臺長令寺監少卿少監司業少尹並爲寺署之貳皆爲四品中丞官名至重見秩未崇望昇爲從四品從之六月有禿鶖鳥集於禁苑庚子夜五更小流星五十餘 旁午流散制以魏博兵馬留後何重霸檢校工部尚書魏州大都督府長史充天雄軍節度使仍賜名重順中書奏請依姚璹故事宰相每月脩時政記送史館從之以衡山道士劉玄靖爲銀青光祿大夫充崇玄館學士賜號廣成先生令與道士趙歸眞於禁中修法籙左補闕劉彥謨上疏切諫貶彥謨爲河南府戶曹勅自前中外上封論事有所糾舉則請留中令後並云請付御史臺不得云留中不下如事關軍國理須有密不在此限如臺司勘當後若得事實必獎奉公苟涉加誣必當反問告示中外明知此意七月己巳北方有流星經天娘關東大蝗傷稼襄郢江左大水彗後出室壁之間八月迴鶻烏介可汗遣使告難言本國爲黠戛斯所攻故可汗死今部人推爲可汗緣本國破散今奉太和公主南投大國時烏介至塞上大首領嗢沒斯與赤心宰相相攻殺赤心率其部下數千帳近西域天德防禦使田牟以聞烏介又令其相頡于迦斯上表借天德城以安公主仍乞糧儲牛羊供給詔金吾大將軍王會宗正少卿李師偃往其牙宣慰令放公主入朝賑粟二萬碩九月幽州軍亂逐其帥史元忠推牙將陳行泰爲留後三軍上章請符節朝旨未許十月幽州雄武軍使張絳遣軍吏吳仲舒入朝言行泰慘虐不可處將帥之任請以鎮軍加討許之十月誅行泰遂以絳知兵馬使車駕校獵咸陽十一月丁酉朔壬寅夜大星東北流其光燭地有聲如雷山崩石隕其彗起於室凡五十六日而滅太和公主遣使入朝言烏介自稱可汗乞行策命緣初至漢南乞降使宣慰從之十二月中書門下奏脩實錄體例舊錄有載禁中之言伏以君上與宰臣公卿言事皆須衆所聞見方可書於史冊且禁中之語在外何知或得之傳聞多涉於浮妄便形史筆實累鴻猷

今後實錄中如有此色並請刊削又宰臣與公卿論事行與不行須有明據或奏請允愜必見襃稱或所論乖僻因有懲責在藩鎮上表必有批荅居要官啓 事者自有著明並須昭然在人耳目或取捨存於堂案或與奪形於詔勅前代史書所載奏議罔不由此近見實錄多載密疏言不彰於朝聽事不顯於當時得自其家未足爲信令後實錄所載章奏並須朝廷共知者方得紀述密疏並請不載如此則理必可法人皆向公愛憎之志不行褒貶之言必信從之李德裕奏改修憲宗實錄所載吉甫不善之迹鄭亞希旨削之德裕更此條奏以掩其迹搢紳謗議武宗頗知之

二年春正月丙申朔以撫王紘爲開府儀同三司幽州大都督府長史充幽州盧龍節度大使以雄武軍使張絳檢校左散騎常侍兼幽州左司馬知兩使留後仍賜名仲武中書奏百官議九宮壇本大祠請降爲中祠宰相崔珙陳夷行奏定左右僕射上事儀注二月丙寅中書奏准元和七年勅河東鳳翔鄜坊邠寧等道州縣官令戶部加

給課料錢歲六萬二千五百貫吏部出得平留官數百員時以為當
自後戶部支給零碎不得觀察使乃別將破用徒有加給不及官人
所以選人憚遠不樂注受伏望令部都與實物及時支還諸道委觀
察判官知給受專判此案隨月支給年終計帳申戶部又赴選官人
多京債到任填還致其貪求罔不由此今年三銓於前件州府得官
者許連狀相保戶部各備兩月加給料錢至支時折下所與物官到
任不帶息債衣食稍足可責清廉從之太子太師致仕蕭俛卒牂牁
南詔蠻遣使入朝三月遣使冊迴紇烏介可汗以振武麟勝節度使
銀青光祿大夫檢校尚書右僕射單于大都護兼御史大夫彭城郡
開國公食邑二千戶劉沔可檢校右僕射兼太原尹北京留守充河東
節度管內觀察處置等使代符澈時迴紇在天德命沔以太原之師
討之四月乙丑朔光祿大夫守司空兼門下侍郎平章事李德裕銀
青光祿大夫守右僕射門下侍郎平章事崔珙銀青光祿大夫中書
侍郎同平章事李紳金紫光祿大夫檢校司徒兼太子太保牛僧孺等

上章請加尊號曰仁聖文武至神大孝皇帝戊寅御宣政殿受冊十
月九日雨至十四日轉甚乃改用二十三日時有纖人告中尉仇士
良言宰相作赦書欲減削禁軍衣糧馬草料士良怒曰必若有此軍
人須至樓前作鬧宰相李德裕等知之請開延英訴其事帝曰姦人
之詞也召兩軍中尉諭之曰赦書出自朕意不由宰相況未施行公
等安得此言士良惶恐謝之是日晴霽中書奏元日御含元殿百官
就列唯宰相及兩省官皆未開扇前立於欄檻之內及扇開便侍立
於御前三朝大慶萬邦稱賀唯宰相侍臣同介胄武夫竟不拜至尊
而退酌於禮意事未得中臣等請御殿日昧爽宰相兩省官闕班於
香案前俟扇開通事贊兩省官再拜拜訖升殿侍立從之天德奏迴
紇族帳侵擾部內勑勸課種桑比有勑命如能增數每歲申聞比知
並無遵行恣加翦伐列於鄽市賣作新蒸自今州縣所由切宜禁斷
五月勑慶陽節百官率醵外別賜錢三百貫以備素食合宴仍令京
兆府供帳用追集坊市樂人天德軍使田牟奏迴紇大將嗢沒斯與

多覽將軍將吏二千六百人請降遣中人齎詔慰勞之宰相李德裕
兼守司徒太子太師致仕鄭覃卒六月甲子朔火星犯木丙寅太白
犯東井迴紇降將嗢沒斯將吏二千六百餘人至京師制以嗢沒斯
檢校工部尚書充歸義軍使封懷化郡王仍賜姓名曰李思忠以迴
紇宰相愛耶勿為歸義軍副使檢校右散騎常侍賜姓名曰李弘順
七月嵐州人田滿川據郡叛劉沔誅之八月迴紇烏介可汗過天德
至杷頭烽北俘掠雲朔北川詔劉沔出師守鴈門諸關迴紇首領屈
武降幽王授左武衛將軍同正詔以迴紇犯邊漸侵內地或攻或守
於理何安令少師牛僧孺陳夷行與公卿集議可否以聞僧孺曰今
百寮議狀以固守關防伺其可擊則用兵宰相李德裕議以迴紇所
恃者嗢沒赤心耳今已離叛其強弱之勢可見戎人獷悍不顧成敗
以失二將乘忿入侵出師急擊破之必矣守險示弱虜無由退擊之
為便天子以為然乃徵發許蔡汴滑等六鎮之師以太原節度使劉
沔為迴紇南面招討使以張仲武為幽州盧龍節度使檢校工部尚

書封蘭陵郡王迴紇東面招討使以李思忠為河西党項都將迴紇西南
面招討使皆會軍於太原制以皇子峴為益王岐為兗王皇長女為
昌樂公主第二女為壽春公主第三女永寧公主上御麟德殿見室
韋首領督熱論等十五人太原奏迴紇移帳近南四十里索叛將嗢
沒斯昨至橫水俘虜兼公主上表言食盡乞賜牛羊事賜烏介詔曰
朕自臨寰區為人父母唯以好生為德不願黷武為名故自彼國不
幸為嗢沒斯所破來投邊境已歷歲年撫納之間無所不至初則念
其饑歉給以糧儲旋則知其破傷盡還馬價前後遣使勞問交馳道
途怵侵擾亦盡不計今可汗尚此近塞未議還蕃朝廷大臣四方節
鎮皆懷疑忿盡請興師雖朕切務含弘亦所未論一昨數使迴來皆
言可汗只待馬價及令付之次又聞所止屢遷或侵掠雲朔等州或
劫奪羌渾諸部未知此意終欲如何若以未交馬價須近塞垣行止
之間亦宜先告邊將豈有倏來忽往遷徙不常雖云隨逐水草動皆
逼近城柵遙揣深意似恃姻好之情每覩蹤由實為馳突之計況到

橫水柵下殺戮至多番渾牛羊豈惍馳掠黎庶何罪皆被傷夷所以
中朝大臣皆云迴紇近塞已是違盟更戮邊人實背大義咸願因此
翦逐以雪殂謝之冤然朕志在懷柔情深屈己寧可汗之負德終未
悛於幸災石戒直久在京城備知人實憤惋發於誠懇固請自行嘉
其深見事機不能違阻可汗審自問遂速擇良圖無至不悛以貽後
悔詔太原起室韋沙陁三部落吐渾諸部委石雄爲前鋒易定兵千
人守大同軍契苾通何清朝領沙陁吐渾六千騎趨天德李思忠率
迴紇党項之師屯保大柵十月吐蕃贊普卒遣使論普熱入朝告哀
詔將作少監李璟入蕃弔祭帝幸涇陽校獵白鹿原諫議大夫高少
逸鄭朗等於閤內論陛下校獵太頻出城稍遠萬機廢弛星出夜歸
方今用兵且宜停止上優勞之諫官出謂宰相曰諫官甚要朕時聞
其言庶幾減過
三年春正月以宿師于野罷元會勅新授銀州刺史本州押蕃落銀
川監牧使何清朝可檢校太子賓客左龍武大將軍令分領沙陁吐

渾党項之衆赴振武取劉沔處分二月先詔百官之家不得於京城
置私廟者其皇城南向六坊不得置其閑僻坊曲即許依舊置太原
劉沔奏昨率諸道之師至大同軍遣石雄襲迴鶻牙帳雄大敗迴鶻
於殺胡山烏介可汗被創而走已迎得太和公主至雲州是日御宣
政殿百寮稱賀制曰夫天之所廢難施繼絶之恩人之所棄當用侮亡
之道朕每思前訓豈忘格言迴鶻比者自恃兵强久爲桀驁凌虐諸郡
結怨近鄰黠戛斯潛師挐擣穹居尾解種族盡膏於原野區落遂至
於荆榛今可汗逃走失國竊號自立遠踰沙漠寄命邊陲朕念其衰
殘尋加賑䘏每陳章表多詐諛之詞接我使臣如全盛之日無傷禽
哀鳴之意有困獸猶鬬之心去歲潛入朔川大掠牛馬今春掩襲振
武逼近城池可汗皆自率兵首爲寇盜不耻破敗莫顧姻親河東節
度使劉沔料敵伐謀乗機制勝發胡貉之騎以爲前鋒搴翎侯之旗
伐彼在宂短兵鏖於帳下元惡挾於轂中况乗匪六飛衆纔一旅備
已竭計日可擒太和公主居處不同情義久絶懷土多思亟聞黄鵠

之歌失位自傷寧免緑衣之歎念其羈苦常軫朕心今已脫於豺狼
再見宮闕上以攄宗廟之宿憤次以慰太皇太后之深慈永言歸寧
良用欣感其迴紇既以破滅義在翦除宜令諸道兵馬使同進討河
東立功將士已下優厚賞給續條疏處分應在京外宅及東都修功
德迴紇並勒冠帶各配諸道收管其迴紇及摩尼寺莊宅錢物等並
委功德使以御史臺及京兆府各差官點檢收抽不得容諸色人影
占如犯者並處極法錢物納官摩尼寺僧委中書門下條疏聞奏以
麟州刺史天德行營副使石雄爲銀青光禄大夫檢校左散騎常侍
崖州刺史御史大夫充豐州西城中城都防禦本管押蕃落等使劉
沔檢校尚書左僕射張仲武檢校尚書右僕射餘並如故黠戛斯使
注吾合素入朝獻名馬二匹言可汗已破迴鶻迎得太和公主歸國
差人送公主入朝愁迴鶻殘衆奪之於路帝遂遣中使送注吾合素
往太原迎公主時烏介可汗中箭走投黑車子詔黠戛斯出兵攻之
三月太和公主至京師百官班于章敬寺迎謁仍令所司告憲宗穆

宗二室四月昭義節度使劉從諫卒三軍以從諫姪稹爲兵馬留後
上表請授節鉞帝遣使齎詔潞府令稹護從諫之喪歸洛陽稹拒朝
旨詔中書門下兩省尚書御史臺四品已上武官三品已上會議劉
稹可誅可宥之狀以聞五月勅諸道節度使置隨身不得過六十人
觀察使不得過四十人經畧都護不得過三十人築望仙觀於禁中
宰臣百寮進議狀以昆戎未殄塞上用兵不宜中原生事潞府請以
親王遥領令稹權知兵馬事以俟邊上罷兵獨李德裕以爲澤潞內
地前時從諫許襲已是失斷自後跋扈難制規脅朝廷以稹豎子不
可復踐前車討之必殄武宗性雄俊曰吾與德裕同之保無後悔自
是諫官上疏言不可用兵相繼六月西內神龍寺災左軍中尉楚國
公仇士良卒秋七月戊子宰相奏秋色已至將議進軍幽州須早平
迴鶻鎮魏須速誅劉稹各須遣使諭旨兼值三鎮軍情今日延英面
奏聖旨欲遣張賈充使臣等續更商量張賈幹濟有才甚諳軍中體
勢然性剛色氣虛不安和不如且命李回若以臺綱闕人即兵部侍

郎鄭涯久爲征鎮判官情甚精敏雖無詞辯言事分明官事閑最
似相稱上曰不如令李回去即遣回奉使三鎮八月壬戌火星自七
月蓄赤色動摇井中至是月十六日犯輿鬼萬年縣東市火熒惑斯
使諦德伊斯難珠入朝以右僕射平章事陳夷行檢校司空兼河中
尹御史大夫充河中節度晉絳慈隰觀察等使九月制定天下者致
風俗於大同安生人者齊法度於畫一雖晉之欒趙家有舊勲漢之
韓彭身爲佐命至于干亂紀律罔不梟夷禁暴除殘古今大義故昭
義節度劉悟頃居海岱嘗列爪牙屬師道阻兵王師問罪三面開網
一境離心乘此危機遂能歸命憲宗嘉其誠款授以南燕穆宗待以
腹心委之上黨招致死士固護一方迨于末年已虧臣節劉從諫生
稟戾氣幼習亂風因踐危之資以專封壤恃紀綱之力以襲兵符暫
展執珪之儀終無上壽之請隙駒爲喻魏豹姑務於絶河井蛙自居
孫述頗聞于恃險誘受亡命妄作妖言中罔朝廷潛圖左道接壤戎
師屢奏陰謀顧影亂之所矜豈淵魚之是察洎乎沈痼曾靡哀鳴猶

駐將盡之魂恣行邪僻之志罔或奮技自樹狡童中使授醫莫覩其
朝服近臣銜命不入於壘門逆節甚明人神共棄其贈官及先所授
官爵并劉稹在身官爵宜並削奪成德軍節度使王元逵魏博節度
使何弘敬或姻連王室或任重藩維懇陳一至之誠願揚九伐之戰
吳漢任職受詔而初無辦嚴上式朴忠未戰而義形於色況成德軍
嘗以梟騎横陣首破朱滔戰氣方酣再廻魯陽之日鼓音不息三騎
不周之山魏博軍頃以大旆涉河竟殲師道建十二郡之旗鼓以列
降人削六十年之厲階盡歸皇化士傳餘勇軍有雄名必能禀鄰侯
之指縱成葛亮之心伐咨爾二師朕所注懷元逵可本官充北面招
討澤潞使弘敬充東面招討澤潞使　曩者烈祖在藩先天啓聖符
瑞昭晰彩繪煥於泗亭鑾輅巡遊金石刻於代邸寔謂可封之俗久
爲仁壽之鄉寇難以來頗著誠節必非同惡咸許自新其昭義舊將
士及百姓等如保初心並赦而不問如能捨逆效順以州郡兵衆歸
降者必厚加封賞如能擒送劉稹者別授土地以報勲庸頃隨劉悟
鄆州舊將校子孫既有義心宜思改悔如能感喻劉稹束身歸朝必
當待之如初特與洗雪爾等舊校亦並酬勞仍委夷行劉沔王茂元
各進兵同力攻討其諸道進軍並不得焚燒廬舍發掘墳墓擒執百
姓以爲俘囚桑麻田苗各許本戶爲主罪止元惡務拯生靈於戲蕃
維大臣抗疏於外髦俊舊老昌言於朝戒朕以祖宗之法不可私一
族刑賞之柄所以正萬邦宜用甲兵陳於原野雖朕以恩不聽而群
臣以義固爭詢自僉謀諒非獲巳布告中外明體朕懷仍以徐泗節
度使李彦佐爲澤潞西南面招討使河陽節度使王茂元以本軍屯
萬善彦佐制下後踰月未出師朝廷疑其持重乃以天德軍石雄爲
彦佐之副劉稹牙將李丕降用爲忻州刺史以陳許節度使王宰充
澤潞南面招討使河陽節度使王茂元卒贈司徒王宰代茂元搃萬
善之師十月宰相監修國史李紳兵部郎中史館修撰判館事鄭亞
進重修憲宗實録四十卷頒賜有差晉絳行營副招討石雄奏收賊
砦五以河東節度使劉沔檢校司空兼滑州刺史御史大夫充義成

軍節度鄭滑濮觀察等使以荆南節度使檢校右僕射同平章事李
石可檢校司空平章事兼太原尹北都留守充河南節度管內觀察
等使十一月勅中外官員過爲繁冗量宜减省以便軍民宜令吏部
條疏合减員數以聞十二月王宰奏收天井關榆社行營都將王逢
奏兵少乞濟師詔太原軍二千人赴之初劉沔破廻鶻留三千人戍
横水至是李石以太原無兵抽横水戍卒一千五百人以赴王逢是
月二十八日横水軍至太原請出軍優給舊例每一軍絹二疋時劉
沔交代後軍庫無絹石以巳絹　益之方可人給一疋便催上路軍
人以歳將除欲候過歳期旣速軍情不悦都頭楊弁乘士卒流怨激
之爲亂

四年春正月乙酉朔以澤潞用兵罷元會其日楊弁逐太原節度使
李石勅齋月斷屠出於釋氏國家創業猶近梁隋卿相大臣或沿茲
弊鼓刀者既獲厚利糾察者潛受請求正月以萬物生植之初宜斷
三日列聖忌斷一日仍准開元二十二年勅三元日各斷三日餘月

不禁壬子河東監軍使呂義忠收復太原生擒楊弁盡斬其亂卒百
寮稱賀二月甲寅朔丁巳制晉絳河中慈隰等州節度觀察等使中
散大夫檢校左散騎常侍卽河中尹御史大夫上柱國博陵縣開國
男食邑三百戶崔元式可檢校禮部尚書兼太原尹北都留守充河
東節度觀察等使戊午夜太白犯鎮星辛酉太原送楊弁與其同惡
五十四人來獻斬於狗脊嶺三月以晉絳副招討石雄為澤潞西面
招討以汾州刺史李丕為副以道士趙歸真為左右街道門教授先
生時帝志學神仙師歸真歸真乘寵每對排毀釋氏言非中國之教
蠹耗生靈盡宜除去帝頗信之四月王宰進軍攻澤州五月以司農
卿薛元賞為京兆尹六月金紫光祿大夫尚書右僕射中書侍郎同
平章事判度支崔珙貶澧州刺史癸丑勅諫官論事所見不同連狀
署名事同糺率此後凡論公事各隨己見不得連署姓名如有大政
奏論即可連署制追削故左軍中尉仇士良先授官及贈官其家財
並籍沒士良死後中人於其家得兵杖數千件兼發士良宿罪故也
○

勅責授官銀青光祿大夫澧州刺史上柱國安平郡開國公食邑二
千戶崔珙再貶恩州司馬員外置以珙領鹽鐵時欠宋滑院鹽鐵九
十萬貫帝令度支鹽鐵轉運合為一使七月以淮南節度使檢校司
空杜悰守尚書右僕射兼門下侍郎同平章事仍判度支充鹽鐵轉
運等使又制銀青光祿大夫守尚書右僕射兼門下侍郎同平章事
監修國史上柱國趙郡開國公食邑二千戶李紳可檢校司空平章
事揚州大都督府長史淮南節度副大使知節度事吏部條奏中外
合減官員一千一百一十四員王元逵奏邢州刺史裴問別將高元
武以城降洺州刺史王釗磁州刺史安玉以城降何弘敬山東三州
平潞州大將郭誼張谷陳揚廷遣人至王宰軍請殺稹以自贖王宰
以聞乃等詔石雄率軍七千入潞州誼斬劉稹首以迎雄澤潞平五
州八月戊戌王宰傳稹首與大將郭誼等一百五十人露布獻於京
師上御安福門受俘百寮樓前稱賀以魏博節度使檢校尚書右僕
射同平章事何弘敬進封廬江郡開國公食邑二千戶以成德軍節

度使王元逵檢校司空兼太子太師同平章事進封太原郡開國公
食邑二千戶宰相李德裕守太尉進封衛國公加食邑一千戶以兵
部侍郎翰林學士承旨崔鉉為中書侍郎同平章事河東節度使陳
夷行卒九月以天德軍使晉絳行營招討使石雄檢校兵部尚書河
中尹兼御史大夫河中晉絳慈隰等州節度使以前山南東道節度
使盧鈞檢校尚書左僕射潞州大都督府長史充昭義軍節度使澤
潞邢洺觀察等使以忠武軍節度陳許蔡等州觀察處置等使河陽
行營諸軍招討使金紫光祿大夫檢校尚書右僕射兼御史大夫上
柱國太原郡開國公食邑二千戶王宰檢校司空太原尹北都留守
充河東節度管內觀察處置等使制曰逆賊郭誼等狐鼠之妖依丘
穴而作固牛羊之力得水草而逾亢久從叛臣皆有逆氣劉從諫背
德反義掩賊藏姦積其怙亂之謀無非親吏之計劉公直安全慶等
各憑地險屢抗王師每肆悖言常懷華面況郭誼王協聞邢洺歸款
懼義旅覆巢賣孽童以圖全據堅城而請命昔伍被詣吏不免就誅
○

延岑出降終亦夷族致之大辟無所愧懷郭誼劉公直王協安全慶
李道德李佐堯劉積積母阿裴積弟曹九滿郎君郎妹四娘五娘從
兄洪卿漢卿周卿魯卿匡堯張谷男涯解愁陳揚廷弟宣男醜奴張
溢男歆郎三寶門客甄戈伎術人郭諗蔣黨李訓兄仲京王涯孫
羽韓約男茂章茂實王璠男珪等並處斬于獨柳勅以河陽三城鎮
遏使為孟州割澤州隸焉與懷孟澤為節度號河陽制以皇子愕為
開府儀同三司夏州刺史朔方軍節度大使時党項叛命親王以制
之十月車駕幸鄠縣十一月幸雲陽十二月勅郊禮日近獄囚數多
案款已成多有翻覆其兩京天下州府見繫囚已結正及兩度審案
伏款者並令先事結斷訖申時左僕射王起頻年知貢舉每貢院考
試訖上牓後更呈宰相取可否復人數不多宰相延英論言主司試
藝不合取宰相與奪比來貢舉艱難放人絕少恐非弘訪之道帝曰
貢院不會我意不放子弟即太過無論子弟寒門但取實藝耳李德
裕對曰鄭肅封敖有好子弟不敢應舉帝曰我比聞楊虞卿兄弟朋

比貴勢妨平人道路昨楊知至鄭朴之徒並令落下抑其太甚耳德裕曰臣無名第不合言進士之非然臣祖天寶末以仕進無他伎勉强隨計一舉登第自後不於私家置文選蓋惡其祖尚浮華不根藝實然朝廷顯官須是公卿子弟何者自小便習舉業自熟朝廷間事臺閣儀範班行準則不教而自成寒士縱有出人之才登第之後始得一班一級固不能熟習也則子弟成名不可輕矣

五年春正月己酉朔勅造望僊臺於南郊壇時道士趙歸真特承恩礼諫官上䟽論之延英帝謂宰臣曰諫官論趙歸真此意要卿等知朕宫中無事屏去聲技但要此人道話耳李德裕對曰臣不敢言前代得失只緣歸真於敬宗朝出入宫掖以此人情不願陛下復親近之帝曰我爾時已識此道人不知名歸真只呼趙鍊師在敬宗時亦無甚過我與之言滌煩爾至於軍國政事唯卿等與次對官論何須問道士非直一歸真百歸真亦不能相惑歸真自以涉物論遂舉羅浮道士鄧元起有長年之術帝遣中使迎之繇是與衡山道士劉玄

○靖及歸真膠固排毁釋氏而拆寺之請行焉宰臣李德裕杜悰李讓夷崔鉉太常卿孫簡等率文武百寮上徽號曰仁聖文武章天成功神德明道皇帝辛亥有事於郊廟礼畢御承天門大赦天下庚申義安太后崩敬宗之毋也遺令皇帝三日聽政十三日小祥二十五日大祥二十七日釋服兵部尚書歸融奏事貴得中礼從順變配祔之礼宜有等差請降服朞以日易月十二日釋服内外臣寮亦請以其日釋服陵園制度請無降殺從之以前太原節度使檢校司空李石以本官充東都留守二月戊寅朔太白掩昴之北側諫議大夫權知禮部貢舉陳商選士三十七人中第物論以為請託令翰林學士白敏中覆試落張瀆李玗薛忱張覿崔凛王諶劉伯芻等七人三月崔鉉罷知政事出為陝虢觀察使以御史中丞兼兵部侍郎李回本官同平章事夏四月皇第四女封延慶公主第五女封靖樂公主勅祠部檢括天下寺及僧尼人數大凡寺四千六百蘭若四萬僧尼二十六萬五百宰相杜悰罷知政事以戶部侍郎判戶部崔元式同平章事六月丙子勅漢魏已來朝廷大政必下公卿詳議博求理道以盡群情所以政必有經人皆向道此後事關礼法群情有疑者令本司申尚書都省下礼官叅議如是刑獄亦先令法官詳議然後申刑部叅覆如郎官御史有能駁難或據經史故事議論精當即擢授遷改以奬之如言涉浮華都無經據不在申聞神策奏修望僊樓及廊舍五百三十九間功畢秋七月庚子勅併省天下佛寺中書門下條疏聞奏據令式諸上州国忌日官吏行香於寺其上州望各留寺一所有列聖尊容便令移於寺内其下州寺並廢其上都東都兩街請留十寺寺僧十人勅曰上州合留寺工作精妙者留之如破落亦宜廢毁其合行香日官吏宜於道觀其上都下都每街留寺兩所寺留僧三十人上都左街留慈恩薦福右街留西明莊嚴中書又奏天下廢寺銅像鍾磬委塩鐵使鑄錢其鐵像委本州鑄為農器金銀鍮石等像銷付度支衣冠士庶之家所有金銀銅鐵之像勅出後限一月納官如違委塩鐵使依禁銅法處分其土木石等像合留寺内依舊又

○奏僧尼不合隷祠部請隷鴻臚寺其大秦穆護等祠釋教既已釐革邪法不可獨存其人並勒還俗遞歸本貫充稅戶如外国人送還本處收管八月制朕聞三代已前未嘗言佛漢魏之後像教寖興是由季時傳此異俗因緣染習蔓衍滋多以至於蠹耗國風而漸不覺誘惑人意而衆益迷泊於九州山原兩京城闕僧徒日廣佛寺日崇勞人力於土木之功奪人利於金寶之飾遺君親於師資之際違配偶於戒律之間壞法害人無逾此道且一夫不田有受其飢者一婦不蠶有受其寒者今天下僧尼不可勝數皆待農而食待蠶而衣寺宇招提莫知紀極皆雲構藻飾僭擬宫居晉宋齊梁物力凋瘵風俗澆詐莫不由是而致也况我高祖太宗以武定禍亂以文理華夏執此二柄足以經邦豈可以區區西方之教與我抗衡哉貞觀開元亦甞釐革剗除不盡流行轉滋朕博覽前言旁求輿議弊之可革斷在不疑而中外誠臣恊予至意條疏至當宜在必行懲千古之蠹源成百王之典法濟人利衆予何讓焉其天下所拆寺四千六百餘所還俗

僧尼二十六萬五百人收充兩稅戶拆招提蘭若四萬餘所收膏腴
上田數千萬頃收奴婢爲兩稅戶十五萬人隷僧尼屬主客顯明外
國之教勒大秦穆護祅二千餘人還俗不雜中華之風於戲前古未
行似將有待及今盡去豈謂無時驅游惰不業之徒已踰十萬廢丹
雘無用之室何啻億千自此清淨訓人慕無爲之理簡易齊政成一
俗之功將使六合黔黎同歸皇化尚以革弊之始日用不知下制明
廷宜體予意制第六女封樂温公主第七女封長寧公主中書奏伏
見公主上表稱妾某者伏以臣妾之義取其賤稱家人之礼即宜區
別臣等商量公主上表請如長公主之例並云某邑公主幾女上表
郡縣主亦望依此例稱謂從之九月火星犯上將十月乙亥中書奏
池水縣武牢關是太宗擒王世充竇建德之地關城東峯有二聖塑
容在一堂之內伏以山河如舊城壘猶存威靈皆盛於軒臺風雲疑
還於豐沛誠宜百代嚴奉萬邦式瞻西漢故事祖宗嘗行幸處皆令
郡國立廟今緣定覺寺例合毀拆望取寺中大殿材木於東峯以造

一殿四面置宮牆伏望名爲昭武廟以昭聖祖武功之盛委懷孟節
度使差判官一人勾當縁聖像年代以久望令李石於東都揀好畫
手就增嚴飾初興功日望令東都差分司官一員薦告從之十一月
甲辰勅悲田養病坊緣僧尼還俗無人主持恐殘疾無以取給兩京
量給寺田賑濟諸州府七頃至十頃各於本管選耆壽一人勾當以
充粥料十二月車駕幸咸陽給事中韋弘質上疏論中書權重三司
錢穀不合相府兼領宰相奏論之曰臣等昨於延英對恭聞聖旨常
欲朝廷尊臣下肅此是陛下深究理本也臣按管子云凡國之重器
莫重於令令重則君尊君尊則國安故國安在於尊君尊君在于行
令君人之理本莫要于出令故曰虧令者死益令者死不行令者死
不從令者死又曰令行于上而下論可不可是上失其威下繫於人
也自太和已來其風大弊令出于上非之於下此弊不除無以理國
也昨韋弘質所論宰相不合兼領錢穀臣等輒以事體陳聞昔匡衡
所以云大臣者國家之股肱萬姓所瞻仰明王所慎擇傳曰下輕

其上賤人圖柄則國家搖動而人不靜弘質受人教導輒獻封章是
則賤人圖柄矣蕭望之漢朝名儒重德爲御史大夫奏云今首歲日
月少光罪在臣等上以望之意輕丞相乃下侍中御史詰問貞觀中
監察御史陳師合上書云人之思慮有限一人不可兼總數職太宗曰
此人妄有毀謗欲離間我君臣流師合於嶺外賈誼云人主如堂群
臣如陛陛高則堂高亦由將相重君臣尊其勢然也如宰相姦謀隱
匿則人人皆得上論至於制置職業固是人主之柄非小人所得干
議古者朝廷之士各守其官思不出位弘質賤人豈得以非所宜言
上瀆明主此是輕宰相撓時政也昔東漢處士橫議遂有黨錮事起
此事深要懲絕伏望陛下詳其姦詐去其朋徒則朝廷安靜制令肅
然臣等不勝感憤之至弘質坐貶官又奏曰天寶已前中書除機密
遷授之外其他政事皆與中書舍人同商量自艱難已來務從權便
政頗去於臺閣事多繫於軍期決遣萬機不暇博議臣等商量今後
除機密公事外諸侯表疏百寮奏事錢穀刑獄等事望令中書舍人

六人依故事先參詳可否臣等議而奏聞從之李德裕在相位日久
朝臣爲其所抑者皆怨之自崔鉉杜悰罷相後中貴人上前言德裕
太專上意不悅而白敏中之徒教弘質論之故有此奏而德裕結怨
之深由此言也
六年春正月癸卯朔丁巳左散騎常侍致仕馮定卒贈工部尚書己
未南詔契丹室韋渤海牂牁昆明等國遣使入朝對于麟德殿兵部
侍郎判度支盧商奏諸道兵討伐党項今差度支郎官一人往所在
有糧料州郡先計度支給從之己丑渤海王子大之萼入朝東都太
微宮修成玄元皇帝玄宗肅宗三聖容遣右散騎常侍裴章往東都
薦獻監察元壽奏前彭州刺史李絿買本州龍興寺婢爲乳母違法
貶隨州長史二月壬申朔癸酉以時雨愆候詔京城天下繫囚除官
典犯贓持仗劫殺忤逆十惡外罪遞減一等並釋放征党項行營兵
士不得濫有殺傷丁丑左拾遺王龜以父興元節度使起年高乞休
官侍養從之是夜月犯畢大星相去三寸庚辰以夏州節度使米暨

兗東北道招討党項使壬午右庶子呂讓進狀亡兄温女太和七年嫁左衛兵曹蕭敏生二男開成三年敏心疾乖忤因而離婚今敏日愈却乞與臣姪女配合從之乙酉前太子少保劉沔可太子太保致仕前壽州刺史王鎮貶潞州長史丁亥夜月色少光至一更一點犯熒惑相去四寸後良久其光燭地在軫七度壬辰以翰林學士起居郎孫穀為兵部員外郎充職以旱停上巳曲江賜宴勑比緣錢重幣輕生人轉困今新加鼓鑄必在流行通變救時莫切於此宜申先甲之令以儆居貨之徒京城諸道宜起來年正月已後公私行用並取新錢其舊錢權停三數年如有違犯同用鉛錫錢例科斷其舊錢並没納又勑諸道鑄錢已有次第須令舊錢流例有布絹價值稍增文武百寮俸料起三月一日並給見錢一半先給疋段對估時價皆給見錢貶舒州刺史蘇滌為連州刺史滌李宗閔黨前自給事中為德裕所斥累年郡守至是李紳言其無政故也以邠寧節度使高承恭兗西南面招討党項使丙申夜月掩牛南星又犯歲星丁酉新羅使

金國連入朝辛丑夜東北流星如桃色赤其光燭地尾迹入大角西流穿紫微垣三月壬寅上不豫制改御名炎帝重方士頗服食修攝親受法籙至是藥躁喜怒失常疾既篤旬日不能言宰相李德裕等請見不許中外莫知安否人情危懼是月二十三日宣遺詔以皇太叔光王柩前即位是日崩時年三十三謚曰至道昭肅孝皇帝廟號武宗其年八月葬於端陵德妃王氏祔焉

史臣曰開成中王室寖卑政由閽寺及綴衣將變儲位遽移昭肅以孤立維城副玆當璧而能雄謀勇斷振已去之威權運策勵精拔非常之俊傑屬天驕失國潞孽阻兵不惑盈庭之言獨納大臣之計戎車既駕亂略底寧紀律再張聲名復振足以蹈彰武出師之迹繼元和戡亂之功然後迂訪道之車築礼神之館棲心玄牝物色幽人將致俗於大庭欲希蹤於姑射於是削浮圖之法懲游惰之民志欲矯步丹梯求珠赤水徒見蕭衍姚興之謬不悟秦王漢武之非求蓋惑於左道之言偏斥異方之說況身毒西來之教向欲千禩蚩蚩之民習以成俗畏其教甚於國法樂其徒不異登僊如文身祝髮之鄉久習而莫知其醜以吐火吞刀之戲乍觀而便以為神安可正之以咸韶律之以章甫加以笙匏何充之佞代不乏人非荀卿孟子之賢誰與正論一朝梁燹金狄燔焚胡書結怨於膜拜之流犯怒於鄙夫之口哲王之舉不駭物情前代存而勿論實為中道欲革斯弊以俟河清昭肅明照聽斯弊矣

唐書本紀卷第十八上

唐書本紀卷第十八下

劉　昫　等修
聞人詮校刻沈桐同校

宣宗

宣宗聖武獻文孝皇帝諱忱憲宗第十三子母曰孝明皇后鄭氏元和五年六月二十二日生於大明宮長慶元年三月封光王名怡會昌六年三月一日武宗疾篤遺詔立爲皇太叔權勾當軍國政事翌日柩前即帝位改今名時年三十七帝外晦而內明嚴重寡言視聽特異幼時宮中以爲不慧十餘歲時遇重疾沈綴忽有光輝燭身蹶然而興正身拱揖如對臣寮乳媪以爲心疾穆宗視之撫其背曰此吾家英物非心憊也賜以玉如意御馬金帶常夢乘龍昇天言之於鄭后乃曰此不宜人知者幸勿復言歷太和會昌朝愈事韜晦群居游處未嘗有言文宗武宗幸十六宅宴集强誘其言以爲戲劇謂之光叔武宗氣豪尤不爲禮及監國之日哀毀滿容接待群寮決斷庶

務人方見其隱德焉四月辛未釋服尊母鄭氏曰皇太后以兵部侍郎翰林學士承旨白敏中守本官同中書門下平章事以特進守太尉門下侍郎同平章事上柱國衛國公食邑二千戶李德裕檢校太尉同平章事江陵尹荊南節度使以中散大夫大理卿馬植爲金紫光祿大夫刑部侍郎充諸道鹽鐵等使以成德軍節度使王元逵檢校太保山南西道節度使王起檢校司空魏博節度使何弘敬淮南節度使李紳並檢校司空劍南西川節度使崔鄲檢校尚書右僕射同中書門下平章事並如故東都留守李石奏修奉太廟畢所迎奉太微宮神主祔廟訖東都太廟者本武后家廟神龍中中宗反正廢武氏廟主立太祖已下神主祔之安祿山陷洛陽以廟爲馬廄棄其神主而協律郎嚴郢收而藏之史思明再陷洛陽尋又散失賊平東京留守盧正已又募得之廟已焚毀乃寄主於太微宮大曆十四年留守路嗣恭奏重修太廟以迎神主詔百官參議紛然不定禮儀使顏真卿堅請歸祔不從會昌五年留守李石因太微宮正殿圮陊以廢弘敬寺爲太廟迎神主祔之又下百寮議皆言準故事無兩都俱置之禮唯禮部侍郎陳商議云周之文武有鎬洛二廟今兩都異廟可也然不宜置主於廟主宜依禮瘞於廟之北墉下事未行而武宗崩宣宗即位因詔有司迎太微宮寓主祔饗寺之新廟而知禮者非之制皇長男溫可封鄆王二男涇可封雅王第三男滋可封蘄王第四男沂可封慶王五月左右街功德使奏准今月五日赦書節文上都兩街舊留四寺外更添置八所兩所依舊名興唐寺保壽寺六所請改舊名寶應寺改爲資聖寺青龍寺改爲護國寺菩提寺改爲保唐寺清禪寺改爲安國寺法雲尼寺改爲唐安寺崇敬尼寺改爲唐昌寺右街添置八所西明寺改爲福壽寺莊嚴寺改爲聖壽寺舊留寺二所舊名千福寺改爲興元寺化度寺改爲崇福寺永泰寺改爲萬壽寺溫國寺改爲崇聖寺經行寺改爲龍興寺奉恩寺改爲興福寺勅旨依奏誅道士劉玄靖等十二人以其說惑武宗排毀釋氏故也今月五日赦書節文吏部三銓選士祗憑資考多匪實才許觀察

使刺史有奇才異政之士聞薦試用又觀察使刺史交代之時冊書所交戶口如能增添至千戶即與超遷如逃亡至七百戶罷後三年內不得任使又徙流人在天德振武者管中量借糧種俾令耕田以爲業以劍南東川節度使檢校禮部尚書盧商爲兵部侍郎同平章事六月以戶部侍郎充諸道鹽鐵轉運使馬植本官同平章事七月以兵部尚書李讓夷爲劍南東川節度使十月勅太廟禘享合以功臣配其憲宗廟以裴度杜黃裳李愬高崇文等配享以荊南節度使李德裕爲東都留守十一月有司享太廟其穆宗室文曰皇兄太常博士閔慶之奏夫禮有尊尊而不敘親親祝文稱弟未當請改爲嗣皇帝從之京兆府奏京師百司職田斛㪷請准會昌三年例許人戶自送納京師所異州縣無得欺隱從之以江西觀察使周墀爲義成軍節度使鄭滑觀察等使十二月刑部尚書判度支崔元式奏准七月二日勅綾紗絹等次弱疋段並同禁斷不得織造臣欲與鹽鐵戶部三司同條疏先勘左藏庫令分析出次弱疋段州府即牒本道官使

奪狹小機杼今焚毀其已納到次弱疋段具數以聞上從之大中元
年春正月戊戌朔宮苑使奏皇帝致齋行事内諸宮苑門共九十四
所並令鎖閉鑰匙進内候車駕還宮則請領從之戊申皇帝有事於
郊廟禮畢御丹鳳門大赦改元制條曰古者郎官出鄉相治郡所以
重親人之官急爲政之本自澆風久扇此道稍消頡頏清途便臻顯
貴治人之術未嘗經心欲使究百姓艱危通天下利病不可得也爲
政之始思厚儒風軒墀近臣蓋備顧問如其不知人疾苦何以贊朕
眷求今後諫議大夫給事中中書舍人未曾任刺史縣令或在任有
贓累者宰臣不得擬議守宰親人職當撫字三載考績著在格言貞元
年中屢下明詔縣令五考方得改移近者因循都不遵守諸州或得
五考畿府罕及二年以此字人若爲成政道途郡吏有迎送之勞鄉
里庶民無蘇息之望自今須滿三十六箇月永爲常式二月丁卯制憲
宗第十七子惕封彭王第十八子惴爲棣王第五子澤爲濮王第六
子潤爲鄂王勑修百福殿以檢校太尉東都留守李德裕爲太子少

保分司東都以給事中鄭亞爲桂州刺史御史中丞桂管防禦觀察
等使二月丁酉禮部侍郎魏扶奏臣今年所放進士三十三人其封
彥卿崔琢鄭延休等三人實有詞藝爲時所稱皆以父兄見居重位
不得令中選詔令翰林學士承旨戶部侍郎韋琮重考覆勑曰彥卿
等所試文字並合度程可放及第有司考試祗在至公如涉請託自
有朝典今後但依常例放牓不得別有奏聞帝雅好儒士留心貢舉
有時微行人間採聽輿論以觀選士之得失每山池曲宴學士詩什
屬和公卿出鎮亦賦詩餞行凡對臣寮肅然拱揖鮮有輕易之言大
臣或獻章疏即焚香盥手而覽之當時以大中之政有貞觀之風焉
又勑自今進士放牓後杏園任依舊宴集有司不得禁制武宗好巡遊
故曲江亭禁人宴聚故也閏三月勑會昌季年併省寺宇雖云異方
之教無損致理之源中國之人久行其道釐革過當事體未弘其靈
山勝境天下州府應會昌五年四月所廢寺宇有宿舊名僧復能修
創一任住持所司不得禁止四月積慶太后蕭氏崩謚曰貞獻文宗

母也六月以義成軍節度使周墀爲兵部侍郎判度支冊黠戛斯王
子爲英武誠明可汗命鴻臚卿李業入蕃冊拜以金紫光祿大夫守
太子少保分司東都上柱國奇章郡開國公食邑二千戶牛僧孺守
太子太師銀青光祿大夫行太子賓客上柱國隴西郡開國公食邑
二千戶李彥佐爲太子太保並依前分司以左諫議大夫庾簡休爲
虢州刺史以正議大夫行尚書考功郎中知制誥上柱國崔璵爲中
書舍人以中散大夫前朔州刺史彭陽縣開國男食邑三百戶令狐
綯行尚書考功郎中知制誥秋七月制以正議大夫尚書戶部侍郎知
制誥翰林學士承旨上柱國賜紫金魚袋韋琮以本官同中書門下平
章事以太子少保分司東都衛國公李德裕爲人所訟貶潮州司馬
員外置同正員八月工部尚書中書侍郎平章事盧商出爲鄂岳觀
察使神策軍奏修百福殿成名其殿曰雍和殿樓曰親親樓凡廊舍
屋宇七百間以會諸王子孫九月前永寧縣尉吳汝納詣闕稱冤言
弟湘會昌四年任揚州江都縣尉被節度使李紳誣奏湘贓罪宰相李

德裕曲情附紳斷臣弟湘致死詔下御史臺鞫按
三年春正月壬戌宰臣率文武百寮上徽號曰聖敬文思和武光孝
皇帝御宣政殿受冊訖宣德音神策軍修左銀臺門樓屋宇及南面
城牆至廣武樓二月制劍南西川節度光祿大夫檢校吏部尚書同
平章事成都尹上柱國隴西郡開國公食邑二千戶李回責授湖南
觀察使桂州刺史御史中丞鄭亞責授賁防禦觀察使循州刺史前
淮南觀察判官魏鉶貶吉州司戶陸渾縣令元壽貶韶州司戶殿中
侍御史蔡京貶澧州司馬御史臺奏據三司推勘吳湘獄謹具逐人
罪狀如後揚州都虞候盧行立劉群於會昌二年五月十四日於阿
顏家喫酒與阿顏母阿焦同坐群自擬收阿顏爲妻妾稱監軍使處
分要阿顏進奉不得嫁人兼擅令人監守其阿焦遂與江都縣尉吳
湘密約嫁阿顏與湘劉群與押軍牙官李克勳即時遮攔不得乃令
江都百姓論湘取受節度使李紳追湘下獄計贓處死具獄奏聞朝
廷疑其冤差御史崔元藻往揚州按問據湘雖有取受罪不至死李

德裕黨附李紳乃貶元藻嶺南取淮南元申文案斷湘處死今據三司使追崔元藻及淮南元推判官魏鉶并關連人款狀淮南都虞候劉群元推判官魏鉶典孫貞高利錢倚黃嵩江都縣典沈頒臣宰節度押牙白涉鎮遏使傅義左都虞候盧行立天長縣令張弘思典張洙清陳迴右廂子巡李行璠典臣金弘舉送吳湘妻女至澧州取受錢物人潘宰前揚府錄事參軍李公佐元推官元壽吳珙翁恭太子少保分司李德裕西川節度使李回桂管觀察使鄭亞等伏候勑旨其月勑李回鄭亞元壽魏鉶已從別勑處分李紳起此冤訴本由不真今既身殁無以加刑粗塞衆情量行削奪宜追奪三任官告送刑部注毁其子孫稽於經義罰不及嗣並釋放李德裕先朝委以重權不務絕其黨庇致使冤苦直到于今職爾之由能無恨歎昨以李威所訴已經遠貶俯全事體特為從寬宜准去年勑令處分張弘思李公佐卑吏守官制不由己不能守正曲附權臣各削兩任官崔元藻曾受無辜之貶合從洗雪之條委中書門下商量處分李恪詳驗款

狀亶罪最深以其多時須議減等委京兆府決脊杖十五配流天德李克勳欲收阿顏決脊杖二十配流硤州劉群據其欵狀合議痛刑曾効職官不欲決脊決臀杖五十配流岳州其盧行立及諸典吏委三司使量罪科放訖聞奏三月己酉兵部侍郎判度支周墀本官平章事以禮部尚書鹽鐵轉運使馬植本官同平章事日本國王子入朝貢方物王子善碁帝令待詔顧師言與之對手五月己未日有蝕之六月己丑太皇太后郭氏崩謚曰懿安皇后憲宗妃穆宗之母也戶部侍郎兼御史大夫判度支崔龜從奏應諸司場院官請却官本錢後或有欺隱欠負徵理須足不得苟從恩蕩以求放免今後凡隱盜欠負請如官典犯贓例處分縱逢恩赦不在免限從之七月戊午以前山南西道節度使高元裕為吏部尚書八月戊子朝散大夫中書舍人充翰林學士上柱國平陰縣開國男食實封三百戶賜紫金魚袋畢諴為刑部侍郎九月勑比有無良之人於街市投匿名文書及於箭上或旗幡上縱為奸言以亂國法此後所由切如捉搦如獲此

色便仰焚瘞不得上聞十一月兵部侍郎判戶部事魏扶奏天下州府錢物斛㪷文簿並委錄事參軍專判仍與長史通判至交代時具數申奏如無懸欠量與減選注擬勑路隨等所修憲宗實錄舊本却仰施行其會昌新修者仰並進納如有抄錄得勑到並納史館不得輒留委州府嚴加搜捕以戶部侍郎判度支崔龜從本官同平章事銀青光祿大夫門下侍郎兼禮部尚書同平章事韋琮為太子詹事分司東都三年春正月丙寅涇原節度使康季榮奏吐蕃宰相論恐熱以秦原安樂三州及石門等七關之兵民歸國詔太僕卿陸耽往喻旨仍令靈武節度使朱叔明邠寧節度使張景緒各出本道兵馬應接其來以太常卿封敖檢校兵部尚書為興元尹山南西道節度使三月乙卯勑待詔官宜令與刑法官諫官次對銀青光祿大夫中書侍郎同平章事監修國史上柱國汝南縣開國子食邑五百戶周墀檢校刑部尚書梓州刺史充劍南東川節度使四月以正議大夫守中書侍郎同平章事集賢殿大學士賜紫金魚袋馬植為太子賓

客分司東都以正議大夫守御史大夫上柱國博陵縣開國子食邑五百戶賜紫金魚袋崔鉉可中書侍郎平章事正議大夫行兵部侍郎判戶部事上柱國鉅鹿縣開國男食邑五百戶賜紫金魚袋魏扶可本官平章事五月幽州節度使檢校司徒平章事張仲武卒三軍以其子直方知留後事六月癸未五色雲見于京師勑先經流貶罪人不幸殁於貶所有情非惡逆任經刑部陳牒許令歸葬絕遠之處仍量事官給棺櫝康季榮奏收復原州石門驛藏木峽制勝六盤石峽等六關訖邠寧張君緒奏今月十三日收復蕭關御史臺奏義成軍節度使韋讓於懷真坊侵街造屋九間已令毀拆訖勑於蕭關置武州改長樂為威州七月三州七關軍人百姓皆河隴遺黎數千人見於闕下上御延喜門撫慰令其解辮賜之冠帶共賜絹十五萬疋八月鳳翔節度使李玭奏收復秦州制曰自昔皇王之有國也曷嘗不文以守成武以集事參諸二柄歸乎大寧朕猥荷丕圖思弘景運憂勤庶政四載于茲每念河湟土疆綿亘遐闊自天寶末犬戎乘我多難

無力禦姦遂縱腥膻不遠京邑事更十葉時近百年進士試能靡不
竭其長策朝廷下議皆亦聽其直詞盡以不生邊事爲永圖且守舊
地爲明理荏苒於是收復無由今者天地儲祥祖宗垂佑左衽輸款
邊壘連降刷耻建功所謀必剋實樞衡妙算將帥雄稜副玄元不爭
之文絶漢武遠征之悔旣脫蟆空於內地斥堠全據於新封莫大之
休指期而就況將士等櫛沐風雨暴露郊原披荆棘而刁斗夜嚴逐
豺狼而穹廬曉破動皆如意古無與京念此誠勤宜加寵賞涇原宜
賜絹六萬疋靈武五萬疋鳳翔邠寧各四萬疋並以戶部產業物色充
仍待李榮敘明李玭君緒各廻戈到鎮度支差脚支送四道立功將
士各具名銜聞奏當議旣酬其秦威原三州及七關側近訪聞田土
肥沃水草豐美如百姓能耕墾種蒔五年內不加稅賦五年已後重
定戶籍便任爲永業溫池塩利可贍邊陲委度支制置聞奏鳳翔邠
寧靈武涇原守鎮將士如能於本戍處耕墾營田即度支給賜牛糧
子種每年量得斛㪷便充軍糧亦不限約定數三州七關鎮守官健

○每人給衣糧兩分一分依常年例支給一分度支加給仍二年一替
換其家口委長吏切加安存官健有莊田戶籍者仰州縣放免差役
秦州至隴州已來道路要置堡柵與秦州應接委李玭與劉皐即便
計度聞奏如商旅往來官健父兄子弟通傳家信關司並不得邀詰阻
滯三州七關刺史關使將來訓練捍防有効能者並與超序官爵劒
南西川沿邊沒蕃州郡如力能收復本道亦宜接借三州七關創置
戍卒且要務靜如蕃人求市切不得通有來投降者申取長吏處分
嗚呼七關要害三郡膏腴候館之殘趾可尋唐人之遺風尚在追懷
往事良用興嗟夫取不在廣貴保其金湯得必有時詎計於遲速今
則便務修築不進干戈必使足食足兵有備無患載洽亭育之道永
致生靈之安中外臣寮宜體朕意九月辛亥西川節度使杜悰奏收
復維州制曰朕祗荷丕業思平泰階將分邪正之源冀使華夷胥悅
其有常登元輔久奉武宗深苞禍心盜弄國柄雖已行譴斥之典而
未塞億兆之言是議再舉朝章式遵彝憲守潮州司馬員外置同正
員李德裕早藉門地叨蹤清華累居將相之榮唯以姦傾爲業當會
昌之際極公台之榮騁諛佞而得君遂恣橫而持政專權生事妬賢
害忠動多詭異之謀潛懷僭越之志秉直者必棄向善者盡排誣貞
良造朋黨之名肆讒構生加諸之釁計有踰於指鹿罪實見其欺天
屬者方處鈞衡曾無嫌避委國史於愛壻之手寵秘文於弱子之身
洎參信書亦引親昵恭惟元和實錄乃不刊之書擅敢改張罔有畏
忌奪他人之懿績爲私門之令猷又附李紳之曲情斷成吳湘之寃
獄凡彼簪纓之士遏其取捨之途驕居自夸狡蠹無對擢爾之髮數
罪未窮載闚罔上之由益驗無君之意使天下之人重足而迹皆讋
懼奉面而慢易在心爲臣若斯於法何逭於戲朕務全大體久爲含
容雖黜降其官榮尚蓋藏其醜狀而睥睨未已兢惕無聞積惡旣彰公
議難抑是宜移投荒服以謝萬邦中外臣寮當知予意可崖州司戶
參軍所在馳驛發遣縱逢恩赦不在量移之限以起居郎庾道蔚禮
部員外郎李文儒並充翰林學士十月辛巳京師地震河西天德靈

○夏尤甚戍卒壓死者數千人十一月東川節度使鄭涯鳳翔節度使
李玭奏修文川谷路自靈泉至白雲置十一驛下詔褒美經年爲雨
所壞又令封敖修斜谷舊路以刑部侍郎韋有翼爲御史中丞以職
方員外郎鄭處誨兼御史知雜幽州軍亂逐其留後張直方軍人推
其衙將周綝爲留後十二月追謚順宗曰至德大聖大安孝皇帝憲宗
曰昭文彰武大聖孝皇帝初以河湟收復百寮請加徽號帝曰河湟
收復繼成先志朕欲追尊祖宗以昭功烈白敏中等對曰非臣愚昧
所能及至是上御宣政殿行事及冊出俯僂目送流涕嗚咽崖州司
戶參軍李德裕卒於貶所四年春正月以追尊二聖御正殿大赦天
下徒流比在天德者以十年爲限旣遇鴻恩例減三載但使循環添
換邊不闕人次第放歸人無怨苦其秦原威武諸州諸關先准格徒
流人亦量與立限止於七年如要住者亦聽諸州府縣官如請工假
一月已下權差諸廳判官一月已上即准勾當例其課料等據數每
貫刻二百文與見判案官添給有故意殺人者雖已傷未死已死更

生意欲殺傷偶然得免並同已殺人條處分二月皇女萬壽公主出
降右拾遺鄭顥以顥為銀青光祿大夫行起居郎駙馬都尉三月己
卯刑部奏監臨主守應將官物私自貸使并貸借人及以己物中納官
司者并事知別當主掌所由有犯贓並同犯入己贓不在原赦之限
從之以幽州節度副大使檢校工部尚書張直方為左金吾衛將軍四
月勅法司用刑或持巧詐分律兩端遂成其罪既奸吏得計則黎庶
何安自今後應書罪定刑宜直指其事不得舞文妄有援引又刑部
奏准今年正月一日勅節文據會昌元年三月二十六日勅竊盜贓
至一貫文處死宜委所司重詳定條目奏聞臣等檢校並請准建中三
年三月二十四日勅竊盜贓滿三疋已上決殺如贓數不充量請科
放從之七月丙子大理卿劉濛奏古者懸法示人欲使人從善遠罪
至於不犯以致刑措准太和二年十月二十六日刑部侍郎高鉞條
疏准勘節目一十一件下諸州府粉壁書於錄事參軍食堂每申奏
罪人須依前件節目歲月滋久文字湮淪州縣推案多違漏節目今後

請下諸道令刻石置於會食之所使官吏起坐觀省記憶條目庶令
案牘周詳從之八月刑部侍郎御史中丞魏謩奏諸道州府百姓詣
臺訴事多差御史推劾臣恐煩勞州縣先請差度支戶部鹽鐵院官
帶憲銜者推劾又各得三司使申稱院官人數不多例專掌院務課
績不辦今請諸道觀察使幕中判官少不下五六人請於其中帶憲銜
者委令推劾如累推有勞能雪冤滯御史臺闕官便令奏用從之九
月以朝請大夫檢校禮部尚書孟州刺史河陽三城節度使李拭為
太原尹北都留守河東節度等使幽州節度使周綝卒軍人立其牙
將張允伸為留後十月中書侍郎平章事魏扶罷知政事十一月己
亥勅收復成維扶等三州建立已定條令制置一切合同其已配到
流人宜准秦原威武等州流例七年放還以戶部侍郎判本司事令
狐綯為兵部侍郎同平章事十二月以華州刺史周敬復為光祿大
夫檢校左散騎常侍兼洪州刺史江南西道團練觀察使賜金紫
五年春正月甲戌制皇第七子洽封懷王第八子汭為昭王第九子

汶為康王勅兩京天下州府起大中五年正月一日已後三年內不
得殺牛如郊廟享祀合用者即與諸畜代二月戶部侍郎裴休充諸
道鹽鐵轉運等使四月癸卯刑部侍郎劉瑑奏據今年四月十三日已
前凡三百四十四年雜制勅計六百四十六門二千一百六十五條議
輕重名曰大中刑法統類欲行用之五月以太原尹河東節度使李
拭為鳳翔節度使李業檢校戶部尚書太原尹北都留守充河東節
度使守司空門下侍郎太原郡開國伯食邑一千戶白敏中檢校司
徒同平章事邠州刺史充邠寧節度觀察東面招討党項等使以戶
部侍郎判戶部事魏謩本司同平章事七月宰相監修國史崔龜從
續柳芳唐曆二十二卷上之八月勅公主邑司擅行文牒恐多影庇
有紊條章今後公主除錄微封外不得令邑司行文書牒府縣如緣公
事令邑司申宗正寺與酌事體施行沙州刺史張義潮遣兄義潭以
瓜沙伊肅等十一州戶口來獻自河隴陷蕃百餘年至是悉復隴右
故地以義潮為瓜沙伊等州節度使九月勅條疏刺史交代須一一交割

公事與知州官方得離任准會昌元年勅刺史只禁科率由抑配人
戶至於使州公廨及雜利潤天下州府皆有規制不敢違越緣未有
明勅處分多被無良人吏致使恐嚇或致言訟起今後應刺史下擔
什物及除替後資送錢物但不率斂官吏不科配百姓一任各守州
縣舊例色目支給如無公廨不在資送之限若輒有率配以入己贓論
以正議大夫兵部侍郎諸道鹽鐵轉運使上柱國河東縣開國子裴
休守禮部尚書進階金紫以前宣歙觀察使太中大夫檢校左散騎
常侍裴諗權知兵部侍郎十月己亥京兆尹韋博奏京畿富戶為諸
軍影占苟免府縣色役或有追訴軍府紛然請准會昌三年十二月
勅諸軍使不得強奪百姓入軍從之十一月中書侍郎兼吏部尚書
平章崔龜從檢校尚書左僕射汴州刺史充宣武軍節度使沙州置
歸義軍以張義潮為節度使太子詹事姚康獻帝王政纂十卷又撰
統史三百卷上自開闢下盡隋朝帝王美政詔令制置銅鹽錢穀損
益用兵利害下至僧道是非無不備載編年為之國子祭酒馬審奏

文宣王廟始太宗立之睿宗書額武后竊政之日改篆題大周二字
請削之從之十二月盜斫景陵神門戟京兆尹韋博罰兩月俸貶宗
正卿李文舉睦州刺史陵令吳閔岳州司馬奉先令裴讓隋州司馬
是歲湖南大饑
六年春正月戊辰以隴州防禦使薛逵爲秦州刺史天雄軍使兼秦
成階兩州經略使二月右衛大將軍鄭光以賜田請免租稅宰相魏
謩奏曰鄭光以國舅之親賜田可也免稅無以勸蒸民勅曰一依人
戶例供稅三月隴州刺史薛逵奏修築定戎關工畢四月丁酉勅常
平義倉斛㪷每年檢勘實水旱災沴處錄事軍先勘人戶多少支給
先貧下戶富戶不在支給之限以禮部尚書諸道鹽鐵轉運等使裴
休可本官同平章事五月勅天下軍府有兵馬處宜選會兵法能弓
馬等人充教練使每年合教習時常令教習仍於其時申兵部御史
臺奏諸色刑獄有關連朝官者尚書省四品以上諸司三品已上官
宜先奏取進止如取諸色官狀即申中書取裁從之秋七月丙辰前

。 唐紀十八下 十二

淮南節度使金紫光祿大夫檢校尚書左僕射兼揚州大都督府長
史御史大夫上柱國贊皇郡開國公食邑一千五百戶李玨卒贈司
空勅犯贓人平贓據律以當時物價上旬估請取所犯之處其月內
上旬時估平之從之檢校司空太子少師上柱國范陽郡開國公食
邑二千戶盧鈞可太原尹北都留守河東節度使九月勅起居郎轉
官月限宜以二十箇月
七年春正月壬辰金紫光祿大夫守太子少傅分司上柱國晉陵郡
開國公食邑二千戶歸融卒贈右僕射宗正卿李文舉貶睦州刺史
四月以御史大夫鄭朗爲中書侍郎同平章事五月左衛率府倉曹
張戣集律令格式條件相類一千二百五十條分一百二十一門號
曰刑法統類上之七月以正議大夫尚書左丞上柱國賜紫金魚袋
崔璪爲刑部尚書以銀青光祿大夫行兵部侍郎知制誥充翰林學
士蘇滌爲尚書左丞權知戶部侍郎崔璵可權知兵部侍郎十月尚
書左僕射門下侍郎平章事大清宮使弘文館大學士崔鉉進續會

要四十卷修撰官楊紹復崔瑑薛逢鄭言等賜物有差
八年春正月陝州黃河清二月南蠻進犀牛詔還之三月勅以旱詔
使疏決繫囚宰相監修國史魏謩修成文宗實錄四十卷上之修史
官給事中盧耽太常少卿蔣偕司勳員外郎王渢右補闕盧吉頒賜
銀器錦綵有差以山南東道節度使檢校戶部尚書襄州刺史上柱
國酒泉縣開國子食邑三百戶李景讓爲吏部尚書五月以中書舍
人翰林學士韋澳爲京兆尹以戶部侍郎翰林學士承旨上柱國武
功縣開國子食邑三百戶蘇滌檢校兵部尚書兼江陵尹御史大夫
充荊南節度營內觀察處置等使七月銀青光祿大夫守門下侍郎
同平章事魏謩兼戶部尚書八月以司農卿鄭助爲檢校左散騎常
侍兼夏州刺史御史大夫上柱國滎陽縣開國男食邑三百戶夏綏
銀宥等州節度營田觀察處置押蕃落安撫平夏党項等使
九年春正月辛巳銀青光祿大夫祕書監許昌縣開國男陳商卒贈
工部尚書二月中書侍郎兼禮部尚書同平章事裴休檢校吏部尚

。 唐紀十八下 十三

書兼汴州刺史御史大夫充宣武軍節度使汴宋亳潁觀察處置等
使三月試宏詞舉人漏泄題目爲御史臺所劾侍郎裴諗改國子祭
酒郎中周敬復罰兩月俸料考試官刑部郎中唐枝出爲處州刺史
監察御史馮顓罰一月俸料其登科十人並落下其吏部東銓委右
丞盧懿權判以吏部侍郎鄭涯檢校禮部尚書兼定州刺史御史大夫
充義武軍節度易定州觀察處置北平軍等使御史臺據正月八日
禮部貢院捉到明經黃續之趙弘成全賈等三人僞造堂印堂帖兼
黃續之僞著緋衫將僞帖入貢院令與舉人虞蒸胡簡党贊等三人
及第許得錢一千六百貫文據勘黃續之等罪款具招造僞所許錢
未曾入手便事敗奉勅並准法處死主司以自獲姦人並放七月以
河東節度使檢校司空太原尹北都留守上柱國范陽郡開國公食
邑二千戶盧鈞守尚書右僕射八月以門下侍郎守尚書右僕射
監修國史博陵縣開國伯食邑一千戶崔鉉檢校司空同平章事兼
揚州大都督府長史充淮南節度副大使知節度使事宣宗宴餞賦

詩以賜之九月昭義節度使檢校禮部尚書兼潞州大都督府長史御史大夫上柱國賜紫金魚袋鄭涓檢校刑部尚書太原尹北都留守御史大夫充河東節度管內觀察處置等使十一月以河南尹劉瑑檢校工部尚書汴州刺史兼御史大夫充宣武軍節度宋亳汴潁觀察處置等使以中書舍人鄭顥爲禮部侍郎

十年春正月乙巳以正議大夫華州刺史潼關防禦鎮國軍等使上柱國隴西縣開國男食邑三百戶賜紫金魚袋李納檢校左散騎常侍兼越州刺史御史大夫浙江東道都團練觀察等使三月中書門下奏據禮部貢院見置科目開元禮三禮三傳三史學究道舉明算童子等九科近年取人頗濫曾無實藝可採徒添入仕之門須議條疏俾精事業臣已於延英面論伏奉聖旨將文字來者其前件九科臣等商量望起大中十年權三年滿後至時赴科試者令有司據所舉人先進名令中書舍人重覆問過如有本業稍通堪備朝廷顧問即作等第進名候勅處分如有事業荒蕪不合送名數於者考官即議朝責其

。童子近日諸道所薦送者多年齒已過僞稱童子考其所業又是常流起今日後望令天下州府薦送童子並須實年十一十二已下仍須精熟一經問皆全通兼自能書寫者如違制條本道長吏亦議懲法從之四月癸丑以刑部郎中盧搏爲廬州刺史以給事中渤海郡開國公食邑二千戶高少逸檢校禮部尚書華州刺史潼關防禦鎮國軍等使六月以兵部郎中裴夷直爲蘇州刺史九月以中書舍人杜審權知禮部貢舉十月以邠寧慶節度使檢校禮部尚書邠州刺史上柱國賜紫金魚袋畢諴爲檢校兵部尚書潞州大都督府長史御史大夫充昭義節度副大使知節度使潞邢洺等州觀察使桂管觀察使令狐楚卒贈禮部尚書十一年春正月以銀青光祿大夫守吏部尚書上柱國酒泉縣開國男食邑三百戶李景讓爲御史大夫以朝請大夫守御史中丞兼尚書右丞上柱國賜紫金魚袋夏侯孜爲戶部侍郎判戶部事以朝散大夫守京兆尹上柱國扶風縣開國男食邑三百戶賜紫金魚袋韋澳檢校工部尚書孟州刺史御史大夫充河陽三城節度孟懷澤觀察處置等使先是車駕將幸華清宮兩省官進狀論 奏詔曰朕以驪山近宮真聖廟貌未嘗修謁自謂闕然今屬陽和氣清中外事簡聽政之暇或議一行蓋崇礼敬之心非以逸遊爲事雖申勅命兼慮勞人卿等職備禁闈志勤奉上援據前古列狀上章載陳懇到之詞深覩盡忠之節已允來請所奏 以叙南西川節度副大使知節度事管內觀察處置統押近界諸蠻及西山八國雲南安撫等使特進檢校司徒同中書門下平章事兼成都尹上柱國太原郡開國公食邑二千戶白敏中以本官兼江陵尹充荊南節度管內觀察處置等使二月以夏綏銀宥節度使通議大夫檢校左散騎常侍夏州刺史御史大夫上柱國滎陽縣開國男食邑三百戶賜紫金魚袋鄭助爲檢校工部尚書邠州刺史充邠寧慶節度管內營田觀察處置兼充慶州南路救援塩州及當道公路鎮寨糧料等使以右金吾衛將軍田在賓檢校右散騎常侍兼夏州刺史代鄭助爲夏綏銀宥節度等使以荊南節度使銀青光祿大夫檢校兵部尚書兼

。江陵尹御史大夫上柱國武功郡開國男食邑三百戶蘇滌爲太常卿以銀青光祿大夫守門下侍郎兼戶部尚書同平章事監修國史上柱國魏謩檢校戶部尚書同平章事兼成都尹充劍南西川節度副大使知節度事以太中大夫守工部尚書上柱國賜紫金魚袋崔慎由爲中書侍郎同平章事以成德軍節度鎮冀深趙觀察處置等使起復雲麾將軍守左金吾衛大將軍同正檢校兵部尚書鎮州大都督府長史王紹鼎爲銀青光祿大夫檢校尚書右僕射餘官如故以通議大夫守中書門下侍郎兼礼部尚書同平章事集賢殿大學士上柱國賜紫金魚袋鄭朗可監修國史太中大夫守工部尚書同平章事上柱國賜紫金魚袋崔慎由可集賢院大學士三月起復朝請大夫深州刺史御史大夫兼成德軍節度判官王紹懿可檢校左散騎常侍鎮府左司馬知府事充成德軍節度副使兼充都知兵馬使以成德軍中軍兵馬使銀青光祿大夫檢校太子賓客兼監察御史上柱國王景胤可本官深州刺史本州團練守捉使檢校左散騎

常侍右神武大將軍知軍事王紹孚可落起復依前右神武大將軍紹懿紹孚鎮州王紹鼎之弟也景胤紹鼎子也以朝請大夫檢校刑部尚書華州刺史上柱國鄮縣開國男食邑三百戶賜紫金魚袋蕭倣為太子賓客分司東都四月以職方郎中知制誥裴坦為中書舍人以朝議大夫權知京兆尹崔郢為濮王傅分司東都以決殺府吏也以江西觀察使洪州刺史御史中丞上柱國賜紫金魚袋張毅夫為京兆尹以鳳翔節度使正議大夫檢校戶部尚書兼鳳翔尹上柱國襲晉國公食邑三千戶襲實封一百五十戶裴識可許州刺史充忠武軍節度陳許蔡觀察等使以吏部侍郎盧懿檢校工部尚書兼鳳翔尹御史大夫鳳翔隴右節度使以中書舍人鄭憲為洪州刺史御史中丞江南西道都團練觀察處置等使仍賜紫金魚袋以安南宣慰使右千牛衛大將軍宋涯為安南都護御史中丞本管經略招討處置等使以幽州節度使張允伸弟允中為荊州刺史允千檀州刺史允辛安塞軍使允舉納降軍使並兼御史中丞以前邠寧節度使

朝議大夫檢校工部尚書邠州刺史上柱國賜紫金魚袋柳憙可檢校禮部尚書河南尹五月以職方郎中李玄為壽州刺史六月以朔方靈武定遠等城節度使朝散大夫檢校左散騎常侍靈州大都督府長史上柱國賜紫金魚袋劉潼為鄭州刺史馳驛赴任以給邊兵糧不及時也以安南都護宋涯為容州刺史容管經略招討處置等使制皇第三男灌封衛王第十一男滋封廣王以朝散大夫守尚書兵部侍郎判度支上柱國彭縣開國男食邑三百戶賜紫金魚袋蕭鄴本官同平章事判度支以右監門將軍知內府省事清河公崔巨宗為淮南監軍以特進檢校司空兼太子太傅分司東都上柱國扶風郡開國公食邑二千戶杜悰本官判東都尚書省兼御史大夫充東都留守東畿汝都防禦使七月以飛龍使宮闈局令王歸長守內侍省內常侍知省事充內樞密使責授邠州員外司馬張直方為右驍衛大將軍八月成德軍節度使檢校尚書右僕射王紹鼎卒贈司空賻布帛三百段以皇子昭王汭為開府儀同三司守鎮州大都督府

長史成德軍節度鎮冀深趙觀察等大使以成德軍節度副使都知兵馬使左司馬知府事御史中丞王紹懿為成德軍副使留後以義武軍節度易定觀察等使檢校礼部尚書定州刺史上柱國榮陽縣開國男食邑三百戶鄭涯檢校戶部尚書汴州刺史上柱國充宣武軍節度副大使知節度事宋亳觀察亳州大清宮等使以四鎮北庭行軍涇原渭武節度使銀青光祿大夫檢校右散騎常侍涇州刺史御史大夫上柱國范陽縣開國男食邑三百戶盧簡求可檢校工部尚書定州刺史義武節度使易定觀察北都天平軍等使以鹽州防禦押蕃落諸軍防秋都知兵馬使度支烏池榷稅等使檢校右散騎常侍鹽州刺史上柱國賜紫金魚袋陸耽代簡求為涇原節度使以翰林學士朝散大夫中書舍人賜紫金魚袋曹確權知河南尹汝州防禦使令狐緒有善政郡人詣闕請立德政碑須緒以弟綯在中書上表乞寢從之以太常卿蘇滌為兵部尚書權知吏部銓事以銀青光祿大夫守散騎常侍上柱國渤海郡開國伯食邑七百戶封敖為太常

卿是月熒惑犯東井九月以秦州刺史李承勛為朝散大夫檢校工部尚書涇州刺史充四鎮北庭涇原渭武節度等使以礼部郎中楊知溫充翰林學士以中散大夫尚書礼部侍郎上柱國賜紫金魚袋杜審權為陝州大都督府長史兼御史大夫陝虢都防禦觀察處置等使以銀青光祿大夫檢校司空兼太子太師上柱國范陽郡開國公食邑二千戶盧鈞為檢校司空同中書門下平章事興元尹充山南西道節度等使右補闕陳嘏左拾遺王譜右拾遺薛廷傑上疏諫遣中使往羅浮山迎軒轅先生詔曰朕以萬機事繁躬親庶務訪聞羅浮山處士軒轅集善能攝生年齡亦壽乃遣使迎之或冀有少保理也朕每觀前史見秦皇漢武為方士所惑常以之為誡卿等位當論列職在諫司閱示來章深納誠意仍謂崔慎由曰為吾言於諫官雖少翁欒大復生不能相惑如聞軒轅生高士欲與之一言耳宰相鄭朗累月請告三章求免是月乙未彗出於房初度長三尺十月制通議大夫守中書侍郎礼部尚書同平章事監修國史上柱國賜紫金魚

袋鄭朗可檢校尚書右僕射兼太子少保以山南西道節度使中散
大夫檢校禮部尚書興元尹上柱國賜紫金魚袋蔣係權知刑部尚
書宰相崔慎由兼修國史蕭鄴兼集賢殿大學士以華州刺史高少
逸為左散騎常侍以蘇州刺史裴夷直為華州刺史潼關防禦鎮國
軍等使以太常少卿崔鈞為蘇州刺史入廻鶻冊禮使衛尉少卿王
端章貶賀州司馬副使國子禮記博士李濤為郴州司馬判官河南
府士曹李寂永州司馬端章等出塞黑車子阻路而廻故也以成德
軍觀察留後御史中丞賜紫金魚袋王紹懿檢校工部尚書兼鎮州大
都督府長史御史大夫充成德軍節度鎮冀深趙觀察等使以中書
舍人李潘權知禮部貢院十一月太子少師鄭朗卒贈司空銀青光
祿大夫檢校尚書左僕射兼太子太保充右羽林統軍御史大夫上
柱國滎陽縣開國男食邑三百戶鄭光卒輟朝三日贈司徒仍令百
官奉慰上之元舅也宰相崔慎由為中書侍郎兼禮部尚書尚書蕭
鄴兼工部尚書餘並如故十二月以昭義軍節度使朝議大夫檢校

○工部尚書上柱國平陰縣開國男食邑三百戶畢諴為太原尹北都
留守河東節度使朝議大夫檢校禮部尚書兼太原尹北都留守上
柱國賜紫金魚袋劉瑑為尚書戶部侍郎判度支以翰林學士承旨
通議大夫守尚書戶部侍郎知制誥上護軍賜紫金魚袋蔣伸為兵
部侍郎充職以金紫光祿大夫守太子少保分司東都上柱國河東
縣開國男食邑五百戶裴休檢校戶部尚書兼潞州大都督府長史
昭義軍節度副大使知節度事潞磁邢洺觀察等使以正議大夫行
尚書兵部侍郎上柱國河東縣開國男食邑三百戶賜紫金魚袋柳
仲郢本官兼御史大夫充諸道鹽鐵轉運使以正議大夫檢校戶部
尚書兼太子賓客上柱國賜紫金魚袋孔溫業本官分司東都以病
請告故也禮部郎中楊知溫本官知制誥充翰林學士以幽州中軍
使檢校國子祭酒幽府左司馬知府事御史中丞張簡真檢校右散
騎常侍允伸之子也以中散大夫權知刑部尚書上柱國賜紫金魚
袋蔣係檢校戶部尚書鳳翔尹御史大夫鳳翔隴右節度觀察處置

等使是歲舒州吳塘堰有衆禽成巢闊七尺高七丈而水禽山鳥鷹
隼鷰雀之類無不馴狎又有鳥人面綠毛爪觜皆紺色其聲曰甘人
呼為甘蟲
十二年春正月以晉陽令鄭液為通州刺史羅浮山人軒轅集至京
師上召入禁中謂曰先生遐壽而長生可致乎曰徹聲色去滋味哀
樂如一德施周給自然與天地合德日月齊明何必別求長生也留
之月餘堅求還山三月以前鄉貢進士于琮為秘書省校書郎尋尚
皇女廣德公主改銀青光祿大夫守右拾遺駙馬都尉以安南本管
經畧招討處置使朝散大夫檢校左散騎常侍安南都護御史大夫
賜紫金魚袋李弘甫為宗正卿以中大夫守京兆尹上柱國賜紫金
魚袋張毅夫為鄂州刺史御史大夫鄂岳蘄黃申等州都團練觀察使以
太中大夫福州刺史御史中丞上柱國賜紫金魚袋揚發檢校右散
騎常侍廣州刺史御史大夫充嶺南東道節度觀察處置等使以朝
散大夫守康王傅分司東都上柱國襲魏郡開國公食邑二千戶賜

○紫金魚袋王式為安南都護兼御史中丞充安南本管經畧招討處
置等使以朝請大夫前守太子賓客分司東都上柱國鄭縣開國男
食邑三百戶賜紫金魚袋蕭俶守太子少保分司以朝請大夫檢校
左散騎常侍右金吾大將軍充右街使上柱國襲太原郡開國公食
邑二千戶賜紫金魚袋王鎮為檢校左散騎常侍使持節都督福州
諸軍事兼福州刺史御史大夫充福建等州都團練觀察處置等使
以翰林學士朝議郎守尚書司勳郎中知制誥賜緋魚袋孔溫裕為
中書舍人充職以右驍衛上將軍李正源守大內皇城留守以朝議
大夫守尚書戶部侍郎判度支上柱國賜紫金魚袋劉瑑本官同平
章事依前判度支以太中大夫守中書侍郎兼禮部尚書同平章事
監修國史上柱國賜紫金魚袋崔慎由檢校禮部尚書梓州刺史御
史大夫劍南東川節度副大使知節度事代崔有翼以有翼為吏部
侍郎二月以前邕管經畧招討處置使朝議郎邕州刺史御史中丞
賜紫金魚袋段文楚為昭武校尉右金吾衛將軍以朝議郎守中書

舍人權知禮部貢舉上柱國賜緋魚袋李藩為尚書戶部侍郎以朝散大夫守工部尚書同平章事充集賢殿大學士上柱國彭城縣開國男食邑三百戶賜紫金魚袋蕭鄴為監脩國史以朝議大夫守戶部侍郎同平章事判度支上柱國賜紫金魚袋劉瑑可充集賢院學士以渤海國王弟權知國務虔晃為銀青光祿大夫檢校祕書監忽汗州都督冊為渤海國王以兵部侍郎柳仲郢為刑部尚書以朝議大夫守尚書戶部侍郎判戶部事上柱國賜紫金魚袋夏侯孜為兵部侍郎充諸道鹽鐵轉運使以朝請大夫權知刑部侍郎賜紫金魚袋杜勝為戶部侍郎判戶部事以光祿大夫守左領軍衛大將軍分司東都上柱國會稽縣開國公食邑一千五百戶康季榮可檢校尚書右僕射兼左衛上將軍分司貶前利州刺史杜倉為賀州司戶蔡州刺史李叢邵州司馬以工部郎中知制誥于德孫庫部郎中知制誥苗恪並可中書舍人依前翰林學士以前右金吾衛將軍鄭溥璋前鴻臚少卿鄭漢卿並起復授本官國男光之子也以銀青光祿大

夫行給事中駙馬都尉衛洙為工部侍郎前濮王傅分司皇甫權為康王傅分司以庫部員外郎史館修撰李涣為長安令閏二月以司農少卿盧籍為代州刺史前江陵少尹杜惲為司農少卿以河東馬步都虞候段威為朔州刺史充天寧軍使兼與唐軍沙陁三部落防遏都知兵馬使五月以兵部侍郎鹽鐵轉運使夏侯孜本官同平章事六月南蠻攻安南府八月洪州賊毛合宣州賊康全大攻掠郡縣詔兩浙兵討平之十二月太子少保魏謩卒贈司徒

十三年春正月以虢陜觀察使杜審權為戶部侍郎判戶部事三月宰相盧鄴罷知政事守吏部尚書四月以翰林學士承旨兵部侍郎知制誥蔣伸本官同平章事五月上不豫月餘不能視朝八月七日宣遺詔立鄆王為皇太子勾當軍國事是日崩于大明宮聖壽五十詔門下侍郎平章事令狐綯攝冢宰群臣上謚曰聖武獻文孝皇帝廟號宣宗十四年二月葬於貞陵

史臣曰臣嘗聞黎老言大中故事獻文皇帝器識深遠久歷艱難備知人間疾苦自寶曆已來中人擅權事多假借京師豪右大擾窮民洎大中臨馭一之日權豪斂迹二之日姦臣畏法三之日閹寺讋氣中是刑政不濫賢能效用百揆四嶽穆若清風十餘年間頌聲載路上宮中衣澣濯之衣常膳不過數器非母后侑膳輒不舉樂歲或小饑憂形於色雖左右近習未嘗見怠惰之容與群臣言儼然煦接如待賓僚或有所陳聞虛襟聽納舊時人主所行黃門先以龍腦鬱金藉地上悉命去之宮人有疾醫視之既瘳即袖金賜之誡曰勿令勑使知謂予私於侍者其恭儉好善如此季年風毒召羅浮山人軒轅集訪以治國治身之要其伎術詭異之道未嘗措言集亦有道之士也十三年春堅求還山上曰先生少留一年候於羅浮山別創道館集無留意上曰先生捨我亟去國有災乎朕有天下竟得幾年集取筆寫四十字而十字挑上乃十四年也與替有數其若是乎而帝道皇猷始終無缺雖漢文景不足過也惜乎簡籍遺落舊事十無三四吮墨揮翰有所慊然

贊曰李之英主實惟獻文粃粺盡去涵慝斯分河隴歸地朔漢消氛到今遺老謌詠明君

唐書本紀卷第十八下

唐書本紀卷第十九上

劉　昫　等修

聞人詮校刻沈桐同校

懿宗

懿宗昭聖恭惠孝皇帝諱漼宣宗長子母曰元昭皇太后晁氏太和七年十一月十四日生於藩邸會昌六年十月封鄆王本名温大中十三年八月七日宣遺詔立爲皇太子監國改今名十三日柩前即帝位年二十七帝姿貌雄傑有異稟人藩邸時常經重疾郭淑妃侍醫藥見黃龍出入於卧内旣間妃以異告帝曰愼勿復言又嘗大雪數尺而帝寢室之上獨無人皆異之宣宗制泰邊陲樂曲詞有海晏咸通之句又大中末京城小兒疊布漬水紐之向日謂之拔暈帝果以鄆王即大位以咸通爲年號九月釋服追尊母后晁氏爲太后謚曰元昭十月癸未制以門下侍郎守左僕射同平章事令狐綯守司空門下侍郎兵部尚書同平章事蕭鄴兼尚書右僕射中書侍郎礼

部尚書平章事夏侯孜兼兵部尚書中書侍郎平章事蔣伸兼工部尚書並依前知政事又以兵部侍郎鄭顥爲河南尹以昭義軍節度潞邢磁洺觀察等使光禄大夫檢校吏部尚書兼潞州大都督府長史上柱國河東縣開國子食邑五百戶裴休爲太原尹北都留守河東節度管内觀察處置等使以河中節度使檢校尚書左僕射畢諴爲汴州刺史充宣武軍節度宋亳觀察等使以中書舍人裴坦權知礼部貢舉十二月以戶部侍郎翰林學士杜審權爲檢校禮部尚書河中晉絳節度等使咸通元年春正月上御紫宸殿受朝對室常使二月葬宣宗皇帝於貞陵以右拾遺劉鄴充翰林學士以河中節度使杜審權爲兵部侍郎判度支尋以本官同平章事以門下侍郎守司徒同平章事令狐綯檢校司徒同平章事出鎭河中尚書左僕射諸道塩鐵轉運使杜悰同平章事浙東觀察使王式斬草賊仇甫浙東郡邑皆平八月以河東節度使裴休爲鳳翔尹鳳翔隴右節度使以鳳翔隴右節度使銀青光禄大夫檢校刑部尚書盧簡求爲太原尹北都留守河東節度使十一月丙午朔丁未上有事於郊廟礼畢御丹鳳門大赦改元以中書舍人薛耽權知貢舉

二年春二月吏部尚書蕭鄴檢校尚書右僕射太原尹北都留守河東節度觀察等使鄭滑節度使檢校工部尚書李福奏屬郡潁州去年夏大雨沈丘汝陰潁上等縣平地水深一丈田稼屋宇淹沒皆盡乞蠲租賦從之以中書侍郎兼工部尚書蔣伸兼刑部尚書右僕射門下侍郎杜悰爲左僕射依前知政事四月以前婺州刺史裴閱爲潁州刺史充本州團練鎭遏等使以駕部郎中王鐸本官知制誥八月以中書舍人衛洙爲工部侍郎尋改銀青光禄大夫檢校礼部尚書兼滑州刺史御史大夫駙馬都尉充義成軍節度鄭滑潁觀察處置等使洙奏狀稱蒙恩除授滑州刺史官號内一字與臣家諱音同雖文字有殊而聲韻難別請改授閑官者勑曰嫌名不諱著在礼文成命已行固難依允以兵部侍郎曹確判度支以兵部員外郎楊知遠司勳員外郎穆仁裕試吏部宏詞選人九月以前兵部侍郎判度

支畢諴爲工部尚書同平章事蔣伸罷知政事林邑蠻寇安南府遣神策將軍康承訓率禁軍及江西湖南之兵赴援

三年春正月左僕射門下侍郎平章事杜悰率百寮上徽號曰睿文明聖孝德皇帝五月勑嶺南分爲五管誠已多年居常之時同資禦捍有事之際要別改張邕州西接南蠻深據黃洞控兩江之獷俗居數道之游民比以委人太輕軍威不振境連内地不並海南宜分嶺南爲東西道節度觀察處置等使以廣州爲嶺南東道邕州爲嶺南西道別擇良吏付以節旄其所管八州俗無耕桑地極邊遠近罹盜擾尤甚凋殘將盛藩垣宜添州縣宜割桂州管内龔州象州容州管内藤州巖州並隷嶺南西道收管宰臣杜悰兼司空畢諴兼兵部尚書駕部郎中知制誥王鐸爲中書舍人以邕管經略使鄭愚爲廣州刺史充嶺南東道節度觀察處置等使將軍宋戎爲嶺南西道節度使夏淮南河南蝗旱民饑南蠻陷交阯徵諸道兵赴嶺南詔湖南水運自湘江入澪渠西造地麩粥以饋行營相雜泝運功役艱難軍屯

廣州乏食潤州人陳磻石詣闕上書言江西湖南泝流運糧不濟軍師士卒食盡則散此宜深慮臣有奇計以饋南軍天子召見磻石因奏臣弟聽思曾任雷州刺史家人隨海船至福建往來大船一隻可致千石自福建裝船不一月至廣州得船數十艘便可致三萬石至廣府矣又引劉裕海路進軍破盧循故事執政是之以磻石為鹽鐵巡官往楊子院專督海運於是康承訓之軍皆不闕供七月徐州軍亂以浙東觀察使王式檢校工部尚書徐州刺史御史大夫武寧軍節度徐泗濠觀察等使初王智興得徐州召募凶豪之卒二千人號曰銀刀鵰旗門槍挾馬等軍番宿衙城自後寖驕節度使姑息不暇田牟鎮徐日每與驕卒雜坐酒酣撫背時把板為之唱歌其徒日費万計每有賓宴必先厭食飫酒祁寒暑雨巵酒盈前然猶諠譟邀求動謀逐帥前年壽州刺史溫璋為節度使驕卒素知璋嚴酷深負憂疑璋開懷撫諭終為猜貳給與酒食未嘗瀝口不期月而逐璋上是以式代璋時式以忠武義成之師三千平定仇甫便詔式率二鎮之師渡

淮徐卒聞之懼其勢無如之何至大彭館方來迎謁居三日犒勞兩鎮兵令還既擐甲執兵即命環驕卒殺之徐卒三千餘人是日盡誅豨是兇徒悉殄九月以戶部侍郎李晦檢校工部尚書兼興元尹山南西道節度使十一月遣將軍蔡襲率禁軍三千會諸道之師赴援安南以吏部侍郎鄭處誨蕭倣吏部員外郎楊嚴戶部員外郎崔彥昭等試宏詞選人十二月以吏部侍郎蕭倣權知禮部貢舉

四年春正月甲子朔庚午上有事于圜丘禮畢御丹鳳樓大赦中外官宜准建中元年勅授官後三日舉一人自代州牧令錄上佐官在任須終三考河東節度使檢校刑部尚書盧簡方以病求罷詔以太子少師致仕歸東都以昭義節度使檢校禮部尚書上柱國賜紫金魚袋劉潼為太原尹北都留守御史大夫充河東節度觀察處置等使二月以左散騎常侍李荀檢校工部尚書滑州刺史義成軍節度鄭滑觀察等使三月以兵部侍郎判度支楊收本官同平章事以刑部侍郎曹汾為河南尹以戶部侍郎李鑌檢校禮部尚書潞州大都督府長史充昭義節度觀察處置等使四月勅徐州罷防禦使為支郡隸兗州七月朔制安南寇陷之初流人多寄溪洞其安南將吏官健走至海門者人數不少宜令宋式李良瑍察訪人數量事救卹安南管內被蠻賊驅劫處本戶兩稅丁錢等量放二年候收復後別有指揮其安南溪洞首領素推誠節雖蠻寇竊據城壁而酋豪各守土疆如聞溪洞之間悉藉嶺北茶藥宜令諸道一任商人興販不得禁止往來廉州珠池與人共利近聞本道禁斷遂絕通商宜令本州任百姓採取不得止約其徐州銀刀官健其中先有逃竄者累降勅旨不令捕逐其今年四月十八日草賊頭首已抵極法其餘徒黨各自奔逃所在更勿捕逐是月東都許汝徐泗等州大水傷稼初大中末安南都護李琢貪暴侵刻獠民群獠引林邑蠻攻安南府三年大徵兵赴援天下騷動其年冬蠻竟陷交州赴安南諸軍並令抽退分保嶺南東西道十一月長安縣尉集賢校理令狐滈為左拾遺制出左拾遺劉蛻起居郎張雲上疏論滈父綯秉權之日廣納賂遺受李琢

賄除安南致生蠻寇滈不宜居諫諍之列時綯在淮南上表論訴乃貶雲興元少尹蛻華陰令滈改詹事司直以中書舍人王鐸權知禮部貢舉以兵部侍郎判度支曹確同平章事以中書侍郎平章事畢諴檢校吏部尚書河中尹晉絳慈隰節度使就加幽州張允伸檢校司徒以兵部侍郎高璩本官同平章事以戶部侍郎裴寅判本司事

五年春正月戊午朔以用兵罷元會諫議大夫裴坦上疏論天下徵兵財賦方匱不宜過興佛寺以困國力優詔答之二月以兵部尚書于叢檢校兵部尚書兼成都尹劍南西川節度副大使知節度事徐州處置觀察防禦使以門下侍郎兵部尚書平章事杜審權為潤州刺史浙江西道節度使三月以兵部郎中高湜員外于懷試吏部平判選人四月右僕射平章事夏侯孜增戶五百戶以中書舍人王鐸為禮部侍郎以晉州刺史孟球檢校工部尚書兼徐州刺史南蠻寇邕管以秦州經略使高駢率禁軍五千赴邕管會諸道之師禦之五月丁酉制朕以寡昧獲承高祖太宗之丕構六載於茲矣罔敢遊是

深趙等州觀察處置等使金紫光祿大夫檢校司空鎮州大都督府長史御史大夫太原縣開國伯食邑七百戶襲食實封一百戶王紹懿卒贈司徒紹鼎之弟俱壽安公主之子也三軍推紹鼎子景崇知兵馬留後事就加幽州張允伸兼太保平章事進封燕國公以吏部侍郎鄭從讜檢校禮部尚書兼太原尹北都留守御史大夫上柱國滎陽縣開國男食邑三百戶充河東節度管內觀察處置等使四月壽安公主上表請入朝詔曰志興奏汝以景崇未降恩命欲來朝覲事具悉景崇素聞孝悌頗有義方洽三軍愛戴之情荷千里折衝之寄續延舊服綽有令猷朝廷獎能續有處分緣孝明太后園寢有日廢事且停候祔廟禮成當允誠請七月沙州節度使張義潮進甘峻山青骹鷹四聯延慶節馬二匹吐蕃女子二人僧曇延進大乘百法門明論等八月鎮州王景崇起復忠武將軍左金吾衛將軍同正檢校右散騎常侍兼鎮州大都督府左司馬知府事御史中丞充成德軍節度觀察留後上柱國賜紫金魚袋中書侍郎平章事徐商兼工

〇　唐紀十九上　七

部尚書十月沙州張義潮奏差迴鶻首領僕固俊與吐蕃大將尚恐熱交戰大敗蕃寇斬尚恐熱傳首京師右僕射門下侍郎平章事夏侯孜檢校司空平章事兼成都尹劍南西川節度等副大使知節度事安南高駢奏蠻寇悉平十一月十日御宣政殿大赦以後安南故也以翰林學士承旨戶部侍郎路巖為兵部侍郎同平章事義成軍節度蕭倣就加檢校兵部尚書褒能政也以禮部郎中李景溫吏部員外郎高湘試拔萃選人

八年春正月壬寅朔丁未河中晉絳地大震廬舍壓仆傷人有死者三月安南高駢奏南至邕管水路湍險巨石梗塗令工人開鑿訖漕船無滯者降詔褒之制以門下侍郎兼戶部尚書平章事上柱國晉陽縣開國男食邑三百戶賜紫金魚袋楊收檢校兵部尚書充浙江西道觀察使以浙西觀察使杜審權守尚書左僕射以兵部侍郎于悰本官同平章事九月丁酉延資庫使曹確奏戶部每年合送當使三月九月兩限絹二十一萬四千一百匹錢萬貫自大中八年已後至咸通四年積欠一百五十萬五千七百餘貫匹前使杜悰申奏起請咸通五年正月以後於諸道州府場監院合送戶部八十文除陌錢內割十五文當使收管以填積欠續據戶部牒稱州府除陌錢有折色零碎請起咸通五年所合送延資庫錢絹逐年兩限須足其除陌十五文當司仍舊收管前使夏侯孜具事由申奏且請依戶部論請期限其咸通五年錢絹戶部已送納自六年至八年其錢絹依前旋納又積欠三十六萬五千一五百七貫匹者伏以所置延資庫物以備邊為名至大中三年始改今號若財貨不充則名額虛設當制置之時所令三司逐年分藏送當使收管元勅只有錢數但令本司藏割送庫不定色目以此因循漸隳舊制年月既久積欠漸多既無計以徵收乃指色以取濟稍稱備邊名號得遵元勅指揮乃割戶部除陌八十文內十五文收管又戶部請逐年送庫須且稟從今既積欠又多終慮不及期限臣今酌量諸道州府場監院合送戶部錢絹內分配令勒留下合送延資庫數目令本處別為綱運與戶部綱同送上都直納延資庫則戶部免有逋懸不至累年積欠從之十月丙

〇　唐紀十九上　八

寅兵部侍郎判度支崔彥昭奏當司應收管江淮諸道州府咸通八年已前兩稅榷酒及支米價并二十文除陌諸色屬省錢準舊例逐年商人投狀便換自南蠻用兵已來置供軍使當司在諸州府場監錢猶有商人便換齎省司便換文牒至本州府請領皆被諸州府稱准供軍使指揮占留以此商人疑惑乃致當司支用不充乞下諸道州府場監院依限送納及給還商人不得託稱占留者勅旨從之宰相門下侍郎戶部尚書曹確兼吏部尚書門下侍郎禮部尚書路巖兼戶部尚書中書侍郎工部尚書徐商兼刑部尚書兵部侍郎平章事于悰為中書侍郎以中書舍人劉允章權知禮部貢舉以吏部侍郎盧匡吏部侍郎李蔚兵部員外郎薛崇司勳員外郎崔殷夢考吏部宏詞選人

九年春正月丙申以吏部侍郎李蔚檢校刑部尚書汴州刺史御史大夫充宣武節度汴宋亳觀察處置等使幽州節度使張允伸就加檢校太傅以兵部員外郎焦瀆司勳員外郎李徽考宏詞選人七月

戊戌白虹横亘西方其月徐州赴桂林戍卒五百人官健許佶趙可立殺其將王仲甫以糧料判官龐勛爲都頭剽掠湘潭衡山兩縣有衆千人擅還本鎮九月辛卯朔甲午龐勛陷宿州知州判官焦璐奔歸于徐乙未龐勛陷徐州殺節度使崔彦曾判官焦璐李税温延皓崔蘊韋廷乂惟免監軍張道謹遂出徐宿官庫錢帛召募兇徒不旬日其徒五萬勛抗表請罪仍命群兇邀求節鉞上遣中使因而撫之賊令别將梁伾守宿州以姚周爲柳子寨主又遣劉行及丁景琮吴逈攻圍泗州十月詔徵河南河東山南諸道之師累浙西觀察使楊收爲端州司馬同正收弟前浙東觀察使越州刺史御史中丞嚴爲韶州刺史檢校工部尚書洪州刺史鎮南節度江南西道觀察處置等使嚴譔長流嶺南賊攻泗州勢急淮南節度使令狐綯慮失泗口爲賊奔衝乃令大將李湘赴援爲賊所誘示弱乞降乘其無備爲賊所襲舉軍皆没湘與都監郭厚本俱爲賊所執送徐州十一月庚寅朔丁酉戌時妖星初出如匹練亘空化爲雲没在楚分吴逈既執李

○湘乃令小將張行簡吴約攻滁州城内無兵有淮南遊奕兵三百人在州界見賊至逕來奔郡賊乘之遂陷滁州張行簡執刺史高錫望手刃之屠其城而去行簡又進攻和州刺史崔雍登城樓謂吴逈曰城中玉帛女子不敢惜只勿取天子城池賊許之遂剽城中居民殺判官張琢以琢城壕故也龐勛又令將劉贇攻濠州陷之囚刺史盧望回於廻車館望回鬱憤而死僕妾數人皆爲賊蒸而食之十二月庚辰朔將軍戴可師率沙陁吐渾部落二萬人於淮南與賊轉戰賊黨參敗盡棄淮南之守是歲江淮蝗食稼大旱龐勛奏當道先發戍嶺南兵士三千人春冬三衣今欲差人送赴邕管鄂岳觀察使劉允章上書言龐勛聚徒十萬今若遣人遠嶺表如戍卒與勛合勢則禍難非細卒詔龐勛止絶兼令江淮諸道紀綱捕之

十年春正月巳未朔以徐州用兵罷元會癸亥以右拾遺韋保衡爲銀青光禄大夫守起居郎駙馬都尉尚皇女同昌公主出降之日禮儀甚盛以神武大將軍王晏權檢校工部尚書徐州刺史御史大夫充武寧軍節度徐泗濠觀察兼徐州北路行營招討等使智興之從子也以將軍朱克誠克北路招討都虞候王宥北路招討前軍使以翰林學士户部侍郎劉瞻守本官同平章事中書侍郎兼户部尚書平章事蔣伸爲太子太保罷知政事病免也以門下侍郎兼刑部尚書同平章事徐商檢校兵部尚書江陵尹荆南節度使以右神策大將軍知軍使兼御史大夫上柱國龍陽縣開國伯食邑一千户康承訓可金紫光禄大夫檢校刑部尚書兼右神策大將軍御史大夫上柱國扶風郡開國公食邑一千五百户充徐泗行營都招討使又以將軍李邵爲徐州南路行營招討都虞候以將軍史忠用爲潁州行營都知兵馬使將軍馬瀶爲徐州行營都知兵馬使將軍董濤充廬州行營都知兵馬使將軍戴可師充濟州行營招討使將軍朱耶赤心充太原行營招討使沙陁三部落等軍使將軍王建充淮泗行營招討使將軍曹翔充兖海節度行營招討使將軍馬舉爲揚州都督府司馬充淮南行營招討使將軍高羅鋭爲楚州刺史本州行營招

○討使將軍秦匡謨爲濠州刺史本州行營招討使將軍李播爲宿州刺史赴廬州行營招討使以將軍孟彪爲太僕卿充都糧料使凡十八將分董諸道之兵七萬三千一十五人正月一日進軍攻徐州魏博何弘敬奏當道點檢兵馬一萬三千赴行營時賊將劉行及丁景琮吴逈攻圍泗州可師乘勝救之屯於石梁驛賊自退去可師追擊生擒劉行及賊保都梁城乃斷行及之指懸於城下以示賊賊登城拜曰見與都頭謀歸朝可師既知其窘乃退軍五里其城西面有水三面天軍賊乃夜中涉水而遁明早開城門惟病嫗數人而已王師入壘未整翌日詰旦重霧賊軍大至可師方大醉單馬奔出爲虹縣人郭真所殺一軍盡没惟忠武太原沙陁之騎軍保全而退副將王健爲賊所擒劉行及却爲賊將吴逈所得吴逈乃進軍復圍泗州自是梯衝雲合内外不通龐勛恃其驟勝遣人上表詞語不恭又與康承訓書指斥朝政王晏權者智興之猶子也故授以武寧節制以招之以冀招懷徐人怨王式之誅相扇構亂數月招携啗之以利民心

卒無華心者康承訓大軍攻宿州賊將梁伾出戰屢敗乃授承訓檢
校尚書右僕射兼滑州刺史義成軍節度使責授端州司馬楊收長
流驩州與嚴譔並賜死於路其黨楊公慶嚴季實楊全益史明應遂
何師玄李孟勳馬全祐李羽王彦復等長流儋崖播等州判官朱偘
常潾閻均等配流嶺南以河中節度使開府儀同三司檢校司徒平
章事上柱國譙郡開國公食邑二千戸夏侯孜爲太子少保分司東
都時南平蠻寇西川責孜在蜀日失政也二月巳丑龐勛急攻泗州
遣牙將李員入城見刺史杜慆曰留後知中丞名族不敢令軍士失
禮但開城門令百姓存活無相疑也慆執而殺之詔司農卿薛瓊使
淮南廬壽楚等州點集鄉兵以自固四月康承訓奏大敗柳子寨賊
詔監軍楊玄价與康承訓商量拔汴河水以灌宿州六月丁亥朔戊戌
制曰動天地者莫若精誠致和平者莫若修政朕顧惟庸昧託于王公
之上于茲十一年矣祗荷丕構寅畏小心慕唐堯之欽若昊天遵周
王之昭事上帝念茲夙夜靡替虔恭同馭朽之憂勤思納隍之軫慮

○内戒奢靡外罷畋遊匪敢期於雍熙所自得於清淨止望寰區無事
稼穡有年然而燭理不明涉道唯淺氣多堙鬱誠未感通旱暵是虞
蟲螟爲害蠻蜑未賓於遐裔寇盜復蠹於中原尚駕戎車益調兵食
俾黎元之重困每宵旰而忘安今盛夏驕陽時雨久曠憂勤兆庶旦夕
焦勞内修香火以虔祈外罄牲玉以精禱仰俟玄貺必致甘滋而油
雲未興秋稼闕望因茲懲元軫于誠懷矧復暴政煩刑强官酷吏侵
漁蠹耗陷害孤煢致有冤抑之人構災沴之氣主守長吏無忘奉公
伐叛興師蓋非獲已除奸討逆必使當辜苟或陷及平人自然風雨愆
候凡行營將帥切在審詳昭示惻憫之心敬聽勤卹之旨應京城天
下諸州府見禁囚徒除十惡忤逆官典犯贓故意殺人合造毒藥放
火持仗開刼墳墓及關連徐州逆黨外並宜量罪輕重速令決遣無
久繫留雷雨不同田疇方瘁誠宜愍物以示好生其京城未降雨間
宜令坊市權斷屠宰昨陝虢中使迴方知蝗旱有損處諸道長吏分
憂共理宜各推公共思濟物 內有饑歉切在慰安委此柔人毋俾艱食

徐方寇孽未殄師旅有征凡合誅鋤審分淑慝無令脅從橫死元惡
偷生宜申告伐之文使知逆順之理於戲每思禹湯之罪已其庶成
康之措刑孰謂德信未孚教化猶梗咨爾多士俾予一人既引過在
躬亦漸幾于理布告中外稱朕意焉賊將鄭鎰急攻壽州詔南面招
討使馬舉救之賊解圍而去康承訓悉兵攻賊小睢寨不利而退七
月康承訓攻賊柳子寨剋而賊將王弘立救至王師大敗承訓退
保宋州龐勛乘勝自率徐州勁卒併攻泗州留其都將許佶守徐州
詔南面招討使馬舉爲行營都招討使代承訓率諸軍以援泗州八
月和州防虞行官石倖等一百三十人狀訴刺史崔雍稱賊初刼烏
江縣雍令步奏官二人探知雍猶不信二人並被枷扭續差人探見
賊已去州十里賊尋逼州城崔雍與賊頭吴約於鼓角樓上飲酒許
與賊州又認軍事判官李譙爲親弟表狀驅使官張立爲男只乞二
人并身其餘將士一任處置便令押衙李詞等各脫下衣甲防虞官
健束手被斬者八百餘人行官石瓊脫衣甲稍遲便被崔雍遣賊處

○斬其崔雍所有料錢并家口累差人押送往采石今在潤州豈有將
一千人兵士之命贖拔已之一身不惟辜其神明實亦生負聖主兼
科配軍州官吏修葺城池妄稱出料錢修城者勅曰臣子之節無如
盡忠士人之風宜當遠恥崔雍任居牧守賊犯州城禦扞曾不發言
從容乃與命酒況石瓊未脫衣甲志在當鋒不能獎其赤誠翻令擒
送賊所原其深意與賊通和臣節全虧情狀可見欲行朝典宜更推窮
其崔雍家口並在宣州宜令宣歙觀察使追崔雍收禁速勘逐具事
由申奏是月馬舉率師解泗州之圍賊黨遁去勅曰當崔雍守郡之
日是龐勛肆逆之初屬狂寇奔衝望風和好置酒以邀賊將啓關而
納兗徒城內不許持兵皆令解甲致使三軍百姓泣血相視連頸受
誅初聞奏陳深駭觀聽錫望守城而死巳有追榮杜慆孤壘獲全尋
加殊奬既褒忠節難赦罪人王石固分懲勸斯在將垂誡於四海當
何愛於一夫其崔雍宜差內養孟公度專往宣州賜自盡公度至雍
死於陵陽館其男黨兒歸僧配流康州錮身遞送司勳郎中崔原貶

郴州司戶比部員外郎崔福昭州司戶長安縣令崔朗澧州司戶左拾遺崔庾連州司戶荆南觀察支使崔序衡州司戶皆雍之親黨也九月賊宿州守將張玄稔以城降有兵萬人馬舉率師赴之龐勛聞之以其衆將攻玄稔賊之勁將出遂與舉合勢急圍徐州許佶登城拒守者三日佶敗走出玄稔收復徐州龐勛方來赴援聞城已拔欲南趨濠州馬舉追及渙河擊敗之勛溺水而死蕭縣主將又斬許佶首來降徐寇悉平初龐勛據徐州倉庫素無貯蓄乃令群兇四出於楊楚廬壽滁和兗海沂密曹濮等州界剽牛馬輓運糧粮以夜繼晝招致亡命有衆二十萬男女十五已上皆令執兵其人皆舒鉏鈎爲兵號曰霍鍾首尾周歲十餘郡生靈受其酷毒至是盡平與玄稔詔曰去歲災興分野毒起徐方蕞爾庸夫稱兵犯命招諭不復猖狂罔悛脅從三州之人污染萬姓之俗逆順之理邪正坐分果有忠臣悉殲逆黨再清郡邑不舉干戈此皆衆人協心闔州受福但以首尾周歲取制兇威里閭不安農桑失業言念於此倍積憂懷已有詔指揮

○令授玄稔銀青光祿大夫檢校右散騎常侍兼右驍衛大將軍御史大夫賜分帛五千匹金搕一枚盞椀一具金腰帶一條軍將張臯已下二十人等第優給令差高品李志承押領宣賜制曰朕以眇身獲承丕業虔恭惕厲十一載于茲况荷十七聖之鴻休紹三百年之慶祚將求理本敢忘宵衣雖誠信未孚而寅畏不怠既絶意於苑囿固無心於畋遊業業兢兢日慎一日休徵罔應沴氣潛生南蠻將罷於戰爭徐寇忽孤於惠養招諭不至虐暴滋深竊弄干戈擅攻州鎮將邀符印輒恣兇殘不畏神祇自貽覆滅股肱之臣以罪惡之難捨腹心之衆謂悖逆之可誅爰徵甲兵用救塗炭上將宣力内臣協心選用皆得於良材掃盪纔及於周歲誅干紀反常之唯類懲亂臣賊子之奸謀今則已及偃戈重康庶黎疇庸之典在絲髮以無私懋賞之時貴纖毫之必當其四面行營節度使既成茂勳宜加酬獎並取別勑處分應諸道行營都將已下節度及軍將各委本道具功勞名銜分析聞奏當行續有處分被堅執鋭冒涉寒暄解甲橐弓還鄉復業頒繒帛之賜免差役之征應四面行營將士今既平寧宜令次第放歸本道其賞賜匹段已從別勑處分到本道後仍令節度使各犒宴放歸私第使令歇息未用差使如行營人並免差科色役如本廂本將令後有節級員闕且以行營軍健量材差置用酬征伐之勤臨敵用命力屈殞身須慰傷寃以彰忠節超與職事仍加任使如無父兄子弟即有妻女者即委州使厚加贈邺常令安撫如是都將至都虞候陣亡者與贈官應陣亡將士有父兄子弟願入軍者便令本道填替如無父兄子弟仍且與給衣糧三年因戰陣傷損手足永廢者終身不得停給如將士被賊殺害者委所在州縣量事救接重與改瘞勿令暴露兼與設祭王者以仁恕爲本拯濟是謀元惡既已誅鋤脅從宜從寛宥除龐勛親屬及桂州廻戈逆黨爲賊脅從及因戰陣拒敵官軍招諭不悛懼法逃走皆非本惡盡鋒刃所驅今並釋放一切不問應舊軍將軍吏節及所由既已歸還征賦先宜蠲免其徐宿濠泗等州應合徵秋夏兩税及諸色差科色役一事已上宜放十年已後蠲

○放三年待三年後續議條疏處分編甿失業丘井無人桑栢枌榆鞠爲茂草應行營處百姓田宅産業爲賊殘毀燒焚者今既平寧並許識認各還本主諸色人不得妄有侵占九原可作千載不忘尚禁樵蘇寧傷丘壟應有先賢墳墓碑記爲人所知被賊毀廢者即與掩藏仍量致祭自用兵已來郡邑皆罹攻掠遠念驚擾尤在慰安今遣右散騎常侍劉異兵部郎中薛崇等往彼宣撫於戯朕以四海爲家兆人爲子一物失所每軫納隍之憂一方未寧常負阽危之戒今元兇就戮逆黨誅夷載戢干戈永銷氛祲庶平妖氣允洽嘉祥遐邇臣寮當體予意制以徐州南面招討使檢校尚書左僕射右神武大將軍權知淮南節度事扶風縣開國伯食邑一千戶馬舉可檢校司空兼楊州大都督府長史淮南節度副大使知節度事以右武衛大將軍徐州東南面招討使曹翔檢校兵部尚書兼徐州刺史御史大夫徐泗濠團練防禦等使以前淮南節度使檢校司空平章事上柱國京國公食邑三千戶令狐綯爲太子太保分司東都魏博節度使檢校太

傳同平章事何弘敬卒三軍立其子全皥爲兵馬留後十一月南詔
蠻驃信坦綽酋龍率衆二萬冦巂州定邊軍節度都頭安再榮守清
溪關爲賊所攻再榮退保大渡河北去清溪關二百里隔水相射凡
九日八夜定邊軍節度使竇滂勒兵拒之十二月驃信遣清平官十
餘人來僞和與竇滂語次蠻軍舩栰競渡忠武武寧軍兵士結陣抗
之接戰自午及申蠻軍稍郤竇滂自縊于帳中徐州將苗全緒解之
謂滂曰都統何至於是但安心全緒與再榮弘節等血戰取勝全緒
三人率兵而出滂乃單騎宵遁其夜蠻軍營於山下全緒等謀曰彼
衆我寡若明日對陣吾屬敗矣可夜擊之令其軍亂自解去忠武武
寧之師乃夜入蠻軍弓弩亂發蠻衆大駭全緒等三將保軍而去蠻
軍乘勝進攻西川城朝廷以顏慶復爲大渡河制置劒南應接等使
宋威爲行營都知兵馬使將兵數萬與忠武武寧之師合與蠻軍戰
于漢州之毗橋大捷解西川之圍明日蠻軍遁走西川平以蜀王佶
爲開府儀同三司成都尹劒南西川節度副大使知節度事不出閤

○ 唐紀十九上 十五

以盧耽知節度事詔河東節度使鄭從讜赴闕以義成軍節度使光
禄大夫檢校尚書左僕射同平章事滑州刺史上柱國會稽縣開國
伯食邑二千戶康承訓以本官兼太原尹北都留守充河東軍節度
使以吏部侍郎楊知温吏部侍郎于德孫李玄考官司封員外郎盧
蕘刑部侍郎楊戴考試宏詞選人以虞部郎中宋震前昭應主簿胡
德融考科目舉人詔以兵戈纔罷且務撫寧其禮部貢舉宜權停一
年付中書行勑指揮其兩省官等不用論奏勑荆南節度使杜悰據
司天奏有小孛星氣經歷分野恐有外夷兵水之患緣邊藩鎮最要
隄防宜訓習師徒增築城堡凡關制置具事以聞制以魏博節度使
何全皥起復檢校司空同平章事
十一年春正月甲寅朔制尚書右僕射杜審權爲檢校司徒河中尹
絳慈隰節度觀察處置等使丙午制宰相門下侍郎吏部尚書曹確
可兼尚書左僕射門下侍郎戶部尚書路巖可兼右僕射中書侍郎
于悰可兼戶部尚書平章事劉瞻可中書侍郎知政事餘並如故巳
酉制河東節度使康承訓將門瑣質戎略微才曽不知兵謬膺重禄
憂藩鈐以効任寄好惡以事君幾擁鉞於戎藩嘗執金以徼道謂其盡
節委以專征屬者徐部匪寧敢干紀律俾護諸將坐䕶危巢蠹國帑
以佐軍須王爵而賞士而玩寇莫戰按甲不前立法未學於穰苴申
令頻虧於孫子況部伍不戰逼撓無謀人數空多軍威何振使農夫
釋耒工女下機始疑望於天誅翻有思於賊至洎元兇自潰玄稔効
忠彭門洞開爾功何有而負恩已甚瀆貨是求叨榮苟幸於一時遺
患遂逾於積歲爰行國典俾傳戎藩可蜀王傅分司東都再貶恩州
司馬同正馳驛發遣以檢校左散騎常侍泗州刺史杜慆檢校工部
尚書滑州刺史義成軍節度鄭滑觀察等使以河東行營沙陀三部
落黨渾諸部招討使檢校太子賓客監察御史朱邪赤心爲檢校工
部尚書單于大都護御史大夫振武節度麟勝等州觀察等使仍賜
姓名曰李國昌以吏部尚書蕭鄴吏部侍郎于德孫吏部侍郎楊知
温考官司勳員外郎李耀禮部員外郎崔澹等考試宏詞選人以

○ 唐紀十九上 十六

河陽三城節度孟懷澤觀察使中散大夫檢校禮部尚書孟州刺史
御史大夫崔彥昭爲金紫光禄大夫檢校刑部尚書太原尹北都留
守河東節度觀察等使以兵部侍郎翰林學士承旨扶風縣開國子
食邑伍百戶駙馬都尉韋保衡本官同平章事以兵部侍郎劉鄴判
度支左僕射門下侍郎同平章事曹確以病求免授檢校司空同平
章事兼潤州刺史充浙江西道觀察等使魏博節度使何全皥酷政
爲衙軍所殺■其大將韓君雄爲留後四月癸未朔戊子勑去年屬
以用軍之際權停貢舉一年今既去戈却宜仍舊來年宜別許三十
人及第進士十人明經二十人已後不得援例八月辛巳朔乙酉同
昌公主薨追贈衛國公主謚曰文懿主郭淑妃所生主以大中三年
七月三日生咸通九年二月二日下降上尤鍾念悲惜異常以待詔
韓宗紹等醫藥不効殺之收捕其親族三百餘人繫京兆府宰相劉
瞻京兆尹温璋上疏論諫行法太過上怒叱出之九月丙辰制以正
議大夫守中書侍郎兼刑部尚書同平章事充集賢殿大學士上柱國

彭城縣開國侯食邑一千戶賜紫金魚袋劉瞻檢校刑部尚書同平章事兼江陵尹充荆南節度等使翰林學士戶部侍郎知制誥上柱國賜紫金魚袋鄭畋爲梧州刺史正議大夫御史中丞上柱國賜紫金魚袋孫瑝爲汀州刺史將仕郎右諫議大夫柱國賜紫金魚袋高湘爲高州刺史中散大夫比部郎中知制誥柱國賜紫金魚袋楊知至爲瓊州司馬將仕郎守禮部郎中魏簹爲春州司馬朝議大夫行兵部員外郎判度支案柱國張顏爲播州司戶朝議大夫行刑部員外郎柱國崔顏融爲雷州司戶並坐劉瞻親善爲韋保衡所逐也京兆尹溫璋貶振州司馬制出之夜璋仰藥而死劉瞻再貶康州刺史十月以給事中薛能爲京兆尹以中書舍人高湜權知禮部貢舉十一月己酉朔辛亥制以禮部尚書王鐸本官同平章事丁卯勑徐州地當沛野軍本驍雄寔爲壯國之都固協建侯之制况山河素異土俗甚殷豈欲削卑挫其繁盛蓋緣比因稔禍或至亂常罪由己招孽非天作桂林叛卒繼有逆謀塗炭生靈首尾周歲殺傷黎庶汚染忠

良所不忍言尋加剪戮是以卑其鎮額隸彼藩方近屬大兵已來饑年荐至且聞軍人百姓深耻前非願行舊規却希建節朕每深軫念思致小康特示渥恩復其軍額宜賜宣徽庫綾絹十萬匹助其宴犒必獲周豐其徐州都團練使改爲感化軍節度徐宿濠泗等州觀察處置等使以吏部侍郎鄭從讜檢校戶部尚書兼外州刺史御史大夫充宣武軍節度使代李蔚以蔚檢校吏部尚書揚州大都督府長史兼淮南節度副大使知節度事

十二年春正月戊申宰相路巖率文武百寮上徽號曰睿文英武明德至仁大聖廣孝皇帝御含元殿冊禮畢大赦辛酉葬衛國公主於少陵原先是詔百寮爲挽歌詞仍令韋保衡自撰神道碑京兆尹薛能爲外監護供奉楊復璟爲內監護威儀甚盛上與郭淑妃御延興門哭送幽州節度使張允伸病請以子簡會爲節度副大使權知兵馬事詔從之三月以吏部尚書蕭鄴吏部侍郎歸仁晦李當考官司封郎中鄭紹業兵部員外郎陸勳等考試宏詞選人四月以左僕射門下侍郎同平章事路巖檢校司徒兼成都尹劍南西川節度等使五月庚申勑慎恤刑獄大易格言語曰如得其情即哀矜而勿喜而獄吏苛刻務在舞文守臣因循罕聞視事以此械繫之輩滋於狴牢追捕之徒繫於簡牘實傷和氣因致沴氣況時屬熇蒸化先茂育並赦罪戾式順生成應天下所禁繫罪人除十惡忤逆故意殺人合造毒藥持仗行劫開發墳墓外餘並宜疎理釋放或信任人吏多有生情繫留繼察訪得知本道觀察使判官州府本曹官必加懲譴以誡慢易到後十日內速疎理分析聞奏上幸安國寺賜講經僧沉香高座七月辛丑中書門下奏准今年六月十二日勑釐革諸道及在京諸司奏官并請章服事者其諸道奏州縣官司錄縣令錄事參軍或見任公事敗闕不理切要替換及前任實有勞効并見有闕員即任各舉所知每道奏請仍不得過兩人其河東潞府邠寧涇原靈武鹽夏振武天德鄜坊滄德易定三川等道觀察防禦等使及嶺南五管每道每年除令錄外許量奏簿尉及中下州判司及縣丞共三人福

州不在奏州縣官限其黔中所奏州縣官及大將管內官即任準舊例處分在京諸司及諸道帶職奏官或非時奏替考限未滿並却與本資官諸道節度及都團練防禦使下將校奏轉試官及憲銜等今諸節度事每年量許五人都團練防禦量許三人爲定不得更於其外奏請其御史中丞已下即準勑文條疏須有軍功方可授任自今後如顯立戰伐功勞者任具事績申奏如檢甚不虛當別與商量處分以外輒不得更有奏請其幽鎮魏三道望且準承前舊例處分勑旨從之十二月以檢校戶部尚書汴州刺史御史大夫宣武軍節度使鄭從讜爲廣州刺史嶺南東道節度觀察處置等使

十三年春正月壬寅朔甲戌制以兵部侍郎判度支劉鄴本官同平章事幽州盧龍等軍節度使檢校司徒同平章事幽州大都督府長史上柱國燕國公食邑三千戶張允伸卒贈太尉謚曰忠烈允伸鎮幽州二十三年二月幽州牙將張公素奪留後張簡會軍政自稱留後丁巳制以尚書右僕射門下侍郎同平章事于琮檢校司空襄州

刺史充山南東道節度觀察處置等使以御史中丞趙隱為戶部侍郎本官同平章事三月以吏部尚書蕭鄴吏部侍郎獨孤雲考官職方郎中趙蒙駕部員外郎李超考試宏詞選人試日蕭鄴替差右丞孔溫裕權判五月庚午朔辛未勑檢校尚書左僕射守左羽林軍統軍御史大夫張直方貶康州司馬同正以其部下為盜故也乙亥國子司業韋殷裕於閤門進狀論淑妃弟郭敬述陰事上怒甚即日下京兆府決殺殷裕籍沒其家殷裕妻崔氏音聲人鄭羽客王燕客婢微娘紅子等九人配入掖庭閤門使田獻銛奪紫配於橋陵閤門司閻敬直決十五配南衙為受殷裕文狀故也給事中杜裔休貶端州司馬中書舍人崔沆循州司戶殷裕妻兄也太僕少卿崔元應州司戶殷裕妻父也前河陰院官韋君卿為愛州宋平尉殷裕季父也以前大理正万俟鐐為國子司業前興元少尹馮彭為普州刺史前大理正陽琯為昌州刺史丙子制開府儀同三司檢校尚書左僕射兼襄州刺史御史大夫充山南西道節度觀察等使于琮可正議大夫

守晉王傅分司東都辛巳勑尚書左丞李當貶道州刺史吏部侍郎王渢貶漳州刺史左散騎常侍李郁貶賀州刺史前中書舍人封彥卿貶湖州司戶翰林學士承旨兵部侍郎知制誥張裼貶封州司馬右諫議大夫楊塾貶和州司戶工部尚書嚴祁貶郴州刺史給事中李貺蘄州刺史給事中張鐸藤州刺史左金吾衛大將軍充左街使李敬仲儋州司戶前青州刺史平盧軍節度使于涓為涼王府長史分司東都前湖南觀察使于環為袁州刺史涓環琮之兄也于讜于蘊亦配流自李當已下皆于琮之親黨也為韋保衡所逐以天德防禦使檢校左散騎常侍段文楚為雲州刺史大同軍防禦使六月義成軍節度使檢校工部尚書杜慆奏當管潁州僧道百姓舉留刺史宗回勑曰回清幹臨人自有月限方籍綏輯未議替移六月中書門下奏今月十七日延英面奉聖旨令誡約天下州府應有逃亡戶口其賦稅差科不得攤配見在人戶上者伏以諸道州府或兵戈之後災沴之餘戶口逃亡田疇荒廢天不敷佑人多艱危鄉閭屢困於征徭帑藏因茲而耗竭遂使從來經費色額太半空系簿書綴徵歛則闕於供須促期限則迫於貧苦言念凋弊勞乃憂勤不降明文孰知聖念其逃亡戶口賦稅及雜差科等須有承佃戶人方可依前應役如將闕稅課額攤於見在人戶則轉成逋債重困黎元或富者有連阡之田貧者無立錐之地欲令均一固在公平若令狡猾之徒得以昇降由己望其完葺不亦難乎全由長史竭誠方使疲甿漸泰臣等商量今諸道州府準此條疏應有逃亡戶口絲賦并雜色差科等並不得輒更攤配於見存務人戶之上設法招攜多方撫御兼茲豐稔重獲昭蘇苟致安寧自當遷陟不遵詔令必舉典刑從之七月以前義昌軍節度使盧簡方為太僕卿十二月以振武節度李國昌為檢校右僕射雲州刺史大同軍防禦等使國昌恃功頗橫專殺長史朝廷不能平乃移鎮雲中國昌稱病辭軍務乃以太僕卿盧簡方檢校刑部尚書雲州刺史充大同軍防禦等使上召簡方於思政殿謂之曰卿以滄州節鎮屈轉大同然朕以沙陀羌渾撓亂邊鄙以卿曾在

雲中惠及部落且忍屈為朕此行具達朕旨安慰國昌勿令有所猜嫌也是月李國昌小男克用殺雲中防禦使段文楚據雲州自稱防禦留後制追謚宣宗為元聖至明成武獻文睿智章仁神聰懿道大孝皇帝

十四年春正月丙寅朔御史中丞韋蟾奏應諸州刺史除授正衙辭謝後託故陳牒請假實為容易自今後如實有故為衆所知者三日外不在陳牒之限應內外除官入京合便朝謝如遇假日且合在都亭驛近日多因請假便歸私家既犯條章頗乖禮敬自今已後望準故事如未朝謝須於都亭驛如違越臺司勘當申奏從之辛未以雲朔暴亂代北騷動賜盧簡方詔曰李國昌久懷忠赤顯著功勞朝廷亦三受土疆兩移旌節其為寵遇實寡比倫昨者徵發兵師又令克讓將領惟嘉節義同絕嫌疑近知大同軍不安殺害段文楚推國昌小男克用主領兵權事雖出於一時心豈忘於長久段文楚若實刻剝自結怨嫌但可申論必行朝典遽至傷殘性命劉剔肌膚慘毒憑凌

務可驚駭況忠烈之後節義之門致茲橫亡尤悚觀聽若克用暫勿
主兵務束手待朝廷除人則事出權宜不足猜慮若便圖軍柄欲奄
有大同則患禦久長故難依允料國昌輸忠効節必當已有指揮知
卿兩任雲中恩及國昌父子敬憚懷感不同常人宜陳與書題深陳
禍福毆勤曉喻旁析指宜切令大節無虧勿使前功併棄簡方準詔
諭之國昌不奉詔乃詔太原節度使崔彦昭幽州節度使張公素帥
師討之三月以新除大同軍使盧簡方爲單于大都護振武節度麟
勝等州觀察等使時李國昌據振武簡方至嵐州而卒自是沙陀侵
掠代北諸軍鎭庚午詔兩街僧於鳳翔法門寺迎佛骨是日天雨黃
土徧地四月八日佛骨至京自開遠門達安福門綵棚夾道念佛之
音震地上登安福門迎禮之迎入內道場三日出於京城諸寺士女
雲合威儀盛飾古無其比制曰朕以寡德纘承鴻業十有四年頃屬
寇猖狂王師未息朕憂勤在位愛育生靈遂乃尊崇釋教至重玄門
迎請眞身爲萬姓祈福今觀覩之衆隘塞路岐載念狴牢寝興在慮

○嗟我黎人陷於刑辟況漸當暑毒繫於縲紲或積幽宰擩有傷和氣
或關連追擾有妨農務京畿及天下州府縣禁囚徒除十惡忤逆故
意殺人官典犯贓合造毒藥放火持仗開發墳墓外餘罪輕重節級
遞減一等其京城軍鎭限兩日內疏理訖聞奏天下州府勑到三日
內疏理聞奏以吏部侍郎蕭倣爲兵部侍郎同平章事六月帝不豫
七月癸亥朔戊寅疾大漸庚午制立晉王儼爲皇太子權勾當軍國
政事辛巳遺詔曰朕祇事九廟君臨四海夕惕如厲宵分靡寧必求
政化之源思建大中之道至於懷柔夷貊偃戢干戈皆以德綏亦自
躬致其清淨之爲理庶洽平之可臻自秋已來忽爾安豫坐朝既闕
踰旬未瘳六疾斯侵萬機多曠醫和無驗以至彌留嗚呼數哉有窮
聖賢之所必同明於斯言是爲達節載申顧命式叶典謨皇太子權
勾當軍國事儇性禀寬和生知忠孝德苞睿哲聖表恂齊必能揚祖
宗之重光荷邦家之丕構宜令所司具禮於柩前即皇帝位以司空
門下侍郎平章事韋保衡攝冢宰軍國務殷不可久曠況易月之制

行之自古皇帝宜三日而聽政二十七日釋服諸道節度觀察團練
防禦等使及監軍諸州刺史受寄至重並不得離任赴哀文武常參
官朝晡之臨十五舉音宮中當臨者非時無得擅哭天下人吏百姓
告哀後出臨三日皆釋服勿禁食肉飲酒婚姻祭祀釋服之後無禁
當舉薄葬之禮宜遵漢魏之文其山陵制度切在儉約並不得以金
銀錦繡文飾喪具五坊鷹犬等除蒐狩外餘並解放其醫官段璲趙
玭符虔休馬及等並釋放咨爾將相卿士中外臣寮竭力盡忠匡予
令嗣送往事居無違朕志是日崩于咸寧殿聖壽四十一百寮上諡
曰睿文昭聖恭惠孝皇帝廟號懿宗十五年二月葬于簡陵
史臣曰臣常接咸通耆老言恭惠皇帝故事當大中時四海承平百
職修舉中外無粃政府庫有　餘貲年穀屢登封疆無擾恭惠始承
丕構頗亦勵精延納讜言尊崇耆德數稔之內洋洋頌聲然器本中
庸流於近習所親者巷伯所昵者桑門以蠱惑之侈言亂驕淫之方
寸欲無怠忽其可得乎及釁結蠻陬奸生戍卒發嶺領之轉輸寰海

○動搖徵二蜀之扞防蒸人盪覆徐寇雖殄河南幾空然猶削軍賦而
飾伽藍困民財而修淨業以諛佞爲愛己謂忠諫爲妖言爭趨險詖
之途罕勵貞方之節見豕負塗之愛竪非次寵昇燋頭爛額之輔臣
無辜竄逐是以干戈布野蟲旱彌年佛骨纔入於應門龍輀已泣於
蒼野報應無必斯其驗歟土德淩夷禍階於此雖有文景之英繼難
以興焉自茲龜王之不昌固其宜矣黃髮遺叟言之涕零
贊曰邦家治亂在君聽斷恭惠驕奢賢良貶竄凶竪當國憸人滿朝
奸雄乘釁貽謀道消

唐書本紀卷第十九上

唐書本紀卷第十九下

劉昫 等修

聞人詮校刻沈桐同校

僖宗

僖宗惠聖恭定孝皇帝諱儇懿宗第五子母曰惠安皇后王氏咸通三年五月八日生於東內初封普王名儼十四年七月懿宗大漸其月十八日制曰朕守大器之重居兆人之上日愼一日如履如臨旰昃勞懷寢興思理涉道猶淺導化未孚而攝養乖方寒暑成癘實有慮於關政且無暇於怡神恙未少瘳日加寖劇萬務凡總須有主張考思舊章謀于卿士思闡鴻業式建皇儲第五男普王儼改名儇孝敬溫恭寬和博厚日新令德天假英姿言皆中規動必由禮俾崇邦本允協人心宜立爲皇太子權勾當軍國政事咨爾中外卿士洎于腹心之臣敬保予儲輔成予志各竭乃心以安黎庶布告中外知朕意焉是日懿宗崩二十日即皇帝位于柩前時年十二左軍中

尉劉行深右軍中尉韓文約居中執政並封國公八月皇帝釋服冊聖母王氏爲皇太后河南大水自七月雨不止至釋服後方霽九月守司空門下侍郎平章事韋保衡貶賀州刺史以岳州刺史于琮爲太子少傅緣琮貶逐者並放還循州司戶崔沆復爲中書舍人前戶部侍郎知制誥翰林學士承旨鄭畋爲左散騎常侍前兵部侍郎知制誥翰林學士張裼爲太子賓客前諫議大夫高湘復爲諫議大夫前宣歙觀察使楊嚴復爲給事中十月左僕射門下侍郎平章事劉鄴檢校左僕射同平章事兼揚州大都督府長史充淮南節度觀察副大使知節度事十一月以光祿大夫守太子少傅駙馬都尉于琮檢校尚書左僕射兼襄州刺史御史大夫充山南東道節度觀察等使十二月雷震義成軍節度使檢校刑部尚書杜慆就加兵部尚書乾符元年春正月辛酉朔乙丑左僕射門下侍郎平章事蕭倣兼右僕射門下侍郎吏部尚書平章事王鐸檢校吏部尚書同平章事兼汴州刺史充宣武軍節度宋亳觀察等使二月葬懿宗于簡陵三月

以河東節度使檢校尚書右僕射崔彥昭爲尚書兵部侍郎充諸道鹽鐵轉運等使以銀青光祿大夫京兆尹上柱國岐山郡開國公食邑三千戶竇澣檢校戶部尚書太原尹北都留守御史大夫充河東節度管內觀察處置等使以中書侍郎刑部尚書同平章事趙隱檢校吏部尚書潤州刺史浙江西道都團練觀察等使四月崔彥昭本官同平章事領使如故以前淮南節度使李蔚爲吏部尚書以天平軍節度使檢校尚書右僕射兼鄆州刺史高駢檢校司空兼成都尹充劍南西川節度副大使知節度事以右散騎常侍韋荷爲吏部侍郎前同州刺史崔璞爲右散騎常侍右領軍衛上將軍渾偉檢校吏部尚書左千牛衛上將軍以侍御史盧徹征爲司封員外郎判戶部案五月以吏部侍郎鄭畋爲兵部侍郎同平章事戶部侍郎知制誥翰林學士賜紫金魚袋盧攜本官同平章事太子右庶子李嶨爲太僕卿侍御史裴渥爲起居郎以嶺南東道節度使檢校刑部尚書鄭從讜爲刑部尚書以吏部侍郎韋荷檢校禮部尚書廣州刺史嶺南

東道節度使七月以禮部侍郎裴瓚爲檢校左散騎常侍潭州刺史御史大夫湖南觀察使故湖南觀察使李庾贈禮部尚書十月以中書舍人崔沆爲中書侍郎右諫議大夫崔徹爲給事中十一月丙戌朔庚寅上有事於宗廟禮畢御丹鳳門大赦改元爲乾符宰相蕭倣兼司空弘文館大學士太清宮使兵部侍郎崔彥昭爲中書侍郎兵部侍郎鄭畋爲集賢殿大學士以宣慰沙陀六州部落檢校兵部尚書李鈞爲靈武節度制曰朕以沙陀驍勇重累戰功六州蕃渾沐浴王化念其出於猜貳互有傷殘而克瑾報仇其意未已被我君臨之德軫吾子育之心爰擇良能俾之宣撫惟爾先正嘗鎮北門待國昌以雄傑之才置國昌於濟洛之地既藉奕葉之舊又懷任土之觀是用付以封疆委之軍旅必集王事無隳家聲初鈞父業鎮太原能安集代北部落時李國昌父子據大同振武吐渾契苾幽州諸道之軍攻之不利故假鈞靈武節鉞率師招諭之以長安令李璧爲諫議大夫以吏部員外郎徐彥若爲長安令兵部郎中盧鄴爲楚州刺史十二月

党項廻鶻寇邊以左司郎中崔原爲兵部郎中江州刺史李可仁爲右司郎中權知工部尚書牛蔚爲礼部尚書太子賓客于涱爲工部尚書是冬南詔蠻寇蜀詔河西河東山南西道東川徵兵赴援西川節度使高駢奏奉勅抽發長武鄜州河東等道兵士赴劒南行營者伏以西川新軍舊軍差到已衆況蠻蛋小醜必可枝梧今以道路崎嶇館驛窮困更有軍頓立見流移所謂望一處完全而百處俱破且兵不在衆而在於和其左右神策長武鎮鄜川河東所抽甲馬兵士人數不少況備辦軍食費損尤多又緣三道藩鎮盡扼羌戎邊鄙未寧望不差發如已在道路並請降勅勒廻詔荅曰蠻蛋如尚憑凌固須倍兵禦敵若己奔退即要併力追擒方藉北軍助平南寇其三處兵士宜委高駢候到蜀日分布驅使具務多匕之辦寧亂整匕之師其河東一千二百人今寳辭不要差發時駢扞蠻已退長武兵士竟至蜀而還議者惜其　勞費而虛邀出入之賞也右軍中尉韓文約以疾乞休致從之

○二年春正月乙酉朔巳丑宰相崔彦昭率文武百寮上尊號上御正殿受冊以知內樞密田令孜爲右軍中尉南蠻驃信遣使乞盟許之以鳳州刺史郭弘業爲左金吾衛將軍庫部郎中韋岫爲泗州刺史都官員外郎李頻爲建州刺史二月以兵部侍郎充諸道鹽鐵轉運使王凝爲秘書監以所補吏職罪也以吏部侍郎裴坦爲兵部侍郎充諸道鹽鐵轉運使以翰林學士崔澹爲中書舍人翰林學士徐仁嗣爲司封郎中學士如故以容管經畧招討使高奉檢校戶部尚書太府卿李嶧爲宗正卿湖州刺史張摶爲盧州刺史庫部員外郎楊堪爲吏部員外郎三月以右補闕鄭勤爲起居郎度支推官牛徽爲右補闕以戶部郎中崔彦融爲長安令都官郎中楊知退爲戶部郎中左司員外郎唐嶠爲刑部郎中刑部員外郎畢紹顏爲左司員外郎侍御史鄭頊爲刑部員外郎四月海賊王郢攻剽浙西郡邑以殿中侍御史李燭爲禮部員外郎以太子賓客張裼爲吏部侍郎前淮南節度使李蔚爲太常卿成德軍節度使王景崇加開府儀同三司秘書監蕭峴爲國子祭酒汝州刺史崔彦冲爲太子賓客分司新除吏部侍郎張裼爲京兆尹東川黜檢兵馬使吳行魯可金紫光禄大夫檢校兵部尚書兼梓州刺史御史大夫充劒南東川節度等使以東川節度使檢校戶部尚書崔充爲河南尹河南尹李蟾檢校左散騎常侍兼福州刺史福建都團練觀察使以鳳翔隴西節度使檢校司徒同平章事上柱國京國公食邑三千戶令狐綯進封趙國公五月濮州賊首王仙芝聚於長垣縣其衆三千剽掠閭井進陷濮州俘丁壯萬人鄭州節度使李種出兵擊之爲賊所敗以殿中少監薛瑠爲衛州刺史國子司業裴拙爲洋州刺史中書舍人崔沆爲禮部侍郎兵部郎中裴虔餘爲太常少卿六月以司勳員外郎薛邁爲兵部郎中戶部員外郎鄭就爲司勳員外郎倉部員外郎鄭縈爲戶部員外郎主客員外郎王鐐爲倉部員外郎秋七月以大理卿恭行以爲豐州刺史天德軍都防禦使大理卿張彦遠爲大理卿以京兆尹張裼檢校戶部尚書兼鄆州刺史御史大夫充天平軍節度鄆曹濮觀察

○等使以左司勳員外郎杜貞符爲都官郎中吏部員外郎牛循爲金州刺史司封員外郎盧徵征爲吏部員外郎十月以秘書少監李覢爲諫議大夫以前大同軍及雲朔都防禦營田供軍等使李璿檢校左散騎常侍澧州刺史充天德軍澧州西城中城都防禦使本管押蕃落等使以考功員外郎趙蘊爲吏部員外郎戶部員外郎盧莊爲起居員外郎禮部員外郎蕭遘爲考功員外郎十一月以起居郎劉崇龜爲禮部員外郎殿中侍御史孔綸爲戶部員外郎是月雷震電左僕射王鐸兼門下侍郎同平章事復輔政

三年春正月巳卯朔司空門下侍郎同平章事蕭倣以病求免罷爲太子太傅浙西奏誅王郢徒黨以左金吾衛大將軍右街使齊克讓檢校兵部尚書兼兗沂海等州節度使三月以吏部尚書歸仁晦吏部侍郎孔晦吏部侍郎崔蕘試宏詞選人考功郎中崔庾考功員外郎周仁舉爲考官以太常卿李蔚本官同平章事奉天鎮上言金龍晝見自河昇天門下侍郎崔彦昭太清宮使弘文館大學士中書侍郎

刑部尚書平章事鄭畋監修國史以右武衛大將軍曇冲譙為左金
吾衛大將軍以黎州刺史杜岡為雅州刺史五月以江西觀察使獨
孤雲為太子少傅金州刺史東鄉勵為嘉州刺史六月勑福建觀察
使李播荊州刺史楊權古嶲州刺史王龜範壁州刺史張贄濮州刺
史韋浦施州刺史婁傳會邢州刺史王回撫州刺史崔理黃州刺史
許信卿等刺史親人之官尚不讀詩豈宜除授比為朕養百姓非獨
榮爾一身每念疲羸實所傷歎李播等九人授官之時擬詞不可王
回等三人到郡無政惟務貪求實汚方州並宜停任以檢校右散騎
常侍衛尉卿李鐸為太府卿以凉王傅分司裴思謙為衛尉卿撫王
府長史劉允章京王傅王客郎中崔福為汾州刺史荊南節度副王
憔為主客郎中六月以門下侍郎刑部尚書平章事太清宮使弘文
舘大學士判度支崔彥昭兼左僕射中書侍郎鄭畋兼門下侍郎太
常卿平章事李蔚為中書侍郎以歙州刺史蕭鄴為右司員外郎右
司員外郎崔潼為歙州刺史七月草賊王仙芝寇掠河南十五州其

衆數萬是月賊逼潁許攻汝州下之虜刺史王鐐刑部侍郎劉承雍
在郡為賊所害賊遂南攻唐鄧安黃等州時関東諸州府兵不能討
賊但守城而已以戶部郎中李節為駕部郎中金部郎中王憔為戶部郎
中主客郎中鄭諴為金部郎中金部員外郎張譙為主客郎中屯田
員外郎竇翊為金部員外郎京兆司録趙曄為屯田員外郎工部侍
郎崔朗為同州刺史左軍辯仗使左監門衛上將軍西門思恭為右
威衛上將軍以右諫議大夫知制誥魏謩　為中書舍人九月以
右丞崔蕘權知吏部侍郎禮部侍郎崔沆為尚書右丞中書舍人高湘權
知禮部侍郎京兆尹楊知至為工部侍郎兵部尚書兼太常卿李瓚
檢校尚書右僕射太常衛尉卿蕭寬為鴻臚卿充閑廐使以宰相崔
彥昭男保譙為秘書省校書郎右僕射門下侍郎平章事崔彥昭加
特進門下侍郎禮部尚書平章事鄭畋可特進太中大夫平章事盧
攜可銀青光禄大夫銀青光禄大夫平章事李蔚可金紫光禄大夫
以太府卿李嶧檢校工部尚書滑州刺史御史大夫充義成軍節度鄭

滑潁觀察處置等使雅州自六月地震至七月未止壓傷人頗衆詔
河南藩鎮舉兵討賊以刑部郎中李磎為戶部郎中分司東都戶部
郎中鄭誠為刑部郎中戶部郎中知制誥翰林學士王徽為中書舍
人戶部員外郎翰林學士蕭遘為戶部郎中學士並如故諫議大夫
趙蒙為給事中商州刺史張同為諫議大夫十一月以司門員外郎
鄭羌為池州刺史水部員外郎樊克為工部員外郎汴宋度使杜孺
休為水部員外郎太常少卿崔渾貶康州刺史揚州左司馬鄭祥澧
州刺史度支分巡院使李仲章為建州刺史十二月以右金吾衛將
軍張簡會為左金吾大將軍充右街使右龍武將軍李殷為右金吾
將軍前陝西虢觀察使陸墉為太子賓客
四年春正月癸酉朔丁丑降制赦天下繫囚及徒流人放還以諫議
大夫李湯為給事中以兵部郎中崔厚為諫議大夫大理少卿王承
顏為鹽州刺史明州刺史殷僧辯為大理卿以吏部尚書鄭從讜吏
部侍郎孔晦吏部侍郎崔蕘考宏詞選人三月以開府行內侍監致

仕劉行深為內侍省觀軍容守內侍監致仕以判鹽鐵案檢校考功
郎中鄭溆為司封員外郎充轉運判官兵部員外郎裴渥為蘄州刺
史職方員外郎盧澄為兵部員外郎以草賊大寇河南山南詔曰亂
常干紀天地所不容伐罪弔人帝王之大典歷觀往代徧數前朝其
有怙衆稱兵憑凶構孽或疑迷於郡縣或殘害於生靈初則孤假鴟
張自謂驍雄莫敵旋則鳥焚魚爛無非破敗而終蓋以逆順相懸幽
明共怒近者龐勛拒命王郢擬災結聚至多倡狂頗甚尋則身膏原
野家受誅夷亦有方從叛亂能自徊翔移吉凶於反掌之間變禍福
於立談之際則諸葛爽令為刺史朱實見存將軍弘霸郎受職於禁
營宋再雄策名於淮海莫不身名光顯家族輝榮近準諸道奏報草
賊稍多江西淮南宋亳曹潁或攻郡縣或掠鄉村雖命兵師且令招
撫朕以寬弘為理慈愍居心每念蒼生皆同赤子恨不能均其衣食
令致荒飢寧忍迫以鋒鍉斷其身首如王仙芝及諸賊頭領能洗心
悔過散卒休兵所在州府投降便令具名聞奏朝廷當議獎升如諸

賊頑傲不悛兇強自恃所宜令諸道兵師犄角誅剪若諸軍全捕得
一火草賊數至三百人已上者超授將軍賞錢一千貫如鄉村有幹
勇才畧而能率合義徒驅除草寇若本處以聞亦與重賞如鄭鎰湯
群之輩已爲刺史朝廷故不食言勑到宜令諸道明行宣諭令知朕
意青州節度使宋威上表請步騎五千特爲一使兼率本道兵士所
在討賊必立微功以酬聖獎優詔嘉之乃授威諸道招討草賊使仍
給禁兵三千甲馬五百匹仍諭河南方鎮曰王仙芝本爲鹽賊自號
草軍南至壽廬北經曹宋半年燒劫僅十五州兩火轉鬬踰七千衆
諸道發遣將士同共討除日月漸深煙塵未息蓋以遞相觀望虛費
糇糧州縣罄於供承鄉村泣於侵暴今平盧軍節度使宋威深憤萑
蒲請行誅討朕以威前特蜀部破南詔之全軍比歲徐州摧龐勛之
大陣官階甚貴可以統諸道之都頭驍勇素彰足以破伏戎之草寇
今已授指揮諸道兵馬招討草賊使俟宋威到本道日供給犒設並
取上供錢支給仍令指揮都頭凡攻討進退取宋威處分時賊渠王

○

仙芝尚君長在安州宋威自青州與副使曹全晸進軍攻討所在破
賊是月冤朐賊黃巢聚萬人攻鄆州陷之逐節度使薛崇五月幽州
節度使李茂勳上表乞致仕以其男可舉權知兵馬事制以壽王傑
爲開府儀同三司幽州經畧盧龍等軍節度觀察押奚契丹等使以
幽州節度副使權知兵馬事李可舉檢校左散騎常侍幽州大都督
府左司馬充幽州兵馬留後制以幽州盧龍節度使檢校工部尚書
李茂勳守尚書左僕射致仕以前綿州刺史皇甫鏞爲秘書少監以
陳州刺史許珂爲睦州刺史以右衛將軍程可復爲左衛大將軍黃
巢賊陷沂州六月以宣歙觀察使高駢檢校司空兼潤州刺史鎮海
軍節度蘇常杭潤觀察處置江淮鹽鐵轉運江西招討等使以汝州
防禦使李鈞檢校尚書右僕射潞州大都督府長史充昭義軍節度
潞邢洺磁觀察等使幽州留後李可舉請以本軍討沙陀三部落從
之七月黃巢自沂海其徒數萬趨潁蔡入查牙山遂與王仙芝合七
月賊陷隨州執刺史崔休徵群賊屯於白狀是月江州賊首柳彥璋

聚徒陷江州殺刺史陶祥八月以中書舍人崔澹權知貢舉沙陀大寇
雲朔十月詔昭義節度李鈞幽州李可舉吐渾赫連鐸白義誠沙陀
安慶薛葛部落合兵討李國昌父子於蔚州十一月賊王仙芝率衆
渡漢攻江陵節度使楊知溫嬰城拒守知溫本非禦侮之才城無宿
備賊急攻之十二月賊陷江陵之郛知溫窮蹙求援於襄陽山南東
道節度使李福悉其師援之時沙陀軍五百騎在襄陽軍次荊門騎
軍擊賊敗之賊盡焚荊南郛郭而去

五年春正月丁酉朔沙陀首領李盡忠陷遮虜軍太原節度使竇澣
遣都押衙康傳圭率河東土團二千人屯代州將發求賞呼譟殺馬
步軍使鄧虔竇澣自入軍中安慰仍借率富戶錢五萬貫以賞之朝
廷以澣非禦侮才以前昭義節度使曹翔檢校尚書右僕射兼太原
尹北都留守河東節度使又以左散騎常侍支謨爲河東節度副使
二月王仙芝餘黨攻江西招討使宋威出軍屢敗之仍宣詔書論仙
芝致書於威求節鉞威僞許之仙芝令其大將尚君長蔡溫玉奉表

○

入朝威乃斬君長溫玉以徇仙芝怒急攻洪州陷其郛宋威赴援與
賊戰大敗之殺仙芝傳首京師尚君長弟尚讓爲黃巢黨以兄遇害
乃大驅河南山南之民其衆十萬大掠淮南其鋒甚銳侍中晉國公
王鐸請自督衆討賊天子以宋威失策殺君長乃以王鐸檢校司徒
兼侍中門下侍郎江陵尹荊南節度使充諸道兵馬都統三月王鐸奏
兗州節度使李係爲統府左司馬兼潭州刺史充湖南都團練觀察
使黃巢之衆再攻江西陷虔吉饒信等州自宣州渡江由浙東欲趨
福建以無舟船乃開山洞五百里由陸趨建州遂陷閩中諸州以吏
部尚書鄭從讜吏部侍郎崔沆考宏詞選人七月滑州忠武昭義諸
道之師會于太原大同軍副使支謨爲前鋒先趨行營八月沙陀陷
岢嵐軍曹翔自率軍赴忻州翔至軍中風而卒諸軍皆退太原大懼
閉城門昭義兵士爲亂劫坊市九月門下侍郎吏部尚書平章事李
蔚檢校尚書左僕射充東都留守以吏部尚書鄭從讜本官同平章
事十月司空平章事崔彥昭罷爲太子太傅十一月制以河東宣慰使

權知代北行營招討崔季康檢校戶部尚書兼太原尹北都留守充
河東節度代北行營招討使沙陀攻石州崔季康救之十二月季康
與北面行營招討使李鈞與沙陀李克用戰于岢嵐軍之洪谷王師
大敗鈞中流矢而卒戊戌代州昭義軍亂爲代州百姓所殺殆盡以
中書舍人張讀權知禮部貢舉
六年春正月辛卯朔河東節度使崔季康自靜樂縣收合餘衆廻軍
軍亂殺孔目官石裕季康委衆遁歸行營衙將張鍇郭朏率其衆歸
太原兵士鼓譟攻東陽門入使衙季康父子皆被害三月以吏部侍
郎崔沆崔澹試宏詞選人駕部郎中盧蘊刑部郎中鄭頊爲考官制
以邠寧節度使李侃檢校戶部尚書兼太原尹北都留守充河東節
度等使四月黃巢陷桂管五月賊圍廣州仍與廣南節度使李巖浙
東觀察使崔璆書求保薦乞天平節鉞璆巖上表論之詔公卿議其可
否宰相鄭畋盧攜爭論於中書詞語不遜俱罷爲太子賓客分司東
都以吏部侍郎崔沆爲兵部侍郎戶部侍郎翰林學士豆盧瑑並本
。

官同平章事黃巢陷廣州大掠嶺南郡邑八月制以特進檢校司空
東都留守李蔚爲檢校司徒同平章事兼太原尹北都留守河東節
度觀察兼代北行營招討供軍等使十月制以鎮海軍節度浙江西
道觀察處置等使高駢檢校司徒同平章事揚州大都督府長史充
淮南節度副大使知節度事江淮鹽鐵轉運江南行營招討等使進
封燕國公食邑三千戶初駢在浙西遣大將張璘梁纘等大破黃巢
於浙東賊進寇福建踰嶺表故移鎮揚州時賊北踰大庾嶺朝廷授
駢諸道行營兵馬都統太原節度使李蔚卒以禮部侍郎張讀權知
左丞事十一月制以銀青光祿大夫檢校右散騎常侍河東行軍司
馬鴈門代北制置等使石嶺鎮北兵馬代北軍等使上柱國康傳圭
檢校工部尚書兼太原尹北都留守河東節度使時傳圭已率兵在
代州是月自行營赴任兩都虞候張鍇郭朏迎於烏城驛並殺之軍
中震慄又制以神策大將軍周寶檢校尚書左僕射兼潤州刺史鎮
海軍節度浙江西道觀察等使以定州已來制置內閑廐宮苑等使

金紫光祿大夫檢校刑部尚書上柱國太原縣開國伯食邑七百戶王
處存檢校戶部尚書兼定州刺史充義武軍節度易定觀察處置北
平軍等使十二月制以河東馬步軍都虞候朱玫爲代州刺史以太
子賓客分司盧攜爲兵部尚書同平章事太子賓客鄭畋檢校左僕
射鳳翔尹充鳳翔節度使
廣明元年春正月乙卯朔上御宣政殿制曰朕祗膺寶祚嗣守宗祧
夙夜一心勤勞八載實欲驅黎元於仁壽致華夏之昇平而國步猶
艱群生寡遂災沴荐起寇孽仍臻竊弄干戈連攻郡邑雖輸降款未
息狂謀江右海南瘡痍既甚湖湘荊漢耕織屢空言念疲羸良深軫
惻我心未濟天道如何賴近者嚴勑師徒稍聞勝捷皆明聖之潛祐
寧非德以言功屬節變三陽日當首歲乃御正殿爰命改元況及發
生是宜在宥自古繼業守文之主握圖御宇之君必自正月吉辰發
號施令所以垂千年之懿範固億萬之洪基莫不由斯道也可改乾符
七年爲廣明元年近日東南州府頻奏草賊結連本是平人迫於饑
。

饉驅之爲盜情不願爲委所在長吏子細曉諭如自首歸降保非詐
僞便須撫納不要勘問如未倒戈即登時剪撲東南州府遭賊之處
農桑失業耕種不時就中廣州荊南湖南盜賊留駐人戶逃亡傷夷
最甚自廣明已前諸色稅賦宜令十分減四其河中府太原府遭賊
寇掠處亦宜準此吏部選人粟錯及除駁放者除身名渝濫欠考外
並以比遠殘闕收注入仕之門兵部最濫全無根本頗壞紀綱近者
武官多轉入文官依資除授宜懲僭倖以辨品流自今後武官不得
轉入文官選改所輿輪轅各適秩序區分其內司不在此限沙陀部
落踰鴈門關進逼忻州二月沙陀逼太原陷太谷康傳圭遣大將伊
釗張彥球蘇弘軫分兵拒之於秦城驛爲沙陀所敗傳圭怒斬蘇弘
軫張彥球部下兵士爲亂倒戈攻太原殺傳圭監軍使周從寓安慰
方定是月制以開府儀同三司門下侍郎兼兵部尚書同平章事充太
清宮使弘文館大學士延資庫使上柱國滎陽郡開國公食邑三千
戶鄭從讜檢校司空同平章事兼太原尹北都留守充河東節度管

內觀察處置兼行營招討供軍等使黃巢賊軍自衡永州下頓陷湖南江西屬郡時都統王鐸前鋒都將李係守潭州有衆五萬并諸團結軍號十萬賊自桂陽編木爲栰數千其衆乘暴水沿湘而下徑至潭州急攻其城一日而陷李係僅以身免兵士五萬皆爲賊所殺流屍塞江賊將尚讓乘勝沿流而下進逼江陵王鐸聞係軍敗乃棄城奔襄陽別將劉漢宏大掠江陵之民剽剥不勝其酷士民亡竄山谷江陵焚剽殆盡半月餘賊衆方至江陵三月賊悉衆欲寇襄陽江西招討使曹全晸與襄陽節度使劉巨容謀拒之時營於荆門賊軍一萬屯於團林驛全晸命巨容悉以精甲陣於林薄之中自以騎軍挑戰僞不勝而遁賊大乘之比至荆門其徒不成列巨容發伏擊之賊大潰而走全晸鐵騎急追之比至江陵十俘七八黃巢尚讓以餘衆徒濟江全晸方渡江襲賊遽詔至以段彥謨爲江南節度使全晸乃還賊遂率舟軍東下攻鄂州陷其郛全晸救至賊遂轉戰江西陷江西饒信杭衢宣歙池等十五州全晸在江西朝廷以王鐸統衆無功

○乃授淮南節度使高駢爲諸道兵馬行營都統駢令大將張璘渡江討賊屢捷賊衆疾癘其將李罕之以一軍投淮南其衆稍沮是月沙陀寇忻代詔以汝州防禦使諸葛爽爲北面行營副招討率東都防禦兵士赴代州四月甲申朔大雨雹大風拔兩京街樹十二三東都長夏門內古槐十拔七八宮殿鴟尾皆落丁酉制以檢校吏部尚書前太常卿上柱國隴西郡開國公食邑三千戶李琢爲光祿大夫檢校尚書右僕射御史大夫充蔚朔等州諸道行營都招討使應東北面行營李孝昌李元禮諸葛爽王重盈朱玫等兵馬及忻代州土團並取琢處分以內常侍張存禮充都糧料使判官崔鋋充制置副使六月代北行營招討使李琢幽州節度使李可舉吐渾首領赫連鐸等軍討李克用於雲州時克用令其大將軍傅文達守蔚州高文集守朔州吐渾赫連鐸遣人說高文集令歸國文集與沙陀首領李友金薩葛都督米海萬安慶都督史敬存以蔚州歸款於李琢時克用率衆禦燕軍於雄武軍九月沙陀三部落李友金等開門迎天軍

克用聞之亟來赴援爲李可舉之兵追擊大敗於藥兒嶺李琢赫連鐸又擊敗于蔚州降文達李克用部下皆潰獨與國昌及諸兄弟北入達靼部乃以吐渾都督赫連鐸爲雲州刺史大同軍防禦使吐渾白義誠爲蔚州刺史薩葛米海萬爲朔州刺史加李可舉檢校司徒同平章事七月黃巢之衆渡江寇淮南是歲春末賊在信州疾癘其徒多喪淮南將張璘急擊之賊懼以金啗璘仍致書高駢乞保命歸國駢信之厚待其使許求節鉞時昭義武寧義武等軍兵馬數萬赴淮南駢欲收功於己乃奏賊已將殄不在諸道之師並遣還北賊知諸軍已退以求節鉞不獲暴怒與駢絕請戰駢怒令張璘整軍擊之爲賊所敗臨陣殺璘賊遂乘勝渡江攻天長六合等縣駢不能拒但決陳登水自固而已朝廷聞賊復振大怒詔河南諸道之師屯于溵水官軍大集賊未北渡時兗州節度使齊克讓屯汝州九月徐州兵三千人赴溵水途經許許州節度使薛能前爲徐帥得軍民情徐軍吏至請館能以徐軍懷惠令館於州內許軍懼徐人見襲許州大將周

○岌自溵水以其戍卒還逐薛能自據其城徐軍以至河陰聞許軍亂徐將時溥亦以戍兵還徐逐節度使支詳齊克讓懼兵見襲亦還兗州溵水諸軍皆散賊聞之十月乃悉衆渡淮黃巢自號率土大將軍其衆富足自淮已北整衆而行不剽財貨惟驅丁壯爲兵耳十一月辛亥朔己巳賊陷東都留守劉允章率分司官屬迎謁之賊供頓而去坊市晏然壬申陷虢州丙子攻潼關守關諸將望風自潰十二月庚辰朔辛巳賊據潼關時左軍中尉田令孜專政宰相盧攜曲事之相與誤謀以至傾敗令孜恐衆罪加己請貶攜官命學士王徽裴徹爲相甲申宣制以戶部侍郎翰林學士王徽裴徹本官同平章事貶右僕射門下侍郎平章事盧攜爲太子賓客攜聞賊至仰藥而死是日上與諸王妃后數百騎自子城由含光殿金光門出幸山南文武百官寮不之知並無從行者京城晏然是日晡晚賊入京城時右驍衛大將張直方率武官十餘迎黃巢於坡頭壬辰黃巢據大內僭號大齊稱年號金統悉陳文物據丹鳳門僞赦以太常博士皮日休進士

沈雲翔爲學士僞赦書云揖讓之儀廢已久矣竄遁之迹良用憮然朝臣三品已上並停見任四品已下宜復舊位以趙璋爲中書令尚讓爲太尉崔璆爲中書侍郎平章事時宰相豆盧瑑崔沆故相左僕射劉鄴太子少師裴諗御史中丞趙濛刑部侍郎李溥故相于琮皆從駕不及匿於閭里爲賊所捕皆遇害將作監鄭綦庫部郎中鄭係義不臣賊舉家雉經而死中和元年春正月庚戌朔車駕在興元以翰林學士承旨尚書戶部侍郎知制誥蕭遘爲兵部侍郎充諸道鹽鐵轉運等使尋以本官同平章事領使如故以宿州刺史劉漢宏爲越州刺史領東軍節度浙江東道觀察處置等使詔太原節度使鄭從讜發本道之師與北面行營招討副使諸葛爽代州刺史北面行營馬步都虞候朱玫夏州將李思恭等行營諸軍並赴京師討賊河中馬步都虞候王重榮逐其帥李都自稱留後二月代州北面行營都監押陳景思率沙陀薩葛安慶等三部落與吐渾之衆三萬赴援關中次絳州沙陀首領翟稽俘掠絳州叛還景思知不可用遣使詣行在請

○赦李國昌父子令討賊以贖罪從之三月陳景思齎詔入達靼召李克用軍屯蔚州克用因大掠鴈門已北軍鎮以鳳翔節度使鄭畋守司空門下侍郎同平章事充京西諸道行營都統與涇原節度使程宗楚秦州經略使仇公遇鄜延節度使李孝恭夏州節度使拓拔思恭等同盟起兵傳檄天下黃巢遣大將林言尚讓率衆數萬寇鳳翔鄭畋率師逆擊大敗賊衆於龍尾陂四月以前大同軍防禦使李克用檢校工部尚書兼代州刺史鴈門已北行營兵馬節度等使五月李克用赴代州遂率蕃漢兵萬人南出石嶺關稱準詔赴難長安丁巳沙陀軍至太原鄭從讜供給糧料辛酉沙陀求發軍賞錢從讜與錢千貫米千石克用怒縱兵大掠從讜求援於振武契苾通自率兵來赴與沙陀戰於晉王嶺沙陀敗走陷榆次陽曲而退是日大風大雨土特進尚書右僕射趙隱卒贈司空六日沙陀退還代州車駕幸成都府西川節度使陳敬瑄自來迎奉七月丁未朔乙卯車駕至西蜀丁巳御成都府廨改廣明二年爲中和元年大赦天下以兵部侍郎判度支韋昭度本官同平章事以侍中王鐸檢校太尉中書令兼滑州刺史義成軍節度鄭滑觀察處置兼充京城四面行營都統以太子太保崔安潛爲副觀軍容使西門思恭爲天下行營兵馬都監押中書侍郎平章事諸道鹽鐵轉運等使韋昭度爲供軍使時淮南節度使高駢爲諸道行營都統自車駕出幸中使相繼促駢起軍駢託以周寶劉漢宏不利於已遷延半歲竟不出軍乃以鐸爲都統以河中節度使王重榮爲京城北面都統義武軍節度使王處存爲京城東面都統鄜延節度使李孝章爲京城西面都統朔方軍節度使拓拔思恭爲京城南面都統以忠武監軍使楊復光爲天下行營兵馬都監代西門思恭許王鐸以便宜從事遣郎官御史分行天下徵兵赴關內八月代北行營兵馬使諸葛爽朱玫拓拔思恭等軍屯渭橋朱玫屯興平爲賊將王璠所擊退保奉天諸葛爽降賊僞署爽河陽節度使許州牙將秦宗權奏破賊於汝州乃授宗權蔡州防禦使昭義節度使高潯與賊將李詳戰于石橋爲賊所敗退歸河中賊乘勝陷同

○州九月澤潞高潯牙將劉廣擅還據潞州是月潯天井關戍將孟方立率戍卒攻劉廣殺之方立遂自稱留後仍移軍鎮於邢州制以京城四面催陣使守兵部尚書王徽檢校左僕射兼潞州大都督府長史昭義節度潞邢洺磁觀察等使貶高潯端州刺史楊復光王重榮以河西昭義忠武義成之師屯武功鳳翔節度使鄭畋以病徵還行在以鳳翔大將李昌言代畋爲節度使兼京城西面行營都統十月青州軍亂逐節度使安師儒立其行營將王敬武爲留後十二月行營都統王鐸率禁軍山南東川之師三萬至京畿屯於盩厔

二年春正月甲辰朔天下勤王之師雲會京畿京師食盡賊食樹皮以金玉買人於行營之師人獲數百萬山谷避亂百姓多爲諸軍之所執賣二月涇原大將唐弘夫大敗賊將林言於興平俘斬萬計王處存率軍二萬徑入京城賊僞遁去京師百姓迎處存歡呼叫譟是日軍士無部伍分占第宅俘掠妓妾賊自灞上分門復入處存之衆蒼黃潰亂爲賊所敗黃巢怒百姓歡迎處存凡丁壯皆殺之坊市爲

之流血自是諸軍退舍賊鋒愈熾三月前蔚州刺史蘇祐爲沙陀所敗棄郡投鎮州至靈壽部人爲盜祐爲王景崇所殺七月辛丑朔丙午夜西北方赤氣如絳虹竟天賊將尚讓攻宜君砦雨雪盈尺甚寒賊兵凍死者十二三八月庚子賊同州防禦使朱温殺其監軍嚴實與大將胡真謝瞳等來降王鐸承制拜華州刺史潼關防禦鎮國軍等使魏博節度韓簡自率軍三萬攻河陽僞署節度使諸葛爽棄城而去簡遣大將守河橋而還九月賊以黄鄴爲華州刺史初賊以李詳守華州詳與朱温素善及温歸河中黄巢遣閹官後允率功臣馬千匹至華殺詳以鄴代歸太原諸山桃杏有花實十月西北方無雲而雷名天狗墜以嵐州刺史湯群爲懷州刺史時群倚沙陀爲援朝廷疑而易之鄭從讜遣人傳官告授群群怒殺使者據城內沙陀魏博節度使韓簡以兵攻鄆州節度使曹全晸拒之爲簡所敗執而殺之全晸大將朱瑄以餘衆保鄆州乞和於簡簡捨之而去十一月沙陀李克用監軍陳景思以部落之衆一萬七千騎自嵐石州路赴河中

。賊將李詳下牙隊斬華州守將歸明王鐸用其部將王遇爲華州刺史十二月己亥朔庚戌成德軍節度鎮冀深趙觀察處置等使開府儀同三司檢校太尉中書令上柱國常山郡王食邑六千户王景崇卒贈太傅謚曰忠穆遺表請以子鎔纘繼戎事遂以鎔爲兵馬留後三年春正月戊辰朔車駕在成都府鴈門節度使檢校工部尚書李克用率師至河中己巳沙陀軍進屯沙苑之乾坑二月沙陀攻華州刺史黄鄴出奔至石堤谷追擒之魏博節度使韓簡再興兵討河陽諸葛爽遣大將李罕之拒之於武陟逆擊之魏軍大敗而還大將樂彦貞先據魏州韓簡爲部下所殺推彦貞爲留後就加李克用檢校尚書左僕射忻代雲蔚等州觀察處置等使三月丁卯朔壬申沙陀軍與賊將趙章尚讓戰于成店賊軍大敗追奔至良天坡横屍三十里王重榮築屍爲京觀四月丁酉朔庚子沙陀忠武義成義武等軍逼長安賊悉衆拒之於渭橋大敗而還李克用乘勝追之己卯黄巢收其殘衆由藍田關而遁庚辰收復京城天下行營兵馬都監楊復

光上章告捷行在曰頃者妖興霧市嘯聚叢祠而岳牧藩侯備盜不謹謂大同之運常可容姦謂無事之秋縱其長惡賊首黄巢因得兗盈窟穴蔓延萑蒲驅我烝黎徇其兇逆展鉏耰以成鋒刃殺耕牛以恣燔炮魑魅晝行虺蜴夜噬自南海失守湖外喪師養虎災深馴梟逆大物無不害惡靡不爲豺狼貽朝市之憂癰疽及腹心之痛遂至毒流萬姓盜汚兩京衣冠銜塗炭之悲郡邑起丘墟之歎萬方共怒十道齊攻仗九廟之威靈殄積年之兇醜河中節度使王重榮神資壯烈天賦機謀誓立功名志安家國至於屯田待敵率士當衝收百姓十萬餘家降賊黨三萬餘衆法能持重功遂晚成久稽原野之刑未決雷霆之怒自收同華進逼京師夕烽高照於國門遊騎頻臨於灞岸既知四隅斷絶百計奔衝如窮鳥觸籠似飛蛾赴焰鴈門節度使李克用神傳將略天付忠貞機謀與武藝皆優臣節共本心相稱殺賊無非手刃入陣率以身先可謂雄才得名飛將統領本軍南下與臣同力前驅雖在寢興不忘寇孽今月八日遣衙隊將前鋒守宗河中

。騎將白志遷横野軍使滿存踏雲都將丁行存朝邑鎮將康師貞忠武黄頭軍使龐從等三十二都隨李克用自光泰門先入京師力摧兇逆又遣河中將劉讓王瓌與軍武孫珙忠武大將喬從遇鄭滑將韓從威荆南大將申屠倧滄州大將賈滔易定大將張仲慶壽州大將張行方天德大將顧彦朗左神策弩手甄君楚公孫佐横衝軍使楊守亮踏雲都將高周彝忠順都將胡貞絳州監軍毛宣伯壽弘裕等七十都繼進賊尚爲堅陣來抗官軍李克用率勵驍雄鏖齊金革時譟而聲將動瓦喑鳴而氣欲吞沙寬列戈矛麾軍夾擊自卯至申兇徒大敗自望春宮殲殺至昇陽殿合圍戈不濫揮矢無虚發其賊即時奔遁散入商山徒延漏刃之生佇作欽頭之器伏自收平京國三面皆立大功若破敵摧鋒鴈門實居其首其餘將佐同効驅馳兼臣所部二萬餘人數歲櫛風沐雨既茲盪定並録以聞報至從官稱賀五月制以河中節度使檢校尚書右僕射王重榮檢校司空同平章事餘如故鴈門已北行營節度忻代蔚朔等州觀察處置等使檢校

尚書左僕射代州刺史上柱國食邑七百戶李克用檢校司空同平
章事兼太原尹北京留守充河東節度管內觀察處置等使義武軍
節度使檢校司空王處存檢校司徒同平章事餘如故以檢校尚書
右僕射華州刺史潼關防禦等使朱溫檢校司空兼汴州刺史御史
大夫充宣武節度觀察等使仍賜名全忠京城西北營都統充金紫
光祿大夫檢校司空邠州刺史邠寧節度使朱玫就加同平章事進
封吳興縣侯食邑一千戶鄜坊節度使金紫光祿大夫檢校尚書右
僕射東方逵就加同平章事王鐸罷行營都統依前檢校太師中書
令進封晉國公加食邑二千戶節度觀察使如故時中尉田令孜用事
自負帷　幄之功以鐸用兵無功而由楊復光建策召沙陀成破賊
之効欲權歸北司乃黜王鐸而悅復光也就加諸道行營兵馬都監
楊復光開府儀同三司弘農郡開國公食邑三千戶充同華等州管
內制置使仍賜號資忠耀武匡國平難功臣六月乙未朔甲子楊復
光卒於河中其部下忠武八都都頭鹿晏弘晉暉王建韓建等各以

○其衆散去時復光兄復恭知內樞密田令孜以復光立破賊功憚而
惡之故賊平賞薄及聞復光死甚悅復擯復恭罷樞密為飛龍使是
月黃巢圍陳州營於州北五里初賊出藍田關遣前鋒將孟楷攻蔡
州刺史秦宗權以兵逆戰為楷所敗宗權勢窘與賊通和孟楷移兵
攻陳州刺史趙犫示弱伏兵擊之臨陣斬楷楷賊之愛將深惜之黃
巢怒悉衆攻陳州時黃巢與宗權合從縱兵四掠遠近皆罹其酷時
仍歲大饑民無積聚賊俘人為食其炮炙處謂之舂磨寨白骨山積
喪亂之極無甚於斯賊攻城急徐州節度使時溥許州周岌汴州朱
全忠皆出師護援之十月制以西川節度使開府儀同三司守太尉
同平章事成都尹上柱國潁州郡王食邑三千戶實封四百戶陳敬
瑄賜鐵券詔鄭從讜赴行在八月李克用赴鎮太原制以前振武節
度檢校司空兼單于都護御史大夫李國昌為檢校司徒代州刺史
鴈門已北行營節度尉朔等州觀察等使十月李國昌卒十一月蔡
賊秦宗權圍許州十二月詔河東李克用赴援陳許忠武大將鹿晏

弘晉興元逐節度使牛勗自為留後
四年春正月癸亥朔車駕在成都府二月河東節度使李克用將出
師援陳許河陽節度使諸葛爽以兵屯澤州拒之三月壬戌朔甲戌
克用移軍自河中南渡東下洛陽四月辛卯朔甲寅沙陀軍次許州
節度使周岌及監軍田從異以兵會戰賊將尚讓屯太康黃鄴屯西華
稍有芻粟己未沙陀分兵攻太康西華賊皆潰庚申尚讓黃鄴遁去官
軍得其芻粟黃巢亦退保鄆城以兵部侍郎判度支鄭昌圖以本官
同平章事五月辛酉朔癸亥沙陀追黃巢而北丁卯次尉氏戊辰大
雨平地水深三尺溝河漲溢賊至中牟臨汴河欲渡沙陀邀至賊大
駭其黨分潰殺傷溺死殆半尚讓一軍降時溥別將楊能李讜霍存
葛從周張歸霸等降朱全忠李周楊景彪以殘衆走封丘己巳沙陀
渡汴河趨封丘黃巢兄弟悉力拒戰李克用擊敗之獲所俘男女五
萬口牛馬萬餘并僞乘輿法物符印寶貨戎仗等二萬計得巢幼子
年六歲黃巢既敗以其殘衆東走庚午李克用急躡黃巢一日夜行

○二百里馬疲乏死者殆半宿宛朐糧運不及騎軍至寡乃與忠武監
軍田從異班師甲戌次汴州節度使朱全忠館克用于上源驛全忠
以克用兵力寡弱大軍在遠乃圖之是夜置酒郵舍克用既醉全忠
以兵圍驛縱火燒之雷雨驟作平地水深尺餘克用踰垣僅免其部
下三百餘人及監軍使史敬思書紀任珪皆被害丙子克用至許州
率本軍還太原庚辰徐州將李師悅陳景思率兵萬人追黃巢於兗
州六月鄆州節度使朱瑄奏大敗賊於合鄉秋七月己未朔癸酉賊將
林言斬黃巢黃揆黃秉三人首級降時溥初徐將李師悅與賊戰于
瑕丘賊殊死戰其衆殆盡林言與巢走至太山狼虎谷之襄王村擒
追至併命乃斬賊降師悅壬午捷書至行在從官稱賀河東節度使
李克用累表訴屈請討汴州天子優詔和解之就加克用階特進封
隴西郡王以悅之自是全忠克用有尋戈之怨九月山南西道節度
使鹿晏弘為禁軍所討棄城擁衆東出襄鄧大掠許州晏弘大將王
建韓建張造晉暉李師泰各率本軍歸朝田令孜以建等楊復光故

將溥之皆授諸衛將軍惟以王建爲壁州刺史十月關東諸鎮上章請車駕還京十一月鹿晏弘陷許州殺周岌自稱留後尋爲秦宗權所攻制以義成軍節度檢校太師中書令上柱國晉國公王鐸爲滄州刺史義昌軍節度滄德觀察處置等使十二月丁亥朔大明宮留守權知京兆尹御史大夫京畿制置等使王徽與留司百官上表請車駕還宮詔以來年正月還京新除滄德節度使王鐸爲魏博節度使樂彥禎害之於漳南縣之高雞泊行從三百餘人皆遇害

光啓元年春正月丁巳朔車駕在成都府己卯僖宗自蜀還京二月丁亥朔丙申車駕次鳳翔三月丙辰朔丁卯車駕至京師己巳御宣政殿大赦改元光啓時李昌符據鳳翔王重榮據蒲陝諸葛爽據河陽洛陽孟方立據邢洺李克用據太原上黨朱全忠據汴滑秦宗權據許蔡時溥據徐泗朱瑄據鄆齊曹濮王敬武據淄青高駢據淮南八州秦彥據宣歙劉漢宏據浙東皆自擅兵賦迭相吞噬朝廷不能制江淮轉運路絕兩河江淮賦不上供但歲時獻奉而已國命所能

制者河西山南劍南嶺南西道數十州大約郡將自擅常賦殆絕藩侯廢置不自朝廷王業於是蕩然蔡賊秦宗權侵寇藩鄰制以徐州節度使時溥爲鉅鹿王充蔡州四面行營兵馬都統宗權將秦賢攻汴鄭不已以汴州刺史朱全忠爲沛郡王充蔡州西北面行營都統杭州刺史董昌大敗劉漢宏之衆進攻越婺台明等州下之遂以昌爲越州刺史鎮東軍節度浙江東道觀察等使以杭州大將錢鏐爲杭州刺史閏三月鎮冀節度使王鎔獻耕牛千頭農具九千兵仗十萬四月乙卯朔以開府儀同三司右金吾衛上將軍左衛功德使齊國公田令孜爲左右神策十軍使時自蜀中護駕令孜招募新軍五十四都都千人左右神策各二十七都分爲五軍令孜總領其權時軍旅既衆南衙北司官屬萬餘三司轉運無調發之所度支惟以關畿稅賦支給不充賞勞不時軍情咨怨舊日安邑解縣兩池榷鹽稅課鹽鐵使特置鹽官以總其事自黃巢亂離河中節度使王重榮兼領榷務歲出課鹽三千車以獻朝廷至是令孜以親軍闕供計無從出乃舉廣明前舊事請以兩池榷務歸鹽鐵使收利以贍禁軍詔下重榮上章論訴言河中地窘悉藉鹽課供軍五月制以河中節度使檢校司徒同平章事河中尹上柱國瑯琊郡王王重榮爲檢校太傅同平章事兼兗州刺史兗沂海節度觀察處置等使代齊克讓以克讓檢校司徒兼定州刺史御史大夫充義武節度觀察北平軍等使代王處存以處存依前檢校太傅同平章事河中尹河中晉磁隰節度觀察等使是月宰臣蕭遘率文武百寮上徽號曰至德光烈孝皇帝御宣政殿受冊大赦六月甲寅朔丙辰定州王處存奏幽州節度使李可舉鎮州節度使王鎔各令大將率領兵士侵攻當道臣並已殺退時李可舉乘天子播越中原大亂以河朔三鎮休戚事同惟易定二郡爲朝廷所有乃同議攻處存以分其地會燕將李全忠有奪帥之志軍情相疑全忠方圍易州處存出奇騎以擊之燕軍大敗是月全忠收合殘衆攻幽州李可舉舉室登樓自焚而死全忠自稱留後滄州軍亂逐其帥楊令孜立衙將盧彥威爲留後制以保鑾都將檢

校司徒兼黔州刺史黔中節度觀察等使曹誠檢校太保兼滄州刺史充義昌軍節度滄德觀察等使河中王重榮累表論列數令孜離間方鎮令孜遣邠寧節度使朱玫會合鄜延靈夏之師討河中九月朱玫屯沙苑王重榮求援於太原十月李克用率太原軍南出陰地關十一月河中太原之師與禁軍對壘於沙苑十二月辛亥朔癸酉官軍合戰爲沙陀所敗朱玫走還邠州神策軍潰散遂入京師肆掠乙亥沙陀逼京師田令孜奉僖宗出幸鳳翔初黃巢據京師九衢三內宮室宛然及諸道兵破賊爭貨相攻縱火焚剽宮室居市閭里十焚六七賊平之後令京兆尹王徽經年補葺僅復安堵至是亂兵復焚宮闕蕭條鞠爲茂草矣

二年春正月辛巳朔車駕在鳳翔李克用旋師河中與朱玫王重榮同上表請駕駐蹕鳳翔仍數田令孜之罪乃以飛龍使楊復恭復知內樞密事戊子田令孜迫乘輿請幸興元庚寅車駕次寶雞授刑部尚書孔緯兼御史大夫令率從官赴行在時車駕夜出宰相蕭遘裴澈

鄭昌圖及文武百寮不之知乞從不及故令孔緯促之蕭遘惡令孜弄權再亂京國因邠州奏事判官李松年至鳳翔乃令亟召朱玫迎奉癸巳朱玫引步騎五千至鳳翔令孜聞邠州軍至奉帝入散關令禁軍守靈壁玫至禁軍潰散遂長驅追駕至尊途驛嗣襄王熅疾爲玫所得時興元節度使石君涉聞車駕入關乃毀徹棧道柵絶險要車駕由他道僅達爲邠州軍踵後崎嶇危殆者數四二月辛亥朔以十軍觀軍容使開府田令孜爲劍南西川節度監軍以内樞密使楊復恭爲神策左軍中尉三月庚辰朔戊午興元節度使石君涉棄城入朱玫軍内丙申車駕至興元戊辰以翰林學士承旨兵部尚書知制誥杜讓能爲兵部侍郎刑部尚書御史大夫孔緯爲兵部侍郎克諸道鹽鐵轉運等使並以本官同平章事保鑾都將李鋌楊守亮楊宗守等敗邠州軍於鳳州四月庚戌朔是夜熒惑犯月角壬子朱玫李昌言追宰相蕭遘等於鳳翔驛舍請嗣襄王熅權監軍國事玫自爲大丞相兼左右神策十軍使遂驅率文武百寮奉襄王還京師五月

○己卯朔庚辰襄王僭即皇帝位年號建貞以蕭遘初沮襄王監國之命罷知政事爲太子少師以朱玫爲侍中諸道鹽鐵轉運使以裴澈爲門下侍郎右僕射同平章事判度支中書侍郎刑部尚書平章事鄭昌圖判户部事蕭遘移疾歸河中之永樂僞制加諸侯官爵以淮南節度使檢校太尉兼侍中高駢爲太師中書令江淮鹽鐵轉運諸道行營兵馬都統又以淮南右都押衙和州刺史呂用之檢校兵部尚書兼廣州刺史嶺南東道節度使令户部侍郎柳涉往江淮宣諭户部侍郎夏侯潭河北宣諭諸藩郎將多授其僞署惟定州太原宣武河中拒而不受是月星孛於箕尾歷北斗攝提荆南襄陽仍歲蝗旱米斗三十千人多相食楊復恭兄弟於河中太原有破賊連衡之舊乃奏遣諫議大夫劉崇望賫詔宣諭達復恭之旨王重榮李克用欣然聽命尋遣使貢奉獻縑十萬匹願殺朱玫自贖崇望使還君臣相賀六月己酉朔以扈蹕都將楊守亮爲金州刺史金商節度京畿制置使守亮率師二萬趨金州與王重榮李克用犄角進軍時朱玫遣將王行瑜率邠寧河西之師五萬屯鳳州保鑾都將李鋌李茂貞陳珮等抗之於大唐峯七月戊寅朔蔡賊秦宗權陷許州殺鹿晏弘以金商節度使楊守亮檢校司徒兼興元尹克南山西道節度等使王行瑜急攻興州守亮出師擊敗之八月幽州節度使李全忠卒三軍立其子匡威爲留後九月楊守亮復敗邠州軍於鳳州軍容楊復恭密遣人說王行瑜令謀歸國十月壬子朔滑州軍亂逐其帥安師儒推衙將張驍主留後軍務師儒奔汴州朱全忠殺之遂以兵攻滑斬張驍以告行在朝廷以汴帥全忠兼領義成軍節度使壬辰夜白虹見西方十一月蔡賊孫儒陷鄭州刺史李璠遁免儒引軍攻河陽十二月乙巳朔是月朱玫愛將王行瑜受密詔自鳳州率衆還長安辛酉行瑜斬朱玫及其黨與數百人縱兵大掠是冬苦寒九衢積雪兵入之夜寒冽尤劇民吏剽剥之後僵凍而死蔽地裴澈鄭昌圖及百官奉襄王奔河中王重榮紿稱迎奉執李熅斬之械裴澈鄭昌圖於僞文武官寮遭戮者殆半重榮函襄王首赴行在刑部奏請御興

○元城南門閱俘馘受賀下禮院定儀注博士殷盈孫奏曰伏以僞熅違背宗社僭竊乘輿欺天之禍既盈盗國之罪斯重果至覆敗以就誅夷九重之妖祲既除萬國之生靈共慶宜陳賀禮以顯皇猷然物議之間有所未允臣按禮經公族有罪獄既具有司聞於公曰某之罪在大辟君曰赦之如是者三有司走出致刑君復使謂之曰雖然固當赦之有司曰不及矣君爲之素服不樂三月左傳衛君在晉衛臣元咺立衛君之弟叔武衛君入國叔武爲前驅所殺衛君哭之左氏書焉今僞熅皇族也雖犯殊死之罪宜就屠戮其可以朝群臣而受賀乎臣以爲熅僞係金枝名標玉牒迫脅之際不能守節効死而乃甘心逆謀罪實滔天刑不可赦已爲軍前處置宜即黜爲庶人絶其屬籍其首級仍委所在以庶人禮收葬大捷之慶當以朱玫首級到日稱賀爲得其宜上不軫于宸衷下無傷於物體協禮經之旨祛中外之疑遂罷賀禮及朱玫傳首至乃御樓受俘馘是月蔡賊孫儒陷河陽諸葛爽奔歸汴州別將李罕之出據澤州張全義據懷州

三年春正月乙亥朔車駕在興元府制以邠州都將王行瑜檢校刑部尚書兼邠州刺史邠寧慶節度使保鑾都將李鋋檢校司空黔州刺史黔中節度觀察使扈蹕都頭李茂貞爲檢校尚書左僕射洋州刺史武定軍節度使扈蹕都頭楊守宗爲金州刺史金商節度等使保鑾都將陳珮檢校尚書右僕射爲宣州刺史宣歙觀察使兵部侍郎諸道租庸使張濬本官同平章事二月乙巳朔潤州牙將劉浩度支使薛朗同謀逐其帥周寶劉浩自稱留後三月乙亥朔甲申車駕還京次鳳翔以宮室未完節度使李昌符請駐蹕以俟畢工河中械送僞宰相裴澈鄭昌圖命斬之於岐山縣太子少師致仕蕭遘賜死於永樂縣以特進監修國史門下侍郎吏部尚書平章事孔緯領諸道鹽鐵轉運使以集賢殿大學士中書侍郎兵部尚書平章事杜讓能進封襄陽郡公增食邑三千戶四月甲辰朔揚州牙將畢師鐸自高郵率戍兵攻揚州下之囚高駢於別室自總軍政蔡賊秦賢攻汴州周列三十六砦朱全忠乞師於兗鄆朱瑾率師來赴屯封禪寺朱

瑄屯靜戎鎮五月甲戌朔乙亥秦宗權自率衆來應秦賢壬午鄆兗汴三鎮之師大破蔡賊於邊孝村宗權退走孫儒聞秦賢敗盡驅河陽之人殺之投尸於河焚燒閭井而去王師收孟洛許汝懷鄭陝虢等州詔以扈駕都頭楊守宗權知許州事汴將孟從益權知鄭州事諸葛爽舊將李罕之自澤州收河陽懷州刺史張全義收洛陽揚州牙將畢師鐸召宣州觀察使秦彥入揚州推爲節度使六月癸卯朔戊申天威軍都頭楊守立與李昌符爭道麾下相歐上命中使諭之不止是夜嚴兵爲備己酉守立以兵攻昌符戰于通衢昌符兵敗出保隴州命扈駕都將李茂貞攻之甲寅河中牙將常行儒殺其帥王重榮推重榮兄重盈爲兵馬留後丙辰太常禮院奏太廟十一室并祧廟八室孝明太后等別廟三室自車駕再幸山南並經焚毀神主失墜今大駕還京宜先葺宗廟神主然後還宮遂詔修奉太廟使宰相鄭延昌修奉是時宮室未完國力方困未暇舉行舊制延昌請權以少府監大廳爲太廟太廟凡十一室二十三間間十一架今監五間請添造成十一間以備十一室之數勑曰敬依典禮七月壬申朔隴州刺史薛知籌以城降李茂貞遂拔隴州斬李昌符昌仁等傳首獻于行在丙子制以武定軍節度使檢校尚書左僕射兼洋州刺史御史大夫上柱國隴西郡公食邑一千五百戶李茂貞檢校司空同平章事兼鳳翔尹鳳翔隴右節度等使九月辛未朔淮南節度使高駢爲其牙將畢師鐸所殺揚行密急攻廣陵蔡賊秦宗權遣其將孫儒將兵三萬渡淮爭揚州城中食盡十一月秦彥畢師鐸潰圍奔于孫儒軍行密入據揚州十一月秦彥引孫儒之兵攻廣陵行密遣使求援于朱全忠制授全忠檢校太尉侍中兼揚州大都督府長史充淮南節度觀察等使行營兵馬都統汴將李璠率師至淮口以援之十二月己巳朔東川節度使顧彥朗壁州刺史王建連兵五萬攻成都陳敬瑄告難于朝詔中使諭之

文德元年春正月己亥朔車駕在鳳翔制故鳳翔隴右節度觀察處置等使檢校司徒同平章事兼鳳翔尹上柱國滎陽郡開國公食邑

三千戶鄭畋贈司徒謚曰文昭蔡賊孫儒斬秦彥畢師鐸于高郵二月己巳朔壬午車駕在鳳翔至京師魏博軍亂逐其帥樂彥禎彥禎子相州刺史從訓率衆攻魏州牙軍立其小校羅宗弁爲留後出兵拒之從訓求援於汴朱全忠遣將朱珍渡河赴之戊子上御承天門大赦改元文德宰相韋昭度兼司空孔緯杜讓能加左右僕射進階開府儀同三司並賜號持危啓運保乂功臣張濬兼兵部尚書進階開府儀同三司左右神策十軍觀軍容使左金吾衛上將軍左右街功德使上柱國弘農郡開國公楊復恭進封魏國公加食邑七千戶賜號忠貞啓聖定國功臣以保鑾都將黔中節度使李鋋檢校司徒平章事保鑾都將陳珮檢校司空廣州刺史嶺南東道節度使潘鎮諸侯進秩有差宰臣韋昭度率文武百寮上徽號曰聖文睿德光武弘孝皇帝三月戊戌朔正殿受冊庚子上暴疾壬寅大漸癸卯宣制立弟壽王傑爲皇太弟勾當軍國事是夕崩於武德殿聖壽二十七群臣上謚曰惠聖恭定孝皇帝廟號僖宗其年十二月葬于靖陵

史臣曰恭帝冲年續曆政在宦臣惕勵虔恭殷憂重慎屬世道交喪海縣橫流赤眉揺蕩於中原黃屋流離於遐徼黔黎塗炭宗社丘墟而猶藩垣多伏義之臣心腹有盡忠之輔驅駕豪傑號令軍戎終誅伏莽之徒大雪失邦之耻而令孜一爲謬計幾喪丕圖雖如綫之僅存固棼絲之莫救茫茫禹迹空悲文命之艱難赫赫宗周竟墜文王之基業非僖皇失道之過其土運之窮歟悲夫

贊曰運曆將窮人君幼冲塵飛巨盜波駭群雄天旣降喪人罕輸忠廻鑾返正禁旅之功

唐書本紀卷第十九下

唐書本紀卷第二十上

劉昫等修

聞人詮校刻沈桐同校

昭宗

昭宗聖穆景文孝皇帝諱曄懿宗第七子母曰惠安太后王氏以咸通八年二月二十二日生於東内十三年四月封壽王名傑乾符四年授開府儀同三司同幽州大都督幽州盧龍等軍節度押奚契丹管内觀察處置等使帝於僖宗母弟也尤相親睦自艱難播越嘗隨侍左右握兵中要皆倚而愛之文德元年二月僖宗暴不豫時初復宮闈人心傾矚遽聞被疾軍民駭愕及大漸之夕而未知所立群臣以吉王最賢又在壽王之上將立之唯軍容楊復恭請以壽王監國三月六日宣遺詔立爲皇太弟八日柩前即位時年二十二以司空韋昭度攝冢宰巳丑見群臣始聽政帝攻書好文尤重儒術神氣雄俊有會昌之遺風以先朝威武不振國命寖微而尊禮大臣詳延道

術意在恢張舊業號令天下即位之始中外稱之四月戊辰朔庚午追謚聖母惠安太后曰恭獻乙亥河南尹張全義以兵襲李罕之於河陽罕之出據澤州魏博衙軍殺其帥樂彥禎於龍興寺又擊樂從訓敗之從訓以殘衆保洹水爲羅宗弁陷其城而殺之壬午蔡賊孫儒陷揚州楊行密遺圍而出據宣州孫儒自稱淮南節度仍率其衆攻宣州五月丁酉朔制以宣武軍節度使檢校侍中沛郡王朱全忠爲蔡州四面行營兵馬都統自秦賢石璠敗後蔡賊漸弱時溥方爲全忠所攻故移溥都統之命授全忠壬寅蔡賊將僞署荆襄節度使趙德諲遣使歸朝願討賊自効乃以德諲爲蔡州四面行營副都統德諲遂以荆襄之兵屬全忠六月丁卯朔以川賊王建大亂劒南陳敬瑄告難制以開府儀同三司守司空門下侍郎同平章事太清宮使弘文館大學士延資庫使上柱國扶陽郡開國公食邑二千戶韋昭度檢司徒門下侍郎同平章事兼成都尹充劒南西川節度副大使知節度事兼兩川招撫制置等使蔡州行營奏大破賊於龍陂進

軍以逼賊城七月丙申朔澤州刺史李罕之引太原之師攻河陽爲
汴將丁會所敗退還高平九月乙未汴將朱珍敗時溥之師于埇橋
遂陷宿州自是溥嬰城不敢復出汴將胡元琮急攻蔡州十二月甲
子朔蔡州牙將申藂執秦宗權撾折其足乞降詔中使宣諭便以藂
權知留後比中使至別將郭璠殺申藂篡宗權絷送汴州蔡申光等
州平詔賜蔡州行營兵士錢二十五萬貫令度支逐近支給是月葬
僖宗於靖陵
龍紀元年春正月癸巳朔上御武德殿受朝賀宣制大赦改元中外
文武臣寮進秩頒爵有差以劒南西川節度兩川招撫制置使韋昭
度檢校司空爲東都留守以翰林學士承旨兵部侍郎知制誥劉崇
望本官同平章事以刑部侍郎孫揆爲京兆尹二月癸亥朔己丑汴
州行軍司馬李璠監送逆賊秦宗權幷妻趙氏以獻上御延喜門受
俘百寮稱賀以之徇市告廟社斬於獨柳趙氏笞死初自諸侯收長
安黄巢東出關與宗權合巢賊雖平而宗權之兇徒大集西至金商

唐紀二十上　二

○陝虢南極荆襄東過淮甸北侵徐兗汴鄭幅圓數十州五六年間民
無耕織千室之邑不存一二歲既凶荒皆膾人而食喪亂之酷未之
前聞宗權既平而朱全忠連兵十萬吞噬河南兗鄆青徐之間血戰
不解唐祚以至於亡中書奏請以二月二十二日爲嘉會節從之三
月壬辰朔以右僕射門下侍郎同平章事孔緯守司空太清宮使弘
文館大學士延資庫使領諸道鹽鐵轉運等使以右僕射門下侍郎集
賢殿大學士杜讓能爲左僕射監修國史判度支以中書侍郎戸部
尚書同平章事張濬爲集賢殿大學士判戸部事四月壬戌朔以宣
武淮南等節度副大使知節度事管内營田觀察處置等使開府儀同
三司檢校太傅兼侍中楊州大都督府長史汴州刺史充蔡州四面
行營都統上柱國沛郡王食邑四千戸朱全忠爲檢校太尉中書令
進封東平王仍賜賞軍錢十萬貫五月壬辰朔漢州刺史王建陷成
都府遷陳敬瑄于雅州建自稱西州兵馬留後復用田令孜爲監軍
六月辛酉朔邢洺節度使孟方立卒三軍推其弟洺州刺史遷爲留

後太原李克用出軍攻之杭州刺史錢鏐攻宣州下之擒劉浩剖心
以祭周寶七月詔於杭州置武威軍以鏐爲本軍防禦觀察等使十
月己未朔青州節度使王敬武卒制以特進太子少師博陵郡開國
侯食邑一千戸崔安潛檢校太傅兼侍中青州刺史平盧軍節度觀
察押新羅渤海兩蕃等使青州三軍以敬武子師範權知兵馬事十
一月己丑朔將有事於圓丘改御名曰曄辛亥上宿齋於武德殿宰
相百寮朝服于位時兩軍中尉楊復恭及兩樞密皆朝服侍上太常
博士錢珝李綽等奏論之曰皇帝赴齋宮内臣皆服朝服臣檢國朝
故事及近代禮令並無内官朝服助祭之文伏惟皇帝陛下承天御
曆聖祚中興祇見宗祧克陳大禮皆稟高祖太宗之成制必循虞夏
商周之舊經軒冕服章式遵彝憲禮院先准大禮使牒稱得内侍省
牒要知内臣朝服品秩禮院已准禮令報訖今參詳近朝事例若内
官及諸衛將軍必須製冠服即各依所兼正官隨資品依令式服本
官之服事存傳聽且可俯從然亦不分明著在禮令乞聖慈允臣所

唐紀二十上　三

○奏狀入至晚不報錢珝又進狀曰臣今日巳時進狀論内官冠服制
度未奉聖旨伏以陛下虔事郊禋式遵彝範凡關典禮必守憲章今
陛下行先王之大禮而内臣遂服先王之法服來日朝獻大聖祖臣
贊導皇帝行事若侍臣服章有違制度是爲非禮上瀆祖宗臣期不
奉勑臣謬當聖代叨備禮官獲正朝儀死且不朽脂膏泥滓是所甘
心狀入降朱書御札曰卿等所論至當事可從權勿以小瑕遂妨大
禮於是内四臣遂以法服侍祠甲寅圓丘禮畢御承天門大赦十二
月戊午宰臣杜讓能兼司空
大順元年春正月戊子朔御武德殿受朝賀宰臣百寮上徽號曰聖
文睿德光武弘孝皇帝禮畢大赦改元大順二月丁巳宰臣兼國子
祭酒孔緯以孔子廟經兵火有司釋奠無所請内外文臣自觀察使
制使下及令佐於本官料錢上緡抽十文助修國學從之宣武節度
使朱全忠進位守中書令加食邑千戸餘如故太原都將安金俊攻
圜邢州歷年城中食盡邢洺觀察使孟遷以城降乃以孟遷之族歸

太原克用以大將安建爲邢洺留後三月丁亥朔朱全忠上表關東
藩鎮請除用朝廷名德爲節度觀察使如藩臣固位不受代臣請以
兵誅之如王徽裴璩孔晦崔安潛等皆縉紳名族踐歷素高宜用爲
徐鄆青兗等道節度使從之昭義節度使李克修卒太原帥克用之
弟也三軍推克修弟克恭知留後事四月丙辰朔李克用遣大將安
金俊率師攻雲州赫連鐸求援於幽州李匡威出兵援之戰于蔚州
太原軍大敗燕軍執安金俊獻之于朝李匡威赫連鐸朱全忠等上
表請因沙陀敗亡臣與河北三鎮及臣所鎮汴滑河陽之兵平定太
原願朝廷命重臣一人都總戎事昭宗以太原於艱難時立興復大
功心疑其事下兩省御史臺尚書省四品已上官議准黨全忠者言
其可伐不可者十之七宰臣杜讓能劉崇望深以爲不可惟張濬議
曰先朝再幸興元實沙陀之罪比慮河北諸侯與之膠固無以滌除今
兩河大藩皆願誅討不因其離貳而除之是當斷失斷也孔緯曰濬
言是也軍容楊復恭曰先朝蒙犯霜露播越草莽七八年間寢不安

唐紀二十上　四

○席雖賊臣搖蕩於外亦由失制於中陛下纘承人心忻戴不宜輕舉
干戈爲國生事望優詔報全忠且以柔服爲辭上然之全忠密遣濬
之親黨賂濬濬恃全忠之援論奏不已天子僶俛從之五月制特進
中書侍郎兵部尚書同平章事集賢殿大學士上柱國河間郡開國
伯食邑七百戶張濬爲太原四面行營兵馬都統京兆尹孫揆副之
以華州節度使韓建爲北面行營招討都虞候供軍等使以宣武節度
使朱全忠爲太原東南面招討使成德軍節度使王鎔爲太原東面
招討使幽州節度使李匡威爲太原北面招討使雲州防禦使赫連
鐸副之丙午潞州軍亂殺其帥李克恭監軍使薛績本函克恭首獻
之于朝濬方起兵朝廷稱賀壬子都招討使張濬孫揆率神策諸軍
三千赴行營昭宗御安喜門臨送誡誓之六月乙卯李克用大將權
知邢洺兵馬留後安建上表請以三州歸順遣中使往勞之制以德
州刺史權知滄州兵馬留後盧彥威檢校尚書右僕射兼滄州刺史
御史大夫充義昌軍節度滄德觀察處置等使彥威先啓宋逐其帥楊

全玫求旄節朝廷以邑聞都將曹誠爲滄德節度使誠雖不至任而彥威
之請不行至是王鎔羅弘信因張濬用兵爲彥威論請故有斯授以
京兆尹行營兵馬副招討孫揆檢校兵部尚書兼潞州大都督府長
史充昭義節度副大使知節度事張濬會諸軍於晉州朱全彥選汾
卒三千爲張濬牙隊秋七月乙酉朔王師屯于陰地太原大將康君
立以兵拒戰朱全忠遣大將葛從周率千騎入潞州從周權充兵馬留
後朱全忠奏已差兵士守潞州請節度使孫揆赴鎮時中使韓歸範
押揆旌節官告送至行營丙申揆建節率兵二千自晉州赴鎮昭義
戊申至長子縣山谷中太原騎將李存孝伏兵執揆與韓歸範牙兵
五百俘送太原餘兵悉爲存孝所殺太原將康君立率兵二萬攻潞
州九月甲申幽州雲州蕃漢兵三萬攻鴈門太原將李存信薛阿檀
擊敗之汴將　葛從周棄上黨康君立入據之克用以君立爲澤潞
兵馬留後十一月癸丑朔太原將邢州刺史李存孝自恃擒孫揆功
合爲昭義帥怨克用授康君立存孝自晉州率行營兵歸邢州據城

唐紀二十上　五

○上表歸朝仍致書與張濬王鎔求援克用遣大將李存信薛阿檀拒
王師于陰地三戰三捷由是河西鄜夏邠岐之軍渡河西歸韓建以
諸軍保平陽存信追之建軍又敗建退保絳州張濬以汴卒禁軍萬
人在晉州存信攻之三日相與謀曰張濬宰相俘之無益天子禁兵
不宜加害如得平陽於我無利遂退舍五十里而軍十二月壬午朔
張濬韓建援晉絳遁去李存信收晉絳大掠河中四郡丙寅制特進
中書侍郎平章事太原四面行營都統張濬可檢校兵部尚書兼鄂
州刺史御史大夫充鄂岳觀察使以開府儀同三司守司徒門下侍郎同
平章事上柱國魯國公食邑三千戶充諸道鹽鐵轉運等使孔緯檢
校司徒兼江陵尹荊南節度觀察處置使庚午新除鄂岳觀察使張
濬責授連州刺史新除荊南節度使孔緯責授均州刺史並馳驛赴
任太原軍屯晉州李克用遣中使韓歸範還朝因上表訴冤言被賊
臣張濬依倚朱全忠離間功臣致削奪臣官爵朝廷欲令釋憾下群臣
議其可否左僕射韋昭度等議曰賞功罰否前聖之令猷含垢匿瑕

百王之垂訓是以雷解而義文象德網開而湯化歸仁用彼懷柔式存彝範上自軒農之代下臻文武之朝罔不允洽寬弘以流霈澤況國家德祖守成之日憲宗致理之時車軌一同桑麻萬里燭龍外野悉在梯杭火鼠窮邠咸歸正朔然猶王承宗擁兵鎮冀詔范希朝討之仍歲無功卒行赦宥而又朱滔以幽州之衆結田悅李納王武俊之強遣馬燧等征之不克旋又寬之以累聖之典謀睿哲大朝之紀律文明非不欲屬彼風驅快其電掃然且考春秋之義稽楚鄭之文或退而許平或服而更捨存於舊史載彼新書李克用代漠強宗陰山貴種呼吸而風雲作氣指麾而草樹成形仰天指心誓歃秩嘗之首伏戎歐血憂親都護之營所謂勇多上人自匪窮來歸我及陛下聖考懿宗皇帝之朝彭門失守親驅銳卒首建殊功而先帝即位之初渚宮大擾後提義旅克靜妖氛其後封豕長蛇荐食上國繼以于朝之亂皆因重耳之盟保大朝之宗祧垂中興於簡冊蓋聖王之御天下也有勳可書有績可載宥過不忘於十代念功豈止於一時天高聽卑

。請事斯語且四海之內創痏猶般九貢之邦綱條未理昨者邊起邠岐之衆壽已退還又徵燕薊之師倏閩內變出於鑣鑹失職貪靡絕供致此投戈是乖借著蓋下計之未熟非聖謀之不臧儻宸斷重離天樓間出錄茲成歎嶽彼師徒虗其念舊之懷待以如初之禮臣等所議實以在斯抑又聞往者漢將趙充國欲因邊境衰弱出兵擊之於是魏相上書盡陳利害且曰恃國家之大矜人物之衆欲見威於敵者謂之驕兵兵驕者滅非但人事乃天道也又曰臣不知此兵何名者也兵出無名事乃不成漢宣納之竟罷其伐伏惟皇帝陛下鑒往古用師之難採列聖遷善之美恩加區宇信及豚魚則臣等不勝懇願況今汴魏猶艱幽定方困縱遣之調發豈能集事虗行號令徒召寇讎將以勤人非唯辱國且黙受斯疑勤王之衆推効命之誠未能虜騎獨攻所望漢兵同力令茲數鎮奔命不遑難致濟師恐又生事論其漸當暑熱非利戎旃悉力煩霑遣還藩部重盈陳五郡之卒益謹關防王珙振兩河之雄更嚴旗鼓然後獎其上表衷以自陳錄彼

前勞責之後効徵神爵之往典遂曰逐之故封論其已斥王恭不使更疑晉帝凡百臣子實切乃誠其克用在身官爵並請却還仍依前編入屬籍從之以翰林學士承旨兵部侍郎崔昭緯本官同平章事御史中丞徐彦若爲戶部侍郎同平章事尚書右僕射王徽卒贈司空謚曰貞

二年春正月壬子朔李克用急攻邢州李存孝求援於王鎔鎔出軍援之屯于堯山克用自太原至擊敗之進圍邢州司徒門下侍郎平章事杜讓能進位太尉太清宮使弘文館大學士延資庫使領諸道鹽鐵轉運等使以中書侍郎吏部尚書平章事劉崇望爲門下侍郎監修國史判度支事工部侍郎平章事崔昭緯判戶部事二月辛巳李克用復檢校太師中書令太原尹北都留守河東節度觀察處置等使時張濬韓建兵敗後爲太原將李存信等所追至是方自含山踰王屋出河清達于河陽屬河溢無舟檝建壞人廬舍爲木罌數百方獲渡人多覆溺休其徒於司徒廟是役也朝廷倚朱全忠及三

。鎮兵全忠方連兵徐鄆乃求兵糧于鎮魏全忠終不至行營鎮魏倚太原爲扞蔽如破太原郡恐危鎮魏王鎔羅弘信亦不出師唯邠岐華鄜夏烏合之衆會晉州兵未交而孫揆擒燕卒敗所以河西岐下之師望風潰散而濬建至敗全忠以鎮魏不助兵糧觀望遣龐師古將兵討魏陷十縣羅弘信乞盟乃退棣州刺史張蟾爲青州將王師範所敗新授平盧節度使崔安潛自棣州歸朝復授太子少師三月辛亥朔以青州權知兵馬留後王師範檢校兵部尚書兼青州刺史御史大夫充平盧軍節度觀察押新羅渤海兩蕃等使淮南節度孫儒爲宣州觀察使楊行密所殺初行密楊州失守據宣州孫儒以兵攻圍三年是春淮南大飢軍中疫癘死者十三四是月孫儒亦病爲帳下所執降行密行密乃併孫儒之衆復據廣陵六月王鎔出軍援李存孝克用大舉討鎮州七月太原軍出井陘屯於常山鎮大掠鎮趙深諸郡幽州節度使李匡威自率步騎三萬援王鎔八月克用班師九月丁未朔乙卯天子賜左軍中尉楊復恭几杖以大將軍致仕

復恭怒稱病不受詔十月丁丑朔甲申天威軍使李順節率禁兵討楊復恭復恭假子玉山軍使楊守信以兵拒之列陣于昌化里昭宗登延喜樓陳兵自衞以俟變相持至晚不戰而退是夜守信乃擁其衆衞復恭出京師且戰且行出通化門由七盤路之商州又令義兒張綰爲後殿永安都頭安權追及綰擒之而還十一月朱全忠上表請移時溥節鎮是月汴軍陷宿州乃授溥太子太師溥將劉知俊降汴軍鎮州王鎔幽州李匡威復謀攻定州以分其地王處存求援於太原十二月丙子朔以光祿大夫門下侍郎右僕射平章事監修國史判度支上柱國彭城縣開國男劉崇望檢校司空同平章事兼徐州刺史充武寧軍節度徐宿觀察制置使時李順節恃恩恣橫出入以兵仗自隨兩軍中尉劉景宣西門君遂懼其窺圖非望丁亥兩中尉傳詔召順節順節以甲士三百自隨至銀臺門門司傳詔止從者兩中尉在仗舍邀順節坐次令部將嗣光審斫順節頭隨刎落其部下知順節死大譟出延喜門是日天威捧日登封三都亂剽永寧里

至曉方定戶部尚書鄭延昌爲中書侍郎平章事判度支

景福元年春正月丙午朔上御武德殿受朝賀大赦改元景福鳳翔李茂貞邠州王行瑜華州韓建同州王行約秦州李茂莊等上表疏興元楊守亮納叛臣楊復恭請同出本軍討伐兼自備供軍糧料不取給於度支只請加茂貞山南招討使名內臣皆不可其奏昭宗亦以茂貞得山南之後有問鼎之志詔久之不下茂貞怒與王行瑜不俟進止發兵攻興元累請招討之命兼與宰相杜讓能中尉西門君遂書詞語詬詈凌蔑王室昭宗心不能容二月丙子朔庚寅太原易定之兵合勢攻鎮州王鎔復告難於幽州李匡威率步騎三萬赴之時太原之衆軍於常山鎮易定之衆軍堅固鎮燕趙之卒分拒之三月克用豪存斂軍而退四月乙亥左軍中尉西門君遂殺天威軍使賈德晟時德晟與李順節俱掌天威軍順節死中尉惡德晟誣奏殺之是日德晟部下千餘騎出奔鳳翔自是岐軍益盛五月甲辰制以河南尹張全義檢校司徒同平章事兼孟州刺史充河陽三城節度孟懷澤觀察等使七月燕趙之卒合勢援邢州太原大將李存信李軍拒於堯山王鎔大敗而還十一月辛丑鳳翔邠寧之衆攻興元府陷之山南西道節度使楊守亮與前左軍中尉楊復恭判官李巨川突圍而遁將奔太原李茂貞表其子繼密權知興元府事十二月辛未朔華州節度使韓建奏於乾元縣遇興元潰散兵士擊敗之其楊守亮楊復恭並已處斬訖皆傳首京師

二年春正月辛丑朔制以權知劒南東川兵馬留後顧彥暉檢校尚書右僕射兼梓州刺史御史大夫充劒南東川節度觀察等使時王建連年攻彥暉李茂貞欲與建爭東川故表請彥暉正授旄鉞示修好也二月庚午朔太原李克用以兵攻鎮州師出井陘王鎔懼乖求救于幽州甲申李匡威復來赴援太原之軍還邢州三月庚子制以捧日都頭陳珮爲廣州刺史嶺南東道節度使扈蹕都頭曹誠爲黔州刺史黔中節度使耀德都頭李鋋爲潤州刺史鎮海軍節度使宣威都頭孫惟晟爲江陵尹荆南節度使並加特進同平章事各令赴

鎮並落軍權時朝議以茂貞傲侮王命武臣難制欲用杜讓能及親王典禁兵故罷五將之權兼以平章事悅其心太尉杜讓能冊拜加食邑至六千戶是月幽州節度使李匡威弟匡籌據幽州自稱留後以符追行營兵兵皆還幽州匡威既無歸路遣判官李貞抱入奏請朝覲王鎔感匡威援助之惠乃築第於恒州迎匡威處之四月己巳汴將王重師牛存節陷徐州節度使時溥舉家自燔而死朱全忠遣將龐師古守徐州六月丁酉朔乙卯幽州節度使李匡威謀害王鎔而奪其帥恒州三軍攻匡威殺之戊午制太尉門下侍郎平章事晉國公杜讓能加食邑至九千戶門下侍郎吏部尚書平章事崔昭緯進階光祿大夫中書侍郎平章事鄭延昌兼刑部尚書並加食邑至千戶以祠部郎中知制誥陸扆爲中書舍人依前翰林學士幽州節度使李匡籌遣使檄王鎔訊殺匡威之罪二藩結怨朱全忠遣判官韋震使幽州和解之七月李克用興兵攻鎮州敗王鎔軍於平山鎔懼乞盟請以兵糧助攻邢州許之克用遂旋軍襄國癸未制以鳳翔

隴州節度使檢校太尉中書令鳳翔尹上柱國岐王食邑四千五百
戶李茂貞爲興元尹山南西道節度等使以中書侍郎同平章事徐
彥若檢校尚書左僕射同平章事兼鳳翔尹充鳳翔隴州節度使時
茂貞侍兵求兼領山南節度昭宗久之不行茂貞表章不遜深詆時
政上不能容將加兵問罪故以彥若代之八月丙申朔以嗣覃王爲
京西招討使神策大將軍李鐬副之九月丙寅朔以武威軍防禦使
錢鏐爲鎮海軍節度浙江西道觀察處置等使仍移鎮海軍額於杭
州乙亥覃王率扈駕五十四軍進攻岐陽屯于興平李茂貞以兵逆
戰屯于盩厔壬午岐軍進迫興平王師自潰茂貞乘勝逼京師進屯
三橋甲申昭宗御安福門斬觀軍容使西門君遂內樞密使李周潼
遣中使賜茂貞詔令收兵歸鎮茂貞陳兵臨皐驛數宰臣杜讓能之
罪請誅之制貶太尉平章事晉國公杜讓能爲雷州司戶十月乙未
賜杜讓能自盡其弟戶部侍郎弘徽坐讓能賜死十一月制以鳳翔
節度使李茂貞守中書令進封秦王兼興元尹山南西道節度使邠

州節度使王行瑜賜號尚父賜鐵券以門下侍郎吏部尚書平章事
監修國史崔昭緯兼尚書左僕射充諸道鹽鐵轉運等使以特進行
右僕射韋昭度爲司空門下侍郎同平章事弘文館大學士太清宮
使延資庫使中書侍郎刑部尚書平章事判度支鄭延昌罷知政事
守尚書左僕射以病求罷故也以新除鳳翔節度使徐彥若復知政
事戶部侍郎判戶部事王摶本官同平章事

乾寧元年春正月乙丑朔上御武德殿受朝宣制大赦改元乾寧鳳
翔李茂貞來朝大陳兵衛獻妓女三十人宴之內殿數日還藩時茂
貞有山南梁洋興鳳岐隴秦涇原等十五餘郡甲兵雄盛淩弱王室
頗有問鼎之志二月汴人大敗兗鄆之軍於東阿瑄瑾勢蹙求援於
太原李克用出師援之三月甲子朔太原軍攻邢州陷之執其逆將
李存孝檻送太原裂之克用以大將馬師素權知邢洺團練事五月
蔡賊孫儒部將劉建鋒攻陷潭州自稱湖南節度使以翰林學士中
書舍人陸扆爲戶部侍郎知制誥充職六月壬辰李克用攻陷雲州

執大同防禦使赫連鐸以其牙將薛志勤守雲中十月庚寅以中書
侍郎平章事王摶爲湖南節度使以翰林學士承旨禮部尚書知制
誥李磎爲戶部侍郎同平章事宣制之日水部郎中知制誥劉崇魯
出班而泣言磎姦邪黨附內官不可居輔弼之地由是制命不行戊
申制御史中丞崔胤爲兵部侍郎同平章事是月李克用以太原之
衆進攻幽州十二月幽州節度使李匡籌潰圍而遁克用陷幽州以
李匡威故將劉仁恭爲幽州兵馬留後是月李匡籌南奔赴闕至景
城爲滄州節度使盧彥威所殺

二年春正月己未朔河中節度使檢校太師中書令河中尹上柱國
瑯琊郡王王重榮卒三軍立重榮子行軍司馬珂知留後事二月己
丑朔王重榮子陝州節度使珙絳州刺史瑤舉兵討王珂兼上章訴
珂冐姓非重榮子珂珙爭爲蒲帥上遣中使慰勞三月制以中書侍
郎同平章事崔胤檢校尚書左僕射同平章事河中尹充河中節度
晉絳慈隰觀察處置等使浙東節度使董昌僭號稱平羅國年稱大

聖用婺州刺史蔣瓌爲宰相仍僞署官員鎮海軍節度使錢鏐請以
本軍進討從之以翰林學士承旨兵部侍郎知制誥趙光逢爲尚書
左丞依前充職太原李克用上章言王重榮有功於國其子珂宜承
襲請賜節鉞邠州王行瑜鳳翔李茂貞華州韓建各上章言珂螟蛉
不宜纘襲請以王珂爲陝州王珙爲河中天子以先允克用之奏久
之不下五月丁巳朔甲子李茂貞王行瑜韓建等各率精甲數千人
入覲京師大恐人皆亡竄吏不能止昭宗御安福門以俟之三帥旣
至拜舞樓下昭宗臨軒自諭之曰卿等藩侯宜存臣節稱兵入朝不
由奏請意在何也茂貞行瑜汗流洽背不能對唯韓建陳叙入覲之
由上並召升樓賜之巵酒宴之於同文殿茂貞行瑜極言南北司相
傾深蠹時政請誅其太甚者乃貶宰相韋昭度李磎尋殺之於都亭
驛殺內官數人而去王行瑜留弟行約茂貞留假子閻圭各以兵二
千人宿衛時三帥同謀廢昭宗立吉王聞太原起軍乃止留兵宿衛
而還壬申以責授均州司戶孔緯繡州司戶張濬並爲太子賓客以

翰林學士戶部侍郎知制誥陸扆爲兵部侍郎充職六月丁亥朔以
京兆尹嗣薛王知柔兼戶部尚書判度支兼諸道鹽鐵轉運等使壬
辰以太子賓客孔緯爲吏部尚書尋復開府儀同三司守司空門下侍郎
同平章事弘文館大學士太清宮延資庫使上柱國魯郡開國公食邑四
千戶食實封二百戶仍號持危啓運保乂功臣時緯在華州尋屬太
原軍至而止以太子賓客張濬復光祿大夫行兵部尚書上柱國河
間郡開國侯食邑二千戶濬在長水亦不至京師復以王摶爲中書
侍郎平章事七月丙辰朔李克用舉軍渡河以討王行瑜李茂貞韓
建等稱兵詣闕之罪庚申同州節度使王行實棄郡入京師謂兩軍
中尉駱全瓘劉景宣曰沙陀十萬至矣請奉車駕幸邠州且有城守
時景宣附鳳翔癸亥夜閻圭與劉景宣子繼晟同州王行實縱火剽
東市請上出幸上聞亂登承天門遣諸王率禁兵禦之捧日都頭李
筠率本軍侍衛樓上閻圭以鳳翔之卒攻李筠矢及御座之樓扉上
懼下樓與親王公主內人數百幸永興坊李筠營邑躍都頭李君實

○ 唐紀二十上 十二

以繼至乃與筠兩都兵士侍衛出啓夏門憩於華嚴寺以候內人繼
至其日晚幸莎城鎮京師士庶從幸者數十萬比至南山谷口暍死
者三之一至暮爲盜寇掠慟哭之聲殷動山谷權令京兆尹知柔中
書事及隨駕置頓使信宿宰相徐彥若王摶崔胤三人至乃移石門
鎮之佛官仍令知樞密劉光裕薛王知柔歸京師制置合禁軍以備
宮禁丙寅李克用遣牙將閻諤奉表奔問奏屯軍河中候進止發赴
邠州丁卯上遣內官張承業傳詔克用軍便令監太原行營兵馬發
赴新平又令內官郄廷立傳詔涇州令張鐇起涇原之師會克用軍
上在南山半月餘克用仍在河中未至渭北上懼鳳翔兵士劫遷乃
令延王將御服鞍馬玉器等至河中宣諭曰朕以景宣全瓘行實繼
鵬爲表裏之姦謀縱干戈於雙闕煙塵倏忽劫殺縱橫朕偶脫鋒鋩
遂移鑾輅所爲巡幸止在近郊蓋知卿統領雄師駐臨蒲坂累飛書
詔繼遣使人期卿以社稷爲憂君親在念必思響應速議龔行豈謂
將涉兩旬未有來表憂虞是切寢食不遑豈忠義不切疚懷而道途

或有阻滯令則專令親信懇話勳賢故遣延王戒丕冊王允與供奉
官王魯紆等宣示卿宜便董貔貅徑臨邠鳳蕩平妖穴以拯阽危是
所望也八月乙酉朔延王至河中克用已發前鋒至渭北又令史儼
率五百騎赴行在侍衛己丑克用自至渭橋砦癸巳於黎園殺邠軍
數千獲其大將王令陶以獻又詔鄜州節度使李思孝本軍進討丁
酉制以河東節度使開府儀同三司守太師中書令兼太原尹北都
留守上柱國隴西郡王李克用爲邠寧四面行營都招討使夏州節
度使李思諫充邠寧東北面招討使涇原節度使張鐇充邠寧西面
招討使河中節度使王珂充行營供軍糧料使李茂貞懼之斬閻
圭武秀子傳首行在上章請罪辛丑制削奪王行瑜在身官爵改授
李克用邠寧四面行營都統其大將盖寓李存信閻鍔判官王讓李
襲吉等並降詔錫賚又以河中都監表李貞充邠寧四面行營兵馬
都監押壬寅李克用遣子存貞奉表行在請車駕還宮答詔曰昨延
王迴言卿夏憂時體國執禮輸忠接遇之間周旋盡節備知肺腑識我

○ 唐紀二十上 十三

忠榮靜惟尊主之心果契知臣之分朕欲取今月二十四日卻復都
城與寧兆庶倚我勳德有若長城速伸翦盪之謀以慰黔黎之望癸
卯又令延王傳詔令克用發騎軍三千赴三橋屯駐以備迴鑾辛亥
車駕還宮壬子司空門下侍郎平章事監修國史諸道鹽鐵轉運使
崔昭緯罷知政事爲太子賓客以河中兵馬留後王珂檢校司空兼
河中尹御史大夫充護國軍節度河中晉絳慈隰觀察等使以幽州
兵馬留後劉仁恭檢校司空兼幽州大都督府長史充幽州盧龍軍
節度押奚契冊等使以故左軍中尉楊復恭開府魏國公並從克用
奏請也九月甲寅朔丙辰制光祿大夫守尚書左僕射門下侍郎同
平章事監修國史上柱國東莞郡公徐彥若爲司空門下侍郎同平
章事太清宮修奉太廟等使弘文館大學士延資庫使充諸道鹽鐵
轉運等使正議大夫中書侍郎同平章事王摶爲金紫光祿大夫戶
部尚書門下侍郎監修國史判度支正議大夫中書侍郎同平章事
崔胤爲金紫光祿大夫兼禮部尚書集賢殿大學士判戶部事並賜

號扶危匡國致理功臣癸亥司空門下侍郎平章事太淸宮脩奉太
廟等使弘文館大學士延資庫使上柱國魯　郡開國公孔緯卒贈
太尉十月甲申朔王師破賊梨園砦俘斬萬計行瑜由是嬰城自固
丁亥制赦繫囚其節文曰某任崇柱石位重台衡或委以軍權或參
諸宥密竟因連謗終至禍名讟我好生嗟乎強死應大順已來有非
罪而加削奪者並復官資其杜讓能西門君遂李周潼已下並與昭
雪還其爵秩常昭度頃處台司每伸相業王行瑜求尚書令獨能抑
之致於沉冤詳由此事李磎文章宏贍迥出輩流竟以朋黨之間擠
於死地凡在有識孰不咨嗟宜並與昭洗仍復官爵又勑太子賓客
崔昭緯責授梧州司馬水部郎中知制誥劉崇魯貶崖州司戶又詔
邠州行營都統曰邠州節度副使崔鋋破賊之時勿令漏網鋋與昭
緯去年朋黨交結行瑜構合禍胎原由此賊付四面行營知委是月
四面行營大集邠州十一月癸未朔壬寅王行瑜與其妻子部曲五
百餘人潰圍出奔至慶州行瑜爲部下所殺并其家二百口並詣行

營乞降李克用遣牙將閻鍔獻于京師十二月甲申朔昭宗御延喜
門受俘馘百寮樓前稱賀制以李克用守太師中書令進封晉王食
邑九千戶改賜忠貞平難功臣是月克用班師太原制皇第三子祤
封棣王第五子禊封虔王第六子禋封沂王第七子禕封遂王
三年春正月癸丑朔制以特進戶部尚書兼京兆尹嗣薛王知柔檢
校司徒兼廣州刺史御史大夫充淸海軍節度嶺南東道觀察處置
等使以尚書右丞崔澤爲鳳州刺史魏博羅弘信擊敗太原軍於莘
縣初兗鄆求援于太原克用令蕃將史完府何懷寶等千騎赴之至
是又令大將李存信屯于莘縣魏人常假其道存信戢軍不謹或侵
撓魏民弘信怒伏兵擊之其軍宵潰自是弘信南結于梁與太原絕
兗鄆已至俱陷二月壬子朔制以通王滋爲開府儀同三司判侍衛
諸道軍事以銀青光祿大夫戶部尚書嘉興縣子食邑五百戶陸扆
爲兵部尚書三月壬子朔以考功員外郎集賢殿學士杜德祥爲工部
郎中知制誥四月壬午朔湖南軍亂殺其帥劉建鋒三軍立其部將權

知邵州刺史馬殷爲兵馬留後鎮海軍節度使錢鏐攻越州下之斬
董昌平浙東制加錢鏐檢校太尉中書令五月辛巳責授梧州司馬
崔昭緯賜自盡制金紫光祿大夫戶部尚書門下侍郎平章事監修
國史上柱國太原郡開國公王摶爲檢校尚書左僕射同平章事兼
越州刺史充鎮東軍節度浙江東道觀察處置等使六月庚戌李克
用率沙陀并汾之衆五萬攻魏州及其郛大掠於其六郡陷城安洹
水臨漳十餘邑報莘之怨也鳳翔李茂貞怨國家有朱玫之討絕朝
貢謀將犯闕天子命覃王治兵以俟變是月茂貞上章請以兵師入覲
上令通王覃王延王分統安聖捧宸保寧宣化等四軍以衛近畿丙
寅鳳翔軍犯京畿覃王拒之於婁館接戰不利秋七月庚辰朔壬辰岐
軍逼京師諸王率禁兵奉車駕將幸太原癸巳次渭北京州韓建遣
子充奉表起居請駐蹕華州乃授建京畿都指揮安撫制置催促諸
道綱運等使詔諭建曰啓途之行已在河東今且幸鄜時甲午次富
平韓建來朝泣奏曰藩臣倔強非止茂貞雖太原勤王無宜巡幸臣

之鎮守控扼關畿兵力雖微足以自固陛下若輕捨近畿遠巡極塞
去園陵宗廟寧不痛心失魏闕金湯又非良筭若輿駕渡河必難再
復謀茍不臧悔之寧及願陛下且駐三峯以圖恢復上亦泣下曰朕
難奈茂貞忿不思難禦言是也乙未次下邽丙申駐蹕華州以衙城
爲行宮時岐軍犯京師宮室鄽閭鞠爲灰燼自中和已來葺構之功
掃地盡矣乙巳制以金紫光祿大夫中書侍郎兼禮部尚書同平章
事集賢殿大學士判戶部事上柱國博陵縣開國伯崔胤檢校尚書
左僕射兼廣州刺史御史大夫充淸海軍節度嶺南東道觀察處置
等使丙午制以翰林學士承旨尚書左丞知制誥嘉興縣開國子食
邑五百戶陸扆爲戶部侍郎同平章事八月己酉朔甲寅新除鎮東
軍節度使錢鏐權領浙江東道軍州事戊午制以戶部侍郎平章事
陸扆爲中書侍郎兼判戶部事九月己卯朔汴州朱全忠河南尹張
全義與關東諸侯俱上表言秦中有災請車駕遷都洛陽全忠全義
言臣已表率諸藩繕治洛陽宮室優詔答之乙未制新除淸海軍節

度使崔胤復知政事胤之出鎮朱全忠再表請論奏言胤不宜去相位故有是命丁酉制中書侍郎集賢殿大學士判戶部事陸扆責授硤州刺史崔胤怒扆代已誣奏扆黨庇茂貞故也丙午制以鎮國軍節度使韓建檢校太尉兼中書令充修復宮闕京畿制置催促諸道綱運等使以京兆尹孫偓爲兵部侍郎同平章事十月戊申朔以中書舍人權知禮部貢舉薛昭緯爲禮部侍郎壬子制以兵部侍郎平章事孫偓爲中書侍郎充鳳翔行營招討使甲寅偓於驛舍會諸將以議進軍戊午李茂貞上表章請罪願改事君之禮繼修職貢仍獻錢十五萬助修京闕韓建左右之師遂不行十一月丁丑朔以韓建兼領京兆尹京城把截使十二月丁未李克用縱兵俘剽魏博諸郡邑以前翰林學士承旨尚書左丞知制誥趙光遠爲御史中丞太常禮院奏權立行廟以備告饗從之

四年春正月丁丑朔車駕在華州行宮受群臣朝賀癸未汴將龐師古陷鄆州節度使朱瑄與妻榮氏潰圍瑄至中都爲野人所殺榮氏

俘於汴軍朱全忠署龐師古爲鄆州兵馬留後宰相孫偓罷知政事守兵部尚書二月丙午朔戊申汴將葛從周攻兗州陷之節度使朱瑾奔楊行密其將康懷貞降從周朱全忠署從周爲兗州兵馬留後自是鄆齊曹棣兗沂密徐宿陳許鄭滑濮等州皆沒於全忠唯王師範守青州亦納款於汴己未制朝議大夫守右散騎常侍上柱國榮陽縣男鄭綮爲禮部侍郎同平章事癸丑責授硤州刺史陸扆爲工部尚書甲寅華州防城將花重武告睦王已下八王欲謀殺韓建移車駕幸河中帝聞之駭然召韓建諭之建辭疾不敢行帝即令通王已下詣建治所自陳建奏曰今日未時睦王濟王韶王通王彭王韓王儀王陳王等八人到臣治所不測事由臣酌量事體不合與諸王相見兼恐久在臣所於事非宜況睦王等與臣中外事殊尊卑禮隔至於事柄未有相侵忽然及門意不可測又引晉室八王撓亂天下事請依舊制令諸王在十六宅不合典兵其殿後捧日扈蹕等軍人皆坊市無賴之徒不堪侍衛伏乞放散以寧衆心昭宗不得已皆從之是日囚八王於別第殿後侍衛四軍二萬餘人皆放散殺捧日都頭李筠於大雲橋下自是天子之衛士盡矣丙辰韓建上表請封拜皇太子親王以爲維城之計己未制德王裕宜冊爲皇太子辛酉制第八男祕可封景王第九男祚可封輝王第十男禩可封祁王第十一男禛可封雅王第十二男祥可封瓊王三月丙子朔戊寅制韓建進封昌黎郡王改賜資忠靖國功臣以光祿大夫兵部尚書上柱國河間郡開國侯食邑二千戶張濬爲尚書左僕射依前充租庸使四月丙午朔就加福建節度使王潮檢校尚書右僕射韓建獻封事十條其三太子諸王請置師傅教導乃以太子賓客王牘爲諸王侍讀宰相鄭綮以病乞骸乃罷知政事五月乙亥朔以國子博士朱朴爲右諫議大夫同平章事七月甲戌帝與學士親王登齊雲樓西望長安令樂工唱御製菩薩蠻詞奏畢皆泣下覃王已下並有屬和八月甲辰朔以工部尚書陸扆爲兵部尚書韓建與邠岐三鎮素有無君之迹及李克用誅行瑜心常切齒去歲車駕將幸河東乃令

延王戒丕使太原見克用陳省方之意是月延王自太原還韓建奏曰自陛下即位已來與近輔交惡皆因諸王典兵兇徒樂禍遂致輿駕不安比者臣奏罷兵權實慮有不測之變今聞延王覃王尚苞陰計願陛下宸斷不疑制於未亂即社稷之福也上曰豈至是耶居數日以上無報乃與知樞密劉季述矯制發兵圍十六宅諸王懼披髮公垣而呼曰官家救兒命或登屋登樹是日通王覃王已下一十王并其侍者皆爲建兵所擁至石堤谷無長少皆殺之而建以謀逆聞壽殺太子詹事馬道殷將作監許巖士貶平章事朱朴皆上所寵昵者九月癸酉朔以御史中丞狄歸昌爲尚書右丞以刑部侍郎楊涉爲吏部侍郎制以鎮海軍節度使錢鏐爲鎮海軍節度浙江東西道觀察處置等使杭州越州刺史上柱國吳王冬十月癸卯朔以華州節度使韓建兼同州刺史匡國軍節度使朱全忠遣其將權徐州兵馬留後龐師古兗州留後葛從周率兗鄆曹濮徐宿滑等兵士七萬渡淮討楊行密制以太中大夫前御史中丞裴贄爲禮部尚書知貢

舉幽州節度使劉仁恭大敗沙陀於安塞李克用單騎僅免十一月
壬申朔癸酉淮南大將朱瑾潛出舟師襲汴軍於淸口龐師古舉軍
皆沒師古被執時葛從周自霍丘渡淮至濠州聞師古敗乃退軍信
宿至淠河方渡而朱瑾至是日殺傷溺死殆盡還者不滿千人唯牛
存節一軍先渡獲免比至潁州大雪寒凍死者十五六自古喪師之
甚無如此也繇是行密據有江淮之間以檢校司空權知兗州兵馬
事葛從周爲兗州刺史充泰寧軍節度使以潁州刺史王敬荛檢校
尚書左僕射兼徐州刺史充武寧軍節度使從全忠奏也
光化元年春正月辛未朔車駕在華州以兵部侍郎崔遠爲戶部侍
郎同平章事諸道貢修宮闕錢命京兆尹韓建入京城計度朱全忠
遣判官韋震奏事求兼領鄆州時全忠軍敗之後欲自大其權以扼
鄰藩之變幽州節度使劉仁恭恃安塞之捷欲吞噬河朔是月遣其
子守文將兵襲滄州節度使盧彥威棄城而遁守文遂據之自稱留
後四月庚子制淑妃何氏宜冊爲皇后上幸陟屺寺宴從官於韓建

○ 唐紀二十上 十八

所獻御莊五月己巳朔以立后大赦汴將葛從周率衆攻李克用邢
洺磁等州陷之全忠署從周爲三州兵馬留後六月己亥帝幸西溪
觀競渡天下藩牧文武百寮上表請車駕還京七月汴將氏叔琮陷
趙匡凝之隨唐鄧等州勅昇華州爲興德府刺史爲尹左右司馬爲
少尹鄭縣爲次赤官員資望一同五府封華嶽廟爲佑順侯八月戊
戌朔己未車駕自華還京師甲子御端門大赦改元光化九月戊辰
朔以御史中丞狄歸昌爲尚書左丞制以鎭國匡國等軍節度使韓
建守太傅中書令興德尹封潁川郡王賜鐵券幷御寫忠貞以遣之
建累上表辭王爵乃改封許國公魏博節度使羅弘信進封臨淸郡
王是月弘信卒贈太師謚曰莊肅衙軍立其子副大使紹威知兵馬
事尋賜之節鉞十月丁酉朔河南尹張全義就加侍中汴將朱友恭
自江西行營還過安州殺刺史武瑜遣部將守之汴將張存敬以兵
襲蔡州刺史崔洪納款請以弟賢質于汴許之十二月丙寅李克用
將潞州節度使薛志勤死澤州刺史李罕之乘其無帥襲潞取之遣
其子顥乞降于汴全忠表罕之爲節度使
二年春正月乙未朔丁未以兵部尚書陸扆爲兵部侍郎同平章事
二月蔡州刺史崔洪爲衙兵所迫同寓淮南時洪以弟賢質于汴汴
人遣賢還蔡徵兵三千出征蔡兵亂殺賢遂擁洪渡淮朱全忠令其
子友裕守蔡州幽州節度使劉仁恭驅燕軍十萬將兼趙魏是月陷
貝州人無少長皆屠之投尸淸水爲之不流遂進攻魏州羅紹威求
救于汴三月朱全忠遣大將張存敬赴援之屯于內黃葛從周自邢
洺率勁騎八百入魏州燕將劉守文單可及聞汴軍在內黃引軍往
擊之存敬設伏內黃東大敗燕軍俘斬三萬生擒單可及劉守文以
餘衆還魏州爲存敬從周所乘燕軍復敗仁恭父子僅免汴魏合兵
躡之趙人復邀之東境自魏至滄五百里間僵屍相枕是春有白氣
竟天如練自西南徹東北而旋有燕卒之敗四月汴將氏叔琮由上
黨進軍攻太原出石會爲沙陀擒其前鋒將陳章叔琮乃退去六月
制以昭義節度使檢校太尉兼太師侍中潞州大都督府長史隴西

○ 唐紀二十上 十九

郡開國公食邑三千戶李罕之爲孟州刺史充河陽三城節度孟懷
觀察等使以檢校司徒孟州刺史河陽節度使丁會爲澤潞等節度
使從全忠奏也丁丑李罕之至懷州卒于傳舍陝州軍亂殺其帥王
珙立都將軍李璠爲留後丁亥制以前太常卿劉崇望爲吏部尚書
兵部侍郎裴樞爲吏部侍郎戶部侍郎薛昭緯爲兵部侍郎七月靑
州守海州將牛從毅擁郡人投淮南行密遂有海州十一月陝州衙
將朱簡殺李璠自稱留後降汴全忠表簡爲帥守
三年春正月庚子朔以禮部尚書裴贄爲刑部尚書癸卯朱全忠奏
本貫宋州碭山縣蒙恩升爲輝州其地卑濕難葺廬舍請移輝州治
所於單父縣從之仍賜號爲崇德軍四月戊午汴魏合軍攻滄州以
報入邪之役葛從周連陷滄德郡邑王鎔遣使和解于全忠令劉仁
恭修好汴魏班師辛未皇后太子謁九廟六月丁巳朱全忠表陝州
兵馬留後朱簡鄉里同宗改名友謙乞眞授節鉞從之戊辰特進司
空門下侍郎平章事監修國史王摶貶崖州司戶尋賜死於藍田驛

樞密使宋道弼景務修並死爲崔胤所誣言三人中外相結也七月
丁亥朔兵部尚書劉崇望卒贈司空甲午兵部郎中薛正表爲右諫
議大夫以許州刺史朱友恭檢校司徒爲潁州刺史以左武衛將軍
趙霖檢校左僕射爲許州刺史宣武押衙劉知俊檢校右僕射爲鄭
州刺史從全忠奏也戊申制以武貞軍節度澧朗敘等州觀察處置
等使開府儀同三司檢校司徒同平章事朗州刺史上柱國馮翊郡
開國侯食邑一千五百戶雷滿檢校太保封馮翊郡王餘如故以武
泰軍節度黔中觀察處置等使光祿大夫檢校尚書左僕射黔州刺
史御史大夫上柱國趙崇封天水縣開國子食邑五百戶庚戌制昭
義節度留後光祿大夫檢校司空上柱國孟遷爲檢校司徒兼潞州
大都府長史充昭義節度副大使知節度事潞磁邢洺等州觀察處
置使仍封平昌縣男食邑三百戶從李克用奏也以金紫光祿大夫守
兵部尚書上柱國樂安郡開國公食邑一千五百戶孫儲守兵部尚
書兼京兆尹乙卯制忠烈衛聖鎮國功臣劍南西川節度副大使知

節度事管內營田觀察處置統押近界諸蠻兼西山八國雲南安撫
制置等使開府儀同三司檢校太尉中書令成都尹上柱國瑯琊郡
王食邑三千戶實封一百戶王建可兼劍南東川武信軍兩道都指
揮制置等使加食邑一千戶餘如故時建攻下梓州顧彥暉兼有東
川洋果閬等州故也又以忠義軍節度山南東道管內觀察處置三
司水陸發運等使開府儀同三司檢校太尉中書令兼襄州刺史上
柱國南平王食邑三千戶趙匡凝可檢校太師兼中書令加實封一
百戶八月丙辰朔朱全忠奏先割汝州隸許州請卻還東都河陽先
管澤州今緣蕃戎占據得失不常請權割河南府王屋清河肇三縣
隸河陽從之癸亥制忠貞平難功臣河東節度管內觀察處置等使
開府儀同三司守太師兼中書令北都留守太原尹上柱國晉王食
邑九千戶食實封七百戶李克用加實封一百戶丁卯以朝請大夫
虞部郎中知制誥上柱國賜紫金魚袋顏蕘爲中書舍人己巳制前
歸義軍節度副使權知兵馬留後銀青光祿大夫檢校國子祭酒

監察御史上柱國張承奉爲檢校左散騎常侍兼沙州刺史御史大
夫充歸義節度瓜沙伊西等州觀察處置押蕃落等使庚辰太原大
將李嗣昭攻洺州下之執汴將朱紹宗汴將葛從周率師赴之嗣昭
棄城而去從周邀之於青山口晉軍大敗從周乘勝攻鎮州壬午制
荊南節度忠萬歸夔涪峽等州觀察處置水陸催運等使開府儀同
三司檢校太尉兼中書令江陵尹上柱國上谷郡王食邑三千戶成
汭可檢校太師中書令餘如故甲申制扶危匡國致理功臣特進行
尚書左僕射兼門下侍郎同平章事監修國史判度支上柱國清河
郡開國公食邑二千戶崔胤可開府儀同三司進封魏國公加食邑
一千戶餘如故九月丙戌朔朱全忠引三鎮之師攻鎮州王鎔懼遣
判官周式副大使王昭祚主事梁公儒子弟爲質于汴出犒師絹十
五萬匹求盟許之張存敬遂自深冀進軍攻瀛莫下郡邑二十阻雨
泥濘不及幽州遂西行陷祁州大敗中山將王處直軍於沙河北進
屯懷德驛遂攻定州節度使王郜奔太原衙將王處直斬孔目官梁

汶出縑二十萬乞盟許之全忠遂署王處直爲義武軍留後乙巳制
扶危匡國致理功臣開府儀同三司守太保兼門下侍郎平章事充
太清宮使修奉太廟使弘文館大學士延資庫使諸道鹽鐵轉運等
使上柱國齊國公食邑五千戶食實封一百戶徐彥若可檢校太尉
同平章事充清海軍節度嶺南東道管內觀察處置供軍糧料等使
丙午制光祿大夫中書侍郎兼吏部尚書同平章事充集賢殿大學
士判戶部事博陵郡開國公食邑二千戶崔遠罷知政事守本官戊
申制左僕射門下侍郎平章事監修國史判度支崔胤充太清宮使
修奉太廟使弘文館大學士延資庫使依前判度支兼充諸道鹽鐵
轉運等使光祿大夫中書侍郎兼戶部尚書同平章事上柱國吳郡
開國公食邑一千五百戶陸扆爲門下侍郎戶部尚書監修國史以
正議大夫守刑部尚書上柱國河東縣開國男食邑三百戶賜紫金
魚袋裴贄爲中書侍郎兼刑部尚書同平章事充集賢殿大學士以
銀青光祿大夫行尚書吏部侍郎上柱國裴樞爲中書侍郎同平章

事判戶部事辛亥以光祿大夫尚書右僕射租庸使張濬罷租庸使
守本官十月丙辰朔辛酉以前清海軍節度副使朝散大夫檢校左
散騎常侍御史大夫上柱國王溥守左散騎常侍充鹽鐵副使癸未
制以保義軍節度留後銀青光祿大夫檢校戶部尚書兼御史大夫
上柱國朱友謙爲金紫光祿大夫檢校尚書右僕射兼陝州大都督
府長史御史大夫充保義軍節度陝虢觀察處置等使十一月乙酉
朔庚寅左右軍中尉劉季述王仲先廢昭宗幽於東內問安宮請皇
太子裕監國時昭宗委崔胤以執政胤恃全忠之助稍抑宦官而帝自
華還宮後頗以禽酒肆志喜怒不常自宋道弼等得罪黃門尤懼至
是上獵苑中醉甚是夜手殺黃門侍女數人庚寅日及辰巳內門不
開劉季述詣中書謂宰相崔胤曰宮中必有不測之事人臣安得坐
觀我等內臣也可以便宜從事即以禁兵千人破關而入問訊中人
具知其故即出與宰臣謀曰主上所爲如此非社稷之主也廢昏立
明具有故事國家大計非逆亂也即召百官署狀崔胤等不獲已署

之季述仲先與汴州進奏官程巖等十三人請對對訖季述上殿待
罪次左右軍將士齊唱萬歲聲遂突入宣化門行至思政殿便行殺
戮徑至乙巧樓下帝遽見兵士驚墮牀下起而將去季述仲先掖而
令坐何皇后遽出拜曰軍容長官護官家勿至驚恐有事取容商量
季述即出百官合同狀曰陛下倦臨寶位中外群情願太子監國請
陛下頤養於東宮帝曰吾昨與卿等歡飲不覺太過何至此耶皇后
曰聖人依他軍容語即於御前取國寶付季述即時帝與皇后共一
輦并常所侍從十餘內人赴東宮入後季述手自扃鎖院門日於窻
中通食器是日迎皇太子監國矯宣昭宗命稱上皇甲午宣上皇制
太子登皇帝位宰臣百寮方鎮加爵進秩又賜百寮銀一千五百兩
絹千匹綿萬兩充救接皆季述求媚於朝也時朱全忠在定州行營
崔胤與前左僕射張濬告難於全忠請以兵問罪全忠自行營還大
梁十二月乙卯朔癸未夜護駕鹽州都將孫德昭周承誨董彥弼以
兵攻劉季述王仲先殺仲先携其首詣東宮門呼曰逆賊王仲先已

斬首訖請陛下出宮慰諭兵士宮人破鑰帝與皇后方得出
天復元年春正月甲申朔昭宗反正登長樂門樓受朝賀班未退孫
德昭執劉季述至樓前上方詰責已爲亂棒擊死乃尸之於市乙酉
制以孫德昭檢校司空充靜海軍節度使丙戌宰相崔胤進位司空
己丑朱全忠械程巖折足檻送京師戮之於市制皇太子裕降爲德
王改名祐庚寅制以孫德昭爲安南節度檢校太保以周承誨爲邕
州刺史邕管節度經略使以董彥弼爲容州刺史容管節度等使並
檢校太保同平章事殺神策軍使李師虔徐彥回勑曰朕臨御已來
十有四載常慕好生之德固無樂殺之心昨季述等幽辱朕躬迫脅
太子李師虔是逆賊親厚選來東內主持動息之間俾其偵伺每有
須索皆不供承要紙筆則恐作詔書索錐刀則慮爲利器凌辱萬狀
出入搜羅朕所御之衣晝服夜濯凝冽之際寒苦難勝嬪嬙公主衾
裯皆闕緡錢則貫百不入繒帛則尺寸難求六輩同其主張五人權
其威勢若言狀罪翰墨難窮若許生全是爲貸法宜並處斬時朱全

忠既服河朔三鎭欲窺圖王室簒代之謀以李克用在太原懼其角
逐是月全忠令大將張存敬率兵三萬由含山襲河中王珂晉州刺
史張漢瑜絳州刺史陶建不意賊至城守無備皆以郡降存敬移兵
圍河中王珂求救於太原克用不能救乃嬰城謂存敬曰吾與汴王
有舊侯王至即降二月甲寅朔戊辰朱全忠至河中遂移王珂及兄
璘弟瓚舉室徙於汴以張存敬守河中是月制以全忠檢校太師守
中書令進封梁王三月癸未朔全忠引軍歸汴奏河中節度使歲貢
課鹽三千車臣今代領池場請加二千車歲貢五千車俟五池完葺
則依平時供課額從之四月癸丑朔汴軍大舉攻太原氏叔琮以兵
三萬由天井關進攻澤潞節度使孟遷以上黨降叔琮長驅出團栢
營于洞渦驛葛從周率趙魏中山之兵由土門入陷承天軍與叔琮
會時屬大雨芻糧不給汴將保衆而還甲戌天子有事於宗廟是日
御長樂門大赦天下改元天復李茂貞自鎮來朝賜宴於壽春殿進
錢數萬緡時中尉韓全誨及北司與茂貞相善宰相崔胤與朱全忠

相善四人各爲表裏全忠欲遷都洛陽茂貞欲迎駕鳳翔各有挾天子令諸侯之意五月壬午朔庚子制門下侍郎戶部尚書平章事陸扆加兵部尚書進階特進壬寅制以朱全忠兼河中尹河中節度晉絳慈隰觀察處置安邑解縣兩池榷鹽制置等使閏六月辛巳朔制以河陽節度丁會依前檢校司徒兼潞州大都督府長史昭義節度等使代孟遷以遷檢校司徒爲河陽節度全忠奏也仍請於昭義節度管內落下邢洺磁三州却以澤州爲屬郡其河陽節度只以懷州爲屬郡從之全忠又奏請以齊州隷鄆州從之十月己卯朔戊戌全忠引四鎮之師七萬赴河中京師聞之大恐豪民皆亡竄山谷十一月己酉朔壬子中尉韓全誨與鳳翔護駕都將李繼誨奉車駕出幸鳳翔是日汴軍陷同州執州將司馬鄴華州節度使韓建遣判官李巨川送款甲寅汴軍駐靈口乙卯全忠知帝出幸乃迴兵攻華州大軍駐赤水全忠以親兵駐西溪韓建出降乃署爲忠武軍節度使以陳州爲理所丁巳宰相崔胤令戶部侍郎王溥至赤水砦促全忠

。以兵迎駕戊午全忠自赤水趨長安崔胤率文武百寮太子太師盧知猷已下迎全忠於坡頭庚申汴軍趨鳳翔戊辰至岐下全忠令判官李擇裴鑄入城奏事言臣在河中得崔胤書言奉密詔令臣以兵士迎駕臣不敢擅自迎鑾昭宗怒胤矯命連詔全忠以兵士還鎮辛未全忠引軍離鳳翔退攻邠州甲戌制扶危致理功臣開府儀同三司守司空門下侍郎平章事充太清宮使弘文館大學士延資庫使諸道鹽鐵轉運等使判度支上柱國魏國公食邑五千戶食實封二百戶崔胤可責授朝散大夫守工部尚書乙亥邠州節度使李繼徽以城降全忠乃舍其孥於河中以繼徽從軍以汴軍營於三原十二月己卯崔胤自長安至三原砦與全忠謀攻鳳翔

二年春正月戊申朔車駕在鳳翔全忠在三原李克用遣大將周德威攻慈隰晉等州全忠歸河中令其將朱友寧率衆五萬屯絳州大敗太原軍於蒲縣西北友寧乘勝追奔陷汾州進圍太原天子遣諫議大夫張顗至晉州諭全忠令與太原通和屬友寧再戰不利乃還關西四月丁丑朱友寧揔大軍屯於興平五月岐軍出戰大敗於武功南之漢谷全忠聞捷自引汴軍五萬西征六月進營虢縣丁亥進圍鳳翔遣判官入城迎駕九月岐軍出戰又敗十一月鄜州節度使李周彝率衆救鳳翔十二月癸酉汴將孔勍乘虛襲下鄜州獲周彝妻子周彝即以兵士來降於是邠寧鄜坊等州皆陷於汴軍茂貞懼謀誅內官以解

三年春正月癸卯朔車駕在鳳翔甲辰天子遣中使到全忠軍茂貞亦令軍將郭啓奇來達上欲還京之旨丙午青州牙將劉鄩陷全忠之兖州又令牙將張厚入奏是日亦竊發於華州殺州將婁敬思上又令戶部侍郎韓偓趙國夫人寵顏宣諭於全忠軍辛亥全忠令判官李振入奏上令翰林學士姚洎傳宣令全忠喚崔胤令率文武百寮來迎駕癸丑上令禮部尚書蘇循傳詔賜全忠玉帶仍令全忠處分將玄暉侍帝左右丁巳蔣玄暉與中使同押送中尉韓全誨張弘彥已下二十人首級告諭四鎮兵士迴鑾之期戊午遣中使走馬華

。州追崔胤胤託疾不至甲子巳時車駕出鳳翔幸全忠軍全忠素服待罪泣下不自勝上親解玉帶賜之乙丑扶風令朱友倫揔兵侍衛丙寅次武功丁卯次興平宰臣崔胤率百官迎謁即日降制以崔胤守司空門下侍郎平章事後太清宮使弘文館大學士延資庫使諸道鹽鐵轉運使判度支魏國公封邑如故戊辰次咸陽己巳入京師天子素服哭于太廟改服冕旒謁九廟禮畢御長樂樓大赦百寮稱賀全忠處左軍辛未宴全忠於內殿內弟子奏樂是日制內官第五可範已下七百人並賜死於內侍省其諸道監軍及小使仰本道節度使處斬訖奏從全忠崔胤所奏也帝悲惜之自爲奠文祭之二月壬申朔甲戌制賜全忠迴天再造竭忠守正功臣名己卯制以輝王祚充諸道兵馬元帥又制以迴天再造竭忠守正功臣宣武宣義天平護國等軍節度使汴宋亳輝河中晉絳慈隰鄭滑潁鄆齊曹等州觀察處置等使太清宮修葺宮闕制置度支解縣池塲等使開府儀同三司檢校太師守中書令河中尹汴滑鄆等州刺史上柱國梁王

食邑九千戶食實封六百戶朱全忠可守太尉中書令充諸道兵馬
副元帥進邑三千戶以宰臣崔胤守司徒兼侍中判六軍十二衛以
吏部尚書平章事裴樞檢校右僕射同平章事兼廣州刺史清海軍
節度嶺南東道觀察等使甲戌制以門下侍郎兵部尚書同平章事
監修國史陸扆責授沂王傅分司己丑上宴全忠於壽春殿又令全
忠與茂貞書取平原公主同州節度使趙珝陝州節度使朱友謙來
朝制以朱友裕為華州刺史充感化軍節度使乙未會鞠於保寧殿
全忠得頭籌令內弟子送酒仍面賜副元帥官告以新除廣州節度
使裴樞為門下侍郎吏部尚書同平章事監修國史以戶部侍郎王溥
同平章事戊戌全忠歸大梁上宴之內殿置酒於延喜門是日全忠
與四鎮判官皆預席上臨軒泣別又令中使走送御製楊柳枝詞五
首賜之辛丑平原公主至京師三月壬寅朔全忠引四鎮之兵征王
師範先是大將朱友寧楊師厚前軍臨淄青師範求援于淮南楊行
密遣將王景仁帥衆萬人赴之四月辛未朔西川王建以兵攻秦隴

○
乘茂貞之弱也仍遣判官韋莊入貢修好于全忠五月制鳳翔隴右
四鎮北庭行軍彰義軍節度涇原渭武觀察處置押蕃落等使開府
儀同三司守尚書令兼侍中鳳翔尹上柱國秦王李茂貞可檢校太
師守中書令初茂貞凌弱王室朝廷姑息加尚書令及是全忠方守
太尉茂貞懼乞罷尚書令故也崔胤奏六軍十二衛名額空存實無
兵士京師侍衛亦藉親軍請每軍量召募一千一百人共置六千六
百人從之乃令六軍諸衛副使京兆尹鄭元規立格招收於市制以
潁州刺史朱友恭檢校司空兼徐州刺史充武寧軍節度使從全忠
奏也六月青州淮南軍與汴人戰于臨淄汴軍大敗朱友寧戰死傳
首淮南九月汴將楊師厚大敗青州軍於臨朐荆南節度使成汭以
舟師赴援鄂州澧朗雷彥恭承虛襲陷江陵汭軍士聞之潰歸汭憤
怒投水而死趙匡凝遂以兵襲荆州據之辛巳汴州護駕都將朱友
倫擊鞠墜馬卒全忠怒殺同鞠將校數人十一月丁酉朔王師範以
青州降楊師厚全忠復令師範知青州事鄆州鳳翔兵士逼京畿汴

軍屯河中青州牙將劉鄩以兗州降葛從周稟師範命也全忠嘉之
署為元帥府都押衙權知鄜州留後事十二月丁卯朔辛巳制以礼
部尚書獨孤損為兵部侍郎同平章事丙申制守司徒侍中太清宮使
弘文館大學士延資庫使判六軍十二衛事諸道鹽鐵轉運使判度
支上柱國魏國公食邑四千五百戶崔胤責授太子賓客守刑部尚
書兼京兆尹六軍諸衛副使鄭元規責授循州司戶是日汴州屯駕
指揮使朱友諒殺胤及元規皇城使王建勳飛龍使陳班閤門使王
建襲客省使王建乂前左僕射上柱國河間郡公張濬全忠將逼車
駕幸洛陽懼濬立異也
天祐元年春正月丁酉朔以翰林學士左拾遺柳璨為右諫議大夫
同平章事賜紫金魚袋己亥制以兵部尚書崔遠為中書侍郎同平
章事集賢殿大學士己酉全忠率師屯河中遣牙將寇彥卿奉表請
車駕遷都洛陽全忠令長安居人按籍遷居徹屋木自渭浮河而下
連甍號哭月餘不息秦人大罵於路曰國賊崔胤召朱溫傾覆社稷俾

○
我及此天乎天乎丁巳車駕發京師癸亥次陝州全忠迎謁于路二
月丙寅朔乙亥全忠辭赴洛陽親督工作四月丙寅朔癸巳帝遣晉
國夫人可證使詔諭全忠言中宮誕蓐未安取十月入洛陽宮全忠
意上遲留俟變怒甚謂牙將寇彥卿曰亟往陝州到日便促官家發
來閏四月乙未朔丁酉車駕發陝州壬寅次穀水行宮時崔胤所募
六軍兵士胤死後亡散並盡從上東遷者唯諸王小黃門十數打毬
供奉內園小兒共二百餘人全忠在陝仍慮此輩為變欲盡去之以
汴卒為侍衛至穀水頓全忠令醫官許昭遠告內園等謀變因會設幄
酒食次並坑之乃以謀逆聞由是帝左右前後侍衛職掌皆汴人也
甲辰車駕由徽安門入朱全忠張全義宰相裴樞獨孤損前導是日
大風雨土黦紫不辨物色日暝稍止上謁太廟礼畢還宮御正殿宣
勞從官衛士受賀乙巳上御光政門大赦制曰乃眷中州便俟伯會
朝之路運逢百六順古今攘避之宜况建鼎舊京我家二宅轘轅通
其左郟鄏引其前周平王之東遷更延姬姓漢光武之定業克茂劉

宗肇葺新都祈天永命皆因否運復啓昌期或西避於戎狄或載馘
於妖孽朕遭家不造布德不明十載已來三罹播越亦屬災纏秦雍
叛起邠岐始幸石門以避衛兵之亂載遷華嶽仍驚畿邑之侵憂危
則矢及車輿黍脊則火延宮廟迨至逆連宮竪構結姦兇致劉季述
幽朕於下宮韓全誨劫予於右輔莫匪兵圍內殿焰亘九重皆思假
武以容身唯劫指鹿而威衆矯宣天憲欺蔑外藩行書詔以任情欲
忠良而獲罪雖群方戮牧協力匡扶拘戎律於阻修報朝恩而隔越
副元帥梁王全忠以兼鎮近輔摠兵四藩遠赴岐陽躬迎大駕辛勤
百戰盡勦兇渠營野三年竟迴鑾輅咸鎬載新其宮闕讓珪絕類於
闡徒方崇再造之功以正中興之運又邠岐結疊巴蜀連兵上負國
恩下凌鄰好焚宮烈火更延爇於親鄰却駕兇鋒復延侵於禁苑抑
又太一遊處併集六宮罰星熒惑久纏東井玄象荐災於秦分地形
無過於洛陽爰有一二藎臣洎四方同志竭心王室共誓嘉謀魏鎮
定燕航大河而畢至陳徐潞蔡輦巨軸以偕來披荊棘而立朝廷刻

○ 唐紀二十上　廿八

灰燼而化輪奐左郊祧而右社稷肅爾崇嚴前廣殿而後重廊藹然
華邃公卿僉議龜筮協從甲子今年孟夏初吉備法駕而離陝分列
百官而入洛郊觀此殷繁良多嘉慰謝罪太廟憂惕驚懷登御端門軫
惻興感蓋以一人寡祐致萬姓靡寧工役艱疲忠良盡瘁克建再遷
之業冀延八百之基宜覃渙汗之恩俟此雍熙之慶滌瑕盪垢咸與
惟新可大赦天下改天復四年爲天祐元年於戲肆告閭閻即安宮
闈雖九廟几筵已閟於新室而諸陵松栢遙隔於舊都將務人寧難
申繾慕文武百辟執事具僚從我千里而來端爾一心莅政恩覃既
往効責從新方當開國之初必舉慢官之罰戊申勑今後除留宣徽
兩院小馬坊豐德庫御厨客省閤門飛龍莊宅九使外其餘並停內
園冰井公事委河南尹仍不差內夫人傳宣殺醫官閻祐之國子博
士歐陽特言星識也宰相裴樞兼右僕射諸道鹽鐵轉運等使監修
國史戶部尚書門下侍郎平章事獨孤損判度支中書侍郎平章事
柳璨判戶部事五月乙丑朔丙寅制河陽節度使張漢瑜同平章事

宴百寮于崇勳殿上稱賀述全忠之功業因言御樓前一日所司亡失
赦書賴元帥府收得副本施行幾失事矣中書不得無過裴樞等起
待罪中飲帝更衣召全忠曲宴閣中全忠懇辭帝曰朕以全忠功業
崇高欲齋中款曲以表庇賴耳全忠既不欲來即令敬翔來朕與之
言全忠令敬翔私退奏曰敬翔亦醉而出矣己巳全忠辭赴大梁宴
于崇勳殿是日雨甚乙酉翰林學士左諫議大夫知制誥沈棲遠守
本官以病陳乞故也丁亥勑河南府畿縣先減尉一員可准京兆府
例復置縣尉一員癸巳中書奏准今年四月十一日赦文陝州都督
府改爲興唐府其都督府長史宜改爲尹左右司馬爲少尹録事爲
司録陝縣爲次赤餘爲次　畿從之六月甲午朔邠州楊崇本侵掠
關內全忠遣朱友裕屯軍於百仁村丙申通議大夫中書舍人賜紫
金魚袋楊注可充翰林學士庚子三佛齊國入朝使蒲訶粟可寧遠
將軍丁未制金紫光祿大夫太子少傅盧紹可太子太保致仕銀青
光祿大夫太子少師天水男食邑三百戶趙崇可檢校右僕射甲寅

○ 唐紀二十上　廿九

以京兆少尹鄭霸光爲太常少卿前侍御史韋詵爲右司員外郎
前進士姚顗爲校書郎前進士趙傾劉明濟竇専並可秘書省校書
郎正字從柳璨奏也荊南襄州忠義軍節度開府儀同三司檢校太
師中書令江陵尹襄州刺史上柱國楚王食邑六千戶趙匡凝宜備
禮冊命七月癸亥朔全忠率師討邠鳳甲子自汴至洛陽宴於文思
毬場全忠入百官或坐於廊下全忠怒笞通引官何凝丙寅制金紫
光祿大夫行御史中丞上柱国韓儀責授棣州司馬侍御史歸藹責
授登州司戶坐百官傲全忠也甲戌制以中大夫中書舍人上柱國
賜紫金魚袋杜彥林爲太中大夫守御史中丞丁丑制以兵部郎中
蕭頎爲吏部郎中戶部郎中徐綰爲兵部郎中司勳員外郎張茂樞
爲禮部郎中監察御史鄒殷象爲右補闕己卯制武昌軍節度鄂岳
蘄黃等州觀察處置兼三司水陸發運淮南西面行營招討等使開
府儀同三司檢校太師中書令西平王食邑三千戶杜洪加食邑一
千戶實封二百戶庚寅中書奏西京舊有凌煙閣圖畫功臣今遷都

洛陽合議修建副元帥梁王勳庸冠世請凌煙閣之側別創一閣以表殊勳從之八月壬辰朔壬寅夜朱全忠令左龍武統軍朱友恭右龍武統軍氏叔琮樞密使蔣玄暉弑昭宗於椒殿自帝遷洛李克用李茂貞西川王建襄陽趙匡凝知全忠篡奪之謀連盟舉義以興復爲辭而帝英傑不群全忠方事西討慮變起於中故害帝以絕人望帝自離長安日憂不測與皇后內人唯沉飲自寬是月壬寅全忠令判官李振自河中至洛陽與友恭等圖之是夜二鼓蔣玄暉選龍武衙官史太等百人叩內門言軍前有急奏面見上內門開玄暉每門留卒十人至椒殿院貞一夫人啓關謂玄暉曰急奏不應以卒來史太執貞一殺之急趨殿下玄暉曰至尊何在昭儀李漸榮臨軒謂玄暉曰院使莫傷官家寧殺我輩帝方醉聞之遽起史太持劒入椒殿帝單衣旋柱而走太追而弑之漸榮以身護帝亦爲太所殺復執何皇后將害之后求哀於玄暉玄暉以全忠止令害帝釋后而去帝殂年三十八群臣上謚曰聖穆景文孝皇帝廟號昭宗二年二月二十

日葬于和陵

唐書本紀卷第二十上

唐書本紀卷第二十下

劉昫 等修
聞人詮校刻沈桐同校

哀帝

哀皇帝諱柷昭宗第九子母曰積善太后何氏景福元年九月三日生於大內乾寧四年二月封輝王名祚天復三年二月拜開府儀同三司充諸道兵馬元帥天祐元年八月十二日昭宗遇弑翌日蔣玄暉矯宣遺詔曰我國家化隋爲唐奄有天下三百年之盛業十八葉之耿光朕自纘丕圖垂將二紀雖恭勤無怠屬運數多艱致寰宇之未寧覩兵戈之屢起賴勳賢協力宗社再安豈意宮闈之間禍亂忽作昭儀李漸榮河東夫人裴貞一潛懷逆節輒肆狂謀傷疻既深已及危革萬機不可以久曠四海不可以乏君神器所歸須有纘繼輝王祚幼彰岐嶷長實端良褒然不群予所鍾愛必能克奉丕訓以安兆人宜立爲皇太子仍改名柷監軍國事於戲孝愛可以承九廟恭儉可以安萬邦無樂逸遊志康寰宇百辟卿士佑茲沖人載揚我高

祖太宗之休烈是日遷神柩于西宮文武百寮班慰於延和門外其日午時又矯宣皇太后令曰予遭家不造急變爰臻禍生女職之徒事起宮奚之輩皇帝自罹鋒刃已至彌留不及顧遺號慟徒切定大計者安社稷纂丕圖者擇賢明議屬未亡人須示建長策承高祖之寶運繫元勳之忠規伏示股肱以匡沖昧皇太子柷宜於柩前即皇帝位其哀制並依祖宗故事中書門下准前處分於戲送往事居古人令範行今報舊前哲格言抆淚敷宣言不能喻帝時年十三乞且監國柩前即位宜差太常卿王溥充禮儀使又令太子家令李能告哀於十六宅丙午大行皇帝大殮皇太子柩前即皇帝位已酉矯制曰昭儀李漸榮河東夫人裴貞一今月十一日夜持刃謀逆懼罪投井而死宜追削爲悖逆庶人蔣玄暉夜既弑逆詰旦宣言於外曰夜來帝與昭儀博戲帝醉爲昭儀所害歸罪宮人以掩弑逆之跡然龍武軍官健備傳二夫人之言於市人壽用史太爲棣州刺史以酬弑

逆之功庚戌群臣上表請聽政甲寅中書奏皇帝九月三日降誕請
以其日爲乾和節從之乙丑百寮赴西宮殯訖釋服皇帝見群臣於崇
勳殿西廊下中書帖今月二十四日釋服後三日一度進名起居丙
辰勑朕奉太后慈旨以兩司綱運未來百官事力多闕旦夕霜冷深
軫所懷令於内庫方圓銀二千一百七十二兩充見任文武常參官
救接委御史臺依品秩分俵是日皇帝聽政丁巳勑乾和節方在哀
疚其内道場宜停戊午遣刑部尚書張禕告哀於河中全忠號哭盡
哀庚申勑乾和節文武百寮諸軍諸使諸道進奏官准故事於寺觀
設齋不得宰殺只許酒果脯醢辛酉勑三月二十三日嘉會節伏以
大行皇帝仙駕上昇靈山將卜神既遊於天際節宜輟於人間准故
事嘉會節宜停九月壬戌朔百官素服赴西内臨進名奉慰戊辰大
行皇帝大祥百官素服赴西内臨已巳勑右僕射門下侍郎禮部尚
書平章事裴樞宜充大行皇帝山陵禮儀使門下侍郎平章事獨孤
損宜充大行皇帝山陵使兵部侍郎李燕充鹵簿使權知河南尹韋
。

唐紀二十下　二

震充橋道使宗正卿李克勤充按行使庚午皇帝釋服從吉中書門
下奏伏以陛下光繼寶圖纂承丕緒敎道克申於先訓保任實自於
慈顏今則正位宸居未崇徽號伏以大行皇帝皇后母臨四海德冠
六宮推尊宜正於鴻名敬上式光於睿孝望上尊號曰皇太后奉勑
宜依又勑輝王府官屬宜停辛巳山陵橋道使改差權河南尹張廷
範其頓遞陵下應接等使並令廷範兼之庚寅中書奏太常寺止鼓
兩字敬上字犯御名請改曰肇從之十月辛卯朔日有蝕之在心初
度壬辰全忠自河中來朝赴西内臨祭訖對於崇勳殿甲午勑檢校
太保左龍武統軍朱友恭可復本姓名李彥威貶崖州司戶同正檢
校司徒右龍武統軍氏叔琮可貶貝州司戶同正又勑彥威等主典
禁兵妄爲扇動既有彰於物論兼亦繫於軍情謫掾遐方安能塞責
宜配充本州長流百姓仍令所在賜自盡河南尹張廷範收彥威等
殺之臨刑大呼曰賣我性命欲塞天下之謗其如神理何操心若此
欲望子孫長世可乎呼廷範謂曰公行當及此勉自圖之是日全忠

歸大梁丙申制天平軍節度使檢校太師中書令兼鄆州刺史上柱
國東平王食邑七千戶張全義本官兼河南尹許州刺史忠武軍節
度觀察等使判六軍諸衛事皇帝即位行事官左丞楊涉進封開國
伯加食邑四百戶吏部侍郎趙光逢進開國公加食邑三百戶右散
騎常侍竇回給事中孫纘戶部郎中知制誥封舜卿等加勳階禮儀
使太常卿王溥與一子八品正員官書寶冊官吏部尚書陸扆刑部
尚書張禕扆與一子八品正員官禕加階太子太保盧紹卒魏博羅
紹威進救接百官絹千匹綿三千兩十一月辛酉朔癸酉午時日有
黃白暈旁有青赤紉楊行密攻光州又急攻鄂州杜洪遣使求援全
忠率師五萬自潁州渡淮至霍丘大掠以紓之行密分兵來拒乙酉
勑據太常禮院奏於十二月内擇日冊太后者朕近奉慈旨以山陵
未畢哀感方纏凡百有司且虔充奉吉凶之禮難以並施太后冊禮
宜俟山陵畢日庶得橋山攀慕彰盡節於群臣蘭殿承榮展盛儀於
朕志情既獲遂禮實宜之付所司已丑嶺南東道辨州宜改爲勳州
。

唐紀卷二十下　三

十二月辛卯朔癸卯權知河南府尹和王傅張廷範宜復本官光祿
大夫檢校司徒河東縣開國子食邑五百戶充山陵副使權知河南
尹天平軍節度副使韋震權知鄆州軍州事二年春正月庚申朔楊
行密陷鄂州執節度使杜洪斬於楊州市鄂岳蘄黃等州入行密全
忠自霍丘還大梁甲子太常卿王溥上大行皇帝謚號廟號乃勑右
僕射平章事裴樞撰謚冊中書侍郎柳璨撰哀冊辛未勑朕祇荷丕
圖仰惟先訓方迫遺弓之痛俯臨同軌之期將展孝思親扶護衛皇
太后義深鳴鳳痛切攀龍亦欲專奉靈輿躬及園寢兼盡追摧之道
用終克敬之儀其大行皇帝山陵發引日朕隨太后親至陵所付中
書門下宜體至懷群臣三表論諫乃止二月庚寅朔壬辰制以前知
鄜州軍州事檢校尚書左僕射劉郭爲右金吾衛大將軍充右街使
檢校左僕射朱漢賓爲右羽林統軍丙申群臣告謚於西宮己亥勑
今月十一日大行皇帝啓攢宮准故事坊市禁音樂至二十日掩玄
宮畢如舊庚子啓攢宮文武百寮夕臨於西宮丁未靈駕發引濮王

巳下從皇帝太后長樂門外祭畢歸大内己酉葬昭宗皇帝於和陵庚戌制以太常卿王溥為工部尚書壬子制以汝州刺史裴迪為刑部尚書泰寧軍節度檢校司空兖州刺史御史大夫葛從周檢校司徒兼右金吾上將軍致仕從周病風不任朝謁故也以左金吾上將軍盧彦威為左威衛上將軍是月社日樞密使蔣玄暉宴德王裕已下九王於九曲池既醉皆絞殺之竟不知其瘞所丙辰左僕射裴贄等議遷廟合遷順宗一室從之己未昭宗皇帝神主祔太廟禮院奏昭宗廟樂曰咸寧之舞三月庚申朔壬戌制以前平盧軍節度使檢校太傅同平章事兼青州刺史上柱國瑯瑘郡公食邑二千五百戶王師範為孟州刺史河陽三城懷孟節度觀察等使從全忠奏也甲子制以特進尚書右僕射門下侍郎同平章事太清宮使弘文館大學士延資庫使諸道鹽鐵轉運使判度支上柱國河東郡開國公食邑二千戶裴樞可守尚書左僕射光祿大夫門下侍郎戶部尚書同平章事監修國史河南縣開國子食邑五百戶獨孤損可檢校尚書

左僕射同平章事兼安南都護充靜海軍節度安南管內觀察處置等使以光祿大夫中書侍郎同平章事集賢殿大學士上柱國博陵郡開國公食邑一千五百戶崔遠可守尚書右僕射以正議大夫中書侍郎同平章事判戶部事上柱國河東縣男食邑三百戶柳璨為門下侍郎兼戶部尚書同平章事太清宮使弘文館大學士延資庫使諸道鹽鐵轉運等使以正議大夫尚書吏部侍郎上柱國賜紫金魚袋張文蔚為中書侍郎同平章事監修國史判度支以銀青光祿大夫行尚書左丞上柱國弘農縣伯食邑七百戶楊涉為中書侍郎同平章事集賢殿大學士判戶部事庚午勑朕以宰臣學士文武百寮常拘宮局空逐遊從今膏澤不愆豐年有望當茲韶景宜示優恩自今月十二日後至十六日各令取便選勝追遊付所司壬申以檢校司徒和王傅張廷範為太常卿丁亥勑翰林學士戶部侍郎楊注是宰臣楊涉親弟兄既秉於樞衡弟故難居宥密可守本官罷內職四月己丑朔壬辰勑河南府緱氏縣令宜兼充知陵臺令仍昇為赤縣癸巳勑曰文武二柄國家大綱東西兩班官職同體咸臣聖運共列明廷品秩相對於高卑祿俸皆均於厚薄不論前代秖考本朝太宗皇帝以中外臣寮文武參用或自軍衛而居臺省亦由衣冠而秉節旄足明於武列文班不合分清濁優劣近代浮薄相尚凌蔑舊章假偃武以修文競弃本而逐末雖藍衫魚簡當一見而便許升堂縱拖紫腰金若非類而無令接席以是顯揚榮辱分別重輕遂失人心盡虧朝体致其今日實此之由須議改更漸期通濟文武百官自一品以下逐月所給料錢並須均勻數目多少一般支給兼差使諸道亦依輪次既就公平必期開泰凡百臣庶宜体朕懷和王傅張廷範者全忠將吏也以善音律求為太常卿全忠薦用之宰相裴樞以廷範非樂卿之才全忠怒罷樞相位柳璨希旨又降此詔斥樞輩故有白馬之禍丙午前棣州刺史劉仁遇檢校司空兼兖州刺史御史大夫充泰寧軍節度使乙未制左僕射裴樞新除清海軍節度使獨孤損河南尹張全義工部尚書王溥[illegible]空致仕裴贄刑部尚書張禕並

賜一子八品正員官以奉山陵之勞也勑曰朕以宿麥未登時陽久亢慮闕粢盛之備軫予宵旰之懷所宜避正位於宸居減珍羞於常膳諒惟眇質深合罪躬自今月捌日巳後不御正殿減常膳付所司辛丑侍御史李光庭郗殷象殿中丞張昇崔昭矩起居舍人盧仁烱盧鼎緣楷吏部員外郎崔協左補闕崔咸休右補闕杜承昭羅兖右拾遺韋彖路德延並宜賜緋魚袋兵部郎中韋乾美比部郎中楊煥皆賜紫金魚袋並以奉山陵之榮也壬寅勑朕獲荷丕圖仰遵慈訓爰崇徽號已定禮儀冀申爲子之心以展奉親之敬昨所司定今月貳十五日行皇太后冊禮再奉慈旨以宮殿未停工作蒸暑不欲勞人宜改吉辰固難違命冊禮俟修大內畢功日所司以聞癸卯太清宮使柳璨奏修上清宮畢請改爲太清宮從之甲辰夜彗起北河貫文昌其長三丈在西北方丁未勑設官分職各有司存銓衡既任於吏曹除授寧煩於宰職但所司注擬申到中書過驗酌量苟或差舛難可書定近年除授其徒實繁占選部之闕員擇公當之優便遂致三

銓注擬之時皆曠職務且以宰相之任提舉百司唯務公平無私方
致漸臻有道應天下州府令録並委吏部三銓注擬自天祐二年四
月十一日巳後中書並不除授或諸薦奏量留即度可否施行庶各
司其爲免致紊隳宰相提綱未存事體付所司辛亥以彗孛謫見德
音放京畿軍鎮諸司禁囚常赦不原外罪無輕重遞減一等限三日
内疏理聞奏壬子勅朕以冲幼克嗣丕基業業兢兢勤恭夕惕彗星謫
見罪在朕躬雖已降赦文特行恩宥起今月二十四日後避正殿減
常膳以明思過付所司丙辰勅准向來事例每貫抽除外以八百五
十文爲貫每陌八十五文如聞坊市之中多以八十爲陌更有除折
頻爽舊規付河南府市肆交易並以八十五文爲陌不得更有改移
戊午勅東上閤門西上閤門比帝出入以東上爲先大忌進名即西
上閤門爲便比因閹官擅權乃以陰陽取位不思南面但啓西門遂
來相承未議更改詳其稱謂似爽舊規自今年五月一日後常朝出
入取東上閤門或遇奉慰即開西上閤門永爲定制付所司又勅朕

。唐紀二十下　六

以上天譴見避殿責躬不宜朔會朝正殿其五月一日朝會宜權停五
月己未朔以星變不視朝勅曰天文變見合事祈禳宜於太清宮置
黄籙道場三司支給齋料壬戌勅法駕遷都之日洛京再建之初慮
懷土有類於新豐權更名以變於舊制妖星既出於雍分高閎難効
於秦餘宜改舊門之名以壯卜年之永延喜門改爲宣仁門重明門
改爲興教門長樂門改爲光政門光範門曰應天門乾化門曰乾元
門宣政門曰敷政門宣政殿曰貞觀殿日華門曰左延福門月華門
曰右延福門萬壽門曰萬春門積慶門曰興善門含章門曰膺福門
含清門曰延義門金鑾門曰千秋門延和門曰章善門保寧殿曰文
思殿其見在門名有與西京門同名者並宜復洛京舊門名付所司
乙酉夜西北彗星長六七十丈自軒轅大角及天市西垣光輝猛怒
其長竟天丙寅有司修皇太后宮畢中書奏皇太后慈惠臨人寬仁
馭物早叶俔天之兆克彰誕聖之符今輪奐新宮規摹舊典崇訓既
徵於信史積善宜顯於昌期太后宮請以積善爲名從之又以將卜

郊禋須調雅樂宜以太常卿張廷範充修樂懸使丁卯判襄節度使
趙匡凝奏爲故使成汭立祠宇從之己巳太清宮使柳璨奏近勅改
易宮殿門名竊以玄元皇帝廟西京曰太清宮東京曰太微宮其太
清宮請復爲太微宮臣便給入官階從之庚午勅所司定今年十月
九日有事郊丘其修製禮衣祭服宜令宰臣柳璨判祭器宜令張文
蔚楊涉分判儀仗車輅宜令太常卿張廷範判壬申制新除靜海軍
節度使銀青光禄大夫檢校尚書左僕射同平章事兼安南都護河
南郡開國侯食邑一千戶獨孤損可責授朝散大夫棣州刺史仍令
御史臺發遣出京訖聞奏勅曰朕謬將眇質叨荷丕圖常懷馭朽之
心每軫泣辜之念諒於黜責豈易施行左僕射裴樞右僕射崔遠雖
罷樞衡尚居揆路既處優崇之任未傷進退之規不能秉志安家但
恣流言謗國頗興物論難抑朝章須離八座之榮尚付六條之政勉
思欲已無至尤人樞可責授朝散大夫登州刺史遠可責授朝散大
夫萊州刺史便發遣出京兵部郎中韋乾美貶沂州司戶甲戌勅中

。唐紀二十下　七

書舍人封渭貶齊州司戶右補闕鄭贊密州莒縣尉兵部員外盧協
祁州司戶並員外置乙亥勅吏部尚書陸扆貶濮州司戶工部尚書
王溥淄州司戶司天奏旬朔已前星文變見仰觀垂象特軫聖慈自
今月八日夜已後連遇陰雨測候不得至十三日夜一更三點天色
暫晴景緯分明妖星不見於碧虛災沴潛消於天漢者勅曰上天譴
見下土震驚致夙夜之沈憂恐生靈之多難不居正殿盡輟常羞益
務齊虔以申禳禱果致玄穹覆祐孛彗消除豈罪己之感通免貽人
於災沴式覩陳奏深慰誠懷丙子勅戶部郎中李仁儉貶和王府咨
議起居舍人盧仁炯安州司戶壽安尉直弘文館盧晏滄州東光尉
丁丑陳許節度使張全義奏得許州留後狀申自多事以來許州權
爲列郡今特創鼓角樓訖請復爲軍額勅旨依舊置忠武軍牌額戊
寅宴群臣於崇勳殿全忠與王鎔羅紹威置宴也庚辰勅特進檢校
司徒守太保致仕趙崇可曹州司戶銀青光禄大夫兵部侍郎王贊
可濮州司戶辛巳勅責授登州刺史裴樞可隴州司戶責授棣州刺

史獨孤損可瓊州司戶責授萊州刺史崔遠可白州司戶壬午勑司
勳貟外帝甄責授和王友洛陽縣令李光序責授左春坊典設郎甲
申秘書監崔仁魯可密州司戶國子祭酒崔澄陳州司戶太府少卿
裴鉞徐州司戶衛尉少卿裴紓曹州南華尉左補闕崔咸休寧陵尉
司封貟外薛高輝州司戶前鹽鐵推官獨孤憲臨沂尉祕書少監裴
鉟鄆州司戶長安尉直史館裴格符離尉兵部郎中李象鄭州司戶
刑部貟外盧鷹范縣尉丙戌穎州汝陰縣人彭文妻產三男丁亥勑
以翰林學士尚書職方郎中張策兼充史館修撰修國史六月戊子
朔勑責授隴州司戶裴樞瓊州司戶獨孤損白州司戶崔遠濮州司
戶陸扆淄州司戶王溥曹州司戶趙崇濮州司戶王贊等皆受國恩
咸當重任罔思罄竭唯貯姦邪雖已謫於遐方尚難寬於國典委御
史臺差人所在州縣各賜自盡時樞等七人已至滑州皆併命於白
馬驛全忠令投屍於河己丑勑君臣之間進退以禮矧於求舊欲保
初終苟自擬於悔尤亦須行於黜責特進守司空致仕上柱國河東
○

縣開國公食邑二千戶裴贄早以公望常踐台司靡聞竭力以匡時
每務養恬而避事洎從請老不謂無恩合慎樞機動循規矩雖云勇
退乃有後言自爲薦從之酋頗失人臣之禮謫居郡掾用正朝綱可
責授青州司戶刑部郎中李煦可萊州司戶辛卯太微宮使柳璨奏
前使裴樞充宮使日權奏請玄元觀爲太清宮又別奏在京弘道觀
爲太清宮至今未有制置伏以今年十月九日陛下親事南禋先謁
聖祖廟弘道觀既未修葺玄元觀又在北山若車駕出城禮非便穩
今欲只留北邙山上老君廟一所其玄元觀請拆入都城於清化坊
內建置太微宮以備車駕行事從之壬辰勑諸道節度觀察防禦刺
史等部內有新除朝官前資朝官勑到後三日內發遣赴闕仍差人
監送所在州縣不得停住苟或稽違必議貶黜付所司癸巳勑衛尉
少卿敬沼是裴贄之甥常累於舅或以明經撓丈柄或以私事竊化
權贄已左遷爾又何宜可貶徐州蕭縣尉丙申勑福建每年進橄欖
子比因閹豎出自閩中牽於嗜好之間遂成貢奉之典雖嘉忠藎伏

恐煩勞今後只供進臘面茶其進橄欖子宜停戊戌勑密縣令裴鍊
貶登州牟平尉長水令崔仁略淄州高苑尉福昌主簿陸珣沂州新
太尉泥水令獨孤韜范縣尉並貟外置皆裴樞崔遠陸扆宗黨也壬
寅湖南馬殷奏岳州洞庭青草之側有古祠四所先以荒圮臣復修
廟了畢乞賜名額者勑旨黃陵二妃祠曰懿節洞庭君祠曰利涉侯
青草祠曰安侯三閭大夫祠先以澧朗觀察使雷滿奏已封昭靈侯
宜依天祐元年九月二十九日勑處分丙午全忠奏得宰相柳璨記
事欲拆北邙山下玄元觀移入都內於清化坊取舊昭明寺基建置
太微宮準備十月九日南郊行事緣延資庫鹽鐵並無物力令臣商
量者臣已牒判六軍諸衛張全義指揮工作訖優詔嘉之丁未勑太
子賓客柳遜嘗爲張濬租庸判官又王溥監修日奏充判官授工部
侍郎又與趙崇裴贄爲刎頸之交昨裴樞等得罪之時合當連坐尚
矜暮齒且俾懸車可本官致仕戊申勑前司勳貟外郎賜緋魚袋李
延古責授衛尉寺主簿七月戊午朔辛酉賜全忠迎鑾記功碑文立
○

於都內全忠進助郊禮錢三萬貫癸亥再貶柳遜曹州司馬辛巳勑
全忠請鑄河中晉絳諸縣印縣名內有城字並落下如密鄭絳蒲例
單名爲文壬午宰臣柳璨禮部尚書蘇循充皇太后冊禮使是日於
積善宮行禮畢帝乘輦赴太后宮稱賀丙戌太常禮院奏每月朔望
皇帝赴積善宮起居文武百官於宮門進名起居從之八月丁亥朔
戊子制中書舍人姚洎可尚書戶部侍郎充元帥府判官從全忠奏
也洛苑使奏穀水屯地內嘉禾合穎乙未勑僞稱官階人泉州晉江
縣應鄉貢明經陳文巨招伏罪款付河南府決殺庚子勑漢代元勳
鄧禹冠諸侯之上晉朝重位王導居百辟之先皆道著匡扶功宣寰
宇其於崇寵迥異等倫朕獲以眇躬重興丕運凡關制度必法舊章
實佐勳賢永安宗社副元帥梁王正守太尉中書令忠武軍節度使
河南尹張全義亦正守中書令俱深倚注咸正台衡其朝廷冊禮告
祀天地宗廟其司空則差官攝行太尉侍中中書令即宰臣攝行今
太尉副元帥任冠藩垣每遇行禮之時或不在京國即事須差攝太

尉行事全義見居闕下任正中樞不可更差别官又攝中書令事其
太尉官如梁王朝覲在京便委行事如赴鎮即依前攝行所合差
中書令便委全義以本官行禮其侍中司空司徒即臨時差官付所
司壬寅勅前太中大夫尚書兵部侍郎賜紫金魚袋司空圖俊造登
科朱紫昇籍既養高以傲代類移山而釣名志樂漱流心輕食禄匪
夷匪惠難居公正之朝載省載思當狥幽棲之志宜放還中條山癸卯
勅太常卿張廷範宜充南郊禮儀使丁未制削奪荆襄節度使趙匡
凝在身官爵是月乙未全忠遣大將楊師厚討匡凝收唐鄧福郢隨
等州全忠自率親軍赴之荆襄之軍陣於漢水之陰九月丁巳朔辛
酉楊師厚於襄州西六十里陰谷江口伐竹木爲浮梁癸亥梁成引
軍渡江甲子趙匡凝率勁兵二萬陣於江之湄師厚一戰敗之遂乘
勝躡之陣於城下是夜匡凝挈其孥潰圍遁走乙丑師厚入襄陽丙
寅全忠繼至壬申匡凝牙將王建武遣押牙常質以荆南降言權知
荆南軍府事趙匡凝今月十一日弃城上峽奔蜀川勅曰梁王躬臨

○貔武收復荆襄拔峴首若轉丸平荆門如沃雪連收兩鎮併走二兇
乃睠勳庸載深嘉注宜賜詔獎飾內出宣旨妳婆楊氏可賜號昭儀
妳婆王氏可封郡夫人第二妳婆先帝已封郡夫人准楊氏例改封
中書奏議言乳母古無封夫人賜內職之例近代因循殊乖典故昔
漢順帝以乳母宋氏爲山陽君安帝乳母王氏曰野王君當時朝議
非之今國祚中興禮宜求舊臣等商量楊氏望賜號安聖君王氏曰
福聖君第二王氏曰康聖君從之己巳勅武成王廟宜改爲武明王
乙酉勅先擇十月九日有事郊丘備物之間有所未辦宜改用十一
月十九日十月丙戌朔制梁王全忠可充諸道兵馬元帥别開府幕
加食邑通前一萬五千戶實封一千五百戶金州馮行襲奏當道昭
信軍額內一字與元帥全忠諱字同乃賜號戎昭軍制削奪荆南留
後趙匡凝官爵丁亥勅洛城坊曲內舊有朝臣諸司宅舍經亂荒榛
張全義葺理已來皆已耕墾既供軍賦即係公田或恐每有披論認
爲世業須煩按驗遂啓倖門其都內坊曲及畿內已耕植田土諸色

人並不得論認如要業田一任買置凡論認者不在給還之限如有
本主元自差人勾當不在此限如荒田無主即許識認付河南府甲
午起居郎蘇楷駮昭宗謚號曰帝王御宇由理亂以審汙隆宗祀配
天資謚號以定升降故臣下君上皆不得而私也伏以陛下順考古
道昭彰至公既當不諱之朝寧阻上言之路伏以昭宗皇帝睿哲居
尊恭儉垂化其於善美孰敢蔽虧然而否運莫興至理猶鬱遂致四
方多事萬乘頻遷始則閹豎猖狂受幽辱於東內終則嬪嬙悖亂罹
天閼於中闈其於易名宜循考行有司先定尊謚曰聖穆景文孝皇
帝廟號昭宗敢言謚美似異直書按後漢和安順帝緣非功德遂改
宗稱以允臣下之請今郊禋有日禘祭惟時將期允愜列聖之心更
下詳議新廟之稱庶使叶先朝罪己之德表聖主無私之明楷禮部
尚書循之子凡劣無藝乾寧二年應進士登第後物論以爲濫昭宗
命翰林學士陸扆秘書監馮渥覆試黜落永不許入舉場楷負愧銜
怨至是全忠弑逆君上柳璨陷害朝臣乃與起居郎羅衮起居舍人

○盧質連署駮議楷目不知書手僅能執筆其文羅衮作也時政出賊
臣哀帝不能制太常卿張廷範改謚曰恭靈莊閔孝皇帝廟號曰襄
宗全忠雄猜物睽自楷駮謚後深鄙之既傳代之後循楷父子皆斥
逐不令在朝丁未所司改題昭宗神主輟朝一日癸丑勅成德軍宜
改爲武順管內稾城縣曰稾平信都曰堯都欒城曰欒氏阜城曰漢阜
臨城爲房子　避全忠祖父名也十一月乙卯朔勅潞州潞城
縣改爲潞子黎城曰黎亭全忠平荆襄後遂引軍將攻淮南行次襄
陽阻雨比至光州道險塗潦人馬饑乏休止十餘日乃趨固始進軍
拒壽州三十里壽人閉壁不出左右言師老不可用是月丙辰全忠
自正陽渡淮而北至汝陰全忠深悔此行無益丁卯至大梁時哀帝
以此月十九日親祠圜丘中外百司禮儀法物已備戊辰宰相已下
於南郊壇習儀而裴迪自大梁迴言全忠怒蔣玄暉張廷範柳璨等
謀延唐祚而欲郊天改元玄暉柳璨大懼庚午勅曰先定此月十九
日親禮南郊雖定吉辰改卜亦有故事宜改取來年正月上辛付所

司辛巳制迴天再造竭忠守正功臣諸道兵馬元帥宣武宣義天平
護國等軍節度觀察處置修宮闕制置度支解縣池場亳州太清宮
等使開府儀同三司守太尉中書令河中尹汴滑鄆等州刺史上柱
國梁王食邑一萬五千戶實封一千五百戶朱全忠可授相國揔百
揆其以宣武宣義天平護國天雄武順忠武佐國河陽義武昭義保
義戎昭武定泰寧平盧匡國鎮國武寧忠義荆南二十一道為魏國
仍進封魏王依前充諸道兵馬元帥太尉中書令宣武宣義天平護
國等軍節度觀察處置等使加食邑五千戶實封八千五百戶入朝
不趨劒履上殿贊拜不名兼備九錫之命仍擇日備禮冊命又制以
楊師厚為襄州兵馬留後左龍武統軍張慎思為武寧軍兵馬留後
壬午中書門下奏相國魏王揔百揆百司合呈納本司印其中書門
下印堂後王仁珪呈納中書公事權追中書省印行遣從之甲申勑
河南告成縣改為陽邑蔡州褒城改為苞孚同州韓城改為韓元絳州
翼城改為澮川鄆州鄆城改為萬安慈州文城改為屈邑澤州晉城改

高都陽城改為護澤安州應城改為應陽洪州豐城改為吳高全忠令判
官司馬鄴讓相國揔百揆之命十二月乙酉朔戊子詔蔣玄暉賷手詔
赴魏國不許陳讓錫命辛卯制正議大夫門下侍郎兼戶部尚書同
平章事太微宮使弘文館大學士延資庫使充諸道鹽鐵轉運等使
上柱國河東縣開國男食邑三百戶柳璨可光祿大夫守司空兼門
下侍郎同平章事太微宮使弘文館大學士延資庫使充諸道鹽鐵
轉運等使進封河東縣開國伯通前食邑七百戶充魏國冊禮使制相
國魏王曾祖贈太傅茂琳追封魏王謚宣憲祖贈太師信追封魏王
謚武元父贈尚書令誠追封魏王謚文明勑右常侍王鉅太常卿張
廷範給事中崔沂工部尚書李克助祠部郎中知制誥張茂樞膳部
員外知制誥杜曉吏部郎中李光嗣駕部郎中趙光胤戶部郎中崔
協比部郎中楊煥左常侍孔拯右諫議蕭頃左拾遺裴琢右拾遺高
濟職方郎中牛希逸主客郎中蕭蘧等隨冊禮使柳璨魏國行事先
是北院宣徽使王殷使壽州行營構將玄暉於全忠全忠怒急歸大

梁上令刑部尚書裴廸賷詔慰勞全忠全忠忿恨語極不遜故行相
國百揆之命以悅其心蔣玄暉自至大梁陳訴全忠怒猶不解帝憂
之甲午上召三宰相議其事柳璨曰人望歸元帥陛下揖讓釋負今
其時也帝曰運祚去唐久矣幸為元帥所延今日天下非予之天下
神器大寶歸於有德又何疑焉他人傳予意不盡卿自往大梁備言
此懷乃賜璨茶藥便令進發乙未勑樞密使蔣玄暉宜削在身官爵
送河南府處斬豐德庫使應頊尚食使朱建武送河南府決殺庚子
勑樞密使及宣徽南院北院並停其樞密公事令王殷權知其兩院人
吏並勒歸中書其諸司諸道人並不得到宣徽院凡有公事並於中書論
請其延義千秋兩門只差小黃門三人勾當其官健勒歸本軍勑魏
王堅辭寵命過示撝謙朕以國史所書元帥之任並以天下為名爰
自近年改為諸道既非舊制須在正名宜追制改為天下兵馬元帥
餘準詔旨處分辛丑勑漢宣帝中興五日一聽朝歷代通規永為常
式近代不循舊儀輟聽制度既爽邪之得計致臨視之失常須守舊

規以循定制宜每月只許一五九日開延英計九度其入閤日仍於
延英日一度指揮如有大段公事中書門下具牓子奏請開延英不
計日數付所司又勑宮嬪女職本備內任近年已來稍失儀制宮人
出內宣命寀御參隨視朝乃失舊規須為永制今後每遇延英坐朝
日只令小黃門祗候引從宮人不得擅出內門庶循典儀免至紛雜
壬寅戎昭軍奏收復金州兵火之後井邑殘破請移理所於均州從
之仍改為武定軍乙巳汴州別駕蔣仲伸決殺玄暉季父也又勑蔣
玄暉身居密近擅弄威權鬻爵賣官聚財營第而苞藏悖逆稔浸姦
邪雖都市已處於極刑而屈法尚慚於衆怒更示焚弃之典以懲顯
負之蹤宜追削為兇逆百姓仍委河南府揭屍於都門外聚衆焚燒
玄暉死後王殷趙殷衡等又譖於全忠云內人相傳玄暉私侍積善
宮與柳璨張廷範為盟誓之交求興唐祚戊申全忠令知樞密王殷
害皇太后何氏于積善宮又殺宮人阿秋阿虔言通導蔣玄暉己酉
勑以太后喪廢朝三日百官奉慰訖又勑曰皇太后位承坤德有愧

母儀近者兇逆誅夷宮闈詞連醜狀毒自崩變以謝萬方朕以幼沖
君臨區宇雖情深號慕而法難徇私勉循秦漢之規須示追降之典
其遣黃門收所上皇太后寶冊追廢爲庶人宜差官告郊廟庚戌勅
朕以謬荷丕圖禮合親謁郊廟先定來年正月上辛用事今以宮闈
內亂播于醜聲難以慙恧之容入於祖宗之廟其明年上辛親謁郊
廟宜停壬子勅積善宮安福殿宜廢癸丑勅光祿大夫守司空門下
侍郎平章事太微宮使弘文館大學士延資庫使諸道鹽鐵轉運使
柳璨責授朝議郎守登州刺史又勅太常卿張廷範太常少卿裴磵
溫鑾祠部郎中知制誥張茂樞等將玄暉在樞密之時與柳璨張廷
範共爲朋扇日相往來假其遊宴之名別貯傾危之計苟安重位酷
陷朝臣既此陰謀難寬大辟柳璨已從別勅處分廷範可責授萊州
司戶裴磵等常同聚會固共苞藏磵可青州北海尉鑾臨淄尉茂樞
博昌尉並員外置甲寅勅責授登州刺史柳璨素矜憸巧每務回邪
幸以庸才驟居重位曾無顯效孤負明恩詭譎多端苞藏莫測但結

○ 唐紀二十下 十四

連於兇險獨陷害於賢良罪既貫盈理須竄殛可貶密州司戶再貶
長流崖州百姓委御史臺賜自盡是日斬于上東門外又勅張廷範
性唯庸妄志在回邪不能保慎寵榮而乃苞藏兇險密交柳璨深結
玄暉盡議實行欺天負地神祇共怒罪狀難原宜除名委河南府於
都市集衆以五車分裂溫鑾裴磵張茂樞並除名委於御史臺所在
賜自盡柳璨弟瑀瑊送河南府決殺三年春正月乙卯朔全忠以四
鎮之師七萬會河北諸軍屯于深州樂城戊午勅右拾遺柳瑗貶洺
州雞澤尉璨疎屬也乙丑全忠自汴河赴魏州丙寅制定亂安國功
臣鎮海鎮東軍節度浙江東西道觀察處置等使淮南東面行營招
討營田安撫兩浙鹽鐵制置發運等使開府儀同三司守侍中兼中
書令杭越兩州刺史上柱國吳王食邑九千戶實封五百戶錢鏐總
臨兩鎮制撫三吳道途阻艱未行冊命宜令所司擇日備禮己巳夜
魏博節度使羅紹威殺其衙內親軍八千人戊午全忠自內黃入魏
州是月魏博衙外兵五萬自歷亭還分據紹威貝博等州汴軍攻圍

之壬申勅相國總百揆魏王頃辭冊命宜令所司再行冊禮辛巳國
子監奏奉去年十六月五日勅文應國學每年與諸道等一例解送兩
人今監生郭應圖等六十人連狀論訴勅旨取士之科明經極重每
年人數已有舊規去夏條疏蓋防逾濫今國子監河南府俱有論奏
所試明經宜令准常年例解送禮部放人多少酌量施行但不徇囑
求無致僥倖付所司二月甲申朔魏博節度使羅紹威宜許於本鎮
置三代私廟癸卯勅今年禮部所放進士據依去年人數外更放兩
人三月甲寅朔甲戌勅河中昭義管內俱有慈州地里相去不遠稱
謂時聞錯悞其昭義管內慈州宜改爲惠州壬戌全忠奏河中判官
劉崇子匡圖今年進士登第遽列高科恐涉群議請禮部落下戊寅
制元帥梁王可兼領諸道鹽鐵轉運等使判度支戶部事充三司都
制置使辛巳勅冢西都留守判官左諫議大夫鄭賓崖州司戶尋賜
死四月甲申朔日有蝕之在胃十二度戊申魏博羅紹威奏臣當管
博州聊城縣武陽莘縣武水博平高堂等五縣皆於黃河東岸其鄉

○ 唐紀二十下 十五

村百姓渡河輸稅不便與天平軍管界接連請割屬鄆從之五月癸
酉朔追贈故荊南節度使成汭鄂岳節度使杜洪官爵仍於本州立
祠廟從全忠奏也丙申勅天祐二年九月二十日於金州置戎昭軍
割均房二州爲屬郡比因馮行襲叶贊元勳克宣丕績用獎濟師之
効遂行割地之權今命帥得人疇庸有秩其戎昭軍額宜停其均房
二州却還山南東道收管六月癸未朔甲申勅襄州近因趙匡凝作
帥請別立忠義軍額既非往制固是從權忠義軍額宜停廢依舊爲
山南東道節度使己亥權知唐州事衛審符奏州郭凋殘又不居要
路請移理所於泌陽縣從之制以京兆尹佑國軍節度使韓建爲青
州節度使代王重師以重師代建爲京兆尹壬寅勅文武百寮每月一
度入閤於貞觀殿貞觀大殿朝廷正衙遇正至之辰受群臣朝賀比
來視朔未正規儀今後於崇勳殿入閤付所司左拾遺充史館修撰
裴璟以堂叔母危疾在濟源無兄弟侍疾乞假寧省從之七月壬子
朔己未全忠始自魏州歸大梁魏博六州平定檢校工部尚書守宗

正卿嗣邠王震停見任落下襲封以請告於外也辛未皇妹永明公
主堯罷朝三日八月甲辰全忠復自汴州北渡河攻滄州乙未魏博
奏割貝州永濟廣宗相州臨河內黃洹水斥丘等六縣隸魏州從之
九月辛亥朔丁卯全忠大軍至滄州軍於長蘆是月積陰霖雨不止
差官禜都門十月乙未兩浙錢鏐請於本鎮立三代私廟從之十一
月庚戌朔丙子廢牛羊司御廚肉河南府供進所有進到牛羊便付
河南府收管十二月己卯朔淮南僞署宣歙觀察使檢校司徒王茂
章可金紫光祿大夫檢校太保從錢鏐奏也茂章背楊渥以宣州降
錢鏐故也己丑全忠奏文武兩班一五九朝日元帥府排比廊食勑
曰百官入朝兩廊賜食還都之後有司官闕供元帥梁王欲整大綱
復行故事俾其班列益認優隆宜賜詔奬飭甲辰河陽節度副使孫
乘貶崖州司戶尋自賜盡閏十二月己酉朔福建百姓僧道詣闕請
爲節度使王審知立德政碑從之乙丑華州鎮國節度觀察處置等
使額及興德府名並宜停廢復爲華州刺史充本州防禦使仍隸同

州爲支郡所管華商兩州諸縣先昇次赤次畿並罷宜依舊名西都
佑國軍作鎮已來未有屬郡其金州商州宜隸爲屬郡京兆府奉先
縣本屬馮翊櫟楊連接下邽奉先縣宜却隸同州櫟楊宜隸華州丙
寅奪西川節度使王建在身官爵戊辰李克用與幽州之衆同攻潞
州全忠守將丁會以澤潞降太原克用以其子嗣昭爲留後甲戌全
忠燒長蘆營旋軍聞潞州陷故也乙亥貶興唐府少尹孫秘長流愛
州尋賜死孫乘弟也

四年春正月戊寅朔壬寅全忠自長蘆至大梁天子遣御史大夫薛
貽矩賫詔慰勞全忠自弑昭宗之後岐蜀太原連兵牽制關西日削
幸羅紹威殺牙軍全獲魏博六州將行篡代欲威臨河朔乃再興師
臨幽滄與仁恭父子乞盟則與之相結以固王鎔紹威之心而自
秋迄冬攻滄州無功及聞丁會失守燒營遽還路由魏州羅紹威知
失勢恐兵襲已深替篡奪之謀他日如王受禪必罄六州軍賦以助
大禮全忠深感之至大梁會薛貽矩來乃以臣禮見全忠貽矩承間
密陳禪代之謀全忠心德之貽矩還奏曰元帥有受代意陛下深體
時事去茲重負帝曰此吾素懷也乃降詔元帥以二月行傳禪之禮
全忠僞辭二月壬子詔文武百官以今月七日齊赴元帥府癸丑宰
相百官辭全忠以未斷表爲詞三月戊寅朔全忠令大將李思安率
兵三萬合魏博之衆攻掠幽州思安頓兵臨其郛會仁恭子守光率
兵赴援思安乃還庚寅詔薛貽矩再使大梁達傳位之旨甲辰詔曰
勑宰臣文武百辟藩岳庶尹明聽朕言夫大寶之尊神器之重儻非
德充宇宙功濟黔黎著重華納麓之功彰文命導川之績允熙帝載
克代天工則何以統御萬邦照臨八極元帥梁王龍顏瑞質玉理奇
文以英謀睿武定寰瀛以厚澤深仁撫華夏神功至德絕後光前緹
油翠紀其鴻勳謳誦顯歸於至化二十年之功業億兆衆之推崇邇
無異言遠無異望朕惟王聖德光被八紘宜順玄穹膺茲寶命況天
文符瑞雜沓宣明虞夏昌期顯于圖籙萬機不可以久曠天命不可
以久違神祇叶心歸于有德朕敬以天下傳禪聖君退居舊藩以備三

恪今勑宰臣張文蔚楊涉等率文武百寮備法駕奉迎梁朝勉厲肅
恭尊戴明主冲人釋茲重負永爲虞賓懷奉新朝慶泰兼極中外列
辟宜體朕懷乙酉乃以中書侍郎平章事張文蔚充冊使禮部尚書
蘇循爲副中書侍郎平章事楊涉押傳國寶使翰林學士中書舍人
張策爲副御史大夫薛貽矩爲押金寶使左丞趙光逢爲副甲午文
蔚押文武百寮赴大梁甲子行事冊曰皇帝若曰咨爾天下兵馬元
帥相國總百揆梁王朕每觀上古之書以堯舜爲始者蓋以禪讓之
典垂於無窮故封泰山禪梁父略可道者七十二君則知天下至公
非一姓獨有自古明王聖帝焦思勞神惴若納隍坐以待旦莫不居
之則兢畏去之則逸安且軒轅非不明放勳非不聖尚欲遊於姑射
休彼太庭矧乎曆數尋終期運久謝屬於孤藐統御萬方者哉況自
懿祖之後嬖幸亂朝禍起有階政漸無象天綱幅裂海水橫流四紀
于茲群生無庇洎乎喪亂誰其底綏洎于小子粤以幼年繼茲衰緒
豈茲冲昧能守洪基惟王明聖在躬體于上哲奮揚神武戡定區夏

大功二十光著冊書北越陰山南踰瘴海東至碣石西暨流沙懷生之倫罔不悅附矧予寡昧危而獲存今則上察天文下觀人願是土德終極之際乃金行兆應之辰况十載之間彗星三見布新除舊厥有明徵謳歌所歸屬在睿德今遣持節銀青光祿大夫守中書侍郎同中書門下平章事張文蔚等奉皇帝寶綬敬遜于位於戲天之曆數在爾躬允執其中天祿永終王其祗顯大禮享茲萬國以肅膺天命全忠建國奉帝爲濟陰王遷於曹州處前刺史氏叔琮之第時太原幽州鳳翔西川猶稱天祐正朔天祐五年二月二十一日帝爲全忠所害時年十七仍諡曰哀皇帝以王禮葬於濟陰縣之定陶鄉中興之初方備禮改卜遇國喪而止明宗時就故陵置園邑有司請諡曰昭宣光烈孝皇帝廟號景宗中書覆奏少帝行事不合稱宗存諡而已知禮者亦以宣景之諡非宜今只取本諡載之于紀

史臣曰悲哉土運之將亡也五常殆盡百怪斯呈宇縣瓜分皇圖瓦解昭宗皇帝英猷奮發志憤凌夷旁求奇傑之才欲拯淪胥之運而

世途多僻忠義俱亡極爵位以待賢豪罄珍奇而託心腹殷勤國士之遇罕有託孤之賢豢豐而犬豕轉獰肉飽而虎狼逾暴五侯九伯無非問鼎之徒四岳十連皆畜無君之迹雖藩屏之臣扼腕巖廊之精痛心空銜毀室之悲寧救喪邦之禍及扶風西幸洛邑東遷如寄孫於盜跖之門著水於尾閭之上往而不返夫何言哉至若川竭山崩古今同數虎爭龍戰興替無常縱胠篋之不仁亦攫金之有道曹操請刑於椒壺蓋迫陰謀馬昭拒命於凌雲寢於見討誠知醜迹得以爲詞而全忠所行止於殘忍况自岐遷洛天子塊然六軍盡斥於秦人四面皆環於汴卒見梳如寄纖芥爲疑迎鑾未及於崇朝傳刃已聞於塗地立嗣君於南面斃母后於中闈黃門與禁旅皆殲宗室共衣冠並殪復又盜鍾掩耳嫁禍於人何九六之數窮偶天人之道盡目擊斯亂言之傷心哀帝之時政由凶族雖揖讓之令有類於山陽而凌逼之權過踰於侯景人道寖薄陰騭難徵然以此受終如何延永

贊曰勳華受命揖讓告終逆取順守仁道已窮暴則短祚義則延洪虞賓之禍非止一宗

唐書本紀卷二十下

劉　昫　等修
聞人詮校刻沈桐同校

禮儀一

記曰人生而靜天之性也感物而動性之欲也欲無限極禍亂生焉聖人懼其邪放於是作樂以和其性制禮以檢其情俾俯仰有容周旋中矩故肆覲之禮立則朝廷尊郊廟之禮立則人情肅冠婚之禮立則長幼序喪祭之禮立則孝慈著蒐狩之禮立則軍旅振享宴之禮立則君臣篤是知禮者品彙之璿衡人倫之繩墨失之者辱得之者榮造物已還不可須臾離也五帝之時斯爲治本類帝禋宗吉禮也遏音陶瓦凶禮也班瑞肆覲賓禮也誅苗殛鯀軍禮也釐降嬪虞嘉禮也故曰脩五禮五玉堯舜之事也時代循淳節文尚簡及周公相成王制五禮六樂各有典司其儀大備暨幽厲失道平王東遷周室浸微諸侯侮法男女失冠婚之節野麕之刺興焉君臣廢朝會之

期踐土之譏著矣葬則奢儉無算軍則狙詐不仁數百年間禮儀大壞雖仲尼自衞返魯而有定禮之言蓋舉周公之舊章無救魯邦之亂政仲尼之世禮教已亡遭秦燔煬遺文殆盡漢興叔孫通草定止習朝儀至於郊天祀地之文配祖禋宗之制拊石鳴球之備物介丘璧水之盛猷語則有之未遑措思及世宗禮重儒術屢訪賢良河間博洽古文大搜經籍有周舊典始得周官五篇士禮十七篇王又鳩集諸子之說爲禮書一百四十篇后倉二戴因而刪擇得四十九篇此曲臺集禮今之禮記是也然數百載不見舊儀諸子所書止論其意百家縱胸臆之說五禮無著定之文故西漢一朝曲臺無制郊上帝於甘泉祀后土於汾陰宗廟無定主樂懸缺金石巡狩非勛華之典封禪興陶匏之音光武受命始詔儒官草定儀注經邦大典至是粗備漢末衰亂又淪没焉而衞宏應仲遠王仲宣等掇拾遺散載志條目而已東京舊典世莫得聞自晉至梁繼令條纘鴻生鉅儒銳思綿蕝江左學者髣髴可觀隋氏平陳寰區一統文帝命太常卿牛弘集南北儀注定五禮一百三十篇煬帝在廣陵亦聚學徒修江都禮集繇是周漢之制僅有遺風神堯授禪未遑制作郊廟宴享悉用隋代舊儀太宗皇帝踐祚之初悉興文教乃詔中書令房玄齡秘書監魏徵等禮官學士修改舊禮定著吉禮六十一篇賓禮四篇軍禮二十篇嘉禮四十二篇凶禮六篇國恤五篇總一百三十八篇分爲一百卷玄齡等始與禮官述議以爲月令蜡祭唯祭天宗謂日月而下近代蜡五天帝人帝五地極皆非古典今並除之又依禮有益於人則祀之神州者國之所託餘八州則義不相及近代通祭九州今除八州等八座唯祭皇地祇及神州以正祀典又漢建武中封禪用元封時故事封泰山於圓臺上四面皆立石闕並高五丈有方石再累藏玉牒書石檢十枚於四邊檢之東西各三南北各二外設石封高九尺上加石蓋周設石距十八如碑之狀去壇二步其下石跗入地數尺今案封禪者本以成功告於上帝天道貴質故藉用槁秸罇以瓦甒此法不在經誥又乖醇素之道定議除之又案梁甫是梁陰近

代設壇於山上乃乖處陰之義今定禪禮改壇位於山北又皇太子入學及太常行山陵天子大射合朔陳五兵於太社農隟講武納皇后行六禮四孟月讀時令天子上陵朝廟養老於辟雍之禮皆周所闕凡增多二十九條餘並準依古禮旁求異代擇其善者而從之太宗稱善頒于內外行焉高宗初議者以貞觀禮節文未盡又詔太尉長孫無忌中書令杜正倫李義府中書侍郎李友益黄門侍郎劉祥道許圉師太子賓客許敬宗太常少卿韋琨太學博士史道玄符璽郎孔志約太常博士蕭楚才孫自覺賀紀等重加緝定勒成一百三十卷至顯慶三年奏上之增損舊禮并與令式參會改定之高宗自爲之序時敬宗李義府用事其所損益多涉希旨行用已後學者紛議以爲不及貞觀上元三年三月下詔令依貞觀年禮爲定儀鳳二年又詔顯慶新脩禮多有事不師古其五禮並依周禮行事自是禮司益無憑準每有大事皆參會古今禮文臨時撰定然貞觀顯慶二禮皆行用不廢時有太常卿裴明禮太常少卿韋萬石相次參掌其

事又前後博士賀敳賀紀韋叔夏裴守真等多所議定則天時以禮
官不甚詳明特詔國子博士祝欽明及叔夏每有儀注皆令參定叔
夏卒後博士唐紹專知禮儀博學詳練舊事議者以為稱職先天二
年紹為給事中以講武失儀得罪被誅其後禮官張星王琇又以元
日儀注乖失詔免官歸家學問開元十年詔國子司業韋縚為禮儀
使專掌五禮十四年通事舍人王喦上疏請改撰禮記削去舊文而
以今事編之詔付集賢院學士詳議右丞張說奏曰禮記漢朝所編
遂為歷代不刊之典今去聖久遠恐難改易今之五禮儀注貞觀顯
慶兩度所脩前後頗有不同其中或未折衷望與學士等更討論古
今刪改行用制從之初令學士右散騎常侍徐堅及左拾遺李銳太
常博士施敬本等檢撰歷年不就銳卒後蕭嵩代為集賢院學士始
奏起居舍人王仲丘撰成一百五十卷名曰大唐開元禮二十年九
月頒所司行用焉昊天上帝五方帝皇地祇神州及宗廟為大祀社
稷日月星辰先代帝王岳鎮海瀆帝社先蠶釋奠為中祀司中司命

○風伯雨師諸星山林川澤之屬為小祀大祀所司每年預定日奏下
小祀但移牒所由若天子不親祭享則三公行事若官缺則職事三
品已上攝三公行事大祀散齋四日致齋三日中祀散齋三日致齋
二日小祀散齋二日致齋一日散齋之日晝理事如舊夜宿於家正
寢不得弔喪問疾不判署刑殺文書不決罰罪人不作樂不預穢惡
之事致齋惟為祀事得行其餘悉斷若大祀齋官皆於散齋之日集
於尚書省受誓戒太尉讀誓文致齋之日三公於尚書省安置餘官
各於本司若皇城內無本司於太常郊社太廟署安置皆相出前至
齋所至祀前一日各從齋所晝漏上水五刻向祠所接神之官皆沐
浴給明衣若天子親祠則於正殿行致齋之禮文武官服袴褶陪位
於殿庭車駕及齋官赴祠祭之所州縣及金吾淸所行之路不得見
諸凶穢及縗絰者哭泣之聲聞於祭所者權斷訖事依舊齋官至祠
所太官惟設食祭訖依班序餕訖均胙貴者不重賤者不虛中祀已
下惟不受誓戒自餘皆同大祀之禮武德初定令每歲冬至祀昊天

上帝於圓丘以景帝配其壇在京城明德門外道東二里壇制四成
各高八尺一寸下成廣二十丈再成廣十五丈三成廣十丈四成廣
五丈每祀則昊天上帝及配帝設位于平座藉用藁秸器用陶匏五
方上帝日月內官中官外官及衆星並皆從祀其五方帝及日月七
座在壇之第二等內五星已下官五十五座在壇之第三等二十八
宿已下中官一百三十五座在壇之第四等外官一十二座在壇下
外壝之內衆星三百六十座在外壝之外其牲上帝及配帝用蒼犢
二五方帝及日月用方色犢各一內官已下加羊豕各九夏至祭皇
地祇于方丘亦以景帝配其壇在宮城之北十四里壇制再成下成
方十丈上成五丈每祀則地祇及配帝設位於壇上神州及五嶽四
鎮四瀆四海五方山林川澤丘陵墳衍原隰並皆從祀神州在壇之
第二等五嶽已下三十七座在壇下外壝之內丘陵等三十座在壝
外其牲地祇及配帝用犢二神州用黝犢一岳鎮已下加羊豕各五
孟春辛日祈穀祀感帝于南郊元帝配牲用蒼犢二孟夏之月雩祀

○昊天上帝於圓丘景帝配牲用蒼犢二五方上帝五人帝五官帝並
從祀用方色犢十季秋祀五方天上帝於明堂元帝配牲用蒼犢二
五人帝五官並從祀用方色犢十孟冬祭神州於北郊景帝配牲用
黝犢二貞觀初詔奉高祖配圓丘及明堂北郊之祀元帝專配感帝
自餘悉依武德永徽二年又奉太宗配祀于明堂有司遂以高祖配
五天帝太宗配五人帝顯慶元年太尉長孫無忌與禮官等奏議曰
臣等謹尋方冊歷考前規宗祀明堂必配五郊預入明堂自緣從祀
今以太宗作配理有未安伏見永徽二年七月詔建明堂伏惟陛下
天縱聖德追奉太宗已遵嚴配時高祖先在明堂禮司致惑竟未遷
祀率意定儀遂便著令乃以太宗皇帝降配五人帝雖復亦在明堂
不得對越天帝深乖明詔之意又與先典不同謹案孝經云孝莫大
於嚴父嚴父莫大於配天昔者周公宗祀文王於明堂以配上帝伏
惟詔意義在於斯今所司行令殊為失旨又尋漢魏晉宋歷代禮儀
並無父子同配明堂之義惟祭法云周人禘嚳而郊稷祖文王而宗

武王鄭玄注云禘郊祖宗謂祭祀以配食也禘謂祭昊天於圜丘郊
謂祭上帝於南郊祖宗謂祭五帝五神於明堂也尋鄭此注乃以祖
宗合爲一祭又以文武共在明堂連衽配祀良爲謬矣故王肅駁曰
古者祖有功而宗有德祖宗自是不毁之名非謂配食於明堂者也
審如鄭義則孝經當言祖祀文王於明堂不得言宗祀也凡宗者尊
也周人既祖祀廟又尊其祀孰謂祖於明堂者乎鄭引孝經以解祭
法而不曉周公本意殊非仲尼之義旨也又解宗武王云配勾芒之
類是謂五神位在堂下武王降位失君叙矣又案六韜曰武王伐
紂雪深丈餘五車二馬行無轍迹詣營求謁武王怪而問焉太公對
曰此必五方之神來受事耳遂以其名召入各以其職命焉既而克
殷風調雨順豈有生來受職殁則配之降尊敵卑理不然矣故春秋
傳禘郊祖宗報五者國之典祀也傳言五者故知各是一事非謂祖
宗合祀於明堂也臣謹上考殷周下洎貞觀並無一代兩帝同配於
明堂南齊蕭氏以武明昆季並於明堂配食事乃不經未足援據又

。檢武德時令以元皇帝配於明堂兼配感帝至貞觀初緣情革禮奉
祀高祖配於明堂奉遷世祖專配感帝此即聖朝故事已有遞遷之
典取法宗廟古之制焉伏惟太祖景皇帝構室有周建絶代之丕業
啓祚汾晉創歷聖之洪基德邁發生道符立極又世祖元皇帝潛鱗
韞慶屈道事周導濬發之靈源肇光宅之垂裕稱祖清廟萬代不遷
請停配祀以符古義伏惟高祖太武皇帝躬受天命奄有神州創制
改物體元居正爲國始祖抑有舊章昔者炎漢高帝當塗太祖皆以
受命例並配天請遵故實奉祀高祖於圓丘以配昊天上帝伏惟太
宗文皇帝道格上玄功清下黷拯率土之塗炭協大造於生靈請準
詔書宗祀於明堂以配上帝又請依武德故事兼配感帝作主斯乃二
祖德隆永不遷廟兩聖功大各得配天遠協孝經近申詔意二年七
月禮部尚書許敬宗與禮官等又奏議據祠令及新禮並用鄭玄六
天之議圓丘祀昊天上帝南郊祭太微感帝明堂祭太微五帝謹按
鄭玄此義唯據緯書所說六天皆謂星象而昊天上帝不屬穹蒼故

注月令及周官皆謂圓丘所祭昊天上帝爲北辰星曜魄寶又說孝
經郊祀后稷以配天及明堂嚴父配天皆爲太微五帝考其所說舛
謬特深按周易云日月麗於天百穀草木麗於地又云在天成象在
地成形足明辰象非天草木非地毛詩傳云元氣昊大則稱昊天遠
視蒼蒼則稱蒼天此則蒼昊爲體不入星辰之例且天地各一是曰
兩儀天尚無二焉得有六是以王肅羣儒咸駁此議又檢太史圓丘
圖昊天上帝座外別有北辰座與鄭義不同得太史令李淳風等狀
昊天上帝圖位自在壇上北辰自在第二等與北斗並列爲星官內
座之首不同鄭玄據緯書所說此乃羲和所掌觀象制圖推步有徵
相沿不謬又按史記天官書等太微宮有五帝者自是五精之神五
星所奉矣其又以〇天是人主之象故況之曰帝亦如房心爲天王之象
豈是天乎周禮云兆五帝於四郊又云祀五帝則掌百官之誓戒惟
稱五帝皆不言天自太微之神本非穹昊之祭又孝經惟云郊祀后
稷無別圓丘之文王肅等以爲郊即圓丘圓丘即郊猶王城京師異

。名同實符合經典其義甚明而今從鄭說分爲兩祭圓丘之外別有
南郊違棄正經理深未允且檢吏部式惟有南郊陪位更不別載圓
丘式文既遵王肅祠令仍行鄭義令式相乖理宜改革又孝經云嚴
父莫大於配天下文即云周公宗祀文王於明堂以配上帝則是上
帝即是明堂所祀正在配天而以爲但祭星官交違明義又按月令
孟春之月祈穀於上帝左傳亦云凡祀啓蟄而郊郊而後耕故郊祀
后稷以祈農事然則啓蟄郊天自以祈穀謂爲感帝之祭事甚不經
今請憲章姬孔考取王鄭四郊迎氣存太微五帝之祀南郊明堂廢
緯書六天之義其方丘祭地之外別有神州謂之北郊分地爲二既
無典據理又不通亦請合爲一祀以符古義仍並條附式令永垂後
則敬宗等又議籩豆之數曰按今光禄式祭天地日月岳鎮海瀆先
蠶等籩豆各四祭宗廟籩豆各十二祭社稷先農等籩豆各九祭風
師雨師籩豆各二尋此式文事深乖謬社稷多於天地似不貴多風
雨少於日月又不貴少且先農先蠶俱爲中祭或六或四理不可通

又先農之神尊於釋奠籩豆之數先農乃少理既差舛難以因循謹
按禮記郊特牲云籩豆之薦水土之品不敢用褻味而貴多品所以
交於神明之義也此即祭祀籩豆以多爲貴宗廟之數不可踰郊今
請大祀同爲十二中祀同爲十小祀同爲八釋奠準中祀自餘從座
並請依舊式詔並可之遂附于禮令乾封初高宗東封迴又詔依舊
祀感帝及神州司禮少常伯郝處俊等奏曰顯慶新禮廢感帝之祀
改爲祈穀昊天上帝以高祖太武皇帝配檢舊禮感帝以世祖元皇帝配神州
今旣奉勑依舊祭感帝今改祈穀爲感帝以高祖太武皇帝配神州又高祖依新禮見配圓丘昊天上帝及方丘皇地祇若
更配感帝神州便恐有乖古禮按禮記祭法云有虞氏禘黃帝而郊
嚳夏后氏亦禘黃帝而郊鯀殷人禘嚳而郊冥周人禘嚳而郊稷鄭
玄注云禘謂祭上帝於南郊又按三禮義宗云夏正郊天者王者各
祭所出帝於南郊即大傳所謂王者禘其祖之所自出以其祖配之
是也此則禘須遠祖郊須始祖今若禘郊同用一祖恐於典禮無所
據其神州十月祭者十月以陰用事故以此時祭之依檢更無故實

○ 舊唐志一 七

按春秋啓蟄而郊鄭玄注禮云三王之郊一用夏正又三禮義宗云
祭神州法正月祀於北郊請依典禮以正月祭者請集奉常博士及
司成博士等總議定奏聞其靈臺明堂檢舊禮用鄭玄義仍祭五方
帝新禮用王肅義又下詔依鄭玄義祭五天帝其雩及明堂並準勑
祭祀於是奉常博士陸遵楷張統師權無二許子儒等議稱北郊之
月古無明文漢光武正月辛未始建北郊咸和中議北郊同用正月
然皆無指據武德來禮令即用十月爲是陰用事故於時祭之請依
舊十月致祭乾封二年十二月詔曰夫受命承天崇至敬於明祀膺
圖纂錄昭大孝於嚴配是以薦鱗鱔於清廟集振鷺於西雍宣雅頌
於太師明肅恭於考室用能紀配天之盛業嗣積德之鴻休永播英
聲長爲稱首周京道喪秦室政乖禮樂淪亡典經殘滅遂使漢朝博
士空說六宗之文晉代鴻儒爭陳七祀之議或同昊天於五帝分感
帝於五行自茲以降遞相祖述異論紛紜是非莫定朕以寡薄嗣膺
丕緒肅承禋祀明發載懷虔奉宗祧寤寐興感每惟宗廟之重尊配之

儀思革舊章以申誠敬高祖太武皇帝撫運膺期創業垂統拯庶類
於塗炭寘懷生於仁壽太宗文皇帝德光齊聖道極幾神執鋭被堅
櫛風沐雨勞形以安百姓屈己而濟四方澤被區中恩覃海外乾坤
所以交泰品物於是咸亨掩玄闕而開疆指青丘而作鎮巍巍蕩蕩
無得名焉禮曰化人之道莫急於禮禮有五經莫重於祭祭者非物
自外至也自內生於心也是以惟賢者乃能盡祭之義況祖功宗德
道冠百王盡聖窮神業高千古自今以後祭圓丘五方明堂感帝神
州等祠高祖太武皇帝太宗文皇帝崇配仍總祭昊天上帝及五帝
於明堂庶因心致敬獲展虔誠宗祀配天永光鴻烈儀鳳二年七月
太常少卿韋萬石奏曰明堂大享惟古禮鄭玄義祀五天帝王肅義
祀五行帝貞觀禮依鄭玄義祀五天帝顯慶已來新修禮祀昊天上
帝奉乾封二年勑祀五帝又奉制兼祀昊天上帝伏奉上元三年三
月勑五禮並依貞觀年禮爲定又奉去年勑並依周禮行事今用樂
須定所祀之神未審依古禮及貞觀禮爲復依見行之禮時高宗及

○ 舊唐志一 八

宰臣並不能斷依違久而不決尋又詔尚書省及學者詳議事仍不
定自此明堂大享兼用貞觀顯慶二禮則天臨朝垂拱元年七月有
司議圓丘方丘及南郊明堂嚴配之禮成均助教孔玄義奏議曰謹
按孝經云孝莫大於嚴父嚴父莫大於配天明配尊大昊天是也物
之大者莫若於天推父比天與之相配行孝之大莫過於此以明尊
配之極也又易云先王以作樂崇德殷薦之上帝以配祖考鄭玄注
上帝天帝也故知昊天之祭合祖考並配請奉太宗文武聖皇帝高
宗天皇大帝配昊天上帝於圓丘義符孝經周易之文也神堯皇帝
肇基王業應天順民請配感帝於南郊義符大傳之文又祭法云祖
文王而宗武王祖始也宗尊也所以名祭爲尊始者明一祭之中有
此二義又孝經云宗祀文王於明堂文王言祖而云宗者亦是通武王之
義故明堂之祭配以祖考請奉太宗文武聖皇帝高宗天皇大帝配祭
於明堂義符周易及祭法之文也太子右諭德沈伯儀曰謹按禮有
虞氏禘黃帝而郊嚳祖顓頊而宗堯夏后氏亦禘黃帝而郊鯀祖顓頊

而宗禹殷人禘嚳而郊冥祖契而宗湯周人禘嚳而郊稷祖文王而
宗武王鄭玄注云禘郊祖宗謂祭祀以配食也禘謂祭昊天於圓丘
祭上帝於南郊曰郊祭五帝五神於明堂曰祖宗伏尋嚴配之文於
此最為詳備虞夏則退顓頊而郊嚳殷人則捨契而郊冥去取既多
前後乖次得禮之序莫尚於周禘嚳郊稷不間於二王明堂宗祀始
兼於兩配咸以文王父子殊別文王父上主五帝武王對父下配五
神孝經曰嚴父莫大於配天則周公其人也昔者周公宗祀文王於
明堂以配上帝不言嚴父武王以配天則武王雖在明堂理未齊於
配祭既稱宗祀義獨主於尊嚴雖同兩祭終為一主故孝經緯曰后稷
為天地主大王為五帝宗也必若一神兩祭便則五祭十祠薦獻頻
繁禮虧於數此則神無二主之道禮崇一配之義竊尋貞觀永徽共
尊尊配顯慶之後始創兼尊必以順古而行實謂從周為美高祖神
堯皇帝請配圓丘方澤太宗文武聖皇帝請配南郊北郊高宗天皇
大帝德邁九皇功開萬寓制禮作樂告禪昇中率土共休普天同賴

○竊惟莫大之孝理當總配五天鳳閣舍人元萬頃范履冰等議曰伏
惟高祖神堯皇帝繫乾構象闢土開基太宗文武聖皇帝紹統披元循
機闡極高宗天皇大帝弘祖宗之大業廓文武之宏規三聖重光千
年接旦神功叡德鬱圖牒而難稱盛烈鴻猷超古今而莫擬豈徒錙
銖堯舜糠粃殷周而已哉謹案見行禮昊天上帝等祠五所咸奉高
祖神堯皇帝太宗文武聖皇帝兼配今議者引祭法周易孝經之文雖
近僭古之辭殊失因心之旨但子之事父臣之事君孝以成志忠而
順美竊以兼配之禮特稟先聖之懷爰取訓於前規遂申情於大孝
詩云昊天有成命二后受之易曰殷薦之上帝以配祖考敬尋厥旨
本合斯義今若遠摭遺文近乖成典拘常不變守滯莫通便是臣黜
於君遽見郊丘之位下非於上靡遵弓劍之心豈所以申太后哀感
之誠徇皇帝孝思之德慎終追遠良謂非宜嚴父配天寧當若是伏
據見行禮高祖神堯皇帝太宗文武聖皇帝今既先配五祠理當依
舊無改高宗天皇大帝齊尊曜魄等邃含樞闡三葉之宏基開萬代

之鴻業重規疊矩在功烈而無差享帝郊天豈祀配之有別請奉高
宗天皇大帝歷配五祠制從萬頃議自是郊丘諸祠皆以三祖配及
則天革命天冊萬歲元年加號為天冊金輪大聖皇帝親享南郊合
祭天地以武氏始祖周文王追尊為始祖文皇帝后考應國公追尊
為無上孝明高皇帝亦以二祖同配如乾封之禮其後長安年又親
享南郊合祭天地及諸郊丘並以配焉中宗即位神龍元年九月親
享昊天上帝于東都之明堂以高宗天皇大帝崇配其儀亦依乾封
故事至景龍三年十一月親祀南郊初將定儀注國子祭酒祝欽明
希旨上言后亦合助祭遂奏議曰謹按周禮天神曰祀地祇曰祭宗
廟曰享又內司服職掌王后之六服凡祭祀供后之衣服又祭統曰
夫祭也者必夫婦親之據此諸文即知皇后合助皇帝祀天神祭地祇
明矣望請別修助祭儀注同進上令宰相與禮官議詳其事太常博
士唐紹蔣欽緒建議云皇后南郊助祭於禮不合但欽明所執是祭
宗廟禮非祭天地禮按漢魏晉宋及後魏齊梁隋等歷代史籍輿王

○令主郊天祀地代有其禮史不闕書並不見皇后助祭之事又高祖
神堯皇帝太宗文武聖皇帝高宗天皇大帝南郊祀天並無皇后助
祭之禮尚書右僕射韋巨源又協同欽明之議上遂以皇后為亞獻
仍補大臣李嶠等女為齋娘執籩豆焉時十一月十三日乙丑冬至
陰陽人盧雅侯藝等請奏促冬至就十二日甲子以為吉會時右臺
侍御史唐紹奏曰禮所以冬至祀圓丘於南郊夏至祭方澤於北郊
者以其日行躔次極於南北之際也日北極當晷度循半日南極當
晷度環周是日一陽爻生為天地交際之始故易曰復其見天地之
心乎即冬至卦象也一歲之內吉莫大焉甲子但為六旬之首一年之內
隔月常遇既非大會晷運未周唯總六甲之辰助四時而成歲今欲
避環周以取甲子是背大吉而就小吉也太史令傅孝忠奏曰準漏
經南陸北陸並日校一分若用十二日即欠一分未南極即不得為至
上曰俗諺云冬至長於歲亦不可改竟依紹議以十三日乙丑祀圓
丘睿宗太極元年正月初將有事南郊有司立議惟祭昊天上帝而

不設皇地祇位諫議大夫賈曾上表曰微臣詳撿典禮謂宜天地合
祭諱按禮祭法曰有虞氏禘黃帝而郊嚳夏后氏禘黃帝而郊鯀傳
曰大祭曰禘然則郊之與廟俱稱禘禘廟則祖宗之主俱合於太祖之
廟禘郊則地祇群望俱合於圓丘以始祖配享皆有事而大祭異於
常祀之義禮大傳曰不王不禘故知王者受命必行禘禮虞書曰月
正元日舜格於文祖肆類于上帝禋于六宗望于山川徧于群神此
則受命而行禘禮者祇格于文祖則餘廟之享可知矣言類于上帝
則地祇之合可知矣且山川之祀皆屬于地群望尚徧況地祇乎周
官以六律六呂五聲八音六舞大合樂以致神祇以和邦國以諧萬
人又凡六樂者六變而致象物及天神此則禘郊合天神地祇人鬼
而祭之樂也三輔故事漢祭圓丘儀上帝位昊天正南面后土位兆
亦南面而少東又東觀漢記云光武即位爲壇於鄗之陽祭告天地
採用元始故事二年正月於洛陽城南依鄗爲圓壇天地位其上皆南
向西上按兩漢時自有后土及北郊祀而此已於圓丘設地位明是

禘祭之儀又春秋說云王者一歲七祭天地合食於四孟別於分至
此復天地自常有同祭之義王肅云孔子言兆圓丘於南郊南郊即
圓丘圓丘即南郊也又云祭天而地配此亦郊祀合祭之明說惟鄭
康成不論禘當合祭而分昊天上帝爲二神專憑緯文事匪經見又
其注大傳不王不禘義則云正歲之首祭感帝之精以其祖配注周
官大司樂圓丘則引大傳五禘以爲冬至之祭遞相矛盾未足可依
伏惟陛下膺籙居尊繼文在曆自臨宸極未親郊祭今之南郊正當禘
禮宜合祀天地咸秩百神答受命之符彰致敬之道豈可不崇盛禮
同彼常郊使地祇無位未從禘享今請備設皇地祇并從祀等座則禮
得古義合緣情然郊丘之祀國之大事或失其情精禋將闕臣術
不通經識慙博古徒以昔謬禮職今忝諫曹正議是司敢陳忠讜事
有可採惟斷之聖慮制令宰臣召禮官詳議可否禮官國子祭酒褚
無量國子司業郭山惲等咸請依曾所奏時又將親享北郊竟寢曾
之表玄宗即位開元十一年十一月親享圓丘時中書令張說爲禮
儀使衛尉少卿韋縚爲副說建議請以高祖神堯皇帝配祭始罷三
祖同配之禮至二十年蕭嵩爲中書令改撰新禮祀天一歲有四祀
地有二冬至祀昊天上帝於圓丘高祖神堯皇帝配中官加爲一百
五十九座外官減爲一百四座其昊天上帝及配帝二座每座籩用
十二簠簋甑俎各一上帝則太樽著樽犧樽象樽壺樽各二山罍六配
帝則不設太樽及壺樽減山罍之四餘同上帝五方帝座則籩豆各
十簠簋甑俎各一太樽二大明夜明籩豆各八餘同五方帝內官每座
籩豆二簠簋俎各一內官已上設樽於十二階之間內官每道間著樽
二中官犧樽二外官著樽二衆星壺樽二正月上辛祈穀祀昊天上帝
於圓丘以高祖配五方帝從祀其上帝配帝籩豆等同冬至之數五
方帝太樽著樽犧樽山罍各籩豆等亦同冬至之數孟夏雩祀昊天
上帝於圓丘以太宗配五方帝及太昊等五帝勾芒等五官從祀其
上帝配帝五方帝籩豆各八簠簋甑俎各一五官每座籩豆各二簠
簋及俎各一季秋大享于明堂祀昊天上帝以睿宗配○五方帝五帝

五官從祀籩豆之數同于雩祀皇地祇于方丘以高祖配其從祀神州
已下六十八座同貞觀之禮地祇配帝籩豆如圓丘之數神州籩豆
各四簠簋甑俎各一五岳四鎮四海四瀆五方山林川澤等三十七
座每座籩豆各二簠簋各一五方五帝丘陵墳衍原隰等三十座籩
豆簠簋甑俎各一立冬祭神州于北郊以太宗配二座籩豆各十二
簠簋甑俎各一自冬至圓丘已下餘同貞觀之禮時起居舍人王仲
丘既掌知修撰乃建議曰按貞觀禮正月上辛祀感帝於南郊顯慶
禮祀昊天上帝於圓丘以祈穀左傳曰郊而後耕詩曰噫嘻春夏祈
穀於上帝禮記亦曰上辛祈穀于上帝則祈穀之文傳於歷代上帝之
號允屬昊天而鄭康成云天之五帝遞王王者之興必感其一因其
所感別祭尊之故夏正之月祭其所生之帝於南郊以其祖配之故
周祭靈威仰以后稷配之因以祈穀據所說祀感帝之意本非祈穀
先儒所說事恐難憑今祈穀之禮請準禮修之且感帝之祀行之自
久記曰有其舉之莫可廢也請於祈穀之壇遍祭五方帝夫五帝者

五行之精五行者九穀之宗也今請二禮並行六神咸祀又按貞觀禮孟夏雩祀五方上帝五人帝五官於南郊顯慶禮則雩祀昊天上帝於圓丘且雩祀上帝蓋爲百穀祈甘雨故月令云命有司大雩帝用盛樂以祈穀實鄭玄云雩上帝者天之別號允屬昊天祀於圓丘尊天位也然雩祀五帝既久亦請二禮並行以成大雩帝之義又貞觀禮季秋祀五方帝五官於明堂顯慶禮祀昊天上帝於明堂準孝經曰郊祀后稷以配天宗祀文王於明堂以配上帝先儒以爲天是感精之帝即太微五帝此即皆是星辰之例且上帝之號皆屬昊天鄭玄所引皆云五帝周禮曰王將旅上帝張氈案設皇邸祀五帝張大次小次由此言之上帝之與五帝自有差等豈可混而爲一乎孝經云嚴父莫大於配天其下文即云宗祀文王於明堂以配上帝鄭玄注云上帝者天之別名神無二主故異其處孔安國云帝亦天也然則禋享上帝有合經義而五方皆祀行之已久其有舉之難於即廢亦請二禮並行以成月令大享帝之義天寶十載五月已前郊祭

○天地以高祖神堯皇帝配座故將祭郊廟告高祖神堯皇帝室寶應元年杜鴻漸爲太常卿禮儀使員外郎薛頎歸崇敬等議以神堯爲受命之主非始封之君不得爲太祖以配天地太祖景皇帝始受封於唐即殷之契周之后稷也請以太祖景皇帝郊祀配天地告請宗廟亦太祖景皇帝酌獻諫議大夫黎幹議以太祖景皇帝非受命之君不合配享天地二年五月幹進議狀爲十詰十難曰集賢校理潤州別駕歸崇敬議狀及禮儀使判官水部員外郎薛頎等稱禘謂冬至祭天於圓丘周人則以遠祖帝嚳配今欲以景皇帝爲始祖配昊天於圓丘　臣幹詰曰國語曰有虞氏夏后氏俱禘黃帝商人禘舜周人禘嚳俱不言祭昊天於圓丘一也詩商頌曰長發大禘也又不言祭昊天於圓丘二也詩周頌曰雍禘太祖也又不言祭昊天於圓丘三也禮記祭法曰有虞氏夏后氏俱禘黃帝殷人周人俱禘嚳又不言祭昊天於圓丘四也禮記大傳曰不王不禘王者禘其祖之所自出以其祖配之又不言祭昊天於圓丘五也爾雅釋文曰禘大祭也又不言祭昊天於圓丘六也家語云凡四代帝王之所郊皆以配天也其所謂禘者皆五年大祭也又不言祭昊天於圓丘七也盧植云禘祭名禘者帝也事尊明禘故曰禘又不言祭昊天於圓丘八也王肅云禘謂於五年大祭之時又不言祭昊天於圓丘九也郭璞云禘五年之大祭又不言祭昊天於圓丘十也臣幹謂禘是五年宗廟之大祭詩禮經傳文義昭然今畧舉十詰以明之臣惟見禮記祭法及禮記大傳商頌長發等三處鄭玄注或稱祭昊天或云祭靈威仰臣精詳典籍更無以禘爲祭昊天於圓丘及郊祭天者審如禘是祭之最大則孔子說孝經爲萬代百王法稱周公大孝何不言禘祀帝嚳於圓丘以配天而反言郊祀后稷以配天是以五經俱無其說聖人所以不言輕議大典亦何容易猶恐不悟今更作十難其一難曰周頌雍禘祭太祖也鄭玄箋云禘大祭太祖文王也商頌云長發大禘也玄又箋云大禘祭天也夫商周之頌其文互說或云禘太祖或云大禘俱是五年宗廟之大祭詳覽典籍更無異同惟鄭玄箋長發乃稱

○是郊祭天詳玄之意因此商頌禘如大傳云大祭如春秋大事于太廟爾雅禘大祭雖云大祭亦是宗廟之祭可得便稱祭天乎若如所說大禘即云郊祭天稱禘即是祭宗廟又祭法說虞夏商周禘黃帝與嚳大傳不王不禘禘上俱無大字玄何因復稱祭天乎又長發文亦不歌嚳與感生帝故知長發之禘而非禘嚳及郊祭天明矣殷周五帝之大祭群經衆史及鴻儒碩學自古立言著論序之詳矣俱無以禘爲祭天何棄周孔之法言獨取康成之小注便欲違經非聖誣亂祀典謬哉其二難曰大傳稱禮不王不禘王者禘其祖之所自出以其祖配之諸侯及其太祖者此說王者則當禘其謂祭法虞夏殷周禘黃帝及嚳不王則不禘所當禘其祖之所自出謂虞夏出黃帝殷周出帝嚳以近祖配而祭之自出之祖既無宗廟即是自外至者故同之天地神祇以祖配而祀之自出之說非但於父在毋亦然左傳子産云陳則我周之自出此可得稱出於太微五帝乎故曰不王不禘王者禘其祖之所自出以其祖配之謂也及諸侯之禘則降於王者

不得祭自出之祖只及太祖而已故曰諸侯及其太祖此之謂也鄭玄錯亂分禘爲三注祭法云禘謂祭昊天於圓丘一也注左傳稱郊祭天以后稷配靈威仰箋商頌又稱郊祭天二也注周頌云禘大祭大於四時之祭而小於祫太祖謂文王三也禘是一祭玄析之爲三顛倒錯亂皆率胸臆曾無典據何足可憑其三難曰虞夏殷周已前禘祖之所自出其義昭然自漢魏晉已還千餘歲其禮遂闕又鄭玄所說其言不經先儒棄之未曾行用愚以爲錯亂之義廢棄之注不足以正大典其四難曰所稱今三禮行於代者皆是鄭玄之學請據鄭學以明之曰雖云據鄭學今欲以景皇帝爲始祖之廟以配天復與鄭議相乖何者王制云天子七廟玄云此周禮也七廟者太祖及文武之祧與親廟四也殷則六廟契及湯與二昭二穆也據鄭學夏不以鯀及顓頊昌意爲始祖昭然可知也而欲引稷契爲例其義又異是爰稽邃古洎今無以人臣爲始祖者惟殷以契周以稷夫稷契者皆天子元妃之子感神而生昔帝嚳次妃簡狄有娀氏之女吞玄

鳥之卵因生契契長而佐禹治水有大功舜乃命契作司徒百姓既和遂封於商故詩曰天命玄鳥降而生商宅殷土芒芒此之謂也后稷者其母有邰氏之女曰姜嫄爲帝嚳妃出野履巨跡歆然有孕生稷稷長而勤於稼穡堯聞舉爲農師天下得其利有大功舜封於邰號曰后稷唐虞夏之際皆有令德故詩曰履帝武敏歆居然生子即有邰家室此之謂也舜禹有天下稷契在其間量功比德抑其次也舜授職則播百穀敷五教禹讓功則平水土宅百揆故國語曰聖人之制祀也功施於人則祀之以死勤事則祀之契爲司徒而人輯睦稷勤百穀而死皆居前代祀典子孫有天下得不尊而祖之乎其五難曰既遵鄭說小德配寡遂以后稷只配一帝尚不得全配五帝今以景皇帝特配昊天於鄭義可乎其六難曰衆難臣云上帝與五帝一也所引春官祀天旅上帝祀天旅四望旅訓衆則上帝是五帝臣曰不然旅雖訓衆出於爾雅及爲祭名春官訓陳注有明文若如所言旅上帝便成五帝則季氏旅於泰山可得便是四鎮耶其七難曰

所云據鄭學則景皇帝親盡廟主合祧却欲配祭天地錯亂祖宗夫始祖者經綸草昧體大則天所以正元氣廣大萬物之宗尊以長至陽氣萌動之始日俱祀於南郊也夫萬物之始天也人之始祖也日之始至也掃地而祭質也器用陶匏性也牲用犢誠也兆於南郊就陽位也至尊至質不敢同於先祖禮也故白虎通曰祭天歲一何天至尊至質事之不敢褻黷故因歲之陽氣始達而祭之今國家一歲四祭之黷莫大焉上帝五帝其祀遂闕怠亦甚矣黷與怠皆禮之失不可不知夫親有限祖有常聖人制禮君子不以情變易國家重光累聖歷祀百數豈不知景皇帝始封于唐當時通儒議功度德尊神堯克配彼天宗太宗以配上帝神有定主爲日已久今欲黜神堯配含樞紐以太宗配上帝則紫微五精上帝佐也以子先父豈禮意乎非止神祇錯位亦以祖宗乖序何以上稱皇天祖宗之意哉若夫神堯之功太宗之德格于皇天上帝臣以爲郊祀宗祀無以加焉其八難曰欲以景皇帝爲始祖既非造我區寓經綸草昧之主故非夏始

祖禹殷始祖契周始祖稷漢始祖高帝魏始祖武皇帝晉始祖宣帝國家始祖神堯皇帝同功比德而忽升于宗祀圓丘之上爲昊天匹曾爲圓丘不如林放乎其九難曰昨所言魏文帝丕以武帝操爲始祖晉武帝炎以宣帝懿爲始祖者夫孟德仲達者皆人傑也擁天下之強兵挾漢魏之微主專制海內令行草偃服袞冕陳軒懸天子決事於私第公卿列拜於道左名雖爲臣勢實凌君後主因之而業帝前王由之而禪代子孫尊而祖之不亦可乎其十難曰所引商周魏晉既不當矣則景皇帝不爲始祖明矣我神堯拔出群雄之中廓清隋室拯生人於塗炭則夏禹之勳不足多成帝業於數年之間而漢祖之功不足比夏以大禹爲始祖漢以高帝爲始祖則我唐以神堯爲始祖法夏則漢於義何嫌今欲革皇天之祀易太祖之廟事之大者莫大於斯曾無按據一何寡陋不愧于心不畏于天乎以前奉詔令諸司各據禮經定議者臣幹忝竊朝列官以諫爲名以直見知以學見達不敢不罄竭以裨萬一昨十四日具以議狀呈宰相宰相今

朝臣與臣論難所難臣者以臣所見獨異莫不騰辭飛辯競欲碎臣理鉗臣口剖析毫釐分別異同序墳典之疑滯指子傳之乖謬事皆歸根觸物不礙但臣言有宗爾豈辯者之流也又歸崇敬薛頎等援引鄭學欲無祀典臣爲明辯迷而不復臣輒作十詰十難按據墳籍昭然可知庶郊禘事得其眞嚴配不失其序皇靈降祉天下蒙賴臣亦何顧不蹈鼎鑊謹敢聞達伏增悚越議奏不報至二年春夏旱言事者云太祖景皇帝追封於唐高祖實受命之祖百神受職合依高祖今不得配享天地所以神不降福以致愆陽代宗疑之詔百寮會議

○太常博士獨孤及獻議曰禮王者禘其祖之所自出以其祖配之凡受命始封之君皆爲太祖繼太祖已下六廟則以親盡迭毀而太祖之廟雖百代不遷此五帝三王所以尊祖敬宗也故受命于神宗禹也而夏后氏祖顓頊而郊鯀纘禹黜夏湯也而殷人郊冥而祖契革命作周武王也而周人郊稷而祖文王則明自古必以首封之君配昊天上帝唯漢氏崛起豐公太公皆無位無功不可以爲祖宗

故漢以高皇帝爲太祖其先細微也非足爲後代法伏惟太祖景皇帝以柱國之任翼周弼魏肇啓王業建封于唐高祖因之遂以爲天地之號天所命也亦如契之封商后稷之封邰禘郊祖宗之位在百代不遷之典郊祀太祖宗祀高祖猶周之祖文王而宗武王也今若以高祖創業當躋其祀是棄三代令典尊漢氏之末制黜景皇帝之大業同豐公太公之不祀反古違道失孰大焉夫追尊景皇廟號太祖高祖太宗所以崇尊之禮也若配之位既異則太祖之號宜廢祀之不修廟亦當毀尊祖報本之道其墜于地乎漢制擅議宗廟以大不敬論今武德貞觀憲章未改國家方將敬祀事和神人禘郊之間恐非所宜臣謹稱禮文參諸往制請仍舊典竟依歸崇敬等議以太祖配享天地廣德二年正月十六日禮儀使杜鴻漸奏郊太廟大禮其祝文自今已後請依唐禮板上墨書其玉簡金字者一切停廢如允臣所奏望編爲常式勅曰宜行用竹簡貞元元年十一月十一日德宗親祀南郊有司進圖勅付禮官詳酌博士柳冕奏曰開元定禮垂之不刊天寶改作起自權制此皆方士謬妄之說非禮典之文請一準開元禮從之其年十月二十七日詔郊祀之義本於至誠制禮定名合從事實使名實相副則尊卑有倫五方配帝上古哲王道濟烝人禮著明祀論善計功則朕德不類統天御極朕位攸同而於祝文稱臣以祭既無益於誠敬徒有瀆於等威前京兆府司錄參軍高佩上疏陳請其理精詳朕重變舊儀訪于卿士申明大義是用釋然宜從改正以敦至禮自今已後祀五方配帝祝文並不須稱臣其餘禮數如舊六年十一月八日有事于南郊詔以皇太子爲亞獻親王爲終獻上問禮官亞獻終獻合受誓誡否吏部郎中柳冕曰準開元禮獻官前七日於內受誓誡辭云各揚其職不供其事國有常刑今以皇太子爲亞獻請改舊辭云各揚其職肅奉常儀從之十五年四月術士匡彭祖上言大唐土德千年合符請每於四季月郊祀天地詔禮官儒者議歸崇敬曰準禮立春日迎春於東郊祭青帝立夏日迎夏於南郊祭赤帝立秋後十八日迎黃靈於中地祭黃帝秋冬各於其

方黃帝於五行爲土王在四季土生於火用事於未而祭於秋三季則否漢魏周隋共行此禮國家土德乘時亦以每歲六月土王之日祀黃帝於南郊以后土配合於典禮彭祖憑候緯之說據陰陽之書事涉不經恐難行用乃寢元和十五年十二月將有事於南郊穆宗問禮官南郊卜日否禮院奏伏準禮令祠祭皆卜自天寶已後凡欲郊祀必先朝太清宮次日饗太廟又次日祀南郊相循至今並不卜日從之及明年正月南郊禮畢有司不設御榻上立受群臣慶賀及御樓伏退百寮復不於樓前賀乃受賀於興慶宮二者闕禮有司之過也

唐書志卷第一

按本書紀第十一有錯簡兩節已據沈氏德潛校本改正本卷復有錯簡仍依前例訂正如左

今第六葉前十一行自是五精之神五星所奉矣其又以下原接今第十二葉前十四行五方帝五帝五官（祀後）

今第十二葉前十四行以睿宗配下原接今第十七葉前九行太常博士獨孤及獻議曰

今第十七葉前九行百寮會議下原接今第六葉前十一行天是人主之象但殿本於今第六葉前十一行五星所奉矣其又以天是人主之象句脫去矣字其又以天是五字作以其是三字

按殿本考證云五星所奉矣下應接以其是人主之象云云原本以字譌矣下誤接其又以五方帝云云共誤二千三百餘字今查自五方帝至百寮會議實三千五百字

又考證云以睿宗配下應接其五方帝云云原本誤接太常博士獨孤及云云共三千三百餘字今查自太常博士獨孤及至有司之過也祇一千

九十八字

又考證云詔百寮會議下應接太常博士獨孤及云云原本誤接天是人主之象云云共四千二百餘字今查自以其是人主之象至以睿宗配祇四千五百六字

以上三則考證所記字數均與實數不符特爲訂正張元濟識

唐書志卷第二

劉昫等修

聞人詮校刻沈桐同校

禮儀二

隋文帝開皇中將作大匠宇文愷依月令造明堂木樣以獻帝令有司於京城安業里內規兆其地方欲崇建而諸儒爭論不定竟議罷之煬帝時愷復獻明堂木樣幷議狀屬遷都興役事又不就終於隋代季秋大享恒在雩壇設祀高祖受禪不遑創儀太宗平定天下命儒官議其制貞觀五年太子中允孔穎達以諸儒立議違古上言曰臣伏尋前勑依禮部尚書劉伯莊等議以爲從崑崙道上層祭天又尋後勑云爲左右閣道登樓設祭臣撿六藝羣書（百家諸史皆名基上曰堂樓上曰）觀未聞重樓之上而有堂名孝經云宗祀文王於明堂不云明樓明觀其儀一也又明堂法天聖王示儉或有翦蒿爲柱葺茅作蓋雖復古今異制不可恒然猶依大典惟在朴素是以席惟藁秸器尚陶匏

用繭栗以貴誠服大裘以訓儉今若飛樓架道綺閣凌雲考古之文實堪疑慮按郊祀志漢武明堂之制四面無壁上覆以茅祭五帝於上座祀后土於下防臣以上座正爲基上下防惟是基下既云無四壁未審伯莊如何上層祭神下有五室且漢武所爲多用方士說違經背正不可師祖又盧寬等議云上層祭天下堂布政欲使人神位別事不相干臣以古者敬重大事與接神相似以朝覲祭祀皆在廟堂豈有樓上祭祖樓下視朝閣道昇樓路便窄隘乘輦相儀接神不敬步往則勞曳聖躬侍衛在旁百司供奉求之典誥全無此理臣非敢固執愚見以求已長伏以國之大典不可不慎乞以臣言下群臣詳議侍中魏徵議曰稽諸古訓參以舊圖其上圓下方複廟重屋百慮一致異軫同歸洎當塗膺籙未遑斯禮典午聿興無所取則裴頠以諸儒持論異端蜂起是非舛互靡所適從遂乃以人廢言止爲一殿宋齊即仍其舊梁陳遵而不改雖嚴配有所祭享不匱求之典則道實未弘夫孝因心生禮緣情立心不可極故備物以表其誠情無

以盡故飾宮以廣其敬宣尼美意其在茲乎臣等親奉德音令參大
議思竭塵露微增山海凡聖人有作義重隨時萬物斯覩事資通變
若據蔡邕之說則至理失於文繁若依裴頠所為則又傷於質畧求
之情理未允厥中今之所議非無用捨請為五室重屋上圓下方既
體有則象又事多故實下室備布政之居上堂為祭天之所人神不
雜禮亦宜之其高下廣袤之規几筵尺丈之制則並隨時立法因事
制宜自我而作何必師古廓千載之疑議為百王之懿範不使太山
之下惟聞黃帝之法汶水之上獨稱漢武之圖則通乎神明庶幾可
俟子來經始成之不日議猶未決十七年五月秘書監顏師古議曰
明堂之制爰自古昔求之簡牘全文莫覩始之黃帝降及有虞彌歷
夏殷迄于周代各立名號別創規模衆說舛駁互執所見巨儒碩學
莫有詳通斐然成章不知裁斷究其指要實布政之宮也徒以戰國
縱橫典籍廢棄暴秦酷烈經禮湮亡今之所存傳記雜說用為準的
理實蕪昧然周書之叙明堂紀其四面則有應門雉門據此一塗固是王

者之常居耳其青陽總章玄堂太廟及左个右个與四時之次相用
則路寢之義足為明證文王居明堂之篇帶以弓韣禮于高禖下九
門磔禳以禦疾疫置梁除道以利農夫令國有酒以合三族凡一事
等皆合月令之文觀其所為皆在路寢者也戴禮昔周公朝諸侯于
明堂之位天子負斧扆南向而立明堂也者明諸侯之尊卑也又云周
人明堂度九尺之筵東西九筵堂一筵據其制度即大寢也亦曰黃
帝曰合宮有虞氏曰總章殷曰陽館周曰明堂斯皆路寢之徵知非
別處大戴所說初有近郊之言復稱文王之廟進退無據自為矛盾
原夫負扆受朝常居出入既在皐庫之內亦何云於郊野哉孝經傳
云在國之陽又無里數漢武有懷創造詢於搢紳言論紛然終無定
據乃立於汶水之上而宗祀焉明其不拘遠近無擇方面孝成之代
表行城南雖有其文厥功靡立平帝元始四年大議營創孔牢等乃
以為明堂辟雍太學其實一也而有三名金褒等又稱經傳無文不
能分別同異中興之後蔡邕作論復云明堂太廟一物二名鄭玄則

曰在國之陽三里之外七里之內丙巳之地潁容釋例亦云明堂太
廟凡有八名其體一也苟立同異竟為巧說並出自胸懷曾無師祖
審夫功成作樂理定制礼草創從宜質文遞變旌旗冠冕古今不同
律度權衡前後不一隨時之義斷可知矣假如周公舊章猶當擇其
可否宣尼彝則尚或補其闕漏況鄭氏臆說淳于謏聞匪異守株何
殊膠柱愚謂不出墉雉邇接宮闈實允事宜諒無所惑但當上遵天
旨祗奉德音作皇代之明堂永貽範於來葉區區碎議皆略而不論
又上表曰明堂之制陛下已發德音久令詳議但以學者專固人人
異言損益不同是非莫定臣愚以為五帝之後兩漢已前高下方圓
皆不相襲惟在陛下聖情創造即為大唐明堂足以傳於萬代何以
論戶牖之多少疑階庭之廣狹若恣儒者互說一端久無斷決徒稽
盛礼昔漢武欲草封禪儀博望諸生所說不同莫知孰是唯御史大
夫倪寬勸上自定制度遂成登封之礼臣之愚誠亦望陛下斟酌繁
省為其節文不可謙拒以淹大典尋以有事遼海未暇營創永徽二

年七月二日勅曰上玄幽贊處崇高而不言皇王提象代神功而理
物是知五精降德爰應帝者之尊九室垂文用紀配天之業且合宮
靈府創鴻規於上代太室總章標茂範於中葉雖質文殊制奢儉異
時然則立天中作人極布政施教其歸一揆朕嗣膺下武丕承上烈
思所以答眷上靈尊孝享而法宮曠礼明堂寢構今國家四表無
虞人和歲稔作範垂訓今也其時宜令所司與礼官學士等考覈故
事詳議得失務依典礼造立明堂庶曠代闕文獲申於茲日因心展
敬永垂於後昆其明堂制度令諸曹尚書及左右丞侍郎太常國子
秘書官弘文館學士同共詳議於是太常博士柳宣依鄭玄義以為
明堂之制當為五室內直丞孔志約據大戴礼及盧植蔡邕等義以
為九室曹王友趙慈皓秘書郎薛文思等各造明堂圖諸儒紛爭互
有不同上初以九室之議為是乃令所司詳定形制及辟門闕等明
年六月內出九室樣仍更令有司損益之有司奏言內樣堂基三重
每基階各十二上基方九雉八角高一尺中基方三百尺高一筵下

基方三百六十尺高一丈二尺上基象黃琮爲八角四面安十二階請從内様爲定基高下仍請準周制高九尺其方共作司約準一百四十八尺中基下基望並不用又内室各方三筵開四闥八牕屋圓楣徑二百九十一尺按禘大饗五帝各在一室商量不便請依兩漢季秋合饗總於太室若四時迎氣之祀則各於其方之正其安置九室之制增損明堂故事三三相重太室在中央方六丈其四隅之室謂之左右房各方二丈四尺當太室四面青陽明堂總章玄堂等室各長六丈以應太室闊二丈四尺以應左右房室間並通巷各廣一丈八尺其九室并巷在堂上總方一百四十四尺法坤之策屋圓楣楯檐或爲未允請據鄭玄盧植等說以前梁爲楣其徑二百一十六尺法乾之策圓柱旁出九室四隅各七尺法天以七紀柱外餘基共作司約準面別各餘一丈一尺内室別四闥八牕檢與古同請依爲定其戶依古外設而不開内外有柱三十六每柱十梁内有七間柱根以上至梁高三丈梁以上至屋峻起計高八十一尺上圓下方飛

檐應規請依内様爲定其屋蓋形制仍望據考工記改爲四阿并依礼加重檐準太廟安鴟尾堂四向五色請依周礼白盛爲便其四向各隨方色請施四垣及四門辟雍按大戴礼及前代說辟雍多無水廣内徑之數蔡邕云水廣二十四丈四周於外三輔黃圖云廣四周與蔡邕不異仍云水外周堤又張衡東京賦　稱造舟爲梁礼記明堂位陰陽録云水左旋以象天商量水廣二十四丈恐傷於闊今請減爲二十四步垣外量取周足仍依故事造舟爲梁其外周以圓堤并取陰陽水行左旋之制殿垣按三輔黃圖殿垣四周方在水内高不蔽日殿門去殿七十二步準今行事陳設猶恐窄小其方垣四門去堂步數請準太廟南門去廟基遠近爲制仍立四門八觀依太廟門別各安三門施玄閫四角造三重魏闕此後羣儒紛競各執異議尚書左僕射于志寧等請爲九室太常博士唐眕等請爲五室高宗令於觀德殿依兩議張設親與公卿觀之帝曰明堂之礼自古有之議者不同未果營建今設兩議公等以何者爲宜工部尚書閻立德對曰兩議不同俱有典故九室似闇五室似明取捨之宜斷在聖慮上以五室爲便議又不定由是且止至乾封二年二月詳宜略定乃下詔曰朕以寡薄忝承丕緒奉二聖之遺訓撫億兆以初臨馭朽兢懷推溝在念而上玄垂祐宗社降休歲稔時和人殷俗阜車書混一文軌大同檢玉泥金升中告禪百蠻執贄萬國來庭朝野歡娛華夷胥悅但爲郊禋嚴配未安太室布政施行猶闕合宮朕所以日昃忘疲中宵輟寢討論墳籍錯綜群言採三代之精微探九皇之至賾斟酌前載製造明堂棟宇方圓之規雖兼故實度筵陳俎之法獨運財成宣諸内外博考詳議求其長短異廣異聞而鴻生碩儒俱稱盡善擢紳士子並奏該通創此宏基自我作古因心既展情禮獲伸永言宗祀良深感慰宜命有司及時起作務從折中稱朕意焉於是大赦天下改元爲總章分萬年置明堂縣明年三月又具規製廣狹下詔曰合宮聽朔闡皇軒之茂範靈府通和敷帝勛之景化殷人陽館青珪備禮姬氏玄堂彤璋合獻雖運殊驪翰時變質文至於立天中建皇

極軌物施教其歸一揆考圖汶上僅存公玉之儀度室圭躔才紀中元之製屬炎精墜駕璿宮毀簴四海淪於沸鼎九土陷於塗原高祖太武皇帝杖鉞唐郊收鈴雍野納祥符於蒼水受靈命於丕山飛沈泳沫動植游源太宗文皇帝盟津光誓協降火而登壇豐谷斷蛇應屯雲而鞠旅封金岱嶺昭累聖之鴻勳勒石九都成文考之先志固可以作化明堂顯廟太室傍羅八柱周建四門木工不琢土事無文豐約折衷經始勿亟闕文斯備大禮聿脩其明堂院每面三百六十步當中置堂按周易乾之策二百一十有六坤之策一百四十有四總成三百六十故方三百六十步當中置堂處二儀之中定三才之本構茲一宇臨此萬方自降院每面三門同爲一宇徘徊五間按尚書一朞有四時故四面各一所開門每時有三月故每一所開三門一朞十有二月故周迴總十二門所以面別一門應茲四序既一時而統三月故於一舍而置三門又周易三爲陽數二爲陰數合而爲五所以每門舍五間院四隅各置重樓其四墉各依本方色按淮南

子地有四維故四樓又按月令水火金木土五方各異色故其墻各
依本方之色基八面象八方按周禮黄琮禮地鄭玄注琮者八方之
玉以象地形故以祀地則知地形八方又按漢書武帝立八觚壇以
祀地登地之壇形象地故令爲八方之基以象地形基高一丈二尺
徑二百八十尺按漢書陽爲六律陰爲六呂陽與陰合故高一丈二
尺又按周易三爲陽數八爲陰數三八相乘得二百四十丈按漢書
九會之數有四十合爲三百八十所以基徑二百八十尺故以交通
天地之和錯綜陰陽之數以明陽不獨運資陰和以助成陰不孤行
待陽唱而方應陰陽兩順天地咸亨則百寶斯輿九疇攸序基每面
三階周迴十二階每階爲二十五級按漢書天有三階故每面三階
地有十二辰故周迴十二階又按文子從凡至聖有二十五等故每
階二十五級所以應符星而設階法台耀以疏陛上擬霄漢之儀下
則地辰之數又列兹重級用準聖凡象皇極之高居俯庶類而臨耀
基之上爲一堂其宇上圓按道德經天得一以清地得一以寧侯王

得一以爲天下貞又曰道生一一生二二生三三生萬物又按漢書
太極元氣函三爲一又曰天子以四海爲家故置一堂以象元氣并
取四海爲家之義又按周禮蒼璧禮天鄭玄注璧圓以象天故爲宇
上圓堂每面九間各廣一丈九尺按尚書地有九州故立九間又按
周易陰數十故間別一丈九尺所以規摹厚地準則陰陽法二氣以
通基置九州於一宇堂周迴十二門每門高一丈七尺闊一丈三尺
按禮記一歲有十二月所以置十二門又按周易陰數十陽數七故
高一丈七尺又曰陽數五陰數八故闊一丈三尺所以調兹玉燭應
彼金輝叶二氣以循環逐四序而迎節堂周迴二十四窻高一丈三
尺闊一丈一尺二十三櫺二十四明按史記天有二十四氣故置二
十四窻又按書一年十二月并象閏故高一丈三尺又按周易天數
一地數十故闊一丈一尺又天數九地數十并四時成二十三故二
十三櫺又按周易八純卦之本體合二十四爻故有二十四明列牖
疏象風候氣遠周天地之數曲準陰陽之和堂心八柱各長五十五

尺按河圖八柱承天故置八柱又按周易大衍之數五十有五故長五
十五尺叅兹八柱承彼九間數該大衍之規形符立極之制且柱爲
陰數天實陽元柱以陰氣上昇天以陽和下降固陰陽之交泰乃天
地之相承堂心之外置四柱爲四輔按漢書天有四輔星故置四柱
以象四星内以八柱承天外象四輔明化上交下泰表裏相成叶台
耀以分輝契編珠而拱極八柱四輔之外第一重二十柱按周易天
數十并五行之數合而爲二十故置二十柱體二儀而立數叶五位
以裁規式符立極之功允應剛柔之道八柱四輔之外第二重二十
八柱按史記天有二十八宿故有二十八柱所以仰則乾圖上符景
宿考編珠而紀度覯列宿以迎時八柱四輔之外第三重三十二柱
按漢書有八節八政八風八音四八三十二柱調風御節萬物資以
化成布政流音九區仰而貽則外面周迴三十六柱按漢書一朞三
十六旬故法之以置三十六柱所以象歲時而致用順寒暑以通微
璿璣之度無愆玉曆之期永契八柱之外修短總有三等按周易天

地人爲三才故置柱長短三等所以擬三才以定位高下相形體萬
物以資生長短兼運八柱之外都合一百二十柱按禮記天子置三
公九卿二十七大夫八十一元士合爲一百二十是以置一百二十
柱分職設官翊化資於多士開物成務構廈藉於群材其上監周迴
二百四柱按周易坤之策一百四十有四又漢書九會之數有六十
故置二百四柱所以採坤策之玄妙法甲乙之精微環迴契辰象之
規結構準陰陽之數又基以象地故叶策於坤元柱各依方復規模
於甲子重楣二百一十六條按周易乾之策二百一十有六故置二
百一十六條所以規模易象擬法乾元應大衍之深玄叶神冊之至
數大小節及栱總六千三百四十五按漢書會月之數六千三百四
十五故置六千三百四十五枚所以遠採三統之文傍符會月之數
契金儀而調節偶璇曆以和時重幹四百八十九枚按漢書章月二
百三十五閏月周迴二百五十四總成四百八十九故置四百八十
九枚所以法履端之奥義象舉正之芳猷規模歷象發明章閏下柳

七十二枚按易緯有七十二候故置七十二枚所以式模芳節取規貞候契至和於昌曆偶神數於休期上栭八十四枚按漢書九會之數有七十又按莊子六合之外聖人存而不論司馬彪注天地四方爲六合總成八十四故置八十四枚所以模範二儀包羅六合準會陰陽之數周通氣候之源枅六十枚按漢書推太歲之法有六十故置六十枚所以兼該曆數包括陰陽採甲乙之深微窮辰子之玄奧連拱三百六十枚按周易當朞之日三百有六十故置三百六十枚所以叶周天之度準當期之日順平分而成歲應晷運以循環小梁六十枚按漢書有六十甲子故置六十枚構此虹梁遐規鳳曆傍䟽四字之製遥符六甲之源樟二百二十八枚按漢書章中二百二十八故置二百二十八枚所以應長曆之規象中月之度廣綜陰陽之數傍通寒暑之和方衡一十五重按尚書五行生數一十有五故置十五重結棟分間法五行而演秘疏楹疊構叶生數以成規南北大梁三根按周易太極生兩儀故置二大梁軌範乾坤模擬天地象玄

○黃之合德表覆載以生成陽馬二十六道按易緯有三十六節故置三十六道所以顯茲嘉節契此貞辰分六氣以燮陰陽環四象而調風雨椽二千九百九十根按漢書月法二千三百九十二通法五百九十八共成二千九百九十所以偶推步之規合通法之數是知疏椽構宇則大壯之架斯隆積月成年則會曆之規無爽大招兩重重別三十六條總七十二按淮南子太平之時五日一風一年有七十二風故置七十二條所以通規瑞曆叶數祥風遥符淳俗之源遠則休徵之契飛檐椽九百二十九枚按漢書從子至午其數九百二十九枚所以採辰象之宏模法周天之至數且午爲陰本子實陽源子午分時則生成之道自著陰陽合德則覆載之義茲隆堂檐徑二百八十八尺按周易乾之策二百一十六易緯云年有七十二候合爲二百八十八故徑二百八十八尺所以仰叶乾策遠承貞候順和氣而調序擬圓蓋以照臨堂上棟去基上面九十尺按周易天數九地數十以九乘十數當九十故去基上面九十尺所以上法圓清下儀方

載契陰陽之至數叶交泰之貞符又以茲天九乘於地十象陽唱而陰和法乾施而坤成檐去地五十五尺按周易大衍之數五十有五故去地五十五尺所以擬大易之嘉數通惟神之至賾道合萬象理貫三才上以清陽玉葉覆之按淮南子清陽爲天合以清陽之色詔下之後猶詳議未決終高宗之世未能創立則天臨朝儒者屢上言請創明堂則天以高宗遺意乃與北門學者議其制不聽群言垂拱三年春毀東都之乾元殿就其地創之四年正月五日明堂成凡高二百九十四尺東西南北各三百尺有三層下層象四時各隨方色中層法十二辰圓蓋蓋上盤九龍捧之上層法二十四氣亦圓蓋亭中有巨木十圍上下通貫栭櫨橕棍藉以爲本亘之以鐵索蓋爲鸑鷟黃金飾之勢若飛翥刻木爲瓦夾紵漆之明堂之下施鐵渠以爲辟雍之象號萬象神宮因改河南縣爲合宮縣詔曰黃軒御曆朝萬方於合宮丹陵握符咨四岳於衢室有虞輯瑞總章之號既存大禹錫珪重屋之名攸建殷人受命置陽館以辨方周室凝圖立明堂以經

○野用能範圍三極幽贊五神展尊祖之懷用宗祀之典爰從漢魏迨及周隋經始之制雖興脩廣之規未備朕以庸昧虔膺厚託受寄於綴衣之夕荷顧於仍九之前伏以高宗往年已屬意於陽館故宗輔之縣預紀明堂之名改元之期先著總章之號朕於乾封之際已奉表上璽雖簡宸心未遑營構今以鼎郊勝壤圭邑奧區處天地之中順陰陽之序舟車是湊貢賦攸均爰藉子來之功式遵奉先之旨夫明堂者天子宗祀之堂朝諸侯之位也開乾坤之奧策法氣象之運行故能使災害不生禍亂不作眷言盛烈豈不美歟比者鴻儒禮官所執各異咸以爲明堂者置之三里之外七里之內在國陽明之地今既俯邇宮掖恐黷靈祇誠乃布政之居未爲宗祀之所朕乃爲丙巳之地去宮室遥遠每月所居因時饗祭常備文物動有煩勞在於朕懷殊非所謂今故裁基紫掖闢宇彤闈經始肇興成之匪日但敬事天地神明之德乃彰尊祀祖宗嚴恭之志方展若使惟云布政負扆臨人則茅宇土階取適而已豈必勞百姓之力制九筵而御哉誠

以獲執蘋繁虔奉宗廟故也時既沿革莫或相遵自我作古用適於事今以上堂爲嚴配之所下堂爲布政之居光敷禮訓式展誠敬來年正月一日可於明堂宗祀三聖以配上帝宜令禮官博士學士內外明禮者詳定儀禮務從典要速以奏聞永昌元年正月元日始親享明堂大赦改元其月四日御明堂布政頒九條以訓于百官文多不載翌日又御明堂饗群臣賜縑纁有差自明堂成後縱東都婦人及諸州父老入觀兼賜酒食久之乃止吐蕃及諸夷以明堂成亦各遣使來賀載初元年冬正月庚辰朔日南至復親饗明堂大赦改元用周正翼日布政于群后其年二月則天又御明堂大開三教內史邢文偉講孝經命侍臣及僧道士等以次論議日昃乃罷天授二年正月乙酉日南至親祀明堂合祭天地以周文王及武氏先考先妣配百神從祀並於壇位次第布席以祀之於是春官郎中韋叔夏奏曰謹按明堂大享唯祀五帝故月令云是月也大享帝則禮典所云大享不問卜鄭玄注云謂徧祭五帝於明堂莫適卜是也又按祭法云

祖文王而宗武王鄭玄注云五神於明堂曰祖宗故孝經云宗祀文王於明堂以配上帝據此諸文明堂正禮唯祀五帝配以宗祖及五帝五官神等自外餘神並不合預伏惟陛下追遠情深崇禋志切於明堂享祀加昊天上帝皇地祇重之以先后配享此乃補前王之闕典弘嚴配之虔誠往以神都郊壇未建乃於明堂之下廣祭衆神蓋義出權時非不刊之禮也謹按禮經其內官中官五岳四瀆諸神並合從祀於二至明堂總奠事乃不經然則宗祀配天之親雖與小神同薦於嚴敬之道理有不安望請每歲元日惟祀天地大神配以帝后其五岳以下請依禮於冬夏二至從方丘圓丘庶不煩黷從之時則天又於明堂後造天堂以安佛像高百餘尺始起建構爲大風振倒俄又重營其功未畢證聖元年正月丙申夜佛堂災延燒明堂至曙二堂並盡尋時又無雲而雷起自西北則天欲責躬避正殿宰相姚璹曰此實人火非是天災至如成周宣榭卜代逾長漢武建章盛德彌永今明堂是布政之所非宗祀也則天乃御端門觀酺宴下詔

令文武九品已上各上封事極言無有所隱左拾遺劉承慶上疏曰臣聞自古帝王皆有美惡休祥所以昭其德災變所以知其咎天道之常理王者之常事然則休祥屢臻不可務功而自滿災變荐降不可輕忽而靡驚故殷宗以桑穀生朝懷懼而自省妖不勝德遂立中興之功辛紂以雀生大鳥恃福而自盈祥不勝驕終致傾亡之禍故知災變之生將自覺悟明主扶持大業使盛而不衰理須祗畏神心警懼天誡飭身正事業業兢兢則凶往而吉來轉禍而爲福昔殷湯禱身而降雨成王省事以反風宋公憂熒惑之災而應三舍之壽高宗懲雊鼎之異而享百年之福此其類也自陛下承天理物至道事神美瑞嘉祥洊臻狎委非臣所能盡述日者變生人火損及神宮驚傷聖心震動黎庶臣謹按左傳曰人火曰火天火曰災人火因人而興故指火體而爲稱天火不知何起直以所災言之其名雖殊爲害不別又漢書五行志曰火失性則自上而降及濫僭妄起所謂人火其來雖異爲患寔同王者舉措營爲必關幽顯幽爲天道顯爲人事

幽顯迹通天人理合今工匠宿藏其火本無放燎之心明堂教化之宮復非延火之所孽煨潛扇倏忽成災雖則因人亦關神理臣愚以爲火發既先從麻主後及總章意將所營佛舍恐勞而無益但崇其教即是津梁何假紺宮方存汲引既辟在明堂之後又前逼牲牢之筵兼以厥構崇大功多難畢立像弘法本擬利益黎元傷財役人却且煩勞家國承前大風摧木天誡已顯今者毒燄冥熾人孽復彰聖人動作必假天人之助一興功役二者俱違厭應昭然殆將緣此臣以爲明堂是正陽之位至尊所居展禮班常崇化立政玉帛朝會神靈依憑營之可曰大功損之實非輕事既失嚴禋之所復傷孝理之情陛下昨降明制猶申寅畏之言群寮理合兢畏震悚勉力司存豈合承恩耽樂安然酺宴又下人感荷聖德親變增惶神體克寧豈非深悅但以火氣初止尚多驚懼餘憂未息遽以歡事過之臣恐憂喜相爭傷於情理故傳曰可憂而爲樂取憂之道又古者有火祭四墉四墉積陰之氣祈之以禳火災炎陽之氣歡樂陽事火氣方勝不可復

興陽事臣聞災變之興至聖不免事修其德業患可禳陛下垂制博
訪許陳至理而左史張鼎以爲今既火流王屋彌顯大周之祥通事
舍人逢敏奏稱當彌勒初成佛道時有天魔燒宮七寶臺須臾散壞
斯實諂妄之邪言實非君臣之正論曖昧王化無益萬機夫天道雖
高其察彌近神心雖寂其聽彌聰交際皇王事均影響今大風烈火
譴告相仍實天人丁寧匡諭聖王使鴻基益固天祿永終之意也伏
願陛下乾乾在慮翼翼爲懷若涉巨川如承大祭審其致災之理詳
其降眚之由無薈天人之心而興不急之役則兆人蒙賴福祿靡窮
幸甚幸甚則天尋令依舊規制重造明堂凡高二百九十四尺東西
南北廣三百尺上施寶鳳俄以火珠代之明堂之下圜遶施鐵渠以
爲辟雍之象天冊萬歲二年三月重造明堂成號爲通天宮四月朔
日又行親享之禮大赦改元爲萬歲通天翼日則天御通天宮之端
扆殿命有司讀時令布政于群后其年鑄銅爲九州鼎既成置於明
堂之庭各依方位列焉神都鼎高一丈八尺受一千八百石冀州鼎

名武興雍州鼎名長安兗州名日觀青州名少陽徐州名東源揚州
名江都荊州名江陵梁州名成都其八州鼎高一丈四尺各受一千
二百石司農卿宗晉卿爲九鼎使都用銅五十六萬七百一十二斤
鼎上圖寫本州山川物產之像仍令工書人著作郎賈膺福殿中丞
薛昌容鳳閣主事李元振司農錄事鍾紹宗等分題之左尚方署令
曹元廓圖畫之鼎成自玄武門外曳入令宰相諸王南北衙宿衛兵
十餘萬人并仗內大牛白象共曳之則天自爲曳鼎歌令相唱和其
時又造大儀鍾斂天下三品金竟不成九鼎初成欲以黃金千兩塗
之納言姚璹曰鼎者神器貴於質朴無假別爲浮飾臣觀其狀光有
五彩輝煥錯雜其間豈待金色爲之炫燿乃止其年九月又大享於
通天宮以契丹破滅九鼎初成大赦改元爲神功聖曆元年正月又
親享又受朝賀尋制每月一日於明堂行告朔之禮司禮博士辟閭
仁諝奏議曰謹按經史正文無天子每月告朔之事惟禮記玉藻云
天子聽朔於南門之外周天官太宰正月之吉布政于邦國都鄙干

賈注云周正建子之月告朔日也此即玉藻之聽朔矣今每歲首元
日於通天宮受朝讀時令布政事京官九品以下諸朝集使等咸列
於庭此則聽朔之禮畢而合于周禮玉藻之文矣而鄭玄注玉藻聽
朔以秦制月令有五帝五官之事遂云凡聽朔必特牲告其時帝及
其神配以文王武王此鄭注之誤也故漢魏至今莫之用按月令云
其帝太昊其神勾芒者謂宣布時令告示下人其令詞云其帝其神
耳所以爲敬授之文欲使人奉其時而務其業每月有令故謂之月
令非謂天子月朔日以配帝而發告之其每月告朔者諸侯之禮也
故春秋左氏傳曰公既視朔遂登觀臺又鄭注論語云人君每月
告朔於廟有祭謂之朝享魯自文公始不視朔是諸侯之禮明矣今
王者行之非所聞也按鄭所謂告其帝者即太昊等五人帝其神者
即重黎等五行官雖並功施於人列在祀典無天子每月拜祭告朔
之文臣等謹檢禮記及三禮義宗江都集禮貞觀禮顯慶禮及祠令
並無天子每月告朔之事若以爲代無明堂故無其告朔之禮則江

都集禮貞觀禮顯慶禮及祠令著祀五方上帝於明堂即孝經宗祀
文王於明堂也此則無明堂而著其享祭何爲告朔獨闕其文若以
君有明堂即合告朔則周秦有明堂而經典正文無天子每月告朔
之事臣等歷觀今古博考載籍既無其禮不可習非望請停每月一
日告朔之祭以正國經竊以天子之尊而用諸侯之禮非所謂頒告
朔令諸侯使奉而行之義也鳳閣侍郎王方慶又奏議曰謹按明堂
天子布政之宮也蓋所以順天氣統萬物動法於兩儀德被於四海
者也夏曰世室殷曰重屋姬曰明堂此三代之名也明堂天子太廟
所以宗祀其祖以配上帝東曰青陽南曰明堂西曰總章北曰玄堂
中曰太室雖有五名而以明堂爲主漢代達學通儒咸以明堂太廟
爲一漢左中郎將蔡邕立議亦以爲然取其正室則謂之太室取其
向陽則謂之明堂取其建學則謂之太學取其圜水則謂之辟雍異
名而同事古之制也天子以孟春正月上辛日於南郊揔受十二月
之政還藏於祖廟月取一政班於明堂諸侯孟春之月朝於天子受

十二月之政藏於祖廟月取一政而行之蓋所以和陰陽順天道也如此則禍亂不作災害不生矣故仲尼美而稱之曰明王之以孝理天下也人君以其禮告廟則謂之告朔聽視此月之政則謂之視朔亦曰聽朔雖有三名其實一也今禮官議稱經史正文無天子每月告朔之事者臣謹按春秋文公六年閏十月不告朔穀梁傳曰閏附月餘日天子不以告朔左氏傳云閏月不告朔非禮也閏以正時時以作事事以厚生生人之道於是乎在矣不告閏朔棄時政也臣據此文則天子閏月亦告朔矣寧有他月而廢其禮者乎博考經籍其文甚著何以明之周禮太史職云頒告朔於邦國閏月告王居門終月又禮記玉藻云閏月則闔門左扉立于其中並是天子閏月而行告朔之事也禮官又稱玉藻天子聽朔於南門之外周禮天官太宰正月之吉布政于邦國都鄙干寶注云周正建子之月告朔日也此即玉藻之聽朔矣今每歲首元日通天宮受朝讀時令布政事京官九品以上諸州朝集使等咸列於庭此聽朔之禮畢而合于周禮玉

藻之文矣禮論及三禮義宗江都集禮貞觀禮顯慶禮及祠令無王者告朔之事者臣謹按玉藻云玄冕而朝日於東門之外聽朔於南門之外鄭注云朝日春分之時也東門皆謂國門也明堂在國之陽每月就其時之帝而聽朔焉卒事反宿於路寢凡聽朔必以特牲告其時帝及其神配以文王武王臣謂今歲首元日通天宮受朝讀時令及布政自是古禮孟春上辛受十二月之政班於明堂其義昭然猶未行也即如禮官所言遂闕其事臣又按禮記月令天子每月居青陽明堂總章玄堂即是每月告朔之事先儒舊說天子行事一年十八度入明堂大享不問卜一入也每月告朔十二入也四時迎氣四入也巡狩之年一入也今禮官立議王惟歲首一入耳與先儒既異臣不敢同鄭玄云凡聽朔告其帝臣愚以為告朔之日則五方上帝之一帝也春則靈威仰夏則赤熛怒秋則白招拒冬則叶光紀季月則含樞紐也並以始祖而配之焉人帝及神列在祀典亦於其月而享祭之魯自文公始不視朔子貢見其禮廢欲去其羊孔子以羊

存猶可識其禮羊亡其禮遂廢故云爾愛其羊我愛其禮漢承秦滅學庶事草創明堂辟雍其制遂闕漢武帝封禪始造明堂於太山既不立於京師所以無告朔之事至漢平帝元始中王莽輔政庶幾復古乃建明堂辟雍焉帝祫祭於明堂諸侯王列侯宗室子弟九百餘人助祭畢皆益戶賜爵及金帛增秩補吏各有差漢末喪亂尚傳其禮爰至後漢祀典仍存明帝永平二年郊祀五帝於明堂以光武配祭牲各一犢奏樂如南郊董卓西移載籍湮滅告朔之禮於此而墜暨于晉末戎馬生郊禮樂衣冠掃地總盡元帝過江是稱狼狽禮樂制度南遷蓋寡彝典殘缺無復舊章軍國所資臨事議之既闕明堂寧論告朔宋朝何承天纂集其文以為禮論雖加編次事則闕如梁代崔靈恩撰三禮義宗但捃摭前儒因循故事而已隋大業中煬帝命學士撰江都禮集只抄撮禮論更無異文貞觀顯慶禮及祠令不言告朔者蓋為歷代不傳其文遂闕各有由緒不足依據今禮官引為明證在臣誠實有疑陛下肇建明堂聿遵古典告朔之禮猶闕舊

章欽若稽古應須補葺若每月聽政於明堂事亦煩數孟月視朔恐不可廢上又命奉常廣集衆儒取方慶仁諝所奏議定得失當時大儒成均博士吳揚吾太學博士郭山惲曰臣等謹按周禮禮記及三傳皆有天子告朔之禮夫天子頒告朔於諸侯秦政焚滅詩書由是告朔禮廢今明堂肇建總章新立紹百王之絕軌樹萬代之鴻規上以嚴配祖宗下以敬授人時使人知禮樂道適中和災害不生禍亂不作今若因循頒朔每月依行禮貴隨時事須沿革望依王方慶議用四時孟月日及季夏於明堂修復告朔之禮以頒天下其帝及神亦請依方慶用鄭玄義告五時帝於明堂上則嚴配之道通於神明至孝之德光於四海制從之長安四年始制元日明堂受朝停讀時令中宗即位神龍元年九月親享明堂合祭天地以高宗配禮畢曲赦京師明年駕入京於季秋大享復就圜丘行事迄于睿宗之世闕元二年八月太子賓客薛謙光獻九鼎銘其蔡州鼎銘天后御撰曰義農首出軒昊膺期唐虞繼踵湯禹乘時天地光宅域中雍熙上天

降鑒方建隆基紫微令姚崇奏曰聖人啓運休兆必彰請宣付史館從之五年正月幸東都將行大享之禮太常少卿王仁忠博士馮宗陳貞節等議以武氏所造明堂有乖典制奏議曰明堂之建其所從來遠矣自天垂象聖人則之蒿柱茅簷之規上圓下方之制考之大數不踰三七之間定之方中必居丙巳之地者豈非得房心布政之所當太微上帝之宮乎故仰叶俯從正名定位人神不雜各司其序則嘉應響至保合太和昔漢氏承秦經籍道息旁求湮墜詳究難明孝武初議立明堂於長安城南遭竇太后不好儒術事乃中廢孝成之代又欲立於城南議其制度莫之能決至孝平元始四年始創造於南郊以申嚴配光武中興元年立於國城之南自魏晉迄於梁朝雖規制或殊而所居之地常取丙巳者斯蓋百王不易之道也高宗天皇大帝纂承平之運崇朴素之風四夷來賓九有咸乂永徽三年詔禮官學士議明堂制度群儒紛競各執異端久之不決因而遂止者何也非謂財不足力不堪也將以周孔既遙禮經且柔事不師古

或爽天心難用作程神不孚祐者也則天太后總禁闈之政藉軒臺之威屬皇室中圮之期躡和熹從權之制以爲乾元大殿承慶小寢當正陽亭午之地實先聖聽斷之宮表順端闈儲精營室爰從朝享未始臨御乃起工徒挽令摧覆既毀之後雷聲隱然衆庶聞之或以爲神靈感動之象也於是增土木之麗因府庫之饒南街北闕建天樞大儀之制乾元遺趾興重閣層樓之業煙焰蔽日梁柱排雲人斯告勞天實貽誡煨燼甫爾遽加修復況乎地殊丙巳未答靈心跡匪膺期乃申嚴配事昧彝典神不昭格此其不可者一也又明堂之制木不鏤土不文今體式乖宜違經紊禮雕鐫所及窮侈極麗此其不可者二也高明爽塏事資虔敬密邇宮掖何以祈天人神雜擾不可放物此其不可者三也況兩京上都萬方取則而天子閟當陽之位聽政居便殿之中職司其憂豈容沉默當須審考歷之計擇煩省之宜不便者量事改修可因者隨宜適用削彼明堂之號克復乾元之名則當宁無偏人識其舊矣詔令所司詳議奏聞刑部尚書王志愔等奏議咸以此堂所置實乖典制多請改削依舊造乾元殿乃下詔曰古之操皇綱執大象者何嘗不上稽天道下順人極或變通以隨時爰損益以成務且衢室創制度堂以筵用之以禮神是光孝享用之以布政蓋稱視朔先王所以尊人倫感天地者也少陽有位上帝斯歆此則神貴於不黷禮殷於至敬今之明堂俯鄰宮掖比之嚴祀有異肅恭苟非憲章將何軌物由是禮官博士公卿大夫廣參群議欽若前古宜存露寢之式用罷辟雍之號可改爲乾元殿每臨御宜依正殿禮自是駕在東都常以元日冬至於乾元受朝賀季秋大享祀依舊於圓丘行事十年復題乾元殿爲明堂而不行享祀之禮二十五年駕在西京詔將作大匠康䛒素往東都毀之䛒素以毀拆勞人乃奏請且拆上層卑於舊制九十五尺又去柱心木平座上置八角樓樓上有八龍騰身捧火珠又小於舊制圓五尺覆以真瓦取其永逸依舊爲乾元殿

唐書志卷第二

劉　昫　等修
聞人詮校刻沈桐同校

禮儀三

封禪之禮自漢光武之後曠世不修隋開皇十四年晉王廣率百官
抗表固請封禪文帝令牛弘辛彥之許善心等創定儀注至十五年
行幸兗州遂於太山之下爲壇設祭如南郊之禮竟不升山而還貞
觀六年平突厥年穀屢登群臣上言請封泰山太宗曰議者以封禪
爲大典如朕本心但使天下太平家給人足雖闕封禪之禮亦可比
德堯舜若百姓不足夷狄內侵縱修封禪之儀亦何異於桀紂昔秦
始皇自謂德洽天心自稱皇帝登封岱宗奢侈自矜漢文帝竟不登
封而躬行儉約刑措不用今皆稱始皇爲暴虐之主漢文爲有德之
君以此而言無假封禪禮云至敬不壇掃地而祭足表至誠何必遠登高
山封數尺之土也侍中王珪對曰陛下發德音明封禪本末非愚臣

○之所及秘書監魏徵曰隋末大亂黎民遇陛下始有生望養之則至
仁勞之則未可升中之禮須備千乘萬騎供帳之費動役數州戶口
蕭條何以能給太宗深嘉徵言而中外章表不已上問禮官兩漢封
山儀注因遣中書侍郎杜正倫行太山上七十二帝壇迹是年兩河
水潦其事乃寢至十一年羣臣復勸封山始議其禮於是國子博士
劉伯莊睦州刺史徐令言等各上封祀之事互設疑議所見不同多
言新禮中封禪儀注簡略未周太宗勅秘書少監顏師古諫議大夫
朱子奢等與四方名儒博物之士參議得失議者數十家遞相駁難
紛紜久不決於是左僕射房玄齡特進魏徵中書令楊師道博採衆
議堪行用而與舊禮不同者奏之其議昊天上帝壇曰將封先祭義
在告神且備謁敬之儀方展慶成之禮固當於壇下阯預申齋潔贊
饗已畢然後登封既表重慎之深兼示行事有漸今請祭於泰山下
設壇以祀上帝以景皇帝配享壇長一十二丈高一丈二尺又議制
玉牒曰金玉重寶質性貞堅宗祀郊禋皆克器幣豈嫌華美寔貴精

確況乎三神壯觀萬代鴻名禮極殷崇事資藻縟玉牒玉檢式韞靈
奇傳之無窮永存不朽今請玉牒長一尺三寸廣厚各五寸玉檢厚
二寸長短闊一如玉牒其印齒請隨璽大小仍纏以金繩五周又議
玉策曰封禪之祭嚴配作主皆奠玉策肅奉虔誠今玉策四枚各長
一尺三寸廣一寸五分厚五分每策五簡俱以金編其一奠上帝一
奠太祖座一奠皇地祇一奠高宗座又議金匱曰登配之策盛以金
匱歸格藝祖之廟室今請長短令容玉策高廣各六寸形制如今之
表函纏以金繩封以金泥印以受命璽又議方石再累曰舊藏玉牒
止用石函亦猶盛書篋笥所以或呼石篋今請方石三枚以爲再累
其十枚石檢刻方石四邊而立之纏以金繩封以石泥印以受命璽
又議泰山上圓壇曰四出開道壇場通義南面入升於事爲允今請
介丘上圓壇廣五丈高九尺用五色土加之四面各設一階御位在
壇南升自南階而就上封玉牒又議圓丘上土封曰凡言封者皆是
積土之名利建分封亦以班社立號謂之封禪厥義可知今請於圓

○壇之上安置方石璽緘既畢加土築以爲封高一丈二尺而廣二丈
以五色土以封牒書藏於其內祀禪之土土封制亦同此又議玉璽
曰謹詳前載方石緘封玉檢金泥必資印璽以爲秘固今請依今用
受命璽以封石檢其玉檢既與石檢大小不同請更造璽一枚方一
寸二分文同受命璽以封玉牒石檢形制依漢建武時故事又議立
碑曰勒石紀號顯揚功業登封降禪肆覲之壇立碑之議設告至壇
曰既至山下禮行告至柴于東方上帝望秩遍禮群神今請其壇方
八十一尺高三尺陛仍四出其禪方壇及餘儀式請從今禮仍請柴
祭望秩同時行事又議感石闕及大小距石曰距石之設意取牢固
本資實用豈云雕飾今既積土厚封足與天長地久其小距環壇石
闕迴建事非經誥無益禮義煩而非要請從減省太宗從其議仍令
附之於禮十五年下詔將有事於泰山復令公卿諸儒詳定儀注太
常卿韋挺禮部侍郎令狐德棻爲封禪使參考其議時論者又執異
見顏師古上書申明前議太宗覽其奏多依師古所陳爲定車駕至

洛陽宮會有彗星之變乃下詔罷其事
高宗即位公卿數請封禪則天既立爲皇后又密贊之麟德二年二月車駕發京東巡狩詔禮官博士撰定封禪儀注有司於乾封元年正月戊辰朔先是有司齋戒於前祀七日平旦太尉誓百官於行從中臺云來月一日封祀二日登封太山三日禪社首各揚其職不供其事國有常刑上齋於行宮四日致齋三日近侍之官應從升者及從事群官諸方客使各本司公館清齋一宿前祀一日諸衛令其屬未後一刻設黃麾半仗於外壝之外與樂工人俱清齋一宿有司於太嶽南四里爲圓壇三成十二階如圓丘之制壇上飾以青四面各依方色并造燎壇及壝三重又造玉策三枚皆以金繩連編玉簡爲之每簡長一尺二寸廣一寸二分厚三分刻玉填金爲字又爲玉匱一以藏正座玉策長一尺三寸并玉檢方五寸當繩處刻爲五道當封璽處刻深二分方一寸二分又爲金匱二以藏配座玉策制度如玉匱又爲黃金繩以纏玉匱各五周爲金泥玉匱金匱爲玉璽一枚

。方一寸二分文同受命璽封玉匱金匱又爲石䃭玉匱用方石再累各方五尺厚一尺刻方石中令容玉匱䃭旁施檢處皆刻深三寸三分闊一尺當繩處皆刻深三分闊一寸五分爲石檢十枚以檢石䃭皆長三尺闊一尺厚七寸皆刻爲印齒三道深四寸當封璽處方五寸當通繩處闊一寸五分皆有小石蓋制與檢刻處相應以檢擫封泥其檢立於䃭旁南方北方各三東方西方各二去䃭隅皆十寸又爲金繩以纏石䃭各五周徑三分爲石泥以泥石䃭其泥末石和方色土爲之爲距石十二枚分距䃭隅皆再累各闊二尺長一丈斜刻其首令與䃭隅相應泰山之上設登封之壇上徑五丈高九尺四出陛壇上飾以青四面依方色一壝隨地之宜其玉牒玉匱石䃭石檢距石皆如封祀之制又爲降壇於社首山上方壇八隅一成八陛如方丘之制壇上飾以黃四面依方色三壝隨地之宜其玉策玉匱石䃭石檢距石等亦同封祀之制至其年十二月車駕至山下及有司進奏儀注封祀以高祖太宗同配禪社首以太穆皇后文德皇后同

配皆以公卿亢亞獻終獻之禮於是皇后抗表曰伏尋登封之禮遠邁古先而降禪之儀竊爲未允其祭地祇之日以太后昭配至於行事皆以公卿以妾愚誠恐未周備何者乾坤定位剛柔之義已殊經義載陳中外之儀斯別瑤壇作配既合於方祇玉豆薦芳寔歸於內職況推尊先后親饗瓊筵豈有外命宰臣內參禮祭詳於至理有紊徽章但禮節之源雖興於昔典而升降之制尚缺於遙圖且往代封嶽雖云顯號或因時省俗意在尋仙或以情覬名事深爲己豈如化被乎四表推美於神宗道冠乎二儀歸功於先德寧可仍遵舊軌靡創彝章妾謬處椒闈叨居蘭掖但以職惟中饋道屬於蒸嘗義切奉先理光於蘋藻罔極之思載結於因心祇肅之懷寔深於明祀但妾早乖定省已闕侍於晨昏今屬崇禋豈敢安於帷帟是故馳情夕寢睠嬴里而翹魂疊慮宵興仰梁郊而聳念伏望展禮之日總率六宮內外命婦以親奉奠冀申如在之敬式展虔拜之儀積此微誠已淹氣序既屬鑾輿將警奠璧非賒輒効丹心庶裨大禮冀聖朝垂則永

。播於芳規螢燭末光增輝於日月於是祭地祇梁甫皆以皇后爲亞獻諸王大妃爲終獻丙辰前羅舍府果毅李敬貞論封禪須明水實樽淮南子云方諸見月則津而爲水高誘注云方諸陰燧大蛤也熟摩拭令熱以向月則水生以銅盤受之下數石王充論衡云陽燧取火於日方諸取水於月相去甚遠而火至水來者氣感之驗也漢書儀云八月飲酎車駕夕牲以鑑諸取水於月以陽燧取火於日周禮考工記云金有六齊金錫半謂之鑑燧之齊鄭玄注云鑑燧取水火於日月之器也准鄭此注則水火之器皆以金錫爲之今司宰有陽燧形如圓鏡以取明火陰鑑形如方鏡以取明水但比年祠祭皆用陽燧取火應時得以陰鑑取水未有得者嘗用井水替明水之處奉勑令禮司研究敬貞因說先儒是非言及明水乃云周禮金錫相半自是造之法鄭玄錯解以爲陰鑑之制依古取明水法合用方諸引淮南子等書用大蛤也又稱敬貞曾八九月中取蛤一尺二寸者依法試之自人定至夜半得水四五斗者敬貞所陳檢有故實又稱先

經試驗確執聖請差敬貞自取蚌蛤便赴太山與所司對試是日制曰古今典制文質不同至於制度隨世代沿革唯祀天地獨不改張斯乃自處於厚奉天以薄又今封禪即用玉牒金繩器物之間復有瓦罇秸席一時行禮文質頓乖駁而不論深為未愜其封祀降禪祈穀上帝后土位先設藁秸瓦甒瓢杯等物並宜改用裀褥罍爵每事從文其諸郊祀亦宜準此於是昊天上帝之座褥以蒼皇地祇褥以黃配帝及后褥以紫五方上帝及大明夜明席皆以方色內官已下席皆以莞三年正月帝親享昊天上帝于山下封祀之壇如圓丘之儀祭訖親封玉策置石䃭聚五色土封之圓徑一丈二尺高九尺其日帝率侍臣已下升泰山翌日就山上登封之壇封玉策訖復還山下之齋宮其明日親祀皇地祇於社首山上降禪之壇如方丘之儀皇后為亞獻越國太妃燕氏為終獻翌日上御朝覲壇以朝群臣如元日之儀禮畢讌文武百寮大赦改元祕上親享于降禪之壇行初獻之禮畢執事者皆趨而下宦者執帷皇后率六宮以升行禮帷帝皆以

錦繡為之百寮在位瞻望或竊議焉於是詔立登封降禪朝覲之碑各於壇所又詔名封祀為壇舞鶴臺介丘壇為萬歲臺降禪為景雲臺以紀當時所見之瑞焉高宗既封泰山之後又欲遍封五岳至永淳元年於洛州嵩山之南置崇陽縣其年七月勑其所造奉天宮二年正月駕幸奉天宮至七月下詔將以其年十一月封禪於嵩岳詔國子司業李行偉考功員外郎賈大隱太常博士韋叔夏裴守貞輔抱素等詳定儀注於是議立封祀壇如圓丘之制上飾以玄四面依方色為圓壇三成高二丈四尺每等高六尺壇上徑一十六步三等各闊四步設十二陛陛皆上闊八尺下闊一丈四尺為三重壝距外壝三十步內壝距五十步燎壇在壇東南外壝之內高三尺方一丈五尺南出陛登封壇圓徑五丈高九尺四出陛為一壝飾以五色準封祀壝禪祭上飾以金四面依方色為八角方壇再成高一丈二尺每等高四尺壇上方十六步每等廣四步設八陛其上壇陛皆廣八尺中等陛皆廣一丈下等陛皆廣一丈二尺為三重壝之大小準封祀為埋埳在壇之未地外壝之內方深取足容物南出陛朝覲壇於行宮之前為壇宮方三分壝二在南壇方二十四丈高九尺南面兩陛餘三面各一陛封祀登封五色土封石䃭為圓封上徑一丈二尺下徑三丈高九尺禪祭五色土封為八角方封大小準封祀制度所用尺寸準歷東封並用古尺諸壇並築土為之禮無用石之文並度影以定方位登封降禪四出陛各當四方之中陛各上廣七尺下廣一丈二尺封祀玉帛料有蒼璧四圭有邸圭璧禪祭有黃琮兩圭有邸無圭璧又定登封降禪朝覲等日準舊冬至祭天於圓丘其封祀請用十二日準東封祀故事十二日登封十三日禪祭十四日朝覲若有故須改登封已下期日在禮無妨又輦輿料云封祀登封皇帝出乘玉輅還乘金輅皇太子往還金輅禪祭皇帝太子如封祀又衣服料云東封祠祭日天皇服衮冕近奉制依貞觀禮服大裘又云衮冕服一具齋服之通天冠服一具迴服之翼善冠服一具馬上服之皇太子衮冕服又齋則服遠遊冠受朝則公服遠遊冠服馬上則進

德冠服當時又令詳求射牛之禮行偉守貞等議曰據周禮及國語郊祀天地天子自射其牲漢武唯封太山令侍中謁者射牛行事至於餘祀亦無射牲之文但親春射牲雖是古禮久從廢省據封禪祀曰未明十五刻宰人以鑾刀割牲質明而行事比鑾駕至時牢牲總畢天皇唯奠玉酌獻而已今若祀前一日射牲事即傷早祀日方始射牲事又傷晚若依漢武故事即非親射之儀事不可行詔從之尋屬高宗不豫遂罷封禪之禮則天證聖元年將有事於嵩山先遣使致祭以祈福助下制號嵩山為神岳尊嵩山神為天中王夫人為靈妃嵩山舊有夏啓及啓母少室阿姨神廟咸令預祈祭至則天以萬歲二年臘月甲申親行登封之禮禮畢便大赦改元萬歲登封改嵩陽縣為登封縣陽城縣為告成縣粤三日丁亥禪于少室山又二日己丑御朝覲壇朝羣臣咸如乾封之儀則天以封禪日為嵩岳神祇所祐遂尊神岳天中王為神岳天中皇帝靈妃為天中皇后夏后啓為齊聖皇帝封啓母神為玉京太后少室阿姨神為金闕夫人王子晉

號爲昇仙太子仍別爲立廟登封壇南有檞樹大赦日於其杪置金雞樹則天自製昇中述志碑樹於壇之丙地玄宗開元十二年文武百寮朝集使皇親及四方文學之士皆以理化昇平時穀屢稔上書請修封禪之禮并獻賦頌者前後千有餘篇玄宗謙冲不許中書令張說又累日固請乃下制曰自古受命而王者曷嘗不封泰山禪梁父答厚德告成功三代之前罔不由此越自魏晉以迄周隋帝典闕而大道隱王綱弛而舊章缺千載寂寥封崇莫嗣物極而復天祚我唐武文二后膺圖受籙洎于高宗重光累盛承至理登介丘懷百神震六合紹殷周之統接虞夏之風中宗弘懿鑠之休睿宗沐粹精之道巍巍蕩蕩無得而稱者也朕昔戡多難稟略先朝虔奉慈言嗣膺丕業是用創九廟以申孝敬禮二郊以展嚴禋寶菽粟於水火捐珠玉於山谷兢兢業業非敢追美前王日愼一日實以奉遵遺訓至於巡狩大典封禪鴻名顧惟寡薄未遑時邁十四載于茲矣今百穀有年五材無眚刑罰不用禮義興行和氣氤氳淳風澹泊蠻夷戎狄殊方異類重譯而至者日月於闕廷奇獸神禽甘露嘉醴窮祥極瑞朝夕於林籞王公卿士罄乃誠於中鴻生碩儒獻其書於外莫不以神祇合契億兆同心斯皆烈祖聖考垂裕餘慶故朕頼宗廟之介福敢以眇身顓其克讓是以敬奉羣議弘此大猷以光我高祖之丕圖以紹我高祖之鴻烈永言陟配追感載深可以開元十三年十一月十日式遵故實有事太山所司與公卿諸儒詳擇典禮預爲備具勿廣勞人務存節約以稱朕意於是詔中書令張說右散騎常侍徐堅太常少卿韋縚秘書少監康子元國子博士侯行果等與禮官於集賢書院刊撰儀注玄宗初以靈山好靜不欲喧繁與宰臣及侍講學士對議用山下封祀之儀於是張說謂徐堅韋縚等曰乾封舊儀禪社首享皇地祇以先后配饗王者父天而母地當今皇母位亦當往帝之母也子配母饗亦有何嫌而以皇后配地祇非古之制也天監孔明福善如響乾封之禮文德皇后配皇地祇天后爲亞獻越國太妃爲終獻宮闈接神有乖舊典上玄不祐遂有天授易姓之事宗社中

圮公族誅滅皆由此也景龍之季有事圓丘韋氏爲亞獻皆以婦人升壇執籩豆褻黷穹蒼享祀不潔未及踰年國有內難終獻皆受其咎掌座齋郎及女人執祭者多亦夭卒今主上尊天敬神事資革正斯禮以睿宗大聖貞皇帝配皇地祇侑神作主乃定議奏聞上從之舊禮郊祀既畢收取玉帛牲體置於柴上然後燔於燎壇之上其壇於神壇之左顯慶中禮部尚書許敬宗等因修改舊禮乃奏曰謹按祭祀之禮周人尚臭祭天則燔柴祭地則瘞血宗廟則焫蕭灌鬯皆貴氣臭同以降神禮經明白義釋甚詳委柴在祭物之初理無所惑是以三禮義宗等並云祭天以燔柴爲始然後行正祭祭地以瘞血爲先然後行正祭又禮論說太常賀循上言積柴舊在壇南燎祭天之牲用犢左胖漢儀用頭今郊用脅之九个太宰令奉牲脅太祝令奉圭璧俱奠燎薪之上此即晉氏故事亦無祭天之文既云漢儀用牲頭頭非神俎之物且祭末俎皆升右胖之脅唯有三禮賀循既云用祭天之牲左胖復云今儀用脅九个足明燔柴所用與升俎不同是知自在祭初別燔牲體非於祭末燒神餘饌此則晉氏以前仍遵古禮唯周魏以降妄爲損益納告廟之幣事畢瘞埋因改燔柴將爲祭末事無典實禮闕降神又燔柴正祭牲玉皆別蒼璧蒼犢之流柴之所用四圭騂犢之屬祀之所須故郊天之有四圭猶祀廟之有圭瓚是以周官典瑞文勢相因並事畢收藏不在燔例而今新禮引用蒼璧不顧圭瓚遂亦俱燔義既有乖理難因襲又燔柴作樂俱以降神則處置之宜須相依準柴燔在左作樂在南求之禮情實爲不類且禮論說積柴之處在神壇之南新禮以爲壇左文無典故請改燔爲祭樂懸之南外壝之內其陰祀瘞埋亦請準此制可之自是郊丘諸祀並先焚而後祭及玄宗將作封禪之禮張說等參定儀注臣徐堅康子元等建議曰臣等謹按顯慶年修禮官長孫無忌等奏改燔柴在祭前狀稱祭祀之禮必先降神周人尚臭祭天則燔柴者臣等按禮迎神之義樂六變則天神降八變則地祇出九變則鬼神可得而禮矣則降神以樂周禮正文非謂燔柴以降神也案尚臭之義不爲燔

之先後假如周人尚臭祭天則燔柴容或燔臭先以迎神然則殷人尚聲祭天亦燔柴何聲可燔先迎神乎又按顯慶中無忌等奏稱晉氏之前獨遵古禮周魏以降妄爲損益者今按郭璞晉南郊賦及注爾雅祭後方燔又按宋忠所論亦祭後方燔又檢南齊北齊及梁郊祀亦飲福酒後方燔又檢後周及隋郊祀亦先祭後燔據此即周遵後燔晉不先燎無忌之事義乃相乖又按周禮大宗伯職以玉作六器以禮天地四方注云禮爲始告神時薦於神座也下文云以蒼璧禮天以黃琮禮地皆有牲幣各如其器之色又禮器云有以少爲貴者祭天特牲是知蒼璧之與蒼牲俱各奠之神座理節不惑又云四圭有邸以祀天旅上帝即明祀昊天上帝之時以旅五方天帝明矣其青圭赤璋白琥玄璜自是立春立夏立秋立冬之日各於其方迎氣所用自分別矣今按顯慶所改新禮以蒼璧與蒼牲蒼幣俱用先燔蒼璧既已燔矣所以遂加四圭有邸奠之神座蒼牲既已燔矣所以更加騂牲充其實祖況昊天於五帝同用四圭失特牲之明文加

○爲二犢深乖禮意事乃無憑考功員外郎趙冬曦太學博士侯行果曰先焚者本以降神行之已久若從鄭後焚爲定中書令張說執奏曰徐堅等所議燔柴前後議有不同據祭義及貞觀顯慶已後既先燔若欲正失禮求祭義請從貞觀禮如且因循不改更請從顯慶禮凡祭者本以心爲主心至則通於天地達於神祇既有先燔後燎自可斷於聖意所至則神於神明燔之先後臣等不敢裁定玄宗令依後燔及先奠之儀是後太常卿寧王憲奏請郊壇時祭並依此先奠璧而後燔柴瘞埋制從之時又有四門助教施敬本駮奏舊封禪禮八條其略曰舊禮侍中跪取匜沃盥非禮也夫盥手洗爵人君將致潔而尊神故能使小臣爲之今侍中大臣也而盥沃於人君太祝小臣也乃詔祝於天神是接天神以小臣奉人君以大臣故非禮按周禮大宗伯曰鬱人下士二人贊祼事則沃盥此職也漢承秦制無鬱人之職故使近臣爲之魏晉至今因而不改然則漢禮侍中行之則可矣今以侍中爲之則非也漢侍中其始也微高帝時籍儒爲之惠帝時閎儒爲之留侯子辟彊年十五爲之至後漢堅以議郎拜侍中邵闓自侍中遷步兵校尉其秩千石少府卿之屬也少府卿秩中二千石丞秩千石侍中與少府丞班同魏代蘇則爲之舊侍中親省起居故謂之執獸子吉茂見謂之曰仕進不止執獸子是言其爲褻臣也今侍中名則古官人非昔任掌同變理寄實鹽梅非復漢魏執獸子之班異乎周禮鬱人之職行舟不息墜劍方遥驗刻而求可謂謬矣夫祝以傳命通主人之意以薦於神明非賤職也故兩君相見則卿爲上儐況天人之際其肅恭之禮以兩君爲喻不亦大乎今太祝下士也非所以重命而尊神之義也然則周漢太祝是禮矣何者按周禮大宗伯曰太祝下大夫二人上士四人掌六祝之辭大宗伯爲上卿今禮部尚書太常卿比也小宗伯中大夫今侍郎少卿比也太祝下大夫今郎中太常丞比也上士四人今員外郎太常博士之比也故可以處天人之際致尊極之辭矣又漢太祝令秩六百石與太常博士同班梁太祝令與南臺御史同班今太祝下士之卑而居下大夫

○之職斯又刻舟之論不異於前矣又曰舊禮謁者引太尉升壇亞獻非禮也謁者已賤升壇已重是微者用之於古而大體實變之於今也按漢官儀尚書御史臺官屬有謁者僕射一人秩六百石銅印青綬謁者三十五人以郎中滿歲稱給事未滿歲稱權謁者又按漢書百官公卿表光祿勳官屬有郎中員外秩比二千石有謁者掌賓讚受事員七十人秩比六百石古之謁者秩異等今謁者班微以之從事可謂疎矣又曰舊禮尚書令奉玉牒今無其官請以中書令從事按漢武帝時張安世爲尚書令遊宴後宮以宦者一人出入帝命改爲中書謁者令至成帝罷宦者用士人魏黃初改秘書置中書監令舊尚書并掌制誥既置中書官而制誥樞密皆掌焉則自魏以來中書是漢朝尚書之職今尚書玉牒是用漢禮其官既闕故可以中書令主之議奏玄宗令張說徐堅召敬本與之對議詳定說等奏曰敬本所議其中四條先已改定有不同者望臨時量事改攝制從之十二年十一月丙戌至泰山去山趾五里西去社首山三里丁亥玄宗

服袞冕於行宮致齋於供帳前殿己丑日南至大備法駕至山下玄宗御馬而登侍臣從先是玄宗以靈山清潔不欲多人上欲初獻於山上壇行事亞獻終獻於山下壇行事因召禮官學士賀知章等入講儀注因問之知章等奏曰昊天上帝君位五方時帝臣位帝號雖同而君臣異位陛下享君位於山上群臣祀臣位於山下誠足以垂範來葉爲變禮之大者也禮成於三初獻亞終合於一處玄宗曰朕正欲如是故問卿耳於是勅三獻於山上行事其五方帝及諸神座於山下壇行事玄宗因問玉牒之文前代帝王何故秘之知章對曰玉牒本是通於神明之意前代帝王所求各異或禱年筭或思神仙其事微密是故莫知之玄宗曰朕今此行皆爲蒼生祈福更無秘請宜將玉牒出示百寮使知朕意其辭曰有唐嗣天子臣某敢昭告于昊天上帝天啓李氏運興土德高祖太宗受命立極高宗升中六合殷盛中宗紹復繼體不定上帝眷祐錫臣忠武底綏內難惟戴聖父恭承大寶十有三年敬若天意四海晏然封祀岱岳謝成于天子孫

百祿蒼生受福庚寅祀昊天上帝于山上封臺之前壇高祖神堯皇帝配享焉邠王守禮亞獻寧王憲終獻皇帝飲福酒癸巳中書令張說進稱天賜皇帝太一神策周而復始永綏兆人帝拜稽首山上作圓臺四階謂之封壇臺上有方石再累謂之石礒玉牒玉策刻玉塡金爲字各盛以玉匱東以金繩封以金泥皇帝以受命寶印之納二玉匱於礒中金泥礒際以天下同文之印封之壇東南爲燎壇積柴其上皇帝就望燎位火發群臣稱萬歲傳呼下山下聲動天地山下壇祀群臣行事已畢皇帝未離位命中書門下曰朕以薄德恭膺大寶今封祀初建雲物休祐皆是卿輔弼之力君臣相保勉副天心長如今日不敢矜怠中書令張說跪言聖心誠懇宿齋山上昨夜則息風收雨今朝則天清日暖復有祥風助樂卿雲引燎靈迹盛事千古未聞陛下又思慎終如初長福萬姓天下幸甚先是車駕至岳西來蘇頓有大風從東北來自午至夕裂裘幕折柱衆恐張說倡言曰此必是海神來迎也及至岳下天地清晏玄宗登山日氣和煦至齋次日入後勁風偃人寒氣切骨玄宗因不食次前露立至夜半仰天稱某身有過請即降罰若萬人無福亦請某爲當罪兵馬辛苦乞停風寒應時風止山氣溫暖時從山上布兵至于山壇傳呼辰刻及詔命來往斯須而達夜中燃火相屬山下望之有如連星自地屬天其日平明山上清迥下望山下休氣四塞登歌奏樂有祥風自南而至絲竹之聲飄若天外及行事日揚火光慶雲紛郁遍滿天際群臣並集于社首山帷宮之次以候鑾駕遙望紫煙憧憧上達內外歡譟玄宗自山上便赴社首齋次辰巳間至日色明朗慶雲不散百辟及蕃夷爭前迎賀辛卯享皇地祇于社首之泰折壇睿宗大聖貞皇帝配祀五色雲見日重輪藏玉策於石礒如封壇之儀壬辰玄宗御朝覲之帳殿大備陳布文武百寮二王後孔子後諸方朝集使岳牧舉賢良及儒生文士上賦頌者戎狄夷蠻羌胡朝獻之國突厥頡利發契丹奚等王大食謝䫻五天十姓崑崙日本新羅靺鞨之侍子及使內臣之番高麗朝鮮王伯濟帶方王十姓摩阿史那興昔可汗三十姓左右

賢王日南西二爨齒雕題牂柯烏滸之酋長咸在位制曰朕聞天監唯后后克奉天既合德以受命亦推功而復始厥初作者七十二君道洽跡著時至符出皆用事于介丘升中於上帝人神之望蓋有以塞之皇王之序可得而言朕接統千歲承光五葉惟祖宗之德在人惟天地之靈作王徃者內難幽贊而集大勳間無外虞守成而纘舊服未嘗不乾乾終日思與公卿大夫上下協心聿求至理以弘我烈聖其庶乎馨香今九有大寧羣氓樂業時必敬授而不奪物亦順成而無天懋建皇極幸致太和洎乃幽遐率由感被戎狄不至唯文告而來庭麟鳳已臻將覺情而在數以故凡百執事亟言大封顧惟不德切欲勿議伏以先聖儲祉與天同功荷傳符以在今敢侑神而無報大篇斯在朕何讓焉遂奉遵高宗之舊章憲乾封之令典時邁東土柴告岱岳精意上達肸蠁來應信宿行事雲物呈祥登降之禮斯畢嚴配之誠獲展百神群望莫不懷柔四方諸侯莫不來慶斯是天下之介福邦家之耿光也無窮之休祉豈獨在予非常之惠澤亦宜逮下

可大赦天下封泰山神爲天齊王禮秩加三公一等仍令所管崇飾
祠廟環山十里禁其樵採給近山二十戶復以奉祠神玄宗製紀太
山銘御書勒于山頂石壁之上其辭曰朕宅內有十載顧惟不德懵
于至道任夫難任安夫難安茲朕未知獲戾于上下心之浩盪若涉
大川賴上帝垂休先后儲慶宰相庶尹交修皇極四海會同五典敷
暢歲云嘉熟人用大和百辟僉謀唱余封禪謂孝莫大於嚴父禮莫
盛于告天天符既至人望既積固請不已固辭不獲肆余與夫二三
臣稽虞典繹漢制張皇六師震讋九寓旌旗有列士馬無譁肅肅邕邕
翼翼溶溶以至岱宗順也爾雅曰泰山爲東岳周官曰兖州之鎭山
實萬物之始故稱岱焉其位居五岳之伯故稱宗焉自昔王者受命
易姓於是乎啓天地薦成功序圖錄紀氏號朕統承先王茲率厥典
實欲報玄天之眷命爲蒼生之祈福豈敢高視千古自比九皇哉故
設壇場於山下受羣方之助祭躬封燎於山上冥一獻之通神斯亦
因高崇天就廣增地之義也乃仲冬庚寅有事東岳類于上帝配我

高祖在天之神罔不畢降粤翌日禪於社首佑我聖考祀於皇祇在
地之神罔不咸舉暨壬辰覲羣后上公進曰天子膺天符納介福羣
臣拜稽首呼萬歲慶合歡同乃陳誡以德大渾協度彝倫攸叙三事
百揆時乃之功萬物由庚兆人允植列牧衆宰時乃之功一二兄弟
篤行孝友錫類萬國時唯休哉我儒制禮我史作樂天地擾順時唯
休哉蠻夷戎狄重譯來貢累聖之化朕何慕焉五靈百寶日來月集
會昌之運朕何惑焉凡今而後儆乃在位一王度齊象法權舊章補
缺政存易簡去煩苛思立人極乃見天則於戲天生烝人惟后時能
以美利利天下事天明矣地德載物惟后時相能以厚生生萬人事
地察矣天地明察鬼神著矣惟我藝祖文考精爽在天其曰懿爾幼
孫克享上帝惟帝時若馨香其下丕乃曰有唐氏文武之曾孫隆基
誕錫新命纘我舊業永保天祿子孫其承之余小子敢對揚上帝之
休命則亦與百執事尚綏兆人將多于前功而毖彼後患一夫不獲
萬方其罪予一心有紿上天其知我朕惟寶行三德曰慈儉謙慈者

覆無疆之言儉者崇將來之訓自滿者人損自謙者天益苟如是則
軌迹易循基構易守磨石壁刻金石與後人之聽辭而見心觀末而
知本銘曰維天生人立君以理維君受命奉天爲子代去不留人來
無已德涼者滅道高斯起赫赫高祖明明太宗爰革隋政奄有萬邦
罄天張宇盡地開封武稱有截文表時邕高宗稽古德施周溥茫茫
九夷削平一鼓礼備封禪功齊舜禹巖巖岱宗衛我神主中宗紹運
舊邦惟新恭己南面氤氳化淳告成之礼留諸後人緬余小子重基
五聖匪功伐高匪德矜盛欽若祀典丕承永命至誠動天福我萬姓
古樹太公七十二君或禪亭亭或禪云云其迹不見其名可聞祇遹
文祖光昭舊勳方士虛誕儒書不足佚后求仙誣神檢玉秦災風雨
漢汗編錄德未合天或承之辱道在觀政名非從欲銘心絕巖播告
羣岳於是中書令張說撰封祀壇頌侍中源乾曜撰社首壇頌禮部
尚書蘇頲撰朝覲壇頌以紀德玄宗乙酉歲生以華岳當本命先天
二年七月正位八月癸丑封華岳神爲金天王開元十年因幸東都

又於華岳祠前立碑高五十餘尺又於嶽上置道士觀修功德至天
寶九載又將封禪於華岳命御史大夫王鉷開鑿險路以設壇場會
祠堂災而止

唐書志卷第三

劉昫　等修
聞人詮校刻沈桐同校

禮儀四

武德貞觀之制神祇大享之外每歲立春之日祀青帝於東郊帝宓羲配勾芒歲星三辰七宿從祀立夏祀赤帝於南郊帝神農氏配祝融熒惑三辰七宿從祀季夏土王日祀黃帝於南郊帝軒轅配后土鎮星從祀立秋祀白帝於西郊帝少昊配蓐收太白三辰七宿從祀立冬祀黑帝於北郊帝顓頊配玄冥辰星三辰七宿從祀每郊帝及配座用方色犢各一籩豆各四簠簋各二㽅俎各一勾芒已下五星及三辰七宿每宿及牲用少牢每座籩豆簠簋㽅俎各一孟夏之月龍星見雩五方上帝於雩壇五帝配於壇官從祀於下牲用方色犢十籩豆已下如郊祭之數帝嚳配祭於頓丘唐堯契配祭於平陽虞舜咎繇配祭於河東夏禹伯益配祭於安邑殷湯伊尹配祭於偃師

。周文王太公配祭於酆周武王周公召公配祭於鎬漢高祖蕭何配祭於長陵三年一祭以仲春之月牲皆用太牢祀官以當界州長官有故遣上佐行事五嶽四鎮四海四瀆年別一祭各以五郊迎氣日祭之東嶽岱山祭於兗州東鎮沂山祭於沂州東海於萊州東瀆大淮於唐州南嶽衡山於衡州南鎮會稽於越州南海於廣州南瀆大江於益州中嶽嵩山於洛州西嶽華山於華州西鎮吳山於隴州西海西瀆大河於同州北岳恒山於定州北鎮醫無閭山於營州北海北瀆大濟於洛州其牲皆用太牢籩豆各四祀官以當界都督刺史充仲春仲秋二時戊日祭太社太稷社以勾龍配稷以后稷配社稷各用太牢一牲色並黑籩豆簠簋各二鉶俎各三春分朝日於國城之東秋分夕月於國城之西各用方色犢一籩豆各四簠簋㽅俎各一孟春吉亥祭帝社於籍田天子親耕季春吉巳祭先蠶於公桑皇后親桑並用太牢籩豆各九將蠶日內侍省預奉移所司所事諸祭祀卜日皆先卜上旬不吉次卜中旬下旬筮日亦如之其先蠶一祭節氣若晚即於節氣後取日立春後丑祀風師於國城東北立夏後申祀雨師於國城西南立秋後辰祀靈星於國城東南立冬後亥祀司中司命司人司祿於國城西北各用羊一籩豆各二簠簋各一季冬晦堂贈儺磔牲於宮門及城四門各用雄雞一仲春祭馬祖仲夏祭先牧仲秋祭馬社仲冬祭馬步並於大澤用剛日牲各用羊一籩豆各二簠簋各一季冬藏冰仲春開冰並用黑牡秬黍祭司寒之神於冰室籩豆各二簠簋俎各一其開冰加以桃弧棘矢設於神座季冬寅蜡祭百神於南郊大明夜明用犢二籩豆各四簠簋㽅俎各一神農氏及伊耆氏各用少牢一籩豆各四簠簋㽅俎各一后稷及五方十二次五官五方田畯五嶽四鎮四海四瀆

以下方別各用少牢一當方不熟者則闕之其日祭井泉於川澤之下用羊一卯日祭社稷於社宮辰日臘享於太廟用牲皆準時祭井泉用羊二二十八宿五方之山林川澤五方之丘陵墳衍原隰五方之鱗羽蠃毛介五方之水墉坊郵表畷五方之猫於菟及龍麟朱

。鳥白虎玄武方別各用少牢一各座籩豆簠簋俎各一蜡祭凡一百八十七座當方年穀不登則闕其祀蜡祭之日祭五方井泉於山澤之下用羊一籩豆各二簠簋及俎各一蜡之明日又祭社稷于社宮如春秋二仲之禮顯慶中更定籩豆之數始一例大祀籩豆各十二中祀各十小祀各八京師孟夏以後旱則祈雨審理冤獄賑恤窮乏掩骼埋胔先祈嶽鎮海瀆及諸山川能出雲雨者於北郊望而告之又祈社稷又祈宗廟每七日皆一祈不雨還從嶽瀆後一旬不雨即徙市禁屠殺斷繖扇造土龍雨足則報祀祈用酒醢報準常祀皆有司行事已齊未祈而雨及所經祈者皆報祀若霖雨不已禜京城諸門門別三日每日一禜不止乃祈山川嶽鎮海瀆三日不止祈社稷宗廟其州縣禜城門其界內山川及社稷三禜一祈皆準京式並用酒脯醢國城門報用少牢州縣城門用一特牲太宗貞觀三年正月親祭先農躬御耒耜籍於千畝之甸初晉時南遷後魏來自雲朔中原分裂又雜以獯戎代歷周隋此禮久廢而今始行之觀者莫不駭

躍於是秘書郎岑文本獻籍田頌以美之初議籍田方面所在給事中孔穎達曰禮天子籍田於南郊諸侯於東郊晉武帝猶於東南今於城東置壇不合古禮太宗曰禮緣人情亦何常之有且虞書云平秩東作則是堯舜敬授人時已在東矣又乘青輅推黛耜者所以順於春氣故知合在東方且朕見居少陽之地田於東郊蓋其宜矣於是遂定自後每歲常令有司行事則天時改籍田壇爲先農神龍元年禮部尚書祝欽明與禮官等奏曰謹按經典無先農之文禮記祭法云王自爲立社曰王社先儒以爲社在籍田詩之載芟篇序云春籍田而祈社稷是也永徽年中猶名籍田垂拱已後删定改爲先農與社本是一神頻有改張以惑人聽其先農壇請改爲帝社壇以應禮經王社之義其祭先農然先農改爲帝社壇仍準令用孟春吉亥祠后土以勾龍氏配制從之於是改先農爲帝社壇於壇西立帝稷壇禮同太社太稷其壇不備方色所以異於太社也

睿宗太極元年親祀先農躬耕帝籍禮畢大赦改元玄宗開元二十

○三年冬禮部員外郎王仲丘又上疏請行籍田之禮二十三年二月親祀神農於東郊以勾芒配禮畢躬御耒耜于千畝之甸時有司進儀注天子三推公卿九推庶人終畝玄宗欲重勸耕籍遂進耕五十餘步盡壠乃止禮畢輦還齋宮大赦侍耕執牛官皆等級賜帛絃開元二十六年又親往東郊迎氣祀青帝以勾芒配歲星及三辰七宿從祀其壇本在春明門外玄宗以祀所隘狹始移於滻水之東面而位望春宮其壇一成壇上及四面皆青色勾芒壇在東南歲星已下各爲一小壇在青帝壇之北親祀之時有瑞雪壇下侍臣及百寮拜賀稱慶肅宗乾元三年春正月丁丑將有事於九宮之神兼行籍田禮自明鳳門出至通化門釋軷而入壇行宿齋於宮戊寅禮畢將耕籍先至於先農之壇因閱耒耜有彫刻文飾謂左右曰田器農人執之在於朴素豈文飾乎乃命徹之下詔曰古之帝王臨御天下莫不務農敦本保儉爲先蓋用勤身率下也屬東耕啓候爰事典章況紲轅縲軏固前王有制崇奢尚靡諒爲政所疵靖言思之良用歎息豈朕法堯舜重茅茨之意耶其所造彫飾者宜停仍令有司依農用常式即別改造庶萬方黎庶知朕意焉翌日己卯致祭神農氏以后稷配享肅宗冕而朱紘躬秉耒耜而九推焉禮官奏陛下合三推今過禮肅宗曰朕以身率下自當過之恨不能終於千畝耳既而佇立久之觀公卿諸侯王公已下耕畢太宗貞觀十四年春正月庚子命有司讀春令詔百官之長升太極殿列坐而聽之開元二十六年玄宗命太常卿韋縚每月進月令一篇是後每孟月視日玄宗御宣政殿側置一榻東面置案命韋縚坐而讀之諸司官長亦升殿列座而聽焉歲餘罷之乾元元年十二月丙寅立春肅宗御宣政殿命太常卿于休烈讀春令常參官五品已下正員並升殿預坐而聽之舊儀嶽瀆已下祝版御署訖北面再拜證聖元年有司上言曰伏以天子父天而母地兄日而姊月於禮應敬故有再拜之儀謹按五嶽視公四瀆視諸侯天子無拜公侯之禮臣愚以爲失尊卑之序其日月已下請依舊儀五嶽已下署而不拜制可從之貞觀之禮無祭先代帝王

○之文顯慶二年六月禮部尚書許敬宗等奏曰請案禮記祭法云聖王之制祀也法施於人則祀之以死勤事則祀之以勞定國則祀之能禦大災則祀之能捍大患則祀之又堯舜禹湯文武有功烈於人及日月星辰人所瞻仰非此族也不在祀典準此帝王合與日月同例常加祭享義在報功爰及隋代並遵斯典漢高祖祭法無文但以前代迄今多行秦漢故事始皇無道所以棄之漢祖典章法垂於後自隋已下亦在祠例伏惟大唐稽古垂化網羅前典唯此一禮咸秩未申今請聿遵故事三年一祭以仲春之月祭唐堯于平陽以契配祭虞舜于河東以咎繇配祭夏禹于安邑以伯益配祭殷湯于偃師以伊尹配祭周文王于酆以太公配祭武王於鎬以周公召公配祭漢高祖于長陵以蕭何配玄宗開元二十二年正月詔曰古聖帝明王嶽瀆海鎮用牲牢餘並以酒脯充奠祀二十三年正月詔自今已後明衣絹布並祀前五日預給丁酉詔自今已後有大祭宜差丞相特進開府少保少傅尚書御史大夫攝行事天寶六載正月詔三

皇五帝於京城置令丞七載五月詔三皇已前帝王宜於京城共置廟官歷代帝王肇跡之處德業可稱者忠臣義士孝婦烈女所在亦置一祠宇晉陽眞人等並追贈得道昇仙處度道士求修香火九載九月處士崔昌上大唐五行應運曆以王者五十代而一千年請國家承周漢以周隋爲閏十一月勅唐承漢後其周武王漢高祖同置一廟并官吏十二載九月以魏周隋依舊爲二王後封韓公介酅公等依舊五廟天寶六載正月詔大祭祀騂犢量減其數肅宗上元元年閏四月改元制以歲儉停中小祠享祭至其年仲秋復祠文宣於太學永泰二年春夏累月亢旱詔大臣裴冕等十餘人分祭川瀆以祈雨禮儀使右常侍于休烈請依舊祠風伯雨師於國門舊壇復爲中祠從之高祖武德二年國子立周公孔子廟七年二月巳酉詔諸州有明一經已上未被升擢者本屬舉送具以名聞有司試策皆加叙用其吏民子弟有識性明敏志希學藝亦具名申送量其差品並即配學州縣及鄉並令置學丁酉幸國子學親臨釋奠引道士沙門

有學業者與博士雜相駁難久之及罷貞觀十六年三月丁丑太宗幸國子學親觀釋奠祭酒孔頴達講孝經太宗問頴達曰夫子門人曾閔俱稱大孝而今獨爲曾說不爲閔說何耶對曰曾孝而全獨爲曾能達也制旨駁之曰朕聞家語云曾晳使曾參鋤瓜而誤斷其本晳怒援大杖以擊其背手仆地絕而復蘇孔子聞之告門人曰參來勿內既而曾子請焉孔子曰舜之事父母也使之常在側欲殺之乃不得小箠則受大杖則走今參於父委身以待暴怒陷父於不義不孝莫大焉由斯而言孰愈於閔子騫也頴達不能對太宗又謂侍臣諸儒各生異意皆非聖人論孝之本旨也孝者善事父母自家刑國忠於其君戰陳勇朋友信揚名顯親此之謂孝具在經典而論者多離其文迴出事外以此爲教勞而非法何謂孝之道耶二十一年詔曰左丘明卜子夏公羊高穀梁赤伏勝高堂生戴聖毛萇孔安國劉向鄭衆杜子春馬融盧植鄭玄服虔何休王肅王弼杜預范甯賈逵揔二十二座春秋二仲行釋奠之禮初以儒官自爲祭主直云博士

姓名昭告于先聖又州縣釋奠亦以博士爲主敬宗等又奏曰按禮記文王世子凡學官春釋奠於其先師鄭注云官謂詩書禮樂之官也彼謂四時之學將習其道故儒官釋奠各於其師既非國學行禮所以不及先聖至於春秋二時合樂之日則天子視學命有司典秩即揔祭先聖先師焉秦漢釋奠無文可檢至於魏武則使太常行事自晉宋已降時有親行而學官主祭全無典實且名稱國學樂用軒懸罇俎威儀並皆官備在於臣下理不合專況凡在小神猶皆遣使行禮釋奠既準中祀據理必須稟命今請國學釋奠令國子祭酒爲初獻祝辭稱皇帝謹遣仍令司業爲亞獻國子博士爲終獻其州學刺史爲初獻上佐爲亞獻博士爲終獻縣學令爲初獻丞爲亞獻博士既無品秩請主簿及尉通爲終獻若有闕並以次差攝州縣釋奠既請各刺史縣令親獻主祭望準祭社同給明衣修附禮令以爲永則高宗顯慶二年七月禮部尚書許敬宗等議依今周公爲先聖孔子爲先師又禮記云始立學釋奠於先聖鄭玄注云若周公孔子也且

周公踐極功比帝王請配成王以孔子爲先聖二年癈書筭律學龍朔二年正月東都置國子監丞主簿録事各一員四門助敎博士四門生三百員四門俊士二百員二月復置律及書筭學三年以書隷蘭臺筭隷秘閣局律隷詳刑寺乾封元年正月高宗東封還次鄒縣頻祭宣父贈太師總章元年二月皇太子弘幸國學釋奠贈顔回太子少師曾參太子少保儀鳳三年五月詔自今已後道德經並爲上經貢舉人皆須兼通其餘經及論語任依常式則天天授三年追封周公爲褒德王孔子爲隆道公則天長壽二年自製臣軌兩卷令貢舉人爲業停老子神龍元年停臣軌復習老子以鄒魯百戶封隆道公謚曰文宣睿宗景雲二年八月丁巳皇太子釋奠于太學太極元年正月詔孔宣父祠廟令本州修飾取側近三十戶以供灑掃開元七年十月戊寅皇太子詣國學行齒胄之禮開元十一年春秋二時釋奠諸州宜依舊用牲牢其屬縣用酒脯而已十九年正月春秋二時社及釋奠天下州縣等停牲牢唯用酒脯永爲常式二十四年三

月始稱貢舉遣禮部侍郎姚奕請進士帖左傳禮記通五及第二十五年三月勅明經自今已後帖十通五已上口問大義十條取通六已上仍答時務策三道取粗有文理者及第進士停帖小經宜準明經例試大經帖十通四然後試雜文及策訖封所試雜文及策送中書門下詳覆二十六年正月勅諸州鄉貢見訖令引就國子監謁先師學官為之開講質問疑義有司設食弘文崇文兩館學生及監內得舉人亦聽預焉其日祀先聖已下如釋奠之禮青宮五品已下及朝集使就監觀禮遂為常式每年行之至今初開元八年國子司業李元瓘奏稱先聖孔宣父廟先師顔子配座今其像立侍配享合坐十哲弟子雖復列像廟堂不預享祀謹檢祠令何休范甯等二十賢猶霑從祀望請春秋釋奠列享在二十賢之上七十子請準舊都監堂圖形于壁兼為立贊庶敦勸儒風光崇聖烈曾參等道業可崇獨受經於夫子望準二十二賢預饗勅改顔生等十哲為坐像悉預從祀曾參大孝德冠同列特為塑像坐於十哲之次圖畫七十子及二

十二賢於廟壁上以顔子亞聖上親為之贊以書于石閔損已下令當朝文士分為之贊二十七年八月又下制曰弘我王化在乎儒術孰能發揮此道啓迪含靈則生人已來未有如夫子者也所謂自天攸縱將聖多能德配乾坤身揭日月故能立天下之大本成天下之大經美政教移風俗君君臣臣父父子子人到于今受其賜不其猗歟嗚戲楚王莫封魯公不用俾夫大聖纔列陪臣棲遲旅人固可知矣年祀寖遠光靈益彰雖代有褒稱而未為崇峻不副於實人其謂何朕以薄德祇膺寶命思闡文明廣被華夏時則異於今古情每重於師資既行其教合旌厥德爰申盛禮載表徽猷夫子既稱先聖可追謚為文宣王宜令三公持節冊命應緣冊及祭所司速擇日并撰儀注進其文宣陵并舊宅立廟量加人灑掃用展誠敬其後嗣可謂文宣公至如辨方正位著自禮經苟非得所何以示則昔緣周公南面夫子西坐今位既有殊坐宜如舊宜補其墜典永作成式自今已後兩京國子監夫子皆南面而坐十哲等東西列侍天下諸州亦准此且門人三千見稱十哲包夫衆美實越等夷暢玄聖之風規發人倫之耳目並宜褒贈以寵賢明顔子淵既云亞聖須優其秩可贈兖公閔子騫可贈費侯冉伯牛可贈鄆侯冉仲弓可贈薛侯冉子有可贈徐侯仲子路可贈衛侯宰子我可贈齊侯端木子貢可贈黎侯言子游可贈吳侯卜子夏可贈魏侯又夫子格言參也稱魯雖居七十之數不載四科之目頃雖異於十哲終或殊於等倫允稽先言俾循舊位庶乎禮得其序人焉式瞻宗洙泗之丕烈重膠庠之雅範又贈曾參顓孫師等六十七人皆為伯於是正宣父坐於南面內出王者袞冕之服以衣之遣尚書左丞相裴耀卿就國子廟冊贈文宣王冊畢所司奠祭亦如釋奠之儀公卿已下預觀禮又遣太子少保崔琳就東都廟以行冊禮自是始用宮懸之樂春秋二仲上令三公攝行事天寶元年明經進士習爾雅九載七月國子監置廣文館知進士業博士助教各一人秩同太學十二載七月詔天下舉人不得充鄉貢皆補學生四門俊士停寶應二年六月勅令州縣每歲察秀才孝廉

取鄉閭有孝悌廉恥之行薦焉委有司禮待之試其所通之學五經之內精通一經兼能對策達於理體者並量行業授官其明經進士並停國子學道舉亦宜準此因楊綰之請也詔下朝臣集議中書舍人賈至議請依綰奏有司奏曰竊以今年舉人等或舊業既成理難速改或遠州所送身已在途事須收獎其今秋舉人中有情願舊業舉試者亦聽明年已後一依新勅後綰議竟不行自至德後兵革未息國學生不能廩食生徒盡散堂墉頹壞常借兵健居止至永泰二年正月國子祭酒蕭昕上言崇儒尚學以正風教乃王化之本也其月二十九日勅曰理道同歸師氏為上化人成俗必務於學俊造之士皆從此徒國之貴遊罔不受業修文行忠信之教崇祗庸孝友之德盡其師道乃謂成人兼復揚于王廷考以政事徵之以禮任之以官寘于周行莫匪邦彥樂得賢也其在茲乎朕志求理體尤重儒術先王大教敢不底行頃以戎狄多難急於經略太學空設諸生蓋寡絃誦之地寂寥無聲函丈之間殆將不掃上庠及此甚用憫焉今寓

祭□宰文武兼備方投戈而講藝偃釋菜而行禮四科咸進六藝復
興神人以和風化寖美日用此道將無間然其諸道節度觀察都防
禦使等朕之腹心久鎮方面眷其子弟各奉義方修德立身事資括
羽恐干戈之後學校尚微僻居遠方無所諮稟山東寡學質疑必就
於馬融關西盛名尊儒乃稱楊震負經來學當集京師并宰相朝官
及神策六軍軍將子弟欲習業者自今已後並令補國子生欲其業重
籯金器成琢玉日新厥德代不乏賢其中身雖有官欲附學讀書者
亦聽其學官委中書門下即簡擇行業堪爲師範者充學生員數多
少所集經業考試等第并所供糧料及學館破壞要量事修理各委
本司作條件聞奏務須詳悉稱朕意焉及二月朔上丁釋奠蕭昕又
奏諸宰相元載杜鴻漸李抱玉及常參官六軍將就國子學聽講論
賜錢五百貫令京兆尹黎幹造食集諸儒道僧質問竟日此禮久廢
一朝能舉八月國子學成祠堂論堂六館院及官吏所居廳宇用錢
四萬貫拆曲江亭子瓦木助之四日釋奠宰相常參官軍將盡會於

講堂京兆府置食講論軍容使魚朝恩說易又於論堂畫周易鏡圖
自至德二年收兩京唯元正含元殿受朝賀設宮懸之樂雖郊廟大
祭祇有登歌樂亦無文武二舞其時軍容使魚朝恩知監事廟庭乃
具宮懸之樂於講堂前又有教坊樂府雜伎竟日而罷二十五日詔
曰古者設官分土所以崇德報功惣內署之綱事密於清禁弘上庠
之教德潤於鴻業賦開千乘禮厚九賓必資兼濟之能用協至公之
選開府儀同三司兼右監門衛大將軍仍知觀軍容宣慰處置使知
內侍省事內飛龍閑廄使內弓箭庫使知神策軍兵馬使上柱國馮
翊郡開國公魚朝恩溫良恭儉寬柔簡廉長才博達敏識高妙學究
儒玄之秘謀窮遁甲之精百行資身一心奉上自王室多故雲雷經
始五原之北弘先啓行三河之表爰整其旅成師必勝每合於韜鈐
料敵無遺可徵於蓍蔡關洛既定幽燕復開海外有截厥功惟茂歷
事三聖始終竭力頃東都晝蹕釋位勤王時當綴旒節見披棘下江
勛我甲令先書社稷之衛邦家是賴及邊陲罷警戎務解嚴方獎勵

於易象才兼文武所謂勳賢亦既任能斯焉命賞宜膺朝典式副公
議可行內侍監判國子監事充鴻臚禮賓等使封鄭國公食邑三千
戶二十四日於國子監上詔宰相及中書門下官諸司常參官六軍
軍將送上京兆府造食　內教坊音樂竿木渾脫羅列於論
堂前朝恩辭以中官不合知南衙曹務宰相僕射大夫皆勸之朝恩
固辭乃奏之宰相引就食奏樂中使送酒及茶菓賜充宴樂竟日而
罷元載奏狀又使中使宣勑云朝恩既辭不止但任知學生糧料是
日宰相軍將已下子弟三百餘人皆衣紫衣充學生房設食於廊下
貸錢一萬貫五分收錢以供監官學生之費俄又請靑苗頭取一百
文資課以供費同舊例兩京國子監生二千餘人弘文館崇文館崇
玄館學生皆廩飼之十五載上都失守此事廢絕乾元元年以兵革
未息又詔罷州縣學生以俟豐歲
則天垂拱五年四月雍州永安人唐同泰僞造瑞石於洛水獻之其
文曰聖母臨人永昌帝業於是號其石爲寶圖賜百官宴樂賜物有

差授同泰爲游擊將軍其年五月下制欲親拜洛受寶圖先有事於
南郊告謝昊天上帝令諸州都督刺史并諸親並以拜洛前十日集
神都於是則天加尊號爲聖母神皇大赦天下改寶圖爲天授聖圖
洛水爲永昌封其神爲顯聖侯加特進禁漁釣祭享齊於四瀆所出
處號曰聖圖泉於泉側置永昌縣又以嵩山與洛水接近因改嵩山
爲神嶽授太師使持節神嶽大都督天中王禁斷芻牧其天中王及
顯聖侯並爲置廟又先於汜水得瑞石因改汜水縣爲廣武縣至其
年十二月則天親拜洛受圖爲壇於洛水之北中橋之左皇太子皆
從內外文武百寮蠻夷酋長各依方位而立珍禽奇獸並列於壇前
文物鹵簿自有唐已來未有如此之盛者也禮畢即日還宮神都父
老勒碑於拜洛壇前號曰天授聖圖之表開元五年左補闕盧履冰
上言曰則天皇后拜洛受圖壇及碑文云垂拱五年唐同泰得石文
云聖母臨人永昌帝業之所建因改元爲永昌仍置永昌縣縣既尋
廢同泰亦已貶官唯碑壇獨立準天樞頌臺之例不可更留始令所

司毀之其顯聖侯廟亦兼毀拆

開元二十年正月巳丑詔兩京及諸州各置玄元皇帝廟一所并置崇玄學其生徒令習道德經及莊子列子文子等每年準明經例舉送至閏四月玄宗夢京師城南山趾有天尊之像求得之於盩厔樓觀之側至天寶元年正月癸丑陳王府參軍田同秀稱於京永昌街空中見玄元皇帝以天下太平聖壽無疆之言傳於玄宗仍云桃林縣故關令尹喜宅傍有靈寶符發使求之十七日獻於含元殿於是置玄元廟於太寧坊東都於積善坊舊邸二月丁亥御含元殿加尊號爲開元天寶聖文神武皇帝辛卯親祔玄元廟丙申詔史記古今人表玄元皇帝昇入上聖莊子號南華真人文子號通玄真人列子號沖虛真人庚桑子號洞虛真人改莊子爲南華真經文子爲通玄真經列子爲沖虛真經庚桑子爲洞虛真經亳州真源縣先天太后及玄元廟各置令一人兩京崇玄學各置博士助教又置學生一百員桃林縣改爲靈寶縣田同秀與五品官四月詔崇文習道德經七月隴西李氏燉煌

○姑臧絳郡武陽四房隸於宗正寺九月兩京玄元廟改爲太上玄元廟天下準此十月改新豐驪山爲會昌山仍於秦坑儒之所立祠宇新作長生殿改爲集靈臺二年正月丙辰加玄元皇帝尊號大聖祖三字崇玄學改爲崇玄館博士爲學士助教爲直學士更置大學士員三月壬子親謁玄元宮聖祖母益壽氏號先天太后仍於譙郡置廟尊皋繇爲德明皇帝涼武昭王爲興聖皇帝西京玄元廟爲太清宮東京爲太微宮天下諸　州爲紫極宮九月譙郡紫極宮宜準西京爲太清宮先天太皇及太后廟亦並改爲宮三載三月兩京及天下諸郡於開元觀開元寺以金銅鑄玄宗等身天尊及佛各一軀七載二月於大同殿修功德處玉芝兩莖生於柱礎上五月玄宗御興慶殿授冊尊號曰開元天寶聖文神武應道皇帝十二月以玄元皇帝見於朝元閣改爲降聖閣改會昌縣爲昭應縣改會昌山爲昭應山封昭應山神爲玄德公立祠宇初太清宮成命工人於太白山採白石爲玄元聖容又採白石爲玄宗聖容侍立於玄元之右皆依王

者袞冕之服繒綵珠玉爲之又於像設東刻白石爲李林甫陳希烈之形及林甫犯事又刻石爲楊國忠之形而瘞林甫之石及希烈國忠敗盡毀瘞之八載六月玉芝産於大同殿先是太白山人李渾稱於金星洞仙人見語老人云有玉版石記符聖上長生久視令御史中丞王鉷入山洞求而得之閏六月四日玄宗朝太清宮加聖祖玄元皇帝尊號曰聖祖大道玄元皇帝高祖太宗高宗中宗睿宗尊號並加大聖字皇后並加順聖字五日玄宗御含元殿加尊號曰開元天　寶聖文神武應道皇帝大赦自今已後每至禘祫並於太清宮聖祖前設位序太白山封神應公金星洞改嘉祥洞所管華陽縣改爲眞符縣兩京及十道一大郡置眞符玉芝觀九載十月先是御史大夫王鉷奏稱太白山人王玄翼見玄元皇帝於寶仙洞中乃遣王鉷張鈞王倕崔濟王翼王嶽靈於洞中得玉石函上清護國經寶券紀籙等獻之十一月制承前宗廟皆稱告享自今已後每親告獻太清太微宮改爲朝獻有司行事爲薦獻親告享宗廟改爲朝獻有

○司行事爲薦享親巡陵改爲朝陵有司行事爲拜陵應諸事告宗廟者並改爲表其郊天后土及享祠祝文云敢昭告者並改爲敢昭薦十載正月有事于南郊於壇所大赦自今已後攝祭南郊薦獻太清宮薦享太廟其太尉行事前一日於致齋具羽儀鹵簿公服引入親授祝版乃赴清齋所汾陰后土之祀自漢武帝後廢而不行玄宗開元十年將自東都北巡幸太原便還京乃下制曰王者承事天地以爲主郊享泰尊以通神蓋燔柴泰壇定天位也瘞埋泰折就陰位也將以昭報靈祇克崇嚴配爰逮秦漢稽諸祀典立甘泉於雍畤定后土於汾陰遺廟巋然靈光可燭朕觀風唐晉望秩山川肅恭明神因致禋敬將欲爲人求福以輔昇平今此神符應於嘉德行幸至汾陰宜以來年二月十六日祠后土所司準式先是脽上有后土祠嘗爲婦人塑像則天時移河西梁山神塑像就祠中配焉至是有司送梁山神像於祠外之別室內出錦繡衣服以上后土之神乃更加裝飾焉又於祠堂院外設壇如皇地祇之制及所司起作獲寶鼎三枚以

獻十一年二月上親祠于壇上亦如方丘儀礼畢詔改汾陰為寶鼎
亞獻邠王守礼終獻寧王憲已下頒賜各有差二十年車駕又從東
都幸太原還京中書令蕭嵩上言去十一年親祠后土為祈穀自是
神明昭格累年豐登有祈必報礼之大者且漢武親祠脽上前後數
四伏請準舊祀后土行賽之礼上從之其年十一月至寶鼎又親祠
以申賽謝礼畢大赦仍令所司刊石祠所上自為其文開元二十四
年七月乙巳初置壽星壇祭老人星及角亢等七宿天寶三年有術
士蘇嘉慶上言請於京東朝日壇東置九宮貴神壇其壇三成成三
尺四階其上依位置九壇壇尺五寸東面曰招搖正東曰軒轅東北
曰太陰正南曰天一中央曰天符正北曰太一西南曰攝提正西曰
咸池西北曰青龍五為中戴九履一左三右七二四為上六八為下
符於遁甲四孟月祭尊為九宮貴神礼次昊天上帝而在太清宮太
廟上用牲牢璧幣類于天地神祇玄宗親祀之如有司行事即宰相
為之肅宗乾元三年正月又親祀之初九宮神位四時改位呼為飛位

乾元之後不易位太和二年八月監察御史舒元輿奏七月十八日
祀九宮貴神臣次合監祭職當檢察礼物伏見祝版九片臣伏讀既
竟竊見陛下親署御名及稱臣於九宮之神臣伏以天子之尊除祭
天地宗廟之外無合稱臣者王者父天母地兄日姊月比以九宮為
目是宜分方而守其位臣又觀其名號及太一天一招搖軒轅咸池
青龍太陰天符攝提也此九神於天地猶子男也於日月猶侯伯也
陛下尊為天子豈可反臣於天之子男耶臣竊以為過縱陰陽者流
言其合祀則陛下當合稱皇帝遣其官致祭于九宮之神不宜稱臣
與名臣實愚瞽不知其可伏緣行事在明日鷄初鳴時成命已行臣
不敢滯伏乞聖慈異日降明詔礼官詳議輿明萬乘之尊無所虧降
悠久悞典因此可正詔都省議皆如元輿之議乃降為中祠祝版稱
皇帝不署
會昌元年十二月中書門下奏準天寶三年十月六日勅九宮貴神
實司水旱功佐上帝德庇下人冀嘉穀歲登災害不作每至四時初

節令中書門下往攝祭者準礼九宮次昊天上帝壇在太清宮太廟
上用牲牢璧幣類於天地天寶三載十二月玄宗親祠乾元二年正
月肅宗親祀伏自累年已來水旱愆候恐是有司禱請誠敬稍虧今
屬孟春合修祀典望至明年正月祭日差宰臣一人禱請向後四時祭
並請差僕射少師少保尚書太常卿等官所冀稍重其事以申嚴敬
臣等十一月二十五日已於延英面奏伏奉聖旨令檢儀注進來者今
欲祭時伏望令有司崇飾舊壇務於嚴潔勅旨依奏二年正月四日
太常礼院奏準監察御史關牒今月十三日祀九宮貴神已勅宰相
崔珙攝太尉行事合受誓誡及有司徒司空否伏以前件祭本稱大
祠準太和三年七月二十四日勅降為中祠昨據勅文祇稱崇飾舊
壇務於嚴潔不令別進儀注更有改移伏恐不合却用大祠礼料伏
候裁旨中書門下奏曰臣準天寶三年十月六日勅九宮貴神實司
水旱臣等伏覩既經兩朝親祠必是祈請有徵況自太和已來水旱
愆候陛下常憂稼穡每念烝黎臣等合副聖心以修墜典伏見太和

三年礼官狀云縱司水旱兵荒品秩不過列宿今者五星悉是從祀
日月猶在中祀竊詳其意以星辰不合比於天官曾不知統而言之
則為天地在於辰象自有尊卑謹按後魏王鈞志北辰第二星盛而常
明者 元星露寢太帝常居始由[illegible]變通之迹又天皇大帝其精
曜魄寶吞萬神之秘圖河海之命紀皆稟焉據玄說即昊天上帝也
天一掌八氣九精之政令以佐天極徵明而有常則陰陽序大運興
太一掌十有六神之法度以輔人極徵明而得中則神人和而王道
昇平又北斗有權衡二星天一太一參居其間所以財成天地輔相
神道也若一槩以列宿論之實為淺近按漢書曰天神貴者太一佐
曰五帝古者天子以春秋祭太一列於祀典其來久矣今五帝猶為
大祀則太一無宜降祀稍重其祀固為得所劉向有言曰祖宗所立
神祇舊典誠未易動又曰古今異制經無明文至尊至重難以疑說
正其意不欲非祖宗舊典 以劉向之博通尚難於改作況臣等學
不究於天人識尤懵於祀典欲為參酌恐未得中伏望更令太常卿

與學官同評定庶獲明據從之檢校左僕射太常卿王起廣文博士盧就等獻議曰伏以九宮貴神位列星座往因致福詔立祠壇降至尊以稱臣就東郊以親拜在祀典雖云過禮庇群生豈患無文恩福黔黎特申嚴奉誠聖人屈己以安天下之心也厥後祝史不明精誠亦怠禮官建議降處中祠今聖德憂勤期臻壽域兵荒水旱寤寐軫懷爰命台臣緝興墜典伏惟九宮所稱之神即太一攝提軒轅招搖天符青龍咸池太陰天一者也謹按黃帝九宮經及蕭嵩五行大義一宮其神太一其星天蓬其卦坎其行水其方白二宮其神攝提其星天內其卦坤其行土其方黑三宮其神軒轅其星天衝其卦震其行木其方碧四宮其神招搖其星天輔其卦巽其行木其方綠五宮其神天符其星天禽其卦離其行土其方黃六宮其神青龍其星天心其卦乾其行金其方白七宮其神咸池其星天柱其卦兌其行金其方赤八宮其神太陰其星天任其卦艮其行土其方白九宮其神天一其星天英其卦離其行火其方紫觀其統八卦運　五行土飛

○於中數轉於極雖數事迎釐不闕經見而範圍亭育有助昌時以此兩朝親祀而臻百祥也然以萬物之精上爲列星星之運行必繫於物貴而居者則必統八氣總萬神幹權化於混茫賦品彙於陰騭與天地日月誠相參也豈得緊賴於敷祐而屈降於等夷又據太尉攝祀九宮貴神舊儀前七日受誓誡於尚書省散齋四日致齋三日牲用犢祝版御署稱嗣天子臣圭幣樂成比類中祠則無等級今據江都集禮又開元禮蜡祭之日大明夜明二座及朝日夕月皇帝致祝皆率稱臣若以爲非泰壇配祀之時得主日報天之義卑緣猒屈尊用德伸不以著在中祠取類常祀此則中祠用大祠之義也又據太社太稷開元之制列在中祠天寶三載二月十四日敕改爲大祠自後因循復用前禮長慶三年正月禮官獻議始準前敕稱爲大祠唯御署祝文稱天子謹遣某官某昭告文義以爲殖物粒人則宜增秩致祝稱禱有異方丘不以伸爲大祠遂屈尊稱此又大祠用中祠之禮也參之日月既如彼考之社稷又如此所謂功鉅者因之以殊禮位稱者不敢易其文是前聖後儒陟降之明徵也今九宮貴神既司水旱降福禳災人將賴之追舉舊章誠爲得禮然以立祠非古宅位有方分職既異其司存致祝必參乎等列求之折中宜有變通稍重之儀有以爲比伏請自今已後却用大祠之禮誓官備物無有降差唯御署祝文以社稷爲本伏緣已稱臣於天帝無二尊故也敕旨依之付所司

天寶十載四月二十九日移黃帝壇於子城內坤地將親祠祭壇成而止玄宗先天二年封華嶽神爲金天王開元十三年封泰山神爲天齊王天寶五載封中嶽神爲中天王南嶽神爲司天王北嶽神爲安天王六載河瀆封靈源公濟瀆封清源公江瀆封廣源公淮瀆封長源公十載正月四海並封爲王遣國子祭酒嗣吳王祇祭東嶽天齊王太子家令嗣魯王宇祭南嶽司天王秘書監崔秀祭中嶽中天王國子祭酒班景倩祭西嶽金天王宗正少卿李成裕祭北嶽安天王衛尉少卿李澣祭江瀆廣源公京兆少尹章恒祭河瀆靈源公太

○子諭德柳偡祭淮瀆長源公河南少尹豆盧回祭濟瀆清源公太子率更令嗣道王鍊祭沂山東安公吳郡太守趙居貞祭會稽山永興公大理少卿李稹祭吳嶽山成德公潁王府長史甘守默祭霍山應聖公范陽司馬畢炕祭醫無閭山廣寧公太子中允李隨祭東海廣德王義王府長史張九章祭南海廣利王太子中允柳奕祭西海廣潤王太子洗馬李齊榮祭北海廣澤王取三月十七日一時禮冊玄宗御極多年尚長生輕舉之術於大同殿立真仙之像每中夜夙興焚香頂禮天下名山令道士中官合鍊醮祭相繼於路投龍奠玉造精舍採藥餌真訣仙蹤滋於歲月肅宗至德二年春在鳳翔改汧陽郡吳山爲西嶽增秩以祈靈助及上元年聖躬不康術士請改吳山爲華山華山爲泰山華州爲泰州華陽縣爲太陰縣寶應元年復舊則天長安三年令天下諸州宜教人武藝每年準明經進貢例申奏開元十九年於兩京置太公尚父廟一所以漢留侯張良配饗天寶六載詔諸州武舉人上省先謁太公廟拜將帥亦告太公廟至肅宗

上元二年閏四月又尊爲武成王選歷代良將爲十哲高宗顯慶元年三月辛巳皇后武氏有事於先蠶玄宗天寶二年三月辛卯皇后王氏祀先蠶肅宗乾元二年三月己巳皇后張氏祠先蠶於苑内内外命婦同採焉舊儀大祭祀宮懸軒懸奏於庭登歌於堂上自至德二年剋復兩京後樂工不備時又艱食諸壇廟祭享空有登歌無壇下庭中樂及二舞舊儀凡祭享有司行事則太尉奠瓚幣司徒捧俎司空掃除太尉初獻太常卿亞獻光祿卿終獻自上元後南郊九宮祥壇太廟備此五官餘即太常卿攝司空光祿卿攝司徒貴省於事舊儀有協律郎立於阼階上麾竿以節樂今無協律之位舊儀光祿欲爲祭饌將陽燧盟日取火謂之明火太牢皆棧飼於廩犧者以至充腯臨祭視其充瘦謂之省牲肅宗上元二年九月改元爲元年詔圓丘方澤依恒存一太牢皇廟諸祠臨時獻熟今昊天上帝太廟一牢羊豕各三餘祭盡隨事辦供以備禮明火棧飼之禮亦不暇矣

唐書志卷第四

唐書志卷第五

劉 昫 等修
聞人詮校刻沈桐同校

禮儀五

唐禮四時各以孟月享太廟每室用太牢季冬蜡祭之後以辰日臘享於太廟用牲如時祭三年一祫以孟冬五年一禘以孟夏又時享之日修七祀於太廟西門内之道南司命戶以春竈以夏門厲以秋行以冬中霤則於季夏迎氣日祀之若品物時新堪進御者所司先送太常與尚食相知簡擇精好者以滋味與新物相宜者配之太常卿奉薦於太廟不出神主仲春薦氷亦如之

武德元年五月備法駕迎宣簡公懿王景皇帝元皇帝神主祔於太廟始享四室貞觀九年高祖崩將行遷祔之禮太宗命有司詳議廟制諫議大夫朱子奢建議曰按漢丞相韋玄成奏立五廟諸侯亦同五劉子駿議開七祖邦君降二鄭司農踵玄成之轍王子雍揚國師之

波分塗並驅各相師祖咸翫其所習好同惡異遂令歷代祧祀多少參差優劣去取曾無畫一傳稱名位不同禮亦異數易云卑高以陳貴賤位矣豈非别嫌疑慎微遠防陵僭尊君卑佐升降無舛所貴禮者義在茲乎若使天子諸侯俱立五廟便是賤所以可貴臣可以濫主名器無準冠屨同歸禮亦異數義將安設戴記又稱禮有以多為貴者天子七廟諸侯五廟若天子五廟纔與子男相埒以多為貴何所表乎愚以為諸侯立高祖以下并太祖五廟一國之貴也天子立高祖以上并太祖七廟四海之尊也降殺以兩禮之正焉前史所謂德厚者流光德薄者流卑此其義也伏惟聖祖在天山陵有日祔祖嚴配大事在斯宜依七廟用崇大禮若親盡之外有王業之所基者如殷之玄王周之后稷尊為始祖儻無其例請三昭三穆各置神主太祖一室考而虛位將待七百之祚遞遷方處庶上依晉宋傍慨人情於是八座奏曰臣聞揖讓受終之后革命創制之君何嘗不崇親親之義篤尊尊之道虔奉祖宗致敬郊廟自義乖闕里學滅秦庭儒雅

既喪經籍湮殄雖兩漢纂修絕業魏晉敦尚斯文而宗廟制度典章
散逸習所傳而競偏說執淺見而起異端自昔迄茲多歷年代語其
大畧兩家而已祖鄭玄者則陳四廟之制述王肅者則引七廟之文
貴賤混而莫辯是非紛而不定陛下至德自然孝思罔極孺慕踰匹
夫之志制作窮聖人之道誠宜定一代之宏規為萬世之彝則臣奉
述睿旨討論往載紀七廟者寔多稱四祖者蓋寡校其得失昭然可
見春秋穀梁傳及禮記王制祭法禮器孔子家語並云天子七廟諸
侯五廟大夫三廟士二廟尚書曰七世之廟可以觀德至於孫卿孔
安國劉歆班彪父子孔晁虞喜干寶之徒或學推碩儒或才稱博物
商較今古咸以為然故其文曰天子三昭三穆與太祖之廟而七晉
宋齊梁皆依斯義立親廟六豈非有國之茂典不刊之休烈乎若使
違群經之明文從累代之疑議背子雍之篤論尊康成之舊學則天子
之禮下偪於人臣諸侯之制上僭於王者非所謂尊卑有序名位不
同者也況復禮由人情自非天墜大孝莫重於尊親厚本莫先於嚴

○配數盡四廟非貴多之道祀逮七世得加隆之心是知德厚者流光
乃可久之高義德薄者流卑寔不易之令範臣等叅議請依晉宋故
事立親廟六其祖宗之制式遵舊典庶承宗之道興於理定之辰尊
祖之義成於孝治之日制從之於是增修太廟始崇祔弘農府君及
高祖神主并舊四室為六室二十三年太宗崩將行崇祔之禮禮部
尚書許敬宗奏言弘農府君廟應迭毀謹按舊儀漢丞相韋玄成以
為毀主瘞埋但萬國宗饗有所從來一旦瘞埋事不允愜晉博士范
宣意欲别立廟宇奉征西等主安置其中方之瘞埋頗叶情理事無
典故亦未足依又議者或言毀主藏於天府祥瑞所藏本非斯意今謹
準量去祧之外猶有壇墠祈禱所及竊謂合宜今時廟制與古不同
共基别室西方為首若在西夾之中仍處尊位祈禱則祭未絕祇享
方諸舊儀情實可知弘農府君廟遠親殺詳據舊章禮合迭毀臣等
叅議遷奉神主藏於夾室本情篤教在理為弘從之其年八月庚子
太宗文皇帝神主祔於太廟文明元年八月奉高宗神主祔於太廟

中始遷宣皇帝神主於夾室垂拱四年正月又於東都立高祖太宗
高宗三廟四時享祀如京廟之儀别立崇先廟以享武氏祖考則天
尋又令所司議立崇先廟室數司禮博士崇文館學士周悰希旨請
立崇先廟為七室其皇室太廟減為五室春官侍郎賈大隱奏曰臣
竊準秦漢皇太后臨朝稱制并據禮經正文天子七廟諸侯五廟蓋
百王不易之義萬代常行之法未有越禮違古而擅裁儀注今周
悰别引浮議廣述異文直崇臨朝權儀不依國家常度升崇先之廟
而七降國家之廟而五臣聞皇圖廣闢寔崇宗社之尊帝業弘基實
等山河之固伏以天步多艱時逢遏密代天理物自古有之伏惟皇
太后親承顧託憂勤黎庶納孝慈之請垂矜撫之懷實所謂光顯大
猷恢崇聖載其崇先廟室合同諸侯之數國家宗廟不合輒有移變
臣之愚直並依正禮周悰之請實乖古儀則天由是且止天授二年
則天既革命稱帝於東都改制太廟為七廟室奉武氏七代神主祔
於太廟改西京太廟為享德廟四時唯享高祖已下三室餘四室令所

○司閉其門廢其享祀之禮又改西京崇先廟為崇尊廟其享祀如太廟
之儀萬歲登封元年臘月封嵩山迴親謁太廟明年七月又改京崇
尊廟為太廟仍改太廟署為清廟臺加官員崇其班秩聖曆二年四
月又親祀太廟曲赦東都城內中宗即位神龍元年正月改享德廟
依舊為京太廟五月遷武氏七廟神主於西京之崇尊廟東都創置
太廟太常博士張齊賢建議曰昔孫卿子云有天下者事七代有一
國者事五代則天子七廟古今達禮故尚書稱七代之廟可以觀德
祭法稱王立七廟一壇之廟而七莫不尊始封之君謂之太祖太祖
之廟百代不遷祫祭之禮毀廟之主陳於太祖未毀廟之主皆升合
食於太祖之室太祖東向昭南向穆北向商之玄王周之后稷是也
太祖之外更無始祖但商自玄王以後十有四代至湯而有天下周
自后稷已後十有七代至武王而有天下其間代數既遠遷廟親皆出
太祖之後故得合食有序尊卑不差其後漢高祖受命無始封祖即
以高皇帝為太祖太上皇帝之父立廟享祀不在昭穆合食之列為

尊於太祖故也魏武創業文帝受命亦即以武帝為太祖其高祖太
皇處士君等並為屬尊不在昭穆合食之列晉宣創業武帝受命亦
即以宣帝為太祖其征西豫章潁川京兆府君等並為屬尊不在昭
穆合食之列歷茲已降至於有隋宗廟之制斯禮不改故宇文氏以
文皇帝為太祖隋室以武元皇帝為太祖國家誕受天命累葉重
光景皇帝始封唐公實為太祖中間代數既近列在三昭三穆之內
故皇家太廟唯有六室其弘農府君宣光二帝尊於太祖親盡則遷
不在昭穆合食之數今皇極再造孝思匪寧奉二月二十九日敕七
室已下依舊號尊崇又奉三月一日敕既立七廟須尊崇始祖速令
詳定者伏尋禮經始祖即是太祖太祖之外更無始祖周朝太祖之
外以周文王為始祖不合禮經或有引白虎通義云后稷為始祖文
王為太祖武王為太宗及鄭玄註詩雍序云太祖謂文王以為說者
其義不然何者彼以禮王者祖有功宗有德周人祖文王而宗武王
故謂文王為太祖耳非祫祭群主合食之太祖今之議者或有欲立

○涼武昭王為始祖者殊為不可何者昔在商周稷卨始封湯武之興祚由
稷卨故以稷卨為太祖即皇家之景帝是也涼武昭王勳業未廣後
主失國土宇不傳景王始封實基明命今乃捨封唐之盛烈崇西涼
之遠構考之前古實乖典禮魏氏不以曹參為太祖晉氏不以殷王
卬為太祖宋氏不以楚元王為太祖齊梁不以蕭何為太祖陳隋不
以胡公楊震為太祖則皇家安可以涼武昭王為太祖乎漢之東京
大議郊祀多以周郊后稷漢當郊堯制下公卿議議者多同帝亦然
之杜林正議獨以為周室之興祚由后稷漢業特起功不緣堯祖宗故
事所宜因循竟從林議又傳稱欲知天上事問長人以其近之武德
貞觀之時主聖臣賢其去涼武昭王蓋亦近於今矣當時不立者必
不可立故也今既年代寖遠方復立之是非三祖二宗之意實恐景
皇失職而震怒武昭虛位而不答非社稷之福也宗廟事重禘祫禮
崇先王以之觀德或者不知其說既灌而往孔子不欲觀之今朝命
惟新宜應慎禮祭如神在理不可誣請準敕加太廟為七室享宣皇
帝以備七代其始祖不合別有尊崇太常博士劉承慶尹知章文議
云謹按王制天子七廟三昭三穆與太祖之廟而七此載籍之明文
古今之通制皇唐稽考前範詳採列辟崇建宗靈式遵斯典但以開
基之主受命之君王迹有淺深太祖有遠近湯文祚基稷卨太祖代
遠出乎昭穆之上故七廟可全若夏繼唐虞功非由鯀漢除秦項力
不因堯及魏晉經圖周隋撥亂皆勳隆近代祖業非遠受命始封之
主不離昭穆之親故肇立宗祊罕聞全制夫太祖以功建昭穆以親
崇有功百代而不遷親盡七葉而當毀或以太祖代淺廟數非備更
於昭穆之上遠立合遷之君曲從七廟之文深乖迭毀之制皇家千
齡啓旦百葉重光景皇帝濬德基唐代數猶近號雖崇於太祖親尚
列於昭穆且臨六室之位未申七代之尊是知太廟當六未合有七
故先朝惟有宣光景元神堯文武六代親廟大帝登遐神主升祔於
廟室以宣皇帝代數當滿準禮復遷今止有光皇帝已下六代親廟
非是天子之廟數不當有七本由太祖有遠近之異故初建有多少

○之殊敬惟三后臨朝代多儒雅神祊事重禮豈虛存規模可沿理難
變革宣皇既非始祖又廟無祖宗之號親盡既遷其廟不合重立若
禮終運往建議復崇實違王制之文不合先朝之旨請依貞觀之故
事無改三聖之宏規光崇六室不虧古議時有制令宰相更加詳定
禮部尚書祝欽明等奏言博士三人自分兩議張齊賢以始同太祖
不合更祖昭王劉承慶以王制三昭三穆不合重崇宣帝臣等商量請依張
齊賢以景皇帝為太祖依劉承慶尊崇六室制從之尋有制以孝敬皇帝為
義宗升祔於太廟其年八月崇祔光皇帝太祖景皇帝太祖元皇帝
高祖神堯皇帝太宗文武聖皇帝皇考高宗天皇太帝皇兄義宗孝
敬皇帝於東都之太廟躬行享獻之禮二年駕還京師太廟自是亦
崇享七室仍改武氏崇尊廟明年二月復令崇恩廟一依天授時享
祭時武三思用事密令安樂公主諷中宗故有此制尋又特令武氏
崇恩廟齋郎取五品子充太常博士楊孚奏言太廟齋郎承前只七
品已下子今崇恩廟齋郎既取五品子即太廟齋郎作何等級上曰

太廟齋郎亦準崇恩廟置乎奏曰崇恩廟為太廟之臣太廟為崇恩廟之君以臣準君猶為僭逆以君準臣天下疑懼孔子曰名不正則言不順言不順則事不成事不成則禮樂不興禮樂不興則刑罰不中刑罰不中則人無所措手足故君子名之必可言也伏願無惑邪言以為亂始其事乃寢崇恩廟至睿宗踐祚乃廢毀之景雲元年冬將葬中宗孝和皇帝於定陵中書令姚元之吏部尚書宋璟奏言準禮大行皇帝山陵事終即合祔廟其太廟第七室先祔皇兄義宗孝敬皇帝哀皇后裴氏神主伏以義宗未登大位崩後追尊神龍之初乃特令遷祔春秋之義國君即位未踰年者不合列敘昭穆又古者祖宗各別立廟孝敬皇帝恭陵既在洛州望於東都別立義宗之廟遷祔孝敬皇帝哀皇后神主命有司以時享祭則不違先旨又協古訓人神允穆進退得宜在此神主望入夾室安置伏願陛下以禮斷恩制從之及既葬祔中宗孝和皇帝和思皇后趙氏神主於太廟其義宗即於東都從善里建廟享祀時又追尊昭成肅明二皇后於親

仁里別置儀坤廟四時享祭開元四年睿宗崩及行祔廟之禮太常博士陳貞節蘇獻等奏議曰謹按孝和皇帝在廟七室以滿今睿宗大聖真皇帝是孝和之弟甫及仲冬禮當祔遷但兄弟入廟古則有焉遞遷之禮昭穆須正謹按禮論太常賀循議云兄弟不相為後也故殷之盤庚不序於陽甲而上繼於先君漢之光武不嗣於孝成而上承於元帝又曰晉惠帝無後懷帝承統懷帝自繼於世祖而不繼於惠帝其惠帝當同陽甲孝成別出為廟又曰若兄弟相代則共是一代昭穆位同至其當遷不可兼毀二廟此蓋禮之常例也荀卿子曰有天下者事七代謂從禰已上也尊者統廣故恩及遠祖若傍容兄弟上毀祖考此則天子有不得全事於七代之義矣孝和皇帝有中興之功而無後嗣請同殷之陽甲漢之成帝出為別廟時祭不虧大祫之辰合食太祖奉睿宗神主昇祔太廟上繼高宗則昭穆永貞獻祼長序制從之初令以儀坤廟為中宗廟尋又改造中宗廟於太廟之西貞節等又以肅明皇后不合與昭成皇后配祔睿宗奏議曰禮宗廟父昭子穆皆有配坐每室一帝一后禮之正儀自夏殷而來無易伏惟昭成皇后有太姒之德已配食於睿宗則肅明皇后無啓母之尊自應別立一廟謹按周禮云奏夷則歌小呂以享先妣者姜嫄是也姜嫄是帝嚳之妃后稷之母特為立廟名曰閟宮又禮論云晉伏系之議云晉簡文鄭宣后既不配食乃築宮於外歲時就廟享祭而已今肅明皇后無祔配之位請同姜嫄宣后別廟而處四時享祭如舊儀制從之於是遷昭成皇后神主祔於睿宗之室惟留肅明神主於儀坤廟時太常卿姜皎復與禮官上表曰臣聞敬宗尊祖享德崇恩必也正名用光時憲禮也伏見太廟中則天皇后配高宗天皇太帝題云天后聖帝武氏伏尋昔居寵秩親承顧託因攝大政事乃從權神龍之初已去帝號岑羲等不閑政體復題帝名若又使帝號長存恐非聖朝通典夫七廟者高祖神堯皇帝之廟也父昭子穆祖德宗功非夫帝子天孫乘乾出震者不得昇祔於斯矣但皇后祔廟配食高宗位號舊章無宜稱帝今山陵日近昇祔非遙請申陳告之儀因除聖

帝之字直題云則天皇后武氏詔從之時既別造義宗廟將作大匠韋湊上疏曰臣聞王者制禮是曰規模規模之興實資師古師古之道必也正名惟名與實固當相副其在宗廟禮之大者豈可失哉禮祖有功而宗有德祖宗之廟百代不毀故殷太甲曰太宗太戊曰中宗武丁曰高宗周宗文王武王漢則文帝為太宗武帝為世宗其後代有稱宗皆以方制海內德澤可宗列於昭穆期于不毀祖宗之義不亦大乎況孝敬皇帝位止東宮未嘗南面聖道誠冠於儲副德教不被於寰瀛立廟稱宗恐非合禮況別起寢廟不入昭穆稽諸祀典何義稱宗而廟號義宗稱之萬代以臣庸識竊謂不可望更令有司詳定務合於禮於是太常請以本謚孝敬為廟稱從之五年正月玄宗將行幸東都而太廟屋壞乃奉七廟神主於太極殿玄宗素服避正殿輟朝三日親謁神主于太極殿而後發幸東都乃勅有司修太廟明年廟成玄宗還京行親祔之禮時有司撰儀注以祔祭之日車駕發宮中玄宗謂宋璟蘇頲曰祭必先齋所以齊心也據儀注祭之日發大明

宮又以質明行事縱使侵星而發猶是移辰方到質明之禮其可及乎又朕不宿齋宮即安正殿情所不敢宜於廟所設齋宮五日赴行宮宿齋六日質明行事庶合於禮璟等稱聖情深至請即奉行詔有司改定儀注景雲中玄宗自齋宮步詣太廟入自東門就立位樂奏九成昇自阼階行祼獻之禮至睿宗室俯伏嗚咽侍臣莫不流涕有河南府人孫平子詣闕上言中宗孝和皇帝既承大統不合遷於別廟玄宗令宰相召平子與禮官對定可否太常博士蘇獻等固執前議平子口辯所引咸有經據獻等不能屈時蘇頲知政事以獻是其從祖之兄頗黨助之平子之議竟不得行平子論竟不已遂謫平子為康州都城尉仍差使領送至任不許東西平子之任尋卒時雖貶平子議者深以其言為是至十年正月下制曰朕聞王者乘時以設教因事以制禮沿革以從宜為本取舍以適會為先故損益之道有殊質文之用斯異且夫至德之謂孝所以通乎神明大事之謂祀所以虔乎宗廟國家握紀命曆重光累盛四方由其繼明七代可以觀

德朕嗣守丕業祗奉睿圖事懷昭事罔不郊祀嘗覽古典詢諸舊制逮則夏殷事與近則漢晉道殊雖禮文之不一固嚴敬之無二朕以為立愛自親始教人睦也立敬自長始教人順也是知朕率於禮緣於情或教以道存或禮從時變將因宜以創制豈沿古而限今況息以降殺而疏廟以遷毀而廢雖式瞻古訓禮則不違而永言孝思情所未足享嘗則止豈愛崇而禮備有禱而祭非德盛而流永其祧室宜列為正室使親而不盡遠而不祧廟以貌存宗猶尊立俾四時式薦不間於毀主百代靡遷匪惟於始廟所謂變以合禮動而得中嚴配之典克崇肅雍之美茲在又兄弟繼及古有明文今中宗神主猶居別處詳求故實當寧不安移就正廟用章大典仍創立九室宜令所司擇日啓告移遷十一年春玄宗還京師下制曰崇建宗廟禮之大者聿追孝饗德莫至焉今宗以立尊親無遷序永惟嚴配致用蠲絜棟宇式崇祼奠斯授顧茲薄德獲承禋祀不躬不親曷展誠敬宜用八月十九日祗見九室於是追尊宣皇帝為獻祖復列於正室光皇

帝為懿祖并還中宗神主於太廟及將親祔會雨而止乃令所司行事其京師中宗舊廟便毀拆之東都舊廟始移孝敬神主祔焉其從善里孝敬舊廟亦令毀拆二十一年玄宗又特令遷肅明皇后神主祔於睿宗之室仍以舊儀坤廟為肅明觀大曆十四年十月代宗神主將祔禮儀使顏真卿以元皇帝代數已遠準禮合祧請遷於西夾室其奏議曰王制天子七廟三昭三穆與太祖之廟而七又禮器云有以多為貴者天子七廟又伊尹曰七代之廟可以觀德此經典之明證也七廟之外則曰去祧為壇去壇為墠故歷代儒者制迭毀之禮皆親盡宜毀伏以太宗文皇帝七代之祖高祖神堯皇帝國朝首祚萬葉所承太祖景皇帝受命於天始封於唐元本皆在不毀之典代祖元皇帝地非開統親在七廟之外代宗皇帝升祔有日元皇帝神主禮合祧遷或議者以祖宗之名難於迭毀昔漢朝近古不敢以私滅公故前漢十二帝為祖宗者四而已至後漢漸違經意子孫以推美為先自光武已下皆有廟號則祖宗之名莫不違也安帝信讒

害大臣廢太子及崩無上宗之奏後自建武以來無毀者因以陵號稱宗至桓帝失德尚有宗號故初平中左中郎蔡邕以和帝以下功德無殊而有過差不應為宗餘非宗者追尊三代皆奏毀之是知祖有功宗有德存至公之義非其人不居蓋三代立禮之本也自東漢已來則此道衰矣魏明帝自稱烈祖論者以為逆自稱祖宗故近代此名悉為廟號未有子孫踐祚而不祖宗先王者以此明之則不得獨據兩字而為不合祧遷之證假令傳祚百代豈可上崇百代以為孝乎請依三昭三穆之義永為通典寶應二年升祔玄宗肅宗則獻祖懿祖已從迭毀伏以代宗睿文孝皇帝卒哭而祔則合上遷一室元皇帝代數已遠其神主準禮當祧至禘祫之時然後享祀於是祧元皇帝於西夾室祔代宗神主焉永貞元年十一月德宗神主將祔禮儀使杜黃裳與禮官王涇等請遷高宗神主於西夾室其議曰自漢魏已降沿革不同古者祖有功宗有德皆不毀之名也自東漢魏晉迄於陳隋漸違經意子孫以推美為先光武已下皆有祖宗之號故

至於迭毀親盡禮亦迭遷國家九廟之尊皆法周制伏以太祖景皇帝受命於天始封元本德同周之后稷也高祖神堯皇帝國朝首祚萬葉所承德同周之文王也太宗文皇帝應天靖亂垂統立極德同周武王也周人郊后稷而祖文王宗武王聖唐郊景皇帝祖高祖而宗太宗皆在不遷之典高宗皇帝今在三昭三穆之外謂之親盡新主入廟禮合迭遷藏於從西第一夾室每至禘祫之月合食如常於是祧高宗神主於西夾室祔德宗神主焉元和元年七月順宗神主祧有司疑於遷毀太常博士王涇建議曰禮經祖有功宗有德皆不毀之名也惟三代行之漢魏已降雖曰祖宗親盡則遷無功亦毀不得行古之道也昔夏后氏十五代祖顓頊而宗禹殷人七代祖契而宗湯周人三十六王以后稷為太祖祖文王而宗武王聖唐德厚流廣遠法殷周奉景皇帝為太祖祖高祖而宗太宗皆在百代不遷之典故代宗升祔遷代祖也德宗升祔遷高宗也今順宗升祔中宗在三昭三穆之外謂之親盡遷於太廟夾室禮則然矣或謙者以則天

○太后革命中宗復而興之不在遷藏之例臣竊未諭也昔者高宗晏駕中宗奉遺詔自儲副而陟元后則天太后臨朝廢為廬陵王聖曆元年太后詔復立為皇太子屬太后聖壽延長御下日久奸臣擅命紊其紀度敬暉桓彥範等五臣俱唐舊臣匡輔王室翊中宗而承大統此乃子繼父業是中宗得之而且失之母授子位是中宗失之而復得之二十年間再為皇太子復踐皇帝位失之在己得之在己可謂革命中興之義殊也又以周漢之例推之幽王為犬戎所滅平王東遷周不以平王為中興不遷之廟其例一也漢呂后專權產祿秉政文帝自代邸而立之漢不以文帝為中興不遷之廟其例二也霍光輔遷之廟其例三也伏以中宗孝和皇帝於聖上為六代伯祖尊非正統廟亦親盡爰及周漢故事是與中興功德之主不同奉遷夾室固無疑也是月二十四日禮儀使杜黃裳奏曰順宗皇帝神主已升祔太廟告祧之後即合遞遷中宗皇帝神主今在三穆三昭之外準禮合於太廟從西第一夾室每至禘祫之日合食如常於是祧中宗神主於西夾室祔順宗神主焉有司先是以山陵將畢議遷廟之禮有司以中宗為中興之君當百代不遷之位宰臣召史官蔣武問之武對曰中宗以弘道元年於高宗柩前即位時春秋已壯矣及母后篡奪神器潛移其後賴張柬之等同謀國祚再復此蓋同於反正恐不得號為中興之君凡非我失之自我復之謂之中興漢光武晉元帝是也自我失之因人復之晉孝惠孝安是也今中宗於惠安二帝事同即不可為不遷之主也有司又云五王有再安社稷之功今若遷中宗廟則五王永絕配享之例武曰凡配享功臣每至禘祫年方合食太廟居常即無享禮今遷中宗廟主而禘祫之年毀廟之主並陳於太廟此則五王配食與前時如一也有司不能荅十五年四月禮部侍郎李建奏上大行皇帝謚曰聖神章武孝皇帝廟號憲宗先是河南節度使李夷簡上議曰王者祖有功宗有德大行皇帝戡翦寇逆累有武功廟號合稱祖陛下正當決在宸斷無信齷齪書生也遂詔下公卿與禮官議其可否太常博士王彥威奏議大行廟號不

○宜稱祖宜稱宗從之其月禮部奏準貞觀故事遷廟之主藏於夾室西壁南北三間第一間代祖室第二間高宗室第三間中宗室伏以山陵日近睿宗皇帝祧遷有期夾室西壁三室外無置室處準江都集禮古者遷廟之主藏於太室北壁之中今請於夾室北壁以西為上置睿宗皇帝神主石室制從之長慶四年正月禮儀使奏謹按周禮天子七廟三昭三穆太祖之廟而七荀卿子曰有天下者祭七代有一國者祭五代則知天子上祭七廟典籍通規祖功宗德不在其數國朝九廟之制法周之文太祖景皇帝始為唐公肇基天命義同周之后稷高祖神堯皇帝創業經始化隋為唐義同周之文王太宗文皇帝神武應期造有區夏義同周武王其下三昭三穆之外是親盡之祖雖有功德禮合祧遷禘祫之歲則從合食制從之開成五年禮儀使奏謹按天子七廟祖功宗德不在其中國朝制度太廟九室伏以太祖景皇帝受封於唐高祖太宗創業受命有功之主百代不遷今文宗元聖昭獻皇帝升祔有時代宗睿文孝武皇帝是親盡之

祖禮合祧遷每至禘祫合食如常從之會昌元年六月制曰朕近因載誕之日展承顏之敬太皇太后謂朕曰天子之孝莫大於丕承人倫之義莫大於嗣續穆宗睿聖文惠孝皇帝厭代已久星霜屢遷禰宮曠合食之禮惟帝深濡露之感宣懿皇太后長慶之際德冠後宮夙表沙麓之祥實茂河洲之範先朝恩禮之厚中壼莫偕況誕我聖君纘承昌運已協華於先帝方延祚於後昆思廣貽謀庶弘博愛從舊典以慰孝思當以宣懿皇太后祔太廟穆宗睿聖文惠孝皇帝之室率是彝訓其敬承之朕祗奉慈旨載深感咽宜令宣示中外咸使聞知會昌六年五月禮儀使奏武宗昭肅皇帝祔廟并合祧遷者伏以自敬宗文宗武宗兄弟相及已歷三朝昭穆之位與承前不同所可疑者其事有四一者兄弟昭穆同位不相為後二者已祧之主復入舊廟三者廟數有限無後之主則宜出置別廟四者兄弟既不相為後昭爲父道穆為子道則昭穆同班不合異位據春秋文公二年躋僖公何休云躋升也謂西上也惠公與莊公當同南西上隱桓與

○閔僖當同西北上孔穎達亦引此義釋經又賀循云殷之盤庚不序陽甲漢之光武上繼元帝晉元帝簡文皆用此義蓋以昭穆位同不可兼毀二廟故也尚書曰七代之廟可以觀德且殷家兄弟相及有至四帝不及祖禰何容更言七代於理無矣二者今已兄弟相及同為一代矯前之失則合復祔代宗神主於太廟或疑已祧之主不合更入太廟者按晉代元明之時已遷豫章潁川矣及簡文即位乃元帝之子故復豫章潁川二神主於廟又國朝中宗已祔太廟至開元四年乃出置別廟至十年置九廟而中宗神主復祔太廟則已遷復入亦可無疑三者廟有定數無後之主出置別廟者按魏晉之初多同廟蓋取上古清廟一宮尊遠神祇之義自後晉武所立之廟雖云七主而實六代蓋景文同廟故也又按魯立姜嫄文王之廟不計昭穆以尊尚功德也晉元帝上繼武帝而惠懷愍三帝時賀循等諸儒議以為別立廟親遠義疎都邑遷異於理無嫌也今以文宗棄代纔六七年武宗甫邇復土遽移別廟不齒祖宗在於有司非所宜議

四者添置廟之室按禮論晉太常賀循云廟以容主爲限無拘常數故晉武帝時廟有七主六代至元帝明帝廟皆十室及穆帝三帝皆至十一室自後雖遷故祔新大抵以七代為準而不限室數伏以江左大儒通贍觀與事有明據固可施行今若不行是議更以迭毀爲制則當上不及高曾未盡之親下有忍臣子恩義之道今備討古今參校經史上請復代宗神主於太廟以存高曾之親下以敬宗文宗武宗同為一代於太廟東間添置兩室定為九代十一室之制以全臣子恩敬之義庶協大順之宜得變禮之正折古今之紛立群疑之杓指俾因心廣孝永燭於皇明昭德事神無虧於聖代勑曰宗廟事重實資參詳宜令尚書省兩省御史臺四品以上官大理卿京兆尹等集議以聞尚書左丞鄭涯等奏議曰夫禮經垂則莫重於嚴配必參損益之道則合典禮之文况有明徵是資折衷伏自敬宗文宗武宗三朝嗣位皆以兄弟考之前代理有顯據今謹詳禮院所奏並上稽古文旁摭史氏協於通變允謂得宜臣等商議請依禮官所議

○從之大中三年十一月制追尊憲宗順宗謚號事下有司太常博士李稠奏請別造憲宗順宗神主改題新謚上疑其事詔都省集議右司郎中楊發都官員外郎劉彥模等奏考尋故事無別造神主改題之例事在楊發傳時宰臣奏改造改題並無所據酌情順理題則為宜况今士族之家通行此例雖尊卑有異而情理則同望就神主改題則為通允依之黄巢犯長安僖宗避狄於成都府中和元年夏四月有司請享太祖已下十一室詔公卿議其儀太常卿牛叢與儒者同議其事或曰王者巡狩以遷廟主行如無遷廟之主則祝奉幣帛皮珪告於祖禰遂奉以出載於齋車每舍奠焉今非巡狩是失守宗廟夫失守宗廟則當罷宗廟之事叢疑之將作監王儉太子賓客李匡乂虞部員外郎袁皓建議同異及左丞崔厚為太常卿遂議立行廟以玄宗幸蜀時道宮玄元殿之前架幄幕為十一室又無神主題神版位而行事達禮者非之以為止之可也明年乃特造神主以祔行廟

光啓元年十二月二十五日僖宗再幸寶雞其太廟十一室幷祧廟八室及孝明太皇太后等別廟三室等神主緣室法物宗正寺官屬奉之隨駕鄠縣爲賊所刼神主法物皆遺失三年二月車駕自興元還京以宮室未備權駐鳳翔禮院奏皇帝還宮先謁太廟今宗廟焚毁神主失墜請準禮例脩奉者禮院獻議曰按春秋新宮災三日哭傳曰新宮宣公廟也三日哭禮也按國史開元五年正月二日太廟四室摧毁時神主皆存迎奉於太極殿安置玄宗素服避正殿寶應元年肅宗還京師以宗廟爲賊所焚於光順門外設次向廟哭歷檢故事不見百官奉慰之儀然上旣素服避殿百官奉慰亦合情禮竊循故事比附叅詳恐須宗正寺具宗廟焚毁及神主失墜事由奏皇帝素服避殿受慰訖輟朝三日下詔委少府監擇日依禮新造列聖神主如此方似合宜伏緣採栗須十一月漸恐遲晚修奉使宰相鄭延昌具議中書門下奏曰伏以前年冬再有震驚俄然巡幸主司宗祧追以蒼黃伏緣移蹕鳳翔未敢陳奏今則將迴鑾輅皆舉典章清

廟再營孝思咸備伏請降勑命所司叅詳典禮修奉勑曰朕以涼德祗嗣寶圖不能上承天休下正人紀兵革競興於寓縣車輿再越於藩垣宗廟震驚烝嘗廢闕敬脩典禮倍切哀摧宜付所司又修奉太廟使宰相鄭延昌奏太廟大殿十一室二十三間十一架功績至大計料支費不少兼宗廟制度有數難爲損益今不審依元料修奉爲復更有商量請下禮官詳議太常博士殷盈孫奏議言如依元料難以速成况祭藏方虛須資變禮竊以至德二年以新修太廟未成其新造神主權於長安殿安置便行饗告之禮如同宗廟之儀以俟廟成方爲遷祔今京城除充大內及正衙外別無殿宇伏聞先有詔旨欲以少府監大廳權充太廟其廳五間伏緣十一室於五間之中陳設隘狹請更接續修建成十一間以備十一室薦饗之所其三太后廟即於少府監取西南屋三間以備三室告饗之所勑旨從之大順元年將行禘祭有司請以三太后神主祔饗於太廟三太后者孝明太皇太后鄭氏宣宗之母也恭僖皇太后王氏敬宗之母也貞獻皇太后韋氏文宗之母也三后之崩皆作神主有故不當入太廟當時禮官建議並置別廟每年五享及三年一禘五年一祫皆於本廟行事無奉神主入太廟之文至是亂離之後舊章散失禮院憑曲臺禮欲以三太后祔享太廟博士殷盈孫獻議非之曰臣謹按三太后憲宗穆宗之后也二帝已祔太廟三后所以立別廟者不可入太廟故也與帝在位皇后別廟不同今有司悞用王彥威曲臺禮禘別廟太后於太廟乖戾之甚臣竊究事體有五不可曲臺禮云別廟皇后禘祫於太廟祔於祖姑之下此乃皇后先崩已造神主夫在帝位如昭成肅明元獻昭德之比昭成肅明之崩也睿宗在位元獻之崩也玄宗在位昭德之崩也肅宗在位四后於太廟未有本室故創別廟當爲太廟合食之主故禘祫乃奉以入饗其神主但題云某謚皇后明其後太廟有本室即當遷祔帝方在位故皇后暫立別廟耳本是太廟合食之祖故禘祫乃升太廟未有位故祔祖姑之下今恭僖貞獻二太后皆穆宗之后恭僖會昌四年造神主合祔穆宗廟室時穆宗廟

已祔武宗母宣懿皇后神主故爲恭僖別立廟其神主直題云皇太后明其終安別廟不入太廟故也貞獻太后大中元年作神主立別廟其神主亦題爲太后並與恭僖義同孝明咸通五年作神主合祔憲宗廟室憲宗廟已祔穆宗之母懿安皇后故孝明亦別立廟是懿宗祖母故題其主爲太皇太后與恭僖貞獻亦同帝在位后先作神主之例今以別廟太后神主禘祭升享太廟一不可也曲臺禮別廟皇后禘祫於太廟儀注云內常侍奉別廟皇后神主入置於廟庭赤黃褥位奏云某謚皇后禘祫祔享太廟然後以神主升今即須奏云其謚太皇太后且太廟中皇后神主二十一室今忽以皇太后入列於昭穆二不可也若但云某謚皇后即與所題都異神何依憑此三不可也古今禮要云舊典周立姜嫄別廟四時祭薦及禘祫於七廟皆祭惟不入太祖廟爲別配魏文思甄后明帝母廟及寢依姜嫄之廟四時及禘皆與諸廟同此舊禮明文得以爲證今以別廟太后禘祫於太廟四不可也所以置別廟太后以孝明不可與懿安並祔憲宗之

室今禘享乃處懿安於舅姑之上此五不可也且祫合祭也合猶不入太祖之廟而況於禘乎竊以爲並皆禘於別廟爲宜且恭僖貞獻二廟比在朱陽坊禘祫赴太廟皆須備法駕典禮甚重儀衛至多咸通之時累遇大饗耳目相接歲代未遙人皆見聞事可詢訪非敢以臆斷也或曰祕廟故禘祫於別廟或可矣而將來有可疑焉謹案睿宗親盡已祧今昭成肅明二后同在夾室如或後代憲宗穆宗親盡而祧三太后神主其得不入夾室乎若遇禘祫則如之何對曰此又大悞也三太后廟若親盡合祧但當闕而不享安得處於夾室禘祫則就別廟行之歷代已來何嘗有別廟神主復入太廟夾室乎禘祫禮之大者無宜錯失宰相孔緯曰博士之言是也昨禮院所奏儀注今已勅下大祭日迫不可遽改且依行之於是遂以三太后祔祫太廟達禮者譏其太謬至今未正會昌六年十一月太常博士任疇上言去月十七日饗德明興聖廟德廟直候論狀稱懿祖室在獻祖室之上當時雖以爲然便依行事猶牒報監察使及宗正寺請過祭詳窺

○王牒如有不同即相知聞奏爾後伏檢高祖神堯皇帝本紀伏審獻祖爲懿祖之昭懿祖爲獻祖之穆昭穆之位天地極殊今廟室尊倫不即陳奏然尚爲苟且罪不容誅仍勅脩撰朱儔檢討王皡研精詳覆得報稱天寶二年制追尊咎繇爲德明皇帝京武昭王爲興聖皇帝十載立廟至貞元十九年制從給事中陳京右僕射姚南仲等一百五十人之議以爲禘祫是祖宗以序之祭凡有國者必尊太祖今國家以景皇帝爲太祖太祖之上施於禘祫不可爲位請按德明興聖廟共成四室祔遷獻懿二祖謹尋儔等所報即當時表奏並獻居懿上伏以德尊謚爲孝君臣嚴敬有司慎恪是歲還不當失序四十餘載理難尋詰伏祈聖鑒即垂詔勅具禮遷正其月儔又奏曰伏聞今月十三日勑以臣所奏獻懿祖二室倒置事宜令禮官集議聞奏者臣去月十七日緣遇太廟祫饗太祖景皇帝已下群主準貞元十九年所祔獻懿祖於德明廟共爲四室準元勑各於本室行享禮審知獻祖合居懿祖之上昭穆方正其時親見獻祖之室倒居懿祖之下於後遍校圖籍實見差殊遂敢聞奏今奉勑宜令禮官集議聞奏者臣得奉禮郎李岡太祝柳仲年協律郎諸葛畋李潼檢討官王皡修撰朱儔博士閔慶之等七人狀稱謹按高祖神堯皇帝本紀及皇室圖譜并武德貞觀永徽開元已來諸禮著在甲令者並云獻祖皇帝是神堯之高祖懿祖光皇帝是神堯皇帝之曾祖以高曾辨之則獻祖是懿祖之父懿祖是獻祖之子即博士任疇所奏倒祀不虛臣等伏乞即垂詔勑具禮遷正其事遂行僖宗自興元還京夏四月將行禘祭有司引舊儀禘德明興聖二廟及懿祖獻祖神主祔興聖德明廟通爲四室黃巢之亂廟已焚毀及是將禘俾議其儀博士殷盈孫議曰臣以德明等四廟功非創業義止追封且於今皇帝年代極遥昭穆甚遠可依晉韋弘屋毀乃已之例因而廢之勑下百寮都省會議禮部員外薛昭緯奏議曰伏以禮貴從宜過猶不及祀有常典理當據經謹按德明追尊實爲遐遠徵諸歷代莫有其倫自古典禮該詳無踰周室后稷實始封之祖文王乃建極之君且不聞后稷之前別議

○立廟以至二漢則可明徵劉累梁魏則近有蕭曹稽彼簡書並無追號追王興聖事非有據蓋以始王於涼遂列爲祖類長沙於後漢之代等楚元於宋高之朝悉無尊祀之名足爲憲章之驗重以獻祖懿祖皆非宗有德而祖有功親盡宜祧理當毀瘞遷於二廟亦出一時且武德之初議宗廟之事神堯聽之太宗叅之碩學通儒森然在列而不議立臯陶涼武昭之廟蓋知其非所宜立也尊太祖代祖爲帝而以獻祖爲宣簡公懿祖爲懿王卒不加帝號者謂其親盡則毀明矣春秋左氏傳孔子在陳聞魯廟災曰其桓僖乎已而果然蓋以親盡不毀宜致天災烱然之徵不可忽也據太常禮院狀所引至德二年克復後不作弘農府君廟神主及晉韋弘屋朽乃已之議頗爲明據深協禮經其興聖等四室請依禮院之議奉勑敬依典禮付所司　開元二十三年正月制以籩豆之薦或未能備物宜令禮官學士詳議具奏太常卿韋縚請宗廟之奠每室籩豆各加十二又今之酌獻酒爵制度全小僅無一合執持甚難請稍令廣大其郊祀奠獻亦準此

仍望付尚書省集衆官詳議務從折衷於是兵部侍郎張均及職方
郎中韋述等建議曰謹按禮祭統曰凡天之所生地之所長苟可薦
者莫不咸在水草陸海三牲八簋昆蟲之異草木之實陰陽之物皆
備薦矣聖人知孝子之情深而物類之無限故爲之節制使馀常禮
物有其品器有其數上自天子下至公卿貴賤差降無相踰越百代
常行無易之道也又按周禮膳夫掌王之食飲膳羞食用六穀膳用
六牲飲用六清羞用百有二十品珍用八物醬用百有二十甕則與
祭祀之物豐省本殊左傳曰享以訓恭儉宴以示慈惠恭儉以行禮
慈惠以布政又曰享有體薦宴折俎杜預曰享有體薦爵盈而不飲
豆乾而不食宴則相與食之享之與宴猶且異文祭奠所陳固不同
矣又按周禮籩人豆人各掌四籩四豆之實供祭祀與賓客所用各
殊據此數文祭奠不同常時其來久矣且人之嗜酒本無憑準宴私
之饌與時遷移故聖人一切同歸於古雖平生所嗜非禮亦不薦也
平生所惡是禮即不去也楚語曰屈到嗜芰有疾召宗老而屬曰祭

我必以芰及卒宗老將薦芰屈建命去之曰祭典有之國君有牛享
大夫有羊饋士有豚犬之奠庶人有魚炙之薦籩豆脯醢則上下安
之不羞珍異不陳庶侈不以私欲干國之典遂不用此則禮外之食
前賢不敢薦也今欲取甘旨之物肥濃之味隨所有者皆充祭用尚
踰舊制其何限焉雖籩豆有加豈能備也傳曰大羹不致粢食不鑿
昭其儉也書曰黍稷非馨明德惟馨事神在於虔誠不求厭飫三年
一禘不欲黷也三獻而終禮有成也風有采蘋采蘩雅有行葦泂酌
守以忠信神其捨諸若以今之珍饌平生所習求神無方何必師古
簠簋可去而盤盂杯案當在御矣韶頀可息而箜篌笛笙當在奏矣
凡斯之流皆非正物或興於近代或出於蕃夷耳目之娛本無則象
用之宗廟後嗣何觀欲為永式恐未可也且自漢巳降諸陵皆有寢宮歲時朔
望薦以常饌此既常行亦足盡至孝之情矣宗廟正禮宜依典故率
情變革人情所難又按舊制一升曰爵五升曰散禮器稱宗廟之祭
貴者獻以爵賤者獻以散此明貴小賤大示之節儉又按國語觀射父曰郊禘不

過繭栗蒸嘗不過把握夫神以精明臨人者也所求備物不求豐大
苟失於禮雖多何爲豈可捨先王之遺法狥一時之所尚廢棄禮經
以從流俗裂冠毀冕將安用之且君子愛人以禮不求苟合況在宗
廟敢忘舊章請依古制庶可經久禮部員外郎楊仲昌議曰謹按禮
曰夫祭不欲煩煩則黷亦不欲簡簡則怠又鄭玄云人生尚褻食鬼
神則不然神農時雖有黍稷猶未有酒醴及後聖作爲醴酪猶存玄酒
示不忘古春秋曰蘋蘩薀藻之菜潢汙行潦之水可羞於王公可薦
於鬼神又曰大羹不和粢食不鑿此明君人者有國奉先敬神嚴享
豈肥濃以爲尚將儉約以表誠則陸海之物鮮肥之類既乖禮文之
情而變作者之法皆充祭用非所詳也易曰樽酒簋貳納約自牖此
明祭存簡易不在繁奢所以一樽之酒貳簋之奠爲明祀也抑又聞
之夫義以出禮禮以體政違則有紊是稱不經薦肥濃則褻味有登
加籩爵則事非師古與其別行新制寧如謹守舊章時太子賓客崔
沔戶部郎中楊伯成左衛兵曹劉秩等皆建議以爲請依舊禮不可

改易於是宰臣等具沔述等議以奏玄宗曰朕承祖宗休德至於享
祀粢盛實思豐潔禮物之具諒在昭忠其非芳潔不應法制者亦不
可用以是更令太常量加品味韋縚又奏請每室加籩豆各六每四
時異品以當時新菓及珍羞同薦制可之又酌獻酒爵玄宗令用龠
升一升合於古義而多少適中自是帝依行焉○後漢世祖光武皇帝
葬于原陵其子孝明帝追思不已永平元年乃率諸侯王公卿正月
朝于原陵親奉先后陰氏粧奩篋笥悲慟左右侍臣莫不嗚咽梁武
帝父丹陽尹順之追尊爲太祖文帝先葬丹徒亦尊爲建陵武帝即大
位後大同十五年亦朝于建陵有紫雲蔭覆陵上食頃方滅梁主著
單衣介幘設次而拜望陵流哭淚之所霑草皆變色陵傍有枯泉至時
而水流香絜因謂侍臣曰陵陰石虎與陵俱創二百餘年恨小可更
造碑石柱麟并二陵中道門爲三闕園陵職司並賜一級奉辭諸陵
哭踊而拜周太祖文帝葬于成陵其子明帝初立元年十二月謁于成
陵高祖神堯葬于獻陵貞觀十三年正月乙巳太宗朝于獻陵先是

日宿設黃麾仗周衛陵寢至是質明七廟子孫及諸侯百僚蕃夷君長皆陪列于司馬門內皇帝至小次降輿納履哭於闕門西面再拜慟絕不能興禮畢改服入于寢宮親執饌閱視高祖及先后服御之物匍匐牀前悲慟左右侍御者莫不歔欷初甲辰之夜大雨雪及皇帝入陵院悲號哽咽百辟哀慟是時雪益甚寒風暴起有蒼雲出於山陵之上俄而流布天地晦冥至禮畢皇帝出自寢宮步過司馬門北泥行二百餘步於是風靜雪止雲氣歇滅天色開霽觀者竊議以爲孝感之所致焉是日曲赦三原縣及從官衛士等大辟已下已發覺未發覺皆釋其罪免民一年租賦有八十已上及孝子順孫義夫節婦鰥寡孤獨有篤疾者賜物各有差宿衛陵邑中郎將士齋員及三原令以下各賜爵一級丁未至自獻陵己酉朝于太極殿庚子會群臣奏功成慶善及破陣之樂玄宗開元十七年十一月丙申親謁橋陵皇帝望陵涕泣左右並哀感進奉先縣同赤縣以所管陵三百戶供陵寢三府兵馬供衛曲赦縣內大辟罪已下戊戌謁定陵己亥謁獻

陵壬寅謁昭陵乙巳謁乾陵戊申車駕還宮大赦天下流移人並放還左降官移近處百姓無出今年地稅之半每陵取側近六鄉以供陵寢皇帝初至橋陵質明柏樹甘露降曙後祥煙遍空皇帝謁昭陵陪葬功臣盡來受饗風吹颯颯若神祇之所集陪位文武百寮皆聞先聖嘆息功臣蹈舞之聲皆以爲至孝所感天寶二年八月制自今已後每至九月一日薦衣於陵寢十三載改昭獻乾定橋五陵署爲臺其署令改爲臺令加舊一級

唐書志卷第五

唐書志卷第六

劉　昫　等修

聞人詮校刻沈桐同校

禮儀六

建中元年三月禮儀使上言東都太廟闕木主請造以祔初武后於東都立高祖太宗高宗三廟至中宗已後兩京太廟四時並饗至德亂後木主多亡缺未祔於是議者紛然而大言有三其一曰必存其廟遍立群主時饗之其二曰建廟立主存而不祭若皇輿時巡則就饗焉其三曰存其廟瘞其主駕或東幸則飾齋車奉京師群廟之主以往議者皆不決而罷　貞元十五年四月膳部郎中歸崇敬上疏東都太廟不合置木主謹按典禮虞主用桑練主用栗重作栗主則埋桑主所以神無二主猶天無二日土無二王也今東都太廟是則天皇后所建以置武氏木主中宗去其主而存其廟蓋將以備行幸遷都之置也且殷人屢遷前八後五其後還都一十三度不可每都而

別立神主也議者或云東都神主已曾虔奉而禮之豈可以一朝廢之乎且虞祭則立桑主而虞祀練祭則立栗主而埋桑主豈桑主不曾虔祀而乃埋之又所闕之主不可更作作之不時非禮也長慶元年二月分司官庫部員外郎李渤奏太微宮神主請歸祔太廟勅付東都留守鄭絪商量聞奏絪奏云臣謹詳三代典禮上稽高祖太宗之制度未嘗有並建兩廟並饗二主之禮天授之際祀典變革中宗初復舊物未暇詳考典章遂於洛陽創宗廟是行還都之制實非建國之儀及西歸上都因循未廢德宗嗣統鑒典克修東都九廟不復告饗謹按禮記仲尼荅曾子問曰天無二日土無二王嘗禘郊社尊無二上所以明二主之非禮也陛下接千載之大統揚累聖之耿光憲章先王垂法後嗣況宗廟之禮至尊至重違經黷祀時謂不欽特望擇三代令典守高祖太宗之憲度鑒神龍權宜之制遵建中矯正之禮依經復古允屬聖明伏以太微宮元皇帝三代睿宗文武孝皇帝神主參考經義不合祔饗至於遷置神主之禮三代以降經無明文

伏望委中書門下與公卿禮官質正詳定勑付所司太常博士王彥威等奏議曰謹按國初故事無兩都並建宗廟並行饗祭之禮伏尋周書召誥洛誥之說實有祭告豐廟洛廟之文是則周人兩都並建宗祧至則告饗然則兩都皆祭祖考禮祀並興自神龍復辟中宗嗣位廟既偕作饗亦並行天寶末兩都傾陷神主亡失肅宗既復舊物但建廟作主於上都其東都神主大曆中始於人間得之遂寓於太微宮不復祔饗臣等謹按經傳王者之制凡建居室宗廟爲先廟必有主主必在廟是則立廟兩都蓋行古之道主必在廟實依禮經今按叅詳理合升祔謹按元皇帝是追王高宗中宗睿宗是祧廟之主其神主合藏於太廟從西第一夾室景皇帝是始封不遷之祖其神主合藏於太廟從西第一室高祖太宗玄宗肅宗代宗是創業有功親廟之祖伏準江都集禮正廟之主藏於太室之中禮記群廟之主有故則聚而藏諸祖廟伏以德宗之下神主未作代宗之上后主先亡若歸本室有虛神主事雖可據理或未安今高祖已下神主並合藏於太祖之廟依舊準故事不饗如陛下肆覲東后移幸洛陽自非祧主合歸本室其餘闕主又當特作而祔饗時祭禘祫如儀臣又按國家追王故事太祖之上又有德明興聖懿祖別廟今光皇帝神主即懿祖也伏緣東都先無前件廟宇光皇帝神主今請權祔於太廟夾室居元皇帝之上如駕在東都即請準上都式營建別廟作德明興聖獻祖神主備禮升祔又於太廟夾室奉迎光皇帝神主歸廟第四室禘祫如儀或問曰禮作栗主瘞桑主漢魏並有瘞桑之議大曆中亦瘞孝敬皇帝神主今祔而不瘞如之何荅曰古者師行以遷主無則主命自非遷祖之主別無出廟之文凡邑有宗廟先君之主曰都則兩都宗廟各宜有主又問曰古者作主必因虞練若主必歸祔則室不可虛則當祔已亡之主創當祔之主禮經無說如之何荅曰虞練作主禮之正也非時作主事之權也王者遭時爲法因事制宜苟無其常則思其變如駕或東幸廟仍虛主即準肅宗廣德二年上都作主故事特作闕主而祔蓋主不可闕故禮貴從宜春秋之義變而正之者臣伏思祖宗之主神靈所憑寓於太微不入宗廟據經復本允屬聖明至是下尚書省集議而郎吏所議與彥威多同丞郎則各執所見或曰神主合藏於太微宮或云並合埋瘞或云闕主當作或云與駕東幸即載上都神主而東咸以其言不本經據竟以紛議不定遂不舉行

會昌五年八月中書門下奏東都太廟九室神主共二十六座自祿山叛後取太廟爲軍營神主棄於街巷所司潛收聚見在太微宮內新造小屋之內其太廟屋室並在可以修崇大和中太常博士議以爲東都不合置神主車駕東幸即載主而行至今因循尚未修建望令尚書省集公卿及禮官學官詳議如不要更置須有收藏去處如合置望以所拆大寺材木修建既是宗室官居守便望令兼修東都太廟使勾當修繕奉勑宜依六年三月太常博士鄭路等奏東都太微宮神主二十座去年二月二十九日禮院分析聞奏訖伏奉今月七日勑此禮至重須遵典故宜令禮官學官同議聞奏者臣今與學官等詳議訖謹具分析如後獻祖宣皇帝宣莊皇后懿祖光皇帝光懿皇后文德皇后高宗天皇大帝則天皇后中宗大聖大昭孝皇帝和思皇后昭成皇后孝敬皇帝孝敬哀皇后已前十二座親盡迭毀宜遷諸太廟祔于興聖廟禘祫之歲乃一祭之東都無興聖廟可祔伏請且權藏於太廟夾室未題神主十四座前件神主既無題號之文難伸祝告之禮今與禮官等商量伏請告遷之日但瘞於舊太微宮內空閑之地恭酌事理庶協從宜制可太常博士段瓌等三十九人奏議曰禮之所立本於誠敬廟之所設實在尊嚴既曰薦誠則宜統一昔周之東西有廟亦可徵其所由但緣卜洛之初既須營建又以遷都未決因議兩留酌其事情匪務於廣祭法明矣伏以東都太廟廢已多時若議增修稍乖前訓何者東都始制寢廟於天后中宗之朝事出一時非貞觀開元之法前後因循不廢者亦踵鎬京之文也記曰祭不欲數數則煩天寶之中兩京悉爲寇陷西都廟貌如故東都因此散亡是知九廟之靈不欲歆其煩祀也自建中不葺之後彌

歷歲年令若廟貌惟新即須至別有主舊主雖在大土合祧必几筵而存之所謂宜祧不祧也孔子曰當七廟五廟無虛主也謂廟不得無主者也舊主如有留去新廟便合創添謹按左傳云祔練作主又載云虞而立几筵如或過時成之便是以亾干吉創添既不典虛廟又非儀考諸禮文進退無守或曰漢於郡國置宗廟凡百餘所今止東西立廟有何不安者當漢氏承秦焚燒之餘不識典故至於廟制率意而行比及元成二帝之間貢禹韋玄成等繼出果有正論竟從毀除足知漢初不本於禮經又安可程法也或曰几筵不得復設廟饗何妨修營候車駕時巡便合於所載之主者究其終始又得以論之昨者降勑參詳本爲欲收舊主主既不立廟何可施假令行幸九州一一皆立廟乎愚以爲廟不可脩主宜藏瘞或就瘞於埳室或瘞於兩階間此乃百代常行不易之道也其年九月勑段瓌等詳議東都不可立廟李福等別狀又有異同国家制度須合典礼證據未一則難建立宜並令赴都省對議須歸至當工部尚書薛元賞等議伏

以建中時公卿奏請脩建東都太廟當時之議大者有三其一曰必有其廟備立其主時饗之日以他官攝行二曰建廟立主存而不祭皇輿時巡則就饗焉三曰存其廟瘞其主臣等立其三議参酌禮經理宜存廟不合置主謹按祭礼義曰建国之神位右社稷而左宗廟礼記云君子將營宮室宗廟爲先是知王者建邦設都必先宗廟社稷況周武受命始都于豐成王相宅又卜于洛烝祭歲於新邑冊周公于太室故書曰戊辰王在新邑烝祭歲王入太室祼成王厥後復立于豐雖成洛邑未嘗久處逮于平王始定東遷則周之豐鎬皆有宗廟明矣又按曾子問廟有二主夫子對以天無二日土無二王嘗禘郊社尊無二上未知其爲禮者昔齊桓公作二主夫子譏之以爲僞主是知二主不可並設亦明矣夫聖王建社以厚本立廟以尊祖所以京邑必有宗社今国家定周秦之兩地爲東西之兩宅闢九衢而立宮闕設百司而嚴拱衛取法玄象號爲京師既嚴帝宅難虛神位若無宗廟何謂皇都然依人者神在誠者祀誠非外至必由中出理合親敬用交神明位宜存於兩都廟可借立誠難專於二祭主不並設或以禮云七廟五廟無虛主是謂不可無主所以天子巡狩亦有所尊尚飾齋車載遷主以行今若修廟瘞主則東都太廟九室皆虛既違於經須徵其說臣復探賾禮意因得盡而論之所云七廟五廟無虛主是謂見饗之廟不可虛也今之兩都雖各有廟禘祫饗獻斯皆親奉於上京神主几筵不可虛陳於東廟且禮云雖聖人爲能饗帝孝子爲能饗親昔漢韋玄成議廢郡國祀亦曰立廟京師躬親承事四海之內各以其職來祭人情禮意如此較然二室既不並居二廟 豈可借祔但所都之國見饗之廟既無虛室則叶通經議者又欲置主不饗以俟巡幸昔魯作僖公之主不於虞練之時春秋書而譏之合祔之主作非其時尚爲所譏今若置不合祔之主不因時而作違經越禮莫甚於此豈有九室合饗之主而有置而不饗之文兩廟始創於周公二主難議於夫子自古制作皆軌周孔舊典猶在足可明徵臣所以言東都廟則合存主不合置今將脩建廟宇誠不

歆於典禮其見在太微宮中六主請待東都修建太廟畢具禮迎置於西夾室閟而不饗式彰陛下嚴祀之敬以明聖朝尊祖之義吏部郎中鄭亞等五人議據禮院奏以爲東都太廟既廢不可復修見在太微宮神主請瘞於所寓之地有乖經訓不敢雷同臣所以別進議狀請修 祔主並依典禮兼與建中元年禮儀使顏真卿所奏事同臣與公卿等重議皆以爲廟固合修主不可瘞即與臣等別狀意同但衆議猶疑東西二廟各設神主恐涉廟有二主之義請修廟虛室以太微宮所寓神主藏於夾室之中伏以六主神位內有不祧之宗今用遷廟之儀猶未合禮臣等猶未敢署衆狀蓋爲闕疑太學博士直弘文館鄭遂等七人議曰夫論國之大事必本乎正而根乎經以臻于中道聖朝以廣孝爲先以得禮爲貴而臣下敢不以經對三論六故以詳於前議矣再捧天問而陳乎諸家之說求于典訓考乎大中廟有必脩之理主無可置之理何則正經正史兩都之廟可徵禮稱天子不卜處太廟擇日卜建國之地則宗廟可知則廢廟之說恐非

所宜廢謹按詩書禮三經及漢朝正史兩都並設廟而載主之制久
已行之敢不明徵而去文飾援據經文不易前見東都太廟合務修
崇而舊主當瘞請于太微宮所藏之所皇帝有事于洛則奉齊車載
主以行太常博士顧德章議曰夫禮雖緣情將明歟要實在得中必
過禮而求多則反虧於誠敬伏以神龍之際天命有歸移武氏廟於
長安即其地而置太廟以至天寶初復不爲建都而設議曰中宗立
廟於東都無乖舊典徵其意不亦謬乎又曰東都太廟至於睿宗玄宗
猶奉而不易者蓋緣嘗所尊奉不敢輙廢也今則廢已多時猶循莫
舉之典也又曰雖貞觀之始草創未暇豈可謂此事非開元之法者
謹按定開元六典勑曰聽政之暇錯綜古今法以周官作爲唐典覽
其本末千載一朝春秋謂考古之法也行之可久不曰然歟此時東
都太廟見在六典序兩都官闕西都具太廟之位東都則存而不論
足明事出一時又安得曰開元之法也又三代禮樂莫盛於周昨者
論議之時便宜細大取法鬪遷而立廟今立廟不因遷何美之而不

能師之也又曰建國神位右社稷而左宗廟君子將營宮室宗廟爲
先者謹按六典永昌中則天以東都爲神都遒後漸加構宮室百司
於是備矣今之宮室百司乃武氏改命所備也上都已建國立宗廟
不合引言又曰東都洛陽祭孝宣等五帝長安祭孝成等三帝以此
爲置廟之例則大非也當漢兩處有廟所祭之帝各別今東都建廟
作主與上都盡同而論之失之甚者又曰今或東洛復太廟有司同
日侍祭以此爲數實所未解者謹按天寶三載詔曰頃四時有事於
太廟兩京同日自今已後兩京各宜別擇日載在祀典可得而詳且
立廟造主所以祭神而曰存　而勿祀出自何經當七廟五廟無虛主
而欲立虛廟法於何典前稱廟貌如故者即指建中之中就有而言
以爲國之先也前以非時不造主者謂見有神主不得以䵍而造也
若江左至德之際主並散亡不可拘以例也或曰廢主之瘞請在太
微宮者謹按天寶二年勑曰古之制禮祭用質明義兼取於尚幽情
實緣於既沒我聖祖澹然常在爲道之宗既殊有盡之期宜展事生

之禮自今已後每至聖祖宮有昭告宜改用卯時者今欲以主瘞於
宮所即與此勑全乖又曰主不合瘞請藏夾室者謹按前代藏主願
有異同至如夾室儀用以序昭穆也今廟主俱不中禮則無禘祫之
文又曰君子將營宮室以宗廟爲先則建國營宮室而宗廟必設東
都既有宮室而太廟不合不營凡以論之其義斯勝而西周東漢並
曰兩都其各有宗廟之證經史昭然又得以極思於揚攉詩曰其繩
則直縮板以載作廟翼翼大雅瓜瓞言豐廟之作也曰於穆清廟肅
雍顯相洛邑既成以率文王之祀此詩言洛之廟也書曰成王既至
洛烝祭歲文王騂牛一武王騂牛一又曰祼于太室康王又居豐命
畢公保釐東郊豈有無廟而可烝祭非都而設保釐則書東西之廟
也遠于後漢卜洛西京之廟亦存建武二年於洛陽立廟而成哀平
三帝祭於西京一十八年親幸長安行禘禮當時五室列於洛都三
帝留於京廟行幸之歲與合食之期相會不奉齋車又安可以成此
禮則知兩廟周人成法載主以行漢家通制或以當虛一都之廟爲

不可而引七廟無虛主之文禮言一都之廟室不虛主非爲兩都各
廟而不可虛也聯出征之辭■更明載主之意因事而言理實相統
非如詩人更可斷章以取義也古人求神之所非一奉神之意無二
故廢■桑主重作栗主既事理之已明其一也或又引左氏傳
築郿凡例謂有宗廟先君之主曰都而立建主之論按魯莊公二十
八年冬築郿左傳爲築發凡例穀梁議因藪澤之利公羊稱避凶年
造邑之嫌三傳異同左氏爲短何則當春秋二百年間魯凡城二十
四邑唯郿一邑稱築城其二十二邑豈皆宗廟先君之主乎執此爲
建主之端又非通論或又曰廢之瘞何以在於太微宮所藏之所宜
舍故依新前已列矣按瘞主之位有三或於北牖之下或在西階之
間廟之事也其不當立之主但隨其所以瘞之夫主瘞乎當立之廟
斯不然矣以在所而言則太微宮所藏之所與漢之寢園無異歷代
以降建一都者多兩都者少今國家崇東西之宅極嚴奉之典而以
各廟爲疑合以建都故事以相質正即周漢是也今詳議所徵究其

年代率皆一都之時豈可以擬議亦孰敢獻酬於其間詳考經言古
人謀寢必及於廟未有設寢而不立廟者國家承隋氏之弊草創未
暇後雖建於垂拱而事有所合其後當干戈寧戢之歲文物大備之
朝歷干十一聖不議議廢之豈不以事雖出於一時廟有合立之理而
不可一一革也今洛都之制上自宮殿樓觀下及百辟之司與西京
無異鑾輿之至也雖厮役之賤必歸其所理也豈先帝之主獨無其
所安乎時也虞主尚瘞廢主宜然或以馬融李舟二人稱寢無傷於
借立廟不妨於暫虛是則馬融李舟可法於宜尼矣以此擬議乖當
則深或稱凡邑有宗廟先君之主曰都無曰邑邑曰築都曰城者謹
按春秋二百四十年間惟鄗一邑稱築如城郎費之類各有所因或
以他防或以自固謂之盡有宗廟理則極非或稱聖主有復古之功
簡冊有考文之美五帝不同樂三王不同禮遭時爲法因事制宜此
則改作有爲非有司之事也如有司之職但合一一據經變禮從時
則須俟明詔也凡不修之證略有七條廟立因遷一也已廢不舉二

也廟不可虛三也非時不造主四也合載遷主行五也尊無二上六
也六典不書七也謹按文王遷豐立廟武王遷鎬立廟成王遷洛立
廟今東都不因遷而欲立廟是違因遷立廟也謹按禮記曰凡祭有
其廢之莫敢舉也有其舉之莫敢廢也今東都太廟廢已八朝若果
立之是違已廢不舉也謹按禮記曰當七廟五廟無虛主今欲立虛
廟是違廟不可虛也謹按左傳丁丑作僖公主書不時也記又曰過
時不祭禮也合禮之祭過時猶廢非禮之主可以作乎今欲非時作
主是違非時不作主也謹按曾子問古者師行以遷廟主行乎孔子
曰天子巡狩必以遷廟主行載於齋車言必有尊也今也取七廟之
主以行則失之矣皇氏云遷廟主者載遷一室之主也今欲載群廟
之主以行是違載遷之主也謹按禮記曰天無二日土無二王嘗禘
郊社尊無二上也今欲兩都建廟作主是違尊無二上也謹按六典
序兩都宮闕及廟宇此時東都有廟不載是違六典不書也遍考書
傳並不合修寢以武德貞觀之中作法垂範之日文物大備儒彥畢

臻若可修營不應議不及矣記曰樂由天作禮以地制天之體動也
地之體止也此明樂可作禮難變也伏惟陛下誠明載物莊敬御天
孝方切於祖宗事乃求於根本再令集議俾定所長臣實職司敢不
條白以對德章又有上中書門下及禮院詳議兩狀並同載於後其
一曰伏見八月六日勅欲修東都太廟令會議事此時已有議狀準
禮不合更修尚書丞郎已下三十八人皆同署狀德章官在禮寺實
忝司存當聖上嚴禋敬事之時會相公尚古黜華之日脁國之祀典
有乖禮文豈唯受責於曠官竊懼貽恥於明代所以懃懃懇懇將不
言而又言也昨者異同之意盡可指陳一則以有都之名更合立廟
次則欲崇修廟宇以候時巡殊不知廟不合虛主惟載一也謹按貞
觀九年詔曰太原之地肇基王業事均豐沛義等宛譙約禮而言須
議立廟時秘書監顏師古議曰臣傍觀祭典遍考禮經宗廟皆在京
師不於下土別置昔周之豐鎬實爲遷都乃是因事便營非云一時
別立太宗許其奏即日而停由是而言太原豈無都號太原爾時猶

廢東都不立可知且廟室惟新即須有主主既藏瘞非虛而何是有
都立廟之言不攻而自破矣又按曾子問曰古者師行必以遷廟主
行乎孔子曰天子巡狩必以遷廟主行載于齋車言必有尊也今也
取七廟之主以行則失矣皇氏云遷廟主者惟載新遷一室之主也
如祧之主無載行之文假使候時巡自可修營一室議構九室有可
依憑夫宗廟尊事也重事也至尊至重安得以疑文定論言皆不經
則爲擅議近者勑旨凡以議事皆須一一據經若無經文任以史證如
或經史皆無據者不得率意而言則立廟東都正經史無據果從臆
說無乃前後相違也書曰三人占則從二人之言會議者四十八人
所同者六七人耳比夫二三之喻又何其多也夫堯舜之爲帝迄今
稱詠之者非有他術異智者也以其有賢臣輔翼能順考古道也故
堯之書曰若稽古帝堯孔氏傳曰傳說佐殷之君亦曰事不師古匪
說攸聞考之古道既如前驗以國章又如此將求典實無以易諸伏
希必本正經稍抑浮議踵皐夔之古道法周孔之遺文則天下守貞

之儒實所幸甚其餘已具前議其二曰夫宗廟之設主於誠敬旋觀典禮貳則非誠是以匪因遷都非不別立廟宇記曰天無二日土無二王嘗禘郊社尊無二上又曰凡祭有其廢之莫敢舉也有其舉之莫敢廢也則東都太廟廢已多時若議增修稍違前志何者聖曆神龍之際武后始復明辟中宗取其廟易置太廟焉本欲權固人心非經久之制也伏以所存神主旣請祧藏今廟室惟新即須有主神主非時不造廟寢又無虛議如修復以俟時巡惟載一主備在方册可得而詳又引經中義有數等或是弟子之語或是他人之言今廟不可虛尊無二上非時不造主合載一主行皆大聖祖及宣尼親所發明者比之常據不可同塗又丘明脩春秋悉以君子定褒貶至陳泄以忠獲罪晉文以臣召君於此數條復稱君子將評得失特以宣尼斷之傳曰危疑之理須聖言以明也或以東都不同他都地有壇社宮闕欲議權葺似是無妨此則酌於意懷非曰經據也但以遍討今古無有壇社立廟之證用以爲說實所未安謹上自殷周傍稽故實

除因遷都之外無別立廟之文制曰自古議理皆酌人情必稷嗣知幾賈生達識方可發揮大政潤色皇猷其他管窺蓋不足數公卿之議實可施行德章所陳最爲淺近豈得苟申獨見妄有異同事貴酌中理宜從衆宜令有司擇日修崇太廟以留守李石充使勾當六年三月擇日旣定禮官旣行旋以武宗登遐其事遂寢

宣宗即位竟迎太微宮神主祔東都太廟禘祫之禮盡出神主合食於太祖之前貞觀禮祫享功臣配享於廟庭禘享則不配當時令文祫禘之日功臣並得配享貞觀十六年將行禘祭有司請集禮官學士等議太常卿韋挺等一十八人議曰古之王者富有四海而不朝夕上膳於宗廟者患其禮過也故曰春秋祭祀以時思之至於臣有大功享祿其後孝子率禮潔粢豐盛禘祀烝嘗四時不輟國家大祫又得配焉所以昭明其勳尊顯其德以勸嗣臣也其禘及時享功臣皆有應預故周禮六功之官皆配大烝而已先儒皆取大烝爲祫祭高堂隆庾蔚之等多遵鄭學未有將爲時享又漢魏祫祀皆在十月

晉朝禮官欲用孟秋殷祭左僕射孔安國啓彈坐免著不一梁初誤禘功臣左丞何佟之駮議武帝允而依行降洎周齊俱遵此禮竊以五年再殷合諸天道一大一小通人雅論小則人臣不預大則兼及功臣今禮禘無功臣誠謂禮不可易乃詔改令從禮至開元中改修禮復令禘祫俱以功臣配饗焉高宗上元三年十月將祫享于太廟時議者以禮緯三年一祫五年一禘公羊傳云五年而再殷祭義交互莫能斷決太學博士史璨等議曰按禮記正義引鄭玄禘祫志云春秋僖公三十三年十二月薨文公二年八月丁卯大享于太廟公羊傳云大享者何祫也是三年喪畢新君二年當祫明年當禘于羣廟又宣公八年禘僖公也宣公八年皆有禘則後禘去前禘五年以此定之則新君二年祫三年禘自爾已後五年而再殷祭則六年當祫八年當禘祭昭公十年齊歸薨至十三年喪畢當祫爲平丘之會冬公如晉至十八年祫二十年禘二十三年祫二十五年禘昭公二十五年有事於襄宮是也如上所云則禘已後隔三年祫已後隔二

年禘此則有合禮經不違傳義自此依璨等議爲定開元六年秋睿宗喪畢祫享于太廟自後又相承三年一祫五年一禘各自計年不相通數至二十七年凡經五禘七祫其年夏禘訖冬又當祫太常議曰禘祫二禮俱爲殷祭祫爲合食祖廟禘謂禘序尊卑由先君逮下之慈成群嗣奉親之孝事異常享有時行之然而祭不欲數數則黷亦不欲疎疎則怠故王者法諸天道制祀典焉烝嘗象時禘祫如閏五歲再閏天道大成宗廟法之再爲殷祭者也謹按禮記王制周官宗伯鄭玄注解高堂所議並云國君嗣位三年喪畢祫于太祖明年禘于群廟自爾已後五年再殷一祫一禘漢魏故事貞觀實錄並用此禮又按禮緯及魯禮禘祫注云三年一祫五年一禘所謂五年而再殷祭也又按白虎通及五經通義許慎異議何休春秋賀循祭議並云三年一禘何也以爲三年一閏天道小備五年再閏天道大備故也此則五年再殷通計其數一祫一禘迭相乘矣今廟禘祫各自數年兩岐俱下不相通計或比年頻合或同歲再序或一禘之後併

爲再祫或五年之内驟有三殷法天象閏之期既違其度五歲再殷之制數又不同求之禮文頗爲乖失說者或云禘祫二禮大小不侔祭名有殊年數相去祫以三紀抵小而合禘以五斷至十而周有兹參差難爲通計竊以三祫五禘之説本出禮緯五歲再殷之數同在其篇會通二文非相詭也蓋以禘後置祫二周有半數以全數謂之三年一閏只用三十二月也其禘祫異稱各隨四時秋冬爲祫春夏爲禘祭名雖異爲殷則同譬如礿祠烝嘗其體一也鄭玄謂祫大禘小傳或謂祫小禘大肆陳之間或有增減通計之義初無異同蓋象天之法相傳久矣惟晉代陳舒有三年一殷之議自五年八年又十一十四尋其議文所引亦以象閏五年一禘又奚所施矛盾之説固難憑也夫以法天之度既有指歸稽古之理若兹昭著禘祫二祭通計明矣今請以開元二十七年己卯四月禘至辛巳年十月祫至甲申年四月又禘至丙戌年十月又祫至己丑年四月又禘至辛卯年十月又祫自此五年再殷周而復始又禘祫之說非唯一家五歲再

唐志六　十二

○殷之文既相師矣法天象閏之理大抵亦同而禘後置祫或近或遠盈縮之度有二法焉鄭玄宗高堂則先三而後二徐邈之議則先二而後三謹按鄭氏所注先三之法約三祫五禘之文存三歲五年之位以爲甲年既禘丁年當祫己年又禘壬年又祫甲年又禘丁年又祫周而後始以此相承祫後去禘十有八月而近禘後去祫三十二月而遥分析不均粗於算矣假如攻乎異端置祫於秋則三十九月爲前二十一月爲後雖小有愈其間尚偏竊據本文皆云象閏二閏相去則平分矣兩殷之序何不等耶且又三年之言本擧全數二周有半實惟三年於此置祫不違文矣何必拘滞隔三正乎盖千里一失通儒之蔽也徐氏之議有異於是研覈周審最爲可憑以爲二禘相去爲月六十中分三十置一祫焉若甲年夏禘丙年冬祫有象閏法毫釐不偏三年一祫之文既無乖越五歲再殷之制踈數有均校之諸儒義實長久今請依據以定二殷預推祭月周而復始禮部員外郎崔宗之駁下太常令更詳議令集賢學士陸善經等更加詳覈善經

亦以其議爲允於是太常卿韋縚奏曰禮有禘祫俱稱殷祭二法更用鱗次相承或云五歲再殷一禘一祫或云三年一祫五年一禘法天象閏大趣皆同皆以太廟禘祫計年有差考於經傳微有所乖頃在四月已前禘享今指孟冬又申祫儀合食禮頗恐違先典伏以陛下能事畢擧舊物咸甄宗祏祗愼之時經訓申明之日臣等忝在持禮職司討論輙據舊文定其倫序請以今年夏禘便爲殷祭之源自此之後禘祫相代五年再殷周而復始其今年冬祫準禮合停望令所司但行時享即嚴禋不黷庶合舊儀制從之舊儀天寶八年閏六月六日勅文禘祫之禮以存序位質文之變蓋取隨時國家系本仙宗業承聖祖重熙累盛既錫無疆之休合享登神思弘不易之典自今已後每禘祫並於太清宫聖祖前設位序正上以明陟配之禮欽若玄象下以盡虔祭之誠無違至道比來每縁禘祫時享則停事雖適於從宜禮或斷於必備已後每縁禘祫其常享以素饌三焚香以代三獻

唐志六　十三

○建中二年九月四日太常博士陳京上疏言今年十月祫享太廟并合饗遷廟獻祖懿祖二神主春秋之意毁廟之主陳于太祖未毁廟之主皆升合食于太祖太祖之位西而東向其下子孫昭穆相對南北爲別廟無毁廟遷主不享之文徵是禮也自於周室而國朝祀典當與周異且周以后稷配太廟爲始封之祖而乃立廟廟毁主遷皆在太祖之後禘祫之時無先於太廟太祖者正太祖東向之位全其尊而不疑然今年十月禘饗太廟伏請據魏晉舊制爲比則構築別廟東晉以征西等四府君爲別廟至禘祫之時則於太廟正太祖之位以申其尊別廟祭高皇大皇征西等四府君以敘其親伏以國家若用此義則宜別爲獻祖懿祖立廟禘祫祭之以重其親則太祖於太廟遂居東向以全其尊伏以德明興聖二皇帝曩立廟至禘祫之時常用饗禮今則別廟之制便就興聖廟藏祔爲宜勑下尚書省百寮集議禮儀使太子少師顏真卿議曰議者或云獻祖懿祖親遠廟遷不當祫享宜永閟於西夾室又議者云二祖宜同祫享於太祖並昭

穆而空太祖東向之位又議者云二祖若同祫享即太祖之位永不得正宜奉遷二祖神主祔藏於德明皇帝廟臣伏以三議俱未爲允且禮經殘缺既無明據儒者能方義類斟酌其中則可舉而行之蓋協於正也伏惟太祖景皇帝以受命始封之功處百代不遷之廟配天崇享是極尊嚴且至禘祫之時暫居昭穆之位屈己申孝敬奉祖宗緣齒族之禮廣尊先之道此實太祖明神烝烝之本意亦所以化被天下率循孝悌也請依晉蔡謨等議至十月祫享之日奉獻祖神主居東向之位自懿祖太祖洎諸祖宗遵左昭右穆之列此有彰國家重本尚順之明義足爲萬代不易之令典也又議者請奉二祖神主於德明皇帝廟行祫祭之禮夫祫合也故公羊傳云大事者何祫也若祫祭不陳於太廟而享於德明廟其乃分食也豈謂合食乎名實相乖深失禮意固不可行也

貞元七年十一月二十八日太常卿裴郁奏曰禘祫之禮殷周遷廟皆出太祖之後故得合食有序尊卑不差及漢高受命無始祖以高

皇帝爲太祖太上皇高帝之父位廟享祀不在昭穆合食之列爲尊於太祖故也魏武創業文帝受命亦即以武帝爲太祖其高皇太祖處士君等並爲屬尊不在昭穆合食之列晉宣創業武帝受命亦即以宣帝爲太祖其征西潁川等四府君亦爲屬尊不在昭穆合食之列國家誕受天命累聖重光景皇帝始封唐公實爲太祖中間世數既近於三昭三穆之內故皇家太廟惟有六室其弘農府君宣光二祖尊於太祖親盡則遷不在昭穆之數著在禮志可舉而行開元中加置九廟獻懿二祖皆在昭穆是以太祖景皇帝未得居東向之尊今二祖已祧九室惟序則太祖之位又安可不正伏以太祖上配天地百代不遷而獻懿二祖親盡廟遷而居東向徵諸故實實所未安請下百寮僉議勑旨依八年正月二十三日太子左庶子李嶸等七人議曰王制天子七廟三昭三穆與太祖而七周制也七者太祖及文王武王之祧與親廟四也太祖后稷也殷則六廟契及湯與二昭二穆夏則五廟無太祖禹與二昭二穆而晉朝博士孫欽議云王者受命太祖及諸侯始封之君其已前神主據已上數過五代即毀其廟禘祫不復及也禘祫所及者謂受太祖之後未毀主升藏於二祧者也雖百代禘祫及之伏以獻懿二祖太祖以前親盡之主也擬三代以陟之制則禘祫不及矣代祖神主則太祖已下毀廟之主則公羊傳所謂已毀廟之主陳于太祖者是也謹按漢永光四年詔議罷郡國廟及親盡之祖丞相韋玄成議太上孝惠廟皆親盡宜毀太上廟主宜瘞園孝惠主遷於太祖廟奏可太上則太祖已前之主瘞于園禘祫不及故也則今獻懿二祖之比也孝惠遷於太祖廟明太祖已下子孫則禘祫所及則今代祖元皇帝神主之比也自魏晉及宋齊隋陳相承始受命之君皆立廟虛太祖之位自太祖之後至七代君則太祖東向位乃成七廟太祖以前之主魏明帝則遷處士主置於園邑歲時使令丞奉薦世數猶近故也至東晉明帝崩以征西等三祖遷入西除名之祧以準遂廟至康帝崩穆帝立於京兆遷入西除同謂之祧如前之禮並禘祫所不及國朝始饗四廟宣元并太祖世祖

神主祔于廟至貞觀九年將祔高祖于太廟朱子奢請準禮立七廟其三昭三穆各置神主太祖依宋以來故事虛其位待遞遷方之東嚮位於是始祔弘農府君及高祖爲六室虛太祖之位而行禘祫至二十三年太宗祔廟弘農府君乃藏於西夾室文明元年高宗祔廟始遷宣皇帝于西夾室開元十年玄宗特立九廟於是追尊宣皇帝爲獻祖復列於正室光皇帝爲懿祖以備九室禘祫猶虛太祖之位祝文於三祖不稱臣明全廟數而已至德二載剋復後新作九廟神主遂不造弘農府君神主明禘祫不及故也至寶應二年祔玄宗肅宗於廟遷獻懿二祖於西夾室始以太祖當東嚮位以獻懿二祖爲是太祖以前親盡神主準禮禘祫不及凡十八年至建中二年十月將祫饗禮儀使顏眞卿伏奏合出獻懿二祖神主行事其布位次第及東面尊位請準東晉蔡謨等議爲定遂以獻祖當東嚮以懿祖於昭位南嚮以太祖於穆位北嚮以次左昭右穆陳列行事且蔡謨當時雖有其議事竟不行而我唐廟祧豈可爲準嶸伏以嘗禘郊社尊無

二上瘞毀遷藏禮有義斷以獻懿爲親盡之主太祖已當東嚮之尊一朝改移實非典故謂宜復先朝故事獻懿神主藏於西夾室以類祭法所謂遠廟爲祧去祧爲壇去壇爲墠壇墠有禱則祭無禱乃止太祖既昭配天地位當東嚮之尊庶上守貞觀之首制中奉開元之成規下遵寶應之嚴式符合經義不失舊章吏部郎中柳冕等十二人議曰天子受命之君諸侯始封之祖皆爲太祖故天子必有尊也是以尊太祖焉故雖諸侯必有先也亦以尊太祖焉故太祖已下親盡而毀洎秦滅學漢不及禮不列昭穆不建迭毀晉失之宋因之於是有違五廟之制於是有虛太祖之位夫不列昭穆非所以示人有序也不建迭毀非所以示人有殺也違五廟之制非所以示人有別也虛太祖之位非所以示人有尊也此禮之所由廢按禮父爲士子爲天子葬以士今獻祖祧也懿祖亦祧也唐未受命猶士禮也是故高祖太宗以天子之禮祭之不敢以太祖之位易之今而易之無乃亂先王之序乎昔周有天下追王太王王季以天子之禮及其祭也

親盡而毀之漢有天下尊太上皇以天子之禮及其祭也親盡而毀之唐有天下追王獻懿二祖以天子之禮及其祭也親盡而毀之則不可代太祖之位明矣又按周禮有先公之祧有先王之祧先公之遷主藏乎后稷之廟其周未受命之祧乎先王之遷主藏乎文王之廟其周已受命之祧乎故有二祧所以異廟也今獻祖已下之祧猶先公也太祖已下之祧猶先王也請築別廟以居二祖則行周之禮復古之道故漢之禮因於周也魏之禮因於漢也隋之禮因於魏也皆立三廟有二祧又立私廟四於南陽亦後漢制也以爲人之子事太宗降其私親故私廟以所奉本宗也太廟所以尊正統也雖古今異時文質異禮而知禮之情與問禮之本者莫不適其變酌而行之故上致其崇則太祖屬尊乎上矣下盡其殺則祧主親盡於下矣中處其中則王者主祧於中矣工部郎中張薦等議曰昔殷周以稷禼之後所以昭穆合祭尊卑不差如夏后氏以禹始封遂爲不遷之祖故夏五廟禹與二昭二穆而已據此則鯀之親盡其主已遷左氏既稱

禹不先鯀足明遷廟之主雖屬尊於始封祖者亦在合食之位矣又據晉宋齊梁北齊周隋史其太祖已下並同禘祫未嘗限斷遷毀之主伏以南北八代非無碩學巨儒宗廟大事議必精博驗於史冊其禮僉同又詳魏晉宋齊梁北齊周隋故事及貞觀顯慶開元所禘祫並虛東嚮既行之已久實群情所安且太祖處清廟第一之室其神主雖百代不遷永歆烝嘗上配天地於郊廟無不正矣若至禘祫之時蹔居昭穆之列屈已申孝以奉祖禰豈非伯禹丞丞敬鯀之道歟亦是魏晉及周隋之太祖不敢以卑厭尊之義也議者或欲遷二祖於興聖廟及請別置築室至禘祫年饗之夫祫合也此乃分食殊乖禮意又欲藏於西夾室永不及祀無異漢代瘞園允爲不可輒敢徵據正經考論舊史請奉獻懿二祖與太祖並從昭穆之位而虛東嚮司勳員外郎裴樞議曰禘之主亦由是也若祔於遠廟無乃中一有間等上不倫西位當虛則太祖永厭於昭穆異廟別祭則祫饗事主乎合食永祕比於姜嫄則推詳禨而無事禮云親親故尊祖尊祖故

敬宗敬宗故收族所以宗廟嚴社稷重由是言也太祖之上復有遠尊之祖則親親尊祖之義無乃乖乎太廟之外輕置別祭之廟則宗廟無乃不嚴社稷無乃不重乎且漢丞相韋玄成請瘞於園晉徵士虞喜請瘞于廟兩階之間喜又引左氏說古者先王日祭於祖考月祀於曾高時享及二祧歲祫及壇墠終禘及郊宗石室是謂郊宗之祖斯最近矣但當時議所居石室未有準酌喜請於夾室中愚以爲石室可據所以處之道未安何者夾室謂太祖之下毀主非是安太祖之上藏主也未有卑處正位尊在傍居考理即心恐非允協今若建石室於園寢遷神主以永安採漢晉之舊章依禘祫之一祭修古禮之殘缺爲國朝之典故庶乎春秋變禮之正動也中者焉考功員外郎陳京議曰京前爲太常博士已於建中二年九月四日奏議祫饗獻懿二祖所安之位請下百寮博採所疑其時禮儀使顏真卿因是上狀與京議異京議未行伏見去年十一月二十八日詔下太常卿裴郁所奏大抵與京議相會伏以興聖皇帝則獻祖之曾祖懿祖之

高祖夫以曾孫祔引於曾高之廟豈禮之不可哉實人情之大順也京兆少尹韋武議曰凡三年一祫五年一禘禘祫群廟大合禘則各序其祧謂主遷彌遠祧室既修當祫之歲當以獻祖居于東嚮而懿祖序其昭穆以極所親若行禘禮則太祖復延于西以衆主列其左右是則於太祖不爲降屈於獻祖無所厭卑考禮酌情謂當行此爲勝同官縣尉仲子陵議曰今儒者乃援子雖齊聖不先父食之語欲令已祧獻祖權居東向配天太祖屈居昭穆此不通之甚也凡左氏不先食之言且以正文公之逆祀儒者安知非夏后廟數未足之時而言禹不先鯀乎且漢之禘祫蓋不足徵魏晉已遠太祖皆近是太祖之上皆有遷主歷代所疑或引閟宮之詩而永閟或因虞主之義而瘞園或緣遠廟爲祧以築宮或言太祖實卑而虛位惟東晉蔡謨憑左氏不先食以爲說欲令征西東嚮均定數者此最不安且蔡謨此議非有所行前有司不本謨改築之言取征西東嚮之一句爲萬代法此其不可甚也臣又思之永閟瘞園則臣子之心有所不安權虛正

位則太祖之尊無時而定則別築一室義差可安且興聖之於獻祖乃曾祖也昭穆有序饗祀以時伏請奉獻懿二祖遷於德明興聖廟此其大順也或以祫者合也今二祖別廟是分食也何合之爲臣以爲德明興聖二廟每禘祫之年亦皆饗薦是亦分食奚疑於二祖乎其月二十七日吏部郎中柳冕上禘祫義證凡一十四道以備顧問并議奏聞至三月十二日祠部奏都等議狀至十一年七月十二日勅于頎等議狀所謂各殊理在討論用求精當宜令尚書省會百寮與國子監儒官切磋舊狀定可否仍委所司具事件聞奏其月二十六日左司郎中陸淳奏曰臣尋七年百寮所議雖有一十六狀摠其歸趣三端而已于頎等一十四狀並云復太祖之位張薦狀則云並列昭穆而虛東嚮之位韋武狀則云當祫之歲獻祖居于東嚮行禘之禮太祖復延于西謹按禮經及先儒之說復太祖之位驗正也義在不疑太祖之位既正懿獻二主當有所歸詳考十四狀其意有四一曰藏諸夾室二曰置之別廟三曰遷于園寢四曰祔于興聖廟諸夾室是無饗獻之期異乎周人藏於二祧之義禮不可行也置之別廟始於魏明之說固非禮經之文晉義熙九年雖立此義已後亦無行者遷於園寢是亂宗廟之儀既無所憑殊乖經意不足徵也惟有祔于興聖之廟禘祫之歲乃一祭之庶乎亡於禮者之禮而得變之正也十九年三月給事中陳京奏禘是大合祖宗之祭必尊太祖之位以正昭穆今年遇禘伏恐須定向來所議之禮勅曰禘祫之禮祭之大者先有衆議由未精詳宜令百寮會議以聞時左僕射姚南仲等獻議狀五十七封詔付都省再集百寮議定聞奏戶部尚書王紹等五十五人奏議請奉遷獻祖懿祖神主祔德明興聖廟請別增兩京奉安神主緣二十四日禘祭修廟未成請於德明興聖廟垣內權設幕屋爲二室暫安神主候增修廟室成準禮遷祔神主入新廟每至禘祫年各於本室行饗禮從之是月十五日遷獻祖懿祖神主權祔德明興聖廟之幕殿二十四日饗太廟自此景皇帝始居東向之尊元皇帝已下依左昭右穆之列矣二祖新廟成勅曰奉遷獻祖懿祖神

主正太祖景皇帝之位虔告之禮當任重臣宜令檢校司空平章事杜佑攝太尉告太清宮門下侍郎平章事崔損攝太尉告太廟又詔曰國之大事式在明禋王者孝饗莫重於禘祭所以尊祖而正昭穆也朕承列聖之休德荷上天之睠命虔奉牲幣二十五年永惟宗廟之位禘嘗之序夙夜祗慄不敢自專是用延訪公卿稽參古禮博考群議至于再三敬以令辰奉遷獻祖宣皇帝神主懿祖光皇帝神主祔于德明興聖皇帝廟太祖景皇帝正東向之位宜令所司循禮務極精嚴祗肅祀典載深感惕咨爾中外宜悉朕懷會昌六年十月太常禮院奏禘祫祝文稱號穆宗皇帝宣懿皇后韋氏敬宗皇帝文宗皇帝武宗皇帝緣從前序親親以穆宗皇帝室稱爲皇兄未合禮文得修撰官朱儔等狀稱禮叙尊尊不叙親親陛下於穆宗敬宗武宗三室祝文恐須但稱嗣皇帝臣某昭告于某宗臣等同考禮經於義爲允從之貞元十二年祫祭太廟近例祫祭及親拜郊皆令中使一人引伐國寶至壇所所以昭示武功至是上以伐國大事中使引之非

宜乃令禮官一人就內庫監領至太廟焉
舊儀高祖之廟則開府儀同三司淮安王神通禮部尚書河間王孝恭陝東道大行臺右僕射鄖國公殷開山吏部尚書渝國公劉政會配饗太宗之廟則司空梁國公房玄齡尚書右僕射萊國公杜如晦尚書左僕射申國公高士廉配饗高宗之廟則司空英國公李勣尚書左僕射北平縣公張行成中書令高唐縣公馬周配饗中宗之廟則侍中平陽郡王敬暉侍中扶陽郡王桓彥範中書令南陽郡王袁恕已配享睿宗之廟則太子太傅許國公蘇瓌尚書左丞相徐國公劉幽求配饗
天寶六載正月詔京城章懷節愍惠文宣太子與隱太子懿德太子同爲一廟呼爲七太子廟以便於祀享太廟配饗功臣高祖室加裴寂劉文靜太宗室加長孫無忌李靖杜如晦宣宗室加褚遂良高季輔劉仁軌中宗室加狄仁傑魏元忠王同皎等十一人大祭祀騂犢減數十載太廟置內官十一載閏三月制自今已後每月朔望日宜

○令尚食造食薦太廟每室一牙盤內官享薦仍五日一開室門灑掃其後又有玄宗子靜德太子廟肅宗子恭懿太子廟孝敬廟在東京太廟院內貞順皇后讓皇帝廟在京中餘皆四時致祭

唐書志卷第六

唐書志卷第七

劉昫等修
聞人詮校刻沈桐同校

禮儀七

貞觀十四年太宗因修禮官奏事之次言及喪服太宗曰同爨尚有緦麻之恩而嫂叔無服又舅之與姨親踈相似而服紀有殊理未爲得宜集學者詳議餘有親重而服輕者亦附奏聞於是侍中魏徵禮部侍郎令狐德棻等奏議曰臣聞禮所以決嫌疑定猶豫別同異明是非者也非從天降非從地出人情而已矣夫親族有九服術有六隨恩以薄厚稱情以立文然舅之與姨雖爲同氣論情度義先後實殊何則舅爲母之本族姨乃外戚他族求之母族姨不在焉考之經典舅誠爲重故周王念齊每稱舅甥之國秦伯懷晉實切渭陽之詩在舅服止一時爲姨居喪伍月循名責實逐末棄本蓋古人之情或有未達所宜損益寔在茲乎記曰兄弟之子猶子也蓋引而進之也嫂叔之不服蓋

○推而遠之也禮繼父同居則爲之朞未嘗同居則不爲服從母之夫舅之妻二夫人相爲服或曰同爨緦然則繼父之徒並非骨肉服重由乎同爨恩輕在乎異居故知制服雖繫於名亦緣恩之厚薄者也或有長年之嫂遇孩童之叔劬勞鞠養情若所生分饑共寒契闊偕老譬同居之繼父方他人之同爨情義之深淺寧可同日而言哉在其生也愛之同於骨肉及其死也則曰推而遠之求之本原深所未諭若推而遠之爲是則不可生而共居生而共居之爲是則不可死同行路重其生而輕其死厚其始而薄其終稱情立文其義安在且事嫂見稱載籍非一鄭仲虞則恩禮甚篤顏弘都則竭誠致感馬援則見之必冠孔伋則哭之爲位此並躬踐教義仁深孝友察其所尚之旨豈非先覺者歟但于其時上無哲王禮非下之所議遂使深情鬱乎千載至理藏於萬古其來久矣豈不惜哉今屬欽明在辰聖人有作五禮詳洽一物無遺猶 且永念慎終凝神遐想以爲尊卑之敘雖煥乎大備喪紀之制或情理未周爰命秩宗更詳考正臣等奉遵明

責稱類旁求採摭羣經討論傳紀咸引典實無文之禮咸秩敦睦之情俾變薄俗於既往垂篤義於將來信六籍所不能談超百王而獨得者也諸儒所守互有異同詳求厥中申明聖旨謹按曾祖父母舊服齊衰三月請加爲齊衰五月嫡子婦舊服大功請加爲朞衆子婦小功今請與兄弟子婦同爲大功九月嫂叔舊無服今請服小功五月報其弟妻及夫兄亦小功五月舅服緦麻請與從母同服小功制可之顯慶二年九月修禮官長孫無忌等又奏曰依古喪服甥爲舅緦麻舅報甥亦同此制貞觀年中八座議奏舅服同姨小功五月而今律疏舅報於甥服猶三月謹按尊傍之服禮無不報已非正尊不敢降也故甥爲從母五月從母報甥小功甥爲舅緦麻舅亦報甥三月是其義矣今甥爲舅使同從母之喪則舅宜進甥以同從母之報修律疏人不知禮意舅報甥服尚止緦麻於例不通禮須改正今請修改律疏舅服甥亦小功又曰庶母古禮緦麻新禮無服謹按庶母之子即是已昆季爲之杖齊而已與之無服同氣之內吉凶頓殊求之禮情

○深非至理請依典故爲服緦麻制又從之龍朔二年八月所司奏同文正卿蕭嗣業嫡繼母改嫁身亡請申心制據令繼母改嫁及爲長子並不解官既而有勑雖云嫡母終是繼母據禮緣情須有定制付所司議定奏聞司禮太常伯隴西郡王博等又奏稱緬尋喪服母名斯定嫡繼慈養皆在其中惟出母制特言出妻之子明非生已則皆無服是以令云母嫁又云出妻之子出言其子以著所生嫁即言母通包養嫡俱當解任並合心喪其不解者惟有繼母之嫁繼母爲名正據前妻之子嫡於諸孽禮無繼母之文甲令今既見行嗣業理申心制然奉勑議定方垂永則令有不安亦須釐正竊以嫡繼慈養皆非所生並同行路嫁雖比出稍輕於父終爲義絕繼母之嫁既殊親母慈嫡義絕豈合心喪望請凡非所生父卒而嫁爲父後者無服非承重者杖朞並不心喪一同繼母有符情禮無玷舊章又心喪之制惟施服屈杖朞之服不應解官而令文三年齊斬亦入心喪之例杖朞解官又有妻喪之舛又依禮庶子爲其母緦麻三月既是所生無服準例亦合解官令文漏而不言於事終須修附既與嫡母等嫁同一條揔議請改理爲允愜者依集文武官九品已上議得司衛正卿房仁裕等七百三十六人議請一依司禮狀嗣業不解官得右金吾衛將軍薛孤吳仁等二十六人議請解嗣業官不同司禮狀者母非所生出嫁義絕仍令解職有紊緣情杖朞解官不甄妻服三年齊斬謬曰心喪庶子爲母緦麻漏其中制此並令文疏舛理難因襲依房仁裕等議揔加修附垂之不朽其禮及律疏有相關涉者亦請準此改正嗣業嫡母改醮不合解官詔從之上元元年天后上表曰至如父在爲母服止一朞雖心喪三年服由尊降竊謂子之於母慈愛特深非母不生非母不育推燥居濕咽苦吐甘生養勞瘁恩斯極矣所以禽獸之情猶知其母三年在懷理宜崇報若父在爲母服止一朞尊父之敬雖周服母之慈有闕且齊斬之制足爲差減更令周以一朞恐傷人子之志今請父在爲母終三年之服高宗下詔依議行焉開元五年右補闕盧履冰上言准禮父在爲母一周除靈三年心喪

○則天皇后請同父沒之服三年然始除靈雖則權行有紊彝典今陛下孝理天下動合禮經請仍舊章庶叶通典於是下制令百官詳議幷舅及嫂叔服不依舊禮亦合議定刑部郎中田再思建議曰乾尊坤卑天一地二陰陽之位分矣夫婦之道配焉至若死喪之威隆殺之等禮經五服之制齊斬有殊考妣三年之喪貴賤無隔以報免懷之慈以酬罔極之恩者也稽之上古喪期無數暨乎中葉方有歲年禮云五帝殊時不相沿樂三王異代不相襲禮白虎通云質文再而變正朔三而復自周公制禮之後孔父刊經已來爰殊厭降之儀以標服紀之節重輕從俗斟酌隨時故知禮不從天而降不由地而出也在人消息爲適時之中耳春秋諸國魯最知禮以周公之後孔子之邦也晉韓起來聘言周禮盡在魯矣齊仲孫來盟言魯猶秉周禮尚有子張問高宗諒陰三年子思不聽其子服出母子游謂同母異父昆弟之服大功子夏謂合從齊衰之制此等並四科之數十哲之人高步孔門親承聖訓及遇喪事猶此致疑即明自古已來昇降不一者也

三年之制說者紛然鄭玄以爲二十七月王肅以爲二十五月又改
葬之服鄭云服緦三月王云訖葬而除又繼母出嫁鄭云皆服王云
從于繼育乃爲之服又無服之殤鄭云子生一月哭之一日王云以
哭之一日易服之月鄭王祖經宗傳各有異同荀摯采古求遺互爲
損益方知去聖漸遠殘缺彌多故曰會禮之家名爲聚訟寧有定哉
而父在爲母三年行之已踰四紀出自高宗大帝之代不從則天皇
后之朝大帝御極之辰中宮獻書之日往時參議將可施行編之於
格服之已久前王所是疏而爲律後王所是著而爲令何必乖先帝
之旨阻人子之情虧純孝之心背德義之本有何妨於聖化有何紊於
彝倫而欲服之周年與伯叔母齊焉與母姊妹同焉夫三年之喪如白
駒之過隙君子喪親有終身之憂何況再周乎夫禮者體也履也示
之以迹孝者畜也養也因之以心小人不耻不仁不畏不義服之有
制使愚人企及衣之以衰使見之摧痛以此防人人猶有朝死而夕
忘者以此制人人猶有釋服而從吉者方今漸歸古朴須敦孝義抑

○ 唐志七 四

賢引愚理資寧戚食稻衣錦所不忍聞若以庶事朝儀一依周禮則
古之人臣見君也公卿大夫贄羔鴈珪璧今何故不依乎周之用刑
也墨劓宮刖今何故不行乎周則侯甸男衛朝聘有數今何故不行乎
周則不五十不仕七十不入朝今何故不依乎周則井邑丘甸以立
征稅今何故不行乎周則分土五等父死子及今何故不行乎周則
冠冕衣裘乘車而戰今何故不行乎周則三老五更膠序養老今何
故不行乎諸如此例不可勝述何獨孝思之事愛一年之服於其母
乎可爲痛心可爲慟哭者詩云哀哀父母生我劬勞禮云父之親子
也親賢而下無能母之親子也賢則親之無能則憐之阮嗣宗晉代之
英才方外之高士以爲母重於父據齊斬升數麤細已降何忍服之
節制減至於周豈後代之士盡慙於古循古未必是依今未必非也
又同爨服緦禮經明義嫂叔遠別同諸路人引而進之觸類而長猶
子咸依其某季父不服緦麻推遠之情有餘睦親之義未足又母之
昆弟情切渭陽翟輔訟舅之冤甯氏宅甥之相我之出也義亦殷焉

不同從母之尊遂降小功之服依諸古禮有乖俗情今聚男而宗姨
是陋今而榮古此並太宗之制也行之百年矣輒爲刊復實用有據
是紛議不定履冰又上疏曰禮父在爲母十一月而練十三月而祥
十五月而禫心喪三年上元中則天皇后上表請同父沒之服亦未
有行至垂拱年中始編入格易代之後俗乃通行臣開元五年頻請
仍舊恩勅并嫂叔舅姨之服亦付所司詳議諸司所議同異相參所
司惟執齊斬之文又曰亦合典禮竊見新修之格猶依垂拱之僞致
有祖父母安存子孫之妻亡沒下房筵几亦立再周甚無謂也據周
易家人卦云利女貞女正位于內男正位于外男女正天地之大義家人
有嚴君焉父母之謂也父父子子兄兄弟弟夫夫婦婦家道正而天下定矣禮女在室以父
爲天出嫁以夫爲天又在家從父出嫁從夫夫死從子本無自專抗
尊之法即喪服四制云天無二日土無二王國無二君家無二尊以
理之也所以父在爲母服周者避二尊也伏惟陛下正持家國孝理天
下而不斷在宸衷詳正此禮無隨末俗顧念兒女之情臣恐後代復

○ 唐志七 五

有婦奪夫政之敗者疏奏未報履冰又上表曰臣聞夫婦之道人倫
之始尊卑法於陰陽陰陽和而天地生成夫婦正而人倫式序自家
刑國牝雞無晨四德之禮不愆三從之義斯在即喪服四制云天無
二日土無二王國無二君家無二尊以理之也故父在爲母服周者
見無二尊也準舊儀父在爲母一周立靈再周心喪父必三年而後
娶者達子之志焉豈先聖無情於所生固有意於國家者矣原夫上
元肇年則天已潛秉政將圖僭篡預自崇先請升慈愛之喪以抗尊
嚴之禮雖齊斬之儀不改而几筵之制遂同數年之間尚未通用天
皇晏駕中宗蒙塵垂拱之末果行聖母之僞符載初之元遂啓易代之
深釁孝和雖多反正韋氏復效晨鳴孝和非意暴崩韋氏旋即稱制
不蒙陛下英算宗廟何由克復易云臣弑其君子弑其父非一朝一
夕之故其斯之謂矣臣謹尋禮意防杜實深若不早圖刊正何以垂
戒於後所以薄言禮教請依舊章恩勅通明蒙付所司詳議且臣所
獻者蓋請正夫婦之綱豈忘母子之道諸議多不討其本源所非議

者大凡秖論罔極之恩喪也寧戚禽獸識母而不識父秦燔書後禮
經殘缺後儒纘集不足可憑豈得與伯叔母服同豈得與姑姊妹制
等三王不相習禮五帝不相沿樂齊斬足爲升降歲年何忍不同此
並道聽途說之言未習先王之旨又安足以議經邦理俗之禮乎臣
請據經義以明之所云罔極之恩者春秋祭祀以時思之君子有終
身之憂霜露之感豈止一二周之服哉蓋天恐有朝死而夕忘曾鳥
獸之不若爲立中制使賢不肖共成文理而已所云喪也寧戚者孔
子荅林放之問至如太奢太儉太易太戚皆非禮中苟不得中名爲俱
失不如太儉太戚焉毀而滅性猶愈於朝死夕忘焉此論臨喪哀毀
之容豈比於同宗異姓之服所云禽獸識母而不識父者禽獸羣居
而聚麀而無家國之禮少雖知親愛其母長不解尊嚴其父引此爲論
則亦禽獸之不若乎所云秦燔書後禮經殘缺後儒纘集不足可憑
者人間或有遺逸豈亦家戶到而燔之假若盡燔苟不可信則墳典
都謬庠序徒立非聖之談復云安屬所云與伯叔姑姊服同者伯叔

○姑姊有筵杖之制三年心喪乎所云五帝不相沿樂三王不相襲禮
誠哉是言此是則天懷私苞禍之情豈可復相沿樂襲禮乎所云齊
斬足爲升降者母齊父斬不易之禮按三年問云將由修飾之君子
喩三年之喪若駟之過隙遂之則是無窮也然則何以周也曰至親
以周斷是何也曰天地則已易矣四時則已變矣其在天地之中者
莫不更始焉以是象之也然則何以三年曰加重焉耳故父加至再
周父在爲母加三年心喪今者還同父沒之制則尊厭之律安施喪
服四制又曰凡禮之大體體天地法四時則陰陽順人情故謂之禮
訾之者是不知禮之所由生非徒不識禮之所由制亦恐未達孝子
之通義臣謹按孝經以明陛下孝治之合至德要道請論世俗訾禮
之徒夫至德謂孝悌要道謂禮樂移風易俗莫善於樂安上治民莫
善於禮又禮有無體之禮無聲之樂按孝經援神契云天子孝曰就
就之爲言成也天子德被天下澤及萬物始終成就則其親獲安故
曰就也諸侯孝曰度度者法也諸侯居國能奉天子法度得不危溢

則其親獲安故曰度也卿大夫孝曰譽譽之爲言名也卿大夫言行
布滿能無惡稱譽達遐邇則其親獲安故曰譽也士孝曰究究者以
明審爲義士始升朝辭親入仕能審資父事君之禮則其親獲安故
曰究也庶人孝曰畜畜者含畜爲義庶人含情受朴躬耕力作以畜
其德則其親獲安故曰畜也陛下以韋氏搆逆中宗降禍宸衷憤
睿情卓烈初無一旅之衆遂殄九重之妖定社稷於阽危拯宗枝於
塗炭此陛下孝悌之至通於神明光於四海無所不通使諸侯得守
其法度卿大夫得盡其言行士得資親以事君庶人得用天而分地
此陛下無體之禮以安上理人也上元已來政由寧氏文明之後法
在凶人賊害宗親誅滅良善勳階歲累酺赦年頻佞之則榮華正之
則遷謫神龍景雲之際其事尤繁先天開元之間斯弊都華此陛下
之無聲之樂以移風易俗也臣前狀單略議者未識臣之懇誠謹具
狀重進請付中書門下商量處分臣言若讜然敢側足於軒墀臣言
不忠伏請竄跡於荒裔左散騎常侍元行沖奏議曰天地之性惟人

○最靈者蓋以智周萬物惟睿作聖明貴賤辨尊卑遠嫌疑分情理也
是以古之聖人徵性識本緣情制服有申有厭天父天夫故斬衰三
年情理俱盡者同心立極也生則齊體死則同穴比陰陽而配合同
兩儀而成化而妻喪杖期情禮俱殺者蓋以遠嫌疑尊乾道也父爲
嫡子三年斬衰而不去職者蓋尊祖重嫡崇禮殺情也資於事父以
事君孝莫大於嚴父故父在爲母罷職齊周而心喪三年謂之尊厭
者則情申而禮殺也斯制也可以異於飛走別於華夷羲農堯舜莫
之易也文武周孔同所尊也今若捨尊厭之重虧嚴父之義略純素
之嫌貽非聖之責則事不師古有傷名教矣姨舅從母之名即母之
女黨加於舅服有理存焉嫂叔不服避嫌疑也若引同爨之緦以忘
推遠之跡既乖前聖亦謂難從謹詳三者之疑並請依古爲當自是
百寮竟不決至七年八月下勑曰惟周公制禮當歷代不刊況子夏
爲傳乃孔門所受格條之內有父在爲母齊衰三年此有爲而爲非
尊厭之義與其改作不如師古諸服紀宜一依喪服文自是卿士之

家父在爲母行服不同或旣周而禫禫服六十日釋服心喪三年者或有旣周而禫禫服終三年者或有依上元之制齊衰三年者時議者是非紛然元行沖謂人曰聖人制厭降之禮豈不知母恩之深也目尊祖貴禰欲其遠別禽獸近異夷狄故也人情易搖淺識者衆一紊其度其可止乎二十年中書令蕭嵩與學士改脩定五禮又議請依上元勑父在爲母齊衰三年爲定及頒禮乃一依行焉二十三年藉田禮畢下制曰服制之紀或有所未通宜令禮官學士詳議聞奏太常卿韋縚奏曰謹按儀禮喪服舅緦麻三月從母小功五月傳曰何以小功以名加也堂姨舅舅母恩所不及外祖父母小功五月傳曰何以小功以尊加也舅緦麻三月並是情親而服屬疎者也外祖正尊同於從母之服姨舅一等服則輕重有殊堂姨舅親即未疎恩絕不相爲服親舅母來承外族同爨之禮不如竊以古意猶有所未暢者也且爲外祖小功此則正尊情甚親而服屬疎者也請加至大功九月姨舅脩親旣無別服宜齊等請爲舅加小功五月堂姨舅疎降

一等親舅母從服之例先無制服之文並望加至袒免臣聞禮以飾情服從義制或有公華損益可明事體旣大理資詳審望付尚書省集衆官吏詳議務從折衷永爲典則於是太子賓客崔沔建議曰竊聞大道旣隱天下爲家聖人因之然後制禮禮教之設本爲正家家道正而天下定矣正家之道不可以貳揔一定議理歸本宗父以尊崇母以厭降豈忘愛敬宜在倫序是以內有齊斬外服皆緦麻尊名所加不過一等此先王不易之道也前聖所志後賢所傳其來久矣昔辛有適伊川見被髮而祭於野者曰不及百年此其戎乎其禮先亡矣貞觀脩禮時改舊章漸廣渭陽之恩不遵洙泗之典及弘道之後唐元之間國命再移於外族矣禮亡徵兆儻或斯見天人之際可不誡哉開元初補闕盧履冰嘗進狀論喪服輕重勑令僉議于時群議紛拏各安積習太常禮部奏依舊定陛下運稽古之思發獨斷之明至開元八年特降別勑一依古禮事符故實人知向方式固宗盟社稷之福更圖異議竊所未詳願守八年明旨以爲萬代成法職方郎中

韋述議曰天生萬物惟人最靈所以尊尊親親別生分類存則盡其愛敬沒則盡其哀戚緣情而制服考事而立言往聖討論亦已勤矣上自高祖下至玄孫以及其身謂之九族由近而及遠稱情而立文差其輕重遂爲五服雖則或以義降或以名加教有所從理不踰等百王不易三代可知日月同懸咸所仰也自微言旣絕大義復乖雖文質有遷而必遵此制謹按儀禮喪服傳曰外親之服皆緦麻鄭玄謂外親異姓正服不過緦麻外祖父母小功五月以尊加也從母小功五月以名加也舅甥外孫中外昆弟依本服緦麻三月若以匹敵外祖則祖也舅則伯叔父之別也姨舅伯叔則父母之恩不殊而獨殺於外氏聖人之心良有以也喪服傳曰禽獸知母而不知父野人曰父母何筭焉都邑之士則知尊禰矣大夫及學士則知尊祖也諸侯及其太祖天子及其始祖聖人究天道而厚於祖禰繫姓族而親其子孫近則別其賢愚遠則異於禽獸由此言之母黨比於本族不可同貫明矣且家無二尊喪無二斬人之所奉不可貳也特重於大宗者降其小

宗爲人後者減其父母之服女子出嫁殺其本家之喪蓋所存者遠所抑者私也今若外祖及舅更加服一等堂舅及姨列於服紀之內則中外之制相去幾何廢禮　徇情所務者末古之制作者知人情之易搖恐失禮之將漸別其同異輕重相懸欲使後來之人永不相雜微旨斯在豈徒然哉且五服有上殺之義必循源本方及條流伯叔父母本服大功九月從父昆弟亦大功九月並以上出於祖其服不得過於祖也從祖祖父母從祖父母從祖昆弟皆小功五月以出於曾祖服不得過於曾祖也族祖祖父母族祖父母族祖昆弟皆緦麻三月以其出於高祖其服不得過於高祖也堂舅姨旣出於外曾祖若爲之制服則外曾祖父母及外伯叔祖父母亦宜制服矣外祖加至大功九月則外曾祖合至小功外高祖合至緦麻若舉此而捨彼事則不均棄親而録疎理則不順推而廣之是與本族無異矣服皆有服則堂外甥外曾孫姪女之子皆須制服矣聖人豈薄其骨肉背其恩愛情之親者服制乃輕蓋本於公者薄於私存其大者略其

細義有所斷不得不然苟可加也亦可減也往聖可得而非則禮經可得而隳矣先王之制謂之彝倫奉以周旋猶恐失墜一紊其叙庸可止乎且舊章淪胥爲日已久矣所存者無幾又欲棄之雖曰未達不知其可請依儀禮喪服爲定禮部員外郎楊仲昌議曰謹按儀禮曰外皆服緦又曰外祖父母以尊加從母以名加並爲小功五月其爲舅緦鄭文貞公魏徵已議同從母例加至小功五月訖今之所加豈異前言雖文貞賢也而周孔聖也以賢改聖後學何從堂舅姨堂舅母並升爲袒免則何以祖述禮經乎如以外祖父母加至大功則豈無加報於外孫乎如外孫爲報服大功則本宗庶孫何同等而相淺乎儻必如是深所不便竊恐内外乖序親疎奪倫情之所沿何所不至理必然也昔子路有姊之喪而不除孔子問之子路對曰吾寡兄弟而不忍也子曰先王制禮行道之人皆不忍也子路聞而除之此則聖人因言以立訓援事抑情之明例也禮不云乎無輕議禮明其蟠於天地並彼日月賢者由之安敢小有損益也況夫喪服之紀先

王大猷奉以周旋以匡人道一辭寧措千載是遵涉於異端豈曰弘教伏望各依正禮以厚儒風太常所謂增加愚見以爲不可又戶部郎中楊伯成左監門録事參軍劉秩並同是議與沔等略同議奏上又手勅侍臣等曰朕以爲親姨舅既服小功則舅母於舅有三年之服服是受我而厚以服制情則舅母之服不得全降於舅也宜服緦麻堂姨舅古今未制服朕思敦睦九族引而親之宜服袒免又鄭玄注禮記云同爨緦若比堂姨舅於同爨親則厚矣又喪服傳云外親之服皆緦是亦不隔於堂姨舅也若以所服不得過本而須爲外曾祖父母及外伯叔祖父母制服亦何傷乎是皆親親敦本之意卿等更熟詳之侍中裴耀卿中書令張九齡禮部尚書李林甫等奏曰外族之親禮無厭降外甥既爲舅母制服舅母還合報之夫外甥既爲報服則與夫之姨舅以類是同外甥之妻不得無服所增者頗廣所引者漸疎微臣愚蒙猶有未達玄宗又手制答曰從服有六此其一也降殺之制禮無明文此皆自身率親用爲制服所有存抑盡是推恩朕情有未安故令詳議非欲苟求變古以示不同卿等以爲外族之親禮無厭降報服之制所引甚疎且姨舅者屬從之至近也以親言之則亦姑伯之匹敵也豈有所引者疎而降所親者服又婦從夫者也夫以姨舅夫既有服從夫而服由是睦親實欲令不肖者企及賢者俯就卿等宜熟詳之耀卿等奏曰陛下體至仁之德廣推恩之道將弘引進以示睦親再發德音更令詳議臣等按大唐新禮親舅加至小功與從母同服此蓋當時特命不以輕重遞增蓋不欲參於本宗愼於變禮者也今聖制親姨舅小功更制舅母緦麻堂姨舅袒免等服取類新禮垂示將來通於物情自我作則群儒風議從有稽留並望準制施行制從之天寶六年正月出嫁母宜終服三年

唐書志卷第七

唐書志卷第八

劉昫等修

聞人詮校刻沈桐同校

音樂一

樂者太古聖人治情之具也人有血氣生知之性喜怒哀樂之情情感物而動於中聲成文而應於外聖王乃調之以律度文之以歌頌蕩之以鍾石播之以絃管然後可以滌精靈可以祛怨思施之於邦國則朝廷序施之於天下則神祇格施之於賓宴則君臣和施之於戰陣則士民勇三五之代世有厥官故虞廷振千羽之容周人興弦誦之教洎蒼精道喪戰國塵飛禮樂出於諸侯雅頌淪於衰俗齊竽燕筑俱非皦繹之音東缶西琴各寫哇淫之狀乃至播鼗入漢師摯寢絃延陵有自鄶之譏孔子起聞韶之嘆及始皇一統傲視百王鍾鼓滿於秦宮無非鄭衛歌舞陳於漢廟並匪咸韶而九成六變之容八佾四懸之制但存其數罕達其情而制氏所傳形容而已武宣之世天子弘儒采夜誦之詩考從臣之賦朝吟蘭殿暮奏竹宮乃命協律之官始制禮神之曲屬河間好古遺籍充庭乃約詩頌而制樂章體周官而爲舞節自茲相襲代易其辭雖流管磬之音恐異莖英之旨其後卧聽桑濮雜以兜離孤竹空桑無復旋宮之義崇牙樹羽惟陳備物之儀煩手即多知音蓋寡自永嘉之後咸洛爲墟禮壞樂崩典章殆盡江左掇其遺散尚有治世之音而元魏宇文代雄朔漠地不傳於清樂人各習其舊風雖得兩京工胥亦置四廂金奏殊非入耳之玩空有作樂之名隋文帝家世士人銳興禮樂踐祚之始詔太常卿牛弘祭酒辛彥之增修雅樂弘集伶官措思歷載無成而郊廟侑神黃鍾一調而已開皇八年平陳始獲江左舊工及四懸樂器帝令廷奏之歎曰此華夏正聲也非吾此舉世何得聞乃調五音爲五夏二舞登歌房中等十四調賓祭用之隋氏始有雅樂因置清商署以掌之既而協律郎祖孝孫依京房舊法推五音十二律爲六十音明六之有三百六十音旋相爲宮音定廟樂諸儒論難竟不施用隋世雅音惟清樂十

四調而已隋末大亂其樂猶全高祖受禪擢祖孝孫爲吏部郎中轉太常少卿漸見親委孝孫由是奏請作樂時軍國多務未遑改創樂府尚用隋氏舊文武德九年始命孝孫修定雅樂至貞觀二年六月奏之太宗曰禮樂之作蓋聖人緣物設教以爲撙節治之隆替豈此之由御史大夫杜淹對曰前代興亡實由於樂陳將亡也爲玉樹後庭花齊將亡也而爲伴侶曲行路聞之莫不悲泣所謂亡國之音也以是觀之蓋樂之由也太宗曰不然夫音聲能感人自然之道也故歡者聞之則悅憂者聽之則悲悲歡之情在於人心非由樂也將亡之政其民必苦然苦心所感故聞之則悲耳何有樂聲哀怨能使悅者悲乎今玉樹伴侶之曲其聲具存朕當爲公奏之知公必不悲矣尚書右丞魏徵進曰古人稱禮云禮云玉帛云乎哉樂云樂云鍾鼓云乎哉樂在人和不由音調太宗然之孝孫又奏陳梁舊樂雜用吳楚之音周齊舊樂多涉胡戎之伎於是斟酌南北考以古音作爲大唐雅樂以十二律各順其月旋相爲宮按禮記云大樂與天地同和故制十二和之樂合三十一曲八十四調祭圓丘以黃鍾爲宮方澤以林鍾爲宮宗廟以太簇爲宮五郊朝賀饗宴則隨月用律爲宮初隋但用黃鍾一宮惟扣七鍾餘五鍾虛懸而不扣及孝孫建旋宮之法皆遍扣鍾無復虛懸者矣祭天神奏豫和之樂地祇奏順和宗廟奏永和天地宗廟登歌俱奏肅和皇帝臨軒奏太和王公出入奏舒和皇帝食舉及飲酒奏休和皇帝受朝奏政和皇太子軒懸出入奏承和元日冬至皇帝禮會登歌奏昭和郊廟俎入奏雍和皇帝祭享酌酒讀祝文及飲福受胙奏壽和五郊迎氣各以月律而奏其音又郊廟祭享奏　化康凱安之舞周禮旋宮之義亡絕已久時莫能知一朝復古自此始也及孝孫卒後協律郎張文收復採三禮言孝孫雖創其端至於郊禋用樂事未周備詔文收與太常掌禮樂官等更加釐改於是依周禮祭昊天上帝以圜鍾爲宮黃鍾爲角太簇爲徵姑洗爲羽奏豫和之舞若封太山同用此樂若地祇方丘以函鍾爲宮太簇爲角姑洗爲徵南呂爲羽奏順和之舞禪梁甫同用此樂祫禘宗廟以黃鍾

爲宮大呂爲角太簇爲徵應鍾爲羽奏永和之舞五郊日月星辰及
類于上帝黃鍾爲宮奏豫和之曲大蜡大報以黃鍾太簇姑洗蕤賓
夷則無射等調奏豫和順和永和之曲明堂雩以黃鍾爲宮奏豫和
之曲神州社稷籍田宜以太簇爲宮雨師以姑洗爲宮山川以蕤賓
爲宮並奏順和之曲饗先妣以夷則爲宮奏永和之舞大饗讌奏姑
洗蕤賓二調皇帝郊廟食舉以月律爲宮並奏休和之曲皇帝郊廟
出入奏太和之樂臨軒出入奏舒和之樂並以姑洗爲宮皇帝大射
姑洗爲宮奏騶虞之曲皇太子奏貍首之曲皇太子軒懸姑洗爲宮奏
永和之曲凡奏黃鍾歌大呂奏太簇歌應鍾奏姑洗歌南呂奏蕤賓
歌林鍾奏夷則歌中呂奏無射歌夾鍾黃鍾蕤賓爲宮其樂九變大呂
林鍾爲宮其樂八變太簇夷則爲宮其樂七變夾鍾南呂爲宮其樂
六變姑洗無射爲宮其樂五變中呂應鍾爲宮其樂四變天子十二
鍾上公九侯伯七子男五卿六大夫四士三及成奏之太宗稱善於
是加級頒賜各有差十四年勑曰殷薦祖考以崇功德比雖加以誠潔

而廟樂未稱宜令所司詳諸故實制定奏聞八座議曰七廟觀德義
冠於宗祀三祖在天式章於嚴配致敬之情允洽大孝之道宜宣是
以八佾具陳肅儀形於綴兆四懸備展被鴻徽於雅音考作樂之明
義擇皇王之令典前聖所履莫大于茲伏惟皇帝陛下天縱感通率
由冥極孝理昭懿光被於八埏愛敬純深追崇於百葉永言錫祚斯
弘頌聲鍾律革音播鏗鏘於饗薦羽籥成列申蹈厲於蒸嘗爰詔典
司乃加隆稱循聲覈實敬闡尊名竊以皇靈滋慶濬源長委邁吞鷰
之生商軼擾龍之肇漢盛韜光於九二漸發迹於三分高祖締地補
天重張區宇反魂肉骨再造生靈恢恢帝圖與二儀而合大赫赫皇
道共七曜以齊明雖復聖跡神功不可得而窺測經文緯武敢有寄
於名言敬備樂章式昭彝範皇祖弘農府君宣簡公懿王三廟樂請
同奏長發之舞太祖景皇帝廟樂請奏大基之舞世祖元皇帝廟樂
請奏大成之舞高祖大武皇帝廟樂請奏大明之舞文德皇后廟樂
請奏光大之舞七廟登歌請每室別奏制可之二十三年太尉長孫

無忌侍中于志寧議太宗廟樂曰易曰先王作樂崇德殷薦之上帝
以配祖考請樂名崇德之舞制可之後文德皇后廟有司據禮停光
大之舞惟進崇德之舞光宅三年九月高宗廟樂以鈞天爲名中宗
廟樂奏太和之舞開元六年十月勑睿宗廟奏景雲之舞二十九年
六月太常奏准十三年東封太山日所定雅樂其樂曰元和六變以降天
神順和八變以降地祇皇帝行用太和之樂其封太山也登歌奠玉幣
用肅和之樂迎俎用雍和之樂酌福飲福用福和之樂送文迎武用舒和
之樂亞獻終獻用凱安之樂送神用夾鍾宮元和之樂禪社首也送
神用林鍾宮順和之樂享太廟也迎神用永和之樂獻祖宣皇帝酌獻
用光大之舞懿祖光皇帝酌獻用長發之舞太祖景皇帝酌獻用大
政之舞世祖元皇帝酌獻用大成之舞高祖神堯皇帝酌獻用大明之
舞太宗文皇帝酌獻用崇德之舞高宗天皇大帝酌獻用鈞天之舞
中宗孝和皇帝酌獻用太和之舞睿宗大聖貞皇帝酌獻用景雲之
舞徹豆用雍和之舞送神用黃鍾宮永和之樂臣以樂章殘缺積有歲

時自有事東巡親謁九廟聖情慎禮精祈感通皆祠前累日考定音
律請編入史冊萬代施行下制曰王公卿士爰及有司頻詣闕上言
請以唐樂爲名者斯至公之事朕安得而辭焉然則大咸大韶大濩
大夏皆以大字表其樂章今之所定宜曰大唐樂皇祖弘農府君至
高祖大武皇帝六廟貞觀中已詔顏師古等定樂章舞號洎今太常
■又奏有司所定獻祖宣皇帝至睿宗聖貞皇帝九廟酌獻用舞之
號天寶元年四月命有司定玄元皇帝廟告享所奏樂降神用混成
之樂送神用太一之樂寶應三年六月有司奏玄宗廟樂請奏廣運之
舞肅宗廟樂請奏惟新之舞大曆十四年代宗廟樂請奏保大之舞永
貞元年十月德宗廟樂請奏文明之舞元和元年順宗廟樂請奏大
順之舞元和十五年憲宗廟樂請奏象德之舞穆宗廟樂請奏和寧
之舞敬宗廟樂請奏大鈞之舞文宗廟樂請奏文成之舞武宗廟樂
請奏大定之舞貞觀元年宴羣臣始奏秦王破陣之曲太宗謂侍臣
曰朕昔在藩屢有征討世間遂有此樂豈意今日登於雅樂然其發

揚蹈厲雖異文容功業由之致有今日所以被於樂章示不忘於本也尚書右僕射封德彝進曰陛下以聖武戡難立極安人功成化定陳樂象德實弘濟之盛烈爲將來之壯觀文容習儀豈得爲比太宗曰朕雖以武功定天下終當以文德綏海內文武之道各隨其時公謂文容不如蹈厲斯爲過矣德彝頓首曰臣不敏不足以知之其後令魏徵虞世南褚亮李百藥改制歌辭更名七德之舞增舞者至百二十人被甲執戟以象戰陣之法焉六年太宗行幸慶善宮宴從臣於渭水之濱賦詩十韻其宮即太宗降誕之所車駕臨幸每特感慶賞賜閭里有同漢之宛沛焉於是起居郎呂才以御製詩等於樂府被之管絃名爲功成慶善樂之曲令童兒八佾皆進德冠紫袴褶爲九功之舞冬至享醼及國有大慶與七德之舞偕奏于庭七年太宗制破陣舞圖左圓右方先偏後伍魚麗鵝貫箕張翼舒交錯屈伸首尾迴互以象戰陣之形令呂才依圖教樂工百二十人被甲執戟而習之凡爲三變每變爲四陣有來往疾徐擊刺之象以應歌節數日而

就更名七德之舞癸巳奏七德九功之舞觀者見其抑揚蹈厲莫不扼腕踴躍凜然震竦武臣列將咸上壽云此舞皆是陛下百戰百勝之形容羣臣咸稱萬歲蠻夷十餘種自請率舞詔許之久而乃罷十四年有景雲見河水清張文收採古朱鴈天馬之義制景雲河清歌名曰讌樂奏之管絃爲諸樂之首元會第一奏者是也永徽二年十一月高宗親祀南郊黃門侍郎宇文節奏言依儀明日朝羣臣除樂懸請奏九部樂上因曰破陣樂舞者情不忍觀所司更不宜設言畢慘愴久之顯慶元年正月改破陣樂舞爲神功破陣樂二年太常奏白雪琴曲先是上以琴中雅曲古人歌之近代已來此聲頓絕雖有傳習又失宮商令所司簡樂工解琴笙者修習舊曲至是太常上言曰臣謹按禮記家語云舜彈五絃之琴歌南風之詩是知琴操曲弄皆合於歌又張華博物志云白雪是大帝使素女鼓五十絃瑟曲名又楚大夫宋玉對襄王云有客於郢中歌陽春白雪國中和者數十人是知白雪琴曲本宜合歌以其調高人和遂寡自宋玉以後迄今千祀

未有能歌白雪曲者臣今準勑依於琴中舊曲定其宮商然後教習並合於歌輒以御製雪詩爲白雪歌辭又按古今樂府奏曲之後皆別有送聲君唱臣和事彰前史輒取侍臣等奏和雪詩以爲送聲各十六節今悉教訖並皆諧韻上善之乃付太常編於樂府六年二月太常丞呂才造琴歌白雪等曲上製歌辭十六首編入樂府六年三月上欲伐遼於屯營教舞召李義府任雅相許敬宗許圉師張延師蘇定方阿史那忠于闐王伏闍上官儀等赴洛城門觀樂樂名一戎大定樂賜觀樂者雜綵有差麟德二年七月制曰國家平定天下革命創制紀功旌德久被樂章今郊祀四懸猶用干戚之舞先朝作樂韜而未伸其享宴等所奏宮懸文舞宜用功成慶善之樂皆著履執拂依舊服袴褶童子冠其武舞宜用神功破陣之樂皆被甲持戟其執纛之人亦著金甲人數並依八佾仍量加簫笛歌鼓等並於懸南列坐若舞即與宮懸合奏其宴樂內色舞者仍依舊別設上元三年十一月勑供祠祭上元舞前今大祠享皆將陳設自今已後圓丘方澤太廟

祠享然後用此舞餘祭並停儀鳳二年十一月六日太常少卿韋萬石奏曰據貞觀禮郊享曰文舞奏豫和順和永和等樂其舞人著委貌冠服並手執籥翟其武舞奏凱安其舞人並著平冕手執干戚奏麟德三年十月勑文舞改用功成慶善樂武舞改用神功破陣樂並改器服等自奉勑以來爲慶善樂不可降神神功破陣樂未入雅樂雖改用器服其舞猶依舊迄今不改事既不安恐須別有處分者以今月六日錄奏奉勑舊文舞武舞既不可廢并器服總宜依舊若懸作上元舞日仍奏神功破陣樂及功成慶善樂並殿庭用舞並須引出懸外作其安置舞曲宜更商量作安穩法并錄凱安六變法象奏聞萬石又與刊正官等奏曰謹按凱安舞是貞觀中所造武舞準貞觀禮及今禮但郊廟祭享奏武舞之樂即用之凡有六變一變象龍興參野二變象剋靖關中三變象東夏賓服四變象江淮寧謐五變象獫狁讋伏六變復位以崇象兵還振旅謹按貞觀禮祭享曰武舞準作六變亦如周之大武六成樂止按樂有因人而作者則因人而止如

著成數者數終即止不得取行事賒促爲樂終早晚即禮云三闋六成八變九變是也太禮奏武舞六成而數終未止既非師古不可依行其武舞凱安望請依古禮及貞觀禮六成樂止立部伎内破陣樂五十二遍修入雅樂祇有兩遍名曰七德立部伎内慶善樂七遍修入雅樂祇有一遍名曰九功上元舞二十九遍今入雅樂一無所減每見祭享曰三獻已終上元舞又自未畢今更加破陣樂兼恐酌獻已後歌舞更長其雅樂内破陣樂慶善樂及上元舞三曲並望修改通融令長短與禮相稱冀望久長安穩破陣樂有象武事慶善樂有象文事按古六代舞有雲門大咸大夏大韶是古之文舞殷之大濩周之大武是古之武舞依古義先儒相傳國家以揖讓得天下則先奏文舞若以征伐得天下則先奏武舞望請應用二舞日先奏神功破陣樂次奏功成慶善樂先奉勑於圓丘方澤太廟祠享日則用上元之舞臣據見行禮欲於天皇酌獻降復位已後即作凱安六變樂正其

○

神功破陣樂功成慶善樂上元之舞三曲待修改訖以次通融作之即得與舊樂前後不相妨破若有司攝行事日亦請攝行事通融從之三年七月上在九成宮咸亨殿宴集有韓王元嘉霍王元軌及南北軍將軍等樂作太常少卿韋萬石奏稱破陣樂舞者是皇祚發跡所由宣揚宗祖盛烈傳之於後永永無窮自天皇臨馭四海寢而不作既緣聖情感愴羣下無敢關言臣忝職樂司廢缺是懼依禮祭之日天子親總干戚以舞先祖之樂與天下同樂之也今破陣樂久廢羣下無所稱述將何以發孝思之情上矍然改容俯遂所請有制令奏樂舞既畢上歔欷感咽涕泗交流臣下悲淚莫能仰視久之顧謂兩王曰不見此樂垂三十年乍此觀聽實深哀感追思往日王業艱難勤苦若此朕今嗣守洪業可忘武功古人云富貴不與驕奢期驕奢自至朕謂時見此舞以自誡勗冀無盈滿之過非爲歡樂奏陳之耳侍宴羣臣咸呼萬歲調露二年正月二十一日則天御洛城南樓賜宴太常奏六合還淳之舞長壽二年正月則天親享萬象神宮先是上自製神宮大樂舞用九百人至是舞於神宮之庭景龍二年皇后上言自妃主及五品以上母妻并不因夫子封者請自今遷葬之日特給鼓吹宮官亦準此侍御史唐紹上諫曰竊聞鼓吹之作本爲軍容昔黃帝涿鹿有功以爲警衛故掆鼓曲有靈夔吼鵰鶚爭石墜崖壯士怒之類自昔功臣備禮適得用之丈夫有四方之功所以恩加寵錫假如郊祀天地誠是重儀惟有宮懸本無按架故知軍樂所備尚不洽於神祇鉦鼓之音豈得接於閨閫準式公主王妃已下葬禮準有團扇方扇綵帷錦障之色加至鼓吹歷代未聞又準令五品官婚葬先無鼓吹惟京官五品得借四品鼓吹爲儀令特給五品已上母妻五品官則不當給限便是班秩本因夫子儀飾乃復過之事非倫次難爲定制參詳義理不可常行請停前勑各依常典上不納延載元年正月二十三日製越古長年樂一曲玄宗在位多年善樂音若讌設酺會即御勤政樓先一日金吾引駕仗北衙四軍甲士未明陳仗衛尉張設光祿造食候明百僚朝侍中進中嚴外辦中官素扇天

○

子開簾受朝禮畢又素扇垂簾百寮常參供奉官貴戚二王後諸蕃酋長謝食就坐太常大鼓藻繪如錦樂工齊擊聲震城闕太常卿引雅樂每色數十人自南魚貫而進列於樓下鼓笛雞婁充庭考擊太常樂立部伎坐部伎依點鼓舞間以胡夷之伎日旰即内閑廐引蹀馬三十匹傾杯樂曲奮首鼓尾縱橫應節又施三層校牀乘馬而上抃轉如飛又令宮女數百人自帷出擊雷鼓爲破陣樂太平樂上元樂雖太常積習皆不如其妙也若聖壽樂則迴身換衣作字如畫又五方使引大象入場或拜或舞動容鼓振中於音律竟日而退玄宗又於聽政之暇教太常樂工子弟三百人爲絲竹之戲音響齊發有一聲誤玄宗必覺而正之號爲皇帝弟子又云梨園弟子以置院近於禁苑之梨園太常又有別教院教供奉新曲太常每陵晨鼓笛亂發於太樂別署教院廩食常千人宮中居宜春院玄宗又製新曲四十餘又新製樂譜每初年望夜又御勤政樓觀燈作樂貴臣戚里借看樓觀望夜闌太常樂府縣散樂畢即遣宮女於樓前縛架出眺歌舞

以娛之若繩戲竿木詭異巧妙固無其比天寶十五載玄宗西幸祿山遣其逆黨載京師樂器樂伎衣盡入洛城尋而肅宗剋復兩京將行大禮禮物盡闕命禮儀使太常少卿于休烈使屬吏與東京留臺領赴于朝廷詔給錢使休烈造伎衣及大舞等服於是樂工二舞始備矣乾元元年三月十九日上以太常舊鍾磬自隋已來所傳五聲或有差錯謂于休烈曰古者聖人作樂以應天地之和以合陰陽之序和則人不夭札物不疵癘且金石絲竹樂之器也比親享郊廟每聽樂聲或宮商不倫或鍾磬失度可盡供鍾磬朕當於內自定太常進入上集樂工考試數日審知差錯然後令再造及磨刻二十五日一部先畢召太常樂工上臨三殿親觀考擊皆合五音送太常二十八日又於內造樂章三十一章送太常郊廟歌之貞元三年四月河東節度使馬燧獻定難曲御麟德殿命閱試之十二年十二月昭義軍節度使王虔休獻繼天誕聖樂十四年二月德宗自製中和舞又奏九部樂及禁中歌舞伎者十數人布列在庭上御麟德殿會百寮觀

○新樂詩仍令太子書示百官貞元十六年正月南詔異牟尋作奉聖樂舞因韋皋以進十八年正月驃國王來獻本國樂太和八年十月宣太常寺準雲韶樂舊用人數令於本寺閱習進來者至開成元年十月教成三年武德司奉宣索雲韶樂縣圖二軸進之太和三年八月太常禮院奏謹按凱樂鼓吹之歌曲也周官大司樂王師大獻則奏凱安樂注云獻功之樂也又大司馬之班師有功則凱獻于社注云兵樂曰凱司馬法曰得意則凱樂所以示喜也左氏傳載晉文公勝楚振旅凱入魏晉已來鼓吹曲章多述當時戰功是則歷代獻捷必有凱歌太宗平東都破宋金剛其後蘇定方執賀魯李勣平高麗皆備軍容凱歌入京師謹檢貞觀顯慶開元禮書並無儀注今參酌今古備其陳設及奏歌曲之儀如後凡命將征討有大功獻俘馘者其日備神策兵衛於東門外如獻俘常儀其凱樂用鐃吹二部笛篳篥簫笳鐃鼓每色二人歌工二十四人樂工等乘馬執樂器次第陳列如鹵簿之式鼓吹令丞前導分行於兵馬俘馘之前將入都門鼓吹振作迭奏破陣樂等四曲破陣樂應聖期兩曲太常舊有辭賀朝歡君臣同慶樂今撰補之破陣樂受律辭元首相將討叛臣咸歌破陣樂共賞太平人應聖期聖德期昌運雍熙萬寓清乾坤資化育海岳共休明闢土忻耕稼銷戈遂偃兵殊方歌帝澤執贄賀昇平賀朝歡四海皇風被千年德水清戎衣更不著今日告功成君臣同慶樂主聖開昌曆臣忠奏大猷君看偃革後便是太平秋候行至太社及廟門工人等下馬陳列於門外按周禮大司樂注云獻于祖大司馬云先凱樂獻于社謹詳禮儀則社廟之中似合奏樂伏以尊嚴之地鐃吹讙譁既無明文或乖肅敬今請並於門外陳設不奏歌曲候告獻禮畢復導引奏曲如儀至皇帝所御樓前兵仗旌門外二十步樂工皆下馬徐行前進兵部尚書介冑執鉞於旌門內中路前導周禮師有功則大司馬左執律右秉鉞以先凱樂注云律所以聽軍聲鉞所以為將威今吹律聽聲其術久廢惟請秉鉞以存禮文次協律郎二人公服執麾亦於門外分導鼓吹令丞引樂工等至位立定太常卿於樂工之前跪具官臣某奏事請奏凱樂協律郎舉麾鼓吹大振作遍奏破陣樂等四曲樂闋協律郎偃麾太常卿又跪奏凱樂畢兵部尚書太常卿退樂

○工等並出旌門外訖然後引俘馘入獻及稱賀如別儀別有獻俘馘儀注如俘囚引出方退請宣付當司編入新禮仍令樂工教習依奏

唐書志卷第八

唐書志卷第九

劉昫 等修

聞人詮校刻沈桐同校

音樂二

高祖登極之後享宴因隋舊制用九部之樂其後分爲立坐二部今立部伎有安樂太平樂破陣樂慶善樂大定樂上元樂聖壽樂光聖樂凡八部安樂者後周武帝平齊所作也行列方正象城郭周世謂之城舞舞者八十人刻木爲面狗喙獸耳以金飾之垂線爲髮畫襖皮帽舞蹈姿制猶作羌胡狀太平樂亦謂之五方師子舞師子鷙獸出於西南夷天竺師子等國綴毛爲之人居其中像其俛仰馴狎之容二人持繩秉拂爲習弄之狀五師子各立其方色百四十人歌太平樂舞以足持繩者服飾作崑崙象破陣樂太宗所造也太宗爲秦王之時征伐四方人間歌謠秦王破陣樂之曲及即位使呂才協音律李百藥虞世南褚亮魏徵等製歌辭百二十人披甲持戟甲以銀飾

之發揚蹈厲聲韻慷慨享宴奏之天子避位坐宴者皆興慶善樂太宗所造也太宗生於武功之慶善宮既貴宴宮中賦詩被以管絃舞者六十人衣紫大袖裙襦漆髻皮履舞蹈安徐以象文德洽而天下安樂也大定樂出自破陣樂舞者百四十人被五彩文甲持槊歌和云八紘同軌樂以象平遼東而邊隅大定也上元樂高宗所造舞者百八十人畫雲衣備五色以象元氣故曰上元聖壽樂高宗武后所作也舞者百四十人金銅冠五色畫衣舞之行列必成字十六變而畢有聖超千古道泰百王皇帝萬年寶祚彌昌字光聖樂玄宗所造也舞者八十人鳥冠五綵畫衣兼以上元聖壽之容以歌王跡所興自破陣舞以下皆雷大鼓雜以龜茲之樂聲振百里動蕩山谷大定樂加金鉦惟慶善舞獨用西涼樂最爲閑雅破陣上元慶善三舞皆易其衣冠合之鍾磬以享郊廟以破陣爲武舞謂之七德慶善爲文舞謂之九功自武后稱制毀唐太廟此禮遂有名而亡實安樂等八舞聲樂皆立奏之樂府謂之立部伎其餘總謂之坐部伎則天中宗之代大增造坐立諸舞尋以廢寢坐部伎有讌樂長壽樂天授樂鳥歌萬歲樂龍池樂破陣樂凡六部讌樂張文收所造也工人緋綾袍絲布袴舞二十人分爲四部景雲樂舞八人花錦袍五色綾袴雲冠烏皮靴慶善樂舞四十人紫綾袍大袖絲布袴假髻破陣樂舞四人緋綾袍錦衿褾緋綾褲承天樂舞四人紫袍進德冠並銅帶樂用玉磬一架大方響一架搊箏一臥箜篌一小箜篌一大琵琶一大五絃琵琶一小五絃琵琶一大笙一小笙一大篳篥一小篳篥一大簫一小簫一正銅拔一和銅拔一長笛一短笛一楷鼓一連鼓一鞉鼓一桴鼓一工歌二此樂惟景雲舞僅存餘並亡長壽樂武太后長壽年所造也舞十有二人畫衣冠天授樂武太后天授年所造也舞四人畫衣五采鳳冠鳥歌萬歲樂武太后所造也武太后時宮中養鳥能人言又常稱萬歲爲樂以象之舞三人緋大袖並畫鸜鵒冠作鳥像今案嶺南有鳥似鸜鵒而稍大乍視之不相分辨籠養久則能言無不通南人謂之吉了亦云料開元初廣州獻之言音雄重如丈夫委曲識人情慧於鸚鵡遠

矣疑即此鳥也漢書武帝本紀書南越獻馴象能言鳥注漢書者皆謂鳥爲鸚鵡若是鸚鵡不得不舉其名而謂之能言鳥鸚鵡秦隴尤多亦不足重所謂能言鳥即吉了也北方常言鸜鵒踰嶺乃能言傳者誤矣嶺南甚多鸜鵒能言者非鸜鵒也龍池樂玄宗所作也玄宗龍潛之時宅在隆慶坊宅南坊人所居變爲池望氣者亦異焉故中宗季年汎舟池中玄宗正位以坊爲宮池水逾大瀰漫數里爲此樂以歌其祥也舞十有二人人冠飾以芙蓉破陣樂玄宗所造也生於立部伎破陣樂舞四人金甲冑自長壽樂已下皆用龜茲樂舞人皆著靴惟龍池備用雅樂而無鐘磬舞人躡履清樂者南朝舊樂也永嘉之亂五都淪覆遺聲舊制散落江左宋梁之間南朝文物號爲最盛人謠國俗亦世有新聲後魏孝文宣武用師淮漢收其所獲南音謂之清商樂隋平陳因置清商署總謂之清樂遭梁陳亡亂所存蓋鮮隋室已來日益淪缺武太后之時猶有六十三曲今其辭存者惟有白雪公莫巴渝明君鳳將雛明之君鐸舞白鳩白紵子夜吳聲四時

歌前溪阿子及歡聞團扇懊儂長史督護讀曲烏夜啼石城莫愁襄陽棲烏夜飛估客楊伴雅歌驍壺常林歡三洲採桑春江花月夜玉樹後庭花堂堂泛龍舟等三十二曲明之君雅歌各二首四時歌四首合三十七首又七曲有聲無辭上林鳳雛平調清調瑟調平折命嘯通前爲四十四曲存焉白雪周曲也平調清調瑟調皆周房中曲之遺聲也漢世謂之三調公莫舞晉宋謂之巾舞其說云漢高祖與項籍會於鴻門項莊劍舞將殺高祖項伯亦舞以袖隔之且云公莫害沛公也漢人德之故舞用巾以象項伯衣袖之遺式也巴渝漢高帝所作也帝自蜀漢伐楚以版楯蠻爲前鋒其人勇而善鬬好爲歌舞高帝觀之曰武王伐紂歌也使工習之號曰巴渝渝美也亦云巴有渝水故名之魏晉改其名梁復號巴渝隋文廢之明君漢元帝時匈奴單于入朝詔王嬙配之即昭君也及將去入辭光彩射人聳動左右天子悔焉漢人憐其遠嫁爲作此歌晉石崇妓綠珠善舞以此曲教之而自製新歌曰我本漢家子將適單于庭昔爲匣中玉今爲糞

上英晉文王諱昭故晉人謂之明君此中朝舊典今爲吳聲蓋吳人傳受訛變使然鳳將雛漢世舊歌曲也明之君本漢世鞞舞曲也梁武時改其辭以歌君德鐸舞漢曲也白鳩吳朝拂舞曲也楊泓拂舞序曰自到江南見白符舞或言白鳧鳩云有此來數十年察其辭旨乃是吳人患孫皓虐政思屬晉也隋牛弘請以鞞鐸巾拂等舞陳之殿庭帝從之而去其所持巾拂等白紵沈約云紵本吳地所出疑是吳舞也梁帝又令約改其辭其四時白紵之歌約集所載是也今中原有白紵曲辭旨與此全殊子夜晉曲也晉有女子夜造此聲聲過哀苦晉日常有鬼歌之前溪晉車騎將軍沈玩所制阿子及歡聞晉穆帝升平初歌畢輒呼阿子汝聞否後人演其聲以爲此曲團扇晉中書令王珉與嫂婢有情愛好甚篤嫂捶撻婢過苦婢素善歌而珉好捉白團扇故云團扇復團扇持許自遮面憔悴無復理羞與郎相見懊儂晉隆安初民間訛謠之曲歌云春草可攬結女兒可攬擷齊太祖常謂之中朝歌長史變　晉司徒左長史王廞臨敗所制督護晉宋間曲也彭城內史徐逵之爲魯軌所殺宋高祖長聟也使府內直督護丁旿殯斂之其妻呼旿至閤下自問斂逵之事每問輒歎息曰丁督護其聲哀切後人因其聲廣其曲焉今歌是宋孝武帝所製云督上征去儂亦惡聞許願作石尤風四面斷行旅讀曲宋人爲彭城王義康所制也有死罪之辭烏夜啼宋臨川王義慶所作也元嘉十七年徙彭城王義康於豫章義慶時爲江州至鎮相見而哭爲帝所怪徵還宅大懼妓妾夜聞烏啼聲扣齋閤云明日應有赦其年更爲南兗州刺史作此歌故其和云籠牕牕不開烏夜啼夜夜望郎來今所傳歌似非義慶本音辭曰歌舞諸少年娉婷無種跡菖蒲花可憐聞名不相識石城宋臧質所作也石城　在竟陵質嘗爲竟陵郡於城上眺矚見羣少年歌謠通暢因作此曲歌云生長石城下開門對城樓城中美年少出此見依投莫愁樂出於石城樂石城有女子名莫愁善謌謠石城樂和中復有莫愁聲故歌云莫愁在何處莫愁石城西艇子打兩槳催送莫愁來襄陽樂宋隋王誕之所作也誕始爲襄

陽郡元嘉二十六年仍爲雍州夜聞諸女謌謠因作之故歌和云襄陽來夜樂其謌曰朝發襄陽來暮至大堤宿大堤諸女兒花豔驚郎目裴子野宋略稱晉安侯劉道彥爲雍州刺史有惠化百姓歌之號襄陽樂其辭旨非也棲烏夜飛沈攸之元徽五年所作也攸之未敗之前思歸京師故歌和云日落西山還去來估客樂齊武帝之製也布衣時常遊樊鄧追憶往事而作歌曰昔經樊鄧役阻潮梅根渚感憶追往事意滿情不叙使太樂令劉瑤教習百日無成或啓釋寶月善音律帝使寶月奏之便就勑歌者常重爲感憶之聲梁改其名爲商旅行楊伴本童謠歌也齊隆昌時女巫之子曰楊旻隨母入內及長所寵童謠云楊婆兒共戲來而歌語訛遂成楊伴兒歌云暫出白門前楊柳可藏烏歡作沈水香儂作博山爐驍壺疑是投壺樂也投壺者謂壺中躍矢爲驍壺今謂之驍壺者是也常林歡疑是宋梁間曲宋梁世荊雍爲南方重鎮皆皇子爲之牧江左辭詠莫不稱之以爲樂土故隋王作襄陽之歌齊武帝追憶樊鄧梁簡文樂府歌云分手桃

林岸送别峴山頭若欲寄音信漢水向東流又曰宜城投醖酒今行熟停鞍繫馬暫栖宿桃林在漢水上宜城在荆州北荆州有長林縣江南謂情人爲歡常長聲相近蓋樂人誤謂長爲常三州商人歌也商人數行巴陵三江之間因作此歌採桑因三州曲而生此聲也春江花月夜玉樹後庭花堂堂並陳後主所作叔寶常與宫中女學士及朝臣相和爲詩太樂令何胥又善於文詠採其尤艷麗者以爲此曲汎龍舟隋煬帝江都宫作餘五曲不知誰所作也其辭類皆淺俗而綿世不易惜其古曲是以備論之其他集録所不見亦闕而不載當江南之時巾舞白紵巴渝等衣服各異梁以前舞人並二八梁舞省之咸用八人而已令工人平巾幘緋袴褶舞四人碧輕紗衣裙襦大袖畫雲鳳之狀漆鬟髻飾以金銅雜花狀如雀釵錦履舞容閑婉曲有姿態沈約宋書志江左諸曲哇淫至今其聲調猶然觀其政已亂其俗已淫旣怨且思矣而從容雅緩猶有古士君子之遺風也樂則莫與爲比樂用鍾一架磬一架琴一三絃琴一擊琴一瑟一秦琵琶一卧箜

篌一筑一箏一節鼓一笙二笛二簫二篪二葉二歌二自長安已後朝廷不重古曲工伎轉缺能合于管絃者唯明君楊伴驍壺春歌秋歌白雪堂堂春江花月等八曲舊樂章多或數百言武太后時明君尚能四十言今所傳二十六言就之訛失與吴音轉遠劉貺以爲宜取吴人使之傳習以問歌工李郎子李郎子北人聲調已失云學於俞才生才生江都人也今郎子逃清樂之歌闕焉又聞清樂唯歌一曲辭典而音雅閱舊記其辭信典漢有盤舞今隸散樂部中又有幡舞扇舞並亾自周隋已來管絃雜曲將數百曲多用西涼樂鼓舞曲多用龜兹樂其曲度皆時俗所知也惟彈琴家猶傳楚漢舊聲及清調瑟調蔡邕雜弄非朝廷郊廟所用故不載西涼樂者後魏平沮渠氏所得也晉宋末中原喪亂張軌據有河西苻秦通涼州旋復隔絶其樂具有鍾磬蓋涼人所傳中國舊樂而雜以羌胡之聲也魏世共隋咸重之工人平巾幘緋褶白舞一人方舞四人白舞今闕方舞四人假髻玉支釵紫絲布褶白大口袴五綵接袖烏皮靴樂用鍾一架磬一架彈箏一搊箏一卧箜篌一竪箜篌一琵琶一五絃琵琶一笙一簫一篳篥一小篳篥一笛一横笛一腰鼓一齊鼓一檐鼓一銅拔一貝一編鍾今亾周官　韎師掌教韎樂祭祀則帥其屬而舞之大享亦如之韎東夷之樂名也舉東方則三方可知矣又有鞮鞻氏掌四夷之樂與其聲歌祭祀則歙而歌之讌亦如之作先王樂者貴能包而用之納四夷之樂者美德廣之所及也東夷之樂曰韎離南蠻之樂曰任西戎之樂禁北狄之樂曰昧離言陽氣始通萬物離地而生也任言陽氣用事万物懷任也禁言陰氣始通禁止萬物之生長也昧言陰氣用事萬物衆形暗昧也其聲不正作之四門之外各持其方兵獻其聲而已自周之衰此禮尋廢後魏有曹婆羅門受龜兹琵琶於商人世傳其業至孫妙達尤爲北齊高洋所重常自擊胡鼓以和之周武帝聘虜女爲后西域諸國來媵於是龜兹疏勒安國康國之樂大聚長安胡兒令羯人白智通教習頗雜以新聲張重華時天竺重譯貢樂伎後其國王子爲沙門來遊又傳其方音宋世有高麗百濟

伎樂魏平拓跋亦得之而未具周師滅齊二國獻其樂隋文帝平陳得清樂及文康禮畢曲列九部伎百濟伎不預焉煬帝平林邑國獲扶南工人及其匏琴陋不可用但以天竺樂轉寫其聲而不齒樂部西魏與高昌通始有高昌伎我太宗平高昌盡收其樂又造讌樂而去禮畢曲今著令者惟此十部雖不著令聲節存者樂府猶隸之德宗朝又有驃國亦遣使獻樂高麗樂工人紫羅帽飾以鳥羽黄大袖紫羅帶大口袴赤皮靴五色絛繩舞者四人椎髻於後以絳抹額飾以金璫二人黄裙襦赤黄袴極長其袖烏皮靴雙雙並立而舞樂用彈箏一搊箏一卧箜篌一竪箜篌一琵琶一義觜笛一笙一簫一小篳篥一大篳篥一桃皮篳篥一腰鼓一齊鼓一檐鼓一貝一武太后時尚二十五曲今惟習一曲衣服亦寖衰敗失其本風百濟樂中宗之代工人死散岐王範爲太常卿復奏置之是以音伎多闕舞二人紫大袖裙襦章甫冠皮履樂之存者箏笛桃皮篳篥箜篌歌此三國東夷之樂也扶南樂舞二人朝　行纏赤皮靴隋世全用天竺樂今其存者有羯鼓

都曇鼓毛員鼓簫·笛篳篥銅拔貝天竺樂工人皁絲布頭巾白練
襦紫綾袴緋帔舞二人辮髮朝霞袈裟行纏碧麻鞋袈裟今僧衣是也
樂用銅鼓羯鼓毛員鼓都曇鼓篳篥橫笛鳳首箜篌琵琶銅拔貝毛
員鼓都曇鼓今亡驃國樂貞元中其王來獻本國樂凡一十二曲以
樂工三十五人來朝樂曲皆演釋氏經論之辭此三國南蠻之樂高
昌樂舞人白襖錦袖赤皮靴赤皮帶紅抹額樂用荅臘鼓一腰鼓一雞婁鼓一
羯鼓一簫二橫笛二篳篥二琵琶二五絃琵琶二銅角一箜篌一箜
篌今亡龜茲樂工人皁絲布頭巾緋絲布袍錦袖緋布袴舞者四人
紅抹額緋襖白袴帑烏皮靴豎箜篌一琵琶一五弦琵琶一笙一橫
笛一簫一篳篥一毛員鼓一都曇鼓一荅臘鼓一腰鼓一羯鼓一雞婁
鼓一銅拔一貝一毛員鼓今亡疎勒樂工人皁絲布頭巾白絲布袴
錦襟褾舞二人白襖錦袖赤皮靴赤皮帶樂用豎箜篌琵琶五絃琵
琶橫笛簫篳篥荅臘鼓腰鼓羯鼓雞婁鼓康國樂工人皁絲布頭巾緋
絲布袍錦領舞二人緋襖錦領袖綠綾　襠袴赤皮靴白袴帑舞急

○轉如風俗謂之胡旋樂用笛二正鼓一和鼓一銅拔一安國樂工人
皁絲布頭巾錦褾領紫袖袴舞二人紫襖白袴帑赤皮靴樂用琵琶
五絃琵琶箜篌簫橫笛篳篥正鼓和鼓銅拔箜篌五絃琵琶今亡此
五國西戎之樂也南蠻北狄國俗皆隨髮際斷其髮今舞也咸用繩
圍首反約髮抄內於繩下又有新聲河西至者號胡音聲與龜茲樂
散樂俱爲時重諸樂咸爲之少寢北狄樂其可知者鮮卑吐谷渾部
落稽三國皆馬上樂也鼓吹本軍旅之音馬上奏之故自漢以來北
狄樂揔歸鼓吹署魏樂府始有北歌即魏史所謂眞人代歌是也代
都時命掖庭宮女晨夕歌之用隋世與西涼樂雜奏今存者五十三
章其名目可解者六章慕容可汗吐谷渾部落稽鉅鹿公主白淨王
太子企喻也其不可解者咸多可汗之辭　此即後魏世所謂
簸邏迴者是也其曲亦多可汗之辭北虜之俗皆呼為可汗吐谷渾
又慕容別種知此歌是燕魏之際鮮卑歌歌音辭虜竟不可曉梁有
鉅鹿公主歌辭似是姚萇時歌辭華音與北歌不同梁樂府鼓吹又有

大白淨皇太子少白淨皇太子企喻等曲隋鼓吹有白淨皇太子曲
與北歌校之其音皆異開元初以問歌工長孫元忠云自高祖以來
代傳其業元忠之祖受業於侯將軍名貴昌并州人也亦世習北歌
貞觀中有詔令貴昌以其聲教樂府元忠之家世相傳如此雖譯者
亦不能通知其辭蓋年歲久遠失其眞矣絲桐惟琴曲有胡笳聲大
角金吾所掌散樂者歷代之有非部伍之聲俳優歌舞雜奏漢天子
臨軒設樂舍利獸從西方來戲於殿前激水成比目魚跳躍嗽水作
霧翳日化成黃龍修八丈出水遊戲輝耀日光繩繫兩柱相去數丈
二倡女對舞上切肩而不傾如是雜變揔名百戲江左猶有高絙紫
鹿跂行鱉食齊王捲衣笮鼠夏育杠■鼎巨象行乳神龜抃背負靈
嶽桂對白雪畫地成川之伎晉成帝七年散騎侍郎顧臻表曰末世
之樂設外方之觀逆行連倒四海朝覲帝庭而足以蹈天頭以履地
反天地之順傷彝倫之大乃命太常悉罷之其後復高絙紫鹿後魏
北齊亦有魚龍辟邪鹿馬仙車吞刀吐火剝車剝驢種瓜拔井之戲

○周宣帝徵齊樂並會關中開皇初散遣之大業二年突厥單于來朝
洛陽宮煬帝爲之大合樂盡通漢晉周齊之術胡人大駭帝命樂署
肄習常以歲首縱觀端門內大抵散樂雜戲多幻術幻術皆出西域
天竺尤甚漢武帝通西域始以善幻人至中國安帝時天竺獻伎能
自斷手足刳剔腸胃自是歷代有之我高　宗惡其驚俗勑西域關
令不令入中國苻堅嘗得西域倒舞伎睿宗時婆羅門獻樂舞人倒
行而以足舞於極銛刀鋒倒植於地低目就刃以歷臉中又植於背
下吹篳篥者立其腹上終曲而亦無傷又伏伸其手兩人躡之旋身
遶手百轉無已漢世有橦木伎又有盤舞晉世加之以柸謂之柸盤
舞樂府詩云妍袖陵七盤言舞用盤七枚也梁謂之舞盤伎梁有長
蹻伎擲倒伎跳劍伎吞劍伎今並存又有舞輪伎蓋今戲車輪者透三
峽伎蓋今透飛梯之類也高絙伎蓋今之戲繩者是也梁有獼猴幢
伎今有緣竿又有獼猴緣竿未審何者爲是又有弄椀珠伎丹珠伎
歌舞戲有大面撥頭踏搖娘窟礧子等戲玄宗以其非正聲置教坊

於禁中以處之婆羅門樂與四夷同列婆羅門樂用漆篳篥二齊鼓一散樂用橫笛一拍板一腰鼓三其餘雜戲變態多端皆不足稱代面出於北齊北齊蘭陵王長恭才武而面美常著假面以對敵嘗擊周師金墉城下勇冠三軍齊人壯之爲此舞以效其指麾擊刺之容謂之蘭陵王入陣曲撥頭出西域胡人爲猛獸所噬其子求獸殺之爲此舞以像之也　踏搖娘生於隋末隋末河內有人貌惡而嗜酒常自號郎中醉歸必毆其妻其妻美色善歌爲怨苦之辭河朔演其曲而被之絃管因寫其夫之容妻悲訴每搖頓其身故號踏搖娘近代優人頗改其制度非舊旨也窟礧子亦云魁礧子作偶人以戲善歌舞本喪家樂也漢末始用之於嘉會齊後主高緯尤所好高麗國亦有之八音之屬協於八節匏笙也女媧氏造列管於匏上內簧其中爾雅謂之巢大者曰竽小者曰和竽煦也立春之氣煦生萬物也竽管三十六宮管在左和管十三宮管居中今之竽笙並以木代匏而漆之無復音矣荊梁之南尚存古制云管三孔曰籥春分之音萬物振

○躍而動也簫舜所造也爾雅謂之筊大曰言二十三管修尺四寸笛漢武帝工丘仲所造也其元出於羌中短笛修尺有咫長笛短笛之間謂之中管篪吹孔有觜如酸棗橫笛小篪也漢靈帝好胡笛五胡亂華石遵翫之不絕音宋書云有胡篪出於胡吹則謂此梁胡吹歌云快馬不須鞭反插楊柳枝下馬吹橫笛愁殺路傍兒此歌舞元出北國之橫笛皆去觜其加觜者謂之義觜笛篳篥本名悲篥出於胡中其聲悲亦云胡人吹之以驚中國馬云柷衆也立夏之音萬物衆皆成也方面各二尺餘傍開員孔內手於中擊之以舉樂敔如伏虎背有鬣二十七碎竹以擊其首而逆刮之以止樂也舂牘虛中如筩無底舉以頓地如舂杵亦爲之頓相相助也以節樂也或謂梁孝王築睢陽城擊鼓爲下杵之節睢陽操用舂牘後世因之拍板長闊如手厚寸餘以韋連之擊以代抃琴伏羲所造琴禁也夏至之音陰氣初動禁物之淫心五絃以備五聲武王加之爲七絃琴十有二柱如琵琶擊琴柳惲所造惲嘗爲文詠思有所屬搖筆誤中琴絃因爲此

樂以管承絃又以片竹約而束之使絃急而聲亮舉竹擊之以爲節曲瑟昔者大帝使素女鼓五十絃瑟悲不能自止破之爲二十五絃大帝太昊也箏本秦聲也相傳云蒙恬所造非也制與瑟同而絃少案京房造五音準如瑟十三絃此乃箏也雜樂箏並十有二絃他樂皆十有三絃軋箏以片竹潤其端而軋之筑如箏細頸以竹擊之如擊琴清樂箏用骨爪長寸餘以代指琵琶四絃漢樂也初秦長城之役有弦鼗而鼓之者及漢武帝嫁宗女於烏孫乃裁箏筑爲馬上樂以慰其鄉國之思推而遠之曰琵引而近之曰琶言其便於事也今清樂奏琵琶俗謂之秦漢子圓體修頸而小疑是弦鼗之遺制其他皆充上銳下曲項形制稍大疑此是漢制兼似兩制者謂之秦漢蓋謂通用秦漢之法梁史稱侯景之將害簡文也使太樂令彭雋齎曲項琵琶就帝飲則南朝似無曲項者亦本出胡中五絃琵琶稍小蓋北國所出風俗通云以手琵琶之因爲名案舊琵琶皆以木撥彈之太宗貞觀始有手彈之法今所謂搊琵琶者是也風俗通所謂以手琵琶之乃非用撥之義豈上世

○固有搊之者耶阮咸亦秦琵琶也而項長過於今制列十有三柱武太后時蜀人蒯明於古墓中得之晉竹林七賢圖阮咸所彈與此類因謂之阮咸咸晉世實以善琵琶知音律稱箜篌漢武帝使樂人侯調所作以祠太一或云侯輝所作其聲坎坎應節謂之坎侯聲訛爲箜篌或謂師延靡靡樂非也舊說亦依琴制今按其形似瑟而小七絃用撥彈之如琵琶豎箜篌胡樂也漢靈帝好之體曲而長二十有二弦豎抱於懷用兩手齊奏俗謂之擘箜篌鳳首箜篌有項如軫七絃鄭善子作開元中進形如阮咸其下缺少而身大傍有少鉄取其身便也絃十三隔孤柱一合散聲七隔聲九十一柱聲一搊九十九聲隨調應律太一司馬縚開元中進十二絃六隔緰聲十二隔聲七十二絃散聲應律呂以隔聲旋相爲宮合八十四調今編入雅樂宮縣內用之六絃史盛作天寶中進形如琵琶而長六絃四隔孤柱一合散聲六隔聲二十四柱聲一搊三十一聲隔調應律天寶樂任偃作天寶中進類石幢十四絃六柱黃鍾一均足倍七聲移柱作調應律

塤曛也立秋之音萬物將曛黃也埏土爲之如鵞卵六孔銳上豐下
上大者爾雅謂之叫古缶如足盆古西戎之樂秦俗應而用之其形
似覆盆以四杖擊之秦趙會於澠池秦王擊缶而歌八缶唐永泰初
司馬滔進廣平樂蓋八缶具黃鍾一均聲鍾黃帝之工垂所造鍾種也
立秋之音萬物種成也大曰鎛鎛亦大鍾也爾雅謂之鏞小而編之曰
編鍾中曰剽小曰醆錞于圜如碓頭大上小下縣以龍牀芒蓮將之
以和鼓沈約宋書云今人間時有之則宋曰非廟庭所用後周平蜀
獲之斛斯徵觀曰錞于也依于寶周禮注試之如其言鐃木　舌搖
之以和鼓梁有銅磬蓋今方響之類　方響以鐵爲之修八寸廣二
寸圜上方下架如磬而不設業倚於架上以代鍾磬人間所用者纔
三四寸銅拔亦謂之銅盤出西戎及南蠻其圓數寸隱起若浮漚貫
之以韋皮相擊以和樂也南蠻国大者圓數尺或謂南齊穆士素所造
非也鉦如大銅疊縣而擊之節鼓銅鼓鑄銅爲之虛其一面覆而擊
其上南夷扶南天竺類皆如此嶺南豪家則有之大者廣丈餘磬　叔所

○唐志九　十一

造也磬勁也立冬之音萬物皆堅勁書云泗濱浮磬言泗濱石可爲
磬今磬石皆出華原非泗濱也登歌磬以玉爲之爾雅謂之毊鼓動
也冬至之音萬物皆含陽氣而動雷鼓八面以祀天靈鼓六面以祀
地路鼓四面以祀鬼神夏后加之以足謂之足鼓殷人貫之以柱謂
之楹鼓周人縣之謂之縣鼓後世從殷制建之謂之建鼓晉鼓六尺
六寸金奏則鼓之傍有鼓謂之應鼓以和大鼓小鼓有柄曰鞞搖之
以和鼓大曰鞞鼙鼓大者尾小者木皆廣首而纖腹本胡鼓也石遒
好之與橫笛不去左右齊鼓如漆桶大一頭設齊於鼓面如麝臍故
曰齊鼓檐鼓如小甕先冒以革而漆之羯鼓正如漆桶兩手具擊以其
出羯中故號羯鼓亦謂之兩杖鼓都曇鼓似腰鼓而小以槌擊之毛員鼓似
都曇鼓而稍大荅臘鼓制廣羯鼓而短以指揩之其聲甚震俗謂之
揩鼓雞婁鼓正圓而手可擊之處平可數寸正鼓和鼓者一以正一
以和皆腰鼓也節鼓狀如博局中間員孔適容其鼓擊之節樂也撫拍
以韋爲之實之以糠撫之節樂也金石絲竹匏土革木謂之八音金

木之音擊而成樂今東夷有管木者桃皮是也西戎有吹金者銅角是
也長二尺形如牛角貝蠡也容可數升並吹之以節樂亦出南蠻桃
皮卷之以爲篳篥葉啣葉而嘯其聲清震橘柚尤善四夷絲竹之量
國異其制不可詳盡爾雅琴二十絃曰離琴二十七絃曰麗漢世有
洞簫又有管長尺圍寸而併漆之宋世有統梁似臥箜篌今並亡矣
今世又有箎其長盈尋曰七星如箏稍小曰雲和樂府所不用周天
子宮縣諸侯軒縣大夫曲縣士特縣故孔子之堂聞金石之音魏絳
之家有鍾磬之聲秦漢之際斯禮無聞漢丞相田蚡前庭羅鍾磬置
曲旃光武又賜東海恭王鍾虡之樂即漢世人臣尚有金石漢樂歌
云高張四縣神來讌饗謂宮縣也制氏在太樂能記鏗鏘鼓舞河間
王著樂記八佾之舞與制氏不甚相遠又舞八佾之明文也漢儀云
高廟撞千石之鍾十枚即上林賦所謂撞千石之鍾立萬石之鉅
者也鍾當十二而此十枚未識其義議者皆云漢世不知用宮縣今
案漢章和世用旋宮漢世羣儒備言其義牛弘祖孝孫所由準的也

○唐志九　十二

又河間王博採經籍與制氏不殊知漢世之樂爲最備矣魏晉已來
但云四廂金石而不言其禮或八架或十架或十六架梁武始用二
十六架貞觀初增三十六架加皷吹熊羆按十二於四隅後魏周齊皆
二十六架建德中復梁三十六架隋文省煬帝又復之樂縣橫曰簨
豎曰虡飾簨以飛龍飾趺以飛廉鍾簨以摯獸磬簨以摯鳥上列樹羽
傍垂流蘇周制也縣以崇牙殷制也飾以博山後世所加也宮縣每
架金博山五軒縣三鼓承以花趺覆以華蓋上集翔鷺隋氏二十架
先置建鼓於四隅鑄鍾方面各三依其辰位雜列編鍾磬各四架於
其間二十六架則編鍾十二架磬亦如之軒縣九架鎛鍾三架在辰丑
申　編鍾磬皆三架設路鼓二於縣內戌巳地之北柷敔於四隅舞
人立於其中錞于鐃鐸撫拍舂牘列於舞人間唐禮天子朝廟用三
十六架高宗成蓬萊宮充庭七十二架武后遷都乃省之皇后廟及
郊祭並二十架同舞八佾先聖廟及皇太子廟並九架舞六佾縣設
柷敔各一柷於左敔於右錞于撫拍頓相鐃鐸次列於路鼓南舞人

列於縣北登歌二架登於堂上兩楹之前編鍾在東編磬在西登歌工人坐堂上竹人立堂下所謂琴瑟在堂竽笙在庭也殿庭加設鼓吹於四隅讌享陳清樂架對列於左右廂設舞筵於其間舊皇后庭但設絲管大業尚侈始置鍾磬猶不設鎛鍾以鎛磬代武太后稱制用鍾因而莫革樂縣庭廟以五綵雜飾軒縣以朱五郊則各從其方色每先奏樂三日太樂令宿設縣於庭其日率工人入居其次協律郎舉麾樂作仆麾樂止文舞退武舞進若常享會先一日具坐立部樂名封上請所奏御注而下及會先奏坐部伎次奏立部使次奏蹀馬次奏散樂而畢矣廣明初巢賊干紀輿駕播遷兩都覆圮宗廟悉爲煨燼樂工淪散金奏幾亡及僖宗還宮購募鍾縣之器一無存者昭宗卽位將親謁郊廟有司請造縣樂詢於舊工皆莫知其制度修奉樂縣使宰相張濬悉集太常樂胥詳酌竟不得其法時太常博士殷盈孫深於典故乃案周官考功記之文究其欒銑于鼓鉦舞甬之法沉思三四夕用筭法乘除鎛鍾之輕重高低乃定懸下編鍾正黃鍾九寸五分下至登歌倍應鍾三寸三分半凡四十八等口項之量徑衡之圍悉爲圖遣金工依法鑄之凡二百四十口鑄成張濬求知聲者處士蕭承訓梨園樂工陳敬言與太樂令李從周令先校定石磬合而擊拊之八音克諧觀者聳聽濬既進呈昭宗陳於殿庭以試之時以宗廟焚毀之後修奉不及乃權以少府監廳爲太廟其庭甚狹議者論縣樂之架不同濬奏議曰臣伏準舊制太廟含元殿並設宮縣三十六架太清宮南北郊社稷及諸殿庭並二十架今修奉樂縣太廟合造三十六架臣今參議請依古禮用二十架伏自兵興已來雅樂淪缺將爲修奉事實重難變通宜務於酌中損益當循於寧儉臣聞諸舊史昔武王定天下至周公相成王始暇制樂魏初無樂器及伶人後稍得登歌會舉之樂明帝大明末詔增益之咸和中鳩集遺逸尚未有金石之音至孝和太元中四廂金石始備郊祀猶不舉樂宋文帝元嘉九年初調金石二十四年南郊始設登歌妙舞亦闕孝武建元中有司奏郊廟宜設備樂始爲詳定故後魏孝文太和初

司樂上書陳樂章有闕求集羣官議定廣修器數正立名品詔雖行之仍有殘缺隋文踐祚太常議正雅樂九年之後惟奏黃鍾一宮郊廟止用一調（並㨯禮文每一代之樂二調樂六代之樂凡二十調）其餘聲律皆不復通高祖受隋禪軍國多務未遑改創樂府尚用隋氏舊文武德九年命太常考正雅樂貞觀二年考畢上奏蓋其事體大故歷代不能速成伏以俯逼郊天式修雅樂必將集事須務相時今者帑藏未充貢奉多闕凡闕貨刀不易方圓制度之間亦宜樽節臣伏惟儀禮宮懸之制陳鎛鍾二十架當十二辰之位甲丙庚壬各設編鍾一架乙丁辛癸各設編磬一架合爲二十架對建鼓於四隅當乾坤艮巽之位以象二十四氣宗廟殿庭郊丘社稷皆用此制無聞異同周漢魏晉宋齊六朝並秖用二十架隋氏平陳檢梁故事乃設三十六架國初因之不改高宗皇帝初成蓬萊宮充庭七十二架尋乃省之則簨簴架數太多本近於侈止於二十架正協禮經兼今太廟之中地位甚狹百官在列萬舞充庭雖三十六架具存亦施爲不得廟庭難於容易開廣樂架不可重沓鋪陳今請依周漢魏晉宋齊六代故事用二十架從之古制雅樂宮縣之下編鍾四架十六口近代用二十四口正聲十二倍聲十二各有律呂凡二十四聲登歌一架亦二十四鍾雅樂淪滅至是復全

唐書志卷第九

劉昫等修

聞人詮校刻沈桐同校

音樂三

貞觀二年太常少卿祖孝孫既定雅樂至六年詔褚亮虞世南魏徵等分制樂章其後至則天稱制多所改易歌辭皆是內出開元初則中書令張說奉制所作然雜用貞觀舊詞自後郊廟歌工樂師傳授多缺或祭用宴樂或郊稱廟詞二十五年太常卿韋縚令博士韋逌直太樂尚沖樂正沈元福郊社令陳虔申懷操等銓叙前後所行用樂章爲五卷以付太樂鼓吹兩署令工人習之時太常舊相傳有宮商角徵羽讌樂五調歌詞各一卷或云貞觀中侍中楊仁恭妾趙方等所銓集詞多鄭衛皆近代詞人雜詩至縚又令太樂令孫玄成更加整比爲七卷又自開元已來歌者雜用胡夷里巷之曲其孫玄成所集者工人多不能通相傳謂爲法曲今依前史舊例錄雅樂歌詞前後常行用者附於此志其五調法曲詞多不經不復載之

○冬至祀昊天於圓丘樂章八首

貞觀二年祖孝孫定雅樂貞觀六年褚亮虞世南魏徵等作此詞今行用

降神用豫和

上靈睠命兮膺會昌盛德殷薦叶辰良景福降兮聖德遠玄化穆兮天曆長

皇帝行用太和

穆穆我后道應千齡登三處大得一居貞禮唯崇德樂以和聲百神仰止天下文明

登歌奠玉帛用肅和

闓陽播氣甄曜垂明有赫圓宰深仁曲成日麗蒼璧煙開紫營聿遵虔享式降鴻禎

迎俎入用雍和

欽惟大帝載仰皇穹始命田燭爰啓郊宮雲門駭聽雷鼓鳴空神其介祀景祚斯融

酌獻飲福用壽和

八音斯奏三獻畢陳寶祚惟永暉光日新

送文舞出迎武舞入用舒和

疊璧凝影皇壇路編珠流彩帝郊前已奏黃鍾歌大呂還符寶曆祚昌年

武舞作用凱安

昔在炎運終中華亂無象酆郊赤烏見邙山黑雲上大賚下周車禁暴開殷網幽明同叶贊鼎祚齊天壤

送神用豫和

歌奏畢兮禮獻終六龍馭兮神將昇明德感兮非黍稷降福簡兮祚休徵

○又郊天樂章一首太樂舊有此辭名不詳所起

送神用豫和

蘋蘩禮著黍稷誠微音盈鳳管彩駐龍旂洪歆式就介福攸歸送樂有闋靈馭遄飛

則天大聖皇后大享昊天樂章十二首撰

第一 太陰凝至化貞耀蘊軒儀德邁娥臺敞仁高姒幄披捫天遂啓極夢日乃昇曦

第二 瞻紫極望玄穹翹至懇罄深衷聽雖遠誠必通垂厚澤降靈

第三 乾儀混成沖邃天道下濟高明闓陽晨披紫闕太一曉降黃庭圓壇敢申昭報方璧冀展虔情丹襟式敷衷懇玄鑒庶察微誠

第四 巍巍叡業廣赫赫聖基隆菲德承先顧禎符萃眇躬銘開武巖側圖薦洛川中微誠詎幽感景命忽昭融有懷慙紫極無以謝玄穹

第五 朝壇霧卷曙嶺煙沉爰設筐幣式表誠心筵輝麗璧樂暢韶仰惟靈鑒俯察翹襟

第六　昭昭上帝穆穆下臨禮崇備物樂奏鏘金蘭羞委薦桂醑盈斟敢希明德聿蘊莊心

第七　鐏浮九醞禮備三周陳誠菲奠契福神猷

第八　奠璧郊壇昭大禮鏘金拊石表虔誠始奏承雲娛帝賞復歌調露暢韶英

第九　荷恩承顧託執契恭臨撫廟略靜邊荒天兵曜神武有截資先化無爲遵舊矩禎符降昊穹大業光寰宇

第十　肅肅祀典邕邕禮秩三獻已周九成斯畢爰撤其俎載遷其實或昇或降唯誠唯質

第十一　禮終肆類樂闋九成仰惟明德敢薦非馨顧慙菲奠久駐雲軿瞻荷靈澤悚戀兼盈

第十二　式乾路闢天扉迴日馭動雲衣登金闕入紫微望仙駕仰恩徽

景龍三年中宗親祀昊天上帝樂章十首

降神用豫和

天之曆數歸睿唐顧惟菲德欽昊蒼選吉日兮表殷薦冀神鑒兮降闓陽

皇帝行用太和　圜鍾宮

恭臨寶位肅奉瑤圖恒思解網每軫泣辜德慙巢燧化劣唐虞期我良弼式贊嘉謀

告謝　圜鍾宮

得一流玄澤通三御紫宸遠叶千齡運遐銷九域塵絕瑞駢闐集殊祥絡繹臻麥西畝稔歲賀盈囷

登歌用肅和　無射均之林鍾羽

悠哉廣覆大矣曲成九玄著象七曜甄明珪璧是奠醞酎斯盈作樂崇德爰暢咸英

迎俎用雍和　圜鍾均之黃鍾羽

郊壇展敬嚴配因心孤竹簫管空桑琴瑟肅穆大禮鏗鏘八音恭惟上帝希降靈歆

酌獻用福和　圜鍾宮

九成爰奏三獻式陳欽承景福恭託明禋

中宮助祭昇壇用　函鍾宮

坤元光至德柔訓闡皇風芣苡芳聲遠螽斯美化隆獻軌超千載嘉猷備六宮肅恭陪盛典欽若薦禋宗

亞獻用函鍾宮用登歌樂

三靈降饗三后配神虔敷藻奠敬展郊禋

送文舞出迎武舞入用舒和　圜鍾均之中呂商

已陳粢盛敷嚴祀更奏笙鏞協雅聲璇圖寶曆欣寧謐　晏俗淳風樂太平

武舞作用凱安　圜鍾均之无射徵

堂堂聖祖興赫赫昌基泰戎車盟津偃玉帛塗山會舜日啓祥暉堯雲卷征旆風猷被有截聲教覃無外

開元十一年玄宗祀昊天於圓丘樂章十一首

降神用豫和　圜鍾宮三成黃鍾角一成太簇徵一成姑洗羽一成已上六變詞同

至矣丕構烝哉太平授犧膺籙復禹繼明草木仁化鳧鷖頌聲祀宗陳德無媿斯誠

迎神用歆和

崇禋已備粢盛聿修潔誠斯展鍾石方遒

皇祖光皇帝室酌獻用長發　黃鍾宮　詞同貞觀長發

太祖景皇帝室酌獻用大基　太簇宮　詞同貞觀大基

代祖元皇帝室酌獻用大成　姑洗宮　詞同貞觀大成

高祖神堯皇帝室酌獻用大明　蕤賓宮　詞同貞觀大明

太宗文武聖皇帝室酌獻用崇德　夷則宮　詞同貞觀崇德

高宗天皇大帝室酌獻用鈞天　黃鍾宮　詞同光宅鈞天

懿宗孝敬皇帝室酌獻用承和　黃鍾宮

金相載穆玉裕重暉養德清禁承光紫微乾宮候色震象增威監國

方永賓天不歸孝友自衷温文性與龍樓正啓鶴駕斯舉丹扆流念
鴻名式序中興考室永陳彝俎
皇帝飲福用延和 黃鍾宮
巍巍累聖穆穆重光奄有區夏祚啓隆唐百蠻飲澤萬國來王本枝
億載鼎祚逾長
皇帝行用大和
郊壇齊帝禮樂祠天丹青寰宇宮徵山川神祇畢降行止重旋融融
穆穆納祉洪延
登歌奠玉用肅和
止奏潛聆登儀宿轉大玉躬奉參鍾首奠簠簋聿昇犧牲遞薦昭事
顒若存存以俔
迎俎入用雍和
爛雲普洽律風無外千品其凝九賓斯會禋樽晋燭純犧滌汰玄覆
攸廣鴻休汪濊
○

皇帝酌獻天神用壽和
六變爰闋八階載虔祐我皇祚於萬斯年
酌獻配座用壽和
於赫聖祖龍飛晋陽底定萬國奄有四方功格上下道冠農黃郊天
配享德合無疆
飲福酒用壽和
崇崇太畤肅肅嚴禋粢盛既潔金石畢陳上帝來享介福爰臻受釐
合福寶祚惟新
送文舞出迎武舞入用舒和
祝史正辭人神慶叶福以德昭享以誠接六藝云備百禮斯浹祀事
孔明祚流萬葉
武舞用凱安
馨香惟后德明命光天保肅和崇聖靈陳信表皇道玉鏚初路屬金匏
既靜好

禮畢送神用豫和
大號成命思文配天神光肸蠁龍駕言旋眇眇閶闔昭昭上玄俾昌
而大於萬斯年
皇帝還大次用太和
六成既闋三薦云終神心具醉聖敬愈崇受釐皇邸廻蹕帷宮穰穰
之福永永無窮
玄宗開元十三年封泰山祀天樂十四首
中書令燕國公張說作今行
降神用豫和六變 夾鍾宮之一
歆奉壇柴泰清受天命報天成竦皇心薦樂聲志上達歌下迎
夾鍾宮之二
億上帝臨下庭騎日月陪列星嘉視信大糦馨澹神心醉皇靈
夾鍾宮之三
相百辟貢八荒九歌叙萬舞翔肅振振鏘皇皇帝欣欣福穰穰
○

黃鍾宮 高在上道光明物資始德難名承眷命牧蒼生寰宇謐太階
平
太簇徵 天道無親至誠與隣山川遍禮宮徵惟新玉帛非盛聰明
會貞正 斯一德通乎百神
姑洗羽 饗帝饗親維孝維聖緝 熙懿德敷揚成命華夷志同笙
鏞禮盛明靈降止感此誠敬
迎送皇帝用太和
孝敬中發和容外彰騰華照寓如昇太陽貞璧就奠玄靈垂光禮樂
具舉濟濟洋洋
登歌奠玉帛用肅和 調羽
奠祖配天承天享帝百靈咸秩四海來祭植我蒼璧布我玄製華日
徘徊神靈容裔
迎俎入用雍和
俎豆有馥粢盛豐絜亦有和羹既戒既平鼓鍾管聲肅唱和鳴皇皇

后祖賚我思成
　酌獻用壽和黃鍾宮調
蒸蒸我后享獻惟夤躬酌鬱鬯跪奠明神孝莫孝乎配上帝於親敬莫
敬乎敎天下為臣
　皇帝飲福用壽和
皇祖嚴配享皇天皇降嘏天子萬年
　送文舞出迎武舞入用舒和（商調）
六鍾翕協六變成佾八佾倚伴八風生樂九韶兮人神感矣七德兮　天
地清
　終獻亞獻用凱安
列祖順三靈文宗威四海黃鉞誅羣盜朱旗掃多罪戢兵天下安約
法人心改大哉干羽意長見風雲在
　送神用豫和（詞夾鍾調）
禮樂終煙燎上懷靈惠結皇想歸風疾迴風爽百福來衆神往
〇
　正月上辛祈穀於南郊樂章八首（貞觀中褚亮作今行用）

舊志十　七

　降神用豫和（詞同冬至圜丘）皇帝行用太和（詞同冬至圜丘）
　登歌奠玉帛用肅和（貞觀禮祀感帝用此詞明慶已後詞同冬至圜丘）
禮良斯繩居中體正龍運垂祉昭符啓聖式事嚴禋聿懷嘉慶惟帝永
錫時皇休命
　迎俎用雍和
殷薦乘春太壇臨曙八簋盈和六瑚登御嘉稷匪歆德馨斯飫祝嘏
無易靈心有豫
　皇帝酌獻飲福酒用壽和（詞同冬至圜丘）
　送文舞出迎武舞入用舒和
至帝犧牲申敬享金絲戚羽盛音容庶俾億齡提景福長欣萬寓洽
時邕
　武舞用凱安（詞同冬至圜丘）送神用豫和（詞同冬至圜丘）
季秋享上帝于明堂樂章　八首（貞觀中褚亮等作今行用）

　降神用豫和（詞同冬至圜丘）皇帝行用大和（詞同冬至圜丘）
　登歌奠玉帛用肅和
象天御宇乘時布政嚴配申虔宗禋展敬樽罍盈列樹羽交映玉幣
通誠祚隆皇聖
　迎俎用雍和
八牖晨披五精朝奠霧凝璇篚風清金縣神滌備全明粢豐衍載絜
粢俎陳誠以薦
　皇帝酌獻飲福用壽和（詞同冬至圜丘）
　送文舞出迎武舞入用舒和
御扆合宮承寶曆席圖重館奉明靈偃武修文九圍泰沉烽靜柝八
荒寧
　武舞用凱安（詞同冬至圜丘）送神用豫和（詞同冬至圜丘）
　則天大聖皇帝享明堂樂章十二首（御撰）
　外辦將出

舊志十　八

〇
總章陳昔典衢室禮惟神宏規則天地神用叶陶鈞負扆三春旦充
庭萬宇賓顧已誠虛薄空慙馭兆人
　皇帝行用黃鍾宮
仰膺曆數俯順謳歌遠安邇肅俗阜時和化光玉鏡訟息金科方興
典禮永戢干戈
　皇嗣出入昇降
至人光俗大孝通神謙以表性恭惟立身洪規載啓茂典方陳譽隆
三善祥開萬春
　迎送王公
千官肅事萬國朝宗載延百辟爰集三宮君臣德合魚水斯同睿圖
方永周曆長隆
　登歌用大呂均無射羽
禮崇宗祀志表嚴禋笙鏞合奏文物惟新敬遵茂典敢擇良辰潔
誠斯著奠謁方申

配饗

笙鏞間鳴玉文物昭清暉粹影臨芳奠休光下太微孝思期有感明絜㡯無違

宮音　履艮包群望居中冠百靈萬方資廣運庶品荷裁成神功諒匪測盛德實難名藻奠申誠敬恭祀表惟馨

角音　出震位開平秩扇條風乘甲乙龍德盛鳥星出薦珪籩陳誠實

徵音　赫赫離精御炎陸滔滔熾景開隆暑冀延神鑒俯薦鑄式表虔禋陳簋俎

商音　律中夷則序應收成功宣建武儀表惟明爰申禮奠庶展翹誠九秋是式百穀斯盈

羽音　葭律肇啓隆冬蘋藻攸陳饗祭黃鐘既陳玉燭紅粒方殷稔歲

。孟夏雩祀上帝于南郊樂章八首 貞觀中褚亮等作今行用

舊唐書志十　九

降神用豫和 詞同冬至圜丘　皇帝行用大和 詞同冬至圜丘

登歌奠玉帛用肅和

朱鳥開辰蒼龍啟映大帝昭饗羣生展敬禮備懷柔功宣舞詠旬液應序年祥叶慶

迎俎用雍和

紺筵分彩瑤圖吐絢風管晨凝雲歌曉囀肅事蘋藻虔申桂奠百穀斯登萬箱攸薦

皇帝酌獻飲福酒用壽和 詞同冬至圜丘

送文舞出迎武舞入用舒和

鳳曲登歌調令序龍雩集舞泛祥風綵䙱雲迴昭睿德朱干電發表神功

武舞用凱安 詞同冬至圜丘　送神用豫和 詞同冬至圜丘

又雩祀樂章二首 太樂舊有此詞不詳所起或云開元初造

降神用豫和

鳥緯遷序龍星見辰純陽在律明德崇禋五方降帝萬寓安人恭以致享肅以迎神

送神用豫和

祀遵經設享緣誠舉獻畢于樽撤臨于俎舞止干戚樂停柷敔歌以送神神還其所

祀五方上帝於五郊樂章四十首 貞觀中魏徵等作今行用

祀黃帝降神奏宮音

黃中正位含章居貞既彰六律兼和五聲畢陳萬舞乃薦斯牲神其下降永祚休平

皇帝行用太和 詞同冬至圜丘

登歌奠玉帛用肅和

郁郁方輿蒼蒼圓蓋至哉樞紐宅中圖大氣調四序風和萬籟祚我明德時雍道泰

迎俎用雍和

。金縣夕肆玉俎朝陳饗薦黃道芬流紫辰迺誠迺敬載享載禋崇薦斯在惟皇是賓

舊唐書志十　十

皇帝酌獻飲福用壽和 詞同冬至圜丘

送文舞出迎武舞入用舒和

御徵乘宮出郊甸安歌率舞遞將迎自有雲門符帝賞猶持雷鼓答天成

武舞用凱安 詞同冬至圜丘　送神用豫和 詞同冬至圜丘

祀青帝降神用角音

鶴雲旦起鳥星昏集律候新風陽開初蟄至德可饗行潦斯挹錫以無疆烝人乃粒

皇帝行用太和 詞同冬至圜丘　登歌奠玉帛用肅和

玄鳥司春蒼龍登歲節物變柳光風轉蕙瑤席降神朱絃饗帝誠備祝嘏禮殫珪幣

迎俎用雍和

大樂稀音至誠簡禮文物斯建聲名濟濟六變有成三登無體迺眷

豐粢恩覃愷悌

皇帝酌獻飲福用壽和（詞同冬至圜丘）

送文舞出迎武舞入用舒和

笙歌籥舞屬年韶鷺鼓鳧鍾展時豫調露初迎綺春節承雲遽踐蒼霄馭

武舞用凱安（詞同冬至圜丘） 送神用豫和（詞同冬至圜丘）

祀赤帝降神用徵音

青陽告謝朱明戒序延長是祈敬陳椒醑博碩斯薦笙鏞備舉庶盡肅恭非馨稷黍

皇帝行用太和（詞同冬至圜丘）

登歌奠玉帛用肅和

離位克明火中宵見峰雲暮起景風晨扇木槿初榮含桃可薦芬馥百品鏗鏘三變

迎俎用雍和

○昭昭丹陸奕奕炎方禮陳牲幣樂備篪簧瓊羞溢俎玉醑浮觴恭惟正直歆此馨香

皇帝酌獻飲福用壽和（詞同冬至圜丘）

送文舞出迎武舞入用舒和

千里溫風飄絳羽十枚炎景勝朱干陳觴薦俎歌三獻拊石摐金會七盤

武舞用凱安（詞同冬至圜丘） 送神用豫和（詞同冬至圜丘）

祀白帝降神用商音

白藏應節天高氣清歲功既阜庶類收成萬方靜謐九土和平馨香是薦受祚聰明

皇帝行用太和（詞同冬至圜丘）

登歌奠玉帛用肅和

金行在節素靈居正氣肅霜嚴林凋草勁豺祭隼擊潦收川鏡九穀已登萬廩流詠

迎俎用雍和

律應西成氣躔南呂珪幣咸列笙竽備舉苾苾蘭羞芬芬桂醑式資宴貺用調霜序

皇帝酌獻飲福用壽和

送文舞出迎武舞入用舒和

璿儀氣爽驚緹籥玉呂灰飛含素商鳴鞞奏管芳羞薦會舞安歌葆眊揚

武舞用凱安（詞同冬至圜丘） 送神用豫和

祀黑帝降神用羽音

嚴冬季月星迴風厲享祀報功方祈來歲

皇帝行用太和（詞同冬至圜丘）

登歌奠玉帛用肅和

律周玉琯星迴金度次極陽烏紀窮陰兎火林霰雪湯泉凝沍八蜡已登三農息務

○迎俎用雍和

陽月斯紀應鍾在候載絜牲牷爰登俎豆既高既遠無聲無臭靜言格思惟神保佑

皇帝酌獻飲福用壽和（詞同冬至圜丘）

送文舞出迎武舞入用舒和

執籥持羽初終曲朱干玉鏚始分行七德九功咸已暢明靈降福具穰穰

武舞用凱安（詞同冬至圜丘） 送神用豫和（詞同冬至圜丘）

又五郊樂音十首（太樂舊有此詞不詳所起）

黃郊迎神

朱明季序黃郊王辰厚以載物甘以養人毓金爲體稟火成身宫音式奏奏以迎神

送神春末冬暮徂夏抄秋土王四月時季一周黍稷已享籩豆宜收送神有樂神其賜休

青郊迎神　緹幕移候青郊啓蟄淑景遲遲和風習習璧玉宵備旌
旄曙立張樂以迎帝神其入
送神　文物流彩聲明動色人竭其恭靈昭其飭歆薦無已垂禎不
極送禮有章惟神還軾
赤郊迎神　青陽節謝朱明候改靡草彫華含桃流彩簴列鍾磬筵
陳脯醢樂以迎神神其如在
送神　炎精式降蒼生攸仰羞列豆籩酒陳犧象昭祀有應宜其不
爽送樂張音惟靈之往
白郊迎神　序移玉律節應金商天嚴殺氣吹警秋方楢燎既積稷
奠並芳樂以迎奏庶降神光
送神　祀遵五禮時屬三秋人懷肅敬靈降禎休奠歆旨酒薦享珍
羞載張送樂神其上遊
黑郊迎神　玄英戒序黑郊臨候掌禮陳彝司筵執豆寒霧歛色沍
泉凝漏樂以迎神八音斯奏

送神　北郊時冽南陸輝處奠本虔誠獻彌恭慮上延祉福下承歡
豫廣樂送神神其整馭

祀朝日樂章八首 貞觀中作 今行用

降神用豫和 詞同冬至圜丘　皇帝行用大和 詞同冬至圜丘

登歌奠玉帛用肅和

惟聖格天惟明饗日帝郊肆類王官戒吉珪奠春舒鍾歌曉溢禮云
克備斯文有秩

迎神用雍和

晨儀式薦明祀惟光神物爰止靈暉載揚玄端肅事紫幄興祥福履
攸假於昭令王

皇帝酌獻飲福用壽和 詞同冬至圜丘

送文舞出迎武舞入用舒和

祟牙對羽延調露旋宮扣律掩承雲誕敷懿德昭神武載集豐功表
睿文

武舞用凱安 詞同冬至圜丘　送神用豫和 詞同冬至圜丘

又祀朝日樂章二首 太樂舊有此辭不詳所起

迎神　太陽朝序王宮有儀蟠桃彩鶩細柳光馳軒祥表合汾慶彰
奇禮和樂備神其降斯
送神　五齊兼飭百羞具陳樂終廣奏禮畢崇禋明鑒萬寓昭臨兆
人永流洪慶式動曦輪

祀夕月樂章八首 貞觀中作 今行用

降神用豫和 詞同冬至圜丘　皇帝行用太和 詞同冬至圜丘

登歌奠玉帛用肅和

測妙爲神通微曰聖坎祀貽則郊禋展敬璧薦登光金歌動映以載
嘉德以流曾慶

迎俎用雍和

朏晨爭舉天宗禮闢夜典京秋陰明湛夕有醻斯亯有牲斯碩穆穆
其暉穰穰是積

皇帝酌獻飲福用壽和 詞同冬至圜丘

送文舞出迎武舞入用舒和

合吹八風金奏動分容萬舞玉鞘驚詞昭茂典光前烈夕曜乘功表
盛明

武舞用凱安 詞同冬至圜丘　送神用豫和 詞同冬至圜丘

稓百神樂章八首 貞觀中作 今行用

降神用豫和 詞同冬至圜丘　皇帝行用太和 詞同冬至圜丘

登歌奠玉帛用肅和

序迫歲陰日躔星紀爰稽茂典聿崇清祀絺幣霞舒瑞珪虹起百禮
垂裕萬靈薦祉

迎俎用雍和

緹籥勁序玄英晚候姬蜡開儀豳歌入奏蕙馥彫俎蘭芬玉酎大華
明祇永綏多祐

皇帝酌獻飲福用壽和 詞同冬至圜丘

送文舞出迎武舞入用舒和

經緯兩儀文化洽削平萬域武功成瑶絃自樂乾坤泰玉鏚長懽區縣寧

武舞用凱安（詞同冬至圜丘）　送神用豫和（詞同冬至圜丘）

又蜡百神樂章二首（太樂舊有此詞不詳所起）

迎神姈脈　八蜡開祭萬物咸祀上極天維下窮坤紀鼎俎流馥樽彝薦美有靈有祇咸希來止

送神用姈行　十旬歡洽一日祠終澄彝拂俎報德酬功慮虔容肅禮縟儀豐神其降祉整馭隨風

夏至祭皇地祇於方丘樂章八首（貞觀中褚亮等作）

迎神用順和

萬物資以化文泰屬昇平易從業惟簡得一道斯寧具儀光玉帛送舞變咸英黍稷良非貴明德信惟馨

皇帝行用太和（詞同冬至圜丘）

登歌奠玉帛用肅和

至矣坤德皇哉地祇開元統紐合大承規九宮肅列六典相儀永言配命長保無虧

迎俎用雍和

柔而能方直而能敬厚載以德大享以正有滌斯牷布薦斯盛介茲景福祚我休慶

皇帝酌獻飲福用壽和（詞同冬至圜丘）

送文舞出迎武舞入用舒和

玉幣牲牷兮薦享羽旄干鏚遞成容一德惟寧兩儀泰三才保合四時邕

武舞用凱安（詞同冬至圜丘）

送神用順和

陰祇叶贊厚載方貞牲幣具舉簫管備成其豐惟肅其德惟明神之聽矣式鑒虔誠

則天皇后永昌元年大享拜洛樂章十五首（闕名）

設禮用昭和

九玄眷命三聖基隆奉成先旨明臺畢功宗祀展敬冀表深衷永昌帝業式播淳風

致和　神功不測兮運陰陽苞藏萬宇兮孕八荒天符既出兮帝業昌顧臨明祀兮降禎祥

咸和　坎澤祠容備舉坤壇祭典爰伸靈眺遥行秘躅嘉貺荐委殊珍肅禮恭禋載展翹襟懇志逾殷方期交際懸應（下一句逸）

乘輿初行用九和

祇荷坤德欽若乾靈𥈅惕罔寘輿居匪寧恭崇禮則肅奉儀形惟憑展敬敢薦非馨

拜洛

菲躬承睿顧薄德忝坤儀乾乾遵後命翼翼奉先規撫俗勤雖切還淳化尚虧未能弘至道何以契明祇

受圖用顯和

顧德有慙虛非明祇屢降禎符汜水初呈秘象溫洛荐表昌圖玄澤流恩載洽丹襟荷渥增愉

登歌用昭和

舒陰致養合大資生德以恒固功由永貞升歌薦序垂幣翹誠虹開玉照鳳引金聲

迎俎用敬和

蘭俎既昇蘋羞可薦金石載設咸英已變林澤斯揔山川是遍敢用敷誠實惟忘倦

酌獻用欽和

送文舞出迎武舞入用齊和

沉潛演貺分三極廣大凝禎揔萬方既薦羽旄文化啓還呈干鏚武威揚

武舞用德和

載歆皇靈具舉

玄宗開元十一年祭皇地祇於汾陰樂章十一首

迎神用順和（林鍾以下各奏）林鍾宮（黃門侍郎韓思復作）

大樂和暢殷薦明神一降通感八變必臻有求斯應無德不親降靈酢止休徵萬人

太簇角（中書侍郎盧從愿作）

坤元載物陽樂發生播殖資始品彙咸亨列俎棊布方壇砥平神歆禋祀后德惟明

姑洗徵（司勳郎中劉晃作）

大君出震有事郊禋齋戒既肅馨香畢陳樂和禮備候暖風春恭惟降福實賴明神

南呂羽（禮部侍郎韓休作）

於穆濬哲維清緝熙肅事昭配永言孝思滌濯靜嘉馨香在茲神之聽之用受福釐

皇帝行用太和　黃鍾宮（吏部尚書裴漼作）

於穆聖皇六葉重光太原刻頌后土疏場寶鼎呈符歆雲降祥禮樂備矣降福穰穰

登歌奠玉帛用肅和　蕤賓均之夾鍾羽（刑部侍郎崔玄童作）

聿修嚴配展事禋宗祥符寶鼎禮備黃琮祝詞以信明德惟聰介茲景福永永無窮

迎俎用雍和　黃鍾均之南宮羽（徐州刺史賈曾作）

爛我漸饎絜我膋薌有豆孔碩為羞既臧至誠無昧精意惟芳神其醉止欣欣樂康

酌獻飲福用壽和　黃鍾宮（禮部尚書蘇頲作）

禮物斯備樂章乃陳誰其作主皇考聖真對越在天聖明佐神寘然汾上厚澤如春

送文舞出迎武舞入用舒和　太簇宮（太常少卿何鸞作）

樂奏云闋禮章載虔禋宗于地昭假于天惟馨薦矣既醉歆焉神之

夕惕司龍契晨兢當鳳扆崇儒習舊規偃霸循先旨絕壤飛冠蓋遐區麗山水幸承三聖餘忻屬千年始

徹俎用禋和

百禮崇容千官肅事靈降舞兆神凝有粹奠享咸周威儀畢備奏夏登列歌雍撤肆

辭神用遍和

皇皇靈睠穆穆神心暫動凝質還歸積陰功玄樞紐理寂高深銜恩佩德聳志翹襟

送神用歸和

言旋雲洞兮躡烟途永寧中宇兮安下都苞涵動植兮順榮枯長貽寶貺兮贊璇圖

又歸和

調雲闕兮神座興驂雲駕兮儼將昇騰絳霄兮垂景祐翹丹懇兮荷休徵

睿宗太極元年祭皇地祇於方丘樂章八首（不詳撰者）

迎神用順和　黃鍾宮三變　太簇角一變　姑洗徵一變　南呂羽一變

坤厚載物德柔垂祉九域咸雍四溟為紀敬因良節虔修陰祀賡樂式張靈其降止

金奏（新加太簇宮）

坤元至德品物資生神凝博厚道叶高明列鎮五嶽環流四瀆于何不載萬寶斯成

皇帝行用太和（詞同貞觀冬至圜丘黃鍾宮）

登歌奠玉帛用肅和（詞同貞觀太廟肅和應鍾均之夷則）

迎俎及酌獻用雍和（詞同貞觀太廟雍和）

送文舞出迎武舞入用舒和（詞同皇帝朝群臣舒和）

武舞用凱和（詞同貞觀冬至圜丘）

送神用順和（林鍾宮）

樂備金石禮光樽俎大享爰終洪休是舉雨零感節雲飛應序纓紱

降福永永萬年

武舞用凱安 黃鍾均之林鍾徵（主爵郎中蔣挺作）

維歲之吉維辰之良聖君紱冕肅事壇場大禮已備大樂斯張神其醉止降福無疆

送神用順和（尚書右丞源光裕作）

方丘既膳嘉饗載謐齊敬畢誠陶匏貴質秀藍豐薦芳俎盈實永永福流其昇如日

玄宗開元十三年禪社首山祭地祇樂章八首

迎神用順和（太常少卿賀知章作）

至哉含柔德萬物資以生常順稱厚載流謙通變盈聖心事能察曆廟陳厥誠黃祇儼如在泰折俟咸亨

皇帝行用太和

肅我成命於昭黃祇裘冕而祀陟降在斯五音克備八變聿施緝熙肆靖厥心匪離

登歌奠玉帛用肅和

黃祇是祇我其夙夜膺畏誠潔匪遑寧舍禮以琮玉薦厥茅藉念茲降康胡寧克暇

迎俎入用雍和

夙夜宥密不敢寧宴五齊既陳八音在懸粢盛以潔房俎斯薦惟德惟馨尚茲克徧

皇帝初獻用壽和

惟以明發有懷載殷樂盈而反禮順其禋立清以獻薦欲是親於穆不已裒對斯臻

皇帝飲福用福和

穆穆天子告成岱宗大裘如濡執珽有顒樂以平志禮以和容上帝臨我云胡肅邕

皇帝還宮用太和

昭昭有唐天俾萬國列祖應命四宗順則申錫無疆宗我同德曾孫

繼緒享神配極

送神用靈具醉（代順和侍中源乾曜作）

靈具醉杳熙熙靈將往眇禠禠顧明德吐正詞爛遺光流禎祺

祭神州于北郊樂八首（貞觀中褚亮作）

迎神用順和（詞同夏至方丘）　皇帝行用太和（詞同冬至圜丘）

登歌奠玉帛用肅和

大矣坤儀至哉神縣包含日域牢籠月竁露潔三清風調六變皇祇屆止式歆恭薦

迎俎用雍和

泰折嚴享陰郊展敬禮以導神樂以和性黝牲在列黃琮俯暎九土既平萬邦貽慶

皇帝酌獻飲福用壽和（詞同冬至圜丘）

送文舞出迎武舞入用舒和

坤道降祥和庶品靈心載德厚群生水土既調三極泰文武畢備九區平

武舞用凱安（詞同冬至圜丘）　送神用順和（詞同冬至圜丘）

又祭神州樂章二首（太樂舊有此詞詳所起）

迎神　黃輿厚載赤縣歸德含育九區保安萬國誠敬無怠禋祀有則樂以迎神其儀不忒

送神　神州陰祀洪恩廣濟草樹霑和飛沉沐惠禮修鼎俎奠歆瑤幣送樂有章靈軒其逝

祭太社樂章八首（貞觀中褚亮等作）

迎神用順和（詞同夏至方丘）　皇帝行用太和（詞同冬至圜丘）

登歌奠玉帛用肅和

后土凝德神功叶契九域底平兩儀交際戊期應序陰墉展幣靈車少晉俯歆樽桂

迎俎用雍和

美報崇本嚴恭展事受露疏壇承風啓地潔粢登俎醇犧入饋介福

遂流羣生畢遂

皇帝酌獻飲福用壽和（詞同冬至圜丘）

送文舞出迎武舞入用舒和

神道發生敷九稼陰陽乘仁暢八埏緯武經文陶景化登祥薦祉啓豐年

武舞用凱安（詞同冬至圜丘）　送神用順和（詞同冬至圜丘）

又太社樂章二首（詞太樂舊有此詞不詳所起）

迎神　烈山有子后土有臣播種百穀濟育兆人春官緝禮宗伯司種戊爲吉日迎享茲辰

送神　告祥式就酬功載畢覩地尊天禮文經術旣徵令序福流初日神馭爰歸祠官其出

享先農樂章（貞觀中褚亮等作）

迎神用咸和　粒食伊始農之所先古今攸賴是曰人天耕斯帝籍播厥公田式崇明祀神其福焉

皇帝行用太和（詞同冬至圜丘）

登歌奠玉帛用肅和

鐏彝既列瑚簋有薦歌工載登幣禮斯奠肅肅享祀顒顒纓弁神之聽之福流寰縣

迎俎用雍和

前夕親牲質明奉俎沐芳整弁其儀式序盛禮畢陳嘉樂備舉歆我懿德非馨稷黍

皇帝酌獻飲福用壽和（詞同冬至圜丘）

送文舞出迎武舞入用舒和

羽籥低昂文綴已干鋮蹈厲武行初望歲祈農神所聽延祥介福豈云虛

武舞用凱安（詞同冬至圜丘）　送神用承和

又享先農樂章一首（詞太樂舊有此詞不詳所起）

送神用承和

三推禮就萬慶所凝貪實志遠薦衮惟輿降歆肅薦垂祐　祖膺送神有樂神其上昇

享先蠶樂章五首（明慶中皇后親蠶亦內出此詞）

迎神用永和（亦曰歆德）

芳春開令序韶苑暢和風惟靈申廣祐利物表神功綺會周天宇黼黻藻寰中庶幾承慶節歆奠下惟宮

皇后昇壇用肅和

明靈光至德深功掩百神祥源應節啓福緒逐年新萬寓承恩覆七廟佇恭禋于茲申至懇方期遠慶臻

登歌奠幣用展敬

霞莊列寶衛雲集動和聲金卮薦綺席玉幣委芳庭因心罄丹款先已勵蒼生所異延明福於茲享至誠

迎俎用潔誠

桂筵開玉俎蘭圃薦瓊芳八音調鳳律三獻奉鸞觴絜粢申大享庭寓異降祥神其覃有慶錫福永無疆

飲福送神用昭慶

仙壇禮旣畢神駕儼將昇佇屬深祥啓方期庶績凝虔誠資宇內務本勗黎蒸靈心昭備享率土洽休徵

皇太子親釋奠樂章五首

迎神用承和（亦曰宣和）

聖道日用神幾不測金石以陳絃歌載陟爰釋其菜匪馨于稷來顧來享是宗是極

皇太子行用承和

萬國以貞光上嗣三善茂德表重輪視膳寢門遵要道高闢崇賢引正人

登歌奠幣用肅和

粵惟上聖有縱自天旁周萬物俯應千年舊章允著嘉贄孔虔王化茲首儒風是宣

迎俎用雍和
堂獻瑤篚庭敷璆縣禮備其容樂和其變肅肅親享雍雍執奠明禮
惟馨蘋蘩可薦
送文舞出迎武舞入用舒和
隼集龜開昭聖列龍蹲鳳跱肅神儀尊儒敬業宏圖闡緯武經文盛
德施
武舞用凱安（詞同冬至圜丘）　送神用承和（詞同迎神）
又享孔廟樂章三首（太樂舊有此詞不詳所起）
迎神　通吳表聖問老探貞三千弟子五百賢人億齡規法萬載祠
禋絜誠以祭奏樂迎神
送神　醴溢犧象羞陳俎豆魯壁類聞泗州如覩里校覃福冑筵承
祐雅樂清音送神其奏
享龍池樂章十首
第一章（紫微令姚崇作也）
○恭聞帝里生靈沼應報明君鼎業新既叶翠泉光寶命還符白水出
眞人此時舜海潛龍躍此地堯河帶馬巡獨有前池一小雁叨承舊
惠入天津
第二章（左拾遺蔡孚作）
帝宅王家大道邊神馬龍龜涌聖泉昔日昔時經此地看來看去漸
成川歌臺舞榭宜正月柳岸梅洲勝往年莫言波上春雲少秖爲從
龍直上天
第三章（太府少卿沈佺期作）
龍池躍龍龍已飛龍德光天天不違池開天漢分黃道龍向天門入
紫微邸第樓臺多氣色君王鳧雁有光輝爲報寰中百川水來朝上
地莫東歸
第四章（黃門侍郎盧懷慎作）
代邸東南龍躍泉清漪碧浪遠浮天樓臺影就波中出日月光疑鏡
裏懸鴈沼迴流成舜海龜書薦祉應堯年大川既濟慚爲檝報德空

思奉細涓
第五章（殿中監姜皎作）
龍池初出此龍山常經此地謁龍顏日日芙蓉生夏水年年楊柳變
春灣堯壇寶匣餘烟霧舜海漁舟尚往還願以飄颻五雲影從來從
去九天間
第六章（吏部尚書崔日用作）
龍興白水漢興符聖主時乘運斗樞岍上苹茸五花樹波中的皪千
金珠操環昔聞迎夏啓發匣先來瑞有虞風色雲光隨隱見赤雲神
化象江湖
第七章（紫微侍郎蘇頲作）
西京鳳邸躍龍泉佳氣休光鍾在天軒后霧圖今已得秦王水劍昔
常傳恩魚不似昆明釣瑞鶴長如太液仙願侍巡遊同舊里更聞簫
鼓濟樓船
第八章（黃門侍郎李乂作）
○星分邑里四人居水洊源流萬頃餘魏國君王稱象處晉家藩邸化
龍初青蒲似覆遊梁馬綠藻還疑宴鎬魚自有神靈滋液地年年雲
物史官書
第九章（工部侍郎姜晞作）
靈沼縈迴邸第前浴日涵春寫曙天始見龍臺昇鳳闕應如霄漢起
神泉石匱渚傍還啓聖桃李初生更有仙欲化帝圖從此受正同河
變一千年
第十章（兵部郎中裴璀作）
乾坤啓聖吐龍泉泉水年年勝一年始看魚躍方成海即覩龍飛利
在天洲渚遙將銀漢接樓臺直與紫微連休氣榮光常不散懸知此
地是神仙
唐書志卷第十

唐書志卷第十一

劉昫撰

音樂四

享太廟樂章十三首（貞觀中魏徵褚亮等作）

迎神用永和（黃鍾宮三成大呂角二成大蔟一成應鍾羽二成揔九變同用）

於穆烈祖弘此丕基永言配命子孫保之百神既洽萬國在茲是用孝享神其格思

皇帝行用太和（詞同冬至圓丘）

登歌酌鬯用肅和（夾鍾均之黃鍾羽）

大哉至德允茲明聖格于上下聿遵誠敬嘉樂斯登鳴球以詠神其降止式隆景命

迎俎用雍和

崇茲享祀誠敬兼至樂以感靈禮以昭事粢盛咸潔牲牷孔備永言孝思庶幾不匱

○

皇祖宣簡公酌獻用長發（無射宮）

睿哲惟唐長發其祥帝命斯祐王業克昌配天載德就日重光本枝百代申錫無疆

皇祖懿王酌獻用長發（同前詞黃鍾宮）

太祖景皇帝酌獻用大基（太蔟宮）

猗歟祖業皇矣帝先翦商德厚封唐慶延在姬猶稷方晉踰宣甚我鼎運於斯萬年

世祖元皇帝酌獻用大成（姑洗宮）

周禮[illegible]晉[illegible]明威德[illegible]禮齊芬藏用四履俟屈道叄三分鏗鏘鐘石載紀鴻勳

高祖神堯皇帝酌獻用大明（蕤賓宮）

五紀更運三正遞升勛華既沒禹湯勃興神武命代靈眷是膺望雲彰德察緯告徵上紐天維下安地軸徵師涿野萬國咸服偃伯靈臺[illegible]殊域委[illegible]懷[illegible]大禮既飾大樂已和黑章擾

圖赤字浮河功宣載籍德被詠歌克昌厥後百祿是荷

皇帝飲福用壽和

八音斯奏三獻畢陳寶祚惟永暉光日新

送文舞出迎武舞入用舒和

聖敬通神光七廟靈心薦祚和萬方嚴禋克配鴻基遠明德惟馨鳳曆昌

武舞用凱安（詞同冬至圓丘）

徹俎用雍和

於穆清廟聿修嚴祀四縣載陳三獻斯止籩豆徹薦人祇介祉神惟格思錫祚不已

送神用永和

肅肅清祀烝烝孝思薦享昭備虔恭在茲雍歌徹俎祝嘏陳辭用光武至永固鴻基

又享太廟樂章五首（永徽已後續撰不詳撰者）

太宗文皇帝酌獻用崇德（夷則宮永徽元年造）

○

五運改卜千齡啓聖彤雲曉聚黃星夜映葉闡珠囊基開玉鑑闢圖下臨萬寓上齊七政霧開三象塵清九服海濛星暉遠安邇肅天地交泰華夷輯睦翔泳歸仁中外褆福績踰點夏勳高[illegible]商武陳七德刑設三章祥禽巢閣仁獸遊梁十年惟永景福無疆

高宗天皇大帝酌獻用鈞天（黃鍾宮光宅元年造）

承天撫籙纂聖登皇遐清萬寓仰協三光功成日用道濟時康奕圖載永寶曆斯昌日月揚暉煙雲爛色河岳修貢神祇效職舜風攸偃堯曦先就睿感通寰孝思浹宙奉揚先德虔遵曩狩展義天扃飛英雲岫化逸王表神凝帝先乘雲厭俗馭日登玄

中宗孝和皇帝酌獻用太和（太蔟宮景雲元年造）

廣樂既備嘉薦既新述先惟德孝饗惟親七獻具舉五齊畢陳錫茲祚福於萬斯春

睿宗大聖真皇帝酌獻用景雲（黃鍾宮開元四年造）

惟睿作聖惟聖登皇精感耀魄時膺會昌舜懃大孝堯推讓王

能專斯極振古誰方丈明履運車書同軌巍巍赫赫盡善盡美衢
室凝旒大庭端扆釋負之寄事光復子朕屣高天登遐上玄龍湖
超忽象野芊綿遊衣複道薦果初年新廟奕奕明德配天
皇祖宣皇帝酌獻用光大（無射宮舊樂章宣光二宮同用長發其詞亦同開元十年撰定宣帝用光大詞更別造）
大業龍祉徽音駿尊潛居皇德赫嗣天㫤扆儀宗祖重誠孝孫春
秋無極享奏存存
又享太廟樂章三首（太樂舊有此詞不詳所起）
迎神（黃鍾宮大呂角太蔟徵應鍾羽並同此詞）
七廟觀德百靈攸仰俗荷財成物賓含養道光執契化隆提象肅
雍雍神其來享
金奏（蕤賓宮大迎神）
肅肅清廟巍巍盛唐配天立極累聖重光樂和管磬禮備蒸嘗永
惟來格降福無疆
送神

五聲備奏三獻終祠車移鳳輦旆轉紅旗禮周籩豆誠效虔祇皇
靈徙蹕簪紳拜辭
則天皇后享清廟樂章十首
第一 建清廟贊玄功擇吉日展禋宗樂已變禮方崇望神駕降
仙宮
第二 隆周創業寶命惟新敬宗茂典爰表虔禋聲明已備文物斯
陳肅容如在懇志方申
第三登歌 肅敷大禮上謁尊靈敬陳筐幣載表丹誠
第四迎神 敬奠蘋藻式罄虔襟絜誠斯展佇降靈歆
第五飲福 爰陳玉醴式奠瓊漿靈心有穆介福無疆
第六送文舞 帝圖草創王業初開功高佐命業贊雲雷
第七迎武舞 赫赫玄功被穹壤皇皇至德洽生靈開基撥亂袄
氛廓佐命宣威海內清
第八武舞作 荷恩承顧託執契恭臨撫廟略靜邊荒天兵耀神武
第九徹俎 登歌已闋獻禮方周欽承景福肅奉鴻休
第十送神 大禮言畢仙衛將歸莫申丹懇空瞻紫微
中宗孝和皇帝神龍元年享太廟樂章二十首（不詳撰之所出）
迎神用嚴和（黃鍾宮三成大呂角三成太蔟徵三成應鍾羽二成同用此詞）
肅肅清廟赫赫玄猷功高萬古化奄十洲中興丕業上荷天休祇
奉先構禮被懷柔
皇帝行用昇和（黃鍾宮）
顧惟菲薄纂曆應期中外同軌夷狄來思樂用崇德禮以陳詞夕
惕若厲欽奉宏基
登歌祼鬯用虔和（大呂均之無射羽）
禮摽薦鬯肅事祠庭敬申如在敢託非馨
送文舞出迎武舞入用同和（太蔟同）
惟聖配天敷盛禮惟天爲大闡洪名恭禋展敬光先德蘋藻申虔
表志誠

武舞用寧和（林鍾徵）
炎馭失天綱土德承天命英猷被寰宇懿躅隆邦政七德已綏邊
九夷咸底定景化覃遐邇深仁洽翔泳
徹俎用恭和（大呂均之無射羽）
禮周三獻樂闋九成肅承靈福悚惕兼盈
送神用通和（黃鍾宮）
祠容既畢仙座爰興停停鳳舉藹藹雲昇長隆寶運永錫休徵
福覃貽厥恩被黎蒸
皇后助享皇后行用正和（黃鍾宮詞同貞觀中宮朝會正和）
登歌奠鬯用昭和（大呂均之無射羽）
道洽二儀交泰時休四寓和平環珮肅於庭寶鍾石揚乎頌聲
皇后酌獻飲福用誠敬（黃鍾宮）
顧惟菲質忝位椒宮虔奉蘋藻肅事神宗敢申誠絜庶暨深衷
睟容有裕靈享無窮

月禮已周雲和將變爰獻其醑載遷其食明德逾隆非馨是薦
徹俎用肅和 大呂均之蕤賓羽
澤霑動植仁覃寓縣
送神用昭感 黃鍾羽
鏗鏘韶護肅穆神容洪規赫赫祠典雍雍已周三獻將乘六龍虔
誠有託懇志無從
玄宗開元七年享太廟樂章十六首 將進行尚書左丞相燕國公張說作
迎神用永和三章
肅九室諧八音歌皇慕動神心禮宿設樂妙尋聲明備禋貢臨
律迓氣音入玄依五凡御黼筵聆愾息優周旋九韶遍百福傳
信工祝永頌聲來祖考聽和平相百辟貢九瀛神休委帝孝成
皇帝行用太和一章
時文聖后清廟肅邕致誠動薦在皃思恭五節肆夏金鏘五鍾繩
繩雲步穆穆天容
○ 第十四 唐志十一 五 王咸
登歌酌獻用肅和一章
天子孝享工歌清廟躬祼鬱鬯乃焚膋蕭臭以達言聲以求陽奉
時蒸嘗永代不忘
迎俎用雍和二章
在滌嘉豢麗碑敬牲角握之牲色純之騂火傳陽燧水溉陰精太
公胙俎傅說和羹俎豆有馥粢盛絜豐亦有和羹既戒既平鼓鍾
管磬肅唱和鳴皇皇后祖來我思成
皇帝酌醴齊用文舞一章
聖暮九德真言五千慶集昌胄符開章先高文杖鉞克配彼天三
宗握鏡六合煥然帝其承祀率禮罔愆圖書霧出日月清懸舞形
德類詠諗功傳黃龍蜿蟺繚雲蹁躚五行氣順八佾風宣介此百
祿於皇萬年
獻祖宣皇帝室奠獻用光大之舞一章
肅肅藝祖滔滔濬源有雄玉劍作鎮金門玄王貽緒后稷謀孫鑿

禋九廟四海來尊
懿祖光皇帝室奠獻用長發之舞一章
具禮崇德備樂承風魏推幢主周贈司空不行而至無成有終神
興王業天歸帝功
太祖景皇帝室奠獻用大政之舞一章
於赫元命權輿帝文天齊八柱地半三分宗廟觀德笙鏞樂勳封
唐之兆成天下君
代祖元皇帝室奠獻用大成之舞一章
帝舞季曆龍聖生昌后歌有嬌胎炎孕黃天地合德日月齊光肅
邕孝享祚我萬方
高祖神堯皇帝室奠獻用文明之舞一章
赤精亂德四海困窮黃旗舉義三靈會同旱望春雨雲披大風
溥天來祭高祖之功
太宗文武聖皇帝室奠獻用崇德之舞一章
○ 第十四 唐志十一 六 王成
皇合一德朝宗百神削平天地大拯生人上帝配食單于入臣戎
歌陳舞曄曄震震
高宗天皇大帝室奠獻用鈞天之舞一章
高皇邁道端拱無爲化懷獯鬻兵賦勾驪禮尊封禪樂盛來儀
合位媧后同稱伏羲
中宗孝和皇帝室奠獻用文和之舞一章
退居江水鬱起丹陵禮物還舊朝章中興龍圖友及駿命恭膺鳴
球香瓚大禧是承
睿宗大聖真皇帝室奠獻用景雲之舞一章
景雲霏爛告我帝符噫帝沖德與天爲徒笙鏞遥遠俎豆虛無春
秋孝獻迴復此都
又享太廟樂章十四首
玄宗至道大聖大明孝皇帝室奠獻用廣運之舞
一章 司徒兼中書令汾陽郡王郭子儀撰

於赫皇祖昭明有融惟文之德惟武之功河海靜謐車書混同虞
恭孝饗穆穆玄風

肅宗文明武德大聖大宣孝皇帝室奠獻用惟新之舞一章吏部尚書平章事彭城郡公劉晏撰

漢祚惟永神功中興夙驅氛祲天覆黎蒸三光再朗庶績其凝重
熙累葉景命是膺

皇帝飲福受胙用福和一章

備禮用樂崇親致尊誠通慈降歆微愛存獻懷稱壽晬感承恩
皇帝孝德子孫千億大包天域長亘不極

送文舞出迎武舞入一章

六鍾翕協六變成八佾倘佯八風生樂九韶兮人神感美七德兮
天地清

亞獻終獻行事武舞用凱安四章

瑟彼瑤爵亞維上公室如屏氣門不容躬禮務其本樂執其中聖

○第十四　唐志十一　七　盡刃

皇永慕天地幽通禮匝三獻樂遍九成降循軒陛仰歎皇情福與仁
合德因孝明百年神畏四海風行總總干戚填填鼓鐘奮揚增氣坐
作為容離若鷙鳥合如戰龍萬方觀德肅肅邕邕

烈祖順三靈文宗威四海黃鉞誅群盜朱旗掃多罪戢兵天下安
約法人心改大哉干羽意長見風雲在

徹豆登歌一章

上聖饗徹豆籩廓無響冥入玄主在室神在天情餘慕禮罔愆喜
黍稷屢豐年

送神一章

眇嘉樂授靈爽感若來思如往休氣散迴風上返寂寞還惚恍懷
靈駕結空想

代宗睿文孝武皇帝室奠獻用保大之舞一章尚父郭子儀撰

於穆文考聖神昭彰肅兮群慝含光遠方萬物茂遂九夷賓王愔
愔雲韶德音不忘

德宗神武孝文皇帝室奠獻用文明之舞一章尚書左丞平章事鄭餘慶撰

開邸除暴時邁勛尊三九告命四極駿奔金枝翠葉煇燭瑤琨象
德億載貽慶湯孫

順宗至德大聖大安孝皇帝室奠獻用大順之舞一章中書侍郎平章事鄭絪撰

於穆時文受天明命允恭玄默化成理定出震嗣德應乾傳聖猗
歟緝熙千億流慶

憲宗聖神章武孝皇帝室奠獻用象德之舞一章中書侍郎平章事段文昌撰

肅肅清廟登顯至德澤周八荒兵定四極生物咸遂群盜滅息明
聖欽承子孫千億

儀坤廟樂章十二首

迎神用永和林鍾宮散騎常侍昭文館學士徐彥伯作

猗若清廟肅肅熒熒國薦嚴祀坤興淑靈有几在室有樂在庭
茲孝享百祿惟寧

金奏夷則宮不詳作者一本無此章

○第十四　唐志十一　八

陰靈效祉軒曜降精祥符淑氣慶集柔明瑤俎既列雕桐發徽
猷永遠比德皇英

皇帝行用太和黃鍾宮左諭德昭文館學士丘說撰

孝哉我后沖乎迺聖道暎重華德輝文命慕深視篋情勞撫鏡
萬國移風兆人承慶

酌獻登歌用肅和中呂均之太簇一云蕤賓均之夾鍾羽太子洗馬昭文館學士張齊賢作

祼圭既濯鬱鬯既陳晝幕雲舉黃流玉醇儀充獻酌禮盛衆禋
地察惟孝愉焉饗親

迎俎用雍和姑洗羽太中大夫昭文館學士鄭善玉作

酌鬱既灌取蕭方爇籩豆靜器簠簋芬飶魚臘薦美牲牷表絜
是戢是將載迎載列

肅明皇后室酌獻用昭升林鍾宮禮部尚書昭文館學士薛稷作

陽靈配德陰魄昭升堯壇鳳下漢室龍興伣天作對前旒是凝化
行南國道盛西陵造舟集灌無德而稱我粢既絜我醴既澄陰陰

靈廟光靈若憑德馨惟饗孝思烝烝

昭成皇后室酌獻用坤貞 不詳作者

乾道既亨坤元以貞肅雍攸在輔佐斯成外睦九族內光一庭克生叡哲祚我休明欽若徽範悠哉淑靈建茲清宮于彼上京縮茅以獻絜粢惟馨寶受其福期乎億齡

飲福用壽和黃鍾宮 太子詹事崇文館學士徐堅作

於穆清廟肅雍嚴祀合福受釐介以繁祉

送文舞出迎武舞入用舒和南呂商 銀青光祿大夫崇文館學士胡雄作

送文迎武遞祭差一始一終光聖儀四海生人歌有慶千齡孝享肅無虧

武舞用安和太蔟徵 秘書少監崇文館學士劉子玄作

妙算申帷幄神謀出廟庭兩階文物備七德武功成校獵長楊苑屯軍細柳營將軍獻凱入歌舞溢重城

徹俎用雍和蕤賓均之夾鍾羽 銀青光祿大夫崇文館學士員半千作

第十四 唐志十一 九 藍印

孝享云畢維徹有章雲感玄羽風悽素商瞻望神座祇戀匪遑禮終樂闋肅雍鏘鏘

送神林鍾宮 金紫光祿大夫崇文館學士祝欽明作

閟宮實實清廟徽徽降格無象馨香有依式昭纂慶方融嗣徽明禋是享神保聿歸

又儀坤廟樂章二首 太樂又有一本與前本略同二章本同也左不詳撰者

迎神 一本有此章而無徐彥伯之詞

月靈降德坤元授光娥英比秀妊姒均芳瑤臺薦祉金屋延祥迎神有樂歆此嘉薌

送神 一本有此章而無祝欽明之詞也

玉帛儀大金絲奏廣靈應有孚冥徵不爽降彼休福歆茲禋享送樂有章神麾其上

昭德皇后室酌獻用坤元樂章九首 內出

迎神用永和

穆清廟薦嚴禋昭禮備知樂新望靈光集元辰祚無極享萬春

登歌鬯用肅和

誠心達娛樂分升薦馨香鬱氛氳茅既縮鬯既薰后來思福如雲

迎俎用雍和

我將我享盡明而誠載芬黍稷載滌犧牲懿矣元良萬邦以貞心乎愛敬若覩容聲

酌獻用坤元

於穆先后儷聖稱崇毋臨萬寓道被六宮日時協慶理內成功彤薦明德傳芳國風

送文舞出迎武舞入用舒和

金枝羽部徽清歌瑤堂肅穆笙磬羅諧音遍響合明意萬類昭融靈應多

武舞用凱安

辰位列四星帝功參十亂進賢勤內輔扈蹕清多難承天厚載均並曜宵光粲留徽藹前躅萬古披圖煥

第十四 唐志十一 十 藍印

徹俎用雍和

公尸既起享禮載終稱歌進徹盡敬由衷擇流惠下大小咸同

送神用永和

昭事終幽享餘移月御返仙居璇庭寂靈幄虛顧俳佪感皇儲

孝敬皇帝廟樂章九首

迎神用永和詞同貞觀太廟永和 皇帝行用太和詞同貞觀太廟太和 登歌酌鬯用肅和詞同貞觀太廟肅和 迎俎用雍和詞同貞觀太廟雍和 酌獻用承光詞同中宗享孝敬承光

送文舞出迎武舞入用舒和詞同太廟 武舞用凱安詞同太廟

徹俎用雍和詞同迎俎 送神用永和詞同太廟 享隱太子廟樂章六首貞觀中撰 迎神用誠和

道閟鶴關運纏鳩里門集大命俾歆嘉祀禮亞六瑚誠殫二簋有誠顯若神斯戾止

登歌奠玉帛用肅和

歲肇春宗乾開震長瑶山既寂戻圖斯享玉肅其事物昭其象絃誦成風笙歌合響

迎俎用雍和

明典肅陳神居邃啓春伯聯事秋官相禮有來雍雍登歌濟濟緼惟主鬯庶歆芳醴

送文舞出迎武舞入用舒和

三縣已判歌鍾列六佾將開羽鏚分尚想鷟飛來蔽日終疑鶴影降凌雲

武舞

天步昔將開商郊初欲踐撫戎金陣廓貳極瑶圖闢鶏戯遂崇儀龍樓期好善弄兵隳震業啓聖隆祠典

送神用誠和 詞同迎神

隱太子廟樂章二首 太樂舊有此詞不詳所出 迎神

第十四 唐志十一 十一

蒼震有位黃離蔽明江充禍結戻據災成銜冤昔痛贈典今榮享靈有秩奉樂以迎

送神

皇情悼往祀儀增設鐘鼓鏗鏘羽旄昭晰享禮云備司逝告徹樂以送神靈其鑒闋

章懷太子廟樂章六首 神龍初作

迎神第一 姑洗宮

副君昭象道應黃離銅樓備德玉裕成規仙氣靄靄靈從師師前驅戾止控鶴來儀

登歌酌鬯第二 南呂均之蕤賓羽

恩孝本著羽翼先成寢門昭德馳道為程幣帛有典容衛無聲司存既肅廟享惟清

迎俎及酌獻第三 大呂羽

適三鍚胤明兩承英太山比赫伊水鬭笙宗祧是寄禮樂其享嘉辰薦俎以發聲明

送文舞出迎武舞入第四 蕤賓商

羽籥崇文禮以畢干鏚奮武事將行用捨由來其有致壯志宣威樂太平

武舞作第五 夷則角

緑林熾炎曆黃虞格有苗沙塵驚塞外帷幄命嫖姚七德干戈止三邊雲霧消寶祚長無極歌舞盛今朝

送神第六 詞同迎神

懿德太子廟樂章六首 神龍初作

迎神第一 姑洗宮

甲觀昭祥畫堂昇位禮絶群后望尊儲貳啓誦慙德莊丕掩粹伊浦鳳翔緱峯鶴至

登歌酌鬯第二 南呂均之蕤賓羽

睿園元儲寄崇明兩玉裕雖晦銅樓可想絃誦輟音笙歌罷響幣帛言設禮容無爽

第十四 唐志十一 十二

迎俎酌獻第三 大呂羽

雍雍盛典肅肅靈祠賓天有聖對日無期飄飄羽服掣曳雲旗眷言主鬯心乎愴茲

送文迎武第四 蕤賓商

入音協奏陳金石六佾分行整禮容滄溟赴海還稱少素月開輪即是重

武舞作第五 夷則角

隋季昔云終唐年初啓聖纂戎將禁暴崇儒更敷政威略靜三邊仁恩覃萬姓

送神第六 詞同隱太子廟 節愍太子廟樂章六首 景雲中作 迎神第一 姑洗宮

儲后望崇元良寄切寢門是仰馳道不絶仙袂雲會靈旗電晰煌煌而來禮物攸設

登歌酌鬯第二 南呂均之蕤賓

灼灼重明仰承元首既賢且哲惟孝與友惟孝雖遙靈規不朽是因誠致備絜玄酒

迎俎及酌獻第三 大呂羽

嘉薦有典至誠莫騫畫㮚雲罍雕俎星聯樂器周列禮容備宜依俙如在若未賓天

送文迎舞第四 蕤賓商

邕邕闡化憑文德赫赫宣威藉武功既執羽旄先拂吹還持玉鉞更揮空

武舞作第五 夷則角

武德諒雄雄由來掃寇戎劍光揮作電旗影列成虹霧廓三邊靜波澄四海同睿圖今已盛相共舞皇風

送神第六

則天大聖皇后崇先廟樂章一首 御撰

先德謙撝冠昔嚴規節素超今奉國忠誠每竭承家至孝純深追崇懼乖尊意顯號恐玷徽音既追王公優謂方乃俯遂群心有限無由展敬奠酹每闕親斟大禮虔申典冊蘋藻敬薦翹襟

褒德廟樂章五首 神龍中為皇后韋氏祖考所立祠並廟内

○ 第十四 唐志十一 十三 陳錫

迎宮用昭德 姑洗宮 二成

道赫梧宮悲盈蒿里爰暢徽烈載敷嘉祀享洽四時規陳二簋靈應昭格神其戾止

登歌用進德 南呂均之 蕤賓羽

崟山巘峨巘納崇姻祠筵肇啓祭典方申禮以備物樂以感神用隆敦敘載穆彝倫

俎入初獻用褒德 大呂角

家著累仁門昭積善瑤篚既列金縣式展

武舞作

昭昭竹殿開弈弈蘭宮啓懿範隆丹掖殊榮闢朱邸六佾薦徽容三簋陳芳醴萬石覃貽厥分珪崇祖禰

亞獻及送神用彰德

名隆五岳秩暎三台嚴祠已備䎃影方迴

唐書志卷第十一 右文林郎充兩浙東路提舉茶鹽司幹辦公事崔文興校勘

唐書志第十二

曆一

劉昫等修

太古聖人體二氣之權輿賾三才之物象乃創紀以窮其數畫卦以通其變而紀有大衍之法卦有推策之文蓋是曆法生焉虞人用九疇五紀之書周禮載馮相保章之職所以辨三辰之躔次察九野之吉凶歷代疇人迭相傳授蓋推步之成法協用之舊章暨秦氏焚書遺文殘缺漢興作者師法多門雖同鍾律之文共演蓍龜之說而建元或異積蔀相懸爭取證於春秋強乱疑於緯象靡不揚眉抵掌謂甘石未稱日官躔次騰精言禪捭不知天道及至積臺晦褫黃道考稱言縮則盈少中多否否則矯云差算中則自負加時章亥不生焉何質諸高齊天保中六月日當蝕朔文宣先期問候官蝕何時張孟賓言蝕申鄭元偉董峻言蝕辰宋景業言蝕巳是日蝕於申卯之間言皆不中時景業造天保曆則蹤審

○ 第十四 唐志十二 一 施章

可知矣昔鄧平落下閎造漢太初曆非之者十七家後劉洪蔡伯喈何承天祖沖之皆數術之精粹者至於宣考曆書之際猶為橫議所排斯道寂寥知音蓋寡所以張胄玄佩印而沸騰劉孝孫輿棺而慟哭俾諸後學益用為疑以臣折衷無如舊法高祖受隋禪傅仁均首陳七事言戊寅歲時正得上元之首宜定新曆以符禪代繇是造戊寅曆祖孝孫李淳風立理駮之仁均條答甚詳故法行於貞觀之世高宗時太史奏舊曆加時寖差宜有改定乃詔李淳風造麟德曆初隋末劉焯造皇極曆其道不行淳風約之為法時稱精密天后時瞿曇羅造光宅曆中宗時南宮說造景龍曆皆舊法之所棄者復取用之徒云革易寧造深微壽亦不行開元中僧一行精諸家曆法言麟德曆行用既久晷緯漸差宰相張說言之玄宗召見令造新曆遂與星官梁令瓚先造黃道游儀圖考校七曜行度準周易大衍之數別成一法行用垂五十年肅宗時韓穎造至德曆代宗時郭獻之造五紀曆德宗時徐承嗣造正元曆

憲宗時徐昂造觀象曆其法令存而无討嚭章之數或異前經而察斂啓閉之期何殊舊法至論衛驗罕及研精綿代流行示存經法耳前史取傅仁均李淳風南宫說一行四家曆經爲曆志四卷近代精數者皆以淳風一行之法歷千古而無差後人更之要立異耳無踰其精密也景龍曆不經行用世以爲非今略而不載但取戊寅麟德大衍三曆法以備此志示於疇官爾戊寅曆經日自入立秋初日加四千八十分後日減七十六分（置初日所加之分計後日減之數以減之訖餘以行分法約之爲日數及加平見日及分滿行分法又去之從日一爲定見日及分後皆倣此）畢於秋分自入寒露日減一百二十七分（減若不足即一日加行分法及減之爲定見日及分後皆倣此）畢於立冬自入小雪畢於大雪均減八日初見去日十四度

熒惑平見入冬至初日減一萬六千三百五十四分後日減五百四十五分畢於小寒自入大寒日加四百二十六分畢於啓蟄自入雨水畢於穀雨均加二十九日入立夏初日加一萬九千三百九十二分後日減二百一十三分畢於大暑自入立秋依平自入

○處暑日減一百八十四分畢於立冬自入小雪畢於大雪均減二十五日初見去日十七度鎮星平見入冬至初日減四千八百一十四分後日加七十九分畢於氣盡自入小寒畢於大寒均減九日入立春均減八日入啓蟄均減七日入雨水均減六日入春分均減五日入清明均減四日入穀雨畢芒種均減三日入夏至畢十日內均減二日十日外入小暑畢五日內均減一日五日外畢於氣盡依平自入大暑自加一百八十一分畢於立秋自入處暑均加九日自入白露初日加六千二分後日減一百三十三分畢於寒露自入霜降日減七十九分畢於大雪初見去日十七度

太白晨平見入冬至依平自入小寒日加六十六分畢於大寒自入立春畢於立夏均加三日自入小滿初日加一千九百六十四分後日減六十分畢於芒種自入夏至依平自入小暑減六十分畢於大暑自入立秋畢於立冬均減三日自入小雪初日減一千九百六十四分後日減六十六分畢大寒夕平見入冬至日減一百分畢於立春自入啓蟄畢於春分均減九日自入清明初日減五千九百八十六分後日減一百分畢於小滿自入芒種依平自入夏至日加一百分畢於立秋自入處暑畢於秋分均加九日自入寒露初日加五千九百八十六分後日減一百分畢於小雪自入大雪依平初見去日十一度

辰星晨平見入冬至均減四日自入小寒畢大寒依平自入立春畢啓蟄減三日（其在啓蟄氣內去日十八度外四十一度內晨無木火土金一星巳上者不見也）自入雨水畢於立夏應見不見（其在立夏氣內去日度如前晨有木火土金一星巳上者亦見之）自入小滿畢於寒露依平自入霜降畢於立冬加一日自入小雪畢於大雪十二日依平若在大雪十三日即減一日在十四日減二日在十五日減三日在六十日減四日夕平見入冬至畢於清明依平自入穀雨畢於芒種減二日自入夏至畢於大暑依平自入立秋畢於霜降應見不見（其在立秋及霜降二氣之內夕有星去日如前之者亦見）自入立冬畢於大雪依平初見去日十七度

行五星法

○各置其星定見之前夜半日所在宿度筭及分各以定見去朔日筭及一分加之小分滿法十四分從行分一行分滿法六百七十六分從度一又以星初見去日度數晨減夕加之命度以次即星初見所在度及分（自此已後皆棄此小分也）

求次日術

各加一日所行度及分其火金之行而有小分者各以日率爲母小分滿其母去從行分一行分滿法去從度一（其行有益疾遲者副置一日行分各以其分疾益遲損乃加之）留者因前退則減之伏不注度順行出斗去其分行入斗先加分訖皆以二十六副行分爲度分歲星初見順日行一百七十六分五十秒日益遲一分一百一十四日行十九度二百九分而留二十八日乃退日九十七分八十四日退十二度五十分又留二十六日五百九十六小分七四分（即以初定見日分而加之者滿行分法即去之從月去之從一日）乃順初日行六十分日益疾一分一百一十四日行十九度四百三十七分而伏熒惑初見入冬至初 率二百四十一日行一百六十三度（巳後二日損一日及度各一）盡 一百二十八日 率一百七十七日行

行九十九度（畢一百六十一日皆同。已後三日損日及度各一）盡一百八十二日，率一百七十日，行九十二度（畢一百八十八日皆同。已後三日益日及度各一）盡二百二十七日，率一百八十三日，行一百五度（已後二日益日及度各一）盡二百四十九日，率一百九十四日，行一百一十六度（已後一日益日及度各一）盡三百一十日，率二百五十五日，行一百七十七度（畢三百三十七日皆同。已後二日損）盡三百六十五日，復二百四十一日，行一百六十三度。見入小寒已後三日去日率一，畢於啓蟄；自入雨水畢於立夏，均去日率二十；自入小滿，初去日率二十，以次三日去十九，日去十八，以次三日去一日，畢於小暑，即依平爲定日之率。若入處暑畢於秋分，皆去度率六，各依冬至後日數而損益之，又依所入之氣以減之，名爲前疾日數及度數之率。若初行入大寒畢於大暑，皆差行，日益遲一分，其餘皆平行。若入白露畢於秋分，初日行半度，四十日行二十度（即去日率四十度率二十，別爲半度之行訖，然後求平行之分以續之。平行分者，置定行度率，以分法乘之，以定日率除之，所得即平行一日之分，不盡爲小分。求差行者，置日率之數減一，訖，又半之，加平行一日之分，爲初日行分），各盡其日度而遲。初日行三百二十六分，日益遲一分半，六

十日行二十五度五分（其前疾去度六者，此遲初日加六十七分，小分三十六；小分滿六十去之，後行分一，即六十日行三十一度分同）而留十二日（前去日分日於二留，奇從後留），乃退日一百九十二分，六十日退十七度二十八分。又留十二日六百二十六分，小分三十分（亦如初定見之分，滿去如前）。又順，後遲初日行二百三十八分，日益疾一分半，六十日行二十五度三十五分（此遲在立秋至秋分者，加一日行六十七，小分三十六，滿去如前，即六十日行三十一度分同也），而後疾。入冬至初，率二百一十四日，行一百三十六度（已後一日損日及度各一）盡三十七日，率一百七十七日，行九十九度（已後三日損日及度各一）盡五十七日，率一百六十七日，行八十九度（畢七十九日皆同。已後三日益日及度各一）盡一百三十日，率一百八十四日，行一百六度（已後二日益日及度各一）盡一百四十四日，率一百九十一日，行一百一十三度（已後一日益日及度各一）盡一百九十日，率二百三十七日，行一百五十九度（已盡一日益日及度各一）盡二百一十日，率二百六十七日，行一百八十九度（畢二百五十九日皆同。已後二日損日及度各一）盡三百六十五日，復率二百一十四，行一百三十六度。後遲加六度者，此後疾去度率六爲定度，各依冬至後日數而損益之，爲後疾日及度之率。

若入立夏於夏至，日行半度，盡六十日行三十度；若入小暑於大暑，盡四十日行二十度（皆去日及度之率，別爲半度之行訖，然後求平行之分以續之），各盡其日度而伏。鎮星初見，順日行六十分，八十三日行七度二百四十八分，而留三十八日，乃退日四十一分，一百日退六度四十四分，又留三十七日六十一分，小分四（亦以初定見日分加之，滿去如前），乃順日行六十分，八十三日行七度二百四十八分而伏。太白晨初見，乃退日一度半，十日退十五度而留九日，乃順遲差行，先遲日益疾八分，四十日行三十度（若此遲入大雪已後畢於小滿，即依此爲定，而求行分；自入芒種十日減一度，爲定度，畢於夏至；自入小暑畢於霜降，均減三度；自入立冬，初日減三度，後十日減一度，畢於霜降小雪，皆爲定度。求一日行分者，以行分法乘定度，以四十餘之爲平分，不盡爲小分。又以四乘三十九，以減平分，爲初日行分）。平行日一度，十五日行十五度（若此平行入小寒後十日益日及度各一，畢於啓蟄；自入雨水之氣，皆二十一日行二十一度；自入春分後十日減一，畢於立夏，即十五日；自入處暑畢於寒露，即無此平行；自入霜降，即四日益一，畢於大雪，復十五日行十五度）。疾一百七十日行二百四度（前順遲減度者，計所減之數以益此度，爲定度。求一日行度及分者，以百七十日減度數，餘行以分法乘，以百七十除之，所得爲之日平行度分）。晨伏東方，夕初見順疾一百七十日行二百（畢於立夏依此。順疾入冬至已後畢於立夏，依此率爲定；自入小滿六日加一度，自入大暑初畢於芒種，自入夏畢於小暑，均五度；自入大暑，初加五度，後三日減一度，畢於氣盡；自入立秋畢於大雪）

遲依本率，從白露畢春分，皆差行，先疾日益遲一分半；自入清明畢於處暑，皆平行，同晨疾。求差行者，半一百六十九，乃以一分半乘之，以加平行分，爲初日行度分也）。平行日一度，十五日行十五度（此平行入冬至後十日減日及度各一，畢於立春；自入啓蟄畢於芒種，皆均九日行九度；自入夏至後五日益一，畢於小暑；自入大暑畢於氣盡，皆十五日行十五度；自入立秋後六日一，畢於小雪；自入大雪畢於氣盡，皆十五日行十五度者也）。順遲差行，先疾日益遲八分，四十日行三十度（前加度者，此依數減之，求一日行分如晨遲率，減者爲加之）。又留九日，乃退日半度，十日退五度，而夕伏西方。晨星晨初見，留六日，順遲日行一百六十九分，四日行一度（若初見入大寒畢於啓蟄之內，即不須此遲行）。平行日一度，十日行十度（此平行若入大寒已後二日去日及度各一，畢於二十日，日及度俱盡，即無此平行）。疾日行一度六百九十分，十日行十九度六分（前無遲行者，此疾日減二百三分，十日行十七度四分）。晨伏東方，夕初見順疾，日行一度六百九十分，十日行十九度六分（此疾者入小暑畢於處暑之內，日減二百三分，十日行十六度四分）。平行日一度，十日行十度（此平行若入大暑已後於二日去日及度各一，畢於二十日，日及度俱盡，即無此平行）。遲日行一百六十九分，四日行一度（若疾減二百三分者，即不須此遲行）。又留六日九分，夕伏西方。

推交會

交會法一千二百七十四萬一千二百五分。交分法六百三十七萬六百二十九分。朔差一百八萬五千四百九十二分。望分六

百九十一萬三千三百五十分　交限五百八十二萬七千八百五十八分望差五十四萬二千七百四十七一分　外限六百七十六萬七百八十二九分　中限一千二百三十五萬一千二十五八分內限一千二百一十九萬八千四百五十八七分　交時法二萬九千一十八

推交分術

置入上元已來積月以交會法去之餘以朔差乘之滿交會法又去之仁均本術武德年加交差七百七十五萬五千一百六十四分餘爲所求年天正朔入平交分求望平交分術以望分加之滿去如前爲平分次月平分術

其朔望入冬至氣內依平爲定若入小寒已後日加氣差一千六百五十分畢於立春自入啓蟄畢於清明均加七萬六千一百分後日減一千六百五十分畢於小滿置初日所加之分計後日減之數以減至餘以加平交分自入芒種畢於夏至依平爲定加之滿交會法即去餘爲定交分其朔入交若入小寒畢於雨水及立夏畢於小滿值盈二時已下皆半氣差而加之二時已上皆不加其朔入時交分如望差分已下外限已上有星伏木土去見十日外火去見四十日外金星伏去見二十二日外有一星者不加氣差　其朔望入小暑已後日減氣差一千

二百分畢於處暑自入白露畢於霜降均減九萬五千八百二十分自入立冬初日減六萬三千三百分後日減二千一百一十分畢於小雪置初日所減之分計後日減之數以減之餘以減平交分也自入大雪亦依平爲定減若不足者加交會法乃減之餘爲定交分其朔入交分如交限內限已上交分中限已下有星伏如前者不減氣差

推道在內外及先後去交術其定交分不滿交分法者爲在外道滿去之餘爲在內道其餘如望差已下即是去先交分以時法約之得一爲去先交時數交限已上即以減交分法餘爲去後交分者以時法約之爲時數望則月蝕也其朔在內道者朔則日蝕或雖在內道去交而遠在外道去交而近亦爲蝕也

推月蝕加時術

置有蝕之望定小餘若入曆一日即減二百八十入十五日即加之若入十四日即加五百五十八入二十八日即減之自入諸日值盈皆加二百八十值縮皆減之爲定餘乃以十二乘之以時法六千五百三除之所得爲半辰之數命以子半起算外即所在辰初命子半以一算自後皆以二算爲一辰不盡爲時餘若時餘在辰半之前者乃位之如法無所得爲辰初又以三因之如法得一名爲強若得二強即名少弱若倍之如法得一爲少凡四分一爲少二爲半三爲太又不盡者三之如法得一名爲強若得二強者即名爲半弱若時餘在辰半之亦倍之如法無所得爲正在辰半以三因之如法得二名爲強即名半強若得二強即名太弱若倍之法得一爲太不盡者又三之如法得一爲強即名太強若得者又二強者爲辰末亦可前辰名之月在衝上蝕日出後入前各一時半外不注蝕

推日蝕加時術

置有蝕之朔定小餘若入曆一日即減三百八十五日即加之若入十四日即加五百五十八入二十八日即減之以爲定自後不入四時加減之限春三月內道去交四時已上入曆值盈加二百八十值縮反減之夏三月內道值盈加二百八十值縮反減之秋三月內道去交十一時已下值盈加二百八十值縮不加十一時已上值盈加五百五十值縮不加一百八十冬三月內道去五時已下值盈加二百八十縮不加皆爲定餘乃以十二乘之以時法除之所得半辰之數命以子半起算外即所在辰命辰如前法不盡爲時餘別置爲副若

入仲辰半前即以副減法餘爲差率若在半後即退其半辰還以法加餘即以副爲差率若入季辰半前即以法加副而爲差率若在半後即其半辰還以法加餘乃倍法以加副而爲差率若入孟辰半前即三因其法而以副減之餘爲差率若半後即退其半辰還以法加餘又以法加副乃因其法而副減之爲差率又置去交時數三已下加二三六已下加九已下加一九已上依數十二已上從十二以乘差率若在季辰半後孟辰半前去交六時已上者皆從其六以乘差率六時已下自依其數不須加如十四得一爲時差子半至卯半午半至酉半以加餘卯半午酉半子半以減時餘加之若滿時法者乃去之加於辰即進之於前也減之若不足者減半辰加時法乃減之即退之於後也餘爲定時餘乃如月蝕法子午卯酉爲仲辰戌丑未爲季寅申巳亥爲孟日出前後各一時半外不注日蝕

推內道日不蝕術

夏五月朔加時在南方三辰先交十三時外六月朔後交十三時外者不蝕啓蟄畢清明先交十三時外值縮加時在未已酉者亦

不蝕入處暑畢寒露後交十三時值盈加時在巳巳東者亦不蝕

推外道日蝕術

不問交之先後但去交一時內者皆蝕也若先交二時內者值盈二外者亦蝕若後交時內值縮二時外者亦蝕其夏去交二時在南方三辰者亦蝕若去分至十二時內去交六時內者亦蝕若去春分三內後交二時內者亦蝕秋分日內先交二時內者亦蝕諸去交三內星伏如前者亦蝕

推月蝕分術

置去交分其在於冬先後交皆去不蝕分二時之數若在於春先交去半時後交去二時夏即依定若在於秋先交去二時後交去半時若不足去者蝕既乃以三萬六千一百八十三為法除之所得為不蝕分不盡者半法已上為半強已下為半弱而以減十五餘為蝕之大分

推月蝕所起術

若在外道初起東北蝕甚西北若在內道初起東東南蝕甚西南十三分已上正東起（推皆據正南而言）

推日蝕分術

置去交分若入冬至已後畢於立春皆均減十二萬八百蝕為不蝕分不足減者及以交分減之蝕為不蝕分亦減望差差為定法其後交值縮者直以望差為定法不須減之自入啓蟄初日減二十二萬八百分後日減一千八百一十分（置初日所減之分計後日減之數以減之餘以減交分）畢於芒種自入夏至日減二千四百分畢於白露自入秋分畢於大雪皆均減二十二萬八百分但但不足減者皆如前及以交分減之訖皆為不蝕若入冬至畢小寒不蝕分依定若入大寒畢於立夏去後交五時外皆去不蝕分一時時若值減者先交減之後交加之不足減者蝕既時差值加者先交加之後交減不足減者蝕既乃為定分以十五乘之以定法除之所得為不蝕分不盡者半法已上為半強已下為半弱而以減十五餘為蝕之大分也

推日蝕所起術

若在初起西南蝕甚東南若在內道外道初起西北甚東北十三度已上西起（亦據正南而言之）

日出日入

冬至辰（之二十四分） 申七刻（分十二）　小寒辰（分十三） 申七刻（十九分）
大寒 卯八刻（七分） 酉（一分）　立春 卯七刻（分十一） 酉（二十一分）
啓蟄 卯六刻（十分） 酉一刻（二十分）　雨水 卯五刻（五分） 酉三刻（三分）
春分 卯三刻（二十分） 酉四刻（十分）　清明 卯二刻（分十五） 酉五刻（分十七）
穀雨 卯一刻（分十一） 酉六刻（二十一分）　立夏 卯（十二分） 酉七刻（分二十）
小滿 寅八刻（一分） 戌（七分）　芒種 寅七刻（分十四） 戌（十八分）
夏至 寅七刻（分十二） 戌（分二十）　小暑 寅七刻 戌（十八分）
大暑 寅八刻 戌　立秋 卯（分十一） 酉七刻（二十一分）
處暑 卯一刻（分十一） 酉六刻（二十一分）　白露 卯七刻（十分） 酉一刻（二十分）
立冬 卯七刻（分十一） 酉（二十一分）

小雪 卯七刻（七分） 酉（一分）　大雪 辰（十三分） 申七刻（分十九）

求日出入所在術

以所入氣辰刻及分與後氣辰刻及分相減餘乘入氣日筭以十五除之所得以加減所入氣為定日出入從冬至至夏至日出減之日入加之從夏至冬至日出加之日入減之入餘為定刻及分

武德九年五月二日校曆人前曆博士臣南官子明

校曆人前曆博士臣薛　弘疑

校曆人筭曆博士臣王　孝通

監校曆大理卿清河縣公臣崔　善為

夜漏半

右依武德元年經加於漏刻日出後二十四氣下

推月蝕加時術

右加有蝕之望以百刻乘定小餘日法而一以課所近氣不滿夜半者命日以甲子筭上注曆

推月蝕虧初復滿先造每箭刻更籌用刻

倍月蝕日所入氣夜漏半二十五而一爲籌刻分亦注於曆下

月蝕分用刻率　置月蝕分

蝕一分用三刻	二分用四刻	三分用十刻	四分用六刻	五分用八刻
六分用九刻	七分用十刻	八分用十刻	九分用十三刻	十分用十四刻
十一分用十五刻	十二分用十六刻	十三分用十八刻	十四分用十九刻	既用二十刻

推日月蝕加時定刻術

置日月蝕加時定餘在辰半後者加時法於時餘以二十五乘之三萬九千一十八而一刻命刻筭外即所入辰刻

求虧初復滿術

置蝕分用刻率副之以乘所入曆損益率四千五十七而一值盈或損加值縮依其損益副爲蝕定用刻數乃六乘之十而一以減蝕加時辰刻爲虧初又四乘餘之用刻數十而一以加蝕加時辰刻爲復滿

求所蝕夜初甚末更籌刻術

因其日日所入辰殘刻及分依次加辰刻及分至蝕初辰刻及分減二刻十二分從其更用刻及分除之不滿更即初蝕更籌依所求得至甚刻加之命即甚依求得其後刻數加之命即末更籌刻及分日出前後滿日入後初虧皆不注蝕

二十四氣	日出	日入	夜漏半	一更	一籌
冬至	辰二十四分七三十	申七刻十二分	二十七刻十二分	十一刻	二刻四分
小寒同大雪	辰十三分	申七刻十九分	二十七刻五分	十刻二十一分	二刻四分
大寒同小雪	卯八刻七分	酉入一分	二十六刻十五分	十刻十五分	二刻二分
立春同立冬	卯七刻十一分	酉二十一分	二十五刻十九分	十刻七分	二刻一分
啓蟄同霜降	卯六刻十分	酉二十二分	二十四刻十八分		
雨水同寒露	卯五刻五分	酉三分	二十三刻十三分	九刻十分	一刻二十三分
春分同秋分	卯三刻二十二分	酉四刻十分	二十二刻十分	八刻二十一分	一刻十八分
清明同白露	卯二刻十五分	酉五刻十七分	二十刻二十分	八刻八分	一刻十六分
穀雨同處暑	卯一刻十分	酉六刻二十一分	十九刻十九分	七刻二十一分	一刻十四分
立夏同立秋	卯十分	酉七刻二十一分	十八刻	七刻十六分	一刻十二分
小滿同大暑	寅八刻一分	戌七分	十八刻一分	七刻五分	一刻
芒種同小暑	寅七刻十四分	戌十八分	十七刻十四分	七刻	一刻九分
夏至	寅七刻十二分	戌二十分	十七刻十二分	七刻	一刻九分

唐書志第十二

右文林郎充兩浙東路提舉茶鹽司幹辦公事霍文昭校勘

曆二

劉昫等撰

麟德甲子元曆　上元甲子距今

大唐麟德元年甲子歲積二十六萬九千八百八十算推法一千三百四十　朞實四十八萬九千四百二十八　旬周六十推氣序術

置入甲子元積算距今所求年以朞乘之為朞揔滿法得一為積日不滿為小餘旬去積日不書為大餘命大餘起甲子算外即所求年天正中氣冬至恒日及大小餘（天正建子律氣所由故陰陽發斂皆從其時為自）

求恒次氣術

因冬至大小餘加五大餘十五小餘二百九十二小分小分小分滿從小餘小餘滿揔法之從大餘一大餘滿旬周之以次轉加而命各得其所求（他皆放此凡氣餘朔大餘為日小餘為辰也）

求土王

置清明小暑寒露小寒大寒小餘各加大餘十二小餘二百四十四小分八（五乘氣小分通之加八若滿三十去從小餘一凡分餘相并不同者互乘而并之母相乘為法其并滿法一為全此即齊同之術）小餘滿揔法從命如前即各其氣從土王日沒法一千七百五十七　沒分十二萬二千三百五十七

求沒日術

以九十乘有沒氣小餘十五乘小分從之以減沒分餘法得一為日不盡餘以日數如其氣大餘去命如前即其氣內沒日也（小氣餘一千四十七已上其氣有沒者勿推也）有沒餘皆盡者為滅求次沒因前沒加日六十九餘一千一百四餘滿沒從日一因而命之以氣別日盈朔實三萬九千九百三十三　朒朔實三萬九千二百二十　恒朔實三萬九千五百七十一

推朔端

列朞揔以恒朔實除之為積月不滿為閏餘滿揔法為閏日不滿為閏辰以閏日減冬至大餘辰減小餘即所求年正月恒朔大小餘命大餘以甲子算外即其日也（天正者日南至之月也恒數者不朒不盈之常數也凡減者小餘不足減退大餘一加揔法而減之大餘不足減者加旬周乃減之其氣減分奇者退一分餘一加其法而減以其在宿度過實不足減者如在宿以過周遍餘及奇乃減之皆放此耳以）天正恒用小餘加閏餘以減朞揔餘為揔實

求恒弦望術

因天正恒朔大小餘加大餘十小餘五百一十二太（凡四分一為少二為半三為太）滿法者去命如前即天正上弦恒日及大小餘以次轉加得望下弦及來月朔（以大轉加去命如前合得所求他皆放此）因朔徑求望加大餘十四小餘一百二十五分半因朔徑求下弦加大餘二十二餘一百九十八少因朔徑次朔加大餘二十九小餘七百一十一半揔六百七十辰率三百三十五

檢律候術（並氣目）

中氣　律名　日中影　陟降率　初候　次候

冬至　黃鍾　一丈二尺七寸五分　末候　陟四寸一分

虎始交　芸始生　荔挺出　小寒　一丈二尺二寸八分　陟一尺一寸三分

蚯蚓結　麋角解　水泉動　大寒　大呂　一丈一尺一寸五分　陟一尺五寸三分

鴈北向　鵲始巢　雉始雊　立春　九尺六寸二分　陟一尺五寸五分

雞始乳　東風解凍　蟄蟲始振　啓蟄　太蔟　八尺七寸　陟一尺五寸三分

魚上冰　獺祭魚　鴻鴈來　雨水　六尺五寸四分　陟一尺二寸一分

始雨水　桃始花　倉庚鳴　春分　夾鍾　五尺三寸三分　陟一尺九分

鷹化為鳩　玄鳥至　雷始發聲　清明　四尺三寸四分　陟九寸四分

始雷　蟄蟲咸動　穀雨　姑洗　三尺三寸　陟八寸一分

桐始華　田鼠化為鴽　虹始見　立夏　二尺四寸九分　陟五寸一分

萍始生　戴勝降于桑　螻蟈鳴　小滿　中呂　一尺九寸八分　陟三寸四分

蚯蚓出　王瓜生　苦菜秀　芒種　一尺六寸四分　陟一寸五分

靡草死　小暑至　螳蜋生　夏至　蕤賓　一尺四寸九分　降一寸五分

鵙始鳴　反舌無聲　鹿角解　小暑　一尺六寸四分　降三寸四分

蟬始鳴　半夏生　木槿榮　大暑　林鍾　一尺九寸八分　降五寸一分

溫風至　蟋蟀居壁　鷹乃學習　立秋　二尺四寸九分　降八寸一分

腐草為螢　土潤溽暑　涼風至　處暑　夷則　三尺三分　降九寸四分

白露降　寒蟬鳴　鷹祭鳥　白露　四尺三寸四分　降一尺九分

天地始肅 暴風至 鴻鴈來 秋分 南吕五尺三寸二分 降一尺二寸一分
玄鳥歸 群鳥養羞 雷始收聲 寒露 六尺五寸四分 降一尺五寸三分
蟄蟲坯戶 氣盛 陽氣始衰 霜降 無射 八尺七分 降一尺五寸五分
水始涸 鴻鴈來賓 雀入水爲蛤 立冬 九尺六寸二分 降一尺五寸三分
菊有黃花 豺祭獸 水始冰 小雪 應鍾 一丈一尺一寸五分 降一尺一寸三分
地始凍 野雞入水爲蜃 虹藏不見 大雪 一丈二寸八分 降四寸七分
水益壯 地始坼 鶡鳥不鳴

求恒氣初日影泝差術

見所求氣陟降率并後氣率半之十五而一爲泝末率又二率相減餘十五而一爲總差前少以總差減泝末率前多總差加泝末率加減泝末率訖比爲泝初率其後氣無同率因前末率即爲泝初率以總差減初率餘爲泝末率

求恒氣初日影定差術

十五除總差爲別差爲限前小者以限差加泝初末率前多者以限差減泝初末率加減泝初末率訖即爲定初末率即恒氣初日

第十四 曆志十三 三 阮于

影定差 求次日影差術

以別定差前少者加初日影定差前多者減初日影定差加減初影定差訖即爲次日影定差以次積累歲即各所求每氣皆十五日爲限其有皆以十六除取泝末率及總差別差

求恒氣日中影定數術

置其恒氣小餘以半總減之餘爲中後分不足減者反減半總餘爲中前令置前後分影定差乘之總法而一爲變差冬至午前以變差減氣影午後以變差加氣影夏至後午前以變差加氣影午後以變差減氣影冬至一日有減無加夏至一日有加無減加減訖各其恒氣日中定影

求次日中影術

迭以定差陟減降加恒氣日中定影各得次日中影後魏及宋曆冬至日中影一丈二尺夏至一尺五寸於今並短及隋唐時影校其陟降及氣日中影應後至律他皆放此前求每日中影術古曆並無臣等創立斯法也

求律呂應日及加時術

十二律各以其月恒中氣日加時應列其氣小餘六乘之辰率而一爲半張之數不盡爲辰餘命時起子算外半爲加時所在辰六乘辰餘如法得一爲初二爲少弱三爲少四爲少強五爲半弱若在辰半後者得一爲半強二爲太弱三爲太四爲太強五爲辰末

求七十二候術

恒氣日即初候日也加其大餘五小餘九十七小分十一三乘氣小分加十一滿十八從小餘一滿法去命如前即次候日以次轉加得末候

求次氣日 檢盈虛術

進綱一十六 退紀一十七 秋分
泝差一十一 總辰一十二 六十並平闕

秋分後春分前日行速春分前行遲速爲進綱遲爲退紀若取其數綱爲名用其時春分爲至進日分前退日分後凡用綱紀皆準此例

氣月中節 躔差率 消息總 先後率 盈朒積
冬至子月中 益七百二十二 息初 先五十四 盈
小寒丑月中 益六百七十六 息七

第十四 曆志十三 四 阮于

百二十二 先四十六 盈五十四
大寒丑月中 益五百一十四 息一千三百四十 先三十八 盈一百
立春寅月節 益五百十四 度七十分之一十四 息一千八百五十四 先三十八 盈一百三十八
啓蟄寅月 益六百一十八 息二千二百六十八 先四十六 盈二百七十六
雨水卯月節 益七百二十二 息二千九百八十六 先五十四 盈三百二十二
春分卯月中 損七百二十二 息三千七百八 先五十四 盈三百七十六
清明辰月節 損六百一十八 息二千九百八十六 後四十八 盈三百二十二
穀雨辰月中 損五百七十四 息二千三百六十八 後三十八 盈一百七十六
立夏巳月節 損五百十四 息一千八百五十四 後三十八 盈一百三十六
小滿巳月節 損六百一十八 息一千三百三十 後四十六 盈一百
芒種五月節 損七百七十分二十二秒 息七百二十二 後五十四 盈五十四
夏至午月中 益七百二十二 消初 先五十四 朒本
小暑未月節 益六百一十八 消七百二十二 先四十六 朒五十四

大暑未月中 益五百一十四 消一千三百四十 先三十八 朒一百
立秋申月節 益五百一十四 消一千八百五十四先三十八
朒一百三十八 處暑申月中 益六百一十八 消一千三百六十八
先四十六 朒一百七十六 白露酉月節 益七百二十二
消二千九百八十六 先五十四 朒二百二十三 秋分酉月中
消三千七百八 損七百二十二 後五十四 朒二百一十六
寒露戌月節 損六百一十八 消二千九百八十六後四十六
朒二百二十二 霜降戌月中 損五百一十四 消二千三百六十八
後三十八 朒一百七十六 立冬亥月節 損五百一十四
消一千八百五十四後三十八 朒一百三十八 小雪亥月中
損六百一十八 消一千三百四十後四十六 朒一百
大雪子月節 損七百二十二 消七百二十二後五十四 朒五十四

見所在氣躔差率并後氣率半之據辰乘之綱紀而一得氣末率（各以躔差通其綱紀以同差辰也）又二率相減餘以總辰乘而紀除之爲總差辰

之綱紀除之爲別差率前少者以總差減末率前多者以總差加減訖皆爲其氣初日損益率前多以別差日減前少者以別差日加加減氣初日損益率訖即次日損益率（亦各每日躔差率）以次加減得每日所求各累所損益隨曆定氣損益消息總各爲其日消息數其後氣無同率及有數同者皆因前少以前末率爲初加總差爲末率別差漸加初率爲每日率前多者總差減初率爲末率別差漸減爲日率（其有氣初末計會及綱紀所校多少不叶者隨其增損調而御之使際會相準）

求氣盈朒所入日辰術

各冬夏二至即以恒氣爲定自外各以氣下消息數息減消加其恒氣小餘（滿若不足進退其日）即其氣朒日辰亦因別其日命以甲子得所求（加之爲盈氣減之爲朒氣定其盈朒所在故曰定凡推日月度及推發斂皆依定氣推之若注曆依恒氣日）

求定氣恒朔弦望夜半後辰數術

各置其小餘三乘如辰率而一爲夜半後辰數

求每日盈朒積術

各置其氣先後率與盈朒積乃先率後率如躔差率盈朒積如消息總亦如求消息法即得每日所入盈朒及先後之數

求朔弦望恒日恒所入盈縮數術

各以總辰乘其所入定氣日算朒朔弦望夜半後辰數乃以所入定氣夜半後辰數減之餘爲辰總（其恒朔弦望與定氣同日辰總者其朔弦望即在前氣末而辰總者）（有多於進綱紀通數者累入後氣之初也）以乘其氣前多之末率前少之初總辰而一爲總率（凡須相乘有分餘者母必通全子乘訖報母賸者亦同也）其前多者辰總減紀乘總差綱紀而一爲差并於總率差辰總乘之倍總辰除之以加總率前少者辰總再乘別差總辰自辰乘倍而除之以加總率皆爲總數乃以先加後減其氣其朒爲定積（凡分餘不成全而更不復須者過半更不復棄無氣也）以盈朒定積盈加朒減其日小餘滿若不足進退之各其入盈朒日及小餘（若非）（朔望有交者速加減者以所入定氣日算乘先後率加十五而一先加後減盈朒爲定積入氣日十五算者加十大而）曆變周四十四萬三千七十七 變奇率十二曆 變日二十七 變餘七百四十三 變奇一月程法六十三

推曆變術

以曆變周去總實餘以變奇率乘之滿變周又去之不滿者變奇率約之爲變分不盡爲變奇分滿總法爲日（不滿爲餘命）日算外即所求年天正恒朔夜半入變日及餘（以天正恒朔小餘加之即經辰所入）

求朔弦望經辰所入

因天正經辰所入日餘奇加日七餘五百一十二奇九奇滿率成餘餘如總法爲日得上弦經辰所入以次轉加得望下弦及來月朔所日滿變日及餘奇則去之（凡相連去者皆放於此）徑求望者加朔所入日十四餘一千二十五奇六徑求次朔加一日餘一千三百七奇十一

求朔望弦盈朒 辰所入術

各以其日所入盈朒定積盈加朒減其恒經辰所入餘即各所求

變日 離差 離程 增減率 遲速積
一日 九百八十五 退十一 增一百三十四 速初

二日	九百七十四	退十二	增一百一十七	速一百三十四
三日	九百六十二	退十四	增九十九	速二百五十一
四日	九百四十八	退十五	增七十八	速三百五十
五日	九百三十三	退十五	增五十六	速四百二十八
六日	九百一十八	退十六	增三十三	速四百八十四
七日	九百二	退十六	增（初增九末減隱）	速五百一十七
八日	八百八十六	退十六	減十四	速五百二十七
九日	八百七十	退十六	減三十八	速五百一十二
十日	八百五十四	退十五	減六十二	速四百七十四
十一日	八百四十九	退十二	減八十五	速四百一十七
十二日	八百二十六	退十一	減一百四	速三百二十七
十三日	八百一十五	退七	減一百二十七	速二百二十三
十四日	八百八	進二	（初減一百二十末二十九）	速二百二
十五日	八百十	進九	增一百二十八	遲二十九
十六日	八百一十九	進十三	增一百一十五	遲一百五十七
十七日	八百三十二	進十四	增九十五	遲二百七十二
十八日	八百四十六	進十五	增七十四	遲三百六十七
十九日	八百六十一	進十六	增五十二	遲四百四十一
二十日	八百七十七	進十六	增二十八	遲四百九十三
二十一日	八百九十三	進十六	增四（初增四末減隱）	遲五百二十一
二十二日	九百九	進十六	增二十	遲五百二十五
二十三日	九百二十五	進十六	減四十四	遲五百二十
二十四日	九百四十一	進十四	減六十八	遲四百六十一
二十五日	九百五十五	進十三	減八百九	遲三百九十三
二十六日	九百六十八	進十一	減一百八	遲三百四
二十七日	九百七十九	進六	減一百二十五	遲一百九十六
二十八日	九百八十五	平	（進五退五減一百四十四初減七十一末增入微）	遲七十七

求朔弦望盈朒日辰入變遲速定數術

各例其所入日增減率并後率而半之爲通率又二率相減餘爲率差增者以入餘減總法餘乘率差總法而一并率差而半之減者半入餘乘率差亦總法而一並以加於通率入餘乘之總法而一所得爲經辰變轉半經辰變速減法遲加盈朒經辰所入餘爲轉餘應增者減法應減者因餘皆以乘率差總法而一加於通率變率乘之總法而一以速減遲加變率爲定率乃以定率增減遲速積爲定（此法微密至當以示算理通塗若非朔望有交及欲考校遲速要者但以入餘乘增減率總法而一增減遲速爲要耳）其後無同率者亦因前率應增者以通率爲初數半率差而減之應減入餘進退日者分爲二日隨餘初末如法求之所得并以減率

七日	初七分	末一分	初一千一百九十一	末一百四十九
十四日	初七分	末二分	初一千四百十二	末二百九十八
二十一日	初六分	末三分	初八百九十二	末四百四十六
二十八日	初五分	末四分	初七百四十三	末五百九十七

其入前件日餘如初數已下者爲初已上者以初數減總法餘爲

○末之數增減相反約以九分爲限初雖少弱而末微強餘差不多理況兼舉皆今有雜差各隨其數若恒筭所求七日與二十一日得初率而末之所減隱而不顯且數與平行止等亦初末有數而恒筭所無其十四日二十八日既初末數存而虛差亦顯其數數當去恒法不見

求朔弦望盈朒所入日名及小餘術

各以其所入變曆速定數減遲加其盈朒小餘滿若不足進退其日命以甲子筭外各其盈朒日反餘（加其恒日餘者爲盈減其恒日餘者爲朒其日不動者依恒朔日）（而定其小餘擬推日月行度其定小餘二十四已下一千三百一十六已上者其入氣盈朒入曆遲速皆須覆依本術推筭不得從粗率遲速之限乃審朔後朔遲速相推校盈朒之數實爲準損不侵朒益不過盈）

求定朔月大小術

凡朔盈朒日名即爲定朔日名其定朔日名十千與來月同者大不同者小其月無中氣者爲閏月（其正月朔有定加時正月者消息前後各一兩月以定月之大小令在晦二者弦望亦隨事消息凡置日朔盈朒之極不過朔三其或過者觀定小餘近夜半者量）

檢宿度術

斗二十六(及分) 牛八 女十二 虛十 危十七 室十六

壁九(北方九十八度) 奎十六 婁十二 胃十四 昴十一 畢十八

觜一 參九(西方八十度) 井三十 鬼三 柳十四 星七

張十八 翼十八 軫(南方一百一十二度) 角十三 亢九 氐十六

房五 心五 尾十八 箕(東方七十五度)

前件周天二十八宿相距三百六十五度前漢唐都以渾儀赤道所量其數常定紘帶天中儀圖所准日月往來隨交損益所入宿度進退不同黃道宿度(左中郎將賈逵檢日月所去赤道不同更鑄黃道渾儀所檢者)

斗二十四度 牛七度 女十一度 虛十六度

危十六度 室八十一度 壁十度(北方九十六度宿分三百二十八)

奎十七度 婁十三度 胃十四度 昴十一度

畢十六度 觜一度(西方八十三度) 參九 井三十度 鬼三度

柳十四度 星七度 張十六度 翼十九度

軫十八度(南方一百九度) 角十三度 亢九度 氐十六度

房五度 心五度 尾十八度 箕十度(東方七十九度)

臣等今所修撰討論更造木渾圖交絡調賦黃赤二道三百六十五度有奇校量大率與此符會今曆以步日行月及五星出入循此其月行交絡黃道進退亦宜有別每交輒差不可詳盡今亦依黃道推步

推日躔術

置冬至初日躔差率加揔法乘冬至小餘如揔法而一以減天宿度分其餘命起黃道斗十二度宿次去之經斗去宿分度不滿宿筭外即所求年冬至夜半所在宿度筭及分

求每定氣初日夜半日所在定度術

各以其定氣初日躔差率乘氣定餘揔法而一進加退減餘爲分以減定氣日度及分命以宿次如前即其夜半度及(定氣初日春秋二分爲進退之始當平行一度自餘依加退減度之)

求次日夜半日所在定度術

各因定氣夜半所在爲本加度一又以其日躔差率進加退減度分滿若不足並依前例去命如上即得所求(其定朔弦望夜半日度各隨定氣以其日月名亦宜而分別之當右依恒有餘從定恒行度不用躔差)

求朔弦望定日夜辰所加日度術

各以其定小餘爲平分又定小餘乘其日所躔差率揔法而一乃進加退減其平分以加其夜半日度即各定辰所加(擬與五星加減者皆準其分閏息月朔者應推月度所須皆依本朔大小若注曆依甲子乙乙子名疑入)

推月離術

求朔望定日辰月所在度術

各置朔弦望定辰所加日度及分 凡朔定辰所加爲合朔日月同度上弦加度九十一 分四百一十七 望加度一百八十三 分八百三十四 下弦加度二百七十三 分一千二百五十一(訖各以半而十退之爲程度分)

求次月定朔夜半入變宿術

置天正恒朔夜半所入變日及餘(定朔有進退一日者進退一日爲定朔夜半所入) 月大加二

日月小加一日餘皆五百九十六奇十六

求次日夜半所入變曆術

因定朔夜半所入日筭加日一滿皆如前(其弦望皆依前定日所在求之)

求變日定離程術

各以其日夜半入變餘乘離差揔法而一爲見差以進加退減其日離程爲月每日所離定程

求朔弦望之定日夜半月所在度術

各以其日定小餘乘所入變日離定程揔法而一爲夜半後分滿程法爲度餘爲度分以減其日加辰所在度及分命以黃道宿度即其所求次日夜半各以離定程加朔弦望夜半所在分滿程法從度去命以黃道宿度筭外則次日夜半月度求晨昏度以其日離定程乘其日夜刻二百而一爲昏分滿程法爲度望前以昏後以昏加度半度得所求其弦望以五乘定小餘程法一爲刻即各其辰所入刻數皆減其晨前刻不盡爲晨後刻不滿晨前刻者

從前日佳曆伺候推
揔刻一百　辰刻八　辰刻分十二　刻分法七十二　定氣名
晨前刻及分　昏去中度　定氣日度及分　黃道去極度屈申
率放斂差冬至三十刻　八十二度二分　斗十二度　一百一十五度三分
申一三分　益十六　朒小寒二十九刻五十四分　八十三度　牛二度一千三百四小分
一百一十三度一分　申三七分　益十六　朒大寒二十九刻十八分　八十四度八分
女十一度二百五十七分四　一百一十度七分　申六一分　益二十二　朒立春二十八刻三十三分
八十七度七分　危五度五百五十三分　一百七度九分　申九四分　益九　朒啓蟄二十
七刻三十分　九十一度六分　室四度八百四十三分二　一百二度九分　申十七分半　益七
朒雨水二十六刻十八分　九十五度九分　壁一度一千一百十六分一　九十七度三分
申十一八分　益三　朒春分二十五刻四分　一百度四分　奎七度八十分　九十一度三分
申十二二分半　損三　朒春分二十五刻四分　一百度四分　朒清明二十三刻五十四分
一百四度九分　婁五度三百八十一分五　八十五度三分　申十一分八　損七　朒穀雨
二十二刻四十二分　一百九度二分　胃七度六百七十四分四　七十九度七分　申十七分半　損九

○
朒立夏二十一刻三十九分　一百一十三度一分　昴七度九百六十九分二　七十四度七分
申九四分　損二十三　朒小滿二十刻五十四分　一百一十六度九分　畢十一度一千二百六十分三
七十度九分　申六一分　損十六　朒芒種二十刻十八分　一百一十七度八分
參八度二百一十三分一　六十八度五分　申三七分　損十六　朒夏至二十刻
一百一十八度七分　井十五度五百六分　六十七度三分　屈一三分　益十六　盈小暑
二十刻十八分　一百一十九度八分　井三十度七百九十八分五　六十八度五分　屈七分
益十六　盈大暑二十刻五十四分　一百一十六度　柳十一度一千九十一分四　七十度九分
屈六一分　益二十二　盈立秋二十一刻三十九分　一百一十三度一分　張六度三十四分三
七十四度一分　屈九二分　益九　盈處暑二十二刻四十二分　一百九度三分
翼四度三百三十七分二　七十七度七分　屈十七分半　益七　盈白露二十三刻五十四分
一百四度九分　翼十九度六百四十一分　八十五度三分　屈十一八分　益三　盈秋分
二十五刻　一百度四分　軫十五度九百二十三分　九十一度三分　屈十二分半
損三　盈寒露二十六刻十八分　九十五度九分　角十三度一千二百十五分五　九十七度三分
屈十一八分　損　盈霜降二十七刻三十分　九十一度六分　亢五度一百六十八分四

一百二度九分　屈十十分半　損九　盈立冬二十八刻三十三分　八十七度七分
房四度四百六十一分三　一百七度　屈九四分　損二十三　盈小雪二十九刻十八分
八十四度八分　尾九度七百五十四分二　一百一十一度八分　屈六一分　損十六
盈大雪二十九刻五十四分　八十三度　箕六度一千三百十七分一　一百一十四度一分
屈三七分　損十六

求定氣日晝夜漏刻及日出沒術

倍其氣晨前刻及分滿法從刻爲日不見漏以減百刻餘爲日見
漏五刻晝漏刻以晝漏刻減百刻餘爲夜漏刻以四刻十二分加晨
前漏刻命起子初刻筭外即日出辰刻以日見漏加日出刻辰以夫
如前即日沒所在辰刻以二十五除從夜漏得每更一籌之數以二刻三十六分加日沒辰刻即甲辰刻又以更籌數加之得甲
夜一籌數以夫累加滿辰去命之即五更夜籌所以當辰刻及也以配二十一漏刻漏之數也

求每日並屈申數術

每氣準爲一十五日各置其氣屈申率每以發斂差損益之差漏
十從率分滿十從率一即各每日屈申率各累計屈申率爲刻分

○
乃以一百八十乘刻分以差十一乘綱紀而除之得爲刻差滿法
爲刻隨氣所在以申減屈加不見漏而半之爲晨前定刻每求夫
日各如前法時加其如昏隨加辰日晚以率課之

求黃道去極每日差術

置刻差三十而一爲度不滿三約爲分申減屈加其氣初黃道度
即每日所求

求昏旦去中星度術

每日求其晝漏刻數以乘朞實三百乘揔法而除之得昏去中星
度以減周天度餘爲晨去中星度以昏旦去中星度加其辰日所
在即各其日中星宿度其模擬舉者加其夜半日度各其日中星宿度
因求夫日者各置其四刻差七十二乘之二百八十八而一度冬至
後加夏至後減隨日加各得每日去中度　晨昏所距日在黃道
中星準度以赤道計之推

遊交術

終率一千九十三萬九千三百一十三　奇率三百約終三萬六千

四百六十四　奇一百一十三　交中一萬八千二百三十二　奇五十
六半　交中日二十七　餘二百八十四　奇一百一十三　中日十三
餘八百一十二　奇五十六半　虧朔三千一百六　奇一百八十七
實望一萬九千七百八十五　奇一百五十　後準一百五十二
奇九百三半　前準一萬六千六百七十八　奇二百六十三

求月行入交表裏術

置總實以終率去之不足去者奇率乘之滿終率又去之不滿者奇率約之爲天正恒朔夜半入交分不盡爲奇以總法約入交分爲日不盡爲餘命日筭外即天正恒朔夜半入交日筭及餘奇（天正定朔有進退日者亦所進退一日爲朔所入）日不滿中日及餘奇者爲月在外滿去之餘皆一爲月在內大月加二日小月加一日餘皆一千五十五奇一百八十七求次日加一日滿中日者皆去之餘爲入次一表一裏迭互入之

交日　去交差　差積　一日　進十四　積元　二日（餘二百一十四已下者入蝕限）
進十三　十四　三日　進十一半　二十七　四日　進十一半

三十八半　五日　進七　四十八　六日　進四　五十五
七日（進二退三）　五分（四進強一退弱）　五十七　八日　退二　六十（六十又一分當日退）　九日
退五　五十八　十日　退八　五十三　十一日　退十半
四十五　十二日　退十二半　三十四半　十三日（餘五百九十九已上入蝕限）　退十三半
二十二　十四日　退十四少（三退強三進弱）　八半

求月入交去日道遠近術

置所入日差幷後差半之爲通率進以入日餘減總法以乘差總法而一幷差以半之退者半入餘以乘差總法而一皆加通率爲交定率乃以入餘乘定總法乃進退差積滿十爲度不滿爲分即各其日月去日道度數每求日道宿度去極數其入七日餘一千七十六奇二十八少巳下者進巳上盡全餘二百六十三奇二百七十一太者退入十四日如交餘奇巳下者退其入此巳上盡全餘五百二十七奇二百四十二半者進而終其要爲五分則七百四分十四日三分末則七日後一分十四日後二分雖初強末弱差率有檢月道一度半強巳下者爲沾黃道當朔望則有虧過五星在黃道者則相侵掩

求所在宿術

求夜半入交日十三筭者及餘以減中日及餘不盡者以乘其日離定程總法而一爲離分滿程爲度以加其日夜半月所在宿度筭及分求次交準此各得其定交在所度置前後定交所宿度筭及分半之即各表裏極所在宿度及分

求恒朔望汎交分野

因天正恒朔夜半入交分以天正恒朔汎交分求望汎交以實望加之又加得次月恒朔汎交分滿約終及奇去之次求次朔以虧望加之

求朔望入常交分術

以入氣盈朒定積盈加朒減其恒汎交分（滿若不足進退終數）即其常分交

求朔望定分術

以六十乘定遲速以七百七十七降除之所得爲限數速減遲加常（其數朔入交月在日道裏者以所入限數減定遲速餘以減遲加其定交分而出日道表者爲交分加減不出日道表即依定交分求蝕分其數）（交分出日道表三時半內者檢其前後月望入交分數多少依其虧初復末定蝕術註消息心定蝕不）

求入蝕限術

其入交定分如交中巳下者爲月在外道交中巳上者以交中減之餘爲月在內外分如後準巳下前準巳上者爲入蝕限則月蝕朔入限月在裏者日蝕入限如後準巳下者爲交後分前準巳上者及減交中餘爲交前後分以一百一十二約之爲交時

求月蝕所在辰術

置望日不見刻六十七乘之十而一所得若蝕望定小餘與之等巳下又以此得減總法餘與之等巳爲蝕正見數定小餘如求律氣應加時法得加時所在辰月在衝辰蝕若非正見者於日出後日沒前十二刻半內求其初末以候之（又以半總減蝕定小餘不足減者加總法以六乘之如辰法而一）二一命起子半筭外外即月蝕其所在辰

求日蝕所在辰術

置有蝕朔定小餘副之以辰率除之所得以艮巽乾爲次命過算外不滿法者半法減之無可減者爲初所減之餘爲末初則減法各爲差率月在內道者乃以十加去交時數而三除之以乘差十四而一爲差其朔在二分前後一氣內即以差爲定近冬至以去寒露雨水近夏至以去清明白露氣數倍之又三除去交時數增之近冬至艮巽以加坤乾以減近夏至艮巽以減坤乾以加其差爲定差艮坤加副巽乾減副月在外道者三除去交時數以乘差率十四而一爲之差艮坤以減副之巽乾以加副各加減副訖爲定副小餘如求律氣應加時術即日蝕所在辰及少太其求入辰刻以半辰刻乘朔辰率而一得刻及分若蝕近朝夕者以朔所入氣日出沒刻校蝕所在知蝕見不之多少所在辰爲正見日月蝕既在起復初末亦或變常退於見前後十二刻半候之

求月起復依蝕分後術

求月在日道表朔不應蝕準朔在夏至初日準去交前後二百四十八分爲初準已下加時在午正前後七刻內者蝕朔去夏至前後每一日損初準二分畢於前後九十四日各爲每日變準其朔去交如變準已下加時如前者蝕

又以末準六十減初準及變準餘以十八約之爲刻準以并午正前後七刻數爲時準加時準內去交如末準已下並蝕又置末準每一刻加十八爲差準每加時刻去午前後如差準刻已下去交分如差已下者並蝕　自秋分至春分去交如末準已下加時南方三辰者亦蝕（凡定交分在限前後半時外者雖入蝕準前爲蝕）　求日在日道裏朔應蝕而不蝕準朔在夏至日去交一千三百七十三爲初準已上加時在午正前後十八刻內者內者或不蝕朔去夏至前後每一日益初準一分半畢於前後九十四日各爲每日變準以初減變餘十而一爲刻準以刻減午正前後十八刻餘十而一爲時準其去交在變準已上加時在準內者或不蝕

求月蝕分術

置去交前後定分交冬前後皆去二百二十四春交後去一百交前去二百夏不問前後去五十秋交後去三百交前去一百不足去者蝕既有餘者以減後準一百四而一餘半已下爲半弱半已上爲半強命以十五爲限得月蝕之大分

求月蝕所起術

月在內道　蝕東方三辰（蝕起自月下邪南上月從西而漸北自東而漸南）　蝕南方三辰（蝕起於下甚於正南復於在下）　蝕西方三辰（蝕起自月下邪北而上蝕西而漸東月從北而漸高）　月在外道　蝕東方三辰（蝕起東而漸北月從西而漸高）　蝕南方三辰（蝕起於上甚於正北復於右上）　蝕西方三辰（蝕自北而漸東月從南而漸西起於月上邪北而下）　凡蝕十二分已上皆隨黃道所在起復於正傍進順上下每過其分又道有升降每各不同各隨時取正

求日蝕分術

月在內道者朔入冬至畢朒雨水及盈秋分畢五十八秋分畢大雪皆以五百五十八爲蝕差（自入朒春分已後日損六分畢於白露）　置蝕去交前後定分皆

以蝕差減之但去交分不足減者皆反以減蝕差蝕爲不蝕餘自入朒小滿畢於小暑加時在午正前後七刻外者皆不去蝕餘一時三刻內加不蝕餘一時朒大寒畢朒立春交前五時外大暑畢盈立冬交後五時外皆云不蝕蝕餘一時五時內加一時諸加時辰差應減者交後減之交前加之應加者交後加之交前減之但不足減去者蝕既加減入不蝕限者或不蝕其月在外道者冬至初日無蝕差自後日益六分累計以爲蝕差畢於朒雨水自入朒春分畢於盈白露皆以五日二十二爲蝕差（自入盈秋分已後日損六分畢於大雪所損之餘爲蝕差）以蝕差加去交定分爲蝕分以減後準餘爲不蝕分各置其朔蝕差十五約之以減一百四餘爲定法不蝕分餘各如定法得一分餘半法已上爲半強已下爲半弱減十五餘爲蝕之大分

求日蝕所起術

日在內道　日蝕東方三辰（蝕自日上近北而邪下月漸西北日漸東南）　日蝕南方三辰（蝕起右下甚於正北復於左下月在南而漸東日在北而漸西）　日蝕西方三辰（自日下近西而邪上月漸東北日漸西南）　日在外道

日蝕東方三辰（虧自日上近南而邪下月漸東日漸西北）日蝕南方三辰（虧起右下甚北而復左下月在南而漸東日在北而漸西）日蝕西方三辰（自日上近南而邪上月漸西南日漸東北虧）凡蝕十二分已上起於正傍各據黃道升降以准其體隨其所處每各不同（蝕有初末觸涉其時隨便益損以定虧復所在之方也）

求日月蝕虧初及復末時刻術

置朔望所蝕大分數爲率四分已上因增二五分已上因增三九分已上因增四十三分已上因增五各爲汎用刻率副之以乘所入率副之以乘所入變增減率摠法而一應速增損減加應遲依其增減副等爲蝕定用刻數乃四乘之十而一以減蝕甚辰刻爲虧初又六乘之十而一加蝕甚辰刻爲復末依其定加時所在辰刻加減命之各其辰其月蝕甚初末更籌因其日月所入辰刻及分依前定氣所遇夜刻更籌術求其初末及甚時更籌迦葉孝威等天竺法先依日月行遲疾度以推入交遠近日月蝕分加時日月蝕亦爲十五分去交十五度十四度十三度影虧不法蝕自此已下乃依驗蝕十二度十五分蝕二分少強以漸差降自五度半已上

蝕既十四分雖若五度無餘分已下皆蝕盡又用前蝕多少以定後蝕分餘若既其後蝕度及分即加七度以爲蝕度若望月蝕既來月朔日雖入而不注蝕若蝕半已下五分取一分若半已上三分取一分以加來月朔蝕度及分若今歲日餘度及分然後可驗蝕度分數多又云六月依節一蝕日月十五日是月蝕節黑月盡是月蝕節以亦吉凶之象皆告王者奉順正法蒼生福盛雖時應蝕由福故也其蝕即退更經六月欲蝕之前皆有先兆月欲有蝕光月乘搖振狀若驚懼月晃及側月色黃如有憂狀自常暈月初生時光不顯或盛或極細微日欲有蝕先日形搖振極如驚懼狀或光色微昧不赫盛或黎掺日月蝕先同候光隕墜或旦暮際有赤色起如火燒金銀珠玉諸寶失光或有盡如雲入日或有黑盡入月鳥聲細隱鳥不顯高雲交擾擾光景渾亂忽極令諸乳卒竭月纈如阡狀日形段列衆無光犬噑猫叫虹見有聲三辰失月時有鈇水赤色有膩十四日十五日辟鳥圓集者亦是蝕之先候此等與中國法數稍自殊外梗槩相似也

步五星術　五星（奇率皆百）　摠率　奇　伏分　奇

歲星木精五十三萬四百八十三奇三十五伏分三萬四千三十一奇二十二半　熒惑火精一百四萬五千八十　奇六十伏分九萬七千九十　奇三十　鎮星土精五十萬六千六百二十三奇二十九伏分二萬四千八百三十一　奇六十四半　太白金精七十八萬四百四十九奇九　伏分五萬六千二百二十四　奇五十四半　辰星水精十一萬五千二百七十八奇六十六伏分一萬一千六百九十九　奇三十三

五星終日　餘奇　木終日三百九十八餘一千一百六十三　奇四十五火終日七百七十七餘一千二百二十　奇六十　土終日三百七十八餘一百三　奇二十九　金終日五百八十三　餘一千二百二十九　奇九夕見伏二百五十六日　辰見伏三百二十七日餘　奇同終分奇水終日一百一十五　餘一千一百七十六　奇六十六　夕見伏五十二日辰見伏六十三日　餘奇同終分奇

求五星平見術

各以伏分減摠實餘以其星摠率去之不足去者反減其餘摠率餘以摠法約之爲日不盡爲餘奇即所求年天正恒朔夜半後星辰夕平見日筭及餘奇（天正定朔進退日者進減退加一日爲定朔夜半後星平見日及餘奇其金水二星先得夕平見其滿見伏日及餘者去之餘爲晨平見日及餘奇）命見日天正曆月大小以次去之不滿月者爲入其月命日筭外即晨夕平見所在月日及餘奇

求後平見在月日術

各以其星終日筭及餘奇如前平見所在月日筭及餘奇奇滿奇率從餘餘滿摠法爲日去命如前即後平見所在月日及餘奇（金水二星加夕得晨加晨得夕）各半見餘以同半摠

求五星常見術

各依其星平見所入恒氣計日損益分滿半摠爲日不滿爲分以損益所加減訖餘以加減訖平見日及分即其常見日及分星目（初見去日度平見入氣曆加減日率）損益　歲星初見去日十四度見入冬至畢小寒均

減六日自入大寒巳後日損六十七分自後日加八十九分見入春分初日依平入立夏畢小滿
均加六日自入芒種巳後日損益八十九分入夏至畢立秋　均加四日自入處暑巳後日損一百七十八分
入白露初日依平均自後日減五十二分入小雪畢大雪　均減六日熒惑初
見去日十七度　見入冬至初日　減二十七日自後日損六百三分入大寒初
日依平自後日加四百二分入雨水畢穀雨　均加二十七日自入立夏巳後日損一百九十八分
入立秋依平自入處暑巳後日減一百九十分小雪畢大寒　均減二十七日　鎮
星初見去日十七度　見入冬至初日　減四日自後日益八十九分入大寒畢
春分均減八日自後日損五十九分入小暑初日依平自後日加八十九分入白露
初日加八日自後日損一百七十八分入秋分　均加四日自入寒露巳後日損五十九分入小雪初
日依平自平後日減八十九分　太白初見去日十一度　夕見入冬至初日依平
自後日減一百分入啓蟄畢春分　均減九日自入清明巳後日損一百分入芒種依平入自
夏至巳後日加一百分入處暑畢秋分　均加九日自入寒露巳後日損一百分入大雪依平
晨見入冬至依平自入小寒巳後日加六十七分入立春畢立夏　均加三日自入小滿巳後日損
六十七分入夏至依平自入小暑巳後日減六十七分入立秋畢　均加三日自入小雪巳後日損六十七分

辰星初見去日十七度　夕見入冬至畢清明依平入穀雨畢芒種
均減二日　入夏至畢大暑依平　入立秋畢霜降　應見不見其在
立秋及霜降二氣之內多去日十八度外三十六度內有木火土金一星巳上者入立冬畢大雪依平　晨見入
冬至　均減四日　入小寒畢大寒依平　入立春畢啓蟄　均減
三日其在啓蟄氣晨無木火土金內去日度如前一星巳上不見　入雨水畢立夏應見不見其在立夏氣內
去日度如前晨有木火土金一星巳上者亦見　入小滿畢寒露依平　入霜降畢立冬
均加一日　入小雪畢大雪依平

求五星定見術

各置其星常見日消息定數半之息減消息加常見日即爲定見
日及分五星休王光不同晨昏盛衰大小尤異苟變於常見或先後今但以日躔遲速考其行度其略以去日爲之定準

求星見所在度術

置星定見日夜半日所在宿度筭及分半其日躔差率定見餘半
總而一進加退減定見餘以加夜半度分乃以其星初見去日度
數晨減夕加之即星初見辰所在

宿度筭及分行星術

各置其星初見日消息定數半之息加消減其星初見行留日率其土木三日出不須加減即依本術其加減不滿日者與見過之過半後一日無半不復論乃依行星日度之率求日之行分

求初見日後夜半星所在術

置其星定見餘以減半總以其星初日行分乘之半總而一以順
加逆減星初見定辰所在度分加之滿法減之不足進退一度依
前命之筭外即星見後夜半所在宿度及分自此巳後每依其星計日行度所至日度
及益疾皆從夜半爲晷辰有少遲所近也

轉求次日夜半星行所至術

各以其星一日所行度及分順逆加減之其行有小分者以日率
爲母小分滿母去之從行分一行分滿半總去之從度一其行有
益疾益遲者副置一日行分各以其差遲損乃加之留者因前逆
則依減順行出斗去其分逆行入斗先加分訖皆以程法約行分
爲度分各得每日所至其五星後順留退所終日度各依伏度求其去日遠近消息日度之以定伏日所在若仕曆其日度及金木筭皆乘其分也

求平行度及分術

置定度率以總乘之以有分者從之以日率除之所得爲一日行
分不盡小分滿其行分滿半總爲度即是一日所行度及行分小
分置定日率減一日以所差分乘之二而一爲差率益疾者以差
率減平行分益遲者以差率加平行分即是初日所行度及分
星名星行變日初行入氣曆行日率行度及度分率率損益　歲星
初順差行一百一十四日行十八度五百九遲一分先疾日益十四日　前留二十六日
旋退　西行差行三十日退六度十二分先遲日益疾二分　又退　西行差行四十二日
退六度十二分先疾日益遲二分　後留二十五日　後須差行一百一十四日行十八
度五百九先遲日益疾一分日晝而夕伏十四日　熒惑初順入冬至初日　率二百四十三日行
一百六十五度自後三日損日及度各三　小寒初日二百三十五日行一百五十四度
自後二日損日及度各三穀雨四日平畢小滿九日　一百七十八日行一百度自入小滿九日巳後二日益日及度
各一夏至初日平畢六日　一百七十一日　行九十三度自入夏至六日巳後三日益日及度各一　立

秋初日一百八十四日行一百六度自後一日益日及度各一白露初日二百十四日行一百三十六度自後一日益日及度各一秋分初日二百三十二日行一百五十四度自後五日益日及度各一寒露初日二百四十七日行一百六十九度自後五日益日及度各三霜降五日平畢立冬十三日二百五十九日行一百八十一度自入立冬十三日已後二日損日及度各一復冬至初日二百四十二日行二百六十五度各依所入恒氣平者依率自餘計日損益名爲前疾日度定率其前遲及留退入氣有損益日度者計日損益皆同此疾之始以爲遲留旋退定日疾之率也

求變日率術

此疾入大寒六日損日率一畢雨水入春分畢立夏減日率十入小滿初減日率十後三日損所減一畢芒種依平若入立秋三日益日率一畢處暑入白露畢秋分均加率十入寒露初加率十後一日半損所加一畢氣盡依平

求變度率術

此疾若入大寒畢於啓蟄立夏至大暑氣盡霜降畢小雪皆加度

率四清明畢穀雨加率度十二初行入處暑減日率六十度率三十別爲初遲半度之行行盡此日度及來所減之餘日度之率續爲疾入白露畢秋分四十四日行三十三度皆爲初遲半度之率初行入大寒畢大暑者差行先疾日益遲一分各如上法求其行分其前遲後日率既有增損而益遲益疾者分皆檃括前疾末日行分爲前遲初日行分以前遲平行分減之之餘爲前遲總差後疾日分爲後遲末日行分爲後遲日行分減之餘爲後遲總差別日差分其不滿者皆調爲小分遲疾之際行分衰殺不論所差多者依此檃括若所差不多者各依本法前遲順差行入冬至六十日行二十五度先疾日益自入小寒已後二遲三分日損日及度各一大寒初日五十五日行二十度自後三日益日及度各一立春初日平畢清明六十日行二十五度自穀雨氣別減一氣立夏初日平畢小滿六十日行二十二度自入芒種別益一度夏至初日平畢處暑六十日行二十五度自入白露已後三日損一度秋分初日六十日行二十五度自後一日益日半益一度寒露初日六十日行二十五度自後二日損一度立冬一日平畢氣六十日行十七度自大雪已後五日益度大雪初日六十日行二十度自後三日益一度前留十三日前疾減日率一度以其數分益此留及後遲日率前疾以日率右以其數分遲日率旋退西行入冬至初日六十三日退二十一度自後四日益一度小寒一日六十三日退二十六度自入小寒已後三日半損一度立春三日平畢啓蟄六十二日退十七度自入雨水已後二日益日及度各一雨水八日平畢氣盡六十七日退二十一度自入春分已後日損日及度各一春分四日平畢芒種六十三日退七十度自入夏至已後六日損日及度各一大暑初日平畢氣盡五十八日退十二度立秋初日平畢氣盡五十七日退十一度自入白露已後二日益日及度各一白露十二日平畢秋分六十三日退七十度自入寒露已後三日益日及度各一寒露九日平畢氣盡六十六日退二十度自入霜降已後三日損日及度各一霜降六日平畢氣盡六十三日退十七度自立冬已後三日益日及度各一立冬十一日平畢氣盡六十七日退二十一度自入小雪已後二日損日及度各一小雪八日平畢氣盡六十三日退十七度自入大雪已後三日益一度後留冬至留十三日自後二日半益一日大寒初平畢氣盡留二十五日自入立春已後二日半日損一雨水初留十三日自後三日益一日清明初留二十三日自後一日損一日清明十日平畢氣盡留十五日自入白露已後三日損一日益一日秋分十一日無留自入秋分十一日已後一日益一日霜降初日留十九日自後三日損一日立冬三日平畢大雪留十三日後遲順差行六十日行二十五度先疾日益疾二日前後疾加度者此遲依數減之爲定度前疾加度者此遲入秋分至立冬減三度入冬至減五度後留定日減十三日者所以增日數加此遲日率也後疾冬至初

日率二百一日行一百三十一度自後一日損日及度各一大寒八日一百七十二日行九十四度自入大寒八日已後一日損日及度各一啓蟄平畢氣盡一百六十一日行八十三度自入雨水已後三日益日及度各一穀雨三日一百七十七日行九十九度自入穀雨後三日益日及度各一芒種十四日平畢夏至二百三十三日行一百五十度自入夏至已後十日益日及度各一小寒五日二百五十三日行一百七十五度自入小暑已後五日益日及度各一大暑初日平畢處暑二百六十三日行一百八十五度自入白露已後二日損日及度各一秋分一日二百五十五日行一百七十七度自入秋分一日已後一日半復日及度各一大雪初日二百五十日行一百二十度自入秋分三日益日及度各一冬至初日復二百一十日行一百二十七度其入恒氣日度之率有損益者計日損益並同前疾之法以爲後疾定度之率

求變日率術

其前遲定日朒六十及退行定日朒六十三者皆以所朒日數加此疾定日率前遲定日盈六十三後留定日盈十三者皆以所盈日數減此疾定日率加減訖即變日率

求變度術

其前遲定度朒二十五退行定盈十七遲入秋分至冬至減度者皆以所盈朒減度者皆以所盈朒減度數加此疾定度率前遲定度盈二十五及退行定度朒十七者皆所盈朒度數減此疾定度率加減訖即變度率初行入春分畢穀雨差行先進日益疾一分初行入立夏畢至日行半度（六十六日行二十三度）小暑（五十日行二十五度）立秋畢氣盡（二十日行十度減率七續行並同前疾初遲法）損益依前求其行分各盡度而夕伏鎮星初順差行八十三日　行七度（二百九十分）先疾日益遲半分前留三十七日旋退西行差行五十一日退（三十分）先遲日益疾少半　太白夕見順（入冬至畢立夏入立秋畢大雪）一百七十二日　行二百六度（自入小滿後十日益一度爲定疾初入白露畢春分差行疾日益遲二分自餘平行）夏至畢小暑一百七十二日　行二百九度（自入大暑已後五日損一度畢氣盡）平行（入冬至初日及大暑各畢氣盡）一十三日行一十三度（自入冬至後十日損一畢巳後立春入立秋日益一畢秋分）啓蟄畢芒種七日行七度（自入夏至後五日益一畢於小雪）寒露初日三十三日行二十二度（自後六日損一畢於小雪）順遲差行三十二日　行三十度（先疾日益遲八分前疾加度疾加度過二百六）

（前者準數損此度）夕留七日　夕退西行一十日退五度（日盡而夕伏）晨初退西行十日退五度（日退半度）晨留七日順遲差行（冬至畢立夏大雪畢氣盡）三十二日（先遲日益疾入分自入小滿已後率十日損一度芒種）平行（冬至畢氣盡立夏畢氣盡）一十三日行一十三度（日行一度自入小寒已後六日益日及度各一畢於啓蟄入小滿後七日損日各一畢立秋）雨水初日二十三日行二十三度（自後六日損日及度各一畢於寒露）處暑畢寒露無此平行（自入霜降後五日益日及度各一畢大雪前遲行損度不滿三十度者此疾依數益之）疾行一百七十二日　行二百六度（處暑畢寒露差行先遲日益疾一分餘平行日盡而晨伏）晨星　夕見順疾一十二日　行二十一度六分（日行一度五百三分）大暑畢處暑一十二日　行一十七度二分（日行一度二百八十分）平行七日行七度（自入大暑後二日損日及度各一入立秋無此平行）順遲行六日行二度四分（日行二百二十四分前疾行十一度者無此遲行日盡而夕伏）夕留五日　晨見留五日順遲行六日行二度四分（日行二百二十四分自入大寒畢於啓蟄無此遲行）平行七日行七度（日行一度大寒已後二日損日及度各一又立春無此平行）順疾行一十二日行二十一度六分（日行一度五百三分）前無遲行者一十三日行一十七度一十分（日行一度二百八十分各日盡而晨伏）

凡五星終日分奇皆於伏分消遣故於行星更不別見武太后稱制詔曰頃者所司造曆以臘月爲閏稽考史籍便紊舊章遂令去歲之中晦仍月見重更尋討果差一日履端舉正屬在於兹宜改曆於惟新革前非於既往可以今月爲閏十月來月爲正月是歲得甲子合朔冬至於是改元聖曆以建子月爲正建丑爲臘建寅爲一月命太史瞿曇羅造新曆至三年復用夏時光宅曆亦不行用中宗反正太史丞南宮說奏麟德曆加時浸踈又上元甲子之首五星有入氣加時非合璧連珠之正也乃詔說與司曆徐保乂南宮季友更治乙巳元曆至景龍中曆成詔令施用俄而睿宗即位景龍曆寢廢不行麟德曆經今略載其法大端

母法（一百兩大演之數爲母法）　旬周（六十甲之終數爲旬周）　辰法（八刻分三十三少半以十二辰數除一百刻得辰法）

朞（周三百六十五日餘二十四奇四十八一朞之德日及餘奇數爲朞）

氣法（十五日餘二十一奇八十五少半以二十四氣分朞周得氣法）

候法（五日餘七奇二十八遊分四以七十二候分朞周得候法）

月法（二十九日餘十三奇爲月法）　日法（日舒月遼乃舒一合物之及餘奇爲日法）

望法（十四日餘七十六奇五十三因爲陰後限二分月法得望法亦是月行陰曆後與朔望會交限）

弦法（七日餘三十八奇二十六半四分月法得弦法）　閏差（十月餘八十七奇七十六月法去朞周餘得閏差）

歿數（九十一餘三十一奇十二四分朞周餘四分之得歿法）　歿法（一餘三十一奇十二以旬周去朞周餘四分之得歿法）

月周法（二十七日餘五十五奇四十五小分五十九月行遲疾一周之數爲月周法）

月差法（一日餘九十七奇六十小分四十一以月周減月法餘得月差）

周天法（三百六十五度餘二十五奇七十一小分十三二十八宿總度數相距搃數及餘奇爲周天法）

交周法（二十七日餘二十一奇二十二小分十六七分日行陰陽一周交於是日之數爲交周法）

交差法（二日餘三十一奇八十三小分八十三分以交周法減月法得交差法）

交中法（十三日餘六十一奇六十一小分三分半二分交周得交中法）

陽前（限十三日餘四十四奇六十九小分十六七分月行陽曆與朔望會之後）

陽後（限一日餘十五奇九十一小分九十一六分半月行陽曆後與朔望會之限）

陰前（限二十六日餘五奇三十小分二十五半分月行陰曆先與朔會望會之限）

木歲星合法（三百九十八日餘八十六奇七十九小分八十）

火熒惑合法（七百七十九日餘九十一奇五十五小分四十五）

土鎭星合法 三百七十八日餘八百四小分八十

金太白合法 五百八十三日餘九十一百七十七小分七十

水辰星合法 一百一十五日餘八十七百九十五小分七十

太極上元歲次乙巳十一月甲子朔旦冬至之日黃鍾之始夜半之時斗衡之末建於子中日月如合璧五星若連珠俱起於星紀牽牛之初距今大唐神龍元年復歲次於乙巳積四十一萬四千三百六十筭外上驗往古年成一筭下求將來年加一筭乙巳元曆法積數大約如此其筭經不錄

唐書志第十三

右文林郎充兩浙東路提舉茶鹽司幹辦公事霍·文昭校勘

唐書志卷第十四

劉昫

曆三

開元大衍曆經

演紀上元閼逢困敦之歲距今開元十二年甲子歲歲積九千六百六十六萬一千七百四十筭

大衍步中朔第一 大衍通法三千四十

策實一百一十萬三百四十三 揲法八萬九千七百七十三

減法九萬一千三百 策餘一萬五千九百四十三

用差一萬七千一百二十四 掛限八萬七千一十八

三元之策一十五 餘六百六十四 秒七 四象之策二十九

餘一千六百一十三 中盈分千三百一十八 秒十四 爻數二十四 象統二十四

推天正中氣以策實乘入元距所求積筭命日中積分盈大衍通法得一爲積日不盈者爲小餘爻數去積日不盡日爲大餘

數從甲子起筭外即所求年天正中氣冬至日及小餘也求次氣因天正中氣大小餘以三元之策及餘秒加之其秒盈象統從小餘小餘滿大衍通法從大餘大餘滿爻數去之命如前即次氣恒日及餘秒凡率相因加者下有餘秒皆以類相從而滿其法則迭進之用加上位日盈爻數去之也

推天正合朔以揲法中積分其所不盡日歸餘之掛以減中積分餘爲朔積分迺如大衍通法而一爲日不盡爲小餘日盈爻數去之不盈者爲大餘命以甲子筭外即所求年天正合朔經日及小餘也求次朔及弦望因天正經朔大小餘以四象之策及餘加之數除如法即次朔經日及餘也又自經朔加一象之日七及餘一千一百六十三少得上弦倍之得望參之得下弦四之是謂一揲復得後月之朔凡四分一爲少二爲半三爲大四爲全加滿其全數去之從上位綜中朔盈虛分累益歸餘之掛每其月閏衰凡歸餘之掛五萬六千七百六十以上其歲有閏因考其閏衰滿掛限以上其月及合置閏或有進退皆以定朔無中氣爲定

推沒日置有沒之氣恒小餘以象統乘之內秒分參而伍之以減策實餘滿策餘爲日不滿爲沒餘命起也凡恒氣小餘不滿大衍通法如中盈分半法已下爲有沒之氣

推滅日以有滅之朔經小餘減大衍通法餘倍參伍乘之用減滅法餘滿朔虛分爲日不滿爲滅餘命起經朔初日筭外即合朔後滅日也（凡經朔小餘不滿朔虛分者爲有滅之朔）

大衍步發斂術第二

天中之策五　餘二百二十二　秒三十一　秒法七十二

地中之策十八　餘一百六十五　秒八十六　秒法一百二十

貞悔之策三　餘一百三十二　秒一百三　秒法如前

辰法七百六十　刻法三百四

推七十二候各因中節大小餘命之即初候日也以天中之策及餘秒加之數除如法即次候日又加得末候日凡發斂皆以恒氣推六十卦各因中氣大小餘命之公卦用事日也以地之策及餘秒累加之數除如法各次卦用事日若以貞悔之策加諸侯卦得十有二節之初外卦用事日

推五行用事各因四立大小餘命之即春木夏火秋金冬水首用事日也以貞悔之策及餘秒減四季中氣大小餘即其月土始用事日（凡抽加減而有秒者母若不齊當令母互乘子通加減之母相乘爲法）

第十五　曆志十四　二　陳達

恒氣（月中節　四月卦）　初候　次候　末候　始卦　中卦　終卦

冬至（十一月中　坎初六）　蚯蚓結　麋角解　水泉動　公中孚　辟復　侯屯（內卦）

小寒（十二月節　坎九二）　鴈北鄉　鵲始巢　野雞始雊　侯屯（外卦）　大夫謙　卿睽

大寒（十二月中　坎六三）　雞始乳　鷙鳥厲疾　水澤腹堅　公升　辟臨　侯小過（內卦）

立春（正月節　坎六四）　東風解凍　蟄蟲始振　魚上冰　侯小過（外卦）　大夫蒙　卿益

雨水（正月中　坎九五）　獺祭魚　鴻鴈來　草木萌動　公漸　辟泰　侯需（內卦）

驚蟄（二月節　坎上六）　桃始花　倉庚鳴　鷹化爲鳩　侯需（外卦）　大夫隨　卿晉

春分（二月中　震初九）　玄鳥至　雷乃發聲　始電　公解　辟大壯　侯豫（內卦）

清明（三月節　震六二）　桐始華　鼠化爲鴽　虹始見　侯豫（外卦）　大夫訟　卿蠱

穀雨（三月中　震六三）　萍始生　鳴鳩拂羽　戴勝降桑　公革　辟夬　侯旅（內卦）

立夏（四月節　震九四）　螻蟈鳴　蚯蚓出　王瓜生　侯旅（外卦）　大夫師　卿比

小滿（四月中　震六五）　苦菜秀　靡草生　小暑至　公小畜　辟乾　侯大有（內卦）

芒種（五月節　震上六）　螳螂生　鵙始鳴　反舌無聲　侯大有（外卦）　大夫家人　卿井

夏至（五月中　離六二）　鹿角解　蜩始鳴　半夏生　公咸　辟姤　侯鼎（內卦）

小暑（六月節　離六二）　溫風至　蟋蟀居壁　鷹乃學習　侯鼎（外卦）　大夫豐　卿渙

大暑（六月中　離九三）　腐草爲螢　土潤溽暑　大雨時行　公履　辟遯　侯恒（內卦）

立秋（七月節　離九四）　涼風至　白露降　寒蟬鳴　侯恒（外卦）　大夫節　卿同人

處暑（七月中　離六五）　鷹祭鳥　天地始肅　禾乃秀　公損　辟否　侯巽（內卦）

白露（八月節　離上九）　鴻鴈來　玄鳥歸　羣鳥養羞　侯巽（外卦）　大夫萃　卿大畜

秋分（八月中　兌初六）　雷乃收聲　蟄蟲坏戶　水始涸　公賁　辟觀　侯歸妹（內卦）

寒露（九月節　兌九二）　鴻鴈來賓　雀入大水爲蛤　菊有黃花　侯歸妹（外卦）　大夫无妄　卿明夷

霜降（九月中　兌六四）　豺乃祭獸　草木黃落　蟄蟲咸俯　公困　辟剝　侯艮（內卦）

立冬（十月節　兌九四）　水始冰　地始凍　野雞入大水爲蜃　侯艮（外卦）　大夫既濟　卿噬嗑

小雪（十月中　兌九五）　虹藏不見　天氣上騰地氣下降　閉塞而成冬　公大過　辟坤　侯未濟（內卦）

大雪（十一月節　兌上六）　鶡鳥不鳴　虎始交　荔挺出　侯未濟（外卦）　大夫蹇　卿頤

推發斂去朔各置其月閏衰以大衍通法約之爲日不盡爲餘即其月中氣去經朔日筭及餘秒也求卦候者各以天地之策及餘秒累加減之（中氣之前以減中氣之後以加）得去經朔日筭及餘秒

第十五　曆志十四　三　林俊

推發斂加時各置其小餘以六爻乘之如辰法而一爲半辰之數不盡者五之三刻法除之爲刻又不盡者三約爲分（此分滿刻若今滿象積爲刻爲刻者即置）（不盡之數十之九而一爲分）命辰起子半筭外各其加時所在辰刻及分也

大衍步日躔術第三

乾實一百一十一萬三百七十九太　周天度三百六十五（度分七百七十九太　歲差三十六太）

定氣　辰數　盈縮分

前後數　損益率　朓朒積

冬至　一百七十三（三分）　盈二千三百五十三

先端　益二百七十八　朒初

小寒　一百七十五（三分）　盈一千八百四十五

先二千三百五十三　益二百三十八　朒一百七十六

大寒　一百七十七（一分）　盈一千三百九十

先四千一百九十八　益一百四　朒三百一十四
立春　一百七十八　八分　盈九百七十六
先五千五百八十八　益七十三　朒四百一十八
雨水　一百八十　三分　盈五百八十八
先六千五百六十四　益四十四　朒四百九十一
驚蟄　一百八十一　八分　盈二百一十四
先七千一百五十二　益十六　朒五百三十五
春分　一百八十三　五分　縮二百一十四
先七千三百六十六　損十六　朒五百五十一
清明　一百八十四　九分　縮五百八十八
先七千一百五十二　損四十四　朒五百四十五
穀雨　一百八十六　五分　縮九百七十六
先六千五百六十四　損七十三　朒四百九十一
立夏　一百八十八　一分　縮一千三百九十

先五千五百八十八　損一百四　朒四百一十八
小滿　一百八十九　九分　縮一千八百四十五
先四千一百九十八　損一百三十八　朒三百一十四
芒種　一百九十一　九分　縮一千三百五十二
先二千三百五十三　損一百七十六　朒一百七十六
夏至　一百九十一　九分　縮二千三百五十三
後端　益一百七十六　朓初
小暑　一百八十九　九分　縮一千八百四十五
後二千三百五十三　益一百三十八　朓一百七十六
大暑　一百八十八　一分　縮一千三百九十
後四千一百九十八　益一百四　朓三百一十四
立秋　一百八十六　五分　縮九十六
後五千五百八十八　益七十三　朓四百一十八
處暑　一百八十四　九分　縮五百八十八
後六千五百六十四　益四十四　朓四百九十一
白露　一百八十三　五分　縮二百一十四
後七千一百五十二　益十六　朓五百三十五
秋分　一百八十一　八分　盈二百一十四
後七千三百六十六　損十六　朓五百五十一
寒露　一百八十　三分　盈五百八十八
後七千一百五十二　損四十四　朓五百四十五
霜降　一百七十八　八分　盈九百七十六
後六千五百六十四　損七十三　朓四百九十一
立冬　一百七十七　一分　盈一千三百九十
後五千五百八十八　損一百四　朓四百一十八
小雪　一百七十五　三分　盈一千八百四十五
後四千一百九十八　損一百三十八　朓三百一十四
大雪　一百七十三　三分　盈一千八百五十三

後二千三百五十三　損一百七十六　朓一百七十六

求每日先後定數以所入氣并後氣盈縮分倍六爻乘之綜兩氣辰數除之爲末率又列二氣盈縮分皆倍六爻乘之各如辰數而一少減多餘爲氣差加減末率至後以差加分後以差減爲初率倍氣差亦六爻乘之復綜兩氣辰數以除之爲日差半之以加減初末各爲定率以日差累加減氣初定率至後以差減分後以差加爲每日盈縮分迺馴積之隨所入氣日加減氣下先後數各其日定冬至後爲陽復在盈加之在縮減夏至後爲陰復在縮加之在盈減之距四正前一氣在陽變革之際不可相并皆因前末爲初率以氣差至前加之分前減之爲末率餘依前率各得所求其朓朒亦放此求之各得每日定數其分不滿全數母又每氣不同當退法除之用百爲母半已上從一已下弃之下求朓朒餘分不滿准此

推二十四氣定日冬夏至皆得天地之中無有盈縮餘各以氣下先後數先減後加恒氣小餘滿若不足進退其日命從甲子算外各其定日及餘秒也凡推日月行度及朓朒交蝕並依定氣若曆即依恒氣也

推平朔四象以定氣相距置朔弦望經日大小餘以所入定氣大小餘及秒分減之各其所入定氣日算及餘秒也若大餘少不足減者

加交數然後減之其弦望小餘有少半太當以交乘之乃以氣秒分減退一加象統小餘不足減退日筭一加大衍通法也
求朔弦望經日入朓朒各置其所入定氣日筭及餘秒減日筭一各
以日差乘而半之以加減其氣初定率前少加之前多減之以乘其所入定氣日
筭及餘秒凡除者先以母通全內子乃相乘母相除之若忽微之數煩多而不甚相校者過半收爲全不盈半法棄之所得以損益
朓朒積各爲其日所入朓朒定數若非朔望有交者以十二乘所入日筭三其小餘辰法除而從之以乘損益率如定氣辰數而一所得以損益朓朒積各爲定數也

赤道宿度

斗二十六 牛八 女十二 虛十及分 危十七 室十六 壁九
右北方七宿九十八度 虛分七百七十九太
奎十六 婁十二 胃十四 昴十一 畢十七 觜一 參十
右西方七宿八十一度
井三十三 鬼三 柳十五 星七 張十八 翼十八 軫十七
右南方七宿一百一十一度
角十三 亢九 氐十五 房五 心五 尾十八 箕十一
右東方七宿七十五度

前皆赤道度其畢觜參及輿鬼四宿度數與古不同今並依天以儀
測定用爲常數紘帶天中儀極攸憑以格黃道也推黃道準冬至
歲差所在每距冬至前後各五度爲限初數十二每限減一盡九限
數終於四分二立之際一度少強依平遁距春分前秋分後初限起
四每限增一盡九限終於十二而黃道交復計春分後秋分前亦五
度爲限初數十二盡九限數終於四分二立之際一度少強依平遁距
夏至前後初限起四盡九限終於十二皆累裁之以數乘限度百二
十而一得度不滿者十二除爲分若以下除則大分十二爲母命以太半少及強弱命日黃赤
道差數二至前後各九限以差減赤道度爲黃道度二分前後各
九限以差加赤道度爲黃道度若從黃道反推赤道二至前後各加之二分前後則減之

黃道宿度

斗二十三半 牛七半 女十一少 虛十及差 危十七太 室十七少 壁九太
右北方九十七度 六虛之差十九太
奎十七半 婁十二太 胃十四太 昴十一 畢十六少 觜一 參九少
右西方八十二度
井三十 鬼二太 柳十四少 星六太 張十八太 翼十九少 軫十八太
右南方一百一十度半
角十三 亢九半 氐十五太 房五 心四太 尾十七 箕十少
右東方七十五度少
前皆黃道度其步日行月與五星出入循此求此宿度皆有餘分前後輩之少半太準爲今宿若上考古下驗將來當據歲差每移一度各依術筭使得當時宿度及分然可步月五星知其犯守也
推日度以乾實去中積分不盡者盈大衍通法爲度不滿爲度餘
命起赤道虛九去分不滿宿筭外即所求年天正冬至加時日所在
度及餘也以三元之策累加之命宿次如前各得朔日加時赤道宿度
求黃道日度以度餘減大衍通法餘以冬至日躔之宿距度所入限
乘之爲距前分置距度下黃赤道差以大衍通乘之減去距前分
餘滿百二十除定差不滿者以象統乘之復除爲秒分通以定差反
秒減赤道宿度餘依前命之即天正冬至加時日所在黃道宿度

及餘也
求次定氣置歲差以限數乘之滿百二十除爲秒分不盡爲小分以
加於三元之策秒分因累而裁之命以黃道宿次去之各得定氣加
時日躔所在宿及餘也
求定氣初夜半日所在度各置其氣定小餘副之以乘其日盈縮
分滿大衍通法而一盈加縮減其副用減其日時度餘命如前各
其日夜半日躔行在求次日各因定氣初日夜半度累加一策通以
其日盈縮分盈縮減度餘命以宿次即半日所在度及餘也

大衍步月離術第四

轉終分六百七十萬一千二百七十九 轉終日二十七 餘一千六百八十五
秒七十九 轉法七十六 轉秒八十
推天正經朔入轉以轉終分去朔積分不盡以秒法乘盈轉終分
又去之餘如秒法一而入轉分不盡爲秒入轉分滿大衍通法爲日
不滿爲餘命日筭外即所求年天正經朔加時入轉日及餘秒

求次朔入轉：因天正所入，轉差日一，轉餘二千九百六十七，秒分一，盈轉終日餘秒者去之，數除如前，即大日經朔加時所入。考上下弦望，如求經朔四象術，循變相加者，以經朔望小餘減之，各其日夜半所入轉日及餘秒。

終日	轉分	列衰	轉積度	損益率	朓朒積
一日	九百一十七	進十三	度初	益二百九十七	朓初
二日	九百三十	進十三	十二度五	益二百五十九	朓二百九十七
三日	九百四十三	進十三	二十四度二十五	益二百二十	朓五百五十六
四日	九百五十六	進十四	三十六度五十四	益一百八十	朓七百七十六
五日	九百七十	進十四	四十九度二十二	益一百三十九	朒九百五十六
六日	九百八十四	進十六	六十二度四	益九十七	朒一千九十五
七日	一千	進十八	七十五度	生初益四十 八損末六	朒一千一百九十二
八日	一千一十八	進十九	八十八度十二	損六十四	朒一千二百三十四
九日	一千三十七	進十四	一百度四十二	損一百六	朒一千一百七十
十日	一千五十一	進十四	一百十五度十五	損一百四十八	朒一千六十四
十一日	一千六十五	進十四	一百二十九度二	損一百八十八	朒九百十六
十二日	一千七十九	進十三	一百四十二度三	損一百二十九	朒七百二十七
十三日	一千九十二	進十三	一百五十七度十八	損一百六十七	朒四百九十八
十四日	一千一百五十	進十 退三	一百七十一度四十八	初損二百四十一 末益六十六	朒二百三十二
十五日	一千一百十二	退十三	一百八十度十一	益二百八十九	朓六十六
十六日	一千九十九	退十三	二百度五十九	益二百五十	朓二百五十五
十七日	一千八十六	退十三	二百一十三度十八	益二百一十一	朓六百五
十八日	一千七十三	退十四	二百二十九度十四	益一百七十二	朓八百一十六
十九日	一千五十九	退十四	二百四十三度四十九	益一百三十	朓九百八十七
二十日	一千四十五	退十七	二百五十七度四十四	益八十七	朓一千一百一十七
二十一日	一千二十八	退十八	一百七十一度二十五	初益三十六 末損一十八	朓一千二百四
二十二日	一千一十	退十八	二百八十四度六十五	損七十三	朓一千二百三十三
二十三日	九百九十二	退十四	二百九十八度十二	損一百十六	朓一千一百四十九
二十四日	九百七十八	退十四	三百十一度	損一百五十七	朓一千三十三
二十五日	九百六十四	退十四	三百二十四度二十五	損一百九十八	朓八百七十六
二十六日	九百五十	退十三	三百三十六度七十	損二百三十七	朓六百七十八
二十七日	九百三十七	退十三	三百三十九度九十	損二百七十六	朓四百四十一
二十八日	九百二十四	退七 進六	三百六十一度四十四	初損一百六十五 末益入微	朒一百六十五

求朔弦望入朓朒定數：各以其所入日損益率，并後率而半之，為通率；又二率相減為率差。前多者，以入餘減大衍通法，餘乘率差，亦如大衍通法除為加時轉率；半之，以損益加時所入；餘為轉餘。其轉餘應益者，減法；應損者，因餘，皆以乘率差，盈大衍通法得一，加於通法，轉率乘之，大衍通法約之，以朓朒加轉率為定率，乃以定率損益朓朒積為定數。其後無同率者，亦因前率。應益者，以通率為初數，半率差而減之；應損者，即為通率。其損益入餘進退日者，分為二日，隨初末數求之，所得并以損益轉率。此術本出皇極曆，以究算術之微。率若非朔望有交者，直以入餘乘損益，如大衍通法而一，以損益朓朒為定數，各得所求。

七日：初二千七百一，約為大分八；末三百三十九，約為大分一。十四日：初二千三百六十三，約為大分七；末六百七十七，約為大分二。

二十一日：初二千二十四，約為大分六；末一千一十六，約為大分三。二十八日：初一千六百八十六，約為大分五；末一千三百五十四，約為大分四。

右以四象約轉終日及餘，均得六日二千七百一分，就全數約為大分是為之八分，以減法餘為末數，迺四象驟變相加各其所當之日初末數也。視入轉餘如初數以下者，加減損益，因循前率；如初數以上，則反其衰，歸于後率云。

求朔弦望定日及餘：以入氣入轉朓朒定數，同名相從，異名相消，以朓減朒加四象經小餘，滿若不足，進大餘，命以甲子，算外，各其定日及小餘。于名與後朔叶同者月大，不同者小，無中氣者為閏月。凡言夜半者，皆起晨前子正之中。若注曆，觀弦望定小餘不滿晨初餘數者，退一日。其望，小餘雖滿此數，若有交，蝕虧初起在晨初已前者，亦如之。又月行九道遲疾，則有三大二小；以日行盈縮累增損之，則有四大三小，理數然也。若俯循常儀，當察加時早晚，隨其所近而進退之，使不過三小。其正月朔若有交，加時正見，消息前後一兩月，以定大小，令虧在晦二。

推定朔弦望夜半日所在度：各隨定氣次日，以所直日度及餘分命焉。若以五星相加減者，以四約度餘。迺列朔弦望小餘，副之，以乘其日盈縮分，如大衍通法而一，盈加縮減其副，以加其日夜半度，餘命如前，各其日加

時日躔所次

推月九道度凡合朔所交冬在陰曆夏在陽月行青道冬夏至後青道半交在春分之宿當黃道東立冬夏後青道半交在立春之宿當黃道東南至所衝之宿亦如之也冬在陽曆夏在陰曆月行白道冬至夏至後白道半交在秋分之宿當黃道西立北至所衝之宿亦如之也春在陽曆秋在陰曆月行朱道春秋分後朱道半在夏至宿當黃道南立春立秋後朱道半在立夏之宿當黃道西南立至所衝之宿亦如之也春在陰曆秋在陽曆月行黑道春秋分後黑道半交在冬至之宿當黃道北立春立秋後黑道半交在立冬之宿當道東北至所衝之宿亦如之也四序離爲八節至陰陽之始交皆以黃道相會故月有九行各視月交所入七十二候距交初黃道日每五度爲限交初交中同衡亦初數十二每限減一數終於四乃一度強依平更從四起每限增一終於十二而至半交其去黃道六度又自十二每限減一數終於四亦一度強依平更從四起每限增一終於十二復與日軌相會各累計其數以乘限度二百四十而一得度不滿者二十四除爲分若以二十除之則大分十二爲母命以半太及強弱也月爲月與黃道差數距半前後各九限以差數爲減距正交前後各九限以差數爲加此加減是出入六度單與黃道相校三數也若校赤道則隨氣遷變不恆計去冬至夏至以來候數乘黃道所差十八而一爲行與赤道差數凡日以赤道內爲陰赤道外爲陽月以黃道內爲陰黃道外爲陽故月行宿度入春分交後行陰曆秋分交後行陽曆皆爲同名若入分交後行陰曆皆爲異名其在同名以差數爲加者加之減者減之若在異名以差數爲加者減之減者加之皆以增損黃道度爲九道定度

推月九道平交入氣各以其月恒中氣去經朔日筭及餘秒加其月經朔加時入交汎日及餘秒迺以減交終日及餘秒其餘即各平交入其月恒中氣日筭及餘秒也滿三元之策及餘秒則去之其餘即平交入後月恒節氣日筭及餘秒因求次交者以交終日及餘加之滿三元之策及餘秒去之不滿者爲平交入其月氣日筭及餘秒各以其氣初先後數先加後減其入餘滿若不足進退日筭即平交入定氣日筭及餘秒也

求平交入氣朓朒定數置所入定氣日筭倍六爻乘之三其小餘辰法除而從之以乘其氣損益率如定氣辰數而一所得以損益其氣朓朒積爲定數也

求平交入轉朓朒定數置所入定氣餘加其日夜半入轉餘以乘其

○ 第十五　唐志十四　十

日損益率滿大衍通法而一所得以損益其日朓朒積迺以交率乘之大數而一爲定數

求正交入氣置平交入氣及入轉朓朒定數同名相從異名相消迺以朓減朒加平交入氣餘滿若不足進退日筭即爲正交定氣日筭及餘也

求正交加時黃道宿度置正交入定氣餘副之乘其日盈縮分滿大衍通法而一所得以盈加縮減其副以加其日夜半日度即正交加時所在黃度及餘也

求正交加時月離九道宿度以正交加時度餘減大衍通法餘以正交之宿距度所入限數乘之爲距前分置距度下月道與黃道差以大衍通法乘之減去距前分餘滿二百四十除爲定差不滿者一退爲秒以定差及秒加黃道度餘仍計去冬至夏至已來候數乘定定差十八而一所得依名同異而加減之滿若不足進退其度命如前即正交加時月離所在九道宿度及餘也

○ 第十五　唐志卷十四　十一　徐高

推定朔弦望加時月所在度各置其日加時日躔所在變從九道循次相加凡合朔加時月行潛在日下與太陽同度是謂離象先置朔弦望加時黃道日度以正交加時所在黃道宿度減之餘以加其正交道加時九道宿度命起正交宿度筭外即朔弦望加時所當九道宿度也其合朔加時若非正交則日在黃道月在九道各入宿度雖多少則考其去極若應繩準故云月行潛在日下與太陽同度也以一象之度九十一餘九百五十四秒二十二半爲上弦兌象倍之而與日衝得望坎象參之得下弦震象各以加其所當九道宿度秒盈象統從餘餘滿大衍通法從度命如前各其日加時月所在度及餘秒也綜五位成數四十以約度餘爲分不盡者因爲小分也

推定朔夜半入轉恒視經朔夜半所入若定朔大餘有進退者亦如減轉日否則因經朔爲定徑求次定朔夜半入轉因前定朔夜半所入大月加轉差日二小月加日一轉餘皆日一千三百五十四秒分一數除如前即次月定朔夜半所入

求次日累加一日去命如各其夜半所入轉日及餘秒

求每日月轉定度各以夜半入轉餘乘列衰如大衍通法而一所得

以進加退減其日轉分為月每所轉定分滿轉法為度也

求朔弦望定日前夜半月所在度各半列衰減轉分退者定餘乘衰以大衍通法除并衰而半之進者半定餘乘衰定以大衍通法除皆加所減迺以定餘乘之盈大衍通法得一以減加時月度及分因夜半准此求轉分以加之亦得加時月度若非朔望有交直以定小餘乘入日轉分如大衍通法而一以減其日晡月度爲得所求

求次日夜半月度各以其日轉定分加之分滿轉法從度命如前即次日夜半月所在度及分

推月晨昏度各以所入轉定分乘其日夜漏倍百刻除爲晨分以減轉定分餘爲昏分分滿轉法從度以加夜半度望前以昏望後以晨加各得其日晨昏月所在度及分

大衍步軌漏術第五

爻統一千五百二十　象積四百八十　辰刻八　刻分一百六十　昏明刻二　刻分二百四十

定氣	陟降率	消息衰	陽城日晷	漏刻	黃道去極度	距中宿度
冬至	降七十八	息空	一丈二尺七寸一分五十	二十七刻四百	一百十七度十二	八十二度二十七
小寒	降七十二	息七十八九十	一丈二尺三寸七十	二十七刻五百	一百十四度	八十三度九十一
大寒	降五十三	息一百五十四十	一丈一尺二寸一分八十	二十六刻三百	一百十一度九十	八十四度七十七
立春	降三十四	息二百三五十	九尺六寸三分五十	二十五刻四百五	一百八度	八十七度七十
雨水	降初限七十八	息二百三十五八十	八尺一寸一分六	二十四刻四百	一百三度十二	九十一度三十九
驚蟄	降一	息二百七十九十五	六尺七寸三分四十	二十三刻三百六十	九十七度十三	九十五度八十八
春分	陟五	息二百九十五	五尺四寸三分九十	二十二刻三百	九十一度十三	一百度四十四五十
清明	陟初限	息三百八九十	四尺二寸二分十一	二十一刻二百	八十五度十三	一百五度
穀雨	陟三十二	息三百三十	三尺三寸四十	二十刻十	七十九度十四	一百九度五十
立夏	陟五十二	息三百八十三	二尺三寸五十三十	十九刻五	七十四度五十	一百十三度九十
小滿	陟六十三	息二百十一	一尺九寸五分六十	十八刻一百	七十度七十	一百十一度二十
芒種	陟六十四	息十二	一尺六寸三	十七刻十四百五	六十八度四十	一百十八度九十
夏至	陟六十四	消空一	一尺四寸七分九十	十七刻二百	六十七度十四	一百十八度六十三
小暑	降六十三	消十六	一尺六寸三	十七刻十三百五	六十八度二十五	一百十七度九十八

定氣	陟降率	消息衰	陽城日晷	漏刻	黃道去極度	距中宿度
大暑	降五十二	消十三	一尺九寸五分	十八刻一百	七十度十七	一百十六度二十
立秋	降三十二	消十八九	二尺三寸三分二十	十九刻五	七十四度五十	一百十三度九十
處暑	降初限九十九	消二百四十	三尺三寸三十七	二十刻十	七十九度十五	一百九度五十
白露	降五	消三百八九十	四尺二寸二分十	二十一刻二百	八十五度三十	一百五度
秋分	陟一	消三百九十六	五尺四寸三分九十	二十二刻四百	九十一度	一百度四十四五十
寒露	陟初限一	消三百九十五	六尺七寸三分八十四	二十三刻三百六十	九十七度三十	九十五度八十八
霜降	陟三十四	消二百四十九	八尺一寸一分六	二十四刻四百	一百三度二十	九十一度三十九
立冬	陟五十三	消一百九十二	九尺六寸三分五十	二十五刻四百五	一百八度五	八十七度
小雪	陟七十二	消七十十	一丈一尺二寸一分八十	二十六刻八百	一百十一度九十	八十四度七十
大雪	陟七十八	消十三	一丈二尺三寸七十	二十七刻三百	一百十四度	八十二度九十二

求每日消息定衰各置其氣消息衰依定氣日數每日以陟降率陟減降加其分滿百從衰不滿爲分各得每日消息定衰及分其距二分前後各一氣之外陟降不等各每以三日爲一限損益如後

雨水初日降七十八　初限每日損十二次限每日損八次限每日損三次限每日益二末限每日益一次

清明初日陟一　初限每日益一次限每日益三次限每日益八末限日益十九

處暑初日降九十九　初限每日損十九次限每日損八次限每日損三次限每日損二末限每日損一

寒露初日陟一　初限每日益一次限每日益二次限每日益八末限每日益十二

求前件四氣置初日陟率每日依限次損益之各爲每日率遞以陟減降加其氣初日消息衰分亦得每日定衰及分也

推戴日之北每度晷數南方戴日之下正中無晷自戴日之北一度迺初數一千三百七十九從此起差每度增一終於二十五度又每度增二終於四十度又每度增六終於四十四度增六十八每度增二終於五十五度又每度增十九終於六十度度增一百六十又每度增三十三終於六十五度又每度增三十六終於七十度又每度增三十九終於七十二度增二百六十又度增四百四十又度增一千六十又度增一千八百六十又度增二千八百四十又度增四千又度增五千三百四十而各爲每度差因累其差以遞加初數滿百爲分分滿十爲寸各爲每度晷差又每度晷差數求陽城日晷每日中常數各置其氣去極度以

極去戴日下度五十六盈分八十二減半之各得戴日之北度數及分各以其消息定衰戴日北所直度分之晷差滿百爲分分滿十爲寸各爲每日晷差迺遞以息減消加其氣初晷數得每日中晷常數也

求每日中晷定數各置其日所在氣定小餘以爻統減之餘爲中後分置前後分以其日晷差乘之如大衍通法而一爲變差乃以變差加減其日中晷常數（冬至後中前以差減中後以差加夏至後中前以差加中後以差減冬至一日有減無加夏至一日有加無減）各得每日中晷定數

求每日夜半漏定數置消息定衰滿象積爲刻不滿爲分各遞以息減消加其氣初夜半漏各得每日夜半漏定數求晨初餘數置夜半定漏全刻以九千一百二十乘之十九乘刻分從之如三百而一所得爲晨初餘數不盡爲小分

求每日晝夜漏及日出入所在辰刻各倍夜半之漏爲夜刻以減百刻餘爲晝刻減晝五刻以加夜即晝爲見刻夜爲没刻半没刻以半辰刻加之命起子初刻筭外即日出辰刻以見刻加之命如前即

○第十五　曆志十四　十四

日入辰刻（置夜刻以五除之得每更差刻以昏刻加日入辰即甲夜初刻又以更差刻加之得乙夜之數以次累加滿辰刻去之命如前即得五夜更籌所當辰及分也其夜半定漏亦名晨初夜刻）

求每日黄道去極定數置消息定衰滿百爲度不滿爲分各遞以息減消加其氣初去極度各得每日去極定數

求每日距中度定數置消息定衰以一萬二千三百八十六乘之如一萬六千二百七十七而一每日度差差滿百爲度不滿爲分各遞以息加消減其氣初距中度各得每日距中度定數（倍距中度以減周天度五而一所得爲每更差度）

求每日昏明及每更中宿度所臨置其日所在赤道宿度以距中度加之命宿次如前即得其日昏中所臨宿度以每更差度加之命如前即乙夜初中所臨宿度及分也

求九服所在每氣初日中晷常數置其氣去極度數相減各爲每氣消息定數因測所在冬夏至日晷長短（但測至即得不必要須冬至）於其戴日之北度及分晷數中校取長短同者便爲所在戴日北度數及分氣各以消息定數加減之（因冬至後者每氣以減因夏至後者每氣以加）各得每氣戴日北度數及分各因其氣所直度分之晷數長短即各爲所在每定氣初日中晷常數（其測晷有在表南者亦據其晷尺寸長短與戴日北每度晷數同者因取其所直之度去戴日北度數反之爲去戴日南度然後以消息定數加減）

求九服所在晝夜漏刻冬夏至各於所在下水漏以定當處晝夜刻數迺相減冬夏至差刻半之以加減二至晝夜刻數（加夏至減冬至）爲春秋分定日晝夜刻數迺置每氣消息定數以當處二至差刻數乘之如二至極差度四十七分八十而一所得依分前後各減二分初日晝夜漏刻（春分前秋分後加夜減晝春分後秋分前加晝減夜）各得所在定氣初日晝夜漏刻數

求次日者置每日消息定衰亦以差刻乘之差度而一所得以息減消加其氣初漏刻各得所求（其求距中度及昏明中宿日出入所在皆依陽城法求之仍以差度而今有之即得也）

又術置所在春分定日中晷常數與陽城每日晷數校取同者因其日夜半漏即爲所在定春分初日夜半漏求餘氣定日每以消息定數依分前後加減刻分（春分前以加分後以減秋分前以減分後以加）滿象積爲刻不滿爲分各爲所在定氣初日夜半定漏

求次日以消息定衰依陽城法求之即得（此術究理大體合通但高山平川視日不等校其日晷長短迺同考其水漏多少懸別以茲參課爲審也）

○第十五　曆志十四　十五

大衍步交會術第六

交終八億二千七百二十五萬一千三百二十二

交中四萬一千三百六十二　秒五千六百六十一

終日二十七　餘六百四十五　秒一千三百二十二

中日十三　餘一千八百四十二　秒五千六百六十一

朔差日二　餘九百六十七　秒八千六百七十八

望差日一　餘四百八十三　秒九千三百三十九

望數日十四　餘二千三百五十六　秒五千

交限日十二　餘一千三百五十八　秒六千三百二十二

交率三百四十三　交數四千三百六十九　辰法七百六十　秒分法一萬

推天正經朔入交以終去朔積分不盡以秒分法乘盈交終又去之餘如秒法而一爲入交分不盡爲秒入交分滿大衍通法爲日不滿爲餘命日筭外即所求年天正經朔加時入交汎日及餘秒求

求朔入交因天正所入加朔差日及餘秒滿終日及餘秒者去之數除如前即次月經朔加時所入

求望以數日及餘秒加之去命如前即得所求若以經朔望小餘減之各其日夜半所入交汎日及餘秒

求定朔夜半入交恒視經朔望夜半所若定朔望大餘有進退者亦加減交日否則因經爲定各得所求求次定朔夜半入交因前定朔夜半所入大月加交差日二月小加日一餘皆二千三百九十四秒八千六百七十八求次日累加一日數除如前各其夜半所入交汎日及餘秒

求朔望入交常日各以其日入氣朓朒定數朓減朒加其入交汎餘滿大衍通法從日即爲入交常日及餘秒

求朔望入交定日各置其日入轉朓朒定數以交率乘之如交數而一所得以朓朒加入交常餘數如前即爲入交定日及餘秒

求月交入陰陽曆恒視其朔望入交定日及餘秒如中日及餘秒已下者爲月入陽曆已上者以中日及餘秒去之餘爲月入陰曆

第十五 曆志十四 十六 馬俊

陰陽曆

交目	加減率	陰陽積	月去黃道度
少陽少陰初	加一百八十七	陽陰初	空
少陽少陰二	加一百七十一	陽陰一百八十七	一度六十七分
少陽少陰三	加一百三十七	陽陰三百五十八	二度一百一十八分
少陽少陰四	加一百一十五	陽陰五百五	四度二十五分
少陽少陰五	加七十五	陽陰六百二十	五度二十八分
少陽少陰上	加二十七	陽陰六百九十五	五度九十五分
老陽老陰初	減二十七	陽陰七百二十二	六度二分
老陽老陰二	減七十五	陽陰六百九十五	五度九十五分
老陽老陰三	減一百一十五	陽陰六百二十	五度二分
老陽老陰四	減一百四十七	陽陰五百五	四度二十五分
老陽老陰五	減一百七十一	陽陰三百五十八	三度一百一十八分
老陽老陰上	減一百八十七	陽陰一百八十七	一度六十七分

求四象六爻每度加減分及月去黃道定數以其爻加減率與後爻加減率相減爲前差又以後爻率與次後爻率相減爲後差二差相減爲中差置所在爻并後爻加減率半中差以加而半之十五而一爲爻末率因爲後爻初率每以本爻初末率相減爲爻差十五而一爲度差半之以加減初率少象減之老象加之爲定初率每以次度差累加減之少象以差減老象以差加各得每度加減定分通備積其分滿百二十爲度各爲每度月黃道度數及分其四象初爻無初率上爻無末率皆倍本爻加減率十五而一所得各以初末率減之皆互得其率餘依術算各得所求

求朔望夜半月行入陰陽度數各置其日夜半入轉日及餘秒餘以其日夜半入交定日及餘秒減之也其秒母不等當通變相通然後減之如不足減加轉終日及餘秒減之餘爲定交初日夜半入轉日及餘秒通以定交初日夜半入餘與其日夜半入餘各乘其日轉定分如大衍通法而一所得滿轉法爲度不滿爲分各以加其日轉積度及分通相減其餘即爲其夜半月行入陰陽度數及分也轉求次日以其日轉定分之滿轉法爲度即得

第十五 曆志十四 十七 朱明

求朔望夜半月行入四象度數置其日夜半入陰陽度數及分以一象之度九十一除之若以小象除之則兼陰差度一度分一百六十三小分十四乃然以次象除之所得以少陽老陽少陰老陰爲次命起少陽算外即其日夜半所入象度數及分也先以三十乘陰陽度分十九而一爲度分乘及除爲小分然以象度及分除之

求朔望夜半月行入六爻度數置其日夜半所入象度數及分以一爻之度十五除之所得命起其象初爻算外即以其日夜半所入交度數及分也其月行入少象初爻之內皆爲始近黃道度皆入朔望則有蝕求入蝕限其入交定日及餘秒如望差已下交限已上者爲入蝕限望入蝕限月在陰曆則日蝕入限如望差已下爲交後交限已上者以減中日及餘爲交前後定日及餘秒蝕通之爲去交前後定分置去交定分以十一乘之如二千六百四十三除之爲去交度數不盡以大衍通法乘之復除爲餘大抵去交十三度以上雖入蝕限爲陰交數微光影相接或不見蝕

求月蝕分其去交定分七百七十九已下者皆蝕既已上者以交定分減望差餘以一百八十三約之盡半已下爲半弱已上爲半強命

以十五爲限得月蝕之大分

求月蝕所起月在陰曆初起東南甚於正南復於西月在陽曆初起東北甚於正北復於西北其蝕十二分已上者皆起於正東復於正西（此皆據南方正午而論之若蝕於餘方者各隨方面所在準此取正而定其蝕起復也）

求月蝕用刻置月蝕之大分五已下因增三十已下因增四十已上因增五其去交定分五百二十已下又增半二百六十已下又增半各爲汎用刻率

定氣	增損差	差積	定氣	增損差	差積
冬至	增十	積初	小寒	增十五	積十
大寒	增二十	積二十五	立春	增二十五	積二十五
雨水	增三十	積七十	驚蟄	增三十五	積一百
春分	增四十	積一百三十五	清明	增四十五	積一百七十五
穀雨	增五十	積二百二十	立夏	增五十五	積二百七十
小滿	增六十	積三百二十五	芒種	增六十五	積三百八十五

定氣	增損差	差積	定氣	增損差	差積
夏至	損六十五	積四百五十	小暑	損六十	積三百八十五
大暑	損五十五	積三百二十五	立秋	損五十	積二百七十
處暑	損四十五	積二百二十	白露	損四十	積一百七十五
秋分	損三十五	積一百三十五	寒露	損三十	積一百
霜降	損二十五	積七十	立冬	損二十	積四十五
小雪	損十五	積二十五	大雪	損十	積十

求每日差積定數以所入氣并後氣增損差倍六爻乘之綜兩氣辰數除之爲氣末率又列二氣增損差皆倍六爻乘之各如辰數而一少減多餘爲氣差加減末率（冬至後以差減夏至後以差加）爲初率倍氣差亦倍六爻乘之復綜兩氣辰數以除之爲日差半之以加減初末各爲定率以日差累加減氣初定率（冬至後以差加夏至後以差減）爲每日增損差逐損積之隨所入氣日加減氣下差積各其日定數（其二至之前一氣皆後無同差不可相并各因前末爲初率以氣差冬至前減夏至前加爲末率餘依算術各得所求也）

陰曆

蝕差一千二百七十五　蝕限二千五百二十四　或限三千六百五十九

陽曆

蝕限一百三十五　或限九百七十四

求蝕差及諸限定數各置其差限以蝕朔所入氣日下差積陰曆減之陽曆加之各爲蝕定差及定限

求陰曆陽曆的蝕或蝕其陰曆去交定分滿蝕定差已上爲陰曆蝕不滿者雖在陰曆比月類同陽曆蝕也其去交定分滿蝕定陽已下者其蝕（的見或限已下者其蝕或見或不見）求日蝕分陰曆蝕者置去交定分以蝕定差減之餘一百四已下者皆蝕既已上者以一百四減之其餘以一百四十三約之（其入或限者以一百五十二約之）半已下爲半弱半已上爲半強以減十五餘爲日蝕之大分其同陽曆蝕者但去交定分少於蝕定差六十已下者皆蝕既六十已上者置去交定分以陽曆蝕定限加之以九十約之（其入或限者以一百四十三約之）半已下爲半弱半已上爲半強命以十五爲限亦得日蝕之大分

求日蝕所起月在陰曆初起西北甚於正北復於東北月在陽曆初起西南甚於正南復於東南其蝕十二分已上皆起正西復於正東（此亦據南方正午而論之）

求日蝕用刻置所蝕之大分皆因增二其陰曆去交定分多於蝕定差七十已上者又增三十五已下者又增半其同陽曆去交定分少於蝕定差二十已下者又增半四十已下者又增半少各爲汎用刻半率

求日月蝕甚所在辰置去交定分以交率乘之二十乘交數除之所得爲差其月道與黃道同名者以差加朔望定小餘異名以差減朔定小餘置蝕定餘如求發斂加時術入之即蝕甚所在辰刻及分也（其望甚辰月當衝蝕）

求虧初復末置日月蝕汎用刻率副之以乘其日入轉損益率如大衍通法而一所得應朒者依其損加益減其副爲定用刻數半

之以減蝕甚辰刻為虧初以加餘甚辰刻為復末其月蝕求入更籌者置月蝕定用刻數以其日每更差刻除為更數不盡以每籌差刻除為籌數皆命以初通昏日計日入至蝕甚辰刻置之以昏刻加日入辰刻減之餘以更籌差刻除之所謂命以初更籌外即蝕甚更籌也若日月蝕時定用刻數減之為虧初以加之為復末天竺僧俱摩羅所傳斷日蝕法其蝕朔日度躔于鬱車宮者的蝕諸斷不得其蝕據日所在之宮有火星在前三後一之宮并伏在日下並不蝕若五星總出并水見又水在陰曆及三星已上同聚一宿亦不蝕凡星與日別宮或別宿則易斷若同宿則難斷其星有斷蝕法多煩碎略陳梗槩不復具載其天竺所云十二宮則中國之十二次也曰鬱車宮者即中國降婁之次也其十二次宿度首尾具載曆數以分野各中也

求九服所在蝕差先測所在冬夏至及春分定日中晷長短與陽城每日中晷常數校取同者各因其日蝕差即為所在冬夏至及春分定月蝕差

求九服所在每氣蝕差以夏至差減春分差減冬至各為率并二率半之六而一為夏率二率相減六一為差置總差六而一為氣率半氣差以加夏率又以總差減之為冬率冬率即是冬至之率也每以氣差加之各為每氣定率乃循其率以減冬至蝕差各得每氣初日蝕差求每日如前求爻象之術求之蝕日之出當刻則其所在皆反之即得

大衍步五星術第七

歲星 終率一百二十一萬二千三百七十九 秒十八

終日三百九十八 餘二千六百五十九 秒六 變差算空 餘三十四 秒十四

象算九十一 餘二百三十八 秒五十七半 爻算十五 餘一百六十六 秒四十二半

鎮星 終率一百一十四萬九千三百九十九

終日三百七十八 餘一百七十九 秒九十八 變差算空 餘二十二 秒九十二

象算九十二 餘二百三十七 秒八十七 爻算十五 餘一百六十六 秒三十一

太白 終率一百七十七萬五千三十 秒十二

終日五百八十三 餘二千七百十一 秒十二 中合日二百九十一 餘二千八百五十五 秒六

變差算空 餘三十 秒五十三 象算九十二 餘二百十八 秒三十四半

爻算十五 餘一百六十六 秒三十九

辰星 終率二十三萬二千二百七十九 秒七十二

終日一百十五 餘二千六百十九 秒七十二 中合日五十七 餘三千八百五十九 秒八十六

變差算空 餘一百三十六 秒七十八 十六 象算九十一 餘二百四十四 秒九十八大

爻算十五 餘一百六十七 秒三十九半

辰法七百六十 秒法一百 微分法九十六

推五星平合置中積分以天正冬至小餘減之各以其星終率去之不盡者返以減終率滿大衍通法為日不滿為餘即所求年天正冬至夜半後星平合日算及餘秒也求平合入爻象曆置積年各以其星變差乘之滿乾實去之不滿者以大衍通法約之為日不盡為餘秒以減其星冬至夜半後平合日算及餘秒即平合入曆算數及餘秒也各以約其餘同其辰法也

求平合入四象置曆算數及秒以一象之算及餘秒除之所得依入爻象次命起少陽算外即平合所入象算數及餘秒也

求平合入六爻置所入象算數及餘秒以一爻之算及餘秒除之所得命起其象初爻算外即平合所入爻算數及餘秒也

星名	爻目	損益率	進退積
歲星	少陽 少陰 初	益七百七十三	進退空
	少陽 少陰 二	益七百二十一	進退七百七十三
	少陽 少陰 三	益六百三十	進退一千四百九十四
	少陽 少陰 四	益五百	進退二千一百二十四
	少陽 少陰 五	益三百三十一	進退二千六百二十四
	少陽 少陰 上	益一百二十三	進退二千九百五十五
	老陽 老陰 初	損一百二十三	進退三千七十八
	老陽 老陰 二	損三百三十一	進退二千二百五十五
	老陽 老陰 三	損五百	進退二千六百二十四
	老陽 老陰 四	損六百三十	進退二千一百二十四
	老陽 老陰 五	損七百二十一	進退一千四百九十四
	老陽 老陰 上	損七百七十三	進退七百七十三
熒惑	少陽 少陰 初	益一千一百二十七	進退空
	少陽 少陰 二	益一千一百四十三	進退一千一百二十七
	少陽 少陰 三	益九百九十一	進退二千三百八十
	少陽 少陰 四	益九百八十一	進退三千三百七十一

少陽少陰五　益五百一十三　進退四千一百五十二

少陽少陰上　益一百八十七　進退四千六百六十五

老陽老陰初　損一百八十七　進退四千八百五十二

老陽老陰二　損五百一十三　進退四千六百六十五

老陽老陰三　損七百八十一　進退四千一百五十二

老陽老陰四　損九百九十一　進退三千三百七十一

老陽老陰五　損一千一百四十三　進退二千三百八十

老陽老陰上　損一千二百三十七　進退一千二百三十七

鎮星

少陽少陰初　益一千六百八十四　進退空

少陽少陰二　益一千五百四十四　進退一千六百八十四

少陽少陰三　益一千三百三十　進退三千二百二十八

少陽少陰四　益一千四百一十二　進退四千五百五十八

少陽少陰五　益六百八十　進退五千六百

少陽少陰上　益二百四十四　進退六千二百八十

老陽老陰初　損二百四十四　進退六千五百二十四

老陽老陰二　損六百八十　進退六千二百八十

老陽老陰三　損一千四百三　進退五千六百

老陽老陰四　損一千三百三十　進退四千五百五十八

老陽老陰五　損一千五百四十四　進退三千二百二十八

老陽老陰上　損一千六百八十四　進退一千六百八十四

太白

少陽少陰初　益二千五十五　進退空

少陽少陰二　益二千三十一　進退二百五十五

少陽少陰三　益一百九十八　進退四百八十六

少陽少陰四　益一百五十六　進退六百八十四

少陽少陰五　益一百五　進退八百四十

少陽少陰上　益四十五　進退九百四十五

老陽老陰初　損四十五　進退四百九十

老陽老陰二　損一百五　進退九百四十五

老陽老陰三　損一百五十六　進退八百四十

老陽老陰四　損一百九十八　進退六百八十四

老陽老陰五　損二百三十一　進退四百八十六

老陽老陰上　損二百五十五　進退二百五十五

辰星

少陽少陰初　益六百四十三　進退空

少陽少陰二　益五百八十五　進退六百四十三

少陽少陰三　益五百一　進退一千二百二十八

少陽少陰四　益三百九十　進退一千七百二十九

少陽少陰五　益三百五十五　進退二千一百二十

少陽少陰上　益九十三　進退二千三百七十五

老陽老陰初　損九十三　進退二千四百六十八

老陽老陰二　損二百五十五　進退二千三百七十五

老陽老陰三　損三百九十一　進退二千一百二十

老陽老陰四　損五十　進退一千七百二十九

老陽老陰五　損五百八十五　進退一千二百二十九

老陽老陰上　損六百四十三　進退六百四十三

求四象六爻每筭損益及進退定數以所入爻與後爻損益率相減為前差又以後爻與次後爻損益率相減為後差前後差相減為中差置所入爻并後爻損益率半中差以加之九之二百七十四而一爻末率因為後爻初率（皆因前爻末率以為後爻初率）初末之率相減為爻差倍爻差九之二百七十四而為一筭差半之加減初末各為定率以筭差累加減爻初定率（少象以差減老象以差加）為每損益率循累其率隨所入爻損益其下進退即各得其筭定損益（其四象初爻無初率上爻無末率皆置本爻損益四而九之二百七十四而一所得各以初末率減之皆互得其率餘依術算各得所求）

求平合入進退定數各置其星平合所入爻之筭差半之以減其所入筭損益率損者以所入餘乘限差辰法除并差而半之益者半入餘乘差亦辰法除加所減之率通以入餘乘之辰法而一所得以損益其筭下進退各為平合所入進退定數（此法微密用筭稍繁若從省求之亦可置其所入筭損）

以乘其下損益率如辰法而一所得以損益其下進退定數求常合置平合所入進退定數[illegible]各以合下乘數乘之除數除之所得滿辰法爲日不滿爲餘以進退減平合日算及餘秒（先以四約平合餘秒然以進加退減也）即爲冬至夜半後常合日算及餘也

求定合置常合日先後定數四而一所滿辰法爲日不滿爲餘通以先減後加常合算及餘即爲冬至夜半後定合日算及餘也

求定合度置其日盈縮分四而一以定合餘乘之滿辰法而一所得以盈加縮減其定餘以加其日夜半日度餘（先以四約其度餘然後加之）日滿辰法從度依前命之算外即爲定合加時度及餘也

求定合月日置冬至夜半後定合日算及餘秒以天正冬至大小餘加之天正經朔大小餘減之（其至朔小餘皆以四約之然用加減若至大餘少於經朔大餘者又以紀數加之然以減之）（朔大小餘減之）其餘滿四象之策及餘附之爲月數不盡者爲入朔日算及餘命月數起天正日算起經朔算外即定所在日月也（[illegible]）（進縮退加一日爲在其日月定及餘也）

求定合入交置常合及定合應加減定數同名相從異名相消通以加減其平合入交算餘滿若不足進退其算即爲定合入交算數及餘也

求變行初日入交置定合入交算數及餘以合後伏下變行度常率加之滿交率去之命交次如前即次變初日入交算數及餘也（更求次變入交但以其下行度常加之去命如上篇）

求變行初日入進退定數各置其變行初日入交算數及餘如平合求進退術入之即得變行初日所入進退定數也置進退定數各以其下乘數乘之除數除之所得各爲進退變率

星名	變行目	變行日中率	變行度中率
	差行損益率	變行度常率	變行乘數 變行除數
歲星	合後伏十七日（三百三十二）	行三度（三百三十三）	先遲二日
	益疾九分	行一度（三百五十七）	乘數三百五十 除數二百八十
	前順一百一十日	行一十八度（六十五）	先疾五日
	益遲六分	行九度（三百五十七）	乘數三百一十 除數二百八十一
	前留二十七日	行二度（二百三十）	
			乘數二百六十七 除數一百二十二
	前退四十三日	退五度（三百六十九）	先疾六日
	益疾十一分	行三度（四百七十五）	乘數四百七十 除數四百三
	後退四十三日	退五度（三百六十九）	先疾六日
	益遲十一分	行三度（四百七十五）	乘數五百一十 除數四百六十七
	後留二十七日	行三度（二百一十）	
	後順一百一十二日	行一十八度（六十五）	先遲五日
	益疾六分	行九度（三百三十七）	乘數二百六十七 除數二百二十七
	合前伏十七日	行三度（三百三十三）	先疾二日
	益遲九分	行度（三百五十八）	乘數三百五十 除數二百八十
熒惑	合後伏七十一日（七百二十五）	行五十四度（七百三十五）	先疾五日
	益遲七分	行三十八度（二百一）	乘數一百二十七 除數三十
	前疾二百一十四日	行一百三十六度	先疾九日

星名	變行目	變行日中率	變行度中率
	益遲四分	行一百一十三度（五百九十六）	乘數一百二十 除數三十
	前遲六十日	行二十五度	先疾日
	益遲四分	行三十一度（六百八十五）	乘數三百三十 除數五十四
	前留一十三日	行六度（六百九十三）	
			乘數二百三 除數五十四
	前退三十一日	退八度（四百七十二）	先遲六日
	益疾五分	行一十六度（三百六十七）	乘數二百三 除數四十八
	後退三十一日	退八度（四百七十三）	先疾六日
	益遲五分	行十六度（二百六十七）	乘數三百三 除數四十八
	後留十三日	行六度（六百九十三）	乘數二百三 除數四十八
	後遲六十日	行二十五度	先遲日
	益疾四分	行三十一度（六百八十五）	乘數二百三 除數五十四
	後疾二百一十四日	行三十六度	
		行一百一十三度（五百九十六）	

合前伏七十一日七百三十六　行五十四度七百三十六　先遲五日
益疾七分二百二　乘數二百三十七　除數三十
鎮星　合後伏十八日四百一十五　先遲一日
益疾九分　行度空四百八十　乘數十二　除數十一
前順八十三日　行七度二百四十二　先遲二日
益遲五分　行二度六百二十三　乘數十三　除數十一
前留三十七日三百八十　行一度二百八
乘數十　除數九
前退五十日　退二度三百三十四　先遲七日
益疾一分　行一度五百三十一　乘數二十　除數十七
後退五十日　退二度三百三十四　先疾七日
益遲一分　行一度五百三十一　乘數五　除數四
後留三十七日三百八十　行一度二百八
乘數二十　除數一十七

後順八十三日　行七度二百三十一　先遲六日
益疾五分　行二度六百二十三　乘數十　除數九
合前伏十八日四百一十五　行一度四百一十五　先疾二日
益遲九分　行度空四百八十　乘數十二　除數十一
太白　晨合伏後四十一日七百一十九　行五十二度七百一十九　先遲三日
益疾十六分　行三十一度七百一十九　乘數七百九十七　除數二百九
夕疾行一百七十一日　行二百六十度　先疾五日
益遲九分　行一百七十一度　乘數七百九十一　除數二百九
夕平行十二日　行一十二度
乘數五百一十五　除數一百三十七
夕遲行四十二日　行三十一度　先疾日
益遲十分　行四十三度　乘數五百一十五　除數一百三十
夕留八日　行八度
乘數五百一十五　除數九十二

夕退十日　退五度　先遲日
益疾九分　行十度　乘數五百一十五　除數八十六
夕合前伏六日　退五度　先遲日
益疾八十五　行六度　乘數五百一十五　除數八十四
夕合後伏六日　退五度　先疾日
益遲八十五分　行六度　乘數五百一十五　除數八十三
晨退十日　退五度　先疾日
益遲九分　行十度　乘數五百一十五　除數八十四
晨留八日　行八度
乘數五百一十五　除數八十六
晨遲行四十二日　行四十一度　先遲日
益疾十分　行四十二度　乘數五百一十五　除數九十二
晨平行十二日　行十二度
乘數五百一十五　除數一百三十七

晨疾行一百七十一日　行二百六度　先遲五日
益疾九分　行一百七十度　乘數五百一十五　除數一百五十六
晨合前伏四十一日七百一十九　行五十二度七百一十九　先疾三日
益十六分　行四十一度七百一十九　乘數七百一十七　除數二百九
辰星　晨合後伏十六日七百一十五　行三十二度七百一十五　先遲日
益疾二十二分　行十六度七百一十五　乘數二百八十六　除數二百八十七
夕疾行十二日　行十七度　先疾日
益遲五十分　行十二度　乘數二百八十六　除數二百八十七
夕平行九日　行九度
乘數四百九十五　除數一百九十四
夕遲行六日　行四度　先疾日
益遲七十六分　行六度　乘數四百九十六　除數一百九十五
夕留三日　行三度
乘數四百九十七　除數一百九十六

夕合前伏十一日	退六度	先遲日
益疾三十一分	行十一度	乘數四百九十八 除數一百九十七
夕合後伏十一日	退六度	先疾日
益遲三十一分	行十一度	乘數五百 除數一百九十八
晨留三日	行三度	
		乘數四百九十八 除數一百九十八
晨遲行六日	行四度	先遲日
益疾七十六分	行六度	乘數四百九十七 除數一百九十六
晨平行九日	行九度	
		乘數四百九十五 除數一百九十五
晨疾行十二日	行十七度	先遲日
益疾五十分	行十二度	乘數四百九十五 除數一百九十四
晨合前伏十六日七百十五	行二十三度七百一十五	先疾日
益遲二十二分	行十六度	乘數二百八十六 除數二百八十七

○求變行日度率置其本進退變率與後變率同名者相消爲差在進前少在退前多各以差爲加在進前多在退前少各以差爲減異名者相從謂并前退後進各以并爲減也皆以差及并加減日度中率各爲日度變率其木星疾行直以差以并加減度之中率爲變率其日直用中率爲變率不須加減也

求變行日度定率以定合日與後變初日先後定數同名相消爲差異名者相從爲并四而一所得滿辰法爲度適以盈加縮減其合後伏度之變率及合前伏日之變率金水二合日度加減反之其二日留日之變率若差於中率者即以所差之數爲度各加減本遲度之率以留多於中率之數加之少於中率之數減之以下加減准此退行度變率若於中率者即倍所差之數各加減本疾之變率其木土二星既無遲疾即加減前後順行度之變率其火星疾行度之變率若差於中率者即以所差之數爲日各加減留日變率其留日變率若少不足減者皆以前後日變率也遲各加減變率訖皆爲日度定率其日定率有分者前後輩之輩訖然以少分配多分滿全爲日有餘轉配其諸變率不加減者皆依變爲定率

求定合後夜半星所在度置其星定合餘以減辰法餘以其星初日行分乘之辰法而一以加定合加時度餘滿辰法爲度依前命之筭外即定合後夜半星所在宿及餘自此已後各依其星計日行度所至皆從夜半爲始也

轉求次日夜半星行至各以其星一日所行度及順加退減之其行有小分者各滿其法從行分一行分滿辰法從度一合之前後伏不注度留者因前退則依順行出虛去六虛之差退行入虛先加此差先置六虛之差四而一然用加減訖皆以轉法約行分爲度分各得每日所至三其星之行日度定率或加或減益疾益遲每日漸差爲損定今且皆據日度中率爲疊置之其定率既有盈縮即差數合隨而增當先檢括諸變定率與中率相近者因用其差求其初末之日行分爲主自餘變因此消息加減其差各求初末分備躁此校使際會參言象數相循其金水皆以平行爲主前後諸變亦準此求之其合前伏晨有日度定率加至合而與後算計卻不叶者皆從後算爲定其五日初見伏之度去日不等各以日度與星度相校木去日十四度金十一度火土木各十七度皆見各減一度皆伏其木火土三星前順之初後順之末及金水疾行留退初末皆是見伏之初日注曆消息定之其金水及日月等度並異其分也

求每日差置所差分爲實以所差日爲法實如法而一所得爲行分不盡者爲小分即是也每日差所行分及小分也其差若全不用此術

求平行度及分置度定率以辰法乘之有分者從之如日定率而一爲行分不盡爲小分其行分滿辰法爲度即是一日所行度及分

○求差行初末日行度及分置日定率減一以差分乘之二而一爲差以加減平行分益疾者以差率減平爲初日加平爲末日益遲者以差率加平爲初日減平爲末日也加減訖即是初末日所行度及分其差不全而與日月相合者先置日定率一以所差分乘之爲實倍所差日爲法實如法而一爲行分不盡者因爲小分然爲差率

求差行次日行度及分置初日行分益遲者以每日差減之益疾者以每日差加之即爲次日行度及分也其每日差初日行皆有小分母既不同當令同之然用加減轉求次日准此各得所求之也

徑求差行餘日行度及分置所求日減一以每日差乘之以加減初日行分益遲減之益疾加之滿辰法爲度不滿爲行分即是所求日行度及分也

求差行先定日數徑求積度及分置所求日減一次每日差乘之二而一所得以加減初日行分益遲減之益疾加之以所求日乘之如辰法而一爲積度不盡者爲行分即是從初日至所求日積度及分也

求差行先定度數徑求日數置所求行度以辰法乘之有分者從之八之如每日差而一爲積倍初日行分以每日差加減之益遲者加之益疾者減之如每日差而一爲率合自乘以積加減之益遲者以積減之益疾者以積加之開方除

之所得以率加減之（益者以率加之，損者以率減之）迺半之，即所求日數也。（其開方除者，置所開之數爲實，借一算於實之下，名曰下法，步之，超一位，置商於上方，副商於下法之上，名曰方法；命上商以除實畢，倍方法，一折，下法再折，迺置後商於下法之上，名曰隅法；副隅并方，命後商以除實畢，隅從方法，折下就除，如前開之，所得即所求也。）

求星行黃道南北：各視其星變行入陰陽爻而定之。其前變入陽爻爲黃道北，入陰爻爲黃道南；後變入陽爻爲黃道南，入陰爻爲黃道北。（其金、水二星，以爻變爲前變，各計其變行起初日入爻之算，盡老象上爻末算之數，不滿變率者，因置其數，亦變行日定率乘之，如變率而一，爲日，其入變日數與此日數已下者，星在黃道南北，依本所入陰陽爻爲定；過此日數之外者，黃道南北則返之。）

唐書志卷第十四

右文林郎充兩浙東路提舉茶鹽司幹辦公事臣霍文昭校勘

唐書志卷第十五

劉昫　等修
聞人詮校刻沈桐同校

天文上

易曰：「觀乎天文，以察時變。」是故古之哲王，法垂象以施化，考庶徵以致理，以授人時，考物紀，脩其德以順其度，改其過以慎其災，去危而就安，轉禍而爲福者也。夫其五緯七紀之名數，中官外官之位次，淩歷犯守之所主，飛流彗孛之所應，前史載之備矣。武德年中，薛頤、庾儉等相次爲太史令，雖各善於占候，而無所發明。貞觀初，將仕郎直太史李淳風始上言靈臺候儀是後魏遺範，法制疎略，難爲占步。太宗因令淳風改造渾儀，鑄銅爲之，至七年造成。淳風因撰法象志七卷，以論前代渾儀得失之差，語在淳風傳。其所造渾儀，太宗令置於凝暉閣以用測候，既在宮中，尋而失其所在。玄宗開元九年，太史頻奏日蝕不效，詔沙門一行改造新曆。一行奏云：「今欲創曆立元，須知黃道進退，請太史令測候星度。」有司云：「承前唯依赤道推步，官無黃道游儀，無由測候。」時率府長史梁令瓚待制於麗正書院，因造游儀木樣，甚爲精密。一行乃上言曰：「黃道游儀，古有其術而無其器，以黃道隨天運動，難用常儀格之，故昔人潛思，皆不能得。今梁令瓚創造此圖，日道月交，莫不自然契合，既於推步尤要，望就書院更以銅鐵爲之，庶得考驗星度，無有差舛。」從之，至十三年造成。又上疏曰：「按舜典云：『在璿璣玉衡，以齊七政。』說者以爲取其轉運者爲璣，持正者爲衡，皆以玉爲之，用齊七政之變，知其盈縮進退，得失政之所在，即古太史渾天儀也。自周室衰微，疇人喪職，其制度遺象，莫有傳者。漢興，丞相張蒼首創律曆之學。至武帝詔司馬遷等更造漢曆，乃定東西，立晷儀，下漏刻，以追二十八宿相距星度，與古不同。故唐都分天部，洛下閎運算轉曆，今赤道曆星度，則其遺法也。後漢永元中，左中郎將賈逵奏言：『臣前上傳安等用黃道度日月弦望，多近。史官壹以赤道度之，不與天合，至差一日以上。願請太史官日月星譚及星度課與待詔星官考校奏可得典星　待詔姚崇等十二人皆曰星圖有規法日月實從黃道官無其器不知施行甘露二年大司農丞耿壽昌奏以圓儀度日月行考驗天運日月行赤道牽牛東井日行一度月行十五度至婁角日行一度月行十三度此前代共所知也是歲永元四載也明年始詔太史造黃道銅儀冬至日在斗十九度四分之一與赤道定差二度史官以校日月弦望雖密近而不爲望日儀黃道與度運轉難候是以少終其事其後劉洪因黃道渾儀以考月行出入遲速而後代理曆者不遵其法更從赤道命文以驗賈逵所言差謬益甚此理曆者之大惑也今靈臺鐵儀後魏明元時都匠解蘭所造規制朴略度刻不均赤道不動乃如膠柱不置黃道進退無准此據赤道月行以驗入曆遲速多者或至十七度少者僅出十度不足以上稽天象敬授人時近秘閣郎中李淳風著法象志備載黃道渾儀法以玉衡旋規別帶日道傍別二百四十九交以攜月游用法頗雜其術竟寢臣伏承恩旨更造游儀使黃道運行以追列舍之變因

唐志十五　二

二分之中以立黃道交於軫奎之間二至陟降各二十四度黃道之內又施白道月環用究陰陽朓朒之數動合天運簡而易從足以制器垂象永傳不朽於是玄宗親爲製銘置之於靈臺以考星度其二十八宿及中外官與古經不同者凡數十條又詔一行與梁令瓚及諸術士更造渾天儀鑄銅爲　圓天之象上具列宿赤道及周天度數注水激輪令其自轉一日一夜天轉一周又別置二輪絡在天外綴以日月令得運行每天西轉一帀日東行一度月行十三度十九分度之七凡二十九轉有餘而日月會三百六十五轉而日行帀仍置木櫃以爲地平令儀半在地下晦明朔望遲速有準又立二木人於地平之上前置鐘鼓以候辰刻每一刻自然擊鼓每辰則自然撞鐘皆於櫃中各施輪軸鉤鍵交錯關鏁相持既與天道合同當時共稱其妙鑄成命之曰水運渾天俯視圖置於武成殿前以示百寮無幾而銅鐵漸澁不能自轉遂收置於集賢院不復行用今錄游儀制度及所測星度與同開元十二年分遣使諸州所測日晷長短李淳風僧

一行所定十二次分野武德已來交蝕及五星祥變著于篇黃道游儀規尺寸旋樞雙環外一丈四尺六寸一分縱八分厚三分直徑四尺五寸九分即古所謂旋儀也南北斜兩極上下循規各三十四度兩面各畫周天度數一面加釘並用銀飾使東西運轉如渾天游儀中旋樞軸　至兩極首內孔徑大兩度半長與旋環徑齊並用古尺四分爲度玉衡望筩長四尺五寸八分廣一寸二分厚一寸孔徑六分古用玉飾之玉衡衡施於軸中旋運持正用闚七曜及列星之闔狹外方內圓孔徑一度半周日輪也陽經雙環外一丈七尺三寸內一丈四尺六寸四分廣四寸厚四分直徑五尺四寸四分置於子午左右用八柱相固兩面畫周天度一面加釘並銀飾之半出地上半入地下雙間挾樞軸及玉衡望筩旋環於中也陰緯單環外內廣厚周徑皆準陽經與陽經相銜各半內外俱齊面平上爲天以下爲地橫周陽環謂之陰渾也面上爲兩界內爲周天百刻平上御製銘序及書並金爲字天頂單環外一丈七尺三寸縱廣八分厚三分直徑五

唐志十五　三

尺四寸四分當中國人頂之上東西當卯酉之中稍南使見日出入令與陽經陰緯相固如殼之裹黃南去赤道三十六度去黃道十二度去北極五十五度去南北平各九十一度強赤道單環外以一丈四尺五寸九分橫八分厚三分直徑四尺九寸赤道者當天之中二十八宿之列位也其本後魏斛蘭所造也因著雙規不能運動臣今所造者上外周天星度使轉運隨天仍度穿一穴隨元退交不有差謬即知古者秋分在角五度今在軫十三度冬至在牽牛初今在斗十度擬隨差却退故置穴也傍在卯酉之南上去天頂三十六度而橫置之黃道單環外一丈五尺四寸一分橫八分厚四分直徑四尺八寸四分日之所行故名黃道古人知有其事竟無其器遂使太陽陟降積歲有差月及五星亦隨日度出入規制不知準的斟量爲率疏闊尤多臣今創置此環置於赤道環內仍開　合使隨轉運出入四十八度西極盡兩方東西列周天度數南北列百刻使見日知時不有差謬上列三百六十策與用卦相準度穿一穴與赤道相交

白道月環外一丈五尺五分橫度八分厚三分直徑四尺七寸六分行有迂曲遲疾與日行緩急相反古無其器今創置於黃道環內使就黃道爲交合出入六十度以測每夜行度上畫周天度數穿一穴擬移交會並用銅鐵爲之李淳風法象志說有此日月兩環在旋儀環上既用玉衡不得遂於玉衡內別安一尺望筒運用既難其器已湓游儀四柱龍各高四尺七寸水槽山各高一丈七寸五分槽長六尺九寸高廣各四寸水池深一寸廣一寸五分龍者能興雲雨故以飾柱柱在四維龍下有山雲俱在水平槽上並銅爲之游儀初成太史所測二十八宿等與經同異狀角二星十二度赤道黃道度與古同舊經去極九十一度今則九十三度半星經云角去極九十一度距星正當赤道其黃道在赤道南不經角中今測角在道南二度半黃道復經角中即與天象符合亢四星九度舊去極八十九度今九十一度半氐四星十六度舊去極九十四度今九十八度房四星五度舊去極一百八度今一百一十度半心三星五度舊去極一百八

度今一百一十一度尾九星十八度舊去極一百二十度一云一百四十一度今一百二十四度箕四星十一度舊去極一百一十八度今一百二十度南斗六星二十六度舊去極一百一十六度今一百一十九度牽牛六星八度舊去極一百六度今一百四度危虛二星十度舊去極一百四度今一百一度北星舊圖入虛宿今測在須女九度危三星十七度舊去極九十七度今九十七度北星舊圖入危宿今測在虛六度半室二星十六度舊去極八十五度今八十三度東壁二星九度舊去極八十六度今八十四度奎十六星十六度舊去極七十六度一云七十度今七十三度東壁九度奎十六度此錯以奎西大星爲距即損壁二度加奎二度今取西南大星爲距即奎壁各不失本度婁三星十三度舊去極八十度今七十七度昴七星十一度舊去極七十四度今七十二度畢八星十七度舊去極七十八度今七十六度觜觽三度舊去極八十四度今八十二度畢赤道與黃道度同觜赤道二度黃道三度其二宿俱當黃道斜虛畢有十六度尚與赤道

度同觜總二度黃道損加一度此即承前有誤今測畢有十七度半觜觽半度並依天正參十星舊去極九十四度今九十二度東井八星三十三度舊去極七十度今六十八度輿鬼五星舊去極六十八度今古同也柳八星十五度舊去極七十七度一云七十九度今八十度半柳合用西頭第三星爲距比來錯取第四星今依第三星爲正七星十度舊去極九十一度一云九十三度今九十三度半張六星十八度舊去極九十七度今一百度張六星中央四星爲朱鳥味外二星爲翼比來不取膺前爲距錯取翼星即張加二度半七星欠二度半今依本經爲定翼二十二星十八度舊去極九十七度今一百三度軫四星十七度舊去極九十八度今一百度文昌舊三星在鬼四星在井今五星在柳一星在鬼一星在井北斗在魁第一星舊在七星一度今在張十三度第二星舊在張二度今在張十二度半第三星舊在翼二度今在翼十三度第四星舊在翼八度今在翼十七度太第五星舊在軫八度今在軫十度半第六星舊在角七度今在角四度少第

七星舊在亢四度今在角十二度少天關舊在黃道南四度今當黃道天江舊在黃道外今當黃道天囷舊在赤道外今當赤道三台上台舊在井今測在柳中台舊在七星今在張建星舊去黃道北半度今四度半天苑舊在昴畢今在胃昴王良舊五星在壁今四星在奎一星在壁外屏舊在觜今在畢宿雲雨舊在黃道外今在黃道內七度雷電舊在赤道外五度今在赤道二度霹靂舊五星並在赤道外四度今四星在赤道內一星在外上公吏舊在赤道外今在赤道內六度虛梁舊在黃道內四度外屏舊在黃道外三度今當黃道八魁舊九星並在室今五星在壁四星在室長垣舊當黃道今在黃道北五度軍井准經在王井東南二斗半天樽舊在黃道北今當黃道天高舊在黃道外今當黃道狗國舊在黃道外今當黃道羅堰舊當黃道今在黃道北黃道春分之日與赤道交於奎五度太秋分之日交於軫十四度少冬至之日於斗牛度去赤道南二十四度夏至之日於井十三度少去赤道北二十四度其赤道帶天之中用分列宿之

度黃道斜運以明日月之行其冬至落下閎起於午初張衡等遷於
斗度由每歲差分不及舊次也日晷周禮大司徒常以土圭之法測
土深正日景以求地中日東則景夕多風日西則景朝多陰日至之
景尺有五寸謂之地中天地之所合也四時之所交也風雨之所會
也陰陽之所合也然則百物阜安乃建王國焉鄭氏以爲凡日景於
地千里而差一寸景尺有五寸者南戴日下萬　五千里　地與星
辰四游升降於三萬里之中是以半之得地之中焉（鄭司農云土圭之長尺有五寸
以夏至之日立八尺其景適與等謂之地中今潁川陽城爲然）謹按南越志宋元嘉中南征林邑以
五月立表望之日在表北影居表南交州日影覺北三寸林邑覺九
寸一分所謂開地戶以向日也交州大略去洛九千餘里蓋水陸曲
折非論圭表所度惟直考實其五千乎開元十二年詔太史交州測
景夏至影表南長三寸三分與元嘉中所測大同然則距陽城而南
使直路應弦至於日下蓋不盈五千里也測影使者大相元太云交
州望極纔出地二十餘度以八月自海中南望老人星殊高老人星

○下環星燦然其明大者甚衆圖所不載莫辨其名大率去南極二十
度以上其星皆見乃古渾天家以爲常沒地中伏而不見之所也又
按貞觀中史官所載鐵勒迴紇部在薛延陁之北去京師六千九百
里又有骨利幹居迴紇北方瀚海之地草多百藥地出名馬駿者行
數百里北又距大海晝長而夕短既日没後天色正曛煮一羊胛纔
熟而東方已曙蓋近日出入之所云凡此二事皆書契所未載也開
元十三年太史監南宮說擇河南平地以水準繩樹八尺之表而以
引度之始自滑州白馬縣北至之晷尺有五寸七分自滑州臺表南
行一百九十八里百七十九步得汴州浚儀古臺表夏至影長一尺
五寸微強又自浚儀而南百六十七里二百八十一步得許州扶溝
縣表夏至影長一尺四寸四分又自溝而南一百六十里百一十步至豫州
上蔡武津表夏至影長一尺三寸六分半大率五百二十六里二百
七十步影差二寸有餘而先儒以爲王畿千里影移一寸又乖舛而
不同矣今以勾股圖校之陽城北至之晷一尺四寸八分弱冬至之

晷一丈二尺七寸一分半春秋分其長五尺四寸三分以復短斜視
北極出地三十四度四分（凡度分皆以十分爲法）自滑臺表之高三十五度三
分（差陽城九分）自浚儀視之高三十四度八分（差陽城九分）自武津表視之高
三十三度八分（差陽城九分）雖秋分稍有盈縮難以目校然大率五百二
十六里二百七十步而北極差一度半三百五十一里八十步而差
一度樞極之遠近不同則黃道之軌景固隨而遷變矣自此爲率推
之比歲朗州測影夏至長七寸七分冬至長一丈五寸三分春秋分
四尺三寸七分半（以圖測之定氣長四尺四寸七分）按圖斜視北極出地二十九度
半（差陽城五度二分）蔚州橫野軍測影夏至長二尺二寸九分冬至長一丈
五尺八寸九分春秋分六尺四寸四分半（以圖測之定氣六尺六寸三分半）按圖斜
視北極出地四十度（差陽城五度二分）凡南北之差十度半其徑三千六百
八十里九十步（自陽城至朗州一千八百二十六里百九十六步自陽城至蔚州橫野軍一千八百六十一里二百一十四步）
北至之晷差一尺五寸三分（自陽城至朗州差七寸二分自陽城至橫野軍差八寸一分）南至之
晷差五尺三寸六分（自陽城至朗州差二尺一寸八分自陽城至橫野軍差三尺一寸八分）率夏至與南

○方差少冬至與北方差多又以圖校安南日在天頂北二度四分北
極高二十度四分冬至影長七尺九寸四分（定春秋分影長二尺九寸三分）差陽城十
四度三分其徑五千二十三里至林邑圖日在天頂北六度六分強
北極之高十七度四分周圍三十五度常見不隱影長六尺九寸其
徑六千一百一十二里假令距陽城而北至鐵勒之地亦十七度四
分合與林邑正等則五月日在天頂二十七度四分北極之高五十
二度周圍一百四度常見不隱北至之晷四尺一寸三分南至之晷
二丈九尺二寸六分（定春秋分影長九尺八寸七分）北方其没地纔十五度餘昏伏
於亥之正西晨見於丑之正東以里數推之已在迴紇之北又南距
洛陽九千八百一十里則五月極長之日其夕其南矣又先儒以南
戴下日萬五千里爲勾股邪射陽城爲弦考周徑之率以揆天度當
一千四百六里二十四步有餘今則日影距陽城五千餘里已居戴
日之高則一度之廣皆宜三分去二計南極相去纔八萬餘里其徑
五萬餘里宇宙之廣豈若是乎然則王蕃所傳蓋以管窺天以蠡測

海之義也古人所以恃勾股之術謂其有徵於近事顧未知目視不能遠浸成微分之差不已遂與術錯如人游於太湖廣不盈百里而覩日月朝夕出入湖中及其浮于巨海不知幾千萬里猶覩日月朝出其中夕入其中若於朝夕之際俱設重差而望之必將小大同術而不可分矣夫横既有之縱亦宜然假令設兩表南北相距千里其崇皆數十里若置火炬於南表之端而植八尺之木於其下則當無影試從南表之下仰望北表之端必將積微分之差漸與南表參合表首參合則置炬於其上亦當無影矣又置火炬於北表之端而植八尺之木於其下則當無影試從北表之下仰望南表之端又將積微分之差漸與北表參合表首參合則置炬於其上亦當無影矣復於二表之間相距各五里更植八尺之木仰而望之則表首環屈而相會若置火炬於兩表之端皆當無影夫數十里之高與十里之廣然則邪射之影與仰望不殊今欲求其影差以推遠近高下猶尚不可知也而況稽周天積里之數於不測之中又可必乎假令學者因二十

里之高以立勾股之術尚不知其所以然況八尺之木乎原人所以步圭景之意將欲節宣和氣輔相物宜而不在於辰次之周徑其所以重曆數之意將欲敬授人時欽若乾象而不在於渾蓋之是非若乃述無稽之談於視聽之所不及則君子闕疑而不質仲尼慎言而不論也而或者各封所傳之器以述天體謂渾元可任數而測大象可運算而闚終以六家之說迭爲矛盾今誠以爲蓋天則南方之廣漸狹以爲渾天則北方之極浸高此二者又渾蓋之家未能有以通其說也由是而觀則王仲任葛稚川之徒區區於異同之辨何益人倫之化哉又凡日晷差冬夏不同南北亦異而先儒一以里數齊之喪其事實沙門一行因脩大衍圖更爲覆矩圖自丹穴以暨幽都之地凡爲圖二十四以者日蝕之分數知夜漏之短長今載諸州測景尺寸如左

林邑圖北極高十七度四分冬至影在表北六尺九寸定春秋分影在表北二尺八寸五分夏至影在表南五寸七分安南都護府北極高二十六度六分冬至影在表北七尺九寸四分定春秋分影在表北二尺九寸三分夏至影在表南三寸三分朗州武陵縣北極高二十九度五分冬至影在表北一丈五寸三分定春秋分景在表北四寸七分夏至影在表北七寸七分襄州恒春分影在表北四尺八寸蔡州上蔡縣武津館北極高三十三度八分冬至影在表北一丈二尺三寸八分定春秋分影在表北五尺二寸八分許州扶溝北極高三十四度三分冬至影在表北一丈二尺五寸三分定春秋分影在表北五尺三寸七分夏至表北五尺四寸四分汴州浚儀大岳臺北極高三十四度八分冬至表北一丈二尺八寸五分定春秋分影在表北五尺五寸夏至影在表北一丈五寸三分滑州白馬北極高三十五度三分冬至表北一丈三尺定春秋分影在表北五尺五寸六分夏至影在表北一尺五寸七分太原府恒春分影在表北六尺蔚州横野軍北極高三十度冬至影在表北一丈五尺八寸九分定春秋分影在表北六尺六寸三分夏至影在表北二尺二寸九分

唐書志卷第十五

天文下

劉昫等修
聞人詮校刻　沈桐同校

天文之為十二次所以辨析天體紀綱辰象上以考七曜之宿度下以配萬方之分野仰觀變謫而驗之於郡國也傳曰歲在星紀而淫于玄枵姜氏任氏實守其地及七國交爭善星者有甘德石申更配十二分野故有周秦齊楚韓趙燕魏宋衛魯鄭吳越等國張衡蔡邕又以漢郡配焉自此因循但守其舊文無所變革且懸象在上終天不易而郡國沿革名稱屢遷遂令後學難為憑准貞觀中李淳風撰法象志始以唐之州縣配焉至開元初沙門一行又增損其書更為詳密既事包今古與舊有異同頗裨後學故錄其文著于篇并配武德以來交蝕淺深及注蝕不虧以紀日月之變云爾

○須女虛危玄枵之次子初起女五度（二千三百七十四分少）中虛九度終危十二度其分野自濟北郡東踰濟水涉平陰至于山茌（漢太山郡山茌縣屬齊州西南）東南及高密（漢高密國今在密州北界自此以上玄枵之分）又東盡東萊之地（漢之東萊郡即及萊州）又得漢之北海千乘淄川濟南齊郡（今為淄青齊等州及濟州東界）及平原渤海盡九河故道之南濱于碣石（今為德州棣州滄州其北界自九河故道之北屬析木分也）

○營室東壁陬訾之次亥初起危十三度（二千九百二十六分太）中室十二度（五百五十一十二半）終奎一度其分野自王屋太行而東盡漢河內之地（今為懷州衛各州）東及館陶聊城（漢地自黎陽內黃及觀武安東至館陶元城皆屬魏郡自頓丘三城武）所之西境北負漳鄴東及館陶聊城（漢館陶元城皆屬魏郡）東盡漢東郡之城（漢東郡清河西南至白馬濮陽東至東河須昌濟至于陽東至聊城昔屬東郡今為相魏衛滑濮州昌濟東之地屬降婁非豕韋也）

奎婁及胃降婁之次戌初起奎二度（一千二百十七秒少）中婁一度（一千八百十三）終胃三度其分野南屆鉅鹿東達梁父以負東海又東至于呂梁乃東南抵淮水而東盡于徐夷之地（東為降婁之次）得漢東平魯國（漢東平國在今兗州平城）奎為大澤在陬訾之下流濱于淮泗東北負山為婁胃之墟蓋中國膏腴之地百穀之所阜也胃星得馬牧之氣與冀之北土同

占昴畢大梁之次酉初起胃四度（二千五百四十九分太）中昴六度（十一四百分）終畢九度其分野自魏郡濁漳之北得漢之趙國廣平鉅鹿常山東及清河信都北據中山真定（今為洛趙邢恒定冀貝深八州又分相魏博之北界與瀛州之西鄙）全趙之分又北盡漢代郡鴈門雲中定襄之地與北方群狄之國皆大梁分也

觜觿參伐實沈之次申初起畢十度（八百四十一太）中參七度（一千一百二十五）終井十二度其分野得漢河東郡（今為蒲絳晉隰石嵐州及潞澤州界也又得）及上黨（今為澤潞儀沁也）太原（今為汾并州以北也）盡西河之地（今為河東石州又得漢河北縣及河曲豐勝夏州皆實沈之次東井之分也）古之參伐為戎索為武政故殷河東盡大夏之墟上黨次居下流與趙魏相接為觜觿之分

○東井輿鬼鶉首之次也未初起井十二度（二千一百七十五太）中井二十七度（二千八百一半）終柳六度其分野自漢之三輔及北地上郡安定西自隴坻至河西西南盡巴蜀漢中之地及西南夷犍為越嶲益州郡極南河之表東至牂牁皆鶉首分也（其三輔郡秦之分也得漢鄜坊等州二州狼）星分野在江河上源之西弧矢犬雞皆徼外之象（今之西羌吐蕃吐谷渾及西南徼外夷皆占狼星）

柳星張鶉火之次午初起柳七度（四百六十四少）中柳星七度（一千三百一十）終張十四度其分野北自滎澤滎陽并京索暨山南得新鄭密縣至於方陽（方陽今之唐州得漢之潁川郡崇高陽城新鄭南盡漢汝南郡）東自潁唐州地大抵以淮源桐柏東陽為鶉火之分又自洛邑負河之南西及函谷南紀達武當漢水之陰盡弘農郡（漢弘農上洛商洛陝盧氏等縣今為商州陝二州隋為虢州新安陸渾屬洛州）古三周號鄭管鄶東密滑焦唐申鄧皆鶉火分也及祝融氏之都（新鄭為祝融氏之墟屬鶉火其東鄙則入壽星舊說皆在鶉尾非也）柳星與鬼之東又接漢源故殷商洛之陽接南河之上流星上係軒轅得土行之正位中岳象也故為河南之分張星直河南漢東與鶉尾同占

翼軫鶉尾之次巳初起張十五度（一千七百九十二少）中翼十二度（二千二百六十一半）終軫九度其分野自房陵白帝而東盡漢之南郡（南郡今江陵荊州）江夏（今為復鄂安黃沔五州皆漢江夏界）東達廬（江今在蘄州）

江南郡（漢廬江之零陽今在江州於山河之象宜屬鶉尾也）濱彭蠡之西得漢長沙武陵桂陽
零陵郡（零陵今為道州永州桂陽今為柳州大抵自沅湘上流西通黔安之左皆楚之分也）又逾南紀盡鬱林
合浦之地（鬱林縣貴州定林縣今在廉州合浦縣今為桂州今自富昭蒙龔繡容白罕八州以西皆屬鶉尾之墟也）荊楚
鄖鄀羅權巴夔與南方蠻貊殷河南之南其中一星主長沙国逾嶺徼
而南皆東甌青丘之分（今安南諸州在雲漢上元之東宜屬鶉火）
角亢壽星　次辰初起軫十度（十八千七四半）中角八度（十三百五）終氐一度
其分野　武管城濱河濟之南東至封丘陳留盡陳蔡汝南之地
逾淮源　弋陽（漢陳留郡自封丘陳留已東皆入大火之分漢汝南今為豫州西華南頓蛾縣今為陳州汝陰縣今在潁州弋陽縣在光州）西涉南陽郡至于桐柏又東北抵嵩之東陽（漢南陽郡春陵湖陽
蔡陽後分為春陵郡後魏以為南荊州今有舊義陽郡在申国之東界今為申州按中国地終在河南北河之間故申隨光三州皆屬禹
貢豫州之分宜屬鶉火壽星非南方負海之地）古陳蔡隨許皆屬壽星分也氐星涉壽星之
次故其分野殷雒邑衆山之東與亳土相接
氐房心大火之次也卯初起氐二度（千四百一十九五太）中房二度（千八百五一）
半終尾六度其分野得漢之陳留縣自雍丘襄邑小黃而東循濟陰
○

唐志十六　三

界于齊濟右泗水達於呂梁乃東南抵淮西南接太昊之墟盡濟陰
山陽楚国豐沛之地（濟陰縣之定陶乘氏今在東郡大譙宋亳及鄆州西界皆屬大火分）自商亳
以負北河陽氣之所升也為心分自豐沛以負南河陽氣之所布也
為房分故其下流皆與尾星同占西接陳鄭為氐星之分
尾箕析木之次也寅初起尾七度（千七百五十二十一少）中箕星五度（三百十六七十）
七終斗八度其分野自渤海河之北盡河間涿郡廣陽国（漢渤海郡
清池縣屬滄州涿郡之饒陽今屬瀛州涿縣良鄉與廣陽国薊縣今在幽州）及上谷漁陽右北平遼東樂
浪玄菟（漁陽在幽州右北平在白狼無終縣代為漁陽郡古孤竹国後置北平郡今為平州遼東在無慮縣即閭山）
（樂浪在朝鮮縣玄菟在高句驪縣今皆在東夷也）古之北燕孤竹無終及東方九夷之国皆
析木之分也得雲漢之末流北紀之所窮也箕與南斗相近故其分
野在吳越之東
南斗牽牛星紀之次也丑初起斗九度（二千四十十）中斗二十四度（千一
七百八十）終女四度（少又）其分野自廬江九江負淮水之南盡臨淮廣陵至于
東海（廬壽和濠揚皆屬星紀也）又逾南河得漢丹陽會稽豫章郡西濱彭蠡南

涉越州盡蒼梧南海（又逾嶺表自韶廣封梧藤羅雷州南及崖自北以東為星紀其西皆屬鶉尾之次）古吳
越及東南百越之國皆星紀分也南斗在雲漢之流當淮海之間為
吳分牽牛去南河寖遠故其分野自豫章東達會稽南逾嶺徼為越
分島夷蠻貊之人聲教之所不洎皆係于狗國（李淳風刊定隨大志閩頗為詳悉所注郡
邑多依用其後州縣又隸管屬不同但據山河以分耳）

日蝕

武德元年十月壬申朔四年八月丙戌朔六年十二月壬寅朔九年
十月丙辰朔貞觀元年閏三月癸丑朔九月庚戌朔二年三月戊申朔
三年八月己巳朔四年閏正月丁卯朔六年正月乙卯朔九年閏四月
丙寅朔十一年三月丙戌朔十二年閏二月庚辰朔十三年八月辛
未朔十七年六月己卯朔十八年十月辛丑朔二十年閏三月癸巳
朔二十二年八月己酉朔高宗顯慶五年六月庚午朔乾封二年八
月己酉朔總章二年六月戊申朔咸亨元年六月壬寅朔二年十一
月甲午朔三年十一月戊子朔上元元年三月辛亥朔二年九月壬
○

唐志十六　四

寅朔調露二年四月乙巳朔十一月壬寅朔開耀元年十月丙寅朔
永淳元年四月甲子朔十一月庚申朔則天垂拱二年二月辛未朔
四年六月丁亥朔天授二年四月壬寅朔如意元年四月丙申朔長
壽二年九月丁亥朔三年九月壬午朔延載元年九月壬午朔證聖
元年二月己酉朔聖曆三年五月乙酉朔久視元年五月己酉朔長
安二年九月乙丑朔三年三月壬戌朔九月庚寅朔中宗神龍三年
六月丁卯朔景龍元年十二月乙丑朔睿宗太極元年二月丁卯朔
高宗先天元年九月丁卯朔開元三年七月庚辰朔六年五月乙丑
朔九年五月乙巳朔十二年閏十二月壬辰朔十七年十月丙午朔二
十年二月癸酉朔八月辛未朔二十一年七月乙丑朔二十二年十
二月戊子朔二十三年閏十一月壬午朔二十六年九月丙申朔二
十八年三月丁亥朔天寶元年七月癸卯朔五載五月壬子朔十三
載六月乙丑朔肅宗至德元載十月辛巳朔上元二年七月癸未朔
蝕既大星皆見代宗大曆三年三月乙巳朔四年正月十五日甲午

蝕十三年甲戌有司奏合蝕不蝕十四年二月丙寅朔德宗貞元二年八月辛巳朔日蝕有司奏准禮請伐鼓于社不許太常卿董晉諫曰伐鼓所以責羣陰助陽德宜從經義竟不報六年正月戊戌朔有司奏合蝕不蝕百寮稱賀七年六月庚寅朔有司奏蝕是夜陰雲不見百官表賀八年十一月壬子朔先是司天監徐承嗣奏據曆合蝕八分今退蝕三分准占君盛明則陰匿而潛退請書于史從之十年四月癸卯朔有司奏太陽合虧巳正後刻蝕之旣未正後五刻復滿太常奏准禮上不視朝其日陰雲不見百官表賀十七年五月壬戌蝕元和三年七月癸巳蝕憲宗謂宰臣曰昨司天奏太陽虧蝕皆如其言何也又素服救日其儀安在李吉甫對曰日月運行遲速不齊日凡周天三百六十五度有餘日行一度月行十三度有餘率二十九日半而與日會又月行有南北九道之異或進或退若晦朔之交又南北同道即日爲月之所掩故名薄蝕雖自然常數可以推步然日爲陽精人君之象若君行有緩有急即日爲之遲速稍踰常度爲月

所掩即陰侵於陽亦猶人君行或失中應感所致故禮云男教不脩陽事不得謫見于天日爲之蝕古者日蝕則天子素服而脩六官之職月蝕則后素服而修六宮之職皆所以懼天戒而自省惕也人君在民物之上易爲驕盈故聖人制禮務乾恭夕惕以奉若天道苟德大備天人合應百福斯臻陛下恭巳向明日慎一日又顧憂天譴則聖德益固升平何遠伏望長保睿志以永無疆之休上曰天人交感妖祥應德蓋如卿言素服救日自貶之旨也朕雖不德敢忘兢惕卿等當匡吾不逮也十年八月巳亥朔十三年六月癸丑朔長慶二年四月辛酉朔三年九月壬子朔太和八年二月壬午朔開成二年庚寅朔當蝕陰雲不見會昌三年二月庚申朔四年二月甲寅朔五年七月丙午朔六年十二月戊辰朔皆蝕武德九年二月二十三日夜星孛于胃昴間凡二十八日又孛于卷舌貞觀八年八月二十三日星孛于虛危歷于玄枵凡十一日而滅太宗謂侍臣曰是何妖也虞世南對曰昔景公時有彗星晏子對曰公穿池畏不深築臺恐不高行刑

恐不重是以彗爲誡耳景公懼而脩德十六日而星滅臣聞若德政不脩麟鳳數見無所補世苟政教無闕雖有災祲何損於時伏願陛下勿以功高古人而務大勿以太平日久而驕逸慎終如始彗何足憂帝深嘉之十三年三月二十二日夜星孛于畢昴十五年六月十九日星孛於太微犯郎位七月甲戌滅總章元年四月彗見五車上避正殿減膳令內外五品巳上上封事極言得失許敬宗曰星雖孛而光芒小此非國眚不足上勞聖慮請御正殿復常膳不從敬宗又進曰星孛于東北王師問罪高麗將滅之徵帝曰我爲萬國主豈移過於小蕃哉二十二日星滅上元二年十月彗見于角亢南長五尺三年七月二十一日彗見東井指南河積薪長三尺餘漸向東北光芒益盛長三丈掃中台指文昌經五十八日而滅永隆二年九月一日萬年縣女子劉凝靜乘白馬着白衣男子從者八九十人入太史局升令廳床坐勘問比有何災異太史令姚玄辯執之以聞是夜彗見西方天市中長五尺漸小向東行出天市至河鼓左旗十七日滅

永淳二年三月十八日彗見五車之北凡二十五日而滅文明元年七月二十二日西方有彗長丈餘凡四十九日滅光宅元年九月二十九日有星如半月見西方景龍元年十月十八日彗見西方凡四十三日而滅二年二月天保墜于西南有聲如雷野雉皆雊七月七日星孛胃昴之閒三年八月八日星孛于紫宮太極元年七月四日彗入太微開元十八年六月十一日彗見五車三十日星孛于畢昴二十六年三月八日星孛于紫微垣歷斗魁十餘日陰雲不見

武德元年六月三日熒惑犯左執法八年九月二十二日熒惑入太微九年五月傅奕奏太白晝見于秦秦國當有天下高祖以狀授太宗及太宗即位召奕謂曰汝前奏事幾累我然而今後但須悉心盡言無以前事爲慮貞觀十三年五月熒惑犯右執法十五年二月十五日熒惑逆犯太微東藩上相十七年三月七日熒惑守心前星十九日退其月二十二日熒惑犯勾陳九月二十九日熒惑犯太微西藩上將十九年九月二十四日太白在太微犯左執法光芒相及末徹

三年六月二日熒惑犯右執法三日太白入太微犯右執法顯慶五
年二月三日熒惑入南斗龍朔元年九月十四日太白犯太微左執
法乾封二年五月熒惑入軒轅咸亨元年十二月熒惑入太微上元
二年正月九日熒惑犯房星儀鳳四年四月九日熒惑犯羽林調露
二年五月二十四日太白經天長安四年熒惑入月及鎮星犯天關
太史令嚴善思奏法有亂臣伏罪臣下謀上之變歲餘誅二張五王
立中宗景龍二年六月八日太白晝見于東井景龍二年三月二十
七日太白入羽林太極元年三月三日熒惑入東井四月十二日熒
惑與太白守東井先天元年八月十四日夜月蝕盡有星入月魄中
十六日太白襲月開元十年七月二十九日熒惑入南斗天寶十三
載五月熒惑守心五十餘日至德元年十一月二十六日熒惑太白
同犯昴武德二年三月二十七日太白辰鎮聚于東井九年六月十
八日辰歲會于東井二十三日辰歲太白又會于東井貞觀十八年
五月太白辰合于東井景雲二年七月太白鎮同在張宿

○武德三年十月三十日有流星墜於東都城内殷殷有聲高祖謂侍臣
曰此何祥也起居舍人令狐德棻曰昔司馬懿伐遼有流星墜于遼
東梁水上尋而公孫淵敗走晉軍追之至其星墜處斬之此王世充
滅亡之兆也貞觀十八年五月五日有流星大如斗出東壁光照聲
如雷咸亨三年二月三日有流星如雷景龍二年二月十九日大星
墜于西南聲如雷野雉皆雊景雲二年八月十七日東方有流星出
五車至于上台天寶三載閏二月十七日星墜于東南有聲京師訛
言官遣棖棖捕人肝以祭天狗人相恐畿内尤甚景龍元年九月十八
日有赤氣竟天其光燭地經三日乃止九月四日黄霧昏濁唐隆元
年六月八日虹蜺竟天

災異編年　至德後

至德元年三月乙酉歲太白熒惑合于東井十月辛丑朔日有蝕之
十一月壬戌夜五更有流星大如斗流于東北長數丈蛇行屈曲有碎
光迸空　乾元元年四月熒惑鎮太白合於營室太史南宮沛奏所合
之處戰不勝大人惡之恐有喪禍明年冬郭子儀等九節度之師自
潰於相州五月癸未夜一更三籌月掩昴星二更四籌方出正月
癸丑月入南斗鬼二年二月丙辰月犯心前大星相去三寸三年四
月丁巳夜五更彗出東方色白長四尺在婁胃間疾行向東北角歷
昴畢觜參井鬼柳軒轅至太微右執法七十所凡五十餘日方滅閏
四月辛酉朔妖星見于南方長數丈是時自四月初大霧大雨至閏
四月末方止是月逆賊史思明再陷東都米價踊貴斗至八百文人
相食殍尸蔽地上元元年十二月癸未夜歲掩房星二年七月癸未
朔日有蝕之大星皆見司天秋官正瞿曇譔奏曰癸未太陽虧辰正
後六刻起虧巳正後一刻既午前一刻復滿虧於張四度周之分野
甘德云日從巳至午蝕爲周周爲河南今逆賊史思明據乙巳占曰
日蝕之下有破國其年九月制去上元之號單稱元年月首去正二
三之次以建冠之其年建子月癸巳亥時一鼓二籌後月掩昴出其
北兼白暈畢星有白氣從北來貫昴司天監韓頴奏曰按石申占月

○掩昴胡王死又月行昴北天下福臣伏以三光垂象月爲刑殺之徵
二石纖夷史官常占畢昴爲天綱白氣兵喪掩其星則大破胡王行
其北則天下有福巳爲周分癸主幽燕當羯胡竊據之郊是殘寇滅
亡之地明年史思明爲其子朝儀所殺十月雍王收復東都上元三
年正月（時去上元之號今存之以正年）建辰月肅宗病是月丙戌月上有黄白冠連
成暈東井五諸侯南北河輿鬼皆在中建巳月以楚州獻定國寶乃
改元寶應月復以正三三爲次其月肅宗崩代宗即位其月壬子夜西北
方有赤光見炎赫亘天貫紫微漸流于東瀰漫北方照耀數十里久
之乃散辛未夜江陵見赤光貫北斗俄儻固懷恩叛明年十月吐蕃陷
長安代宗避狄幸陝州廣德二年五月丁酉朔日當蝕不蝕羣臣賀
十二月三日夜星流如雨自亥及曉永泰元年九月辛卯太白經天
是月吐蕃逼京畿二年六月丁未日重輪其夜月重輪是年大水大
曆元年十二月彗星出匏瓜長尺餘犯宦者星二年七月癸亥熒惑色
赤黄順行入氐乙丑夜鎮星色黄近辰星在東井初度丙寅申時有

青赤氣長四十餘尺見日旁久之乃散己巳夜歲星順行去司怪七寸庚午夜月逼天關壬申十二月赤氣長二丈亘日上甲戌酉時白氣亘天八月壬午月入氐戊子月犯牽牛相去九寸己丑夜月犯畢相去四寸九月戊申朔歲星守東井凡七日乙卯吐蕃入寇至邠寧戊午夜白霧起尾西北瀰漫亘天乙丑晝有流星大如一升器其色黃明尾迹長六七十尺出于午流于丑戊辰夜熒惑去南斗五寸乙亥青赤氣亘于日旁十一月辛酉夜月去東井一尺甲子夜月去軒轅一尺壬戌京師地震有聲如雷自東北來十二月丁酉夜熒惑入壁壘戊戌有黑氣如霧亘北方久之方散三年正月壬子夜月掩畢丁巳巳時日有黃冠青赤珥三月乙巳朔日有蝕之自午虧至後一刻凡蝕十分之六分半癸丑夜太白去天衢八寸癸酉夜太白順行去歲星二尺七月壬申夜五星並列東方占云中國之利八月己酉月入畢辛酉月入東井壬戌火星去太白四寸庚午夜太白犯左執法相去一尺九月壬申夜歲星入輿鬼乙亥夜大星如斗自南流北其

。光燭地丁丑夜熒惑入太微垣己卯夜太微犯左執法相去六寸戊子夜歲星去輿鬼一尺己丑夜月犯東井去五寸庚戌熒惑去太微五寸太白去進賢四寸癸巳月去靈臺一尺四年正月十五日日有蝕之二月丙午夜熒惑有芒角去房星二尺所丙辰夜地震有聲如雷者三三月壬午熒惑有芒角入氐癸未月去氐一尺戊子夜鎮星近輿鬼五月丙戌京師地震七月熒惑犯次相星九月丁卯熒惑犯郎位是歲自四月霖雨至秋末方息京師米斗八百文五年四月乙巳夜歲星入軒轅己未夜彗出五車蓬孛光芒長三丈己卯夜彗出北方其色白癸未夜彗隨天東行近八穀甲申西北方白氣竟天六月丙申月去太微左執法一寸丁酉月去哭星二寸庚子月去氐七寸癸卯彗去三公二尺庚戌太白入東井甲寅白氣出西北方竟天己未彗星滅七月京師米價騰踊斗千錢六年七月乙巳夜月掩畢入昴畢中壬子月去太微二寸八月庚辰月入太微九月壬辰熒惑犯哭星去二寸庚子夜火去泣星四寸月掩畢甲辰夜西南流星大

如一升器有尾跡光明照地珠子散落巨六五丈餘出須女入天市南垣滅丁未月入太微辛亥熒惑入壁壘十一月丁卯月掩畢甲戌月入軒轅十一月壬寅月入太微丙午夜月掩氐十一月己巳月入太微七年正月乙未夜月近軒轅二月戊午月掩天關辛酉月逼輿鬼己巳熒惑逼天衢三月辛卯月逼靈臺丁巳熒惑入東井辛未歲星入東角壬申月入羽林丙子鎮星臨太微五月丙戌月入太微六月乙亥月臨東井十二月甲子太白入羽林丙寅雨土是夜長星出于參八年五月庚辰熒惑入羽林六月戊辰流星大如一升器有尾跡長三丈流入太微七月己卯太白入東井留七日而出庚寅酉時有氣三道竟天辛卯夜熒惑臨月乙未月掩畢中八月戊午夜熒惑臨月其月朱滔自幽州入朝九月癸未月入羽林己丑月入太微十月癸卯太白臨鎮星丙午夜太白臨進賢丁巳夜月掩畢壬戌夜月入鬼中庚午月近太白並入氐中十一月己卯月入羽林壬午鎮星逼進賢癸未太白掩房癸巳月入太微垣閏十一月壬寅夜太白辰星會

。于危癸丑月掩天關甲寅月入東井乙丑月掩天關丙寅月入氐十二月癸酉月入羽林九年正月癸丑熒惑逼諸王星三月丁未熒惑入東井四月乙亥月臨軒轅丁丑月入太微五月己酉太白逼熒惑乙未夜太白入軒轅辛酉辰星逼軒轅六月戊寅月逼天綱己卯月掩南斗庚辰月入太微戊子太白臨左執法七月甲辰月掩房辛亥月入羽林壬戌月入輿鬼八月辛卯月掩軒轅九月庚子朱泚自幽州入朝是夜太白入南斗甲子熒惑入氐十月戊子木入南斗十二月戊辰月入羽林十年正月昭義軍亂逐薛崿田承嗣據河北叛戊申月逼軒轅甲寅夜熒惑歲合于南斗並順行二月河陽軍亂逐常休明三月陝州軍亂逐李國清庚戌熒惑入壁壘四月甲子熒惑順行入羽林庚午月臨軒轅六月癸亥太白臨東井乙丑夜熒惑臨天囷戊辰月逼太微乙亥月臨南斗七月庚子辰星太白順行同在柳八月乙酉熒惑順行臨天高戊子月入太微九月甲午月臨房十月辛酉朔日有蝕之十二月甲子夜東方月上有白氣十餘道如匹帛

貫五車東井輿鬼觜參畢柳軒轅三更後方散十二年閏八月丁酉太白晝見其年七月李靈耀以汴州叛十月方誅之十三年正月乙丑夜月掩軒轅癸酉夜月掩心前星丙子月入南魁斗中二月乙未鎮星入氐辛亥夜流星大如桃尾長十丈出匏瓜入太微三月壬戌月入太微戊辰月逼心星是月幸臣元載誅王縉黜四月庚寅月臨左執法乙未夜月掩心前星五月丙辰月入太微六月戊戌月入羽林七月庚戌月入南斗癸丑熒惑逼司怪己巳宰相楊綰卒乙亥熒惑順行入東井是歲春夏旱八月大雨河南大水平地深五尺吐蕃入寇至坊州十月己丑月臨歲星壬辰月掩昴乙未月臨五諸侯庚子月臨左執法遂入太微垣十一月癸丑太白臨哭星乙卯夜月入羽林戊辰月臨左執法十二月辛巳鎮星臨關鍵壬午月入羽林十四年五月十一日代宗崩德宗即位明年改元建中至四年十月朱泚亂車駕幸奉天貞元四年五月丁卯月犯歲星乙亥熒惑鎮歲聚于營室三十餘日八月辛卯朔日有蝕之十年三月乙亥黃霧四塞日

○無光四月太白晝見元和七年正月辛未月掩熒惑六月乙亥月去南斗魁第四星西北五寸所八年七月四日夜月去太微東垣之南首星南一尺所癸酉夜月去五諸侯之西第四星南七寸所十月己丑熒惑順行去太微西垣之南首星西北四寸所九年二月丁酉月去心大星東北七寸所四月辛巳北方有大流星尾跡長五丈光芒照地至右攝提南三尺所九月己丑月掩軒轅十二年正月戊子彗出畢南長二尺餘指西南凡三日近參旗沒十三年正月乙未歲星退行近太微西垣之南第一星八月己未月近南斗魁壬戌太白順行近太微十四年正月己丑月近東井北轅星癸卯夜月近南斗魁星五月庚寅月犯心前大星西南一尺所十五年正月二十七日憲宗崩穆宗即位七月庚申熒惑退行入羽林癸亥夜大星出勾陳南流至婁北滅八月己卯月掩牽牛長慶元年正月丙午月掩鈇星二更後月去東井南轅第一星南七寸丙辰南方大流星色赤尾有跡長三丈光明燭地出狼星北二尺所東北流至七星三尺所滅己未

夜星孛于翼丁卯夜星孛在辰上去太微西垣南第一星七寸所二月八日夜太白犯昴東南五寸所丁亥夜月犯歲星南六寸所在尾十三度三月庚戌太白犯五車東南七寸所七月壬寅月掩房次相星乙丑夜東方大流星色黃有尾跡長六七丈光明燭地出參西北向西流至羽林東北滅其月幽州軍亂囚其帥張弘靖立朱克融其月二十八日鎮州軍亂殺其帥田弘正王廷湊元和末河北三鎮皆以疆土歸朝廷至是幽鎮俱失俄而史憲誠以魏州叛三鎮復爲盜據連兵不息八月辛巳夜東北有大星自雲中出流白光照地前後長丈二尺五寸西北入蜀滅太白在軒轅左角西北一尺所是月壬辰夜太白去太微垣南第一星一尺所九月戊戌夜太白順行入太微去左執法星西北一尺所乙巳夜去左執法二寸所辛亥月去天關西北八寸二年正月戊申魏帥田布伏劍死史憲誠據郡叛二月甲戌夜熒惑在歲星南七寸所四月辛酉朔日有蝕之在胃十二度不盡者四之一燕趙見之既七月丙子夜東方大星西流至昴滅其

○聲如雷十月甲子夜月掩牽牛中星乙丑夜太白去南斗魁第四星西一寸所十一月丁丑月掩左角庚辰月去房一尺所十二月丁亥月掩左角庚戌夜月近房星壬子五更後月近太白相去一尺所四年正月二十二日穆宗崩敬宗即位二月癸卯太白犯東井近北轅三月甲子熒惑犯鎮星壬申太白犯東井近北轅四月十七日染院作人張韶於紫草車中載兵器犯銀臺門共三十七人入大內對食於清思殿其日禁兵誅之七月乙卯夜有大星出于天船流犯斗魁第一星西南滅八月丁亥熒惑犯鎮星癸未熒惑入東井己丑太白犯軒轅右角十二月戊子夜月掩東井甲午夜西北有流星出閣道至北極滅寶曆元年七月乙酉月犯西咸去八寸所甲子夜月掩畢閏七月癸巳夜月去心距九寸庚子流星出北極至南斗柄滅八月乙卯太白犯房相去九寸九月癸未太白犯南斗丙戌月犯畢甲午月犯太微左執法十月辛卯月犯天囷相去七寸癸亥太白臨哭星相去九寸十一月庚辰鎮星犯東井相去七寸癸未夜月去東井六寸

戊戌西南大流星出羽林入濁十二月戊申夜月犯畢乙酉夜西北方有霧起須臾徧天霧上有赤氣其色或深或淺久而方散二年正月甲戌夜北方大流星長五丈餘出紫微過軫滅甲申月犯右執法相去五寸二月丙午夜月犯畢三月己巳流星出河鼓東過天市入濁滅四月甲子夜西方大流星長三丈穿天市垣至房滅其月十七日白虹貫日連環至午方滅五月甲戌月去太微八寸所癸巳西北方大流星長三丈光明照地入天市垣中滅甲午五更熒惑犯昴六月庚申太白犯昴七月壬申流星長二丈出斗北入濁滅其夜月初入巳上有流星向南滅其夜辰犯畢八月丙申夜北方大流星長四丈餘出王良流至北斗柄滅甲辰夜太白去太微八寸所丁未夜熒惑近鎮星西北丁丑熒惑去輿鬼七寸十二月八日夜敬宗爲內官劉克明所殺立絳王樞密使王守澄等殺絳王立文宗太和元年九月戊寅月掩東井南轅星四年四月辛酉夜四更五籌後月掩南斗第二星十一月辛未朔熒惑犯右執法西北五寸五年二月宰相宋

申錫漳王被誣得罪八年二月朔日有蝕之六月辛巳五更有六流星赤色有尾跡光明照地珠子散落出河鼓北流近天棓滅有聲如雷七月己巳夜流星出紫微西北長二丈至北斗第一星滅是夜五更月犯昴九月辛亥夜五更太微宮近郎位有彗星長丈餘西指西北行凡九夜越郎位星西北五尺滅癸丑月入南斗庚申右軍中尉王守澄宣召鄭注對於浴殿門是夜彗星出東方長三尺芒耀甚猛十二月丙戌夜月掩昴九年三月乙卯京師地震四月辛丑大風震雷拔殿前古樹六月庚寅夜月掩歲星丁酉夜一更至四更流星縱橫旁午約二十餘處多近天漢其年十一月李訓謀殺內官事敗中尉仇士良殺王涯鄭注李訓等十七家朝臣多有貶逐開成元年正月甲辰太白掩西建第一星其月十五日日有蝕之二月乙亥夜四更京師地震二年丙午夜彗出東方長七尺餘在危初度西指戊申夜危之西南彗長七尺芒耀愈猛亦西指癸丑夜彗在危八度庚申夜在虛三度半辛酉夜彗長丈餘直行稍南指在虛一度半壬戌夜

彗長二丈其廣三尺在女九度癸亥夜彗愈長廣在女四度三月甲子朔其夜彗長五丈岐分兩尾其一指氐其一掩月在斗十度丙寅夜彗長六丈尾無岐北指在危七度文宗召司天監朱子容問星變之由子容曰彗主兵旱或破四夷古之占書也然天道懸遠唯陛下脩政以抗之乃勅尚食今後每日御食料分爲十日其夜彗長五丈濶五尺却西北行東指戊辰夜彗長八丈有餘西北行東指在張十四度詔天下放繫囚撤樂減膳避正殿先是群臣拜章上徽號宜並停癸未夜彗長三尺出軒轅之右東指在張十度六月河陽軍亂逐李詠是歲夏蝗大旱八月丁酉彗出虛危之間十月地南北震三年十月十九日彗見長二丈餘二十日夜長二丈五尺二十一日夜長三丈二十二日夜長三丈五尺並在辰上西指軫魁十一月乙卯朔是夜彗出東方東西竟天五月五日太白犯輿鬼六月一日太白犯熒惑二十八日太白犯右執法十月七日太白犯南斗四年正月丁巳熒惑太白辰聚于南斗癸酉彗出于西方在室十四度閏月二十

三日又見于卷舌北凡三十三日至二十六日夜滅二月二十六日自夜四更至五更四方中央流星大小二百餘並西流有尾跡長二丈三月乙酉夜月掩東井第三星是歲夏大旱禱祈無應文宗憂形于色宰臣進曰星官言天下時當爾乞不過勞聖慮帝改容言曰朕爲人主無德庇人比年災旱星文譴見若三日內不雨朕當退歸南內卿等自選賢明之君以安天下宰相楊嗣復等嗚咽流涕不已十月辛丑月犯熒惑河南大水八月辛未流星出羽林有尾跡長十丈有聲如雷十月辛酉辰入南斗魁五年正月文宗崩武宗即位會昌元年六月二十九日從一鼓至五鼓小流星五十餘交橫流散七月二日北方流星光明照地東北流星有聲如雷九月癸巳熒惑犯輿鬼閏九月丁酉熒惑貫鬼宿戊戌在鬼中十一月六日彗見西南在室初度凡五十六日而滅其夜上方大流星光明燭地東北流星有聲二年六月乙丑熒惑犯歲星丙寅太白犯東井其夜熒惑含赤芒動搖於井中至八月十六日犯輿鬼五年二月五日太白掩昴北側

在昴宿一度五月辛酉太白入畢口距星東南一尺八月七日太白
犯軒轅大星舊儀太史局隸秘書省掌視天文曆象則天朝術士尚
獻輔精於曆筭召拜太史令獻輔辭曰臣山野之人性靈散率不能
屈事官長天后惜其才久視元年五月十九日勅太史局不隸秘書
省自爲職局仍改爲渾天監至七月六日又改爲渾儀監長安二年
八月獻輔卒復爲太史局隸秘書省緣進所置官員並廢景龍二年
六月改爲太史監不隸秘書省景雲元年七月復爲太史局隸秘書
省八月又改爲太史監十一月又改爲太史局二年閏九月改爲渾
儀監開元二年二月改爲太史監十五年正月改爲太史局隸秘書
省天寶元年又改爲太史監乾元元年三月改太史監爲司天臺於
永寧坊張守珪故宅置勅曰建設邦都必稽玄象分列曹局皆應物
宜靈臺三星主觀察雲物天文正位在太微西南今興慶宮上帝廷
也考符之所合置靈臺宜令所司量事修理舊臺在秘仍置五官正
五人司天臺内別置一院曰通玄院應有術藝之士徵辟至京于崇

唐志十六　圭五

○玄院安置其官員大監一員正三品少監二人正四品丞三人正六
品主簿三人主事二人五官正五人五官副正五人靈臺郎一人五
官保章正五人五官挈壺正五人五官司曆五人五官司辰十五人
觀生曆生七百二十六人凡官員六十六人實應元年司天少監瞿
曇譔奏曰司天丞請減兩員主簿減兩員主事減一員保章正減三
員挈壺正減三員監候減兩員司辰減十員五陵司辰減五員從之
天寶十三載三月十四日勅太史監官除朔望朝外非別有公事一
切不須入朝及充保識仍不在點檢之限開成五年十二月勅司天
臺占候災祥理宜秘密如聞近日監司官吏及所由等多與朝官并
雜色人交游既乖慎守須明制約自今已後監司官吏不得更與朝
官及諸色人等交通往來委御史臺察訪

唐書志卷第十六

唐書志卷第十七

劉　昫　等修

聞人詮校刻沈桐同校

五行

昔禹得河圖洛書十五字治水有功因而寶之殷太師箕子入周武
王訪其事乃陳洪範九疇之法其一曰五行漢興董仲舒劉向治春
秋論災異乃引九疇之說附于二百四十二年行事一推咎徵天人
之變班固敘漢史採其說五行志綿代史官因而纘之今略舉大端
以明變怪之本經曰水曰潤下火曰炎上木曰曲直金曰從革土爰
稼穡又曰建用皇極傳曰畋獵不時飲食不享出入不節奪民農時
及有姦謀則木不曲直棄法律逐功臣殺太子以妾為妻則火不炎
上好治宮室飾臺榭内淫亂犯親戚侮父兄則稼穡不成好戰功輕
百姓飾城郭侵邊境則金不從革簡宗廟不禱祠廢祭祀逆天時則
水不潤下經曰敬用五事謂貌曰恭言曰從視曰明聽曰聰思曰睿

唐志十七　一

○恭作肅從作乂明作哲聰作謀睿作聖又曰建用皇極皇建其有極
傳曰貌之不恭是謂不肅厥咎狂厥罰恒雨厥極凶時則有服妖時
則有龜孽時則有雞禍時則有下體生上之痾時則有青眚青祥凡
草木之類謂之妖蟲豸之類謂之孽及六畜謂之禍及人謂之痾甚則異物生謂之眚自外而來謂之祥也言之不從是謂
不乂厥咎僭厥罰恒暘厥極憂時則有詩妖時則有介蟲之孽時則
有犬禍時則有口舌之痾時則有白眚白祥視之不見是謂不哲厥
咎豫厥罰恒燠厥極疾時則有草妖時則有鸁蟲之孽時則有羊禍
時則有目痾時則有赤眚赤祥聽之不聰是謂不謀厥咎急厥罰恒
寒厥極貧時則有鼓妖時則有魚孽時則有豕禍時則有耳痾時則
有黑眚黑祥思之不睿是謂不聖厥咎蒙厥罰恒風厥極凶短折時
則有脂夜之妖時則有華孽時則有牛禍時則有心腹之痾時則有
黃眚黃祥皇之不極是謂不建厥咎眊厥罰恒陰厥極弱時則有射
妖時則有龍蛇之孽時則有馬禍時則有下體代上之痾時則有日
月亂行星辰逆行九疇名數十五其要五行皇極之說前賢所以窮

治亂之變該天人之際蓋本于斯故先録其言以傳於事京房易傳
曰臣事雖正專必地震其震於水則波於木則揺於屋則瓦落大經
在辟而易臣茲謂陰動又曰小人剥廬厥妖山崩茲謂陰乘陽弱勝
強劉向曰金木水沴土地所以震春秋災異先書地震日蝕惡陰盈
也
貞觀十二年正月二十二日松叢二州地震壞人廬舍二十年九月
十五日靈州地震有聲如雷二十三年八月一日晉州地震壞人廬
舍壓死者五十餘人三日又震十一月五日又震　永徽元年四月
一日又震六月十二日又震高宗顧謂侍臣曰朕政教不明使晉州
之地屢有震動侍中張行成曰天陽也地陰也陽君象陰臣象君宜
轉動臣宜安靜今晉州地震彌旬不休臣將恐女謁用事大臣陰謀
且晉州陛下本封今地屢震尤彰其應伏願深思遠慮以杜其萌帝
深然之　開元二十二年二月十八日秦州地震先是秦州百姓聞
州西北地下殷殷有聲俄而地震壞廨宇及居人廬舍數千間地拆

。　唐志十七　二

而復合震經時不定壓死百餘人玄宗令右丞相蕭嵩致祭山川又
遣倉部員外郎韋伯陽往宣慰存恤所損之家　至德元年十一月
辛亥朔河西地震有聲地裂陷壞廬舍張掖酒泉尤甚至二年六月
始止　大曆二年十一月壬申京師地震有聲自東北來如雷者三
四年二月丙辰夜京師地震有聲如雷者三　貞元三年十一月己
卯夜京師地震是夕者三巢鳥皆驚人多去室東都蒲陝亦然四年
正月朔日德宗御含元殿受朝賀是日資明殿階及欄檻三十餘間
無故自壞甲士死者十餘人其夜京師地震二日又震三日又震十
八日又震十九日又震二十日又震帝謂宰臣曰蓋朕寡德屢致后
土震驚但當脩政以答天譴耳二十三日又震二十四日又震二十
五日又震時金房州尤甚江溢山裂屋宇多壞人皆露處至二月三
日壬午又震甲申又震乙酉又震丙申又震三月甲寅又震己未又
震庚午又震辛未又震京師地生毛或白或黄有長尺餘者五月丁
卯又震八月甲辰又震其聲如雷九年四日辛酉京師又震有聲如

雷河中尤甚壞城壘廬舍地裂水涌十年四月戊申又震十三年七
月乙未日午時震從東來須臾而止　元和七年八月京師地震憲
宗謂侍臣曰昨地震草樹皆揺何祥異也宰臣李絳曰昔周時地震
三川竭太史伯陽甫謂周君曰天地之氣不過其序若過其序人亂
也人政乖錯則上感陰陽之氣陽伏而不能出陰迫而不能升于是
有地震又孔子脩春秋所紀災異先地曠蝕蓋地載萬物日君象政
有感傷天地見青書之示戒用儆後王伏願陛下體勵虔恭之誠動
以利萬物綏萬方為念則變異自消休徵可致九年三月丙辰嶲州
地震晝夜八十震方止壓死者百餘人　太和九年三月乙卯京師
地震　開成元年二月乙亥夜四更京師地震屋瓦皆墜戶牖之間
有聲二年十一月乙丑夜地南北徽震　大中三年十月京師地震
振武天德靈武鹽夏等州皆震壞軍鎮廬舍　武德六年七月二十
日嶲州山崩川水咽流　貞觀八年七月七日隴右山崩大蛇屢見
太宗問秘書監虞世南曰是何災異對曰春秋時梁山崩晉侯召宗

。　唐志十七　三

伯而問焉對曰國主山川故山崩川竭君為之不舉降服出次祝幣
以禮馬晉侯從之卒亦無害漢文帝九年齊楚地二十九山同日崩
文帝出令郡國無來獻施惠于天下遠近歡洽亦不為災後漢靈帝
時青蛇見御座晉惠帝時大蛇長三百步經市入廟今蛇見山澤蓋
深山澤實生龍蛇亦不足怪也唯脩德可以消變上元之十七年八
月四日原州昌松縣瀉池谷有石五青質白文成字曰高皇海出多
子李元王八十年太平天子李世民千年太子李治書燕山人士樂
太國主尚汪譚奘文仁邁千古大王五王六王七王十鳳毛才子七
佛八菩薩及上果佛田天子文武貞觀昌大聖延四方上下治示孝
仙戈八為善原州奏其年十一月三日遣使祭之曰嗣天子某祚繼
鴻業君臨寓縣夙興旰食無忘于政導德齊禮愧於前脩天有成命
表瑞貞石文字昭然曆數唯永既旌高廟之業又錫眇身之祚迨于
皇太子治亦降貞符具紀姓氏列于石言仰瞻睿漢空銘大造甫惟
寡薄彌增寅懼敢因大禮重薦玉帛上謝明靈之貺以申祗慄之誠

永徽四年八月二十日隕石十八 于同州馮翊縣光曜有聲如雷上
問于志寧曰此何祥也當由朕政 之有闕對曰按春秋隕石于東五
內史過曰是陰陽之事非吉凶所生自古災變杳不可測但恐物之
自爾未必關于人事陛下發書誠懼責躬自省未必不為福矣 永
昌中華州敷水店西南坡白晝飛四五里直抵赤水其坡上樹木禾
黍宛然無損 則天時新豐縣東南露臺鄉因大風雨雹震有山踊
出高二百尺有池周三頃池中有龍鳳之形禾麥之異則天以為休
徵名為慶山荊州人俞文俊詣闕上書曰臣聞天氣不和而寒暑隔
人氣不和而疣贅生地氣不和而堆阜出今陛下以女主居陽位反
易剛柔故地氣隔塞山變為災陛下謂慶山臣以為非慶也誠宜側
身脩德以答天譴不然恐災禍至則天怒流于嶺南 開元十七年
四月五日大風震電藍田山開百餘步 乾元二年六月虢州閿鄉
縣界黃河內女媧墓天寶十三載因大雨晦冥失其所在至今年六
月一日夜河濱人家忽聞風雨聲曉見其墓踊出上有雙柳樹下有

巨石二柳各長丈餘郡守圖畫以聞今號風陵堆 大曆十三年鄜
州黃岑山崩震壓殺數百人 建中初魏州魏縣西四十里忽然土長
四五尺數畝里人駭異之明年魏博田悅反德宗命河東馬燧潞州
李抱真討之營于陘山幽州朱滔恒州王武俊帥兵救田悅王師退
保魏縣西朱滔武俊田悅引軍與王師對壘三年十一月朱滔僭稱
冀王武俊稱趙王田悅稱魏王悅時壘正當土長之所及僭署告天乃
因其長土為壇以祭魏州功曹韋稔為益土頌以媚悅馬燧聞之笑
曰田悅異常賊也 貞觀十一年七月一日黃氣竟天大雨穀水溢
入洛陽宮深四尺壞左掖門毀宮寺一十九洛水暴漲漂六百餘家
帝引咎令羣臣直言政之得失中書侍郎岑文本曰伏唯陛下覽古
今之事察安危之機上以社稷為重下以億兆為念明選舉慎賞罰
進賢才退不肖聞過即改從諫如流為善在於不疑出令期於必信
頤神養性省畋游之娛去奢從儉減工役之費務靜方內不求闢土
載櫜弓矢而無忘武備凡此數者願陛下行之不怠必當轉禍為福

化咎為祥況水之為患陰陽常理豈可謂之天譴而繫聖心哉十三
日詔曰暴雨為災大水泛溢靜思厥咎朕甚懼焉文武百寮各上封
事極言朕過無有所諱諸司供進悉令減省凡所力役量事停廢遭
水之家賜帛有差二十日詔廢明德宮及飛山宮之玄圃院分給河
南洛陽遭水戶九月黃河泛溢壞陝州河北縣及太原倉毀河陽中
潬太宗幸白馬坂以觀之 永徽五年六月恒州大雨自二日至七
日滹沱河水泛溢損五千三百家 總章二年七月益州奏六月十
三日夜降雨至二十日水深五尺其夜暴水深一丈已上壞屋一萬
四千三百九十區害田四千四百九十六頃九月十八日括州暴風
雨海水翻上壞永嘉安固二縣城百姓廬舍六千八百四十三區殺
人九千七十牛五百頭損田苗四千一百五十頃 咸亨元年 五月
十四日連日澍雨山水溢溺死五千餘人 永淳元年六月十二日
連日大雨至二十三日洛水大張漂損河南立德弘敬洛陽景行等
坊二百餘家壞天津橋及中橋斷人行累日先是頻降大雨沃若懸

流至是而泛溢衝突焉西京平地水深四尺已上麥一束止得一二
升米一斗二百二十文布一端止得一百文國中大饑蒲等州沒徙
人家口并逐糧饑餒相仍加以疾疫自陝至洛死者不可勝數西京
米斗三百已下二年三月洛州黃河水溺河陽縣城水面高於城內
五六尺自鹽坎已下至縣十里石灰並平流津橋南北道無不碎破
文明元年十月溫州大水漂流四千餘家 長安三年寧州大霖雨
山水暴漲漂流二千餘家溺死者千餘人流屍東下十七日京師大
雨雹人有凍死者四年自九月至十月晝夜陰晦大雨雪都中人畜
有餓凍死者令開倉賑恤 神龍元年七月二十七日洛水漲壞百
姓廬舍二千餘家詔九品已上直言極諫右衛騎曹宋務先上疏曰
臣聞自昔后王樂聞過罔不興拒忠諫罔不亂何者樂聞過則下情
通下情通則政無缺此其所以興也拒忠諫則羣議壅羣議壅則主
孤立此其所以亂也伏見明勑令文武九品已上直言極諫大哉德
音其堯舜之用心禹湯之責已也臣嘗讀書觀天人相與之際考休

咎宜符之兆有感必通其間甚密是以政失於此變生於彼亦猶影之像形響之赴聲動而輒隨各以類應故易曰天垂象見吉凶聖人象之竊見自夏巳來水氣勃戾天下郡國多罹其災去月二十七日洛水暴漲漂損百姓謹按五行傳曰簡宗廟廢祭祀則水不潤下夫王者即位必郊祀天地嚴配祖宗是故鬼神歆饗多獲福助自陛下光臨實極綿曆炎涼郊廟遲留不得殷薦山川寂寞未議懷柔暴水之災殆因此發臣又按水者陰類臣妾之道陰氣盛滿則水泉迸溢加之虹蜺紛錯暑雨滯淫雖丁厥時而汩恒度亦陰勝之沴也臣恐後庭近習或有離中饋之職干外朝之政伏願深思天變杜絕其萌又自春及夏牛多病死疫氣浸淫于今未息謹按五行傳曰思之不睿時則有牛禍意者萬機之事陛下或未躬親乎昔太戊有異木生于朝伊尹戒以脩德厥妖用殄高宗有飛雉雊于鼎祖乙陳以政事殷道再興此皆視履考祥轉禍為福之明鑑也鼂錯曰五帝其臣不及則自親之今朝廷恠異雖則多矣然皆仰知陛下天光大穎勤思

○德容少凝大化以萬方為念不以聲色為娛以百姓為憂不以犬馬為樂暫勞宵旰用緝明良豈不休哉天下幸甚臣聞三王之朝不能免滛亢太平之時不能無小孽備禦之道存乎其人若細微之災恬而不怪及禍變成象駭而圖之猶水決而繕防病困而求藥雖復僶俛亦何救哉夫災變應天實繫人事故日蝕脩德月蝕脩刑若乃雨暘或愆則貌言為咎雩禜之法存乎禮典今暫逢霖雨即閉坊門弃先聖之明訓遵後來之淺術時偶中者安足神耶蓋當屏黜收津豐隆戢響之日也豈有一坊一市遂能感召星靈暫閉暫開便欲發揮神道必不然矣何其謬哉至今巷議街言共呼坊門為宰相謂能節宣風雨燮理陰陽夫如是則赫赫師尹便為虛設悠悠蒼生復何所望自數年巳來公私俱竭戶口減耗家無接新之儲國無候荒之蓄陛下不出都邑近觀朝市則以為率土之人既康且富及至踐閭陌視鄉亭百姓衣牛馬之衣食犬彘之食十室而九空丁壯盡於邊塞孤孀轉於溝壑猛吏淫威奮其毒暴徵急政破其資馬困斯跌人窮乃詐或起為姦盜或競為流亡從而刑之良可悲也臣觀今之甿俗率多輕佻人貧而奢不息法設而偽不止長吏貪冒選舉私謁樂多繁淫器尚浮巧稼穡之人少商旅之人多誠願坦然更化以身先之端本澄源滌瑕盪穢接凋殘之後宜緩其力役當久弊之極宜法訓敦厖良牧樹風賢宰垂化十年之外生聚方足三代之美庶幾可及臣聞太子者君之貳國之本易有其卦天有其星今古相循率由茲道陛下自登皇極未建元良非所以守器承祧養德贊業離明不可輟曜震位不可久虛伏願早擇賢能以光儲副上安社稷下慰黎元且姻戚之間謗議所集假令漢帝無私於廣國元規切讓於中書天下之人安可戶說稽疑成患憑寵生災所謂愛之適足以害之至如武三思等誠能輟其機務授以清閑厚祿富其身蕃錫以奬其意家國俱泰豈不優乎夫爵賞者君之重柄傳曰惟名與器不可假人自頃官賞頗亦乖謬大勳未滿于人聽高秩巳越于朝倫貪天之功以為巳力秘書監鄭普思國子祭酒葉靜能或挾小道以登朱紫或因

○淺術以取銀黃旣虧國經實悖天道書曰制理於未亂保邦於未危此誠理亂安危之時也伏願欽祖宗之丕烈傷王業之艱難遠佞人親有德乳保之愛妃主之家以時接見無令媟瀆凡此數者當今急務唯陛下留神採納求保康寧疏奏不省右僕射唐休璟以霖雨為害咎在主司上表曰臣聞天運其工人代之而為理神行其化為政資之以和得其理則陰陽以調失其和則災沴斯作故舉才而授帝唯其艱論道於邦官不必備頃自中夏及乎首秋郡國水災屢為人害夫水陰氣也臣實主之臣忝職右樞致此陰沴不能調理其氣而乃曠居其官雖運屬堯年則無治水之用位侔殷相且闕濟川之功猶負明刑坐逃皇譴皇恩不弃其若天何昔漢家故事丞相以天災免職臣竊遇聖時豈敢靦顏居位乞解所任待罪私門冀移陰咎之徵復免夜行之責　神龍二年三月壬子洛陽東十里有水影月餘乃滅四月洛水泛溢壞天津橋漂流居人廬舍溺死者數千人三年夏山東河北二十餘州大旱饑饉死者二千餘人　景龍二年正月

滄州雨雹大如雞卵　開元五年六月十四日鞏縣暴雨連日山水泛漲壞郭邑廬舍七百餘家人死者七十二汜水同日漂壞近河百姓二百餘戶八年夏契丹寇營州發關中卒援之軍次澠池縣之闕門野營穀水上夜半山水暴至二萬餘人皆溺死唯行網役夫樗蒲覺水至獲免逆旅之家溺死死人漂入苑中如積其年六月二十一日夜暴雨東都穀洛溢入西上陽宮宮人死者七十八畿內諸縣田稼廬舍蕩盡掌關兵士凡溺死者一千一百四十八人京城興道坊一夜陷為池一坊五百餘家俱失其年鄧州三鴉口大水塞谷初見二小兒以水相潑須臾有大蛇十圍已上張口向天人或斫射之俄而暴雷雨漂溺數百家十年二月四日伊水泛漲毀都城南龍門天竺奉先寺壞羅郭東南角平地水深六尺已上入漕河水次屋舍樹木蕩盡河南汝許仙豫唐鄧等州各言大水害秋稼漂沒居人廬舍十四年六月戊午大風拔木發屋端門鴟吻盡落都城內及寺觀落者約半七月十四日瀍水暴漲流入洛漕漂沒諸州租船數百艘溺

死者甚衆漂失楊壽光和廬杭瀛棣租米一十七萬二千八百九十六石并錢絹雜物等因開斗門決堰引水南入洛漕水燥竭以搜漉官物十收四五焉七月甲子壞衞鄭滑汴濮許等州澍雨河及支川皆溢人皆巢舟以居死者千計資產苗稼無孑遺滄州大風海運船沒者十一二失平盧軍糧五千餘石舟人皆死潤州大風從東北海濤奔上沒瓜步洲損居人是秋天下八十五州言旱及霜五十州水河南河北尤甚十五年七月甲寅雷震興教門樓兩鴟吻燒樓柱良久乃滅二十日鄜州雨洛水溢入州城平地丈餘損居人廬舍溺死者不知其數二十一日同州損郭邑及市毀馮翊縣八月八日沔池縣夜有暴雨澗水穀水漲合毀郭邑百餘家及普門佛寺是歲天下六十三州大水損禾稼居人廬舍河北尤甚十八年六月乙丑東都瀍水暴漲漂損揚楚淄德等州租船壬午東都洛水泛漲壞天津永濟二橋及漕渠斗門漂損提象門外助鋪及仗舍又損居人廬舍千餘家二十七年八月東京改作明堂訛言官取小兒埋于明堂下以為厭勝村邑童兒藏于山谷都城騷然或言兵至玄宗惡之遣主客郎中王佶往東都及諸州宣慰百姓久之乃定二十九年暴水伊洛及支川皆溢損居人廬舍秋稼無遺壞東都天津橋及東西漕河南北諸州皆多漂溺天寶十載廣陵郡大風架海潮淪江口大小船數千艘十三載秋京城連月澍雨損秋稼九月遣閉坊市北門蓋井禁婦人入街市祭玄冥大社禜門京城坊市牆宇崩壞向盡東京瀍洛水溢隄穴衝壞一十九坊　上元二年京師自七月霖雨八月盡方止京城宮寺廬舍多壞街市溝渠中漉得小魚　永泰元年先旱後水九月大雨平地水數尺溝河漲溢時吐蕃寇京畿以水自潰而去二年夏洛陽大雨水壞二十餘坊及寺觀廨舍河南數十州大水大曆四年秋大雨是歲自四月霖澍至九月京師米斗八百文官出太倉米賤糶以救饑人京城閉坊市北門門置土臺臺上置壇及黃幡以祈晴秋末方止五年夏復大雨京城饑出太倉米減價以救人十二年秋大雨是歲春夏旱至秋八月雨河南尤甚平地深五尺河

決漂溺田稼　貞元二年夏京師通衢水深數尺吏部侍郎崔縱自崇義里西門為水漂浮行數十步街鋪卒救之獲免其日溺死者甚衆東都河南荊南淮南江河泛溢壞人廬舍四年八月連雨灞水暴溢溺殺渡者百餘人八年秋大雨河南河北山南江淮凡四十餘州大水漂溺死者二萬餘人時幽州七月大雨平地水深二丈鄚涿薊檀平五州平地水深一丈五尺又徐州奏自五月二十五日雨至七月八日方止平地水深一丈二尺郭邑廬里屋宇田稼皆盡百姓皆登丘塚山原以避之　元和七年正月振武界黃河溢毀東受降城五月饒撫虔吉信五州山水暴漲壞廬舍虔州尤甚水深處四丈餘八年五月許州奏大雨摧大嵬山水流出溺死者千餘人六月庚寅京師大風雨毀屋揚瓦人多壓死水積城南深處丈餘入明德門猶漸車輻辛卯渭水暴漲毀三渭橋南北絕濟者一月時所在霖雨百源皆發川瀆不由故道丙申富平大風折樹一千二百株辛丑出宮人二百車得人娶納以水害誠陰盈也九年秋淮南宣州大水十一

年五月京畿大雨害田四萬頃昭應尤甚漂溺居人衢州山水漏溪
三丈壞州城民多溺死浮梁樂平溺死者一百七十人為水漂流不
知所在者四千七百戶潤常湖陳許等州各損田萬頃十二年秋大
雨河南北水害稼其年六月京師大雨街市水深三尺壞廬舍二千
家含元殿一柱陷十五年九月十一日至十四日大雨兼雪街衢禁
苑樹無風而摧折連根而拔者不知其數仍令閉坊市北門以禳之
滄州大水　長慶二年十月好畤山水泛漲漂損居人三百餘家河
南陳許二州尤甚詔賑貸粟五萬石量人戶家口多少等第分給
太和三年四月同官暴水漂沒三百餘家六年徐州自六月九日大
雨至十一日壞民舍九百家四年夏鄆曹濮雨壞城郭田廬向盡蘇
湖二州水壞大堤水入郡郭溺廬井許州自五月大雨水深八尺壞
郡郭居民大半　會昌元年七月襄州漢水暴溢壞州郭均州亦然
則天時宗秦客以佞幸為內史受命之日無雲而雷聲震烈未周歲
而誅　延和元年六月河南偃師縣之李材村有霹靂閃入人家地
○
震裂闊丈餘長十五里測之無底所裂之處井廁相通所衝之冢棺
柩出植平地無損竟不知其故　儀鳳三年十一月十四日雨木冰
開元十五年七月四日雷震興教門兩鴟吻欄檻及柱災二十九年
十一月二十二日雨木冰凝寒凍冽數日不解寧王見而歎曰諺云
樹稼達官怕必有大臣當之其月王薨　乾元三年閏四月大霧大
雨月餘是月史思明再陷東都京師米斗八百文人相食殍骸蔽地
永泰元年二月甲子夜雷電震烈三月降霜為木冰辛亥大風拔木
大曆二年三月辛亥夜京師大風發屋十一月紛霧如雪草木冰十
年四月甲申夜大雨雹暴風拔樹飄屋瓦宮寺鴟吻飄失者十五六
人震死者十二損京畿田稼七縣七月己未夜杭州大風海水翻潮
飄蕩州郭五千餘家船千餘隻全家陷溺者百餘戶死者四百餘人
蘇湖越等州亦然　貞元二年正月大雨雪平地深尺餘雪上有黃
色狀如浮埃四年正月陳留十里許雨木皆大如指長寸餘木有孔
通中所下立者如植其年宣州暴雨震雹有物墮地猪首手脚各有

兩指執一赤斑蛇食之逡巡黑雲合不見八年二月京師雨土五月
己未暴風破屋拔樹太廟屋及諸門寺署壞者不可勝計十年六月
辛丑晦有水鳥集於左藏庫其夜暴雨大風拔樹十七年二月五日
大雨雹七日大霜十六夜大雨震雷且電十九日大雨雪而雹　元
和三年四月壬申大風毀含元殿西闕欄檻二十七間八年三月丙
子大風拔崇陵上宮衙殿西鴟尾并上宮西神門六戟竿折行牆四
十間簷壞　長慶元年九月壬寅京師震電大風雨四年五月庚辰
大風吹壞延喜景風二門　大和八年六月癸未暴風雷雨壞長安
縣廨及經行寺塔同華大旱七月辛酉定陵臺大風雨震東廊之下
地裂一百三十尺其深五尺詔宗正卿李仍叔啓告脩之九年四月
二十六日夜大風含元殿四鴟吻皆落拔殿前樹壞金吾仗舍廢樓
觀內外城門數千光化門西城牆壞七十七步是日廢長生院起內
道場取李訓言沙汰僧尼故也　開成元年夏六月鳳翔麟遊縣暴
風雨飄害九成宮正殿及滋善寺佛舍壞百姓屋三百間死者百餘
○
人牛馬不知其數　長安四年九月後霖雨并雪凡陰一百五十餘
日至神龍元年正月五日龍二張孝和反正方晴霽　先天二年四
月陰至六月一百餘日至七月三日誅竇懷貞等一十七家方晴
景龍中東都霖雨百餘日閉坊市北門駕車者苦甚污街中言曰宰
相不能調陰陽致茲恒雨令我污行會中書令楊再思過謂之曰於
理則然亦卿牛劣耳　貞元二十一年順宗飄叔文用事連月霖雨
不霽乃以憲宗為皇太子制出日即晴傳所謂皇之不極厥罰恒陰
皆此數也　貞觀二年六月京畿旱蝗食稼太宗在苑中掇蝗呪之
曰人以穀為命而汝害之是吾民也百姓有過在予一人汝若通靈
但當食我無害吾民將吞之侍臣恐上致疾遽救止之上曰所冀移
災朕躬何疾之避遂吞之是歲蝗不為患　開元四年五月山東螟
蝗害稼分遣御史捕而埋之汴州刺史倪若水拒御史執奏曰蝗是
天災自宜脩德劉聰時除既不得為害滋深宰相姚崇牒報之曰劉
聰僞主德不勝妖今日聖朝妖不勝德古之良守蝗蟲避境若言修

德可免彼豈無德致然今坐為食苗忍而不救因此饑饉將何以安卒行埋瘞之法獲蝗一十四萬乃投之汴河流者不可勝數朝議喧然上復以問崇崇對曰凡事有違經而合道反道而適權者彼庸儒不足以知之縱除之不盡猶勝養之以成災帝曰殺蟲太多有傷和氣公其思之崇曰若救人殺蟲致禍臣所甘心八月四日勅河南河北檢校捕蝗使狄光嗣康瓘敬昭道高昌賈彥璿等宜令待蟲盡而刈禾將畢即入京奏事諫議大夫韓思復上言曰伏聞河北蝗蟲頃日益熾經歷之處苗稼都盡臣望陛下省咎責躬發使宣慰損不急之務去至冗之人上下同心君臣一德持此至誠以答休咎前後捕蝗使望並停之上出符疏付中書姚崇乃令思復往山東檢視蟲災之所及還具以聞二十五年貝州蝗食苗有白鳥數萬羣飛食蝗一夕而盡明年榆林關有蝦蚄食苗羣雀來食數日而盡　天寶三載貴州紫蟲食苗時有赤鳥羣飛自東北來食之　廣德元年秋蝦蚄食苗關西尤甚米斗千錢　興元元年秋關輔大蝗田稼食盡百姓

。饑捕蝗為食蒸曝颺去足翅而食之明年夏蝗尤甚自東海西盡河隴羣飛蔽天旬日不息經行之處草木牛畜毛靡有孑遺關輔已東穀大貴餓饉枕道京師大亂之後李懷光據河中諸軍進討國用罄竭衣冠之家多有殍殕者旱甚灞水將竭井皆無水有司奏國用裁可支七旬德宗減膳不御正殿百司不急之費皆減之　元和元年夏鎮冀蝗害稼　長慶三年秋洪州旱螟蝗害稼八萬頃　太和元年秋旱罷選舉　開成二年河南河北旱蝗害稼京師旱尤甚徙市閉坊南門四年六月天下旱蝗食田禱祈無効上憂形于色宰臣曰星官奏天時當爾乞不勞聖慮文宗懍然改容曰朕為天下主無德及人致此災旱今又彗星謫見于上若三日內不雨當退歸南內御等自選賢明之君以安天下宰臣曰嗚咽流涕不能已是歲河南府界黑蟲食苗河南河北蝗害稼都盡鎮定等州田稼既盡至于野草樹葉細枝亦盡　會昌元年山南鄧唐等州蝗害稼　貞觀十三年四月二十九日雲陽石燃方丈晝如炭夜則光見投草木於其上則

焚歷年方止　証聖元年正月十六日夜明堂火延及天堂京城照如晝至曙並為灰燼則天欲避殿徹樂宰相姚璹以為火因麻主人護不謹非天災也不宜貶損乃勸則天御端門觀酺引建章故事令薛懷義重造明堂以厭勝之　則天時建昌王武攸寧置內庫長五百步二百餘間別貯財物以求媚一夕為天災所燔玩好並盡　景龍中東都凌空觀災火自東北來其金銅諸像銷鑠並盡　開元五年洪潭二州災火延燒郡舍郡人先見火精赤暾暾飛來旋即火發十五年衡州災火延燒三四百家郡人見物大如甕赤如燭籠此物所至即火發十八年二月十八日大雨雪俄又雷震飛龍廄災　天寶二年六月七日東都應天門觀災延燒左右延福門經日不滅九載三月華嶽廟災十載正月大風陝州運船失火燒二百一十五隻損米一百萬石舟人死者六百人又燒商人船一百隻其年八月六日武庫災燒二十八間十九架兵器四十七萬件　寶應元年十一月迴紇焚東都宜春院延及明堂甲子日而盡　廣德元年十二月二

。十五夜鄂州失火燒船三千艘延及岸上居人二千餘家死者四五千人　大曆十年二月莊嚴寺佛圖災初有疾風震雷薄擊俄而火從佛圖中出寺僧數百人急救之乃止棟宇無損　貞元七年蘇州火十九年四月家令寺火二十年四月開業寺火　元和四年御史臺舍火七年鎮州甲仗庫一十三間災節度使王承宗殺主守坐死者百餘人承宗方拒天軍而兵仗為災所焚天意嫉惡也十年四月河陰轉運院火十一月獻陵寢宮永巷火十一年十二月未央宮及飛龍草場火皆王承宗李師道謀撓用兵陰遣盜縱火也時李師道於鄆州起宮殿欲謀僭亂既成是歲為災並盡俄而族滅　太和元年十月甲辰昭德宮火延燒至宣政東垣及門下省至晡方息八年十二月昭成宮火九年六月乙亥朔西市火　會昌三年六月萬年縣東市火燒屋宇貨財不知其數又西內神龍宮火　大順二年七月汴州相國寺佛閣災是日晚微雨震電寺僧見赤塊在三門樓橑網中周遶一帀而火作良久赤塊北飛越前殿飛入佛閣網中如三

門闔震轉而火作如是三日不息訖為灰燼　貞觀初白鵲巢于殿庭之槐樹其巢合歡如腰鼓左右稱賀太宗曰吾常笑隋文帝好言祥瑞瑞在得賢白鵲子何益於事命撤之送于野　高宗文明後天下頻奏雌雉化為雄或半化未化兼以獻之則天臨朝之兆　調露元年突厥盟傳等未叛時有鳴鵽羣飛入塞相繼蔽野邊人相驚曰突厥雀南飛突厥犯塞之兆也至二年正月還復北飛至靈夏已北悉墜地而死視之皆無頭裴行儉問右史苗神客曰鳥獸之祥乃應人事何也對曰人雖最靈而稟性含氣同於萬類故吉凶兆於彼而禍福應於此聖王受命龍鳳為嘉瑞者和氣同也故漢祖斬蛇而驗秦之必亡仲尼感麟而知已之將死夷羊在牧殷紂已滅鸜鵒來巢魯昭出奔鼠舞端門燕剌誅死大鳥飛集昌邑以敗是故君子虔恭寅畏動必思義雖在幽獨如承大事知神明之照臨懼患難之及已雉升鼎耳殷宗側身以脩德鵩上坐隅賈生作賦以叙命卒以無患者德勝妖也大曆八年四月戊申乾陵上仙觀之尊殿有雙鵲啣泥

《唐志十七　十四

○及柴補殿之巢壞凡十五處其年九月大鳥見于武功殿羣鳥隨而噪之神策將軍張日芬射得之肉翅狐首四足足有爪其廣四尺三寸其毛色赤形類鸇鷂十一年渭九獲赤烏十三年五月左羽林軍鸜鵒乳雀　貞元三年三月中書省梧桐樹有鵲以泥為巢四年夏汴鄭二州羣鳥皆飛入田緒李納境內啣木為城高二三尺方十里緒納惡之命焚之信宿而復鳥口皆流血十年四月有大鳥飛集宮中食雛骨數日獲之不食而死六月辛未晦水鳥集左藏庫十四年秋有鳥色青類鳩鵲息於宋郊所止之處羣鳥翼衞朝夕嗛稻粱以哺之睢陽之人適野聚觀者旬日人不知其名郡人李翱見之曰此鸑也鳳之次　長慶元年六月濮州雷澤縣人張憲家榆樹鳥巢因風墮二雛別樹鵲引二鳥雛於巢哺之　開成二年六月眞興門外野鵲巢於古塚　永徽中黑齒常之戍河源軍有狼三頭白晝入軍門射之斃常之懼求代將軍李謹代常之軍月餘卒　先天初洛陽市人牽一羊左肋下有人手長尺許以之乞丐　開元二年韶州鼠

害稼千萬為群三年有熊白晝入廣陵城月餘都督李處鑒卒　永泰二年十一月乾陵赤兔見　大曆二年三月河中獻玄狐四年九月己卯虎入京城長壽坊元載私廟將軍周皓格殺之六年八月丁丑太極殿內廊下獲白兔八年七月白鼠出內侍十二年六月苑內獲白鼠十三年六月戊戌隴右汧源縣軍士趙貴家猫鼠同乳不相害節度使朱泚籠之以獻宰相常袞率百寮拜表賀中書舍人崔祐甫曰此物之失性也天生萬物剛柔有性聖人因之垂訓作則禮迎猫為食田鼠也然猫之食鼠載在祀典以其能除害利人雖微必錄今此猫對鼠何異法吏不勤觸邪疆吏不勤扞敵據禮部式錄三瑞無猫不食鼠之目以此稱慶理所未詳以劉向五行傳言之恐須申命憲司察聽貪吏誡諸邊境無失儆巡則猫能致功鼠不為害帝深然之　建中四年五月滑州馬生角　貞元四年二月太僕寺郊牛生犢六足太僕卿周皓白宰相李泌請上聞泌笑而不答又京師人家豕生子兩首四足有司以白御史中丞竇參請上聞參寢而不奏

《唐志十七　十五

○三月癸丑鹿入京師西市門衆殺之　元和七年十一月龍州武安川會田中嘉禾生有麟食之復生麟之來一鹿引之羣鹿隨之光華不可正視使畫工圖麟及嘉禾來獻八年四月長安西市人家豕生子三耳八足自尾分為二　太和九年八月易定監軍小將家馬因飲水吐出寶珠一獻之

貞觀中汾州言青龍見吐物在空中有光明如火墮地地陷掘之得玄金廣尺長七寸　大足元年虔州別駕得六眼龜一夕而失　神龍中渭河有蝦蟇大如一石鼎里人聚觀數日而失是歲大水漂溺京城數百家商州水入城門襄陽水至樹杪　先天二年六月西京朝堂磚皆無故自聳墫下有大蛇長丈餘蝦蟇大如盤面目赤如火相向鬭俄而蛇入大樹蝦蟇入于草其年七月三日玄宗誅竇懷貞岑羲等十七家　開元四年六月郴州馬嶺山下有白蛇長六七尺黑蛇長丈餘兩蛇鬭白蛇吞黑蛇至麤處口眼流血黑蛇頭穿白蛇腹出俄而俱死旬日內桂陽大雨山水暴溢漂五百家殺三百餘人

天寶中洛陽有巨蛇高丈餘長百尺出於芒山下胡僧無畏見之歎曰此欲決水注洛城即以天竺法咒之數日蛇死祿山陷洛之兆也李揆時作相前一月有大蝦蟇如牀見室之中俄失所在占者以為蝦蟇天使也有福慶之事　乾元二年九月通州三岡縣放生池中日氣下照水騰波涌上有黃龍躍出高丈餘又於龍旁數處浮出明珠大曆八年京師金天門外水渠獲毛龜　貞元三年李納獻毛龜元和七年四月舒州桐城縣有黃青白三龍各一翼風雷自梅天陂起約高二百尺凡六里降于浮塘坡九年四月道州二青龍見于江中　太和二年六月七日密州界產山北面有龍見初赤龍從西來續有青龍黃龍從南來後有白龍黑龍從山北來並形狀分明自申至戌方散去　天寶初臨川郡人李嘉胤所居柱上生芝草狀如天尊像太守張景夫拔柱以獻　上元二年七月甲辰延英殿御座生白芝一莖三花肅宗製玉靈芝詩三篇羣臣皆賀占曰白芝主喪明年上皇肅宗俱崩二年九月含暉院生金芝　永泰二年二月京城

槐樹有蟲食葉其形類蠶其年六月太廟第二室芝草生　大曆四年三月潤州上元縣芝草生一莖四葉高七寸八年廬州廬江縣紫芝生高一丈五尺九年九月晉州神山縣慶唐觀檜樹已枯重榮十二年五月甲子成都府人郭遠因樵獲瑞木一莖有文曰天下太平四字其年十一月蔡州汝陽縣芝草生紫莖黃蓋　興元元年八月亳州貞元縣大空寺僧院李樹種來十四年纔長一丈八寸今春枝忽上聳高六尺周圍似蓋九尺餘又先天太后墓槐樹上有靈泉漏出今年六月其上有雲氣五色又黃龍再見于泉上　元和十一年十二月雷桃李俱花　長慶三年十二月水不冰草萌芽如正二月之候　神龍二年三月洛陽東七里有水影側近樹木車馬之影歷歷見水影中月餘方滅　乾元二年七月嵐州合河關黃河水四十里間清如井水經四日而後復　寶應元年九月甲午華州至陝州二百餘里黃河清澄徹見底　大曆二年醴泉出櫟陽愈疾　貞元四年七月自陝州至河陰河水色如墨流入汴河止于汴州城下一

宿而復　寶曆二年亳州言出聖水愈病江淮已南遠來奔湊求水浙西觀察使李德裕奏論其妖宰相裴度判汴州所申狀曰妖由人興水不自作牒汴州觀察使損塞訖申　玄宗初即位東都白馬寺鐵像頭無故自落於殿門外其後姚崇秉政以惠範附太平乃澄汰僧尼令拜父母午後不出院其法頗峻　大曆十三年二月太僕寺廄有佛堂堂內小脫空金剛左臂上忽有黑汗滴下以紙承之色即血也明年五月代宗崩　上元三年楚州刺史崔侁獻定國寶十三一曰玄黃天符形如笏長八寸有孔辟人間兵疫二曰玉雞毛白玉也以孝理天下則見三曰穀璧白玉也粟粒無雕鐫之跡王者得之五穀豐熟四曰西王母白環二所在處外國歸伏六曰如意寶珠大如雞卵七曰紅靺鞨大如巨栗八曰琅玕珠二九曰玉玦形如玉環四分缺一十曰玉印大如半手理如鹿形陷入印中十一曰皇后採桑鉤如箸屈其末十二曰雷公石斧無孔十三缺凡十三寶寘之日中白氣連天初楚州有尼曰真如忽有人接之昇天天帝謂之曰

下方有災令第二寶鎮之即以十三寶付真如時肅宗方不豫以為瑞乃改元寶應仍傳位皇太子此近白祥也　寶曆二年五月神策軍修苑內古漢宮掘得白玉牀其長六尺以獻　大曆十年二月京兆神策昭應婦人張氏產一男二女　貞元八年二月許州人李鈞見持杖上含元殿擊欄檻又擊殺所擒卒誅之十年四月巨人跡見常州　元和二年開紅崖治役夫將化為虎衆以水沃之化之不果長慶四年四月十七日染坊作人張韶與卜者蘇玄明於紫草車內藏兵仗入宮作亂二人對食於清思殿是日禁軍誅張韶等三十七人　寶曆二年十二月延州人賀文妻產三男　太和九年京師訛言鄭注為主上合金丹須小兒心肝密旨捕小兒或相告云某處失幾兒人家扃鎖小兒甚密上恐遣中使諭之乃止　開成二年十二月二十八日狂人劉德廣入含元殿詔付京兆府杖殺之　隋末有謠云桃李子洪水繞楊山煬帝疑李氏有受命之符故誅李金才後李密據洛口倉以應其讖　隋文時自長安故城東南移於唐興村

置漸都今西內承天門正當唐興村門今有大槐樹柯枝森鬱即村
門樹也有司以行列不正將去之文帝曰高祖嘗坐此樹下不可去
也　調露中高宗欲封嵩山累草儀注有事不行有謠曰不畏登不
得但恐不得登三度徵兵馬傍道打騰騰高宗至山下遘疾還宮而
崩　永徽末里歌有桑條韋也女時韋也樂及神龍中韋后用事鄭
愔作桑條歌十篇上之　龍朔中俗中飲酒令曰子母去離連臺拗
倒俗謂盃盤為子母又名盤為臺及中宗廢於房州之應也時里歌
有突厥鹽及則天遣尚書閻知微送武延秀立知微為可汗挾之入
寇　如意初里歌云黃麞黃麞草裏藏彎弓射爾傷後契丹李萬榮
叛陷營州則天令總管曹仁師王孝傑等將兵百萬討之大敗於黃
麞契丹乘勝至趙郡　垂拱已後東都有挈苾兒歌皆淫豔之詞後
張易之兄弟有內嬖易之小字挈苾　元和小兒謠云打麥打麥三
三三乃轉身曰舞了也及武元衡為盜所害是元和十年六月三日
五行傳所謂詩妖皆此類也

上元中為服令九品已上佩刀礪等袋紛帨為魚形結帛作之為魚
像鯉強之意也則天時此制遂絕景雲後又佩之張易之為母阿臧
為七寶帳有魚龍鸞鳳之形仍為象牀犀簟則天令鳳閣侍郎李迥
秀妻之迥秀不獲已然心惡其老薄之阿臧怒出迥秀為定州刺史
中宗女安樂公主有尚方織成毛裙合百鳥毛正看為一色旁看為
一色日中為一色影中為一色百鳥之狀並見裙中凡造兩腰一獻
韋氏計價百萬又令尚方取百獸毛為韉面視之各見本獸形韋后
又集鳥毛為韉面安樂初出降武延秀蜀川獻單絲碧羅籠裙縷金
為花鳥細如絲髮鳥子大如黍米眼鼻嘴甲俱成明目者方見之自
安樂宮主作毛裙百官之家多效之江嶺奇禽異獸毛羽採之殆盡
開元初姚宋執政屢以奢靡為諫玄宗悉命宮中出奇服焚之於殿
廷不許士庶服錦繡珠翠之服自是採捕漸息風教日淳韋庶人妹
七姨嫁將軍馮太和權傾人主嘗為豹頭枕以辟邪白澤枕以辟魅
伏熊枕以宜男太和死再嫁嗣虢王及玄宗誅韋后虢王斬七姨首

以獻此總言服妖也

唐書志卷第十七

唐書志卷第十八

劉　昫　等修

聞人詮校刻沈桐同校

地理一

王者司牧黎元方制天下列井田而底職貢分縣道以控華夷雖皇墳帝典之殊塗禹貢周官之異制其於建侯胙土頒瑞剖符外奏百蠻內親九牧古之元首咸有意焉然子弟受封周室竟貽於衰削郡縣為理秦人不免於敗亡盖德業有淺深制置無工拙殷周未爲得秦漢未爲非撫實而言在哲后守成而已謹詳前代隆平之時校今日耗登之數存諸戶籍以志休期昔秦并天下裂地爲四十九郡郡置守尉以御史監之其地西臨洮而北沙漠東縈南帶皆際海濱漢興以秦郡稍大析置郡國武帝斥越攘胡土宇彌廣哀平之季凡郡國百有三縣千三百一十四道三十二侯國二百四十一而諸郡置十三部刺史分統之(謂司隸并荊兗豫揚冀青徐益交梁幽等十三州)漢地東西九千三百

二里南北一萬三千三百六十八里後漢郡國百有五縣道侯國千一百八十六亦如西京之制置十三州刺史以充郡守其地廣袤亦如前制曹魏之時三分鼎峙淮漢之間鞠爲鬬壤洎太康混一尋陷胡戎南北分爭何暇疆理三百年間廢置不一及隋氏平陳寰區一統大業三年改州爲郡亦如漢制置司隸刺史以糺郡守大凡隋簿郡百九十縣一千二百五十五戶八百九十萬七千五百三十六口四千六百一萬九千九百五十六其地東西九千三百里南北一萬四千八百一十五里東南皆際大海西至且末北至五原隋氏之極盛也及大業季年群盜蜂起郡縣淪陷戶口減耗高祖受命之初改郡爲州太守並稱刺史其緣邊鎮守及襟帶之地置總管府以統軍戎至武德七年改總管府爲都督府自隋季喪亂群盜初附權置州郡倍於開皇大業之間貞觀元年悉令併省始於山河形便分爲十道一曰關內道二曰河南道三曰河東道四曰河北道五曰山南道六曰隴右道七曰淮南道八曰江南道九曰劍南道十曰嶺南道至

十三年大簿凡州府三百五十八縣一千五百五十一至十四年平高昌又增二州六縣自北殄突厥頡利西平高昌北踰陰山西抵大漠其地東極海西至焉耆南盡林州南境北接薛延陁界凡東西九千五百一十一里南北萬六千九百一十八里高宗時平高麗百濟遼海已東皆爲州俄而復叛不入提封景雲二年分天下郡縣置二十四都督府以統之議者以權重不便尋亦罷之開元二十一年分天下爲五十道每道置採訪使檢察非法如漢刺史之職

京畿採訪使(理京師城內)都畿(理東都城內)關內(以京官遙領)河南(理汴州)河東(理蒲州)河北(理魏州)隴右(理鄯州)山南東道(理襄州)山南西道(理梁州)劍南(理益州)淮南(理揚州)江南東道(理蘇州)江南西道(理洪州)黔中(理黔州)嶺南(理廣州)又於邊境置節度經略使式遏四夷(凡節度使十經略守捉使三)大凡鎮兵四十九萬人戎馬八萬餘疋每歲經費衣賜則千二十萬疋段軍食則百九十萬石大凡千二百一十萬(開元已前每年邊用不過二百萬天寶中至於是數)安西節度使撫寧西域統龜玆焉耆于闐疏勒四國(安西都護府治所在龜玆國城內管戍兵二萬四千人馬二千七百疋衣賜六十二萬疋

段焉耆治所在安西府東八百里于闐在安西府南二千里疏勒在安西府西二千餘里)北庭節度使防制突騎施堅昆斬管瀚海天山伊吾三軍(北庭節度使所治在北庭都護府管兵二萬人馬五千疋衣賜四十八萬疋段突騎施牙帳在北庭府西北三千餘里堅昆斬在北庭府北七千里東北去斬啜千七百里瀚海軍在北庭府城內管兵萬二千人馬四千二百疋天山軍在西州城內管兵五千人馬五百疋伊吾軍在伊州西北三百里甘露川管兵三千人馬三百疋)河西節度使斷隔羌胡統赤水大斗建康寧寇玉門墨離豆盧新泉等八軍張掖交城白亭三守捉(河西節度使治在涼州管兵七萬三千人馬萬九千四百疋衣賜歲百八十萬疋段赤水軍在涼州城內管兵三萬三千人馬萬三千疋大斗軍在涼州西二百餘里管兵七千五百人馬二千四百疋建康軍在涼州西百二里管兵五千三百人馬五百疋寧寇軍在涼州東北千餘里玉門軍在肅州西二百里管兵五千二百人馬六百疋墨離軍在瓜州西北千里管兵五千人馬四百疋豆盧軍在沙州城內管兵四千三百人馬四百疋新泉軍在會州西北二百餘里管兵千人張掖守捉在涼州南二百里管兵五百人交城守捉在涼州西二百里管兵千人白亭守捉在涼州西北五百里管兵千七百人)朔方節度使捍禦北狄統經略豐安定遠西受降城東受降城安北都護振武等七軍府(朔方節度使治靈州管兵六萬四千七百人馬四千三百疋衣賜二百萬疋段經畧軍理靈州城內管兵二萬七百人馬三千疋豐安軍在靈州西黃河外百八十里管兵八千人馬千三百疋定遠城在靈州東北二百里黃河外管兵七千人馬三千疋西受降城在豐州北黃河外八千里管兵七千人馬千七百疋安北都護府治在中受降城黃河北岸管兵六千人馬二千疋東受降城在勝州東

北二百里管兵七千人馬千七百疋振武軍在單于東都護府城內管兵九千人馬千六百疋河東節度使掎角朔方以禦北狄統天兵大同橫野岢嵐等四軍忻代嵐三州雲中守捉河東節度使治太原府管兵五萬五千人馬萬四千疋衣賜歲百二十六萬疋段軍糧五十萬石天兵軍理太原府城內管兵三萬人馬五千五百疋雲中守捉在單于府西北二百七十里管兵七千七百人馬二千疋大同軍在代州北三百里管兵九千五百人馬五千五百疋橫野軍在蔚州東北一百四十里管兵三千人馬千八百疋忻州在太原府北百八十里管兵七千八百人代州至太原五百里管兵四千人嵐州在太原府西北二百五十里管兵三千人岢嵐軍在嵐州北百里管兵一千人范陽節度使臨制奚契丹統經略威武清夷靜塞恒陽北平高陽唐興橫海等九軍范陽節度使理幽州管兵九萬一千四百人馬六千五百疋衣賜八十萬疋段軍糧五十萬石經略軍在幽州城內管軍三萬人馬五千四百疋威武軍在檀州城內管兵萬人馬三百疋清夷軍在嬀州城內管兵萬人馬三百疋靜塞軍在薊州城內管兵萬六千人馬五百疋恒陽軍在恒州城東管兵三千五百人北平軍在定州城西管兵六千人高陽軍在易州城內管兵六千人唐興軍在莫州城內管兵六千人橫海軍在滄州城內管兵六千人平盧軍節度使鎮撫室韋靺鞨統平盧盧龍二軍榆關守捉安東都護府平盧軍節度使治在營州管兵萬七千五百人馬五千五百疋平盧軍在營州城內管兵萬六千人馬四千二百疋盧龍軍在平州城內管兵萬人馬三百疋榆關守捉在營州城西四百八十里管兵三百人馬百疋安東都護府在營州東二百七十里管兵八千五百人馬七百疋隴右節度使以備羌戎統臨洮河源白

水安人振威威戎莫門寧塞積石鎮西等九軍綏和合川平夷三守捉隴右節度使在鄯州管兵七萬人馬六百疋衣賜二百五十萬疋段臨洮軍在鄯州城內管兵萬五千人馬八千疋河源軍在鄯州西百二十里管兵四千人馬六百五十疋白水軍在鄯州西北二百三十里管兵四千人馬五百疋安人軍在鄯州界星宿川州西兵萬人馬三百五十疋振威軍在鄯州西三百里管兵千人馬五百疋威戎軍在鄯州西北三百五十里管兵千人馬五十疋綏和守捉在鄯州西南二百五十里管兵千人合川守捉在鄯州南百八十里管兵千人馬莫門軍在洮州城內管兵五千五百人馬二百疋寧塞軍在鄯州城內管兵五百人馬五十疋積石軍在鄯州西百八十里管兵七千人馬三百疋鎮西軍在河州城內管兵萬三千人馬三百疋平夷守捉在河州西南四千里管兵三千人劍南節度使西抗吐蕃南撫蠻獠統團結營及松維蓬恭雅黎姚悉等八州兵馬天寶平戎昆明寧遠澄川南江等六軍鎮劍南節度使治在成都府管兵三萬九百人馬二千疋衣賜八十萬疋段軍糧七十萬石團結營在成都府城內管兵萬四千人馬千八百疋翼州管兵五百人茂州管兵三百人維州管兵五百人天寶軍在恭州東南九十里管兵千人柘州管兵五百人松州管兵二千八百人平戎城在恭州南八十里管兵千人雅州管兵四百人當州管兵五百人黎州管兵千人昆明軍在嶲州南管兵五千一百人馬二百疋寧遠城在嶲州西管兵三百人姚州管兵五千人登川守捉在姚州東大百里管兵二千人悉州管兵五千人南江郡管兵三百人嶺南五府經略使綏靜夷獠統經略清海二軍桂管容管安南邕管四經略使五府經略使治在廣州管兵萬五千四百人輕稅本鎮以自給經略軍在廣州城內管兵五千四百人清海軍在恩州城內

管兵二千人桂管經略使治桂州管兵千人容管經略使治容州管兵千一百人安南經略使治安南都護府即交州管兵四千二百人邕管入經略使兵七百人長樂經略使福州刺史領之管兵千五百人東萊守捉萊州刺史領之管兵千人東牟守捉登州刺史領之管兵千人至德之後中原用兵刺史皆治軍戎遂有防禦團練制置之名要衝大郡皆有節度之額寇盜稍息則易以觀察之號東都畿汝防禦觀察使領汝州東都留守兼之河陽三城節度使治孟州領懷州汴州宣武軍節度使治汴州管宋亳潁四州義成軍節度使治滑州管鄭濮三州忠武軍節度使治許州管陳蔡三州天平軍節度使治鄆州管齊曹棣四州兗海節度使治兗州管兗海沂密四州武寧軍節度使治徐州管濠宿泗四州平盧軍節度使治青州管淄青登萊四州陝州節度使治陝州管陝虢二州潼關防禦鎮國軍使華州刺史領之同州防禦長春宮使同州刺史領之鳳翔隴右節度使治鳳翔府管鳳翔府隴州邠寧節度使治邠州管邠寧慶坊丹延等州涇原節度使治涇州管涇原渭武四州朔方節度使治靈州管[illegible]等州河中節度使治河中府管晉絳慈隰等州昭義軍節度使治潞州管澤邢洺磁五州河東節度使治太原府管[illegible]等州大同軍防禦使雲州刺史領之管雲朔蔚三州魏博節度使治魏州管相衛貝博澶六州義昌軍節度使治滄州管景德滄三州成德軍節度使治恒州管[illegible]四州義武軍節度使治定州管易祁三州幽州節度使治幽州管[illegible]等十州山南西道節度使治興元府管[illegible]等州山南東道節度使治襄州[illegible]元和中[illegible]別立一節度荊南節度使治江陵府管[illegible]等州[illegible]使親王領之劍南西川節度使治成都府管[illegible]等州[illegible]等出使親王領之劍南東川節度使治梓州管[illegible]等州武昌軍節度使治鄂州管鄂岳蘄黃安申光等州淮南節度使治揚州管楚滁和舒廬壽等州浙江西道節度使治潤州管[illegible]等州浙江東道節度使治越州管明婺衢處溫台[illegible]福建觀察使治福州管泉建汀漳等州宣州觀察使治宣州管歙池等州江南西道觀察使治洪州管江饒吉袁信撫虔等州湖南觀察使治潭州管衡永道郴連邵等州黔中觀察使治黔州[illegible]嶺南東道節度使治廣州管[illegible]嶺南西道桂管經略觀察使治桂州管[illegible]等州邕管經略使治邕州[illegible]容管經略使治容州[illegible]等州安南都護節度使[illegible]安等州上元年後河西隴右州郡悉陷吐蕃大中咸通之間隴右遺黎

始以地圖歸國又析置節度秦州節度使（治秦州管成階等州）涼州節度使（治涼州管西洮鄯臨河等州）瓜沙節度使（治沙州管沙瓜伊西甘肅蘭鄯河岷廓等州）乾符之後天下亂離禮樂征伐不自朝廷禹迹九州瓜分臠剖或併或析不可備書今舉天寶十一載地理唐土東至安東府西至安西府南至日南郡北至單于府南北如前漢之盛東則不及西則過之（漢地東至樂浪玄菟今高麗渤海是也今在遼東非唐土也漢境西至燉煌郡今沙州是唐土又龜茲是西過漢之盛也）開元二十八年戶部計帳凡郡府二百二十有八縣千五百七十有三羈縻州郡不在此數戶八百四十一萬二千八百七十一口四千八百一十四萬三千六百九應受田一千四百四十萬三千八百六十二頃一十三畝雖未盈兩漢之數晉魏以來斯爲盛矣永泰之後河朔隴西淪於寇盜元和掌計之臣嘗爲版簿二方不進戶口莫可詳知今但自武德已來備書廢置年月其前代沿革累載郡邑之端俾職方之臣不殆於顧問耳

關內道　河南道

關內道

○京師　秦之咸陽漢之長安也隋開皇二年自漢長安故城東南移二十里置新都今京師是也城東西十八里一百五十步南北十五里一百七十五步皇城在西北隅謂之西內正門曰承天正殿曰太極太極之後殿曰兩儀內別殿亭觀三十五所京師西有大明興慶三宮謂之三內有東西兩市都內南北十四街東西十一街街分一百八坊坊之廣長皆三百餘步皇城之南大街曰朱雀之街東五十四坊萬年縣領之街西五十四坊長安縣領之京兆尹總其事東內曰大明宮在西內之東北高宗龍朔二年置正門曰丹鳳正殿曰含元含元之後曰宣政宣政左右有中書門下二省弘文史二館高宗已後天子常居東內別殿亭觀三十餘所南內曰興慶宮在東內之南隆慶坊本玄宗在藩時宅也自東內達南內有夾城複道經通化門達南內人主往來兩宮人莫知之宮之西南隅有花萼相輝勤政務本之樓禁苑在皇城之北苑城東西二十七里南北三十里至灞水西連故長安城南連京城北枕渭水苑內離宮亭觀二十四所漢長安故城東西十三里亦隸入苑中苑置西南監及總監以掌種植

京兆府　隋京兆郡領大興長安新豐渭南鄭華陰藍田鄠盩厔始平武功上宜醴泉涇陽雲陽三原宜君同官華原富平萬年高陵二十二縣武德元年改爲雍州改大興爲萬年萬年爲櫟陽分櫟陽置平陽以渭南縣屬華州分醴泉置溫秀縣分雲陽置石門縣二年分萬年置芷陽縣分藍田置白鹿縣分涇陽始平置咸陽縣分高陵置鹿苑縣改平陵爲[illegible]邑縣分醴泉置好時縣分盩厔置終南縣二年改白鹿爲寧人縣分藍田置玉山縣分始平置醴泉縣仍分武功好時盩厔扶風四縣置稷州分溫秀石門二縣置泉州四年改三原爲池陽五年復以華州之渭南來屬六年改池陽爲華池縣七年廢芷陽入萬年縣（貞觀元年）廢鹿苑入高陵縣廢寧人玉山入藍田縣改雲陽爲池陽縣改華池爲三原縣廢稷州以武功好時盩厔三縣來屬八年廢栗邑入櫟陽縣廢終南入盩厔縣廢雲陽入池陽縣仍改池陽爲雲陽縣廢上宜入岐州之岐陽縣十七年罷宜州以華原同官二縣

來屬二十年又置宜君縣永徽二年廢宜君縣乾封元年置明堂乾封二縣咸亨元年置美原縣文明元年置奉天縣天授元年改雍州爲京兆郡其年復舊二年分始平武功奉天盩厔好時等縣置稷州雲陽涇陽醴泉三原富平美原等縣置宜州大足元年罷以鴻宜鼎稷四州依舊爲縣以始平等十七縣還隸雍州長安二年廢乾封明堂二縣景龍三年以邠州之永壽商州之安業二縣來屬景雲元年復以永壽屬邠州安業隸商州開元元年改雍州爲京兆府復隋舊名四年改同州蒲城縣爲奉先縣仍隸京兆府天寶元年以京師爲西京七載置眞符縣十一年廢　舊領縣十八戶二十萬七千六百五十口九十二萬三千三百二十　天寶領縣二十三戶三十六萬二千九百二十一口一百九十六萬七千一百八十八府理京城之光德坊去東京八百里

萬年　隋大興縣武德元年改爲萬年乾封元年分置明堂縣治永樂坊長安三年廢復併萬年天寶七載改爲咸寧乾元復舊也　長

安　隋縣乾封元年分爲乾封縣治懷直坊長安三年廢復併長安
藍田　隋縣　渭南　隋縣武德元年屬華州五年復隸雍州天
授二年置鴻州分渭南置鴻門縣凡領渭南慶山高陵櫟陽鴻門五
縣尋廢鴻門縣還入渭南大足元年廢鴻州入雍州也　昭應　隋
新豐縣治古新豐城北垂拱二年改爲慶山縣神龍元年復爲新豐
天寶二年分新豐萬年置會昌縣七載省新豐縣改會昌爲昭應治
溫泉宮之西北　三原　隋縣武德四年移治清父南故任城改爲
池陽縣六年又移故所改爲華池縣仍分置三原縣屬北泉州貞觀
元年廢三原縣仍改華池縣屬三原縣屬雍州九年置高祖獻陵於
縣之東南天授元年改隸鼎州大足元年隸京兆府　富平　隋縣
天授二年隸宜州大足元年州廢還隸雍州景雲二年置中宗房陵
於縣界　櫟陽　隋萬年縣武德元年改爲櫟陽二年分置粟邑縣
貞觀八年廢粟邑併櫟陽天授三年隸鴻州大足元年還隸雍州
咸陽　隋廢縣武德二年復分涇陽置初治鮑橋其年移治杜郵天

授二年則天以其母順陵在其界升爲赤神龍初復　高陵　隋縣
天授二年隸鴻州大足元年還雍州　涇陽　隋縣天授二年隸鼎
州大足元年還雍州　醴泉　隋寧夷縣後廢貞觀十年置昭陵於
九嵕山因析雲陽　咸陽二縣置醴泉縣天授元年改隸鼎州大足
元年還雍州寶應二年又置肅宗建陵在縣北之進山　雲陽　隋
縣武德元年分置石門縣三年於石門縣置泉州領石門溫秀二縣
貞觀元年廢泉州改石門爲雲陽改雲陽爲池陽並屬雍州八年廢
雲陽改池陽復名雲陽　興平　隋始平縣天授二年隸稷州大足
元年還雍州景龍四年中宗送金城公主入蕃別於此因改金城縣
至德二年十月改興平縣　鄠　隋縣　武功　隋縣武德三年分
雍州之武功好畤盩厔扶風四縣置稷州因后稷封邰爲名其年割
郿州之郿鳳泉二縣來屬四年又割岐州之圍川鳳泉屬岐州以盩
厔好畤武功三縣屬雍州天授二年置稷州領武功始平奉天盩厔
好畤五縣大足元年還屬雍州　好畤　武德二年分醴泉縣置

因漢舊名屬雍州三年改隸稷州貞觀元年復屬雍州天授二年復
隸稷州大足元年還屬雍州　盩厔　隋縣武德三年屬稷州貞觀
三年還雍州授二年屬稷州大足元年還雍州天寶元年改爲宜壽
縣至德二年三月十八日復爲盩厔　奉先　舊蒲城縣屬同州開
元四年以管橋陵改京兆府仍改爲奉先縣十七年制官員同赤縣
寶應二年又置玄宗泰陵於縣東北　奉天　文明元年以管乾陵
分醴泉置天授二年隸稷州大足元年還雍州　華原　舊宜州領
華原宜君同官土門四縣貞觀十七年省宜州及土門縣以華原同
官屬雍州宜君屬坊州垂拱二年改華原爲永安縣天授二年又置
宜州領永安同官富平美原四縣大足元年廢宜州縣還雍州神龍
元年復爲華原縣　美原　舊宜州土門縣貞觀十七年廢咸亨二
年又割富平華原及同州之蒲城縣置改爲美原縣天授二年又屬
宜州大足元年還雍州　同官　屬宜州貞觀十七年改屬雍州天
授二年改屬宜州大足元年還屬雍州　華州上輔　隋京兆郡之

鄭縣義寧元年割京兆之鄭縣華陰二縣置華山郡因後魏郡名武
德元年改爲華州割雍州之渭南來屬五年改渭南還雍州垂拱元
年割同州之下邽來屬二年改爲太州神龍元年復舊名天寶元年
改爲華陰郡乾元元年復爲華州上元元年十二月改爲太州華山
爲太山寶應元年復爲華州　舊領縣二戶一萬八千八百二十三
口八萬八千八百三十
天寶領縣三戶三萬三千一百八十七口二十一萬三千六百一十
三　在京師東一百八十里去東都六百七十里
鄭　隋縣　華陰　隋縣垂拱二年改爲仙掌縣天授二年分置
同津縣於關口長安中廢神龍元年復爲華陰上元元年改爲太陰
縣寶應元年復舊　下邽　隋縣舊屬同州垂拱元年來屬
同州上輔　隋馮翊郡武德元年改爲同州領馮翊下邽蒲城朝邑澄
城白水郃陽韓城八縣三年分朝邑置河濱縣分郃陽置河西縣分
澄城置長寧縣仍割河西韓城郃陽三縣於河西置西韓州九年分

馮翊置臨沮縣貞觀元年省河濱臨沮二縣八年省長寧縣廢西韓
州以郃陽河西二縣來屬垂拱元年割下邽屬華州開元四年割蒲
城縣屬京兆府天寶元年改同州為馮翊郡乾元元年復為同州乾
元三年以蒲州為河中府割朝邑縣入河中府改河西縣為夏陽縣
又屬河中府　舊領縣九戶五萬三千三百一十五口二十三萬二
千一十六　天寶領縣六戶六萬九百二十八口四十萬八千七百
五　在京師東北二百五十五里至東都六百二里　馮翊　隋縣
郃陽　隋縣　武德三年割屬西韓州貞觀八年復屬同州　白
水　隋縣　澄城　隋縣　韓城　隋縣　武德七年割屬西韓州
八年自河西縣移西韓州理於此領韓城郃陽河西三縣貞觀八年
廢西韓州以韓城等三縣復還屬同州也　夏陽　武德三年分郃
陽於此置河西縣乾元三年為夏陽

坊州上　隋上郡之內部縣周天和七年元皇帝作牧鄜州於此置
馬坊武德二年分鄜州置坊州以馬坊為名天寶元年改為中部郡乾

元元年復為坊州　舊領縣二戶七千五百七口一萬一千六百七
十一　天寶領縣四戶二萬二千四百五十八口十二萬二百八
在京師東北三百四十七里去東都九百四十八里　中部　隋曰內部武
德元年屬鄜州二年改為中部屬坊州　宜君　舊屬宜州貞觀十
七年廢二十五年復置屬雍州管玉華宮永徽二年復廢龍朔三年
又割中部同官兩縣地復置宜君縣理古殺柵城北屬坊州　昇平
天寶十二年分宜君縣置

丹州下　隋延安郡之義川縣義寧元年於義川置丹陽郡武德元
年改為丹州領縣五二年於州置總管府北連北廣二州貞觀元年
罷都督府天寶元年改為咸寧郡乾元元年復為丹州
舊領縣五戶三千一百九十四口一萬七千二十　天寶戶一萬五千
一百五口八萬七千六百二十五　在京師東北六百一十一里去東
都九百二十里

義川　隋縣　汾川　隋縣治土壁堡開元二十二年移於今所
咸寧　隋縣治白水川景龍二年移治長松川　雲巖　隋廢縣武
德元年復分義川縣置理廻城堡咸亨四年移治今所　門山　隋
廢縣武德三年分汾川縣置治宋斯堡總章二年移治庫利川

鳳翔府　隋扶風郡武德元年改為岐州領雍陳倉郿虢岐山鳳泉
等六縣又割雍等三縣置圍川縣其年割圍川屬稷州貞觀元年廢
稷州以圍川及鄜州之麟遊普潤等三縣來屬七年又置岐陽縣八
年改圍川為扶風縣省虢縣及鳳泉天授二年復置虢縣天寶元年
改為扶風郡至德二年肅宗自順化郡幸扶風郡置天興縣改雍縣
為鳳翔縣並治郭下初以陳倉為鳳翔縣乃改為寶雞縣其年十月
克復兩京十二月置鳳翔府號為西京與成都京兆河南太原為五
京寶應元年併鳳翔縣入天興縣後罷京名
舊領縣八戶二萬七千二百八十二口十萬八千三百二十四
天寶領縣九戶五萬八千四百八十六口三十八萬四百六十三

在京師西三百一十五里去東都一千一百七十里
天興　隋雍縣至德二年分雍縣置天興縣寶應元年廢雍縣併入
天興　扶風　武德三年分岐山縣置圍川縣取漳川為名俗訛改
為圍四年以圍川隸稷州貞觀元年廢稷州扶風縣復屬岐州　寶雞　隋
陳倉縣至德二年二月十五日改為鳳翔縣其月十八日改為寶雞
岐陽　貞觀七年割扶風岐陽二縣置至二十一年廢永徽五年
復置　岐山　隋縣武德元年移治張堡七年移治龍尾城貞觀八
年移治猪驛南即今治所是仍省虢縣併入　郿　隋縣義寧二年
於縣界置郿城郡領郿鳳泉二縣武德元年罷郡置郿州領郿縣三
年廢郿州改屬稷州七年改屬岐州　麟遊　義寧元年於仁壽宮
置鳳棲郡及麟遊縣其郡領麟遊上宜普潤三縣二年改為麟遊郡
及靈臺縣仍割安定郡之鶉觚來屬武德元年改麟遊郡為麟州貞
觀元年省靈臺縣入麟遊又廢麟州以普潤麟遊二縣隸岐州上宜
隸雍州鶉觚隸涇州太宗改仁壽宮為九成宮　普潤　隋縣本

屬豳州貞觀元年來屬　號　隋縣貞觀八年廢入岐山縣天授二
年復分岐山置號縣
邠州上　隋北地郡之新平縣義寧二年割北地郡之新平三水二
縣置　新平郡武德元年改爲邠州二年分新平置永壽縣貞觀二
年又分新平置宜祿縣開元十三年改豳爲邠天寶元年改爲新平
郡乾元元年復爲邠州　舊領縣四戶一萬五千五百三十四口六
萬四千八百一十九　天寶戶二萬二千九百七十七　十三萬五
千二百五十去京師西北四百九十三里至東都一千一百三十二
里　新平　隋縣　三水　隋縣　永壽　武德二年分新平置神
龍三年改屬雍州景龍元年復屬邠州　宜祿　貞觀二年分新平
置禮縣後魏廢縣名
涇州上　隋安定郡武德元年討平薛仁杲改名涇州天寶元年復
爲安定郡乾元元年復爲涇州　舊領縣五戶八千七百七十三口
三萬五千九百二十一　天寶戶三萬一千三百六十五口十八萬
。六千八百四十九　在京師西北四百九十三里至東都一千三百
八十七里　安定　隋縣　靈臺　隋鶉觚縣天寶元年改爲靈臺
良原　隋陰盤縣天寶元年改爲潘源縣界有潘原廢縣　臨涇
隋縣
隴州上　隋扶風郡之汧源縣義寧二年置隴東郡領縣五武德元
年改爲隴州以南由縣屬含州四年廢含州復以南由來屬天寶元
年改爲汧陽郡乾元元年復爲隴州　舊領縣五戶四千五百七十
一口一萬八千六百三　天寶戶二萬四千六百五十二口十萬一
百四十八　在京師西四百九十六里去東都一千三百二十五里
汧源　隋縣　汧陽　隋縣　南由　隋縣武德元年置含州於
此領南由一縣四年廢含州以縣屬隴州　吳山　隋長蛇縣貞觀
元年改爲吳山縣治槐衙堡上元元年移治龍盤城　華亭　隋縣
毋拱二年改亭川龍元年復舊
寧州上　隋北地郡義寧元領定安羅川襄樂彭年原新平三水六

縣二年分定安置歸義縣以新平三水屬新平郡武德元年改北地
郡爲寧州其年以彭原縣屬彭州三年分彭原置豐義縣屬彭州又
分定安置平定縣貞觀元年廢彭州以彭原豐義二縣來屬仍於寧
州置都督府四年罷都督府十七年廢歸義縣天寶元年改爲彭原
郡乾元元年復爲寧州　舊領縣七戶一萬五千四百九十一口六
萬六千一百三十五　天寶領縣六戶三萬七千一百二十一口二
十二萬四千八百三十七　在京師西北四百四十六里至東都一
千三百二十四里
定安　隋縣　彭原　隋縣武德元年置彭州領彭原一縣二年分
置豐義縣貞觀元年廢彭州以縣來屬寧州　貞寧　隋羅川縣
天寶元年改爲貞寧　定平　武德二年分定安縣置貞觀十七年
廢歸義縣併入定平　襄樂　隋縣　豐義　武德二年分彭原縣
置屬彭州貞觀元年廢彭州來屬
原州中都督府隋平凉郡武德元年平薛仁杲置原州貞觀五年置
。都督府管原慶會銀亭達要等七州十年省亭達要三州唯督四州
天寶元年改爲平凉郡乾元元年復爲原州
舊領縣三戶二千四百四十三口一萬五百一十二　天寶領縣四
戶七千三百四十九口三萬三千一百四十六　在京師西北八百
里至東都一千六百四十五里
平高　隋縣　平凉　隋縣治陽晉開元五年移治古塞城　百泉
隋縣　蕭關　貞觀六年置錄州領突厥降戶寄治於平高縣界
地樓城高宗時於蕭關置地犍縣神龍元年廢地犍縣置蕭關縣大
中五年置武州
慶州中都督府　隋弘化郡武德元年改爲慶州領合水樂蟠三泉
馬嶺弘化五縣三年改三泉爲同川縣六年置總管府改合水爲合
川縣又置白馬蟠交二縣七年改總管爲都督府貞觀元年廢
都督府及合川縣仍割林州之華池縣來屬二年置洛原縣四年復
置都督府及北來州以洛原屬北來州五年又罷都督府以慶州隸

原州都督府八年又以廢求州之洛原縣來屬開元四年復置都督
府二十六年昇爲中都督府天寶元年改爲安化郡至德元年改爲
順化郡乾元元年改爲慶州　舊領縣八戶七千九百一十七口三
萬五千一十九　天寶領縣十戶二萬三千九百四十九口一十二
萬四千三百三十六　在京師西北五百七十三里至東都一千四
百一十里　安化　隋弘化縣治弘州故城武德六年移治今所與
合水縣俱在州治其年改合水爲合川縣貞觀元年省合川縣併入
神龍元年改爲安化縣　樂蟠　義寧元年分合水縣置合水武德
六年分合水置蟠交縣天寶元年廢併入合水　馬嶺　隋縣治天
家堡貞觀八年移理新城以縣西有馬嶺坂　方渠　景龍元年分
馬嶺置　同川　義寧二年廢北永州分寧州彭原置於三泉縣故
城武德三年復治同州城改爲同川縣　洛源　隋縣大業十三年
爲胡賊所破因廢貞觀二年復置又自延州金城縣移北永州治於
此八年永州廢復以洛源縣屬慶州　延慶　武德六年分合水縣

置白馬縣天寶元年改爲延慶縣　華池隋舊縣大業十三年爲胡
賊所破縣廢武德四年復置又於此置林州揔管府管永州其林州
領華池一縣五年改永州爲北永州七年罷林州揔管府貞觀元年
廢林州華池隸慶州　懷安　開元十年檢括逃戶置因名懷安
芳池州都督府　寄在慶州懷安縣界管小州十靜獯王濮林尹位
長寶寧並党項野利氏種落
安定州都督府　寄在慶州界管小州七党橋烏西戎州野利州米
州還州
安化州都督府　寄在慶州界管小州七永利州威州旭州莫州西
滄州儒州琮州
鄜州上　隋上郡武德元年改爲鄜州領洛交洛川三川伏陸內部
鄜城六縣二年以內部鄜城隸坊州三年置直羅縣貞觀二年置都
督府六年又改爲大都督府九年復爲都督府天寶元年改爲洛交
郡乾元元年復爲鄜州　舊領縣五戶一千七百三口五萬一千二

百一十六　天寶戶二萬三千四百八十四口十五萬三千七百十
四也　京師東北五百里至東都九百二十五里
洛交　隋縣　洛川　隋縣　三川　隋縣以華池水黑水洛水三
水會同因名　直羅　武德三年分三川洛交於直羅城置以城枕
羅水其川平直故也　甘泉　武德元年分洛交縣置伏陸縣天寶
元年改爲甘泉縣
延州中都督府　隋延安郡武德元年改爲延州總管府領膚施豐
林延川三縣管南平北武東夏三州四年又管丹廣達三州貞觀元
年罷都督府開元二年復置都督府領丹綏渾等州天寶元年改爲
延安郡乾元元年復爲延州　舊領縣九戶九千三百四口一萬四
千一百七十六　天寶戶一萬八千九百五十四口十萬四十
京師東北六百三十一里至東都一千一百五十一里
膚施　隋縣分豐林金明二縣置　延長　隋廢縣武德二年復於
此置北連州領義鄉齊明二縣貞觀二年廢北連州及義鄉齊明二

縣併入延安廣德二年改爲延長縣　臨真　隋縣武德初屬東夏
州貞觀二年州廢來屬　敷政　隋固城縣武德二年移治於金城
鎮改爲金城縣又於界內置求州領金城洛盤新昌士遁四縣貞觀
四年移永州於洛源縣八年廢樂盤等三縣併入金城屬延州天寶
元年改金城爲敷政　金明　隋廢縣武德二年置北武州領開遠
金義崇德永定安義五縣復分膚施置金明縣貞觀二年廢北武州
以開遠等五縣併入金明縣　豐林　隋舊縣武德四年於此僑置
雲州及雲中榆林龍泉三縣八年廢雲州及三縣以龍泉併入臨真
以雲中榆林併入豐林　延水　武德二年分延川縣置西和州領
安人脩文桑原三縣貞觀二年廢西和州以脩文桑原併入安人屬
北基州八年廢北基州入延川二十三年改爲弘風縣神龍元年改
爲延水　延川　隋舊縣武德二年置南平州領義門縣四年廢南
平州及縣併入延川　延昌　武德二年置北平州貞觀三年廢十
年於廢州置罷交縣天寶元年改名爲延昌縣

渾州　寄治延安郡界隸延州節度使
綏州下　隋雕陰郡武德三年於延州豐林縣置綏州揔管府領西
和南平北基銀雲貞上珍北吉匡龍等十一州其綏州領上城平綏
德延福五縣六年移治所於延州延川縣界七年又移治平城縣界
魏廢平城貞觀二年平梁師都罷都督府移州治上縣天寶元年改
爲上郡乾元元年復爲綏州　舊領縣五戶三千一百六十三口一
萬六千一百二十九　天寶戶二萬八百六十七口八萬九千一百
一十一　在京師東北一千里至東都一千八百一十九里
龍泉　隋曰上縣天寶元年改爲龍泉　延福　隋縣武德六年置
北吉州領歸義洛陽二縣羅州領石羅開善萬福三縣匡州領安定
源泉二縣貞觀二年三州及縣並廢地併入延福　綏德　隋廢縣
武德二年復置六年又分置雲州領信義淳義二縣龍州領風鄉義
良二縣貞觀二年二州及縣俱廢地併入綏德　城平　隋舊縣武
德三年又置魏平縣屬南平州又置魏州領安故安泉二縣七年又

於魏平城中置綏州揔管府并大斌縣貞觀二年廢南平州清州及
魏平安故安泉三縣移綏州治於上縣大斌治於今所
大斌　武德七年置治魏平貞觀二年移治今所
銀州下　隋雕陰郡之儒林縣貞觀二年平梁師都置銀州隋舊名
天寶元年改爲銀川郡乾元元年復爲銀州　舊領縣四戶一千四
百九十五口七千七百二　天寶戶七千六百二口四萬五千五百
二十七　京師東南一千一百三十里至東都一千五百七十九里
儒林　隋舊縣也　撫寧　隋縣貞觀二年屬綏州八年改屬銀州
治龍泉川開元二年移於今所　貞鄉　隋縣　開光　隋縣貞觀
二年屬綏州八年改屬柘州十三年柘州廢來屬銀州
靜邊州都督府　舊治銀州郡界內管小州十八
歸德州　寄治銀州界處降党項羌
夏州都督府　隋朔方郡貞觀二年討平梁師都改爲夏州都督府
領夏綏銀三州其夏州領德靜巖銀寧朔長澤四縣其年改巖銀爲

朔方縣七年於德靜縣置長州都督府八年改北開州爲化州十三
年廢化州及長州以德靜長澤二縣來屬天寶元年改爲朔方郡乾
元元年復爲夏州　舊領縣四戶二千三百二十三口一萬二百八
十六　天寶戶九千二百一十三口五萬三千一百四　京師東
北一千一百一十里至東都一千六百八十里
朔方　隋巖銀縣貞觀二年改爲朔方縣永徽五年分置寧朔縣長
安二年廢開元四年又置九年又廢還併入朔方　德靜　隋縣貞
觀七年屬北開州八年改北開州爲化州十三年廢化州以縣屬夏
州　寧朔　隋縣武德六年於此置南夏州貞觀二年廢　長澤
隋縣貞觀七年置長州都督府十三年廢長州縣還夏州
雲中都督府　党項部落　寄在朔方縣界管小州五舍利思
壁州阿史那州綽部州白登州　戶一千四百三十口五千六百八
十一　呼延州都督府　党項部落寄在朔方縣界管小州三賀魯州
那吉州跌跌州　戶一百五十五口六百五

桑乾都督府　寄朔方縣界管小州四郁射州執失州畢失州叱略
州　戶二百七十四口一千三百二十三
定襄都督府　寄治寧朔縣界管小州阿德州執失州蘇農州拔延
州　戶四百六十口一千四百六十三
達渾都督府　延陁部落寄在寧朔縣界管小州五姑衍州步訖若
州奚彈州鶻州低粟州　戶一百二十四口四百九十五
安化州都督府　寄在朔方縣界　戶四百八十三口二千五十三
寧朔州都督府　寄在朔方縣界　戶三百七十四口二千一十七
僕固州都督府　寄在朔方縣界　戶一百二十二口六百七十三
靈州大都督府　隋靈武郡武德元年改爲靈州揔管府領迴樂弘
靜懷遠靈武鳴沙五縣二年以鳴沙縣屬西會州貞觀四年於迴樂
縣置迴環二州並屬靈武都督府十三年廢迴環二州靈州都督入
靈填二州二十年鐵勒歸附於州界置皐蘭高麗祁連三州並屬
靈州都督府永徽元年廢皐蘭等三州調露元年又置魯麗塞含依

契等六州撫爲六胡州開元初廢復置東皐蘭燕然燕山雞田雞鹿
燭龍等六州並寄靈州界屬靈州都督府天寶元年改靈州爲靈武
郡至德元年七月肅宗即位于靈武升爲大都督府乾元元年復爲
靈州　舊領縣五戶四千六百四十口二萬一千四百六十二　天
寶領縣六戶一萬一千四百五十六口五萬三千一百六十三　在
京師西北一千二百五十里至東都二千里
迴樂　隋縣在郭下武德四年分置豐安縣屬迴州十三年州廢併
入迴樂　鳴沙　隋縣武德二年置西會州以縣屬焉貞觀六年廢
西會州置環州九年廢環州縣屬靈州神龍二年移治廢豐安城
靈武　隋縣　懷遠　隋縣界有隋五原郡武德元年改爲豐州領
九原縣六年州縣俱省入懷遠縣儀鳳中再築新城縣有鹽池三所
保靜　隋弘靜縣神龍元年改爲安靜至德元年改爲保靜　温池
神龍元年置
燕然州　寄在迴樂縣界突厥九姓部落所處　戶一百九十口九

百七十八
雞鹿州在迴樂縣界突厥九姓部落所處　戶一百三十二口五百
五十六
雞田州在迴樂縣界突厥九姓部落所處　戶一百四口四百六十
九
東皐蘭州　寄在鳴沙界九姓所處　戶一千三百四十二口五千
一百八十二
燕山州　在温池縣界亦九姓所處　戶四百三十口二千一百七
十六
燭龍州　在温池界亦九姓所處　戶一百一十七口三百五十三
鹽州下　隋鹽川郡武德元年改爲鹽州領五原興寧二縣其年移
州及縣寄治靈州四年省興寧入五原縣貞觀元年廢鹽州五原縣
入靈州二年平梁師都復於舊城置鹽州及五原興寧二縣隸夏州
都督府其年改爲靈州都督府天寶元年改爲五原郡乾元元年復

爲鹽州永泰元年十一月升爲都督府元和八年隸夏州　舊領縣
二戶九百三十二口三千九百六十九　天寶戶二千九百二十九
口一萬六千六百六十五　在京師西北一千一百里至東都二千
一十里
五原　隋縣武德元年寄治靈州貞觀元年省二年復置二十年置
興寧　龍朔三年置
豐州下　隋文帝置後廢貞觀四年以突厥降附置豐州都督府不
領縣唯領蕃戶二十一年廢地入靈州二十三年又改豐州天寶元
年改爲九原郡乾元元年復爲豐州　領縣二戶二千八百一十三
口九千六百四十一　京師北二千二百六里至東都三千四十
四里　九原永徽四年置　永豐　隋縣武德六年省永徽元年復
置
會州上　隋會寧鎮武德二年討平李軌置西會州天寶元年改爲
會寧郡乾元元年復爲會州永泰元年昇爲上州領縣二戶四千五

百九十四口二萬六千六百六十二　去京師一千一百里至東都
二千一百里
會寧　隋涼川縣武德二年改爲會寧　烏蘭　後周縣置在會寧關
東南四里天授二年移於關東北七里
宥州　調露初六胡州也長安四年併爲匡長二州神龍三年置蘭
池都督府仍置六縣以隸之開元十年復分爲魯麗契塞四州十一
年克定康待賓後遷其人於河南江淮之地十八年又爲匡長二州
二十六年自江淮放迴胡戶於此置宥州及延恩懷德歸仁三縣天
寶元年改爲寧朔郡至德二年改爲懷德郡都督府乾元元年復爲
宥州寶應後廢元和九年復於經略軍置宥州郭下置延恩縣十五
年移治長澤縣爲吐蕃所破長慶四年夏州節度使李祐復置　領
縣三戶七千八十三口三萬二千六百五十二　去京師二千一百
里去東都三千一百九十里
延恩　開元二十六年以廢匡州置後隋州移徙歸仁舊蘭池州之

長泉縣開元二十六年置歸仁縣　懷德　開元二十二年以廢塞
門縣置　勝州下都督府　隋置勝州大業爲榆林郡武德中平梁
師都復置勝州天寶元年復爲榆林郡乾元元年復爲勝州領縣二
戶四千一百八十七口二萬九百五十二　去京師一千八百三十
里至東都一千九百五里
榆林　隋舊河濱榆林郡地貞觀三年置雲州于河濱因置河濱縣
四年改爲威州八年廢河濱屬勝州　麟州下　天寶元年王忠嗣
奏請割勝州連谷銀城兩縣置麟州其年改爲新泰郡乾元元年復爲
麟州　領縣三戶二千四百二十八口一萬九百三　去京師一千
四百四十里至東都一千九百五里
新泰　天寶元年分連谷銀城二縣地置　連谷　舊屬勝州天寶
元年來屬　銀城　舊屬勝州天寶元年來屬
安北大都護府　開元十年分豐勝二州界置　蒲海都護府　總
章中改爲安北大都護府北至陰山七十里至迴紇界七百里　舊

領縣一戶二千六口七千四百九十八　去京師二千七百里至東
都二千九百里在黃河北
陰山　天寶元年置
河南道
東都　周之王城平王東遷所都也故城在今苑內東北隅自赧王
已後及東漢魏文晉武皆都於今故洛城隋大業元年自故洛城西
移十八里置新都今都城是也北據邙山南對伊闕洛水貫都有河
漢之象都城南北十五里二百八十步東西十五里七十步周圍六
十九里三百二十步都內縱橫各十街街分一百三坊二市每坊縱
橫三百步開東西二門宮城在都城之西北隅城東西四里一百八
十步南北二里一十五步宮城有隔城四重正門曰應天正殿曰明
堂明堂之西有武成殿即正衙聽政之所也宮內別殿臺館三十五
所上陽宮在宮城之西南隅南臨洛水西距穀水東即宮城北連禁
苑宮內正門正殿皆東向正門曰提象正殿曰觀風其內別殿亭觀
九所上陽之西隔穀水有西上陽宮虹梁跨穀行幸往來皆高宗龍
朔後置禁苑在都城之西東抵宮城西臨九曲北背邙阜南距飛仙
苑城東面十七里南面三十九里西面五十里北面二十里苑內離
宮亭觀一十四所
河南府　隋河南郡武德四年討平王世充置洛州總管府領洛鄭
熊穀嵩管伊汝魯九州洛州領河南洛陽偃師鞏陽城緱氏嵩陽陸
渾伊闕等九縣其年十一月罷總管府置陝東道大行臺九年罷行
臺置洛州都督府領洛懷鄭汝等四州權於府置尚書省貞觀元年
割穀州之新安來屬七年又割穀州之壽安來屬八年移治所於河
南縣之宣範坊十八年廢都督府省緱氏嵩陽二縣顯慶二年置東
都官員準雍州是日廢穀州以福昌長水永寧澠池等四縣懷州之河
陽濟源溫王屋鄭州之汜水來屬龍朔二年又以許州之陽翟鄭州
之密縣絳州之垣縣來屬乾封元年以垣縣隸絳州咸亨四年又置
栢崖大基二縣其年省栢崖縣上元元年復置緱氏縣永淳元年復

置嵩陽縣光宅元年改東都爲神都垂拱四年置永昌縣載初元年
置武臺縣天授元年置武泰縣尋廢仍改鄭州之滎陽武泰來屬三年
置來廷縣神龍元年改神都復爲東都廢永昌來廷二縣改武泰滎
陽還鄭州先天元年置伊闕縣開元元年改洛州爲河南府二十二
年置河陰縣天寶元年改東都爲東京也　天寶領縣二十六戶十
九萬四千七百四十六口一百一十八三千九十三　在西京之東
八百五十里
河南　隋舊武德四年權治司隸臺貞觀元年移治所於大理寺貞
觀二年徙理金墉城六年移治都內之毓德坊垂拱四年分河南洛
陽置永昌縣治於都內之道德坊永昌元年改河南爲合宮縣神龍
元年復爲河南縣廢永昌縣三年復爲合宮縣景龍元年復爲河南
縣　洛陽　隋舊武德四年權治大理寺貞觀元年徙治金墉城
六年移治都內之毓德坊垂拱四年分置永昌縣天授三年又分置
來廷縣治於都內之從善坊龍朔元年廢來廷縣神龍二年十一月

改洛陽爲永昌縣唐隆元年七月復爲洛陽　偃師　隋縣　鞏
隋縣　緱氏　隋縣貞觀六年省上元二年七月復置　嘗孝　敬
陵舊縣治西北澗南上元中復置治所於通谷北今治是　告成
隋陽城縣武德四年割陽城嵩陽陽翟置康城縣又置嵩州治陽城
貞觀元年割陽翟隸許州三年省嵩州及康城縣以陽城嵩陽屬洛
州登封元年將有事嵩山改爲告成縣　登封　隋嵩陽縣貞觀十
七年省永淳元年七月復置二年又廢光宅元年又置登封元年十
二月改爲登封縣神龍元年二月改爲嵩陽二年十一月復爲登封
陸渾　隋縣　伊闕　隋縣　伊陽　先天元年十二月割陸渾縣置
壽安隋縣義寧元年移治九曲城屬熊州貞觀七年移於今治屬洛
州長安四年立興泰宮分置興泰縣神龍元年廢併入壽安　新安
隋縣義寧二年置新安郡武德元年改爲穀州領新安澠池東垣三
縣四年省東垣入新安貞觀元年移穀州治澠池新安移入廢州城
改屬洛州顯慶二年十二月廢穀州以福昌新安澠池永寧并懷州

○　唐志十八

之河陽濟源溫王屋鄭州汜水並隸洛州　福昌　隋宜陽縣義寧
二年置宜陽郡領宜陽澠池永寧三縣又於新安縣置新安郡領新
安一縣武德元年改宜陽郡爲熊州新安爲穀州割熊州之澠池又
置東垣縣屬之仍改熊州之宜陽爲福昌縣三年割熊州永寧置函
州四年省東垣縣八年廢函州復以永寧屬熊州貞觀元年省熊州
以永寧屬穀州壽安屬洛州顯慶二年廢穀州福昌隸洛州也　澠
池隋舊治大塢城貞觀元年移穀州治所於此領福昌澠池永寧三
縣三年縣南移於雙橋其年穀州又移治雙橋六年又移理於福昌顯
慶二年十二月廢穀州澠池隸洛州　長水　隋長澤縣義寧元年
改爲長水武德元年屬虢州貞觀元年屬穀州顯慶二年隸洛州
永寧　隋熊耳縣所治義寧二年置永寧縣治永固城屬宜陽郡武
德元年改屬熊州三年移治同軌城改屬函州八年復屬熊州貞觀
元年改屬穀州十四年移於今所十七年移治鹿橋顯慶元年穀州
廢改隸洛州　密　隋縣武德三年置密州四年廢縣屬鄭州龍朔

二年割屬洛州　河清　咸亨四年分河南洛陽新安王屋濟源河陽
置大基縣先天元年改爲河清　潁陽　載初元年析河南伊闕嵩
陽三縣置武臨縣開元十五年改爲潁陽　河陽　汜水　溫　河
陰　已上縣會昌三年割屬孟州陽翟還許州濟源還懷州王屋還
懷州
孟州上　本河南府之河南縣本屬懷州顯慶二年割屬河南府以
城臨大河長橋架水古稱設險乾元中史思明再陷洛陽太尉李光
弼以重兵守河陽及雍王平賊留觀軍容使魚朝恩守河陽乃以河
南府之河清濟源溫四縣租稅入河陽三城使河南尹但總領其縣
額尋又以汜水軍賦隸之會昌三年九月中書門下奏河陽五縣自
艱難已來割屬河陽三城使其租賦色役盡歸河陽河南尹但總管
名額而已使歸一統便爲定制既是雄鎮足壯三城其河陽望昇爲
孟州　仍爲望河陽等五縣改爲望縣尋有勑割河陰隸孟州河清
還河南府時河陽節度以懷州爲理所會昌四年又割澤州隸河陽

○　唐志十八

節度使仍移治所於孟州戶口籍帳入河南府　河陽　隋縣武德
四年於隋河陽宮置盟州領河陽集城溫三縣八年廢盟州省集城
入河陽縣以河陽溫屬懷州顯慶二年以河陽溫屬洛州　汜水
隋縣武德四年分置成皋縣貞觀元年省入汜水屬鄭州顯慶二年
割屬洛州仍移治武牢城垂拱四年改爲廣武神龍元年復爲汜州
開元二十九年移治所於武牢成皋府在縣北　河陰　開元二十
年割汜水滎澤二縣置管河陽倉　溫　舊屬懷州顯慶二年割屬
洛州　濟源　隋舊縣武德二年置西濟州又分置湨陽蒸川邵原
三縣四年廢西濟州及邵原蒸川湨陽三縣入濟源改隸懷州
鄭州雄　隋滎陽郡武德四年平王世充置鄭州於武牢領汜水滎澤
成皋密五縣其年又於管城縣置管州領管城須水圃田清池四縣
貞觀元年廢管州及須水清池二縣以廢管州之陽武新鄭四縣屬
鄭州七年自武牢移鄭州理所於管城
舊領縣八戶一萬八千七百九十三口九萬三千九百三十七　天

實領縣七戶七萬六千六百九十四口三十六萬七千八百八十一
至京師一千一百五里　至東都七十里
管城郭下　隋舊滎陽　隋縣天授二年分置武泰縣隸洛州又改
滎陽　爲武泰萬歲通天元年復爲　滎陽　尋又爲武泰神龍復
滎澤　隋舊　新鄭　隋舊　中牟　隋圃田縣武德元年改爲中牟
屬汴州龍朔二年改屬鄭州　原武　隋舊
陝州大都督府　隋河南郡之陝縣義寧元年置弘農郡領陝崤桃
林長水四縣二年省崤縣武德元年改爲陝州總管府管陝鼎熊函
穀五州仍割長水屬虢州其年復立崤縣二年復割崤縣屬函州三
年又置南　韓州嵩州並屬陝府四年東都平割熊穀嵩三州屬洛
州總管府其年罷洛州總管復以熊穀嵩三州來屬仍省南韓州入
洛州八年廢函州以崤縣來屬貞觀元年罷都督府又以廢芮城河
北二縣來屬十四年改崤縣爲峽石縣大足元年割絳州之夏縣來
屬尋却還絳州天寶元年改爲陝府置軍至德二年十月收兩京乾

元元年復爲陝郡因割蒲州之解安邑絳州之夏縣來屬仍改安邑
爲虞邑廣德元年十月吐蕃犯京師車駕幸陝州仍以陝爲大都督
府天祐初昭宗遷都洛陽駐蹕陝州改爲興德府爲次畿赤哀帝即
位省復爲大都督府舊領縣五戶二萬一千一百七十一口八萬一
千九百一十九　天寶領縣七戶三萬九百五十八口十七萬二百
三十八　在京師東四百九十里東至東都三百三十里
陝　隋縣郭下　峽石　隋崤縣義寧二年省武德元年復置二年
割屬函州三年自石隝移治鴨橋八年改屬陝州十四年移治峽石
隝因改爲峽石縣　靈寶　隋桃林縣天寶元年以堀得寶符改爲
靈寶縣　芮城　隋縣武德二年置芮州領芮城河北二縣貞觀元年
罷芮州以芮城河北屬陝州　平陸　隋河北縣義寧元年置安邑郡
縣屬焉天寶三載太守李齊物開三門石下得戟大刃有平陸篆字
因改爲平陸縣安邑　隋爲虞州郭下置安邑縣領安邑解桐鄉四縣
貞觀十七年廢虞州及桐鄉縣以安邑解縣屬蒲州夏縣屬絳州乾

元元年割屬陝州改安邑爲虞邑大曆四年復爲安邑縣　夏縣
舊屬虞州貞觀十七年改隸絳州乾元元年改屬陝州安邑夏縣天
寶後加管戶一萬八千五百
虢州望　漢弘農郡隋廢郡爲弘農縣屬陝州隋末復置郡義寧元
年改爲鳳林郡仍於盧氏置虢郡端德元年改爲虢州改鳳林爲鼎
州貞觀八年廢鼎州移虢州於今治屬河南道開元初以巡按所便
屬河東道天寶元年改爲弘農郡乾元元年復爲虢州以弘農爲緊
縣盧氏朱陽王城爲望縣　天寶領縣六戶二萬八千二百四十九
口八萬八千四十五　西至京師四百三十里東至東都五百五十
三里
弘農　漢縣隋廢大業三年於今湖城縣西一里置尋隨郡
移於弘農川神龍元年改弘爲恒開元十六年復爲弘農州所治也
閿鄉　隋縣　湖城　漢湖縣後加城字乾元元年改爲天平縣大
曆四年復爲湖城　朱陽　隋縣　王城　隋縣分盧氏置　盧氏
隋縣　汝州望隋襄城郡武德四年平王世充改爲伊州領承休梁

郟城三縣貞觀元年以廢魯州魯山縣來屬其年省梁縣仍改承休
爲梁縣八年改伊州爲汝州領梁郟城魯山三縣證聖元年置武興
縣先天元年置臨汝縣開元二十六年以仙州之葉縣來屬天寶元
年以許州之襄城來屬仍改爲臨汝郡乾元元年復爲汝州也　舊
領縣三戶三千八百八十四口一萬七千五百三十四　天寶領縣
七戶六萬九千三百七十四口二十七萬三千七百五十六　在京
師東九百八十二里至東都一百八十里
梁　隋承休縣貞觀元年改爲梁郡　郟城　隋舊縣　魯山　隋舊
武德四年於縣置魯州領魯山滍陽二縣貞觀元年州廢仍置滍陽
縣以魯山縣屬伊州八年改伊州爲汝州　葉　隋縣武德四年置
葉州五年廢縣屬許州開元四年置仙州領葉襄城方城西平舞陽
五縣二十六年廢仙州以葉屬汝州襄城舞陽屬許州方城還唐州
西平屬豫州　襄陽　隋舊縣武德元年於此置汝州領襄城汝墳
郟城三縣貞觀元年廢汝州及汝墳川城二縣以襄城屬許州開元

四年屬仙州二十六年還屬許州丗年改屬汝州也　龍興　證聖
元年分郟城魯山置武興縣神龍元年改爲中興縣其年又改爲龍
興　臨汝　先天元年置貞觀八年以梁縣西界二鄉益之萇移縣
於石壕驛
許州望隋潁川郡武德四年平王世充改爲許州領長社長葛許昌
繁昌黄臺德強臨潁七縣貞觀元年廢黄臺繁昌德強三縣以洧州
之扶溝鄢陵汝州之襄城嵩州之陽翟北澧之葉縣來屬十三年改
置都督府管許唐陳潁四州而許州領長社長葛許昌鄢陵扶溝臨
潁襄城陽翟葉九縣十六年罷都督府顯慶二年割陽翟屬洛州開
元四年割葉襄城置仙州二十六年仙州廢以葉襄城陽翟來屬其
年又以葉襄城屬汝州二十年又以襄城來屬是歲又以葉屬汝州
天寶元年改爲潁川郡乾元元年復爲許州長慶三年廢溵州爲郾
城縣屬許州　舊領縣九戸一萬五千七百一十五口七萬二千二
百二十九　天寶領縣七戸七萬三千二百四十七口四十八萬七

千八百六十四　在京師東一千二百里至東都四百里　長社
郭下隋潁川縣武德四年改爲長社取舊名　長葛　隋分許昌縣
置取舊名許昌縣　鄢陵　隋置洧州後廢爲縣屬許州　扶溝
隋縣武德四年置北陳州丗年州廢縣屬洧州九年洧州廢來屬臨
潁　舊縣建中二年隷溵州貞元元年溵州廢來屬
舞陽　漢縣治所在古城内屬仙州開元二十六年隷許州元和十
三年移治於吳城鎮　郾城　本屬豫州長慶元年來屬
汴州上　隋滎陽郡之浚儀縣也武德四年平王世充置汴州摠管
府管汴洧杞陳四州領浚儀新里開封封丘等五縣七年改爲都督
府廢開封外黄新里三縣入浚儀復以廢杞州之雍丘陳留管州之
中牟洧州之尉氏來屬龍朔二年以中牟隷鄭州延和元年復置開
封縣天寶元年改汴州爲陳留郡乾元元年復爲汴州建中二年築
其羅城　舊領縣五浚儀雍丘陳留中牟尉氏戸五萬七千七十一
口八萬二千八百七十九　天寶領縣六戸十萬九千八百七十六

口五十七萬七千五百七　在京師東一千三百五十里東都四百
一里　浚儀　古縣隋置在今縣北三十里爲李密所陷縣人王要
漢率豪族置縣於汴州之内要漢自爲縣令義寧元年於縣復置汴
州以要漢爲刺史武德四年移縣於州北羅城内貞觀元年移於州
西一里延和元年六月割浚儀十四鄉分置開封縣　開封　漢縣
在今縣南五十里貞觀元年省併入浚儀延和元年六月析浚儀復
置並在郭下　尉氏　隋縣屬潁川郡武德四年於縣置洧州領尉
氏扶溝康陰新汲鄢陵宛陵歸化七縣貞觀元年廢洧州及康陰宛
陵新汲歸化四縣以扶溝鄢陵屬許州尉氏屬汴州　陳留　隋縣
屬汴州武德元年屬杞州貞觀元年廢杞州陳留屬汴州　封丘
隋縣　雍丘　隋縣武德四年於縣置杞州領雍丘陳留圉城襄邑
外黄濟陽六縣權於州内以倉院置貞觀六年廢杞州及濟陽圉城
外黄三縣以襄邑屬宋州陳留雍丘屬汴州而移縣入廢杞州
蔡州上　隋汝南郡武德三年四月平王世充置豫州摠管府管豫

道真興息舒五州豫州領陽平興真陽吳房上蔡五縣七年改爲都
督府廢興道舒息四州貞觀元年罷都督府廢平輿新蔡二縣復以
道州之郾城息州之新息　朗州之朗山舒州之褒信新蔡五縣來
屬天授三年又置平輿西平兩縣開元四年以西平屬仙州二十六
年省仙州復以西平來屬天寶元年改爲汝南郡乾元元年復爲豫
州寶應元年改爲蔡州　舊領縣十戸一萬二千一百八十二口六
萬四百一十五天寶領縣十一戸八萬七百六十一口四十六萬二
百五去京師一千五百四十里至東都六百七十里　汝陽　隋舊
縣治郭下　朗山　漢安昌縣隋改爲朗山　遂平　隋吳房縣元
和十二年討吳元濟於文城柵置行吳房縣權隷溵州賊平改爲遂
平縣隷唐州長慶元年復隷蔡州　郾城　隋舊武德四年於此置
道州領郾城邵陵北武西平四縣貞觀元年廢道州及北武邵陵西
平三縣以郾城屬豫州本治溵水南開元十一年因大水移治溵水
北元和十二年於縣置溵州長慶元年廢溵州以郾城隷許州也

上蔡　隋縣　新蔡　隋舊武德四年於此置舒州領新蔡褒信二
縣貞觀元年廢舒州新蔡屬豫州　褒信　後漢縣　新息　隋縣
武德四年於縣置息州領新息淮川長陵三縣貞觀元年廢息川及
淮川長陵二縣以新息屬豫州　平輿　隋置貞觀元年廢天授二
年復置　西平　漢縣貞觀元年廢天授二年復置元和十二年隸
溵州州廢隸蔡州　真陽　漢慎陽縣隋爲真陽載初元年改爲淮
陽神龍元年復
滑州望　隋東郡武德元年改爲滑州以城有古滑臺也二年陷城
及平王世充復置領白馬衛南韋城匡城靈昌長垣七縣八年廢長
垣縣入匡城以廢東梁州之酸棗縣來屬天寶元年改爲靈昌郡乾
元元年復爲滑州　舊領縣七戶一萬三千七百三十八口六萬四
千九百六十　天寶戶七萬一千九百八十三口四十二萬二千七
百九十去京師一千四百四十里至東都五百三十里
白馬　郭下漢縣　衛南　隋楚丘縣後以曹有楚丘乃改爲衛南

縣治古楚丘城儀鳳元年移治西北濱河之新城永昌元年又移於
楚丘之　城南　韋城　隋分白馬縣置於古城韋氏之國城　匡
城　漢長垣縣隋改爲匡城　胙城　漢南燕縣隋改爲胙城隸滑
州　酸棗漢縣　靈昌　隋分酸棗縣置靈昌者河津之名
陳州上　隋淮陽郡武德元年討平房憲伯改爲陳州領宛丘箕城
扶樂太康新平五縣貞觀元年廢扶樂箕城新平三縣復以沈州之
項城溵水三縣來屬長壽元年置武城縣證聖元年置光武縣天寶
元年改陳州爲淮陽郡乾元元年復爲陳州　舊領縣四戶六千三
百六十七口三萬九百六十一　天寶領縣六戶六萬六千四百四
十二口四十萬二千四百八十六　在京師一千五百二十里至東
都七百一十七里　宛丘　郭下隋縣　太康　漢陽夏縣隋改太
康以縣東有太康城　項城　隋舊武德四年於此置沈州領項城
潁東鯛陽南頓溵水五縣貞觀元年廢沈州以縣屬陳州　溵水
漢汝陽縣改爲溵水建中二年隸溵州興元元年廢溵州縣隸陳州

南頓　隋縣武德六年省入項城證聖元年割項城置光武縣以縣
有光武廟故也景雲元年改爲南頓復古名也　西華　漢縣武德
元年改爲箕城縣也貞觀元年省入宛丘長壽元年割宛丘置武城
縣以縣本楚武王所築故也神龍元年復爲箕城景雲元年改爲西
華復古名也
亳州望　隋譙郡武德四年平王世充改爲亳州領譙城父谷陽鹿
邑鄲五縣五年置總管府管譙亳宋北荊領沈州十一年改爲都督
府貞觀元年罷都督府亳州不改十七年廢譙州以臨渙永城山桑
三縣來屬天寶元年改爲譙郡乾元元年復爲亳州也　舊領縣八
戶五千七百九十口三萬三千　百七十七　天寶戶八萬八千九
百六十口六十七萬五千一百二十一　至京師一千七百里至東
都八百九十八里
譙　郭下貞觀十七年自古譙城移入州城置　鄼　漢縣隋屬沛
郡武德四年改屬亳州開元二十六年移於汴城垣陽驛置

城父　隋舊　鹿邑　隋舊　真源　漢苦縣隋爲谷陽乾封元年
改爲真源載初元年改爲仙源縣源龍元年復爲真源有老子祠
臨渙　隋置譙州領縣四貞觀十七年省以臨渙永城山桑屬亳州
蘄縣屬徐州縣本治經城十七年移治所於廢譙州元和九年割屬
宿州　永城　隋縣屬譙州貞觀十七年廢屬亳州舊治於馬浦城
東北三里武德五年移置於馬浦城　蒙城　隋山桑縣屬譙州州
廢隸亳州天寶元年改爲蒙城
潁州中　漢汝南郡隋爲汝陰郡武德四年平王世充於汝陰縣西北
十里置信州領汝陰清丘永安高唐永樂等六縣六年改爲潁州移
於今治領高唐永樂永安三縣貞觀元年省清丘縣八年又以廢渦
州之下蔡縣來屬天寶元年改爲汝陰郡乾元元年復爲潁州長慶
二年以潁州隸滑鄭節度使　舊領縣三戶二千九百五口一萬四
千一百八十五　天寶領縣四戶三萬七百七口二萬二千八百九
十　至京師一千八百二十里　至東都九百六十里

汝陰　郭下漢縣潁上　隋置治所於古鄭城武德四年移於今治
下蔡　隋舊武德四年於縣置渦州下蔡紫絲之八年州廢縣屬潁州
也　沈丘　古曰寢丘至隋不改神龍二年改爲沈丘
宋州望　隋之梁郡武德四年平王世充置宋州領宋城寧陵柘城
穀熟下邑碭山虞城七縣其年以虞城屬東虞州五年廢東虞州仍
以虞城來屬貞觀元年廢杞州以襄邑縣來屬仍省柘城縣十七年
以廢戴州之單父楚丘來屬永淳元年又置柘城縣天寶元年改宋
州爲睢陽郡乾元元年復爲宋州
舊領縣七戶一萬一千三百三口六萬一千七百二十　天寶領縣
十戶一十二萬四千二百六十八口八十九萬七千四十一
宋城　郭下治古睢陽城漢睢陽縣隋改爲宋城　襄邑　隋置武
德二年屬杞州貞觀元年屬宋州　寧陵　漢縣久廢隋特置貞觀
元年併柘城縣入　虞城　隋分下邑縣置武德四年屬宋州其年
於縣置東虞州五年州廢縣屬宋州　碭山　舊安陽縣隋改爲碭

山屬宋州　下邑　漢縣　穀熟　漢縣武德二年於縣置南穀州
四年州廢縣屬宋州　單父古邑隋於縣置戴州大業廢武德五年
復置戴州貞觀十七年戴州廢縣屬宋州　楚丘　治古邑氏城屬
戴州貞觀七年屬宋州　柘城　秦縣久廢隋復置貞觀初廢永淳
元年析穀熟寧陵復置
曹州上　隋濟陰郡武德四年改爲曹州領濟陰定陶冤句離狐乘
氏并置蒙澤普陽等七縣其年省普陽縣五年以廢梁州之考城來
屬貞觀元年省定陶蒙澤二縣入濟陽十七年以廢戴州之成武來
屬天寶元年改曹州爲濟陰郡乾元元年復爲曹州
舊領縣五戶九千二百四十四口五萬四千九百八十一　天寶領
縣六戶十萬三百五十二口七十一萬六千八百四十八　在京師
東北一千四百五十三里至東都東北六百五十七里
濟陰　郭下隋縣　考城　隋舊武德四年於縣置梁州領考城縣
五年州廢以縣屬曹州　冤句　漢縣隋武德四年分縣西界置濟

陽縣屬杞州貞觀元年廢濟陽併入冤句　乘氏　漢縣春秋之重
丘地也　南華　漢離狐縣累代不改天寶元年改爲南華　成武
漢縣隋屬戴州州廢屬曹州
濮州上　隋東郡之鄄城縣也武德四年置濮州領鄄城廩城雷澤
臨濮昆吾濮陽永定安丘長城九縣五年廢安丘長城二縣八年廢
昆吾永定廩城三縣貞觀八年割濟州之范縣來屬天寶元年改爲
濮陽郡乾元元年復爲濮州　舊領縣五戶八千六百二十八口四
萬四千一百三十五　天寶戶五萬七千七百八十一口四十萬六
百四十八　在京師東北一千五百七十里至東都七百三十五里
鄄城　古縣後漢於縣置兗州武德四年分置永定縣八年併入鄄
城　濮陽　隋舊武德四年分置昆吾縣八年省併入濮陽　范
漢縣武德二年置范州治昆吾城五年州廢縣屬濟州貞觀八年改
屬濮州　雷澤　漢縣武德四年分置廩城縣貞觀八年省入雷澤
臨濮　武德四年分雷澤置五年省長城縣併入

鄆州上　隋東平郡之須昌縣武德四年平徐圓朗於鄆城置鄆州
領鄆城須昌宿城鉅野乘丘五縣又以廢壽州之壽張來屬其年置
揔管府管鄆濮兗戴曹五州貞觀元年罷都督府仍以鉅野屬戴州
又廢宿城乘丘二縣八年自鄆城移治須昌景龍元年又置宿城縣
天寶元年改鄆州爲東平郡乾元元年復爲鄆州　舊領縣三須昌
鄆城壽張戶四千一百四十一口二萬一千六百九十二　天寶領
縣五戶四萬四千二百九十九口二十八萬四千五百三十天寶十
三年廢濟州其所管五縣並入鄆州　濟州　舊領縣五戶六千九
百五口三萬四千五百一十　天寶領戶三萬八千七百四十九口
二十一萬六千九百七十九並入鄆州　在京師東北一千六百九
十七里去東都東北九百七十三里今領縣十
須昌　隋舊縣於郭下置　壽張　隋縣武德四年於縣置壽州領
壽張壽良二縣五年廢壽張省壽良入壽張屬鄆州　鄆城漢壽良
縣隋改爲萬安縣仍於縣置鄆州尋改萬安爲鄆城貞觀八年移鄆

州治所於須昌縣　鉅野　漢縣隋縣升爲州尋廢屬戴州貞觀十
七年戴州廢鉅野來屬　須昌　治郭下漢縣　今故城鄆州東南
三十二里隋於故城置宿城縣仍置須昌縣於今所貞觀八年州自
鄆城移於須昌縣後廢宿城縣景雲三年十二月復分須昌置宿城
貞觀四年改宿城爲東平縣移就郭下太和四年改爲天平縣六年
七月廢天平縣入須昌縣　盧縣　漢舊隋置濟北郡武德四年改
濟州領盧平陰長清東阿陽穀范八縣又置昌城濟北穀城孝感冀
丘美政六縣六年廢美政孝感穀城乘丘昌城五縣八年割范縣屬
濮州貞觀元年又廢濟北縣入長清天寶元年改爲濟陽郡乾元元
年復爲濟州十三載六月一日廢濟州盧長清平陰東阿陽穀等五
縣並入鄆州平陰漢肥城縣隋爲平陰屬濟州天寶十三載州廢縣
屬鄆州太和六年併入東阿縣開成二年七月節度使王源中奏置
平陰縣　東阿　漢縣隋屬濟州州廢屬鄆州　陽穀　隋置取縣
界陽穀臺爲名屬濟州州廢屬鄆州　中都　漢平陸縣本置殿密

○城在今治西三十九里天寶元年改爲中都移於今治
泗州中　隋下邳郡武德四年置泗州領宿預徐城淮陽三縣貞觀
元年省淮陽縣入宿預以廢邳州之下邳廢連州之漣水來屬八年
又以廢仁州之虹縣來屬總章元年割海州沭陽來屬咸亨五年沭
陽還海州長安四年置臨淮縣開元二十三年自宿預移治所於臨
淮天寶元年改爲臨淮郡乾元元年復爲泗州　舊領縣五戶二千
二百　五口二萬六千九百二十　領宿豫漣水徐城虹下邳　天
寶領縣六戶三萬七千五百二十六口二十萬五千九百五十九今
領縣三臨淮漣水徐城其虹縣割隸宿州宿預下邳隸徐州　臨淮
長安四年割徐城南界兩鄉於沙熟淮口置臨淮縣開元二十三年
移治郭下　漣水　隋縣武德四年置漣州仍分置金城縣貞觀元
年廢漣州幷省金　城縣以縣屬泗州總章元年改爲楚州咸亨五
年還屬泗州　徐城　漢徐縣隋爲徐城縣屬泗州治於大徐城開
元二十五年移就臨淮縣

海州中　隋東海郡武德四年置海州總管府領連環東楚四州海州
領朐山龍沮新樂曲陽沭陽厚丘懷仁利城祝其九縣六年改新樂
爲祝其七年以東楚州屬揚府又以沂州來屬八年廢環州及龍沮
祝其曲陽厚丘利城祝其六縣仍以廢環州之東海來屬九年廢漣
州貞觀元年罷都督府天寶元年以海州爲東海郡乾元元年復爲
海州　舊領縣四朐山東海沭陽懷仁戶八千九百九十九口四萬
三千六百九十三　天寶戶二萬八千五百四十九口十八萬四千
九　在京師東二千五百七十里至東都一千七百五十四里朐山
郭下漢朐縣後加山字　東海　漢贛榆縣武德四年置環州領東
海青山石城贛榆四縣八年廢環州仍廢青山等三縣入東海縣隸
海州縣治鬱州四面環海　沭陽　漢厚丘縣後魏改沭陽　懷仁
後魏置
兗州上都督府　隋魯郡武德五年徐圓朗置兗州領任城瑕丘平
陸龔丘曲阜鄒泗水七縣貞觀元年省曲阜縣其年又省東泰州以

○博城縣來屬八年復置曲阜縣十四年置都督府管兗泰沂三州十
七年以廢戴州之金鄉方與來屬長安四年置萊蕪縣天寶元年改
兗州爲魯郡乾元元年復爲兗州　舊領縣八戶九千三百六十六
口一萬五千四百二十八　天寶領縣十一戶八萬八千九百八十
七口五十八萬六百八中都割屬鄆州在京師東一千八百四十三
里去東都一千七十里　瑕丘　郭下宋置兗州於魯瑕邑故事隋
因置瑕丘縣　曲阜　隋縣武德　元年省貞觀八年復置　乾封
隋博城縣武德五年於縣置東泰州領博城梁父嬴肥城岱六縣貞
觀元年罷泰州省梁父嬴二縣入博城仍以博城屬兗州兼省州乾
封元年高宗封泰山改爲乾封縣總章元年復爲博城神龍元年又
爲乾封　泗水　漢下縣隋分汶陽縣於下縣古城置泗水縣　鄒
古邾國魯穆公改爲鄒　任城　漢縣北齊於縣置高平郡隋廢
縣屬兗州　龔丘　北齊平原縣隋改爲龔丘　金鄉　後漢縣武
德四年於縣置金州領方與金鄉二縣五年改金州爲戴州貞觀十

七年州廢以金鄉 方輿屬兗州以單父楚丘屬宋州成武屬曹州鉅野屬鄆州 魚臺 漢方與縣隋屬戴州貞觀十七年戴州廢縣入兗州寶應元年改爲魚臺以城北有魯公觀魚臺 萊蕪 漢 縣晉廢後魏於古城置嬴縣貞觀初廢入博城縣長安四年於廢嬴縣置萊蕪縣元和十七年併入乾封縣尋却置屬兗州

徐州上 隋彭城郡武德四年平王世充置徐州總管府管徐邳泗鄫沂仁六州徐州領彭城蕭沛豐滕符離論陽七縣貞觀元年廢論陽縣入符離二年省鄫邳二州仍以譙州來屬七年以沂州屬海州都督八年廢仁州入譙州其徐州都督徐泗譙三州十七年罷都督府以廢譙州之蘄縣來屬天寶元年改徐州爲彭城郡乾元元年復爲徐州 舊領縣六戶八千一百六十二口四萬五千五百三十七天寶領縣七戶六萬五千一百七十口四十七萬八千六百七十六

京師東二千六百里 東都東一千二百五十七里 彭城 漢彭城郡治也 蕭 漢縣隋爲龍城縣尋改爲蕭 豐 漢縣北齊

○置永昌郡尋省爲豐縣 沛 漢縣隋廢武德五年復置 滕縣古滕國隋置縣 宿遷 晉宿預縣元魏於縣置徐州州移彭城縣隸泗州寶應元年以犯代宗諱改預爲遷仍隸徐州 下邳 漢下邳郡元魏置東徐州周改邳州隋廢武德四年復邳州領下邳郯良城三縣貞觀元年廢邳州仍省郯良城二縣以下邳屬泗州元和中復屬徐州

宿州上 徐州之符離縣也元和四年正月勑以徐州之符離置宿州仍割徐州之蘄泗州之虹九年又割亳州之臨渙等三縣屬宿州元和三年徐泗觀察使崔群奏罷宿州四縣各歸本屬至七年勑宜準元和四年正月勑復置宿州於埇橋在徐之南界汴水上當舟車之要 其舊割四縣仍舊來屬州新置元和巳來未計戶口

符離 漢縣隋治朝解城貞觀元年移治行邑城元和四年正月置宿州仍爲上州 虹 漢縣隋曰夏丘縣武德四年屬仁州其年分置虹縣於古虹城屬仁州六年廢夏丘縣貞觀八年廢仁州以虹縣屬泗州移治夏丘故城元和四年割屬宿州 蘄 漢縣後魏加城曰蘄城縣隋去城字屬北譙州貞觀十七年廢譙州屬徐州舊治穀城顯慶元年移於今所元和四年割屬宿州也 臨渙 隋舊屬譙州州廢隸亳州太和元年割屬宿州

沂州中 漢東海郡之瑯邪縣武德四年平徐圓朗置沂州領費臨沂顓臾三縣又置蘭山臨沭昌樂三縣六年省蘭山臨沭昌樂三縣入臨沂貞觀元年省顓臾入費縣其年省鄫州以丞縣來屬八年又省莒州以新泰沂三縣來屬天寶元年改爲瑯邪郡乾元元年復爲沂州 舊領縣五戶四千六百五十二口二萬三千九百 天寶戶三萬三千五百一十口十九萬五千七百三十七 在京師東二千二百五十四里至東都一千四百三十里 臨沂 漢縣州所治後魏置郯郡又改爲北徐州並在此縣後周置沂州 丞 漢縣隋蘭陵縣武德四年置鄫州以蘭陵隸之仍改爲丞縣別置蘭陵鄫城二縣屬鄫州貞觀元年鄫州與二縣俱廢以丞縣來屬沂州 費 漢縣

○春秋時費国 新泰 漢東新泰縣晉去東字武德五年屬莒州貞觀元年莒州廢縣屬沂州 沂水 漢東莞縣隋改爲東安縣尋改爲沂水武德五年於縣置莒州領沂水新泰莒三縣貞觀八年省莒州縣屬密州沂水新泰屬沂州

密州中 隋高密郡武德五年改爲密州領諸城安丘高密三縣貞觀八年省莒州以莒來屬天寶元年改爲高密郡乾元元年復爲密州舊領縣四戶三千五百八十口一萬八千五百九十三 天寶戶二萬八千二百九十二口十四萬六千五百二十四 在京師東南二千五百三十里至東都東一千八百六十九里 諸城 州所治本漢東武縣城也隋移入廢高密郡城因改爲諸城輔唐 漢安丘縣屬北海郡乾元二年刺史殷仲卿奏請治於故昌安城因改爲輔唐 高密 漢縣隋末大亂廢之武德三年於義城堡置高密縣六年併高密膠西兩縣移就故夷安城城舊高密縣也仍廢膠西縣 莒 漢縣屬東海郡武德五年於縣置莒州州廢以縣屬密州

齊州上　漢濟南郡隋為齊郡武德元年改為齊州領歷城山茌祝阿
源陽臨邑五縣二年置捴管府管齊鄒東泰譚淄濟六州貞觀元年
廢都督府及譚州省源陽縣又以廢譚州之平陵臨濟亭山章丘四
縣來屬七年又置都督府管齊青淄萊密五州天寶元年改為臨淄
郡五載為濟南郡乾元元年復為齊州　舊領縣八戶一萬一千五
百九十三口六萬一千七百七十一　天寶戶六萬二千四百八十
五口三十六萬五千九百七十二　在京師東北二千六十九里東
都東北一千二百四十四里今管縣六併三縣也歷城　漢縣屬濟
南郡舊志有平陵縣貞觀十七年齊王祐起兵平陵人不從順遂改
為全節元和十年正月以戶口凋殘併全節入歷城縣　章丘　漢
陽丘縣隋為章丘武德二年於平陵縣置譚州領平陵亭山章丘營
城四縣八年廢營城入平陵又以廢鄒州之臨濟來屬貞觀元年廢
譚州為平陵縣屬齊州章丘亦來屬　亭山　隋縣元和十五年以
戶口凋殘併入章丘縣因廢亭山
○

臨邑　漢縣武德元年屬譚州州廢來屬　長清　隋置屬齊州貞
觀十七年屬齊州舊志有豐齊縣古山茌邑也天寶元年改為豐齊
元和十五年以戶口凋殘併入長清縣　禹城　漢祝阿縣天寶元
年以為禹城以縣西有禹息故城　臨濟　漢之營縣隋為朝陽縣尋
改為臨濟縣武德元年於縣置鄒州領臨濟蒲臺高苑長山鄒平五
縣八年廢鄒州縣屬譚州州廢屬齊州
青州上　隋北海郡武德四年置青州捴管府管青濰登牟莒密萊
乘八州青州領益都臨朐臨淄般陽樂安時水安平等七縣八年省
乘濰牟登四州以廢濰州之北海廢乘州之千乘壽光博昌來屬省
般陽樂安時水安平四縣貞觀元年罷都督府天寶元年改青州為
北海郡乾元元年復為青州　舊領縣七戶一萬六百五十八口五
萬六千三百一十七　天寶戶七萬三千一百四十八口四十萬二
千七百四　在京師東北二千二百五十里至東都五百七里
益都　漢縣在今壽光縣南十里故益都城是也北齊移入青州城

北門外為治所　臨淄　漢縣治古齊國城久廢隋復置　博昌
漢縣治故郡城樂安隋縣武德二年屬乘州州廢屬青州捴章二年
移治於今所　壽光　漢縣隋移治所於博昌縣初屬乘州州廢來
屬　千乘　漢千乘國後漢改為樂安郡宋齊廢隋置千乘縣武德
二年於縣置乘州領千乘博昌壽光新河酒五縣六年廢新河縣八
年乘州廢千乘等縣隸青州　臨朐　漢縣隋為逢山縣尋復為臨
朐屬北海郡　北海　漢平壽縣隋置北海郡開皇三年罷郡置下
密縣於廢郡城大業二年改為北海縣武德二年於縣置濰州領北
海連水平壽華池城都下密東陽寒水營亭維水汶陽膠東營丘華
宛昌安都昌城平等十七縣六年唯留北海營丘下密三縣餘十四
縣並廢八年廢濰州仍省營丘下密二縣以北海屬青州
淄州上　隋齊郡之淄川縣武德元年置淄州領淄川長白萊蕪三
縣六年廢長白萊蕪二縣八年又以廢淄州之長山高苑蒲臺三縣
來屬　天寶元年復為淄川郡乾元元年復為淄州景龍元年分高

苑置濟陽縣又併高苑又割蒲臺隸之後割屬棣州　舊領縣五戶
六千三百二十三口三萬四千四百二十五　天寶戶四萬二千七
百三十七口二十萬三千八百二十一　在京師東北二千一百三
十三里東都東北一千四百二十五里　今管縣四併濟陽入高苑
淄川　漢盤陽縣武德初屬淄州郭下　長山　漢於陵縣武德初
屬鄒州州廢屬淄川　高苑　隋置初屬鄒州州廢來屬景龍元年
分置濟陽縣元和十五年併入高苑　鄒平　漢縣北齊為平原縣
隋移治漢鄒平故城因改為鄒平初屬譚州州廢來屬
棣州上　後漢樂安郡隋渤海郡之猒次縣武德四年置棣州領陽
信樂陵滴河猒次四縣治陽信六年併入滄州貞觀十七年復置棣
州於樂陵縣領猒次滴河陽信三縣又割淄州之蒲臺隸焉而樂陵
屬滄州　天寶元年改為樂安郡上元元年復為棣州　領縣五戶
三萬九千一百五十口二十三萬八千一百五十九　在京師東北
二千二百一十里東都東北一千三百七十里　猒次　郭下漢富

平縣隋屬滄州武德四年改屬棣州六年省棣州復隷滄州貞觀十七年復置棣州獻次還屬　滴河　隋縣　陽信漢縣屬渤海郡貞觀十七年改屬棣州　蒲臺　漢濕沃縣隷淄州割屬棣州　渤海

萊州中　漢東萊郡隋因之武德四年討平綦順置萊州領掖膠水即墨盧鄉昌陽曲城當利曲臺膠東九縣六年廢曲城當利曲臺膠東四縣貞觀元年廢盧鄉割登州之文登廢牟州之黃來屬麟德元年置牟平縣如意元年割黃縣之文牟登平置登州天寶元年改萊州爲東萊郡乾元元年復爲萊州舊領縣六掖黃文登昌陽即墨膠水戶一萬一千五百六十八口六萬三千三百九十六　天寶領縣四戶二萬六千九百九十八口七萬一千五百　京師東北二千五百九十九里去東都一千八百五十二里　掖　州治漢東萊郡也隋置掖縣屬萊州　昌陽　漢縣置於古昌陽城永徽元年移古縣西北二十三里　膠水　漢膠東國地隋置縣於古光州因改名膠水　即墨　漢不其邑也隋置即墨縣

登州　漢東萊郡之黃縣如意元年分置登州領文登牟平黃三縣以牟平爲治所神龍三年改黃縣爲蓬萊縣移州治於蓬萊天寶元年以登州爲東牟郡乾元元年復爲登州　天寶領縣四戶二萬二百九十八口一十萬八千九百　在京師東三千一百五十里至東都二千七十一里

蓬萊　漢黃縣屬萊州如意元年於縣置登州神龍三年改爲蓬萊移於今所　牟平　麟德二年分牟平置屬萊州如意元年置登州治牟平神龍三年移治所於蓬萊縣　文登　隋舊縣武德四年置登州領文登觀陽三縣六年以觀陽屬牟州又置清陽廓定二縣屬登州貞觀元年登州及清陽廓定二縣並廢地入文登縣　黃　漢舊縣神龍元年改爲蓬萊縣屬登州以爲州治先天元年又割蓬萊置黃縣

唐書志卷第十八

唐書志卷第十九

劉昫　等修

聞人詮校刻沈桐同校

十道郡國　地理二

河東道三　河北道四　山南道五

河東道

河中府　隋河東郡武德元年置蒲州治桑泉縣領河東桑泉猗氏虞鄉四縣二年置蒲州總管府管蒲虞泰絳邵澮六州三年移蒲治河東縣依舊總管府其年置溫泉縣九年又置都督府管蒲虞芮邵泰五州仍省溫泉縣其年罷都督府貞觀八年割虢州之永樂來屬十七年以廢虞州之安邑解縣廢泰州之汾陰來屬開元八年置中都改蒲州爲河中府其年罷中都依舊爲蒲州又與陝鄭汴懷魏爲六雄十二年昇爲四輔天寶元年改爲河東郡乾元元年復爲蒲州割安邑屬陝州三年四月置河中府析同州之朝邑於河西鹽坊置河西縣來屬元年建卯月又爲中都元和三年復爲河中府　舊領縣五戶三萬六千四百九十九口十七萬三千七百八十四　天寶領縣八戶七萬八百口四十六萬九千二百一十三元和領縣十一在京師東北三百二十四里去東都五百五十里

河東　隋縣州理所開元八年分置河西縣其年罷中都乃省乾元三年復置　河西　舊朝邑縣屬同州管長春宮乾元元年置河中府割朝邑來屬改爲河西縣以鹽坊爲理所　臨晉　隋分猗氏置桑泉縣武德三年分置溫泉縣九年省溫泉併入桑泉天寶十三年改爲臨晉縣　解　隋虞鄉縣武德元年改爲解縣屬虞州蒲州別置虞鄉縣貞觀十七年省解縣併入虞鄉二十二年復析置解縣屬蒲州猗氏　漢縣古郇國也　虞鄉　漢解縣地後魏分置虞鄉縣貞觀十七年省解縣併入虞鄉縣二十年復置解縣省虞鄉天授二年復分解縣置虞鄉縣　永樂　武德元年分芮縣置屬芮州九年廢芮州改屬鼎州貞觀八年改屬芮州又割屬虢州神龍元年復來屬

寶鼎　漢汾陰縣隋屬泰州貞觀十七年廢泰州縣來屬開元十一
年玄宗祀后土獲寶鼎因改爲寶鼎　龍門　漢皮氏縣後魏改爲龍
門武德元年於縣置泰州領龍門萬泉汾陰四縣貞觀十七年廢泰
州及芮縣以龍門萬泉屬絳州汾陰屬蒲州　聞喜　漢縣隋爲桐鄉
縣武德元年分置聞喜縣　萬泉　武德三年分稷山界於薛通城置萬
泉縣屬泰州州廢入絳州後又隸河中府
絳州　隋絳郡武德元年置絳州總管府管絳潞蓋建澤沁韓晉呂
澮泰蒲虞芮邵十五州絳州領正平太平曲沃聞喜稷山五縣三年
廢總管府其年以廢北澮州之翼城置翼城縣領翼城絳小鄉三縣
武德元年改爲澮州二年改爲北澮州四年州廢三縣併入絳州置南
絳州又置絳縣　曲沃　漢絳縣地後魏置曲沃縣　絳　漢聞喜縣後
魏置南絳州又置絳縣　稷山　後魏高凉縣隋改名稷山　垣　隋
縣義寧元年置邵原領垣王屋又置清廉亳城四縣武德元年改爲
邵州二年又置長泉縣五年廢亳城九年省邵州省清廉入垣縣王

屋屬懷州垣屬絳州　襄陵　後魏禽盛縣改爲襄陵取漢舊名屬
晉州元和十四年屬絳州
晉州　隋臨汾郡義旗初改爲平陽郡領臨汾襄陵岳陽冀氏楊五
縣其年改楊縣爲洪洞武德元年改爲晉州分襄陵置浮山縣分洪
洞置西河縣三年置總管府管晉絳沁呂四州移治白馬城改浮山
爲神山縣貞觀六年廢都督十二年移治所於平陽古城十七年省
西河縣以廢呂州之霍邑趙城汾西三縣來屬天寶元年改州爲平
陽郡乾元元年復爲晉州元和十四年割襄陵屬絳州太和元年改
屬河中府　舊領縣七戶二萬一千六百一十七口九萬七千五百
五　天寶領縣九戶六萬四千八百三十六口四十二萬九千二百
二十一　元和領縣八　在京師東北七十二十五里至東都七百三
十九里　臨汾　漢平陽縣隋改爲臨汾貞觀十七年省西河縣併入臨
汾　洪洞　漢楊縣至隋不改義寧元年改爲洪洞取縣北嶺名
神山　武德二年分襄陵置浮山縣四年改爲神山以縣東南羊角

山神見爲名　岳陽　後魏安澤縣隋改爲岳陽　霍邑　漢彘縣後
漢改爲永安隋於此置汾州尋改爲呂州領霍邑趙城汾西靈石四
縣貞觀十七年廢呂州以靈石等三縣來屬以靈石屬汾州　趙城
國初分霍邑縣置　汾西　後漢汾西郡隋廢爲縣屬呂州隋末陷賊
武德初權於今城南五十里申村堡置貞觀六年移於今所
冀氏　漢猗氏縣地後於古猗氏縣城南置冀氏
隰州下　隋龍泉郡武德元年改爲隰州領隰川溫泉大寧石樓四
縣二年置總管府領隰中昌南汾東和西德六州三年又置北隰州
屬爲貞觀元年省中昌西德北隰四州又以廢昌州蒲縣來屬仍督
隰南汾東和三州三年廢都督府又以廢東和州永和縣來屬天寶
元年改爲大寧郡乾元元年復爲隰州　舊領縣六戶八千二百二
十二口三萬八千三百九十五　天寶戶一萬九千四百五十五
在京師東北九百六里至東都八百八十里　隰川　州所理漢蒲子
縣地隋爲隰川縣　蒲　漢縣武德二年置昌州領蒲仵城常武昌

原四縣貞觀元年省昌州及昌原仵城常武三縣以蒲屬隰州　大寧
漢北屈縣地隋爲仵城武德二年置中州於隋大寧故城因改名大
寧貞觀元年廢中州及大義白龍二縣以大寧隸隰州　永和　漢
狐讘縣隋爲永和武德二年移治於仙芝谷西屬東和州又分置樓
山縣貞觀元年廢東和州及樓山縣以永和隸隰州　石樓　漢土
軍縣隋改爲石樓武德二年於縣置西德州領長壽臨河石樓三縣
貞觀元年廢西德州省長壽臨河二縣以石樓屬東和州二年又省
東和州以石樓來屬　溫泉　隋新城縣武德二年分置溫泉縣仍
置北溫州領溫泉新城高堂三縣屬隰州總管府貞觀元年省北溫
州及新城高唐二縣以溫泉來屬　汾州上　隋西河郡義旗初依舊
領隰城介休孝義平遥四縣其年割介休平遥二縣屬介休郡武德
元年以介休郡爲介州西河郡爲浩州三年改浩州爲汾州仍割并
州之文水來屬貞觀元年省介州以介休平遥二縣來屬文水還并
州十七年以廢呂州之靈石來屬天寶元年改爲西河郡乾元元年

復爲汾州　舊領縣四戶二萬四千九口十萬六千三百八十四　天寶領縣五戶五萬九千四百五十口三十二萬二百三十三　去京師一千二百六里東都九百三十七里　西河　漢美稷縣隋爲隰城縣上元元年九月改爲西河縣　孝義　漢中陽縣後魏曰永安貞觀元年改爲孝義　介休　漢縣武德元年於縣置介州貞觀元年州廢以介休平遥屬汾州　平遥　漢平陶縣後魏避諱改陶爲遥武德屬介州州廢來屬　靈石　隋分介休縣置屬呂州州廢來屬　慈州　元魏曰南汾州隋改爲耿州又爲文成郡武德元年改爲汾州五年改爲南汾州八年改爲慈州以郡近慈烏戍故也　舊領縣五戶五千二百四十五口二萬二千六百五十一　天寶戶一萬一千六百一十六口六萬二千四百八十六　在京師東北六百八十三里去東都七百二十七里　吉昌　隋縣　文城　元魏曰仵城縣隋改爲文城顯慶三年移仵城縣東北文城村置　昌寧　漢臨汾縣地後魏分置太平縣又分太平置昌寧縣　呂香　義寧

唐志十九　四

元年分仵城縣置平昌縣貞觀元年改爲呂香因舊鎮爲名上元三年移治所於故平昌府南置今縣是也　仵城　後魏置縣取鎮戍名也

潞州大都督府　隋上黨郡武德元年改爲潞州領上黨長子屯留潞城四縣二年置揔管府管潞澤沁韓蓋五州四年分上黨置壺關縣貞觀元年廢都督府八年置大都督府十年又改爲都督府貞觀十七年廢韓州以所管襄垣等五縣屬潞州開元十七年以玄宗歷職此州置大都督府管慈儀石沁四州天寶元年改爲上黨郡乾元元年依舊爲潞州大都督府　舊領縣五戶一萬八千六百九十口八萬三千四百五十五舊於襄垣置韓州領縣五戶七千一十七口三萬二千九百三十六　天寶領縣十戶六萬八千三百九十一口三十八萬八千六百六十　在京師東北一千一百里至東都四百八十七里　上黨　漢壺關縣隋分置上黨州所治壺關武德四年分上黨置治於高望堡貞觀十七年移治進流川　長子　漢縣　屯留

隋舊武德五年自霍壁移於今所　潞城　古邑隋特置潞城縣　襄垣　隋縣武德元年於縣置韓州領襄垣黎城涉銅鞮武鄉五縣又割并州之榆社來屬三年置甲水縣仍以榆社屬榆州六年割沁州之銅鞮來屬九年省甲水縣貞觀十七年廢韓州以襄垣等五縣隸潞州　黎城　舊刈陵縣隋改曰黎城州涉　漢隋縣屬韓州州廢來屬　銅鞮　漢縣隋屬韓州武德元年屬沁州三年分置甲水縣五年移治榦水堡六年移於今所屬韓州省甲水縣韓州廢屬潞州　武鄉　漢垣縣後魏曰沮城移治於南亭川改爲鄉縣屬韓州州廢屬潞州則天加武字神龍年去武字後爲鄉縣後又加武字

澤州上　隋長平郡武德元年改爲蓋州領高平丹川陵川又置蓋城四縣又於濩澤縣置澤州領濩澤沁水端氏三縣三年於今理置晉城縣六年廢建州自高平移蓋州治之八年移澤州治端氏九年省丹川蓋城貞觀元年廢蓋州自端氏縣移澤州於今治天寶元年改澤州爲高平郡乾元元年復爲澤州

唐志十九　五

舊領縣六戶一萬六百六十口四萬六千七百三十二　天寶戶二萬七千八百二十二口二十五萬七千九十　京師東北一千三十里至東都六百六十七里　晉城　漢高都縣隋改爲丹川武德元年移丹川於源澤水北屬蓋州三年於古高都城置晉城縣屬建州六年廢建州縣屬蓋州九年省丹川縣貞觀元年廢蓋州縣屬澤州　端氏　漢縣武德八年移澤州於此縣貞觀元年又移於晉城　陵川　漢泫氏縣隋改陵川武德初屬蓋州貞觀元年隸澤州　陽城　隋濩澤縣武德元年於縣置澤州八年移州治於端氏天寶元年改爲陽城　沁水　元魏置永安縣隋改爲沁水屬蓋州州廢來屬　高平　漢泫氏縣地武德元年於縣置蓋州領高平丹川陵武蓋城四縣貞觀元年廢蓋州來屬

沁州下　隋上黨郡之沁源縣義寧元年置義寧郡領沁源銅鞮綿上仍分沁源置和川凡四縣武德元年改爲沁州二年分沁源置招遠縣三年省招遠縣六年以銅鞮屬韓州天寶元年改沁州爲陽城

縣乾元元年復爲沁州　舊領縣三戶三千九百五十六　口一萬六千一百七　天寶戶六千三百八口三萬四千九百六十三　在京師東北一千二十五里去東都六百三十五里

沁源　漢穀遠縣地後魏改爲沁源　和川　義寧元年分沁源置綿上隋分介休之南界置綿上縣

遼州　隋太原郡之遼山縣武德三年分并州之樂平和順平城石艾四縣置遼州治樂平其年置義興縣六年自樂平移於遼山仍以石艾樂平二縣屬受州省義興縣以廢榆州之榆社平城二縣來屬八年改遼州爲箕州先天元年又改爲儀州天寶元年改爲樂平郡乾元元年復爲儀州中和三年八月復爲遼州　舊領縣四戶四千三百六十五口八萬八千六百四十　天寶戶九千八百八十二口五萬四千五百八十　在京師東北一千四百五十九里至東都七百九十七里　遼山　漢阻縣地魏改轑陽縣隋改遼山縣屬并州武德三年屬遼州榆社　晉武鄉縣義寧元年分置榆社縣武德三年於此置

○榆州割并州平城來屬仍置偃武縣六年廢榆州及偃武縣以平城榆社屬遼州　和順　漢沾縣地隋爲和順縣武德初屬并州三年改爲遼州　平城　隋縣武德初屬并州三年改屬榆州六年改爲遼州　北京太原府　隋爲太原郡武德元年改爲并州總管領晉陽太原榆次太谷祁陽直壽陽盂樂平交城石艾文水遼山平城烏河榆社十六縣其年置清源縣仍以榆社屬韓州三年廢總管其年置沁陽仍以盂壽陽二縣置受州治盂縣樂平遼山平城石艾四縣置遼州治樂平太谷祁二縣置太州治太谷仍以文水屬沁州四年又置總管管并介受遼太榆沁七州其年改爲上總管五年又改代石二總管其年改上總管爲大總管六年又管朔州總管仍割汾州之文水來屬其年廢太州以太谷祁二縣來屬七年改爲大都督府其年置羅陰縣仍省陽直縣改汾陽爲陽曲縣又以文水置汾州貞觀元年省烏河羅陰二縣又以文水來屬八年以廢受州之壽陽盂樂平石艾又割順州之燕然凡五縣來屬督并汾箕嵐四州十四年廢燕然縣　龍朔二年進爲大都府天授元年置北都兼都督府開元十一年又置北都改并州爲太原府天寶元年改北都爲北京　舊領縣十四戶九萬七千八百七十四口二十萬九百三十六　天寶領縣十三戶十二萬八千九百五口七十七萬八千二百七十八　在京師東北一千三百六十里至東都八百八里　太原　漢晉陽縣隋文又移於州城內古晉陽城置今州所治　晉陽　隋新移於州內　太谷　隋縣武德三年置太原州六年州廢以太谷祁屬并州　文水　隋縣武德三年屬汾州六年屬并州七年又屬汾州貞觀初還屬并州天授元年改爲武興縣以天后鄉里縣與太原晉陽並爲京縣神龍九年依舊爲文水　榆次　漢縣　盂縣　隋縣武德三年置受州領盂壽陽二縣六年移受州於壽陽貞觀八年省受州盂復屬并州　清源　隋於古梗陽城置清源縣以水爲名　交城　隋分晉陽縣置取縣西北古交城爲名初治交山天授元年移治却波村先天二年於故縣分置靈川縣開元二年後省　陽曲　隋陽直縣武德三年分置

○汾陽縣七年省陽直縣改汾陽爲陽曲縣仍移治陽直廢縣其年又分置羅陰縣貞觀元年省十七年又省燕然併入　壽陽　隋舊縣武德三年屬遼州六年移受州於此領壽陽盂二縣其年又割遼州之樂平石艾二縣來屬貞觀八年廢壽州以所管四縣隸并州　廣陽　漢上艾縣後漢改爲石艾縣武德三年屬遼州六年屬受州八年州廢屬并州天寶元年改爲廣陽　樂平　隋縣武德三年於縣置遼州六年移遼州治於箕州以樂平屬受州州廢縣來屬　祁　漢縣至隋不改武德三年屬太州州廢來屬

代州中都督府　隋爲鴈門郡武德元年置代州總管管代忻蔚三州代州領鴈門繁畤崞五臺四縣五年廢總管六年又置管代蔚州四州貞觀四年又督靈州六年又督順州十二年省順州以懷化縣來屬今督代忻蔚朔靈五州高宗廢懷化縣證聖元年置武延縣天寶元年改爲鴈門郡依舊爲都督府乾元元年復爲代州　舊領縣五戶九千二百五十九口三萬六千一百三十四　天寶戶二萬一千

二百八十口十萬三百五十 在京師東北一千五百五十里去東都一千二百二十三里 鴈門 漢廣武縣隋爲鴈門縣 五臺 漢慮虒縣隋改爲五臺 繁畤 漢縣 東魏置廓州又廢 崞 漢縣 唐林 證聖元年分五臺崞縣置延武縣唐龍元年改唐林

蔚州 隋鴈門郡之靈丘縣武德四年平劉武周六年置蔚州寄治幷州陽曲縣仍置靈江飛狐二縣七年寄治代州繁畤縣八年又寄治所州秀容之北恒州城貞觀五年移於今治天寶元年改爲安邊郡至德二年九月改爲興唐郡乾元元年置蔚州 舊領縣二戶九百四十二口三千七百四十八 天寶領縣三戶五千五十二口二萬九百五十八 在京師東北一千八百一十里去東都一千六百四十里 靈丘 隋縣隋末陷賊寄治陽曲自此隨州寄治貞觀五年移於今所 飛狐 隋縣隋末陷賊武德六年復置寄治於易州遂城縣貞觀五年移治於今所 興唐 隋安邊縣至德二年改爲興唐

忻州 隋樓煩郡之秀容縣義旗初置新興郡領秀容一縣武德

元年改爲欣州四年又置定襄縣天寶元年改爲定襄郡乾元元年復爲欣州 舊領縣二戶四千九百八十七口一萬七千一百三十 天寶戶一萬四千八百六口八萬二千三十二 在京師東北一千三百八十里去東都一千六十三里 秀容 漢汾陽縣地治郭下隋朝自秀容故城移於此因改爲秀容縣 定襄 漢陽曲縣地後漢末移陽曲於太原界置乃於陽曲古城置定襄縣復廢武德四年分秀容縣復置

嵐州下 隋樓煩郡之嵐城縣武德四年平劉武周置東會州領嵐城縣又以北和州之太和縣來屬其年分嵐城置合會豐潤二縣仍自故郡城移嵐州於廢東會州置嵐州舊領岢嵐一縣縣移舊嵐州其年又以北管州之靜樂縣來屬七年置臨津縣九年省合會岢嵐大和三縣貞觀元年改臨津爲合河三年又置大和縣八年又省天寶元年復爲樓煩郡乾元元年復爲嵐州 舊領縣三戶二千八百四十二口一萬一千五百四十一 天寶領縣四戶一萬六千七百四十八口八萬四千六 在京師東北一千二百九十五里去東都一千一百四十四里 宜芳 隋嵐城縣武德四年改爲宜芳屬東會州四年分置豐潤合會二縣五年省豐潤併入六年改屬嵐州九年省合會併入 靜樂 漢汾陽縣地有隋汾陽宮武德四年置管州領靜樂又分置汾陽六度二縣五年改管州爲北管州六年省北管州及汾陽六度二縣以靜樂屬嵐州 合河 隋臨泉縣武德四年置臨津縣貞觀元年改爲合河 嵐谷 舊岢嵐軍也在宜芳縣北界長安三年分宜芳於岢嵐舊軍置嵐谷縣神龍二年廢縣置軍開元十二年復置縣

憲州下 舊樓煩監牧也先隸隴右節度使至德後屬內飛龍使舊樓煩監牧嵐州刺史兼領貞觀十五年楊鉢爲監牧使遂專領監司不係州司龍紀元年特置憲州於樓煩監仍置樓煩縣郡城開元四年王毛仲築 州新置未記戶口帳籍 樓煩 龍紀元年於監西一里置 玄池 州東六十里置 天池州

西南五十里置本置於孔河館乾元後移於安明谷口道人堡下

石州 隋離石郡武德元年改爲石州五年置總管府管石北和北管東會嵐西定六州貞觀二年廢都督府三年復置都督六年又廢天寶元年改爲昌化郡乾元元年復爲石州 舊領縣五戶三千七百五十八口一萬七千四百二 天寶戶一萬四千二百九十四口六萬六千九百三十五 京師東北一千二百九十一里至東都一千二百二十八里 離石 漢縣周改爲昌化郡隋復爲離石州所治 平夷 後周析離石縣置 定胡 隋縣武德三年置西定州貞觀二年廢分置孟門縣七年廢孟門入定胡 臨泉德隋太和縣武德三年置北和州改爲太初縣爲臨泉縣貞觀三年省北和州縣屬和州 方山 隋縣武德二年置方州三年州廢縣屬石州

朔州 隋馬邑縣武德四年置朔州領善陽常寧二縣其年省常寧縣天寶元年改爲馬邑郡乾元元年復爲朔州 舊領縣一善陽戶一千二百五十七口四千九百一十三 天寶領縣二戶五千四百

九十三口二萬四千五百三十三　在京師東北一千七百七十四里至東都一千三百四十三里　善陽　漢定襄地有秦時馬邑城武周塞後魏置桑乾郡隋爲善陽縣　馬邑　秦漢舊名久廢開元五年分善陽縣於天同軍城置

雲州　隋馬邑郡之雲内縣界恒安鎮也武德四年平劉武周六年置北恒州七年州廢貞觀十四年自朔州北定襄城移雲州及定襄縣置於此永淳元年爲賊所破因廢乃移百姓於朔州開元二十年復爲雲州天寶元年改爲雲中郡乾元元年復爲雲州　領縣一戶七十三口五百六十一　在京師東北一千九百四十里去東都一千六百四十二里　雲中　隋雲内縣之恒安鎮武德六年置恒州貞觀十四年自朔州北定襄城移雲州於此置因爲定襄縣今治即後魏所都平城也永淳元年爲賊所破因廢雲州及縣開元二十年與州復置仍改定襄爲雲中縣

單于都護府　秦漢時雲中郡城也唐龍朔三年置雲中都護府麟

。德元年改爲單于大都護府東北至朔州五百五十七里振武軍在城内置　天寶戶二千一百口一萬三千　在京師東北二千三百五十里去東都二千里　金河　與府置同

河北道

懷州雄　隋河内郡武德二年於濟源西南柏崖城置懷州領大基河陽集城長泉四縣其年於濟源立西濟州於武德縣立北義州修武縣東北故濁鹿城立陟州置總管府管懷西濟北義陟四州三年懷州又置太行忠義紫陵穀只温五縣四年移懷州於今治野王城其年又於温縣置平州以温縣屬之又省穀只太行忠義紫陵四縣後省平州仍於隋河陽宮置盟州領河陽集城温三縣又省西濟北義陟三州入懷州又於獲嘉縣置殷州其懷州總管管懷盟殷三州懷州領河内武德軹濟源五縣八年廢盟州省集城入河陽縣以河陽温二縣來屬貞觀元年罷都督府以廢殷州修武獲嘉武陟廢邵州之王屋四縣來屬仍省懷軹二縣顯慶二年割河陽温濟温王屋四縣屬洛州天授元年改爲河内郡乾元元年復爲懷州　舊領縣九　戶三萬九十口十二萬六千九百一十六　天寶領縣五戶五萬五千三百四十九口三十一萬八千一百二十六　在京師東九百六十九里至東都一百四十里　河内　漢野王縣隋爲河内縣武德四年省太行忠義紫陵三縣併入　武德　隋爲安昌縣武德三年改爲武德　武陟　漢懷縣地故城在今縣西　脩武　漢山陽縣地脩武古名也隋因之武德二年李原德以縣東北濁鹿城歸順因置陟州及脩武縣四年賊平改爲武陟隋廢陟州以脩武屬殷州仍移縣治於隋故脩武城貞觀元年省殷州脩武屬懷州　獲嘉　漢縣名武德四年於縣置殷州領獲嘉武德武陟脩武新鄉共城五縣貞觀元年省殷州以獲嘉武陟脩武屬懷州新鄉共城屬衛州

衛州望　隋汲郡本治衛縣武德元年改爲衛州二年陷竇建德四年賊平仍舊領衛清淇湯陰三縣其年廢義州以汲縣來屬六年以

。湯陰屬相州貞觀元年州移治於汲縣又廢殷州以共城新鄉博望三縣來屬六年廢博望縣十七年廢清淇縣其年又以廢黎州之黎陽縣來屬天寶元年改爲汲郡乾元元年復爲衛州

舊領縣五戶一萬一千九百三口四萬三千六百八十二　天寶戶四萬八千五十六口二十八萬四千六百三十　在京師東一千二百二十二里去東都三百九十里　汲　漢縣隋因之武德元年置義州領汲縣四年廢義州縣屬衛州貞觀六年衛州自衛縣徙治所於汲縣　新鄉　隋割汲獲嘉二縣地於古新樂城置新鄉縣武德初屬義州州廢來屬殷州州廢屬衛州　衛　漢朝歌縣紂所都朝歌城在今縣西隋大業二年改爲衛縣仍置汲郡於縣治貞觀初移於汲縣初屬義州州廢屬衛州十七年省清淇縣入衛縣長安三年又置清淇縣神龍元年又省入衛縣　共城　漢共縣隋因之武德元年置共州領共城凡城二縣四年廢共州省凡城入共城縣初屬殷州貞觀初來屬　黎陽　隋黎陽縣武德二年置黎州總管府管殷衛

洹澶四州尋陷賊四年平竇建德復置黎州領臨河内黃湯陰觀城頓丘繁陽澶水八縣其年以澶水觀城頓丘三縣置澶州又以湯陰屬相州貞觀元年省繁陽又以澶水來屬十七年廢黎州及澶水縣以黎陽屬衛州内黃臨河屬相州

相州　漢魏郡也後魏道武改名相州隋爲魏郡武德元年置相州摠管府領安陽鄴林慮零泉相臨漳洹水堯城八縣二年割林慮置巖州四年廢摠管府仍省零泉縣五年廢巖州以林慮來屬仍省相縣六年割衛州之湯源來屬其年復置摠管府管慈洺黎衛邢六州九年廢都督府貞觀元年改湯源爲湯陰以廢慈州之安陽成安二縣來屬十年復置都督管相衛黎魏洺邢貝七州十六年罷都督府十七年以廢黎州之内黃臨河來屬天寶元年改爲鄴郡乾元元年復爲相州　舊領縣九戸一萬一千四百九十口七萬四千七百六十六　天寶縣十一戸十萬一千一百四十二口五十九萬一百九十六　在京師東北一千四百二十一里至東都六百六十里　安陽　漢侯國故城在湯陰東曹魏時廢安陽併入鄴後周移鄴置縣於安陽故城仍爲鄴縣隋又改爲安陽縣州所治漢魏郡城在縣西北七里　鄴　漢縣屬魏郡後魏於此置相州東魏改爲司州周平齊復爲相州周大象二年隋文輔政相州刺史尉遲迥舉兵不順楊堅令韋孝寬討迥平之乃焚燒鄴城徙其居人南遷四十五里以安陽城爲相州理所仍爲鄴縣煬帝初於鄴故都大慈寺置鄴縣貞觀八年始築今治所小城　湯陰　漢蕩陰縣也併入安陽武德四年分安陽置湯源縣屬衛州六年改屬相州貞觀元年改爲湯陰　林慮　漢隆慮縣武德三年置巖州領林慮一縣五年巖州廢縣屬相州　堯城　隋縣　洹水　漢長樂縣地魏郡國周建德六年分臨漳東北界置洹水縣　臨漳　後周建德六年分鄴縣置　成安　漢斥丘縣屬魏郡後廢北齊復置改爲成安　内黃　漢縣名舊屬黎州貞觀十七年改屬相州　臨河　隋分黎陽縣置貞觀十七年改屬相州廢澶水縣併入

魏州雄　漢魏郡元城縣之地後魏天平二年分館陶西界於今州西北三十里古趙城置貴鄉縣後周建德七年以趙城卑濕西南移三十里就孔思集寺爲貴鄉縣大象二年於縣置魏州隋改名武陽郡武德四年平竇建德復爲魏州又分置漳陰縣須復爲貴鄉昌樂元城莘武陽臨黃觀城頓丘繁水魏冠氏館陶漳陰十三縣其年割頓丘觀城二縣置澶州又割莘臨黃武陽三縣置莘州又割冠氏館陶置毛州魏州置摠管府管黎澶莘毛五州魏州領貴鄉昌樂繁水漳陰元城六縣貞觀元年罷都督仍省漳陰縣其年廢莘毛澶三州盡以所領縣屬魏州十七年省元城武陽觀城三縣十八年省繁水縣龍朔二年改爲冀州大都督府以冀王爲都督府貝德相棣滄魏七州咸亨三年依舊爲魏州罷都督府永昌元年置武聖縣聖曆二年又置元城縣天寶元年改爲魏郡乾元元年復爲魏州　舊領縣十三戸三萬四百四十口十三萬六千六百一十二　天寶領縣十戸十五萬一千五百九十六口一百一十萬九千八百七十里　在京師東北一千五百九十里去東都七百五十里　貴鄉　後魏分館陶西界置貴鄉縣於趙城周建德七年自趙城東南移三十里以孔思集寺爲縣廨大象二年於縣置魏州武德八年移縣入羅城内開元二十八年刺史盧暉移於羅城西百步大曆四年又移於河南岸置　元城　隋縣治古殷城貞觀十七年併入貴鄉聖曆二年又分貴鄉莘縣置治王莽城開元十三年移治州郭下古殷城在朝城東北十二里　魏　漢舊縣在今縣南天寶三年移於今所　館陶　漢縣隋因之武德五年置毛州割魏州之館陶冠氏堂邑貝州之臨清清水又分置沙丘縣貞觀元年廢毛州省沙丘清水二縣以堂邑屬博州臨清屬貝州館陶冠氏屬魏州　冠氏　春秋邑名隋分館陶縣東界置武德四年屬毛州州廢來屬　莘　漢陽平縣地隋置新州武德五年改爲莘州領莘臨黃武陽武水四縣貞觀元年廢莘州以莘臨黃武陽屬魏州武水屬博州　臨黃　漢觀縣地隋爲臨黃縣武德四年屬莘州州廢來屬　朝城　隋武陽縣貞觀十七年廢武陽

入臨黃莘二縣開元七年復置改爲朝城　昌樂　晉置屬陽平郡
後魏置昌州今縣西古城是也隋廢昌樂縣入繁水武德五年復置
隸魏州今治所武德六年築也
澶州　漢頓丘縣屬東郡今縣北古陰安城是也武德四年分魏州
之頓丘觀城置澶州領頓丘觀城又特置澶水縣貞觀元年廢澶州
以澶水屬黎州頓丘觀城屬魏州大曆七年正月勑又於頓丘縣置
澶州領頓丘清豐觀城臨黃四縣
州新置元未計戶口帳籍　在京師東北一千四百八十五里至東都
六百八十五里　頓丘　漢縣屬東郡後移治所於陰安城今屬魏
郡今縣地北陰安城是也　清豐　大曆七年割頓丘昌樂二縣界
四鄉置以縣界有孝子張清豐門闕魏州田承嗣請爲縣名　觀城
隋縣唐初屬澶州州廢亦省觀城大曆七年割昌樂臨黃二縣四鄉
置縣於舊觀城店　臨黃　隋舊縣武德四年屬莘州州廢屬魏州
大曆七年置澶州割之來屬

○博州上　隋武陽郡之聊城縣武德四年平竇建德置博州領聊城
武水堂邑茌平仍置莘亭靈清平博平凡九縣五年省莘亭靈二縣
貞觀元年省茌平縣天寶元年改爲博平郡乾元元年復爲博州
舊領縣六戶七千六百八十二口三萬七千三百九十四天寶戶五
萬二千六百三十一口四十萬八千二百五十二　在京師東北一千
七百一里至東都九百四十七里　聊城　漢縣治郭下武德四年
公置茌平縣貞觀元年省入聊城　博平　漢縣隋因之武德四年分置
靈縣五年省併入博平貞觀十七年省博平入聊城天授二年析聊
城復置　武水　漢陽平縣地屬東郡隋改爲清邑又分清邑置武
水縣武德四年屬莘州貞觀元年屬博州　清平　漢貝丘縣隋改
爲清平屬博州　堂邑　漢縣後魏廢隋分清陽縣復置初屬毛州
州廢屬博州　高唐　隋縣長壽二年改爲崇武神龍元年復爲唐
貝州　隋爲清河郡武德四年平竇建德置貝州領清河武城漳南
歷亭清陽鄃夏津七縣六年移治所於歷亭八年還於舊治九年以

廢宗州之宗城經城來屬又以廢毛州之臨清來屬天寶元年改爲
清河郡乾元元年復爲貝州　舊領縣九戶一萬七千七百一十九
口九萬七十九　天寶戶十一萬一十五口八十三萬四千七百五
十七　在京師東北一千七百八十二里至東都九百九十三里
清陽　武德四年分置夏津縣九年復省舊治甘陵城永昌元年移
治於孔橋開元二十三年移就州治　清河　漢縣後漢桓帝改爲
甘陵後省隋復分置清河縣在郭下　武城　漢曰東武城舊治古
夏城調露元年移於今治　宗城　隋舊武德四年置宗州領宗城
府城南宮斌強四縣九年廢宗州及府城斌強二縣以經城宗城貝
州南宮屬冀州　臨清　漢清泉縣後魏改爲臨清武德四年屬毛
州州廢屬貝州　經城　漢縣武德四年屬宗州州廢來屬　漳南
漢東陽縣後魏省隋分棗強清平二縣地復置於古東陽城仍改
爲漳南縣　歷亭　漢東陽地隋分鄃縣置歷亭縣　夏津　舊鄃
縣天寶元年改爲夏津

○洺州望　隋武安郡武德元年改爲洺州領永年洺水平恩清漳四
縣二年陷竇建德四年建德平立山東道大行臺又立曲周雞澤二
縣五年罷行臺置洺州大總管府管洺衛殷相慈邢趙八州六年罷
總管府以磁州之武安臨洺肥鄉三縣來屬貞觀元年又以廢慈州
之邯鄲來屬天寶元年改爲廣平郡乾元元年復爲洺州永泰之後
復以武安邯鄲屬慈州會昌元年省清漳洺水二縣入肥鄉平恩曲
周等縣　舊領縣七戶二萬二千九百三十三口十萬一千三十
天寶領縣十戶九萬一千六百六十六口六十八萬三千二百八十
省清漳洺水　今領縣六
在京師東北一千五百八千五里至東都八百五十七里
永年　州所治本漢曲梁縣屬廣平郡改廣平爲永年平恩漢縣隋
自斥漳城移於平恩故城置臨洺漢易陽縣隋改爲臨洺武德元年
置紫州領臨洺武安肥鄉邯鄲等縣四年罷紫州臨洺屬慈州五年
改屬洺州　雞澤　漢廣平縣地武德四年置雞澤縣肥鄉　漢邯

溝縣地曹魏立肥鄉縣屬廣平郡會昌三年省清漳縣入　曲周
隋廢縣武德四年復置會昌三年省臨水縣入　磁州　隋魏郡之滏
陽縣武德元年置磁州領滏陽臨水成安三縣四年割洺州之臨洺
武安邯鄲肥鄉來屬六年置慈州揔管府領磁邢洺黎相衛六州其
年廢揔管府以臨洺武安肥鄉三縣屬洺州磁州領成安邯鄲三縣
貞觀元年廢磁州滏陽成安屬相州以邯鄲屬洺州永泰元年六月
昭義節度使薛嵩請於滏陽復置磁州領滏陽武安昭義邯鄲四縣
州新置未計戶口帳籍
在京師東北一千四百八十五里至東都六百六十五里
滏陽　漢武安縣地隋置滏陽縣州所治　邯鄲　漢縣屬廣平郡
隋屬磁州州廢屬洺州永泰初復置磁州來屬　武安　漢縣隋復
置隸磁州　昭義　永泰元年廉察使薛嵩特置於滏口之右故臨
水縣城
邢州上　隋襄國郡武德元年改爲邢州揔管府管邢温和封蓬東
。龍六州邢州領龍岡堯山内丘三縣四年平竇建德罷揔管府割内
丘屬趙州仍省和温封三州以其所領南和沙河平鄉三縣來屬又
立任縣五年割趙州之内丘栢仁來屬天寶元年改爲鉅鹿郡乾元
元年復爲邢州　舊領縣九戶二萬一千九百八十五口九萬九百
六十　天寶戶七萬一百八十九口三十八萬二千七百九十八　在
京師東北一千六百五十五里至東都八百五十七里　龍岡　漢
襄國郡隋改爲龍岡州所治也　沙河　隋分龍岡縣置武德元年
置温州四年州廢屬邢州　南和　漢縣後周置南和郡隋廢州爲
縣武德元年置和州四年州廢縣屬邢州　鉅鹿　隋於漢南䜌故城
置鉅鹿縣武德元年置起州幷白起縣四年廢起州鉅鹿屬趙州仍
省白起倂入鉅鹿貞觀元年屬邢州舊治東府亭城嗣聖元年移於
今所　平鄉　漢鉅鹿郡故郡城在今縣北十一里古鉅鹿城即今
治也隋改平鄉縣　任　漢南䜌地晉置任縣後廢武德四年復置
舊治苑鄉城　堯山　漢栢仁縣至隋不改武德元年置東龍州領栢

仁縣四年平竇建德縣屬趙州貞觀初屬邢州天寶元年改爲堯山
内丘　漢中丘縣隋改爲内丘縣屬趙州貞觀初還屬邢州
趙州　漢平棘縣故城在今縣南後魏於昭慶縣置殷州齊改爲趙
州隋廢尋復置趙郡於平棘縣武德元年張志昂以郡歸國改爲趙
州領平棘高邑贊皇元氏癭陶欒城大陸栢鄉房子稾城鼓城十二
縣其年以稾城屬廉州以鼓城屬深州四年改大陸爲象城天寶元
年改爲隋郡乾元元年復爲趙州　舊領縣九戶二萬一千四百二
十七口八萬五千九百九十二　天寶戶六萬三千四百五十四口
三十九萬五千二百三十八　去京師東北一千八百四十三里至
東都一千三十三里　平棘　漢平棘縣屬常山郡隋自象城移趙
州治所於縣置　寧晉　漢楊氏縣屬鉅鹿郡今治即楊氏城也後
改爲癭陶元魏改爲癭遥隋復爲陶天寶元年改爲寧晉　昭慶
漢廣阿縣屬鉅鹿郡後魏置殷州北齊改爲趙州隋改廣阿爲大陸
武德四年改爲象城天寶元年改爲昭慶以有建初啓運二陵故也
。栢鄉　漢縣屬鉅鹿郡故城在今縣西南十七里復廢隋於今治彭
水之陽復置　高邑　漢鄗縣屬常山郡世祖更名高邑晉代不改
臨城　漢房子縣屬常山郡天寶元年改爲臨城　贊皇　古無其
名隋置取贊皇山爲名　元氏　漢常山郡所治故城在今縣西
鎮州　秦東垣縣漢高改名眞定置恒山郡又爲眞定國歷代爲常
山郡治元氏後魏道武登常山郡北望安樂壘美之遂移郡治於安
樂城今州城是也周隋改爲恒州後廢義旗初復置恒州領眞定石
邑行唐九門滋陽五縣州治石邑武德元年陷竇建德四年賊平徙
治所於眞定省滋陽縣又割廉州之稾城來屬天寶元年改爲常山
郡乾元元年復爲恒州興元元年昇爲都督府元和十五年改爲鎮
州　舊領縣六戶二萬六千一百一十三口五萬四千五百四十三
天寶領縣九戶五萬四千六百三十三口三十四萬二千二百三十
四　今領縣十一　在京師東北一千七百六十里至東都一千一百
三十六里　眞定　隋屬高陽郡武德四年自石邑移恒州於縣爲

治所載初元年改爲中山縣神龍元年復爲真定縣　稾城　漢縣
唐初置鉅鹿郡領稾城桓肆新豐宜安四縣武德元年改爲廉州其
年陷竇建德四年賊平復置廉州領稾城鼓城毋極四縣省桓肆新
豐宜安併入稾城貞觀元年廢廉州以鹿城屬深州鼓城毋極屬定
州稾城屬恒州　石邑　漢縣屬常山郡　九門　漢縣屬常山郡至
隋不改國初置九門郡領九門新市信義三縣武德元年改爲觀州
五年州廢省信義新市二縣以九門隸恒州　靈壽　漢縣屬常山郡
義寧元年置燕州武德四年州廢縣屬幷州七年州廢屬恒州　行
唐　漢南行唐縣屬常山郡武德五年省滋陽縣屬常山郡武德五
年省滋陽縣併入長壽二年改爲章武神龍元年復爲行唐　井陘
漢縣屬常山郡義寧元年置井陘郡并葦澤縣武德元年改爲幷
州四年又以廢嶽州之房山蒲吾二縣恒州之鹿泉來屬五年又以
恒州之靈壽來屬貞觀元年廢蒲吾葦澤二縣入井陘十七年廢幷
州以井陘等三縣屬恒州　獲鹿　漢石邑縣地隋置鹿泉縣屬幷州

貞觀十七年來屬至德元年改爲獲鹿　平山　漢蒲吾縣屬常山
郡隋改爲房山縣義寧元年置房山郡武德元年置嶽州領房山一縣
四年廢嶽州房山屬恒州至德元年改爲平山縣仍以恒州爲平山
郡　鼓城　漢臨平下曲陽兩縣之地屬鉅鹿郡隋分稾城於下曲
陽故城東五里置昔陽縣尋改爲鼓城武德四年屬廉州州廢屬定
州大曆三年割屬恒州　欒城　漢開縣屬常山郡後魏於開縣古
城置欒城縣屬趙州大曆三年割屬恒州

冀州上　隋信州郡武德四年改爲冀州領信都衡水武邑棗強南
宮堂陽下博武強八縣六年置揔管府移治所於下博管冀貝深宮
四州貞觀元年廢都督府移州治於信都又以下博武強二縣屬深
州十七年以廢深州之下博武強鹿城廢觀州之阜城來屬龍朔二
年改爲魏州都督府咸亨三年復舊先天二年割下博武強鹿城三
縣屬深州開元二年復以下博武強還冀州天寶元年改爲信都乾
元元年復爲冀州　舊領縣六　信都　南宮　堂陽　棗強　武
邑　衡水戶一萬六千二十三口七萬二千七百三十三　天寶領
縣九戶一十萬三千八百八十五口八十三萬五百二十　在京師
東北一千九百七十八里至東都一千一百里　信都　漢信都國
城今州所治也後漢改爲樂城國又改安平國魏晉後爲冀州所治
南宮　漢縣屬信都國至隋不改武德四年屬宗州貞觀元年屬
冀州　堂陽　漢縣屬鉅鹿郡隋舊屬冀州　棗強　漢縣屬清河
郡隋舊也　武邑　漢縣屬信都國隋舊武德四年分置昌亭縣貞
觀初省　衡水　古無此名隋開皇十七年河北大使郎蔚之分信
都北界武邑西界下博南界置衡水縣特築此城　阜城　漢縣屬
渤海郡隋屬冀州故城在今縣東二十里今城隋築　蓨　漢縣屬
勃海郡隋舊隸觀州州廢屬德州故城在今縣南十里貞觀元年分
置觀津縣尋省永泰後屬冀州

深州　武德四年平竇建德於河間郡之饒陽縣置深州領安平饒
陽蕪蔞三縣初治安平其年移治饒陽貞觀元年割故廉州之鹿城

冀州之武強下博來屬省蕪蔞縣十七年廢深州以饒陽屬瀛州安
平屬定州鹿城下博武強屬冀州先天二年復割饒陽安平鹿城置
深州仍分置陸澤縣天寶元年改深州爲饒陽郡乾元元年復爲深
州　舊領縣五戶二萬一百五十六口八萬七千　天寶縣四戶萬
八千八百二十五口三十四萬六千四百七十二　京師東北二千
一十三里至東都一千二百五十里　陸澤　先天二年分饒陽鹿
城界置陸澤縣於古鄡城鄡漢縣屬鉅鹿郡　饒陽　漢縣屬涿郡武
德四年分置蕪蔞縣貞觀元年省十七年割屬定州先天二年還深
州武德初爲深州所治　東鹿　漢安定侯國今縣西七里故城是
也周齊爲安定縣隋改爲鹿城唐至德六年改爲東鹿　下博　漢縣
屬信都國隋舊武德四年屬冀州貞觀元年改屬深州十七年屬冀
州先天二年還深州　安平　漢縣屬涿郡武德初置深州以縣屬
十七年州廢屬定州先天二年來屬　武強　漢武隧縣屬河間國
晉改爲武強武德四年屬冀州貞觀元年屬深州　博野　漢蠡吾

縣屬涿郡後漢分置博陵縣後魏改爲博野武德五年置蠡吾州領博野清苑割定州之義豐三縣八年州廢三縣各還本屬九年復立蠡州領博野清苑二縣貞觀元年廢蠡州博野清苑屬瀛州永泰中屬深州　樂壽　漢樂城縣屬河間國城在今縣東南十六里後魏移縣東北近古樂壽亭因改爲樂壽隋屬河間郡永泰中割屬深州

滄州上　漢渤海郡隋因之武德元年改爲滄州領清池饒安無棣三縣治清池其年移治饒安四年平竇建德分饒安置鬲津縣五年以清池屬東鹽州六年以觀州胡蘇縣來屬州仍徙治之其年又省棣州以滴河猒次陽信樂陵四縣來屬貞觀元年以瀛州之景城廢景州之長蘆南皮魯城三縣廢東鹽州之鹽山清池二縣並來屬又以滴河猒次二縣屬德州以胡蘇屬觀州仍移治於清池又省鬲津入樂陵省無棣入陽信八年復置無棣縣十七年以廢觀州之弓高東光胡蘇來屬割陽信屬棣州天寶元年改爲景城郡乾元元年復爲滄州　舊領縣十戶二萬五十二口九萬五千七百九十六

天寶領縣十一戶十二萬四千二十四口八十二萬五千七百五在京師東北二千二百一十八里去東都一千三百八十二里　清池　漢浮陽縣渤海郡所治隋改爲清池縣治郭下武德四年屬景州五年改屬東鹽州貞觀元年改屬滄州　鹽山　漢高城古縣在南隋改爲鹽山武德四年置東鹽州領縣一五年又割景州之清池來屬仍置浮水縣貞觀元年省東鹽州及浮水縣以清池屬滄州　南皮　漢縣屬渤海郡至隋不改武德四年屬景州貞觀元年改屬滄州　長蘆　漢參戶縣屬渤海郡後周改爲長蘆武德四年割滄州之清池南皮二縣瀛州之魯城平舒長蘆三縣於此置景州其年陷劉黑闥五年賊平置景州總管府管滄瀛鹽景四縣又分清池縣屬東鹽州貞觀元年廢景州以平舒屬瀛州南皮魯城長蘆三縣屬滄州舊治永濟河西開元十六年移於今治　樂陵　漢舊縣屬平原郡隋不改武德四年屬棣州六年省棣州以縣屬滄州　饒安　漢平童縣屬渤海郡後漢改爲饒安隋因之武德元年移治故平童城仍移州治於此六年州移治胡蘇貞觀十二年移縣治故浮水城　無棣　漢陽信縣屬渤海郡改爲無棣貞觀元年併入陽信八年復置太和二年屬棣州又復還滄州　臨津　漢東光縣地隋於故胡蘇亭置胡蘇縣武德四年屬觀州貞觀十七年屬滄州天寶元年改爲臨津　乾符　隋魯城縣武德四年屬景州貞觀元年改屬滄州乾符年改爲乾符

景州　漢鬲縣地屬平原郡隋置弓高縣屬渤海郡武德四年於縣置觀州領弓高蓨阜城東光安陵胡蘇觀津七縣六年以胡蘇屬滄州貞觀元年省觀津縣後以胡蘇來屬十七年廢觀州以東光胡蘇屬滄州蓨縣安陵屬德州阜城屬冀州貞觀二年又於弓高縣置景州又以弓高東光胡蘇來屬長慶元年廢景州四縣亦還本屬二年復於弓高置景州太和四年廢縣屬滄州景福元年復於弓高置景州管東光安陵三縣天祐五年移州治於東光縣領縣六戶一萬一千三口五萬七千五百三十二　在京師東北二千九百里至東都一千三百里　弓高　漢鬲縣屬平原郡隋置

弓高縣後於縣治置觀州景州興替不常事在州說中　東光　漢縣屬渤海郡歷代不改　安陵　隋宣府鎮武德四年置安陵縣屬觀州貞觀十七年廢觀州改屬德州永徽二年移治白社橋景福元年改屬景州

德州　漢平原郡隋置德州又爲平原郡武德四年平竇建德後置德州領安德般平原長河將陵平昌六縣其年置總管府管博德棣觀四州貞觀元年廢都督府割滄州之滴河猒次來屬十七年廢般縣以滴河猒次二縣屬棣州又以廢觀州之蓨縣安陵來屬天寶元年改爲平原郡乾元元年復爲德州　舊領縣八戶一萬一百三十五口五萬二千一百四十一　天寶領縣七戶八萬三千三百一十一口六十五萬九千八百五十五　至京師一千九百八十二里去東都一千一百三十八里　安德　漢縣屬平原郡今州治至隋不改　平原　漢舊平原郡所治故城在今縣西南二十五里今縣治城北齊所築　長河　漢廣川縣屬信都國後廢隋於舊廣川縣東

八十里置新縣今治是也尋改爲長河縣爲水壞唐元和四年十月
移就白橋於永濟河西岸置縣東去故城十三里十年又置河東小
胡城　將陵　漢安德縣　隋分安德於將陵故城置此縣　平昌
漢縣屬平原郡故城在今縣東三十里太和二年割屬齊州又還
德州
定州上　漢縣屬平原郡故城在今縣三十里後漢中山國後魏置
安州尋改爲定州隋改博陵郡又復爲高陽郡武德四年平竇建德
移置定州領安喜義豐北平深澤毋極唐昌新樂恒陽唐望都等十
縣其年置總管府領定恒井滿廉五州六年升爲大總管府管定洺
相慈黎冀深蠡滄瀛魏貝景博趙宗觀廉井邢欒德衛滿幽易燕檀
平營等三十二州七年改爲都督定恒滿井趙廉欒蠡等八州貞觀
元年以廢廉州之鼓城來屬五年廢都督府十七年以廢深州之安
平來屬先天二年以安平還深州天寶元年改爲博陵郡乾元元年
復爲定州大曆三年以鼓城隸鼓城曲陽隸泒州九年廢泒州曲陽

復來屬貞元十三年復爲大都督府十四年廢依舊爲上州　舊領縣
十一戶二萬五千六百三十七口八萬六千八百六十九　天寶戶
七萬八千九十口四十九萬六千六百七十六　在京師東北二千九
百六里至東都一千二百里　安喜　漢盧奴縣屬中山國慕容垂
改爲不連北齊改爲安喜隋改爲鮮虞縣武德四年復爲安喜州所
治也　義豐　漢安國縣屬中山國隋自鄡城移於鄭德堡置今縣
治是仍改爲義豐萬歲通天二年契丹攻之不下則天改爲立節縣
神龍中復舊名　北平　漢縣屬中山國萬歲通天二年契丹攻之
不下乃改爲徇中縣神龍元年復舊名　望都　武德四年分安喜
北平二縣置初治安險故城貞觀八年移於今治　安險　漢縣屬
中山國　曲陽　漢上曲陽縣屬常山郡隋改爲恒陽大曆三年屬
泒州九年復來屬元和十五年改爲曲陽　陘邑　漢苦陘縣屬中
山國章帝改爲漢昌曹魏改爲魏昌隋改爲隋昌武德四年改爲唐
昌天寶元年改爲陘邑　唐　漢縣屬中山國舊治古人城聖曆元

年移於今所　新樂　古鮮虞子國漢新市縣屬中山郡隋改爲新
樂　祁州中　景福二年定州節度使王處存奏請於本部無極縣
置祁州　州新置未計戶口帳籍　在京師東北二千二百一十里
至東都一千三百二十里　無極　漢縣屬中山國無本作毋字
武德四年屬廉州貞觀元年屬定州萬歲通天二年改毋字爲無
深澤　漢縣屬中山國至隋不改屬定州隋徙治滹沲北本縣治也隋
末陷賊武德四年復立縣景福二年割屬祁州
易州中　隋上谷郡武德四年討平竇建德改爲易州領易淶水永
樂遂城道五縣五年割道縣置北義州州廢以道來屬開元二十三
年分置五迴樓亭板城三縣天寶元年改爲上谷郡復隋舊名乾元
元年復爲易州　舊領縣五戶一萬二千八百二十口六萬三千四
百五十七　天寶領縣八戶四萬四千二百三十口二十五萬八千
七百七十九　今領縣六　在京師東北二千三百三十四里至東
都一千四百六十三里　易　漢故安縣屬涿郡隋爲易縣　容城

漢縣屬涿郡改爲道縣武德五年置北義州領道又割幽州之固安
歸義屬之貞觀元年廢北義州三縣各還本屬聖曆二年契丹入寇
固守得全因改名全忠縣天寶元年改爲容城　遂城　漢北新城
縣屬中山國後魏改爲新昌隋末爲遂城　淶水　漢道縣屬涿郡
隋屬上谷郡　蒲城　漢北平縣地後魏置永樂縣隋不改天寶元
年改爲蒲城　五迴　開元二十三年刺史盧暉奏分易縣置城於五
迴山下因名之二十四年遷於古公城暉又奏置樓亭板城二縣天
寶後廢
瀛州上　隋河間郡武德四年討平竇建德改爲瀛州領河間樂壽
景城文安東城豐利六縣五年又置武恒任丘二縣貞觀元年省豐
利入文安省武恒入河間割蒲州之高陽蒲故景州之平舒故蠡州
之博野清苑五縣來屬又以景城屬滄州景雲二年割鄚任丘文安
清苑四縣屬鄚州天寶元年改爲河間郡乾元元年復爲瀛州　舊
領縣十　河間高陽樂壽博野清苑鄚任丘文安平舒東城景雲二

年分鄚文安任丘清苑置莫州大曆後割博野樂壽隷深州　戶三萬五千六百五　口十六萬四千　天寶領縣六戶九萬八千一十八口六十六萬三千一百七十一　今領縣五　在京師東北二千二百里至東都一千三百二里　河間　漢州鄉縣地屬涿郡隋爲河間縣　高陽　漢縣屬涿郡隋舊武德四年於縣置蒲州領高陽博野清苑三縣屬蠡州八年二縣又割屬蒲州九年復隷蠡川貞觀元年廢蒲州以鄚高陽二縣屬瀛州　平舒　漢東平舒縣屬渤海郡後去東字隋不改武德四年屬景州貞觀元年屬瀛州　東城　漢東州縣屬渤海郡隋曰東城屬河間郡　景城　漢縣屬渤海郡武德四年屬瀛州貞觀元年屬滄州大中後割屬瀛州

莫州上　本瀛州之鄚縣景雲二年於縣置莫州割瀛州之鄚任丘文安清苑幽州之歸義等五縣屬之其年歸義復還幽州開元十三年以鄚字類鄭字改爲莫天寶元年復爲莫州管縣六莫文安任丘清苑長豐唐興　天寶領縣六戶五萬三千四百九十三口三十三

○萬九千九百七十二　去京師二千三百一十里至東都一千四百三十里　莫　漢縣屬涿郡至隋不改武德四年屬蒲州貞觀元年改屬瀛州景雲二年割屬莫州　清苑　漢樂鄉縣屬信都國隋爲清苑武德四年屬蒲州貞觀元年改屬瀛州景雲二年屬莫州　文安　漢縣屬渤海郡至隋不改故城在今縣東北舊屬瀛州景雲二年來屬　任丘　隋縣後廢武德五年分莫縣復置　長豐　開元十九年分文安任丘二縣置　唐興　如意元年分河間縣置武昌縣屬瀛州長安四年改屬州其年還隷瀛州神龍元年改屬唐興縣景雲二年改屬莫州

幽州大都督府　隋爲涿郡武德元年改爲幽州總管府管幽易平檀燕北燕營遼等八州幽州領薊良鄉潞涿固安雍奴安次昌平等八縣二年又分潞縣置玄州領一縣隷總管四年竇建德平固安縣屬北義州六年改總管爲大總管管三十九州七年改爲大都督府又改涿縣爲范陽九年改大都督爲都督幽易景瀛東鹽滄蒲蠡北義燕營遼平檀玄北燕等十七州貞觀元年廢玄州以漁陽潞二縣來屬又廢北義州以固安來屬八年又置歸義縣都督幽易燕北燕平檀六州乾封三年置無終縣如意元年分置武隆縣景龍三年分置三河縣開元十三年昇爲大都督府十八年割漁陽玉田三河置薊州天寶九年改范陽郡屬范陽上谷嬀川密雲歸德漁陽順義歸化八郡乾元元年復爲幽州

舊領縣十　薊潞雍奴漁陽良鄉固安昌平范陽歸義也　戶二萬一千六百九十八口十萬二千七十九　天寶縣十戶六萬七千二百四十二口十七萬一千三百一十二　今領縣九　在京師東北二千五百二十里至東都一千六百里　薊　州所治古之燕國都漢爲薊縣屬廣陽國晉置幽州慕容儁稱燕皆治於此自晉至隋幽州刺史皆以薊爲治所　幽都　管郭下西界與薊分理建中二年取羅城內廢燕州廨署置幽都縣在府北一里　廣平　天寶元年分薊縣置三載後廢至德後復分置　潞　後漢縣屬漁陽

○郡隋不改武德二年於縣置玄州仍置臨洵縣玄州領潞臨洵漁陽無終四縣貞觀元年廢玄州省臨洵無終二縣以潞漁陽屬幽州　武清　後漢雍奴縣屬漁陽郡歷代不改天寶元年改爲武清　永清　如意元年分安次縣置武隆縣景雲元年改爲會昌縣天寶元年改爲永清　安次　漢縣屬渤海郡至隋不改隋屬幽州　良鄉　漢縣屬涿郡至隋不改　昌平　後漢縣屬廣陽國故城在今縣東南隋屬涿郡

涿州　本幽州之范陽縣大曆四年幽州節度使朱希彩奏請於范陽縣置涿州仍割幽州之范陽歸義固安三縣以隷涿屬幽州都督州新置未計戶口帳籍　至京師二千四百里至東都一千四百八十里　范陽　漢涿郡之涿縣也郡所治曹魏文帝改爲范陽郡晉爲范陽國後魏爲范陽郡隋爲涿縣武德七年改爲范陽縣大曆四年後於縣置涿州　新昌　漢縣名後廢大曆四年後析固安縣置　歸義　漢易縣地屬涿郡北齊省入鄚縣武德五年於縣置北

義州貞觀元年與州同省八年復置改屬幽州分置涿州又來屬
固安　漢縣屬涿郡武德四年屬北義州移治章信城貞觀元年省
義州以縣屬幽州乃移於今治今治城漢方城縣地屬廣陽國　新
城　大曆四年析置
薊州　開元十八年分幽州之三縣置薊州天寶元年改爲漁陽郡
乾元元年復爲薊州　天寶領縣三戶五千三百一十七口二萬八
千五百二十一　至京師二千八百二十三里至東都一千二十三
里　漁陽　後漢縣屬漁陽國秦古北平郡所治也隋爲漁陽縣武
德元年屬幽州二年改屬玄州又分置無終縣貞觀元年屬幽州省
無終神龍元年改屬營州開元四年還屬幽州十八年於縣置薊州
乃隸之　三河　開元四年分潞縣置屬幽州十八年改隸薊州
玉田　漢無終縣屬右北平郡乾封二年於廢無終縣置名無終屬
幽州萬歲通天二年改爲玉田縣神龍元年割屬營州開元四年還
屬幽州八年又割屬營州十一年又屬薊州　檀州　後漢奚縣屬

漁陽郡隋置安樂郡分幽州燕樂密雲二縣隸之武德元年改爲檀
州天寶元年改屬密雲郡乾元元年復爲檀州　舊領縣二戶一千
七百三十七口六千四百六十八　天寶戶六千六十四口三萬二
百四十六　在京師東北二千六百五十七里至東都一千八百四
十四里　密雲　隋縣州所治　燕樂　隋縣後魏於縣置廣陽郡
後廢舊治白檀故城長壽二年移治新興城即今治也　嬀州　隋
涿郡之懷戎縣武德七年討平高開道置北燕州復北齊舊名貞觀
八年改名嬀州取嬀水爲名長安二年移治舊清夷軍城天寶元年
改名嬀川郡乾元元年復爲嬀州　舊領縣一戶四百七十六口二
千四百九十　天寶戶二千二百六十三口一萬一千五百八十四
元和縣二　在京師東北二千八百四十二里至東都一千九百一
十里　懷戎　後漢潘縣屬上谷郡北齊改爲懷戎嬀水經其中州
所治也　嬀川　天寶後析懷戎縣置今所
平州　隋爲北平郡武德二年改爲平州領臨渝肥如二縣其年自
臨渝移治肥如改爲盧龍縣更置撫寧縣七年省臨渝撫寧二縣天
寶元年改爲北平郡乾元元年復爲平州　舊領縣一戶六百三口
二千五百四十二　天寶領縣三戶三千一百一十三口二萬五千
八十六　在京師東北二千六百五十里至東都一千九百里　盧
龍　後漢肥如縣屬遼西郡至隋不改武德二年改爲盧龍縣復開
皇舊名　石城　漢縣屬右北平貞觀十五年於故臨渝縣城置
臨渝　萬歲通天二年改爲石城取舊名　馬城　開元二十八年
分盧龍二縣置
順州下　貞觀六年置寄治營州南五柳城天寶元年改爲順義
郡乾元元年復爲順州　舊領縣一戶八十一口二百一十九　天
寶戶一千六十四口五千一百五十七　賓義　郡所理在幽州城
內　歸順州　開元四年置爲契丹松漠府彈汗州部落天寶元年
改爲歸化郡乾元元年復爲歸順州　天寶領縣一戶一千三十七
口四千四百六十九　在京師二千六百里至東都一千七百一十

里　懷柔　州所理也
營州上都督府　隋柳城郡武德元年改爲營州總管府領遼燕二
州領柳城一縣七年改爲都督府督營遼二州貞觀二年又督昌州三
年又督師崇二州六年又督順州十年又督慎州今督七州萬歲通
天二年爲契丹李萬榮所陷神龍元年移府於幽州界置仍領漁陽
玉田二縣開元四年復移還柳城八年又往就漁陽十一年又還柳
城舊治天寶元年改爲柳城郡乾元元年復爲營州　舊領縣一戶
一千三十一口四千七百三十二　天寶戶九百九十七口三千七
百八十九　在京師東北三千五百八十九里至東都二千九百一
十里　柳城　漢縣屬遼西郡室韋靺鞨諸部並在東北遠者六千
里近者二千里西北與奚接界北與契丹接界　燕州　隋遼西郡
寄治於營州武德元年改爲燕州總管府領遼西瀘河懷遠三縣其
年廢瀘河縣六年自營州南遷寄治於幽州城內貞觀元年廢都督
仍省懷遠縣開元二十五年移治所於幽州北桃谷山天寶元年改

為歸德郡乾元元年復為燕州
舊領縣一無實土戶所領戶出粟皆靺鞨別種　戶五百天寶戶二
千四十五口一萬一千六百三　兩京道里與幽州同　遼西州所
治縣也
威州　武德二年置遼州總管自燕支城徙寄治營州城內七年廢
總管府貞觀元年改為威州隸幽州大都督所領戶契丹內稽部落
舊領縣一戶七百二十九口四千二百二十二　天寶戶六百一
十一口一千八百六十九　兩京道里與涿州同　威化　後契丹
陷營州乃南遷寄治於良鄉縣石窟堡為威化縣幽州治也慎州
武德初置隸營州領涑沫靺鞨烏素固部落萬歲通天二年移於淄
青州安置神龍初復舊隸幽州　天寶領縣一戶二百五十口九百
八十四　逢龍　契丹陷營州後南遷寄治良鄉縣之故都鄉城為
逢龍縣州所治也
玄州　隋開皇初置處契丹李去閭部落萬歲通天二年移於徐宋

州安置神龍元年復舊今隸幽州　天寶領縣一戶六百一十八口
一千三百三十三　靜蕃　州治所范陽縣之魯泊村
崇州　武德五年分饒樂郡都督府置崇州鮮州處奚可汗部落隸
營州都督　舊領縣一戶一百四十口五百五十四　天寶戶二百
口七百一十六　昌黎　貞觀二年置北黎州寄治營州東北廢楊
師鎮八年改為崇州置昌黎縣契丹陷營州徙治於潞縣之古潞城
為縣　夷賓州　乾封中於營州界內置處靺鞨愁思嶺部落隸營
州都督萬歲通天二年遷於徐州神龍初還隸幽州都督　領縣一
戶一百三十口六百四十八　來蘇　自徐州還寄於良鄉縣之古
廣陽城為縣　師州　貞觀三年置領契丹室韋部落隸營州都督
萬歲通天元年遷於青州安置神龍初改隸幽州都督　舊領縣一
戶一百三十八口五百六十八　天寶戶三百一十四口三千二百
一十五　陽師　初貞觀置州於營州東北廢陽師鎮故號師州神
龍中自青州還寄治於良鄉縣之故東閭城為州治縣在焉

鮮州　武德五年分饒樂郡都督府奚部落置隸營州都督萬歲通
天元年遷於青州安置神龍初改隸幽州　天寶領縣一戶一百七
口三百六十七　賓從　初置營州界自青州還寄治潞縣之古潞
城　帶州　貞觀十九年於營州界內置處契丹乙失革部落隸營
州都督萬歲通天元年遷於青州安置神龍初放還隸幽州都督
天寶領縣一戶五百六十九口一千九百九十　孤竹　舊治營州
界州陷契丹後寄治於昌平縣之清水店為州治
黎州　載初二年析慎州置處浮渝靺鞨烏素固部落隸營州都督
萬歲通天元年遷於宋州管治神龍初還改隸幽州都督　天寶領
縣一戶五百六十九口一千九百九十一　新黎　自宋州遷寄治
於良鄉縣之故都鄉城
沃州　載初中析昌州置處契丹松漠部落隸營州州陷契丹乃遷
於幽州隸幽州都督　天寶領縣一戶一百五十九口六百一十九
濱海沃州　本寄治營州城內州陷契丹乃遷於薊縣東南迴城

為治所　昌州　貞觀二年置領契丹松漠部落隸營州都督萬歲
通天二年遷於青州安置神龍初還隸幽州　舊領縣一戶一百三
十二口四百八十七　天寶戶二百八十一口一千八十八　龍山
貞觀二年置州於營州東北廢靜蕃戍七年移治於三合鎮營州
陷契丹乃遷於安次縣古常道城為州治
歸義州　總章中置處海外新羅隸幽州都督　舊領縣一戶一百
九十五口六百二十四　歸義　在良鄉縣之古廣陽城州所治也
瑞州　貞觀十年置於營州界隸營州都督處突厥烏突汗達干
部落咸亨中改為瑞州萬歲通天二年遷於宋州安置神龍初還隸
幽州都督　舊領縣一戶六十口三百六十五
天寶戶一百九十五口六百二十四　來遠　舊縣在營州界州陷
契丹移治於良鄉縣之故廣陽城
信州　萬歲通天元年置處契丹失活部落隸營州都督二年遷於
青州安置神龍初還隸幽州都督　天寶領縣一戶四百一十四口

一千六百 黄龍 州所治寄治范陽縣

青山州 景雲元年析玄州置隸幽州都督 領縣一戸六百三十二口三千二百一十五 青山 寄治於范陽縣界水門村

凜州 天寶初置於范陽縣界處降胡 領縣一戸六百四十八口二千一百八十七

安東都護府 摠章元年九月司空李勣平高麗高麗本五部一百七十六城戸六十九萬七千其年十二月分高麗地為九都督府四十二州一百縣置安東都護府於平壤城以統之用其酋渠為都督刺史縣令令將軍薛仁貴以兵二萬鎭安東府上元三年二月移安東府於遼東郡故城置儀鳳二年又移置於新城聖曆元年六月改為安東都督府神龍元年復為安東都護府開元二年移安東都護於平州置天寶二年移於遼西故郡城置至德後廢初置領羈縻州十四戸一千五百八十二 去京師四千六百二十五里至東都三千八百二十里

○新城州都督府 遼城州都督府

哥勿州都督府 建安州都督府

南蘇州 木底州 蓋牟州 代那州 倉巖州

磨米州 積利州 黎山州 延津州 安市州

凡此十四州並無城池是高麗降戸散此諸軍鎭以其酋渠為都督刺史羈縻之 天寶領戸五千七百一十八口一萬八千一百五十六自燕以下十七州皆東北蕃降胡散諸處幽州營州界内以州名羈縻之無所役屬安禄山之亂一切驅之為寇遂擾中原至德之後入據河朔其部落之名無存者今記天寶承平之地理焉

山南道 山南西道

梁州興元府 隋漢川郡武德元年置梁州摠管府管洪梁洋集興四州梁州領南鄭褒中城固西四縣二年改城固為唐固割西縣置褒州三年置白雲縣七年改摠管為都督督梁洋集興褒五州梁州領南鄭褒中白雲四縣八年廢褒州以西金牛二縣來屬九年省白雲縣入城固貞觀三年復改唐固為城固三年改褒中為褒城六年廢都督府八年又置依舊督洋集壁四州十七年又罷顯慶元年復置都督府督洋集壁四州開元十三年改梁州為褒州依舊都督府二十年又為梁州天寶元年改為漢中郡仍為都督府乾元元年復為梁州興元元年六月昇為興元府官員資序一切同京兆河南二府 舊領縣五戸六千六百二十五口二萬七千五百七十六 天寶領縣六戸三萬七千四百七十口十五萬三千七百一十七 至京師一千二百二十三里至東京二千七十八里 南鄭 州所理漢縣屬漢中郡隋不改 褒城 漢褒中縣屬漢中郡義寧三年改為褒中貞觀三年復為褒城 城固 隋舊武德二年改為唐固貞觀二年復為城固 西 隋舊武德二年置褒州割金牛來屬領西金牛二縣八年廢褒州以縣屬梁州 金牛 漢葭萌縣地武德二年分綿谷縣置屬褒州八年州廢屬梁州 三泉 武德四年分綿谷縣置南安州領三泉嘉平二縣八年廢南安州及嘉平縣以三泉屬利州天寶元年改屬梁州移治沙溪之東

鳳州下 隋河池郡武德元年改為鳳州天寶元年復為河池郡乾元元年復為鳳州 舊領縣四戸一千九百五十七口九千七百九十四 天寶戸五千九百一十八口二萬七千八百七十七 在京師西南六百里至東都一千四百五十里 梁泉 漢故道縣地後魏置梁泉縣晉仇池所處地後魏廢帝於縣置鳳州 兩當 漢故道縣地晉改兩當取水名 河池 後漢縣屬武都郡以川為名

黄花 武德四年分梁泉縣置以川為名

興州下 隋順政郡武德元年改為興州天寶元年改為順政郡乾元元年復為興州 舊領縣三戸一千二百二十五口四千九百一十三 天寶戸二千二百二十四口一萬一千四十六 至京師九百四十八里至東都一千七百八十一里 順政 漢沮縣屬武都郡後魏改為略陽晉置武興蕃以處互市後魏於武興蕃置興州仍以略陽為順政 長舉 漢沮縣地隋為長舉縣本治槃頭城貞觀

三年移於今所　鳴水　漢沮縣地隋爲鳴水縣舊治落番水南永
隆元年移治水北
利州下　隋義城郡武德元年改爲利州領綿谷葭萌益昌義清岐
坪嘉川景谷七縣二年置總管府管利龍隆始蓬靜六州三年割綿
谷之東界置南安州四年割景谷縣置沙州七年又割岐坪義清二
縣置南平州其年改總管府爲都督府督利龍隆始沙南平靜八州
利州領綿谷葭萌益昌嘉川四縣八年廢南安州割三泉縣來屬貞
觀元年廢沙州二年廢南平州後以景谷岐坪義清等縣來屬其年
以嘉川屬靜州六年罷都督府以州當劒口戶不滿萬移爲中州又
降爲下州天寶元年改爲益昌郡仍割三泉屬梁州乾元元年復爲
利州　舊領縣七戶九千六百二十八口三萬一千九十三　天寶
領縣六戶二萬三千九百一十口四萬四千六百　在京師西南一
千四百八十八里至東都二千一百九十七里　綿谷　漢葭萌縣
地蜀爲漢壽縣晉改晉壽縣又分晉壽置興安縣隋改興安爲綿谷

○南齊於壽縣置西益州後梁改爲利州　胤山　隋義清縣天寶元
年八月改爲胤山　嘉川　隋屬靜州貞觀十七年割屬利州　葭
明　漢縣蜀爲漢壽晉改晉壽江左改晉安隋改爲葭萌取漢舊名
益昌　後魏分晉壽縣置京兆縣後周改爲益昌　景谷　漢白
水縣地宋置平興縣隋改爲景谷武德四年置沙州割龍州之方維
來屬沙州領景谷方維二縣貞觀元年廢沙州以景谷屬利州仍省
方維縣併入　通州上　隋通川郡武德元年改爲通州領通川宣
漢三岡石鼓東鄉五縣以宣漢屬南并州二年屬新寧思來二縣三
年以東鄉屬南并州又爲通川總管府管通開蓬渠萬南并南石南
鄰八州通川領通州三岡石鼓新寧思來五縣八年以廢南石州之
東鄉縣來屬貞觀元年以廢并州之宣漢來屬又省思來入通川其
年廢萬州以永穆來屬貞觀五年廢都督府爲下州長安二年昇爲
中州開元二十三年昇爲上州天寶元年改爲通川郡乾元元年復
爲通州　舊領縣七戶七千八百九十八口三萬八千一百二十三

天寶戶四萬七百四十三口十一萬八百四　在京師西南二千
三百里去東都二千八百七十五里　通川　漢宕渠縣地分置宣
漢縣屬巴郡後魏改爲石城縣梁於縣置萬州元魏改爲通州隋爲
通川縣　永穆　宕渠地梁置永康縣隋改爲永穆武德元年屬巴
州二年置萬州蜀割巴州之歸仁置諾水廣納太平恒豐四縣並屬
萬州七年省諾水縣貞觀元年廢萬州以歸仁屬巴州廣納屬壁州
永穆屬通州廢太平恒豐二縣入永穆　三岡　隋舊縣　石鼓
後魏置　東鄉　武德三年置南石州又分置下滿昌樂二縣屬之
八年廢南石州省昌樂入石鼓下滿入東鄉　宣漢　隋舊武德元
年置南并州又置東開縣隸之貞觀元年廢南并州省東開入宣漢
自和昌城移治新安屬通州　新寧　武德二年分通川縣置治新
寧故城貞觀八年移治淙城　巴渠　永泰元年六月分石鼓縣四
鄉置巴渠　洋州下　隋漢川郡之西鄉縣武德元年割梁州三縣
置洋州四年又置洋源縣天寶元年改爲洋川郡乾元元年復爲洋

○州　舊領縣四戶二千二百二十六口一萬八千六十　天寶領縣
五戶二萬三千八百四十九口八萬八千三百二十七　在京師南
八百里至東都二千里　西鄉　本漢城固縣地蜀立西鄉縣後魏
於此置洋州以水爲名　黃金　漢安陽縣地屬漢中郡後魏置黃
金縣水名也隋縣治巴嶺鎮貞觀三年移於今治　興道　隋興勢
縣貞觀二十三年改爲興道　洋源　武德七年分西鄉縣置　眞
符開元十八年分興道置華陽縣天寶七年改屬京兆仍改爲眞符
十一年還屬洋川郡　合州中　隋涪陵郡武德元年改爲合州領
石鏡漢初赤水三縣三年又置新明縣天寶元年改爲巴川郡乾元
元年復爲合州　舊領縣四戶一萬四千九百三十四口五萬二百
一十　天寶領縣六戶六萬六千八百一十四口十萬七千二百二
十　在京師南二千四百五十里至東都三千三百里　石鏡　漢
墊江縣屬巴郡宋改名石宕渠宋置東渠郡及石鏡縣又改郡爲合
州涪漢二水合流處爲名　新明　武德二年分鏡置　漢初後魏

清居縣隋改漢初 赤水 隋分置石鏡縣 巴川 開元二十三年割石鏡銅梁二縣置 銅梁 長安三年置初治奴崙山南開元三年移治於武金坑 集州下 隋漢川郡之難江縣武德元年置集州仍割巴州之符陽長地白石三縣來屬又置平桑縣凡領五縣八年以符陽白石屬壁州貞觀元年廢平桑縣二年又置六年又省平桑長池二縣八年又割壁州之符陽來屬十七年又割廢靜州之地平來屬天寶元年改爲符陽郡乾元元年復爲集州 舊領縣一戶一千一百二十六口四千一十七 天寶領縣二戶四千三百五十三口二萬五千七百二十六 在京師西南一千四百二十五里至東都二千六百里 難江 漢宕渠縣地後周改爲難江梁立東巴州恭帝改爲集州以水爲名 符陽 漢縣武德元年屬集州三年改屬壁州貞觀八年復還集州、地平 武德元年分清化縣置狄平縣二年改狄平爲地平其年置靜州領地平嘉川大牟清化四縣貞觀十七年廢靜州嘉川屬利州大牟清化屬巴州地平屬集州

○巴州中 隋清化郡武德元年改爲巴州領化城清化曾口盤道永穆歸仁始寧奇章安固伏虞恩陽白石符陽長池白石屬集州以安固伏虞屬蓬州清化屬靜州二年割歸仁永穆置萬州貞觀元年廢萬州以歸仁來屬天寶元年改爲清化郡乾元元年復爲巴州 舊領縣七戶一萬九百三十三口四萬七千八百九十 天寶領縣十戶三萬二百一十口九萬一千五十一 至京師二千三百六十里至東都二千五百八十二里 化城 後漢昌縣梁改爲梁大縣後周改爲化城縣後魏置大谷郡隋置巴州於縣理 盤道 後魏置 清化 隋屬巴州武德元年於清化縣界木門故地置靜州領清化大牟二縣其年又置地平縣六年移靜州於地平縣又割利州之嘉川皆隸靜州貞觀十七年廢靜州以清化縣屬巴州 曾口 梁置隋縣治戴公山神龍元年移治曾溪 歸仁 梁置平州隋改爲歸仁縣武德二年屬萬州貞觀元年屬巴州 始寧 梁置以山爲名 奇章 梁置縣東八里有奇章山 恩陽 梁置義陽縣隋改爲恩陽貞觀十七年廢萬歲通天元年復置 大牟 武德元年分清化縣置縣東三里有大牟山 七盤 久視元年分置 蓬州下 武德七年割巴州之安固伏虞隆州之儀隴大寅渠州之宕渠咸安等六縣置蓬州因周舊名三年以儀隴屬萬州尋復來屬天寶元年改爲咸安郡至德二年改爲蓬山郡乾元元年復爲蓬州 舊領縣六戶九千二百六十八口三萬五千五百六十六 天寶縣七戶一萬五千五百七十六口五萬三千三百五十二 至京師二千二百一十里至東都二千九百九十五里 良山 漢宕渠地梁置伏虞郡安固縣後周改伏虞爲蓬州安固爲良山開元初蓬州移治大寅縣至後不改 大寅 梁置舊治斗子山後移治關壇口今爲蓬州所治 儀隴 梁置武德三年屬萬州州廢還蓬州舊領金城山開元二十三年移治平溪 伏虞 梁宣漢縣隋改爲伏虞屬蓬州 宕渠 梁置取漢縣名舊治長樂山長安三年移治羅獲水 咸安 梁置綏安縣隋改爲咸安至德二年改爲蓬山大竹久視元年

○分宕渠縣置至德二年割屬鄰山郡

壁州下 武德八年分巴州始寧縣改置壁州并諾水縣又割集州之符陽白石二縣來屬貞觀元年廢萬州割廣納縣來屬八年復以符陽屬集州天寶元年改爲始寧郡乾元元年復爲壁州 舊領縣三戶一千四百九十二口七千四百四十九 天寶領縣四戶一萬二千三百六十八口五萬四千七百五十七 在京師西南一千八百二十二里至東都二千九百四十二里 諾水 後漢宣漢縣梁分宣漢置始寧縣元魏分始寧置諾水縣武德八年分巴州始寧之東境置壁州及諾水縣今州所治 廣納 武德三年割始寧歸仁二縣地置以廣納溪爲名 白石 後魏置以白石水爲名武德初屬巴州又改屬集州八年還壁州 巴東 開元二十三年六月置太平縣天寶元年八年二十四日改爲巴東縣 商州 隋上洛郡武德元年改爲商州其年於上津縣置上州貞觀十五年州廢上津來屬天寶元年改爲上洛郡乾元元年復爲商州 舊領縣五戶四

千九百一口二萬一千五十　天寶縣六戸八千九百二十六口五
萬二千八十　至京師二百八十一里至東都八百八十六里　上
洛　漢縣屬弘農郡言在洛水之上故為縣名隋於縣置上雒郡
豐陽　漢商縣地晉分商縣置豐陽以川為名舊治吉川城麟德元
年移理豐陽川　洛南　漢上洛縣地晉分置拒陽縣隋改拒陽為
洛南舊治拒陽川顯慶三年移治清州　商洛　漢商縣屬弘農郡
隋文加洛字　上津　漢長利縣地屬漢中郡梁置南洛州後魏改
為上州隋廢州為上津縣義寧二年置上津郡武德元年改為上州
領上津豐利黃土長利四縣貞觀初省長利縣十年廢上州以黃土
屬金州豐利屬均州上津屬商州　安業　萬歲通天元年分豐陽
置景龍三年改屬雍州景雲元年還屬商州乾元元年正月改為乾
元縣割屬京兆府
金州　隋西城郡武德元年改為金州領洵陽石泉安康等縣其年
割洵陽驢川二縣置洵州領三縣又置西安州又立寧都廣德二縣

○隷西安州為直州三年金州置揔管府管金井直洵洋南豐均淅遷
房重順十二州十年廢洵州以洵城洵陽驢川三縣來屬貞觀元年
廢直州又省寧都廣德以安康來屬仍省驢川縣八年省洵陽縣又
以廢上州之黃土縣來屬天寶元年改為安康郡至德二年二月改
為漢南郡乾元元年復為金州　舊領縣六戸一萬四千九十一口
五萬三千二十九　天寶戸九千六百七十四口五萬七千九百八
十一　在京師南七百三十七里至東都一千七百里
西城　州所理漢西城縣屬漢中郡後魏置安康郡尋改為東梁州
又以其地出金改為金州皆以西城為治所隋末廢義寧二年復置
洵陽　漢縣名武德元年置洵州又分洵陽置洵城驢川三縣七
年廢洵州三縣屬金州貞觀二年省驢川八年省洵城並入洵陽
淯陽　後魏黃土縣義寧二年屬上州貞觀八年屬金州天寶元年
改為淯陽　石泉　隋縣聖曆元年改爲武安神龍初復爲石泉永
貞年省入漢陰縣復置　漢陰　漢安陽縣屬漢中郡晉武改爲安

康置安康郡隋改爲縣武德元年置西安州立寧都廣德二縣改西
安州爲直州州廢省寧都廣德二縣入安康至德二年二月改爲漢
陰縣　平利　後周於平利川置吉陽縣隋改爲安吉武德元年改
爲平利
開州　隋巴東郡之盛山縣義寧二年分置萬州仍割巴東郡之新
浦通川郡之萬縣西流三縣來屬武德元年改爲開州領四縣貞觀
初省西流入盛山天寶元年改爲盛山郡乾元元年復爲開州　舊
領縣三戸二千一百二十二口一萬五千五百四　天寶戸五千六
百六十口三萬四百二十一　在京師南一千四百六十里至東都二
千六百七十里　盛山　漢朐䏰縣屬巴郡蜀分置開州周改漢豐
爲永寧隋改永寧爲盛山以山爲名　新浦　宋分漢豐縣置　萬
歲　後周之萬縣隋加世字貞觀二十三年改萬世爲萬歲縣　渠
州下　隋宕渠郡武德元年改爲渠州領流江賨城宕渠咸安潾水
墊江六縣其年改賨城爲治安又分置賨城義興豐樂三縣以宕渠

○盛安二縣屬蓬州又分潾水墊江置潾山鹽泉四縣置潾州三年割
潾州之潾水來屬八年省義興豐洛賨城三縣其年廢潾州以潾山
來屬天寶元年改爲潾山郡乾元元年復爲渠州　舊領縣四戸九
千七百二十六口二萬一千五百五十二　天寶戸九千九百五十
七口二萬六千五百二十四在京師西南二千一百七十里至東都
三千一百九十里　流江　漢宕渠縣地屬巴郡梁置渠州周改爲
北宕渠郡又改爲流江郡仍於郡内置流江縣武德元年改爲渠州
又併賨城義興二縣入流江　潾水　梁置　義寧元年屬潾州
武德三年屬渠州　渠江　梁置始安縣隋不改　天寶元年八月
改爲渠江縣　潾山　梁置潾山在縣西四十里重疊潾北爲名隋
末縣廢武德元年分置潾水縣又置潾州八年州廢縣隷渠州　渝
州　隋之巴郡武德元年置渝州因開皇舊名領江津涪陵二縣其
年以涪陵屬涪州三年置萬春縣改萬春爲壽縣貞觀十三年以廢
霸州之南平縣來屬天寶元年改爲南平郡乾元初復爲渝州　舊

領縣四戶一萬二千七百一十口五萬七百一十三　天寶戶六千九百九十五口二萬七千六百八十五在京師西南二千七百四十八里至東都三千四百三十里　巴　漢江州縣屬巴郡古巴子國地梁置楚州隋改爲渝州以水爲名　江津　漢江州縣分置　萬壽　武德三年分江津縣置萬春縣五年改爲萬壽　南平　貞觀四年分巴縣置於縣南界置南平州領南平清谷周泉昆川和山白溪瀛山七縣八年改南平州爲霸州十三年州廢省清谷等縣以南平縣屬渝州

山南東道

鄧州　隋南陽郡武德二年改爲鄧州領穰縣冠軍深陽三縣三年立順陽縣州置總管管鄧淅酈宛灊新弘等七州四年廢總管隸山南行臺廢新州以新野縣來屬又置平晉縣六年省順陽入冠軍省平晉入穰縣八年廢宛州以南陽來屬廢酈州以新城來屬貞觀元年省冠軍入新城　天寶元年改爲南陽郡乾元元年復爲鄧州　舊領縣六戶三千七百五十四口一萬八千二百一十二　天寶領縣七戶四萬三千五十五口十六萬五千二百五十七　在京師東南九百二十里至東都六百七十里　穰　漢縣屬南陽郡漢南陽郡以苑爲理所後魏移治於穰隋改爲南陽郡尋改爲鄧州取漢郡縣爲名　南陽　漢南陽郡所治苑縣也武德三年置苑州領南陽上苑上馬安固四縣並寄治苑城八年州廢以上馬入唐州餘三縣入南陽縣屬鄧州　新野　漢縣屬南陽郡晉於縣置義州武德四年分置新州領一縣某年新州廢縣屬鄧州　向城　漢西鄂縣地屬鄧州後魏於古向城置縣乃改立　臨湍　後魏割冠軍縣北境置新城縣武德二年移治虎遙城屬酈州八年廢酈州縣屬鄧州貞觀三年移治故臨湍聚天寶元年改爲臨湍縣　內鄉　漢淅縣地屬弘農郡後周改爲中鄉隋改爲內鄉武德元年置淅州又分內鄉置默水縣後復改爲內鄉　菊潭　漢沮陽縣地隋改沮水縣後廢開元二十四年割新城復置改爲菊潭　唐州上　隋淮安郡武德四年改爲顯州仍置總管領顯北澧純三州顯州領北陽慈丘平氏顯岡四縣五年又分置唐州屬顯州總管七年改爲都督府州不改貞觀元年罷都督仍以廢純州桐柏縣來屬三年省顯岡縣九年改顯州爲唐州以廢唐州之棗陽湖陽及廢魯州之古城三縣來屬十年以棗陽屬隋州開元五年以方城來屬僊州十三年置上馬縣二十六年以方城來屬天寶元年改爲淮安郡乾元元年復爲唐州舊屬河南道至德後割屬山南東道　舊領縣六戶四千七百二十六口二萬二千二百九十九　天寶領縣七戶四萬二千六百四十三口十八萬三千三百六十　至京師一千四百八十里至東都六百四十六里　北陽　漢縣屬南陽郡後魏置東荊州於漢北陽古城又改爲淮州隋改淮州爲顯州取界內顯望岡爲名貞觀元年改爲唐州北水出縣東今縣州所治也

慈丘　隋分北陽縣置取界內慈丘山爲名　桐柏　漢平氏縣地屬南陽郡梁置華州西魏改淮州又為純州後周為大義郡隋廢郡爲桐柏縣　平氏　漢縣屬南陽郡　湖陽　漢縣屬南陽郡隋不改屬舂陵郡武德四年於縣置湖州領湖陽上馬二縣貞觀元年廢湖州省上馬以湖陽屬唐州　方城　前漢堵陽縣屬南陽郡後漢改為順陽隋改為方城縣屬淯陽郡武德二年於縣置北澧州領方城真昌二縣貞觀初省真昌縣八年改北澧州為魯州領縣不改九年省魯州以方城屬唐州　泌陽　後魏石馬縣後訛為上馬縣貞觀元年廢開元十六年割湖陽復置上馬縣天寶元年改爲泌陽縣　均州下　隋淅陽郡之武當縣義寧二年割淅陽之武當淅陽二縣置武當郡又置平陵縣武德元年改爲均州七年省平陵縣八年省均陽入武當其年以澧州之鄖鄉堵陽安福三縣來屬貞觀元年廢均州又省堵陽安福二縣以武當鄖鄉二縣屬淅州八年廢淅州又以武當鄖鄉二縣置均州又廢上州割豐利縣來屬天寶元年改爲武當郡乾元元年復爲均州　舊領縣三戶二千八百二十九口一萬二千五百九十三　天寶戶九千六百九十八口五萬八百九在

京師東南九百三十里至東都九百一十七里　武當　州所治漢
縣南陽郡梁置南始平郡後魏改爲豐州隋改爲均州皆治武當縣
縣舊治延岑城顯慶四年移於今所　鄖鄉　漢錫縣地屬漢中郡
晉改爲鄖鄉武德元年置南豐州領鄖鄉安福堵陽三縣屬均州貞
觀元年廢均州以鄖鄉淅川屬淅州又省安福堵陽並入鄖鄉八年
復置均州二縣來屬　豐利　漢長利縣地後魏置豐利郡分錫縣
置豐利縣武德初屬上州州廢屬均州　房州下　隋房陵郡武德
元年改爲遷州領光遷永清又置受陽淅川房陵凡領五縣其年又
於竹山縣置房州領竹山上庸又置武陵凡領三縣五年廢遷州之
淅川七年又廢房陵受陽二縣貞觀十年廢遷州自竹山移房州治
於廢州城其年省武陵縣改光遷爲房陵縣天寶元年改爲房陵郡
乾元元年復爲房州　舊領縣四戶四千五百三十三口二萬一千
五百七十九　天寶戶一萬四千四百二十二口七萬一千七百八
在京師南一千二百九十五里至東都一千一百八十五里　房陵

漢縣屬漢中郡後魏爲新城郡又改爲光遷國武德初改爲遷州置
光遷縣又改爲房州兼改光遷爲房陵縣　永清　後魏分房陵縣
置大洪縣周改爲永清　竹山分上庸縣置武德元年置房州貞觀
十七年州移治房陵縣　上庸　漢縣屬漢中郡
隋州下　隋爲漢東郡武德三年改爲隋州領隋縣光化安貴平林
順義五縣五年省安貴縣八年省平林順義二縣貞觀十年割唐州
棗陽來屬天寶元年改爲漢東郡乾元元年復爲隋州　舊領縣三
戶二千三百五十三口一萬一千八百九十八　天寶縣四戶二萬
三千九百一十七口十萬五千七百二十二在京師東南一千三百
八十八里至東都一千八百里　隋　漢縣屬南陽郡後魏於縣置
隋州隋爲漢東郡皆治隋州　光化　隋縣　棗陽　漢舂陵縣屬
南郡隋置舂陵郡武德三年改爲昌州領棗陽舂陵清潭湖陽上馬
五縣其年分湖陽上馬置湖州五年廢昌州及清潭縣貞觀元年省
舂陵入棗陽其年以廢湖州之上馬湖陽來屬九年廢顯州自此移

唐州於廢顯州仍屬焉十年改屬隋州　唐城　開元二十六年分
棗陽置
郢州　後魏置溫州武德四年置郢州於長壽縣置京山藍水二縣
屬焉貞觀元年省藍水入長壽又廢郢州以長壽屬鄀州京山屬荊
州十七年廢溫州依舊置郢州治京山天寶元年改爲富水郡乾元
元年復爲郢州　舊溫州領縣三戶一千五百八十口七千一百七
十三　天寶改郢州戶一萬二千四十六口五萬七千三百七十五
在京師東南一千四百四十里至東都一千一百四十九里　京山
隋縣屬安陸郡武德四年置溫州因後魏領京山富水二縣貞觀八
年廢郢州以長壽來屬十七年復於縣置郢州　長壽　漢竟陵縣
地屬江夏郡武德四年於縣置郢州貞觀元年廢郢州以長壽屬荊
州八年又屬溫州十七年又屬郢州　富水　隋舊武德初屬溫州
州廢屬郢州
復州　隋沔陽郡武德五年改爲復州治竟陵縣貞觀七年移治沔

陽天寶元年改爲竟陵郡乾元元年復爲復州　舊領縣三戶一千
四百九十四口六千二百一十八　天寶戶八千二百一十口四萬
四千八百八十五在京師東南一千八百里至東都一千五百一十
八里　沔陽　漢竟陵縣地屬江夏郡隋置沔陽郡武德初改爲復
州皆治此縣　竟陵　漢縣後廢晉復置至隋不改　監利　漢華
容縣地屬南郡晉置監利縣
襄州緊上　隋襄陽郡武德四年平王世充改爲襄州因隋舊名領
襄陽安養漢南義清南漳常平六縣州置山南道行臺統交廣安黃
壽等二百五十七州五年省鄀州以陰城穀城二縣來屬七年罷行
臺爲都督府督襄鄧唐均淅重七州貞觀元年廢重州以荊山縣來
屬六年廢都督府八年廢鄧州以率道樂鄉二縣來屬又省常平入
襄陽省陰城入穀城省南津入義清省漢南入率道天寶元年改爲
襄陽郡十四載置防禦使乾元元年復爲襄州上元二年置襄州節
度使領襄鄧均房金商等州自後爲山南東道節度使治所　舊領

縣七戶八千九百五十七口四萬五千一百九十五　天寶戶四萬七千七百八十口二十五萬二千一在京師東南一千一百八十二里至東都八百五十三里　襄陽　漢縣屬南郡建安十三年置襄陽郡晉入為荊州治所梁置南雍州西魏改為襄州隋為襄陽郡皆以此縣為治所　鄧城　漢鄧縣屬南陽郡古樊城也宋故安養縣天寶元年改為臨漢縣貞元二十一年移縣古鄧城置乃改臨漢為鄧城縣　穀城　漢筑陽縣地屬南陽郡隋為穀城縣　義清　漢中盧縣地屬南郡元魏改為義清縣舊治柘林永徽元年移治清良　南漳　漢臨沮縣屬南郡晉立上黃縣後魏改為重陽縣隋改為南漳武德二年分南漳置荊山縣又於縣治西一百五里置重州領荊山重陽平陽渠陽土門歸義六縣七年省渠陽入荊山省重陽入平陽又省重陽土門歸義三縣併房州之永清貞觀元年廢重州以荊山屬襄州移重陽入州城改屬遷州八年省重陽入荊山開元十八年省荊山移治於南漳故城乃改為南漳　宜城　漢鄀縣屬南郡

○宋立華山郡於大堤村即今縣後魏改為宜城郡分華山新野置陽立率道縣周省宜城郡縣武德四年率道屬鄀州貞觀八年改隸襄州天寶七載三縣改為宜城縣　樂鄉　漢鄀縣屬南郡晉於合城郡置樂鄉縣武德四年置鄀州領樂鄉長壽率道上洪四縣貞觀元年省上洪縣八年廢鄀州以長壽屬溫州以樂鄉率道屬襄州

荊州江陵府　隋為南郡武德初蕭銑所據四年平銑改為荊州領江陵枝江長林安興石首松滋公安七縣五年荊州置大總管管荊辰朗澧東松沅基復巴睦崇硤平等十三州統潭桂交循夔高康欽尹九州六年改平州為玉州改巴州為岳州七年廢基州入鄀州其年改大總管為大都督督荊辰澧朗東松岳硤玉八州仍統潭桂交夔高欽尹等七州其沅復睦崇四州循康二州都督並不統八年廢玉州以當陽縣來屬貞觀元年廢鄀州以京山來屬二年降為都督府惟督前七州而已其桂潭等七州不統也八年廢東松州入硤州又省京山入長林十年辰州改隸黔州都督硤澧朗岳四州都督從三品荊州領江陵枝江當陽長林安興石首松滋公安等八縣龍朔二年昇為大都督督硤岳復鄀四州天寶元年改為江陵郡乾元元年三月復為荊州大都督府自至德後中原多故襄鄧百姓兩京衣冠盡投江湘故荊南井邑十倍其初乃置荊南節度使上元元年九月置南都以荊州為江陵府長史為尹觀察制置一準兩京以舊相呂諲為尹充荊南節度使領澧朗硤夔忠歸萬等八州又割黔中之涪湖南之岳潭衡郴邵永道連八州增置萬人軍以永平為名二年置長寧縣於郭內與江陵並治其年省枝江縣入長寧至德二年江陵尹衛伯玉以湖南闊遠請於衡州置防禦使自此八州置使改屬江南西道　舊領縣八戶一萬二百六十口四萬九百五十八　天寶領縣七戶三萬一百九十二口十四萬八千一百四十九在京師東南一千七百三十里至東都一千三百一十五里　江陵　漢縣南郡治所也故楚都之郢城今縣北十里紀南城是也後治於郢在縣東南今治所晉桓溫所築城也　長寧　上元元年分江陵縣置

○治郭下二年又廢枝江併入　當陽　漢縣屬南郡武德四年於縣置平州領當陽臨沮二縣六年改屬玉州又省臨沮入當陽屬荊州　長林　晉分編縣置長林縣以其有櫟林長故也武德四年於縣東北百二十里置基州及章山縣七年廢基州以章山屬鄀州州廢屬荊州八年省入長林　石首　漢華容縣屬南郡武德四年分華容縣置取縣北石首山為名舊治石首山顯慶元年移治陽支山下　松滋　漢高城縣地屬南郡松滋亦漢縣名屬廬江郡晉時松滋縣人避亂至此乃僑立松滋縣因而不改　公安　吳孱陵縣地漢末左將軍劉備自襄陽來鎮此時號左公乃改名公安　硤州下　隋夷陵郡武德二年平蕭銑置硤州領夷陵夷道遠安三縣貞觀八年廢東松州以宜都長陽巴山三縣來屬其年省夷道入宜都九年自下牢鎮移治陸抗故壘天寶元年改為夷陵郡乾元元年復為硤州　舊領縣五戶四千三百口一萬七千一百二十七　天寶戶八千九十八口四萬五千六十十六在京師東南一千八百八十八里至東都

一千六百四十六里　夷陵　漢縣屬南郡有夷山在西北因爲名蜀置宜都郡梁改爲宜州後魏改爲拓州又改爲硤州隋縣治石鼻城武德四年移治夷陵府貞觀九年移治陸抗故壘　宜都　漢夷道縣屬南郡陳改爲宜都隋改爲宜昌屬荆州武德二年置江州領宜昌一縣尋改爲宜都六年改江州爲東松州八年廢睦州以長陽巴山來屬貞觀八年廢東松州盡以三縣屬硤州　長陽　漢佷山縣屬武陵郡隋改爲長陽以溪水爲名隋屬荆州武德四年置睦州領長陽巴山二縣八年廢睦州以二縣屬東松州貞觀八年屬硤州

遠安　漢臨沮縣地屬南郡晉改高安縣後周改爲遠安屬硤州

巴山　隋分佷山縣置巴山縣武德四年置江州領巴山監水二縣四年廢江州及監水縣以巴山屬睦州八年屬東松州貞觀元年屬硤州

歸州　隋巴東郡之秭歸縣武德二年割夔州之秭歸巴東二縣分置歸州三年分秭歸置興山縣治白帝城天寶元年改爲巴東郡乾元元年復爲歸州　舊領縣三戶三千五百三十一口二萬一十一　天寶戶四千六百四十五口二萬三千四百二十七　在京師南二千二百六十八里　至東都一千八百四十二里　秭歸　漢縣屬南郡魏改爲臨江郡吳晉爲建平郡隋屬巴東郡武德二年置歸州　巴東　漢巫縣地屬南郡周置樂鄉縣隋改爲巴東縣

興山　武德二年分秭歸縣置舊治高陽城貞觀十七年移治大清鎮天授二年移治古夔子城

夔州下　隋巴東郡武德元年改爲信州領人復巫山雲安南浦梁山太昌武寧七縣二年以武寧南浦梁山屬浦州又改信州爲夔州仍置摠管管夔硤施業浦洛渝谷南智務黔克思巫平十九州八年以浦州之南浦梁山來屬九年又以南浦梁山屬浦州貞觀十四年爲都督府督歸夔忠萬涪渝南七州後罷都督府天寶元年改爲雲安郡至德元年於雲安置七州防禦使乾元元年復爲夔州二年刺史唐論請升爲都督府尋罷之　舊領縣四戶七千八百三十口三萬九千五百五十　天寶戶一萬五千六百二十九口六萬五千　在

京師南二千四百四十三里至東都二千一百七十五里　奉節　漢魚復縣屬巴郡今縣北三里赤甲城是也梁置信州周爲永安郡隋爲巴東郡仍改爲人復縣貞觀二十三年改爲奉節　雲安　漢朐䏰縣屬巴郡故城曰萬戶城縣西三十里有監官　巫山　漢巫縣屬南郡隋加山字以巫山硤爲名舊治巫子城　太昌　晉分巫秭歸縣置建昌縣又改爲太昌隋不改

萬州　隋巴東郡之南浦縣武德二年割信州之南浦置南浦州領南浦梁山武寧三縣八年廢南浦州以南浦梁山屬夔州武寧屬臨州其年復立浦州依舊領三縣貞觀八年改爲萬州天寶元年改爲南浦郡乾元元年復爲萬州　舊領縣三戶五千三百九十六口三萬八千八百六十七　天寶戶五千一百七十九口二萬五千七百四十六在京師西南二千六百二十四里至東都二千四百六十五里　南浦　後魏分朐䏰縣置魚泉縣周改爲萬川隋改爲南浦武德二年置浦州貞觀八年改爲萬州以此縣爲治所　武寧　漢臨江縣地周分置源陽縣隋改爲武寧治巴子故城　梁山　後周分朐䏰縣置治後魏萬州郡故城

忠州　隋巴東郡之臨江縣義寧二年置臨州又分置豐都縣武德二年分浦州之武寧置南賓縣又分臨江置清水縣並屬臨州八年又以浦州之武寧來屬其年又隸湘州九年以廢潾州之墊江來屬貞觀八年改臨州爲忠州天寶元年改爲南賓郡乾元元年復爲忠州　舊領縣五戶八千三百一十九口四萬九千四百七十八　天寶戶六千七百二十二口四萬三千二十六在京師南二千二百二十二里至東都二千七百四十七里　臨江　漢縣屬巴郡後魏置萬川郡貞觀八年改臨州爲忠州治於此縣　豐都　漢枳縣地屬巴郡後漢置平都縣義寧二年分臨江置豐都縣　南賓　武德二年分武寧縣置　墊江　漢縣屬巴郡後廢後魏分臨江復置周改爲魏安隋復爲墊江武德初屬潾州州廢屬臨州　桂溪　武德二年分臨江置清水縣天寶元年改爲桂溪

唐書志卷第十九

唐書志卷第二十

劉　昫　等修

聞人詮校刊沈桐同校

十道郡國下　地理三

淮南道　江南道　隴右道

淮南道

揚州大都督府　隋江都郡武德三年杜伏威歸國於潤州江寧縣置揚州以隋江都郡爲兗州置東南道行臺七年改兗州爲邗州九年省江寧縣之揚州改邗州爲揚州置大都督督揚和滁楚舒廬壽七州貞觀十年改大都督爲都督督揚滁常潤和宣歙七州龍朔二年昇爲大都督府天寶元年改爲廣陵郡依舊大都督府乾元元年復爲揚州自後置淮南節度使親王爲都督領使長史爲節度副大使知節度事恒以此爲治所舊領縣四　江都　六合　海陵　高郵　戶二萬三千一百九十九口九萬四千三百四十七　天寶領縣七戶七萬七千一百五口四十六萬七千八百五十七　在京師東南二千七百五十三里至東都一千七百四十九里

江都　漢縣屬廣陵國隋爲江都郡武德三年改爲兗州七年改爲邗州九年改爲揚州都督府皆以江都爲治所　江陵貞觀十八年分江都縣置在郭下與江都分理　六合　漢堂邑縣屬臨淮郡晉置秦郡北齊爲秦州後周爲方州隋改爲兗州武德七年復爲方州置六合縣又分六合置石梁縣貞觀元年省方州併石梁入六合屬揚州　海陵　漢縣屬臨淮郡至隋屬南兗州武德二年屬揚州景龍二年分置海安縣開元十年省併入海陵　高郵　漢縣屬廣陵國至隋不改武德二年屬兗州州改仍舊　揚子　永淳元年分江都縣置　天長　天寶元年割江都六合高郵三縣地置千秋縣天寶七載改爲天長

楚州中　隋江都郡之南陽縣武德四年臧君相歸附立爲東楚州領山陽安宜鹽城三縣八年廢西楚州以盱眙來屬仍去東字天寶元年改爲淮陰郡乾元元年復爲楚州舊領縣四戶三千三百五十

七口一萬六千二百六十二　天寶領縣五戶二萬六千六十二口十五
萬三千　在京師西南二千五百一里至東都一千六百六十里　山
陽　漢射陽縣地屬臨淮郡晉置山陽郡改爲山陽縣武德四年置
東楚州八年去東字治於此縣縣東南有射陽湖　鹽城　漢鹽瀆縣地
屬臨淮郡久無城邑隋末韋徹於此置射州立射陽安樂新安三縣
武德四年歸國因而不改七年廢射州及三縣置鹽城縣於廢射州
仍屬楚州　盱眙　漢縣屬臨淮郡武德四年置西楚州置總管東
楚西楚領盱眙一縣八年廢西楚州以盱眙屬楚州　寶應　漢平
安縣屬廣陵國武德四年置倉州領安宜一縣七年州廢縣屬楚州
肅宗上元三年建巳月於此縣得定國寶十三枚因改元寶應仍改
安宜爲寶應　淮陰　乾封二年分山陽縣置於隋舊廢縣
滁州下　隋江都之清流縣武德三年杜伏威歸國置滁州又以揚
州之全椒來屬天寶元年改爲永陽郡乾元元年復爲滁州舊領縣
二戶四千六百八十九口二萬一千五百三十五　天寶領縣三戶

二萬六千四百八十六口十五萬二千三百七十四在京師東南二千
五百六十四里至東都一千七百四十六里　清流　漢全椒縣地
屬九江郡梁置南譙州居桑根山之朝陽在今縣西南八十里內譙
州故城是也北齊自南譙故城徙治於此新昌郡城今州治是也隋
改南譙爲滁州後廢武德三年復置皆治於清流縣　全椒　漢舊
縣名梁北譙郡又改爲臨滁郡隋改爲滁縣煬帝復爲全椒　永陽
景龍二年分清流縣置
和州　隋歷陽郡武德三年杜伏威歸國改爲和州天寶元年改爲歷
陽郡乾元元年復爲和州舊領縣二戶五千七百三十口二萬三千
四百一天寶領縣三戶二萬四千七百九十四口十二萬一千一十三
在京師東南二千六百八十三里至東都一千八百一十一里　歷
陽　漢縣屬九江郡東晉置歷陽郡宋爲南豫州北齊置和州隋爲
歷陽郡國初復爲和州皆治此縣　烏江　漢東城縣之烏江亭屬
九江郡北齊爲密江郡陳爲臨江郡後周爲問江郡隋爲烏江郡縣

皆治此　含山　武德六年置八年廢長安四年復爲武壽縣神龍元
年復爲含山
濠州下　隋爲鍾離郡武德三年改爲濠州又改臨濠爲定遠縣化
明爲招義縣領　鍾離　塗山　定遠　招義　四縣武德四年省
塗山入鍾離天寶元年改爲鍾離郡乾元元年復爲濠州　舊領縣
三戶二千六百六十口一萬三千八百五十五　天寶戶二萬一千
八百六十四口十萬八千三百六十一　京師東南二千一百五十
里　至東都一千三百一十三里　鍾離　漢縣屬九江郡晉宋齊
梁置徐州隋初爲濠州煬帝復爲鍾離郡武德八年置濠州皆治於
此武德七年省塗山縣併入定遠　漢曲陽縣地屬九江郡隋置定
遠縣　招義　漢淮陵縣地屬臨淮宋置齊陰郡武德七年改爲招義
廬州上　隋廬江郡武德三年改爲廬州領合肥廬江愼三縣七年
廢巢州爲巢縣來屬　天寶元年改爲廬江郡乾元元年復爲廬州
自中升爲上　舊領縣四戶五千三百五十八口二萬七千五百一

十三　天寶領縣五戶四萬三千三百二十三口二十萬五千三百
九十六　京師東南二千三百八十七里　至東都一千五百六十
九里　合肥　漢縣屬九江郡舊縣在北夏水出城父東南至此與肥水
合故曰合肥梁置合州隋初爲廬江郡皆治此縣　愼　漢後道縣屬九
江郡古城在今縣南隋爲愼縣　巢　漢居巢縣屬廬江郡隋爲襄安縣
武德三年置巢州分襄安立開城扶陽二縣七年廢巢州及開城扶
陽二縣改襄安爲巢縣屬廬州　廬江　漢郡名漢龍舒縣地屬廬
江郡梁置湖州隋復舊也　舒城　開元二十三年分合肥廬江二縣置
取古龍舒縣爲名
壽州中　隋爲淮南郡武德二年杜伏威歸國改爲壽州七年置都
督府督壽蓼二州領壽春安豐霍丘三縣貞觀元年廢都督府又以
廢霍州之霍山縣來屬天寶元年改爲壽春郡又置霍山縣乾元元
年復爲壽州　舊領縣四戶二千九百九十六口一萬四千七百一
十八天寶領縣五戶三萬五千五百八十二口十八萬七千五百八

十七　在京師東南二千二百一十七里至東都一千三百九里　壽春
漢縣屬九江郡晉改爲壽陽晉於此置揚州齊置豫州後魏置揚州
梁復爲豫州後周置揚州隋改壽州煬帝爲南淮郡武德爲壽州皆
以壽春爲治所　安豐　漢六國故城在縣南梁置安豐郡縣界有
芍陂灌田萬頃號安豐塘隋因置縣　霍山　漢灊城縣屬廬江郡
隋置霍山應城三縣貞觀元年廢霍州省應城灊城二縣以霍山屬
壽州盛唐　舊霍山縣神功元年改爲武昌神龍元年復爲霍山開
元二十七年改爲盛唐仍移治於騶虞城霍丘　漢松滋縣地屬廬
江郡武德四年置蓼州領霍丘一縣七年蓼州廢霍丘屬壽州縣北
有安豐津斬毋丘儉處

光州緊中　隋弋陽郡武德三年改爲光州置總管府以定城縣爲
弦州殷城縣爲義州以廢宋安郡爲谷州凡管光弦義谷廬五州光
州領光山樂安固始三縣武德七年改總管爲都督府貞觀元年罷
都督府省弦州及義州以定城殷城二縣來屬又省谷州以宋安併

入樂安天寶元年改爲弋陽郡乾元元年復爲光州　舊領縣五戶
五千六百四十九口二萬八千二百九十一　天寶戶三萬一千四百
七十三口十九萬八千五百八十至京師一千八百五十五里至東
都九百二十五里　定城　漢弋陽地屬汝南郡南齊爲南弋陽縣
尋改爲定城武德三年於縣置弦州領定城一縣貞觀元年廢弦州
以定城屬光州州所理也　光山　晉分弋陽置西陽縣梁於縣置
光州隋爲弋陽郡武德三年復爲光州治於光山縣太極元年移州
理於定城　仙居　漢軑縣屬江夏郡古城在縣北十里宋分軑縣
置樂安縣天寶元載改爲仙居　殷城　漢期思縣地屬汝南郡宋
置苞信縣隋改爲殷城取縣東古殷城爲名固始　漢寖縣屬汝南
郡後漢改爲固始

蘄州中　隋宜春郡武德四年平朱粲改爲蘄州領蘄春蘄水羅田
黃梅浠水五縣其年省蘄水入蘄春又分蘄春立永寧省羅田入浠
水又改浠水爲蘭溪又於黃梅縣置南晉州八年州廢以黃梅來屬
天寶元年改爲蘄春郡乾元元年復爲蘄州　舊領縣四戶一萬六
百一十二口三萬九千六百七十八　天寶戶二萬六千八百九口十
八萬六千八百四十九　到京師二千五百六十里至東都一千八百
二十四里　蘄春　漢縣屬江夏郡吳爲蘄春郡晉改爲西陽又改
爲蘄陽因平淮南改爲蘄州　黃梅　漢蘄春縣地屬宋分置新蔡
郡隋改爲黃梅武德四年置南晉州領黃梅義豐長吉塘陽新蔡五
縣八年廢州仍省義豐等四縣以黃梅來屬　廣濟　漢蘄春縣地
武德四年置永寧縣天寶元年改爲廣濟縣　蘄水　漢蘄春縣地
宋置浠水縣武德四年改爲蘭溪天寶元年改爲蘄水

申州中　隋義陽郡武德四年置申州領義陽鍾山二縣八年省南
羅州又以羅山來屬天寶元年改爲義陽郡乾元元年復爲申州
舊領縣三戶四千七百二十九口二萬三千六十一　天寶戶二萬五千
八百六十四口十四萬七千七百五十六　至京師一千七百九十六
里至東都九百四十三里　義陽　漢平氏縣之義陽鄉屬南陽

郡魏分南陽立義陽郡晉自石城徙居於仁順今州理也宋置司州
後魏改爲郢州隋改爲申州　鍾山　漢鄳縣地屬江夏郡隋改鍾
山縣　羅山　漢鄳縣地隋爲羅山縣武德四年置羅州領羅山一
縣八年廢屬申州

黃州下　隋永安郡武德三年改爲黃州置總管管黃蘄亭南四州
黃州領黃岡木蘭麻城黃陂四縣其年省木蘭縣分黃岡置堡城縣
分麻城置陽城縣仍於麻城縣置亭州於黃陂縣置南司州七年廢
南司州及亭州縣並屬黃州仍省堡城入黃岡貞觀元年罷都督府
天寶元年改爲齊安郡乾元元年復爲黃州　舊領縣三戶四千八
百九十六口二萬二千六十　天寶戶一萬五千五百一十二口九萬
六千三百六十八　在京師東南二千一百四十八里至東都一千四百
七十里　黃岡　漢西陵縣地　江夏郡北齊於舊城西南築小城置
衡州領齊安一郡　隋改齊安爲黃州治黃岡　黃陂　漢西陵縣地
後周於古黃城西四十里獨家村置黃陂縣武德三年置南司州七

年州廢縣屬黃州　麻城　漢西陵縣地隋置麻城縣武德三年於縣置亭州領麻城二縣八年州廢仍省陽城入麻城縣屬黃州

安州中都督府　隋安陸郡武德四年平王世充改為安州領安陸雲夢應陽孝昌吉陽應山京山富水八縣其年於應山縣置應州領應山一縣於孝昌縣置環州領孝昌一縣以富水京山二縣屬溫州改應陽為應城縣安州置總管管環應二州七年州廢環應二州縣屬安州改為大都督府督安申陽溫復沔光黃蘄九州六年罷都督府七年又置督安隋溫沔復五州十二年罷都督府天寶元年改爲安陸郡依舊爲都督府督安隋郢沔四州乾元元年復爲安州　舊領縣六戶六千三百三十八口二萬六千五百一十九　天寶戶二萬二千二百二十一口十七萬一千二百二　京師東南二千五十一里至東都一千一百九十里　安陸　漢縣屬江夏郡宋分江夏立安陸郡武德四年改為安州治於安陸　孝昌　宋分安陸縣置武德四年置環州領孝昌環陽二縣八年州廢以環陽孝昌屬安

○　唐志二十　六

州　雲夢　漢安陸縣地後魏分安陸於雲夢古城置雲夢縣　應城宋分安陸縣置應城縣隋改為應陽武德四年復為應城　吉陽梁分安陸置平陽縣後魏改為京池隋改為吉陽取山名　應山漢隋縣地屬南陽郡梁分隋縣置永陽縣隋改為應山以縣北山為名

舒州下　隋同安郡武德四年改為舒州領懷寧宿松太湖望江同安五縣其年割宿松置嚴州五年又割望江置高州又改高州為智州六年舒州置總管府管舒嚴智三州七年廢智州望江屬嚴州八年又廢嚴州以望江宿松二縣來屬貞觀元年罷都督府天寶元年改為同安郡至德二年二月改盛唐郡乾元元年復為舒州　舊領縣五戶九千三百六十一口三萬七千五百三十八　天寶戶三萬五千三百五十三口十八萬六千三百九十八　京師東南二千六百二十六里至東京一千八百九十三里　懷寧　漢皖縣屬江郡晉於皖縣置懷寧縣晉置晉熙郡隋改為熙州又為同安郡武德四年改為舒州以懷寧為州治　宿松　漢皖縣地梁置高塘郡隋罷郡置宿松縣武德四年置嚴州領宿松一縣七年廢智州以望江來屬八年廢嚴州二縣來屬舒州　望江　漢皖縣地晉置新治縣陳於縣置大雷郡隋改新治爲義鄉尋改爲望江武德四年置高州尋改爲智州七年州廢縣屬嚴州八年廢州以縣屬舒州　太湖　漢皖縣地宋置太湖縣　同安　漢樅陽縣屬廬江郡梁置樅陽郡隋罷郡爲同安縣取界內古城名

江南道

江南東道

潤州上　隋江都郡之延陵縣武德三年杜伏威歸國置潤州於丹陽縣改隋延陵縣爲丹徒移延陵還治故縣屬茅州六年輔公祏反後據其地七年平公祏又置潤州領丹徒縣八年廢簡州以曲阿來屬九年揚州移理江都以延陵句容白下三縣屬潤州天寶元年改爲丹陽郡乾元元年復爲潤州永泰後常爲浙江西道觀察使理所　舊領縣五戶二萬五千三百六十一口十二萬七千一百四　天寶領

○　唐志二十　七

縣六戶十萬二千三十三口六十六萬二千七百六　在京師東南二千八百二十一里至東都一千七百九十七里　丹徒　漢縣屬會稽郡春秋吳朱方之邑地吳爲京口戍晉置南徐州隋爲延陵鎮因改爲延陵縣尋以蔣州之延陵永年常州之曲阿三縣置潤州東潤浦爲名皆治於丹徒縣　丹陽　漢曲阿縣屬會稽郡又改名雲陽後復爲曲阿武德五年於縣置簡州八年州廢縣屬潤州天寶元年改爲丹陽縣取漢郡名　延陵　漢曲阿縣地晉分置延陵郡隋移郡丹徒武德三年移於今所屬茅州七年廢茅州以縣屬蔣州八年改蔣州爲揚州九年改屬潤州　上元　楚金陵邑秦爲秣陵吳名建業宋爲建康晉分秣陵置臨江縣晉武改爲江寧武德三年於縣置揚州仍置東南道行臺改江寧爲歸化六年輔公祏反據其地七年公祏平置行臺尚書省改揚州爲蔣州廢茅州以句容二縣來屬蔣州八年罷行臺改蔣州置揚州大都督府改歸化縣爲金陵揚州領金陵句容丹陽溧水六縣九年揚州移治江都改金陵爲白下縣以

延陵句容白下三縣屬潤州丹陽溧陽溧水三縣屬宣州移白下治
故白下城貞觀七年復移今所九年改爲江寧縣至德二年二月置
江寧郡乾元元年於江寧置昇州割潤州之句容江寧宣州之當塗
溧水四縣置浙西節度使上元二年復爲上元縣還潤州當塗等三
縣各依舊屬　句容　漢縣屬丹陽郡武德四年於縣置茅州領句
容七年州廢以縣屬蔣州九年屬潤州乾元元年屬昇州寶應元年
州廢屬潤州　金壇　垂拱四年分延陵縣置也
常州上　隋毗陵郡武德三年杜伏威歸化置常州領晉陵義興無
錫武進四縣六年復陷輔公祏七年公祏平復置常州於義興置南
興州八年州廢義興來屬省武進入晉陵天寶元年改爲晉陵郡乾
元元年復爲常州　舊領縣四戶二萬一千一百八十二口十一萬
一千六百六　天寶領縣五戶十萬二千六百三十一口六十九萬六百七
十三　在京師東南二千八百四十三里至東京一千九百八十三
里　晉陵漢毗陵縣屬會稽郡吳延陵邑也晉改爲晉陵郡隋省郡
○於常熟縣置常州武德中移於今治　武進　晉分曲阿縣置武進
梁改爲蘭陵隋廢垂拱二年又分晉陵置治於州內　江陰　梁分
蘭陵縣置武德三年於縣置暨州領江陰暨陽利城三縣九年省暨
陽利城入江陰屬常州　義興　漢陽羨縣屬會稽郡晉立義興郡
及縣武德七年置南興州領義興陽羨臨津三縣八年廢興州及陽
羨臨津二縣義興復隸常州　無錫　漢縣屬會稽郡隋屬常州
蘇州上　隋吳郡隋末陷賊武德四年平李子通置蘇州六年文陷
輔公祏七年平公祏復置蘇州都督督蘇湖杭暨四州治於故吳城
分置嘉興縣八年廢嘉興入吳縣九年罷都督貞觀八年復置嘉興
縣領吳城崑山嘉興常熟四縣天寶元年改爲吳郡乾元元年復爲
蘇州　舊領縣四戶一萬一千八百五十九口五萬四千四百七十一
天寶領縣六戶七萬六千四百二十一口六十三萬二千六百五十
五　在京師東南三千一百九十九里至東都二千五百里　吳　春
秋時吳都闔閭邑漢爲吳縣屬會稽郡隋平陳置蘇州取州西姑蘇

山爲名嘉興　漢由拳縣屬會稽郡吳改嘉興隋廢武德七年復置
屬蘇州八年廢入吳貞觀八年復置屬蘇州　崑山　漢婁縣屬會
稽郡梁分婁縣置信義縣又分信義置崑山取縣界山名　常熟
晉分吳縣置海虞縣梁改常熟縣今崑山縣東一百三十里常熟故
城是也隋舊治南沙城武德七年移於今所治城　長洲　萬歲通
天元年分吳縣置在郭下分治州界　海鹽　漢縣屬會稽郡久廢
景雲二年分嘉興縣復置先天元年復廢開元五年復置治吳禦城
湖州上　隋吳郡之烏程縣武德四年平李子通置湖州領烏程一
縣六年復沒于輔公祏七年平賊復置仍廢武州以武康來屬又省
雉州以長城縣來屬天寶元年改爲吳興郡乾元元年復爲湖州
舊領縣五戶一萬四千一百三十五口七萬六千四百三十　天寶領
縣五戶七萬三千三百六口十七萬七千六百九十八　在京師東
南三千四百四十一里至東都二千六百二十四里　烏程　漢縣
屬會稽郡梁置震州取震澤爲名隋改湖州取州東太湖爲名皆治
○烏程　武康　吳分烏程餘杭二縣立永安縣晉改爲永康又改爲
武康武德四年置武州七年州廢縣屬湖州　長城　晉分烏程置
長城縣武德四年置雉州領長城原鄉二縣七年州廢及原鄉併入
長城屬湖州　安吉　武德四年置屬桃州七年廢入長城麟德元
年復分長城縣置　德清　天授二年分武康置武原縣景雲二年
改爲臨溪天寶元年改爲德清縣
杭州上　隋餘杭郡武德四年平李子通置杭州領錢塘富陽餘杭
三縣六年復沒于輔公祏七年平賊徙置杭州八年廢潛州以於潛
縣來屬貞觀四年分錢塘置鹽官縣天寶元年改屬餘杭郡乾元元
年復爲杭州　舊領縣五戶三萬五百七十一口十五萬三千七百二
十　天寶領縣九戶八萬六千二百五十八口五十八萬五千九百六十
三　在京師東南三千五百五十六里至東都二千九百一十九里
錢塘　漢縣屬會稽郡隋於餘杭縣置杭州又自餘杭移州理錢塘
又移州於柳浦西今州城是貞觀六年自州治南移於今所去州十

一里又移治新城戍　二十一年移治州郭下二十五年復還舊
所　鹽官　漢海鹽縣地有鹽官吳遂名縣武德四年屬東武州七
年省入錢塘貞觀四年復分錢塘置　餘杭　漢縣屬會稽郡隋置
杭州後徙治錢塘　富陽　漢富春縣屬會稽郡晉改爲富陽隋舊
縣　於潛　漢縣屬丹陽郡武德七年置潛州領於潛臨水二縣八
年廢潛州及臨水縣於潛還杭州　臨安　垂拱四年分餘杭於潛
置於廢臨水縣　新城　永淳元年分富陽置　紫溪　垂拱二年
分於潛置萬歲通天元年改爲武隆其年依舊爲紫溪唐山　萬歲
通天元年分紫溪又別置武隆縣神龍元年改爲唐山　越州中都督
府　隋會稽郡武德四年平李子通置越州總管管越嵊姚鄞浙綱
衢穀麗嚴婺十一州越州領會稽諸暨山陰三縣七年改總管爲都
督督越婺鄞嵊麗五州越州領會稽諸暨山陰餘姚四縣八年廢鄞
州爲鄮縣嵊州爲剡縣來屬麗州爲永康屬婺州省山陰縣督越婺
二州貞觀元年更督越婺泉建台括六州天寶元年改越州爲會稽

郡乾元元年復爲越州　舊領縣五戸二萬五千八百九十口十二
萬四千一十　天寶領縣六戸九萬二百七十九口五十二萬九千五
百八十九　在京師東南三千七百二十里至東都二千八百七十里
會稽　漢郡名宋置東揚州理於此齊梁不改隋平陳改東揚州爲
吳州煬帝改爲越州尋改會稽郡皆立于此縣　山陰　垂拱二年
分會稽縣置在州治與會稽分理　諸暨　漢縣屬會稽郡越王允
常所都　餘姚　漢縣屬會稽郡隋廢武德四年復置仍置姚州七
年州廢縣屬越州　剡　漢縣屬會稽郡武德四年置嵊州及剡城
縣八年廢嵊州及剡城以剡縣來屬蕭山　儀鳳二年分會稽諸暨
置永興縣天寶元年改爲蕭山上虞　漢縣屬會稽郡
明州上　開元二十六年於越州鄮縣置明州天寶元年改爲餘姚
郡乾元元年復爲明州取四明山爲名　天寶領縣四戸四萬二千二
七口二十萬七千三十二　在京師東南四千一百里至東都三千二
百五十里　鄮　漢縣屬會稽郡至隋廢武德四年置鄞州八年州
廢爲鄮縣屬越州開元二十六年於縣置明州　奉化　慈溪　翁
山已上三縣皆鄮縣地開元二十六年析置
台州上　隋永嘉郡之臨海縣武德四年平李子通置海州領臨海
章安始豐樂安寧海五縣五年改爲台州六年沒于輔公祏七年平
賊仍置台州省寧海入章安八年廢始豐樂安三縣入臨海貞觀八
年復分置始豐舊管二縣永昌元年置寧海縣神龍二年置象山縣
天寶元年改爲臨海郡乾元元年復爲台州　舊領縣二　臨海　始
豐　戸六千五百八十三口三萬五千三百八十三　天寶領縣六戸八萬
三千八百六十八口四十八萬九千一十五　在京師東南四千一百七十
七里至東都三千三百三十里　臨海　漢回浦縣屬會稽郡後漢
改爲章安吳分章安置臨海縣武德四年於縣置台州取天台山爲名
唐興　吳始平縣晉改始豐隋末廢武德四年復置八年又廢貞觀
八年復爲臨海縣上元二年改爲唐興　黃巖　上元二年分臨海
置　樂安　廢縣上元二年分臨海置徙治孟溪寧海　永昌元年

分臨海置　象山　神龍二年分寧海及越州鄮縣置　婺州　隋
東陽郡武德四年平李子通置婺州領華川長山二縣七年廢綱州
義烏來屬八年廢麗州爲永康縣衢州信安縣並來屬又廢穀州入
信安長山入金華縣貞觀八年復置龍丘縣咸亨五年置蘭溪常山
二縣垂拱二年分龍丘信安常山三縣置衢州又置東陽縣天授二
年又置武義縣天寶元年改婺州爲東陽郡乾元元年復爲婺州
舊領縣五戸三萬七千八百一十九口二十二萬八千九百九十　天寶
領縣六戸十四萬四千八十六口七十萬七千一百五十二　在京師東
南四千七十三里至東都三千一百三十五里　金華　漢烏傷縣
屬會稽郡後漢分烏傷置長山縣吳置東陽郡隋改長山爲金華取
州界山爲名　義烏　晉分烏傷縣置武德四年置綱州仍分置華
川縣七年廢綱州及華川縣改烏傷爲義烏以縣屬婺州　永康
吳分烏傷縣置武德四年置麗州又分置縉雲縣八年廢麗州及縉
雲縣以永康來屬　東陽　垂拱二年分烏傷縣取舊郡名　蘭溪

咸亨五年析金華縣西界置以溪水爲名　武成天授二年分永康
置武義縣又改爲武成　浦陽新置
衢州　武德四年平李子通於信安縣置衢州七年陷賊乃廢垂拱
二年分婺州之信安龍丘置衢州取武德廢州名天寶元年改爲信
安郡乾元元年復爲衢州又割常山入信州　天寶領縣五戸六萬八
千四百七十二口四十四萬四百一十一　在京師東南四千七百十三
里至東都三千一百四十五里　信安　後漢新安縣晉改爲信安
武德四年置衢州縣仍屬焉又分置須江定陽二縣八年廢衢州及
須江定陽二縣以信安還屬婺州　龍丘　漢太末縣屬會稽郡晉
置龍丘縣以山爲名至隋廢武德四年置穀州及太末白石二縣八
年廢穀州及白石太末二縣入信安縣貞觀八年分金華信安二縣
置龍丘縣來屬婺州垂拱二年屬衢州　須江　武德四年分信安
置以城南有須江八年廢永昌元年分信安復置　盈川　如意元年
分龍丘置縣西有刑溪陳時土人畱異惡刑字改名盈川因以爲縣

○
名　常山　咸亨五年分信安置屬婺州垂拱二年改屬衢州乾元
元年屬信州又還衢州　信州　乾元元年割衢州之常山饒州之弋
陽建州之三鄉撫州之一鄉置信州又置上饒永豐二縣領縣四戸四
萬　在京師東南五千八百里至東都二千九百五十里　上饒　乾元
元年置州所理也元和七年省永豐縣入弋陽　舊屬饒州乾元元
年來屬　貴溪　永泰元年十一月分弋陽西界置　玉山　證聖
二年分常山須江置屬衢州乾元元年割屬信州
睦州　隋遂安郡武德四年平汪華改爲睦州領雉山遂安二縣七
年廢嚴州之桐廬縣來屬又改爲東睦州八年去東字舊管縣三治
雉山萬歲登封二年移治建德天寶元年改爲新定郡乾元元年復
爲睦州舊領縣三　雉山　遂安　桐廬　戸一萬二千六十四口
五萬九千六十八　天寶領縣六戸五萬四千九百六十一口三十八萬
二千五百一十三　在京師東南三千六百五十九里至東都二千八
百三十一里　建德　漢富春縣地屬會稽郡吳分置建德縣隋廢

永淳二年復分桐廬雉山置萬歲通天二年移州治建德縣　清溪
漢歙縣地屬丹陽郡後分置新安縣隋改爲雉山文明元年復爲新
安開元二十年改爲還淳永貞元年十二月避憲宗名改爲清溪舊
爲睦州治所移建德　壽昌　永昌元年七月分雉山縣置載初元
年廢神龍元年復舊治白艾里後移於今所　桐廬　吳分富春縣
置武德四年於縣置嚴州領桐廬分水建德三縣七年廢州及分水
建德二縣以桐廬屬睦州舊治桐溪開元二十六年移治鍾山　分
水　如意元年分桐廬縣之四鄉置盛武縣神龍元年改爲分水
遂安　後漢分歙縣南鄉安定里置新定縣晉改新定爲遂安
歙州　隋新安郡武德四年平汪華置歙州總管管歙睦衢三州貞
觀元年罷都督府天寶元年改爲新安郡乾元元年復爲歙州舊領
縣三戸六千二十一口二萬六千六百一十七　天寶領縣五戸三萬
八千三百三十口二十六萬九千一百九　在京師東南三千六百六十
七里至東都二千八百二十六里　歙　漢縣屬丹陽郡縣南省歙

○
浦田爲名隋於縣置新安郡武德改爲歙州　休寧　吳分歙縣置
休陽縣後改爲海陽晉武改爲海寧隋改爲休寧　黟　漢縣屬丹陽
郡晉同黳縣南墨嶺山出石墨故也縣置在黟川　積溪　永徽五
年分置北野縣後改爲積溪　婺源　開元二十八年正月九日置
處州　隋永嘉郡武德四年平李子通置括州置總管府管松嘉台
三州括州領括蒼麗水二縣七年改總管爲都督八年廢松州爲松
陽縣來屬省麗水入括蒼貞觀元年廢都督府省嘉州以永嘉安固
二縣來屬天寶元年改爲縉雲郡乾元元年復爲括州大曆十四年
夏五月改爲處州避代宗諱舊領縣四戸一萬二千八百九十九口
十萬一千六百六　天寶領縣五戸四萬二千九百三十六口二十五
萬八千二百四十八今縣六　在京師東南四千二百七十八里至東都
三千一十五里　麗水　漢回浦縣地屬會稽郡光武更爲章安隋
平陳改永嘉郡爲處州尋改爲括州又分松陽縣東界置括蒼縣大
曆十四年夏改爲麗水縣州所治　松陽　後漢分章安之南鄉置

松陽縣縣東南大陽及松樹爲名　縉雲　萬歲登封元年分括蒼
及婺州永康縣置　青田、景雲二年分括蒼置　遂昌舊縣武德
八年併入松陽景雲二年分松陽縣復置　龍泉　乾元二年越州
刺史獨孤嶧奏請於括州龍泉鄉置縣以龍泉爲名從之
溫州上　隋永嘉郡之永嘉縣武德五年置嘉州領永嘉永寧安固
樂成橫陽五縣貞觀元年廢嘉州以縣屬括州上元二年分括州之
永嘉安固二縣置溫州天寶元年改爲永嘉郡乾元元年復爲溫州
天寶領縣四戶四萬二千八百一十四口二十四萬一千六百九十四
在京師東南四千七百三十七里至東都三千九百四十里　永嘉
後漢分章安縣之東甌鄉置永嘉縣屬會稽郡晉置永寧郡隋改爲
永嘉上元二年置溫州治於此縣　安固　後漢章安縣晉改爲安
固隋廢武德八年分永嘉縣置屬嘉州貞觀元年廢嘉州安固屬括
州上元元年屬溫州　橫陽　武德五年分安固縣置貞觀元年廢大
足元年復分安固置　樂城　武德五年置七年併入永嘉縣載初

元年分永嘉復置也
福州中都督府　隋建安郡之閩縣貞觀初置泉州景雲二年改爲
閩州都督府督泉建漳潮五州開元十三年改爲福州依舊都督府
仍置經略使二十二年罷漳潮二州令督福建泉汀四州舊屬嶺南
道天寶初改屬江南東道尋改爲長樂郡乾元元年復爲福州都督
府　天寶領縣八戶三萬四千八十四口七萬五千八百七十六　在
京師東南五千三十三里至東都四千二百三十三里　閩漢治縣屬
會稽郡秦時爲閩中郡漢高立閩越王都於此武帝誅東越徙其人
於江淮空其地其逃亡者自立爲治縣後更名東治縣後漢改爲候
官都尉屬會稽郡晉置晉安郡宋齊分之陳置閩州又改爲豐州隋
平陳改爲泉州煬帝改爲閩州又爲建安郡開元十三年改爲福州
皆治閩縣　候官　隋縣後廢長安二年又分閩縣置長樂　隋縣
後省武德六年分閩縣置新寧縣其年改爲長樂　福唐　聖曆二
年分長樂置萬安縣天寶元年改爲福唐　連江武德六年分閩縣

置溫麻縣其年改爲連江　長溪　武德六年置其年併入連江長
安二年分連江復置　古田　開元二十九年開山洞置　永泰永
泰年分置　梅青新置　泉州中　隋建安郡又爲泉州舊治閩縣開
元後移治泉州治於南安縣聖曆二年分泉州之南安莆田龍溪三
縣置武榮州三年州廢三縣還泉州久視元年又以三縣置武榮州
景雲二年改爲泉州開元二十九年割龍溪屬漳州天寶元年改爲
泉州爲清溪郡乾元元年復爲泉州　天寶領縣四戶二萬三千八百
六口十六萬二百九十五　在京師東南六千二百一十六里至東都五
千四百一十三里　晉江開元八年分南安置今爲州之治所　南
安　隋縣武德五年置豐州領南安莆田二縣貞觀元年廢豐州縣
屬泉州聖曆二年屬武榮州州廢來屬　莆田武德五年分南安縣
置屬豐州州廢來屬　仙遊　聖曆二年分莆田置清源縣天寶元
年改爲仙遊　建州中　隋建安郡之建安縣武德四年置建州領
綏城吳興建陽沙將樂邵武等縣天寶元年改爲建安郡乾元元年

復爲建州舊領縣二戶一萬五千三百三十六口二萬二千八百二
十　天寶領縣六戶二萬二千七百七十口一十四萬三千七百七十
四　在京師東南四千九百三十五里至東京三千八百八十八里　建
安　漢治縣地吳置建安縣州所治以建溪爲名　邵武　隋縣
浦城　載初元年分建安縣置唐興縣天授二年改爲武寧神龍元
年復爲唐興天寶元年改爲浦城隋廢縣名　建陽隋廢縣垂拱四
年分建安置　將樂　隋廢縣垂拱四年五月分邵武復置　沙
隋廢縣永徽六年分建安置
汀州下　開元二十四年開福撫二州山洞置汀州天寶元年改爲
臨汀郡乾元元年復爲汀州　天寶領縣三戶四千六百八十口一萬
三千七百二　在京師西南六千一百七十三里至東都五千三百七十
里長汀州治所　龍巖　寧化　已上三縣並開元二十四年開山
洞置
漳州　垂拱二年十二月九日置天寶元年改爲漳浦郡舊屬嶺南

道天寶割屬江南東道乾元元年復爲漳州　天寶領縣二戶五千三百四十六口一萬七千九百四十　在京師東南七千三百里至東都六千五百里　漳浦　垂拱二年十二月與州同置州所治　龍溪　舊屬泉州聖曆二年屬武榮州景雲二年還泉州開元二十九年屬漳州

江南西道

宣州　隋宣城郡武德三年杜伏威歸化置宣州總管府分宣城置懷安寧國二縣六年陷輔公祏七年賊平改置宣州都督督宣潛猷池四州廢姚州以綏安來屬省懷安寧國二縣宣州領綏安二縣八年廢南州以當塗來屬廢猷州以涇縣來屬九年移揚州於江都以溧陽溧水丹陽來屬貞觀元年罷都督府廢池州以秋浦南陵二縣來屬省丹陽入當塗縣開元中析置青陽太平寧國三縣天寶元年改爲宣城郡至德二年又析置至德縣乾元元年復爲宣州永泰元年割秋浦青陽至德三縣置池州舊領縣八戶二萬二千五百三十七口九萬五千七百五十三　天寶領縣九戶一十二萬一千二百四口八十八萬四千九百八十五今縣十　在京師東南三千五百五十一里至東都二千五百一十里　宣城　漢宛陵縣屬丹陽郡秦屬漳郡梁置南豫州隋改爲宣州煬帝又爲宣城郡皆此治所　當塗　漢丹陽縣地屬丹陽郡晉分丹陽置于湖縣城帝以江北當塗縣流人寓居于湖乃改爲當塗縣屬宣州牛渚山一名採石在縣北四十五里大江中武德三年置南豫州以縣屬八年省南豫州縣屬宣州　涇　漢涇縣屬丹陽郡武德三年置猷州領涇南陽安吳三縣八年廢猷州及南陽安吳二縣屬宣州縣界有陵陽山　廣德　漢故漳縣屬丹陽郡宋分宣城之廣德吳興之故鄣置綏安縣至德二年九月改爲廣德以縣界廣德故城爲名　溧陽　漢縣屬丹陽郡上元元年十一月割屬昇州州廢來屬　溧水　漢溧陽地隋爲縣武德三年屬揚州九年屬宣州乾元元年屬昇州州廢還屬　南陵　漢春穀縣地屬丹陽郡梁置南陵縣武德七年屬池州州廢來屬舊治

赭圻城長安四年移理青陽城　太平　天寶十一載正月析涇縣置　寧國　隋縣武德六年廢天寶三載復置　旌德　寶應二年二月析太平縣置　池州下　隋宣城郡之秋浦縣武德四年置池州領秋浦南陵二縣貞觀元年廢池州以秋浦屬宣州永泰元年江西觀察使李勉以秋浦去洪州九百里請復置池州仍請割青陽至德二縣隸之又析置石埭縣並從之後隸宣州領縣四戶一萬九千口八萬七千九百六十七　秋浦　州所治漢石城縣屬丹陽郡隋分南陵置秋浦縣因水爲名　青陽　天寶元年分涇陽南陵秋浦三縣置治古臨城　至德　至德二年析置　石埭　永泰二年割秋浦浮梁黟三縣置治古石埭城

饒州下　隋鄱陽郡武德四年平江左置饒州領鄱陽新平廣晉餘干樂平長城玉亭弋陽上饒九縣七年省上饒入弋陽省玉亭入長城餘干二縣八年又併長城入餘干併新平廣晉入鄱陽舊領縣四戶一萬一千四百口五萬九千八百一十七　天寶戶四萬八百九十九口二十四萬四千三百五十　在京師東南三千二百六十三里至東都二千四百一十三里　鄱陽　漢縣屬豫章郡古城在今縣東界有鄱江今爲州所理　餘干　漢餘干縣屬豫章郡古所謂汗越也汗音干隋朝去水　樂平　武德中縣九年省後重置　浮梁　武德中廢新平縣開元四年分鄱陽置後改新昌天寶元年復置

洪州上都督府　隋豫章郡武德五年平林士弘置洪州總管府管洪饒撫吉虔南平六州分豫州置鍾陵縣洪州領豫章豐城鍾陵二縣八年廢昌州米州以南昌建昌高安三縣來屬省鍾陵南昌二縣入豫章貞觀二年加洪饒撫吉虔袁江鄂等八州顯慶四年督饒鄂等州洪州舊領縣四永淳二年置新吳縣長安四年置武寧縣又督洪袁吉虔撫五州天寶元年改爲豫章郡乾元元年復爲洪州舊領縣四　豫章　豐城　高安　建昌戶一萬五千四百五十六口七萬四千四十四　天寶領縣六戶五萬五千五百三十口三十五萬三千二百三十一　在京師東南三千九十里至東都二千二百一十

一里　鍾陵　漢南昌縣豫章郡所治也隋改爲豫章縣置洪州煬帝復爲豫章郡寶應元年六月以犯肅宗諱改爲鍾陵取地名豐城　吳分南昌縣高城縣晉改爲豐城　高安　漢建城縣屬豫章郡武德五年改爲高安仍置靖州領高安望蔡華陽三縣七年改靖州爲米州其年又改爲筠州八年廢筠州省華陽望蔡二縣以高安屬洪州　建昌　漢海昏縣屬豫章郡後漢分立建昌武德五年分置南昌州總管府管南昌西吳靖米孫五州南昌州領建昌龍安永修三縣七年罷都督爲南昌州八年廢南昌州及孫州以南昌州新吳永修龍安入建昌縣以孫州之建昌入豫章縣而以建昌屬洪州　新吳　舊廢縣永淳二年分建昌置　武寧　長安四年分建昌置武寧縣景雲元年改爲豫章寶應元年復爲武寧　分寧　貞元十六年二月置

虔州中　隋南康郡武德五年平江左置虔州天寶元年改爲南康郡乾元元年復爲虔州舊領縣四戶八千九百九十四口三萬九千

九百一　天寶領縣六戶三萬七千六百四十七口二十七萬五千四百一十今縣七　在京師東南四千一十七里至東都三千四百里　贛　州所理漢縣屬豫章郡漢分豫章立廬陵郡晉改爲南康郡隋初爲虔州煬帝爲南康郡皆治贛古濫反　虔化　吳分贛立陽都縣晉改爲寧都隋平陳改爲虔化屬虔州　南康　漢南野縣屬豫章郡吳分南野立南安縣晉改爲南康　雩都　漢縣屬豫章郡　信豐　永淳元年分南康置南安縣天寶元年改爲信豐　大康　神龍元年分南康置　安遠　貞元四年八月四日置

撫州中　隋臨川郡武德五年討平林士弘置撫州領臨川南城邵武宜黃崇仁永城東興將樂八縣七年省東興永城將樂三縣以邵武隷建州八年省宜黃縣天寶元年改爲臨川郡乾元元年復爲撫州舊領縣三戶七千三百五十四口四萬六百八十五　天寶領縣四戶三萬六百五口十七萬六千三百九十四　在京師東南三千三百一十二里至東都二千五百四十里　臨川　州所理漢南昌縣地後漢分南昌置臨汝縣吳置臨川郡歷南朝不改隋平陳改臨川郡爲撫州仍改臨汝縣爲臨川縣州郡所理皆此縣　南城　漢縣屬豫章郡開元八年分南城置　崇仁　吳分臨汝置新建縣梁改爲巴山縣仍僑置巴山郡隋平陳改巴山爲崇仁縣　南豐　開元八年分南城置

吉州上　隋廬陵郡武德五年討平林士弘置吉州領廬陵新淦二縣七年廢潁州以安福縣來屬八年廢南平州以太和縣來屬天寶元年改爲廬陵郡乾元元年復爲吉州舊領縣四戶一萬五千四十口五萬三千二百八十五　天寶領縣五戶三萬七千七百五十二口二十三萬七千三十二　廬陵　漢縣屬豫章郡後漢改爲西昌隋復爲廬陵州所治也舊治子陽城永淳元年移於今所　太和　隋縣武德五年置南州領太和永新廣興東昌四縣八年廢南平州以永新等三縣併太和屬吉州　安福　吳置安城郡於此隋廢爲安復後改爲安福　新淦　漢舊縣屬豫章郡淦音紺又音甘　永新　廢縣顯

慶二年分太和置

江州中　隋九江郡武德四年平林士弘置江州領湓城潯陽彭澤三縣五年置總管管江鄂智浩四州并管昌洪四總管府又分湓城置楚城縣分彭澤置都昌縣八年廢浩州及樂城縣入彭澤縣又廢湓城入潯陽貞觀元年罷都督府八年廢楚縣入潯陽天寶元年改爲潯陽郡乾元元年復爲江州舊領縣三戶六千三百六十口二萬五千五百九十九　天寶戶二萬九千二十五口十五萬五千七百四十四　在京師東南二千九百四十八里至東都二千一百九十七里　潯陽　州所理漢縣屬廬江郡晉置江州隋改爲彭蠡縣取州東南五十二里有彭蠡湖爲名煬帝改爲湓城取縣界湓水爲名武德四年復爲潯陽潯水至此入江爲名　都昌　武德五年分彭澤置屬浩州八年廢浩州縣屬江州　彭澤　漢縣屬豫章郡隋爲龍城縣武德五年置浩州又分置都昌樂城二縣八年罷浩州以彭澤屬江州仍省樂城入彭澤　至德　至德二年九月中丞宋若思奏置

袁州下　隋宜春郡武德四年平蕭銑置袁州天寶元年改爲宜春郡乾元元年復爲袁州舊領縣三戸四千六百三十六口二萬五千七百一十六　天寶戸二萬七千九十三口一十四萬四千九十六　在京師東南三千五百八十里至東都二千一百六十一里　宜春　州所理漢縣屬豫章郡吳爲安城郡南朝不改晉改爲宜陽隋置袁州煬帝爲宜春郡復改爲宜春宜春泉水名在州西取此水爲酒作貢　萍鄉　吳分宜春置萍鄉縣屬安城郡　新喩　吳分宜春置新喩屬安城郡

鄂州上　隋江夏郡武德四年平蕭銑改爲鄂州天寶元年改爲江夏郡乾元元年復爲鄂州永泰後置鄂岳觀察使領鄂岳蘄黄四州恒以鄂州爲使理所舊領縣四戸三千七百五十四口一萬四千六百一十五　天寶領縣五戸一萬九千一百九十口八萬四千五百六十三後併沔州入鄂州以漢陽汊川來屬　在京師東南二千三百四十六里至東都一千五百三十里　江夏　漢郡名本漢沙羨縣地屬

。江夏郡晉改沙羨爲沙陽江漢二水會於州西春秋謂之夏汭晉宋謂之夏口宋置江夏郡治於此隋不改武德四年改爲鄂州取漢縣名　永興　漢鄂縣地屬江夏郡吳分鄂置新陽縣隋改爲永興　武昌　漢鄂縣屬江夏郡吳晉爲重鎮將以爲鎮守　蒲沂鎮吳分沙羨縣置　唐年　天寶二年開山洞置　漢陽　漢安陸縣地屬江夏郡晉置池陽縣隋初爲漢津縣煬帝改爲漢陽武德四年平朱粲分沔陽郡置沔州治漢陽縣貞觀戸一千五百一十七口六千九百五十九至大和七年鄂岳節度使牛僧孺奏沔州與鄂州隔江都管一縣請併入鄂州從之舊屬淮南道　汊川　漢安陸縣地後魏置汊川郡武德四年分漢陽縣置汊川縣屬沔州州廢屬鄂州

岳州下　隋巴陵郡武德四年平蕭銑置巴州領巴陵華容沅江羅湘陰五縣六年改爲岳州省羅縣天寶元年改爲巴陵郡乾元元年復爲岳州舊領縣四戸四千二口一萬七千五百五十六　天寶領縣五戸一萬一千七百四十口五萬二百九十八　在京師東南二千二百三十七里至東都一千八百一十六里　巴陵　漢下雋縣屬長沙郡吳置巴陵縣晉置建昌郡隋改爲巴州煬帝改爲巴陵郡武德置岳州皆置巴陵縣界有古巴丘　華容　漢孱陵縣地屬武陵郡劉表改爲南安隋改爲華容垂拱二年去華字曰容城神龍元年復爲華容　沅江　漢益陽縣屬長沙國隋改爲安樂又改爲沅江屬岳州　湘陰　漢羅縣屬長沙國宋置湘陰縣縣界汨水注入湘江　昌江　神龍三年分湘陰縣置

潭州中都督府　隋長沙郡武德四年平蕭銑置潭州總管府管潭衡永郴連南梁南雲南營八州潭州領長沙衡山醴陵湘鄉益陽新康六縣七年廢雲州改南梁爲邵州南營爲道州省新康縣督潭衡郴連永邵道等七州天寶七年改爲長沙郡乾元元年復爲潭州舊領縣五戸九千三十一口四萬四百四十九　天寶領縣六戸三萬二千二百七十二口十九萬二千六百五十七　在京師南二千四百四十五里至東都二千一百八十五里　長沙　秦置長沙郡漢爲長沙

。國治臨湘縣後漢爲長沙郡吳不改晉懷帝置湘州至梁初不改隋平陳爲潭州以昭潭爲名煬帝改爲長沙郡仍改臨湘爲長沙縣武德復爲潭州　湘潭　後漢湘南縣地屬長沙郡吳分湘南立衡陽縣屬衡陽郡隋廢郡縣屬潭州天寶八年移治於洛口因改爲湘潭縣　湘鄉　漢鍾武縣屬零陵郡後漢改爲重安永建三年又名湘鄉屬長沙郡　益陽　漢縣屬長沙國故城在今縣東八十里武德四年分置新康縣七年省入　醴陵　漢臨湘縣界有醴陵後漢立爲縣屬長沙郡隋廢武德四年分長沙置　瀏陽　吳分長沙置瀏陽縣隋廢景龍二年於故城復置

衡州中　隋衡山郡武德四年平蕭銑置衡州領臨蒸湘潭耒陽新寧重安新城六縣七年省重安新城二縣貞觀元年以廢南雲州之攸縣來屬天寶元年改爲衡陽郡乾元元年復爲衡州舊領縣五戸七千三百三十口三萬四千四百八十一　天寶領縣六戸三萬三千六百八十八口十九萬九千二百二十八　在京師東南三千四百三里

至東都二千七百六十里　衡陽　漢烝陽縣屬長沙國吳分烝陽
立臨烝縣吳末分長沙東界郡立湘東郡宋齊梁不改隋罷湘東郡
爲衡州改臨烝爲衡陽縣武德四年復爲臨烝開元二十年復爲衡
陽　常寧　吳分耒陽立新寧縣屬湘東郡舊治三洞神龍二年移
治麻州開元九年治宜江天寶元年改爲常寧　攸　漢縣屬長沙
國縣北有攸溪故也　茶陵　漢縣屬長沙國晉加改隋廢聖曆元年
分攸縣置　耒陽　漢縣屬桂陽郡隋改爲耒陰武德四年復爲耒
陽　衡山　吳分湘南縣置舊屬潭州後割屬衡州
澧州下　隋澧陽郡武德四年平蕭銑置澧州領潺陵安鄉澧陽石
門慈利崇義六縣貞觀元年省潺陵縣天寶元年改爲澧陽郡乾元
元年復爲澧州天寶初割屬山南東道舊領縣五戶三千四百七十
四口二萬五千八百二十六　天寶領縣四戶一萬九千六百二十口九
萬三千三百四十九　在京師東南一千八百九十三里至東都一千
五百七十二里　澧陽　漢零陽縣屬武陵郡吳分武陵西界置天

○
門郡晉末以義陽流人集此僑置南義陽郡隋平陳改南義陽爲澧
州皆治此縣　安鄉　漢潺陵縣地屬武陵郡隋分立安鄉縣貞觀
元年廢潺陵併入　石門　吳分零陽縣於此置天門郡隋平陳廢
天門郡以廢州爲石門縣　慈利　本漢零陽縣隋改零陽爲慈利
縣麟德元年省崇義併入
朗州下　隋武陵郡武德四年平蕭銑置朗州天寶元年改爲武陵
郡乾元元年復爲朗州天寶初割屬山南東道舊領縣二戶二千一
百四十九口一萬九百一十三　天寶戶九千三百六口四萬三千七百十
六　在京師東南二千一百五十九里至東都一千八百五十八里
武陵　漢臨沅縣地屬武陵郡秦屬黔中郡地梁分武陵郡於縣置武
州陳改武州爲沅陵郡隋平陳復爲嵩州尋又改爲朗州煬帝爲武
陵郡武德復爲朗州皆治於武陵縣　龍陽　隋縣取洲名
永州中　隋零陵郡武德四年平蕭銑置永州領零陵湘源祁陽灌
陽四縣七年省灌陽貞觀元年省祁陽縣四年復置天寶元年改爲

零陵郡乾元元年復爲永州舊領縣三戶六千三百四十八口二萬
七千五百八十三　天寶戶二萬七千四百九十四口十七萬六千一百六
十八　在京師南三千二百七十四里至東都三千六百六十五里
零陵　漢泉陵縣地屬零陵郡漢郡治泉陵縣故城在今州北二里
隋平陳改泉陵爲零陵縣仍移於今理梁陳猶零陵郡隋置永州煬
帝復爲零陵郡皆治此縣　祁陽　吳分泉陵縣於今縣東北九十
里置祁陽縣今有古城隋平陳併入零陵武德四年復分置移於今
治貞觀元年省四年又置石鷰岡在祁陽西北一百一十里此岡穴
出石鷰充貢湘水南自零陵界來　湘源　漢零陵縣地屬故城在
今縣南七十八里隋平陳併零陵入湘源縣　灌陽　漢零陵縣地
大業末平蕭銑析湘源縣置武德七年廢上元二年荆南節度使呂
諲奏復於故城置灌陽縣灌水在城西今名灌源
道州中　隋零陵郡之永陽縣武德四年平蕭銑置營州領營道江
華永陽唐興四縣五年改爲南營州貞觀八年改爲道州仍省永陽

○
縣貞觀十七年廢永州併入上元二年復析置永州天寶元年改爲
江華郡乾元元年復爲道州　舊領縣三戶六千六百一十三口三萬
一千八百八十　天寶領縣四戶二萬二千五百五十一口十三萬九
千六十三今領縣五　弘道　漢營浦縣屬零陵郡吳置營陽郡晉
改爲永陽郡隋平陳改營浦爲永陽縣武德四年於縣置營州改爲
營道縣武德四年置州又加南字貞觀八年改爲道州天寶元年改
營道爲弘道　延唐　漢泠道縣屬零陵郡古城在今縣東界南四
十里隋平陳廢泠道入營道縣仍於泠道廢城置營道縣武德四年
移營道縣於州郭置乃於此置唐興縣長壽二年改名武盛神龍元
年復爲唐興天寶元年改爲延康泠水在今縣南六十里　江華
漢馮乘縣屬蒼梧郡武德四年析賀州馮乘縣置江華縣貞觀十七
年改屬永州上元二年還道州文明元年改爲雲溪縣神龍元年二
月復爲江華　永明　隋改漢營浦縣爲永陽置道州後州郭內置
營道縣乃移永陽之名於州西南一百一十里置貞觀八年省地入

營道天授二年復析營道置天寶元年改爲永明縣　大曆　大曆二年湖南觀察使韋貫之奏請析延唐縣於道州東南二百二十里春陵侯故城北十五里置縣因以大曆爲名

郴州中　隋桂陽郡武德四年平蕭銑置郴州領盧陽義章臨武平陽晉興六縣七年廢牽平陽二縣八年省晉興天寶元年改爲桂陽郡乾元元年復爲郴州舊領縣五戶八千六百四十六口四萬九千三百五十五　天寶領縣八戶三萬一千三百三　在京師東南三千三百里至東都三千五十七里　郴　漢縣屬桂陽郡漢郡理所也後漢郡理耒陽尋還郴宋齊封子弟爲桂陽王皆治於此隋平陳改爲郴州煬帝爲桂陽郡武德四年改郴州皆以郴爲理　義章　大業末蕭銑分郴置武德七年省八年復置長壽元年分義章南界置高平縣開元二十三年廢高平仍移義章治高平廢縣　義昌　晉分郴縣置汝城晉寧二縣陳廢二縣立盧陽郡領盧陽縣開元九年廢郡以盧陽屬郴州天寶元年改爲義昌　平陽　晉分郴置平陽郡及縣陳廢後蕭銑復分郴置武德七年省八年復置　資興　後漢分郴置漢寧縣吳改爲陽安晉改爲晉寧隋改爲晉興貞觀八年省咸亨三年復置改名資興　高亭　漢便縣地屬桂陽郡晉省陳復置隋廢開元十三年宇文融析郴縣北界四鄉置安陵縣天寶元年改爲高亭取縣東山名　臨武　漢縣屬桂陽郡縣南臨武溪故也　藍山　漢南平縣屬桂陽郡隋廢咸亨二年復置南平縣天寶元年改爲藍山九疑山在縣西五十里

召州　隋長沙郡之召陽縣武德四年平蕭銑置南梁州領召陵建興武岡三縣七年省建興入武岡省召陵併召陽貞觀十年改名召州天寶元年改爲召陽郡乾元元年復爲召州　舊領縣二戶二千八百五十六口一萬三千五百八十三　天寶戶一萬七千七十三口七萬一千六百四十四　在京師東南三千四百里至東都二千二百六十八里　召陽　漢召陵縣屬長沙國後漢改爲昭陽晉改爲召陽隋平陳移於今理吳分零陵北部置召陵郡隋平陳廢郡以召陽屬潭州尋又於召陽置建州武德四年改置南州貞觀十年改爲召州皆理召陽縣　武岡　漢都梁縣屬零陵郡晉分都梁置武岡縣隋廢武德四年分召陽復置

連州　隋熙平郡武德四年平蕭銑置連州天寶元年改爲連山郡乾元元年復爲連州舊領縣三戶五千五百六十三口三萬一千九十四　天寶戶三萬二千二百十口一十四萬三千五百三十二　在京師南三千六百六十五里至東都三千四百五里　桂陽　漢縣屬桂陽郡今州理是也隋開皇十年於縣置連州大業改爲熙平郡武德四年復爲連州皆以桂陽爲理所　陽山　漢縣屬桂陽郡後漢省晉平吳分湞洭縣復置梁於湞洭縣西置陽山郡以縣屬之隋廢郡縣屬連州神龍元年移於洭水之北今縣理是也一名湟水　連山　晉武分桂陽立廣惠縣隋改爲廣澤仁壽元年改爲連山

黔州下都督府　隋黔安郡武德元年改爲黔州領彭水都上石城三縣二年又分置盈隆洪社相永萬資四縣四年置都督府督務施業辰智牂充應莊等州其年以相永萬資二縣置費州以都上分置夷州十年以思州高富來屬十一年又以高富屬夷州以智州信寧來屬今督思辰施牢費夷巫應播充莊牂琰池矩十五州其年罷都督府置莊州都督景龍四年廢以播州爲都督先天二年廢後以黔州爲都督天寶元年改黔州爲黔中郡依舊都督施夷播思費珍溱商九州又領充明勞義福建邦琰清莊峩蠻牂鼓儒琳鸞令那暉都總敦侯免柯契稜添普寧功亮茂龍延訓鄉雙整懸撫犬水矩思源逸殷南平勳姜龍小等五十州皆羈縻寄治山谷乾元元年復以黔中郡爲黔州都督府　舊領縣五戶五千九百一十三口二萬七千四百三十三　天寶縣六戶四千二百七十口二萬四千二百四　在京師南三千一百九十三里至東都三千二百七十一里　彭水　漢酉陽縣屬武陵郡吳分酉陽置黔陽郡隋於郡置彭水縣周置奉州尋爲黔州貞觀四年於州置都督府　黔江　隋分黔陽縣置石城縣天寶元年改爲黔江　洪杜　武德二年分置洪杜縣治洪杜

溪麟德二年移治龔灘　洋水　武德二年分彭水於巴江西置盈隆縣先天元年改為盈川天寶元年改為洋水　信寧　隋置信安縣取界内山名武德二年改為信寧武德五年屬義州州廢來屬　都濡　貞觀二十年分盈隆縣置

辰州下　隋沅陵縣武德四年平蕭銑置辰州領沅陵等五縣九年分大鄉置陽大鄉五縣五年分辰溪置溆浦縣貞觀九年分大鄉置三亭縣天授二年分大鄉三亭兩縣置溪州景雲二年置都督府督巫業錦三州開元二十七年罷都督府天寶元年改為盧溪郡乾元元年復為辰州取溪名舊領縣七戶九千二百八十三口三萬九千二百二十五　天寶領縣五戶四千二百四十一口二萬八千五百五十四　在京師南微東三千四百五里至東都三千二百六十里　沅陵　漢辰陽縣屬武陵郡本秦黔中郡縣也隋改辰陽為辰溪仍分置沅陵縣仍置沅陵郡武德四年改為辰州以沅陵為理所　盧溪　武德三年分沅陵縣置　溆浦　漢義陵縣地屬武陵縣武

德五年分辰溪置　麻陽　武德三年分沅陵辰溪二縣置垂拱四年分置龍門縣尋廢　辰溪　漢辰陽縣地隋分置辰溪縣

錦州下　垂拱二年分辰州麻陽縣地并開山洞置錦州及四縣天寶元年改錦州為盧陽郡乾元元年復為錦州　天寶領縣五戶二千八百七十二口一萬四千三百七十四至京師三千五百里至東都三千七百里　盧陽　招諭　渭陽　常豐　已上四縣並垂拱三年與州同置其常豐本名萬安天寶元年改為常豐　洛浦　天授二年分長州之大鄉置屬溪州四年改屬錦州

施州下　隋清江郡之清江縣義寧二年置施州領清江開夷二縣貞觀八年廢業州以建始縣來屬麟德元年廢開夷縣入清江天寶元年改為清化郡乾元元年復為施州舊領縣三戶二千三百一十二口一萬八百二十五　天寶領縣二戶三千七百二口一萬六千四百四十四　在京師南二千七百九里至東都二千八百一十里　清江　漢巫縣南郡吳分巫立沙渠縣後周於縣立施州隋為清江縣州所理也　建始　後周分巫縣置建始縣義寧二年於縣置業州領建始一縣貞觀八年廢業州縣屬施州

巫州下　貞觀八年分辰州龍標縣置巫州其年置夜郎渭溪思徵三縣九年廢思徵縣天授二年改為沅州分夜郎渭溪縣長安三年割夜郎渭溪二縣置舞州先天二年又置潭陽縣開元十三年改沅州為巫州天寶元年改為潭陽郡乾元元年復為巫州舊領縣三戶四千三十二口一萬四千四百九十五　天寶戶五千三百六十八口一萬二千七百三十八　在京師南三千一百五十八里至東都三千八百三十三里　龍標　武德七年置屬辰州貞觀八年置巫州為理所也　朗溪　貞觀八年置　潭陽　先天二年分龍標置

業州下　長安四年分沅州二縣置舞州開元十三年改為鶴州二十年又改為業州天寶元年改龍標郡乾元元年復為業州領縣三戶一千六百七十二口七千二百八十四　在京師南四千一百九十七里至東都三千九百里　峩山　貞觀五年置夜郎縣屬巫州長安

四年置舞州開元二十年改夜郎為峩山縣　渭溪　天授二年分夜郎置屬沅州長安四年改為業州　梓薑　舊於縣置充州天寶三年以充州荒廢以梓薑屬業州其充州為羈縻州

夷州下　隋明陽郡之綏陽縣武德四年置夷州於思州寧夷縣領夜郎神風豐樂綏養鷄翁伏遠明陽高富寧夷思義丹川宜慈慈岳等十三縣六年廢鷄翁縣貞觀元年廢夷州省夜郎神泉豐樂三縣以伏遠明陽高富寧夷思義丹川六縣隸務州宜慈慈岳二縣隸溪州以綏養隸智州四年復置夷州於黔州都上縣六年又置鷄翁縣十一年又以義州之綏陽黔州之高富來屬其年又自都上移於今所天寶元年改為義泉郡乾元元年復為夷州舊領縣四戶二千二百四十一口八千六百五十七　天寶縣五戶一千二百八十四口七千一十三　在京師南四千三百八十七里至東都三千八百八十里　綏陽　漢牂牁郡地隋朝招慰置綏陽縣古徼外夷也武德三年屬義州貞觀十一年改屬夷州　都上　隋置武德元年屬黔州貞觀

四年置夷州爲理所十一年州移治綏陽縣　義泉　隋舊於縣置牢州貞觀十七年廢牢州以義泉屬夷州　洋川　武德二年置舊屬牢州貞觀十七年屬夷州　寧夷　舊屬思州開元二十五年屬夷州

播州下　隋牂牁郡之牂牁縣貞觀九年分置郎州領恭水高山貢山柯盈邪施釋鷰六縣十一年省郎州并六縣十一年又於其地置播州及恭水等六縣十四年改恭水等六縣名二十年以夷州之芙蓉琊川來屬顯慶五年廢舍月胡江羅爲三縣景龍四年廢莊州都督府以播州爲都督府先天二年罷都督開元二十六年又廢胡刀琊川兩縣天寶元年改爲播川郡乾元元年復爲播州領縣三戶四百九十口二千一百六十八　在京師南四千四百五十里至東都四千九百六十里　遵義　漢武開西南夷置牂牁郡秦夜郎郡之西南境也貞觀元年置恭水縣屬郎州十一年省十三年復置屬播州十四年改爲羅蒙十六年改爲遵義顯慶五年廢舍月併入　芙蓉　舊屬

牢州貞觀十六年改爲夷州二十年又改屬播州開元二十六年廢胡刀琊川兩縣併入　帶水　貞觀九年置柯盈縣十四年改爲帶水

思州下　隋巴東郡之務川縣武德四年置務州領務川涪川扶陽三縣貞觀元年以廢夷州之伏遠寧夷思義高富明陽丹川六縣廢思州之丹陽城樂感化思王多田五縣來屬其年省思義明陽丹田三縣二年又省丹陽四年改務州爲思州其年以涪川扶陽二縣割入費州八年又以多田城陽二縣割入費州其年又廢感化縣十年以高富隸黔州十一年又省伏遠縣天寶元年改爲寧夷郡乾元元年復爲思州舊領縣三戶二千六百三口七千五百九十九　天寶戶一千五百九十九口一萬二千二十一　在京師南三千八百三十九里至東都三千五百九十六里　務川　州所治漢西陽縣屬武陵郡隋朝招慰置務川縣武德元年招慰使冉安昌以務川當牂牁要路請置務州貞觀八年改爲思州以思印水爲名　思王　武德三年置屬思州貞觀元年改屬務川四年改屬思州　寧夷　隋置武德四年屬夷州貞觀元年屬思州　思印　開元四年開生獠置

費州下　隋黔安郡之涪川縣貞觀四年分思州之涪川扶陽二縣置費州其年割黔州之萬資相永二縣來屬八年又割思州之多田城樂來屬十一年廢相永萬資二縣天寶元年復爲涪川郡乾元元年復爲費州舊領縣四戶二千七百九口六千九百五十　天寶戶四百二十九口二千六百九　在京師南四千七百里至東都四千九百里　涪川　漢牂牁郡之地久不臣附周宣政元年信州總管龍門公裕招慰生獠王元殊多質等歸國乃置費州以水爲名涪川武德四年置務川貞觀四年置費州治於此　多田　武德四年務州刺史奏置以土地稍平墾田盈畛故以多田爲名貞觀四年屬思州八年改屬費州　扶陽　隋仁壽四年庸州刺史奏置以扶陽水爲名　城樂　武德四年山南道大使趙郡王孝恭招慰生獠始築城人歌舞之故曰城樂

南州下　武德二年置領隆陽扶化隆巫丹溪靈水南川六縣三年改爲楚州四年復爲南州貞觀五年置三溪縣七年又置當山嵐山歸德汶溪四縣八年又廢當山嵐山歸德汶溪四縣十一年又廢扶化隆巫靈水三縣天寶元年改爲南州郡乾元元年復爲南州舊領縣三戶三千五百八十三口一萬三百六十六　天寶領縣二戶四百四十三口二千四十三　在京師南三千六百里至東都三千七百里　南川　武德二年置隆陽縣先天元年改爲南川州所治　三溪　貞觀五年置

溪州下　舊辰州之大鄉天授二年分置溪州舊領縣二又分置洛浦縣長安四年以洛浦屬錦州天寶元年改溪州爲靈溪郡乾元元年復爲溪州領縣二戶二千一百八十四口一萬五千二百八十二至京師二千八百九十三里至東都二千六百九十六里　大鄉　漢沅陵零陵二縣地屬武陵郡梁分置大鄉縣舊屬辰州天授二年來屬州所理也三亭貞觀九年分大鄉置屬辰州天授二年改屬溪

州縣界有黔山大酉小酉二山
溱州下　貞觀十六年置溱州及榮懿扶歡樂來三縣咸亨元年廢樂來縣天寶元年改爲溱溪郡乾元元年復爲溱州領縣二戶八百七十九口五千四十五　至京師三千四百八十里至東都四千二百里　榮懿　扶歡　已上二縣並貞觀十六年開山洞置
珍州下　貞觀十六年置天寶元年改爲夜郎郡乾元元年復爲珍州領縣三戶二百六十三口一千三十四至京師四千一百里至東都三千七百里　夜郎　漢夜郎郡之地貞觀十七年置於舊播州城以縣界有隆珍山因名珍州　麗臯　樂源　並貞觀十六年開山洞置牂州領縣二　充州領縣八　應州領縣五　琰州領縣四　牢州領縣七　已上國初置並屬黔中道羈縻州永徽已後併省

隴右道

秦州中都督府　隋天水郡武德二年平薛舉改置秦州仍立總管府管秦渭岷洮疊文武成康蘭宕扶等十三州秦州領上邽成紀秦

領清水四縣四年分清水置邽州六年廢邽州以清水來屬八年廢文州又以隴成來屬其年又廢伏州以伏羌來屬九年於伏羌廢城置鹽泉縣貞觀元年改鹽泉爲夷賓二年省夷賓縣六年省長川縣十四年督秦成渭武四州治上邽十七年廢秦山領縣開元二十二年緣地震移治所於成紀縣之敬親川天寶元年改爲天水郡依舊都督府督天水隴西同谷三郡其年復還治上邽乾元元年復爲秦州舊領縣六戶五千七百二十四口二萬五千七十三　天寶領縣五戶二萬四千八百二十七口十萬九千七百　在京師西七百八十里至東都一千六百五里　上邽　漢縣屬隴西郡武帝分置天水郡後漢分獂道立南安郡後魏改上邽爲上封隋復於上邽置秦州州前有湘水四時增減故名天水郡　成紀　漢縣屬天水郡舊治小坑川開元二十二年移治敬親川成紀亦徙新城天寶元年州復移治上邽縣　伏羌　漢冀縣屬天水郡晉於此置秦州後魏改爲當亭縣隋復爲冀縣武德三年改爲伏羌縣仍置伏州八年伏州廢縣屬秦州貞觀三年廢夷賓縣併入伏羌隴城　漢隴縣屬天水郡隋加城字武德二年置文州以隴城隸之八年文州廢來屬貞觀三年省長川縣併入　清水　漢縣屬天水郡武德四年置邽州於清水六年廢邽州以清水來屬
成州下　隋漢陽郡武德元年置成州領上祿長道潭水三縣貞觀元年以潭水屬宕州又割廢康州之同谷縣來屬州理揚難當所築建安城天寶元年改爲同谷郡乾元元年復爲成州舊領縣三戶一千五百四十六口七千二百五十九　天寶戶四千七百二十七口二萬一千五百八　在京師西南九百六十里至東都一千八百里　上祿　漢縣屬武都郡白馬氐之所處州南八十里仇池山其上有百頃地可處萬家晉時互酉楊難當據仇池即此山上也晉朝招慰乃置仇池郡以難當爲守梁置南秦州又改爲成州隋以上祿爲倉泉縣又復爲上祿　長道　元魏分上祿置長道縣於縣置天水郡隋改天水爲漢陽郡又改漢陽縣爲長道　同谷　漢下辨道屬武都郡後

魏於此置廣業郡領白石縣又改白水爲同谷（辨音步莧反）
渭州下　隋隴西郡武德元年置渭州天寶元年改爲隴西郡乾元元年復爲渭州四月鄯州都督郭英乂奏請以渭州洮州爲都督府後廢舊領縣四戶一千九百八十九口九千二十八　天寶戶六千四百二十五口二萬四千五百二十　在京師西一千一百五十三里至東都二千里　襄武　漢縣屬隴西郡後魏於縣置渭州以水爲名隴西　漢獂道地屬天水郡（獂音桓）後漢分武陽置鄣縣天授二年改爲武陽縣神龍元年復爲鄣縣　渭源　漢首陽縣地屬隴西郡後魏分隴西置渭源郡又改首陽爲渭源縣上元二年改首陽縣仍於渭源故城分置渭源縣儀鳳三年廢首陽併入渭源
鄯州下都督府　隋西平郡武德二年平薛舉置鄯州治故樂都城貞觀中置都督府天寶元年改爲西平郡乾元元年復爲鄯州上元二年九月州爲吐蕃所陷遂廢所管鄯城三縣今河州收管舊領縣二戶一千八百七十五口九千五百八十二　天寶領縣三戶五千三

百八十九口二萬七千二十　九在京師西一千九百一十三里至東都二千五百四十里　湟水　漢破羌縣屬金城郡漢破匈奴取西河地開湟中處月氏即此湟水俗呼湟河又名樂都水南有涼禿髮烏孤始都此後魏置鄯州改破羌爲西都縣隋改爲湟水縣縣界有浩亹水　龍支　漢允吾縣屬金城郡後漢改爲龍耆縣後魏改爲金城縣又改爲龍支積石山在今縣南　鄯城　儀鳳三年置漢西平郡故城在西

蘭州下　隋金城郡隋末陷薛舉武德二年平賊置蘭州八年置都督府督蘭阿鄯廓四州貞觀六年又督西鹽州十二年又督涼州今督蘭鄯儒淳六州領金城狄道廣武三縣顯慶元年罷都督府天寶元年改金城郡二載割狄道縣置狄道郡乾元元年復爲蘭州舊領縣三戶一千六百七十五口七千三百五　天寶領縣二戶二千八百八十九口一萬四千二百二十六　在京師西一千四百四十五里至東都二千二百里　五泉　漢金城縣屬金城郡开羌所處後漢置西

唐志二十　三十二

海郡乞伏乾歸都此稱涼隋開皇初置蘭州以皐蘭山爲名煬帝改金城郡隋置五泉縣咸亨二年復爲金城天寶元年改爲五泉　廣武　漢枝楊縣屬金城郡張駿置廣武郡隋廢爲縣屬蘭州

臨州下都督府　天寶三載分金城郡置狄道郡乾元元年改爲臨州都督府督保塞州羈縻之名也領縣二戶二千八百九十九口一萬四千二百二十六　在京師西一千四百四十五里至東都二千二百里　狄道　漢縣屬隴西郡晋改爲武始縣隋復爲狄道屬蘭州天寶三載復置　長樂　舊安樂縣乾元後改爲長樂

河州下　隋枹罕郡武德二年平李軌置河州領枹罕大夏二縣貞觀元年廢大夏縣五年復置十年省米州置米州縣來屬十一年廢烏州以其城置安鄉縣來屬天寶元年改爲安鄉郡乾元元年復爲河州　舊領縣三戶三千三百九十一口一萬二千六百五十五　天寶領縣三戶五千七百八十二口三萬六千八百八十六　在京師西一千四百十一五里至東都二千二百七十里　枹罕　漢縣屬金城郡晋張駿於縣置河州至後魏不改又名枹罕郡隋初爲河州煬帝爲枹罕郡武德二年改爲河州皆治於枹罕　大夏　漢縣屬隴西郡張駿於縣置大夏郡及縣取西大夏水爲名貞觀五年廢入枹罕五年又置　鳳林　漢白石縣屬金城郡張駿改白水爲永固貞觀七年廢縣置烏州十一年州廢於城內置安鄉縣天寶元年改爲鳳林取關名也

武州下　隋武都郡武德元年置武州領將利建威覆津盤堤四縣貞觀元年省建威入將利天寶元年改爲武都郡乾元元年復爲武州舊領縣三戶一千一百五十二口五千三百八十一　天寶戶二千九百二十三口一萬五千三百一十三　在京師西一千二百九十里至東都二千里　將利　秦漢白馬之地漢置武都郡并縣後魏改武都爲石門縣置武州後周改爲將利縣仍置武都郡隋初廢煬帝復爲郡皆治將利縣　覆津　後魏置武階郡又於今縣東北三十里萬郡故城置覆津縣隋廢武階郡縣屬武都郡　盤堤　漢河池

唐志二十　三十三

縣地屬武都郡後魏於今縣東南百四十二里移盤堤縣於郡置武州盤堤山爲名

洮州下　隋臨洮郡武德二年置洮州貞觀五年移州治於洪和城後復移還洮陽城今州治也永徽元年置都督府開元十七年廢併入岷州臨潭縣置臨州二十七年又改爲洮州天寶元年改爲臨洮郡管密恭縣党項部落也寄治州界乾元元年復爲洮州舊領縣二戶二千三百六十三口八千二百六十　天寶戶三千七百口一萬五千六十　在京師西一千五百六里至東都二千三百九十里　臨潭　秦漢時羌地本吐谷渾之鎮謂之洪和城後周攻得之改爲美相縣屬貞觀四年洮州理於此置臨潭縣屬旭州八年廢旭州來屬其年移理洮陽城今州治也仍於舊洪和城置美相縣隸洮州天寶中廢美相併入

岷州下　隋臨洮郡之臨洮縣義寧二年置岷州武德四年爲總管府管岷宕洮疊旭五州七年加督芳州九年又督文武扶五州貞觀元年督岷宕洮旭四州六年督橋意二州十二年廢都督府神龍元

年廢當夷縣天寶元年改爲和政郡乾元元年復爲岷州舊領縣四
戶四千五百八十三口一萬九千二百三十九　天寶縣三戶四千三
百二十五口二萬三千四百四十一　在京師西一千三百七十八里至
東都二千一百里　溢樂　秦臨洮縣屬隴西郡今州西二十里長
城蒙恬所築岷山在縣南一里崆峒山縣西二十里　後魏置岷州
仍改臨洮爲溢樂隋復改臨洮義寧二年改名溢樂神龍元年廢當
夷縣併入　祐川　後周置基城縣先天元年改爲祐川避玄宗名
和政　後周置洮城郡保定元年置和政縣
廓州下　隋澆河郡武德二年置廓州天寶元年改爲寧塞郡乾元
元年復爲廓州舊領縣二戶二千二十口九千七百三十二　天寶領
縣三戶四千二百六十一口二萬四千四百　在京師二千三十里至東
都二千七百七十二里　廣威　後漢燒當羌之地段熲破羌斬澆
河大師即此也漢末置西平郡此地即南界也前涼置湟河郡後魏
置石城郡廢帝因縣內化隆谷改爲化隆縣後因置廓州先天元年

改爲化成縣天寶元年改爲廣威縣縣界有拔延山　達化　後周置
達化郡并縣吐渾澆河城在縣西一百二十里　米川　漢枹罕縣
地屬金城郡貞觀五年置米州及米川縣十年州廢縣屬廓州
疊州下都督府　隋臨洮郡之合州縣武德二年置疊州領合川樂
川疊川三縣五年又置安伏和同二縣以處党項尋省疊川樂川縣
十三年置都督督疊岷洮宕津序壹枯嶂王蓋立橋等州永徽元年
罷都督府天寶元年改爲合川郡乾元元年復爲疊州舊領縣一戶
一千八十三口四千六十九　天寶領縣二戶一千二百七十五口
七千六百七十四　京師西南一千一百一十里至東都二千五
百六十里　合川　秦漢已來爲諸羌保據後周武帝逐諸羌始有其
地置合川縣仍於縣置疊州取郡山重疊之義舊治吐谷渾馬牧城
武德三年移於交戍城　常芬　隋同昌郡之常芬縣武德元年置
芳州領常芬恒香丹嶺三縣神龍元年廢芳州爲常芬縣隸疊州
宕州下　隋宕昌郡武德元年置宕州領懷道良恭和戎三縣貞觀

三年省和戎入懷道天寶元年改爲懷道郡乾元元年復爲宕州
舊領縣二戶一百四十口一千四百六十一　天寶戶一千一百九
十口七千一百九十九　在京師西南一千六百五十六里至東都
二千二百八十五　懷道　歷代諸羌所據後魏始附爲蕃國後
周置宕昌郡及懷道良恭二縣隋爲宕昌郡武德初爲宕州理懷道
良恭　後周置陽宕縣隋改爲良恭

河西道

貞觀元年分隴坻已西爲隴右道景雲二年以江山闊遠奉使者艱
難乃分山南爲東西道自黃河以西分爲河西道
涼州中都督府　隋武威郡武德二年平李軌置涼州總管府管涼
甘瓜肅四州涼州領姑臧昌松番禾三縣三年又置神鳥縣七年改
爲都督府督涼肅甘沙瓜伊芳文八州貞觀元年廢神鳥縣總章元
年復置咸亨元年爲大都督府督涼甘肅伊瓜沙雄七州上元二年
爲中都督府神龍二年置嘉麟縣天寶元年改爲武威郡督涼甘肅

三州乾元元年復爲涼州舊領縣三戶八千二百三十一口三萬三千
三十　天寶領縣五戶二萬二千四百六十二口十二萬二百八十一
在京師西北二千一十里至東都二千八百七十里　姑臧　漢縣屬
武威郡郡所理秦月氏戎所處匈奴本名蓋藏城語訛爲姑臧城西
魏復置涼州晉末張軌據姑藏稱前涼呂光又稱後涼後入於元魏
爲武威郡武德初平李軌置涼州州界有猪野澤　神鳥　漢鸞鳥縣
屬武威郡後魏廢總章元年復於漢武威城置武威縣神龍元年改
爲神鳥於漢鸞鳥古城置嘉麟縣　昌松　漢蒼松縣屬武威郡蒼音拾
後涼呂光改爲昌松　天寶　漢番禾縣屬張掖郡番音盤縣南山
曰天山又名雪山咸亨元年於縣置雄州調露元年廢雄州番禾還
涼州天寶三年改爲天寶縣　嘉麟　神龍二年於漢鸞鳥古城置景
龍二年廢先天二年復置　吐渾部落　興昔部落　閤門府　皋蘭
府　盧山府　金水州　蹛林州　賀蘭州　巳上八州府並無縣
皆吐渾契苾思結等部寄在涼州界內共有戶五千四十八口一萬

七千二百一十二
甘州下　隋張掖郡武德二年平李軌置甘州天寶元年改爲張掖
郡乾元元年復爲甘州舊領縣二戶二千九百二十六口一萬一千六
百八十　天寶戶六千二百八十四口二萬二千九十二　在京師西北
二千五百里至東都三千三百一十里　張掖　故匈奴昆邪王地
屬漢武開置張掖郡及䑿得縣䑿音郡所治也匈奴王號也後魏置
張掖軍孝文改爲郡及縣州置西涼州尋改爲甘州取州東甘峻山
爲名祁連山在州西南二百里也　刪丹　漢縣屬張掖郡後漢分
張掖置西海郡晉分刪丹置蘭池萬歲仙提三縣煬帝廢併入刪丹
居延海焉支山在縣界刪丹山即焉支山語訛也
肅州下　武德二年分隋張掖郡置肅州八年置都督府督肅瓜沙
三州貞觀元年罷都督府貞觀中廢玉門縣天寶元年改爲酒泉郡
乾元元年復爲肅州舊領縣三戶一千七百三十一口七千一百一十
八　天寶領縣二戶二千三百三十口八千四百七十六　在京師西北
。
二千八百五十八里至東都三千七百八十里　酒泉　漢福祿縣
屬酒泉郡郡城下有金泉泉味如酒故爲郡名此月支地爲匈奴所
滅匈奴令休屠昆邪王守之漢武時昆邪來降乃置酒泉郡張軌李
暠沮渠蒙遜皆都于此後魏置酒泉軍後爲郡後周改爲甘州隋分
甘州置肅州皆治酒泉義寧元年置酒泉縣。福祿　漢舊縣屬酒
泉郡今縣漢樂綰縣地屬燉煌郡武德二年於樂綰古城置福祿縣
瓜州下都督府　隋燉煌郡之常樂縣武德五年置瓜州仍立總管
府管西沙肅三州八年罷都督貞觀中復爲都督府天寶元年爲晉
昌郡乾元元年復爲瓜州舊領縣二戶一千一百六十四口四千三百二
十二　天寶戶四百七十七口四千九百八十七　在京師西三千三百
一十里至東都四千三百六里　晉昌　漢冥安縣屬燉煌郡冥水
名置晉昌郡及冥安縣因改晉昌爲永興隋改爲瓜州改冥安常樂
武德七年復爲晉昌　常樂　漢廣至縣屬燉煌郡魏分廣至置宜
禾縣李暠於此置涼興郡隋廢置常樂鎮武德五年改鎮爲縣

伊州下　隋伊吾郡隋末西域雜胡所據之貞觀四年歸化置西伊州
六年去西字　天寶元年爲伊吾郡乾元元年復爲伊州　舊領縣三戶一千
三百三十二口六千七百七十八　天寶領縣三戶二千四百六十七口一萬
一百五十七　在京師西北四千四百一十六里至東都五千三百三十里伊吾
在燉煌之北大磧之外秦漢之際戎居之南去玉門關八百里東去
陽關二千七百三十里漢宣帝時以鄭吉爲都護在玉門關元帝時
置戊巳校尉皆治車師後漢明帝時取伊吾盧地置宜禾都尉以屯
田竇嬰班超大破西域始於此築城班勇爲西域長史居此地也後
魏後周鄯善戎居之隋始於漢伊吾屯城之東築城爲伊吾郡隋末
爲戎所據貞觀四年款附置西伊州始於此天水在州北二十里一
名白山胡人呼析羅漫山　柔遠　貞觀四年置取縣東柔遠故城
爲名　納職　貞觀四年於鄯善胡所築之城置納職縣
沙州下　隋燉煌郡武德二年置瓜州五年改爲西沙州貞觀七年
去西字天寶元年改爲燉煌郡乾元元年復爲沙州舊領縣二戶四
。
千二百六十五口一萬六千二百五十　在京師西北三千六百五十里
至東都四千三百九里　燉煌　漢郡縣名月氏戎之地秦漢之際
來屬漢武開西域分酒泉置燉煌郡及縣周改燉煌爲鳴沙縣取縣
界山名隋復爲燉煌武德三年置瓜州取春秋祖吾離於瓜州之義
五年改爲西沙州皆治於三危山在縣東南二十里鳴沙山一名沙
角山又名神沙山取州名焉在縣七里　壽昌　漢龍勒縣地屬燉
煌郡縣南有龍勒山後魏改爲壽昌縣陽關在縣西六里玉門關在
縣西北一百一十八里
西州中都督府　本高昌國貞觀十三年平高昌置西州都督府仍
立五縣顯慶三年改爲都督府天寶元年改爲交河郡乾元元年復
爲西州舊領縣五戶六千四百六十六　天寶領縣五戶九千一十六
口四萬九千四百七十六　在京師西北五千五百一十六里至東都六
千二百一十五里　高昌　漢車師前王之庭漢元帝置戊巳校尉
於此以其地形高敞故名高昌其故壘有八城張駿置高昌郡後魏

因之魏末爲蠕蠕所據後魏嘉稱高昌王於此數代貞觀十四年討平之以其地爲西州其高昌國境東西八百里南北五百里尋置都督府又改爲金山都督府　柳中　貞觀十四年置交河縣界有交河水源出縣北天山一名神連山縣取水名地本漢車師前王庭　蒲昌　貞觀十四年於始昌故城置縣東南有蒲類海胡人呼爲婆悉海　天山　貞觀十四年置取祁連山爲名

北庭都護府　貞觀十四年侯君集討高昌西突厥屯兵於浮圖城與高昌相響應及高昌平二十年四月西突厥泥伏沙鉢羅葉護阿史那賀魯率衆內附乃置庭州處葉護部落長安二年改爲北庭都護府自永徽至天寶北庭節度使管鎮兵二萬人馬五千匹所統攝突騎施堅昆斬又管瀚海天山伊吾三軍鎮兵萬餘人馬五千匹至上元元年陷吐蕃舊領縣一戶二千三百天寶領縣三戶二千二百二十六口九千九百六十四　在京師西北五千七百二十里東至伊州界六百八十里南至西州界四百五十里西至突騎施庭一千六百里北至堅昆七千里

。東至迴鶻界一千七百里　金滿　流沙州北前後烏孫部舊地方五千里後漢車師後王庭胡故庭有五城俗號五城之地貞觀十四年平高昌後置庭州以前故及突厥常居之　輪臺　取漢輪臺爲名　蒲類　海名已上三縣貞觀十四年與庭州同置　瀚海軍　開元中蓋嘉運置在北庭都護府城內管鎮兵萬二千人馬四千二百匹　天山軍　開元中置伊州城內管鎮兵五千人馬五百匹在都護府南五里　伊吾軍　開元中置在伊州西北五百里甘露川管鎮兵三千人馬三百匹在北庭府東南七百里

鹽治州都督府　鹽祿州都督府　陰山州都督府

大漠州都督府　輪臺州都督府　金滿州都督府

玄池州　哥係州　咽麪州　金附州　孤舒州　西鹽州

東鹽州　叱勒州　迦瑟州　馬洛州　已上十六番州新戎胡部落寄於北庭府界內無州縣戶口隨地治畜牧

安西大都護府　貞觀十四年侯君集平高昌置西州都護府治在西州顯慶二年十一月蘇定方平賀魯分其地置濛池崑陵二都護府分其種落列置州縣於是西盡波斯國皆隸安西都護府仍移安西都護府理所於高昌故地三年五月移安西府於龜茲國舊安西府復爲西州龍朔元年西域吐火羅款塞乃於于闐已西波斯已東十六國皆置都督督州八十縣一百一十軍府一百二十六仍立碑於吐火羅以志之咸亨元年四月吐蕃陷安西都護府至長壽二年收復安西四鎮依前於龜茲國置安西都護府至德後河西隴右戍兵皆徵集收復兩京上元元年河西軍鎮多爲吐蕃所陷有舊將李元忠守北庭郭昕守安西府二鎮與沙陀迴鶻相依吐蕃久攻之不下建中元年元忠昕遣使間道奏事德宗嘉之以元忠爲北庭都護昕爲安西都護其後吐蕃急攻沙陀迴鶻部落北庭安西無援貞元三年竟陷吐蕃

北庭都護府　本龜茲國顯慶中自西川移府治於此東至馬耆鎮守八百里西至疎勒鎮守二千里南至于闐二千里東北至北庭府

。二千里南至吐蕃界八百里北至突騎施界鴈沙川一千里安西都護府鎮兵二萬四千人馬二千七百匹都護兼鎮西節度使

四鎮　安西都護所統

龜茲都督府　本龜茲國其王姓白理白山之南去瓜州三千里勝兵數千貞觀二十二年阿史那社尒破之虜龜茲王而還乃於其地置都督府領蕃州之九至顯慶三年破賀魯仍自西州移安西府置于龜茲國城

毗沙都督府　本于闐國在葱嶺北二百里勝兵數千俗多機巧其王伏闍信開元二十二年入朝上元二年正月置毗沙都督府初管蕃州五上元元年分爲十在安西都護府西南二千里

疎勒都督府　本疎勒國在白山之南勝兵二千去瓜州四千六百里貞觀九年遣使朝貢自是不絕上元中置疎勒都督府在安西都護府西南二千里

焉耆都督府　本焉耆國其王姓龍名突騎支常役於西突厥俗有

魚鱉之利貞觀十八年郭孝恪平之由是臣屬上元中置都督府處其部落無蕃州在安西都督府東八百里

龍朔元年西域諸國遣使來內屬乃分置十六都督府州八十縣一百一十軍府一百二十六皆隸安西都護府仍於吐火羅國立碑以紀之

西域十六都督州府

月氏都督府　於吐火羅國所治遏換城置以其王葉護之於其部內分置二十四州都督統之

太汗都督府　於嚈噠部落所治活路城置以其太汗領之仍分其部置十五州太汗領之

條枝都督府　於訶達羅支國所治伏寶瑟顛城置以其王領之仍於其部分置八州

大馬都督府　於解蘇國所治數瞞城置以其王領之仍分其部置三州

高附都督府　於骨咄施國所治妖沙城置以其王領之仍分其部置三州

修鮮都督府　於罽賓國所治遏紇城置以其王領之仍分其部置十一州

寫鳳都督府　於失范延國所治伏盧城置以其王領之仍分其部置四州

悅般都督府　於石汗那國所治豔城置以其王領之仍分其部置

雙靡州

奇沙州　於護特健國所治遏密城置仍分其部置沛薄大秦二州

和默州　於怛沒國所治怛城置仍分置栗弋州

拔揪州　於烏拉喝國所治摩竭城置

崑墟州　於護宻多國所治抵寶那城置

至拔州　於俱宻國所治措瑟城置

烏飛州　於護宻多國所治摸廷城置

王庭州　於乂越得犍國所治步師城置

波斯都督府　於波斯國所治疾陵城置

右西域諸國分置羈縻州軍府皆屬安西都護統攝自天寶十四載已前朝貢不絕今於安西府事末紀之以表太平之盛業也

唐書志卷第二十

地理四　劍南道東西道　嶺南道五管

劉昫

劍南道

成都府　隋蜀郡武德元年改爲益州置摠管府管益綿陵遂資雅嘉瀘戎會松翼巂南寧昆恭十七州益州領成都雒九隴郫雙流新津晉原青城陽安金水平泉玄武綿竹等十三縣又置唐隆導江二縣二年分置邛眉普榮登五州屬摠管府又置新都什邡二縣三年罷摠管置西南道行臺仍分綿竹導江九隴三縣立濛州陽安金水平泉三縣立簡州割玄武屬梓州又析置德陽新繁萬春三縣九年罷行臺置都督府督益綿簡嘉陵眉犍邛十州并督巂南會寧都督府貞觀二年廢濛州之九隴綿竹導江來屬仍改萬春爲溫江六年罷南寧都督更置戎州都督屬益州八年兼領南金州都督十年又督益綿簡嘉陵雅眉邛八州茂巂二都

督十七年置蜀縣龍朔二年升爲大都督府仍置廣都縣咸亨二年置金堂儀鳳二縣其年又置唐昌濛陽二縣垂拱三年分雒九隴等十三縣置彭蜀二州其年又置犀浦縣聖曆三年又置東陽縣天寶元年改益州爲蜀郡依舊大都督府劍南三十八郡十五載玄宗幸蜀駐蹕成都至德二年十月駕迴西京改蜀郡爲都府長史爲尹又分爲劍南東川西川各置節度使廣德元年黃門侍郎嚴武爲成都尹復併東西川爲一節度自崔寧鎮蜀後分爲西川自後不改

舊領縣十六戶十一萬七千八百八十九口七十四萬三百一十二漢朝蜀郡戶二十六萬八千二百七十九口一百二十四萬

天寶領縣十戶十六萬九百五十口九十二萬八千一百九十九京師西南二千三百七十九里至東都三千一百一十六里

成都　漢縣屬蜀郡漢朝成都一縣管戶一萬六千二百五十六蜀三代之時西南夷國或臣或否秦惠王既霸西戎欲廣其地乃令[illegible]伐蜀取其[illegible]漢中巴蜀三郡蜀王本都廣都之樊鄉張儀平蜀後自赤里街移治於少城今州城是也蜀城張儀所築　華陽貞觀十七年分成都縣置蜀縣在州郭下與成都分理乾元元年二月改爲華陽　新都漢縣屬廣漢郡　新繁漢繁縣屬蜀郡劉禪時加新字　犀浦垂拱二年分成都縣置　雙流漢廣都縣地屬蜀郡隋置雙流縣也　廣都龍朔三年分雙流置取隋舊名　郫　漢縣屬蜀郡隋置濛州大業省爲郫縣　溫江漢郫縣地蜀蜀郡治於此隋爲萬春縣貞觀元年改爲溫江　靈池久視元年分蜀縣廣置東陽縣天寶元年改爲靈池

漢州上　垂拱二年分益州五縣置漢州天寶元年改爲德陽郡乾元元年復爲漢州　領縣五戶六萬九千五口三十萬八千二百三至京師二千二百里至東都三千一百一十六里

雒　漢縣屬廣漢郡後漢置益州治於雒晉置新都郡宋齊爲廣漢郡垂拱二年置漢州皆治雒縣也　德陽後周廢縣武德三年分雒置　什邡　漢縣屬廣漢郡後周改爲方寧武德三年改爲什

邡雍齒侯邑在縣北四十步　綿竹漢縣屬廣漢郡隋開皇三年置晉熙縣十八年又改爲孝水縣大業三年改爲綿竹武德三年屬濛州州廢來屬之　金堂咸亨二年分雒縣新都置屬益州垂拱二年來屬也

彭州上　垂拱二年分益州四縣置彭州天寶元年改爲濛陽郡乾元元年復爲彭州　領縣四戶五萬五千九百二十二口三十五萬七千三百八十七至　京師二千三百三十九里至東都三千一百六十九里

九隴　州所治漢繁縣地宋置晉壽郡古城在縣西北三里梁置東益州後魏爲天水郡仍改爲九隴初於縣東三里置濛州大業省武德三年復置濛州領九隴綿竹導江三縣置彭州之名也三縣置屬益州垂拱二年屬彭州長壽二年改爲周昌神龍初復置也　濛陽儀鳳二年分九隴雒什邡三縣置屬益州垂拱三年來屬　導江蜀置都安縣後周改爲汶山武德元年改爲盤龍尋改爲導江三年割屬濛州州廢屬益州舊治灌口城武德元年移治導江郡垂拱二年來屬

蜀州 垂拱二年分益州四縣置天寶元年改爲唐安郡乾元元年
復爲蜀州也 領縣四戶五萬六千五百七十七口三十九萬六百九十
四至 京師三千三百三十二里至東都三千一百七十二里
晉原 漢江源地屬蜀州李雄立江源郡晉改爲多融縣又改爲
晉原鶴鳴山在西北十里青城漢江源縣地南齊置齊基縣後周
改爲青城山在西北三十二里舊青字加水開元十八年去水爲青
唐安本漢江源縣地後魏於此立犍爲郡及棘人道縣隋省武德
元年復置改爲唐隆長壽二年爲武隆先天元年改爲唐安 新津
漢武陽縣屬犍爲郡後周改爲新津屬益州垂拱二年屬蜀州也
眉州上 隋眉山郡之通義縣武德二年割嘉州之通義丹稜洪
雅青神南安五縣置眉州五年省南安貞觀二年置龍山縣天寶
元年改爲通義郡乾元元年復爲眉州也 舊領縣五戶三萬
六千九口十六萬九千七百五十五 天寶戶四萬三千五百二十九口一十七
萬五千二百五十六至 京師二千五百五十里至東都三千二百八十九里

通義 後漢置通義縣屬齊通義郡梁改爲青州後魏改爲眉
州後改通義爲安洛又復通義隋初爲廣壽改爲通義武德元年
於縣置唐眉州也 彭山漢陽武縣地屬犍爲晉於郡置西江陽郡
後魏增置隆山郡以界內有鼎鼻山地形隆故也隋改爲陵州隆
山縣先天元年改爲彭山也 丹稜 本南齊齊樂郡後周改爲洪
雅縣隋改爲丹稜屬嘉州武德二年來屬也 洪雅 後周洪雅鎭
隋改爲縣武德九年置犍州貞觀初州廢屬眉州也 青神 漢南
安縣屬犍爲郡縣臨青衣江西魏置青衣縣本治思蒙水口武德
八年移於今治屬眉州也
綿州上 隋金山郡武德元年改爲綿州領巴西昌隆涪城魏成
金山萬安神泉七縣三年分置顯武隴安文義鹽泉四縣七年省
金山縣貞觀元年又省文義縣 舊領縣九戶四萬三千九百四口
十九萬五千五百六十三 天寶領縣九戶六萬五千六十六口二十六萬
三千三百五十二至 京師二千五百九里至東都三千二百五十九里

巴西 漢涪縣屬廣漢郡晉置梓郡西魏置潼州隋改爲綿州煬
帝改爲金山郡隋改涪爲巴西縣也 涪城 漢涪縣地東晉置始平
郡後魏改爲涪城及潼縣隋改潼爲涪城 昌明 漢涪縣地晉置
漢昌縣後魏爲昌隆先天元年改爲昌明舊有顯武縣神龍元年
改爲興聖開元二年廢併入昌明仍分巴西涪城萬安三縣地置
興聖縣二十七年廢地各還本屬 魏城 隋置 羅江 漢涪縣地
晉於梓潼水尾萬安故城置萬安縣後魏置萬安郡隋廢天寶元
年改萬安爲羅江縣泉譚水出縣北平地也 神泉 漢涪城地晉
置西園縣隋改爲神泉以縣西泉能愈疾故也 鹽泉 武德三年
分城置也 龍安 隋金水縣武德三年復置改爲龍安 西昌
隋金山縣隋末廢永淳元年復置改爲西昌也
劍州 隋普安郡武德元年改爲始州領縣七聖曆二年置劍門
縣先天二年改始州爲劍州天寶五年改爲普安郡乾元元年復爲
劍州也 舊領縣七戶三萬六千七百一十四口十九萬九十六 天寶

領縣八戶二萬三千五百一十口一十萬四百五十 至京師一千六百
六十二里至東都二千五百六十里
普安 漢梓潼縣廣漢郡治也宋置南安郡梁州又改爲安州西
魏改爲始州兼置普安郡武德三年復爲始州皆治於普安也
黃安 梁分梓潼縣置梁安縣尋改爲黃安 永歸 隋分梓
潼縣置 梓潼 漢縣蜀先分廣漢置梓潼西魏改爲潼川郡隋
爲梓潼縣後魏自涪縣移梓郡於今縣屬始州仍改郡爲縣也
陰平 晉流人入蜀於縣置北陰平郡山北有十八隴山山有隴
十八也 武連 漢梓潼縣地宋置武都郡及下辨縣又改下辨爲武
功後魏改爲武連也 臨津 漢梓潼縣地南齊置相厚縣隋改爲
臨津也 劍門 聖曆二年分普安永歸陰平三縣地於方期驛城
置劍門縣界大劍山即梁山也其北三十里所有小劍山大劍山有
劍閣道三十里至劍處張載刻銘之所劍山東西二百三十一里
梓州上 隋新城郡武德元年改爲梓州領郪射洪鹽亭飛烏

四縣三年又以益州玄武來屬四年又置永泰縣調露元年置銅
山縣天寶元年改爲梓潼郡乾元元年復爲梓州乾元後分蜀爲
東西川梓州恒爲東川節度使治所　舊領縣七戶四萬五千九
百二十九口二十四萬八千三百九十四　天寶領縣八戶六萬一千八百二
十四口二十四萬六千六百五十二至　京師二千九十里至東都二千九百里
郪　漢縣屬廣漢郡歷晉宋齊不改梁於縣置新州西魏改爲
昌城郡隋改爲梓州煬帝改爲新城郡二城左帶潼水右挾中江
郪居水陸之要梓州所治以梓潼水爲名也　射洪　漢郪縣地
後魏分置射洪縣婁縷灘東六里有射江語訛爲洪　通泉　漢廣
漢縣地隋縣也　玄武　漢氐道縣屬蜀郡晉改爲玄武武德元
年屬益州三年割屬梓州也　鹽亭　漢廣漢縣地梁置鹽亭
縣也　飛烏　漢郪縣地隋置飛烏鎮又改爲縣取飛烏山爲名
也　永泰　武德四年分鹽亭武安二縣置　銅山　調露元年分
飛烏三縣地置也

○閬州　隋巴西郡武德元年改爲隆州領閬中南部倉溪南充相
如西水三城奉國儀隴大寅屬蓬州十縣其年又立辨丹思恭二
縣四年以南充西水屬果州儀隴大寅屬蓬州又置新政七年又
以奉國屬西平州還以奉國來屬又省思恭入閬中縣先天元年
改爲閬州天寶元年改爲閬中郡乾元元年復閬州
舊領縣八戶三萬八千九百四十九口二十七萬三千五百四十三　今領縣
九戶二萬五千五百八十八口十三萬二千一百九十二至　京師一千九百一
十五里至東都二千七百六十里
閬中　漢縣屬巴郡梁置北巴州西魏置隆州及盤龍郡煬帝改
爲巴郡武德爲隆州皆治閬中閬水迂曲經郡三面故曰閬中隋
爲閬內也　晉安　漢閬中縣地梁置金遷戍又爲金遷郡隋省郡
改爲晉城武德改爲晉安也　南部　後漢分閬中置充郡國縣屬
巴郡又分置南充國郡梁改爲南充郡國隋改爲南部也　蒼溪
後漢分宕渠置漢昌縣屬巴郡隋改漢昌爲蒼溪也　西水　漢閬
中縣地梁置掌天城後周改爲西水縣　奉國　後漢分閬中置武
德七年屬西平州貞觀元年還屬隆州　新井　漢充國縣地武德
元年分南部晉安二縣置界內有鹽井　新政　武德四年分南部
相如兩縣置　岐坪　舊屬利州開元二十三年來屬也
果州中　隋巴西郡之南充縣武德四年割隆州之南充相如二縣置
果州因果山爲名又置西充朗池二縣天寶元年爲南充郡乾元
元年復爲果州也　舊領縣四戶一萬三千五百一十口七萬五千八百一
十一　天寶領縣六戶三萬三千九百四口八萬九千二百二十五至　京
師二千五百五十八里至東都三千四百二十三里
南充　漢安漢縣屬巴郡宋於安漢故城置南宕渠郡隋改安漢爲
南充果山在縣南八里　相如　漢安漢縣地梁置梓潼郡周省郡立
相如縣以縣城南二十里有相如故宅二相如坪有琴臺　流溪
開耀元年析南充縣於溪水側置也　西充　武德四年分南充置
有西充山　朗池　武德四年分相如置　岳池　萬歲通天二年分

○南充相如二縣置初治思岳池開元二十年移治今所
遂州中　隋遂寧郡武德元年改爲遂州領方義長江青石三縣
二年置總管遂梓資普四州貞觀罷總管十年復置都督督果
普合四州十七年罷都督府天寶元年改爲遂寧郡乾元元年復
爲遂州　舊領縣三戶一萬二千九百七十七口六萬六千四百六十九
天寶領縣五戶三萬五千六百三十二口十萬七千七百一十六至　京師
二千三百二十九里至東京三千一百六十六里
方義　漢廣漢縣屬廣漢郡宋置遂寧郡齊梁加東字後周改東
遂寧爲遂州後魏改廣漢爲方義　長江　東晉巴興縣魏改爲
長江舊治蜜龍島山上元二年移治白桃川也　蓬溪　永淳元年分
方義縣置唐興縣長壽二年改爲武豐神龍初復景龍二年分唐
興置唐安縣先天二年廢唐安縣移唐安廢縣置天寶元年改唐
興爲蓬溪也　青石　東晉興縣後魏改爲始興隋改始興爲青石
以縣界有青石祠也遂寧景龍元年分置

普州中　隋資陽郡之安岳縣武德二年分資州之岳隆康居普慈
四縣置普州三年又置樂至隆龕二縣天寶元年改爲安樂郡乾元
元年復爲普州　舊領縣六戶二萬五千八百四十口六萬七千三百
二十　天寶領縣四戶二萬五千六百九十三口七萬四千六百九十二至
京師二千三百六十里至東都三千二百三里
安岳　漢犍爲巴郡地資中牛鞞墊江三縣地李雄亂後爲獠所
據梁招撫之置普慈郡後周置普州隋省武德二年復置安岳爲
治所　安居　後周柔剛縣屬安居郡隋改柔剛爲安居柔剛山在縣
東二十步舊治柔剛山天授二年移理張栅也　普康　後周永
唐縣隋改爲永康移治伏強城壽改爲隆康先天元年改爲普康
也　崇龕　後周隆龕城隋爲隆龕縣舊治整瀨川久視元年移
治波羅川先天元年爲崇龕隆龕山在縣西三里也
陵州中　隋隆山郡武德元年改爲陵州領仁壽貴平井研始建
隆山五縣貞觀元年割隆山屬眉州天寶元年改爲仁壽郡乾元

元年復爲陵州也　舊領縣四戶一萬七千四百四十一口八萬一百一十
天寶領縣五戶三萬四千七百二十八口十萬一百二十八至京師二千
五百一十里至東都三千四百八十四里
仁壽　漢武陽縣縣東境屬犍爲郡晉置西域戍以爲井防後魏
平蜀改置普寧縣後周置陵州以州南陵井爲名隋改普寧爲仁
壽所治也　貴平　漢廣都縣之東南地屬蜀郡後魏置和仁郡仍立
平井貴平可曇三縣舊治和仁城開元十四年移治祿川也　井研
漢武陽縣地東晉置西陽郡魏置蒲亭縣隋改爲井研武德四
年自擁思茫水移治今所也　始建　漢武置建始鎮五年改鎮爲
始建縣舊治擁思水聖曆二年移治榮祉山籍梁席郡一名漢陽
戍永徽四年分貴平置
資州上　隋資陽郡武德元年改爲資州領盤石內江安岳普慈
安居隆唐陽大牢威遠屬榮州二年分安居隆唐普慈安岳四縣
屬普州貞觀四年置丹山縣天寶元年改爲資陽郡乾元元年

復爲資州乾元二年正月分置昌壽廢也　舊領縣八戶二萬九千
三百四十七口十五萬二千一百三十九　天寶戶二萬九千六百三十五口
十萬四千七百七十五至京師二千五百六十里至東都三千五百一十里
盤石　漢資中縣屬犍爲縣後周於今簡州陽安縣移資州於漢
資中故城爲治所仍改資中爲盤石今州治　資陽　後周分資
中置縣在資水之陽也　牛鞞　漢資中縣爲盤地隋分置牛鞞
縣漢有牛鞞縣屬犍爲郡此非也洛水一名牛鞞水音必爾反
內江　漢資中縣地後漢於中江水濱置漢安戍其年改爲中江
縣因其地江乃云中隋改爲內江漢安故城今縣治也　月山
資中地義寧二年置　龍水　資中地義寧二年置　銀山　資
中地義寧二年置　丹山　漢資中地貞觀四年置六年省併入
內江七年又置
榮州中　隋資陽郡之牢縣武德元年置榮州領大牢威遠二縣
貞觀二年置旭川婆日至如三縣二年割瀘州之隆越來屬三年自

公井移州治大牢仍割嘉州資官來屬八年又割瀘州之和義來屬
廢婆日至如越隆三縣永徽二年移州治旭川天寶元年改爲和
義郡乾元元年復爲榮州　舊領縣六戶一萬二千二百六十二口五
萬六千六百一十四　天寶戶五千六百三十九口一萬八千二十四至
京師二千九百七十二里至東都二千七百四十九里
大牢　漢南安縣屬犍爲郡隋置大牢鎮壽改爲縣武德元年割
資州之大牢威遠二縣於公井鎮置榮州取界內榮德山爲名又
改公井爲縣六年自公井移州治於大牢縣也　公井　漢江陽縣
屬犍爲郡後周置公井鎮武德元年鎮置榮州改爲公井縣貞觀
六年治移於大牢也　威遠　漢安縣地屬犍爲郡隋於舊威戍置
縣武德初屬資州其年割屬榮州也　旭川　貞觀元年分大牢
縣置　資官　漢南安縣地晉置資官縣武德初屬嘉州六年來屬
和義　漢安仁縣地隋置和義縣
簡州　隋蜀郡之陽安縣武德三年分益州置天寶元年改爲陽

安郡乾元元年復爲簡州　舊領縣三戶一萬三千八百五口七萬五千一百三十三　天寶戶二萬三千六十六口十四萬三千一百九十至　京師西南二千七百里至東都三千六百里　陽安　漢牛鞞縣屬犍爲郡後魏置陽安縣又分陽安平泉資陽三縣置簡州取界內賴簡池爲名　金水　漢新都縣屬廣漢郡晉將朱齡石於東山立金水戍後魏立金水郡分置金水白牟二縣隋改爲金淵屬蜀郡武德初爲金水三年屬簡州縣有金堂山　平泉　漢牛鞞縣地後魏置婆閏縣隋移縣治於賴黎池仍改爲平泉縣縣之旁地湧泉故也

嘉州中　隋眉山郡武德元年改爲嘉州領龍遊平羌夾江義眉玉津綏山通義洪雅丹稜青神南安五縣置眉州貞觀六年改資官屬榮州上元元年以戎州之犍爲來屬天寶元年改爲犍爲郡乾元元年復爲嘉州三月劍南節度使盧元裕請升爲中都督府尋罷　舊領縣六戶二萬五千八十五口七萬五千三百九十一　天寶

十八【唐志二十一　九　徐頹

○領縣八戶三萬四千二百八十九口九萬九千五百九十一至京師二千七百二十里至東都三千五百里　龍遊　漢南安縣地屬犍爲郡後周置平羌縣隋初爲峩眉縣又改爲青衣縣隋伐陳時龍見于江中引舟乃改爲龍遊縣也州臨大江爲名　平羌　後周置也　義眉　漢南安縣隋置義眉縣取西山名也　夾江　漢南安縣地隋分龍遊平羌三縣於涇上置夾江縣今北八十里有夾江廢戍即涇上地也舊治涇上武德元年移於今治也　玉津　漢南安縣地隋置玉津縣江中出鮮故也　綏山　隋招致生獠於榮樂城置綏山縣取旁山名也　羅目　麟德二年開生獠置沐州及羅目縣上元三年俱廢儀鳳三年又置治沐和城屬嘉州如意元年又自義眉縣界移羅目治於今所也　犍爲本漢郡因山立名舊屬戎州上元元年改屬嘉州

邛州上　隋臨邛郡之依政縣武德元年割雅州之依政臨邛蒲江火井五縣置邛州於依政縣三年又置安仁縣顯慶二年移州治於臨邛天寶元年改爲臨邛郡乾元元年復爲邛州　舊領縣六戶一萬五千八百八十六口七萬二千八百五十九　天寶領縣七戶四萬二千一百七口十九萬三百二十七至京師西南二千五百一十五里至東都三千三百七十一里　臨邛　漢縣屬蜀郡邛水出嚴道邛來山入青衣江故云臨邛晉於益州唐隆縣置臨邛縣後魏平蜀自唐隆移臨邛縣治於漢臨邛縣西立臨邛郡隋罷郡移臨邛縣於今所治有火井銅官山也　依政　秦蒲陽縣漢臨邛縣梁置邛州於蒲州領後魏改爲蒲陽郡置依政縣隋改爲臨邛郡治依政梁魏邛州在今縣西南二里後周移治於今所後移治於臨邛　安仁　秦臨邛縣地武德三年置安仁縣貞觀十七年廢咸亨初復置　大邑　咸亨二年分益州晉原縣置也　蒲江　漢臨邛縣地後魏置廣定縣隋改爲蒲江南枕蒲水故也　臨溪　後魏分臨邛縣置也　火井　漢臨邛縣地周置火井鎮隋改鎮爲縣也

雅州下都督府　隋臨邛郡武德元年改爲雅州領嚴道名山盧

○　十八【唐志二十一　十　黃季常

山依政臨邛蒲江臨溪漢陽漢源火井長松靈關揚啓嘉良大利陽山十六縣其年割依政臨邛蒲江臨溪火井五縣置邛州漢源陽山二縣置登州二年置榮經縣六年省嘉良揚啓大利靈關榮陽長松六縣九年廢登州還以陽山漢源來屬貞觀二年又以陽山漢源屬巂州八年又置百丈縣永徽五年以巂州漢源來屬儀鳳四年置飛越文堤二縣大足元年又割漢源飛越二縣置黎州神龍三年廢黎州漢源飛越屬雅州開元三年又割二縣置黎州又置都督府天寶元年改爲盧山郡乾元元年復爲雅州都督羈縻五十九州也　舊領縣五戶一萬三百六十二口四萬一千七百二十三　天寶戶一萬八百九十二口五萬四千四百一十九　至京師西南二千七百二十三里至東都三千五百一里　嚴道　漢縣屬蜀郡晉末大亂夷獠據之後魏開生獠於此置蒙山郡領始陽蒙山二縣隋改始陽爲嚴道蒙山爲名山仁壽四年置雅州煬帝改爲嚴道　盧山　漢嚴道地隋置盧山鎮又改爲縣盧山在縣西北六十里章盧山下

有山硤口開三丈長二百步俗呼爲盧關關外即生獠也 名山
嚴道縣地魏置蒙山縣隋改爲名山也 百丈 漢嚴道縣地在
漢臨邛南百二十里有百丈山武德置百丈鎮貞觀八年改鎮爲
縣 榮經 漢嚴道縣地武德三年置榮經縣縣界有邛來山九
折故銅山也
雅州都督十九州並生羌生獠羈縻州無州縣
壽梁州 東石孔州 西石孔州 林波州 涉邛州
汶東州 金林州 費林州 徐渠州 會野州
雅州 中川州 鉗矢州 強雞州 長臂州
楊常州 林燒州 當仁州 當馬州
皆天寶已前歲時貢奉屬雅州都督
黎州下 雅州之漢源縣大足元年割漢源飛越二縣及嶲州之
陽山置黎州天寶元年改爲洪源郡乾元元年復爲黎州領羈
縻五十五州也 領縣三戶一千七百三十口七千六百七十八 至京師

二千九百五十里至東都三千七百里 漢源 越嶲郡之地隋漢源
縣長安四年巡察使奏置黎州後使宋乾徽奏廢入雅州大足元
年又置黎州神龍三年廢開元三年又置黎州取蜀南沉黎地爲
名州所治 飛越 儀鳳四年分漢源於飛越水置縣屬雅州大足
元年屬黎州長安二年廢大渡縣併入神龍三年屬雅州開元三
年又屬黎州也 通望 舊陽山縣屬嶲州大足元年屬黎州神
龍二年又屬嶲州開元元年卻屬黎州天寶元年改爲通望也
黎州統制五十五州皆徼外生獠無州羈縻而已
羅巖州 索古州 秦上州 輒榮州 劇川州
合欽州 蓬州 栢坡州 博盧州 明川州
胝腋州 蓬矢州 大渡州 米川州 木屬州
河東州 諾祚州 甫嵐州 昌明州 歸化州
象川州 叢夏州 和良州 和都州 附檔州
東川州 上貴州 滑川州 比川州 吉川州

甫棗州 比地州 蒼榮州 野川州 邛陳州
貴林州 護川州 牒琮州 浪彌州 郎郭州
上欽州 時蓬州 儼馬州 橛查州 邛川州
護邛州 腳川州 開望州 上蓬州 比蓬州
剝重州 久護州 瑤劍州 明昌州
瀘州下都督府 隋瀘川郡武德元年改爲瀘州領富井江安綿
水合江來鳳和義七縣武德三年置總管府一州九年省來鳳貞
觀元年置思隸思逢施陽三縣縣仍置涇南縣又省施陽縣十三
年省思隸思逢二縣十七年置溱珍二州儀鳳二年又置晏納奉
淅鞏薩六州載初二年置州天授元年置思吳州久視元年置蒨
州二年罷州並屬瀘州都督凡十州天寶元年改爲瀘川郡依舊
都督乾元元年復爲瀘州 舊領縣六戶一萬九千一百一十六口六萬
六千八百二十八 天寶戶一萬六千五百九十四口六萬五千七百一十一
至京師西南三千三百里至東都四千一百九十六里 瀘川 漢江陽

縣地屬犍爲郡梁置瀘川故以江陽爲瀘川縣州所治也 富義
隋富世縣貞觀二十三年改爲富義縣界有富世鹽井井深二百
五十尺以達鹽泉俗呼玉女泉以其井出鹽最多人獲厚利故云
富世 安江 漢陽縣地晉時生獠攻郡破之又置漢安縣隋改爲
江安也 合江 江符縣地屬犍爲郡晉置安樂縣後周改爲合江
也 綿水 漢江陽縣地晉置綿水縣當綿水入江之口也 涇南
貞觀八年分瀘川置在涇水之南
瀘州都督十州皆招撫夷獠置無戶口道里羈縻州
納州 儀鳳二年開山洞置天寶元年改爲都寧郡乾元元年復
爲納州 領縣八 並與州同置 羅圍 播羅 施陽 都寧
羅當 羅藍都 胡茂
薛州 儀鳳二年招生獠置天寶元年改爲黃池郡乾元元年復
爲薛州也 領縣三 與州同置 枝江 黃池 播陵
晏州 儀鳳二年開山洞置天寶改爲羅陽郡乾元元年復爲晏

州也　領縣七與州同置　思我　柯陰　新賓　扶來　思晏
多岡　羅陽
鞏州　儀鳳二年開山洞置天寶改爲因忠郡乾元元年復爲鞏州也　領縣四與州同置　多樓　波員　比求　播郎
順州　載初二年置　領縣五與州同置　曲水　順山　靈巖
來猿　龍池
奉州　儀鳳二年置　領縣三與州同置　柯理　柯巴　蘿蓬
思義州　天授三年置　領縣二與州同置　多溪　洛溪
能州　大足元年置　領縣四與州同置長寧　來銀　菊池　猿山
淯州　久視元年置　領縣四與州同置　新定　淯川　固城　居牢
浙州　儀鳳二年置　領縣四與州同置　浙源　越賓　洛川　鱗山
茂州都督府　隋汶山郡武德元年改爲會州領汶山北山汶川左封通化翼斜交川翼水九縣其年割翼斜左封翼水三縣置翼州以交川屬松州三年置揔管府管會翼二州四年改爲南會州

七年改爲都督府督南會翼向維州穹炎徹笮十州貞觀八年改爲茂州以郡界茂濕山爲名仍置石泉縣天寶元年改爲通化郡乾元元年復爲茂州也　舊領縣四戶三千三百八十六口五萬三千七百六十一　天寶戶二千五百一十口一萬三千二百四十二　至京師西南二千七百九十四里至東都三千一十四里　汶山　漢汶江縣屬蜀郡故城在今縣北二里舊駹舟地晉汶山郡宋廣陽縣周爲汶州置汶山縣隋初改爲蜀州又改爲會州貞觀八年改爲茂州　汶川　漢綿虎縣地屬蜀郡晉置汶川縣後周移文川於廣陽縣齊州置即今治也玉壘山在縣東北四里石紐山亦在縣界永徽二年廢汶川縣併入石泉漢岷山縣地屬蜀郡貞觀八年置石泉之縣也　通化　漢廣柔縣地屬蜀郡後周置石門鎮隋改爲金山鎮尋改爲通化也
茂州都督府羈縻州十　維翼兩州後進爲正州相次爲正者七今附於都督之下

翼州下　隋汶山郡之翼斜縣武德元年分置翼州六年自左封移州治於翼斜咸亨三年置都督府移就悉州城內上元二年罷都督移還舊治天寶元年改爲臨翼郡乾元元年復爲翼州也　舊領縣三戶一千六百二口三千八百九十八　天寶領縣三戶七百一十口三千六百一十八　至京師西南二千九百三十里至東都三千二百七十八里　衞山　漢蠶陵縣屬蜀郡故城在縣西有蠶陵山隋改爲翼斜縣治七頃城貞觀十七年移治七里溪天寶元年改爲衞山縣　翼水　漢蠶陵縣隋置翼水縣也　雞川　昭德　二縣開生獠新置
維州下　武德元年白苟羌降附乃於姜維故城置維州領金川定廉二縣貞觀元年羌叛州縣俱罷二年生羌首領董屈占者請吏復立維州移治於姜維城東始屬茂州爲羈縻州麟德二年進爲正州尋叛羌降爲羈縻州垂拱三年又爲正州天寶元年改爲維川郡乾元元年復爲維州上元元年後河西隴右州縣皆陷吐蕃贊普更欲圖蜀川累急攻維州不下乃以婦人嫁維州門者二十年

中生二子及蕃兵攻城二子內應城遂陷吐蕃得之號無憂城累入兵寇擾西川韋皋在蜀二十年收復不遂至大中末杜悰鎮蜀維州首領內附方復隸西川　舊領縣三戶二千一百四十二無口　天寶領縣二戶一千一百七十九口三千一百九十八　至京師二千八百三十里至東都三千五百六十三里　薛城　漢已前徼外羌冉駹之地蜀劉禪時蜀將姜維馬忠等討汶山叛羌即此地也今州城即姜維故壘也隋初蜀帥討叛羌於其地置薛城戍大業末又沒於羌武德七年白苟羌酋鄧賢佐內附乃於姜維城置維州領金川定廉二縣貞觀元年賢佐叛罷郡縣三年左上封生羌酋董屈占等舉族內附復置維州及二縣薛城在州西南二百步也　小封　咸亨二年刺史董弄招慰生羌置也
塗州下　武德元年臨塗羌歸附置塗州領端源婆覽二縣貞觀二年州縣俱省二年又分茂州之端源戍置塗州也　領縣三戶二千三百三十四口四千二百六十一　京師西南二千六百八十九里　端源

臨塗 悉憐 三縣與州同置
炎州下 貞觀五年六羌歸附置西封州八年改爲炎州 領縣三
與州同置 大封 慕仙 義川 領戶五千七百無口數 京師西南
三千三百七十六里
徹州下 貞觀五年西羌首領董㝢貞歸化置 領縣三與州同置
文徹 俄耳 文進 領戶三千三百無口數 京師西南三千四百十八里
向州下 貞觀五年生羌歸化置也 領縣二與州同置 貝左 向貳
領戶一千六百二口三千八百九十八 京師西南二千八百六十九里
冉州下 本徼外敛才羌地貞觀五年置西冉州九年去西字 領縣
四與州同置 冉山 磨山 王溪 金水 領戶一千三百七十口 京師
西南三千七百三十九里
穹州下 貞觀五年生羌歸附置西博州八年改爲穹州 領縣
五與州同置 領戶三千四百三十六口 京師西南三千二百六十七里
笮州下 貞觀七年白苟羌降附置西恭州八年改爲笮州也 領

十八 唐志二十一 十五 駱昇

縣三與州同置 遂都 亭勸 比思 無口戶京師西南二千九百四十五里
右九州皆屬茂州都督 永徽後又析爲三十一州今不錄其餘也
戎州中都督府 隋犍爲郡武德元年改爲戎州領僰道犍爲南
溪開邊都五縣貞觀四年以開邊屬南通州六州置都督府督戎
郎昆曲協紫盤曾鈞公分尹匡哀宋靡匪姚徽十七州八年置撫來縣
仍改南通州爲賢州以開邊來屬天寶元年改爲南溪郡依舊都
督羈縻三十六州一百三十七縣並荒梗無戶口乾元元年復爲戎州
舊領縣六戶三萬一千六百七十口六萬一千二十六 天寶領縣五戶四千
三百五十九口一萬六千三百七十五 京師西南三千一百四里至東都
四千四百八十里 僰道 漢縣犍爲郡治所故僰侯國梁置戎州也
南溪 漢南廣縣屬犍爲郡後周於廢郡置南武戎隋改龍源戎
又置南溪縣也 義賓 本漢南安縣屬犍爲郡隋改爲郁鄢縣天
寶元年改爲義賓 開邊 漢僰道地隋置開邊縣也 歸順
聖曆二年分郁鄢縣置以處生獠也 戎州都督府羈縻州十六武

德貞觀後招慰羌戎開置也
協州下 隋犍爲郡之地古夜郎侯國武德元年開南中置也 領
縣三與州同置 東安 西安 湖津 領戶三百二十九 京師西南
四千里北接戎州也
曲州下 武德元年開南中置恭州八年改爲曲州 領縣二與州
同置 朱提 武德元年置安上縣七年改爲朱提 唐興 領戶一
千九十四 京師西南四千三百三十里北接協州
郎州下 武德元年開南中置南寧州乃立味同樂升麻同起新
豐隴堤泉麻梁水降九縣武德四年置總管府管南寧恭協昆尹
曾姚西濮西宗九州五年罷總管其年冬復置寄治益州七年
改爲都督督西寧豫西利南雲磨南籠七州并前九州合十六州
仍割南寧州之降縣屬西寧州八年自益州移都督於今治貞觀
六年罷都督置刺史八年改南寧爲郎州也 領縣七戶六千九百
四十二 京師西南五千六百七十里北接曲州也 味 隋廢同樂縣武

十八 唐志二十一 十六 駱昇

德元年復置改名 味音昧 同樂 升麻 同起 新豐 隴堤 泉麻
並與州同置
昆州下 漢益州郡地武德初招慰置 領縣四與州同置 益寧
晉寧 有滇池周三百里 安寧 秦臧 漢縣 領戶一千二百六十七
京師西南五千三百七十里北接嶲州
盤州下 武德七年開置西平州貞觀八年改爲盤州 領縣三與
州同置 附庸 平夷 盤水 即舊興古郡也 領戶一千九百六十
京師西南五千三十里北接郎州南接交州
梨州下 武德七年析南寧州置西寧州貞觀八年改爲梨州
領縣二 二縣本屬南寧 梁水 絳 領戶一千 至京師無里數北
接昆州
匡州下 武德七年開置南雲州貞觀三年改爲匡州也 領縣二
與州同置 勃弄 匡川 縣界有永昌故城也 領戶四千八十
京師西南五千一百六十五里

歸州下　武德四年置西濮州貞觀十一年改爲歸州也　領縣四
與州同置　濮水　青蛉　舊屬越嶲郡　岐星　銅山　領戶一千
三百九十　京師西南四千八百五十里南接姚州也
尹州下　武德四年置　領縣五與州同置　馬邑　天池　鹽泉
甘泉　涌泉　領戶一千七百無里數接歸州
曾州下　武德四年置　領縣五與州同置　曾　三部　神泉　龍亭
長和　領戶一千二百七　京師西南五千一百四十五里西接匡州
鈞州下　武德七年置南龍州貞觀十一年改爲鈞州也　領縣二
與州同置　望水　唐封　領戶一千　京師西南五千六百五十里東
北接昆州
縻州下　武德七年置西豫州貞觀三年改爲縻州　領縣二與
州同置　磨豫　七部　領戶一千二百　京師西南四千九百四十五里
南接姚州
裒州下　武德四年置　領縣二與州同置　楊波　強樂　領戶一千

十八　唐志二十一　十七　郭良

○
四百七十京師西南四千九百七十里南接姚州
宋州　武德四年置西宋州貞觀十一年去西字　領縣三與州同
置　宗居　石塔　河西　領戶一千九百三十　京師西南五千一十里北接姚州
徽州下　武德四年置利州貞觀十一年改爲徽州　領縣二與州同置
深利　十部　領戶一千一百五十　京師西南四千九百七十里東接縻州
姚州　武德四年置在姚府舊城北百餘步漢益州郡之雲南縣
古滇王國楚項襄王使大將莊蹻泝沅水出且蘭以伐夜郎屬秦
奪楚黔中地蹻無路能還矯遂自王之秦幷蜀通五尺道置吏漢
武開西南夷置益州郡雲南即屬邑也後置永昌郡雲南哀牢博
南皆屬邑也蜀劉氏分永昌爲建寧郡又分永昌建寧置雲南郡
而治於弄棟晉改爲晉寧郡又置寧州武德四年安撫大使李英
以此州內人多姓姚故置姚州管州三十二麟德元年移姚州治於
弄棟川自是朝貢不絕天寶末楊國忠用事蜀帥撫慰不謹蠻王
閤羅鳳不恭國忠命鮮于仲通興師十萬渡瀘討之大爲羅鳳所
敗鎮蜀蠻帥異牟尋歸國遂以韋皐爲雲南安撫大使命使冊拜
謂之南詔大和中杜元穎鎮蜀蠻王酋顛侵蜀自是或臣或否咸通
中結構南海蠻深寇蜀部西南夷之中南詔蠻最大也　領縣一戶
三千七百　至京師四千九百里　瀘南　縣在瀘水之南　長明
右上十六州舊屬戎州都督天寶已前朝貢不絕
嶲州中都督府　隋越嶲郡武德元年改爲嶲州領越嶲邛都可
蘇祁臺登六縣二年又置昆明縣三年置總管府管一州二年割雅
州陽山漢源二縣來屬八年又置和集縣天寶元年越嶲郡依舊
都督府乾元元年復爲嶲州也　舊領縣十戶二萬三千五十四口五
萬三千六百一十八　天寶領縣七戶四萬七百二十一口十七萬五千二百八十
京師西南三千六百五十四里　越嶲　漢郡名武帝置今縣漢邛都
縣地屬越嶲郡有越水嶲水後周於越嶲置嚴州隋改爲西寧
州尋改嶲州仍分邛都置越嶲縣州所治也　邛都　後漢屬越嶲
郡今漢蘭縣地屬沈黎郡後周置邛都縣也　臺登　漢縣屬越

十八　唐志二十一　十八　郭良

○
嶲郡　蘇祁　漢蘇夷縣屬越嶲郡後周平南夷於故城復置也
西瀘　漢邛都縣地梁置可縣隋治姜磨戍武德七年移於今　天
寶末年改爲西瀘也　昆明　漢定笮縣屬越嶲郡後周置定笮鎮
武德二年鎮爲昆明縣蓋南接昆池故也　會川　上元二年移邛都
縣於會川置因改爲會川也
松州下都督府　隋同昌郡之嘉誠縣武德元年置松州貞觀二
年置都督府督崌懿嵯闊麟雅叢可遠奉嚴諾峩彭軌蓋直肆
位玉璋祐序等二十五羈縻等州永徽之後生羌相繼忽叛屢有廢
置儀鳳二年復加整比督文扶當祐靜翼六州都督羈縻三十八州
研州劒州探那州忙州毗州河州幹州瓊州犀州拱州龕龍州暗州
如州麻州霸州礶州光州至涼州蛾州疊州諾州梨州思帝州戍州統
州轂州邛州樂客州達違州畢州熱州慈州據天寶十二載簿松州都督
府一百四州其二十五州有額戶口多但羈縻逃散餘七十九州皆生
羌部落或臣或否無州縣戶口但羈縻統之天寶元年改松州爲

交州郡乾元元年復爲松州據貞觀初分十道松文扶當悉柘靜
等屬隴右道永徽之後據梁州之境割屬劍南道也　舊領縣三
戶六百一十二口六千三百五　天寶戶一千七十六口五千七百四十二　南至
翼州一百八十里東至扶州三百三十八里東至莪州三百里西南至
當州三百里西北至吐蕃界九十里至京師二千二百五十里至東都
三千五十里　嘉誠　歷代生羌之地漢帝招慰之置護羌校尉別無
州縣至後魏時白水羌象舒治自稱至之據此地其子舒彭遣使
朝貢乃拜龍驤將軍甘松縣子始置甘松縣魏末大亂又絕後周
復招慰之於此置龍涸防天和六年改置扶州領龍涸郡隋改甘
松爲嘉誠縣屬同昌郡武德元年於縣置松州取州界甘松嶺爲
名　交川　後周置龍涸郡隋廢爲交川縣也　平康　垂拱元年割
交川及當州通軌翼針三縣置平康縣屬當州天寶元年改爲
交川郡也
文州　隋武都郡之曲水縣義寧二年置陰平郡領曲水長松正西
○　十八　唐志二十一　十九　黄暉
三縣武德改文州貞觀元年省正西入曲水天寶元年改爲陰平郡
乾元元年復爲文州舊屬隴右道隷松州都督永徽中改屬劍南道
也　舊領縣二戶一千九百八口八千一百四十七　天寶戶一千六百八十六口九
千二百五　京師西南一千四百九十里至東都二千二百九十里　曲水
漢陰平道屬廣漢晉亂楊茂搜據爲仇池互羌相傳疊代後魏
平互羌始置文州隋爲曲水縣武德後置文州治於曲水也　長松
後魏置盧北郡郡置建昌縣後周移郡縣於此置隋廢郡改縣爲
長松白馬水在縣北也
扶州　隋同昌郡武德元年改爲扶州天寶元年復爲同昌郡乾
元元年復爲扶州舊屬隴右道隷松州都督永徽後改爲劍南道
舊領縣四戶一千九百二十八口八千五百五十六　天寶戶二千四百一十八
口萬四千二百八十五　京師西南一千六百九十里至東都二千四百四
十九里　同昌　歷代吐谷渾所據西魏逐吐谷渾於此置鄧州及鄧
寧郡蓋以平定鄧至羌爲名隋初改置扶州及同昌縣煬帝又爲

同昌郡治於此也　帖夷　後魏置帖夷郡隋罷爲縣萬歲通天二
年改爲武進神龍依舊爲帖夷　萬全　後魏置武進郡又改爲上
安郡隋廢郡爲尚安縣舊治剌利村長安二年移治黑水堡至德
二年八月改爲萬全也　鉗川　後魏置鉗川郡隋罷郡復爲縣
龍州下　隋平武郡武德元年改爲龍門郡其年加西字貞觀元
年改爲龍門州天寶元年改爲油江郡乾元元年復爲龍州舊屬
隴右道永徽後割屬劍南也　舊領縣二戶一千一十七口六千一百四十九
天寶戶二千九百九十二口四千二百二十八　京師西南二千六百六十里
至東都三千一十五里　油江　秦漢曹魏爲無人之墻鄧艾伐蜀由陰
道景谷行無人之地七百里鑿山通道攀木緣崖魚貫而進以至江
即此城也晉始置陰平郡於此置平武縣至梁有楊李二姓大豪
分據其地後魏平蜀置龍州隋初廢郡改平武爲油江縣界有石
門山　清川　後魏馬盤縣天寶元年改爲清川也
當州下　本松州之道軌縣貞觀二十一年析置當州以土出當歸
○　十八　唐志二十一　二十　黄暉
爲名州治利川領通軌左封二縣顯慶二年又析左封置悉州儀
鳳二年移治逢臼橋天寶元年改爲油江郡乾元元年復爲當州
本屬隴右道也　領縣三戶二千一百四十六口六千七百一十三　至京師
三千一百里至東都三千九百里東北到松州九百里　通軌　本屬
松州歷代生羌之地貞觀二十年松州首領董和那蓬固守松府
特勅於通軌縣置當州以蓬爲刺史顯慶元年蓬嫡子屈寧襲繼
爲刺史又置和利谷利平唐三縣也　和利　顯慶二年分通軌置
谷利　文明元年開生羌置也
悉州　本翼州之左封縣顯慶元年置悉州領悉唐左封識臼三縣治
唐城咸亨元年移治左封儀鳳二年羌叛又寄治當州城內奉歸
舊治垂拱二年置歸誠縣載初元年移治匪平川天寶元年改爲
歸誠郡割識臼屬臨翼郡乾元元年復爲悉州舊屬隴右道松
州都督後屬劍南道　領縣一戶八百一十六口三千九百十四　至京
師二千七百五十里至東都三千八百里至西靜州六十里西北至當

州八十里也 左封 本屬冀州在當州東南四十里顯慶元年生羌
首領董係比射内附乃於置悉州州在悉當川故也以董係比爲
刺史領左封歸誠二縣載初元年又移州理東南五十里匪平川
置也 歸誠 垂拱二年分左封置
靜州 本當州之悉唐縣顯慶元年於縣置悉州咸亨元年於悉
州置翼州都督府移悉州理左封置儀鳳元年罷都督府翼州
却還治於翼斜縣於悉唐縣置南和州天授二年改爲靜州比屬
隴右道隸松州都督後割屬劍南 領縣二戶一千五百七十七口六
千六百六十九東北至當州六十里東至悉州八十里至京師與當州
道里數同也 悉唐 縣置在悉唐川舊屬當州顯慶中來屬也
靜居 縣界有靜川也
恭州下 開元二十四年分靜州廣平縣置恭州仍置博恭烈山二
縣天寶元年改爲恭化郡乾元元年復爲恭州本屬隴右道後割
屬劍南 領縣三戶一千一百八十九口六千二百二十一 東至柘州一百里東

。 十八 【唐志二十一 二十一 徐杲

北至靜州界至京師三千一百二十里 和集 舊廣平縣屬靜州開
元二十四年於縣置恭州天寶元年改爲和集 博恭 開元二十四年
分廣平置也 烈山 開元二十四年分廣平置也
柘州下 永徽後置天寶元年改爲蓬山郡乾元元年復爲柘州
本屬隴右道松州都督後割屬劍南也
保州下 本維州之定廉縣開元二十八年置奉州以董晏立爲刺史
領定廉一縣天寶元年改爲雲山郡八載移治所於天保軍乃改爲
天保郡乾元元年二月西山子弟兵馬使嗣歸誠王董嘉後以西山
管内天保郡歸附乃爲保州以嘉後爲刺史 領縣二戶一千二百四
十五口四千五百三十六 至京師三千九百四十里至東都三千七百九十里
東至維州風流鎭四十五里也 定廉 隋置定廉鎭隋末陷羌武
德七年招白茍羌置維州及定廉縣以界水名永徽元年廢臨城
併入開元二十八年改屬奉州天寶八載改爲天保郡也 歸順
雲山 天寶八年分定廉置此二縣也

眞州下 天寶五載分臨翼郡之昭德雞川兩縣置昭德郡乾元
元年改爲眞州取眞符縣爲名也 領縣三戶六百七十六口三千一百四十
七 至京師三千里至東都三千八百五十里 眞符 天寶五載分雞
川昭德二縣置州所治也 雞川 先天二年割翼州翼水縣置屬翼
州天寶五載改爲眞州 昭德 舊識臼縣屬悉州天寶元年改
屬翼州仍改名昭德縣五年改屬眞州也
霸州下 天寶元年因柘附生羌置靜戎郡乾元元年改爲霸州
也 領縣一戶百七十一口一千八百六十一 至京師二千六百三十二里至東都
三千二百七十一里 信安 與郡同置州所治也
已上十二州舊屬隴右道永徽已後割屬松州都督入劍南道
諸州隸松州都督相繼屬劍南也
松州都督府督羈縻二十五州 舊督一百州領州無縣戶口推二十
五有名額皆招撫生羌置也
嵠州下 貞觀元年招慰党項置州處也 領縣二與州同置

。 十八 【唐志二十一 二十二 徐杲

江源 洛稽 領戶一百五十五 京師西南二千二百四十六里
懿州下 貞觀五年置西吉州八年改爲懿州處党項也 領縣二
與州同置 吉當 唐位 無戶口 至京師西南二千二百五十里也
闊州下 貞觀五年置處党項 領縣二與州同置 闊源 落吳
無戶口 至京師西南二千五百一十里
麟州下 貞觀五年置西麟州處生羌歸附八年去西字 領縣七
與州同置 硤川 和善 歛具 硤源 三交 利恭 東陵 無戶口
至京師四千五百里
雅州下 貞觀五年處生羌置西雅州八年去西字 領縣三與州同
置 新城 三泉 石龍 無戶口 京師西南二千六百六十里
叢州 貞觀五年党項歸附置也 領縣五與州同置 都流 厥調湊
般匐器 邏率鍾 並諸羌部落遙立無縣也 寧遠 臨泉 臨河
無戶口 京師西南一千八百里
可州 貞觀四年處党項西羌八年改爲可州也 領縣三與州同置

義誠 清化 靜方 無戶口 京師西南一千四十里
遠州 貞觀四年生羗歸附置也 領縣二與州同置 羅水 小部川
無戶口 京師西南二千三百六十里
奉州 貞觀三年處生羗置西仁州八年改爲奉州也 領縣三與州
同置 奉德 恩安 永慈 無戶口 京師西南二千一百六里
巖州 貞觀五年置西金州八年改爲巖州 領縣三與州同置
金池 甘松 丹巖 無戶口 京師西南二千一百里
諾州 貞觀五年處降羗置 領縣三與州同置 諾川 歸德
籮渭 無戶口 京師西南二千六百四十三里
蛾州 貞觀五年處降羗置 領縣二與州同置 常平 那川
無戶口 至京師二千七百里
彭州 貞觀三年處降党項置洪州七年改爲彭州 領縣四與
州同置 洪川 歸遠 臨津 歸正 無戶口 京師西南二千七百八十里
軌州都督府 貞觀二年處党項置 領縣四與州同置 通川

王城 金原 俄徹 無戶口 京師西南一千三百九十里
盍州 貞觀四年置西唐州八年改爲盍州處降羗也 領縣四與
州同置 湘水 河唐 曲嶺 枯川 戶二百二十無口 京師西南二千六
百三十里
直州 貞觀五年置西集州八年改爲直州處降羗 領縣二與
州同置 集川 新川 戶百無口 至京師二千五百里
肆州 貞觀五年處降羗置 領縣四與州同置 歸唐 芳叢
鹽水 磨山 無戶口 至京師二千六百里
位州 貞觀四年降生羗置西鹽州八年改爲位州 領縣二與州同
置 位豐 西使 戶一百無口 至京師二千四百一十里
玉州 貞觀五年處降羗置 領縣二與州同置 玉山 帶河 戶二
百十五無口 至京師二千八百七十八里
嶂州 貞觀四年處降羗置 領縣四與州同置 洛平 顯川 桂川
顯平 戶二百無口 至京師二千九百里

祐州 貞觀四年處降羗置 領縣二與州同置 廓川 歸定
無戶口 至京師二千一百九十里
臺州 貞觀六年處党項置西滄州八年改爲臺州 無縣至
京師二千一百三十五里
橋州 貞觀六年處降羗置 無縣至 京師二千四百里
序州 貞觀十年處党項置 無縣至 京師二千四百里
右二十五州舊屬隴右道隸松州都督府貞觀中招慰党項羗
漸置永徽已後羗戎叛臣制置不一今存招降之始以表太平之所至也

嶺南道

南海節度使領是十七州也

廣州中都督府 隋南海郡武德四年討平蕭銑置廣州摠管府
管廣東循湞南綏岡五州并南康摠管其廣州領南海增城清遠
政賓寶安五縣六年又置吉尚循三摠管隸廣州七年改摠管爲大都
督九年廢南康都督以端封宋洭瀧建齊威扶義勤十州隸廣府

其年又省勤州貞觀改中都督府省威齊宋洭四州仍以廢洭州
之湞陽含匡二縣來屬改東衡爲韶州仍以南康州及崖州都督
並隸廣州二年省循州都督以循潮二州隸廣府八年改建州爲
樂州南波州爲湞州扶風州爲寶州十二年改南康州十三年省
湞州以四會化蒙懷集湞安四縣來屬省岡州以義寧新會二縣並
屬廣州其年又以義寧新會二縣立岡州今督廣韶端康封岡新
藥瀧竇義雷循潮十四州永徽後以廣桂容邕安南府皆隸廣府
都督統攝謂之五府節度使名嶺南五管天寶元年改爲南海郡
乾元元年復爲廣州州內有經略軍管鎮兵五千四百人其衣糧
輕稅本道以自給廣州刺史充嶺南五府經略使 舊領縣十戶
一萬二千四百六十三口五萬九千一百十四 天寶領縣十三戶四萬二千
二百三十五 京師東南五千四百四十七里至東都四千九百里 南海
五嶺之南漲海之北三代已前是爲荒服秦滅六國始開越置三郡
曰南海桂林象郡以謫戍守之秦亡南海尉任囂病且死召南海

龍川令趙他付以尉事他乃聚兵守五嶺擊幷桂林象郡自稱南
越武王子孫相傳五代九十三年漢武帝命伏波將軍路博德樓船
將軍楊僕兵踰嶺南滅之其地立九郡曰南海蒼梧鬱林合浦交
阯九真日南儋耳珠崖後漢廢珠崖儋耳入合浦郡交州刺史領
七郡而巳今南海縣即漢番禺縣南海郡隋分番禺置南海縣番山
在州東三百步禺山在北一里貪泉州西三十里越王井州北四里
番禺 漢縣名秦屬南海郡 漢置交州領郡七吳置廣州皆治
番禺也 增城 後漢番禺縣地吳於縣置東官有增江 四會 漢
縣屬南海武德五年於縣治北置南綏州領四會化蒙新招化穆化注
五縣貞觀元年省新招化注二縣以廢威州之懷集廢齊州之綏
安二縣來屬八年改爲湞州十三年省州及化穆縣以四會化蒙
懷集綏安四縣屬廣州也 化蒙 隋縣武德五年屬南綏州貞
觀元年省化注入八年改綏州爲湞州縣仍屬十三年改屬廣州
懷集 晉懷化縣隋爲懷集武德五年於縣置威州領興平懷集
○ 十九 唐志二十一 二十五 陳鍚
霍清威成四縣貞觀元年州廢以懷集屬南綏省興平霍清威成
三縣八年改綏州爲湞州縣仍屬十三年屬廣州 東官 隋寶安
縣至德二年九月改爲東莞郡於嶺外其爲名也 清遠 隋縣武
德六年廢故賓縣併入所治也 綏水 漢封陽縣屬蒼梧郡南齊
改爲綏安武德四年於縣置齊州領綏安宜樂宋昌三縣貞觀元
年省齊州及安樂宋昌二縣以綏安屬綏州八年改綏州爲湞州縣
乃屬十三年湞州廢屬賓川至德二年九月改爲綏水也 湞陽
漢縣屬桂陽郡隋爲真陽五年屬洭州貞觀初州廢改真陽湞陽
屬廣州湞山在縣北三十里
韶州 隋南海郡之曲江縣武德四年平蕭銑置番州領曲江始興
樂昌臨瀧良化五縣貞觀元年改爲韶州仍割洭州之翁源來屬
八年廢臨瀧良化二縣天寶元年改爲始興郡乾元元年復爲韶州
舊領縣四戶六千九百六十口四萬四百一十六 天寶領縣六戶三萬一千口十
六萬八千九百四十八南至廣州八百里西至郴州五百里東南至虔

州七百里至京師四千九百三十二里至東都四千一百四十二里
曲江 漢縣屬桂陽郡在曲江川州所治也 始興 漢南野縣地屬
豫章郡孫皓分南康郡之南鄉始興縣縣界東嶠一名大庾嶺南
越之北塞漢討南越時有將軍姓庾城於此五嶺之最東故曰東
嶠也 樂昌 隋置 翁源 翁水在縣界隋縣武德五年置溫州貞
觀初廢以屬韶州 仁化 湞昌 巳上二縣天寶後新置
循州 隋龍川郡武德五年改爲循州總管府管循湖二州循州領歸
善河源博羅興寧海豐羅陽省龍川歸善石城入河源齊昌入
興寧二年廢都督府天寶元年改爲海豐郡乾元元年復爲循州
舊領縣五戶六千八百九十一口三萬六千四百三十六 天寶領縣六戶九千
五百二十五無口數 南至廣州四百里東至湖州五百一十七里北至
虔州隔山嶺一千六百五十里至東都四千八百里 歸善 秦漢龍川
縣地屬南海郡宋置歸善縣縣界羅浮山湖中有白貞觀元年省
龍川縣併入 博羅 漢舊縣屬南海郡也 何源 隋縣循江一名河
○ 十八 唐志二十一 二十六 陳鍚
源水自虔州雩都縣流入龍川在河源縣云有龍穿地而出即水
流漢因置龍川縣貞觀元年省西城併入 海豐 宋縣屬東官
郡南海豐縣南五十里即漲海渺漫無際武德五年分置陸安縣貞
觀初併入也 興寧 漢龍川縣地貞觀元年省齊昌併入 雷鄉 新置
岡州 隋南海郡之新會縣武德四年平蕭銑置岡州領新會封
平義寧三縣貞觀五年州廢以新會義寧屬廣州省封平封樂
二縣其年又立南州割廣州之新會義寧來屬又立封樂縣天寶元
年改爲義寧郡乾元元年復爲岡州也 舊領縣二戶二千三百五十
八口八千六百六十二 天寶戶五千六百五十無口數 京師西南六千三百五里
新會 漢南海縣地晉置新會郡改置封州又改爲冗州又改爲岡
州隋末廢併入廣州武德四年復爲岡州舊治盆源城貞觀十三年
廢岡州縣屬廣州其年復置州於今治也 義寧 漢番禺縣地宋
置義寧縣屬新會郡
賀州 隋蒼梧郡之臨賀縣武德四年平蕭銑置賀州天寶元年

改爲臨賀郡乾元元年復爲賀州也　舊領縣五戶六千七百一十三
口一萬八千六百二十八　天寶領縣六戶四千五百無口數　京師東南四千
一百三十里至東都三千五百七十二里東南至廣州八百七十六里東至
連州二百六十里南至封州三百六十六里北至道州四百里北至富州
三百二十里西南至梧州四百二十二里也　臨賀　州所治漢縣屬蒼梧
郡臨賀水吳置臨賀郡宋改爲臨慶國齊復爲臨賀郡隋置賀州
隋末廢爲縣武德四年復置賀州　桂嶺　漢臨賀縣地隋舊也
馮乘　漢縣屬蒼梧郡有蕩平關　封陽　漢縣屬蒼梧郡　富川
漢富川縣天寶改爲富水後復爲富川也　蕩山　新置
端州　隋信安郡武德元年置端州領高要樂城銅陵平興博林
五縣其年以樂城屬康州銅陵屬春州七年置清泰縣貞觀十三
年省博林清泰二縣天寶元年爲高要郡乾元元年復爲端州
舊領縣二戶四千四百九十一口二萬四千三百三　天寶戶九千五百口二萬
一千一百二十　東至廣州二百四十里南至新州一百四十里西至康州一百
○

六里至京師四千九百三十五里至東都四千七百里　高要　州所治
漢縣屬蒼梧郡宋齊屬南海郡陳置高要郡隋置端州縣北五
里有石室山縣西有鵠奔亭即漢交州刺史行部到鵠亭夜女子
鬼訴冤之亭　平興　漢高要縣地隋分置武德七年分置清泰縣
貞觀十三年省清泰併入
新州　隋信安郡之新興縣武德四年平蕭銑置新州天寶元年改
爲新昌郡乾元元年復爲新州　舊領縣四戶七千三百八十八口三
萬五千二十五　天寶領縣三戶九千五百　東至廣州義寧縣四十
一里北至端州一百四十里西北至康州二百七十里西南至勤州一百七十
里至京師五千五十二里至東都五千里　新興　漢臨允縣屬合浦
郡晉置新寧郡梁置新州　索盧　武德四年析新興縣置　永順　新置
康州　隋信安郡之端溪縣武德四年置康州都督府督端康封新
宋瀧等州九年廢都督府及康州貞觀元年又置南康州十一年廢
十二年又置康州天寶元年改爲晉康郡乾元元年復爲康州

舊領縣四戶四千一百二十四口一萬三千五百四　天寶戶一萬五百一十
口一萬七千二百一十九　東北至廣州三百四十里西南至梧州二百八十
四里　東至端州一百六十里南至瀧州二百三十里西至封州一百三十
里南至新州二百七十里至京師五千七百五十里至東都五千一百五里
端溪　漢縣屬蒼梧郡　晉於縣分置晉康郡隋廢郡併入信安郡
武德復置康州縣界有端山山下有溪也　晉康　隋遂安縣至德
二年改爲晉康縣　悅城　隋樂城縣武德五年屬端州又割屬康
州改爲悅城　都城　漢端溪縣東百步有程溪亦名零溪溫媼養
龍之溪也
封州下　隋蒼梧郡之封川縣武德四年平蕭銑置封州天寶元
年改爲臨封郡乾元元年復爲封州　舊領縣四戶二千五百五十五
口一萬三千四百七十七　天寶領縣二戶三千九百口一千八百二十七　東北
至廣州九十五里西北至梧州五十五里東至康州一百三十里北至
賀州三百六十六里至京師水陸四千五百一十里也　封川　州所治
○

漢廣信縣地屬蒼梧郡在封水之陽梁置梁信郡隋平陳改爲成
州又改爲封州隋末州廢爲封川縣屬蒼梧郡武德初置封州
隋移州於封川口即今縣治也　開建　漢封陽縣地屬蒼梧郡
隋舊也
瀧州　隋永熙郡之瀧水縣武德四年平蕭銑置瀧州天寶元年
改爲開陽郡乾元元年復爲瀧州　舊領縣四戶三千六百二十七口九千
四百三十九　天寶領縣五　瀧水　州所治漢端溪縣地屬蒼梧郡晉分
端溪立龍鄉即今州治梁分廣熙郡置建州又分建州之雙頭洞立雙州
隋改龍鄉爲平原縣又改爲瀧水　開陽　隋廢縣武德四年分
瀧水置　永寧　武德四年於安遂縣置藥州領安遂永寧安南永
業四縣貞觀中廢藥州以永寧屬瀧水本隋永熙縣武德五年
改爲永寧　鎮南　隋安南縣至德二年九月改爲鎮南　建水　新置
恩州　隋高梁郡武德四年平蕭銑置高州都督府管高春羅
辯雷崖儋新八州七年割崖儋雷新屬廣州貞觀二十三年廢

高州都督府置恩州天寶元年改爲恩平郡乾元元年復爲恩州
内有清海軍管戍兵三千人也　領縣三戶九千無口數　京師東南
六千五百里西北六十里接廣州界　恩平　州所治漢合浦郡也隋
置海安縣武德五年改爲齊安至德二年九月改爲恩平也　杜陵
隋杜縣武德五年改爲杜陵也　陽江　隋舊置也
春州　隋高梁郡之陽春縣武德四年平蕭銑置春州天寶元年
改爲南陵郡乾元元年復爲春州　舊領縣二戶五千七百一十四口二萬
一千六十一　天寶領縣二戶一萬一千二百一十八　京師東南六千四百四十
八里東至廣州六百四十二里南至州九十三里西至高州三百三十里
東北至新州二百六里西北至瀧州界也　陽春　州所治漢高縣
地屬合浦郡至隋不改也　羅水　天寶後置
高州　隋高凉郡舊治高凉縣後改爲西平縣貞觀二十三年分
西平杜陵置恩州高州移治良德縣天寶元年改爲高梁郡乾元
元年復爲高州　領縣三戶一萬二千四百　西北至竇州九十二里北至
○　十八　唐志二十一　二十九　時明
瀧州界三百五十里西南至潘州九十里東至春州三百三十里至京
師六千二百六十二里至東都五千五百二十里　良德　漢合浦縣地屬
合浦郡吴置高梁郡宋齊不改　電白　梁置電白郡隋改爲縣也
保定　舊保安縣至德二年改爲保定
藤州下　隋永平郡武德四年置藤州領永平猛陵安基武林隋
建陽安昔寧戎城寧人淳人大賓賀川十二縣貞觀七年　以武林屬
潯州安昔屬龔州昔寧屬容州八年以猛陵屬梧州十二年以隋
建屬龔州天寶元年改爲感義郡乾元元年復爲藤州也
舊領縣六戶九千二百三十六口一萬三百七十二　天寶領縣三戶三千
九百八十　去京師五千五百九十六里去東都五千二百里南至義州
二百里西至龔州一百四十九里北至梧州九十七里　鐔津　漢猛陵
縣屬蒼梧郡晉置永平郡隋置藤州及鐔津感義義昌本安昌
縣至德二年九月改爲義昌
義州下　隋永熙郡之永業縣武德五年置南義州及四縣貞觀

元年州廢以所領縣入建州二年復置義州還以故縣來屬五年廢
義州縣屬南建州六年復置義州又改縣來屬天寶元年改爲連
城郡乾元元年復爲義州　舊領縣四戶三千二百二十五無口　天寶
領縣三戶一千一百一十口七千三百三　至京師五千七百五十里至東都四
千六百九十里東至梧州隔鄣嶺一百七十里北至藤州二百里西至容
州九十里東南至竇州一百七十二里東北至瀧州二百七里　岑溪
州所治漢猛城縣屬蒼梧郡武德四年置龍城縣置南義州貞
觀初廢二年復置義州領龍城安義連城義城四縣至德中改安城
爲永業龍城爲岑溪　永業　舊安義縣至德年改　連城　武德五
年分瀧州之正義縣置
竇州下　隋永熙郡懷德縣武德四年置南扶州及五縣以獠反
寄瀧州貞觀元年廢以所管縣並屬瀧州二年獠平復置南扶州
自瀧州還其故縣五年復廢縣隸龍州六年復置以故縣來屬其
年改南扶爲竇州天寶元年改爲懷德郡乾元元年復爲竇州
○　十八　唐志二十一　三十　康安
舊領縣五戶三千五百五十　天寶領縣四戶一千一十九　至京師水陸
六千一百二里至東都水陸五千四百里西至容州二百里東至瀧州
一百八十里南至潘州一百五十里東南至高州九十二里北至義州二
百三十里西南至禺州一百九十里　信義　漢端溪縣地屬蒼梧隋爲
懷德縣武德四年析懷德縣置信義縣仍置南扶州貞觀中改爲
竇州取州界有羅竇洞爲名也　懷德　本屬瀧州後來屬也
潭峩　武德四年分信義縣置也　特亮　武德四年分信義置
勤州　隋信安郡之高梁縣地武德四年置勤州隸南康州總管
九年改隸廣州其年廢縣屬春州後置勤州以銅陵來屬仍析
置富林縣　領縣三戶六百八十二口一千九百三十三　至京師五千三百九
十里至東都五千里東至新州一百七十里西至瀧州二百六十里南
至廣州六百三十五里西北至康州二百七十三里　富林　州所治析銅
陵置　銅陵　漢允吴縣地屬合浦郡宋立瀧潭縣隋改爲銅陵以
界内有銅山也

桂管十五州在廣州西
桂州下都督府 隋始安郡武德四年平蕭銑置桂州總管府管
桂象靜融賀樂荔南昆龍九州并定州一總管其桂州領始安福祿
純化興安臨源永福陽朔歸義宣風象十縣尋改定州為南尹州
其年又置欽州總管隸桂府五年置南恭燕梧三州隸桂府九年
置晏州隸桂府貞觀元年以欽玉南亭三州隸桂府二年省玉州南
亭州五年置賓州隸桂府六年又以尹藤越白相繡鬱姜南容南方
南簡南晉十二州隸桂府其年置龔州都督亦隸桂府其年廢龍
鬱二州八年改越州為廉州南簡為橫州南方為登州南宏為潘
州南晉為邕州尹州為貴州靜州為富州樂州為昭州南昆為柳
州銅州為容州廢福祿歸義二縣十年廢姜州十二年廢晏州以
建陵縣來屬廢荔州以荔浦崇仁二縣來屬省宣風縣令督桂昭
賀富梧藤容潘白廉繡欽橫邕融柳貴十七州天寶元年改為始
安郡依舊都督府至德二年九月改為建陵郡乾元元年復為桂州

刺史充經略軍使管戍兵千人衣糧稅本管自給也 舊領縣十
戶三萬二千七百八十一口五萬六千五百二十六 天寶領戶一萬七千五
百口七萬一千一十八 至京師水陸路四千七百六十里東都水陸路四
千四十里東至道州五百里西至容州四百九十三里南至昭州二百一
十里北至邵州六百八十五里東南至賀州五百三十里西南至柳州
八百里東北至永州五百五十里 臨桂 州所治漢始安縣地屬零陵
郡吳分置始安郡宋改為始建國南齊始安郡梁置桂州隋末復
為始安郡江源多桂不生新米故秦時立為桂林郡也 理定 漢始
安縣隋分置興安近改為理定 靈川 武德四年分始安置 陽朔
隋舊貞觀元年廢歸義縣併入 荔浦 漢縣屬蒼梧郡武德四年
置荔浦建陵隨化崇仁純義五年以隨化屬南恭州貞觀元年以
建陵屬晏州十三年廢荔州以荔浦崇仁屬桂州純義屬象州也
豐水 舊永豐縣元和初改為豐水縣 脩仁 隋置建陵縣貞觀
元年於縣置晏州領武龍建陵二縣十二年廢晏州及武龍縣以建
陵屬桂州長慶元年改為脩仁縣 恭化 武德四年分始安置純
化縣元和初改為恭化也 永福 武德四年分始安置 臨源 武德
四年分始安置 全義 新置
昭州 隋始安郡之平樂縣武德四年平蕭銑置樂州領平樂永
豐恭城沙亭四縣貞觀七年省沙亭縣八年改為昭州以昭岡潭
為名天寶元年改為樂平郡乾元元年復為昭州也 舊領縣三
戶四千九百一十八口一萬二千六百九十一 天寶戶三千五百 至京師四
千四百三十六里至東都四千二百一十九里西至桂州二百三十里東
北至道州四百里北永州六百三十九里南至富州一百六十六里也
平樂 州所治漢荔浦地屬蒼梧郡晉置平樂縣貞觀二年省
沙亭併入也 恭城 武德四年析平樂置 永平 隋縣舊屬藤州
富州下 隋始安郡之龍平縣武德四年平蕭銑置靜州領龍平
博勞歸化安樂開江豪靜蒼梧七縣尋又分蒼梧豪靜開江三縣
置富州九年省安樂縣貞觀八年改為富州以富川水為名天寶

元年改為開江郡乾元元年復為富州 舊領縣三戶三千三百四
十九口四千三百一十九 天寶戶一千二百九十 至京師五千一百三十
里至東都四千八百五十里西北至桂州界八十里東南至梧州界
九十里北至昭州一百六十六里也 龍平 漢臨賀縣地屬蒼梧郡
吳置臨賀郡梁分臨賀置南靜郡又改為靜州改南靜郡為龍平
縣貞觀八年改為富州以富川水為名也 思勤 新置 馬江
隋開江縣長慶元年改為馬江皆漢臨賀縣地
梧州下 隋蒼梧郡武德四年平蕭銑置梧州領蒼梧豪靜開
江三縣貞觀八年割藤州之孟陵賀州之綏越來屬十二年廢豪靜
縣天寶元年改為蒼梧郡乾元元年復為梧州也 舊領縣四戶
三千八十四口五千四百二十三 天寶領縣三戶五千 至京師五千五百
里至東都五千一百里東至封州八十里東北至賀州四百一十里北
接富州界正西至藤州一百九十里 蒼梧 漢蒼梧郡治廣信縣
即今治隋立蒼梧縣於此置郡 戎城 隋縣舊屬藤州今來屬

孟陵　漢猛陵縣屬蒼梧郡

蒙州　隋始安郡之隨化縣武德四年置南蒙州割荔州之立山東區純義三縣分置嶺政縣貞觀八年改爲蒙州取州東蒙山爲名十二年省嶺政入立山天寶元年改爲蒙山郡乾元元年復爲蒙州　舊領縣三戶一千六十九　天寶戶一千五十九　至京師五千一百里至東都四千七百里南至桂州二百四十九里東至富州九十七里西南至象州一百七十六里　立山　州所治漢荔浦縣屬蒼梧郡隋分荔浦置隨化縣武德四年改爲立山於縣置荔州尋改爲恭州貞觀八年改爲蒙州州東蒙山山下有蒙水居人多姓蒙故也　東區　武德五年分立山置屬荔州貞觀六年屬鷰州十年改爲蒙州　正義　貞觀五年置純義縣屬荔州乾元初改爲正義也

龔州下　隋永平郡之武林縣貞觀三年置鷰州七年移鷰州於今州東仍於鷰州之舊所置龔州都督府督龔潯蒙賓澄鷰七州割藤州之武林鷰州之秦川來屬又立南平西平歸政大同四縣

十八【唐志二十一】　三十三　弓成

。十二年廢潯州以桂平陵江大賓皇化四縣來屬其六年省秦川入南平省陵江入桂平省歸政入西平又割藤州之隋建來屬天寶元年改爲臨江郡乾元元年復爲龔州　舊領縣八戶一萬三千八百二十一口二萬一千一百二十八　天寶領縣六戶九千口二萬一千　至京師五千七百二十里至東都五千三百六十一里東至藤州一百四十九里南至繡州九十五里西至潯州一百三十里北至蒙州二百四十里　南平　州所治漢猛陵縣地屬蒼梧郡晉分蒼梧置永郡乃置武城縣貞觀七年分置南平縣後自武林移龔州治於此也　武林　猛陵縣地隋分置武林縣屬藤州貞觀七年屬龔州　隋建　猛陵縣地武德年屬藤州貞觀年屬龔州也　大同　貞觀元年分置　陽川　本陽建縣後改爲陽川也

潯州下　隋永平郡之桂平縣貞觀七年置潯州領桂平陵江大賓皇化四縣十二年廢潯州以四縣屬龔州後復置潯州以桂平大賓皇化來屬又省陵江入桂平天寶元年改爲潯江郡乾元元年復爲潯州也　舊領縣三戶二千五百口六千八百三十六　至京師五千九百六十里至東都五千七百里東至龔州一百三十里西至潘州二百五十里西南至貴州一百五十里西北至蒙州三百六十里西南接鬱林州界　桂平　漢布山縣鬱林郡所治也　隋爲桂平縣武德年屬貴州貞觀初屬鷰州七年屬潯州十二年州廢屬龔州復置潯州　宣化　漢河林縣屬鬱林郡隋置皇化縣後廢貞觀六年復置屬潯州州廢屬龔州又復屬潯州

鬱林州下　隋鬱林郡之石南縣貞觀中置鬱林州領石南興德天寶元年改爲鬱林郡乾元元年復爲鬱林州也　領縣五戶一千九百一十八口九千六百九十九　至京師五千五百七里至東都五千一百六十里東至平琴州九十里南至牢州一百一里西南至昭州一百十里北至貴州一百五十里　石南　州所治漢鬱林郡之地梁置定州隋改尹州煬帝爲鬱林郡皆治於此陳時置石南郡隋改爲縣也　鬱林　隋縣屬貴州後來屬　興業　興德　武德四年分鬱林置

十八【唐志二十一】　三十四　陳兵

。潭栗

平琴州下　漢鬱林郡地唐置平琴州無月年領縣四天寶元年改爲平琴郡乾元元年復爲州建中併入黨州今存　領縣四戶一千一百七十四　至京師六千四百八十里至東都五千八百三十里西至鬱林州九十里東南至牢州一百一十里北至貴州一百五十里北至繡州九十二里東至黨州二十二里　容山　州所治本名安仁至德年改也　懷義　福陽　古符　三縣與州同置

賓州下　隋鬱林郡之嶺方縣貞觀五年析南方之嶺方思干琅琊南尹州之安縣置賓州十二年省思干縣天寶元年改爲安城郡至德二年九月改爲嶺方郡乾元元年復爲賓州　舊領縣三戶七千四百八十五　天寶戶一千九百七十六口八千五百八十　至京師四千三百里至東都四千一百里南至淳州二百里東南至貴州一百七十里西至邕州二百五十七里東南至蒙州三百二十里西北至澄州一百二十里也　嶺方　漢縣屬鬱林郡武德四年屬南方州貞觀五年改

爲賔州 瑯琊 武德四年析嶺方縣置 保城 梁置安城縣至德
二年改爲保城也
澄州下 隋鬱林郡之嶺方縣地武德四年平蕭銑置南方州領無
虞瑯琊思干上林止戈賀水嶺方七縣貞觀五年以上林止戈瑯琊
領方屬賔州八年改南方州爲澄州天寶元年改爲賀水郡乾元
元年復爲澄州 舊領縣四戶一萬八百六十八 天寶後戶一千三百
六十八口八千五百八十 至京師四千六百里至東都四千三百里南至
邕州三百里北至賓州四百三十里東南至賔州一百三十里西至古
州五百七十九里 上林 州所治漢嶺方縣地武德四年析置上林
縣也 無虞 武德四年析嶺方置 賀水 武德四年析柳州馬平縣置
繡州下 隋鬱林郡之阿林縣武德四年置林州領常林阿林皇
化歸誠羅繡盧越等縣六年改爲繡州貞觀六年省歸誠盧越七
年以皇化屬潯州天寶元年改爲常林郡乾元元年復爲繡州
領縣三戶九千七百七十三 至京師六千九十里至東都五千五百里南

○ 十八 唐志二十 三十五 洪茂

至黨州五十里北至貴州一百里也 常林 漢阿林縣地屬鬱林
郡武德四年析貴州之鬱平縣置林州及常林縣貞觀六年省歸
誠縣入常林縣移治廢歸誠縣故城又改林州爲繡州 阿林 漢縣
屬鬱林郡 羅繡 武德四年析阿林置
象州下 隋始安郡之桂林縣武德四年平蕭銑置象州領陽壽西
寧桂林武仙武德五縣貞觀十二年省西寧縣割廢晏州武化長風
來屬天寶元年改爲象山郡乾元元年復爲象州 舊領縣六戶
一萬一千八百四十五口一萬二千五百二十一 天寶領縣三戶五千五百口一
萬八百九十 至京師四千九百八十九里北至桂州四百里東至蒙州
一百七十六里南至貴州三百里西北至柳州二百里東南至潯州三
百六十里西南至嚴州二百九十里也 武化 州所治漢潭中縣地
屬鬱林郡隋建陵縣屬桂州武德四年析建陵置武化縣屬晏
州貞觀十二年廢晏州來屬仍自武德縣移象州於縣置非秦之象
郡秦象郡今合浦縣 武德 漢中溜縣地屬鬱林郡吳於縣置鬱
林郡仍分中溜置桂林縣武德四年改爲武德於縣界置象州
陽壽 隋縣 武仙 武德四年析桂林置
柳州 隋始安郡之馬平縣武德四年平蕭銑置昆州領馬平新平
文安賀水歸德五縣其年改歸德爲脩德改文安爲樂沙仍加昆
州爲南昆州八年以賀水屬澄州貞觀七年省樂沙入新平縣以
廢龍州之龍城來屬八年改南昆爲柳州九年置崖山縣十二年省
新平入馬平天寶元年改爲龍城郡乾元元年復爲柳州以州界
柳嶺爲名 舊領縣四戶六千六百七十四口七千六百三十七 天寶
領縣五戶二千二百三十二口一萬一千五百五十 至京師水陸相乘五
千四百七十里至東都水陸相乘五千六百里東至桂州四百七里
至粵州二百九十里北至融州二十里東南至象州二百里北至柳州
三十里 馬平 州所治漢潭中縣地屬鬱林郡隋置馬平縣武德
四年於縣置昆州又改爲柳州也 龍城 隋縣武德四年置龍州
領龍城柳嶺二縣貞觀七年廢龍州省柳嶺縣 象 貞觀中置

○ 十八 唐志二十 三十六 洪茂

洛曹 舊洛封縣元和十三年改 洛容 皆漢潭州地貞觀後析置
融州下 隋始安郡之義熙縣武德四年平蕭銑置融州復開皇舊
名領義熙臨牂黃水安脩四縣六年改義熙爲融水貞觀十三年
省安脩入臨牂天寶元年改爲融水郡乾元元年復爲融州
舊領縣三戶二千七百九十四口三千三百三十五 天寶戶一千二百三十二
至京師五千二百七十里至東都四千四百七十里東至桂州四百九十
一里南至柳州三十里至武零山二百里也 融水 漢潭中地與柳
州同隋置義熙縣武德四年改爲融水州所治也 武陽 舊黃水
臨牂二縣析融水置後併入改爲武陽

邕管 十州在桂府西南也

邕州下都督府 隋鬱林郡之宣化縣武德四年置南晉州領宣
化一縣貞觀六年改爲邕州都督府天寶元年改爲朗寧郡乾元元
年復爲邕州上元後置經略使領邕貴黨橫等州後又罷長慶二
年六月復置經略使以刺史領之刺史充經略使管戍兵一千七百

人衣糧稅本管自給　舊領縣五戶八千二百二十五　天寶後戶
二千八百九十三口七千三百二　至京師五千六百里至東都五千三
百二十七里東南至欽州三百五十里東北至賓州二百五十里西南
至羈縻左州五百里　宣化　州所治漢嶺方縣地屬鬱林郡秦
爲桂林郡地驩水在縣北本牂牁河俗呼鬱狀江即駱越水也亦
名溫水古駱越地也　武緣　隋廢縣武德五年復置也　晉興
晉於此置晉興郡隋廢爲縣　朗寧　武德五年分置　思龍
如和　封陵　三縣開硤洞獠置也
貴州下　隋鬱林郡武德四年平蕭銑置南尹州總管府管南尹
南晉南簡南方藤南容越繡九州南尹州領鬱林馬嶺安城鬱
平石南桂平嶺山興德湖水懷澤十一縣五年以桂平屬龔州嶺
山屬南橫州貞觀五年以安城屬賓州七年罷都督九年改南
尹爲貴州天寶元年改爲懷澤郡乾元元年復爲貴州也　舊
領縣八戶二萬八千九百三十口三萬一千九百九十六　天寶後縣四戶

三千二十六口九千三百　至京師五千三百八十里至東都五千一百二十
里東至繡州一百里南至鬱林州一百五十里西至橫州二百里北
至象州三百里西南至賓州九十四里東北至潯州一百五十里
鬱平　漢廣鬱縣地屬鬱林郡古西甌駱越所居後漢谷永爲
鬱林太守降烏滸人十萬開七縣即此也烏滸之俗男女同川而浴
生首子食之云宜弟娶妻美讓兄相習以鼻飲秦平天下始招慰
之置桂林郡漢改爲鬱林郡地在廣州西南安南府之地邕州所
管郡縣是也隋分鬱平縣鬱江在州東也　懷澤　宋廢縣武德四
年又置也　潮水　武德四年分鬱林置　義山　新置
黨州下　古西甌所居秦置桂林郡漢爲鬱林郡唐置黨州失
起置年月與平琴州同土俗西至平琴治所二十二里天寶元年以
黨州爲寧仁郡乾元元年復爲黨州建中二年二月廢平琴州
併入　領縣四戶一千三百口七千四百　京師地理與平琴州同南至
牢州一百里北至繡州五十里東南至容州一百五十里北接繡州界
百餘里也
橫州下　隋鬱林郡之寧浦縣武德四年置簡州領寧浦樂山蒙
澤淳風嶺山五縣六年改爲南簡州貞觀八年改橫州天寶元年
改爲寧浦郡乾元元年復爲橫州也　舊領縣四戶一千一百二十八口
一萬七百三十四　天寶領縣三戶一千九百七十八口八千三百四十二至京
師五千五百三十九里至東都四千七百五里南至欽州三百五十里西
至巒州一百五十里北至貴州二百六十里也　寧浦　州所治漢廣鬱
縣地屬鬱林郡吳分置寧浦郡晉宋齊不改梁分置簡陽郡隋
平陳陳郡並廢置簡州又改爲緣州煬帝廢州置寧浦縣鬱林
郡武德復置改爲橫州　從化　漢高同梁縣地屬合浦郡武德四年
分寧浦置淳風縣貞觀元年改爲從化也　樂山　漢高梁縣地
隋置樂山縣
田州　土地與邕州同失廢置年月疑是開元中置天寶元年改爲
橫山郡乾元元年復爲田州　舊領縣五戶四千一百六十八舊圖無

四至州郡及兩京道里數　都救　惠佳　武籠　橫山　如賴
並與州同置也
嚴州　秦桂林郡地後爲獠所據乾封元年招致生獠置嚴州及
三縣天寶元年改爲脩德郡乾元元年復爲嚴州　領縣三戶一千
八百五十九口七千五十一　至京師五千三百二十七里至東都四千八
百九十三里東北至柳州二百四十里東南接象州界西北接邕州
界也　來賓　州所治也　循德　歸化　與州同置
山州　失起置年月天寶元年改爲龍池郡乾元元年復爲山州
領縣二戶一千三百二十　無四至及京洛里數　龍池　州所治也　盆山
巒州　秦桂林郡唐置淳化失起置年月天寶元年改爲永定郡
乾元元年復爲淳州永貞元年改爲巒州也　領縣三戶七百七十
口三千八百三　至京師五千三百里至東都四千九百里南至橫州一百
四十里西至邕州三百里北至賓州二百五十五里　永定　州所治也
武羅　靈竹　二縣與州同置

羅州　隋高凉郡之石龍縣地武德五年於縣置羅州領石龍吳
川陵羅巢龍辯南河石城招義零綠慈廉羅肥十一縣六年移羅
州於石城縣於舊所置南石州割石龍陵羅龍化羅辯慈廉羅肥
屬南石州天寶元年改羅州爲招義郡乾元元年復爲羅州
舊領縣五戶五千四百六十口八千四十一　至京師六千五百二十二里至
東都五千七百五里東至大海一百三十九里南至雷州二百五十里
西至廉州二百五十里北至辯州一百五十里西南至零綠縣大海
一百二十里西北至白州二百三十里東北至新州五十里　石城　州
所治漢合浦郡地宋將檀道濟於陵羅江口築石城因置羅州屬
高凉郡唐復置羅州於縣　吳川　隋縣　招義　武德五年析石
龍縣置也　南河　武德五年析石龍縣置也

潘州下　隋合浦郡之定川縣武德四年置南宕州領南昌定川鄭
川思城溫水宕川六縣治南昌縣貞觀六年移治定川八年改爲
潘州仍廢思城縣天寶元年改爲南潘郡乾元元年復爲潘州也

○　十八【唐志二十一】　三十九　壬華

舊領縣五戶一萬七百四十八　天寶後領縣三戶四千三百口八千
九百六十七至西京七千一百六十一里至東都六千三百八十九里至高
州九十里南至大海五十六里辯州一百二十里北至竇州一百五十一
里　茂名　州所治古西甌駱越地秦屬桂林郡漢爲合浦郡之地
隋治定川縣武德四年平蕭銑於縣置宕州改爲潘州仍改縣茂
名也　南巴　隋廢縣武德五年置　潘川　以縣水爲名武德五年
分置也

容管　十州在桂管西南也

容州下都督府　隋合浦郡之北流縣武德四年平蕭銑置銅州
領北流豪石宕昌渭龍南流陵城普寧新安八縣貞觀元年改爲
容州以容山爲名十一年省新安縣開元中升爲都督府天寶元年
改爲普寧郡乾元元年復爲容州都督府仍舊置防禦經略招討
等使以刺史領之刺史充經略軍使管鎮兵一千一百人衣糧稅本管
自給　舊領縣七戶八千八百九十　天寶後領縣五戶四千九百七十

口一萬七千八十七　至京師五千九百一十里至東都五千四百八十五里
東至藤州二百五十九里南至竇州二百里西至禺州十五里北至
龔州二百里西至隋建縣一百九十里西北至黨州一百五十里東
北接義州界　北流　州所治漢合浦縣地隋置北流縣縣南三
十里有兩石相對其間闊三十步俗號鬼門關漢伏波將軍馬援討
林邑蠻路由於此立碑石龜尚在昔時趨交趾皆由此關其南尤
多瘴癘去者罕得生還諺曰鬼門關十人九不還其土少鐵以蚌
石燒爲器以烹魚鮭北人名五侯燋石一經火久之不冷即今之滑
石也亦名冷石也　普寧　隋置　陵城　武德四年析北流置　渭龍
武德四年析普寧置　欣道　新置

辯州下　隋高凉郡之石龍縣武德五年置羅州移治石城於舊
所置南石州領石龍陵羅龍化羅辯慈廉羅肥六縣貞觀九年改
南石州爲辯州省慈廉羅肥二縣天寶元年改陵水郡乾元元
年復爲辯州也　舊領縣四戶一萬三百五十　天寶後領縣三戶四

○　十八【唐志二十一】　四十　壬華

千八百五十八口一萬六千二百九　至京師五千七百一十八里至東都五
千三百七十里東至廣州一千一百四十四里南至羅州吳川縣界五十
里南至白州博白縣二百三十里北至禺州三百八十二里南至潘州
四十里西南至羅州一百五十里西北至白州三百里　石龍　州所
治漢高凉縣地屬合浦郡秦象郡地武德五年屬羅州六年改屬
辯州　陵羅　武德五年置羅州六年改爲南石州也　龍化　武德五
年分置也

白州下　隋合浦郡之合浦縣地武德四年置南州領博白朗平周
羅龍豪淳良建寧六縣六年改爲白州貞觀十二年省朗平淳良二
縣天寶元年改爲南昌郡乾元元年復爲白州　舊領縣四戶八千
二百六　天寶領縣五戶二千五百七十四口九千四百九十八　至京師六
千一百七十五里至東都五千九百一十九里東至辯州二百里南至羅
州二百二十里西至州界朗平山八十里北至牢州一百里西南至廣州
二百里東北至禺州二百里　博白　州所治漢合浦縣地屬合浦

郡武德五年析合浦置博白縣也　建寧　武德四年析合浦縣置貞觀十二年省淳良併也　周羅　武德四年析合浦置　龍豪家　武德四年析合浦置　南昌　隋縣舊屬潘州又來屬也

牢州下　本巴蜀徼外蠻夷地漢牂牁郡地武德二年置義州五年改爲智州貞觀十一年改爲牢州以牢石爲名天寶元年改爲定川郡乾元元年復爲牢州也　舊領縣三戶一千六百四十一口一萬一千七百五十六去京師與容州道里同東至容州一百二十五里南至白州一百里西至鬱林州一百一十里北至黨州一百里

南流　武德四年析容州北流縣置屬容州貞觀十一年改智州爲牢州以牢石爲名牢石高四十丈周二十里在州界也　定川

宕川　貞觀十一年分南流置也

欽州下　隋寧越郡武德四年平蕭銑改爲欽州總管府管一州領欽江安京南賓遵化內亭五縣五年置如和縣其年置玉川南亭州並隸欽府以內亭遵化二縣屬亭州貞觀元年罷都督府二

○ 十八　【唐志二十一】　四十一　趙賓

年廢亭州復以內亭遵化並來屬十年省海平縣天寶元年改爲寧越郡乾元元年復爲欽州也　舊領縣七戶一萬四千七十二口一萬八千一百二十七　天寶領縣五戶二千七百口一萬一百四十六　至京師五千二百五十一里東至嚴州四百里南至大海二百五十里西至瀼州六百三十里至横州三百五十里東南至廣州七百里西南至陸州六百里西至容州三百五十里東北至貴州四百里　欽江　州所治漢合浦縣地宋分置宋壽郡及宋壽縣梁置安州隋改爲欽州仍改宋壽縣爲欽江煬帝改爲寧越郡皆治欽江也　保京　隋安京縣至德二年改爲保京縣北十里安京山下有如和書似循州羅浮山形勢　遵化　隋舊置也　內亭　隋縣武德五年於縣置南亭州貞觀元年州廢復屬欽州也　靈川　已上縣並漢合浦縣地

禺州　隋合浦郡之定川縣武德四年置南宕州領南昌定川陸川思城溫水宕川六縣治南昌縣貞觀六年移治定川八年改爲潘州仍廢思城總章元年改爲東義州移治義石縣二年改爲昌州天寶元年改爲溫水郡乾元元年復爲禺州　舊領縣五戶一萬七百四十八　天寶領縣四戶三千一百八十　至京師五千三百五里至東郡五千里至義州一百九十里南至辯州三百里西至白州二百里北至容州一百一十里　義石　秦象郡地晉南昌郡之邊邑爲禺州所治也　溫水　武德四年析南昌置　陸川　隋廢縣武德四年置　扶桑　武德四年置

湯州下　秦象郡地唐置湯州失起置年月天寶元年改爲溫泉郡乾元元年復爲湯州　領縣三無戶口及無兩京道里四至州府

湯泉　州所治也　淥水　羅韶　與州同置

瀼州下　貞觀十二年清平公李弘節遣欽州首領寧師京尋劉方故道行達交趾開拓夷獠置瀼州天寶元年改爲臨潭郡乾元元年復爲瀼州音而章反水名　領縣四戶一千六百六十六無兩京地里東至欽州六百三十里北至容州二百八十二里在安南府之東北鬱林之西南　臨江　州所治也　波零　鵠山　弘遠　與州同置

○ 十八　【唐志二十一】　四十二　趙賓

巖州下　土地與合浦郡同唐置巖州失起置年月天寶元年改爲安樂郡至德二年改爲常樂郡乾元元年復爲巖州　領縣四戶一千一百十無兩京道里四至州府也　常樂　本安樂縣至德二年改州所治　思封　高城　石巖　與州同置

古州　土地與瀼州同年置天寶元年改爲樂古郡乾元元年復爲古州

安南府　在邕管之西也

安南都督府　隋交趾郡武德五年改爲交州總管府管交峯愛仙鳶宋慈險道龍十州其交州領交趾懷德南定宋平四縣六年改慈道宋並加南字七年又置玉州隸交府貞觀九年省南宋州以宋平縣省隆州以陸平縣及朱鳶縣省龍州以龍編縣並隸交府仍省懷德縣及南慈州二年廢玉州入欽州六年改南道州爲仙州十一年廢仙州以平道縣來屬今督交峯愛驩四州調露元年八月改交州都督府爲安南都護府大足元年

四月置武安州南登州，並隸安南府。至德二年九月改為鎮南都護府，後為安南府，刺史充都護、管兵四千二人。舊領縣八，戶一萬七千五百二十三，口八萬八千七百八十八。天寶領縣七，戶二萬四千二百三十，口九萬九千六百五十二。至京師七千二百五十三里，至東都七千二百二十五里。西至愛州界小黃江口水路四百一十六里，西南至長州界文陽縣靖江鎮一百五十里，西北至峯州嘉寧縣論江口水路一百五十里，東至朱鳶縣界小黃江口水路五百里，北至朱鳶州阿勞江口水路五百四十九里，北至武平縣界武定江二百五十二里，東北至交阯縣界福生去十里也。宋平漢西捲縣地，屬日南郡。捲音拳。自漢至晉猶為西捲縣。宋置宋平郡及宋平縣。隋平陳，置交州。煬帝改為交阯，刺史治龍編。交州都護制諸蠻。其海南諸國，大抵在交州南及西南，居大海中洲上，相去或三五百里，三五千里，遠者二三萬里，乘舶舉帆，道里不可詳知。自漢武已來皆朝貢，必由交阯之道。武德四年，於宋平置宋州，領宋平、弘教、南定三縣。五年，又分宋平置交阯、懷德二縣。自貞觀元

年，廢南宋州，以弘教、懷德、交阯三縣省入宋平。縣移交阯縣名於漢故交阯城置，以宋平、南定二縣屬交州。交阯 漢交阯郡之嬴𨻻地。嬴𨻻二字，並音來口反。隋為交阯縣，取漢郡名。武德四年置慈廉、烏延、立三縣。六年，改為南慈州。貞觀初，州廢，并廢三縣併入交阯。朱鳶 漢縣名，交阯郡。今縣，吳軍平縣地。舊置武平縣。龍編 漢交阯郡守治嬴𨻻，後漢周敞為交阯太守，乃移治龍編。言立城之始，有蛟龍盤編津之間，因為城名。武德四年，於縣置龍州，領龍川、武寧、平樂三縣。貞觀初，廢龍川，以武寧、平樂入龍編，割屬仙州。十年，廢仙州，以龍編屬交州也。平道 漢封溪縣地。南齊置昌國縣。南越志：交阯之地最為膏腴，舊有君長曰雄王，其佐曰雄侯。以其田雄田。後蜀王之將兵三萬討雄王，滅之。蜀以其子為安陽王，治交阯。其國地在今平道縣東。其城九重，周九里，士庶蕃阜。尉佗在番禺，遣兵攻之。王有神弩，一發殺越軍萬人。趙佗乃與之和，仍以子始為質。安陽王以媚珠妻之子始，得弩毀之。越兵至，乃殺安陽王，兼其地。武德四年，於縣置道州，領平道、昌國、武平三縣。六年改為南道州，又改為仙州。貞觀十年，廢仙州，以昌國入平道，屬交州也。武平 吳置武平郡。隋為縣。本漢封谿縣。後漢初，麊泠縣女子徵側叛，攻陷交阯。馬援率師討之，三年方平。光武方增置望海、封溪二縣，即此也。隋曰隆平。武德四年改為武平也。太平

武峩州下 土地與交州同。唐置武峩州，失起置年月。天寶元年改為武峩郡。乾元元年復為武峩州。領縣五，戶一千八百五十七，無口。無兩京道里及四至州府也。武峩 州所治也。武緣 武勞 梁山 皆與州同置也。

粵州下 土地與交州同。唐置粵州，失起置年月。天寶元年改為龍水郡。乾元元年復為粵州。領縣四，無戶口數，亦無兩京道里及四至州府也。龍水 州所治也。崖山 東璽 天河 皆與州同置也。

芝州下 土地與交州同。唐置芝州，失起置年月。天寶元年改為忻城郡。乾元元年復為芝州。領縣一。忻城 州所治。無戶口及兩京

道里四至州府。最遠惡處。

愛州 隋九真郡。武德五年，置愛州，領九真、松源、楊山、安順四縣。又於州界分置積、順、永、胥、前真、山七州。改永州為都州。九年，改積州為南陵州。貞觀初，廢都州入前真州。其年，廢真、胥二州入南陵州。又廢安州，以隆安縣；廢山州，以建初縣並屬州。又廢楊山、安順二縣入九真縣，改南陵州復為真州。八年，廢建初入隆安。九年，廢松源入九真。九年，廢真州，以胥浦、軍安、日南、移風四縣屬愛州。天寶元年改為九真郡。乾元元年復為愛州。九真南與日南接界，西接牂牁界，北與巴蜀，東北接鬱林州，山險溪洞所居。舊領縣七，戶九千八十，口三萬六千五百一十九。天寶領縣六，戶一萬四千七百。至京師八千八百里，東都八千一百里，在交州西，不詳道里遠近。其南即驩州界。九真 漢武帝開置九真郡，治於胥浦縣，領居風、都龐、餘發、咸歡、無功、無編等，今七縣。九真縣即漢地，吳改為移風。隋改為九真州所治。自漢至南齊為九真郡，梁置愛州，隋為九真

郡　安順　隋舊武德三年置順州又分置東河建昌邊河並屬
順州州廢及三縣皆併入安順屬愛州也　崇平　隋隆安縣武德
年於縣置安州及山州又分隆安立教山建道都握三縣並屬安州
領四縣又置岡州山眞潤古安西安建功五縣屬山州貞觀元年
廢安州及三縣又廢山州及五縣以隆安隸愛州先天元年改爲崇
安至德二年改爲崇平　軍寧　隋軍安縣武德五年於縣界置
永州七年改爲都州貞觀元年改爲前眞州十年改屬愛州至德
二年改爲軍寧　日南　漢屬風地縣界有屬風山上有風門常有
風其山出金牛往往夜見照爓十里時聞則海水沸溢有霹靂人
家牛皆怖號曰神牛隋爲日南縣無編漢舊縣屬九眞郡又有
漢西于縣故城在今縣東所置也
福祿州下　土俗同九眞郡之地後爲生獠所據龍朔三年智州刺
史謝法成招慰生獠昆明北樓及生獠等七千餘落總章二年置
福祿州以處之天寶元年改爲福祿郡至德二年改爲唐林郡乾

○　十八　唐志二十一　四十五　林其

元元年復爲福祿州　領縣二無戸口及兩京道里四至州郡
柔遠　州所治與州同置本名安遠至德二年改爲柔遠也
長州　土俗與九眞同唐置長州失起置年月天寶元年改爲文
陽郡乾元元年復爲長州　領縣四戸六百四十八無口及兩京道里
四至州府也　文陽　銅蔡　長山　其常　皆與州同置也
驩州　隋日南郡武德五年置南德州總管府領德明智驩林源
景海八州南德州領六縣八年改爲德州貞觀初改爲驩州以舊驩
州爲演州二年置驩州都督府領驩演明智林源景海八州十二年廢
明源海三州天寶元年改爲日南郡乾元元年復爲驩州也
舊領縣六戸六千五百七十九口一萬六千六百八十九　天寶領縣四戸九
千六百一十九口五萬八百一十八　至京師陸路一萬二千四百五十二里
水路一萬七千里至東都一萬一千五百九十五里水路一萬六千二百
二十里東至大海一百五十里南至林州一百五十里西至環王國界
八百里北至愛州界六百三里南至盡當郡界四百里西北到靈

跋江四百七十里東北至辯州五百二里　九德　州所治古越常氏
國秦開百越此爲象郡漢武元鼎六年開交阯已南置日南郡治
於朱吾領比景盧容西捲象林五縣吳分日南置九德郡晉宋齊
因之隋改爲州廢九德郡爲縣今治也後漢遣馬援討林邑蠻援
自交阯尋海隅開側道以避海從蕩昌縣南至九眞郡自九眞
至其國開陸路至日南郡又行四百餘里至林邑國又南行二千
餘里有西屠夷國鑄二銅柱於象林南界與西屠夷分境以紀漢
德之盛其時以不能還者數十人留於其銅柱之下至隋乃有三
百餘家南蠻呼爲馬留人其水路自安南府南海行三千餘里至林
邑計交至銅柱五千里也　浦陽　晉置　懷驩　隋爲咸驩縣屬九
眞郡武德五年於縣置驩州領安人扶演相景西源四縣治安人
貞觀九年改爲演州十三年省相景縣入扶演二十六年廢演州其
所管四縣廢入咸驩後隋改爲懷驩　越裳　吳置武德五年於
縣置明州析置萬安弘明定二縣隸之又分日南郡文谷縣置智州

○　十八　唐志二十一　四十六

領文谷新鎮闍眞金四縣貞觀十三年廢明州越裳屬智州後
又廢智州以越裳屬驩州
林州　隋林邑郡貞觀九年綏懷林邑置林州寄治於驩州南界
今廢無名　領縣三無戸口去京師一萬二千里　林邑　州所治漢
武帝開百越於交阯郡南三千里置日南郡領縣四治於朱吾其
林邑即日南郡之象林縣縣在南故曰日南郡南界四百里後漢
時中原喪亂象林縣人區連殺縣令自稱林邑王後有范熊者
代區連相傳累世遂爲林邑國其地皆開北戸以向日晉武時范
氏入貢東晉末范攻陷日南郡告交州刺史告蕃求以日南郡北
界橫山爲界其後又陷九眞郡自是屢寇交阯南界至貞觀中其
主脩職貢乃於驩州南僑置林邑郡以羈縻之非正林邑國　金龍
隋文帝時遣大將劉方率兵萬人自交阯南伐林邑國敗之其王
梵志遁走方收其廟主十八人皆鑄金爲之方盡虜其人空其地
乃班師因方得其龍乃爲縣名　海界　三縣並貞觀九年置

景州　隋北景郡貞觀二年置南景州寄治驩州南界八年改爲
景州後亦廢無其名　領縣三無戶口　至京師一萬一千五百里
北景　漢縣名屬日南郡在安南府南三千里北景在南晉將灌
邃攻林邑王范佛破其國遂於其國五月五日立表北影在表南
九寸一分故自北景已南皆北戶以向日也北字或單爲匕　由文　貞
觀二年置也　朱吾　漢日南郡所治之縣也前志曰朱吾人不粒
食依魚資魚爲生託云朱吾在日南郡北僑立名也
峯州下　隋交阯郡之嘉寧縣武德四年置峯州領嘉寧新昌
安仁竹輅石堤封溪六縣貞觀元年廢石堤封溪入嘉寧竹輅入
新昌天寶元年改爲承化郡乾元元年復爲峯州也　舊領縣三
戶五千四百四十四口六千四百三十五　天寶領縣五戶一千九百二十州
在安南府西北至京師七千七百一十里　嘉寧　州所治漢麊泠縣
地屬交阯郡麊泠音蘼令古文朗夷之地秦屬象郡吳分交阯置
新興郡晉改爲新昌宋齊因之改爲興州隋初改爲華州煬帝廢

併入交阯武德復置峯州也　承化　新昌　嵩山　珠綠　嵩山
珠綠新置
陸州　隋寧越郡之玉山縣武德五年置玉山領安海海平二縣
貞觀二年廢玉州上元二年復置改爲陸州以州界山爲名天寶
元年改爲玉山郡乾元元年復爲陸州　領縣三戶四百九十四口
二千六百七十四　至京師七千二十六里至東都七千里東至廉州界
三百里南至大海北至思州七百六十二里東南際大海西南至當
州寧海二百四十里也　烏雷　州所治也　華清　舊玉山縣天
寶年改　寧海　舊安海縣至德二年改爲寧海縣也
廉州下　隋合浦郡　武德五年置越州領合浦其年安昌高城大
廉大都五縣貞觀六年置珠池其八年改大都屬白州八年改越州
爲姜州十二年廢姜州入封山東羅萊龍三縣來屬十二年廢安昌
珠池二縣入合浦廢高城入蔡龍天寶元年改爲合浦郡乾元元年
復爲廉州　舊領縣五戶一千五百二十二　天寶戶三千三十二口一萬

三千二十九　至京師六千五百四十七里至東都五千八百三十六里東
至白州二百里南至羅州三百五十里西北至安南府一千里北至領
州七百里　合浦　漢縣屬合浦郡秦之象郡地吳改爲珠官宋
分置臨漳郡及越州領郡三治於此時西江都護陳伯紹爲刺史
始立州鎮鑿山爲城以威俚獠隋改爲祿州又爲合州又改爲合
浦唐置廉州大海在西南一百六十里有珠母海郡人採珠之所云
合浦也州界有瘴江名合浦江也　封山　隋縣武德五年置姜州
領封山東羅蔡龍三縣貞觀十年廢州以三縣入廉州　蔡龍　武
德五年分置也　大廉　武德五年置四縣皆合浦縣地
雷州下　隋合浦郡之海康縣武德五年平蕭銑置南合州領海
康隋康鐵杷椹川四縣貞觀元年改爲東合州二年改隋康爲徐
聞縣八年改東合州爲雷州天寶元年改爲海康郡乾元元年復
爲雷州也　舊領縣四戶二千四百五十八　天寶領縣三戶四千三百
二十口二萬五百七十二　至京師六千五百十二里至東都五千九百

三十里東至大海二十里西至大海一百里東南至大海十五里西
南至大海一百里隔海至崖州四百三十里東北及西北與羅州接
界　海康　漢徐聞縣地屬合浦郡秦象郡地梁分置南合州隋
去南字煬帝廢合州置海康縣　遂溪　舊齊鐵杷椹川二縣貞
廢改爲遂溪也　徐聞　漢縣名隋置貞觀二年改爲徐聞漢志曰
合浦郡徐聞南入海達珠崖郡即此縣
籠州　貞觀十二年清平公李弘節遣龔州大縣人龔固興招慰
生蠻置籠州天寶元年改爲扶南郡乾元元年復爲扶州　領縣
七戶三千六百六十七無四至州縣兩京道里扶南國在日南郡之南海
西大島中去日南郡約七千里在林邑國西三千里其王貞觀中遣
使朝貢故籠州招置之遥取其名非正扶南國也　武勒　州所治
武禮　羅龍　扶南　龍賴　武觀　武江　皆與州同置
環州下　貞觀十二年清平公李弘節開拓生蠻置環州以環國爲
名天寶元年改爲平郡乾元元年復爲環州　領縣八無戶口及

兩京道里并至州府　正平　州所治　福零　龍源　饒勉　思恩
武石　歌良　蒙都　與州同置
德化州　永泰二年四月於安南府西界牂牁南界置　領縣二與
州同置　德化　歸義
郎茫州　永泰二年四月於安南府西界置　領縣二與州同置
龍賦　福守
崖州下　隋珠崖郡武德四年平蕭銑置崖州領舍城平昌澄邁
顏盧臨機五縣貞觀元年置都督府督儋振三州其年改爲顏
城平昌爲文昌二年割儋州屬廣府五年又置瓊州十三年廢瓊州
以臨機萬安三縣來屬天寶元年改爲珠崖郡乾元元年復爲崖
州在廣府東南　舊領縣七戶六千六百四十六　天寶戶十一鄉
至京師七千四百六十里至東都六千三百里廣府東南二千餘里雷
州徐聞縣南舟行渡大海四百三十里達崖州漢武帝元封元年遣
使自徐聞南入海得大洲東西南北方一千里略以爲珠崖儋耳二

郡民以布如單被穿中從頭穿之民種禾稻紵麻女子蠶織無馬
與虎有牛羊豕雞犬兵則矛盾木弓竹矢骨鏃郡縣吏卒多侵凌
之故率數歲一反昭帝省儋耳併珠崖元帝用賈捐之言乃弃之
大唐武德初復析珠崖郡置儋瓊振萬安五郡於崖州置都督
府領之後廢都督隸廣州經略使後又改隸安南都護府也
舍城　州所治隋舊縣其崖儋振瓊萬安五州都在海中洲之上
方千里四面抵海北渡海揚帆一日一夜至雷州也　澄邁　隋縣
文昌　武德五年置平昌縣貞觀元年改爲文昌
儋州下　隋儋耳郡武德五年置儋州領義倫昌化感恩富羅四
縣貞觀元年分昌化置普安天寶元年改爲昌化郡乾元元年復
爲儋州也　舊領縣五戶三千九百五十六　天寶戶三千三百九
至京師七千四百四十二里與崖州同在海中洲上東至振州四百里
義倫　本漢儋耳郡城即此縣隋爲義倫縣州所治也　昌化　隋縣
感恩　洛場　新置　富羅　隋毗善縣武德五年改置

瓊州　本隋珠崖郡之瓊山縣貞觀五年置瓊州領瓊山萬安二
縣其年又割崖臨機來屬十三年廢瓊州以屬崖州尋復置瓊州
領曾口樂會顏羅五縣天寶元年改爲瓊山郡乾元元年復曰瓊
州貞觀五年十月嶺南節度使李復奏曰瓊州本隸廣府管內
乾封年山洞草賊反叛遂茲淪陷至今一百餘年臣今判官姜孟京
崖州刺史張少逸併力討除今以收復舊城且令降人權立城柵
綏緝以瓊州控壓賊洞請昇爲下都督府加瓊崖振儋萬等五州招
討遊弈使其崖州都督請停從之　領縣五戶六百四十九　兩京與
崖州道里相類西南至振州四百五十里與崖州同在大海中也
瓊山　州所治貞觀七年十一月省容瓊縣併入　臨高　本屬崖州
貞元七年割屬瓊州　曾口　樂會　顏羅　後漸析置
振州　隋臨振郡武德五年置振州天寶元年改爲臨振郡乾元
元年復爲振州也　領縣四戶八百一十九口二千八百二十一　至京師
八千六百六里至東都七千七百九十七里東至萬安州陵水縣一

百六十里南至大海西北至儋州四百二十里北至瓊州四百五十
里東南至大海二十七里西南至大海千里西北至延德縣九十里
與崖州同在大海洲中　寧遠　州所治隋舊　延德　隋縣
吉陽　貞觀二年分延德置　臨川　隋縣　范屯　新縣
萬安州　與崖儋同在大海洲中唐置萬安州失起置年月天寶
元年改爲萬安郡至德二年改爲萬全郡乾元元年復爲萬安州
領縣四無戶口西接振州界兩京道里與振州相類也　萬安
州所治至德二年改爲萬全後復置　陵水　富雲　博遼　與
州同置
赤土國　州南渡海便風十四日至雞籠島即至其國赤海中之
一洲中
丹丹國　振州東南海中之一洲舟行十日至

唐書志卷第二十一　左從政郎紹興府録事參軍張嘉賓校勘

唐書志卷第二十二

職官一

劉昫

高祖發迹太原官名稱位皆依隋舊及登極之初未遑改作隨時署置務從省便武德七年定令以太尉司徒司空爲三公尚書門下中書秘書殿中内侍爲六省次御史臺次太常光祿衞尉宗正太僕大理鴻臚司農太府爲九寺次將作監次國子學次天策上將府次左右衞左右驍衞左右武衞左右領軍左右武候左右監門左右屯左右領爲十四衞府東宫置三師三少詹事府門下典書兩坊次内坊次家令率更僕三寺次左右衞率府左右宗衞率府左右虞候率府左右監門率府左右内率府爲十率府王公已下置府佐國官公主置邑司已下並爲京職事官州縣鎮戍兵瀆關津爲外職事官又以開府儀同三司（從一品）特進（正二品）左光祿大夫（從一品）右光祿大夫（正二品）散騎常侍（從三品）太中大夫（正四品）通直散騎常侍（正四品）中

○大夫（從四品上）員外散騎常侍（從四品下）中散大夫（正五品上）散騎侍郎（正五品上）通直散騎侍郎（從五品上）員外散騎侍郎（從五品下）朝議郎承議郎（正六品）通議郎通直郎（從六品）朝請郎宣德郎（正七品）朝散郎宣義郎（從七品）給事郎徵事郎（正八品）承奉郎承務郎（從八品）儒林郎登仕郎（正九品）文林郎將仕郎（從九品）並爲文散官輔國（正二品）鎮軍（從二品）二大將軍冠軍（正三品）雲麾（從三品）忠武壯武宣威明威信遠游騎游擊（自正四品上至從五品下）十將軍爲散號將軍以加武士之無職事者改上開府儀同三司爲上輕車都尉開府儀同三司爲輕車都尉儀同三司爲騎都尉秦王齊王下統軍爲護軍副統軍爲副護軍上大都督爲驍騎尉大都督爲飛騎尉帥都督爲雲騎尉都督爲武騎尉車騎將軍爲游騎將軍親衞驃騎將軍爲親衞中郎將其勳衞驃騎準此親衞車騎將軍爲親衞中郎將其勳衞翊衞車騎並準此監門府郎將爲監門中郎將領左右郎將準此諸軍驃騎將軍爲統軍其秦王齊王下領三衞及庫真驅咥真車騎並準此諸軍車騎將軍爲别將其散官文騎尉爲承議郎屯騎尉爲通直郎雲騎尉爲登仕郎羽騎尉爲將仕郎武德九年罷天策上將府貞觀元年改國子學爲國子監分將作爲少府監通將作爲三監八年七月始以雲麾將軍爲從三品階九月以統軍正四品下别將正五品上十一年改令置太師太傅太保爲三師其三公已下六省一臺九寺三監十二衞東宫諸司並從舊定又改以光祿大夫爲從二品金紫光祿大夫爲正三品銀青光祿大夫爲從三品正議大夫爲正四品上通議大夫爲正四品下太中大夫爲從四品上中大夫爲從四品下中散大夫爲正五品上朝議大夫爲正五品下朝請大夫爲從五品上朝散大夫爲從五品下其六品下唯改通議郎爲奉議郎自餘依舊更置驃騎大將軍爲從一品武散官輔國鎮軍二大將軍爲從二品武散官冠軍將軍加大字及雲麾已下游擊已上改爲五品已上武散官又置昭武振威致果翊麾宣節禦武仁勇陪戎八校尉副尉（自正六品至從九品上階爲校尉下階爲副尉）爲六品已下武散官凡九品已上職事皆帶散位

○謂之本品職事則隨才録用或從閑入劇或去高就卑遷徙出入參差不定散位則一切以門蔭結品然後勞考進敍武德令職事高者解散官欠一階不至爲兼職事卑者不解散官貞觀令以職事高者爲守職事卑者爲行仍各帶散位其欠一階依舊爲兼與當階者皆解散官永徽已來欠一階者或爲兼或帶散官或爲守參而用之其兩職事者亦爲兼頗相錯亂（其欠一階之兼古念反其兩職事之兼古恬反字同音異耳）咸亨二年始一切爲守自高宗之後官名品秩屢有改易今録永泰二年官品其改易品秩者注於官品之下若改官名及職員有加減者則各附之於本職云　唐初因隋號武德三年三月改納言爲侍中内史令爲中書令給事郎爲給事中内書省爲中書省貞觀二十三年六月改民部尚書爲戸部尚書七月改治書侍御史爲御史中丞改諸州治中爲司馬别駕爲長史治禮郎爲奉禮郎顯慶元年改戸部尚書爲度支尚書侍郎爲度支侍郎又置驃騎大將軍貞從一品龍朔二年二月甲子改百司及官名改尚書省爲

中臺僕射爲匡政左右丞爲肅機左右司郎中爲承務吏部爲司列主爵爲司封考功爲司績禮部爲司禮祠部爲司禋膳部爲司膳主客爲司蕃戶部爲司元度支爲司度倉部爲司倉金部爲司珍兵部爲司戎職方爲司城駕部爲司輿庫部爲司庫刑部爲司刑都官爲司僕比部爲司計工部爲司平屯田爲司田虞部爲司虞水部爲司川餘司依舊尚書爲太常伯侍郎爲少常伯郎中爲大夫中書門下爲東西臺侍中爲左相黃門侍郎爲東臺侍郎給事中爲東臺舍人散騎常侍爲左右侍極諫議大夫爲正諫大夫中書令爲右相侍郎爲西臺侍郎舍人爲西臺舍人祕書省爲蘭臺監爲太史少監爲侍郎丞爲大夫著作郎爲司文郎太史令爲祕閣郎中御史臺爲憲臺御史大夫爲大司憲御史中丞爲司憲大夫殿中省爲中御府丞爲大夫尚食爲奉膳尚藥爲奉醫尚衣爲奉冕尚舍爲奉扆尚乘爲奉駕尚輦爲奉御並爲大夫內侍省爲內侍監太常爲奉常光祿爲司宰衞尉爲司衞宗正爲司宗太

僕爲司馭大理爲詳刑正爲大夫鴻臚爲司文司農爲司稼太府爲外府卿並爲正卿少府監爲內府監將作監爲繕工監大匠爲大監少匠爲少監國子監爲司成館國子祭酒爲大司成司業爲少司成博士爲宣業都水爲司津監左右衞府左右驍衞府左右武衞府並除府字左右屯衞府爲左右威衞左右領軍衞爲左右戎衞武候爲金吾衞千牛爲奉宸衞屯營爲羽林軍詹事爲端尹府門下典書爲左右春坊左右庶子爲左右中護中允爲左贊善大夫洗馬爲司經大夫中舍人爲右贊善大夫家令寺爲宮府寺率更寺爲司更寺僕寺爲馭僕寺長官並爲大夫左右衞率府爲典戎衞率府爲司禦衞左右虞候率府爲清道衞監門率府爲崇掖衞內率府爲奉裕衞七月又制廢尚書令改起居郎爲左史起居舍人爲右史著作佐郎爲司文郎太史丞爲祕閣郎左右千牛爲奉宸司議郎爲左司議郎太子舍人爲右司議郎典膳藥藏內直監宮門大夫並改爲郎太子千牛爲奉裕總章二年置司列司

戎少常伯各兩員咸亨元年十二月詔龍朔二年新改尚書省百司及僕射已下官名並依舊其東宮十率府有異上臺諸衞各宜依舊爲率府其左司議郎除左字其左右金吾左右威衞依新改永淳元年七月置州別駕光宅元年九月改尚書省爲文昌臺左右僕射爲文昌左右相吏部爲天官戶部爲地官禮部爲春官兵部爲夏官刑部爲秋官工部爲冬官門下省爲鸞臺中書省爲鳳閣侍中爲納言中書令爲內史太常爲司禮鴻臚爲司賓宗正爲司屬光祿爲司膳太府爲司府太僕爲司僕衞尉爲司衞大理爲司刑司農依舊左右驍衞爲左右威衞左右武衞爲左右鷹揚衞左右威衞爲左右豹衞左右領軍衞爲左右玉鈐衞左右金吾衞依舊御史臺改爲左肅政臺專知京百官及監諸軍旅并承詔出使更置右肅政臺專知諸州案察垂拱元年二月改黃門侍郎爲鸞臺侍郎文昌都省爲都臺主爵爲司封祕書省爲麟臺內侍省爲司宮臺少府監爲尚方監其左右尚方兩署除方字將作監

爲營繕監國子監爲成均監都水監爲水衡監其詹事府爲宮尹府詹事爲大尹少詹事爲少尹左右內率府爲左右奉裕率府千牛爲左右奉裕左右監門率府爲左右控鶴禁率府諸衞鎧曹改爲胄曹司膳寺餚藏署改爲珍羞署十月增置天官侍郎二員又置左右補闕拾遺各二員三年加秋官侍郎一員永昌元年置左右司員外郎各一員天授二年增置左右補闕拾遺各三員通滿五員長壽二年增夏官侍郎三員大足元年加營繕少匠一員左右羽林衞各增置將軍一員洛雍幷荊揚益六州置左右司馬各一員長安三年增置司勳員外郎一員地官依舊置侍郎一員洛幷及三大都督府司馬宜依舊置一員神龍元年二月臺閣官名並依永淳已前故事廢左右司員外郎左右千牛衞各置大將軍一員東都置太廟官吏增置太常大理少卿各一員二年又置員外郎凡一千餘人超授閣官七品已上員外者又千餘人十二月復置左右司員外郎各一員景雲二年復置太子左右諭德太子左

右贊善大夫各兩員雍洛及大都督府長史加爲三品階別駕致仕依前太極元年光祿大理鴻臚太府衛尉宗正各增置少卿一員秘書少監國子司業少府少監將作少匠左右臺中丞各增置一員雍洛二州及益并荆揚四大都督府各增置司馬一員分爲左右司馬開元元年十二月改尚書左右僕射爲左右丞相中書省爲紫微省門下省爲黃門省侍中爲監雍州爲京兆府洛州爲河南府長史爲尹司馬爲少尹録事參軍爲司録參軍餘司改司爲曹五年九月紫微省依舊爲中書省黃門省爲門下省黃門監爲侍中二十四年九月改主爵爲司封天寶元年二月侍中改爲左相中書令改爲右相左右丞相依舊爲僕射黃門侍郎爲門下侍郎改州爲郡刺史爲太守十一載正月改吏部爲文部兵部爲武部刑部爲憲部其行内諸司有部者並改改駕部爲司駕改庫部爲司庫金部爲司金倉部爲司儲比部爲司計祠部爲司禋膳部爲司膳虞部爲司虞水部爲司水將作大匠爲監少匠爲少監至德二

載十二月勅近日所改百司額及郡名并官名一切依故事於是侍中中書令兵吏部等並仍舊罷郡爲州復以太守爲刺史

正第一品

太師太傅太保太尉司徒司空已上職事官 王爵武德令有天策上將九年省

從第一品

開府儀同三司文散官開府儀同三司及特進不帶職事官者朝參祿俸並同職事仍隸吏部也 太子太師太子太傅太子太保已上職事官 驃騎大將軍武散官 嗣王郡王國公爵

正第二品

特進文散官 輔國大將軍武散官 開國郡公爵武德令惟有公侯伯子男貞觀十一年加開國之稱也 上柱國勲官武德令有尚書令正第二品龍朔二年省自是正第二品無職事官

從第二品

尚書左右僕射太子少師太子少傅太子少保京兆河南太原等七府牧大都督揚幽潞陝靈大都護單于安西已上職事官 光祿大夫文散官 鎮軍大將軍武散官 開國縣公爵 柱國勲官

正第三品

侍中中書令吏部尚書舊班在左右相上開元令移在下 左右衛左右驍衛左右武衛左右威衛左右領軍衛左右金吾衛左右監門衛左右羽林軍左右龍武左右英武六軍大將軍左右千牛衛大將軍自左右衛已下並爲武職事官 戶部禮部兵部刑部工部尚書武德令禮部次吏部兵部次之民部次之貞觀年改以民部次禮部兵部次之則天初又改以戶部次吏部禮部次之兵部次之 太子賓客舊無此職無品開元令始入官品也 太常卿宗正卿天寶初昇入正三品也 太子詹事左右散騎常侍舊班從三品廣德年昇 內侍監舊內侍省無三品官內侍四員秩四品天寶十三年十二月玄宗以中官高力士袁思藝承恩遇特置內侍監兩員秩三品以授之 中都督上都護已上除八大將軍並爲文職事官 金紫光祿大夫文散官 冠軍大將軍武散官 懷化大將軍顯慶三年置以授初附首領仍隸諸衛也 上護軍勲官

從第三品

御史大夫舊班在秘書監九卿下開元令移在上 秘書監光祿衛尉太僕大理鴻臚司農太府卿國子祭酒殿中監少府監將作監諸衛羽林入正三品千牛龍武將軍下都督上州刺史京兆河南太原等七尹舊雍洛長史從四品

上景雲二年加秩爲從三品也 五大都督府長史舊從四品上景雲二年加秩爲從三品 大都護府副都護舊正四品上開元令加入從三品 親王傅已上並職事官諸衛羽林千牛龍武將軍爲武餘並爲文 銀青光祿大夫文散官 開國侯爵 雲麾將軍武散官 歸德將軍顯慶三年置以授初附首領仍隸諸衛也 護軍勲官令有天策上將府長史司馬九年省也

正第四品上階

黃門侍郎中書侍郎舊正四品下階開元令加入上階也 尚書左丞永昌元年進爲從三品如意元年復舊 吏部侍郎武德七年省諸司侍郎吏部郎中爲正四品上貞觀二年復置侍郎其吏部郎中復舊爲五品下 太常少卿太子左庶子太子少詹事太子左右衛左右司禦率左右清道左右內率左右監門率府率中州刺史軍器監武德初爲正三品七年省八年復置九年又省十年復置止都軍器監 上都護府副都護上府折衝都尉武德令統軍正四品下年改爲折衝都尉令始分爲上中下府改定官品自此已上職事官率及折衝爲武餘並爲文也 正議大夫文散官也 開國伯爵 中武將軍武散官 上輕車都尉勲官

正第四品下階

尚書右丞永昌元年進爲從三品如意元年復舊 諸司侍郎太子右庶子左右諭德左右千牛衛左右監門衛中郎將親勲翊衛羽林中郎將下州刺史武德

令中下州刺史正四品下州刺史從四品上貞觀令二切爲下州加入正四品下自此已上職事官中郎將爲武餘並爲文也 通議大夫文散官 壯武將軍武散官

從第四品上階

秘書少監八寺少卿殿中少監太子左右衛司禦清道內率監門副率太子親勳翊衛中郎將太子家令太子率更令太子僕內侍大都護親王府長史已上職事官府率中郎將爲武餘並爲文 太中大夫文散官 宣威將軍武散官 輕車都尉勳官

從第四品下階

國子司業少府少監將作少匠京兆河南太原府少尹大都督府大都護府親王府司馬上州別駕已上職事文官武德令上州別駕正五品上二十三年爲長史前上元年復置別駕定入四品也 中府折衝都尉職事武官 中大夫文散官 明威將軍武散官武德令有天策上將府從事中郎九年省

正第五品上階

諫議大夫御史中丞武德令從五品上貞觀令加入正五品上五年又加入四品如意元年復舊也 國子博士給事中中書舍人太子中允太子左右贊善大夫都水使者萬年長安河南洛陽太原晉陽奉先會昌縣令武德元年勑萬年長安令爲正五品上七年定令改爲從五品貞觀初復舊也 親勳翊衛羽林郎將中都督府上都護府長史親王府諮議參軍事武德令正五品下也 軍器少監太史少監親王府典軍已上職事官郎將典軍爲武餘並爲文永徽令親王典軍從四品下垂拱令改入五品也 中散大夫文散官 開國子爵 定遠將軍武散官 上騎都尉勳官

○ 十九 唐志二十二 七 陳迎

正第五品下階

太子中舍人尚食尚藥奉御太子親勳翊衛郎將內常侍中都督上都護府司馬中州別駕下府折衝都尉已上職事官郎將折衝爲武餘並爲文也 朝議大夫文散官 寧遠將軍武散官武德令有天策上將軍諮祭酒九

從第五品上階

尚書左右諸司郎中武德令吏部郎中正四品上諸司郎中正五品上貞觀二年並改爲從五品上也 秘書丞武德令正五品上永徽令改也 著作郎太子洗馬殿中丞尚衣尚舍尚乘尚輦御獻陵昭陵恭陵橋陵八陵令武德諸陵令從七品下永徽二年加獻昭二陵令爲從五品已後諸陵並相承依獻昭二陵也 親王府副典軍下都督府長史下州別駕已上職事官典軍爲武餘並爲文也 朝請大夫文散官 開國男爵 游擊將軍武散官 騎都尉勳官舊有太公廟令武德年七品下永徽二年加從五品上開元二十四年省也

從第五品下階

大理正太常丞太史令內給事太子典內舊正六品上開元令改 下都督府上州司馬武德令上州治中正五品下貞觀初改 親王友武德令正五品下也 宮苑總監上牧監上府果毅都尉已上職事官果毅爲武散餘並爲文 駙馬都尉奉車都尉並武散官駙馬自近代已來唯尚公主者授之奉車有慶已來無其人 朝散大夫文散官 游擊將軍武散官武德令有天策上將府主簿寀參軍九年省神龍令有庫谷斜谷監也

正第六品上階

太學博士武德令從六品已上貞觀年改 太子詹事府丞太子司議郎太子舍人中郡長史武德令中州別駕從五品上貞觀年改也 太子典膳藥藏郎京兆河南太原府諸縣令武德元年勑雍州諸縣令階從五品上七年定令改 親王府掾屬武德令從五品下也 武庫中尚署令武德令依上署令從七品下太極年改武庫令階開元年改中尚令階 諸衛左右司階中府果毅都尉鎮軍兵滿二萬人已上司馬已上職事官司階果毅爲武餘並爲文也 親勳翊衛校衛勳官 朝議郎文散官 昭武校尉武散官 驍騎尉勳官

正第六品下階

千牛備身左右衛官已上王公已下高品子孫起家爲之 太子文學下州長史武德令中下州別駕正六品貞觀二十三年改爲長史丞永徽元年諸州置別駕官天寶八載停別駕下州置長史從上元二年諸州置別駕不廢下府長史也 中州司馬武德令中州治中從五品下貞觀令改 內謁者監中牧監上牧副監已上文職事官 上鎮將武職事官武德令從四品下也 承議郎文散官 昭武副尉武散官武德令有天策上將府諸曹參軍事九年省也

○ 十九 唐志二十二 八 陳迎

從第六品上階

起居郎起居舍人尚書諸司員外郎武德令吏部員外郎正六品上諸司員外郎正六品下貞觀二年改 八寺丞大理司直國子助教武德令從七品上 城門符寶郎通事舍人秘書郎武德令正七品上 著作佐郎武德令正七品上 侍御醫武德乾封令正七品上神龍令從六品下開元改 諸衛羽林長史兩京市署令武德四年進爲從五品上七年定令復舊也 下州司馬武德令中下州治中正六品下 親王文學主簿記室錄事參軍武德令親王府文學已下並正六品下也 諸州上縣令已上文職事官 諸率府左右司階武職事官 鎮軍兵不滿二萬人司馬文職事官 左右監門校尉親勳翊衛旅帥勳衛 奉議郎文散官 振威校尉武散官 飛騎尉勳官

從第六品下階

侍御史舊從七品上垂拱令改 少府將作國子監丞太子內直典設宮門郎太公廟令司農寺諸園苑監下牧監宮苑總監副監互市監中牧副監

已上文武職事官下府果毅都尉武職事官親王府校尉衛官通直郎文散官振威副尉武散官

正第七品上階

四門博士詹事司直左右千牛衛長史尚食尚藥直長太子左右衛司禦清道率府長史軍器監丞諸州中縣令京兆河南太原府司錄參軍事大都督大都護府錄事參軍事親王府諸曹參軍已上文職事官武德令親王府功曹倉曹戶曹兵曹參軍事從五品下騎曹鎧曹田曹士曹水曹參軍事等七品下也中鎮將武職事官武德令從五品下衛太子千牛親勳翊衛隊正副隊正已上衛官朝請郎文散官致果校尉武散官雲騎尉勳官

正第七品下階

尚衣尚舍尚乘尚輦直長太子通事舍人内寺伯京兆河南太原府大都督大都護府諸曹參軍中都督上都護府錄事參軍事諸倉諸冶司竹溫湯監諸衛左右中候上府別將武德令別將正五品上年改為果毅聖曆三年復置別將上府長史武德令統軍長史正八品下也上鎮副武德令從五品下下鎮將武德令正六品下下牧副監已上職事官中候別將鎮副為武餘並為文也宣德郎文散官致果副尉武散官武德令又有天策上將府參軍事九年省又有雲騎尉并監諸王百司問事謁者

○十九【唐志二十二】九　晴明

從第七品上階

殿中侍御史武德貞觀令並正八品上垂拱年改左右補闕太常博士太學助教武德令從八品下也門下錄事中書主書尚書都事九寺主簿太子詹事主簿太子左右内率監門率府長史太子侍醫太子三寺丞都水監丞諸州中下縣令親王府東西閤祭酒武德令正六品下京縣丞萬年長安河南洛陽奉先會昌太原晉陽下都府上州錄事參軍中都督上都護府諸曹參軍事中府別將長史中鎮副武德令正六品下已上職事官別將鎮副為武餘並為文左右監門直長勳衛太子親衛已上衛官朝散郎文散官翊麾校尉武散官武騎尉勳官

從第七品下階

太史丞同監局御史臺主簿少府將作國子監主簿御史臺國子監主簿舊正八品垂拱令改掖庭令宮闈令上署令加此太樂鼓吹太醫太卜太官左藏令東宮典客上林太倉平準常平左尚右尚典牧武德令有太廟諸陵典膳展中尚郡水常平其左尚典牧本中署右尚本下署開元初改之也諸州下縣令天寶五載一切為中下縣諸陵署丞永徽二年加秩舊有太廟署丞武德為九品永徽二年加秩從七品上開元年省也司農寺諸園苑副監神龍令有諸冶副監宮苑總監丞下都督府諸曹參軍太子内坊丞舊正八品上開元初改之親王國令舊親派内正九品太極年改公主家令舊親派内正八品太極年改上州諸參軍事下府別將長史下鎮將武德令從六品下諸屯監武德令有芳林監神龍令有苑四面監諸率府左右中候鎮軍滿二萬人以上諸曹判司已上職事官別將鎮副中候長史為武餘並為文也太子左右監門直長親王府旅帥諸折衝府校尉已上衛官武德令府校尉正六品下也宣義郎文散官翊麾副尉武散官

正第八品上階

監察御史舊從八品上垂拱令改協律郎諸衛羽林龍武軍錄事參軍事中署令鉤盾合鐵諸冶武德令有衣冠署令中州錄事參軍事太醫博士太子典膳藥藏丞軍器監主簿武庫署丞舊從八品下開元初改兩京市署丞上牧監丞武德令從八品下神龍令有庫谷斜谷大陳伊陽監丞鎮軍不滿二萬人以上諸曹判司已上文職事官也翊衛太子勳衛親王府執仗執乘親事已上衛官給事郎文散官宣節校尉武散官武德令有天策上將府典籤九年省

正第八品下階

奚官内僕内府局令下署令太卜廩犧珍羞良醞掌醢中尚武器崇玄導官中右校左校甄官河渠坊甲坊神

○十九【唐志二十二】十

武德令又有千牛備身二署令也諸衛羽林龍武諸曹參軍事中州諸司參軍事親王府京兆河南太原府大都督大都護府參軍事武德令親王府參軍從七品下雍州行參軍正八品上也尚藥局司醫京兆河南太原府諸縣丞太子内直宮門丞太公廟丞諸宮農圃監互市監丞司竹副監司農寺諸園苑監丞靈臺郎已上文職事官諸衛左右司戈上戍主已上武職事官武德令有中鎮長史備身衛官徵事郎文散官宣節副尉武散官

從第八品上階

左右拾遺太醫署針博士四門助教武德令從九品上左右千牛衛錄事參軍下州錄事參軍武德令有中下州諸司參軍事諸州上縣丞中牧監丞武德令正八品上京縣主簿太子左右衛司禦率清道率府錄事參軍中都督府上都護府參軍親王府行參軍武德令正八品上京兆河南太原大都督府博士武德令雍州博士從八品下諸倉諸冶司竹溫湯監丞武德令有溫湯監丞神龍令有大和監丞也保章正已上文職事太子翊衛諸府旅帥已上衛官武德乾封令諸府旅帥正七品下承奉郎文散官禦侮校尉武散官

從第八品下階

大理評事律學博士太醫署醫監太子左右春坊録事左右千牛衛諸曹參軍內謁者太子左右衛司禦清道率府諸曹參軍事太子諸署令掖庭宮闈局丞太史都水監主簿大史爲局則省主簿中書門下尚書都省兵吏部考功禮部主事舊從九品上開元二十四年改七司入八品其省內諸司依舊上署丞武德令有芳監監丞下都督府上州參軍事中都督府上州博士諸州中縣丞諸王府典籤武德令正八品下京縣尉親王國大司農舊視流內正第七品開元初改公主家丞舊視流內正第九品開元初改諸屯監丞上關令上府兵曹上鎮倉曹兵曹參軍事武德令有下鎮長史挈壺正已上文職事官中戍主上戍副率府左右司戈已上武職事官太子備身親王府隊正已上衛官承務郎文散官禦侮副尉武散官

正第九品上階

校書郎永徽令加入從八品下垂拱令復舊太祝太子左右內率監門府録事參軍太子內方典直中署丞典客署掌客親勳翊衛府羽林兵曹參軍事兵濱令諸津令下牧監丞武德令正八品下神龍令有廩園丞開元前令有沙苑丞諸州中下縣丞中郡博士武德令正九品下京兆河南太原府諸縣主簿武庫署監事已上文

○ 十九 唐志二十三 十一 時明

職事官武德令有天策上將府録事其武庫監事從九品下太極年改也儒林郎文散官仁勇校尉武散官

正第九品下階

正字永徽令改入上階垂拱令復舊太子校書永徽令改入上階垂拱令復舊奚官內僕內府局丞下署丞尚食局尚醫尚藥局醫佐尚乘局奉乘司庫司廩太史局司辰典廐署主乘太子左右內率監門率府諸曹參軍事太子三寺主簿詹事府録事龍朔年置桂坊録事咸亨年省太子親勳翊府兵曹參軍事諸州下縣丞諸州上縣中縣主簿中州參軍事武德令正九品上下州博士武德令中下州博士從九品上下州博士從九品下京兆河南太原府諸縣尉上牧主簿諸宮農圃監丞中關令中府兵曹親王國尉舊視流內正八品開元初改武德令有親王府鎧曹事及司閤上關丞武德令有上諸衛左右執戟中鎮兵曹參軍下戍主已上職事官執戟戍主爲武餘並爲文諸津尉折衝府隊正已上衛官登仕郎文散官仁勇副尉武散官

從第九品上階

尚書諸司御史臺秘書省殿中省主事奉禮郎律學助教太子正字弘文館校書太史司曆太醫署醫助教京兆河南太原府九寺

少府將作監録事都督都護府上州録事市令宮苑總監主簿中牧監主簿永徽令有監漕諸州中下縣主簿上縣中縣尉下府兵曹已上並職事文官文林郎文散官陪戎校尉武散官

從第九品下階

內侍省主事國子監親王府録事太子左右春坊主事崇文館校書書學博士筭學博士門下典儀太醫署按摩呪禁博士太卜署博士太醫署針助教太醫署醫正太卜署卜正太史局監候親王國丞舊視流內正第九品開元初改從正流內掖庭局宮教博士太子諸署丞太子典食署丞太子典廐署典乘諸監作諸監事計官太官署監膳太樂鼓吹署樂正大理寺獄丞下州參軍事武德令中下州行參軍正九品上下州參軍從九品上中州下州醫博士諸州中縣下縣尉京縣録事下牧監主簿下關令中關丞諸衛羽林長上公主邑司録事諸津丞下鎮兵曹參軍武德令有諸鎮諸屯丞諸率府左右執戟已上職事官長上執戟爲武餘並爲文親王府隊副諸折衝府隊副已上衛官將仕郎文散官陪戎副尉武散官流內九品三十階之內又有視流

○ 十九 唐志二十三 十二 [illegible]

內起居五品至從九品初以薩寶府親王國官及三師三公開府嗣郡王上柱國已下護軍已上勳官帶職事者府官等品開元初一切罷之今唯有薩寶祆正二官而已又有流外自勳品以至九品以爲諸司令史贊者典謁亭長掌固等品視流外亦自勳品至九品開元初唯留薩寶祆祝及府史餘亦罷之職事者諸統領曹事供命王命上下相攝以持庶績近代已來又分爲文武二職分曹置員各理所掌五品已上舊制吏部尚書進用自隋已後則中書門下知政事官訪擇聞奏然後下制授之三品已上德高委重者亦有臨軒冊授自神龍之後冊禮廢而不用朝廷命官制勑而已六品已上吏部選擬録奏書旨授之有唐已來出身入仕者著令有秀才明經進士明法書筭其次以流外入流若以門資入仕則先授親勳翊衛六番隨文武簡入選例又有齋郎品子勳官及五等封爵屯官之屬亦有番第許同揀選天寶三載又置崇玄學習道德等經同明經例自餘或臨時聽勑不可盡載其秀才有唐已來無

其入職事官資則清濁區分以次補授又以三品已下官及門下中書侍郎尚書左右丞諸司侍郎太常少卿太子少詹事左右庶子秘書少監國子司業爲清望官太子左右諭德左右衛左右千牛衛中郎將太子左右率府左右內率府率及副太子左右衛率府中郎將已上四品諫議大夫御史中丞給事中中書舍人太子中允中舍人左右贊善大夫洗馬國子博士尚書諸司郎中秘書丞著作郎太常丞左右衛郎將左右衛率府郎將已上五品起居郎起居舍人太子司議郎尚書諸司員外郎太子舍人侍御史秘書郎著作佐郎太學博士詹事丞太子文學國子助教已上六品左右補闕殿中侍御史太常博士四門博士詹事司直太學助教已上七品左右拾遺監察御史四門助教已上八品爲清官自外各以資次遷授開元中裴光庭爲吏部尚書始用循資格以注擬六品已下選人其後每年雖小有移改然相承至今用之武散官舊謂之散位不理職務加官而已後魏及梁皆以散號將軍記其本階自隋改用開府儀同三司已下貞觀年又分文武入仕者皆帶散位謂之本品以門資出身者諸嗣王郡王出身從四品下親王諸子封郡公者從五品上國公正六品上郡公正六品下縣公從六品上侯正七品上伯正七品下子從七品上男從七品下皇帝緦麻以上親皇太后周親出身六品上皇太后大功親皇后周親從六品上皇帝袒免親皇太后小功緦麻親皇后大功親正七品上皇后小功緦麻親皇太子妃周親從七品上其外戚各依服屬降宗親二階敘諸娶郡主者出身六品上娶縣主者正七品上郡主子出身從七品上縣主子從八品上一品子正七品上二品子正七品下三品子從七品上從三品子從七品下正四品子正八品上從四品子正八品下正五品子從八品上從五品及國公子從八品下三品以上蔭曾孫五品已上蔭孫孫降子一等曾孫降孫一等諸秀才出身上上第正八品上上中第正八品下上下第從八品上明經出身上上第從八品下上中第從九品上進士明法出身甲第從九品上乙第從九品下若

通三經已外每一經加一等勳官預文武選者上柱國正六品上敘以下遞降一階凡入仕之後遷代則以四考爲限四考中中進年勞一階敘每一考中上進一階一考上下進二階五品已上非恩制所加更無進之令自武德至乾封未有泛階之恩應入三品者皆以恩舊特拜入五品者多依選敘計階至朝散大夫已上奏取進止每年量多少進敘餘並依本品授官若滿三計至即一切聽入至乾封元年文武普加二階永淳元年二月敕文武官累積勞効計至五品計至者多未甄擢每計至者隨例加勳賞自今已後一計至已上有在官清慎狀迹灼然材堪應務者所司具錄奏聞當與進階若公政無聞循默自守及未經任州縣官者雖頻經計至不在加階之限即爲恒例弘道元年又普加一階乃有九品職事及三衛階高者並入五品則天朝泛階漸多始令仕經八考職事六品者許入萬歲通天元年勅自今已後文武官加階應入五品者並取出身已歷十二考已上進階之時見居六品官其應入三品人出身已二十五考以上進階見居三品官無幾入五品又加至十六考神功元年制勳官品子流外國官出身不得任清資要官應入三品不得進階開元已來伎術者經二十考三省都事及主事錄事十八考亦聽敘吏部檢勘歷任階考判成錄奏每制之日應入三品五品者皆令人參趁或是遠方牧宰諸司閑職齎持金帛贈遺主典知加階令史乃有受納萬數者臺省要職以加位爲榮亦有遺主典錢帛者舊例開府及特進雖不職事皆給俸祿預朝會行立在於本品之次光祿大夫已下朝散大夫已上衣服依本品無祿俸不預朝會朝議郎已下黃衣執笏於吏部分番上下承使及親驅使甚爲猥賤每當上之時至有爲主事令史守局鑰執鞭帽者兩番已上則隨番許簡通時務者始令參選一登職事已後雖官有代滿即不復番上勳官者出於周齊交戰之際本以酬戰士其後漸及朝流階爵之外更爲節級周置上開府儀同三司開府儀同三司上儀同三司儀同三司等十一號隋文帝因周之舊更增損之有上柱國柱國上大將軍大將軍上開府儀同三司開府儀同三司上儀同三司儀同三司大都督帥都督都督起正二品至七品總十一等用

賞勳勞煬帝又改爲左光祿大夫右光祿大夫金紫光祿大夫銀青光祿大夫正議大夫朝請大夫朝散大夫建節奮武尉宣惠尉十一等以代都督已上又增置綏德懷仁守義奉誠立信等五尉以至從九品武德初雜用隋制至七年頒令定用上柱國柱國上大將軍大將軍上輕車都尉輕車都尉上騎都尉騎都尉驍騎尉飛騎尉雲騎尉武騎尉凡十二等起正二品至從七品貞觀十一年改上大將軍爲上護軍大將軍爲護軍自外不改行之至今永徽已後以國初勳名與散官名同年月既久漸相錯亂咸亨五年三月更下詔申明各以類相比武德初光祿大夫比今日上柱國左光祿大夫比柱國右光祿大夫及上大將軍比上護軍金紫光祿大夫及將軍比護軍銀青光祿大夫及上開府比上輕車都尉正議大夫及開府比輕車都尉通議大夫及上儀同三司比上騎都尉朝請大夫及儀同比騎都尉上大都督比驍騎尉大都督比飛騎尉帥都督比雲騎尉都督比武騎尉自是已後戰士授勳者動盈萬計

○ 十九 唐志二十二 十五 王圭

每年納課亦分番於兵部及本郡當上省司又分支諸曹身應役使有類僮僕據令乃與公卿齊班論實在於胥吏之下蓋以其猥多又出自兵卒所以然也武德初以諸道軍務事繁亦分置行臺尚書省其陝東道大行臺尚書省令一人正第二品掌管内軍人摠判省事僕射一人從第二品在置掌貳令事左丞一人正第四品下右丞一人正第四品下掌分司糾正省内都事一人從第七品上主事四人從第九品上諸司主事並同並掌同京省兵部尚書一人正第四品諸尚書並同兼掌吏部事司勳郎中一人正第五品上諸郎中並同主事一人考功郎中一人主事一人兵部郎中一人主事二人駕部郎中一人主事二人民部尚書一人兼掌禮部事禮部郎中一人主事一人膳部郎中一人主事一人度支郎中一人主事二人倉部郎中一人主事二人工部尚書一人兼掌刑部事刑部郎中一人主事一人都官郎中一人主事一人工部郎中一人主事一人屯田郎中一人主事一人每郎中兼京省二司各有令史書令史及掌固並流外食貨監一人正第八品下諸監同掌膳羞財物賓客鋪設音樂醫藥事丞二人正第九品下諸監丞同農

圃監一人掌倉廩園圃柴炭芻藁運漕之事丞四人武器監一人掌兵仗廄牧之事丞二人百工監一人掌舟車及營造雜作之事丞四人各有錄事及府史典事掌固等並流外諸道行臺尚書省益州道襄州道東南道河東道河北道令一人從第二品掌同陝東道大行臺僕射一人正第三品左右任置丞一人左右任置左丞從四品上右丞從四品下都事二人正第八品上主事二人兵部尚書一人從第三品諸尚書同兼掌吏部禮部事考功郎中一人從第五品上諸郎中並同主事二人從第九品下諸主事同膳部郎中一人主事二人兵部郎中二人主事二人民部尚書一人兼掌刑部工部倉部郎中二人主事二人刑部郎中一人主事二人屯田郎中一人主事二人每郎中兼掌京省三司各有令史書令史掌固並流外也倉貨監一人從八品上武器監同兼掌農圃監事丞一人兼掌百工事丞二人兩監各有錄事府史典事掌固等並流外時秦王齊王府官之外又各置左右六護軍府及左右親掌帳内府其左一右一護軍府護軍各一人正第四品下掌率統軍已下侍衛陪從副護軍各二人從四品下長史各一人從七品下錄事參軍各一人從八品有錄事及府史並流外倉曹參軍事各一人兵曹參軍事各一人鎧曹參軍事各一人並正九品下各有府

○ 十九 唐志二十二 十六 吳圭

史並流外統軍各五人別將各一人分掌領親勳衛及外軍左二右二護軍府左三右三護軍府各減統軍三人別將六人餘職員同左一右一府其左右親軍府統軍各一人正四品下掌率左右別將侍衛陪從長史一人正八品下錄事參軍事各一人正九品上有錄事及府史並流外兵曹參軍事各一人鎧曹參軍事各一人並正九品下各有府史並流外左別將各一人右別將各一人正五品下掌率親事以上侍衛陪從其帳内府職員品秩與統軍府同又有庫直及驅咥直庫直隸親事府驅咥直隸帳内府各於左右内選才堪者量事置之武德四年太宗平洛陽之後又置天策上將府官員天策上將一人掌國之征討摠判府事長史司馬各一人從事中郎二人並掌通判府事軍諮祭酒二人謀軍事贊相禮儀宴接賓客典籤四人掌宣傳導引之事主簿二人掌省覆教命錄事二人記室參軍事二人掌書疏表啓宣行教命功曹參軍事二人掌官員假使儀式醫藥選舉考課祿恤鋪設等事倉曹參軍二人掌糧廩公廨田園廚膳過所等事兵曹參軍事二人掌兵士

簿帳差點等事騎曹參軍事二人掌馬驢雜畜簿帳及牧養支料草粟等事鎧曹參軍事二人掌戎仗之事士曹參軍事二人掌營造及罪罰之事六曹並有令史書令史參軍事六人掌出使及雜檢校之事其陝東道大行臺尚書令及天策上將太宗在藩爲之及升儲並省之山東道行臺武德五年省餘道九年省

唐書志卷第二十二

左從政郎紹興府錄事參軍張嘉賓校勘

唐書志卷第二十三

劉昫

職官二

太師太傅太保各一員謂之三師並正一品後漢初太傅置府僚至周隋三師不置府寮初拜於尚書省上隋煬帝廢三師之官武德復置一如隋制三師訓導之官天子所師法大抵無所統職然非道德崇重則不居其位無其人則闕之

太尉司徒司空各一員謂之三公並正一品魏晉至北齊三公置府寮隋初亦置府寮尋省府及寮佐初拜於尚書省上唐因之武德初太宗爲之其後親王拜三公皆不視事祭祀則攝者行之也三公論道之官也蓋以佐天子理陰陽平邦國無所不統故不以一職名其官大祭祀則太尉亞獻司徒奉俎司空行掃除

尚書都省龍朔二年改爲中臺光宅元年改爲文昌臺神龍初復尚書省領二十四司六尚書各分領四司

尚書令一員正二品武德中太宗爲之自是闕而不置令總領百官儀形端揆其屬有六尚書一曰吏部二曰戶部三曰禮部四曰兵部五曰刑部六曰工部凡庶務皆會而決之左右僕射各一員從二品龍朔二年改爲左右匡政光宅元年改爲文昌左右相開元元年改爲左右丞相天寶元年復爲左右僕射掌統理六官綱紀庶務以貳令之職自不置令僕射總判省事御史糾劾不當兼得彈之左右丞各一員左丞正四品上右丞正四品下龍朔改爲左右肅機咸亨復舊永昌元年昇爲從三品也如意元年復四品也左丞掌管轄諸司糾正省內勾吏部戶部禮部十二司通判都省事若右丞闕則併行之右丞管兵部刑部工部十二司若左丞闕右丞兼知其事御史有糺劾不當兼得彈之左右司郎中各一員並從五品上隋置武德初省貞觀初復置龍朔二年改爲左右承務咸亨復也左司郎中副左丞所管諸司事省署鈔目勘稽失知省內宿直之事若右司郎中闕則併行之左右司員外郎各一員天后永昌元年置左右司員外郎各一人神龍初省後復置左右司郎中員外郎各掌副十有二司之事以舉正稽違省署符目焉凡都省掌舉諸司之綱紀與百寮之程式以正邦理以宣邦教凡上之所以逮下其制有六曰制勅冊令教符天子曰制曰勅曰冊皇太子曰令親王公主曰教尚書省下於州州下於縣縣下於鄉皆曰符也凡下之所以達上其制亦有六曰表狀牋啓辭牒表上於天子其近臣亦爲狀牋啓上皇太子然於其長亦爲之非公文所施有品已上公文皆曰牒庶人之言曰辭也諸司自相質問其義有三關刺移關謂關通其事刺謂刺舉之

典事於他司移則通判之官皆連署也凡內外百司所受之事皆印其發日爲之程限凡尚書省施行制勑案成則給程以鈔之若急速者不出其日若諸州計奏達于京師量事之大小與多少以爲之節凡京師諸司有符移關牒下諸州者必由於都省以遣之凡文案既成勾司行朱訖皆書其上端記年月日納諸庫凡施行公文應印者監印之官考其事目無差然後印之必書於曆每月終納諸庫凡尚書省官每日一人宿直都司執直簿轉以爲次凡內外百寮日出而視事既午而退有事則直官省之其務繁不在此例凡天下制勑計奏之數省符宣告之節率以歲終爲斷京師諸司皆以四月一日納于都省其天下諸州則本司推校以授勾官勾官審之連署封印附計帳使納于都省常以六月一日都事集諸司令史對覆若有隱漏不同皆附于考課焉主事六人（從九品上）令史十八人書令史三十六人亭長六人掌固十四人（凡令史掌案文簿亭長掌固檢校省門戶倉庫廳事陳設之事也）

○吏部尚書一員（正三品龍朔二年改爲司列太常伯光宅元年改爲天官尚書神龍復爲吏部尚書也）侍郎二員（正四品上隋煬帝大業三年尚書六曹各置侍郎一人以二尚書之職並正四品國家定令諸曹侍郎降爲正四品下唯吏部侍郎爲正四品上龍朔改爲司列少常伯咸亨復舊總章元年吏部兵部各增置侍郎一員也）吏部尚書侍郎之職掌天下官吏選授勳封考課之政令其屬有四一曰吏部二曰司封三曰司勳四曰考功總其職務而行其制命凡中外百司之事由於所屬皆質正焉凡選授之制每歲集於孟冬去王城五百里之內以上旬千里之內以中旬千里之外以下旬尚書侍郎分爲三銓（尚書爲尚書銓侍郎二人分爲中銓東銓）凡擇人以四才（四才謂身言書判其優長者有可取焉）校功以三實（三實謂德行才用勞効德均以才才均以勞必考其實而進退之）較之優劣而定其留放所以正權衡明與奪抑貪冒進賢能然後據其官資量爲注擬（五品已上以名上中書門下聽制授六品已下量資注定其才職頗高可擢爲拾遺補闕監察御史者亦以名送中書門下聽勑授）其有歷職清要考第頗深者得隔品授之不然即否凡出身非清流者不注清資官凡注官若資未相當及以爲非便者聽至三注凡伎術之官皆本司定送吏部附甲凡同司聯事勾檢之官皆不得注大功已上親凡皇親諸親及軍功兼帶員外郎凡注擬必先具官階團甲送門下以聞（注官階高擬卑曰行階卑擬高曰守三銓注擬訖皆當銓團甲過左右僕射若中銓東銓則過尚書皆乃上門下省給事中讀黃門侍郎省侍中審然後進甲以聞聽旨授而施行焉若左右僕射門下批官不當者別改注亦有重執而上者也）凡大選終於季春之月（若選人有身在軍中試書判封送吏部勲有春中下解而後集謂之春選若優勞人有勅則有與分及即與官者並非時選一百日內注擬之）所以定九流之品格補萬方之闕政官人之道備焉

郎中二員（並從五品上龍朔爲司列大夫咸亨光宅並隨曹改也）員外郎二員（並從六品上）令史三十人書令史六十人亭長八人掌固十二人郎中一人掌考天下文吏之班秩階品凡敘階二十有九在都序自一品至九品品有上下凡散官四品已下九品已上並於吏部當番上下（其應當番四十五日若都省須人送諸司須人者並兵部吏部散官上經兩番已上聽簡入選不第者依番名不過五六也）凡敘階之法有以封爵有以親戚有以勳庸有以資蔭有以秀孝有以勞考有除免而復敘者皆循法以申之無或枉冒凡應入三品五品者皆待別制而進之不然則否凡文武百寮之班序官同者先爵爵同者先齒凡京司有常參官（謂五品以上職事官八品已上供奉官員外郎監察御史太常博士）供奉官（兩省自侍中中書令已下盡名供奉官）

○諸司長官清望官四品已下八品已上清官每日以六品已上清官兩人待制於衙（供奉官宿衛官不在此例）凡授四品已下清望官才職相當不應進讓凡職事官應覲省及移疾不得過程年七十已上應致仕若齒力未衰亦聽釐務凡官人身及同居大功已上親自執工商家專其業及風疾使酒皆不得入仕凡內外官有清白著聞應以名薦則中書門下改授五品已上量加昇進六品已下有付吏部即量等第遷轉若第二第三等人五品已上改日稍優之六品已下秩滿聽選不在放限其嶺南黔中三年一置選補使號爲南選凡天下官吏各有常員凡諸司置直皆有定數（諸司諸色有品直官）內外官吏則有假寧之節行李之命簿書景迹功賞殿最員皆與員外郎分掌之郎中一人掌小銓亦分爲九品通謂之行署以其在九流之外故謂之流外銓亦謂之小選其校試銓注與流內銓略同其吏部兵部禮部考功都省御史臺中書門下謂之前八司其餘則曰後行凡擇流外取工書計兼頗曉時務（三事中有一優長則在敘限）每經三考聽轉選量其才能而進之不則從舊任（小銓舊委郎中專知開元二十五年勅銓試訖留放皆尚書侍郎定之）

員外郎一人掌判南曹（曹在選曹之南故謂之南曹）每歲選人有解狀簿書資歷考課必由之以覈其實乃上三銓其三銓進甲則署焉

員外郎一人掌判曹務凡預太廟齋郎帖試如貢舉之制

司封郎中一員（從五品上隋曰主爵郎武德因之龍朔二年改爲司封大夫光宅改司封郎中）　司封員外郎一員（從六品上）主事二人（從九品上）令史四人書令史九人掌固四人　司封郎中員外郎之職掌國之封爵凡有九等（一曰王正一品食邑一萬戶二曰郡王從一品食邑五千戶三曰國公從一品食邑三千戶四曰郡公正二品食邑二千戶五曰縣公從二品食邑一千五百戶六曰縣侯從三品食邑一千戶七曰縣伯正四品食邑七百戶八曰縣子正五品食邑五百戶九曰縣男從五品食邑三百戶）凡名山大川及畿內諸縣皆不以封至郡公有餘爵聽迴授子孫其國公皆特封凡天下觀有定數每觀立三綱以道德高者充凡三元諸齋日修金籙明眞等齋凡道士女道士簿籍三年一造凡外命婦之制皇之姑封大長公主皇姊妹封長公主皇女封公主皆視正一品皇太子之女封郡主視從一品王之女封縣主視正二品王母妻爲妃一品及國公母妻爲國夫人三品已上母妻爲郡夫人五品若勳官三品有封母妻爲縣君散官並同職事

勳官四品有封母妻爲鄉君其母邑號皆加太字各視其夫子之品若兩有官爵者從其高者內命婦一品之母爲正四品郡君二品之母爲從四品郡君三品四品之母並爲正五品郡君凡婦人不因夫及子而別加邑號夫人云某品夫人郡君爲某品郡君縣君鄉君亦然凡庶子有五品已上官皆封嫡母無嫡母封所生母凡二王後夫人職事五品已上散官三品已上王及國公母妻朝參各視其夫及子之禮凡親王孺人二人視正五品媵十人視正六品嗣王郡王及一品媵十人視從六品二品媵八人視正七品三品及國公媵六人視從七品四品媵四人視正八品五品媵三人視從八品降此外皆爲妾凡皇家五等親及諸親三等存亡昇降皆立簿書籍每五年一造除附之制並載於宗正寺

司勳郎中一員（從五品上隋曰司勳郎武德初加中字龍朔改爲司勳大夫咸亨復）　司勳員外郎二員（從六品上）主事四人（從九品上）令史三十三人書令史六十七人掌固四人　郎中員外郎之職掌邦國官人之勳級凡勳十有二轉爲上柱國比正二品十一轉爲柱國比從二品十轉爲上護軍比正三品九轉爲護軍比從三品八轉爲上輕車都尉比正四品七轉爲輕車都尉比從四品六轉爲上騎都尉比正五品五轉爲騎都尉比從五品四轉爲驍騎尉比正六品三轉爲飛騎尉比從六品二轉爲雲騎尉比正七品一轉爲武騎尉比從七品凡有功効之人合授勳官者皆委之覆定然後奏擬

考功郎中一員（從五品上龍朔二年改爲司績大夫咸亨復）　考功員外郎一員（從五品上龍朔改爲司績員外郎咸亨復）主事三人（從八品上）令史十三人書令史二十五人掌固四人　郎中員外郎之職掌內外文武官吏之考課凡應考之官家具錄當年功過行能本司及本州長官對衆讀議其優劣定爲九等考第各於所由司準額校定然後送省內外文武官量遠近以程之有差附朝集使送簿至省每年別勑定京官位望高者二人其一人校京官考一人校外官考又定給事中中書舍人各一人其一人監京官考一人監外官考郎中判京官考員外判外官考其

檢覆同者皆以功過上使京官則集應考之人對讀注定外官對朝集使注定凡考課之法有四善一曰德義有聞二曰淸慎明著三曰公平可稱四曰恪勤匪懈善狀之外有二十七最其一曰獻可替否拾遺補闕爲近侍之最其二曰銓衡人物擢盡才良爲選司之最其三曰揚淸激濁褒貶必當爲考校之最其四曰禮制儀式動合經典爲禮官之最其五曰音律克諧不失節奏爲樂官之最其六曰決斷不滯與奪合理爲判事之最其七曰都統有方警守無失爲宿衞之最其八曰兵士調習戎裝充備爲督領之最其九曰推鞫得情處斷平允爲法官之最其十曰讎校精審明爲刊定爲校正之最其十一曰承言敷奏吐納明敏爲宣納之最其十二曰訓導有方生徒充業爲學官之最其十三曰賞罰嚴明攻戰必勝爲將帥之最其十四曰禮義興行肅淸所部爲政教之最其十五曰詳錄典正辭理兼舉爲文史之最其十六曰訪察精審彈舉必當爲糾正之最其十七曰明於勘覆稽失無隱爲勾檢之最其

十八曰職事修理供承強濟爲監掌之最其十九曰功課皆充丁匠無怨爲役使之最其二十曰耕耨以時收穫剩課爲屯官之最其二十一曰謹於蓋藏明於出納爲倉庫之最其二十二曰推步盈虛究理精密爲曆官之最其二十三曰占候醫卜効驗居多爲方術之最其二十四曰譏察有方行旅無壅爲關津之最其二十五曰市廛不擾姦濫不作爲市司之最其二十六曰牧養肥碩蕃息孳多爲牧官之最其二十七曰邊境肅清城隍脩理爲鎮防之最一最以上有四善爲上上一最以上有三善或無最而有四善爲上中一最以上有二善或無最而有三善爲上下一最以上而有一善或無最而有二善爲中上一最以上或無最而有一善爲中中職事粗理善最不聞爲中下愛憎任情處斷乖理爲下上背公向私職務廢闕爲下中居官諂詐貪濁有狀爲下下若於善最之外別可加尚及罪雖成殿情狀可矜雖不成殿而情狀可責者省校之日皆聽考官臨時量定內外官從見任改爲別官者其年考從日申校

○百司量其閑劇諸州據其上下進考之人皆有定限苟無其功不要充數功過於限亦聽量進其決外官本司量其行能功過立四等考第而勉進之凡親勳翊衛皆有考第考第之中略有三等衛主帥如三衛之考其監門校尉直長如主帥之考凡謚議之法古之通典皆審其事以爲旌別

戶部尚書一員（正三品隋爲民部尚書貞觀二十三年改爲戶部顯慶元年改爲度支龍朔二年改爲司元太常伯光宅元年改爲地官尚書神龍復爲戶部）侍郎二員（正四品下自隋已來改易名位皆隋尚書也）

尚書侍郎之職掌天下田戶均輸錢穀之政令其屬有四一曰戶部二曰度支三曰金部四曰倉部總其職務而行其制命凡中外百司之事由於所屬皆質正焉　郎中二員（從五品上）員外郎二員（從六品上郎中員外自隋已來隨曹改易）主事四人（從九品上）令史十五人書令史三十四人亭長六人掌固十人　郎中員外之職掌分理戶口井田之事凡天下十道任土所出爲貢賦之差凡天下之州府三百一十有五而羈縻之州迨八百焉四萬戶已上爲上州二萬戶以上爲中州不滿爲下

州凡三都之縣在內曰京縣城外曰畿又望縣有八十五焉其餘則六千戶以上爲上縣二千戶已上爲中縣一千戶已上爲中下縣不滿一千戶皆爲下縣凡天下之戶八百一萬八千七百一十口四千六百二十八萬五千一百六十一百戶爲里五里爲鄉兩京及州縣之郭內分爲坊郊外爲村里及坊村皆有正以司督察四家爲鄰五鄰爲保保有長以相禁約凡男女始生爲男黃四歲爲小十六爲中二十有一爲丁六十爲老每一歲一造計帳三年一造戶籍縣以籍成于州州成于省戶部總而領焉凡天下之戶量其資產定爲九等每定戶以仲年造籍以季年州縣之籍恒留五比省籍留九比凡戶之兩貫者先從邊州爲定次從關內次從軍府州若俱者各從其先貫焉樂住之制居狹鄉者聽其從寬居遠者聽其從近居輕役之地者聽其從重辨天下之四人使各專其業凡習學文武者爲士肆力耕桑者爲農巧作器用者爲工屠沽興販者爲商工商之家不得預於士食祿之人不得奪下人之利凡天下之田五尺爲

○步步二百有四十爲畝畝百爲頃度其肥瘠寬狹以居其人凡給田之制有差園宅之地亦如之凡給口分田皆從便近居城之人本縣無田者則隔縣給授凡應收授之田皆起十月畢十二月凡授田先課後不課先貧後富先多後少凡州縣界內所部受田悉足者爲寬鄉不足者爲狹鄉凡官人及勳授永業田凡天下諸州有公廨田凡諸州及都護府官人有職分田凡賦役之制有四一曰租二曰調三曰役四曰課戶每丁租粟二石其調隨鄉土所產綾絹絁各二丈布加五分之一輸綾絹者綿三兩輸布者麻三斤皆書印焉凡丁歲役二旬無事則收其庸每日三尺有事而加役者旬有五日免調三旬則租調俱免凡庸調之物仲秋斂之季秋發於州租則準州土收穫早晚量事而斂之仲冬起輸孟春而納畢本州納者季冬而畢凡諸國蕃胡內附者亦定爲九等凡嶺南諸州稅米及天下諸州稅錢各有準常凡丁戶皆有優復蠲免之制若孝子順孫義夫節婦志行聞於鄉閭者州縣申省奏聞而表其門

閭同籍悉免課役有精誠致應者則加優賞焉凡京司文武職事官皆有防閤凡州縣官寮皆有白直凡州縣官及在外監官皆有執衣凡諸親王府屬並給士力具品數如白直凡有功之臣賜實封者皆以課戶充凡食封皆傳于子孫凡庶人年八十及篤疾給侍丁一人九十給二人百歲三人凡天下朝集使皆以十月二十五日至京師十一月一日戶部引見訖於尚書省與羣官禮見然後集于考堂應考績之事元日陳其貢篚於殿廷凡京都諸縣令每季一朝

度支郎中一員（從五品上龍朔改爲司度大夫咸亨復）員外郎一員（從六品上）主事二人（從九品上）令史十六人書令史三十三人計史一人掌固四人　郎中員外之職掌判天下租賦多少之數物產豐約之宜水陸道塗之利每歲計其所出而度其所用轉運徵斂送納皆準程而節其遲速凡和糴和市皆量其貴賤均天下之貨以利於人凡金銀寶貨綾羅之屬皆折庸調以造凡天下舟車水陸載運皆具爲脚直輕重貴賤平易險澁而爲之制凡天下邊軍有支度使以計軍資糧仗之用

○每歲所費皆申度支會計以長行旨爲準

金部郎中一員（從五品上龍朔改爲司珍大夫咸亨復）員外郎一員（從六品上）主事三人（從九品上）令史八人書令史二十一人計史一人掌固四人　郎中員外郎之職掌判天下庫藏錢帛出納之事頒其節制而司其簿領凡度以北方秬黍中者一黍之廣爲分十分爲寸十寸爲尺一尺二寸爲大尺十尺爲丈凡量以秬黍中者容一千二百爲龠二龠爲合十合爲升十升爲斗三斗爲大斗十斗爲斛凡權衡以秬黍中者百黍之重爲銖二十四銖爲兩三兩爲大兩十六兩爲斤凡積秬黍爲度量權衡調鍾律測晷景合湯藥及冠冕之制用之內外官私悉用大者凡庫藏出納皆行文牓季終會之若承命出納則於中書門下省覆而行之百司應請月俸符牒到所由皆遞覆而行之乃置木契與應出物之司相合凡官私互市物數有制凡縑帛之類有長短廣狹端疋屯綟之差凡賜十段其率絹三疋布三端綿四屯若雜綵十段則絲布二疋紬二疋綾二疋縵四疋若賜蕃客錦綵率十段則錦一張綾二疋縵三疋綿四屯凡遣使覆囚則給時服者諸使經二年不還亦如之凡時服稱一具者全給之一副者減給之正冬之會稱束帛有差者皆賜絹五品已上五疋六品已下三疋命婦視其夫子

倉部郎中一員（從五品上龍朔改爲司庾大夫咸亨復也）員外郎一員（從六品上）主事三人（從九品上）令史九人書令史二十人計史一人掌固四人　郎中員外之職掌判天下倉儲受納租稅出給祿廩之事凡中外文武官品秩有差歲再給之乃置木契一百枚以與出給之司合諸司官人及諸色人應給食者皆給米凡致仕之官五品已上及解官充侍者各給半祿即遷官者通計前祿以充後數凡都已東租納含嘉倉自含嘉轉運以實京太倉自洛至陝爲陸運自陝至京爲水運置使以監毓之凡王公已下每歲田苗皆有簿書凡義倉所以備歲不足常平倉所以均貴賤也

禮部尚書一員（正三品龍朔改爲司禮太常伯光宅改爲春官尚書神龍復也）侍郎一員（正四品下名因隋曹改易也）

○尚書侍郎之職掌天下禮儀祭享貢舉之政令其屬有四一曰禮部二曰祠部三曰膳部四曰主客揔其職務而行其制命凡中外百司之事由於所屬皆質正焉凡舉試之制每歲仲冬率與計偕其科有六一曰秀才（試方略策五條此科取人稍峻貞觀已後遂絕）二曰明經三曰進士四曰明法五曰書六曰筭凡此六科求人之本必取精究理實而昇爲第其有博綜兼學須加甄獎不得限以常科其弘文崇文館學生雖同明經進士以其資蔭全高試取粗通文義其郊社齋郎簡試如太廟齋郎其國子監大成大員取明經及第人聰明灼然者試日誦千言幷口試仍策所習業十條通七然後補充各授散官依舊令於學內習業以通四經爲限　郎中一員（從五品上）員外郎一員（從六品上隋曰儀曹郎武德改禮部郎中員外龍朔爲司禮大夫司禮員外咸亨復）主事二人（從八品下）令史五人書令史十一人亭長六人掌固八人　郎中員外郎之職掌貳尚書侍郎舉其儀制而辯其名數凡五禮之儀一百五十有二一曰吉禮其儀五十有五二曰賓禮其儀有六三曰軍禮其儀二十有三四

曰嘉禮其儀五十五曰凶禮其儀一十有八凡元日大陳設於含元殿服袞冕臨軒展宮懸之樂陳歷代寶玉輿輅備黃麾仗二王後及百官朝集使皇親並朝服陪位大會之日陳設如初凡冬至大陳設如元正之儀其異者無諸州表奏祥瑞貢獻凡元正冬至大會之明日百官朝集使等皆詣東宮慶賀凡千秋節御樓設九部之樂百官袴褶陪位凡京司文武職事九品已上每朔望朝參五品已上及供奉官員外郎監察御史太常博士每日參凡諸蕃國來朝皆設宮懸之樂及黃麾仗若蕃國使則減黃麾之半凡冊皇后太子太子妃諸王諸王妃公主並臨軒冊命陳設如冬正之儀訖皆拜太廟凡祥瑞皆辯其名物有大瑞上瑞中瑞皆有等差凡太陽虧所司預奏其日置五鼓五兵於太社而不視事百官各素服守本司不聽事過時乃罷月蝕則擊鼓於所司若五岳四鎮四瀆崩竭皆不視事三日凡二分之月三公巡行山陵則太常卿為之副凡百官拜禮各有差致敬之式若非連屬應敬之

○　十九　唐卷二十三　十　周吉

官相見或自親戚者各從其私禮凡國有五聲八音六律六呂陳四懸之度分二舞之節以和人倫以調節氣以享鬼神以序賓客凡私家不得設鍾磬三品已上得備女樂五品女樂不得過三人居大功已上喪受冊及之官雖有鼓樂從而不作凡太廟太社及諸宮殿門東宮及一品已下諸州門施戟有差凡內外百官皆給銅印有魚符之制(並出於門下省)凡服飾尚黃旗幟尚赤天子皇后太子已下之服(事在輿服志也)凡百寮冠笏纖纊珂珮各有差常服亦如之凡凶服不入公門凡授都督刺史階未入五品者並聽著緋佩魚離任則停凡文武官赴朝謁府導從各有差凡職事官薨卒有賻贈柳翣碑碣各有制度

祠部郎中一員(從五品上龍朔為司禋大夫咸亨復)員外郎一員(從六品上)主事二人(從九品上)令史五人書令史十一人亭長六人掌固八人　郎中員外郎之職掌祠祀享祭天文漏刻國忌廟諱卜筮醫藥僧尼之事凡祭祀之名有四一曰祀天神二曰祭地祇三曰享人鬼四曰釋奠于先聖先師其差有三若昊天上帝皇地祇神州宗廟為大祀(祀天地昔以祖宗配享)日月星辰社稷先代帝王岳鎮海瀆帝社先蠶孔宣父齊太公諸太子廟為中祀司中司命風師雨師衆星山林川澤五龍祠等及州縣社稷釋奠為小祀大祀皇帝親祭則太尉為亞獻光祿卿為終獻若有司攝事則太尉為初獻太常卿為亞獻凡大祀散齋四日致齋三日大祀齋官皆於散齋日平明集尚書省受誓誡中祀散齋三日致齋二日小祀散齋二日致齋一日皆祀前習禮沐浴並給明衣凡官爵二品已上祠四廟五品已上祠三廟六品已下達於庶人祭祖禰而已凡國有封禪之禮則依圓丘方澤之神位凡天下寺有定數每寺立三綱以行業高者充(諸州寺總五千三百五十八所三千二百三十五所僧二千一百二十二所尼寺)(上座一人寺主一人都維那一人)凡僧簿籍三年一造凡別勑設齋應行道並官給料凡國忌日兩京大寺各二以散齋僧尼文武五品已上清官七品已上皆集行香而退天下州府亦然凡遠忌日雖不廢務然非軍務急切亦不舉事餘如常式

○　十九　唐卷二十三　十一　胡良

膳部郎中一員(從五品上龍朔為司膳大夫咸亨復也)員外郎一員(從六品上)主事二人(從九品上)令史四人書令史九人掌固四人　郎中員外郎之職掌邦之祭器牲豆酒膳辯其品數及藏冰食料之事

主客郎中一員(從五品上隋曰司蕃郎武德改主客郎中龍朔為司蕃大夫咸亨復)員外郎一員(從六品上)主事二人(從九品上)令史四人書令史九人掌固四人　郎中員外郎之職掌二王後及諸蕃朝聘之事二王之後酅公介公凡四蕃之國經朝貢之後自相誅絕及有罪滅者蓋三百餘國今所存者七十餘蕃其朝貢之儀享宴之數高下之等往來之命皆載於鴻臚之職焉

兵部尚書一員(正三品南朝謂之五兵尚書隋曰兵部尚書龍朔改為司戎太常伯咸亨復也)侍郎二員(正四品下龍朔改為司戎少常伯咸亨復)　尚書侍郎之職掌天下武官選授及地圖與甲仗之政令其屬有四一曰兵部二曰職方三曰駕部四曰庫部總其職務而行其制命凡中外百官之事由於所屬咸質正焉凡選授之制每歲集於孟冬去王城五百里以上旬千里之內以中旬千里之外以下旬尚書侍郎分為三銓(尚書為中銓侍郎分東西)凡試能有五(五謂長垛馬步射馬槍步)

射應對至有優長即可取之較異有三（三謂職事勇力及可為將領之用也）審其功能而定其留放所以錄才藝備軍國辯虛冒敘勳勞也然後據其資勞量為注擬（五品已上進中書門下六品已下量資注定其在軍鎮要籍不得遽遷者隨使銓試其等第申省）凡官階注擬團甲進甲皆如吏部之制凡大選終於季春之月所以約資敘之淺深審才略之優劣軍國之用在焉　郎中二員（從五品上龍朔改為司戎大夫咸亨復也）員外郎二人（從六品上）主事四人（從八品下）令史三十人書令史六十人亭長八人掌固十二人　郎中一員掌判帳及天下武官之階品衛府之名數凡敘階有二十九將軍之階（具於敘目）凡敘階之法一如文散官之制凡天下之府五百九十有四有上中下並載於諸衛之職凡應宿衛官各從番第凡千牛備身左右及太子千牛備身皆取三品已上職事官子孫四品清官子儀容端正武藝可稱者充五考本司隨文武簡試聽選（四品謂諸司侍郎左右庶子也）凡殿中省進馬取左右衛三衛及高蔭簡儀容可觀者補充簡試同千牛例僕寺進馬亦如之五品已下七品已上五年多至八年年滿簡送吏部不第者如初無文藝

○　十九　唐志二十三　十二　兵部

以武選凡左右衛親衛勳衛翊衛及左右率府親勳翊衛及諸衛之翊衛通謂之三衛擇其資蔭高者為親衛其次者為勳衛及率府之親衛又次者為翊衛及率府之勳衛又次者為翊衛及率府之翊衛又次者為親王府之執仗執乘量遠邇以定其番第應補之人周親已上有犯刑戮者配令兵部上下凡諸衛及率府三衛貫京兆河南蒲同華岐陝懷汝鄭等州皆令番上餘州皆納資凡左右衛之三衛分為五仗凡王公已下皆有親事帳內限年十八已下舉諸州率萬人以充之皆限十周年則聽其簡試文理高者送吏部其餘留本司全下者退還本色凡兵士隸衛各有其名左右衛曰驍騎左右驍衛為豹騎左右武衛曰熊渠左右威衛曰羽林左右領軍衛曰射聲左右金吾衛曰佽飛東宮左右衛率府曰超乘左右司禦率府曰旅賁左右清道率府曰直蕩揔名曰衛士皆取六品已下子孫及白丁無職役者點充凡三年一簡點成丁而入六十而免量其遠邇無定番第凡衛士各立名簿其三年已來

征防差遣仍定優劣為三第每年正月十日送本府印記仍錄一道送本衛府若有差行上番折衝府據簿而折之凡差衛士征戍鎮防亦有團伍其善弓馬者為越騎團餘為步兵團主帥已下統領之火十人有六馱馬若父兄子弟不併遣之若祖父母老疾家無兼丁免征行及番上其居常則皆習射唱大角歌番集之日府官率而課試凡左右金吾衛有角手諸衛有弩手左右羽林軍有飛騎及左右萬騎彍騎天下諸軍有健兒皆定其名籍每季上中書門下凡關內有團結兵秦成岷渭河蘭六州有高麗羌兵黎雅邛翼茂五州有鎮防團結兵天下諸州差兵募取戶殷丁多人材驍勇選前資官勳官部分強明堪統攝者節級權補主帥以領之其義征者別為行伍不入募人之營凡軍行器物皆於當州分給之如不足則令自備貧富必以均焉凡諸州軍府應行兵之名簿器物之多少皆申兵部軍散之日亦錄其存亡多少以申而勘會之凡諸道迴兵糧糒之物衣資之費皆令所在州縣分而給之

○　十九　唐志二十三　十三　郭良

郎中一人掌判簿以揔軍戎差遣之名數凡天下節度使有八若諸州在節度內者皆受節度焉其福州經略使登州平海軍則不在節度之內（節度名與所管軍鎮名並見地理志也）凡親王揔戎曰元帥文武官揔統者則曰揔管以奉使言之則曰節度使有大使副使判官若大使加旌節以統軍置木契以行凡將帥出行兵滿一萬人已上置長史司馬倉曹兵曹冑曹等參軍各一人五千人已上減司馬諸軍各置使一人五千人已上置副使一人一萬人已上置營田副使一人每軍各有倉兵冑三參軍其橫海高陽唐興恒陽北平等五軍皆本州刺史為使凡鎮皆有使一人副使一人萬人以上置司馬倉兵二曹參軍五千人已下減司馬凡諸軍鎮每五百人置押官一人千人置子揔管一人五千人置揔管一人凡諸軍鎮使副使已上皆四年一替揔管已下二年一替押官隨兵交替凡諸軍鎮大使副使已下皆有傔人別奏以從之凡幸三京即東都南北衛皆置左右屯營別立使以統之若在都則京城亦如之凡大將出征

皆告廟授鉞辭齊太公廟訖不宿於家臨軍對寇士卒不用命並
得專行其罰既捷及軍未散皆會衆而書勞與其費用乃告太廟
元帥凱旋之日皆使郊勞有司先獻捷於太廟又告齊太公廟
員外郎一人掌貢舉及雜請之事凡貢舉每歲孟春亦與計偕
有二科一曰平射二曰武舉凡科之優劣勳獲之等級皆審其實
而受敘焉　員外郎一人掌判南曹每歲選人有解狀簿書貢歷
考課必由之以覈其實乃上三銓進甲則署焉
職方郎中一員（從五品上龍朔為司城大夫也）員外郎一員（正六品上）主事二人（從九品上）令史
四人書令史九人掌固四人　郎中員外郎之職掌天下地圖及
城隍鎮戍烽候之數辯其邦國都鄙之遠近及四夷之歸化凡五
方之區域都邑之廢置疆場之爭訟者舉而正之凡天下上鎮二
十中鎮九十下鎮一百三十五上戍十有一中戍八十六下戍二百
四十五凡烽候所置大率相去三十里其逼邊境者築城置之每
烽置帥一人副一人凡州縣城門及倉庫門須有備守

○駕部郎中一員（從五品上龍朔為司輿大夫也）員外郎一人（從六品上）主事三人（從九品上）令
史十人書令史二十人掌固四人　郎中員外郎之職掌邦國
輿輦車乘傳驛廄牧官私馬牛雜畜簿籍辯其出入司其名數
凡三十里一驛天下驛凡一千六百三十九而監牧六十有五皆分
使統之若畜養之宜孳生之數皆載於太僕之職凡諸衛有承直
之馬凡諸司有備運之牛皆審其制以定數焉
庫部郎中一員（從五品上龍朔為司庫大夫也）員外郎一員（從六品上）主事二人令史七
人書令史十五人掌固四人　郎中員外郎之職掌邦國軍州戎
器儀仗凡元正冬至陳設并祠祭喪葬所供之物皆辯其出入之
數量其繕造之功以分給焉
刑部尚書一員（正三品隋初曰都官尚書又改為刑部龍朔改為司刑太常伯光宅改為秋官尚書神龍復也）
侍郎一員（正四品下龍朔為司刑少常伯）尚書侍郎之職掌天下刑法及徒隸勾覆
關禁之政令其屬有四一曰刑部二曰都官三曰比部四曰司門揔
其職務而行其制命凡中外百司之事由於所屬咸質正焉

郎中二員（從五品上隋曰憲部郎武德為刑部郎中龍朔改為司刑大夫）員外郎二員（從六品上）主事四人
（從九品上）令史十九人書令史三十八人亭長六人掌固十人　郎中員
外郎之職掌貳尚書侍郎舉其典憲而辯其輕重凡文法之名
有四一曰律二曰令三曰格四曰式凡律十有二章一名例二禁衛三
職制四戶婚五廄庫六擅興七賊盜八鬬訟九詐偽十雜律十一
捕亡十二斷獄而大凡五百條令二十有七篇分為三十卷第一
至第七曰官品職員八祠九戶十選舉十一考課十二宮衛十三
軍防十四衣服十五儀制十六鹵簿十七公式十八田十九賦役二
十倉庫二十一廄牧二十二關市二十三醫疾二十四獄官二十五
營繕二十六喪葬二十七雜令而大凡一千五百四十六條凡格二
十四篇式三十三篇以尚書御史臺九寺三監諸軍為目凡律以
正刑定罪令以設範立制格以禁違正邪式以軌物程事乃立刑
名之制五焉一笞二杖三徒四流五死笞刑五杖刑五徒刑五流刑
三死刑二而斷獄之大典有十惡八議五聽六贓贖配之典具在

○刑法志凡決死刑皆於中書門下詳覆凡死罪枷而杻婦人及流
徒枷而不杻官品及勳散之階第七已上鎖而不枷在京諸司則徒
已上送大理杖已下當司斷之若金吾糾獲亦送大理凡決大辟
罪在京者行決之司皆五覆奏在外者刑部三覆奏若犯惡逆
已上及部曲奴婢殺主者一覆奏凡京城決囚之日減膳徹禁每歲
立春後至秋分不得決死刑大祭祀及致齋朔望上下弦二十四
氣雨未晴夜未明斷屠月日及休假亦如之凡犯流罪已下應除
免官當未奏身死者免其追奪流移之人皆不得弃放妻妾及私
遁還鄉至六載然後聽仕即本犯不應流而特配流者三載已後
聽仕其應徒則皆配居作凡禁囚五日一慮凡鞫獄官與被鞫人
有親屬讎嫌者皆聽更之凡在京諸司見禁囚每月二十五已前
本司錄其所犯及禁時月日以報刑部凡國有赦宥之事先集囚
徒於闕下命衛尉樹金雞待宜制訖乃釋之
都官郎中一員（從五品上龍朔改司僕大夫咸亨復舊）員外郎一員（從六品上）主事二人（從九品上）

令史九人書令史十二人掌固四人　郎中員外郎之職掌配役隸簿錄俘囚以給衣粮藥療以理訴競雪寃凡公私良賤必周知之凡反逆相坐沒其家爲官奴婢一免爲番戶再免爲雜戶三免爲良人皆因赦宥所及則免之年六十及廢疾雖赦令不該亦並免爲番戶七十則免爲良人任所樂處而編附之凡初被沒有伎藝者各從其能而配諸司婦人工巧者入于掖庭其餘無能咸隸司農

比部郎中一員（從五品上龍朔爲司計大夫）員外郎一員（從六品上）主事二人（從九品上）令史十四人書令史二十七人計史一人掌固四人　郎中員外郎之職掌勾諸司百寮俸料公廨贓贖調斂徒役課程逋懸數物周知內外之經費而總勾之凡內外官料俸以品第高下爲差外官以州縣府之上中下爲差凡稅天下戶錢以充州縣官月料皆分公廨本錢之利羈縻州所補漢官給以當土之物關監之官以品第爲差其給以年支輕貨鎮軍司馬判官俸祿同京官鎮戍之官以鎮戍上中下爲差凡京師有別借食本每季一申省諸州歲終而申省比部總勾覆之凡倉庫出內營造傭市丁匠功程贓贖賦斂勳賞賜與軍資器仗和糴屯牧亦勾覆之

司門郎中一員（從五品上龍朔曰司門大夫）員外郎一員（從六品上）主事二人（從九品上）令史六人書令史十三人掌固四人　郎中員外郎之職掌天下諸門及關出入往來之籍賦而審其政凡關二十有六爲上中下之差京城四面關有驛道者爲上關餘關有驛道及四面無驛道者爲中關他皆爲下關關所以限中外隔華夷設險作固閑邪正禁者也凡關呵而不征司貨賄之出入其犯禁者舉其貨罰其人凡度關者先經本部本司請過所在京則省給之在外則州給之雖非所部有來文者所在亦給

工部尚書一員（正三品南朝謂之起部有所營造則置起部尚書畢則省之隋初改置工部尚書龍朔爲司平太常伯光宅改爲冬官尚書神龍復舊也）侍郎一員（正四品下龍朔爲司平少常伯）　尚書侍郎之職掌天下百工屯田山澤之政令其屬有四一曰工部二曰屯田三曰虞部四曰水部總其職務而行其制命凡中外百司之事由於所屬咸質正焉

十九　唐志二十三　十六　張謹

郎中一員（從五品上龍朔爲司平大夫也）員外郎一員（從六品上）主事二人（從九品上）令史十二人書令史二十一人亭長六人掌固八人　郎中員外郎之職掌經營興造之衆務凡城池之脩濬土木之繕葺工匠之程式咸經度之凡京師東都有營繕則下少府將作以供其事

屯田郎中一員（從五品上龍朔爲司田大夫也）員外郎一員（從六品上）主事二人（從九品上）令史七人書令史十二人計史一人掌固四人　郎中員外郎之職掌天下屯田之政令凡邊防鎮守轉運不給則設屯田以益軍儲其水陸腴瘠播種地宜功庸煩省收率等級咸取決焉諸屯田役力各有程數凡天下諸軍州管屯總九百九十有二大者五十頃小者二十頃凡當屯之中地有良薄歲有豐儉各定爲三等凡屯皆有屯官屯副凡京文武職事官有職分田京兆河南府及京縣官亦準此凡在京諸司有公廨田皆視其品命而審其分給

虞部郎中一員（從五品上龍朔爲司虞大夫）員外郎一員（從六品上）主事二人（從九品下）令史四人書令史九人掌固四人　郎中員外郎之職掌京城街巷種植山澤苑囿草木薪炭供頓田獵之事凡採捕漁獵必以其時凡京兆河南二都其近爲四郊三百里皆不得弋獵採捕殿中太僕所管閑廐馬兩都皆五百里內供其芻藁其關內隴右西使南使諸牧監馬牛駝羊皆貯藁及茭草其柴炭木橦進內及供百官蕃客並於農寺納之

水部郎中一員（從五品上龍朔爲司川大夫）員外郎一員（從六品上）主事二人（從九品上）令史四人書令史九人掌固四人　郎中員外郎之職掌天下川瀆陂池之政令以導達溝洫堰決河渠凡舟檝溉灌之利咸總而舉之凡天下水泉三億三萬三千五百五十九其在遐荒絕域迨不可得而知矣其江河自西極達于東溟中國之大川者也其餘百三十五水是爲中川其又千二百五十二水斯爲小川也若渭洛汾濟漳淇淮漢皆亘達方域通濟舳艫從有之無利於生人者也凡天下造舟之梁四（河則蒲津大陽盟津一名河陽也）石柱之梁四（洛則天津永濟中橋灞則灞橋）木柱之梁三（皆渭川便橋中渭橋東渭橋也）巨梁十有一皆國工脩之其餘皆所管州縣隨時

十九　唐志二十三　十七　吳學

謄黃其大律無累皆給紅人量其大小難易以定其差

門下省（秦漢初置侍中曹魏晉之名自晉始置門下省南北朝皆因之龍朔改為東臺光宅改為鸞臺神龍復）

侍中二員（隋曰納言又名侍內武德為納言又改為侍中龍朔改東臺左相光宅元年改為納言神龍復為侍中開元元年改為黃門監五年復為侍中天寶元年改為左相至德二年復改為侍中武德定令侍中正三品大曆二年十一月九日昇為正二品舊制宰相常於門下省議事謂之政事堂永淳二年七月中書令裴炎以中書執政事筆遂移政事堂於中書省開元十一年中書令張說改政事堂為中書門下其政事印改為中書門下之印也）侍中之職掌出納帝命緝熙皇極總典吏職贊相禮儀以和萬邦以弼庶務所謂佐天子而統大政者也凡軍國之務與中書令參而總焉坐而論之舉而行之此其大較也凡下之通上其制有六一曰奏抄二曰奏彈三曰露布四曰議五曰表六曰狀皆審署申覆而施行焉凡法駕行幸則負寶而從大朝會大祭祀則版奏中嚴外辦以為出入之節輿駕還宮則請解嚴所以告禮成也凡大祭祀皇帝致齋既朝則請就齋室將奠則奉玉及幣以進盥手則取匜以沃洗爵則奉盤水以奉及贊酌泛齊進福酒以成其禮焉若享宗廟則進瓚而贊酌鬱酒以祼既祼則贊酌醴齊其餘如饗神祇之禮藉田則奉耒以贊事凡諸侯王及四夷之君長朝見則承詔而勞問之臨軒命使冊后及太子則承詔以命之凡制敕慰問外方之臣及徵召者則監其封題若發驛遣使則給其傳符以通天下之信凡官爵廢置刑政損益皆授之於記事之官既書於策則監其記注焉凡文武職事六品已下所司進擬則量其階資校其才用以審定之若擬職不當隨其優屈退而量焉

十九 唐志二十三 六

門下侍郎二員（隋曰黃門侍郎龍朔為東臺侍郎咸亨改為黃門侍郎垂拱改為鸞臺侍郎天寶元年改為門下侍郎乾元元年改為黃門侍郎大曆二年四月復為門下侍郎武德定令中書門下侍郎同尚書侍郎正四品上大曆二年九月勅昇為正三品也）門下侍郎掌貳侍中之職凡政之弛張事之與奪皆參議焉若大祭祀則從升壇以陪禮皇帝盥手則奉巾以進既帨則奠巾於篚奉匏爵以贊獻凡元正冬至天子視朝則以天下祥瑞奏聞

給事中四員（正五品上隋曰給事郎置四員位次門下侍郎武德定令曰給事中龍朔改為東臺舍人咸亨復）給事中掌陪侍左右分判省事凡百司奏抄侍中審定則先讀而署之以駁正違失凡制敕宣行大事則稱揚德澤褒美功業覆奏而請施行小事則署而頒之凡國之大獄三司詳決若刑名不當輕重或失則援法例退而裁之凡發驛遣使則審其事宜與黃門侍郎給之其緩者給傳即不應給罷之凡文武六品已下授職官所司奏擬則校其仕歷淺深功狀殿最訪其德行量其才藝若官非其人理失其事則白侍中而退量焉若弘文館圖書之繕寫讎校亦課而察之凡天下冤滯未申及官吏刻害者必聽其訟與御史中書舍人同計其事宜而申理之錄事四人（從七品上）主事四人（從八品下）令史十一人書令史二十二人甲庫令史七人傳制八人亭長六人掌固十人修補制敕匠五人

左散騎常侍二人（從三品漢置散騎常侍侍從與侍中黃門侍郎共平尚書奏事其後用人或輕江左不重此官或省或置隋初省散騎侍郎置常侍四人從三品掌陪從朝直煬帝以文省之武德初以為加官貞觀置常侍二人隸門下省顯慶二年又置二員隸中書省掌侍左右之職並金蟬珥貂左常侍與侍中左貂右常侍與中書令右貂謂之八貂龍朔為左侍極咸亨復廣德二年五月昇為正三品加置四員興元元年正月左右各加一員貞元四年正月勅依舊四員也）常侍掌侍奉規諷備顧問應對（寶應二年勅左右散騎常侍各置令兩人令自揀擇聞奏餘典亦置兩人後省）

十九 唐志二十三 十九 黃安

諫議大夫四員（秦漢曰諫大夫光武加議字隋於門下省置諫議大夫七員從四品下武德四年勅置四員正五品上龍朔改為正諫大夫神龍復大曆四年勅只四員正五品上龍朔七年三月勅其諫議四員內供奉不得為正貞元四年五月十五日勅諫議分為左右加置八員四員隸門下為左會昌二年十一月中書奏請於門下省置諫議大夫七員從四品下令正五品上自大曆二年門下中書侍郎昇為正三品兩省遂闕四品官其諫議大夫望昇為正四品下分為左右以備兩省四品之闕向後與丞郎出入迭用以重其選勅可之）諫議大夫掌侍從贊相規諫諷諭凡諫有五一曰諷諫二順諫三規諫四致諫五直諫

起居郎二員（從六品上古無其名隋始置起居舍人二員貞觀二年省起居舍人移其職於門下置起居郎二員顯慶中又置起居舍人始與起居郎分在左右龍朔二年改為左史咸亨復天授元年又改為左史神龍復也）楷書手三人起居郎掌起居注錄天子之言動法度以修記事之史凡記事之制以事繫日以日繫月以月繫時以時繫年必書其朔日甲乙以紀曆數典禮文物以考制度遷拜旌賞以勸善誅伐黜免以懲惡季終則授之國史焉（自漢獻帝後歷代帝王有起居注著作郎掌之每季為卷送史館也）

左補闕二員（從七品上）左拾遺二員（從八品上古無此官名天后垂拱元年二月二十九日勅記言書事寄切求箴補闕拾遺參以旌注證聽朝言共理咸資于士可以登賢朝之遠善宜置左右補闕各二員從七品上左右拾遺各二員從八品上掌供奉諷諫行立次左右史之下仍附于令天授二年二月加置三員通前五員大曆四年補闕拾遺各置內供奉兩員七年五月十一日勅補闕拾遺宜各置兩員也）補闕拾遺之

職掌供奉諷諫扈從乘輿凡發令舉事有不便於時不合于道大則廷議小則上封若賢良之遺滯於下忠孝之不聞于上則條其事狀而薦言之典儀二人從九品南齊有典儀錄事一員梁有典儀之官後省皇朝又置典儀二人隸門下省用人皆輕貞觀末奉勑奏定府緣之自是用士人爲之贊者十二人隋太常鴻臚二寺皆有贊者皇朝因置之隸門下省掌贊唱爲行事之節分番上下謂之番官典儀掌殿上贊唱之節及殿庭版位之次凡國有大禮侍中行事及進中嚴外辦之版皆贊相焉

城門郎四員從六品上漢有城門校尉掌京城諸門啓閉之節隋改校尉爲城門郎置四員從六品皇朝因之也令史一人書令史二人門僕八百人門僕晉代有之皇朝隸城門局分番上下掌送管鑰城門郎掌京城皇城宮殿諸門啓閉之節奉出納管鑰開則先外而後內闔則先內而後外所以重中禁尊皇居也候其晨昏擊鼓之節而啓閉之凡皇城宮城闔門之鑰先酉而出後戌而入開門之鑰後丑而出夜盡而入京城闔門之鑰後申而出先子而入開門之鑰後子而出先卯而入若非其時而有命啓閉則詣閤覆奏

符寶郎四員從六品上周有典瑞之職秦有符璽令漢曰符璽郎兩漢得秦六璽及傳國璽後代傳之隋置符璽郎二員從六品

十九　唐志二十三　二十　黃安

天后惡璽字改爲寶其受命傳國等八璽文並改雕寶字神龍初復爲符璽郎開元初又改爲符寶從璽文也令史二人書令史三人主寶六人主符三十人主節十八人　符寶郎掌天子八寶及國之符節辨其所用有事則請於內既事則奉而藏之八寶一曰神寶所以承百王鎮萬國二曰受命寶所以修封禪禮神祇三曰皇帝行寶荅疏於王公則用之四曰皇帝之寶勞來勳賢則用之五曰皇帝信寶徵召臣下則用之六曰天子行寶荅四夷書則用之七曰天子之寶慰撫蠻夷則用之八曰天子信寶發蕃國兵則用之凡大朝會則捧寶以進于御座車駕行幸則奉寶以從于黃鉞之內凡國有大事則出納符節辨其左右之異藏其左而班其右以合中外之契焉一曰銅魚符所以起軍旅易守長二曰傳符所以給郵驛通制命三曰隨身魚符所以明貴賤應徵召四曰木契所以重鎮守慎出納五曰旌節所以委良能假賞罰魚符之制王畿之內左三右一王畿之外左五右一左者在內右者在外行用之日從第一爲首後事須用以次發之周而復始大事兼勑書小事但降符函封遣使合而行之傳符之制太子監國曰雙龍之符左右各十京都留守曰麟符左二十其右一十有九東方曰青龍之符西方曰騶虞之符南方曰朱雀之符北方曰玄武之符左四右三左者進內右者付外隨身符之制左二右一太子以玉親王以金庶官以銅佩以爲飾刻姓名者去官而納焉不刻者傳而佩之木契之制太子監國則王畿之內左右各三王畿之外左右各五庶官鎮守則左右各十旌節之制命大將帥及遣使於四方則請而假之旌以專賞節以專殺周禮之制山國用虎節土國用人節澤國用龍節皆金也又云道路用旌節即漢使所持者是也

弘文館後漢有東觀魏有崇文館宋有玄史二館南齊有總明館梁有士林館北齊有文林館後周有崇文館皆著撰文史鳩聚學徒之所也武德初置脩文館後改爲弘文館後避太子諱改曰昭文館開元七年復爲弘文館隸門下省學士無員數自武德已來皆妙簡賢良爲學士故事五品已上稱爲學士六品已上爲直學士又有文學直館學士不定員數中有四部書及圖籍自垂拱已後皆以宰相兼領號爲館主常令給事中一人判館事學生三十人校書郎二人從九品上令史二人楷書手三十人典書二人搨書手三人筆匠三人熟紙裝潢匠九人亭長二人掌固四人　弘文館學士掌詳正圖籍教授生徒凡朝廷有制度沿革禮儀輕重得

十九　唐志二十三　二十一　黃季常

參議焉　校書郎掌校理典籍刊正錯謬其學生教授考試如國子學之制焉

中書省秦始置中書謁者僕射元帝去謁者二字歷代但云中書後周謂之內史省隋因爲內史省置內史監令各一員煬帝改爲內書省武德復爲內史省三年改爲中書省龍朔改爲西臺光宅改爲鳳閣神龍復爲中書省開元元年改爲紫微省五年復舊

中書令二員漢魏品第三而付重梁置監令各一員歷宋齊不改隋省監置令二人正三品隋文帝廢三公府寄令中書令與侍中知政事遂爲宰相之職隋曰內書令武德曰內史令三年改爲中書令龍朔改爲西臺右相咸亨復爲中書令光宅爲鳳閣令開元元年改爲紫微令五年復爲中書令天寶改爲右相至德二年復爲中書令本正三品大曆二年十一月九日與侍中同昇正二品自後不改也　中書令之職掌軍國之政令緝熙帝載統和天人入則告之出則奉之以釐萬邦以度百揆蓋佐天子而執大政也凡王言之制有七一曰冊書二曰制書三曰慰勞制書四曰發勑五曰勑旨六曰論事勑書七曰勑牒皆宣署申覆而施行之凡大祭祀羣神則從升壇以相禮享宗廟則從升阼階親征纂嚴戒勑百寮冊命親賢臨軒則使讀冊若命之于朝則宣而授之凡冊太子則授璽凡制詔宣傳文章獻納皆授之於記事之官武德貞觀故事以尚書省左右僕射各一人及侍中中書令各二人爲知政事官其時以他官預議國政者云與宰相參議朝政或云平章國計或云專

與機密或參議政事貞觀十七年李勣爲太子詹事特詔同知政事始謂同中書門下三品自是僕射常帶此稱自餘非兩省長官預知政事者亦皆以此爲名永淳中始詔郭正一郭待舉魏玄同等與中書門下同承受進旨平章事自天后已後兩省長官及同中書門下三品并平章事爲宰相其僕射不帶同中書門下三品者但釐尚書省而已總章二年東臺侍郎張文瓘西臺侍郎戴至德等始以同中書門下三品著之入銜自是相承至今永淳二年黃門侍郎劉齊賢知政事稱同中書門下平章事自後兩省長官及他官執政未至侍中中書令者皆稱同中書門下平章事也

中書侍郎二員漢置中書掌詔有令僕丞郎四官魏曰中書郎晉加侍字隋置內書省改爲內書侍郎正四品武德初爲內史侍郎三年改爲中書侍郎龍朔光宅開元隨曹易號至德復爲中書侍郎武德定令與尚書侍郎俱第四品大曆二年九月與門下侍郎共昇爲正三品也

中書侍郎掌貳令之職凡邦國之庶務朝廷之大政皆參議焉凡臨軒冊命大臣令爲之使則持冊書以授之凡四夷來朝臨軒則受其表疏升于西階而奏若獻贄幣則受之以授於所司

中書舍人六員正五品上曹魏於中書置通事一人掌呈奏按章高貴鄉公共通事下加舍人二字晉於中書置舍人通事各一人自魏晉齊梁詔誥皆出於中書令中書侍郎中書通事舍人但掌呈奏而已或通事有文字者別勑知詔誥至梁武制誥事令舍人掌之兼去通事二字但云中書舍人隋日內史舍人置八員掌制誥品第六義寧升五品上煬帝改內書舍人置四員武德初爲內史舍人三年改爲中書舍人龍朔光宅開元隨曹改易舍人掌侍奉進奏參議表章凡詔旨勑制及璽書冊命皆按典故起草進畫既下則署而行之其禁有四一曰漏泄二曰稽緩三曰違失

十九　唐志二十三　二十二　徐顯

四曰忘誤所以重王命也制勑既行有誤則奏而正之凡大朝會諸方起居則受其表狀而奏之國有大事若大克捷及大祥瑞百寮表賀亦如之凡冊命大臣于朝則使持節讀冊命之凡將帥有功及有大賓客皆使勞問之凡察天下冤滯與給事中及御史三司鞫其事凡百司奏議文武考課皆預裁焉主書四人從七品上主事四人從八品下令史二十五人書令史五十人傳制十人亭長十八人修補勑匠五十人右散騎常侍二員從三品右補闕二員從七品上左拾遺二員從八品上起居舍人二員從六品上右常侍補闕拾遺掌事同左省起居舍人掌修記言之史錄天子之制誥德音如記事之制以紀時政之損益季終則授之於國史

通事舍人十六人從六品上通事舍人秦謁者之官也掌賓贊受事漢光祿勳屬官又爲通事謁者晉置舍人通事各一人隸中書東晉曰通事舍人隋因晉制置十六人從六品上又爲通事謁者武德初復謁者臺改通事謁者爲通事舍人隸四方館屬中書省也通事舍人掌朝見引納及辭謝者於殿廷通奏凡近臣入侍文武就列引以進退而告其拜起出入之節凡四方通表華夷納貢皆受而進之凡軍旅之出則命受慰勞而遣之既行則每月存問將士之家以視其疾苦凱旋則郊迓之皆復命凡致仕之臣與邦之耆老時巡問亦如之令史十人亭長十八人掌固二十四人

集賢殿書院開元十三年置漢魏已來職在秘書梁於文德殿內藏聚群書北齊有文林館學士後周有麟趾殿學士皆掌著述隋平陳之後寫群書正副二本藏于宮中其餘以實秘書外閣煬帝於東都觀文殿東西廂貯書自漢延熹至隋皆秘書掌圖籍而禁中之書時或有焉學士及太宗在藩有秦府學士十八人其後弘文崇文二館皆有學士玄宗即位大校群書開元五年於乾元殿東廂寫四部書以充內庫置校定官四人七年駕在東都於麗正殿置修書使爲十二年駕在東都十三年與學士張說等宴於集仙殿因改名集賢改修書使爲集賢書院其大明宮所置書院亦命爲院屋宇宏敞永泰九年三月詔張射裴曜等十三人每日於集賢書院待詔集賢學士初定制以五品已上官爲學士六品已下爲直學士每宰相爲學士者爲知院事常侍一人爲副知院事士知院事說與三人大學許之自是每以宰相一人知院事知院事一人開元初以褚无量馬懷素元行沖相次知乾元殿書正乃有使名張說代元行沖改院爲集賢以說爲大學副知院事一人初宰相張說知院事以左常侍徐堅爲副知院事因爲故事判院一人初在乾元殿刊正官一人判事其後因之押院中使一人自乾元殿寫書則置掌出入宣進奏兼領中官監守院門掌同官侍講學士開元初褚无量馬懷素侍講禁中名侍講學士爲侍讀其後康子元爲侍講學士修撰官校理官並無常員禁之以官人待制官古之待詔金馬門是留院官檢討官皆以學者別勑留之孔目官一人典四人並開元五年置知書官八人開元五年置掌分四庫書書直寫御書一百人搨書六人

十九　唐志二十三　二十三　徐圖

書直八人裝書直十四人造筆直四人並開元六年置

集賢學士之職掌刊緝古今之經籍以辯明邦國之大典凡天下圖書之遺逸賢才之隱滯則承旨而徵求焉其有籌策之可施於時著述之可行於代者較其才藝而考其學術而申表之凡承旨撰集文章校理經籍月終則進課於內歲終則考最於外

史館歷代史官隸秘書省著作局皆著作郎掌修國史武德因隋舊制貞觀三年閏十二月始移史館於禁中在門下省北宰相監修國史自是著作郎始罷史職及大明宮初成置史館於門下省之南館門外東西有棗樹七十四根無雜樹開元二十五年三月右相李林甫以中書地切樞密記事者官屬附近史官尹愔奏移史館於中書省北以舊尚藥院充館也史官古者天子諸侯皆有史官以紀言動曆數之事至後漢明帝召當時名士入東觀撰光武紀而史官因以他官兼之魏明帝始置著作郎專掌國史隸中書晉改隸秘書省因而不改貞觀年後以五代史隸史館於禁中史官無常員如有修撰大事則召他官兼之事畢日停自貞觀已後多以宰相監監修國史修國史遂成故事也修撰直館天寶已後他官兼領史職者謂之史館修撰初入爲直館也元和六年宰相裴垍奏登朝官領史職者並爲修撰以未登朝官入館者並爲直館修撰中以一人官高者判館事其餘名目並請不置從之楷書手二十五人典書四人亭長二人掌固六人裝潢直一人熟紙匠六人史官掌修國史不虛美不隱惡直書其事凡天地日月之祥山川封域之分昭穆繼代之序禮樂師旅之事誅賞廢興之政皆本於

起居注時政記以爲實録然後立編年之體爲褒貶焉既終藏之于府

知匭使天后垂拱元年置匭以達冤滯其制一房四面各以方色東曰延恩西曰申冤南曰招諫北曰通玄所以申天下之冤滯達萬人之情狀古者諫鼓謗木之意也天寶九年改匭爲獻納乾元元年復名曰匭以諫議大夫及補闕拾遺一人充使受納訴狀每日暮進內而晨出之也

翰林院天子在大明宮其院在右銀臺門內在興慶宮院在金明門內若在西內院在顯福門若在東都華清宮皆有待詔之所其待詔者有詞學經術合鍊僧道卜祝術藝書弈各別院以廩之日晚而退其所重者詞學武德貞觀時有溫大雅魏徵李百藥岑文本許敬宗褚遂良永徽後有許敬宗上官儀皆召入禁中驅使未有名目乾封中劉懿之劉禕之兄弟周思茂元萬頃范履冰皆以文詞召入待詔常於北門候進止時號北門學士天后時蘇味道韋承慶皆待詔禁中中宗時上官昭容獨當書詔之任睿宗時薛稷賈膺福崔湜又代其任玄宗即位張說陸堅張九齡徐安貞張垍等召入禁中謂之翰林待詔王者尊極一日萬機四方進奏中外表疏批答或詔從中出宸翰所揮亦資其檢討謂之視草故嘗簡當代四人以備顧問至德已後天下用兵軍國多務深謀密詔皆從中出尤擇名士翰林學士得充選者文士爲榮亦如中書舍人例置學士六人內擇年深德重者一人爲承旨所以獨承密命故也德宗好文尤難其選貞元已後爲學士承旨者多至宰相焉

内教坊武德已來置於禁中以按習雅樂以中官人充使則天改爲雲韶府神龍復爲教坊

習藝館本名内文學館選宮人有儒學者一人爲學士教習宮人則天改爲習藝館又改爲翰林内教坊以事在禁中故也

秘書省漢中書之下漢代藏書之所有延閣廣內石渠之藏又御史中丞在殿內掌蘭臺秘書圖籍後漢桓帝延熹二年始置秘書監屬太常寺掌禁中圖書秘文後所入中書至晉惠帝別置秘書寺掌中外三閣圖書梁武改寺爲省龍朔改爲蘭臺光宅改爲麟臺神龍復爲秘書省 監一員三從第三品監之名復漢桓帝置監晉不改後周謂之外史下大夫隋爲秘書監從第三品煬帝改爲秘書令武德復爲監龍朔改爲蘭臺太史天授改爲麟臺監神龍復爲秘書監也

○少監二員從四品上少監隋煬帝置龍朔改爲蘭臺侍郎天授改爲麟臺少監神龍復爲秘書少監比置一員太極初增置一員也 丞一員從五品上魏武帝置丞二人隋置一人正第五品也 秘書監之職掌邦國經籍圖書之事有二局一曰著作二曰太史皆率其屬而脩其職少監爲之貳丞掌判省事

秘書郎四員從六品上 校書郎八人正九品上 正字四人正九品下 主事一人從九品上 令史四人書令史九人典書八人楷書手八十人亭長六人掌固八人

秘書郎掌甲乙丙丁四部之圖籍謂之四庫經庫類十三史庫十三子庫類十四集庫類三事在經籍志

著作局龍朔爲司文局

著作郎二人從五品上龍朔爲司文郎中咸亨復也 佐郎四人從六品上 校書郎二人正九品上 正字二人正九品下 楷書手五人掌固四人

著作郎佐郎掌修撰碑志祝文祭文與佐郎分判局事也

司天臺舊太史局隸秘書監龍朔二年改爲秘閣局久視元年改爲渾儀監景雲元年改爲太史監復爲太史局隸秘書省乾元元年三月十九日勅改太史監爲司天臺改置官員置於子城內秘書省西今在永寧坊東南角也 監一人從三品本太史局令從五品下乾元元年改爲監升從三品一如殿中秘書品秩也 少監二人本日太史丞從七品下乾元升爲少監與諸司少監同品也 太史令掌觀察天文稽定曆數凡日月星辰之變風雲氣色之異率其屬而占候之其屬有司曆二人掌造曆保章正一人掌教曆生四十一人監候五人掌候天文觀生九十人掌晝夜司候天文氣色 靈臺郎二人掌教習天文氣色 天文生六十人 挈壺正二人掌知漏刻司辰七十人漏刻典事二十二人漏刻博士九人漏刻生三百六十人典鐘一百一十二人典鼓八十八人楷書手二人亭長掌固各四人自乾元元年別置司天臺改置官吏不同太史局舊員數今隨司天臺書之也

凡玄象器物天文圖書苟非其任不得預焉每季錄所見災祥送門下中書省入起居注歲終總錄封送史館每年預造來年曆頒于天下

五官正五員正五品乾元元年置五官有春夏秋冬中五官之名 丞兩員正七品 主簿兩員正七品 定額直五人 五官靈臺郎五員正七品舊曰靈臺郎正八品下掌觀天文之變而占候之凡二十八宿分爲十二次事具天文志也 五官保章正五員正七品 五官司曆五員正八品舊曰司曆二人從九品上掌國之曆法造曆以頒四方其曆有戊寅曆麟德曆神龍曆大衍曆天下之測量之地分至表準其詳司歲敬授考星度審驗晷景各有典章 五官監候五員正八品 五官挈壺正五員正九品 五官司辰十五員正九品舊曰挈壺正二員從八品下司辰十七人正九品下掌知漏刻孔壺爲漏浮箭爲刻以告中星昏明之候焉 五官禮生十五人 五官楷書手五人 令史五人

○漏刻博士二十人漏刻之法孔壺爲漏浮箭爲刻其箭四十有八晝夜共百刻冬夏之間有長短冬至之日晝漏四十刻夜漏六十刻夏至晝漏六十刻夜漏四十刻春分秋分之時晝夜各五十刻秋分之後減晝益夜凡九日加一刻春分已後減夜益晝九日減一刻二至前後加減遲用日少每夜分爲五更每更分爲五點更以擊鼓爲節點以擊鐘爲節也 典鐘典鼓三百五十人 天文觀生九十人 天文生五十人 曆生五十五人 漏生四十人 視品十人 已上官吏皆乾元元年隨監司新置

唐書志卷第二十三

左奉議郎充紹興府府學教授朱倬校正

唐書志卷第二十四

職官三　　　　　　劉昫

御史臺 秦漢曰御史府後漢改為憲臺魏晉宋改名蘭臺梁陳北朝咸曰御史臺武德因之龍朔二年改名憲臺咸亨復光宅元年分臺為左右號曰左右肅政臺左臺專知京百司右臺按察諸州神龍復為左右御史臺延和年廢右臺先天二年復置十月又廢也 大夫一員 正三品秦漢曰御史大夫副丞相為三公之官魏晉之後多不置大夫以中丞為臺主隋諱中復大夫降為正四品武德令改為從三品龍朔改為大司憲咸亨復為大夫光宅分臺為左右置左右臺大夫及廢右臺去左右字本從三品會昌二年十二月敕大夫秦漢為正列在三公漢末改為大司空與丞相俱為三公掌邦國刑憲肅正朝廷其任既重品秩宜峻準六尚書例升為正三品著之於令 中丞二員 正四品下漢御史臺有二丞掌殿內秘書謂之中丞漢末改為御史長史後漢復曰中丞後周曰司憲中大夫隋諱中改為治書侍御史貞觀末避高宗名改為御史中丞置二員龍朔二年改為司憲大夫咸亨復為中丞本正五品上會昌二年十二月敕中丞為大夫之貳緣大夫秩崇官不常置中丞為憲臺長今九寺少卿及諸少監國子司業京兆少尹並府寺省監之貳皆為四品唯中丞官重品秩未崇可升為正四品下與丞郎出入迭用著之於令

大夫中丞之職掌持邦國刑憲典章以肅正朝廷中丞為之貳凡天下之人有稱冤而無告者與三司訊之凡中外百寮之事應彈劾者御史言於大夫大事則方幅奏彈之小事則署名而已若有制使覆囚徒則與刑部尚書參擇之凡國有大禮則乘輅車以為之導

侍御史四員 從六品下御史之名周官有之亦名柱下史秦改為侍御史後周曰司憲中士隋為侍御史品第七武德品第六侍御史年深者一人判臺事知公廨次一人知西推一人知東推也 掌糺舉百寮推鞫獄訟凡有別付推者則按其實狀以奏若尋常之獄推訖斷于大理凡事非大夫中丞所劾而合彈奏者則具其事為狀大夫中丞押大事則冠法冠衣朱衣纁裳白紗中單以彈之小事常服而已凡三司理事則與給事中中書舍人更直於朝堂受表若三司所按而非其長官則與刑部郎中員外大理司直評事往訊之

主簿一人 從七品下 錄事二人 從九品下 主簿掌印及受事發辰勾檢稽失兼知官廚及黃卷 主事二人令史十七人書令史二十三人

殿中侍御史六人 從七品下 令史八人書令史十八人 殿中侍御史掌殿廷供奉之儀式凡冬至元正大朝會則具服升殿若郊祀巡幸則於鹵簿中糺察非違具服從於旌門視文物有所虧闕則糺之

凡兩京城內則分知左右巡各察其所巡之內有不法之事

監察御史十員 正八品上貞觀初馬周以布衣進用太宗令於監察御史裏行自此因置裏行之名龍朔元年以王本立為監察裏行也 監察掌分察巡按郡縣屯田鑄錢嶺南選補知太府司農出納監決囚徒監祭祀則閱牲牢省器服不敬則劾祭官尚書省有會議亦監其過謬凡百官宴會習射亦如之

殿中省 魏初置殿中監隋初改為殿中局煬帝改為殿內省武德改為殿中省龍朔改為中御府咸亨復為殿中省也 監一員 從三品初置監品第三梁品第三隋品第四武德品第三也 少監二員 從四品上 丞二人 從五品上 主事二人 從九品上 令史四人書令史十二人亭長掌固各八人

殿中監掌天子服御總領尚食尚藥尚衣尚舍尚乘尚輦六局之官屬備其禮物供其職事少監為之貳凡聽朝則率其屬執繖扇以列於左右凡大祭祀則進大珪鎮珪於壝門之外既事受而藏之凡行幸則侍奉於仗內驂乘以從若元正冬至大朝會則有進爵之禮丞掌副監事兼勾檢稽失省者抄目主事掌印及知受事發辰

尚食局奉御二人 正五品下隋初為典御又改為奉御 直長五人 正七品上 食醫八人 正九品下 奉御掌謹其儲供辨名數直長為之貳若進御必辨其時禁春肝夏心秋肺冬腎四季之月脾王皆不可食當進必先嘗正至大朝會饗宴與光祿大夫視其品秩之差其賜王公賓客亦如之諸陵月享則視膳而獻之食醫掌率主食王膳以供其職

尚藥局奉御二人 正五品下 直長四人 正七品上 書吏四人侍御醫四人 從六品上 主藥十二人藥童三十人司醫四人 正八品下 醫佐八人 正八品下 按摩師四人呪禁師四人合口脂匠四人掌固四人 奉御掌合和御藥及診候方脈之事直長為之貳凡藥有上中下三品上藥為君中藥為臣下藥為佐合造之法一君三臣九佐別其五藏分其五味有湯丸膏散之用診脈有寸關尺之三部醫之大經凡合和與監視其分劑藥成嘗而進焉侍御醫掌診候調和主藥藥童主刮削擣篩

尚衣局奉御二人 從五品上 直長四人 正七品下 書令史三人書吏四人主衣十六人掌固四人 奉御掌衣服詳其制度辨其名數直長為之

貳凡天子之服冕十有三一大裘冕二衮冕三鷩冕四毳冕五絺冕六玄冕七通天冠八武弁九弁服十介幘十一白紗帽十二平紗幘十三翼善冠（事具輿服志也）凡天子之大珪曰珽長尺鎮珪長尺有二寸若有事於郊丘社稷則出之於內將事至于中壝門則奉鎮珪于監而進之既事受而藏之凡大朝會則設案服畢而徹之

尚舍局奉御二人（從五品上）直長六人（正七品下）書令史三人書吏七人掌固十人幕士八千人　奉御掌殿廷張設湯沐燈燭灑掃之事直長為之貳凡行幸預設三部帳幕（有古帳大帳次帳小次帳小帳凡五等之帳為三部）其外置排城以為蔽扞（排城連版為之施於上畫辟邪猛獸表裏皆漆之）凡大祭祀有事於郊壇則先設行宮於壇之東南向隨地之宜將祀三日則設大次於外壝東門之外道北南向而設坐若有事於明堂太廟則設大次於東門如郊壇之制凡致齋則設幄於正殿西序及室內俱東向張於楹下凡元正冬至大朝會則設斧扆於正殿（施蹋席薰爐朔望受朝則施幄於正殿帳裙頂帶方闕一丈四尺也）

尚乘局奉御二人（從五品上）直長一人（正七品下）奉乘十八人（正九品下）習馭五百人

掌閑五千人獸醫七十人進馬六人（七品下）司庫一人（正九品下）司廩二人（正九品下）書令史一人書吏十四人　奉御掌內外閑廄之馬辨其麤良而率其習馭直長為之貳（一曰左右飛黃閑二曰左右吉良閑三曰左右龍媒閑四曰左右騊駼閑五曰左右駃騠閑六曰左右天苑閑開元時仗內六閑一曰飛龍二曰祥麟三曰鳳苑四曰鵷鸞五曰吉良六曰六群亦號六廄馬）凡秣馬給料以時為差凡外牧進良馬印以三花飛風之字而為志　奉乘掌率習馭掌閑駕士及秣飼之法司庫掌鞍轡乘具司廩掌稾秸出納獸醫掌療馬病進馬六人（初尚乘局掌六閑馬後置內外閑廄使專掌御馬開元初以尚乘局隸閑廄使乃省尚乘其左右六閑及局官並隸閑廄使領之也七品下舊儀每日尚乘以廄馬八疋分為左右廂立於正殿側宮門外候仗下即散若大陳設即馬在樂縣之北與大象相次進馬二人戎服執鞭侍立於馬之左隨馬進退隸名管殿中其官用武職有蔭簡擇一如千牛備身天寶八載李林甫用事罷立仗馬亦省進馬官十二載楊國忠當國政復立仗馬及進馬官乾元復省上元復置也）

尚輦局奉御二人（從五品下）直長四人（正七品下）尚輦二人（正九品下）書令史二人書吏四人掌扇六人掌翰二十四人主輦三十二人奉輿十二人掌固四人　奉御掌輿輦分其次序而辨其名數直長為之貳凡大朝會則陳于廷大祭祀則陳于廟凡大朝會則繖二翰一陳之于廷（孔雀扇一百五十有六分居左右舊翟尾扇開元年初改為繡孔雀）若常聽朝皆去扇左右各留其三以

備常儀

內官妃三人（正一品周官三夫人之位也隋依周制立三夫人武德立四妃一貴妃二淑妃三德妃四賢妃玄宗以為后妃四星其一正后不宜更有四妃乃改定三妃之位惠妃一麗妃二華妃三下有六儀美人才人四等共二十人以備內官之位也）三妃佐后坐而論婦禮者也其於內則無所不統故不以一務名焉六儀六人（正二品周官九嬪之位也）掌教九御四德率其屬以贊導后之禮儀美人四人（正三品周官二十七世婦之位也）掌率女官修祭祀賓客之事才人七人（正四品周官八十一御女之位）掌敘宴寢理絲枲以歲獻功

宮官（六尚如六尚書之職掌）

尚宮二人（正五品）司記二人（正六品）典記二人（正七品）掌記二人（正八品）女史六人司言二人（正六品）典言二人（正七品）掌言二人（正八品）女史四人司簿二人（正六品）典簿二人（正七品）掌簿二人（正八品）女史六人司闈六人（正六品）典闈六人（正七品）掌闈六人（正八品）女史四人　尚宮職掌導引中宮總司記司言司簿司闈四司之官屬凡六尚書物出納文簿皆印署之司記掌印凡宮內諸司簿書出入錄目審而付行焉典記佐之女史掌執文

書司言掌宣傳啟奏司簿掌宮人名簿廩賜司闈掌宮閤管鑰

尚儀二人（正五品）司籍二人（正六品）典籍二人（正七品）掌籍二人（正八品）女史十人司樂四人（正六品）典樂四人（正七品）掌樂四人（正八品）女史二人司贊二人（正六品）典贊二人（正七品）掌贊二人（正八品）女史二人　尚儀之職掌禮儀起居總司籍司樂司賓司贊四司之官屬司籍掌四部經籍筆札几案司樂掌率樂人習樂陳懸拊擊進退司賓掌賓客朝見宴會賞賜司贊掌朝見宴會贊相

尚服二人（正五品）司寶二人（正六品）典寶二人（正七品）掌寶二人（正八品）女史四人司衣二人（正六品）典衣二人（正七品）掌衣二人（正八品）女史四人司飾二人（正六品）典飾二人（正七品）掌飾二人（正八品）女史四人司仗二人（正六品）典仗二人（正七品）掌仗三人（正八品）女史二人　尚服之職掌供內服用采章之數總司寶司衣司飾司仗四司之官屬司寶掌瑞寶符契圖籍司衣掌衣服首飾司飾掌膏沐巾櫛司仗掌羽儀仗衛

尚食二人（正五品）司膳四人（正六品）典膳四人（正七品）掌膳四人（正八品）掌醞二人

（正八品）女史四人　司醞二人（正七品）典醞二人（正八品）女史二人　司藥二人（正六品）典藥二人（正七品）掌藥二人（正八品）女史四人　司饎二人（正六品）典饎二人（正七品）掌饎二人（正八品）女史四人　尚食之職掌供膳羞品齊之數總司膳司醞司藥司饎四司之官屬凡進食先嘗之司膳掌制烹煎和司醞掌酒醴酏飲司藥掌方藥司饎掌給宮人廩餼飯食薪炭

尚寢二人（正五品）司設二人（正六品）典設二人（正七品）掌設二人（正八品）掌輿二人（正八品）女史四人　司輿二人（正六品）典輿二人（正七品）女史一人　司苑二人（正六品）典苑二人（正七品）掌苑二人（正八品）女史二人　司燈二人（正六品）典燈二人（正七品）掌燈二人（正八品）女史二人　尚寢之職掌燕寢進御之次序總司設司輿司苑司燈四司之官屬司設掌幃帳茵席埽灑張設司輿掌輿輦繖扇羽儀司苑掌園苑種植蔬菓司燈掌燈燭

尚功二人（正五品）司製二人（正六品）典製二人（正七品）掌製二人（正八品）女史二人　司珍二人（正六品）典珍二人（正七品）掌珍二人（正八品）女史六人　司綵二人（正六品）典綵二人（正七品）掌綵二人（正八品）女史二人　司計二人（正六品）典計二人（正七品）掌計

○二人（正八品）女史二人　尚功之職掌女功之程課總司製司珍司綵司計四司之官屬司製掌衣服裁縫司珍掌寶貨司綵掌繒錦絲枲之事司計掌支度衣服飲食薪炭

宮正一人（正五品）司正二人（正六品）典正二人（正七品）女史四人　宮正之職掌戒令糾禁謫罰之事司正典正佐之（右唐制定宮官六尚書二十四司職事官以備內職之數）

內侍省（星經有宦者四星在天市垣帝坐之西周官有巷伯寺人之職皆內官也漢宮官皆用士人後漢始用宦者爲宮官晉置大長秋卿爲後宮官以宦者爲之隋爲內侍省煬帝改爲長秋監武德復爲內侍省龍朔改爲內侍監光宅改爲司宮臺神龍復爲內侍省也）內侍二人員（從四品上）（漢曰長秋卿梁曰大長秋北齊曰中侍中省後周曰司內上士隋曰內侍置二人煬帝曰長秋令正四品武德復爲中侍中官之貴極于此矣若有殊勳懋績則有拜大將軍者仍兼內侍之官德宗置左右神策威遠等禁兵命中官掌之置護軍中尉一人宦者爲之自李輔國魚朝恩之後京師兵柄歸於內官號左右軍中尉典兵於外者謂之觀軍容使而天下軍鎮節度使皆內官一人監之事具宦者傳也）內常侍六人（正五品下漢代謂之中常侍）內侍之職掌在內侍奉出入宮掖宣傳之事總掖廷宮闈奚官內僕內府五局之官屬內常侍爲之貳凡皇后祭先蠶則相儀后出則爲之夾引

內給事八人（從五品下）主事二人（從九品下）令史八人　書令史十六人　內給事掌判省事凡元正冬至羣臣朝賀中宮則出入宣傳凡宮人衣服費用則具其品秩計其多少春秋二時宣送中書

內謁者監六人（正六品下）內謁者十二人（從八品下）內寺伯二人（正七品下）內謁者監掌內宣傳凡諸親命婦朝會所司籍其人數送內侍省內謁者掌諸親命婦朝集班位內寺伯掌糾察諸不法之事歲大儺則監其出入

掖廷局令二人（從七品下）丞三人（從八品下）宮教博士二人（從九品下）監作四人（從九品下）令史四人　計史二人　書令史八人　掖廷令掌宮禁女工之事凡宮人名籍司其除附公桑養蠶會其課業丞掌判局事博士掌教習宮人書筭衆藝監作掌監當雜作

宮闈局令二人（從七品下）丞二人（從八品）書令史三人　書吏六人　內閽人二十人　內掌扇十六人　內給使無常員　宮闈局令掌侍奉宮闈出入管鑰凡大享太廟帥其屬詣于室出皇后神主置於輿而登座焉既事納之凡宮人無官品者稱內給使若有官及經解免應敘選者得令長上其小給使學生五十人皆總其名籍以給其糧廩丞掌判

○局事內給事掌諸門進物出納之曆

奚官局令二人（正八品下）丞二人（正九品下）書令史三人　書吏六人　藥童四人　掌奚官令掌奚隸工役宮官品命丞爲之貳凡宮人有疾病則供其醫藥死亡則供其衣服各視其品命仍於隨近寺觀爲之修福雖無品亦如之凡內命婦五品已上亡無親戚於墓側三年內取同姓中男一人以時主祭無同姓則所司春秋以少牢祭之

內僕局令二人（正八品下）丞二人（正九品下）書令史二人　書吏四人　駕士二百人　內僕令掌中宮車乘出入導引丞爲之貳凡中宮有出入則令居左丞居右而夾引之凡皇后之車有六事在輿服志

內府局令二人（正八品下）丞二人（正九品下）書令史二人　書吏四人　內府令掌中藏寶貨給納名數丞爲之貳凡朝會五品已上賜絹帛金銀器於殿廷者並供之諸將有功并蕃酋辭還亦如之

太常寺（古曰秩宗秦曰奉常漢高改爲太常梁加寺字後代因之）卿一員（正三品古曰太常奉常梁加寺字置十二卿太常卿爲一周隋品第三龍朔二年改爲奉常光宅改爲司禮卿神龍復爲太常卿也）少卿二人（正四品上隋置少卿二人從四品武德置一人貞觀加置一員）

太常卿之職，掌邦國禮樂、郊廟、社稷之事，以八署分而理之：一曰郊社，二曰太廟，三曰諸陵，四曰太樂，五曰鼓吹，六曰太醫，七曰太卜，八曰廩犧，摠其官屬，行其政令。少卿為之貳。凡國有大禮，則贊相禮儀；有司攝事，則為之亞獻，率太樂官屬宿設樂縣，以供其事。燕會亦如之。若三公行園陵，則為之副，公服乘輅，備鹵簿，而奉其禮。若大祭祀，則先省牲器。凡太卜占國之大事及祭祀卜日，皆往涖之於太廟南門之外。凡仲春薦冰及四時品物甘滋新成者，皆薦焉。凡有事於宗廟，少卿帥太祝、齋郎入薦香燈，整拂神幄，出入神主。將享，則與良醞令實尊罍。凡備大享之器服，有四院：一曰天府院，二曰御衣院，三曰樂縣院，四曰神廚院也。

丞二人，從五品上；主簿二人，從七品上；錄事二人，從九品上；府十二人，史二十三人，博士四人，從七品上；謁者十人，贊引二十人，太祝六人，正九品上；祝史六人，奉禮郎二人，從九品上；贊者十六人，協律郎二人，正八品上；亭長八人，掌固十二人，太廟齋郎，京都各一百三十人，太廟門僕，京都各三十人。　丞掌判寺事。凡大饗太廟，則修七祀於太廟西門之內；若祫享，則兼修配享功臣之

禮。主簿掌印，勾檢稽失，省署抄目。錄事掌受事發辰。博士掌五禮之儀式，本先王之法制，適變隨時而損益焉。凡大祭祀及有大禮，則與卿導贊其儀。凡公已下擬謚，皆迹其功行，為之褒貶；無爵稱子，養德丘園，聲實明著，則謚曰先生。大行大名，小行小名之。古有周書謚法、大戴禮謚法、劉熙謚法一卷，晉張靖謚法兩卷，又有廣謚法一卷，梁沈約總聚古今謚法，凡有一百六十五稱也。　若大祭祀，卿省牲器，謁者為之導；若小祀及公卿大夫有嘉禮，亦命謁者以贊之。太祝掌出納神主于太廟之九室，而奉享薦禘祫之儀。凡國有大祭祀，凡郊廟之祝版，先進取署，乃送祠所，將事，則跪讀祝文，以信于神，禮成而焚之。凡大祭祀，卿省牲，而告充。凡祭天及日月星辰之玉帛，則焚之；祭地及社稷、山岳，則瘞之；海瀆，則沉之。奉禮郎掌朝會、祭祀君臣之版位。凡樽彝之制十有四，祭則陳之。祭器之位，簠簋為前，鉶鉶次之，籩豆為後。大凡祭祀、朝會，在位者拜跪之節，皆贊導之。贊者承傳焉。又設牲牓之位，以成省牲之儀。凡春秋二仲，公卿巡陵，則主其威儀、鼓吹之節而相禮焉。協律郎掌和六呂六律，辨四時之氣，八風五音之節。凡太樂，則監試之，為之課限。若大祭祀饗宴奏于廷，則升堂執麾以為之節制，舉麾工鼓柷而後樂作，偃麾戛敔而後止。

兩京郊社署：令各一人，從七品下；丞一人，從八品上；府二人，史四人，典事三人，掌固五人，門僕八人，齋郎一百一十人。　郊社令掌五郊、社稷、明堂之位，祠祀祈禱之禮。丞為之貳。凡大祭祀，則設神坐於壇上，而別其位，立燎壇而先積柴。凡有合朔之變，則置五兵於太社，以朱絲縈之，以俟變過時而罷之。

諸陵署：令一人，從五品上；錄事一人，府二人，史四人，主衣四人，主輦四人，主藥四人，典事三人，掌固二人，陵戶，乾、橋、昭四百人，獻、定、恭三百人。　陵令掌先帝山陵，率戶守衛之。丞為之貳。凡朔望、元正、冬至，皆修享於諸陵。凡功臣密戚陪葬者聽之，以文武分為左右列。諸太子陵令各一人，從八品下；丞一人，從九品下。

太樂署：令一人，從七品下；丞一人，從八品下；府三人，史六人，樂正八人，從九品下；典事八

人，掌固八人，文武二舞郎一百四十人。　太樂令調合鐘律，以供邦國之祭祀享宴。丞為之貳。凡天子宮縣鐘磬，凡三十六虡。鎛鐘十二，編鐘十二，編磬十二，共為三十六架。東方西方，磬虡起北，鐘虡次之；南方北方，磬虡起西，鐘虡次之。鎛鐘在編鐘之間，各依位。四隅建鼓，左柷右敔。又設笙、竽、笛、簫、篪、塤，係於編鐘之下；偶歌琴、瑟、筝、筑，係於編磬之下。其在殿廷前，則加鼓吹十二案於建鼓之外，羽葆之鼓、大鼓、金錞、歌、簫、笳置於其上。又設登歌鐘、磬、節鼓、琴、瑟、筝、筑於堂上，笙、和、簫、篪、塤於堂下。太子之廷，陳軒縣，去其南面，鎛鐘、編鐘、編磬各三，凡九虡，設于辰、丑、申之位；三建鼓亦如之。凡宮縣、軒縣之作，則奏文武舞，事在音樂志也。　凡大宴會，則設十部伎。凡大祭祀、朝會用樂，辨其曲度章服，而分始終之次。有事於太廟，每室酌獻，各用舞。事具音樂志。　凡祀昊天上帝及五方、大明、夜明之樂，皆六成；祭皇地祇、神州、社稷之樂，皆八成；享宗廟之樂，皆九成；其餘祭祀三成而已。五音有成數，觀其數而用之也。　凡習樂，立師以教，每歲考其師之課業為上中下三等，申禮部；十年大校之，量優劣而黜陟焉。凡樂人及音聲人應教習，皆著簿籍，覈其名數，分番上下。

鼓吹署：令一人，從七品下；丞三人，從八品下；府三人，史六人，樂正四人，從九品下；典事四人，掌固四人。　鼓吹令掌鼓吹施用調習之節，以備鹵簿之儀。丞為之貳。凡大駕行幸，鹵簿則分前後二部以統之。法駕則三分減一，小駕

則減大駕之半皇太后皇后出則如小駕之例皇太子鼓吹亦有前後二部親王已下各有差凡駕行幸有夜警晨嚴之制大駕夜警十二部晨嚴三通太子諸王公卿已下警嚴有差凡合朔之變則率工人設五鼓於太社大儺則帥鼓角以助侲子唱之

太醫署令二人從七品下丞二人從八品下府二人史四人主藥八人藥童二十四人醫監四人從八品下醫正八人從九品下藥園師二人藥園生八人掌固四人

太醫令掌醫療之法丞為之貳其屬有四曰醫師鍼師按摩師禁呪師皆有博士以教之其考試登用如國子之法凡醫師醫工醫正療人疾病以其全多少而書之以為考課藥園師以時種蒔收采諸藥醫博士一人正八品上助教一人從九品下醫師二十人醫工一百人醫生四十人典藥二人　博士掌以醫術教授諸生醫術謂習本草甲乙脈經分而為業一曰體療二曰瘡腫三曰少小四曰耳目口齒五曰角法也

鍼博士一人從八品下鍼助教一人從九品下鍼師十人鍼工二十人鍼生二十人

鍼博士掌教鍼生以經脈孔穴使識浮沉澀滑之候又以九鍼為

補瀉之法其鍼名有九應病用之也

按摩博士一人從九品下按摩師四人按摩工十六人按摩生十五人

按摩博士掌教按摩生消息導引之法

呪禁博士一人從九品下呪禁師二人呪禁工八人呪禁生十人　呪禁博士掌教呪禁生以呪禁除邪魅之為厲者

太卜署令一人從八品下丞一人正九品下卜正二人從九品下卜博士二人從九品下　太卜令掌卜筮之法丞為之貳其法有四一曰龜二曰兆三曰易四曰式皆辨其象數通其消息所以定吉凶焉凡國有祭祀則率卜正占者卜日於太廟南門之外歲季冬之晦帥侲子入宮中堂贈大儺贈送也堂中舞侲子以送不祥也

廩犧署令一人從八品上丞一人正九品　廩犧令掌薦犧牲及粢盛之事丞為之貳凡三祀之牲牢各有名數大祭祀則與太祝以牲就牓位太常卿省牲則北面告腯乃牽牲以授太官

汾祠署令一人從七品下丞一人從八品上　汾祠令丞掌神祀享祭洒掃之制

兩京齊太公廟署令各一人從七品下丞各一人從八品上令丞掌開闔洒掃及春秋仲釋奠之禮

光祿寺秦曰郎中令漢曰光祿勳掌宮殿門戶梁置十二卿加寺字除勳字自光祿卿掌膳食後因之品第三龍朔改為司膳寺正卿光宅改為司膳寺神龍復為光祿寺也卿一員從三品少卿二人從四品上　卿少卿之職掌邦國酒醴膳羞之事揔太官珍羞良醞掌醢四署之官屬脩其儲備謹其出納少卿為之貳國有大祭祀則省牲鑊視濯溉若三公攝祭則為之終獻朝會宴享則節其等差量其豐約以供焉

丞二人從六品上主簿二人從七品上錄事二人從九品上府十一人史二十一人亭長六人掌固六人　丞掌判寺事主簿掌印勾檢稽失錄事掌受事發辰

太官署令二人從七品下丞四人從八品下府四人史八人監膳十人從九品下主膳十五人供膳二千四百人掌固四人　太官令掌供膳食之事丞為之貳凡祭之日與卿詣厨省牲鑊取明水於陰鑑取明火於陽燧帥宰人以鸞刀割牲取其毛血實之於豆遂亨牲焉又帥進饌者實簠簋設於饌幕之內凡朝會宴享九品已上並供其膳食凡供奉祭祀致齋之官則視其品秩為之差降國子監釋奠百官觀禮亦

如之凡宿衛當上及命婦朝參宴會者亦如之

珍羞署令一人正八品下丞二人正九品下府三人史六人典書八人餳匠五人掌固四人　令掌庶羞之事丞為之貳以實籩豆陸產之品曰榛栗脯脩水物之類曰魚鹽菱芡辨其名數會其出入以供祭祀朝會賓客之禮也

良醞署令二人正八品下丞二人正九品下府三人史六人監事二人從九品下掌醞三十人酒匠十三人奉觶一百二十人掌固四人　令掌供奉邦國祭祀五齊三酒之事丞為之貳五齊三酒義見周官郊祀之日帥其屬以實罇罍若享太廟供其鬱鬯之酒以實六彝若應進者則供春暴秋清酴醾桑落等酒

掌醢署令一人正八品下丞二人正九品下府二人史四人主醢十人　令掌供醯醢之屬而辨其名物丞為之貳凡醢鹿兔羊魚等四醢凡祭神祇享宗廟用菹醢以實豆宴賓客會百官醯醬以和羹

衛尉寺秦置衛尉掌宮門衛屯兵漢有公車司馬衛士旅賁三令丞梁置十二卿衛尉加寺字省加卿字龍朔改為司衛寺咸亨復也卿一員

從三品古日衛尉梁加卿字隋品第三龍朔改爲司衛正卿咸亨復爲衛尉卿也少卿二人從四品上卿之職掌邦國器械文物之事總武庫武器守宮三署之官屬少卿爲之貳凡天下兵器入京師者皆籍其名數而藏之凡大祭祀大朝會則供其羽儀節鉞金鼓帷帟茵席之屬

丞二人從六品上主簿二人從七品上錄事一人從九品上府六人史十一人亭長四人掌固六人　丞掌判寺事辨器械出納之數主簿掌印勾檢稽失錄事掌受事發辰

武庫令兩京各一人從六品下丞二人從八品下府二人史六人監事一人正九品上典事二人掌固五人　令掌藏邦國之兵仗器械辨其名數以備國用丞爲之貳凡親征及大田巡狩以羝羊猳豬雄雞釁鼓若太子親征及大將出師則用猳豘凡有赦則先建金雞兼置鼓於宮城門之右視大理及府縣囚徒至則撾其鼓

武器署令一人正八品下丞二人從九品下府二人史六人監事一人從九品下典事二人掌固四人　令掌在外戎器辨其名物會其出入丞爲之貳凡大祭

〇　十九　唐志二十四　十一　王珮

祀大朝會及巡幸則納於武庫供其鹵簿若王公百官婚葬之禮應給鹵簿亦供之

守宮署令一人正八品下丞二人正九品下府二人史四人監事二人掌設六人幕一千六百人　令掌邦國供帳之屬辨其名物會其出入丞爲之貳凡大祭祀大朝會及巡幸則設王公百官位於正殿南門外

宗正寺星紀有宗正星在帝座之東南秦置宗正掌宗屬梁置十二卿宗正爲一署加寺字隋品第三光宅改爲司屬神龍復之也卿一員從三品少卿二員從四品上丞二人從六品上主簿二人從七品上錄事一人從九品上府五人史九人亭長四人掌固四人　卿之職掌九族六親之屬籍以別昭穆之序并領崇玄署少卿爲之貳九廟之子孫繼統爲宗餘曰族凡大祭祀及冊命朝會之禮皇親諸親應陪位預會者則爲之簿書以申司封若皇親爲三公子孫應襲封者亦如之丞掌判寺事主簿掌印及勾檢稽失錄事掌受事發辰

崇玄署令一人正八品下丞一人正九品下府二人史三人典事六人掌固二人令掌京都諸觀之名數道士之帳籍與其齋醮之事丞爲之貳

太僕寺太僕古官梁置十二卿署加寺字隋因之龍朔改爲司馭寺光宅爲司僕寺神龍復之卿一員從三品古有太僕正卿其名也從綱正字嘗名太僕梁始爲列卿隋品第三龍朔改爲司馭正卿光宅曰司僕卿神龍復也少卿二人從四品上卿之職掌邦國廄牧車輿之政令總乘黃典牧車府四署及諸監牧之官屬少卿爲之貳凡國有大禮及大駕行幸則供其五輅屬車之屬凡監牧羊馬所通籍帳每歲則受而會之以上尚書駕部以議其官吏之考課凡四仲之月祭馬祖馬步先牧馬社

丞四人從六品上主簿二人從七品上錄事二人從九品上府十七人史三十四人獸醫六百人獸醫博士四人學生一百人亭長四人掌固六人　丞掌判寺事主簿掌印勾檢稽失省署抄目錄事掌受事發辰

乘黃署令一人從七品下丞一人從八品下府一人史二人典事八人駕士一百四十人羊車小史十四人掌固六人　令掌天子車輅辨其名數與馴馭之法丞爲之貳凡乘輿五輅事具輿服志也五輅皆有副車又有十二車一指南車二記里鼓車三白鷺車四鸞旗車五辟惡車六皮軒車七耕根車八安車九四望車十羊車十一黃鉞車十二豹尾車其車飾見輿服志也屬車一十有二古者屬車八十一乘皇朝置十二乘也乘輿有大駕法駕小駕車服各有名數之差若

〇　十九　唐志二十四　十二　朱明

有大禮則以所御之輅進內既事則受而藏之凡將有事先期四十日尚乘供馬如輅色率駕士預調習指南等十二車

典廄署令二人從八品下丞四人從九品下府二人史六人主乘六人正九品下典事八人執馭一百人駕士八百人掌固六人　令掌繫飼馬牛給養雜畜事丞爲之貳

典牧署令二人正八品下丞四人正九品下府四人史八人監事八人典事十六人從九品下主酪五十人　令掌牧雜畜造酥酪脯給納之事丞爲之貳凡羣牧所送羊犢皆受之而供廩犧尚食之用諸司合供者亦如之

車府署令一人正八品下丞一人正九品下府一人史二人典事四人掌固六人　令掌王公已下車輅辨其名數及馴馭之法丞爲之貳凡公已下四軺車一象輅二革輅三木輅四軺輅視其品秩而給之兼給馭士也

上牧監一人從五品下牧監皆皇朝置也副監二人正六品下丞二人正八品上主簿一人正八品下錄事一人府三人史六人典事八人掌固四人

中牧監一人正六品下副監一人從六品下丞一人從八品下主簿一人從九品下錄事一人府

二人史四人典事四人掌固四人
下牧監一人（從六品下）副監一人（正七品下）丞一人（正九品下）主簿一人（從九品下）　諸牧監掌
羣牧孳課之事凡馬五千疋爲上監三千疋已上爲中監一千疋已
上爲下監凡馬之羣有牧長尉凡馬有左右監以別其麤良以數
紀名著之簿籍細馬稱左麤馬稱右凡諸羣牧立南北東西四使以
分統之其馬皆印每年終監牧使巡按孳數以功過相除爲之考課
沙苑監一人（從六品下）副監一人（正七品下）丞一人（正九品下）主簿一人（從九品下）錄事一人府
三人史六人典事四人掌固二人　沙苑監掌牧養隴右諸牧牛羊以
供其宴會祭祀及尚食所用每歲與典牧分月以供之丞爲之貳若百
司應供者則四時皆供凡羊毛及雜畜毛皮角皆具數申有司
大理寺（古謂掌刑爲士又曰理漢景帝加大字取天官貴人之牢曰大理之義後漢復改爲廷尉魏復爲大理南朝又名廷尉梁改名秋卿北齊加寺隋爲大理加寺字龍朔改爲詳刑寺光宅爲司刑神龍復改）卿一員（從三品古或名大理或名廷尉北齊加寺字隋品第三龍朔爲詳刑正卿光宅爲司刑卿神龍復爲大理卿）少卿二員（從四品上）　卿之職掌邦國折獄詳刑之事少卿
爲之貳凡犯至流死皆詳而質之以申刑部仍於中書門下詳覆

○　十九　唐志二十四　十三　趙實

凡吏曹補署法官則刑部尚書侍郎議其人可否然後注擬
正二人（從五品下）丞六人（從六品上）主簿二人（從七品上）府二十八人史五十六人正掌參
議刑辟詳正科條之事凡六丞斷罪不當則以法正之丞掌分判
寺事主簿掌印省署抄目勾檢稽失錄事掌受事發辰獄丞四人
掌率獄吏檢校囚徒及枷杖之事獄史六人亭長四人掌固八人問
事一百四十八人掌決罪人司直六人（從六品上）評事十二人（從八品下）掌出使
推覈評事史十四人（其刑法科目已載於刑部）
鴻臚寺（周曰大行人秦曰典客景帝曰大行武帝曰大鴻臚梁置十二卿鴻臚爲冬卿去大字北齊爲寺後周曰賓部隋曰鴻臚寺龍朔改爲同文寺光宅曰司賓寺神龍復也）卿一員（從三品周曰大行人中大夫秦曰典客漢曰大鴻臚梁加卿字後周曰賓部中大夫隋官從三品龍朔爲同文正卿光宅曰司賓）少卿二人（從四品上）　卿之職掌賓客及凶儀之事領典客司儀二署
以率其官屬供其職務少卿爲之貳凡四方夷狄君長朝見者辨
其等位以賓待之凡二王後及夷狄君長之子襲官爵者皆辨其
嫡庶詳其可否若諸蕃人酋渠有封禮命則受冊而往其國凡天
下寺觀三綱及京都大德皆取其道德高妙爲衆所推者補充申

尚書祠部皇帝太子爲五服之親及大臣發哀臨弔則贊相焉凡
詔葬大臣一品則卿護其喪事二品則少卿三品丞一人往皆命司
儀以示禮制
丞二人（從六品上）主簿一人（從七品上）錄事二人（從九品上）府五人史十一人亭長四人掌
固六人　丞掌判寺事主簿掌印勾檢稽失錄事掌受事發辰
典客署令一人（從七品下）丞二人（從八品下）掌客十五人（正九品上）典客十三人府四人
史八人賓僕十八人掌固二人　典客令掌二王後之版籍及四夷
歸化在蕃者之名數丞爲之貳凡朝貢宴享送迎皆預焉辨其等
位而供其職事凡酋渠首領朝見者皆館供之如疾病死喪量事
給之還蕃則佐其辭謝之節
司儀署令一人（正八品下）丞一人（正九品下）司儀六人府二人史四人掌設十八人齋
郎三十三人掌固四人幕士六十人　司儀令掌凶禮之儀式及喪
葬之具丞爲之貳凡京官職事三品已上散官二品已上京官四
品已上如遭喪薨卒量品贈祭葬皆供給之

○　十九　唐志二十四　十四　趙實

司農寺（漢初治粟内史景帝改爲大農武帝加司字梁置十二卿以司農爲春卿寺以官爲卿隋司農卿從三品龍朔二年改爲司稼咸亨復也）卿
一員（從三品上）少卿二員（從四品上）　卿之職掌邦國倉儲委積之事揔上林
太倉鉤盾導官四署與諸監之官屬謹其出納少卿爲之貳凡京
百司官吏祿給及常料皆仰給之孟春籍田祭先農則進耒耜季
冬藏冰仲春頒冰皆祭司寒　丞六人（從六品上）主簿二人（從七品上）錄事二人
（從九品上）府二十八人史七十六人計史三人亭長九人掌固七人　丞掌判
寺事凡天下租及折造轉運于京都皆閱而納之以供國用以祿百
官主簿掌印署抄目勾檢稽失凡置木契二十隻應須出納與署合之
上林署令二人（從七品下）丞四人（從八品下）府七人史十四人監事十九人典事二十
四人掌固五人　令掌苑囿園池之事丞爲之貳凡植果樹蔬以供
朝會祭祀其尚食所進及諸司常料季冬藏冰皆主之
太倉署令三人（從七品下）丞二人（從八品下）府十人史二十人監事十人（從九品下）令掌
九穀廩藏丞爲之貳凡鑿窖置屋皆銘甎爲庾斛之數與其年月
日受領粟官吏姓名又立牌如其銘

鈎盾署令二人(正八品下)丞四人(正九品上)府七人史十四人監事十人(從九品下)典事十九人掌固五人 令掌供邦國薪芻之事丞爲之貳凡祭祀朝會賓客享宴隨差降給之

導官署令二人(正八品上)丞四人(正九品上)府八人史十六人監事十人(從九品上) 令掌導擇米麥之事丞爲之貳凡九穀之用隨其精粗差其耗損而供之

太原永豐龍門諸倉每倉監一人(正九品下)丞二人(從八品上)錄事一人典事六人府二人史四人掌固四人 倉監掌倉窖儲積之事丞爲之貳凡出納帳紙歲終上于寺司

司竹監監一人(正七品下)副監一人(正八品下)丞二人(從八品上)錄事一人府二人史四人典事三十人掌固四人 司竹監掌植養園竹副監爲之貳歲終以竹功之多少爲考課

溫泉監(泉在京兆府昭應縣之西)監一人(正七品下)丞二人(從八品上)錄事一人府二人史二人掌固四人 溫泉監掌湯池宮禁之事丞爲之貳凡王公已下至于庶人湯泉館有差別其貴賤而禁其踰越凡近湯之地潤澤所

及瓜菓之屬先時而熟者必苞匭而進之以薦陵廟

京都苑摠監監各一人(從五品下)副監一人(從六品下)丞二人(從七品下)主簿一人(從九品上)錄事各三人府八人史十六人亭長四人掌固六人 苑摠監掌宮苑內館園池之事副監爲之貳凡禽魚菓木皆摠而司之凡給監及苑面官屬人畜出入皆爲差降之數

京都苑四面監監各一人(從六品下)副監一人(從七品下)丞二人(正八品下)錄事一人府三人史三人典事六人掌固四人 四面監掌所管面苑內宮館園池與其種植脩葺之事副監爲之貳丞掌判監事

諸屯監一人(從七品下)丞二人(從八品下) 諸屯監各掌其屯稼穡丞爲之貳凡每年定課有差

九成宮摠監監一人(從五品下)副監一人(從六品下)丞一人(從七品下)主簿一人(從九品下)錄事一人府三人史五人 宮監掌檢校宮樹供進錄餌之事副監爲之貳

太府寺(周官有太府下士掌財貨秦漢已後財賦屬司農少府梁始置太府卿掌帑藏龍朔二年改爲外府光宅改爲司府神龍復爲太府寺也) 卿一貟(從三品梁置後周曰太府中大夫隋爲太府卿品第三龍朔改爲外府正卿光宅爲司府卿神龍復也) 少卿二貟(從四品上) 卿掌邦國財貨摠京師四市平準左右藏常平八署之官屬舉其綱目修其職務少卿爲之貳以二法平物(一曰度量二曰權衡)凡四方之貢賦百官之俸秩謹其出納而爲之節制焉凡祭祀則供其幣 丞四人(從六品上)主簿二人(從七品上)錄事二人(從九品上)府十五人史五十人計史四人亭長七人掌固七人 丞掌判寺事凡正至大朝所貢方物應陳於殿廷者受而進之

兩京諸市署(京師有東西兩市東都有南北兩市)令一人(從六品上)丞各二人(正八品上)錄事一人府三人史七人典事三人掌固一人 京都市令掌百族交易之事丞爲之貳凡建標立候陳肆辯物以二物平市(謂秤以格斗以槩)以三賈均市(賈有上中下之差)

平準署令二人(從七品下)丞四人(從八品下)錄事一人府六人史十三人監事二人(從九品下)典事二人賈人十人掌固十人 平準令掌供官市易之事丞爲之貳凡百司不任用之物則以時出貨其沒官物亦如之

左藏署(左右藏令晉始有之後代因之皇家左藏有東庫西庫朝堂庫又有東都庫各木契一與太府主簿合也) 令三人(從七品下)丞五人(從八品下)府九人史十八人監事九人(從九品下)典事一人掌固八人 左藏令掌邦國庫藏丞爲之貳凡天下賦調先於輸場簡其合

尺度斤兩者卿及御史監閱然後納于庫藏皆題以州縣年月所以別粗良辨新舊凡出給先勘木契然後錄其名數請人姓名署印送監門乃聽出若外給者以墨印印之凡藏院之內禁人然火及無故入院者晝則外四面常持仗爲之防守夜則擊柝而分更以巡警之

右藏署令二人(正八品上)丞三人(正九品上)府五人史十人監事四人(從九品下)典事七人掌固十人 右藏令掌國寶貨貝丞爲之貳凡四方所獻金玉珠貝玩好之物皆藏之出納禁令如左藏

常平署(漢宣帝時始置常平倉以平歲之凶穰後漢改爲常滿倉晉曰常平後魏曰那閣倉隋於衛州置黎陽倉洛州置河陽倉陝州置常平倉華州置廣通倉轉相委輸漕關東之粟以給京師國家垂拱初兩京置常平署天下州府亦置之) 令一人(從七品下)丞二人(從八品下)府四人史八人監事五人(從九品下)典事五人掌固六人 常平令掌倉儲之事丞爲之貳也

國子監(國子之義見周官晉武始立國子學北齊曰國子寺隋初曰國子學後改爲寺大業三年改爲監龍朔曰大司成光宅曰成均神龍復爲國子監也)

祭酒一貟(從三品周官曰師氏保氏漢始置祭酒博士歷代因之隋祭酒品第三龍朔光宅隨曹改易) 司業二貟(從四品下隋大業三年始置司業一人從四品官名隨曹改易) 祭酒司業之職掌邦國儒學訓導之政令有

六學一國子學二太學三四門四律學五書學六算學也凡春秋二分之月上丁釋奠于孔宣父祭以太牢樂用登歌軒懸祭酒爲初獻司業爲亞獻凡教授之經以周易尚書周禮儀禮禮記毛詩春秋左氏傳公羊傳穀梁傳各爲一經孝經論語兼習之每歲終考其學官訓導功業之多少爲之殿最

丞一人從六品下 主簿一人從七品下 錄事一人從九品下 府七人史十三人亭長六人掌固八人 丞掌判監事凡六學生每歲有業成上于監者以其業與祭酒司業試所習業上尚書禮部

國子博士二人正五品上 助教二人從六品上 學生三百人典學四人廟幹二人掌固四人 博士掌教文武官三品已上國公子孫二品已上曾孫爲生者生初入置束帛一篚酒一壺脩一案每歲生有能通兩經已上求出仕者則上于監堪秀才進士者亦如之典學掌抄錄課業廟幹掌灑掃學廟

太學博士三人正六品上 助教三人從七品上 學生五百人 太學博士掌教文武五品已上及郡縣公子孫從三品曾孫之爲生者教法並如國子

○ 十九 志三十四 十七 壬成

四門博士三人正七品上 助教三人從八品上 四門博士掌教文武七品已上及侯伯子男子之爲生者若庶人子爲俊士生者教法如太學學生五百人直講四人掌佐博士助教之職文成二十人通四經業成上於尚書吏部試登第者加階放選也

律學博士一人從八品下太宗置 助教一人從九品上 學生五十人 博士掌教文武官八品已下及庶人子爲生者以律令爲專業格式法例亦兼習之

書學博士二人從九品下 學生三十人 博士掌教文武官八品已下及庶人之子爲生者以石經說文字林爲專業餘字書兼習之

算學博士二人從九品下 學生三十人 博士掌教文武八品已下及庶人子爲生者二分其經以爲之業習九章海島孫子五曹張丘建夏侯陽周髀十五人習綴術緝古十五人其紀遺三等亦兼習之學生三十人典學二人

五經博士各一人正五品下舊無五經學文科自貞元五年二月勅特置三禮開元禮科長慶二年二月勅置三傳三史科後又置五經博士檢年月未獲也

廣文館博士二人正六品上天寶九載置試附監修進士業者置助教一人至德後廢也

少府監秦置少府掌山澤之稅漢掌內府珍貨梁始爲卿歷代或置或省隋大業五年始分太府置少府監龍朔改爲內府光宅改爲尚方神龍復舊

少府監一員從三品秦漢有少府梁始爲卿隋改爲監從三品少監從四品煬帝改爲令武德復爲監龍朔光宅隨曹改易之 少監二員從四品下 監之職掌供百工伎巧之事總中尚左尚右尚織染掌冶五署之官屬庀其工徒謹其繕作少監爲之貳凡天子之服御百官之儀制展采備物皆率其屬以供之 丞四人從六品下 主簿二人從七品下 錄事二人從九品上 府二十七人史十七人計史三人亭長八人掌固四人 丞掌判監事凡五署所修之物則申尚書省下所司以供給焉

中尚署令一人從六品下 丞四人從八品下 府九人史十八人監作四人典事四人掌固四人 中尚令掌供郊祀之圭璧器玩之物中官服飾雕文錯綵之制皆供之丞爲之貳其所用金玉齒革毛羽之屬任土以時而供送之

左尚署令一人正七品下 丞五人從七品下 監作六人從九品下 典事十八人掌固四人 左尚令掌供天子之五輅五副七輦三輿十有二車大小方圓華蓋一百五十有六諸翟尾扇及小繖翰辯其名數而頒其制度丞爲之貳

右尚署令一人正七品下 丞四人從八品下 監作六人從九品下 典事十三人掌固十人 右尚署令供天子十有二閑馬之鞍轡及五品三部之帳備其材革

○ 十九 志三十四 十八 江通

而修其制度丞爲之貳凡刀劒斧鉞甲胄紙筆茵席履舄之物靡不畢供其用綾絹金玉毛革等所出方土以時支送

織染署令一人正八品上 丞二人正九品上 監作六人從九品下 典事十一人掌固五人 織染令掌供天子太子羣臣之冠冕辨其制度而供其職丞爲之貳

掌冶署令一人正八品上 丞一人從九品上 監作四人從九品下 掌冶令掌鎔鑄銅鐵器物丞爲之貳凡天下出銅鐵州府聽人私採官收其稅若白鑞則官市之其西北諸州禁人無置鐵冶及採鑛若器用所須具名移於所由官供之

諸冶監一人正七品下 丞二人從八品下 錄事一人府一人史二人監作四人從九品下 典事二人掌固四人 諸冶監掌鑄銅鐵之事

北都軍器監一人正四品上 少監一人正五品上 丞二人正七品上 主簿一人正八品上 錄事一人從九品上 府十人史十八人典事四人亭長二人掌固四人 軍器監掌繕造甲弩以時納于武庫

甲坊署令一人正八品下 丞一人正九品下 府二人史五人監作二人從九品下 典事二人

㯫坊署令一人正八品下丞一人正九品下府二人史五人監作二人從九品下典事二人

諸鑄錢監 絳州三十鑪揚宣鄂蔚四州各十鑪益鄧郴三州各五鑪洋州三鑪定州一鑪也 諸鑄錢監以所在州府都督刺史判之副監一人上佐判之丞一人判司判之監事一人或參軍或縣尉知之録事府史士人爲之

諸互市監各一人從六品下丞一人正八品下 諸市監掌諸蕃交易馬駝驢牛之事

將作監 秦置將作掌營繕宮室歷代不改隋爲將作寺龍朔改爲繕工監光宅改爲營繕監神龍復爲將作監也 大匠一員從三品 大匠之名漢景帝置梁置十二卿將作爲一卿後周曰匠師中大夫隋初爲將作寺置大匠一人又改爲監以大匠爲監煬帝改爲令武德改爲大匠龍朔光宅隨寺改易也

少匠二員從四品下 大匠掌供邦國修建土木工匠之政令揔四署三監百工之官屬以供其職事凡兩京宮殿宗廟城郭諸臺省監寺廨宇樓臺橋道謂之內外作皆委焉 丞四人從六品下主簿二人從七品下録事二人從九品下府十四人史二十八人計史三人亭長四人掌固六人

左校署令二人從八品下丞四人正九品下府六人史十二人監作十人從九品下 左校令掌供營構梓匠凡宮室樂縣簨簴兵仗器械喪葬所須皆供之

右校署令二人從八品下丞三人正九品下府五人史十人監作十人從九品下典事十四人 右校令掌供板築塗泥丹雘之事

十九 唐志二十四 十九 時明

中校署令一人從八品下丞三人正九品下府三人史六人監事四人從九品下典事八人掌固二人 中校令掌供舟車兵仗廄牧雜作器用之事凡行幸陳設供三梁竿柱閑廄供剉碓行槽祭祀供葛竹壍等

甄官署令一人從八品下丞二人正九品下府五人史十人監作四人從九品下典事十八人 甄官令掌供琢石陶土之事凡石磬碑碣石人獸馬碾磑塼瓦瓶缶之器喪葬明器皆供之

百工就谷庫谷斜谷太陰伊陽等監 百工監在陳倉就谷監在王屋庫谷監在鄠縣太陰監在陸渾伊陽監在伊陽皆在出材之所 監各一人從七品下丞一人正八品下府各一人史三人典事各二十一人録事各一人監事四人從九品下 百工等監掌採伐材木取之有時用之有節

都水監使者二人正五品上 漢官有都水長屬主爵掌諸池沼後改爲使者後漢改爲河堤謁者晉宋置都水臺立使者一人掌舟檝之事梁改爲太舟卿北齊亦曰都水臺隋改爲都水監大業復爲使者尋又爲監復改監爲令品第三武德復爲監貞觀改爲使者從六品龍朔改爲司津監光宅爲水衡都尉神龍復爲使者正五品上仍隸將作監 使者掌川澤津梁之政令揔舟檝河渠二署之官屬凡虞衡之採捕渠堰陂池之壞決水田斗門灌溉皆行其政令 丞二人從七品上主簿二人從八品下録事一人府五人史十人掌固三人

舟檝署令一人正八品下丞二人正九品下 舟檝署令掌公私舟舡運漕之事

河渠署令一人正八品下丞一人正九品上府三人史六人河堤謁者六人掌脩補堤堰漁釣之事典事三人掌固四人長上漁師十人短番漁師一百二十人明資漁師一百二十人 河渠令掌供川澤魚醢之事祭祀則供魚醢諸司供給魚及冬藏者每歲支錢二十萬送都水命河渠以時價市供之

諸津令一人正九品上丞一人從九品下 津令各掌其津濟渡舟梁之事

武官左右衛 周制軍萬二千五百人天子六軍大國三軍次國二軍小國一軍軍將皆命卿至秦漢始置衛將軍後漢魏因之晉武帝始置左右中三衛將軍至隋始置左右衛左右武衛左右候左右領軍左右率府各有大將軍一人謂十二衛大將軍也國家因之 大將軍各一員正三品 將軍各二員從三品 左右衛將軍之職掌統領宮廷警衛之法以督其屬之隊仗而揔諸曹之職務凡親勳翊五中郎將府及折衝府所隷皆揔制之凡宿衛內廊閤門外分爲五仗 一供奉仗二親仗三勳仗四翊仗五散手仗也 皆坐于東西廊下若御坐正殿則爲黃旗仗分立於兩階之

十九 唐志二十四 二十 章楷

次在正門之內以挾門隊坐於東西廂皆大將軍守之

長史各一人從六品上録事參軍事各一人正八品下倉曹兵曹參軍各二人正八品下騎曹胄曹參軍各一人正六品下司階二人正六品上中候三人正七品下司戈五人正八品下執戟五人正九品下奉車都尉五人從五品下 長史掌判諸曹親勳翊五府及武安武成等五十府之事諸曹參軍皆掌本曹勾檢之事 諸曹各有府史 親府勳一府勳二府翊一府翊二府等五府每府中郎一人中郎將一人皆四品下 左右郎將各一人正五品上録事一人兵曹參軍事一人正九品上校尉五人旅帥十人隊正二十人副隊正二十人 中郎將領本府之屬以宿衛左右郎將貳之若大朝會巡幸以鹵簿之法以領其儀仗

左右驍衛 古曰驍騎隋改左右備身爲左右驍衛所領名豹騎國家去騎字曰驍衛府龍朔去府字改爲左右武威神龍復爲驍衛 大將軍各一員正三品 將軍各二員從三品 驍衛將軍之職掌如左右衛大朝會在正殿之前則以黃旗隊及胡禄隊坐於東西廊下若御坐正殿則以其隊仗次立左右衛下

長史錄事參軍倉兵騎冑四曹參軍(員數品秩如左右衛)司階中候司戈執戟等(四色人數品秩如左右衛也)校尉旅帥隊正副隊(人數如左右衛)翊府中郎中郎將左右中郎將左右郎將(職掌如左右衛)

左右武衛(魏武爲丞相有武衛營隋採其名置左右武衛府有大將軍光宅改爲左右鷹揚衛龍朔復也)大將軍各一員(正三品)將軍各二員(從三品) 其職掌如左右衛大朝會被白鎧甲之器楯及旗等蹕稱長唱警持鈒隊應蹕爲左右廂儀仗在正殿前則以諸隊次立於驍衛之下

長史錄事參軍倉兵騎冑四曹參軍司階中候司戈執戟(人數品秩皆如左右衛也)翊府中郎將左右郎將錄事兵曹(人數品秩如左右衛)

左右威衛(隋爲左右屯衛龍朔改爲威衛光宅改爲左右豹韜衛神龍復爲威衛也)大將軍各一員(正三品)將軍各二員(從三品) 其職掌大朝會則被黒甲鎧弓箭刀楯旗等分爲左右廂隊次武衛之下 長史錄事參軍倉兵騎冑四曹參軍(職掌人數品秩皆如左右衛)司階中候司戈執戟(人數品秩如左右衛)翊府中郎將左右郎將錄事兵曹校尉旅帥隊正副隊正(人數品秩皆如左右衛之親府)

十九 唐志二十四 二十 王因

左右領軍衛(漢建安中魏武爲丞相始置中領軍後因之北齊置領軍府後因之煬帝改爲屯衛國家改爲領軍衛龍朔改爲戎衛光宅改爲玉鈐衛神龍復爲領軍衛)大將軍各一員(正三品)將軍各二員(從三品) 其職掌大朝會則被青甲鎧弓箭刀楯旗等分爲左右廂儀仗次立威衛之下

長史錄事參軍倉兵騎冑四曹參軍司階中候司戈執戟(人數品秩如左右衛)翊府中郎將左右郎將錄事兵曹校尉旅帥隊正副隊正(人數品秩職掌如左右衛也)

左右金吾衛(秦曰中尉掌徼巡武帝改名執金吾漢復爲中尉南朝不置隋曰候衛龍朔二年改爲左右金吾衛采古名也)大將軍各一員(正三品)將軍各二人 左右金吾將軍之職掌宮中及京城晝夜巡警之法以執禦非違凡翊府及同軌等五十府皆屬之凡車駕出入則率其屬以清遊隊建白澤朱雀等旗隊先驅如鹵簿之法從巡狩畋獵則執其左右營衛之禁凡翊衛翊府同軌等五十府彍騎衛士應番上者各領所職焉 長史錄事參軍倉兵騎冑四曹參軍司階中候司戈執戟(人數品秩職掌如左右衛也)翊府中郎將左右郎將兵曹校尉旅帥隊正副隊正(品秩人數職掌如左右衛)

左右監門衛(漢魏曰城門校尉始置左右監門府省將軍郎將等官國家因之龍朔二年去府字爲衛)大將軍各一員(正三品)將軍各二員(從三品)中郎將四人(正四品下) 監門將軍之職掌宮禁門籍之法凡京司應入宮殿門者皆有籍左將軍判入右將軍判出若大駕行幸即依鹵簿法率其屬於牙門之下以爲監守中郎將掌監諸門檢校出入長史錄事參軍兵曹冑曹二曹參軍(品秩如諸衛)

監門校尉各三百二十人立長各六百八十人長入長上各二十人立長長上各二十人

左右千牛衛(宋謂武拾遺有千牛刀即人主防身刀也後魏有千牛備身取其子庖刀解牛之義後代因之隋置左右千牛備身二十人掌供御弓箭備身六十人掌宿衛侍從煬帝置備身府皇家改爲千牛府龍朔爲左右奉宸衛神龍復爲千牛衛)大將軍各一員(正三品)將軍各一員(從三品)中郎將各二人(正四品下) 千牛將軍之職掌宮殿侍衛及供御之儀仗而統其曹務凡千牛備身左右執弓箭以宿衛主仗守戎服器物凡受朝之日則領備身左右昇殿而侍列於御坐之左右若親射于射宮則將軍率其屬以從凡千牛備身之考課賜會及祿秩之昇降同京職事官之制中郎將昇殿供奉凡侍奉禁橫過座前者禁對語及傾身與階下人語者禁搖頭舉手以相招

十九 唐志二十四 二十二 王因

召者若有口勑通事舍人承受傳聲階下而不聞者中郎將宣之

長史錄事參軍兵冑二曹參軍(人數品秩同諸衛)司階各二人(正六品上)中候各三人司戈各五人執戟各五人(品秩同諸衛) 千牛備身十二人備身左右各二人

左右羽林軍(漢置南北軍掌衛京師南軍若今諸衛也北軍若今羽林軍也 漢武置羽林名曰建章營騎屬光祿勳後更名羽林騎取六郡良家子及死事之孤爲之後漢置左右羽林監南朝因之後魏周曰羽林率隋左右屯衛所領兵名曰羽林龍朔二年置左右羽林軍)大將軍各一員(正三品)將軍各二員(從三品下) 羽林將軍統領北衙禁兵之法令而督攝左右廂飛騎之儀仗以統諸曹之職若大朝會率其儀仗以周衛階陛大駕行幸則夾道馳而爲內仗凡飛騎每月番上者皆據其名曆而配于所職其飛騎仗或有勑上南衙者則大將軍承墨勑白移於金吾引駕仗引駕仗官與監門覆奏又降墨勑然後得入

長史錄事參軍倉兵冑三曹參軍(品秩如諸衛)司階中候司戈執戟(品秩人數如千牛衛)翊府中郎將左右郎將錄事兵曹校尉旅帥隊正副隊正(人數品秩如諸衛)

左右龍武軍(初太宗選飛騎之尤驍健者別署百騎以爲翊衛之備天后初加置千騎中宗加置萬騎分爲左右營置使以領之自開元已來與

（左右羽林軍名曰北門四軍開元二十七年改爲左右龍武軍官員同羽林軍也）大將軍一員（正三品）將軍二員（從三品）長史一人錄事參軍事一人錄事一人史二人倉兵胄三曹參軍事各一人（隨曹有府史掌固人數）司階二人中候三人司戈執戟各五人長上各十人（右許）（官員階品人數職掌如羽林軍也）

左右神武軍（至德二年肅宗在鳳翔置殿前衛中置左衛七營號爲左右羽林軍皆選才力驍勇者充每月一營十人爲番當上及置左右龍武軍皆唐元功臣子弟非外州人如宿衛兵分司上下肅宗在鳳翔方收京師以羽林兵減耗冗餘未息乃別置神武軍同羽林制度官吏謂之北衙六軍又置衛前射生手千餘人謂之左右英武軍非六軍之例也乾元二年十月勅左右羽林左右龍武左右神武官員並同金吾四衛置大將軍二人將軍二人也）

左右神策軍（上元中以北衙軍使衛伯玉爲神策軍節度使鎮陝州以備東寇以中使魚朝恩爲觀軍容使監伯玉軍及伯玉入爲羽林帥出爲荊南節度使觀軍容使朝恩專統神策軍鎮陝廣德元年吐蕃犯京師代宗避狄幸陝朝恩以神策軍迎扈及永泰元年吐蕃犯京畿朝恩以神策兵屯于苑中自是神策軍恒以中官爲帥建中末盜據京師竇文場以神策軍扈駕山南及還京師貴寵益比貞元中特置神策軍護軍中尉以中官爲之時號兩軍中尉自貞元已後徼中尉之權傾於天下人主廢立皆出其可否事見宦者傳也）大將軍各二員（正三品貞元二年九月勅改神策左右廂爲左右軍置大將軍各一人正三品）將軍各二員（從三品貞元三年五月勅左右神策將軍各加二員左右神武將軍各加一員也）

神威軍（本號殿前射生左右廂貞元二年九月改爲殿前左右射生軍三年四月改爲左右神威軍非六軍之例也）大將軍二員（正三品）將軍二員（從三品）其職田俸錢手力糧料等同六軍諸衛

○　十九　唐志二十四　二十三　徐子朗

六軍統軍（興元元年正月二十九日勅左右羽林左右龍武左右神武各置統軍一人秩從二品）

十六衛上將軍（舊無此官貞元二年九月一日勅六軍先有勅各置統軍一人十六衛宜各置上將軍一員秩從二品其左右衛及左右金吾衛上將軍俸料隨軍人馬等並同六軍統軍其諸衛上將軍次統軍例支給至德二年九月十三日六軍十二衛上將軍並放入宿已後爲例也）

諸府（隋置驃騎鷹揚等府凡天下守戍兵不成軍曰牙府有上中下也）折衝都尉各一人（上府都尉正四品上中府從四品下下府正五品下武德中採隋折衝果毅郎將之名改統軍爲折衝都尉別將爲果毅都尉）左右果毅都尉各一人（上府果毅從五品下中府正六品上下府從六品下隋煬帝置果毅郎將國家置折衝都尉）別將各一人（上府別將正七品下中府從七品上下府從七品下）長史一人（上府正七品下中府從七品上下府從七品下）兵曹參軍一人（上府從八品下中府正九品上下府從九品下也）錄事一人

校尉五人每校尉旅帥二人每旅帥隊正副隊正各二人諸府折衝都尉掌領五校之屬以備宿衛以從師役摠其戎具資糧差點教習之法令凡衛士三百人爲一團以校尉領之以便習騎射者爲越騎餘爲步兵其團十人爲火火備六馱之馬每歲十一月以衛士帳上尚書省天下兵馬之數以聞凡兵馬在府每歲季冬折衝都尉率五校之屬以教其軍陣戰鬭之法也（具有教習簿籍）

東宮官屬太子太師太傅太保各一員（並從一品師傅官南朝不置後魏北齊師傅品第二呼東宮三太師品亦第二武德定令加從一品也）

太子少師少傅少保各一員（並正二品三少亦古官歷代或置或省南朝並不置後魏北齊置之品第三呼東宮三少皇家定令正二品）三師三少之職掌教諭太子無其人則闕之

太子賓客四員（正三品古無此官皇家顯慶元年春始置四員也）掌侍從規諫贊相禮儀

太子詹事一員（正三品）少詹事一員（正四品上詹事秦官掌皇太子宮龍朔二年改爲端尹天授爲宮尹神龍復也）詹事統東宮三寺十率府之政令少詹事爲之貳凡天子六官之典制皆視其事而承受之　丞二人（正六品上）主簿一人（從七品上）錄事二人（正九品下）令史九人書令史十八人　丞掌判府事主簿掌印檢勾稽錄事掌受事發辰

司直一人（正九品上）令史一人書令史二人亭長四人掌固六人　司直掌彈劾宮寮糾舉職事太子朝宮臣則分知東西班凡諸司文武應參官每月皆具在否以剌之

太子左春坊左庶子二人（正四品上）中允二人（正五品下）　左庶子掌侍從贊相駁正啓奏中允爲之貳

○　十九　唐志二十四　二十四　徐杲

司議郎四人（正六品上）錄事二人（從八品下）主事二人（從九品下）令史七人書令史十四人　司議郎掌啓奏記注宮內祥瑞官長除拜薨卒每年終送史館

左諭德一人（正四品下）左贊善大夫五人（正五品上）傳令四人掌儀二人贊者四人　左諭德掌諷諭規諫

崇文館（貞觀中置太子學館也）學士直學士（員數不定）學生二十人校書二人（從九品下）令史二人典書二人搨書手二人書手十人熟紙匠三人裝潢匠五人筆匠三人　學士掌東宮經籍圖書以教授諸生凡課試舉送如弘文館　校書掌校理四庫書籍

司經局洗馬二人（從五品下洗馬漢官爲太子前馬）太子文學三人（正六品）校書四人（正九品）正字二人（從九品上）書令史二人楷書手二十五人典書四人　洗馬掌四庫圖籍繕寫刊緝之事文學掌侍奉文章校書正字掌典校四庫書籍

典膳局典膳郎二人（正六品上）丞二人（正八品上）書令史二人主食六人典食二百人掌固四人　典膳郎掌進膳嘗食每夕局官於厨更直

藥藏局藥藏郎二人正六品上丞二人正八品上侍醫典藥九人藥童十八人掌固六人　藥藏郎掌和劑醫藥

內直局內直郎二人從六品下丞二人正八品下典服三十人典扇十五人典翰十五人掌固六人　內直郎掌符璽繖扇几案衣服之事

典設局典設郎四人從六品下丞二人正八品下幕士六百人　典設郎掌湯沐灑掃鋪陳之事凡大祭祀太子助祭則於正殿東設幄坐

宮門局宮門郎二人從六品下丞二人正八品下門僕一百三十人　宮門郎掌內外宮門管籥之事其鍾鼓刻漏一如皇居之制也

太子右春坊右庶子二人正四品下中舍二人正五品上舍人四人正六品上錄事一人從八品下主事二人從九品下　舍人掌行令書令旨及表啓之事太子通表如諸臣之禮諸臣及宮臣上皇太子大事以牋小事以啓其封題皆曰上右春坊通事舍人開封以進其事可施行者皆下於坊舍人開庶子參詳之然後進不可者則否

右諭德一人正四品下右贊善大夫五人正五品上傳令四人諭德贊善掌事如左通事舍人八人正七品下典謁二十人　舍人掌導引宮臣辭見及承令勞問之事

十九　唐志二十四　二十五　張元

○太子內坊皆宦者爲司局典內二人從五品下錄事一人典直四人正九品下導客舍人六人閤帥六人內閤八人內給使無員數內廄二十人典事二人駕士三十人　典內掌東宮閤門之禁令及宮人糧稟賜與之出入丞爲之貳典直主儀式導客主儐序閤帥主門戶內閤主出入給使主繖扇內廄主車輿典事主牛馬典內統而監之

太子內官司閨二人從六品　掌導引妃及宮人名簿總掌正掌書掌筵三司　掌正三人從八品掌文書出入錄目爲記幷閨閤管籥糾察推罰女史流外三品掌典文簿而執行焉　掌書三人從八品掌寶符契經籍宣傳啓奏教學稟賜紙筆監印　掌筵三人從八品掌帷幄牀褥几案繖扇灑掃鋪設之事　司禮二人從六品　掌禮儀參見以總掌嚴掌縫掌藏而領其事　掌嚴三人從三品掌首飾衣服巾櫛膏沐仗衛　掌縫三人從八品掌裁縫織績　掌藏三人從八品掌貨貝珠玉錦綵

司饌二人從六品上掌膳羞進食先嘗總掌食掌醫掌園三司而領其事　掌食三人從八品掌膳羞酒醴燈燭　掌醫三人從三品掌醫主醫藥　掌園三人從八品掌園苑樹藝蔬菓

太子家令寺令一人從四品上丞二人從七品上主簿一人正九品下錄事一人　家令掌太子飲膳倉儲庫藏之政令總食官典倉司藏三署之官屬

食官署令一人從八品下丞二人從九品下掌膳十二人奉觶三十人　食官令掌飲膳之事

典倉署令一人從八品下丞二人從九品下園丞二人典事六人　典倉令掌九穀入藏及醯醢庶羞器皿燈燭之事

司藏署令一人從八品下丞二人從九品下　司藏令掌庫藏財貨出納營繕之事

太子率更寺令一人從四品上丞二人從七品上主簿一人正九品下錄事一人伶官師二人漏刻博士二人掌漏六人漏童六十人典鼓二十四人　率更令掌宗族次序禮樂刑罰及漏刻之政令

○太子僕寺僕一人從四品上丞一人從七品上主簿一人正九品下錄事一人　太子僕掌車輿乘騎儀仗之政令及喪葬之禮物辨其次序

廄牧署令一人從八品下丞二人從九品下典乘四人牧長四人翼馭十五人駕士三十人獸醫二十人　廄牧令掌車馬閑廄牧畜之事

東宮武官太子左右衛率府秦漢有太子衛率主門衛晉分左右中前四衛率後代因置左右率北齊改爲衛率隋初始分置左右衛率府左右宗衛率左右虞候左右內率左右監門率十府以備儲闈武衛之職煬帝改爲左右侍率國家復爲衛率龍朔改爲左右典戎衛咸亨復舊率各一員正四品上副率各一人從四品上　左右衛率掌東宮兵仗羽衛之政令總諸曹之事凡親勳翊府及廣濟等五府屬焉凡正至太子朝宮臣率其屬儀仗爲左右廂之周衛出入如鹵簿之法　長史各一人正七品上錄事參軍事各一人從八品上倉曹參軍一人從八品下兵曹參軍一人從八品下冑曹參軍一人從八品上司階一人從六品上中候二人從七品下司戈二人從八品下執戟三人從九品下　長史掌判諸曹及三府五府之貳錄事掌監印勾稽官掌本曹簿籍職事官視上臺　親府勳翊府中郎將各一人從四品上左右郎將各一人正五品下錄事一人兵曹參軍一人校尉五人旅帥十人隊正二十人副隊正二十人　郎將掌其府之屬以宿衛而總其事職掌一視上臺親府

十九　唐志二十四　二十六　張元

太子左右司禦率府（本号左右宗衛府，龍朔改爲司衛率府）率各一人（正四品上）副率各二人（從四品上）司禦率掌同左右率。長史錄事參軍事倉兵胄三曹參軍司階中候司戈執戟（人數品秩職掌如左右衛率府也）

太子左右清道率府（隋文置左右虞候府，各開府一人，掌斥候。國初亦爲左右虞候，龍朔改爲清道率府，神龍又爲虞候，開元復爲清道也）率各一人（正四品上）副率各二人（從四品上）清道率掌東宮內外晝夜巡警之法。長史錄事參軍事倉兵胄三曹參軍　司階中候司戈執戟（人數品秩如左右衛率府）

太子左右監門率府（隋置出官，國家因之）率各一人（正四品上）副率各一人（正四品上）左右監門率掌東宮禁衛之法，應以籍入宮殿門者，二率司其出入如上臺之法。長史錄事參軍事兵胄二曹參軍　監門直長七十八人（人數品秩同諸率府）

太子左右內率府（隋初置內率府，擬上臺千牛衛，龍朔初爲奉裕率，咸亨復）率各一人（正四品上）副率各一人（從四品上）左右內率之職，掌東宮千牛備身侍奉之事，而立其兵仗，摠其府事。長史錄事參軍事兵胄二曹參軍（人數品秩如諸率）千牛十六人　備身二十八人　主仗六十人

王府官屬（公主邑司）親王府傅一人（從三品。漢官有王傅太傅，魏晉後唯置師，國家因之，開元改爲傅）咨議參軍一人（正五品上）友一人（從五品下）文學二人（從六品上）東閣西閣祭酒各一人（從七品上）傅掌傅相贊導而匡其過失，咨議訏謀左右，友陪侍規諷，文學讎校典籍，侍從文章，祭酒接對賓客。

長史一人（從四品上）司馬一人（從四品下）掾一人（正六品上）屬一人（正六品上）主簿一人（從六品上）史二人　記室參軍事二人（從六品上）錄事參軍事一人（從六品上）錄事一人（從九品上）功倉戶兵騎法士等七曹參軍事各一人（正七品上）參軍事二人（正八品下）行參軍四人（從八品上）典籤二人（從八品下）長史司馬統領府寮，紀綱職務；掾統判七曹參軍事；主簿掌覆省王教；記室掌表啓書疏；錄事參軍事勾稽省署鈔目；錄事掌受事發辰；七曹參軍各督本曹事，出使檢校；典籤宣傳教命。

親王親事府　典軍二人（正五品上）副典軍二人（從五品上）執仗親事十六人　執乘親事十六人　親事三百三十三人　校尉旅帥隊正隊副（數準部內人多少置）

親事帳內府　典軍二人　副典軍二人（品秩如親事府）帳內六百六十七人　校尉旅帥隊正隊副（數看人置）典軍副典軍之職，掌率校尉已下守衛陪從之事。

親王國　國令一人（從七品下）大農二人（從八品下）尉二人（正九品下）丞一人（從九品下）錄事二人　典衛八人　舍人四人　學官長一人　食官長一人　丞一人　廐牧長二人　丞二人　典府長二人　丞二人　國令大農掌通判國事，國尉國丞掌判國司，勾稽監印事，典衛守居宅，舍人引納，學官教授內人。

公主邑司　令一人（從七品下）丞一人（從八品下）錄事一人（從九品下）主簿二人　謁者二人　舍人二人　家吏二人　公主司邑官各掌主家財貨出入田園徵封之事，其制度皆隸宗正寺。

州縣官員

京兆河南太原等府（自秦漢已來爲雍洛并州，周隋或置摠管都督，通名爲府，開元初乃爲京兆府河南府太原府）三府牧各一員（從二品。牧古官，舜置十二牧是也。秦以京城守爲內史，漢武改爲尹，後魏北齊周隋又以京守爲牧，武德初因隋置牧，以親王爲之，或不出閤）長史知府事　尹各一員（從三品。京城守秦曰內史，漢曰尹，後代因之，隋爲內史，武德初置牧，以長史摠府事，開元初雍洛并改爲府，乃昇長史爲尹，從三品，專摠府事也）少尹各二員（從四品下。魏晉已下州府有治中，隋文改爲司馬，煬帝改爲贊理，又爲丞，武德改爲治中，永徽避高宗名，改爲司馬，開元初改爲少尹）

司錄參軍二人（正七品上）錄事四人（從九品上）功倉戶兵法士等六曹參軍事各二人（正七品下）府史（隋書有之）參軍事六人（正八品下）執刀十五人　典獄十八人　問事十二人　白直二十四人　經學博士一人（從八品上）助教二人　學生八十人　醫藥博士一人　助教一人　學生二十人

大都督府（魏黃初二年始置都督諸州軍事之名，後代因之，至隋改爲摠管府，武德四年又改爲都督，貞觀中分爲上中下都督府也）督一人（從二品）長史一人（從三品）司馬二人（從四品下）錄事參軍事二人（正七品上）錄事二人（從九品上）功倉戶兵法士六曹參軍事（功士二曹各一員，餘曹各二員，並正七品下也）典獄十六人　問事十人　白直二十四人　市令一人（從九品上）丞一人　佐一人　史二人　倉督二人　經學博士一人（從八品上）助教二人　學生六十人　醫學博士一人（從八品下）助教一人　學生十五人

中都督府　督一人（正三品）別駕一人（正四品下）長史一人（正五品上）司馬一人（正五品下）錄事參軍事一人（從七品下）錄事二人（從九品上）功倉戶兵法士六曹參軍事各一人（並從七品上）參軍事四人（從八品上）典獄十四人　白直二十人　市令一人（從九品上）丞一人　佐一人　史二人　帥三人　倉督二人　經學博士一人（從八品下）助教二人　學

生六十人醫學博士二人學生十五人

下都督府都督一人從三品別駕一人從四品下長史一人從五品上司馬一人從五品上錄事參軍事一人從七品上錄事二人從九品下功倉戶兵法士六曹參軍事各一人從七品下參軍事三人從八品下典獄十二人問事六人白直十六人市令一人從九品上丞二人佐一人史二人帥二人倉督二人經學博士一人從八品下助教一人學生五十人醫學博士一人助教一人學生十二人

上州州之名古也禹貢九州漢置十三州秦并六國置三十六郡漢則以州統郡其後或改郡為州或改州為郡事見諸卷國家制戶滿四萬以上為上州刺史一員從三品秦分天下為三十六郡置守都尉各一人仍以御史一人監郡漢廢監郡御史丞相遣掾吏分察諸郡漢武元光五年分天下置十三州分統諸郡每州遣使者一人督察官吏謂之十三州刺史後漢遂以名臣為刺史專州郡之政仍置別駕治中諸曹掾屬號曰外臺魏晉已後因之不改而郡置太守丞尉諸曹隋初罷郡並為州煬帝罷州為郡置通守武德改郡為州州置刺史天寶改州為郡郡置太守乾元元年改郡為州州置刺史初漢代奉使者皆持節故刺史臨部皆持節至魏晉刺史任重者為使持節都督輕者為持節督後魏北齊總管刺史則加使持節諸軍事以此為常隋開皇三年罷郡以州統縣刺史之名存而職廢而於刺史太守官位中不落持節之名至今不改有名無實也至德之後中原用兵大將為刺史者兼治軍旅遂依天寶邊將故事加節度使之號連制數郡奉辭之日賜雙旌雙節如後魏北齊故事名目雖殊得古刺史督郡之制也別駕一人從四品下長史一人從五品上司馬一人從五品下錄事參軍事一人從七品上錄事三人從九品上司功司倉司戶司兵

司法司士六曹參軍各一人並從七品下參軍事四人典獄十四人問事八人白直二十四人市令一人從九品上丞一人佐一人史二人帥三人倉督二人經學博士一人從八品下助教二人學生六十人醫學博士一人正九品下助教一人學生十五人

中州戶滿二萬戶已上為中州刺史一員正四品上別駕一人正五品下長史一人正六品上司馬一人正六品上錄事參軍事一人正八品上錄事一人從九品上司功司倉司戶司法司士六曹參軍事各一人並正八品下舊有佐史人數參軍事三人正九品上執刀十人典獄十二人問事六人白直十六人市令一人丞佐各一人史帥倉督各二人經學博士一人正九品上助教一人學生五十人醫學博士一人從九品下助教一人學生十二人

下州戶不滿二萬為下州也刺史一員正四品下別駕一人從五品上司馬一人從六品下錄事參軍事一人從八品上錄事一人從九品下司倉司戶司法三曹參軍各一人從八品下隨曹有佐史人數參軍事二人從九品下典獄八人問事四人白直十六人市令一人佐史各一人帥二人倉督一人經學博士一人正九品下助教一人學生四

十人醫學博士一人從九品上學生十人

京兆河南太原牧及都督刺史掌清肅邦畿考覈官吏宣布德化撫和齊人勸課農桑敦敷五教每歲一巡屬縣觀風俗問百年錄囚徒恤鰥寡閱丁口務知百姓之疾苦部內有篤疾才學異能聞於鄉閭者舉而進之有不孝悌悖禮亂常不率法令者糺而繩之其吏在官公廉正己清直守節者必謹而察之其貪穢諂諛求名徇私者亦謹而察之皆附於考課以為褒貶若善惡殊尤者隨即奏聞若獄訟疑議兵甲興造便宜符瑞尤異亦以上聞其常則申於尚書省而已若孝子順孫義夫節婦精誠感通志行聞於鄉閭者亦具以申奏表其門閭其孝悌力田頗有詞學者率與計偕其所部有須改更得以便宜從事若親王典州及邊州都督刺史不可離州局者應巡屬縣皆委上佐行焉尹少尹別駕長史司馬掌貳府州之事以綱紀眾務通判列曹歲終則更入奏計司錄錄事參軍掌勾稽省署抄目監符印功曹司功掌官吏考課祭祀

禎祥道佛學校表疏醫藥陳設之事倉曹司倉掌公廨度量庖廚倉庫租賦徵收田園市肆之事戶曹司戶掌戶籍計帳道路逆旅婚田之事兵曹司兵掌武官選舉兵甲器仗門戶管籥烽候傳驛之事法曹司法掌刑法士曹司士掌津梁舟車舍宅百工眾藝之事市令掌市廛交易禁斥非違之事經學博士掌五教教授諸生醫藥博士以百藥救民疾病下至執刀白直典獄佐史各有其職州府之任備焉

縣令三代之制五等諸侯自理其人周衰諸侯相併大國分置郡邑縣郡以聚其人秦晉謂之大夫魯衛謂之宰楚謂之公尹秦謂之令長漢制萬戶已上為令秩千石至六百石減萬戶為長秩五百石至三百石皆有丞尉秩四百石至二百石也

長安萬年河南洛陽太原晉陽六縣謂之京縣令各一人正五品上丞二人從七品上主簿二人從八品上錄事二人從九品下佐二人史四人尉六人從八品下司功佐三人史六人司倉佐四人史八人司戶佐五人史十人司兵佐三人史六人司法佐五人史十人司士佐四人史八人典獄十四人問事八人白直十八人博士一人助教一人學生五十人

京兆河南太原所管諸縣謂之畿縣令各一人正六品下丞一人正八品下主

簿一人（正九品上）尉二人（正九品下）録事二人（史三人）司功（佐三人史五人）司倉（佐四人史七人）司戶（佐四人史七人帳史一人）司法（佐四人史八人）典獄十四人問事四人白直十人市令一人（佐一人史一人帥二人）經學博士一人助教一人學生四十人

諸州上縣令一人（從六品上）丞一人（從八品下）主簿一人（正九品下）尉二人（從九品上）録事二人（史三人）司戶（佐四人史七人帳史一人）司法（佐四人史八人）倉督二人典獄十人問事四人白直十人市令一人（佐史各一人帥二人）博士一人助教一人學生四十人

諸州中縣令一人（正七品上）丞一人（從八品下）主簿一人（從九品上）尉一人（從九品下）録事一人（史四人）司戶（佐三人史五人帳史一人）司法（佐二人史六人）倉督一人典獄八人問事四人白直八人博士一人助教一人學生二十五人

諸州中下縣令一人（從七品上）丞一人（正九品上）主簿一人（從九品上）尉一人（從九品下）録事一人司戶（佐二人史三人帳史一人）司法（佐二人史四人）典獄六人問事四人白直八人市令一人（佐史各一人帥二人）博士一人助教一人學生二十五人

諸州下縣令一人（從七品下）丞一人（正九品下）主簿一人（從九品下）尉一人（從九品上）録事一人司戶（佐二人史四人帳史一人）司法（佐二人史四人）典獄六人問事四人白直八人市令一人（佐一人史二人帥二人也）

博士一人助教一人學生二十人　京畿及天下諸縣令之職皆掌導揚風化撫字黎甿敦四人之業崇五土之利養鰥寡恤孤窮審察冤屈躬親獄訟務知百姓之疾苦

大都護一人（從二品）副大都護一人（從三品）副都護四人（正四品上）長史一人（正五品上）司馬一人（正五品上）録事參軍事一人（正七品上）録事二人（從九品上）功曹倉曹戶曹兵曹法曹五參軍事各一人（並正七品下）參軍事三人（正八品下）

上都護府都護一人（正三品）副都護二人（從四品上）長史一人（正五品上）司馬一人（正五品上）録事參軍事一人（正七品下）録事二人功曹倉曹戶曹兵曹四參軍事各一人（從七品上）參軍事三人（從八品上）　都護之職掌撫慰諸蕃輯寧外寇覘候姦譎征討攜貳長史司馬貳焉諸曹如州府之職

節度使（天寶中緣邊禦戎之地置八節度使受命之日賜之旌節謂之節度使得以專制軍事行則建節符樹六纛外任之重無比焉至德已後天下用兵中原刺史亦稱其例受節度使之號）

節度使一人副使一人行軍司馬一人判官二人掌書記一人參謀（無員數也）隨軍四人（皆天寶後置檢討未見品秩）

元帥都統招討等使

元帥（舊無其名安史之亂肅宗討賊以廣平王為天下兵馬元帥又以大臣郭子儀李光弼隨其方面副之見為副元帥及代宗即位又以雍王為之自後不置昭宗又以輝王為之也）

都統（乾元中置或總三道或總五道至上元末省大中後討徐州以康承訓討黃巢以荊南王鐸皆為都統）

招討使（貞元末置自後隨用兵權置兵罷則停）

防禦團練使（至德後中原置節度使又大郡要害之地置防禦使以治軍事刺史兼之不賜旌節上元後改防禦使為團練守捉使又與團練兼置防禦使名副使名有副使判官皆天寶後未見品秩）

諸鎮（魏有鎮東鎮西鎮南鎮北四將軍後代因之隋因此置鎮將鎮副之名也）

上鎮將一人（正六品下）鎮副一人（正七品下）録事一人倉曹兵曹二參軍（從八品下各有佐史）

中鎮將一人（正七品上）鎮副一人（從七品上）録事一人兵曹參軍一人（正九品下）

下鎮將一人（正七品下）鎮副一人（從七品下）録事一人兵曹參軍一人（從九品下）

諸戍（春秋有戍葵丘之義東晉後魏以屯兵守境處為戍隋因之）

上戍主一人（正八品下）戍副一人（從八品）佐一人史二人

中戍主一人（從八品）　下戍主一人（正九品下）

五岳四瀆廟令各一人（正九品上）齋郎三十人祝史三人

上關令一人（從八品下）丞二人（正九品下）録事一人（有府史典事府史）津吏八人

中關令一人（正九品下）丞一人（從九品下）録事一人津吏六人

下關令一人（從九品下）津吏四人（關令各有府史）

關令掌禁末遊伺姦慝凡行人車馬出入往來必據過所以勘之

唐書志卷第二十四

左從政郎紹興府録事參軍張　嘉賓　校勘

劉　昫

輿服

昔黃帝造車服爲之屏蔽上古簡儉未立等威而三五之君不相
沿習逎改正朔易服色車有輿輅之别服有衮冕之差文之以采
繢飾之以絺繡華蟲象物龍火分形於是典章興矣周自夷王削
弱諸侯自恣窮孔翬之羽毛無以供其侈極隨和之掌握不足慊
其華則皮弁革舄之容非珠履䴔冠之玩也迨秦誅戰國斟酌舊
儀則有鹵簿金根大駕法駕備千乘萬騎異舜典周官漢氏因之
號乘輿三駕儀衛之盛無與比隆東京帝王博雅好古明帝始令
儒者考曲臺之說依周官五輅六冕之文山龍藻火之數創爲法
服雖有制作竟寢不行輿駕乘金根而已服則衮冕冠則通天其
後所御多從袍服事具前志而衮冕之服歷代不行後魏北齊輿
服奇詭至隋氏一統始復舊儀隋制車有四等有亘幰通幰軺

車輅車初制五品以上乘偏幰車其後嫌其不美停不行用以亘
車代之三品以上通幰車則青壁一品軺車油幰朱網唯輅車一
等聽勑始得乘之馬珂一品以下九子四品七子五品五子衣裳有
常服公服朝服祭服四等之制平巾幘牛角簞簪紫衫白袍靴起
梁帶五品巳上金玉鈿飾用犀爲簪是爲常服武官盡服之六品
以下衫以緋至於大仗陪立五品巳上及親侍加兩襠螣蛇其勳侍
去兩襠弁冠朱衣裳素革帶烏皮履是爲公服其弁通用烏漆紗
爲之象牙爲簪導五品巳上亦以鹿胎爲弁犀爲簪導者加玉琪
之飾一品九琪二品八琪三品七琪四品六琪三品兼有紛鞶囊佩
於革帶之後上加玉珮一鞶囊二品以上金縷三品以上銀縷五品
以上綵縷文官尋常入內及在本司常服之親王遠遊三梁冠金
附蟬犀簪導白筆三師三公太子三師三少尚書秘書二省九寺
四監太子三寺諸郡縣關市親王文學藩王嗣王公侯進賢冠三
品以上三梁五品以上兩梁犀簪導九品以上一梁牛角簪導門
下內書殿內三省諸衛府長秋監太子左右庶子內坊諸率宮門
內坊親王府都尉府鎮防戍九品以上散官一品巳下武弁幘侍中
中書令加貂蟬珮紫綬散官者白筆御史司隸二臺法冠（一名獬豸冠）謁
者臺大夫以下高山冠並絳紗單衣白紗內單皁領褾襈裾白練
裙襦絳蔽膝革帶金飾鉤鰈方心曲領紳帶玉鏢金飾劒亦通用
金鏢山玄玉佩綬襪烏皮舄是爲朝服王珮纁朱綬施二玉環三品
以上綠綬四品五品青綬二品以下去玉環六品以下去劒珮綬八品
以下冠去白筆衣省內單及曲領蔽膝著烏皮履五品加紛鞶囊
其綬纁朱者用四綵赤黃縹紺紅朱質纁文織長一丈八尺二百四十
首闊九寸綠綬用四綵綠紫黃朱紅綠質長一丈八尺二百四十首
闊九寸紫綬用四綵紫黃赤紅紫質長一丈六尺一百八十首闊八
寸青綬三綵白青紅青質長一丈四尺一百四十首闊七寸玄衣纁
裳冕而旒者是爲祭服綬珮劒各依朝服之數其章自七品以下
降二爲差六品以下無章文武之官皆執笏五品以上用象牙爲之

六品以下用竹木是時內外群官文物有序儀御清道車服以庸
於是貴賤士庶較然殊異越王侗於東都嗣位下詔停廢自茲以
後寖以不章以至於巨唐制天子車輿有玉輅金輅象輅革輅木
輅是爲五輅耕根車安車四望車巳上八等並供服乘之用其外
有指南車記里鼓車白鷺車鸞旗車辟惡車軒車豹尾車羊車黃
鉞車（豹尾黃鉞二車武德中纂自貞觀巳後加焉其黃鉞天寶元年制改爲金鉞）屬車十二乘並爲儀仗之
用大駕行幸則分前後施於鹵簿之內若大陳設則分左右施於
儀衛之內玉輅青質以玉飾諸末重輿左青龍右白虎金鳳翅畫
簴文鳥獸黃屋左纛金鳳一在軾前十二鑾在衡（正縣鑾鈴皆其副輅及耕根則八）二
鈴在軾龍輈前設鄣塵青蓋黃裏繡飾博山鏡子樹羽輪皆朱
班重牙左建旂十有二旒皆畫升龍其長曳地右載闟戟長四尺
廣三尺黻文旂首金龍頭銜結綬及鈴綏駕蒼龍金鍐方釳插翟
尾五焦鏤錫鞶纓十有二就（鏤錫馬當顱鏤金爲之鞶纓馬腹帶皆以五綵飾之就成也一帀爲一就也）祭祀納
后則供之金輅赤質以金飾諸末餘與王輅同駕赤騮鄉射祀還

歆至則供之象輅黃質以象飾諸末餘與玉輅同駕黃騮行道則
供之革輅白質鞔之以革餘與玉輅同駕白駱巡狩臨兵事則供
之木輅黑質漆之餘與玉輅同駕黑騮畋獵則供之五輅之蓋旌
旗之質及鞶纓皆從輅色蓋之裏皆用黃其鏤鍚五輅同耕根車
青質蓋三重餘與玉輅同耕藉則供之安車金飾重輿曲壁八鑾
在衡紫油纁朱裏通幰朱絲絡網朱鞶纓朱覆髮具絡駕赤
騮臨幸則供之四望車制同犢車金飾八鑾在衡青油纁朱裏通
幰朱絲絡網拜陵臨弔則供之自高宗不喜乘輅每有大禮則御
輦以來往爰洎則天以後遂以爲常玄宗又以輦不中禮又廢而
不用開元十一年冬將有事於南郊乘輅而往禮畢騎而還自此
行幸及郊祀等事無遠近皆騎於儀衛之内其五輅及腰輿之屬
但陳於鹵簿而已皇后車則有重翟厭翟翟車安車四望車金根
車六等重翟車青質金飾諸末輪畫朱金根車牙其箱飾以重翟
羽青油纁朱裏通幰繡紫帷朱絲絡網繡紫絡帶八鑾在衡鏤鍚

○鞶纓十二就金鍐方釳插翟尾朱總（總以朱爲之如馬纓而小著馬勒在兩耳與兩鑣也）駕蒼
龍受冊從祀享廟則供之厭翟赤質金飾諸末輪畫朱牙其箱飾
以次翟羽紫油纁朱裏通幰紅錦帷朱絲絡網紅錦絡帶餘如重
翟車翟駕赤騮採桑則供之翟車黃質金飾諸末輪畫朱牙其車側
飾以翟羽黃油纁黃裏通幰白紅錦帷朱絲絡網白紅錦絡帶餘如
重翟駕黃騮歸寧則供之諸鞶纓之色皆從車質安車赤質金
飾紫通幰朱裏駕四馬臨幸及弔則供之四望車朱質紫油通幰
油畫絡帶拜陵臨弔則供之金根車朱質紫油通幰油畫絡帶朱
絲網常行則供之皇太子車輅有金輅軺車四望車金輅赤質金
飾諸末重較箱畫簴文鳥獸黃屋伏鹿軾龍輈金鳳一在軾前設
鄣塵朱蓋黃裏輪畫朱牙左建旂九旒右載闟戟旂首金龍頭
銜結綬及鈴綏駕赤騮四八鑾在衡二鈴在軾金鍐方釳插翟尾
五焦鏤鍚鞶纓九就從祀享正冬大朝納妃則供之軺車金飾諸
末紫通幰朱裏駕一馬五日常服及朝享宮臣出入行道則供之

四望車金飾諸末紫油纁通幰朱裏朱絲絡網駕一馬弔臨則供
之王公已下車輅親王及武職一品象飾輅自餘及二品三品革輅
四品木輅五品軺車象輅以象飾諸末朱班輪八鑾在衡左建旂
（旂畫龍一升一降）右載闟戟革輅以革飾諸末左建旜（通帛爲旜）餘同革輅木
輅以漆飾之餘同革輅軺車曲壁青通幰諸輅皆朱質朱蓋朱旂
旜一品九旒二品八旒三品七旒四品六旒其鞶纓就數皆準此內
命婦夫人乘厭翟車嬪乘翟車婕妤已下乘安車各駕二馬外命
婦公主王妃乘厭翟車駕二馬自餘一品乘白銅飾犢車青通幰
朱裏油纁朱絲絡網駕以牛二品已下去油纁絡網四品青偏幰
唐已來三公已下車輅皆太僕官造貯掌若受制行冊命及二時
巡陵婚葬則給之自此之後皆騎馬而已唐制天子衣服有大裘
之冕袞冕鷩冕毳冕繡冕玄冕通天冠武弁黑介幘白紗帽平巾
幘白帢凡十二等大裘冕無旒廣八寸長一尺六寸（玄表纁裏已下廣狹準此）金
飾玉簪導以組爲纓色如其綬裘以黑羔皮爲之玄領褾襟緣朱裳

○白紗中單皁領青褾襈裾革帶玉鉤鰈大帶（素帶朱裏紕其外上以朱下以綠紐用組也）蔽
膝隨裳色鹿盧玉具劍火珠鏢首白玉雙珮玄組雙大綬六綵玄黃赤
白縹綠紅玄質長二丈四尺五百首廣一尺（小雙綬長二尺一寸色同大綬而首半之間施三玉環）
朱韈赤舄祀天神地祇則服之袞冕金飾垂白珠十二旒以組爲纓
色如其綬黈纊充耳玉簪導玄衣纁裳十二章（八章在衣日月星辰山龍華蟲火宗彝四章在裳
藻粉米黼黻衣褾領爲升龍織成爲之也）各爲六等龍山以下每章一行十二白紗中單黼
領青褾襈裾黻（如龍山火三章餘同上）革帶大帶劍珮綬與上同舄加金飾諸
祭祀及廟遣上將征還飲至踐阼加元服納后若元日受朝則服
之鷩冕服七章（三章在衣華蟲火宗彝四章在裳藻粉米黼黻）餘同袞冕有事遠主則服之
毳冕服五章（三章在衣宗彝藻粉米二章在裳黼黻也）餘同鷩冕祭海岳則服之繡冕服
三章（一章在衣粉米二章在裳黼黻）餘同毳冕祭社稷帝社則服之玄冕服（衣無章裳刺黻一
章）餘同繡冕蜡祭百神朝日夕月則服之通天冠加金博山附蟬十
二首施珠翠黑介幘髮纓翠緌玉若犀簪導絳紗裏白紗中單
領褾（飾以織成）朱襈裾白裙白裙襦（亦裙彩也）絳紗蔽膝白假帶方心曲領

其革帶珮劍綬韈舄與上同若未加元服則雙童髻空頂黑介幘雙玉導加寶飾諸祭還及冬至朔日受朝臨軒拜王公元會冬會則服之武弁金附蟬平巾幘（餘同其服）講武出征四時蒐狩大射禡類宜社賞祖罰社纂嚴則服之弁服（弁以鹿皮爲也）十有二琪（琪以白玉珠爲之）玉簪導絳紗衣素裳革帶白玉雙珮鞶囊小綬白韈烏皮履朔日受朝則服之黑介幘白紗單衣白裙襦革帶素韈烏皮履拜陵則服之白紗帽（亦烏紗也）白裙襦（亦褶衫也）白韈烏皮履視朝聽訟及宴見賓客則服之平巾幘（金寶飾）導簪冠支皆以玉紫褶（亦白褶）白袴玉具裝真珠寶鈿帶乘馬則服之白帢臨大臣喪則服之太宗又制翼善冠朔望視朝以常服及帛練裙襦通著之若服袴褶又與平巾幘通用著於令其常服赤黃袍衫折上頭巾九環帶六合韡皆起自魏周便於戎事自貞觀已後非元日冬至受朝及大祭祀皆常服而已顯慶元年九月太尉長孫無忌與修禮官等奏曰准武德初撰衣服令天子祀天地服大裘冕無旒臣無忌志寧敬宗等謹按郊特牲云周

之始郊日以至被袞以象天戴冕藻十有二旒則天數也而此二禮俱說周郊衮與大裘事乃有異按月令孟冬天子始裘明以禦寒理非當暑若啓蟄祈穀冬至報天行事服裘義歸通允至於季夏迎氣龍見而雩炎熾方隆如何可服謹尋歷代唯服袞章與郊特牲義旨相協按周遷輿服志云漢明帝永平二年制採周官禮記始制祀天地服天子備十二章沈約宋書志云魏晉郊天亦皆服袞又王智深宋紀曰明帝制云以大冕純玉藻玄衣黃裳郊祀天地後魏周齊迄于隋氏勘其禮令祭服悉同斯則百王通典炎涼無妨復與禮經事無乖舛今請憲章故實郊祀天地皆服袞冕其大裘請停仍改禮令又檢新禮皇帝祭社稷服繡冕四旒三章祭日月服玄冕三旒衣無章謹按令文是四品五品之服此則三公亞獻皆服袞衣孤卿助祭服毳及驚斯乃乘輿章數同於大夫君少臣多殊爲不可據周禮云祀昊天上帝則服大裘而冕五帝亦如之享先王則袞冕享先公則驚冕祀四望山川則毳冕祭社稷五祀則絺冕諸小祀則玄冕又云公侯伯子男孤卿大夫之服袞冕以下皆如王之服所以三禮義宗遂有三釋一云公卿大夫助祭之日所著之服降王一等又云悉與王同不求其析衷俱未通允但名位不同禮亦異數天子以十二爲節義在法天豈有四旒三章翻爲御服若諸臣助祭冕與王同便是貴賤無分君臣不別如其降王一等則王著玄冕之時群臣次服爵弁既屈天子又貶公卿周禮此文久不施用亦猶祭祀之立尸侑君親之拜臣子覆巢設硩蔟之官去鼁置蟈氏之職唯施周代事不通行是故漢魏以來下迄隋代相承舊事唯用袞冕今新禮親祭日月仍服五品之服臨事施行極不穩便請遵歷代故實諸祭並用袞冕制可之無忌等又奏曰皇帝爲諸臣及五服親舉哀依禮著素服今令乃云白帢禮令乖舛須歸一塗且白帢出自近代事非稽古雖著令文不可行用請改從素服以會禮文制從之自是驚冕已下乘輿更不服之白帢遂廢而令文因循竟不改削開元十一年冬玄宗將有事於南郊

中書令張說又奏稱准令皇帝祭昊天上帝服大裘之冕事出周禮取其質也永徽二年高宗親享南郊用之明慶年修禮改用袞冕事出郊特牲取其文也自則天已來用之若遵古制則應用大裘若便於時則袞冕爲美令所司造二冕呈進上以大裘樸略冕又無旒既不可通用於寒暑乃廢不用之自是元正朝會依禮令用袞冕及通天冠大祭祀依郊特牲亦用袞冕自餘諸服雖在於令文不復施用十七年朝拜五陵但素服而已朔望常朝亦用常服其翼善冠亦廢武德令皇太子衣服有袞冕具服遠遊三梁冠公服遠遊冠烏紗帽平巾幘五等貞觀已後又加弁服進德冠之制袞冕白珠九旒以組爲纓色如其綬青纊充耳犀簪導玄衣纁裳九章（五章在衣龍山華蟲火宗彝四章在裳藻粉米黼黻織成爲之）白紗中單黼領青褾襈裾革帶金鉤䚢大帶（素帶朱裏亦紕以朱綠紐用組）黻（隨裳色火山二章也）玉具劍（金寶飾也）玉鏢首瑜玉雙珮朱組雙大綬四綵赤白縹紺純朱質長一丈八尺三百二十首廣九寸（小雙綬長二尺六寸色同大綬而首半之閒施三玉環也）朱韈赤舄（舄加金飾）侍從皇帝祭祀及謁

廟加元服納妃則服之具服遠遊三梁冠加金附蟬九首施珠翠黑介幘髮纓翠緌犀簪導絳紗袍白紗中單皁領褾襈裾白裙襦白假帶方心曲領絳紗蔽膝其革帶劒珮綬韈舄與上同後改用白韈黑舄未冠則雙童髻空頂黑介幘雙玉導加寶飾謁廟還宮元日冬至朔日入朝釋奠則服之公服遠遊冠(簪導以上並同前也)絳紗單衣白裙襦革帶金鉤䚢假帶方心紛鞶囊(長六尺四寸廣二寸四分色同大綬)白韈烏皮履五日常服元日冬至受朝則服之烏紗帽白裙襦白韈烏皮履視事及宴見賓客則服之平巾幘紫褶白袴寶鈿起梁帶乘馬則服之弁服(弁以鹿皮爲之)犀簪導組纓玉琪九絳紗衣素裳革帶鞶囊小綬雙珮白韈烏皮履朔望及視事則服之進德冠九琪加金飾其常服及白練裙襦通著之若服袴褶則與平巾幘通著自永徽已後唯服袞冕具服公服而已若乘馬袴褶則著進德冠自餘並廢若讌服常服紫衫袍與諸王同開元二十六年肅宗外爲皇太子受冊太常所撰儀注有服絳紗袍之文太子以爲與皇帝所

○稱同上表辭不敢當請有以易之玄宗令百官詳議尚書左丞相裴耀卿太子太師蕭嵩等奏曰謹按衣服令皇太子具服有遠遊冠三梁加金附蟬九首施珠翠黑介幘髮纓翠緌犀簪導絳紗袍白紗中單皁領褾襈白裙襦方心曲領絳紗蔽膝革帶劒珮綬等謁廟還宮元日冬至朔日入朝釋奠則服之其絳紗袍則是冠衣之內一物之數與裙襦劒珮等無別至於貴賤之差尊卑之異則冠爲首飾名制有殊并珠旒及裳綵章之數多少有別自外不可事事差異亦有上下通服名制是同禮重則具服禮輕則從省今以至敬之情有所未取衣服不可減省稱謂須更變名望所撰儀注不以絳紗爲袞爲稱但稱爲具服則尊卑有差謙光成德議奏上手勅改爲朱明服下所司行用焉武德令侍臣服有袞鷩毳繡玄冕及爵弁遠遊進賢冠武弁獬豸冠凡十等袞冕垂青珠九旒以組爲纓色如其綬(以下旒纓皆如之也)青纊充耳簪導青衣纁裳服九章(五章在衣龍山華蟲火宗彝爲五等四章在裳藻粉米黼黻皆絳爲繡徧衣而已下皆如之)白紗中單黼領(繡冕以下中單青領)青褾襈裾

革帶劒䚢大帶(三品已上素帶朱裏皆紕其外上以綠五品帶紕其垂外以玄黃紐皆用青組之)黻(凡黻皆隨裳色毳冕以上山火二章繡冕山一章玄冕無章)劒珮綬朱韈赤舄第一品服之鷩冕七旒服七章(三章在衣華蟲火宗彝四章在裳藻粉米黼黻也)餘同袞冕第二品服之毳冕五旒服五章(三章在衣宗彝藻粉米二章在裳黼黻也)餘同鷩冕第三品服之繡冕四旒服三章(一章在衣粉米二章在裳黼黻)餘並同毳冕第四品服之玄冕衣無章裳刺黻一章餘同繡冕第五品服之爵弁(色同爵無旒無章)玄纓簪導青衣纁裳白紗中單青領褾裙革帶鉤䚢大帶(練帶紕其垂內外以緇紐約用青組)爵韠韈赤履九品已上服之凡冕服助祭及親迎若私家祭祀皆服之爵弁亦同凡冕制久以羅爲之其服以紬爵弁用紬爲之其服用繒遠遊三梁冠黑介幘青綏(凡文官皆青綏以下准此也)皆諸王服之親王則加金附蟬進賢冠三品以上三梁五品以上兩梁九品以上一梁皆三公太子三師三少五等爵尚書省秘書省諸寺監學太子詹事府三寺及散官親王師友文學國官若諸州縣關津岳瀆等流內九品以上服之武弁平巾幘(侍中中書令則加貂蟬侍左者左珥侍右者右珥)皆武官及門下中書殿中內侍省天策上將府

○諸衛領軍武候監門領左右太子諸坊諸率及鎮戍流內九品已上服之其親王府佐九品以上亦准此法冠一名獬豸冠以鐵爲柱其上施珠兩枚爲獬豸之形左右御史臺流內九品以上服之高山冠右內侍省內謁者及親王下司閤謁者若司閤等服之卻非冠右亭長門僕服之諸應冠而未冠者並雙童髻空頂幘五品以上雙玉導金飾三品以上加寶飾六品以下無飾朝服(亦名具服)冠幘纓簪導絳紗單衣白紗中單皁領褾襈裙白裙襦(亦裙衫也)革帶鉤䚢假帶曲領方心絳紗蔽膝韈舄劒珮綬一品已下五品以上陪祭朝饗拜表大事則服之七品已上去劒珮綬餘並同公服(亦名從省服)冠幘纓簪導絳紗單衣白裙襦(亦裙衫也)革帶鉤䚢假帶方心韈履紛鞶囊一品以下五品以上謁見東宮及餘公事則服之其六品以下去紛鞶囊餘並同諸佩綬者皆雙綬親王纁朱綬四綵赤黃縹紺純朱質纁文織長一丈八尺二百四十首廣九寸一品綠綟綬四綵紫黃赤紅綠質長一丈八尺二百四十首廣九寸二品三品紫綬三綵紫黃赤紅紫

質長一丈六尺一百八十首廣八寸四品青綬三綵青白紅青質長
一丈四尺一百四十首廣七寸五品黑綬二綵青紺紅紺質長一丈
二尺一百首廣六寸（自王公以下皆有小雙綬長二尺六寸色同大綬而首半之正第一品佩二玉環自外不合也）有綬者
則有紛皆長六尺四寸廣二寸四分各隨綬色諸鞶囊二品以上
金縷三品金銀縷四品銀縷五品綵縷諸珮一品珮山玄玉二品以
下五品以上佩水蒼玉諸文官七品以上朝服者簪白筆武官及
爵則不簪諸舄履並烏色舄重皮底履單皮底（別注色者不用此色）諸勳官
及爵任職事官者（散官散號將軍同職事）王依本服自外各從職事服諸致
仕及以理去官被召謁見皆服前官從省服平巾幘簪導冠之
五品以上紫褶六品以下緋褶加兩襠螣蛇並白袴起梁帶（五品以上金玉雜鈿六品以下金飾隱起）靴武官及衛官陪立大仗則服之若文官乘馬亦通服之
去兩襠螣蛇諸視品府佐武弁平巾幘國官進賢一梁冠黑介幘
簪導其服各準正品（其流外官亦依正品流外之例）參朝則服之若謁見府公府佐
平巾黑幘國官黑介幘皆白紗單衣烏皮履諸流外官行署三品

第二十一　唐志二十五　九　林逵

○以上黑介幘絳公服（用緋為之制同絳紗單衣）方心革帶鉤鰈假帶韈烏皮履九
品以上絳褠衣（制同絳公服袖狹形直如溝不垂）去方心假帶餘同絳公服其非行署
者太常寺謁者卜博士醫助教祝史贊引鴻臚寺掌儀諸典書典
學內侍省內典引太子門下坊典儀內坊導客舍人諸贊者王公
以下舍人公主謁者等各準行署依品服自外及民任雜掌無官
品者皆平巾幘緋衫大口袴朝集從事則服之諸典謁武弁絳公
服其齋郎介幘絳褠衣自外品子任雜掌者皆平巾幘緋衫大口
袴朝集從事則服之黑介幘簪導深衣青褾領革帶烏皮履未冠
則雙童髻空頂黑介幘去革帶國子太學四門學生參見則服之
書算學生州縣學生則烏紗帽白裙襦青領諸外官拜表受詔
皆服（本品無朝服者則服之）其餘公事及初上並公服諸州大中正進賢一梁
冠絳紗公服若有本品者依本品參朝服之諸州縣佐史鄉正里
正岳瀆祝史齋郎並介幘絳褠衣平巾幘緋褶大口袴紫附褠尚
食局主食典膳局主食太官署食官署掌膳服之平巾綠幘青布

袴褶尚食局主膳典膳局典食太官署食官署供膳服之平巾五
辮髻青袴褶青耳屩羊車小史服之總角髻青袴褶漏刻生漏童
服之龍朔二年九月戊寅司禮少常伯孫茂道奏稱諸臣九章服
君臣冕服章數雖殊飾龍名袞尊卑相亂望諸臣九章衣以雲及
麟代龍昇山為上仍改冕當時紛議不定儀鳳年太常博士蘇知
機又上表以公卿已下冕服請別立節文勑下有司詳議崇文館
學士校書郎楊炯奏議曰古者太昊庖犧氏仰以觀象俯以察法
造書契而文籍生次有黃帝軒轅氏長而敦敏成而聰明垂衣裳
而天下理其後數遷五德君非一姓體國經野建邦設都文質所
以再而復正朔所以三而改夫改正朔者謂夏后氏建寅殷人建
丑周人建子至於以日繫月以月繫時以時繫年此則三王相襲
之道也夫易服色者謂夏后氏尚黑殷人尚白周人尚赤至於山龍
華蟲宗彝藻火粉米黼黻此又百代可知之道也謹按虞書曰予
欲觀古人之象日月星辰山龍華蟲作繪宗彝藻火粉米黼黻絺

第二十一　唐志二十五　十　章楷

○繡由此言之則其所從來者尚矣夫日月星辰者明光照下土也山
者布散雲雨象聖王澤沾下人也龍者變化無方象聖王應機布
教也華蟲者雉也身被五綵象聖王體兼文明也宗彝者武蜼也
以剛猛制物象聖王神武定亂也藻者逐水上下象聖王隨代而
應也火者陶冶烹飪象聖王至德日新也米者人恃以生象聖王
物之所賴也黼能斷割象聖王臨事能決也黻者兩己相背象君
臣可否相濟也逮有周氏乃以日月星辰為旌旗之飾又登龍於
山登火於宗彝於是乎制袞冕以祀先王也九章者法於陽數也
以龍為首章者袞者卷也龍德神異應潛見表聖王深沈遠智卷
舒神化也又制鷩冕以祭先公也鷩者雉也有耿介之志表公有
賢才能守耿介之節也又制毳冕以祭四望也四望者岳瀆之神
也武蜼者山林所生也明其象也制絺冕以祭社稷也社稷土穀
之神也粉米由之成也象其功也又制玄冕以祭群小祀也百神
異形難可遍擬但取黻之相背異名也夫以周公之多才也故化定

制禮功成作樂夫以孔宣之將聖也故行夏之時服周之冕先王之法服乃此之自出矣天下之能事又於是乎畢矣今表狀請制大明冕十二章乘輿服之者謹按日月星辰者已施旌旗矣龍武山火者又不踰於古矣而云麟鳳有四靈之名玄龜有負圖之應雲有紀官之號水有感德之祥此蓋別表休徵終是無餘比象然則皇王受命天地興符仰觀則璧合連珠俯察則銀黃玉紫晝南宮之粉壁不足寫其形狀罄東觀之鉛黃無以紀其名實固不可畢陳於法服也雲也者從龍之氣也水也者藻之自生也又不假別為章目也此蓋不經之甚也又鷩冕八章三公之服者太平之瑞也非三公之德也鷹鸇者鷙鳥也適可以辨詳刑之職也熊羆者猛獸也適可以旌武臣之力也又稱藻為水草無所法象引張衡賦云蒂倒茄於藻井披紅葩之狎獵謂為蓮花取其文彩者夫茄者蓮也若以蓮花代藻變古從今既不知草木之名亦未達文章之意此又不經之甚也又毳冕六章三品服之者按此王者祀四望服之名

○　第二十【舊志三五】　十一　吳郡

也今三品乃得同王之毳冕而三公不得同王之袞名豈惟顛倒衣裳抑亦自相矛楯此又不經之甚也又絺冕四章五品服之考之於古則無其名驗之於今則非章首此又不經之甚也若夫禮惟從俗則命為制令為詔乃秦皇之故事猶可以適於今矣若乃義取隨時則出稱警入稱蹕乃漢國之舊儀猶可以行於代矣亦何取於變周公之軌物改宣尼之法度者哉由是竟寢知機所請景龍二年七月皇太子將親釋奠於國學有司草儀注令從臣皆乘馬著衣冠太子左庶子劉子玄進議曰古者自大夫已上皆乘車而以馬為騑服魏晉已降迄于隋代朝士又駕牛車歷代經史具有其事不可一二言也至如李廣北征解鞍憩息馬援南伐據鞍顧眄斯則鞍馬之設行於軍旅戎服所乘貴於便習者也案江左官至尚書郎而輒輕乘馬則為御史所彈又顏延之罷官後好騎馬出入閭里當代稱其放誕此則專車憑軾可擽朝衣單馬御鞍宜從褻服求之近古灼然之明驗矣自皇家撫運沿革隨時至如陵廟巡幸王公冊命則盛服冠履乘彼輅車其士庶有衣冠親迎者亦時以服箱充馭在於他事無復乘車貴賤所通鞍馬而已臣伏見比者鑾輿出幸法駕首途左右侍臣皆以朝服乘馬夫冠履而出止可配車而行今乘車既停而冠履不易可謂唯知其一而未知其二何者褒衣博帶革履高冠本非馬上所施自是車中之服必也襪而升鐙跣以乘鞍非惟不師古道亦自取驚今俗求諸折中進退無可且長裾廣袖襜如翼如鳴珮紆組鏘鏘弈弈馳驟於風塵之內出入於旌棨之間儻馬有驚逸人從顛墜遂使屬車之右遺履不收清道之傍絓驂相續固以受嗤行路有損威儀今議者皆云秘閣有梁武帝南郊圖多有衣冠乘馬者此則近代故事不得謂無其文臣案此圖是後人所為非當時所撰且觀當今有古今圖畫者多矣如張僧繇畫群公祖二疏而兵士有著芒屩者閻立本畫昭君入匈奴而婦人有著帷帽者夫芒屩出於水鄉非京華所有帷帽創於隋代非漢宮所作議者豈可徵此二畫以為故實

○　第二十【舊志三五】　十二　吳郡

者乎由斯而言則梁武南郊之圖義同於此又傳稱因俗禮貴緣情殷輅周冕規模不一秦冠漢珮用捨無恒況我國家道軼百王功高萬古事有不便資於變通其乘馬衣冠竊謂宜從省廢臣此異議其來自久日不暇給未及摧揚今屬殿下親從齒胄將臨國學凡有衣冠乘馬皆憚此行所以輒進狂言用申鄙見皇太子手令付外宣行仍編入令以為恒式讌服蓋古之褻服也今亦謂之常服江南則以巾褐裙襦北朝則雜以戎夷之制爰至北齊有長帽短靴合袴襖子朱紫玄黃各任所好雖謁見君上出入省寺若非元正大會一切通用高氏諸帝常服緋袍隋代帝王貴臣多服黃文綾袍烏紗帽九環帶烏皮六合靴百官常服同於匹庶皆著黃袍出入殿省天子朝服亦如之惟帶加十三環以為差異蓋取於便事其烏紗帽漸廢貴賤通服折上巾其制出周武帝建德年所造也晉公宇文護始命袍加下襴及大業元年煬帝始制詔吏部尚書牛弘工部尚書宇文愷兼內史侍郎虞世基給事郎許善心儀

曹郎袁朗等憲章古則創造衣冠自天子逮于胥吏章服皆有等
差始令五品以上通服朱紫是後師旅務殷車駕多行幸百官行
從雖服袴褶而軍間不便六年復詔從駕涉遠者文武官等皆戎
衣貴賤異等雜用五色五品已上通著紫袍六品已下兼用緋綠
胥吏以青庶人以白屠商以皁士卒以黃武德初因隋舊制天子
讌服亦名常服唯以黃袍及衫後漸用赤黃遂禁士庶不得以赤
黃爲衣服雜飾四年八月勑三品已上大科紬綾及羅其色紫飾
用玉五品已上小科紬綾及羅其色朱飾用金六品已上服絲布
雜小綾交梭雙紃其色黃六品七品飾銀八品九品鍮石流外及
庶人服紬絁布其色通用黃飾用銅鐵五品已上執象笏三品已
下前挫後直五品已上前挫後屈自有唐已來一例上圓下方曾
不分別六品已下執竹木爲笏上挫下方其折上巾烏皮六合靴
貴賤通用貞觀四年又制三品已上服紫五品已上服緋六品七
品服綠八品九品服以青帶以鍮石婦人從夫色雖有令仍許通

著黃五年七月勑七品已上服龜甲雙巨十花綾其色綠九品已
上服絲布及雜小綾其色青十一月賜諸衛將軍紫袍錦爲褾袖
八年五月太宗初服翼善冠貴臣服進德冠龍朔二年司禮少常
伯孫茂道奏稱舊令六品七品著綠八品九品著青深青亂紫非
卑品所服望請改八品九品著碧朝參之處聽兼服黃從之總章
元年始一切不許著黃上元元年八月又制一品已下帶手巾筭袋
仍佩刀子磨石武官欲帶者聽之文武三品已上服紫金玉帶四
品服深緋五品服淺緋並金帶六品服深綠七品服淺綠並銀帶
八品服深青九品服淺青並鍮石帶庶人並銅鐵帶文明元年七
月甲寅詔旗幟皆從金色飾之以紫畫以雜文八品已下舊服者並
改以碧京文官五品已上六品已下七品清官每日入朝常服袴
褶諸州縣長官在公衙亦准此景雲中又制令依上元故事一品
已下帶手巾筭袋其刀子礪石等許不佩武官五品已上佩䩞韘
七事七謂佩刀刀子磨石契苾真噦厥計筒火石袋等也至開元

初復罷之則天天授二年二月朝集使刺史賜繡袍各於背上繡
成八字銘長壽三年四月勑賜岳牧金字銀字銘袍延載元年五
月則天內出緋紫單羅銘襟背衫賜文武三品已上左右監門衛
將軍等飾以對師子左右衛飾以麒麟左右武威衛飾以對虎左
右豹韜衛飾以豹左右鷹揚衛飾以鷹左右玉鈐衛飾以對鶻左
右金吾衛飾以對豸諸王飾以盤石及鹿宰相飾以鳳池尚書飾
以對鴈武德已來始有巾子文官名流上平頭小樣者則天朝貴
臣內賜高頭巾子呼爲武家諸王樣中宗景龍四年三月因內宴
賜宰臣已下內樣巾子開元已來文官士伍多以紫皁官絁爲頭
巾平頭巾子相效爲雅製玄宗開元十九年十月賜供奉官及諸
司長官羅頭巾及官樣巾子迄今服之也天寶十載五月改諸衛
旗幡隊仗先用緋色並用赤黃色以符土德高祖武德元年九月
改銀菟符爲銀魚符高宗永徽二年五月開府儀同三司及京官
文武職事四品五品並給隨身魚咸亨三年五月五品已上賜新

魚袋並飾以銀三品已上各賜金裝刀子礪石壹具垂拱二年正
月諸州都督刺史並准京官帶魚袋天授元年九月改內外所
佩魚並作龜久視元年十月職事三品已上龜袋宜用金飾四品
用銀飾五品用銅飾上守下行皆從官給神龍元年二月內外官
五品已上依舊佩魚袋六月郡王嗣王特許佩金魚袋景龍三年
八月令特進佩魚散職佩魚自此始也自武德已來皆正員帶闕
官始佩魚袋員外判試檢校自則天中宗後始有之皆不佩魚雖
正員官得佩亦去任及致仕即解去魚袋至開元九年張嘉貞爲
中書令奏諸致仕許終身佩魚以爲榮寵以理去任亦聽佩魚袋
自後恩制賜賞緋紫例兼魚袋謂之章服因之佩魚袋服朱紫者衆
矣衆制云袴褶近代服以從戎今纘嚴則文武百官咸服之車駕
親戎則縛袴不舒散也中官紫褶外官絳褶皆用皮服冠衣朱者
紫衣用赤舄烏衣用烏舄唯褶服以靴靴胡履也取便於事施於
戎服舊制乘輿案褥牀褥牀帷皆以紫爲飾天寶六載禮儀使

太常卿韋縚奏請依御衣色以赤黃爲飾從之武德令皇后服有
褘衣鞠衣鈿釵禮衣三等褘衣首飾花十二樹并兩博鬢其衣以
深青織成爲之文爲翬翟之形素質五色十二等素紗中單黼領羅縠褾
襈褾襈皆用朱色也蔽膝隨裳色以緅爲領用翟爲章三等大帶隨衣色朱裏紕其外上以朱錦下以綠錦紐約用青組
以青衣革帶青韈舃舃加金飾白玉雙珮玄組雙大綬章綵尺寸與乘輿同受冊
助祭朝會諸大事則服之鞠衣黃羅爲之其蔽膝大帶及衣革帶舃隨衣色餘與褘衣同唯無雉也親
蠶則服之鈿釵禮衣十二鈿服通用雜色制與上同唯無雉及珮綬
去舃加履宴見賓客則服之皇太子妃服首飾花九樹小花如大花之數并兩博鬢也褕
翟青織成爲之文爲搖翟之形青質五色九等也素紗中單黼領羅縠褾襈褾襈皆用朱也蔽膝隨裳
色用緅爲領以搖翟爲章二等也大帶隨衣色不朱裏紕其外上以朱錦下以綠錦紐用青組以青衣革帶青韈舃
舃加金飾瑜玉珮紅朱雙大綬章綵尺寸與皇太子同受冊助祭朝會諸大事則服
之鞠衣黃羅爲之其蔽膝大帶及衣革帶隨衣色餘與褕翟同唯無雉也從蠶則服之鈿釵禮衣九鈿服
通用雜色制與上同唯無雉及珮綬去舃加履宴見賓客則服之內外
命婦服花釵施兩博鬢寶鈿飾也翟衣青質羅爲之繡爲雉編次於衣及裳重爲九等而下第一品花

第十唐志三十五　十五　余全

○鈿九樹寶鈿准花數以下准此也翟九等第二品花釵八樹翟八等第三品花鈿
七樹翟七等第四品花鈿六樹翟六等第五品花鈿五樹翟五等
並素紗中單黼領朱褾襈亦通用羅縠也蔽膝隨裳色以緅爲領緣加以文繡重雉爲章二等一品已下
皆同也大帶隨衣色裨其外上以朱錦下以綠錦紐同青組青衣革帶青韈舃珮綬內命婦受
冊從蠶朝會則服之其外命婦嫁及受冊從蠶大朝會亦准此鈿
釵禮衣通用雜色制與上同唯無雉及珮綬去舃加履第一品九鈿第二
品八鈿第三品七鈿第四品六鈿第五品五鈿內命婦尋常參見
外命婦朝參辭見及禮會則服之六尚寶林御女采女官等服禮
衣通用雜色制與上同惟無首飾七品已上有大事服之尋常供
奉則公服公服去中單蔽膝大帶九品已上大事及尋常供奉並公服東宮準
此女史則半袖裙襦諸公主王妃珮綬同諸王縣主內命婦準品
外命婦五品已上皆准夫子即非因夫子別加邑號者亦准品婦
人宴服準令各依夫色上得兼下不得僭上既不在公庭而風
俗奢靡不依格令綺羅錦繡隨所好尚上自宮掖下至匹庶遞相

做效貴賤無別武德貞觀之時宮人騎馬者依齊隋舊制多著
冪䍦雖發自戎夷而全身障蔽不欲途路窺之王公之家亦同
此制永徽之後皆用帷帽拖裙到頸漸爲淺露尋下勑禁斷初雖
暫息旋又仍舊咸亨二年又下勑曰百官家口咸預士流至於衢
路之間豈可全無障蔽比來多著帷帽遂弃冪䍦曾不乘
車別坐檐子遞相做效浸成風俗過爲輕率深失禮容前者已令
漸改如聞猶未止息又命婦朝謁或將馳駕車既入禁門有虧肅
敬此並乖於儀式理須禁斷自今已後勿使更然則天之後帷帽
大行冪䍦漸息中宗即位宮禁寬弛公私婦人無復冪䍦之制開
元初從駕宮人騎馬者皆著胡帽靚粧露面無復障蔽士庶之家
又相做效帷帽之制絕不行用俄又露髻馳騁或有著丈夫衣服
鞾衫而尊卑內外斯一貫矣奚契丹塞外用之開元天寶中漸至
京城兜籠巴蜀婦人所用今乾元已來蕃將多著勳於朝兜籠
易於檐負京城奚車兜籠代於車轝矣武德來婦人著履規

第十一唐志三十五　十六　陳安

○制亦重又有線鞾開元來婦人例著線鞋取輕妙便於事侍兒
乃著履臧獲賤伍者皆服襴衫太常樂尚胡曲貴人御饌盡供胡
食士女皆竟衣胡服故有范陽羯胡之亂兆於好尚遠矣太極元
年左司郎中唐紹上疏曰臣聞王公已下送終明器等物具標甲
令品秩高下各有節文孔子曰明器者備物而不可用以芻靈者
善爲俑者不仁傳曰俑者謂有面目機發似於生人也以此而葬
殆將於殉故曰不仁近者王公百官競爲厚葬偶人像馬雕飾如
生徒以眩耀路人本不因心致禮更相扇慕破產傾資風俗流行
遂下兼士庶若無禁制奢侈日增望諸王公已下送葬明器皆依
令式並陳於墓所不得衢路行又士庶親迎之儀備諸六禮所以
承宗廟事舅姑當須昏以爲期詰朝謁見往者下俚庸鄙時有
障車邀其酒食以爲戲樂近日此風轉盛上及王公乃廣奏音樂
多集徒侶遮擁道路留滯淹時邀致財物動踰萬計遂使障車
禮貺過於聘財歌舞喧譁殊非助感既虧名教實蠹風猷違紊

禮經須加節制望請婚姻家障車者並須禁斷其有犯者有蔭家請準犯名教例附簿無蔭人決杖六十仍各科本罪制從之

唐書志第二十五

左從政郎紹興府錄事參軍張嘉賓校勘

唐書志卷第二十六

劉　昫　等修
聞人詮校刻沈桐同校

經籍上

夫龜文成象肇八卦於庖犧鳥跡分形創六書於蒼頡聖作明述同源異流墳典起之於前詩書繼之於後先王陳迹後王準繩易曰人文以化成天下禮曰君子如欲化民成俗其必由學乎學者非他方策之謂也琢玉成器觀古知今歷代哲王莫不崇尚自仲尼沒而微言絕七十子喪而大義乖嬴氏坑焚以愚黔首漢興學校復創石渠雄向校讎於前馬鄭討論於後兩京載籍繇是粲然及漢末還都焚溺過半爰自魏晉迄于周隋而好事之君慕古之士亦未嘗不以圖籍爲意也然河北江南未能混一偏方購輯卷帙未弘而荀勗李充王儉任昉祖暅皆達學多聞歷世整比群分類聚遞相祖述或爲七錄或爲四部言其部類多有所遺及隋氏建邦寰區一統煬皇好學

○喜聚逸書而隋世簡編最爲博洽及大業之季喪失者多貞觀中令狐德棻魏徵相次爲秘書監上言經籍亡逸請行購募幷奏引學士校定群書大備開元三年左散騎常侍褚無量馬懷素侍宴言及經籍玄宗曰內庫皆是太宗高宗先代舊書常令宮人主掌所有殘缺未遑補緝篇卷錯亂難於檢閱卿試爲朕整比之至七年詔公卿士庶之家所有異書官借繕寫及四部書成上令百官入乾元殿東廊觀之無不駭其廣九年十一月殷踐猷王愜韋述余欽毋煚劉彥真王灣劉仲等重修成群書四部錄二百卷右散騎常侍元行沖奏上之自後毋煚又略爲四十卷名爲古今書錄大凡伍萬一千八百五十二卷祿山之亂兩都覆沒乾元舊籍亡散殆盡肅宗代宗崇重儒術屢詔購募文宗時鄭覃侍講禁中以經籍道喪屢以爲言詔令秘閣搜訪遺文日令添寫開成初四部書至五萬六千四百七十六卷及廣明初黃巢干紀再陷兩京宮廟寺署焚蕩殆盡曩時遺籍尺簡無存及行在朝諸儒購輯所傳無幾昭宗即位志弘文雅秘書省奏

曰常省元掌四部御書十二庫共七萬餘卷廣明之亂一時散失後
來省司購募尚及二萬餘卷及先朝再幸山南尚存一萬八千卷竊
知京城制置使孫惟晟收在本軍其御書秘閣見充教坊及諸軍人
占住伏以典籍國之大經秘府校讐之地其書籍並望付當省校其
殘缺漸令補輯樂人乞移他所並從之及遷都洛陽又喪其半平時
載籍世莫得聞今録開元盛時四部諸書以表藝文之盛四部者甲
乙丙丁之次也甲部爲經其類十二一曰易以紀陰陽變化二曰書
以紀帝王遺範三曰詩以紀興衰誦嘆四曰禮以紀文物體制五曰
樂以紀聲容律度六曰春秋以紀行事褒貶七曰孝經以紀天經地
義八曰論語以紀先聖微言九曰圖緯以紀六經讖候十曰經解以
紀六經讖候十一曰詁訓以紀六經讖候十二曰小學以紀字體聲
韻乙部爲史其類十有三曰正史以紀傳表志二曰古史以紀編年
繫事三曰雜史以紀異體雜紀四曰覇史以紀僞朝國史五曰起居
注以紀人君言動六曰舊事以紀朝廷政令七曰職官以紀班序品

秩八曰儀注以紀吉凶行事九曰刑法以紀律令格式十曰雜傳以
紀先聖人物十一曰地理以紀山川郡國十二曰譜系以紀世族繼
序十三曰略録以紀史策條目丙部爲子其類一十有四一曰儒家
以紀仁義教化二曰道家以紀清淨無爲三曰法家以紀刑法典制
四曰名家以紀循名責實五曰墨家以紀强本節用六曰縱横家以
紀辯説譎詐七曰雜家以紀兼敘衆説八曰農家以紀播植種藝九
曰小説家以紀芻辭輿誦十曰兵法以紀權謀制度十一曰天文以
紀星辰象緯十二曰曆數以紀推步氣朔十三曰五行以紀卜筮占
候十四曰醫方以紀藥餌針灸丁部爲集其類有三一曰楚詞以紀
騷人怨刺二曰別集以紀詞賦雜論三曰總集以紀文章事類煚等
撰集依班固藝文志體例諸書隨部皆有小序發明其指近史官撰
隋書經籍志其例亦然竊以紀録簡編異題卷部相沿序述無出前
修今之殺青亦所不取但紀部帙而已煚等所序四部都録以明
新修之旨今略載之竊以經墳浩廣史圖紛博尋覽者莫之能徧司

揔者常苦其多何暇重屋複牀更繁其説若先王有闕典上聖有遺
事邦政所急儒訓是先宜垂教以作程當闡規而開典則不遑啓處
何獲宴寧晨夕之所修誠惟此義然禮有未愜追怨良深千時秘書省
經書實多亡闕諸司墳籍不暇討論此則事有未周一也其後周覽
人間頗覩又新集記貞觀之前永徽已來不取近書採長安之上神
龍已來未録此則理有未弘二也書閲不徧事復未周或不詳名氏
或未知部伍此則體有未通三也書多闕目空張第數既無篇題實
乖標牓此則例有所虧四也所用書序咸取魏文貞所分書類皆據
隋經籍志理有未允體有不通此則事實未安五也昔馬談作史記
班彪作漢書皆兩葉而僅成劉歆作七略王儉作七志踰二紀而方
就孰有四萬卷目二千部書名目首尾三年便令終竟欲求精悉不
其難乎所以常有遺恨竊思追雪乃與類同契積思潛心審正舊疑
詳開新制永徽新集神龍近書則釋而附也未詳名氏不知部伍則
論而補也空張之目則檢獲便增未允之序則詳宜別作紕繆咸正

混雜必刊改舊傳之失者三百餘條加新書之目者六千餘卷凡經
録十二家五百七十五部六千二百四十一卷史録十三家八百四
十部一萬七千九百四十六卷子録十七家七百五十三部一萬五
千六百三十七卷集録三家八百九十二部一萬二千二十八卷凡
四部之録四十五家都管三千六十部五萬一千八百五十二卷成
書録四十卷其外有釋氏經律論疏道家經戒符籙凡二千五百餘
部九千五百餘卷亦具翻釋名氏序述指歸又勒成目録十卷名曰
開元内外經録若夫先王祕傳列代輿文自古之粹籍靈符絶域之
神經怪牒盡載於此二書矣夫經籍者開物成務垂教作程聖哲之
能事帝王之達典而去聖已久開鑿遂多苟不剖判條源甄明科部
則先賢遺事有卒代而不聞大國經書遂終年而空泯使學者孤舟
泳海弱羽憑天銜石塡溟倚杖追日莫聞名目豈詳家代不亦勞乎
不亦弊乎將使書千帙於掌眸披萬函於年祀覽録而知旨觀目而
悉詞經墳之精術盡探賢哲之睿思咸識不見古人之面而見古人

之心以傳後來不愈其已其序如此煛等四部目及釋道目並有小序及注撰人姓氏卷軸繁多今並略之但紀篇部以表我朝文物之大其釋道録目附本書今亦不取據開元經籍爲之志天寶已後名公各著文章儒者多有撰述或記禮法之公華或裁國史之繁略皆張部類其徒實繁臣以後出之書在開元四部之外不欲雜其本部今據所聞附撰人等傳其諸公文集亦見本傳此並不録四部區分詳之于下甲部經録十二家五百七十五部六千二百四十一卷

易類一　書類二　詩類三　禮類四
樂類五　春秋類六　孝經類七　論語類八
讖緯類九　經解類十　詁訓類十一　小學類十二

易類一

歸藏十三卷殷易司馬膺撰　周易二卷卜商傳　周易十卷孟喜章句
又十卷京房章句　又四卷費直章句　又十卷馬融章句
又九卷鄭玄注　又十卷荀爽章句　又五卷劉表注

又十卷王肅注　又十卷董遇注　又十卷宋衷注
又七卷王弼注　又九卷虞翻注　又十三卷陸績注
又十卷葛氏九家集解　又十卷馬鄭二王集解　又十卷姚信注
又十卷王弼韓康伯注　又十卷二王集注　又十卷荀煇注
又十卷蜀才注　又十卷張璠集解　又十卷王廙注
又十卷干寶注　又十卷黄穎注　又十卷崔顥注
又十三卷崔覲注　又十卷何衞注　又十卷盧氏注
又十四卷傅氏注　又十卷王玄度注　又十卷王又玄注
又十卷王希古注　又十卷王凱冲注　周易發揮五卷王勃撰
周易繫辭二卷謝萬注　又二卷桓玄注　又二卷荀諝注
又二卷宋褰注　周易義疏二十卷宋明帝注
宋群臣講易疏二十卷張該等注　周易大義二十卷梁武帝撰
周易講疏三十五卷梁武帝撰　周易發題義一卷
周易幾義一卷蕭偉撰　周易大義疑問二十卷梁武帝撰

周易義疏十四卷蕭子政撰　周易講疏三十卷張譏注
又十三卷何安撰　又十六卷褚仲都撰
周易正義十四卷孔穎達撰　周易新論十卷陰弘道
周易文句義疏二十四卷陸德明撰　周易文外大義二卷陸德明撰
周易新注本義十四卷薛仁貴撰　周易開題論序十卷
周易文句義疏二十卷已上卷梁武撰　周易大衍論三卷玄宗撰
周易四卷鍾會撰　周易大演論一卷王弼撰
周易論一卷應吉甫撰　周易統略論三卷鄒湛撰
周易略論一卷張璠撰　周易論二卷暨長成暨仲容撰
易論一卷宋處宗撰　通易象論一卷宣騁撰
又一卷欒宋初撰　周易繫辭義二卷劉向撰
周易乾坤義疏一卷劉瓛撰　周易略譜一卷沈能撰
周易文義一卷干寶撰　周易卦序論一卷楊乂撰
周易譜一卷袁宏撰　周易論四卷范氏撰

周易雜音三卷　周易釋序義三卷梁藩注撰

右易七十八部凡六百七十三卷

古文尚書十三卷孔安國撰　又十卷孔安國傳范甯注
又十卷李顒集注　又十卷姜道盛集注
又十卷馬融注　又九卷鄭玄注
古文尚書十卷王肅注　尚書十三卷謝沈注
尚書暢訓三卷伏勝注　尚書洪範五行傳十一卷劉向撰
尚書答問三卷王肅問　尚書釋駁五卷王肅撰
尚書釋問四卷鄭玄注王粲問田瓊　尚書義注三卷呂文優撰
尚書釋義四卷伊說撰　尚書要略二卷
尚書新釋二卷　尚書百問一卷顧歡撰
尚書義疏十卷巢猗撰　尚書百釋三卷巢猗撰
尚書義疏十卷費甝撰　古文尚書大義二十卷任孝恭撰
尚書義疏三十卷蔡大寶撰　尚書文外義三十卷顧彪撰

尚書義疏二十卷劉焯撰
尚書述義二十卷劉炫撰
尚書正義二十卷孔穎達撰
古文尚書音義五卷顧彪撰
尚書音義四卷王儉撰

右尚書二十九部凡二百七十二卷

韓詩二十卷卜商序韓嬰撰
韓詩外傳十卷韓嬰撰
毛詩十卷毛萇撰
毛詩詁訓二十卷鄭玄箋
毛詩二十卷王肅注
業詩二十卷葉遵注
集註毛詩二十四卷崔靈恩集注
韓詩翼要十卷卜商撰
毛詩譜二卷鄭玄撰
毛詩集序二卷卜商撰
毛詩義注五卷
毛詩雜義駁八卷王肅撰
毛詩問難二卷王肅撰
毛詩駁五卷王伯典撰
毛詩義問十卷劉楨撰
毛詩雜荅問五卷
毛詩雜義難十卷
毛詩異同評十卷孫毓撰
毛詩釋義十卷謝沈撰
毛詩辯三卷楊乂撰

唐志二十六　六

毛詩序義一卷劉氏志撰
毛詩表隱二卷
毛詩義疏五卷張氏撰
毛詩誼府三卷元延明撰
毛詩草木鳥獸魚蟲疏二卷陸機撰
毛詩述義三十卷劉炫撰
毛詩正義四十卷孔穎達撰
毛詩音義二卷魯達撰
毛詩諸家音十五卷鄭玄等注
難孫氏詩評四卷陳統撰

右詩三十部凡三百十三卷

周官十二卷馬融撰
周官禮十三卷鄭玄注
又十卷伊說撰
又十二卷王肅注
又十二卷干寶注
周官論評十二卷陳邵駁 傅玄評
周官寧朔新書八卷司馬伷序 王懋約注
周官駁難五卷孫略問 干寶荅
周禮義疏四十卷沈重撰
周禮疏五十卷賈公彥撰
周禮義決三卷王玄度撰
周官音三卷鄭玄撰
儀禮十七卷鄭玄注
又十七卷王肅注
儀禮音二卷
喪服紀一卷馬融注

又一卷鄭玄注
又一卷袁準注
又一卷
又一卷陳銓注
又二卷蔡超宗注
又二卷田僧紹注
喪服變除一卷戴德撰
喪服要紀一卷王肅注
喪服要集議三卷杜預撰
喪服要紀五卷賀循撰 謝徽注
儀禮疏五十卷賈彥撰
喪服變除一卷鄭玄撰
喪服要紀十卷賀循撰 庾蔚之注
喪服古今集記三卷王儉撰
喪服五代行要記十卷王逡之志
喪服經傳義疏四卷沈文阿撰
喪服發題二卷沈文阿撰
喪服文句義十卷皇侃撰
喪服天子諸侯圖二卷謝慈撰
喪服圖一卷崔逸撰
喪服譜一卷蔡謨撰
喪服譜一卷賀循撰
喪服要難一卷趙成問 袁祈荅
大戴禮記十三卷戴德撰
小戴禮記二十卷戴勝撰 鄭玄注
禮記二十卷盧植注
又三十卷王肅注
又三十卷孫炎注

唐志二十六　七

又十二卷葉遵注
禮記寧朔新書二十卷司馬伷序 王懋約注
次禮記二十卷魏徵撰
月令章句十二卷戴顒撰
禮記中庸傳二卷戴顒撰
禮記義記四卷鄭小同撰
禮記要鈔六卷緱氏撰
禮記音二卷鄭玄注 曹耽撰
又二卷謝慈撰
又二卷李軌撰
又二卷尹毅撰
又三卷徐邈撰
又二卷徐爰撰
禮記隱二十六卷
禮記略解十卷庾蔚之撰
禮記講疏一百卷皇侃撰
禮記義疏五十卷皇侃撰
禮記義疏四十卷沈重撰
禮記義疏四十卷熊安生撰
禮記義證十卷劉方撰
禮記類聚十卷
禮記正義二十卷孔穎達撰
禮記疏八十卷賈公彥撰
禮論三百七卷何承天撰
禮義二十卷戴勝等撰
三禮目禮一卷鄭玄注
問禮俗十卷董勛撰
禮記評十卷劉儁撰

禮儀問荅十卷王儉撰　雜禮義十一卷吳商等撰
禮義雜記故事十一卷　禮問九卷范甯撰
禮論荅問九卷范甯撰　禮論問荅九卷徐廣撰
雜禮儀問荅四卷戚壽撰　禮論降議三卷顏延之撰
禮論條牒十卷任預撰　禮論帖三卷任預撰
禮論抄六十六卷任預撰　禮論抄二十卷庾蔚之撰
禮儀荅問十卷王儉撰　禮雜抄略二卷荀萬秋撰
禮議一卷傅伯祚撰　禮統郊祀六卷
禮論要抄十三卷　禮記區分十卷
禮論抄略十三卷　禮大義十卷梁武帝撰
禮疑義五十卷周捨撰　禮記義十卷何佟之撰
禮荅問十卷何佟之撰　三禮義宗三十卷崔靈恩撰
禮論要抄一百卷賀瑒撰　禮統十三卷賀述撰
三禮宗略二十卷元延明撰　三禮圖十二卷夏侯伏朗撰
○江都集禮一百二十卷諸葛潁等撰　大唐新禮一百卷房玄齡等撰
紫宸禮要十卷大聖天后撰

右禮一百四部周禮十三家儀禮喪服二十八家禮論荅問三十五家凡一千九百四十五卷

樂書九卷信都方彪注　管絃記十二卷留進錄凌秀注
鐘磬志二卷公孫崇撰　樂社大義十卷梁武帝撰
樂論三卷梁武帝撰　鍾律五卷沈重撰
古今樂籙十三卷釋智匠撰　樂府聲調六卷鄭譯撰
樂譜集解二十卷蕭吉撰　樂志十卷蘇夔撰
樂經三十卷李玄楚撰　樂書要錄十卷大聖天后撰
樂略四卷　聲律指歸一卷元慇撰　琴操三卷孔衍撰
樂元起二卷　琴操二卷桓譚撰
琴譜四卷劉氏周氏等撰　琴敘譜九卷趙耶利撰
琴譜二十一卷陳懷撰　琴集曆頭拍簿一卷

外國伎曲三卷　論樂事二卷
外國伎曲名一卷　歷代曲名一卷
推七音一卷　十二律譜義一卷
鼓吹樂章一卷　古今樂記八卷李守真撰

右樂二十九部凡一百九十五卷

春秋三家經詁訓十二卷賈逵撰　春秋經十一卷士燮撰
春秋傳十卷王朗注　春秋左氏長經章句三十卷賈逵撰
春秋左氏傳解詁三十卷賈逵撰　春秋左氏傳解誼三十卷服虔注
春秋左氏經傳章句董遇注三十卷　春秋左氏傳三十卷王肅注
春秋左氏傳三十卷杜預注　春秋左氏傳義注孫毓注三十卷
春秋左氏傳音三卷高貴鄉公撰　春秋左氏音四卷曹耽荀訥撰
春秋左氏音隱一卷服虔撰　春秋左氏傳音三卷杜預注
又三卷李洪範撰　又三卷孫邈撰
又三卷王元規撰　又十二卷
○春秋左氏傳條例二十卷劉歆撰　春秋左氏傳條例章句九卷鄭衆
春秋左氏傳例七卷劉寔撰　又十五卷杜預撰
春秋左氏條例十卷何休撰　春秋左氏經例十卷方範撰
春秋左氏膏肓十卷鄭玄箴　春秋成長說七卷服虔撰
春秋左氏膏肓釋痾五卷　春秋達長義一卷王玢撰
春秋左氏傳說要十卷糜信撰　春秋塞難三卷服虔撰
春秋左氏傳賈服異同略五卷孫毓撰　春秋左氏傳例苑十八卷梁簡文帝撰
春秋義函傳十六卷干寶撰　春秋左氏釋滯十卷殷興撰
春秋序論一卷干寶撰　春秋左氏區分十二卷何始貞撰
春秋左氏義略三十卷張沖撰　春秋左氏抄十卷
左氏杜預評二卷　春秋圖七卷嚴彭祖撰
春秋辭苑五卷　春秋經傳詭例疑隱一卷吳略撰
春秋雜義五卷　春秋土地名三卷
春秋旨通十卷王延之撰　春秋大夫譜十一卷顧啓期撰

春秋叢林十二卷 李謐撰
春秋立義十卷 崔靈恩撰
春秋申先儒傳例十卷 崔靈恩撰
春秋經解六卷 沈宏撰
春秋文苑六卷 沈宏撰
春秋嘉語六卷 沈宏撰
春秋義略二十七卷 沈文阿撰
春秋攻昧十二卷 劉炫撰
春秋規過三卷 劉炫撰
春秋述議三十七卷 劉炫撰
春秋正義三十七卷 孔穎達撰
春秋公羊傳五卷 公羊高傳 嚴彭祖述
春秋公羊經傳十三卷 何休注
春秋公羊經傳集解十四卷 孔氏注
春秋公羊十二卷 王彥期撰
春秋公羊傳記十二卷 高龔注
何氏春秋漢議十一卷 何休撰 鄭玄駁 麋信注
何氏春秋漢記十一卷 服虔注
春秋公羊條傳一卷 何休注
春秋公羊墨守二本 何休撰 鄭玄發
春秋公羊答問五卷 荀爽問 徐欽答
春秋公羊音二卷 王儉撰
春秋公羊違義三卷 劉晏撰
春秋公羊論二卷 庾翼問 王愆期答
春秋穀梁傳十三卷 段氏注
春秋穀梁傳章句十五卷 穀梁俶解 尹更始注

○ 唐志二十六 十

春秋穀梁傳十二卷 唐固注
又十二卷 麋信注
又十一卷 張靖集解
春秋公羊違義三卷 劉晏注
春秋穀梁經傳十六卷 程闡集注
春秋穀梁傳十三卷 孔衍訓注
又十二卷 范甯集注
又十三卷 徐乾注
春秋穀梁十二卷 徐邈注
春秋穀梁經集解十卷 沈仲義注
春秋穀梁廢疾三卷 何休作 鄭玄釋 張靖成
穀梁傳義三卷 蕭邕注
春秋穀梁傳義十二卷 徐邈注
春秋穀梁音一卷 徐邈注
春秋穀梁傳疏十三卷 楊士勛撰
春秋公羊穀梁左氏集解十一卷 劉兆撰
春秋三傳論十卷 韓益撰
春秋三傳經解十一卷 胡訥集撰
春秋三傳評十卷 胡訥撰
春秋公羊穀梁二傳評三卷 江熙撰
春秋繁露十七卷 董仲舒撰
春秋[illegible]證明經論六卷
春秋二傳異同十一卷 李鉉撰
春秋合三傳通論十卷 潘叔度注
春秋成集十卷 潘叔度注
春秋外傳國語二十卷 左丘明撰
春秋外傳國語章句二十二卷 王肅注

春秋外傳國語二十一卷 虞翻撰
又二十一卷 韋昭注
又二十一卷
又二十一卷 唐固注
右春秋一百二部一千一百八十四卷
古文孝經一卷 孔子說 曾參受 孔安國傳
孝經一卷 王肅注
又一卷 鄭玄注
古文孝經一卷 劉邵注
孝經一卷 韋昭注
孝經一卷 孫熙注
又一卷 蘇林注
孝經默注二卷 徐整注
又一卷 謝萬注
又一卷 虞槃佐注
又一卷 孔光注
又一卷 殷仲文注
又一卷 殷叔道注
又一卷 魏克己注
又一卷 玄宗注
講孝經義四卷 車胤等注
講孝經集解一卷 荀昶撰
孝經義疏三卷 皇侃撰
大明中皇太子講孝經義疏一卷 何約之執經
孝經疏十八卷 梁武帝撰
孝經發題四卷 太史叔明撰

○ 唐志二十六 十二

孝經述義五卷 劉炫撰
孝經疏五卷 賈公彥撰
越王孝經新義十卷 任希古撰
孝經應瑞圖一卷
演孝經十二卷 張士儒撰
孝經疏三卷 元行沖撰
論語十卷 何晏集解
又十卷 鄭玄注 虞喜贊
又十卷 王肅注
又十卷 鄭玄注
又十卷 宋明帝撰 衛瓘注
又十卷 李充注
又十卷 孫綽集解
又十卷 梁覬注
論語集義十卷 盈氏撰
論語九卷 孟釐注
論語十卷 袁喬注
又十卷 尹毅注
又十卷 江熙集解
又十卷 孫氏注
次論語五卷 王勃撰
論語音二卷 徐邈撰
古論語義註譜一卷 徐氏撰
論語釋義十卷 鄭玄注
論語義注十卷 暢惠明
論語義注隱三卷
論語篇目弟子一卷 鄭玄注
論語釋疑二卷 王弼撰

論語釋十卷
論語駁二卷 欒肇撰
論語大義解十卷 崔豹撰
論語言序二卷 繆播撰
論語體略二卷 郭象撰
論語雜義十三卷
論語剔義十卷
論語疏十卷 皇侃撰
論語述義二十卷 戴詵撰
論語章句二十卷 劉炫撰
論語疏十五卷 賈公彥撰
論語講疏十卷 褚仲都撰
孔子家語十卷 王肅撰
孔叢子七卷 孔鮒撰

右六十三部孝經二十七家論語三十六家凡三百八十七卷

易緯九卷 宋均注
書緯三卷 鄭玄注
詩緯三卷 鄭玄注
又十卷 宋均注
禮緯三卷 宋均注
樂緯三卷 宋均注
春秋緯三十八卷 宋均注
論語緯十卷 宋均注
六經緯五卷 宋均注
白虎通六卷 漢章帝撰

五經雜義七卷 劉向撰
五經通義九卷 劉向撰
五經要義五卷 劉向撰
五經異義十卷 許慎撰鄭玄駁
六藝論一卷 鄭玄注
鄭志九卷
鄭記六卷
聖證論十一卷
五經然否論五卷 譙周撰
五經鉤深十卷 楊方撰
五經咨疑八卷 楊思撰
孔子正言二十卷 梁武帝撰
長春秋義記一百卷 梁簡文撰
經典大義十卷 沈文阿撰
五經宗略四十卷 元延明撰
七經義綱略論三十卷 樊文深撰
質疑五卷 樊文深撰
游玄桂林二十卷 張譏撰
五經正名十五卷 劉炫注
經典釋文三十卷 陸德明撰
謚法三卷 荀顗 劉熙注
又謚例十卷 沈約撰
謚法三卷 賀琛撰
匡謬正俗八卷 顏師古撰
集天名稱三卷

右三十六部經緯九家七經雜解二十七家凡四百七十四卷

爾雅三卷 李巡注
爾雅六卷 樊光注
又六卷 孫炎注
又三卷 郭璞注
集注爾雅十卷 沈璇注
爾雅音義一卷 郭璞注
又二卷 曹憲撰
爾雅圖一卷 郭璞注
爾雅圖贊二卷 江灌注
爾雅音六卷 江灌注
續爾雅一百卷 劉伯莊撰
別國方言十三卷
釋名八卷 劉熙撰
廣雅四卷 張揖撰
博雅十卷 曹憲撰
小爾雅一卷 李軌撰
纂文三卷 何承天撰
纂要六卷 顏延之撰
三蒼三卷 李斯等撰郭璞解
蒼頡訓詁二卷 杜林撰
三蒼訓詁二卷 張揖撰
埤蒼三卷 張揖撰
廣蒼一卷 樊恭撰
說文解字十五卷 許慎撰
說文意隱四卷
字林十卷 呂忱撰
字統二十卷 楊承慶撰
玉篇三十卷 顧野王撰

字海一百卷 天聖太后撰
文字釋訓三十卷 釋寶誌撰
括字苑十三卷 馮幹撰
字屬篇一卷 賈魴撰
古文奇字二卷 郭訓撰
字旨篇一卷 郭玄撰
古文字詁二卷 張揖撰
詔定古文官書一卷 衛宏撰
解字文七卷 周成撰
雜文字音七卷 王延撰
文字要說一卷 王氏注
字書十卷
古今八體六文書法一卷
四體書勢一卷 衛恒撰
要用字苑一卷 葛洪撰
難要字三卷
文字集略一卷 阮孝緒撰
辯嫌音二卷 楊休之撰
文字指歸四卷 曹憲撰
證俗音略二卷 顏愍楚撰
敘同音三卷
覽字知源三卷
文字辨嫌一卷 彭立撰
聲類十卷 李登撰
韻集五卷 呂靜撰
韻略一卷 楊休之撰
四聲韻略十三卷 夏侯詠撰
四聲部三十卷 張諒撰

韻篇十二卷趙氏撰　切韻五卷陸慈撰
桂苑珠叢一百卷諸葛穎撰　桂苑珠叢略要二十卷
急就章一卷史游撰曹壽解　急就章注一卷顏之推撰
又一卷顏師古撰　凡將篇一卷司馬相如撰
飛龍篇篆草勢合三卷崔瑗撰　在昔篇一卷班固撰
太甲篇一卷班固撰　聖草章一卷蔡邕撰
勸學篇一卷蔡邕撰　黄初章一卷
呉章一卷　幼學篇一卷朱嗣卿撰
始學篇十二卷項峻撰　少學集十卷楊方撰
小學篇一卷王羲之作　續通俗文二卷李虔撰
啓疑三卷顧凱之撰　詁幼文三卷顏延之撰
辯字一卷戴規撰　俗語難字一卷李少通撰
文字志三卷王愔撰　五十二體書一卷蕭子雲撰
古来篆隸詁訓名録卷一　書品一卷庾肩吾撰

。唐志二十六　十四

書後品一卷李嗣眞撰　筆墨法一卷
鹿紙筆墨疏一卷　千字文一卷蕭子範撰
又一卷周興嗣撰　篆書千字文一卷
演千字文五卷　今字石經易篆三卷
今字石經尚書五卷　今字石經鄭玄尚書八卷
三字石經尚書古篆三卷　今字石經毛詩三卷
今字石經儀禮四卷　三字石經左傳古篆書十三卷
今字石經左傳經十卷　今字石經公羊傳九卷
今字石經論語二卷蔡邕注　雜字書八卷釋正度作

右小學一百五部爾雅廣雅十八家偏傍音韻雜字八十
六家凡七百九十七卷

乙部史録十三家八百四十四部一萬七千九百四十六卷
正史類一　編年類二　僞史類三　雜史類四　起居注類五
故事類六　職官類七　雜傳類八　儀注類九　刑法類十
目録類十一　譜牒類十二　地理類十三

史記一百三十卷司馬遷作　史記八十卷裴駰集解
又一百三十卷許子儒注　史記音義十三卷徐廣撰
史記音義三卷鄒誕生撰　又三十卷劉伯莊撰
漢書一百十五卷班固作　又一百二十卷顏師古注
御銓定漢書八十一卷郝處俊等撰　漢書音訓一卷服虔撰
漢書集解音義二十四卷應劭撰　漢書敘傳五卷項岱撰
漢書音義九卷孟康撰　漢書集注十四卷晉灼注
漢書音義七卷韋昭撰　漢書駮義二卷劉寶撰
漢書新注一卷陸澄撰　孔氏漢書音義抄二卷孔文祥撰
漢書續訓二卷韋稜撰　漢書訓纂三十卷姚察撰
漢書音義二十六卷劉嗣等撰　漢書二卷夏侯泳撰
又十二卷包愷撰　又十二卷蕭該撰
漢書決疑十二卷顏延年撰　漢書古今集義二十卷顧胤撰

。唐志二十六　十五

漢書正義三十卷釋務靜撰　漢書正名氏義十三卷
漢書辯惑三十卷李善撰　漢書律曆志音義一卷陰景倫撰
漢書英華八卷　東觀漢記一百二十七卷劉珍撰
後漢書一百三十卷謝承撰　後漢記一百卷薛瑩作
後漢書八十三卷司馬彪撰　又五十八卷劉義慶撰
後漢書三十一卷華嶠作　又一百二卷謝沈撰
後漢書外傳十卷謝沈撰　漢南紀五十八卷張瑩撰
後漢書一百二卷袁山松作　又九十二卷范曄撰
後漢書論贊五卷范曄撰　後漢書五十八卷劉昭補注
又一百卷皇太子賢注　後漢書音三卷蕭該作
又三卷臧競撰　後漢書音義二十七卷韋機撰
魏書四十四卷王沈撰　魏略三十八卷魚豢注
魏國志三十卷陳壽撰裴松之注　晉書八十九卷王隱撰
又五十八卷虞預撰　又十四卷朱鳳撰

又三十五卷謝靈運撰　晉中興書八十卷何法盛撰
晉書一百一十卷臧榮緒撰　又九卷蕭子雲撰
又一百三十卷許敬宗等撰　宋書四十二卷徐爰撰
又四十六卷孫嚴撰　又一百卷沈約撰
後魏書一百三十卷魏收撰　魏書一百七卷張大素撰
又一百卷張大素撰　後周書五十卷令狐德棻撰
隋書八十五卷魏徵等撰　又三十二卷張大素撰
齊書五十九卷蕭子顯撰　又八卷劉陟撰
梁書三十四卷謝吳、姚察等撰　又五十卷姚思廉撰
陳書三卷顧野王撰　又三卷傅縡撰
又三十六卷姚思廉撰　北齊未修書二十四卷李德林撰
北齊書五十卷李百藥撰　又二十卷張大素撰
通史六百二卷梁武帝撰　南史八十卷李延壽撰
北史一百卷李延壽撰

○右八十一部史記六家前漢二十五家後漢十七家魏三家晉八家宋三家後魏三家後周一家隋二家齊二家梁二家陳三家北齊三家都史三家凡四千四百四十三卷

紀年十四卷　漢紀三十卷荀悅撰
漢紀音義三卷崔浩撰　漢皇德紀三十卷侯瑾撰
後漢紀三十卷張璠撰　又三十卷袁宏撰
漢晉陽春秋五十四卷習鑿齒撰　漢靈獻二帝紀六卷劉艾撰
漢獻帝春秋十卷袁曄撰　山陽義紀樂資撰
魏武本紀三卷　魏武春秋二十卷孫盛撰
魏記十二卷魏澹撰　國紀十卷梁祚撰
吳記十卷環濟撰　晉帝紀四卷陸機撰
晉録五卷　晉記二十二卷干寶作
又六十卷干寶撰劉協注　晉陽秋二十卷檀道鸞注
晉紀二十卷劉謙之撰　又十卷曹嘉之撰

又四十五卷徐廣撰　晉陽春秋二十二卷鄧粲撰
晉史草三十卷蕭景暢撰　晉紀十一卷鄧粲撰
戰國春秋二十卷李槩撰　崇安記二卷周祗撰
又十卷王韶之撰　晉續記五卷郭秀彥撰
三十國春秋三十卷蕭方撰　又一百卷武敏之撰
晉春秋略二十卷杜延業撰　宋紀三十卷王智深撰
宋略二十卷裴子野撰　宋春秋二十卷鮑衡卿撰
齊紀二十卷沈約撰　齊春秋三卷吳均撰
乘輿龍飛記二卷鮑衡卿撰　梁典三十卷劉璠撰
又三十卷何元之撰　梁太清紀十卷蕭韶撰
皇帝紀七卷　梁撮要三十卷陰僧仁撰
淮海亂離志四卷蕭大圜撰　棲鳳春秋五卷臧嚴撰
梁昭後略十卷姚最撰　天啓記十卷守節先生撰
梁末代記一卷　後梁春秋十卷蔡允恭撰

○北齊記二十卷　北齊志十七卷王劭撰
鄴洛鼎峙記十卷　隋大業略記三卷趙毅撰
隋後略十卷張大素撰　蜀國志十五卷陳壽撰
吳國志二十一卷陳壽撰裴松之注　吳書五十五卷韋昭撰
華陽國志三卷常璩撰　蜀李書九卷常璩撰
漢趙記十卷和包撰　趙石記二十卷田融撰
二石記二十卷田融撰　二石偽事六卷王度、隋翽等撰
燕書二十卷范亨撰　秦記十一卷裴景仁撰杜惠明注
凉記十卷張諮撰　西河記二卷段龜龍撰
南燕録六卷王景暉撰　南燕書五卷張詮撰
拓跋凉録十卷　燕志十卷
十六國春秋一百二十卷崔鴻
右七十五部編年五十五家雜偽國史二十家凡一千四百十卷

周書八卷孔晁注　古文瑣語四卷
春秋前傳十卷何承天撰　春秋前傳雜語十卷何承天撰
周載三十卷孟儀注　春秋國語十卷孔衍撰
越絕書十六卷子貢撰　吳越春秋十二卷趙曄撰
吳越春秋削煩五卷楊方撰　吳越春秋傳十卷皇甫遵撰
吳越記六卷　春秋後傳三十卷樂資撰
戰國策三十二卷劉向撰　戰國策論一卷延篤撰
戰國策三十二卷高誘注　魯後春秋二十卷劉允濟撰
楚漢春秋二十卷陸賈撰　漢尚書十卷孔衍撰
漢春秋十卷孔衍撰　後漢尚書六卷孔衍撰
後漢春秋六卷孔衍撰　後魏尚書十四卷張溫撰
後魏春秋九卷孔衍撰　典略五十卷魚豢撰
三史要略三十卷張溫撰　正史削繁十四卷阮孝緒撰
東殿新書二百卷高宗大帝撰　史記要傳十卷衛颯撰

古史考二十五卷譙周撰　史記正傳九卷張瑩撰
史要三十八卷王延秀撰　合史二十卷
史漢要集二卷王蔑撰　後漢書抄三十卷葛洪撰
後漢書略二十五卷張緬撰　後漢書纘十三卷范曄撰
後漢文武釋論二十卷王越客撰　三國評三卷徐衆撰
晉書鈔三十卷張緬撰　代譜四百八十卷周武帝勅撰
漢書英雄記十卷王粲等撰　九州春秋九卷司馬彪撰
魏陽秋異同八卷孫壽撰　魏武本紀年曆五卷
漢表十卷袁希之撰　刪補蜀記七卷王隱撰
吳錄三十卷張勃撰　魏記三十三卷盧彥卿撰
關東風俗傳六十三卷宋孝王撰　隋書八十卷王劭撰
王業曆二卷趙弘禮撰　隋開業平陳記十二卷裴矩撰
古今注八卷伏无忌撰　帝王本紀十卷來奧撰
拾遺錄三卷王嘉撰　王子拾遺記十卷蕭綺錄

帝王略要十二卷環濟撰　先聖本紀十卷劉滔撰
華夷帝王記三十七卷楊曄撰　後漢雜事十卷
漢魏晉帝要記三卷賈匪之撰　魏晉代語十卷郭頒撰
吳朝人士品秩狀八卷胡沖撰　吳士人行狀名品二卷虞尚撰
江表傳五卷虞溥撰　晉諸公讚二十二卷傅暢撰
晉後略記五卷荀綽撰　宋拾遺錄十卷謝綽撰
宋齊語錄十卷孔思尚撰　帝王略論五卷虞世南撰
十世興王論十卷朱敬則撰　洞曆記九卷周樹撰
帝系譜二卷張愔等撰　洞記九卷韋昭撰
三五曆記二卷徐整撰　通曆二卷徐整撰
雜曆五卷徐整撰　國志曆五卷孔衍撰
帝王代記十卷皇甫謐撰　年曆六卷皇甫謐撰
續帝王代記十卷何集撰　十五代略十卷吉文甫撰
吳曆六卷胡沖撰　晉曆二卷

帝王代紀十六卷　年曆帝紀二十六卷姚恭撰
帝錄十卷諸葛忱撰　長曆十四卷
曆代記三十卷庾和之撰　千年曆二卷
千歲曆三卷謝氏志作　十代記十卷熊襄撰
帝王年曆五卷陶弘景撰　分王年表八卷羊瑗撰
曆紀十卷　通曆七卷李仁實撰
帝王編年錄五十一卷盧元福撰　共和已來甲乙紀年二卷盧元福撰
帝王紀錄三卷
右雜史一百二部凡二千五百五十九卷
穆天子傳六卷郭璞撰　漢獻帝起居注五卷
晉太始起居注二十卷李軌撰　晉愍帝起居注三十卷李軌撰
晉太康起居注二十一卷李軌撰　晉永平起居注八卷李軌撰
晉建武大興永昌起居注二十二卷　晉咸和起居注十八卷李軌撰
晉咸康起居注二十二卷李軌撰　晉建元起居注四卷

晋永和起居二十四卷　晋永平起居注十卷
晋崇和興寧起居注五卷　晋太和起居注六卷
晋咸安起居注三卷　晋寧康起居注六卷
晋太元起居注五十二卷　晋崇寧起居注十卷
晋元興起居注九卷　晋義熙起居三十四卷
晋元熙起居注二卷　晋起注三百二十卷劉道會撰
宋永初起居注六卷　宋景平起居注三卷
宋元嘉起居注六十卷　宋太明起居八卷
梁皇帝實録三卷周興嗣撰　又五卷
梁太清實録八卷　後魏起居注二百七十六卷
陳起居注四十一卷　大唐創業起居注三卷温大雅撰
高祖實録二十卷房玄齡撰　太宗實録二十卷房玄齡撰
太宗實録四十卷長孫無忌撰　高祖實録三十卷許敬宗撰
述聖記一卷大聖天后撰　高祖實録一百卷大聖天后撰

○聖母神皇實録十八卷宗秦客撰　中宗皇帝實録二十卷吴兢撰
漢武故事二卷　西京雜記一卷葛洪撰
三輔舊事一卷韋氏撰　秦漢已來舊事八卷
漢魏吴蜀舊事八卷　晋書雜詔書一百卷
又二十八卷　晋雜詔書六十六卷
晋詔書黄素制五卷　晋定品制一卷
晋太元副詔二十一卷　晋崇安元興大享副詔八卷
晋義熙詔二十二卷　晋故事四十三卷
晋諸雜故事二十二卷　尚書大義二十一卷
晋太始康故事五卷　晋建武咸和咸康故事四卷孔愉撰
晋建武已來故事三卷　修復山林故事五卷車灌撰
先朝故事二十卷刘道會撰　東宫舊事十一卷張敞撰
交州雜故事九卷　四王起居四卷盧綝撰
晋八王故事十二卷盧綝撰　晋故事二卷

晋朝雜事二卷　江南故事三卷
大司馬陶公故事三卷　郗太尉為尚書令故事二卷
桓公偽事二卷應德詹志　救襄陽上都督府事一卷王愆期撰
荆江揚山州遷代記四卷　宋永初詔六卷
宋元嘉詔二十一卷　晋宋舊事一百三十卷
中興代逆事二卷　東宫儀記二十二卷張鏡撰
東宫典記七十卷宇文礼等志　春坊要録四卷杜正倫撰
春坊舊事三卷　漢官儀十卷應邵志
公卿故事二卷王方慶撰　漢官解故事三卷
魏官儀一卷荀攸撰　晋公卿禮秩九卷傅暢撰
百官名四十卷　晋魏帝百官名三卷陸機撰
晋官屬名四卷　晋過江人士目一卷
晋永嘉流十三卷備禹撰　登城三職簿三卷
百官階次一卷沈暐撰　宋百官階次三卷荀欽明撰

○百官春秋十三卷王道秀撰　齊職儀五十卷范曄撰
職官要録三十卷陶藻撰　梁選簿三卷徐勉撰
陳將軍簿一卷　職員令百官古今注十卷郭演之撰
大建十一年百官簿狀二卷　職員舊事三十卷
　右一百四部列代起居注四十一家列代故事四十二家列
　代職官二十一家凡二千二百三十三卷
三輔決録七卷趙岐撰摯虞注　海内先賢傳四卷魏明帝撰
海内先賢行狀三卷李氏撰　海内士品録二卷魏文帝撰
四海耆舊傳一卷李氏撰　廬江七賢傳一卷
陳留耆舊傳三卷蘇林撰　陳留先賢像讚一卷陳英志
陳留志十五卷江敞撰　汝南先賢傳三卷周斐撰
廣州先賢傳七卷陸胤撰　諸國先賢傳一卷
豫章舊志八卷徐整撰　濟北先賢傳一卷
廣陵列士傳一卷華隔撰　桂陽先賢畫讚五卷張勝撰

會稽記四卷朱育撰 會稽典録二十四卷虞預撰
會稽先賢傳五卷謝承撰 會稽後賢傳三卷鍾離岫撰
會稽先賢像讚四卷賀氏撰 會稽大守像讚二卷賀氏撰
吴國先賢讚三卷 益部耆舊傳十四卷陳壽撰
魯國先賢志十四卷白褒撰 楚國先賢志十二卷楊方撰
荆州先賢傳三卷高範撰 兖州山陽先賢讚一卷仲長統撰
交州先賢傳四卷范瑗撰 襄陽耆舊傳五卷習鑿齒撰
零陵先賢傳一卷 徐州先賢傳一卷
長沙舊邦傳讚三卷刘成撰 徐州先賢傳九卷
敦煌實録二十卷劉延明撰 武昌先賢傳三卷郭延生撰
海岱志十卷崔慰祖撰 吴郡錢塘先賢傳五卷吴均撰
幽州古今人物志十三卷陽休之撰 孝子傳十五卷蕭廣濟撰
又八卷師覺授撰 孝子傳十五卷王韶之撰
孝子傳十卷宗躬撰 雜孝子傳二卷

唐志二十六 廿二

○孝子傳一卷虞盤佐撰 又三卷徐廣撰
孝子傳讚十卷鄭緝之撰 孝德傳三十卷梁元帝撰
孝友傳八卷梁元帝撰 忠臣傳三十卷梁元帝撰
顯忠録二十卷元懌撰 忠孝圖傳讚二十卷李襲譽撰
英藩可録事二卷殷系撰 自古諸侯王善惡録二卷魏徵撰
列藩正論三十卷章懷太子撰 良史傳十卷鍾岏撰
丹陽尹傳十卷梁元帝撰 高士傳三卷嵇康撰
上古以来聖賢高士傳讚三卷周續之撰
高士傳七卷皇甫謐撰 續高士傳八卷周弘讓撰
逸人傳三卷張顯撰 逸人高士傳八卷習鑿齒撰
名士傳三卷袁尚撰 竹林七賢論二卷戴逵撰
真隱傳二卷袁淑撰 高士傳二卷虞盤佐撰
高隱傳二卷阮孝緒撰 七賢傳七卷孟仲暉撰
高才不遇傳四卷劉晝撰 列女傳二卷劉向撰

陰德傳二卷范晏撰 止足傳十卷王子良
同姓名録一卷梁元帝撰 全德志一卷梁元帝撰
高僧傳六卷虞孝敬撰 悼善列傳四卷
幼童傳十卷劉昭撰 知已傳一卷盧思道撰
交遊傳二卷鄭世翼撰 秘録二百七十卷元暉等撰
畫讚五十卷漢明帝撰 春秋列國名臣傳九卷孫敏撰
四科傳讚四卷姚察撰 七國叙讚十卷
益州文翁學堂圖一卷 孔子弟子傳五卷
先儒傳五卷 雜傳六十五卷
又九卷 又四十卷
集記一百卷王孝恭撰 東方朔傳八卷
李固别傳七卷 梁冀傳二卷
何顒傳一卷 曹瞞傳一卷吴人作
毋丘儉記三卷 管輅傳二卷管辰撰

唐志二十六 廿三

○諸葛亮隱没事一卷郭冲撰 玄晏春秋二卷皇甫謐撰
薛常侍傳二卷荀伯子撰 桓玄傳二卷
文林館記十卷鄭愷撰 文士傳五十卷張隲撰
文館詞林文人傳一百卷許敬宗撰 列仙傳讚二卷劉向撰
神仙傳十卷葛洪撰 洞仙傳十卷見素子撰
高士老君内傳三卷尹喜張林亭撰 孝子傳一卷
關令尹喜傳一卷鬼谷先生撰四皓注 王喬傳一卷
茅君内傳一卷 漢武帝傳二卷
清虚真人王君内傳一卷 蘇君記一卷周季通撰
靈人辛玄子自序一卷辛玄子撰 三天法師張君内傳一卷王長撰
太極左仙公葛君内傳一卷吕先生注 紫陽真人周君傳一卷華嶠撰
仙人馬君陰君内傳一卷趙昇撰 清虚真君内傳一卷鄭子雲撰
紫虚元君南岳夫人内傳一卷范邈撰
九華真妃内記一卷 許先生傳一卷王羲之撰

養性傳二卷　周氏冥通記一卷陶弘景撰
學道傳二十卷馬樞撰　嵩高少室寇天師傳三卷[illegible]
華陽子自序一卷茅處玄撰　漢別國洞冥記四卷郭憲撰
名僧傳三十卷釋寶唱撰　比丘尼傳四卷釋寶唱撰
高僧傳十四卷釋惠皎撰　續高僧傳二十卷釋道宣撰
續高僧傳三十卷釋道宣撰　西域永法高僧傳二卷釋義淨撰
名僧錄十五卷裴子野撰　薩婆多部傳四卷釋僧佑撰
草堂法師傳一卷陶弘景撰　草堂法師傳一卷蕭理撰
裯禪師傳一卷　列異傳三卷張華撰
甄異傳三卷戴異撰　徵應集二卷
雜傳十卷　搜神記三十卷干寶撰
志怪四卷祖台之撰　志怪四卷孔氏撰
靈鬼志三卷荀氏撰　鬼神列傳二卷謝氏撰
幽明錄三十卷劉義慶撰　齊諧記七卷東陽無疑撰

○續齊諧記一卷吳均撰　石異得三卷袁玉壽撰
述異記十卷祖沖之撰　感應傳八卷王延秀撰
冥詳記十卷王琰撰　續冥詳記十一卷王曼撰
繫應驗記一卷陸杲撰　神錄五卷劉之道撰
妍神記十卷梁元帝撰　因果記十卷劉泳撰
近異錄二卷劉質撰　寃魂志三卷顏之推撰
集靈記十卷顏之推撰　旌異記十五卷侯君集撰
宣報記二卷唐臨撰　列女傳六卷皇甫謐撰
列女後傳十卷顏原撰　列女傳七卷綦母邃撰
女記十卷杜預撰　列女傳序讚一卷孫夫人撰
后妃記四卷虞通之撰　列女傳一百卷大聖天后撰
古今內範記一百卷　內範要略十卷
保傳乳母傳一卷大聖天后撰　魯國先賢志二卷白褒撰
右雜傳一百九十四部褒先賢耆旧三十九家孝友十家忠節三家列藩三家良史二家高逸十八家雜傳五家科錄一家雜傳十一家文士三家仙靈二十六家高僧十家鬼神二十六家列女十六家凡一千九百七十八卷

漢書儀四卷衛宏撰　輿服志一卷董巴撰
甲辰儀注五卷　晉尚書儀曹新定儀注四十一卷徐廣撰
司徒儀注五卷干宝撰　車服雜注一卷徐廣撰
冠婚儀四卷　大駕鹵簿一卷
晉儀注三十九卷　晉雜儀注二十一卷
宋儀注三十六卷　諸王國雜儀十卷
雜府州郡儀十卷范汪撰　雜儀注一百八卷
古今輿服雜事十卷周遷撰　晉尚書儀曹吉禮儀注三卷
宋儀注二卷　梁祭地祇陰陽儀注二卷沈約撰
梁吉禮儀注十卷　梁吉禮十八卷明山等撰
陳吉禮儀注五十卷雜撰　北齊吉禮七十二卷趙彥琛撰

○隋吉禮五十四卷高穎等撰　梁皇帝崩凶儀十一卷嚴植之撰
梁凶禮天子喪禮七卷　梁凶禮天子喪禮五卷嚴植之撰
梁太子妃薨凶儀注九卷　梁王侯已下凶禮九卷嚴植之撰
梁諸侯世子凶儀注九卷　北齊王太子喪禮十卷趙彥琛撰
隋書禮七卷高穎等撰　梁賓禮一卷賀瑒等撰
陳賓禮儀注六卷張彥志　梁嘉禮三十五卷司馬褧撰
梁嘉禮儀注二十一卷司馬褧撰　梁軍禮四卷陸璉撰
梁儀注十卷沈約撰　梁尚書儀注十八卷雜撰
陳尚書曹儀注二十卷雜志　梁陳大行皇帝崩儀注八卷
梁大行皇后崩儀注一卷　陳諸帝后崩儀注五卷陳雜吉儀志[illegible]
陳雜儀注凶儀十三卷　陳皇太子妃薨儀注五卷儀曹志
陳雜儀注六卷　陳皇太后崩儀注四卷儀曹撰
理禮儀注九卷何點撰　後魏儀注三十二卷常景撰
魏明帝謚議二卷何晏撰　晉謚議八卷

晉簡文謚議四卷　魏氏郊丘三卷
魏臺雜訪儀三卷高堂隆撰　晉明堂郊社議三卷孔朝等撰
晉七廟議三卷蔡謨撰　雜議五卷干寶撰
晉雜議十卷荀顗等撰　要典三十九卷王景之撰
齊典四卷王逡之撰　皇典五卷丘孝仲撰
太宗文皇帝政典三卷李延壽撰　弔答書儀十卷王儉撰
書筆儀二十卷謝朏撰　雜儀三十卷鮑泉撰
皇室書儀十三卷鮑行卿撰　婦人書儀八卷唐瑾撰
童悟十三卷　大唐書儀十卷裴矩撰
皇帝封禪儀六卷令狐德棻撰　封禪録十卷孟利貞撰
神岳封禪儀注十卷裴守貞撰　玉璽譜一卷僧約貞撰
傳國璽十卷姚察撰　玉璽正録一卷徐令信撰
明堂義一卷張大賾撰　大享明堂儀注二卷郭山惲撰
親享太廟儀三卷郭山惲撰　明堂儀注七卷姚璠等撰

○皇太子方岳亞獻儀二卷
右儀注八十四部凡一千一百四十六部
開元前格十卷姚崇等撰　開元後格九卷宋璟等撰
令三十卷　式二十卷姚崇等撰
永徽散行天下格中本七卷　永徽留本司行中本十八卷源直心等撰
永徽令三十卷　永徽留本司格後本十一卷劉仁軌撰
永徽成式十四卷　永徽散頒天下格七卷
永徽留本司行格十八卷長孫无忌撰　永徽中式本四卷
垂拱式二十卷　垂拱格二卷
垂拱留司格六卷裴居道撰　刑法律本二十一卷賈充等撰
律辯二十一卷張斐撰　漢建武律令故事三卷
律略論五卷劉邵撰　漢朝駮義三十卷應劭撰
漢名臣奏三十卷陳壽撰　又二十九卷
廷尉決事二十卷　廷尉駮事十一卷

廷尉雜詔書二十六卷　晉令四十卷賈充等撰
南臺奏事二十二卷　晉駮事四卷
晉彈事九卷　齊永明律八卷宋躬撰
梁律二十卷蔡法度撰　梁令三十卷蔡法度撰
梁科二卷蔡法度撰　陳令三十卷范泉等撰
陳科三十卷范泉志　北齊律二十卷趙郡王叡撰
北齊令八卷　周大律二十五卷趙肅等撰
隋律十二卷高熲等撰　隋大業律十八卷
隋開皇令三十卷裴正等撰　法例二卷崔知悌等撰
令律十二卷裴寂撰　律疏三十卷長孫无忌撰
武德令三十一卷裴寂等撰　貞觀格十八卷房玄齡撰
右刑法五十一部凡八百一十四部
七略別録二十卷劉向撰　七略七卷劉歆撰
令書七志七十卷王儉撰賀縱補　七録十二卷阮孝緒撰

○中書簿十四卷荀勗撰　永徽元年書目四卷王儉撰
梁天監四年書目四卷丘賓卿撰　陳天嘉四部書目四卷
隋開皇四年書目四卷牛弘撰　隋開皇二十年書目四卷王劭撰
史目三卷楊松珍撰　文章志四卷摯虞撰
新撰文章家集五卷荀勗撰　續文章志二卷傅亮撰
義熙已來雜集目録三卷丘深之撰　名手畫録一卷
法書目録六卷虞龢撰　郡書四録二百卷元行沖撰
右雜四部書目十八部凡二百一十七卷
世本四卷宋衷撰　世本別録一卷
帝譜世本七卷宋均撰　世本譜二卷
漢氏帝王譜二卷　司馬氏世家二卷
百家集譜十卷王儉撰　百家譜三十卷王僧孺撰
氏族要狀十五卷賈希鏡撰　永和中表簿六卷
姓氏英賢譜一百卷賈執撰　百家譜五卷賈執撰

國親皇太子親傳四卷 賈冠撰
太同四年中表簿三卷
齊梁宗簿三卷
後魏辯宗録二卷 元暉業撰
姓苑十卷 何承天撰
後魏譜二卷
後魏方司格一卷
十八州譜七百一十二卷 王僧孺撰
冀州譜七卷
洪州譜九卷
袁州譜七卷
大唐氏族志一百卷 高士廉撰
姓氏譜二卷 許敬宗撰
著姓略記十卷 路敬淳撰
衣冠譜六十卷 路敬淳撰
大唐姓族系録二百卷 柳冲撰
褚氏家傳一卷 褚結撰 褚淘注
殷氏家傳三卷 殷敬等撰
桂氏世傳七卷 桂項撰
邵氏家傳十卷
楊氏譜一卷
蘇氏譜一卷
韋氏家傳三卷 皇甫謐撰
王氏家傳二十一卷
江氏家傳七卷 江統撰
暨氏家傳一卷
虞氏家傳五卷 虞覽撰
裴氏家記三卷 裴松之撰

唐志二十六　廿八

○孫氏譜記十五卷
諸葛傳五卷
曹氏家傳一卷 曹毗撰
荀氏家傳十卷 荀伯子撰
諸王傳一卷
陸史十五卷 陸煦撰
明氏世録五卷 明粲撰
庾氏家傳三卷 庾守業撰
韋氏譜十卷 韋鼎等撰
爾朱氏家傳二卷 王邵撰
何妥家傳二卷
令狐家傳一卷 令狐德棻撰
裴若弼家傳一卷
燉煌張氏家傳二十卷 張太素撰
裴氏家諜二十卷 裴守貞撰

右雜譜諜五十五部凡一千六百九十一卷

山海經十八卷 郭璞撰
山海經圖讃二卷 郭璞撰
山海經音二卷
水經二卷 郭璞撰
又四十卷 酈道元注
三輔黄圖一卷
漢宮閣簿三卷
洛陽宮殿簿三卷
關中記一卷 潘岳撰
洛陽記一卷 陸機撰

西京雜記一卷 葛洪撰
洛陽圖一卷 楊佺期撰
洛陽記一卷 戴延之撰
廟記一卷
洛陽伽藍記五卷 楊衒之撰
西京記三卷 薛冥志
東都記三十卷 鄧行儼撰
分吴會丹陽三郡記三卷
陳留風俗傳三卷 圏稱撰
風土記十卷 周處撰
吳地記一卷 張勃撰
南雍州記三卷 郭仲彦撰
南徐州記二卷 山謙之撰
東陽記一卷 鄭緝之撰
京口記二卷 劉損之撰
湘州圖記一卷
徐地録一卷 劉芳撰
齊州記四卷 李叔布撰
中岳潁川志五卷 樊文深撰
潤州圖經二十卷 孫處玄撰
地記五卷 太康三年撰
州郡縣名五卷 太康三年撰
十三州志十四卷 闞駰撰
魏諸州記二十卷
地理書一百五十卷 陸澄撰
地記二百五十二卷 任昉撰
○雜志記十二卷
雜地記五卷

唐志二十六　廿九

國郡城記九卷 周明帝撰
輿地志三十卷 顧野王撰
周地圖九十卷
隋國經集記一百卷 郎蔚之撰
區宇圖一百二十八卷 虞茂撰
括地志序略五卷 魏王泰撰
交州異物志一卷 楊孚撰
暢異物志一卷 陳祈撰
南州異物志一卷 萬震撰
扶南異物志一卷 朱應撰
臨海水土異物志一卷 沈瑩撰
江記五卷 庾仲雍撰
漢水記五卷 庾仲雍撰
尋江源記五卷 庾仲雍撰
又一卷
四海百川水記一卷 釋道安撰
西征記一卷 戴祚撰
述征記二卷 郭象撰
隋王入沔記十卷 沈懷文撰
輿駕東幸記一卷 薛泰撰
述行記二卷 姚最撰
魏聘使行記五卷
巡撫揚州記七卷 諸葛穎撰
諸郡土俗物産記十九卷
京兆郡方物志三十卷
十洲記一卷 東方朔撰
神異經二卷 東方朔撰
蜀王本紀一卷 楊雄撰
三巴記一卷 譙周撰

外國傳一卷釋智猛撰　歷國傳二卷釋法盛撰
南越志五卷沈懷遠撰　日南傳一卷
職貢圖一卷梁元帝撰　林邑國記一卷
真臘國事一卷　魏國已西十一國事一卷宋雲撰
交州已來外國傳一卷　奉使高麗記一卷
西域道理記三卷　赤土國記二卷常駿等撰
高麗風俗一卷裴矩撰　中天竺國行記十卷王玄策撰
西南蠻入朝首領記一卷　職方記十六卷
長安四年十道圖十三卷
開元三年十道圖十卷劒南地圖二卷
右地理九十三部凡一千七百八十二卷

唐書志第二十六

唐志卷第二十七

劉昫等修

聞人詮校刻沈桐同校

經籍下

丙部子録十七家七百五十三部書一萬五千六百三十七卷

儒家類一　道家類二　法家類三　名家類四

墨家類五　縱横家類六　雜家類七　農家類八

小說類九　天文類十　曆算類十一　兵書類十二

五行類十三　雜藝術類十四　事類十五　經脉類十六

醫術類十七

曾子二卷曾參撰　晏子春秋七卷晏嬰撰　子思子八卷孔伋撰

公孫尼子一卷公孫尼撰　孟子十四卷孟軻撰趙岐注　又七卷劉熙注

又七卷鄭玄撰　又七卷綦毋邃注　孫卿子十二卷荀況撰

董子二卷董無心撰　魯連子五卷魯仲連撰　新語二卷陸賈撰

○賈子九卷賈誼撰　鹽鐵論十卷桓寬撰　新序三十卷劉向撰

說苑三十卷劉向撰　楊子法言六卷楊雄撰　又十卷宋衷注

又十三卷李軌注　楊子太玄經十二卷楊雄撰陸績注　又十四卷虞翻注

又十二卷范望注　又一十卷蔡文邵注　桓子新論十七卷桓譚撰

潛夫論十卷王符注　申鑒五卷荀悅撰　魏子三卷魏朗注

典論五卷魏文帝撰　徐氏中論六卷徐幹撰　去伐論集三卷王粲撰

杜氏體論四卷杜恕撰　顧子新語五卷顧譚撰　通語十卷文禮撰殷興續

集誡二卷諸葛亮撰　典訓十卷陸景撰　譙子法訓八卷譙周撰

古今通論三卷王嬰撰　周生烈子五卷周生子志　譙子五教五卷譙周撰

袁子正論二十卷袁準撰　袁子正書二十五卷袁準撰　孫氏成敗志三卷孫毓撰

新論十卷夏侯湛撰　物理論十六卷楊泉撰　太元經十四卷楊泉撰劉緝注

新論十卷華譚撰　志林新書二十卷虞喜撰　後林新書十卷虞喜撰

顧子義訓十卷顧夷撰　淸化經十卷蔡洪撰　正言十卷干寶撰

要覽五卷呂竦撰　立言十卷干寶撰　正覽六卷周捨撰

鈌文十卷陸澄撰 魯史欹器圖一卷劉徽撰 誡林三卷綦毋氏撰
家訓七卷顏之推撰 典言四卷李若等撰 墳典三十卷盧藏撰
中說五卷王通撰 讀書記三十二卷王邵撰 正訓二十卷辛德源志
太宗序志卷太宗撰 帝範四卷太宗撰賈行注 天訓四卷高宗天皇大帝撰
紫樞要錄十卷太聖天后撰 青宮記要三十卷天后撰 少陽正範三十卷天后撰
臣軌二卷太后撰 百寮新誡四卷天后撰 春宮要錄十卷
君臣相發起事三卷 修身要錄十卷並章懷太子撰 百里昌言二卷王勃撰
崔子至言六卷崔靈童撰 平臺百一寓言三卷張大素撰 女誡一卷曹大家撰
內訓二十卷辛德源王邵等撰 女則要錄十卷文德皇后撰 鳳樓新誡二十卷張后撰
右儒家二十八部凡七百七十六卷
老子二卷老子撰 老子二卷何上公注 老子章句二卷安丘望之撰
老子道德經指趣四卷安丘望之撰 老子二卷湘注 玄言新記道德二卷王弼注
老子二卷鍾會注 老子二卷羊祜注 老子二卷程韶集注
老子二卷王尚注 老子二卷蜀才注 老子二卷孫登注

○老子二卷袁眞注 老子二卷張憑注 老子二卷鳩摩羅什注
老子二卷釋惠嚴注 老子四卷陶弘景注 老子道德經品四卷梁曠注
老子二卷樹鍾山注 老子二卷傅奕注 老子二卷楊上善注
老子集注四卷張道相集注 老子二卷辟閭仁諝注 老子二卷成玄英注
老子二卷李允愿注 老子二卷陳嗣古注 老子二卷釋義盈注
老子道德經集解四卷任眞子注 老子節解二卷 老子指歸十四卷嚴遵志
老子指歸十三卷馮廓撰 老子道德經序訣二卷葛洪撰 老子道德簡要義五卷玄景先生注
太上玄元皇帝道德經二卷楊上器撰 太上老君玄元皇帝聖紀十卷尹文操撰
老子章門老子玄旨八卷韓莊撰 老子玄譜一卷劉道人撰 老子道德論二卷何晏撰
老子指例略二卷 老子道德經義疏四卷顧歡撰 老子解釋四卷羊祜撰
老子義疏理綱一卷 老子講疏六卷梁武帝撰 老子私記十卷梁簡文帝撰
老子講疏四卷 老子義疏四卷孟智周撰 老子述義十卷賈大隱撰
老子道德指略論二卷楊上善撰 道德經三卷 略論三卷楊上善撰
老子西昇經一卷 老子黃庭經一卷 老子探眞經一卷

老君科律一卷 老子宣時誡一卷 老子入室經一卷
老子華蓋觀天訣一卷 老子消水經一卷 老子神策百二十條經一卷
莊子一卷崔譔注 又十卷郭象注 又二十卷向秀注
又二十一卷司馬彪注 莊子集解二十卷李頤集解 又二十卷王玄古撰
莊子十卷楊上善撰 莊子講疏三十卷梁簡文帝撰 莊子疏七卷
南華仙人莊子論三十卷梁曠撰 釋莊子論二卷李充撰 南華眞人道德論三卷
莊子疏十卷王穆撰 莊子音一卷王穆撰 莊子文句義二十卷陸德明撰
莊子古今正義十卷馮廓撰 莊子疏十二卷成玄英撰 文子十二卷
鶡冠子三卷鶡冠子撰 列子八卷列禦寇撰張湛注 廣成子十二卷商洛公撰
任子道論十卷任嘏撰 渾輿經一卷姬威撰 唐子十卷唐滂撰
蘇子七卷蘇彥撰 宣子二卷宣聘撰 陸子十卷陸雲撰
抱朴子內篇二十卷葛洪撰 孫子十二卷孫綽撰 顧道論十三卷顧谷撰
幽求子三十卷杜夷撰 符子三十卷符朗撰 賀子十卷賀道養撰
眞誥十卷陶弘景撰 無名子一卷張太衡撰 養生要集十卷張湛撰

○無上祕要七十二卷 玄書通義十卷張機撰 道要三十卷
登眞隱訣二十五卷陶弘景撰 同光子八卷劉無待撰 牟子二卷牟融撰
淨住子二十卷蕭子良撰王融頌 統略淨住子二卷釋道宣撰 法苑十五卷釋僧祐撰
內典博要三十卷虞孝景撰 眞言要集十卷釋賢明撰 歷代三寶記三卷
修多羅法門二十卷郗喻撰 集古今佛道論衡四卷釋道宣撰 六趣論六卷楊上善撰
十門辯惑論二卷釋復禮志 經論纂要十卷駱子義撰 通惑決疑錄二卷釋道宣撰
夷夏論二卷顧歡撰 笑道論三卷甄鸞撰 齊三教論七卷衛元嵩撰
辯正論八卷釋法琳撰 破邪論三卷釋法琳撰 三教詮衡十卷楊上善撰
甄正論三卷杜乂撰 心鏡論十卷李思愼撰 崇正論六卷釋彥琮撰
右道家一百二十五部老子六十一家莊子十七家道釋
諸說四十七家凡九百六十卷
管子十八卷管夷吾撰 商子五卷商鞅撰 愼子十卷愼到撰滕輔注
申子三卷申不害撰 韓子二十卷韓非撰 晁氏新書三卷晁錯撰
崔氏政論五卷崔寔撰 劉氏法言十卷劉邵撰 劉氏正論五卷劉廙撰

阮子政論五卷阮武撰　桓氏代要論十卷桓範撰　陳子要言十四卷陳融撰
治道集十卷李文博撰　春秋決獄十卷董仲舒撰　五經折疑三十卷邯鄲綽撰
右法家十五部凡一百五十八卷
鄧析子一卷鄧析撰　尹文子二卷尹文子撰　公孫龍子三卷公孫龍撰
又一卷賈大隱注　又一卷陳嗣古注　人物志三卷劉邵撰
又三卷劉邵撰劉炳注　士緯十卷姚信撰　士操一卷魏文帝撰
九州人士論一卷盧毓撰　兼名苑十卷釋遠年撰　辯名苑十卷范謐撰
右名家十二部凡五十六卷
墨子十五卷墨翟撰　胡非子一卷胡非子撰
右墨家三部凡一十六卷
鬼谷子二卷蘇秦撰　又三卷樂臺撰　又三卷尹知章注
補闕子十卷梁元帝撰
右縱橫家四部凡十八卷
尸子二十卷尸佼撰　尉繚子六卷尉繚子撰　呂氏春秋二十六卷呂不韋撰

淮南商詁二十一卷劉安撰　淮南子注解二十一卷高誘撰　淮南鴻烈音二卷高誘撰
三將軍論一卷嚴尤撰　論衡三十卷王充撰　風俗通義三十卷應劭撰
仲長子昌言十卷仲長統撰　萬機論八卷蔣濟撰　篤論四卷杜恕撰
蒭蕘論五卷鍾會撰　傅子一百二十卷傅玄撰　默記三卷張儼撰
新言五卷裴玄撰　新義十八卷劉歆撰　秦子三卷秦菁撰
誓論三十卷張儼撰　說林五卷孔衍撰　又二十卷張大素撰
抱朴子外篇五十卷葛洪撰　時務論十二卷楊偉撰　古今善言三十卷范泰撰
記聞三卷徐益壽撰　何子五卷何楷撰　劉子十卷劉勰撰
金樓子十卷梁元帝撰　語麗十卷朱澹遠撰　袖中記一卷
要覽三卷陸士衡撰　古今注五卷崔豹撰　採璧記三卷庾肩吾撰
新略十卷韋道孫撰　名數十卷徐陵撰　典墳數十卷范謐撰
荆楚歲時記十卷宗懍撰　又二卷杜公瞻撰　玉燭寶典十二卷杜臺卿撰
四時録十二卷王氏撰　物始十卷謝昊撰　事始三卷劉孝孫撰
古今辯作録三卷　文章始一卷任昉撰張績補　續文章始一卷姚察撰

威苑纂要十卷劉揚名撰　張披郡玄石圖一卷孟衆撰　瑞應圖記二卷孫柔之撰
張掖郡玄石圖一卷高堂隆撰　瑞應圖讚三卷熊理撰　祥瑞圖十卷
符瑞圖十卷顧野王撰　皇隋靈感志十卷王劭撰　皇隋瑞文十四卷許善心撰
諫林十卷何望之撰　善諫二卷虞通之撰　諫事五卷魏徵撰
諫苑三十卷于志寧撰　子林二十卷孟儀撰　子鈔三十卷沈約撰
又三十卷庾仲容撰　子林三十卷牛克撰　述正論十三卷陸澄撰
博覽十五卷　文府七卷徐陵撰道宗注　翰墨林十卷
群書理要五十卷魏徵撰　麟閣詞英六十卷高宗勅撰　四部言心十卷劉守敬撰
右雜家七十一部凡九百八十二卷
氾勝之書二卷氾勝之撰　四人月令一卷崔寔撰　齊人要術十卷賈思協撰
竹譜一卷戴凱之撰　錢譜一卷顧烜撰　禁苑實録一卷
種植法七十七卷諸葛潁撰　兆人本業三卷天后撰　相鶴經一卷浮丘公撰
鷙擊録二十卷堯須跋撰　鷹經一卷　蠶經一卷
相鶴經一卷伯樂撰　又三卷　又二卷徐成等撰

相馬經六十卷諸葛潁等撰　相牛經一卷甯戚撰　相貝經一卷
養魚經一卷范蠡撰
右農家二十部凡一百九十二卷
鬻子一卷鬻熊撰　燕丹子三卷燕太子撰　笑林三卷邯鄲淳撰
博物志十卷張華撰　郭子三卷郭澄之撰賈泉注　世說八卷劉義慶撰
續世說十卷劉孝標撰　小說十卷劉義慶撰　小說十卷殷芸撰
釋俗語八卷劉霽撰　辨林二十卷蕭賁撰　酒孝經一卷劉炫定撰
碎方三卷庾元威撰　啓顏録十卷侯白撰
右小說家十三部凡九十卷
周髀一卷趙嬰注　又一卷甄鸞注　又二卷李淳風撰
靈憲圖一卷張衡撰　渾天儀一卷張衡撰　渾天象注一卷王蕃撰
昕天論一卷姚信撰　石氏星經簿贊一卷石申甫撰　安天論一卷虞喜撰
甘氏四七法一卷甘德撰　論二十八宿度數一卷　荆州星占二卷劉表撰
又二十卷劉叡　天文集占七卷陳卓撰　四方星占一卷陳卓撰

五星占二卷陳卓撰　天文集占三卷　天文錄三十卷祖暅之撰
天文橫圖一卷高文洪撰　天文雜占一卷吳雲撰　星占三十三卷孫僧化撰
十二次二十八宿星占十二卷史崇撰　乙巳占十卷李淳風撰　靈臺秘苑一百二十卷庾季才撰
玄機內事七卷逢行珪撰

右天文二十六家，凡二百六十卷

三統曆一卷劉歆撰　乾象曆三卷闞澤注闞洋撰　魏景初曆三卷楊偉撰
四分曆一卷　乾象曆術三卷劉洪撰　乾象曆三卷
宋元嘉曆二卷何承天撰　梁大同曆一卷虞劇撰　後魏永安曆一卷孫僧化撰
後魏武定曆一卷　北齊天保曆一卷宋景業撰　周天象曆二卷王琛撰
隋開皇曆一卷劉孝孫撰　又一卷李德林撰　隋大業曆一卷張胄玄撰
皇極曆一卷劉焯撰　又一卷李淳風撰　河西壬辰元曆一卷趙歐撰
河西甲寅元曆一卷李淳風撰　大唐麟德曆一卷　大唐光宅曆草十卷
周甲子元曆一卷　齊甲子曆一卷　大唐甲子元辰曆一卷瞿曇羅撰
大唐戊寅曆一卷　陳七曜曆五卷吳伯善撰　七曜本起曆二卷

七曜曆算二卷甄鸞撰　七曜雜術二卷劉孝孫撰　七曜曆疏三卷張胄玄撰
曆疏一卷崔浩撰　曆術一卷甄鸞撰　曆術一卷張胄玄撰
刻漏經一卷何承天撰　又一卷朱史撰　又一卷宋景撰
大唐刻漏經一卷　九章算經一卷徐岳撰　九章重差一卷劉向撰
九章重差圖一卷劉徽撰　九章算經九卷甄鸞撰　九章雜算文二卷劉祐撰
九章術疏九卷宋泉之撰　五曹算經五卷甄鸞撰　孫子算經三卷甄鸞注
海島算經一卷劉徽撰　張丘建算經一卷甄鸞撰　夏侯陽算經三卷甄鸞注
數術記遺一卷徐岳撰甄鸞注　三等數一卷董泉撰甄氏注　算經要用百法一卷徐岳撰
綴術五卷祖冲之撰李淳風注　五曹算經三卷甄鸞撰　七經算術通義七卷陰景愉撰
緝古算術四卷王孝通撰李淳風撰　算經表序一卷

右曆算五十八部，凡一百六十七卷

黃帝問玄女法三卷玄女撰　太公陰謀三卷　太公金匱二卷
太公六韜六卷　司馬法三卷田穰苴撰　孫子兵法十三卷魏武帝注
又二卷孟氏解　又二卷沈友注　黃石公三略三卷

三略訓三卷　張良經一卷張良撰　雜兵法二十四卷
兵書接要七卷魏武帝撰　兵書要略十卷魏文帝撰　兵記十二卷司馬彪撰
兵林六卷孔衍撰　玉韜十卷梁元帝撰　眞人水鏡十卷陶弘景撰
握鏡一卷陶弘景撰　兵書要略十卷宇文憲撰　太一兵法一卷
太公陰謀三十六用一卷　伍子胥兵法一卷　吳孫子三十二壘經一卷
玉帳經一卷　黃石公陰謀乘斗魁剛行軍秘一卷
武德圖五兵要八陣法一卷　三陰圖一卷　黃帝太公三宮法要訣一卷
張氏七篇七卷張良撰　承神兵書八卷　兵機十五卷
兵書要略一卷　新授兵書三十卷隋高祖撰　六軍鏡三卷李靖撰
用兵撮要二卷　兵春秋一卷　許子新書軍勝十卷
金海四十七卷蕭吉撰　王佐秘珠五卷樂產撰　金韜十卷劉祐撰
懸鏡十卷李淳風撰　龍武玄兵圖二卷解忠順撰　臨戎孝經二卷員半千撰

右兵書四十五部，凡二百八十九卷

焦氏周易林十六卷焦贛撰　京氏周易四時候二卷　京氏周易飛候六卷

京氏周易混沌四卷　京氏周易錯卦八卷京房撰　費氏周易林二卷費直撰
崔氏周易林十六卷　許氏周易雜占七卷許峻撰　周易參同契二卷魏伯陽撰
周易五相類一卷魏伯陽撰　周易林四卷管輅撰　周易雜占八卷尚廣撰
徐氏周易筮占二十四卷徐苗撰　周易立成占六卷　武氏周易雜占八卷武氏撰
周易集林十二卷伏曼容撰　又一卷伏氏撰　連山三十卷梁元帝撰
易林十四卷　新易林占三卷杜氏撰　周易雜占筮決文二卷梁運撰
周易新林一卷　周易林七卷張滿撰　易律曆一卷
周易服藥法一卷　周易洞林解三卷郭璞撰　洞林三卷梁元帝撰
易三備三卷　又一卷　易髓一卷
易腦一卷郭氏撰　孝經元辰二卷　推元辰厄命一卷
元辰章三卷　六甲周天曆一卷孫僧化作　風角要候一卷翼奉撰
風角六情訣一卷王琛撰　風角十卷　風角鳥情二卷翼奉撰
鳥情占一卷　鳥情逆占一卷管輅撰　九宮經解二卷
九宮行棊經三卷鄭玄撰　九宮行棊立成一卷王琛撰　逆刺三卷京房撰

婚嫁書二卷　推產婦何時產法一卷王琛撰　產圖一卷崔知悌撰
登壇經一卷　太一大遊曆二卷　大遊太一曆一卷
曜靈經一卷　七政曆一卷　六壬曆一卷
靈寶登圖　推二十四氣曆一卷　太一曆一卷
式經一卷宋琨撰　九旗飛變一卷鄭玄注　太史公萬歲曆一卷司馬談撰
萬歲曆祠二卷　千歲曆祠二卷任氏撰　黃帝飛鳥曆一卷張衡撰
太乙飛鳥曆一卷　堪輿曆注二卷　黃帝四序堪輿二卷殷紹撰
遁甲經一卷　遁甲文一卷伍子胥撰　遁甲囊中經一卷
三元遁甲圖三卷葛洪撰　遁甲萬一訣三卷　遁甲立成圖二卷
遁甲立成法三卷　遁甲九宮八門圖一卷　遁甲開山圖一卷王琛撰
又二卷榮氏撰　白澤圖一卷　武王須臾二卷
師曠占書一卷　東方朔占書一卷　范子問計然十五卷范蠡問計然答
淮南王萬畢術一卷劉安撰　神樞靈轄十卷樂產撰　祿命書二十卷劉孝恭撰
又二卷王琛撰　五行記五卷蕭吉撰　五姓宅經二卷
。陰陽書五十卷呂才撰　青烏子三卷　葬經八卷
又十卷　又二卷蕭吉撰　葬書地脈經一卷
墓書五陰一卷　雜墓圖一卷　墓圖立成一卷
六甲冢名雜忌要訣二卷　五姓墓圖要訣五卷孫氏撰　壙中伏尸一卷
玄女彈五音法相冢經一卷胡君撰　新撰陰陽書三十卷王粲撰　龜經三卷柳彥詢撰
又一卷劉寶真撰　又一卷王弘禮撰　又一卷莊道名撰
又一卷孫思邈撰　百怪書一卷　祠竈經一卷
解文一卷　占夢書二卷　又三卷周宣撰
玄悟經三卷李淳風撰
右五行一百一十三部，凡四百八十五卷
投壺經一卷郝沖、虞譚撰　大小博法二卷　皇博經一卷魏文帝撰
太博經　行棋戲法二卷　小博經一卷鮑宏撰　博塞經一卷鮑宏撰
二儀簙經一卷隋煬帝撰　大博經二卷呂才撰　棋勢六卷
棋品五卷范汪等注　圍棋後九品序錄一卷　竹花仙棋圖一卷

〈唐志二十七〉 八

棋評一卷梁武帝撰　象經一卷周武帝撰　又一卷何妥撰
又一卷王裕注　今古術藝十五卷
右雜藝術一十八部，凡四十四卷
皇覽一百二十二卷何承天撰　又八十四卷徐爰并合　類苑一百二十卷劉孝標撰
壽光書苑二百卷劉香撰　華林編略六百卷徐勉撰　修文殿御覽三百六十卷
長洲玉鏡一百三十八卷虞綽等撰　藝文類聚一百卷歐陽詢等撰　書抄一百七十三卷虞世南撰
要錄六十卷　書圖泉海七十卷張氏撰　檢事書一百六十卷
帝王要覽二十卷　玉藻瓊林一百卷孟利貞撰　玄覽一百卷天后撰
累璧四百卷許敬宗撰　碧玉芳林四百五十卷孟利貞撰　策府五百八十二卷張大素撰
玄門寶海一百二十卷諸葛穎撰　文思博要并目一千二百一十二卷張大素撰
三教珠英并目一千三百一十三卷張昌宗等撰
右類事二十二部，凡七千八十四卷
黃帝三部針經十三卷皇甫謐撰　黃帝八十一難經一卷秦越人撰　赤烏神針經一卷張子存撰
黃帝明堂經三卷　黃帝鍼灸經十二卷　明堂圖三卷秦承祖撰
。龍銜素針經并孔穴蝦蟆圖三卷　黃帝素問八卷
黃帝內經明堂十三卷　黃帝雜注針經一卷　黃帝十二經脈明堂五藏圖一卷
黃帝十二經明堂偃側人圖十二卷　黃帝針經十卷　黃帝明堂三卷
黃帝九靈經十二卷靈寶注　玉匱針經十二卷　黃帝內經太素三十卷楊上善撰
三部四時五藏辨候診色脈經一卷　黃帝內經明堂類成十三卷楊上善撰
黃帝明堂經三卷楊玄操撰注　灸經一卷　鈴和子十卷賈和光撰
脈經訣三卷徐氏撰　脈經二卷　五藏訣一卷
五藏論一卷
右明堂經脈二十六家，凡一百七十三卷
神農本草三卷　桐君藥錄三卷桐君撰　雷公藥對二卷
藥類二卷　本草用藥要妙二卷　本草病源合藥節度五卷
本草要術三卷　本草藥性三卷甄立言撰　療癰疽耳眼本草要妙五卷
種芝經九卷　芝草圖一卷　呂氏本草因六卷吳普撰
李氏本草三卷　名醫別錄三卷　藥目要用二卷

〈唐志二十七〉 九

本草集經七卷陶弘景撰 靈秀本草圖六卷原平仲撰 諸藥異名十卷釋行智撰
四時採取諸藥及合和四卷 本草圖經七卷蘇敬撰 新修本草二十一卷蘇敬撰
新修本草圖一十六卷蘇敬等撰 本草音三卷蘇敬等撰 本草音義二卷殷子嚴撰
太清神丹中經三卷 太清神仙服食經五卷 又一卷抱朴子撰
太清璿璣文七卷沖和子撰 金匱仙藥錄三卷京里先生撰 神仙服食經十二卷京里先生撰
太清諸丹要錄集四卷 神仙藥食經一卷 神仙服食方十卷
神仙服食藥方十卷 服玉法并禁忌一卷 太清諸草木方集要三卷
太清玉石丹藥要集三卷陶弘景撰 太一鐵胤神丹方三卷蘇遊撰 養生要集十卷張湛撰
補養方三卷孟詵撰 諸病源候論五十卷吳景撰 四海類聚單方十六卷隋煬帝撰
太官食法一卷 太官食方十九卷 食經九卷崔浩撰
又十卷 又四卷竺暄撰 四時食法一卷趙氏撰
淮南王食經一百二十卷諸葛潁撰 淮南王食目十卷 淮南王食經音十三卷諸葛潁撰
食經三卷盧仁宗撰 張仲景藥方十五卷王叔和撰 華氏藥方十卷華佗方吳普集
肘後救卒方四卷葛洪撰 補肘後救卒備急方六卷陶弘景撰 阮河南方十六卷阮炳撰

○雜藥方一百七十卷范汪方尹穆撰 胡居士方三卷胡洽撰 劉涓子南方十卷龔慶宣撰
療癰疽金瘡要方十四卷甘濬之撰 雜療方二十卷徐叔和撰 體療雜病方六卷徐叔和撰
腳弱方八卷徐叔向撰 藥方十七卷秦承祖撰 療癰疽金瘡要方十二卷甘伯齊撰
雜藥方十二卷褚澄撰 効驗方十卷陶弘景撰 百病膏方十卷
雜湯方八卷 療目方五卷 雜藥方十卷陳山提撰
又六卷 雜丸方一卷 調氣方一卷釋鸞撰
黃素方十五卷 雜湯丸散方五十七卷李思撰 僧深集方三十卷釋僧深撰
刪繁方十二卷謝士太撰 徐王八代効驗方十卷徐之才撰 徐氏落年方三卷徐嗣伯撰
雜病論一卷徐嗣伯撰 徐氏家秘方二卷徐之才撰 集驗方十卷姚僧垣撰
小品方十二卷陳延之撰 經心方八卷宋俠撰 名醫集驗方三卷
古今錄驗方五十卷甄權撰 崔氏纂要方十卷崔知悌撰 孟氏必効方十卷孟詵撰
延年秘錄十二卷 玄感傳屍方一卷蘇遊撰 骨蒸病灸方一卷崔知悌撰
寒食散方并消息節度二卷 解寒食散方十三卷徐叔和撰 婦人方十卷
又二十卷 少小方十卷 少小雜方二十卷

少小節療方一卷俞寶撰 狐子雜訣三卷 狐子方金訣二卷葛仙公撰
陵陽子秘訣一卷明月公撰 神臨藥秘經一卷黃公撰 黃白秘法一卷
又二十卷 玉房秘術一卷葛氏撰 房秘錄訣八卷沖和子撰
類聚方二千六百卷
右醫術本草二十五家養生十六家病源單方二家食經
十家雜經方五十八家類聚方一家共一百一十家凡三
千七百八十九卷

丁部集錄三類共八百九十部書一萬二千二十八卷

楚詞類一 別集類二 摠集類三

楚詞十六卷王逸撰 楚詞十卷郭璞撰 楚詞九悼一卷楊穆撰
離騷草木蟲魚疏二卷劉杳撰 楚詞音一卷孟奧撰 楚詞音一卷徐邈撰
楚詞音一卷釋道騫撰
漢武帝集二卷 魏武帝集三十卷 魏文帝集十卷
魏明帝集十卷 魏高貴鄉公集二卷 晉宣帝集十卷

○晉文帝集一卷 晉明帝集五卷 晉簡文帝集五卷
宋武帝集二十卷 宋文帝集十卷 梁文帝集十八卷
梁武帝集十卷 梁簡文帝集八十卷 梁元帝集五十卷
梁元帝集十卷 後魏明帝集一卷 後魏文帝集四十卷
後周明帝集一卷 陳後主集五十卷 隋煬帝集三十卷
太宗文皇帝集三十卷 高宗大帝集八十六卷 中宗皇帝集四十卷
睿宗皇帝集十卷 垂拱集一百卷 金輪集十卷太后撰
梁昭明太子集二十卷 漢淮南王集二卷 漢東平王集二卷
魏陳思王集二十卷 魏陳思王集三十卷 晉齊王集二卷
晉會稽王集八卷 晉彭城王集八卷 晉譙王集三卷
宋長沙王集十卷 宋臨川王集八卷 宋衡陽王集十卷
宋江夏王集十三卷 宋南平王集五卷 宋建平王集十卷
宋建平王小集十五卷 齊竟陵王集三十卷 梁邵平王集四卷
梁武陵王集八卷 後周趙王集十卷 後周滕王集十二卷

趙荀況集二卷 楚宋玉集二卷 前漢賈誼集二卷
枚乘集二卷 司馬遷集二卷 東方朔集二卷
董仲舒集二卷 李陵集二卷 司馬相如集二卷
孔臧集二卷 魏相集二卷 張敞集二卷
韋玄成集二卷 劉向集五卷 王褒集五卷
谷永集五卷 杜鄴集五卷 師丹集五卷
息夫躬集五卷 劉歆集五卷 楊雄集五卷
崔篆集一卷 後漢桓譚集二卷 史岑集二卷
王文山集二卷 朱勃集二卷 梁鴻集二卷
黃香集二卷 馮衍集五卷 班彪集二卷
杜篤集五卷 傅毅集五卷 班固集十卷
崔駰集十卷 賈逵集二卷 劉騊駼集二卷
崔瑗集五卷 蘇順集二卷 竇章集二卷
胡廣集二卷 高彪集二卷 王逸集二卷

桓驎集二卷 邊韶集二卷 皇甫規集五卷
張奐集二卷 朱穆集二卷 趙壹集二卷
張升集二卷 侯瑾集二卷 酈炎集二卷
盧植集二卷 劉珍集二卷 張衡集十卷
葛龔集五卷 李固集十卷 馬融集五卷
崔琦集二卷 延篤集二卷 劉陶集二卷
荀爽集二卷 劉梁集二卷 鄭玄集二卷
蔡邕集二十卷 應劭集四卷 士孫瑞集二卷
張邵集五卷 禰衡集二卷 孔融集十卷
虞翻集三卷 潘勗集二卷 阮瑀集五卷
陳琳集十卷 張紘集一卷 繁欽集十卷
楊脩集二卷 王粲集十卷 魏華歆集二十卷
王朗集三十卷 邯鄲淳集二卷 袁渙集五卷
應瑒集二卷 徐幹集五卷 劉楨集二卷

路粹集二卷 丁儀集二卷 丁廙集二卷
吳質集五卷 劉廙集二卷 孟達集三卷
陳群集三卷 王脩集三卷 管寧集二卷
劉邵集二卷 麋元集五卷 李康集二卷
孫該集二卷 卞蘭集二卷 傅巽集二卷
高堂隆集十卷 繆襲集五卷 殷褒集二卷
韋誕集三卷 曹羲集五卷 傅嘏集二卷
桓範集二卷 夏侯霸集二卷 鍾毓集五卷
江奉集二卷 夏侯惠集二卷 毌丘儉集二卷
王弼集五卷 呂安集二卷 王泉集五卷
王肅集五卷 何晏集十卷 應璩集十卷
杜摯集一卷 夏侯玄集二卷 程曉集二卷
阮籍集五卷 嵇康集十五卷 鍾會集十卷
蜀許靖集二卷 諸葛亮集二十四卷 吳張溫集五卷

士燮集五卷 駱統集十卷 暨豔集二卷
謝承集四卷 姚信集十卷 楊厚集二卷
華覈集三卷 胡綜集二卷 薛綜集二卷
張儼集二卷 韋昭集二卷 紀隲集三卷
晉王沉集五卷 鄭袤集二卷 應貞集五卷
嵇喜集二卷 傅玄集五十卷 成公綏集十卷
裴秀集三卷 何禎集五卷 袁準集二卷
山濤集五卷 向秀集二卷 阮冲集二卷
阮侃集五卷 羊祜集二卷 賈充集二卷
荀勗集二十卷 杜預集二十卷 王濬集二卷
皇甫謐集二卷 程咸集二卷 劉毅集二卷
庾峻集三卷 郄正集一卷 薛瑩集二卷
楊泉集二卷 陶濬集二卷 宣聘集三卷
曹志集二卷 鄒湛集四卷 孫毓集二卷

王渾集五卷　王深集四卷　江偉集五卷
閔鴻集二卷　裴楷集二卷　何劭集二卷
刘頌集三卷　劉寔集二卷　裴頠集十卷
許孟集二卷　王祐集二卷　王濟集二卷
華嶠集一卷　庾儵集三卷　謝衡集二卷
傅咸集三十卷　棗據集二卷　刘寶集三卷
孫楚集十卷　王讚集三卷　夏侯湛集十卷
夏侯淳集十卷　張敏集二卷　刘訏集二卷
李重集二卷　樂廣集二卷　阮渾集二卷
楊乂集三卷　張華集十卷　李虔集十卷
石崇集五卷　潘岳集十卷　潘尼集十卷
歐陽建集二卷　嵇紹集二卷　衛展集四十卷
盧播集二卷　欒肇集二卷　應亨集二卷
司馬彪集三卷　杜育集二卷　摯虞集二卷

○繆徵集二卷　左思集五卷　夏侯靖集二卷
鄭豐集二卷　陳略集二卷　張翰集二卷
陸機集十五卷　陸雲集十卷　陸冲集二卷
孫極集二卷　張載集三卷　張協集二卷
束晳集五卷　華譚集二卷　曹攄集二卷
江統集十卷　胡濟集五卷　卞粹集二卷
閭丘冲集二卷　庾敳集二卷　阮瞻集二卷
阮循集二卷　裴邈集二卷　郭象集五卷
嵇含集十卷　孫惠集十卷　蔡洪集三卷
牽秀集五卷　蔡克集二卷　索靖集二卷
閭纂集二卷　張輔集二卷　殷巨集二卷
陶佐集五卷　竹長敖集二卷　虞溥集二卷
吳商集五卷　刘弘集三卷　山簡集二卷
宗岱集三卷　王曠集五卷　王峻集二卷

棗腆集二卷　棗嵩集二卷　劉琨集十卷
盧諶集十卷　傅暢集五卷　東晉顧榮集二卷
荀組集二卷　周顗集二卷　周嵩集三卷
王道　集十卷　荀邃集二卷　王敦集五卷
謝鯤集二卷　張抗集二卷　賈霖集三卷
劉隗集三卷　應詹集三卷　陶侃集二卷
王洽集三卷　傅敷集五卷　張闓集三卷
卞壼集二卷　劉超集二卷　楊方集二卷
傅純集二卷　郗鑒集十卷　温嶠集十卷
孔坦集五卷　王濤集五卷　王廙集五卷
甄述集五卷　戴邈集五卷　賀循集二十卷
張悛集二卷　曾瓌集五卷　熊遠集五卷
郭璞集十卷　王嶠集五卷　庾亮集二十卷
虞預集十卷　顧和集五卷　范宣集十卷

○張虞集五卷　庾冰集二十卷　庾翼集二十卷
何充集五卷　諸葛恢集五卷　祖台之集十五卷
李充集十四卷　蔡謨集十卷　謝奕集八卷
范汪集八卷　范甯集十五卷　阮放集五卷
王廙集十卷　王彪之集二十卷　謝安集五卷
謝方集十卷　王羲之集五卷　干寶集四卷
殷融集十卷　劉遐集五卷　殷浩集五卷
劉倓集二卷　王濛集五卷　謝尚集五卷
張馮集五卷　張望集三卷　韓康伯集五卷
王胡之集五卷　江霖集五卷　范宣集五卷
江淳集五卷　王述集五卷　郝默集五卷
黃整集十卷　王浹集二卷　王度集五卷
劉系之集五卷　劉惔集五卷　范起集五卷
殷康集五卷　孫嗣集三卷　王坦之集五卷

桓溫集二十卷　郗超集十五卷　謝朗集五卷
謝玄集十卷　王珣集十卷　許詢集三卷
孫統集五卷　孫綽集十五卷　孔嚴集五卷
江逌集五卷　車灌集五卷　丁纂集二卷
曹毗集十五卷　蔡系集二卷　李顒集十卷
顧夷集五卷　袁喬集五卷　謝沉集五卷
庾闡集十卷　王隱集十卷　殷允集十卷
徐邈集八卷　殷仲堪集十卷　殷叔獻集三卷
伏滔集五卷　桓嗣集五卷　習鑿齒集五卷
紐滔集五卷　邵毅集五卷　孫盛集十卷
袁質集二卷　袁宏集二十卷　袁紹集三卷
羅含集三卷　孫放集十五卷　辛昞集四卷
庾統集二卷　郭愔集五卷　滕輔集五卷
庾龢集二卷　庾軏集二卷　庾倩集二卷

○庾肅之集十卷　王脩集二卷　戴逵集十卷
桓玄集二十卷　殷仲文集七卷　卞湛集五卷
蘇彥集十卷　袁豹集十卷　王謐集十卷
周祗集十卷　梅陶集十卷　湛牥集十卷
劉瑾集八卷　羊徽集一卷　卞裕集十四卷
王愆期集十卷　孔璠之集二卷　王茂略集四卷
薄蕭之集十卷　滕演集一卷　宋劉義宗集十五卷
謝瞻集二卷　孔琳之集十卷　王叔之集十卷
孔琳之集十卷　徐廣集十五卷　孔甯子集十五卷
蔡廓集十卷　傅亮集十卷　孫康集十卷
鄭鮮之集二十卷　陶淵明集五卷　范泰集二十卷
王弘集二十卷　謝靈運集十五卷　荀昶集十四卷
孔欣集八卷　卞伯玉集五卷　王曇首集二卷
謝弘微集二卷　王韶之集二十四　沈林子集七卷

姚濤之集二十卷　賀道養集十卷　衛令元集八卷
褚詮之集八卷　荀欽明集六卷　殷淳集三卷
劉瑀集七卷　劉緄集五卷　雷次宗集三十卷
宗炳集十五卷　伍緝之集十一卷　荀雍集十卷
袁淑集十卷　顏延之集三十卷　王微集十卷
王僧達集十卷　張暢集十四卷　何偃集八卷
沈懷文集十三卷　江智泉集十卷　謝莊集十五卷
殷琰集八卷　顏竣集十三卷　何承天集三十卷
裴松之集三十卷　卞瓘　集十卷　丘泉之集六卷
顏測　集十一卷　湯惠休集三卷　沈勃集十五卷
徐爰集十卷　鮑照集十卷　庾蔚之集十一卷
虞通之集五卷　劉愔集十卷　孫緬集十卷
袁伯文集十卷　袁粲集十卷　齊褚彥回集十五卷
王儉集六十卷　周顒集二十卷　徐孝嗣集十二卷

○王融集十卷　謝朓集十卷　孔稚珪集十卷
陸厥集十卷　虞羲集十一卷　宗躬集十二卷
江奐集十一卷　張融玉海集六十卷　梁范雲集十二卷
江淹前集十卷　江淹後集十卷　任昉集三十四卷
宗史集十卷　王暕集二十卷　魏道微集三卷
司馬褧集九卷　沈約集一百卷　沈約集略三十卷
傅昭集十卷　袁昂集二十卷　徐勉前集二十五卷
徐勉後集十六卷　陶弘景集三十卷　周捨集二十卷
何遜集八卷　謝琛集五卷　謝郁集五卷
王僧孺集三十卷　張率集三十卷　楊眺集十卷
鮑幾集八卷　周興嗣集十卷　蕭洽集二卷
裴子野集十四卷　庾景興集十卷　陸子倕集二十卷
劉之遴前集十卷　劉之遴集三十卷　虞嚼集六卷
王筠集三卷　劉孝綽集十一卷　劉孝儀集二十卷

劉孝威前集十卷 劉孝威後集十卷 丘遲集十卷
王錫集七卷 蕭子範集三卷 蕭子雲集二十卷
蕭子暉集十卷 江革集十卷 吳均集二十卷
庾肩吾集十卷 王筠洗馬集十卷 王筠中庶子集十卷
王筠左右集十卷 王筠臨海集十卷 王筠中書集十卷
王筠尚書集十一卷 鮑泉集一卷 謝瑱集十卷
任孝恭集十卷 張纘集十卷 陸雲公集四卷
張綰集十卷 甄玄成集十卷 蕭欣集十卷
沈君攸集十二卷 後魏高允集二十卷 宗欽集二卷
李諧集十卷 韓宗集五卷 袁躍集九卷
薛孝通集六卷 溫子昇集二十五卷 盧元明集六卷
陽固集三卷 魏孝景集一卷 北齊楊休之集二十卷
邢子才集三十卷 魏收集七十卷 劉逖集四十卷
後周宗懍集三十卷 王褒集三十卷 蕭撝集十卷

○庾信集二十卷 王衡集三卷 陳沈炯前集六卷
沈炯後集十三卷 周弘正集二十卷 徐陵集三十卷
張正見集四卷 陸珍集五卷 陸瑜集十卷
沈不害集十卷 張式集十三卷 褚介集十卷
顧越集二卷 顧覽集五卷 姚察集二十卷
隋盧思道集二十卷 李元操集二十二卷 辛德源集三十卷
李德林集十卷 牛弘集十二卷 薛道衡集三十卷
何妥集十卷 柳顧言集十卷 江總集二十卷
殷英童集三十卷 蕭慤集九卷 魏澹集四卷
尹式集五卷 諸葛穎集十四卷 王胄集十卷
虞茂代集五卷 劉興宗集三卷 李播集三卷
唐陳叔達集五卷 褚亮集二十卷 虞世南集三十卷
蕭瑀集一卷 沈齊家集十卷 薛收集十卷
楊師道集十卷 庾抱集六卷 孔穎達集五卷

王績集五卷 郎楚之集十卷 魏徵集二十卷
許敬宗集六十卷 于志寧集四十卷 上官儀集三十卷
李義府集三十九卷 顏師古集四十卷 岑文本集六十卷
劉子翼集十卷 殷聞禮集十卷 陸士季集十卷
劉孝孫集三十卷 鄭代翼集八卷 崔君實集十卷
李伯藥集三十卷 孔紹安集三卷 高季輔集二卷
溫彥博集二十卷 李玄道集十卷 謝偃集十卷
沈叔安集二十卷 陸楷集十卷 曹憲集三十卷
蕭德言集三十卷 潘求仁集三卷 殷芊集三卷
蕭鈞集三十卷 袁朗集四卷 楊續集十卷
王約集一卷 任希古集五卷 麥敬集十四卷
王德儉集十卷 徐孝德集十卷 杜之松集十卷
宋令文集十卷 陳子良集十卷 顏頵集十卷
劉穎集十卷 司馬僉集十卷 鄭秀集十二卷

○敢義褒集七卷 楊元亨集五卷 劉綱集三卷
王歸一集十卷 馬周集十卷 薛元超集三十卷
高智周集五卷 褚遂良集二十卷 劉禕之集五十卷
郝處俊集十卷 崔知悌集五卷 李安期集二十卷
唐觀集五卷 張大素集十卷 鄧玄挺集十卷
劉允濟集二十卷 駱賓王集十卷 盧照鄰二十卷
楊炯集三十卷 王勃集三十卷 狄仁傑集十卷
李懷遠集八卷 盧受采集十卷 王適集二十卷
喬知之集二十卷 蘇味道集十五卷 薛曜集二十卷
郎餘慶集十卷 盧光容集五卷 崔融集四十卷
閻鏡機集十卷 李嶠集三十卷 喬備集六卷
陳子昂集十卷 元希聲集十卷 李適集二十卷
沈佺期集十卷 徐彥伯前集十卷 後集十卷
宋之問集十卷 杜審言集十卷 谷倚集十卷

富嘉謨集十卷　吳少微集十卷　劉希夷集三卷

張柬之集十卷　桓彥範集三卷　韋承慶集六十卷

閭丘均集三十卷　郭元振集二十卷　魏知古集二十卷

閻朝隱集五卷　蘇瓌集十卷　員半千集十卷

李乂集五卷　姚崇集十卷　丘悅集十卷

劉子玄集十卷　盧藏用集二十卷　道士江旻集三十卷

沙門曇諦集六卷　沙門惠遠集十五卷　沙門惠琳集五卷

沙門曇瑗集六卷　沙門亡名集十卷　沙門靈裕集二卷

沙門支遁集十卷　曹大家集二卷　鍾夫人集二卷

劉臻妻陳氏集五卷　九嬪集一卷　臨安公主集三卷

范靖妻沈滿願集五卷　徐悱妻劉氏集六卷　文章流別集三十卷摯虞撰

善文四十九卷杜預撰　名文集四十卷謝沈撰　文苑一百卷孔逭撰

文選三十卷梁昭明太子撰　文選六十卷李善注　又六十卷公孫羅撰

文選音十卷蕭該撰　又十卷公孫羅撰　文選音義十卷釋道淹撰

○小詞林五十三卷　集古今帝王正位文章九十卷

文海集三十六卷顧歡撰　詞苑麗則二十卷康明貞撰　芳林要覽三百卷許敬宗撰

類文三百士館詞林一千卷許敬宗撰　賦集四十卷宋明帝撰

皇帝瑞應頌集十卷　五都賦五卷　獻賦集十卷卞鑠撰

上林賦一卷司馬相如撰　幽通賦一卷班固撰曹大家注　又一卷項岱

二京賦二卷張衡撰　二京賦音二卷薛綜撰　三都賦三卷

齊都賦一卷左太冲撰　齊都賦音一卷李軌撰　百賦音一卷褚令之撰

賦音二卷郭徵之撰　三京賦音一卷綦母邃撰　木連理頌二卷

靖恭堂頌一卷李嵩撰　諸郡碑一百六十六卷　雜碑文集二十卷

翰林論二卷李充撰　雜論九十五卷殷仲堪撰　設論集三卷劉楷撰

又五卷謝靈運撰　連珠集五卷謝靈運撰　制旨連珠四卷梁武帝撰

又十一卷陸緬撰　讚集五卷謝莊撰　七國敘讚十卷

吳國先賢讚論三卷　會稽先賢讚四卷賀氏撰　會稽太守像讚二卷賀氏撰

列女傳敘讚一卷孫夫人撰　古今箴銘集十三卷張湛撰　衆賢誡集十五卷

雜誡箴二十四卷　詔集圖別二十七卷宋幹撰　霸朝雜集五卷李德林撰

古今詔集三十卷溫彥博撰　又一百卷李義府撰　聖朝詔集三十卷薛堯撰

書集八十卷王履撰　書林六卷夏赤松撰　山濤啓事三卷

范甯啓事十卷　梁中書表集二百五十卷　薦文集七卷

宋元嘉策五卷　策集六卷謝靈運撰　七林集十二卷卞氏撰

七悟集一卷顏延之撰　誹諧文十五卷袁淑撰　弘明集十四卷釋僧祐撰

廣弘明集三十卷釋道宣撰　陶神論五卷釋靈祐撰　婦人訓解集十卷徐湛撰

婦人詩集二卷顏竣撰　文訓集六卷　文釋十卷江邃撰

文心雕龍十卷劉勰撰　百志詩集五卷干寶撰　百國詩集二十九卷崔光撰

百一詩八卷應璩撰　百一詩集二卷李夔撰　清溪集三十卷齊武帝命撰

晉元氏宴會遊集四卷伏滔袁豹謝靈運等撰　元嘉宴會遊山詩集五卷

元嘉西池宴會詩集三卷顏延之撰　齊釋奠會詩集二十卷

文會詩集四卷徐伯陽撰　文林詩府六卷北齊後主作　西府新文十卷蕭淑撰

詩集新撰三十卷宋明帝撰　詩集二十卷宋明帝撰　詩集抄十卷謝靈運撰

○詩集五十卷謝靈運撰　詩集二十卷劉和撰　又一百卷顏竣撰

詩例錄二卷顏竣撰　詩英十卷謝靈運撰

古今詩苑英華集二十卷梁昭明太子撰　續古今詩苑英華二十卷釋惠淨撰

詩林英選十一卷　類集一百一十三卷庾自直等撰　詩纘十二卷

又詞英八卷　六代詩集鈔四卷徐陵撰

古今類序詩苑三十卷劉孝孫撰　麗正文苑二十卷許敬宗撰

古今詩類聚七十九卷郭瑜撰　歌錄集八卷

漢魏吳晉鼓吹曲四卷　樂府歌詩十卷　太樂雜歌詞三卷荀勗撰

太樂歌詞二卷　樂府歌詞十卷　樂府歌詩十卷

三調相如歌詞三卷　新撰錄樂府集十一卷謝靈運撰　玉臺新詠十卷徐陵撰

迴文詩集一卷謝靈運撰　金門待詔集十卷劉允濟撰　集苑六十卷謝琨撰

集林二百卷劉義慶撰　集鈔四十卷

右集錄楚詞七家帝王二十七家太子諸王二十一家七國趙楚各一家前漢二十家後漢五十家魏四十六家蜀

二家吳十四家西晉一百一十九家東晉一百四十四家宋六十家南齊十二家梁五十九家陳十四家後魏十家北齊四家後周五家隋十八家唐一百一十二家沙門七家婦人七家總集一百二十四大家凡八百九十二部一萬二千二十八卷

三代之書經秦燔煬殆盡漢武帝河間王始重儒術於灰燼之餘拓纂亡散篇卷僅而復存劉更生石渠典校之書卷軸無幾逮歆之七略在漢藝文志者裁三萬三千九百卷後漢蘭臺石室東觀南宮諸儒撰集部帙漸增董卓遷都載舟西上因罹寇盜沉之於河存者數船而已及魏武父子採掇遺亡至晉總括群書裁二萬七千九百四十五卷及永嘉之亂洛都覆沒靡有孑遺江表所存官書凡三千一十四卷至宋謝靈運造四部書目錄凡四千五百八十二卷其後王儉復造書目凡五千七十四卷南齊王亮謝朏四部書目凡一萬八千一十卷齊宋兵火延燒祕閣書籍煨燼梁元帝克平侯景收公私經籍歸于江陵凡七萬餘卷蓋佛老之書計於其間及周師入郢咸自焚煬周武保定之始書裁盈萬卷平齊所得數止五千及隋氏平陳南北一統祕書監牛弘奏請搜訪遺逸著定書目凡三萬餘卷煬帝寫五十副本分爲三品國家平王充收其圖籍泝河西上多有沈沒存者重複八萬卷自武德已後文士既有修纂篇卷滋多開元時甲乙丙丁四部書各爲一部置知書官八人分掌之凡四部庫書兩京各一本共一十二萬五千九百六十卷皆以益州麻紙寫其集賢院御書經庫皆鈿白牙軸黃縹紅牙籤史書庫鈿青牙軸縹帶綠牙籤子庫皆雕紫檀軸紫帶碧牙籤集庫皆綠牙軸朱帶白牙籤以分別之

唐書志卷第二十七

唐書志第二十八

劉　昫　等修

食貨上

先王之制度地以居人均其沃瘠差其貢賦蓋斂之必以道也量入而爲出節用而愛人度財省費蓋用之必有度也是故既庶且富而教化行焉周有井田之制秦有阡陌之法二世發閭左而海內崩離漢武稅舟車而國用以竭自古有國有家興亡盛衰未嘗不由此也隋文帝因周氏平齊之後府庫充實庶事節儉未嘗虛費開皇之初議者以比漢代文景有粟陳貫朽之積煬帝即位大縱奢靡加以東西行幸輿駕不息征討四夷兵車屢動西失律於沙徼東喪師於遼碣數年之間公私罄竭財力既殫國遂亡矣高祖發跡太原因晉陽宮留守庫物以供軍用既平京城先封府庫賞賜給用皆有節制徵斂賦役務在寬簡未及逾年遂成帝業其後掌財賦者世有人焉開元已前事歸尚書省開元已後權移他官由是有轉運使租庸使鹽鐵使度支鹽鐵轉運使常平鑄錢鹽鐵使租庸青苗使水陸運鹽鐵租庸使兩稅使隨事立名沿革不一設官分職選賢任能得其人則有益於國家非其才則貽患於黎庶此又不可不知也如裴耀卿劉晏李巽數君子便時利物富國安民足爲世法者也開元中有御史宇文融獻策括籍外剩田色役僞濫及逃戶許歸首免五年征賦每丁量稅一千五百錢置攝御史分路檢括隱審得戶八十餘萬田亦稱是得錢數百萬貫玄宗以爲能數年間拔爲御史中丞戶部侍郎融又畫策開河北王莽河溉田數千頃以營稻田事未果而融敗時又楊崇禮爲太府卿清嚴善勾剝分寸錙銖躬親不厭轉輸納欠折估漬損必令徵送天下州縣徵財帛四時不止及老病致仕以其子慎矜爲御史專知太府出納其弟慎名又專知京倉皆以苛刻害人承主恩而徵責又有韋堅規宇文融楊慎矜之跡乃請於江淮轉運租米取州縣義倉粟轉市輕貨差富戶押船若遲留損壞皆徵船戶關中漕渠鑿廣運潭以挽山東之粟歲四百萬石帝以爲能又

至寶貨盛又王鉷進計奮身自為戶口色役使徵剝財貨每歲進錢
百億寶貨稱是云非正額租庸便入百寶大盈庫以供人主宴私
賞賜之用玄宗日益眷之數年間亦為御史大夫京兆尹帶二十
餘使又楊國忠藉椒房之勢承恩幸帶四十餘使云經其聽覽
必數倍弘益又見寵貴太平既久天下至安人不願亂而此數人
設詭計以侵擾之凡二十五人同為剝喪而人無敢言之者及安
祿山反於范陽兩京倉庫盈溢而不可名楊國忠設計稱不可耗
正庫之物乃使御史崔衆於河東納錢度僧尼道士旬日間得錢
百萬玄宗幸巴蜀鄭昉使劍南請於江陵稅鹽麻以資國官置吏
以督之肅宗建號於靈武後用雲間鄭叔清為御史於江淮間豪
族富商率貸及賣官爵以裨國用德宗朝討河朔及李希烈物力
耗竭趙贊司國計纖瑣刻剝以為國用不足宜賦取於下以資軍
儲與諫官陳京等更陳計策贊請稅京師居人屋宅據其間架差
等計入陳京又請籍列肆商賈資產以分數借之宰相同為欺罔

○ 二十一 唐志二十八 二 章楷

遂行其計中外沸騰人懷怨望時又配王公已下及嘗在方鎮之
家出家僮及馬以助征行公私囂然矣後又張滂裴延齡王涯等
剝下媚上此皆足為世戒者也先是興元克復京師後府藏盡虛
諸道初有進奉以資經費復時有宣索其後諸賊既平朝廷無事
常賦之外進奉不息韋皋劍南有日進李兼江西有月進杜亞揚
州劉贊宣州王緯李錡浙西皆競為進奉以固恩澤貢入之奏皆
曰臣於正稅外方圓亦曰羨餘節度使或託言密旨乘此盜貿官
物諸道有譴罰官吏入其財者刻祿廩通津達道者稅
之蒔蔬藝果者稅之死亡者稅之節度觀察交代或先期稅入以
為進奉然十獻其二三耳其餘沒入不可勝紀此節度使進奉也
其後裴肅為常州刺史乃鬻貨薪炭案牘百賈之上皆規利焉歲
餘又進奉無幾遷浙東觀察使天下刺史進奉自肅始也劉贊死
於宣州嚴綬為判官傾軍府資用進奉無幾拜刑部員外郎天下
判官進奉自綬始也習以為常流宕忘返大抵有唐之御天下也

有兩稅焉有鹽鐵焉有漕運焉有倉廩焉有雜稅焉今考其本
末敘其否臧以為食貨志云
武德七年始定律令以度田之制五尺為步步二百四十為畝畝百
為頃丁男中男給一頃篤疾廢疾給四十畝寡妻妾三十畝若為
戶者加二十畝所授之田十分之二為世業八為口分世業之田
身死則承戶者便授之口分則收入官更以給人賦役之法每丁
歲入租粟二石調則隨鄉土所產綾絹絁各二丈布加五分之一
輸綾絹絁者兼調綿三兩輸布者麻三斤凡丁歲役二旬若不役
則收其傭每日三尺有事而加役者旬有五日免其調三旬則租
調俱免通正役並不過五十日若嶺南諸州則稅米上戶一石二
斗次戶八斗下戶六斗若夷獠之戶皆從半輸蕃胡內附者上戶
丁稅錢十文次戶五文下戶免之附經二年者上戶丁輸羊二口
次戶一口下三戶共一口凡水旱蟲霜為災十分損四以上免租
損六已上免調損七以上課役俱免凡天下人戶量其資產定為

○ 二十一 唐志二十八 三 周尚

九等每三年縣司注定州司覆之百戶為里五里為鄉四家為鄰
五家為保在邑居者為坊在田野者為村村坊鄰里遞相督察士
農工商四人各業食祿之家不得與下人爭利工商雜類不得預
於士伍男女始生者為黃四歲為小十六為中二十一為丁六十為
老每歲一造計帳三年一造戶籍州縣留五比尚書省留三比神
龍元年韋庶人為皇后務欲求媚於人上表請以二十二為丁五
十八為老制從之及韋氏誅復舊至天寶三年又降優制以十八
為中男二十二為丁天下籍始造四本京師及東京尚書省戶部
各貯一本以備車駕行幸省於載運之費焉凡權衡度量之制度
以北方秬黍中者一黍之廣為分十分為寸十寸為尺十尺為丈
量以秬黍中者容一千二百為龠二龠為合十合為升十升為斗
三升為大升三斗為大斗十大斗為斛權衡以秬黍中者百黍之
重為銖二十四銖為兩三兩為大兩十六兩為斤調鍾律測晷景
合湯藥及冠冕制用小升小兩自餘公私用大升大兩又山東諸

州以一尺二寸爲大尺人間行用之其量制公私又不用籥合內之分則有抄撮之細天寶九載二月勑車軸長七尺二寸麪三斤四兩鹽斗量除陌錢每貫二十文先是開元八年正月勑頃者以庸調無憑好惡須準故遣作樣以頒諸州令其好不得過精惡不得至濫任土作貢防源斯在而諸州送物作巧生端苟欲副於斤兩遂則加其丈尺至有五丈爲匹者理甚不然闊一尺八寸長四丈同文共軌其事久行立樣之時亦載此數若求兩而加尺甚暮四而朝三宜令所司簡閱有踰於比年常例丈尺過多奏聞二十二年五月勑定戶口之時百姓非商戶郭外居宅及每丁一牛不得將入貨財數其雜匠及幕士幷諸色同類有番役合免征行者一戶之內四丁已上任此色役不得過兩人三丁已上不得過一人其年七月十八日勑自今已後京兆府關內諸州應徵庸調及資課並限十月三十日畢至天寶三載二月二十五日赦文每載庸調八月徵以農功未畢恐難濟辦自今已後延至九月三十日爲限二

十五年三月勑關輔庸調所稅非少既寡蠶桑皆資菽粟常賤糶貴買損費逾深又江淮等苦變造之勞河路增轉輸之弊每計其運脚數倍加錢今歲屬和平庶物穰賤南畝有十千之穫京師同水火之饒均其餘以減遠費順其便使農無傷自今已後關內諸州庸調資課並宜準時價變粟取米送至京逐要支用其路遠處不可運送者宜所在收貯便充隨近軍糧其河南河北有不通水利宜折租造絹以代關中調課所司仍明爲條件稱朕意焉天寶元年正月一日赦文如聞百姓之內有戶高丁多苟爲規避父母見在乃別籍異居宜令州縣勘會其一家之中有十丁已上者放兩丁征行賦役五丁已上放一丁即令同籍共居以敦風教其侍丁孝假免差科廣德元年七月詔一戶之中三丁放一丁庸調地稅依舊每畝稅二升天下男子宜二十三成丁五十八爲老永泰元年五月京兆麥大稔京兆尹第五琦奏請每十畝官稅一畝效古什一之稅從之二年五月諸道稅地錢使殿中侍御史韋光裔

等自諸道使還得錢四百九十萬貫乾元以來屬天下用兵京司百寮俸錢減耗上即位推恩庶寮下議公卿或以稅畝有苗者公私咸濟乃分遣憲官稅天下地青苗錢以充百司課料至是仍以御史大夫爲稅地錢物使歲以爲常均給百官大曆四年正月十八日勑有司定天下百姓及王公已下每年稅錢分爲九等上上戶四千文上中戶三千五百文上下戶三千文中上戶二千五百文中中戶二千文中下戶一千五百文下上戶一千文下中戶七百文下下戶五百文其見官一品準上上戶九品準下下戶餘品並準依此戶等稅若一戶數處任官亦每處依品納稅其內外官仍據正員及占額內闕者稅其試及同正員文武官不在稅限其百姓有邸店行鋪及鑪冶應準式合加本戶二等稅者依此稅數勘責徵納其寄莊戶準舊例從八等戶稅寄住戶從九等戶稅比類百姓事恐不均宜各遞加一等稅其諸色浮客及權時寄住田等無問有官無官各所在爲兩等收稅稍殷有準八等戶餘準九

等戶如數處有莊田亦每處稅諸道將士莊田既緣防禦勤勞不可同百姓例並一切從九等輸稅其年十二月勑今關輔墾田漸廣江淮轉漕常加計一年之儲有太半之助其於稅地固可從輕其京兆來秋稅宜分作兩等上下各半上等每畝稅一㪷下等每畝稅六升其荒田如能佃者宜準今年十月二十九日勑一切每畝稅二升仍委京兆尹及令長一一存撫令知朕意五年三月優詔定京兆府百姓稅夏稅上田畝稅六升下田畝稅四升秋稅上田畝稅五升下田畝稅三升荒田開佃者畝率二升八年正月二十五日勑青苗地頭錢天下每畝率十五文以京師煩劇先加至三十文自今已後宜準諸州每畝十五文建中元年二月遣黜陟使分行天下其詔略曰戶無主客以見居爲簿人無丁中以貧富爲差行商者在郡縣稅三十之一居人之稅秋夏兩徵之各有不便者三之餘征賦悉罷而丁額不廢其田畝之稅率以大曆十四年墾數爲準徵夏稅無過六月秋稅無過十一月違者進退長吏令黜陟使

各量風土所宜人戸多少均之定其賦尚書度支揔統焉三年五月淮南節度使陳少遊請於本道兩稅錢每千增二百因詔他州悉如之八年四月劒南西川觀察使韋皐奏請加稅什二以增給官吏從之元和十五年八月中書門下奏伏準今年閏正月十七日勑令百寮議錢貨輕重者今據群官楊於陵等議伏請天下兩稅榷鹽酒利等悉以布帛絲綿任土所產物充稅並不徵見錢則物漸重錢漸輕農人見免賤賣匹帛者伏以群臣所議事皆至當深利公私請商量付度支據諸州府應徵兩稅供上都及留州留使舊額起元和十六年已後並改配端匹斤兩之物爲稅額如大曆已前租庸課調不計錢令其折納使人知定制供辦有常仍約元和十五年徵納布帛等估價其舊納虛估物與依虛估物迴計如舊納實估物并見錢即於端匹斤兩上量加估價迴計變法在長其物價價長則永利公私初雖微有加饒法行即當就實比舊給用固利而不害仍作條件處置編入旨符其鹽利酒利本以

榷率計錢有殊兩稅之名不可除去錢額中有令納見錢者亦請令折納時估匹段上既不專以錢爲稅人得以所產輸官錢貨必均其重輕隴畝自廣於蠶織便時惠下庶得其宜其土乏絲麻或地連邊塞風俗更異賦入不同亦請商量委所司裁酌隨便宜處置詔從之大和四年五月劒南西川宣撫使諫議大夫崔戎奏準詔旨制置西川事條令與郭釗商量兩稅錢數內三分二分納見錢一分折納匹段每二貫加饒百姓五百文計一十三萬四千二百四十三貫文依此曉諭百姓訖經賊州縣準詔三分減放一分計減錢六萬七千六百二十貫文不經賊處先徵見錢今三分一分折納雜物計優饒百姓一十三萬貫舊有稅薑芋之類每畝至七八百徵斂不時今併省稅名盡依諸處爲四限等第先給戸帖餘一切名目勒停高祖即位仍用隋之五銖錢武德四年七月廢五銖錢行開元通寶錢徑八分重二銖四絫積十文重一兩一千文重六斤四兩仍置錢監於洛并幽益等州秦王齊王各賜三鑪鑄錢

右僕射裴寂賜一鑪敢有盜鑄者身死家口配沒五年五月又於桂州置監議者以新錢輕重大小最爲折衷遠近甚便之後盜鑄漸起而所在用錢濫惡顯慶五年九月勑以惡錢轉多令所在官私爲市取以五惡錢酬一好錢百姓以惡錢價賤私自藏之以候官禁之弛高宗又令以好錢一文買惡錢兩文弊仍不息至乾封元年封岳之後又改造新錢文曰乾封泉寶徑一寸重二銖六分仍與舊錢並行新錢一文當舊錢之十周年之後舊錢並廢初開元錢之文給事中歐陽詢制詞及書時稱其工其字含八分及隸體其詞先上後下次左後右讀之自上及左迴環讀之其義亦通流俗謂之開通元寶錢及鑄新錢乃同流俗乾字直上封字在左尋寤錢文之誤又緣改鑄商賈不通米帛增價乃議却用舊錢二年正月下詔曰泉布之興其來自久寔古今之要重爲公私之寶用年月既深僞濫斯起所以採乾封之號改鑄新錢靜而思之將爲未可高祖撥亂返正爰創軌模太宗立極承天無所改作今廢舊

造新恐乖先旨其開元通寶宜依舊施行爲萬代之法乾封新鑄之錢令所司貯納更不須鑄仍令天下置鑪之處並鑄開元通寶錢既而私鑄更多錢復濫惡高宗嘗臨軒謂侍臣曰錢之爲用行之已久公私要便莫甚於斯比爲州縣不存檢校私鑄過多如聞荊潭宣衡犯法尤甚遂有將船栰宿於江中所部官人不能覺察自今嚴加禁斷所在追納惡錢一二年間使盡當時雖有約勑而姦濫不息儀鳳四年四月令東都出遠年糙米及粟就市給糶斗別納惡錢百文其惡錢令少府司農相知即令鑄破其厚重徑合斤兩者任將行用時米粟漸貴議者以爲鑄錢漸多所以錢賤而物貴於是權停少府監鑄錢尋而復舊則天長安中又令懸樣於市令百姓依樣用錢俄又簡擇艱難交易留滯又降勑非鐵錫銅蕩穿穴者並許行用其有熟銅排斗沙澁厚大者皆不許簡自是盜鑄蜂起濫惡益衆江淮之南盜鑄者或就陂湖巨海深山之中波濤險峻人跡罕到州縣莫能禁約以至神龍先天之際兩京用

錢尤濫其郴衡私鑄小錢纔有輪郭及鐵錫五銖之屬亦堪行用
乃有買錫鎔銷以錢模夾之斯須則盈千百便賚用之開元五年
車駕往東都宋璟知政事奏請一切禁斷惡錢六年正月又切斷
天下惡錢行三銖四絫錢不堪行用者並銷破覆鑄至二月又勑
曰古者聚萬方之貨設九府之法以通天下以便生人若輕重得
中則利可知矣若眞僞相雜則官失其守頃者用錢不論此道深
恐貧窶日困姦豪歲滋所以申明舊章懸設諸樣欲其人安俗
阜禁止令行時江淮錢尤濫惡有官鑪偏鑪稜錢時錢等數色
璟乃遣監察御史蕭隱之充江淮使隱之乃令率戶出錢務加督
責百姓乃以上青錢充惡錢納之其小惡者或沉之於江湖以免
罪戾於是市井不通物價騰起流聞京師隱之貶官璟因之罷相
乃以張嘉貞知政事嘉貞乃弛其禁人乃安之開元二十二年中書
侍郎張九齡初知政事奏請不禁鑄錢玄宗令百官詳議黃門侍
郎裴耀卿李林甫河南少尹蕭炅等皆曰錢者通貨有國之權是

以歷代禁之以絕姦濫今若一啟此門但恐小人棄農逐利而濫
惡更甚於事不便左監門錄事參軍劉秩上議曰伏奉今月二十
一日勑欲不禁鑄錢令百寮詳議可否者夫錢之興其來尚矣將
以平輕重而權本末齊桓得其術而國以霸周景失其道而人用
弊考諸載籍國之興衰實繫於是陛下思變古以濟今欲反經以
合道而不即改作詢之芻蕘臣雖蠢愚敢不薦其聞見古者以珠
玉為上幣黃金為中幣刀布為下幣管仲曰夫三幣握之則非有
補於煖也舍之則非有損於飽也先王以守財物以御人事而平
天下也是以命之曰衡衡者使物一高一下不得有常故與之在
君奪之在君貧之在君富之在君是以人戴君如日月親君如父
母用此術也是為人主之權今之錢即古之下幣也陛下若捨之
任人則上無以御下下無以事上其不可一也夫物賤則傷農錢
輕則傷賈故善為國者觀物之貴賤錢之輕重夫物重則錢輕錢
輕由乎物多多則作法收之使少少則重重則作法布之使輕輕

重之本必由乎是奈何而假於人其不可二也夫鑄錢不雜以鉛
鐵則無利雜以鉛鐵則惡惡不重禁之不足以懲息且方今塞其
私鑄之路人猶冒死以犯之況啟其源而欲人之從令乎是設陷
穽而誘之入其不可三也夫許人鑄錢無利則人不鑄有利則人
去南畝者衆去南畝者衆則草不墾草不墾又鄰於寒餒其不可
四也夫人富溢則不可以賞勸貧餒則不可以威禁法令不行人
之不理皆由貧富之不齊也若許其鑄錢則貧者必不能為臣恐
貧者彌貧而服役於富室富室乘之而益恣昔漢文之時吳濞諸
侯也富埒天子鄧通大夫也財侔王者此皆鑄錢之所致也必欲
許其私鑄是與人利權而捨其柄其不可五也陛下必以錢重而
傷本工費而利寡則臣願言其失以効愚計夫錢重者猶人日滋
於前而鑪不加於舊又公錢重與銅之價頗等故盜鑄者破重錢
以為輕錢錢輕禁寬則行禁嚴則止止則棄矣此錢之所以少也
夫鑄錢用不贍者在乎銅貴銅貴在採用者衆夫銅以為兵則不

如鐵以為器則不如漆禁之無害陛下何不禁於人禁於人則銅
無所用銅益賤則錢之用給矣夫銅不布下則盜鑄者無因而鑄
則公錢不破人不犯死刑錢又日增末復利矣是一舉而四美兼
也惟陛下熟察之時公卿羣官皆建議以為不便事既不行但勑
郡縣嚴斷惡錢而已至天寶之初兩京用錢稍好米粟豐賤數載
之後漸又濫惡府縣不許好者加價迴博好惡通用富商姦人漸
收好錢潛將往江淮之南每錢貨得私鑄惡者五文假託官錢將
入京私用京城錢日加碎惡鵝眼鐵錫古文綖環之類每貫重不
過三四斤十一載二月下勑曰泉貨之用所以通有無輕重之權
所以禁踰越故周立九府之法漢備三官之制承言適便必在從
宜如聞京師行用之錢頗多濫惡所資懲革絕其訛謬然安人在
於存養化俗期於變通法若從寬事堪持久宜令所司即出錢三
數十萬貫分於兩市百姓間應交易所用錢不堪久行用者官為
換取仍限一月日內使盡庶單貧無患商旅必通其過限輒違犯

者一事已上並作條件處分是時京城百姓久用惡錢制下之後頗相驚擾時又令於龍興觀南街開場出左藏庫內排斗錢許市人博換貧弱者又爭大不得博又宣勑除鐵錫銅沙穿穴古文餘並許依舊行用久之乃定乾元元年七月詔曰泉貨之興其來久矣代有沿革時爲重輕周興九府實啓流泉之利漢造五銖亦弘改鑄之法必令小大兼適母子相權事有益於公私理宜循於通變但以干戈未息帑藏猶虛卜式獻助軍之誠弘羊興富國之算靜言立法諒在便人御史中丞第五琦奏請改錢以一當十別爲新鑄不廢舊錢冀實三官之資用收十倍之利所謂於人不擾從古有經宜聽於諸監別鑄一當十錢文曰乾元重寶其開元通寶者依舊行用所請採鑄捉搦處置即條件聞奏二年三月琦入爲相又請更鑄重輪乾元錢一當五十二十斤成貫詔可之於是新錢與乾元開通元寶錢三品並行尋而穀價騰貴米斗至七千餓死者相枕於道乃擡舊開元錢以一當十減乾元錢以一當三十緣

人厭錢價不定人間擡加價錢爲虛錢長安城中競爲盜鑄寺觀鍾及銅像多壞爲錢姦人豪族犯禁者不絕京兆尹鄭叔清擒捕之少不容縱數月間榜死者八百餘人人益無聊矣上元元年六月詔曰因時立制頃議新錢且是從權知非經久如聞官鑪之外私鑄頗多吞併小錢踰濫成弊抵罪雖衆禁姦未絕況物價益起人心不安事藉變通期於折衷其重稜五十價錢宜減作三十文行用其開元舊時錢宜一當十文行用其乾元十當錢宜依前行用仍令中京及畿縣內依此處分諸州待進旨七月勑重稜五十價錢先令畿內減至三十價行其天下諸州並宜準此寶應元年四月改行乾元錢一以當二乾元重稜小錢亦以一當二重稜大錢一以當三尋又改行乾元大小錢並以一當一其私鑄重稜大錢不在行用之限大曆四年正月關內道鑄錢等使戶部侍郎第五琦上言請於絳州汾陽銅原兩監增置五鑪鑄錢許之建中元年九月戶部侍郎韓洄上言江淮錢監歲共鑄錢四萬五千貫輸

于京師度工用轉送之費每貫計錢二千是本倍利也今商州有紅崖冶出銅益多又有洛源監久廢不理請增工鑿山以取銅興洛源錢監置十鑪鑄之歲計出錢七萬二千貫度工用轉送之費貫計錢九百則利浮本也其江淮七監請皆停罷從之貞元九年正月張滂奏諸州府公私諸色鑄造銅器雜物等伏以國家錢少損失多門興販之徒潛將銷鑄錢一千爲銅六斤造寫器物則斤直六百餘有利既厚銷鑄遂多江淮之間錢實減耗伏請準從前勑文除鑄鏡外一切禁斷元和三年五月鹽鐵使李巽上言得湖南院申郴州平陽高亭兩縣界有平陽冶及馬跡曲木等古銅坑約二百八十餘井差官檢覆實有銅錫今請於郴州舊桂陽監置鑪兩所採銅鑄錢每日約二十貫計一年鑄成七千貫有益於人從之其年六月詔曰泉貨之法義在通流若錢有所壅貨當益賤故藏錢者得乘人之急居貨者必損己之資今欲著錢令以出滯藏加鼓鑄以資流布使商旅知禁農桑獲安義切救時情非欲利

若革之無漸恐人或相驚應天下商賈先蓄見錢者委所在長吏令收市貨物官中不得輒有程限逼迫商人任其貨易以求便利計周歲之後此法遍行朕當別立新規設蓄錢之禁所以先有告示許有方圓意在他時行法不貸又天下有銀之山必有銅鑛銅者可資於鼓鑄銀者無益於生人權其重輕使務專一其天下自五嶺以北見採銀坑並宜禁斷恐所在坑戶不免失業各委本州府長吏勸課令其採銅助官中鑄作仍委鹽鐵使條流聞奏四年閏三月京城時用錢每貫頭除二十文陌內欠錢及有鈆錫錢等貞元九年三月二十六日勑陌內欠錢法當禁斷慮因捉搦或亦生姦使人易從切於不擾自今已後有因交關用欠陌錢者宜但令本行頭及居停主人牙人等檢察送官如有容隱兼許賣物領錢人糾告其行頭主人牙人重加科罪府縣所由祗承人等並不須干擾若非因買賣自將錢於街衢行者一切勿問其年六月勑五嶺已北所有銀坑依前任百姓開採禁見錢出嶺六年二月制

公私交易十貫錢已上即須兼用匹段委度支鹽鐵使及京兆尹
即具作分數條流聞奏茶商等公私便換見錢並須禁斷其年三
月河東節度使王鍔奏請於當管蔚州界加置鑪鑄銅錢廢管內
錫錢許之仍令加至五鑪七年五月戶部王紹度支盧坦鹽鐵王
播等奏伏以京都時用多重見錢官中支計近日殊少蓋緣比來
不許商人便換因茲家有滯藏所以物價轉高錢多不出臣等今
商量伏請許令商人於三司任便換見錢一切依舊禁約伏以比
來諸司諸使等或有便商人錢多留城中逐時收貯積藏私室無
復通流伏請自今已後嚴加禁約從之八年四月勅以錢重貨輕
出內庫錢五十萬貫令兩市收市布帛每端匹估加十之一十二年
正月勅泉貨之設故有常規將使重輕得宜是資斂散有節必通
其變以利於人今繒帛轉賤公私俱弊宜出見錢五十萬貫令京
兆府揀擇要便處開場依市價交易選清強官吏切加勾當仍各
委本司先作處置條件聞奏必使事堪經久法可通行又勅近日

○ 二十一 唐志二十八 十二

布帛轉輕見錢漸少皆緣所在壅塞不得通流宜令京城內自文
武官僚不問品秩高下并公郡縣主中使等下至士庶商旅寺觀
坊市所有私貯見錢並不得過五千貫如有過此許從勅出後限
一月內任將市別物收貯如錢數校多處置未了任於限內於地
界州縣陳狀更請限縱有此色亦不得過兩箇月若一家內別有
宅舍店鋪等所貯錢並須計用在此數其兄弟本來異居曾經分
析者不在此限如限滿後有違犯者白身人等宜付所司決痛杖
一頓處死其文武官及公主等並委有司聞奏當重科貶戚屬中
使亦具名銜聞奏其贓貯錢不限多少並勒納官數內五分取一分
充賞錢止於五千貫此外察獲及有人論告亦重科處分并量給
告者時京師里閭區肆所積多方鎮錢王鍔韓弘李惟簡少者不
下五十萬貫於是競買第屋以變其錢多者竟里巷傭僦以歸其
直而高貲大賈者多依倚左右軍官錢爲名府縣不得窮驗法竟
不行十四年六月勅應屬諸軍諸使更有犯時用錢每貫除二十

文足陌內欠錢及有鉛錫錢者宜令京兆府枷項收禁牒報本軍
本使府司差人就軍及看決二十如情狀難容復有違拒者仍令
府司聞奏十五年八月中書門下奏伏準羣官所議鑄錢或請收
市人間銅物令州郡鑄錢當開元以前未置鹽鐵使亦令州郡勾
當鑄造今若兩稅盡納匹段或慮兼要通用見錢欲令諸道公私
銅器各納所在節度團練防禦經略使便據元勑給與價直并折
兩稅仍令本處軍人鎔鑄其鑄本請以留州留使年支未用物充
所鑄錢便充軍府州縣公用當處軍人自有糧賜亦校省本所資
衆力并收衆銅天下併功速濟時用待一年後鑄器物盡則停其
州府有出銅鉛可以開鑪處具申有司便令同諸監冶例每年與
本充鑄其收市銅器期限并禁鑄造買賣銅物等待議定便令
有司條流聞奏其上都鑄錢及收銅器續處分將欲頒行尚資周
慮請令中書門下兩省御史臺并諸司長官商量重議聞奏從之
長慶元年九月勅泉貨之義所貴通流如聞比來用錢所在除陌

○ 二十一 唐志二十八 十三 張元

不一與其禁人之必犯未若從俗之所宜交易往來務令可守其
內外公私給用錢從今以後宜每貫一例除墊八十以九百二十文
成貫不得更有加除及陌內欠少大和三年六月中書門下奏準
元和四年閏三月勅應有鉛錫錢並合納官如有人糾得一錢賞
百錢者當時勅條貴在峻切今詳事實必不可行只如告一錢賞
百錢則有人告一百貫錫錢須賞一萬貫銅錢執此而行是無畔
際今請以鉛錫錢交易者一貫已下以州府常行決脊杖二十十
貫已下決六十徒三年過十貫已上所在集衆決殺其受鉛錫錢
交易者亦準此處分其用鉛錫錢仍納官其能糾告者每一貫賞
五千文不滿貫者準此計賞累至三百千仍且取當處官錢給付
其所犯人罪不死者徵納家資充塡賞錢可之四年十一月勅應
私貯見錢家除合貯數外一萬貫至十萬貫限一周年內處置畢
十萬貫至二十萬貫以下者限二周年處置畢如有不守期限安
然蓄積過本限即任人糾告及所由覺察其所犯家錢並準元和

十二年勑納官據數五分取一分充賞糺告人賞錢數止於五千貫應犯錢法人色目決斷科貶並準元和十二年勑處分其所由覺察亦量賞一半事竟不行五年二月鹽鐵使奏湖南管内諸州百姓私鑄造到錢伏緣衡道數州連接嶺南山洞深邃百姓依模監司錢樣競鑄造到脆惡姦錢轉將賤價博易與好錢相和行用其江西鄂岳桂管鑄濫錢並請委本道觀察使條流禁絕勑旨宜依會昌六年二月勑緣諸道鼓鑄佛像鐘磬等新錢已有次第須令舊錢流布絹帛價稍增文武百寮俸料宜起三月一日並給見錢其一半先給虛估匹段對估價支給勑旨緣錢重幣輕生人轉困今加鼓鑄必在流行通變救時莫切於此宜申先甲之令以誡居貨之徒京城及諸道起今年十月以後公私行用並取新錢其舊錢權停三數年如有違犯同用鉛錫惡錢例科斷其舊錢並納官事竟不行開元元年十一月河中尹姜師度以安邑鹽池漸涸師度開拓疏決水道置爲鹽屯公私大收其利其年十一月五

日左拾遺劉彤上表曰臣聞漢孝武爲政廐馬三十萬後宮數萬人外討戎夷内興宮室殫費之甚實百當今而古費多而貨有餘今用少而財不足何也豈非古取山澤而今取貧民哉取山澤則公利厚而人歸於農取貧民則公利薄而人去其業故先王作法也山海有官虞衡有職輕重有術禁發有時一則專農二則饒國濟人盛事也臣實謂今疑之夫煑海爲鹽採山鑄錢伐木爲室農餘之輩寒而無衣飢而無食傭賃自資者窮苦之流也若能以山海厚利資農之餘人厚斂重徭免窮苦之子所謂損有餘而益不足帝王之道可不謂然乎臣願陛下詔鹽鐵木等官收興利貿遷於人則不及數年府有餘儲矣然後下寬貸之令蠲窮獨之徭可以惠羣生可以柔荒服雖戎狄猾夏堯湯水旱無足虞也奉天適變惟在陛下行之上令宰臣議其可否咸以鹽鐵之利甚益國用遂令將作大匠姜師度戶部侍郎強循俱攝御史中丞與諸道按察使檢責海內鹽鐵之課比令使人勾當除此外更無別求在外不

細委知如聞稱有侵刻宜令本州刺史上佐一人檢校依令式收稅如有落帳欺没仍委按察使糺覺奏聞其姜師度除蒲州鹽池以外州自餘處更不須巡檢貞元十六年十二月史牟奏澤潞鄭等州多是末鹽請禁斷從之元和五年正月度支奏鄜州邠州涇原諸將士請同當處百姓例食烏白兩池鹽六年閏十二月度支盧坦奏河中兩池顆鹽勑文只許於京畿鳳翔陝虢河中澤潞河南許汝等十五州界内糶貨比來因循兼越興鳳文成等六州臣移牒勘責得山南西道觀察使報其果閬兩州鹽本土戶人及巴南諸郡市糶又供當軍士馬尚有懸欠若兼數州自然闕絕又得興元府諸耆老狀申訴臣今商量河中鹽請放入六州界糶貨從之十年七月度支使皇甫鎛奏加峽内四監劍南東西川山南西道鹽估以利供軍從之十三年鹽鐵使程异奏應諸州府先請置茶鹽店收稅伏準今年正月一日赦文其諸州府因用兵已來或慮有權置職名及擅加科配事非常制一切禁斷者伏以榷稅茶鹽

本資財賦贍濟軍鎮蓋是從權昨兵罷自合便停事久實爲重斂其諸道先所置店及收諸色錢物等雖非擅加且異常制伏請准赦文勒停從之十四年三月鄆青兗三州各置榷鹽院長慶元年三月勑河朔初平人希德澤且務寬泰使之獲安其河北榷鹽法且權停仍令度支與鎮冀魏博等道節度審察商量如能約計課利錢數分付榷鹽院亦任穩便自天寶末兵興以來河北鹽法羈縻而已暨元和中皇甫鎛奏置稅鹽院同江淮兩池榷利人苦犯禁戎鎮亦頻上訴故有是命其月鹽鐵使王播奏揚州白沙兩處納榷場請依舊爲院又奏諸道鹽院糶鹽付商人請每斗加五十通舊三百文價諸處煎鹽停場置小舖糶鹽每斗加二十文通舊一百九十文價又奏應管煎鹽戶及鹽商并諸鹽院停場官吏所由等前後制勑除兩稅外不許差役追擾今請更有違越者縣令刺史貶黜罰俸從之二年五月詔曰兵革初寧亦資榷筦閭閻重困則可蠲除如聞淄青鄆三道往來糶鹽價錢近取七十萬貫軍

資給費優贍有餘自鹽鐵使收管已來軍府頓絕其利遂使經行
陣者有停粮之怨服隴畝者有加稅之嗟犯鹽禁者困鞭撻之刑
理生業者之贅贍之具雖縣官受利而郡府益空俾人獲安寧我
節用其鹽鐵先於淄青兗鄆等道管內置小鋪糶鹽巡院納榷起
今年五月一日已後一切並停仍各委本道約校比來節度使自
收管充軍府逐急用度及均減管內貧下百姓兩稅錢數至年終
各具糶鹽所得錢并均減兩稅奏聞安邑解縣兩池舊置榷鹽使
仍各別置院官元和三年七月復以安邑解縣兩池留後為榷鹽
使先是兩池鹽務隸度支其職視諸道巡院貞元十六年史牟以金
部郎中主池務恥同諸院遂奏置使額二十一年鹽鐵度支合為
一使以杜佑兼領佑以度支既稱使其所管不宜更有使名遂與
東渭橋使同奏罷之至是裴均主池務職轉繁劇復有是請大和
三年四月勅安邑解縣兩池榷課以實錢一百萬貫為定額至大
中二年正月勅但取匹段精好不必計舊額錢數及大中年度支

奏納榷利一百二十一萬五千餘貫女鹽池在解縣朝邑小池在
同州鹵池在京兆府奉先縣並禁斷不榷烏池在鹽州舊置榷稅
使長慶元年三月勅烏池每年糶鹽收博榷米以一十五萬石為
定額溫池大中四年三月因收復河隴勅令度支收管溫池鹽仍
差靈州分巡院官勾當至六年三月勅令割屬威州置榷稅使緣
新制置未立榷課定額胡落池在豐州界河東供軍使收管每年
採鹽約一萬四千餘石供振武天德兩軍及營田水運官健自大
中四年党項叛擾饋運不通供軍使請權市河東白池鹽供食其
白池屬河東節度使不係度支初玄宗已前亦有鹽池使景雲四
年三月蒲州刺史充關內鹽池使先天二年九月強循除幽州刺
史充鹽池使此即鹽州池也開元十五年五月兵部尚書蕭嵩除
關內鹽池使此是朔方節度常帶鹽池使也

唐書志卷第二十八　左從政郎紹興府錄事參軍張嘉賓校勘

唐書志第二十九

食貨下

劉昫等修

武德八年十二月水部郎中姜行本請於隴州開五節堰引水通運
許之永徽元年薛大鼎為滄州刺史界內有無棣河隋末填廢大鼎
奏開之引魚鹽於海百姓歌之曰新河得通舟楫利直達滄海魚鹽
至昔日徒行今騁四牡美哉薛公德滂被咸亨三年關中飢監察御史
王師順奏請運晉絳州倉粟以贍之上委以運職河渭之間舟檝相
繼會于渭南自師順之始也　大足元年六月於東都立德坊南穿
新潭安置諸州租船　神龍三年滄州刺史姜師度於薊州之北漲
水為溝以備奚契丹之寇又約舊渠傍海穿漕號為平虜渠以避海
難運糧開元二年河南尹李傑奏汴州東有梁公堰年久堰破江淮
漕運不通發汴鄭丁夫以濬之省功速就公私深以為利　十五年
正月令將作大匠范安及檢行鄭州河口斗門先是洛陽人劉宗器

上言請塞汜水舊汴河口於下流滎澤界開梁公堰置斗門以通淮
汴擢拜左衛率府胄曹至是新漕塞行舟不通貶宗器焉安及遂發
河南府懷鄭汴滑三萬人疏決兼舊河口旬日而畢　十八年宣州刺
史裴耀卿上便宜事條曰江南戶口稍廣倉庫所資惟出租庸更無
征防緣水陸遙遠轉運艱辛功力雖勞倉儲不益竊見每州所送租
及庸調等本州正二月上道至揚州入斗門即逢水淺已有阻礙須
留一月已上至四月已後始渡淮入汴多屬汴河乾淺又般運停留
至六七月始至河口即逢黃河水漲不得入河又須停一兩月待河
水小始得上河入洛即漕路乾淺船艘隘鬧般載停滯備極艱辛
計從江南至東都停滯日多得行日少糧食既皆不足欠折因此而
生又江南百姓不習河水皆轉雇河師水手更為損費伏見國家舊
法往代成規擇制便宜以垂長久河口元置武牢倉江南船不入黃
河即於倉內便貯鞏縣置洛口倉從黃河不入漕洛即於倉內安置
爰及河陽倉柏崖倉太原倉永豐倉渭南倉節級取便例皆如此水

通則隨近運轉不通即且納在倉不滯遠船不憂久耗比於曠年
長運利便一倍有餘今若且置武牢洛口等倉江南船至河口即
却還本州更得其船充運并取所減脚錢更運江淮變造義倉每
年剩得一二百萬石即望數年之外倉廩轉加其江淮義倉下濕
不堪久貯若無船可運三兩年色變即給貸費散公私無益疏奏
不省至二十一年耀卿為京兆尹京師雨水害稼穀價踊貴玄宗
以問耀卿奏稱昔貞觀永徽之際祿廩未廣每歲轉運不過二十
萬石便足今國用漸廣漕運數倍猶不能支從都至陝河路艱險
既用陸運無由廣致若能兼河漕變陸為水則所支有餘動盈萬
計且江南租船候水始進吳人不便漕輓由是所在停留日月既
淹遂生竊盜臣望於河口置一倉納江東租米便放船歸從河口
即分入河洛官自雇船載運三門之東置一倉三門既水險即於
河岸開山車運十數里三門之西又置一倉每運至倉即般下貯
納水通即運水細便止自太原倉泝河更無停留所省鉅萬前漢

都關中年月稍久及隋亦在京師緣河皆有舊倉所以國用常贍
上深然其言至二十二年八月置河陰縣及河陰倉河西栢崖倉
三門東集津倉三門西鹽倉開三門山十八里以避湍險自江淮
而泝鴻溝悉納河陰倉自河陰送納含嘉倉又送納太原倉謂之
北運自太原倉浮于渭以實關中上大悅尋以耀卿為黃門侍郎
同中書門下平章事充江淮河南轉運都使以鄭州刺史崔希逸
河南少尹蕭炅為副凡三年運七百萬石省陸運之傭四十萬貫
舊制東都含嘉倉積江淮之米載以大輿而西至于陝三百里率兩
斛計傭錢千此耀卿所省之數也明年耀卿拜侍中而蕭炅代焉
二十五年運米一百萬石二十九年陝郡太守李齊物鑿三門山
以通運闢三門巔輸巖險之地俾負索引艦昇于安流自齊物始
也天寶三載韋堅代蕭炅以滻水作廣運潭於望春之東而藏舟
焉是年楊釗以殿中侍御史為水陸運使以代韋堅先是米至京
師或砂礫糠粃雜乎其間開元初詔使揚擲而較其虛實揚擲之

名自此始也十四載八月詔水陸運宜停一半天寶以來楊國忠
王鉷皆兼重使以權天下肅宗初第五琦始以錢穀得見請於江淮
分置租庸使市輕貨以救軍食遂拜監察御史為之使 乾元元
年加度支郎中尋兼中丞為鹽鐵使於是始大鹽法就山海井竈
收榷其鹽立監院官吏其舊業戶洎浮人欲以鹽為業者免其雜
役隸鹽鐵使常戶自租庸外無橫賦人不益稅而國用以饒明年
琦以戶部侍郎同平章事詔兵部侍郎呂諲代之 寶應元年五
月元載以中書侍郎代呂諲是時淮河阻兵飛輓路絕鹽鐵租賦
皆泝漢而上以侍御史穆寧為河南道轉運租庸鹽鐵使尋加戶
部員外遷鄂州刺史以總東南貢賦是時朝議以寇盜未戢關東
漕運宜有倚辦遂以通州刺史劉晏為戶部侍郎京兆尹度支鹽
鐵轉運使鹽鐵兼漕運自晏始也 二年拜吏部尚書同平章事
依前充使晏始以鹽利為漕傭自江淮至渭橋率十萬斛傭七千
緡補綱吏督之不發丁男不勞郡縣蓋自古未之有也自此歲運

米數千萬石自淮北列置巡院搜擇能吏以主之廣牢盆以來商
賈凡所制置皆自晏始 廣德二年正月復以第五琦專判度支
鑄錢鹽鐵事而晏以檢校戶部尚書為河南及江淮已來轉運使
及與河南副元帥計會開決汴河 永泰二年晏為東道轉運常
平鑄錢鹽鐵使琦為關內河東劍南三川轉運常平鑄錢鹽鐵使
大曆五年詔停關內河東三川轉運常平鹽鐵使自此晏與戶部
侍郎韓滉分領關內河東山劍租庸青苗使至十四年天下財賦
皆以晏掌之建中初宰相楊炎用事尤惡劉晏炎乃奪其權詔曰
朕以征稅多門郡邑凋耗聽于群議思有變更將致時雍宜遵古
制其江淮米準言轉運入京者及諸軍糧儲宜令庫部郎中崔河
圖權領之今年夏稅以前諸道財賦多輸京者及鹽鐵財貨委江
州刺史包佶權領之天下錢穀皆歸金部倉部委中書門下簡兩
司郎官準格式條理尋貶晏為忠州刺史晏既罷黜天下錢穀歸
尚書省既而出納無所統乃復置使領之其年三月以韓洄為戶

部侍郎判度支金部郎中杜佑權勾當江淮水陸運使炎尋殺晏
于忠州自兵興已來凶荒相屬京師米斛萬錢官厨無兼時之食
百姓在畿甸者拔穀挼穗以供禁軍洎晏掌國計復江淮轉運之
制歲入米數十萬斛以濟關中代宗五琦領鹽務其法益密初年
入錢六十萬季年則十倍其初大曆末通天下之財而計其所入總
一千二百萬貫而鹽利過半李靈耀之亂河南皆爲盜據不奉法
制賦稅不上供州縣益減晏以羨餘相補人不加賦所入仍舊議
者稱之其相與商推財用之術者必一時之選故晏沒後二十年
韓洄元琇裴腆包佶盧貞李衡相繼分掌財賦出晏門下屬吏在
千里外奉教如目前四方水旱及軍府纖芥莫不先知焉其年詔
曰天下山澤之利當歸王者宜總榷鹽鐵使　三年以包佶爲左
庶子汴東水陸運鹽鐵租庸使崔縱爲右庶子汴西水陸運鹽鐵
租庸使　四年度支侍郎趙贊議常平事竹木茶漆盡稅之茶之
有稅肇於此矣　貞元元年元琇以御史大夫爲鹽鐵水陸運使

其年七月以尚書右僕射韓滉統之滉歿宰相竇參代之　五年十
二月度支轉運鹽鐵奏比年自揚子運米皆分配緣路觀察使差
長綱發遣運路既遠實謂勞人今請當使諸院自差綱節級般運
以救邊食從之　八年詔東南兩稅財賦自河南江淮嶺南東道
至于渭橋以戶部侍郎張滂主之河東劍南山南西道以戶部尚
書度支使班宏主之今戶部所領三川鹽鐵轉運自此始也其後
宏滂互有短長宰相趙憬陸贄以其事上聞由是遵大曆故事如
劉晏韓滉所分焉　九年張滂奏立稅茶法自後裴延齡專判度
支與鹽鐵益殊塗而理矣　十年潤州刺史王緯代之理于朱方
數年而李錡代之鹽院津堰改張侵剝不知紀極私路小堰厚斂
行人多自錡始時鹽鐵轉運有上都留後以副使潘孟陽主之王
叔文權傾朝野亦以鹽鐵副使兼學士爲留後順宗即位有司重
奏鹽法以杜佑判鹽鐵轉運使理於揚州　元和二年三月以李巽
代之先是李錡判使天下榷酤漕運由其操割專事貢獻牢其寵

渥中朝柄事者悉以利積於私室而國用日耗巽既爲鹽鐵使大
正其事其堰埭先隸浙西觀察使者悉歸之因循權置者盡罷之
增置河陰敖倉置桂陽監鑄平陽銅山爲錢又奏江淮河南峽內
兗鄆嶺南鹽法監院去年收鹽價緡錢七百二十七萬比舊法張
其估一千七百八十餘萬非實數也今請以其數除煮鹽之外付度
支收其數鹽鐵使煮鹽利繫度支自此始也又以程异爲揚子留
後四月五日巽卒自榷筦之興惟劉晏得其術而巽次之然初年
之利類晏之季年季年之利則三倍於晏矣舊制每歲運江淮米
五十萬斛至河陰留十萬四十萬送渭倉晏歿久不登其數惟巽
秉使三載無升斗之闕焉六月以河東節度使李鄘代之　五年
李鄘爲淮南節度使以宣州觀察使盧坦代之　六年坦奏每
年江淮運米四十萬石到渭橋近日欠闕太半請旋收糴遞年貯
備從之坦改戶部侍郎以京兆尹王播代之播遂奏元和五年江
淮河南嶺南峽中兗鄆等鹽利錢六百九十八萬貫比量改法已

前舊鹽利時價四倍虛估即此錢爲一千七百四十餘萬貫矣請付
度支收管從之其年詔曰兩稅之法悉委郡國初極便人但緣約
法之時不定物估今度支鹽鐵泉貨是司各有分巡置於都會爰
命帖職周視四方簡而易從庶叶權便政有所弊事有所宜皆得
舉聞副我憂寄以揚子鹽鐵留後爲江淮已南兩稅使江陵留後
爲荊衡漢沔東界彭蠡已南兩稅使度支山南西道分巡院官充
三川兩稅使峽內煎鹽五監先屬鹽鐵使今宜割屬度支便委山
南西道兩稅使兼知糶賣峽內鹽屬度支自此始也　七年王播
奏去年鹽利除割峽內鹽收錢六百八十五萬從實估也又奏商
人於戶部度支鹽鐵三司飛錢謂之便換　八年以崔倰爲揚子
留後淮嶺已來兩稅使崔祝爲江陵留後荊南已來兩稅使
十三年正月播又奏以軍興之時財用是切頃者劉晏領使皆自
按置租庸至於州縣否臧錢穀利病之物虛實皆得而知今臣守
務在城不得自往請令臣副使程异出巡江淮其州府上供錢穀

一切勸同從之閏五月异至江淮得錢一百八十五萬貫以進其年以播守禮部尚書以衛尉卿程异代之十四年异卒以刑部侍郎柳公綽代之長慶初王播復代公綽四年王涯以戶部侍郎代播敬宗初播復以鹽鐵使爲揚州節度使文宗即位入覲以宰相判使其後王涯復判二使表請使茶山之人移植根本舊有貯積皆使焚棄天下怨之　九年涯以事誅而令狐楚以戶部尚書右僕射主之以是年茶法大壞奏請付州縣而入其租于戶部人人悅焉　開成元年李石以中書侍郎判收茶法復貞元之制也三年以戶部尚書同平章事楊嗣復主之多革前監院之陳事開成三年至大中壬申凡一十五年多任以元臣以集其務崔珙自刑部尚書拜杜悰以淮南節度領之既而皆踐公台薛元賞李執方盧弘正馬植敬晦五人於九年之中相踵理之植亦自是居相位　太中五年二月以戶部侍郎裴休爲鹽鐵轉運使明年八月以本官平章事依前判使始者漕米歲四十萬斛其能至渭倉者十不三四漕吏狡蠹敗溺百端官舟之沉多者歲至七十餘隻緣河姦犯大紊晏法休使寮屬按之委河次縣令董之自江津達渭以四十萬斛之傭計緡二十八萬悉使歸諸漕吏巡院胥吏無得侵牟舉之爲法凡十事奏之　六年五月又立稅茶之法凡十二條陳奏上大悅詔曰裴休興利除害深見奉公盡可其奏由是三歲漕米至渭濱積一百二十萬斛無升合沉棄焉　武德元年九月四日置社倉其月二十二日詔曰特建農圃本督耕耘思俾齊民既康且富鍾庾之量冀同水火宜置常平監官以均天下之貨市肆騰踴則減價而出田穡豐羨則增糴而收庶使公私俱濟家給人足抑止兼并宣通擁滯至五年十二月廢常平監官

貞觀二年四月尚書左丞戴胄上言曰水旱凶災前聖之所不免國無九年儲畜禮經之所明誡今喪亂之後戶口凋殘每歲納租未實倉廩隨時出給纔供當年若有凶災將何賑恤故隋開皇立制天下之人節級輸粟多爲社倉終於文皇得無饑饉及大業中

年國用不足並貸社倉之物以充官費故至末塗無以支給今請自王公已下爰及衆庶計所墾田稼穡頃畝至秋熟准其見在苗以理勸課盡令出粟稻麥之鄉亦同此稅各納所在爲立義倉若年穀不登百姓飢饉當所州縣隨便取給太宗曰既爲百姓預作儲貯官爲舉掌以備凶年非朕所須橫生賦斂利人之事深是可嘉宜下所司議立條制戶部尚書韓仲良奏王公已下墾田畝納二升其粟麥粳稻之屬各依土地貯之州縣以備凶年可之自是天下州縣始置義倉每有飢饉則開倉賑給以至高宗則天數十年間義倉不許雜用其後公私窘迫漸貸義倉支用自中宗神龍之後天下義倉費用向盡高宗永徽二年六月勅義倉據地收稅實是勞煩宜令率戶出粟上上戶五石餘各有差　六年京東西二市置常平倉明慶二年十二月京常平倉置常平署官員開元二年九月勅天下諸州今年稍熟穀價全賤或慮傷農常平之法行之自古宜令諸州加時價三兩錢糴不得抑斂仍交相付領勿許懸欠蠶麥時熟穀米必貴即令減價出糶豆穀等堪貯者熟亦準此以時出入務在利人其常平所須錢物宜令所司支料奏聞　四年五月二十一日詔諸州縣義倉本備飢年賑給近年已來每三年一度以百姓義倉糙米遠近京納仍勤百姓私出脚錢自今已後更不得義倉變造　七年六月勅關内隴右河南河北五道及荊揚襄夔綿益彭蜀漢劍茂等州並置常平倉其本上州三千貫中州二千貫下州一千貫十六年十月勅自今歲普熟穀價至賤必恐傷農加錢收糴以實倉廩縱逢水旱不慮阻飢公私之間或亦爲便宜令所在以常平本錢及當處物各於時價上量加三錢百姓有糶易者爲收糴事須兩和不得限數配糴訖具所用錢物及所糴物數申所司仍令上佐一人專句當天寶六載三月太府少卿張瑄奏準四載五月并五載三月勅節文至貴時賤價出糶賤時加價收糴若百姓未辦錢物者任準開元二十年七月勅量事賒糶至粟麥熟時徵納臣使司商量且糶舊糶新

不同別用其賸糶者至納錢日若粟麥雜種等時價甚賤恐更迴
易艱辛請加價便與折納廣德二年正月第五琦奏每州常平倉
及庫使司商量置本錢隨當處米物時價賤則加價收糴貴則減
價糶賣　建中元年七月勑夫常平者常使穀價如一大豐不爲
之減大儉不爲之加雖遇災荒人無菜色自今已後忽米價貴時
宜量出官米十萬石麥十萬石每日量付兩市行人下價糶貨三
年九月戶部侍郎趙贊上言曰伏以舊制置倉儲粟名曰常平軍
興已來此事闕廢或因凶荒流散餓死相食者不可勝紀古者平
準之法使萬室之邑必有萬鍾之藏千室之邑必有千鍾之藏春
以奉耕夏以奉耘雖有大賈富家不得豪奪吾人者蓋謂能行輕
重之法也自陛下登極以來許京城兩市置常平官糶鹽米雖經頻
年少雨米價騰貴此乃即目明驗實要推而廣之當興軍之時與
承平或異事須兼儲布帛以備時須臣今商量請於兩都并江陵
東都揚汴蘇洪等州府各置常平輕重本錢上至百萬貫下至數

十萬貫隨其所宜量定多少唯貯斛斗匹段絲麻等候物貴則下
價出賣物賤則加價收糴權其輕重以利疲人從之贊於是條奏
諸道要都會之所皆置吏閱商人財貨計錢每貫稅二十天下所
出竹木茶漆皆十一稅之以充常平本時國用稍廣常賦不足所
稅亦隨時而盡終不能爲常平本　貞元八年十月勑諸軍鎮和
糴貯備共三十三萬石價之外更量與優饒其粟及麻據米數準
折虛價直委度支以停江淮運脚錢充並支綾絹絁綿勿令折估
所糴粟等委本道節度使監軍同勾當別貯非承特勑不得給用
十四年六月詔以米價稍貴令度支出官米十萬石於兩街賤糶
其年九月以歲飢出太倉粟三十萬石出糶是歲冬河南府穀貴
人流令以含嘉倉粟七萬石出糶十五年二月以久旱歲飢出太
倉粟十八萬石於諸縣賤糶　元和元年正月制歲時有豐歉穀
價有重輕將備水旱之虞在權聚斂之術應天下州府每年所稅
地子數內宜十分取二分均充常平倉及義倉仍各逐穩便收貯

以時出糶務在救人賑貸所宜速奏六年二月制如聞京畿之內
舊穀已盡宿麥未登宜以常平義倉粟二十四萬石貸借百姓諸
道州府有乏少粮種處亦委所在官長用常平義倉米借貸淮南
浙西宣歙等道　元和二年四月賑貸並且停徵容至豐年然後
塡納　九年四月詔出太倉粟七十萬石開六場糶之并賑貸外
縣百姓至秋熟徵納便於外縣收貯以防水旱十二年四月詔出
粟二十五萬石分兩街降估出糶其年九月詔諸道應遭水州府
河中澤潞河東幽州江陵府等管內及鄭滑滄景易定陳許晉隰
蘇襄復台越唐隨鄧等州人戶宜令本州厚加優恤仍各以當處
義倉斛斗據所損多少量事賑給　十三年正月戶部侍郎孟簡
奏天下州府常平義倉等斛斗請準舊例減估出糶但以石數
奏申有司更不收管內州縣得專達以利百姓從之　長慶四年
二月勑出太倉陳粟三十萬石於兩街出糶其年三月制曰義倉
之制其來日久近歲所在盜用沒入致使小有水旱生人坐委溝

壑永言其弊職此之由宜令諸州錄事參軍專主當苟爲長吏迫
制即許驛表上聞考滿之日戶部差官交割如無欠負與減一選
如欠少者量加一選欠數過多戶部奏聞節級科處　大和四年
八月勑今年秋稼似熟宜於關內七州府及鳳翔府和糴一百萬石
大中六年四月戶部奏諸州府常平義倉斛斗本防水旱賑貸百
姓其有災沴州府地遠申奏往復已至流亡自今已後諸道遭災
旱請委所在長吏差清強官審勘如實有水旱處便任先從貸下
不支濟戶給貸從之　建中四年六月戶部侍郎趙贊請置大田
天下田計其頃畝官收十分之一擇其上腴樹桑環之曰公桑自
王公至于匹庶差借其力得穀絲以給國用詔從其說贊熟計之
自以爲非便皆寢不下復請行常平稅茶之法又以軍須迫蹙常
平利不時集乃請稅屋間架筭除陌錢間架法凡屋兩架爲一間
屋有貴賤約價三等上價間出錢二千中價一千下價五百所由
吏秉筭執籌入人之廬舍而計其數衣冠士族或貧無他財獨守

故業坐多屋出筭者動數十萬人不勝其苦凡沒一閒者杖六十告者賞錢五十貫取於其家除陌法天下公私給與貨易率一貫舊筭二十益加筭爲五十給與他物或兩換者約錢爲率筭之市牙各給印紙人有買賣隨自署記翌日合筭之有自貿易不用市牙者給其私簿無私簿者投狀自集其有隱錢百者沒入二千杖六十告者賞十千取其家資法既行而主人市牙得專其柄率多隱盜公家所入曾不得半而怨讟之聲囂然滿於天下至 興元二年正月一日赦悉停罷 貞元九年正月初稅茶先是諸道鹽鐵使張滂奏曰伏以去歲水災詔令減稅今之國用須有供儲伏請於出茶州縣及茶山外商人要路委所由定三等時估每十稅一充所放兩稅其明年已後所得稅外貯之若諸州遭水旱賦稅不辦以此代之詔可之仍委滂具處置條奏自此每歲得錢四十萬貫然稅無虛歲遭水旱處亦未嘗以錢拯贍 元和七年御史臺奏伏準大和三年十一月十八日赦文天下除兩稅外不得妄有

科配其擅加雜榷率一切宜停令御史臺嚴加察訪者臣昨因嶺南道擅置竹練場稅法至重害人頗深伏請起今已後應諸道自大和三年準赦文所停兩稅外科配雜榷率等復却置者仰勅至後十日內具却置事由聞奏仍申臺司每有出使郎官御史便令嚴加察訪苟有此色本判官重加懲責長吏奏聽進止從之

九年十二月左僕射令狐楚奏新置榷茶使額伏以江淮間數年以來水旱疾疫凋傷頗甚愁歎未平今夏及秋稍校豐稔方須惠恤各使安存昨者忽奏榷茶實爲蠹政蓋是王涯破滅將至怨怒合歸豈有令百姓移茶樹就官場中栽摘茶葉於官場中造有同兒戲不近人情方有恩權無敢沮議朝班相顧而失色道路以目而吞聲今宗社降靈姦兇盡戮聖明垂祐黎庶各安微臣伏蒙天恩兼授使務官銜之內猶帶此名俯仰若驚夙宵知愧伏乞特迴聖聽下鑒愚誠速委宰臣除此使額緣國家之用或闕山澤之利有遺許臣條流續具聞奏採造欲及妨廢爲虞前月二十一日內殿奏對之次鄭覃與臣同陳論訖伏望聖慈早賜處分一依舊法不用新條惟納榷之時須節級加價商人轉抬必校稍貴即是錢出萬國利歸有司既無害茶商又不擾茶戶上以彰陛下愛人之德下以竭微臣憂國之心遠近傳聞必當咸悅詔可之先是鹽鐵使王涯表請使茶山之人移植根本舊有貯積皆使焚棄天下怨之及是楚主之故奏罷焉 開成二年十二月武寧軍節度使薛元賞奏泗口稅場應是經過衣冠商客金銀羊馬斛斗見錢茶鹽綾縑等一物已上並稅今商量其雜稅並請停絕詔許之

大中六年正月鹽鐵轉運使裴休奏諸道節度觀察使置店停上茶商每斤收搨地錢并稅經過商人頗乖法理今請釐革橫稅以通舟船商旅既安課利自厚今又正稅茶商多被私販茶人侵奪其利今請強幹官吏先於出茶山口及廬壽淮南界內布置把捉曉諭招收量加半稅給陳首帖子令其所在公行從此通流更無苛奪所冀招恤窮困下絕姦欺使私販者免犯法之憂正稅者無

失利之歎欲尋究根本須舉綱條勅旨依奏其年四月淮南及天平軍節度使并浙西觀察使皆奏軍用困竭伏乞且賜依舊稅茶勅旨裴休條流茶法事極精詳制置之初理須畫一並宜準今年正月二十六日勅處分 建中三年初榷酒天下悉令官釀斛收直三千米雖賤不得減二千委州縣綜領醨薄私釀罪有差以京師王者都特免其榷 元和六年六月京兆府奏榷酒錢除出正酒戶外一切隨兩稅青苗據貫均率從之 會昌六年九月勅揚州等八道州府置榷麴并置官店沽酒代百姓納榷酒并充資助軍用各有權許限揚州陳許汴州襄州河東五處榷麴浙西浙東鄂岳三處置官沽酒如聞禁止私酤過聞嚴酷一人違犯連累數家閭里之間不免咨怨宜從今以後如有人私沽酒及置私麴者但許罪止一身并所由容縱任據罪處分鄉井之內如不知情並不得追擾其所犯之人任用重典兼不得沒入家產

唐書志卷第二十九

唐書志卷第三十

刑法

劉　昫　撰

古之聖人爲人父母莫不制禮以崇敬立刑以明威防閑於未然懼爭心之將作也故有輕重三典之異宫墨五刑之差度時而施宜因事以議制大則陳之原野小則肆諸市朝以御姦宄用懲禍亂興邦致理罔有弗由於此者也暨淳朴既消澆僞斯起刑增爲九章積三千雖有凝脂次骨之峻而錐刀之末盡爭之矣自漢迄隋世有增損而罕能折衷隋文帝參用周齊舊政以定律令除苛條之法務在寬平比及晚年漸亦滋虐煬帝忌刻法令尤峻人不堪命遂至於亡高祖初起義師於太原即布寬大之令百姓苦隋苛政競來歸附旬月之間遂成帝業既平京城約法爲二十條惟制殺人劫盜背軍叛逆者死餘並蠲除之及受禪詔納言劉文靜與當朝通識之士因開皇律令而損益之盡削大業所由煩峻之

法又制五十三條格務在寬簡取便於時尋又勑尚書左僕射裴寂尚書右僕射蕭瑀及大理卿崔善爲給事中王敬業中書舍人劉林甫顏師古王孝遠涇州別駕靖延太常丞丁孝烏隋大理丞房軸上將府參軍李桐客太常博士徐上機等撰定律令大略以開皇爲準于時諸事始定邊方尚梗救時之弊有所未暇惟正五十三條格入於新律餘無所改至武德七年五月奏上乃下詔曰古不云乎萬邦之君有典有則故九疇之敘興於夏世兩觀之法大備隆周所以禁暴懲姦弘風闡化安民立政莫此爲先自戰國紛擾恃詐任力苛制煩刑於茲競起秦幷天下隳滅禮教恣行酷烈害虐烝民宇內騷然遂以顛覆漢氏撥亂思易前軌雖復務從約法蠲削嚴刑尚行葅醢之誅猶設錙銖之禁宇民之道實有未弘刑措之風以茲莫致爰及魏晉流弊相沿寬猛乖方綱維失序下凌上替政散民凋皆由法令湮訛條章混謬自斯以後寓縣瓜分戎馬交馳未遑典制有隋之世雖云釐革然而損益不定踈舛尚多品式章程罕能甄備加以微文曲致覽者惑其淺深異例同科用者殊其輕重遂使姦吏巧詆任情與奪愚民妄觸動陷羅網屢聞釐革卒以無成朕膺期受籙寧濟區宇永言至治興寐爲勞補千年之墜典拯百王之餘弊思所以正本澄源式清流末永垂憲則貽範後昆爰命羣才修定科律但今古異務文質不同喪亂之後事殊曩代應機適變救弊斯在是以斟酌繁省取合時宜矯正差遺務從體要迄茲歷稔撰次始畢宜下四方即令頒用庶使吏曹簡肅無取懸石之多奏讞平允靡競錐刀之末勝殘去殺此焉非遠於是頒行天下及太宗即位又命長孫無忌房玄齡與學士法官更加釐改戴胄魏徵又言舊律令重於是議絞刑之屬五十條免死罪斷其右趾應死者多蒙全活太宗尋又愍其受刑之苦謂侍臣曰前代不行肉刑久矣今忽斷人右趾意甚不忍諫議大夫王珪對曰古行肉刑以爲輕罪今陛下矜死刑之多設斷趾之法格本合死今而獲生刑者幸得全命豈憚去其一足且

人之見者甚足懲誡上曰本以爲寬故行之然每聞惻愴不能忘懷又謂蕭瑀陳叔達等曰朕以死者不可再生思有矜愍故簡死罪五十條從斷右趾朕復念其受痛極所不忍叔達等咸曰古之肉刑乃在死刑之外陛下於死刑之內改從斷趾便是以生易死足爲寬法上曰朕意以爲如此故欲行之又有上書言此非便公可更思之其後蜀王法曹參軍裴弘獻又駁律令不便於時者四十餘事太宗令參掌刪改之弘獻於是與玄齡等建議以爲古者五刑刖居其一及肉刑廢制爲死流徒杖笞凡五等以備五刑今復設刖足是爲六刑減死在於寬弘加刑又加煩峻乃與八座定議奏聞於是又除斷趾法改爲加役流三千里居作　二年又舊條流兄弟分後廕不相及連坐俱死祖孫配沒會有同州人房強弟任統軍於岷州以謀反伏誅強當從坐太宗嘗錄囚徒憫其將死爲之動容顧謂侍臣曰刑典仍用蓋風化未洽之咎愚人何罪而肆重刑乎更彰朕之不德也用刑之道當審事理之輕重然後

加之以刑罰何者有不察其本而一槩加誅非所以恤刑重人命
也然則反逆有二一為興師動衆一為惡言犯法輕重有差而連
坐皆死豈朕情之所安哉更令百寮詳議於是玄齡等復定議曰
案禮孫為王父尸案令祖有蔭孫之義然則孫重而兄弟屬輕應
重反流合輕翻死據禮論情深為未愜今定律祖孫與兄弟緣坐
俱配沒其以惡言犯法不能為害者情狀稍輕兄弟免死配流為
允從之自是比古死刑殆除其半玄齡等遂與法司定律五百條
分為十二卷一曰名例二曰衞禁三曰職制四曰戶昏五曰廐庫
六曰擅興七曰賊盜八曰鬬訟九曰詐偽十曰雜律十一曰捕亡十
二曰斷獄有笞杖徒流死為五刑笞刑五條自笞十至五十杖刑五
條自杖六十至杖一百徒刑五條自徒一年遞加半年至三年流
刑三條自流二千里遞加五百里至三千里死刑二條絞斬大凡
二十等又有議請減贖當免之法八一曰議親二曰議故三曰議
賢四曰議能五曰議功六曰議貴七曰議賓八曰議勳八議者犯

○者死罪皆條所坐及應議之狀奏請議定奏裁流罪已下減一等
若官爵五品已上及皇太子妃大功已上親應議者周以上親犯
死罪者上請流罪已下亦減一等若七品已上官爵得請者之祖
父母兄弟姊妹妻子孫犯流罪已下各減一等若應議請減及九
品已上官若官品得減者之祖父母父母妻子孫犯流罪已下聽
贖其贖法笞十贖銅一斤遞加一斤至杖一百則贖銅十斤自此
已上遞加十斤至徒三年則贖銅六十斤流二千里者贖銅八十
斤流二千五百里者贖銅九十斤流三千里者贖銅一百二十斤
又許以官當罪以官當徒者五品已上犯罪者一官當徒二年九品
已上一官當徒一年若犯公罪者各加一年以官當流者三流同
比徒四年仍各解見任除名者比徒三年免官者比徒二年免所
居官者比徒一年又有十惡之條一曰謀反二曰謀大逆三曰謀叛
四曰謀惡逆五曰不道六曰大不敬七曰不孝八曰不睦九曰不義
十曰內亂其犯十惡者不得依議請之例年七十以上十五以下及

廢疾犯流罪以下亦聽贖八十已上十歲以下及篤疾犯反逆殺
人應死者上請盜及傷人亦收贖餘皆勿論九十以上七歲已下雖
有死罪不加刑比隋代舊律減大辟者九十二條減流入徒者七
十一條其當徒之法唯奪一官除名之人仍同士伍凡削煩去蠹
變重為輕者不可勝紀又定令一千五百九十條為三十卷
貞觀十一年正月頒下之又刪武德貞觀已來勑格三千餘件定
留七百條以為格十八卷留本司施行斟酌今古除煩去弊甚為
寬簡便於人者以尚書省諸曹為之目初為七卷其曹之常務但
留本司者別為留司格一卷蓋編錄當時制勑永為法則以為故
事貞觀格十八卷房玄齡等刪定永徽留司格十八卷散頒格七
卷長孫無忌等刪定永徽中又令源直心等刪定惟改易官號曹
局之名不易篇目永徽留司格後本劉仁軌等刪定垂拱留司格
六卷散頒格三卷裴居道刪定太極格十卷岑羲等刪定開元前
格十卷姚崇等刪定開元後格十卷宋璟等刪定皆以尚書省二

○十四司為篇目凡式三十有三篇亦以尚書省列曹及秘書太常
司農光祿太僕太府少府及監門宿衞計帳名其篇目為二十卷
永徽式十四卷垂拱神龍開元式並二十卷其刪定格令同太宗
又制在京見禁囚刑部每月一奏從立春至秋分不得奏決死刑
其大祭祀及致齋朔望上下弦二十四氣雨未晴夜未明斷屠日
月及假日並不得奏決死刑其有赦之日武庫令設金雞及鼓於
宮城門外之右勒集囚徒於闕前撾鼓千聲訖宣詔而釋之其赦
書頒諸州用絹寫行下又繫囚之具有枷杻鉗鎖皆有長短廣狹
之制量罪輕重節級用之其杖皆削去節目長三尺五寸訊囚杖
大頭徑三分二釐小頭二分二釐常行杖大頭二分七釐小頭一
分七釐笞杖大頭二分小頭一分半其決笞者腿分受決杖者背
腿臀分受乃須數等拷訊者亦同其拷囚不過三度總數不得過
二百杖罪已下不得過所犯之數諸斷罪而無正條其應出罪者
則舉重以明輕其應入罪者則舉輕以明重稱加者就重次稱減

者就輕㳂惟二死三流同爲一減不得加至於死斷獄而失於出
入者以其罪罪之失入者各減三等失出者各減五等初太宗以
古者斷獄必訊於三槐九棘之官乃詔大辟罪中書門下五品已
上及尚書等議之其後河内人李好德風疾瞀亂有妖妄之言詔
按其事大理丞張蘊古奏好德癲病有徵法不當坐治書侍御史
權萬紀劾蘊古貫相州好德之兄厚德爲其刺史情在阿縱奏事
不實太宗曰吾常禁囚於獄内蘊古與之弈棊今復阿縱好德是
亂吾法也遂斬於東市既而悔之又交州都督盧祖尚以忤旨斬
於朝堂帝亦追悔下制凡決死刑雖令即殺仍三覆奏尋謂侍臣
曰人命至重一死不可再生昔世充殺鄭頲既而悔之追止不及
今春府史取財不多朕怒殺之後亦尋悔皆由思不審也比來決
四雖三覆奏須臾之間三奏便訖都未得思三奏何益自今已後
宜二日中五覆奏下諸州三覆奏又古者行刑君爲徹樂減膳朕
今庭無常設之樂莫知何徹然對食即不噉酒肉自今已後令與

尚食相知刑人日勿進酒肉内教及太常並宜停教且曹司斷獄
多據律文雖情在可矜而不敢違法守文定罪或恐有寃自今門
下覆理有據法合死而情可宥者宜錄狀奏自是全活者甚衆其
五覆奏以決前一日二日覆奏決日又三覆奏惟犯惡逆者一覆
奏而已著之於令太宗既誅張蘊古之後法官以出罪爲誡時有
失入者又不加罪焉由是刑網頗密帝嘗問大理卿劉德威曰近
來刑網稍密何也德威對曰律文失入減三等失出減五等今失
入則無辜失出則便獲大罪所由吏皆深文太宗然其言由是失
於出入者令依律文斷獄者漸爲平允　十四年又制流罪三等
不限以里數量配邊惡之州其後雖存寛典而犯者漸少高宗即
位遵貞觀故事務在恤刑嘗問大理卿唐臨在獄繫囚之數臨對曰
見囚五十餘人惟二人合死帝以囚數全少怡然形於顏色永徽
初勑太尉長孫無忌司空李勣左僕射于志寧右僕射張行成侍
中高季輔黄門侍郎宇文節柳奭右丞段寶玄太常少卿令狐德

棻吏部侍郎高敬言刑部侍郎劉燕客給事中趙文恪中書舍人李
友益少府丞張行實大理丞元紹太府丞王文端刑部郎中賈敏
行等共撰定律令格式舊制不便者皆隨刪改遂分格爲兩部
曹司常務爲留司格天下所共者爲散頒格其散頒格下州縣留
司格但留本司行用焉三年詔曰律學未有定疏每年所舉明法
遂無憑準宜廣召解律人條義疏奏聞仍使中書門下監定於是
太尉趙國公無忌司空英國公勣尚書左僕射兼太子少師監修
國史燕國公志寧銀青光祿大夫刑部尚書唐臨太中大夫守大
理卿段寶玄朝議大夫守尚書右丞劉燕客朝議大夫守御史中
丞賈敏行等參撰律疏成三十卷四年十月奏之頒于天下自是
斷獄者皆引疏分析之　永徽五年五月上謂侍臣曰獄訟繁多
皆由刑罰枉濫故曰刑者成也一成而不可變末代斷獄之人皆
以苛刻爲明是以秦氏網密秋荼而獲罪者衆今天下無事四海
乂安欲與公等共行寛政今日刑罰得無枉濫乎無忌對曰陛下

欲得刑法寛平臣下猶不識聖意此法弊來已久非止今日若情
在體國即共號癡人意在深文便稱好吏所以罪雖合杖必欲遣
徒理有可生務入於死非憎前人陷於死刑陛下矜而令放法司
亦宜固請但陛下喜怒不妄加於人刑罰自然適中上以爲然
永徽六年七月上謂侍臣曰律通比附條例太多左僕射志寧等
對舊律多比附斷事乃稍難解科條極衆數至三千隋日再定惟
留五百以事類相似者比附科斷今日所停即是參取隋律脩易
條章既少極成省便　龍朔二年改易官號因勑司刑太常伯源
直心少常伯李敬玄司刑大夫李文禮等重定格式惟改曹局之
名而不易篇第　麟德二年奏上至儀鳳中官號復舊又勑左僕
射劉仁軌右僕射戴至德侍中張文瓘中書令李敬玄右庶子郝
處俊黄門侍郎來恒左庶子高智周右庶子李義琰吏部侍郎裴
行儉馬戴兵部侍郎蕭德昭裴炎工部侍郎李義琛刑部侍郎張
楚金部郎中盧律師等刪緝格式　儀鳳二年二月九日撰定奏上

先是詳刑少卿趙仁本撰法例三卷引以斷獄時議亦爲折衷後高宗覽之以爲煩文不便因謂侍臣曰律令格式天下通規非朕庸虛所能創制並是武德之際貞觀已來或取定宸衷參詳衆議條章備舉軌躅昭然臨事遵行自不能盡何爲更須作例致使觸緒多疑計此因循非適今日速宜改轍不得更然自是法例遂廢不用則天臨朝初欲大收人望垂拱初年令鑄銅爲匭四面置門各依方色共爲一室東面名曰延恩匭上賦頌及許求官爵者封表投之南面曰招諫匭有言時政得失及直言諫諍者投之西面曰申冤匭有得罪冤濫者投之北面曰通玄匭有玄象災變及軍謀秘策者投之每日置之於朝堂以收天下表疏既出之後不逞之徒或至攻訐陰私謗訕朝政者後乃令中書門下官一人專監其所投之狀仍責識官然後許進封行之至今焉則天又勑内史裴居道夏官尚書岑長倩鳳閣侍郎韋方質與刪定官袁智弘等十餘人刪改格式加計帳及勾帳式通舊式成二十卷又以武德已來

○垂拱已後詔勑便於時者編爲新格二卷則天自製序其二卷之外別編六卷堪爲當司行用爲垂拱留司格時韋方質詳練法理又委其事及咸陽尉王守慎又有經理之才故垂拱格式議者稱爲詳密其律令惟改二十四條又有不便者大抵依舊然則天嚴於用刑屬徐敬業作亂及豫博兵起之後恐人心動搖欲以威制天下漸引酷吏務令深文以案刑獄長壽年有上封事言嶺表流人有陰謀逆者乃遣司刑評事萬國俊攝監察御史就案之若得反狀斬決國俊至廣州遍召流人擁之水曲以次加戮三百餘人一時併命然後鍛鍊曲成反狀乃更誣奏云諸道流人忽有怨望若不推究爲變不遙則天深然其言又命攝監察御史劉光業劉德壽鮑思恭王大貞屈貞筠等分往劍南黔中安南嶺南等六道按鞫流人光業所在殺戮光業誅九百人德壽誅七百人其餘少者不減數百人亦有雜犯及遠年流人亦枉及禍焉時周興來俊臣等相次受制推究大獄乃於都城麗景門内別置推事使院時人謂之新開獄俊臣又與侍御史侯思止王弘義郭霸李敬仁評事康暐衛遂忠等招集告事數百人共爲羅織以陷良善前後枉遭殺害者不可勝數又造告密羅織經一卷其意旨皆網羅前人織成反狀俊臣每鞫囚無問輕重多以醋灌鼻禁地牢中或盛之于瓮以火圜遶炙之兼絶其糧餉至有抽衣絮以噉之者其所作大枷凡有十號一曰定百脉二曰喘不得三曰突地吼四曰著即承五曰失魂膽六曰實同反七曰反是實八曰死豬愁九曰求即死十曰求破家又令寢處糞穢備諸苦毒每有制書寬宥囚徒俊臣必先遣獄卒盡殺重罪然後宣示是時海内懾懼道路以目麟臺正字陳子昂上書曰臣聞古之御天下者其政有三王者化之用仁義也霸者威之任權智也強國脅之務刑罰也是以化之不足然後威之威之不足然後刑之故至於刑則非王者之所貴矣況欲光宅天下追功上皇專任刑殺以爲威斷可謂策之失者也臣伏覩陛下聖德聰明遊心太古將制靜宇宙保乂黎民發號施

○令出於誠慊天下蒼生莫不懸望聖風既見神化道德爲政將待於陛下矣臣聞之聖人出必有驅除蓋天人之符應休命也日者東南微孽敢謀亂常陛下順天行誅罪惡咸伏豈非天意欲彰陛下威武之功哉而執事者不察天心以爲人意惡其首亂唱禍法合誅屠將息姦源窮其黨與遂使陛下大開詔獄重設嚴刑冀以懲姦觀于天下逆黨親屬及其交遊有跡涉嫌疑辭相逮及莫不窮捕考校枝葉蟠拏大或流血小御魑魅至有姦人熒惑乘險相誣糺告疑似冀圖爵賞叫于闕下者日有數矣于時朝廷傒傒莫能自固海内傾聽以相驚恐賴陛下仁慈憫其危懼賜以恩詔許其大功已上一切勿論人時獲泰謂生再造愚臣竊以忻然賀陛下聖明得天之機也不謂議者異見又執前圖比者刑獄紛紛復起陛下不深思天意以順休期尚以督察爲理威刑爲務使前者之詔不信於人愚臣昧焉竊恐非五帝三王伐罪弔人之意也臣竊觀當今天下百姓思安久矣曩屬北胡侵塞西戎寇邊兵革相屠

向歷十載關河自北轉輸幽燕秦蜀之西馳騖湟海當時天下疲極矣重以大兵之後屬遭凶年流離飢餓死喪略半幸賴陛下以至聖之德撫寧兆人邊境獲安中國無事陰陽大順年穀累登天下父子始得相養矣揚州構禍殆有五旬而海中晏然纖塵不動豈非天下蒸庶猒凶亂哉臣以此卜之百姓思安久矣今陛下不務玄默以救疲民而又任威刑以失其望欲以察察為政肅理寰區愚臣暗昧竊有大惑且臣聞刑者政之末節也先王以禁暴釐亂不得已而用之今天下幸安萬物思泰陛下乃以末節之法察理平人愚臣以為非適變隨時之義也頃年以來伏見諸方告密囚累百千輩大抵所告皆以揚州為名及其窮竟百無一實陛下仁恕又屈法容之傍訐他事亦為推劾遂使姦臣之黨快意相讎睚眦之嫌即稱有密一人被告百人滿獄使者推捕冠蓋如市或謂陛下愛一人而害百人天下喁喁莫知寧所臣聞自非聖人不有外患必有內憂物理之然也臣不敢以古遠言之請指隋而說

臣聞長老云隋之末世天下猶平煬帝不恭窮毒威武猒居皇極自總元戎以百萬之師觀兵遼海天下始騷然矣遂使楊玄感挾不臣之勢有大盜之心欲因人謀以竊皇業乃稱兵中夏將據洛陽哮虓之勢傾宇宙矣然亂未逾月而頭足異處何者天下之弊未有土崩烝人之心猶望樂業煬帝不悟暗忽人機自以為元惡既誅天下無巨猾也皇極之任可以刑罰理之遂使兵部尚書樊子蓋專行屠戮大窮黨與海內豪士無不罹殃遂至殺人如麻流血成澤天下靡然思為亂矣於是蕭銑朱粲起於荊南李密竇建德亂於河北四海雲擾遂並起而亡隋族矣豈不哀哉長老至今談之委曲如是觀三代夏殷興亡已下至秦漢魏晉理亂莫不皆以毒刑而致敗壞也夫大獄一起不能無濫何者刀筆之吏寡識大方斷獄能者名在急刻文深網密則共稱至公爰及人主亦謂其奉法於是利在殺人害在平恕故獄吏相誡以殺為詞非憎於人也而利在己故上以希人主之旨以圖榮身之利徇利既多則

不能無濫濫及良善則淫刑逞矣夫人情莫不自愛其身陛下以此察之豈非無濫矣冤人吁嗟感傷和氣和氣悖亂群生癘疫水旱隨之則有凶年人既失業則禍亂之心怵然而生矣頃來亢陽愆候雲而不雨農夫失業瞻望嗷嗷豈不猶陛下之有聖德而不降澤於人也儻旱遂過春廢於時種今年稼穡必有損矣陛下可不敬承天意以澤恤人臣聞古者明王重慎刑罰蓋懼此也書不云乎與其殺不辜寧失不經陛下奈何以堂堂之聖猶務強國之威愚臣竊為陛下不取且愚人安則樂生危則思變故事有招禍法有起姦儻大獄未休支黨日廣天下疑惑相恐無辜人情之變不可不察昔漢武帝時巫蠱獄起江充行詐作亂京師至使太子奔走兵交宮闕無辜被害者以萬千數當時劉宗幾覆滅矣賴武帝得壺關三老上書廓然感悟夷江充三族餘獄不論天下少以安耳臣讀書至此未嘗不為戾太子流涕也古人云前事不忘後事之師伏願陛下念之今臣不避湯鑊之罪以螻蟻之命輕觸宸

嚴臣非不惡死而貪生也誠以負陛下恩遇以微命蔽塞聰明亦非敢欲陛下頓息嚴刑望在恤刑耳乞與三事大夫圖其可否夫往者不可諫來者猶可追無以臣微而忽其奏天下幸甚疏奏不省時司刑少卿徐有功常駁酷吏所奏每日與之廷爭得失以雪冤濫因此全濟者亦不可勝數語在有功傳及俊臣弘義等伏誅刑獄稍息前後宰相王及善姚元崇朱敬則等皆言垂拱已來身死破家者皆是枉濫則天頗亦覺悟於是監察御史魏靖上言曰臣聞國之綱紀在乎生殺其周興來俊臣丘神勣萬國俊王弘義侯思止郭弘霸李敬仁彭先覺王德壽張知默者即堯年四凶矣恣騁愚暴縱虐含毒讎嫉在位安忍朝臣罪遂情加刑隨意改當其時也四囷如市朝廷以目既而素盧不昧冤魂有託行惡其報禍淫可懲具嚴天刑以懲亂首切見來俊臣身處極法者以其羅織良善屠陷忠賢籍沒以勸將來顯戮以謝天下臣又聞之道路上至聖主傍洎貴臣明明知有羅織之事矣俊臣既死推者護

功胡元禮超遷裴談顯授中外稱慶朝廷載安破其黨者既能
賞不逾時被其陷者豈可淹之累歲且稱反徒須得反狀惟據臣
辯即請行刑拷楚妄加款荅何限故徐有功以寬平而見忌酬瑟
羅以姣女而受拘中外具知枉直斯在借以爲諭其餘可詳臣又
聞之郭弘霸自刺而唱快萬國俊被遮而遽亡霍獻可臨終膝拳
於項李敬仁將死舌至於臍皆衆鬼滿庭群妖横道惟徵集應若
響隨聲備在人謠不爲虛說伯有晝見殆無以過此亦羅織之一
變也臣以至愚不識大體儻使平反者數人衆共詳覆來俊臣等
所推大獄庶鄧艾獲申於今日孝婦不濫於昔時恩渙一流天下
幸甚疏奏制令錄來俊臣丘神勣等所推鞫人身死籍沒者令三
司重推勘有寃濫者並皆雪免中宗神龍元年制以故司僕少卿
徐有功執法平恕追贈越州都督特受一子官又以丘神勣來子
珣萬國俊周興來俊臣魚承曄王景昭索元禮傅遊藝王弘義張
知默裴籍焦仁亶侯思止郭霸李敬仁皇甫文備陳嘉言劉光業

王德壽王處貞屈貞筠鮑思恭二十三人自垂拱已來並枉濫殺人
所有官爵並令追奪天下稱慶時既改易制盡依貞觀永徽故事
勑中書令韋安石禮部侍郎祝欽明尚書右丞蘇瓌兵部郎中狄
光嗣等刪定垂拱格後至神龍元年已來制勑爲散頒格七卷又
刪補舊式爲二十卷頒於天下景雲初睿宗又勑戶部尚書岑羲
中書侍郎陸象先右散騎常侍徐堅右司郎中唐紹刑部員外郎
邵知與刪定官大理寺丞陳義海右衛長史張處斌大理評事張
名播左衛率府倉曹參軍羅思貞刑部主事閻義顓凡十人刪
定格式律令太極元年二月奏上名爲太極格開元初玄宗勑
黃門監盧懷愼紫微侍郎兼刑部尚書李乂紫微侍郎蘇頲紫
微舍人呂延祚給事中魏奉古大理評事高智靜同州韓城縣丞
侯郢璡瀛州司法參軍閻義顓等刪定格式令至三年三月奏上
名爲開元格六年玄宗又勑吏部侍郎兼侍中宋璟中書侍郎
蘇頲尚書左丞盧從愿吏部侍郎裴漼慕容珣戶部侍郎楊滔中

書舍人劉令植大理司直高智靜幽州司功參軍侯郢璡等九人
刪定律令格式至七年三月奏上律令式仍舊名格曰開元後格
十九年侍中裴光庭中書令蕭嵩又以格後制勑行用之後頗與
格文相違於事非便奏令所司刪撰格後長行勑六卷頒于天下
二十二年戶部尚書李林甫又受詔改修格令林甫遷中書令乃
與侍中牛仙客御史中丞王敬從與明法之官前左武衛冑曹參
軍崔見衛州司戶參軍直中書陳承信酸棗尉直刑部俞元杞
等共加刪緝舊格式律令及勑總七千二十六條其一千三百二十
四條於事非要並刪之二千一百八十條隨文損益三千五百九十四
條仍舊不改總成十一卷律疏三十卷令三十卷式二十卷開元新
格十卷又撰格式律令事類四十卷以類相從便於省覽二十五
年九月奏上勑於尚書都省寫五十本發使散於天下其年刑
部斷獄天下死罪惟有五十八人大理少卿徐嶠上言大理獄院
由來相傳殺氣太盛鳥雀不栖至是有鵲巢其樹於是百寮以幾

至刑措上表陳賀玄宗以宰相燮理法官平允之功封仙客爲邠
國公林甫爲晉國公刑部大理官共賜帛二千匹自明慶至先天
六十年間高宗寬仁政歸宮闈則天女主猜忌果於殺戮宗枝大
臣鉏於酷吏至於移易宗社幾亡李氏神龍之後后族干政景雲
繼立歸妹怙權開元之際刑政賞罰斷於宸極四十餘年可謂太
平矣及家臣懷邪邊將內侮乘輿幸于巴蜀儲副立於朔方曾未
逾年載收京邑書契已來未有尅復宗社若斯之速也而兩京衣
冠多被脅從至是相率待罪闕下而執事者務欲峻刑以取威盡
誅其族以令天下議久不定竟置三司使以御史大夫兼京兆尹
李峴兵部侍郎呂諲戶部侍郎兼御史中丞崔器刑部侍郎兼御
史中丞韓擇木大理卿嚴向等五人爲之初西京文武官陸大鈞
等陷賊來歸崔器草儀盡令免冠徒跣撫膺號泣以金吾府縣人
吏圍之於朝謝罪收付大理京兆府獄繫之及陳希烈等大臣至
者數百人又令朝堂徒跣如初令宰相苗晉卿崔圓李麟等百寮

同視以爲棄廢宣詔以責之朝廷又以負罪者衆獄中不容乃賜
楊國忠宅鞫之器識多希旨深刻而擇木無所是非獨李峴力爭
之乃定所推之罪爲六等集百寮尚書省議之肅宗方用刑名公
卿但唯唯署名而已於是河南尹達奚珣等三十九人以爲罪重與
衆共棄珣等十一人於子城西伏誅陳希烈張垍郭納獨孤朗等
七人於大理寺獄賜自盡達奚摯張岯李有孚劉子英冉大華二
十一人於京兆府門決重杖死大理卿張均引至獨柳樹下刑人
處免死配流合浦郡而達奚珣韋恒乃至要斬先是慶緒至相州
史思明高秀巖等皆送款請命肅宗各令復位便領所管至是懼
不自安各率其黨叛其後三司用刑連年不定流貶相繼及王璵
爲相素聞物議請下詔自今已後三司推勘未畢者一切放免大
收人望後蕭華拔魏州歸國嘗話於朝云初河北官聞國家宣詔
放陳希烈等脅從官一切不問各令復位聞者悔歸國之晚舉措
自失及後聞希烈等死皆相賀得計無敢歸者於是河北將吏人

○ 二十一 志三十 十三 蔡道

人益堅大兵不解後有毛若虛敬羽之流皆深酷割剝聚求權柄
殺人以逞刑厚斂以資國六七年間大獄相繼州縣之內多是貶
降人肅宗復聞三司多濫嘗悔云朕爲三司所誤深恨之及彌留
之際以元載爲相乃詔天下流降人等一切放歸代宗寶應元年
迴紇與史朝義戰勝擒其將士妻子老幼四百八十人上以婦人雖
爲賊家口皆是良家子女被賊逼略惻然愍之令萬年縣於勝業
佛寺安置給糧料若有親屬認者任還之如無親族者任其所適
仍給糧遞過於是人情莫不感戴欣悅大曆十四年六月一日德宗
御丹鳳樓大赦赦書節文律令格式條目有未折衷者委中書門
下簡擇理識通明官共刪定自至德已來制勑或因人奏請或臨
事頒行差互不同使人疑惑中書門下與刪定官詳決取堪久長
行用者編入格條三司使準式以御史中丞中書舍人給事中各
一人爲之每日於朝堂受詞推勘處分建中二年罷刪定格令使
并三司使先是以中書門下充刪定格令使又以給事中中書舍

人御史中丞爲三司使至是中書門下奏請復舊以刑部御史臺
大理寺爲之其格令委刑部刪定元和四年九月勑刑部大理決
斷繫囚過爲淹遲是長姦倖自今已後大理寺檢斷不得過二十
日刑部覆下不得過十日如刑部覆有異同寺司重加不得過十
五日省司量覆不得過七日如有牒外州府節目及於京城內勘
本推即日以報牒到後計日數被勘司却報不得過五日仍令刑
部具遣牒及報牒月日牒報都省及分察使各準勑文勾舉糾訪
六年九月富平縣人梁悅爲父殺仇人秦果投縣請罪勑復讎殺
人固有彝典以其申冤請罪視死如歸自詣公門發於天性志在
徇節本無求生之心寧失不經特從減死之法宜決一百配流循
州職方員外郎韓愈獻議曰伏奉今月五日勑復讎據禮經則義
不同天徵法令則殺人者死禮法二事皆王教之端有此異同必
資論辯宜令都省集議聞奏者伏以子復父讎見於春秋見於禮
記又見於周官又見於諸子史不可勝數未有非而罪之者也最

○ 二十一 志三十 十四 蔡道

宜詳於律而律無其條非闕文也蓋以爲不許復讎則傷孝子之
心而乖先王之訓許復讎則人將倚法專殺無以禁止其端矣夫
律雖本於聖人然執而行之者有司也經之所明者制有司也丁
寧其義於經而深沒其文於律者其意將使法吏一斷於法而經
術之士得引經而議也周官曰凡殺人而義者令勿讎讎之則死
義宜也明殺人而不得其宜者子得復讎也此百姓之相讎者也
公羊傳曰父不受誅子復讎可也不受誅者罪不當誅也又周
官曰凡報仇讎者書於士殺之無罪言將復讎必先言於官則無
罪也今陛下垂意典章思立定制惜有司之守憐孝子之心示不
自專訪議群下臣愚以爲復讎之名雖同而其事各異或百姓相
讎如周官所稱可議於今者或爲官吏所誅如公羊所稱不可行於
今者又周官所稱將復讎先告於士則無罪者若孤稚羸弱抱微
志而伺敵人之便恐不能自言於官未可以爲斷於今也然則殺
之與赦不可一例宜定其制曰凡有復父讎者事發具其事由下尚

書省集議奏聞酌其宜而處之則經律無失其指矣元和十三年八月鳳翔節度使鄭餘慶等詳定格後勑三十卷右司郎中崔郾等六人脩上其年刑部侍郎許孟容蔣乂等奉詔刪定復勒成三十卷刑部侍郎劉伯芻等考定如其舊卷長慶元年五月御史中丞牛僧孺奏天下刑獄苦於淹滯請立程限大事大理寺限三十五日詳斷畢申刑部限三十日聞奏中事大理寺三十日刑部二十五日小事大理寺二十五日刑部二十日一狀所犯十人以上所斷罪二十件以上為大所犯六人以上所斷罪十件以上為中所犯五人以下所斷罪十件以下為小其或所抵罪狀并所結刑名並同者則雖人數甚多亦同一人之例違者罪有差二年四月刑部員外郎孫革奏京兆府雲陽縣人張莅欠羽林官騎康憲錢米憲徵之莅承醉拉憲氣息將絕憲男買得年十四將救其父以莅角觝力人不敢搗解遂持木鍤擊莅之首見血後三日致死者準律父為人所毆子往救擊其人折傷減凡鬬三等至死者依常律即買得

救父難是性孝非暴擊張莅是切非兇以髫丱之歲正父子之親若非聖化所加童子安能及此王制稱五刑之理必原父子之親以權之慎測淺深之量以別之春秋之義原心定罪周書所訓諸罰有權今買得生被皇風幼符至孝哀矜之宥伏在聖慈臣職當讞刑合分善惡勑康買得尚在童年能知子道雖殺人當死而為父可哀若從沉命之科恐失原情之義宜付法司減死罪一等大和七年十二月刑部奏先奉勑詳定前大理丞謝登新編格後勑六十卷者臣等據謝登所進詳諸理例參以格式或事非久要恩出一時或前後差殊或書寫錯誤並已落下及改正訖去繁舉要列司分門都為五十卷伏請宣下施行可之八年四月詔應犯輕罪人除情狀巨蠹法所難原者其他過誤罪愆及尋常公事違犯不得鞭背遵太宗之故事也俄而京兆尹韋長奏京師浩穰姦豪所聚終日懲罰抵犯猶多小有寬容即難禁戢若恭守勑旨則無以肅清若臨事用刑則有違詔命伏望許依前據輕重處置

從之開成四年兩省詳定刑法格一十卷勑令施行會昌元年九月庫部郎中知制誥紇干泉等奏準刑部奏犯贓官五品已上合抵死刑請準獄官令賜死於家者伏請永為定格從之大中五年四月刑部侍郎劉瑑等奉勑修大中刑法總要格後勑六十卷起貞觀二年六月二十日至大中五年四月十三日凡二百二十四年雜勑都計六百四十六門二千一百六十五條七年五月左衛率倉曹參軍張戣進大中刑法統類一十二卷勑刑部詳定奏行之

唐書志卷第三十

左從政郎紹興府錄事參軍張嘉賓校勘

唐書列傳卷第一

劉　昫　等修

聞人詮校刻沈桐同校

后妃上

高祖太穆皇后竇氏　太宗文德皇后長孫氏

賢妃徐氏　高宗廢后王氏良娣蕭氏

中宗和思皇后趙氏　中宗韋庶人

上官昭容　睿宗肅明皇后劉氏

睿宗昭成皇后竇氏　玄宗廢后王氏

玄宗貞順皇后武氏　玄宗楊貴妃

三代宮禁之職周官最詳自周已降彤史沿革各載本書此不備述唐因隋制皇后之下有貴妃淑妃德妃賢妃各一人爲夫人正一品昭儀昭容昭媛脩儀脩容脩媛充儀充容充媛各一人爲九嬪正二品婕妤九人正三品美人九人正四品才人九人正五品寶林二十七人正六品御女二十七人正七品采女二十七人正八品其餘六尚諸司分典乘輿服御龍朔二年官名改易內職皆更舊號咸亨二年復舊開元中玄宗以皇后之下立四妃法帝嚳也而后妃四星一爲正后今既立正后復有四妃非典法也乃於皇后之下立惠妃麗妃華妃等三位以代三夫人爲正一品又置芳儀六人爲正二品美人四人爲正三品才人七人爲正四品尚宮尚儀尚服各二人爲正五品自六品至九品即諸司諸典職員品第而序之後亦參用前號然而三代之政莫不以賢妃開國嬖寵傾邦秦漢已還其流寖盛大至移國小則臨朝煥車服以王宗枝裂土壤而侯肺腑洎末塗淪敗赤族夷宗高祖龍飛宮無正寢而婦言是用釁起維城大帝孝和仁而不武但恣池臺之賞寧顧衽席之嫌武室韋宗幾危運祚東京帝后歿從夫謚光烈和熹之類是也高宗自號天皇武氏自稱天后而韋庶人生有翌聖之名肅宗欲后張氏此不經之甚皆以凶終玄宗以惠妃之愛擯斥椒宮繼以太眞幾喪天下歷觀前古邦家喪敗之由多基於子弟召禍子弟之亂必始於宮闈不正故息隱閱牆秦王謀歸東洛馬嵬塗地太子不敢西行若中有聖善之慈胡能若是易曰家道正而天下定不其然歟自後累朝長秋虛位或以旁宗入繼母屬皆微徒有冊拜之文諒乏關雎之德今錄其存於史冊者爲后妃傳云

高祖太穆皇后竇氏京兆始平人隋定州揔管神武公毅之女也后母周武帝姊襄陽長公主后生而髮垂過頸三歲與身齊周武帝特愛重之養於宮中時武帝納突厥女爲后無寵后尚幼竊言於帝曰四邊未靜突厥尚強願舅抑情撫慰以蒼生爲念則突厥之助則江南關東不能爲患矣武帝深納之毅聞之謂長公主曰此女才貌如此不可妄以許人當爲求賢夫乃於門屏畫二孔雀諸公子有求婚者輒與兩箭射之潛約中目者許之前後數十輩莫能中高祖後至兩發各中一目毅大悅遂歸于我及周武帝崩后追思如喪所生隋文帝受禪后聞而流涕自投於床曰恨我不爲男以救舅氏之難毅與長公主遽掩口曰汝勿妄言滅吾族矣后事元貞太后以孝聞太后素有羸疾時或危篤諸姒以太后性嚴懼譴皆稱疾而退惟后晝夜扶侍不脫衣履者動淹旬月焉善書學類高祖之書人不能辨工篇章而好存規誡大業中高祖爲扶風太守有駿馬數疋常言於高祖曰上好鷹愛馬公之所知此堪進御不可久留人或言者必爲身累願熟思之高祖未決竟以此獲譴未幾后崩於涿郡時年四十五高祖追思后言方爲自安之計數求鷹犬以進之俄而擢拜將軍因流涕謂諸子曰我早從汝母之言居此官久矣初葬壽安陵後祔葬獻陵上元元年八月改上尊號曰太穆順聖皇后

太宗文德順聖皇后長孫氏長安人隋右驍衛將軍晟之女也晟妻隋揚州刺史高敬德女生后少好讀書造次必循禮則年十三嬪于太宗隋大業中常歸寧於永興里后舅高士廉媵張氏於后所宿舍外見大馬高二丈鞍勒皆具以告士廉命筮之遇坤之泰筮者曰至哉坤元萬物資生乃順承天坤厚載物德合無疆牝馬地類行地無

疆變而之泰内陽而外陰内健而外順是天地交而萬物通也象曰后以輔相天地之宜而左右人也龍乾之象也馬坤之象也變而爲泰天地交也孫協於歸妹婦人之兆也女處尊位履中居順也此女貴不可言武德元年冊爲秦王妃時太宗功業既高隱太子猜忌滋甚后孝事高祖恭順妃嬪盡力彌縫以存内助及難作太宗在玄武門方引將士入宮授甲后親慰勉之左右莫不感激九年冊拜皇太子妃太宗卽位立爲皇后贈后父晟司空齊獻公后性尤儉約凡所服御取給而已太宗彌加禮待常與后論及賞罰之事對曰牝雞之晨惟家之索妾以婦人豈敢豫聞政事太宗固與之言竟不之荅時后兄無忌夙與太宗爲布衣之交又以佐命元勳委以腹心出入卧内將任之朝政后固言不可每乘間奏曰妾既託身紫宮尊貴已極實不願兄弟子姪布列朝廷漢之呂霍可爲切骨之誡特願聖朝勿以妾兄爲宰執太宗不聽竟用無忌爲左武候大將軍吏部尚書右僕射后又密遣無忌苦求遜職太宗不獲已而許焉改授開府儀同

三司后意乃懌有異母兄安業好酒無賴獻公之薨也后及無忌並幼安業斥還舅氏后殊不以介意每請太宗厚加恩禮位至監門將軍及預劉德裕逆謀太宗將殺之后叩頭流涕爲請命曰安業之罪萬死無赦然不慈於妾天下知之今寘以極刑人必謂妾恃寵以復其兄無乃爲聖朝累乎遂得減死后所生長樂公主太宗特所鍾愛及將出降勑所司資送倍於長公主魏徵諫曰昔漢明帝時將封皇子帝曰朕子安得同於先帝子乎然謂長主者良以尊於公主也情雖有差義無等別若令公主之禮有過長主理恐不可願陛下思之太宗以其言退而告后后歎曰嘗聞陛下重魏徵殊未知其故今聞其諫實乃能以義制主之情可謂正直社稷之臣矣妾與陛下結髮爲夫婦曲蒙禮待情義深重每言必候顏色尚不敢輕犯威嚴況在臣下情疎禮隔故韓非爲之説難東方稱其不易良有以也忠言逆於耳而利於行有國有家者急務納之則俗寧杜之則政亂誠願陛下詳之則天下幸甚后因請遣中使齎帛五百疋詣徵宅以賜之太子承乾乳母遂安夫人常白后曰東宮器用闕少欲有奏請后不聽曰爲太子所患德不立而名不揚何憂少於器物也八年從幸九成宮染疾危惙太子承乾入侍密啓后曰醫藥備盡尊體不瘳請奏赦因徒幷度人入道冀蒙福助后曰死生有命非人力所加若修福可延吾素非爲惡若行善無効何福可求赦者國之大事佛道者示存異方之教耳非惟政體靡弊又是上所不爲豈以吾一婦人而亂天下法承乾不敢奏以告左僕射房玄齡玄齡以聞太宗及侍臣莫不歔欷朝臣咸請肆赦太宗從之后聞之固爭乃止將大漸與太宗辭訣時玄齡以譴歸第后固言玄齡事陛下最久小心謹慎奇謀秘計皆所預聞竟無一言漏洩非有大故願勿弃之又妾之本宗幸緣姻戚既非德舉易履危機其保全永久愼勿處之權要但以外戚奉朝請則爲幸矣妾生既無益於時今死不可厚費且葬者藏也欲人之不見自古聖賢皆崇儉薄惟無道之世大起山陵勞費天下爲有識者笑但請因山而葬不須起墳無用棺槨所須器服皆以木瓦儉薄

送終則是不忘妾也十年六月己卯崩于立政殿時年三十六其年十一月庚寅葬於昭陵后嘗撰古婦人善事勒成十卷名曰女則自爲之序又著論駮漢明德馬皇后以爲不能抑退外戚令其當朝貴盛乃戒其龍馬水車此乃開其禍源而防其末事耳且誡主守者曰此吾以自防閑耳婦人著述無條貫不欲至尊見之愼勿言崩後宮司以聞太宗覽而增慟以示近臣曰皇后此書足可垂於後代我豈不達天命而不能割情乎以其每能規諫補朕之闕今不復聞善言是内失一良佐以此令人哀耳上元元年八月改上尊號曰文德順聖皇后

太宗賢妃徐氏名惠右散騎常侍堅之姑也生五月而能言四歲誦論語毛詩八歲好屬文其父孝德試擬楚辭云山中不可以久留詞甚典美自此偏涉經史手不釋卷太宗聞之納爲才人其所屬文揮翰立成詞華綺贍俄拜婕妤再遷充容時軍旅亟動宮室互興百姓頗倦勞役上疏諫曰自貞觀已來二十有二載風調雨順年登歲稔

人無水旱之弊國無飢饉之災昔漢武守文之常主猶登刻玉之符齊桓小國之庸君尚圖泥金之事望陛下推功損已讓德不居億兆傾心猶闕告成之禮云亭佇謁未展升中之儀此之功德足以咀嚼百王網羅千代者矣古人有云雖休勿休良有以也守初保末聖哲罕兼是知業大者易驕願陛下難之善始者難終願陛下易之竊見頃年已來力役兼摠東有遼海之軍西有崐丘之役士馬疲於甲冑舟車倦於轉輸且召募役戍去留懷死生之痛因風阻浪人米有漂溺之危一夫力耕卒無數十之獲一船致損則傾數百之糧是猶運有盡之農功塡無窮之巨浪圖未獲之他衆喪已成之我軍雖除凶伐暴有國常規然黷武翫兵先哲所戒昔秦皇幷呑六國反速危亡之基晉武奄有三方翻成覆敗之業豈非矜功恃大棄德而輕邦圖利忘害肆情而縱慾遂使悠悠六合雖廣不救其亡嗷嗷黎庶因弊以成其禍是知地廣非常安之術人勞乃易亂之源願陛下布澤流人矜弊恤乏減行役之煩增湛露之惠妾又聞爲政之本貴在無爲

○竊見土木之功不可兼遂北闕初建南營翠微曾未逾時玉華創制雖復因山藉水非無架築之勞損之又損頗有工力之費終以茅茨示約猶興木石之疲假使和雇取人不無煩擾之弊是以卑宮菲食聖主之所安金屋瑤臺驕主之爲麗故有道之君以逸逸人無道之君以樂樂身願陛下使之以時則力無竭矣用而息之則人斯悅矣夫珍翫伎巧乃喪國之斧斤珠玉錦繡寔迷心之酖毒竊見服翫纖靡如變化於自然織貢珍奇若神仙之所製雖馳華於季俗實敗素於淳風是知漆器非延叛之方桀造之而人叛玉杯豈招亡之術紂用之而國亡方驗侈麗之源不可不遏作法於儉猶恐其奢作法於奢何以制後伏惟陛下明鑑未形智周無際窮奥祕於麟閣盡探賾於儒林千王治亂之蹤百代安危之跡興衰禍福之數得失成敗之機故亦包呑心府之中循環目圍之內乃宸衷之久察無假一二言焉惟恐知之非難行之不易志驕於業泰體逸於時安伏願抑志裁心愼終如始削輕過以添重德循今是以替前非則令名與日月無窮盛業與乾坤永大太宗善其言優賜甚厚及太宗崩追思顧遇之恩哀慕愈甚發疾不自醫病甚謂所親曰吾荷顧實深志在早歿魂其有靈得侍園寢吾之志也因爲七言詩及連珠以見其志永徽元年卒時年二十四詔贈賢妃陪葬於昭陵之石室

高宗廢后王氏幷州祁人也父仁祐貞觀中羅山令同安長公主卽后之從祖母也公主以后有美色言於太宗遂納爲晉王妃高宗登儲冊爲皇太子妃以父仁祐爲陳州刺史永徽初立爲皇后以仁祐爲特進魏國公母柳氏爲魏國夫人仁祐尋卒贈司空初武皇后貞觀末隨太宗嬪御居於感業寺后及左右數爲之言高宗由是復召入宮立爲昭儀俄而漸承恩寵遂與后及良娣蕭氏遞相譖毁帝終不納后言而昭儀寵遇日厚后懼不自安密與母柳氏求巫祝厭勝事發帝大怒斷柳氏不許入宮中后舅中書令柳奭罷知政事幷將廢后長孫無忌褚遂良等固諫乃止俄又納李義府之策永徽六年十月廢后及蕭良娣皆爲庶人囚之別院武昭儀令人皆縊殺之后

○母柳氏兄尚衣奉御全信及蕭氏兄弟並配流嶺外遂立昭儀爲皇后尋又追改后姓爲蟒氏蕭良娣爲梟氏庶人良娣初囚大罵曰願阿武爲老鼠吾作猫兒生生扼其喉武后怒自是宮中不畜猫初囚高宗念之閒行至其所見其室封閉極密惟開一竅通食器出入高宗惻然呼曰皇后淑妃安在庶人泣而對曰妾等得罪廢弃爲宮婢何得更有尊稱名爲皇后言訖悲咽又曰今至尊思及疇昔使妾等再見日月出入院中望改此院名爲迴心院妾等再生之幸高宗曰朕卽有處置武后知之令人杖庶人及蕭氏各一百截去手足投於酒甕中曰令此二嫗骨醉數日而卒後則天頻見王蕭二庶人披髮瀝血如死時狀武后惡之禱以巫祝又移居蓬萊宮復見故多在東都中宗卽位復后姓爲王氏梟氏還爲蕭氏

中宗和思皇后趙氏京兆長安人祖綽武德中以戰功至右領軍衛將軍父瓌尚高祖女常樂公主歷遷左千牛將軍中宗爲英王時納后爲妃旣而妃母公主得罪妃亦坐廢幽死於內侍省則天臨朝瓌

爲壽州刺史坐與越王貞連謀被誅公主亦坐死神龍元年贈后謚
爲恭皇后贈環左衛大將軍及中宗崩將葬于定陵議者以韋后得
罪不宜祔葬於是追謚后爲和思莫知瘞所行招魂祔葬之禮太常
博士彭景直上言古無招魂葬之禮不可備棺槨置轀輬宜據漢書
郊祀志葬黄帝衣冠於橋山故事以皇后禕衣於陵所寢宮招魂置
衣於魂轝以太牢告祭遷衣於寢宮舒於御榻之右覆以夷衾而祔
葬焉從之

中宗韋庶人京兆萬年人也祖弘表貞觀中爲曹王府典軍中宗爲
太子時納后爲妃仍擢后父普州叅軍玄貞爲豫州刺史嗣聖元年
立爲皇后其年中宗見廢后隨從房州時中宗懼不自安每聞制使
至惶恐欲自殺后勸王曰禍福倚伏何常之有豈失一死何遽如是
也累年同艱危情義甚篤所生懿德太子永徽永壽長寧安樂四公
主安樂最幼生於房州帝自脫衣褁之遂名曰褁兒特寵異焉及中
宗復立爲太子又立后爲妃時昭容上官氏常勸后行則天故事乃

上表請天下士庶爲出母服喪三年又請百姓以年二十三爲丁五
十九免役改易制度以收時望制皆許之帝在房州時常謂后曰一
朝見天日誓不相禁忌及得志受上官昭容邪說引武三思入宮中
升御牀與后雙陸帝爲點籌以爲歡笑醜聲日聞于外乃大出宮女
雖左右內職而許時出禁中上官氏及宮人貴倖者皆立外宅出入
不節朝官邪佞者候之恣爲狎遊祈其賞秩以至要官時侍中敬暉
謀去諸武武三思患之乃結上官氏以爲援因得幸於后潛入宮中
謀議乃諷百官上帝尊號爲應天皇帝后爲順天皇后帝與后親謁
太廟告謝受尊號之意於是三思驕横用事敬暉王同晈相次夷滅
天下咸歸咎於后后方優寵親屬內外封拜遍列清要又欲寵樹安
樂公主乃制公主開府置官屬太平公主儀比親王長寧安樂二府
不置長史而已宜城公主等以非后所生各減太平之半安樂恃寵
驕恣賣官鬻獄勢傾朝廷常自草制敕掩其文而請帝書焉帝笑而
從之竟不省視又請自立爲皇太女帝雖不從亦不加譴所署府寮

皆猥濫非才又廣營第宅侈靡過甚長寧及諸公主迭相倣効天下
咸嗟怨之神龍三年節愍太子死後宗楚客率百寮上表加后號爲
順天翊聖皇后景龍二年春宮中希旨妄稱后衣箱中有五色雲出
帝使畫工圖之出示於朝乃大赦天下百寮母妻各加邑號右驍衛
將軍知太史事迦葉志忠上表曰昔高祖未受命時天下歌桃李子
太宗未受命時天下歌秦王破陣樂高宗未受命時天下歌側堂堂
天后未受命天下歌武媚娘伏惟應天皇帝未受命時天下歌英王
石州順天皇后未受命時天下歌桑條韋也女行六合之內齊首蹀
足應四時八節之會歌舞同歡豈與夫簫韶九成百獸率舞同年而
語哉伏惟皇后降帝女之精合爲國母主蠶桑以安天下后妃之德
於斯爲盛謹進桑條歌十二篇伏請宣布中外進入樂府皇后先蠶
之時以享宗廟帝悅而許之特賜志忠莊一區雜綵七百段太常少
卿鄭愔又引而申之播於舞詠亦受厚賞兵部尚書宗楚客又諷補
闕趙延禧表陳符命解桑條以爲十八代之符請頒示天下編諸史

冊帝大悅擢延禧爲諫議大夫時上官昭容與其母鄭氏及尚宮柴
氏賀婁氏樹用親黨廣納貨賂別降墨敕斜封授官或出藏獲屠販
之類累居榮秩又引女巫趙氏出入禁中封爲隴西夫人勢與上官
氏爲比三年冬帝將親祠南郊國子祭酒祝欽明司業郭山惲建議
云皇后亦合助祭太常博士唐紹蔣欽緒上疏爭之尚書右僕射韋
巨源許定儀注遂希旨協同欽明之議帝納其言以后爲亞獻仍以
宰相女爲齋娘以執籩豆欽明又欲請安樂公主爲終獻迫於時議
而止四年正月望夜帝與后微行市里以觀燒燈又放宮女數千夜
遊縱觀因與外人陰通逃逸不還時國子祭酒葉靜能善符禁小術
散騎常侍馬秦客頗閑醫藥光祿少卿楊均以調膳侍奉皆出入宮
掖均與秦客皆得幸於后相次丁母憂旬日悉起復舊職時安樂公
主與駙馬武延秀侍中紀處訥中書令宗楚客司農卿趙履溫互相
猜貳迭爲朋黨六月帝遇毒暴崩時馬秦客侍疾議者歸罪於秦客
及安樂公主后懼秘不發喪引所親入禁中謀自安之策以刑部尚

書裴談工部尚書張錫知政事留守東都又命左金吾大將軍趙承恩及宦者左監門衛大將軍薛崇簡帥兵五百人往筠州以備譙王重福后與兄太子少保温定策立温王重茂爲皇太子召諸府兵五萬人屯京城分爲左右營然後發喪少帝即位尊后爲皇太后臨朝攝政韋温揔知内外兵馬守援宫掖駙馬韋捷韋濯分掌左右屯營武延秀及温從子播族弟璿外甥高崇共典左右羽林軍及飛騎萬騎播璿欲先樹威嚴拜官日先鞭萬騎數人衆皆怨不爲之用時京城恐懼相傳將有革命之事往往偶語人情不安臨淄王率薛崇簡鍾紹京劉幽求領萬騎及揔監丁夫入自玄武門至左羽林軍斬將軍韋璿韋播及中郎將高崇於寢帳遂斬關而入至太極殿后惶駭遁入殿前飛騎營及武延秀安樂公主皆爲亂兵所殺分遣萬騎誅其黨與韋温温從子捷及族弟嬰宗楚客弟晉卿紀處訥馬秦客葉靜能楊均趙履温衛尉卿王哲太常卿李璡將作少匠李守質及韋氏武氏宗族無少長皆斬之梟后及安樂公主首於東市翌日勅收

后屍葬以一品之禮追貶爲庶人安樂公主葬以三品之禮追貶爲悖逆庶人

中宗上官昭容名婉兒西臺侍郎儀之孫也父庭芝與儀同被誅婉兒時在襁褓隨母配入掖庭及長有文詞明習吏事則天時婉兒忤旨當誅則天惜其才不殺但黥其面而已自聖曆已後百司表奏多令參決中宗即位又令專掌制命深被信任尋拜爲昭容封其母鄭氏爲沛國夫人婉兒既與武三思淫亂每下制勅多因事推尊武氏而排抑皇家節愍太子深惡之及舉兵至肅章門扣閤索婉兒婉兒大言曰觀其此意即當次索皇后以及大家帝與后遂激怒并將婉兒登玄武門樓以避兵鋒俄而事定婉兒常勸廣置昭文學士盛引當朝詞學之臣數賜遊宴賦詩唱和婉兒每代帝及后長寧安樂二公主數首並作辭甚綺麗時人咸諷誦之婉兒又通於吏部侍郎崔湜引知政事湜嘗充使開商山新路功未半而中宗崩婉兒草遺制曲叙其功而加褒賞及韋庶人敗婉兒亦斬於旗下玄宗令收其詩筆撰成文集二十卷令張說爲之序初婉兒在孕時其母夢人遺己大秤占者曰當生貴子而秉國權衡既生女聞者嗤其無効及婉兒專秉内政果如占者之言

睿宗肅明順聖皇后劉氏刑部尚書德威之孫也父延景陝州刺史景雲元年追贈尚書右僕射沛國公儀鳳中睿宗居藩納后爲孺人尋立爲妃生寧王憲壽昌代國二公主文明元年睿宗即位冊爲皇后及降爲皇嗣后從降爲妃長壽中與昭成皇后同被譖爲則天所殺景雲元年追謚肅明皇后招魂葬於東都城南陵曰惠陵睿宗崩遷祔橋陵以昭成太后故不得入太廟配饗常別祀於儀坤廟開元二十年始祔太廟

睿宗昭成順聖皇后竇氏將作大匠抗曾孫也祖誕大理卿莘國公父孝諶潤州刺史景雲元年追贈太尉邠國公后姿容婉順動循禮則睿宗爲相王時爲孺人甚見禮異光宅元年立爲德妃生玄宗及金仙玉真二公主長壽二年爲戶婢團兒誣譖與肅明皇后厭蠱呪

咀正月二日朝則天皇后於嘉豫殿既退而同時遇害梓宫祕密莫知所在睿宗即位謚曰昭成皇后招魂葬於都城之南陵曰靖陵又立廟於京師號爲儀坤廟睿宗崩后以帝母之重追尊爲皇太后謚仍舊祔葬橋陵遷神主于太廟

玄宗廢后王氏同州下邽人梁冀州刺史神念之後上爲臨淄王時納后爲妃上將起事頗預密謀贊成大業先天元年爲皇后以父仁皎爲太僕卿累加開府儀同三司邠國公后兄守一以后無子常懼有廢立導以符厭之事有左道僧明悟爲祭南北斗刻霹靂木書天地字及上諱合而佩之且呪曰佩此有子當與則天皇后爲比事發上親究之皆驗開元十二年秋七月己卯下制曰皇后王氏天命不祐華而不實造起獄訟朋扇朝廷見無將之心有可諱之惡焉得敬承宗廟母儀天下可廢爲庶人別院安置刑于家室有媿昔王爲國大計蓋非獲已守一賜死其年十月庶人卒以一品禮葬於無相寺寶應元年雪免復尊爲皇后

玄宗貞順皇后武氏則天從父兄子恒安王攸止女也攸止卒後后尚幼隨例入宮上即位漸承恩寵及王庶人廢後特賜號爲惠妃宮中禮秩一同皇后所生母楊氏封爲鄭國夫人同母弟忠累遷國子祭酒信祕書監惠妃開元初產夏悼王及懷哀王上仙公主並襁褓不育上特垂傷悼及生壽王瑁不敢養於宮中命寧王憲於外養之又生盛王琦咸宜太華二公主惠妃以開元二十五年十二月薨年四十餘下制曰存有懿範沒有寵章豈獨被於朝班故乃施於亞政可以垂裕斯爲通典故惠妃武氏少而婉順長而賢明行合禮經言應圖史承戚里之華冑昇後庭之峻秩貴而不恃謙而益光以道飭躬以和逮下四德粲其兼備六宮咨而是則法度在己靡資珩珮躬儉化人率先絺綌夙有奇表將加正位前後固讓辭而不受奄至淪殁載深感悼遂使玉衣之慶不及於生前象服之榮徒增於身後可贈貞順皇后宜令所司擇日册命葬於敬陵時慶王琮等請制齊衰之服有司請以忌日廢務上皆不許之立廟於京中昊天觀南乾元之後祠享亦絕

玄宗楊貴妃高祖令本金州刺史父玄琰蜀州司戶妃早孤養於叔父河南府士曹玄璬開元初武惠妃特承寵遇故王皇后廢黜二十四年惠妃薨帝悼惜久之後庭數千無可意者或奏玄琰女姿色冠代宜蒙召見時妃衣道士服號曰太真既進見玄宗大悅不朞歲禮遇如惠妃太真姿質豐豔善歌舞通音律智筭過人每倩盼承迎動移上意宮中呼爲娘子禮數實同皇后有姊三人皆有才貌玄宗並封國夫人之號長曰大姨封韓國三姨封虢國八姨封秦國並承恩澤出入宮掖勢傾天下妃父玄琰累贈太尉齊國公母封涼國夫人叔玄珪光祿卿再從兄銛鴻臚卿錡侍御史尚武惠妃女太華公主以母愛禮遇過於諸公主賜甲第連於宮禁韓虢秦三夫人與銛錡等五家每有請託府縣承迎峻如詔勑四方賂遺其門如市五載七月貴妃以微譴送歸楊銛宅比至亭午上思之不食高力士探知上旨請送貴妃院供帳器玩廩餼等辦具百餘車上又分御饌以送之帝動不稱旨暴怒笞撻左右力士伏奏請迎貴妃歸院是夜開安興里門入內妃伏地謝罪上歡然慰撫翌日韓虢進食上作樂終日左右暴有賜與自是寵遇愈隆韓虢秦三夫人歲給錢千貫爲脂粉之資銛授三品上柱國私第立戟姊妹昆仲五家甲第洞開僭擬宮掖車馬僕御照耀京邑遞相夸尚每構一堂費踰千萬計見制度宏壯於已者即徹而復造土木之工不捨晝夜玄宗頒賜及四方獻遺五家如一中使不絕開元已來豪貴雄盛無如楊氏之比也玄宗凡有遊幸貴妃無不隨侍乘馬則高力士執轡授鞭宮中供貴妃院織錦刺繡之工凡七百人其雕刻鎔造又數百人揚益嶺表刺史必求良工造作奇器異服以奉貴妃獻賀因致擢居顯位玄宗每年十月幸華清宮國忠姊妹五家扈從每家爲一隊著一色衣五家合隊照映如百花之煥發而遺鈿墜舄瑟瑟珠翠璨爛芳馥於路而國忠私於虢國而不避雄狐之刺每入朝或聯鑣方駕不施帷幔每三朝慶賀五鼓待漏靚粧盈巷蠟炬如晝而十宅諸王百孫院婚嫁皆因韓虢

爲紹介仍先納賂千貫而奏請罔不稱旨天寶九載貴妃復忤旨送歸外第時吉溫與中貴人善溫入奏曰婦人智識不遠有忤聖情然貴妃久承恩顧何惜宮中一席之地使其就戮安忍取辱於外哉上即令中使張韜光賜御饌妃附韜光泣奏曰妾忤聖顏罪當萬死衣服之外皆聖恩所賜無可遺留然髮膚是父母所有乃引刀翦髮一繚附獻玄宗見之驚惋即使力士召還國忠既居宰執兼領劒南節度勢漸恣橫十載正月望夜楊家五宅夜遊與廣平公主騎從爭西市門楊氏奴揮鞭及公主衣公主墮馬駙馬程昌裔扶公主因及數撾公主泣奏之上令殺楊氏奴昌裔亦停官國忠二男昢暄妃弟鑑皆尚公主楊氏一門尚二公主二郡主貴妃父祖立私廟玄宗御製家廟碑文并書玄珪累遷至兵部尚書天寶中范陽節度使安祿山大立邊功上深寵之祿山來朝帝令貴妃姊妹與祿山結爲兄弟祿山母事貴妃每宴賜錫賚稠沓及祿山叛露檄數國忠之罪河北盜起玄宗以皇太子爲天下兵馬元帥監撫軍國事國忠大懼諸楊聚

哭貴妃衛士陳請帝遂不行內禪及潼關失守從幸至馬嵬禁軍大將陳玄禮密啓太子誅國忠父子既而四軍不散玄宗遣力士宣問對曰賊本尚在蓋指貴妃也力士復奏帝不獲已與妃詔遂縊死於佛室時年三十八瘞於驛西道側上皇自蜀還令中使祭奠詔令改葬禮部侍郎李揆曰龍武將士誅國忠以其負國兆亂今改葬故妃恐將士疑懼葬禮未可行乃止上皇密令中使改葬於他所初瘞時以紫褥裹之肌膚已壞而香囊仍在內官以獻上皇視之悽惋乃令圖其形於別殿朝夕視之馬嵬之誅國忠也虢國夫人聞難作奔馬至陳倉縣令薛景仙率人吏追之走入竹林先殺其男裴徽及一女國忠妻裴柔曰娘子爲我盡命即刺殺之已而自刎不死縣吏載之閉於獄中猶謂吏曰國家乎賊乎吏曰互有之血凝至喉而卒遂瘞于郭外韓國夫人婿　秘書少監崔珦女爲代宗妃虢國男裴徽尚代宗女延安公主女嫁讓帝男秦國夫人婿柳澄先死男鈞尚長清縣主澄弟潭尚肅宗女和政公主

唐書列傳卷第一

唐書列傳卷第二

劉　昫　等修

聞人詮校刻沈桐同校

后妃下

玄宗元獻皇后楊氏弘農華陰人曾祖士達隋納言天授中以則天母族追封士達爲鄭王贈太尉父知慶左千牛將軍贈太尉鄭國公后景雲元年八月選入太子宮時太平公主用事尤忌東宮宮中左右持兩端而潛附太平者必陰伺察事雖纖芥皆聞於上太子心不自安后時方娠太子密謂張說曰用事者不欲吾多息胤恐禍及此婦人其如之何密令說懷去胎藥而入太子於曲室躬自煑藥醺然似寐夢神人覆鼎既寤如夢如是者三太子異之告說說曰天命也無宜他慮既而太平誅后果生肅宗太子妃王氏無子后班在下后不敢母肅宗王妃撫鞠慈甚所生開元中肅宗爲忠王后爲妃又生寧親公主張說以舊恩特承寵異說亦奇忠王儀表心知運曆所鍾故寧親公主降說子垍開元十七年后薨葬細柳原玄宗命說爲志文其銘云石獸澁兮綠苔黏宿草殘兮白露霑園寢閉兮脂粉膩不知何年開鏡奩二十四年忠王立爲皇太子至德元年肅宗即位於

靈武二載五月玄宗在蜀誥曰聖人垂範是推顧復之恩王者建極抑有追尊之禮蓋母以子貴德以謚尊故妃弘農楊氏特稟坤靈久蘊陰教往以績塗山之慶降華渚之祥誕發異圖載光帝業而冊命猶闕幽靈尚閟夏王繼統方軫陽城之恩漢后褒崇庶協昭靈之稱宜於彼追冊爲元獻太后寶應二年正月祔葬泰陵

肅宗張皇后本南陽西鄂人後徙家昭應祖母竇氏玄宗母昭成皇太后之妹也昭成爲天后所殺玄宗幼失所恃爲竇姨鞠養景雲中封鄧國夫人恩渥甚隆其子去惑去疑去奢去逸皇姨弟也皆至大官去盈尚玄宗女常芬公主去逸生后天寶中選入太子宮爲良娣后弟清又尚大寧郡主后辯惠豐碩巧中上旨祿山之亂玄宗幸蜀太子與良娣俱從車駕渡渭百姓遮道請留太子收復長安肅宗性仁孝以上皇播越不欲違離左右宦者李靖忠啓太子請留良娣贊成之白於玄宗太子如靈武時賊已陷京師從官單寡道路多虞每太子次舍宿止良娣必居其前太子曰捍禦非婦人之事何以居前

○良娣曰今大家跋履險難兵衛非多恐有倉卒妾自當之大家可由後而出庶幾無患及至靈武産子三日起縫戰士衣太子勞之曰産忌作勞安可容易后曰此非妾自養之時須辦大家事肅宗即位冊爲淑妃贈父太僕卿去逸左僕射母竇氏封義章縣主姊李㬱妻封清河郡夫人妹師師封郕國夫人乾元元年四月冊爲皇后弟駙馬都尉清加特進太常卿同正封范陽郡公皇后寵遇專房與中官李輔國持權禁中干預政事請謁過當帝頗不悅無如之何后於光順門受外命婦朝親蠶苑中內外命婦相見儀注甚盛先在靈武時太子弟建寧王倓爲后誣譖而死自是太子憂懼常恐后之構禍乃以恭遜取容后以建寧之隙常欲危之張后生二子興王佋定王侗興王早薨侗又孩幼故儲位獲安寶應元年四月肅宗大漸后與內官朱輝光馬英俊啖廷瑤陳仙甫等謀立越王係矯詔召太子入侍疾中官程元振李輔國知其謀及太子入二人以難告請太子在飛龍廄元振率禁軍收越王捕朱輝光等俄而肅宗崩太子監國遂移后於別殿幽崩誅馬英俊女道士許靈素配流山人申大芝賜死駙馬都尉清貶硤州司馬弟延和郡主壻鴻臚卿潛貶郴州司馬舅鴻臚卿竇履信貶道州刺史

肅宗韋妃父元珪兗州都督肅宗爲忠王時納爲孺人及昇儲位爲太子妃生兗王僴絳王佺永和公主永穆公主天寶中宰相李林甫不利於太子妃兄堅爲刑部尚書林甫羅織起柳勣之獄堅連坐得罪兄弟並賜死太子懼上表自理言與妃情義不睦請離婚玄宗慰撫之聽離妃遂削髮被尼服居禁中佛舍西京失守妃亦陷賊至德二年薨於京城

肅宗章敬皇后吳氏坐父事沒入掖庭開元二十三年玄宗幸忠王邸見王服御蕭然傍無媵侍命將軍高力士選掖庭宮人以賜之而吳后在籍中容止端麗性多謙抑寵遇益隆明年生代宗皇帝二十八年薨葬於春明門外代宗即位之年十二月羣臣以肅宗山陵有期準禮以先太后祔陵廟宰臣郭子儀等上表曰儼宸極者允歸於

○淑德謚徽號者必副於鴻名當履運而承天則因心而追往此先王之明訓聖人之茂典也伏惟先太后圓精挺質方祇冥秀禎符協於四星典禮敦於萬國得元和之正氣韞霄漢之清英顧史求箴道先於壼則撝謙率禮教備於中闈太陰無㬎朓之徵丙殿有祝延之慶尊敬師傅佩服禮經勤於蘋藻之薦閭貴珩璜之飾徽音允穆嘉慶聿彰憲度輔佐之勞緝熙玄默之化足以光昭宗祀作配紫微豈驪虞之風行於江漢之域葛覃之詠起自岐陽之下爰膺曆數作啓聖明大拯艱難永清夷夏雖復文母成周王之業慶都誕帝堯之聖異代同符彼多懿德昊蒼不弔聖善長違當圓冕之成王英早落有坤儀之美象服未加悲懷於先遠之辰感慟於易名之日伏以山陵貞兆良吉有期虞祔之儀式資配享率由故實敬奉嘉名謹按謚法敬慎高明曰章法度明大曰章夙興夜寐曰敬齊莊中正曰敬敢遵先典仰圖懿德謹上尊謚曰章敬皇后二年三月祔葬建陵啓春明門外舊壟后容狀如生粉黛如故而衣皆赭黃色見者駭異以爲聖子

符兆之先后父令珪寳應初贈太尉母李氏贈秦國夫人叔令瑶拜
太子家令封馮翊郡公令瑜太子右諭德封濟陰郡公后兄溵鴻臚
少卿封鄄城縣公澄太子賓客濮陽縣公湊太子詹事臨濮縣公並
加開府儀同三司溵位終金吾大将軍湊位終京兆尹見外戚傳
代宗睿眞皇后沈氏吳興人世爲冠族父易直祕書監開元末以良
家子選入東宮賜太子男廣平王天寳元年生德宗皇帝禄山之亂
玄宗幸蜀諸王妃主從幸不及者多陷於賊后被拘於東都掖庭及
代宗破賊收東都見之留於宮中方經略北征未暇迎歸長安俄而
史思明再陷河洛及朝義敗復收東都失后所在莫測存亡代宗遣
使求訪十餘年寂無所聞德宗即位下詔曰王者事父孝故事天明
事母孝故事地察則事天莫先於嚴父事地莫盛於尊親朕恭承天
命以主社稷執珪璧以事上帝祖宗克配園寢永終而内朝虚位闕
問女之禮銜悲内惻憂戀終歲思欲歷舟車之路以聽求音問而主
兹重器莫匪深哀是用仰稽舊儀敬崇大號舉兹禮命式遵前典宜

○令公卿大夫稽度前訓上皇太后尊號建中元年十一月遥尊聖母
沈氏爲皇太后陳禮于含元殿庭如正至之儀上衮冕出自東序門
立於東方朝臣班於位册曰嗣皇帝臣名言恩莫重於顧復禮莫貴
於徽號上以展愛敬之道下以正春秋之義則祖宗之所禀命臣子
之所盡心尊尊親親此焉而在兩漢而下帝王嗣位崇奉尊稱厥有
舊章永惟丕烈敢墜前典臣名謹上尊號曰皇太后帝再拜獻欷不
自勝左右皆泣下仍以睦王述爲奉迎皇太后使工部尚書喬琳副
之候太后問至昇平公主宜備起居於是分命使臣周行天下明年
二月吉問至羣臣稱賀既而詐妄自是詐稱太后者數四皆不之罪
終貞元之世無聞焉德宗敦崇外族贈太后父易直太師易直子庫
部員外郎介福贈太傅介福子德州刺史士衡贈太保易直第二子
祕書少監震贈太尉時沈氏封贈拜爵者百餘人貞元七年詔外曾
祖隋陜令沈琳贈司徒追封徐國公與外祖贈太師易直等立五廟
以琳爲始緑祠廟所須官給后無近屬惟族子房爲近德宗用爲金

吾將軍主沈氏之祀憲宗即位之年九月禮儀使奏太后沈氏厭代
登眞於今二十七載大行皇帝至孝惟深哀思罔極建中之初已發
明詔舟車所至靡不周遍歲月滋深迎訪理絶按晉庾蔚之議尋求
三年之後又俟中壽而服之今參詳禮例伏請以大行皇帝啓攢宮
日百官舉哀於肅章門内之正殿先令有司造禕衣一副發哀日令
内官以褘衣置於幄自後官人朝夕上食先啓告元陵次告天地宗
廟昭德皇后廟太皇太后謚册造神主擇日祔於代宗廟其褘衣備
法駕奉迎於元陵祠復置於代宗皇帝衮衣之右便以發哀日爲國
忌詔如奏其年十一月册謚曰睿眞皇后奉神主祔於代宗之室
代宗崔妃博陵安平人父峋祕書少監母楊氏韓國夫人天寳中楊
貴妃寵幸即妃之姨母也時韓國虢國之寵冠於戚里時代宗爲廣
平王故玄宗選韓國之女嬪于廣平邸禮儀甚盛生召王偲初妃挾
母氏之勢性頗妬悍及西京陷賊母黨皆誅妃從王至靈武恩顧漸
薄達京而薨

○代宗貞懿皇后獨孤氏父穎左威衛録事參軍以后貴贈工部尚書
后以美麗入宮嬖幸專房故長秋虚位諸姬罕所進御后始册爲貴
妃生韓王迥華陽公主華陽聰悟過人能候上顔色發言必隨喜愠
上之所賞則因而美之上之所惡則曲以全之由是鍾愛特異大曆
九年公主薨上嗟悼過深數日不視朝宰臣等因中使吳承倩附奏
言修短常理以社稷之重宜節哀視事初公主疾上令宗師道教名
曰瓊華眞人及疾亟上親自臨視屬纊之際嚙傷上指其愛念如此
上既未聽朝宰臣等諫曰公主夙成神晤仁眷特鍾嘗禱必親已承
減膳幽明遽間倍軫慈衷臣等微誠無由感達伏惟陛下守累聖之
公器御羣生之重畜夷百戰之艱患撫四海之傷殘虜候爲虞戎師
近警一言萬務裁成聖心得失謬於毫釐安危存於晷刻伏慮顧懷
猶切神志未和衆情以之不寧臣子以之兢悸伏願抑周喪之私痛
均品物於至公下慰黔黎上安宗社上始聽朝大曆十年五月貴妃
薨追謚曰貞懿皇后殯於内殿累年不忍出宮十三年十月方葬命

宰臣常袞爲哀冊曰維大曆十年歲在辛卯十月辛酉朔六日丙寅
貴妃獨孤氏薨粤明日追謚曰貞懿皇后殯于内殿之西階十三年
十月癸酉乃命門下侍郎同平章事常袞持節冊命以其月二十五
日丁酉遷座于莊陵禮也素紗列位黼帟周庭輅升玉綴軒軼珠櫺
皇帝悼鸞被以追懷感麟迹而增慟備百禮以殷遣命六宫而哀送
宗祝薦告司儀降收爰詔侍臣紀垂鴻休其辭曰祚祉悠久寵靈誕
受元魏戚藩周隋帝后五侯迭興七貴居右肇啓皇運光膺文母纘
女是因以綱大倫生知陰教育我蒸人瑞雲呈彩瑶星降神聰明睿
智婉麗貞仁惟昔天監搜求才淑龍德在田葛覃于谷周姜胥宇漢
后推轂王業惟艱嬪風已穆繼文傳聖嗣徽克令不曜其光乃終有
慶祗奉園寢肅恭靈命越在哀煢聿追孝敬文織絲組朱緑玄黄上
供祭服以祀明堂法度有節不待珩璜篇訓之制自盈縑緗敘我邦
族風于天下始於憂勤協成王化慈愿諸女寵臨下嫁登進賢才勞
謙日夜服繒示儉脫簪申誡訪問後言讌遊夙退内加羣娣動有矜
○誨外睦諸親泣辭封拜闕翟有日親蠶候時忽歸清漢言復方祇萬
乘悼懐羣臣慕思玉衣追慶金鈿同儀嗚呼哀哉去昭陽兮窅然乘
雲駕兮何在人代宛兮如舊炎涼倏兮已改翠葆森以成列素旗儼
而相待言從玉兆之貞永閟瑶華之彩別長秋之西苑過望春兮南
登招帝子于北渚從毋后於東陵下土清兮動金翠外無像兮中有
憑合簫挽以攢咽結雲雨之凄凝吾君感於幽期俯層亭而望思慘
嬪嬡以延竚極容衛以盡時摇巾袂兮遠訣隔軒檻兮羣悲不復見
兮迴御輦傷如何兮軫睿慈下蘭皐兮背芷陽旌悠悠兮野蒼蒼帶
白花兮掩淚衣玄帉兮斷腸當盛明兮共樂忽幽處兮獨傷去故廷
兮日遠即新宫兮夜長遂無文繡之飾器無珠貝之藏蓋自我之立
制刑有國之大方嗚呼哀哉見送往之空歸歎終焉之如此方士神
兮是與非甘泉畫兮疑復似遺音在於玉瑱陳迹留於金卮獻萬壽
兮無期存二南之餘美帝追思不已每事欲極哀情常袞當代才臣
詔爲哀詞文旨悽惋覽之者惻然華陽公主先葬于城東地卑濕至

是徙葬祔於莊陵之園故哀詞云招帝子于北渚從毋后於東陵乃
詔常袞官爲挽歌上自選其傷切者令挽士歌之大曆初后寵遇無
雙以恩澤官其宗屬叔太常少卿卓爲少府監后兄良佐太子中允
德宗昭德皇后王氏父遇官至秘書監德宗爲魯王時納后爲嬪上
元二年生順宗皇帝特承寵異德宗即位冊爲淑妃貞元二年妃病
十一月甲午冊爲皇后是日崩於兩儀殿臨畢素服視事旣大殮成
服百寮服三日而釋用晉文明后崩天下發哀三日止之義上服凡
七日而釋謚曰昭德初令兵部侍郎李紓撰謚冊文既進帝以紓文
謂皇后曰大行皇后非禮留中不出詔翰林學士吳通玄爲之通玄
又云咨后王氏議者亦以爲非知禮者以貞觀中岑文本撰文德皇
后謚冊曰皇后長孫氏斯得之矣五月葬于靖陵后母郕國夫人鄭
氏請設祭詔曰祭筵不可用假花果欲祭者從之自是宗室諸親及
李晟渾瑊神策六軍大將皆設祭自啓殯後日數祭至發引方止宰
臣韓滉爲哀冊又命宰相張延賞柳渾撰昭德皇后廟樂章既進以
○詞句非工留中不下令學士吳通玄別撰進初后爲淑妃德宗贈后
父遇揚州大都督遇子果眉州司馬甥姪拜官者二十餘人永貞元
年十一月徙靖陵祔葬于崇陵
德宗韋賢妃不知氏族所出初爲良娣貞元二年冊爲賢妃性敏惠
言無苟容動必由禮德宗深重之六宫師其德行及德宗崩請於崇
陵終喪紀因侍於寢園元和四年薨
順宗莊憲皇后王氏琅邪人曾祖思敬試太子賓客祖難得贈潞州
都督封琅邪郡公父顔金紫光禄大夫衛尉卿后幼以良家子選入
宫爲才人順宗在藩時代宗以才人賜之時年十三大曆十三年生
憲宗皇帝立爲宣王孺人順宗升儲冊爲良娣后言容恭謹宫中稱
其德行順宗即位疾恙未平后供侍醫藥不離左右屬帝不能言冊
禮將行後止及永貞内禪冊爲太上皇后元和元年正月順宗晏駕
五月尊太上皇后爲皇太后冊禮畢憲宗御紫宸殿宣赦太后居興
慶宫后性仁和恭遜深抑外戚無絲毫假貸訓厲内職有母儀之風

焉元和十一年三月崩於南内之咸寧殿謚曰莊憲皇后初太常少
卿韋縚進謚議公卿署定欲告天地宗廟禮院奏議曰謹按曾子問
賤不誄貴幼不誄長禮也古者天子稱天以誄之皇后之謚則讀於
廟江都集禮引白虎通曰皇后何所謚之以爲於廟又曰皇后無外
事無爲于郊傳曰故雖天子必有尊也準禮賤不得誄貴子得爵母
所以必謚于廟者謚宜受成於祖宗故天子謚成于郊后妃謚成于
廟今請準禮集百官連署謚狀訖讀於太廟然後上謚於兩儀殿既
符故事允合禮經從之初稱謚並云莊憲皇太后禮儀使鄭絪奏議
秦漢已來天子之后稱皇后母稱皇太后祖母稱太皇太后崩亦如
之加太字者所以別尊稱也國朝典禮皆依舊制開元六年正月太
常奏昭成皇太后謚號以牒禮部禮部非之太常報曰入廟稱后義
繫於夫在朝稱太后義繫於子此載於史冊垂之不刊今百司移牒
及奏狀悉詳典故恐不合除太字如謚冊入陵神主入廟即當去之
其年八月祔葬于豐陵后生福王綰漢陽雲安遂安三公主后之祖

○父母弟見外戚傳

憲宗懿安皇后郭氏尚父子儀之孫贈左僕射駙馬都尉曖之女母
代宗長女昇平公主憲宗爲廣陵王時納后爲妃以母貴父祖有大
勳於王室順宗深寵異之貞元十一年生穆宗皇帝元和元年八月
冊爲貴妃八年十二月百寮拜表請立貴妃爲皇后凡三上章上以
歲暮來年有子午之忌且止帝後庭多私愛以后門族華盛慮正位
之後不容嬖幸以是冊拜後時元和十五年正月穆宗嗣位閏正月
冊爲皇太后陳儀宣政殿庭冊曰嗣皇帝臣名再拜言伏以正坤元
母天下符至德以昇大號因景運而飾鴻徽煥乎前聞焯彼古訓以
極尊尊親親之義明因天事地之經有自來矣伏惟大行皇帝貴妃
大虹毓慶齊月披祥導靈派於昭回擢殊仁於氣母範圍百行表飭
六宮粤在中闈流宣陰教輔佐先聖勤勞庶工顧以沖眇遭罹閔凶
荷成命於守器之時奉寶圖於鑄鼎之日哀纏易月痛鉅終天而四
海無虞萬邦有截仰惟顧復之德敢揚聖善之風謹上尊號曰皇太
后是日百寮稱慶外命婦奉賀光順門詔皇太后曾祖贈太保追封
岐國公敬之贈太傅太后父駙馬都尉曖贈太尉母號國大長公主
贈齊國大長公主后兄司農卿釗爲刑部尚書鏦爲金吾大將軍太
后居興慶宮帝每月朔望參拜三朝慶賀帝自率百官詣門上壽或
遇良辰美景六宮命婦戚里親屬車騎駢噎於南内鑾珮之音鏘如
九奏穆宗意頗奢縱朝夕供御尤爲華侈太后嘗幸驪山登石瓮寺
上命景王率禁軍侍從帝自於昭應奉迎遊豫行樂數日方還敬宗
即位尊爲太皇太后及寶曆季年兇徒竊發昭愍暴殞内外震駭宦
官迎絳王監國尋又加害太皇太后下令曰大行皇帝睿哲多能對
越天命宜荷九廟之重永享億年之祚豈謂姦妖竊發矯專神器蠱
惑中外扇誘羣情駭動神人釁深梟鏡咨爾江王聰哲精粹清明在
躬智筭機閑玄謀雷發躬率義勇大清醜類允膺當璧之符爰攄枕
戈之憤既殲巨逆當享豐福是命爾陟于元后宜令司空平章事晉
國公度奉冊即皇帝位文宗孝而謙謹奉祖母有禮膳羞珍果蠻夷

○奇貢獻郊廟之後及三宮而後進御武宗即位以后祖母之尊門地
素貴奉之益隆既而宣宗繼統即后之諸子也恩禮愈異於前朝大
中年崩於興慶宮謚曰懿安皇太后祔葬於景陵后歷位七朝五居
太母之尊人君行子孫之禮福壽隆貴四十餘年雖漢之馬鄧無以
加焉識者以爲汾陽社稷之功未泯復鍾慶於懿安焉

憲宗孝明皇后鄭氏宣宗之母也蓋内職御女之列舊史殘缺未見
族姓所出入宮之由宣宗爲光王時后爲王太妃既即位尊爲皇太
后會昌六年后第光夢車中載日月光芒燭六合占者曰必暴貴月
餘武宗崩宣宗即位光以元舅之尊檢校戶部尚書諸衛將軍出爲
平盧節度使后大中末崩謚曰孝明

女學士尚宮宋氏者名若昭貝州清陽人父庭芬世爲儒學至庭芬
有詞藻生五女皆聰惠庭芬始教以經藝既而課爲詩賦年未及笄
皆能屬文長曰若莘次曰若昭若倫若憲若荀若莘若昭文尤淡麗
性復貞素閑雅不尚方華之飾嘗白父母誓不從人願以藝學揚名

顧親若莘教誨四妹有如嚴師著女論語十篇其言模倣論語以韋
逞母宣文君宋氏代仲尼以曹大家等代顏閔其間問荅悉以婦道
所尚若昭注解皆有理致貞元四年昭義節度使李抱眞表薦以聞
德宗俱召入宮試以詩賦兼問經史中大義深加賞歎德宗能詩與
侍臣唱和相屬亦令若莘姊妹應制每進御無不稱善嘉其節槩不
羣不以宮妾遇之呼為學士先生庭芬起家受饒州司馬習藝館內
勑賜第一區給俸料元和末若莘卒贈河內郡君自貞元七年已後
宮中記注簿籍若華掌其事穆宗復令若昭代司其職拜尚宮姊妹
中若昭尤通曉人事自憲穆敬三帝皆呼為先生六宮嬪媛諸王公
主駙馬皆師之為之致敬進封梁國夫人寶曆初卒將葬詔所司供
鹵簿敬宗復令若憲代司宮籍文宗好文以若憲善屬文能論議奏
對尤重之太和中神策中尉王守澄用事委信翼城醫人鄭注賊臣
李訓干竊時權訓注惡宰相李宗閔李德裕構宗閔憸邪為吏部侍
郎時令駙馬都尉沈䕶通賂於若憲求為宰相文宗怒貶宗閔為潮

州司戶䕶柳州司馬幽若憲於外第賜死若憲弟姪女壻等連坐者
十三人皆流嶺表李訓敗文宗悟其誣構深惜其才若倫若荀早卒

穆宗恭僖皇后王氏越人父紹卿婺州金華令后少入太子宮元和
四年生敬宗穆宗皇帝立為妃長慶四年二月尊為皇太后昭愍崇
重母族贈紹卿司空后母張氏贈趙國夫人文宗即位之初號寶曆
太后太和八年詔伏以皇太后與寶曆太后每有司行遣稱號未分
禮式非便稽諸前代詔令所施不斥言太后以宮名為稱今寶曆太
后居義安殿宜準故事稱義安太后

敬宗郭貴妃父義右威衛將軍長慶末以姿貌選入太子宮敬宗即
位為才人生晉王普帝以少年有子復以才人容德冠絕特寵異之
贈其父禮部尚書又以兄環為少府少監賜第一區俄冊為貴妃及
昭愍遇盜宮闈變起文宗即位尤憐晉王有若已子故貴妃禮遇不
衰太和二年晉王薨帝深嗟惜贈曰悼懷太子

穆宗貞獻皇后蕭氏福建人初入十六宅為建安王侍者元和四年
十月生文宗皇帝寶曆二年正月敬宗遇弑中尉王守澄率兵討賊
迎江王即位文宗踐祚之日奉冊曰嗣皇帝臣名言古先哲王之有
天下也必以孝敬奉於上慈惠浹於下極誠意以厚人倫思由近以
及遠故自家而刑國以臣奉嚴慈之訓承教撫之仁而長樂尚鬱其
鴻名內朝未崇於正位則率土臣子勤懃懇懇延頸企踵曷以塞其
心乎是用特舉彝章式遵舊典稽首再拜謹上穆宗睿文惠孝皇帝
妃尊號曰皇太后伏惟與天合德義申錫慶允釐陰教祇修內則廣
六宮之教叅十亂之功顯神保和弘覆萬有后因亂去鄉里自入王
邸不通家問別時父母已喪有母弟一人文宗以母族鮮親惟舅獨
存詔閩越連率於故里求訪有戶部茶綱役人蕭洪自言有姊流落
估人趙縝引洪見后姊徐國夫人女壻呂璋夫人亦不能省認俱見
太后嗚咽不自勝上以為復得元舅遂拜金吾將軍檢校戶部尚書
河陽懷節度使遷檢校左僕射鄜坊節度使先是有自神策兩軍出
為方鎮者軍中多資其行裝至鎮三倍償之時有自左軍出為鄜坊

者資錢未償而卒于鎮乃徵錢於洪宰相李訓雅知洪詐稱國舅洪
懼請訓兄仲京為鄜坊從事以彌縫之洪恃與訓交不與所償又徵
於卒者之子洪俾其子接訴於宰相李訓判絕之左軍中尉仇士良
深銜之時有閩人蕭本者復稱太后弟士良以本上聞發洪詐假自
鄜坊追洪下獄御史臺按鞫具服其偽詔長流驩州賜死于路趙縝
呂璋亦從坐洪以偽敗謂本為眞乃拜贊善大夫賜緋魚仍追封其
曾祖倰為太保祖聰為太傅父俊為太師賜與鉅萬計本福建人太
后有眞母弟孱弱不能自達本就之得其家代及內外族屬名諱復
士良保任之上亦不疑詐妄本歷衛尉少卿左金吾將軍開成二年
福建觀察使唐扶奏得泉州晉江縣令蕭弘狀自稱是皇太后親弟
送赴闕庭詔送御史臺按問事皆偽妄詔遞還本貫開成四年昭義
節度使劉從諫上章論蕭本偽稱太后弟云今自上及下異口同音
皆言蕭弘是眞蕭本是偽請追蕭弘赴闕與本證明若含垢於一時
終取笑於千古遂詔御史中丞高元裕刑部侍郎孫簡大理卿崔郇

三司按弘本之獄具並僞詔曰恭以皇太后族望承齊梁之後僑寓
流滯久在閩中慶靈鍾集早歸椒掖終鮮兄弟常所咨嗟朕自臨御
已來便遣尋訪冀得諸舅以慰慈顔而姦濫之徒探我情抱因緣州
里之近附會祖先之名覬幸我國恩假託我外族蕭洪之惡迹未遠
蕭本之覆轍相尋弘之本末尤更乖戾三司推鞫曾無似是之蹤宰
臣叅驗見其難容之狀文款繼入留中久之朕於視膳之時頻有咨
稟恭聞處分惟在真實亟沐隆慈既無可驗鑿空作僞豈得更容據
其罪狀合當極法尚爲含忍投之荒裔蕭本除名長流愛州蕭弘配
流儋州初蕭洪詐稱國舅十數年兩授旄鉞寵貴崇於天下蕭本因
士良鄉導發洪之詐聯歷顯榮及從諫奏論僞迹難掩而太后終不
獲真弟文宗孝義天然太和中太皇太后居興慶宮寶曆太后居義
安殿皇太后居大內時號三宮太后上五日叅拜四節獻賀皆由複
道幸南內朝臣命婦詣宮門起居上尤執禮造次不失有司嘗獻新
苽櫻桃命獻陵寢宗廟之後中使分送三宮十宅初有司送三宮物

○一例稱賜帝曰物上三宮安得名賜遽取筆塗去籍改賜爲奉開成中
正月望夜帝於咸泰殿陳燈燭奏仙韶樂三宮太后俱集奉觴獻壽
如家人禮諸親王公主駙馬戚屬皆侍宴上性恭儉延安公主衣裾
寬大即時遣還罰駙馬竇澣兩月賜錢武宗即位供養彌謹蕭太后
徙居積慶殿號積慶太后會昌中崩謚曰貞獻

穆宗宣懿皇后韋氏武宗昭肅皇帝之母也事闕

武宗王賢妃事闕

宣宗元昭皇后晁氏懿宗皇帝之母也事闕

懿宗惠安皇后王氏僖宗皇帝之母也事闕

昭宗積善皇后何氏東蜀人入侍壽王邸婉麗多智特承恩顧生德
王輝王昭宗即位立爲淑妃乾寧中車駕在華州冊爲皇后國家自
乾符已後盜滿天下妖生九重宮廟榛蕪奔播不暇景福之際姦臣
內侮后於蒙塵薄狩之中嘗膳禦侮不離左右左闔右輔之幸時事
危迫后消息撫御終獲保全自岐下還京崔胤盡誅黃門宦官每宣
諭宰臣但令宮嬪來往是時國命奪於朱氏左右前後皆是汴人宮
中動息雖纖芥必聞于朱全忠宮人常懷惴慄帝后垂泣相視天祐
初全忠逼遷輿駕東幸洛陽其年八月昭宗遇弑翌日宰相柳璨獨
孤損等詐宣皇后令云帝爲宮人害輝王祚宜昇帝位仍尊后爲皇
太后遭罹變故迫以兇威宮中哭泣不敢聲聞于外明年十二月全
忠將僭位先行九錫然後受禪全忠牙將蔣玄暉在洛陽宮知樞密
與太常卿張廷範私議云山西河北未平禪代無利請俟盪定欲有
咨諫宣徽副使趙殷衡素與張蔣不協且欲代知樞密事因使于梁
誣告云玄暉私於何太后相與盟詛誓復唐室不欲王受九錫全忠
大怒即日遣使至洛陽誅玄暉廷範柳璨等太后亦被害於積善宮
又殺宮人阿秋阿虔仍廢太后爲庶人

贊曰坤德既軏彤管有煒韋武喪邦毒侔蛇虺陰教斯僻嬪風寖毀
賢哉長孫母儀何偉

唐書列傳卷第二

唐書列傳卷第三

劉　昫　等修

聞人詮校刻沈桐同校

李密

李密字玄邃本遼東襄平人魏司徒弼曾孫後周賜弼姓徒何氏祖曜周太保魏國公父寬隋上柱國蒲山公皆知名當代徙爲京兆長安人密以父蔭爲左親侍嘗在仗下煬帝顧見之退謂許公宇文述曰向者左仗下黑色小兒爲誰許公對曰故蒲山公李寬子密也帝曰箇小兒視瞻異常勿令宿衛他日述謂密曰弟聰令如此當以才學取官三衛叢脞非養賢之所密大喜因謝病專以讀書爲事時人希見其面嘗欲尋包愷乘一黃牛被以蒲韉仍將漢書一帙掛於角上一手捉牛靷一手翻卷書讀之尚書令越國公楊素見於道從後按轡躡之既及問曰何處書生耽學若此密識越公乃下牛再拜自言姓名又問所讀書荅曰項羽傳越公奇之與語大悅謂其子玄感

等曰吾觀李密識度汝等不及於是玄感傾心結託大業九年煬帝伐高麗使玄感於黎陽監運時天下騷動玄感將謀舉兵潛遣人入關迎密以爲謀主密至謂玄感曰今天子出征遠在遼外地去幽州懸隔千里南有巨海之限北有胡戎之患中間一道理極艱危今公擁兵出其不意長驅入薊直扼其喉前有高麗退無歸路不過旬朔齎糧必盡舉麾一召其衆自降不戰而擒此計之上也關中四塞天府之國有衛文昇不足爲意若經城勿攻西入長安掩其無備天子雖還失其襟帶據險臨之固當必尅萬全之勢此計之中也若隨近逐便先向東都頓堅城之下勝負殊未可知此計之下也玄感曰公之下計乃上策也今百官家口並在東都若不取之安能動物且經城不拔何以示威密計遂不行玄感既至東都頻戰皆捷自謂天下響應功在朝夕及獲内史舍人韋福嗣又委以腹心是以軍旅之事不專歸密福嗣既非同謀因戰被執每設籌畫皆持兩端玄感後使作檄文福嗣固辭不肯密揣其情因謂玄感曰福嗣既非同盟實懷觀望明公初起大事而姦人在側必爲所誤請斬之以謝衆方可安輯玄感曰何至於此密知言之不用退謂所親曰楚公好反而不圖勝如何吾屬今爲虜矣後玄感將西入福嗣竟亡歸東都隋左武衛大將軍李子雄坐事被收繫送行在所於路殺使者亡投玄感乃勸玄感速稱尊號玄感問於密密曰昔陳勝自欲稱王張耳諫而被外魏武將求九錫荀彧止而見疎今者密若正言還恐追蹤二子阿諛順意又非密之本圖何者兵起已來雖復頻捷至於郡縣未有從者東都守禦尚彊天下救兵益至公當身先士衆早定關中迺欲急自尊崇何示人不廣也玄感笑而止及隋將宇文述來護兒等率軍且至玄感謂曰計將安出密曰元弘嗣統彊兵於隴右今可陽言其反遣使迎公因此入關可得紿衆因引軍西入至陝縣欲圍弘農宮密諫之曰公今詐衆西入事宜在速況乃追兵將至安可稽留若前不得據關退無所守大衆一散何以自全玄感不從遂圍之三日不拔方引而西至於閿鄉追兵遂及玄感敗密乃間行入關爲捕者所獲

時煬帝在高陽密與其黨俱送帝所謂其徒曰吾等之命同於朝露若至高陽必爲葅醢今在道中猶可爲計安得行就鼎鑊不規逃避也衆然之其多有金者密令出示使者曰吾等死日幸用相瘞其餘即皆報德使者利其金許之及出關外防禁漸弛密請市酒食每夜醼飲諠譁竟夕使者不以爲意行至邯鄲密等七人穿墻而遁抵平原賊帥郝孝德孝德不甚禮之密又捨去詣淮陽隱姓名自稱劉智遠聚徒教授經數月鬱鬱不得志爲五言詩曰金風蕩初節玉露凋晚林此夕窮塗士鬱陶傷寸心野平葭葦合村荒藜藿深眺聽良多感徙倚獨霑襟霑襟何所爲悵然懷古意秦俗猶未平漢道將何冀樊噲市井徒蕭何刀筆吏一朝時運會千古傳名謚寄言世上雄虛生眞可愧詩成而泣下數行時人有怪之者以告太守趙他下縣捕之密又亡去會東郡賊帥翟讓聚黨萬餘人密往歸之或有知密是玄感亡將潛勸讓害之讓因密於營外密因王伯當以策干讓曰當今主昏於上人怨於下銳兵盡於遼東和親絕於突厥方乃巡遊揚

越委弃京都此亦劉項奮起之會以足下之雄才大略士馬精勇席卷二京誅滅暴虐則隋氏之不足亡也讓深加敬慕遽釋之遣說諸小賊所至皆降密又說讓曰今兵衆既多糧無所出若曠日持久則人馬困弊大敵一臨死亡無日矣未若直取滎陽休兵館穀待士勇馬肥然可與人爭利讓以為然自是破金堤關掠滎陽諸縣城堡多下之滎陽太守楊慶及通守張須陁以兵討讓讓曾為須陁所敗聞其來大懼將遠避之密曰須陁勇而無謀兵又驟勝既驕且很可一戰而擒之公但列陣以待為公破之讓不得已勒兵將戰密分兵千餘人於木林間設伏讓與戰不利稍却密發伏自後掩之須陁衆潰與讓合擊大破之遂斬須陁於陣讓於是令密別統所部密軍陣整肅凡號令兵士雖盛夏皆若背負霜雪躬服儉素所得金寶皆頒賜麾下由是人為之用尋復說讓曰昏主蒙塵播蕩吳越羣兵競起海內飢荒明公以英傑之才而統驍雄之旅宜當廓清天下誅翦群凶豈可求食草間常為小盜而已今東都士庶中外離心留守諸官政

○今不一明公親率大衆直掩興洛倉發粟以賑窮乏遠近孰不歸附百萬之衆一朝可集先發制人此機不可失也讓曰僕起隴畝之間望不至此必如所圖請君先發僕領諸軍便為後殿得倉之日當別議之大業十三年春密與讓領精兵千人出陽城北踰方山自羅口襲興洛倉破之開倉恣人所取老弱襁負道路不絕衆至數十萬隋越王侗遣虎賁郎將劉長恭率步騎二萬五千討密密一戰破之長恭僅以身免讓於是推密為主號為魏公二月於鞏南設壇場即位稱元年其文書行下稱行軍元帥魏公府以房彥藻為左長史邴元真為右長史楊得方為左司馬鄭德韜為右司馬拜翟讓為司徒封東郡公單雄信為左武候大將軍徐世勣為右武候大將軍祖君彥為記室其餘封拜各有差於是城洛口周迴四十里以居之長白山賊孟讓率所部歸密鞏縣長柴孝和侍御史鄭頤以鞏縣降密隋虎賁郎將裴仁基率其子行儼以武牢歸密拜為上柱國封河東郡公因遣仁基與孟讓率兵三萬餘人襲迴洛倉破之入東都俘掠居人燒天津東都出兵乘之仁基等大敗僅以身免密復親率兵三萬逼東都將軍段達虎賁郎將高毗劉長林等出兵七萬拒之戰於故都城隋軍敗走密復下迴洛倉而據之大修營塹以逼東都仍作書以移郡縣曰自元氣肇闢厥初生人樹之帝王以為司牧是以羲農軒項之后堯舜禹湯之君靡不祗畏上玄愛育黔首乾乾終日翼翼小心駁朽索而同危履春冰而是懼故一物失所若納隍而愧之一夫有罪遂下車而泣之謙德軫於責躬憂勞切於罪己普天之下率土之濱蟠木距於流沙瀚海窮於丹穴莫不鼓腹擊壤鑿井耕田治致昇平驅之仁壽是以愛之如父母敬之若神明用能享國多年祚延長世未有暴虐臨人克終天位者也隋氏往因周末預奉綴衣孤媚而圖聖寶胠篋以取神器及纘承負扆狼虎其心始曀明兩之暉終干少陽之位先皇大漸侍疾禁中遂為梟獍便行鴆毒禍深於莒僕釁酷於商臣天地難容人神嗟憤州吁安忍閼伯日尋劒閣所以懷凶晉陽所以興亂甸人為罄淫刑斯逞夫九族既睦唐帝闡其欽明

○百世本枝文王表其光大況復隳壞盤石剿絕維城脣亡齒寒寧止虞虢欲其長久其可得乎其罪一也禽獸之行在於聚麀人倫之體別於內外而蘭陵公主逼幸告終誰謂戮首之賢翻見齊襄之恥逮於先皇嬪御並進銀鐶諸王子女咸貯金屋牝雞鳴於詰旦雄雉恣其羣飛祖衣戲陳侯之朝穹廬同冒頓之寢爵賞之出女謁遂成公卿宣淫無復綱紀其罪二也平章百姓一日萬機未曉求衣亥晷不食大禹不貴於尺璧光武不隔於支體以是憂勤深慮幽枉而荒湎于酒俾晝作夜式號且呼甘嗜聲伎常居窟室每藉糟丘朝謁罕見其身羣臣希覩其面斷決自此不行敷奏於是停擁中山千日之飲酩酊無名襄陽三雅之盃留連詎比又廣召良家充選宮掖潛為九市親駕四驢自比商人見要逆旅殷辛之譴為小漢靈之罪更輕內外驚心遐邇失望其罪三也上棟下宇著在易爻茅茨采椽陳諸史籍聖人本意惟避風雨詎待朱玉之華寧須綈錦之麗故瓊室崇構商辛以之滅亡阿房崛起二世是以傾覆而不遵古典不念前章廣

立池臺多營宮觀金鋪玉戶青瑣丹墀蔽虧日月隔閡寒暑窮生人
之筋力罄天下之資財使鬼尚難為之勞人固其不可其罪四也公
田所徹不過十畝人力所供纔止三日是以輕徭薄賦不奪農時寧
積於人無藏於府而科稅繁猥不知紀極猛火屢燒漏卮難滿頭會
箕斂逆折十年之租杼軸其空日損千金之費父母不保其赤子夫
妻相棄於匡牀萬戶則城郭空虛千里則煙火斷滅西蜀王孫之室
翻同原憲之貧東海糜竺之家俄成鄧通之鬼其罪五也古先哲王
卜征巡狩唐虞五載周則一紀本欲親問疾苦觀省風謠乃復廣積
薪芻多備饔餼年年歷覽處處登臨從臣疲弊供頓辛苦飄風凍雨
聊竊比於先驅車轍馬跡遂周行於天下秦皇之心未已周穆之意
難窮宴西母而歌雲浮東海而觀日家苦納秸之勤人阻來蘇之望
且夫天子有道守在海外夷不亂華在德非險長城之役戰國所為
乃是狙詐之風非關稽古之法而追蹤秦代板築更興襲其基墟延
袤萬里屍骸蔽野血流成河積怨滿於山川號哭動於天地其罪六

○也遼水之東朝鮮之地禹貢以為荒服周王棄而不臣示以羈縻達
其聲教苟欲愛人非求拓土又強弩末矢理無穿於魯縞衝風餘力
詎能動於鴻毛石田得而無堪雞肋啖而何用而恃衆怙力強兵黷
武惟在并吞不思長策夫兵猶火也不戢將自焚遂令億兆夷人隻
輪莫返夫差喪國寔為黃池之盟苻堅滅身良由壽春之役欲捕鳴
蟬於前不知挾彈在後復矢相顧髮而成行義夫切齒壯士扼腕其
罪七也直言啓沃王臣匪躬惟木從繩若金須礪唐堯建鼓思聞獻
替之言夏禹懸鞀時聽箴規之美而愎諫違卜蠹賢嫉能直士正人
皆由屠害左僕射齊國公高熲上柱國宋國公賀若弼或文昌上相
或細柳功臣暫吐良藥之言翻加屬鏤之賜龍逢無罪便遭夏癸之
誅王子何辜濫被商辛之戮遂令君子結舌賢人緘口指白日而比
盛射蒼天而敢欺不悟國之將亡不知死之將至其罪八也設官分
職貴在銓衡察獄問刑無聞販鬻而錢神起論銅臭為公梁冀受黃
金之蛇孟佗薦蒲萄之酒遂使彝倫攸斁政以賄成君子在野小人

在位積薪居上同汲黯之言囊錢不如傷趙壹之賦其罪九也宣尼
有言無信不立用命賞祖義豈食言自昏主嗣位每歲行幸南北巡
狩東西征伐至如浩亹陪蹕東都守固閭鄉野戰鴈門解圍自外征
夫不可勝紀既立功勳須酬官爵而志懷翻覆言行浮詭危急則勳
賞懸授克定則絲綸不行異商鞅之頒金同項王之刓印芳餌之下
必有懸魚惜其重賞求人死力走丸逆坂匹此非難凡百驍雄誰不
讎怨至於匹夫蕞爾宿諾不虧既在乘輿二三其德其罪十也有一
於此未或不亡況四維不張三靈總瘁無小無大愚夫愚婦共識殷
亡咸知夏滅罄南山之竹書罪未窮決東海之波流惡難盡是以窮
奇災於上國猰貐暴於中原三河縱封豕之貪四海被長蛇之毒百
姓殲亡殆無遺類十分為計纔一而已蒼生懍懍咸憂杞國之崩赤
子嗷嗷但愁歷陽之陷且國祚將改必有常期六百殷亡之年三十
姬終之世故讖籙云隋氏三十六年而滅此則厭德之象已彰代終
之兆先見皇天無親惟德是輔況乃欃槍竟天申繻謂之除舊歲星

○入井甘公以為義興兼朱雀門燒正陽日蝕狐鳴鬼哭川竭山崩並
是宗廟為墟之妖荆棘旅庭之事夏氏則災釁非多殷人則咎徵更
少牽牛入漢方知大亂之期王良策馬始驗兵車之會今者順人將
革先天不違大誓孟津陳命景亳三千列國八百諸侯不謀而同辭
不召而自至轟轟隱隱如霆如雷彪虎嘯而谷風生應龍驤而景雲
起我魏公聰明神武齊聖廣淵總七德而在躬包九功而挺出周太
保魏公之孫上柱國蒲山公之子家傳盛德武王承季歷之基地啓
元勳世祖嗣元皇之業篤生白水日角之相便彰載誕丹陵大寶之
文斯著加以姓符圖緯名協歌謠六合所以歸心三靈所以攺卜文
王厄於羑里赤雀方來高祖隱於碭山彤雲自起兵誅不道赤伏至
自長安鋒鋭難當黃星出於梁宋九五龍飛之始天人豹變之初歷
試諸難大敵彌勇上柱國司徒東郡公翟讓功宣締構翼亮經綸伊
尹之佐成湯蕭何之輔高帝上柱國總管齊國公孟讓柱國歷城公
孟暢柱國絳郡公裴行儼大將軍左長史邴元真等並運籌千里勇

冠三軍擊劒則截蛟斷鰲彎弧則吟猿落鴈韓彭絳灌成沛公之基寇賈吳馮奉蕭王之業儔有蒙輪挾輈之士拔距投石之夫驥馬追風吳戈照日魏公屬當期運伏茲億兆躬擐甲冑跋涉山川櫛風沐雨豈辭勞倦遂起西伯之師將問南巢之罪百萬成旅四七為名呼吸則河渭絕流叱咤則嵩華自拔以此攻城何城不陷以此擊陣何陣不摧譬猶瀉滄海而灌殘熒舉崑崙而壓小卵鼓行而進百道俱前以今月二十一日屆於東都而昏朝文武留守段達等昆吾惡稔飛廉姦佞久迷天數敢拒義兵驅率醜徒衆有十萬迴洛倉北遂來舉斧於是熊羆角逐貔虎爭先因其倒戈之心乘我破竹之勢曾未旋踵瓦解冰銷坑卒則長平未多積甲則熊耳為小達等助桀為虐嬰城自固梯衝亂舞徒設九拒之謀鼓角將鳴空憑百樓之險鷰巢衛幕魚遊宋池殄滅之期匪朝伊暮然興洛虎牢國家儲積我已先據為日久矣既得迴洛又取黎陽天下之倉盡非隋有四方起義足食足兵無前無敵裴光祿仁基雄才上將受脤專征退邇依憑安危

○是託乃識機知變遷殷事夏袁謙擒自藍水張須陁獲在滎陽竇慶戰沒於淮南郭詢授首於河北隋之亡候聊可知也清河公房彥藻近秉戎律略地東南師之所臨風行電擊安陸汝南隨機蕩定淮安濟陽俄然送款徐圓朗已平魯郡孟海公又破濟陽海內英雄咸來響應封民瞻取平原之境郝孝德據黎陽之倉李士雄虎視於長平王德仁鷹揚於上黨滑公李景考功郎中房山基發自臨渝劉興祖起於白朔崔白駒在潁川起方獻伯以譙郡來各擁數萬之兵俱期牧野之會滄濱之右函谷以東牛酒獻於軍前壺漿盈於道路諸軍等並衣冠世胄杞梓良才神鼎靈繹之秋裂地封侯之始豹變鵲起今也其時鼉鳴鼈應見機而作宜各鳩率子弟共建功名耿弇之赴光武蕭何之奉高帝豈止金章紫綬華蓋朱輪富貴以重當年忠貞以傳弈葉豈不盛哉若隋代官人同吠堯之犬尚荷王莽之恩仍懷蒯聵之祿審配死於袁氏不如張洽歸曹范增困於項王未若陳平從漢魏公推以赤心當加好爵擇木而處今不自疑脫猛虎猶豫冊

中畝國夙沙之人共縛其主彭寵之僕自殺其君高官上賞即以相授如聞於成事守迷不反崑山縱火玉石俱焚爾等噬臍悔將何及黃河帶地明余旦旦之言皎日麗天知我勤勤之意布告海內咸使聞知祖君彥之辭也俄而德韜德方俱死復以鄭頲為左司馬鄭虔象為右司馬柴孝和說密曰秦地阻山帶河西楚背之而亡漢高都之而霸如愚意者令仁基守迴洛翟讓守洛口明公親簡精銳西襲長安百姓孰不郊迎必當有征無戰既剋京邑業固兵強方更長驅崤函掃蕩東洛傳檄指撝天下可定但今英雄競起實恐他人我先一朝失之噬臍何及密曰君之所圖僕亦思之久矣誠乃上策但昏主尚存從兵猶衆我之所部並是山東人既見未下洛陽何肯相隨西入諸將出於羣盜留之各競雄雌若然者殆將敗矣密將兵鋒甚銳每入苑與隋軍連戰會密為流矢所中卧於營內東都復出兵乘之密衆大潰弃迴洛倉歸于洛口煬帝遣王世充率勁卒五萬擊之密與戰不利孝和溺死於洛水密哭之甚慟世充營於洛西與密相

○拒百餘日大小六十餘戰武陽郡丞元寶藏黎陽賊帥李文相洹水賊帥張昇清河賊帥趙君德平原賊帥郝孝德並歸於密共襲破黎陽倉據之永安大族周法明舉江黃之地以附密齊郡賊帥徐圓朗任城大俠徐師仁淮陽太守趙他皆歸之翟讓部將王儒信勸讓為大冢宰總統衆務以奪密之權讓兄寬復謂讓曰天子止可自作安得與人汝若不能作我當為之密聞其言陰有圖讓之計會世充列陣而至讓出拒之為世充所擊讓軍少失利密與單雄信等率精銳赴之世充敗走明日讓徑至密所欲為宴樂密具饌以待之其所將左右各分令就食密引讓入坐以良弓示讓讓方引滿密遣壯士自後斬之并殺其兄寬及王儒信讓部將徐世勣為亂兵所斫中重瘡密遽止之得免單雄信等頓首求哀密並釋而慰諭之於是詣讓營諭其將士無敢動者乃命徐世勣單雄信王伯當分統其衆未幾世充襲倉城密復破之世充復移營洛北造浮橋悉衆以擊密密與千餘騎拒之不利而退世充因薄其城下密簡銳卒數百人以邀之

世充大潰爭趣浮橋溺死者數萬虎賁郎將楊威王辯霍舉劉長恭
梁德董智皆没于陣世充僅而獲免其夜大雨雪士卒凍死者殆盡
密乘勝陷偃師於是修金墉城居之有衆三十餘萬留守韋津又與
密戰於上春門津大敗執於陣將作大匠宇文愷叛東都降于密東
至海岱南至江淮郡縣莫不遣使歸密竇建德朱粲楊士林孟海公
徐圓朗盧祖尚周法明等並隨使通表於密勸進於是密下官屬咸
勸密即尊號密曰東都未平不可議此及義旗建密負其強盛欲自
爲盟主乃致書呼高祖爲兄請合從以滅隋大略云欲與高祖爲盟
津之會殪商辛於牧野執子嬰於咸陽其旨以弑後主執代王爲意
高祖覽書笑曰李密陸梁放肆不可以折簡致之吾方安輯京師未
遑東討即相阻絶便是更生一秦密今適所以爲吾拒東都之兵守
成臯之阨更求韓彭莫如用密宜卑辭推獎以驕其志使其不虞於
我我得入關據蒲津而屯永豐阻崤函而臨伊洛吾大事濟矣令記
室温大雅作書報密曰頃者崑山火烈海水羣飛赤縣丘墟黔黎塗

炭布衣戎卒鋤耰棘矜爭霸圖王狐鳴蜂起翼翼京洛強弩圍城膴
膴周原僵屍滿路主上南巡泛膠舟而忘返匈奴北獵將被髮於伊
川輦上無虞羣下結舌大盜移國莫之敢指忽焉至此自貽伊戚七
百之基窮於二世周齊以往書契以還邦國淪胥未有如斯之酷者
也天生蒸民必有司牧當今爲牧非子而誰老夫年餘知命願不及
此欣戴大弟攀鱗附翼惟冀早應圖籙以寧兆庶宗盟之長屬籍見
容復封於唐斯榮足矣殪商辛於牧野所不忍言執子嬰於咸陽非
敢聞命汾晉左右尚須安輯盟津之會未暇卜期今日鑾輿南幸恐
同永嘉之勢顧此中原鞠爲茂草興言感歎實疚于懷脫知動靜數
遲貽報未面虛襟用增勞軫名利之地鋒鏑縱横深慎垂堂勉兹鴻
業密得書甚悅示其部下曰唐公見推天下不足可定於是不虞義
師而專意於世充俄而宇文化及率衆自江都北指黎陽兵十餘萬
密乃自將步騎二萬拒之隋越王侗稱尊號遣使授密太尉尚書令
東南道大行臺行軍元帥魏國公令先平化及然後入朝輔政密將

與化及相抗恐前後受敵因卑辭以報謝焉化及至黎陽與密相遇
密知其軍少食利在急戰故不與交鋒又遏其歸路密遣徐世勣守
倉城化及攻之不能下密知化及糧且盡因僞與和以弊其衆化及
弗之悟大喜恣其兵食冀密饋之後知其計化及怒與密大戰于衛
州之童山下密爲流矢所中頓於汲縣化及力竭糧盡衆多叛之掠
汲縣北趣魏縣其將陳智略張童仁等率所部兵歸于密者前後相
繼初化及留輜重於東都遣其所署刑部尚書王軌守之至是軌舉
郡降密密引兵而西遣使朝于東都執弑煬帝人于弘達獻越王侗
侗召密入朝至温縣聞世充作難而止乃歸金墉城時密兵少衣世
充兵乏食乃請交易密初難之邴元眞好求私利屢勸密密遂許焉
初東都絶糧兵士歸密者日有數百至此得食而降人益少密方悔
而止密雖據倉而無府庫兵數戰皆不獲賞又厚撫初附之兵由是
衆心漸怨武德元年九月世充以其衆五千來決戰密留王伯當守
金墉自引精兵就偃師北阻邙山以待之世充軍至密遂敗績裴仁

基祖君彦並爲世充所虜密與萬餘人馳向洛口世充圍偃師守將
鄭頲之下兵士劫叛以城降世充密將入洛口倉城邴元眞已遣人
潛引世充密陰知之不發其事欲待世充兵半渡洛水然後擊之及
世充軍至密候騎不時覺比將出戰世充軍已濟矣密自度不能支
引騎而遁徑赴武牢元眞竟以城降於世充密將如黎陽或謂密曰
殺翟讓之際徐世勣幾至於死今向其所安可保乎時王伯當弃金
墉保河陽密以輕騎自武牢歸之謂伯當曰兵敗矣久苦諸君我今
自刎請以謝衆伯當抱密號叫慟絶衆皆泣莫能仰視密復曰諸軍
幸不相棄當共歸關中密身雖媿無功諸君必保富貴其府掾柳奭
對曰昔盆子歸漢尚食均輸明公與唐公同族兼有疇昔之遇雖不
陪從起義然而阻東都斷隋歸路使唐公不戰而據京師此亦公之
功也衆咸曰然密又謂王伯當曰將軍室家重大豈復與孤俱行哉
伯當曰昔漢高誅項蕭何率子弟以從伯當恨不昆季盡從以此爲
愧耳豈以公今日失利遂輕去就縱身分原野亦所甘心左右莫不

慼激於是從入關者尚二萬人高祖遣使迎勞相望於道密大喜謂其徒曰我有衆百萬一朝至此命也今事敗歸國幸蒙殊遇當思竭忠以事所奉耳且山東連城數百知吾至此遣使招之盡當歸國比於竇融勲亦不細豈不以一台司見處乎及至京師禮數益薄執政者又來求賄意甚不平尋拜光祿卿封邢國公未幾聞其所部將帥皆不附世充高祖使密領本兵往黎陽招集故時將士經略世充時王伯當爲左武衛將軍亦令爲副密行至桃林高祖復徵之密大懼謀將叛伯當頗止之密不從因謂密曰義士之立志也不以存亡易心伯當荷公恩禮期以性命相報公必不聽今祇可同去死生以之然終恐無益也乃簡驍勇數千人著婦人衣戴羃䍦藏刀裙下詐爲妻妾自率之入桃林縣舍須臾變服突出因據縣城驅掠畜產直趣南山乘險而東遣人馳告張善相令以兵應接時右翊衛將軍史萬寶留鎮熊州遣副將盛彥師率步騎數千追躡至陸渾縣南七十里與密相及彥師伏兵山谷密軍半度横出擊敗之遂斬密時年三十

七王伯當亦死之與密俱傳首京師時李勣爲黎陽總管高祖以勣舊經事密遣使報其反狀勣表請收葬詔許之高祖歸其屍勣發喪行服備君臣之禮大具威儀三軍皆縞素葬于黎陽山南五里故人哭之多有歐血者郝元真之降世充也以爲行臺僕射鎮滑州密故將杜才幹恨元真背密詐與之會伏甲斬之以其首祭于密冢

單雄信者曹州人也翟讓與之友善少驍健尤能馬上用槍密軍號爲飛將密偃師失利遂降於王世充署爲大將軍太宗圍逼東都雄信出軍拒戰援槍而至幾及太宗徐世勣呵止之曰此秦王也雄信惶懼遂退太宗由是獲免東都平斬於洛陽

史臣曰當隋政板蕩煬帝荒淫搖動中原遠征遼海內無賢臣以匡國外乏良吏以理民兩京空虛兆庶疲弊李密因民不忍首爲亂階心斷機謀身臨陣敵據鞏洛之口號百萬之師竇建德輩皆効樂推唐公紿以欣戴不亦偉哉及偃師失律猶存麾下數萬衆苟去猜忌疾趣黎陽任世勣爲將臣信魏徵爲謀主成敗之勢或未可知至於天命有歸大事已去比陳涉有餘矣始則稱首舉義兵終乃甘心爲降虜其爲計也不亦危乎又不能委質爲臣竭誠事上竟爲叛者終是狂夫不取伯當之言遂及桃林之禍或以項羽擬之文武器度即有餘壯勇斷果則不及楊素既知密之才幹合爲王之爪牙委之豎兒卒爲謀主覆族之禍其宜也哉

贊曰烏陽既昇爝火不息狂哉李密始亂終逆

唐書列傳卷第三

唐書列傳卷第四

劉　昫　等修

聞人詮校刻沈桐同校

王世充　竇建德

王世充字行滿本姓支西域胡人也寓居新豐祖支頹耨早死父收隨母嫁霸城王氏因冒姓焉仕至汴州長史世充頗涉經史尤好兵法及龜策推步之術開皇中以軍功拜儀同累轉兵部員外郎善敷奏明習法律然舞弄文法高下其心或有駁難之者世充利口飾非辭議鋒起衆雖知其不可而莫能屈大業中累遷江都丞兼領江都宫監時煬帝數幸江都世充善候人主顏色阿諛順旨每入言事帝必稱善乃雕飾池臺陰奏遠方珍物以媚於帝由是益昵之世充知隋政將亂陰結豪俊多收羣心有繫獄抵罪皆枉法出之以樹私恩及楊玄感作亂吳人朱燮晉陵人管崇起兵江南以應之自稱將軍擁衆十餘萬隋遣將軍吐萬緒魚俱羅等討之不尅世充爲其偏將

○募江都萬餘人頻擊破之每有尅捷必歸功於下所獲軍實皆推與士卒由此人爭爲用功最居多十年齊郡賊帥孟讓自長白山寇掠諸郡至盱眙有衆十餘萬世充以兵拒之保都梁山爲五柵相持不戰乃唱言兵走羸師自弱讓笑曰王世充文法小吏安能領兵吾今生縛取之鼓行而入江都時百姓皆入壁野無所掠賊衆漸餒又苦柵當其道不得南侵即分兵圍五柵世充每日擊之陽不利走還入柵如是數日讓益輕之乃稍分人於南方抄留兵纔足以圍柵世充知其懈乃於營中夷竈撤幕設方陣四面外向毀柵而出奮擊大破之讓以數十騎遁去斬首萬餘級俘虜十餘萬人煬帝以世充有將帥才略復遣領兵討諸小盜所向盡平十一年突厥圍煬帝於鴈門世充盡發江都人將往赴難在軍中蓬首垢面悲泣無度曉夜不解甲藉草而臥煬帝聞之以爲忠益信任之十二年遷江都通守時厭次人格謙爲盜數年兵十餘萬在豆子䴚中爲太僕卿楊義臣所殺世充帥師擊其餘衆破之又擊盧明月於南陽虜獲數人後還江都

煬帝大悅自執杯酒以賜之及李密攻陷洛口倉進逼東都煬帝特詔世充大發兵於洛口拒密前後百餘戰未有勝負又遣就軍拜世充爲將軍趣令破賊世充引軍渡洛水與李密戰世充軍敗績溺死者萬餘人乃率餘衆歸河陽時天寒大雪兵士在道凍死者又數萬人比至河陽纔以千數世充自繫獄請罪越王侗遣使赦之徵還洛陽置營於含嘉倉城收合亡散復得萬餘人俄而宇文化及作難太府卿元文都武衛將軍皇甫無逸右司郎中盧楚奉越王侗嗣位於東都拜世充爲吏部尚書封鄭國公文都謂楚等曰今化及弒逆讎恥未報吾雖志在枕戈而力所不及爲國計者莫如以尊官寵李密以庫物權啗之使擊化及令兩賊自鬪化及既破而密之兵固亦疲矣又其士卒得我之賞居我之官内外相親易爲反間我師養力以乘其弊則密亦可圖也楚等以爲然即日遣使拜密爲太尉尚書令討化及密遂稱臣奉制以兵拒化及於黎陽每戰勝則遣使告捷衆皆悅世充獨謂其麾下諸將曰文都之輩刀筆吏耳吾觀其勢必

○爲李密所擒且吾軍人每與密戰殺其父兄子弟前後已多一旦爲之下吾屬無類矣出言以激怒其衆文都知而大懼與楚等謀因世充入内伏甲而殺之期有日矣納言段達庸懦恐事不果遣其女婿張志以楚等謀告世充其夜勒兵圍宫城將軍費曜田闍等拒戰於東太陽門外曜軍敗世充遂攻門而入無逸以單騎遁走獲楚殺之時宫門閉世充遣人扣門言於侗曰元文都等欲執皇帝降于李密段達知而告臣臣非敢反誅反者耳初文都聞變入奉侗於乾陽殿陳兵衛之令將帥乘城以拒難段達矯侗命執文都送於世充至則亂擊而死達又矯侗命開門以納世充世充悉遣人代宿衛者然後入謁陳謝曰文都等無狀謀相屠害事急爲此不敢背國侗與之盟其日進拜尚書左僕射總督内外諸軍事世充去含嘉城移居尚書省專宰朝政以其兄世惲爲内史令入居禁中子弟咸擁兵馬鎮諸城邑未幾李密破化及還其勁兵良馬多戰死士卒疲倦世充欲乘其弊而擊之恐人心不一乃假託鬼神言夢見周公乃立祠於洛水

遣巫宣言周公欲令僕射急討李密當有大功不則兵皆疫死世充兵多楚人俗信妖言衆皆請戰世充簡練精勇得二萬餘人馬二千餘匹軍於洛水南密軍偃師北山上時密新破化及有輕世充之心不設壁壘世充夜遣三百餘騎潛入北山伏谿谷中令軍人秣馬蓐食遲明而薄密密出兵應之陣未成列而兩軍合戰其伏兵發乘高而下馳壓密營又縱火焚其廬舍密軍潰降其將張童仁陳智略進下偃師密走保洛口初世充兄世偉及子玄應隨化及至東郡密得而囚之於城中至是盡獲之又執密長史邴元眞妻子司馬鄭虔象之母及諸將子弟皆撫慰之各令潛呼其父兄世充進兵次洛口邴元眞鄭虔象等舉倉城以應之密以數十騎走河陽率餘衆入朝世充盡收其衆振旅而還侗進拜世充太尉以尚書省爲其府備置官屬世充立三牓於府門之外一求文才學識堪濟世務者一求武藝絕人摧鋒陷陣者一求能理寃枉擁抑不申者於是上書陳事日有數百世充皆躬自省覽殷勤慰勞好行小惠下至軍營騎士皆飾辭

以誘之當時有識者見其心口相違頗以懷貳世充嘗於侗前賜食還家大嘔吐疑遇毒所致自是不復朝請與侗絕矣遣雲定興段達入奏於侗請加九錫之禮二年三月遂策授相國摠百揆封鄭王加九錫備物有道士桓法嗣者自言解圖讖乃上孔子閉房記畫作丈夫持一竿以驅羊釋云隋楊姓也干一者王字也王居羊後明相國代隋爲帝也又取莊子人間世德充符二篇上之法嗣釋曰上篇言世下篇言充此即相國名矣明當德被人間而應符命爲天子也世充大悅曰此天命也再拜受之即以法嗣爲諫議大夫世充又羅取雜鳥書帛繫其頸自言符命而散放之有彈射得鳥來而獻者亦拜官爵段達雲定興等入見於侗曰天命不常鄭王功德甚盛願陛下揖讓告禪遵唐虞之迹侗怒曰天下者高祖之天下若隋德未衰此言不可而發必天命有改亦何論於禪讓公等皆是先朝舊臣忽有斯言朕復當何所望段達等莫不流涕世充又使人謂曰今海内未定須得長君待四方乂安復子明辟必若前盟義不違負四月假爲

侗詔策禪位遣兄世惲廢侗於含涼殿世充僭即皇帝位建元曰開明國號鄭先封同姓王隆爲淮陽王整爲東郡王楷爲馮翊王素爲樂安王次封叔瓊爲陳王兄世衡爲秦王世偉爲楚王世惲爲齊王又封瓊子辯爲杞王衡子虔壽爲蔡王偉子弘烈爲魏王行本爲荆王琬爲代王惲子仁則爲唐王道誠爲衞王道詢爲趙王道稜爲燕王兄世師子太爲宋王君度爲越王立子玄應爲皇太子封子玄恕爲漢王世充每聽朝必殷勤誨諭言辭重復千端萬緒百司奉事疲於聽受或輕騎遊歷街衢亦不清道百姓但避路而已按轡徐行謂百姓曰昔時天子深坐九重在下事情無由聞徹世充非貪寶位本欲救時今當如一州刺史每事親覽當與士庶共評朝政恐門禁有限慮致壅塞今止順天門外置座聽朝又令西朝堂受抑屈東朝堂受直諫於是獻書上事日有數百條疏既煩省覽難遍數日後不復更出五月世充禮部尚書裴仁基及其子左輔大將軍行儼尚書左丞宇文儒童等數十人謀誅世充復尊立侗事洩皆見害夷其三族

六月世惲因勸世充害侗以絕衆望世充遣其姪行本鴆殺侗謚曰恭皇帝其將軍羅士信率其衆千餘人來降十月世充率衆東徇地至于滑州仍以兵臨黎陽十一月竇建德入世充之殷州殺掠居人焚燒積聚以報黎陽之役三年二月世充殿中監豆盧達來降世充見衆心日離乃嚴刑峻制家一人逃者無少長皆坐爲戮父子兄弟夫妻許其相告而免之又令五家相保有全家叛去而隣人不覺者誅及四隣殺人相繼其逃亡益甚至於樵採之人出入皆有限數公私窘急皆不聊生又以宮城爲大獄意有所忌即收繫其人及家屬於宮中又每使諸將出外亦收其親屬質於宮内囚者相次不減萬口既艱食餓死者日數十人世充屯兵不散倉粟日盡城中人相食或握土置瓮中用水淘汰沙石沉下取其上浮泥投以米屑作餅餌而食之人皆體腫而脚弱枕倚於道路其尚書郎盧君業郭子高等皆死於溝壑七月秦王率兵攻之師至新安世充鎮堡相次來降八月秦王陳兵於青城宮世充悉兵來拒隔澗而言曰隋末喪亂天下

分崩長安洛陽各有分地世充唯願自守不敢西侵討熊榖二州相去非遠若欲取之豈非度内既敦隣好所以不然王乃盛相侵軼遠入吾地三崤之道千里饋糧以此出師未見其可太宗謂曰四海之内皆承正朔唯公執迷獨阻聲教東都士庶亟請王師關中義勇感恩致力至尊重違衆願有斯弔伐若轉禍來降則富貴可保如欲相抗無假多言世充無以報太宗分遣諸將攻其城鎮所至輒下九月王君廓攻拔世充之轘轅縣東徇地至管城而還於是河南州縣相次降附竇建德自侵殷州之後與世充遂結深隙信使斷絶十一月竇建德又遣人結好并陳救援之意世充乃遣其兄子琬及内史令長孫安世報聘且乞師四年二月世充率兵出方諸門與王師相抗世充軍敗因乘勝追之屯其城門世充步卒不得入驚散南走追斬數千級虜五千餘人世充從此不復敢出但嬰城自守以待建德之援三月秦王擒建德并王琬長孫安世等于武牢迴至東都城下以示之且遣安世入城使言敗狀世充惶惑不知所爲將潰圍而出南

走襄陽謀於諸將皆不荅乃率其將吏詣軍門請降於是收其府庫頒賜將士世充黄門侍郎薛德音以文檄不遜先誅之次收世充黨與段達楊汪單雄信陽公卿郭士衡郭什柱董濬張童仁朱粲等十餘人皆戮于洛渚之上秦王以世充至長安高祖數其罪世充對曰計臣之罪誠不容誅但陛下愛子秦王許臣不死高祖乃釋之與兄芮妻子同徙于蜀將行爲讎人定州刺史獨孤修所殺子玄應及兄世偉等在路謀叛伏誅世充自篡位凡三年而滅

竇建德貝州漳南人也少時頗以然諾爲事嘗有鄉人喪親家貧無以葬時建德耕於田中聞而嘆息遽輟耕牛往給喪事由是大爲鄉黨所稱初爲里長犯法亡去會赦得歸父卒送葬者千餘人凡有所贈皆讓而不受大業七年募人討高麗本郡選勇敢尤異者以充小帥遂補建德爲二百人長時山東大水人多流散同縣有孫安祖家爲水所漂妻子餒死縣以安祖驍勇亦選在行中安祖辭貧白言漳南令令怒笞之安祖刺殺令亡投建德建德舍之是歲山東大飢建德謂安祖曰文皇帝時天下殷盛發百萬之衆以伐遼東尚爲高麗所敗今水潦爲災黎庶窮困而主上不恤親駕臨遼加以往歲西征瘡痍未復百姓疲弊累年之役行者不歸今重發兵易可揺動丈夫不死當立大功豈可爲逃亡之虜也我知高雞泊中廣大數百里莞蒲阻深可以逃難承間而出虜掠足以自資既得聚人且觀時變必有大功於天下矣安祖然其計建德招誘逃兵及無産業者得數百人令安祖率之入泊中爲群盜安祖自稱將軍鄃人張金稱亦結聚得百人在河阻中蓨人高士達又起兵得千餘人在清河界中時諸盜往來漳南者所過皆殺掠居人焚燒舍宅獨不入建德之閭由是郡縣意建德與賊徒交結收繫家屬無少長皆殺之建德聞其家被屠滅率麾下二百人亡歸士達士達自稱東海公以建德爲司兵後安祖爲張金稱所殺其兵數千人又盡歸于建德自此漸盛兵至萬餘人猶往來高雞泊中每傾身接物與士卒均執勤苦由是能致人之死力十二年涿郡通守郭絢率兵萬餘人來討士達士達自以智略不

及建德乃進爲軍司馬咸以兵授焉建德既初董衆欲立奇功以威羣賊請士達守輜重自簡精兵七千人以拒絢詐爲與士達有隙而叛之士達又宣言建德背亡而取虜獲婦人紿爲建德妻子於軍中殺之建德僞遣人遺絢書請降願爲前驅破士達以自効絢信之即引兵從建德至長河界期與爲盟共圖士達絢兵益懈而不備建德襲之大破絢軍殺略數千人獲馬千餘匹絢以數十騎遁走遣將追及於平原斬其首以獻士達由是建德之勢益振隋遣太僕卿楊義臣率兵萬餘人討張金稱破之於清河所獲賊衆皆屠滅餘散在草澤間者復相聚而投建德義臣乘勝至平原欲入高雞泊中建德謂士達曰歷觀隋將善用兵者唯義臣耳新破金稱遠來襲我其鋒不可當請引兵避之令其欲戰不得空延歲月將士疲倦乘便襲擊可有大功今與爭鋒恐公不能敵也士達不從其言因留建德守壁自率精兵逆擊義臣戰小勝而縱酒高宴有輕義臣之心建德聞之曰東海公未能破賊而自矜大此禍至不久矣隋兵乘勝必長驅至此

人心驚駭吾恐不全遂留人守壁自率精銳百餘據險以防士達之敗後五日義臣果大破士達於陣斬之乘勢追奔將圍建德守兵既少聞士達敗衆皆潰散建德率百餘騎亡去行至饒陽觀其無守備攻陷之撫循士衆人多願從又得三千餘兵初義臣旣殺士達以爲建德不足憂建德復還平原收士達敗兵之死者悉收葬焉爲士達發喪三軍皆縞素招集亡卒得數千人軍復大振始自稱將軍初羣盜得隋官及山東士子皆殺之唯建德每獲士人必加恩遇初得饒陽縣長宋正本引爲上客與參謀議此後隋郡長吏稍以城降之軍容益盛勝兵十餘萬人十三年正月築壇場於河間樂壽界中自稱長樂王年號丁丑署置官屬七月隋遣右翊衛將軍薛世雄率兵三萬來討之至河間城南營於七里井建德聞世雄至選精兵數千人伏河間南界澤中悉拔諸城僞遁云亡入豆子𩆜中世雄以爲建德畏已乃不設備建德覘知之自率敢死士一千人襲擊世雄會雲霧晝晦兩軍不辯隋軍大潰自相蹈藉死者萬餘世雄以數百騎而遁

餘軍悉陷於是建德進攻河間頻戰不下其後城中食盡又聞煬帝被弑郡丞王琮率士吏發喪建德遣使弔之琮因使者請降建德退舍具饌以待焉琮率官屬素服面縛詣軍門建德親解其縛與言隋亡之事琮俯伏悲哀建德亦爲之泣諸賊帥或進言曰琮拒我久殺傷甚衆計窮方出今請烹之建德曰此義士也方加擢用以勵事君者安可殺之往在泊中共爲小盜容可恣意殺人今欲安百姓以定天下何得害忠良乎因令軍中曰先與王琮有隙者今敢動摇罪三族即日授琮瀛州刺史始都樂壽號曰金城宮自是郡縣多下之武德元年冬至日於金城宮設會有五大鳥降于樂壽羣鳥數萬從之經日而去因改年爲五鳳有宗城人獻玄珪一枚景城丞孔德紹曰昔夏禹膺籙天錫玄珪今瑞與禹同宜稱夏國建德從之先是有上谷賊帥王須拔自號漫天王擁衆數萬入掠幽州中流矢而死其亞將魏刀兒代領其衆自號歷山飛入據深澤有徒十萬建德與之和刀兒因弛守備建德襲破之又盡并其地二年宇文化及僭號於魏縣

建德謂其納言宋正本內史侍郎孔德紹曰吾爲隋之百姓數十年矣隋爲吾君二代矣今化及殺之大逆無道此吾讎也請與諸公討之何如德紹曰今海內無主英雄競逐大王以布衣而起漳浦隋郡縣官人莫不爭歸附者以大王仗順而動義安天下也宇文化及與國連姻父子兄弟受恩隋代身居不疑之地而行弑逆之禍篡隋自代乃天下之賊也此而不誅安用盟主建德稱善即日引兵討化及連戰大破之化及保聊城建德縱撞車拋石機巧絕妙四面攻城陷之建德入城先謁隋蕭皇后與語稱臣悉收弑煬帝元謀者宇文智及楊士覽元武達許弘仁孟景集隋文武官對而斬之梟首轅門之外化及并其二子同載以檻車至大陸縣斬之建德每平城破陣所得資財並散賞諸將一無所取又不啖肉常食唯有菜蔬脫粟之飯其妻曹氏不衣紈綺所使婢妾纔十數人至此得宮人以千數並有容色應時放散得隋文武官及驍果尚且一萬亦放散聽其所去又以隋黃門侍郎裴矩爲尚書左僕射兵部侍郎崔君肅爲侍中少府

令何稠爲工部尚書自餘隨才拜授委以政事其有欲往關中及東都者亦恣聽之仍給其衣糧以兵援之送出其境攻陷洺州虜刺史袁子幹遷都于洺州號萬春宮遣使往觀津祠竇青之墓置守冢二十家又與王世充結好遣使朝隋越王侗於洛陽後世充廢侗自立乃絕之始自尊大建天子旌旗出警入蹕下書言詔追謚隋煬帝爲閔帝封齊王暕子政道爲鄖公然猶依倚突厥隋義城公主先嫁突厥及是遣使迎蕭皇后建德勒兵千餘騎送之入蕃又傳化及首以獻公主既與突厥相連兵鋒益盛九月南侵相州河北大使淮安王神通不能拒退奔黎陽相州陷殺刺史呂珉又進攻衛州陷黎陽左武衛大將軍李世勣皇妹同安長公主及神通並爲所虜滑州刺史王軌爲奴所殺攜其首以奔建德曰奴殺主爲大逆我何可納之命立斬奴而返軌首於滑州吏人感之即日而降齊濟二州及兗州賊帥徐圓朗皆聞風而下建德釋李世勣使其領兵以鎮黎州三年正月世勣捨其父而逃歸執法者請誅之建德曰勣本唐臣爲我所虜

不忘其主逃還本朝此忠臣也其父何罪竟不誅舍同安長公主及神通於別館待以客禮高祖遣使與之連和建德即遣公主與使俱歸嘗破趙州執刺史張昂邢州刺史陳君賓大使張道源等以侵軼其境建德將戮之其國子祭酒凌敬進曰夫犬各吠非其主今鄰人堅守力屈就擒此乃忠確士也若加酷害何以勸大王之臣乎建德盛怒曰我至城下猶迷不降勞我師旅罪何可赦敬又曰今大王使大將軍高士興於易水抗禦羅藝兵纔至士興即降大王之意復爲可不建德乃悟即命釋之其寬厚從諫多此類也又遣士興進圍幽州攻之不剋退軍旅龍火城爲藝所襲士興大潰先是其大將王伏寶多勇略功冠等倫羣帥嫉之或言其反建德將殺之伏寶曰我無罪也大王何聽讒言自斬左右手乎既殺之後用兵多不利九月建德自帥師圍幽州藝出兵與戰大破之斬首千二百級藝兵頻勝而驕進襲其營建德列陣於營中塡塹而出擊藝敗之建德薄其城不剋遂歸洺州其納言宋正本好直諫建德又聽讒言殺之是後人以

爲誡無復進言者由此政教益衰先曹州濟陰人孟海公擁精兵三萬據周橋城以掠河南之地其年十一月建德自率兵渡河以擊之時秦王攻王世充於洛陽建德中書舍人劉斌說建德曰今唐有關內鄭有河南夏居河北此鼎足相持之勢也聞唐兵悉衆攻鄭首尾二年鄭勢日蹙而唐兵不解唐強鄭弱其勢必破鄭鄭破則夏有齒寒之憂爲大王計者莫若救鄭鄭拒其內夏攻其外破之必矣若卻唐全鄭此常保三分之勢也若唐軍破後而鄭可圖則因而滅之揔二國之衆乘唐軍之敗長驅西入京師可得而有此太平之基也建德大悅曰此良策矣適會世充遣使乞師于建德即遣其職方侍郎魏處繪入朝請解世充之圍四年二月建德剋周橋虜海公留其將范願守曹州悉發海公及徐圓朗之衆來救世充軍至滑州世充行臺僕射韓洪開城納之遂進逼元州梁州管州皆陷之屯于滎陽三月秦王入武牢進薄其營多所傷殺并擒其將殷秋石瓚時世充弟世辯爲徐州行臺遣其將郭士衡領兵數千人從之合衆十餘萬號

爲三十萬軍次成皐築宮于板渚以示必戰又遣間使約世充共爲表裏經二月迫於武牢不得進秦王遣將軍王君廓領輕騎千餘抄其糧運獲其大將張青特虜獲甚衆建德數不利人情危駭將帥已下破孟海公皆有所獲思歸洺州凌敬進說曰宜悉兵濟河攻取懷州河陽使重將居守更率衆鳴鼓建旗踰太行入上黨先聲後實傳檄而定漸趨壺口稍駭蒲津收河東之地此策之上也行此必有三利一則入無人之境師有萬全二則拓土得兵三則鄭圍自解建德將從之而世充之使長孫安世陰齎金玉啗其諸將以亂其謀衆咸進諫曰凌敬書生耳豈可與言戰乎建德從之退而謝敬曰今衆心甚銳此天贊我矣因此決戰必將大捷已依衆議不得從公言也敬固爭建德怒扶出焉其妻曹氏又言於建德曰祭酒之言可從大王何不納也請自滏口之道乘唐國之虛連營漸進以取山北又因突厥西抄關中唐必還師以自救此則鄭圍解矣今頓兵武牢之下日月淹久徒爲自苦事恐無功建德曰此非女子所知也且鄭國懸命

朝暮以待吾來既許救之豈可見難而退示天下以不信也於是悉衆進逼武牢官軍按甲挫其銳及建德結陣於汜水秦王遣騎挑之建德進軍而戰竇抗當之建德少卻秦王馳騎深入反覆四五合然後大破之建德中槍竄於牛口渚車騎將軍白士讓楊武威生獲之先是軍中有童謠曰豆入牛口勢不得久建德行至牛口渚甚惡之果敗於此地建德所領兵衆一時奔潰妻曹氏及其左僕射齊善行將數百騎遁于洺州餘黨欲立建德養子爲主善行曰夏王平定河朔士馬精強一朝被擒如此豈非天命有所歸也不如委心請命無爲塗炭生人遂以府庫財物悉分士卒各令散去善行乃與建德右僕射裴矩行臺曹旦及建德妻率僞官屬舉山東之地奉傳國等八璽來降七月秦王俘建德至京師斬于長安市年四十九自起軍至滅凡六歲河北悉平其年劉黑闥復盜據山東○史臣曰世充奸人遭逢昏主上則諛佞詭俗以取榮名下則強辯飾非以制羣論終行篡逆自恣陸梁安忍殺人矯情馭衆凡所委任多是叛亡出降秦王不

致顯戮其爲幸也多矣建德義伏鄉閭盜據河朔撫馭士卒招集賢良中絕世充終斬化及不殺徐蓋生還神通沉機英斷靡不有初及宋正本王伏寶被讒見害凌敬曹氏陳謀不行遂之亡滅鮮克有終矣然天命有歸人謀不及

贊曰世充篡逆建德僭號二兇即誅中原弭亂

唐書列傳卷第四

唐書列傳卷第五

劉昫 等修
聞人詮校刻沈桐同校

薛舉子仁杲　李軌
劉武周苑君璋附　高開道
劉黑闥徐圓朗

薛舉河東汾陰人也其父汪徙居金城舉容貌瓌偉兇悍善射驍武絕倫家產鉅萬交結豪猾雄於邊朔初爲金城府校尉大業末隴西羣盜蜂起百姓飢餒金城令郝瑗募得數千人使舉討捕授甲於郡中吏人咸集置酒以饗士舉與其子仁杲及同謀者十三人於座中刧瑗矯稱收捕反者因發兵囚郡縣官開倉以賑貧乏自稱西秦霸王建元爲秦興封仁杲爲齊公少子仁越爲晉公有宗羅睺者先聚黨爲羣盜至是帥衆會之封爲義興公餘皆以次封拜掠官收馬招集羣盜兵鋒甚銳所至皆下隋將皇甫綰屯兵一萬在枹罕舉選精銳二千人襲之與綰軍遇於赤岸陳兵未戰俄而風雨暴至初風逆舉陣而綰不擊之忽返風正逆綰陣氣色昏昧軍中擾亂舉策馬先登衆軍從之隋軍大潰遂陷枹罕時羌酋鍾利俗擁兵二萬在岷山界盡以衆降舉兵遂大振進仁杲爲齊王授東道行軍元帥仁越爲晉王兼河州刺史羅睺爲義興王以副仁杲總兵略地又剋鄯廓二州數日間盡有隴西之地衆至十三萬十三年秋七月舉僭號於蘭州以妻鞠氏爲皇后母爲皇太后起墳塋置陵邑立廟於城南其月舉陳兵數萬出拜墓禮畢大會仁杲進兵圍秦州仁越兵趣劒口至河池郡太守蕭瑀拒退之舉命其將常仲興渡河擊李軌與軌將李贇大戰于昌松仲興敗績全軍陷於軌及仁杲剋秦州舉自蘭州遷都之遣仁杲引軍寇扶風郡汧源賊帥唐弼率衆拒之兵不得進初弼起扶風立隴西李弘芝爲天子有徒十萬舉遣使招弼弼殺弘芝引軍從舉仁杲因弼弛備襲破之並有其衆弼以數百騎遁免舉勢益張軍號三十萬將圖京師會義兵定關中遂留攻扶風太宗帥師

討敗之斬首數千級追奔至隴坻而還舉又懼太宗踰隴追之乃問其衆曰古來天子有降事否僞黃門侍郎褚亮曰昔越帝趙他卒歸漢祖蜀主劉禪亦仕晉朝近代蕭琮至今猶貴轉禍爲福自古有之其衛尉卿郝瑗趨而進曰皇帝失問褚亮之言又何悖也昔漢祖屢經敗績蜀先主亟亡妻子戰之利害何代無之安得一戰不捷而爲亡國之計也舉亦悔之荅曰聊發此問試君等耳乃厚賞瑗引爲謀主瑗又勸舉連結梁師都共爲聲勢厚賂突厥餌其戎馬合從并力進逼京師舉從其言與突厥莫賀咄設謀取京師莫賀咄設許以兵隨之期有日矣會都水監宇文歆使于突厥歆說莫賀咄設止其出兵故舉謀不行武德元年豐州摠管張長遜進擊宗羅睺舉悉衆來援軍屯高墌縱兵虜掠至于豳岐之地太宗又率衆擊之軍次高墌城度其糧少意在速戰乃命深溝堅壁以老其師未及與戰會太宗不豫行軍長史劉文靜殷開山請觀兵於高墌西南恃衆不設備爲舉兵掩乘其後太宗聞之知其必敗遽與書責之未至兩軍合戰竟

○爲舉所敗死者十五六大將慕容羅睺李安遠劉弘基皆陷于陣太宗歸于京師舉軍取高墌又遣仁杲進圍寧州郝瑗言於舉曰今唐兵新破將帥並擒京師騷動可乘勝直取長安舉然之臨發而舉疾召巫視之巫言唐兵爲祟舉惡之未幾而死舉每破陣所獲士卒皆殺之殺人多斷舌割鼻或碓擣之其妻性又酷暴好鞭撻其下見人不勝痛而宛轉於地則埋其足纔露腹背而捶之由是人心不附仁杲代董其衆僞謚舉爲武皇帝未葬而仁杲滅仁杲舉長子也多力善騎射軍中號爲萬人敵然所至多殺人納其妻妾獲庾信子立怒其不降磔於猛火之上漸割以啗軍士初拔秦州悉召富人倒懸之以醋灌鼻或杙其下竅以求金寶舉每誡之曰汝智略縱橫足辦我家事而傷於苛虐與物無恩終當覆我宗社舉死仁杲立於折墌城與諸將帥素多有隙及嗣位衆咸猜懼郝瑗哭舉悲思因病不起自此兵勢日衰自劉文靜爲舉所敗後高祖命太宗率諸軍以擊仁杲師次高墌而堅壁不動諸將咸請戰太宗曰我士卒新敗銳氣猶少

賊以勝自驕必輕敵好鬬故且閉壁以折之待其氣衰而後奮擊可一戰而破此萬全計也乃令軍中曰敢言戰者斬相持者久之仁杲勇而無謀兼糧餽不屬將士稍離其內史令翟長孫以其衆來降仁杲妹夫僞左僕射鍾俱仇以河州歸國太宗知其可擊遣將軍龐玉擊賊將宗羅睺於淺水原兩軍酣戰太宗以勁兵出賊不意奮擊大破之乘勝進薄其折墌城仁杲窮蹙率僞百官開門降太宗納之王師振旅以仁杲歸於京師及其首帥數千人皆斬之舉父子相繼僞位至滅凡五年隴西平

李軌字處則武威姑臧人也有機辯頗窺書籍家富於財賑窮濟乏人亦稱之大業末爲鷹揚府司馬時薛舉作亂於金城軌與同郡曹珍關謹梁碩李贇安脩仁等謀曰薛舉殘暴必來侵擾郡官庸怯無以禦之今宜同心戮力保據河右以觀天下之事豈可束手於人妻子分散乃謀共舉兵皆相讓莫肯爲主曹珍曰常聞圖讖云李氏當王今軌在謀中豈非天命也遂拜賀之推以爲主軌令脩仁夜率諸

○胡入內苑城建旗大呼軌於郭下聚衆應之執縛隋虎賁郎將謝統師郡丞韋士政軌自稱河西大涼王建元安樂署置官屬並擬開皇故事初突厥曷娑那可汗率衆內屬遣弟闕達度闕設領部落在會寧川中有二千餘騎至是自稱可汗來降于軌武德元年冬軌僭稱尊號以其子伯玉爲皇太子長史曹珍爲左僕射謹等議欲盡殺隋官分其家產軌曰諸人見逼爲主便須禀吾處分義兵之起意在救焚今殺人取物是爲狂賊立計如此何以求濟乎遂署統師太僕卿士政太府卿薛舉遣兵侵軌軌遣其將李贇擊敗于昌松斬首二千級盡虜其衆復議放還之贇言於軌曰今竭力戰勝俘虜賊兵又縱放之還使資敵不如盡坑之軌曰不然若有天命自擒其主此輩士卒終爲我有若事不成留此何益遂遣之未幾攻陷張掖燉煌西平枹罕盡有河西五郡之地其年軌殺其吏部尚書梁碩初軌之起也碩爲謀主甚有智略衆咸憚之碩見諸胡種落繁盛乃陰勸軌宜加防察與其戶部尚書安脩仁由是有隙又軌子仲琰懷恨形於辭色脩

仁因之構成頎罪更譖毀之云其欲反軌令齋鵰就宅殺焉是後故人多疑懼之心皆從此稍離時高祖方圖薛舉遣使潛往涼州與之相結下璽書謂之爲從弟軌大悅遣其弟懋入朝獻方物高祖授懋大將軍遣還涼州又令鴻臚少卿張俟德持節冊拜爲涼州摠管封涼王給羽葆鼓吹一部軌召羣寮廷議曰今吾從兄膺受圖籙據有京邑天命可知一姓不宜競立今去帝號受冊可乎曹珍進曰隋失天下英雄競逐稱王號帝鼎峙瓜分唐國自據關中大涼自處河右已爲天子柰何受人官爵若欲以小事大宜依蕭察故事自稱梁帝而稱臣於周軌從之二年遣其尚書左丞鄧曉隨使者入朝表稱皇從弟大涼皇帝臣軌而不受官時有胡巫惑之曰上帝當遣玉女從天而降遂徵兵築臺以候玉女多所糜費百姓患之又屬年飢人相食軌傾家賑之私家罄盡不能周遍又欲開倉給粟召衆議之珍等對曰國以人爲本本既不立國將傾危安可惜此倉粟而坐觀百姓之死乎其故人皆云給粟爲便謝統師等隋舊官人爲軌所獲雖被

任使情猶不附每與羣胡相結引進朋黨排軌舊人因其大餒欲離其衆乃詬珍曰百姓餓者自是弱人勇壯之士終不肯困國家倉粟須備不虞豈可散之以供小弱僕射苟悅人情殊非國計軌以爲然由是士庶怨憤多欲叛之初安脩仁之兄興貴先在長安表請詣涼州招慰軌高祖謂曰李軌據河西之地連好吐谷渾結援於突厥興兵討擊尚以爲難豈單使所能致也興貴對曰李軌兇強誠如聖旨今若諭之以逆順曉之以禍福彼則憑固負遠必不見從何則臣於涼州奕代豪望凡厥士庶靡不依附臣之弟爲軌所信任職典樞密者數十人以此候隙圖之易於反掌無不濟矣高祖從之興貴至涼州軌授以左右衛大將軍又問以自安之術興貴諭之曰涼州僻遠人物凋殘勝兵雖餘十萬開地不過千里既無險固又接蕃戎戎狄豺狼非我族類此而可久實用爲疑今大唐據有京邑略定中原攻必取戰必勝是天所啓非人力焉今若舉河西之地委質事之即漢家竇融未足爲比軌默然不答久之謂興貴曰昔吳濞以江左之兵

猶稱己爲東帝我今以河右之衆豈得不爲西帝彼雖強大其如予何君與唐爲計誘引於我酬彼恩遇耳興貴懼乃僞謝曰竊聞富貴不在故鄉有如衣錦夜行今合家子弟並蒙信任榮慶實在一門豈敢與心更懷他志興貴知軌不可動乃與脩仁等潛謀引諸胡衆起兵圖軌將圍其城軌率步騎千餘出城拒戰先時有薛舉柱國奚道宜率羌兵三百人亡奔于軌既許其刺史而不授之禮遇又薄深懷憤怨道宜率所部共脩仁擊軌軌敗入城引兵登陴冀有外救興貴宣言曰大唐使我來殺李軌不從者誅及三族於是諸城老幼皆出詣脩仁軌歎曰人心去矣天亡我乎攜妻子上玉女臺置酒爲別脩仁執之以聞時鄧曉尚在長安聞軌敗舞蹈稱慶高祖數之曰汝委質於人爲使來此聞軌淪陷曾無慼容苟悅朕情妄爲慶躍既不能留心於李軌何能盡節於朕乎竟廢而不齒軌尋伏誅自起至滅三載河西悉平詔授興貴右武候大將軍上柱國封涼國公食實封六百戶賜帛萬段脩仁左武候大將軍封申國公并給田宅食實封六

百戶

劉武周河間景城人父匡徙家馬邑匡嘗與妻趙氏夜坐庭中忽見一物狀如雄雞流光燭地飛入趙氏懷振衣無所見因而有娠遂生武周驍勇善射交通豪俠其兄山伯每誡之曰汝不擇交遊終當滅吾族也數詈辱之武周因去家入洛爲太僕楊義臣帳內募征遼東以軍功授建節校尉還家爲鷹揚府校尉太守王仁恭以其州里之雄甚見親遇每令率虞候屯於閤下因與仁恭侍見私通恐事泄又見天下已亂陰懷異計乃宣言於郡中曰今百姓飢餓死人相枕於野王府尹閉倉不恤豈憂百姓之意乎以此激怒衆人皆發憤怨武周知衆心搖動因稱疾不起鄉閭豪傑多來候問遂椎牛縱酒大言曰盜賊若此壯士守志並死溝壑今倉內積粟皆爛誰能與我取之諸豪傑皆許諾與同郡張萬歲等十餘人候仁恭視事武周上謁萬歲自後而入斬仁恭於郡廳持其首出徇郡中無敢動者於是開廩以賑窮乏馳檄境內其屬城皆歸之得兵萬餘人武周自稱太守遣

使附于突厥隋鴈門郡丞陳孝意虎賁將王智辯合兵討之圍其桑乾鎮會突厥大至與武周共擊智辯隋師敗績孝意奔還鴈門部人殺之以城降于武周於是襲破樓煩郡進取汾陽宮獲隋宮人以賂突厥始畢可汗以馬報之兵威益振乃攻陷定襄復歸于馬邑突厥立武周爲定楊可汗遺以狼頭纛因僭稱皇帝以妻沮氏爲皇后建元爲天興以衛士楊伏念爲左僕射妹壻同縣人苑君璋爲内史令先是上谷人宋金剛有衆萬餘人在易州界爲羣盜定州賊帥魏刀兒與相表裏後刀兒爲竇建德所滅金剛救之戰敗率餘衆四千人奔于武周素聞金剛善用兵得之甚喜號爲宋王委以軍事中分家產遺之金剛亦深自結納遂出其妻請娉武周之妹又說武周入圖晉陽南向以爭天下武周授金剛西南道大行臺令率兵二萬人侵并州軍黄蛇鎮又引突厥之衆兵鋒甚盛襲破榆次縣進陷介州高祖遣太常少卿李仲文率衆討之爲賊所執一軍全沒仲文後得逃還復遣右僕射裴寂拒之戰又敗績武周進逼總管齊王元吉委城

遁走武周遂據太原遣金剛進攻晉州六日城陷右驍衛大將軍劉弘基沒于賊進取澮州屬縣悉下夏縣人呂崇茂殺縣令自號魏王以應賊河東賊帥王行本又密與金剛連和關中大駭高祖命太宗益兵進討屯于栢壁相持者久之又命永安王孝基陝州總管于筠工部尚書獨孤懷恩内史侍郎唐儉進取夏縣不能克軍于城南崇茂與賊將尉遲敬德襲破孝基營諸軍並陷四將俱沒敬德還澮州太宗邀擊於美良川大破之敬德與賊將尋相又援王行本於蒲州太宗復破之於蒲州高祖親幸蒲津關太宗自栢壁輕騎謁高祖於行在所宋金剛遂圍絳州及太宗還金剛懼而引退武周復攻李仲文于浩州頻戰皆敗又餽運不屬賊衆大餒於是金剛遂遁太宗復追及金剛于雀鼠谷一日八戰皆破之俘斬數萬人獲輜重千餘兩金剛走入介州王師逼之金剛尚有衆二萬出其西門背城而陣太宗與諸將力戰破之金剛輕騎遁走其驍將尉遲敬德尋相張萬歲收其精兵舉介州及永安來降武周大懼率五百騎棄并州北走自乾燭谷亡奔突厥金剛復收其亡散以拒官軍人莫之從與百餘騎復奔突厥太宗進平并州悉復故地未幾金剛背突厥而亡將還上谷爲追騎所獲腰斬之武周又欲謀歸馬邑事洩爲突厥所殺武周自初起至死凡六載初武周引兵南侵苑君璋說曰唐主舉一州之兵定三輔之地郡縣影附所向風靡此固天命豈曰人謀且并州已南地形險阻若懸軍深入恐後無所繼不如連和突厥結援唐朝南面稱孤足爲上策武周不聽遣君璋守朔州遂侵汾晉及敗泣謂君璋曰恨不用君言乃至於此武周既死突厥又以君璋爲大行臺統其餘衆仍令郁射設督兵助鎮高祖遣諭之君璋部將高滿政謂君璋曰夷狄無禮本非人類豈可北面事之不如盡殺突厥以歸唐朝君璋不從滿政因人心夜逼君璋君璋亡奔突厥滿政遂以城來降拜朔州總管封榮國公明年君璋復引突厥來攻馬邑滿政死之君璋盡殺其黨而去退保恒安君璋所部稍稍離散勢蹙請降高祖許之遣使賜以金券會突厥頡利可汗復遣召之君璋猶豫未決其子

孝政曰劉武周足爲殷鑒今既降唐又歸頡利取滅之道也粮儲已盡人情悉離如更遲留變生肘腋恒安人郭子威說君璋曰恒安之地王者舊都山川形勝足爲險固突厥方強爲我脣齒據此堅城足觀天下之變何乃欲降於人也君璋然其計乃執我行人送於突厥與突厥合軍寇太原之北境君璋復見頡利政亂竟率所部來降拜安州都督封芮國公賜實封五百戶

高開道滄州陽信人也少以煮鹽自給有勇力走及奔馬隋大業末河間人格謙擁兵於豆子䴚開道往從之署爲將軍後謙爲隋師所滅開道與其黨百餘人亡匿海曲復出掠滄州招集得數百人北掠城鎮臨渝至于懷遠皆破之悉有其衆武德元年隋將李景守北平郡開道引兵圍之連年不能尅景自度不能支挍城而去開道又取其地進陷漁陽郡有馬數千匹衆且萬人自立爲燕王都于漁陽先是有懷戎沙門高曇晟者因縣令設齋士女大集曇晟與其僧徒五十人擁齋衆而反殺縣令及鎮將自稱大乘皇帝立尼靜宣爲耶輸

皇后建元爲法輪至夜遣人招誘開道結爲兄弟改封齊王開道以衆五千人歸之居數月襲殺羣晟悉并其衆三年復稱燕王建元置置百官羅藝在幽州爲竇建德所圍告急於開道乃率二千騎援之建德懼其驍鋭於是引去開道因藝遣使來降詔封北平郡王賜姓李氏授蔚州總管時幽州大饑開道許給之粟藝遣老弱就食開道皆厚遇之藝甚悦不以爲虞乃發兵三千人車數百乘驢馬千餘匹請粟于開道悉留之北連突厥告絶於藝復稱燕國是歲劉黑闥入寇山東開道與之連和引兵攻易州不尅而退又遣其將謝稜詐降於藝請兵援接藝出兵應之將至懷戎稜襲破藝兵開道又引突厥頻來爲寇恒定幽易等州皆罹其患突厥頡利可汗攻馬邑以開道兵善爲攻具引之陷馬邑而去時天下大定開道欲降自以數翻覆終恐致罪又北恃突厥之衆其將士多山東人思還本土人心頗離先是劉黑闥亡將張君立奔於開道因與其將張金樹潛相結連時開道親兵數百人皆勇敢士也號爲義兒常在閤内金樹每督兵於

○閤下金樹將圖開道潛令數人入其閤内與諸義兒陽爲遊戲至日將夕陰斷其弓弦又藏其刀仗聚其矟於床下迨暝金樹以其徒大呼來攻閤下向所遣人抱義兒矟一時而出諸義兒遽將出戰而弓弦皆絶刀仗已失君立於外城舉火相應表裏驚擾義兒窮蹙爭歸金樹開道知不免於是擐甲持兵坐堂上與其妻妾樂酣宴金樹之黨憚其勇不敢逼天將曉開道先縊其妻妾及諸子而後自殺金樹陳兵執其義兒皆斬之及殺張君立死者五百餘人遂歸國開道自初起至滅凡八歲以其地爲嬀州

劉黑闥貝州漳南人無賴嗜酒好博弈不治產業父兄患之與竇建德少相友善家貧無以自給建德每資之隋末亡命從郝孝德爲羣盜後歸李密爲裨將密敗爲王世充所虜世充素聞其勇以爲騎將見世充所爲而竊笑之乃亡歸質其父蓋而使世勣典兵攻新鄉詐以取信遂虜黑闥獻於建德建德署爲將軍封漢東郡公令將奇兵東西掩襲黑闥既遍遊諸賊善覘時變素驍勇多姦詐建德有所經略

必令專知斥候常間入敵中覘視虛實或出其不意乘機奮擊多所尅獲軍中號爲神勇及建德敗黑闥自匿於漳南杜門不出會高祖徵建德故將范願董康買曹湛高雅賢等將赴長安願等相與謀曰王世充以洛陽降其下驍將公卿單雄信之徒皆被夷滅我輩若至長安必無保全之理且夏王往日擒獲淮安王全其性命遣送還之唐家今得夏王即加殺害我輩殘命若不起兵報讎實亦恥見天下人物於是相率復謀反叛卜以劉氏爲主吉共往漳南見建德故將劉雅告之且請雅曰天下已平樂在丘園爲農夫耳起兵之事非所願也衆怒殺雅而去范願曰漢東公劉黑闥果敢多奇略寬仁容衆恩結於士卒吾久常聞劉氏當有王者今舉大事欲收夏王之衆非其人莫可遂往詣黑闥以告其意黑闥大悅殺牛會衆舉兵得百餘人襲破漳南縣貝州刺史戴元詳魏州刺史權威合兵擊之並爲黑闥所敗元詳及威皆沒于陣黑闥盡收其器械及餘衆千餘人於是范願高雅賢等宿舊左右漸來歸附衆至二千人武德四年七月設

○壇於漳南祭建德告以舉兵之意自稱大將軍淮安王神通將軍秦武通王行敏前後討之皆爲所敗於是移書趙魏其建德將士往往殺官吏以應黑闥北連懷戎賊帥高開道兵鋒甚鋭進至宗城有衆數萬黎州總管李世勣不能拒棄城走保洺州黑闥追擊破之步卒五千人皆歿于陣世勣與武通僅以身免黑闥又徵王琮爲中書令劉斌爲中書侍郎以掌文翰遣使北連突厥頡利可汗遣俟斤宋耶那率胡騎從之黑闥軍大振進陷相州半歲悉復建德故地兗州賊帥徐圓朗舉齊兗之地以附于黑闥其勢益張五年正月黑闥至相州僭稱漢東王建元爲天造以范願爲左僕射董康買爲兵部尚書高雅賢爲右領軍又引建德時文武悉復本位都於洺州其設法行政皆師建德而攻戰勇決過之於是太宗又自請統兵討之師次衛州黑闥數以兵挑戰輒爲官軍所挫黑闥懼委相州而退保于列人營時洺水縣人請爲内應太宗遣總管羅士信入城據守黑闥又攻陷其城士信死之遂據洺州三月太宗阻洺水列營以逼之分遣奇

兵斷其糧道黑闥又數挑戰太宗堅壁不應以挫其鋒黑闥城中糧盡太宗度其必來決戰預擁洺水上流謂守堤吏曰我擊賊之日候賊半度而決堰黑闥果率步騎二萬渡洺水而陣與官軍大戰賊衆大潰水又大至黑闥衆不得渡斬首萬餘級溺死者數千人黑闥與范願等以千餘人奔于突厥山東悉定太宗遂引軍於河南以討徐圓朗六月黑闥復借兵於突厥來寇山東七月至定州其舊將曹湛董康買先亡在鮮虞復聚兵以應黑闥高祖遣淮陽王道玄原國公史萬寶討之戰于下博王師敗績道玄死于陣萬寶輕騎逃還由是河北諸州盡叛又降于黑闥旬日間悉復故城復都洺州十一月高祖遣齊王元吉擊之遲留不進又令隱太子建成督兵進討頻戰大捷六年二月又大破之于舘陶黑闥引軍北走建成與元吉合千餘騎屯於永濟渠縱騎擊之黑闥敗走命騎將劉弘基追之黑闥爲王師所蹙不得休息道遠兵疲比至饒陽從者纔百餘人衆皆餒入城求食黑闥所署饒州刺史葛德威出門迎拜延之入城黑闥初不許德威謬爲誠敬涕泣固請黑闥乃進至城傍德威勒兵執之送于建成斬於洺州山東復定

徐圓朗者兗州人也隋末亡命爲羣盜據本郡縱兵略地自瑯琊已西北至東平盡有之勝兵二萬餘人仍附於李密密敗歸王世充及洛陽平歸國拜兗州摠管封魯郡公高祖令葛國公盛彦師安輯河南行至任城會劉黑闥作亂潜結於圓朗因執彦師舉兵應黑闥自稱魯王黑闥以圓朗爲大行臺元帥兗鄆陳杞伊洛曹戴等八州豪猾皆殺其長吏以應之太宗平黑闥進師曹州遣淮安王神通及李世勣攻之圓朗數出戰不利城内百姓爭踰城降圓朗窮蹙與數騎棄城夜遁爲野人所殺其地悉平

史臣曰薛舉父子勇悍絶倫性皆好殺仁杲尤甚無恩衆叛雖猛何爲李軌竊據鷹楊僭號河西安隋朝官屬不奪其財破李贇甲兵放還其衆是其興也及殺害謀主崇信妖巫衆叛親離其亡也宜哉武周始爲鼠竊偶恣鴟張不用君璋之謀竟爲突厥所殺苑君璋及揔餘衆別生異圖見頡利歸朝亦是見機者也黑闥開道勇而無謀顧其行師祗是狂賊皆爲麾下所殺馭衆之道謬哉

贊曰國無紀綱盜興草澤不有隋亂焉知唐德

唐書列傳卷第五

唐書列傳卷第六

劉昫等修
聞人詮校刻沈桐同校

蕭銑 杜伏威（闞稜 王雄誕）
輔公祏 沈法興
李子通（朱粲 張善安 劉季真 李子和） 林士弘 羅藝
梁師都

蕭銑後梁宣帝曾孫也祖巖隋開皇初叛隋降於陳陳亡爲文帝所誅銑少孤貧傭書自給事母以孝聞煬帝時以外戚擢授羅川令大業十三年岳州校尉董景珍雷世猛旅帥鄭文秀許玄徹萬瓚徐德基郭華沔州人張繡等同謀叛隋郡縣官屬衆欲推景珍爲主景珍曰吾素寒賤雖假名號衆必不從今若推主當從衆望羅川令蕭銑梁氏之後寬仁大度有武皇之風吾又聞帝王膺籙必有符命而隋氏冠帶盡號起梁斯乃蕭家中興之兆今請以爲主不亦應天順人乎衆乃遣人諭意銑大悅報景珍書曰我之本國昔在有隋以小事大朝貢無闕乃貪我土宇滅我宗祊我是以痛心疾首無忘雪耻今天啓公等協我心事若合符契豈非上玄之意也吾當糺率士庶敬從來請即日集得數千人揚言討賊而實欲相應遇潁川賊帥沈柳生來寇羅川縣銑擊之不利因謂其衆曰岳州豪傑首謀起義請我爲主今隋政不行天下皆叛吾雖欲獨守力不自全且吾先人昔都此地若從其請必復梁祚遣召柳生亦當從我衆皆大悅即日自稱梁公改隋服色建梁旗幟柳生以衆歸之拜爲車騎大將軍率衆往巴陵自起軍五日遠近投附者數萬人景珍遣徐德基郭華率州中首領數百人詣軍迎謁未及見銑而前造柳生柳生謂曰我先奉梁公勳居第一今岳州兵衆位多於我我若入城便出其下不如殺德基質其首領獨挾梁王進取州城遂與左右殺德基方詣中軍白銑銑大驚曰今欲撥亂忽自相殺我不能爲汝主矣乃步出軍門柳生大懼伏地請罪銑責而赦之令復舊位銑陳兵入城景珍進言於銑曰徐德基丹誠奉主柳生凶悖擅殺之若不加誅何以爲政且其爲賊凶頑已久今雖從義不革此心同處一城必將爲變若不預圖後悔無及銑又從之景珍遂斬柳生於城內其下將帥皆潰散銑於是築壇於城南燔燎告天自稱梁王以有異鳥之瑞建元爲鳳鳴義寧二年僭稱皇帝署置百官一準梁故事僞謚其從父琮爲孝靖帝祖巖爲河間忠烈王父璿爲文憲王封董景珍爲晉王雷世猛爲秦王鄭文秀爲楚王許玄徹爲燕王萬瓚爲魯王張繡爲齊王楊道生爲宋王隋將張鎮州王仁壽擊之不能尅及聞隋滅鎮州因與寧長真等率嶺表諸州盡降於銑九江鄱陽初有林士弘僭號俄自相誅滅士弘逃于安成之山洞其郡亦降於銑遣其將楊道生攻陷南郡張繡略定嶺表東至三硤南盡交阯北拒漢川皆附之勝兵四十餘萬武德元年遷都江陵修復園廟引岑文本爲中書侍郎令掌機密銑又遣楊道生攻硤州刺史許紹出兵擊破之赴水死者太半高祖詔夔州總管趙郡王孝恭率兵討之拔其通開二州斬僞東平郡王蕭闍提時諸

將橫恣多專殺戮銑因令罷兵陽言營農實奪將帥之權也其大司馬董景珍之弟爲僞將軍怨銑放其兵遂謀爲亂事洩爲銑所誅時景珍出鎮長沙銑下書赦之召還江陵景珍懼遣間使詣孝恭送款銑遣其齊王張繡攻之景珍謂繡曰前年醢彭越往年殺韓信卿豈不見之乎奈何今日相攻繡不答進兵圍之景珍潰圍而走爲其麾下所殺銑以繡爲尚書令繡恃勳驕慢專恣弄權銑又惡而殺之既大臣相次誅戮故人邊將皆疑懼多有叛者銑不能復制以故兵勢益弱四年高祖命趙郡王孝恭及李靖率巴蜀兵發自夔州沿流而下廬江王瑗從襄州道黔州刺史田世康趣辰州道黃州總管周法明趣夏口道以圖銑及大軍將至銑江州總管蓋彥舉以五州降又遣其將文士弘等率兵拒戰孝恭與李靖皆擊破之進逼其都初銑之放兵散也自留宿衛兵士數千人忽聞孝恭至而倉卒追兵並江嶺之南道里遼遠未能相及孝恭縱兵入郭布長圍以守之數日尅其水城獲其舟艦數千艘其交州總管丘和長史高士廉司馬杜之

松等先來謁銑聞兵敗使詣李靖來降銑自度救兵不至謂其羣下曰天不祚梁數歸於滅若待力屈必害黎元豈以我一人致傷百姓及城未拔宜先出降冀免亂兵幸全衆庶諸人失我何患無君乃巡城號令守陴者皆慟哭銑以太牢告于其廟率官屬緦縗布幘而詣軍門曰當死者唯銑百姓非有罪也請無殺掠孝恭因之送于京師銑降後數日江南救兵十餘萬一時大至知銑降皆送款於孝恭銑至高祖數其罪銑對曰隋失其鹿英雄競逐銑無天命故至於此亦猶田橫南面非負漢朝若以爲罪甘從鼎鑊竟斬于都市年三十九銑自初起五年而滅

杜伏威齊州章丘人也少落拓不治產業家貧無以自給每穿窬爲盜與輔公祏爲刎頸之交公祏姑家以牧羊爲業公祏數攘羊以餽之姑有憾焉因發其盜事郡縣捕之急伏威與公祏遂俱亡命聚衆爲羣盜時年十六常營護諸盜出則居前入則殿後故其黨咸服之共推爲主大業九年率衆入長白山投賊帥左君行不被禮因捨去

○轉掠淮南自稱將軍時下邳有苗海潮亦聚衆爲盜伏威使公祏謂曰今同苦隋政各興大義力分勢弱常恐見擒何不合以爲強則不患隋軍相制若公能爲主吾當敬從自揆不堪可來聽命不則一戰以決雄雌海潮懼即以其衆歸于伏威江都留守遣校尉宋顥率兵討之伏威與戰陽爲奔北引入葭蘆中而從上風縱火迫其步騎陷于大澤火至皆燒死有海陵賊帥趙破陣聞伏威兵少而輕之遣使召伏威請與并力伏威令公祏嚴兵居外以待變親將十人持牛酒入謁破陣大悅引伏威入幕盡集其酋帥縱酒高會伏威於坐斬破陣而并其衆由此兵威稍盛復屠安宜煬帝遣右禦衛將軍陳稜以精兵八千討之稜不敢戰伏威遺稜婦人之服以激怒之并致書號爲陳姥稜大怒悉兵而至伏威逆拒自出陣前挑戰稜部將射中其額伏威怒指之曰不殺汝我終不拔箭遂馳之稜部將走奔其陣伏威因入稜陣大呼衝擊所向披靡復所射者使其拔箭然後斬之携其首復入稜軍奮擊殺數十人稜陣大潰僅以身免乘勝破高郵縣引兵據歷陽自稱摠管分遣諸將略屬縣所至輒下江淮間小盜爭來附之伏威嘗選敢死之士五千人號爲上募寵之甚厚與同甘苦有攻戰輒令上募擊之及戰罷閱視有中在背便殺之以其退而被擊也所獲貲財皆以賞軍士有戰死者以其妻妾殉葬故人自爲戰所向無敵宇文化及之反也署爲歷陽太守伏威不受又移居丹陽進用人士大修器械薄賦歛除殉葬法其犯姦盜及官人貪濁者無輕重皆殺之仍上表於越王侗侗拜伏威爲東道大摠管封楚王太宗之圍王世充遣使招之伏威請降高祖遣使就拜東南道行臺尚書令江淮以南安撫大使上柱國封吳王賜姓李氏預宗正屬籍封其子德俊爲山陽公賜帛五千段馬三百匹伏威遣其將軍陳正通徐紹宗率兵來會武德四年遣其將軍王雄誕討李子通於杭州擒之以獻又破法華於歙州盡有江東淮南之地南接於嶺東至于海尋聞太宗平劉黑闥進攻徐圓朗伏威懼而來朝拜爲太子太保仍兼行臺尚書令留于京師禮之甚厚位在齊王元吉之上以寵異之

○初輔公祏之反也詐稱伏威之令以紿其衆高祖遣趙郡王孝恭討之時伏威在長安暴卒及公祏平孝恭收得公祏反辭不曉其詐遽以奏聞乃除伏威名籍没其妻子貞觀元年太宗知其寃赦之復其官爵葬以公禮

輔公祏齊州臨濟人隋末從杜伏威爲羣盜初伏威自稱摠管以公祏爲長史李子通之敗沈法興也伏威使公祏以精卒數千渡江討之子通率衆數萬以拒公祏公祏兵鋒甚鋭公祏簡甲士千人皆使執長刀仍令千餘人隨後令之曰有却者斬公祏自領餘衆復居其後俄而子通方陣而前公祏所遣千人皆殊死決戰公祏乃縱左右翼攻之子通大潰降其衆數千人公祏尋與伏威遣使歸國拜爲淮南道行臺尚書左僕射封舒國公初伏威與公祏少相愛狎公祏年長伏威每兄事之軍中咸呼爲伯畏敬與伏威等伏威潛忌之爲署其養子闞稜爲左將軍王雄誕爲右將軍推公祏爲僕射外示尊崇而陰奪其兵權公祏知其意怏怏不平乃與故人左遊仙僞學道辟穀以

遠其事武德五年伏威將入朝留公祏居守復令雄誕典兵以副公祏陰謂曰吾入京若不失職無令公祏爲變其後左遊仙乃說公祏令反會雄誕屬疾於家公祏奪其兵詐言伏威不得還江南貽書令其起兵因僭即僞位自稱宋國於陳故都築宮以居焉署置百官以左遊仙爲兵部尚書東南道大使越州摠管大修兵甲轉漕糧饋時吳興賊帥沈法興據毗陵公祏擊破之又遣其將馮惠亮屯於博望山陳正通徐紹宗屯於青林山以拒官軍高祖命趙郡王孝恭率諸將奮擊大破之紹宗正通以五騎奔於丹陽公祏懼而遁走欲就左遊仙於會稽至武康爲野人所執送於丹陽孝恭斬之傳首京師公祏與伏威同起至滅凡十三載江東悉平初伏威養壯士三十餘人爲假子分領兵馬唯闞稜王雄誕知名

闞稜齊州臨濟人善用大刀長一丈施兩刃名爲拍刃每一舉輒斃數人前無當者及伏威據有江淮之地稜數有戰功署爲左將軍伏威步兵皆出自羣賊類多放縱有相侵奪者稜必殺之雖親故無所

捨令行禁止路不拾遺後從伏威入朝拜左領軍將軍遷越州都督及公祏僭號稜從軍討之與陳正通相遇陣方接稜脫兜鍪謂賊衆曰汝不識我邪何敢來戰其衆多稜舊之所部由是各無鬭志或有還拜者公祏之破稜功居多頗有自矜之色及擒公祏誣稜與己通謀又杜伏威王雄誕及稜家產在賊中者合從原放孝恭乃皆籍沒稜訴理之有忤於孝恭孝恭怒遂以謀反誅之

王雄誕者曹州濟陰人初伏威之起也用其計屢有剋獲署爲驃騎將軍伏威後率衆渡淮與海陵賊李子通合後子通惡伏威雄武使騎襲之伏威被重瘡墮馬雄誕負之逃於葭蘆中伏威復招集餘黨攻刼郡縣隋將來整又擊破之亡失餘衆其部將西門君儀妻王氏勇決多力負伏威而走雄誕率麾下壯士十餘人衛護隋軍追至雄誕輒還禦之身被數槍勇氣彌厲竟脫伏威時闞稜年長於雄誕故軍中號稜爲大將軍雄誕爲小將軍後伏威令輔公祏擊李子通於江都使雄誕與稜爲副戰于溧水子通大敗公祏乘勝追之却爲子通所破軍士皆堅壁不敢出雄誕謂公祏曰子通軍無營壘且狃於初勝而不設備若擊之必剋公祏不從雄誕以其私屬數百人銜枚夜擊之因順風縱火子通大敗走渡太湖復破沈法興居其地高祖聞伏威據有吳楚遣使諭之雄誕率衆討之子通以精兵守獨松嶺雄誕遣其部將陳當率千餘人出其不意乘高據險多張旗幟夜則縛炬火於樹上布滿山澤間子通大懼燒營而走保於杭州雄誕追擊敗之擒子通於陣送于京師歙州首領汪華隋末據本郡稱王十餘年雄誕迴軍擊之華出新安洞口以拒雄誕甲兵甚銳雄誕伏精兵於山谷間率羸弱數千人當之戰纔合僞退歸本營華攻之不能剋會日暮欲還雄誕伏兵已據其洞口華不得入窘急面縛而降蘇州賊帥聞人遂安據崑山縣而無所屬伏威又命雄誕攻之雄誕以崑山險隘難以力勝遂單騎詣其城下陳國威靈示以禍福遂安感悅率諸將出降以前後功授歙州摠管封宜春郡公伏威之入朝也留輔公祏鎮江南而兵馬屬於雄誕公祏將爲逆奪其兵拘之別室

遣西門君儀諭以反計雄誕曰當今方太平吳王又在京輦國家威靈無遠不被公何得爲族滅事耶雄誕有死而已不敢聞命公祏知不可屈遂縊殺之雄誕善撫恤將士皆得其死力每破城鎮約勒部下絲毫無犯故死之日江南士庶莫不爲之流涕高祖嘉其節命其子果襲封宜春郡公太宗即位追贈左衛大將軍越州都督謚曰忠果垂拱初官至廣州都督安西大都護

沈法興湖州武康人也父恪陳特進廣州刺史法興隋大業末爲吳興郡守東郡賊帥樓世幹舉兵圍郡城煬帝令法興與太僕丞元祐討之俄而宇文化及弒煬帝於江都法興自以代居南土宗族數千家爲遠近所服乃與祐部將孫士漢陳果仁執祐於坐號令遠近以誅化及爲名發自東陽行收兵將趨江都下餘杭郡比至烏程精卒六萬毗陵郡通守路道德率兵拒之法興請與連和因會盟襲殺道德進據其城時齊郡賊帥樂伯通據丹陽爲化及城守法興使果仁攻陷之於是據有江表十餘郡自署江南道摠管後聞越王侗立乃上

表於侗自稱大司馬録尚書事天門公承制置百官以陳杲仁爲司徒孫士漢爲司空蔣元超爲尚書左僕射殷芊爲尚書左丞徐令言爲尚書右丞劉子翼爲選部侍郎李百藥爲府掾法興自剋毗陵後謂江淮已南可指撝而定專立威刑將士有小過便即誅戮而言笑自若由是將士離體稱梁建元曰延康改易隋官頗依陳氏故事是時杜伏威據歷陽陳稜據江都李子通據海陵並握強兵俱有窺覦江表之志法興三面受敵軍數挫衄陳稜尋被李子通圍於江都稜窘急送質求救法興使其子綸領兵數萬救之子通率衆攻綸大敗乘勝渡江陷其京口法興使蔣元超拒之於庱亭元超戰死法興左右數百人投吳郡賊帥聞人遂安遣其將葉孝辯迎之法興至中路而悔欲殺孝辯更向會稽孝辯覺之法興懼乃赴江死初法興以義寧二年起兵至武德三年而滅

李子通東海丞人也少貧賤以魚獵爲事居鄉里見班白提挈者必代之性好施惠家無蓄積睚眥之怨必報隋大業末有賊帥左才相

自號博山公據齊郡之長白山子通歸之以武力爲才相所重有鄉人陷於賊者必全護之時諸賊皆殘忍唯子通獨行仁恕由是人多歸之未半歲兵至萬人才相稍忌之子通自引去因渡淮與杜伏威合尋爲隋將來整所敗子通擁其餘衆奔海陵得衆二萬自稱將軍初宇文化及以隋將軍陳稜爲江都太守子通率師擊之稜南求救於沈法興西乞師於杜伏威二人各以兵至伏威屯清流法興保楊子相去數十里間子通納言毛文深進計募江南人詐爲法興之兵夜襲伏威不悟恨法興之侵已又遣兵襲法興二人相疑莫敢先動子通遂得盡銳攻陷江都陳稜奔于伏威子通入據江都盡虜其衆因僭即皇帝位國稱吳建元爲明政丹陽賊帥樂伯通率衆萬餘來降子通拜尚書左僕射更進擊法興於庱亭斬其僕射蔣元超法興棄城宵遁遂有晉陵之地獲法興府掾李百藥引爲內史侍郎使典文翰以法興尚書左丞殷芊爲太常卿使掌禮樂由是隋郡縣及江南人士多歸之後伏威遣輔公祏攻陷丹陽進屯溧水子通擊之反爲公祏所敗又屬糧盡子通棄江都保于京口江西之地盡歸伏威子通又東走太湖鳩集亡散得二萬人襲沈法興於吳郡破之率其官屬都于餘杭東至會稽南至于嶺西拒宣城北至太湖盡有其地未幾杜伏威遣其將王雄誕攻之大戰於蘇州子通敗績退保餘杭雄誕進逼之戰於城下軍復敗子通窮蹙請降伏威執之并其左僕射樂伯通送于京師盡收其地高祖不之罪賜宅一區公田五頃禮賜甚厚及伏威來朝子通謂伯通曰伏威既來東方未靜我所部兵多在江外往彼收之可有大功於天下矣遂相與亡至藍田關爲吏所獲與伯通俱伏誅時又有朱粲林士弘張善安皆僭號於江淮之間

朱粲者亳州城父人也初爲縣佐史大業末從軍討長白山賊遂聚結爲羣盜號可達寒賊自稱迦樓羅王衆至十餘萬引軍渡淮屠竟陵沔陽後轉掠山南郡縣不能守所至殺戮噍類無遺義寧中招慰使馬元規擊破之俄而收輯餘衆兵又大盛僭稱楚帝於冠軍建元

爲昌達攻陷鄧州有衆二十萬粲所剋州縣皆發其藏粟以充食遷徙無常去輒焚餘貲毀城郭又不務稼穡以劫掠爲業於是百姓大餒死者如積人多相食軍中罄竭無所虜掠乃取嬰兒蒸而噉之因令軍士曰食之美者寧過於人肉乎但令他國有人我何所慮即勒所部有略得婦人小兒皆烹之分給軍士乃稅諸城堡取小弱男女以益兵糧隋著作佐郎陸從典通事舍人顏愍楚因譴左遷並在南陽粲悉引之爲賓客後遭饑餒合家爲賊所噉又諸城懼稅皆相攜逃散顯州首領楊士林田瓚率兵以背粲諸州響應相聚而攻之大戰于淮源粲敗以數千兵奔于菊潭縣遣使請降高祖令假散騎常侍段確迎勞之確因醉侮粲曰聞卿噉人作何滋味粲曰若噉嗜酒之人正似糟藏豬肉確怒慢罵曰狂賊入朝後一頭奴耳更得噉人乎粲懼於坐收確及從者數十人奔于王世充拜爲龍驤大將軍東都平獲之斬于洛水之上士庶嫉其殘忍競投瓦礫以擊其屍須臾封之若冢

林士弘者饒州鄱陽人也大業十二年與其鄉人操師乞起爲羣盜乞師自號元興王攻陷豫章郡而據之以士弘爲大將軍隋遣侍書侍御史劉子翊率師討之乞師中矢而死士弘代董其衆復與子翊大戰于彭蠡湖隋師敗績子翊死之士弘大振兵至十餘萬大業十三年徙據虔州自稱皇帝國號楚建元太平以其黨王戎爲司空攻陷臨川廬陵南康宜春等諸郡北至九江 南洎番禺悉有其地其黨張善安保南康郡懷貳於士弘以舟師循江而下擊破豫章士弘尚有南昌虔循潮數州之地及蕭銑破後散兵稍往歸之士弘復振荆州總管趙王孝恭遣使招慰之其循潮二州並來降武德五年士弘遣其弟鄱陽王藥師率兵二萬攻圍循州刺史楊略與戰大破之士弘懼而遁走潛保于安城之山洞王戎亦以南昌來降拜爲南昌州刺史戎於是召士弘藏之于宅招誘舊兵更謀作亂其年洪州總管張善安密知其事發兵討之會士弘死部兵潰散戎爲善安所虜

張善安者兗州方與人也年十七便爲刼盜轉掠淮南有衆百餘人

○會孟讓爲王世充所破其散卒稍歸之得八百人襲破廬江郡因渡江附林士弘於豫章士弘不信之營於南塘上善安憾之襲擊士弘焚其郛郭而士弘後去豫章善安復來據之仍以其地歸國授洪州總管輔公祏之反也善安亦舉兵相應公祏以爲西南道大行臺安撫使李大亮以兵擊之兩軍隔水而陣大亮諭以禍福荅曰善安無背逆之心但爲將士所誤今欲歸降又恐不免於死大亮謂曰張總管既有降心吾亦不相疑阻因獨身踰澗就之入其陣與善安握手交言示無猜意善安大喜因許降將數十騎至大亮營大亮引之而入因令武士執之從者遁走既而送善安於長安稱不與公祏交通高祖初善遇之及公祏敗搜得其書與相往復遂誅之

羅藝字子延本襄陽人也寓居京兆之雲陽父榮隋監門將軍藝性桀黠剛愎不仁勇於攻戰善射能弄矟大業時屢以軍功官至虎賁郎將煬帝令受右武衛大將軍李景節度督軍於北平藝少習戎旅分部嚴肅然任氣縱暴每凌侮於景頻爲景所辱藝深銜之後遇天下大亂涿郡物殷阜加有伐遼器仗倉粟盈積又臨朔宮中多珍產屯兵數萬而諸賊競來侵掠留守官虎賁郎將趙什住賀蘭誼晉文衍等皆不能拒唯藝獨出戰前後破賊不可勝計威勢日重什住等頗忌藝藝陰知之將圖爲亂乃宣言於衆曰吾輩討賊甚有功効城中倉庫山積制在留守之官而無心濟貧此豈存恤之意也以此言激怒其衆衆人皆怨既而旋師郡丞出城候藝藝因執之陳兵而什住等懼皆來聽命於是發庫物以賜戰士開倉以賑窮乏境內咸悅殺渤海太守唐禕等不同已者數人威振邊朔柳城懷遠並歸附之藝黜柳城太守楊林甫改郡爲營州以襄平太守鄧暠爲總管藝自稱幽州總管宇文化及至山東遣使召藝藝曰我隋室舊臣感恩累葉大行顛覆實所痛心乃斬化及使者而爲煬帝發喪大臨三日竇建德高開道亦遣使於藝藝謂官屬曰建德開道皆劇賊耳化及弑逆並不可從今唐公起兵符人望入據關右事無不成吾率衆歸之意已决矣有沮衆異議者必戮之會我使人張道源綏輯山東遣

○人諭意藝大悅武德三年奉表歸國詔封燕王賜姓李氏預宗正屬籍太宗之擊劉黑闥也藝領本兵數萬破黑闥弟什善於徐河俘斬八千人明年黑闥引突厥俱入寇藝復將兵與隱太子建成會於洺州因請入朝高祖遇之甚厚俄拜左翊衛大將軍藝自以功高位重無所降下太宗左右甞至其營藝無故毆擊之高祖怒以其屬吏久而乃釋待之如初時突厥屢爲寇患以藝素有威名爲北夷所憚令以本官領天節軍將鎮涇州太宗即位拜開府儀同三司而藝懼不自安遂於涇州詐言閱武因追兵矯稱奉密詔勒兵入朝率衆軍至于豳州治中趙慈皓不知藝反馳出謁之藝遂入據豳州太宗命吏部尚書長孫無忌右武候大將軍尉遲敬德率衆討藝王師未至慈皓與統軍楊岌潛謀擊藝之事洩藝執慈皓繫獄岌時在城外覺變遽勒兵攻之藝大潰弃妻子與數百騎奔於突厥至寧州界過烏氏驛從者漸散其左右斬藝傳首京師梟之于市復其本姓羅氏藝弟壽時爲利州都督緣坐伏誅先是曹州女子李氏爲五戒自言通於鬼

物有病癩者就療多愈流聞四方病人自遠而至門多車騎高祖聞之詔赴京師因往來藝家謂藝妻孟氏曰妃骨相貴不可言必當母儀天下·孟篤信之命密觀藝又曰妃之貴者由於王王貴色發矣十日間當昇大位孟氏由是遽勸反孟及李皆坐斬

梁師都夏州朔方人也代爲本郡豪族仕隋鷹揚郎將大業末罷歸屬盜賊羣起師都陰結徒黨數十人殺郡丞唐宗據郡反自稱大丞相北連突厥隋將張世隆擊之反爲所敗師都因遣兵掠定雕陰弘化延安等郡於是僭即皇帝位稱梁國建元爲永隆突厥始畢可汗遺以狼頭纛號爲大度毗伽可汗師都乃引突厥居河南之地攻破鹽川郡武德二年高祖遣延州摠管段德操督兵討之師都與突厥之衆數千騎來寇延安營於野猪嶺德操以衆寡不敵按甲以挫其鋭後伺師都稍怠遣副摠管梁禮率衆擊之德操以輕騎出其不意師都與禮酣戰久之德操多張旗幟奄至其後師都大潰逐北二百餘里虜男女二百餘口經數月師都又以步騎五千來寇德操擊之

俘斬略盡及劉武周之敗師都大將張舉劉旻相次來降師都大懼遣其尚書陸季覽說處羅可汗曰比者中原喪亂分爲數國勢均力弱所以北附突厥今武周既滅唐國益大師都甘從亡破亦恐次及可汗願可汗行魏孝文之事遣兵南侵師都請爲鄉導處羅從之謀令莫賀咄設入自原州泥步設與師都入自延州處羅入自并州突利可汗與奚霫契丹靺鞨入自幽州合于竇建德經滏口道來會于晉絳兵臨發遇處羅死乃止高祖又令德操悉發邊兵進擊師都拔其東城師都退據西城又求救於突厥頡利可汗頡利以勁兵萬騎救援之時稽胡大帥仚成率衆降師都師都信讒殺之於是羣情疑懼多叛師都來降師都勢蹙乃往朝頡利爲陳入寇之計自此頻致突厥之寇邊州略無寧歲頡利可汗之寇渭橋亦師都計也頡利政亂太宗知師都勢危援孤以書諭之不從遣夏州長史劉旻司馬劉蘭經略之有得其生口者輒縱遣令爲反間離其君臣之計頻選輕騎踐其禾稼城中漸虛歸命者相繼皆善遇之由是益相猜阻有李正寶辛獠兒者皆其名將謀執師都事洩不果正寶竟來降貞觀二年太宗遣右衛大將軍柴紹殿中少監薛萬均討之又使劉旻劉蘭率勁卒直據朔方東城以逼之頡利可汗遣兵來援師都紹逆擊破之進屯城下師都兵勢日蹙其從父弟洛仁斬師都詣紹降拜洛仁爲右驍衛將軍封朔方郡公師都自起至滅凡十二歲以其地爲夏州

時又有劉季真李子和屯據北邊與劉武周梁師都遞爲表裏

劉季真者離石胡人也父龍兒隋末擁兵數萬自號劉王以季真爲太子龍兒爲虎賁郎將梁德所斬其衆漸散及義師起季真與弟六兒復舉兵爲盜引劉武周之衆攻陷石州季真北連突厥自稱突利可汗以六兒爲拓定王甚爲邊患時西河公張綸真鄉公李仲文俱以兵臨之季真懼而來降授石州摠管賜姓李氏封彭城郡王季真見宋金剛與官軍相持於澮州久而未決遂親伏武周與之合勢及金剛敗季真亡奔高滿政尋爲所殺

李子和者同州蒲城人也本姓郭氏大業末爲左翊衛犯罪徙榆林

見郡内大饑遂潛引敢死士得十八人攻郡門執郡丞王才數以不恤百姓斬之開倉以賑窮乏自稱永樂王建元爲正平尊其父爲太公以弟子政爲尚書令子端子升爲左右僕射有衆二千餘騎南連梁師都北附突厥始畢可汗並送子爲質以自固始畢先署劉武周爲定楊天子梁師都爲解事天子又以子和爲平楊天子子和固辭不敢當始畢乃更署子和爲屋利設武德元年遣使歸款授榆林郡守尋就拜雲州摠管封金河郡公二年進封郟國公時師都強暴子和慮爲所攻尋勸兵襲師都寧朔城尅之子和既絶師都又伺突厥間釁遣使以聞爲處羅可汗候騎所獲處羅大怒囚其弟子升子和自以孤危甚懼四年拔戶口南徙詔以延州故城居之五年從太宗平劉黑闥陷陣有功高祖嘉其誠節賜姓李氏拜右武衛將軍貞觀元年賜實封三百戶十一年除婺州刺史改封夷國公顯慶元年累轉黔州都督以年老乞骸骨許之加金紫光祿大夫麟德九年卒

史臣曰蕭銑聚烏合之衆當鹿走之時放兵以奪將權殺舊以求位

定洎大軍奄至東手出降宜哉杜伏威侍勇聚徒見機歸國或致疑於高祖竟見雪於太宗輔公祏竊兵爲叛王雄誕守節不回訓子孫以忠貞感士庶之流涕子通修仁馭衆終懷貳以伏誅羅藝歸國立功信妖言而爲叛善始令終者鮮矣沈法興狂賊梁師都兇人皆至覆亡殊無改悔自隋朝維絶宇縣瓜分小則鼠竊狗偷大則鯨吞虎據大唐舉義兆庶歸仁高祖運應珽圖太宗天資神武羣兇席卷寰海鏡清祚享永年功宣後代謚曰神堯文武豈不韙哉

贊曰失政資盜圖王僭號眞主勃興風驅電掃

唐書列傳卷第六

唐書列傳卷第七

劉昫等修

聞人詮校刻沈桐同校

裴寂字玄眞蒲州桑泉人也祖融司木大夫父瑜絳州刺史寂少孤爲諸兄之所鞠養年十四補州主簿及長疎眉目偉姿容隋開皇中爲左親衛家貧無以自業每徒步詣京師經華嶽廟祭而祝曰窮困至此敢修誠謁神之有靈鑒其運命若富貴可期當降吉夢再拜而去夜夢白頭翁謂寂曰卿年三十已後方可得志終當位極人臣耳後爲齊州司戶大業中歷侍御史駕部承務郎晉陽宮副監高祖留守太原與寂有舊時加親禮每延之宴語間以博弈至於通宵連日情忘厭倦時太宗將舉義師而不敢發言見寂爲高祖所厚乃出私錢數百萬陰結龍山令高斌廉與寂博戲漸以輸之寂得錢既多大喜每日從太宗遊見其歡甚遂以情告之寂即許諾寂又以晉陽宮人私侍高祖高祖從寂飲酒酣寂白狀曰二郎密纘兵馬欲舉義旗正爲寂以宮人奉公恐事發及誅急爲此耳今天下大亂城門之外皆是盜賊若守小節旦夕死亡若舉義兵必得天位衆情已協公意如何高祖曰我兒誠有此計既已定矣可從之及義兵起寂進宮女五百人幷上米九萬斛雜綵五萬段甲四十萬領以供軍用大將軍府建以寂爲長史賜爵聞喜縣公從至河東屈突通拒守攻之不下三輔豪傑歸義者日有千數高祖將先定京師議者恐通爲後患猶豫未決寂進說曰今通據蒲關若不先平前有京城之守後有屈突之援此乃腹背受敵敗之道也未若攻蒲州下之而後入關京師絶援可不攻而定矣太宗曰不然兵法尚權權在於速宜乘機早渡以駭其心我若遲留彼則生計且關中羣盜所在屯結未有定主易可招懷賊附兵強何城不尅屈突通自守賊耳不足爲虞若失入關之

機則事未可知矣高祖兩從之留兵圍河東而引軍入關及京師平賜良田千頃甲第一區物四萬段轉大丞相府長史進封魏國公食邑三千戶及隋恭帝遜位高祖固讓不受寂勸進又不答寂請見曰桀紂之亡亦各有子未聞湯武臣輔之可為龜鏡無所疑也寂之茅土大位皆受之於唐陛下不為唐帝臣當去官耳又陳符命十餘事高祖乃從之寂出命太常具禮儀擇吉日高祖既受禪謂寂曰使我至此公之力也拜尚書右僕射賜以服翫不可勝紀仍詔尚食奉御每日賜寂御膳高祖視朝必引與同坐入閤則延之卧內言無不從呼為裴監而不名當朝貴戚親禮莫與為比武德二年劉武周將黃子英宋金剛頻寇太原行軍總管姜寶誼李仲文相次陷沒高祖患之寂自請行因為晉州道行軍總管得以便宜從事師次介休而金剛據城以抗寂寂保于度索原營中乏水賊斷其澗路由是危迫欲移營就水賊因犯之師遂大潰死散略盡寂一日一夜馳至晉州以東城鎮俱沒金剛進逼絳州寂抗表陳謝高祖慰諭之復令鎮撫河

○東之地寂性怯無捍禦之才唯發使絡繹催督虞泰二州居人勸入城堡焚其積聚百姓惶駭復思為亂夏縣人呂崇茂遂殺縣令舉兵反引金剛為援寂擊之復為崇茂所敗被徵入朝高祖數之曰義舉之始公有翼佐之勳官爵亦極矣前拒武周兵勢足以破敵致此喪敗不獨愧於朕乎以之屬吏尋釋之顧待彌重高祖有所巡幸必令居守麟州刺史韋雲起告寂謀反訊之無端高祖謂寂曰朕之有天下者本公所推今豈有貳心皐白須分所以推究耳因令貴妃三人齎珍饌寶器就寂第宴樂極歡經宿而去又嘗從容謂寂曰我李氏昔在隴西富有龜玉降及祖禰姻婭帝室及舉義兵四海雲集纔涉數日昇為天子至如前代皇王多起微賤劬勞行陣下不聊生公復世冑名家歷職清顯豈若蕭何曹參起自刀筆吏也唯我與公千載之後無媿前修矣其年改鑄錢特賜寂令自鑄造又為趙王元景娉寂女為妃六年遷尚書左僕射賜宴於含章殿高祖極歡寂頓首而言曰臣初發太原以有慈旨清平之後許以退耕今四海乂安伏願賜臣骸骨高祖泣下霑襟曰今猶未也要相偕老耳公為台司我為太上逍遙一代豈不快哉俄冊司空賜實封五百戶遣尚書員外郎一人每日更直寂第其見崇貴如此貞觀元年加實封并前一千五百戶二年太宗祠南郊命寂與長孫無忌同昇金輅寂辭讓太宗曰以公有佐命之勳無忌亦宣力於朕同載參乘非公而誰遂同乘而歸三年有沙門法雅初以恩倖出入兩宮至是禁絕之法雅怨望出妖言伏法兵部尚書杜如晦鞫其獄法雅乃稱寂知其言寂對曰法雅惟云時候方行疾疫初不聞妖言法雅證之坐是免官削食邑之半放歸本邑寂請住京師太宗數之曰計公勳庸不至於此徒以恩澤特居第一武德之時政刑紕繆官方弛紊職公之由但以舊情不能極法歸掃墳墓何得復辭寂遂歸蒲州未幾有狂人自稱信行寓居汾陰言多妖妄常謂寂家僮曰裴公有天分于時信行已死寂監奴恭命以其言白寂寂惶懼不敢聞奏陰呼恭命殺所言者恭命縱令亡匿寂不知之寂遣恭命收納封邑得錢百餘萬因用而盡寂怒

○將遣人捕之恭命懼而上變太宗大怒謂侍臣曰寂有死罪者四位為三公而與妖人法雅親密罪一也事發之後乃負氣憤怒稱國家有天下是我所謀罪二也妖人言其有天分匿而不奏罪三也陰行殺戮以滅口罪四也我殺之非無辭矣議者多言流配朕其從衆乎於是徙交州竟流靜州俄逢山羌為亂或言反獠劫寂為主太宗聞之曰我國家於寂有性命之恩必不然矣未幾果稱寂率家僮破賊太宗思寂佐命之功徵入朝會卒時年六十贈相州刺史工部尚書河東郡公子律師嗣尚太宗妹臨海長公主官至汴州刺史律師子承先則天時為殿中監為酷吏所殺

劉文靜字肇仁自云彭城人代居京兆之武功祖懿周石州刺史父韶隋時戰沒贈上儀同三司少以其父身死王事襲父儀同三司偉姿儀有器幹倜儻多權略隋末為晉陽令遇裴寂為晉陽宮監因而結友夜與同宿寂見城上烽火仰天歎曰卑賤之極家道屢空又屬亂離當何取濟文靜笑曰世途若此時事可知吾二人相得何患於

卑賤及高祖鎮太原文靜察高祖有四方之志深自結託又竊觀太
宗謂寂曰非常人也大度類於漢高神武同於魏祖其年雖少乃天
縱矣寂初未然之後文靜坐與李密連婚煬帝令繫於郡獄太宗以
文靜可與謀議入禁所視之文靜大喜曰天下大亂非有湯武高光
之才不能定也太宗曰卿安知無但恐常人不能別耳今入禁所相
看非兒女之情相憂而已時事如此故來與君圖舉大計請善籌其
事文靜曰今李密長圍洛邑主上流播淮南大賊連州郡小盜阻山
澤者萬數矣但須眞主驅駕取之誠能應天順人舉旗大呼則四海
不足定也今太原百姓避盜賊者皆入此城文靜爲令數年知其豪
傑一朝嘯集可得十萬人尊公所領之兵復且數萬君言出口誰敢
不從乘虛入關號令天下不盈半歲帝業可成太宗笑曰君言正合
人意於是部署賓客潛圖起義候機當發恐高祖不從沉吟者久之
文靜見高祖厚於裴寂欲因寂開說於是引寂交於太宗得通謀議
及高君雅爲突厥所敗高祖被拘太宗又遣文靜共寂進說曰易稱

知幾其神乎今大亂已作公處嫌疑之地當不賞之功何以圖全其
裨將敗衂以罪見歸事誠迫矣當須爲計晉陽之地士馬精強宮監
之中府庫盈積以玆舉事可立大功關中天府代王沖幼權豪並起
未有適從願公興兵西入以圖大事何乃受單使之囚乎高祖然之
時太宗潛結死士與文靜等協議剋日舉兵會高祖得釋而止乃命
文靜詐爲煬帝敕發太原西河鴈門馬邑人年二十已上五十已下
悉爲兵期以歲暮集涿郡將伐遼東由是人情大擾思亂者益衆文
靜因謂裴寂曰公豈不聞先發制人後發制於人乎唐公名應圖讖
聞於天下何乃推延自貽禍釁宜早勸唐公以時舉義又脅寂曰且
公爲宮監而以宮人侍客公死可爾何誤唐公也寂甚懼乃屢促高
祖起兵會馬邑人劉武周殺太守王仁恭自稱天子引突厥之衆將
侵太原太宗遣文靜及長孫順德等分部募兵以討武周爲辭又令
文靜與裴寂僞作符敕出宮監庫物以供留守資用因募兵集衆及
義兵將起副留守王威高君雅獨懷猜貳後數日將大會於晉祠威

及君雅潛謀害高祖晉陽鄉長劉世龍以白太宗太宗既知迫急欲
先事誅之遣文靜與鷹揚府司馬劉政會投急變之書詣留守告威
等二人謀反是日高祖與威君雅同坐視事文靜引政會至庭中云
有密狀知人欲反高祖指威等取狀看之政會不肯與曰所告是副
留守事唯唐公得看之耳高祖陽驚曰豈有是乎覽狀訖謂威等曰
此人告公事如何君雅大詬曰此是反人欲殺我也文靜叱左右執
之因于別室既拘威等竟得舉兵高祖開大將軍府以文靜爲軍司
馬文靜勸改旗幟以彰義舉又請連突厥以益兵威高祖並從之因
遣文靜使于始畢可汗始畢曰唐公起事今欲何爲文靜曰皇帝廢
冢嫡傳位後主致斯禍亂唐公國之懿戚不忍坐觀成敗故起義軍
欲黜不當立者願與可汗兵馬同入京師人衆土地入唐公財帛金
寶入突厥始畢大喜即遣將康鞘利領騎二千隨文靜而至又獻馬
千疋高祖大悅謂文靜曰非公善辭何以致此尋率兵禦隋將屈突
通於潼關遣武牙郎將桑顯和率勁兵來擊文靜苦戰者半日死

者數千人文靜度顯和軍稍怠潛遣奇兵掩其後顯和大敗悉虜其
衆通尚擁兵數萬將遁歸東都文靜遣諸將追而執之略定新安以
西之地轉大丞相府司馬進授光祿大夫封魯國公高祖踐祚拜納
言時高祖每引重臣共食文靜奏曰陛下君臨億兆率土莫非臣而
當朝撝抑言尚稱名又宸極位尊帝座嚴重乃使太陽俯同萬物臣
下震恐無以措身帝不納時制度草創命文靜與當朝通識之士更
刊隋開皇律令而損益之以爲通法高祖謂曰本設法令使人共解
而往代相承多爲隱語執法之官緣此舞弄宜更刊定務使易知會
薛舉寇涇州命太宗討之以文靜爲元帥府長史遇太宗不豫委於
文靜及司馬殷開山誡之曰舉糧少兵疲懸軍深入意在決戰不利
持久即欲挑戰慎無與決待吾差當爲君等取之文靜用開山計出
軍爭利王師敗績文靜奔還京師坐除名俄又從太宗討舉平之以
功復其爵邑拜民部尚書領陝東道行臺左僕射武德二年從太宗
鎮長春宮文靜自以才能幹用在裴寂之右又屢有軍功而位居其

下意甚不平每廷議多相違戾寂有所是文靜必非之由是與寂有隙文靜嘗與其弟通直散騎常侍文起酣宴出言怨望拔刀擊柱曰必當斬裴寂耳家中妖怪數見文起憂之遂召巫者於星下被髮銜刀爲猒勝之法時文靜有愛妾失寵以狀告其兄妾兄上變高祖以之屬吏遣裴寂蕭瑀問狀文靜曰起義之初忝爲司馬計與長史位望略同今寂爲僕射據甲第臣官賞不異衆人東西征討家口無託實有觖望之心因醉或有怨言不能自保高祖謂羣臣曰文靜此言反明白矣李綱蕭瑀皆明其非反太宗以文靜義旗初起先定非常之策始告寂知及平京城任遇懸隔止以文靜爲觖望非敢謀反極佑助之而高祖素疎忌之裴寂又言曰文靜才略實冠時人性復麤險忿不思難醜言悖逆其狀已彰當今天下未定外有勍敵今若赦之必貽後患高祖竟聽其言遂殺文靜文起仍籍沒其家文靜臨刑撫膺歎曰高鳥逝良弓藏故不虛也時年五十二貞觀三年追復官爵以子樹義襲封魯國公許尚公主後與其兄樹藝怨其父被戮又

謀反伏誅文靜初爲納言時有詔以太原元謀立功尚書令秦王某尚書左僕射裴寂及文靜特恕二死左驍衛大將軍長孫順德右驍衛大將軍劉弘右屯衛大將軍柴紹內史侍郎唐儉吏部侍郎殷開山鴻臚卿劉世龍衛尉少卿劉政會都水監趙文恪庫部郎中武士彠驃騎將軍張平高李思行李高遷左屯衛府長史許世緒等十四人約免一死武德九年十月太宗始定功臣實封差第文靜已死於是裴寂加食九百戶通前爲一千五百戶長孫無忌王君廓尉遲敬德房玄齡杜如晦等五人食邑一千三百戶長孫順德柴紹羅藝趙郡王孝恭等四人食邑一千二百戶侯君集張公謹劉師立等三人食邑一千戶李勣劉弘二人食邑九百戶高士廉宇文士及秦叔寶程知節四人食七百戶安興貴安脩仁唐儉竇軌屈突通蕭瑀封德彝劉義節八人各食六百戶錢九隴樊興公孫武達李孟嘗段志玄龐卿惲張亮李藥師杜淹元仲文十人各食四百戶張長遜張平高李安遠李子和秦行師馬三寶六人各食三百戶其王君廓事在盧江王瑗傳安興貴安修仁事在李軌傳李子和事在梁師都傳馬三寶事在柴紹傳

李孟嘗趙州平棘人官至右威衛大將軍漢東郡公元仲文洛州人至右監門將軍河南縣公秦行師并州太原人至左監門將軍清水郡公並事微不錄自餘無傳者盡附於此

劉世龍者并州晉陽人大業末爲晉陽鄉長高祖鎮太原裴寂數薦之由是甚見接待亦出入王威高君雅家然獨歸心於高祖義兵將起威與君雅內懷疑惑世龍輒探得其情以白高祖及誅威等授銀青光祿大夫從平京城累轉鴻臚卿仍改名義節時草創之始傾竭府藏以賜勳人而國用不足義節進計曰今義師數萬並在京師樵薪貴而布帛賤若採街衢及苑中樹爲樵以易布帛歲收數十萬疋立可致也又藏內繒絹疋疋軸之使申截取剩物以供雜費動盈十餘萬段矣高祖並從之大收其利再遷太府卿封葛國公貞觀初轉少府監以罪配流嶺南尋授欽州別駕卒義節從子思禮萬歲通天

二年爲箕州刺史思禮少嘗學相術於許州張憬藏相已必歷刺史位至太師及授箕州益自喜以爲太師之職位極人臣非佐命無以致之與洛州錄事參軍綦連耀結搆謀反謂耀曰公體有龍氣耀亦謂思禮曰公是金刀合爲我輔因相解釋圖讖即定君臣之契又令思禮自衒相術每所見人皆謂之合得三品使務進之士聞之滿望然始謂云綦連耀有天分公因之以得富貴事發繫獄乃多證引朝士冀以自免所誅陷者三十餘家耀思禮並伏誅鳳閣侍郎李元素夏官侍郎孫元亨知天官侍郎事石抱忠鳳閣舍人王勮勮兄前涇州刺史勔太子司議郎路敬淳等坐與耀及思禮交結皆死初則天命河內王武懿宗按思禮之獄懿宗寬思禮於外令廣引逆徒而思禮以爲得計從容自若嘗與相忤者必引令枉誅臨刑猶在外尚不之覺及衆人就戮乃收誅之

趙文恪者并州太原人也隋末爲鷹揚府司馬義師之舉授右三統軍武德二年拜都水監封新興郡公時大亂之後中州少馬遇突厥

蕃市牛馬以資國用俄而劉武周將宋金剛來寇太原屬城皆沒眞鄉公李仲文退守浩州城孤兵弱元吉遣文恪率步騎千餘助爲聲援及太原爲賊所陷文恪遂弃城遁去坐是賜死獄中

張平高綏州膚施人也隋末爲鷹揚府校尉戍太原爲高祖所識因參謀議義旗建以爲軍頭從平京城累授左領軍將軍封蕭國公貞觀初出爲丹州刺史坐事免令以右光祿大夫還第卒後改封羅國公永徽中追贈潭州都督

李思行趙州人也嘗避仇太原高祖將舉義兵令赴京城覘動靜及還具論機變深稱旨授左三統軍從破宋老生平京城累授嘉州刺史封樂安郡公永徽初卒贈洪州都督謚曰襄

李高遷岐州岐山人也隋末客遊太原高祖常引之左右及擒高君雅王威等高遷有功焉授右三統軍從平霍邑圍京城力戰功最累遷左武衛大將軍封江夏郡公檢校西麟州刺史武德初突厥寇馬邑朔州總管高滿政請救高祖令高遷督兵助鎮俄而賊兵甚盛高

遷乃斬關宵遁其將士皆沒竟坐除名徙邊後以佐命功拜陵州刺史永徽五年卒贈梁州都督

許世緒者并州人也大業末爲鷹揚府司馬見隋祚將亡言於高祖曰天道輔德人事與能蹈機不發必貽後悔今隋政不綱天下鼎沸公姓當圖籙名應歌謠握五都之兵當四戰之地若遂無他計當敗不旋踵未若首建義旗爲天下唱此帝王業也高祖甚奇之親顧日厚義兵起授右一府司馬武德中累除蔡州刺史封眞定郡公卒弟洛仁亦以元從功臣官至冠軍大將軍行左監門將軍永徽初卒贈代州都督謚曰勇陪葬昭陵

劉師立者宋州虞城人也初爲王世充將軍親遇甚密洛陽平當誅太宗惜其才特免之以爲左親衛太宗之謀建成元吉也嘗引師立密籌其事或自宵達曙其後師立與尉遲敬德龐卿惲李孟嘗等九人同誅建成有功超拜左衛率尋遷左驍衛將軍封襄武郡公賜絹五千疋後人告師立自云眼有赤光體有非常之相姓氏又應符讖太宗謂之曰人言卿欲反如何師立大懼俯而對曰臣任隋朝不過六品身材駑下不敢輒希富貴過蒙非常之遇常以性命許國而陛下功成事立臣復致位將軍顧已循躬實踰涯分臣是何人輒敢言反太宗笑曰知卿不然此妄言耳賜帛六十疋延入卧內慰諭之羅藝之反也長安人情騷動以師立檢校右武候大將軍以備非常及藝平憲司窮究黨與師立坐與交通遂除名又以藩邸之舊尋檢校岐州都督師立上書請討吐谷渾書奏未報便遣使間其部落諭以利害多有降附列其地爲開橋二州又有党項首領拓拔赤辭先附吐谷渾負險自固師立亦遣人爲陳利害赤辭遂率其種落內屬太宗甚嘉之拜赤辭爲西戎都督後師立以母憂當去職父老上表請留詔不許赴哀復令居任時河西党項破丑氏常爲邊患又阻新附師立揔兵擊之軍未至破丑氏大懼遁於山谷師立追之至卹于眞山而還吐谷渾於小莫門川擊破之多所虜獲尋轉始州刺史十四年卒謚曰肅

錢九隴本晉陵人也父在陳爲境上所獲沒爲皇家隸人九隴善騎射高祖信愛之常置左右義兵起以軍功授金紫光祿大夫及尅京城拜左監門郎將從平薛仁杲劉武周以前後戰功累授右武衛將軍其後從太宗擒竇建德平王世充從隱太子討劉黑闥於魏州力戰破賊策勳爲最累封郇國公仍以本官爲苑遊將軍貞觀初出爲眉州刺史再遷右監門大將軍十二年改封郇國公加食盧州實封六百戶尋卒贈左武衛大將軍潭州都督謚曰勇陪葬獻陵

樊興者本安陸人也父犯罪配沒爲皇家隸人興從平京城累除右監門將軍又從太宗破薛舉平王世充竇建德積戰功累封營國公賜物二千段黃金三十鋌尋坐事削爵貞觀六年陵州獠反興率兵討之拜左驍衛將軍又從特進李靖擊吐谷渾爲赤水道行軍總管坐遲留不赴軍期又士卒多死失亡甲仗以勳減死久之累拜左監門大將軍封襄城郡公太宗之征遼東以興忠謹令副司空房玄齡留守京師俄又檢校右武候將軍永徽初卒贈左武候大將軍洪州

都督陪葬獻陵
公孫武達者雍州櫟陽人也少有膂力稱爲豪俠在隋爲驍果武德
初至長春宮請謁太宗從討劉武周力戰功居最又從平王世充竇
建德累遷秦王府右三衛驃騎封清水縣公貞觀初檢校右監門將軍
尋除肅州刺史歲餘突厥數千騎輜重萬餘入侵肅州欲南入吐谷
渾武達領二千人與其精鋭相遇力戰虜稍却急攻之遂大潰擠之
於張掖河又命軍士於上流以梜渡兵擊其餘衆賊半濟兩岸夾攻
之斬溺略盡璽書慰勉之拜左監門將軍後又受詔擊鹽州叛突厥
武達引兵趨靈州追及之賊方渡河見武達至據河南岸武達引兵
擊之斬其渠帥可邏拔扈餘黨幾盡進封東萊郡公永徽中累授右
武衛大將軍及卒高宗廢朝舉哀贈荆州都督給東園秘器陪葬昭
陵謚曰壯
龐卿惲者幷州太原人從太宗討隱太子有功累拜右驍衛將軍封
邾國公尋卒追封濮國公子同善官至右金吾大將軍同子承宗開元
○

初爲太子賓客
張長遜雍州櫟陽人也隋代爲里長平陳有功累至五原郡通守及
天下亂遂附于突厥號長遜爲割利特勤及義旗建長遜以郡降授
五原太守尋除豐州揔管是時梁師都薛舉請兵於突厥欲令渡河
長遜知之僞爲詔書與莫賀咄設示知其謀突厥乃拒師都等使高
祖嘉之武德元年勑右武候驃騎將軍高靜致幣於始畢可汗路經
豐州會可汗死勑於所到處納庫突厥聞而大怒欲南渡長遜乃遣
高靜出塞申國家賻贈之禮突厥乃引還及征薛舉長遜不待命而
至以功授豐州揔管進封巴國公賜以錦袍金甲是時言事者以長
遜久居豐州與突厥連結長遜懼請入朝拜右武候將軍徙封息國
公賜以宮人綵物千餘段會有疾車駕親幸其第及竇軌率巴蜀兵
擊王世充以長遜檢校益州行臺左僕射歷遂嶲二州揔管所在皆有
惠政貞觀十一年卒
李安遠者夏州朔方人也隋雲州刺史徹子也家富於財少從博徒
不遑晩始折節讀書敬慕士友襲父爵城陽公與王珪友善大業初
珪坐叔頗當配流安遠爲之營護免後爲正平令及義兵攻絳郡安
遠與通守陳叔達嬰城自守城陷高祖與安遠有舊馳至其宅撫慰
之引與同食拜右翊衛統軍封正平縣公武德元年授右武衛大將
軍從太宗征伐特蒙恩澤累戰功攺封廣德郡公又使於吐谷渾與
敦和好於是吐谷渾主伏允請與中國互市安遠之功也後隱太子
建成潛引以爲黨援安遠固拒之由是太宗益加親信貞觀初歷潞
州都督懷州刺史歷任頗有聲績然傷於嚴急時論少之七年卒追
贈涼州都督謚曰密十三年追封爲遂安郡公
史臣曰裴寂歷任仕隋官至爲宮監揔子女玉帛之務據倉廩兵甲之
饒喜博戲之利苟多啓舉義之謀爲首謟瀆神以徼福始彰不遑之
心留貴妃以經宿終昧爲臣之道居第一之位乖在三之規恃高祖
之舊恩致文靜之極法終歸四罪尚保再生幸也文靜奮縱橫之略
立締構之功罔思寵辱之機過爲輕躁之行未及封而禍也惜哉凡
○

關佐命爰第賞封小大不遺賢愚自勸太宗之行賞也明矣
贊曰風雲初合共竭智力勢利既分遽變讎敵

唐書列傳卷第七

唐書列傳卷第八

劉昫等修

聞人詮校刻　沈桐同校

唐儉（子觀　觀子從心　從心子晙）　長孫順德　劉弘基（子仁實）

殷嶠　劉政會　柴紹（平陽公主　馬三寶）

武士彠（長兄士稜　次兄士逸）

唐儉字茂約并州晉陽人北齊尚書左僕射邕之孫也父鑒隋戎州刺史儉落拓不拘規檢然事親頗以孝聞初鑒與高祖有舊同領禁衛高祖在太原留守儉與太宗周密儉從容說太宗以隋室昬亂天下可圖太宗白高祖乃召入密訪時事儉曰明公日角龍庭李氏又在圖牒天下屬望非在今朝若開府庫南嘯豪傑北招戎狄東收燕趙長驅濟河據有秦雍海內之權指麾可取願弘達節以順群望則湯武之業不遠高祖曰湯武之事非所庶幾今天下已亂言私則圖存語公則拯溺卿宜自愛吾將思之及開大將軍府授儉記室參軍

太宗為渭北道行軍元帥以儉為司馬平京城加光祿大夫相國府記室封晉昌郡公武德元年除內史舍人尋遷中書侍郎特加授散騎常侍王行本守蒲州城不降勑工部尚書獨孤懷恩率兵屯於其東以經略之尋又夏縣人呂崇茂以城叛降於劉武周高祖遣永安王孝基工部尚書獨孤懷恩陝州總管于筠等率兵討之時儉使至軍所屬武周遣兵援崇茂儉與孝基筠等並為所獲初懷恩屯兵蒲州與其屬元君實謀反時君實亦陷於賊中與儉同被拘執乃謂儉曰古人有言當斷不斷反受其亂獨孤尚書近者欲舉兵圖事遲疑之間遂至今日豈不由不斷耶俄而懷恩脫身得還仍令依前屯守君實又謂儉曰獨孤尚書今遂拔難得還復在蒲州屯守可謂王者不死儉聞之懼懷恩為逆乃密令親信劉世讓以懷恩之謀奏聞適遇王行本以蒲州歸降高祖將入其城浮舟至中潬世讓謁見高祖讀奏大驚曰豈非天命也迴舟而歸分捕反者按驗之懷恩自縊餘黨伏誅俄而太宗擊破武周部將宋金剛追至太原武周懼而北走

儉乃封其府庫收兵甲以待太宗高祖嘉儉身沒虜庭心存朝闕復舊官仍為并州道安撫大使以便宜從事并賜獨孤懷恩田宅貲財等使還拜禮部尚書授天策府長史兼檢校黃門侍郎封莒國公與功臣等元勳恕一死仍除遂州都督食綿州實封六百戶圖形凌煙閣貞觀初使于突厥說誘之因以隋蕭后及楊正道以歸太宗謂儉曰卿觀頡利可圖否對曰銜國威恩亦可望獲遂令儉馳傳至虜庭示之威信頡利部落歡然定歸款之計因而兵衆弛懈李靖率輕騎掩襲破之頡利北走儉脫身而還歲餘授民部尚書後從幸洛陽苑射猛獸群豕突出林中太宗引弓四發殪四豕有雄彘突及馬鐙儉投馬搏之太宗拔劍斷豕顧笑曰天策長史不見上將擊賊耶何懼之甚對曰漢祖以馬上得之不以馬上治之陛下以神武定四方豈復逞雄心於一獸太宗納之因為罷獵尋加光祿大夫又特令其子善識尚豫章公主儉在官每盛修肴饌與親賓縱酒為樂未嘗以職務留意又嘗託鹽州刺史張臣合收其私羊為御史所劾以舊恩免

罪貶授光祿大夫永徽初致仕于家加特進顯慶元年卒年七十八高宗為之舉哀罷朝三日贈開府儀同三司并州都督賻布帛一千段粟一千石賜東園祕器陪葬昭陵謚曰襄官為立碑儉少子觀最知名官至河西令有文集三卷儉孫從心神龍中以子晙娶太平公主女官至殿中監晙先天中為太常少卿坐與太平連謀伏誅

長孫順德文德順聖皇后之族叔也祖澄周秦州刺史父愷隋開府順德仕隋右勳衛避遼東之役逃匿於太原深為高祖太宗所親委時群盜並起郡縣各募兵為備太宗外以討賊為名因令順德與劉弘基等召募旬月之間衆至萬餘人結營於郭下遂誅王威高君雅等義兵起拜統軍從平霍邑破臨汾下絳郡俱有戰功尋與劉文靜擊屈突通於潼關每戰摧鋒及通將奔洛陽順德追及於桃林執通歸京師仍略定陝縣高祖即位拜左驍衛大將軍封薛國公武德九年與秦叔寶等討建成餘黨於玄武門太宗踐祚真食千二百戶特賜以宮女每宿內省後順德監奴受人餽絹事發太宗謂近臣曰順

德地居外戚功即元勳位高爵厚足稱富貴若能勤覽古今以自鑒
誡弘益我國家者朕當與之同有府庫耳何乃不遵名節而貪冒發
聞乎然惜其功不忍加罪遂於殿庭賜絹數十疋以媿其心大理少
卿胡演進曰順德枉法受財罪不可恕奈何又賜之絹太宗曰人生
性靈得絹甚於刑戮如不知愧一禽獸耳殺之何益尋坐與李孝常
交通除名歲餘太宗閱功臣圖見順德之像閔然憐之遣宇文士及
視其所爲見順德頹然而醉論者以爲達命召拜澤州刺史復其爵
邑順德素多放縱不遵法度及此折節爲政號爲明肅先是長吏多
受百姓餽餉順德糺擿一無所容稱爲良牧前刺史張長貴趙士達
並占境內膏腴之田數十頃順德並劾而追奪分給貧戶尋又坐事
免發疾太宗聞而鄙之謂房玄齡曰順德無慷慨之節多兒女之情
今有此疾何足問也未幾而卒太宗爲之罷朝遣使弔贈荊州都督
謚曰襄貞觀十三年追改封爲邳國公永徽五年重贈開府儀同三
司

劉弘基雍州池陽人也父昇隋河州刺史弘基少落拓交通輕俠不
事家產以父廕爲右勳侍大業末嘗從煬帝征遼東家貧不能自致
行至汾陰度已後期當斬計無所出遂與同旅屠牛潛諷吏捕之繫
於縣獄歲餘竟以贖論事解亡命盜馬以供衣食因至太原會高祖
鎮太原遂自結託又察太宗有非常之度尤委心焉由是大蒙親禮
出則連騎入同臥起義兵將舉弘基召募得二千人王威高君雅欲
爲變高祖伏弘基及長孫順德於廳事之後弘基因麾左右執威等
又從太宗攻下西河義軍次賈胡堡與隋將宋老生戰破之進攻霍
邑老生率衆陣於城外弘基從太宗擊之老生敗走弃馬投塹弘基
下斬其首拜右光祿大夫師至河東弘基以兵千人先濟河進下馮
翊爲渭北道大使得便宜從事以殷開山爲副西略地扶風有衆六
萬南渡渭水屯於長安故城威聲大振耀軍金光門衛文昇遣兵來
戰弘基逆擊走之擒甲士千餘人馬數百疋時諸軍未至弘基先至
一戰而捷高祖大悅賜馬二十疋及破京城功爲第一從太宗擊薛
舉於扶風破之追奔至隴山而返累拜右領軍都督封河間郡公又從
太宗經略東都戰于瓔珞門外破之師旋弘基爲殿隋將段達張志
陣於三王陵弘基擊敗之武德元年拜右驍衛大將軍以元謀之勳
恕其一死領行軍左一總管又從太宗討薛舉時太宗以疾頓於高
墌城弘基劉文靜等與舉接戰於淺水原王師不利八總管咸敗唯
弘基一軍盡力苦鬬矢盡爲舉所獲高祖嘉其臨難不屈賜其家粟
帛甚厚仁杲平得歸復其官爵會宋金剛陷太原遣弘基屯晉州裴
寂爲宋金剛所敗人情崩駭莫有固志金剛以兵造城下弘基不能
守復陷於賊俄得逃歸高祖慰諭之授左一總管從太宗屯于柏壁
率兵二千自隰州趨西河斷賊歸路時賊鋒甚勁弘基堅壁不能進
及金剛遁弘基率騎邀之至于介休與太宗會追擊大破之累封任
國公尋從擊劉黑闥於洺州師旋授秉鉞將軍會突厥入寇弘基率
步騎一萬自豳州北界東拒子午嶺西接臨涇修營鄣塞副淮安王
神通備胡寇於北鄙九年以佐命功眞食九百戸太宗即位顧待益

隆李孝常長孫安業之謀逆也坐與交遊除名歲餘起爲易州刺史
復其封爵徵拜衛尉卿九年改封夔國公世襲朗州刺史例停不行
後以年老乞骸骨授輔國大將軍朝朔望祿賜同於職事太宗征遼
東以弘基爲前軍大總管從擊高延壽於駐蹕山力戰有功太宗屢
加勞勉永徽元年加實封通前一千一百戸其年卒年六十九高宗
爲之舉哀廢朝三日贈開府儀同三司并州都督陪葬昭陵仍爲立
碑謚曰襄弘基遺令給諸子奴婢各十五人良田五頃謂所親曰若
賢固不藉多財不賢守此可以免饑凍餘財悉以散施子仁實襲官
至左典戎衛郎將從子仁景神龍初官至司農卿

殷嶠字開山雍州鄠縣人陳司農卿不害孫也其先本居陳郡陳亡
徙關中父僧首隋祕書丞有名於世嶠少以學行見稱尤工尺牘仕
隋太谷長有治名義兵起召補大將軍府掾叅預謀略授心腹之寄
累以軍功拜光祿大夫從隱太子攻剋西河太宗爲渭北道元帥引
爲長史時關中羣盜往往聚結衆無適從令嶠招慰之所至皆下又

與統軍劉弘基率兵六萬屯長安故城隋將衛孝節自金光門出戰嶠與弘基擊破之京城平賜爵陳郡公遷丞相府掾尋授吏部侍郎從擊薛舉爲元帥府司馬時太宗有疾委軍於劉文靜誡之曰賊衆遠來利在急戰難與爭鋒且宜持久待粮盡然後可圖嶠退謂文靜曰王體不安慮公不濟故發此言宜因機破賊何乃以勍敵遺王也久之言於文靜曰王不豫恐賊輕我請曜武以威之遂陳兵於折墌爲舉所乘軍乃大敗嶠坐減死除名後從平薛仁杲復其爵位武德二年兼陝東道大行臺兵部尚書遷吏部尚書從太宗討平王世充以功進爵鄖國公復從征劉黑闥道病卒太宗親臨喪哭之甚慟贈陝東道大行臺右僕射謚曰節貞觀十四年詔與贈司空淮安王神通贈司空河間王孝恭贈民部尚書劉政會俱以佐命功配饗高祖廟庭十七年又與長孫無忌唐儉長孫順德劉弘基劉政會柴紹等十七人俱圖其形於凌煙閣永徽五年追贈司空嶠從祖弟聞禮有文學武德中爲太子中舍人修梁史未就而卒聞禮子仲容亦知名○則天深愛其才官至申州刺史

劉政會滑州胙城人也祖環雋北齊中書侍郎政會隋大業中爲太原鷹揚府司馬高祖爲太原留守政會率兵隷於麾下太宗與劉文靜謀起義兵副留守王威高君雅獨懷猜貳後數日將大會於晉祠威與君雅謀危高祖有人以白太宗旣知迫急欲先事誅之因遣政會爲急變之書詣留守告威等二人謀反是日高祖與威君雅同坐視事文靜引政會入至庭中云有密狀知人欲反高祖指威等令視之政會不肯曰所告是副留守事唯唐公得省之耳君雅攘袂大呼曰此是反人欲殺我也時太宗已列兵馬布於街巷文靜因令左右引威等囚于別室旣拘威等竟得舉兵政會之功也大將軍府建引爲戶曹參軍從平長安除丞相府掾武德初授衛尉少卿留守太原政會內輯軍士外和戎狄遠近莫不悅服尋而劉武周進逼并州晉陽豪右薛深等以城應賊政會爲賊所擒於賊中密表論武周形勢賊平復其官爵歷刑部尚書光祿卿封邢國公貞觀初累轉洪州都

督賜實封三百戶九年卒太宗手勑曰舉義之日實有殊功所葬並宜優厚贈民部尚書謚曰襄後與殷開山同配饗高祖廟庭子玄意襲爵改封渝國公尚南平公主授駙馬都尉高宗時爲汝州刺史子奇長壽中爲天官侍郎爲酷吏所陷也

柴紹字嗣昌晉州臨汾人也祖烈周驃騎大將軍歷遂梁二州刺史封冠軍縣公父愼隋太子右內率封鉅鹿郡公紹幼趫捷有勇力任俠聞於關中少補隋元德太子千牛備身高祖微時妻之以女即平陽公主也義旗建紹自京間路趣太原時建成元吉自河東往會於道建成謀於紹曰追書甚急恐已起事隋郡縣連城千有餘里中間偷路勢必不全今欲且投小賊權以自濟紹曰不可追旣急宜速去雖稍辛苦終當獲全若投小賊知君唐公之子執以爲功徒然死耳建成從之遂共走太原入雀鼠谷知已起義於是相賀以紹之計爲得授右領軍大都督府長史大軍發晉陽兼領馬軍揔管將至霍邑紹先至城下察宋老生形勢白曰老生有疋夫之勇我師若到必來○出戰戰則成擒矣及義師至老生果出紹力戰有功下臨汾平絳郡並先登陷陣授右光祿大夫隋將桑顯和來擊孫華率精銳渡河以援之紹引軍直掩其背與史大奈合勢擊之顯和大敗因與諸將進下京城武德元年累遷左翊衛大將軍尋從太宗平薛舉破宋金剛攻平王世充於洛陽擒竇建德於武牢封霍國公賜實封千二百戶轉右驍衛大將軍吐谷渾與党項俱來寇邊命紹討之虜據高臨下射紹軍中矢下如雨紹乃遣人彈胡琵琶二女子對舞虜異之駐弓矢而相與聚觀紹見虜陣不整密使精騎自後擊之虜大潰斬首五百餘級貞觀元年拜右衛大將軍二年擊梁師都於夏州平之轉左衛大將軍出爲華州刺史七年加鎭軍大將軍行右驍衛大將軍改封譙國公十二年寢疾太宗親自臨問尋卒贈荊州都督謚曰襄

平陽公主高祖第三女也太穆皇后所生義兵將起公主與紹並在長安遣使密召之紹謂公主曰尊公將掃清多難紹欲迎接義旗同去則不可獨行恐罹後患爲計若何公主曰君宜速去我一婦人臨時

易可藏隱當別自爲計矣紹即間行赴太原公主乃歸鄠縣莊所遂散家資招引山中亡命得數百人起兵以應高祖時有胡賊何潘仁聚衆於司竹園自稱揔管未有所屬公主遣家僮馬三寶說以利害潘仁攻鄠縣陷之三寶又說羣盜李仲文向善志丘師利等各率衆數千人來會時京師留守頻遣軍討公主三寶潘仁屢挫其鋒公主掠地至盩厔武功始平皆下之每申明法令禁兵士無得侵掠故遠近奔赴者甚衆得兵七萬人公主令間使以聞高祖大悅及義軍渡河遣紹將數百騎趨華陰傍南山以迎公主時公主引精兵萬餘與太宗軍會於渭北與紹各置幕府俱圍京城營中號曰娘子軍京城平封爲平陽公主以獨有軍功每賞賜異於他主六年薨及將葬詔加前後部羽葆鼓吹大輅麾幢班劒四十人虎賁甲卒太常奏議以禮婦人無鼓吹高祖曰鼓吹軍樂也往者公主於司竹舉兵以應義旗親執金鼓有克定之勳周之文母列於十亂公主功參佐命非常婦人之所匹也何得無鼓吹遂特加之以旌殊績仍令所司按謚法

明德有功曰昭謚公主爲昭子哲威歷右屯衛將軍襲爵譙國公弟令武謀反徙嶺南起爲交州都督卒官令武尚巴陵公主累除太僕少卿衛州刺史封襄陽郡公永徽中坐與公主及房遺愛謀反遣使收之行至華陰自殺仍戮其屍公主賜死馬三寶初以平京城功拜太子監門率別擊叛胡劉拔眞於北山破之又從平薛仁杲遷左驍衛將軍復從柴紹擊吐谷渾於岷州先鋒陷陣斬其名王前後虜男女數千口累封新興縣公嘗從幸司竹高祖顧謂三寶曰是汝建英雄之處衛青大不惡累除左驍衛大將軍貞觀三年卒太宗爲之廢朝謚曰忠

武士彠并州文水人也家富於財頗好交結高祖初行軍於汾晉休止其家因蒙顧接及爲太原留守引爲行軍司鎧時盜賊蜂起士彠嘗陰勸高祖舉兵自進兵書及符瑞高祖謂曰幸勿多言兵書禁物尚能將來深識雅意當同富貴耳及義兵將起高祖募人遣劉弘基長孫順德等分統之王威高君雅陰謂士彠曰弘基等皆背三衛所犯當死安得領兵吾欲禁身推覈士彠曰此並唐公之客也若爾便大紛紜威等由是疑而不發留守司兵田德平又欲勸王威等鞫問募人之狀士彠謂德平曰討捕之兵揔隷唐公王威高君雅等並寄坐耳彼何能爲德平遂止義旗起以士彠爲大將軍府鎧曹從平京城功拜光祿大夫封太原郡公初義師將起士彠不預知及平京師乃自說云嘗夢高祖入西京升爲天子高祖哂之曰汝王威之黨也以汝能諫止弘基等微心可録故加酬効今見事成乃說迂誕而取媚也武德中累遷工部尚書進封應國公又歷利州荊州都督貞觀九年卒官贈禮部尚書謚曰定顯慶元年以后父累贈司徒改封周國公咸亨中又贈太尉太原王特詔配享高祖廟庭列在功臣之上孫承嗣事在外戚傳士彠長兄士稜性恭順勤於稼穡從起義官至司農少卿封宣城縣公常居苑中委以農圃之事貞觀中卒贈潭州都督次兄士逸亦有戰功武德初爲齊王府戶曹賜爵安陸縣公從齊王鎮并州爲劉武周所獲於賊中密令人詣京師陳武周可圖之

計及武周平甚見慰勉累授益州行臺左丞數陳時政得失高祖每嘉納之貞觀初爲韶州刺史卒

史臣曰唐儉委質義旗之下立功草昧之初被拘虜庭脫高祖蕭州之急侍獵苑囿諫太宗馬上之言可謂純臣矣順德佐命立功理郡著明肅之政弘基臨難不屈陷陣多剋捷之勳殷嶠劉政會柴紹昌並在太原首預舉義從微至著善始令終馬三寶出廝養之徒處將軍之位亦馬之善走者也武士彠首參起義例封功臣無戡難之勞有因人之跡載窺他傳過爲褒詞慮當武后之朝佞出敬宗之筆凡涉虛美削而不書

贊曰茂約忠純順德功勳弘基六士義合風雲

唐書列傳卷第八

劉　昫　等修

聞人詮校刻沈桐同校

屈突通 子壽 少子詮 詮子仲翔　任瓌

丘和 子行恭 行恭子神勣　許紹 嫡孫力士 力士子欽明 紹次子智仁 少子圉師

李襲志 弟襲譽 子懷儼　姜謩 子行本 行本子簡 簡子晞 弟柔遠 柔遠子皎 晦 皎男慶初

屈突通雍州長安人父長卿周邛州刺史通性剛毅志尚忠慤檢身清正好武略善騎射開皇中爲親衛大都督文帝遣通往隴西檢覆群牧得隱藏馬二萬餘匹文帝盛怒將斬太僕卿慕容悉達及諸監官千五百人通諫曰人命至重死不再生陛下至仁至聖子育群下豈容以畜産之故而戮千有餘人愚臣狂狷輒以死請文帝瞋目叱之通又頓首曰臣一身如死望免千餘人命帝寤曰朕之不明以至於是感卿此意良用惻然今從所請以旌諫諍悉達等竟以減死論

○由是漸見委信擢爲右武候車騎將軍奉公正直雖親戚犯法無所縱捨時通弟蓋爲長安令亦以嚴整知名時人爲之語曰寧食三斗艾不見屈突蓋寧服三斗葱不逢屈突通爲人所忌憚如此及文帝崩煬帝遣通以詔徵漢王諒先是文帝與諒有密約曰若璽書召汝於勑字之傍別加一點又與玉麟符合者當就徵及發書無驗諒覺變詰通通占對無所屈竟得歸長安大業中累轉左驍衛大將軍時秦隴盜賊蜂起以通爲關內討捕大使有安定人劉迦論舉兵反據雕陰郡僭號建元署置百官有衆十餘萬稽胡首領劉鷂子聚衆與迦論相影響通發關中兵擊之師臨安定初不與戰軍中以通爲怯通乃揚聲旋師而潛入上郡迦論不之覺遂進兵南寇去通七十里而舍分兵掠諸城邑通候其無備簡精甲夜襲之賊衆大潰斬迦論幷首級萬餘於上郡南山築爲京觀虜男女數萬口而還煬帝幸江都令通鎮長安義兵起代王遣通進屯河東既而義師濟河大破通將桑顯和於飲馬泉永豐倉又爲義師所剋通大懼留鷹揚郎將堯君素守河東將自武關趨藍田以赴長安軍至潼關爲劉文靜所遏不得進相持月餘通又令顯和夜襲文靜詰朝大戰義軍不利顯和縱兵破二柵惟文靜一柵獨存顯和兵復入柵而戰者往覆數焉文靜爲流矢所中義軍氣奪垂至於敗顯和以兵疲傳餐而食文靜因得分兵以實二柵又有遊軍數百騎自南山來擊其背三柵之兵復大呼而出表裏齊奮顯和軍潰僅以身免悉虜其衆通勢彌蹙或說通歸降通泣曰吾蒙國重恩歷事兩主受人厚祿安可逃難有死而已每自摩其頸曰要當爲國家受人一刀耳勞勉將士未嘗不流涕人亦以此懷之高祖遣其家僮召之通遽命斬之通聞京師平家屬盡沒乃留顯和鎮潼關率兵東下將趨洛陽通適進路而顯和降於劉文靜遣副將竇琮段志玄等率精騎與顯和追之及於稠桑通結陣以自固竇琮縱通子壽令往諭之通大呼曰昔與汝爲父子今與汝爲仇讎命左右射之顯和呼其衆曰京師陷矣汝並關西人欲何所去衆皆釋仗通知不免乃下馬東南向再拜號哭曰臣力屈兵敗不

○負陛下天地神祇實所鑒察遂擒通送于長安高祖謂曰何相見晚耶通泣對曰通不能盡人臣之節力屈而至爲本朝之辱以愧相王高祖曰隋室忠臣也命釋之授兵部尚書封蔣國公仍爲太宗行軍元帥長史從平薛舉時珍物山積諸將皆爭取之通獨無所犯高祖聞而謂曰公清正奉國著自終始名下定不虛也特賜金銀六百兩綵物一千段尋以本官判陝東道行臺僕射復從太宗討王世充時通有二子並在洛陽高祖謂通曰東征之事今以相屬其如兩子何通對曰臣以老朽誠不足以當重任但自惟疇昔執就軍門至尊釋其縲囚加之恩禮既不能死實荷再生當此之時心口相誓暗以身命奉許國家久矣今此行也臣願先驅兩兒若死自是其命終不以私害義高祖歎息曰徇義之夫一至於此及大兵圍洛陽竇建德且至太宗中分麾下以屬通令與齊王元吉圍守洛陽世充平通功爲第一尋拜陝東大行臺右僕射鎮于洛陽數歲徵拜刑部尚書通自以不習文法固辭之轉工部尚書隱太子之誅也通復檢校行臺僕

射馳鎮洛陽貞觀元年行臺廢授洛州都督賜實封六百戶加左光祿大夫明年卒年七十二太宗痛惜久之贈尚書右僕射謚曰忠子壽襲爵太宗幸洛陽宮思通忠節拜其少子詮果毅都尉賜束帛以卹其家焉十七年詔圖形於凌煙閣二十三年與房玄齡配饗太宗廟庭永徽五年重贈司空詮官至瀛州刺史

詮子仲翔神龍中亦為瀛州刺史

任瓌字瑋廬州合肥人陳鎮東大將軍蠻奴弟之子也父七寶仕陳定遠太守瓌早孤蠻奴愛之情踰己子每稱曰吾子姪雖多並傭保耳門戶所寄惟在於瓌年十九試守靈溪令俄遷衡州司馬都督王勇甚敬異之委以州府之務屬隋師滅陳瓌勸勇據嶺南求陳氏子孫立以為帝勇不能用以嶺外降隋瓌乃棄官而去仁壽中為韓城尉俄又罷職及高祖討捕於汾晉瓌謁高祖於轅門承制為河東縣戶曹高祖將之晉陽留隱太子建成以託於瓌義師起瓌至龍門謁見高祖謂之曰隋氏失馭天下沸騰吾忝以外戚屬當重寄不可坐

觀時變晉陽是用武之地士馬精強今率驍雄以匡國難卿將家子深有智謀觀吾此舉將為濟否瓌曰後主殘酷無道征役不息天下恟恟思聞拯亂公天縱神武親舉義師所下城邑秋毫無犯軍令嚴明將士用命關中所在蜂起惟待義兵仗大順從衆欲何憂不濟瓌在馮翊積年人情諳練願為一介之使銜命入關同州已東必當款伏於梁山船濟直指韓城進逼郃陽分取朝邑且蕭造文吏本無武略仰懼威靈理當自下孫華諸賊未有適從必當相率而至然後鼓行整衆入據永豐雖未得京城關中固已定矣高祖曰是吾心也廼授銀青光祿大夫遣陳演壽史大柰領步騎六千趣梁山渡河使瓌及薛獻為招慰大使高祖謂演壽曰閫外之事宜與任瓌籌之孫華白玄度等聞兵且至果競來降幷具舟于河師遂利涉瓌說下韓城縣與諸將進擊飲馬泉破之拜左光祿大夫留守永豐倉高祖即位改授穀州刺史王世充數率衆攻新安瓌拒戰破之以功累封管國公太宗率師討世充瓌從至邙山使檢校水運以供餉饋關東初定持節為河南道安撫大使世充弟辯為徐州行臺尚書令率所部詣瓌降瓌至宋州屬徐圓朗據兗州反曹戴諸州咸應之副使柳濬勸瓌退保汴州瓌笑曰柳公何怯也老將居邊甚久自當有計非公所知圓朗俄又攻陷楚丘引兵將圍虞城瓌遣崔樞張公謹自鄢陵領諸州豪右質子百餘人守虞城以拒賊濬又諫曰樞與公謹並世充之將又諸州質子父兄皆反此必為變瓌不荅樞至則分配質子並與土人合隊居守賊既稍近質子有叛者樞因斬其隊帥城中人懼曰質子父兄悉來為賊賊之子弟安可守城樞因縱諸隊各殺質子梟首于門外遣使報瓌瓌陽怒曰遣將去者欲招慰耳何罪而殺之退謂濬曰固知崔樞辦之既遣縣人殺賊質子寃隙已大吾何患焉樞果拒卻圓朗事平遷徐州總管仍為大使瓌選補官吏頗私親故或依倚其勢多所求納瓌知而不禁又妻劉氏妬悍無禮為世所譏及輔公祏平拜邢州都督隱太子之誅也瓌弟璨時為典膳監瓌坐左遷通州都督貞觀三年卒

○丘和河南洛陽人也父壽魏鎮東將軍和少便弓馬重氣任俠及長始折節與物無忤無貴賤皆愛之周為開府儀同三司入隋累遷右武衛將軍封平城郡公漢王諒之反也以和為蒲州刺史諒使兵士服婦人服戴冪䍦奄至城中和脫身而免由是除名時宇文述方被任遇和傾心附之又以發武陵公元冑罪拜代州刺史屬煬帝北巡過代州和獻食甚精及至朔州刺史楊廓獨無所獻帝不悅而宇文述又盛稱之乃以和為博陵太守仍令楊廓至博陵觀和為式及駕至博陵和上食又豐帝益稱之由是所幸處獻食者競為華侈和在郡善撫吏士甚得歡心尋遷天水郡守大業末以海南僻遠吏多侵漁百姓咸怨數為亂逆於是選淳良太守以撫之黃門侍郎裴矩奏言丘和歷居二郡皆以惠政著聞寬而不擾煬帝從之遣和為交趾太守既至撫諸豪桀甚得蠻夷之心會煬帝為化及所弒鴻臚卿甯長真以鬱林始安之地附於蕭銑馮盎以蒼梧高涼珠崖番禺之地附于林士弘各遣人召之和初未知隋亡皆不就林邑之西諸國並

遣遣和明珠文犀金寶之物富埒王者銑利之遣長眞率百越之衆渡海侵和和遣高士廉率交愛首領擊之長眞退走境內獲全郡中樹碑頌德會舊驍果從江都還者審知隋滅遂以州從銑及銑平和以海南之地歸國詔使李道裕即授上柱國譚國公交州總管和遣司馬高士廉奉表請入朝詔許之高祖遣其子師利迎之及謁見高祖爲之興引入卧內語及平生甚歡奏九部樂以饗之拜左武候大將軍和時年已衰老乃拜稷州刺史以是本鄉令自怡養九年除特進貞觀十一年卒年八十六贈荆州總管謚曰襄賜東園秘器陪葬獻陵有子十五人多至大官惟行恭知名

行恭善騎射勇敢絶倫大業末與兄師利聚兵於岐雍間有衆一萬保故郿城百姓多附之群盜不敢入境初原州奴賊數萬人圍扶風郡太守竇璡堅守經數月賊中食盡野無所掠衆多離散投行恭者千餘騎行恭遣其酋渠說諸奴賊共迎義軍行恭又率五百人皆負米麥持牛酒自詣賊營奴帥長揖行恭手斬之謂其衆曰汝等並是

好人何因事奴爲主使天下號爲奴賊衆皆俯伏曰願改事公行恭率其衆與師利共謁太宗于渭北拜光禄大夫從平京城討薛舉劉武周王世充竇建德皆立殊勳授左一府驃騎賞賜甚厚隱太子之誅也行恭以功遷左衞將軍貞觀中坐與嫡兄爭葬所生母爲法司所劾除名因從侯君集平高昌封天水郡公累除右武候將軍高宗嗣位歷遷右武候大將軍冀陝二州刺史尋請致仕拜光禄大夫麟德二年卒年八十贈荆州都督謚曰襄賜溫明秘器陪葬昭陵行恭性嚴酷所在僚列皆懾憚之數坐事解免太宗每思其功不踰時月復其官初從討王世充會戰於邙山之上太宗欲知其虛實強弱乃與數十騎衝之直出其後衆皆披靡莫敢當其鋒所殺傷甚衆既而限以長堤與諸騎相失惟行恭獨從尋有勁騎數人追及太宗矢中御馬行恭乃迴騎射之發無不中餘賊不敢復前然後下馬拔箭以其所乘馬進太宗行恭於御馬前步執長刀巨躍大呼斬數人突陣而出得入大軍貞觀中有詔刻石爲人馬以象行恭拔箭之狀立於昭陵闕前子神勣嗣聖元年爲左金吾將軍則天使於巴州害章懷太子既而歸罪於神勣左遷疊州刺史尋復入爲左金吾衞大將軍深見親委嘗受詔鞫獄與周興來俊臣等俱號爲酷吏尋以罪伏誅神龍初禁錮其子孫和少子行掩高宗時爲少府監

許紹字嗣宗本高陽人也梁末徙于周因家于安陸祖弘父法光俱爲楚州刺史元皇帝爲安州總管故紹兒童時得與高祖同學特相友愛大業末爲夷陵郡通守是時盜賊競起紹保全郡境流戶自歸者數十萬口開倉賑給甚得人心及江都弑逆紹率郡人大臨三日仍以郡遙屬越王侗王世充篡位乃率黔安武陵澧陽等諸郡遣使歸國授硤州刺史封安陸郡公高祖降勑書曰昔在子衿同遊庠序博士吳琰其妻姓仇追想此時宛然心目荏苒歲月遂成累紀且在安州之日公家乃莅岳州渡遼之時伯裔又同戎旅安危契闊累葉同之其間遊處觸事可想雖盧綰與劉邦同里吳質共曹不接席以今方古何足稱焉而公追硯席之舊歡存通家之曩好明鑒去就之

理洞識成敗之機爰自荆門馳心絳闕綏懷士庶糺合賓僚踰越江山遠申誠款覽此忠至彌以慰懷及蕭銑將董景珍以長沙來降命紹率兵應之以破銑功拜其子智仁爲溫州刺史委以招慰時蕭銑遣其將楊道生圍硤州紹縱兵擊破之銑又遣其將陳普環乘大艦泝江入硤與開州賊蕭闍提規取巴蜀紹遣智仁及録事參軍李弘節子壻張玄靜追至西陵硤大破之生擒普環收其船艦江南岸有安蜀城與硤州相對次東有荆門城皆險峻銑並以兵鎮守紹遣智仁及李弘節攻荆門鎮破之高祖大悅下制褒美許以便宜從事紹與王世充蕭銑疆界連接紹之士卒爲賊所虜者輒見殺害紹執敵人皆資給而遣之賊感其義不復侵掠闔境獲安趙郡王孝恭之擊蕭銑也復令紹督兵以圖荆州會卒於軍高祖聞而流涕貞觀中贈荆州都督嫡孫力士襲爵官至洛州長史卒子欽寂嗣萬歲登封年爲夔州都督府長史時契丹入寇以欽寂兼龍山軍討擊副使軍次崇州戰敗被擒其後賊將圍安東令欽寂說

屬城之未下者安東都督裴玄珪時在城下欽寂謂之曰狂賊天殃滅在朝夕公但謹守勵兵以全忠節賊大怒遂害之則天下制褒美贈衛州刺史謚曰忠又授其子輔乾左監門衛中候仍爲海東慰勞使令迎其喪柩以禮改葬輔乾開元中官至光祿卿欽寂弟欽明少以軍功歷左玉鈐衛將軍安西大都護封鹽山郡公萬歲通天元年授金紫光祿大夫凉州都督欽明嘗出按部突厥默啜率衆數萬奄至城下欽明拒戰久之力屈被執賊將欽明至靈州城下令說城中早降欽明大呼曰賊中都無飲食城內有美醬乞二升粱米乞二斗墨乞一梃是時賊營處四面阻泥河惟有一路得入欽明乞此物以喻城中冀其簡兵陳將候夜掩襲城中無悟其旨者尋遇害兄弟同年皆死王事論者稱之紹次子智仁初以父勳授溫州刺史封孝昌縣公尋繼其父爲硤州刺史後歷太僕少卿凉州都督貞觀中卒紹少子圓師有器幹博涉藝文舉進士顯慶二年累遷黃門侍郎同中書門下三品兼修國史三年以修實錄功封平恩縣男賜物三百段

四遷龍朔中爲左相俄以子自然因獵射殺人隱而不奏又爲李義府所擠左遷虔州刺史尋轉相州刺史政存寬惠人吏刊石以頌之嘗有官吏犯贓事露圓師不令推究但賜清白詩以激之犯者愧懼遂改節爲廉士其寬厚如此上元中再遷戶部尚書儀鳳四年卒贈幽州都督陪葬恭陵謚曰簡

李襲志字重光本隴西狄道人也五葉祖景避地安康復稱金州安康人也周信州總管安康郡公遷哲孫也父敬猷隋台州刺史安康郡公襲志初仕隋歷始安郡丞大業末江外盜賊尤甚襲志散家產招募得三千人以守郡城時蕭銑林士弘曹武徹等爭來攻擊襲志固守久之後聞宇文化及弑逆乃集士庶舉哀三日有郡人勸襲志曰公累葉冠族久臨鄙郡蠻夷畏威士女悅服雖曰隋臣實我之君長今江都篡逆四海鼎沸王號者非止一人公宜因此時據有嶺表則百越之人皆拱手向化追蹤尉他亦千載一遇也襲志厲聲曰吾世樹忠貞見危授命今雖江都陷沒而宗社猶存當與諸君戮力中原共雪讎恥豈可怙亂稱兵以圖不義吾寧蹈忠而死不爲逆節而求生尉他愚鄙無識何足景慕於是欲斬勸者從衆議而止襲志固守經二年而無援卒爲蕭銑所陷銑署爲工部尚書檢校桂州總管武德初高祖遣其子玄嗣齎書召之襲志乃密說嶺南首領隨永平郡守李光度與之歸國高祖又令間使齎書諭襲志曰卿昔久在桂州仍屬隋室運終四方圮絕率衆保境未知所統朕撫臨天下志在綏育眷彼幽遐思沾聲教況卿朕之宗姓情異於常家弟姪並立誠效公又分遣首領申諭諸州情深奉國甚副所望卿之子弟並據州縣俱展誠績每所嘉歎不能已已令並入屬籍著於宗正及蕭銑平江南道大使趙郡王孝恭擬襲志桂州總管武德五年入朝授柱國封始安郡公拜江州都督及輔公祏反又以襲志爲水軍總管討平之轉桂州都督襲志前後凡任桂州二十八載政尚清簡嶺外安之後表請入朝拜右光祿大夫行汾州刺史致仕卒於家襲志弟襲譽

襲譽字茂實少通敏有識度隋末爲冠軍府司兵時陰世師輔代王

爲京師留守所在盜賊蜂起襲譽說世師遣兵據永豐倉發粟以賑窮乏出庫物賞戰士移檄郡縣同心討賊世師不能用乃求外出募山南士馬世師許之既至漢中會高祖定長安召授太府少卿封安康郡公仍令與兄襲志附籍於宗正太宗討王世充以襲譽爲潞州總管時突厥與國和親又通使於世充襲譽掩擊悉斬之因委令轉運以餽大軍後歷光祿卿蒲州刺史轉揚州大都督府長史爲江南道巡察大使多所黜陟江都俗好商賈不事農桑襲譽乃引雷陂水又築勾城塘溉田八百餘頃百姓獲其利召拜太府卿襲譽性嚴整所在以威肅聞凡獲俸祿必散之宗親其餘資多寫書而已及從揚州罷職經史遂盈數車嘗謂子孫曰吾近京城有賜田十頃耕之可以充食河內有賜桑千樹蠶之可以充衣江東所寫之書讀之可以求官吾沒之後爾曹但能勤此三事亦何羨於人尋轉凉州都督加金紫光祿大夫行同州刺史坐在凉州陰憾番禾縣丞劉武杖而殺之至是有司議當死制除名流於泉州無幾而卒撰五經妙言四十

卷江東記三十卷忠孝圖二十卷兄子懷儼頗以文才著名歷蘭臺
侍郎受制檢校寫四部書進内以書有汙左授郢州刺史後卒于禮
部侍郎
姜謩秦州上邽人祖真後魏南秦州刺史父景周梁州揔管建平郡
公謩大業末爲晉陽長會高祖留守太原見謩深器之謩退謂所親
曰隋祚將亡必有命世大才以應圖籙唐公有霸王之度以吾觀之
必爲撥亂之主由是深自結納及大將軍府建引爲司功叅軍從平
霍邑拔絳郡監督大軍濟河時兵士爭渡謩部勒諸軍自昏至曉六
軍畢濟高祖稱歎之平京城除相國兵曹叅軍封長道縣公時薛舉
寇秦隴以謩西州之望詔於隴右安撫承制以便宜從事謩將行奏
曰天人之望誠有所歸願早膺圖籙以寧兆庶老夫犬馬暮齒恐先
朝露得一覩昇紫殿死無所恨高祖大悦謩與竇軌出散關下河池
漢陽二郡軍次長道與薛舉相遇軌輕敵爲舉所敗徵謩還京拜貟
外散騎常侍及平薛仁杲拜謩秦州刺史高祖謂曰衣錦還鄉古人

所尚今以本州相授用荅元功凉州之路近爲流梗宜弘方略有以
静之謩至州撫以恩信州人相謂曰吾輩復見太平官府矣盗賊悉
來歸首士庶安之尋轉隴州刺史七年以老疾去職貞觀元年卒贈
岷州都督謚曰安子行本貞觀中爲將作大匠太宗修九成洛陽二
宫行本揔領之以勤濟稱旨賞賜甚厚有所遊幸未甞不從又轉左
屯衛將軍時太宗選驍捷之士衣五色袍乘六閑馬直屯營以充仗
内宿衛名爲飛騎每遊幸即騎以從分隸於行本及高昌之役以行
本爲行軍副揔管率衆先出伊州未至柳谷百餘里依山造攻具其
處有班超紀功碑行本磨去其文更刻頌陳國威德而去遂與侯君
集進平高昌璽書勞之曰攻戰之重器械爲先將士屬心待以制敵
卿星言就路躬事修營干戈纔動梯衝暫臨三軍勇士因斯樹績萬
里逋寇用是剋平方之前古豈足相况及還進封金城郡公賜物一
百五十段奴婢七十人十七年太宗將征高麗行本諫以爲師未可
動太宗不從行本從至蓋牟城中流矢卒太宗賦詩以悼之贈左衛

大将軍郕國公謚曰襄陪葬昭陵
子簡嗣永徽中官至安北都護卒子晞嗣開元初左散騎常侍簡弟
柔遠美姿容善於敷奏則天時至左鷹揚衛将軍通事舍人内供奉
柔遠子皎長安中累遷尚衣奉御時玄宗在藩見而悦之皎察玄宗
有非常之度尤委心焉尋出爲潤州長史玄宗即位召拜殿中少監
數召入卧内命之捨敬曲侍宴私與后妃連榻間以擊毬鬬雞常呼
之爲姜七而不名也兼賜以宫女名馬及諸珍物不可勝數玄宗又
嘗與皎在殿庭翫一嘉樹皎稱其美玄宗遽令徙植於其家其寵遇
如此及竇懷貞等潛謀逆亂玄宗将討之皎協賛謀議以功拜殿中
監封楚國公實封四百戶玄宗以皎在藩之舊皎又有先見之明欲
宣布其事乃下勑曰朕聞士之生代始於事親中於事君終於立身
此其本也若乃移孝成忠策名委質命有太山之重義徇則爲輕草
有疾風之力節全則知勁况君臣之相遇而故舊之不遺乎銀青光
禄大夫殿中監楚國公姜皎簪紱聯華珪璋特秀寛厚爲量體静而

安仁精微用心理和而專直徃居藩邸潛款風雲亦由彭祖之同書
子陵之共學朕常遊幸于外至長楊鄠杜之間皎於此時與之累宿
私謂朕曰太上皇即登九五王必爲儲副凡如此者數四朕叱而後
止寧知非僕雖玩於鄧晨可收護軍遂訶於朱祐皎復言於朕兄弟
及諸駙馬等因聞徹太上皇太上皇遽奏於中宗孝和皇帝尋遣嗣
虢王邕等鞫問皎保護無怠辭意轉堅李通之讖記不言田叔之髡
鉗罔憚仍爲宗楚客紀處訥等密奏請投皎炎荒中宗特降恩私左
遷潤州長史讒邪每構忠懇逾深戴干朕躬憂存王室以爲天且有
命頓覩成龍之徵人而無禮常懷逐鳥之志游辭枉陷旋罹貶斥嚴
憲將及殆見誅夷履危本於初心遭險期於不貳雖禍福之際昭然
可圖而艱難之中是所繫賴洎朕祗膺寶位又共翦姦臣拜以光寵
不忘撝挹敬愛之極神明所知造膝則曾莫詭隨匪躬則動多規諫
補朕之闕斯人孔臧而悠悠之談嗷嗷妄作醜正惡直竊生於謗考
言詢事益亮其誠昔漢昭帝之保霍光魏太祖之明程昱朕之不德

庶幾於此矧夫否當其悔則滅宗毀族朕負之必深泰至其亨則如山如河朕酬之未補豈流言之足聽而厚德之遂忘謀始有之圖終可也宜告示中外咸令知悉尋遷太常卿監修國史弟晦又歷御史中丞吏部侍郎兄弟當朝用事侍中宋璟以其權寵太盛恐非久安之道屢奏請稍抑損之開元五年下勑曰西漢諸將多以權貴不全南陽故人並以優閑自保觀夫先後之迹吉凶之數較然可知良有以也太常卿上柱國楚國公監修國史姜皎衣纓奕代忠讜立誠精識比於橋玄密私方於朱祐朕昔在藩邸早申款洽當謂我以不遺亦起予以自愛及膺大位屢錫崇班茅土列爵山河傳誓備蒙光寵時冠等夷朕每欲戒盈用克終吉未若避榮公府守靖私第自弘高尚之風不涉韁塵之境沐我恩貸庇爾子孫宜放歸田園以恣娛樂又遷晦爲宗正卿以去其權久之皎復起爲秘書監十年坐漏洩禁中語爲嗣濮王嶠所奏勑中書門下究其狀嶠即王守一之妹夫中書令張嘉貞希守一意構成其罪仍奏請先決杖配流嶺外下制曰

○秘書監姜皎往屬艱難頗效誠信功則可録寵是以加既忘滿盈之誡又虧靜慎之道假說休咎妄談宮掖據其作孽合處極刑念玆舊勳免此殊死宜決一頓配流欽州皎既決杖行至汝州而卒年五十餘皎之所親都水使者劉承祖配流雷州自餘流死者數人時朝廷頗以皎爲寃而咎嘉貞焉源乾曜時爲侍中不能有所持正論者亦深譏之玄宗復思皎舊勳令遞其柩還以禮葬之仍遣中使存問其家十五年追贈澤州刺史晦坐皎左遷春州司馬俄遷海州刺史卒天寶六載授皎男慶初等官七載贈皎吏部尚書仍贈實封二百戶以充享祀慶初襲封楚國公慶初生未晬玄宗許尚公主後淪落二十餘年李林甫爲相當軸用事林甫即皎之甥從容奏之故驟加恩命天寶十載詔慶初尚新平公主授駙馬都尉永泰元年拜太常卿

史臣曰或問屈突通盡忠於隋而功立於唐事兩國而名愈彰者何也荅云若立純誠遇明主一心可事百君寧限於兩國爾被稠桑之擒臨難無苟免破仁杲之衆臨財無苟得君子哉任瓌丘和許紹李襲志咸遇真主得爲故人或敘舊立功或率衆歸國尋其履迹皆有可稱襲志爲政襲譽訓子庶幾弘遠矣姜謩恩信有能官之譽行本勤濟多剋敵之功皎雖故舊恩倖不倫雖嘉貞致寃亦冒寵自擬豈非無德而祿福過災生之驗歟任瓌縱妬妻無禮任親戚求財丘和進食邀幸皆無取焉

贊曰屈突守節求仁得仁諸君遇主不足擬倫

唐書列傳卷第九

劉昫　等修

聞人詮校刻沈桐同校

宗室（太祖諸子）　永安王孝基

淮安王神通（子道彥　孝節　孝察　孝同　孝義　孝慈）

襄邑王神符　長平王叔良

襄武王琛　河間王孝恭（子晦　孝恭弟瑊　瓌）

漢陽王瓌（附河間王）　盧江王瑗（王君廓附）

淮陽王道玄　江夏王道宗

隴西王博乂

永安王孝基高祖從父弟也父璋周梁州刺史與趙王祐謀殺隋文帝事洩被誅高祖即位追封畢王孝基武德元年封永安王歷陝州揔管鴻臚卿以罪免二年劉武周將宋金剛來寇汾澮夏縣人呂崇茂殺縣令舉兵反自稱魏王請援於武周復以孝基爲行軍揔管討之工部尚書獨孤懷恩內史侍郎唐儉陝州揔管于筠悉隸焉武周遣其將尉遲敬德潛援崇茂大戰於夏縣王師敗績孝基與唐儉等皆沒於賊後謀歸國爲武周所害高祖爲之發哀廢朝三日賜其家帛千匹賊平購其屍不得招魂而葬之贈左衛大將軍謚曰壯無子以從兄韶子道立爲嗣封高平郡王九年降爲縣公永徽初卒於陳州刺史

淮安王神通高祖從父弟也父亮隋海州刺史武德初追封鄭王神通隋末在京師義師起隋人捕之神通潛入鄠縣山南與京師大俠史萬寶河東裴勣柳崇禮等舉兵以應義師遣使與司竹賊帥何潘仁連結潘仁奉平陽公主而至神通與之合勢進下鄠縣衆踰一萬自稱關中道行軍揔管以史萬寶爲副裴勣爲長史柳崇禮爲司馬令狐德棻爲記室高祖聞之大悅授光祿大夫從平京師拜宗正卿武德元年拜右翊衛大將軍封永康王尋改封淮安王爲山東道安撫大使擊宇文化及於魏縣化及不能抗東走聊城神通進兵躡之至聊城會化及糧盡請降神通不受其副使黃門侍郎崔幹勸納之神通曰兵士暴露已久賊計窮糧盡剋在旦暮正當攻取以示國威散其玉帛以爲軍賞若受降者吾何以藉手乎幹曰今建德方至化及未平兩賊之間事必危迫不攻而下之此勳甚大今貪其玉帛敗無日矣神通怒因幹于軍中旣而士及自濟北餽之化及軍稍振遂拒戰神通督兵薄而擊之貝州刺史趙君德攀堞而上神通心害其功因止軍不戰君德大詬而下城又堅守神通乃分兵數千人往魏州取攻具中路復爲莘人所敗竇建德軍且至遂引軍而退後二日化及爲建德所虜賊勢益張山東城邑多歸建德神通兵漸散退保黎陽依徐勣俄爲建德所陷及建德敗復授河北道行臺尚書左僕射從太宗平劉黑闥遷左武衛大將軍貞觀元年拜開府儀同三司賜實封五百戶時太宗謂諸功臣曰朕敘公等勳效量定封邑恐不能盡當各自言神通曰義旗初起臣率兵先至今房玄齡杜如晦等刀筆之人功居第一臣且不服上曰義旗初起人皆有心叔父雖率兵先至未嘗身履行陣山東未定受委專征建德南侵全軍陷沒及劉黑闥翻動叔父望風而破今計勳行賞玄齡等有籌謀帷幄定社稷功所以漢之蕭何雖無汗馬指縱推轂故功居第一叔父于國至親誠無所愛必不可緣私濫與勳臣同賞耳四年薨太宗爲之廢朝贈司空謚曰靖十四年詔與河間王孝恭贈陝州大行臺右僕射鄖節公殷開山贈民部尚書渝襄公劉政會配饗高祖廟廷有子十一人長子道彥武德五年封膠東王次孝察高密王孝同淄川王孝慈廣平王孝友河間王孝節清河王孝義膠西王初高祖受禪以天下未定廣封宗室以威天下皇從弟及姪年始孩童者數十人皆封爲郡王太宗即位因舉宗正屬籍問侍臣曰遍封宗子於天下便乎尚書右僕射封德彝對曰歷觀往古封王者今最爲多兩漢已降唯封帝子及親兄弟若宗室疎遠者非有大功如周之郇滕漢之賈澤並不得濫封所以別親疎也先朝敦睦九族一切封王爵命旣隆多給力役蓋以天下爲私殊非至公馭物之道太宗曰朕理天下本爲百

姓非欲勞百姓以養已之親也於是宗室率以屬疏降爵為郡公唯一有功者數十人封王是時道彥等並隨例降爵道彥與季弟孝逸最知名

道彥幼而事親甚謹初義師起神通逃難被疾于山谷綿歷數旬山中食盡道彥著故弊衣出人間乞丐及採野實以供其父身無所噉其父分以食之輒詐言已啗而覆藏留之以備闕乏及神通應義舉授朝請大夫高祖受禪封義興郡公進封膠東王授隴州刺史貞觀初轉相州都督例降爵為公拜岷州都督丁父憂廬於墓側負土成墳躬植松栢容貌哀毀親友皆不復識之太宗聞而嘉歎令侍中王珪就加開喻復授岷州都督道彥遣使告喻党項諸部申國威靈多有降附李靖之擊吐谷渾也詔道彥為赤水道行軍總管時朝廷復厚幣遺党項令為鄉導党項首領拓拔赤辭來詣靖軍請諸將曰往者隋人來擊吐谷渾我党項每資軍用而隋人無信必見侵掠今將軍若無他心者我當資給糧運如或我欺當即固險以塞軍路諸將

與之歃血而盟赤辭信之道彥既至闊水見赤辭無備遂襲之虜牛羊數千頭於是諸羌怨怒屯兵野狐硤道彥不能進為赤辭所乘軍大敗死者數萬人道彥退保松州竟坐減死徙邊後起為涼州都督尋卒贈禮部尚書孝逸少好學解屬文初封梁郡公高宗末歷給事中四遷益州大都督府長史則天臨朝入為左衛將軍甚見親遇光宅元年徐敬業據揚州作亂以孝逸為左玉鈐衛大將軍揚州行軍大總管督軍以討之孝逸引軍至淮而敬業方南攻潤州遣其弟敬猷屯兵淮陰偽將韋超據都梁山以拒孝逸裨將馬敬臣擊斬賊之別帥尉遲昭夏侯瓚等超乃擁衆憑山以自固或謂孝逸曰超衆守險且憑山為阻攻之則士無所施其力騎無所騁其足窮寇殊死殺傷必衆不若分兵守之大軍直趣揚州未數日其勢必降也支度使廣府司馬薛克構曰超雖據險其卒非多今逢小寇不擊何以示武若加兵以守則有闕前機捨之而前則終為後患不如擊之剋超則淮陰自懾淮陰破則楚州諸縣必開門而候官軍然後進兵高郵直趣江都逆豎之首可指掌而懸也孝逸從其言進兵擊超賊衆壓伏官軍登山急擊之殺數百人日暮圍解超銜枚夜遁孝逸引兵擊淮陰大破敬猷之衆時敬業迴軍屯於下阿溪以拒官軍有流星墜其營孝逸引兵渡溪以擊之敬業初勝後敗孝逸乘勝追奔數十里敬業窘迫與其黨攜妻子逃入海曲孝逸進據揚州盡捕斬敬業等振旅而還以功進授鎮軍大將軍轉左豹韜衛大將軍改封吳國公孝逸素有名望自是時譽益重武承嗣等深所忌嫉數讒毀之垂拱二年左遷施州刺史其冬承嗣等又使人誣告孝逸往任益州嘗自解逸字云走遶兔者常在月中月既近天合有天分則天以孝逸常有功減死配徙儋州尋卒景雲初贈益州大都督孝銳曾孫齊物孝同曾孫國貞別有傳

襄邑王神符神通弟也幼孤事兄以友悌聞義寧初授光祿大夫封安吉郡公武德元年進封襄邑郡王四年累遷并州總管突厥頡利可汗率衆來寇神符出兵與戰於汾水東敗之斬首五百級虜其馬

二千匹又戰於沙河之北獲其乙利達官并可汗所乘馬及甲獻之由是召拜太府卿九年遷揚州大都督移州府及居人自丹陽渡江州人賴焉貞觀初再遷宗正卿後以疾辭職太宗幸其第問疾賜以綵帛每給羊酒又令乘小輿引入紫微殿以神符腳疾乃遣三衛輿之而升尋授開府儀同三司永徽二年薨年七十二贈司空荊州都督陪葬獻陵謚曰恭有子七人武德初並封郡王後例降封縣公次子德懋少子文暕最知名德懋官至少府監臨川郡公文暕歷幽州都督魏郡公垂拱中坐事貶為滕州別駕尋被誅文暕子佺開元中為宗正卿

長平王叔良高祖從父弟也父禕隋上儀同三司武德初追封郇王叔良義寧中授左光祿大夫封長平郡公武德元年拜刑部侍郎進爵為王師鎮涇州以禦薛舉舉乃陽言食盡引兵南去遣高墌人偽以降叔良遣驃騎劉感率衆赴之至百里細川伏兵發官軍敗績劉感沒于陣叔良大懼出金以賜士卒嚴為守備涇州僅全四年突厥

入寇命叔良率五軍擊之叔良中流矢而薨贈左翊衛大將軍靈州揔管謚曰肅子孝協嗣武德五年封范陽郡王貞觀初以屬疎例降封郇國公累遷魏州刺史麟德中坐受贓賜死孝協弟孝斌官至原州都督府長史孝斌子思訓高宗時累轉江都令屬則天革命宗室多見構陷思訓遂棄官潛匿神龍初中宗初復宗社以思訓舊齒驟遷宗正卿封隴西郡公實封二百戸歷益州長史開元初左羽林大將軍進封彭國公更加實封二百戸尋轉右武衛大將軍開元六年卒贈秦州都督陪葬橋陵思訓尤善丹青迄今繪事者推李將軍山水思訓弟思誨垂拱中揚州參軍思誨子林甫別有傳叔良弟德良少有疾不仕武德初封新興王貞觀十一年薨贈涼州都督德良孫晉先天中爲殿中監兼雍州長史甚有威名紹封新興王尋坐附會太平公主伏誅改姓厲氏初晉之就誅寮吏皆奔散唯司功李撝步從不失在官之禮仍哭其屍姚崇聞之曰欒向之儔也擢爲尚書郎後官至澤州刺史德良弟幼良武德初封長樂王時有人盜其馬者

幼良獲盜而擅殺之高祖怒曰昔人賜盜馬者酒終獲其報爾輒行戮何無古風盜者信有罪矣專殺豈非枉邪遣禮部尚書李綱於朝堂集宗室王公而撻之自後累遷涼州都督嘗引不逞百餘人爲左右多侵暴市里行旅苦之太宗即位有告幼良陰養死士交通境外恐謀爲反叛詔遣中書令宇文士及代爲都督幷按其事士及慮其爲變遂縊殺之

襄武王琛高祖從父兄子也祖蔚周朔州揔管父安隋領軍大將軍武德初追封蔚爲蔡王安爲西平王琛義寧中封襄武郡公與太常卿鄭元璹賫女妓遺突厥始畢可汗以結和親始畢甚重之贈名馬數百匹遣骨咄祿特勤隨琛貢方物高祖大悅拜刑部侍郎進爵爲王歷蒲絳二州揔管及宋金剛陷澮州時稽胡多叛轉琛爲隰州揔管以鎮之馭衆寬簡夷夏安之三年薨子儉嗣後隨例降爵爲公

河間王孝恭琛之弟也高祖剋京師拜左光祿大夫尋爲山南道招慰大使自金州出于巴蜀招攜以禮降附者三十餘州孝恭進擊朱粲破之諸將曰此食人賊也爲害實深請坑之孝恭曰不可自此已東皆爲寇境若聞此事豈有來降者乎盡赦而不殺由是書檄所至相繼降款武德二年授信州揔管承制拜假蕭銑據江陵孝恭獻平銑之策高祖嘉納之三年進爵爲王改信州爲夔州使拜孝恭爲揔管令大造舟楫教習水戰以圖蕭銑孝恭召巴蜀首領子弟量才授用致之左右外示引擢而實以爲質也尋授荊湘道行軍揔管統水陸十二揔管發自硤州進軍江陵攻其水城剋之所得船散於江中諸將皆曰虜得賊船當藉其用何爲弃之無乃資賊耶孝恭曰不然蕭銑僞境南極嶺外東至洞庭若攻城未拔援兵復到我則內外受敵進退不可雖有舟楫何所用之今銑緣江州鎮忽見船舸亂下必知銑敗未敢進兵來去覘伺動淹旬月用緩其救吾剋之必矣銑救兵至巴陵見船被江而下果狐疑不敢輕進既內外阻絕銑於是出降高祖大悅拜孝恭荊州大揔管使畫工貌而視之於是開置屯田創立銅冶百姓利焉六年遷襄州道行臺尚書左僕射時荊襄雖定

嶺表尚未悉平孝恭分遣使人撫慰嶺南四十九州皆來款附及輔公祏據江東反發兵寇壽陽命孝恭爲行軍元帥以擊之七年孝恭自荊州趣九江時李靖李勣黃君漢張鎮州盧祖尚並受孝恭節度將發與諸將宴集命取水忽變爲血在座者皆失色孝恭舉止自若徐諭之曰禍福無門唯人所召自顧無負於物諸公何見憂之深公祏惡積禍盈今承廟筭以致討盌中之血乃公祏授首之徵遂盡飲而罷時人服其識度而能安衆公祏遣其僞將馮惠亮陳當時領水軍屯于博望山陳正通徐紹宗率步騎軍于青林山孝恭堅壁不與鬬使奇兵斷其糧道賊漸餒夜薄我營孝恭安卧不動明日縱羸兵以攻賊壘使盧祖尚率精騎列陣以待之俄而攻壘者敗走賊出追奔數里遇祖尚軍與戰大敗之正通弃營而走復與馮惠亮保梁山孝恭乘勝攻之破其梁山別鎮赴水死者數千人正通率陸軍夜遁揔管李靖又下廣陵城拔楊子鎮公祏窮蹙弃丹陽東走孝恭命騎將追之至武康擒公祏及其僞僕射西門君儀等數十人致于

麾下江南悉平璽書褒賞賜甲第一區女樂二部奴婢七百人金寶
珍翫甚衆授東南道行臺尚書左僕射後廢行臺拜揚州大都督孝
恭既破公祏江淮及嶺南皆統攝之自大業末羣雄競起皆爲太宗
所平謀臣猛將並在麾下罕有別立勳庸者唯孝恭著方面之功聲
名甚盛厚自崇重欲以威名鎮遠築宅於石頭陳廬徼以自衛尋徵
拜宗正卿九年賜實封一千二百戶貞觀初遷禮部尚書以功臣封
河間郡王除觀州刺史與長孫無忌等代襲刺史孝恭性奢豪重遊
宴歌姬舞女百有餘人然而寬恕退讓無驕矜自伐之色太宗甚加
親待諸宗室中莫與爲比孝恭嘗悵然謂所親曰吾所居宅微爲宏
壯非吾心也當賣之別營一所粗令充事而已身歿之後諸子若才
守此足矣如其不才冀免他人所利也十四年暴薨年五十太宗素
服舉哀哭之甚慟贈司空揚州都督陪葬獻陵謚曰元配享高祖廟
庭子崇義嗣降爵爲譙國公歷蒲同二州刺史益州大都督長史甚
有威名後卒於宗正卿孝恭次子晦乾封中累除營州都督以善政

○ 唐傳十 七

聞璽書勞問賜物三百段轉右金吾將軍兼檢校雍州長史糺發姦
豪無所容貸爲人吏畏服晦私第有樓下臨酒肆其人嘗候晦言曰
微賤之人雖則禮所不及然家有長幼不欲外人窺之家迫明公之
樓出入非便請從此辭晦即日毀其樓高宗將幸洛陽令在京居守
顧謂之曰關中之事一以付卿但令式跼人不可以成官政令式之
外有利於人者隨事即行不須聞奏晦累有異績則天臨朝遷戶部
尚書垂拱初拜右金吾衛大將軍轉秋官尚書永昌元年卒贈幽州
都督子榮爲酷吏所殺孝恭弟瑊武德中爲尚書右丞封濟北郡王
卒於始州刺史瑊弟瓌義師剋京城授瓌左光祿大夫武德元年封
漢陽郡公五年進爵爲王時突厥屢爲侵寇高祖使瓌賚布帛數萬
段與結和親頡利可汗初見瓌箕踞瓌餌以厚利頡利大悅改容加
敬遣使隨瓌獻名馬後復將命頡利謂左右曰李瓌前來恨不屈之
今者必令下拜瓌微知之及見頡利長揖不屈節頡利大怒乃留瓌
不遣瓌神意自若竟不爲之屈頡利知不可以威脅終禮遣之拜左

武候將軍轉衛尉卿代兄孝恭爲荆州都督政存清靜深爲士庶所
懷嶺外豪帥屢相攻擊遣使喻以威德皆相次歸附嶺表遂定太宗
即位例降爵爲公時長史馮長命曾爲御史大夫素矜衒事多專決
瓌怒杖之坐是免貞觀四年拜宜州刺史加散騎常侍卒子沖玄垂
拱中官至冬官尚書沖虛卒于尚方監
廬江王瑗高祖從父兄子也父哲隋柱國備身將軍追封濟南王瑗
武德元年歷信州總管封廬江王九年累遷幽州大都督朝廷以瑗
懦愞非邊將才遣右領軍將軍王君廓助典兵事君廓故嘗爲盜勇
力絶人瑗倚仗之許結婚姻以布心腹時隱太子建成將有異圖外
結於瑗及建成誅死遣通事舍人崔敦禮召瑗入朝瑗有懼色君廓
素險薄欲因事陷之以爲己功遂紿瑗曰京都有變事未可知大王
國之懿親受委作鎮擁兵數萬而從一使召耶且聞趙郡王先
以被拘太子齊王又言若此大王今去能自保乎相與共泣瑗乃因
敦禮舉兵反召北齊州刺史王詵將與計事兵曹參軍王利涉說瑗

○ 唐傳十 八

曰王不奉詔而擅發兵此爲反矣須改易法度以權宜應變先定衆
心令諸州刺史或有逆命王徵兵不集何以保全瑗曰若之何利涉
曰山東之地先從竇建德酋豪首領皆是僞官今並黜之退居匹庶
此人思亂若旱苗之望雨王宜發使復其舊職各於所在遣募本兵
諸州儻有不從即委隨便誅戮此計若行河北之地可呼吸而定也
然後分遣王詵北連突厥道自太原南臨蒲絳大王整駕親詣洛陽
西入潼關兩軍合勢不盈旬月天下定矣瑗從之瑗以內外機悉付
君廓利涉以君廓多翻覆又說瑗委兵於王詵而除君廓瑗不能決
君廓知之馳斬詵持首告其衆曰李瑗與王詵共反禁錮勑使擅追
兵集今王詵已斬獨李瑗在無能爲也汝若從之終亦族滅若我取
之立得富貴禍福如是意欲何從衆曰皆願討賊君廓領其麾下登
城西面瑗未之覺君廓自領千餘人先往獄中出敦禮瑗始知之遽
率數百人被甲纔出至門外與君廓相遇君廓謂其衆曰李瑗作逆
誤人何忽從之自取塗炭衆皆倒戈一時潰走瑗塊然獨存謂君廓

曰小人賣我以自媚汝行當自及矣君廓擒瑗縊殺之年四十一傳首京師　絕其屬籍　君廓并州石艾人也少亡命爲羣盜聚徒千餘人轉掠長平進逼夏縣李密遣使召之遂投於密尋又率衆歸國歷遷右武衛將軍累封彭國公從平劉黑闥令鎮幽州會突厥入寇君廓邀擊破之俘斬二千餘人獲馬五千匹高祖大悅徵入朝賜以御馬令於殿庭乘之而出因謂侍臣曰吾聞藺相如叱秦皇目皆出血君廓往擊竇建德將出戰李靖遏之君廓發憤大呼目及鼻耳一時流血此之壯氣何謝古人不可以常例賞之復賜錦袍金帶還鎮幽州尋以誅瑗功拜左領軍大將軍兼幽州都督以瑗家口賜之加左光祿大夫賜物千段食實封千三百戶在職多縱逸長史李玄道數以朝憲脅之懼爲所奏殊不自安後追入朝行至渭南殺驛吏而遁將奔突厥爲野人所殺追削其封邑

淮陽王道玄高祖從父兄子也祖繪隋夏州總管武德初追封雍王父贊追封河南王道玄武德元年封淮陽王授右千牛從太宗擊宋

金剛于介州先登陷陣時年十五太宗壯之賞物千段後從討王世充頻戰皆捷竇建德至武牢太宗以輕騎誘賊令道玄率伏兵於道左會賊至追擊破之又從太宗轉戰于汜水麾戈陷陣直出賊後衆披靡復衝突而歸太宗大悅命副乘以給道玄又從太宗赴賊再入再出飛矢亂下箭如蝟毛猛氣益厲射人無不應弦而倒東都平拜洛州總管及府廢改授洛州刺史五年劉黑闥引突厥寇河北復授山東道行軍總管師次下博與賊軍遇道玄帥騎先登命副將史萬寶督軍繼進萬寶與之不協及道玄深入而擁兵不進謂所親曰吾奉手詔言淮陽小兒雖名爲將而軍之進止皆委於吾今其輕脫越浪交戰大軍若動必陷泥溺莫如結陣以待之雖不利於王而利於國道玄遂爲賊所擒全軍盡沒惟萬寶逃歸道玄遇害年十九太宗追悼久之嘗從容謂侍臣曰道玄終始從朕見朕深入賊陣所向必剋意嘗企慕所以每陣先登蓋學朕也惜其年少不遂遠圖因爲之流涕贈左驍衛大將軍謚曰壯無子詔封其弟武都郡公道明爲淮陽王令主道玄之祀累遷左驍衛將軍送弘化公主還蕃坐洩主非太宗女奪爵國除後卒於鄆州刺史

江夏王道宗道玄從父弟也父韶追封東平王贈戶部尚書道宗武德元年封略陽郡公起家左千牛備身討劉武周戰于度索原軍敗賊徒進逼河東道宗時年十七從太宗率衆拒之太宗登玉壁城望賊顧謂道宗曰賊恃其衆來邀我戰汝謂如何對曰羣賊乘勝其鋒不可當易以計屈難與力競今深壁高壘以挫其鋒烏合之徒莫能持久糧運致竭自當離散可不戰而擒太宗曰汝意闇與我合後賊果食盡夜遁追及介州一戰滅之又從平竇建德破王世充屢有殊効五年授靈州總管梁師都據夏州遣弟洛仁引突厥兵數萬至于城下道宗閉門拒守伺隙而戰賊徒大敗高祖聞而嘉之謂左僕射裴寂中書令蕭瑀曰道宗今能守邊以寡制衆昔魏任城王彰臨戎却敵道宗勇敢有同於彼遂封爲任城王初突厥連於梁師都其郁射設入居五原舊地道宗逐出之振耀威武開拓疆界斥地千餘里

邊人悅服貞觀元年徵拜鴻臚卿歷左領軍大理卿時太宗將經略突厥又拜靈州都督三年爲大同道行軍總管遇李靖襲破頡利可汗頡利以十餘騎來奔其部道宗引兵逼之徵其執送頡利頡利以數騎夜走匿于荒谷沙鉢羅懼馳追獲之遣使送於京師以功賜實封六百戶召拜刑部尚書吐谷渾寇邊詔右僕射李靖爲崑丘道行軍大總管道宗與吏部尚書侯君集爲之副賊聞兵至走入嶂山已行數千里諸將議欲息兵道宗固請追討李靖然之而君集不從道宗遂率偏師并行倍道去大軍十日追及之賊據險苦戰道宗潛遣千餘騎踰山襲其後賊表裏受敵一時奔潰十二年遷禮部尚書改封江夏王尋坐贓下獄太宗謂侍臣曰朕富有四海士馬如林欲使轍跡周宇內遊觀無休息絕域採奇玩海外訪珍羞豈不得耶勞萬姓而樂一人朕所不取也人心無厭唯當以理制之道宗俸料甚高宴賜不少足有餘財而貪婪如此使人嗟惋豈不鄙乎遂免官削封邑十三年起爲茂州都督未行轉晉州刺史十四年復拜禮部尚書

時侯君集立功於高昌自負其才潛有異志道宗嘗因侍宴從容言曰君集智小言大舉止不倫以臣觀之必為戎首太宗曰何以知之對曰見其恃有微功深懷矜伐恥在房玄齡李靖之下雖為吏部尚書未滿其志非毀時賢常有不平之語太宗曰不可億度浪生猜貳其功勳才用無所不堪朕豈惜重位第未到耳俄而君集謀反誅太宗笑謂道宗曰君集之事果如公所揣及大軍討高麗令道宗與李勣為前鋒濟遼水剋蓋牟城逢賊兵大至軍中僉欲深溝保險待太宗至徐進道宗曰不可賊赴急遠來兵實疲頓恃衆輕我一戰必摧昔耿弇不以賊遺君父我既職在前軍當須清道以待輿駕李勣然之乃與壯士數十騎直衝賊陣左右出入勣因合擊大破之太宗至深加賞勞賜奴婢四十人又築土山攻安市城土山崩道宗失於部署為賊所據歸罪於果毅傅伏愛斬之道宗跣行詣旗下請罪太宗曰漢武殺王恢不如秦穆赦孟明土山之失且非其罪捨而不問道宗在陣損足太宗親為其針賜以御膳二十一年以疾請居閑職轉

太常卿永徽元年加授特進增實封并前六百户四年房遺愛伏誅長孫無忌褚遂良素與道宗不協上言道宗與遺愛交結配流象州道病卒年五十四及無忌遂良得罪詔復其官爵道宗晚年頗好學敬慕賢士不以地勢凌人宗室中唯道宗及河間王孝恭昆季最為當代所重道宗子景恒降封盧國公官至相州刺史

隴西王博乂高祖兄子也高祖長兄曰澄次曰湛次曰洪並早卒武德初追封澄為梁王湛為蜀王洪為鄭王澄洪並無後博乂即湛第二子也武德元年受封高祖時歷宗正卿禮部尚書加特進博乂有妓妾數百人皆衣羅綺食必粱肉朝夕絃歌自娛驕侈無比與其弟渤海王奉慈俱為高祖所鄙帝謂曰我怨讎有善猶擢以不次況於親戚而不委任聞汝等唯昵近小人好以為不軌先王墳典不聞習學今賜絹二百匹可各買經史習讀務為善事咸亨二年薨贈開府儀同三司荊州都督謚曰恭奉慈武德初封渤海王顯慶中累遷原州都督薨謚曰敬

史臣曰無私於物物亦公焉高祖纔定中原先封蹤屬致盧江為叛神通爭功封德彝論之於前房玄齡譏之於後若河間機謀深沉識度弘遠縱虛舟而降蕭銑飲妖血而平公祏入朝定君臣之分賣弟為子孫之謀善始令終論功行賞即無私矣或問曰水變為血信妖矣竟成功而無咎者何也荅曰河間節貫神明志匡宗社故妖不勝德明矣道宗軍謀武勇好學下賢於羣從之中稱一時之傑無忌遂良銜不協之素致千載之冤永徽中無忌遂良忠而獲罪人皆哀之殊不知誣陷劉洎吳王恪於前枉害道宗於後天網不漏不得其死也宜哉

贊曰蹤屬盡封啓亂害公河間孝恭獨稱軍功

唐書列傳卷第十

劉昫 等修

聞人詮校刻 沈桐同校

陳叔達

温大雅 子無隱 大雅弟彦博 子振 挺 大雅弟大有

竇威 子惲 兄子軌 軌子奉節 琮 從子抗 抗子衍 靜 靜子逵 誕 誕子孝慈 孝慈子希瑊 誕少子孝諶 弟璡

温大雅字彦弘太原祁人也父君悠北齊文林舘學士隋泗州司馬
大業末爲司隷從事見隋政日亂謝病而歸大雅性至孝少好學以
才辯知名仕隋東宫學士長安縣尉以父憂去職後以天下方亂不
求仕進高祖鎮太原甚禮之義兵起引爲大將軍府記室叅軍專掌
文翰禪代之際與司録竇威主簿陳叔達叅定禮儀武德元年歷遷
黄門侍郎弟彦博爲中書侍郎對居近密議者榮之高祖從容謂曰
我起義晉陽爲卿一門耳尋轉工部進拜陝東道大行臺工部尚書
太宗以隱太子巢刺王之故令大雅鎮洛陽以俟變大雅數陳祕策
甚蒙嘉賞太宗即位累轉禮部尚書封黎國公大雅將改葬其祖父

筮者曰葬於此地害兄而福弟大雅曰若得家弟永康我將含笑入
地葬訖歲餘而卒謚曰孝撰創業起居注三卷永徽五年贈尚書右
僕射子無隱官至工部侍郎大雅弟彦博彦博幼聦悟有口辯涉獵
書記初其父友薛道衡李綱常見彦博兄弟三人咸歎異曰皆卿相
才也開皇末爲州牧秦孝王俊所薦授文林郎直内史省轉通直謁
者及隋亂幽州總管羅藝引爲司馬藝以幽州歸國彦博賛成其事
授幽州總管府長史未幾徵爲中書舍人俄遷中書侍郎封西河郡
公時高麗遣使貢方物高祖謂羣臣曰名實之間理須相副高麗稱
臣於隋終拒煬帝此亦何臣之有朕敬於萬物不欲驕貴但據土宇
務共安人何必令其稱臣以自尊大可即爲詔述朕此懷也彦博進
曰遼東之地周爲箕子之國漢家之玄菟郡耳魏晉已前近在提封
之内不可許以不臣若與高麗抗禮則四夷何以瞻仰且中國之於
夷狄猶太陽之比列星理無降尊俯同夷貊高祖乃止其年突厥入
寇命右衛大將軍張瑾爲并州道行軍總管出拒之以彦博爲行軍

長史與虜戰於太谷軍敗彦博没於虜庭突厥以其近臣苦問以國
家虚實及兵馬多少彦博固不肯言頡利怒遷於陰山苦寒之地太
宗即位突厥送款始徵彦博還朝授雍州治中尋檢校吏部侍郎彦
博意有沙汰多所損抑而退者不伏譊訟盈庭彦博惟騁辭辯與之
相詰終日諠擾頗爲識者所嗤復拜中書侍郎兼太子右庶子貞觀
二年遷御史大夫仍檢校中書侍郎事彦博善於宣吐每奉使入朝
詔問四方風俗承受綸言有若成誦聲韻高朗響溢殿庭進止雍容
觀者拭目四年遷中書令進爵虞國公高祖常宴朝臣詔太宗論旨
既而顧謂近臣曰何如温彦博其見重如此初突厥之降也詔議安
邊之術朝士多言突厥恃強擾亂中國爲日久矣今天實喪之窮來
歸我本非慕義之心也因其歸命分其種落俘之河南散屬州縣各
使耕田變其風俗百萬胡虜可得化而爲漢則中國有加户之利塞
北常空矣惟彦博議曰漢建武時置降匈奴於五原塞下全其部落
得爲捍蔽又不離其土俗因而撫之一則實空虚之地二則示無猜

之心若遣向西南則乖物性故非含育之道也太宗從之遂處降人
于朔方之地其入居長安者近且萬家議者尤爲不便欲建突厥國
於河外彦博又執奏曰既已納之無故遣去深爲可惜與魏徵等爭
論數年不決十年遷尚書右僕射明年薨年六十四彦博自掌知機
務即杜絶賓客國之利害知無不言太宗以是嘉之及薨謂侍臣曰
彦博以憂國之故勞精竭神我見其不逮已二年矣恨不縱其閑逸
致夭性靈彦博家無正寝及卒之日殯於别室太宗命有司爲造堂
焉贈特進謚曰恭陪葬昭陵子振少有雅望官至太子舍人居喪以
毁卒振弟挺尚高祖女千金公主官至延州刺史大雅弟大有字彦
將性端謹少以學行稱隋仁壽中尚書右丞李綱表薦之授羽騎尉
尋丁憂去職歸鄉里義旗初舉高祖引爲太原令從太宗擊西河高
祖謂曰士馬尚少要資經畧以卿叅謀軍事其善建功名也事之成敗
當以此行卜之若剋西河帝業成矣及破西河而還復以本官攝大
將軍府記室與兄大雅共掌機密大有以昆季同在機務意不自安

固請他職高祖曰我虛心相待不以爲疑卿何自疑也大有雖應命然每退讓遠避機權寮列以此多之武德元年累轉中書侍郎會卒高祖甚傷惜之贈鴻臚卿初大雅在隋與顏思魯俱在東宮彥博與思魯弟愍楚同直內史省彥將與愍楚弟遊秦典校秘閣二家兄弟各爲一時人物之選少時學業顏氏爲優其後職位温氏爲盛

陳叔達字子聰陳宣帝第十六子也善容止頗有才學在陳封義陽王年十餘歲嘗侍宴賦詩十韻援筆便就僕射徐陵甚奇之歷侍中丹陽尹都官尚書入隋久不得調大業中拜內史舍人出爲絳郡通守義師至絳郡叔達以郡歸款授丞相府主簿封漢東郡公與記室温大雅同掌機密軍書赦令及禪代文誥多叔達所爲武德元年授黃門侍郎二年兼納言四年拜侍中叔達明辯善容止每有敷奏搢紳莫不屬目江南名士薄遊長安者多爲薦拔五年進封江國公嘗賜食於御前得蒲萄執而不食高祖問其故對曰臣母患口乾求之不能致欲歸以遺母高祖喟然流涕曰卿有母可遺乎因賜物百段

貞觀初加授光祿大夫尋坐與蕭瑀對御忿爭免官未幾丁母憂叔達先有疾太宗慮其危殆遣使禁絕弔賓服闋授遂州都督以疾不行久之拜禮部尚書建成元吉嫉害太宗陰行譖毀高祖惑其言將有貶責叔達固諫乃止至是太宗勞之曰武德時危難潛構知公有讜言今之此拜有以相荅叔達謝曰此不獨爲陛下社稷計耳後坐閨庭不理爲憲司所劾朝廷惜其名臣不欲彰其罪聽以散秩歸第九年卒謚曰繆後贈戶部尚書改謚曰忠有集十五卷

竇威字文蔚扶風平陸人太穆皇后從父兄也父熾隋太傅威家世勳貴諸昆弟並尚武藝而威耽翫文史介然自守諸兄哂之謂爲書癡隋內史令李德林舉秀異射策甲科拜秘書郎秩滿當遷而固守不調在秘書十餘歲其學業益廣時諸兄並以軍功致仕通顯交結豪貴賓客盈門而威職掌閑散諸兄更謂威曰昔孔丘積學成聖猶狼狽當時栖遲若此汝效此道復欲何求名位不達固其宜矣威笑而不荅久之蜀王秀辟爲記室以秀行事多不法稱疾還田里及秀廢黜府僚多獲罪唯威以先見保全大業四年累遷內史舍人以數陳得失忤旨轉考功郎中後坐事免歸京師高祖入關召補大丞相府司錄參軍時軍旅草創五禮曠墜威既博物多識舊儀朝章國典皆其所定禪代文翰多參預焉高祖常謂裴寂曰叔孫通不能加也武德元年拜內史令威奏議雍容多引古爲諭高祖甚親重之或引入卧內常爲膝席又嘗謂曰昔周朝有八柱國之貴吾與公家咸登此職今我已爲天子公爲內史令本同末異乃不平矣威謝曰臣家昔在漢朝再爲外戚至於後魏三處外家陛下龍興復出皇后臣又階緣戚里位忝鳳池自惟叨濫曉夕兢懼高祖笑曰比見關東人與崔盧爲婚猶自矜伐公代爲帝戚不亦貴乎及寢疾高祖自往臨問尋卒家無餘財遺令薄葬謚曰靖贈同州刺史追封延安郡公葬日詔太子及百官並出臨送有文集十卷子惲嗣官至岐州刺史威兄子軌從兄子抗並知名

軌字士則周雍州牧酇國公恭之子也隋大業中爲資陽郡東曹掾

後去官歸于家義兵起軌聚衆千餘人迎謁於長春宮高祖見之大悅降席握手語及平生賜良馬十匹使掠地渭南軌先下永豐倉收兵得五千人從平京城封贊皇縣公拜大丞相諮議參軍時稽胡賊五萬餘人掠宜春軌討之行次黃欽山與賊相遇賊乘高縱火王師稍卻軌斬其部將十四人拔隊中小帥以代之軌自率數百騎殿於軍後令之曰聞鼓聲有不進者自後斬之既聞鼓士卒爭先赴敵賊射之不能止因大破之斬首千餘級虜男女二萬口武德元年授太子詹事會赤排羌作亂與薛舉叛將鍾俱仇同寇漢中拜軌秦州總管與賊連戰皆捷餘黨悉降進封酇國公三年遷益州道行臺左僕射許以便宜從事屬党項寇松州詔軌援之又令扶州刺史蔣善合與軌連勢時党項引吐谷渾之衆其鋒甚銳軌師未至善合先期至鉗川遇賊力戰走之軌復軍於臨洮進擊左封破其部衆尋令率所部兵從太宗討王世充于洛陽四年還益州時蜀土寇往往聚結悉討平之軌每臨戎對寇或經旬月身不解甲其部衆無貴賤少長不恭

命即立斬之每日吏士多被鞭撻流血滿庭見者莫不重足股慄軌初入蜀將其甥以爲心腹嘗夜出呼之不以時至怒而斬之每誡家僮不得出外嘗遣奴就官厨取漿而悔之謂奴曰我誡使汝要當斬汝頭以明法耳遣其部將收奴斬之其奴稱冤監刑者猶豫未決軌怒俱斬之行臺郎中趙弘安知名士也軌動輒榜箠歲至數百後徵入朝賜坐御榻軌容儀不肅又坐而對詔高祖大怒因謂曰公之入蜀車騎驃騎從者二十人爲公所斬略盡我隴種車騎未足給公詔下獄俄而釋之還鎮益州軌與行臺尚書韋雲起郭行方素不協及隱太子誅有詔下益州軌藏諸懷中雲起問曰詔書安在軌不之示但曰卿欲反矣執而殺之行方大懼奔于京師軌追斬不及是歲行臺廢即授益州大都督加食邑六百戶貞觀元年徵授右衛大將軍二年出爲洛州都督洛陽因隋末喪亂人多浮僞軌並遣務農各令屬縣有遊手怠惰者皆按之由是人吏懾憚風化整肅四年卒官贈幷州都督

○子奉節嗣尚高祖永嘉公主歷左衛將軍秦州都督軌弟琮亦有武幹隋左親衛大業末犯法亡命奔太原依於高祖琮與太宗有宿憾每自疑太宗方搜羅英傑降禮納之出入卧內其意乃解及將義舉琮協贊大謀大將軍府建爲統軍從平西河破霍邑拜金紫光祿大夫扶風郡公尋從劉文靜擊屈突通於潼關通遣裨將桑顯和來逼文靜義軍不利琮與段志玄等力戰久之隋軍大潰通遁走琮率輕騎追至稠桑獲通而返進兵東略下陝縣拔太原倉拜右領軍大將軍賜物伍伯段時隋河陽都尉獨孤武潛謀歸國乃令琮以步騎一萬自栢崖道應接之遲留不進武見殺坐是除名武德初以元謀勳特恕一死拜右屯衛大將軍後轉右領軍大將軍時將圖洛陽遣琮留守陝城以督糧運王世充遣其驍將羅士信來斷糧道琮潛使人說以利害士信遂帥衆降及從平東都賞物一千四百段後以本官檢校晉州揔管尋從隱太子討平劉黑闥以功封譙國公賞黃金五十斤未幾而卒高祖以佐命之舊甚悼之贈左衛大將軍謚曰敬永徽五年重贈特進

抗字道生太穆皇后之從兄也隋洛州揔管陳國公榮之子也母隋文帝萬安公主抗在隋以帝甥甚見崇寵少入太學略涉書史釋褐千牛備身儀同三司屬其父寢疾抗躬親扶侍衣不解帶者五十餘日及居喪哀毀過禮後襲爵陳國公累轉梁州刺史將之官隋文帝幸其第命抗及公主酣宴如家人之禮賞賜極厚母卒號慟絕而復蘇者數焉文帝令宮人至第節其哭泣歲餘起爲岐州刺史轉幽州揔管所在並以寬惠聞及漢王諒作亂煬帝恐其爲變遣李子雄馳往代之子雄因言抗得諒書而不奏按之無驗以疑貳除名抗與高祖少相親狎及楊玄感作亂高祖統兵隴右抗言於高祖曰玄感抑爲發蹤耳李氏有名圖籙可乘其便天之所啓也高祖曰無爲禍始何言之妄也大業末抗於靈武巡長城以伺盜賊及聞高祖定京城抗對衆而忭曰此吾家妹壻也豁達有大度眞撥亂之主矣因歸長安高祖見之大悅握手引坐曰李氏竟能成事何如因縱酒爲樂尋

○拜將作大匠武德元年以本官兼納言高祖聽朝或升御坐退朝之後延入卧內命之捨敬縱酒談謔敦平生之款常侍宴移時或留宿禁內高祖每呼爲兄而不名也宮內咸稱爲舅常陪侍遊宴不知朝務轉左武候大將軍領左右千牛備身大將軍尋從太宗平薛舉勳居第一四年又從征王世充及東都平册勳太廟者九人抗與從弟軌俱預焉朝廷榮之賜女樂一部金寶萬計武德四年因侍宴暴卒贈司空謚曰密子衍

衍嗣官至左武衛將軍時抗羣從內三品七人四品五品十餘人尚主三人妃數人冠冕之盛當朝無比

靜字元休抗第二子也武德初累轉幷州大揔管府長史時突厥數爲邊患師旅歲興軍糧不屬靜表請太原置屯田以省餽運時議者以民物凋零不宜動衆書奏不省靜頻上書辭甚切至於是徵靜入朝與裴寂蕭瑀封德彝等爭論於殿庭寂等不能屈竟從靜議歲收數千斛高祖善之令檢校幷州大揔管靜又以突厥頻來入寇請斷

石嶺以爲鄣塞復從之太宗即位徵拜司農卿封信都男尋轉夏州都督值突厥攜貳諸將出征多詰其所靜知虜中虛實潛令人問其部落都射設所部鬱孤尼等九俟斤並率衆歸款太宗稱善賜馬百四羊千口及擒頡利處其部衆於河南以爲不便上封曰臣聞夷狄者同夫禽獸窮則搏噬羣則聚塵不可以刑法威不可以仁義教衣食仰給不務耕桑徒損有爲之民以資無知之虜得之則無益於治失之則無損於化然彼首丘之情未易忘也誠恐一旦變生犯我王略愚臣之所深慮如臣計者莫如因其破亡之後加其無妄之福假以賢王之號妻以宗室之女分其土地析其部落使其權弱勢分易爲羈制自可永保邊塞俾爲藩臣此實長轡遠馭之道于時務在懷輯雖未從之太宗深嘉其志制曰北方之務悉以相委以卿爲寧朔大使撫鎮華戎朕無北顧之憂矣再遷民部尚書貞觀九年卒謚曰肅子逵

逵尚太宗女遂安公主襲爵信都男

○誕抗第三子也隋仁壽中起家爲朝請郎義寧初辟丞相府祭酒轉殿中監封安豐郡公尚高祖女襄陽公主從太宗征薛舉爲元帥府司馬遷刑部尚書轉太常卿高祖諸少子荆王元景等未出宮者十餘王所有國司家產之事皆令誕主之出爲梁州都督貞觀初召拜右領軍大將軍轉大理卿莘國公修營太廟賜物五百段復爲殿中監以疾解官復拜宗正卿太宗常與之言昏忘不能對乃手詔曰朕聞爲官擇人者治爲人擇官者亂竇誕比來精神衰耗殊異常時知不肖而任之覩尸祿而不退非唯傷風亂政亦恐爲君不明考績黜陟古今常典誕可光祿大夫還第尋卒贈工部尚書荆州刺史謚曰安子孝慈

孝慈嗣官至左衛將軍孝慈子希玠

希玠少襲爵中宗時爲禮部尚書以恩澤賜實封二百五十戶開元初爲太子少傅開府儀同三司誕少子孝諶在外戚傳竇氏自武德至今再爲外戚一品三人三品已上三十餘人尚主者八人女爲王妃六人唐世貴盛莫與爲比

璡字之推抗季弟也大業末爲扶風太守高祖定京師以郡歸國歷禮部民部二尚書從太宗平薛仁杲尋鎮益州時蜀中尚多寇賊璡屢討平之時皇甫無逸在蜀與之不協璡屢請入朝高祖徵之中路詔令還鎮璡不得志遂於路左題山以申鬱積有使者至其所璡寘之卧內遺以綾綺無逸奏其事坐免官未幾拜秘書監封鄧國公貞觀初授太子詹事後爲將作大匠修葺洛陽宮璡於宮中鑿池起山崇飾雕麗虛費功力太宗怒遽令毀之坐事免會納其女爲酆王妃俄而復位加右光祿大夫七年卒贈禮部尚書謚曰安璡頗曉音律武德中與太常少卿祖孝孫受詔定正聲雅樂璡討論故實撰正聲調一卷行於代

史臣曰得人者昌如諸溫儒雅清顯爲一時之稱叔達才學明辯中二國之選皆抱廊廟之器俱爲社稷之臣咸守道軌臨戎抗居喪辭經略璡音律仍以懿親俱至顯位才能門第輝映數朝豈非得人歟

○唐之昌也不亦宜乎然彥博之福竇軌之酷亦非全器焉

贊曰溫陳才位文蔚典禮諸竇戚里榮盛無比

唐書列傳卷第十一

劉昫等修

聞人詮校刻沈桐同校

李綱 綱子少植 少植子安仁　鄭善果 從弟元璹

楊恭仁 恭仁子思訓 思訓孫睿交 恭仁弟續 續孫執柔 執柔子滔 執柔弟執一 恭仁少弟師道

皇甫無逸 孫忠　李大亮 族孫迥秀

李綱字文紀觀州蓨人也祖元則後魏清河太守父制周車騎大將軍綱少慷慨有志節每以忠義自許初名瑗字子玉讀後漢書張綱傳慕而改之周齊王憲引爲參軍宣帝將害憲召僚屬證成其罪綱誓之以死終無橈辭及憲遇害露車載屍而出故吏皆散唯綱撫棺號慟躬自埋瘞哭拜而去隋開皇末爲太子洗馬皇太子勇嘗以歲首宴宮臣左庶子唐令則自請奏琵琶又歌武媚娘之曲綱白勇曰令則身任公卿職當調護乃於宴座自比倡優進淫聲穢視聽事若上聞令則罪在不測豈不累於殿下臣請遽正其罪勇曰我欲爲樂耳君勿多事綱趨而出及勇廢黜文帝召東宮官屬切讓之無敢對者綱對曰今日之事乃陛下之過非太子罪也勇器非上品性是常人若得賢明之士輔導之足堪繼嗣皇業方今多士盈朝當擇賢居任柰何以絃歌鷹犬之才居其側至令致此乃陛下訓導不足豈太子之罪耶辭氣凜然左右皆爲之失色文帝曰令汝在彼豈非擇人綱曰臣在東宮非得言者帝奇其對擢拜尚書右丞時左僕射楊素蘇威當朝用事綱每固執所見不與之同由是二人深惡之會遣大將軍劉方誅討林邑楊素言於文帝曰林邑多珍寶自非正人不可委因言綱可任文帝以爲行軍司馬劉方承素之意屈辱綱幾至於死及軍還久不得調後拜齊王府司馬未幾蘇威復令綱詣南海應接林邑久而不召綱後自來奏事威復言綱擅離所職以之屬吏綱見善卜者令筮之遇鼎因謂綱曰公易姓之後方可得志而爲卿輔宜早退不然有折足之敗也尋會赦免屏居于鄠大業末賊帥何潘仁以綱爲長史義師至京城綱來謁見高祖大悅授丞相府司録封

新昌縣公專掌選高祖踐祚拜禮部尚書兼太子詹事典選如故先是巢王元吉授并州總管於是縱其左右攘奪百姓宇文歆頻諫不納乃上表曰王在州之日多出微行常共竇誕遊獵蹂踐穀稼放縱親昵公行攘敓境內獸畜取之殆盡當衢而射觀人避箭以爲笑樂分遣左右戲爲攻戰至相擊刺痍傷致死夜開府門宣淫他室百姓怨毒各懷憤嘆以此守城安能自保元吉竟坐免又諷父老詣闕請之尋令復職時劉武周率五千騎至黃蛇嶺元吉遣車騎將軍張達以步卒百人先嘗之達以步卒少固請不行元吉強遣之至則盡沒于賊達憤怒因引武周攻陷榆次進逼并州元吉大懼紿其司馬劉德威曰卿以老弱守城吾以強兵出戰因夜出兵攜其妻孥棄軍奔還京師并州遂陷高祖怒甚謂綱曰元吉幼小未習時事故遣竇誕宇文歆輔之強兵數萬食支十年起義興運之資一朝而棄宇文歆首畫此計我當斬之綱曰賴歆令陛下不失愛子臣以爲有功高祖問其故綱對曰罪由竇誕不能規諷致令軍人怨憤又齊王年少肆行驕逸放縱左右侵漁百姓誕曾無諫止乃隨順掩藏以成其釁此誕之罪宇文歆論情則疎向彼又淺王之過失悉以聞奏且父子之際人所難言歆言之豈非忠懇今欲誅罪不録其心臣愚竊以爲過翌日高祖召綱入升御坐謂曰今我有公遂使刑罰不濫元吉自惡結怨於人歆既曾以表聞誕亦焉能制禁時高祖拜舞人安叱奴爲散騎常侍綱上疏諫曰謹案周禮均工樂胥不得預於仕伍雖復才如子野妙等師襄皆身終子繼不易其業故魏武使禰衡擊鼓衡先解朝服露體而擊之云不敢以先王法服爲伶人之衣雖齊高緯封曹妙達爲王授安馬駒爲開府既招物議大斁彝倫有國有家者以爲殷鑒方今新定天下開太平之基起義功臣行賞未遍高才碩學猶滯草萊而先令舞胡致位五品鳴玉曳組趨馳廊廟顧非創業垂統貽厥子孫之道也高祖不納尋令參詳律令綱在東宮隱太子建成初甚禮遇建成常往溫湯綱時以疾不從有進生魚於建成者將召饔人作鱠時唐儉趙元楷在座各自贊能爲鱠建成從之既而謂

曰飛刀鱠鯉調和鼎食公實有之至於審諭弼諧固屬於李綱矣於是遣使送絹二百匹以遺之建成後漸狎無行之徒有猜忌之謀不可諫止又思筵者之言頻乞骸骨高祖謾罵之曰卿爲潘仁長史何乃羞爲朕尚書且建成在東宮遣卿輔導何爲屢致辭乎綱頓首陳謝曰潘仁賊也誠在殺害毎諫便止所活極多爲其長史故得無愧陛下功成業泰頗自矜伐臣以凡劣才乖元凱所言如水投石安敢久爲尚書兼以愚臣事太子所懷鄙見復不採納既無補益所以請退高祖謝曰知公直士勉弼我兒於是擢拜太子少保尚書詹事並如故綱又上書諫太子曰綱耄矣日過時流墳樹已拱幸未就土許傅聖躬無以酬恩請効愚直伏願殿下詳之竊見飲酒過多誠非養生之術且凡爲人子者務於孝友以慰君父之心不宜聽受邪言妄生猜忌建成覽書不懌而所爲如故綱以數言事忤太子旨道既不行鬱鬱不得志武德二年以老表辭職優詔解尚書仍爲太子少保高祖以綱隋代名臣甚加優禮每手勑未嘗稱名其見重如此貞觀

四年拜太子少師時綱有脚疾不堪踐履太宗特賜步輿令綱乘至閤下數引入禁中問以政道又令舉入東宮皇太子引上殿親拜之綱於是陳君臣父子之道問寢視膳之方理順辭直聽者忘倦太子每親政事太宗必令綱及左僕射房玄齡侍中王珪侍坐太子嘗商略古來君臣名教竭忠盡節之事綱凜然曰託六尺之孤寄百里之命古人以爲難綱以爲易毎吐論發言皆辭色慷慨有不可奪之志及遇疾太宗遣尚書左僕射房玄齡詣宅存問賜絹二百匹五年卒年八十五贈開府儀同三司謚曰貞太子爲之立碑初周齊王憲女孀居子立綱自以齊王故吏贍恤甚厚及綱卒其女被髮號哭如喪所生焉子少植隋武陽郡司功書佐先綱卒

少植子安仁永徽中爲太子左庶子屬太子被廢歸于陳邸官寮皆逃散無敢辭送者安仁獨涕泣拜辭而去朝野義之後卒於恒州刺史

鄭善果鄭州滎澤人也祖孝穆西魏少司空岐州刺史父誠周大將軍開封縣公大象初討尉遲迥力戰遇害善果年九歲以父死王事詔令襲其官爵家人以其嬰孺弗之告也受冊悲慟擗踊不能自勝觀者莫不爲之流涕隋開皇初改封武德郡公拜沂州刺史大業中累轉魯郡太守善果篤慎事親至孝母崔氏賢明曉於政道毎善果理務崔氏嘗於閤內聽之聞其剖斷合理歸則大悅若處事不允母則不與之言善果伏於牀前終日不敢食崔氏謂之曰吾非怒汝反愧汝家耳汝先君在官清恪未嘗問私以身徇國繼之以死吾亦望汝繼父之心自童子承襲茅土今位至方伯豈汝身能致之耶安可不思此事而妄加嗔怒內則墜爾家風或亡官爵外則虧天子之法以取罪戾吾寡婦也有慈無威使汝不知教訓以負清忠之業吾死之日亦何面目以事汝先君乎善果由此遂勵已爲清吏所在有政績百姓懷之及朝京師煬帝以其居官儉約莅政嚴明與武威太守樊子蓋考爲天下第一各賞物千段黃金百兩再遷大理卿後突厥圍煬帝於鴈門以守禦功拜右光祿大夫從幸江都宇文化及弑逆

署爲民部尚書隨化及至遼城淮安王神通圍化及善果爲化及守禦督戰爲流矢所中及神通退還竇建德進軍赳之建德將王琮獲善果誚之曰公隋室大臣也自尊夫人亡後而清稱益衰又忠臣子柰何爲弑君之賊殉命苦戰而傷痍若此善果深愧赧欲自殺僞中書令宋正本馳往救止之建德又不爲之禮乃奔相州淮安王神通送于京師高祖遇之甚厚拜太子左庶子檢校內史侍郎封滎陽郡公善果在東宮數進忠言多所匡諫未幾檢校大理卿兼民部尚書正身奉法甚有善績制與裴寂等十人毎奏事及侍立並令升殿與從兄元璹在其數時以爲榮尋坐事免及山東平持節爲招撫大使坐選舉不平除名後歷禮部刑部二尚書貞觀元年出爲岐州刺史復以公事免三年起爲江州刺史卒

元璹隋岐州刺史沛國公譯子也少以父功拜儀同大將軍襲爵沛國公累轉右武候將軍改封莘國公大業中出爲文城郡守義師至河東元璹以郡來降徵拜太常卿及定京城以本官兼參旗將軍元

璹少在戎旅尤明軍法高祖常令巡諸軍教其兵事突厥始畢可汗弟乙力設代其兄爲叱羅可汗又劉武周將宋金剛與叱羅共爲犄角來寇汾晉詔元璹入蕃諭以禍福叱羅竟不納乃欲揔其部落入寇太原以爲武周聲援未幾叱羅遇疾療之弗愈其下疑元璹令人毒之乃囚執元璹不得歸叱羅竟死頡利嗣立留元璹毋隨其牙帳經數年頡利後聞高祖遺其財物又許結婚始放元璹來還高祖勞之曰卿在虜庭累載拘縶蘇武弗之過也拜鴻臚卿尋而突厥又寇并州時元璹在母喪高祖令墨絰充使招慰突厥從介休至晉州數百里間精騎數十萬填映山谷及見元璹責中國違背之事元璹隨機應對竟無所屈因數突厥背誕之罪突厥大慙不能報元璹又謂頡利曰漢與突厥風俗各異漢得突厥既不能臣突厥得漢復何所用且抄掠資財皆入將士在於可汗一無所得不如早收兵馬遣使和好國家必有重賚幣帛皆入可汗免爲劬勞坐受利益大唐初有天下即與可汗結爲兄弟行人往來音問不絕今乃捨善取怨違多

就少何也頡利納其言即引還太宗致書慰之曰知公已共可汗結和遂使邊亭息警烽火不然和戎之功豈唯魏絳金石之錫固當非遠元璹自義寧已來五入蕃充使幾至於死者數矣貞觀三年又使入突厥還奏曰突厥興亡唯以羊馬爲準今六畜疲羸人皆菜色又其牙內炊飯化而爲血徵祥如此不出三年必當覆滅太宗然之無幾突厥果敗元璹後累轉左武候大將軍坐事免尋起爲宜州刺史後封沛國公元璹有幹略所在頗著聲譽然其父譯事繼母失溫凊之禮隋文帝曾賜以孝經至元璹事親又不以孝聞清論鄙之二十年卒贈幽州刺史謚曰簡弟孫杲知名則天時爲天官侍郎

楊恭仁本名綸弘農華陰人隋司空觀王雄之長子也隋仁壽中累除甘州刺史恭仁務舉大綱不爲苛察戎夏安之文帝謂雄曰恭仁在州甚有善政非唯朕舉得人亦是卿義方所致也大業初轉吏部侍郎楊玄感作亂煬帝制恭仁率兵經略與玄感戰于破陵大敗之玄感兄弟挺身遁走恭仁與屈突通等追討獲之軍旋煬帝召入內殿謂曰我聞破陵之陣唯卿力戰功最難比雖知卿奉法清慎都不知勇決如此也納言蘇威曰仁者必有勇固非虛也時蘇威及左衛大將軍宇文述御史大夫裴蘊黃門侍郎裴矩等皆受詔參掌選事多納賄賂士流嗟怨恭仁獨雅正自守不爲蘊等所容由是出爲河南道大使討捕盜賊時天下大亂行至譙郡爲朱粲所敗奔還江都宇文化及弒逆署吏部尚書隨至河北爲化及守魏縣時元寶藏據有魏郡會行人魏徵說下寶藏執恭仁送于京師高祖甚禮遇之拜黃門侍郎封觀國公尋爲涼州揔管恭仁素習邊事深悉羌胡情僞推心馭下人吏悅服自葱嶺已東並入朝貢未幾遂授納言揔管如故俄而突厥頡利可汗率衆數萬奄至州境恭仁隨方備禦多設疑兵頡利懼而退走屬瓜州刺史賀拔威擁兵作亂朝廷憚遠未遑征討恭仁乃募驍勇倍道兼進賊不虞兵至之速剋其二城恭仁悉放俘虜賊衆感其寬惠遂相率執威而降久之徵拜吏部尚書遷左衛大將軍鼓旗將軍貞觀初拜雍州牧加左光祿大夫行揚州大都督

府長史五年遷洛州都督太宗曰洛陽要重古難其人朕之子弟多矣恐非所任特以委公也恭仁性虛澹必以禮度自居謙恭下士未嘗忤物時人方之石慶恭仁弟師道尚桂陽公主從姪女爲巢剌王妃弟子思訓尚安平公主連姻帝室益見崇重後以老病乞骸骨聽以特進歸第十三年卒冊贈開府儀同三司潭州都督陪葬昭陵謚曰孝

子思訓襲爵顯慶中歷右屯衛將軍時右衛大將軍慕容寶節有愛妾置于別宅嘗邀思訓就之宴樂思訓深責寶節與其妻隔絕妾等怒密以毒藥置酒中思訓飲盡便死寶節坐是配流嶺表思訓妻又詣闕稱冤制遣使就斬之仍改賊盜律以毒藥殺人之科更從重法思訓孫睿交本名璬少襲爵觀國公尚中宗女長寧公主預誅張易之有功賜實封五百戶神龍中爲秘書監後被貶卒於絳州別駕恭仁弟續頗有辭學貞觀中爲鄭州刺史續孫執柔則天時爲地官尚書則天以外氏近屬甚優寵之時武承嗣攸寧相次知政事則天嘗

曰我今當宗及外家常一人爲宰相由是執柔同中書門下三品季
卒執柔子滔開元中官至吏部侍郎同州刺史執柔弟執一神龍初
以誅張易之功封河東郡公累至右金吾衛大將軍
恭仁少弟師道隋末自洛陽歸國授上儀同爲備身左右尋尚桂陽
公主超拜吏部侍郎累轉太常卿封安德郡公貞觀七年代魏徵爲
侍中性周慎謹密未嘗漏洩內事親友或問禁中之言乃更對以他
語嘗曰吾少窺漢史至孔光不言溫室之樹每欽其餘風所庶幾也
師道退朝後必引當時英俊宴集園池而文會之盛當時莫比雅善
篇什又工草隸酣賞之際援筆直書有如宿構太宗每見師道所製
必吟諷嗟賞之十三年轉中書令太子承乾逆謀事洩與長孫無忌
房玄齡同按其獄師道妻前夫之子趙節與承乾通謀師道微諷太
宗冀活之由是獲譴罷知機密轉吏部尚書師道貴家子四海人物
未能委練所署用多非其才而深抑貴勢及其親黨以避嫌疑時論
譏之太宗嘗從容謂侍臣曰楊師道性行純善自無愆過而情實怯

懦未甚更事緩急不可得力未幾從征高麗攝中書令及軍還有毀
之者稍貶爲工部尚書尋轉太常卿二十一年卒贈吏部尚書并州
都督陪葬昭陵賜東園秘器并爲立碑子豫之尚巢剌王女壽春縣
主居母喪與永嘉公主淫亂爲主壻竇奉節所擒具五刑而殺之師
道兄子思玄高宗時爲吏部侍郎國子祭酒玄弟思敬禮部尚書師
道從兄子崇敬太子詹事始恭仁父雄在隋以同姓寵貴自武德之
後恭仁兄弟名位尤盛則天時又以外戚崇寵一家之內駙馬三人
王妃五人贈皇后一人三品已上官二十餘人遂爲盛族
皇甫無逸字仁儉安定烏氏人父誕隋并州總管府司馬其先安定
著姓徙居京兆萬年仁壽末漢王諒於并州起兵反誕抗節不從爲
諒所殺無逸時在長安聞諒反即同居喪之禮人問其故泣而對曰
大人平生徇節義既屬亂常必無苟免尋而凶問果至在喪柴毀過
禮事母以孝聞煬帝以誕死節贈柱國弘義郡公令 無逸襲爵時五
等皆廢以其時忠義之後特封 輿侯拜淯陽太守甚有能名差品爲
天下第一再轉右武衛將軍甚見親委帝幸江都以無逸留守洛陽
及江都之變與段達元文都尊立越王侗爲帝王世充作難無逸棄
老母妻子斬關而走追騎且至無逸曰吾死而後已終不能同爾爲
逆因解所服金帶投之於地曰以此贈卿無爲相迫追騎競下馬取
帶自相爭奪由是得免高祖以隋代舊臣甚尊禮之拜刑部尚書封
滑國公歷陝東道行臺民部尚書明年遷御史大夫行益部新開刑
政未洽長吏橫恣贓汙狼藉令無逸持節巡撫之承制除授無逸宣
揚朝化法令嚴肅蜀中甚賴之有皇甫希仁者見無逸專制方面徼
倖上變云臣父在洛陽無逸爲母之故陰遣臣與王世充相知高祖
審其詐數之曰無逸偏於世充棄母歸朕今之委任異於衆人其在
益州極爲清正此蓋羣小不耐欲誣之也此乃離間我君臣惑亂我
視聽於是斬希仁於順天門遣給事中李公昌馳往慰諭之俄而又
告無逸陰與蕭銑交通者無逸時與益州行臺僕射竇璡不協於是
上表自理又言璡罪狀高祖覽之曰無逸當官執法無所迴避必是

邪佞之徒惡直醜正共相構扇也因令劉世龍溫彥博將按其事卒
無驗而止所告者坐斬竇璡亦以罪黜無逸既返命高祖勞之曰公
立身行已朕之所悉比多譖訴者但爲正直致邪佞所憎耳尋拜民
部尚書累轉益州大都督府長史閉門自守不通賓客左右不得出
門凡所貨易皆往他州每按部撫恤不犯於人嘗夜宿人家遇燈炷
盡主人將續之無逸抽佩刀斷衣帶以爲炷其廉介如此然過於審
慎所上表奏懼有誤失必讀之數十遍仍令官屬再三披省使者就
路又追而更審每遣一使輒連日不得上道議者以此少之母在長
安疾篤太宗令驛召之無逸性至孝承問惶懼不能飲食因道病而
卒贈禮部尚書太常考行謚曰孝禮部尚書王珪駮之曰無逸入蜀
之初自當扶侍老母與之同去申其色養而乃留在京師子道未足
何得爲孝竟謚爲良孫忠開元中爲衛尉卿
李大亮雍州涇陽人後魏度支尚書琰之曾孫也其先本居隴西狄
道代爲著姓祖綱後魏南岐州刺史父充節隋朔州總管武陽公大

亮少有文武才幹隋末署韓國公龐玉行軍丘曹在東都與李密戰敗同輩百餘人皆就死賊帥張弼見而異之獨釋與語遂定交於幕下義兵入關大亮自東都歸國授土門令屬百姓饑荒盜賊侵寇大亮賣所乘馬分給貧弱勸以墾田歲因大稔躬捕寇盜所擊輒平時太宗在藩巡撫北境聞而嗟歎下書勞之賜馬一匹帛五十段其後胡賊寇境大亮衆少不敵遂單馬詣賊營召其豪帥諭以禍福羣胡感悟相率請降大亮又殺所乘馬以與之宴樂徒步而歸前後降者千餘人縣境以清高祖大悅超拜金州總管府司馬時王世充遣其兄子弘烈據襄陽令大亮安撫樊鄧以圖進取大亮進兵擊之所下十餘城高祖下書勞勉遷安州刺史又令徇廣州巴東行次九江會輔公祏反大亮以計擒公祏將張善安公祏尋遣兵圍猷州刺史左難當嬰城自守大亮率兵進援擊賊破之以功賜奴婢百人大亮謂曰汝輩多衣冠子女破亡至此吾亦何忍以汝為賤隸乎一皆放遣高祖聞而嗟異復賜婢二十人拜越州都督貞觀元年轉交州都督

封武陽縣男在越州寫書百卷及徙職皆委之廨宇尋召拜太府卿出為涼州都督以惠政聞嘗有臺使到州見有名鷹諷大亮獻之大亮密表曰陛下久絕畋獵而使者求鷹若是陛下之意深乖昔旨如其自擅便是使非其人太宗下之書曰以卿兼資文武志懷貞確故委藩牧當茲重寄比在州鎮聲績遠彰念此忠勤無忘寤寐使遣獻鷹遂不曲順論今引古遠獻直言披露腹心非常懇到覽用嘉歎不能便已有臣若此朕復何憂宜守此誠終始若一古人稱一言之重侔於千金卿之此言深足貴矣今賜卿胡缾一枚雖無千鎰之重是朕自用之物又賜荀悅漢紀一部下書曰卿立志方直竭節至公處職當官每副所委方大任使以申重寄公事之閑宜尋典籍然此書叙致既明論議深博極為治之體盡君臣之義今以賜卿宜加尋閱也時頡利可汗敗亡北荒諸部相率內屬有大度設拓設泥孰特勤及七姓種落等尚散在伊吾以大亮為西北道安撫大使以綏集之多所降附朝廷愍其部衆凍餒遣於磧口貯糧特加賑給大亮以為

於事無益上疏曰臣聞欲綏遠者必先安近中國百姓天下本根四夷之人猶於枝葉擾於根本以厚枝附而求久安未之有也自古明王化中國以信馭夷狄以權故春秋云戎狄豺狼不可厭也諸夏親昵不可棄也自陛下君臨區宇深根固本人逸兵強九州殷盛四夷自服今者招致突厥雖入提封臣愚稍覺勞費未悟其有益也然河西氓庶積禦蕃夷州縣蕭條戶口先少加因隋亂減耗尤多突厥未平之前尚不安業匈奴微弱已來始就農畝若即勞役恐致妨損以臣愚惑請停招慰且謂之荒服者故臣而不內是以周室愛人攘狄竟延七百之齡秦王輕戰事胡四十載而遂絕漢文養兵靜守天下安豐孝武揚威遠略海內虛耗雖悔輪臺追已不及至于隋室早得伊吾兼統鄯善且既得之後勞費日甚虛內致外竟損無益遠尋秦漢近觀隋室動靜安危昭然備矣伊吾雖已臣附遠在蕃磧人非中夏地多沙鹵其自豎立稱藩附庸者請羈縻受之使居塞外必畏威懷德永為蕃臣蓋行虛惠而收實福矣近日突厥傾國入朝既不能俘

之江淮以變其俗置於內地去京不遠雖則寬仁之義亦非久安之計也每見一人初降賜物五匹袍一領酋帥悉授大官祿厚位尊理多糜費以中國之幣帛供積惡之兇虜其衆益多非中國之利也太宗納其奏八年為劍南道巡省大使大亮激濁揚清甚獲當時之譽及討吐谷渾以大亮為河東道行軍總管與大總管李靖等出北路涉青海歷河源遇賊於蜀渾山接戰破之俘其名王虜雜畜五萬計以功進爵為公賜物千段奴婢一百五十人悉遺親戚仍罄其家資收葬五葉宗族無後者三十餘喪送終之禮一時稱盛後拜左衞大將軍十七年晉王為皇太子東宮僚屬皆盛選重臣以大亮兼領太子右衞率俄兼工部尚書身居三職宿衞兩宮甚為親信大亮每當宿直必通宵假寐太宗嘗勞之曰至公宿直我便通夜安臥其見任如此太宗每有巡幸多令居守房玄齡甚重之每稱大亮有王陵周勃之節可以當大位大亮雖位望通顯而居處卑陋衣服儉率至性忠謹雖妻子不見其惰容事兄嫂有同於父母每懷張弼之恩而久

不能得𢎞時爲將作丞自匿不言大亮嘗遇諸塗而識之持𢎞而泣恨相得之晚多推家產以遺𢎞𢎞拒而不受大亮言於太宗曰臣有今日之榮張𢎞力也所有官爵請迴授太宗遂遷𢎞爲中郎將俄代州都督時人皆賢大亮不背恩而多𢎞不自伐也十八年太宗幸洛陽令大亮副司空玄齡居中尋遇疾太宗親爲調藥馳驛賜之臨終上表請停遼東之役又言京師宗廟所在願深以關中爲意表成而歎曰吾聞禮男子不死婦人之手於是命屏婦人言終而卒時五十九死之日家無珠玉可以爲唅唯有米五石布三十端親戚孤遺爲大亮所鞠養服之如父者十五人太宗爲舉哀於別次哭之甚慟廢朝三日贈兵部尚書秦州都督謚曰懿陪葬昭陵兄子道裕末徽中爲大理卿

迥秀大亮族孫也祖玄明濟州刺史父義本宣州刺史迥秀弱冠應英材傑出舉拜相州參軍累轉考功員外郎則天雅愛其材甚寵待之掌舉數年遷鳳閣舍人迥秀母氏庶賤而色養過人其妻崔氏嘗

叱其媵婢母聞之不悅迥秀即時出之或止云賢室雖不避嫌疑然過非出狀何遽如此迥秀曰娶妻本以承順顏色顏色苟違何敢留也竟不從長安初歷天官夏官二侍郎俄同鳳閣鸞臺平章事則天令宮人參問其母又嘗迎入宮中待之甚優迥秀雅有文才飲酒斗餘廣接賓朋當時稱爲風流之士然頗託附權倖傾心以事張易之昌宗兄弟由是深爲讜正之士所譏俄坐贓出爲廬州刺史景龍中累轉鴻臚卿修文館學士又持節爲朔方道行軍大總管所居宅中生芝草數莖又有猫爲犬所乳中宗以爲孝感所致使旌其門閭俄代姚崇爲兵部尚書病卒子齊損開元十年與權梁山等搆逆伏誅籍沒其家也

史臣曰孔子云邦有道危言危行如李綱直道事人執心不回始對隋文慷慨獲免終忤楊素屈辱尤深及高祖臨朝諫舞胡鳴王懷不吐不茹之節存有始有卒之規可謂危矣非逢有道焉能免諸易曰王臣蹇蹇匪躬之故李綱有焉善果幼事賢母長爲正人元璹於國有功秖練邊事承家不孝終爲匪人恭仁仕隋忠厚馭衆謙恭破賊立功方見仁者有勇掌選被斥所謂獨正者危自爲歸朝懷才遇主連婚帝室列位藩宣始終無玷者鮮矣師道慎密純善恬惔無畏事之名抑勢避嫌署用致非才之誚無逸知父守節陷難離母避逆終吉忠信之道著矣絕賓客以閉府門斷衣帶以續燈炷廉介之志彰矣於乎蜀道初開親老地梗至孝滅性子道可知不得謚爲孝也惜哉大亮文武兼才貞確成性賣馬勸農是爲政也投身諭賊略也放奴婢從良者仁也因鷹諫獵臨終上表忠也論伊吕之衆智也葬五葉無後報張𢎞恩義也侍兄嫂如父母孝也不死婦人之手禮也無珠玉爲唅廉也房玄齡云大亮有王陵周勃之節名下無虛士矣迥秀諂事權倖爰至台司餘不足觀清風替矣

贊曰李綱守道言行俱危善果母訓清貞是資元璹父子要道何虧恭仁獨正令德無違師道慎密抑勢見幾無逸廉介終於孝思大亮才德陵勃名隨迥秀託附實汚台司

唐書列傳卷第十二

唐書列傳卷第十三

劉昫等修

聞人詮校刻沈桐同校

封倫 倫子言道 兄子行高　蕭瑀 兄子鈞 鈞子瓘 鈞兄子嗣業

裴矩 矩子宣機　宇文士及

封倫字德彝觀州蓨人北齊太子太保隆之孫父子繡隋通州刺史倫少時其舅盧思道每言曰此子智識過人必能致位卿相開皇末江南作亂內史令楊素往征之署爲行軍記室舩至海曲素召之倫墜於水中人救免溺乃易衣以見竟寢不言素後知問其故曰私事也所以不白素甚嗟異之素將營仁壽宮引爲土木監隋文帝至宮所見制度奢侈大怒曰楊素爲不誠矣殫百姓之力雕飾離宮爲吾結怨於天下素惶恐慮將獲譴倫曰公當弗憂待皇后至必有恩詔明日果召素入對獨孤后勞之曰公知吾夫妻年老無以娛心盛飾此宮豈非孝順素退問倫曰卿何以知之對曰至尊性儉故初見而

怒然雅聽后言后婦人也惟麗是好后心既悅帝慮必移所以知耳素嘆伏曰揣摩之才非吾所及素負貴恃才多所凌侮唯擊賞倫每引與論宰相之務終日忘倦因撫其牀曰封郎必當據吾此座驟稱薦於文帝由是擢授內史舍人大業中倫見虞世基幸於煬帝而不閑吏務每有承受多失事機倫又託附之密爲指畫宣行詔命諂順主心外有表疏如忤意者皆寢而不奏決斷刑法多峻文深詆策勳行賞必抑削之故世基之寵日隆而隋政日壞皆倫所爲也宇文化及之亂逼帝出宮使倫數帝之罪帝謂曰卿是士人何至於此倫赧然而退化及尋署內史令從至聊城倫見化及勢蹙乃潛結化及弟士及請於濟北運糧以觀其變遇化及敗與士及來降高祖以其前代舊臣遣使迎勞拜內史舍人尋遷內史侍郎高祖嘗幸溫湯經秦始皇墓謂倫曰古者帝王竭生靈之力殫府庫之財營起山陵此復何益倫曰上之化下猶風之靡草自秦漢帝王盛爲厚葬故百官衆庶競相遵倣凡是古冢丘封悉多藏珍寶咸見開發若死而無知厚葬深爲虛費若魂而有識被發豈不痛哉高祖稱善謂倫曰從今之後宜自上導下悉爲薄葬太宗之討王世充詔倫參謀軍事高祖以兵久在外意欲旋師太宗遣倫入朝親論事勢倫言於高祖曰世充得地雖多而羈縻相屬其所用命者唯洛陽一城而已計盡力窮破在朝夕今若還兵賊勢必振更相連結後必難圖未若乘其已衰破之必矣高祖納之及太宗凱旋高祖謂侍臣曰朕初發兵東討衆議多有不同唯秦王請行封倫贊成此計昔張華協同晉武亦復何以加也封平原縣公兼天策府司馬會突厥寇太原復遣使來請和親高祖問羣臣和之與戰策將安出多言戰則怨深不如先和倫曰突厥憑陵有輕中國之意必謂兵弱而不能戰如臣計者莫若悉衆以擊之其勢必捷勝而後和恩威兼著若今歲不戰明年必當復來臣以擊之爲便高祖從之六年以本官檢校吏部尚書曉習吏職甚獲當時之譽八年進封道國公尋徙封於密蕭瑀嘗薦倫於高祖高祖任倫爲中書令太宗嗣位瑀遷尚書左僕射倫爲右僕射倫素險詖

與瑀商量可奏者至太宗前盡變易之由是與瑀有隙貞觀元年遘疾於尚書省太宗親自臨視即命尚輦送還第尋薨年六十太宗深悼之廢朝三日冊贈司空謚曰明初倫數從太宗征討特蒙顧遇以建成元吉之故數進忠款太宗以爲至誠前後賞賜以萬計而倫潛持兩端陰附建成時高祖將行廢立猶豫未決謀之於倫倫固諫而止然所爲祕隱時人莫知事具建成傳卒後數年太宗方知其事十七年治書侍御史唐臨追劾倫曰臣聞事君之義盡命不渝爲臣之節歲寒無貳苟虧其道罪不容誅倫位望鼎司恩隆胙土無心報效乃肆姦謀熒惑儲藩獎成元惡寘于常典理合誅夷但苞藏之狀死而後發猥加褒贈未正嚴科罪惡既彰宜加貶黜豈可仍疇爵邑尚列台槐此而不懲將何沮勸太宗令百官詳議民部尚書唐儉等議倫罪暴身後恩結生前所歷衆官不可追奪請降贈改謚詔從之於是改謚繆黜其贈官削所食實封子言道尚高祖女淮南長公主官至宋州刺史倫兄子行高以文學知名貞觀中官至禮部郎中

蕭瑀字時文高祖梁武帝曾祖昭明太子祖察後梁宣帝父巋明帝
瑀年九歲封新安郡王幼以孝行聞姊爲隋晉王妃從入長安聚學
屬文端正鯁亮好釋氏常修梵行每與沙門難及苦空必詣微旨常
觀劉孝標辯命論惡其傷先王之教迷性命之理乃作非辯命論以
釋之大旨以爲人稟天地以生孰云非命然吉凶禍福亦因人而有
若一之於命其蔽已甚時晉府學士柳顧言諸葛頴見而稱之曰自
孝標後數十年間言性命之理者莫能詆詰今蕭君此論足療劉子
膏肓煬帝爲太子也授太子右千牛及踐祚遷尚衣奉御檢校左翊
衞鷹揚郎將忽遇風疾命家人不即醫療仍云若天假餘年因此望
爲栖遁之資耳蕭后聞而誨之以爾才智足堪揚名顯親豈得輕毀
形骸而求隱逸若以此致譴則罪在不測病且愈其姊勸勉之故復
有仕進志累加銀青光祿大夫内史侍郎既以后弟之親委之機務
後數以言忤旨漸見疎斥煬帝至鴈門爲突厥所圍瑀進謀曰如聞
始畢託校獵至此義成公主初不知其有違背之心且北蕃夷俗可

○賀敦知兵馬事昔漢高祖解平城之圍乃是閼氏之力況義成以帝
女爲妻必恃大國之援若發一單使以告義成假使無益事亦無損
臣又竊聽輿人之誦乃慮陛下平突厥後更事遼東所以人心不一
或致挫敗請下明詔告軍中赦高麗而專攻突厥則百姓心安人自
爲戰煬帝從之於是發使詣可賀敦諭旨俄而突厥解圍去於後獲
其諜人云義成公主遣使告急於始畢稱北方有警由是突厥解圍
蓋公主之助也煬帝又將伐遼東謂羣臣曰突厥狂悖爲寇勢何能
爲以其少時未散蕭瑀遂相恐動情不可恕因出爲河池郡守即日
遣之既至郡有山賊萬餘人寇暴縱横瑀潛募勇敢之士設奇而擊
之當陣而降其衆所獲財畜咸賞有功由是人竭其力薛舉遣衆數
萬侵掠郡境瑀要擊之自後諸賊莫敢進郡中復安高祖定京城遣
書招之瑀以郡歸國授光祿大夫封宋國公拜民部尚書太宗爲右
元帥攻洛陽以瑀爲府司馬武德五年遷内史令時軍國草創方隅
未寧高祖乃委以心腹凡諸政務莫不關掌高祖每臨軒聽政必賜

升御榻瑀既獨孤氏之壻與語呼之爲蕭郎國典朝儀亦責成於瑀
瑀孜孜自勉繩違舉過人皆憚之常奏便宜數十條多見納用手勑
曰得公之言社稷所賴運智者之策以能成人之美納諫者之言以
金寶酬其德今賜金一函以報智者勿爲推退瑀固辭優詔不許其
年州置七職務取才望兼美者爲之及太宗臨雍州牧以瑀爲州都
督高祖常有勑而中書不時宣行高祖責其遲瑀曰臣大業之日見
内史宣勑或前後相乖者百司行之不知何所承用所謂易必在前
難必在後臣在中書日久備見其事今皇基初構事涉安危遠方有
疑恐失機會比每受一勑臣必勘審使與前勑不相乖背者始敢宣
行遲晚之愆實由於此高祖曰卿能用心若此我有何憂初瑀之朝
也關内產業並先給勳人至是特還其田宅瑀皆分給諸宗子弟唯
留廟堂一所以奉蒸嘗及平王世充瑀以預軍謀之功加邑二千戶
拜尚書右僕射内外考績皆委之司會爲羣寮指南庶務繁揔瑀見
事有時偏駁而持法稍深頗爲時議所少瑀嘗薦封倫於高祖高祖

○以倫爲中書令太宗即位遷尚書左僕射封倫爲右僕射倫素懷險
詖與瑀商量將爲可奏者至太宗前盡變易之于時房玄齡杜如晦
既新用事踈瑀親倫瑀心不能平遂上封事論之而辭旨寥落太宗
以玄齡等功高由是忤旨廢于家俄拜特進太子少師未幾復爲尚
書左僕射賜實封六百戶太宗常謂瑀曰朕欲使子孫長久社稷永
安其理如何瑀對曰臣觀前代國祚所以長久者莫若封諸侯以爲
盤石之固秦并六國罷侯置守二代而亡漢有天下郡國參建亦得
年餘四百魏晉廢之不能永久封建之法實可遵行太宗然之始議
封建尋坐與侍中陳叔達於上前忿諍聲色甚厲以不敬免歲餘授
晉州都督明年徵授左光祿大夫兼領御史大夫與宰臣參議朝政
瑀多辭辯每有評議玄齡等不能抗然心知其是不用其言瑀彌快
快玄齡魏徵溫彥博嘗有微過瑀劾之而罪竟不問因此自失由是
罷御史大夫以爲太子少傅不復預聞朝政六年授特進行太常卿
八年爲河南道巡省大使人有坐當推劾苦未得其情者遂置格置

繩以至於死太宗特免責之九年拜特進復令參預政事太宗嘗從容謂房玄齡曰蕭瑀大業之日進諫隋主出爲河池郡守應遭割心之禍翻見太平之日北叟失馬事亦難常瑀頓首拜謝太宗又曰武德六年已後太上皇有廢立之心而不之定也我當此日不爲兄弟所容實有功高不賞之懼此人不可以厚利誘之不可以刑戮懼之真社稷臣也因賜瑀詩曰疾風知勁草版蕩識誠臣又謂瑀曰卿之守道耿介古人無以過也然則善惡太明亦有時而失瑀再拜謝曰臣特蒙誡訓又許臣以忠諒雖死之日猶生之年也魏徵進而言曰臣有逆衆以執法明主恕之以忠臣有孤特以執節明主恕之以勁昔聞其言今覩其實蕭瑀不遇明聖必及於難太宗悅其言十七年與長孫無忌等二十四人並圖形於凌煙閣是歲立晉王爲皇太子拜瑀太子太保仍知政事太宗之伐遼東也以洛邑衝要襟帶關河以瑀爲洛陽宮守車駕自遼還請解太保仍同中書門下太宗以瑀好佛道嘗賚繡佛像一軀并繡瑀形狀於佛像側以爲供養之容又

○賜王褒所書大品般若經一部并賜袈裟以充講誦之服焉瑀嘗稱玄齡已下同中書門下内臣悉皆朋黨比周無至心奉上累獨奏云此等相與執權有同膠漆陛下不細諳知但未反耳太宗謂瑀曰爲人君者驅駕英材推心待士公言不亦甚乎何至如此太宗數日謂瑀曰知臣莫若君夫人不可求備自當捨其短而用其長朕雖才謝聰明不應頓迷臧否因數爲瑀信誓瑀既不自得而太宗積久銜之終以瑀忠貞居多而未廢也會瑀請出家太宗謂曰甚知公素愛桑門今者不能違意瑀旋踵奏曰臣頃思量不能出家太宗以對羣臣吐言而取捨相違心不能平瑀尋稱足疾時詣朝堂又不入見太宗謂侍臣曰瑀豈不得其所乎而自慊如此遂手詔曰朕聞物之順也雖異質而成功事之違也亦同形而罕用是以舟浮檝舉可濟千里之川轅引輪停不越一毫之地故知動靜相循易爲務曲直相反難爲功況乎上下之宜君臣之際者矣朕以無明於元首期託德於股肱思欲去僞歸真除澆反朴至於佛教非意所遵雖有國之常經固弊俗之虛術何則求其道者未驗福於將來修其教者翻受辜於既往至若梁武窮心於釋氏簡文銳意於法門傾帑藏以給僧祇殫人力以供塔廟及乎三淮沸浪五嶺騰烟假餘息於能蹯引殘魂於雀鷇子孫覆亡而不暇社稷俄頃而爲墟報施之徵何其繆也而太子太保宋國公瑀踐覆車之餘軌襲亡國之遺風棄公就私未明隱顯之際身俗口道莫辯邪正之心修累葉之殃源祈一躬之福本上以違忤君主下則扇習浮華往前朕謂張亮云卿既事佛何不出家瑀乃端然自應請先入道朕即許之尋復不用一迥一惑在於瞬息之間自可自否變於帷扆之所乖棟梁之大體豈具瞻之量乎朕猶隱忍至今瑀尚全無悛改宜即去茲朝闕出牧小藩可商州刺史仍除其封二十一年徵授金紫光祿大夫復封宋國公從幸玉華宮遘疾薨於宮所年七十四太宗聞而輟膳高宗爲之舉哀遣使弔祭太常謚曰肅太宗曰易名之典必考其行瑀性多猜貳此謚失於不直更宜摭實改謚曰貞褊公冊贈司空荊州都督賜東園秘器陪葬昭陵

○臨終遺書曰生而必死理之常分氣絶後可著單服一通以充小斂棺内施單席而已冀其速朽不得別加一物無假卜日惟在速辦自古賢哲非無等例爾宜勉之諸子遵其遺志斂葬儉薄子銳嗣尚太宗女襄城公主歷太常卿汾州刺史公主雅有禮度太宗每令諸公主凡厥所爲皆視其楷則又令所司別爲營第公主辭曰婦人事舅姑如事父母若居處不同則定省多闕再三固讓乃止令於舊宅而改創焉永徽初公主薨詔葬昭陵瑀兄琛亦有學行武德中爲黃門侍郎累轉秘書監封蘭陵縣公貞觀中卒贈禮部尚書瑀兄子鈞隋遷州刺史梁國公珣之子也博學有才望貞觀中累除中書舍人甚爲房玄齡魏徵所重永徽二年歷遷諫議大夫兼弘文館學士時有左武候別駕盧文操踰垣盜左藏庫物高宗以別駕職在糺繩身行盜竊命有司殺之鈞進諫曰文操所犯情實難原然恐天下聞之必謂陛下輕法律賤人命任喜怒貴財物臣之所職以諫爲名愚衷所懷不敢不奏帝謂曰卿職在司諫亦能盡忠規遂特免其死罪顧謂侍

臣曰此乃眞諫議也尋而　太常樂工宋四通等爲宮人通傳信物高宗特令處死乃遣附律鈞　上疏言四通等犯在未附律前不合至死手詔曰朕聞防禍未萌先賢所重宮闕之禁其可漸歟昔如姬竊符朕用爲永鑒不欲令玆自彰其過所搦憲章想非濫也但朕翹心紫禁思覿引裾側席朱檻異旌折檻今乃喜得其言特免四通等死遠處配流鈞尋爲太子率更令兼崇賢館學士顯慶中卒所撰韻言二十卷有集三十卷行於代子璀官至渝州長史母終以毀卒璀子嵩別有傳鈞兄子嗣業少隨祖姑隋煬帝后入于突厥貞觀九年歸朝以深識蕃情充使統領突厥之衆累轉鴻臚卿兼單于都護府長史調露中單于突厥反叛嗣業率兵戰敗配流嶺南而死

裴矩字弘大河東聞喜人祖他後魏東荆州刺史父訥之北齊太子舍人矩襁褓而孤爲伯父讓之所鞠及長博學早知名仕齊爲高平王文學齊亡隋文帝爲定州總管召補記室甚親敬之文帝即位遷給事郎直內史省奏舍人事伐陳之役領元帥記室及陳平晉王廣令

○矩與高熲收陳圖籍歸之秘府累遷吏部侍郎以事免大業初西域諸蕃款張掖塞與中國互市煬帝遣矩監其事矩知帝方勤遠略欲吞幷夷狄乃訪西域風俗及山川險易君長姓族物產服章撰西域圖記三卷入朝奏之帝大悅賜物五百段每日引至御座顧問西方之事矩盛言西域多珍寶及吐谷渾可幷之狀帝信之仍委以經略拜民部侍郎俄遷黃門侍郎參預朝政令往張掖引致西蕃至者十餘國三年帝有事於恒嶽咸來助祭帝將巡河右復令矩往燉煌矩遣使說高昌王麴伯雅及伊吾吐屯設等啗以厚利導使入朝及帝西巡次燕支山高昌王伊吾設等及西蕃胡二十七國盛服珠玉錦罽焚香奏樂歌舞相趨謁於道左復令武威張掖士女盛飾縱觀塡咽周亘數十里帝見之大悅及滅吐谷渾蠻夷納貢諸蕃懾服相繼來庭雖拓地數千里而役戍委輸之費歲巨萬計中國騷動焉帝以矩有綏懷之略加位銀青光祿大夫其年帝幸東都矩以蠻夷朝貢者多諷帝大徵四方奇技作魚龍曼延角觝於洛邑以誇諸戎狄終

月而罷又令三市店肆皆設帷帳盛酒食遣掌蕃率蠻夷與人貿易所至處悉令邀延就坐醉飽而散夷人有識者咸私哂其矯飾焉帝稱矩至誠謂宇文述牛弘曰裴矩大識朕意凡所陳奏皆朕之成算朕未發頃矩輒以聞自非奉國用心孰能若是尋令與將軍薛世雄城伊吾而還賜錢四十萬矩因進計縱反間於射匱使潛攻處羅後處羅爲射匱所迫竟隨使者入朝帝甚悅賜矩貂裘及西域珍器從帝巡于塞北幸啓民可汗帳時高麗遣使先通于突厥啓民不敢隱引之見帝矩因奏曰高麗之地本孤竹國也周代以之封箕子漢時分爲三郡晉氏亦統遼東今乃不臣列爲外域故先帝欲征之久矣但以楊諒不肖師出無功當陛下時安得不有事於此使冠帶之境仍爲蠻貊之鄕乎今其使者朝於突厥親見啓民從化必懼皇靈之遠暢慮後服之先亡脅令入朝當可致也請面詔其使還本國遣語其王令速朝覲不然者當率突厥即日誅之帝納焉高麗不用命始建征遼之策王師臨遼以本官領虎賁郎將明年復從至遼東兵部

○侍郎斛斯政亡入高麗帝令矩兼掌兵部事以前後渡遼功進位右光祿大夫矩後從幸江都及義兵入關屈突通敗問至帝問矩方略矩曰太原有變京畿不靜遙爲處分恐失事機唯鑾輿早還方可平定矩見天下將亂恐爲身禍每遇人盡禮雖至胥吏皆得其歡心時從駕驍果多逃散矩言於帝曰車駕留此已經二歲人無匹合則不能久安請聽兵士於此納室私相奔誘者因而配之帝從其計軍中漸安咸曰裴公之惠也是時帝既昏侈逾甚矩無所諫諍但悅媚取容而已宇文化及弑逆署爲尚書右僕射化及敗竇建德復以爲尚書右僕射令專掌選事時建德起自羣盜事無節文矩爲之創定朝儀權設法律憲章頗備建德大悅每諮訪焉及建德敗矩與僞將曹旦及建德之妻齎傳國八璽舉山東之地來降封安邑縣公武德五年拜太子左庶子俄遷太子詹事令與虞世南撰吉凶書儀參按故實甚合禮度爲學者所稱至今行之八年兼檢校侍中及太子建成被誅其餘黨尚保宮城欲與秦王決戰王遣矩曉諭之宮兵乃散尋

遷民部尚書矩年且八十而精爽不衰以曉習故事甚見推重太宗初即位務止姦吏或聞諸曹案典多有受賂者乃遣人以財物試之有司門令史受餽絹一匹太宗怒將殺之矩進諫曰此人受賂誠合重誅但陛下以物試之即行極法所謂陷人以罪恐非導德齊禮之義太宗納其言因召百寮謂曰裴矩遂能廷折不肯面從毎事如此天下何憂不治貞觀元年卒贈絳州刺史謚曰敬撰開業平陳記十二卷行於代子宣機高宗時官至銀青光禄大夫太子左中護

宇文士及雍州長安人隋右衛大將軍述子化及弟也開皇末以父勲封新城縣公隋文帝嘗引入卧内與語奇之令尚煬帝女南陽公主大業中歴尚輦奉御從幸江都以父憂去職尋起爲鴻臚少卿化及之潛謀逆亂也以其主壻深忌之而不告既弑煬帝署爲内史令初高祖爲殿内少監時士及爲奉御深自結託及隨化及至黎陽高祖手詔召之士及亦潛遣家僮間道詣長安申赤心又因使密貢金環高祖大悦謂侍臣曰我與士及素經共事今貢金環是其來意也

○及至魏縣兵威日蹙士及勸之西歸長安化及不從士及乃與封倫求於濟北徵督軍糧俄而化及爲竇建德所擒濟北豪右多勸士及發青齊之衆北擊建德收河北之地以觀形勢士及不納遂與封倫等來降高祖數之曰汝兄弟率思歸之卒爲入關之計當此之時若得我父子豈肯相存今欲何地自處士及謝曰臣之罪誠不容誅但臣早奉龍顔久存心腹往在涿郡嘗夜中密論時事後於汾陰宫復盡丹赤自陛下龍飛九五臣實傾心西歸所以密申貢獻冀此贖罪耳高祖笑謂裴寂曰此人與我言天下事至今已六七年矣公輩皆在其後時士及妹爲昭儀有寵由是漸見親待授上儀同從太宗平宋金剛以功復封新城縣公妻以壽光縣主仍遷秦王府驃騎將軍又從平王世充竇建德以功進爵郢國公遷中書侍郎再轉太子詹事太宗即位代封倫爲中書令眞食益州七百戸尋以本官檢校涼州都督時突厥屢爲邊寇士及欲立威以鎭邊服毎出入陳兵盛爲容衛又折節禮士涼土服其威惠徵爲殿中監以疾出爲蒲州刺史爲政寛簡吏人安之數歳入爲右衛大將軍甚見親顧毎延入閤中乙夜方出遇其歸沐仍遣馳召同列莫與爲比然尤謹密其妻毎問向中使召有何樂事士及終無所言尋録其功别封一子爲新城縣公在職七年復爲殿中監加金紫光禄大夫及疾篤太宗親問撫之流涕貞觀十六年卒贈左衛大將軍涼州都督陪葬昭陵士及撫幼弟及孤兄子以友愛見稱親戚故人貧乏者輙遺之然厚自封植衣食服玩必極奢侈謚曰恭黄門侍郎劉洎駁之曰士及居家侈縱不宜爲恭竟謚曰縱

史臣曰封倫多揣摩之才有附託之巧凖化及而數煬帝或有赧顔託士及以歸唐朝殊無愧色當建成之際事持兩端背蕭瑀之恩奏多異議太宗明主也不見其心玄齡賢相焉尚容其謟狡葬醜行死而後彰苟非唐臨之劾唐儉等議則姦人得計矣蕭瑀骨鯁亮直儒術清明執政隋朝忠而獲罪委質高祖知無不爲及太宗臨朝房杜用事不容小過欲居成功既形猜貳之言寧固或躍之位易名而貶

○加褊字所幸者猶多奉佛而不失道情非善也而何謂裴矩方略寛簡士及通變謹密皆一時之稱也

贊曰封倫揣摩謟詐蕭瑀骨鯁儒術裴矩方略寛簡士及通變謹密

唐書列傳卷第十三

唐書列傳卷第十四

劉　昫　等修
聞人詮校刻沈桐同校

高祖二十二子

隱太子建成	衛王玄霸
巢王元吉	楚王智雲
荊王元景	漢王元昌
酆王元亨	周王元方
徐王元禮	韓王元嘉
彭王元則	鄭王元懿
霍王元軌	虢王鳳
道王元慶	鄧王元裕
舒王元名	魯王靈夔
江王元祥	密王元曉
滕王元嬰	

○高祖二十二男太穆皇后生隱太子建成及太宗衛王玄霸巢王元吉萬貴妃生楚王智雲尹德妃生酆王元亨莫嬪生荊王元景孫嬪生漢王元昌宇文昭儀生韓王元嘉魯王靈夔崔嬪生鄧王元裕楊嬪生江王元祥小楊嬪生舒王元名郭婕妤生徐王元禮劉婕妤生道王元慶楊美人生虢王鳳張美人生霍王元軌張寶林生鄭王元懿柳寶林生滕王元嬰王才人生彭王元則魯才人生密王元曉張氏生周王元方

隱太子建成高祖長子也大業末高祖捕賊汾晉建成攜家屬寄於河東義旗初建遣使密召之建成與巢王元吉間行赴太原建成至高祖大喜拜左領軍大都督封隴西郡公引兵略西河郡從平長安義寧元年冬隋恭帝拜唐國世子開府置僚屬二年授撫軍大將軍東討元帥將兵十萬徇洛陽及還恭帝授尚書令武德元年立爲皇太子二年司竹羣盜祝山海有衆一千自稱護鄉公詔建成率將軍桑顯和進擊山海平之時涼州人安興貴殺賊帥李軌以衆來降令建成往原州應接之時甚暑而馳獵無度士卒不堪其勞逃者過半高祖憂其不閑政術每令習時事自非軍國大務悉委決之又遣禮部尚書李綱民部尚書鄭善果俱爲官屬與參謀議四年稽胡酋帥劉仚成擁部落數萬人爲邊害又詔建成率師討之軍次鄜州與仚成軍遇擊大破之斬首數百級虜獲千餘人建成設詐放其渠帥數十人並授官爵令還本所招慰羣胡仚成與胡中大帥亦請降建成以胡兵尚衆恐有變將盡殺之乃揚言增置州縣須有城邑悉課羣胡執板築之具會築城所陰勒兵士皆執之仚成聞有變奔於梁師都竟誅降胡六千餘人時太宗功業日盛高祖私許立爲太子建成密知之乃與齊王元吉潛謀作亂及劉黑闥重反王珪魏徵謂建成曰殿下但以地居嫡長爰踐元良功績既無可稱仁聲又未遐布而秦王勳業克隆威震四海人心所向殿下何以自安今黑闥率破亡之餘衆不盈萬加以糧運限絕瘡痍未瘳若大軍一臨可不戰而擒也

○願請討之且以立功深自封植因結山東英俊建成從其計遂請討劉黑闥擒之而旋時高祖晚生諸王諸母擅寵椒房親戚並分事宮府競求恩惠太宗每總戎律惟以撫接才賢爲務至於參請妃媛素所不行初平洛陽高祖遣貴妃等馳往東都選閱宮人及府庫珍物因私有求索兼爲親族請官太宗以財簿先以封奏官爵皆酬有功並不允許因此銜恨彌切時太宗爲陝東道行臺詔於管內得專處分淮安王神通有功太宗乃給田數十頃後婕妤張氏之父令婕妤私奏以乞其地高祖手詔賜焉神通以教給在前遂不肯與婕妤矯奏曰敕賜妾父地秦王奪之以與神通高祖大怒攘袂責太宗曰我詔敕不行爾之教命州縣即受他日高祖呼太宗小名謂裴寂等此兒典兵既久在外專制爲讀書漢所教非復我昔日子也又德妃之父尹阿鼠所爲橫恣秦王府屬杜如晦行經其門阿鼠家僮數人牽如晦墜馬毆擊之罵云汝是何人敢經我門而不下馬阿鼠或慮上聞乃令德妃奏言秦王左右凶暴凌轢妾父高祖又怒謂太宗曰爾

處以元良委之國務陛下如釋重負蒼生自然乂安高祖曰善此亦吾之夙志也乃命召太宗而撫之曰近日已來幾有投杼之惑太宗哀號久之建成死時年三十八長子太原王承宗早卒次子安陸王承道河東王承德武安王承訓汝南王承明鉅鹿王承義並坐誅太宗即位追封建成爲息王謚曰隱以禮改葬葬日太宗於宜秋門哭之甚哀仍以皇子趙王福爲建成嗣十六年五月又追贈皇太子謚仍依舊

○衛王玄霸高祖第三子也早薨無子武德元年追贈衛王謚曰懷四年封太宗子泰爲宜都王以奉其祀以禮改葬太子已下送于郭外泰後徙封於越又以宗室贈西平王瓊之子保定爲嗣貞觀五年薨無子國除

巢王元吉高祖第四子也義師起授太原郡守封姑臧郡公尋進封齊國公授十五郡諸軍事鎮北大將軍留鎮太原許以便宜行事武德元年進爵爲王授幷州揔管二年劉武周南侵汾晉詔遣右衛將軍宇文歆助元吉守幷州元吉性好畋獵載網罟三千餘兩嘗言我

○寧三日不食不能一日不獵又縱其左右攘奪百姓歆頻諫不納乃上表曰王在州之日多出微行常共竇誕遊獵蹂踐穀稼放縱親暱公行攘敓境內六畜因之殆盡當衢而射觀人避箭以爲笑樂分遣左右戲爲攻戰至相擊刺毀傷致死夜開府門宣淫他室百姓怨毒各懷憤歎以此守城安能自保元吉竟坐免又諷父老詣闕請之尋令復職時劉武周率五千騎至黃蛇嶺元吉遣車騎將軍張達以步卒百人先嘗之達以步卒少固請不行元吉強遣之至則盡沒於賊達憤怒因引武周攻陷榆次進逼幷州元吉大懼紿其司馬劉德威曰卿以老弱守城吾以強兵出戰因夜出兵攜其妻妾棄軍奔還京師幷州遂陷高祖怒甚謂禮部尚書李綱曰元吉幼小未習時事故遣竇誕宇文歆輔之強兵數萬食支十年起義興運之基一朝而棄宇文歆首畫此計我當斬之綱曰賴歆令陛下不失愛子臣以爲有功高祖問其故綱對曰罪由竇誕不能規諷致令軍人怨憤又齊王年少肆行驕逸放縱左右侵漁百姓誕曾無諫止乃隨順掩藏以成其釁此誕之罪宇文歆論情則疎向彼又淺王之過失悉以聞奏且父子之際人所難言而歆言之豈非忠懇今欲誅罪不錄其心臣愚竊以爲過翌日高祖召綱入升御坐謂曰今我有公遂使刑罰不濫元吉自惡結怨於人歆既曾以表聞誕亦焉能禁制皆非其罪也尋加授元吉侍中襄州道行臺尚書令稷州刺史四年太宗征竇建德留元吉與屈突通圍王世充於東都世充出兵拒戰元吉設伏擊破之斬首八百級生擒其大將樂仁昉甲士千餘人世充平拜司空餘官如故加賜袞冕之服前後部鼓吹樂二部班劍二十人黃金二千斤與太宗各聽三鑪鑄錢以自給六年加授隰州揔管及與建成連謀各募壯士多匿罪人復內結宮掖遞加稱譽又厚賂中書令封倫以爲黨助由是高祖頗疎太宗而加愛元吉太宗嘗從高祖幸其第元吉伏其護軍宇文寶於寢內將以刺太宗建成恐事不果而止之元吉慍曰爲兄計耳於我何害九年轉左衛大將軍尋進位司徒兼侍中幷州大都督隰州都督稷州刺史並如故高祖將避暑太和宮

○二王當從元吉謂建成曰待至宮所當興精兵襲取之置土窟中唯開一孔以通飲食耳會突厥郁射設屯軍河南入圍烏程建成乃薦元吉代太宗督軍北討仍令秦府驍將秦叔寶尉遲敬德程知節段志玄等並與同行又追秦府帳簡閱驍勇將奪太宗兵以益其府又譖杜如晦房玄齡逐令歸第高祖知其謀而不制元吉因密請加害太宗高祖曰是有定四海之功罪迹未見一旦欲殺何以爲辭元吉曰秦王常違詔敕初平東都之日偃蹇顧望不急還京分散錢帛以樹私惠違戾如此豈非反逆但須速殺何患無辭高祖不對元吉遂退建成謂元吉曰既得秦王精兵統數萬之衆吾與秦王至昆明池於彼宴別令壯士拉之於幕下因云暴卒主上義無不信吾當使人進說令付吾國務正位已後以汝爲太弟敬德等既入汝手一時坑之孰敢不服率更丞王晊聞其謀密告太宗太宗召府僚以告之皆曰大王若不正斷社稷非唐所有若使建成元吉肆其毒心羣小得志元吉很戾終亦不事其兄往者護軍薛寶上齊王符籙云元吉合成唐

字齊王得之喜曰但除秦王取東宮如反掌耳爲亂未成預懷相奪以大王之威襲二人如拾地芥太宗遲疑未決衆又曰大王以舜爲何如人也曰濬哲文明温恭允塞爲子孝爲君聖焉可議之乎府僚曰向使舜浚井不出自同魚鱉之斃焉得爲孝子乎塗廩不下便成煨燼之餘焉得爲聖君乎小杖受大杖避良有以也太宗於是定計誅建成及元吉元吉死時年二十四有五子梁郡王承業漁陽王承鸞普安王承奬江夏王承裕義陽王承度並坐誅尋詔絶建成元吉屬籍太宗踐祚追封元吉爲海陵郡王謚曰剌以禮改葬貞觀十六年又追封巢王謚如故復以曹王明爲元吉後

楚王智雲高祖第五子也母曰萬貴妃性恭順特蒙高祖親禮宮中之事皆諮稟之諸王妃主莫不推敬後授楚國太妃薨陪葬獻陵智雲本名稚詮大業末從高祖於河東及義師將起隱太子建成潛歸太原以智雲年小委之而去因爲吏所捕送于長安爲陰世師所害年十四義寧元年贈尚書左僕射楚國公武德元年追封楚王謚曰哀無子三年以太宗子寬爲嗣寬薨貞觀二年復以濟南公世都子靈龜嗣焉靈龜永徽中歷魏州刺史政尚清嚴姦盜屏跡又開永濟渠入于新市以控引商旅百姓利之卒官子福嗣嗣降爵爲公儀鳳中卒於右威衛將軍子承況神龍中爲右羽林將軍與節愍太子同舉兵入玄武門爲亂兵所殺

荊王元景高祖第六子也武德三年封爲趙王八年授安州都督貞觀初歷遷雍州牧右驍衛大將軍十年徙封荊王授荊州都督十一年定制元景等爲代襲刺史詔曰皇王受命步驟之迹以殊經籍所紀質文之道匪一雖治亂不同損益或異至於設官司以制海內建藩屏以輔王室莫不明其典章義存於致治崇其賢戚志在於無疆朕以寡昧丕承鴻緒寅畏三靈憂勤百姓考明哲之餘論求經邦之長策帝業之重獨任難以成務天下之曠因人易以獲安然則侯伯肇於自昔州郡始於中代聖賢異術沿革隨時復古則義難頓從尋今則事不盡理遂規模周漢斟酌曹馬採按部之嘉名參建侯之舊制共治之職重矣分土之實存焉已有制書陳其至理繼世垂範貽厥後昆維城作固同符前烈荊州都督荊王元景梁州都督漢王元昌徐州都督徐王元禮潞州都督韓王元嘉遂州都督彭王元則鄭州刺史鄭王元懿絳州刺史霍王元軌虢州刺史虢王鳳豫州刺史道王元慶鄧州刺史鄧王元裕壽州刺史舒王元名幽州都督燕王靈夔蘇州刺史許王元祥安州都督吳王恪相州都督魏王泰齊州都督齊王祐益州都督蜀王愔襄州刺史蔣王惲揚州都督越王貞并州都督晉王某秦州都督紀王慎等或地居旦奭夙聞詩禮或望及閒平早稱才藝並爵隆土宇寵兼車服誠孝之心無忘於造次風政之舉克著於朞月宜冠恒冊祚以休命其所任刺史咸令子孫代代承襲尋又罷代襲之制元景久之轉鄜州刺史高宗即位進位司徒加實封通前滿一千五百戶永徽二年坐與房遺愛謀反賜死國除後追封沈黎王備禮改葬以渤海王奉慈子長沙爲嗣降爵爲侯神龍初追復爵土并封其孫逖爲嗣荊王尋薨國除

漢王元昌高祖第七子也少好學善隸書武德三年封爲魯王貞觀五年授華州刺史轉梁州都督十年改封漢王元昌在州頗違憲法太宗手敕責之初不自咎更懷怨望知太子承乾嫉魏王泰之寵乃相附託圖爲不軌十六年元昌來朝京師承乾頻召入東宮夜宿因謂承乾曰願殿下早爲天子近見御側有一宮人善彈琵琶事平之後當望垂賜承乾許諾又刻臂出血以帛拭之燒作灰和酒同飲共爲信誓潛伺間隙十七年事發太宗弗忍加誅特敕免死大臣高士廉李世勣等奏言王者以四海爲家以萬姓爲子公行天下情無獨親元昌苞藏兇惡圖謀逆亂觀其指趣察其心府罪深燕旦釁甚楚英天地之所不容人臣之所切齒五刑不足申其罰九死無以當其愆而陛下情屈至公恩加梟獍欲開疎網漏此鯨鯢臣等有司期不奉制伏願敦師憲典誅此兇慝順羣臣之願欲鷹鸇之心則吳楚七君不幽歎於往漢管蔡二叔不沉恨於有周太宗事不獲已乃賜元昌自盡於家妻子籍没國除

酆王元亨高祖第八子也武德三年受封貞觀二年授散騎常侍拜金州刺史及之藩太宗以其幼小甚思之中路賜以金盞遣使爲之設宴六年薨無子國除

周王元方高祖第九子也武德四年受封貞觀二年授散騎常侍三年薨贈左光禄大夫無子國除

徐王元禮高祖第十子也少恭謹善騎射武德四年封鄭王貞觀六年賜實封七百戸授鄭州刺史徙封徐王遷徐州都督十七年轉絳州刺史以善政聞太宗降璽書勞勉賜以錦綵二十三年加實封千戸永徽四年加授司徒兼潞州刺史咸亨三年薨贈太尉冀州大都督陪葬獻陵子淮南王茂嗣茂險薄無行元禮姬趙氏有美色及元禮遇疾茂遂逼之元禮知而切加責讓茂乃屏斥元禮侍衞斷其藥膳仍云既得五十年爲王更何煩服藥竟以餧終上元中事洩配流振州而死神龍初又封茂子璀爲嗣徐王景龍四年加銀青光禄大夫開元中除宗正貟外卿卒子延年嗣開元二十六年封嗣徐王除貟外洗馬天寶初拔汗那王入朝延年將嫁女與之爲右相李林甫所奏貶文安郡别駕彭城長史坐贓貶永嘉司士至德初餘杭郡司馬卒永泰元年女壻黔中觀察使趙國珍入朝請以延年子前施州刺史諷爲嗣因封嗣徐王

韓王元嘉高祖第十一子也母宇文昭儀隋左武衞大將軍述之女也早有寵於高祖高祖初即位便欲立爲皇后固辭不受元嘉少以母寵特爲高祖所愛自登極晚生皇子無及之者武德四年封宋王徙封徐王貞觀六年賜實封七百戸授潞州刺史時年十五在州聞太妃有疾便涕泣不食及京師發喪哀毁過禮太宗嗟其至性屢慰勉之九年授右領軍大將軍十年改封韓王授潞州都督二十三年加實封滿千戸元嘉少好學聚書至萬卷又採碑文古跡多得異本閨門修整有類寒素士大夫與其弟靈夔甚相友愛凡弟集見如布衣之禮其修身潔己內外如一當代諸王莫能及者唯霍王元軌抑其次焉高宗末元嘉轉澤州刺史及天后臨朝攝政欲順物情乃進

授元嘉爲太尉定州刺史霍王元軌爲司徒青州刺史舒王元名爲司空隆州刺史魯王靈夔爲太子太師蘇州刺史越王貞爲太子太傅安州都督紀王慎爲太子太保並外示尊崇實無所綜理其後漸將誅戮宗室諸王不附己者元嘉大懼與其子通州刺史黄公譔及越王貞父子謀起兵於是皇宗國戚內外相連者甚廣遣使報貞及貞子瑯琊王沖曰四面同來事無不濟沖與諸道計料未審而先發兵倉卒唯貞應之諸道莫有赴者故其事不成元嘉坐誅譔少以文才見知諸王子中與瑯琊王沖爲一時之秀凡所交結皆當代名士時天下犯罪籍没者甚衆唯沖與譔父子書籍最多皆文句詳定秘閣所不及神龍初追復元嘉爵土并封其第五子訥爲嗣韓王官至貟外祭酒開元十七年卒元嘉長子訓高祖時封穎川王早卒次子誼封武陵王官至濮州刺史開元中封訥子叔璩爲嗣韓王國子貟外司業

彭王元則高祖第十二子也武德四年封荆王貞觀七年授豫州刺史十年改封彭王除遂州都督尋坐章服奢僭免官十七年拜澧州刺史更折節勵行頗著聲譽永徽二年薨高宗爲之廢朝三日贈司徒荆州都督陪葬獻陵謚曰思發引之日高宗登望春宮望其靈車哭之甚慟無子以霍王元軌子絢嗣龍朔中封南昌王子志暕神龍初封嗣彭王景龍初加銀青光禄大夫開元中宗正卿同正貟卒

鄭王元懿高祖第十三子也頗好學武德四年封滕王貞觀七年授兖州刺史賜實封六百戸十年改封鄭王歷鄭潞二州刺史二十三年加實封滿千戸總章中累授絳州刺史數斷大獄甚有平允之譽高宗嘉之降璽書褒美賜物三百段咸亨四年薨贈司徒荆州大都督謚曰惠陪葬獻陵子璥上元初封爲嗣鄭王官至鄂州刺史神龍初又封璥嫡子希言爲嗣鄭王景龍四年嗣鄭王希言等共一十四人並加銀青光禄大夫開元中右金吾大將軍天寶初再爲太子詹事同正貟卒

霍王元軌高祖第十四子也少多才藝高祖甚奇之武德六年封蜀

王八年徙封吳王貞觀初太宗嘗問羣臣曰朕子弟孰賢侍中魏徵對曰臣愚闇不盡知其能唯吳王數與臣言未嘗不自失上曰朕亦器之卿以爲前代誰比徵曰經學文雅亦漢之間平也由是寵遇彌厚因令娶徵女焉從太宗遊獵遇羣獸命元軌射之矢不虛發太宗撫其背曰汝武藝過人恨今無所施耳當天下未定我得汝豈不美乎七年拜壽州刺史賜實封六百戶高祖崩去職毀瘠過禮自後嘗衣布示有終身之戚焉每至忌辰輒數日不食十年改封霍王授絳州刺史尋轉徐州刺史元軌前後爲刺史至州唯閉閤讀書吏事責成於長史司馬謹愼自守與物無忤爲人不妄在徐州唯與處士劉玄平爲布衣之交人或問玄平王之長玄平荅曰無長問者怪而復問之玄平曰夫人有短所以見其長至於霍王無所不備吾何以稱之哉二十三年加實封滿千戶爲定州刺史突厥來寇元軌令開門偃旗虜疑有伏懼而宵遁州人李嘉運與賊連謀事洩高宗令收按其黨元軌以強寇在境人心不安惟殺嘉運餘無所及因自劾違制

上覽表大悅謂使曰朕亦悔之向無王則失定州矣有王文操遇賊而二子鳳賢遂以身蔽捍文操獲全二子皆死縣司抑而不申元軌察知遣使弔祭表上其事詔並贈朝散大夫令加旌表其禮賢愛善如此後因入朝屢上疏陳時政得失多所匡益高宗甚尊重之及在外藩朝廷每有大事或密制問焉高宗崩與侍中劉齊賢等知山陵葬事齊賢服其識練故事每謂人曰非我輩所及也元軌嘗使國令徵封令白請依諸國賦物貿易取利元軌曰汝爲國令當正吾失反說吾以利耶拒而不納垂拱元年加位司徒尋出爲襄州刺史轉青州四年坐與越王貞連謀起兵事覺徙居黔州仍令載以檻車行至陳倉而死有子七人長子緒最有才藝上元中封江都王累除金州刺史垂拱中坐與裴承光交通被殺神龍初與元軌並追復爵位仍封諸孫暉爲嗣霍王景龍四年加銀青光祿大夫開元中左千牛員外將軍

虢王鳳高祖第十五子也武德六年封豳王貞觀七年授鄧州刺史賜實封六百戶十年徙封虢王歷虢豫二州刺史二十三年加實封滿千戶麟德初累授青州刺史上元元年薨年五十二贈司徒揚州大都督陪葬獻陵謚曰莊子平陽郡王翼嗣官至光州刺史永隆二年卒子寓嗣則天時失爵鳳第三子定襄郡公宏則天初爲曹州刺史第五子東莞郡公融少以武勇見知垂拱中爲申州刺史初黃公譔將與越王貞通謀深倚仗融以爲外助時詔追諸親赴都融私使問其所親成均助教高子貢曰可入朝以否子貢報曰來必取死融乃稱疾不朝以俟諸藩期及得越王貞起兵書倉卒不能相應爲僚吏所逼不獲已而奏之於是擢授銀青光祿大夫行太子右贊善大夫未幾爲支黨所引被誅子徹神龍元年襲封東莞郡公開元五年繼密王元曉改爲嗣密王十二年改封濮陽郡王歷宗正卿金紫光祿大夫卒神龍初封鳳嫡孫邕爲嗣虢王邕娶韋庶人妹爲妻由是中宗時特承寵異轉秘書監俄又改封汴王開府置僚屬月餘而韋氏敗邕揮刃截其妻首以至於朝深爲物議所鄙貶沁州刺史不知

州事削封邑景雲二年後嗣虢王還封二百戶累遷衛尉卿開元十五年卒子巨嗣別有傳

道王元慶高祖第十六子也武德六年封漢王八年改封陳王貞觀九年拜趙州刺史賜實封八百戶十年改封道王授豫州刺史二十三年加實封滿千戶永徽四年歷滑州刺史以政績聞賜物二百段後歷徐沁衛三州刺史元慶事母甚謹及母薨又請躬脩墳墓優詔不許麟德元年薨贈司徒益州都督陪葬獻陵謚曰孝子臨淮王誘嗣官至澧州刺史永淳中坐贓削爵次子詢壽州刺史詢子微神龍初封爲嗣道王景龍四年加銀青光祿大夫景雲元年宗正卿卒子鍊開元二十五年襲封嗣道王廣德中官至宗正卿

鄧王元裕高祖第十七子也貞觀五年封鄶王十一年改封鄧王賜實封八百戶歷鄧梁黃三州刺史元裕好學善談名理與典籤盧照鄰爲布衣之交二十三年加實封通前一千五百戶高宗時又歷壽襄二州刺史兗州都督麟德二年薨贈司徒益州大都督陪葬獻陵

謚曰康無子以弟江王元祥子廣平公炅嗣神龍初封炅子孝先為嗣鄧王開元十三年右監門衛大將軍冠軍大將軍卒

舒王元名高祖第十八子也年十歲時高祖在大安宮太宗晨夕使尚宮起居送珍饌元名保傅等謂元名曰尚宮品秩高者見宜拜之元名曰此我二哥家婢也何用拜為太宗聞而壯之曰此真我弟也貞觀五年封譙王十一年徙封舒王賜實封八百戶拜壽州刺史後歷滑許鄭三州刺史二十三年加實封滿千戶轉石州刺史元名性高絜罕問家人產業朝夕矜莊門庭清肅常誡其子豫章王亶等曰藩王所乏者不慮無錢財官職但勉行善事忠孝持身此吾志也及亶為江州刺史以善政聞高宗手勑褒美元名以賞其義方之訓高宗每欲授元名大州刺史固辭曰忝預藩戚豈以州郡戶口為仕進之資辭情懇到故在石州二十年賞翫林泉有塵外之意垂拱年除青州刺史又除鄭州刺史州境隣接都畿諸王及帝戚莅官者或有不檢攝家人為百姓所苦及元名到大革其弊轉滑州刺史政理如在鄭州尋加授司空永昌年與子亶俱為丘神勣所陷被殺神龍初贈司徒復其官爵仍令以禮改葬亶子津為嗣舒王景龍四年加銀青光祿大夫開元中左威衛將軍卒子萬嗣天寶二年卒子藻嗣天寶九載封嗣舒王

唐傳十四　十三

魯王靈夔高祖第十九子也少有美譽善音律好學工草隸與同母兄韓王元嘉特相友愛貞觀五年封魏王十年改封燕王賜實封八百戶授幽州都督十四年改封魯王授兗州都督二十三年加實封滿千戶永徽六年轉隆州刺史後歷絳滑定等州刺史太子太師垂拱元年授邢州刺史四年與兄元嘉子黃公譔結謀欲起兵應接越王貞父子事洩配流振州自縊而死有二子長子銑封清河王次子藹封范陽王歷右散騎常侍為酷吏所陷神龍初追復靈夔官爵仍令以禮改葬封藹子道堅為嗣魯王性嚴整雖在閨門造次必於莊敬少年佐郡聲實已彰景龍四年加銀青光祿大夫歷果隴吉冀洺汾滄等七州刺史國子祭酒開元二十二年兼檢校魏州刺史未行改汴州刺史河南道採訪使此州都會水陸輻湊實曰膏腴道堅特以清毅聞入為宗正卿卒子宇嗣二十九年封嗣魯王至德元年從幸巴蜀為右金吾將軍寶應元年皇太子封為魯王改宇嗣鄒王道堅弟道邃中興初封戴國公以恭默自守修山東婚姻故事頗任清列天寶中為右丞大理宗正二卿卒

江王元祥高祖第二十子也貞觀五年封許王十一年徙封江王授蘇州刺史賜實封八百戶二十三年加實封滿千戶高宗時又歷金鄜鄭三州刺史性貪鄙多聚金寶營求無厭為人吏所患時滕王元嬰蔣王惲虢王鳳亦稱貪暴有授得其府官者以比嶺南惡處為之語曰寧向儋崖振白不事江滕蔣虢元祥體貌洪大腰帶十圍飲啖亦兼數人其時韓王元嘉虢王鳳魏王泰狀貌亦偉不逮於元祥又眇一目永隆元年薨贈司徒并州大都督陪葬獻陵謚曰安子永嘉王晫永隆中為徐州刺史以禽獸其行賜死于家中興初元祥子鉅鹿郡公晃子欽嗣江王景龍四年加銀青光祿大夫娶王仁皎女至千牛將軍卒

唐傳十四　十四

密王元曉高祖第二十一子也貞觀五年受封九年授虢州刺史十四年賜實封八百戶二十三年加滿千戶轉澤州刺史永徽四年除宣州刺史後歷徐州刺史上元三年薨贈司徒揚州都督陪葬獻陵謚曰貞子南安王穎嗣神龍初封穎弟亮子亹為嗣密王

滕王元嬰高祖第二十二子也貞觀十三年受封十五年賜實封八百戶授金州刺史二十三年加實封滿千戶永徽中元嬰頗驕縱逸遊動作失度高宗與書誡之曰王地在宗枝寄深磐石幼聞詩禮夙承義訓實冀孜孜無怠漸以成德豈謂不遵軌轍踰越典章且城池作固以備不虞關鑰閉開須有常準鳩合散樂并集府僚嚴關夜開非復一度過密之悲尚纏此屋王以此情事何遽紛紜又巡省百姓本觀風問俗遂乃驅率老幼借狗求罝志從禽之娛忽黎元之重時方農要屢出畋遊以彈彈人將為笑樂取適之方亦應多緒何必此事方得為娛晉陵雹主未可取則趙孝文趨走小人張四又倡優賤

隷王親與博戲極爲輕脫一府官僚何所瞻望凝寒方甚以雪埋人虐物既深何以爲樂家人奴僕侮弄官人至於此事彌不可長朕以王骨肉至親不能致王於法今與王下上考以媿王心人之有過貴在能改國有憲章私恩難再與言及此慙歎盈懷三年遷蘇州刺史尋轉洪州都督又數犯憲章削邑戶及親事帳內之半於滁州安置後起授壽州刺史轉隆州刺史弘道元年加開府儀同三司兼梁州都督文明元年薨贈司徒與州都督陪葬獻陵子長樂王循琦嗣兄弟六人垂拱中並陷詔獄神龍初以循琦弟循琣子涉嗣滕王本名茂宗狀貌類胡而豐碩開元十二年加銀青光祿大夫左驍衛將軍天寶初淮安郡別駕卒子湛然嗣十一載封滕王十五載從幸蜀除左金吾將軍

史臣曰一人元良萬國以貞若明與重離道非出震雖居嫡長寧固鈇鑕況當開創之初未見太平之兆建成殘忍豈主鬯之才元吉兇狂有覆巢之迹若非太宗逆取順守積德累功何以致三百年之延洪二十帝之纂嗣或堅持小節必虧大猷欲比秦二世隋煬帝亦不及矣元嘉脩身元軌無短元裕名理元名高潔靈夔嚴整皆有封冊之名而無磐石之固武氏之亂或連頸被刑姦臣擅權則束手爲制其望本枝百世也不亦難乎

贊曰有功曰祖有德曰宗建成元吉實爲二兇中外交構人神不容用晦而明殷憂啓聖運屬文皇功成守正善惡既分社稷乃定盤維封建本枝茂盛元嘉元軌修身慎行元裕元名行簡居正犬牙不固武氏易姓既無兵民若拘陷穽敢告後人無或失政

唐書列傳卷第十四

唐書列傳卷第十五

劉昫 等修

聞人詮校刻沈桐同校

高士廉 長孫無忌

高儉字士廉渤海蓨人曾祖飛雀後魏贈太尉祖嶽北齊侍中左僕射太尉清河王父勵字敬德北齊樂安王尚書左僕射隋洮州刺史士廉少有器局頗涉文史隋司隸大夫薛道衡起居舍人崔祖濬並稱先達與士廉結忘年之好由是公卿藉甚大業中爲治禮郎士廉妹先適隋右驍衛將軍長孫晟生子無忌及女晟卒士廉迎妹及甥於家恩情甚重見太宗潛龍時非常人因以晟女妻焉即文德皇后也隋軍伐遼時兵部尚書斛斯政亡奔高麗士廉坐與交遊謫爲朱鳶主簿事父母以孝聞嶺南瘴癘不可同行留妻鮮于氏侍養供給不足又念妹無所庇乃賣大宅買小宅以處之分其餘資輕裝而去尋屬天下大亂王命阻絕交趾太守丘和署爲司法書佐士廉久在南方不知母問安北顧彌切嘗晝寢夢其母與之言宛如膝下既覺而涕泗橫集明日果得母訊議者以爲孝感之應時欽州寧長眞率衆攻和和欲出門迎之士廉進說曰長眞兵勢雖多懸軍遠至內離外蹙不能持久且城中勝兵足以當之柰何而欲受人所制和從之因命士廉爲行軍司馬水陸俱進逆擊破之長眞僅以身免餘衆盡降及蕭銑敗高祖使徇嶺南武德五年士廉與和上表歸國累遷雍州治中時太宗爲雍州牧以士廉是文德皇后之舅素有才望甚親敬之及將誅隱太子士廉與其甥長孫無忌並預密謀六月四日士廉率吏卒釋繫囚授以兵甲馳至芳林門備與太宗合勢太宗升春宮拜太子右庶子貞觀元年擢拜侍中封義興郡公賜實封九百戶士廉明辯善容止凡有獻納搢紳之士莫不屬目時黃門侍郎王珪有密表附士廉以聞士廉寢而不言坐是出爲安州都督轉益州大都督府長史蜀土俗薄畏鬼而惡疾父母病有危殆者多不親扶侍杖頭挂食遙以哺之士廉隨方訓誘風俗頗改秦時李冰守蜀導引汶江創

浸灌之利至今地居水側者須直千金富強之家多相侵奪士廉
乃於故渠外別更疏決蜀中大獲其利又因暇日汲引辭人以爲
文會兼命儒生講論經史勉勵後進蜀中學校粲然復興蜀人
朱桃椎者淡泊爲事隱居不仕披裘帶索沉浮人間竇軌之鎮益
州也聞而召見遺以衣服逼爲鄉正桃椎口竟無言棄衣於地逃
入山中結菴澗曲夏則裸形冬則樹皮自覆人有贈遺一無所受
每爲芒屩置之於路人見之者曰朱居士之屩也爲鬻米置於本處
桃椎至夕而取之終不與人相見議者以爲焦先之流士廉下車
以禮致之及至降階與語桃椎不答直視而去士廉每令存問桃
椎見使者輒入林自匿近代以來多輕隱逸士廉獨加褒禮蜀中
以爲美談五年入爲吏部尚書進封許國公仍封一子爲縣公奬
鑒人倫雅諳姓氏凡所署用莫不人地俱允高祖崩士廉攝司空
營山陵制度事畢加特進上柱國是時朝議以山東人士好自矜
夸雖復累葉陵遲猶恃其舊地女適他族必多求聘財太宗惡

之以爲甚傷教義乃詔士廉與御史大夫韋挺中書侍郎岑文本
禮部侍郎令狐德棻等刊正姓氏於是普責天下譜諜仍憑據史
傳考其眞僞忠賢者褒進悖逆者貶黜撰爲氏族志士廉乃類
其等第以進太宗曰我與山東崔盧李鄭舊既無嫌爲其世代衰
微全無冠蓋猶自云士大夫婚姻之間則多邀錢幣才識凡下而
偃仰自高販鬻松檟依託富貴我不解人間何爲重之祗緣齊家
惟據河北梁陳僻在江南當時雖有人物偏僻小國不足可貴至
今猶以崔盧王謝爲重我平定四海天下一家凡在朝士皆功效顯
著或忠孝可稱或學藝通博所以擢用見居三品以上欲共衰代
舊門爲親縱多輸錢帛猶被偃仰我今特定族姓者欲崇重今朝
冠冕何因崔幹猶爲第一等昔漢高祖止是山東一匹夫以其平定
天下主尊臣貴卿等讀書見其行迹至今以爲美談心懷敬重
卿等不貴我官爵耶不須論數世以前止取今日官職高下作等
級遂以崔幹爲第三等及書成凡一百卷詔頒於天下賜士廉物

千段尋同中書門下三品十二年與長孫無忌等以佐命功並代襲
刺史授申國公其年拜尚書右僕射士廉既任遇益隆多所表奏
成輒焚稾人莫知之攝太子少師特令掌選十六年加授開府儀
同三司尋表請致仕聽解尚書右僕射令以開府儀同三司依舊
平章事又正受詔與魏徵等集文學之士撰文思博要一千二百
卷奏之賜物千段十七年二月詔圖形淩煙閣十九年太宗伐高
麗皇太子定州監國士廉攝太子太傅仍典朝政皇太子下令曰
攝太傅申國公士廉朝望國華儀形攸屬寡人忝膺監守實資
訓導比日聽政常屈同榻庶因諮白少祛蒙滯但據案奉對情
所未安已約束不許更進太傅誨諭深至使遵常式辭不獲免輒
復勸從所司亦宜別以一案供太傅士廉固讓不敢當二十年遇疾
太宗幸其第問之因敘說生平流涕歔欷而訣二十一年正月壬辰
薨于京師崇仁里私第時年七十二太宗又命駕將臨之司空玄齡
以上餌藥石不宜臨喪抗表切諫上曰朕之此行豈獨爲君臣之

禮兼以故舊情深姻戚義重卿勿復言也太宗從數百騎出興安
門至延喜門長孫無忌馳至馬前諫曰餌石臨喪經方明忌陛下
含育黎元須爲宗社珍愛臣亡舅士廉知將不救顧謂臣曰至尊
覆載恩隆不遺簪屨亡歿之後或致親臨內省凡才無益聖日
安可以死亡之餘輒迴宸駕魂而有靈負譴斯及陛下恩深故舊
亦請察其丹誠其言甚切太宗猶不許無忌乃伏於馬前流涕帝
乃還宮贈司徒并州都督陪葬昭陵謚曰文獻士廉祖父洎身並
爲僕射子爲尚書甥爲太尉當代榮之六子履行至行純行眞行
審行愼行及喪柩出自橫橋太宗登故城西北樓望而慟高宗即
位追贈太尉與房玄齡屈突通並配享太宗廟庭子履行貞觀
初歷祠部郎中丁母憂哀悴踰禮太宗遣使諭之曰孝子之道毀
不滅性汝宜強食不得過禮服闋累遷滑州刺史尚太宗女東陽
公主拜駙馬都尉十九年除戶部侍郎加銀青光祿大夫無幾遭
父艱居喪復以孝聞太宗手詔敦喻曰古人立孝毀不滅身聞卿

絕粒殊乖大體幸抑摧裂之情割傷生之累俄起爲衛尉卿進加金紫光祿大夫襲爵申國公永徽元年拜戶部尚書檢校太子詹事太常卿顯慶元年出爲益州大都督府長史先是士廉居此職頗著能名至是履行繼之亦有善政大爲人吏所稱三年坐與長孫無忌親累左授洪州都督轉永州刺史卒於官履行弟眞行官至右衛將軍其子典膳丞岐坐與章懷太子陰謀事洩詔付眞行令自懲誡眞行遂手刃之仍棄其屍於衢路高宗聞而鄙之貶眞行爲睦州刺史卒

長孫無忌字輔機河南洛陽人其先出自後魏獻文帝第三兄初爲拓拔氏宣力魏室功最居多世襲大人之號後更跋氏爲宗室之長改姓長孫氏七世祖道生後魏司空上黨靖王六世祖旃後魏特進上黨齊王五世祖觀後魏司徒上黨定王高祖稚西魏太保馮翊文宣王曾祖子裕西魏衛尉卿平原郡公祖兕周開府儀同三司襲平原公父晟隋右驍衛將軍無忌貴戚好學該博文史

性通悟有籌略文德皇后即其妹也少與太宗友善義軍渡河無忌至長春宮謁見授渭北道行軍典籤常從太宗征討累除比部郎中封上黨縣公武德九年隱太子建成齊王元吉謀將害太宗無忌請太宗先發誅之於是奉旨密召房玄齡杜如晦等共爲籌略六月四日無忌與尉遲敬德侯君集張公謹劉師立公孫武達獨孤彥雲杜君綽鄭仁泰李孟嘗等九人入玄武門討建成元吉平之太宗昇春宮授太子左庶子及即位遷左武候大將軍貞觀元年轉吏部尚書以功第一進封齊國公實封千三百戶太宗以無忌佐命元勳地兼外戚禮遇尤重嘗令出入臥內其年拜尚書右僕射時突厥頡利可汗新與中國和盟政教紊亂言事者多陳攻取之策太宗召蕭瑀及無忌問曰北番君臣昏亂殺戮無辜國家不違舊好便失攻昧之機今欲取亂侮亡復爽同盟之義二途不決孰爲勝耶蕭瑀曰兼弱攻昧古之爲善無忌曰今國家務在戢兵待其寇邊方可討擊彼既已弱必不能來若深入虜廷臣

未見其可且按甲存信臣以爲宜太宗從無忌之議突厥尋政衰而滅或有密表稱無忌權寵過盛太宗以表示無忌曰朕與卿君臣之間凡事無疑若各懷所聞而不言則君臣之意無以獲通因召百寮謂之曰朕今有子皆幼無忌於朕實有大功今者委之猶如子也疎間親新間舊謂之不順朕所不取也無忌深以盈滿爲誡懇辭機密文德皇后又爲之陳請太宗不獲已乃拜開府儀同三司解尚書右僕射是歲太宗親祠南郊及將還命無忌與司空裴寂同昇金輅五年與房玄齡杜如晦尉遲敬德四人以元勳各封一子爲郡公七年十月冊拜司空無忌固辭不許又因高士廉奏曰臣幸居外戚恐招聖主私親之誚敢以死請太宗曰朕之授官必擇才行若才行不至縱朕至親亦不虛授襄邑王神符是也若才有所適雖怨讎而不棄魏徵等是也朕若以無忌居后兄之愛當多遺子女金帛何須委以重官蓋是取其才行耳無忌聰明鑒悟雅有武略公等所知朕故委之台鼎無忌又上表切讓詔報之曰

昔黃帝得力牧而爲五帝先夏禹得咎繇而爲三王祖齊桓得管仲而爲五伯長朕自居藩邸公爲腹心遂得廓清宇內君臨天下以公功績才望允稱具瞻故授此官無宜多讓也太宗追思王業艱難佐命之力又作威鳳賦以賜無忌其辭曰有一威鳳憩翮朝陽晨遊紫霧夕飲玄霜資長風以舉翰戾天衢而遠翔西翥則煙氛閉色東飛則日月騰光化垂鵬於北裔訓羣鳥於南荒殄亂世而方降應明時而自彰俛翼雲路歸功本樹仰喬枝而見猜俯修條而抱蠹同林之侶俱嫉共幹之儔並忤無恒山之義情有炎洲之凶度若巢葦而居安獨懷危而履懼鴟鴞嘯乎側葉鷰雀喧乎下枝慚己陋之至鄙害他賢之獨奇或聚咮而交擊乍分羅而見羈戢凌雲之逸羽韜偉世之清儀遂乃蓄情宵影結志晨暉霜殘綺翼露點紅衣嗟憂患之易結歎矰繳之難違期畢命於一死本無情於再飛幸賴君子以依以恃引此風雲濯斯塵滓披蒙翳於葉下發光華於枝裏仙翰屈而還舒靈音摧而復起眄八

極以毀者翱臨九天而高峙庶廣德於衆禽非崇利於一己是以排
徊感德顧慕懷賢憑明哲而禍散託英才而福全甞惠之情彌
結報功之志方宜非知難而行易思令後而終前俾賢德之流慶
畢萬葉而芳傳十一年令與諸功臣世襲刺史詔曰周武定業胙
茅土於子弟漢高受命誓帶礪於功臣豈止重親賢之地崇其典
禮抑亦固盤石之基寄以藩翰魏晉已降事不師古建侯之制有
乖名實非所謂作屏王室永固無窮者也隋氏之季四海沸騰朕
運屬殷憂戡翦多難上憑明靈之祐下賴英賢之輔廓清寓縣
嗣膺寶曆豈予一人獨能致此時迍共資其力世安專享其利乃
睠於斯甚所不取但今刺史即古之諸侯雖立名不同監統一也
故申命有司斟酌前代宜條委共理之寄象賢存世及之典司空
齊國公無忌等並策名運始功參締構義貫休戚效彰夷險嘉
庸懿績簡于朕心宜委以藩鎮改錫土宇無忌可趙州刺史改封
趙國公尚書左僕射魏國公玄齡可宋州刺史改封梁國公故司

空蔡國公杜如晦可贈密州刺史改封萊國公特進代國公靖可
濮州刺史改封衛國公特進吏部尚書許國公士廉可申州刺史
改封申國公兵部尚書潞國公侯君集可陳州刺史改封陳國公
刑部尚書任城郡王道宗可鄂州刺史改封江夏郡王晉州刺史
趙郡王孝恭可觀州刺史改封河間郡王同州刺史吳國公尉遲
敬德可宣州刺史改封鄂國公并州都督府長史曹國公李勣可
蘄州刺史改封英國公左驍衛大將軍楚國公段志玄可金州刺
史改封褒國公左領軍大將軍宿國公程知節可普州刺史改封
盧國公太僕卿任國公劉弘基可朗州刺史改封夔國公相州都
督府長史郇國公張亮可澧州刺史改封鄖國公餘官食邑並如
故即令子孫奕葉承襲無忌等上言曰臣等披荊棘以事陛下今
海內寧一不願違離而乃世牧外州與遷徙何異乃與房玄齡上
表曰臣等聞質文迭變皇王之迹有殊今古相沿致理之方乃革
緬惟三代習俗靡常爰制五等隨時作教蓋由力不能制因而利

之禮樂節文多非已出逮于兩漢用矯前違置守頒條蠲除曩
弊為無益之文覃及萬方建不易之理有逾千載今曲為臣等復
此奄荒欲其優隆錫之茅社施于子孫永貽長世斯乃大鈞播物
毫髮並施其生小人踰分後世必嬰其禍何者違時易務曲樹私
恩謀及庶僚義非僉允方招史冊之誚有紊聖代之綱此其不可
一也又臣等智效罕施器識庸陋或情緣右戚遂陟台階或顧想
披荊便蒙夜拜直當今日猶愧非才重裂山河愈彰濫賞此其不
可二也又且孩童嗣職義乖師儉之方任以褰帷寧無傷錦之弊
上干天憲彝典既有常科下擾生民必致餘殃於後一掛刑網自取
誅夷陛下深仁務延其世翻令勦絕誠有可哀此其不可三也當
今聖曆欽明求賢分政古稱良守寄在共理此道之目為日滋久
因緣臣等或有改張封植兒曹失於求瘼百姓不幸將焉用之此
其不可四也在茲一舉為損實多曉夕深思憂貫心髓所以披丹
上訴指事明心不敢浮辭同於矯飾伏願天澤諒其愚款特停渙

汗之旨賜其性命之恩太宗覽表謂曰割地以封功臣古今通義
意欲公之後嗣翼朕子孫長為藩翰傳之永久而公等薄山河之
誓發言怨望朕亦安可強公以土宇耶於是遂止十二年太宗幸其
第凡是親族班賜有差十六年冊拜司徒十七年令圖畫無忌等
二十四人於凌煙閣詔曰自古皇王褒崇勳德既勒銘於鐘鼎又
圖形於丹青是以甘露良佐麟閣著其美建武功臣雲臺紀其跡
司徒趙國公無忌故司空揚州都督河間元王孝恭故司空萊國
成公如晦故司空相州都督太子太師鄭國文貞公徵司空梁國
公玄齡開府儀同三司鄂國公敬德特進衛國公靖特進宋國公
瑀故輔國大將軍揚州都督褒忠壯公志玄輔國大將軍夔國公
弘基故尚書左僕射蔣忠公通故陝東道行臺右僕射鄖節公開
山故荊州都督譙襄公柴紹故荊州都督邳襄公順德洛州都督
鄖國公張亮光祿大夫吏部尚書陳國公侯君集故左驍衛大將
軍郯襄公張公謹左領軍大將軍盧國公程知節故禮部尚書永

興文懿公虞世南故戶部尚書渝襄公劉政會光祿大夫戶部尚書莒國公唐儉光祿大夫兵部尚書英國公勣故徐州都督胡壯公秦叔寶等或材推棟梁謀猷經遠綢繆帷帳經綸霸圖或學綜經籍德範光茂隱犯同致忠讜日聞或竭力義旗委質藩邸一心表節百戰標奇或受脤廟堂闢土方面重氛載廓王略遐宣並契闊屯夷劬勞師旅贊景業於草昧翼淳化於隆平茂績殊勳冠冕列辟昌言直道牢籠搢紳宜酌故實弘茲令典可並圖畫於凌煙閣庶念功之懷無謝於前載旌賢之義永貽於後昆其年太子承乾得罪太宗欲立晉王而限以非次迴惑不決御兩儀殿羣官盡出獨留無忌及司空房玄齡兵部尚書李勣謂曰我三子一弟所爲如此我心無憀因自投於牀抽佩刀欲自刺無忌等驚懼爭前扶抱取佩刀以授晉王無忌等請太宗所欲報曰我欲立晉王無忌曰謹奉詔有異議者臣請斬之太宗謂晉王曰汝舅許汝宜拜謝晉王因下拜太宗謂無忌等曰公等既符我意未知物論何如

無忌曰晉王仁孝天下屬心久矣伏乞召問百寮必無異辭若不蹈舞同音臣負陛下萬死於是建立遂定因加授無忌太子太師尋而太宗又欲立吳王恪無忌密爭之其事遂輟太宗嘗謂無忌等曰朕聞主賢則臣直人苦不自知公宜面論攻朕得失無忌奏言陛下武功文德跨絕古今發號施令事皆利物孝經云將順其美臣順之不暇實不見陛下有所愆失太宗曰朕冀聞已過公乃妄相諛悅朕今面談公等得失以爲鑒誡言之者可以無過聞之者可以自改因目無忌曰善避嫌疑應對敏速求之古人亦當無比而總兵攻戰非所長也高士廉涉獵古今心術聰悟臨難既不改節爲官亦無朋黨所少者骨鯁規諫耳唐儉言辭俊利善和解人酒杯流行發言啓齒事朕三十載遂無一言論國家得失楊師道性行純善自無愆過而情實怯懦未甚更事緩急不可得力岑文本性道敦厚文章自其所長而持論常據經遠自當不負於物劉洎性最堅貞言多利益然其意上然諾於朋友能自補闕亦何以

尚馬周見事敏速性甚貞正至於論量人物直道而行朕比任使多所稱意褚遂良學問稍長性亦堅正既寫忠誠甚親附於朕譬如飛鳥依人自加憐愛十九年太宗征高麗令無忌攝侍中還無忌固辭師傅之位優詔聽罷太子太師二十一年遙領揚州都督二十三年太宗疾篤引無忌及中書令褚遂良二人受遺令輔政太宗謂遂良曰無忌盡忠於我我有天下多是此人力爾輔政後勿令讒毀之徒損害無忌若如此者爾則非復人臣高宗即位進拜太尉兼揚州都督知尚書及門下二省事並如故無忌固辭知尚書省事許之仍令以太尉同中書門下三品永徽二年監修國史高宗嘗謂公卿曰朕開獻書之路冀有意見可錄將擢用之比者上疏雖多而遂無可採者無忌對曰陛下即位政化流行條式律令固無遺闕言事者率其鄙見妄希僥倖至於裨俗益教理當無足可取然須開此路猶冀時有讜言如或杜絕便恐下情不達帝曰又聞所在官司猶自多有顏面無忌曰顏面阿私自古不免

然聖化所漸人皆向公至于肆情曲法實謂必無此事小小收取人情恐陛下尚亦不免況臣下私其親戚豈敢頓言絕無時無忌位當元舅數進謀議高宗無不優納之明年以旱上疏辭職高宗頻降手詔敦喻不許五年親幸無忌第見其三子並擢授朝散大夫又命圖無忌形像親爲畫贊以賜之六年帝將立昭儀武氏爲皇后無忌屢言不可帝乃密遣使賜無忌金銀寶器各一車綾錦十車以悅其意昭儀母楊氏復自詣無忌宅屢加祈請時禮部尚書許敬宗又屢申勸請無忌嘗厲色折之帝後又召無忌左僕射于志寧右僕射褚遂良謂曰武昭儀有令德朕欲立爲皇后卿等以爲如何無忌曰自貞觀二十三年後先朝付託遂良望陛下問其可否帝竟不從無忌等言而立昭儀爲皇后皇后以無忌先受重賞而不助己心甚銜之顯慶元年無忌與史官國子祭酒令狐德棻綴集武德貞觀二朝史爲八十卷表上之無忌以監領功賜物二千段封其子潤爲金城縣子四年中書令許敬宗遣人上封事

稱監察御史李巢與無忌交通謀反帝令敬宗與侍中辛茂將鞫之敬宗奏言無忌謀反有端帝曰我家不幸親戚中頻有惡事高陽公主與朕同氣往年遂與房遺愛謀反今阿舅復作惡心近親如此使我慙見萬姓敬宗曰房遺愛乳臭兒與女子謀反豈得成事且無忌與先朝謀取天下衆人服其智作宰相三十年百姓畏其威可謂威能服物智能動衆臣恐無忌知事露即爲急計攘袂一呼嘯命同惡必爲宗廟深憂誠願陛下斷之不日即收捕準法破家帝泣曰我決不忍處分與罪後代良史道我不能和其親戚使至于此敬宗曰漢文帝漢室明主薄昭即是帝舅從代來日亦有大勳與無忌不别於後惟坐殺人文帝惜國之法令朝臣喪服就宅哭而殺之良史不以爲失今無忌忘先朝之大德捨陛下之至親聽受邪謀遂懷悖逆意在塗炭生靈若比薄昭罪惡未可同年而語案諸刑典合誅五族臣聞當斷不斷反受其亂大機之事間不容髮若少遲延恐即生變惟請早決帝竟不親問無忌謀反所由惟聽敬宗誣構之說遂去其官爵流黔州仍遣使發次州府兵援

送至流所其子秘書監駙馬都尉沖等並除名流於嶺外敬宗尋與吏部尚書李義府遣大理正袁公瑜就黔州重鞫無忌反狀公瑜逼令自縊而死籍没其家無忌既有大功而死非其罪天下至今哀之上元元年優詔追復無忌官爵特令無忌孫延主齊獻公之祀無忌從父兄安世仕王世充署爲内史令東都平死於獄中安世子祥以文德皇后近屬累除刑部尚書坐與無忌通書見殺

史臣曰士廉才望素高操秉無玷保君臣終始之義爲子孫襲繼之謀社稷之臣功亦隆矣獎遇之恩賞亦厚矣及子眞行手刃其子何凶忍也若是積慶之道不其惑哉無忌戚里右族英冠人傑定立儲闈力安社稷勳庸茂著終始不渝及黜廢中宫竟不阿旨報先帝之顧託爲敬宗之誣構嗟乎忠信獲罪今古不免無名受戮族滅何辜主暗臣姦足貽後代

贊曰嚴嚴申公功名始終文皇題品信謂酌中趙公右戚兩朝宣力功成不去竟逢鬼蜮

唐書列傳卷第十五　右文林郎充兩浙東路提舉茶鹽司幹辦公事蘇之勤校勘

唐書列傳卷第十六

劉昫等修

房玄齡　杜如晦

房喬字玄齡齊州臨淄人曾祖翼後魏鎭遠將軍宋安郡守襲壯武伯祖熊字子繹褐州主簿父彥謙好學通涉五經隋涇陽令隋書有傳玄齡幼聰敏博覽經史工草隸善屬文嘗從其父至京師時天下寧晏論者咸以國祚方永玄齡乃避左右告父曰隋帝本無功德但誑惑黔黎不爲後嗣長計混諸嫡庶使相傾奪儲后藩枝競崇淫侈終當内相誅夷不足保全家國今雖清平其亡可翹足而待彥謙驚而異之年十八本州舉進士授羽騎尉吏部侍郎高孝基素稱知人見之深相嗟挹謂裴矩曰僕閲人多矣未見如此郎者必成偉器但恨不覩其聳壑凌霄耳父病綿歷十旬玄齡盡心藥膳未嘗解衣交睫父終酌飲不入口者五日後補隰城尉會義旗入關太宗徇地渭北玄齡杖策謁於軍門温彥博又薦焉太宗見

便如舊識署渭北道行軍記室參軍玄齡既遇知己罄竭心力知無不爲賊寇每平衆人競求珍玩玄齡獨先收人物致之幕府及有謀臣猛將皆與之潛相申結各盡其死力既而隱太子見太宗勳德尤盛轉生猜間太宗嘗至隱太子所食中毒而歸府中震駭計無所出玄齡因謂長孫無忌曰今嫌隙已成禍機將發天下恟恟人懷異志變端一作大亂必興非直禍及府朝正恐傾危社稷此之際會安可不深思也僕有愚計莫若遵周公之事外寧區夏内安宗祏申孝養之禮古人有云爲國者不顧小節此之謂歟孰若家國淪亡身名俱滅乎無忌曰久懷此謀未敢披露公今所說深會宿心無忌乃入白之太宗召玄齡謂曰阽危之兆其迹已見將若之何對曰國家患難今古何殊自非睿聖欽明不能安輯大王功蓋天地事鍾壓紐神贊所在匪藉人謀因與府屬杜如晦同心勠力仍隨府遷授秦王府記室封臨淄侯又以本職兼陝東道大行臺考功郎中加文學館學士玄齡在秦府十餘年常典管記每

軍書表奏駐馬立成文約理贍初無藁草高祖嘗謂侍臣曰此人
深識機宜足堪委任每爲我兒陳事必會人心千里之外猶對面語
耳隱太子以玄齡如晦爲太宗所親禮甚惡之譖之於高祖由是
與如晦並被驅斥隱太子將有變也太宗令長孫無忌召玄齡及
如晦令衣道士服潛引入閤計事及太宗入春宮擢拜太子右庶
子賜絹五千匹貞觀元年代蕭瑀爲中書令論功行賞以玄齡及
長孫無忌杜如晦尉遲敬德侯君集五人爲第一進爵邢國公賜實
封千三百戶太宗因謂諸功臣曰朕敘公等勳效量定封邑恐不能
盡當各許自言皇從父淮安王神通進曰義旗初起臣率兵先至
今房玄齡杜如晦等刀筆之吏功居第一臣竊不服上曰義旗初
起人皆有心叔父雖率得兵來未嘗身履行陣山東未定受委專
征建德南侵全軍陷沒及劉黑闥翻動叔父望風而破今計勳行
賞玄齡等有籌謀帷幄定社稷之功所以漢之蕭何雖無汗馬指
蹤推轂故得功居第一叔父於國至親誠無所愛必不可緣私濫

與功臣同賞耳初將軍丘師利等咸自矜其功或攘袂指天以手
畫地及見神通理屈自相謂曰陛下以至公行賞不私其親吾屬
何可妄訴三年拜太子少師固讓不受攝太子詹事兼禮部尚書
明年代長孫無忌爲尚書左僕射改封魏國公監修國史既任總
百司虔恭夙夜盡心竭節不欲一物失所聞人有善若己有之明達
吏事飾以文學審定法令意在寬平不以求備取人不以己長格
物隨能收敘無隔卑賤論者稱爲良相焉或時以事被譴則累日
朝堂稽顙請罪悚懼踧踖若無所容九年護高祖山陵制度以
功加開府儀同三司十一年與司空長孫無忌等四人並代襲刺史
以本官爲宋州刺史改封梁國公事竟不行十三年加太子少師
玄齡頻表請解僕射詔報曰夫選賢之義無私爲本奉上之道當
仁是貴列代所以弘風通賢所以協德公忠肅恭懿明允篤誠草
昧霸圖綢繆帝道儀形黃閣庶政惟和輔翼春宮望實斯著
而忘彼大體徇茲小節雖恭教諭之職乃辭機衡之務豈所謂弼

予一人共安四海者也玄齡遂以本官就職時皇太子將行拜禮
備儀以待之玄齡深自卑損不敢修謁遂歸于家有識者莫不重
其崇讓玄齡自以居端揆十五年女爲韓王妃男遺愛尚高陽公
主實顯貴之極頻表辭位優詔不許十六年又與士廉等同撰文
思博要成錫賚甚優進拜司空仍綜朝政依舊監修國史玄齡抗
表陳讓太宗遣使謂之曰昔留侯讓位竇融辭榮自懼盈滿知
進能退善覽止足前代美之公亦欲齊蹤往哲實可嘉尚然國家
久相任使一朝忽無良相如失兩手公若筋力不衰無煩此讓玄
齡遂止十八年與司徒長孫無忌等圖形於凌煙閣贊曰才兼藻
翰思入機神當官勵節奉上忘身高宗居春宮加玄齡太子太傅
仍知門下省事監修國史如故尋以撰高祖太宗實錄成降璽書
褒美賜物一千五百段其年玄齡丁繼母憂去職特敕賜以昭陵葬
地未幾起復本官太宗親征遼東命玄齡京城留守手詔曰公當
蕭何之任朕無西顧之憂矣軍戎器械戰士糧廩並委令處分發

遣玄齡屢上言敵不可輕尤宜誡慎尋與中書侍郎褚遂良受詔
重撰晉書於是奏取太子左庶子許敬宗中書舍人來濟著作郎
陸元仕劉子翼前雍州刺史令狐德棻太子舍人李義府薛元超
起居郎上官儀等八人分功撰錄以臧榮緒晉書爲主參考諸家
甚爲詳洽然史官多是文詠之士好採詭謬碎事以廣異聞又所
評論競爲綺豔不求篤實由是頗爲學者所譏唯李淳風深明星
曆善於著述所修天文律曆五行三志最可觀採太宗自著宣武
二帝及陸機王羲之四論於是總題云御撰至二十年書成凡一百
三十卷詔藏于秘府頒賜加級各有差玄齡嘗因微譴歸第黃門
侍郎褚遂良上疏曰君爲元首臣號股肱龍躍雲興不嘯而集苟
有時來千年朝暮陛下昔在布衣心懷拯溺手提輕劍仗義而起
平諸寇亂皆自神功文經之助頗由輔翼爲臣之勤玄齡爲最昔
呂望之扶周武伊尹之佐成湯蕭何關中王導江外方之於斯可
以爲匹且武德初策名伏事忠勤恭孝衆所同歸而前宮海陵憑

叨侍亂于時事主人不自安居累卵之危有倒懸之急命視一刻
身縻寸景玄齡之心終始無變及九年之際機臨事迫身被斥逐
闕於謨謀猶服道士之衣與文德皇后同心影助其於臣節自無
所負及貞觀之始萬物惟新甄吏事君物論推與而勳庸無比委
質惟舊自非罪狀無赦搢紳同尤不可以一犯一愆輕示遐棄陛下
必矜玄齡齒髮薄其所為古者有諷諭大臣遣其致仕自可在後
式遵前事退之以禮不失善聲今數十年勳舊以一事而斥逐在
外云云以為非是夫天子重大臣則人盡其力輕去就則物不自
安臣以庸薄忝預左右敢冒天威以申管見二十一年太宗幸翠微
宮授司農卿李緯為民部尚書玄齡時在京城留守會有自京師
來者太宗問曰玄齡聞李緯拜尚書如何對曰玄齡但云李緯好
髭鬚更無他語太宗遽改授緯洛州刺史其為當時准的如此二
十三年駕幸玉華宮時玄齡舊疾發詔令卧總留臺及漸篤追
赴宮所乘擔輿入殿將至御座乃下太宗對之流涕玄齡亦感咽

〇 二十五 唐傳十六 四 順治

不能自勝勑遣名醫救療尚食每日供御膳若微得減損太宗即
喜見顏色如聞增劇便為改容悽愴玄齡因謂諸子曰吾自度危
篤而恩澤轉深若孤負聖君則死有餘責當今天下清謐咸得其
宜唯東討高麗不止方為國患主上含怒意決臣下莫敢犯顏吾
知而不言則銜恨入地遂抗表諫曰臣聞兵惡不戢武貴止戈當
今聖化所覃無遠不屆洎上古所不臣者陛下皆能臣之所不制
者皆能制之詳觀今古為中國患害者無如突厥遂能坐運神策
不下殿堂大小可汗相次束手分典禁衛執戟行間其後延陁鴟
張尋就夷滅鐵勒慕義請置州縣沙漠以北萬里無塵至如高昌
叛換於流沙吐渾首鼠於積石偏師薄伐俱從平蕩高麗歷代逋
誅莫能討擊陛下責其逆亂弒主虐人親總六軍問罪遼碣未經
旬月即拔遼東前後虜獲數十萬計分配諸州無處不滿雪往代
之宿恥掩崤陵之枯骨比功較德萬倍前王此聖心之所自知微
臣安敢備說且陛下仁風被於率土孝德彰於配天覩夷狄之將

亡則指期數歲授將帥之節度則決機萬里屈指而候驛視景而
望書符應若神筭無遺策擢將於行伍之中取士於凡庸之末遠夷
單使一見不忘小臣之名未嘗再問箭穿七札弓貫六鈞加以留情
墳典屬意篇什筆邁鍾張辭窮班馬文鋒既振則管磬自諧輕
翰暫飛則花蘤競發撫萬姓以慈遇群臣以禮褒秋毫之善解吞
舟之網逆耳之諫必聽膚受之訴斯絕好生之德焚障塞於江湖
惡殺之仁息鼓刀於屠肆鳧鶴荷稻粱之惠犬馬蒙帷蓋之恩降
乘吮思摩之瘡登堂臨魏徵之柩哭戰亡之卒則哀動六軍負填
道之薪則精感天地重黔黎之大命特盡心於庶獄臣心識昏憒
豈足論聖功之深遠談天德之高大哉陛下兼眾美而有之靡不
備具微臣深為陛下惜之重之愛之寶之周易曰知進而不知退
知存而不知亡知得而不知喪又曰知進退存亡不失其正者惟聖
人乎由此言之進有退之義存有亡之機得有喪之理老臣所以
為陛下惜之者蓋此謂也老子曰知足不辱知止不殆謂陛下威

〇 二十五 唐傳十六 五 順治

名功德亦可足矣拓地開疆亦可止矣彼高麗者邊夷賤類不
足待以仁義不可責以常禮古來以魚鱉畜之宜從闊略若必欲
絕其種類恐獸窮則搏且陛下每決一死囚必令三覆五奏進素食
停音樂者蓋以人命所重感動聖慈也況今兵士之徒無一罪戾無
故驅之於行陣之間委之於鋒刃之下使肝腦塗地魂魄無歸令
其老父孤兒寡妻慈母望轊車而掩泣抱枯骨以摧心足以變動
陰陽感傷和氣實天下冤痛也且兵者凶器戰者危事不得已而
用之向使高麗違失臣節陛下誅之可也侵擾百姓而陛下滅之
可也久長能為中國患而陛下除之可也有一於此雖日殺萬夫不
足為愧今無此三條坐煩中國內為舊王雪恥外為新羅報讎
豈非所存者小所損者大願陛下遵皇祖老子止足之誡以保萬
代巍巍之名發霈然之恩降寬大之詔順陽春以布澤許高麗以
自新焚凌波之船罷應募之眾自然華夷慶賴遠肅邇安臣老
病三公旦夕入地所恨竟無塵露微增海嶽謹罄殘魂餘息預代

結草之誠儻蒙録此哀鳴即臣死且不朽太宗見表謂玄齡子婦高陽公主曰此人危惙如此尚能憂我國家後疾增劇遂鑿苑牆開門累遣中使候問上又親臨握手敘別悲不自勝皇太子亦就之與之訣即日授其子遺愛右衛中郎將遺則中散大夫使及目前見其通顯尋薨年七十廢朝三日册贈太尉并州都督謚曰文昭給東園秘器陪葬昭陵玄齡嘗誡諸子以驕奢沉溺必不可以地望凌人故集古今聖賢家誡書於屏風令各取一具謂曰若能留意足以保身成名又云袁家累葉忠節是吾所尚汝宜師之高宗嗣位詔配享太宗廟庭子遺直嗣永徽初爲禮部尚書汴州刺史次子遺愛尚太宗女高陽公主拜駙馬都尉官至太府卿散騎常侍初主有寵於太宗故遺愛特承恩遇與諸主壻禮秩絶異主既驕恣謀黜遺直而奪其封爵永徽中誣告遺直無禮於已高宗令長孫無忌鞫其事因得公主與遺愛謀反之狀遺愛伏誅公主賜自盡諸子配流嶺表遺直以父功特宥之除名爲庶人停玄

○齡配享

杜如晦字克明京兆杜陵人也曾祖皎周贈開府儀同大將軍遂州刺史祖徽周河內太守祖果周溫州刺史入隋工部尚書義興公周書有傳父吒隋昌州長史如晦少聰悟好談文史隋大業中以常調預選吏部侍郎高孝基深所器重顧謂之曰公有應變之才當爲棟梁之用願保崇令德今欲俯就卑職爲須少祿俸耳遂補滏陽尉尋棄官而歸太宗平京城引爲秦王府兵曹參軍俄遷陝州總管府長史時府中多英俊被外遷者衆太宗患之記室房玄齡曰府僚去者雖多蓋不足惜杜如晦聰明識達王佐才也若大王守藩端拱無所用之必欲經營四方非此人莫可太宗大驚曰爾不言幾失此人矣遂奏爲府屬後從征薛仁杲劉武周王世充竇建德嘗參謀帷幄時軍國多事剖斷如流深爲時輩所服累遷陝東道大行臺司勳郎中封建平縣男食邑三百戶尋以本官兼文學館學士天策府建以爲從事中郎畫象於丹青者十有八人而如晦爲冠首令文學褚亮爲之贊曰建平文雅休有烈光懷忠履義身立名揚其見重如此隱太子深忌之謂齊王元吉曰秦王府中所可憚者惟杜如晦與房玄齡耳因譖之於高祖乃與玄齡同被斥逐後又潛入畫策及事捷與房玄齡功等擢拜太子左庶子俄遷兵部尚書進封蔡國公賜實封千三百戶貞觀二年以本官檢校侍中攝吏部尚書仍總監東宮兵馬事號爲稱職三年代長孫無忌爲尚書右僕射仍知選事與房玄齡共掌朝政至於臺閣規模及典章文物皆二人所定甚獲當代之譽談良相者至今稱房杜焉如晦以高孝基有知人之鑒爲其樹神道碑以紀其德其年冬遇疾表請解職許之祿賜特依舊太宗深憂其疾頻遣使存問名醫上藥相望於道四年疾篤令皇太子就第臨問上親幸其宅撫之流涕賜物千段及其未終見子拜官遂超遷其子左千牛構爲尚舍奉御尋薨年四十六太宗哭之甚慟廢朝三日贈司空徙封萊國公謚曰成太宗手詔著作郎虞世南曰朕與如晦

○君臣義重不幸奄從物化追念勳舊痛悼于懷卿體吾此意爲制碑文也太宗後因食瓜而美愴然悼之遂輟食之半遣使奠於靈座又嘗賜房玄齡黃銀帶顧謂玄齡曰昔如晦與公同心輔朕今日所賜唯獨見公因泣然流涕又曰朕聞黃銀多爲鬼神所畏命取黃金帶遣玄齡親送于靈所其後太宗忽夢見如晦若平生及曉以告玄齡言之歔欷令送御饌以祭焉明年如晦亡日太宗復遣尚宮至第慰問其妻子其國官府佐並不之罷終始恩遇未之有焉子構襲爵官至慈州刺史坐弟荷謀逆徙於嶺表而卒初荷以功臣子尚城陽公主賜爵襄陽郡公授尚乘奉御貞觀中與太子承乾謀反坐斬如晦弟楚客少隨叔父淹沒於王世充淹素與如晦兄弟不睦譖如晦兄於王行滿王世充殺之并囚楚客幾至餓死楚客竟無怨色洛陽平淹當死楚客泣涕請如晦救之如晦初不從楚客曰叔已殺大兄今兄又結恨棄叔一門之內相殺而盡豈不痛哉因欲自刎如晦感其言請於太宗淹遂蒙恩宥楚客因

隱於嵩高山貞觀四年召拜給事中上謂曰聞卿山居日久志意甚
高自非宰相之任則不能出何有是理耶夫涉遠者必自邇升
高者必自下但在官為衆所許無慮官之不大爾兄雖與我體
異其心猶一於我國家非無大功為憶爾兄意欲見爾宜識朕
意纔爾兄之忠義也拜楚客蒲州刺史甚有能名後歷魏王
府長史拜工部尚書攝魏王泰府事楚客知太宗不悦承乾
魏王泰又潛令楚客友朝臣用事者至有懷金以賂之因說泰
聰明可為嫡嗣人或以聞太宗隱而不言及釁發太宗始揚其
事以其兄有佐命功免死廢于家尋授虔化令卒如晦叔父淹
淹字執禮祖業周豫州刺史父徽河內太守淹聰辯多才藝弱冠
有美名與同郡韋福嗣為莫逆之交相與謀曰好嘉遁蘇威以幽
人見徵擢居美職遂共入太白山揚言隱逸實欲邀求時譽隋
文帝聞而惡之謫戍江表後還鄉里雍州司馬高孝基上表薦之
授承奉郎大業末官至御史中丞王世充僭號署為吏部大見親

○ 二十五 唐傳十六 八 許底之

用及洛陽平初不得調淹將委質於隱太子時封德彝典選以告
房玄齡恐隱太子得之長其姦計於是遽啓太宗引為天策府兵
曹參軍文學館學士武德八年慶州總管楊文幹作亂辭連東宮
歸罪於淹及王珪韋挺等並流於越嶲太宗知淹非罪賜以黃金
三百兩及即位徵拜御史大夫封安吉郡公賜實封四百戶以淹
多識典故特詔東宮儀式簿領並取淹節度尋判吏部尚書參議
朝政前後表薦四十餘人後多知名者淹嘗薦刑部員外郎邸懷
道太宗因問淹懷道才行何如淹對曰懷道在隋日作吏部主事
甚有清慎之名又煬帝向江都之日召百官問去住之計時行計
已決公卿皆阿旨請去懷道官位極卑獨言不可臣目見此事太
宗曰卿爾可從何計對曰臣從行計太宗曰事君之義有犯無隱
卿稱懷道為是何因自不正諫對曰臣爾日不居重任又知諫必
不從徒死無益太宗曰孔子稱從父之命未為孝子故父有爭子
國有爭臣若以主之無道何為仍仕其世既食其祿豈得不匡其

非因謂羣臣曰公等各言諫事如何王珪曰昔比干諫紂而死孔
子稱其仁泄冶諫而被戮孔子曰民之多僻無自立辟是則祿重
責深理須極諫官卑望下許其從容太宗又召淹笑謂曰卿在隋
日可以位下不言近仕世充何不極諫對曰亦有諫但不見從太
宗曰世充若修德從善當不滅亡既無道拒諫卿何免禍淹無以
對太宗又曰卿在今日可為備任復欲極諫否對曰臣在今日必
盡死無隱且百里奚在虞虞亡在秦秦霸臣竊比之太宗笑時淹
兼二職而無清潔之譽又素與無忌不協為時論所譏及有疾太
宗親自臨問賜帛三百匹貞觀二年卒贈尚書右僕射謚曰襄子
敬同襲爵官至鴻臚少卿敬同子從則中宗時為蒲州刺史
史臣曰房杜二公皆以命世之才遭逢明主謀猷允協以致昇平
議者以比漢之蕭曹信矣然萊成之見用文昭之所舉也世傳太
宗嘗與文昭圖事則曰非如晦莫能籌之及如晦至焉竟從玄齡
之策也蓋房知杜之能斷大事杜知房之善建嘉謀裨諶草創東

○ 二十三 唐傳十六 九 呂成

里潤色相須而成俾無悔事賢達用心良有以也若以往哲方之
房則管仲子產杜則鮑叔罕虎矣
贊曰肇啓聖君必生賢輔何歟二公實開運祚文含經緯謀深
夾輔笙磬同音唯房與杜

唐書列傳卷第十六

右文林郎充兩浙東路提舉茶塩司幹辦公事蘇之勤校勘

李靖　李勣孫敬業　　劉昫

李靖本名藥師雍州三原人也祖崇義後魏殷州刺史永康公父詮隋趙郡守靖姿貌瓌偉少有文武材略每謂所親曰大丈夫若遇主逢時必當立功立事以取富貴其舅韓擒虎號為名將每與論兵未嘗不稱善撫之曰可與論孫吳之術者惟斯人矣初仕隋為長安縣功曹後歷駕部員外郎左僕射楊素吏部尚書牛弘皆善之素嘗拊其牀謂靖曰卿終當坐此大業末累除馬邑郡丞會高祖擊突厥於塞外靖察高祖知有四方之志因自鎖上變將詣江都至長安道塞不通而止高祖剋京城執靖將斬之靖大呼曰公起義兵本為天下除暴亂不欲就大事而以私怨斬壯士乎高祖壯其言太宗又固請遂捨之太宗尋召入幕府武德二年從討王世充以功授開府時蕭銑據荊州遣靖安輯之輕騎至

金州遇蠻賊數萬屯聚山谷廬江王瑗討之數為所敗靖與瑗設謀擊之多所剋獲既至硤州阻蕭銑久不得進高祖怒其遲留陰勑硤州都督許紹斬之紹惜其才為之請命於是獲免會開州蠻首冉肇則反率眾寇夔州趙郡王孝恭與戰不利靖率兵八百襲破其營後又要險設伏臨陣斬肇則俘獲五千餘人高祖甚悅謂公卿曰朕聞使功不如使過李靖果展其効因降璽書勞曰卿竭誠盡力功効特彰遠覽至誠極以嘉賞勿憂富貴也又手勑靖曰既往不咎舊事吾久忘之矣四年靖又陳十策以圖蕭銑高祖從之授靖行軍總管兼攝孝恭行軍長史高祖以孝恭未更戎旅三軍之任一以委靖其年八月集兵於夔州銑以時屬秋潦江水泛漲三峽路險必謂靖不能進遂休兵不設備九月靖乃率師而進將下峽諸將皆請停兵以待水退靖曰兵貴神速機不可失今兵始集銑尚未知若乘水漲之勢倏忽至城下所謂疾雷不及掩耳此兵家上策縱彼知我倉卒徵兵無以應敵此必成擒也孝恭從

之進兵至夷陵銑將文士弘率精卒數萬屯清江孝恭欲擊之靖曰士弘銑之健將士卒驍勇今新失荊門盡兵出戰此是救敗之師恐不可當也宜且泊南岸勿與爭鋒待其氣衰然後奮擊破之必矣孝恭不從留靖守營率師與賊合戰孝恭果敗奔于南岸賊舟大掠人皆負重靖見其軍亂縱兵擊破之獲其舟艦四百餘艘斬首及溺死將萬人孝恭遣靖率輕兵五千為先鋒至江陵屯營於城下士弘既敗銑甚懼始徵兵於江南果不能至孝恭以大軍繼進靖又破其驍將楊君茂鄭文秀俘甲卒四千餘人更勒兵圍銑城明日銑遣使請降靖即入據其城號令嚴肅軍無私焉時諸將咸請孝恭云銑之將帥與官軍拒戰死者罪狀既重請籍沒其家以賞將士靖曰王者之師義存弔伐百姓既受驅逼拒戰豈其所願且犬吠非其主無容同叛逆之科此蒯通所以免大戮於漢祖也今新定荊郢宜弘寬大以慰遠近之心降而籍之恐非救焚拯溺之義但恐自此已南城鎮各堅守不下非計之善於是遂止

江漢之域聞之莫不爭下以功授上柱國封永康縣公賜物二千五百段詔命檢校荊州刺史承制拜授仍度嶺至桂州遣人分道招撫其大首領馮盎李光度寗真長等皆遣子弟來謁靖承制授其官爵凡所懷輯九十六州戶六十餘萬優詔勞勉授嶺南道撫慰大使檢校桂州總管十六年輔公祏於丹陽反詔孝恭為元帥靖為副以討之李勣任瓌張鎮州黃君漢等七總管並受節度師次舒州公祏遣將馮惠亮率舟師三萬屯當塗陳正通徐紹宗領步騎二萬屯青林山仍於梁山連鐵鎖以斷江路築却月城延袤十餘里與惠亮為犄角之勢孝恭集諸將會議皆云惠亮正通並握強兵為不戰之計城柵既固卒不可攻請直指丹陽掩其巢穴丹陽既破惠亮自降孝恭欲從其議靖曰公祏精銳雖在水陸二軍然其自統之兵亦皆勁勇惠亮等城柵尚不可攻公祏既保石頭豈應易拔若我師至丹陽留停旬月進則公祏未平退則惠亮為患此便腹背受敵恐非萬全之計惠亮正通皆是百戰

餘賊必不懼於野戰止為公祏立計令其持重但欲不戰以老我
師今若攻其城柵乃是出其不意滅賊之機唯在此舉孝恭然之
靖乃率黃君漢等先擊慧亮苦戰破之殺傷及溺死者萬餘人慧
亮奔走靖率輕兵先至丹陽公祏大懼先遣僞將左遊仙領兵守
會稽以為形援公祏擁兵東走以趨遊仙至吳郡與惠亮正通並
相次擒獲江南悉平於是置東南道行臺拜靖行臺兵部尚書
賜物千段奴婢百口馬百匹其年行臺廢又檢校揚州大都督府
長史丹陽連罹兵寇百姓凋弊靖鎮撫之吳楚以安八年突厥寇
太原以靖為行軍總管統江淮兵一萬與張瑾屯大谷時諸軍不
利靖衆獨全尋檢校安州大都督高祖每云李靖是蕭銑輔公祏
膏肓古之名將韓白衛霍豈能及也九年突厥莫賀咄設寇邊徵
靖為靈州道行軍總管頡利可汗入涇陽靖率兵倍道趨豳州邀
賊歸路既而與虜和親而罷太宗嗣位拜刑部尚書并錄前後功
賜實封四百戶貞觀二年以本官兼檢校中書令三年轉兵部尚

○書突厥諸部離叛朝廷將圖進取以靖為代州道行軍總管率驍
騎三千自馬邑出其不意直趨惡陽嶺以逼之突利可汗不虞於
靖見官軍奄至於是大懼相謂曰唐兵若不傾國而來靖豈敢孤
軍而至一日數驚靖候知之潛令間諜離其心腹其所親康蘇密
來降四年靖進擊定襄破之獲隋齊王暕之子楊正道及煬帝
蕭后送于京師可汗僅以身遁以功進封代國公賜物六百段及
名馬寶器焉太宗嘗謂曰昔李陵提步卒五千不免身降匈奴尚
得書名竹帛卿以三千輕騎深入虜庭克復定襄威振北狄古今
所未有足報往年渭水之役自破定襄後頡利可汗大懼退保鐵
山遣使入朝謝罪請舉國內附又以靖為定襄道行軍總管往
迎頡利頡利雖外請朝謁而潛懷猶豫其年二月太宗遣鴻臚
卿唐儉將軍安修仁慰諭靖揣知其意謂將軍張公謹曰詔使到
彼虜必自寬遂選精騎一萬齎二十日糧引兵自白道襲之公謹
曰詔許其降行人在彼未宜討擊靖曰此兵機也時不可失韓信

所以破齊也如唐儉等輩何足可惜督軍疾進師至陰山遇其斥
候千餘帳皆俘以隨軍頡利見使者大悅不虞官兵至也靖軍將
逼其牙帳十五里虜始覺頡利畏威先走部衆因而潰散靖斬萬
餘級俘男女十餘萬殺其妻隋義城公主頡利乘千里馬將走投
吐谷渾西道行軍總管張寶相擒之以獻俄而突利可汗來奔遂
復定襄常安之地斥土界自陰山北至于大漠太宗初聞靖破頡
利大悅謂侍臣曰朕聞主憂臣辱主辱臣死往者國家草創太上
皇以百姓之故稱臣於突厥朕未嘗不痛心疾首志滅匈奴坐不
安席食不甘味今者暫動偏師無往不捷單于款塞恥其雪乎於
是大赦天下酺五日御史大夫溫彥博害其功譖靖軍無綱紀致
令虜中奇寶散於亂兵之手太宗大加責讓靖頓首謝久之太宗
謂曰隋將史萬歲破達頭可汗有功不賞以罪致戮朕則不然當
赦公之罪錄公之勳詔加左光祿大夫賜絹千匹眞食邑通前五
百戶未幾太宗謂靖曰前有人讒公今朕意已悟公勿以為懷賜

○絹二千匹拜尚書右僕射靖性沉厚每與時宰參議恂恂然似不
能言八年詔為畿內道大使伺察風俗尋以足疾上表乞骸骨言
甚懇至太宗遣中書侍郎岑文本謂曰朕觀自古已來身居富貴
能知止足者甚少不問愚智莫能自知才雖不堪強欲居職縱有
疾病猶自勉強公能識達大體深足可嘉朕今非直成公雅志欲
以公為一代楷模乃下優詔加授特進聽在第攝養賜物千段尚
乘馬兩匹祿賜國官府佐並依舊給患若小瘳每三兩日至門下
中書平章政事九年正月賜靖靈壽杖助足疾也未幾吐谷渾寇
邊太宗顧謂侍臣曰得李靖為帥豈非善也靖乃見房玄齡曰靖
雖年老固堪一行太宗大悅即以靖為西海道行軍大總管統兵
部尚書任城王道宗涼州都督李大亮右衛將軍李道彥利州刺
史高甑生等三總管征之九年軍次伏俟城吐谷渾燒去野草以
餧我師退保大非川諸將咸言春草未生馬已羸瘦不可赴敵唯
靖決計而進深入敵境遂踰積石山前後戰數十合殺傷甚衆大

破其國吐渾之衆遂殺其可汗來降靖又立大寧王慕容順而還
初利州刺史高甑生為鹽澤道總管以後軍期靖薄責之甑生
因有憾於靖及是與廣州都督府長史唐奉義告靖謀反太宗命
法官按其事甑生等竟以誣罔得罪靖乃闔門自守杜絕賓客雖
親戚不得妄進十一年改封衛國公授濮州刺史仍令代襲例竟不
行十四年靖妻卒有詔墳塋制度依漢衛霍故事築闕象突厥內
鐵山吐谷渾內積石山形以旌殊績十七年詔圖畫靖及趙郡王
孝恭等二十四人於凌煙閣十八年帝幸其第問疾仍賜絹五百匹
進位衛國公開府儀同三司太宗將伐遼東召靖入閤賜坐御前
謂曰公南平吳會北清沙漠西定慕容唯東有高麗未服公意如
何對曰臣往者憑藉天威薄展微効今殘年朽骨唯擬此行陛下
若不棄老臣病期瘳矣太宗愍其羸老不許二十三年薨于家年七
十九冊贈司徒幷州都督給班劒四十人羽葆鼓吹陪葬昭陵謚曰
景武子德謇嗣官至將作少匠靖弟客師貞觀中官至右武衛將

軍以戰功累封丹陽郡公永徽初以年老致仕性好馳獵四時從
禽無蹔止息有別業在昆明池南自京城之外西際澧水鳥獸皆
識之每出則鳥鵲隨逐而噪野人謂之鳥賊總章中卒年九十餘
客師孫令問玄宗在藩時與令問款狎及即位以協贊功累遷至
殿中少監先天中預誅竇懷貞等功封宋國公實封五百戶令問
固辭實封詔不許開元中轉殿中監左散騎常侍知尚食事令問
雖特承恩寵未嘗干預時政深為物論所稱然厚於自奉食饌豐
侈廣畜鵝豢躬臨宰殺時方奉佛其篤信之士或譏之令問曰此物
畜生與果菜何異胡為強生分別不亦遠於道乎略不以恩昵自
恃開適郊野從禽自娛十五年涼州都督王君㚟奏迴紇部落叛
令問坐與連姻左授撫州別駕尋卒大和中令問孫芳任鳳翔府
司錄參軍詣闕進高祖太宗所賜衛國公靖官告勑書手詔等十
餘卷內四卷太宗文皇帝筆迹文宗寶惜不能釋手其佩筆尚堪
書金裝木匣製作精巧帝並留禁中令書工模寫本還之賜芳絹
三百匹衣服靴笏以酬之
李勣曹州離狐人也隋末徙居滑州之衛南本姓徐氏名世勣永
徽中以犯太宗諱單名勣焉家多僮僕積粟數千鍾與其父蓋皆
好惠施拯濟貧乏不問親疏大業末韋城人翟讓聚衆為盜勣往
從之時年十七謂讓曰今此土地是公及勣鄉壤人多相識不宜自
相侵掠且宋鄭兩郡地管御河商旅往還船乘不絕就彼邀截足
以自相資助讓然之於是劫公私船取物兵衆大振隋遣齊郡通
守張須陁率師二萬討之勣與頻戰竟斬須陁於陣初李密亡命
在雍丘浚儀人王伯當匿於野伯當共勣說翟讓奉密為主隋令
王世充討密勣以奇計敗世充於洛水之上密拜勣為東海郡公時
河南山東大水死者將半隋帝令飢人就食黎陽開倉賑給時政
教已紊倉司不時賑給死者日數萬人勣言於密曰天下大亂本
是為飢今若得黎陽一倉大事濟矣密乃遣勣領麾下五千人自
原武濟河掩襲即日剋之開倉恣食一旬之間勝兵二十萬餘經歲

餘宇文化及於江都弒逆擁兵北上直指東郡時越王侗即位於
東京赦密之罪拜為太尉封魏國公授勣右武候大將軍命討化
及密遣勣守倉城勣於城外掘深溝以固守化及設攻具四面攻倉
城塹不得至城下勣於塹中為地道出兵擊之大敗而去武德二
年密為王世充所破擁衆歸朝其舊境東至于海南至于江西至
汝州北至魏郡勣並據之未有所屬謂長史郭孝恪曰魏公既歸大
唐今此人衆土地魏公所有也吾若上表獻之即是利主之敗自為
己功以邀富貴吾所恥也今宜具錄州縣名數及軍人戶口總啟魏
公聽公自獻此則魏公之功也乃遣使啟密使人初至高祖聞其無表
惟有啟與密甚怪之使者以勣意聞奏高祖大喜曰徐世勣感德
推功實純臣也詔授黎陽總管上柱國萊國公尋加右武候大將
軍改封曹國公賜姓李氏賜良田五十頃甲第一區封其父蓋為濟
陰王蓋固辭王爵乃封舒國公授散騎常侍陵州刺史令勣總統
河南山東之兵以拒王世充及李密反叛伏誅高祖以勣舊經事密

遣使報其反狀勣表請收葬詔許之勣服衰絰與舊僚吏將士葬
密於黎山之南墳高七仞釋服而散朝野義之尋而竇建德擒化
及於魏縣復進軍攻勣力屈降之建德收其父從軍爲質令勣復
守黎陽三年自拔歸京師四年從太宗伐王世充于東都累戰大
捷又東略地至武牢僞鄭州司兵沈悅請翻武牢勣夜潛兵應接
剋之擒其僞刺史荆王行本又從太宗平竇建德降王世充振旅
而還論功行賞太宗爲上將勣爲下將與太宗俱服金甲乘戎輅
告捷于太廟其父自洺州與裴矩入朝高祖見之大喜復其官爵勣
又從太宗破劉黑闥徐圓朗累遷左監門大將軍圓朗重據兗州
反授勣河南大總管以討之尋獲圓朗斬首以獻兗州平七年詔
與趙郡王孝恭討輔公祏孝恭領舟師巡江而下勣領步卒一萬
渡淮拔其壽陽至硤石公祏之將陳正通率兵十萬屯于梁山又
遣其大將馮惠亮帥水軍十萬鎖連大艦以斷江路仍於江西結
壘分守水陸以禦王師勣攻其壘尋剋之惠亮單艛而遁勣乘勝

○ 二十六 唐傳十七 七 王安

逼正通大潰以十餘騎奔于丹陽公祏棄城夜遁勣縱騎追斬之
于武康江南悉定八年突厥寇并州命勣爲行軍總管擊之于太
谷走之太宗即位拜并州都督賜實封九百戶貞觀三年爲通漢
道行軍總管至雲中與突厥頡利可汗兵會大戰於白道突厥敗
屯營于磧口遣使請和詔鴻臚卿唐儉往赦之勣時與定襄道大
總管李靖軍會相與議曰頡利雖敗人衆尚多若走渡磧保于九
姓道遥阻深追則難及今詔使唐儉至彼其必弛備我等隨後襲
之此不戰而平賊矣靖扼腕喜曰公之此言乃韓信滅田橫之策
也於是定計靖將兵逼夜而發勣勒兵繼進靖軍既至賊營大潰
頡利與萬餘人欲走渡磧勣屯軍於磧口頡利至不得渡磧其大
酋長率其部落並降于勣虜五萬餘口而還時高宗爲晉王遥
領并州大都督授勣光祿大夫行并州大都督府長史父憂解尋
起復舊職十一年改封英國公代襲蘄州刺史時並不就國復以
本官遥領太子左衛率勣在并州凡十六年令行禁止號爲稱職

太宗謂侍臣曰隋煬帝不能精選賢良安撫邊境惟解築長城
以備突厥情識之惑一至於此朕今委任李世勣於并州遂使突厥
畏威遁走塞垣安静豈不勝遠築長城耶十五年徵拜兵部尚書
未赴京會薛延陁遣其子大度設帥騎八萬南侵李思摩部落命
勣爲朔州行軍總管率輕騎三千追及延陁於青山擊大破之斬
其名王一人俘獲首領虜五萬餘計以功封一子爲縣公勣時遇暴
疾驗方云鬚灰可以療之太宗乃自翦鬚爲其和藥勣頓首見血
泣以懇謝帝曰吾爲社稷計耳不煩深謝十七年高宗爲皇太子
轉勣太子詹事兼左衛率加位特進同中書門下三品太宗謂曰
我兒新登儲貳卿舊長史今以宮事相委故有此授雖屈階資可
勿怪也太宗又嘗閑宴顧勣曰朕將屬以幼孤思之無越卿者公
往不遺於李密今豈負於朕哉勣雪涕致辭因噬指流血俄而沉
醉乃解御服覆之其見委信如此十八年太宗將親征高麗授勣
遼東道行軍大總管攻破蓋牟遼東白崖等數城又從太宗摧殄

○ 二十六 唐 傳十七 八 王安

駐蹕陣以功封一子爲郡公二十年延陁部落擾亂詔勣將二百騎
便發突厥兵討擊至烏德鞬山大戰破之其大首領梯真達官率
衆來降其可汗咄摩支南竄于荒谷遣通事舍人蕭嗣業招慰部
領送于京師磧北悉定二十二年轉太常卿仍同中書門下三品旬
日復除太子詹事二十三年太宗寢疾謂高宗曰汝於李勣無恩我
今將責出之我死後汝當授以僕射即荷汝恩必致其死力乃出
爲疊州都督高宗即位其月召拜洛州刺史尋加開府儀同三司
令同中書門下參掌機密是歲册拜尚書左僕射永徽元年抗表
求解僕射仍令以開府儀同三司依舊知政事四年册拜司空初
貞觀中太宗以勳庸特著嘗圖其形於凌煙閣至是帝又命寫形
焉仍親爲之序顯慶三年從幸東都在路遇疾帝親臨問麟德初
東封泰山詔勣爲封禪大使乃從駕次滑州其姊早寡居勣舊閭
皇后親自臨問賜以衣服仍封爲東平郡君勣又墜馬傷足上親
降問以所乘賜之乾封元年高麗莫離支男産爲其弟男建所逐

保于國内城遣子獻誠詣闕乞師總章元年命勣爲遼東道行軍
總管率兵二萬略地至鴨綠水賊遣其弟來拒戰勣縱兵擊敗之
追奔二百里至于平壤城男建閉門不敢出賊中諸城駭懼多拔
人衆遁走降款者相繼勣又引兵圍平壤遼東道副大總管劉仁
軌郝處俊將軍薛仁貴並會于平壤掎角圍之經月餘剋其城虜
其王高藏及男建男産裂其諸城並爲州縣振旅而旋令勣便道
以高藏及男建獻于昭陵禮畢備軍容入京城獻太廟二年加太
子太師增食實封通前一千一百戸其年寢疾詔以勣弟晉州刺
史弼爲司衛正卿使得視疾尋薨年七十六帝爲之舉哀輟朝七
日贈太尉揚州大都督謚曰貞武給東園秘器陪葬昭陵令司平
太常伯楊昉攝同文正卿監護及葬日帝幸未央古城登樓臨送
望柳車慟哭并爲設祭皇太子亦從駕臨送哀慟悲感左右詔百
官送至故城西北所築墳一準衛霍故事象陰山鐵山及烏德鞬
山以旌破突厥薛延陁之功光宅元年詔勣配享高宗廟庭勣前後

二十六　唐傳十七　九　余全

。戰勝所得金帛皆散之於將士初得黎陽倉就倉者數十萬人魏
徵高季輔杜正倫郭恪皆客遊其所一見於衆人中即加禮敬引之
臥内談謔忘倦及平武牢獲僞鄭州長史戴冑知其行能尋釋放
冑推薦咸至顯達當時稱其有知人之鑒又初平王世充獲其故
人單雄信依例處死勣表稱其武藝絶倫若收之於合死之中必大
感恩堪爲國家盡命請以官爵贖之高祖不許臨將就戮勣對之
號慟割股肉以啖之曰生死永訣此肉同歸於土矣仍收養其子每
行軍用師頗任籌算臨敵應變動合事機與人圖計識其臧否
聞其片善扼腕而從事捷之日多推功於下以是人皆爲用所向
多剋捷洎勣之死聞者莫不悽愴與弟弼特存友愛閨門之内
肅若嚴君自遇疾高宗及皇太子送藥即取服之家中召醫巫皆
不許入門子弟固以藥進勣謂曰我山東一田夫耳攀附明主濫居
富貴位極三台年將八十豈非命乎脩短必是有期寧容浪就醫
人求活竟拒而不進忽謂弼曰我似得小差可置酒以申宴樂於

是堂上奏女妓簷下列子孫宴罷謂弼曰我自量必死欲與汝一別
耳恐汝悲哭誑言似差可未須啼泣聽我約束我見房玄齡杜如
晦高季輔辛苦作得門戸亦望垂裕後昆並遭癡兒破家蕩盡我
有如許豚犬將以付汝汝可防察有操行不倫交遊非類急即打
殺然後奏知又見人多埋金玉亦不須爾惟以布裝露車載我棺
柩棺中斂以常服惟加朝服一副死儻有知望著此奉見先帝明
器惟作馬五六匹下帳用幔皁爲頂白紗爲裙其中著十箇木人
示依古禮芻靈之義此外一物不用姬媵已下有兒女而願住自
養者聽之餘並放出事畢汝即移入我堂撫恤小弱違我言者同
於戮屍此後略不復語弼等遵行遺言勣少弟感幼有志操李
密之敗也陷於王世充世充逼令以書召勣感曰家兄立身不虧名
節今已事主君臣分定決不以感造次改圖卒不肯世充怒遂害
焉時年十五勣長子震顯慶初官至梓州刺史先勣卒勣孫敬業
高宗崩則天太后臨朝既而廢帝爲廬陵王立相王爲皇帝而政

二十六　唐傳十七　十　余全

。由天后諸武皆當權任人情憤怨時給事中唐之奇貶授括蒼令
長安主簿駱賓王貶授臨海丞詹事司直杜求仁黜黟縣丞敬業坐
事左授柳州司馬其弟盩厔令敬猷亦坐累左遷俱在揚州敬業
用前盩厔尉魏思溫謀據揚州嗣聖元年七月敬業遣其黨監察
御史薛璋先求使江都又令雍州人韋超詣璋告變云揚州長史
陳敬之與唐之奇謀逆璋乃收敬之繫獄居數日敬業矯制殺敬
之自稱揚州司馬詐言高州首領馮子猷叛逆奉密詔募兵進討
是日開府庫令士曹參軍李宗臣解繫囚及丁役工匠得數百人皆
授之以甲錄事參軍孫處行拒命敬業斬之以徇遂據揚州鳩聚
民衆以匡復廬陵爲辭乃開三府一曰匡復府二曰英公府三曰揚州
大都督府敬業自稱匡復府上將領揚州大都督以杜求仁唐
之奇駱賓王爲府屬餘皆僞署職位旬日之間勝兵有十餘萬仍
移檄諸郡縣曰僞臨朝武氏者人非溫順地實寒微昔充太宗下
陳嘗以更衣入侍洎乎晚節穢亂春宮密隱先帝之私陰圖後庭

之嬖入門見嫉蛾眉不肯讓人掩袖工讒狐媚偏能惑主踐元后
於翬翟陷吾君於聚麀加以虺蜴爲心豺狼成性近狎邪僻殘害
忠良殺姊屠兄弒君鴆母人神之所同嫉天地之所不容猶復苞藏
禍心窺竊神器君之愛子幽之於別宮賊之宗盟委之以重任嗚
呼霍子孟之不作朱虛侯之已亡鷰啄皇孫知漢祚之將盡龍漦
帝后識夏廷之遽衰敬業皇唐舊臣公侯冢胤奉先君之成業
荷本朝之舊恩宋微子之興悲良有以也袁君山之流涕豈徒然
哉是用氣憤風雲志安社稷因天下之失望順宇內之推心爰舉
義旗誓清妖孽南連百越北盡三河鐵騎成羣玉軸相接海陵紅
粟倉儲之積靡窮江浦黃旗匡復之功何遠班聲動而北風起劍
氣衝而南斗平喑嗚則山嶽崩頹叱吒則風雲變色以此制敵何
敵不摧以此圖功何功不克公等或家傳漢爵或地協周親或膺
重寄於爪牙或受顧命於宣室言猶在耳忠豈忘心一坏之土未乾
六尺之孤何在儻能轉禍爲福送往事居共立勤王之師無廢舊君

二十六【唐傳十七　十一　阮子

之命凡諸爵賞同裂山河請看今日之域中竟是誰家之天下則
天命左玉鈴衞大將軍李孝逸將兵三十萬討之追削敬業祖父
官爵剖墳斲棺復本姓徐氏初敬業兵集高其所向薛璋曰金陵
王氣猶在大江設險可以自固且取常潤等州以爲霸基然後治兵
北渡魏思溫曰兵貴神速但宜早渡淮而北招合山東豪傑乘其
未集直取東都據關決戰此上策也敬業不從十月率衆渡江攻
拔潤州殺刺史李思文先是太子賢爲天后所廢死于巴州敬業
乃求狀貌似賢者置於城中奉之爲主云賢本不死孝逸軍渡淮
至楚州敬業之衆狼狽還江都屯兵高郵以拒之頻戰大敗孝逸
乘勝追躡敬業奔至揚州與唐之奇杜求仁等乘小舸將入海投
高麗追兵及皆擒獲之初敬業傳檄至京師則天讀之微哂至一坏
之土未乾遽問侍臣曰此語誰爲之或對曰駱賓王之辭也則天
曰宰相之過安失此人中宗返正詔曰故司空勣往因敬業毀廢墳
塋朕追想元勳永懷佐命昔竇憲干紀無累安豐之祠霍禹亂常

猶全博陸之塋罪不相及國之通典宜特垂恩禮令所司速爲起
墳所有官爵並宜追復勣諸子孫坐敬業誅殺靡有遺胤偶脫禍
者皆竄迹胡越貞元十七年吐蕃陷麟州驅掠民畜而去至鹽州
西橫槽烽蕃將號徐舍人者環集漢俘於呼延州謂僧延素曰師
勿甚懼予本漢五代孫也屬武太后斲喪王室吾祖建義不果子
孫流落絕域今三代矣雖代居職任掌握兵要然思本之心無忘
於國但族屬已多無由自拔耳此地蕃漢交境放師還鄉數千百
人解縛而遣之

史臣曰近代稱爲名將者英衞二公誠煙閣之最英公振彭黥之迹
自拔草莽常能以義藩身與物無忤遂得功名始終賢哉垂命之
誡敬業不蹈貽謀至於覆族悲夫衞公將家子綽有渭陽之風臨
戎出師凜然威斷位重能避功成益謙銘之鼎鐘何慙耿鄧美
哉

贊曰功以懋賞震則危辭祿避位除猜破疑功定華夷志懷忠義白
首平戎賢哉英衞

二十六【唐傳十七　十二　阮子

唐書列傳卷第十七

劉昫　等修

尉遲敬德　秦叔寶　程知節　段志玄　張公謹

尉遲敬德朔州善陽人大業末從軍於高陽討捕羣賊以武勇稱累授朝散大夫劉武周起以爲偏將與宋金剛南侵陷晉澮二州敬德深入至夏縣應接呂崇茂襲破永安王孝基執獨孤懷恩唐儉等武德三年太宗討武周于栢壁武周令敬德與宋金剛來拒王師於介休金剛戰敗奔於突厥敬德收其餘衆城守介休太宗遣任城王道宗宇文士及往諭之敬德與尋相舉城來降太宗大悅賜以曲宴引爲右一府統軍從擊王世充於東都既而尋相與武周下降將皆叛諸將疑敬德必叛囚於軍中行臺左僕射屈突通尚書殷開山咸言敬德初歸國家情志未附此人勇健非常縶之又久既被猜貳怨望必生留之恐貽後悔請即殺之太宗曰寡人所見有異於此敬德若懷翻背之計豈在尋相之後耶遽命釋之

引入臥內賜以金寶謂曰丈夫以意氣相期勿以小疑介意寡人終不聽讒言以害忠良公宜體之必應欲去今以此物相資表一時共事之情也是日因從獵於榆窠遇王世充領步騎數萬來戰世充驍將單雄信領騎直趨太宗敬德躍馬大呼橫刺雄信墜馬賊徒稍却敬德翼太宗以出賊圍更率騎兵與世充交戰數合其衆大潰擒僞將陳智略獲排矟兵六千人太宗謂敬德曰比衆人證公必叛天誘我意獨保明之福善有徵何相報之速也特賜金銀一篋此後恩眄日隆敬德善解避矟每單騎入賊陣賊矟攢刺終不能傷又能奪取賊矟還以刺之是日出入重圍往返無礙齊王元吉亦善馬矟聞而輕之欲親自試命去矟刃以竿相刺敬德曰縱使加刃終不能傷請勿除之敬德矟謹當却刃元吉竟不能中太宗問曰奪矟避矟何者難易對曰奪矟難乃命敬德奪元吉矟元吉執矟躍馬志在刺之敬德俄頃三奪其矟元吉素驍勇雖相歎異甚以爲恥及竇建德營於板渚太宗將挑戰先伏李勣程知節秦叔寶等兵太宗持弓矢敬德執矟造建德壘下大呼致師賊衆大驚擾出兵數千騎太宗逡巡漸却前後射殺數人敬德所殺亦十數人遂引賊以入伏內於是與勣等奮擊大破之王世充兄子僞代王琬使於建德軍中乘隋煬帝所御驄馬鎧甲甚鮮逈出軍前以誇衆太宗曰彼之所乘眞良馬也敬德請往取之乃與高甑生梁建方三騎直入賊軍擒琬引其馬以歸賊衆無敢當者又從討劉黑闥於臨洺黑闥軍來襲李世勣太宗勒兵掩賊復以救之既而黑闥衆至其軍四合敬德率壯士犯圍而入大破賊陣太宗與江夏王道宗乘之以出又從破徐圓朗累有戰功授秦王府左二副護軍隱太子巢剌王元吉將謀害太宗密致書以招敬德曰願迂長者之眷敦布衣之交幸副所望也仍贈以金銀器物一車敬德辭曰敬德起自幽賤逢遇隋亡天下土崩竄身無所久淪逆地罪不容誅實荷秦王惠以生命今又隸名藩邸唯當以身報恩於殿下無功不敢謬當重賜若私許殿下便是二心徇

利忘忠殿下亦何所用建成怒是後遂絕敬德尋以啓聞太宗曰公之素心鬱如山嶽積金至斗知公情不可移送來但取寧須慮也若不然恐公身不安且知彼陰計足爲良策元吉等深忌敬德令壯士往刺之敬德知其計乃重門洞開安臥不動賊頻至其庭終不敢入元吉乃譖敬德於高祖下詔獄訊驗將殺之太宗固諫得釋會突厥侵擾烏城建成舉元吉爲將密謀請太宗同送於昆明池將加害敬德聞其謀與長孫無忌遽啓太宗曰大王若不速正之則恐被其所害社稷危矣太宗歎曰今二宮離阻骨肉嫌弃君親危亡之機共所知委寡人雖深被猜忌禍在須臾然同氣之情終所未忍欲待其先起然後以義討之公意以爲何如敬德曰人情畏死衆人以死奉王此天授也若天與不取反受其咎雖存仁愛之小情忘社稷之大計禍至而不恐將亡而自安失人臣臨難不避之節乏先賢大義滅親之事非所聞也以臣愚誠請先誅之王若不從敬德請奔逃亡命不能交手受戮且因敗成功明

賢之高見轉禍為福智士之先機敬德今若逃亡無忌亦欲同去太宗猶豫未決無忌曰王今不從敬德之言必知敬德等非王所有事今敗矣其若之何太宗曰寡人所言未可全弃公更圖之敬德曰王今處事有疑非智臨難不決非勇王縱不從敬德言請自決計其如家國何其如身命何且在外勇士八百餘人今悉入宮控弦被甲事勢已就王何得辭敬德又與侯君集日夜進勸然後計定時房玄齡杜如晦皆被高祖斥出秦府不得復入太宗令長孫無忌密召之玄齡等報曰有勑不許更事王今若私謁必至誅滅不敢奉命太宗大怒謂敬德曰玄齡如晦豈叛我耶取所佩刀授敬德曰公且往觀其無來心可並斬其首持來也敬德又與無忌諭曰王已决計克日平賊公宜即入籌之我等四人不宜羣行在道於是玄齡如晦著道士服隨無忌入敬德別道亦至六月四日建成既死敬德領七十騎躡踵繼至元吉走馬東奔左右射之墜馬太宗所乘馬又逸於林下橫被所縶墜不能興元吉遽來奪弓垂欲相扼敬德躍馬叱之於是步走欲歸武德殿敬德奔逐射殺之其宮府諸將薛萬徹謝叔方馮立等率兵大至屯於玄武門殺屯營將軍敬德持建成元吉首以示之宮府兵遂散是時高祖泛舟於海池太宗命敬德侍衛高祖敬德擐甲持矛直至高祖所高祖大驚問曰今日作亂是誰卿來此何也對曰秦王以太子齊王作亂舉兵誅之恐陛下驚動遣臣來宿衛高祖意乃安南衙北門兵馬及二宮左右猶相拒戰敬德奏請降手勑令諸軍兵並受秦王處分於是內外遂定高祖勞敬德曰卿於國有安社稷之功賜珍物甚衆太宗昇春宮授太子左衛率時議者以建成等左右百餘人並合從坐籍沒唯敬德執不聽曰為罪者二凶今已誅訖若更及支黨非取安之策由是獲免及論功敬德與長孫無忌為第一各賜絹萬匹齊王府財幣器物封其全邸盡賜敬德貞觀元年拜右武候大將軍賜爵吳國公與長孫無忌房玄齡杜如晦四人並食實封千三百戶會突厥來入寇授涇州道行軍總管以擊

之賊至涇陽敬德輕騎與其挑戰殺其名將賊遂敗敬德好訐直負其功每見無忌玄齡如晦等短長必面折廷辯由是與執政不平三年出為襄州都督八年累遷同州刺史嘗侍宴慶善宮時有班在其上者敬德怒曰汝有何功合坐我上任城王道宗次其下因解諭之敬德勃然拳毆道宗目幾至眇太宗不懌而罷謂敬德曰朕覽漢史見高祖功臣獲全者少意常尤之及居大位以來常欲保全功臣令子孫無絕然卿居官輒犯憲法方知韓彭夷戮非漢祖之愆國家大事唯賞與罰非分之恩不可數行勉自修飭無貽後悔也十一年封建功臣為代襲刺史冊拜敬德宣州刺史改封鄂國公後歷鄜夏二州都督十七年抗表乞骸骨授開府儀同三司令朝朔望尋與長孫無忌等二十四人圖形於凌煙閣及太宗將征高麗敬德奏言車駕若自往遼左皇太子又在定州東西二京府庫所在雖有鎮守終是空虛遼東路遙恐有玄感之變且邊隅小國不足親勞萬乘伏請委之良將自可應時摧滅太宗不納令以

本官行太常卿為左一馬軍總管從破高麗於駐蹕山軍還依舊致仕敬德末年篤信仙方飛鍊金石服食雲母粉穿築池臺崇飾羅綺嘗奏清商樂以自奉養不與外人交通凡十六年顯慶三年高宗以敬德功追贈其父為幽州都督其年薨年七十四高宗為之舉哀廢朝三日令京官五品以上及朝集使赴宅哭冊贈司徒并州都督謚曰忠武賜東園秘器陪葬於昭陵子寶琳嗣官至衛尉卿

秦叔寶名瓊齊州歷城人大業中為隋將來護兒帳內叔寶喪母護兒遣使弔之軍吏怪曰士卒死亡及遭喪者多矣將軍未嘗降問獨弔叔寶何也答曰此人勇悍加有志節必當自取富貴豈得以卑賤處之隋末羣盜起從通守張須陁擊賊帥盧明月於下邳賊衆十餘萬須陁所統纔萬人力勢不敵去賊六七里立柵相持十餘日糧盡將退謂諸將士曰賊見兵却必輕來追我其衆既出營內即虛若以千人襲營可有大利此誠危險誰能去者人皆莫對唯叔寶與羅士信請行於是須陁委柵遁使二人分領千兵伏

於蘆葦間既而明月果悉兵追之叔寶與士信馳至其柵柵門閉
不得入二人超升其樓拔賊旗幟各殺數人營中大亂叔寶士信又
斬關以納外兵因縱火焚其三十餘柵煙焰漲天明月奔還須陁
又迴軍奮擊大破賊衆明月以數百騎遁去餘皆虜之由是勇氣
聞於遠近又擊孫宣雅於海曲先登破之以前後累勳授建節尉
從須陁進擊李密於滎陽軍敗須陁死之叔寶以餘衆附裴仁基
會仁基以武牢降於李密密得叔寶大喜以為帳內驃騎待之甚
厚密與化及大戰於黎陽童山為流矢所中墮馬悶絕左右奔散
追兵且至唯叔寶獨捍衛之密遂獲免叔寶又收兵與之力戰化及
乃退後密敗又為王世充所得署龍驤大將軍叔寶薄世充之多
詐因其出抗官軍至于九曲與程齩金吳黑闥牛進達等數十騎
西馳百許步下馬拜世充曰雖蒙殊禮不能仰事請從此辭世充
不敢逼於是來降高祖令事秦府太宗素聞其勇厚加禮遇從鎮
長春宮拜馬軍總管又從征於美良川破尉遲敬德功最居多高

祖遣使賜以金瓶勞之曰卿不顧妻子遠來投我又立功効朕肉可
為卿用者當割以賜卿況子女玉帛乎卿當勉之尋授秦王右三
統軍又從破宋金剛於介休錄前後勳賜黃金百斤雜綵六千段
授上柱國從討王世充每為前鋒太宗將拒竇建德於武牢叔寶
以精騎數十先陷其陣世充平進封翼國公賜黃金百斤帛七千
段從平劉黑闥賞物千段叔寶每從太宗征伐敵中有驍將銳卒
炫燿人馬出入來去者太宗頗怒之輒命叔寶往取叔寶應命躍
馬負槍而進必刺之萬衆之中人馬辟易太宗以是益重之叔寶
亦以此頗自矜尚六月四日從誅建成元吉事寧拜左武衛大將
軍食實封七百戶其後每多疾病因謂人曰吾少長戎馬所經二
百餘陣屢中重瘡計吾前後出血亦數斛矣安得不病乎十二年
卒贈徐州都督陪葬昭陵太宗特令所司就其塋內立石人馬以
旌戰陣之功焉十三年改封胡國公十七年與長孫無忌等圖形
於凌煙閣

程知節本名齩金濟州東阿人也少驍勇善用馬矟大業末聚徒
數百共保鄉里以備他盜後依李密署為內軍驃騎時密於軍中
簡勇士尤異者八千人隸四驃騎分為左右以自衛號為內軍自云
此八千人可當百萬知節既領其一甚被恩遇及王世充出城決戰
知節領內馬軍與密同營在北邙山上單雄信領外馬軍營在偃
師城北世充來襲雄信營密遣知節及裴行儼助之行儼先馳赴
敵為流矢所中墜於地知節救之殺數人世充軍披靡乃抱行儼
重騎而還為世充騎所逐刺槊洞過知節迴身捩折其槊兼斬獲
追者於是與行儼俱免及密敗世充得之接遇甚厚知節謂秦叔
寶曰世充器度淺狹而多妄語好為咒誓乃巫師老嫗耳豈是撥
亂主乎及世充拒王師於九曲知節領兵在其陣與秦叔寶等馬
上揖世充曰荷公接待極欲報恩公性猜貳傍多扇惑非僕託身
之所今謹奉辭於是躍馬與左右數十人歸國世充懼不敢追之
授秦王府左三統軍破宋金剛擒竇建德降王世充並領左一馬

軍總管每陣先登以功封宿國公武德七年建成忌之構之於高
祖除康州刺史知節白太宗曰大王手臂今並翦除身必不久知
節以死不去願速自全六月四日從太宗討建成元吉事定拜太子
右衛率遷右武衛大將軍賜實封七百戶貞觀中歷瀘州都督
左領軍大將軍與長孫無忌等代襲刺史改封盧國公授普州刺
史十七年累轉左屯衛大將軍檢校北門屯兵加鎮軍大將軍永
徽六年遷左衛大將軍顯慶二年授葱山道行軍大總管以討賀
魯師次怛篤城有胡人數千家開門出降知節屠城而去賀魯遂
即遠遁軍還坐免官未幾授岐州刺史表請乞骸骨許之麟德二
年卒贈驃騎大將軍益州大都督陪葬昭陵子處默襲爵盧國公
處亮以功臣子尚太宗女清河長公主授駙馬都尉左衛中郎將
少子處弼官至右金吾將軍處弼子伯獻開元中左金吾大將軍
段志玄齊州臨淄人也父偃師隋末為太原郡司法書佐從高祖
起義官至郢州刺史志玄從父在太原甚為太宗所接待義兵起

志玄募得千餘人授右領大都督府軍頭從平霍邑下絳郡攻永豐倉皆爲先鋒歷遷左光祿大夫從劉文靜拒屈突通于潼關文靜爲通將桑顯和所襲軍營已潰志玄率二十騎赴擊殺數十人而還爲流矢中足慮衆心動忍而不言更入賊陣者再三顯和軍亂大軍因此復振擊大破之及屈突通之遁志玄與諸將追而擒之以功授樂遊府驃騎將軍後從討王世充深入陷陣馬倒爲賊所擒兩騎夾持其髻將渡洛水志玄踊身而奮二人俱墮馬馳歸追者數百騎不敢逼及破竇建德平東都功又居多遷秦王府右二護軍賞物二千段隱太子建成巢剌王元吉競以金帛誘之志玄拒而不納密以白太宗竟與尉遲敬德等同誅建成元吉太宗即位累遷左驍衛大將軍封樊國公食實封九百戶文德皇后之葬也志玄與宇文士及分統士馬出肅章門太宗夜使宮官至二將軍所士及開營內使者志玄閉門不納曰軍門不可夜開使者曰此有手勑志玄曰夜中不辯眞僞竟停使者至曉太宗聞而歎

曰此眞將軍也周亞夫無以加焉十一年定世封之制授金州刺史改封褒國公十二年拜右衛大將軍十四年加鎭軍大將軍十六年寢疾太宗親自臨視涕泣而別顧謂曰當與卿子五品志玄頓首固請迴授母弟志感太宗遂授志感左衛郎將及卒上爲發哀哭之甚慟贈輔國將軍揚州都督陪葬昭陵謚曰忠壯十七年正月詔圖形於凌煙閣子積襲爵褒國公武太后時官至左屯衛大將軍子懷簡襲爵開元中官至太子詹事

張公謹字弘愼魏州繁水人也初爲王世充洧州長史武德元年與王世充所署洧州刺史崔樞以州城歸國授鄒州別駕累除右武候長史初未知名李勣驟薦於太宗尉遲敬德亦言之乃引入幕府時太宗爲隱太子建成巢王元吉所忌因召公謹問以自安之策對甚合旨漸見親遇及太宗將討建成元吉遣卜者灼龜占之公謹自外來見遽投于地而進曰凡卜筮者將以決嫌疑定猶豫今旣事在不疑何卜之有縱卜之不吉勢不可已願大王思之太宗深然其言六月四日公謹與長孫無忌等九人伏於玄武門以俟變及斬建成元吉其黨來攻玄武門兵鋒甚盛公謹有勇力獨閉關以拒之以功累授左武候將軍封定遠郡公賜實封一千戶貞觀元年拜代州都督上表請置屯田以省轉運又前後言時政得失十餘事並見納用後遣李靖經略突厥以公謹爲副公謹因言突厥可取之狀曰頡利縱欲肆情窮凶極暴誅害良善暱近小人即主昏於上其可取一也又其別部同羅僕骨迴紇延陁之類並自立君長將圖反噬此則衆叛於下其可取二也突厥被疑輕騎自免拓設出討匹馬不歸欲谷喪師立足無地此則兵挫將敗其可取三也塞北霜早粮糇乏絶其可取四也頡利疎其突厥親委諸胡胡人翻覆是其常性大軍一臨內必生變其可取五也華人入北其類寔多比聞自相嘯聚保據山險師出塞垣自然有應其可取六也太宗深納之破定襄敗頡利璽書慰勞進封鄒國公轉襄州都督甚有惠政卒官年三十九太宗聞

而嗟悼出次發哀有司奏言準陰陽書曰子在辰不可哭泣又爲流俗所忌太宗曰君臣之義同於父子情發於衷安避辰日遂哭之贈左驍衛大將軍謚曰襄十三年追思舊功改封郯國公十七年圖形於凌煙閣永徽中又贈荆州都督長子大象嗣官至戶部侍郎次子大業大安並知名大業龍朔中歷位東臺舍人兼修國史卒於懷州長史撰後魏書一百卷隋書三十卷大安上元中歷太子庶子同中書門下三品時章懷太子在春宮令大安與太子洗馬劉訥言等注范曄後漢書官廢左授普州刺史光宅中卒於橫州司馬大安子浣開元中爲國子祭酒

史臣曰敬德奮梢陷陣鼓勇王師却賂報恩竭忠霸主然而奮拳負氣非自全之道文皇告誡之言可爲功臣藥石叔寶善用馬稍拔賊壘則以寡敵衆可謂勇矣知節志平國難拜隼旟則致命輔君可謂忠矣而並曉世充之猜貳識唐代之霸圖可謂見機君子矣志玄中鏑不言竟安師旅公謹投龜定議志助儲君皆所謂猛

將謀臣知機識變有唐之盛斯實賴焉

贊曰太宗經綸實賴虎臣胡鄂諸將奮不顧身圖形淩煙配食

嚴禋光諸簡冊爲報君親

唐書列傳卷第十八

右文林郎充兩浙東路提舉茶鹽司幹辦公事左緜之勤校勘

唐書列傳卷第十九

劉昫

侯君集　張亮　薛萬徹（兄萬均 劉世讓 盛彥師 劉蘭 盧祖尚 李君羨等附）

侯君集豳州三水人也性矯飾好矜誇翫弓矢而不能成其藝乃以武勇自稱太宗在藩引入幕府數從征伐累除左虞候車騎將軍封全椒縣子漸蒙恩遇參預謀議建成元吉之誅也君集之策居多太宗即位遷左衛將軍以功進封潞國公賜邑千戶尋拜右衛大將軍貞觀四年遷兵部尚書參議朝政時將討吐谷渾伏允命李靖爲西海道行軍大總管以君集及任城王道宗並爲之副九年三月師次鄯州君集言於靖曰大軍已至賊虜尚未走險宜簡精銳長驅疾進彼不我虞必有大利若此策不行潛遁必遠山障爲阻討之實難靖然其計乃簡精銳輕齎深入道宗追及伏允之衆於庫山破之伏允輕兵入磧以避官軍靖乃中分士馬爲兩道並入靖與薛萬均李大亮趣北路使侯君集道宗趣南路歷破邏眞谷踰漢哭山經途二千餘里行空虛之地盛夏降霜山多積雪轉戰過星宿川至于柏海頻與虜遇皆大剋獲北望積石山觀河源之所出焉乃旋師與李靖會于大非川平吐谷渾而還十一年與長孫無忌等俱受世封授君集陳州刺史改封陳國公明年拜吏部尚書進位光祿大夫君集出自行伍素無學術及被任遇方始讀書典選舉定考課出爲將領入參朝政並有時譽高昌王麴文泰時遏絕西域商賈太宗徵文泰入朝而稱疾不至詔以君集爲交河道行軍大總管討之文泰聞王師將起謂其國人曰唐國去此七千里沙磧闊二千里地無水草冬風凍寒夏風如焚風之所吹行人多死常行百人不能得至安能致大軍乎若頓兵於吾城下二十日食必盡自然魚潰乃接而虜之何足憂也及軍至磧口而文泰卒其子智盛襲位君集率兵至柳谷候騎言文泰剋日將葬國人咸集諸將請襲之君集曰不可天子以高昌驕慢無禮使吾龔行天罰今襲人於墟墓之間非問罪之師也於是鼓行而

前攻其田地賊嬰城自守君集諭之不行先是大軍之發也上召山東善爲攻城器械者悉遣從軍君集遂刊木塡隍推撞車撞其睥睨數丈積穴拋車石擊其城中其所當者無不糜碎或張氊被用障拋石城上守陴者不復得立遂拔之虜其男女七千餘口仍進兵圍其都城智盛窮蹙致書於君集曰有罪於天子者先王也天罰所加身已喪背智盛襲位未幾不知所以愆闕冀尚書哀憐君集報曰若能悔禍宜束手軍門智盛猶不出因命士卒塡其隍塹發拋車以攻之又爲十丈高樓俯視城內有行人及飛石所中處皆唱言之人多入室避石初文泰與西突厥欲谷設約有兵至共爲表裏及聞君集至欲谷設懼而西走千餘里智盛失援計無所出遂開門出降君集分兵略地遂平其國俘智盛及其將吏刻石紀功而還君集初破高昌曾未奏請輒配沒無罪人又私取寶物將士知之亦競來盜竊君集恐發其事不敢制及京師有司請推其罪詔下獄中書侍郎岑文本以爲功臣大將不可輕加屈

辱上疏曰君集等或位居輔佐或職惟爪牙並蒙拔擢受將帥之任不能正身奉法以報陛下之恩舉厝肆情罪負盈積實宜繩之刑典以肅朝倫但高昌昏迷人神共棄在朝議者以其地在遐荒咸欲置之度外唯陛下運獨見之明授決勝之略君集等奉行聖筭遂得指期平殄若論事實並是陛下之功君集等有道路之勞未足稱其勳力而陛下天德弗宰乃推功於將帥露布初至便降大恩從征之人皆霑滌蕩及其凱旋特蒙曲宴又對萬國加之重賞內外文武咸欣陛下賞不踰時而不經旬日並付大理雖乃君集等自挂網羅而在朝之人未知所犯恐海內又疑陛下唯錄其過似遺其功臣以下才謬參近職既有所見不敢默然臣聞古之人君出師命將克敵則獲重賞不克則受嚴刑是以賞其有功也雖貪殘淫縱必蒙青紫之寵當其有罪也雖勤躬潔己不免鈇鉞之誅故周書曰記人之功忘人之過宜爲君者也昔漢貳師將軍李廣利捐五萬之師糜億萬之費經四年之勞唯獲駿馬三十匹

雖斬宛王之首而貪不愛卒罪惡甚多武帝爲萬里征伐不錄其過遂封廣利海西侯食邑八千戶又校尉陳湯矯詔興師雖斬郅支單于而湯素貪盜所收康居財物事多不法爲司隸所繫湯乃上疏曰與吏士共誅郅支幸得擒滅今司隸乃收繫案驗是爲郅支報讎也元帝赦其罪封湯關內侯賜黃金百斤又晉龍驤將軍王濬有平吳之功而王渾等論濬違詔不受節度軍人得孫皓寶物并燒皓宮及船濬上表曰今年平吳誠爲大慶於臣之身更爲咎累武帝赦而不推拜輔國大將軍封襄陽侯賜絹萬匹近隋新義郡公韓擒虎平陳之日縱士卒暴亂叔寶宮內文帝亦不問罪雖不進爵拜擒虎上柱國賜物八千段由斯觀之將帥之臣廉愼者寡貪求者衆是以黃石公軍勢曰使智使勇使貪使愚故智者樂立其功勇者好行其志貪者邀趨其利愚者不計其死是知前聖莫不收人之長棄人之短良爲此也臣又聞夫天地之道以覆載爲先帝王之德以含弘爲美夫以區區漢武及歷代諸帝猶

能宥廣利等況陛下天縱神武振宏圖以定六合豈獨正茲刑綱不行古人之事哉伏惟聖懷當自已有斟酌臣今所以陳聞非敢私君集等庶以螢爝末光增暉日月儻陛下降雨露之澤收雷電之威錄其微勞忘其大過使君集重升朝列復預驅馳雖非清貞之臣猶是貪愚之將斯則陛下聖德雖屈法而德彌顯君集等愆過雖蒙宥而過更彰足使立功之士因茲而皆勸負罪之將由斯而改節矣疏奏乃釋君集自以有功於西域而以貪冒被囚志殊怏怏十七年張亮以太子詹事出爲洛州都督君集激怒亮曰何爲見排亮曰是公見排更欲誰冤君集曰我平一國來逢屋許大嗔何能仰排因攘袂曰鬱鬱不可活公能反乎當與公反耳亮密以聞太宗謂亮曰卿與君集俱是功臣君集獨以語卿無人聞見若以屬吏君集必言無此兩人相證事未可知遂寢其事待君集如初尋與諸功臣同畫像於凌煙閣時庶人承乾在東宮恐有廢立又知君集怨望遂與通謀君集子壻賀蘭楚石時爲東宮

千牛承乾令數引君集入內問以自安之術君集以承乾劣弱意欲乘釁以圖之遂贊承乾陰圖不軌嘗舉手謂承乾曰此好手當爲用之君集或慮謀洩心不自安每中夜蹶然而起歎咤久之其妻怪而謂之曰公國之大臣何爲乃爾必當有故若有不善之事孤負國家宜自歸罪首領可全君集不能用及承乾事發君集被收賛石又詣闕告其事太宗親臨問曰我不欲令刀筆吏辱公故自鞫驗耳君集辭窮太宗謂百寮曰往者家國未安君集實展其力不忍寘之於法我將乞其性命公卿其許我乎羣臣爭進曰君集之罪天地所不容請誅之以明大法太宗謂君集曰與公長訣矣而今而後但見公遺像耳因歔欷下泣遂斬於四達之衢籍沒其家君集臨刑容色不改謂監刑將軍曰君集豈反者乎蹉跌至此然嘗爲將破滅二國頗有微功爲言於陛下乞令一子以守祭祀由是特原其妻及一子徙于嶺南

張亮鄭州滎陽人也素寒賤以農爲業倜儻有大節外敦厚而

內懷詭詐人莫之知大業末李密略地滎汴亮杖策從之未被任用屬軍中有謀反者亮告之密以爲至誠署驃騎將軍隸於徐勣及勣以黎陽歸國亮頗贊成其事乃授鄭州刺史會王世充陷鄭州亮不得之官孤軍無援遂亡命於共城山澤後房玄齡李勣以亮倜儻有智謀薦之於太宗引爲秦府車騎將軍漸蒙顧遇委以心膂會建成元吉將起難太宗以洛州形勝之地一朝有變將出保之遣亮之洛陽統左右王保等千餘人陰引山東豪傑以俟變多出金帛恣其所用元吉告亮欲圖不軌坐是屬吏亮卒無所言事釋遣還洛陽及建成死授懷州總管封長平郡公貞觀五年歷遷御史大夫轉光祿卿進封鄅國公賜實封五百戶後歷豳夏鄜三州都督七年魏王泰爲相州都督而不之部進亮金紫光祿大夫行相州大都督長史十一年改封鄖國公亮所莅之職潛遣左右伺察善惡發擿姦隱動若有神抑其豪強而恤貧弱故所在見稱初亮之在州也棄其本妻更娶李氏李素有淫行驕妬特甚亮寵憚之後至相州有鄴縣小兒以賣筆爲業善歌舞李見而悅之遂與私通假言亮先與其母野合所生收爲亮子名曰慎幾亮前婦子愼微每以養愼幾致諫亮不從李尤好左道所至巫覡盈門又干預政事由是亮之聲稱漸損十四年入爲工部尚書明年遷太子詹事出爲洛州都督及侯君集誅以亮先奏其將反優詔褒美遷刑部尚書參預朝政太宗將伐高麗亮頻諫不納因自請行以亮爲滄海道行軍大總管管率舟師自東萊渡海襲卑沙城破之俘男女數千口進兵頓於建安城下營壘未固士卒多樵牧賊衆奄至軍中惶駭亮素怯懦無計策但踞胡床直視而無所言將士見之翻以亮爲有膽氣其副總管張金樹等乃鳴鼓令士衆擊賊破之太宗知其無將帥材而不之責有方術人程公穎者亮親信之初在相州陰召公穎謂曰相州形勝之地人言不出數年有王者起公以爲何如公穎知其有異志因言亮臥似龍形必當大貴又有公孫常者頗擅文辭自言有黃白之術尤與亮

善亮謂曰吾嘗聞圖讖有弓長之君當別都雖有此言實不願聞之常又言亮名應圖籙亮大悅二十年有陝人常德玄告其事并言亮有義兒五百人太宗遣法官按之公穎及常證其罪亮曰此二人畏死見誣耳又自陳佐命之舊冀有寬貸太宗謂侍臣曰亮有義兒五百畜養此輩將何爲也正欲反耳命百寮議其獄多言亮當誅唯將作少匠李道裕言亮反形未具明其無罪太宗既盛怒竟斬于市籍沒其家歲餘刑部侍郎有闕令執政者妙擇其人累奏皆不可太宗曰朕得其人也往者李道裕議張亮云反形未具此言當矣雖不即從至今追悔遂授道裕刑部侍郎

薛萬徹雍州咸陽人自燉煌徙焉隋左禦衛大將軍世雄子也世雄大業末卒於涿郡太守萬徹少與兄萬均隨父在幽州俱以武略爲羅藝所親待尋與藝歸附高祖授萬均上柱國永安郡公萬徹車騎將軍武安縣公會竇建德率衆十萬來寇范陽藝逆拒之萬均謂藝曰衆寡不敵今若出門百戰百敗當以計取之可

今嬴兵弱馬阻水背城爲陣以誘之觀賊之勢必渡水交兵萬均
請精騎百人伏於城側待其半渡擊之破賊必矣藝從其言建德
果引軍渡水萬均邀擊大破之明年建德率衆二十萬復攻幽州
賊已攀堞萬均與萬徹率敢死士百人從地道而出直掩賊背擊
之賊遂潰走及太宗平劉黑闥引萬均爲右二護軍恩顧甚至隱
太子建成又引萬徹置于左右建成被誅萬徹率宫兵戰於玄武
門鼓譟欲入秦府將士大懼及梟建成首示之萬徹與數十騎亡
於終南山太宗累遣使諭意萬徹釋仗而來太宗以其忠於所
事不之罪也萬均貞觀初歷遷殿中少監柴紹之擊梁師都以萬
徹爲副未至朔方數十里突厥四面而至官軍稍却萬均與萬徹
横出擊之斬其驍將虜陣亂因而乘之殺傷被野鼓行而進遂圍
師都俄而師都見殺城降突厥不敢來援萬徹後從李靖擊突厥
頡利可汗於塞北以功授統軍進爵郡公及靖將擊吐谷渾請萬
徹同行及至賊境與諸將各率百餘騎先行卒與虜數千騎相遇

○萬徹單騎馳擊之虜無敢當者還謂諸將曰賊易與耳躍馬復進
諸將隨之斬數千級人馬流血勇冠三軍又與萬均破吐谷渾天
柱王於赤水源獲其雜畜二十萬計追至河源萬均此後官至左
屯衛大將軍累封潞國公而卒萬徹尋丁母憂解職俄起爲右衛
將軍出爲蒲州刺史會薛延陁率迴紇同羅之衆渡磧南擊李思
摩萬徹副李勣援之與虜相遇率數百騎爲先鋒擊其陣後騎
皆散賊顧見遂大潰追奔數十里斬首三千餘級獲馬萬五千匹
以功別封一子爲縣侯十八年授左衛將軍尚丹陽公主拜駙馬都
尉尋遷右衛大將軍轉杭州刺史遷代州都督復召拜右武衛大
將軍太宗從容謂從臣曰當今名將唯李勣道宗萬徹三人而已
李勣道宗不能大勝亦不大敗萬徹非大勝即大敗太宗嘗召司
徒長孫無忌等十餘人宴於丹霄殿各賜以膜皮萬徹預焉太宗
意在賜萬徹而誤呼萬均因愴然曰萬均朕之勳舊不幸早亡不
覺呼名豈其魂靈欲朕之賜也因令取膜皮呼萬均以同賜而焚

之於前侍坐者無不感歎二十二年以萬徹又爲青丘道行軍大總管
率甲士三萬自萊州泛海伐高麗入鴨綠水百餘里至泊灼城高
麗震懼多棄城而遁泊灼城主所夫孫率步騎萬餘人拒戰萬
徹遣右衛將軍裴行方領步卒爲支軍繼進萬徹及諸軍乘之
賊大潰追奔百餘里於陣斬所夫孫進兵圍泊灼城其城因山設
險阻鴨綠水以爲固攻之未拔高麗遣將高文率烏骨安地諸城
兵三萬餘人來援分置兩陣萬徹分軍以當之鋒刃纔接而賊大
潰萬徹在軍仗氣凌物人或奏之及謁見太宗謂曰上書者論卿
與諸將不協朕錄功棄過不罪卿也因取書焚之尋爲副將右衛
將軍裴行方言其怨望於是廷驗之萬徹辭屈英國公李勣進曰
萬徹職乃將軍親惟主婿發言怨望罪不容誅因除名徙邊會赦
得還永徽二年授寧州刺史入朝與房遺愛款昵因謂遺愛曰今
雖患脚坐置京師諸輩猶不敢動遺愛謂萬徹曰公若國家有
變我當與公立荆王元景爲主及謀洩吏逮之萬徹不之伏遺愛

○證之遂伏誅臨刑大言曰薛萬徹大健兒留爲國家效死力固好
豈得坐房遺愛殺之乎遂解衣謂監刑者疾斫執刀者斬之不殊
萬徹叱之曰何不加力三斫乃絕萬徹長兄萬淑亦有戰功貞觀初至
營州都督檢校東夷校尉封梁郡公季弟萬備有孝行母終廬
於墓側太宗降璽書吊慰仍旌表其門後官至左衛將軍並先萬
徹卒初武德貞觀之際有盛彥師盧祖尚劉世讓劉蘭李君羨等
並有功名而不終其位

盛彥師者宋州虞城人大業中爲澄城長義師至汾陰率賓客千
餘人濟河上謁拜銀青光祿大夫行軍總管從平京城俄與史萬
寶鎮宜陽以拒東寇及李密之叛將出山南史萬寶懼密威名不
敢拒謂彥師曰李密驍賊也又輔以王伯當決策而叛其下兵士
思欲東歸若非計出萬全則不爲也兵在死地殆不可當彥師笑
曰請以數千之衆邀之必梟其首萬寶曰計將安出對曰軍法尚
詐不可爲公說之便領衆踰熊耳山南傍道而止令弓弩者挾路

乘高刀楯者伏於溪谷令曰待賊半渡一時齊發弓弩據高縱射
刀楯即亂出薄之或問之曰聞李密欲向洛州而公入山何也彥師
曰密聲言往洛實走襄城就張善相耳必當出人不意若賊入谷口
我自後追之山路險隘無所展力一夫殿後必不能制今吾先得入
谷擒之必矣李密既度陝州以爲餘不足慮遂擁衆徐行果踰山
南渡彥師擊之密衆首尾斷絕不得相救遂斬李密追擒伯當以
功封葛國公拜武衛將軍仍鎮熊州太宗討王世充遣彥師與萬
寶軍于伊闕絕其山南之路賊平除宋州總管初彥師之入關也
王世充以其將陳寶遇爲宋州刺史與其家不以禮及此彥師因
事殺之平生所惡數十家亦皆殺之州中震駭重足而立會徐圓
朗反彥師爲安撫大使因戰遂沒於賊圓朗禮厚之令彥師作書
報其弟令舉城降己彥師爲書曰吾奉使無狀被賊所擒爲臣不
忠誓之以死汝宜善待老母勿以吾爲念圓朗初色動而彥師自
若圓朗乃笑曰盛將軍乃有壯節不可殺也待之如舊賊平彥師

竟以罪賜死
盧祖尚者字季良光州樂安人也父禧隋虎賁郎將累葉豪富
傾財散施甚得人心大業末召募壯士逐捕羣盜時年甚少而武
力過人又御衆嚴整所向有功羣盜畏憚不敢入境及宇文化及
作亂州人請祖尚爲刺史祖尚時年十九昇壇歃血以誓其衆泣
涕歔欷悲不自勝衆皆感激王世充立越王侗祖尚遣使從之侗
授祖尚光州總管及世充自立遂舉州歸款高祖嘉之賜璽書勞
勉拜光州刺史封弋陽郡公武德六年從趙郡王孝恭討輔公祏
爲前軍總管攻其宜歙二州克之進擊賊帥馮惠亮陳正通並破
之賊平以功授蔣州刺史又歷壽州都督瀛州刺史並有能名貞
觀初交州都督遂安公壽以貪冒得罪太宗思求良牧朝臣咸言
祖尚才兼文武廉平正直徵至京師臨朝謂之曰交州大藩去京
甚遠須賢牧撫之前後都督皆不稱職卿有安邊之略爲我鎮之
勿以道遠爲辭也祖尚拜謝而出既而悔之以舊疾爲辭太宗遣

杜如晦諭旨祖尚固辭又遣其妻兄周範往諭之曰匹夫相許
猶須存信卿面許朕豈得後方悔之宜可早行三年必自相召
卿勿推拒朕不食言對曰嶺南瘴癘皆日飲酒臣不便酒去無
還理太宗大怒曰我使人不從何以爲天下命斬之於朝時年
三十餘尋悔之使復其官蔭
劉世讓字元欽雍州醴泉人也仕隋徵仕郎高祖入長安世讓
以湋川歸國拜通議大夫時唐弼餘黨寇扶風世讓自請安輯
許之俄得數千人復爲安定道行軍總管率兵以拒薛舉戰敗
世讓及弟寶俱爲舉軍所獲舉將至城下令紿說城中曰大軍五
道已趣長安宜開門早降世讓僞許之因告城中曰賊兵多少
極於此矣宜善自固以圖安全舉重其執節竟不之害太宗時
屯兵高墌世讓潛遣寶逃歸言賊中虛實高祖嘉之賜其家帛
千匹及賊平得歸授彭州刺史尋領陝東道行軍總管與永安
王孝基擊呂崇茂於夏縣諸軍敗績世讓與唐儉俱爲賊所獲

獄中聞獨孤懷恩有逆謀逃還以告高祖時高祖方濟河將幸
懷恩之營聞難驚曰劉世讓之至豈非天命哉因勞之曰卿往陷
薛舉遣弟潛效款誠今復冒危告難是皆憂國忘身也尋封弘
農郡公賜莊一區錢百萬累轉并州總管統兵屯於鴈門突厥處
羅可汗與高開道苑君璋合衆攻之甚急鴻臚卿鄭元璹先使
在蕃可汗令元璹來說之世讓厲聲曰大丈夫奈何爲夷狄作說
客耶經日餘虜乃退及元璹還述世讓忠貞勇幹高祖下制褒
美之錫以良馬未幾召拜廣州總管將之任高祖問以備邊之
策世讓荅曰突厥南寇徒以馬邑爲其中路耳如臣所計請於
崞城置一智勇之將多儲金帛有來降者厚賞賜之數出奇兵
略其城下芟踐禾稼敗其生業不出歲餘彼當無食馬邑不足
圖也高祖無可任者乃使馳驛往經略之突厥懼其威名乃縱
反間言世讓與可汗通謀將爲亂高祖不之察遂誅世讓籍沒
其家貞觀初突厥來降者言世讓初無逆謀始原其妻子

劉蘭字文郁青州北海人也仕隋鄱陽郡書佐頗涉經史善言
成敗然性多兇狡見隋末將亂交通不逞于時北海完富蘭利
其子女玉帛與羣盜相應破其本鄉城邑武德中淮安王神通
爲山東道安撫大使蘭率宗黨往歸之以功累遷尚書員外郎
貞觀初梁師都尚據朔方蘭上言攻取之計太宗善之命爲夏
州都督府司馬時梁師都以突厥之師頓於城下蘭偃旗卧鼓
不與之爭鋒賊徒宵遁蘭追擊破之遂進軍夏州及師都平以
功遷豐州刺史徵爲右領軍將軍十一年幸洛陽以蜀王愔爲夏
州都督愔不之藩以蘭爲長史摠其府事時突厥攜離有郁射
設阿史那摸末率其部落入居河南蘭縱反間以離其部落頡
利果疑摸末摸末懼而頡利又遣兵追之蘭率衆逆擊敗之太
宗以爲能超拜豐州刺史再轉夏州都督封平原郡公貞觀末
以謀反要斬右驍衛大將軍丘行恭探其心肝而食之太宗聞
而召行恭讓之曰刑典自有常科何至於此必若食逆者心肝
而爲忠孝則劉蘭之心爲太子諸王所食豈至卿邪行恭無以荅

李君羡者洺州武安人也初爲王世充驃騎惡世充之爲人乃
與其黨叛而來歸太宗引爲左右從討劉武周及王世充等每
戰必單騎先鋒陷陣前後賜以宮女馬牛黃金雜綵不可勝數
太宗即位累遷華州刺史封武連郡公貞觀初太白頻晝見太
史占曰女主昌又有謠言當有女武王者太宗惡之時君羡
爲左武衛將軍在玄武門太宗因武官内宴作酒令各言
小名君羡自稱小名五娘子太宗愕然因大笑曰何物女子如
此勇猛又以君羡封邑及屬縣皆有武字深惡之會御史奏君
羡與妖人員道信潛相謀結將爲不軌遂下詔誅之天授二年
其家屬詣闕稱冤則天乃追復其官爵以禮改葬
史臣曰侯君集摧兇克敵効用居多恃寵矜功麤率無檢弃前
功而罹後患貪愚之將明矣張亮聽公穎之妖言恃弓長之邪
讖義兒斯畜惡跡遂彰雖道裕云反狀未形而詭詐之性於斯
驗矣萬徹驍深行陣勇冠戎夷不能保其首領以至誅戮夫二
三子非慎始而保終也
贊曰君子立功守以謙沖小人得位足爲身凶侯張兇險望窺
聖代雄者韓彭難逃菹醢

唐書列傳卷第十九

右文林郎充兩浙東路提舉茶鹽司幹辦公事蔡之勤校勘

唐書列傳卷第二十

劉　昫　等修

王珪　戴冑 兄子至德　岑文本 文本兄子長倩 子羲 格輔元附　杜正倫

王珪字叔玠太原郝人也在魏爲烏丸氏曾祖神念自魏奔梁復姓王氏祖僧辯梁太尉尚書令父顗北齊樂陵太守珪幼孤性雅澹少嗜慾志量沈深能安於貧賤體道履正交不苟合季叔頗當時通儒有人倫之鑒嘗謂所親曰門戶所寄唯在此兒耳開皇末爲奉禮郎及頗坐漢王諒反事被誅珪當從坐遂亡命於南山積十餘歲高祖入關丞相府司錄李綱薦珪貞諒有器識引爲世子府諮議參軍及東宮建除太子中舍人尋轉中允甚爲太子所禮後以連其陰謀事流于巂州建成誅後太宗素知其才召拜諫議大夫貞觀元年太宗嘗謂侍臣曰正主御邪臣不能致理正臣事邪主亦不能致理唯君臣相遇有同魚水則海內可安也昔漢高祖田舍翁耳提三尺劍定天下既而規模弘遠慶流子孫者此蓋

任得賢臣所致也朕雖不明幸諸公數相匡救冀憑嘉謀致天下於太平耳珪對曰臣聞木從繩則正后從諫則聖故古者聖主必有諍臣七人言而不用則相繼以死陛下開聖慮納蒭蕘臣處不諱之朝實願罄其狂瞽太宗稱善勑自今後中書門下及三品已上入閤必遣諫官隨之珪每推誠納忠多所獻替太宗顧待益厚賜爵永寧縣男遷黃門侍郎兼太子右庶子二年代高士廉爲侍中太宗嘗閒居與珪宴語時有美人侍側本廬江王瑗之姬瑗敗籍沒入宮太宗指示之曰廬江不道賊殺其夫而納其室暴虐之甚何有不亡者乎珪避席曰陛下以廬江取此婦人爲是耶爲非耶太宗曰殺人而取其妻卿乃問朕是非何也對曰臣聞於管子曰齊桓公之郭問其父老曰郭何故亡父老曰以其善善而惡惡也桓公曰若子之言乃賢君也何至於亡父老曰不然郭君善善而不能用惡惡而不能去所以亡也今此婦人尚在左右竊以聖心爲是之陛下若以爲非此謂知惡而不去也太宗雖不出此美人而甚重

其言時太常少卿祖孝孫以教宮人聲樂不稱旨爲太宗所讓珪及溫彥博諫曰孝孫妙解音律非不用心但恐陛下顧問不得其人以惑陛下視聽且孝孫雅士陛下忽爲教女樂而怪之臣恐天下怪愕太宗怒曰卿皆我之腹心當進忠獻直何乃附下罔上反爲孝孫言也彥博拜謝珪獨不拜曰臣本事前宮罪已當死陛下矜恕性命不以不肖置之樞近責以忠直今臣所言豈是爲私不意陛下忽以疑事誚臣是陛下負臣臣不負陛下帝默然而罷翌日帝謂房玄齡曰自古帝王能納諫者固難矣昔周武王尚不用伯夷叔齊宣王賢主杜伯猶以無罪見殺吾夙夜庶幾前聖恨不能仰及古人昨責彥博王珪朕甚悔之公等勿以此而不進直言也時房玄齡李靖溫彥博戴冑魏徵與珪同知國政後嘗侍宴太宗謂珪曰卿識鑒精通尤善談論自房玄齡等咸宜品藻又可自量孰與諸子賢對曰孜孜奉國知無不爲臣不如玄齡才兼文武出將入相臣不如李靖敷奏詳明出納惟允臣不如溫彥博處

繁理劇衆務必舉臣不如戴冑以諫諍爲心恥君不及於堯舜臣不如魏徵至如激濁揚清嫉惡好善臣於數子亦有一日之長太宗深然其言羣公亦各以爲盡己所懷謂之確論後進爵爲郡公七年坐漏泄禁中語左遷同州刺史明年召拜禮部尚書十一年與諸儒正定五禮書成賜帛三百段封一子爲縣男是歲兼魏王師既而上問黃門侍郎韋挺曰王珪爲魏王泰師與其相見若爲禮節挺對曰見師之禮拜荅如禮王問珪以忠孝珪荅曰陛下王之君也事君思盡忠陛下王之父也事父思盡孝忠孝之道可以立身可以成名當年可以享天祐餘芳可以垂後葉王曰忠孝之道已聞教矣願聞所習珪荅曰漢東平王蒼云爲善最樂上謂侍臣曰古來帝子生於宮閫及其成人無不驕逸是以傾覆相踵少能自濟我今嚴教子弟欲令皆得安全王珪我久驅使是所諳悉以其意存忠孝選爲子師爾宜語泰汝之待珪如事我也可以無過泰每爲之先拜珪亦以師道自居物議善之時珪子敬直尚南平公主禮

有婦見舅姑之儀自近代公主出降此禮皆廢珪曰今主上欽明
動循法制吾受公主謁見豈爲身榮所以成國家之美耳遂與其
妻就席而坐令公主親執笄行盥饋之道禮成而退是後公主下
降有舅姑者皆備婦禮自珪始也珪少時貧寠人或遺之初不辭
謝及貴皆厚報之雖其人已亡必賑贍其妻子事寡嫂盡禮撫孤
姪恩義極隆宗姻困匱者亦多所周卹珪通貴漸久而不營私廟
四時蒸嘗猶祭於寢坐爲法司所劾太宗優容弗之譴也因爲立
廟以媿其心珪既儉不中禮時論以是少之十三年遇疾勑公主就
第省視又遣民部尚書唐儉增損藥膳尋卒年六十九太宗素服
舉哀於別次悼惜久之詔魏王泰率百官親往臨哭贈吏部尚書
謚曰懿長子崇基襲爵官至主爵郎中少子敬直以尚主拜駙
馬都尉坐與太子承乾交結徙于嶺外崇基孫旭開元初爲左司
郎中兼侍御史時光祿少卿盧崇道犯罪配流嶺南逃歸匿於東
都爲讎家所發玄宗令旭究其獄旭欲擅其威權因捕繫崇道親

黨數十人皆極其楚毒然後結成其罪崇道及其三子並坐死親
友皆決杖流貶時得罪多是知名之士四海冤之旭又與御史大
夫李傑不協遞相糺訐傑竟坐左遷衢州刺史旭既得志擅行威
福由是朝廷畏而鄙之俄以贓罪黜爲龍川尉憤恚而死甚爲
時之所快

戴胄字玄胤相州安陽人也性貞正有幹局明習律令尤曉文簿
隋大業末爲門下錄事納言蘇威黃門侍郎裴矩甚禮之越王侗
以爲給事郎王世充將篡侗位胄言於世充曰君臣之分情均父
子理須同其休戚以終始明公以文武之才當社稷之寄與存
與亡在於今日所願推誠王室擬跡伊周使國有泰山之安家傳
代祿之盛則率土之濱莫不幸甚世充詭辭稱善勞而遣之世充
後逼越王加其九錫胄又抗言切諫世充不納由是出爲鄭州長
史令與兄子行本鎮武牢太宗剋武牢而得之引爲秦府士曹參
軍及即位除兵部郎中封武昌縣男貞觀元年遷大理少卿時吏

部尚書長孫無忌嘗被召不解佩刀入東上閤尚書右僕射封德
彝議以監門校尉不覺罪當死無忌誤帶入罰銅二十斤上從之
胄駮曰校尉不覺與無忌帶入同爲誤耳臣子之於尊極不得稱
誤準律云供御湯藥飲食舟船誤不如法者皆死陛下若錄其功非
憲司所決若當據法罰銅未爲得衷太宗曰法者非朕一人之法
乃天下之法也何得以無忌國之親戚便欲阿之更令定議德彝
執議如初太宗將從其議胄又曰校尉緣無忌以致罪於法當輕
若論其誤則爲情一也而生死頓殊敢以固請上嘉之竟免校尉
之死于時朝廷盛開選舉或有詐僞資蔭者帝令其自首不首
者罪至于死俄有詐僞者事洩胄據法斷流以奏之帝曰朕下勑
不首者死今斷從流是示天下以不信卿欲賣獄乎胄曰陛下當
即殺之非臣所及既付所司臣不敢虧法帝曰卿自守法而令我
失信邪胄曰法者國家所以布大信於天下言者當時喜怒之所
發耳陛下發一朝之忿而許殺之既知不可而寘之於法此乃忍小

忿而存大信也若順忿違信臣竊爲陛下惜之帝曰法有所失公
能正之朕何憂也胄前後犯顔執法多此類所論刑獄皆事無冤
濫隨方指擿言如泉涌其年轉尚書右丞尋遷左丞先是每歲水
旱皆以正倉出給無倉之處就食他州百姓多致饑乏二年胄上
言水旱凶災前聖之所不免國無九年儲蓄禮經之所明誡今喪
亂已後戶口凋殘每歲納租未實倉廩隨即出給纔供當年若有
凶災將何賑卹故隋開皇立制天下之人節級輸粟名爲社倉終
文皇代得無饑饉及大業中年國用不足並取社倉之物以充官
費故至末塗無以支給自王公已下爰及衆庶計所墾田稼穡頃畝
每至秋熟準其苗以理勸課盡令出粟稻麥之鄉亦同此稅各納
所在立爲義倉太宗從其議以其家貧賚錢十萬時尚書左僕射
蕭瑀免官僕射封德彝又卒太宗謂胄曰尚書省天下綱維百司
所稟若一事有失天下必有受其弊者今無令僕繫之於卿當稱
朕所望也胄性明敏達於從政處斷明速議者以爲左右丞稱職

武德巳來一人而巳又領諫議大夫令與魏徵更日供奉三年進拜民部尚書兼檢校太子左庶子先是右僕射杜如晦專掌選舉臨終請以選事委胄由是詔令兼攝吏部尚書其民部庶子諫議並如故胄雖有幹局而無學術居吏部抑文雅而獎法吏甚爲時論所譏四年罷吏部尚書以本官參預朝政尋進爵爲郡公五年太宗將修復洛陽宮胄上表諫曰陛下當百王之弊屬暴隋之後拯餘燼於塗炭救遺黎於倒懸遠至邇安率土清謐大功大德豈臣之所稱贊臣誠小人才識非遠唯知耳目之近不達長久之策敢竭區區之誠論臣職司之事比見關中河外盡置軍團富室強丁並從戎旅重以九成作役餘丁向盡去京二千里內先配司農將作假有遺餘勢何足紀亂離甫爾戶口單弱一人就役舉家便廢入軍者督其戎仗從役者責其糇糧盡室經營多不能濟以臣愚慮恐致怨嗟七月巳來霖潦過度河南河北厥田洿下時豐歲稔猶未可量加以軍國所須皆資府庫絹布所出歲過百萬丁既

役盡賦調不減費用不止帑藏其虛且洛陽宮殿足蔽風雨數年功畢亦謂非晚若頓修營恐傷勞擾太宗甚嘉之因謂侍臣曰戴胄於我無骨肉之親但以忠直勵行情深體國事有機要無不以聞所進官爵以酬厥誠耳七年卒太宗爲之舉哀廢朝三日贈尚書右僕射追封道國公諡曰忠詔虞世南爲撰碑文又以胄宅宇弊陋祭享無所令有司特爲造廟房玄齡魏徵並美胄才用俱與之親善及胄卒後嘗見其遊處之地數爲之流涕胄無子以兄子至德爲後至德乾封中累遷西臺侍郎同東西臺三品尋轉戶部尚書依舊知政事父子十數年間相繼爲尚書預知國政時以爲榮咸亨中高宗爲飛白書以賜侍臣賜至德曰泛洪源俟舟檝賜郝處俊曰飛九霄假六翮賜李敬玄曰資啓沃罄丹誠又賜中書侍郎崔知悌曰竭忠節贊皇猷其辭皆有興比俄遷尚書右僕射時劉仁軌爲左僕射每遇申訴冤滯者輒美言許之而至德先據理難詰未嘗與奪若有理者密爲奏之終不顯己之斷波

由是時譽歸於仁軌或以問至德答曰夫慶賞刑罰人主之權柄凡爲人臣豈得與人主爭權柄哉其愼密如此後高宗知而深歎美之儀鳳四年薨輟朝三日使百官以次赴宅哭之贈開府儀同三司并州大都督諡曰恭

岑文本字景仁南陽棘陽人祖善方仕蕭詧吏部尚書父之象隋末爲邯鄲令嘗被人所訟理不得申文本性沉敏有姿儀博考經史多所貫綜美譚論善屬文時年十四詣司隸稱冤辭情既切召對明辯衆頗異之試令作蓮花賦下筆便成屬意甚佳合臺莫不歎賞其父冤雪由是知名其後郡舉秀才以時亂不應蕭銑僭號於荊州召署中書侍郎專典文翰及河間王孝恭定荊州軍中將士咸欲大掠文本進說孝恭曰自隋室無道羣雄鼎沸四海延頸以望真主今蕭氏君臣江陵父老決計歸降者實望去危就安耳王必欲縱兵虜掠誠非鄖州來蘇之意亦恐江嶺以南向化之心沮矣孝恭稱善遂止之署文本荊州別駕孝恭進擊輔公祏

召典軍書復署行臺考功郎中貞觀元年除秘書郎兼直中書省遇太宗行籍田之禮文本上籍田頌及元日臨軒宴百寮文本復上三元頌其辭甚美文本才名既著李靖復稱薦之擢拜中書舍人漸蒙親顧初武德中詔誥及軍國大事文皆出於顏師古至是文本所草詔誥或衆務繁湊即命書僮六七人隨口並寫須臾悉成亦殆盡其妙時中書侍郎顏師古以譴免職溫彥博奏曰師古諳練時事長於文法時無及者冀蒙復用太宗曰我自舉一人公勿憂也於是以文本爲中書侍郎專典機密又先與令狐德棻撰周史其史論多出於文本至十年史成封江陵縣子十一年從至洛陽宮會穀洛泛溢文本上封事曰臣聞創撥亂之業其功既難守已成之基其道不易故居安思危所以定其業也有始有卒所以隆其基也今雖億兆乂安方隅寧謐既承喪亂之後又接凋弊之餘戶口減損尚多田疇墾闢猶少覆燾之恩著矣而瘡痍未復德教之風被矣而資產屢空是以古人譬之種樹年祀綿遠則

枝葉扶疎若種之日淺根本未固雖壅之以黑墳暖之以春日一人搖之必致枯槁今之百姓頗類於此常加含養則日就滋息暫有征役則隨而凋耗凋耗既甚則人不聊生人不聊生則怨氣充塞怨氣充塞則離叛之心生矣故帝舜曰可愛非君可畏非人孔安國曰人以君爲命故可愛君失道人叛之故可畏仲尼曰君猶舟也人猶水也水所以載舟亦所以覆舟是以古之哲王雖休勿休日愼一日者良爲此也伏惟陛下覽古今之事察安危之機上以社稷爲重下以億兆在念明選舉愼賞罰進賢才退不肖聞過卽改從諫如流爲善在於不疑出令期於必信頤神養性省畋遊之娛去奢從儉減工役之費務靜方內而不求闢土載櫜弓矢而無忘武備凡此數者雖爲國之常道陛下之所常行臣之愚心唯願陛下思之而不倦行之而不怠則至道之美與三五比隆億載之祚隨天地長久雖使桑穀爲妖龍蛇作孽雉雊於鼎耳石言於晉地猶當轉禍爲福變咎爲祥況水雨之患陰陽常理豈可謂之天譴

而變聖心哉臣聞古人有言農夫勞而君子養焉愚者言而智者擇焉輒陳狂瞽伏待斧鉞是時魏王泰寵冠諸王盛修第宅文本以爲侈不可長上疏盛陳節儉之義言泰宜有抑損太宗並嘉之賜帛三百段十七年加銀青光祿大夫文本自以出自書生每懷撝挹平生故人雖微賤必與之抗禮居處卑陋室無茵褥帷帳之飾事母以孝聞撫弟姪恩義甚篤太宗每言其弘厚忠謹吾親之信之是時新立晉王爲皇太子名士多兼領宮官太宗欲令文本兼攝文本再拜曰臣以庸才久踰涯分守此一職猶懼滿盈豈宜更忝春坊以速時謗臣請一心以事陛下不願更希東宮恩澤太宗乃止仍令五日一參東宮皇太子執賓友之禮與之答拜其見待如此俄拜中書令歸家有憂色其母怪而問之文本曰非勳非舊濫荷寵榮責重位高所以憂懼親賓有來慶賀輒曰今受弔不受賀也又有勸其營產業者文本歎曰南方一布衣徒步入關疇昔之望不過秘書郎一縣令耳而無汗馬之勞徒以文墨致位中

書令斯亦極矣荷俸祿之重爲懼已多何得更言產業乎言者歎息而退文本旣久在樞揆當塗任事賞錫稠疊凡有財物出入皆委季弟文昭一無所問文昭時任校書郎多與時人遊款太宗聞而不悅嘗從容謂文本曰卿弟過爾多交結恐累卿朕將出之爲外官如何文本泣曰臣弟少孤老母特所鍾念不欲信宿離於左右若今外出母必憂悴儻無此弟亦無老母也歔欷嗚咽太宗愍其意而止唯召見文昭嚴加誡約亦卒無愆過及將伐遼凡所籌度一皆委之文本受委旣深神情頓竭言辭舉措頗異平常太宗見而憂之謂左右曰文本今與我同行恐不與我同返及至幽州遇暴疾太宗親自臨視撫之流涕尋卒年五十一其夕太宗聞嚴鼓之聲曰文本殞逝情深惻怛今宵夜警所不忍聞命停之贈侍中廣州都督謚曰憲賜東園秘器陪葬昭陵有集六十卷行於代文本兄文叔文叔子長倩少爲文本所鞠同於己子永淳中累轉兵部侍郎同中書門下平章事垂拱初自夏官尚書遷內史知

夏官事俄拜文昌右相封鄧國公則天初革命尤好符瑞長倩懼罪頗有陳奏又上疏請改皇嗣姓爲武氏以爲周室儲貳則天許之賞封五百戶天授二年加特進輔國大將軍其年鳳閣舍人張嘉福與洛州人王慶之等列名上表請立武承嗣爲皇太子長倩以皇嗣在東宮不可更立承嗣與地官尚書格輔元竟不署名仍奏請切責上書者由是大忤諸武意乃斥令西征吐蕃充武威道行軍大總管中路召還下制獄被誅仍發掘其父祖墳墓來俊臣又脅迫長倩子靈源令誣納言歐陽通及格輔元等數十人皆陷以同反之罪並誅死長倩子羲長安中爲廣武令有能名則天嘗令宰相各舉堪爲員外郎者鳳閣侍郎韋嗣立薦羲且奏曰恨其從父長倩犯逆爲累則天曰苟有材幹何限微累遂拜天官員外郎由是緣坐近親相次入省登封令劉守悌爲司門員外郎渭南令裴悌爲地官員外郎先是羲爲金壇令守悌及惓稱爲清德義以文吏著名俱爲巡察使所薦皆授畿縣令又同爲尚書郎悉有

美譽守悌後至陝州刺史倦至杭州刺史義神龍初爲中書舍人
時武三思用事侍中敬暉欲上表請削諸武之爲王者募爲疏者
衆畏三思皆辭託不敢爲之義便操筆辭甚切直由是忤三思意
轉秘書少監再遷吏部侍郎時吏部侍郎崔湜太常少卿鄭愔
大理少卿李允恭分掌選事皆以贓貨聞義最守正時議美之
尋加銀青光祿大夫右散騎常侍同中書門下三品睿宗即位出
爲陝州刺史復歷刑部戶部二尚書門下三品監修國史刪定格
令仍修氏族錄初中宗時侍御史冉祖雍誣奏睿宗及太平公主
與節愍太子連謀請加推究義與中書侍郎蕭至忠密申保護及
義監修中宗實錄自書其事睿宗覽而大加賞歎賜物三百段
細馬一匹仍下制書襃美之時義兄獻爲國子司業弟翔爲陝州刺
史休爲商州刺史從族兄弟子姪因義引用登清要者數十人義
歎曰物極則返可以懼矣然竟不能有所抑退尋遷侍中先天元
年坐預太平公主謀逆伏誅籍沒其家

○格輔元者汴州浚儀人也伯父德仁隋剡縣丞與同郡人齊王文
學王孝逸文林郎敬參師玄羅川郡戶曹靖君亮司隸從事鄭祖咸
宣城縣長鄭師善王世充中書舍人李行簡處士盧協等八人以
辭學擅名當時號爲陳留八俊輔元弱冠舉明經歷遷御史大
夫地官尚書同鳳閣鸞臺平章事初張嘉福等請立武承嗣也則
天以問輔元固稱不可遂爲承嗣所譖而死海內冤之輔元兄希
玄高宗時洛川司法參軍章懷太子召令與洗馬劉訥言等注解
范曄後漢書行於代先輔元卒
杜正倫相州洹水人也隋仁壽中與兄正玄正藏俱以秀才擢第
隋代舉秀才止十餘人正倫一家有三秀才甚爲當時稱美正倫善
屬文深明釋典仕隋爲羽騎尉武德中歷遷齊州總管府錄事參
軍太宗聞其名令直秦府文學館貞觀元年尚書右丞魏徵表薦
正倫以爲古今難匹遂擢授兵部員外郎太宗謂曰朕今令舉行
能之人非朕獨私於行能者以其能益於百姓也朕於宗親及以
勳舊無行能者終不任之以卿忠直朕今舉卿卿宜勉稱所舉二
年拜給事中兼知起居注太宗嘗謂侍臣曰朕每日坐朝欲出一
言即思此言於百姓有利益否所以不能多言正倫進曰君舉必
書言存左右史臣職當修起居注不敢不盡愚直陛下若一言乖
於道理則千載累於聖德非直當今損於百姓願陛下慎之太宗
大悅賜綵二百段四年累遷中書侍郎六年正倫與御史大夫韋
挺秘書少監虞世南著作郎姚思廉等咸上封事稱旨太宗爲之
設宴因謂曰朕歷觀自古人臣立忠之事若值明王便得盡誠規
諫至如龍逢比干竟不免孥戮爲君不易爲臣極難我又聞龍可
擾而馴然喉下有逆鱗觸之則殺人人主亦有逆鱗卿等遂不避
犯觸各進封事常能如此朕豈慮有危亡哉我思卿等此意豈能
暫忘故聊設宴樂也仍並賜帛有差尋加散騎常侍行太子右庶
子兼崇賢館學士太宗謂曰國之儲副自古所重必擇善人爲之
輔佐今太子年在幼沖志意未定朕若朝夕見之可得隨事誡約

○今既委以監國不在目前知卿志懷貞愨能敦直道故輒輟卿
於朕以匡太子宜知委任輕重也十年復授中書侍郎賜爵南陽
縣侯仍兼太子左庶子正倫出入兩宮參典機密甚以幹理稱時
太子承乾有足疾不能朝謁好暱近羣小太宗謂正倫曰我兒疾
病乃可事也但全無令譽不聞愛賢好善私所引接多是小人卿
可察之若教示不得須來告我正倫數諫不納乃以太宗語告之
承乾抗表聞奏太宗謂正倫曰何故漏洩我語對曰開導不入故
以陛下語嚇之冀其有懼或當反善帝怒出爲穀州刺史又左授
交州都督後承乾構逆事與侯君集相連稱遣君集將金帶遺正
倫由是配流驩州顯慶元年累授黃門侍郎兼崇賢館學士尋同
中書門下三品二年兼度支尚書仍依舊知政事俄拜中書令兼太
子賓客弘文館學士進封襄陽縣公三年坐與中書令李義府不
協出爲橫州刺史仍削其封邑尋卒有集十卷行於代
史臣曰王珪履正不回忠讜無比君臣時命會于茲易曰自天

祐之吉無不利叔玠有焉戴冑兩朝仕官一乃心力刑無僭濫事有箴規雖學術不能求備而匡益自可嘉時亦所謂巧於任大矣文本文傾江海忠貫雪霜申慈父之寬匡明主之業及委繁劇俄致暴終書曰小心翼翼昭事上帝所謂憂能傷人不復永年矣洎義而下登清要者數十人積善之道焉可忽諸正倫以能文被舉以直道見委參典機密出入兩宮斯謂得時然被承乾金帶之譏孰與夫耆慝茲之謗士大夫慎之

贊曰五靈嘉瑞出繫汙隆人中麟鳳王戴諸公動必由禮言皆匡躬獻規納諫貞觀之風

唐書列傳卷第二十

右文林郎充兩浙東路提舉茶鹽司幹辦公事蘇之勤校勘

唐書列傳卷第二十一

劉昫

魏徵

魏徵字玄成鉅鹿曲城人也父長賢北齊屯留令徵少孤貧落拓有大志不事生業出家為道士好讀書多所通涉見天下漸亂尤屬意縱橫之說大業末武陽郡丞元寶藏舉兵以應李密召徵使典書記密每見寶藏之疏未嘗不稱善既聞徵所為遽使召之徵進十策以干密雖奇之而不能用及王世充攻密於洛口徵說密長史鄭頲曰魏公雖驟勝而驍將銳卒死傷多矣又軍無府庫有功不賞戰士心惰此二者難以應敵未若深溝高壘曠日持久不過旬月敵人糧盡可不戰而退追而擊之取勝之道且東都食盡世充計窮意欲死戰可謂窮寇難與爭鋒請慎無與戰頲曰此老生之常談耳徵曰此乃奇謀深策何謂常談因拂衣而去及密敗徵隨密來降至京師久不見知自請安輯山東乃授秘書丞驅傳至黎陽時徐世勣尚為李密擁眾徵與世勣書曰自隋末亂離群雄競逐跨州連郡不可勝數魏公起自叛徒奮臂大呼四方響應萬里風馳雲合霧聚眾數十萬威之所被將半天下破世充于洛口摧化及於黎山方欲西蹈咸陽北凌玄闕揚旌瀚海飲馬渭川翻以百勝之威敗於奔亡之虜固知神器之重自有所歸不可以力爭是以魏公思皇天之乃睠入函谷而不疑公生于擾攘之時感知己之遇根本已拔確乎不動鳩合遺散據守一隅世充以乘勝餘勇息其東略建德因侮亡之勢不敢南謀公之英聲足以振于今古然誰無善始終之慮難去就之機安危大節若策名得地則九族蔭其餘輝委質非人則一身不能自保殷鑒不遠公所聞見孟賁猶豫童子先之知幾其神不俟終日今公處必爭之地乘宜速之機更事遲疑坐觀成敗恐凶狡之輩先人生心則公之事去矣世勣得書遂定計遣使歸國開倉運糧以餽淮安王神通之軍俄而建德悉眾南下攻陷黎陽獲徵署為起居舍人及建德就

擒與裴矩西入關隱太子聞其名引直洗馬甚禮之徵見太宗勳
業日隆每勸建成早爲之所及敗太宗使召之謂曰汝離間我兄
弟何也徵曰皇太子若從徵言必無今日之禍太宗素器之引爲
詹事主簿及踐祚擢拜諫議大夫封鉅鹿縣男使安輯河北許以
便宜從事徵至磁州遇前宮千牛李志安齊王護軍李思行錮送
詣京師徵謂副使李桐客曰吾等受命之日前宮齊府左右皆令
赦原不問今復送思行此外誰不自疑徒遣使往彼必不信此乃
差之毫釐失之千里且公家之利知無不爲寧可慮身不可廢國
家大計今若釋遣思行不問其罪則信義所感無遠不臻古者大
夫出疆苟利社稷專之可也況今日之行許以便宜從事主上既
以國士見待安可不以國士報之乎即釋遣思行等仍以啓聞太
宗甚悅太宗新即位勵精政道數引徵入卧內訪以得失徵雅有
經國之才性又抗直無所屈撓太宗與之言未嘗不欣然納受徵
亦喜逢知己之主思竭其用知無不言太宗嘗勞之曰卿所陳諫

○ 二十七 唐傳二十 二 陳塢

前後二百餘事非卿至誠奉國何能若是其年遷尚書左丞或有
言徵阿黨親戚者帝使御史大夫溫彥博案驗無狀彥博奏曰徵
爲人臣須存形迹不能遠避嫌疑遂招此謗雖情在無私亦有可
責帝令彥博讓徵且曰自今後不得不存形迹他日徵入奏曰臣
聞君臣協契義同一體不存公道唯事形迹若君臣上下同遵此
路則邦之興喪或未可知帝瞿然改容曰吾已悔之徵再拜曰願
陛下使臣爲良臣勿使臣爲忠臣帝曰忠良有異乎徵曰良臣稷
契咎陶是也忠臣龍逢比干是也良臣使身獲美名君受顯號子
孫傳世福祿無疆忠臣身受誅夷君陷大惡家國並喪空有其名
以此而言相去遠矣帝深納其言賜絹五百匹貞觀二年遷秘書
監參預朝政徵以喪亂之後典章紛雜奏引學者校定四部書數
年之間秘府圖籍粲然畢備時高昌王麴文泰將入朝西域諸國
咸欲因文泰遣使貢獻太宗令文泰使人厭怛紇干往迎接之徵
諫曰中國始平瘡痍未復若微有勞役則不自安往年文泰入

朝所經州縣猶不能供況加於此輩若任其商賈來往邊人則獲
其利若爲賓客中國即受其弊矣漢建武二十二年天下已寧西
域請置都護送侍子光武不許蓋不以蠻夷勞弊中國也今若許
十國入貢其使不下千人欲使緣邊諸州何以取濟人心萬端後
雖悔之恐無所及上善其議時厭怛紇干已發遽追止之後太宗
幸九成宮因有宮人還京憩於湋川縣之官舍俄又右僕射李靖
侍中王珪繼至官屬移宮人於別所而舍靖等太宗聞之怒曰威
福之柄豈由靖等何爲禮靖而輕我宮人即令案驗湋川官屬及
靖等徵諫曰靖等陛下心膂大臣宮人皇后掃除之隸論其委付事
理不同又靖等出外官吏訪朝廷法式歸來陛下問人間疾苦靖等
自當與官吏相見官吏亦不可不謁也至於宮人供食之外不合參
承若以此罪責縣吏恐不益德音徒駭天下耳目帝曰公言是也乃
釋官吏之罪李靖等亦寢而不問嘗宴於丹霄樓酒酣太宗謂長孫
無忌曰魏徵王珪昔在東宮盡心所事當時誠亦可惡我能拔擢用

○ 二十七 唐傳二十 三 王減

之以至今日足爲無愧古人然徵每諫我不從發言輒即不應何也
對曰臣以事有不可所以陳論若不從輒應便恐此事即行帝曰但
當時且應更別陳論豈不得耶徵曰昔舜誡羣臣爾無面從退有後
言若臣面從陛下方始諫此即退有後言豈是稷契事堯舜之意耶
帝大笑曰人言魏徵舉動疎慢我但覺嫵媚適爲此耳徵拜謝曰陛
下導之使言臣所以敢諫若陛下不受臣諫豈敢數犯龍鱗是月長
樂公主將出降帝以皇后所生勅有司資送倍於永嘉長公主徵曰
不可昔漢明欲封其子云我子豈與先帝子等可半楚淮陽前史以
爲美談天子姊妹爲長公主子爲公主既加長字即是有所尊崇或
可情有淺深無容禮相踰越上然其言入告長孫皇后后遣使齎錢
四十萬絹四百匹詣徵宅以賜之尋進爵郡公七年代王珪爲侍中
尚書省滯訟有不決者詔徵評理之徵性非習法但存大體以情處
斷無不悅服初有詔遣令狐德棻岑文本撰周史孔穎達許敬宗撰
隋史姚思廉撰梁陳史李百藥撰齊史徵受詔總加撰定多所損益

務存簡正隋史序論皆徵所作梁陳齊各爲總論時稱良史史成
加左光祿大夫進封鄭國公賜物二千段徵自以無功於國徒以辯
說遂參帷幄深懼滿盈後以目疾頻表遜位太宗曰朕拔卿於讎
虜之中任公以樞要之職見朕之非未嘗不諫公獨不見金之在
鑛也何足貴哉良冶鍛而爲器便爲人所寶朕方自比於金以卿
爲良匠卿雖有疾未爲衰老豈得便爾其年徵又面請遜位太宗
難違之乃拜徵特進仍知門下事其後又頻上四疏以陳得失其
一曰臣觀自古受圖膺運繼體守文控御英傑南面臨下皆欲
配厚德於天地齊高明於日月本枝百代傳祚無窮然而克終者
鮮敗亡相繼其故何哉所以求之失其道也殷鑒不遠可得而言
昔在有隋統一寰宇甲兵強盛四十餘年風行萬里威動殊俗一
旦舉而棄之盡爲他人之有彼煬帝豈惡天下之治安不欲社稷
之長久故行桀虐以就滅亡哉恃其富強不虞後患驅天下以從
欲罄萬物以自奉採域中之子女求遠方之奇異宮宇是飾臺榭

二十七 唐傳二十一 四 王華

是崇徭役無時干戈不戢外示威重內多險忌讒邪者必受其福
忠正者莫保其生上下相蒙君臣道隔人不堪命率土分崩遂以
四海之尊殞於匹夫之手子孫殄滅爲天下笑深可痛哉聖哲乘
機拯其危溺八柱傾而復正四維絕而更張遠肅邇安不踰於朞
月勝殘去殺無待於百年今宮觀臺榭盡居之矣奇珍異物盡收
之矣姬姜淑媛盡侍於側矣四海九州盡爲臣妾矣若能鑒彼之
所以亡念我之所以得日慎一日雖休勿休焚鹿臺之寶衣毀阿房
之廣殿懼危亡於峻宇思安處於卑宮則神化潛通無爲而理德
之上也若成功不毀即仍其舊除其不急損之又損雜茅茨於桂
棟參玉砌以土階悅以使人不竭其力常念居之者逸作之者勞
億兆悅以子來羣生仰而遂性德之次也若惟聖罔念不慎厥終
忘締構之艱難謂天命之可恃忽彩椽之恭儉追雕牆之侈靡因
其基以廣之增其舊而飾之觸類而長不思止足人不見德而勞
役是聞斯爲下矣譬之負薪救火揚湯止沸以亂易亂與亂同道

莫可則也後嗣何觀則人怨神怒人怨神怒則災害必下則禍亂
必作禍亂既作而能以身名令終者鮮矣順天革命之后隆七百
之祚貽厥孫謀傳之萬世難得易失可不念哉其二曰臣聞求木
之長者必固其根本欲流之遠者必浚其泉源思國之安者必積
其德義源不深而豈望流之遠根不固而何求木之長德不厚而
思國之治雖在下愚知其不可而況於明哲乎人君當神器之重
居域中之大將崇極天之峻永保無疆之休不念於居安思危戒
貪以儉德不處其厚情不勝其欲斯亦伐根以求木茂塞源而欲
流長者也凡百元首承天景命莫不殷憂而道著功成而德衰有
善始者實繁能克終者蓋寡豈其取之易而守之難乎昔取之而
有餘今守之而不足何也夫在殷憂必竭誠以待下既得志則縱
情以傲物竭誠則胡越爲一體傲物則骨肉爲行路雖董之以嚴
刑振之以威怒終苟免而不懷仁貌恭而不心服怨不在大可畏
惟人載舟覆舟所宜深慎奔車朽索其可忽乎君人者誠能見可欲

二十七 唐傳二十一 五 叶明

則思知足以自戒將有所作則思知止以安人念高危則思謙沖
而自牧懼滿溢則思江海而下百川樂盤遊則思三驅以爲度恐
懈怠則思慎始而敬終慮壅蔽則思虛心以納下想讒邪則思正
身以黜惡恩所加則思無因喜以謬賞罰所及則思無因怒而濫
刑揔此十思弘茲九德簡能而任之擇善而從之則智者盡其謀
勇者竭其力仁者播其惠信者效其忠文武爭馳君臣無事可以
盡豫遊之樂可以養松喬之壽鳴琴垂拱不言而化何必勞神苦
思代下司職役聰明之耳目虧無爲之大道哉其三曰臣聞書曰
明德慎罰惟刑恤哉禮云爲上易事爲下易知則刑不煩矣上多
疑則百姓惑下難知則君長勞矣夫上易事下易知君長不勞百
姓不惑故君有一德臣無二心上播忠厚之誠下竭股肱之力然後
太平之基不墜康哉之詠斯起當今道被華夷功高宇宙無思不
服無遠不臻然言尚於簡大志在於明察刑賞之本在乎勸善而
懲惡帝王之所以與天下爲畫一不以親疏貴賤而輕重者也今

之刑賞未必盡然或申屈在乎好惡輕重由乎喜怒遇喜則矜其刑於法中逢怒則求其罪於事外所好則鑽皮出其毛羽所惡則洗垢求其瘢痕瘢痕可求則刑斯濫矣毛羽可出則賞典謬矣刑濫則小人道長賞謬則君子道消小人之惡不懲君子之善不勸而望治安刑措非所聞也且夫暇豫清談皆敦尚於孔老威怒所至則取法於申韓直道而行非無三黜危人自安蓋亦多矣故道德之旨未弘刻薄之風已扇夫上風既扇則下生百端人競趨時則憲章不一稽之王度實虧君道昔州犂上下其手楚國之法遂差張湯輕重其心漢朝之刑以弊人臣之頗僻猶莫能申其欺罔況人君之高下將何以措其手足乎以睿聖之聰明無幽微而不燭豈神有所不達智有所不通哉安其所安不以卹刑為念樂其所樂遂忘先笑之變禍福相倚吉凶同域唯人所召安可不思頃者責罰稍多威怒微厲或以供給不贍或以人不從欲皆非致治之所急實乃驕奢之攸漸是知貴不與驕期而驕自來富不與奢期而奢自至非徒語也且我之所代實在有隋隋氏亂亡之源聖

○ 二十七 唐傳二十一 六 時明

明之所臨照以隋氏之甲兵況當今之士馬以隋氏之府藏譬今日之資儲以隋氏之戶口校今時之百姓度長計大曾何等級然隋氏以富強而喪敗動之也我以貧寡而安寧靜之也靜之則安動之則亂人皆知之非隱而難見也微而難察也鮮蹈平易之塗多遵覆車之轍何哉在於安不思危治不念亂存不慮亡之所致也昔隋氏之未亂自謂必無亂隋氏之未亡自謂必不亡所以甲兵屢動徭役不息至于身將戮辱竟未悟其滅亡之所由也可不哀哉夫鑒形之美惡必就於止水鑒國之安危必取於亡國詩以殷鑒不遠在夏后之世又曰伐柯伐柯其則不遠臣願當今之動靜思隋氏以為鑒則存亡治亂可得而知若能思其所以危則安矣思其所以亂則治矣思其所以亡則存矣存亡之所在節嗜欲以從人省畋遊之娛息靡麗之作罷不急之務慎偏聽之怒近忠厚遠便佞杜悅耳之邪說聽苦口之忠言去易進之人賤難得之

貨採堯舜之誹謗追禹湯之罪己惜十家之產順百姓之心近取諸身恕以待物思勞謙以受益不自滿以招損有動則庶類以和出言而千里斯應超上德於前載樹風聲於後昆此聖哲之宏規帝王之盛業能事斯畢在乎慎守而已夫守之則易取之實難既得其所以難豈不能保其所以易其或保之不固則驕奢淫泆動之也慎終如始可不勉歟易云君子安不忘危存不忘亡治不忘亂是以身安而國家可保誠哉斯言不可以不深察也伏惟陛下欲善之志不減於昔時聞過必改少虧於曩日若能以當今之無事行疇昔之恭儉則盡善盡美固無得而稱焉其四曰臣聞為國之基必資於德禮君子所保唯在於誠信誠信立則下無二心德禮形則遠人斯格然則德禮誠信國之大綱在於父子君臣不可斯須而廢也故孔子曰君使臣以禮臣事君以忠又曰自古皆有死人無信不立文子曰同言而信信在言前同令而行誠在令外然則言而不行言不信也令而不從令無誠也不信之言無誠之

○ 二十七 唐傳二十 七 徐顔

令為上則敗國為下則危身雖在顛沛之中君子所不為也自王道休明十有餘載威加海外萬國來庭倉廩日積土地日廣然而道德未益厚仁義未益博者何哉由乎待下之情未盡於誠信雖有善始之勤未覩克終之美故也其所由來者漸非一朝一夕之故昔貞觀之始聞善若驚暨五六年間猶悅以從諫自茲厥後漸惡直言雖或勉強時有所容非復曩時之豁如也謇諤之士稍避龍鱗便佞之徒肆其巧辯謂同心者為朋黨謂告訐者為至公謂強直者為擅權謂忠讜者為誹謗謂之朋黨雖忠信而可疑謂之至公雖矯偽而無咎強直者畏擅權之議忠讜者慮誹謗之尤至於竊斧生疑投杼致惑正人不得盡其言大臣莫能與之爭熒惑視聽鬱於大道妨化損德其在茲乎故孔子惡利口之覆邦家蓋為此也且君子小人貌同心異君子掩人之惡揚人之善臨難無苟免殺身以成仁小人不恥不仁不畏不義唯利之所在危人以自安夫苟在危人則何所不至今將求致治必委之於

君子事有得失或訪之於小人其得君子也則敬而疎遇小人也必輕而狎狎則言無不盡踈則情或不通是譽毀在於小人刑罰加於君子寔興喪所在亦安危所繫可不慎哉夫中智之人豈無小慧然才非經國慮不及遠雖竭力盡誠猶未免於傾敗況內懷姦利承顏順旨其為患禍不亦深乎故孔子曰君子或有不仁者焉未見小人而仁者然則君子不能無小惡惡不積無妨於正道小人或時有小善善不積不足以立忠今謂之善人矣復慮其有不信何異夫立直木而疑其影之不直乎雖竭精神勞思慮其不可亦已明矣夫君能盡禮臣得竭忠必在於內外無私上下相信上不信則無以使下下不信則無以事上信之為義大矣哉故自天祐之吉無不利昔齊桓公問於管仲曰吾欲酒腐於爵肉腐於俎得無害於霸乎管仲曰此極非其善者然亦無害霸也公曰何如而害霸乎曰不能知人害霸也知而不能用害霸也用而不能信害霸也既信而又使小人參之害霸也晉中行穆伯攻鼓經年而不

○能下餽間倫曰鼓之嗇夫間倫知之請無疲士大夫而鼓可得穆伯不應左右曰不折一戟不傷一卒而鼓可得君奚為不取穆伯曰間倫之為人也佞而不仁若間倫下之吾不可以不賞賞之是賞佞人也佞人得志是使晉國之士捨仁而為佞雖得鼓將何用之夫穆伯列國大夫管仲霸者之佐猶慎於信任遠避佞人也如此況乎為四海之大君應千齡之上聖而可使巍巍之盛德復將有所間然乎若欲令君子小人是非不雜必懷之以德待之以信厲之以義節之以禮然後善善而惡惡審罰而明賞則小人絕其佞邪君子自強不息無為之化何遠之有善善而不能進惡惡而不能去罰不及於有罪賞不加於有功則危亡之期或未可保永錫祚胤將何望哉太宗手詔嘉美優納之嘗謂長孫無忌曰朕即位之初上書者或言人主必須威權獨運不得委任羣下或欲耀兵振武懾服四夷唯有魏徵勸朕偃革興文布德施惠中國既安遠人自服朕從其語天下大寧絕域君長皆來朝貢九夷重譯相

望於道此皆魏徵之力也太宗嘗嫌上封者衆不近事實欲加黜責徵奏曰古者立誹謗之木欲聞己過今之封事謗木之流也陛下思聞得失祇可恣其陳道若所言衷則有益於陛下若不衷無損於國家太宗曰此言是也並勞而遣之後太宗在洛陽宮幸積翠池宴羣臣酒酣各賦一事太宗賦尚書曰日昃翫百篇臨燈披五典夏康既逸豫商辛亦流湎恣情昏主多克己明君鮮滅身資累惡成名由積善徵賦西漢曰受降臨軹道爭長趣鴻門驅傳渭橋上觀兵細柳屯夜宴經柏谷朝遊出杜原終藉叔孫禮方知皇帝尊太宗曰魏徵每言必約我以禮也尋以修定五禮當封一子為縣男請讓孤兄子叔慈太宗愴然曰卿之此心可以勵俗遂許之十二年禮部尚書王珪奏言三品以上遇親王於途皆降乘違法申敬有乖儀準太宗曰卿輩皆自崇貴卑我兒子乎徵進曰自古迄茲親王班次三公之下今三品皆曰天子列卿及八座之長為王降乘非王所宜當也求諸故事則無可憑行之於今又乖國憲

○太宗曰國家所以立太子者擬以為君也然則人之修短不在老少設無太子則母弟次立以此而言安得輕我子耶徵曰殷家尚質有兄終弟及之義自周以降立嫡必長所以絕庶孽之窺覦塞禍亂之源本有國者之所深慎於是遂可珪奏會皇孫誕育召公卿賜宴太宗謂侍臣曰貞觀以前從我平定天下周旋艱險玄齡之功無所與讓貞觀之後盡心於我獻納忠讜安國利民犯顏正諫匡朕之違者唯魏徵而已古之名臣何以加也於是親解佩刀以賜二人徵以戴聖禮記編次不倫遂為類禮二十卷以類相從削其重復採先儒訓注擇善從之研精覃思數年而畢太宗覽而善之賜物一千段錄數本以賜太子及諸王仍藏之秘府先是遣使詣西域立葉護可汗未還又遣使多齎金銀帛歷諸國市馬徵諫曰今以立可汗為名可汗未定即詣諸國市馬彼必以為意在市馬不為專意立可汗可汗得立則不甚懷恩諸蕃聞之以為中國薄義重利未必得馬而失義矣昔漢文有獻千里馬者曰吾

凶行日三十里吉行五十里鑾輿在前屬車在後吾獨乘千里
馬將安之乃償其道里所費而返之漢光武有獻千里馬及寶劒
者馬以駕鼓車劒以賜騎士陛下凡所施爲皆邈踰三王之上奈
何至於此事欲爲孝文光武之下乎又魏文帝欲求市西域大珠
蘇則曰若陛下惠及四海則不求自至求而得之不足爲貴也陛
下縱不能慕漢文之高行可不畏蘇則之言乎太宗納其言而止
時公卿大臣並請封禪唯徵以爲不可太宗曰朕欲卿極言之豈
功不高耶德不厚耶諸夏未治安耶遠夷不慕義耶嘉瑞不至耶年
穀不登耶何爲而不可對曰陛下功則高矣而民未懷惠德雖厚
矣而澤未滂流諸夏雖安未足以供事遠夷慕義無以供其求符
瑞雖臻罻羅猶密積歲豐稔倉廩尚虚此臣所以竊謂未可臣未
能遠譬且借喻於人今有人十年長患療治且愈此人應皮骨僅
存便欲使負米一石日行百里必不可得隋氏之亂非止十年陛下
爲之良醫疾苦雖已乂安未甚充實告成天地臣竊有疑且陛下

東封萬國咸萃要荒之外莫不奔走今自伊洛以東暨乎海岱灌
莽巨澤蒼茫千里人煙斷絶雞犬不聞道路蕭條進退艱阻豈可
引彼夷狄示以虚弱竭財以賞未厭遠人之望重加給復不償百
姓之勞或遇水旱之災風雨之變庸夫横議悔不可追豈獨臣之
懇誠亦有輿人之誦太宗不能奪是後右僕射缺欲拜之徵固讓
乃止及皇太子承乾不脩德業魏王泰寵愛日隆内外庶僚並有
疑議太宗聞而惡之謂侍臣曰當今朝臣忠謇無踰魏徵我遣傅
皇太子用絶天下之望十六年拜太子太師知門下省事如故徵自
陳有疾詔荅曰漢之太子四皓爲助我之賴公即其義也知公疾
病可卧護之其年稱綿惙中使相望徵宅先無正寢太宗欲爲小
殿輟其材爲徵營構五日而成遣中使齎素褥布被而賜之遂其
所尚也及病篤輿駕再幸其第撫之流涕問所欲言徵曰嫠不恤
緯而憂宗周之亡後數日太宗夜夢徵若生平及旦而奏徵薨時
年六十四太宗親臨慟哭廢朝五日贈司空相州都督謚曰文貞

給羽葆鼓吹班劒四十人賻絹布千段米粟千石陪葬昭陵及將祖
載徵妻裴氏曰徵平生儉素今以一品禮葬羽儀甚盛非亡者之
志悉辭不受竟以布車載柩無文彩之飾太宗登苑西樓望喪而
哭詔百官送出郊外帝親製碑文并爲書石其後追思不已賜其
實封九百戸嘗臨朝謂侍臣曰夫以銅爲鏡可以正衣冠以古爲
鏡可以知興替以人爲鏡可以明得失朕常保此三鏡以防己過
今魏徵殂逝遂亡一鏡矣徵亡後朕遣人至宅就其書函得表一紙
始立表草字皆難識唯前有數行稍可分辯云天下之事有善
有惡任善人則國安用惡人則國亂公卿之内情有愛憎憎者唯
見其惡愛者唯見其善愛憎之間所宜詳慎若愛而知其惡憎而
知其善去邪勿疑任賢勿貳可以興矣其遺表如此然在朕思之
恐不免斯事公卿侍臣可書之於笏知而必諫也徵狀貌不逾中
人而素有膽智每犯顔進諫雖逢王赫斯怒神色不移嘗密薦中
書侍郎杜正倫及吏部尚書侯君集有宰相之材徵卒後正倫以

罪黜君集犯逆伏誅太宗始疑徵阿黨徵又自錄前後諫諍言辭
往復以示史官起居郎褚遂良太宗知之愈不悦先許以衡山公
主降其長子叔玉於是手詔停婚顧其家漸衰矣徵四子叔琬叔
璘叔瑜叔玉襲爵國公官至光禄少卿叔瑜至潞州刺史叔璘禮部
侍郎則天時爲酷吏所殺神龍初繼封叔玉子膺爲鄭國公叔瑜
子華開元初太子右庶子
史臣曰臣嘗讀漢史劉更生傳見其上書論王氏擅權恐移運祚
漢成不悟更生徘徊伊鬱極言而不顧禍患何臣益忠盡也如此
當更生時諫者甚多如谷永楊興之上言圖爲姦利與賊臣爲鄉
導梅福王吉之言雖近古道未切事情則納諫任賢詎宜容易臣
嘗閲魏公故事與文皇討論政術往復應對凡數十萬言其匡過
弼違能近取譬博約連類皆前代諍臣之不至者其實根於道義
發爲律度身正而心勁上不負時主下不阿權幸中不侈親族外
不爲朋黨不以逢時改節不以圖位賣忠所載章疏四篇可爲

萬代王者法雖漢之劉向魏之徐邈晉之山濤宋之謝朏才則才
矣比文貞之雅道不有遺行乎前代諍臣一人而已
贊曰智者不諫諫或不智智者盡言國家之利鄭公達節才周
經濟太宗用之子孫長世

唐書列傳卷第二十一

右文林郎充兩浙東路提舉茶鹽司幹辦公事蘇之勤校勘

唐書列傳卷第二十二

虞世南　李百藥子安期　褚亮李玄道李守素附　劉昫等修

虞世南字伯施越州餘姚人隋內史侍郎世基弟也祖檢梁始興王諮議父荔陳太子中庶子俱有重名叔父寄陳中書侍郎無子以世南繼後故字曰伯施世南性沈靜寡欲篤志勤學少與兄世基受學於吳郡顧野王經十餘年精思不倦或累旬不盥櫛善屬文常祖述徐陵陵亦言世南得己之意又同郡沙門智永善王羲之書世南師焉妙得其體由是聲名籍甚天嘉中荔卒世南尚幼哀毀殆不勝喪陳文帝知其二子博學每遣中使至其家將護之及服闋召為建安王法曹參軍寄陷於陳寶應在閩越中世南雖除喪猶布衣蔬食至太建末寶應破寄還方令世南釋布食肉至德初除西陽王友陳滅與世基同入長安俱有重名時人方之二陸時煬帝在藩聞其名與秦王俊辟書交至以母老固辭晉王令使者追之大業初累授秘書郎遷起居舍人時世基當朝貴盛妻子被服擬於王者世南雖同居而躬履勤儉不失素業及至隋滅宇文化及弑逆之際世基為內史侍郎將被誅世南抱持號泣請以身代化及不納因哀毀骨立時人稱焉從化及至聊城又陷于竇建德偽授黃門侍郎太宗滅建德引為秦府參軍尋轉記室仍授弘文館學士與房玄齡對掌文翰太宗嘗命寫列女傳以裝屏風于時無本世南暗疏之不失一字太宗昇春宮遷太子中舍人及即位轉著作郎兼弘文館學士時世南年已衰老抗表乞骸骨詔不許遷太子右庶子固辭不拜除秘書少監上聖德論辭多不載七年轉秘書監賜爵永興縣子太宗重其博識每機務之隙引之談論共觀經史世南雖容貌儒懦若不勝衣而志性抗烈每論及古先帝王為政得失必存規諷多所補益太宗常謂侍臣曰朕因暇日與虞世南商略古今有一言之失未嘗不悵恨其懇誠若此朕用嘉焉羣臣皆若世南天下何憂不理八年隴右山崩大蛇屢見

山東及江淮多大水太宗以問世南對曰春秋時山崩晉侯召伯宗而問焉對曰國主山川故山川崩竭君爲之不舉降服乘縵徹樂出次祝幣以禮焉梁山晉所主也晉侯從之故得無害漢文帝元年齊楚地二十九山同日崩水大出令郡國無來貢獻施惠於天下遠近歡洽亦不爲災後漢靈帝時青蛇見御座晉惠帝時大蛇長三百步見齊地經市入朝案蛇宜在草野而入市朝所以可爲怪耳今蛇見山澤蓋深山大澤必有龍蛇亦不足怪也又山東足雨雖則其常然陰淫過久恐有冤獄宜省繫囚庶幾或當天意且妖不勝德唯修德可以銷變太宗以爲然因遣使者賑恤饑餒申理獄訟多所原宥後有星孛于虛危歷于氐百餘日乃滅太宗謂羣臣曰天見彗星是何妖也世南曰昔齊景公時有彗星見公問晏嬰對曰公穿池沼畏不深起臺榭畏不高行刑罰畏不重是以天見彗爲公誡耳景公懼而脩德後十六日而星沒臣聞天時不如地利地利不如人和若德義不脩雖獲麟鳳終是無補但政事

○無闕雖有災星何損於時然願陛下勿以功高古人而自矜伐勿以太平漸久而自驕怠愼終如始彗星雖見未足爲憂太宗斂容謂曰吾之撫國良無景公之過但吾纔弱冠舉義兵年二十四平天下未三十而居大位自謂三代以降撥亂之主莫臻於此重以薛舉之驍雄宋金剛之鷙猛竇建德跨河北王世充據洛陽當此之時足爲勍敵皆爲我所擒及逢家難復決意安社稷遂登九五降服北夷吾頗有自矜之意以輕天下之士此吾之罪也上天見變良爲是乎秦始皇平六國隋煬帝富四海既驕且逸一朝而敗吾亦何得自驕也言念於此不覺惕焉震懼四月康國獻師子詔世南爲之賦命編之東觀辭多不載後高祖崩有詔山陵制度準漢長陵故事務從隆厚程限既促功役勞弊世南上封事諫曰臣聞古之聖帝明王所以薄葬者非不欲崇高光顯珍寶具物以厚其親然審而言之高墳厚壠珍物畢備此適所以爲親之累非曰孝也是以深思遠慮安於菲薄以爲長久萬代之計割其常情以定耳

昔漢成帝造延昌二陵制度甚侈功費甚多諫議大夫劉向上書其言深切皆合事理其略曰孝文居霸陵悽愴悲懷顧謂羣臣曰嗟乎以北山石爲椁用紵絮斮陳漆其間豈可動哉張釋之進曰使其中有可欲雖錮南山猶有隙使其中無可欲雖無石椁又何戚焉夫死者無終極而國家有廢興釋之所言爲無窮計也孝文寤焉遂以薄葬又漢氏之法人君在位三分天下貢賦以一分入山陵武帝曆年長久比葬陵中不復容物霍光暗於大體奢侈過度其後至更始之敗赤眉賊入長安破茂陵取物猶不能盡無故聚斂百姓爲盜之用甚無謂也魏文帝於首陽東爲壽陵作終制其略曰昔堯葬壽陵因山爲體無封樹無立寢殿園邑爲棺椁足以藏骨爲衣衾足以朽肉吾營此不食之地欲使易代之後不知其處無藏金銀銅鐵一以瓦器自古及今未有不亡之國無不發掘塋乃燒取玉匣金縷骸骨並盡乃不重痛哉若違詔妄有變改吾爲戮屍於地下死而重死不忠不孝使魂而有知將不福汝以爲永制

○藏之宗廟魏文帝此制可謂達於事矣向使陛下德止如秦漢之君臣則緘口而已不敢有言伏見聖德高遠堯舜猶所不逮而俯與秦漢之君同爲奢泰捨堯舜殷周之節儉此臣所以尤戚也今爲丘隴如此其內雖不藏珍寶亦無益也萬代之後但見高墳大墓豈謂無金玉耶臣之愚計以爲漢文霸陵既因山勢雖不起墳自然高顯今之所卜地勢即平不可不起宜依白武通所陳周制爲三仞之墳其方中制度事事減少事竟之日刻石於陵側明丘封大小高下之式盟器所須皆以瓦木合於禮文一不得用金銀銅鐵使萬代子孫並皆遵奉一通藏之宗廟豈不美乎且臣下除服用三十六日已依霸陵今爲墳隴又以長陵爲法恐非所宜伏願深覽古今爲長久之慮臣之赤心唯願萬歲之後神道常安陛下孝名揚於無窮耳書奏不報世南又上疏曰漢家即位之初便營陵墓近者十餘歲遠者五十年方始成就今以數月之間而造數十年之事其於人力亦已勞矣又漢家大郡五十萬戶即目人衆

未及往時而功役興之一等此臣所以致疑也時公卿又上奏請遵遺詔務從節儉因下其事付所司詳議於是制度頗有減省焉太宗後頗好獵世南上疏諫曰臣聞秋獮冬狩蓋惟恒典射隼從禽備乎前誥伏惟陛下因聽覽之餘辰順天道以殺伐將欲躬摧班掌親御皮軒窮猛獸之窟穴盡逸材之林藪夷凶翦暴以衛黎元收革擢羽用充軍器舉旗效獲式遵前古然黃屋之尊金輿之貴八方之所仰德萬國之所係心清道而行猶戒銜橛斯蓋重慎防微為社稷也是以馬卿直諫於前張昭變色於後臣誠微賤敢忘斯義且天弧星罼所殪已多頒禽賜獲皇恩亦溥伏願時息獵車且韜長戟不拒蒭蕘之請降納涓澮之流袒裼徒搏任之羣下則貽範百王永光萬代其有犯無隱多此類也太宗以是益親禮之嘗稱世南有五絕一曰德行二曰忠直三曰博學四曰文辭五曰書翰十二年又表請致仕優制許之仍授銀青光祿大夫弘文館學士祿賜防閤並同京官職事尋卒年八十一太宗舉哀於別次哭

之甚慟賜東園秘器陪葬昭陵贈禮部尚書謚曰文懿手勅魏王泰曰虞世南於我猶一體也拾遺補闕無日暫忘實當代名臣人倫準的吾有小失必犯顏而諫之今其云亡石渠東觀之中無復人矣痛惜豈可言耶未幾太宗為詩一篇追述往古興亡之道既而歎曰鍾子期死百牙不復鼓琴朕之此詩將何以示令起居郎褚遂良詣其靈帳讀訖焚之冀世南神識感悟後數歲太宗夜夢見之有若平生翌日下制曰禮部尚書永興文懿公虞世南德行淳備文為辭宗夙夜盡心志在忠益奄從物化倏移歲序昨因夜夢忽覩其人兼進讜言有如平生之日追懷遺美良增悲歎宜資冥助申朕思舊之情可於其家為設五百僧齋并為造天尊像一區又勅圖其形於凌煙閣有集三十卷令褚亮為之序世南子昶

官至工部侍郎

李百藥字重規定州安平人隋內史令安平公德林子也為童兒時多疾病祖母趙氏故以百藥為名七歲解屬文父友齊中書舍人陸乂馬元熙嘗造德林讌集有讀徐陵文者云既取成周之禾將刈琅琊之稻並不知其事百藥時侍立進曰傳稱鄅人藉稻杜預注云鄅國在琅琊開陽乂等大驚異之開皇初授東宮通事舍人遷太子舍人兼東宮學士或嫉其才而毀之者乃謝病免去十九年追赴仁壽宮令襲父爵左僕射楊素吏部尚書牛弘雅愛其才奏授禮部員外郎皇太子勇又召為東宮學士詔令修五禮定律令撰陰陽書臺內奏議文表多百藥所撰時煬帝出鎮揚州嘗召之百藥辭疾不赴煬帝大怒及即位出為桂州司馬為沈法興所得署為掾其後罷州置郡因解職還鄉里大業五年授魯郡臨泗府步兵校尉九年充戍會稽尋授建安郡丞行達烏程屬江都難作復會沈法興為李子通所破子通又命為中書侍郎國子祭酒及杜伏威攻滅子通又以百藥為行臺考功郎中或有譖之者伏威因之百藥著省躬賦以致其情伏威亦知其無罪乃令復職伏威既據有江南高祖遣使招撫百藥勸伏威入朝伏威從之遣其行臺

僕射輔公祏與百藥留守遂詣京師及渡江至歷陽狐疑中悔將害百藥乃飲以石灰酒因大洩痢而宿病皆除伏威知百藥不死乃作書與公祏令殺百藥賴伏威養子王雄誕保護獲免公祏反又授百藥吏部侍郎有譖百藥於高祖云百藥初說杜伏威入朝又與輔公祏同反高祖大怒及公祏平得伏威與公祏令殺百藥書高祖意稍解遂配流涇州太宗重其才名貞觀元年召拜中書舍人賜爵安平縣男受詔修定五禮及律令撰齊書二年除禮部侍郎朝廷議將封建諸侯百藥上封建論曰臣聞經國庇民王者之常制尊主安上人情之本方思闡治定之規以弘長世之業者萬古不易百慮同歸然命曆有賒促之殊邦家有理亂之異遐觀載籍論之詳矣咸云周過其數秦不及期存亡之理在於郡國可以監夏殷之長久遵黃唐之並建維城盤石深根固本雖王綱弛廢枝幹相持故使逆節不生宗祀不絕秦氏背師古之訓棄先王之道踐華恃險罷侯置守子弟無尺土之邑兆庶罕共治之憂故一

夫號譯士廟齊祭祀臣以爲自古皇王君臨寓内莫不受命上玄飛
名帝籙締構遇興王之運殷憂屬啓聖之期雖魏武攜養之資
漢高徒役之賤非止意有覬覦推之亦不能去也若其獄訟不歸
菁華已竭雖帝堯之光被四表大舜之上齊七政非止情存揖讓
守之亦不可固焉以放勳重華之德尚不能克昌厥後是知祚之
長短必在天時政或盛衰有關人事隆周卜代三十卜年七百雖淪
胥之道斯極而文武之器猶存斯則龜鼎之祚已懸定於杳冥也
至使南征不返東遷避逼禋祀如綫郊畿不守此乃凌夷之漸有
累於封建焉暴秦運短閏餘數鍾百六受命之主德異禹湯繼世
之君才非啓誦借使李斯王綰之輩盛開四履將閭子嬰之徒俱
啓千乘豈能逆帝子之勃興抗龍顏之基命者也然則得失成敗
各有由焉而著述之家多守常轍莫不情亡今古理蔽澆淳欲以
百王之季行三代之法天下五服之内盡封諸侯王畿千乘之間
俱爲采地是以結繩之化行虞夏之朝用象刑之典治劉曹之末

紀綱既紊斷可知焉鍥船求劍未見其可膠柱成文彌所多惑徒
知問鼎請隧有懼霸王之師白馬素車無復藩籬之援不悟望夷
之釁未甚羿浞之災高貴之殃寧異申繒之酷乃欽明昏亂自革
安危固非守宰公侯以成興廢且數世之後王室浸微始自藩屏
化爲仇敵家殊俗國異政強凌弱衆暴寡疆埸彼此干戈日尋狐
駘之役女子盡髽崤陵之師隻輪不返斯蓋略舉一隅其餘不可
勝數陸士衡方規規然云嗣王委其九鼎凶族據其大邑天下晏
然以治待亂何斯言之謬也而設官分職任賢使能以循吏之才
膺共治之寄刺郡分竹何代無人至使地或呈祥天不愛寶民稱
父母政比神明曹元首方區區然稱與人共其樂者人必憂其憂
與人同其安者人必拯其危豈容委以侯伯則同其安危任之牧
宰則殊其憂樂何斯言之妄也封君列國藉慶門資忘其先業之
艱難輕其自然之崇貴莫不世增淫虐代益驕侈自離宮別館切
漢凌雲或刑人力而將盡或召諸侯而共樂陳靈則君臣悖禮共

侮徵舒衛宣則父子聚麀終誅壽朔乃云爲己思治豈若是乎内
外羣官選自朝廷擢士庶以任之澄水鏡以鑒之年勞優其階品
考績明其黜陟進取事切砥礪情深或俸祿不入私門妻子不之
官舍頒條之貴食不舉火剖符之重衣唯補葛南郡太守弊布裹
身萊蕪縣長凝塵生甑專云爲利圖物何其爽歟總而言之爵非
世及用賢之路斯廣民無定主附下之情不固此乃愚智所辨安可
惑哉至如滅國弑君亂常干紀春秋二百年間略無寧歲次睢咸秩
遂用玉帛之君魯道有蕩每等衣裳之會縱使西漢哀平之際東
洛桓靈之時下吏淫暴必不至此爲政之理可一言以蔽之伏惟陛下
握紀御天膺期啓聖救億兆之焚溺掃氛祲於寰區創業垂統
配二儀以立德發號施令妙萬物而爲言獨照宸衷永懷前古將
復五等而脩舊制建萬國以親諸侯竊以漢魏以還餘風之弊未
盡勳華既往至公之道斯革況晉氏失馭寓縣崩離後魏時乘華
夷雜處重以關河分阻吴楚懸隔習文者學長短縱橫之術習武

者盡干戈戰爭之心畢爲狙詐之階彌長澆浮之俗開皇在運因
藉外家驅御羣英任雄猜之數坐移時運非克定之功年踰二紀
民不見德及大業嗣文世道交喪一時人物掃地將盡雖天縱神
武削平寇虐兵威不息勞止未康自陛下仰順聖慈嗣膺寶曆
情深致治綜覈前王雖至道無名言象所紀略陳梗槩實所庶幾
愛敬烝烝勞而不倦大舜之孝也訪安内豎親嘗御膳文王之德
也每憲司讞罪尚書奏獄大小必察枉直咸申舉斷趾之法易大
辟之刑仁心隱惻貫徹幽顯大禹之泣辜也正色直言虛心受納
不簡鄙訥無棄芻蕘帝堯之求諫也弘獎名教勸勵學徒既擢
明經於青紫將升碩儒於卿相聖人之善誘也羣臣以宮中暑濕
寢膳或乖請徙御高明營一小閣遂惜家人之產昔抑子來之願
不吝陰陽所感以安卑陋之居去歲荒儉普天飢饉喪亂甫爾倉
廩空虛聖情矜愍勤加惠卹竟無一人流離道路猶且食唯藜藿
樂撤簨簴言必悽動貌成癯瘠公旦喜於重譯文命矜其即序陛

下每四夷款附萬里歸仁必退思進省疑神動慮恐妄勞中國以事遠方不藉萬古之英聲以存一時之茂實心切憂勞跡絕遊幸每旦視朝聽受無倦智周於萬物道濟於天下罷朝之後引進名臣討論是非備盡肝膈唯及政事更無異辭纔及日昃命才學之士賜以清閑高談典籍雜以文詠間以玄言乙夜忘疲中宵不寐此之四道獨邁往初斯實生民以來一人而已弘茲風化昭示四方信可以朞月之間彌綸天壤而淳粹尚阻浮詭未移此由習之永久難以卒變請待斲雕成朴以質代文刑措之教一行登封之禮云畢然後定疆理之制議山河之賞未為晚焉易稱天地盈虛與時消息況於人乎美哉斯言也太宗竟從其議四年授太子右庶子五年與左庶子于志寧中允孔穎達舍人陸敦信侍講于弘教殿時太子頗留意典墳然閑燕之後嬉戲過度百藥作贊道賦以諷焉辭多不載太宗見而遣使謂百藥曰朕於皇太子處見卿所獻賦悉述古來儲貳事以誡太子甚是典要朕選卿以輔弼太子正

為此事大稱所委但須善始令終耳因賜綵物五百段然太子卒不悟而廢十年以撰齊史成加散騎常侍行太子左庶子賜物四百段俄除宗正卿十一年以撰五禮及律令成進爵為子後數歲以年老固請致仕許之太宗嘗制帝京篇命百藥並作上歎其工手詔曰卿何身之老而才之壯何齒之宿而意之新乎二十二年卒年八十四謚曰康百藥以名臣之子才行相繼四海名流莫不宗仰藻思沉鬱尤長於五言詩雖樵童牧豎並皆吟諷性好引進後生提獎不倦所得俸祿多散之親黨又至性過人初侍父母喪還鄉徒跣單衣行數千里服闋數年容貌毀悴為當時所稱及懸車告老怡然自得穿池築山文酒談賞以舒平生之志有集三十卷子安期

安期幼聰辯七歲解屬文初百藥大業末出為桂州司馬行至太湖遇逆賊將加白刃安期跪泣請代父命賊哀而釋之貞觀初累轉符璽郎預修晉書成除主客員外郎永徽中遷中書舍人又與李義府等於武德殿內修書再轉黃門侍郎龍朔中為司列少常伯參知軍國有事太山詔安期為朝覲壇碑文安期前後三為選部頗為當時所稱時高宗屢引侍臣責以不進賢良衆皆莫對獨安期進曰臣聞聖帝明王莫不勞於求賢逸於任使設使堯舜苦己癯瘠不能用賢終亦王化不行自夏殷已來歷國數十皆委賢良以共致理且十室之邑必有忠信況今天下至廣非無英彥但比來公卿有所薦引即遭囂謗以為朋黨沉屈者未申而在位者以損所以人思苟免競為緘默若陛下虛己招納務於搜訪不忌親讎唯能是用讒毀亦既不入誰敢不竭忠誠此皆事由陛下非臣等所能致也高宗深然其言俄檢校東臺侍郎同東西臺三品出為荊州大都督府長史咸亨初卒自德林至安期三世皆掌制誥安期孫羲仲又為中書舍人

褚亮字希明杭州錢塘人曾祖湮梁御史中丞祖蒙太子中舍人父玠陳秘書監並著名前史其先自陽翟徙居焉亮幼聰敏好學

善屬文博覽無所不至經目必記於心喜遊名賢尤善談論年十八詣陳僕射徐陵陵與商榷文章深異之陳後主聞而召見使賦詩江摠及諸辭人在坐莫不推善禎明初為尚書殿中侍郎陳亡入隋為東宮學士大業中授太常博士時煬帝將改置宗廟亮奏議曰謹按禮記天子七廟三昭三穆與太祖之廟而七鄭玄注曰此周制也七者太祖及文王武王之祧與親廟四也殷則六廟契及湯與二昭二穆也夏則五廟無太祖禹與二昭二穆而已玄又據禮王者禘其祖之所自出而立四廟案鄭玄義天子唯立四親廟并始祖而為五周以文武為受命之祖特立二祧是為七廟王肅注禮記曰尊者尊統上卑者尊統下故天子七廟諸侯五廟其有殊功異德非太祖而不毀不在七廟之數案肅以為天子七廟是百代之言又據王制天子七廟諸侯五廟大夫三廟降二為差是則天子立四親廟又立高祖之父高祖之祖父太祖而為七周有文武姜嫄合為十廟漢世諸帝之廟各立無毀迭之義至元帝時

貢禹匡衡之徒始議其禮以高帝爲太祖而立四親是爲五廟唯
劉歆以爲天子七廟諸侯五廟降殺以兩之義七者其正法可常
數也宗不在此數内有功德則宗之不可豫設爲數也是以班固
稱考論諸儒之儀劉歆博而篤矣光武即位建高廟於洛陽乃立
南頓君以上四廟就祖宗而爲七至魏初高堂隆爲鄭學議立親
廟四太祖武帝猶在四親之内乃虚置太祖及二祧以待後世至
景初間乃依王肅更立六廟二世祖就四親而爲六廟晉武受禪博
議宗祀自文帝已上至六世親祖征西府君而宣帝亦序於昭穆未
外太祖故祭止六世江左中興賀循知禮至於寢廟之議皆依魏晉
舊事宋武初受命爲王依諸侯立親廟四即位之後增祠五世祖
相國掾府君六世祖右北平府君止於六廟建身没主升亦從昭穆
猶太祖之位也降及齊梁守而勿革加宗迭毁禮無違舊臣又案
姬周自太祖已下皆别立廟至於禘祫俱合食於太祖是以炎漢
之初諸廟各立歲時常享亦隨處而祭所用廟樂皆像功德而歌

舞焉至光武乃揔立一堂而羣主異室斯則新承寇亂欲從約省
自此已來因循不變皇隋太祖武元皇帝仁風潛暢至澤傍通以
昰彰之勳開稷契之緒高祖文皇帝睿哲玄覽神武應期撥亂返
正遠肅邇安受命開基垂統聖嗣鴻名冠於三代寶祚傳於七百
當文明之運定祖宗之禮且損益不同沿襲異趣時王所制可以
垂法自歷代已來親用王鄭二義若尋其旨歸校以優劣康成止
論周代非謂經通子雍揔貫皇王事兼長遠今請依據古典崇建
七廟受命之廟宜别立廟祧百世之後不毁之法至於鑾駕親奉
申孝享於高廟有司行事竭誠敬於羣主俾夫規模可則嚴祀易
遵表有功而彰明德大復古而貴能變臣又案周人立廟亦無處
置之文據冢人職而言之先王居中以昭穆爲左右阮忱所撰禮
圖亦從此義漢京諸廟既遠又不序禘祫今若依周制理有未安
雜用漢儀事難全採謹詳立别圖附之議未行尋坐與楊玄感有
舊左遷西海郡司戶時京兆郡博士潘徽亦以筆札爲玄感所禮

降威定縣主簿當時寇盜縱横六親不能相保亮與同行至隴山微
遇病終亮親加棺斂瘞之路側慨然傷懷遂題詩於隴樹好事者
皆傳寫諷誦信宿遍於京邑焉薛舉僭號隴西以亮爲黃門侍郎
委之機務及舉滅太宗聞亮名深加禮接因從容自陳太宗大悦
賜物二百段馬四匹從還京師授秦王文學時高祖以寇亂漸平
每冬畋狩亮上疏諫曰臣聞堯鼓納諫舜木求箴茂克昌之風致
昇平之道伏惟陛下應千祀之期拯百王之弊平壹天下劬勞帝
業旰食思政廢寢憂人用農隙之餘遵冬狩之禮獲車之所遊踐
虞旗之所涉歷網唯一面禽止三驅縱廣成之獵士觀上林之手
搏斯固畋弋之常規而皇王之壯觀至於親逼猛獸臣竊惑之何
者筋力驍悍爪牙輕捷連弩一發未必挫其凶心長戟纔撝不能
當其憤氣雖孟賁抗左夏育居前卒然驚軼事生慮表如或近
起林叢未塡坑谷駭屬車之後乘犯官騎之清塵小臣怯懦私懷
戰慄陛下以至聖之資垂將來之教降情納下無隔直言臣叨逢

明時遊宦藩邸身漸榮渥日用不知敢緣天造冒陳丹懇高祖甚
納之太宗每有征伐亮常侍從軍中宴筵必預歡賞從容諷議多
所裨益又與杜如晦等十八人爲文學館學士太宗入居春宮除太
子舍人遷太子中允貞觀元年爲弘文館學士九年進授員外散
騎常侍封陽翟縣男拜通直散騎常侍學士如故十六年進爵爲侯
食邑七百戶後致仕歸于家太宗幸遼東亮子遂良爲黃門侍郎
詔遂良謂亮曰昔年師旅卿常入幕今茲遐伐君已懸車倏忽之
間移三十載眷言疇昔我勞如何今將遂良東行想公於朕不惜
一兒於膝下耳故遣陳離意善居加食亮奉表陳謝及寢疾詔遣
醫藥救療中使候問不絶卒時年八十八太宗甚悼惜之不視朝一
日贈太常卿陪葬昭陵謚曰康長子遂賢守雍王友次子遂良自
有傳始太宗既平寇亂留意儒學乃於宮城西起文學館以待四
方文士於是以屬大行臺司勳郎中杜如晦記室考功郎中房玄
齡及于志寧軍諮祭酒蘇世長天策府記室薛收文學褚亮姚思

康太學博士陸德明孔穎達主簿李玄道天策倉曹李守素記室參軍虞世南參軍事蔡允恭顏相時著作佐郎攝記室許敬宗薛元敬太學助教蓋文達軍諮典籤蘇勗並以本官兼文學館學士及薛收卒復徵東虞州錄事參軍劉孝孫入館尋遣圖其狀貌題其名字爵里乃命亮爲之像贊號十八學士寫眞圖藏之書府以彰禮賢之重也諸學士並給珍膳分爲三番更直宿于閤下每軍國務靜參謁歸休即便引見討論墳籍商略前載預入館者時所傾慕謂之登瀛洲顏相時兄師古蘇勗兄子幹劉孝孫者荊州人也祖貞周石臺太守孝孫弱冠知名與當時辭人虞世南蔡君和孔德紹庾抱庾自直劉斌等登臨山水結爲文會大業末沒于王世充世充弟偽杞王辯引爲行臺郎中洛陽平辯面縛歸國衆皆離散孝孫猶攀援號慟追送遠郊時人義之武德初歷虞州錄事參軍太宗召爲秦府學士貞觀六年遷著作佐郎吳王友嘗採歷代文集爲王撰古今類序詩苑四十卷十五年遷本府諮議參軍尋遷太子洗馬未拜卒

李玄道者本隴西人也世居鄭州爲山東冠族祖瑾魏著作佐郎父行之隋都水使者玄道仕隋爲齊王府屬李密據洛口引爲記室及密破爲王世充所執是時同遇囚俘者並懼死達曙不寐唯玄道顏色自若曰死生有命非憂能了同拘者雅推其識量及見世充舉措不改其常世充素知其名益重之釋縛以爲著作佐郎東都平太宗召爲秦王府主簿文學館學士貞觀元年累遷給事中封姑臧縣男時王君廓爲幽州都督朝廷以其武將不習時事拜玄道爲幽州長史以維持府事君廓在州屢爲非法玄道數正議裁之嘗又遺玄道一婢玄道問婢所由云本良家子爲君廓所掠玄道因放遣之君廓甚不悅後遇君廓入朝房玄齡即玄道之從甥也玄道附書君廓私發不識草字疑其謀己懼而奔叛玄道坐流嶲州未幾徵還爲常州刺史在職清簡百姓安之太宗下詔褒美賜以綾綵三年表請致仕加銀青光祿大夫以祿歸第尋卒

子雲將知名官至尚書左丞

李守素者趙州人代爲山東名族太宗平王世充徵爲文學館學士署天策府倉曹參軍守素尤工譜學自晉宋已降四海士流及諸勳貴華戎閥閱莫不詳究當時號爲行譜嘗與虞世南共談人物言江左山東世南猶相酬對及言北地諸侯次第如流顯其世業皆有援證世南但撫掌而笑不復能答歎曰行譜定可畏許敬宗因謂世南曰李倉曹以善談人物乃得此名雖爲美事然非雅目公既言成準的宜當有以改之世南曰昔任彥昇美談經籍梁代稱爲五經笥今目倉曹爲人物志可矣貞觀初卒

史臣曰劉弁州有言和氏之璧不獨耀於郢握夜光之珠何專玩於隋掌天下之寶固當與天下共之虞永興之從建德李安平之佐公祏褚陽翟之依薛舉蓋大渴不能擇泉而飲大暑者不能擇蔭而息耳非不識其飲憩之所及文皇帝揭三辰而燭天下羣賢譪集人知所奉方得躍鱗天池擅價春山爲一代之至寶則所託之勢異也隨掌郢握有常哉二虞昆仲文章炳蔚於隋唐之際褚河南父子箴規獻替洋溢於貞觀永徽之間所謂代有人焉亞三家尤盛

贊曰文皇盪滌刷清蒼昊十八文星連輝炳耀虞褚之筆動若有神安平之什老而彌新

唐書列傳卷第二十二

右文林郎充兩浙東路提舉茶鹽司幹辦公事臣徐之勤校勘

劉昫

薛收 兄子元敬 收子元超 從子稷　姚思廉　顏師古
令狐德棻 鄧世隆 顧胤 李仁實 李延壽 等附　孔穎達 司馬才章 馬嘉運 等附　王恭

薛收字伯褒蒲州汾陰人隋內史侍郎道衡子也事繼從父孺以孝聞年十二解屬文以父在隋非命乃絜志不仕大業末郡舉秀才固辭不應義旗起遁於首陽山將協義舉蒲州通守堯君素潛知收謀乃遣人迎收所生母王氏置城內收乃還城後君素將應王世充收遂踰城歸國秦府記室房玄齡薦之於太宗即日召見問以經略收辯對縱橫皆合旨要授秦府主簿判陝東道大行臺金部郎中時太宗專任征伐檄書露布多出於收言辭敏速還同宿構馬上即成曾無點竄太宗討王世充也竇建德率兵來拒諸將皆以為宜且退軍以觀賊形勢收獨建策曰世充據有東都府庫塡積其兵皆是江淮精銳所患者在於乏食是以為我所持求

戰不可建德親總軍旅來拒我師亦當盡彼驍雄期於奮決若縱其至此兩寇相連轉河北之糧以相資給則伊洛之間戰鬬不已今宜分兵守營深其溝防即世充欲戰愼勿出兵大王親率猛銳先據成皐之險訓兵坐甲以待其至彼以疲弊之師當我堂堂之勢一戰必剋建德即破世充自下矣不過兩旬二國之君可面縛麾下若退兵自守計之下也太宗納之卒擒建德東都平太宗入觀隋氏宮室嗟後主竆人力以逞奢侈收進曰竊聞峻宇雕牆殷辛以滅土階茆棟唐堯以昌秦帝增阿房之飾漢后罷露臺之費故漢祚延而秦禍速自古如此後主曾不能察以萬乘之尊困一夫之手僕土崩瓦解取譏後代以奢虐所致也太宗悅其對及軍還授天策府記室參軍太宗初授天策上將尚書令命收與世南並作第一讓表[illegible]用[illegible]宗[illegible]祖[illegible]遊後園中獲白魚命收為獻表收[illegible]立就不復停思時[illegible]其表贍而速從平劉黑闥封汾陰縣男武德六年以本官兼文學館學士與房玄齡杜如晦特蒙殊禮受心腹之寄又嘗上書諫獵太宗手詔曰覽讀所陳實悟心膽今日成我卿之力也明珠兼乘豈比來言當以誠心書何能盡今賜卿黃金四十鋌以酬雅意七年寢疾太宗遣使臨問相望於道尋命輿疾詣府太宗親以衣袂撫收論敘生平潸然流涕尋卒年三十三太宗親自臨哭哀慟左右與收從父兄子元敬書曰吾與卿叔共事或軍旅多務或文詠從容何常不驅馳經略款曲襟抱比雖疾苦日冀瘳除何期一朝忽成萬古追尋痛惋彌用傷懷且聞其兒子幼小家徒壁立未知何處安置宜加安撫以慰吾懷因使人弔祭贈物三百段及後遍圖學士等形像太宗歎曰薛收遂成故人恨不早圖其像及登極顧謂房玄齡曰薛收若在朕當以中書令處之又嘗夢收如平生又勑有司特賜其家粟帛貞觀七年贈定州刺史永徽六年又贈太常卿陪葬昭陵文集十卷

元敬隋選部侍郎邁子也有文學少與收及收族兄德音齊名時人謂之河東三鳳收為長雛德音為鸑鷟元敬以年最小為鵷鶵

武德中元敬為秘書郎太宗召為天策府參軍兼直記室收與元敬俱為文學館學士時房杜等處心腹之寄深相友託元敬畏於權勢竟不之狎如晦常云小記室不可得而親不可得而踈太宗入東宮除太子舍人時軍國之務揔於東宮元敬專掌文翰號為稱職尋卒收子元超

元超早孤九歲襲爵汾陰男及長好學善屬文太宗甚重之令尚巢剌王女和靜縣主累授太子舍人預撰晉書高宗即位擢拜給事中時年二十六數上書陳君臣政體及時事得失高宗皆嘉納之俄轉中書舍人加弘文館學士兼修國史中書省有一盤石初道衡為內史侍郎嘗踞而草制元超每見此石未嘗不泫然流涕永徽五年丁母憂解明年起授黃門侍郎兼檢校太子左庶子元超既擅文辭兼好引寒俊嘗表薦任希古高智周郭正一王義方孟利貞等十餘人由是時論稱美後以疾出為饒州刺史三年拜東臺侍郎右相李義府以罪配流嶲州舊制流人禁乘馬元超奏請

給之坐貶爲簡州刺史歲餘西臺侍郎上官儀伏誅又坐與文章
款密配流嶲州上元初遇赦還拜正諫大夫三年遷中書侍郎尋
同中書門下三品時高宗幸温泉校獵諸蕃酋長亦持弓矢而從
元超以爲既非族類深可爲虞上疏切諫帝納焉時元超特承恩
遇常召入與諸王同預私讌又重其文學政理之才曾謂元超曰
長得卿在中書固不藉多人也永隆二年拜中書令兼太子左庶
子高宗幸東都太子於京師監國因留元超以侍太子帝臨行謂
元超曰朕之留卿如去一臂但吾子未閑庶務關西之事悉以委卿
所寄既深不得默爾於是元超表薦鄭祖玄鄧玄挺崔融爲崇文
館學士又數上疏諫太子高宗知而稱善遣使慰諭賜物百段弘
道元年以疾乞骸加金紫光祿大夫聽致仕其年冬卒年六十二
贈光祿大夫秦州都督陪葬乾陵文集四十卷子曜亦以文學知
名聖曆中修三教珠英官至正諫大夫元超從子稷
稷舉進士累轉中書舍人時從祖兄曜爲正諫大夫與稷俱以辭

學知名同在兩省爲時所稱景龍末爲諫議大夫昭文館學士好
古博雅尤工隸書自貞觀永徽之際虞世南褚遂良時人宗其書
跡自後罕能繼者稷外祖魏徵家富圖籍多有虞褚舊跡稷鋭
精模倣筆態遒麗當時無及之者又善畫博探古跡睿宗在藩留
意於小學稷於是特見招引俄又令其子伯陽尚仙源公主及踐
祚累拜中書侍郎與蘇頲等對掌制誥俄與中書侍郎崔日用參
知政事睿宗以鍾紹京爲中書令稷勸令禮讓因入言於帝曰紹
京素無才望出自胥吏雖有功勲未聞令德一朝超居元宰師長
百寮臣恐清濁同貫失於聖朝具瞻之美帝然其言因紹京表讓
遂轉爲戶部尚書稷又於帝前面折崔日用遞相短長由是罷知
政事遷左散騎常侍歷工部禮部二尚書以翊賛睿宗功封晉國
公賜實封三百戶除太子少保睿宗常召稷入宫中參決庶政恩
遇莫與爲比及竇懷貞伏誅稷以知其謀賜死於萬年縣獄中子
伯陽以尚公主拜右千牛衛將軍駙馬都尉亦以功封安邑郡公

別食實封四伯戶父死特免坐左遷晉州員外別駕尋而配徙
嶺表在道自殺伯陽子諗開元十六年尚常山公主拜駙馬都尉
光祿員外卿旬日暴卒

姚思廉字簡之雍州萬年人父察陳吏部尚書入隋歷太子内舍
人秘書丞北絳公學兼儒史見重於二代陳亡察自吳興始遷關
中思廉少受漢史於其父能盡傳家業勤學寡慾未嘗言及家
人産業在陳爲揚州主簿入隋爲漢王府參軍丁父憂解職初察
在陳嘗修梁陳二史未就臨終令思廉續成其志丁繼母憂廬於
墓側毁瘠加人服闋補河間郡司法書佐思廉上表陳父遺言有
詔許其續成梁陳史煬帝又令與起居舍人崔祖濬修區宇圖志
後爲代王侑侍讀會義師剋京城侑府寮奔駭唯思廉侍王不離
其側兵將昇殿思廉厲聲謂曰唐公舉義本匡王室卿等不宜無禮
於王衆服其言於是布列階下高祖聞而義之許其扶侑至順陽
閤下泣拜而去觀者咸歎曰忠烈之士也仁者有勇此之謂乎高

祖受禪授秦王文學從太宗征徐圓朗思廉時在洛陽太宗嘗從
容言及隋亡之事慨然歎曰姚思廉不懼兵刃以明大節求諸古
人亦何以加也因寄物三百段以遺之書曰想節義之風故有
斯贈尋引爲文學館學士太宗入春宫遷太子洗馬貞觀初遷著
作郎弘文館學士寫其形像列於十八學士圖令文學褚亮爲之
讚曰志苦精勤紀言實録臨危殉義餘風勵俗三年又受詔與秘
書監魏徵同撰梁陳二史思廉又採謝炅等諸家梁史續成父書
并推究陳事刪益博綜顧野王所修舊史撰成梁書五十卷陳書
三十卷魏徵雖裁其總論其編次筆削皆思廉之功也賜綵絹五百
段加通直散騎常侍思廉以藩邸之舊深被禮遇政有得失常遣
密奏之思廉亦直言無隱太宗將幸九成宫思廉諫曰離宮遊幸
秦皇漢武之事固非堯舜禹湯之所爲也言甚切至太宗諭曰朕
有氣疾熱便頓劇固非情好遊賞也因賜帛五十匹九年拜散騎
常侍賜爵豐城縣男十一年卒太宗深悼惜之廢朝一日贈太常

御謚曰康賜葬地於昭陵子處平官至通事舍人處平子疇珽
別有傳
顏籀字師古雍州萬年人齊黄門侍郎之推孫也其先本居琅琊
世仕江左及之推歷事周齊齊滅始居關中父思魯以學藝稱武
德初爲秦王府記室參軍師古少傳家業博覽羣書尤精詁訓善
屬文隋仁壽中爲尚書左丞李綱所薦授安養尉尚書左僕射楊
素見師古年弱貌羸因謂曰安養劇縣何以克當師古曰割雞焉
用牛刀素竒其對到官果以幹理聞時薛道衡爲襄州揔管與高
祖有舊又悅其才有所綴文嘗使其掎摭利病甚親暱之尋坐事
免歸長安十年不得調家貧以教授爲業及起義師古至長春宮
謁見授朝散大夫從平京城拜燉煌公府文學轉起居舍人再遷
中書舍人專掌機密于時軍國多務凡有制誥皆成其手師古達
於政理冊奏之工時無及者太宗踐祚擢拜中書侍郎封琅琊縣
男以母憂去職服闋復爲中書侍郎歲餘坐事免太宗以經籍去

二十七　唐傳二十三　五　王安

○聖久遠文字訛謬令師古於秘書省考定五經師古多所釐正既
成奏之太宗復遣諸儒重加詳議于時諸儒傳習已久皆共非之
師古輒引晉宋已來古今本隨言曉荅援據詳明皆出其意表諸
儒莫不歎服於是兼通直郎散騎常侍頒其所定之書於天下令
學者習焉貞觀七年拜秘書少監專典刊正所有竒書難字衆所
共惑者隨疑剖析曲盡其源是時多引後進之士爲讎校師古抑素
流先貴勢雖富商大賈亦引進之物論稱其納賄由是出爲郴州
剌史未行太宗惜其才謂之曰卿之學識良有可稱但事親居官
未爲清論所許今之此授卿自取之朕以卿曩日任使不忍遐弃
宜深自誡勵也於是復以爲秘書少監師古既負其才又早見驅
策累被任用及頻有罪譴意甚喪沮自是闔門守靜杜絕賓客放
志園亭葛巾野服然搜求古跡及古器耽好不已俄又奉詔與博
士等撰定五禮十一年禮成進爵爲子時承乾在東宮命師古注班
固漢書解釋詳明深爲學者所重承乾表上之太宗令編之秘閣賜

師古物二百段良馬一匹十五年太宗下詔將有事于泰山所司與
公卿并諸儒博士詳定儀注太常卿韋挺禮部侍郎令狐德棻爲
封禪使參考其儀時論者競起異端師古奏曰臣撰定封禪儀注
書在十一年春于時諸儒參詳以爲適中於是詔公卿定其可否
多從師古之說然而事竟不行師古俄遷秘書監弘文館學士十
九年從駕東巡道病卒年六十五謚曰戴有集六十卷其所注漢
書及急就章大行于世永徽三年師古子揚庭爲符璽郎又表上
師古所撰匡謬正俗八卷高宗下詔付秘書閣仍賜揚庭帛五十
匹師古弟相時亦有學業武德中與房玄齡等爲秦府學士貞觀
中累遷諫議大夫拾遺補闕有諍臣之風尋轉禮部侍郎相時羸
瘠多疾病太宗常使賜以醫藥性仁友及師古卒不勝哀慕而卒
師古叔父遊秦武德初累遷廉州剌史封臨沂縣男時劉黑闥初
平人多以強暴寡禮風俗未安遊秦撫恤境內敬讓大行邑里歌
曰廉州顏有道性行同莊老愛人如赤子不殺非時草高祖璽書
勞勉之俄拜鄆州剌史卒官撰漢書決疑十二卷爲學者所稱後

二十七　唐傳二十三　六　朱因

○師古注漢書亦多取其義耳
令狐德棻宜州華原人隋鴻臚少卿熙之子也先居燉煌代爲河
西右族德棻博涉文史早知名大業末爲藥城長以世亂不就職
及義旗建淮安王神通據太平宮自稱揔管以德棻爲記室參軍
高祖入關引直大丞相府記室武德元年轉起居舍人甚見親待五
年遷秘書丞與侍中陳叔達等受詔撰藝文類聚高祖問德棻曰
比者丈夫冠婦人髻競爲高大何也對曰在人之身冠爲上飾所以
古人方諸君上昔東晉之末君弱臣強江左士女皆衣小而裳大
及宋武正位之後君德尊嚴衣服之製俄亦變改此即近事之徵
高祖然之時承喪亂之餘經籍亡逸德棻奏請購募遺書重加
錢帛增置楷書令繕寫數年間羣書略備德棻嘗從容言於高祖
曰竊見近代已來多無正史梁陳及齊猶有文籍至周隋遭大業
離亂多有遺闕當今耳目猶接尚有可憑如更十數年後恐事

淪湮没陛下既受禪於隋復承周氏歷數國家二祖功業並在周時如文史不存何以貽鑑今古如臣愚見並請修之高祖然其奏下詔曰司典序言史官記事考論得失究盡變通所以裁成義類懲惡勸善多識前古貽鑑將來伏犧以降周秦斯及兩漢傳緒三國受命迄于晉宋載籍備焉自有魏南徙乘機撫運周隋禪代歷世相仍梁氏稱邦跨據淮海齊遷龜鼎陳建皇宗莫不自命正朔綿歷歲祀各殊徽號刪定禮儀至於發跡開基受終告代嘉謀善政名臣奇士立言著績無乏於時然而簡牘未編紀傳咸闕炎涼已積謡俗遷訛餘烈遺風倏焉將墜朕握圖馭宇長世字人方立典㣲永垂憲則顧彼湮落用深軫悼有懷撰次實資良直中書令蕭瑀給事中王敬業著作郎殷聞禮可修魏史侍中陳叔達秘書丞令狐德棻太史令庾儉可修周史兼中書令封德彝中書舍人顔師古可修隋史大理卿崔善爲中書舍人孔紹安太子洗馬蕭德言可修梁史太子詹事裴矩兼吏部郎中祖孝孫前秘書丞魏

徵可修齊史秘書監竇璡給事中歐陽詢秦王文學姚思廉可修陳史務加詳覈博採舊聞義在不刊書法無隱瑀等受詔歷數年竟不能就而罷貞觀三年太宗復勅修撰乃令德棻與秘書郎岑文本修周史中書舍人李百藥修齊史著作郎姚思廉修梁陳史秘書監魏徵修隋史與尚書左僕射房玄齡總監諸代史衆議以魏史既有魏收魏彦二家已爲詳備遂不復修德棻又奏引殿中侍御史崔仁師佐修周史德棻仍總知類會梁陳齊隋諸史武德已來創修撰之源自德棻始也六年累遷禮部侍郎兼修國史賜爵彭陽男十年以修周史賜絹四百匹十一年修新禮成進爵爲子又以撰氏族志成賜帛二百匹十五年轉太子右庶子承乾敗隨例除名十八年起爲雅州刺史以公事免尋有詔改撰晉書房玄齡奏德棻令預修撰當時同修一十八人並推德棻爲首其體制多取決焉書成除秘書少監永徽元年又受詔撰定律令復爲禮部侍郎兼弘文館學士監修國史及五代史志尋遷太常卿兼弘文館學

士時高宗初嗣位留心政道常召宰臣及弘文館學士於中華殿而問曰何者爲王道霸道又孰爲先後德棻對曰王道任德霸道任刑自三王已上皆行王道唯秦任霸術漢則雜而行之魏晉已下王霸俱失如欲用之王道爲最而行之爲難高宗曰今之所行何政爲要德棻對曰古者爲政清其心簡其事以此爲本當今天下無虞年穀豐稔薄賦斂少征役此乃合於古道爲政之要莫過於此高宗曰政道莫尚於無爲也又問曰禹湯何以興桀紂何以亡德棻對曰傳稱禹湯罪己其興勃焉桀紂罪人其亡也忽焉二主惑於末喜妲己誅戮諫者造炮烙之刑是其所以亡也高宗甚悦既罷各賜以繒綵四年遷國子祭酒以修貞觀十三年以後實錄功賜物四百段兼授崇賢館學士尋又撰高宗實錄三十卷進爵爲公龍朔二年表請致仕許之仍加金紫光祿大夫乾封元年卒于家年八十四謚曰憲德棻暮年尤勤於著述國家凡有修撰無不參預自武德已後有鄧世隆顧胤李延壽李仁實前後修撰國史

頗爲當時所稱

鄧世隆者相州人也大業末王世充兄子太守河陽引世隆爲賓客大見親遇及太宗攻洛陽遣書諭太世隆爲復書言辭不遜洛陽平後世隆懼罪變姓名自號隱玄先生竄於白鹿山貞觀初徵授國子主簿與崔仁師慕容善行劉顗庾安禮敬播等俱爲修史學士世隆負宿罪猶不自安太宗聞之遣房玄齡謂之曰爾爲王太作書誠合重罪但各爲其主於朕豈有惡哉朕今爲天子何能追責匹夫之過爾宜坦然勿懷危懼也擢授著作佐郎歷衛尉丞初太宗以武功定海内櫛風沐雨不暇於詩書暨于嗣業進引忠良鋭精思政數年之後道致隆平遂於聽覽之暇留情文史敘事言懷時有構屬天才宏麗興託玄遠貞觀十三年世隆上疏請編錄御集太宗竟不許之世隆又採隋代舊事撰爲東都記三十卷遷著作郎尋卒

顧胤者蘇州吳人也祖越陳給事黄門侍郎父覽隋秘書學士滑

永徽中歷遷起居郎兼修國史撰太宗實錄二十卷成以功加朝散大夫授弘文館學士以撰武德貞觀兩朝國史八十卷成加朝請大夫封餘杭縣男賜帛五百段龍朔三年遷司文郎中尋卒滑又撰僕書古今集二十卷行於代子琮長安中為天官侍郎同鳳閣鸞臺平章事

李延壽者本隴西著姓世居相州貞觀中累補太子典膳丞崇賢館學士嘗受詔與著作佐郎敬播同修五代史志又預撰晉書尋轉御史臺主簿兼直國史延壽嘗撰太宗政典三十卷表上之歷遷符璽郎兼修國史尋卒調露中高宗嘗觀其所撰政典歎美久之令藏于秘閣賜其家帛五十段延壽又嘗刪補宋齊梁陳及魏齊周隋等八代史謂之南北史凡一百八十卷頗行於代

李仁實魏州頓丘人官至左史嘗著格論三卷通歷八卷戎州記並行於時

孔穎達字仲達冀州衡水人也祖碩後魏南臺丞父安齊青州法

曹參軍穎達八歲就學日誦千餘言及長尤明左氏傳鄭氏尚書王氏易毛詩禮記兼善算曆解屬文同郡劉焯名重海內穎達造其門焯初不之禮穎達請質疑滯多出其意表焯改容敬之穎達固辭歸焯固留不可還家以教授為務隋大業初舉明經高第授河內郡博士時煬帝徵諸郡儒官集于東都令國子秘書學士與之論難穎達為最時穎達少年而先輩宿儒恥為之屈潛遣刺客圖之禮部尚書楊玄感舍之於家由是獲免補太學助教屬隋亂避地於武牢太宗平王世充引為秦府文學館學士武德九年擢授國子博士貞觀初封曲阜縣男轉給事中時太宗初即位留心庶政穎達數進忠言益見親待太宗嘗問曰論語云以能問於不能以多問於寡有若無實若虛何謂也穎達對曰聖人設教欲人謙光己雖有能不自矜大仍就不能之人求訪能事己之才藝雖多猶以為少仍就寡少之人更求所益己之雖有其狀若無己之雖實其容若虛非唯匹庶帝王之德亦當如此夫帝王內蘊神明外須玄默使深不可測度不可知易稱以蒙養正以明夷莅衆若其位居尊極炫燿聰明以才凌人飾非拒諫則上下情隔君臣道乖自古滅亡莫不由此也太宗深善其對六年累除國子司業歲餘遷太子右庶子仍兼國子司業與諸儒議曆及明堂皆從穎達之說又與魏徵撰成隋史加位散騎常侍十一年又與朝賢修定五禮所有疑滯咸諮決之書成進爵為子賜物三百段庶人承乾令撰孝經義疏穎達因文見意更廣規諷之道學者稱之太宗以穎達在東宮數有匡諫與左庶子于志寧各賜黃金一斤絹百匹十二年拜國子祭酒仍侍講東宮十四年太宗幸國學觀釋奠命穎達講孝經既畢穎達上釋奠頌手詔褒美後承乾不循法度穎達每犯顏進諫承乾乳母遂安夫人謂曰太子成長何宜屢致面折穎達對曰蒙國厚恩死無所恨諫諍逾切承乾不能納先是與顏師古司馬才章王恭王琰等諸儒受詔撰定五經義訓凡一百八十卷名曰五經正義太宗下詔曰卿等博綜古今義理該洽

考前儒之異說符聖人之幽旨實為不朽付國子監施行賜穎達物三百段時又有太學博士馬嘉運駁穎達所撰正義詔更令詳定功竟未就十七年以年老致仕十八年圖形凌煙閣讚曰道光列第風傳闕里精義霞開掞辭飇起二十二年卒陪葬昭陵贈太常卿謚曰憲

司馬才章者魏州貴鄉人也父烜博涉五經善緯候才章少傳其業隋末為郡博士貞觀六年左僕射房玄齡薦之屢蒙召問擢授國子助教論議該洽學者稱之

王恭者滑州白馬人也少篤學博涉六經每於鄉閭教授弟子自遠方至數百人貞觀初徵拜太學博士其所講三禮皆別立義證甚為精博蓋文懿文達等皆當時大儒罕所推借每講三禮皆遍舉先達義而亦暢恭所說

馬嘉運者魏州繁水人也少出家為沙門明於三論後更還俗專精儒業尤善論難貞觀初累除越王東閤祭酒頃之罷歸隱居

白鹿山十一年召拜太學博士兼弘文館學士預修文思博要嘉運以穎達所撰正義頗多繁雜每掎摭之諸儒亦稱爲允當高宗居春宮引爲崇賢館學士數與洗馬秦暐侍講殿中甚蒙禮異十九年遷國子博士卒

史臣曰唐德勃興英儒間出佐命協力寔有其人薛收左右厥猷經謀雅道不幸短命殲我良士上言恨不圖形若在當以中書令處之才可知矣元敬藻翰明敏而畏權勢音不狎房杜深沉至愼不亦優哉元超藉父風望弼亮宏略諒非其罪而再遷流及登大任益有嘉謀汲引多才以隆弘納其感恩之重時其聞諸有始有卒其殆庶幾乎稷出自名家涉于大用及自貽謀疊如貞亮何姚思廉篤學寡欲受漢史於家尊果執明義臨大節而不可奪及筆削成書箴規翊聖言其命世亦當仁乎師古家籍儒風該博經義至于詳注史策探測典禮清明在躬天有才格然而三黜之負音在時譏孔子曰才難不其然乎令狐德棻貞度應時待問平直徵

○舊史修新禮以暢國風辨治亂談王霸以資帝業元首明哉股肱良哉其斯之謂歟鄧世隆國史時譽固有諒直其復書不遜何不知之甚也上疏請編御集其弼直乎顧胤清芬可觀彝範積善餘慶其有子哉李延壽研考史學修撰刪補克成大典方之班馬何代無人仁實掇摭抑又次焉孔穎達風格高爽幼而有聞探賾明敏辨析應對天有通才人道惡盈必有毀訐及正義炳煥乃異人也雖其掎摭亦何損於明司馬才章籍時崇儒明覈敦業王恭弘闡聲教禮學研詳馬嘉運達識自通克成典雅並符才用闔色丹青其掎摭繁雜蓋求備者也

贊曰河東三鳳俱瑞黃圖棻爲良史穎實名儒解經不窮希顏之徒登瀛入館不其盛乎

唐書列傳卷第二十三

右文林郎充兩浙東路提舉茶鹽司幹辦公事鄞埜 勘校勘

唐書列傳卷第二十四

劉昫 等修

劉洎 馬周 崔仁師 孫湜 湜弟液 液子謐

劉洎字思道荊州江陵人也隋末仕蕭銑爲黃門侍郎銑令略地嶺表得五十餘城未還而銑敗遂以所得城歸國授南康州都督府長史貞觀七年累拜給事中封清苑縣男十五年轉持書侍御史上疏曰尚書萬機寔爲政本伏尋此選受授誠難是以八座比於文昌二丞方於管轄爰至曹郎上應列宿苟非稱職竊位興譏伏見比來尚書省詔勑稽停文案擁滯臣誠雖庸劣請述其源貞觀之初未有令僕于時省務繁雜倍多於今左丞戴冑右丞魏徵並曉達吏方質性平直事應彈舉無所迴避陛下又假以恩慈自然肅物百司匪懈抑此之由及杜正倫續任右丞頗亦厲下比者綱維不舉並爲勳親在位品非其任功勢相傾凡在官寮未循公道雖欲自強先懼囂謗所以郎中抑奪唯事諮稟尚書依違不得

斷決或憚聞奏故事稽延案雖理窮仍更盤下去無程限來不責遲一經出手便涉年載或希旨失情或避嫌抑理勾司以案成爲事了不究是非尚書用便僻爲奉公莫論當否遞相姑息惟務彌縫且選賢授能非才莫舉天工人代焉可妄加至於懿戚元勳但優其禮秩或年高耄及或積病智昏既無益於時宜當致之以閑逸久妨賢路殊爲不可將救茲弊且宜精簡四員左右丞左右司郎中如並得人自然綱維略舉亦當矯正趨競豈唯息其稽滯哉書奏未幾拜尚書右丞十三年遷黃門侍郎十七年加授銀青光祿大夫尋除散騎常侍洎性疏俊敢言太宗工王羲之書尤善飛白嘗宴三品已上於玄武門帝操筆作飛白字賜羣臣或乘酒爭取於帝手洎登御座引手得之皆奏曰洎登御牀罪當死請付法帝笑而言曰昔聞婕妤辭輦今見常侍登牀尋攝黃門侍郎加上護軍太宗善持論每與公卿言及古道必詰難往復洎上書諫曰帝王之與凡庶聖哲之與庸愚上下相懸擬倫斯絕是知以至

愚而對至聖以極卑而對至尊徒思自強不可得也陛下降恩旨
假慈顏凝旒以聽其言虛襟以納其說猶恐羣下未敢對敭況動
神機縱天辯飾辭以折其理援古以排其議欲令凡庶何階應荅
臣聞皇天以無言為貴聖人以不言為德老君稱大辯若訥莊生
稱至道無文此皆不欲煩也齊侯讀書輪扁竊笑漢皇慕古長
孺陳譏此亦不欲勞也且多記則損心多語則損氣心氣內損形
神外勞初雖不覺後必為累須為社稷自愛豈為性好自傷乎竊
以今日升平皆陛下力行所至欲其長久匪由辯博但當忘彼愛
憎慎茲取捨每事敦朴無非至公若貞觀之初則可矣至如秦政
強辯失人心於自矜魏文宏才虧衆望於虛說此才辯之累較然
可知矣伏願略茲雄辯浩然養氣簡彼緗圖澹焉自怡固萬壽
於南岳齊百姓於東戶則天下幸甚皇恩斯畢手詔荅曰非慮無
以臨下非言無以述慮比有談論遂致煩多輕物驕人恐由茲道
形神心氣非此為勞今聞讜言虛懷以改時皇太子初立洎以為

宜尊賢重道上書曰臣聞郊迎四方孟侯所以成德齒學三讓元
良由是作貞斯皆屈主祀之尊申下交之義故得芻言咸薦睿問
傍通不出軒庭坐知天壤率由茲道永固鴻基者焉原夫太子宗
祧是繫善惡之際興亡斯在不勤于始將悔于終是以晁錯上書
令先通政術賈誼獻策務前知禮教竊惟皇太子孝友仁義明允
篤誠皆挺自天姿非勞審諭固以華夷仰德翔泳希風矣然則寢
門視膳已表於三朝藝官論道宜弘於四術雖春秋鼎盛飭躬有
漸實恐歲月易往墮業興譏取適宴安方從此始臣以愚短幸忝
侍從思廣離明輕願聞徹不敢曲陳故事請以聖德言之伏惟陛
下誕叡膺圖登庸歷試多才多藝道著於臣時允武允文功成於
纂祀萬方即序九圍清晏尚且雖休勿休日慎一日求異聞於振古
勞睿思於當年乙夜觀書事高漢帝馬上披卷勤過魏后陛下自
勵如此而令太子優游棄日不習圖書臣所未諭一也加以暫屏機
務即寓雕蟲綜寶思於天文則長河韜映摛玉字於仙札則流霞

成彩固以錙銖萬代冠冕百王屈宋不足以昇堂鍾張何階於入
室陛下自好如此而太子悠然靜處不尋篇翰臣所未諭二也陛
下歷該衆妙獨秀寰中猶晦天聰俯詢凡識聽朝之隙引見羣官
降以溫顏訪以今古故得朝廷是非閭里好惡凡有巨細必關聽
覽陛下自好如此而令太子久入趨侍不接正人臣所未諭三也陛
下若謂無益則何事勞神若謂有成則宜申貽厥蔑而不急未見
其可伏願俯推睿範訓及儲君授以良書娛之嘉客晨披經史觀
成敗於前蹤晚接賓遊訪得失於當代間以書札繼以篇章則日
聞所未聞日見所未見副德逾光羣生之福也古之太子問安而
退所以廣敬於君父異宮而處所以分別於嫌疑今太子一侍天
闈動移旬朔師傅以下無由接見假令供奉有隙暫還東宮拜謁
既疏且事欣仰規諫之道固所未暇陛下不可以親教宮寀無由
以進言雖有具寮竟將何補伏願俯循前躅稍抑下流弘遠大之
規展師友之義則儲徽克茂帝圖斯廣凡在黎元孰不慶賴自此

勑洎與岑文本同馬周遞日往東宮與皇太子談論太宗嘗怒
苑西守監穆裕命於朝堂斬之皇太子遽進諫太宗謂司徒長孫
無忌曰夫人久相與處自然染習自朕臨御天下虛心正直即有
魏徵朝夕進諫自徵云亡劉洎岑文本馬周褚遂良等繼之皇太
子幼在朕膝前每見朕心悅諫者因染以成性固有今日之諫
耳十八年遷侍中太宗嘗謂侍臣曰夫人臣之對帝王多順旨而
不逆甘言以取容朕今發問欲聞己過卿等須言朕愆失長孫無
忌李勣楊師道等咸云陛下聖化致太平臣等不見其失洎對曰
陛下化高萬古誠如無忌等言然頃上書人不稱旨者或面加窮
詰無不慚退恐非獎進言者之路太宗曰卿言是也當為卿改之
太宗征遼令洎與高士廉馬周留輔皇太子定州監國仍兼左庶
子檢校民部尚書太宗謂洎曰我今遠征使卿輔翼太子社稷安
危之機所寄尤重卿宜深識我意洎進曰願陛下無憂大臣有愆
失者臣謹即行誅太宗以其妄發頗怪之謂曰君不密則失臣臣

不密則失身卿性踈而太健恐以此則敗深宜誡慎以保終吉十九年太宗遼東還發定州在道不康洎與中書令馬周入謁洎周出遂良傳問起居洎泣曰聖體患癰極可憂懼遂良誣奏之曰洎云國家之事不足慮正當傅少主行伊霍故事大臣有異志者誅之自然定矣太宗疾愈詔問其故洎以實對又引馬周以自明太宗問周周對與洎所陳不異遂良又執證不已乃賜洎自盡洎臨引決請紙筆欲有所奏憲司不與洎死太宗知憲司不與紙筆怒之並令屬吏洎文集十卷行於時則天臨朝其子弘業上言洎被遂良譖而死詔令復其官爵

馬周字賓王清河茌平人也少孤貧好學尤精詩傳落拓不為州里所敬武德中補博州助教日飲醇酎不以講授為事刺史達奚恕屢加咎責周乃拂衣遊於曹汴又為浚儀令崔賢首所辱遂感激西遊長安宿於新豐逆旅主人唯供諸商販而不顧待周遂命酒一斗八升悠然獨酌主人深異之至京師舍於中郎將常何之家

貞觀五年太宗令百寮上書言得失何以武吏不涉經學周乃為何陳便宜二十餘事令奏之事皆合旨太宗怪其能問何何荅曰此非臣所能家客馬周具草也每與臣言未常不以忠孝為意太宗即日召之未至間遣使催促者數四及謁見與語甚悅令直門下省六年授監察御史奉使稱旨帝以常何舉得其人賜帛三百匹是歲周上疏曰微臣每讀經史見前賢忠孝之事臣雖小人竊希大道未嘗不廢卷長想思履其迹臣以不幸早失父母犬馬之養已無所施顧來事可為者唯忠義而已是以徒步二千里而自歸于陛下陛下不以臣愚瞽過垂齒錄竊自顧瞻無階荅謝輒以微軀丹款惟陛下所擇臣伏見大安宮在宮城之西其牆宇宮闕之制方之紫極尚為卑小臣伏以東宮皇太子之宅猶處城中大安乃至尊所居更在城外雖太上皇游心道素志存清儉陛下重違慈旨愛惜人力而蕃夷朝見及四方觀者有不足焉臣願營築雉堞脩起門樓務從高顯以稱萬方之望則大孝昭乎天下矣臣又

伏見明勑以二月二日幸九成宮臣竊惟太上皇春秋已高陛下宜朝夕視膳而晨昏起居今所幸宮去京三百餘里鑾輿動軔嚴蹕經旬非可以旦暮至也太上皇情或思感而欲即見陛下者將何以赴之且車駕今行本為避暑然則太上皇尚留熱所而陛下自逐涼處溫凊之道臣竊未安然勑書既出業已成就願示速返之期以開衆惑臣又見詔書令宗室勳賢作鎮藩部貽厥子孫嗣守其政非有大故無或黜免臣竊惟陛下封植之者誠愛之重之欲其胤裔承守而與國無疆也臣以為如詔旨者陛下宜思所以安存之富貴之然則何用代官也何則以堯舜之父猶有朱均之子儻有孩童嗣職萬一驕愚兆庶被其殃而國家受其敗正欲絕之也則子文之治猶在正欲留之也而欒黶之惡已彰與其毒害於見存之百姓則寧使割恩於已亡之臣明矣然則向所謂愛之者乃適所以傷之也臣謂宜賦以茅土疇其戶邑必有材行隨器方授則雖其翰翮非強亦可以獲免尤累昔漢光武不任功臣以

吏事所以終全其代者良得其術也願陛下深思其事使夫得奉大恩而子孫終其福祿也臣又聞聖人之化天下莫不以孝為基故曰孝莫大於嚴父嚴父莫大於配天又曰國之大事在祀與戎孔子亦云吾不預祭如不祭是聖人之重祭祀也如此伏惟陛下踐祚以來宗廟之享未曾親事伏緣聖情獨以鑾輿一出勞費稍多所以忍其孝思以便百姓遂使一代之史不書皇帝入廟之事將何以貽厥孫謀垂則來葉臣知大孝誠不在俎豆之間然聖人之訓人固有屈己以從時願聖慈顧省愚款臣又聞致化之道在於求賢審官為政之基在於揚清激濁孔子曰唯名與器不以假人是言慎舉之為重也臣伏見王長通白明達本自樂工輿皁雜類韋槃提斛斯正則更無他材獨解調馬縱使術踰儕輩伎能有取乍可厚賜錢帛以富其家豈得列預士流超授高爵遂使朝會之位萬國來庭騶子倡人鳴玉曳履與夫朝賢君子比肩而立同坐而食臣竊恥之然朝命既往縱不可追謂宜不使在朝班預於

士伍太宗深納之尋除侍御史加朝散大夫十一年周又上疏曰臣
歷觀前代自夏殷及漢氏之有天下傳祚相繼多者八百餘年少
者猶四五百年皆爲積德累業恩結於人心豈無僻王賴前哲以
免自魏晉以還降及周隋多者不過六十年少者纔二三十年而
亡良由創業之君不務廣恩化當時僅能自守後無遺德可思故
傳嗣之主政教少衰一夫大呼而天下土崩矣今陛下雖以大功定
天下而積德日淺固當思隆禹湯文武之道廣施德化使恩有餘
地爲子孫立萬代之基但今政教無失以持當年而已然自古明
王聖主雖因人設教寬猛隨時而大要唯以節儉於身恩加於人
二者是務故其下愛之如日月畏之如雷霆此其所以卜祚遐長
而禍亂不作也今百姓承喪亂之後比於隋時纔十分之一而供官
徭役道路相繼兄去弟還首尾不絕遠者往來五六千里春秋冬
夏略無休時陛下雖每有恩詔令其減省而有司作既不廢自然
須人徒行文書役之如故臣每訪問四五年來百姓頗有嗟怨之
○ 二十七 唐傳二十四 六 陳逆
言以爲陛下不存養之昔唐堯茅茨土階夏禹惡衣菲食如此之
事臣知不可復行於今漢文帝惜百金之費輟露臺之役集上書
囊以爲殿帷所幸慎夫人衣不曳地至景帝以錦繡纂組妨害女
功特詔除之所以百姓安樂至孝武帝雖窮奢極侈而承文景遺
德故人心不動向使高祖之後即有武帝天下必不能全此於時
代差近事迹可見今京師及益州諸處營造供奉器物并諸王妃
主服飾議者皆不以爲儉臣聞昧旦丕顯後世猶怠作法於理其
弊猶亂陛下少處人間知百姓辛苦前代成敗目所親見尚猶如
此而皇太子生長深宮不更外事即萬歲之後固聖慮所當憂也
臣尋往代以來之事但有黎庶怨叛聚爲盜賊其國無不即滅人
主雖改悔未有重能安全者凡脩政教當脩於可脩之時若事變
一起而後悔之則無益者也故人主每見前代之亡則知其政教
之所由喪而皆不知其身之失是知殷紂笑夏桀之亡而幽厲亦
笑殷紂之滅隋煬帝大業之初又笑齊魏之失國今之視煬帝亦

猶煬帝之視齊魏也故京房謂漢元帝云臣恐後之視今亦猶今
之視古此言不可不誡也往者貞觀之初率土霜儉一匹絹纔得一
斗米而天下帖然百姓知陛下甚憂憐之故人人自安曾無謗讟自
五六年來頻歲豐稔一匹絹得粟十餘碩而百姓皆以爲陛下不
憂憐之咸有怨言又今所營爲者頗多不急之務故也自古以來
國之興亡不由積蓄多少唯在百姓苦樂且以近事驗之隋家貯洛
口倉而李密因之東都積布帛而世充據之西京府庫亦爲國家
之用至今未盡向使洛口東都無粟帛則世充李密未能必聚大
衆但貯積者固是有國之常事要當人有餘力而後收之豈人勞
而強斂之更以資寇積之無益也然儉以息人貞觀之初陛下已
躬爲之故今行之不難也爲之一日則天下知之式歌且舞矣若人
既勞矣而用之不息儻中國被水旱之災邊方有風塵之患狂狡
因之以竊發則有不可測之事非徒聖躬旰食晏寢而已古語云
動人以行不以言應天以實不以文以陛下之明誠欲勵精爲政
○ 二十七 唐傳二十四 七 徐杲
不煩遠采上古之術但及貞觀之初則天下幸甚昔賈誼爲漢文
帝云可慟哭及長歎息者言當韓信王楚彭越王梁英布王淮南
之時使文帝即天子位必不能安又言賴諸王年少傅相制之長
大之後必生禍亂歷代以來皆以誼言爲是臣竊觀今諸將功臣
陛下所與定天下者皆仰稟成規備膺鷹犬之用無威略振主如韓
彭之難駕馭者而諸王年並幼少縱其長大當陛下之日必無他心
然即萬代之後不可不慮自漢晉以來亂天下者何嘗不是諸王
皆爲樹置失宜不預爲節制以至於滅亡人主熟知其然但溺於私
愛故使前車既覆而後車不改轍也今天下百姓極少諸王甚多
寵遇之恩有過厚者臣之愚慮不唯慮其恃恩驕矜也昔魏武帝
寵陳思及文帝即位防守禁閉有同獄囚以先帝加恩太多故嗣
王疑而畏之也此則武帝寵陳思適所以苦之也且帝子何患不
富貴身食大國封戶不少好衣美食之外更何所須而每年加別
優賜曾無紀極俚語曰貧不學儉富不學奢言自然也今大聖創

業豈唯處置在子弟而已當制長久之法使萬代遵行又言臨天
下者以人為本欲令百姓安樂唯在刺史縣令縣令既衆不可皆
賢若每州得良刺史則合境蘇息天下刺史悉稱聖意則陛下端
拱巖廊之上百姓不慮不安自古郡守縣令皆妙選賢德欲有擢
昇宰相必先試以臨人或從二千石入為丞相今朝廷獨重內官縣
令刺史頗輕其選刺史多是武夫勳人或京官不稱職方始外出
而折衝果毅之內身材強者先入為中郎將其次始補州任邊遠
之處用人更輕其材堪宰莅以德行見稱擢者十不能一所以百姓
未安殆由於此疏奏太宗稱善久之先是京城諸街每至晨暮遣
人傳呼以警衆周遂奏諸街置鼓每擊以警衆令罷傳呼時人
便之太宗益加賞勞俄拜給事中十二年轉中書舍人周有機辯
能敷奏深識事端動無不中太宗嘗曰我於馬周暫不見則便思
之中書侍郎岑文本謂所親曰吾見馬君論事多矣援引事類揚
榷古今舉要刪蕪會文切理一字不可加一言不可減聽之靡靡令人

忘倦昔蘇張終賈正應此耳然鳶肩火色騰上必速恐不能久耳
十五年遷持書侍御史兼知諫議大夫又兼檢校晉王府長史王
為皇太子拜中書侍郎兼太子右庶子十八年遷中書令依舊兼
太子右庶子周既職兼兩宮處事精密甚獲當時之譽太宗伐遼
東皇太子定州監守令周與高士廉劉洎留輔皇太子太宗還以
本官攝吏部尚書二十一年加銀青光祿大夫太宗嘗以神筆賜周
飛白書曰鸞鳳凌雲必資羽翼股肱之寄誠在忠良周病消渴彌
年不瘳時駕幸翠微宮勑求勝地為周起宅名醫中使相望不絕
每令尚食以膳供之太宗躬為調藥皇太子親臨問疾周臨終索
所陳事表草一秩手自焚之慨然曰管晏彰君之過求身後名吾
弗為也二十二年卒年四十八太宗為之舉哀贈幽州都督陪葬昭陵
高宗即位追贈尚書右僕射高唐縣公垂拱中配享高宗廟庭子
載咸亨年累遷吏部侍郎善選補于今稱之卒於雍州長史
崔仁師定州安喜人武德初應制舉授管州錄事參軍五年侍中

陳叔達薦仁師才堪史職進拜右武衛錄事參軍預修梁魏等史
貞觀初再遷殿中侍御史時青州有逆謀事發州縣追捕支黨俘
囚滿獄詔仁師按覆其事仁師至州悉去杻械仍與飲食湯沐以
寬慰之唯坐其魁首十餘人餘皆原免及奏報詔使將往決之大
理少卿孫伏伽謂仁師曰此獄徒侶極衆而足下雪免者多人皆
好生誰肯讓死今既臨命恐未甘心深為足下憂也仁師曰嘗聞
理獄之體必務仁恕故稱殺人刖足亦皆有禮豈有求身之安知枉
不為申理若以一介暗短但易得十四之命亦所願也伏伽慙而退及
勑使至青州更訊諸囚咸曰崔公仁恕事無枉濫請伏罪皆無異
辭仁師後為度支郎中嘗奏支度財物數千言手不執本太宗怪
之令黃門侍郎杜正倫齎本仁師對唱一無差殊太宗大奇之時校
書郎王玄度注尚書毛詩毀孔鄭舊義上表請廢舊注行己所注
者詔禮部集諸儒詳議玄度口辯諸博士皆不能詰之郎中許敬
宗請付秘閣藏其書河間王孝恭特請與孔鄭並行仁師以玄度

穿鑿不經乃條其不合大義駁奏請罷之詔竟依仁師議玄度遂
廢十六年遷給事中時刑部以賊盜律反逆緣坐兄弟沒官為輕
請改從死奏請八座詳議右僕射高士廉吏部尚書侯君集兵部
尚書李勣等議請從重民部尚書唐儉禮部尚書江夏王道宗工部
尚書杜楚客等議請依舊不改時議者以漢及魏晉謀反皆夷三
族咸欲依士廉等議仁師獨駁曰自羲農以降爰及唐虞或設言
而人不犯或畫象而下知禁三代之盛泣辜解網父子兄弟罪不
相及咸臻至理俱為稱首及其世亂獄訟滋煩周之季年不勝其
弊列火原於子產峭淵起於安于韓李申商爭持急刻參夷相坐
始於此也秦用其法遂至土崩漢高之務寬大未為盡善文帝之
存仁厚仍多涼德遂使新垣族誅信越葅醢見譏良史謂之過刑
魏晉至隋有損有益疑脂猶密秋荼尚煩皇上爰發至仁念茲刑
憲酌前王之令典採往代之嘉猷革弊蠲苛可大可久仍降綸綍
須之九區故得斷獄數簡手足有措刑清化洽未有不安忽以暴

秦酷法爲隆周中典乖惻隱之恩所反惟行之令進退參詳未見其可且父子天屬昆季同氣誅其父子足累其心此而不顧何愛兄弟旣欲改法請更審量竟從仁師駁議後仁師密奏請立魏王爲太子忤旨轉爲鴻臚少卿遷民部侍郎征遼之役詔太常卿韋挺知海運仁師爲副仁師又別知河南水運仁師以水路險遠恐遠州所輸不時至海遂便宜從事遞發近海租賦以充轉輸及韋挺以擁滯失期除名爲民仁師以運夫逃走不奏坐免官旣不得志遂作體命賦以暢其情辭多不載太宗還至中山起爲中書舍人尋兼檢校刑部侍郎太宗幸翠微宮仁師上清暑賦以諷太宗稱善賜帛五十段二十二年遷中書侍郎參知機務時仁師甚承恩遇中書令褚遂良頗忌嫉之會有伏閤上訴者仁師不奏太宗以仁師罔上遂配龔州會赦還永徽初起授簡州刺史尋卒年六十餘神龍初以子挹爲國子祭酒恩例贈同州刺史挹子湜

湜少以文辭知名舉進士累轉左補闕預修三教珠英遷殿中侍

○　二十七　唐傳二十四　十　周浩

御史神龍初轉考功員外郎時桓彥範敬暉等旣知國政懼武三思讒間引湜爲耳目使伺其動靜俄而中宗疎忌功臣於三思恩寵漸厚湜乃反以桓敬等計議潛告三思尋遷中書舍人及桓敬等徙于嶺外湜又說三思盡宜殺之以絕其歸望三思問誰可使者湜表兄周利貞先爲桓敬等所惡自侍御史出嘉州司馬湜乃舉充此行桓敬等聞利貞至多自殺三思引利貞爲御史中丞湜景龍二年遷兵部侍郎挹爲禮部父子同爲南省副貳有唐已來未有也時昭容上官氏屢出外宅湜託附之由是中宗遇湜甚厚俄拜吏部侍郎尋轉中書侍郎同中書門下平章事與鄭愔同知選事銓綜失序爲御史李尚隱所劾愔坐配流嶺表湜左轉爲江州司馬上官昭容密與安樂公主曲爲申理中宗乃以愔爲江州司馬授湜襄州刺史未幾入爲尚書左丞韋庶人臨朝復爲中書侍郎同中書門下三品睿宗即位出爲華州刺史俄又拜太子詹事初湜景龍中獻策開南山新路以通商州水陸之運役功數萬死者十三四仍嚴錮舊道禁行旅所開新路以通章爲夏潦衝突崩壓不通至是追論湜開山路功加銀青光祿大夫俄爲太平公主所引復遷中書門下三品先天元年拜中書令與劉幽求爭權不協陷幽求徙于嶺表仍促廣州都督周利貞以逗留殺之不果而止時挹以年老累除戶部尚書致仕挹性貪冒受人請託數以公事干湜湜多違拒不從大爲時論所嗤玄宗在東宮數幸其第恩意甚密湜旣私附太平公主時人咸爲之懼門客陳振鷺獻海鷗賦以諷之湜雖稱善而心實不悅及帝將誅蕭至忠等召將託爲腹心湜弟滌謂湜曰主上若有所問不得有所隱也湜不從及見帝對問失旨至忠等旣誅湜坐徙嶺外時新興王晉亦連坐伏誅臨刑歎曰本謀此事出自崔湜今我就死而湜得生何寃濫也俄而所司奏宮人元氏款稱與湜曾密謀進酖乃追湜賜死初湜與張說有隙說時爲中書令議者以爲說構陷之時湜與尚書右丞盧藏用同配流俱行湜謂藏用曰家弟承恩或冀寬宥因遲留不

○　二十七　唐傳二十四　十一　林俊

速進行至荊州夢於講堂照鏡曰鏡者明象吾當爲人主所明也以告占夢人張由對曰講堂者受法之所鏡者於文爲立見金此非吉徵其日追使至縊於驛中時年四十三湜美姿儀早有才名弟液滌及從兄涖並有文翰居清要每宴私之際自比東晉王導謝安之家謂人曰吾之一門及出身歷官未嘗不爲第一丈夫當先據要路以制人豈能默默受制於人也是故進趣不已而不以令終液尤工五言之作湜常歎伏之曰海子我家之龜也海子即液小名官至殿中侍御史坐兄配流逃匿於郢州人胡履虛之家作幽征賦以見意辭甚典麗遇赦還道病卒友人裴耀卿纂其遺文爲集十卷

液子論以吏幹稱天寶中自櫟陽令遷司勳員外郎濮陽太守乾元後歷典名郡皆以理行稱大曆末元載以罪誅朝廷方振起淹滯遷同州刺史未幾爲黜陟使庾何所按廢免議者以何舉奏涉於深刻復用論爲衢州刺史秩滿寓於揚楚間德宗舊族耆年授

大理卿致仕卒
液弟滌多辯智善諧謔素與玄宗款密兄湜坐太平黨誅玄宗常
思之故待滌踰厚用爲秘書監出入禁中與諸王侍宴不讓席而
坐或在寧王之上後賜名澄從東封還加金紫光祿大夫封安喜
縣子開元十四年卒贈兖州刺史
史臣曰劉洎始以章疏切直以至位望隆顯至于提綱整帶杳聖
嘉猷籍國士之談體廊廟之器噫樞機之發榮辱之主一言不愼
貴陷讒奏雖君親甚悔而駟不及舌良足悲矣馬周道承際會天
有深沉悟主談微寘忠本孝沖識廣度宛涉穹崇詩曰嘉樂君子
顯顯令德惜其中壽不慭遺乎崔仁師以史材獲進其刊正褒貶
雅得詳明至于本仁恕申枉濫其事可觀沮穿鑿之徃止從重之
刑其言甚直書曰疑謀勿成而以魏王爲請不亦惑乎及參機務
竟致忌嫉罔上之名抑有由也崔湜之德去祖逾遠謂勢可恃謂
進無傷及位極人臣而心無止足覽海鷗賦知而不誡及荆州之夢

○二十七　唐傳二十四　十三　林俊

人知不免易曰不節之嗟又誰咎也
贊曰驥逢造父一日千里英主取賢不拘階陛肩王徒步洎爲賊
吏一見文皇皆登相位

唐書列傳卷第二十四

右文林郎充兩浙東路提舉茶塩司幹辦公事蔣之勤校勘

唐書列傳卷第二十五

劉　昫　等修

蘇世長 子良嗣　韋雲起
孫伏伽　張玄素

蘇世長雍州武功人也祖彤後魏直散騎常侍父振周宕州刺史
建威縣侯周武帝時世長年十餘歲上書言事武帝以其年小召
問讀何書對曰讀孝經論語武帝曰孝經論語何所言對曰孝
經云爲國者不敢侮於鰥寡論語曰爲政以德武帝善其對令於
獸門館讀書以其父殁王事因令襲爵世長於武帝前擗踊號泣
武帝爲之改容隋文帝受禪世長又屢上便宜頗有補益超遷長
安令大業中爲都水少監使於上江督運會江都難作世長爲煬
帝發喪慟哭哀感路人王世充僭號署爲太子太保行臺右僕射
與世充兄子弘烈爲將豆盧褒俱鎮襄陽時弘烈娶褒女爲妻
深相結託高祖與褒有舊屢書諭之不從輒斬使者武德四年洛

○二十八　唐傳二十五　一　陳錫

陽平世長首勸弘烈歸降既至京師高祖誅褒而責世長來晚之
故世長頓顙曰自古帝王受命爲逐鹿之喻一人得之萬夫斂手
豈有獲鹿之後忿同獵之徒問爭肉之罪也陛下應天順人布德
施惠又安得忘管仲雍齒之事乎且臣武功之士經涉亂離死亡
略盡惟臣殘命得見聖朝陛下若復殺之是絕其類也實望天恩
使有遺種高祖與之有故笑而釋之尋授王山屯監後於玄武門
引見語及平生恩意甚厚高祖曰卿自謂諂佞耶正直耶對曰臣
實愚心直高祖曰卿若直何爲背世充而歸我對曰洛陽既平天下
爲一臣智窮力屈始歸陛下向使世充尚在臣據漢南天意雖有
所歸人事足爲勍敵高祖大笑嘗嘲之曰名長意短口正心邪棄
忠貞於鄭國忘信義於吾家世長對曰名長意短實如聖旨口正
心邪未敢奉詔昔竇融以河西降漢十世封侯臣以山南歸國惟
蒙屯監即日擢拜諫議大夫從幸涇陽校獵大獲禽獸於旌門高
祖入御營顧謂朝臣曰今日畋樂乎世長進曰陛下遊獵薄廢萬

機不滿十旬未爲大樂高祖色變既而笑曰狂態發耶世長曰爲
臣私計則狂爲陛下國計則忠矣及突厥入寇武功郡縣多失戶
口是後下詔將幸武功校獵世長又諫曰突厥初入大爲民害陛
下救恤之道猶未發言乃於其地又縱畋獵非但仁育之心有所
不足百姓供頓將何以堪高祖不納又嘗引之於披香殿世長酒
酣奏曰此殿隋煬帝所作耶是何雕麗之若此也高祖曰卿好諫
似直其心實詐豈不知此殿是吾所造何須設詭疑而言煬帝乎
對曰臣實不知但見傾宮鹿臺琉璃之瓦並非受命帝王愛民節
用之所爲也若是陛下作此誠非所宜臣昔在武功幸常陪侍見
陛下宅宇纔蔽風霜當此之時亦以爲足今因隋之侈民不堪命
數歸有道而陛下得之實謂懲其奢淫不忘儉約今初有天下而
於隋宮之內又加雕飾欲撥其亂寧可得乎高祖深然之後歷陝
州長史天策府軍諮祭酒秦府初開文學館引爲學士與房玄齡
等一十八人皆蒙圖畫令文學褚亮爲之贊曰軍諮諧噱超然辯悟

○正色于庭匪躬之故貞觀初聘于突厥與頡利爭禮不受賂遺朝
廷稱之出爲巴州刺史覆舟溺水而卒世長機辯有學博涉而簡
率嗜酒無威儀初在陝州部內多犯法世長莫能禁乃責躬引咎
自撻於都街五伯嫉其詭鞭之見血世長不勝痛大呼而走觀者
咸以爲笑議者方稱其詐

子良嗣高宗時遷周王府司馬王時年少舉事不法良嗣正色匡
諫甚見敬憚王府官屬多非其人良嗣守文檢括莫敢有犯深爲
高宗所稱遷荆州大都督府長史高宗使宦者緣江採異竹將於
苑中植之宦者科舟載竹所在縱暴還過荆州良嗣囚之因上疏
切諫稱遠方求珍異以疲道路非聖人抑己愛人之道又小人竊
弄威福以虧皇明言甚切直疏奏高宗下制慰勉遽令棄竹於江
中永淳中爲雍州長史時關中大飢人相食盜賊縱橫良嗣爲政
嚴明盜發三日內無不擒擿則天臨朝遷工部尚書尋代王德眞
爲納言累封溫國公爲西京留守則天賦詩餞送賞遇甚渥時尚

方監裴匪躬檢校京苑將鬻苑中果菜以收其利良嗣駁之曰昔
公儀相魯猶能拔葵去織未聞萬乘之主鬻其果菜以與下人爭
利也匪躬遂止無幾追入都遷文昌左相同鳳閣鸞臺三品載初
元年春罷文昌左相加位特進仍依舊知政事與地官尚書韋方
質不協及方質坐事當誅辭引良嗣則天特保明之良嗣謝恩拜
伏便不能復起輿歸其家詔御醫張文仲韋慈藏往視疾其日薨
年八十五則天輟朝三日舉哀於顯風門敕百官就宅赴弔贈開
府儀同三司益州都督賜絹布八百段米粟八百碩兼降璽書弔
祭其子踐言太常丞尋爲酷吏所陷配流嶺南而死追削良嗣官
爵籍沒其家景龍元年追贈良嗣司空踐言子務玄襲爵溫國
公開元中爲邠王府長史

韋雲起雍州萬年人伯父澄武德初國子祭酒綿州刺史雲起隋
開皇中明經舉授符璽直長嘗因奏事文帝問曰外聞有不便事
汝可言之時兵部侍郎柳述在帝側雲起應聲奏曰柳述驕豪未

○嘗經事兵機要重非其所堪徒以公主之婿遂居要職臣恐物議
以陛下官不擇賢濫以天秩加於私愛斯亦不便之大者帝甚然
其言顧謂述曰雲起之言汝藥石也可師友之仁壽初詔在朝文
武舉人述乃舉雲起進授通事舍人大業初改爲通事謁者又上
疏奏曰今朝廷之內多山東人而自作門戶更相談薦附下罔上共
爲朋黨不抑其端必傾朝政臣所以痛心扼腕不能默已謹件朋
黨人姓名及姦狀如左煬帝令大理推究於是左丞郎蔚之司隸
別駕郎楚之並坐朋黨配流漫頭赤水餘免官者九人會契丹入
抄營州詔雲起護突厥兵往討契丹部落啓人可汗發騎二萬受
其處分雲起分爲二十營四道俱引營相去各一里不得交雜聞
鼓聲而行聞角聲而止自非公使勿得走馬三令五申之後擊
鼓而發軍中有犯約者斬紇干一人持首以徇於是突厥將帥來入
謁之皆膝行股戰莫敢仰視契丹本事突厥情無猜忌雲起既入
其界使突厥詐云向柳城郡欲共高麗交易勿言營中有隋使敢

漏泄者斬之契丹不備去賊營三百里詐引南度夜復退還去營五
十里結陣而宿契丹弗之知也旣明俱發馳騎襲之盡獲其男女
四萬口女子及畜產以半賜突厥餘將入朝男子皆殺之煬帝大
喜集百官曰雲起用突厥而平契丹行師奇譎才兼文武又立朝
謇諤朕今親自舉之擢爲治書御史雲起乃奏劾曰內史侍郎虞
世基職典樞要寄任隆重御史大夫裴蘊特蒙殊寵維持內外今
四方告變不爲奏聞賊數實多或減言少陛下旣聞賊少發兵不
多衆寡懸殊往皆莫尅故使官軍失利賊黨日滋此而不繩爲害
將大請付有司結正其罪大理卿鄭善果奏曰雲起詆訾名臣所
言不實非毀朝政妄作威權由是左遷大理司直煬帝幸揚州雲
起告歸長安屬義旗入關於長樂宮謁見義寧元年授司農卿封
陽城縣公武德元年加授上開府儀同三司判農圃監事是歲欲
大發兵討王世充雲起上表諫曰國家承喪亂之後百姓流離未
蒙安養頻年不熟關內阻飢京邑初平物情未附鼠竊狗盜猶爲

國憂盩厔司竹餘氛未殄藍田谷口羣盜實多朝夕伺間極爲國
害雖京城之內每夜賊發北有師都連結胡寇斯乃國家腹心之
疾也捨此不圖而窺兵函洛若師出之後內盜乘虛一旦有變禍
將不小臣謂王世充遠隔千里山川懸絕無能爲害待有餘力方
可討之今內難未弭且宜弘於度外如臣愚見請暫戢兵務穡勸
農安人和衆關中小盜自然寧息秦川將卒賈勇有餘三年之後
一舉便定今雖欲速臣恐未可乃從之會突厥入寇詔雲起總領
豳寧已北九州兵馬便宜從事四年授西麟州刺史司農卿如故
尋代趙郡王孝恭爲夔州刺史轉遂州都督懷柔夷獠咸得衆
心遷益州行臺民部尚書尋轉行臺兵部尚書行臺僕射竇軌
多行殺戮又妄奏獠反冀得集兵因此作威肆其凶暴雲起多執
不從雲起又營私產交通生獠以規其利軌亦對衆言之由是搆
隙情相猜貳隱太子之死也勑遣軌息驛詔益州報軌軌乃疑
雲起弟慶儉堂弟慶嗣及親族並事東宮慮其聞狀或將爲變

先設備而後告之雲起果不信問曰詔書何在軌曰公建成黨也
今不奉詔同反明矣遂執殺之初雲起年少時師事太學博士王
頗頗每與之言及時事甚嘉歎之乃謂之曰韋生識悟如是必能
自取富貴然剛腸嫉惡終當以此害身竟如頗言子師實垂拱初
官至華州刺史太子少詹事封扶陽郡公師實子方質則天初爲
臺侍郎地官尚書同鳳閣鸞臺平章事時改修垂拱格式方質
多所損益甚爲時人所稱俄而武承嗣三思當朝用事諸宰相咸
傾附之方質疾假承嗣等詣宅問疾方質據牀不爲之禮左右云
踞見權貴恐招危禍方質曰吉凶命也大丈夫豈能折節曲事近
戚以求苟免也尋爲酷吏周興來子珣所搆配流儋州仍籍沒其
家尋卒神龍初雪免

孫伏伽貝州武城人大業末自大理寺史累補萬年縣法曹武德
元年初以三事上諫其一曰臣聞天子有諍臣雖無道不失於天
下父有諍子雖無道不陷於不義故云子不可不諍於父臣不可

不諍於君以此言之臣之事君猶子之事父故也隋後主所以失天
下者何也止爲不聞其過當時非無直言之士由君不受諫自謂
德盛唐堯功過夏禹窮侈極欲以恣其心天下之士肝腦塗地戶口
減耗盜賊日滋而不覺知者皆由朝臣不敢告之也向使脩嚴父
之法開直言之路選賢任能賞罰得中人人樂業誰能搖動者乎
所以前朝好爲變更不師古訓者止爲天誘其衰將以開今聖唐
也陛下龍舉晉陽天下響應計不旋踵大位遂隆陛下勿以唐得
天下之易不知隋失之不難也陛下貴爲天子富有天下動則左
史書之言則右史書之既爲竹帛所拘何可恣情不慎凡有蒐狩
須順四時旣代天理安得非時妄動陛下二十日龍飛二十一日有
獻鷂鶵者此乃前朝之弊風少年之事務何忽今日行之又聞相
國參軍事盧牟子獻琵琶長安縣丞張安道獻弓箭頻蒙賞勞
但普天之下莫非王土率土之濱莫非王臣陛下必有所欲何求
而不得陛下所少者豈此物哉願陛下察臣愚忠則天下幸甚其

二曰百戲散樂本非正聲有隋之末大見崇用此謂淫風不可不改近者太常官司於人間借婦女裙襦五百餘具以充散妓之服云擬五月五日於玄武門遊戲臣竊思審實損皇猷亦非貽厥子孫謀為後代法也故書云無以小怨為無傷而弗去恐從小至於大故也論語云放鄭聲遠佞人又云樂則韶舞以此言之散妓定非功成之樂也如臣愚見請並廢之則天下不勝幸甚其三曰臣聞性相近而習相遠以其所好相染也故書云與治同道罔弗興與亂同事罔弗亡以此言之興亂其在斯與皇太子及諸王等左右群僚不可不擇而任之也如臣愚見但是無義之人及先來無賴家門不能邑睦及好奢華馳獵馭射專作慢遊狗馬聲色歌舞之人不得使親而近之也此等止可悅耳目備驅馳至於拾遺補闕決不能為也臣歷窺往古下觀近代至於子孫不孝兄弟離間莫不為左右亂之也願陛下妙選賢才以為皇太子僚友如此即克隆盤石永固維城矣高祖覽之大悅下詔曰秦以不聞其過

○而亡典籍豈無先誡臣僕諂諛故弗之覺也漢高祖反政從諫如流洎乎文景繼業宣元承緒不由斯道孰隆景祚周隋之季忠臣結舌一言喪邦諒足深誡永言於此常深歎息朕每惟寡薄恭膺寶命雖不能性與天道庶思勉力常冀彌諧以匡不逮而羣公卿士罕進直言將申虛受之懷物所未諭萬年縣法曹孫伏伽至誠慷慨詞義懇切指陳得失無所迴避非有不次之舉曷貽利行之益伏伽既懷諒直宜處憲司可治書侍御史仍須示遠近知朕意焉兼賜帛三百匹時軍國多事賦斂繁重伏伽屢奏請改革高祖並納焉二年高祖謂裴寂曰隋末無道上下相蒙主則驕矜臣惟諂佞上不聞過下不盡忠至使社稷傾危身死匹夫之手朕撥亂反正志在安人平亂任武臣官方委文吏庶得各展器能以匡不逮比每虛心接待冀聞讜言然惟李綱善盡忠款孫伏伽可謂誠直餘人猶踵弊風俛眉而已豈朕所望哉及平王世充竇建德大赦天下既而責其黨與並令配遷伏伽上表諫曰臣聞王言無

戲自古格言去食存信聞諸舊典故書云爾無不信朕不食言又論語云一言出口駟不及舌以此而論言之出口不可不慎伏惟陛下光臨區宇覆育羣生率土之濱誰非臣妾綵綸一發取信萬方使聞之者不疑見之者不惑陛下今月二日發雲雨之制光被黔黎無所間然公私蒙賴既云常赦不免皆赦除之此非直赦其有罪亦是與天下斷當許其更新以此言之但是赦後既便無事因何王世充及建德部下赦後始欲遷之此是陛下自違本心欲遣下人若為取則若欲子細推尋逆城之內人誰無罪故書云殲厥渠魁脅從罔治若論渠魁世充等為首渠魁尚免脅從何辜且古人云蹠狗吠堯蓋非其主在東都城內及建德部下乃有與陛下積小故舊編髮友朋猶尚有人敗後始至者此等豈忘陛下皆云被擁故也以此言之自外疏者竊謂無罪又書云非知之艱行之惟艱上古已來何代無君所以秪稱堯舜之善者何也直由為天子者實難善名難得故也往者天下未平威權須應機而

○作今四方既定設法須與人共之但法者陛下自作之還須守之使天下百姓信而畏之今自為無信欲遣兆人若為信畏故書云無偏無黨王道蕩蕩無黨無偏王道平平賞罰之行達乎貴賤聖人制法無限親疏如臣愚見世充建德下偽官經赦合免責情欲遷配者請並放之則天下幸甚又上表請置諫官高祖皆納焉太宗即位賜爵樂安縣男貞觀元年轉大理少卿太宗嘗馬射伏伽上書諫曰臣聞千金之子坐不垂堂百金之子立不倚衡以此言之天下之主不可履險乘危明矣臣又聞天子之居也則禁衞九重其動也則出警入蹕此非直尊其居處乃為社稷生靈之大計耳故古人云一人有慶兆人賴之臣竊聞陛下猶自走馬射帖娛悅近臣此乃無禁乘危竊為陛下有所不取也何者一則非光史冊二則未足顯揚又非所以導養聖躬亦不可以垂範後代此秪是少年諸王之所務豈得既為天子今日猶行之乎陛下雖欲自輕其奈社稷天下何如臣愚見竊謂不可太宗覽之大悅五年坐

奏四誤失免官尋起爲刑部郎中累遷大理少卿轉民部侍郎十
四年拜大理卿後出爲陝州刺史永徽五年以年老致仕顯慶三年卒
張玄素蒲州虞鄉人隋末爲景城縣戶曹竇建德攻陷景城玄素
被執將就戮縣民千餘人號泣請代其命曰此人清慎若是今儻
殺之乃無天也大王將定天下當深加禮接以招四方如何殺之
使善人解體建德遽命釋之署爲治書侍御史固辭不受及江
都不守又召拜黃門侍郎始應命建德平授景城都督府錄事參
軍太宗聞其名及即位召見訪以政道對曰臣觀自古已來未有
如隋室喪亂之甚豈非其君自專其法日亂向使君虛受於上臣
弼違於下豈至於此且萬乘之重又欲自專庶務日斷十事而五
條不中中者信善其如不中者何況一日萬機已多虧失以日繼
月乃至累年乖謬既多不亡何待如其廣任賢良高居深視百司
奉職誰敢犯之臣又觀隋末沸騰被於寓縣所求天下者不過
十數人餘皆保邑全身思歸有道是知人欲背主爲亂者鮮矣但

○ 二十八 唐傳二十五 八 王成

人君不能安之遂致於亂陛下若近覽危亡日慎一日堯舜之道
何以能加太宗善其對擢拜侍御史尋遷給事中貞觀四年詔發
卒修洛陽宮乾陽殿以備巡幸玄素上書諫曰微臣竊思秦始皇
之爲君也籍周室之餘六國之盛將貽之萬葉及其子而亡良由
逞嗜奔欲逆天害人者也是知天下不可以力勝神祇不可以親
恃惟當弘儉約薄賦斂慎終如始可以永固方今承百王之末屬
凋弊之餘必欲節之以禮制陛下宜以身爲先東都未有幸期即
何須補葺諸王今並出藩又須營構興發漸多豈疲人之所望其
不可一也陛下初平東都之始層樓廣殿皆令撤毀天下翕然同心
欣仰豈有初則惡其侈靡今乃襲其雕麗其不可二也每承音
旨未即巡幸此則事不急之務成虛費之勞國無兼年之積何用
兩都之好勞役過度怨讟將起其不可三也百姓承亂離之後財
力凋盡天恩含育粗見存立飢寒猶切生計未安三五年間恐未
平復奈何營未幸之都奪疲人之力其不可四也昔漢高祖將都

洛陽婁敬一言即日西駕豈不知地惟土中貢賦所均但以形勝
不如關內也伏惟陛下化凋弊之人革澆漓之俗爲日尚淺未甚
淳和斟酌事宜詎可東幸其不可五也臣又嘗見隋室造殿楹棟
宏壯大木非隨近所有多從豫章採來二千人曳一柱其下施轂
皆以生鐵爲之若用木輪便即火出鐵轂既生行一二里即有破
壞仍數百人別齎鐵轂以隨之終日不過進三二十里略計一柱
已用數十萬功則餘費又過於此臣聞阿房成秦人散章華就楚
衆離及乾陽畢功隋人解體且以陛下今時功力何如隋日役瘡
痍之人襲亡隋之弊以此言之恐甚於煬帝深願陛下思之無爲
由余所笑則天下幸甚太宗曰卿謂我不如煬帝何如桀紂對曰
若此殿卒興所謂同歸於亂且陛下初平東都太上皇敕大殿高
門並宜焚毀陛下以瓦木可用不宜焚灼請賜與貧人事雖不行
然天下翕然謳歌至德今若遵舊制即是隋役復興五六年間
趨捨頓異何以昭示子孫光敷四海太宗歎曰我不思量遂至於

○ 二十八 唐傳二十五 九 阮予

此顧謂房玄齡曰洛陽土中朝貢道均朕故脩營意在便於百姓
今玄素上表實亦可依後必事理須行露坐亦復何苦所有作役
宜即停之然以卑干尊古來不易非其忠直安能若此可賜綵二
百匹侍中魏徵歎曰張公論事遂有迴天之力可謂仁人之言其
利溥哉累遷太子少詹事轉右庶子時承乾居春宮頗以遊畋廢
學玄素上書諫曰臣聞皇天無親惟德是輔苟違天道人神同棄
然古三驅之禮非欲教殺將爲百姓除害故湯羅一面天下歸仁
今苑中娛獵雖名異遊畋若行之無常終虧雅度且傅說曰學不
師古匪說攸聞然則弘道在於學古學古必資師訓既奉恩詔令
孔穎達侍講望數存問以補萬一仍博選有名行學士兼朝夕
侍奉覽聖人之遺教察既行之往事日知其所不足月無忘其所
能此則盡善盡美夏啓周誦焉足言哉夫爲人上者未有不求其
善但以性不勝情耽惑成亂耽惑既甚忠言遂塞所以臣下苟順
君道漸虧古人有言勿以小惡而不去小善而不爲故知禍福之

來皆起於衛殿下地居儲兩當須廣樹嘉猷既有好畋之淫何以
主斯匕鬯愼終如始猶懼漸衰始尚不愼終將安保尋又兼太子
少詹事十三年又上書諫曰臣聞周公以大聖之材猶握髮吐飡
引納白屋而況後之聖賢敢輕斯道是以禮制皇太子入學而
行齒胄欲使太子知君臣父子長幼之道然君臣之義父子之親
尊卑之序長幼之節用之方寸之內弘之四海之外皆因行以遠
聞假言以光被伏惟殿下睿質已隆尚須學文以飾其表至如孔
穎達趙弘智等非惟宿德鴻儒亦兼達政要望令數得侍講
開釋物理覽古諭今增輝睿德而雕蟲小伎之流秖可時命追隨
以代博弈耳若其騎射畋遊酣歌戲翫苟悅耳目終穢心神漸染
既久必移情性古人有言心爲萬事主動而無節即亂臣恐殿下
敗德之源在於此矣承乾並不能納太宗知玄素在東宮頻有進
諫十四年擢授銀青光祿大夫行太子左庶子時承乾久不坐朝
玄素諫曰宮內止有婦人耳不知如樊姬之徒可與弘益聖德者

○ 二十八 唐傳二十五 十 沆于

有幾若遂無賢者便是親嬖倖遠忠良人不見德何以光敷三善
且宮儲之寄於國爲重所以廣置羣僚以輔睿德今乃動經時月
不見宮臣納誨既踈將何補闕承乾嫌其數諫遣戶奴夜以馬檛
擊之殆至於死承乾又嘗於宮中擊鼓聲聞于外玄素叩閤請
見極言切諫承乾乃出宮內鼓對玄素毀之是歲太宗嘗對朝問
玄素歷官所由玄素既出自刑部令史甚以慙恥諫議大夫褚遂
良上疏曰臣聞君子不失言於人聖主不戲言於臣言則史書之
禮成之樂歌之居上能禮其臣臣始能盡力以奉其上近代宋孝
武輕言肆口侮弄朝臣攻其門戶乃至狼狽良史書之以爲非是
陛下昨見問張玄素云隋任何官奏云縣尉又問未爲縣尉已前
奏云流外又問在何曹司玄素將出閤門殆不能移步精爽頓盡
色類死灰朝臣見之多所驚怪大唐創曆任官以才卜祝庸保量
能使用陛下禮重玄素頻年任使擢授三品翼贊皇儲自不可更
對羣臣窮其門戶弃昔日之殊恩成一朝之愧恥人君之御臣下也

禮義以導之惠澤以驅之使其有戴玄天罄輸臣節猶恐德禮不
加人不自勵若無故忽略使其羞慙鬱結於懷衷心靡樂責其
伏節死義其可得乎書奏太宗謂遂良曰朕亦悔此問卿踈
深會我心承乾既敗德日增玄素又上書諫曰臣聞孔子云能近
取譬可謂仁之方也已然書傳所載言之或遠尋覽近事得失斯
存至如周武帝平定山東卑宮菲食以安海內太子贇舉措無端
穢德日著烏丸軌知其不可具言於武帝武帝慈仁望其漸改及
至踐祚狂暴肆情區宇崩離宗祀覆滅即隋文帝所代是也文
帝因周衰弱憑藉女資雖無大功於天下然布德行仁足爲萬姓
所賴勇爲太子不能近遵君父之節儉而務驕侈今之山池遺跡
即殿下所親覩是也此時亦恃君親之恩自謂太山之固詎知邪
臣敢進其說向使動靜有常進退合度親君子踈小人捨浮華尚
恭儉雖有邪臣間之何能致慈父之隙豈不由積德未弘令問不
著讒言一至遂成其禍竊惟皇儲之寄荷戴殊重如其積德不弘

○ 二十八 唐傳二十五 十一 葛琺

何以嗣守成業聖上以殿下親則父子事兼家國所應用物不爲
節限恩旨未踰六旬用物已過七萬驕奢之極孰云過此龍樓之
下惟聚工匠望苑之內不覩賢良今言孝敬則闕視膳問安之禮
語恭順則違君父慈訓之方求風聲則無愛學好道之實觀舉措
則有因緣誅戮之罪宮臣正士未嘗在側羣邪淫巧昵近深宮愛
好者皆遊手雜色施與者並圖畫雕鏤在外瞻仰已有此失居中
隱密寧可勝計哉宜猷禁門不異闤闠朝入暮出穢聲已遠臣
以德音日損頻上諫書自爾已來縱逸尤甚右庶子趙弘智經明
行修當今善士臣每奏請望數召進與之談論庶廣徽猷令旨反
有猜嫌謂臣妄相推引從善如流尚恐不逮飾非拒諫必招敗損
方崇閉塞之源不慕欽明之術雖抱睿哲之資終罹罔念之咎古
人云苦藥利病苦言利行伏惟居安思危日愼一日書入承乾不納
乃遣刺客將加屠害俄屬宮廢玄素隨例除名十八年起授潮州
刺史轉鄧州刺史永徽中以年老致仕龍朔三年加授銀青光祿

大夫麟德元年卒

史臣曰伏伽上疏於高祖玄素進言於太宗從疎賤以干至尊懷切直以明正理可謂至難矣既而並見抽奬咸蒙顧遇自非下情忠到匪躬之節上聽聰明致如流之美孰能至於此乎書曰木從繩則正后從諫則聖斯之謂矣世長幼而聰悟長能規諫雲起屏絕朋黨罔避驕豪歷覽言行咸有可觀而雲起吐茹無方世長終成詭詐其不令也宜哉方諸孫張二子知不逮矣

贊曰言爲身文感義忘身不有忠膽安輕逆鱗蘇韋果俊伽素忠純悟主匡失猗歟諍臣

唐書列傳卷第二十五

右文林郎充兩浙東路提舉茶塩司幹辦公事蘇之勤校勘

二十八　唐傳二十五　十二

唐書列傳卷第二十六

劉昫

太宗諸子　恒山王承乾　楚王寬　吳王恪（子成王千里　孫信安王禕）

濮王泰　庶人祐　蜀王愔　蔣王惲

越王貞　紀王慎（貞子琅邪王沖）　江王囂

代王簡　趙王福　曹王明

太宗十四子文德皇后生高宗大帝恒山王承乾濮王泰楊妃生吳王恪蜀王愔陰妃生庶人祐燕妃生越王貞江王囂韋妃生紀王慎楊妃生趙王福楊氏生曹王明王氏生蔣王惲後宫生楚王寬代王簡

恒山王承乾太宗長子也生於承乾殿因以名焉武德三年封恒山王七年徙封中山太宗即位爲皇太子時年八歲性聰敏太宗甚愛之太宗居諒闇庶政皆令聽斷頗識大體自此太宗每行幸常令居守監國及長好聲色慢遊無度然懼太宗知之不敢見其迹每臨朝視事必言忠孝之道退朝後便與羣小褻狎宫臣或欲進諫者承乾必先揣其情便危坐斂容引咎自責樞機辨給智足飾非羣臣拜荅不暇故在位者初皆以爲明而莫之察也承乾先患足行甚艱難而魏王泰有當時美譽太宗漸愛重之承乾恐有廢立甚忌之泰亦負其材能潛懷奪嫡之計於是各樹朋黨遂成釁隙有太常樂人年十餘歲美姿容善歌舞承乾特加寵幸號曰稱心太宗知而大怒收稱心殺之坐稱心死者又數人承乾意泰告訐其事怨心逾甚痛悼稱心不已於宫中構室立其形像列偶人車馬於前令宫人朝暮奠祭承乾數至其處徘徊流涕仍於宫中起冢而葬之并贈官樹碑以申哀悼承乾自此託疾不朝參者輒逾數月常命戶奴數十百人專習伎樂學胡人椎髻剪綵爲舞衣尋橦跳劍晝夜不絕鼓角之聲日聞於外時左庶子于志寧右庶子孔穎達受詔輔導志寧撰諫苑二十卷諷之穎達又多所規奏太宗並嘉之二人各賜帛百匹黄金十斤以勵承

二十八　唐傳二十六

乾之意仍遷志寧爲詹事未幾志寧以母憂去職承乾侈縱日
甚太宗復起志寧爲詹事志寧與左庶子張玄素數上書切諫
承乾並不納又嘗召壯士左衛副率封師進及刺客張師政紇干
承基深禮賜之令殺魏王泰不剋而止尋與漢王元昌兵部尚書
侯君集左屯衛中郎將李安儼洋州刺史趙節駙馬都尉杜荷等
謀反將縱兵入西宮貞觀十七年齊王祐反於齊州承乾謂紇干
承基曰我西畔宮牆去大內正可二十步來耳此間大親近豈可並
齊王乎會承基亦外連齊王繫獄當死遂告其事太宗召承乾幽
之別室命司徒長孫無忌司空房玄齡特進蕭瑀兵部尚書李勣
大理卿孫伏伽中書侍郎岑文本御史大夫馬周諫議大夫褚遂
良等參鞫之事皆明驗廢承乾爲庶人徙黔州元昌賜令自盡侯
君集等咸伏誅其宮僚左庶子張玄素右庶子趙弘智令狐德棻
中舍人蕭鈞並以材選用承乾既敗太宗引大義以讓之咸坐免
十九年承乾卒於徙所太宗爲之廢朝葬以國公之禮二子象厥

象官至懷州別駕厥至鄂州別駕象子適之別有傳
楚王寬太宗第二子也出繼叔父楚哀王智雲早薨貞觀初追
封無後國除
吳王恪太宗第三子也武德三年封蜀王授益州大都督以年幼
不之官十年又徙封吳王十二年累授安州都督及將赴職太宗書
誡之曰吾以君臨兆庶表正萬邦汝地居茂親寄惟藩屏勉思橋
梓之道善侔間平之德以義制事以禮制心三風十愆不可不慎如此
則克固盤石永保維城外爲君臣之忠內有父子之孝宜自勵志
以勗日新汝方違膝下悽戀何已欲遺汝珍翫恐益驕奢故誡此
一言以爲庭訓高宗即位拜司空梁州都督恪母隋煬帝女也恪
又有文武才太宗常稱其類己既名望素高甚爲物情所向長孫
無忌既輔立高宗深所忌嫉永徽中會房遺愛謀反遂因事誅
恪以絶衆望海內冤之有子四人仁瑋琨璄並流于嶺表尋追封
恪爲鬱林王并爲立廟又封仁爲鬱林縣侯永昌元年授襄州

刺史不知州事後改名千里天授後歷唐廬許衛蒲五州刺史時
皇室諸王有德望者必見誅戮惟千里褊躁無才復數進獻符瑞
事故則天朝竟免禍長安三年充嶺南安撫討擊使歷遷右金吾
將軍中興初進封成王拜左金吾大將軍兼領益州大都督又追
贈其父爲司空三年又領廣州大都督五府經略安撫大使節愍
太子誅武三思千里與其子天水王禧率左右數十人斫右延明門
將殺三思黨與宗楚客紀處訥等及太子兵敗千里與禧等坐誅
仍籍沒其家改姓蝮氏睿宗即位詔曰故左金吾衛大將軍成王
千里保國安人克成忠義願除兇醜翻陷誅夷永言淪沒良深痛
悼宜復舊班用加新寵可還舊官又令復姓禧早卒中興初追封
郇陵王子琁本名榆出繼蜀王愔景龍四年加銀青光祿大夫秘
書少監開元十三年改封廣漢郡王太僕卿同正員薨琨則天朝
歷淄衛宋鄭梁幽六州刺史有能名聖曆中嶺南獠反敕琨爲招
慰使安輯荒徼甚得其宜長安二年卒官贈司衛卿神龍初贈張

掖郡王開元十七年以子禕貴贈工部尚書追封吳王璄中興初
封歸政郡王歷宗正卿坐千里事貶南州司馬卒琨子禕禕少有
志尚事母甚謹撫弟祗等以友愛稱景龍四年爲太子僕兼徐州
別駕加銀青光祿大夫少繼江王囂後封爲嗣江王景雲元年復
爲德蔡衢等州刺史開元後累轉蜀濮等州刺史政號清嚴人吏
畏而服之漸見委任入爲光祿卿遷將作大匠丁母憂去官起復
授瀛州刺史又上表固請終制許之十二年改封信安郡王十五年
服除拜左金吾衛大將軍朔方節度副大使知節度事兼御史
大夫尋遷禮部尚書仍充朔方軍節度使先是石堡城爲吐蕃所
據侵擾河右敕禕與河西隴右議取之禕到軍總率士伍剋期攻
之或曰此城據險又爲吐蕃所惜今懸軍深入賊必併力拒守事
若不捷退則狼狽不如按軍持重以觀形勢禕曰人臣之節豈憚
艱險必期衆寡不敵吾則以死繼之茍利國家此身何惜於是督
率諸將倍道兼進併力攻之遂拔石堡城斬獲首級并獲糧儲器

械其數甚衆仍分兵據守以遏賊路上聞之大悅始改石堡城爲
振武軍自是河隴諸軍遊弈拓地千餘里十九年契丹衙官可突
于殺其王邵固率部落降于突厥玄宗遣忠王爲河北道行軍元
帥以討奚及契丹兩蕃以禕爲副王既不行禕率戶部侍郎裴耀
卿等諸副將分道統兵出於范陽之北大破兩蕃之衆擒其酋長
餘黨竄入山谷軍還禕以功加開府儀同三司兼關內支度營田
等使兼採訪處置使仍與二子官禕既有勳績執政頗害其功故
其賞不厚甚爲當時所歎二十二年遷兵部尚書入爲朔方節度大
使久之坐事出爲衢州刺史俄歷滑懷二州刺史天寶初拜太子
少師以年老仍聽致仕二年遷太子太師制出病薨年八十餘上
聞而痛惜者久之禕居家嚴毅善訓諸子皆有令名三子峘嶧峴
皆至達官別有傳祇神龍中封爲嗣吳王景雲元年加銀青光祿
大夫天寶十四載爲東平太守安祿山反率衆渡河兇威甚盛河
南陳留滎陽靈昌等郡皆陷於賊祇起兵勤王玄宗壯之十五載

二月授祇靈昌太守又左金吾大將軍河南都知兵馬使其月又
加兼御史中丞陳留太守持節充河南道節度採訪使本官如故
五月詔以爲太僕卿遣御史大夫虢王巨代之
濮王泰字惠褒太宗第四子也少善屬文武德三年封宜都王四
年進封衛王以繼衛懷王霸後貞觀二年改封越王授揚州大都
督五年兼領左武候大都督並不之官八年除雍州牧左武候大
將軍七年轉鄜州大都督十年徙封魏王遙領相州都督餘官如
故太宗以泰好士愛文學特令就府別置文學館任自引召學士
又以泰腰腹洪大趨拜稍難復令乘小輿至于朝所其寵異如此
十二年司馬蘇勗以自古名王多引賓客以著述爲美勸泰奏請
撰括地志泰遂奏引著作郎蕭德言秘書郎顧胤記室參軍蔣
亞卿功曹參軍謝偃等就府修撰十四年太宗幸泰延康坊宅因
曲赦雍州及長安大辟罪已下免延康坊百姓無出今年租賦又
賜泰府官僚帛有差十年泰撰括地志功畢表上之詔令付秘

閣賜泰物萬段蕭德言等咸加給賜物俄又每月給泰料物有踰
於皇太子諫議大夫褚遂良上疏諫曰昔聖人制禮尊嫡卑庶謂
之儲君道亞霄極其爲崇重用物不計泉貨財帛與王者共之庶
子體卑不得爲例所以塞嫌疑之漸除禍亂之源而先王必本人情
然後制法知有國家必有嫡庶然庶子雖愛不得超越嫡子正體
特須尊崇如當親者疏當尊者卑則佞巧之姦乘機而動私恩害
公惑志亂國伏惟陛下功超邃古道冠百王發號施令爲世作法
一日萬機或未盡美臣職在諫諍無容靜默伏見儲君料物翻少
魏王朝野見聞不以爲是傳曰臣聞愛子教之以義方忠孝恭儉
義方之謂昔漢竇太后及景帝遂驕恣梁孝王封四十餘城苑方
三百里大營宮室複道彌望積財鉅萬計出入警蹕小不得意發
病而死宣帝亦驕恣淮陽憲王幾至於敗輔以退讓之臣僅乃獲
免且魏王既新出閤伏願常存禮則言提其耳且示儉節自可在
後月加歲增妙擇師傅示其成敗既敦之以謙儉又勸之以文學

惟忠惟孝因而獎之道德齊禮乃爲良器此所謂聖人之教不肅
而成者也太宗又令泰入居武德殿侍中魏徵上奏曰伏見勅旨
令魏王泰移居武德殿此殿在內處所寬閑參奉往來極爲便近
但魏王既是愛子陛下常欲其安全每事抑其驕奢不處嫌疑之
地今移此殿便在東宮之西海陵昔居時人以爲不可雖時異事
異猶恐人之多言又王之本心亦不安息既能以寵爲懼伏願成人
之美明早是朔日或恐未得面陳愚慮有疑不敢寧寢輕干聽覽
追深戰慄太宗並納其言時皇太子承乾有足疾泰潛有奪嫡之
意招駙馬都尉柴令武房遺愛等二十餘人厚加贈遺寄以腹心
黃門侍郎韋挺工部尚書杜楚客相繼攝泰府事二人俱爲泰要
結朝臣津通賂遺文武羣官各有附託自爲朋黨承乾懼其陵奪
陰遣人詐稱泰府典籤詣玄武門爲泰進封事太宗省之其書皆
言泰之罪狀太宗知其詐而捕之不獲十七年承乾敗太宗面加
譴讓承乾曰臣貴爲太子更何所求但爲泰所圖時與朝臣謀自

安之道不足之人遂教臣爲不軌之事今若以泰爲太子所謂落
其度内太宗因謂侍臣曰承乾言亦是我若立泰便是儲君之位
可經求而得耳泰立承乾晉王皆不存晉王立泰共承乾可無恙
也乃幽泰於將作監下詔曰朕聞生育品物莫大乎天地愛敬罔
極莫重乎君親是故爲臣貴於盡忠虧之者有罰爲子在於行孝
違之者必誅大則肆諸市朝小則終貽黜辱雍州牧相州都督左
武候大將軍魏王泰朕之愛子實所鍾心幼而聰令頗好文學恩
遇極於崇重爵位逾於寵章不思聖哲之誡自搆驕僭之咎惑
讒諛之言信離間之說以承乾雖居長嫡久纏痾恙潛有代宗之望
靡思孝義之則承乾懼其凌奪泰亦日增猜阻爭結朝士競引凶
人遂使文武之官各有託附親戚之内分爲朋黨朕志存公道義
在無偏彰厥巨釁兩從廢黜非惟作則四海亦乃貽範百代可解
泰雍州牧相州都督左武候大將軍降封東萊郡王太宗因謂侍
臣曰自今太子不道藩王窺嗣者兩弃之傳之子孫以爲永制尋

二十八【唐傳二十六　六　王華

○改封泰爲順陽王徙居均州之鄖鄉縣太宗後嘗持泰所上表謂
近臣曰泰文辭美麗豈非才士我中心念泰卿等所知但社稷之
計斷割恩寵責其居外者亦是兩相全也二十一年進封濮王高
宗即位爲泰開府置僚屬車服羞膳特加優異永徽三年薨于
鄖鄉年三十有五贈太尉雍州牧謚曰恭文集二十卷二子欣徽欣
封嗣濮王徽封新安郡王欣則天初陷酷吏獄貶昭州別駕卒子
嶠本名餘慶中興初封嗣濮王景雲元年加銀青光祿大夫開元
十二年爲國子祭酒同正員以王守一姝壻貶邵州別駕移鄧州
別駕後復其爵

庶人祐太宗第五子也武德八年封宜陽王其年改封楚王貞觀
二年徙封燕王累轉幽州都督十年改封齊王授齊州都督其
舅尚乘直長陰弘智謂祐曰王兄弟既多即上百年之後須得武
士自助乃引其妻兄燕弘信謁祐祐接之甚厚多賜金帛令潛募
劍士初太宗以子弟成長慮乖法度長史司馬必取正人王有虧

違皆遣聞奏而祐溺情羣小尤好弋獵長史薛大鼎屢諫不聽太
宗以大鼎輔導無方竟坐免權萬紀前爲吳王恪長史有正直節
以萬紀爲祐長史以匡正之萬紀見祐非法常犯顏切諫有昝君
謩梁猛彪者並以善騎射得幸於祐萬紀驟諫不納遂斥逐之
而祐潛遣招延狎暱逾甚太宗慮其不能悔過數以書責讓祐萬
紀恐并獲罪謂祐曰王帝之愛子陛下欲王改悔故加教訓若能
飭躬引過萬紀請入朝言之祐因附表謝罪萬紀既至言祐必能
改過太宗意稍解賜萬紀而諭之仍以祐前過勑書誥讓之祐聞
萬紀勞勉而獨被責以爲賣己意甚不平萬紀性又褊隘專以嚴
急維持之城門外不許祐出所有鷹犬並令解放又斥出君謩
猛彪不許與祐相見祐及君謩以此銜怒謀殺萬紀會事洩萬紀
悉收繫獄而發驛奏聞十七年詔刑部尚書劉德威往按之并追
祐及萬紀入京祐大懼俄而萬紀奉詔先行祐遣燕弘信兄弘亮
追于路射殺之既殺萬紀君謩等勸祐起兵乃召城中男子年十

二十八【唐傳二十六　七　方彥成

○五已上僞署上柱國開府儀同三司開官庫物以行賞驅百姓入
城繕甲兵署官司其官有拓東王拓西王之號詔遣兵部尚書李
勣與劉德威便道發兵討之祐每夜引弘亮等五人對妃宴樂以爲
得志戲笑之際語及官軍弘亮曰不須憂也右手持酒啗左手刀
拂之祐愛信弘亮聞之甚樂太宗手詔祐曰吾常誡汝勿近小人
正爲此也汝素乖誠德重惑邪言自延伊禍以取覆滅痛哉何愚
之甚也遂乃爲梟爲獍忘孝忘忠擾亂齊郊誅夷無罪去維城
之固就積薪之危壞盤石之親爲尋戈之釁且夫背禮違義天地
所不容弃父逃君人神所共怒往是吾子今爲國讎萬紀存爲忠
烈死不妨義汝生爲賊臣死爲逆鬼彼則嘉聲不隤爾則惡跡無
窮吾聞鄭叔漢戾並爲猖獗豈期生子乃自爲之吾所以上慙
皇天下愧后土歎惋之甚知復何云太宗題書畢爲之灑泣時李
勣等兵未至齊境而青淄等數州兵並不從祐之命祐又傳檄諸
縣亦不從或勸祐虜城中子女走入豆子𪊲爲盜計未決而兵曹

杜行敏謀將執祐兵士多願從是夜乃鑿垣而入祐與弘亮等五
人被甲控弦入室以自固行敏列兵圍之謂祐曰昔爲帝子今乃
國賊行敏爲國討賊更無所顧王不速降當爲煨燼命薪草欲積
而焚之祐遂出就擒餘黨悉伏誅行敏送祐至京師賜死於內省
貶爲庶人國除尋以國公禮葬之
蜀王愔太宗第六子也貞觀五年封梁王七年授襄州刺史十年
改封蜀王轉益州都督十三年賜實封八百戶除岐州刺史愔嘗
非理毆擊所部縣令又畋獵無度數爲非法太宗怒曰禽獸調伏
可以馴擾於人鐵石鐫鍊可爲方圓之器至如愔者曾不如禽獸鐵
石乎乃削封邑及國官之半貶爲虢州刺史二十三年加實封滿千
戶愔在州數遊獵不避禾稼深爲百姓所怨典軍楊道整叩馬諫
愔曳而撾之永徽元年爲御史大夫李乾祐所劾高宗謂荊王元
景等曰先朝櫛風沐雨平定四方遠近肅清車書混一上天降禍
奄弃萬邦朕纂承洪業懼均馭朽與王共慼同憂爲家爲國蜀

二十八 唐傳二十六 八 方漢

○王畋獵無度侵擾黎庶縣令典軍無罪被罰阿諛即喜忤意便嗔
如此居官何以共理百姓歷觀古來諸王若能動遵禮度則慶流
子孫違越條章則誅不旋踵愔爲法司所劾朕實恥之帝又引楊
道整勞勉之拜爲匡道府折衝都尉賜絹五十匹貶愔爲黃州刺
史四年坐與恪謀逆黜爲庶人徙居巴州尋改爲涪陵王乾封二
年薨咸亨初復其爵土贈益州大都督陪葬昭陵謚曰悼封子璠
爲嗣蜀王永昌年配流歸誠州而死神龍初以吳王恪孫朗陵王
瑋子榆爲嗣蜀王
蔣王惲太宗第七子也貞觀五年封郯王八年授洛州刺史十年
改封蔣王安州都督賜實封八百戶二十三年加實封滿千戶永徽
三年除梁州都督惲在安州多造器用服翫及將行有遞車四百
兩州縣不堪其勞爲有司所劾帝特宥之後歷遂相二州刺史上元
年有人詣闕誣告惲謀反惶懼自殺贈司空荊州大都督陪葬昭
陵子煒嗣歷沂州刺史垂拱中爲則天所害子銑早卒神龍初封

銑子紹宗爲嗣蔣王景龍二年加銀青光祿大夫開元初爲太子
家令同正員卒子欽福嗣爲率更令同正員天寶初削官於錦州
安置十二載爲南郡長史同正惲子煒蔡國公煒孫之芳幼有令
譽頗善五言詩宗室推之開元末爲駕部員外郎天寶十三載安
祿山奏爲范陽司馬及祿山起逆自拔歸西京授右司郎中歷工
部侍郎太子右庶子廣德元年兵革未靖吐蕃又犯邊使獻原會
乃遣之芳兼御史大夫使吐蕃被留境上二年而歸除禮部尚書
尋改太子賓客惲子休道道子琚本名思順中興封嗣趙王加銀
青光祿大夫開元十二年改封中山郡王右領軍將軍
越王貞太宗第八子也貞觀五年封漢王七年授徐州都督十年
改封原王尋徙封越王拜揚州都督賜實封八百戶十七年轉相
州刺史二十三年加實封滿千戶永徽四年授安州都督咸亨中復
轉相州刺史貞少善騎射頗涉文史兼有吏幹所在或偏受讒言
官僚有正直者多被貶退又縱諸僮豎侵暴部人由是人伏其才

二十八 唐傳二十六 九 丁癸

○而鄙其行則天臨朝加太子太傅除蔡州刺史自則天稱制貞與
韓王元嘉魯王靈夔霍王元軌及元嘉子黃國公譔靈夔子范
陽王藹元軌子江都王緒并貞長子博州刺史琅邪王沖等密有
匡復之志垂拱三年七月譔作謬書與貞云內人病漸重恐須早
療若至今冬恐成痼疾宜早下手仍速相報是歲則天以明堂成
將行大享之禮追皇宗赴集元嘉因遞相語云大享之際神皇必
遣人告諸王密因大行誅戮皇家子弟無遺種矣譔遂詐爲皇帝
璽書與沖云朕被幽縶王等宜各救拔我也沖在博州又偽爲皇
帝璽書云神皇欲傾李家之社稷移國祚於武氏遂命長史蕭
德琮等召募士卒分報韓魯霍越紀等五王各令起兵應接以赴
神都初沖與諸王連謀及沖先發而莫有應者唯貞以父子之故
獨舉兵以應之尋遣兵破上蔡縣聞沖敗恐懼索鏁欲自拘馳驛
詣闕謝罪會其所署新蔡令傅延慶得勇士二千餘人貞遂有拒
敵之意乃宣言於其衆曰琅邪王已破魏相數州聚兵至二十萬

朝夕即到爾宜勉之將屬縣兵至七千人分爲五營貞自爲中營署其所親汝陽縣丞裴守德爲大將軍內營揔管趙成美爲左中郎將押左營閻弘道爲右中郎將押右營安摩訶爲郎將後軍揔管王孝忠爲右將軍前軍揔管又以蔡州長史韋慶禮爲銀青光祿大夫行其府司馬凡署九品已上官五百餘人令道士及僧轉讀諸經以祈事集家僮戰士咸帶符以辟兵其所署官皆迫脅見從本無鬬志惟裴守德實與之同守德驍勇善騎射貞將起事便以女良鄉縣主妻之而委以爪牙心腹之任則天命左豹韜衛大將軍麴崇裕爲中軍大揔管夏官尚書岑長倩爲後軍大揔管率兵十萬討之仍令鳳閣侍郎張光輔爲諸軍節度於是制削貞及沖屬籍改姓虺氏崇裕等軍至蔡州城東四十里貞命少子規及裴守德拒戰規等兵潰而歸貞大懼閉門自守裴守德排閤入問王安在意欲殺貞以自贖也官軍進逼州城貞家僮悉力衛貞曰事既如此豈得受戮辱當須自爲計貞乃飮藥而死家僮方始一

時散捨伏就擒規亦縊其母自殺守德攜良鄉縣主亦同縊于別所麴崇裕斬貞父子及裴守德等傳首東都梟於闕下貞起兵凡二十日而敗貞之在蔡州數奏免所部租賦以結人心家僮千人馬數千匹外託以畋獵內實習武備嘗遊于城西水門橋臨水自鑒不見其首心甚惡之未幾而及禍神龍初追復爵土與子沖俱復舊姓初貞將起兵作書與壽州刺史駙馬都尉趙瓌曰仵揔義兵來入貴境瓌甚喜復許率兵相應瓌妻常樂長公主高祖第七女和思皇后之母也謂其使曰爲我報越王與其進不與其退爾諸王若是男兒不應至許時尚未舉動我常見耆老云隋文帝將篡奪周室尉遲迥是周家外甥猶能起兵相州連結突厥天下聞風其不響應況爾諸王並國家懿親宗社是託豈不學尉遲迥感恩効節捨生取義耶夫爲臣子若救國家則爲忠不救則爲逆諸王必須以匡救爲急不可虛生浪死取笑於後代及貞等敗瓌與公主亦伏誅沖貞長子也好文學善騎射歷密濟博三州刺史皆

有能名初沖自博州募得五千餘人欲渡河攻濟州先取武水縣縣令郭務悌赴魏州請援魏州莘縣令馬玄素領兵千七百人邀之于路恐力不敵先入武水城閉門拒守沖乃令積草車上放火燒南門擬乘火突入火之未起南風甚急及火已然遽迴爲北風未至城門燒草已盡沖軍由是沮氣有堂邑丞董玄寂爲沖統師兵仗及沖擊武水玄寂曰琅邪王與國家交戰此乃反也沖聞之斬玄寂以徇兵衆懼而散入草澤不可禁止惟有家僮左右不過數十而乃却走入博州城爲守門者所殺則天命左金吾將軍丘神勣爲清平道行軍大揔管以討沖兵未至沖已死傳首東都梟於闕下沖起兵凡七日而敗沖三弟蒨封常山公歷常州別駕坐與父兄連謀伏誅溫以告其朋黨得實減死流嶺南尋卒神龍初侍中敬暉等以沖父子翼戴皇家義存社稷請復其官爵武三思令昭容上官氏代中宗手詔不許開元四年詔追復爵土令備禮改葬太常奏謚議曰故越王貞往者願匡宗社夙懷誅呂之謀遍心王國用擊

非劉之議以茲獲戾上悼聖心謹按謚法死不忘君曰敬請謚曰敬從之五年下詔曰九族以親克敦其教百代必祀允賣厥德故蔡州刺史越王貞執心不回臨事能斷粤自藩國勤于王家弘道之後寶圖將缺懷劉章之輔漢追鄭武之翊周遂能奮不顧身率先唱義雖英謀未克而忠節居多嗣絕國除年踰二紀眞享淪廢甚爲憫焉永言興繼式備典冊其封貞姪孫故許王男左監門衛將軍眞國公琳爲嗣越王以奉其祀仍官爲立碑琳尋卒國除

紀王愼太宗第十子也貞觀五年封申王七年授秦州都督十年改封紀王賜實封八百戶十七年遷襄州刺史以善政聞璽書勞勉百姓爲之立碑二十三年加實封滿千戶永徽元年拜左衛大將軍二年授荊州都督累除邢州刺史文明元年加授太子太師轉貝州刺史愼少好學長於文史皇族中與越王貞齊名時人號爲紀越初貞將起事愼不肯同謀及貞敗愼亦下獄臨刑放免改姓虺氏仍載以檻車配流嶺表道至蒲州而卒愼長子和州刺史東

平王續最知名早卒太子汭州刺史義陽王琮楚國公叡遂州別
駕襄郡公秀廣化郡公獻建平郡公欽等五人垂拱中並遇害家
屬徙嶺南中興初追復官爵令以禮改葬封愼少子鐵誠爲嗣紀
王後改名澄景雲元年加銀青光祿大夫開元初歷德灊巽三州
刺史左驍衛將軍薨子行同嗣天寶中爲右贊善大夫同正員
江王囂太宗第十一子也貞觀五年受封六年薨謚曰殤
代王簡太宗第十二子也貞觀五年受封其年薨無後國除
趙王福太宗第十三子也貞觀十三年受封出後隱太子建成十
八年授秦州都督賜實封八百戶二十三年加右衛大將軍累授梁
州都督咸亨元年薨贈司空并州都督陪葬昭陵中興初封蔣
王惲孫思順爲嗣趙王
曹王明太宗第十四子貞觀二十一年受封二十三年賜實封八百戶
尋加滿千戶顯慶中授梁州都督後歷虢蔡蘇三州刺史詔令
繼巢剌王元吉後永崇中坐與庶人賢通謀降封零陵王徙於黔

二十八　唐傳二十六　十二　林英

○州都督謝祐希旨逼脅令自殺帝深悼之黜府官僚咸坐免職景
雲元年明喪柩歸于京師陪葬昭陵有二子南州別駕零陵王俊
黎國公傑垂拱中並遇害中興初封傑子胤爲嗣曹王胤叔父備
自南州還又封備爲嗣曹王衛尉少卿同正員備遂傳封後備招
慰忠州叛獠沒于賊又封胤爲王銀青光祿大夫右武衛將軍卒
子戢嗣左衛率府中郎將卒子皐嗣皐自有傳
史臣曰太宗諸子吳王恪濮王泰最賢皆以才高辯悟爲長孫公
忌嫉離間父子遽爲豺狼而無忌破家非陰禍之報歟武后斲喪
王室潛移龜鼎越王貞父子痛憤義不圖全毀室之悲鴟鴞之詩
傷矣比齊祐之妄作豈同年而語哉
贊曰子弟作藩盤石維城驕侈取敗身無令名沖謀憤發視死如
生承乾齊祐愚悖庸兄

唐書列傳卷第二十六

唐書列傳卷第二十七　　劉昫等修

韋挺 子待價 弟萬石　　楊纂 族子弘禮 弘武 武子元禕 元禧
劉德威 子審禮　　閻立德 立德弟立本
柳亨 兄子範 亨孫渙澤　　崔義玄 子神慶

韋挺雍州萬年人隋民部尚書沖子也少與隱太子相善及高祖
平京城引爲隴西公府祭酒武德中累遷太子左衛驃騎檢校左
率太子遇之甚厚宮臣罕與爲比七年高祖避暑仁智宮會有上
書言事者稱太子與宮臣潛構異端時慶州刺史楊文幹謀逆伏
誅辭涉東宮挺與杜淹王珪等並坐流於越巂及太宗在東宮徵
拜主爵郎中貞觀初王珪數舉之由是遷尚書右丞俄授吏部侍
郎轉黃門侍郎進拜御史大夫封扶陽縣男太宗以挺女爲齊王
祐妃常與房玄齡王珪魏徵戴胄等俱承顧問議以政事又與
高士廉令狐德棻等同修氏族志累承賞賚太宗嘗謂挺曰卿之

二十八　唐傳二十七　應章

○任御史大夫獨朕意耳左右大臣無爲卿地者卿勉之哉挺陳謝
曰臣駑下不足以辱陛下高位且臣非勳非舊而超處藩邸故寮
之上臣願後之以勸立功者太宗不許尋改授銀青光祿大夫行
黃門侍郎兼魏王泰府事時泰有寵太子承乾多過失太宗微
有廢立之意中書侍郎杜正倫以漏泄禁中語左遷時挺亦預泰
事太宗謂曰朕已罪正倫不忍更置卿於法特原之尋遷太常卿
初挺爲大夫時馬周爲監察御史挺以周寒士殊不禮之至是周
爲中書令太宗嘗復欲用挺在門下周密陳挺傲很非宰相器遂
寢十九年將有事於遼東擇人運糧周又奏挺才堪麤使太宗從
之挺以父在隋爲營州總管有經略高麗遺文因此奏之太宗甚
悅謂挺曰幽州已北遼水二千餘里無州縣軍行資糧無所取給
卿宜爲此使但得軍用不乏功不細矣以人部侍郎崔仁師爲副使
任自擇文武官四品十人爲子使以幽易平三州驍勇二百人官馬二
百匹爲從詔河北諸州皆取挺節度許以便宜行事太宗親解貂裘

及中廐馬二匹賜之挺至幽州令燕州司馬王安德巡渠通塞先出
幽州庫物市木造船運米而進自桑乾河下至盧思臺去幽州八
百里逢安德還曰自此之外漕渠壅塞挺以北方寒雪不可更進遂
下米於臺側權貯之待開歲發春方事轉運度大兵至軍糧必足
仍馳以聞太宗不悅詔挺曰兵尚拙速不貴工遲朕欲十九年春
大舉今言二十年運漕甚無謂也乃遣繁畤令韋懷質往挺所支
度軍糧檢覆渠水懷質還奏曰挺不先視漕渠輒集工匠造船
運米即下至盧思臺方知渠閉欲進不得還復水涸乃便貯之無
通平夷之日又挺在幽州日致飲會實乖至公陛下明年出師以
臣度之恐未符聖策太宗大怒令將作少監李道裕代之仍令治
書侍御史唐臨馳傳械挺赴洛陽依議除名仍令白衣散從及前
軍破蓋牟城詔挺統兵士鎮蓋牟示漸用之也挺城守去大軍懸
遠與高麗新城鄰接日夜戰鬬鼓譟之聲不絕挺不堪其憂且不
平於失職素與衛士公孫常善乃與常書以敘所懷會常以他事

二十八　唐傳二十七　二

被拘自縊而死索其囊中得挺書論城中危蹙兼有恨望之辭太
宗以挺怨望謫為象州刺史歲餘卒年五十八子待價初為左千牛
備身永徽中江夏王道宗得罪待價即道宗之壻也緣坐左遷盧
龍府果毅時將軍辛文陵率兵招慰高麗行至吐護眞水高麗掩
其不備襲擊敗之待價與中郎將薛仁貴受詔經略東蕃因率所
部救之文陵苦戰賊漸退軍始獲全待價被重瘡流矢中其左足
責不言其功以足疾免官而歸後累授蘭州刺史時吐蕃屢為邊
患高宗以沛王賢為涼州大都督以待價為司馬俄又遷肅州刺
史頻有守禦之功徵拜右武衛將軍兼檢校右羽林軍事儀鳳三
年吐蕃又犯塞待價復以本官檢校涼州都督兼知鎮守兵馬事
俄又徵還舊職復封扶陽侯則天臨朝拜吏部尚書攝司空營高
宗山陵功畢加金紫光祿大夫改為天官尚書同鳳閣鸞臺三品
賜物一千段仍與一子五品待價素無藻鑑之才自武職而起居選
部既銓綜無敘甚為當時所嗤垂拱元年十月復為燕然道行軍

大總管以禦突厥明年春還六月拜文昌右相依舊同鳳閣鸞臺
三品既累登非據頗不自安頻上表辭職則天每降優制不許之
又表請創官秩迴恩贈父於是贈挺潤州刺史明年上疏請自効
戎旅之用於是拜安息道行軍大總管督三十六總管以討吐蕃
進封扶陽郡公軍至寅識迦河與吐蕃合戰初勝後敗又屬天寒
凍雪師人多死糧饋又不支給乃旋師弓月頓於高昌則天大怒
副將閻溫古以逗留伏法待價坐除名配流繡州尋卒弟萬石頗
有學業而特善音律上元中自吏部郎中遷太常少卿當時郊廟
樂調及讌會雜樂皆萬石與太史令姚玄辯增損之時人以為稱職
尋又兼知吏部選事卒官挺從祖兄子安石別有傳
楊纂華州華陰人也祖儉周東雍州刺史父文偉隋溫州刺史
纂略涉經史尤明時務少與鄭頲顏師古燉煌令狐德棻友善
大業中進士舉授朔方郡司法書佐坐楊玄感近屬除名乃家
于蒲城義軍渡河於長春宮謁見累授侍御史數上書言事因

二十八　唐傳二十七　三

被召問擢為考功郎中貞觀初長安令賜爵長安縣男有婦人
袁氏妖逆為人所告纂究問之不得其狀袁氏後又事發伏誅
太宗以纂為不忠將殺之中書令溫彥博以纂過誤罪不至死
固諫乃赦之三遷吏部侍郎八年副特進蕭瑀為河南道巡察
大使與瑀情有不協屢相表奏瑀因以獲罪纂尋拜尚書左丞
纂既長於吏道所在皆有聲績俄又除吏部侍郎前後典選十
餘載銓敘人倫稱為允當然而抑文雅進酷吏觀時任數頗為時
論所譏後歷太常少卿雍州別駕加銀青光祿大夫復為尚書左
丞遷太僕卿檢校雍州別駕遷戶部尚書永徽初卒贈幽州都督
謚曰敬子守愚則天時官至雍州長史守挹岐州刺史族子弘禮
弘禮隋尚書令素弟之子也父岳大業中為萬年令與素子玄感
不協嘗密上表稱玄感必為亂及玄感被誅岳在長安繫獄帝遣
使赦之比使至岳以為留守所殺弘禮等遂免從坐高祖受禪以
楊素隋代有勳業詔弘禮襲其清河郡公拜太子通事舍人貞觀

中歷兵部員外郎仍爲西河道行軍大摠管府長史三遷中書舍
人太宗有事遼東以弘禮有文武材擢拜兵部侍郎專典兵機之
務弘禮每入參謀議出則統衆攻戰駐蹕之陣領馬步二十四軍出
其不意以擊之所向摧破太宗自山下見弘禮所統之衆人皆盡力
殺獲居多甚壯之謂許敬宗等曰越公兒郎故有家風矣時諸宰
相並在定州留輔皇太子唯有褚遂良許敬宗及弘禮在行所掌
知機務二十年拜中書侍郎明年加銀青光祿大夫尋遷司農卿
兼充崑丘道副大摠管諸道軍將咸受節度於是破處月降處密
殺焉耆王降馭支部獲龜茲于闐王凱旋未及行賞太宗晏駕弘
禮頗忤大臣之旨由是出爲涇州刺史永徽初論崑丘之功改授
勝州都督尋遷太府卿四年卒贈蘭州都督謚曰質弟弘武
弘武少修謹武德初拜左千牛備身永徽中爲吏部郎中孝敬初
爲皇太子精擇寮寀以弘武爲中舍人麟德中將有事於東岳弘
武自荊州司馬擢拜司戎少常伯從駕還高宗特令弘武補授吏

部選人五品已上官由是漸見親委后母榮國夫人楊氏以與弘武同
宗又稱薦之俄遷西臺侍郎乾封二年與戴至德李安期等同東
西臺三品及在政事頗以清簡見稱總章元年卒于官贈汴州刺
史謚曰恭子元亨則天時爲司府少卿元禧頗有
學術爲則天所任嘗忤張易之意易之密奏元禧是楊素兄弟
之後素父子在隋有逆節子孫不合供奉則天乃下制曰隋尚書
令楊素昔在本朝早荷殊遇稟凶邪之德懷諂佞之才惑亂君上
離間骨肉搖動冢嫡寧唯握蠱之禍誘扇後主卒成請蹯之釁隋
室喪亡蓋惟多僻究其萌兆寔此之由生爲不忠之人死爲不義之
鬼身雖幸免子竟族誅斯則姦逆之謀是其庭訓險薄之行遂成
門風刑戮雖加枝胄仍在豈可復肩隨近侍齒迹朝行朕接統百
王恭臨四海上嘉賢佐下惇賊臣常欲從容於萬機之餘襃貶於
千載之外況年代未遠耳目所存者乎其楊素及兄弟子孫並不
得令任京官及侍衛於是左貶元亨爲睦州刺史元禧爲資州長

史元禧弟緱氏令元禕爲梓州司馬張易之誅後元亨等皆復任
京職元亨至齊州刺史元禧台州刺史元禕宣州刺史
劉德威徐州彭城人也父子將隋毗陵郡通守德威姿貌魁偉頗
以幹略見稱大業末從左光祿大夫裴仁基討賊淮左手斬賊帥
李青蛙傳首於行在所後與仁基同歸李密密素聞其名與麾下
兵令於懷州鎮守武德元年密與王世充戰敗入朝德威亦率所
部隨密歸款高祖嘉之授左武候將軍封滕縣公及劉武周南侵
詔德威統兵擊之又判幷州摠管府司馬俄而裴寂失律於介州
齊王元吉棄幷州還朝德威摠知留府事元吉纔出武周已至城
下百姓相率投賊武周獲德威令率其本兵往浩州招慰德威自
拔歸朝高祖親勞問之兼陳賊中虛實及晉絳諸部利害高祖皆
嘉納之改封彭城縣公未幾檢校大理少卿從擒建德平世充皆
有功轉刑部侍郎加散騎常侍妻以平壽縣主貞觀初歷大理太
僕二卿加金紫光祿大夫俄出爲綿州刺史以廉平著稱百姓爲

之立碑尋檢校益州大都督府長史十一年復授大理卿太宗嘗問
之曰近來刑網稍密其過安在德威奏言誠在主上不由臣下人
主好寬則寬好急則急律文失入減三等失出減五等今則反是
失入則無辜失出便獲大罪所以吏各自愛競執深文非有教使
之然畏罪之所致耳陛下但捨所急則寧失不經復行於今日矣
太宗深然之數歲遷刑部尚書兼檢校雍州別駕十七年馳驛往
濟州推齊王祐還至濮州聞祐殺長史權萬紀德威入據濟州遣
使以聞詔德威便發河南兵馬以申經略會遭母憂而罷十八年
起爲遂州刺史三遷同州刺史永徽三年卒年七十一贈禮部尚書
幽州都督謚曰襄陪葬獻陵德威閨門友穆接物寬平所得財貨
多以分贍宗親子審禮襲爵審禮少喪母爲祖母元氏所養隋末
德威從裴仁基討擊道路不通審禮年未弱冠自鄉里負載元氏
渡江避亂及天下定始西入長安元氏甚有疾審禮必親嘗湯藥元
氏顧謂孫曰我兒孝順貫徹幽微吾一顧念宿疾頓輕貞觀中歷

左驍衛郎將丁父憂去職及葬跣足隨車流血灑地行路稱之服
闋當襲爵累表讓弟朝議不許永徽中累遷將作大匠兼檢校
燕然都護襲封彭城郡公審禮父殁雖久猶悲慕不已每見父時
寮舊必嗚咽流涕母鄭氏早亡事繼母平壽縣主稍疾輒憂懼形
于容色終夕不寐撫繼母男延景友愛甚篤所得祿俸皆送母處
以資延景之費而審禮妻子處飢寒晏然未嘗介意再從同居家
無異爨合門二百餘口人無間言稍遷工部尚書兼檢校左衛大將
軍儀鳳二年吐蕃寇涼州命審禮爲行軍總管與中書令李敬玄
合勢討擊遇賊於青海敬玄後期不至審禮軍敗爲賊所執永隆
二年卒于蕃中贈工部尚書謚曰僖延景官至陝州刺史睿宗初
以后父追贈尚書右僕射審禮子易從歷位岐州司兵參軍審禮
之没吐蕃詔許易從入蕃省之及審禮卒易從號哭晝夜不止毁
瘠過禮吐蕃哀其志行還其父屍柩易從徒跣萬里扶護歸彭城
爲朝野之所嗟賞後歷彭城長史任城男永昌中坐爲徐敬真所
○誣構遇害易從在官仁恕及將刑人吏無遠近奔走竟解衣相率造
功德以爲長史祈福州人從之者十餘萬其爲人所愛如此易從
子昇開元中爲中書舍人太子右庶子審禮從父弟延嗣文明年
爲潤州司馬屬徐敬業作亂率衆攻潤州延嗣與刺史李思文固
守不降俄而城陷敬業執延嗣邀之令降辭曰延嗣世蒙國恩當
思效命州城不守多負朝廷終不能苟免偷生以累宗族豈以身
之故爲千載之辱今日之事得死爲幸敬業大怒將斬之其黨魏
思溫救之獲免乃囚之于江都獄俄而賊敗竟以裴炎近親不得叙
功遷爲梓州長史再轉汾州刺史卒宗族至刺史者二十餘人
閻立德雍州萬年人隋殿內少監毗之子也其先自馬邑徙關中毗
初以工藝知名立德與弟立本早傳家業武德中累除尚衣奉御
立德所造袞冕大裘等六服并腰輿傘扇咸依典式時人稱之貞
觀初歷遷將作少匠封大安縣男高祖崩立德以營山陵功擢爲
將作大匠貞觀十年文德皇后崩又令攝司空營昭陵坐怠慢解

二十八 唐傳二十七 六 陳濟

職俄起爲博州刺史十三年復爲將作大匠十八年從征高麗及師
旅至遼澤東西二百餘里泥淖人馬不通立德填道造橋兵無留
礙太宗甚悅尋受詔造翠微宮及玉華宮咸稱旨賞賜甚厚俄遷
工部尚書二十三年攝司空營護太宗山陵事畢進封爲公顯慶元
年卒贈吏部尚書并州都督子玄邃官至司農少卿玄邃子知微
聖曆初歷位右豹韜衛將軍時突厥默啜有女請和親則天令淮
陽王武延秀往納其女命知微攝春官尚書送延秀至虜庭默啜以延
秀非皇室諸王大怒遂拘之別所與知微率衆自恒岳道攻陷趙定
二州知微經歲餘自突厥所還則天以其隨賊入寇令百官臠割然
後斬之并夷其三族立本顯慶中累遷將作大匠後代立德爲工
部尚書兄弟相代爲八座時論榮之總章元年遷右相賜爵博陵縣
男立本雖有應務之才而尤善圖畫工於寫真秦府十八學士圖及
貞觀中凌煙閣功臣圖並立本之跡也時人咸稱其妙太宗嘗與
侍臣學士泛舟於春苑池中有異鳥隨波容與太宗擊賞數四詔
○座者爲詠召立本令寫焉時閣外傳呼云畫師閻立本時已爲主
爵郎中奔走流汗俛伏池側手揮丹粉瞻望座賓不勝愧赧退誡
其子曰吾少好讀書幸免牆面緣情染翰頗及儕流唯以丹青見
知躬廝役之務辱莫大焉汝宜深誡勿習此末伎立本爲性所好
欲罷不能也及爲右相與左相姜恪對掌樞密恪既歷任將軍立
功塞外立本唯善於圖畫非宰輔之器故時人以千字文爲語曰左
相宣威沙漠右相馳譽丹青咸亨元年百司復舊名改爲中書
令四年卒
柳亨蒲州解人魏尚書左僕射慶之孫也父旦隋太常少卿新城
縣公亨隋末歷熊耳王屋二縣長陷於李密密敗歸國累授駕部
郎中亨容貌魁偉高祖甚愛重之特以殿中監竇誕之女妻焉即
帝之外孫也三遷左衛中郎將封壽陵縣男未幾以譴出爲邛州
刺史加散騎常侍被代還數年不調因兒獵遇太宗遊於南山召
見與語頗哀矜之數日北門引見深加譴獎拜銀青光祿大夫行

二十八 唐傳二十七 七

光禄少卿太宗每譏之曰與卿舊親情素兼宿卿爲人交遊過多
今授此職冝存簡靜耳性好射獵有饕餮之名此後頗自勗勵杜
絕賓客約身節儉勤於職事太宗亦以此稱之二十三年以修太廟功
加金紫光禄大夫久之拜太常卿從幸萬年宮檢校岐州刺史永
徽六年卒贈禮部尚書幽州都督謚曰恭有子範貞觀中爲侍
御史時吳王恪好畋獵損居人範奏彈之太宗因謂侍臣權萬紀
事我兒不能匡正其罪合死範進曰房玄齡事陛下猶不能諫止
畋獵豈可獨罪萬紀太宗大怒拂衣而入久之獨引範謂曰何得逆
折我範曰臣聞主聖臣直陛下仁明臣敢不盡愚直太宗意乃解
範高宗時歷位尚書右丞揚州大都督府長史亨兄子奭奭父則
隋左衛騎曹因使卒於高麗奭入蕃迎喪柩哀號逾禮深爲夷人
所慕貞觀中累遷中書舍人後以外生女爲皇太子妃擢拜兵部
侍郎妃爲皇后奭又遷中書侍郎永徽三年代褚遂良爲中書令
仍監修國史俄而后漸見疏忌奭憂懼頻上疏請辭樞密之任

○　二十八　唐傳二十七　八

轉爲吏部尚書及后廢累貶愛州刺史尋爲許敬宗李義府所構
云奭潛通宮掖謀行鴆毒又與褚遂良等朋黨構扇罪當大逆高
宗遣使就愛州殺之籍沒其家奭既死非其罪甚爲當時之所傷
痛神龍初則天遺制與褚遂良韓瑗等並還官爵子孫親屬當時
緣坐者咸從曠蕩開元初奭孫渙爲中書舍人表曰臣堂伯祖奭
去明慶三年與褚遂良等五家同被譴戮雖蒙遺制盪雪而子孫
亡歿並盡唯有曾孫無忝見貫龔州蒙雪多年猶同遠竄陛下自
臨寓縣優政必被鴻恩及於泉壤大造加於亡絕先天已後頻降
絲綸曾任宰相之家並許收其淪滯況臣伯祖往叨執政無犯受
誅藁窆尚隔故鄉後嗣遂編蠻服臣不申號訴義所難安伏乞許
臣伯祖還葬鄉里其曾孫無忝放歸本貫疏奏勑令奭歸葬官造
靈轝遞還無忝後歷位潭州都督奭弟澤景雲中爲右率府鎧
曹參軍先是姚元之宋璟知政事奏請停中宗朝斜封官數千員
及元之等出爲刺史太平公主又特爲之言有勑總令復舊職澤

上疏諫曰臣聞藥不毒不可以蠲疾詞不切不可以補過是以習
甘旨者非攝養之方逆諫諍者積危殆之本臣實愚樸志懷剛厲
或聞政之不當事之不直嘗慷慨關心夢寐懷憤每願殉身以諫
伏死而爭但利於社稷有補於君上雖蒙禍被難殺身不悔也竊
見神龍已來羣邪作孽法網不振綱維大紊實由內寵專命外嬖
擅權因貴憑寵賣官鬻爵朱紫之榮出於僕妾之口賞罰之命
乖於章程之典妃主之門有同商賈舉選之署實均闤闠屠販之
子悉由邪而忝官黜斥之人咸因姦而冒進天下爲亂社稷幾危賴
陛下聰明神武拯其將墜此陛下耳目之所親擊固可永爲炯誡
者也臣聞作法於理猶恐其亂作法於亂誰能救之祇如斜封授
官皆是僕妾汲引迷謬先帝昧自前朝豈是孝和情之所憐心之
所愛陛下初即位時納姚元之宋璟之計所以咸令黜之頃日已來
又令敍之將謂爲斜封之人不忍棄也以爲先帝之意不可違也若
斜封之人不忍棄也是韋月將燕欽融之流亦不可褒贈也李多

○　二十八　唐傳二十七　九　時明

祚鄭克乂之徒亦不可清雪也陛下何不能忍於此而獨能忍於
彼使善惡不定反覆相攻使君子道銷小人道長爲邪者獲利爲
正者銜冤奈何導人以爲非勸人以爲僻將何以懲風俗將何以
止姦邪今海內咸稱太平公主令胡僧慧範曲引此輩將有誤於
陛下矣謗議盈耳咨嗟滿衢故語曰姚宋爲相邪不如正太平用
事正不如邪書曰無偏無陂遵王之義無反無側王道正直臣恐
因循流遁致遠積小爲大累微起高勿謂何傷其禍將長勿謂何
害其禍將大又賞罰之典紀綱不謬天秩有禮君爵有功不可因
怒以妄罰不可因喜以妄賞伏見尚醫奉御彭君慶以邪巫小道
超授三品奈何輕用名器加非其才昔公主爲子求郎明帝不許
今聖朝私愛賞及憸人董狐不亡豈有所隱臣聞賞一人而千萬
人悅者賞之罰一人而千萬人歡者罰之臣雖未覩聖朝之妄罰
已覩聖朝之妄賞矣書曰官不及私昵惟其能爵罔及惡德惟其
賢臣恐近習之人爲其先容有謬於陛下也惟陛下熟思而察之

雖往者不可諫亦來者猶可追願杜請謁之路塞恩倖之門鑒誡前非無累後悔申畫一之法明不二之刑不詢之謀勿庸無稽之言勿聽則天下之化人無間焉日新之德天鑒不遠澤後叅選會有勑令選人上書陳事將加收擢澤又上書曰頃者韋氏險詖姦臣同惡賞罰紊弛綱紀紛綸政以賄成官因寵進言正者獲戾行殊者見疑海內寒心實將莫救賴神明祐德宗廟降靈天討有罪人用不保陛下叡謀神聖勇智聰明安宗廟於已危拯黎庶於將溺今尨眉鮐背歡欣踴躍望聖朝之撫寧聽聖朝之德音今陛下蠲煩省徭法明德舉萬邦愷樂室家胥慶臣又聞危者保其存也亂者有其理也伏惟陛下安不忘危理不忘亂存不忘亡則克享天心國家長保矣詩曰靡不有初鮮克有終伏惟陛下愼厥終修其初非禮勿視非禮勿動書曰惟德罔小萬邦惟慶惟不德罔大墜厥宗甚可畏也甚可懼也伏惟陛下愼之哉夫驕奢起於親貴綱紀亂於寵倖願陛下禁之於親貴則天下隨風矣制之於寵倖

則天下法明矣詩曰刑於寡妻至於兄弟以御于家邦若親貴爲之而不禁寵倖撓之而見從是政之不常令之不一則姦詐斯起暴亂生焉雖嚴刑峻制朝戮暮戮而法不行矣縱陛下親之愛之莫若安之福之寵祿之過罪之漸也非安之也驕奢之淫危之本也非福之也前事不忘後之師也伏願陛下精求俊哲朝夕納誨縱有逆于耳謬于心者無速之罰姑等之以道省于厥躬雖木樸忌忤願恕之以直開諫諍之路也或有順於耳便於身者無急之賞當求諸非道稽之典訓其不協於德必寘之以法用杜側媚之行也有蕃淫巧於陛下者遠黜之則淫巧息矣有進忠讜於陛下者遠賞之則忠讜進矣臣又聞生於富者驕生於貴者傲石碏曰臣聞愛子教之以義方不納於邪驕奢淫逸所自邪也書曰罔淫於逸罔遊於樂穆王有命實賴前後左右有位之士繩愆糾謬格其非心今儲宮肇建王府初啓二王於寮友必惟妙擇今驕奢之後派道未變慢遊之樂餘風或存大小人倖臣易合於意奇伎淫巧多適

於心臣恐狎於非德玆爲念書曰愼簡乃僚無以巧言令色其惟吉士僕臣正厥后克正僕臣諛厥后自聖伏願採溫良博聞之士恭儉忠鯁之人任以東宮及諸王府官仍請東宮量置拾遺補闕之職令朝夕講論出入侍從授以訓誥交修不逮臣又聞馳騁畋獵令人發狂名教之中自有樂地承前貴戚鮮克由禮或打毬擊鼓比周伎術或飛鷹奔犬盤遊藪澤此甚爲不道非進德修業之本也書曰內作色荒外作禽荒又曰無若丹朱傲惟慢遊是好朋淫于家用殄厥世伏惟陛下誕降謀訓敦勸學業示之以好惡陳之以成敗以義制事以禮制心圖之於未萌慮之於未有則福祿長享與國並休矣臣又聞富不與驕期而驕自至驕不與罪期而罪自至罪不與死期而死自至信矣斯語明哉至誠頃者庶人安樂公主武延秀等可謂富矣可謂寵矣權侔人主威震天下然怙侈滅德神怒人棄豈不謂愛之太極富之太多不節之以禮不防之以法終轉吉爲凶變福爲禍諺曰千人所指無病自死不

其然歟書曰殷鑒不遠在彼夏王今陛下何勸豈非皇祖謀訓之則也今陛下何懲豈非孝和寵任之甚也禮曰愛而知其惡憎而知其善可不愼哉夫寵愛之心則不免去其太甚閑之禮節適則可矣今諸王公主駙馬亦陛下之所親愛也矯枉之道在於厥初鑒誡之義其取不遠使覩過務善居寵思危庶夙夜惟寅聿修厥德經曰在上不驕高而不危所以長守貴也制節謹度滿而不溢所以長守富也富貴不離其身然後能保其社稷書曰制于官刑儆于有位敢有常舞于宮酣歌于室時謂巫風敢有殉于貨色常于遊畋時謂淫風敢有侮聖言逆忠直遠耆德比頑童時謂亂風惟玆三風十愆卿士有一于身家必喪邦君有一于身國必亡甚可畏也甚可懼也伏惟陛下必察而明之必信而勸之有奢僭驕怠者削其祿封樸素修業者錫以紳服以罰其非心使其奉命無使父而忽之無使遠而墜之臣聞非知之艱行之惟艱又曰常厥德保厥位厥德匪常九有以亡伏惟陛下愼之哉前車之覆實惟

明證先王之誡可以終吉若陛下奉伊尹之訓崇傅說之命不作無益不啓私門刑不差賞不濫罰惟德是輔惟人之懷天祿永終景福是集儻陛下忘精一之德開恩倖之門爵賞有差刑罰不當則忠臣正士亦不復談矣睿宗覽而善之令中書省重詳議擢拜監察御史開元中累遷太子右庶子出為鄭州刺史未行病卒贈兵部侍郎

崔義玄貝州武城人也大業末往依李密初不見用義玄見羣鼠渡洛又鞘刃有花文謂所親曰此王敦敗亡之兆也時黃君漢守據柏崖義玄往說之曰見機而作不俟終日今羣盜蜂起九州幅裂神器所歸必在有德唐公據有秦京名應符籙此真主也足下孤城獨立宜遵寇恂竇融之策及時歸誠以取封侯也君漢然之即與義玄歸國拜懷州總管府司馬世充遣將高毗侵掠河內義玄擊敗之多下城堡君漢將分子女金帛與之義玄皆拒而不受以功封清丘縣公後從太宗討世充屢獻籌策太宗頗納用之

○東都平轉隰州都督府長史貞觀初歷左司郎中兼韓王府長史行州府事與友人孟神慶雖志好不同各以介直匡正府幕王並委任之永徽初累遷婺州刺史屬睦州女子陳碩真舉兵反遣其黨童文寶領徒四千人掩襲婺州義玄將督軍拒戰時百姓訛言碩真嘗昇天犯其兵馬者無不滅門衆皆兇懼司功參軍崔玄籍言於義玄曰起兵仗順猶且不成此乃妖詐豈能得久義玄以為然因命玄籍為先鋒義玄率兵繼進至下淮戍擒其間諜二十餘人夜有流星墜賊營義玄曰此賊滅之徵也詰朝進擊身先士卒左右以楯蔽箭義玄曰刺史尚欲避箭誰肯致死由是士卒勠力斬首數百級餘悉許其歸首進兵至睦州界歸降萬計及碩真平義玄以功拜御史大夫義玄少愛章句之學五經大義先儒所疑及音韻不明者兼採衆家皆為解釋傍引證據各有條流至是高宗令義玄討論五經正義與諸博士等詳定是非事竟不就高宗之立皇后武氏義玄協贊其謀及長孫無忌等得罪皆義玄

承中旨繩之顯慶元年出為蒲州刺史尋卒年七十一贈幽州都督謚曰貞則天時思其功重贈揚州大都督賜其家實封二百戶子神基襲爵長壽中為司賓卿同鳳閣鸞臺平章事為相月餘為酷吏所陷減死配流後漸錄用中宗初為大理卿神基弟神慶神慶明經舉則天時累遷萊州刺史因入朝待制於億歲殿奏事稱旨則天以神慶歷職皆有美政又其父嘗有翊贊之勳甚賞慰之擢拜并州長史因謂曰并州朕之枌榆又有軍馬比日簡擇無如卿者前後長史皆從尚書為之以其委重所以授卿也因自為按行圖擇日而遣之神慶到州有豪富偽作改錢文勑文書下州斂麥踊貴百姓驚擾神慶執奏以為不便則天下制褒賞之先是并州有東西二城隔汾水神慶始築城相接每歲省防禦兵數千人邊州甚以為便尋而兄神基下獄當死神慶馳赴都告事得召見則天出神基推狀以示之神慶據狀申理神基竟得減死神慶亦緣坐貶授歙州司馬長安中累轉禮部侍郎數上疏陳時

○政利害則天每嘉納之轉太子右庶子賜爵魏縣子時有突厥使入朝準儀注太子合預朝參先降勑書神慶上疏曰伏以五品已上所以佩龜者此為別勑徵召恐有詐妄內出龜合然後應命況太子元良國本萬方所瞻古來徵召皆用玉契此誠重慎之極防萌之慮昨緣突厥使見太子合預朝參直有文符下宮曾不降勑處分今人稟澆化內外同心然古人慮事於未萌之前所以長無悔吝之咎況太子至重不可不深為誠慎以臣愚見太子既與陛下異宮伏望每召太子預報來日非朔望朝參應須別喚望降墨勑及玉契則天甚然之尋令神慶與詹事祝欽明更日於東宮侍讀俄歷司刑司禮二卿神慶嘗受詔推張昌宗而竟寬其罪神龍初昌宗等伏誅神慶坐流於欽州尋卒年七十餘明年游暉等得罪緣昌宗被流貶者例皆雪免贈神慶幽州都督開元中神慶子琳等皆至大官羣從數十人趨奏省闥每歲時家宴組珮輝映以一榻置笏重疊於其上開元天寶間中外族屬無緦麻之喪其福

履昌盛如此東都私第門琳與弟太子詹事珪光祿卿瑤俱列棨戟時號三戟崔家琳位終太子少保

史臣曰周隋已來韋氏世有令人鬱爲冠族而安石嗣立齊大其門挺特才傲物固虧長者之風賓王報之以不仁難與議乎君子矣議者以堯舜有溢美桀紂有溢惡蓋以一爲凶德則羣惡所歸楊素父子傾覆隋祚醜聲流聞雖弘禮弘武之邪士而元亨兄弟齊以凶族寘逐古人守死善道不無爲也德威奏議練刑名之要俾長秋卿美哉審禮仁孝治行可爲世範卒與禍會悲夫二閻曲學甚工措思精巧藝成而下垂誡宜然柳氏世稱謇諤奭澤有正人風彩忠規獻納抑有人焉義玄附麗武后神慶寬縱穢臣弈世纖邪以至傾敗宜哉

贊曰韋子驕矜終損功名楊家積惡宗門攢落閻以藝辱劉以孝愆二崔能吏行無取焉

唐書列傳卷第二十七

右文林郎充兩浙東路提舉茶塩司幹辦公事蘇之勤校勘

唐書列傳卷第二十八

劉昫等修

于志寧玄孫休烈　高季輔　張行成族孫易之昌宗

于志寧雍州高陵人周太師燕文公謹之曾孫也父宣道隋內史舍人志寧大業末爲冠氏縣長時山東羣盜起乃弃官歸鄉里高祖將入關率羣從於長春宮迎接高祖以其有名於時甚加禮遇授銀青光祿大夫太宗爲渭北道行軍元帥召補記室與殷開山等參贊軍謀及太宗爲秦王天策上將志寧累授天策府從事中郎每侍從征伐兼文學館學士貞觀三年累遷中書侍郎太宗命貴臣內殿宴怪不見志寧或奏曰勑召三品已上志寧非三品所以不來太宗特令預宴即加授散騎常侍行太子左庶子累封黎陽縣公時議者欲立七廟以涼武昭王爲始祖房玄齡等皆以爲然志寧獨建議以爲武昭遠祖非王業所因不可爲始祖太宗又以功臣爲代襲刺史志寧以今古事殊恐非久安之道上疏爭之

皆從志寧所議太宗因謂志寧曰古者太子既生士負之即置輔弼昔成王幼小周召爲師傅日聞王道習以成性今皇太子既幼小卿當輔之以正道無使邪僻開其心勉之無怠當稱所委官賞可不次而得也志寧以承乾數虧禮度志在匡救撰諫苑二十卷諷之太宗大悅賜黃金十斤絹三百匹十四年兼太子詹事明年以母憂解尋起復本官屢表請終喪禮太宗遣中書侍郎岑文本就宅數喩之曰忠孝不並我兒須人輔弼卿宜抑割不可徇以私情志寧遂起就職時皇太子承乾嘗以盛農之時營造曲室累月不止所爲多不法志寧上書諫曰臣聞克儉節用寔弘道之源崇侈恣情乃敗德之本是以凌雲槩日戎人於是致譏峻宇雕墻夏書以之作誡昔趙盾匡晉呂望師周或勸之以節財或諫之以厚斂莫不盡忠以佐國竭誠以奉君欲茂實播於無窮英聲被乎物聽咸著簡策以爲美談今所居東宮隋日營建觀之者尚譏其侈見之者猶歎其華何容此中更有修造財帛日費土木不停

窮斤斧之工極磨礱之妙且丁匠官奴入内比者曾無伏監此等或兒犯國章或弟羅王法往來御苑出入禁闈鉗鑿緣其身鎚杵在其手監門本防非虞宿衛以備不虞直長旣自不知千牛又復不見爪牙在外廝役在内所司何以自安臣下豈容無懼又鄭衛之樂古謂淫聲昔朝歌之鄉迴車者墨翟夾谷之會揮劍者孔丘先聖旣以爲非通賢將以爲失頃聞宮内屢有鼓聲大樂伎兒入便不出聞之者股慄言之者心戰往年口勑伏請重尋聖旨殷勤明誡懇切在於殿下不可不思至於微臣不得無懼臣自驅馳宮闕已積歲年犬馬尚解識恩木石猶能知感所有管見敢不盡言如鑒以丹誠則臣有生路若責其愌旨則臣是罪人但悅意取容臧孫方之疾疹犯顏逆耳春秋比之藥石伏望停工匠之作罷久役之人絕鄭衛之音斥群小之輩則三善允備萬國作貞矣承乾不納承乾又令閹官多在左右志寧上書諫曰臣聞堯稱稽古功著於搜揚舜曰聰明績彰於去惡然開元立極布政辯方莫不旌賁

○ 二十八 唐傳二十八 二 阮宗

英賢驅除不肖理亂之本咸在於茲況閹官之徒體非全氣便蕃階闥左右宮闈託親近以立威權假出納以爲禍福昔易牙被任變起齊邦張讓執鈞亂生漢室伊戾爲詐宋國受其殃趙高作姦秦氏鍾其弊加以弘石用事京賈則連首受誅王曹掌權何竇則踵武被戮遂使搢紳重足宰司屛氣然順其情者則榮逮幼沖迕其意者則災及緦褓爰暨高齊都鄴亦弊閹官鄧長顒位至侍中陳德信爵隆開府外干朝政内預宴私宗枝藉其吹噓重臣仰其鼻息罪積山岳釁挂於刑書功無涓塵已勒於鍾鼎富踰金穴財甚銅山是以家起怨嗟人懷憤歎骨鯁之士語不見聽謇諤之臣言必被斥齊都顛覆職此之由向使任諒直之臣退佞給之士據趙魏之地擁漳滏之兵修德行仁養政施化何區區周室而敢窺覦者焉然杜漸防萌古人所以遠禍以大喻小先哲於焉取則伏惟殿下道茂重離德光守器憲章古始祖述前修欲使休譽遠聞英聲遐暢臣竊見寺人一色未識上心或輕忽高班凌轢貴仕便是品

命失序綱紀不立取笑通方之人見譏有識之士然典内職掌唯在門外通傳給使主司但緣階闥供奉今乃往來閤内出入宮中行路之人咸以爲怪伏望狎近君子屛黜小人上副聖心下允衆望承乾覽書甚不悅承乾嘗驅使司馭等不許分番又私引突厥達哥友入宮内志寧上書諫曰臣聞上天蓋高日月以光其德明君至聖輔佐以贊其功是以周誦升儲見匡毛畢漢盈居震取資黃綺姬旦抗法於伯禽賈生陳事於文帝莫不殷勤於端士懇切於正人昔鄧禹名臣方居審諭之任疏受宿望始除輔導之官士霑其恩惡則侮内羅其禍近聞僕寺司馭爰及駕士獸醫始自春初迄茲夏晩常居内役不放分番或家有尊親闕於温凊或室有幼弱絕於撫養春則廢其耕墾夏又妨其播殖事乖存愛恐致怨嗟且突厥達哥友等人面獸心豈得以禮教期不可以仁信待心則未識於忠孝言則莫辯其是非近之有損於英聲暱之無益

○ 二十八 唐傳二十八 三 阮宗

於盛德引之入閤人皆驚駭豈臣愚識獨用不安臣下爲殿下之股肱殿下爲臣下之君父君父以存撫爲務股肱以匡救爲心是以苦口之藥以奉身逆耳之言以安位古人樹誹謗之木以求己愆懸敢諫之鼓以思身過由是從諫之主鼎祚克昌愎諫之君洪業墮墜承乾大怒陰遣刺客張師政紇干承基就殺之二人潛入其第見志寧寢處苫廬竟不忍而止及承乾敗後推鞫具知其事太宗謂志寧曰知公數有規諫事無所隱深加勉勞右庶子令狐德棻等以無諫書皆從貶責及高宗爲皇太子復授志寧太子左庶子未幾遷侍中永徽元年加光祿大夫進封燕國公二年監修國史時洛陽人李弘泰坐誣告太尉長孫無忌詔令不待時而斬使志寧上疏諫曰伏惟陛下情篤功臣恩隆右戚以無忌横遭誣告事並是虛欲戮告人以明賞罰一以絕誣告之路二以慰勳戚之心又以所犯是眞無忌便有破家之罪今告爲妄弘泰宜戮不待時且眞犯之人事當罪逆誣謀之類罪唯及身以罪較量明非惡逆若欲依律合

待秋分令時屬陽和萬物生育而特行刑罰此謂傷春竊案左傳
聲子曰賞以春夏刑以秋冬順天時也又禮記月令曰孟春之月
無殺孩蟲省囹圄去桎梏無肆掠止獄訟又漢書董仲舒曰王者
欲有所為宜求其端於天道天道之大者在陰陽陽為德陰為刑
刑主殺而德主生陽常居大夏而以生育養長為事陰常居大冬
而積於空虛不用之處以此見天之任德不任刑也伏惟陛下纂
聖昇祚繼明御極追連胥之絕軌蹈軒頊之良規欲使舉動順於
天時刑罰依於律令陰陽為之式序景宿於是靡差風雨不愆雩
禜輟祀方今太蔟統律青陽應期當生長之辰施肅殺之令伏願
暫迴聖慮察古人言儻蒙垂納則生靈幸甚疏奏帝從之是時衡
山公主欲出降長孫氏議者以時既公除合行吉禮志寧上疏曰
臣聞明君馭曆當俟獻替之臣聖主握圖必資鹽梅之佐所以堯
詢四岳景化洽於區中舜任五臣懿德被於無外左有記言之史
右立記事之官大小咸書善惡俱載著懲勸於簡牘垂褒貶於

。人倫為萬古之範圍作千齡之龜鏡伏見衡山公主出降欲就今
秋成禮竊按禮記云女十五而笄二十而嫁有故二十三而嫁鄭玄
云有故謂遭喪也固知須終三年春秋云魯莊公如齊納幣杜預
云母喪未再期而圖婚二傳不譏失禮明故也此即史策具載是
非歷然斷在聖情不待問於臣下其有議者云準制公除之後須
並從吉此漢文創制其儀為天下百姓至於公主服是斬縗縱使
服隨例除無宜情隨例改心喪之內方復成婚非唯違於禮經亦
是人情不可伏惟陛下嗣膺寶位臨統萬方理宜繼美羲軒齊芳
湯禹弘獎仁孝之日敦崇名教之秋此事行之若難猶須抑而守
禮況行之甚易何容廢而受譏此理有識之所共知非假愚臣之
說也伏願遵高宗之令軌略孝文之權制國家於法無虧公主情
禮得畢於是詔公主待三年服闋然後成禮其年拜尚書左僕射
同中書門下三品三年以本官兼太子少師顯慶元年遷太子太傅
嘗與右僕射張行成中書令高季輔俱蒙賜地志寧奏曰臣居關

右代襲箕裘周魏已來基址不墜行成等新營莊宅尚少田園於臣
有餘乞申私讓帝嘉其意乃分賜行成及季輔四年表請致仕聽
解尚書左僕射拜太子太師仍同中書門下三品高宗之將廢王
庶人也長孫無忌褚遂良執正不從而李勣許敬宗密申勸請志
寧獨無言以持兩端及許敬宗推鞫長孫無忌詔獄因誣構志寧
黨附無忌坐是免職尋降授榮州刺史麟德元年累轉華州刺史
年老請致仕許之二年卒于家年七十八贈幽州都督謚曰定上元
三年追復其左光祿大夫太子太師志寧雅愛賓客接引忘倦後
進文筆之士無不影附然亦不能有所薦達議者以此少之前後
預撰格式律令五經義疏及修禮修史等功賞賜不可勝計有集
二十卷子立政太僕少卿志寧玄孫休烈休烈子益自有傳
高季輔德州蓨人也祖表魏安德太守父衡隋萬年令季輔少好
學兼習武藝居母喪以孝聞兄元道仕隋為汲令武德初縣人翻
城從賊元道被害季輔率其黨出鬭賁擒殺其兄者斬之持首

。以祭墓甚為士友所稱由是羣盜多歸附之衆至數千尋與武陟
人李厚德率衆來降授陟州總管府戶曹參軍貞觀初擢拜監
察御史多所彈糾不避權要累轉中書舍人時太宗數召近臣令
指陳時政損益季輔上封事五條其略曰陛下平定九州富有四
海德超邃古道高前烈時已平矣功已成矣然而刑典未措者何
哉良由謀猷之臣不弘簡易之政臺閣之吏昧於經遠之道執憲
者以深刻為奉公當官者以侵下為益國未有坦平恕之懷副聖
明之旨至如設官分職各有司存尚書八座責成斯在王者司契
義屬於茲伏願隨方訓誘使各揚其職仍須擢溫厚之人升清潔
之吏敦朴素革澆浮先之以敬讓示之以好惡使家識孝慈人知
廉恥醜言過行見嗤於鄉閭忘義不眦取擯於親族杜其利欲之
心載以清淨之化自然家肥國富氣和物阜禮節於是競興禍亂
何由而作又曰竊見聖躬每存節儉而凡諸營繕工徒未息正丁
正匠不供驅使和雇和市非無勞費人主所欲何事不成猶顧愛

其財而勿殫惜其力而勿竭今畿內數州實惟邦本地狹人稠耕植不博菽粟雖賤儲蓄未多特宜優矜令得休息強本弱枝自古常事關河之外徭役全少帝京三輔差科非一江南河北彌復優閑須為差等均其勞逸又曰今公主之室封邑足以給資用勳貴之家俸祿足以供器服乃戚戚於儉約汲汲於華侈放息出舉追求什一公侯尚且求利黎庶豈覺其非錐刀必競實由於此有黷朝風謂宜懲革又曰仕以應務代耕外官卑品猶未得祿既離鄉家理必貧匱但妻子之戀賢達其猶累懷飢寒之切夷惠罕全其行為政之道期於易從若不恤其匱乏唯欲責其清勤凡在末品中庸者多止恐巡察歲去輶軒繼軌不能肅其侵漁何以求其政術今戶口漸殷倉廩已實斟量給祿使得養親然後督以嚴科責其報効則庶官畢力物議斯允又曰竊見密王元曉等俱是懿親陛下友愛之懷義高古昔分以車服委以藩維須依禮儀以副瞻望比見帝子拜諸叔諸叔亦荅拜王爵既同家人有禮豈合如此顛

倒昭穆伏願一垂訓誡永循彝則書奏太宗稱善十七年授太子右庶子又上疏切諫時政得失特賜鍾乳一劑曰進藥石之言故以藥石相報十八年加銀青光祿大夫兼吏部侍郎凡所銓敘時稱允當太宗嘗賜金背鏡一面以表其清鑒焉二十二年遷中書令兼檢校吏部尚書監修國史賜爵蓨縣公永徽二年授光祿大夫行侍中兼太子少保以風疾廢於家乃召其兄虢州刺史季通為宗正少卿視其疾又屢降中使觀其進食問其增損尋卒年五十八帝為之舉哀廢朝三日贈開府儀同三司荊州都督謚曰憲子正業仕至中書舍人坐與上官儀善配流嶺外

張行成定州義豐人也少師事河間劉炫勤學不倦炫謂門人曰張子體局方正廊廟才也大業末察孝廉為謁者臺散從員外郎王世充僭號以為度支尚書世充平以隋資補宋州穀熟尉又應制舉乙科授雍州富平縣主簿理有能名秩滿補殿中侍御史糾劾不避權戚太宗以為能謂房玄齡曰觀古今用人必因媒介若行成者朕自舉之無先容也太宗嘗言及山東關中人意有同異行成正侍宴跪而奏曰臣聞天子以四海為家不當以東西為限若如是則示人以隘陋太宗善其言賜名馬一匹錢十萬衣一襲自是每有大政常預議焉累遷給事中太宗嘗臨軒謂侍臣曰朕所以不能恣情欲取樂當年而勵節苦心卑宮菲食者正為蒼生耳我為人主兼行將相之事豈不是奪公等名昔漢高祖得蕭曹韓彭天下寧晏舜禹湯武有稷契伊呂四海人安此事朕並兼之行成退而上書諫曰有隋失道天下沸騰陛下撥亂反正拯生人於塗炭何周漢君臣之所能擬陛下聖德含光規模弘遠雖文武之烈實兼將相何用臨朝對眾與其校量以萬乘至尊共臣下爭功哉臣聞天何言哉四時行焉又聞汝惟不矜天下莫與汝爭能臣備員樞近非敢知獻替之事輒陳狂直伏待菹醢太宗深納之轉刑部侍郎太子少詹事太宗東征皇太子於定州監國即行成本邑也太子謂行成曰今者送公衣錦還鄉於是令有司祀

其先人墓行成因薦鄉人魏唐卿崔寶權馬龍駒張君劭等皆以學行著聞太子召見以其老不任職皆厚賜而遣之太子又使行成詣行在所太宗見之甚悅賜馬二匹縑三百匹駕還京為河南巡察大使還稱旨以本官兼檢校尚書左丞是歲太宗幸靈州太子當從行成上疏曰伏承皇太子從幸靈州臣愚以為皇太子養德春宮日月未幾華夷遠邇佇聽嘉音如因以監國接對百寮決斷庶務明習政理既為京師重鎮且示四方盛德與其出陪私愛曷若俯從公道太宗以為忠進位銀青光祿大夫二十三年遷侍中兼刑部尚書太宗崩與高季輔侍高宗即位於太極殿梓宮前壽封北平縣公監修國史時晉州地連震有聲如雷高宗以問行成行成對曰天陽也地陰也陽君象陰臣象君宜轉動臣宜安靜今晉州地動彌旬不休雖天道玄邈窺算不測而人事較量昭然作戒恐女謁用事大臣陰謀脩德禳災在於陛下且陛下本封晉也今地震晉州下有徵應豈徒然耳伏願深思遠慮以杜未萌二年

八月拜尚書左僕射尋加授太子少傅四年自三月不雨至于五月復抗表請致仕高宗手制荅曰密雲不雨遂淹旬月此朕之寡德非宰臣咎實甘萬方之責用陳六事之過策免之科義乖罪己令勑斷表勿復爲辭賜宫女黄金器物固請乞骸骨高宗曰公我之故舊腹心奈何捨我而去因愴然流涕行成不得已復起視事九月卒於尚書省時年六十七高宗哭之甚哀輟朝三日令九品已上就第哭比斂中使三至賜内衣服令尚宫宿於家以視殯斂贈開府儀同三司并州都督所司備禮册命祭以少牢賻絹布八百段米粟八百石賜東園秘器謚曰定弘道元年詔以行成配享高宗廟庭子洛客嗣官至雍州渭南令行成族孫

易之父希臧雍州司戸易之初以門蔭累遷爲尚乘奉御年二十餘白晳美姿容善音律歌詞則天臨朝通天二年太平公主薦易之弟昌宗入侍禁中既而昌宗啓天后曰臣兄易之器用過臣兼工合錬即令召見甚悦由是兄弟俱侍宫中皆傅粉施朱衣錦繡服

俱承辟陽之寵俄以昌宗爲雲麾將軍行左千牛中郎將易之爲司衞少卿賜第一區物五伯段奴婢駝馬等信宿加昌宗銀青光禄大夫賜防閤同京官朔望朝參仍贈希臧襄州刺史母韋氏阿臧封太夫人使尚宫至宅問訊仍詔尚書李迥秀私侍阿臧武承嗣三思懿宗宗楚客宗晉卿候其門庭爭執鞭轡呼易之爲五郎昌宗爲六郎俄加昌宗左散騎常侍聖曆二年置控鶴府官員以易之爲控鶴監内供奉餘官如故久視元年改控鶴府爲奉宸府又以易之爲奉宸令引辭人閻朝隱薛稷員半千並爲奉宸供奉每因宴集則令嘲戲公卿以爲笑樂若内殿曲宴則二張諸武侍坐樗蒲笑謔賜與無筭時諛佞者奏云昌宗是王子晉後身乃令被羽衣吹簫乘木鶴奏樂於庭如子晉乘空辭人皆賦詩以美之崔融爲其絶唱其句有昔遇浮丘伯今同丁令威中郎于穀是藏史姓名非天后今選美少年爲左右奉宸供奉右補闕朱敬則諫曰臣聞志不可滿樂不可極嗜慾之情愚智皆同賢者能節之不使過度則前聖格言也陛下内寵已有薛懷義張易之昌宗固應足矣近聞尚舍奉御柳模自言子良賓潔白美鬚眉左監門衞長史侯祥云陽道壯偉過於薛懷義專欲自進堪奉宸内供奉無禮無儀溢于朝聽臣愚職在諫諍不敢不奏則天勞之曰非卿直言朕不知此賜綵百段以昌宗醜聲聞于外欲以美事掩其迹乃詔昌宗撰三教珠英於内乃引文學之士李嶠閻朝隱徐彦伯張說宋之問崔湜富嘉謨等二十六人分門撰集成一千三百卷上之加昌宗司僕卿封鄴國公易之爲麟臺監封恒國公各實封三百戸俄改昌宗爲春官侍郎易之昌宗皆粗能屬文如應詔和詩則宋之問閻朝隱爲之代作則天春秋高政事多委易之兄弟中宗爲皇太子太子男邵王重潤及女弟永泰郡主竊言二張專政易之訴於則天付太子自鞫問處置太子並自縊殺之又御史大夫魏元忠嘗奏二張之罪易之懼不自安乃誣奏元忠與司禮丞高戩云天子老矣當挾太子爲耐久

朋則天曰汝何以知之易之曰鳳閣舍人張說爲證翌日則天召元忠及說廷詰之皆妄則天尚以二張之故逐元忠爲高要尉張說長流欽州長安二年易之贓賂事發爲御史臺所劾下獄兄司府少卿昌儀司禮少卿同休皆貶黜及則天臥疾長生院宰臣希得進見唯易之兄弟侍側恐禍變及己乃引用朋黨陰爲之備人有牓其事于路左臺御史中丞宋璟請按之則天陽許尋勑宋璟使幽州按都督屈突仲翔令司禮卿崔神慶鞫之神慶希旨雪昌宗兄弟神龍元年正月則天病甚是月二十日宰臣崔玄暐張柬之等起羽林兵迎太子至玄武門斬關而入誅易之昌宗於迎仙院並梟首於天津橋南則天遜居上陽宫易之兄昌期歴岐汝三州刺史所在苛猛暴横是日亦同梟首朝官房融崔神慶崔融李嶠宋之問杜審言沈佺期閻朝隱等皆坐二張竄逐凡數十人

史臣曰于燕公輔導儲皇高侍中敷陳理行張北平斥言陰診

皆人所難言者苟非金玉其度松筠挺操安能咈人主之意獻替

口之忠宜其論道巖廊克終顯盛古所謂能以義匡主之失三

君有焉

賛曰倚歟于公獻替兩宮前僨克繼嗣德彌隆高酬藥劑張感宸

衷君臣之義斯爲始終

唐書列傳第二十八

右文林郎充兩浙東路提舉茶塩司幹辦公事蘇 之勤校勘

唐書列傳卷第二十九

劉昫 等修

聞人詮校刻沈桐同校

祖孝孫 傅仁均 傅弈 李淳風 呂才

祖孝孫幽州范陽人也父崇儒以學業知名仕至齊州長史孝孫博學曉曆筭早以達識見稱初開皇中鍾律多缺雖何妥鄭譯蘇夔萬寶常等亟共討詳紛然不定及平江左得陳樂官蔡子元于普明等因置清商署時牛弘爲太常卿引孝孫爲協律郎與子元普明參定雅樂時又得陳陽山太守毛爽妙知京房律法布琯飛灰順月皆驗爽時年老弘恐失其法於是奏孝孫從其受律孝孫得爽之法一律而生五音十二律而爲六十音因而六之故有三百六十音以當一歲之日又祖述洗重依淮南本數用京房舊術求之得三百六十律各因其月律而爲一部以律數爲母以一中氣所有日爲子以母命子隨所多少分直一歲以配七音起于冬至以黃鍾爲宮太蔟爲商林鍾爲徵南呂爲羽沽洗爲角應鍾爲變宮蕤賓爲變徵其餘日建律皆依運行每日各以本律爲宮旋宮之義由斯著矣然牛弘既初定樂難復改張至大業時又採晉宋舊樂唯奏皇夏等十有四曲旋宮之法亦不施用高祖受禪擢孝孫爲著作郎歷吏部郎太常少卿漸見親委孝孫由是奏請作樂時軍國多務未遑改創樂府尚用隋氏舊文武德七年始命孝孫及秘書監竇璡修定雅樂孝孫又以陳梁舊樂雜用吳楚之音周齊舊樂多涉胡戎之伎於是斟酌南北考以古音作大唐雅樂以十二月各順其律旋相爲宮制十二樂合三十二曲八十四調事具樂志旋宮之義亡絕已久世莫能知一朝復古自孝孫始也孝孫尋卒其後協律郎張文收復採三禮增損樂章然因孝孫之本音

傅仁均滑州白馬人也善曆筭推步之術武德初太史令庾儉太史丞傅弈表薦之高祖因召令改修舊曆仁均因上表陳七事其一曰昔洛下閎以漢武太初元年歲在丁丑創曆起元元在丁丑今大唐

以戊寅年受命甲子日登極所造之曆即上元之歲歲在戊寅命日又起甲子以三元之法一百八十去其積歲武德元年戊寅爲上元之首則合璧連珠懸合於今日其二曰堯典爲日短星昴以正仲冬前代造曆莫能允合臣今創法五十餘年冬至輒差一度則却檢周漢千載無違其三曰經書日蝕毛詩爲先十月之交朔日辛卯臣今立法却推得周幽王六年辛卯朔蝕即能明其中間並皆符合其四曰春秋命曆序云魯僖公五年壬子朔旦冬至諸曆莫能符合臣今造曆却推僖公五年正月壬子朔旦冬至則同自斯以降並無差爽其五曰古曆日蝕或在於晦或在二日月蝕或在望前或在望後臣今立法月有三大三小則日蝕常在於朔月蝕在望前却驗魯史並無違爽其六曰前代造曆命辰不從子半命度不起虛中臣今造曆命辰起子半度起於虛六度命合辰得中於子符陰陽之始會曆術之宜其七曰前代諸曆月行或有晦猶東見朔以西朓臣今以遲疾定朔永無此病經數月曆成奏上號曰戊寅元曆高祖善之武德元

唐傳二十九　二

○年七月詔頒新曆授仁均員外散騎常侍賜物二百段後中書令封德彝奏曆術差謬勑吏部郎中祖孝孫考其得失又太史丞王孝通執甲辰曆法以駁之曰案堯典云日短星昴以正仲冬孔氏云七宿畢見舉中者言耳是知中星無定故互舉一分兩至之星以爲成驗也昴西方處中之宿虛爲北方居中之星一分各舉中者即餘六星可知若乃仲冬舉鳥仲夏舉火此一至一分又舉七星之體則餘二方可見今仁均專守昴中而爲定朔執文害意不亦謬乎又案月令仲冬昏在東壁明知昴中則非常準若言陶唐之代定是昴中後代漸差遂至東壁然則堯前七千餘載冬至之日即便合翼中逾遠彌却尤成不隱且今驗東壁昏中日體在斗十有三度若昏於翼中日應在井十有三度夫井極北去人最近而斗極南去人最遠在井則大熱在斗乃大寒然堯前冬至即應翻熱及於夏至便應反寒四時倒錯寒暑易位以理推尋必不然矣又鄭康成博達之士也對弟子孫皓云日永星火只是大火之次三十度有其中者非謂心之火星

也實正中也又平朔定朔舊有二家平望定望由來兩術然三大三小是定朔定望之法一大一小是平朔平望之義且日月之行有遲有疾每月一相及謂之合會故晦朔無定由人消息若定大小合朔者合會雖定而蔀元紀首三端並失若上合履端之始下得歸餘於終合會時有進退履端又皆允協則甲辰元曆爲通術矣仁均對曰宋代祖沖之久立差術至於隋代張胄玄等同而修之雖差度不同各明其意今孝通不達宿度之差移未曉黃道之遷改乃執南斗爲冬至之恒星東井爲夏至之常宿率意生難豈爲通理夫太陽行於宿度如郵傳之過逆旅宿度每歲既差黃道隨而變易豈得以膠柱之說而爲斡運之難乎又案易云治曆明時禮云天子玄端聽朔於南門之外尚書云正月上日受終于文祖孔氏云上日朔日也又云季秋月朔辰不集于房孔氏云集合也不合則日蝕可知矣又云先時不及時皆殺無赦先時謂朔日不及時也若有先後之差是不知定朔之道矣詩云十月之交朔日辛卯又春秋日蝕三十有五左

唐傳二十九　三

○丘明云不書朔官失之也明聖人之教不論於晦唯取朔耳自春秋以後去聖久遠曆術差違莫能詳正故秦漢以來多非朔蝕而宋代御史中丞何承天微欲見意不能詳究乃爲太史令錢樂之散騎侍郎皮延宗之抑止孝通今語乃是延宗舊辭承天既非甄明故有當時之屈今略陳梗槩申以明之夫理曆之本必推上元之歲日月如合璧五星如連珠夜半甲子朔旦冬至自此以後既行度不同七曜分散不知何年更得餘分普盡還復總會之時也唯日分氣分得有可盡之理因其得盡即有三端之元故造經立法者小餘盡即爲元首此乃紀其日數之元不關合璧之事矣時人相傳皆云大小餘俱盡即定夜半甲子朔旦冬至者此不達其意故也何者冬至自有常數朔名由於月起既月行遲疾無常三端豈得即合故必須日月相合與冬至同日者始可得名爲合朔冬至耳故前代諸曆不明其意乃於大餘正盡之年而立其元法將以爲常而不知七曜散行氣朔不合今法唯取上元連珠合璧夜半甲子朔旦冬至合朔之始以定

一九相因行至於今日常取定朔之宜不論三端之事皮延宗本來
不知何承天亦自未悟何得引而相難耶孝孫以仁均之言爲然貞
觀初有益州人陰弘道又執孝通舊說以駁之終不能屈李淳風復
駁仁均曆十有八事勅大理卿崔善爲考二家得失七條改從淳風
餘一十一條並依舊定仁均後除太史令卒官
傅弈相州鄴人也尤曉天文曆數隋開皇中以儀曹事漢王諒及諒
舉兵謂弈曰今茲熒惑入井是何祥也弈對曰天上東井黃道經其
中正是熒惑行路所涉不爲怪異若熒惑入地上井是爲灾也諒不
悅及諒敗由是免誅徙扶風高祖爲扶風太守深禮之及踐祚召拜
太史丞太史令庾儉以其父質在隋言占候忤煬帝意竟死獄中遂
懲其事又恥以數術進乃薦弈自代遂遷太史令弈既與儉同列數
排毀儉而儉不之恨時人多儉仁厚而稱弈之率直弈所奏天文密
狀屢會上旨置參旗井鉞等十二軍之號弈所定也武德三年進漏
刻新法遂行於時七年弈上疏請除去釋教曰佛在西域言妖路遠

唐傳二十九　四

○漢譯胡書恣其假託故使不忠不孝削髮而揖君親遊手遊食易服
以逃租賦演其妖書述其邪法僞啓三塗謬張六道恐嚇愚夫詐欺
庸品凡百黎庶通識者稀不察根源信其矯詐乃追既往之罪虛規
將來之福布施一錢希萬倍之報持齋一日冀百日之粮遂使愚迷
妄求功德不憚科禁輕犯憲章其有造作惡逆身墜刑網方乃獄中
禮佛口誦佛經晝夜忘疲規免其罪且生死壽夭由於自然刑德威
福關之人主乃謂貧富貴賤功業所招而愚僧矯詐皆云由佛竊人
主之權擅造化之力其爲害政良可悲矣案書云惟辟作福惟辟
玉食臣有作福作威玉食害于而家凶于而國人用側頗僻降自犧
農至于漢魏皆無佛法君明臣忠祚長年久漢明帝假託夢想始立
胡神西域桑門自傳其法西晉以上國有嚴科不許中國之人輒行
髡髮之事洎于苻石羌胡亂華主庸臣佞政虐祚短皆由佛教致災
也梁武齊襄足爲明鏡昔褒姒一女妖惑幽王尚致亡國況天下僧
尼數盈十萬翦刻繒綵裝束泥人而爲厭魅迷惑萬姓者乎今之僧

尼請令匹配即成十萬餘戶產育男女十年長養一紀教訓自然益
國可以足兵四海免蠶食之殃百姓知威福所在則妖惑之風自革
淳朴之化還興且古今忠諫鮮不及禍竊見齊朝章仇子他上表言
僧尼徒衆糜損國家寺塔奢侈虛費金帛爲諸僧附會宰相對朝讒
毀諸尼依託妃主潛行謗讟子他竟被囚執刑於都市及周武平齊
制封其墓臣雖不敏竊慕其蹤又上疏十一首詞甚切直高祖付羣
官詳議唯太僕卿張道源稱弈奏合理中書令蕭瑀與之爭論曰佛
聖人也弈爲此議非聖人者無法請寘嚴刑弈曰禮本於事親終於
奉上此則忠孝之理著臣子之行成而佛踰城出家逃背其父以匹
夫而抗天子以繼體而悖所親蕭瑀非出於空桑乃遵無父之教臣
聞非孝者無親其瑀之謂矣瑀不能荅但合掌曰地獄所設正爲是
人高祖將從弈言會傳位而止弈武德九年五月密奏太白見秦分
秦王當有天下高祖以狀授太宗及太宗嗣位召弈賜之食謂曰汝
前所奏幾累於我然今後但須盡言無以前事爲慮也太宗常臨朝

唐傳二十九　五

○謂弈曰佛道玄妙聖迹可師且報應顯然屢有徵驗卿獨不悟其理
何也弈對曰佛是胡中桀黠欺誑夷狄初止西域漸流中國遵尚其
教皆是邪僻小人模寫莊老玄言文飾妖幻之教耳於百姓無補於
國家有害太宗頗然之貞觀十三年卒年八十五臨終誡其子曰老
莊玄一之篇周孔六經之說是爲名教汝宜習之妖胡亂華舉時皆
惑唯獨竊歎衆不我從悲夫汝等勿學也古人裸葬汝宜行之弈生
平遇患未嘗請醫服藥雖究陰陽數術之書而並不之信又常醉卧
蹶然起曰吾其死矣因自爲墓誌曰傅弈青山白雲人也因酒醉死
嗚呼哀哉其縱達皆此類注老子幷撰音義又集魏晉已來駁佛教
者爲高識傳十卷行於世
李淳風岐州雍人也其先自太原徙焉父播隋高唐尉以秩卑不得
志弃官而爲道士頗有文學自號黃冠子注老子撰方志圖文集十
卷並行於代淳風幼俊爽博涉羣書尤明天文曆筭陰陽之學貞觀
初以駁傅仁均曆議多所折衷授將仕郎直太史局尋又上言曰今

靈臺候儀是魏代遺範觀其制度踈漏實多臣案虞書稱舜在璿璣
玉衡以齊七政則是古以混天儀考七曜之盈縮也周官大司徒職
以土圭正日景以定地中此亦據混天儀日行黃道之明證也暨于
周末此器乃亡漢孝武時洛下閎復造渾天儀事多踈闕故賈逵張
衡各有營鑄陸績王蕃遞加修補或綴附經星機應漏水或孤張規
郭不依日行推驗七曜並循赤道今驗冬至極南夏至極北而赤道
當定於中全無南北之異以測七曜豈得其眞黃道渾儀之闕至今
千餘載矣太宗異其說因令造之至貞觀七年造成其制以銅爲之
表裏三重下據準基狀如十字末樹鼇足以張四表焉第一儀名曰
六合儀有天經雙規渾緯規金常規相結於四極之內備二十八宿
十干十二辰經緯三百六十五度第二名三辰儀圓徑八尺有璿璣
規道月遊天宿矩度七曜所行並備于此轉於六合之內第三名四
遊儀玄樞爲軸以連結玉衡遊筩而貫約規矩又玄樞北樹北辰南
距地軸傍轉於內又玉衡在玄樞之間而南北遊仰以觀天之辰宿

下以識器之晷度時稱其妙又論前代渾儀得失之差著書七卷名
爲法象志以奏之太宗稱善置其儀於凝暉閣加授承務郎十五年
除太常博士尋轉太史丞預撰晉書及五代史其天文律曆五行志
皆淳風所作也又預撰文思博要二十二年遷太史令初太宗之世
有祕記云唐三世之後則女主武王代有天下太宗嘗密召淳風以
訪其事淳風曰臣據象推筭其兆已成然其人已生在陛下宮內從
今不踰三十年當有天下誅殺唐氏子孫殲盡帝曰疑似者盡殺之
如何淳風曰天之所命必無禳避之理王者不死多恐枉及無辜且
據上象今已成復在宮內已是陛下眷屬更三十年又當衰老老則
仁慈雖受終易姓其於陛下子孫或不甚損今若殺之即當復生少
壯嚴毒殺之立讎若如此即殺戮陛下子孫必無遺類太宗善其言
而止淳風每占候吉凶合若符契當時術者疑其別有役使不因學
習所致然竟不能測也顯慶元年復以修國史功封昌樂縣男先是
太史監候王思辯表稱五曹孫子十部筭經理多踳駁淳風復與國
子監筭學博士梁述太學助教王眞儒等受詔注五曹孫子十部筭
經書成高宗令國學行用龍朔二年改授祕閣郎中時戊寅曆法漸
差淳風又增損劉焯皇極曆改撰麟德曆奏之術者稱其精密咸亨
初官名復舊還爲太史令年六十九卒所撰典章文物志乙巳占祕
閣錄幷演齊人要術等凡十餘部多傳於代子諺孫仙宗並爲太史
令

呂才博州清平人也少好學善陰陽方伎之書貞觀三年太宗令祖
孝孫增損樂章孝孫乃與明音律人王長通白明達遞相長短太宗
令侍臣更訪能者中書令溫彥博奏才聰明多能眼所未見耳所未
聞一聞一見皆達其妙尤長於聲樂請令考之侍中王珪魏徵又盛
稱才學術之妙徵曰才能爲尺十二枚尺八長短不同各應律管無
不諧韻太宗即徵才令直引文館太宗嘗覽周武帝所撰三局象經
不曉其旨太子洗馬蔡允恭年少時嘗爲此戲太宗召問亦廢而不
通乃召才使問焉才尋繹一宿便能作圖解釋允恭覽之依然記其

舊法與才正同由是才遂知名累遷太常博士太宗以陰陽書近代
以來漸致訛僞穿鑿旣甚拘忌亦多遂命才與學者十餘人共加刊
正削其淺俗存其可用者勒成五十三卷幷舊書四十七卷十五年
書成詔頒行之才多以典故質正其理雖爲術者所短然頗合經義
今略載其數篇其敍宅經曰易曰上古穴居而野處後世聖人易以
宮室蓋取諸大壯迨于殷周之際乃有卜宅之文故詩稱相其陰陽
書云卜惟洛食此則卜宅吉凶其來尚矣至於近代師巫更加五姓
之說言五姓者謂宮商角徵羽等天下萬物悉配屬之行事吉凶依
此爲法至如張王等爲商武庚等爲羽欲似同韻相求及其以柳姓
爲宮以趙姓爲角又非四聲相管其間亦有同是一姓分屬宮商後
有復姓數字徵羽不別驗於經典本無斯說諸陰陽書亦無此語直
是野俗口傳竟無所出之處唯堪輿經黃帝對於天老乃有五姓之
言且黃帝之時不過姬姜數姓暨於後代賜族者多至如管蔡郕霍
魯衛毛聃郜雍曹滕畢原酆郇並是姬姓子孫孔殷宋華向蕭亳皇

甫並是子姓苗裔自餘諸國準例皆然因邑因官分枝布葉未知此
等諸姓是誰配屬又檢春秋以陳衛及秦並同水姓齊鄭及宋皆爲
火姓或承所出之祖或繫所屬之星或取所居之地亦非宮商角徵
共相管攝此則事不稽古義理乖僻者也敘祿命曰謹案史記宋忠
賈誼譏司馬季主云夫卜筮者高人祿命以悅人心矯言禍福以盡
人財又案王充論衡云見骨體而知命祿覩命祿而知骨體此即祿
命之書行之久矣多言或中人乃信之今更研尋本非實錄但以積
善餘慶不假建祿之吉積惡餘殃豈由劫殺之災皇天無親常與善
人禍福之應其猶影響故有夏多罪天命剿絕宋景修德妖孛夜移
學也祿在豈待生當建學文王勤憂損壽不關月值空亡長平坑卒未聞
共犯三刑南陽貴士何必俱當六合歷陽成湖非獨河魁之上蜀郡
炎燎豈由災厄之下今時亦有同年同祿而貴賤懸殊共命共胎而
夭壽更異案春秋魯桓公六年七月魯莊公生今檢長曆莊公生當
乙亥之歲建申之月以此推之莊公乃當祿之空亡依祿命書法合

貧賤又犯勾絞六害背驛馬三刑當此生者並無官爵火命七月生
當病鄉爲人尫弱身合矬陋今案齊詩譏莊公猗嗟昌兮頎若長兮
美目揚兮巧趨蹌兮唯有向命一條法當長命依檢春秋莊公薨時
計年四十五矣此則祿命不驗一也又案史記秦莊襄王四十八年
始皇帝生宋忠注云因正月生乃名政依檢襄王四十八年歲在壬
寅此年正月生者命當背祿法無官爵假得祿合奴婢尚少始皇又
當破驛馬三刑身剋驛馬法當望官不到金命正月生當絕下爲人
無始有終老而彌吉今檢史記始皇乃是有始無終老更彌凶唯建
命生法合長壽計其崩時不過五十祿命不驗二也又漢武故事武
帝以乙酉之歲七月七日平旦時生亦當祿空亡下法無官爵雖向
驛馬尚隔四辰依祿命法少無官榮老而方盛今檢漢書武帝即位
年始十六末年已後戶口減半祿命不驗三也又按後魏書云孝文
皇帝皇興元年八月生今按長曆其年歲在丁未以此推之孝文皇
帝背祿命并驛馬三刑身剋驛馬依祿命書法無官爵命當父死中生

法當生不見父今檢魏書孝文皇帝身受其父顯祖之禪禮云嗣子
位定於初喪踰年之後方始正號是以天子無父事三老也孝文受
禪異於常禮躬率天子以事其親而祿命云不合識父祿命不驗四
也又按沈約宋書云宋高祖癸亥歲三月生依此而推祿之與命並
當空亡依祿命書法無官爵又當子墓中生唯宜嫡子假有次子法
當早卒今檢宋書高祖長子先被篡弒次子義隆享國多年高祖又
當祖祿下生法得嫡孫財祿今檢宋書其孫劉劭劉濬並爲篡逆幾
失宗祧祿命不驗五也敘葬書曰易曰古之葬者衣之以薪不封不
樹喪期無數後世聖人易之以棺槨蓋取諸大過禮云葬者藏也欲
使人不得見之然孝經云卜其宅兆而安厝之以其顧復 事畢長
爲感慕之所窀穸禮終永作魂神之宅朝市遷變不得豫測於將來
泉石交侵不可先知於地下是以謀及龜筮庶無後艱斯乃備於慎
終之禮曾無吉凶之義暨乎近代已來加之陰陽葬法或選年月便
利或量墓田遠近一事失所禍及死生巫者利其貨賄莫不擅加妨

害遂使葬書一術乃有百二十家各說吉凶拘而多忌且天覆地載
乾坤之理備焉一剛一柔消息之義詳矣或成於晝夜之道感於男
女之化三光運於上四氣通於下斯乃陰陽之大經不可失之於斯
須也至於喪葬之吉凶乃附此爲妖妄傳云王者七日而殯七月而
葬諸侯五日而殯五月而葬大夫經時而葬士及庶人逾月而已此
則貴賤不同禮亦異數欲使同盟同軌赴弔有期量事制宜遂爲常
式法既一定不得違之故先期而葬謂之不懷後期而不葬譏之殆
禮此則葬有定期不擇年月一也春秋又云丁巳葬定公雨不克葬
至於戊午襄事禮經善之禮記云卜葬先遠日者善選月終之日所
以避不懷也今檢葬書以巳亥之日用葬最凶謹按春秋之際此日
葬者凡有二十餘件此則葬不擇日二也禮記又云周尚赤大事用
平旦殷尚白大事用日中夏尚黑大事用昏時鄭玄注云大事者何
謂喪葬也此則直取當代所尚不擇時之早晚春秋云鄭卿子產及
子太叔葬鄭簡公於時司墓大夫室當葬路若壞其室即平旦而窆

不壞其室即日中而窆子産不欲壞室欲待日中子太叔云若至日中而窆恐久勞諸侯大夫來會葬者然子産既云博物君子太叔乃爲諸侯之選國之大事無過喪葬必是義有吉凶斯等豈得不用今乃不問時之得失唯論人事可否曾子問云葬逢日蝕捨於路左待明而行所以備非常也若依葬書多用乾艮二時並是近半夜此即文與禮違今檢禮傳葬不擇時三也葬書云富貴官品皆由安葬所致年命延促亦曰墳壠所招然今按孝經云立身行道則揚名於後世以顯父母易曰聖人之大寶曰位何以守位曰仁是以日慎一日則澤及於無疆苟德不建則而人無後此則非由安葬吉凶而論福祚延促臧孫有後於魯不闗葬得吉日若敖絶祀於荆不由遷厝失所此則安葬吉凶不可信用其義四也今之喪葬吉凶皆依五姓便利古之葬者並在國都之北域兆既有常所何取姓墓之義趙氏之葬並在九原漢之山陵散在諸處上利下利蔑爾不論大墓小墓其義安在及其子孫富貴不絶或與三代同風或分六國而王此則五

○

姓之義大無稽古吉凶之理何從而生其義五也且人臣名位進退何常亦有初賤而後貴亦有始泰而終否是以子文三已令尹展禽三黜士師卜葬一定更不迴改冢墓既成曾不革易則何因名位無時暫安故知官爵弘之在人不由安葬所致其義六也野俗無識皆信葬書巫者詐其吉凶愚人因而徼幸遂使擗踊之際擇葬地而希官品荼毒之秋選葬時以規財禄或云辰日不宜哭泣遂睆爾而對賓客受弔或云同屬忌於臨壙乃吉服不送其親聖人設教豈其然也葬書敗俗一至於斯其義七也太宗又令才造方域圖及教飛騎戰陣圖皆稱旨擢授太常丞永徽初預修文思博要及姓氏録顯慶中高宗以琴曲古有白雪近代頓絶使太常增修舊曲才上言曰臣按禮記及家語云舜彈五弦之琴歌南風之詩是知琴操曲弄皆合於歌又張華博物志云白雪是天帝使素女鼓五十弦瑟曲名又楚大夫宋玉對襄王云有客於郢中歌陽春白雪國中和者數十人是知白雪琴曲本宜合歌以其調高人和遂寡自宋玉已來迄今千祀未有能歌白雪曲者臣今準勅依琴中舊曲定其宫商然後教習並合於歌輒以御製雪詩爲白雪歌詞又案古今樂府奏正曲之後皆別有送聲君唱臣和事彰前史今取太尉長孫無忌僕射于志寧侍中許敬宗等奉和雪詩以爲送聲合十六節今悉教訖並皆合韻高宗大悦更作白雪歌詞十六首付太常編於樂府時右監門長史蘇敬上言陶弘景所撰本草事多舛謬詔中書令許敬宗與才及李淳風禮部郎中孔志約幷諸名醫增損舊本仍令司空李勣總監定之幷圖合成五十四卷大行於代才龍朔中爲太子司更大夫麟德二年卒著隋記二十卷行於時子方毅七歲能誦周易毛詩太宗聞其幼敏召見甚奇之賜以縑帛後爲右衛鎧曹參軍毋終哀慟過禮竟以毁卒布車載喪隨母轜車而葬友人郎餘令以白粥玄酒生芻一東於路隅奠祭甚爲時人之所哀惜

史臣曰孝孫定音律仁均正曆數淳風候象緯吕才推陰陽訂於其倫咸以爲裨梓京管之流也然旋宫三代之法秦火籍煬歷代缺其

○

正音而云孝孫復始大可嘆也淳風精於術數能知女主革命而不知其人則所未喻矣吕才覈拘忌之曲學皆有經據不亦賢乎古人所以存而不議蓋有意焉

贊曰祖傅淳才彰往考來裁筠嶰谷運箸清臺推迎幹運圖寫昭回重黎之後諸子賢哉

唐書列傳卷第二十九

唐書列傳卷第三十

劉　昫　等修

聞人詮校刻沈桐同校

褚遂良　韓瑗　來濟　上官儀

褚遂良散騎常侍亮之子也大業末隨父在隴右薛舉僭號署爲通事舍人舉敗歸國授秦州都督府鎧曹參軍貞觀十年自祕書郎遷起居郎遂良博涉文史尤工隸書父友歐陽詢甚重之太宗嘗謂侍中魏徵曰虞世南死後無人可以論書徵曰褚遂良下筆遒勁甚得王逸少體太宗即日召令侍書太宗嘗出御府金帛購求王羲之書跡天下爭齎古書詣闕以獻當時莫能辯其眞僞遂良備論所出一無舛誤十五年詔有事太山先幸洛陽有星孛于太微犯郎位遂良言於太宗曰陛下撥亂反正功超前烈將告成東嶽天下幸甚而行至洛陽彗星輒見此或有所未允合者也且漢武優柔數年始行岱禮臣愚伏願詳擇太宗深然之下詔罷封禪之事其年遷諫議大夫

○兼知起居事太宗嘗問曰卿知起居記錄何事大抵人君得觀之否遂良對曰今之起居古左右史書人君言事且記善惡以爲鑒誡庶幾人主不爲非法不聞帝王躬自觀史太宗曰朕有不善卿必記之耶遂良曰守道不如守官臣職當載筆君舉必記黃門侍郎劉洎曰設令遂良不記天下亦記之矣太宗以爲然時魏王爲太宗所愛禮秩如嫡其年太宗問侍臣曰當今國家何事最急中書侍郎岑文本曰傳稱導之以德齊之以禮由斯而言禮義爲急遂良進曰當今四方仰德誰敢爲非但太子諸王須有定分陛下宜爲萬代法以遺子孫太宗曰此言是也朕年將五十已覺衰怠既以長子守器東宮弟及庶子數將五十心常憂慮頗在此耳但古嫡庶無良何嘗不傾敗國家公等爲朕搜訪賢德以傳儲宮爰及諸王咸求正士且事人歲久即分義情深非意窺窬多由此作於是限王府官寮不得過四考七年太宗問遂良曰舜造漆器禹雕其俎當時諫舜禹者十餘人食器之間苦諫何也遂良對曰雕琢害農事纂組傷女工首創奢淫危亡之漸漆器不已必金爲之金器不已必玉爲之所以諍臣必諫其漸及其滿盈無所復諫太宗以爲然因曰夫爲人君不憂萬姓而事奢淫危亡之機可反掌而待也時皇子年幼者多任都督刺史遂良上疏曰昔兩漢以郡國理人除郡以外分立諸子割土分疆雜用周制皇唐州縣粗依秦法皇子幼年或授刺史陛下豈不以王之骨肉鎮扞四方此之造制道高前烈如臣愚見有小未盡何者刺史郡帥民仰以安得一善人部內蘇息遇一不善合州勞弊是以人君愛恤百姓常爲擇賢或稱河潤九里京師蒙福或人興歌詠生爲立祠漢宣帝云與我共理者惟良二千石如臣愚見陛下兒子內年齒尚幼未堪臨人者且留京師教以經學一則畏天之威不敢犯禁二則觀見朝儀自然成立因此積習自知爲人審堪臨州然後遣出臣謹按漢明章和三帝能友愛子弟自茲已降取爲準的封立諸王雖各有國土年尚幼小者召留京師訓以禮法垂以恩惠訖三帝世諸王數十百人唯二王稍惡自餘食和染教皆爲善人則前事已驗惟陛下

○詳察太宗深納之其年太子承乾以罪廢魏王泰入侍太宗面許立爲太子因謂侍臣曰昨青雀自投我懷云臣今日始得與陛下爲子更生之日也臣唯有一子臣百年之後當爲陛下殺之傳國晉王父子之道故當天性我見其如此甚憐之遂良進曰陛下失言伏願審思無令錯誤也安有陛下百年之後魏王執權爲天下之主而能殺其愛子傳國於晉王者乎陛下昔立承乾爲太子而復寵愛魏王禮數或有踰於承乾者良由嫡庶不分所以至此殷鑑不遠足爲龜鏡陛下今日既立魏王伏願陛下別安置晉王始得安全耳太宗涕泗交下曰我不能即日召長孫無忌房玄齡李勣與遂良等定策立晉王爲皇太子時頻有飛雉集於宮殿之內太宗問羣臣曰是何祥也對曰昔秦文公時有童子化爲雉雌者鳴於陳倉雄者鳴於南陽童子曰得雄者王得雌者霸文公遂以爲寶雞後漢光武得雄遂起南陽而有四海陛下舊封秦王故雄雉見於秦地此所以彰表明德也太宗悅曰立身之道不可無學遂良博識深可重也尋授太子賓客

時薛延陁遣使請婚太宗許以女妻之納其財聘既而不與遂良上疏曰臣聞信爲國本百姓所歸是以文王許枯骨而不違仲尼寧去食而存信延陁衰歲迺一俟斤耳值神兵北指盪平沙塞狼山瀚海萬里蕭條陛下兵加諸外而恩起於內以爲餘寇奔波須立酋長璽書鼓纛立爲可汗其懷恩光仰天無極而餘方戎狄莫不聞知以共沐和風同飡恩信頃者頻年遣使請婚大國陛下復降鴻私許其姻媾於是報吐蕃告思摩示中國五尺童子人皆知之於是御幸北門受其獻食于時百寮端笏戎夷左袵虔奉歡宴皆承德音口歌手舞樂以終日百官會畢亦各有言咸以爲陛下欲得百姓安寧不欲邊境交戰遂不惜一女而妻可汗預在含生所以感德今一朝生進退之意有改悔之心臣爲國家惜茲聲聽君子不失色於物不失口於人晉文公圍原命三日粮原不降命去之諜出曰原將降矣軍吏請待之公曰信國之寶也民之庇也得原失信何以庇之陛下慮生意表信在言前今者臨事忽然乖殊所惜尤少所失滋多情既不通方

生嫌隙一方所以相畏忌邊境不得無風塵西州朔方能無勞擾彼胡以主被欺而心怨此士以此無信而懷慚不可以訓戎兵不可以勵軍事伏惟陛下以聖德神功廓清四表自君臨天下十有七載以仁恩而結庶類以信義而撫戎夷莫不欣然負之無力其見在之人皆思報厚德其所生胤嗣亦望報陛下子孫今者得一公主配之以成陛下之信有始有卒其唯聖人乎且又龍沙以北部落無筭中國擊之終不能盡亦由可比 敗芮芮與突厥亡延陁盛時以古人虛外實內懷之以德爲惡在夷不在華失信在彼不在此伏惟陛下聖德無涯威靈遠震平高昌破吐渾立延陁滅頡利輕刑薄賦庶事無壅夜粟豐賤祥符累臻此則堯舜禹湯不及陛下遠矣伏願旁垂愷悌廣茲含育而常嗔絕域有意遠藩非偃伯興文之道非止戈爲武之義臣以庸暗忝居左右敢獻瞽言不勝戰懼時太宗欲親征高麗顧謂侍臣曰高麗莫離支賊殺其王虐用其人夫出師弔伐當乘機便今因其弒虐誅之甚易遂良對曰陛下兵機神筭人莫能知昔隋末亂離手平寇亂及北狄侵邊西蕃失禮陛下欲命將擊之羣臣莫不苦諫陛下獨斷進討卒並誅夷海內之人徼外之國畏威懾伏爲此舉也今陛下將興師遼東臣意熒惑何者陛下神武不比前代人君兵既渡遼指期剋捷萬一差跌無以威示遠方若再發忿兵則安危難測太宗深然之兵部尚書李勣曰近者延陁犯邊陛下必欲追擊此時陛下取魏徵之言遂失機會若如聖策延陁無一人生還可五十年間疆場無事帝曰誠如卿言由魏徵誤計耳朕不欲以一計不當而尤之後有良筭安肯矢謀遂是從勣之言經畫渡遼之師遂良以太宗銳意三韓懼其遺悔翌日上疏諫曰臣聞有國家者譬諸身兩京等於心腹四境方乎手足他方絕域若在身外臣近於坐下伏奉口勅布語臣下云自欲伐遼臣數夜思量不達其理高麗王爲陛下之所立莫離支輒殺其主陛下討逆收地斯實乘機關東賴陛下德澤乂無征戰但命一二勇將發兵四五萬飛石輕梯取如迴掌夫聖人有作必履常規貴能剋平兇亂駕馭才傑惟陛下弘兩儀之

道扇三五之風提厲人物皆思効命昔侯君集李靖所謂庸夫猶能掃萬里之高昌平千載之突厥皆是陛下發蹤指示聲歸聖明臣旁求史籍訖乎近代爲人之主無自伐遼人臣往征則有之矣漢朝則荀彘楊僕魏代則毋丘儉王頎司馬懿猶爲人臣慕容眞僭號之子皆爲其主長驅高麗虜其人民削平城壘陛下立功同於天地美化包於古昔自當超邁於百王豈止俯同於六子陛下昔翦平寇逆大有爪牙年齒未衰猶堪任用匪唯陛下之所使亦何行而不克方今太子新立年實幼少自餘藩屏陛下所知今一旦棄金湯之全渡遼海之外臣忽三思煩愁並集大魚依於巨海神龍據於川泉此謂人君不可輕而遠也且以長遼之左或遇霖淫水潦騰波平地數尺夫帶方玄菟海途深渺非萬乘所宜行踐東京太原謂之中地東縻可以爲聲勢西指足以摧延陁其於西京逕路非遠爲其節度以設軍謀繫莫離支頸獻皇家之廟此實處安全之上計社稷之根本特乞天慈一垂省察太宗不納十八年拜黃門侍郎參綜朝政高麗莫離

支遣使貢白金遂良言於太宗曰莫離支虐弑其主九夷所不容陛下以之興兵將事弔伐爲遼山之人報主辱之恥古者討弑君之賊不受其賂昔宋督遺魯君以郜鼎桓公受之於太廟臧哀伯諫曰君人者昭德塞違今滅德立違而寘其賂器於太廟百官象之其又何誅焉武王克商遷九鼎於洛邑義士猶或非之而况將昭違亂之賂器寘諸太廟其若之何夫春秋之書百王取法若受不臣之筐篚納弑逆之朝貢不以爲愆何所致伐臣謂莫離支所獻自不得受太宗納焉以其使屬吏太宗既滅高昌每歲調發千餘人防遏其地遂良上疏曰臣聞古者哲后必先事華夏而後夷狄務廣德化不事遐荒是以周宣薄伐至境而止始皇遠塞中國分離漢武負文景之聚財翫士馬之餘力始通西域初置校尉軍旅連出將三十年復得天馬於宛城採蒲萄於安息而海內虛竭生人失所租及六畜筭至舟車因之凶年盜賊並起搜粟都尉桑弘羊復希主意遣士卒遠田輪臺築城以威西域帝翻然追悔情發於中棄輪臺之野下哀痛之詔人

神感悅海內乃康向使武帝復用弘羊之言天下生靈皆盡之矣是以光武中興不踰葱嶺孝章即位都護來歸陛下誅滅高昌威加西域收其鯨鯢以爲州縣然則王師初發之歲河西供役之年飛芻輓粟十室九空數郡蕭然五年不復陛下歲遣千餘人遠事屯戍終年離別萬里思歸去者資裝自須營辦既賣菽粟傾其機杼經途死亡復在其外兼遣罪人增其防遏彼罪人者生於販肆終朝惰業犯禁違公止能擾於邊城實無益於行陣所遣之內復有逃亡官司捕捉爲國生事高昌途路沙磧千里冬風冰冽夏風如焚行人去來遇之多死易云安不忘危理不忘亂設令張掖塵飛酒泉烽舉陛下豈能得高昌一人菽粟而及事乎終須發隴右諸州星馳電擊由斯而言此河西者方於心腹彼高昌者他人手足豈得糜費中華以事無用書曰不作無益害有益其此之謂乎陛下道映先天威行無外平頡利於沙塞滅吐渾於西海突厥餘落爲立可汗吐渾遺畎更樹君長復立高昌非無前例此所謂有罪而誅之既伏而立之四海百蠻誰不聞見蠕動懷生畏威慕德宜擇高昌可立者立之徵給首領遣還本國負戴洪恩長爲藩翰中國不擾既富且寧傳之子孫以貽永世二十年太宗於寢殿側別置一院令太子居絕不令往東宮遂良復上疏諫曰臣聞周世問安三至必退漢儲視膳五日乃來前賢作法規模弘遠禮曰男子十年出就外傅出宿於外學書計也然則古之達者豈無慈心滅茲私愛欲使成立凡人尚猶如此況君之世子乎自當春誦夏絃親近師傅體人間之庶事適君臣之大道使翹足延首皆聆善聲若獻歲之有陽春玄天之有日月弘此懿德乃作元良伏惟陛下道育三才功包九有親樹太子莫不欣欣既云廢昏立明須稱天地瞻望而敎成之道實深乖闕不離膝下常居宮內保傅之說無暢經籍之談蔑如且朋友不可以深交深交必有怨父子不可以滯愛滯愛或生愆伏願遠覽殷周近遵漢魏不可頓革事須階漸嘗計旬日半遣還宮專學藝以潤身布芳聲於天下則微臣雖死猶曰生年太宗從之遂良前後諫奏及陳便宜書數十上多見採納其

年加銀青光祿大夫二十一年以本官檢校大理卿尋丁父憂解明年起復舊職俄拜中書令二十三年太宗寢疾召遂良及長孫無忌入卧內謂之曰卿等忠烈簡在朕心昔漢武寄霍光劉備託葛亮朕之後事一以委卿太子仁孝卿之所悉必須盡誠輔佐永保宗社又顧謂太子曰無忌遂良在國家之事汝無憂矣仍命遂良草詔高宗即位賜爵河南縣公永徽元年進封郡公尋坐事出爲同州刺史三年徵拜吏部尚書同中書門下三品監修國史加光祿大夫其月又兼太子賓客四年代張行成爲尚書右僕射依舊知政事六年高宗將廢皇后王氏立昭儀武氏爲皇后召太尉長孫無忌司空李勣尚書左僕射于志寧及遂良以籌其事將入遂良謂無忌等曰上意欲廢中宮必議其事遂良今欲陳諫衆意如何無忌曰明公必須極言無忌請繼焉及入高宗難於發言再三顧謂無忌曰莫大之罪絕嗣爲甚皇后無胤息昭儀有子今欲立爲皇后公等以爲何如遂良曰皇后出自名家先朝所娶伏事先帝無愆婦德先帝不豫執陛下手

以語臣曰我好兒好婦今將付卿陛下親承德音言猶在耳皇后自此未聞有愆恐不可廢臣今不敢曲從上違先帝之命特願再三思審愚臣上忤聖顏罪合萬死但願不負先朝厚恩何顧性命遂良致笏於殿陛曰還陛下此笏仍解巾叩頭流血帝大怒令引出長孫無忌曰遂良受先朝顧命有罪不加刑翌日帝謂李勣曰冊立武昭儀之事遂良固執不從遂良既是受顧命大臣事若不可當且止也勣對曰此乃陛下家事不合問外人帝乃立昭儀為皇后左遷遂良潭州都督顯慶二年轉桂州都督未幾又貶為愛州刺史明年卒官年六十三遂良卒後二歲餘許敬宗李義府奏言長孫無忌所構逆謀並遂良扇動乃追削官爵子孫配流愛州弘道元年二月高宗遺詔放還本郡神龍元年則天遺制復遂良及韓瑗爵位

韓瑗雍州三原人也祖紹隋太僕少卿父仲良武德初為大理少卿受詔與郎楚之等掌定律令仲良言於高祖曰周代之律其屬三千秦法已來約為五百若遠依周制繁紊更多且官吏至公自當奉法苟若徇己豈顧刑名請崇寬簡以允惟新之望高祖然之於是採定開皇律行之時以為便貞觀中位至刑部尚書秦州都督府長史潁川縣公瑗少有節操博學有吏才貞觀中累至兵部侍郎襲父潁川公永徽三年拜黃門侍郎四年與中書侍郎來濟皆同中書門下三品監修國史五年加銀青光祿大夫六年遷侍中其年兼太子賓客時高宗欲廢王皇后瑗涕泣諫曰皇后是陛下在藩府時先帝所娶今無愆過欲行廢黜四海之士誰不惕然且國家屢有廢立非長久之術願陛下為社稷大計無以臣愚不垂採察帝不納明日瑗又諫悲泣不能自勝帝大怒促令引出尋而尚書左僕射褚遂良以忤旨左授潭州都督瑗復上疏理之曰古之聖王立諫鼓設謗木冀欲聞逆耳之言甘苦口之議發揚大化裨益洪猷垂令譽於將來播休聲於不朽者也伏見詔書以褚遂良為潭州都督臣夙夜思之用增感激臣識慚知遠業謝通經載撫愚情誠為未可遂良運偶昇平道昭前烈束髮從官方淹歲稔趨侍陛下俄歷歲年不聞涓滴之愆常觀

勤勞之効竭忠誠於早歲罄直道於茲年體國忘家損身徇物風霜其操鐵石其心誠可重於皇明詎專方於曩昔且先帝納之於帷幄寄之以心膂德逾水石義冠舟車公家之利言無不可及纏悲四海遏密八音竭忠國家親承顧託一德無二千古懍然此不待臣言陛下備知之矣臣嘗有此心未敢聞奏且萬姓失業旰食忘勞一物不安納隍軫慮在於微細寧得過差況社稷之舊臣陛下之賢佐無聞罪狀斥去朝廷內外甿黎咸嗟舉措觀其近日言事披誠懇切詎肯後陛下之德異於堯舜慳陛下之過塵於史冊而乃深遣厚誣重負醜言可以痛志士之心損陛下之明也臣聞晉武弘裕不貽劉毅之誅漢祖深仁無恚周昌之直而遂良被遷已經寒暑違忤陛下其罰塞焉伏願緬鑒無辜稍寬非罪俯矜微款以順人情疏奏帝謂瑗曰遂良之情朕亦知之矣然其悖戾犯上以此責之朕豈有過卿言何若是之深也瑗對曰遂良可謂社稷忠臣臣恐以諛佞之輩蒼蠅點白損陷忠貞昔微子去之而殷國以亡張華不死而綱紀不亂國之欲謝善人其衰今陛下富有四海八紘清泰忽驅逐舊臣而不垂省察乎伏願違彼覆車以收往過垂勸誡於事君則群生幸甚帝竟不納瑗以言不見用憂憤上表請歸田里詔不許顯慶二年許敬宗李義府希皇后之旨誣奏瑗與褚遂良潛謀不軌以桂州用武之地故授遂良桂州刺史實以為外援於是更貶遂良為愛州刺史左授瑗振州刺史四年卒官年五十四明年長孫無忌死敬宗等又奏瑗與無忌通謀遣使殺之及使至瑗已死更發棺驗屍而還籍沒其家子孫配徙嶺表神龍元年則天遺制令復其官爵

來濟揚州江都人隋左翊衛大將軍榮國公護兒子也宇文化及之難闔門遇害濟幼逢家難流離艱險而篤志好學有文詞善談論尤曉時務舉進士貞觀中累轉通事舍人太子承乾之敗太宗謂侍臣曰欲何以處承乾群臣莫敢對濟進曰陛下上不失作慈父下得盡天年即為善矣帝納其言俄除考功員外郎十八年初置太子司議郎妙選人望遂以濟為之仍兼崇賢館直學士尋遷中書舍人與令狐

德棻等撰晉書永徽二年拜中書侍郎兼弘文館學士監修國史四年同中書門下三品五年加銀青光祿大夫以修國史功封南陽縣男賜物七百段六年遷中書令檢校吏部尚書時高宗欲立昭儀武氏爲宸妃濟密表諫曰宸妃古無此號事將不可武皇后既立濟等懼不自安后乃抗表稱濟忠公請加賞慰而心實惡之顯慶元年兼太子賓客進爵爲侯中書令如故二年又兼太子詹事尋而許敬宗等奏濟與褚遂良朋黨構扇左授台州刺史五年徙庭州刺史龍朔二年突厥入寇濟揔兵拒之謂其衆曰吾嘗挂刑網蒙赦性命當以身塞責特報國恩遂不釋甲冑赴賊没於陣時年五十三贈楚州刺史給靈轝遞還鄉有文集三十卷行於代濟兄亘有學行與濟齊名上元中官至黃門侍郎同中書門下三品

上官儀本陝州陝人也父弘隋江都宮副監因家于江都大業末弘爲將軍陳稜所殺儀時幼藏匿獲免因私度爲沙門游情釋典尤精三論兼涉獵經史善屬文貞觀初楊仁恭爲都督深禮待之舉進士○太宗聞其名召授弘文館直學士累遷祕書郎時太宗雅好屬文每遣儀視草又多令繼和凡有宴集儀嘗預焉俄又預撰晉書成轉起居郎加級賜帛高宗嗣位遷祕書少監龍朔二年加銀青光祿大夫西臺侍郎同東西臺三品兼弘文館學士如故本以詞彩自達工於五言詩好以綺錯婉媚爲本儀既貴顯故當時多有斆其體者時人謂爲上官體儀頗恃才任勢故爲當代所嫉麟德元年宦者王伏勝與梁王忠抵罪許敬宗乃構儀與忠通謀遂下獄而死家口籍没子庭芝歷位周王府屬與儀俱被殺庭芝有女中宗時爲昭容每侍帝草制誥以故追贈儀爲中書令秦州都督楚國公庭芝黃門侍郎岐州刺史天水郡公仍令以禮改葬

史臣曰褚河南上書言事亹亹有經世遠略魏徵王珪之後骨鯁風彩落落負王佐器者殆難其人名臣事業河南有焉昔齊人饋樂而仲尼去戎王溺妓而由余奔婦人之言聖哲懼罹其禍況二佞據衡軸之地爲正人之魑魅乎古之志士仁人一言相期死不之悔況於君臣之間受託孤之寄而以利害禍福忘平生之言哉而韓來諸公可謂守死善道求福不回者焉

贊曰褚公之言和樂愔愔鏗石在簴動成雅音二擲燮吹三賢一心人皆觀望我不浮沉

唐書列傳卷第三十

唐書列傳卷第三十一

劉　昫　等修

聞人詮校刻沈桐同校

崔敦禮　盧承慶　劉祥道　李敬玄

李義琰　孫處約　樂彦瑋　趙仁本

崔敦禮雍州咸陽人隋禮部尚書仲方孫也其先本居博陵世爲山東著姓魏末徙關中敦禮本名元禮高祖改名焉頗涉文史重節義嘗慕蘇子卿之爲人武德中拜通事舍人九年太宗使敦禮往幽州召廬江王瑗瑗舉兵反執敦禮問京師之事敦禮竟無異詞太宗聞而壯之遷左衛郎將賜以良馬及黄金雜物貞觀元年擢拜中書舍人遷兵部侍郎頻使突厥累轉靈州都督二十年徵爲兵部尚書又奉詔安撫迴紇鐵勒部落時延陁冠邊敦禮與英國公李勣擊破之又有瀚海都督迴紇吐迷度爲其下所殺詔敦禮往就部落綏輯之因立其嗣子而還敦禮深識蕃情凡所奏請事多允會永徽四年代

高季輔爲侍中累封固安縣公仍修國史六年加光禄大夫代柳奭爲中書令尋又兼檢校太子詹事敦禮以老疾屢陳乞請退顯慶元年拜太子少師仍同中書門下三品勑召其子定襄都督府司馬餘慶使侍其疾尋卒年六十餘高宗舉哀於東雲龍門賜東園祕器贈開府儀同三司并州大都督陪葬昭陵賻絹布八百段米粟八百碩謚曰昭子餘慶官至兵部尚書敦禮孫貞愼神龍初爲兵部侍郎

盧承慶幽州范陽人隋武陽太守思道孫也父赤松大業末爲河東令與高祖有舊聞義師至霍邑弃縣迎接拜行臺兵部郎中武德中累轉率更令封范陽郡公尋卒承慶美風儀博學有才幹少襲父爵貞觀初爲秦州都督府戶曹參軍因奏河西軍事太宗奇其明辯擢拜考功員外郎累遷民部侍郎太宗嘗問歷代戶口多少之數承慶敘夏殷以後迄于周隋皆有依據太宗嗟賞久之尋令兼檢校兵部侍郎仍知五品選事承慶辭曰選事職在尚書臣今掌之便是越局太宗不許曰朕今信卿卿何不自信也俄歷雍州別駕尚書左丞永徽初爲褚遂良所構出爲益州大都督府長史遂良俄又求索承慶在雍州舊事奏之由是左遷簡州司馬歲餘轉洪州長史會高宗將幸汝州之温湯擢承慶爲汝州刺史入爲光禄卿顯慶四年代杜正倫爲度支尚書仍同中書門下三品尋坐度支失所出爲潤州刺史再遷雍州長史加銀青光禄大夫總章二年代李乾祐爲刑部尚書以年老請致仕許之仍加金紫光禄大夫三年病卒年七十六臨終誡其子曰死生至理亦猶朝之有暮吾終斂以常服晦朔常饌不用牲牢墳高可認不須廣大事辦即葬不須卜擇墓中器物瓷漆而已有棺無槨務在簡要碑誌但記官號年代不須廣事文飾贈幽州都督謚曰定弟承業亦有學識貞觀末官至雍州長史檢校尚書左丞兄弟相次居此任時人榮之俄坐承慶事左遷忠州刺史顯慶初復爲雍州長史前後皆有能名三遷左肅機兼掌司列選事賜爵魏縣子總章中卒於揚州大都督府長史贈洺州刺史謚曰簡承業弟承泰齊州長史承泰子齊卿長安初爲雍州錄事參軍時則天令雍州

長史薛季昶擇寮吏堪爲御史者季昶以聞齊卿薦長安尉盧懷愼李休光萬年尉李乂崔湜咸陽丞倪若水盩厔尉田崇辟新豐尉崔日用後皆至大官齊卿開元初爲幽州刺史時張守珪爲果毅齊卿禮接之謂曰十年内當知節度果如其言時人謂齊卿有人倫之鑒齊卿好酒飲至斗餘不亂寛厚可親士友以此善之累遷太子詹事封廣陽縣公尋卒承慶弟孫藏用別有傳

劉祥道魏州觀城人也父林甫武德初爲内史舍人時兵機繁速應事草創高祖委林甫專典其事以才幹見稱尋詔與中書令蕭瑀等撰定律令林甫因著律議萬餘言久之擢拜中書侍郎賜爵樂平男貞觀初再遷吏部侍郎初隋代赴選者以十一月爲始至春即停選限既促選司多不究悉時選人漸衆林甫奏請四時聽選隨到注擬當時甚以爲便時天下初定州府及詔使多有赤牒授官至是停省盡來赴集將萬餘人林甫隨才銓擢咸得其宜時人以林甫典選比隋之高孝基三年病卒臨終上表薦賢太宗甚嘉悼之賜絹二百五

十疋祥道少襲父爵永徽初歷中書舍人御史中丞吏部侍郎顯慶二年遷黃門侍郎仍知吏部選事祥道以銓綜之術猶有所闕乃上疏陳其得失其一曰今之選司取士傷多且濫每年入流數過一千四百傷多也雜色入流不加銓簡是傷濫也經明行脩之士猶或罕有正人多取胥徒之流豈能皆有德行即知共釐務者善人少而惡人多有國以來已四十載尚未刑措豈不由此乎但服膺先王之道者奏第然始付選趨走几案之間者不簡便加祿秩稽古之業雖則難知斗筲之材何其易進其雜色應入流人望令曹司試判訖簡為四等奏聞第一等付吏部第二等付兵部次付主爵次付司勳其行署等私犯公坐情狀可責者雖經赦降亦量配三司不經赦降者放還本貫冀入流不濫官無冗雜且令胥徒之輩漸知勸勉其二曰古之選者為官擇人不聞取人多而官員少今官員有數入流無限以有數供無限遂令九流繁總人隨歲積謹約準所須人量支年別入流者今內外文武官一品以下九品已上一萬三千四百六十五員

○略舉大數當一萬四千人壯室而仕耳順而退取其中數不過支三十年此則一萬四千人三十年而略盡若年別入流者五百人經三十年便得一萬五千人定須者一萬三千四百六十五人足充所須之數況三十年之外在官者猶多此便有餘不慮其少今年常入流者遂逾一千四百計應須數外其餘兩倍又常選放還者仍停六七千人更復年別新加實非處置之法其三曰儒為教化之本學者之宗儒教不興風俗將替今庠序遍於四海儒生溢於三學誘掖之方理實為備而獎進之道事或未周但永徽已來于今八載在官者以善政粗聞論事者以一言可採莫不光被綸旨超升不次而儒生未聞恩及臣故以為獎進之道未周其四曰國家富有四海已四十年百姓官寮未有秀才之舉豈今人之不如昔人將薦賢之道未至寧可方稱多士遂闕斯人望六品已下爰及山谷特降綸言更審捜訪仍量為條例稍加優獎不然赫赫之辰斯舉遂絕一代盛事實為朝廷惜之其五曰唐虞三載考績黜陟幽明兩漢用人亦久居其職所以因官命氏有倉庾之姓魏晉以來事無可紀今之在任四考即遷官人知將秩滿必懷去就百姓見有遷代能無苟且以去就之人臨苟且之輩責以移風易俗其可得乎望經四考就任加階至八考滿然後聽選還淳反樸雖未敢必期送故迎新實稍減勞弊其六曰尚書省二十四司及門下省中書都事主書主事等比來選補皆取舊任流外有刀筆之人縱欲參用士流皆以儕類為恥前後相承遂成故事但掖省崇峻王言祕密尚書政本人物攸歸而多用胥徒恐未盡銓衡之理望有釐革稍清其選明年中書令杜正倫亦言入流人多為政之弊高宗遣祥道與正倫詳議其事時公卿已下憚於改作事竟不行祥道尋以修禮功進封陽城縣侯四年遷刑部尚書每覆大獄必歔欷累歎奏決之日為之再不食龍朔元年權檢校蒲州刺史三年兼檢校雍州長史俄遷右相祥道性謹慎既居宰相深懷憂懼數自陳老疾請退就閑職俄轉司禮太常伯罷知政事麟德二年將有事於泰山有司議依舊禮皆以太常卿為亞獻光祿卿為終獻

○祥道駁曰昔在三代六卿位重故得佐祠漢魏以來權歸臺省九卿皆為常伯屬官今登封大禮不以八座行事而用九卿無乃徇虛名而忘實事乎高宗從其議竟以司徒徐王元禮為亞獻祥道為終獻事畢進爵廣平郡公乾封元年又上表乞骸骨優制加金紫光祿大夫聽致仕其年卒年七十一贈幽州都督謚曰宣子齊賢襲爵齊賢初自侍御史出為晉州司馬高宗聞其方正甚禮之時將軍史興宗嘗從帝於苑中弋獵因言晉州出好鷂劉齊賢見為司馬請使捕之帝曰劉齊賢豈是覓鷂人耶卿何以此待之遂止齊賢後避章懷太子名改名景先永淳中累遷黃門侍郎同中書門下平章事則天臨朝代裴炎為侍中及裴炎下獄景先與鳳閣侍郎胡元範抗詞明其不反則天甚怒之炎既誅死景先左遷普州刺史未到又貶授吉州長史永昌年為酷吏所陷繫於獄自縊死仍籍沒其家景先自祖父三代皆為兩省侍郎及典選又叔父吏部郎中應道從父弟禮部侍郎令植等八人前後為吏部郎中員外有唐已來無有其比云

李敬玄亳州譙人也父孝節穀州長史敬玄博覽羣書特善五禮貞觀末高宗在東宮馬周啓薦之召入崇賢館兼預侍讀仍借御書讀之敬玄雖風格高峻有不可犯之色然勤於造請不避寒暑馬周及許敬宗等皆推薦延譽之乾封初歷遷西臺舍人弘文館學士總章二年累轉西臺侍郎兼太子右中護同東西臺三品兼檢校司列少常伯時員外郎張仁禕有時務才敬玄以曹事委之仁禕始造姓曆改修狀樣銓曆等程式處事勤劳遂以心疾而卒敬玄因仁禕之法典選累年銓綜有序自永徽以後選人轉多當其任者罕聞稱職及敬玄掌選天下稱其能預選者歲有萬餘人每於街衢見之莫不知其姓名其被放有訴者即口陳其書判失錯及身負殿累略無差殊時人咸伏其強記莫之敢欺選人有杭州參軍徐太玄者初在任時同僚有張惠犯贓至死太玄哀其母老乃詣獄自陳與惠同受惠贓數既少遂得減死太玄亦坐免官不調十餘年敬玄知而大嗟賞之擢授鄭州司功參軍太玄由是知名後官至祕書少監申王師以德

行爲時所重敬玄賞鑒多此類也咸亨二年授中書侍郎餘並如故三年加銀青光禄大夫行吏部侍郎依舊兼太子右庶子同中書門下三品四年監修國史上元二年拜吏部尚書仍依舊兼太子左庶子監修國史同中書門下三品敬玄久居選部人多附之前後三娶皆山東士族又與趙郡李氏合譜故臺省要職多是其同族婚媾之家高宗知而不悅然猶不彰其過儀鳳元年代劉仁軌爲中書令調露二年吐蕃入寇仁軌先與敬玄不協遂奏請敬玄鎮守西邊敬玄自以素非邊將之才固辭高宗謂曰仁軌若須朕朕即自往卿不得辭也竟以敬玄爲洮河道大揔管兼安撫大使仍檢校鄯州都督率兵以禦吐蕃及將戰副將工部尚書劉審禮先鋒擊之敬玄聞賊至狼狽却走審禮既無繼援遂没于陣俄有詔留敬玄於鄯州防禦敬玄累表稱疾乞還醫療許之既入見驗疾不重高宗責其詐妄又積其前後愆失貶授衡州刺史稍遷揚州大都督府長史永淳元年卒年六十八贈兗州都督撰禮論六十卷正論三卷文集三十卷子思冲神龍初歷工部侍郎左羽林軍將軍從節愍太子誅武三思事敗見殺籍没其家敬玄弟元素亦有吏才初爲武德令時懷州刺史李文暕將調率金銀造常滿樽以獻百姓甚弊之官吏無敢異議者元素抗詞固執文暕乃損其制度以家財營之延載元年自文昌左丞遷鳳閣侍郎鳳閣鸞臺平章事加銀青光禄大夫萬歲通天二年坐與洛州録事參軍綦連耀交結爲武懿宗所陷被殺神龍初雪免

李義琰魏州昌樂人常州刺史玄道族孫也其先自隴西徙山東世爲著姓父玄德瓔陶令義琰少舉進士累補太原尉時李勣爲并州都督寮吏皆望風慴懼義琰獨廷折曲直勣甚禮之義琰麟德中爲白水令有能名拜司刑員外郎上元中累遷中書侍郎又授太子右庶子同中書門下三品時天后預知國政高宗嘗欲下詔令后攝知國事義琰與中書令郝處俊固爭以爲不可事竟寢義琰身長八尺博學多識高宗每有顧問言皆切直章懷太子之廢也高宗慰勉官寮盡捨罪令復其位庶子薛元超等皆舞蹈謝恩義琰獨引罪涕泣

時論美之義琰宅無正寢弟義璡爲岐州司功參軍乃市堂材送焉及義璡來覲義琰謂曰以吾爲國相豈不懷愧更營美室是速吾禍此豈愛我意哉義璡曰凡人仕爲丞尉即營第宅兄官高禄重豈宜卑陋以偪下也義琰曰事難全遂物不兩興既有貴仕又廣其宇若無令德必受其殃吾非不欲之懼獲疾也竟不營構其木爲霖雨所腐而弃之義琰後改葬父母使舅氏移其舊塋高宗知而怒曰豈以身在樞要凌蔑外家此人不可更知政事義琰聞而不自安以足疾上䟽乞骸骨乃授銀青光禄大夫聽致仕乃將歸東都田里公卿已下祖餞於通化門外時人以比漢之二踈垂拱初起爲懷州刺史義琰自以失則天意恐禍及固辭不拜四年卒於家義琰從祖弟義琛永淳初爲雍州長史時關輔大飢高宗令貧人散於商鄧逐食義琛恐黎人流轉因此不還固爭之由是忤旨出爲梁州都督轉岐州刺史稱爲良吏卒官高宗時宰相又有孫處約樂彦瑋趙仁本並有名跡

孫處約者汝州郟城人也貞觀中爲齊王祐記室祐既失德處約數上書諫之祐既誅太宗親檢其家文疏得處約諫書甚嗟賞之累轉中書舍人其年中書令杜正倫奏請更授一舍人與處約同知制誥高宗曰處約一人足辦我事何須多也處約以預修太宗實録成賜物七百段三遷中書侍郎與李勣許敬宗同知國政尋避中宮諱改名茂道坐事左轉司禮少常伯顯慶中拜少司成以老疾請致仕許之尋卒子佺睿宗時爲左羽林大將軍征契丹戰没

樂彥瑋者雍州長安人顯慶中爲給事中時故侍中劉洎之子詣闕上言洎貞觀末爲褚遂良所譖枉死稱寃請雪中書侍郎李義府又左右之高宗以問近臣衆希義府之旨皆言其枉彥瑋獨進曰劉洎大臣舉措須合軌度人主暫有不豫豈得即擬負國先朝所責未是不愜且國君無過舉若雪洎之罪豈可謂先帝用刑不當乎然其言遂寢其事彥瑋尋丁憂起爲唐州刺史及入辭高宗記其言直復拜東臺舍人累遷西臺侍郎同東西臺三品乾封元年代劉仁軌爲大

司憲官名復舊改爲御史大夫上元三年卒贈秦州都督永昌年以子思晦貴重贈揚州大都督思晦則天時官至鸞臺侍郎兼檢校天官尚書同鳳閣鸞臺三品爲酷吏所殺

趙仁本者陝州河北人也貞觀中累轉殿中侍御史自義寧已來詔勑皆手自纂録臨事皆暗記之甚爲當時所伏會有勑差一御史遠使同列遞相辭託仁本越次請行言於治書侍御史馬周曰食君之禄死君之事雖復跋涉艱險所不敢辭也及迴事又稱旨擢吏部員外郎乾封中歷遷東臺侍郎同東西臺三品尋轉司列少常伯知政事如故時許敬宗爲右相頗任權勢仁本拒其請託遂爲敬宗所搆俄授尚書左丞罷知政事咸亨初卒官

史臣論曰崔盧數公皆以忠清文行致位樞要恪恭匪懈以保名位誠所謂持盈守成太平之君子然敬玄之擢太玄可謂能舉善者矣義琰腐材而不營第舍可謂有儉德矣彥瑋獨遏姦臣仁本請當遠使終昇輔相不亦宜乎

贊曰盧劉兩族弈世名卿二李二樂俱號公清權臣獨抗美第不營以玆輔弼無愧德聲

唐書列傳卷第三十一

百衲本

舊唐書

（後晉）劉昫等撰

2

國家圖書館出版社

劉　昫　等修

聞人詮校刻沈桐同校

許敬宗　李義府

許敬宗杭州新城人隋禮部侍郎善心子也其先自高陽南渡世仕江左敬宗幼善屬文舉秀才授淮陽郡司法書佐俄直謁者臺奏通事舍人事江都之難善心爲宇文化及所害敬宗流轉投於李密密以爲元帥府記室與魏徵同爲管記武德初赤牒擬漣州別駕太宗聞其名召補秦府學士貞觀八年累除著作郎兼修國史遷中書舍人十年文德皇后崩百官縗絰率更令歐陽詢狀貌醜異衆或指之敬宗見而大笑爲御史所劾左授洪州都督府司馬累遷給事中兼修國史十七年以修武德貞觀實録成封高陽縣男賜物八百段權檢校黄門侍郎高宗在春宫遷太子右庶子十九年太宗親伐高麗皇太子定州監國敬宗與高士廉等共知機要中書令岑文本卒於

行所令敬宗以本官檢校中書侍郎太宗大破遼賊於駐蹕山敬宗立於馬前受旨草詔書詞彩甚麗深見嗟賞先是庶人承乾廢黜宫僚多被除削乆未收敘敬宗上表曰臣聞先王慎罰務在於恤刑往哲寛仁義在於宥過聖人之道莫尚于兹竊見廢官五品以上除名弃斥頗歷歲時但庶人疇昔之年身處不疑之地苞藏悖逆陰結宰臣所預姦謀多連宗戚禍生膚表非可防萌宫內官寮逈無關預今乃投鼠及器孰謂無冤焚山毀玉稍同遷怒伏尋先典例有可原昔吳國陪臣則爰絲不坐於劉濞昌邑中尉則王吉免緣於海昏譬諸槖布乃策名於彭越比乎田叔亦委質於張敖主以凶逆陷其誅夷臣以賢良荷彼收擢歷觀往代此類尤多近者有隋又遵斯義楊勇之廢罪止加於佞人李綱之徒皆不預於刑網古今裁其折衷史籍稱爲美談而今張玄素令狐德棻趙弘智裴宣機蕭鈞等並砥節勵操有雅望於當朝經明行修播令名於天下或以直言而遭擯斥或以忤意而見猜嫌一槩雷同並罹天憲恐於王道傷在未弘由是玄素等稍得敘用二十一年加銀青光禄大夫高宗嗣位代于志寧爲禮部尚書敬宗嫁女與蠻酋馮盎之子多納金寶爲有司所劾左授鄭州刺史永徽三年入爲衛尉卿加弘文館學士兼修國史六年復拜禮部尚書高宗將廢皇后王氏而立武昭儀敬宗特贊成其計長孫無忌褚遂良韓瑗等並直言忤旨敬宗與李義府潛加誣構並流死於嶺外顯慶元年加太子賓客尋冊拜侍中監修國史三年進封郡公尋贈其父善心爲冀州刺史高宗因於古長安城遊覽問侍臣曰朕觀故城舊基宫室似與百姓雜居自秦漢已來幾代都此敬宗對曰秦都咸陽郭邑連跨渭水故云渭水貫都以象天河至漢惠帝始築此城其後苻堅姚萇後周並都之帝又問昆明池是漢武帝何年中開鑿敬宗對曰武帝遣使通西南夷而爲昆明滇池所閉欲伐昆明國故因鎬之舊澤以穿此池用習水戰元狩三年事也帝因令敬宗與弘文館學士具檢秦漢已來歷代宫室處所以奏其年代李義府爲中書令任遇之重當朝莫比龍朔二年從新令改爲右相加

光禄大夫三年冊拜太子少師同東西臺三品並依舊監修國史乾封初以敬宗年老不能行步特令與司空李勣每朝日各乘小馬入禁門至內省敬宗自掌知國史記事阿曲初虞世基與敬宗父善心同爲宇文化及所害封德彝時爲內史舍人備見其事因謂人曰世基被誅世南匍匐而請代善心之死敬宗舞蹈以求生人以爲口實敬宗深銜之及爲德彝立傳盛加其罪惡敬宗嫁女與左監門大將軍錢九隴本皇家隸人敬宗貪財與婚乃爲九隴曲敘門閥妄加功績并升與劉文靜長孫順德同卷敬宗爲子娶尉遲寶琳孫女爲妻多得賂遺及作寶琳父敬德傳悉爲隱諸過咎太宗作威鳳賦以賜長孫無忌敬宗改云賜敬德白州人龐孝泰蠻酋凡品率兵從征高麗賊知其懦襲破之敬宗又納其寶貨稱孝泰頻破賊徒斬獲數萬漢將驍健者唯蘇定方與龐孝泰耳曹繼叔劉伯英皆出其下虛美隱惡如此初高祖太宗兩朝實録其敬播所修者頗多詳直敬宗又輒以己愛憎曲事刪改論者尤之然自貞觀已來朝廷所修五代史

及晉書東殿新書西域圖志文思博要文館詞林累璧瑤山王彩姓
氏録新禮皆摠知其事前後賞賚不可勝紀敬宗好色無度其長子
昂頗有才藻歷位太子舍人母裴氏早卒裴侍婢有姿色敬宗嬖之
以爲繼室假姓虞氏昂素與通烝之不絶敬宗怒黜虞氏加昂以不
孝奏請流于嶺外顯慶中表乞昂還除虔化令尋卒咸亨元年抗表
乞骸骨詔聽致仕仍加特進俸祿如舊三年薨年八十一高宗爲之
舉哀廢朝三日詔文武百官就第赴哭冊贈開府儀同三司揚州大
都督陪葬昭陵文集八十卷太常將定謚博士袁思古議曰敬宗位
以才昇歷居清級然棄長子於荒徼嫁少女於夷落聞詩學禮事絶
於趨庭納采問名唯聞於黷貨白圭斯玷有累清塵易名之典須憑
實行按謚法名與實爽曰繆請謚爲繆敬宗孫太子舍人彥伯不勝
其恥與思古大相忿競又稱思古與許氏先有嫌隙請改謚官太常
博士王福畤議曰謚者飾終之稱也得失一朝榮辱千載若使嫌隙
是實即合據法推繩如其不虧直道義不可奪官不可侵二三其德

○何以言禮福畤忝當官守匪躬之故若順風阿意背直從曲更是甲
令虛設將謂禮院無人何以激揚雅道顧視同列請依思古謚議爲
定戶部尚書戴至德謂福畤曰高陽公任遇如此何以定謚爲繆荅
曰昔晉司空何曾薨太常博士秦秀謚爲繆醜公何曾既忠且孝徒
以日食萬錢所以貶爲繆醜況敬宗忠孝不逮於曾飲食男女之累
有逾於何氏而謚之爲繆無負於許氏矣時有詔令尚書省五品已
下重議禮部尚書袁思敬議稱按謚法既過能改曰恭請謚曰恭詔
從其議彥伯昂之子起家著作郎敬宗末年文筆多令彥伯代作又
納婢妾讒言奏流於嶺表後遇赦得還除太子舍人早卒有集十卷
李義府瀛州饒陽人也其祖爲梓州射洪縣丞因家於永泰貞觀八
年劍南道巡察大使李大亮以義府善屬文表薦之對策擢第補門
下省典儀黃門侍郎劉洎持書御史馬周皆稱薦之尋除監察御史
又勅義府以本官兼侍晉王及昇春宮除太子舍人加崇賢館直學
士與太子司議郎來濟俱以文翰見知時稱來李義府嘗獻承華箴

其辭曰邃初寘昧元氣氤氳二儀始闢三才旣分司乾立宰出震爲
君化昭淳朴道映典墳功成揖讓事極華勛肇興夏啓降及姬文咸
資繼德永樹高芬百代沿襲千齡奉聖尊若我后丕承寶命允穆三
階爰齊七政時雍化洽風移俗盛載崇國本式延家慶震維標德離
體正寄切宗祧事隆監撫思皇茂則敬詢端輔業光啓誦藝優干
羽九載崇儒三朝問竪歷選儲儀遺文在斯望試登俎高論喬枝俯
容思順非禮無施前修盛業來哲通規飭躬是蹈則敎問風馳立志
或爽則玄猷日虧無恃尊極修途難測無恃親賢失德靡全勿輕小
善積小而名自聞勿輕微行累微而身自正佞諛有類邪巧多方其
萌不絶其害必彰監言斯尸儲業攸昌竊惟令嗣有殊前事雖以貴
以賢而非長非次皇明睠德超倫作貳匪懋聲華莫酬恩異匪崇徽
烈莫符天志勉之又勉光茲守器下臣司箴敢告近侍太子表上其
文優詔賜帛四十疋又令預撰晉書高宗嗣位遷中書舍人永徽二
年兼修國史加弘文館學士高宗將立武昭儀爲皇后義府嘗密申

○協贊尋擢拜中書侍郎同中書門下三品監修國史賜爵廣平縣男
義府貌狀溫恭與人語必嬉怡微笑而褊忌陰賊既處權要欲人附
己微忤意者輒加傾陷故時人言義府笑中有刀又以其柔而害物
亦謂之李貓顯慶元年以本官兼太子右庶子進爵爲侯有洛州婦
人淳于氏坐姦繫于大理義府聞其姿色囑大理丞畢正義求爲別
宅婦特爲雪其罪卿段寶玄疑其故遽以狀聞詔令按其事正義惶
懼自縊而死侍御史王義方廷奏義府犯狀因言其初容貌爲劉洎
馬周所幸由此得進言詞猥褻帝怒出義方爲萊州司戶而不問義
府姦濫之罪義府云王御史妄相彈奏得無愧乎義方對云仲尼爲
魯司寇七日誅少正卯於兩觀之下義方任御史旬有六日不能去
姦邪於雙闕之前實以爲愧尋兼太子左庶子二年代崔敦禮爲中
書令兼檢校御史大夫監修國史學士並如故尋加太子賓客進封
河間郡公三年又追贈其父德晟爲魏州刺史諸子孩抱者並列清
官詔爲造甲第榮寵莫之能比而義府貪冒無厭與母妻及諸子女

壻賣官鬻獄其門如市多引腹心廣樹朋黨傾動朝野初杜正倫爲
中書侍郎義府時任典儀至是乃與正倫同爲中書令正倫每以先
進自處不下義府而中書侍郎李友益密與正倫共圖議義府更相
伺察義府知而密令人封奏其事正倫與義府訟於上前各有曲直
上以大臣不和兩責之左貶義府爲普州刺史正倫爲横州刺史友
益配流峯州四年復召義府兼吏部尚書同中書門下三品自餘官
封如故龍朔元年丁母憂去職二年起復爲司列太常伯同東西臺
三品義府尋請改葬其祖父營墓於永康陵側三原令李孝節私課
丁夫車牛爲其載土築墳晝夜不息於是高陵櫟陽富平雲陽華原
同官涇陽等七縣以孝節之故懼不得已悉課丁車赴役高陵令張
敬業恭勤怯懦不堪其勞死於作所王公已下爭致贈遺其羽儀導
從轜輴器服並窮極奢侈又會葬車馬祖奠供帳自灞橋屬於三原
七十里間相繼不絶武德已來王公葬送之盛未始有也義府本無
藻鑑才怙武后之勢專以賣官爲事銓序失次人多怨讟時殷王初

出閤又以義府兼王府長史三年遷右相殷王府長史仍知選事並
如故義府入則諂言自媚出則肆其姦宄百寮畏之無敢言其過者
帝頗知其罪失從容誡義府云聞卿兒子女壻皆不謹慎多作罪過
我亦爲卿掩覆未即公言卿可誡勗勿令如此義府勃然變色腮頸
俱起徐曰誰向陛下道此上曰但我言如是何須問我所從得耶義
府睕然殊不引咎緩步而去上亦優容之初五禮儀注自前代相沿
吉凶畢舉太常博士蕭楚材孔志約以皇室凶禮爲預備凶事非臣
子所宜言之義府深然之於是悉刪而焚焉義府既貴之後又自言
本出趙郡始與諸李敘昭穆而無賴之徒苟合藉其權勢拜伏爲兄
叔者甚衆給事中李崇德初亦與同譜敘昭穆及義府出爲普州刺
史遂即除削義府聞而銜之及重爲宰相乃令人誣構其罪竟下獄
自殺初貞觀中太宗命吏部尚書高士廉御史大夫韋挺中書侍郎
岑文本禮部侍郎令狐德棻等及四方士大夫諳練門閥者修氏族
志勒成百卷升降去取時稱允當頒下諸州藏爲永式義府恥其家
代無名乃奏改此書專委禮部郎中孔志約著作郎楊仁卿太子洗
馬史玄道太常丞呂才重修志約等遂立格云皇朝得五品官者皆
升士流於是兵卒以軍功致五品者盡入書限更名爲姓氏録由是
搢紳士大夫多恥被甄敘皆號此書爲勳格義府仍奏收天下氏族
志本焚之關東魏齊舊姓雖皆淪替猶相矜尚自爲婚姻義府爲子
求婚不得乃奏隴西李等七家不得相與爲婚陰陽占候人杜元紀
爲義府望氣云所居宅有獄氣發積錢二千萬乃可厭勝義府信之
聚斂更急切義府居母服有制朔望給哭假義府輒微服與元紀凌
晨共出城東登古塚候望哀禮都廢由是人皆言其窺覘災眚陰懷
異圖義府又遣其子右司議郎津召長孫無忌之孫延謂曰相爲得
一官數日詔書當出居五日果授延司津監乃取延錢七百貫於是
右金吾倉曹參軍楊行穎表言義府罪狀制下司刑太常伯劉祥道
與侍御詳刑對推其事仍令司空李勣監焉按皆有實乃下制曰右
相行殷王府長史河間郡公李義府洩禁中之語鬻寵授之朝恩交

占候之人輕朔望之哀禮蓄邪黷貨實玷衣冠稔惡嫉賢載虧政道
特以任使多年未忍便加重罰宜從遐棄以肅朝倫可除名長流巂
州其子太子右司議郎津專恃權門罕懷忌憚姦淫是務賄賂無猒
交遊非所潛報機密亦宜明罰屏跡荒裔可除名長流振州義府次
子率府長史洽千牛備身洋子壻少府主簿柳元貞等皆憑恃受贓
並除名長流廷州朝野莫不稱慶時人爲之語曰今日巨唐年還誅
四凶族四凶者謂洽及柳元貞等四人也或作河間道行軍元帥劉
祥道破銅山大賊李義府露布牓之通衢義府先多取人奴婢及敗
一時奔散各歸其家露布稱混奴婢而亂放各識家而競入者謂此
也乾封元年大赦長流人不許還義府憂憤發疾卒年五十餘文集
三十卷傳於代又著宦遊記二十卷尋亡失自義府流放後朝士常
憂懼恐其復來及聞其死於是始安上元元年大赦義府妻子得還
洛陽如意元年則天以義府與許敬宗御史大夫崔義玄中書舍人
王德儉大理正侯善業大理丞袁公瑜等六人在永徽中有翊贊之

功追贈義府揚州大都督義玄益州大都督德儉魏州刺史公瑜江州刺史長安元年又賜義府子左千牛衛將軍湛及敬宗諸子實封各三百戶義玄子司賓卿基德儉子殿中監璿實封各二百五十戶善業子太子右庶子知一公瑜子殿中丞忠臣實封各二百戶睿宗即位景雲元年並停義府等六家實封義府少子湛年六歲時以父貴授周王文學神龍初累遷右散騎常侍襲封河間郡公時鳳閣侍郎張柬之將誅張易之兄弟遂引湛為左羽林將軍令與敬暉等啓請皇太子備陳將誅易之兄弟意太子許之及兵發湛與右羽林大將軍李多祚等詣東宮迎皇太子拒而不時出湛進啓曰逆豎反道亂常將圖不軌宗社危敗實在須臾湛等諸將與南衙執事尅期誅翦伏願殿下暫至玄武門以副衆望太子曰凶豎悖亂誠合誅夷然聖躬不豫慮有驚動公等且止以俟後圖湛曰諸將弃家族共宰相同心戮力匡輔社稷殿下柰何不哀其懇誠而欲陷之鼎鑊湛等微命雖不足惜殿下速出自止遏太子乃馳馬就路湛從至玄武門斬關而入率所部兵直至則天所寢長生殿環繞侍衛因奏臣等奉令誅逆賊易之昌宗恐有漏洩遂不獲預奏輒陳兵禁掖是臣等死罪則天謂湛曰卿亦是誅易之軍將耶我於汝父子恩不少何至是也則天移就上陽宮因留湛宿衛中宗即位拜右羽林大將軍進封趙國公加實封通前滿五百戶頃之復授左散騎常侍累轉左領軍衛大將軍開元初卒崔義玄別有傳

史臣曰許高陽武德之際已為文皇入館之賓垂三十年位不過列曹尹而馬周劉洎起羈旅徒步六七年間皆登宰執考其行實則高陽之文學宏奧周洎無以過之然而太宗任遇相殊者良以高陽才優而行薄故也及屬嗣君沖暗嬖妾姦邪阿附犲狼窺圖權軸人之兇險一至於斯仲尼所謂雖有周公之才不足觀也義府才思精密所謂猩猩能言鄙哉

贊曰貞觀文士高陽河間圖形學館染翰書山進身以筆得位由姦為虎傅翼即又胡顏

唐書列傳卷第三十二

唐書列傳卷第三十三

劉昫 等修

聞人詮校刻沈桐同校

郭孝恪 張儉 蘇定方 薛仁貴
程務挺 張士貴 趙道興

郭孝恪許州陽翟人也少有志節隋末率鄉曲數百人附於李密密大悅之謂曰昔稱汝潁多奇士故非謬也令與徐勣守黎陽後密敗勣令孝恪入朝送款封陽翟郡公拜宋州刺史令與徐勣經營武牢已東所得州縣委以選補其後竇建德率衆來援王世充孝恪於青城宮進策於太宗曰世充日蹙月迫力盡計窮懸首面縛翹足可待建德遠來助虐粮運阻絶此是天喪之時請固武牢屯軍氾水隨機應變則易爲剋殄太宗然其計及破建德平世充太宗於洛陽置酒高會謂諸將曰郭孝恪謀擒建德之策王長先龍門下米之功皆出諸人之右也歷遷貝趙江涇四州刺史所在有能名入爲太府少卿轉

左驍衛將軍貞觀十六年累授金紫光禄大夫行安西都護西州刺史其地高昌舊都士流與流配及鎮兵雜處又限以沙磧與中國隔絶孝恪推誠撫御大獲其歡心初王師之滅高昌也制以高昌所虜焉耆生口七百盡還之焉耆王尋叛歸欲谷可汗朝貢稀至令孝恪伺其機便因表請擊之以孝恪爲西道行軍總管率步騎三千出銀山道以伐焉耆孝恪夜襲其城虜其王龍突騎支太宗大悅璽書勞之曰卿破焉耆虜其僞王功立威行深副所委但焉耆絶域地阻天山恃遠憑深敢懷叛逆卿望崇位重報効情深遠涉沙場龔行罰罪取其堅壁曾不崇朝再廓游魂遂無遺寇緬思竭力必大艱辛起險成功深足嘉尚俄又以孝恪爲崑丘道副大總管以討龜茲破其都城孝恪自留守之餘軍分道別進龜茲國相那利率衆遁逃孝恪以城外未賓乃出營於外有龜茲人來謂孝恪曰那利爲相人心素歸今亡在野必思爲變城中之人頗有異志公宜備之孝恪不以爲虞那利等果率衆萬餘陰與城内降胡表裏爲應孝恪失於警候賊將入城鼓譟孝恪始覺之乃率部下千餘人入城與賊合戰城中人復應那利攻孝恪孝恪力戰而入至其王所居旋復出戰於城門中流矢而死孝恪子待詔亦同死於陣賊竟退走將軍曹繼叔復拔其城太宗聞之初責孝恪不加警備以致顛覆後又憐之爲其家舉哀高宗即位追贈安西都護陽翟郡公待詔贈游擊將軍仍賻物三百段孝恪性奢侈僕妾器玩務極鮮華雖在軍中床帳完具嘗以遺行軍大總管阿史那社爾社爾一無所受太宗聞之曰二將優劣之不同也郭孝恪今爲寇虜所屠可謂自貽伊咎耳次子待封高宗時官至左豹韜衛將軍咸亨中與薛仁貴率兵討吐蕃於大非川戰敗減死除名少子待聘長安中官至宋州刺史

張儉雍州新豐人隋相州刺史皖城公威之孫也父植車騎將軍連城縣公儉即高祖之從甥也貞觀初以軍功累遷朔州刺史時頡利可汗自恃強盛每有所求輒遣書稱勑緣邊諸州遞相承稟及儉至遂拒不受太宗聞而嘉之儉又廣營屯田歲致穀十萬斛邊糧益饒

及遭霜旱勸百姓相贍遂免飢餒州境獨安後檢校勝州都督以母憂去職儉前在朔州屬李靖平突厥之後有思結部落貧窮離散儉招慰安集之其不來者或居磧北既親屬分住私相往還儉並不拘責但存綱紀羈縻而已及儉移任州司謂其將叛遽以奏聞朝廷議發兵進討仍起儉爲使就觀動靜儉單馬推誠入其部落召諸首領布以腹心咸匍匐啓顙而至便移就代州即令檢校代州都督儉遂勸其營田每年豐熟慮其私蓄富實易生驕侈表請和糴擬充貯備蕃人喜悅邊軍大收其利遷營州都督兼護東夷校尉太宗將征遼東遣儉率蕃兵先行抄掠儉軍至遼西爲遼水汎漲久而未渡太宗以爲畏懦召還儉詣洛陽謁見面陳利害因說水草好惡山川險易太宗甚悅仍拜行軍總管兼領諸蕃騎卒爲六軍前鋒時有獲高麗候者稱莫離支將至遼東詔儉率兵自新城路邀擊之莫離支竟不敢出儉因進兵渡遼趨建安城賊徒大潰斬首數千級以功累封皖城郡公賞賜甚厚其後改東夷校尉爲東夷都護仍以儉爲之永徽

初加金紫光祿大夫四年卒於官年六十謚曰密儉兄大師累以軍功仕至太僕卿華州刺史武功縣男儉弟延師永徽初累授左衛大將軍封范陽郡公延師廉謹周慎典羽林屯兵前後三十餘年未嘗有過朝廷以此稱之龍朔三年卒官贈荊州都督謚曰敬陪葬昭陵唐制三品已上門列棨戟儉兄弟三院門皆立戟時人榮之號爲三戟張家

蘇定方冀州武邑人也父邕大業末率鄉閭數千人爲本郡討賊定方驍悍多力膽氣絕倫年十餘歲隨父討捕先登陷陣父卒郡守又令定方領兵破賊首張金稱于郡南手斬金稱又破楊公卿于郡西追奔二十餘里殺獲甚衆鄉黨賴之後仕竇建德建德將高雅賢甚愛之養以爲子雅賢俄又爲劉黑闥攻陷城邑定方每有戰功及黑闥雅賢死定方歸鄉里貞觀初爲匡道府折衝隨李靖襲突厥頡利于磧口靖使定方率二百騎爲前鋒乘霧而行去賊一里許忽然霧歇望見其牙帳馳掩殺數十百人頡利及隋公主狼狽散走餘衆俯

伏靖軍既至遂悉降之軍還授左武候中郎將永徽中轉左衛勳一府中郎將從左衛大將軍程知節征賀魯爲前軍總管至鷹娑川突厥有二萬騎來拒總管蘇海政與戰互有前却既而突厥別部鼠尼施等又領二萬餘騎續至定方正歇馬隔一小嶺去知節十許里望見塵起率五百騎馳往擊之賊衆大潰追奔二十里殺千五百餘人獲馬二千疋死馬及所弃甲仗綿亘山野不可勝計副大總管王文度害其功謂知節曰雖云破賊官軍亦有死傷蓋決成敗法耳何爲此事自今正可結爲方陣輜重並納腹中四面布隊人馬被甲賊來即戰自保萬全無爲輕脫致有傷損又矯稱別奉聖言以知節恃勇輕敵使文度爲其節制遂收軍不許深入終日跨馬被甲結陣由是馬多瘦死士卒疲勞無有戰志定方謂知節曰本來討賊今乃自守馬餓兵疲逢賊即敗怯懦如此何功可立又公爲大將閫外之事不許自專別遣軍副專其號令理必不然須囚繫文度飛表奏之知節不從至恒篤城有胡降附文度又曰比我兵迴彼還作賊不如盡殺取其資財定方曰如此自作賊耳何成伐叛文度不從及分財唯定方一無所取師還文度坐處死後得除名明年擢定方爲行軍大總管又征賀魯以任雅相迴紇婆潤爲副自金山之北指處木昆部落大破之其俟斤嬾獨祿以衆萬餘帳來降定方撫之發其千騎進至突騎施部賀魯率胡祿屋闕啜攝舍提暾啜鼠尼施處半啜處木昆屈律啜五弩失畢兵馬衆且十萬來拒官軍定方率迴紇及漢兵萬餘人擊之賊輕定方兵少四面圍之定方令步卒據原攢矟外向親領漢騎陣於北原賊先擊步軍三衝不入定方乘勢擊之賊遂大潰追奔三十里殺人馬數萬明日整兵復進於是胡祿屋等五弩失畢悉衆來降賀魯獨與處木昆屈律啜數百騎西走餘五咄六闕賀魯敗各向南道降于步真於是西蕃悉定唯賀魯及咥運率其牙內餘衆而奔定方追之後大戰于伊麗水上殺獲略盡賀魯及咥運十餘騎逼夜亡走定方遣副將蕭嗣業追捕之至于石國擒之而還高宗臨軒定方戎服操賀魯以獻列其地爲州縣極于西海定方以功遷

左驍衛大將軍封邢國公又封子慶節爲武邑縣公俄有思結闕俟斤都曼先鎮諸胡擁其所部及疏勒朱俱般葱嶺三國復叛詔定方爲安撫大使率兵討之至葉葉水而賊保馬頭川於是選精卒一萬人馬三千疋馳掩襲之一日一夜行三百里詰朝至城西十里都曼大驚率兵拒戰於城門之外賊師敗績退保馬保城王師進屯其門入夜諸軍漸至四面圍之伐木爲攻具布列城下都曼自知不免面縛開門出降俘還至東都高宗御乾陽殿定方操都曼特勤獻之葱嶺以西悉定以功加食邢州鉅鹿眞邑五百戶顯慶五年從幸太原制授熊津道大總管率師討百濟定方自城山濟海至熊津江口賊屯兵據江定方升東岸乘山而陣與之大戰揚帆蓋海相續而至賊師敗績死者數千人自餘奔散遇潮且上連舳入江定方於岸上擁陣水陸齊進飛檝鼓譟直趣眞都去城二十許里賊傾國來拒大戰破之殺虜萬餘人追奔入郭其王義慈及太子隆奔于北境定方進圍其城義慈次子泰自立爲王嫡孫文思曰王與太子雖並出城而

身見在叔揔兵馬即擅爲王假令漢兵退我父子當不全矣遂率其左右投城而下百姓從之泰不能止定方命卒登城建幟於是泰開門頓顙其大將禰植又將義慈來降太子隆幷與諸城主皆同送款百濟悉平分其地爲六州俘義慈及隆泰等獻于東都定方前後滅三國皆生擒其主賞賜珍寶不可勝計仍拜其子慶節爲尚輦奉御定方俄遷左武衛大將軍乾封二年卒年七十六高宗聞而傷惜謂侍臣曰蘇定方於國有功例合褒贈卿等不言遂使哀榮未及興言及此不覺嗟悼遽下詔贈幽州都督謚曰莊

薛仁貴絳州龍門人貞觀末太宗親征遼東仁貴謁將軍張士貴應募請從行至安地有郎將劉君昂爲賊所圍甚急仁貴往救之躍馬徑前手斬賊將懸其頭於馬鞍賊皆懾伏仁貴遂知名及大軍攻安地城高麗莫離支遣將高延壽高惠眞率兵二十五萬來拒戰依山結營太宗分命諸將四面擊之仁貴自恃驍勇欲立奇功乃異其服色著白衣握戟腰鞬張弓大呼先入所向無前賊盡披靡却走大軍

乘之賊乃大潰太宗遙望見之遣馳問先鋒白衣者爲誰特引見賜馬兩疋絹四十疋擢授游擊將軍雲泉府果毅仍令北門長上并賜生口十人及軍還太宗謂曰朕舊將並老不堪受閫外之寄每欲抽擢驍雄莫如卿者朕不喜得遼東喜得卿也尋遷右領軍郎將依舊北門長上永徽五年高宗幸萬年宮甲夜山水猥至衝突玄武門宿衛者散走仁貴曰安有天子有急輒敢懼死遂登門桄叫呼以驚宮內高宗遽出乘高俄而水入寢殿上使謂仁貴曰賴得卿呼方免淪溺始知有忠臣也於是賜御馬一疋蘇定方之討賀魯也於是仁貴上疏曰臣聞兵出無名事故不成明其爲賊敵乃可伏今泥熟伏素幹不伏賀魯爲賊所破虜其妻子漢兵有於賀魯諸部落得泥熟等家口將充賤者宜括取送還仍加賜賚即是矜其枉破使百姓知賀魯是賊知陛下德澤廣及也高宗然其言使括泥熟家口送還之於是泥熟等請隨軍効其死節顯慶二年詔仁貴副程名振於遼東經略破高麗於貴端城斬首三千級明年又與梁建方契苾何力於遼東共高麗大將溫沙門戰於橫山仁貴匹馬先入莫不應弦而倒高麗有善射者於石城下射殺十餘人仁貴單騎直往衝之其賊弓矢俱失手不能舉便生擒之俄又與辛文陵破契丹於黑山擒契丹王阿卜固及諸首領赴東都以功封河東縣男尋又領兵擊九姓突厥於天山將行高宗內出甲令仁貴試之上曰古之善射有穿七札者卿且射五重仁貴射而洞之高宗大驚更取堅甲以賜之時九姓有衆十餘萬令驍健數十人逆來挑戰仁貴發三矢射殺三人自餘一時下馬請降仁貴恐爲後患並坑殺之更就磧北安撫餘衆擒其僞葉護兄弟三人而還軍中歌曰將軍三箭定天山戰士長歌入漢關九姓自此衰弱不復更爲邊患乾封初高麗大將泉男生率衆內附高宗遣將軍龐同善高等迎接之男生弟男建率國人逆擊同善等詔仁貴統兵爲後援同善等至新城夜爲賊所襲仁貴領驍勇赴救斬首數百級同善等又進至金山爲賊所敗高麗乘勝而進仁貴橫擊之賊衆大敗斬首五萬餘級遂拔其南蘇木底蒼巖等三城始與

男生相會高宗手勑勞之曰金山大陣兇黨寔繁卿身先士卒奮不顧命左衝右擊所向無前諸軍賈勇致斯剋捷宜善建功業全此令名也仁貴乘勝領二千人進攻扶餘城諸將咸言兵少仁貴曰在主將善用耳不在多也遂先鋒而行賊衆來拒逆擊大破之殺獲萬餘人遂拔扶餘城扶餘川四十餘城乘風震慴一時送款仁貴便並海略地與李勣大會軍于平壤城高麗既降詔仁貴率兵二萬人與劉仁軌於平壤留守仍授右威衛大將軍封平陽郡公兼檢校安東都護移理新城撫恤孤老有幹能者隨才任使忠孝節義咸加旌表高麗士衆莫不欣然慕化咸亨元年吐蕃入寇又以仁貴爲邏娑道行軍大總管率將軍阿史那道眞郭待封等以擊之待封嘗爲鄯城鎮守恥在仁貴之下多違節度軍至大非川將發赴烏海仁貴謂待封曰烏海險遠車行艱澁若引輜重將失事機破賊即迴又煩轉運彼多瘴氣無宜久留大非嶺上足堪置柵可留二萬人作兩柵輜重等並留柵內吾等輕銳倍道掩其未整即撲滅之矣仁貴遂率先行至

河口遇賊擊破之斬獲略盡收其牛羊萬餘頭迴至烏海城以待後
援待封遂不從仁貴之命領輜重繼進比至烏海吐蕃二十餘萬悉
衆來救邀擊待封敗走趨山軍粮及輜重並爲賊所掠仁貴遂退軍
屯於大非川吐蕃又益衆四十餘萬來拒戰官軍大敗仁貴遂與吐
蕃大將論欽陵約和仁貴歎曰今年歲在庚午軍行逆歲鄧艾所以
死於蜀吾知所以敗也仁貴坐除名尋而高麗衆相率復叛詔起仁
貴爲雞林道揔管以經略之上元中坐事徙象州會赦歸高宗思其
功開耀元年復召見謂曰往九成宫遭水無卿巳爲魚矣卿又北伐
九姓東擊高麗漢北遼東咸遵聲教者並卿之力也卿雖有過豈可
相忘有人云卿烏海城下自不擊賊致使失利朕所恨者唯此事耳
今西邊不靜瓜沙路絶卿豈可高枕鄉邑不爲朕指揮耶於是起授
瓜州長史尋拜右領軍衛將軍檢校代州都督又率兵擊突厥元珍
等於雲州斬首萬餘級獲生口二萬餘人駝馬牛羊三萬餘頭賊聞
仁貴復起爲將素憚其名皆奔散不敢當之其年仁貴病卒年七十

○贈左驍衛將軍官造靈轝并家口給傳還鄉子訥別有傳
程務挺洺州平恩人也父名振大業末仕竇建德爲普樂令甚有能
名諸賊不敢犯其境尋弃建德歸國高祖遥授永年令仍令率兵經
略河北名振夜襲鄴縣俘其男女千餘人以歸去鄴八十里閱婦人
有乳汁者九十餘人悉放遣之鄴人感其仁恕爲之設齋以報其恩
及建德敗始之任俄而劉黑闥陷洺州名振復與刺史陳君賓自拔
歸朝毋潘妻李在路爲賊所掠没於黑闥名振又從太宗討黑闥時
黑闥於冀貝滄瀛等州水陸運粮以拒官軍名振率千餘人邀擊之
盡毀其舟車黑闥聞之大怒遂殺名振毋妻及黑闥平名振請手斬
黑闥以其首祭毋名振以功拜營州都督府長史封東郡公賜物二
千段黄金三百兩累轉洺州刺史太宗將征遼東召名振問以經略
之事名振初對失旨太宗動色詰之名振酬對逾辯太宗意解謂左
右曰房玄齡常在我前每見別嗔餘人猶顔色無主名振生平不見
我向來責讓而詞理縱横亦奇士也即日拜右驍衛將軍授平壤道

行軍揔管前後攻沙卑城破獨山陣皆以少擊衆稱爲名將永徽六
年累除營州都督兼東夷都護又率兵破高麗於貴端水焚其新城
殺獲甚衆後歷晉蒲二州刺史龍朔二年卒贈右衛大將軍謚曰烈
務挺少隨父征討以勇力聞遷右領軍衛中郎將永隆中突厥史伏
念反叛定襄道行軍揔管李文暕曹懷舜竇義昭等相次戰敗又詔
禮部尚書裴行儉率兵討之務挺爲副將仍檢校豐州都督時伏念
屯於金牙山務挺與副揔管唐玄表引兵先逼之伏念懼不能支遂
間道降於行儉許伏念以不死中書令裴炎以伏念懼務挺等兵勢
而降非行儉之功伏念遂伏誅務挺以功遷右衛將軍封平原郡公
永淳二年綏州城平縣人白鐵余率部落稽之黨據縣城反僞稱尊
號署百官又進寇綏息殺掠人吏焚燒村落詔務挺與夏州都督王
方翼討之務挺進攻其城拔之生擒白鐵余盡平其餘黨又以功拜
左驍衛大將軍檢校左羽林軍嗣聖初與右領軍大將軍檢校右羽
林軍張虔勗同受則天密旨帥兵入殿庭廢中宗爲廬陵王立豫王

○爲皇帝則天臨朝累受賞賜特拜其子齊之爲尚乘奉御務挺泣請
迴授其弟則天嘉之下制襃美乃拜其弟原州司馬務忠爲太子洗
馬又明年以務挺爲左武衛大將軍單于道安撫大使督軍以禦突
厥務挺善於綏禦威信大行偏裨已下無不盡力突厥甚憚之相率
遁走不敢近邊及裴炎下獄務挺密表申理之由是忤旨務挺素與
唐之奇杜求仁友善或構言務挺與裴炎徐敬業皆潛相應接則天
遣左鷹揚將軍裴紹業就軍斬之籍没其家突厥聞務挺死所在宴
樂相慶仍爲務挺立祠每出師攻戰即祈禱焉貞觀永徽間軍將又
有張士貴趙道興狀跡可録
張士貴者虢州盧氏人也本名忽峍善騎射膂力過人大業末聚衆
爲盜攻剽城邑遠近患之號爲忽峍賊高祖降書招懷之士貴以所
統送欵拜右光祿大夫累有戰功賜爵新野縣公從平東都授虢州
刺史高祖謂之曰欲卿衣錦晝遊耳尋入爲右武候將軍貞觀七年
破反獠而還太宗勞之曰聞公親當矢石爲士卒先雖古名將何以

加也朕嘗聞以身報國者不顧性命但聞其語未聞其實於公見之矣後累遷左領軍大將軍改封虢國公顯慶初卒 贈荆州都督陪葬昭陵

趙道興者甘州酒泉人隋右武候大將軍才之子也道興貞觀初歷遷左武候中郎將明閑宿衛號爲稱職太宗嘗謂之曰卿父爲隋武候將軍甚有當官之譽卿今克傳弓冶可謂不墜家聲因授右武候將軍賜爵天水縣子其父時廨宇仍舊不改時人以爲榮道興嘗自指其廳事曰此是趙才將軍廳還使趙才將軍兒坐爲朝野所笑傳爲口實儀鳳中累遷左金吾衛大將軍文明年以老病致仕於家子晈亦爲金吾將軍凡三代執金吾爲時所稱

史臣曰孝恪機鈐果毅協草昧之際樹勳建策有傑世之風然而務奢爲恒既未盡善舉衆失律不其惑歟張公經略有天然才度務穡勸分董和成績惜哉中壽其才未盡邢國公神略翕張雄謀戡定輔平屯難始終成業疏封陟位未暢茂典蓋闕如也仁貴驍悍壯勇爲

一時之傑至忠大略勃然有立噫待封不協以敗全略孔子曰可與立未可與權上加明命竟致立功知臣者君信哉務挺勇力驍果固有父風英槩輔時克繼洪烈然而苟預廢立竟陷譏構古之言曰惡之來也如火之燎于原不可嚮邇其是之謂乎士貴道興逢時立効得盡義勇以觀厥成而繼父風槩三代執金不亦美乎

贊曰五將雄雄俱立邊功張蘇二族功名始終郭薛務挺徼功奮命垂則窮邊兵無常勝

唐書列傳卷第三十三

唐書列傳卷第三十四

劉　昫　等修

聞人詮校刻沈桐同校

劉仁軌　郝處俊　裴行儉 子光庭

劉仁軌汴州尉氏人也少恭謹好學遇隋末喪亂不遑專習每行坐所在輒書空地由是博涉文史武德初河南道大使管國公任瓌將上表論事仁軌見其起草因爲改定數字瓌甚異之遂赤牒補息州參軍稍除陳倉尉部人有折衝都尉魯寧者恃其高班豪縱無禮歷政莫能禁止仁軌特加誡喻期不可再犯寧又暴橫尤甚竟杖殺之州司以聞太宗怒曰是何縣尉輒殺吾折衝遽追入與語奇其剛正擢授櫟陽丞貞觀十四年太宗將幸同州校獵屬收穫未畢仁軌上表諫曰臣聞屋漏在上知之者在下愚夫之計擇之者聖人是以周王詢于芻蕘殷后謀于板築故得享國彌久傳祚無疆功宣清廟慶流後葉伏惟陛下天性仁愛躬親節儉朝夕克念百姓爲心一物失

所納隍軫慮臣伏聞大駕欲幸同州教習臣伏知四時蒐狩前王恒典事有沿革未必因循今年甘雨應時秋稼極盛玄黃亘野十分纔收一二盡力刈穫月半猶未訖功貧家無力禾下始擬種麥直據尋常科喚田家已有所妨今既供承獵事兼之修理橋道縱大簡略動費一二萬工百姓收斂實爲狼狽臣願陛下少留萬乘之恩垂聽一介之言退近旬日收刈總了則人盡暇豫家得康寧輿輪徐動公私交泰太宗特降璽書勞曰卿職任雖卑竭誠奉國所陳之事朕甚嘉之尋拜新安令累遷給事中顯慶四年出爲青州刺史五年太宗征遼令仁軌監統水軍以後期坐免特令以白衣隨軍自効時蘇定方既平百濟留郎將劉仁願於百濟府城鎮守又以左衛中郎將王文度爲熊津都督安撫其餘衆文度濟海病卒百濟爲僧道琛舊將福信率衆復叛立故王子扶餘豐爲王引兵圍仁願於府城詔仁軌檢校帶方州刺史代文度統衆便道發新羅兵合勢以救仁願轉鬭而前仁軌軍容整肅所向皆下道琛等乃釋仁願之圍退保任存城尋

而福信殺道琛併其兵馬招誘亡叛其勢益張仁軌乃與仁願合軍
休息時蘇定方奉詔伐高麗進圍平壤不克而還高宗勅書與仁軌
曰平壤軍迴一城不可獨固宜拔就新羅共其屯守若金法敏藉卿
等留鎮宜且停彼若其不須即宜泛海還也將士咸欲西歸仁軌曰
春秋之義大夫出疆有可以安社稷便國家專之可也況在滄海之
外密邇豺狼者哉且人臣進思盡忠有死無貳公家之利知無不爲
主上欲吞滅高麗先誅百濟留兵鎮守制其心腹雖妖孽充斥而備
預甚嚴宜礪戈秣馬擊其不意彼既無備何攻不尅戰而有勝士卒
自安然後分兵據險開張形勢飛表聞上更請兵船朝廷知其有成
必當出師命將聲援纔接凶逆自殲非直不棄成功實亦永清海外
今平壤之軍既迴熊津又拔則百濟餘燼不日更興高麗逋藪何時
可滅且今以一城之地居賊中心如其失脚即爲亡虜拔入新羅又
是坐客脫不如意悔不可追況福信兇暴殘虐過甚餘豐猜惑外合
內離鴟張共處勢必相害唯宜堅守觀變乘便取之不可動也衆從

之時扶餘豐及福信等以眞峴城臨江高險又當衝要加兵守之仁
軌引新羅之兵乘夜薄城四面攀草而上比明而入據其城遂通新
羅運糧之路俄而餘豐襲殺福信又遣使往高麗及倭國請兵以拒
官軍詔右威衛將軍孫仁師率兵浮海以爲之援仁師既與仁軌等
相合兵士大振於是諸將會議或曰加林城水陸之衝請先擊之仁
軌曰加林險固急攻則傷損戰士固守則用日持久不如先攻周留
城周留賊之巢穴群兇所聚除惡務本須拔其源若尅周留則諸城
自下於是仁師仁願及新羅王金法敏帥陸軍以進仁軌乃別率杜
爽扶餘隆率水軍及糧船自熊津江往白江會陸軍同趣周留城仁
軌遇倭兵於白江之口四戰捷焚其舟四百艘煙焰漲天海水皆赤
賊衆大潰餘豐脫身而走獲其寶劍僞王子扶餘忠勝忠志等率士
女及倭衆并耽羅國使一時並降百濟諸城皆復歸順賊帥遲受信
據任存城不降先是百濟首領沙吒相如黑齒常之自蘇定方軍迴
後鳩集亡散各據險以應福信至是率其衆降仁軌諭以恩信令自

領子弟以取任存城又欲分兵助之孫仁師曰相如等獸心難信若
授以甲仗是資寇兵也仁軌曰吾觀相如常之皆忠勇有謀感恩之
士從我則成背我必滅因機立効在於茲日不須疑也於是給其糧
仗分兵隨之遂拔任存城遲受信棄其妻子走投高麗於是百濟之
餘燼悉平孫仁師與劉仁願振旅而還詔留仁軌勒兵鎮守初百濟
經福信之亂合境凋殘殭屍相屬仁軌始令收斂骸骨瘞埋弔祭之
修錄戶口署置官長開通塗路整理村落建立橋梁補葺堤堰修復
陂塘勸課耕種賑貸貧乏存問孤老頒宗廟忌諱立皇家社稷百濟
餘衆各安其業於是漸營屯田積糧撫士以經略高麗仁願既至京
師上謂曰卿在海東前後奏請皆合事宜而雅有文理卿本武將何
得然也對曰劉仁軌之詞非臣所及也上深歎賞之因超加仁軌六
階正授帶方州刺史并賜京城宅一區厚賚其妻子遣使降璽書勞
勉之仁軌又上表曰臣蒙陛下曲垂天獎棄瑕錄用授之刺舉又加
連率材輕職重憂責更深常思報効冀酬萬一智力淺短淹滯無成

久在海外每從征役軍旅之事實有所聞具狀封奏伏願詳察臣看
見在兵募手脚沉重者多勇健奮發者少兼有老弱衣服單寒唯望
西歸無心展効臣聞往在海西見百姓人人投募爭欲征行乃有不
用官物請自辦衣糧投名義征何因今日募兵如此儜弱皆報臣云
今日官府與往日不同人心又別貞觀永徽年中東西征役身死王
事者並蒙勑使弔祭追贈官職亦有迴亡者官爵與其子弟從顯慶
五年以後征役身死更不借問往前渡遼海者即得一轉勳官從顯
慶五年以後頻經渡海不被記錄州縣發遣兵募人身少壯家有錢
財叅逐官府者東西藏避並即得脫無錢叅逐者雖是老弱推背即
來顯慶五年破百濟勳及向平壤苦戰勳當時軍將號令並言與高
官重賞百方購募無種不道洎到西岸唯聞枷鎖推禁奪賜破勳州
縣追呼求住不得公私困弊不可言盡發海西之日已有自害逃走
非獨海外始逃又爲征役蒙授勳級將爲榮寵頻年征役唯取勳官
牽挽辛苦與白丁無別百姓不願征行特由於此陛下再興兵馬平

定百濟留兵鎮守經略高麗百姓有如此議論若爲成就功業臣聞琴瑟不調改而更張布政施化隨時取適自非重賞明罰何以成功臣又問見在兵募舊留鎮五年尚得支濟爾等始經一年何因如此單露並報臣道發家來日唯遣作一年裝束自從離家已經二年在朝陽甕津又遣來去運粮涉海遭風多有漂失臣勘責見在兵募衣裳單露不堪度冬者給大軍還日所留衣裳且得一冬充事來年秋後更無準擬陛下若欲殄滅高麗不可棄百濟土地餘豐在北餘勇在南百濟高麗舊相黨援倭人雖遠亦相影響若無兵馬還成一國旣須鎮壓又置屯田事藉兵士同心同德兵士旣有此議不可膠柱因循須還其渡海官勳及平百濟向平壤功效除此之外更相褒賞明勅慰勞以起兵募之心若依今日以前布置臣恐師老且疲無所成就臣又見晉代平吳史籍具載内有武帝張華外有羊祜杜預籌謀策畫經緯諮詢王濬之徒折衝萬里樓舩戰艦已到石頭賈充王渾之輩猶欲斬張華以謝天下武帝報云平吳之計出自朕意張華

同朕見耳非其本心是非不同乖亂如此平吳之後猶欲苦繩王濬賴武帝擁護始得保全不逢武帝聖明王濬不存首領臣每讀其書未嘗不撫心長歎伏惟陛下旣得百濟欲取高麗須外內同心上下齊奮舉無遺策始可成功百姓旣有此議更宜改調臣恐是逆耳之事無人爲陛下盡言自顧老病日侵殘生詎幾奄忽長逝銜恨九泉所以披露肝膽昧死聞奏上深納其言又遣劉仁願率兵渡海與舊鎮兵交代仍授扶餘隆熊津都督遣以招輯其餘衆扶餘勇者扶餘隆之弟也是時走在倭國以爲扶餘豐之應故仁軌表言之於是仁軌浮海西還初仁軌將發帶方州謂人曰天將富貴此翁耳於州司請曆日一卷并七廟諱人怪其故荅曰擬削平遼海頒示國家正朔使夷俗遵奉焉至是皆如其言麟德二年封泰山仁軌領新羅及百濟耽羅倭四國酋長赴會高宗甚悅擢拜大司憲乾封元年遷右相兼檢校太子左中護累前後戰功封樂城縣男三年爲熊津道安撫大使兼浿江道揔管副司空李勣討平高麗揔章二年軍迴以疾辭

職加金紫光祿大夫聽致仕咸亨元年復授隴州刺史三年徵拜太子左庶子同中書門下三品監修國史五年爲雞林道大揔管東伐新羅仁軌率兵徑度瓠盧河破其北方大鎮七重城以功進爵爲公并子姪三人並授上柱國州黨榮之號其所居爲樂城鄉三柱里上元二年拜尚書左僕射同中書門下三品兼太子賓客依舊監修國史儀鳳二年以吐蕃入寇命仁軌爲洮河道行軍鎮守大使仁軌每有奏請多被中書令李敬玄抑之由是與敬玄不協仁軌知敬玄素非邊將才冀欲中傷之上言西蕃鎮守事非敬玄莫可高宗遽命敬玄代之敬玄至洮河軍尋爲吐蕃所敗永隆二年兼太子太傅未幾以老乞骸骨聽解尚書左僕射以太子太傅依舊知政事永淳元年高宗幸東都皇太子京師監國遣仁軌與侍中裴炎中書令薛元超留輔太子二年太子赴東都又令太孫重照京師留守仍令仁軌爲副則天臨朝加授特進復拜尚書左僕射同中書門下三品專知留守事仁軌復上疏辭以衰老請罷居守之任因陳呂后禍敗之事以

申規諫則天使武承嗣賫璽書往京慰喻之曰今日以皇帝諒闇不言眇身且代親政遠勞勸誡復表辭衰疾怪望既多徊徨失據又云呂后見嗤於後代祿產貽禍於漢朝引喻良深愧慰交集公忠貞之操終始不渝勁直之風古今罕比初聞此語能不罔然靜而思之是爲龜鏡且端揆之任儀刑百辟況公先朝舊德遐邇具瞻願以匡救爲懷無以暮年致請尋進封郡公垂拱元年從新令改爲文昌左相同鳳閣鸞臺三品尋薨年八十四則天廢朝三日令在京百官以次赴弔册贈開府儀同三司并州大都督陪葬乾陵賜其家實封三百戶仁軌雖位居端揆不自矜倨每見貧賤時故人不改布衣之舊初爲陳倉尉相工袁天綱謂曰君終當位鄰台輔年將九十後果如其言仁軌身經隋末之亂輯其見聞著行年記行於代子濬官至太子中舍人垂拱二年爲酷吏所陷被殺妻子籍没中宗即位以仁軌春宮舊寮追贈太尉濬子晃開元中爲秘書省少監表請爲仁軌立碑謚曰文獻史臣韋述曰世稱劉樂城與戴至德同爲端揆劉則甘言

接人以收物譽戴則正色拒下推美於君故樂城之善于今未弭而戴氏之勳無所聞焉嗚呼高名美稱或因邀飾而致遠深仁至行或以韜晦而莫傳豈唯劉戴而然蓋自古有之矣故孔子曰衆好之必察焉衆惡之必察焉非夫聖智鮮不惑也且劉公逞其私忿陷人之所不能覆徒貽國之恥忠恕之道豈其然乎

郝處俊安州安陸人也父相貴隋末與妻父許紹據硤州歸國以功授滁州刺史封甑山縣公處俊年十歲餘其父卒於滁州父之故吏賻送甚厚僅滿千餘匹悉辭不受及長好讀漢書略能暗誦貞觀中本州進士舉吏部尚書高士廉甚奇之解褐授著作佐郎襲爵甑山縣公兄弟篤睦事諸舅甚謹再轉滕王友恥為王官遂棄官歸耕久之召拜太子司議郎五遷吏部侍郎乾封二年改為司列少常伯屬高麗反叛詔司空李勣為浿江道大摠管以處俊為副嘗次賊城未遑置陣賊徒奄至軍中大駭處俊獨據胡床方餐乾糒乃潛簡精銳擊敗之將士多服其膽略總章二年拜東臺侍郎尋同東西臺三品

咸亨初高宗幸東都皇太子於京師監國盡留侍臣戴至德張文瓘等以輔太子獨以處俊從時東州道摠管高侃破高麗餘衆於安市城奏稱有高麗僧言中國災異請誅之上謂處俊曰朕聞為君上者以天下之目而視以天下之耳而聽蓋欲廣聞見也且天降災異所以警悟人君其變苟實言之者何罪其事必虛聞之者足以自戒舜立謗木良有以也欲箝天下之口其可得乎此不足以加罪特令赦之因謂處俊曰王者無外何藉於守禦雖然重門擊柝蓋備不虞方知禁衛在於謹肅朕省以秦法猶為太寬荊軻匹夫耳而匕首竊發始皇駭懼莫有拒者豈不由積習寬慢使其然乎處俊對曰此由法急所致非寬慢也上曰何以知之對曰秦法輒升殿者夷三族人皆懼族安有敢拒者逮乎魏武法尚峻臣見魏令云京城有變九卿各居其府其後嚴才作亂與其徒屬數十人攻左掖門魏武登銅雀臺遠望無敢救者時王脩為奉常聞變召車馬未至便將官屬步至宮門魏武望見之曰彼來者必王脩乎此由王脩察變知機違法赴難向各守法遂成其禍故王者設法敷化不可以太急夫政寬則人慢政急則人無所措手足聖王之道寬猛相濟詩曰不懈于位人之攸塈謂仁政也又曰式遏寇虐無俾作慝謂威刑也洪範曰高明柔克沉潛剛克謂中道也上曰善又有胡僧盧伽阿逸多受詔合長年藥高宗將餌之處俊諫曰脩短有命未聞萬乘之主輕服蕃夷之藥昔貞觀末年先帝令婆羅門僧那羅邇娑寐依其本國舊方合長生藥胡人有異術徵求靈草祕石歷年而成先帝服之竟無異効大漸之際名醫莫知所為時議者歸罪於胡人將申顯戮又恐取笑夷狄法遂不行龜鏡若是惟陛下深察高宗納之但加盧伽為懷化大將軍不服其藥尋而官名復舊處俊授黃門侍郎三年加銀青光祿大夫轉中書侍郎四年監修國史上元元年高宗御含元殿東翔鸞閣觀大酺時京城四縣及太常音樂分為東西兩朋帝令雍王賢為東朋周王諱為西朋務以角勝為樂處俊諫曰臣聞禮所以示童子無誑者恐其欺詐之心生也伏以二王春秋尚少意趣未定當須推多讓

美相敬如一今忽分為二朋遞相誇競且俳優小人言辭無度酣樂之後難為禁止恐其交爭勝負譏誚失禮非所以導仁義示和睦也高宗瞿然曰卿之遠識非衆人所及也遽令止之尋代閻立本為中書令歲餘兼太子賓客檢校兵部尚書二年高宗以風疹欲遜位令天后攝知國事與宰相議之處俊對曰嘗聞禮經云天子理陽道后理陰德則帝之與后猶日之與月陽之與陰各有所主守也陛下今欲違反此道臣恐上則謫見于天下則取怪于人昔魏文帝著令身崩後尚不許皇后臨朝今陛下柰何遂欲躬自傳位於天后況天下者高祖太宗二聖之天下非陛下之天下也陛下正合謹守宗廟傳之子孫誠不可持國與人有私於后族伏乞特垂詳納中書侍郎李義琰進曰處俊所引經言足可依憑惟聖慮無疑則蒼生幸甚帝曰是遂止儀鳳二年加金紫光祿大夫行太子左庶子並依舊知政事監修國史四年代張文瓘為侍中處俊性儉素土木形骸自參綜朝政每與上言議必引經籍以應對多有匡益甚得大臣之體侍中平

恩公許國師即處俊之舅早同州里俱宦達於時又其鄉人田氏彭氏以殖貨見稱有彭志筠顯慶中上表請以家絹布二萬段助軍詔受其絹萬疋特授奉義郎仍布告天下故江淮間語曰貴如許郝富若田彭處俊遷太子少保開耀元年薨年七十五贈開府儀同三司荊州大都督高宗甚傷悼之顧謂侍臣曰處俊志存忠正兼有學識至於雕飾服翫雖極知無益然常人不能抑情弃捨皆好尚奢侈處俊嘗保其質素終始不渝雖非元勳佐命固亦多時驅使又見遺表憂國忘家今旣云亡深可傷惜即於光順門舉哀一日不視事終祭以少牢贈絹布八百段米粟八百碩令百官赴哭給靈轝幷家口遞還鄉官供葬事其子祕書郎北叟上表辭所贈賜及葬遞之事高宗不許侍中裴炎曰處俊臨亡臣往見之屬臣曰生旣無益明時死後何宜煩費瞑目之後儻有恩賜贈物及歸鄉遞送葬日營造不欲勞官司供給高宗深嘉歎之從其遺意唯加贈物而已處俊孫象賢垂拱中為太子通事舍人坐事伏誅臨刑言多不順則天大怒令斬訖

○仍支解其體發其父母墳墓焚爇屍體處俊亦坐斵棺毀柩自此法司每將殺人必先以木丸塞其口然後加刑訖於則天之代

裴行儉絳州聞喜人曾祖伯鳳周驃騎大將軍汾州刺史瑯琊郡公祖定高馮翊郡守襲封瑯琊公父仁基隋左光祿大夫陷於王世充後謀歸國事洩遇害武德中贈原州都督謚曰忠行儉幼以門蔭補弘文生貞觀中舉明經拜左屯衛倉曹參軍時蘇定方為大將軍甚奇之盡以用兵奇術授行儉顯慶二年六遷長安令時高宗將廢皇后王氏而立武昭儀行儉以為國家憂患必從此始與太尉長孫無忌尚書左僕射褚遂良私議其事大理袁公瑜於昭儀母榮國夫人譖之由是左授西州都督府長史麟德二年累拜安西大都護西域諸國多慕義歸降徵拜司文少卿總章中遷司列少常伯咸亨初官名復舊改為吏部侍郎與李敬玄為貳同時典選十餘年甚有能名時人稱為裴李行儉始設長名姓歷牓引銓注等法又定州縣升降官資高下以為故事上元二年加銀青光祿大夫高宗以行儉工於草書嘗以絹素百卷令行儉草書文選一部帝覽之稱善賜帛五百段行儉嘗謂人曰褚遂良非精筆佳墨未嘗輒書不擇筆墨而妍捷者唯余及虞世南耳三年吐蕃背叛詔行儉為洮州道左二軍總管尋又為秦州鎮撫右軍總管並受元帥周王節度儀鳳二年十姓可汗阿史那匐延都支及李遮匐扇動蕃落侵逼安西連和吐蕃議者欲發兵討之行儉建議曰吐蕃叛換干戈未息敬玄審禮失律喪元安可更為西方生事今波斯王身沒其子泥涅師師充質在京望差使往波斯冊立即路由二蕃部落便宜從事必可有功高宗從之因命行儉冊送波斯王仍為安撫大食使途經莫賀延磧屬風沙晦暝導者益迷行儉命下營虔誠致祭令告將吏泉井非遙俄而雲收風靜行數百步水草甚豐後來之人莫知其處衆皆悅服比之貳師將軍至西州人吏郊迎行儉召其豪傑子弟千餘人隨已而西乃揚言給其下曰今正炎蒸熱坂難冒涼秋之後方可漸行都支覘知之遂不設備行儉仍召四鎮諸蕃酋長豪傑謂曰憶昔此遊未嘗厭倦雖

○還京輦無時暫忘今因是行欲尋舊賞誰能從吾獵也是時蕃酋子弟投募者僅萬人行儉假為畋遊教試部伍數日遂倍道而進去都支部落十餘里先遣都支所親問其安否外示閑暇似非討襲續又使人趣召相見都支先與遮匐通謀秋中擬拒漢使卒聞軍到計無所出自率兒姪首領等五百餘騎就營來謁遂擒之是日傳其契箭諸部酋長悉來請命並執送碎葉城簡其精騎輕齎曉夜前進將虜遮匐途中果獲都支還使與遮匐使同來行儉釋遮匐行人令先往曉喻其主兼述都支已擒遮匐尋復來降於是將吏已下立碑於碎葉城以紀其功擒都支遮匐而還高宗廷勞之曰比以西服未寧遣卿總兵討逐孤軍深入經途萬里卿權略有聞誠節夙著兵不血刃而兇黨殄滅伐叛柔服深副朕委尋又賜宴謂行儉曰卿文武兼資今故授卿二職即日拜禮部尚書兼檢校右衛大將軍調露元年突厥阿史德溫傅反單于管內二十四州並叛應之衆數十萬單于都護蕭嗣業率兵討之返為所敗於是以行儉為定襄道行軍大總管

率太僕少卿李思文營州都督周道務等部兵十八萬并西軍程務挺東軍李文暕等摠三十餘萬連亘數千里並受行儉節度唐世出師之盛未之有也行儉行至朔州知蕭嗣業以運糧被掠兵多餒死遂詐爲糧車三百乘每車伏壯士五人各齎陌刀勁弩以羸兵數百人援車兼伏精兵令居險以待之賊果大下羸兵弃車散走賊驅車就泉水解鞍牧馬方擬取糧車中壯士齊發伏兵亦至殺獲殆盡餘衆奔潰自是續遣糧車無敢近之者及軍至單于之北際曉下營壕塹方周遽令移就崇岡將士皆以士衆方就安堵不可勞擾行儉不從更令促之比夜風雨暴至前設營所水深丈餘將士莫不歎伏賊衆於黑山拒戰行儉頻戰皆捷前後殺虜不可勝數僞可汗泥熟匐爲其下所殺以其首來降又擒其大首領奉職而還餘黨走依狼山行儉既迴阿史那伏念又僞稱可汗與温傅合勢鳩集餘衆明年行儉復摠諸軍討之頓軍於代州之陘口縱反間說伏念與温傅令相猜貳伏念恐懼密送降款仍請自効行儉不泄其事而密表以聞數

日有煙塵漲天而至斥候惶惑來白行儉召三軍謂曰此是伏念執温傅來降非他然受降如受敵但須嚴備更遣單使迎前勞之少間伏念果率其屬縛温傅詣軍門請罪盡平突厥餘黨高宗大悅遣戶部尚書崔知悌赴軍勞之侍中裴炎害行儉之功摠管程務挺張虔勗上言伏念爲子營逼逐又磧北迴紇等同向南逼之窘急而降由是行儉之功不録斬伏念及温傅於都市行儉歎曰渾濬前事古今恥之但恐殺降之後無復來者因稱疾不出以勳封聞喜縣公永淳元年十姓僞可汗車薄反叛詔復以行儉爲金牙道大摠管率十將軍以討之師未行其年四月行儉病卒年六十四贈幽州都督謚曰獻特詔令皇太子差六品京官一人檢校家事五六年間待兒孫稍成長日停中宗即位追贈揚州大都督有集二十卷撰草字雜體數萬言並傳於代又撰選譜十卷安置軍營行陣部統剋料勝負甄別器能等四十六訣則天令祕書監武承嗣詣宅並密收入内行儉尤曉陰陽筭術兼有人倫之鑒自掌選及爲大摠管凡遇賢俊無不甄拔每制敵摧兇必先期捷日時有後進楊炯王勃盧照鄰駱賓王並以文章見稱吏部侍郎李敬玄盛爲延譽引以示行儉行儉曰才名有之爵祿蓋寡楊應至令長餘並鮮能令終是時蘇味道王勮未知名因調選行儉一見深禮異之仍謂曰有晩年子息恨不見其成長二公十數年當居衡石願記識此輩其後相繼爲吏部皆如其言行儉嘗所引偏裨有程務挺張虔勗崔智䂮王方翼党金毗劉敬同郭待封李多祚黑齒常之盡爲名將至刺史將軍者數十人其所知賞多此類也行儉嘗令醫人合藥請犀角麝香送者誤遺失已而惶懼潛竄又有勑賜馬及新鞍令史輒馳驟馬倒鞍破令史亦逃行儉並委所親招到謂曰爾曹豈相輕耶皆錯誤耳待之如故初平都支遮匐大獲瓌寶蕃酋將士願觀之行儉因宴設遍出歷示有馬腦盤廣二尺餘文彩殊絶軍吏王休烈捧盤歷階趨進誤躡衣足跌便倒盤亦隨碎休烈驚惶叩頭流血行儉笑而謂曰爾非故也何至於是更不形顏色詔賜都支等資産金器皿三千餘事駝馬稱是並分給親

故并副使已下數日便盡少子光庭開元中爲侍中以恩例贈行儉爲太尉

光庭早孤母庫狄氏則天時召入宮甚見親待光庭由是累遷太常丞後以武三思之壻緣坐左遷郢州司馬開元初六遷右率府中郎將擢授司門郎中歲餘轉兵部郎中光庭沉靜少言寡於交遊既歷清要時人初未許之及在職公務修整衆方歎伏爲十三年將有事于岱岳中書令張說以大駕東廵京師空虛恐夷狄乘閒竊發議欲加兵守邊以備不虞召光庭謀兵事光庭曰封禪者所以告成功也夫成功者恩德無不及百姓無不安萬國無不懷今將告成而懼夷狄何以昭德也大興力役用備不虞且非安人也方謀會同而阻戎心又非懷遠也有此三者則名實乖矣且諸蕃之國突厥爲大贄幣往來願修恩好有年矣今茲遣一使徵其大臣赴會必欣然應命突厥受詔則諸蕃君長必相率而來雖偃旗息鼓高枕有餘矣說曰善吾所不及矣因奏而行之尋轉鴻臚少卿東封還遷兵部侍郎十七

年拜中書侍郎同中書門下平章事尋兼御史大夫無幾遷黄門侍
郎依舊知政事從巡五陵迴拜侍中兼吏部尚書又加弘文館學士
光庭乃撰瑶山往則及維城前軌各壹卷上表獻之手制褒美賜絹
五百疋上令皇太子已下於光順門與光庭相見以重其諷誡之意
光庭又引壽安丞李融拾遺張琪著作左郎司馬利賓等令直弘文
館撰續春秋傳上表請以經爲御撰而光庭等依左氏之體爲之作
傳上又手制褒賞之光庭委筆削於李融書竟不就時有上書請以
皇室爲金德者中書令蕭嵩奏請集百寮詳議光庭以國家符命久
著史策若有改易恐貽後學之誚密奏請依舊爲定乃下詔停百寮
集議之事二十年扈從祠后土加光禄大夫封正平男尋卒年五十
八優制贈太師輟朝三日初光庭與蕭嵩爭權不協及爲吏部奏用
循資格并促選限至正月三十日令畢其流外行署亦令門下省之
光庭卒後嵩又奏請一切罷之光庭所引進者盡出爲外職時有門
下主事閻麟之爲光庭腹心專知吏部選官毎麟之裁定光庭隨而

下筆時人語曰麟之口光庭手太常博士孫琬將議光庭謚以其用
循資格非獎勸之道建議謚爲克時人以爲希嵩意旨上聞而特下
詔賜謚曰忠獻仍令中書令張九齡爲其碑文史官韋述以改謚爲
非論之曰春秋之義諸侯死王事者葬之加一等嘉其有功而不及
其賞也爰至漢魏則襚之印綬寵被窀穸唯德是褒豈虚授也近代
已來寵贈無紀或以職位崇顯一切優錫或以子孫榮貴恩例所加
賢愚虚實爲一貫矣裴光庭以守法之吏驟登相位踐歷機衡豈不
多愧贈以師範何其濫歟張燕公有扶翊之勳居講諷之舊秩躋九
命官歷二端議者猶謂贈之過當況光庭去斯猶遠何妄竊之甚哉
蓋名器假人昔賢之所惋也

史臣曰昔晉侯選任將帥取其閱禮樂而敦詩書良有以也夫權謀
方略兵家之大經邦國繫之以存亡政令因之而強弱則馮衆怙力
稀勇虎暴者安可輕言推轂授任哉故王猛諸葛亮振起窮巷驅駕
豪傑左指右顧廓定霸圖非他道也蓋智力權變適當其用耳劉樂
城裴聞喜文雅方略無謝昔賢治戎安邊綽有心術儒將之雄者也
太后預政之時刑峻如壑多以諛佞希恩而樂城翫山昌言規正若
時無君子安及此言正平銓藻吏能文學政事頗有深識而前史譏
其謬謚有涉陳壽短武侯應變之論乎非通論也

贊曰殷禮阿衡周師呂尚王者之兵儒者之將樂城聞喜當仁不讓
管葛之譚是吾心匠

唐書列傳卷第三十四

劉　昫　等修
聞人詮校刻沈桐同校

唐臨孫紹　張文瓘兄文琮　徐有功

唐臨京兆長安人周内史瑾孫也其先自北海徙關中伯父令則開皇末爲左庶子坐諂事太子勇誅死臨少與兄皎俱有令名武德初隱太子揔兵東征臨詣軍獻平王世充之策太子引直典書坊尋授右衛率府鎧曹參軍宫殿廢出爲萬泉丞縣有輕囚十數人會春暮時雨臨白令請出之令不許臨曰明公若有所疑臨請自當其罪令因請假臨召囚悉令歸家耕種與之約令歸繫所囚等皆感恩貸至時畢集詣獄臨因是知名再遷侍御史奉使嶺外按交州刺史李道彦等申叩寃繫三千餘人累轉黄門侍郎加銀青光禄大夫儉薄寡欲不治第宅服用簡素寛於待物甞欲弔喪令家童自歸家取白衫家僮誤將餘衣懼未敢進臨察知之使召謂曰今日氣逆不宜哀泣向取白衫且止之也又甞令人煮藥失制潛知其故謂曰陰晴不宜服藥宜即棄之竟不揚言其過其寛恕如此高宗即位檢校吏部侍郎其年遷大理卿高宗甞問臨在獄繫囚之數臨對詔稱旨帝喜曰朕昔在東宫卿已事朕朕承大位卿又居近職以疇昔相委故授卿此任然爲國之要在於刑法法急則人殘法寛則失罪務令折中稱朕意焉高宗又甞親録死囚前卿所斷者號叫稱寃臨所入者獨無言帝怪問狀囚曰罪實自犯唐卿所斷既非寃濫所以絶意耳帝歎息良久曰爲獄者不當如此耶永徽元年爲御史大夫明年華州刺史蕭齡之以前任廣州都督贓事發制付羣官集議及議奏帝怒令於朝堂處置臨奏曰臣聞國家大典在於賞刑古先聖王惟刑是䘏虞書曰罪疑惟輕功疑惟重與其殺弗辜寧失弗經周禮刑平國用中典刑亂國用重典天下太平應用堯舜之典比來有司多行重法敘勳必須刻削論罪務從重科非是憎惡前人止欲自爲身計今議蕭齡之事有輕有重重至自流死輕者請除名以齡之受委大藩贓罪

狼藉原情取事死有餘辜然既遣詳議終須近法竊惟議事羣官未盡識議刑本意律有八議並依周禮舊文矜其異於衆臣所以特制議法禮王族刑於隱者所以議親刑不上大夫所以議貴知重其親貴議欲緩刑非爲嫉其賢能謀致深法今既許議而加重刑是與堯舜相反不可爲萬代法高宗從其奏齡之竟得流於嶺外尋遷刑部尚書加金紫光禄大夫復歷兵部度支吏部三尚書顯慶四年坐事貶爲潮州刺史卒官年六十所撰冥報記二卷大行於世兄皎武德初爲秦府記室從太宗征討專掌書檄深見親待貞觀中累轉吏部侍郎先是選集無限隨到補職時漸太平選人稍衆皎始請以冬初一時大集終季春而畢至今行之歷遷益州長史卒贈太常卿子之奇調露中爲給事中坐甞爲章懷太子僚屬從邊文明元年起爲括蒼令與徐敬業作亂伏誅臨孫紹博學善三禮神龍中爲太常博士景龍二年韋庶人上言自妃主及命婦宫官葬日請給鼓吹中宗特制許之紹上疏諫曰竊聞鼓吹之樂本爲軍容昔黄帝涿鹿有功以爲警衛故棡鼓曲有靈夔吼鵰鶚爭石墜崖壯士怒之類自昔功臣備禮適得用之丈夫有四方之功以恩加寵錫假如郊天祀地誠是重儀惟有宫懸本無案據故知軍樂所備尚不洽於神祇鉦鼓之音豈能接於閨閫準式公主王妃已下葬禮惟有團扇方扇綵帷錦鄣之色加之鼓吹歷代未聞又準令五品官婚葬元無鼓吹惟京官五品得借四品官則不當給限便是班秩本因天子儀飾乃復過之事非倫次難爲定制參詳義理不可常行請停前勑各依常典疏奏不納紹尋遷左臺侍御史兼太常博士中宗將親拜南郊國子祭酒祝欽明等希旨皇后爲亞獻紹與博士蔣欽緒固爭以爲不可又則天父母二陵各置守戶五百人武三思及子崇訓墓各置守戶六十人以武氏外戚乃與昭陵禮同三思等復逾親王之制又上疏切諫當時雖皆不從深爲議者所美睿宗即位又數陳時政損益累轉給事中仍知禮儀事先天二年冬令上講武於驪山紹以修儀注不合旨坐斬時令上既怒講武失儀坐紹於纛下右金吾將軍李邈遽請宣

勑遂斬之時人既痛惜紹而深咎於邈尋有勑罷邈官遂擯廢終其
身
張文瓘貝州武城人大業末徙家魏州之昌樂瓘幼孤事母兄以孝
友聞貞觀初舉明經補并州參軍時英國公李勣爲長史深禮之累
遷水部員外郎時兄文琮爲戶部侍郎舊制兄弟不許並居臺閣遂
出爲雲陽令龍朔年累授東西臺舍人參知政事尋遷東臺侍郎同
東西臺三品兼知左史事時初造蓬萊上陽合璧等宮又征討四夷
廐馬有萬疋倉庫漸虛文瓘因進諫曰人力不可不惜百姓不可不
養養之逸則富以康使之勞則怨以叛秦皇漢武廣事四夷多造宮
室使土崩瓦解戶口減半臣聞制化於未亂保邦於未危人罔常懷
懷於有仁陛下不制於未亂之前安能救於既危之後百姓不堪其
弊必構禍難殷鑒不遠近在隋朝臣願稍安撫之無使生怨上深納
其言於是節減廐馬數千疋賜文瓘繒錦百段咸亨三年官名復舊
改授黃門侍郎兼太子左庶子俄遷大理卿依舊知政事文瓘至官
○　〈唐傳三五　三〉
旬日決遣疑事四百餘條無不允當自是人有抵罪者皆無怨言文
瓘嘗有疾繫囚相與齋禱願其視事當時咸稱其執法平恕以比戴
冑上元二年拜侍中兼太子賓客大理諸囚聞文瓘改官一時慟哭
其感人心如此文瓘性嚴正諸司奏議多所糾駮高宗甚委之或時
卧疾在家朝廷每有大事上必問諸宰臣曰與文瓘議未奏云未者
則遣共籌之奏云已議者皆報可從之其後新羅外叛高宗將發兵
討除時文瓘疾病在家乃輿疾請見奏曰比爲吐蕃犯邊兵屯寇境
新羅雖未即順師不內侵若東西俱事征討臣恐百姓不堪其弊請
息兵脩德以安百姓高宗從之儀鳳二年卒年七十三贈幽州都督
謚曰懿以其經事孝敬皇帝特勑陪葬恭陵四子潛沛洽涉中宗時
潛官至魏州刺史沛同州刺史洽衛尉卿涉殿中監父子兄弟五人
皆至三品官時人謂之萬石張家及韋温等被誅之際涉爲亂兵所
殺兄文琮貞觀中爲持書侍御史三遷亳州刺史爲政清簡百姓安
之永徽初表獻太宗文皇帝頌優制襃美賜絹百疋徵拜戶部侍郎

從母弟房遺愛以罪貶授房州刺史文琮作詩祖餞及遺愛誅坐是
出爲建州刺史州境素尚淫祀不修社稷文琮下教書曰春秋二社
蓋本爲農惟獨此州廢而不立禮典既闕風俗何觀近年已來田多
不熟抑不祭先農所致乎神在於敬何以邀福於是示其節限條制
百姓欣而行之尋卒文集二十卷子戩官至江州刺史撰喪儀纂要
七卷行於時戩弟錫則天時爲鳳閣侍郎同鳳閣鸞臺平章事先是
姊子李嶠知政事錫拜官而嶠罷相出爲國子祭酒舅甥相代爲相
時人榮之錫與鄭杲俱知天官選事坐贓則天將斬之以徇臨刑而
特赦之中宗時累遷工部尚書兼修國史尋令於東都留守中宗崩
韋庶人臨朝詔錫與刑部尚書裴談並同中書門下三品旬日出爲
絳州刺史累封平原郡公以年老致仕而卒文琮從父弟文收隋內
史舍人虔威子也尤善音律嘗覽蕭吉樂譜以爲未甚詳悉更博採
羣言及歷代沿革裁竹爲十二律吹之備盡旋宮之義時太宗將創
制禮樂召文收於太常令與少卿祖孝孫參定雅樂太樂有古鍾十
○　〈唐傳三十五　四〉
二近代惟用其七餘有五俗號啞鍾莫能通者文收吹律調之聲皆
響徹時人咸服其妙尋授協律郎十一年文收表請釐正太樂上謂
侍臣曰樂本緣人人和則樂和至如隋煬帝末年天下喪亂縱令改
張音律知其終不和諧若使四海無事百姓安樂音律自然調和不
藉更改竟不依其請十四年景雲見河水清文收採朱鴈天馬之義
制景雲河清樂名曰讌樂奏之管絃爲樂之首今元會第一奏者是
也咸亨元年遷太子率更令卒官撰新樂書十二卷
徐有功國子博士文遠孫也舉明經累轉蒲州司法參軍紹封東莞
男爲政寬仁不行杖罰吏人感其恩信遞相約曰若犯徐司法杖者
衆必斥罰之由是人爭用命終於代滿不戮一人載初元年累遷司
刑丞時酷吏周興來俊臣丘神勣王弘義等構陷無辜皆抵極法公卿
震恐莫敢正言有功獨存平恕詔下大理者有功皆議出之前後濟
活數十百家常於殿庭論奏曲直則天厲色詰之左右莫不悚慄有
功神色不撓爭之彌切尋轉秋官員外郎轉郎中俄而鳳閣侍郎任

知古冬官尚書裴行本等七人被構陷當死則天謂公卿曰古人以
殺止殺我今以恩止殺就羣公乞知古等錫以再生各授以官佇申
來效俊臣𡡾黙等又抗表請申大法則天不許之俊臣乃獨引行本
重驗前罪奏曰行本潛行悖逆告張知𡨴與盧陵王反不實罪當處
斬有功駁奏曰俊臣乖明主再生之賜虧聖人恩信之道爲臣雖當
嫉惡然事君必將順其美行本竟以免死道州刺史李仁褒及弟榆
次令長沙又爲唐奉一所構高宗末私議吉凶謀復李氏將誅之有
功又固爭之不能得秋官侍郎周興奏有功曰臣聞兩漢故事附下
罔上者腰斬面欺者亦斬又禮云析言破律者殺有功故出反囚罪
當不赦請推按其罪則天雖不許繫問然竟坐免官久之起爲左臺
侍御史則天特褒異之時遠近聞有功授職皆欣然相賀有功嘗上
疏論天官秋官及朝堂三司理匭使愆失其略曰陛下即位已來海
內職員一定而天下選人漸多掌選之曹用捨不平補擬乖次屬請
公行顏面罔懼遂使嚚謗滿路怨讟盈朝浸以爲常殊無愧憚又往

屬唐朝季年時多逆節鞫訊結斷刑獄至嚴革命以來載祀遽積餘
風未殄用法猶深今推鞫者猶行酷法妄劾斷臣即按驗奏而劾之
獲其枉狀請即付法斷罪亦奪祿貶考以懲其慝其三司受表及理
匭申冤使不速與奪致令擁塞有理不爲申者亦望準前彈奏貶考
奪祿臣昔處法緣蒙擢用臣無以上荅至造願以執法酬恩無縱詭
隨不避強禦猛毅鷙擊是臣之分如蒙允納請降勑施行庶不越旬
時亦可以除殘革弊刑措不用天下幸甚後潤州刺史竇孝諶妻龐
氏爲奴誣告云夜解祈福則天令給事中薛季昶鞫之季昶鍛鍊成
其罪龐氏當坐斬有功獨明其無罪而季昶等返陷有功黨援惡逆
奏付法法司結刑當棄市有功方視事令史垂泣以告有功曰豈吾
獨死而諸人長不死耶乃徐起而歸則天覽奏召有功詰之曰卿比
斷獄失出何多對曰失出臣下之小過好生聖人之大德願陛下弘
大德則天下幸甚則天黙然於是龐氏減死流於嶺表有功除名爲
庶人尋起爲左司郎中累遷司刑少卿有功謂所親曰今身爲大理

人命所懸必不能順旨詭辭以求苟免故前後爲獄官以諫奏枉誅
者三經斷死而執志不渝酷吏由是少衰時人比漢之于張焉或曰
若獄官皆然刑措何遠乆之轉司僕少卿長安二年卒年六十二贈
司刑卿中宗即位制曰忠正之臣自昔攸尚襃贈之典舊章所重故
贈大理卿徐有功節操貞勁器懷亮直徇古人之志業寔一代之賢
良司彼刑書深存敬慎周興來俊臣等性惟殘酷務在誅夷不順其
情竝加誣害有功卓然守法雖死不移無屈撓之心有忠烈之議當
其執斷竝遇平反定國釋之何以加此朕惟新庶政追想前跡其人
既歿其德可稱追往贈終慰茲泉壤可贈越州刺史仍遣使就家吊
祭賜物百段授一子官今上踐祚竇孝諶之子希瑊等請以身之官
爵讓有功子惀以報舊恩惀由是自太子司議郎恭陵令累遷申王
府司馬卒

史臣曰文法理具之大者故舜命皋陶爲士昌言誡勑勤亦至焉昔
人命所懸一失其平冤不可復聖王所以疚心也如臨之守法文瓘

之議刑時屬哲王可以理奪當賊后遷鼎之際酷吏羅織之辰徐有
功獨抗羣邪持平不撓此所以爲難也比釋之定國徐又過之希瑊
讓爵酬恩可知遺愛

贊曰聽訟惟明持法惟平二者或爽人何以生猗歟徐公獨爲之精
世皆紛濁不攺吾清

唐書列傳卷第三十五

唐書列傳卷第三十六

劉　昫　等修

聞人詮校刻沈桐同校

高宗中宗諸子

燕王忠　原王孝

澤王上金　許王素節

孝敬皇帝弘 裴居道附　章懷太子賢 賢子邠王守禮

懿德太子重潤　庶人重福

節愍太子重俊　殤帝重茂

高宗八男則天順聖皇后生中宗睿宗及孝敬皇帝弘章懷太子賢後宮劉氏生燕王忠鄭氏生原王孝楊氏生澤王上金蕭淑妃生許王素節

燕王忠字正本高宗長子也高宗初入東宮而生忠宴宮寮於弘教殿太宗幸宮顧謂宮臣曰頃來王業稍可非無酒食而唐突卿等宴會者朕初有此孫故相就爲樂耳太宗酒酣起舞以屬群臣在位於是遍舞盡日而罷賜物有差貞觀二十年封爲陳王永徽元年拜雍州牧時王皇后無子其舅中書令柳奭說后謀立忠爲皇太子以忠母賤冀其親已后然之奭與尚書右僕射褚遂良侍中韓瑗諷太尉長孫無忌左僕射于志寧等固請立忠爲儲后高宗許之三年立忠爲皇太子大赦天下五品已上子爲父後者賜勳一級六年加元服制大辟罪已下並降一等大酺三日其年王皇后被廢武昭儀所生皇子弘年三歲禮部尚書許敬宗希旨上疏曰伏惟陛下憲章千古含育萬邦爰立聖慈母儀天下既而皇后生子合處少陽出自塗山是謂吾君之胤夙聞胎教宜展問豎之心乃復爲孽奪宗降居藩邸是使前星匿彩瑤嶽韜峯臣以愚誠竊所未喻且今之守器素非皇嫡永徽爰始國本未生權引彗星越升明兩近者元妃載誕正胤降神重光日融爝暉宜息安可以茲傍統叨據溫文國有諍臣孰逃其責竊惟息姑克讓可以思齊劉彊守藩宜遵往軌追蹤太伯不亦休哉踵武延陵故常安矣寧可反植枝幹久易位於天庭倒襲裳衣使遠方於震位蠢爾黎庶云誰係心垂裕後昆將何播美高宗從之顯慶元年廢忠爲梁王授梁州都督賜實封二千戶物二萬段甲第一區其年轉房州刺史忠年漸長大常恐不自安或私衣婦人之服以備刺客又數有妖夢常自占卜事發五年廢爲庶人徙居黔州囚於承乾之故宅麟德元年又誣忠與東臺侍御上官儀宦者王伏勝謀反賜死於流所年二十二無子儀等伏誅明年皇太子弘表請收葬許之神龍初追封燕王贈太尉揚州大都督

原王孝高宗第二子也永徽元年封王三年拜并州都督顯慶三年累除遂州刺史麟德元年薨贈益州大都督謚曰悼神龍初追贈原王司徒益州大都督

澤王上金高宗第三子也永徽元年封杞王三年遙授益州大都督乾封元年累轉壽州刺史有罪免官削封邑仍於澧州安置上金既爲則天所惡所司希旨求索罪失以奏之故有此黜永隆二年二月則天矯抗表杞王上金鄱陽王素節許同朝集之例義陽宣城二公主緣毋蕭氏獲譴從夫外官請授官職以上金爲沔州刺史素節爲岳州刺史仍不預朝集嗣聖元年上金素節義陽宣城二公主聽赴哀文明元年上金封畢王素節封爲葛王又改上金封爲澤王蘇州刺史素節許王隆州刺史垂拱元年改陳州刺史永昌元年授太子左衛率出爲隨州刺史載初元年武承嗣使酷吏周興誣告上金素節謀反召至都繫於御史臺舒州刺史許王素節見殺於都城南驛因害其支黨上金恐懼自縊死子義珍義玫義璋義環義瑾義璲七人並配流顯州而死神龍初追復上金官爵封庶子義珣爲嗣澤王先是義珣竄在嶺外匿於傭保之間及紹封無幾有人告義珣非上金子假冒襲爵義珣不能自明復流于嶺外開元初封素節子璆爲嗣澤王繼上金後十二年玉眞公主表稱義珣實上金遺胤被嗣許王瓘兄弟利其封爵謀構廢之令上由是削璆王爵復召義珣爲嗣澤王拜率更令因是諸宗室非本宗襲爵自中興已後繼爲嗣王者皆令歸宗削其爵邑也

許王素節高宗第四子也年六歲永徽二年封雍王尋授雍州牧素節能日誦古詩賦五百餘言受業於學士徐齊聃精勤不倦高宗甚愛之又轉岐州刺史年十二改封郇王初則天未爲皇后也與素節母蕭淑妃爭寵遞相譖毀六年則天立爲皇后後淑妃竟爲則天所譖毀幽辱而殺之素節尤被讒嫉出爲申州刺史乾封初下勑曰素節既舊疾患宜不須入朝而素節實無疾素節自以久乖朝覲遂著忠孝論以見意詞多不載時王府倉曹參軍張柬之因使潛封此論以進則天見之逾不悅誣以贓賄降封鄱陽郡王仍於袁州安置儀鳳二年禁錮終身又改於岳州安置永隆元年轉岳州刺史後改封葛王則天稱制又進封許王累除舒州刺史天授中與上金同被誣告追赴都臨發州聞有遺喪哭者謂左右曰病死何由可得更何須哭行至都城南龍門驛被縊死年四十三則天令以庶人禮葬之中宗即位追封許王贈開府儀同三司許州刺史仍以禮改葬陪於乾陵素節被殺之時子瑛琬璣瑒等九人並爲則天所殺惟少子琳瓘

唐傳三十六　三

○

璆欽古以年小特令長禁雷州神龍初封瓘爲嗣許王開元初封琳爲嗣越王以紹越王貞之後璆爲嗣澤王以繼伯父澤王上金之後琳官至右監門將軍卒瓘開元十一年爲衛尉卿以抑伯上金男不得承襲以弟璆繼之遽譴瓘爲鄂州別駕於是下詔絕其外繼乃以故澤王上金男義珣爲嗣澤王江王禕爲信安郡王嗣蜀王褕爲廣漢郡王嗣密王徹爲濮陽郡王嗣曹王臻爲濟國公嗣趙王琚爲中山郡王武陽郡王繼宗爲澧國公瓘累遷邠州刺史祕書監守太子詹事璆性仁厚謹愿居家邕睦朝廷重之天寶六載卒贈蜀郡大都督瓘晚有子命璆子益爲嗣及卒有解需二子皆幼孺十一載益襲封許王十四載解娶楊銛女乃襲許王璆初爲嗣澤王降爲郢國公宗正卿同正員特封褒信郡王進龍池皇德頌遷宗正卿光祿卿殿中監天寶初重拜宗正卿加金紫光祿大夫璆友弟聰敏聞善若驚宗子中有一善無不薦拔故宗枝居省闥者多是璆之所舉九載卒贈江陵大都督

孝敬皇帝弘高宗第五子也永徽四年封代王顯慶元年立爲皇太子大赦改元弘嘗受春秋左氏傳於率更令郭瑜至楚子商臣之事廢卷而歎曰此事臣子所不忍聞經籍聖人垂訓何故書此瑜對曰孔子修春秋義存褒貶故善惡必書褒善以示代貶惡以誡後故使商臣之惡顯於千載太子曰非惟口不可道故亦耳不忍聞請改讀餘書瑜再拜賀曰里名勝母曾子不入邑號朝歌墨子迴車殿下誠孝冥資睿情天發凶悖之迹黜於視聽循奉德音實深慶躍臣聞安上理人莫善於禮非禮無以事天地之神非禮無以辨君臣之位故先王重焉孔子曰不學禮無以立請停春秋而讀禮記太子從之龍朔元年命中書令太子賓客許敬宗侍中兼太子右庶子許圉師中書侍郎上官儀太子中舍人楊思儉等於文思殿博採古今文集摘其英詞麗句以類相從勒成五百卷名曰瑶山玉彩表上之制賜物三萬段敬宗已下加級賜帛有差總章元年二月親釋菜司成館因請贈顏回太子少師曾參太子少保高宗並從之時有勑征邊遼軍

唐傳三十六　四

○

人逃亡限內不首及更有逃亡者身並處斬家口沒官太子上表諫曰竊聞所司以背軍之人身久不出家口皆擬沒官亦有限外出首未經斷罪諸州囚禁人數至多或臨時遇病不及軍伍緣茲怖懼遂即逃亡或因樵採被賊抄掠或渡海來去漂沒滄波或深入賊庭有被傷殺軍法嚴重皆須相傔若不給傔及不因戰亡即同隊之人兼合有罪遂有無故死失多注爲逃軍旅之中不暇勘當直據隊司通狀將作眞逃家口令總沒官論情實可哀憫書曰與其殺不辜寧失不經伏願逃亡之家免其配沒制從之咸亨二年駕幸東都留太子於京師監國時屬大旱關中饑乏令取廊下兵士糧視之見有食榆皮蓬實者乃令家令等各給米使足是時戴至德張文瓘兼左庶子與右庶子蕭德昭同爲輔弼太子多疾病庶政皆決於至德等時義陽宣城二公主以母得罪幽于掖庭太子見之驚惻遽奏請令出降又請以同州沙苑地分借貧人詔並許之又召詣東都納右衛將軍裴居道女爲妃所司奏以白鴈爲贄適會苑中獲白鴈高宗喜曰漢

獲朱鴈遂爲樂府今獲白鴈得爲婚贄彼禮但成謠頌此禮便首人倫異代相望我無慙德也裴氏甚有婦禮高宗嘗謂侍臣曰東宮内政吾無憂矣上元二年太子從幸合璧宮尋薨年二十四制曰皇太子弘生知誕質惟幾毓性直城趨駕肅敬著於三朝中寢問安仁孝聞於四海自琰圭在手沉瘵嬰身顧惟耀掌之珍特切鍾心之念庶其痊復以禪鴻名及腠理微和將遜于位而弘天資仁厚孝心純確既承朕命掩欷不言因茲感結舊疾增甚億兆攸繫方崇下武之基五福無徵俄遷上賓之駕昔周文至愛遂延慶於九齡朕之不慈遽永訣於千古天性之重追懷哽咽宜申往命加以尊名夫諡者行之跡也號者事之表也慈惠愛親曰孝死不忘君曰敬諡爲孝敬皇帝其年葬於緱氏縣景山之恭陵制度一準天子之禮百官從權制三十六日降服高宗親爲制叡德紀并自書之於石樹於陵側初將營築恭陵功費鉅億萬姓厭役呼嗟滿道遂亂投塼瓦而散太子無子長壽中制令楚王瑋繼其後中宗踐祚制祔于太廟號曰義宗又追

贈妃裴氏爲哀皇后景雲元年中書令姚元之吏部尚書宋璟奏言準禮大行皇帝山陵事終即合祔廟其太廟第七室先祔皇昆義宗孝敬皇帝哀皇后裴氏神主伏以義宗未登大位崩後追尊至神龍之初乃特令昇祔春秋之義國君即位未踰年者不合列昭穆又古者祖宗各別立廟孝敬皇帝恭陵既在洛州望於東都別立義宗之廟遷祔孝敬皇帝哀皇后神主命有司以時享祭則不違先旨又協古訓人神允穆進退得宜在此神主望入夾室安置伏願陛下以禮斷恩詔從之開元六年有司上言孝敬皇帝今別廟將建享祔有期準禮不合更以義宗爲廟號請以本諡孝敬爲廟稱於是始停義宗之號

裴居道絳州聞喜人隋兵部侍郎鏡民孫也父熈載貞觀中爲尚書左丞居道以女爲太子妃則天時歷位納言内史太子少保封翼國公載初元年春爲酷吏所陷下獄死

章懷太子賢字明允高宗第六子也永徽六年封潞王顯慶元年遷授岐州刺史其年加雍州牧幽州都督時始出閤容止端雅深爲高宗所嗟賞高宗嘗謂司空李勣曰此兒已讀得尚書禮記論語誦古詩賦復十餘篇暫經領覽遂即不忘我曾遣讀論語至賢賢易色遂再三覆誦我問何爲如此乃言性愛此言方知夙成聰敏出自天性龍朔元年徙封沛王加揚州都督兼左武衛大將軍雍州牧如故二年加揚州大都督麟德二年加右衛大將軍咸亨三年改名德徙封雍王授涼州大都督雍州牧右衛大將軍如故食實封一千戶上元元年又依舊名賢上元二年孝敬皇帝薨其年六月立爲皇太子大赦天下尋令監國賢處事明審爲時論所稱儀鳳元年手敕褒之曰皇太子賢自頃監國留心政要撫字之道既盡於哀矜刑網所施務存於審察加以聽覽餘暇專精墳典往聖遺編咸窺壼奧先王策府備討菁華好善載彰作貞斯在家國之寄深副所懷可賜物五百段賢又招集當時學者太子左庶子張大安洗馬劉訥言洛州司戶格希玄學士許叔牙成玄一史藏諸周寶寧等注范曄後漢書表上之

賜物三萬段仍以其書付祕閣時正議大夫明崇儼以符劾之術爲則天所任使密稱英王狀類太宗又宮人潛議云賢是后姊韓國夫人所生賢亦自疑懼則天又嘗爲賢撰少陽政範及孝子傳以賜之仍數作書以責讓賢賢逾不自安調露二年崇儼爲盜所殺則天疑賢所爲俄使人發其陰謀事詔令中書侍郎薛元超黃門侍郎裴炎御史大夫高智周與法官推鞫之於東宮馬坊搜得皁甲數百領乃廢賢爲庶人幽于別所永淳二年遷於巴州文明元年則天臨朝令左金吾將軍丘神勣往巴州檢校賢宅以備外虞神勣遂閉於別室逼令自殺年三十二則天舉哀於顯福門貶神勣爲疊州刺史追封賢爲雍王神龍初追贈司徒仍遣使迎其喪柩陪葬于乾陵睿宗踐祚又追贈皇太子諡曰章懷有三子光順守禮守義光順天授中封安樂郡王尋被誅守義文明年封犍爲郡王垂拱四年徙封永安郡王病卒守禮本名光仁垂拱初改名守禮授太子洗馬封嗣雍王時中宗遷于房陵睿宗雖居帝位絕人朝謁諸武贊成革命之計深嫉宗枝

守禮以父得罪與睿宗諸子同處于宮中凡十餘年不出庭院至聖曆元年睿宗自皇嗣封爲相王許出外邸睿宗諸子五人皆封郡王與守禮始居于外神龍元年中宗纂位授守禮光祿卿同正員神龍中遺詔進封邠王賜實封五百戶景雲二年帶光祿卿兼幽州刺史轉左金吾衛大將軍遥領單于大都護先天二年遷司空開元初歷虢隴襄晉滑六州刺史非奏事及大事並上佐知州時寧申岐薛邠同爲刺史皆擇首僚以持綱紀源乾曜袁嘉祚潘好禮皆爲邠府長史兼州佐守禮唯弋獵伎樂飲謔而已九年已後諸王並徵還京師守禮以外枝爲王才識猥下尤不逮岐薛多寵嬖不修風教男女六十餘人男無中才女負貞稱守禮居之自若高歌擊鼓常帶數千貫錢債或有諫之者曰王年漸高家累甚衆須有愛惜守禮曰豈有天子兄沒人葬諸王因內讌言之以爲歡笑雖積陰累日守禮白於諸王曰欲晴果晴愆陽涉旬守禮曰即雨果連澍岐王等奏之云邠哥有術守禮曰臣無術也則天時以章懷遷謫臣幽閉宮中十餘年每

○歲被勑杖數頓見瘢痕甚厚欲雨臣脊上即沉悶欲晴即輕健臣以此知之非有術也涕泗霑襟玄宗亦憫然二十九年薨年七十餘贈太尉子承宏開元初封廣武郡王歷祕書員外監又爲宗正卿同正員廣德元年吐蕃凌犯上都乘輿幸陝蕃渾之衆入城吐蕃宰相馬重英立承宏爲帝以于可封霍瓌等爲宰相補署百餘人旬餘日賊退郭子儀率衆入城送承宏於行在上不之責止於虢州尋死承寧天寶初授率更令同正員嗣邠王承寀至德二載封爲燉煌郡王加開府儀同三司與僕固懷恩使迴紇和親因納其女爲妃冊爲毗伽公主迴紇著勳承寀甚遇恩寵乾元元年六月卒贈司空唐法嗣郡王但加四品階親王子例著緋開元中張九齡爲中書令奏請寧薛王男並賜紫邠王三男衣紫餘二十人衣緋官亦不越六局郎王府掾屬仍員外置十五載扈從至巴蜀依例著紫○中宗四男章庶人生懿德太子重潤後宮生庶人重福節愍太子重俊殤帝重茂

懿德太子重潤中宗長子也本名重照以避則天諱故改焉開耀二年中宗爲皇太子生重潤於東宮內殿高宗甚悅及月滿大赦天下改元爲永淳是歲立爲皇太孫開府置官屬及中宗遷于房州其府坐廢聖曆初中宗爲皇太子封爲邵王大足元年爲人所構與其妹永泰郡主壻魏王武延基等竊議張易之兄弟何得恣入宮中則天令杖殺時年十九重潤風神俊朗早以孝友知名既死非其罪大爲當時所悼惜中宗即位追贈皇太子謚曰懿德陪葬乾陵仍爲娉國子監丞裴粹亡女爲冥婚與之合葬又贈永泰郡主爲公主令備禮改葬仍號其墓爲陵焉○庶人重福中宗第二子也初封唐昌王聖曆三年徙封平恩王長安四年進封譙王歷遷國子祭酒左散騎常侍神龍初爲韋庶人所譖云與張易之兄弟潛構成重潤之罪由是左授濮州員外刺史轉均州司防守不許視事景龍三年中宗親祀南郊大赦天下流人並放還重福不得歸京師尤深鬱怏上表自陳曰臣聞功同賞異則勞臣疑罪均刑殊則百姓惑伏惟陛下德侔造化明齊日月恩及飛鳥惠加走獸近者焚柴展禮郊祀上玄萬物霑愷

○悌之仁六合承曠蕩之澤事無輕重咸赦除之蒼生並得赦除赤子偏加擯弃皇天平分之道固若此乎天下之人聞者爲臣流涕況陛下慈念豈不愍臣栖惶伏望捨臣罪愆許臣朝謁儻得一仰雲陛再覩聖顏雖沒九泉實爲萬足重投荒徼亦所甘心表奏不報及韋庶人臨朝遣令左屯衛大將軍趙承恩以兵五百人就均州守衛重福俄而韋氏伏誅睿宗即位又轉集州刺史未行洛陽人張靈均進計於重福曰大王地居嫡長自合繼爲天子相王雖有討平韋氏功安可越次而居大位昔漢誅諸呂猶迎代王今東都百官士庶皆願王來王若潛行直詣洛陽亦是從天上落遣人襲殺留守即擁兵西據陝州東下河北此天下可圖也初景龍三年鄭愔自吏部侍郎出爲江州司馬便道詣重福陰相結託至是又與靈均通傳動靜亦密遣使勸重福構逆預推尊重福爲天子溫王重茂爲皇太弟自署爲左丞相重福乃遣家臣王道先赴東都潛募勇敢之士重福遽自均州詐乘驛與靈均繼進王道始至東都俄有洩其謀者洛州司馬崔日

知捕獲其黨數十人頃聞重福至王道等率衆隨重福徑取左右屯營兵作亂將至天津橋願從者已數百人皆執持器仗助其威勢侍御史李邕先詣左掖門令閉關拒守又至右屯營號令云重福雖先帝之子已得罪於先帝今者無故入城必是作亂君等皆委質聖朝宜盡誠節立功立事以取富貴有頃重福果來奪右屯營壁不動營中矢射如雨便趣左掖門擬取留守遇門閉遂縱火以燒城門左屯營兵又來逼之重福度數窮出自上東門而遁匿於山谷間明日東都留守裴談等大出兵搜索重福窘迫自投漕河而死磔屍三日時年三十一詔曰集州刺史譙王重福幼則兇頑長而險詖幸託體於先聖嘗通交於巨逆子而不子自絕於天有國有家莫容於代往者頗不含忍長令幽縶自大行晏駕韋氏臨朝特肆猜嫌尤加防衛洎天有成命集于朕躬永懷猶子之情庶協先親之義所以開置寮屬任隆刺舉冀其悛改以怙恩榮而詿誤有徒狂狡未息便即死出均州詐乘驛騎至于都下遂逞其謀先犯屯兵次燒左掖計窮力屈

○投河而斃雖人所共棄邦有常刑我非不慈爾自招咎且聞其故有惻于懷昔劉長既殁楚英遂殞以禮收葬抑惟舊章屈法申恩宜仍舊寵可以三品禮葬

節愍太子重俊中宗第三子也聖曆元年封義興郡王長安中累授衛尉員外少卿神龍初封衛王拜洛州牧賜實封千戶尋遷左衛大將軍兼遙授揚州大都督二年秋立爲皇太子重俊性雖明果未有賢師傅舉事多不法俄以秘書監楊璬太常卿武崇訓並爲太子賓客璬等皆主壻年少惟以蹴鞠猥戲取狎於重俊竟無調護之意左庶子姚珽數上疏諫諍右庶子平貞眘又獻孝經議養德傳以諷重俊皆優納焉時武三思得幸中宮深忌重俊三思子崇訓尚樂公主常教公主凌忽重俊以其非韋氏所生常呼之爲奴或勸公主請廢重俊爲王自立爲皇太女重俊不勝忿恨三年七月率左羽林大將軍李多祚右羽林將軍李思沖李承況獨孤禕之沙吒忠義等矯制發左右羽林兵及千騎三百餘人殺三思及崇訓于其第并殺黨與十餘人又令左金吾大將軍成王千里分兵守宮城諸門自率兵趨肅章門斬關而入求韋庶人及安樂公主所在又以昭容上官氏素與三思姦通扣閤索之韋庶人及公主遽擁帝馳赴玄武門樓召左羽林將軍劉仁景等令率留軍飛騎及百餘人於樓下列守俄而多祚等兵至欲突玄武門樓宿衛者拒之不得進帝據檻呼多祚等所將千騎謂曰汝並是我爪牙何故作逆若能歸順斬多祚等與汝富貴於是千騎王歡喜等倒戈斬多祚及李承況獨孤禕之沙吒忠義等於樓下餘黨遂潰散重俊既敗率其屬百餘騎趨肅章門奔終南山帝令長上果毅趙思慎率輕騎追之重俊至鄠縣西十餘里騎不能屬唯從奴數人會日暮憩林下爲左右所殺制令梟首于朝又獻之於太廟并以祭三思崇訓屍柩睿宗即位下制曰朕聞曾氏之孝也慈親惑於疑聽趙虜之族也明主哀而望思歷考前聞率由舊典重俊大行之子元良守器往罹構間困於讒嫉莫顧鈇鉞輕盜甲兵有此誅夷無不悲惋今四凶咸服十起何追方申赤軍之冤以紓黄

○泉之痛可贈皇太子謚曰節愍陪葬定陵一子宗暉開元初封湖陽郡王初重俊被害宮府僚吏莫敢近者永和丞寗嘉勗解衣裹重俊首號哭時人義之宗楚客聞而大怒收付制獄貶爲平興丞尋卒睿宗踐祚下制曰寗嘉勗能重名節事高欒向幽塗已往生氣凜然靜言忠義追存褒寵可贈永和縣丞宗暉天寶中爲衛尉員外卿十一載王鉷反宗暉以賣宅與鉷貶涪川郡長史量移盧陽長史至德元年追赴行在所授特進鴻臚卿宗暉無他才以外族之親受恩顧轉太常員外卿卒

殤皇帝重茂中宗第四子也聖曆三年封北海王神龍初進封温王授右衛大將軍兼遙領并州大都督未出閤景龍四年中宗崩韋庶人立重茂爲帝而自臨朝稱制及韋氏敗重茂遂遜位讓叔父相王退居別所景雲二年改封襄王遷於集州令中郎將率兵五百人守衛開元二年轉房州刺史尋薨時年十七謚曰殤皇帝葬於武功西原

史臣曰前代以嬖婦孽子破國亡家者多矣然未如大帝孝和之甚也高宗八子二王早世爲武后所斃者四人章懷以母子之愛穎悟之賢猶不免於虎口況燕澤素節異腹之胤乎履載胡心産茲鴆毒悲夫孝和毋毘婦傲女暴如置身羣魅之中安有保其終吉哉天將滌盪昏氛非重茂所能枝也

贊曰父子天性嬖能害正宜曰申生齔爲不令唐年鈞德章懷最仁兇毋畏明取樂於身

唐書列傳卷第三十六

唐書列傳卷第三十七

劉　昫　等修

聞人詮校刻沈桐同校

裴炎　劉禕之

魏玄同　李昭德

裴炎絳州聞喜人也少補弘文生每遇休假諸生多出遊炎獨不廢業歲餘有司將薦舉辭以學未篤而止在館垂十載尤曉春秋左氏傳及漢書擢明經第尋爲濮州司倉參軍累歷兵部侍郎中書門下平章事侍中中書令永淳元年高宗幸東都留太子哲守京師命炎與劉仁軌薛元超爲輔明年高宗不豫炎從太子赴東都侍疾十一月高宗疾篤命太子監國炎奉詔與黄門侍郎劉齊賢中書侍郎郭正一並於東宮平章事十二月丁巳高宗崩太子即位未聽政宰臣奏議天后降令於門下施行中宗既立欲以后父韋玄貞爲侍中又欲與乳母子五品炎固爭以爲不可中宗不悅謂左右曰我讓國與玄貞豈不得何爲惜侍中耶炎懼乃與則天定策廢立炎與中書侍郎劉禕之羽林將軍程務挺張虔勗等勒兵入内宣太后令扶帝下殿帝曰我有何罪太后報曰汝欲將天下與韋玄貞何得無罪乃廢中宗爲廬陵王立豫王旦爲帝炎以定策功封河東縣侯太后臨朝天授初又降豫王爲皇嗣時太后姪武承嗣請立武氏七廟及追王父祖太后將許之炎進諫曰皇太后天下之母聖德臨朝當存至公不宜追王祖禰以示自私且獨不見呂氏之敗乎臣恐後之視今亦猶今之視昔太后曰呂氏之王權在生人今者追尊事歸前代存歿殊迹豈可同日而言炎曰蔓草難圖漸不可長殷鑒未遠當絶其源太后不悅而止時韓王元嘉魯王靈夔等皆皇屬之近承嗣與從父弟三思屢勸太后因事誅之貴絶宗室之望劉禕之韋仁約並懷畏憚唯唯無言炎獨固爭以爲不可承嗣深憾之文明元年官名改易炎爲内史秋徐敬業構逆太后召炎議事炎奏曰皇帝年長未俾親政乃致猾豎有詞若太后返政則此賊不討而解矣御史崔察聞而

上言曰裴炎伏事先朝二十餘載受遺顧託大權在已若無異圖何故請太后歸政乃命御史大夫騫味道御史魚承曄鞫之鳳閣侍郎胡元範奏曰炎社稷忠臣有功於國悉心奉上天下所知臣明其不反右衛大將軍程務挺密表申理之文武之間證炎不反者甚衆太后皆不納光宅元年十月斬炎于都亭驛之前街炎初被擒左右勸炎遜詞於使者炎歎曰宰相下獄焉有更全之理竟無折節及籍沒其家乃無儋石之蓄胡元範申州義陽人坐救炎流死瓊州程務挺伏法納言劉齊賢貶吉州長史吏部侍郎郭待舉貶岳州刺史皆坐救炎之罪也先是開耀元年十月定襄道行軍大總管裴行儉獻定襄所獲俘因除曲赦外斬阿史那伏念溫傅等五十四人於都市初行儉討伐之時許伏念以不死伏念乃降時炎害行儉之功奏云伏念是程務挺張虔勗逼逐于營又磧北迴紇南向逼之窘急而降乃殺之行儉歎曰渾濬之事古今恥之但恐殺降之後無復來者行儉因此稱疾不出炎致國家負義而殺降妬能害功構成陰禍其敗也

○宜哉睿宗踐祚下制曰飾終追遠斯乃舊章表德旌賢有光恒策故中書令裴炎含弘稟粹履信居貞望重國華才稱人秀唯幾成務績宣千代工偶居無倩義深於奉上文明之際王室多虞保朕躬實著誠節而危疑起釁倉卒罹災歲月屢遷丘封莫樹永言先正感悼良多宜追賁於九原俾增榮於萬古可贈益州大都督炎長子彥先後爲太子舍人從子伷先後爲工部尚書

劉禕之常州晉陵人也祖興宗陳鄱陽王諮議參軍父子翼善吟諷有學行隋大業初歷秘書監河東柳顧言甚重之性不容非朋僚有短常面折之友人李伯藥常稱曰劉四雖復罵人人都不恨貞觀元年詔追入京以母老固辭太宗許其終養江南大使李襲譽嘉其至孝恒以米帛賚之因上表旌其門閭改所居爲孝慈里母卒服竟徵拜吳王府功曹再遷著作郎弘文館直學士預修晉書加朝散大夫永徽初卒高宗遣使弔贈給靈輿還鄉有集二十卷禕之少與孟利貞高智周郭正一俱以文藻知名時人號爲劉孟高郭尋與利貞等同直昭文館上元中遷左史弘文館直學士與著作郎元萬頃左史范履冰苗楚客右史周思茂韓楚賓等皆召入禁中共撰列女傳臣軌百寮新誡樂書凡千餘卷時又密令參決以分宰相之權時人謂之北門學士禕之兄懿之時爲給事中兄弟並居兩省論者美之儀鳳二年轉朝議大夫中書侍郎兼豫王府司馬尋加中大夫禕之有姊在宮中爲內職天后令省榮國夫人之疾禕之潛伺見之坐是配流嶲州歷數載天后表請高宗召還拜中書舍人轉相王府司馬復遷檢校中書侍郎高宗謂曰相王朕之愛子以卿忠孝之門藉卿師範所冀蓬生麻中不扶自直耳禕之居家孝友甚爲士族所稱每得俸祿散於親屬高宗以此重之則天臨朝甚見親委及豫王立禕之參預其謀擢拜中書侍郎同中書門下三品賜爵臨淮男時軍國多事所有詔敕獨出禕之構思敏速皆可立待及官名改易禕之爲鳳閣侍郎同鳳閣鸞臺三品時有司門員外郎房先敏得罪左授衛州司馬詣宰相陳訴內史騫味道謂曰此乃皇太后處分也禕之謂先

○敏曰緣坐改官例從臣下奏請則天聞之以味道善則歸已過則推君貶青州刺史以禕之推善於君引過在已加授太中大夫賜物百段細馬一疋因謂侍臣曰夫爲臣之體在揚君之德君德發揚豈非臣下之美事且君爲元首臣作股肱情同休戚義均一體未聞以手足之疾移於股背而得一體安乎味道不存忠赤已從屏退禕之竭忠奉上情甚可嘉納言王德眞對曰昔戴至德每有善事必推於君太后曰先朝每稱至德能有此事逮其終歿有制褒崇爲臣之道豈過斯行傳名萬代可不善歟儀鳳中吐蕃爲邊患高宗謂侍臣曰吐蕃小醜屢犯邊境我比務在安輯未即誅夷而戎狄豺狼不識恩造置之則疆埸日駭圖之則未聞上策宜論得失各盡所懷時劉景仙郭正一皇甫文亮楊思徵薛元超各有所奏禕之時爲中書舍人對曰臣觀自古明王聖主皆患夷狄吐蕃時擾邊隅有同禽獸得其土地不可攸居被其憑陵未足爲恥願戢萬乘之威且寬百姓之役高宗嘉其言後禕之嘗竊謂鳳閣舍人賈大隱曰太后既能廢昏立明

何用臨朝稱制不如返政以安天下之心大一隱密奏其言則天不悅
謂左右曰褘之我所引用乃有背我之心豈復顧我恩也垂拱三年
或誣告褘之受歸州都督孫萬榮金兼與許敬宗妾有私則天特令
肅州刺史王本立推鞫其事本立宣勑示褘之褘之曰不經鳳閣鸞
臺何名爲勑則天大怒以爲拒捍制使乃賜死于家時年五十七初
褘之旣下獄睿宗爲之抗疏申理褘之親友咸以爲必見原宥竊賀
之褘之曰吾必死矣太后臨朝獨斷威福任己皇帝上表徒使速吾
禍也褘之在獄時嘗上疏自陳及臨終旣洗沐而神色自若命其子
執筆草謝表其子將絶殆不能書監刑者促之褘之乃自操數紙援
筆則成詞理懇至見者無不傷痛時麟臺郎郭翰太子文學周思鈞
共稱歎其文則天聞而惡之左遷翰爲巫州司法思鈞爲播州司倉
睿宗卽位以褘之宮府舊僚追贈中書令有集七十卷傳於時
魏玄同定州鼓城人也舉進士累轉司列大夫坐與上官儀文章屬
和配流嶺外上元初赦還工部尚書劉審禮薦玄同有時務之才拜

岐州長史累遷至吏部侍郎玄同以旣委選舉恐未盡得人之術乃
上疏曰臣聞製器者必擇匠以簡材爲國者必求賢以蒞官匠之不
良無以成其工官之非賢無以致於理君者所以牧人也臣者所以
佐君也君不養人失君道矣臣不輔君失臣任矣任人者誠國家之
基本百姓之安危也方今人不加富盜賊不衰獄訟未清禮義猶闕
者何也下吏不稱職庶官非其才也官之不得其才者取人之道有
所未盡也臣又聞傳說曰明王奉若天道建邦設都樹后王君公承
以大夫師長不惟逸豫惟以理人昔之邦國今之州縣士有常君人
有定主自求臣佐各選英賢其大臣乃命於王朝耳秦并天下罷侯
置守漢氏因之有沿有革諸侯得自置吏四百石以下其傅相大官則
漢爲置之州郡掾吏督郵從事悉任之於牧守爰自魏晉始歸吏部
遞相祖襲以迄于今用刀筆以量才按簿書而察行法令之弊其來
自久蓋君子重因循而憚改作有不得已者亦當運獨見之明定卓
然之議如今選司所行者非上皇之令典乃近代之權道所宜遷革

實爲至要何以言之夫尺丈之量所及者蓋短鍾庾之器所積者寡
多非其所及焉能度之非其所受何以容之況天下之大士人之衆
而可委之數人之手乎假使平如權衡明如水鏡力有所極照有所
窮銓綜旣多紊失斯廣又以比居此任時有非人豈直愧彼清通昧
於甄察亦將竭其庸妄糅彼棼絲情故旣行何所不至贓私一啓以
及萬端至乃爲人擇官爲身擇利顧親疏而下筆看勢要而措情悠
悠風塵此焉奔競擾擾遊宦同乎市井加以厚貌深衷險如溪壑擇
言觀行猶懼不周今使百行九能折之於一面具僚庶品專斷於一
司不亦難矣且魏人應運所據者乃三分晉氏播遷所臨者非一統
逮乎齊宋以及周隋戰爭之日多安泰之時少瓜分瓦裂各在一方
隋氏平陳十餘年耳接以兵禍繼以饑饉旣德業之不逮或時事所
未遑非謂是今而非古也武德貞觀與今亦異皇運之初庶事草創
豈唯日不暇給亦乃人物常稀天祚大聖享國永年比屋可封異人
間出咸以爲有道恥賤得時無怠諸色入流歲以千計羣司列位無

復新加官有常員人無定限選集之始霧積雲屯擢叙於終十不收
一淄澠雜混玉石難分用捨去留得失相半撫即事之爲弊知及後
之滋失夏殷已前制度多闕周監二代煥乎可觀豈諸侯之臣不皆
命於天子王朝庶官亦不專於一職故周穆王以伯冏爲太僕正命
之曰愼簡乃僚無以巧言令色便辟側媚惟吉士此則令其自擇下
吏之文也太僕正中大夫耳尚以僚屬委之則三公卿亦必然矣周
禮太宰內史並掌爵祿廢置司徒司馬別掌興賢詔事當是分任於
群司而統之以數職各自求其小者而王命其大者焉夫委任責成
君之體也所委者當所用者精故能得濟濟之多士盛芃芃之棫樸
裴子野有言曰官人之難先王言之尚矣居家視其孝友鄉黨服其
誠信出入觀其志義憂歡取其智謀煩之以事以觀其能臨之以利
以察其廉周禮始於學校論之州里告諸六事而後貢之王庭其在
漢家尚猶然矣州郡積其功能然後爲五府所辟五府舉其掾屬而
昇于朝三公參得除署尚書奏之天子一人之身所閱者衆一士之

進其謀也詳故官得其人鮮有敗事魏晉反是所失弘多子野所論蓋區區之宋朝耳猶謂不勝其弊而況于當今乎又夫從政莅官不可以無學故書曰學古入官議事以制傳曰我聞學以從政不聞以政入學今貴戚子弟例早求官髫齔之年已腰銀艾或童丱之歲已襲朱紫弘文崇賢之生千牛輦脚之類課試旣淺藝能亦薄而門閥有素資望自高夫象賢繼父古之道也所謂胄子必裁諸學修六禮以節其性明七教以興其德齊八政以防其淫舉上賢以崇德簡不肖以黜惡少則受業長而出仕並由德進必以才昇然後可以利用賓王移家事國少仕則廢學輕試則無才於此一流良足惜也又勳官三衛流外之徒不待州縣之舉直取之於書判恐非先德而後言才之義也臣又以爲國之用人有似人之用財貧者猒糟糠思短褐富者餘粱肉衣輕裘然則當衰弊乏賢之時則可磨策朽鈍而乘駁之在太平多士之日亦宜妙選髦俊而任使之詩云翹翹錯薪言刈其楚楚荆也在新之翹翹者方之用才理亦當爾選人幸多尤宜簡

○練臣竊見制書每令三品五品薦士下至九品亦令舉人此聖朝側席旁求之意也但以褒貶不甚明得失無大隔故人上不憂黜責下不盡搜揚苟以應命莫慎所舉且惟賢知賢聖人篤論伊皐旣舉不仁咸遠復患階秩雖同人才異等身且濫進鑒豈知人今欲務得實才兼宜擇其舉主流清以源潔影端由表正不群舉主之行能而責舉人之庸濫不可得已漢書云張耳陳餘之賓客廝役皆天下俊傑彼之蕞爾猶能若斯況以神皇之聖明國家之德業而不建久長之策爲無窮之基盡得賢取士之術而但顧望魏晉之遺風留意周隋之末事臣竊惑之伏願稍迴聖慮時採芻言畧依周漢之規以分吏部之選即望所用精詳鮮於差失疏奏不納弘道初轉文昌左丞兼地官尚書同中書門下三品則天臨朝遷太中大夫鸞臺侍郎依前知政事垂拱二年加銀青光祿大夫檢校納言封鉅鹿男玄同素與裴炎結交能保終始時人呼爲耐久朋而與酷吏周興不協永昌初爲周興所構云玄同言太后老矣須復皇嗣太后聞之怒乃賜死於家監刑御史房濟謂玄同曰何不告事冀得召見當自陳訴玄同歎曰人殺鬼殺有何殊也豈能爲告人事乎乃就刑年七十三子恬開元中爲潁王傅

李昭德京兆長安人也父乾祐貞觀初爲殿中侍御史時有鄃令裴仁軌私役門夫太宗欲斬之乾祐奏曰法令者陛下制之於上率土尊之於下與天下共之非陛下獨有也仁軌犯輕罪而致極刑是乖畫一之理刑罰不中則人無所措手足臣忝憲司不敢奉制太宗意解仁軌竟免乾祐尋遷侍御史毋卒廬於墓側負土成墳太宗遣使就墓弔之仍旌表其門後歷長安令治書御史皆有能名擢拜御史大夫乾祐與中書令褚遂良不協竟爲遂良所構求徵初繼受邢魏等州刺史乾祐雖強直有器幹而昵於小人旣典外郡與令史結友書疏往返令伺朝廷之事俄爲友人所發坐流愛州乾封中起爲桂州都督歷拜司刑太常伯舉京兆功曹參軍崔擢爲尚書郎事旣不果私以告擢後擢有犯乃告乾祐泄禁中語以贖罪乾祐復坐免官

○尋卒昭德即乾祐之孼子也強幹有父風少舉明經累遷至鳳閣侍郎長壽二年增置夏官侍郎三員時選昭德與婁師德侯知一爲之是歲又遷鳳閣鸞臺平章事尋加檢校內史長壽中神都改作文昌臺及定鼎上東諸門又城外郭皆昭德創其制度時人以爲能初都城洛水天津之東立德坊西南隅有中橋及利涉橋以通行李上元中司農卿韋機始移中橋置于安衆坊之左街當長夏門都人甚以爲便因廢利涉橋所省萬計然歲爲洛水衝注常勞治葺昭德創意積石爲脚銳其前以分水勢自是竟無漂損時則天以武承嗣爲文昌左相昭德密奏曰承嗣陛下之姪又是親王不宜更在機權以惑衆庶且自古帝王父子之間猶相篡奪況在姑姪豈得委權與之脫若乘便寶位寧可安乎則天矍然曰我未之思也承嗣亦嘗返譖昭德則天曰自我任昭德每獲高卧是代我勞苦非汝所及也承嗣俄轉太子少保罷知政事延載初鳳閣舍人張嘉福令洛陽人王慶之率輕薄惡少數百人詣闕上表請立武承嗣爲皇太子則天不許慶之

固請不已則天令昭德詰責之令散昭德便杖殺慶之餘衆乃息昭德因奏曰臣聞文武之道布在方策豈有姪爲天子而爲姑立廟乎以親親言之則天皇是陛下夫也皇嗣是陛下子也陛下正合傳之子孫爲萬代計況陛下承天皇顧託而有天下若立承嗣臣恐天皇不血食矣則天寤之乃止時朝廷諛佞者多獲進用故幸恩者事無大小但近諂諛皆獲進見有人於洛水中獲白石數點赤詣闕輒進諸宰相詰之對云此石赤心所以來進昭德叱之曰此石赤心洛水中餘石豈能盡反耶左右皆笑是時來俊臣侯思止等枉撓刑法誣陷忠良人皆懾懼昭德每廷奏其狀由是俊臣黨與少自摧屈來俊臣又嘗弃故妻而娶太原王慶詵女侯思止亦奏娶趙郡李自挹女勑政事堂共商量昭德撫掌謂諸宰相曰大可笑往年俊臣賊劫王慶詵女已大辱國今日此奴又請索李自挹女無乃復辱國耶尋奏寢之侯思止後竟爲昭德所繩榜殺之既而昭德專權用事頗爲朝野所惡前魯王府功曹叅軍丘愔上䟽言其罪狀曰臣聞百王之失

皆由權歸於下宰臣持政常以勢盛爲殃魏冉誅庶族以安秦非不忠也弱諸侯以強國亦有功也然以出入自專擊斷無忌威震人主不聞有王張祿一進深言卒用憂死向使昭王不即覺悟魏冉果以專權則秦之霸業或不傳其子孫陛下創業興王撥亂英主揔權收柄司契操圖天授已前萬機獨斷發命皆中舉事無遺公卿百寮具職而已自長壽已來厭怠細政委任昭德使掌機權然其雖幹濟小才不堪軍國大用直以性好凌轢氣負剛強盲聾下人芻狗同列刻薄慶賞矯枉憲章國家所賴者微所妨者大天下杜口莫敢一言聲威翕赫日已熾盛臣近於南臺見勑曰諸處奏事陛下已依昭德請不依陛下便不依如此政張不可勝數昭德叅奏機密獻可替否事有便利不預諮謀要待畫旨將行方始別生駮異揚露專擅顯示於人歸美引愆義不如此州縣列位臺寺庶官入謁出辭望塵慴氣一切奏讞與奪事宜皆承言意附會上言今有秩之吏多爲昭德之人陛下勿謂昭德小心是我手臂臣觀其膽乃大於身鼻息所衝上拂雲

漢近者新陷來張兩族兼往侯王二仇鋒鋭更不可當方寸良難窺測書曰知人亦未易人亦未易知漢光武將寵龐萌可以託孤卒爲戎首魏明帝期司馬懿以安國竟肆姦回夫小家治生有千百之資將以託人尚憂失授況兼天下之重而可輕忽委任者乎今昭德作福專威橫絶朝野愛憎與奪傍若無人陛下恩遇至深蔽過甚厚臣聞蟻穴壞堤針芒寫氣涓涓不絶必成江河履霜堅氷須防其漸權重一去收之極難臣又聞輕議近臣犯顏深諫明君聖主亦有不容臣孰知今詛之於前明日伏誅於後但使國安身死臣實不悔陛下深覽臣言爲萬姓自愛時長上果毅鄧注又著石論數千言備述昭德專權之狀鳳閣舍人逄弘敏遽奏其論則天乃惡昭德謂納言姚璹曰昭德身爲內史備荷殊榮誠如所言實負於國延載初左遷欽州南賓尉數日又命免死配流尋又召拜監察御史時太僕少卿來俊臣與昭德素不協乃誣搆昭德有逆謀因被下獄與來俊臣同日而誅是日大雨士庶莫不痛昭德而慶俊臣也相謂曰今日天雨可

謂一悲一喜矣神龍中降制曰故李昭德勤恪在公強直自達立朝正色不吐剛以茹柔當軸勵詞必抗情以歷詆墉隍府寺樹勳良多變更規模毀而不朽道淪福善業虧嫉惡名級不追風流將沫式旌壤樹光被幽明可贈左御史大夫德宗建中三年加贈司空

史臣曰裴炎位居相輔時屬艱難歷覽前蹤非無忠節但見遲而慮淺又遺命以會時何者當是時高宗晏駕尚新武氏革命未見炎也雅慮中宗之過失是其淺也不見太后之苞藏是其遲也及乎承嗣請封祖禰三思勸殺宗親然後徒有諫章何嘗濟事是辜遺託豈痛伏誅時論則然遲淺須信況聞覩搆逆則示其閑暇俾殺降則彰彼猜嫌小數有餘大度何足又其驗也禕之名父之子諒知其才著述頗精履歷無愧師範王府秉執相權咸有能名固愜群議何乃失言於大隱取金於萬榮潛見內人私通嬖妾使濁跡玷其清譽溢行汙於貞名若言俗困濫刑公行誣告即又自昧周防之道人非盡戮之冤賜死於家猶爲多幸臨終不撓抑又徒勞玄同富於詞學公任權

衡當爲典選之時備諗擇才之理但以高宗弃代之後則天居位之間革命是懷附己爲愛苟一言之不順則赤族以𨌙是以唐之名臣難忘中興之計周之酷吏常謀並進之讒玄同欲復皇儲固宜難逃免死而無過人殺何妨昭德強幹爲臣機巧莅事凡所制置動有規模武承嗣方持左相權將立爲皇太子尋更所任復寢其謀咸由昭德之言能拒則天之言又觀其誅侯思止法王慶之挫來俊臣致朋黨漸衰諛佞稍退又則天謂承嗣曰我任昭德每獲高卧代我勞苦非汝所及也此則強幹機巧之驗焉公忠之道亦在其中矣不然則何以致是哉若是昭德用謙御下以柔守剛不恃專權常能寡過則復皇嗣而非晚保臣節而必終蓋由道乏弘持器難苞貯純剛是失卷智不全所以丘愔抗陳鄧注深論瓦解而固難收拾風摧而豈易扶持自取誅夷人誰怨懟

贊曰政無刑法時屬艱危裴炎之智慮淺見遲褘之履行貨色自欺昭德強猛何由不虧死無令善孰謂非宜玄同不幸顛殞亦讁

唐書列傳卷第三十七

唐書列傳卷第三十八

劉　昫

韋思謙子承慶 嗣立　陸元方　蘇瓌子頲

韋思謙鄭州陽武人也本名仁約字思謙以音類則天諱故稱字焉其先自京兆南徙家于襄陽舉進士累補應城令歲餘調選思謙在官坐公事微殿舊制多未敘進吏部尚書高季輔曰自居選部今始得此一人豈以小疵而棄大德擢授監察御史由是知名嘗謂人曰御史出都若不動搖山岳震慴州縣誠曠職耳時中書令褚遂良賤市中書譯語人地思謙奏劾其事遂良左授同州刺史及遂良復用思謙不得進出爲清水令謂人曰吾狂鄙之性假以雄權觸機便發固宜爲身災也大丈夫當正色之地必明目張膽以報國恩終不能爲碌碌之臣保妻子耳左肅機皇甫公義檢校沛王府長史引思謙爲同府倉曹謂思謙曰公豈池中之物屈公爲數旬之客以望此府耳累遷右司郎中永淳初歷尚書左丞御

史大夫時武候將軍田仁會與侍御史張仁褘不協而誣奏之高宗臨軒問仁褘仁褘惶懼應對失次思謙歷階而進曰臣與仁褘連曹頗知事由仁褘懦而不能自理若仁會眩惑聖聰致仁褘非常之罪即臣亦事君不盡矣請專對其狀辭辯縱橫音旨明暢高宗深納之思謙在憲司每見王公未嘗行拜禮或勸之答曰鵰鶚鷹鸇豈衆禽之偶柰何設拜以狎之且耳目之官固當獨立也初拜左丞奏曰陛下爲官擇人非其人則闕今不惜美錦令臣製之此雖[illegible]知臣之[illegible]臣盡命之秋振舉綱目朝廷肅然則天臨朝[illegible]宗正卿會官名改易改爲司屬卿光[illegible]年[illegible]以思謙爲右肅政大夫大夫舊與[illegible]抗禮[illegible]獨[illegible]拜[illegible]思謙曰國家班列自有等[illegible]奈何以姑息爲事耶垂拱初賜爵博昌縣男遷鳳閣鸞臺三品[illegible]年代蘇良嗣爲納言三年上表告老請致仕許之仍加[illegible]大夫[illegible]年[illegible]都督二子承慶嗣立

承慶字延休少恭謹事繼母以孝聞弱冠舉進士補雍王府參軍府中文翰皆出於承慶辭藻之美擅於一時累遷太子司議郎儀鳳四年五月詔皇太子賢監國時太子頗近聲色與戶奴等款狎承慶上書諫曰臣聞太子者君之貳國之本也所以承宗廟之重繫億兆之心萬國以貞四海屬望殿下以仁孝之德明叡之姿岳峙泉渟金貞玉裕天皇升殿下以儲副寄殿下以監撫欲使照無不及恩無不覃百寮仰重曜之暉萬姓聞洊雷之響夫君無民無以保其位人非食無以全其生故孔子曰百姓足君孰與不足百姓不足君孰與足自頃年已來頻有水旱菽粟不能豐稔黎庶自致煎窮今夏亢陽米價騰踊貧窶之室無以自資朝夕遑遑唯憂餒饉下人之瘼實可哀矜稼穡艱難所宜詳悉天皇所以垂衣北極殿下所以守器東宮爲天下之所尊得天下之所利者豈唯上玄之幽贊亦百姓之力也百姓危則社稷不得獨安百姓亂則帝王不能獨理故古之明君飽而知人飢溫而知人寒每以天下爲

憂不以四海爲樂今關隴之外兇寇憑陵西土編甿凋喪將盡干戈日用烽柝荐興千里有勞於饋糧三農不遑於稼穡殿下爲臣爲子乃國乃家爲臣在於竭忠爲子明於盡孝在家不可以自逸在國不可以自康一物有虧聖上每留神念三邊或梗殿下豈不兢懷況當養德之秋非是任情之日伏承北門之內造作不常翫好所營或有煩費倡優雜伎不息於前鼓吹繁聲亟聞於外既喧聽覽且黷宮闈兼之僕隸小人緣此得親左右亦既奉承顏色能不恃託恩光作福作威莫不由此不加防慎必有愆非黨使微累德音於後悔之何及書云不作無益害有益此皆無益之事固不可耽而悅之臣又聞高而不危所以長守貴滿而不溢所以長守富是知高危不可不慎滿溢不可不持易曰君子終日乾乾夕惕若厲無咎敬慎之謂也在於凡庶能守而行之猶可以高振聲華坐致榮祿況殿下有少陽之位有天挺之姿片善而天下必聞小能而天下咸服豈可不爲盡善盡美之道以取可大可久之名哉

伏願博覽經書以廣其德屏退聲色以抑其情靜默無爲恬虛寡欲非禮勿動非法不言居處服玩必循節儉畋獵遊娛不爲發遣正人端士必引而親之便僻側媚必斥而遠之使惠聲溢於遠近仁風翔於內外則可以克享終吉長保利貞爲上嗣之稱首奉聖人之鴻業者矣又嘗爲諭善箴以獻太子太子善之賜物甚厚承慶又以人之用心多擾濁浮躁罕詣沖和之境乃著靈臺賦以廣其志辭多不載調露初東宮廢出爲烏程令風化大行長壽中累遷鳳閣舍人兼掌天官選事承慶屬文迅捷雖軍國大事下筆輒成未嘗起草尋坐忤大臣旨出爲沂州刺史未幾詔復舊職依前掌天官選事久之以病免改授太子諭德後歷豫虢等州刺史頗著聲績制書褒美長安初入爲司僕少卿轉天官侍郎兼修國史承慶自天授已來三掌天官選事銓授平允海內稱之尋拜鳳閣侍郎同鳳閣鸞臺平章事仍依舊兼修國史神龍初坐附推張易之弟昌宗失實配流嶺表時易之等既伏誅承慶去巾解帶而

待罪時欲草赦書衆議以爲無如承慶者乃召承慶爲之承慶神色不撓援筆而成辭甚典美當時咸歎服之歲餘起授辰州刺史未之任入爲秘書員外少監兼修國史尋以修則天實錄之功賜爵扶陽縣子賚物五百段又制撰則天皇后紀聖文中宗稱善特加銀青光祿大夫俄授黃門侍郎仍依舊兼修國史未拜而卒中宗傷悼久之乃召其弟相州刺史嗣立令赴葬事仍拜黃門侍郎令繼兄位其見用如此贈秘書監謚曰溫子長裕膳部員外郎嗣立承慶異母弟也母王氏遇承慶甚嚴每有杖罰嗣立必解衣請代母不聽輒私自杖母察知之漸加恩貸議者比晉人王祥王覽少舉進士累補雙流令政有殊績爲蜀中之最三遷萊蕪令會承慶自鳳閣舍人以疾去職則天召嗣立謂曰卿父往日嘗謂朕曰臣有兩男忠孝堪事陛下自卿兄弟效職如卿父言今授卿鳳閣舍人令卿兄弟自相替代即日遷鳳閣舍人時學校頹廢刑法濫酷嗣立上疏諫曰臣聞古先哲王立學官掌教國子以六德六

行六藝三教備而人道畢矣禮記曰化人成俗必由學乎學之於
人其用蓋博故立太學以教於國設庠序以化於邑王之諸子卿
大夫士之子及國之俊選皆造焉八歲入小學十五入太學春秋
教以禮樂冬夏教以詩書是以教洽而化流行成而不悖自天子
以至于庶人未有不須學而成者也國家自永淳巳來二十餘載
國學廢散胄子衰缺時輕儒學之官莫存章句之選貴門後進
競以僥倖昇班寒族常流復因凌替弛業考試之際秀茂罕登驅
之臨人何以從政又垂拱之後文明在辰盛典鴻休日書月至因
藉際會入仕尤多加以讒邪兇黨來俊臣之屬妄執威權恣行枉
陷正直之伍死亡為憂道路以目人無固志罕有執不撓之懷殉
至公之節偷安苟免聊以卒歲遂使綱領不振請託公行選舉之
曹彌長渝濫隨班少經術之士攝職多庸瑣之才徒以猛暴相誇
罕能清惠自勗使海內黔首擾然不安州縣官寮貪鄙未息而望
事必循理俗致康寧不可得也陛下誠能下明制發德音廣開庠

○ 三十二 唐傳三十八 四 林進

序大敦學校三館生徒即令追集王公已下子弟不容別求仕進
皆入國學服膺訓典崇館廟尊尚儒師盛陳奠菜之儀宏敷講說
之會使士庶觀聽有所發揚弘獎道德於是乎在則四海之內靡
然向風延頸舉足咸知所向然後審持衡鏡妙擇良能以之臨人
寄之調俗則官無侵暴之政人有安樂之心居人則相與樂業百姓
則皆戀桑梓豈復憂其逃散而貧窶哉今天下戶口亡逃過半租調
既減國用不足理人之急尤切於茲故知務學之源豈唯潤身進德
而已將以誨人利國可不務之哉臣聞堯舜之日畫其衣冠文景
之時幾致刑措歷茲千載以為美談臣伏惟陛下叡哲欽明窮神
知化自軒昊已降莫之與京獨有往之論法或未盡善皆由主司
姦兇惑亂視聽孝而陛下聖察具詳之矣然竟未能顯其本源明
其前事今天下萬姓識陛下本心尚使四海多銜冤之人九泉有抱
痛之鬼臣誠愚暗不識大綱請為陛下始末而言其事揚預之後
刑獄漸興用法之伍務於窮竟連坐相牽數年不絕遂使巨姦大

猾伺隙乘間內苞豺狼之心外示鷹鸇之跡陰圖潛結共相影會
構似是之言成不赦之罪皆深為巧詆恣行楚毒人不勝痛便乞自
誣公卿士庶連頸受戮道路藉藉雖知非辜而鍛鍊已成辯占皆
合縱皐陶為理于公定刑則謂汙宮毀柩猶未塞責雖陛下仁慈
哀念恤獄緩死及覽見辭狀便已周密皆謂勘鞫得情是其實犯雖
欲寬捨其如法何於是小乃身誅大則族滅相緣共坐者不可勝
言此豈宿構讎嫌將申報復皆圖苟成功効自求官賞當時稱傳
謂為羅織其中陷刑得罪者雖有敏識通材被告言者便遭枉
抑心徒痛其冤酷口莫能以自明或受誅夷或遭竄殛並甘心引
分赴之如歸故知弄法徒文傷人實甚賴陛下特迴聖察昭然詳
究周興丘勣之類弘義俊臣之徒皆相次伏誅事暴遐邇而朝野
慶泰若再覩陽和且如仁傑元忠俱罹枉陷被勘鞫之際亦皆已自
誣向非陛下至明垂以省察則葅醢之戮已及其身欲望輸忠聖代
安可復得陛下擢而升之各為良輔國之棟幹稱此二人何乃前非

○ 三十一 唐傳三十八 五 時明

而後是哉誠由枉陷與甄明爾但恐往之得罪者多並此流則向
時之冤者其數甚衆昔殺一孝婦尚或降災而濫者蓋多寧無怨
氣冤氣上達則水旱所興欲望歲登不可得也儻陛下弘天地之
德施雷雨之深仁歸罪於削刻之徒降恩於枉濫之伍自垂拱已
來大辟罪巳下常赦所不原者罪無輕重一皆原洗被以昭蘇伏
法之輩追還官爵緣累之徒普沾恩造如此則天下知此所陷罪
元非陛下之意咸是虐吏之辜幽明歡欣則感通和氣和氣下降
則風雨以時風雨以時則五穀豐稔歲既稔矣人亦安矣太平之美
亦何遠哉伏願陛下深察尋遷秋官侍郎三遷鳳閣侍郎同鳳閣
鸞臺平章事長安中則天嘗與宰臣議及州縣官吏納言李嶠夏
官尚書唐休璟等奏曰臣等謬膺大任不能使兵革止息倉府殷
盈戶口尚有逋逃官人未免貪濁使陛下臨朝軫歎屢以為言夙
夜慙惶不知啓處伏思當今要務莫過富國安人富國安人之方在
擇刺史竊見朝廷物議莫不重內官輕外職每除授牧伯皆再三

披訴比來所遣外任多是貶累之人風俗不澄寔由於此今望於
臺閣寺監妙簡賢良分典大州共康庶績臣等請輟近侍率先具
寮務在憂國濟人所當庶有補益則天曰卿等並鸞臺鳳閣誰爲
此行嗣立率先對曰臣以庸愚謬膺獎擢內掌機密非臣所堪承
乏外臺庶當盡節儻垂採錄臣願此行於是嗣立帶本官檢校汴
州刺史無幾嗣立兄承慶入知政事嗣立轉成均祭酒兼檢校魏州
刺史又徙洺州刺史尋坐承慶左授饒州長史歲餘徵爲太僕少
卿兼掌吏部選事神龍二年爲相州刺史及承慶卒代爲黃門侍
郎轉太府卿加修文館學士景龍三年轉兵部尚書同中書門下
三品時中宗崇飾寺觀又濫食封邑者衆國用虛竭嗣立上疏諫
曰臣聞國無九年之儲家無三年之蓄家非其家國非其國故知
立國立家皆資於儲蓄矣夫水旱之災關之陰陽運數非人智力
所能及也堯遭大水湯遭大旱則知仁聖之君所不能免當此時
不至於困弊者積也今陛下倉庫之內比稍空竭尋常用度不支

一年儻有水旱人須賑給徵發時動兵要資裝則將何以備之其
緣倉庫不實妨於政化者觸類而是臣竊見比者營造寺觀其數
極多皆務取宏博競崇瓌麗大則費耗百十萬小則尚用三五萬
餘略計都用資財動至千萬已上轉運木石人牛不停廢人功害
農務事既非急時多怨咨故書曰不作無益害有益功乃成不貴
異物賤用物人乃伏誠哉此言非虛談也且玄旨秘妙歸於空寂
苟非修心定慧諸法皆涉有爲至如土木雕刻等功唯是殫竭人
力但學相誇壯麗豈關降伏身心且凡所興功皆須掘鑿蟄虫在
土種類寔多每日殺傷動盈萬計連年如此損害可知聖人慈悲
爲心豈有須行此事不然之理皎在目前世俗衆僧未通其旨不
慮府庫空竭不思聖人憂勞謂廣樹福田即是增修法教儻水
旱爲災人至飢餒夷狄作梗兵無資糧陛下雖有龍象如雲伽藍
槩日豈能裨萬分之一救元元之苦哉於道法既有乖在生人極爲
損陛下豈可不深思之臣竊見食封之家其數甚衆昨略問戶部

云用六十餘萬丁一丁兩匹即是一百二十萬已上臣頃在太府知每
年庸調絹數多不過百萬少則七八十萬已來比諸封家所入
全少儻有虫霜旱澇曾不半在國家支供何以取給臣聞自封茅
土列山河皆須業著經綸功申草昧然後配宗廟之享承帶礪之
恩皇運之初功臣共定天下當時食封才上三二十家今以尋常特
恩遂至百家已上國家租賦太半私門私門則資用有餘國家則
支計不足有餘則或致奢侈不足則坐致憂危制國之方豈謂爲
得封戶之物諸家自徵或是官典或是奴僕多挾勢騁威凌突州
縣凡是封戶不勝侵擾或輸物多索裹頭或相知要取中物百姓
怨歎遠近共知復有因將貨易轉更生釁徵打紛紛曾不寧息貧
乏百姓何以克堪若必限丁物送太府封家但於左藏請受不得輒
自徵催則必免侵擾人冀蘇息臣又聞設官分職量事致吏此本
於理人而務安之也故書曰在官人在安人官人則哲安人則惠能
哲而惠何憂乎驩兜何畏乎有苗者也是明官得其人而天下自

理矣古者取人必先採鄉曲之譽然後辟於州郡州郡有聲然後
辟於五府才著五府然後昇之天朝此則用一人所擇者甚悉擢一
士所歷者甚深孔子曰譬有美錦不可使人學製此明用人不可
不審擇也用得其才則理非其才則亂所繫焉可不深擇之哉今
之取人有異此道多未甚試效即頓至遷擢夫趨競者人之常情
僥倖者人之所趣而今務進不避僥倖者接踵比肩布於文武之
列有文者用理內外則有回邪贓汙上下敗亂之憂有武者用將
軍戎則有庸儒怯弱師旅喪亡之患補授無限員闕不供遂至員
外置官數倍正闕曹署典吏困於祗承府庫倉儲竭於資奉國家
大事豈甚於此古者懸爵待士唯有才者得之若任用無才則有
才之路塞賢人君子所以遁迹銷聲懷歎恨者也且賢人君子守
於正直之道遠於僥倖之門若僥倖開則賢者不可復出矣賢者
遂退若欲求人安化洽復不可得也人若不安國將危矣陛下安
可不深慮之又刺史縣令理人之首近年已來不存簡擇京官有

犯及膺望下者方遣牧州吏部選人暮年無手筆者方擬縣令此風久扇上下同知將此理人何以率化今歲非豐稔戶口流亡國用空虛租調減削陛下不以此留念將何以理國乎臣望下明制具論前事使有司改換簡擇天下刺史縣令皆取才能有稱望者充自今已往應有遷除諸曹侍郎兩省兩臺及五品已上清望官先於刺史縣令中選用牧宰得人天下大理萬姓欣欣然豈非太平樂事哉唯陛下詳擇疏奏不納嗣立與韋庶人宗屬疏遠中宗特令編入屬籍由是顧賞尤重嘗於驪山構營別業中宗親往幸焉自製詩序令從官賦詩賜絹二千匹因封嗣立為逍遙公名其所居為清虛原幽棲谷韋氏敗幾為亂兵所害寧王憲以嗣立是從母之夫救護免之睿宗踐祚拜中書令旬日出為許州刺史以定冊尊立睿宗之功賜實封一百戶開元初入為國子祭酒先是中宗遺制睿宗輔政宗楚客韋溫等改削甚眾草嗣立時在政事不能正之至是為憲司所劾左遷岳州別駕父之遷陳州刺史

○ 三十 唐傳三十八 八 恭英

時河南道巡察使工部尚書劉知柔奏嗣立清白可陟之狀詔命未下開元七年卒贈兵部尚書謚曰孝中書門下又奏嗣立衣冠之內夙表才名兄弟之間特稱和睦承恩歷事位列宰臣中年以不能正身頗近兇戚為憲司糾劾因茲出黍若循其始終是吉人宜弃其瑕以從衆望請贈物一百段從之嗣立承慶俱以學行齊名長壽中嗣立代承慶為鳳閣舍人長安三年承慶代嗣立為天官侍郎頃之又代嗣立知政事及承慶卒嗣立又代為黃門侍郎前後四職相代又父子三人皆至宰相有唐已來莫與為比嗣立三子孚亘濟皆知名孚累遷至左司員外郎亘開元初為碭山令為政寬惠人吏愛之會車駕東巡縣當供帳時山東州縣皆懼不辦務於鞭扑亘獨不杖罰而事皆濟理遠近稱焉御史中丞宇文融即亘之姑子也嘗密薦亘有經濟之才請以己之官秩迴授乃擢拜殿中侍御史歷度支左司等員外太常少卿給事中二十九年為隴右道河西黜陟使亘至河西時節度使蓋嘉運恃託中貴

公為非法兼偽敘功勞亘抗表請劾之人代其懼因出為陳留太守未行而卒時人甚傷惜之濟早以辭翰聞開元初調補鄄城令時有人密奏玄宗曰今歲吏部選敘大濫縣令非材全不簡擇及縣令謝官日引入殿庭問安人策一道試者二百餘人獨濟策第一或有不書紙者擢濟為醴泉令二十餘人還舊官四五十人放歸習讀侍郎盧從愿李朝隱貶為刺史濟至醴泉以簡易為政人用稱之三遷為庫部員外郎二十四年為尚書戶部侍郎累歲轉太原尹製先德詩四章述祖父之行辭致高雅天寶七載又為河南尹遷尚書左丞三代為省轄衣冠榮之濟從容雅度所莅人推善政後出為馮翊太守

陸元方蘇州吳縣人世為著姓曾祖琛陳給事中黃門侍郎伯父柬之以工書知名官至太子司議郎元方舉明經又應八科舉累轉監察御史則天革命使元方安輯嶺外將涉海時風濤甚壯舟人莫敢舉帆元方曰我受命無私神豈害我遽命之濟既而風濤果息

○ 二十一 唐傳三十八 九 徐宗

使還稱旨除殿中侍御史即以其月擢拜鳳閣舍人仍判侍郎事俄為來俊臣所陷則天手敕特赦之長壽二年再遷鸞臺侍郎同鳳閣鸞臺平章事延載初又加鳳閣侍郎證聖初內史李昭德得罪以元方附會昭德貶綏州刺史尋復為春官侍郎又轉天官侍郎尚書左丞尋拜鸞臺侍郎平章事則天嘗問以外事對曰臣備位宰臣有大事即奏人間碎務不敢以煩聖覽由是忤旨責授太子右庶子罷知政事尋轉文昌左丞病卒元方在官清謹再為宰相則天將有遷除每先以訪之必密封以進未嘗露其私恩臨終取前後草奏焚之且曰吾陰德於人多矣其後庶幾福不衰矣又有書一匣常自緘封家人莫有見者及卒視之乃前後敕書其慎密如此贈越州都督開元十八年又贈揚州大都督子象先象先本名景初少有器量應制舉拜揚州參軍秩滿調選時吉頊為吏部侍郎擢授洛陽尉元方時亦為吏部固辭不敢當頊曰為官擇人至公之道陸景初才望高雅非常流所及實不以吏部之

子安推薦也竟奏授之遷左臺監察御史轉殿中歷授中書侍郎
景雲二年冬同中書門下平章事監修國史初太平公主將引中
書侍郎崔湜知政事密以告之湜固讓象先主不許之湜曰亦請
辭主遽言於睿宗乃並拜焉象先清淨寡欲不以細務介意言論
高遠雅為時賢所伏湜每謂人曰陸公加於人一等太平公主時既
用事同時宰相蕭志忠岑羲及湜等咸傾附之唯象先孤立未
嘗造謁先天二年至忠等伏誅象先獨免其難以保護功封兗國
公賜實封二百戶加銀青光祿大夫時窮討至忠等枝黨連累稍
衆象先密有申理全濟甚多然未嘗言及當時無知之者其年
出為益州大都督府長史仍為劍南道按察使在官務以寬仁為
政司馬韋抱真言曰望明公稍行杖罰以立威名不然恐下人怠
墮無所懼也象先曰為政者理則可矣何必嚴刑樹威損人益己
恐非仁恕之道竟不從抱真之言歷遷河中尹六年廢河中府依
舊為蒲州象先為刺史仍為河東道按察使嘗有小吏犯罪但

三十一　唐傳三十八　十　朱明

示語而遣之錄事白曰此例當合與杖象先曰人情相去不遠此
豈不解吾言若必須行杖即當自汝為始錄事慙懼而退象先嘗
謂人曰天下本自無事秖是庸人擾之始為繁耳但當靜之於源
則亦何憂不簡前後為刺史其政如一人吏咸懷思之按察使停
入為太子詹事歷工部尚書十年冬知吏部選事又加刑部尚書
以繼母憂免官十三年起復同州刺史尋遷太子少保二十四年卒年
七十二贈尚書左丞相謚曰文貞象先弟景倩歷監察御史景融歷
大理正滎陽郡太守河南尹兵吏部侍郎左右丞工部尚書東都
留守襄陽郡太守陳留郡太守並兼採訪使景獻歷殿中侍御史
屯田員外郎景裔河南令庫部郎中皆有美譽僧一行少時嘗
與象先昆弟相善常謂人曰陸氏兄弟皆有才行古之荀陳無以
加也其為當時所稱如此元方從叔餘慶陳右軍將軍珣孫也少
與知名之士陳子昂宋之問盧藏用道士司馬承禎道人法成等
交遊雖才學不逮子昂等而風流強辯過之累遷中書舍人則

天嘗引入草詔餘慶惶惑至晚竟不能措一辭責授左司郎中累
除大理卿散騎常侍太子詹事以老疾致仕尋卒象先四代孫
文宗大和四年 除釋褐參軍文學
蘇瓌字昌容京兆武功人隋尚書右僕射威曾孫也祖夔隋鴻臚
卿父亶貞觀中台州刺史瓌弱冠本州舉進士累授豫王府錄事
參軍長史王德真司馬劉禕之皆器重之長安中累遷揚州大都
督府長史揚州地當衝要多富商大賈珠翠珍怪之產前長史張
潛于辯機皆致之數萬唯瓌挺身而去神龍初入為尚書右丞
以明習法律多識臺閣故事特命刪定律令格式尋加銀青光祿
大夫是歲再遷戶部尚書奏計帳所管戶時有六百一十五萬六
千一百四十一尋加侍中封淮陽縣子充西京留守時秘書員外監鄭
普思謀為妖逆雍岐二州妖黨大發瓌收普思繫獄考訊之普思
妻第五氏以鬼道為韋庶人所寵居止禁中由是中宗特勑慰諭
瓌令釋普思之罪瓌上言普思幻惑罪當不赦中宗至京瓌又面

三十二　唐傳三十八　十一　李達

陳其狀尚書左僕射魏元忠奏曰蘇瓌長者其忠懇如此願陛下
察之帝乃配流普思於儋州其黨並誅瓌遷吏部尚書進封淮
陽縣侯景龍三年轉尚書右僕射同中書門下三品進封許國公
是歲將拜南郊國子祭酒祝欽明希庶人旨建議請皇后為亞獻
安樂公主為終獻瓌深非其議嘗於御前面折欽明帝雖悟竟從
欽明所奏公卿大臣初拜官者例許獻食名為燒尾瓌拜僕射無
所獻後因侍宴將作大匠宗晉卿曰拜僕射竟不燒尾豈不喜耶
帝默然瓌奏曰臣聞宰相者主調陰陽代天理物今粒食踊貴百
姓不足臣見宿衛兵至有三日不得食者臣愚不稱職所以不敢
燒尾是歲六月與唐休璟並加監修國史四年中宗崩秘不發喪
韋庶人召諸宰相韋安石韋巨源蕭至忠宗楚客紀處訥韋溫李
嶠韋嗣立唐休璟杜彥昭及瓌等十人入禁中會議初遺制遣韋
庶人輔少主知政事授安國相王太尉參謀輔政中書令宗楚客
謂溫曰今須請皇太后臨朝宜停相王輔政且皇太后於相王居

嫂叔不通問之地甚難爲儀注理全不可瓌獨正色拒之謂楚客等曰遺制是先帝意安可更改楚客及韋溫大怒遂削相王輔政而宣行焉是月韋氏敗相王即帝位下詔曰尚書右僕射同中書門下三品監修國史許國公蘇瓌自周旋近密損益樞機謀猷有成匡贊無忌頃者遺恩顧託先意昭明姦回動搖內外危逼獨申讜議實挫邪謀況潛邸寮屬念朕惟舊無德不報抑惟令典可尚書左僕射餘如故景雲元年以老疾轉太子少傅是歲十一月薨贈司空荊州大都督謚曰文貞瓌臨終遺令薄葬及祖載之日官給儀仗外唯有布車一乘論者稱焉開元二年下詔曰疇庸賞善百王攸先追遠飾終千載同德故尚書左丞相太子少傅贈司空荊州大都督許國文貞公瓌履正體道外方內直悉心奉上畢身率禮協贊帷幄三朝有鹽梅之任變諧台衮九命爲社稷之臣先朝晏駕豐起宮掖國擅稱制之姦人懷綴旒之懼兇威孔熾宗祀幾傾顧命遺恩太皇輔政逆臣刊削韋氏臨朝遂能首發昌言偘

然正色列諸視聽暴於朝野松檟已遠風烈猶存緬懷誠節良深耿歎可賜實封一百戶四年詔與徐國公劉幽求配享睿宗廟庭十七年加贈司徒瓌子頲頲少有俊才一覽千言弱冠舉進士授烏程尉累遷左臺監察御史長安中詔頲按覆來俊臣等舊獄頲皆申明其枉由此雪冤者甚衆神龍中累遷給事中加修文館學士俄拜中書舍人尋而頲父同中書門下三品父子同掌樞密時以爲榮機事填委文誥皆出頲手中書令李嶠歎曰舍人思如湧泉嶠所不及也俄遷太常少卿景雲中瓌薨詔頲起復爲工部侍郎加銀青光祿大夫頲抗表固辭辭理懇切詔許其終制服闋就職襲父爵許國公玄宗謂宰臣曰有從工部侍郎得中書侍郎否對曰任賢用能非臣等所及玄宗曰蘇頲可中書侍郎仍供政事食明日加知制誥有政事食自頲始也頲入謝玄宗曰常欲用卿每有好官闕即望宰相論及宰相皆卿之故人卒無言者朕爲卿歎息中書侍郎朕極重惜自陸象先歿後朕每思之無出卿者時李

又爲紫微侍郎與頲對掌文誥他日上謂頲曰前朝有李嶠蘇味道謂之蘇李今有卿及李乂亦不謝之卿所製文誥可錄一本封進題云臣某撰朕要留中披覽其禮遇如此玄宗欲於靖陵建碑頲諫曰帝王及后無神道碑且事不師古動皆不法若靖陵獨建陛下祖宗之陵皆須追造玄宗從其言而止開元四年遷紫微侍郎同紫微黃門平章事與侍中宋璟同知政事璟剛正多所裁斷頲皆順從其美若上前承旨敷奏及應對則頲爲之助相得甚悅璟嘗謂人曰吾與蘇家父子前後同時爲宰相僕射長厚誠爲國器若獻可替否靡盡臣節斷割吏事至公無私即頲過其父也八年除禮部尚書罷政事俄知益州大都督府長史事前司馬皇甫恂破庫物織新樣錦以進頲一切罷之或謂頲曰公今在遠豈得忤聖意頲曰明主不以私愛奪至公豈以遠近間易忠臣節也竟奏罷之巂州蠻酋苴院私與吐蕃通謀將爲內寇頲獲其間諜將士咸請出兵討之頲不從乃

作書并間諜以送苴院苴院慙悔不敢入寇十三年從駕東封玄宗令頲撰朝覲碑文俄又知吏部選事頲性廉儉所得俸祿盡推與諸弟或散之親族家無餘資十五年卒年五十八初優贈之制未出起居舍人韋述上疏曰臣伏見貞觀永徽之時每有公卿大臣薨卒皆輟朝舉哀所以成終始之恩厚君臣之義上有旌賢錄舊之德下有生榮死哀之美列於史冊以示將來昔智悼子卒平公宴樂杜蒯一言方始感悟春秋載其盛烈禮經以爲美譚今古舊事昭然可覩臣伏見故禮部尚書蘇頲累葉輔弼代傳忠清頲又伏事軒陛二十餘載入參謀猷出總藩牧誠績斯著操履無虧天不慭遺奄違聖代伏願陛下思帷蓋之舊念股肱之親修先朝之盛典鑒晉平之遠跡爲之輟朝舉哀以明同體之義使歿者荷德於泉壤存者盡節於周行凡百卿士孰不幸甚臣官忝記事書舉必書敢申舊典上黷宸扆希降恩貸俯垂詳擇即日於洛城南門舉哀輟朝兩日贈尚書右

承相謚曰文憲及葬日玄宗遊咸宜宮將出獵聞頲喪出愴然
曰蘇頲今日葬吾寧忍娛遊中路還宮頲弟詵冰又詵歷授右
司郎中給事中徐州刺史先是拜給事中時頲為中書侍郎上
表讓詵所授玄宗曰古來有內舉不避親乎頲曰晉祁奚是也
玄宗曰若然則朕用蘇詵何得屢言近日卿父子猶同在中書
兄弟有何不得卿言非至公也冰為虞部郎中又為職方郎中
幹瓌從父兄也父勗武德中為秦王府文學館學士貞觀中尚
南康公主拜駙馬都尉累遷魏王泰府司馬勗既博學有美名
甚為泰所重因勸泰請開文學館引才名之士撰括地志後歷
吏部郎太子左庶子卒幹少以明經累授徐王府記室參軍徐
王好畋獵幹每諫止之垂拱中歷遷魏州刺史時河北飢饉舊
吏苛酷百姓多有逃散幹乃督察姦吏務勸農桑由是逃散者
皆來復業稱為良牧召拜右羽林將軍尋遷冬官尚書酷吏來
俊臣素忌嫉之遂誣奏幹在魏州與瑯琊王沖私書往復因繫

獄鞫訊幹發憤而卒瓌四代孫翔文宗大和四年釋褐文學參軍
史臣曰韋思謙始以州縣奮於煙霄持綱不避於權豪報國能
忘於妻子自強不息剛毅近仁信有之矣高季輔皇甫公義可
謂知人矣且福善餘慶不謂無徵二子構堂俱列相輔文皆經
濟政盡明能加以承慶方危涂翰而曾非恐悚嗣立見用龔封
而罔墜逍遥無忝父風寧慙祖德謚溫謚孝何愧易名陸元方
博學大度再踐鈞衡當則天時非有忠貞應無黜責綏州之任
抑又何慙觀其濟海無私狂風自止臨終焚其槀溫樹始彰故知
正可以動神明德可以延家代象先益高人品尤著相才全濟
有名孤立無禍景倩景融景獻景裔等咸居清列得非有後於
魯乎蘇瓌孔子云居其室出其言善則千里之外應之況其邇
者乎又言行君子之樞機樞機之發榮辱之主也當中宗弃代
韋氏奪權預謀者十有九人咸生異議瓌志存大節獨發讜言
其後善惡顯彰黜陟明著聖人之言驗於斯矣頲唯公是相以

儉承家李嶠許之湧泉宋璟稱其過父艱難之際節操不回善
始令終先後無愧
贊曰善人君子懷忠秉正盡富文章咸推諫諍豈愧明庭無慙
重柄子子孫孫演承餘慶

唐書列傳卷第三十八

右文林郎充兩浙東路提舉茶鹽司幹辦公事臣蘇之勤校勘

唐書列傳卷第三十九

劉　昫　等修

狄仁傑 孫兼謨　王方慶　姚璹 弟珽

狄仁傑字懷英并州太原人也祖孝緒貞觀中尚書左丞父知遜
夔州長史仁傑兒童時門人有被害者縣吏就詰之衆皆接對唯
仁傑堅坐讀書吏責之仁傑曰黄卷之中聖賢備在猶不能接對
何暇偶俗吏而見責耶後以明經舉授汴州判佐時工部尚書閻
立本爲河南道黜陟使仁傑爲吏人誣告立本見而謝曰仲尼云觀
過知仁矣足下可謂海曲之明珠東南之遺寶薦授并州都督府
法曹其親在河陽別業仁傑赴并州登太行山南望見白雲孤飛
謂左右曰吾親所居在此雲下瞻望佇立久之雲移乃行仁傑孝
友絶人在并州有同府法曹鄭崇質母老且病當充使絶域仁傑
謂曰太夫人有危疾而公遠使豈可貽親萬里之憂乃詣長史藺
仁基請代崇質而行時仁基與司馬李孝廉不協因謂曰吾等豈

三十一　唐傳三十九　一　黄暉

○獨無愧耶由是相待如初仁傑儀鳳中爲大理丞周歲斷滯獄一
萬七千人無冤訴者時武衛大將軍權善才坐誤斫昭陵柏樹仁
傑奏罪當免職高宗令即誅之仁傑又奏罪不當死帝作色曰善
才斫陵上樹是使我不孝必須殺之左右築仁傑令出仁傑曰臣
聞逆龍鱗忤人主自古以爲難臣愚以爲不然居桀紂時則難堯
舜時則易臣今幸逢堯舜不懼比干之誅昔漢文時有盜高廟玉
環張釋之廷諍罪止棄市魏文將徙其人辛毗引裾而諫亦見納
用且明主可以理奪忠臣不可以威懼今陛下不納臣言瞑目之
後羞見釋之辛毗於地下陛下作法懸之象魏徒流死罪俱有等
差豈有犯非極刑則令賜死法既無常則萬姓何所措其手足陛
下必欲變法請從今日爲始古人云假使盜長陵一抔土陛下何以
加之今陛下以昭陵一株柏殺一將軍千載之後謂陛下爲何主此
臣所以不敢奉制殺善才陷陛下於不道帝意稍解善才因而免
死居數日授仁傑侍御史時司農卿韋機兼領將作少府二司高

宗以恭陵玄宮狹小不容送終之具遣機續成其功機於埏之左
右爲便房四所又造宿羽高山上陽等宮莫不壯麗仁傑奏其太
過機竟坐免官左司郎中王本立恃寵用事朝廷懾懼仁傑奏之
請付法寺高宗特原之仁傑奏曰國家雖乏英才豈少本立之類
陛下何惜罪人而虧王法必欲曲赦本立請弃臣於無人之境爲
忠貞將來之誡本立竟得罪繇是朝廷肅然尋加朝散大夫累遷
度支郎中高宗將幸汾陽宮以仁傑爲知頓使并州長史李沖玄
以道出妬女祠俗云盛服過者必致風雷之災乃發數萬人別開
御道仁傑曰天子之行千乘萬騎風伯清塵雨師灑道何妬女之
害耶遽令罷之高宗聞之歎曰眞大丈夫也俄轉寧州刺史撫和
戎夏人得歡心郡人勒碑頌德御史郭翰巡察隴右所至多所按
劾及入寧州境内耆老歌刺史德美者盈路翰既授館召州吏謂
之曰入其境其政可知也願成使君之美無爲久留州人方散翰薦
名於朝徵爲冬官侍郎充江南巡撫使吳楚之俗多淫祠仁傑奏

三十一　唐傳三十九　二　余全

○毀一千七百所唯留夏禹吳太伯季札伍員四祠轉文昌右丞出
爲豫州刺史時越王貞稱兵汝南事敗緣坐者六七百人籍没者
五千口司刑使逼促行刑仁傑哀其詿誤緩其獄密表奏曰臣欲
顯奏以爲逆人申理知而不言恐乖陛下存恤之旨表成復毁意
不能定此輩咸非本心伏望哀其詿誤特勑原之配流豐州豫囚
次于寧州父老迎而勞之曰我狄使君活汝輩耶相携哭於碑下
齋三日而後行豫囚至流所復相與立碑頌狄君之德初越王之
亂宰相張光輔率師討平之將士恃功多所求取仁傑不之應光
輔怒曰州將輕元帥耶仁傑曰亂河南者一越王貞耳今一貞死
而萬貞生光輔質其辭仁傑曰明公董戎三十萬平一亂臣不戢
兵鋒縱其暴橫無罪之人肝腦塗地此非萬貞何耶且兇威脅從
勢難自固及天兵暫臨乘城歸順者萬計縋墜四面成蹊公奈
何縱邀功之人殺歸降之衆但恐冤聲騰沸上徹于天如得尚方
斬馬劒加於君頸雖死如歸光輔不能詰心甚銜之還都奏仁傑

不遂左授復州刺史入爲洛州司馬天授二年九月丁酉轉地官侍
郎判尚書同鳳閣鸞臺平章事則天謂曰卿在汝南時甚有善政
欲知譖卿者乎仁傑謝曰陛下以臣爲過臣當改之陛下明臣無
過臣之幸也臣不知譖者並爲善友臣請不知則天深加歎異未
幾爲來俊臣誣構下獄時一問即臣者例得減死來俊臣逼脅仁
傑令一問臣反仁傑歎曰大周革命萬物唯新唐朝舊臣甘從
誅戮反是實俊臣乃少寬之判官王德壽謂仁傑曰尚書必得減
死德壽意欲求少階級憑尚書牽楊執柔可乎仁傑曰若何牽
之德壽曰尚書爲春官時執柔任其司員外引之可也仁傑曰皇
天后土遣仁傑行此事以頭觸柱流血被面德壽懼而謝焉既臣
反所司但待日行刑不復嚴備仁傑求守者得筆硯拆被頭帛書
冤置綿衣中謂德壽曰時方熱請付家人去其綿德壽不之察仁
傑子光遠得書持以告變則天召見覽之而問俊臣俊臣曰仁傑不
免冠帶寢處甚安何由伏罪則天使人視之俊臣遽命仁傑巾帶

而見使者乃令德壽代仁傑作謝死表附使者進之則天召仁傑
謂曰臣反何也對曰向若不臣反已死於鞭笞矣何爲作謝死表
曰臣無此表示之乃知代署也故得免死貶彭澤令武承嗣屢奏
請誅之則天曰朕好生惡殺志在恤刑渙汗已行不可更返萬歲
通天年契丹寇陷冀州河北震動徵仁傑爲魏州刺史前刺史獨
孤思莊懼賊至盡驅百姓入城繕修守具仁傑既至悉放歸農畝
謂曰賊猶在遠何必如是萬一賊來吾自當之必不關百姓也賊
聞之自退百姓咸歌誦之相與立碑以紀恩惠俄轉幽州都督神
功元年入爲鸞臺侍郎同鳳閣鸞臺平章事加銀青光祿大夫
兼納言仁傑以百姓西戍疏勒等四鎮極爲凋弊乃上疏曰臣聞
天生四夷皆在先王封疆之外故東拒滄海西隔流沙北橫大漠
南阻五嶺此天所以限夷狄而隔中外也自典籍所紀聲教所及
三代不能至者國家盡兼之矣此則今日之四境已逾於夏殷者也
詩人矜薄伐於太原美化行於江漢則是前代之遠裔而國家之

域中至前漢時匈奴無歲不陷邊殺掠吏人後漢則西羌侵軼漢
中東寇三輔入河東上黨幾至洛陽由此言之則陛下今日之土
宇過於漢朝遠矣若其用武荒外邀功絶域竭府庫之實以爭磽
确不毛之地得其人不足以增賦獲其土不可以耕織苟求冠帶
遠夷之稱不務固本安人之術此秦皇漢武之所行非五帝三皇之
事業也若使越荒外以爲限竭資財以騁欲非但不愛人力亦所
以失天心也昔始皇窮兵極武以求廣地男子不得耕於野女子
不得蠶於室長城之下死者如亂麻於是天下潰叛漢武追高文
之宿憤籍四帝之儲實於是定朝鮮討西域平南越擊匈奴府庫
空虛盜賊蜂起百姓嫁妻賣子流離於道路者萬計末年覺悟息
兵罷役封丞相爲富人侯故能爲天所祐也昔人有言與覆車同
軌者未嘗安此言雖小可以喻大近者國家頻歲出師所費滋廣
西戍四鎮東戍安東調發日加百姓虛弊開守西域事等石田費
用不支有損無益轉輸靡絶杼軸殆空越磧踰海分兵防守行役

既久怨曠亦多昔詩人云王事靡盬不能蓺稷黍豈不懷歸畏此
罪罟念彼恭人涕零如雨此則前代怨思之辭也上不是恤則政
不行而邪氣作邪氣作則蟲螟生而水旱起若此雖禱祀百神不
能調陰陽矣方今關東飢饉蜀漢逃亡江淮已南徵求不息人不
復業則相率爲盜本根一搖憂患不淺其所以然者皆爲遠戍方
外以竭中國爭蠻貊不毛之地乖子養蒼生之道也昔漢元納賈
捐之謀而罷珠崖郡宣帝用魏相之策而弃車師之田豈不欲慕
尚虛名蓋憚勞人力也近貞觀年中剋平九姓冊李思摩爲可汗
使統諸部者蓋以夷狄叛則伐之降則撫之得推亡固存之義無
遠戍勞人之役此則近日之令典經邊之故事竊見阿史那斛瑟
羅陰山貴種代雄沙漠若委之四鎮使統諸蕃封爲可汗遣禦寇
患則國家有繼絶之美荒外無轉輸之役如臣所見請捐四鎮以
肥中國罷安東以實遼西省軍費於遠方并甲兵於塞上則恒
代之鎮重而邊州之備實矣況綏撫夷狄蓋防其越逸無侵侮之

患則可矣何必窮其窟穴與螻蟻計校長短哉且王者外寧必有內憂蓋爲不勤修政故也伏惟陛下弃之度外無以絶域未平爲念但當勅邊兵謹守備蓄鋭以待敵待其自致然後擊之此李牧所以制匈奴也當今所要者莫若令邊城警守遠備斥候聚軍實蓄威武以逸待勞則戰士力倍以主禦客則我得其便堅壁清野則寇無所得自然賊深入必有顛躓之慮淺入必無虜獲之益如此數年可使二虜不擊而服矣仁傑又請廢安東復高氏爲君長停江南之轉輸慰河北之勞弊數年之後可以安人富國事雖不行識者是之尋檢校納言兼右肅政臺御史大夫聖曆初突厥侵掠趙定等州命仁傑爲河北道元帥以便宜從事突厥盡殺所掠男女萬餘人從五迴道而去仁傑揔兵十萬追之不及便制仁傑河北道安撫大使時河朔人庶多爲突厥逼脅賊退後懼誅又多逃匿仁傑上疏曰臣聞朝廷議者以爲契丹作梗始明人之逆順或因迫脅或有願從或受僞官或爲招慰或兼外賊或是土人跡雖

不同心則無別誠以山東雄猛由來重氣一顧之勢至死不回近緣軍機調發傷重家道悉破或至逃亡剔屋賣田人不爲售內顧生計四壁皆空重以官典侵漁因事而起取其髓腦曾無心媿修築池城繕造兵甲州縣役使十倍軍機官司不矜期之必取枷杖之下痛切肌膚事迫情危不循禮義愁苦之地不樂其生有利則歸且圖賒死此乃君子之愧辱小人之常行人猶水也壅之則爲泉疏之則爲川通塞隨流豈有常性昔董卓之亂神器播遷及卓被誅部曲無赦事窮變起毒害生人京室丘墟化爲禾黍此由恩不普洽失在機先臣一讀此書未嘗不廢卷歎息今以負罪之伍必不在家露宿草行潛竄山澤赦之則出不赦則狂山東群盜緣茲聚結臣以邊塵暫起不足爲憂中土不安以此爲事臣聞持大國者不可以小道理事廣者不可以細分人主恢弘不拘常法罪之則衆情恐懼恕之則反側自安伏願曲赦河北諸州一無所問自然人神道暢率土歡心諸軍凱旋得無侵擾制從之軍還授

內史聖曆三年則天幸三陽宮王公百寮咸經侍從唯仁傑特賜宅一區當時恩寵無比是歲六月左玉鈐衛大將軍李楷固右武威衛將軍駱務整討契丹餘衆擒之獻俘於含樞殿則天大悅特賜楷固姓武氏楷固務整並契丹李盡忠之別帥也初盡忠之作亂楷固等屢率兵以陷官軍後兵敗來降有司斷以極法仁傑議以爲楷固等並有驍將之才若恕其死必能感恩效節又奏請授其官爵委以專征制並從之及楷固等凱旋則天召仁傑預宴因舉觴親勸歸賞於仁傑授楷固左玉鈐衛大將軍賜爵燕國公則天又將造大像用功數百萬令天下僧尼每日人出一錢以助成之仁傑上疏諫曰臣聞爲政之本必先人事陛下矜群生迷謬溺喪無歸欲令像教兼行覩相生善非爲塔廟必欲崇奢豈令僧尼皆須檀施得祇尚捨而況其餘今之伽藍制過宫闕窮奢極壯畫繢盡工寶珠殫於綴飾瓌材竭於輪奐工不使鬼止在役人物不天來終須地出不損百姓將何以求生之有時用之無度編戶所

奉常若不充痛切肌膚不辭箠楚遊僧一說矯陳禍福翦髮解衣仍慚其少亦有離間骨肉事均路人身自納妻謂無彼我皆託佛法詿誤生人里陌動有經坊闤闠亦立精舍化誘倍急切於官徵法事所須嚴於制勅膏腴美業倍取其多水碾莊園數亦非少逃丁避罪併集法門無名之僧凡有幾萬都下檢括已得數千且一夫不耕猶受其弊浮食者衆又劫人財臣每思惟實所悲痛往在江表像法盛興梁武簡文捨施無限及其三淮沸浪五嶺騰煙列剎盈衢無救危亡之禍緇衣蔽路豈有勤王之師比年已來風塵屢擾水旱不節征役稍繁家業先空瘡痍未復此時興役力所未堪伏惟聖朝功德無量何必要營大像而以勞費爲名雖斂僧錢百未支一尊容既廣不可露居覆以百層尚憂未遍自餘廊廡不得全無又云不損國財不傷百姓以此事主可謂盡忠臣今思惟兼採衆議咸以爲如來設教以慈悲爲主下濟群品應是本心豈欲勞人以存虛飾當今有事邊境未寧宜寬征鎮之備省不急

之費設今雇作皆以利趨旣失田時自然弃本今不樹稼來歲必
饑役在其中難以取給況無官助義無得成若費官財又盡人力
一隅有難將何救之則天乃罷其役是歲九月病卒則天爲之舉
哀廢朝三日贈文昌右相謚曰文惠仁傑常以舉賢爲意其所
引拔桓彥範敬暉竇懷貞姚崇等至公卿者數十人初則天嘗
問仁傑曰朕要一好漢任使有乎仁傑曰陛下作何任使則天曰
朕欲待以將相對曰臣料陛下若求文章資歷則今之宰臣李嶠
蘇味道亦足爲文吏矣豈非文士齷齪思得奇才用之以成天下
之務者乎則天悅曰此朕心也仁傑曰荊州長史張柬之其人雖
老眞宰相才也且久不遇若用之必盡節於國家矣則天乃召拜
洛州司馬他日又求賢仁傑曰臣前言張柬之猶未用也則天曰
已遷之矣對曰臣薦之爲相今爲洛州司馬非用之也又遷爲秋
官侍郎後竟召爲相柬之果能興復中宗蓋仁傑之推薦也仁
傑嘗爲魏州刺史人吏爲立生祠及去職其子暉爲魏州司功參
三十一 唐傳三十九 七 澍宗
○軍頗貪暴爲人所惡乃毀仁傑之祠長子光嗣聖歷初爲司府丞
則天令宰相各舉尚書郎一人仁傑乃薦光嗣拜地官員外郎莅
事稱職則天喜而言曰祁奚內舉果得其人開元七年自汴州刺
史轉揚州大都督府長史坐贓貶歙州別駕卒初中宗在房陵而
吉頊李昭德皆有匡復讜言則天無復辟意唯仁傑每從容奏對
無不以子母恩情爲言則天亦漸省悟竟召還中宗復爲儲貳初
中宗自房陵還宮則天匿之帳中召仁傑以廬陵爲言仁傑慷慨
敷奏言發涕流遽出中宗謂仁傑曰還卿儲君仁傑降階泣賀旣
已奏曰太子還宮人無知者物議安審是非則天以爲然乃復置
中宗於龍門具禮迎歸人情感悅仁傑前後匡復奏對凡數萬言
開元中北海太守李邕撰爲梁公別傳備載其辭中宗返正追贈
司空睿宗追封梁國公仁傑族曾孫兼謨
兼謨登進士第祖郊父邁仕官皆微兼謨元和末解褐襄陽推官
試校書郎言行剛正使府知名憲宗召爲左拾遺累上書言事歷

尚書郎長慶大和中歷鄭州刺史以治行稱入爲給事中開成初
度支左藏庫安破猜污嫌帛等贓罪文宗以事在赦前不理兼謨
封還勑書文宗召而諭之曰嘉卿舉職然朕已赦其長官典吏亦
宜在宥然事或不可卿勿以封勑爲嫌遷御史中丞謝日文宗顧
謂之曰御史臺朝廷綱紀臺綱正則朝廷理朝廷正則天下理凡
執法者大抵以畏忌顧望爲心職業由茲不舉卿梁公之後自有
家法豈復爲常常之心哉兼謨謝曰朝法或未得中臣固悉心彈
奏會江西觀察使吳士矩違額加給軍士破官錢數十萬計兼謨
奏曰觀察使守陛下土地宣陛下詔條臨戎賞軍州有定數而士
矩與奪由己盈縮自專不唯貽弊一方必致諸軍援例請下法司
正行朝典士矩坐貶蔡州別駕兼謨尋轉兵部侍郎明年檢校工
部尚書太原尹充河東節度使會昌中累歷方鎮卒
王方慶雍州咸陽人也周少司空石泉公褒之曾孫也其先自琅
邪南度居於丹陽爲江左冠族褒北徙入關始家咸陽焉祖鼒隋
○ 三十一 唐傳三十九 八
衛尉丞伯父弘讓有美名貞觀中爲中書舍人父弘直爲漢王元
昌友畋獵無度乃上書切諫其略曰夫宗子維城之託者所以固
邦家之業也大王功無任城戰剋之効行無河間樂善之譽爵高
五等邑富千室當思答極施之洪慈保無疆之永祚其爲計者在
乎修德冠履詩禮畋獵史傳覽古人成敗之所由鑒旣往存亡之
異軌覆前戒後居安慮危柰何列騎齊驅交橫壟畝野有遊客巷
無居人貽衆庶之憂逞一情之樂從禽不息寔用寒心元昌覽書
而遽止漸見疎斥轉荊王友龍朔中卒方慶年十六起家越王府
參軍嘗就記室任希古受史記漢書希古遷爲太子舍人方慶隨
之卒業永淳中累遷太僕少卿則天臨朝拜廣州都督廣州地際
南海每歲有崑崙乘舶以珍物與中國交市舊都督路元睿冒求
其貨崑崙懷刃殺之方慶在任數載秋毫不犯又管內諸州首領
舊多貪縱百姓有詣府稱冤者府官以先受首領參餉未嘗鞫問
方慶乃集止府寮絕其交往首領縱暴者悉繩之由是境內清肅

當時議者以爲有唐已來治廣州者無出方慶之右有制褒之曰朕以卿歷職著稱故授此官旣美化遠聞實副朝寄今賜卿雜綵六十段幷瑞錦等物以彰善政也證聖元年召拜洛州長史尋加銀青光祿大夫封石泉縣男萬歲登封元年轉幷州長史封琅琊縣男未行遷鸞臺侍郎同鳳閣鸞臺平章事俄轉鳳閣侍郎依舊知政事神功元年七月淸邊道大總管建安王攸宜破契丹凱還欲以是月詣闕獻俘內史王及善以爲將軍入城例有軍樂旣今上孝明高皇帝忌月請備而不奏方慶奏曰臣按禮經但有忌日而無忌月晉穆帝納后用九月九日是康帝忌月于時持疑不定下太常禮官荀訥議稱禮秖有忌日無忌月若有忌月即有忌時忌歲益無理據當時從訥所議軍樂是軍容與常不等臣謂振作於事無嫌則天從之則天嘗幸萬安山玉泉寺以山逕危懸欲御腰輿而上方慶諫曰昔漢元帝嘗祭廟出便門御樓船光祿勳張猛奏曰乘船危就橋安元帝乃從橋即前代舊事今

○ 三十一 唐傳三十九 九 元

山徑危險石路曲狹上瞻駭目下視寒心比於樓船安危不等陛下蒸人父母奈何踐此畏塗伏望停輿駐蹕則天納其言而止是歲改封石泉子時有制每月一日於明堂行告朔之禮司禮博士辟閭仁諝奏議其略曰經史正文無天子每月告朔之事唯禮記玉藻云天子聽朔於南門之外其每月告朔者諸侯之禮也臣謹按禮論及三禮義宗江都集禮貞觀禮顯慶禮及祠令無天子每月告朔之事若以爲無明堂故無告朔之禮有明堂即合告朔則周秦有明堂而無天子每月告朔之事臣等參求旣無其禮不可習非天子之尊而用諸侯之禮方慶又奏議其略曰明堂天子布政之宮也謹按穀梁傳云閏者附月之餘日天子不以告朔非禮也閏以正時時以作事事以厚生生人之道於是乎在矣不告閏朔棄時政也臣據此文則天子閏月亦告朔矣寧有他日而廢其禮乎先儒舊說天子行事一年十八度入明堂大享不問卜一入也每月告朔十二入也四時迎氣四入也巡狩之年一入也今禮

官議唯歲首一入耳與先儒旣異在臣不敢同宋朝何承天纂集其文以爲禮論雖加編次事則闕如梁代崔靈恩撰三禮義宗但捃摭前儒因循故事而已隋煬帝命學士撰江都集禮秖抄撮舊禮更無異文貞觀顯慶禮及祠令不言告朔者蓋爲歷代不傳所以其文乃闕各有緣由不足依據今禮官引爲明證在臣誠實有疑則天又令春官廣集衆儒取方慶仁諝所奏議以定得失時成均博士吳揚善太學博士郭仙舟等奏稱周禮及三傳皆有天子告朔之禮秦滅詩書由是告朔禮廢望依方慶議有制從之則天以方慶家多書籍嘗訪求右軍遺跡方慶奏曰臣十代從伯祖羲之書先有四十餘紙貞觀十二年太宗購求先臣並已進之唯有一卷見今在又進臣十一代祖導十代祖洽九代祖珣八代祖曇首七代祖僧綽六代祖仲寶五代祖騫高祖規曾祖褒幷九代三從伯祖晉中書令獻之已下二十八人書共十卷則天御武成殿示羣臣仍令中書舍人崔融爲寶章集以敘其事復賜方慶當時

○ 三十二 唐傳三十九 十

甚以爲榮方慶又以令文春喪大功未葬不預朝賀未終喪不預宴會比來朝官不遵禮法身有哀容陪預朝會手舞足蹈公違憲章名教旣虧實玷皇化伏望申明令式更禁斷從之方慶漸以老疾乞從閑逸乃授麟臺監修國史及中宗立爲東宮方慶兼檢校太子左庶子聖曆二年壹月則天欲季冬講武有司稽緩延入孟春方慶上疏曰謹按禮記月令孟冬之月天子命將帥講武習射御角力此乃三時務農一時講武以習射御角校才力蓋王者常事安不忘危之道也孟春之月不可以稱兵兵者甲胄干戈之總名兵金性刻木春盛德在木而舉金以害盛德逆生氣孟春行冬令則水潦爲敗雪霜大摯首種不入蔡邕月令章句云太陰新休少陽尚微而行冬令以導水氣故水潦至而敗生物也雪霜大摯折陽者也太陰干時雨雪而霜故大傷首種首種謂宿麥也麥以秋種故謂之首種入收也春爲陽寒所傷故至夏麥不成長也今孟春講武是行冬令以陰政犯陽氣害發生之德臣恐水潦敗

物需雩損稼夏麥不登無所收入也伏望天恩不違時令至孟冬
教習以順天道手制答曰比爲久屬太平多歷年載人皆廢戰並
悉學文今者用整兵威改令教習卿以春行冬令則水潦爲敗雖
金傷木則便害發生循覽所陳深合典禮若違此請乃月令虛
行佇啓直言用依來表是歲正授太子左庶子封石泉公餘並如
故俸料同職事三品兼侍皇太子讀書方慶又上言謹按史籍所
載人臣與人主言及上表未有稱皇太子名者當爲太子皇儲其
名尊重不敢指斥所以不言晉尚書僕射山濤啓事稱皇太子而
不言名濤中朝名士必詳典故其不稱名應有憑准朝官尚猶
如此宮臣諱則不疑今東宮殿及門名皆有觸犯臨事論啓迴避
甚難孝敬皇帝爲太子時改弘教門爲崇教門沛王爲皇太子改
崇賢館爲崇文館皆避名諱以遵典禮此即成例足爲軌模伏
望天恩因循舊式付司改換制從之長安二年五月卒贈兗州都
督謚曰貞中宗即位以宮寮之舊追贈吏部尚書方慶博學好著

○ 三十二 唐傳三十九 十二 余全

述所撰雜書凡二百餘卷尤精三禮好事者多詢訪之每所酬荅
咸有典據故時人編次名曰禮雜荅問聚書甚多不減秘閣至
於圖畫亦多異本諸子莫能守其業卒後尋亦散亡長子光輔開
元中官至潞州刺史少子晙工書知名尤善琴棊而性多嚴整官
至殿中侍御史
姚璹字令璋散騎常侍思廉之孫也少孤撫弟妹以友愛稱博涉
經史有才辯永徽中明經擢第累補太子宮門郎與司議郎孟利
貞等奉令撰瑤山玉彩書書成遷秘書郎調露中累遷至中書
舍人封吳興縣男則天臨朝遷夏官侍郎坐從父弟敬節同徐敬
業之亂貶桂州都督府長史時則天雅好符瑞璹至嶺南訪諸山
川草樹其名號有武字者皆以爲上膺國姓列奏其事則天大悅
召拜天官侍郎善於選補時人稱之長壽二年遷文昌左丞同鳳
閣鸞臺平章事自永徽已後左右史雖得對仗承旨仗下後謀議
皆不預聞璹以爲帝王謨訓不可暫無紀述若不宣自宰相史官

無從得書乃表請仗下所言軍國政要宰相一人專知撰錄號爲
時政記每月封送史館宰相之撰時政記自璹始也是歲九月坐
事轉司賓少卿罷知政事延載初擢拜納言有司以璹從父弟犯
法奏言不合更爲侍臣璹上言昔王敦稱兵犯順王導仍典樞機
嵇康戮於晉朝嵇紹忠於晉室稱惟前古尚不爲疑今奉聖恩豈
由臣下必以體例有乖伏請甘從屏退則天曰此乃我意卿復何
言但當盡忠無聽浮說時武三思率蕃夷酋長請造天樞於端門
外刻字紀功以頌周德璹爲督作使證聖初璹加秋官尚書同平
章事是歲明堂災則天欲責躬避正殿璹奏曰此實人火非曰天
災至如成周宣榭卜代愈隆漢武建章盛德彌永臣又見彌勒下
生經云當彌勒成佛之時七寶臺須臾散壞覩此無常之相便成
正覺之因故知聖人之道隨緣示化方便之利博濟良多可使由
之義存於此況今明堂乃是布政之所非宗廟之地陛下若避正
殿於禮未爲得也左拾遺劉承慶廷奏云明堂宗祀之所今既被

○ 三十一 唐傳三十九 十二 姚璹

焚陛下宜輟朝思過璹又前議以爭之則天乃依璹奏先令璹監
造天樞至是以功當賜爵一等璹表請迴贈父一官乃追贈其父
豫州司戶參軍處平爲博州刺史天后將封嵩岳命璹總知撰儀
注并充封禪副使及重造明堂又令璹充使督作以功加銀青光
祿大夫時有大石國使請獻師子璹上疏諫曰師子猛獸唯止食
肉遠從碎葉以至神都肉既難得極爲勞費陛下以百姓爲心
慮一物有失鷹犬不蓄漁獵總停運不殺以闡大慈垂好生以敷
至德凡在翻飛蠢動莫不感荷仁恩豈容自菲薄於身而厚資
給於獸求之至理必不然乎遂停來使又九鼎初成制令黃
金千兩塗之璹進諫曰夫鼎者神器貴在質朴自然無假別爲
浮飾臣觀其狀先有五彩輝煥錯雜其間豈待金色方爲炫耀則
天又從之尋屬契丹犯塞命梁王武三思爲榆關道安撫大使璹
爲副使以備之及還坐事神功初左授益州大都督府長史蜀中
官吏多貪暴璹屢有發擿姦無所容則天嘉之降璽書勞之曰

夫嚴霜之下識貞松之擅奇疾風之前知勁草之爲貴物既有此人亦宜哉卿早荷朝恩委任斯重居中作相弘益已多防邊訓兵心力俱盡歲寒無改終始不渝迺眷蜀中毗俗殷雜久缺良守弊於侵漁政以賄成人無厝足是用命卿出鎮寄茲存養果能攬轡澄清下車整肅吏不敢犯姦無所容前後糾擿蓋非一緒貪殘之伍屏跡於列城剽奪之儔遁形於外境詎勞朞月康此黎元言念德聲良深嘉尚宜布瑯琊之化當以豫州爲法則天又嘗謂侍臣曰凡爲長官能清自身者甚易清得寮吏者甚難至於姚璹可謂兼之矣時新都丞朱待辟坐贓至死逮捕繫獄待辟素善沙門理中陰結諸不逞因待辟以殺璹爲名擬據巴蜀爲亂人密表告之者制令璹按其獄璹深持之事涉疑似引而誅死者僅以千數則天又令洛州長史宋元爽御史中丞霍獻可等重加詳覆亦無所發明遂繫獄數百人不勝酷毒遞相附會以就反狀因此籍沒者復五十餘家其餘稱知反配流者亦十八九道路冤之監察

御史來俊臣劾奏其事則天初令璹與俊臣對定又尋令罷推俄拜地官尚書歲餘轉冬官尚書仍西京留守長安中累表乞骸骨制聽致仕進爵爲伯遇官名復舊爲工部尚書神龍元年卒遺令薄葬贈越州都督謚曰成弟班

班少好學以勤苦自立舉明經累除定汴滄虢幽等五州刺史加銀青光祿大夫轉秦州刺史以善政有聞璽書褒美賜綃百匹神龍元年累封宣城郡公三遷太子詹事仍兼左庶子時節愍太子舉事不法班前後上書進諫今載四事其一曰臣聞賈誼曰選天下之端士孝悌博聞有道術者使與太子居處出入故太子見正事聞正言行正道左右前後皆正人也夫習與正人居之不能無正習與不正人居之不能無不正太子既冠成人免於保傅之嚴則有記過之史徹膳之宰進善之旌誹謗之木敢諫之鼓瞽史誦箴大夫進謀故習其智化其心成夫教得而左右正則太子正矣太子正而天下定矣臣又聞之木從繩則正后從諫則聖書言古者

所以驗於今伏惟殿下睿德洪深天姿聰敏近代成敗前古安危莫不懸鑒在心動合典禮臣以庸朽濫居輔弼虛備耳目叨預股肱輒薦塵露庶裨山海伏以內置作坊工巧得入宮闈之內禁衛之所或言語內出或事狀外通小人無知不識輕重因爲詐僞有玷徽猷臣望並付所司以停宮內造作如或要須役造猶望宮外安置庶得工匠不於宮禁出入其二曰臣聞漢文帝身衣弋綈足履革舄齊高帝欄檻用銅者皆易以鐵經侯帶玉具劍環珮以過魏太子不視經侯曰魏國亦有寶乎太子曰主信臣忠魏之寶也經侯委劍珮而去太子使追還之謂曰珠玉珍玩寒不可衣飢不可食無遺我賊經侯杜門不出臣觀聖賢經籍務以簡素爲貴皇王政化皆以菲薄爲德伏惟殿下留心恭儉靡尚浮奢臣愚猶望損之又損之居簡以行簡減省造作節量用度其三曰臣聞銀牓銅樓宮闈嚴秘門問來往皆有簿曆殿下時有所須唯門司宣令或恐姦僞之輩因此妄爲增減脫有文狀舛錯事理便即差違

且近日呂昇之便乃代署宣勅伏賴殿下睿敏當即覺其姦僞自餘臣下庸淺豈能深辯其虛望墨令及覆事行下並用內印印畫署之後冀得免有詐假乃是長久規模臣又聞之忠臣事君有犯而無隱明主馭下納諫以進德故書云有言逆於志必求諸道有言順於心必求諸非道伏惟殿下仁明昭著聖哲日躋探幽洞微窮神索隱事之善惡毫釐靡差理有危疑錙銖無爽臣以庸謏叨侍春闈職居獻替豈敢緘默其四曰臣聞聖人不專其德賢智必有所師故曰與善人言如入芝蘭之室久自芬芳與不善人言如火銷膏不覺而盡今司經見無學士供奉未有侍讀伏望時因視膳奏請置人所冀講席談筵務盡忠規之道披文摘句方資審諭之勤臣又聞臣之事主必盡乃誠君之進賢務求忠讜伏惟殿下養德儲闈以端靜爲務恭膺守器以學業爲先經所以立行修身史所以諳識成敗雅誥既習忠孝乃成傳記方通安危斯辨知父子君臣之道識古今鑒戒之規經史爲先斯乃急務至於工巧

造作簝吏直司實爲末事無足勞慮臣以庸淺獻替是司臣而不
言負譴聖日言而獲罪是所甘心伏願留意經書簡略細事一蒙
採納萬損無辭允降儲明俯矜狂瞽疏奏太子雖稱善而不悛革
太子敗詔遣索其宮中得珽諫書中宗嘉其切直時宮臣皆貶黜
唯珽擢拜右散騎常侍歲餘遷秘書監睿宗即位累授戶部尚
書轉太子賓客先天二年加金紫光祿大夫復拜戶部尚書珽與
兄璹數年間俱爲定州刺史戶部尚書時人榮之開元二年卒年
七十四珽嘗以其曾祖察所撰漢書訓纂多爲後之注漢書者隱
沒名氏將爲已說珽乃撰漢書紹訓四十卷以發明舊義行於代
史臣曰天子有諍臣七人雖無道不失其天下致廬陵復位唐祚
中興諍由狄公一人以蔽或曰許之太甚荅曰當革命之時朋邪甚
衆非推誠竭力致身忘家者孰能與於此乎仁傑流死不避骨鯁
有彰雖逢好殺無辜能使終畏大義音存天下豈不然乎王方
慶干城南海羽翼東宮臺閣樞機無不功濟所謂君子不器者

也苟非文學斯焉取斯璹成都布政始卒不倖相國上章或否或
中且焚明堂而避正殿固諍何多黜唐頌而立天樞言非措詞乃
援求符瑞已失忠貞精擇楚茅難裨過咎不常其德罔畏承羞
珽規諫有才牧守多善儲幄之任可謂得人
贊曰犯顏忤旨返政扶危是人難事狄能有之然替武氏克復唐
基功之莫大人無以師方慶之才周旋特立璹也無常珽能操執

唐書列傳卷第三十九

右文林郎充兩浙東路提舉茶塩司幹辦公事臣蘇之勤校勘

唐書列傳卷第四十

劉　昫

王及善　杜景儉　朱敬則　楊再思

李懷遠 子景伯 景伯子彭年附　豆盧欽望 張光輔 史務滋 崔元綜 周允元附

王及善洺州邯鄲人也父君愕隋大業末并州人王君廓掠邯鄲
君愕往說君廓曰方今萬乘失御英雄競起誠宜撫納遺氓保全
形勝按甲以觀時變擁衆而歸眞主此富貴可圖也今足下居
無尺土之地守無兼旬之糧恣心行殘忍所過擄掠竊爲足下寒心
矣君廓曰計將安出君愕爲陳井陘之險可先往據之君廓從其
言乃屯井陘山歲餘會義師入定關中乃與君廓率所部萬餘人
來降拜大將軍頻以戰功封新興縣公累遷左武衞將軍從太宗
征遼東兼領左屯營兵馬與高麗戰於駐蹕山君愕先鋒陷陣
力戰而死太宗深痛悼之贈左衞大將軍幽州都督邢國公賜東
園秘器陪葬昭陵及善年十四以父死王事授朝散大夫襲爵邢

國公高宗時累遷左奉裕率孝敬之居春宮因宴集命宮官擲
倒次至及善辭曰殿下自有樂官臣止當守職此非臣任也臣將
奉令恐非殿下羽翼之備太子謝而遣之高宗聞而特加賞慰賜
絹百匹尋除右千牛衞將軍高宗謂曰朕以卿忠謹故與卿三品
要職他人非搜辟不得至朕所卿佩大橫刀在朕側知此官貴否
俄以病免尋起爲衞尉卿垂拱中歷司屬卿時山東飢及善爲巡
撫賑給使尋拜春官尚書秦州都督轉益州大都督府長史以
老病請乞致仕加授光祿大夫後契丹作亂山東不安起授滑州
刺史則天謂曰邊賊反叛卿雖疾病可將妻子日行三十里緩步
至彼與朕臥理此州以斷河路也因問朝廷得失及善備陳理亂
之宜十餘道則天曰彼末事也此爲本也卿不可行乃留拜內史
時御史中丞來俊臣常以飛禍陷良善自侯王將相被其羅織受
戮者不可勝計後俊臣坐事繫獄有司斷以極刑則天欲赦之
及善執奏曰俊臣兇狡不軌所信任者皆屠販小人所誅戮者多

名德君子臣愚以爲若不勸絕元惡恐揺動朝廷禍從此始則天
納之俄而則天將追廬陵王立爲太子及善贊成其計及太子立
又請太子外朝以慰人心則天從之及善雖無學術在官每以清
正見知臨事難奪有大臣之節時張易之兄弟恃寵每內宴皆無
人臣之禮及善數奏抑之則天不悅謂及善曰卿旣高年不宜更
侍遊讌但撿校閤中可也及善因病請假月餘則天都不問之及
善歎曰豈有中書令而天子得一日不見乎事可知矣乃上疏乞
骸骨三上不許聖曆二年拜文昌左相旬日而薨年八十二廢朝
三日贈益州大都督謚曰貞陪葬乾陵
杜景儉冀州武邑人也少舉明經累除殿中侍御史出爲益州錄
事參軍時隆州司馬房嗣業除益州司馬除書未到即欲視事又
鞭笞僚吏將以示威景儉謂曰公雖受命爲此州司馬而州司未
受命也何藉數日之祿而不待九重之旨即欲視事不亦急耶嗣
業益怒景儉又曰公今持咫尺之制眞僞未知即欲攬一州之權

誰敢相保揚州之禍非此類耶乃叱左右各令罷散嗣業慙赧而
止俄有制除嗣業荆州司馬竟不如志人吏謂之語曰錄事意與
天通益州司馬折威風景儉由是稍知名入爲司賓主簿轉司刑
丞天授中與徐有功來俊臣侯思止專理制獄時人稱云遇徐杜
者必生遇來侯者必死累遷洛州司馬尋轉鳳閣侍郎同鳳閣
鸞臺平章事則天常以季秋內出梨花一枝示宰臣曰是何祥
也諸宰臣曰陛下德及草木故能秋木再花雖周文德及行葦無
以過也景儉獨曰謹按洪範五行傳陰陽不相奪倫瀆之即爲災
又春秋云冬無愆陽夏無伏陰春無淒風秋無苦雨今已秋矣草
木黃落而忽生此花瀆陰陽也臣慮陛下布教施令有虧禮典又
臣等忝爲宰臣助天理物理而不和臣之罪也於是再拜謝罪則
天曰卿眞宰相也延載初爲鳳閣侍郎周允元奏景儉黨於李昭
德左遷秦州刺史後累除司刑卿聖曆二年復拜鳳閣侍郎同鳳
閣鸞臺平章事時契丹入寇河北諸州多陷賊中及事定河內

王武懿宗將盡論其罪景儉以爲皆是驅逼非其本心請悉原之
則天竟從景儉議歲餘轉秋官尚書坐漏洩禁中語左授司刑少
卿出爲并州長史道病卒贈相州刺史子從頗以文藻著名官至
鞏縣尉
朱敬則字少連亳州永城人也代以孝義稱自周至唐三代旌表
門標六闕州黨美之敬則倜儻重節義早以辭學知名與三從
兄同居財產無異又與左史江融左僕射魏元忠特相友善咸亨
中高宗聞而召見與語甚奇之將加擢用爲中書舍人李敬玄所
毀乃授洹水尉長壽中累除右補闕敬則以則天初臨朝稱制天
下頗多流言異議至是旣漸寧晏宜絕告密羅織之徒上疏曰臣
聞李斯之相秦也行申商之法重刑名之家杜私門張公室弃無
用之費損不急之官惜日愛功疾耕急戰人繁國富乃屠諸侯此
救弊之術也故曰刻薄可施於進趣變詐可陳於攻戰兵猶火也
不戢將自焚況鋒鏑已銷石城又毀諒可易之以寬泰潤之以淳

和八風之樂以柔之三代之禮以導之秦既不然淫虐滋甚往而不
返卒至土崩此不知變之禍也陸賈叔孫通之事漢王也當滎陽
成皋之閒糧饋已窮智勇俱困不敢開一說効一奇唯進豪猾之
材薦貪暴之客及區宇適平干戈向戢金鼓之聲未歇傷痍之痛
尚聞二子顧盼綽有餘態乃陳詩書說禮樂開王道謀帝圖高
皇帝忿然曰吾以馬上得之安事詩書乎對曰馬上得之可馬上
理之乎高皇默然於是陸賈著新語叔孫通定禮儀始知天子之
尊此知變之善也向使高皇排二子而不教置詩書而不顧重攻
戰之吏尊首級之材複道爭功張良已知其變拔劍擊柱吾屬不
得無謀即暑漏難逾何十二帝乎亡秦續何二百年乎故曰仁義
者聖人之蘧廬禮經者先王之陳迹然則祝祠向畢芻狗須投淳
精已流糟粕可弃仁義尚捨況輕此者乎自文明草昧天地屯蒙
三叔流言四凶構難不設鈎距無以應天順人不切刑名不可摧
姦息暴故置神器開告端曲直之影必呈包藏之心盡露神道助

直無罪不除人心保能無妖不戮以茲妙算窮造化之幽深用此神謀入天人之秘術故能計不下席聽不出闈蒼生晏然紫宸易主大哉偉哉無得而稱也豈比造攻鳴條大戰牧野血變草木頭折不周可同年而語乎然而急趨無善迹促柱少和聲搦溺不規行療飢非鼎食即向時之妙策乃當今之芻狗也伏願覽秦漢之得失考時事之合宜審糟粕之可遺覺蘧廬之須毀見機而作豈勞終日乎陛下必不可偃蹇太平徘徊中路伏願改法制立章程下恬愉之辭流曠蕩之澤去萋菲之牙角頓姦險之鋒芒窒羅織之源掃朋黨之迹使天下蒼生坦然大悅豈不樂哉則天甚善之敬則長安三年累遷正諫大夫尋同鳳閣鸞臺平章事時御史大夫魏元忠鳳閣舍人張說爲張易之兄弟所誣構將陷重辟諸宰相無敢言者敬則獨抗疏申理曰元忠張說素稱忠正而所坐無名若令得罪豈不失天下之望也乃得減死四年以老疾請罷知政事許之累轉冬官侍郎仍依舊兼修國史張易之昌宗嘗

○命畫工圖寫武三思及納言李嶠鳳閣侍郎蘇味道夏官侍郎李迥秀麟臺少監王紹宗等十八人形像號爲高士圖每引敬則預其事固辭不就其高絜守正如此神龍元年出爲鄭州刺史尋以老致仕二年侍御史冉祖雍素與敬則不協乃誣奏云與王同皎親善貶授廬州刺史經數月洎代到還鄉里無淮南一物唯有所乘馬一匹諸子姪步從而歸敬則重然諾善與人交每拯人急難不求其報又嘗與三從兄同居四十餘年財產無異雅有知人之鑒凡在品論者後皆如其言景龍三年五月卒于家年七十五敬則嘗採魏晉已來君臣成敗之事著十代興亡論又以前代文士論廢五等者以秦爲失事未折衷乃著五等論曰昔秦廢五等權寘仲長統王朗曹同等皆以爲秦之失予竊異之試通其志云蓋明王之理天下也先之以博愛本之以仁義張四維尊五美懸禮樂於庭宇置軌範於中衢然後決玄波使橫派揚薰風以高扇浮偽之甘澤浚曠蕩之膏腴正理章其淫邪淳風柔其骨髓使天下之

人心醉而神足其於忠義也立朝見其參於前其於進趨也若章程之在目禮經所及等日月之難踰聲教所行雖風雨之不輟聖人知俗之漸化也王道之已行也於是體國經野膺功勳親分山裂河設盤石之固內守外禦有維城之基連絡徧於城中膠葛盡於封內雖道昏時喪澤竭政塞鄭伯逐王申侯弒主魯不供物宋不成周吳僭伯牢楚問九鼎小白之匡天下重耳之一戰諸侯無君之迹顯然篡奪之謀中寢者直以周禮尚存簡書不隕故曰不敢失墜天威在顏自春秋之後禮義漸頹風俗塵昏愧恥心盡疾走先得者爲上奪攘知命者爲能加以八世專齊三家分晉子貢之亂五國蘇秦之闔七雄苛刻薄興經籍道息莫不長詐術貴攻戰萬姓皆戴爪牙無人不屬蕭距所以商鞅欺故友李斯囚舊交孫臏喪足於龐涓張儀得志于陳軫一旅之衆便欲稱王再戰之雄爭來奉帝先王會盟之禮昔時樽俎之容三代玄風掃地至盡況始皇削平區宇殊非至公李斯之作股肱罕循大道人無見德

○唯虐是聞當此時也主猜於上人賊於下父不能保之於子君不能得之於臣欲使始皇分土姦雄建侯漸俗若諭晉鄭之可依使借賊兵而資盜糧寄龍魚而助風雨不可行也是以秦鑒周德之綿深懼己圖之不遠罷侯置守高下在心天下制在一人百姓不聞二主直是不得行世封非薄功臣而賤骨肉也高皇帝揭日月之明懷天地之量算財不足以分賞論地不足以受封邑皆百城土有千里人殷國富地廣兵強五十年間七國同反賈誼憂其國失鼂錯請削其地若言由大而反也不若召陵之師踐土之衆也若言有地而起也劉濞非王霸之材田祿無先管之略直是齊晉以逆禮爲慙吳楚以犯上非媿釁由教起其所由來遠矣自此之後雜霸又衰中興不能遠復綿觀漢魏之際尋其經緯之初未有積德重光澤及萬物觀其教偷薄於秦風察其人猜擾於漢曰故魏太祖曰若使無孤天下幾人稱帝幾人稱王明竊號議者觸目皆是欲以此時開四履之祚垂萬代之封必有通軍三

川以闕周室介馬汾隰而遂翼侯而王司徒屢請於當時曹元首
又勤於宗室皆不知時也當時賢者是之敬則知政事時每以用
人為先桂州蠻叛薦裴懷古鳳閣舍人缺薦魏知古右史缺薦
張思敬則天以為知人睿宗即位嘗謂侍臣曰神龍已來李多祚
王同皎並復舊官韋月將燕欽融咸有褒贈不知更有何人尚抱
冤抑吏部尚書劉幽求對曰故鄭州刺史朱敬則往在則天朝任
正諫大夫知政事忠貞義烈為天下所推神龍時被宗楚客冉祖
雍等誣構左授廬州刺史長安年中嘗謂臣云相王必膺期受
命當須盡節事之及韋氏篡逆干紀臣遂見危赴難翼戴興曆雖
則天誘其事亦是敬則先啓之心今陛下龍興寶位凶黨就戮敬
則尚銜冤泉壤未蒙昭雪況復事符先覺誠即可嘉睿宗然之贈
敬則秘書監謚曰元
楊再思鄭州原武人也少舉明經授玄武尉充使詣京師止於客
舍會盜竊其囊裝再思邂逅遇之盜者伏罪再思謂曰足下當
○ 三王二 唐傳卅 六 駱寶
苦貧匱至此無行速去勿作聲恐為他人所擒幸留公文餘財盡
以仰遺盜者齎去再思初不言其事假貸以歸累遷天官員外郎
歷左右肅政臺御史大夫延載初守鸞臺侍郎同鳳閣鸞臺平
章事證聖初轉鳳閣侍郎依前同平章事兼太子右庶子尋遷
內史自弘農縣男累封至鄭國公再思自歷事三主知政十餘年
未嘗有所薦達為人巧佞邪媚能得人主微旨主意所不欲必因
而毀之主意所欲必因而譽之然恭慎畏忌未嘗忤物或謂再思
曰公名高位重何為屈折如此再思曰世路艱難直者受禍苟不
如此何以全其身哉長安末昌宗既為法司所鞫司刑少卿桓彥
範斷解其職昌宗俄又抗表稱冤則天意將申理昌宗廷問宰臣
曰昌宗於國有功否再思對曰昌宗往因合鍊神丹聖躬服之有
効此實莫大之功則天甚悅昌宗竟以復職時人貴彥範而賤再
思也時左補闕戴令言作兩腳野狐賦以譏刺之再思聞之甚怒
出令言為長社令朝士尤加嗤笑再思為御史大夫時張易之兄司

禮少卿同休嘗奏請公卿大臣宴于司禮寺預其會者皆盡醉極
歡同休戲曰楊內史面似高麗再思欣然請剪紙自帖於巾却披
紫袍為高麗舞縈頭舒手舉動合節滿座嗤笑又易之弟昌宗以姿
貌見寵倖再思又諛之曰人言六郎面似蓮花再思以為蓮花似六郎
非六郎似蓮花也其傾巧取媚也如此長安四年以本官檢校京兆
府長史又遷檢校揚州大都督府長史中宗即位拜戶部尚書兼中
書令轉侍中以宮寮封鄭國公賜實封三百戶又為冊順天皇后使
賜物五百段鞍馬稱是時武三思將誣殺王同皎再思與吏部尚書
李嶠刑部尚書韋巨源並受制考按其獄竟不能發明其枉致同皎
至死衆冤之再思俄復為中書令吏部尚書景龍三年遷尚書右僕
射加光祿大夫其年薨贈特進并州大都督陪葬乾陵謚曰恭子植
植子獻並為司勳員外郎再思弟昭為考功郎中溫玉為戶部侍郎
李懷遠邢州柏仁人也早孤貧好學善屬文有宗人欲以高蔭
相假者懷遠竟拒之退而歎曰因人之勢高士不為假蔭求官豈
○ 三十一 唐傳四十 七 王四
吾本志未幾應四科舉擢第累除司禮少卿出為邢州刺史以
其本鄉固辭不就改授冀州刺史俄歷揚益等州大都督府長
史未行又授同州刺史在職以清簡稱入為太子左庶子兼太
子賓客歷遷右散騎常侍春官侍郎大足年遷鸞臺侍郎尋同
鳳閣鸞臺平章事歲餘加銀青光祿大夫拜秋官尚書兼檢校太
子左庶子賜爵平鄉縣男長安四年以老辭職聽解秋官尚書正
除太子左庶子尋授太子賓客神龍初除左散騎常侍兵部尚書
同中書門下三品加金紫光祿大夫進封趙郡公特賜實封三百戶
俄以疾請致仕許之中宗將幸京師又令以本官知東都留守懷
遠雖久居榮位而彌尚簡率園林宅室無所改作常乘款段馬左
僕射豆盧欽望謂曰公榮貴如此何不買駿馬乘之答曰此馬幸
免驚蹶無假別求聞者莫不歎美神龍二年八月卒中宗特賜錦
被以充斂輟朝一日親為文以祭之贈侍中謚曰成子景伯
景伯景龍中為給事中又遷諫議大夫中宗嘗宴侍臣及朝集使

酒酣令各爲迴波辭衆皆爲諂佞之辭及自要榮位次至景伯曰
迴波爾時酒卮微臣職在箴規侍宴旣過三爵諠譁竊恐非儀中
宗不悅中書令蕭至忠稱之曰此眞諫官也景雲中累遷右散騎
常侍尋以老疾致仕開元中卒子彭年彭年吏才工於剖析有當
時之稱開元中歷考功員外郎知舉又遷中書舍人給事中兵部
侍郎天寶初又爲吏部侍郎與右相李林甫善甚慕山東著姓爲婚
姻引就清列以大其門典銓管七年後以贓汚爲御史中丞宋渾
所劾長流嶺南臨賀郡累月渾及弟恕又以贓下獄詔渾流嶺南
高要郡恕流南康郡天寶十二載起彭年爲濟陰太守又遷馮翊
太守入爲中書舍人給事中吏部侍郎十五載玄宗幸蜀賊陷西
京彭年没於賊脅授僞官憂憤忽忽不得志與韋斌相次而卒
及克復兩京優制贈彭年爲禮部尚書
豆盧欽望京兆萬年人也曾祖通隋相州刺史南陳郡公祖寬卽
隋文帝之甥也大業末爲梁泉令及高祖定關中寬與郡守蕭瑀

率豪右赴京師由是累授殿中監仍詔其子懷讓尚萬春公主高
祖以寬曾祖萇魏太和中例稱單姓至是改寬爲盧氏貞觀中歷
遷禮部尚書左衞大將軍封芮國公永徽元年卒贈特進幷州都
督陪葬昭陵謚曰定又復其姓爲豆盧氏父仁業高宗時爲左衞
將軍欽望則天時累遷司賓卿長壽二年代宗秦客爲內史時李
昭德亦爲內史執權用事欽望與同時宰相韋巨源陸元方蘇味
道杜景儉等並委曲從之證聖元年昭德坐事左遷涪陵尉則天
以欽望等不能執正又爲司刑少卿皇甫文備奏欽望附會昭德
罔上附下乃左遷欽望爲趙州刺史韋巨源自右丞爲鄜州刺史
陸元方自秋官侍郎爲綏州刺史蘇味道自鳳閣侍郎爲集州刺
史其年欽望入爲司禮卿遷秋官尚書封芮國公出爲河北道宣
勞使俄而廬陵王復爲皇太子以欽望爲皇太子宮尹聖曆二年
拜文昌右相同鳳閣鸞臺三品尋授太子賓客停知政事中宗卽
位以欽望宮寮舊臣拜尚書左僕射知軍國重事兼檢校安國相

王府長史兼中書令知兵部事監修國史欽望作相兩朝前後十
餘年張易之兄弟及武三思父子皆專權驕縱圖爲逆亂欽望獨
謹其身不能有所匡正以此獲譏於代神龍二年拜開府儀同三
司景龍三年五月表請乞骸不許十一月卒年八十餘贈司空幷州
大都督謚曰元賜東園秘器陪葬乾陵則天時宰相又有張光輔
史務滋崔元綜周允元等並有名蹟
張光輔者京兆人也少明辯有吏幹累遷司農少卿文昌右丞以討
平越王貞之功拜鳳閣侍郎知政事永昌元年遷納言旬日又拜
內史皆有能名其年洛州司馬房嗣業洛陽令張嗣明坐與徐敬
業弟敬眞陰相交結敬眞自流所繡州逃歸將北投突厥引虜入
寇途經洛下嗣業嗣明二人給其衣糧而遣之行至定州爲人所
覺嗣業於獄中自縊死嗣明與敬眞多引海內相識冀緩其死嗣
明稱光輔征豫州日私說圖讖天文陰懷兩端顧望以觀成敗光
輔由是被誅家口籍沒

史務滋者宣州溧陽人累至內史天授中雅州刺史劉行實及弟
渠州刺史行瑜尚衣奉御行感幷兄子左鷹揚將軍虔通並爲
侍御史來子珣誣以謀反誅又於盱眙毀其父左監門大將軍伯
英棺柩初務滋素與行感周密意欲寢其反狀則天怒令俊臣鞫
之務滋恐被陷刑乃自殺
崔元綜者鄭州新鄭人也祖君肅武德中黃門侍郎鴻臚卿元綜
天授中累轉秋官侍郎長壽元年遷鸞臺侍郎同鳳閣鸞臺平
章事元綜勤於政事每在中書必束帶至晚未嘗休偃好絜細行
薰辛不歷口者二十餘年雖外示謹厚而情深刻薄每受制鞫獄必
披毛求疵陷於重辟以此故人多畏而鄙之明年犯罪配流振州朝
野莫不稱慶尋赦還復拜監察御史中宗時累遷尚書左丞蒲州
刺史以老疾致仕晚年好攝養導引之術年九十餘卒
周允元者豫州人也弱冠舉進士延載初累轉左肅政御史中丞
俄除鳳閣鸞臺平章事嘗與諸宰臣侍宴則天令各述書傳中

善言允元曰恥其君不如堯舜武三思以爲語有指斥糺而駁之則天曰聞此言足以爲誡豈特將爲過耶證聖元年卒贈貝州刺史則天爲七言詩以傷之又自繕寫時以爲榮

史臣曰王及善在孝敬東宮誠能奉職當俊臣下獄力諫除兇是憂濫及賢良而欲明彰羽翼興復之志不謂無心杜景儉五刑有濫濟活爲心四氣不和歸罪在己則天謂曰眞宰相然柰柔順李昭德不無吐剛之過也朱敬則文學有稱節行無愧諫諍果決推擇精眞苟非洞鑒古今深識王霸何由立其高論哉惜乎相不得時矣楊再思佞而取貴苟以全身掩不善而自欺謂無十目十手也李懷遠名不苟於假蔭貴不衒於故鄉無改陋居常乘劣駟亦一時之善矣耽然匪躬之道未之聞也豆盧欽望張光輔史務滋崔元綜周允元等或有片言非無小善登于大用可謂具臣

贊曰及善奉職非無智力景儉當權不謂不賢雄文高節少連爲絕守道安貧懷遠當仁欽望之屬片善何足諂媚再思祇宜遄速

唐書列傳卷第四十

右文林郎充兩浙東路提舉茶鹽司幹辦公事石餘之爲校勘

唐書列傳卷第四十一

劉昫等修

桓彥範　敬暉曾孫元膺　崔玄暐弟昇 暐子璩

張柬之子漪 玄孫璟　袁恕己曾孫德文

桓彥範潤州曲阿人也祖法嗣雍王府諮議參軍弘文館學士彥範慷慨俊爽少以門蔭調補右衛翊衛聖曆初累除司衛寺主簿納言狄仁傑特相禮異嘗謂曰足下才識如是必能自致遠大尋擢授監察御史長安三年歷遷御史中丞四年轉司刑少卿時司僕卿張昌宗坐遣術人李弘泰占己有天分御史中丞宋璟請收付制獄窮理其罪則天不許彥範上疏曰昌宗無德無才謬承恩寵自宜粉骨碎肌以荅殊造豈得苞藏禍心有此占相陛下以簪履恩久不忍先刑昌宗以逆亂罪多自招其咎此是皇天降怒非唯陛下故誅違天不祥乞陛下裁擇原其本奏以防事敗事敗即言奏訖不敗則候時爲逆此乃姦臣詭計疑惑聖心今果遂其所

謀陛下何忍不察若昌宗措此占相奏後不合更與弘泰往還尚令修福復擬禳厄此則期於必遂元無悔心縱雖奏聞情實難恕此而可捨誰其可刑況經兩度事彰天恩並垂捨宥昌宗自爲得計人亦以爲應運即不勞兵甲天下皆從萬方議之以爲陛下縱成其亂也君在臣圖天分是爲逆臣不誅社稷亡矣伏請付鸞臺鳳閣三司考竟其罪疏奏不報時又內史李嶠等奏稱往屬革命之時人多逆節鞫訊決斷刑獄至嚴刻薄之吏恣行酷法其周興丘勣來俊臣所劾破家者並請雪免彥範又奏請自文明元年已後得罪人除揚豫博三州及諸謀逆魁首一切赦之表疏前後十奏辭旨懇切至是方見允納彥範凡所奏議若逢人主詰責則辭色無懼爭之愈厲又嘗謂所親曰今既躬爲大理人命所懸必不能順旨詭辭以求苟免是歲冬則天不豫張易之與弟昌宗入閤侍疾潛圖逆亂鳳閣侍郎張柬之與桓彥範及中臺右丞敬暉等建策將誅之柬之遽引彥範及暉並爲左右羽林將軍委以禁兵

共圖其事時皇太子毎於北門起居彥範與暉因得謁見密陳其計太子從之神龍元年正月彥範與敬暉及左羽林將軍李湛李多祚右羽林將軍楊元琰左威衛將軍薛思行等率左右羽林兵及千騎五百餘人討易之昌宗於宮中令李湛李多祚就東宮迎皇太子兵至玄武門彥範等奉太子斬關而入兵士大譟時則天在迎仙宮之集仙殿斬易之昌宗於廊下幷就第斬其兄汴州刺史昌期司禮少卿同休並梟首於天津橋南士庶見者莫不讙叫相賀或臠割其肉一夕都盡明日太子即位彥範以功加銀青光祿大夫拜納言賜勳上柱國封譙郡公賜實封五百戶又改爲侍中從新令也彥範嘗表論時政數條其大略曰昔孔子論詩以關雎爲始言后妃者人倫之本理亂之端也故皇英降而虞道興任姒歸而姬宗盛桀奔南巢禍階末喜魯桓滅國惑以齊姜伏見陛下每臨朝聽政皇后必施帷幔坐於殿上預聞政事臣愚歷選列辟詳求往代帝王有與婦人謀及政者莫不破國亡身傾輈繼路

且以陰乘陽違天也以婦凌夫違人也違天不祥違人不義由是古人譬以牝雞之晨惟家之索易曰無攸遂在中饋言婦人不得預於國政也伏願陛下覽古人之言察古人之意上以社稷爲重下以蒼生在念宜令皇后無往正殿干預外朝專在中宮聿修陰教則坤儀式固鼎命惟永又曰臣聞京師喧喧道路籍籍皆云胡僧慧範矯託佛教詭惑后妃故得出入禁闈撓亂時政陛下又輕騎微行數幸其室上下媟黷有虧尊嚴臣抑嘗聞興化致理必由進善康國寧人莫大棄惡故孔子曰執左道以亂政者殺假鬼神以危人者殺今慧範之罪不殊於此也若不急誅必生變亂除惡務本去邪勿疑實願天聰早加裁貶疏奏不納時有墨敕授方術人鄭普思秘書監葉淨能國子祭酒彥範苦言其不可帝曰既要用之無容便止彥範又對曰陛下自龍飛寶位遽下制云軍國政化皆依貞觀故事昔貞觀中嘗以魏徵虞世南顏師古爲秘書監孔穎達爲國子祭酒至如普思等是方伎庸流豈足以比蹤前烈臣恐

物議謂陛下官不擇才濫以天秩加於私愛惟陛下少加慎擇帝竟不納時韋皇后既干朝政德靜郡王武三思又居中用事以則天爲彥範等所廢常深憤怨又慮彥範等漸除武氏乃先事圖之皇后韋氏既雅爲帝所信寵言無不從三思又私通於韋氏乃日夕譖毀彥範等帝竟用三思計進封彥範爲扶陽郡王敬暉爲平陽郡王張柬之爲漢陽郡王崔玄暐爲博陵郡王袁恕己爲南陽郡王並加特進令罷知政事彥範仍賜姓韋氏令與皇后同屬籍仍賜雜綵錦繡金銀鞍馬等雖外示優崇而實奪其權也易州刺史趙履溫者即彥範之妻兄也彥範誅易之後奏言先與履溫共謀其事於是召拜司農少卿履溫得之乃以二婢遺彥範及彥範罷知政事履溫又奪其婢大爲時論所譏尋出爲洛州刺史轉濠州刺史二年光祿卿駙馬都尉王同皎以武三思與韋氏姦通潛謀誅之事洩爲三思誣構言同皎將廢皇后韋氏彥範等通知其情乃貶彥範爲瀧州司馬敬暉崖州司馬袁恕己竇州司馬

崔玄暐白州司馬張柬之新州司馬並仍令長任勳封並削彥範仍復其本姓桓氏是歲秋武三思又陰令人疏皇后穢行牓於天津橋請加廢黜中宗聞之怒命御史大夫李承嘉推求其人承嘉希三思旨奏言彥範與敬暉張柬之袁恕己崔玄暐等教人密爲此牓雖託廢后爲名實有危君之計請加族滅制依承嘉所奏大理丞李朝隱執奏云敬暉等既未經鞫問不可即肆誅夷請差御史按罪待至準法處分大理卿裴談奏云敬暉等祇合據敕斷罪不可別俟推鞫請並處斬籍沒中宗納其議仍以彥範等五人嘗賜鐵券許以不死乃長流彥範於瀼州敬暉於崖州張柬之於瀧州袁恕己於環州崔玄暐於古州並終身禁錮子弟年十六已上者亦配流嶺外擢授承嘉金紫光祿大夫進封襄武郡公韋氏又特賜承嘉綵物五百段瑞錦被一張擢拜裴談爲刑部尚書左貶李朝隱爲聞喜令三思俄又諷節愍太子抗表請夷彥範等三族中宗以既有前命不依其請三思猶慮彥範等重被進用又納中書

舍人崔湜之計特令湜姨兄嘉州司馬周利用攝右臺侍御史就
嶺外並矯制殺之彥範赴流所行至貴州利用遇之於途乃令左
右執縛曳於竹槎之上肉盡至骨然後杖殺時年五十四睿宗即
位延和元年並追復其官爵仍特還其子孫實封二百戶玄宗
即位開元六年詔曰皇輿肇建必有輔佐之臣天步多艱要伐經
綸之業故侍中譙國公桓彥範侍中平陽郡公敬暉中書令兼吏
部尚書漢陽郡公張柬之特進博陵郡公崔玄暐中書令南陽郡
公袁恕己等並德惟神降材與運生道協台嶽名書讖緯寅亮帝
載勤勞王家參復禹之元謀奉昇唐之景命雖殂謝易久而勳烈
益彰撫彝鼎以念功想旂常而增感緬遵故實用表徽懿俾列在
清廟登于明堂克申從祀之儀式莪疇庸之典並可配享中宗孝
和皇帝廟庭其子弟咸加收擢建中元年重贈司徒
敬暉絳州太平人也弱冠舉明經聖曆初累除衛州刺史時河北
新有突厥之寇方秋而修城不輟暉下車謂曰金湯非粟而不守

。 三十二【唐傳四十一】 四 施章

豈有弃收穫而繕城郭哉悉令罷散由是人吏咸歌詠之再遷夏
官侍郎出爲太州刺史大足元年遷洛州長史天后幸長安令暉
知副留守事在職以清幹著聞璽書勞勉賜物百段長安三年
拜中臺右丞加銀青光祿大夫神龍元年轉右羽林軍將軍以誅
張易之昌宗功加金紫光祿大夫擢拜侍中賜爵平陽郡公食實
封五百戶尋進封齊國公天后崩遺制加實封通前滿七百戶暉
等以唐室中興武氏諸王咸宜降爵上章論奏於是諸武降爲公
武三思益怒乃諷帝陽尊暉等爲郡王罷知政事仍賜鐵券恕十
死朔望趨朝初暉與彥範等誅張易之兄弟也洛州長史薛季昶
謂暉曰二凶雖除産祿猶在請因兵勢誅武三思之屬匡正王室
以安天下暉與張柬之屢陳不可乃止季昶歎曰吾不知死所矣
至是三思因韋后之助潛入宮中內行相事反易國政爲天下所
患時議以此歸咎於暉暉等既失政柄受制於三思暉每推牀
嗟惋或彈指出血柬之歎曰主上疇昔爲英王時素稱勇烈吾留

諸武冀自誅鋤耳今事勢已去知復何道三思既深憤惋以許州
司功參軍鄭愔素被暉等廢黜因令上表陳其罪狀中宗詔曰
則天大聖皇后往以憂勞不豫兇豎弄權暉等因興甲兵剗除妖
孽朕錄其勞效備極寵榮自謂勳高一時遂欲權傾四海擅作威
福輕侮國章悖道弃義莫斯之甚然收其薄効猶爲隱忍錫其郡
王之重優以特進之榮不謂谿壑之志殊難盈滿既失大權多懷
怨望乃與王同皎窺覘內禁潛相謀結更欲稱兵絳闕圖廢椒
宮險迹醜辭驚視駭聽屬以帝圖伊始務靜狴牢所以久爲含容
未能暴諸遐邇自同皎伏法疊跡彌彰儻若無其發明何以懲兹
悖亂迹其巨逆合寘嚴誅緣其昔立微功所以特從寬宥咸宜貶
降出佐遐藩暉可崖州司馬柬之可新州司馬恕己可竇州司馬
玄暐可白州司馬並員外置暉到崖州竟爲周利用所殺睿宗即
位追復五王官爵贈暉秦州都督謚曰肅愍建中初重贈太尉曾
孫元膺開成三年自試太子通事舍人爲河南縣丞

。 三十二【唐傳四十二】 五 徐果

崔玄暐博陵安平人也父行謹爲胡蘇令本名曄以字下體有則
天祖諱乃改爲玄暐少有學行深爲叔父秘書監行功所器重龍
朔中舉明經累補庫部員外郎其母盧氏甞誡之曰吾見姨兄屯
田郎中辛玄馭云兒子從官者有人來云貧乏不能存此是好消
息若聞貲貨充足衣馬輕肥此惡消息吾常重此言以爲確論比
見親表中仕官者多將錢物上其父母父母但知喜悅竟不問此
物從何而來必是祿俸餘資誠亦善事如其非理所得此與盜賊
何別縱無大咎獨不內媿於心孟母不受魚鮓之饋蓋爲此也汝
今坐食祿俸榮幸已多若其不能忠清何以戴天履地孔子云雖
日殺三牲之養猶爲不孝又曰父母唯其疾之憂特宜修身絜己
勿累吾此意也玄暐遵奉母氏教誡以清謹見稱尋授天官郎中
遷鳳閣舍人長安元年超拜天官侍郎每介然自守都絕請謁頗
爲執政者所忌轉文昌左丞經月餘則天謂曰自卿改職已來選
司大有罪過或聞令史乃設齋自慶此欲盛爲貪惡耳今要卿復

舊任又除天官侍郎賜雜綵七十段三年拜鸞臺侍郎同鳳閣鸞臺平章事兼太子左庶子四年遷鳳閣侍郎加銀青光祿大夫仍依舊知政事先是來俊臣周興等誣陷良善冀圖爵賞因緣籍沒者數百家玄暐固陳其枉狀則天乃感悟咸從雪免則天季年宋璟劾奏張昌宗謀爲不軌玄暐亦屢有讜言則天乃令法司正斷其罪玄暐弟昇時爲司刑少卿又請寘以大辟其兄弟守正如此是時則天不豫宰相不得召見者累月及疾少間玄暐奏言皇太子相王仁明孝友足可親侍湯藥宮禁事重伏願不令異姓出入則天曰深領卿厚意尋以預誅張易之功擢拜中書令封博陵郡公中宗將授方術人鄭普思爲秘書監玄暐切諫竟不納尋進爵爲王賜實封四百戶檢校益州大都督府長史兼知都督事其後累被貶授白州司馬在道病卒建中初贈太子太師玄暐與弟昇甚相友愛諸子弟孤貧者多躬自撫養教授頗爲當時所稱昇官至尚書左丞玄暐少時頗屬詩賦晚年以爲非己所長乃不復

○構思唯篤志經籍述作爲事所撰行己要範十卷友義傳十卷義士傳十五卷訓注文館辭林策二十卷並行於代子璩頗以文學知名官歷中書舍人禮部侍郎璩子渙自有傳曾孫郢開成三年自商州防禦判官兼殿中侍御史入爲監察御史

張柬之字孟將襄州襄陽人也少補太學生涉獵經史尤好三禮國子祭酒令狐德棻甚重之進士擢第累補青城丞永昌元年以賢良徵試同時策者千餘人柬之獨爲當時第一擢拜監察御史聖曆初累遷鳳閣舍人時弘文館直學士王元感著論云三年之喪合三十六月柬之著論駮之曰三年之喪二十五月不刊之典也謹案春秋魯僖公三十年十二月乙巳公薨文公二年冬公子遂如齊納幣左傳曰禮也杜預注云僖公喪終此年十一月納幣在十二月士婚禮納采納徵皆有玄纁束帛諸侯則謂之納幣蓋公爲太子已行婚禮故傳稱禮也公羊傳曰納幣不書此何以書譏喪娶在三年之外何以譏三年之內不圖婚何休注云僖公以十二月薨至此冬未滿二十五月納采問名納吉皆在三年之內故譏何休以公十二月薨至此冬十二月纔二十四月非二十五月是未三年而圖婚也案經書十二月乙巳公薨杜以長曆推乙巳是十一月十二日非十二月是經誤文公元年四月葬我君僖公傳曰緩也諸侯五月而葬若是十二月薨即是五月不得言緩明知是十一月薨故注僖公喪終此年至十二月而滿二十五月故丘明傳曰禮也據此推步杜之考校豈公羊之所能逮況丘明親受經於仲尼乎且二傳何杜所爭唯爭一月不爭一年其二十五月除喪由來無別此則春秋三年之喪二十五月之明驗也尚書伊訓云成湯既沒太甲元年惟元祀十有二月伊尹祀于先王奉嗣王祗見厥祖孔安國注云湯以元年十一月崩據此則二年十一月小祥三年十一月大祥故太甲中篇云惟三祀十有二月朔伊尹以冕服奉嗣王歸于亳是十一月大祥訖十二月朔日加王冕服吉而歸亳也是孔言湯元年十一月之明驗顧命云四月哉生魄

○王不懌是四月十六日也翌日乙丑王崩是十七日也丁卯命作冊度是十九日也越七日癸酉伯相命士須材是四月二十五日也則成王崩至康王麻冕黼裳中間有十日康王方始見廟則知湯崩在十一月淹停至殯訖方始十二月祗見其祖顧命見廟訖諸侯出廟門俟伊訓言祗見厥祖侯甸羣后咸在則崩及見廟殷周之禮並同此周因於殷禮損益可知也不得元年以前別有一年此尚書三年之喪二十五月之明驗也禮記三年問云三年之喪二十五月而畢哀痛未盡思慕未忘然而服以是斷之者豈不送死有已復生有節又喪服四制云變而從宜故大祥鼓素琴告人以終又間傳云朞而小祥食菜果又朞而大祥有醯醬中月而禫食酒肉又喪服小記云再朞之喪三年也朞之喪二年也九月七月之喪三時也五月之喪二時也三月之喪一時也此禮記三年之喪二十五月之明驗也儀禮士虞禮云朞而小祥又朞而大祥中月而禫是月也吉祭此禮周公所制則儀禮三年之喪二十五月之明驗也此四

驗者並禮經正文或周公所制或仲尼所述吾子豈得以禮記戴
聖所修輒欲排毀漢初高堂生傳禮既未周備宣帝時少傳后倉
因淹中孔壁所得五十六篇著曲臺記以授弟子戴德戴聖慶溥
三人合以正經及孫卿所述並相符會列于學官年代已久今無端
構造異論既無依據深可歎息其二十五月先儒考校唯鄭康成
注儀禮中月而禫以中月間一月自死至禫凡二十七月又解禫云
言澹澹然平安之意也今皆二十七月復常從鄭議也踰月入禫禫
既復常則二十五月爲免喪矣二十五月二十七月其議本同竊以
子之於父母喪也有終身之痛創巨者日久痛深者愈遲豈徒歲
月而已乎故練而慨然蓋悲慕之懷未盡而踊擗之情已歇祥而
廓然者蓋哀傷之痛已除而孤邈之念更起此皆情之所致豈外
飾哉故記曰三年之喪義同過隙先王立其中制以成文理是以
祥則縞帶素紕禫則無所不佩今吾子將徇情棄禮實爲乖僻
夫弃縗麻之服襲錦縠之衣行道之人皆不忍也直爲節之以禮

○ 三十一 唐傳四十一 八 劉埜

無可奈何故由也不能過制爲姊服鰥也不能過朞哭其母夫豈
不懷懼名教逼己也若孔鄭何杜之徒並命代挺生範模來裔官
牆積仞未易可窺但鑽仰不休當漸入勝境詎勞終年矻矻虛肆
荂言請所有摘擿先儒願且以時消息時人以柬之所駮頗合
於禮典是歲突厥默啜表言有女請和親則天盛意許之欲令
淮陽郡王延秀娶之柬之奏曰自古無天子求娶夷狄女以配中國
王者表入頗忤其旨神功初出爲合州刺史尋轉蜀州刺史舊例
每歲差兵募五百人往姚州鎮守路越山險死者甚多柬之表論
其弊曰臣竊按姚州者古哀牢之舊國絕域荒外山高水深自生
人已來洎於後漢不與中國交通前漢唐蒙開夜郎滇筰而哀
牢不附至光武季年始請內屬漢置永昌郡以統理之乃收其
鹽布氈罽之稅以利中土其國西通大秦南通交趾奇珍異寶進
貢歲時不闕劉備據有巴蜀常以甲兵不充及備死諸葛亮五月
渡瀘收其金銀鹽布以益軍儲使張伯歧選其勁卒搜兵以增武

備故蜀志稱自亮南征之後國以富饒甲兵充足由此言之則前
代置郡其利頗深今鹽布之稅不供珍奇之貢不入戈戟之用不
實於戎行寶貨之資不輸於大國而空竭府庫驅率平人受役蠻
夷肝腦塗地臣竊爲國家惜之昔漢以得利既多歷博南山涉蘭
倉水更置博南哀牢二縣蜀人愁怨行者作歌曰歷博南越蘭津
渡蘭倉爲他人蓋譏漢貪珍奇鹽布之利而爲蠻夷之所驅役也
漢獲其利人且怨歌今減耗國儲費用日廣而使陛下之赤子身
膏野草骸骨不歸老母幼子哀號望祭於千里之外於國家無
絲髮之利在百姓受終身之酷臣竊爲國家痛之往者諸葛亮破
南中使其渠率自相統領不置漢官亦不留兵鎮守人問其故亮
言置官留兵有三不易大意以置官夷漢雜居猜嫌必起留兵運
糧爲患更重忽若反叛勞費更多但粗設紀綱自然安定臣竊以
亮之此策妙得羈縻蠻夷之術今姚府所置之官既無安邊靜寇
之心又無葛亮且縱且擒之伎唯知詭謀狡筭恣情割剝貪叨劫

○ 三十二 唐傳四十一 九

掠積以爲常扇動酋渠遣成朋黨折支諂笑取媚蠻夷拜跪趨
伏無復慙恥提挈子弟嘯引凶愚聚會蒲博一擲累萬劍南逋逃
中原亡命有二千餘戶見散在彼州專以掠奪爲業姚州本龍
朔中武陵縣主簿石子仁奏置之後長史李孝讓辛文協並爲羣
蠻所殺前朝遣郎將趙武貴討擊貴及蜀兵應時破敗噍類無
遺又使將軍李義總等往征郎將劉惠基在陣戰死其州乃廢
臣竊以諸葛亮稱置官留兵有三不易其言乃驗至垂拱四年蠻
郎將王善寶昆州刺史爨乾福又請置州奏言所有課稅自出
姚府管內更不勞擾蜀中及置州後錄事參軍李稜爲蠻所殺延
載中司馬成琛奏請於瀘南置鎮七所遣蜀兵防守自此蜀中騷
擾于今不息且姚府總管五十七州巨猾遊客不可勝數國家設
官分職本以化俗防姦無恥無厭狼籍至此今不問夷夏負罪並
深見道路劫殺不能禁止恐一旦驚擾爲禍轉大伏乞省罷姚州
使隸巂府歲時朝覲同之蕃國瀘南諸鎮亦皆悉廢於瀘北置關

百姓自非奉使入蕃不許交通往來增嶲府兵選擇清良宰牧以統理之臣愚將為穩便疏奏則天不納後累拜荆州大都督府長史長安中召為司刑少卿遷秋官侍郎時夏官尚書姚崇為靈武軍使將行則天令舉外司堪為宰相者崇對曰張柬之沉厚有謀能斷大事且其人年老惟陛下急用之則天登時召見尋同鳳閣鸞臺平章事未幾遷鳳閣侍郎仍知政事及誅張易之兄弟柬之首謀其事中宗即位以功擢拜天官尚書鳳閣鸞臺三品封漢陽郡公食實封五百戶未幾遷中書令監修國史月餘進封漢陽郡王加授特進令罷知政事其年秋柬之表請歸襄州養疾許之仍特授襄州刺史又拜其子漪為著作郎令隨父之任上親賦詩祖道又令群公餞送於定鼎門外柬之至襄州有鄉親舊交抵罪者必深文致法無所縱捨其子漪恃以立功每見諸少長不以禮接時議以為不能易荆楚之剽性焉尋為武三思所構貶授新州司馬柬之至新州憤恚而卒年八十餘景雲元年制曰褒德紀功

○事華典冊飾終追遠理光名教故吏部尚書張柬之翼戴興運謨明帝道經綸謇諤風範猶存往屬回邪構成疊咎無辜放逐淪歿荒遐言念動賢良深軫悼宜加寵贈式賁幽泉可贈中書令封漢陽郡公建中初又贈司徒玄孫璟開成三年自宜城尉遷壽安尉

袁恕己滄州東光人也長安中歷遷司刑少卿兼知相王府司馬事敬暉等將誅張易之兄弟恕己預其謀議又從相王統率南衙兵仗以備非常及事定加銀青光祿大夫行中書侍郎同中書門下三品封南陽郡公食實封五百戶將作少匠楊務廉素以工巧見用中興初恕己恐其更啓遊娛侈靡之端言於中宗曰務廉致位九卿積有歲年苦言嘉謀無足可紀每宮室營構必務其侈若不斥之何以廣昭聖德由是左授務廉陵州刺史恕己俄擢拜中書令仍加特進封南陽郡王罷知政事則天崩遺制加實封滿七百戶後與敬暉等累遭貶黜流于環州尋為周利用所逼飲野葛汁數升恕己常服黃金飲毒發憤悶以手掘地取土而食爪甲殆盡竟不死乃擊殺之建中初贈太子太傅曾孫德文舉進士開成三年授秘書省校書郎

史臣曰昔夫差入越勾踐保於會稽不聽子胥之言而有甬東之歎此五王除凶返正得計成功當是時彥範敬暉握兵全勢三思攸暨其黨羣孽若從季昶之言寧有利用之禍蓋以心懷不忍遂失後圖黜削流移理固然也且去草而不能拔本建謀而尚欠防微死即無辜禍由自掇失斷召亂也不亦宜哉

贊曰嗟彼五王忠于有唐知火在木謂無其傷禍發既覩勢摧靡當何事不敏周身之防

唐書列傳卷第四十一

右文林郎充兩浙東路提舉茶鹽司幹辦公事蘇之勤校勘

劉昫

魏元忠
蕭至忠 宗楚客 紀處訥附

韋安石 子陟 斌 從父兄子抗 從祖兄子巨源 趙彥昭附

魏元忠宋州宋城人也本名眞宰以避則天母號改焉初爲太學生志氣倜儻不以舉薦爲意累年不調時有左史盩厔人江融撰九州設險圖備載古今用兵成敗之事元忠就傳其術儀鳳中吐蕃頻犯塞元忠赴洛陽上封事言命將用兵之工拙曰臣聞理天下之柄二事焉文與武也然則文武之道雖有二門至於制勝御人其歸一揆方今王略遐宣皇威遠振建禮樂而陶士庶訓軍旅而懾生靈然論武者以弓馬爲先而不稽之以權略談文者以篇章爲首而不問之以經綸而奔競相因遂成浮俗臣嘗讀魏晉史每鄙何晏王衍終日談空近觀齊梁書才士亦復不少並何益於理亂哉從此而言則陸士衡著辯亡論而不救河橋之敗養由基射能

穿札而不止鄢陵之奔斷可知矣昔趙岐撰禦寇之論山濤陳用兵之本皆坐運帷幄暗合孫吳宣尼稱有德者必有言仁者必有勇則何平叔王夷甫豈得同日而言哉臣聞才生於代代實須才何代而不生才何才而不生代故物有不求未有無物之歲士有不用未有無士之時夫有志之士在富貴之與貧賤皆思立於功名冀傳芳於竹帛故班超投筆而歎祖逖擊楫而誓此皆有其才而申其用矣且知己難逢英哲罕遇士之懷琬琰以就埃塵抱棟梁而困溝壑者則悠悠之流直覩此士之貧賤安知此士之方略哉故漢拜韓信舉軍驚笑蜀用魏延羣臣觖望嗟乎富貴者易爲善貧賤者難爲工至於此也亦有位處立功之際而不展其志略身爲時主所知者不能盡其才用則貧賤之士焉足道哉漢文帝時魏尚李廣並身任邊將位爲郡守文帝不知魏尚之賢而囚之不知李廣之才而不能用之常歎李廣恨生不逢時今當高祖曰萬戶侯豈足道哉夫以李廣才氣天下無雙匈奴畏之號爲飛將爾時胡騎憑凌足伸其用文帝不能大任反歎其生不逢時近不知魏尚李廣之賢而乃遠想廉頗李牧故馮唐曰雖有頗牧而不能用近之矣從此言之疎斥賈誼復何怪哉此則身爲時主所知者不能盡其才用昔羊祜獻計平吳賈充荀勗沮其策祜歎曰天下不如意恆十居七八緣荀賈不同者不大舉此則位處立功之際而不得展其志略而布衣韋帶之人懷一奇抱一策上書闕下朝進而望夕召何可得哉臣請歷訪內外文武職事五品已上得不有智計如羊祜武藝如李廣在用與不用之間不得騁其才略伏願降寬大之詔使各言其志無令汲黯直氣臥死於淮陽仲舒大才位屈於諸侯相又曰臣聞帝王之道務崇經略經略之術必仗英奇自國家良將可得言矣李靖破突厥侯君集滅高昌蘇定方開西域李勣平遼東雖奉國威靈亦其才力所致古語有之人無常俗政有理亂兵無強弱將有能否由此觀之安邊境立功名在於良將也故趙充國征先零馮子明討南羌皆計不空施機不虛

發則良將立功之驗也然兵革之用王者大事存亡所繫若任得其才則摧兇而拒暴苟非其任則敗國而殄人北齊段孝玄云持大兵者如擎盤水傾在俛仰間一致蹉跌求止豈得哉從此而言周亞夫堅壁以挫吳楚司馬懿閉營而困葛亮俱爲上策此皆不戰而卻敵全軍以制勝是知大將臨戎以智爲本漢高之英雄大度尚曰吾寧鬬智魏武之機神冠絕猶依法孫吳假有項籍之氣袁紹之基而皆很智任情終以破滅何況復出其下哉且上智下愚明暗異等多算少欲衆寡殊科故魏用栢直以拒漢韓信輕爲豎子燕任慕容評以抗秦王猛謂之奴才即栢直慕容評智勇俱亡者也夫中材之人素無智略一旦居元帥之任而意氣軒昂自謂當其鋒者無不摧碎豈知戎昭果毅敦詩悅禮之事乎故李信求以二十萬衆獨舉鄢郢其後果辱秦軍樊噲願得十萬衆橫行匈奴登時見折季布昔其事也當今朝廷用人類取將門子弟亦有死事之家而蒙抽擢者此等本非幹略見知雖竭力盡誠亦不免

於傾敗若之何使當閫外之任哉後漢馬賢討西羌皇甫規陳其
必敗宋文帝使王玄謨收復河南沈慶之懸知不剋謝玄以書生
之姿拒苻堅天下之衆郗超明其必勝桓温提數萬之兵萬里而
襲成都劉真長期於必取雖時有今古人事皆可推之取驗大體
觀其銳之與識略耳明者隨分而察成敗之形昭然自露京房有
言後之視今亦猶今之視古則昔賢之與今哲意況何殊當事機
之際也皆隨時而立功豈復取賢於往代待才於未來也即論知
與不知用與不用夫建功者言其所濟不言所起言其所能不言
所藉若陳湯呂蒙馬隆孟觀並出自貧賤勲濟甚高未聞其家代
為將帥董仲舒曰為政之用譬之琴瑟不調甚者必解絃而更張
之乃可鼓也故陰陽不和擢士為相蠻夷不龔拔卒為將即更張
之義也以四海之廣億兆之衆其中豈無卓越奇絶之士臣恐未
之思也夫何遠之有又曰臣聞賞者禮之基罰者刑之本故禮崇
謀夫竭其能賞厚義士輕其死刑正君子勗其心罰重小人懲其

過然則賞罰者軍國之綱紀政教之藥石綱紀舉而衆務自理藥
石行而文武用命彼吐蕃蟻結蜂聚本非勍敵薛仁貴郭待封受
閫外之寄奉命專征不能激勵熊羆乘機掃撲敗軍之後又不能
轉禍為福因事立功遂乃棄甲喪師脫身而走幸逢寬政罪止削
除國家綱漏吞舟何以過此天皇遲念舊恩收其後效當今朝廷
所少豈此三人乎且賞而不勸謂之止善罰不懲謂之縱惡仁貴自
宜力海東功無尺寸坐玩金帛瀆貨無厭今又不誅縱惡更甚臣
以踈賤干非其事豈欲間天皇之君臣生厚薄於仁貴直以刑賞
一虧百年不復區區所懷實在於此古人云國無賞罰雖堯舜不
能為化今罰不能行賞亦難信故人間議者皆言近日征行虛有
賞格而無其事良由中才之人不識大體恐賞賜勲庸傾竭倉庫
留意錐刀將此益國徇目前之近利忘經久之遠圖所謂錯之毫
釐失之千里者也且黔首雖微不可欺以得志瞻望恩澤必因事
而生心既有所因須應之以實豈得懸不信之令設虛賞之科比

者師出無功未必不由於此文子曰同言而信信在言前同令而
行誠在令外故商君移木以表信曹公割髮以明法豈禮也哉有
由然也自蘇定方定遼東李勣破平壤賞絶不行勲仍淹滯數年紛
紜真偽相雜縱加沙汰未至澄清臣以吏不奉法慢自京師偽勲
所由主司之過其則不遠近在尚書省中不聞斬一臺郎戮一令
史使天下知聞天皇何能照遠而不照近哉神州化首萬國共尊
文昌政本四方是則軌物宜風理亂攸在臣是以披露不已冒死
盡言且明鏡所以照形往事所以知今臣識不稽古請以近事言
之貞觀年中萬年縣尉司馬玄景舞文飾智以邀乾沒太宗審其
姦詐棄之都市及征高麗也摠管張君乂擊賊不進斬之旗下臣
以偽勲之罪多於玄景仁貴等敗重於君乂向使早誅薛仁貴郭
待封則自餘諸將豈敢失利於後哉韓子云慈父多敗子嚴家無
格虜此言雖小可以諭大公孫弘有言人主病不廣大人臣病不
節儉臣恐天皇病之於不廣大過在於慈父斯亦日月之一蝕也又

今之將吏率多貪暴所務唯口馬所求唯財物無趙奢吳起散金
養士之風縱使行軍悉是此屬臣恐吐蕃之平未可旦夕望也帝
甚歎異之授秘書省正字令直中書省仗內供奉尋除監察御史
文明年遷殿中侍御史其年徐敬業據揚州作亂左玉鈐衛大將
軍李孝逸督軍討之則天詔元忠監其軍事孝逸至臨淮而偏將
雷仁智為敬業先鋒所敗敬業又攻潤州迴兵以拒孝逸孝逸
懼其鋒按甲不敢進元忠謂孝逸曰朝廷以公王室懿親故委以
閫外之事天下安危實資一使且海內承平日久忽聞狂狡莫不
注心傾耳以俟其誅今大軍留而不進則解遠近之望萬一朝廷
更命他將代公其將何辭以逃逗撓之罪幸速進兵以立大效不
然則禍難至矣孝逸然其言乃部勒士卒以圖進發時敬業屯於
下阿谿敬業弟敬猷率偏師以逼淮陰元忠請先擊敬猷諸將咸
曰不如先攻敬業敬業敗則敬猷不戰而擒矣若擊敬猷則敬業
引兵救之是腹背受敵也元忠曰不然賊之勁兵精卒盡在下阿

蟻聚而來利在一決萬一失捷則大事去矣敬猷本出博徒不習戰
鬭其衆寡弱人情易揺大軍臨之其勢必剋既剋敬猷我軍乘勝
而進彼若引救淮陰計程則不及又恐我之進掩江都必邀我於
中路彼則勞倦我則以逸待之破之必矣譬之逐獸弱者先擒豈
可捨必擒之弱獸趨勢敵之强兵恐未可也孝逸從之乃引兵擊
敬猷一戰而破之敬猷脫身而遁孝逸乃進軍與敬業隔溪相拒
前軍摠管蘇孝祥為賊所破孝逸又懼欲引退初敬業至下阿有
流星墜其營及是有羣烏飛噪於陣上元忠曰驗此即賊敗之兆
也風順荻乾火攻之利固請決戰乃平敬業元忠以功擢司刑正
稍遷洛陽令尋陷周興獄詣市將刑則天以元忠有討平敬業功
特免死配流貴州時承勑者將至市先令傳呼監刑者遽釋元忠
令起元忠曰未知勑虛實豈可造次徐待宣勑然始起謝觀者咸
歎其臨刑而神色不撓聖曆元年召授侍御史擢拜御史中丞又
為來俊臣侯思止所陷再被流于嶺表復還授御史中丞元忠前

後三被流於時人多稱其無罪則天嘗謂曰卿累負謗鑠何也對
曰臣猶鹿也羅織之徒有如獵者苟須臣肉作羹耳此輩殺臣以
求達臣復何辜聖曆二年擢拜鳳閣侍郎同鳳閣鸞臺平章事
檢校幷州長史未幾加銀青光祿大夫遷左肅政臺御史大夫兼
檢校洛州長史政號清嚴長安中相王為幷州元帥元忠為副時
奉宸令張易之嘗縱其家奴凌暴百姓元忠笞殺之權豪莫不敬
憚時突厥與吐蕃數犯塞元忠皆為大摠管拒之元忠在軍唯持
重自守竟無所剋獲然亦未嘗敗失中宗在春坊時元忠檢校太
子左庶子時張易之昌宗權寵日盛傾朝附之元忠嘗奏則天曰
臣承先帝顧眄受陛下厚恩不徇忠死節使小人得在君側臣之
罪也則天不悅易之昌宗由是含怒因則天不豫乃譖元忠與司
禮丞高戩潛謀曰主上老矣吾屬當挾太子而令天下則天惑其
言乃下元忠詔獄召太子相王及諸宰相令昌宗與元忠等殿前
參對反復不決昌宗又引鳳閣舍人張說令執證元忠說初偽許

之及則天召說驗問說確稱元忠實無此語則天乃悟元忠被誣
然以昌宗之故特貶授端州高要尉中宗即位其日驛召元忠授
衛尉卿同中書門下三品旬日又遷兵部尚書知政事如故尋進拜
侍中兼檢校兵部尚書時則天崩中宗居諒闇多不視事軍國大
政獨委元忠者數日未幾遷中書令加授光祿大夫累封齊國公
監修國史神龍二年元忠與武三思祝欽明徐彥伯柳沖韋承慶
崔融岑羲徐堅等撰則天皇后實錄二十卷編次文集一百二十卷奏
之中宗稱善賜元忠物千段仍封其子衛王府諮議參軍昇為任
城縣男時元忠特承寵榮當朝用事初元忠作相於則天朝議者
以為公清至是再居政事天下莫不延首傾屬冀有所弘益元忠
乃親附權豪抑棄寒俊竟不能賞善罰惡勉修時政議者以此少
之四年秋代唐璟為尚書右僕射兼中書令仍知兵部尚書事監
修國史未幾元忠請歸鄉拜掃特賜錦袍一領銀千兩幷給千騎
四人充其左右手勑曰衣錦晝遊在乎茲日散金敷惠諒屬斯辰

元忠至鄉里竟自藏其銀無所賑施及還帝又幸白馬寺以迎勞
之其恩遇如此是時安樂公主嘗私請廢節愍太子立己為皇太
女中宗以問元忠元忠固稱不可乃止尋遷左僕射餘並如故元
忠又嫉武三思專權用事心常憤歎思欲誅之三年秋節愍太子
起兵誅三思元忠及左羽林大將軍李多祚等皆潛預其事太子
既斬三思又率兵詣闕將請廢韋后為庶人遇元忠子太僕少卿
昇於永安門脅令從已太子兵至玄武樓下多祚等猶豫不戰元
忠又持兩端由是不剋昇為亂兵所殺中宗以元忠有平寇之功
又素為高宗天后所禮遇竟不以昇為累委任如初是時三思之
黨兵部尚書宗楚客與侍中紀處訥等又執證元忠及昇云素與
節愍太子同謀構逆請夷其三族中宗不許元忠懼不自安上表
固請致仕手制聽解左僕射以特進齊國公致仕于家仍朝朔望
楚客等又引右衛郎將姚庭筠為御史中丞令劾奏元忠由是貶
渠州員外司馬侍中楊再思中書令李嶠皆依楚客之旨以致元

忠之罪唯中書侍郎蕭至忠正議云當從寬宥楚客大怒又遣給事中冉祖雍與楊再思奏言元忠既緣犯逆不合更授內地官遂左遷思州務川尉頃之楚客又令御史袁守一奏言則天昔在三陽宮不豫內史狄仁傑奏請陛下監國元忠密進狀云不可據此則知元忠懷逆日久伏請加以嚴誅中宗謂楊再思等曰以朕思之此是守一大錯人臣事主必在一心豈有主上少有不安即請太子知事乃是狄仁傑樹私惠未見元忠有失守一假借前事羅織元忠豈是道理楚客等遂止元忠行至涪陵而卒年七十餘景龍四年追贈尚書左僕射齊國公本州刺史仍令所司給靈輿送至鄉里睿宗即位制令陪葬定陵景雲三年又降制曰故左僕射齊國公魏元忠代洽人望時稱國良歷事三朝俱展誠效晚年遷謫頗非其罪宜特還其子著作郎晃實封一百戶開元六年謚曰貞二子昇晃

韋安石京兆萬年人周大司空鄖國公孝寬曾孫也祖津大業末為民部侍郎煬帝之幸江都勑津與段達元文都等於洛陽留守

仍檢校民部尚書事李密逼東都津拒戰於上東門外兵敗為密所囚及王世充殺文都等津獨免其難密敗歸東都世充僭號深被委遇及洛陽平高祖與津有舊徵授諫議大夫檢校黃門侍郎出為陵州刺史卒父琬成州刺史叔琨戶部侍郎琨弟璲倉部員外安石應明經舉累授乾封尉蘇良嗣甚禮之永昌元年三遷雍州司兵良嗣時為文昌左相謂安石曰大材須大用何為徒勞於州縣也特薦於則天擢拜膳部員外郎永昌令并州司馬則天手制勞之曰聞卿在彼庶事存心善政表於能官仁明彰於鎮撫如此稱職深慰朕懷俄拜并州刺史又歷德鄭二州刺史安石性持重少言笑為政清嚴所在人吏咸畏憚之久視年遷文昌右丞尋拜鸞臺侍郎同鳳閣鸞臺平章事兼太子左庶子長安三年為神都留守兼判天官秋官二尚書事後與崔神慶等同為侍讀尋知納言事是歲又加檢校中臺左丞兼太子左庶子鳳閣鸞臺三品如故時張易之兄弟及武三思皆恃寵用權安石數折辱之甚為易之等所忌嘗於內殿賜宴易之引蜀商宋霸子等數人於前博戲安石跪奏曰蜀商等賤類不合預登此筵因顧左右令逐出之座者皆為失色則天以安石辭直深慰勉之時鳳閣侍郎陸元方在座退而告人曰此真宰相非吾等所及也則天嘗幸興泰宮欲就捷路安石奏曰千金之子且有垂堂之誡萬乘之尊不宜輕乘危險此路板築初成無自然之固鑾駕經之臣等敢不請罪則天登時為之迴輦安石俄又舉奏易之等罪狀初有勑付安石及夏官尚書唐休璟推問未竟而事變四年出為揚州大都督府長史神龍初徵拜刑部尚書是歲又遷吏部尚書復知政事俄代張柬之為中書令封鄖國公以賞為宮寮賜實封三百戶又兼相王府長史俄轉戶部尚書復為侍中監修國史中宗與庶人嘗因正月十五日夜幸其第賜賚不可勝數又中宗嘗幸安樂公主城西池館公主具舟楫請御樓船安石諫曰御輕舟乘不測臣恐非帝王之事乃止睿宗踐祚拜太子少保改封郇國公俄又歷侍中中書

令景雲二年加開府儀同三司時太平公主與竇懷貞等潛有異圖將引安石預其事公主屢使子壻唐晙邀安石至宅安石竟拒而不往睿宗嘗密召安石謂曰聞朝廷傾心東宮卿何不察也安石對曰陛下何得亡國之言此必太平之計太子有大功於社稷仁明孝友天下所稱願陛下無信讒言以致惑也睿宗瞿然曰朕知之矣卿勿言也太平於簾中竊聽之乃構飛語欲令鞫之賴郭元振保護獲免俄而遷尚書左僕射兼太子賓客依舊同中書門下三品雖假以崇寵實去其權其冬罷知政事拜特進充東都留守太常主簿李元澄即安石之子壻其妻病死安石夫人薛氏疑元澄先所幸婢厭殺之其婢久已轉嫁薛氏使人捕而捶之致死由是為御史中丞楊茂謙所劾出為蒲州刺史無幾轉青州刺史安石初在蒲州時太常卿姜皎有所請託安石拒之皎大怒開元二年皎弟晦為御史中丞以安石等作相時同受中宗遺制宗楚客韋溫削除相王輔政之辭安石不能正其事令侍御史洪子輿舉

劾之子輿以事經赦令固稱不可監察御史郭震希皎等意越
次奏之於是下詔曰青州刺史韋安石太子賓客韋嗣立刑部尚
書趙彥昭等往在先朝曲蒙厚賞因緣幸會久在廟堂朋黨比周
聞於行路景龍之末長蛇縱禍蒼卒之間人神憤怨未聞捨生取
義直道昌言遂削太上皇輔政之辭用韋氏臨朝之策比常隱忍
復以崇班將其愧畏稍懲前惡而尚款回邪苟安榮寵宜從譴官
之典以勵事君之節安石可沔州別駕嗣立可嶽州別駕彥昭可
袁州別駕並員外置安石既至沔州晦又奏云安石嘗檢校定陵
造作隱官物入己勑符下州徵贓安石歎曰此祇應須我死耳憤
激而卒年六十四開元十七年贈蒲州刺史天寶初以子貴追贈開
府儀同三司尚書左僕射郇國公謚曰文貞二子陟斌並早知名
陟字殷卿代為關中著姓人物衣冠弈世榮盛安石晚有子及為
并州司馬始生陟及斌俱少聰敏頗異常童陟自幼風標整峻獨
立不羣安石尤愛之神龍二年安石為中書令陟始十歲拜溫王

府東閤祭酒加朝散大夫累遷秘書太常丞有文彩善隸書辭人
秀士已遊其門矣開元初丁父憂居喪過禮自此杜門不出八年
與弟斌相勸勵探討典墳不捨晝夜文華當代俱有盛名于時才
名之士王維崔顥盧象等常與陟唱和遊處廣平宋公見陟歎曰
盛德遺範盡在是矣歷洛陽令轉吏部郎中張九齡一代辭宗為
中書令引陟為中書舍人與孫逖梁涉對掌文誥時人以為美談
後為禮部侍郎陟好接後輩尤鑒于文雖辭人後生靡不諳練曩
者主司取與皆以一場之善登其科目不盡其才陟先責舊仍令舉
人自通所工詩筆先試一日知其所長然後依常式考覈片善無遺
美聲盈路後為吏部侍郎常病選人冒名接腳闕員既少取士良
難正調者被擠僞集者冒進陟剛腸嫉惡風彩嚴正選人疑其有
瑕案聲盤詰無不首伏每歲皆贖得數百員闕以待淹滯常謂所
親曰使陟知銓衡一二年則無人可選矣陟門地豪華早踐清列
侍兒閹閽列侍左右者十數衣書藥食咸有典掌而輿馬僮奴勢

倖於王家主第自以才地人物坐取三公頗以簡貴自處善誘納後
進其同列朝要視之蔑如也如道義相知靡隔貴賤而布衣韋帶
之士恒虛席倒屣以迎之時人以此稱重李林甫忌之出為襄陽太
守兼本道採訪使又改陳留採訪使復加銀青光祿大夫天寶中
襲封郇國公以親累貶鍾離太守重貶義陽太守尋移河東太守
充本道採訪使十二年入考在華清宮右相楊國忠惡其才望恐
踐台衡乃引河東人吳象之謂曰子能使人告陟乎吾以子為御
史象之曰能乃告陟與御史中丞吉溫結託欲謀陷朝廷又誘陟
姪韋元志證之陟坐貶為桂州桂嶺尉未之任再貶昭州平樂尉
會祿山反陷洛陽陟愛弟斌為賊所得國忠欲構陟與賊通應嶠
令吏卒伺其所居欲脅之令陟憂死其主豪人勸陟曰昔張燕公
寬逐藏於陳氏以免危亡詔命儻來誰敢申覆未若輕舟千里
且泛谿洞候事清徐出豈不美也陟慨然應之曰我積信於國朝
非一代也況素所秉心無負神理命之合爾其敢逃刑燕公之謀

誠媿厚意不能從也因謝遣之乃堅臥不動經歲餘潼關失守肅
宗即位於靈武起為吳郡太守兼江南東道採訪使未到郡肅宗
使中官賈遊巖手詔追之未至鳳翔會江東永王擅起兵令陟招
諭除御史大夫兼江東節度使陟以季廣琛從永王下江非其本
意懼罪出奔未有所適乃有表請拜廣琛為丹陽太守兼御史中
丞緣江防禦使以安反側因與淮南節度使高適淮西節度使來
瑱等同至安州陟謂適瑱曰今中原未復江淮動搖人心安危實
在茲日若不齊盟質信以示四方令知三帥協心萬里同力則難
以集事矣陟推瑱為地主乃為載書登壇誓眾曰淮西節度使
兼御史大夫瑱江東節度使御史大夫陟淮南節度使御史大夫
適等銜國威命各鎮方隅糾合三垂翦除兇慝好惡同之無有異
志有渝此盟墜命亡族皇天后土祖宗神明實鑒斯言陟等辭旨
慷慨血淚俱下三軍感激莫不隕泣其後江表樹碑以紀忠烈無
何有詔令陟赴行在陟以廣琛雖承恩命猶且遲迴恐後變生禍

貽於陟欲往招慰然後赴鎮乃發使上表懇言其急陟馳至歷陽見廣琛具宣恩旨勞徠行賞陟自以私馬數匹賜之安其疑懼即日便赴行在謁見肅宗肅宗深器之拜御史大夫拾遺杜甫上表論房琯有大臣度真宰相器聖朝不容辭旨迂誕肅宗令崔光遠與陟及憲部尚書顏真卿同訊之陟因入奏曰杜甫所論房琯事雖被貶黜不失諫臣大體上由此疏之時朝臣立班多不整肅至有班頭相弔哭者乃罷陟御史大夫顏真卿代授吏部尚書自後任事寵臣皆後來初用望風畏忌道責不行因宗人伐墓柏坐不能禁出爲絳州刺史乾元二年入爲太常卿呂諲再入相薦爲禮部尚書東京留守判尚書省事兼東京畿觀察處置等使逆賊史思明寇逼河洛副元帥李光弼議守河陽令陟率東京官屬入關迴避乃領兵守陝州有詔遷吏部尚書留守如故令止於永樂不許至京候光弼收復河洛令陟依前居守陟早有台輔之望間被李林甫楊國忠所擠及中原兵起天下事殷陟常自謂負經緯之器

遭後生騰謗明主見疑常鬱鬱不得志乃歎曰吾道窮於此乎有志不伸得非天命乎因遘疾上元元年八月卒於虢州時年六十五贈荊州大都督永泰元年詔曰竭忠之臣歿不廢命奉上之節行固無私言念飾終抑惟恒典故金紫光祿大夫吏部尚書兼御史大夫充東京留守兼判留司尚書省事東京畿觀察處置使上柱國郇國公韋陟敦敏直方端嚴峻整弘敷典禮表正人倫學冠通儒文含大雅頃者詢謨舊德保釐成周眷彼郊圻資其穪固而兇胡殘醜寇逼河洛命居陝虢時俟翦除幾加喉舌之榮遽嬰霜露之疾方期克享眉壽冀其有瘳奄此殂歿良深震悼昇車而復以申三檖之恩在牖加紳宜崇八座之寵可贈尚書左僕射太常博士程皓議謚爲忠孝刑部尚書顏真卿以爲忠則以身許國見危致命孝則晨昏色養取樂庭闈不合二行殊高以成忠孝主客員外郎歸崇敬又駁之紛議不已右僕射郭英乂不達其體請從太常之狀而奏陟子允

斌景雲初安石爲宰輔時授太子通事舍人早修整尚文藝容止嚴厲有大臣體與兄陟齊名開元十七年司徒薛王業爲女平恩縣主求婚以斌才地奏配焉遷秘書丞天寶初轉國子司業徐安貞王維崔顥當代辭人特爲推挹天寶中拜中書舍人兼集賢院學士兄陟先爲中書舍人未幾遷禮部侍郎陟在南省斌又掌文誥改太常少卿天寶五載右相李林甫構陷刑部尚書韋堅斌以親累貶巴陵太守移臨安太守加銀青光祿大夫斌授五品時兄陟爲河東太守堂兄由爲右金吾將軍縚爲太子少師四人同時列戟衣冠之盛罕有其比十四載安祿山反陷洛陽斌爲賊所得僞授黃門侍郎憂憤而卒及剋復兩京肅宗乾元元年贈秘書監安石兄叔夏別有傳從父兄子抗從祖兄子巨源抗弱冠舉明經累轉吏部郎中以清謹著稱景雲初爲永昌令不務威刑而政令肅一都輦繁劇前後爲政寬猛得中無如抗者無幾遷右臺御史中丞人吏詣闕請留不許因立碑於通衢紀其遺惠開元三年自左

庶子出爲益州長史四年入爲黃門侍郎八年河曲叛胡康待賓擁徒作亂詔抗持節慰撫抗素無武略不爲寇所憚在路遲留不敢進因墜馬稱疾竟不至賊所而還俄以本官檢校鴻臚卿代王晙爲御史大夫兼按察京畿時抗弟拯爲萬年令兄弟同領本部時人榮之尋以薦御史非其人出爲安州都督轉蒲州刺史十一年入爲大理卿其年代陸象先爲刑部尚書尋又分掌吏部選事十四年卒抗歷職以清儉自守不務產業及終喪事殆不能給玄宗聞其貧特令給靈轝遞送還鄉贈太子少傅謚曰貞抗爲京畿按察使時舉奉天尉梁昇卿新豐尉王倕金城尉王冰華原尉王燾爲判官及支使其後昇卿等皆名位通顯時人以抗有知人之鑒巨源周京兆尹揔曾孫也祖匡伯襲祖爵鄖國公入隋改封舒國公官至尚衣奉御巨源則天時累遷司賓少卿轉司府卿文昌右丞同鳳閣鸞臺平章事三年轉夏官侍郎依前平章事有吏才勾覆省內文案下符剝徵雖爲下所怨苦然亦頗收其利證聖初出

爲鄜州刺史尋拜地官尚書神都留守長安二年詔入轉刑部尚
書又加太子賓客再爲神都留守神龍初入拜工部尚書封同安
縣子又遷吏部尚書同中書門下三品進封郇縣伯時安石爲中
書令以是巨源近屬罷知政事巨源尋遷侍中中書令進封舒國
公附入韋后三等親敘爲兄弟編在屬籍是歲巨源奉制與唐休
璟李懷遠祝欽明蘇瓌等定垂拱格及格後勑前後計二十卷頒
下施行時武三思先有實封數千戶在貝州時屬大水刺史宋璟
議稱租庸及封丁並合損免巨源以爲穀稼雖被湮沉其蠶桑見
在可勒輸庸調由是河朔戶口頗多流散景龍二年順天翊聖皇
后衣箱中裙上有五色雲起久而方歇巨源以爲非常佳瑞請布
告天下許之中宗又令畫工圖其狀以示百寮仍大赦天下內外
五品已上官母妻各加封邑時中宗既雅信符瑞巨源又贊成其
妖妄是歲星墜如雷野雉皆雊咎徵若此不聞巨源有言蓋與韋
皇后繼敘源流佞媚官爵疑其開導以踵則天時有驍衛將軍迦

葉志忠太常少卿鄭愔兵部尚書宗楚客右補闕趙延禧等或相
諷諭或上表章謬說符祥朋黨取媚識者嗟憤景龍三年拜尚書
左僕射依舊知政事未幾又拜尚書令同中書門下三品仍舊監
修國史時國家將有事於南郊而巨源希韋后之旨協同祝欽明
之議言皇后合助郊祀竟以皇后爲亞獻巨源爲終獻又以大臣
女爲齋娘及韋庶人之難家人令巨源逃匿巨源曰吾國之大臣豈
得聞難不赴乃出至都街爲亂兵所殺時年八十睿宗即位贈特
進荆州大都督太常博士李處直議巨源謚曰昭戶部員外郎李
邕駮之曰三思引之爲相阿韋託之爲親無功而封無德而祿同
族則醜正安石他人則附邪楚客論之曰昭良恐不當初巨源與
安石迭爲宰相時人以爲情不相協故邕以此稱之處直仍固請
依前謚爲定邕又駮曰夫古之謚在乎勸沮將杜小人之業冀長
君子之風故爲善者雖存不貴仕而沒有餘名此賢達所以砥節也
爲惡者雖生有所幸死懷所懲此回邪所以易心也嗚呼巨源嘗
未斯察而乃聞義不從與惡相濟蓄罔上之志協羣兇之謀苟容
聖朝貪昧厚祿自以宰臣之貴不崇朝而賈害者固鬼得而誅之
也彼則匹夫之微未受命而行刑者固人得而誅之也幽明之憤
斷焉可知天地之心自此而見矣頃者皇運中興功臣翼政時序
未幾邪逆執權姦慝者拜爵於私門忠正者降黜於藩郡巨源
此際用事方殷且於阿韋何親而結爲昆季於國家何力而累忝
大官此則闇通中人附會武氏託城社之固亂皇家之基故其罪
一也又國之大事在祀與戎酌於禮經陳於郊祭將以對越天地
光揚祖宗既告成功以觀海內惟昔亞獻不聞婦人阿韋蓄無君
之誠懷自達之意潛圖帝位議啄皇孫昇壇擬儀拜賜明命將預
家事無守國章巨源創跡於前悖逆演成於後時有禮部侍郎徐
堅太常博士唐紹蔣欽緒彭景直並言之莫從其罪二也又上天
不弔先帝遇毒悔禍無徵阿韋將篡晝計未果逆心尚搖周章
夷猶倉卒迷謬於是太平公主矯爲陳謨上官昭容紿草遺詔故

得令上輔政阿韋參謀將大業垂成而休命中輟者職由巨源焉
韋溫之足楚客附巨源之耳梟聲遠發狼顧相驚以阿韋臨朝以
韋溫當國其罪三也又人爲邦本財實聚人奪其財則人心自離
無其人則國本何恃巨源屢踐台輔專行勾徵廢越條章崇尚侵
刻樹怨天下剝害生靈兆庶流離戶口減耗況以三思食邑往在
貝州時屬久陰災逢多雨租庸損免申令昭明匪今獨蒸自古不
易三思慮其封物巨源啓此異端以爲稼穡湮沉雖無菽粟蠶桑
織紝可輸庸調致使河朔黎人海隅士女去其鄉井鬻其子孫飢
寒切身朝夕奔命其罪四也但巨源長於華宗仕於累代作萬國
之相處具瞻之地蔽日月之曾輝負丘山之重責今乃妄加褒述
安能分謗者哉當時雖不從邕議而論者是之巨源與安石及則
天時文昌右相待價並是五服之親自餘近屬至大官者數十人
趙彥昭者甘州張掖人也父武孟初以馳騁佃獵爲事嘗獲肥鮮
以遺母母泣曰汝不讀書而佃獵如是吾無望矣竟不食其膳武

孟感激勤學遂博通經史舉進士官至右臺侍御史撰河西人物志十卷彥昭少以文辭知名中宗時累遷中書侍郎同中書門下三品兼修國史充修文館學士景龍四年金城公主出降吐蕃贊普中宗命彥昭爲使彥昭以旣充外使恐失其寵殊不悅司農卿趙履溫私謂曰公國之宰輔而爲一介之使不亦鄙乎彥昭曰計將安出履溫因爲陰託安樂公主密奏留之中宗乃遣左驍衞大將軍楊矩代彥昭而往睿宗時出爲涼州都督爲政清嚴將士已下皆動足股慄又爲宋州刺史入爲吏部侍郎又爲刑部尚書關內道持節巡邊使檢校左御史臺大夫彥昭素與郭元振張說友善及蕭至忠等伏誅元振說等稱彥昭先嘗密圖其事乃以功遷刑部尚書封耿國公賜實封一百戶殿中侍御史郭震奏彥昭以女巫趙五娘左道亂常託爲諸姑潛相影援旣因提挈乃踐台階驅車造門著婦人之服攜妻就謁申猶子之情于時南憲直臣劾以霜憲無足加微貶旋登寵秩同惡相濟一至於此乾坤交泰宇宙

冉清不加貶削法將安措請付紫微黃門準法處分俄而姚崇入相甚惡彥昭之爲人由是累貶江州別駕卒

蕭至忠秘書少監德言曾孫也少仕爲畿尉以清謹稱嘗與友人期於路隅會風雪凍冽諸人皆奔避就宇下至忠曰寧有與人期而求安失信乎獨不去衆咸歎服神龍初武三思擅權至忠附之自吏部員外擢拜御史中丞遷吏部侍郎仍兼御史中丞恃武三思勢掌選無所忌憚請謁杜絕威風大行尋遷中書侍郎兼中書令節愍太子誅武三思後有三思黨與宗楚客紀處訥令侍御史冉祖雍奏言安國相王及鎮國太平公主亦與太子連謀舉兵請收付制獄中宗召至忠令按其事至忠泣而奏曰陛下富有四海貴爲天子豈不能保一弟一妹受人羅織宗社存亡實在於此臣雖愚昧竊爲陛下不取漢書云一尺布尚可縫一斗粟尚可舂兄弟二人不相容願陛下詳察此言且往者則天皇后欲令相王爲太子王累日不食請迎陛下固讓之誠天下傳說足明冉祖雍等所奏

咸是構虛帝深納其言而止尋轉黃門侍郎同中書門下平章事至忠上疏陳時政曰臣聞王者列職分司爲人求理求理之道必在用賢得其人則公務克修非其才則厥官如曠官曠則事廢事廢則人殘漸至淩遲率由於此頃者選曹授職政事官人或異才昇多非德進皆因依貴要寄爲粉飾苟得即是曾無遠圖上下相蒙誰肯言及臣聞官爵者公器也恩倖者私惠也秖可金帛富之粱肉食之以存私澤也若以公器爲私用則公議不行而勞人解體以小私而妨至公則私謁門開而正言路絕儉人遽進君子道消日削月朘卒見凋弊者爲官非其人也昔漢館陶公主爲子求郎明帝謂曰郎官上應列宿出宰百里苟非其人則人受其殃賜錢十萬而已此即至公之道不虧恩私之情無替是史直筆將爲美談于今稱之不輟其口者也當今列位已廣冗員倍多祈求未厭日月增數陛下降不貲之澤近戚有無涯之請賣官利己鬻法徇私臺寺之內朱紫盈滿官秩益輕恩賞彌數儌利之輩冒進而

莫識廉隅方雅之流知難而斂分丘隴才者莫用用者不才二事相刑十有其五故人不效力而官匪爲人欲求其理實亦難成臣竊見宰相及近侍要官子弟多居美爵此並勢要親戚罕有才藝遞相囑託虛踐官榮詩云東人之子職勞不賚西人之子粲粲衣服私人之子百寮是試或以其酒不以其漿鞙鞙佩璲不以其長此言王政不平衆官廢職私家之子列試於榮班非任之人徒長其飾佩臣愚伏願陛下想居安思危之義行改絃易張之道愛惜爵賞審量材識官無虛授人必爲官進大雅於樞近退小子於閒僻政令惟一威恩以信私不害公情不撓法則天下幸甚臣伏見永徽故事宰相子弟多居外職者非直抑強宗分大族亦以退不肖擇賢才伏願陛下遠稽舊典近遵先聖特降明勅令宰相已下及諸司長官子弟並改授外官庶望分職四方共寧百姓表裏相統遐邇人安疏奏不納明年代韋巨源爲侍中仍依舊修史尋遷中書令時宗楚客紀處訥潛懷姦計自樹朋黨韋巨源楊再思李嶠

皆唯諾自全無所匡正至忠處於其間頗存正道時議翕然重之中宗亦曰諸宰相中至忠最憐我韋庶人又爲亡弟贈汝南王洵與至忠亡女爲冥婚合葬及韋氏敗至忠發墓持其女柩歸人以此譏之至忠又以女適庶人舅崔從裕之子成禮日中宗爲蕭氏婚主韋庶人爲崔氏婚主時人謂之天子嫁女皇后娶婦睿宗即位景雲初出爲晉州刺史甚有能名時太平公主用事至忠潛遣間使申意求入爲京職誅韋氏之際至忠一子任千牛爲亂兵所殺公主冀至忠以此怨望可與謀事即納其請召拜刑部尚書右御史大夫再遷吏部尚書先天二年復爲中書令是歲至忠與竇懷貞魏知古崔湜陸象先柳沖徐堅劉子玄等撰成姓族系錄二百卷有制加爵賜物各有差未幾左僕射竇懷貞侍中岑羲及至忠并戶部尚書李晉太子少保薛稷左散騎常侍賈膺福左羽林大將軍常元楷右羽林將軍李慈等與太平公主謀逆事洩至忠遽遁入山寺數日捕而伏誅籍沒其家至忠雖清儉刻己然簡約自

高未嘗接待賓客所得俸祿亦無所賑施及籍沒財帛甚豐由是頓絕聲望矣弟元嘉工部侍郎廣微工部員外

宗楚客者蒲州河東人則天從父姊之子也兄秦客垂拱中潛勸則天革命稱帝由是累遷內史後與楚客及弟晉卿並以姦贓事發配流嶺外秦客死楚客等尋復追還楚客累遷夏官侍郎同鳳閣鸞臺平章事神龍初爲太僕卿武三思用事引楚客爲兵部尚書同中書門下三品晉卿累遷將作大匠節愍太子既殺武三思兵敗逃於鄠縣楚客遣使追斬之仍令以其首祭三思及崇訓喪柩韋庶人及安樂公主尤加親信未幾遷中書令楚客雖跡附韋氏而嘗別有異圖與侍中紀處訥共爲朋黨故時人呼爲宗紀景龍中西突厥娑葛與阿史那忠節不和屢相侵擾西陲不安安西都護郭元振奏請從忠節於內地楚客與晉卿處訥等各納忠節重賂奏請發兵以討娑葛不納元振所奏娑葛知而大怒舉兵入寇甚爲邊患於是監察御史崔琬劾奏楚客等曰臣聞四牡項領良御不乘二心事君明罰無捨謹案宗楚客紀處訥等性惟險詖志越溪壑幸以遭逢聖主累忝殊榮承愷悌之恩居弼諧之地不能刻意砥操憂國如家微效涓塵以裨川嶽遂乃專作威福敢樹朋黨有無君之心闕大臣之節潛通獫狁納賄不貲公引頑兇受賂無限醜問充斥穢行昭彰且境外之交情狀難測今娑葛反叛邊鄙不寧由此賊臣取怨中國論之者懼禍以結舌語之者避罪以鉗口但晉卿昔居榮職素闕忠誠屢抵嚴刑皆由黷貨今又叨忝顯沭殊恩厚祿重權當朝莫比曾無悛改仍徇贓私此而可容孰不可恕臣謬忝直指義在觸邪請除巨蠹用答天造楚客處訥晉卿等驕恣跋扈人神同疾不加天誅詎清王度並請收禁差三司推鞫舊制大臣有被御史對仗劾彈者即俯僂趨出立于朝堂待罪楚客更咤䰢作色而進自言以執性忠鯁被琬誣奏中宗竟不能窮覈其事遽令琬與楚客等結爲義兄弟以和解之韋氏敗楚客與晉卿等皆伏誅

紀處訥者秦州上邽人也娶武三思妻之姊由是累轉太府卿神龍中嘗因穀貴中宗召處訥親問其故武三思諷知太史事右驍衛將軍迦葉志忠太史令傅孝忠奏言其夜有攝提星入太微至帝座此則王者與大臣私相接大臣能納忠故有斯應帝以爲然降敕褒述處訥賜衣一副綵六十段無幾進拜侍中與楚客等同時伏誅

史臣曰大帝孝和之朝政不由己則天在位已絕綴旒韋后司晨前蹤覆轍當是時姦邪有黨宰執求容順之則惡其名彰逆之則憂其禍及欲存身致理者非中智常才之所能也況元忠安石巨源至忠彥昭等行非純一識昧存亡徇利貪榮有始無卒不得其死宜哉楚客晉卿處訥等讒諂並進威虐貫盈不使逃刑可謂政正

贊曰爲唐重臣食唐重祿顛危不持富貴何足二宗紀讒邪酷毒與前數公死不知辱

唐書列傳卷第四十二　右文林郎充浙東路提舉茶鹽司幹辦公事臣[illegible]之勤校正

唐書列傳卷第四十三

劉昫　等修

婁師德　王孝傑　唐休璟

張仁愿　薛訥　王晙

婁師德鄭州原武人也弱冠進士擢第授江都尉揚州長史盧承業奇其才嘗謂之曰吾子台輔之器當以子孫相託豈可以官屬常禮待也上元初累補監察御史屬吐蕃犯塞募猛士以討之師德抗表請爲猛士高宗大悅特假朝散大夫從軍西討頻有戰功遷殿中侍御史兼河源軍司馬兼知營田事天授初累授左金吾將軍兼檢校豐州都督仍依舊知營田事則天降書勞曰卿素積忠勤兼懷武略朕所以寄之襟要授以甲兵自卿受委北陲總司軍任往還靈夏檢校屯田收率既多京坻遽積不煩和糴之費無復轉輸之艱兩軍及北鎮兵數年咸得支給勤勞之誠久而彌著覽以嘉尚欣悅良深長壽元年召拜夏官侍郎判尚書事明年同

鳳閣鸞臺平章事則天謂師德曰王師外鎮必藉邊境營田卿須不憚劬勞更充使檢校又以爲河源積石懷遠等軍及河蘭鄯廓等州檢校營田大使稍遷秋官尚書萬歲登封元年轉左肅政御史大夫仍並依舊知政事證聖元年吐蕃寇洮州令師德與夏官尚書王孝傑討之與吐蕃大將論欽陵贊婆戰於素羅汗山官軍敗績師德貶授原州員外司馬萬歲通天二年入爲鳳閣侍郎同鳳閣鸞臺平章事是歲兼檢校右肅政御史大夫仍知左肅政臺事又與王懿宗狄仁傑分道安撫河北諸州神功元年拜納言累封譙縣子尋詔師德充隴右諸軍大使仍校檢河西營田事聖曆二年突厥入寇復令檢校并州長史仍充天兵軍大總管是歲九月卒贈涼州都督謚曰貞初狄仁傑未入相時師德嘗薦之及爲宰相不知師德薦己數排師德令充外使則天嘗出師德舊表示之仁傑大慚謂人曰吾爲婁公所含如此方知不逮婁公遠矣師德頗有學涉器量寬厚喜怒不形於色自專綜邊任前後三十餘年恭勤接下孜孜不怠雖參知政事深懷畏避竟能以功名始終爲己任識者所重

王孝傑京兆新豐人也高宗末爲副總管從工部尚書劉審禮西討吐蕃戰於大非川爲賊所獲吐蕃贊普見孝傑垂泣曰貌類吾父厚加敬禮由是免死尋得歸則天時累遷右鷹揚衛將軍孝傑久在吐蕃中悉其虛實長壽元年爲武威軍總管與左武衛大將軍阿史那忠節率衆以討吐蕃乃克復龜茲于闐疏勒碎葉四鎮而還則天大悅謂侍臣曰昔貞觀中具綫得此蕃城其後西陲不守並陷吐蕃今既盡復於舊邊境自然無事孝傑建斯功效竭此款誠遂能裹足徒行身與士卒齊力如此忠懇深是可嘉乃拜孝傑爲左衛大將軍明年遷夏官尚書同鳳閣鸞臺三品封清源男延載初又爲瀚海道行軍總管餘如故證聖初又爲朔方道總管尋坐與吐蕃戰敗免官萬歲通天年契丹李盡忠孫萬榮反叛復詔孝傑白衣起爲清邊道總管統兵十八萬以討之孝傑軍至東

峽石谷遇賊道隘虜甚衆孝傑率精鋭之士爲先鋒且戰且前及出谷布方陣以捍賊後軍總管蘇宏暉畏賊衆棄甲而遁孝傑既無後繼爲賊所乘營中潰亂孝傑墮谷而死兵士爲賊所殺及奔踐而死殆盡時張說爲節度管記馳奏其事則天問孝傑敗亡之狀說曰孝傑忠勇敢死乃誠奉國深入寇境以少禦衆但爲後援不至所以致敗於是追贈孝傑夏官尚書封耿國公拜其子无擇爲朝散大夫遣使斬宏暉以徇使未至幽州而宏暉已立功贖罪竟免誅開元中无擇官至左驍衛將軍以恩例贈孝傑特進

唐休璟京兆始平人也曾祖規周驃騎大將軍安邑縣公祖宗隋大業末爲朔方郡丞時爲梁師都舉兵將據城宗抗節不從乃爲所害休璟少以明經擢第永徽中解褐吳王府典籤無異材調授營府戶曹調露中單于突厥背叛誘扇奚契丹侵掠州其後奚羯胡又與桑乾突厥同反都督周道務遣休璟將兵擊破之於獨護山斬獲甚衆超拜豐州司馬永淳中突厥圍豐州都督崔智辯戰

殁朝議欲罷豐州徙百姓于靈夏休璟以為不可上書曰豐州控河遏賊實為襟帶自秦漢已來列為郡縣田疇良美尤宜耕牧隋季喪亂不能堅守乃遷徙百姓就寧慶二州致使戎羯交侵乃以靈夏為邊界貞觀之末始募人以實之西北一隅方得寧謐今若廢棄則河傍之地復為賊有靈夏等州人不安業非國家之利也朝廷從其言豐州復存垂拱中遷安西副都護會吐蕃攻破焉耆安息道大總管文昌右相韋待價及副使閻溫古失利休璟收其餘衆以安西土遷西州都督上表請復取四鎮則天遣王孝傑破吐蕃拔四鎮亦休璟之謀也聖曆中為司衛卿兼涼州都督右肅政御史大夫持節隴右諸軍州大使久視元年秋吐蕃大將麴莽布支率騎數萬寇涼州入自洪源谷將圍昌松縣休璟以數千人往擊之臨陣登高望見賊衣甲鮮盛謂麾下曰自欽陵死贊婆降麴莽布支新知賊兵欲曜威武故其國中貴臣酋豪子弟皆從之人馬雖精不習軍事吾為諸君取之乃被甲先登與賊六戰六剋大

破之斬其副將二人首二千五百級築京觀而還是後休璟入朝吐蕃亦遣使來請和因宴屢覘休璟則天問其故對曰往歲洪源戰時此將軍雄猛無比殺臣將士甚衆故欲識之則天大加歎異擢拜右武威右金吾二衛大將軍休璟尤諳練邊事自碣石西踰四鎮綿亘萬里山川要害皆能記之長安中西突厥烏質勒與諸蕃不和舉兵相持安西道絕表奏相繼則天令休璟與宰相商度事勢俄頃間草奏便遣施行後餘日安西諸州表請兵馬應接程期一如休璟所畫則天謂休璟曰恨用卿晚因遷夏官尚書同鳳閣鸞臺三品又謂魏元忠及楊再思李嶠姚元崇李迥秀等曰休璟諳練邊事卿等十不當一也尋轉太子右庶子依舊知政事以契丹入寇復拜夏官尚書兼檢校幽營等州都督兼安東都護時中宗在春宮將行進啓於皇太子曰張易之兄弟幸蒙寵遇數侍宴禁中縱情失禮非人臣之道惟加防察中宗即位召拜輔國大將軍同中書門下三品封酒泉郡公顧謂曰卿曩日直言朕今不忘

初欲召卿計事但以遐遠兼懷北狄之憂耳未幾加特進拜尚書右僕射是歲秋大水休璟兩上表自咎請免官甚切辭多不載中宗竟不允手制荅曰陰陽乖爽事屬在予待罪私門難依來表尋遷中書令充京師留守俄加檢校吏部尚書又以宮寮之舊賜實封三百戶累封宋國公休璟在任無所弘益景龍二年致仕于家年力雖衰進取彌銳時尚宮賀婁氏頗關預國政憑附者皆得寵榮休璟乃為其子娶賀婁氏養女為妻因以自達由是起為太子少師同中書門下三品監修國史仍封宋國公休璟年踰八十而不知止足依託求進為時所譏景雲元年又拜特進充朔方道行軍大總管以備突厥停其舊封別賜實封一百戶二年表請致仕許之祿及一品子課並令全給休璟初得封時以絹數千匹分散親族又以家財數十萬大開塋域備禮葬其五服之親時人稱之延和元年七月薨年八十六贈荊州大都督謚曰忠子先慎龍峯曾官至陳州刺史次子先擇開元中為右金吾衛將軍

張仁愿華州下邽人也本名仁亶以音類睿宗諱改焉少有文武材幹累遷殿中侍御史時有御史郭霸上表稱則天是彌勒佛身鳳閣舍人張嘉福與洛州人王慶之等請立武承嗣為皇太子皆請仁愿連名署表仁愿正色拒之甚為有識所重尋而夏官尚書王孝傑為吐刺軍總管統衆以禦吐蕃詔仁愿往監之仁愿與孝傑不協因入奏事稱孝傑軍敗誣罔之狀孝傑由是免為庶人仁愿遷侍御史萬歲通天二年監察御史孫承景監清邊軍戰還畫戰圖以奏每陣必畫承景躬當矢石先鋒禦賊之狀則天歎曰御史乃能盡誠如此擢拜右肅政臺中丞令仁愿敘錄承景下立功人仁愿未發都先問承景對陣勝負之狀承景身實不行問之皆不能對又虛增功狀仁愿廷奏承景罔上之罪於是左遷崇仁令擢仁愿為肅政臺中丞檢校幽州都督會突厥默啜入寇攻陷趙定擁衆迴至幽州仁愿勒兵出城邀擊之流矢中手賊亦引退則天遣使勞問賜以醫藥累遷并州大都督府長史神龍二年中

宗還京以仁愿爲左屯衞大將軍兼檢校洛州長史時都城穀貴盜竊甚衆仁愿一切皆捕獲杖殺之積屍府門遠近震慴無敢犯者初高宗時賈敦頤爲洛州刺史亦有政績與仁愿皆爲一時之最故時人爲之語曰洛州有前賈後張可敵京兆三王其見稱如此三年突厥入寇朔方軍摠管沙吒忠義爲賊所敗詔仁愿攝御史大夫代忠義統衆仁愿至軍而賊衆已退乃躡其後夜掩大破之先朔方軍北與突厥以河爲界河北岸有拂雲神祠突厥將入寇必先詣祠祭酹求福因牧馬料兵而後渡河時突厥默啜盡衆西擊突騎施娑葛仁愿請乘虛奪取漠南之地於河北築三受降城首尾相應以絕其南寇之路太子少師唐休璟以爲兩漢已來皆北守黃河今於寇境築城恐勞人費功終爲賊虜所有建議以爲不便仁愿固請不已中宗竟從之仁愿表留年滿鎭兵以助其功時咸陽兵二百餘人逃歸仁愿盡擒之一時斬於城下軍中股慄役者盡力六旬而三城俱就以拂雲祠爲中城與東西兩城相去各四

三十二 唐傳四十三 五 陳達

○百餘里皆據津濟遙相應接北拓地三百餘里於牛頭朝那山北置烽候一千八百所自是突厥不得度山放牧朔方無復寇掠減鎭兵數萬人仁愿初建三城不置壅門及曲敵戰格之具或問曰此邊城禦賊之所不爲守備何也仁愿曰兵貴在攻取不宜退守寇若至此即當併力出戰迴顧望城猶須斬之何用守備生其退恧之心也其後常元楷爲朔方軍摠管始築壅門以備寇議者以此重仁愿而輕元楷焉仁愿在朔方奏用監察御史張敬忠何鸞長安尉寇泚鄠縣尉王易從始平主簿劉體微分判軍事太子文學柳彥昭爲管記義烏尉晁良貞爲隨機敬忠等皆以文吏著稱多至大官時稱仁愿有知人之鑒景龍二年拜左衞大將軍同中書門下三品累封韓國公春還朝秋復督軍備邊中宗賦詩祖餞賞賜不可勝紀尋加鎭軍大將軍睿宗即位以老致仕特全給祿俸又拜兵部尚書加光祿大夫依舊致仕開元二年卒贈太子少傅賻物二百段命五品官一人爲監護使子輸之開元初爲趙州刺史

薛訥絳州萬泉人也左武衞大將軍仁貴子也爲藍田令有富商倪氏於御史臺理其私債中丞來俊臣受其貨財斷出義倉米數千石以給之訥曰義倉本備水旱以爲儲蓄安敢絕衆人之命以資一家之産竟報上不與會俊臣得罪其事乃不行其後突厥入寇河北則天以訥將門使攝左武威衞將軍安東道經略臨行於同明殿召見與語訥因奏曰醜虜憑凌以廬陵爲辭今雖有制昇儲外議猶恐未定若此命不易則狂賊自然款伏則天深然其言尋拜幽州都督兼安東都護轉幷州大都督府長史兼檢校左衞大將軍久當邊鎭之任累有戰功玄宗即位於新豐講武訥爲左軍節度時元帥與禮官得罪諸部頗亦失序唯訥及解琬之軍不動玄宗令輕騎召訥等至軍門皆不得入禮畢上甚加慰勞時契丹及奚與突厥連和屢爲邊患訥建議請出師討之開元二年夏詔與左監門將軍杜賓客定州刺史崔宣道等率衆二萬出檀州道以討契丹等杜賓客以爲時屬炎暑將士負戈甲齎資糧深入寇

三十二 唐傳四十三 六 陳達

○境恐難爲制勝中書令姚元崇亦以爲然訥獨曰夏月草茂羔犢生息之際不費糧儲亦可漸進一舉振國威靈不可失也時議咸以爲不便玄宗方欲威服四夷特令訥同紫微黃門三品摠兵擊奚契丹議者乃息六月師至灤河遇賊時既蒸暑諸將失計會盡爲契丹等所覆訥脫身走免歸罪於崔宣道及蕃將李思敬等八人詔盡令斬之特免杜賓客之罪下制曰幷州大都督府長史兼檢校左衞大將軍和戎大武等諸軍州節度大使同紫微黃門三品薛訥摠戎禦邊建議爲首暗於料敵輕於接戰張我王師衄之虜境覩其嚮昔頗常輸誠每欲貢忠報主見義忘身特緩嚴刑俾期來效宜放其罪所有官爵等並從除削其年八月吐蕃大將坌達延乞力徐等率衆十萬寇臨洮軍又進寇蘭州及渭州之渭源縣掠羣牧而去詔訥白衣攝左羽林將軍爲隴右防禦使與太僕少卿王晙等率兵邀擊之十月訥領衆至渭源遇賊戰於武階驛與王晙掎角夾攻之大破賊衆追奔至洮水又戰于長城堡豐安

軍使王海賓先鋒力戰死之將士乘勢進擊又敗之殺獲萬人擒
其將六指鄉彌洪盡收其所掠羊馬并獲其器械不可勝數時有
詔將以十二月親征吐蕃及聞訥等剋捷玄宗大悅乃停親征追
贈王海賓左金吾衛大將軍賻物三百段粟三百石名其稚子爲
忠嗣拜朝散大夫命紫微舍人倪若水往即便敘錄功狀拜訥爲
左羽林軍大將軍復封平陽郡公仍拜子暢朝散大夫俄又充涼
州鎮軍大總管尋以年老特聽致仕八年卒年七十餘贈太常卿謚
曰昭定訥沉勇寡言臨大敵而益壯訥弟楚王開元中爲幽州大
都督府長史以不稱職見代而卒

王晙滄州景城人徙家于洛陽祖有方岷州刺史晙弱冠明經擢
第歷遷殿中侍御史加朝散大夫時朔方軍元帥魏元忠討賊失
利歸罪於副將韓思忠奏請誅之晙以思忠既是偏裨制不由己
又有勇智可惜不可獨殺非辜乃廷議爭之思忠竟得釋而晙亦
由是出爲渭南令景龍末累轉爲桂州都督桂州舊有屯兵常運

衡永等州糧以饋之晙始改築羅郭奏罷屯兵及轉運又堰江水
開屯田數千頃百姓賴之尋上疏請歸鄉拜墓州人詣闕請留晙
乃下敕曰彼州往緣寇盜戶口凋殘委任失材乃令至此卿處事
強濟遠邇寧靜築城務農利益已廣隱括綏緝復業者多宜須政
成安此黎庶百姓又有表請不須來也晙在州又一年州人立碑以
頌其政再轉鴻臚大卿充朔方軍副大總管兼安西大都護豐安
定遠三城及側近軍並受晙節度後轉太僕少卿隴右羣牧使開
元二年吐蕃精甲十萬寇臨洮軍晙率所部二千人卷甲倍程與臨
洮兩軍合勢以拒之賊營於大來谷口吐蕃將坌達延又率兵繼
至晙乃出奇兵七百人衣之蕃服夜襲之相去五里置鼓角令前者
遇寇大呼後者擊鼓以應之賊衆大懼疑有伏兵自相殺傷死者
萬計俄而攝右羽林將軍薛訥率衆邀擊吐蕃至武街谷去大來
谷二十里爲賊所隔晙率兵迎訥之軍賊置兵於兩軍之間連亙
數十里晙夜出壯士銜枚擊之賊又大潰乃與訥合軍掩其餘衆

追奔至洮水殺獲不可勝數盡收所掠牧馬而還以功加銀青光
祿大夫封清源縣男兼原州都督仍拜其子珽爲朝散大夫尋除
并州大都督府長史明年突厥默啜爲九姓所殺其下酋長多款
塞投降置之河曲之内俄而小殺繼立降者漸叛晙上疏曰突厥時
屬亂離所以款塞降附其與部落非有讎嫌情異北風理固明矣
養成其釁雖悔可追今者河曲之中安置降虜此輩生梗實難處
置日月漸久姦詐逾深窺邊間隙必爲患難今有降者部落不受
軍州進止輒動兵馬屢有傷殺詢問勝州左側被損五百餘人私
置烽鋪潛爲抗拒公私行李頻實危懼北虜如或南牧降戶必與
連衡臣問沒蕃歸人云却逃者甚衆南北信使委曲通傳此輩降
人翻成細作儻收合餘燼來逼軍州虜騎憑陵胡兵應接表裏有
敵進退無援雖復韓彭之勇孫吳之策令其制勝其可必乎望至
秋冬之際令朔方軍盛陳兵馬告其禍福啗以繒帛之利示以麋
鹿之饒說其魚米之鄉陳其畜牧之地並分配淮南河南寬鄉安

置仍給程糧送至配所雖復一時勞弊必得久長安穩二十年外
漸染淳風持以充兵皆爲勁卒若以北狄降者不可南中安置則
高麗俘虜置之沙漠之曲西域編甿散在青徐之右唯利是視務
安疆場何獨降胡不可移徙近者在邊將士爰及安蕃使人多作
諛辭不爲實對或言北虜破滅或言降戶安靜志欲自言功効非
有以徇邦家伏願察斯利口行茲遠慮邊荒清晏黎元幸甚臣料
留住之議謀者云遵故事必言降戶之輩舊置河曲之中昔年既
得康寧今日還應穩便但同時異事先典攸傳往者頡利破亡邊
境寧謐降戶之輩無復他心所以多歷歲年此類皆無動靜今虜
見未破滅降戶私使往來或畏北虜之威或懷北虜之恵又是北
虜戚屬夫豈不識親踈將比昔年安可同日臣料其中頗有三策
若盛陳兵馬散令分配内獲精兵之實外祛黠虜之謀暫是勞永安
此上策也若多屯士卒廣爲備擬亭障之地蕃漢相參費甚人勞
此下策也若置之朔塞任之來往通傳信息結成禍胎此無策也

伏願察斯三者詳其善惡利害之狀長短可尋縱因遷移或致逃
叛但有移得之者即是今日良圖留待河冰恐即有變臣蒙天澤
叨居重鎮逆耳利行敢不盡言疏奏未報降虜果叛勑晙帥并州
兵西濟河以討之晙乃間行倍道以夜繼晝卷甲捨幕而趨之夜
於山中忽遇風雪甚盛晙恐失期仰天誓曰晙若事君不忠不討
有罪明靈所殛固自當之而士衆何辜令其艱苦若誠心忠烈天
監孔明當止雪迴風以濟戎事言訖風迴而雪止時叛者分爲兩
道其在東者晙追及之殺一千五百餘人生獲一千四百餘人駝馬牛
羊甚衆晙以功遷左散騎常侍持節朔方道行軍大摠管尋遷御
史大夫時突厥跌跌部落及僕固都督勺磨等散在受降城左右
居止且謀引突厥共爲表裏陷軍城而叛晙因入奏密請誅之八
年秋晙誘跌跌等黨與八百餘人於中受降城由是乃授晙兵部
尚書復充朔方軍大摠管九年蘭池州胡苦於賦役誘降虜餘燼
攻夏州反叛詔隴右節度使羽林將軍郭知運與晙相知討之晙

奏朔方軍兵自有餘力其郭知運請還本軍未報而知運兵至與
晙頗不相協晙所招撫降者知運縱兵擊之賊以爲晙所賣皆相
率叛走晙進封清源縣公仍兼御史大夫俄而賊衆復相結聚晙
坐左遷梓州刺史十年拜太子詹事累封中山郡公屬車駕北巡
以晙爲吏部尚書兼太原尹十一年夏代張說爲兵部尚書同中書
門下三品追錄破胡之功加金紫光祿大夫仍充朔方軍節度大使
其年冬上親郊祀追晙赴京以會大禮晙以時屬冰壯恐虜騎乘
隙入寇表辭不赴手勑慰勉仍賜衣一副會許州刺史王喬家奴
告喬與晙潛謀構逆勑侍中源乾曜中書令張說鞫其狀晙既無
反狀乃以違詔追不到左遷蘄州刺史十四年累遷戶部尚書復
爲朔方軍節度使二十年卒年七十餘贈尚書左丞相謚曰忠烈往
歲魏元忠爲張易之昌宗所構左授高要尉晙密狀申明之宋璟
時爲鳳閣舍人謂晙曰魏公且全矣子冐威嚴而理之恐子之狼
狽也晙曰魏公忠而獲罪晙爲義所激顛沛無恨璟歎曰璟不能
申魏公之枉深負朝廷矣晙氣貌雄壯時人謂之有熊虎之狀然
慕義激勵有古人之風御下整肅人吏畏而愛之晙卒後信安王
褘於幽州討奚告捷奏稱軍士咸見晙與蕃將高昭領兵馬先軍
討賊上聞而嗟異久之戶部郎中陽伯城上疏請晙等墳特乞增
脩封域量加表異降使饗祭優其子孫玄宗乃遣使就其家廟祭
仍加其子官秩

史臣曰婁師德應召而慷慨勇也薦仁傑而入用忠也不使仁傑
知之公也營田瞻軍智也恭勤接下和也參知政事功名有卒是
人之難也又何愧於將相乎王孝傑唐休璟張仁愿薛訥王晙等
皆韜武幹亟立邊功然孝傑失於再擒休璟虧於餘行先敗後勝
薛訥何慚止雪迴風王晙難掩仁愿操履中否相兼

贊曰拯物之心不形於色將相之材人何以測臣有始終功無爽忒
多忌梁公自招慚德唐張訥晙善陣能師共服戎虜不憂邊陲

唐書列傳卷第四十三

右文林郎充兩浙東路提舉茶鹽司幹辦公事蘇之勤校勘

蘇味道　李嶠　崔融

盧藏用　徐彥伯

蘇味道趙州欒城人也少與鄉人李嶠俱以文辭知名時人謂之蘇李弱冠本州舉進士累轉咸陽尉吏部侍郎裴行儉先知其貴甚加禮遇及征突厥阿史那都支引爲管記孝敬皇帝妃父裴居道再登左金吾將軍訪當時才子爲謝表託於味道援筆而成辭理精密盛傳於代延載初歷遷鳳閣舍人檢校鳳閣侍郎同鳳閣鸞臺平章事尋加正授證聖元年坐事出爲集州刺史俄召拜天官侍郎聖曆初遷鳳閣侍郎同鳳閣鸞臺三品味道善敷奏多識臺閣故事然而前後居相位數載竟不能有所發明但脂韋其間苟度取容而已嘗謂人曰處事不欲決斷明白若有錯誤必貽咎譴但模稜以持兩端可矣時人由是號爲蘇模稜長安中請還鄉改

葬其父優制令州縣供其葬事味道因此侵毀鄉人墓田役使過度爲憲司所劾左授坊州刺史未幾除益州大都督府長史神龍初以親附張易之昌宗貶授郿州刺史俄而復爲益州大都督府長史未行而卒年五十八贈冀州刺史味道與其弟太子洗馬味玄甚相友愛味玄若請託不諧輒面加凌折味道對之怡然不以爲忤論者稱爲有文集行於代

李嶠趙州贊皇人隋內史侍郎元操從曾孫也代爲著姓父鎮惡襄城令嶠早孤事母以孝聞爲兒童時夢有神人遺之雙筆自是漸有學業弱冠舉進士累轉監察御史時嶺南邕嚴二州首領反叛發兵討擊高宗令嶠往監軍事嶠乃宣朝旨特赦其罪親入獠洞以招諭之叛者盡降因罷兵而還高宗甚嘉之累遷給事中時酷吏來俊臣構陷狄仁傑李嗣眞裴宣禮等三家奏請誅之則天使嶠與大理少卿張德裕侍御史劉憲覆其獄德裕等雖知其枉懼罪並從俊臣所奏嶠曰豈有知其枉濫而不爲申明哉孔子曰見義不爲無勇也乃與德裕等列其枉狀由是忤旨出爲潤州司馬詔入轉鳳閣舍人則天深加接待朝廷每有大手筆皆特令嶠爲之時初置右御史臺巡按天下嶠上疏陳其得失曰陛下創置右臺分巡天下察吏人善惡觀風俗得失斯政途之綱紀禮法之準繩無以加也然猶有未折衷者臣請試論之夫禁網尚疏法令宜簡簡則法易行而不煩雜疏則所羅廣而無苛碎竊見垂拱二年諸道巡察使所奏科目凡有四十四件至於別準格勅令察訪者又有三十餘條而巡察使率是三月已後出都十一月終奏事時限迫促簿書塡委晝夜奔逐以赴限期而每道所察文武官多至二千餘人少者一千已下皆須品量才行褒貶得失欲令曲盡行能則皆不暇此非敢墮於職而慢於官也實才有限而力不及耳臣望量其功程與其節制使器周於用力濟於時然後進退可以責成得失可以精覈矣又曰今之所察但準漢之六條推而廣之則無不包矣無爲多張科目空費簿書且朝廷萬機非無事之動官

在四方是故冠蓋相望郵驛繼踵今巡使既出其外州之事悉當委之則傳驛大減矣然則御史之職故不可得閑自非分州統理無由濟其繁務請大小相兼率十州置御史一人以周年爲限使其親至屬縣或入閭里督察姦訛觀採風俗然後可以求其實效課其成功若此法果行必大裨政化且御史出持霜簡入奏天闕其於勵己自修奉職存憲比於他吏可相百也若其按劾姦邪糾擿欺隱比於他吏可相十也陛下試用臣言妙擇賢能委之心膂假溫言以樹之陳賞罰以勸之則莫不盡力而效死矣何政事之不理何禁令之不行何妖孼之敢興則天善之乃下制分天下爲二十道簡擇堪爲使者會有沮議者竟不行尋知天官侍郎事遷麟臺少監聖曆初與姚崇偕遷同鳳閣鸞臺平章事俄轉鸞臺侍郎依舊平章事兼修國史久視元年嶠舅天官侍郎張錫入知政事嶠轉成均祭酒罷知政事及修史舅甥相繼在相位時人榮之嶠尋檢校文昌左丞東都留守長安三年嶠復以本官平章事尋

知納言事明年遷内史嶠後固辭煩劇復拜成均祭酒平章事如
故長安末則天將建大像於白司馬坂嶠上疏諫之其略曰臣以法
王慈敏菩薩護持唯擬饒益衆生非要營修土木伏聞造像稅非
戶口錢出僧尼不得州縣祗承必是不能濟辦終須科率豈免勞
擾天下編戶貧弱者衆亦有庸力客作以濟糇糧亦有賣舍貼田
以供王役造像錢見有十七萬餘貫若將散施廣濟貧窮人與
一千濟得一十七萬餘戶拯飢寒之弊省勞役之勤順諸佛慈悲之心霑
聖君亭育之意人神胥悅功德無窮疏奏不納中宗即位嶠以附
會張易之兄弟出爲豫州刺史未行又貶爲通州刺史數月徵拜
吏部侍郎封贊皇縣男無幾遷吏部尚書進封縣公神龍二年代
韋安石爲中書令初嶠在吏部時志欲曲行私惠冀得復居相位
奏置員外官數千人至是官寮倍多府庫減耗乃抗表引咎辭職
并陳利害十餘事中宗以嶠昌言時政之失輒請罷免手制慰諭
而不允尋令復居舊職三年又加修文館大學士監修國史封趙

國公景龍三年罷中書令以特進守兵部尚書同中書門下三品
睿宗即位出爲懷州刺史尋以年老致仕初中宗崩嶠密表請處
置相王諸子勿令在京及玄宗踐祚宮内獲其表以示侍臣或請
誅之中書令張說曰嶠雖不辯逆順然亦爲當時之謀吠非其主
不可追討其罪上從其言乃下制曰事君之節危而不變爲臣則
忠貳乃無捨特進趙國公李嶠往緣宗韋戕逆朕恭行戡定揖讓
之際天命有歸嶠有窺覦不知逆順狀陳詭計朕親覽焉以其早
負辭學累居台輔忍而莫言特掩其惡今忠邪既辨具物惟新賞
罰儻乖下人安勸雖經赦令猶宜放斥矜其老疾俾遂餘生宜聽
隨子虔州刺史暢赴任尋起爲廬州別駕而卒有文集五十卷
崔融齊州全節人初應八科擧擢第累補宮門丞兼直崇文館學
士中宗在春宮制融爲侍讀兼侍屬文東朝表疏多成其手聖曆
中則天幸嵩嶽見融所撰啓母廟碑深加歎美及封禪畢乃命融
撰朝覲碑文自魏州司功參軍擢授著作佐郎尋轉右史聖曆二

年除著作郎仍兼右史内供奉四年遷鳳閣舍人久視元年坐忤
張昌宗意左授婺州長史頃之昌宗怒解又請召爲春官郎中知
制誥事長安二年再遷鳳閣舍人三年兼修國史時有司表稅關
市融深以爲不可上疏諫曰伏見有司稅關市事條不限工商但
是行人盡稅者臣謹按周禮九賦其七曰關市之賦竊惟市縱繁
巧關通末遊欲令此徒止抑所以咸增賦稅臣謹商度今古料量
家國竊將爲不可稅謹件事跡如左伏惟聖旨擇焉往古之時淳
樸未散公田籍而不稅關防譏而不征中代已來澆風驟進桑麻
疲弊稼穡辛勤於是各徇通財爭趨作巧求徑捷之欲速忘歲計
之無餘遂使田萊日荒倉廩不積蠶織休廢弊縕闕如飢寒猥臻
亂離斯起先王懲其若此所以變古隨時依本者恒科占末者增
稅夫關市之稅者謂市及國門關門者也唯斂出入之商賈不稅來
往之行人今若不論商人通取諸色事不師古法乃任情悠悠末
代於何瞻仰濟濟盛朝自取嗤笑雖欲憲章姬典乃是違背周官

臣知其不可者一也臣謹案易繫辭稱庖羲氏沒神農氏作日中爲
市致天下之人聚天下之貨交易而退各得其所班志亦云財者帝
王聚人守位養成羣生奉順天德理國安人之本也仕農工商四
人有業學以居位曰仕闢土殖穀曰農作巧成器曰工通財鬻貨
曰商聖王量能授事四人陳力受職然則四人各業久矣今復安得
動而搖之蕭何云人情一定不可復動班固又云曹參相齊齊國安
集大稱賢相參去屬其後相曰以齊獄市爲寄愼勿擾也後相曰
理無大於此者乎參曰不然夫獄市者所以并容也今若擾之姦
人安所容乎吾是以先之夫獄市兼受善惡若窮極姦人無所容
竄姦人無所容竄久且爲亂秦人極刑而天下叛孝武峻法而刑
獄繁此其効也老子曰我無爲而人自化我好靜而人自正參欲
以道化其本不欲擾其末臣知其不可者二也四海之廣九州之雜
關必據險路市必憑要津若乃富商大賈豪宗惡少輕死重義結
黨連羣喑嗚則彎弓睚眦則挺劍小有失意且猶如此一旦變法

定是相驚乘茲困窮或致搖動便恐南走越北走胡非唯流逆齊人亦自擾亂殊俗又如邊徼之地寇賊爲隣興胡之旅歲月相繼儻因科賦致有猜疑一從散亡何以制禁求利雖切爲害方深而有司上言不識大體徒欲益帑藏助軍國殊不知軍國益擾帑藏逾空臣知其三不可者三也孟軻又云古之爲關也將以禦暴今之爲關也將以爲暴今行者皆稅本末同流且如天下諸津舟航所聚旁通巴漢前指閩越七澤十藪三江五湖控引河洛兼包淮海弘舸巨艦千軸萬艘交貨往還昧旦永日今若江津河口置鋪納稅納稅則檢覆檢覆則遲留此津纔過彼鋪復止非唯國家稅錢更遭主司僦賂船有大小載有少多量物而稅觸途淹久統論一日之中未過十分之一因此擁滯必致吁嗟一朝失利則萬商廢業萬商廢業則人不聊生其間或有輕訬任俠之徒斬龍刺蛟之黨鄱陽暴謔之客富平悍壯之夫居則藏鏹出便竦劍加之以重稅因之以威脅一旦獸窮則搏鳥窮則攫執事者復何以安之哉臣知其

三十二 唐傳四十四 五 洪

不可者四也五帝之初不可詳已三王之後厥有著云秦漢相承典章大備至如關市之稅史籍有文秦政以雄圖武力捨之而不用也漢武以霸略英才去之而勿取也何則關爲禦暴之所市爲聚人之地稅市則人散稅關則暴興暴興則起異圖人散則懷不軌夫人心莫不背善而樂禍易動而難安一市不安則天下之市心搖矣一關不安則天下之關心動矣況澆風久扇變法爲難徒欲禁末遊規小利豈知失玄默亂大倫魏晉眇小齊隋齷齪亦所不行斯道存也臣知其不可者五也今之所以稅關市者何也豈不以國用不足邊寇爲虞一行斯術冀有所贍然也微臣敢借前箸以籌之伏惟陛下當聖期御玄籙沉璧于洛刻石于嵩鑄寶鼎以窮姦坐明堂而布政神化廣洽至德潛通東夷斷髮蘺應時平殄南蠻纔動計日歸降西域五十餘國廣輪一萬餘里城堡清夷亭候靜謐比爲患者唯苦二蕃今吐蕃請命邊事不起即日雖尚屯兵久後終成弛柝獨有默啜假息孤恩惡貫禍盈覆亡不暇征

役日已省矣繁費日已稀矣然猶下明制遵大樸愛人力惜人財王侯舊封妃主新禮所有支料咸令減削此陛下以躬率先堯舜之用心也且關中河北水旱數年諸處逃亡今始安輯儻加重稅或慮相驚況承平歲積薄賦日久俗荷深恩人知自樂卒有變法必多生怨生怨則驚擾驚擾則不安中既不安外何能禦文王曰帝王富其人霸王富其地理國若不足亂國若有餘古人有言帝王藏於天下諸侯藏於百姓農夫藏於庾商賈藏於篋惟陛下詳之必若師興有費國儲多窘即請倍算商客加斂平人如此則國保富強人免憂懼天下幸甚臣知其六不可者六也陛下留神繫表屬想政源冒茲炎熾早朝晏坐一日二日機務不遺先天後天虛心竊應時政得失小子何知率陳瞽辭伏紙惶懼跡奏則天納之乃寢其事四年除司禮少卿仍知制誥時張易之兄弟頗招集文學之士融與納言李嶠鳳閣侍郎蘇味道麟臺少監王紹宗等俱以文才降節事之及易之伏誅融左授袁州刺史尋召拜國子司

三十二 唐傳四十四 六 方

業兼修國史神龍二年以預修則天實錄成封清河縣子賜物五百段璽書褒美融爲文典麗當時罕有其比朝廷所須洛出寶圖頌則天哀冊文及諸大手筆並手勑付融撰哀冊文用思精苦遂發病卒時年五十四以侍讀之恩追贈衛州刺史謚曰文有集六十卷二子禹錫翹開元中相次爲中書舍人

盧藏用字子潛度支尚書承慶之姪孫也父璥有名於時官至魏州司馬藏用少以辭學著稱初舉進士選不調乃著芳草賦以見意尋隱居終南山學辟穀練氣之術長安中徵拜左拾遺時則天將營興泰宮於萬安山藏用上疏諫曰臣愚雖不達時變竊嘗讀書見自古帝王之迹衆矣臣聞土階三尺茅茨不翦采椽不斲者唐堯之德也卑宮室菲飲食盡力於溝洫者大禹之行也惜中人十家之產而罷露臺之制者漢文之明也並能垂名無窮爲帝皇之烈豈不以克念徇物博施濟衆以臻於仁恕哉今陛下崇臺邃宇離宮別館亦已多矣更窮人之力以事土木臣恐議者以陛下

為不愛人務奉己也且頃歲已來雖年穀頗登而百姓未有儲蓄
陛下西幸東巡人未休息土木之役歲月不空陛下不因此時施德
布化復廣造宮苑臣恐人未易堪今左右近臣多以順意為忠朝
廷具僚皆以犯忤為患至令陛下不知百姓失業亦不知左右傷
陛下之仁也臣聞忠臣不避死亡之患以納君於仁也明主不惡切
直之言以垂名千載陛下誠能發明恕之制以勞人為辭則天下
必以陛下為惜人力而苦己也小臣固陋不識忌諱敢冒死上聞乞
下臣此章與執事者議其可否則天下幸甚神龍中累轉起居舍
人兼知制誥俄遷中書舍人藏用常以俗多拘忌有乖至理乃著
析滯論以暢其事辭曰客曰天道玄微神理幽化聖人所以法象
衆庶由其運行故大撓造甲子容成著律曆黃公裁變玄女啓謀
八門御時六神直事從之者則兵強國富違之者則將弱朝危有
同影響若合符契先生亦嘗聞之乎主人曰何為其然也子所謂
曲學所習曠昧所守徒識偏方之詭說未究亨衢之通論蓋易曰

先天不違傳稱人神之主範圍不過三才所以虛中進退非邪百
王所以無外故曰國之將興聽於人將亡聽於神又曰禍福無門
唯人所召人無釁焉妖不自作由是言之得喪興亡並關人事吉
凶悔悋無涉天時且皇天無親唯德是輔為不善者天降之殃高
宗修德桑穀以變宋君引過法星退舍此天道所以從人者也古
之為政者刑獄不濫則人壽賦斂省則人富法令有常則國靜
賞罰得中則兵強所以禮者士之所歸賞者士之所死禮賞不倦
則士爭先苟違此途雖卜時行刑擇日出令必無成功矣自叔世
澆訛俗多徼倖競權怪力爭誦詭言屈政教而就孤虛棄信賞而
從推步附會前史變易舊經依託空文以為徵據覆軍敗將者則
隱秘無聞偶同幸中者則共相文飾豈唯德之增惑亦乃學人自
是嗚呼習俗訛謬一至此焉昔者甲子興師非成功之日往亡用
事異制勝之辰人事苟脩何往不濟至若環城自守接陣重圍舞
闕地形不乖天道若兵強將智粟積城堅雖復屢轉魁剛頻移

太歲坐推白虎行計貪佷自符雖闕之祥多貽壞附之困故曰任
賢使能則不時日而事利明法審令則不卜筮而事吉養勞賞功
則不禱祠而得福此所謂天時不如地利地利不如人和太公犯雨
逆天時也韓信背水乖地利也並存人事俱成大業削樹而斬龐
涓舉火而屠張郃未必暗同歲德冥會日遊俱運三門並占四殺
杜郵齒劍抑唯討阻坑下悲歌實階刓印若以並資厭勝不事良
圖則長平盡坑固須桐澤襄城無噍亦可常保是知拘而多忌繇
喪大功百姓與能必遺小數金雞玉鶴方為楚國之殃萬畢枕中
適構淮南之禍烈符猶鑒反更亡身被髮遊神翻招夷族嗟乎感
斗不禳赤伏之運築城斷岡何救素靈之哭火災不驗禪竈無力
以窺天超乘階凶王孫取監於觀德九變九變是曰長途人謀鬼
謀良歸有道此並經史陳迹賢聖通規仁遠乎哉詎宜滯執客乃
蹙然避席曰鄙人困蒙不階至道請事斯語歸于正途而今而後
焚蓍龜毀律曆廢六合斥五行浩然清慮則將奚若答曰此所謂

過猶不及也夫甲子所以配日月律曆所以通歲時金木所以備
法象蓍龜所以筮吉凶聖人以此神明德行輔助謀猷存之則協
贊成功執之則凝滯於物消息之義其在茲乎客於是循牆匍匐
怙然無氣口呿心醉不知所以答矣景龍中為吏部侍郎藏用性
無挺特多為權要所逼頗隳公道又遷黃門侍郎兼昭文館學士
轉工部侍郎尚書右丞先天中坐託附太平公主配流嶺表開元
初起為黔州都督府長史兼判都督事未行而卒年五十餘有集
二十卷藏用工篆隸好琴棊當時稱為多能之士少與陳子昂趙
貞固友善二人並早卒藏用厚撫其子為時所稱然初隱居之時
有貞儉之操往來于少室終南二山時人稱為隨駕隱士及登朝
趑趄詭佞專事權貴奢靡淫縱以此獲譏于世
徐彥伯兗州瑕丘人也少以文章擅名河北道安撫大使薛元超
表薦之對策擢第累轉蒲州司兵參軍時司戶韋暠善判事
司士李亘工於翰札而彥伯以文辭雅美時人謂之河中三絕彥

伯璽曆中累除給事中府王公卿士多以言語不愼密爲酷吏周興來俊臣等所陷彥伯乃著樞機論以誡千代其辭曰書曰惟口起羞惟甲冑起戎又云齊乃位度迺口易曰愼言語節飮食又云出其言善千里應之出其言不善千里違之禮亦云可言也不可行也君子不言也可行也不可言也君子不行也嗚呼先聖知言之爲大也知言之爲急也精微以勸之典謨以告之禮經以防之守名教者何可不脩其詁訓而服其糟粕乎故曰言語者君子之樞機動則物應物應則得失之見也得之者江海比隆失之者肝膽楚越然後知否泰榮辱繫於言乎夫言者德之柄也行之主也志之端也身之文也既可以濟身亦可以覆身故中庸鏤其心左階銘其背南容復於白圭箕子疇於洪範良有以也是以捫撫瑕玷參詳躁競審無常以階亂將不密以致危利生於口森然覆邦之說道不由衷變彼如簧之刺可不懼之哉其有識暗邪正慮微形朕破金湯之篇封禍亂之根用詁讕爲全計以號謔爲令德至若梧宮

問荅荊齊所以奔命韓魏加肘智伯所以危殘蔡侯緘息嬀也亟招甲兵之罰鄭曼圖宗卿也而受鼎鑊之誅史遷輕議終下蠶室張紘詭說更齒龍淵凡此過言其流匪一或穢猶糞土或動成刀劍或苟且其心或脂膏其吻挾邪作蠱守之而不懈往輒破的去之而彌遠亦何異韓皐聚音厖也羣吠得死爲幸何循名之立乎雖復伯玉沮顏追謝於元凱蔣濟貽恨失譽於王陵犀首沒齒於季章曹驂齚舌於劉圭當何及哉孔子曰予欲無言又云終身爲善一言敗之惜也老子亦云多言數窮又云聰明深察而近於死者議人者也何聖人之深思偉慮杜漸防萌之至乎夫不可言而言者曰狂可言而不言者曰隱鉗舌拱默曷通彼此之懷括囊而處孰啓其明之訓則上言者下聽也下言者上用也睿喆之言猶天地也人賴覆燾而生焉大雅之言猶鐘鼓也人考擊而樂焉作以龜鏡姬公之言也出爲金石曾子之言也存其家邦國僑之言也立而不朽臧孫之言也是謂德音詒我宗極滿于天下貽厥後昆彥宗甘之於酒醴孫卿諭之以琴瑟闕里重於四時郢都輕其千乘豈不韙哉豈不休哉但楙探世猷克念丕訓審思而應精慮而動謀其心以後發擇其交以後談不惑趨於非黨不屑營於詭遇非先王之至德不敢行非先王之法言不敢道前矜其謀謀之緒撲其炎炎之勢自然介爾景福錫玆純嘏則悔恪何由而生怨惡何由而至哉孔子曰終日行不遺己患終日言不遺己憂如此迺可以言也戒之哉戒之哉神龍元年遷太常少卿兼修國史以預脩則天實錄成封高平縣子賜物五百段未幾出爲衞州刺史以善政聞璽書勞勉俄轉蒲州刺史入爲工部侍郎尋除衞尉卿兼昭文館學士景龍三年中宗親拜南郊彥伯作南郊賦以獻辭甚典美景雲初加銀青光祿大夫遷右散騎常侍太子賓客仍兼昭文館學士先天元年以疾乞骸骨許之開元二年卒彥伯事寡嫂甚謹撫諸姪同於己子自晚年屬文好爲強澀之體頗爲後進所效焉有文集二十卷行於時

史臣曰才出於智行出於性故文章巧拙由智之深淺也行義詭實由性之善惡也然則智性稟之於氣不可使之彊也蘇味道李嶠等俱爲輔相各處穹崇觀其章疏之能非無奧贍驗以彌諧之道罔有貞純故狄仁傑有言曰蘇李足爲文吏矣得非齷齪者乎摸稜之病尤足可譏崔融盧藏用徐彥伯等文學之功不讓蘇李止有守常之道而無應變之機規諫之深崔比盧徐稍爲優矣

贊曰房杜姚宋俱立大功咸以二族譚爲美風蘇李文學一代之雄有慙輔弼稱之豈同凡人有言未必有德崔與盧徐皆攻翰墨文雖堪尚義無可則備位守常斯言罔忒

唐書列傳卷第四十四

右文林郞充兩浙東路提舉茶鹽司幹辦公事蘇之勤校勘

劉昫

讓皇帝憲　惠莊太子撝　惠文太子範
惠宣太子業　隋王隆悌

睿宗六子昭成順聖皇后竇氏生玄宗肅明順聖皇后劉氏生讓皇帝宮人柳氏生惠莊太子崔孺人生惠文太子王德妃生惠宣太子後宮生隋王隆悌

讓皇帝憲本名成器睿宗長子也初封永平郡王文明元年立爲皇太子時年六歲及睿宗降爲皇嗣則天册授成器爲皇孫與諸弟同日出閤開府置官屬長壽二年改封壽春郡王仍却入閤長安中累轉左贊善大夫加銀青光祿大夫中宗即位改封蔡王遷宗正員外卿加賜實封四百戶通舊爲七百戶成器固辭不敢當大國依舊爲壽春郡王唐隆元年進封宋王其月睿宗踐祚拜左衛大將軍時將建儲貳以成器嫡長而玄宗有討平韋氏之功意

久不定成器辭曰儲副者天下之公器時平則先嫡長國難則歸有功若失其宜海內失望非社稷之福臣今敢以死請累日涕泣固讓言甚切至時諸王公卿亦言平王有社稷大功合居儲位睿宗嘉成器之意乃許之玄宗又以成器嫡長再抗表固讓睿宗不許乃下制曰左衛大將軍宋王成器朕之元子當踐副君以隆基有社稷大功人神僉屬由是朕前懇讓言在必行天下至公誠不可奪爰符立季之典庶協從人之願成器可雍州牧揚州大都督太子太師別加實封二千戶賜物五千段細馬二十匹奴婢十房甲第一區良田三十頃其年十一月拜尚書左僕射尋遷司徒其太師都督並如故明年表讓司徒拜太子賓客兼揚州大都督如故時太平公主陰有異圖姚元之宋璟等請出成器及申王成義爲刺史以絕謀者之心由是成器以司徒兼蒲州刺史玄宗嘗製一大被長枕將與成器等共申友悌之好睿宗知而大悅累加賞歎先天元年八月進封司空及玄宗討平蕭至忠岑義等成器又進位

太尉依舊兼揚州大都督加實封一千戶月餘加授開府儀同三司其太尉揚州大都督並停開元初歷岐州刺史開府如故四年避昭成皇后尊號改名憲封爲寧王實封累至五千五百戶又歷澤涇等州刺史初玄宗兄弟聖曆初出閤列第於東都積善坊五人分院同居號五王宅大足元年從幸西京賜宅於興慶坊亦號五王宅及先天之後興慶是龍潛舊邸因以爲宮憲於勝業東南角賜宅申王撝岐王範於安興坊東南賜宅薛王業於勝業西北角賜宅邸第相望環於宮側玄宗於興慶宮西南置樓西面題曰花萼相輝之樓南面題曰勤政務本之樓玄宗時登樓聞諸王音樂之聲咸召登樓同榻宴謔或便幸其第賜金分帛厚其歡賞諸王每日於側門朝見歸宅之後即奏樂縱飲擊毬鬬雞或近郊從禽或別墅追賞不絕於歲月矣遊踐之所中使相望以爲天子友悌近古無比故人無間然玄宗既篤於昆季雖有讒言交搆其間而友愛如初憲尤恭謹畏慎未曾干議時政及與人交結玄宗尤加

信重之嘗與憲及岐王範等書曰昔魏文帝詩云西山一何高高處殊無極上有兩僊童不飲亦不食賜我一丸藥光耀有五色服藥四五日身輕生羽翼朕每思服藥而求羽翼何如骨肉兄弟天生之羽翼乎陳思有超代之才堪佐經綸之務絕其朝謁卒令憂死魏祚未終遭司馬宣王之奪豈神丸之効也虞舜至聖捨象傲之愆以親九族九族既睦平章百姓此爲帝王之軌則于今數千歲天下歸善焉朕未嘗不廢寢忘食欽歎者也頃因餘暇妙選僊經得此神方古老云服之必驗今分此藥願與兄弟等同保長齡永無限極憲開元九年兼太常卿十四年停太常卿依舊爲開府儀同三司二十一年復拜太尉二十八年冬憲寢疾上令中使送醫藥及珍膳相望於路僧崇一療憲稍瘳上大悅特賜緋袍魚袋以賞異崇一時申王等皆先薨唯憲獨在上尤加恩貸每年至憲生日必幸其宅移時宴樂居常無日不賜酒酪及異饌等尚食總監及四方有所進獻食之稍甘即皆分以賜之憲嘗奏請年終錄付史

館每年至數百紙二十九年冬京城寒甚凝霜封樹時學者以爲春秋雨木冰即此是亦名樹介言其象介胄也憲見而歎曰此俗謂樹稼者也諺曰樹稼達官怕必有大臣當之吾其死矣十一月薨時年六十三上聞之號叫失聲左右皆掩涕翌日下制曰能以位讓爲吳太伯存則用成其節歿則當表其賢非常之稱旌德斯在故太尉寧王憲誕含粹靈允膺大雅孝悌之至本乎中誠仁和之深非因外獎率由禮度雅尚文儒謙以自牧樂以爲善比兩獻而有光與二南而合德自出臨方鎮入配台階逾勵忠心勤益聞周愼實謂永爲藩屏以輔邦家曾不憖遺奄焉殂歿友于之痛震慟良深惟王朕之元昆合昇上嗣以朕奉先朝之睿略定宗社之阽危推而不居請予主鬯又承慈旨焉敢固違不然者則宸極之尊豈歸於薄德茂行若此易名是憑自非大號孰副休烈按謚法推功尚善曰讓德性寬柔曰讓可追謚曰讓皇帝宜令所司擇日備禮冊命憲長子汝南郡王璡又上表懇辭盛陳先意謙退不敢當帝號

○手制不許及冊斂之日內出御衣一副仍令右監門大將軍高力士賚手書置于靈座之前其書曰隆基白一代兄弟一朝存歿家人之禮是用申情興言感思悲涕交集大哥孝友近古莫儔嘗號五王同開邸第遠自童幼洎乎長成出則同遊學則同業事均形影無不相隨頃以國步艱危義資克定先帝御極日月照臨大哥嫡長合當儲貳以功見讓爰在薄躬既嗣守紫宸萬機事擁朝之暇得展于懷十數年間棣華凋落謂之手足唯有大哥今復淪亡眇然無對以茲感慕何恨如之然以厥初生人孰不殂謝所貴光昭德行以示崇高立德立名斯爲不朽大哥事跡身歿讓存故冊曰讓皇帝神之昭格當茲寵榮況庭訓傳家璡等申讓善述先志實有遺風成其美也恭惟緒言悅焉如在寄之翰墨悲不自勝又制追贈憲妃元氏爲恭皇后祔葬于橋陵之側及將葬上遣中使勑璡等務令儉約送終之物皆令衆見所司請依諸陵舊例壙內置千味食監護使左僕射裴耀卿奏曰尚食所料水陸等味一千

餘種每色缾盛安於藏內皆是非時瓜菓及馬牛驢犢麞鹿等肉并諸藥酒三十餘色儀注禮料皆無所憑臣據禮司所料奠祭相次事無不備典制分明天恩每申讓帝之志務令儉約禮外加數竊恐不安又非時之物馬犢驢等并野味魚鴈鵝鴨之屬所用銖兩動皆宰殺盛夏胎養聖情所禁又須造作什物動逾千計求徵市井實謂煩勞千味不供禮無所闕伏望依禮減省以取折衷制從之及發引時屬大雨上令慶王潭已下泥中步送十數里制號其墓爲惠陵憲凡十子璡嗣莊琳璹瑀玢珽琯瑾等十人歷官封襲璡封汝陽郡王歷太僕卿與賀知章褚庭誨爲詩酒之交天寶初終父喪加特進九載卒贈太子太師莊嗣封濟陰郡王早卒琳封嗣寧王歷秘書員外監從玄宗幸蜀郡至德二載卒璹封嗣申王瑀封同安郡王瑀脩身淳謹不自矜貴閨門之內常默如也開元二十五年薨玄宗甚悼之輟朝三日制曰猶子之恩特深於情禮睦親之義必備於哀榮同安郡王瑀稟氣淳和執

○心忠順邦國垣翰宗枝羽儀磐石踪封將期永固逝川不捨俄歎促齡悼往之懷因心所切宜增寵命用飾幽泉可贈太子少保葬事官給陪葬橋陵瑀封漢中王歷都水使者恒王府司馬衛尉員外卿瑀早有才望偉儀表初爲隴西郡公天寶十五載從玄宗幸蜀至漢中因封漢中王仍加銀青光祿大夫漢中郡太守乾元二年以特進試太常卿送寧國公主至迴紇充冊立使除蒼梧郡開國公歷銀青光祿大夫秘書監員外置同正員卒贈江陵大都督玢封晉昌郡開國公琯魏郡開國公璀文安郡開國公天寶十一載玢琯璀並食邑三千戶

惠莊太子撝睿宗第二子也本名成美母柳氏掖庭宮人撝之初生則天嘗以示僧萬迴萬迴曰此兒是西域大樹之精養之宜兄弟則天甚悅始令列於兄弟之次垂拱三年封恒王尋却入閤改封衡陽郡王累授尚衣奉御神龍元年加賜實封二百戶通前五百戶遷司農少卿加銀青光祿大夫睿宗踐祚進封申王遷右衛

大將軍。景雲元年七月遷殿中監兼檢校右衛大將軍二年轉光祿卿右金吾衛大將軍先天元年七月加實封一千戶八月行司徒兼益州大都督開元二年帶司徒兼幽州刺史俄避昭成太后之諱改名撝歷鄧號絳三州刺史八年因入朝停刺史依舊爲司徒性弘裕儀形瓌偉善於飲啖十二年病薨冊贈惠莊太子陪葬橋陵無子初養讓帝子珣封同安郡王先卒天寶三載又以讓帝子璹爲嗣申王授鴻臚員外卿

惠文太子範睿宗第四子也本名隆範後避玄宗連名改單稱範初封鄭王尋改封衛王長壽二年隨例却入閤徙封巴陵郡王累授尚食奉御神龍元年遷太府員外少卿加賜實封二百戶通前五百戶景龍年兼隴州別駕加銀青光祿大夫睿宗踐祚進封岐王又加實封五百戶拜太常卿兼左羽林大將軍先天二年從上討竇懷貞蕭至忠等以功加賜實封滿五千戶下制褒美開元初拜太子少師帶本官歷絳鄭岐三州刺史八年遷太子太傅範

○好學工書雅愛文章之士士無貴賤皆盡禮接待與閻朝隱劉庭琦張諤鄭繇篇題唱和又多聚書畫古跡爲時所稱時上禁約王公不令與外人交結駙馬都尉裴虛己坐與範遊讌兼私挾讖緯之書配徙嶺外萬年尉劉庭琦太祝張諤皆坐與範飲酒賦詩黜庭琦爲雅州司戶諤爲山茌丞然上未嘗間範恩情如初謂左右曰我兄弟友愛天至必無異意秖是趨競之輩強相託附耳我終不以纖芥之故責及兄弟也時王毛仲等本起微賤皆崇貴傾於朝廷諸王每相見假立引待獨範見之色莊十四年病薨上哭之甚慟輟朝三日爲之追福手寫老子經徹膳累旬百寮上表勸喻然後復常開元十四年命工部尚書攝太尉盧從愿冊贈王爲惠文太子陪葬橋陵一子瑾封河東郡王官至太僕卿冒于酒色音暴卒贈太子少師天寶三載又以惠宣太子男略陽公珍爲嗣岐王銀青光祿大夫宗正員外卿上元二年珍與朱融善珍儀表偉如頗類玄宗融乃誘崔昌趙非熊等并中官六軍人同謀逆融謂金吾將軍邢濟曰今城中草草關外近東獨凌若何濟曰我金吾天子押衙死生隨之安能自脫融曰有一人足下見之自當知矣不出城亦無慮乃引以見珍濟奏之乃令御史中丞敬羽訊之珍賜死其同謀右武衛將軍竇如玢試都水使者崔昌右羽林軍大將軍劉從諫蔚州長鎮將朱融右衛將軍胡列直司天臺通玄院高抱素右司禦率府率魏兆內侍省內謁者監王道成等九人特宜斬決試太子洗馬兼知司天臺冬官正事趙非熊陳王府長史陳閎楚州司馬張昴右武衛兵曹焦自榮前鳳翔府郿縣主簿李岳國子監廣文進士張奐等六人特宜決殺駙馬都尉薛履謙預遊謀宜賜自盡乃以濟兼桂州都督侍御史充桂管防禦都使左散騎常侍張鎬坐與交通貶辰州司戶鄭繇者鄭州滎陽人北齊吏部尚書述五代孫也工五言詩開元初範爲岐州刺史繇爲長史範失白鷹繇爲失白鷹詩當時以爲絕唱後爲湖州刺史子審亦善詩詠乾元中任萊州刺史

○惠宣太子業睿宗第五子也本名隆業後單名業垂拱三年封趙王開府置官屬長壽二年隨例却入閤改封中山郡王累授都水使者尋又改封彭城郡王神龍元年加賜實封二百戶通前五百戶景龍二年兼陳州別駕銀青光祿大夫太僕少卿別駕如故睿宗即位進封薛王加封滿一千戶拜秘書監兼右羽林大將軍俄轉宗正卿睿宗以業好學而授秘書監及玄宗誅蕭至忠岑羲等業以翊從之功加實封通舊爲五千戶開元初歷太子少保同涇豳衛虢等州刺史八年遷太子太保初業母早終從母賢妃親鞠養之至是迎賢妃出就外宅事之甚謹業同母妹淮陽涼國二公主亦早卒業撫愛其子逾於己子上以業孝友特加親愛業嘗疾病上親爲祈禱及愈車駕幸其第置酒讌樂更爲初生之歡玄宗賦詩曰昔見漳濱臥言將人事違今逢誕慶日猶謂學仙歸棠棣花重滿鴒原鳥再飛其恩意如此十三年上嘗不豫業妃弟內直郎韋賓與殿中監皇甫恂私議休咎事發玄宗令杖殺韋賓左

遷皇甫恂爲錦州刺史妃惶懼降服待罪業亦不敢入謁上遽令
召之業至階下逡巡請罪上降階就執其手曰吾若有心猜阻兄
弟者天地神明所共咎罰乃歔欷久之仍慰諭妃令復其位二十
一年業進拜司徒二十年正月薨冊贈惠宣太子陪葬橋陵有子
十一人瑗樂安郡王瑒宗正卿滎陽郡王琄封嗣薛王珍嗣岐王琄
爲金紫光祿大夫鴻臚卿同正員天寶五載坐舅刑部尚書韋堅
爲右相李林甫所構貶夷陵郡別駕長任母隨琄貢以憂死七載
琄於夜郎安置後移南浦郡十四載安祿山反赴于西京
隋王隆悌睿宗第六子也初封汝南郡王長安初拜尚乘直長早
薨睿宗踐極追封隋王贈荊州大都督無子
史臣曰夫得天下而治者其道舒而有變讓天下而退者其道卷
而常存何者飛龍在天舒也亢龍有悔變也讓皇帝守死咎於或
躍利終吉於勞謙其用有光其聞莫朽惠忠莊惠文惠宣隋王等或
守常而獲免終保皇枝或過望而包羞竟塵青史略陽公信魁偉

○ 三十二 唐傳四十五 七 吳紳

之狀起圖謀之心福善禍淫宜哉不令
贊曰謙而受益讓以成賢唐屬之羨寔惡得其先長不居震
剛不乘乾讓之大者胡可比焉攜敧已降同氣連枝性習何遠
非革即暌有善有惡禍福不欺

唐書列傳卷第四十五

右文林郎充兩浙東路提舉茶塩司幹辦公事蘇之勤校勘

唐書列傳卷第四十六

劉昫 等修

姚崇 宋璟

姚崇本名元崇陝州硤石人也父善意貞觀中任巂州都督元崇
爲孝敬挽郎應下筆成章舉授濮州司倉五遷夏官郎中時契丹
寇陷河北數州兵機填委元崇剖析若流皆有條貫則天甚奇之
超遷夏官侍郎又尋同鳳閣鸞臺平章事聖曆初則天謂侍臣
曰往者周興來俊臣等推勘詔獄朝臣遞相牽引咸承反逆國家
有法朕豈能違中間疑有枉濫更使近臣就獄親問皆得手狀承
引不虛朕不以爲疑即可其奏近日周興來俊臣死後更無聞有
反逆者然則以前就戮者不有冤濫耶元崇對曰自垂拱已後被
告身死破家者皆是枉酷自誣而死告者特以爲功天下號爲羅
織甚於漢之黨錮陛下令近臣就獄問者近臣亦不自保何敢輒
有動搖被問者若翻又懼遭其毒手將軍張虔勗李安靜等皆

○ 三十三 唐傳四十六 良

是也賴上天降靈聖情發寤誅鋤凶豎朝廷又安今日已後臣以微
軀及一門百口保見在內外官吏無反逆者乞陛下得告狀但收
掌不須推問若後有徵驗反逆有實臣請受知而不告之罪則天
大悅曰以前宰相皆順成其事陷朕爲淫刑之主聞卿所說甚合
朕心其日遣中使送銀千兩以賜元崇時突厥叱利元崇構逆則天
不欲元崇與之同名乃改爲元之俄遷鳳閣侍郎依舊知政事長
安四年元之以母老表請解職侍養言甚哀切則天難違其意拜相
王府長史罷知政事俾獲其養其月又令元之兼知夏官尚書事
同鳳閣鸞臺三品元之上言臣事相王知兵馬不便臣非惜死恐不
益相王則天深然其言改爲春官尚書是時張易之請移京城大
德僧十人配定州私置寺僧等苦訴元之斷停易之屢以爲言元
之終不納由是爲易之所譖改爲司僕卿知政事如故使充靈武
道大總管神龍元年張柬之桓彥範等謀誅易之兄弟適會元之
自軍還都遂預謀以功封梁縣侯賜實封二百戶則天移居上陽

官中宗率百官就閤起居王公巳下皆欣躍稱慶元之獨嗚咽流
涕彥範東之謂元之曰今日豈是啼泣時恐公禍從此始元之曰事
則天歲久乍此辭違情發於衷非忍所得昨預公誅兇逆者是臣
子之常道豈敢言功今辭違舊主悲泣者亦臣子之終節緣此獲
罪實所甘心無幾出爲亳州刺史轉常州刺史睿宗即位召拜兵
部尚書同中書門下三品尋遷中書令時玄宗在東宮太平公主
干預朝政宋王成器爲閑廄使岐王範薛王業皆掌禁兵外議以
爲不便元之同侍中宋璟密奏請令公主往就東都出成器等諸
王爲刺史以息人心睿宗以告公主公主大怒玄宗乃上疏以元之璟
等離間兄弟請加罪乃貶元之爲申州刺史再轉揚州長史淮南
按察使爲政簡肅人吏立碑紀德俄除同州刺史先天二年玄宗講
武在新豐驛召元之代郭元振爲兵部尚書同中書門下三品復
遷紫微令避開元尊號又改名崇進封梁國公固辭實封乃停其
舊封特賜新封一百戶先是中宗時公主外戚皆奏請度人爲僧

尼亦有出私財造寺者富戶強丁皆經營避役遠近充滿至是崇
奏曰佛不在外求之於心佛圖澄最賢無益於全趙羅什多藝不
救於亡秦何充苻融皆遭敗滅齊襄梁武未免災殃但發心慈
悲行事利益使蒼生安樂即是佛身何用妄度姦人令壞正法上
納其言令有司隱括僧徒以僞濫還俗者萬二千餘人開元四年
山東蝗蟲大起崇奏曰毛詩云秉彼蟊賊以付炎火又漢光武詔
曰勉順時政勸督農桑去彼蝗蜮以及蟊賊此並除蝗之義也蟲
既解畏人易爲驅逐又苗稼皆有地主救護必不辭勞蝗既解飛
夜必赴火夜中設火火邊掘坑且焚且瘞除之可盡承山東百姓
皆燒香禮拜設祭祈恩眼看食苗手不敢近自古有討除不得者
秖是人不用命但使齊心勠力必是可除乃遣御史分道殺蝗汴
州刺史倪若水執奏曰蝗是天災自宜修德劉聰時除既不得爲
害更深仍拒御史不肯應命崇大怒牒報若水曰劉聰僞主德不
勝妖今日聖朝妖不勝德古之良守蝗蟲避境若其修德可免彼
豈無德致然今坐看食苗何忍不救因以飢饉將何自安幸勿遲
迴自招悔恡若水乃行焚瘞之法獲蝗一十四萬石投汴渠流下
者不可勝紀時朝廷喧議皆以驅蝗爲不便上聞之復以問崇崇
曰庸儒執文不識通變凡事有違經而合道者亦有反道而適權
者昔魏時山東有蝗傷稼緣小忍不除致使苗稼總盡人至相食
後秦時有蝗禾稼及草木俱盡牛馬至相噉毛今山東蝗蟲所在
流滿仍極繁息實所稀聞河北河南無多貯積儻不收穫豈免流
離事繫安危不可膠柱縱使除之不盡猶勝養以成災陛下好生
惡殺此事請不煩出勑乞容臣出牒處分若除不得臣在身官爵
並請削除上許之黃門監盧懷慎謂崇曰蝗是天災豈可制以人
事外議咸以爲非又殺蟲太多有傷和氣今猶可復請公思之崇
曰楚王吞蛭厥疾用瘳叔敖殺蛇其福乃降趙宣至賢也恨用其
犬孔丘將聖也不愛其羊皆志在安人思不失禮今蝗蟲極盛驅
除可得若其縱食所在皆空山東百姓豈擬餓殺此事崇已面經

奏定訖請公勿復爲言若救人殺蟲因緣致禍崇請獨受義不仰
關懷慎既庶事曲從竟亦不敢逆崇之意蝗因此亦漸止息是時
上初即位務修德政軍國庶務多訪於崇同時宰相盧懷慎源乾
曜等但唯諾而已崇獨當重任明於吏道斷割不滯然縱其子光
祿少卿彝宗正少卿异廣引賓客受納饋遺由是爲時所譏時有
中書主書趙誨爲崇所親信受蕃人珍遺事發上親加鞫問下獄
處死崇結奏其罪復營救之上由是不悅其冬曲赦京城勑文特
標誨名令決杖一百配流嶺南崇自是憂懼頻面陳避相位薦宋
璟自代俄授開府儀同三司罷知政事居月餘玄宗將幸東都而
太廟屋壞上召宋璟蘇頲問其故璟等奏言陛下三年之制未畢
誠不可行幸凡災變之發皆所以明教誡陛下宜增崇大道以答
天意且停幸東都上又召崇問曰朕臨發京邑太廟無故崩壞恐
神靈誡以東行不便耶崇對曰太廟殿本是苻堅時所造隋文帝
創立新都移宇文朝故殿造此廟國家又因隋氏舊制歲月滋深

朽壞而毀山有朽壤尚不免崩既久來枯木合將摧折偶與行期
相會不是緣行乃崩且四海為家兩京相接陛下以關中不甚豐
熟轉運又有勞費所以為人行幸豈是無事煩勞東都百司已作
供擬不可失信於天下以臣愚見舊廟既朽爛不堪修理望移神
主於太極殿安置更改造新廟以申誠敬車駕依前徑發上曰卿
言正合朕意賜絹二百匹令所司奉七廟神主於太極殿改新廟
車駕乃幸東都因令崇五日一參仍入閤供奉甚承恩遇後又除
太子少保以疾不拜九年薨年七十二贈揚州大都督謚曰文獻
崇先分其田園令諸子姪各守其分仍為遺令以誡子孫其略曰
古人云富貴者人之怨也貴則神忌其滿人惡其上富則鬼瞰其
室虜利其財自開闢已來書籍所載德薄任重而能壽考無咎者
未之有也故范蠡疏廣之輩知止足之分前史多之況吾才不逮古
人而久竊榮寵位逾高而益懼恩彌厚而增憂往在中書遘疾
虛憊雖終匪懈而諸務多闕薦賢自代屢有誠祈人欲天從竟蒙

哀允優游園沼放浪形骸人生一代斯亦足矣田巴云百年之期未有
能至王逸少云俛仰之間已為陳迹誠哉此言皆見諸達官身亡
以後子孫既失覆蔭多至貧寒斗尺之間參商是競豈唯自玷仍
更辱先無論曲直俱受嗤毀莊田水碾既眾有之遞相推倚或致
荒廢陸賈石苞皆古之賢達也所以預為定分將以絕其後爭吾
靜思之深所歎服昔孔丘亞聖母墓毀而不修梁鴻至賢父亡席
卷而葬昔楊震趙咨盧植張奐皆當代英達通識今古咸有遺言
屬以薄葬或濯衣時服或單帛幅巾知真魂去身貴於速朽子孫
皆尊成命迄今以為美談凡厚葬之家例非明哲或溺於流俗不
察幽明咸以奢厚為忠孝以儉薄為慳惜至令亡者致戮尸暴骸
之酷存者陷不忠不孝之謗可為痛哉可為痛哉死者無知自同
糞土何煩厚葬使傷素業若也有知神不在柩復何用違君父之
令破衣食之資吾身亡後可殮以常服四時之衣各一副而已吾性
甚不愛冠衣必不得將入棺墓紫衣玉帶足便於身念爾等勿復

違之且神道惡奢冥塗尚質若違吾處分使吾受戮於地下於
汝心安乎念而思之今之佛經羅什所譯姚興執本與什對翻姚
興造浮屠於永貴里傾竭府庫廣事莊嚴而興命不得延國亦隨
滅又齊跨山東周據關右周則多除佛法而修繕兵威齊則廣置
僧徒而依憑佛力及至交戰齊氏滅亡國既不存寺復何有修福
之報何其蔑如梁武帝以萬乘為奴胡太后以六宮入道豈特身
戮名辱皆以亡國破家近日孝和皇帝發使贖生傾國造寺太平
公主武三思悖逆庶人張夫人等皆度人造寺竟術彌街咸不免
受戮破家為天下所笑經云求長命得長命求富貴得富貴刀尋
段段壞火坑變成池比來緣精進得富貴長命者為誰生前易知
尚覺無應身後難究誰見有徵且五帝之時父不葬子兄不哭弟
言其致仁壽無夭橫也三王之代國祚延長人用休息其人臣則彭
祖老聃之類皆享遐齡當此之時未有佛教豈抄經鑄像之力設
齋施物之功耶宋書西域傳有名僧為白黑論理證明白足解沉

疑宜觀而行之且佛者覺也在乎方寸假有萬像之廣不出五蘊
之中但平等慈悲行善不行惡則佛道備矣何必溺於小說惑於
凡僧仍將喻品用為實錄抄經寫像破業傾家乃至施身亦無所
悋可謂大惑也亦有緣亡人造像名為追福方便之教雖則多端
功德須自發心旁助寧應獲報遞相欺誑浸成風俗損耗生人無
益亡者假有通才達識亦為時俗所拘如來普慈意存利物損眾
生之不足厚豪僧之有餘必不然矣且死者是常古來不免所造
經像何所施為夫釋迦之本法為蒼生之大弊汝等各宜警策正
法在心勿效兒女子曹終身不悟也吾亡後必不得為此弊法若未
能全依正道須順俗情從初七至終七任設七僧齋若隨齋須布
施宜以吾緣身衣物充不得輒用餘財為無益之枉事亦不得妄
出私物徇追福之虛談道士者本以玄牝為宗初無趨競之教而
無識者慕僧家之有利約佛教而為業敬尋老君之說亦無過齋
之文抑同僧例失之彌遠汝等勿拘鄙俗輒屈於家汝等身沒之

後亦敎子孫依吾此法云十七年重贈崇太子太保崇長子彝開元初光祿少卿次子异坊州刺史少子奕少而脩謹開元末爲禮部侍郎尚書右丞天寶元年右相牛仙客薨彝男閎爲侍御史仙客判官見仙客疾亟逼爲仙客表請以奕及兵部侍郎盧奐爲宰相代已其妻因中使奏之玄宗聞而怒之閎決死奕出爲永陽太守奐爲臨淄太守玄孫合登進士第授武功尉遷監察御史位終給事中

宋璟邢州南和人其先自廣平徙焉後魏吏部尚書弁七代孫也父玄撫以璟貴贈邢州刺史璟少耿介有大節博學工於文翰弱冠舉進士累轉鳳閣舍人當官正色則天甚重之長安中幸臣張易之誣構御史大夫魏元忠有不順之言引鳳閣舍人張說令證之說將入於御前對覆惶惑迫懼璟謂曰名義至重神道難欺必不可黨邪陷正以求苟免若緣犯顏流貶芬芳多矣或至不測吾必叩閤救子將與子同死努力萬代瞻仰在此舉也說感其言及入乃保明元忠竟得免死璟尋遷左御史臺中丞張易之與弟昌

宗縱恣益橫傾朝附之昌宗私引相工李弘泰觀占吉凶言涉不順爲飛書所告璟庭奏請窮究其狀則天曰易之等已自奏聞不可加罪璟曰易之等事露自陳情在難恕且謀反大逆無容首免請勒就御史臺勘當以明國法易之等久蒙驅使分外承恩臣必知言出禍從然義激於心雖死不恨則天不悅内史楊再思恐忤旨遽宣勅令璟出璟曰天顏咫尺親奉德音不煩宰臣擅宣王命則天意稍解乃收易之等就臺將加鞫問俄有特勅原之仍令易之等詣璟辭謝璟拒而不見曰公事當公言之若私見則法無私也璟嘗侍宴朝堂時易之兄弟皆爲列卿位三品璟本階六品在下座易之素畏璟妄悅其意虛位揖璟曰公第一人何乃下座璟曰才劣品卑張卿以爲第一人何也當時朝列皆以二張内寵不名官呼易之爲五郎昌宗爲六郎天官侍郎鄭善果謂璟曰中丞奈何呼五郎爲卿璟曰以官言之正當爲卿若以親故當爲張五足下非易之家奴何郎之有鄭善果一何懦哉其剛正皆此類也自是

易之等常欲因事傷之則天察其情竟以獲免神龍元年遷吏部侍郎中宗嘉璟正直仍令兼諫議大夫内供奉仗下後言朝廷得失尋拜黃門侍郎時武三思恃寵執權嘗請託於璟璟正色謂之曰當今復子明辟王宜以侯就第何得尚干朝政王獨不見產祿之事乎俄有京兆人韋月將上書訟三思潛通宮掖將爲禍患之漸三思諷有司奏月將大逆不道中宗特令誅之璟執奏請按其罪狀然後申明典憲月將竟免極刑配流嶺南而死中宗幸西京令璟權檢校幷州長史未行又帶本官檢校貝州刺史時河北頻遭水潦百姓飢餒三思封邑在貝州專使徵其租賦璟又拒而不與由是爲三思所擠又歷杭相二州刺史在官清嚴人吏莫有犯者中宗晏駕拜洛州長史睿宗踐祚遷吏部尚書同中書門下三品玄宗在春宮又兼右庶子加銀青光祿大夫先是外戚及諸公主干預朝政請託滋甚崔湜鄭愔相次典選爲權門所制九流失敘預用兩年員闕注擬不足更置比冬選人大爲士庶所歎至是璟

與侍郎李乂盧從愿等大革前弊取捨平允銓綜有叙時太平公主謀不利於玄宗嘗於光範門内乘輦伺執政以諷之衆皆失色璟昌言曰東宮有大功於天下眞宗廟社稷之主安得有異議乃與姚崇同奏請令公主就東都玄宗懼抗表請加罪於璟等乃貶璟爲楚州刺史無幾歷魏兗冀三州刺史河北按察使遷幽州都督兼御史大夫尋拜國子祭酒兼東都留守歲餘轉京兆尹復拜御史大夫坐事出爲睦州刺史轉廣州都督仍爲五府經略使廣州舊俗皆以竹茅爲屋屢有火災璟敎人燒瓦改造店肆自是無復延燒之患人皆懷惠立頌以紀其政開元初徵拜刑部尚書四年遷吏部尚書兼黃門監明年官名改易爲侍中累封廣平郡公其秋駕幸東都次永寧之崤谷馳道隘狹車騎停擁河南尹李朝隱知頓使王怡並失於部伍上令黜其官爵璟入奏曰陛下富有春秋方事巡狩一以塹隘致罪二臣竊恐將來人受艱弊於是遽令捨之璟曰陛下責之以臣言免之是過歸於上而恩由於下請且使

事皆出於官一朝亦可以就而臣等區區不已以聞諒欲成朝廷
之政崇國母之德化洽寰區聲光竹素儻中宮情不可奪陛下不
能苦違即準一品合陪陵葬者墳高三丈已上四丈已下降勑將同
陪陵之例即極是高下得宜上謂璟等曰朕每事常欲正身以成
綱紀至於妻子情豈有私然人所難言亦在於此卿等乃能再三
堅執成朕美事足使萬代之後光揚我史策乃遣使賫綵絹四百
匹分賜之先是朝集使每至春將還多有改轉率以爲常璟奏請
一切勒還絕其僥求之路又禁斷惡錢發使分道檢括銷毀之頗
招士庶所怨俄授璟開府儀同三司罷知政事明年京兆人權梁
山構逆伏誅制河南尹王怡馳傳往長安窮其枝黨怡禁繫極眾
久之未能決斷乃詔璟兼京兆留守并按覆其獄璟至惟罪元謀
數人其餘緣梁山詐稱婚禮因假借得罪及脅從者盡奏原之十
二年駕又東巡璟復爲留守上臨發謂璟曰卿國之元老爲朕股肱
耳目今將巡洛邑爲別歷時所有嘉謨嘉猷宜相告也璟因極言

得失特賜綵絹等仍手制曰所進之言書之座右出入觀省以誡
終身其見重如此俄又兼吏部尚書十七年遷尚書右丞相與張
說源乾曜同日拜官勑太官設饌太常奏樂於尚書都省大會百
寮玄宗賦詩褒述自寫與之二十年以年老上表曰臣聞力不足者
老則更衰心無主者疾而尤廢臣昔聞其語今驗諸身況且兼之
何能爲也臣自拔跡幽介欽屬盛明才不逮人藝非經國復以久
承驅策歷忝試用命偶時來榮因歲積遂使再升台座三入冢司
進階開府增封本郡所更中外已忝彝章遂居端揆空叨名職何
者丞相官師之長任重昔時愚臣衰朽之餘用懃他日位則逾盛人
則浸微盡知其然何居而可頃僶俛從政蒼黃不言實懷覆載之
德冀竭涓塵之効今積羸成憊沉錮莫瘳耳目更昏手足多廢顧
惟殞越寧遂宿心安可以苟徇大名仍尸重祿且留章綬不上闕
庭儀形此乖禮法何設伏惟陛下審能以授爲官而擇察臣之懇
詞矜臣之不逮使罷歸私第養疾衡門上須官誘下知死所則歸

待罪於朝然後詔復其職則進退得其度矣上深善之俄又令璟
與中書侍郎蘇頲爲皇子制名及封邑并公主等邑號璟等奏曰
王子將封三十餘國周之麟趾漢之犬牙彼何足云於斯爲盛竊以
郯郊王等傍有古邑字臣等以類推擇謹件三十國名又王子先有
名者皆上有嗣字又公主邑號亦選擇三十美名皆文不害意言
足定體又令臣等別撰一佳名及一美邑號者七子均養百王至仁
今若同等別封或緣母寵子愛骨肉之際人所難言天地之中典
有常度昔袁盎降慎夫人之席文帝竟納之慎夫人亦不以爲嫌
美其得久長之計臣等故同進更不別封上彰覆載無偏之德上
稱歎之七年開府儀同三司王皎卒及將築墳皎子駙馬都尉守
一請同昭成皇后父竇孝諶故事其墳高五丈一尺璟及蘇頲請
一依禮式上初從之翌日又令準孝諶舊例璟等上言曰夫儉德
之恭侈惡之大高墳乃昔賢所誡厚葬實君子所非古者墓而
不墳蓋此道也凡人子於哀送之際則不以禮制爲思故周孔設齊

斬縗免之差衣衾棺槨之度賢者俯就私懷不果且蒼梧之野驪
山之徒善惡分區圖史所載衆人皆務奢靡而獨能革之斯所謂
至孝要道也中宮若以爲言則此理固可敦諭在外或云竇太尉
墳甚高取則不遠者縱令往日無極言其事偶行令出一時故非
常式又貞觀中文德皇后嫁所生女長樂公主奏請儀注加於長
公主魏徵諫云皇帝之姑姊爲長公主皇帝之女爲公主既有長
字合高於公主若加於長公主事甚不可引漢明故事云群臣欲
封皇子爲王帝曰朕子豈敢以先帝子等時太宗嘉納之文德皇
后奏降中使致謝於徵此則乾坤輔佐之間綽有餘裕豈若韋庶
人父追加王位擅作酆陵禍不旋踵爲天下笑則犯顏逆耳阿意順
旨不可同日而言也況令之所載預作紀綱情既無窮故爲之制
度不因人以搖動不變法以愛憎頃謂金科玉條蓋以此也比來蕃
夷等輩及城市閒人遞以奢靡相高不將禮儀爲意今以后父之
寵開府之榮金穴玉衣之資不憂少物高墳大寢之役不畏無人百

全之望獲在愚臣養老之恩成於聖代日暮途遠天高聽卑瞻望軒墀伏深感戀謹奉表陳乞以聞手勅許之仍令全給祿俸璟乃退歸東都私第屛絶人事以就醫藥二十二年駕幸東都璟於路左迎謁上遣榮王親勞問之自是頻遣使送藥餌二十五年薨年七十五贈太尉謚曰文貞子昇天寶初太僕少卿次尚漢東太守次渾與右相李林甫善引爲諫議大夫平原太守御史中丞東京採訪使次恕都官郎中劍南採訪判官依倚權勢頗爲貪暴渾在平原重徵一年庸調作東畿採訪使又使河南尉楊朝宗影娶妻鄭氏鄭氏即薛稷外孫姊爲宗婦孀居有色渾有妻使朝宗娉而渾納之奏朝宗爲赤尉恕在劍南有雒縣令崔珪恕之表兄妻美恕誘而私之而貶珪官又養刺客李晏至九載並爲人所發贓私各數萬貫林甫奏稱璟子渾就東京臺推恕就本使劍南推皆有實狀渾流嶺南高要郡恕流海康郡尚其載又爲人訟其贓貶臨海長史其子華衡居官皆坐贓相次流貶其後渾會赦量移至

○東陽郡下請託過求及役使人吏求其資課人不堪其弊訟之配流潯江郡然兄弟盡善飲謔俳優雜戲衡最麤險廣平之風教無復存矣廣德後渾除太子諭德爲物議薄之乃留寓於江嶺卒

史臣曰履艱危則易見良臣處平定則難彰賢相故房杜預創業之功不可儔匹而姚宋經武韋二后政亂刑淫頗涉履於中克全聲跡抑無愧焉

贊曰姚宋入用刑政多端爲政匪易防刑益難諫諍以猛施張用寬不有其道將何以安

唐書列傳卷第四十六

右文林郎充兩浙東路提舉茶塩司幹辦公事蘇之勤校勘

唐書列傳卷第四十七　劉昫　等修

劉幽求　鍾紹京

郭元振　張說 說子均垍　陳希烈附

劉幽求冀州武強人也聖曆年應制舉拜閬中尉刺史不禮焉乃弃官而歸久之授朝邑尉初桓彥範敬暉等雖誅張易之兄弟者不殺武三思幽求謂桓敬曰三思尚存公輩終無葬地若不早圖恐噬臍無及桓敬等不從其言後果爲三思誣構死於嶺外及韋庶人將行篡逆幽求與玄宗潛謀誅之乃與苑揔監鍾紹京長上果毅麻嗣宗及太平公主之子薛崇暕等夜從入禁中討平之是夜所下制勑百餘道皆出於幽求以功擢拜中書舍人令參知機務賜爵中山縣男食實封二百戶翌日又授其二子五品官祖父俱追贈刺史睿宗即位加銀青光祿大夫行尚書右丞仍舊知政事進封徐國公加實封通前五百戶賜物千段奴婢二十人宅一區地十

○頃馬四匹加以金銀雜器景雲二年遷戶部尚書罷知政事月餘轉吏部尚書擢拜侍中降璽書曰頃者王室不造中宗厭代外戚專政姦臣擅國將傾社稷幾遷龜鼎朕躬與王公皆將及於禍難卿見危思奮在變能通翊贊儲君協和義士殄殲元惡放殛凶徒我國家之復存繄茲是賴厥庸甚茂朕用嘉焉故委卿以衡軸胙卿以茅土然征賦未廣寵錫猶輕昔西漢行封更擇多戶東京定賞復增大邑故加賜卿實封二百戶兼舊七百戶使夫高岸爲谷長河如帶子子孫孫傳國無絶又以卿忘軀徇難宜有恩榮故特免卿十死罪並書諸金鐵俾傳于後卿其保茲功業永作國禎可不美歟先天元年拜尚書右僕射同中書門下三品監修國史幽求初自謂功在朝臣之右而志求左僕射兼領中書令俄而竇懷貞爲左僕射崔湜爲中書令幽求心甚不平形於言色湜又託附太平公主將謀逆亂幽求乃與右羽林將軍張暐請以羽林兵誅之仍令暐密奏玄宗曰宰相中有崔湜岑羲俱是太平公主進用

見作方計其事不輕殿下若不早謀必成大患一朝事出意外太
上皇何以得安古人云當斷不斷反受其亂唯請急殺此賊劉幽
求已共臣作定謀計訖願以身正此事赴死如歸臣既職典禁兵
若奉殿下命當即除翦上深以爲然暐又洩其謀於侍御史鄧光
賓玄宗大懼遽列上其狀睿宗下幽求等詔獄令法官推鞫之法
官奏幽求等以疎間親罪當死玄宗屢救獲免乃流幽求于封州
暐于峯州歲餘太平公主等伏誅其日下詔曰劉幽求風雲玄感
川嶽粹靈學綜九流文窮三變義以臨事精能貫日忠以成謀用
若投水茂勳立艱難之際嘉話盈啓沃之初存讜直以不顧爲姦
邪之所忌疊萌頗露譖端潛發元宰見逐讒人孔多旣殄群兇
方宜大化期問政於經始載登賢於夢卜可依舊官金紫光祿大夫
守尚書左僕射知軍國事監修國史上柱國徐國公仍依舊還封
七伯戶幷賜錦衣一襲開元初改尚書左右僕射爲左右丞相乃
授幽求尚書左丞相兼黃門監未幾除太子少保罷知政事姚崇

素嫉忌之乃奏言幽求鬱怏於散職兼有怨言貶授睦州刺史削
其實封六百戶歲餘稍遷杭州刺史三年轉桂陽郡刺史在道憤
恚而卒年六十一贈禮部尚書謚曰文獻配享睿宗廟庭建中三
年重贈司徒

鍾紹京虔州贛人也初爲司農錄事以工書直鳳閣則天時明堂
門額九鼎之銘及諸宮殿門牓皆紹京所題景龍中爲苑總監玄
宗之誅韋氏紹京夜中帥戶奴及丁夫以從及事成其夜拜紹京銀
青光祿大夫中書侍郎參知機務翌日進拜中書令加光祿大夫
封越國公賜實封五百戶賜物二千段馬十匹紹京旣當朝用事恣
情賞罰甚爲時人所惡俄又抗疏讓官睿宗納薛稷之言乃轉爲
戶部尚書出爲蜀州刺史玄宗即位復召拜戶部尚書遷太子詹
事時姚崇素惡紹京之爲人因奏紹京發言怨望左遷綿州刺史
及坐事累貶琰川尉盡削其階爵及實封俄又歷遷溫州別駕開
元十五年入朝因垂泣奏曰陛下豈不記疇昔之事耶何忍棄臣荒
外永不見闕庭且當時立功之人今並亡歿唯臣衰老獨在陛下豈
不垂愍耶玄宗爲之惘然即日拜銀青光祿大夫右諭德久之轉
少詹事年八十餘卒紹京雅好書畫古跡聚二王及褚遂良書至
數十百卷建中元年重贈太子太傅

郭元振魏州貴鄉人舉進士授通泉尉任俠使氣不以細務介意
前後掠賣所部千餘人以遺賓客百姓苦之則天聞其名召見與語
甚奇之時吐蕃請和乃授元振右武衛鎧曹充使聘於吐蕃吐蕃
大將論欽陵請去四鎮兵分十姓之地朝廷使元振因察其事宜
元振還上疏曰臣聞利或生害害亦生利國家難消息者唯吐蕃
與默啜耳今吐蕃請和默啜受命是將大利於中國也若圖之不
審則害必隨之今欽陵欲分裂十姓去四鎮兵此誠動靜之機不
可輕舉措也今若直塞其善意恐邊患之起必甚於前若以鎮不
可拔兵不可抽則宜爲計以緩之藉事以誘之使彼和望未絕則
其惡意亦不得頓生且四鎮之患遠甘涼之患近取捨之計實宜

深圖今國之外患者十姓四鎮是內患者甘涼瓜肅是關隴之人
久事屯戍向三十年力用竭矣脫甘涼有不虞豈堪廣調發耶夫
善爲國者當先料內以敵外不貪外以害內然後夷夏晏安昇平
可保如欽陵云四鎮諸部接界懼漢侵竊故有是請此則吐蕃所
要者然青海吐渾密邇蘭鄯比爲漢患實在茲輩斯亦國家之要
者今宜報欽陵云國家非恡四鎮本置此以扼蕃國之要分蕃國
之力使不得併兵東侵今委之於蕃力強易爲東擾必實無東侵
意則還漢吐渾諸部及青海故地即俟斤部落亦還吐蕃如此則
足塞欽陵之口而事未全絕也如欽陵小有乖則曲在彼矣又西
邊諸國款附歲久論其情義豈可與吐蕃同日而言今未知其利
害未審其情實遙有分裂亦恐傷彼諸國之意非制馭之長筭也
則天從之又上言曰臣揣吐蕃百姓倦徭戍久矣咸願早和其大將
論欽陵欲分四鎮境統兵專制故不欲歸款若國家每歲發和親
使而欽陵常不從命則彼蕃之人怨欽陵日深望國恩日甚設欲

㢘畢醜徒固亦難矣斯亦離間之漸必可使其上下俱懷猜阻則
天甚然之自是數年間吐蕃君臣果相猜貳因誅大將論欽陵其
弟贊婆及兄子莽布支並來降則天仍令元振與河源軍大使夫
蒙令卿率騎以接之後吐蕃將麴莽布支率兵入寇涼州都督唐
休璟勒兵破之元振參預其謀以功拜主客郎中大足元年遷涼
州都督隴右諸軍州大使先是涼州封界南北不過四百餘里既
逼突厥吐蕃二寇頻歲奄至城下百姓苦之元振始於南境硤口
置和戎城北界磧中置白亭軍控其要路乃拓州境一千五百里自是
寇虜不復更至城下元振又令甘州刺史李漢通開置屯田盡其
水陸之利舊涼州粟麥斛至數千及漢通收率之後數年豐稔乃
至一匹絹糴數十斛積軍糧支數十年元振風神偉壯而善於撫
御在涼州五年夷夏畏慕令行禁止牛羊被野路不拾遺神龍中
遷左驍衛將軍兼檢校安西大都護時西突厥首領烏質勒部
落強盛款塞通和元振就其牙帳計會軍事時天大雪元振立於

○帳前與烏質勒言議須臾雪深風凍元振未嘗移足烏質勒年老
不勝寒苦會罷而死其子娑葛以元振故殺其父謀勒兵攻之副
使御史中丞解琬知其謀勸元振夜遁元振曰吾以誠信待人何
所疑懼且深在寇庭遁將安適乃安臥帳中明日親入虜帳哭之
甚哀行弔贈之禮娑葛乃感其義復與元振通好因遣使進馬
五千匹及方物制以元振爲金山道行軍大總管先是娑葛與阿
史那闕啜忠節不和屢相侵掠闕啜兵衆寡弱漸不能支元振奏
請追闕啜入朝宿衛移其部落入於瓜沙等州安置制從之闕啜
行至播仙城與經略使右威衛將軍周以悌相遇以悌謂之曰國
家以高班厚秩待君者以君統攝部落下有兵衆故也今輕身入
朝是一老胡耳在朝之人誰復喜見非唯官資難得亦恐性命在
人今宰相有宗楚客紀處訥並專權用事何不厚貺二公請留不
行仍發安西兵并引吐蕃以擊娑葛求阿史那獻爲可汗以招十
姓使郭虔瓘往拔汗那徵甲馬以助軍用既得報讎又得存其部

落如此與入朝受制於人豈復同也闕啜然其言便勒兵攻陷于
闐坎城獲金寶及生口遣人間道納賂於宗紀元振聞其謀遽上
疏曰往者吐蕃所爭唯論十姓四鎮國家不能捨與所以不得通
和今吐蕃不相侵擾者不是顧國家和信不來直是其國中諸豪
及泥婆羅門等屬國自有攜貳故贊普躬往南征身殞寇庭國
中大亂嫡庶競立將相爭權自相屠滅兼以人畜疲癘財力困窮
人事天時俱未稱愜所以屈志且共漢和非是本心能忘情於十姓
四鎮也如國力殷足之後則必爭小事方便絕和縱其醜徒來相
吞擾此必然之計也今忠節乃不論國家大計直欲爲吐蕃作鄉
導主人四鎮危機恐從此啓頃緣默啜憑凌所應處兼四鎮兵士
歲久貧羸其勢未能得爲忠節經略非是憐突騎施也忠節不體
國家中外之意而別求吐蕃吐蕃得志忠節則在其掌握若爲復
得事漢往年吐蕃於國非有恩有力猶欲爭十姓四鎮今若効力
樹恩之後或請分于闐疏勒不知欲何理抑之又其國中諸蠻及

○婆羅門等國見今攜背忽請漢兵助其除討亦不知欲以何詞拒
之是以古之賢人皆不願夷狄妄惠非是不欲其力懼後求請無
厭益生中國之事故臣愚以爲用吐蕃之力實爲非便又請阿史
那獻者豈不以獻等並可汗子孫來即可以招脅十姓但獻父元
慶叔僕羅兄俀子并斛瑟羅及懷道豈不俱是可汗子孫往四鎮
以他匐十姓不安請冊元慶爲可汗竟不能招脅得十姓却令元
慶沒賊四鎮盡淪頃年忠節請斛瑟羅及懷道俱爲可汗亦不能
招脅得十姓却遣碎葉數年被圍兵士飢餒又吐蕃頃年亦冊俀
子及僕羅并拔布相次爲可汗亦不能招得十姓皆自磨滅何則
此等子孫非有惠下之才恩義素絕故人心不歸來者既不能招
攜唯與四鎮却生瘡痏則知冊可汗子孫亦未獲招脅十姓之筭
也今料獻之恩義又隔遠於其父兄向來既未樹立得威恩亦何由
即遣人心懸附若自舉兵力勢能取則可招脅十姓不必要須得
可汗子孫也又欲令郭虔瓘入拔汗那稅甲稅馬以充軍用者但

往年虔瓘已曾與忠節擅入拔汗那稅甲稅馬臣在疏勒具訪不聞得一甲入軍拔汗那胡不勝侵擾南勾吐蕃即將俀子重擾四鎮又虔瓘往入之際拔汗那四面無賊可勾恣意侵吞如獨行無人之境猶引俀子爲蔽今北有娑葛強寇知虔瓘等西行必請相救胡人則內堅城壘突厥則外伺邀遮必知虔瓘等不能更如往年得恣其吞噬內外受敵自陷危道徒與賊結隙令四鎮不安臣愚揣之亦爲非計疏奏不省楚客等既受闕啜之賂乃建議遣攝御史中丞馮嘉賓持節安撫闕啜御史呂守素處置四鎮持璽書便報元振除牛師獎爲安西副都護便領甘涼已西兵募兼徵吐蕃以討娑葛娑葛進馬使娑臘知楚客計馳還報娑葛娑葛是日發兵五千騎出安西五千騎出撥換五千騎出焉耆五千騎出疏勒時元振在疏勒於河口栅不敢動闕啜在計舒河口候見嘉賓娑葛兵掩至生擒闕啜殺嘉賓等呂守素至僻城亦見害又殺牛師獎於火燒城乃陷安西四鎮路絕楚客又奏請周以悌代元振

統衆徵元振將陷之使阿史那獻爲十姓可汗置軍焉耆以取娑葛娑葛遺元振書曰與漢本來無惡只讎於闕啜而宗尚書取闕啜金枉擬破奴部落馮中丞牛都護相次而來奴等豈坐受死又聞史獻欲來徒擾亂軍州恐未有寧日乞大使商量處置元振奏娑葛狀楚客怒奏言元振有異圖元振使其子鴻間道奏其狀以悌竟得罪流于白州復以元振代以悌赦娑葛罪冊爲十四姓可汗元振奏稱西土未寧事資安撫逗遛不敢歸京師會楚客等被誅睿宗即位徵拜太僕卿加銀青光祿大夫景雲二年同中書門下三品代宋璟爲吏部尚書無幾轉兵部尚書封館陶縣男時元振父愛年老在鄉就拜濟州刺史仍聽致仕其冬與韋安石張說等俱罷知政事先天元年爲朔方軍大總管始築定遠城以爲行軍計集之所至今賴之明年復同中書門下三品及蕭至忠竇懷貞等附太平公主潛謀不順玄宗發羽林兵誅之睿宗登承天門元振躬率兵侍衛之事定論功進封代國公食實封四百戶賜物一千

段又令兼御史大夫持節爲朔方道大總管以備突厥未行玄宗於驪山講武坐軍容不整坐于纛下將斬以徇劉幽求張說於馬前諫曰元振有翊贊大功雖有罪當從原宥乃赦之流于新州尋又思其舊功起爲饒州司馬元振自恃功勳怏怏不得志道病卒開元十年追贈太子少保有文集二十卷

張說字道濟其先范陽人代居河東近又徙家河南之洛陽弱冠應詔舉對策乙第授太子校書累轉右補闕預修三教珠英久視年則天幸三陽宮自夏涉秋不時還都說上疏諫曰陛下屯萬乘幸離宮暑退涼歸未降還言愚臣固陋恐非良策請爲陛下陳其不可三陽宮去洛城一百六十里有伊水之隔嶝坂之峻過夏涉秋水潦方積道壞山險不通轉運河廣無梁咫尺千里扈從兵馬日費資給連雨彌旬即難周濟陛下太倉武庫並在都邑紅粟利器蘊若山丘奈何去宗廟之上都安山谷之僻處是猶倒持劍戟示人鐏柄臣竊爲陛下不取夫禍變之生在人所忽故曰安樂必誡無

行所悔此不可止之理一也告成褊小萬方輻湊填城溢郭併插無所排斥居人蓬宿草次風雨暴至不知庇託孤惸老病流轉衢巷陛下作人父母將若之何此不可止之理二也池亭奇巧誘掖上心削巒起觀竭流漲海俯貫地脉仰出雲路易山川之氣奪農桑之土延木石運斧斤山谷連聲春夏不輟勸陛下作此者豈正人耶詩云人亦勞止汔可小康此不可止之理三也御苑東西二十里所出入來往雜人甚多外無牆垣扃禁內有榛藂谿谷猛獸所伏暴慝是憑陛下往往輕行警蹕不肅歷蒙窮乘嶮巘卒然有逸獸狂夫驚犯左右豈不殆哉雖萬全無疑然人主之動不宜易也易曰思患預防願陛下爲萬姓持重此不可止之理四也今國家北有胡寇覷邊南有夷獠騷徼關西小旱耕稼是憂安東地平輸漕方始臣願陛下及時旋軫深居上京息人以展農修德以來遠罷不急之役省無用之費澄心澹懷惟億萬年蒼蒼群生莫不幸甚臣自度芻議十不一從何者徂盤遊之娛間林沚之玩規遠圖而替近適

要後利而弃前歡未沃明主之心已戾貴臣之意然臣血誠密奏而
不愛死者不願負陛下言責之職耳輕觸天威伏地待罪疏奏不
省長安初修三教珠英畢遷右史內供奉兼知考功貢舉事擢拜
鳳閣舍人時麟臺監張易之與其弟昌宗構陷御史大夫魏元忠
稱其謀反引說令證其事說至御前揚言元忠實不反此是易之
誣構耳元忠由是免誅說坐忤旨配流欽州在嶺外歲餘中宗即
位召拜兵部員外郎累轉工部侍郎景龍中丁母憂去職起復授
黃門侍郎累表固辭言甚切至優詔方許之是時風教頹紊多以
起復爲榮而說固節懇辭竟終其喪制大爲識者所稱服終復爲
工部侍郎俄拜兵部侍郎加弘文館學士睿宗即位遷中書侍郎
兼雍州長史景雲元年秋譙王重福於東都構逆而死留守捕繫
枝黨數百人考訊結構之狀經時不決睿宗令說往按其獄一宿
捕獲重福謀主張靈均鄭愔等盡得其情狀自餘枉被繫禁者一
切釋放睿宗勞之曰知卿按此獄不枉良善又不漏罪人非卿忠正豈

能如此玄宗在東宮說與國子司業褚无量俱爲侍讀深見親敬
明年同中書門下平章事監修國史是歲二月睿宗謂侍臣曰有
術者上言五日內有急兵入宮卿等爲朕備之左右相顧莫能對
說進曰此是讒人設計擬搖動東宮耳陛下若使太子監國則君
臣分定自然窺覦路絕災難不生睿宗大悅即日下制皇太子監
國明年又制皇太子即帝位俄而太平公主引蕭至忠崔湜等爲
宰相以說爲不附己轉爲尚書左丞罷知政事仍令往東都留司
說既知太平等陰懷異計乃因使獻佩刀於玄宗請先事討之玄
宗深嘉納焉及至忠等伏誅徵拜中書令封燕國公賜實封二百
戶其冬改易官名拜紫微令自則天末年季冬爲潑寒胡戲中宗
嘗御樓以觀之至是因蕃夷入朝又作此戲說上疏諫曰臣聞韓
宣適魯見周禮而歎孔子會齊數倡優之罪列國如此況天朝乎
今外蕃請和選使朝謁所望接以禮樂示以兵威雖曰戎夷不可
輕易焉知無駒支之辯由余之賢哉且潑寒胡未聞典故裸體跳

足盛德何觀揮水投泥失容斯甚法殊魯禮褻比齊優恐非干羽
柔遠之義樽俎折衝之禮自是此戲乃絕俄而爲姚崇所構出爲
相州刺史仍充河北道按察使俄又坐事左轉岳州刺史仍停所
食實封三百戶遷右羽林將軍兼檢校幽州都督開元七年檢校
并州大都督府長史兼天兵軍大使攝御史大夫兼修國史仍齎
史本隨軍修撰八年秋朔方大使王晙誅河曲降虜阿布思等千
餘人時并州大同橫野等軍有九姓同羅拔曳固等部落皆懷震
懼說率輕騎二十人持旌節直詣其部落宿于帳下召酋帥以慰
撫之副使李憲以爲夷虜難信不宜輕涉不測馳狀以諫說報書
曰吾肉非黃羊必不畏喫血非野馬必不畏刺士見危致命是吾効
死之秋也於是九姓感義其心乃安九年四月胡賊康待賓率衆
反據長泉縣自稱葉護攻陷蘭池等六州詔王晙率兵討之仍令
說相知經略時叛胡與党項連結攻銀城連谷以據倉糧說統馬
步萬人出合河關掩擊大破之追至駱駝堰胡及党項自相殺阻

夜胡乃西遁入鐵建山餘黨潰散說招集党項復其居業副使史
獻請因此誅党項絕其翻動之計說曰先王之道推亡固存如盡
誅之是逆天道也因奏置麟州以安置党項餘燼其年拜兵部尚
書同中書門下三品仍依舊修國史明年又敕說爲朔方軍節度
大使往巡五城處置兵馬時有康待賓餘黨慶州方渠降胡康願
子自立爲可汗舉兵反謀掠監牧馬西涉河出塞說進兵討擒之
幷獲其家屬於木盤山送都斬之其黨悉平獲男女三千餘人於
是移河曲六州殘胡五萬餘口配許汝唐鄧仙豫等州始空河南
朔方千里之地說以討賊功復賜實封二百戶先是緣邊鎮兵常
六十餘萬說以時無強寇不假師衆奏罷二十餘萬勒還營農玄
宗頗以爲疑說奏曰臣久在疆場具悉邊事軍將但欲自衛及雜
使營私若禦敵制勝不在多擁閑冗以妨農務陛下若以爲疑臣
請以闔門百口爲保以陛下之明四夷畏伏必不慮減兵而招寇
也上乃從之時當番衛士浸以貧弱逃亡略盡說又建策請一切

召慕強壯令其宿衞不簡色役優爲條例逋逃者必爭來應募上
從之旬日得精兵一十三萬人分繫諸衞更番上下以實京師其
後彍騎是也是歲玄宗將還京而便幸幷州說進言曰太原是國
家王業所起陛下行幸振威耀武幷建碑紀德以申永思之意若
便入京路由河東有漢武脽上后土之祀此禮久闕歷代莫能行
之願陛下紹斯墜典以爲三農祈穀此誠萬姓之福也上從其言
及祀后土禮畢說代張嘉貞爲中書令夏四月玄宗親爲詔曰動
惟直道累聞獻替之誠言則不諛自得謀猷之體政令必俟其增
損圖書又藉其刊削才望兼著理合褒升考中上說又首建封禪
之議十三年受詔與右散騎常侍徐堅太常少卿韋縚等撰東封
儀注舊儀不便者說多所裁正語在禮志玄宗尋召說及禮官學
士等賜宴於集仙殿謂說曰今與卿等賢才同宴於此宜改名爲
集賢殿因下制改麗正書院爲集賢殿書院授說集賢院學士
知院事及將東封授說爲右丞相兼中書令源乾曜爲左丞相兼

○侍中蓋勒成岱宗以明宰相佐成王化也說又撰封禪壇頌以紀
聖德初源乾曜本意不欲封禪而說固贊其事由是頗不相平及
登山說引所親攝供奉官及主事等從外加階超入五品其餘官
多不得上又行從兵士惟加勳不得賜物由是頗爲內外所怨先
是御史中丞宇文融獻策請括天下逃戶及籍外剩田置十道勸
農使分往檢察說嫌其擾人不便數建議違之及東封還融又密
奏分吏部置十銓融與禮部尚書蘇頲等分掌選事融等每有奏
請皆爲說所抑由是銓綜失敘融乃與御史大夫崔隱甫中丞李
林甫奏彈說引術士夜解及受贓等狀勅宰臣源乾曜刑部尚書
韋抗大理少卿明珪御史大夫崔隱甫就尚書省鞫問說兄左庶子
光詣朝堂割耳稱寃時中書主事張觀左衞長史范堯臣並依倚
說勢詐假納賂又私度僧王慶則往來與說占卜吉凶爲隱甫等
所鞫伏罪說經兩宿玄宗使中官高力士視之迴奏說坐於草上
於瓦器中食蓬首垢面自罰憂懼之甚玄宗憫之力士奏曰說曾

爲侍讀又於國有功玄宗然其奏由是停兼中書令觀及慶則決
杖而死連坐遷貶者十餘人隱甫及融等恐說復用爲己患又密
奏毀之明年詔說致仕仍令在家修史初說爲相時玄宗意欲討
吐蕃說密奏許其通和以息邊境玄宗不從及瓜州失守王君
㚟死說因獲嶲州鬬羊上表獻之以申諷諭其表曰聞勇士冠雞
武夫戴鶡推情舉類獲此鬬羊遠生越嶲蓄性剛決敵不避強戰
不顧死雖爲微物志不可挫伏惟陛下選良家於六郡求猛士於四
方鳥不遁才獸不藏伎如蒙効奇靈囿角力天場卻鼓怒以作
氣前躑躅以奮擊跌若奔雲之交觸碎如轉石之相叩裂骨賭勝
濺血爭雄敢毅見而衝冠鷙狠聞而擊節冀將少助明主市駿骨
揖怒蛙之意也若使羊能言必將曰若鬬不解立有死者所賴至
仁無殘量力取勸焉臣緣損足未堪履地謹遣男詣金明門奉進
玄宗深悟其意賜絹及雜綵一千匹十七年復拜尚書左丞相集賢
院學士尋代源乾曜爲尚書左丞相視事之日上勑所司供帳設音

○樂內出酒食御製詩一篇以敘其事尋以修謁陵儀注功加開府
儀同三司時長子均爲中書舍人次子垍尚寧親公主拜駙馬都
尉又特授說兄慶王傅光爲銀青光祿大夫當時榮寵莫以爲比
十八年遇疾玄宗每日令中使問疾幷手寫藥方賜之十二月薨
時年六十四上慘惻久之遽於光順門舉哀因罷十九年元正朝
會詔曰弘濟艱難參其功者時傑經緯禮樂贊其道者人師式瞻
而百度允釐既往而千載貽範台衡軒鼎垂黼藻於當今徽策寵
章播芳蕤於後葉故開府儀同三司尚書左丞相集賢院學士知
院事上柱國燕國公張說辰象降靈雲龍合契元和體其冲粹妙
有釋其至賾挹而莫測仰之彌高精義探繫表之微英辭鼓天下
之動昔侍春誦綢繆歲華含春容之聲叩而盡應蘊泉源之智
啓而斯沃授命興國則天衢以通濟用和民則朝政惟允司鈞總六
官之紀端揆爲萬邦之式方弘風緯俗返本於上古之初而遇德
振仁不臻於中壽之福于嗟不慭旣喪斯文宣室餘談泠然在耳

一殿遺草究留其贖言念忠賢良深震悼是使當宁撫几臨樂徹懸罷稱觴之儀遵往禭之禮可贈太師賜物五百段始玄宗在東宮說已蒙禮遇及太平用事儲位頗危說獨排其黨請太子監國深謀密畫竟清內難遂爲開元宗臣前後三秉大政掌文學之任凡三十年爲文俊麗用思精密朝廷大手筆皆特承中旨選述天下詞人咸諷誦之尤長於碑文墓誌當代無能及者喜延納後進善用己長引文儒之士佐佑王化當承平歲久志在粉飾盛時其封泰山祠脽上謁五陵開集賢修太宗之政皆說爲唱首而又敦氣義重然諾於君臣朋友之際大義甚篤時中書舍人徐堅自負文學常以集賢院學士多非其人所司供膳太厚嘗謂朝列曰此輩於國家何益如此虛費將建議罷之說曰自古帝王功成則有奢縱之失或興池臺或玩聲色今聖上崇儒重道親自講論刊正圖書詳延學者今麗正書院天子禮樂之司永代規模不易之道也所費者細所益者大徐子之言何其隘哉玄宗知之由是薄堅說

○既遺詔鑾罷知政事專集賢文史之任每軍國大事帝遣中使先訪其可否說嘗自製其父贈丹州刺史騭碑文玄宗聞之而御書其碑額賜之曰嗚呼積善之墓有文集三十卷太常謚議曰文貞左司郎中陽伯城駁議以爲不稱工部侍郎張九齡立議請依太常爲定紛綸未決玄宗爲說自製神道碑文御筆賜謚曰文貞繇是方定均垍俱能文說在中書兄弟已掌綸翰之任居父憂服闋均除戶部侍郎轉兵部二十六年坐累貶饒州刺史以太子左庶子徵復爲戶部侍郎九載遷刑部尚書自以才名當爲宰輔常爲李林甫所抑及林甫卒依輔權臣陳希烈期於必取既而楊國忠用事心頗惡之罷希烈知政事引文部侍郎韋見素代之仍以均爲大理卿均大失望意常鬱鬱祿山之亂受僞命爲中書令掌賊樞衡李峴呂諲條流陷賊官均當大辟肅宗於說有舊恩特免死長流合浦郡

垍以主壻玄宗特深恩寵許於禁中置內宅侍爲文章嘗賜珍玩

不可勝數時兄均亦供奉翰林院常以所賜示均均戲謂垍曰此婦翁與女壻非天子賜學士也天寶中玄宗嘗幸垍內宅謂垍曰希烈累辭機務朕擇其代者孰可垍錯愕未對帝即曰無踰吾愛壻矣垍降階陳謝楊國忠聞而惡之及希烈罷相舉韋見素代垍深觖望天寶十三年正月范陽節度使安祿山入朝時祿山立破奚契丹功尤加寵異祿山求帶平章事下中書擬議國忠進言曰祿山誠立軍功然眼不識字制命若行臣恐四夷輕國玄宗乃止加左僕射而已及祿山還鎮命中官高力士餞於滻坡既還帝曰祿山慰意否力士曰觀其深心鬱鬱必伺知宰相之命不行故也帝告國忠國忠曰此議他人不知必張垍所告帝怒盡逐張垍兄弟出均爲建安太守垍爲盧溪郡司馬埱爲宜春郡司馬歲中召還再遷爲太常卿祿山之亂玄宗幸蜀宰相韋見素楊國忠御史大夫魏方進等從朝臣多不至次咸陽帝謂高力士曰昨日蒼黃離京朝官不知所詣今日誰當至者力士曰張垍兄弟世受國恩

○又連戚屬必當先至房琯素有宰相望深爲祿山所器必不此來帝曰事未可料是日琯至帝大悅因問均垍琯曰臣離京時亦過其舍比約同行均報云已於城南取馬觀其趣向來意不切既而均弟兄果受祿山僞命垍與陳希烈爲賊宰相垍死於賊中

陳希烈者宋州人也精玄學書無不覽開元中玄宗留意經義自褚无量元行冲卒後得希烈與鳳翔人馮朝隱常於禁中講老易累遷至秘書少監代張九齡專判集賢院事玄宗凡有撰述必經希烈之手李林甫知上睠待深異又以和裕易制乃引爲宰相同知政事相得甚歡而林甫居位日久雖陰謀姦畫足以自固亦希烈佐佑唱和之力也累遷兼兵部尚書左相封潁川郡開國公寵遇侔於林甫及林甫死楊國忠用事素忌嫉之乃引韋見素同列罷希烈知政事守太子太師希烈失恩心頗怏怏祿山之亂與張垍達奚珣同掌賊之機衡六等定罪希烈當斬肅宗以上皇素遇賜死于家

史臣曰劉徐公負不羈之材逢抵巇之運遂能奮命決策扶力中興朝爲徒步之人夕據公侯之位苟非輕死重利不恥不義之富安及此哉郭代公張燕公解逢掖而登將壇驅貔虎之師斷獯戎之臂暨居衡軸克致隆平可謂武緯文經惟申與甫而已惜乎均垍務速失節賊廷自武德已來稱賢相者房杜姚宋四公皆遺無賴子弟汙圮先業非獨燕國之不幸也希烈子而多智長於名理竟死於名所謂離婁不見其眉睫與夫平叔太初同膏肓耳

贊曰箕微去紂閎散扶昌謀不近義旋踵而已幽求不令道濟允臧偉哉郭侯勲德煌煌

唐書列傳卷第四十七

右文林郎充兩浙東路提舉茶塩司幹辦公事蘇之勤校勘

唐書列傳卷第四十八

劉昫 等修

聞人詮校刻沈桐同校

魏知古 盧懷慎
源乾曜 李元紘
杜暹 韓休
裴耀卿

魏知古深州陸澤人也性方直早有才名弱冠舉進士累授著作郎兼修國史長安中歷遷鳳閣舍人衛尉少卿時睿宗居藩兼檢校相王府司馬神龍初擢拜吏部侍郎仍並依舊兼修國史尋進位銀青光祿大夫明年丁母憂去職服闋授晉州刺史睿宗即位以故吏召拜黃門侍郎兼修國史景雲二年遷右散騎常侍睿宗女金仙玉真二公主入道有制各造一觀雖屬季夏盛暑尚營作不止知古上疏諫曰臣聞穀梁傳曰古之君人者必時視人之所勤人勤於力則功築罕人勤於財則貢賦少人勤於食則百事廢書曰不作無益害有益又曰罔咈百姓以從己之欲禮曰季夏之月樹木方盛無有斬伐不可興土功以妨農又曰季夏行冬令則風寒不時語曰修己以安百姓此皆興化立理之教爲政養人之本今陛下爲公主造觀將樹功德以祈福祐但兩觀之地皆百姓之宅卒然迫逼令其轉移扶老攜幼投竄無所發剔椽瓦呼嗟道路乖人事違天時起無用之作崇不急之務群心摇摇衆口籍籍陛下爲人父母欲何以安之且國有簡冊君舉必記動則左史書之言則右史書之是以非禮勿言非禮勿動夫如是則君之所舉可不慎歟微臣備位諫諍兼秉史筆書而不法後嗣何觀臣愚必以爲不可伏願俯順人欲仰稽天意降德音下明策速罷功役收之桑榆疏奏不納頃之又進諫曰臣聞人以君爲天君以人爲本人安則政理本固則邦寧自陛下翦除凶逆君臨寶位蒼生顒顒以爲朝有新政今風教頹替日甚一日府庫空虛人力凋弊造作不息官員日增今諸司試及員外檢校等官僅至二千

餘人太府之布帛以殫太倉之米粟難給又金仙玉眞等觀造作咸
非急務臣先奏請停竟仍未止今歲前水後旱五穀不熟若至來春
必甚饑饉陛下爲人父母欲何方以賑恤療饑拯溺須及其時又突
厥爲患其來自久本無禮儀焉有誠信今雖遣使來請結婚豺狼之
心首鼠何定弱則卑順強則驕逆屬草衰月滿弓勁馬肥乘中國飢
虛在和親際會儻或窺犯亭鄣國家何以防之臣所論者事甚急切
伏願特垂詳察睿宗嘉其切直尋令同中書門下平章事玄宗在春
宮又令兼左庶子未幾遷戶部尚書餘如故明年擢拜侍中先天元
年冬從上畋獵于渭川因獻詩諷曰嘗聞夏太康五弟訓禽荒我后
來冬狩三驅盛禮張順時鷹隼擊講事武功揚奔走未及去翾飛豈
暇翔非熊從渭水瑞雀想陳倉此欲誠難縱茲遊不可常子雲陳羽
獵僖伯諫漁棠得失鑒齊楚仁恩念禹湯邕熙諒在宥亭毒匪多傷
辛甲今爲史虞箴遂孔彰手制褒之曰夫詩者志之所以寫其心懷
實可諷諭君主是故揚雄陳羽獵馬卿賦上林爰自風雅率由茲道

予頃向溫泉觀省風俗時因暇景掩渭而畋方開一面之羅式展三
驅之禮躬親校獵聊以從禽豈意卿有箴規輔予不逮自非款誠夙
著其孰能繼於此耶今賜卿物五十段用申勸獎二年累封梁國公
實懷貞等將謀逆也知古獨密奏其事及懷貞誅賜實封二百戶物
五百段仍以前賞猶薄又手敕曰魏知古去年十月已前屢申啓沃
每竭忠誠姦臣有謀預奏其兆事君之節良有可嘉可更賜實封一
百戶其年冬令往東都知吏部尚書事深以爲稱職手制曰卿以宰
臣往知大選官人之委情寄尤切遂能端本革弊忘私徇公正色而
行厝心不撓鏡已澈則妍媸必鑒衡已舉則輕重罔違朕遠聞之益
用嘉歎今賜卿衣裳一副以示所懷開元元年官名改易改爲黃門
監二年還京上屢有顧問恩意甚厚尋改紫微令姚崇深忌憚之陰
加讒毀乃除工部尚書罷知政事三年卒時年六十九御史大夫宋
璟聞而歎曰叔向古之遺直子產古之遺愛能兼之者其在魏公贈
幽州都督謚曰忠知古初爲黃門侍郎表薦洹水令呂太一蒲州司
功參軍齊澣前右內率府騎曹參軍柳澤及知吏部尚書事又擢用
密縣尉宋遙左補闕袁暉右補闕封希顏伊闕尉陳希烈後咸累居
清要時論以爲有知人之鑒文集七卷

盧懷慎滑州靈昌人其先家于范陽爲山東著姓祖悊爲靈昌令因
徙焉懷慎少清謹舉進士歷監察御史吏部員外郎景龍中遷右御
史臺中丞上疏以陳時政得失今略載其三篇其一曰臣聞孔子曰
爲邦百年可以勝殘去殺又曰苟有用我者朞月而已三年有成故
書云三載考績校其功也昔子產相鄭更法令布刑書一年而人歌
之曰取我田疇而伍之取我衣冠而著之孰殺子產吾其與之三年
而人又歌之曰我有子弟子產教之我有田疇子產殖之子產而死
誰其嗣之終有遺愛流芳史策子產賢者也其爲政尚累年而化成
況其常材乎臣竊見比來州牧上佐及兩畿縣令下車布政罕終四
考在任多者一二年少者三五月遽即遷除不論課最或有歷時未
改便傾耳而聽企踵而望爭求冒進不顧廉恥亦何暇爲陛下宣風

布化求瘼恤人哉禮義未能興行風俗未能齊一戶口所以流散倉
庫所以空虛百姓凋弊日更滋甚職爲此也何則人知吏之不久則
不從其教吏知遷之不遙又不盡其力偷安爵祿但養資望陛下雖
勤勞之懷宵衣旰食然僥倖路啓上下相蒙共爲苟且而已寧盡至
公乎此國之病也昔賈誼所謂蹠盭之病乃小小者耳此弊久而不
革臣恐爲膏肓雖和緩不能療豈蹠盭而已哉漢宣帝綜覈名實興
理致化黃霸良二千石也就增秩賜金以旌其能而不遷於潁川前
代之美政也又古之爲吏者長子孫倉氏庾氏即其後也書云事不
師古以克永代匪說攸聞臣望請諸州都督刺史上佐及兩畿縣令
等在任未經四考已上不許遷除察其課効尤異者或錫以車裘或
就加祿秩或降使臨問并璽書慰勉若公卿有闕則擢以勸能其政
績無聞及犯貪暴者免歸田里以明聖朝賞罰之信則萬方之人一
變于道矣致此之美甚彼之弊易於反掌陛下何惜而不行哉其二
曰臣聞尚書云唐虞稽古建官惟百夏商官倍亦克用乂此省官之

義也又云官不必備惟其才又云無曠庶官天工人其代之此爲官擇人之義也臣竊見京諸司員外官所在委積多者數餘十倍近古以來未之有也官不必備此則有餘人代天工多不釐務廣有除拜無所裨益俸祿之費歲巨億萬空竭府藏而已豈致理之基哉方今倉庫空虛百姓凋弊河渭漕輓西給京師公私損耗不可勝紀況邊隅未靜兵革尤興節用愛人正在今日增官廣費豈曰其時儻災旱成災租稅減入水衡無貫朽之蓄京庾闕流衍之儲或疆埸外守兵車遠出或收穫無歲賑救在辰此軍國之急務也陛下將何以濟之乎書云無輕人事惟艱無安厥位惟危又云不見是圖此皆慎微之深言也臣竊見員外官中或簪裾雅望或臺閣舊人或明習憲章或諳閑政要皆一時之良幹也多不司案牘空尸祿俸滯其才而不申其用尊其位而不盡其力周稱多士漢曰得人豈其然歟必有異於此矣臣望請諸司員外官有才能器識衆共聞知堪爲州牧縣宰及上佐者並請遷擢使宣力四方申其智効有老病及不堪理務者咸

從廢省使賢不肖較然殊貫此濟時之切務也安可謂行之艱哉其三曰臣聞天吏逸德烈於猛火貪人敗類取輿大風則知冒于寵賂侮於鰥寡爲政之蠹莫先于茲臣竊見內外官人有不率憲章公犯贓汙侵牟萬姓剝割蒸人鞫按非虛刑憲已及者或俄復舊資雖負殘削之名還膺牧宰之任或江淮嶺磧微示懲貶而徇財黷貨罕能悛革委以共理俟河之淸臣聞明主之於萬姓也必暢以平分而無偏施若犯罪之吏作牧遐方便是屈法惠姦恤近遺遠矣凡左降之人鮮能省過必懷自弃長惡滋深則小州遠郡蠻陬夷落何負於聖化獨受其弊政乎昔孟嘗廉明方臨合浦隱之清絜乃莅番禺郅都之鎮靜朔方耿恭之輯寧疏勒誠則遐僻必擇賢良務以寧濟爲懷豈以遐荒見隔況邊徼之地夷夏雜處負險恃遠易擾難安彌藉循良以寄綏撫若委失其任官非其才凌虐黎庶侵剥蕃部小則坐致流亡大則起爲盜賊由此言之不可用凡材而況於滑吏乎其內外官人有犯贓賄推勘得實者臣望請削迹簪裾十數年間不許齒錄

書云旌別淑慝黜陟幽明即其義也若不循此道去邪有疑善政能官甄獎或未之徧擔贓負賄僥倖或即蒙升則賞罰無章沮勸安寄浮競之風轉扇廉恥之行漸隤其源不塞爲蠹斯甚疏奏不納累遷黃門侍郎賜爵漁陽伯先天二年與侍中魏知古於東都分掌選事尋徵還同中書門下三品開元三年遷黃門監懷慎與紫微令姚崇對掌樞密懷慎自以爲吏道不及崇每事皆推讓之時人謂之伴食宰相四年兼吏部尚書其秋以疾篤累表乞骸骨許之旬日而卒贈荆州大都督謚曰文成懷慎臨終遺表曰臣素無才識叨沐恩榮待罪樞密頻積年序報國之心空知自竭推賢之志終未克申孤負明恩夙夜惶懼臣染疾已久形神欲離鳧鴈之飛未爲之少而犬馬之志終祈上聞其鳴也哀乞求聖察宋璟立性公直執心貞固文學足以經務識略期於佐時動惟直道行不苟合聞諸朝野之說實爲社稷之臣李傑勤苦絕倫貞介獨立公家之事知無不爲幹時之材衆議推許李朝隱操履堅貞才識通贍守文奉法頗懷鐵石之心事上

竭誠實盡人臣之節盧從愿淸貞謹慎理識周密始終若一朝野共知簡要之才不可多得並明時重器聖代良臣比經任使微有愆失所坐者小所弃者大所累者輕所貶者遠日月雖近譴責傷深望垂矜錄漸加進用臣竊聞黃帝所以垂衣裳而天下理者任風力也帝堯所以光宅天下者任稷卨也且朝廷者天下之本賢良者風化之源得人則庶績其凝失士則彝倫攸斁臣每見陛下憂勞庶政勤求理道愼擧群司必期稱職使鴛鷺成列草澤無遺故得歲稔時和政平訟理此陛下用賢之明効也臣非木石早識天心瞑目不遑厚恩未報黜殯之義敢不庶幾城郢之言思布愚懇上深嘉納之懷慎清儉不營產業器用服飾無金玉綺文之麗所得祿俸皆隨時分散而家無餘蓄妻子匱乏及車駕將幸東都四門博士張星上言懷愼忠清直道終始不虧不加寵贈無以勸善乃下制賜其家物壹伯段米粟貳伯碩明年上還京師因校獵於城南經懷愼別業見家人方設祥齋憫其貧匱賜絹百匹仍遣中書侍郎蘇頲爲其碑文上自書焉

子奐早修整歷任皆以清白聞開元中爲中書舍人御史中丞陝州
刺史二十四年玄宗幸京師次陝城頓審其能政於廳事題贊而去
曰專城之重分陝之雄人多惠愛性實謙沖亦旣利物在乎匪躬斯
爲國寶不墜家風尋除兵部侍郎天寶初爲晉陵太守時南海郡利
兼水陸瓌寶山積劉巨鱗彭果相替爲太守五府節度皆坐贓鉅萬
而死乃特授奐爲南海太守遐方之地貪吏斂迹人用安之以爲自
開元已來四十年廣府節度清白者有四謂宋璟裴伷先李朝隱及
奐中使市舶亦不干法加銀青光祿大夫經三年入爲尚書右丞卒
弟弈亦傳清白歷御史中丞而死王事見忠義傳弈子杞德宗朝位
至宰輔別有傳

源乾曜相州臨漳人隋比部侍郎師之孫也父直心高宗時爲司刑
太常伯坐事配流嶺南而卒乾曜舉進士景雲中累遷諫議大夫時
久廢公卿百官三九射禮乾曜上疏曰夫聖王之教天下也必制禮
以正人情人情正則孝於家忠於國此道不替所以理也所以君子

三年不爲禮禮必壞三年不爲樂樂必崩竊以古之擇士先觀射禮
以明和容之義非取一時之樂夫射者別正邪觀德行中祭祀辟寇
戎古先哲王莫不遞襲臣竊見數年已來射禮便廢或緣所司惜費
遂令大射有虧臣愚以爲所費者財所全者禮故孔子云爾愛其羊
我愛其禮今乾坤再闢日月貞明臣望大射之儀春秋不廢聖人之
教今古常行則天下幸甚乾曜尋出爲梁州都督開元初邠王府寮
吏有犯法者上令左右求堪爲王府長史者太常卿姜皎薦乾曜公
清有吏幹因召見與語乾曜神氣清爽對答皆有倫序上甚悅之乃
拜少府少監兼邠王府長史尋遷戶部侍郎兼御史中丞無幾轉尚
書左丞四年冬擢拜黄門侍郎同紫微黄門平章事旬日與姚元之
俱罷知政事時行幸東都以乾曜爲京兆尹仍京師留守乾曜政存
寬簡不嚴而理嘗有仗內白鷹因縱遂失所在上令京兆切捕之俄
於野外獲之其鷹掛於叢棘而死官吏懼得罪相顧失色乾曜徐曰
事有邂逅死亦常理主上仁明當不以此寘罪必其獲戾吾自當之
不須懼也遂入自請失旨之罪上一切不問之衆咸伏乾曜臨事不
懾而能引過在已也在京兆三年政令如一八年春復爲黄門侍郎
同中書門下三品尋加銀青光祿大夫遷侍中久之上疏曰臣竊見
形要之家併求京職俊乂之士多任外官王道平分不合如此臣三
男俱是京任望出二人與外官以叶均平之道上從之於是改其子
河南府叅軍弼爲絳州司功太祝絜爲鄭尉因下制曰源弼等父在
樞近深惟謙挹恐代官之咸列慮時才之未序率先庶寮崇是讓德
旣請外其職復降資以授傳不云乎晉范宣子讓其下皆讓晉國之
人於是大和道之或行仁豈云遠因令文武百寮父子兄弟三人併
任京司者任自通容依資次處分由是公卿子弟京官出外者百餘
人俄又有上書者以爲國之執政同其休戚若不稍加崇寵何以責
其盡心十年十一月勑中書門下共食實封三百戶自乾曜及張嘉
貞始也乾曜後扈從東封拜尚書左丞相仍兼侍中乾曜在政事十
年時張嘉貞張説相次爲中書令乾曜不敢與之爭權每事皆推讓

之及李元紘杜暹知政事乾曜遂無所叅議但唯諾署名而已初乾
曜因姜皎所薦遂擢用及皎得罪爲張嘉貞所擠乾曜竟不救之議
者以此譏焉十七年夏停兼侍中事其秋遷太子少師以祖名師固
辭乃拜太子少傅封安陽郡公十九年駕幸東都乾曜以年老辭疾
不堪扈從因留京養疾是年冬卒詔贈幽州大都督上於洛城南門
舉哀輟朝二日乾曜從孫光裕亦有令譽歷職清謹撫諸弟以友義
聞初爲中書舍人與楊滔劉令植等同删定開元新格歷刑部戶部
二侍郎尚書左丞累遷鄭州刺史稱爲良吏尋卒光裕子洧亦早有
美稱閨門雍睦士友推之歷踐清要天寶中爲給事中鄭州刺史襄
州刺史本道採訪使及安祿山反旣犯東京乃以洧爲江陵郡大都
督府長史本道採訪防禦使攝御史中丞以兵部郎中徐浩爲襄州
刺史本州防禦守捉使以禦之洧至鎮卒

李元紘其先滑州人世居京兆之萬年本姓丙氏曾祖粲隋大業中
屯衛大將軍屬關中賊起煬帝令粲往京城以西二十四郡逐捕盜

賊棃撫循士衆甚得其心及義旗入關棃率其衆歸附拜宗正卿封
應國公賜姓李氏高祖與之有舊特蒙恩禮遷爲左監門大將軍以
年老特令乘馬於宮中檢校年八十餘卒謚曰明祖寬高宗時爲太
常卿別封隴西郡公父道廣則天時爲汴州刺史時屬突厥及契丹
寇陷河北兼發河南諸州兵募百姓騷擾道廣寬猛折衷稱爲善政
存心慰撫汴州獨不逃散尋入爲殿中監同鳳閣鸞臺平章事累封
金城縣侯卒贈秦州都督謚曰成元紘少謹厚初爲涇州司兵累遷
雍州司戶時太平公主與僧寺爭碾磑公主方承恩用事百司皆希
其旨意元紘遂斷還僧寺竇懷貞爲雍州長史大懼太平勢促令元
紘改斷元紘大署判後曰南山或可改移此判終無搖動竟執正不
撓懷貞不能奪之俄轉好畤令遷潤州司馬所歷咸有聲績開元初
三遷萬年縣令賦役平允不嚴而理俄擢爲京兆尹尋有詔令元紘
疏決三輔諸王公權要之家皆緣渠立磑以害水田元紘令吏人一
切毀之百姓大獲其利又歷工部兵部吏部三侍郎十三年戶部侍
○

郎楊瑒白知愼坐支度失所皆出爲刺史上令宰臣及公卿已下精
擇堪爲戶部者多有薦元紘者將授以戶部尚書時執政以其資淺
未宜超授加中大夫拜戶部侍郎元紘因條奏人間利害及時政得
失以奏之上大悅因賜衣一副絹二百匹明年擢拜中書侍郎同中
書門下平章事頃之加銀青光祿大夫賜爵清水男元紘性清儉既
知政事稍抑奔競之路務進者頗憚之時初廢京司職田議者請於
關輔置屯以實倉廩元紘建議曰軍國不同中外異制若人閑無役
地棄不墾發閑人以耕棄地省餽運以實軍糧於是乎有屯田其爲
益多矣今百官所退職田散在諸縣不可　聚也百姓所有私田皆
力自耕墾不可取也若置屯田即須公私相換徵發丁夫徵役則業
廢於家免庸則賦闕於國內地置屯古所未有得不補失或恐未可
其議遂止先是左庶子吳兢舊任史官撰唐書一百卷唐春秋三十
卷其書未成以丁憂罷職至是上疏請終其功有詔特令就集賢院
修成其書及張說致仕　又令在家修史元紘奏曰國史者記人君善

惡國政損益一字褒貶千載稱之前賢所難事匪容易今張說在家
修史吳兢又在集賢撰録遂令國之大典散在數處且太宗別置史
館在於禁中所以重其職而秘其事也望勒說等就史館參詳撰録
則典冊有憑舊章不墜矣從之乃詔說及吳兢並就史館修撰元紘
在政事累年不改第宅僕馬弊劣未曾改飾所得封物皆散之親族
右丞相宋璟嘗嘉歎之每謂人曰李侍郎引宋遙之美才黜劉晃之
貪冒貴爲國相家無儲積雖季文子之德何以加也後與杜暹多所
異同情遂不叶至有相執奏者上不悅由是罷知政事出爲曹州刺
史以疾去官久之拜戶部尚書仍聽致仕二十一年疾瘳起爲太子
詹事旬日而卒贈太子少傅謚曰文忠
杜暹濮州濮陽人也父承志則天初爲監察御史時懷州刺史李文
暕以皇枝近屬爲讎人所告承志推出之俄而文暕得罪承志坐貶
授方義令累轉天官員外郎既羅織事起承志恐懼遂稱疾去官而
歸卒于家自暹高祖至暹五代同居暹尤恭謹事繼母以孝聞初舉
○

明經補婺州參軍秩滿將歸州吏以紙萬餘張以贈之暹惟受一百
餘悉還之時州寮別者見而歎曰昔清吏受一大錢復何異也俄授
鄭尉復以清節見知華州司馬楊孚公直士也深賞重之尋而孚遷
大理正暹坐公事下法司結罪孚謂人曰若此尉得罪則公清之士
何以勸矣特薦之於執政由是擢拜大理評事開元四年遷監察御
史仍往磧西覆屯會安西副都護郭虔瓘與西突厥可汗史獻鎮守
使劉遐慶等不叶更相執奏詔暹按其事實時暹已迴至涼州承詔
復往磧西因入突厥騎施以究虔瓘等犯狀蕃人賚金以遺暹固辭
不受左右曰公遠使絕域不可失蕃人情暹不得已受之埋幕下既
去出境乃移牒令收取之蕃人大驚度磧追之不及而止暹累遷給
事中丁繼母憂去職十二年安西都護張孝嵩遷爲太原尹或薦暹
往使安西蕃人伏其清愼深思慕之乃奪情擢拜黃門侍郎兼安西
副大都護暹單騎赴職明年于闐王尉遲眺陰結突厥及諸蕃國圖
爲叛亂暹密知其謀發兵捕而斬之并誅其黨與五十餘人更立君

長于闐遂安暹以功特加光祿大夫暹在安西四年綏撫將士不憚勤苦甚得夷夏之心十四年詔暹同中書門下平章事仍遣中使往迎之及謁見又賜絹二百匹馬一匹宅一區後與李元紘不叶罷知政事出爲荊州大都督府長史又歷魏州刺史太原尹二十年上幸北都拜暹爲戶部尚書便令扈從入京行幸東都詔暹爲京留守暹因抽當番衞士繕修三宮增峻城隍躬自巡檢未嘗休懈上聞而嘉之賜勑書曰卿素以清直兼之勤幹自委居守每事多能政肅官寮惠及黎庶城隍宮室隨事修營且有成功不疲人力甚善甚善慰朕懷也俄代李林甫爲禮部尚書累封魏縣侯二十八年病卒年六十餘詔贈尚書右丞相暹在家孝友愛撫異母弟昱甚厚然素無學術每當朝談議涉於淺近常以公清勤儉爲已任時亦矯情爲之弱冠便自誓不受親友贈遺以終其身及卒上甚悼惜之遣中使就家視其喪事內出絹三百匹以賜之尚書省及故吏賻贈者其子孝友遵其素約皆拒而不受太常謚曰貞肅右司員外郎劉同升都官員外

○郎韋廉以暹有忠孝之美所謚不盡其行建議駁之太常博士裴摠執曰杜尚書往以墨縗受職事雖云奉國不得爲孝請依舊爲定孝友又詣闕陳訴上聞而更令所司詳定竟謚曰貞孝

韓休京兆長安人伯父大敏則天初爲鳳閣舍人時梁州都督李行褒爲部人誣告云有逆謀則天令大敏就州推究或謂大敏曰行褒諸李近屬太后意欲除之忽若失旨禍將不細不可不爲身謀也大敏曰豈有求身之安而陷人非罪竟奏雪之則天俄又命御史重覆遂構成其罪大敏坐推反失情與知反不告同罪賜死于家父大智官至洛州司功休早有詞學初應制舉累授桃林丞又舉賢良玄宗時在春宮親問國政休對策與校書郎趙冬曦並爲乙第擢授左補闕尋判主爵員外郎歷遷中書舍人禮部侍郎兼知制誥出爲虢州刺史時虢州以地在兩京之間駕在京及東都並爲近州常被支稅草以納閑廏休奏請均配餘州中書令張說駮之曰若獨免虢州即當移向他郡牧守欲爲私惠國體固不可依又下符不許之休復將執奏寮吏曰更奏必忤執政之意休曰爲刺史不能救百姓之弊何以爲政必以忤上得罪所甘心也竟執奏獲免歲餘以母艱去職固陳誠乞終禮制許之服闋除工部侍郎仍知制誥遷尚書右丞開元二十一年侍中裴光庭卒上令蕭嵩舉朝賢以代光庭者嵩盛稱休志行遂拜黃門侍郎同中書門下平章事休性方直不務進趨及拜甚允當時之望俄有萬年尉李美玉得罪上特令流之嶺外休進曰美玉卑位所犯又非巨害今朝廷有大姦尚不能去豈得捨大而取小也臣竊見金吾大將軍程伯獻依恃恩寵所在貪冒第宅輿馬僭擬過縱臣請先出伯獻而後罪美玉上初不許之休固爭曰美玉微細猶不容伯獻巨猾豈得不問陛下若不出伯獻臣即不敢奉詔流美玉上以其切直從之初蕭嵩以休柔和易制故薦引之休既知政事多折正嵩遂與休不叶宋璟聞之曰不謂韓休乃能如是仁者之勇也其年夏加銀青光祿大夫十二月轉工部尚書罷知政事二十四年遷太子少師封宜陽子二十七年病卒年六十八贈揚州大都

○督謚曰文忠寶應元年重贈太子太師

子洽洪汯滉皆有學尚風韻高雅洽天寶初爲殿中侍御史卒洪爲司庫員外郎洽弟渾除大理司直御史大夫王鉷犯法籍沒其家洽兄浩爲萬年主簿捕其資財有所容隱爲京兆尹鮮于仲通所發配流循州洪汯並坐貶職後遇赦量移洪爲華州長史屬安祿山反西京失守洪陷於賊賊授官將見委任洪與浩及汯滉渾同奔山谷以投行在至谷口洪浩渾及洪子四人並爲賊所擒併命於通衢洪重交友籍甚於時見者掩涕肅宗聞其重臣子能以忠而死贈太常卿浩贈吏部郎中渾贈太常少卿汯上元中爲諫議大夫滉迥別有傳

裴耀卿贈戶部尚書守眞子也少聰敏數歲解屬文童子舉弱冠拜秘書正字俄補相王府典籤時睿宗在藩甚重之令與掾丘悅文學韋利器更直府中以備顧問府中稱爲學直及睿宗升極拜國子主簿開元初累遷長安令長安舊有配戶和市之法百姓苦之耀卿到官一切令出儲蓄之家預給其直遂無姦僦之弊公私甚以爲便在

職二年寛猛得中及去官縣人甚思詠之十三年爲濟州刺史其年
車駕東巡州當大路道里綿長而戸口寡弱耀卿躬自條理科配得
所時大駕所歷凡十餘州耀卿稱爲知頓之最又歷宣冀二州刺史
皆有善政入爲戸部侍郎二十年禮部尚書信安王禕受詔討契丹
詔以耀卿爲副俄又令耀卿齎絹二十萬匹分賜立功奚官就部落
以給之耀卿謂人曰夷虜貪殘見利忘義今齎持財帛深入寇境不
可不爲備也乃令先期而往分道互進一朝而給付並畢時突厥及
室韋果勒兵邀險謀刦襲之比至而耀卿已還其冬遷京兆尹明年
秋霖雨害稼京城穀貴上將幸東都獨召耀卿問救人之術耀卿對
曰臣聞前代聖王亦時有憂害更施惠澤活國濟人由是蒼生仰德
史冊書美伏以陛下仁聖至深憂勤庶政小有飢乏降情哀矜躬親
支計救其危急上玄降鑒當更延福祚是因有小災而增輝聖德也
今既大駕東巡百司扈從太倉及三輔先所積貯且隨見在發重臣
分道賑給計可支一二年從東都更廣漕運以實關輔待稍充實車

駕西還即事無不濟臣以國家帝業本在京師萬國朝宗百代不易
之所但爲秦中地狹收粟不多儻遇水旱便即匱乏往者貞觀永徽
之際祿廩數少每年轉運不過一二十萬石所用便足以此車駕久
得安居今國用漸廣漕運數倍於前支猶不給陛下數幸東都以就
貯積爲國大計不憚劬勞祗爲憂人而行豈是故欲不往若能更廣陝
運支粟入京倉廩常有三二年糧即無憂水旱今天下輸丁約有四
百萬人每丁支出錢百文五十文充營窖等用貯納司農及河南府
陝州以充其費租米則各隨遠任自出脚送納東都從都至陝河路
艱險既用陸脚無由廣致若能開通河漕變陸爲水則所支有餘動
盈萬計且河南租船候水始進吳人不便河漕由是所在停留日月
既淹遂生隱盜臣望沿流相次置倉上深然其言尋拜黄門侍郎同
中書門下平章事充轉運使語在食貨志凡三年運七百萬石省脚
錢三十萬貫或說耀卿請進所省脚錢以明功利耀卿曰此蓋公卿盈
縮之利耳不可以之求寵也乃奏充所司和市和糴等錢明年遷侍

中二十四年拜尚書左丞相罷知政事累封趙城侯時夷州刺史楊
濬犯贓處死詔令杖六十配流古州耀卿上疏諫曰伏以聖恩天覆
仁育庶類凡死罪之色不欲尸諸市朝全其性命流竄而已所以政
致刑措獄無冤人曠古以來未有斯美臣愚以爲全生免死誠爲至
化有恥且格爲訓將來苟有未安不敢緘默臣以爲刺史縣令與諸
吏稍别人之父母風化所瞻一爲本部長官即合終身致敬決杖者
五刑之末只施於扶扑徒隸之間官蔭稍高即免鞭撻今決杖贖死
誠則已優解體受笞事頗爲辱法至於死天下共之刑至於辱或有
所恥況本州刺史百姓所崇一朝對其人吏背脊加杖屈挫拘執人
或哀憐忘其免死之恩且有傷心之痛恐非敬官長勸風俗之意又
雜犯死罪無杖刑奏報三覆然後行決今非時不覆決杖便發儻獄或
未盡又暑熱不耐因杖或死即是促期處分不得順時將欲生之却
夭其命又恐非聖明寛宥之意前後頻在州縣或緣犯決人每大暑
盛夏之時決杖多死秋冬已後至有全者伏望凡刺史縣令於本部

決杖及夏暑生長之時所是杖刑並乞停減即副陛下好生之德於
死者皆有再生之恩俄而特進蓋嘉運破突騎施立功還詔加河西
隴右兩節度使仍令經略吐蕃嘉運既承恩寵日夕酣宴不時赴軍
耀卿密上疏曰伏見蓋嘉運立功破賊更委兩軍以勇果之才承戰
勝之勢吐蕃小醜不足殲夷然臣近日與其同班觀其舉措精勁勇
烈誠則有餘言氣矜誇恐難成事莫敖敗於蒲騷之役舉趾稍高春
秋書之爲懲誡恐其有驕敵之色臣竊憂之入秋防邊日月稍逼接
對人吏須識其宜今將撫邊軍未言發日若臨事始去人吏未識雖
決在一時恐將非制勝萬全之道況兵未訓練不知禮法人未懷惠
士未生心求其忘性命於一時憚嚴刑於少選縱威逼而進因而立
功恐非師出以律乂長之義又萬人性命決在將軍不得已而行之
鑿凶門而即路今酣宴朝夕優渥有餘亦恐非愛人憂國之意不可
不察若不可迴換即望速遣進途仍乞聖恩勗以嚴命疏奏上乃促
嘉運赴軍竟以無功而還天寶元年改爲尚書右僕射尋轉左僕射

一歲薨年六十三贈太子太傅謚曰文獻子綜吏部郎中綜子佶佶字弘正幼能屬文弱冠舉進士補校書郎判入高等授藍田尉時有詔命畿內諸縣城奉天時嚴郢爲京兆政尚峻暴加以朝旨甚迫尹正之命急如風霆本曹尉韋重規其室方娠而疾畏郢之暴不敢以事故免佶因請代役無怨素當時義之德宗南狩佶詣行在拜拾遺轉補闕李懷光以河中叛朝廷欲以含垢爲意佶抗議請討上深器之前席慰免三遷吏部員外歷駕部兵部郎中遷諫議大夫會黔中觀察使韋士文慘酷馭下爲夷獠所逐俾佶代之酋渠自化其後爲瘴毒所侵堅請入覲拜同州刺史徵入爲中書舍人遷尚書右丞時兵部尚書李巽兼鹽鐵使將以使局置於本行經構已半會佶拜命堅執以爲不可遂令徹之巽恃恩而強時重佶之有守就拜吏部侍郎以疾除國子祭酒尋遷工部尚書致仕元和八年卒年六十二贈吏部尚書佶清勁溫敏凡所定交時稱爲第一流與鄭餘慶特相友善佶歿後餘慶行朋友之服搢紳美之

○史臣曰魏知古盧懷慎源乾曜李元紘杜暹韓休裴耀卿悉蘊器能咸居宰輔或心存啓沃或志在薦賢或出愛子爲外官或止屯田於關輔或不受蕃人之賂或堅劾伯獻之姦或廣漕渠以充國用此皆立事立功有足嘉尚者也盧李杜三君子又以清白垂美簡書公孫弘之流也乾曜職當機密無所是非持祿保身焉用彼相

贊曰盧魏乾曜弼違進賢裴韓李杜遠財劾姦汗簡書事清風肅然萬歲之後其名不刊

唐書列傳卷第四十八

唐書列傳卷第四十九

劉昫等修

閩人詮校刻沈桐同校

崔日用　張嘉貞

蕭嵩　張九齡

李適之　嚴挺之

崔日用滑州靈昌人其先自博陵徙家焉進士舉初爲芮城尉大足元年則天幸長安路次陝州宗楚客時爲刺史日用支供頓事廣求珍味稱楚客之命徧饋從官楚客知而大加賞歎盛稱薦之由是擢爲新豐尉無幾拜監察御史神龍中秘書監鄭普思納女後宮潛謀左道日用遽奏劾之普思方承恩中宗不之省日用廷爭懇至詞甚抗直普思竟伏其罪時宗楚客武三思武延秀等遞爲朋黨日用潛皆附之驟遷兵部侍郎兼修文館學士中宗暴崩韋庶人稱制日用恐禍及己知玄宗將圖義舉乃因沙門普潤道士王曄密詣藩邸深

自結納潛謀翼戴玄宗嘗謂曰今謀此舉直爲親不爲身日用曰此乃孝感動天事必剋捷望速發出其不意若少遲延或恐生變及討平韋氏其夜令權知雍州長史事以功授銀青光祿大夫黃門侍郎叅知機務封齊國公食實封二百戶爲相月餘與中書侍郎薛稷不協於中書忿競由是轉雍州長史停知政事尋出爲揚州長史歷婺汴二州刺史兗州都督荊州長史因入奏事言太平公主謀逆有期陛下往在宮府欲有討捕猶是子道臣道須用謀用力今既光臨大寶但須下一制誰敢不從忽姦宄得志則禍亂不小上曰誠如此直恐驚動太上皇卿宜更思之日用曰臣聞天子孝與庶人孝全別庶人孝謹身節用承順顏色天子孝安國家定社稷今若逆黨竊發即大業都弃豈得成天子之孝乎伏請先定北軍次收逆黨即不驚動太上皇玄宗從其議及討蕭至忠竇懷貞之際又令權檢校雍州長史加實封通前滿四百戶尋拜吏部尚書日用嘗採毛詩大雅小雅二十篇及司馬相如封禪書因上生日表上之以申規諷并述告成

之事手詔荅曰夫詩者動天地感鬼神厚於人美於教矣朕志之所尚思與之齊庶乎採詩之官補朕之闕且古者封禪升中告成朕以菲德未明於至道疎然以聽頗壯相如之詞惕然載懷復慙夷吾之語卿洽聞殫見温故知新逮此發揮益彰忠懇豈非討蓬山之籍心不忘於起予因蘭殿之祥言固深於啓沃朕循環覽諷用慰于懷今賜卿衣裳一副物五十段以示無言不酬之信也尋出為常州刺史削實封三百戶轉汝州刺史開元七年差降口賦特下勑曰唐元之際逆黨搆兇崔日用當時潛論其事及于戡翦實預元謀而所食之封後以例減功既居多特宜準初食之封與二百戶十年轉幷州大都督長史尋卒時年五十贈吏部尚書謚曰昭後又贈荆州大都督子宗之襲日用才辯過人見事敏速每朝廷有事轉禍為福以取富貴及先天已後復求入相竟亦不遂常謂人曰吾一生行事皆臨時制變不必重專守始謀每一念之不覺芒刺在於背也日用從父兄日知亦有吏幹景雲中為洛州司馬會譙王重福入東都作亂羣臣

皆避難逃匿日知獨督率人吏赴留守與屯營合勢討賊重福既死以功加銀青光祿大夫累遷京兆尹坐贓為御史李如璧所劾左遷歙縣丞俄又歷遷殿中監日知素與張說友善說薦之奏請授御史大夫上不許遂以為左羽林衛大將軍而以河南尹崔隱甫為御史大夫隱甫由是與說不叶日知俄遷太常卿自以歷任年久每朝士參集常與尚書同列時人號為尚書裏行遂為口實開元十六年出為潞州大都督府長史尋以年老致仕卒謚曰襄

張嘉貞蒲州猗氏人也弱冠應五經舉拜平鄉尉坐事免歸鄉里長安中侍御史張循憲為河東採訪使薦嘉貞材堪憲官請以己之官秩授之則天召見垂簾與之言嘉貞奏曰以臣草萊而得入謁九重是千載一遇也咫尺之間如隔雲霧竟不覩日月恐君臣之道有所未盡則天遽令卷簾與語大悅擢拜監察御史累遷中書舍人歷秦州都督幷州長史為政嚴肅甚為人吏所畏開元初因奏事至京師上聞其善政數加賞慰嘉貞因奏曰臣少孤兄弟相依以至今臣弟嘉祐今授鄯州別駕與臣各在一方同心離居魂絕萬里乞移就臣側近臣兄弟盡力報國死無所恨上嘉其友愛特改嘉祐為忻州刺史時突厥九姓新來內附散居太原已北嘉貞奏請置軍以鎮之於是始於幷州置天兵軍以嘉貞為使六年春嘉貞又入朝俄有告其在軍奢僭及贓賄者御史大夫王晙因而劾奏之按驗無狀上將加告者反坐之罪嘉貞奏曰昔者天子聽政於上瞍賦矇誦百工諫庶人謗而後天子斟酌焉今反坐此輩是塞言者之路則天下之事無由上達特望免此罪以廣謗誦之道從之遂令減死自是帝以嘉貞為忠嘉貞又嘗奏曰今志力方壯是効命之秋更三數年即衰老無能為也惟陛下早垂任使死且不憚上以其明辯尤重之八年春宋璟蘇頲罷知政事擢嘉貞為中書侍郎同中書門下平章事數月加銀青光祿大夫遷中書令嘉貞斷決敏速善於敷奏然性強躁自用頗為時論所譏時中書舍人苗延嗣呂太一考功員外郎員嘉靜殿中侍御史崔訓皆嘉貞所引位列清要常在嘉貞門下共議朝政時人

為之語曰令公四俊苗呂員訓開元十年車駕幸東都有洛陽主簿王鈞為嘉貞修宅將以求御史因受贓事發上特令朝堂集衆決殺之嘉貞促所由速其刑以滅口乃歸罪於御史大夫韋抗中丞韋虛心皆貶黜之其冬秘書監姜皎犯罪嘉貞又附會王守一奏請杖之皎遂死于路俄而廣州都督裴伷先下獄上召侍臣問當何罪嘉貞又請杖之兵部尚書張說進曰臣聞刑不上大夫以其近於君也故曰士可殺不可辱臣今秋受詔巡邊中途聞姜皎以罪於朝堂決杖配流而死皎官是三品亦有微功若其有犯應死即殺應流即流不宜決杖廷辱以卒伍待之且律有八議勳貴在焉皎事以往不可追悔伷先秖宜據狀流貶不可輕又決罰上然其言嘉貞不悅退謂說曰何言事之深也說曰宰相者時來即為豈能長據若貴臣盡當可杖但恐吾等行當及之此言非為伷先乃為天下士君子也初嘉貞為兵部員外郎時張說為侍郎及是說位在嘉貞下既無所推讓說頗不平因以此言激怒嘉貞由是與說不叶上又以嘉貞弟嘉祐為

金吾將軍兄弟並居將相之位甚爲時人之所畏憚十一年上幸太
原行在所嘉祐贓汙事發張說勸嘉貞素服待罪不得入謁因出爲
幽州刺史說遂代爲中書令嘉貞惋恨謂人曰中書令幸有二員何
相迫之甚也明年復拜戶部尚書兼益州長史判都督事勑嘉貞就
中書省與宰相會宴嘉貞既恨張說擠已因攘袂勃駡源乾曜王晙
共和解之明年坐與王守一交往左轉台州刺史復代盧從愿爲工
部尚書定州刺史知北平軍事累封河東侯將行上自賦詩詔百寮
於上東門外餞之至州於恒嶽廟中立頌嘉貞自爲其文乃書於石
其碑用白石爲之素質黑文甚爲奇麗先是嶽祠爲遠近祈賽有錢
數百萬嘉貞自以爲頌文之功納其數萬十七年嘉貞以疾請就醫
東都制從之至都目瞑無所見上令醫人內直郎田休裕郎將呂弘
泰馳傳往省療之其秋卒年六十四贈益州大都督謚曰恭肅嘉貞
雖久歷清要然不立田園及在定州所親有勸植田業者嘉貞曰吾
忝歷官榮曾任國相未死之際豈憂飢餒若負譴責雖富田莊亦無

用也比見朝士廣占良田及身沒後皆爲無賴子弟作酒色之資甚
無謂也聞者皆歎伏初嘉貞作相薦萬年縣主簿韓朝宗擢爲監察
御史及嘉貞卒後十數歲朝宗爲京兆尹因奏曰自陛下臨御已來
所用宰相皆進退以禮善始令終身雖已沒子孫咸在朝廷唯張嘉
貞晚年一子今猶未登官序上亦惘然遽令召之賜名延賞特拜左
內率府兵曹參軍德宗朝位至宰輔自有傳嘉祐有幹略自右金吾
將軍貶浦陽府折衝至二十五年爲相州刺史相州自開元已來刺
史死貶者十數人嘉祐訪知尉遲迥周末爲相州總管身死國難乃
立其神祠以邀福經三考改左金吾將軍後吳兢爲鄴郡守又加尉
遲神冕服自後郡守無患

蕭嵩貞觀初左僕射宋國公瑀之曾姪孫祖鈞中書舍人有名於時
嵩美鬚髯儀形偉麗初娶會稽賀晦女與吳郡陸象先爲僚壻象先
時爲洛陽尉宰相子門望甚高嵩尚未入仕宣州人夏榮稱有相術
謂象先曰陸郎十年內位極人臣然不及蕭郎一門盡貴官位高而
有壽時人未之許神龍元年嵩調補洺州參軍尋而侍中扶陽王桓
彥範出爲洺州刺史見之推重待以殊禮景雲元年爲醴泉尉時陸
象先已爲中書侍郎引爲監察御史及象先知政事嵩又驟遷殿中
侍御史開元初爲中書舍人與崔琳王丘齊澣同列皆以嵩寡學術
未異之而紫微令姚崇許其致遠眷之特深歷宋州刺史三遷爲尚
書左丞兵部侍郎十五年涼州刺史河西節度王君㚟恃衆每歲攻
擊吐蕃吐蕃大將悉諾邏恭祿及燭龍莽布支攻陷瓜州城執刺史
田元獻及君㚟父壽盡取城中軍資及倉糧仍毀其城而去又攻玉
門軍及常樂縣縣令賈師順嬰城固守賊遂引退無何君㚟又爲迴
紇諸部殺之於鞏筆驛河隴震駭玄宗以君㚟勇將無謀果及於難
擇堪邊任者乃以嵩爲兵部尚書河西節度使判涼州事嵩乃請以
裴寬郭虛已牛仙客在其幕下又請以建康軍使左金吾將軍張守
珪爲瓜州刺史修築州城招輯百姓令其復業又加嵩銀青光祿大
夫時悉諾邏恭祿威名甚振嵩乃縱反間於吐蕃言其與中國潛通

贊普遂召而誅之明年秋吐蕃大下悉末明復率衆攻瓜州守珪出
兵擊走之隴右節度使鄯州都督張志亮引兵至青海西南渴波谷
與吐蕃接戰大破之八月嵩又遣副將杜賓客率弩手四千人與吐
蕃戰于祁連城下自晨至暮散而復合賊徒大潰臨陣斬其副將一
人散走山谷哭聲四合露布至玄宗大悅乃加嵩同中書門下三品
恩顧莫比十七年授宇文融裴光庭宰相又加嵩兼中書令自十四
年燕國公張說罷中書令後缺此位四年而嵩居之常帶河西節度
遙領之加集賢殿學士知院事兼修國史進位金紫光祿大夫子衡
尚新昌公主嵩夫人賀氏入覲拜席玄宗呼爲親家母禮儀甚盛尋
又進封徐國公二十一年二月侍中裴光庭卒光庭與嵩同位數年
情頗不協及是玄宗遣嵩擇相嵩以右丞韓休長者舉之及休入相
嵩舉事休峭直輒不相假互於玄宗前論曲直因讓位玄宗眷嵩厚
乃許嵩授尚書右丞相令罷相以休爲工部尚書尋又以嵩子華爲
給事中二十四年拜太子太師及幽州節度使張守珪坐賂遺中官

牛仙童貶爲括州刺史嵩嘗賂仙童李林甫發之貶青州刺史尋又追拜太子太師嵩又請老嵩性好服餌及罷相於林園植藥合鍊自適華時爲工部侍郎衡以主壻三品嵩晞然就養十餘年家財豐贍衣冠榮之天寶八年薨年八十餘贈開府儀同三司子華天寶末轉兵部侍郎祿山之亂從駕不及陷賊僞署魏州刺史乾元元年郭子儀與九節度之師渡河攻安慶緒於相州華潛通表疏俟官軍至爲内應賊伺知之禁錮華於獄崔光遠收魏州破械出華魏人美華之惠政詣光遠請留朝廷正授魏州刺史既而史思明率衆南下子儀懼華復陷乃表崔光遠代華召至軍中及相州兵潰華歸京仍以僞命所汙降授試秘書少監華謹重方雅綽有家法人士稱之尋遷尚書右丞乾元二年出爲河中尹河中晉絳節度使上元元年十二月制曰猗予之選審象是求天步未平廟謨尤切必資明表佇以佐時畫一之才取則不遠正議大夫前河中尹兼御史中丞充本府晉絳等州節度觀察等使上柱國嗣徐國公賜紫金魚袋蕭華公輔成名

承家繼業詞標麗則德蘊謨明再踐宮坊尤知至行致君望美闕相求能且推伊陟之賢更啓漢臣之閤還依日月佐理陰陽俾參政於紫宸用建中於皇極可中書侍郎同中書門下平章事集賢殿崇文館大學士監修國史時中官李輔國專典禁兵怙寵用事求爲宰相諷宰臣裴冕等薦己華頗拒之輔國怒肅宗方寢疾輔國矯命罷華相位守禮部尚書仍引元載代華肅宗崩代宗在諒闇元載希輔國旨貶華爲硤州員外司馬卒於貶所衡子復德宗朝位亦至宰輔華子恒悟恒子俛大和中宰輔悟子倣咸通中宰輔皆自有傳

張九齡字子壽一名博物曾祖君政韶州別駕因家于始興今爲曲江人父弘愈以九齡貴贈廣州刺史九齡幼聰敏善屬文年十三以書干廣州刺史王方慶大嗟賞之曰此子必能致遠登進士第應舉登乙第拜校書郎玄宗在東宮舉天下文藻之士親加策問九齡對策高第遷右拾遺時帝未行親郊之禮九齡上疏曰伏以天者百神之君而王者之所由受命也自古繼統之主必有郊配之義蓋以敬天命以報所受故於郊之義則不以德澤未洽年穀不登凡事之故而闕其禮孝經云昔者周公郊祀后稷以配天斯謂成王幼冲周公居攝猶用其禮明不暫廢漢丞相匡衡亦云帝王之事莫重乎郊祀董仲舒又云不郊而祭山川失祭之序逆於禮正故春秋非之臣愚以爲匡衡仲舒古之知禮者皆謂郊之爲祭所宜先也伏惟陛下紹休聖緒其命惟新御極已來于今五載既光太平之業未行大報之禮竊考經傳義或未通今百穀嘉生鳥獸咸若夷狄内附兵革用寧將欲鑄劒爲農泥金封禪用彰功德之美允答神祇之心能事畢行光耀帝載況郊祀常典猶闕其儀有若怠於事天臣恐不可以訓伏望以迎日之至展焚柴之禮升紫壇陳采席定天位明天道則聖朝典則可謂無遺矣九齡以才鑒見推當時吏部試拔萃選人及應舉者咸令九齡與右拾遺趙冬曦考其等第前後數四每稱平允開元十年三遷司勳員外郎時張說爲中書令與九齡同姓敘爲昭穆尤親重之常謂人曰後來詞人稱首也九齡既欣知己亦依附焉十一

年拜中書舍人十三年車駕東巡行封禪之禮說自定侍從升中之官多引兩省錄事主書及己之所親攝官而上遂加特進階超授五品初令九齡草詔九齡言於說曰官爵者天下之公器德望爲先勞舊次焉若顛倒衣裳則譏謗起矣今登封霈澤千載一遇清流高品不沐殊恩胥吏末班先加章紱但恐制出之後四方失望今進草之際事猶可改唯令公審籌之無貽後悔也說曰事已決矣悠悠之談何足慮也竟不從及制出内外甚咎於說時御史中丞宇文融方知田戶之事每有所奏說多建議違之融亦以此不平於說九齡復勸說爲備說又不從其言無幾說果爲融所劾罷知政事九齡亦改太常少卿尋出爲冀州刺史九齡以母老在鄉而河北道里遼遠上疏固請換江南一州望得數承母音耗優制許之改爲洪州都督俄轉桂州都督仍充嶺南道按察使上又以其弟九章九皋爲嶺南道刺史令歲時伏臘皆得寧覲初張說知集賢院事常薦九齡堪爲學士以備顧問說卒後上思其言召拜九齡爲秘書少監集賢院學士副

知院事再遷中書侍郎常密有陳奏多見納用尋丁毋喪歸鄉里二十一年十二月起復拜中書侍郎同中書門下平章事明年遷中書令兼修國史時范陽節度使張守珪以裨將安祿山討奚契丹敗衂執送京師請行朝典九齡奏劾曰穰苴出軍必誅莊賈孫武教戰亦斬宮嬪守珪軍令必行祿山不宜免死上特捨之九齡奏曰祿山狼子野心面有逆相臣請因罪戮之冀絕後患上曰卿勿以王夷甫知石勒故事誤害忠良遂放歸藩二十三年加金紫光祿大夫累封始興縣伯李林甫自無學術以九齡文行爲上所知心頗忌之乃引牛仙客知政事九齡屢言不可帝不悅二十四年遷尚書右丞相罷知政事後宰執每薦引公卿上必問風度得如九齡否故事皆搢笏於帶而後乘馬九齡體羸常人使持之因設笏囊笏囊之設自九齡始也初九齡爲相薦長安尉周子諒爲監察御史至是子諒以妄陳休咎上親加詰問令於朝堂決殺之九齡坐引非其人左遷荊州大都督府長史俄請歸拜墓因遇疾卒年六十八贈荊州大都督謚曰文憲

○九齡在相位時建議復置十道採訪使又教河南數州水種稻以廣屯田議置屯田費功無利竟不能就罷之性頗躁急動輒忿詈議者以此少之子極伊闕令祿山之亂陷賊不受僞命兩京克復詔加太子右贊善弟九皐自尚書郎歷唐徐宋襄廣五州刺史九章歷吉明曹三州刺史鴻臚卿九齡爲中書令時天長節百寮上壽多獻珍異唯九齡進金鏡録五卷言前古興廢之道上賞異之又與中書侍郎嚴挺之尚書左丞袁仁敬右庶子梁升卿御史中丞盧怡結交友善挺之等有才幹而交道終始不渝甚爲當時之所稱至德初上皇在蜀思九齡之先覺下詔褒贈曰正大廈者柱石之力昌帝業者輔相之臣生則保其雄名歿乃稱其盛德飾終未允於人望加贈寔存乎國章故中書令張九齡維嶽降神濟川作相開元之際寅亮成功讜言定其社稷先覺合於蓍策永懷賢弼可謂大臣竹帛猶存樵蘇必禁爰從八命之秩更進三台之位可贈司徒仍遣使就韶州致祭有集二十卷九皐曾孫仲方少朗秀爲兒童時父友高郢見而奇之曰此

子非常必爲國器吾獲高位必振發之後郢爲御史大夫首請仲方爲御史歷金州刺史郡人有田產爲中人所奪仲方三疏奏聞竟理其冤入爲度支郎中駁李吉甫謚吉甫之黨惡之出爲遂州司馬稍遷復曹鄭三郡守爲諫議大夫時鄠縣令崔發因辱小黃門敬宗赫怒付臺推鞫及元日大赦獨發不得宥仲方上疏其略曰鴻恩將布於天下而不行御前霈澤始被於昆蟲而獨遺崔發由是發得不死時論美之太和九年爲京兆尹將相從累者皆大戮仲方密令識之旋詔下許令收斂得認遺骸實仲方之力也是時軍人橫恣仲方貽韋坐不稱職出爲華州刺史改秘書監開成二年卒年七十二贈禮部尚書謚曰成

李適之一名昌恒山王承乾之孫也父象官至懷州別駕適之神龍初起家拜左衛郎將開元中累遷通州刺史以強幹見稱時給事中韓朝宗爲按察使特表薦之擢拜秦州都督俄轉陝州刺史入爲河南尹適之性簡率不務苛細人吏便之歲餘拜御史大夫開元二十

○七年兼幽州大都督府長史知節度事適之以祖得罪見廢父又遭則天所黜葬禮有闕上疏請歸葬昭陵之闕內於是下詔追贈承乾爲恒山愍王象爲越州都督郇國公伯父厥及亡兄數人並有褒贈數喪同至京師葬禮甚盛仍刊石於墳所俄拜刑部尚書適之雅好賓友飲酒一斗不亂夜則宴賞晝決公務庭無留事天寶元年代牛仙客爲左相累封清和縣公與李林甫爭權不叶適之性疎爲其陰中林甫嘗謂適之曰華山有金鑛採之可以富國上未之知適之心善其言他日從容奏之玄宗大悅顧問林甫對曰臣知之久矣然華山陛下本命王氣所在不可穿鑿臣故不敢上言帝以爲愛己薄適之言疎隴右節度皇甫惟明刑部尚書韋堅戶部尚書裴寬京兆尹韓朝宗悉與適之善林甫皆中傷之構成其罪相繼放逐適之懼不自安求爲散職五載罷知政事守太子少保遽命親故歡會賦詩曰避賢初罷相樂聖且銜盃爲問門前客今朝幾箇來竟坐與韋堅等相善貶宜春太守後御史羅希奭奉使殺韋堅盧幼臨裴敦復李邕

等於貶所州縣且聞希奭到無不惶駭希奭過宜春郡適之聞其來
仰藥而死子季卿弱冠舉明經頗工文詞應制舉登博學宏詞科再
遷京兆府鄠縣尉肅宗朝累遷中書舍人以公事坐貶通州別駕代
宗即位大舉淹抑自通州徵爲京兆少尹尋復中書舍人拜吏部侍
郎俄兼御史大夫奉使河南江淮宣慰振拔幽滯進用忠廉時人稱
之在銓衡數年轉右散騎常侍季卿有宇量性識博達善與人交襟
懷豁如其在朝以進賢爲務士以此多之大曆二年卒贈禮部尚書
孫融立性嚴整善吏事貞元十年歷官至渭州節度使卒
嚴挺之華州華陰人叔父方嶷景雲中戶部郎中挺之少好學舉進
士神龍元年制舉擢第授義興尉遇姚崇爲常州刺史見其體質昂
藏雅有吏幹深器異之及崇再入爲中書令引挺之爲右拾遺睿宗
好樂聽之忘倦玄宗又善音律先天二年正月望胡僧婆陀請夜開
門燃百千燈睿宗御延喜門觀樂凡經四日又追作先天元年大酺
睿宗御安福門樓觀百司酺宴以夜繼晝經月餘日挺之上疏諫曰

微臣竊惟陛下應天順人發號施令躬親大禮昭布鴻澤孜孜庶政
業業萬機蓋以天下心爲心深戒安危之理此誠堯舜禹湯之德教
也柰何親御城門以觀大酺累日兼夜臣愚竊所未諭夫酺者因人
所利合醵爲歡無相奪倫不至靡弊且臣卜其晝史冊攸存君舉必
書帝王重慎今乃暴衣冠於上路羅妓樂於中宵雜鄭衛之音縱倡
優之樂陛下還淳復古宵衣旰食不矜細行恐非聖德所宜臣以爲
一不可也譙何警夜伐鼓通晨以備非常存之善教今陛下不深惟
戒慎輕違動息重門弛禁巨猾多徒黨有躍馬奔車流言駭叫一塵
聽覽有累宸衷臣以爲二不可也且一人向隅滿堂不樂一物失所
納隍增慮陛下北宮多暇西墉暫臨青春日長已積埃塵之弊紫微
漏永重窮歌舞之樂儻令有司跛倚下人飢倦以陛下近猶不恤而
況於遠乎聖情攸聞豈不懔然祗畏臣以爲四不可也且元正首祚
大禮頻光百姓顒顒咸謂業盛配天功垂曠代今陛下恩似薄於衆
望酺即過於往年王公貴人各承微旨州縣坊曲競爲課稅吁嗟道

路貿易家產損萬人之力營百戲之資適欲同其歡而乃遺其患復
令兼夜人何以堪臣以爲五不可也書曰罔咈百姓以從己之欲況
自去夏霖霪經今元旱農乏收成市有騰貴損其實崇其虛馳不急
之務擾方春之業前代聖主明王忽於細微而成過患多矣陛下可
效之哉伏望晝則歡娛暮令休息要令兼夜恐無益於聖朝上納其
言而止時侍御史任知古恃憲威於朝行詬詈衣冠挺之深讓之以
爲不敬乃爲臺司所劾左遷萬州員外參軍開元中爲考功員外郎
典舉二年大稱平允登科者頓減二分之一遷考功郎中特敕又令
知考功貢舉事稍遷給事中時黃門侍郎杜暹中書侍郎李元紘同
列爲相不叶暹與挺之善元紘素重宋遙引爲中書舍人及與起居
舍人張烜等同考吏部等第判遙復與挺之好尚不同遙言於元紘
元紘詰譙挺之挺之曰明公位尊國相情溺小人乃有憎惡甚爲不
取也詞色俱厲元紘曰小人爲誰挺之曰即宋遙也因出爲登州刺
史太原少尹殿中監王毛仲使太原朔方幽州計會兵馬事隔數年

乃牒太原索器仗挺之以不挾勑毛仲寵幸久恐有變故密奏之尋
遷濮汴二州刺史挺之所歷皆嚴整吏不敢犯及蒞大郡人乃重足
側息二十年毛仲得罪賜死玄宗思曩日之奏擢爲刑部侍郎深見
恩遇改太府卿與張九齡相善九齡入相用挺之爲尚書左丞知吏
部選陸景融知兵部選皆爲一時精選時侍中裴耀卿禮部尚書李
林甫與九齡同在相位九齡以詞學進入視草翰林又爲中書令甚
承恩顧耀卿與九齡素善林甫巧密知九齡方承恩遇善事之意未
相與林甫引蕭炅爲戶部侍郎嘗與挺之同行慶弔客次有禮記蕭
炅讀之曰蒸嘗伏獵炅早從官無學術不識伏臘之意誤讀之挺之
戲問炅對如初挺之白九齡曰省中豈有伏獵侍郎由是出爲岐州
刺史林甫深恨之九齡嘗欲引挺之同居相位謂之曰李尚書深承
聖恩足下宜一造門款狎挺之素負氣薄其爲人三年非公事竟不
私造其門以此彌爲林甫所嫉及挺之囑蔚州刺史王元琰林甫使
人話於禁中以此九齡罷相挺之出爲洺州刺史二十九年移絳郡

太守天寶元年玄宗嘗謂林甫曰嚴挺之何在此人亦堪進用林甫
乃召其弟損之至門敘故云當授子員外郎因謂之曰聖人視賢兄
極深要須作一計入城對見當有大用令損之取絳郡一狀云有少
風氣請入京就醫林甫將狀奏云挺之年高近患風且須授閑官就
醫玄宗歎吒久之林甫奏授員外詹事便令東京養疾挺之素歸心
釋典事僧惠義及至東都鬱鬱不得志成疾自爲墓誌曰天寶元年
嚴挺之自絳郡太守抗疏陳乞天恩允請許養疾歸閑兼授太子詹
事前後歷任二十五官每承聖恩嘗忝獎擢不盡驅策驚寵何階仰
答鴻造春秋七十無所展用爲人士所悲其年九月寢疾終于洛陽
某里之私第十一月葬于大照和尚塔次西原禮也盡忠事君叨載
國史勉拙從仕或布人謠陵谷可以自紀文章焉用爲飾遺文薄葬
歛以時服挺之與裴寬皆奉佛開元末惠義卒挺之服縗麻送於龕
所寬爲河南尹僧普寂卒寬與妻子皆服縗絰設次哭臨妻子送喪
至嵩山故挺之誌文云葬於大照塔側祈其靈祐也挺之素重交結

○ 唐傳四十九　十二

有許與凡舊交先歿者厚撫其妻子凡嫁孤女數十人時人重之子
武廣德中黃門侍郎成都尹劍南節度使

史臣曰崔日用附會三思以取高位預討韋氏遂握重權自言吾一
生行事皆臨時制變不必專守始謀信矣與夫守死善道者不可同年
而語也張嘉貞雖不立田園忝急於勢利朋比近習杖姜皎佃先非
中立之士也蕭嵩位極中令輿政無聞樹破虜之勳真致遠之器九
齡文學政事咸有所稱一時之選也適之臨下雖簡在公克勤惜乎
不得其死也挺之才略器識不下諸公恥近權門爲人所惡不登台
輔養疾宮寮雖富貴在天窮達有命彼林甫者誠可投畀豺虎也

贊曰開元之代多士盈庭日用無守嘉貞近名嵩齡適挺各有度程
大位俱極半慙德馨

唐書列傳卷第四十九

唐書列傳卷第五十

劉昫

尹思貞　李傑　解琬　畢構
蘇珦子晉　鄭惟忠　王志愔　盧從愿
李朝隱　裴漼從祖弟寬　王丘

尹思貞京兆長安人也弱冠明經舉補隆州參軍時晉安縣有豪
族蒲氏縱橫不法前後官吏莫能制州司令思貞推按發其姦贓
萬計竟論殺之遠近稱慶刻石以紀其事由是知名累轉明堂令
以善政聞三遷殿中少監檢校洛州刺史會契丹孫萬榮作亂河
朔不安思貞善於綏撫境內獨無驚擾則天降璽書嘆美之長安
中七遷秋官侍郎以忤張昌宗被構出爲定州刺史轉青州刺史尋
復入爲司府少卿時御侯知一亦厲威嚴吏人爲之語曰不畏侯卿
杖惟畏尹卿筆其爲人所伏若此尋加銀青光祿大夫於宅中掘
得古戟十二俄而門加棨戟時人異焉神龍初爲大理卿時武三

○ 三十四 唐傳五十 朱田

思擅權御史大夫李承嘉附會之雍州人韋月將上變告三思謀逆
中宗大怒命斬之思貞以發生之月固執奏以爲不可行刑竟有
敕決杖配流嶺南三思令所由因此非法害之思貞又固爭之承
嘉希三思旨託以他事不許思貞入朝廷謂承嘉曰公擅作威福
不顧憲章附託姦臣以圖不軌將先除忠良以自恣耳承嘉大怒
遂劾奏思貞出爲青州刺史境內有蠶一年四熟者黜陟使衞州
司馬路敬潛八月至州見而歎曰非善政所致孰能至於此乎特表
薦之思貞前後爲十三州刺史皆以清簡爲政奏課連最睿宗即
位徵爲將作大匠累封天水郡公時左僕射竇懷貞興造金仙玉
眞兩觀調發夫匠思貞常節減之懷貞怒頻詰責思貞思貞曰公
職居端揆任重彌綸不能翼贊聖明光宣大化而乃盛興土木害
及黎元豈不愧也又受小人之譖輕辱朝臣今日之事不能苟免請
從此辭拂衣而去閨門累日上聞而特令視事其年懷貞伏誅乃
下制曰國之副相位亞中台自匪邦直孰司天憲將作大匠尹思

貞賢良方正碩儒耆德剛不護缺清而畏知簡言易從莊色難犯御先王之體要敷袵必陳折佞臣之怙權拂衣而謝故以事聞海內名動京師鷹隼是擊豺狼自遠必能條理前弊發揮舊章宜承弄印之榮式允登車之志可御史大夫俄兼申王府長史遷戶部尚書轉工部尚書以老疾累表請致仕許之開元四年卒年七十七贈黃門監謚曰簡

李傑本名務光相州滏陽人後魏并州刺史寶之後也其先自隴西徙焉傑少以孝友著稱舉明經累遷天官員外郎明敏有吏才甚得當時之譽神龍初累遷衛尉少卿爲河東道巡察黜陟使奏課爲諸使之最開元初爲河南尹傑既勤於聽理每有訴列雖衢路當食無廢處斷由是官無留事人吏愛之先是河汴之間有梁公堰年久堰破江淮漕運不通傑奏調發汴鄭丁夫以濬之省功速就公私深以爲利刊石水濱以紀其績尋代宋璟爲御史大夫時皇后妹壻尚衣奉御長孫昕與其妹壻楊仙玉因於里巷遇傑遂

毆擊之上大怒令斬昕等散騎常侍馬懷素以爲陽和之月不可行刑累表陳請乃下勅曰夫爲令者自近而及遠行罰者先親而後疎長孫昕楊仙玉等憑恃姻戚恣行兇險輕侮常憲損辱大臣情特難容故令斬決令群官等累陳表疏固有誠請以陽和之節非肅殺之時援引古今詞義懇切朕志從深諫情亦惜法宜寬異門之罰聽從枯木之斃即宜決殺以謝百寮傑明年以護橋陵作賜爵武威子初傑護作時引侍御史王旭爲判官旭貪冒受贓傑將繩之而不得其實反爲旭所構出爲衢州刺史俄轉揚州大都督府長史又爲御史所劾免官歸第尋卒贈戶部尚書

解琬魏州元城人也少應幽素舉拜新政尉累轉成都丞因奏事稱旨超遷監察御史丁憂離職則天以琬識練邊事起復舊官令往西域安撫夷虜抗疏固辭則天嘉之下勅曰解琬孝性淳至哀情懇切固辭權奪之榮乞就終憂之典足可以激揚風俗敦獎名教宜遂雅懷允其所請仍令服闋後赴上聖曆初遷侍御史充使安撫烏質勒及十姓部落咸得其便宜蕃人大悅以功擢拜御史中丞兼北庭都護持節西域安撫使琬素與郭元振同官相善遂爲宗楚客所毀由是左遷滄州刺史爲政務存大體甚得人和景龍中遷右臺御史大夫兼持節朔方行軍大總管琬前後在軍二十餘載務農習戰多所利益邊境安之景雲二年復爲朔方軍大總管琬分遣隨軍要籍官河陽丞張冠宗肥鄉令韋景駿普安令于處忠等校料三城兵募於是減十萬人奏罷之尋授右武衛大將軍兼檢校晉州刺史賜爵濟南縣男以年老乞骸骨拜表訖不待報而去優詔加金紫光祿大夫聽致仕其祿準品全給尋降璽書勞之曰卿器局堅正才識高遠公忠彰其立身貞固足以幹事類張騫之出使同魏絳之和戎職綜文武功申方面勤于王家是爲國老頃者顧斯側景願言勇退深惜馬援之能未遂祁奚之請然章疏頻上雅懷難奪今知脫屣歸閑拂衣高謝固可以激勵頹俗儀形庶僚永言終始良可嘉尚宜善攝養以介期頤未幾吐蕃

寇邊復召拜左散騎常侍令與吐蕃分定地界兼處置十姓降戶琬言吐蕃必潛懷叛計請預支兵十萬於秦渭等州嚴加防遏其年冬吐蕃果入寇竟爲支兵所擊走之俄又表請致仕不許遷太子賓客開元五年出爲同州刺史明年卒年八十餘

畢構河南偃師人也父憬則天時爲司衛少卿構少舉進士神龍初累遷中書舍人時敬暉等奏請降削武氏諸王構次當讀表既聲韻朗暢兼分析其文句左右聽者皆歷然可曉由是武三思惡之出爲潤州刺史累除益州大都督府長史景雲初召拜左御史大夫轉陝州刺史加銀青光祿大夫封魏縣男頃之復授益州大都督府長史兼充劍南道按察使所歷州府咸著聲績在蜀中尤革舊弊政號清嚴睿宗聞而善之璽書勞曰我國家創開天地再造黎元四夷來王萬邦會至置州立郡分職設官貞觀永徽之前皇猷惟穆咸亨垂拱之後淳風漸替征賦將急調役頗繁選吏舉人涉於浮濫省閣臺寺罕有公直苟貪祿秩以度歲時中外因

循紀綱苑棄且無懲革矯乃滋深爲官既不擇人非親即賄爲法
又不按罪作孽寧逃貪殘放手者相仍清白絜已者斯絶蓋由賞
罰不舉生殺莫行更以水旱時乖邊隅未謐日損一日徵斂不休
大東小東杼軸爲怨就更割剥何以克堪昔聞當官以留犢還珠
爲上今之從職以充車聯駟爲能或交結富豪抑弃貧弱或矜假
典正樹立腹心邑屋之間囊篋俱委或地有椿幹梓漆或家有畜産
資財即被晴通並從取奪若有固恡即因事以繩麤杖大枷動傾
性命懷冤抱痛無所告陳比差御史委令巡察或有貴要所囑未
能不避權豪或有親故在官又罕絶於顔面載馳原隰徒煩出使
之名安問狐狸未見埋車之者揚清激濁涇渭不分嫉惡好善蕭
蘭莫別官守既其若此下人豈以聊生數年已來凋殘更甚卿孤絜
獨行有古人之風自臨蜀川弊化頓易覽卿前後執奏何異破柱
求姦諸使之中在卿爲最並能盡節似卿如此百郡何憂乎不理
萬人何慮乎不安卿當益堅勿爲後顧朕嘉卿直道今賜袍帶并

衣一副尋拜戸部尚書轉吏部尚書並遥領益州大都督府長史
玄宗即位累拜河南尹遷戸部尚書開元四年遇疾上手疏壓方
以賜之時議戸部尚書爲凶官遽改授太子詹事冀其有瘳尋卒
贈黄門監謚曰景構初喪繼母時有二妹在襁褓親加鞠養咸得
成立及構卒二妹號絶久之以撫育恩遂制三年之服其弟栩亦
甚哀毁並爲當時所稱栩官至荆州司馬
蘇珦雍州藍田人明經舉累授鄠縣尉雍州長史李義琰召而謂
曰鄠縣本多訴訟近日遂絶訪問果由明公爲其疏理因顧指廳
事曰此座即明公座也但恨非遅暮所見耳垂拱初拜右臺監察
御史時則天將誅韓魯等諸王使珦按其密狀珦訊問皆無徵驗
或誣告珦與韓魯等同情則天召見詰問珦抗議不回則天不悦
曰卿大雅之士朕當別有驅使此獄不假卿也遂令珦於河西監
軍五遷右司郎中時御史王弘義託附來俊臣構陷無罪朝廷疾
之嘗受詔於虢州採木役使不節丁夫多死珦按奏其事弘義竟
以坐黜珦尋遷給事中累授左肅政臺御史大夫時有詔白司馬
坂營大像糜費巨億珦以妨農上疏切諫則天納焉神龍初武三
思擅權韋月將告三思將有逆謀返爲三思所構中宗令斬之珦奏
非時不可行刑由是忤三思旨轉爲右御史大夫尋出爲岐州刺
史復爲右臺大夫會節愍太子敗詔珦窮其黨與時睿宗在藩爲
得罪者所引珦因辯析事狀密奏以保持之中宗意解因是多所
原免罷珦爲戸部尚書賜爵河内郡公尋授太子賓客檢校詹事
以年老致仕開元三年卒年八十一贈兖州都督謚曰文
子晋亦知名晋數歲能屬文作八卦論吏部侍郎房穎叔秘書少
監王紹宗見而賞歎曰此後來王粲也弱冠舉進士又應大禮舉
皆居上第先天中累遷中書舍人兼崇文館學士玄宗監國每有
制命皆令晋及賈曾爲之晋亦數進讜言深見嘉納俄出爲泗州
刺史以父老乞辭職歸侍許之父卒後歷戸部侍郎襲爵河内郡
公開元十四年遷吏部侍郎時開府宋璟兼尚書事晋及齊澣遞

於京都知選事既糊名考判晋獨多賞拔甚得當時之譽俄而侍
中裴光庭知尚書事每過官應批退者但對衆披簿以朱筆點頭
而已晋遂牓選院云門下點頭者更引注擬光庭以爲侮己甚不
悦遂出爲汝州刺史三遷魏州刺史加銀青光禄大夫入爲太子左
庶子二十二年卒年五十九初晋與洛陽人張循之仲之兄弟友善
循之等並以學業著名循之則天時上書忤旨被誅仲之神龍中
謀殺武三思爲友人宋之遜所發下獄死晋厚撫仲之子漸有如
己子教之書記爲營婚宦及晋卒漸制猶子之服時人甚以此稱之
鄭惟忠宋州宋城人也儀鳳中進士舉授井陘尉轉湯陰尉天授
中應舉召見則天臨軒問諸舉人何者爲忠諸人對不稱旨惟忠
對曰臣聞忠者外揚君之美内匡君之惡則天曰善授左司禦率
府胄曹參軍累遷水部員外郎則天幸長安惟忠待制引見則天
謂曰朕識卿前於東都言忠臣外揚君之美内匡君之惡至今不
忘尋加朝散大夫再遷鳳閣舍人中宗即位甚見尊重之擢拜黄門

侍郎時議請禁嶺南首領家畜兵器惟忠曰夫爲政不可革以習俗且吳都賦云家有鶴膝戶有犀渠如或禁之豈無驚擾耶遂寢無何守大理卿節愍太子與將軍李多祚等舉兵誅武三思事變伏誅其詿誤守門者並配流將行有韋氏黨與密奏請盡誅之中宗令推斷惟忠奏曰今大獄始決人心未寧若更改推必遞相驚恐則反側之子無由自安勑令百司議遂依舊斷所全者甚多俄拜御史大夫持節賑給河北道仍黜陟牧宰還數奏稱旨加銀青光祿大夫封滎陽縣男開元初爲禮部尚書轉太子賓客十年卒贈太子少保

王志愔博州聊城人也少以進士擢第神龍年累除左臺御史加朝散大夫執法剛正百僚畏憚時人呼爲皁鵰言其顧瞻人吏如鵰鶚之視燕雀也尋遷大理正嘗奏言法令者人之隄防隄防不立則人無所禁竊見大理官寮多不奉法以縱罪爲寬恕以守文爲苛刻臣濫執刑典實恐爲衆所謗遂表上

所著應正論以見志其詞曰嘗讀易至萃利見大人亨聚以正也六二引吉無咎注曰居萃之時體柔當位處坤之中己獨處正異操而聚獨正者危未能變體以遠於害故必見引然後乃吉而無咎王肅曰六二與九五相應俱履貞正引由迎也爲吉所迎何咎之有未嘗不輟書而歎曰居中履正事之常體見引無咎道亦宜然有客聞而惑之因謂僕曰今主上文明域中理定君累司典憲不務和同處正之志雖存見引之吉誰應行之不已余竊懼焉僕斂襟降階揖而謝曰補遺闕於袞職用忠讜爲己任以蒙養正見引獲吉應此道也仁何遠哉昔咎繇謨虞登朝作士設教理物開訓成務是以五流有宅五宅三居怙終賊刑刑故無小於是舜美其事曰汝明於五刑以弼五教期于予理刑期于無刑人協于中時乃功懋哉故孔子歎其政曰舜舉咎繇不仁者遠此非明辟執法大人見引之應乎季孫行父之事君也舉竊寶之慝黜授邑之賞明善惡而紀慝議僭賞以塞違在虞舜之功居二十之一主司得行其道時君不以爲嫌此非己獨處正應正而無咎矣漁于棠臧伯正色賂鼎在廟哀伯抗詞言者得盡其忠聞之不加其罪故春秋稱臧氏之正曰積善之家必有餘慶此非異操而聚引吉之所致乎魏絳理直晉侯乃復其位郤人辭順趙盾不伐其國此非正體未變爲吉所迎者乎夫在上垂拱臣下守制若正應乎上乃引吉於下而中士聞道若存若亡交戰於論正之門懷疑乎語默之境懼獨正之莫引忘此正之必亨于嗟乎行己立身居正踐義其動也直其正也方維正直而是與何往而非攸利何以明之坤六二直方大不習無不利文言曰直其正也方其義也君子敬以直內義以方外敬義立而德不孤直方大則不疑其所行也嵇康撰釋私論曹羲著至公論皆以崇公激俗抑私事主一言可以蔽之歸於體正而已矣禮記曰刑者侀也侀者成也一成而不可變故君子盡心焉若以喜怒制刑輕重設比是則橋前驚馬用希言論人苑中獵兎以從欲廢法理有違而合道物貴和而不同不同之和正在其中

矣昔任延爲武威太守漢帝誡之曰善事上官無失名譽延對曰臣聞忠臣不私私臣不忠上下雷同非國家之福善事上官臣不敢奉詔任延雅奏漢主是其言此則歸正不回乖旨順義不以忤懷見忌斯亦違而合道晏子春秋景公見梁丘據曰據與我和晏子曰此同也和者君甘則臣酸君淡則臣鹹今據也君甘亦甘所謂同也安得爲和是以濟鹽梅以調羹乃適平心之味獻可否而論道方恢政體之節侯引正而遵度故曰物貴和而不同劉晏山辯和同之義有言哉若以不同見譏未敢聞誨客曰和同乖訓則已聞之援法成而不變者豈恤獄之寬憲耶書曰御衆以寬傳曰寬則得衆若以嚴統物異乎寬政矣對曰刑賞二柄唯人主操之崇厚任寬是謂帝王之德愼子曰以力役法者百姓也以死守法者有司也以道變法者君上也然則匪人臣所操後魏游肇之爲廷尉也魏帝嘗私勑肇有所降恕肇執而不從曰陛下自能恕之豈足令臣曲筆也是知寬恕是君道曲從非臣節人或未達斯

言不料其務以平刑爲峻將曲法爲寬謹守憲章號爲深密內律
釋種虧戒一誅五百人如來不救其罪豈謂佛法爲殘刻耶老子
道德經云天網恢恢疏而不漏豈謂道教爲凝峻耶家語曰王者
之誅有五而竊盜不預焉即心辯言僞之流禮記亦陳四殺破律
亂名之謂豈是儒家執禁孔子之深文哉此三教之用法者所以
明眞諦重玄猷存天網立人極也然則乾象震曜天道明威齊衆
惟刑百王所以垂範折人以法三后於是成功所務掌憲決平斯廷
尉之職耳易曰家人嗃嗃無咎婦子嘻嘻終吝嚴於其家可移於
國昔崔寔達於理而作政論仲長統曰凡爲人主宜寫政論一通置
諸坐側其大抵云爲國者以嚴致平非以寬致平者也然則稱嚴
者不必踰條越制疑網重罰在於施隱括以矯枉用平典以禁非
刑故有常罰輕無捨人不易犯防之難越故也但人慢吏僞積
贓深而曰以寬理之可以爲過何異乎命王良御駻捨銜策於奔
踶請俞附攻疾停藥石於膚腠適見秋駕轉逸膏肓更深豎人

○ 三十四 唐傳五十 八 陳浩

僕夫何功之有又謂僕曰成法而變唯帝王之命敷對曰何爲其
然也昔漢武帝甥昭平君殺人以公主子廷尉上請論左右爲言武
帝垂涕歎曰法令者先帝之所造也用親故誣先帝之法吾何面
目入高廟乎又下負萬人乃可其奏近代隋文帝子秦王俊爲并
州揔管以奢縱免官僕射楊素奏言王陛下愛子請捨其過文帝
曰法不可違若如公意我是五兒之父非兆人之父何不別制天子兒
律乎我安能虧法卒不許此是帝王操法恊于禮經不變之義況
於秋官典職司寇肅事而可變動者乎我皇睿哲登宸高視嚴廊
之上宰衡明允就列輔穆廟堂之下乾坤交泰日月光華庶績其
凝衆工咸理聚以正也僕幸利見大人引其吉焉期養正於下位中
正是託子何懼乎夫君子百行之基出處二途而已出則策名委
質行直道以事人進善納忠仰太階而緝政諤諤其節思爲社稷
之臣謇謇匪躬願爲柱石之任處則高謝公卿孝友揚名是亦爲
政煙霞尚志其用永貞行藏事業心迹斯在至如水中泛泛天下

悠悠執馭爲榮掃門自媚拜塵邀勢括囊守祿從來長息以爲深
恥客乃逡巡不對遂無以闕僕也中宗覽而嘉之稍遷駕部郎中
景雲元年累轉左御史中丞尋遷大理少卿二年制依漢置刺史
監郡於天下衝要大州置都督二十人妙選有威重者爲之遂拜
志愔齊州都督事竟不行又授齊州刺史充河南道按察使未幾
遷汴州刺史仍舊充河南道按察使太極元年又令以本官兼御
史中丞內供奉特賜實封一百戶尋加銀青光祿大夫拜戶部侍
郎出爲魏州刺史轉揚州大都督府長史俱充本道按察使所在
令行禁止姦猾屏迹境內肅然久之召拜刑部尚書開元九年上幸
東都令充京師留守十年有京兆人權梁山僞稱襄王男自號光
帝與其黨及左右屯營押官謀反夜半時擁左屯營兵百餘人自
景風長樂等門斬關入宮城將殺志愔志愔踰牆避賊俄而屯營
兵潰散翻殺梁山等五人傳首東都志愔遂以駭卒
盧從愿相州臨漳人後魏度支尚書昶六代孫也自范陽徙家焉世

○ 三十四 二 唐傳五十 九 陳瑞

爲山東著姓弱冠明經舉授絳州夏縣尉又應制舉拜右拾遺俄
遷右肅政監察御史充山南道黜陟巡撫使奉使稱旨拜殿中侍
御史累遷中書舍人睿宗踐祚拜吏部侍郎中宗之後選司頗失
綱紀從愿精心條理大稱平允其有冒名僞選及虛增功狀之類
皆能擿發其事典選六年前後無及之者上嘉之特與一子太子通
事舍人從愿上疏乞迴恩贈父乃贈其父吉陽丞尚一爲鄭州長
史初高宗時裴行儉馬載爲吏部最爲稱職及是從愿與李朝
隱同時典選亦有美譽時人稱曰吏部前有馬裴後有盧李開元
四年上盡召新授縣令一時於殿庭策試考入下第者一切放歸學
問從愿以注擬非才左遷豫州刺史爲政嚴簡按察使奏課爲天
下第一降璽書勞問賜絹百匹無幾入爲工部侍郎轉尚書左丞
又與楊滔及吏部侍郎裴漼禮部侍郎王丘中書舍人劉令植刪
定開元後格遷中書侍郎十一年拜工部尚書加銀青光祿大夫
仍令東都留守十三年從升泰山又加金紫光祿大夫代韋抗爲

刑部尚書頻年充校京外官考使前後咸稱允當御史中丞宇文
融承恩用事以括獲田戶之功本司校考爲上下從愿抑不與之
融頗以爲恨密奏從愿廣占良田至有百餘頃其後上嘗擇堪爲
宰相者或薦從愿上曰從愿廣占田園是不廉也遂止不用從愿
又因早朝途中爲人所射中其從者捕賊竟不獲時議從愿久在
選司爲被抑者所讎十六年東都留守時坐子起居郎論糶米入
官有剩利爲憲司所糾出爲絳州刺史再遷太子賓客二十年河
北穀貴勑從愿爲宣撫處置使開倉以救飢餒使迴以年老抗表
乞骸骨乃拜吏部尚書聽致仕給全祿二十五年卒年七十餘贈
益州大都督謚曰文
李朝隱京兆三原人也少以明法舉拜臨汾尉累授大理丞神龍
年功臣敬暉桓彥範爲武三思所構諷侍御史鄭愔奏請誅之勑
大理結其罪朝隱以暉等所犯不經推窮未可即正刑名時裴談
爲大理卿異筆斷斬仍籍沒其家朝隱由是忤旨中宗令貶嶺南

惡處侍中韋巨源中書令李嶠奏曰朝隱素稱清正斷獄亦甚當
事一朝遠徙嶺表恐天下疑其罪中宗意解出爲聞喜令尋遷侍
御史三遷長安令有宦官閭興貴詣縣請託朝隱命曳出之睿宗
聞而嘉歎廷召朝隱勞曰卿爲京縣令能如此朕復何憂乃下制
曰夫不吐剛而詘上不茹柔而黷下者君子之事也發霤必繩登
車無屈者正人之務也長安縣令李朝隱德義不回清強自遂亟聞
嘉政累著能名近者品官入縣有乖儀式遂能責之以禮繩之以
愆但閹豎之流多有憑恃柔寬之代必弄威權歷觀載籍常所
歎息朕規誡前古勤求典憲必能副朕意實賴斯人昔虞延持皇后
之客梅陶鞭太子之傅古稱遺直復見于今思欲旌其美行遷
以重職爲時屬閱戶政在養人宜加一階用表剛烈可太中大夫
特賜中上考兼綃百匹七遷絳州刺史兼知吏部選事開元二年
遷吏部侍郎銓敘平允甚爲當時所稱降璽書褒美授一子太子
通事舍人四年春以授縣令非其人出爲滑州刺史轉同州刺史

駕幸東都路由同州朝隱蒙召見賞慰賜衣一副絹百匹尋遷
河南尹政甚清嚴豪右屏跡時太子舅趙常奴恃勢侵害平人朝
隱曰此而不繩何以爲政執而杖之上聞又降勑書慰勉之十年遷
大理卿時武強令裴景仙犯乞取贓積五千匹事發逃走上大怒
令集衆殺之朝隱執奏曰裴景仙緣是乞贓犯不至死又景仙曾
祖故司空寂往屬締構首預元勳載初年中家陷非罪凡有兄弟
皆被誅夷唯景仙獨存今見承嫡據贓未當死坐準犯猶入請條
十代宥賢功實宜錄一門絕祀情或可哀願寬暴市之刑俾就投
荒之役則舊勳斯允手詔不許朝隱又奏曰有斷自天處之極法
生殺之柄人主合專輕重有條臣下當守枉法者枉理而取十五
匹便抵死刑乞取者因乞爲贓數千匹止當流坐今若乞取得罪
便處斬刑後有枉法當科欲加何辟所以爲國惜法期守律文非
敢以法隨人曲矜仙命射兔魏苑驚馬漢橋初震皇赫竟從廷議
豈威不能制而法貴有常又景仙曾祖寂草昧忠節定爲元勳位

至台司恩倍常數載初之際枉被破家諸子各犯非辜唯仙今見
承嫡若寂勳都弃仙罪特加則叔向之賢何足稱者若敖之鬼不
其餒而捨罪念功乞垂天聽應勑決杖及有犯配流近發德音普
標殊澤杖者既聽減數流者仍許給程天下顒顒孰不幸甚瞻彼
四海已被深恩豈於一人獨峻常典伏乞採臣之議致仙於法乃下
制曰罪不在大本乎情罰在必行不在重朕垂範作訓庶動植咸
若豈嚴刑逞戮使手足無措者哉裴景仙幸藉緒餘超升令宰輕
我憲法蠹我風猷不慎畏知之金詎識無貪之寶家盈黷貨身乃
逃亡殊不知天孽可違自愆難逭所以不從本法加以殊刑冀懲
貪暴之流以塞侵漁之路然以其祖父昔預經綸佐命有功締構
斯重緬懷賞延之義俾協政寬之典宜捨其極法以竄遐荒仍決
杖一百流嶺南惡處朝隱俄轉岐州刺史母憂去官起爲揚州大
都督府長史抗跡固辭制許之朝隱性孝友時年已衰暮在喪
尤加毀瘠明年制又起爲揚州長史不獲已而就職復入爲大理

卿累封金城伯代崔隱甫爲御史大夫朝隱素有公直之譽每御史大夫缺時議咸許之及居其職竟無所糾劾唯煩於細務時望由是稍減俄轉太常卿二十一年兼判廣州事仍攝御史大夫充嶺南採訪處置使明年卒於嶺外年七十贈吏部尚書官給靈轝兼家口給遞還鄉謚曰貞

裴漼絳州聞喜人也世爲著姓父琰之永徽中爲同州司戶參軍時年少美容儀刺史李崇義初甚輕之先是州中有積年舊案數百道崇義促琰之使斷之琰之命書吏數人連紙進筆斯須剖斷並畢文翰俱美且盡與奪之理崇義大驚謝曰公何忍藏鋒以成鄙夫之過由是大知名號爲霹靂手後爲永年令有惠政人吏刊石頌之歷位倉部郎中以老疾廢于家漼色養劬勞十數年不求仕進父卒後應大禮舉拜陳留主簿累遷監察御史時吏部侍郎崔湜鄭愔坐贓爲御史李尚隱所劾漼同鞫其獄安樂公主及上官昭容阿黨湜等漼竟執正奏其罪甚爲當時所稱三遷中書舍

人太極元年睿宗爲金仙玉真公主造觀及寺等時屬春旱興役不止漼上疏諫曰臣謹案禮記春夏令曰無聚大衆無起大役不可興土功恐妨農事若號令乖度役使不時則加疾疫之危國有水旱之災此五行之必應也今自春至夏時雨愆期下人憂心莫知所出陛下雖降哀矜之旨兩都仍有寺觀之作時旱之應實此之由且春令告期東作方始正是丁壯就功之日而土木方興臣恐所妨尤多所益尤少耕夫蠶妾飢寒之源故春秋莊公三十一年冬不雨五行傳以爲歲三築臺僖公二十一年夏大旱五行傳以時作南門勞人興役陛下每以萬方爲念睿旨殷勤安國濟人防微慮遠伏願下明制發德音順天時副人望兩京公私營造及諸和市木等並請且停則蒼生幸甚農桑失時戶口流散縱寺觀營構豈救黎元飢寒之弊哉疏奏不報尋轉兵部侍郎以銓敘平允特授一子爲太子通事舍人開元五年遷吏部侍郎典選數年多所持拔再轉黃門侍郎代韋抗爲御史大夫漼早與張說特相友善

時說在相位數稱薦之漼又善於敷奏上亦嘉重焉由是擢拜吏部尚書尋轉太子賓客漼家世儉約既久居清要頗飾妓妾後庭有綺羅之賞由是爲時論所譏二十四年卒年七十餘贈禮部尚書謚曰懿漼從祖弟寬寬父無晦袁州刺史寬通略以文詞進騎射彈棊投壺特妙景雲中爲潤州參軍刺史韋銑爲按察使引爲判官清幹善於剖斷銑重其才以女妻之後應拔萃舉河南丞再轉爲長安尉時宇文融爲侍御史括天下田戶使奏差爲江南東道勾當租庸地稅兼覆田判官轉太常博士禮部擬國忌之辰享廟用樂下太常寬深達禮節特建新意以爲廟尊忌卑則登歌廟卑忌尊則去樂中書令張說謂寬明識舉而行之再遷爲刑部員外郎有萬騎將軍馬崇正晝殺人時開府霍國公王毛仲恩幸用事將請囑其獄寬執之不回兵部尚書蕭嵩爲河西節度使奏寬及郭虛已爲判官累年專見委任嵩加中書令寬歷中書舍人御史中丞兵部侍郎開元二十一年冬裴耀卿以黃門侍郎知政事扈從出關

知江淮轉運於河陰置倉奏寬爲戶部侍郎爲其副寬性友愛弟兄多宦達子姪亦有名稱於東京立第同居八院相對甥姪皆有休憩所擊鼓而食當世榮之遷吏部侍郎及玄宗還京又改蒲州刺史州境久旱入境雨乃大浹遷河南尹不附權貴務於恤隱政乃大理改左金吾衛大將軍一年除太原尹賜紫金魚袋玄宗賦詩而餞之曰德比岱雲布心如晉水清天寶初除陳留太守兼採訪使尋而范陽節度李適之入爲御史大夫除寬范陽節度兼採訪使河北替之其年又加御史大夫時北平軍使烏承恩恃以蕃酋與中貴通恣求貨賄寬以法按之檀州刺史何僧獻生口數十人寬悉命歸之故夷夏感悅三載以安祿山爲范陽節度寬爲戶部尚書兼御史大夫玄宗素重寬日加恩顧刑部尚書裴敦復討海賊迴頗張賊勢又廣敘功以開請託之路寬嘗幾微奏之居數日有河北將士入奏盛言寬在范陽能政塞上思之玄宗嗟賞久之李林甫懼其入相又惡寬與李適之善乃呼裴敦復且以寬之語

告之敦復使氣性疎與寬素不相下以爲林甫推誠於己因願結之且訴其冤先是寬以親故名囑敦復求請軍功至是敦復氣憤發其事林甫曰公宜速奏無後於人尋而敦復巳從幸温泉宮寬在京城未發遇有敦復下軍將程藏曜郎將曹鑒鑒郴州富人藏曜嶺南首領之子皆有他事與人詣臺告訴寬受其狀捕鑒等鞫之敦復判官太常博士王悅聞之謂寬求其過連夜詣湯所以告敦復大懼促裝待罪因令子婿以五百金賂於貴妃姊楊三娘楊氏遽爲言之明日貶寬爲睢陽太守寬以清簡爲政故所莅人皆愛之當時望爲宰輔及韋堅構禍寬又以親累貶爲安陸別駕員外置林甫使羅希奭南殺李適之紆路至安陸過擬怖死之寬叩頭祈請希奭不宿而過寬又懼死上表請爲僧詔不許然崇信釋典常與僧徒往來焚香禮懺老而彌篤累遷東海太守襄州採訪使銀青光祿大夫轉馮翊太守入拜禮部尚書十四載卒年七十五詔贈太子少傅賻帛一百五十段粟一百五十石兄弟八人皆明經及

第入臺省典郡者五人寬歿之後弟珣爲河內郡太守安祿山反以執父喪將授闕庭恐累其母乃詣河東節度訴誠而退後在母憂又陷史思明授其僞官委任使弟朗密奏表疏至上京代宗時爲左司郎中兼侍御史河東道租庸判官

王丘光祿卿同皎從兄子也父同晊左庶子丘年十一童子舉擢第時類皆以誦經爲課丘獨以屬文見擢由是知名弱冠又應制舉拜奉禮郎丘神氣清古而志行修潔尤善詞賦族人左庶子方慶及御史大夫魏元忠皆稱薦之長安中自偃師主簿擢第拜監察御史開元初累遷考功員外郎先是考功舉人請託大行取士頗濫每年至數百人丘一切覈其實材登科者僅滿百人議者以爲自則天已後凡數十年無如丘者其後席豫嚴挺之爲其次焉三遷紫微舍人以知制誥之勤加朝散大夫再轉吏部侍郎典選累年甚稱平允擢用山陰尉孫逖桃林尉張鏡微湖城尉張晉明進士王泠然皆稱一時之秀俄換尚書左丞十一年拜黃門侍郎其年山東旱儉朝議選朝臣爲刺史以撫貧民制曰昔咎繇與禹言曰在知人在安人此皆念存邦本光于帝載乾乾夕惕無忘一日而長吏或不稱蒼生或未寧深思循良以矯過弊仍重諸侯之選故自朝廷之始於是以丘爲懷州刺史又以中書侍郎崔沔等數人皆爲山東諸州刺史至任皆無可稱唯丘在職清嚴人吏甚畏慕之俄又分知吏部選事入爲尚書左丞丁父憂去職服闋拜右散騎常侍仍知制誥二十一年侍中裴光庭病卒中書令蕭嵩與丘有舊將薦丘知政事丘知而固辭且盛推尚書右丞韓休嵩因而奏之及休作相遂薦丘代崔琳爲御史大夫丘既訥於言詞數奏多不稱旨俄轉太子賓客襲父爵宿預男尋以疾拜禮部尚書仍聽致仕丘雖歷要職固守清儉未嘗受人饋遺第宅輿馬稱爲弊陋致仕之後藥餌殆將不給上聞而嘉歎下制曰王丘夙負良材累升茂秩比緣疾疹假以優閑聞其家道屢空醫藥靡給久此從官遂無餘資特操若斯古人何遠且優賢之義方册所先

周急之宜俎勸攸在其俸祿一事已上並宜全給式表殊常之澤用旌貞白之吏天寶二年卒贈荆州大都督

史臣曰有唐之興綿歷年所骨鯁清廉之士懷忠抱義之臣臺省之間駕肩接武但時有夷險道有汙隆用與不用而已睿玄之世若李傑畢構蘇珦鄭惟忠王志愔盧從愿裴漼王丘並位歷亞台名德兼著如尹思貞李朝隱折李承嘉竇懷貞辱閭興貴越常奴詩人所謂不畏強禦者也解琬揔兵朔野料敵如神功遂身退深知止足茲亦有足多也

贊曰尚書亞台京尹方伯我朝重官云誰稱職傑構珣忠能竭其力惜愿漼丘聿修厥德貞蒐大僚隱繩貴戚琬馳令名燕蜀之北

唐書列傳卷第五十

右文林郎充兩浙東路提舉茶鹽司幹辦公事臣崔文昭校勘

唐書列傳卷第五十一

劉 昫 等修

李乂 薛登 韋湊（湊從子虛心 虛舟） 韓思復（思復孫佽）

張廷珪 王求禮 辛替否

李乂本名尚真趙州房子人也少與兄尚一尚貞俱以文章見稱舉進士景龍中累遷中書舍人時中宗遣使江南分道贖生以所在官物充直乂上疏曰江南水鄉採捕為業魚鱉之利黎元所資土地使然有自來矣伏以聖慈含育恩周動植布天地之大德及鱗介之微品雖雲雨之私有霑於末類而生成之惠未洽於平人何則江湖之饒生育無限府庫之用支供易殫費之若少則所濟何成用之儻多則常支有闕在於拯物豈若憂人且鬻生之徒唯利斯視錢刀日至網罟年滋施之一朝營之百倍未若迴救贖之錢物減困貧之傜賦活國愛人其福勝彼又知制誥凡數載景雲元年遷吏部侍郎與宋璟盧從愿同時典選銓敘平允甚為當時

○所稱尋轉黃門侍郎時睿宗令造金仙玉真二觀乂頻上疏諫帝每優容之開元初特令乂與中書侍郎蘇頲纂集起居注錄其嘉謨昌言可體國經遠者別編奏之乂在門下多所駮正開元初姚崇為紫微令薦乂為紫微侍郎外託薦賢其實引在已下去其糾駮之權也俄拜刑部尚書乂方雅有學識朝廷稱其有宰相之望會病卒兄尚一清源尉早卒尚貞官至博州刺史兄弟同為一集號曰李氏花萼集總二十卷

薛登本名謙光常州義興人也父士通大業中為鷹揚郎將江都之亂士通與鄉人聞人嗣安等同據本郡以禦寇賊武德二年遣使歸國高祖嘉之降璽書勞勉拜東武州刺史俄而輔公祏於江都構逆遣其將西門君儀等寇常州士通率兵拒戰大破之君儀等僅以身免及公祏平累功封臨汾侯貞觀初歷遷泉州刺史卒

謙光博涉文史每與人談論前代故事必廣引證驗有如目擊少與徐堅劉子玄齊名友善文明中解褐閬中主簿天授中為左補闕時選舉頗濫謙光上疏曰臣聞國以得賢為寶臣以舉士為忠是以子皮之讓國僑鮑叔之推管仲燕昭委兵於樂毅苻堅託政於王猛子產受國人之謗夷吾貪共賈之財昭王錫輅馬以止讒永固戮樊世以除譖處猜嫌而益信行間毀而無疑此由識之委之而察之深也至若宰我見遇於宣尼逢萌被知於文叔韓信無聞於項氏毛遂不齒於平原此失士之故也是以人主受不肖之士則政乖得賢良之佐則時泰故堯資八元而庶績其理周任十亂而天下和平由是言之則士不可不察而官不可妄授也何者比來舉薦多不以才假譽馳聲互相推獎希潤身之小計忘臣子之大猷非所以報國求賢副陛下翹翹之望者也臣竊窺古之取士實異於今先觀名行之源考其鄉邑之譽崇禮讓以勵己明節義以標信以敦朴為先最以雕蟲為後科故人崇勸讓之風士去輕浮之行希仕者必脩貞確不拔之操行難進易退之規眾議以定其高下郡將難誣於曲直故計貢之賢愚即州將之榮辱穢行彰

○露亦鄉人之厚顏是以李陵降而隴西慙干木隱而西河美故名勝於利則小人之道消利勝於名則貪暴之風扇是以化俗之本須擯輕浮昔冀缺以禮讓昇朝則晉人知禮文翁以儒林獎俗則蜀士多儒燕昭好馬則駿馬來庭葉公好龍則真龍入室由是言之未有上之所好而下不從其化者也自七國之季雖雜縱橫而漢代求才猶徵百行是以禮節之士敏德自脩閭里推高然後為府寺所辟魏氏取人尤愛放達晉宋之後祇重門資獎為人求官之風乖授職惟賢之義有梁薦士雅愛屬詞陳氏簡賢特珍賦詠故其俗以詩酒為重不以修身為務逮至隋室餘風尚在開皇中李諤論之於文帝曰魏之三祖更好文詞忽君人之大道好雕蟲之小藝連篇累牘不出月露之形積案盈箱唯是風雲之狀代俗以此相高朝廷以茲擢士故文筆日煩其政日亂帝納李諤之策由是下制禁斷文筆浮詞其年泗州刺史司馬幼之以表不典實得罪於是風俗改勵政化大行煬帝嗣興又變前法置進士等科於是

後生之徒復相放傚因陋就寡赴速邀時緝綴小文名之策學不以指實爲本而以浮虛爲貴有唐篡曆雖漸革於故非陛下君臨思察才於共理樹本崇化惟在旌賢今之舉人有乖事實鄉議決小人之筆行修無長者之論策第喧競於州府祈恩不勝於拜伏或明制纔出試遣搜敭驅馳府寺之門出入王公之第上啓陳詩唯希欬唾之澤摩頂至足冀荷提攜之恩故俗號舉人皆稱覓舉覓爲自求之稱未是人知之辭察其行而度其材則人品於茲見矣徇己之心切則至公之理乖貪仕之性彰則廉潔之風薄是知府命雖高異叔度勤勤之讓黃門已貴無秦嘉耿耿之辭縱不能抑己推賢亦不肯待於三命豈與夫白駒皎皎不雜風塵束帛戔戔榮高物表校量其廣狹也是以耿介之士羞自拔而致其辭循常之人捨其蹤而取其附故選司補署諠然於禮闈州貢賓王爭訟於階闥謗議紛合浸以成風夫競榮者必有競利之心謙遜者亦無貪賄之累自非上智焉能不移在於中人理由習俗若重

謹厚之士則懷祿者必崇德以修名若開趨競之門邀仕者皆戚施而附會附會則百姓罹其弊潔己則兆庶蒙其福故風化之漸靡不由茲今訪鄉閭之談唯祇歸於里正縱使名虧禮則罪挂刑章或冒籍以偷資或邀勳而竊級假其不義之賂則是無犯鄉閭豈得比郭有道之銓量茅容望重裴逸人之賞拔夏少名高語其優劣也祇如才應經邦之流唯令試策武能制敵之例只驗彎弧若其文擅清奇便充甲第藻思微減便即告歸以此收人恐乖事實何者樂廣假筆於潘岳靈運詞高於穆之平津文劣於長卿子建筆麗於荀彧若以射策爲最則潘謝曹馬必居孫樂之右若使協贊機猷則安仁靈運亦無裨附之益由此言之不可一槩而取也至如武藝則趙雲雖勇資諸葛之指撝周勃雖雄乏陳平之計略若使樊噲居蕭何之任必失指蹤之機使蕭何入戲下之軍亦無免主之効鬬將長於摧鋒謀將審於料事是以文泉聚米知隗囂之可圖陳湯屈指識烏孫之自解八難之謀設高祖追慙於酈生九

拒之計窮公輸息心於伐宋謀將不長於弓馬良相寧資於射策豈與夫元長自表妄飾詞鋒曹植題章虛飛麗藻校量其可否也伏願陛下降明制頒峻科千里一賢尚不爲少僥倖冒進須立隄防斷浮虛之飾詞收實用之良策不取無稽之說必求忠告之言文則試以効官武則令其守禦始旣察言觀行終亦循名責實自然僥倖濫吹之伍無所藏其妄庸故晏嬰云舉之以語考之以事寡其言而多其行拙於文而工於事此取人得賢之道也其有武藝超絕文鋒挺秀有効伎之偏用無經國之大才爲軍鋒之爪牙作詞賦之標準自可試凌雲之策練穿札之工承上命而賦甘泉稟中軍而令赴敵旣有隨才之任必無負乘之憂臣謹案吳起臨戰左右進劍吳子曰夫提鼓揮桴臨難決疑此將事也一劍之任非將事也謹案諸葛亮臨戎不親戎服頓蜀兵於渭南宣王持劍卒不敢當此豈弓矢之用也謹案楊得意誦長卿之文武帝曰恨不得與此人同時及相如至終於文園令不以公卿之位處之者

蓋非其所任故也謹案漢法所舉之主終身保任楊雄之坐田儀責其冒薦成子之居魏相酬於得賢賞罰之令行則請謁之心絕退讓之義著則貪競之路消自然朝廷無爭祿之人選司有謙撝之士仍請寬立年限容其採訪簡汰堪用者令其試守以觀能否參驗行事以別是非不實免王丹之官得人加翟璜之賞自然見賢不隱食祿自專苟或進鍾繇郭嘉劉廙薦李膺朱穆勢不云遠有稱職者受薦賢之賞濫舉者抵欺罔之罪自然舉得賢行則君子之道長矣尋轉水部員外郎累遷給事中檢校常州刺史屬宣州狂寇朱大目作亂百姓奔走謙光嚴備安輯闔境晏然特刑部侍郎加銀青光祿大夫再遷尚書左丞景雲中擢拜御史大夫時僧惠範恃太平公主權勢逼奪百姓店肆州縣不能理謙光將加彈奏或請寢之謙光曰憲臺理冤滯何所迴避朝彈暮黜亦可矣遂與殿中慕容珣奏彈之反爲太平公主所構出爲岐州刺史惠範旣誅遷太子賓客轉刑部尚書加金紫祿大夫昭文館

學士開元初爲東都留守又轉太子賓客以與太子同名表請行字特勑賜名登尋以孽子悅千牛爲憲司所劾放歸田里朝廷以其家貧又特給致仕祿七年卒年七十三贈晉州刺史撰四時記二十卷

韋湊京兆萬年人曾祖瓚隋尚書右丞祖叔諧蒲州刺史父玄挂州都督府長史湊永淳二年解褐授婺州參軍累轉揚府法曹參軍州人前仁壽令孟神爽豪縱數犯法交通貴戚前後官吏莫敢繩按湊白長史張潛請因事除之會神爽坐事推問湊無所假借神爽妄稱有竅究問引虛遂杖殺之遠近稱伏湊景龍中歷遷將作少匠司農少卿嘗以公事忤宗楚客出爲貝州刺史睿宗即位拜鴻臚少卿加銀青光祿大夫景龍二年轉太府少卿又兼通事舍人時改葬節愍太子優詔加謚又雪李多祚等罪還其官爵仍議更加贈官湊上書曰臣聞王者發號施令必法乎天道使三綱敘十等咸若者善善明惡惡善惡著也善善者懸爵賞以勸之也

三十四　唐傳五十一　五　黃椒

惡惡者設刑罰以懲之也其賞罰所不加者則考行立謚以褒貶之所以勸誡將來也斯並至公之大猷非私情之可徇故箕微獲用管蔡爲戮謚者臣議其君子議其父而曰靈曰厲者不敢以私而亂大猷也則其餘安可失哀哉臣竊見節愍太子與李多祚等擁北軍禁旅上犯宸居破扉斬關突禁而入兵指黃屋騎騰紫微孝和皇帝移御玄武門親降德音諭以逆順而太子據鞍自若督衆不停俄而其黨悔非轉逆爲順或迴兵討賊或投狀自拘多祚等伏誅太子方事逃竄向使同惡相濟天道無徵賊徒闞倒戈之人侍臣虧陛戟之衞其爲禍也胡可忍言于時臣任將作少匠賜通事舍人內供奉其明日孝和皇帝引見供奉官等雨淚謂曰幾不與卿等相見其爲危懼不亦甚乎而今聖朝雪罪禮葬謚爲節愍以臣愚識竊所惑焉夫臣子之禮嚴於斯極故過位必趨蹙路馬芻有誅昔漢成之爲太子也行不敢絕馳道當周室之衰微也秦師過周北門左右免胄而下王孫滿猶以其不卷甲束兵譏其無禮知其必敗由是言之則太子稱兵宮內跨馬御前悖禮已甚矣況將更甚乎而可襃謚此臣所未諭也以其斬武三思父子而嘉之乎然弄兵討逆以安君父則可嘉也而乃因欲自取之是競爲逆可襃謚乎此又臣所未諭也將廢韋氏而嘉之乎然韋氏逆彰義絕雖誅之亦可也當此時也韋氏未有逆彰未爲義絕於太子母豈有廢母之理乎且既非中宗之命而廢之是劫父廢母亦悖逆也可襃謚乎此又臣所未諭也夫君或不君臣安可不臣父或不父子安可不子借如君父有桀紂之行臣子無廢殺之理況先帝功格宇宙德被生靈廟號中宗謚曰孝和皇帝而逆命之子可襃謚乎此又臣所未諭昔獻公惑驪姬之譖將殺其太子申生公子重耳謂之曰子盍言子之志於公乎太子曰不可君安驪姬是我傷君之心也曰然則盍行乎曰不可君謂我欲弑君也天下豈有無父之國哉吾何行之使人辭於狐突曰申生不敢愛其死雖然吾君老矣子少國家多難伯氏苟出而圖吾君申生受賜而

三十四　唐傳五十　六　黃椒

死再拜稽首乃自縊其行如是其謚僅可爲恭今太子之行反是可謚爲節愍乎此又臣所未諭也昔漢武帝末年江充與太子有隙恐帝晏駕後爲太子所誅會巫蠱事起充典理其事因此爲姦遂至太子宮掘蠱得桐木以誣太子時武帝避暑甘泉宮獨皇后太子在太子不能自明納其少傅石德謀遂矯節斬充因敗逃匿非稱兵詣闕無逆謀於父然身死於湖不葬無謚至昭帝時有男子詣北闕自稱衞太子制使公卿識視至者莫敢發言京兆尹雋不疑後至叱從吏收縛之或曰是非未可知且安之不疑曰諸君何患於衞太子昔蒯聵出奔輒拒而不納春秋是之衞太子得罪先帝已不即死今來自詣此罪人也遂送詔獄天子聞而嘉之曰公卿大臣當用經術明於大義者及後太子孫立爲天子是曰孝宣皇帝太子方獲禮葬而謚曰戾今節愍太子之行比之豈可同年而語其於陛下又猶子也而謚爲節愍乎此又臣所未諭也昔項羽之臣丁公嘗將危漢高祖高祖謂之曰二賢豈相厄哉丁公乃

止及高祖滅項氏遂戮丁公以徇曰使項王失天下者丁公也夫戮之大義至公也不私德之所以誡其後之事君者今節愍太子之爲逆復非欲保護陛下其可褒謚乎此又臣之所未諭也陛下天縱聖哲所任賢明以臣至愚寧可千議然臣又惟堯舜聖君也八凱五臣良佐也猶廣聽芻蕘之言者蓋爲智者千慮或有一失愚者千慮或有一得也故曰狂夫之言聖人擇焉臣輒緣斯義敢以陳聞願得與議謚者對議於御前若臣言非也甘受謗聖政之罪赴鼎鑊之誅仍請申明義以示天下使臣輩愚惑者咸蒙冰釋則無復異議矣若所謚未當奈何施之聖朝垂之史冊使後代逆臣賊子因而引譬責以爲辭是開悖亂之門豈示將來之法伏望改定其謚務合禮經其李多祚等罪請從宥免不謂爲雪以順天下之心則盡善盡美矣書奏睿宗引湊謂曰誠如卿言事已如此如何改動湊曰太子實行悖逆不可褒美請稱其行改謚以一字多祚等以兵犯君非曰無罪祇可云放不可稱雪帝然其言當時執

○ 三十四 唐傳五十一 七 朱圖

政以制令已行難於改易唯多祚等停贈官而已明年春起金仙玉眞兩觀用功巨億湊進諫曰陛下去夏以妨農停兩觀作今正農月翻欲興功雖知用公主錢不出庫物但土木作起高價雇人三輔農人趨目前之利捨農受雇弃本逐末臣聞一夫不耕天下有受其飢者臣竊恐不可帝不應湊又奏曰且陽和布氣萬物生育土木之間昆蚑無數此時興造傷殺甚多臣亦恐非仁聖本旨睿宗方納其言令在外詳議中書令崔湜侍中岑羲謂湊曰公敢言此大是難事湊曰叨食厚祿死且不辭況在明時必知不死尋出爲陝州刺史無幾轉汝州刺史開元二年夏勑靖陵建碑欲料夫匠湊以自古園陵無建碑之禮又時正旱儉不可興功飛表極諫工役乃止尋遷岐州刺史四年入爲將作大匠時有勑復孝敬廟爲義宗湊上書曰臣聞王者制禮是曰規模規模之興實由師古師古之道必也正名名之與實故當相副其在宗廟禮之大者豈可失哉禮祖有功而宗有德祖宗之廟百代不毀故殷太甲爲

太宗太戊曰中宗武丁曰高宗周宗文王武王漢則文帝爲太宗武帝爲代宗其後代有稱宗者皆以方制海內德澤可宗列於昭穆期於不毀稱宗之義不亦大乎伏惟孝敬皇帝位止東宮未嘗南面聖道誠冠於儲副德教不被於寰瀛立廟稱宗恐非合禮況別起寢廟不入昭穆稽諸祀典何義稱宗而廟號義宗稱之萬代以臣庸識竊謂不可陛下率循典禮以闡大猷有司所議以致此失或虧盡善豈不惜哉望更詳議務合於禮於是勑太常議遂停義宗之號湊前後上書論時政得失多見採納再遷河南尹累封彭城郡公以公事左授杭州刺史轉汾州刺史十年拜太原尹兼節度支度營田大使其年卒官年六十五贈幽州都督謚曰文子見素自有傳湊從子虛心

虛心父維少習儒業博涉文史舉進士自大理丞累至戶部郎中善於剖判時員外郎宋之問工於詩時人以爲戶部有二妙終於左庶子虛心舉孝廉爲官嚴整累至大理丞侍御史神龍年推按

○ 三十四 唐傳五十一 八 朱圖

大獄時僕射竇懷貞侍中劉幽求意欲寬假虛心堅執法令有不可奪之志景龍中西域羌胡背叛時並擒獲有勑盡欲誅之虛心論奏但罪元首其所全者千餘人虛心有孝行及丁父憂哀毀過禮鬢須驟白朝廷深所嗟尚後遷御史中丞左右丞兵部侍郎荊揚潞長史兼採訪使所在官吏振肅威令甚舉中外以爲標準歷戶部尚書東京留守卒年六十七季弟虛舟亦以舉孝廉自御史累至戶部司勳左司郎中歷荊州長史洪魏州刺史兼採訪使多著能政入爲刑部侍郎終大理卿家有禮則父子兄弟更踐郎署時稱郎官家

韓思復京兆長安人也祖倫貞觀中爲左衞率賜爵長山縣男思復少襲祖爵初爲汴州司戶參軍爲政寬恕不行杖罰在任丁憂家貧鬻薪終喪制時姚崇爲夏官侍郎知政事深嘉歎之擢授司禮博士景龍中累遷給事中時左散騎常侍嚴善思坐譙王重福事下制獄有司言善思昔嘗任汝州刺史素與重福交遊召至京

師言不言其謀逆唯奏云東都有兵氣據狀正當匿反請從絞刑思復駁奏曰議獄緩死列聖明規刑疑從輕有國常典嚴善思往在先朝屬韋氏擅内侍寵宫掖謀危宗社善思此時遂能先覺因詣相府有所發明進諭聖躬必登宸極雖交遊重福蓋謀陷韋氏及其謁見猶不奏聞將此行藏即從極法且勅追善思書至便發向懷逆節寧即奔命一面疎網誠合順生三驅取禽來而可宥惟刑是恤事合昭詳請付刑部集羣官議定奏裁以符愼獄是時議者多云善思合從原宥有司仍執前議請誅之思復又駁曰臣聞刑人於市爵人於朝必僉謀攸同始行之無惑謹按諸司所議嚴善思十纔一入抵罪惟輕夫帝閽九重途遠千里故借天下之耳以聽聽無不聰借天下之目以視視無不接今群言上聞採擇宜審若棄多就少臣實懼焉輿誦一乖下情不達雖欲從衆其可及乎凡百京司逢時之奏列官分職有賢有親親則列藩諸王陛下愛子賢則股肱開國陛下名臣見無禮於君寧肯雷同不異今

猶詞多出法合從輕上納其奏竟免善思死配流靜州思復尋轉中書舍人數上疏陳得失多見納用開元初爲諫議大夫時山東蝗蟲大起姚崇爲中書令奏遣使分往河南河北諸道殺蝗蟲而埋之思復以爲蝗蟲是天災當修德以禳之恐非人力所能翦滅上疏曰臣聞河南河北蝗蟲頃日更益繁熾經歷之處苗稼都損今漸翾飛向西游食至洛使命來往不敢昌言山東數州甚爲惶懼且天災流行埋瘞難盡望陛下悔過責躬發使宣慰損不急之務召至公之人上下同心君臣一德持此誠實以答休咎前後驅蝗使等伏望總停書云皇天無親惟德是輔人心無親惟惠是懷不可不收攬人心也上深然之出思復疏以付崇崇乃請遣思復往山東檢蝗蟲所損之處及還具以實奏崇又請令監察御史劉沼重加詳覆沼希崇旨意遂箠撻百姓迴改舊狀以奏之由是河南數州竟不得免思復遂爲崇所擠出爲德州刺史轉絳州刺史入爲黃門侍郎加銀青光祿大夫代裴漼爲御史大夫思復性恬澹好

玄言安仁體道非紀綱之任無幾轉太子賓客十三年卒年七十餘子朝宗天寶初爲京兆尹曾孫佽字伯之少有文學性尚簡澹舉進士累辟藩方自襄州從事徵拜殿中侍御史遷刑部員外求爲澧州刺史歲滿受代宰相牛僧孺鎮鄂諸辟爲從事徵拜刑部郎中轉京兆少尹遷給事中出爲桂州觀察使桂管二十餘郡州掾而下至邑長三百員由吏部而補者什一他皆廉吏量其才而補之佽既至桂吏以常所爲官者數百人引謁一吏執籍而前曰具員請補其闕佽戒曰在任有政者不奪所理有過者必繩以法缺者當俟稽諸故籍取其可者然後補之會春衣使内官至求賂於郡吏二豪家因厚其貨以求邑宰佽悉諾之使去坐以撓法各笞其背自是豪猾斂跡皆得清廉吏以蘇活其人未幾詔置五管都監計所費盡一境地征不足飽其意佽特用儉約處之遂爲定制君子以爲難開成二年卒于官贈工部侍郎

○張廷珪河南濟源人其先自常州徙焉廷珪少以文學知名性慷慨有志尚弱冠應制舉長安中累遷監察御史則天稅天下僧尼出錢欲於白司馬坂營建大像廷珪上疏諫曰夫佛者以覺知爲義因心而成不可以諸相見也經云若以色見我以音聲求我是人行邪道不能見如來此眞如之果不外求也陛下信心歸依發弘誓願壯其塔廟廣其尊容已徧於天下久矣蓋有住於相而行布施非最上第一希有之法何以言之經云若人滿三千大千世界七寶以用布施及恒河沙等身命布施其福甚多若人於此經中受持及四句偈等爲人演說其福勝彼如佛所言則陛下傾四海之財殫萬人之力窮山之木以爲塔極冶之金以爲像雖勞則甚矣費則多矣而所獲福不愈於一禪房之匠夫菩薩作福德不應貪著蓋有爲之法不足高也況此營建事殷土木或開發盤礴峻築基階或塞穴洞通轉採斫蟄蟲蟻動盈巨億豈佛標坐夏之義愍蠢動而不忍害其生哉又役鬼不可唯人是營通計工匠率多貧窶朝驅暮役勞筋苦骨簞食瓢飲晨炊星飯飢渴所致疾

務交集豈佛標徒行之義慈悲歟而不忍殘其力哉又營築之資
僧尼是稅雖乞丐所致而貧闕猶多州縣徵輸星火逼迫或謀計
靡所或鬻賣以充怨聲載路和氣未洽豈佛標隨喜之義慈愍蒙
而不忍奪其產哉且邊朔未寧軍裝日給天下虛竭海內勞弊伏
惟陛下慎之重之思菩薩之行無利益一切衆生應如是布施則
其福德若南西北方四維上下虛空不可思量矣何必勤於住相
凋蒼生之業崇不急之務乎臣以時政論之則宜先邊境蓄府庫
養人力臣以釋教論之則宜救苦厄滅諸相崇无爲伏願陛下察
臣之愚行佛之意務以理爲上不以人廢言幸甚幸甚則天從其
言即停所作仍於長生殿召見深賞慰之景龍末爲中書舍人再
轉洪州都督仍爲江南西道按察使開元初入爲禮部侍郎時久
旱關中飢儉下制求直諫昌言弘益政理者廷珪上疏曰臣聞古
有多難興王殷憂啓聖者皆以事危則志銳情迫則思深故能自
下登高轉禍爲福者也伏見景龍之末中宗遇禍先天之際兇黨

構謀社稷有危於綴旒國朝將均於絕綖陛下神武超代精誠動
天再歸氣沴六合清朗而後上順皇旨俯念黔黎高運璿衡光膺
寶籙日月所燭之地書軌未通之鄉無不霑濡渥恩被服淳化十堯
九舜未足稱也明明上帝照臨下土宜錫介祉以荅鴻休然頃
歲已來陰陽愆候九穀失稔萬姓阻飢關輔之間更爲尤劇至有
難蘇莫覯糟粃靡資不復聊生方憂轉死偶會昌運遘茲難否
者臣竊思之皇天之意將恐陛下春秋鼎盛神聖在躬不崇朝而
建大功自藩邸而陟元后或簡下濟之道獨滿雄圖之志輕虞舜
而不法思漢武以自高是故昭見咎徵載加善誘將欲大君日慎
一日雖休勿休永保大和以固邦本也斯皇天於陛下睠顧深矣
陛下豈不奉若休旨而寅畏哉臣愚誠願陛下約心削志澄思勵
精考羲農之書敦素樸之道登庸端士放黜佞人屏退後宮減徹
外廄場無蹴踘之翫野絕從禽之賞促石田之遠境罷金甲之懸
軍矜恤惸嫠錫薄傜賦去奇伎淫巧捐和璧隋珠不見可欲使

心不亂自然波清四海塵銷九域農夫樂其業餘糧棲於畝則和
氣上通於天雖五星連珠兩曜合璧未足多也珍祥下降於地雖
鳳皇巢閣麒麟在郊未足奇也或謂天之炯戒不足畏者則將上
帝憑怒風雨迷錯荒饉日甚無以濟下矣或謂人之窮乏不足恤
也則將齊甿沮志億兆攜離愁苦勢極無以奉上矣斯蓋安危所
繫禍福之源奈何朝廷曾不是察況今陛下受命伊始敷政惟新
卿士百寮華夷萬族莫不清耳以聽刮目而視延頸企踵冀有所
聞見顒顒如也何可息棄典則坐辜其望哉再遷黃門侍郎時監
察御史蔣挺以監決杖刑稍輕勑朝堂杖之廷珪奏曰御史憲司
清望耳目之官有犯當殺即殺當流即流不可決杖士可殺不可
辱也時制命已行然議者以廷珪之言爲是俄坐泄禁中語出爲
沔州刺史又歷蘇宋魏三州刺史入爲少府監加金紫光祿大夫
封范陽男四遷太子詹事以老疾致仕二十二年卒年七十餘贈工
部尚書謚曰貞穆廷珪素與陳州刺史李邕親善屢上表薦之邕

所撰碑碣之文必請廷珪八分書之廷珪既善楷隸甚爲時人所重
王求禮許州長社人則天朝爲左拾遺遷監察御史性忠謇敢言
每上封彈事無所畏避時契丹李盡忠反叛其將孫萬榮寇陷河
北數州河內王武懿宗擁兵討之畏懦不敢進既而賊大掠而去
懿宗條奏滄瀛百姓爲賊詿誤者數百家請誅之求禮執而劾之
曰此詿誤之人比無良吏教習城池又不完固爲賊驅逼苟徇圖全
豈素有背叛之心哉懿宗擁強兵數十萬聞賊將至走保城邑罪
當誅戮今乃移禍於詿誤之人豈是爲臣之道請斬懿宗以謝河
北百姓懿宗大懼則天竟降制赦之契丹陷幽州饋餉不給左相
豆盧欽望請輟京官兩月俸料以助軍求禮謂欽望曰公祿厚俸
優輟之可也國家富有四海足以儲軍國之用何藉貧官薄俸公
此舉豈宰相法邪欽望作色拒之乃奏曰秦漢皆有稅筭以贍軍
求禮不識大體妄有詆斷求禮對曰秦皇漢武稅天下虛中以事
邊奈何使聖朝則效不知欽望此言是大體耶事遂不行時三月

雪鳳閣侍郎蘇味道等以爲瑞草表將賀求禮止之曰宰相調燮
陰陽而致雪降暮春災也安得爲瑞如三月雪爲瑞雪則臘月雷
亦瑞雷矣舉朝嗤笑以爲口實求禮竟以剛正名位不達而卒
辛替否京兆人也景龍年爲左拾遺時中宗置公主府官屬安樂
公主府所補尤多猥濫又駙馬武崇訓死後棄舊宅別造一宅侈
麗過甚時又盛興佛寺百姓勞弊帑藏爲之空竭替否上疏諫曰
臣聞古之建官貟不必備九卿已下皆有其位而闕其選賞一人謀
乎三事職一人訪乎群司負寵者畏權勢之在躬知榮者避權門
而不入故稱賞不僭官不濫士皆完行家有廉節朝廷有餘俸百
姓有餘食下忠於上上禮於下委裘而無蒼卒之危垂拱而無顛
沛之患夫事有惕耳目動心慮作不師古以行於今者蓋有之矣
伏惟陛下百倍行賞十倍增官金銀不供其印束帛無充於錫何
媿於無用之臣何慙於無力之士至於公府補授罕存推擇遂使富
商豪賈盡居纓冕之流鬻伐行巫咸涉膏腴之地臣聞古人曰福

生有基禍生有胎伏惟公主陛下之愛女選賢良以嫁之設官職
以輔之傾府庫以賜之壯第觀以居之廣池籞以嬉之可謂之至
重也可謂之至憐也然而用不合於古義行不根於人心將恐變
愛成憎轉福爲禍何者竭人之力人怨也費人之財人怨也奪人之
家人怨也愛數子而取三怨於天下使邊疆之士不盡力朝廷之
士不盡忠人之散矣獨持所愛何所恃乎向者魯王賞同諸胥禮
等朝臣則亦有今日之福無曩時之禍人徒見其禍不知禍之所
來所以禍者寵愛過於臣子也去年七月五日已見其斃矣而今
事無改更尚因循棄一宅而造一宅忘前禍而忽後禍臣竊謂陛
下憎之矣非愛之也臣聞君以人爲本本固則邦寧邦寧則陛下
夫婦母子長相保也伏惟外謀宰臣爲久安之計以存之不使姦
臣賊子以伺之臣聞微不可不防遠不可不慮當今疆場危駭倉
廩空虛揭竿守禦之士賞不及肝腦塗地之卒輸不充而方大起
寺舍廣造第宅伐木空山不足充梁棟運土塞路不足充牆壁誇

古耀今踰章越制百僚鉗口四海傷心夫釋教者以清淨爲基慈
悲爲主故當體道以濟物不欲利己以損人故常去己以全真不爲
榮身以害教三時之月掘山穿池損命也殫府虛帑損人也廣殿
長廊榮身也損命則不慈悲損人則不濟物榮身則不清淨豈大
聖大神之心乎臣以爲非真教非佛意違時行違人欲自像王西
下佛教東傳青螺不入於周前白馬方行於漢後風流雨散千帝
百王飾彌盛而國彌空役彌重而禍彌大覆車繼軌曾不改途晉
臣以佞佛取譏梁主以捨身構隙若以造寺必爲其理體養人不
足以經邦則殷周已往皆暗亂漢魏已降皆聖明殷周已往爲不
長漢魏已降爲不短臣聞夏爲天子二十餘代而殷受之殷爲天
子二十餘代而周受之周爲天子三十餘代而秦受之自漢已後歷
代可知也何者有道之長無道之短豈因其窮金玉修塔廟方得
久長之祚乎臣聞於經曰菩薩心住於法而行布施如人入暗即
無所見又曰一切有爲法如夢幻泡影如露亦如電臣以減雕琢

之費以賑貧下是有如來之德息穿掘之苦以全昆蟲是有如來
之仁罷營構之直以給邊陲是有湯武之功迴不急之祿以購廉
清是有唐虞之理陛下緩其所急急其所緩親未來而疏見在失
真實而冀虛無重俗人之所爲而輕天子之功業臣竊痛之矣當
今出財依勢者盡度爲沙門避役姦訛者盡度爲沙門其所未度
唯貧窮與善人將何以作範乎將何以役力乎臣以爲出家者捨
塵俗離朋黨無私愛今殖貨營生非捨塵俗拔親樹知非離朋黨
畜妻養孥非無私愛是致人以毀道非廣道以求人伏見今之宮觀
臺榭京師之與洛陽不增修飾猶恐奢麗陛下尚欲塡池塹捐苑
囿以賑貧人無產業者今天下之寺蓋無其數一寺當陛下一宮壯
麗之甚矣用度過之矣是十分天下之財而佛有七八陛下何有之
矣百姓何食之矣雖以陰陽爲炭萬物爲銅役不食之人使不衣之
士猶尚不給況資於天生地養風動雨潤而後得之乎臣聞國無
九年之儲國非其國伏以倉廩度府庫百寮供給百事用度臣恐

卒歲不充況九年之積乎一旦風塵再擾霜雹荐臻沙門不可擐
干戈寺塔不足攘飢饉臣竊痛之矣疏奏不納歲餘安樂公主被
誅睿宗即位又爲金仙玉眞公主廣營二觀先是中宗時斜封受
官人一切停任凡數百千人又有勑放令却上替否時爲左補闕
又上疏陳時政曰臣嘗以爲古之用度不時爵賞不當破家亡國
者口說不如身逢耳聞不如眼見臣請以有唐已來理國之得失
陛下之所眼見者以言之惟陛下審之聽之擇善而從之則萬歲
之業自可致矣何憂乎黎庶之不康福祚之不永伏以太宗文武
聖皇帝陛下之祖撥亂反正開階立極得至理之體設簡要之方
省其官清其吏舉天下職司無一虛受用天下財帛無一枉費賞必
俟功官必得俊所爲無不成所征無不伏不多造寺觀而福德自至不
多度僧尼而殃咎自滅道合乎天地德通乎神明故天地憐之神
明祐之使陰陽不忒風雨合度四人樂其業五穀遂其成腐粟爛
帛塡街委巷千里萬里貢賦于郊九夷百蠻歸款于闕自有帝

皇已來未有若斯之神聖者也故得享國久長多歷年所陛下何
不取而則之中宗孝和皇帝陛下之兄居先人之業忽先人之化不
取賢良之言而恣子女之意官爵非擇虛食祿者數千人封建
無功妄食土者百餘戶造寺不止枉費財者數百億度人不休免
租庸者數十萬是使國家所出加數倍所入減數倍倉不停卒歲
之儲庫不貯一時之帛所惡者逐逐多忠良所愛者賞賞多讒慝
朋佞喋喋交相傾動容身不爲於朝廷保位皆由於黨附奪百姓
之食以養殘兇剝萬人之衣以塗土木於是人怨神怒親忿衆離
水旱不調疾疫屢起遠近殊論公私嚻然五六年間再三禍變享
國不永受終于凶婦人寺舍不能保其身僧尼不能護妻子取譏
萬代見笑四夷此陛下之所眼見也何不除而改之依太宗之理國
則百官以理百姓無憂故太山之安立可致矣依中宗之理國則
萬人以怨百事不寧故累卵之危立可致矣頃自夏已來霪雨不
解穀荒于壟麥爛于場入秋已來亢旱成災苗而不實霜損蟲

暴草菜枯黃下人咨嗟未知賙賑而營寺造觀日繼于時檢校試
官充臺溢署伏惟陛下愛兩女爲造兩觀燒瓦運木載土塡坑道
路流言皆云計用錢百餘萬貫惟陛下聖人也無所不知陛下明
君也無所不見既知且見知倉有幾年之儲庫有幾年之帛知百
姓之間可存活乎三邊之上可轉輸乎當今發一卒以禦邊陲追
一兵以衛社稷多無衣食皆帶飢寒賞賜之間迥無所出軍旅驟
敗莫不由斯而乃以百萬貫錢造無用之觀以受六合之怨乎以違
萬人之心乎伏惟陛下族阿韋之醜跡而不改阿韋之亂政忍棄
太宗之理本不忍棄中宗之亂階忍棄太宗久長之謀不忍棄中
宗短促之計陛下又何以繼祖宗觀萬國昔陛下爲皇太子在阿
韋之時危亡是懼常切齒於群兇今貴爲天子富有海內而不改
群兇之事臣恐復有切齒於陛下者也陛下又何以非群兇而誅
之臣往見明勑自今已後一依貞觀故事且貞觀之時豈有今日
之造寺營觀加僧尼道士益無用之官行不急之務而亂政者也

臣以爲棄其言而不行其信慕其善而不遷其惡陛下又何以刑
於四海往者和帝之憐悖逆也爲姦人之所誤宗晉卿勸爲第宅
趙履溫勸爲園亭損數百家之居侵數百家之地工徒斲而未息
義兵紛以交馳卒使亭不得遊宅不得坐信邪佞之說成骨肉之
刑此陛下之所眼見也今茲造觀臣必知非陛下公主之本意得無
趙履溫之徒將勸爲之冀誤其骨肉不可不明察也臣聞出家修
道者不預人事專清其身心以虛泊爲高以無爲爲妙依兩卷老
子視一軀天尊無欲無營不損不害何必璇臺玉榭寶像珍龕使
人困窮然後爲道哉且舊觀足可歸依無造無營以取窮竭若此
行之三年國不富人不安朝廷不清陛下不樂則臣請殺身於朝
以令天下言事者伏惟陛下行非常之惠權停兩觀以俟豐年以
兩觀之財爲公主施貧窮塡府庫則公主福德無窮矣不然臣恐
下人怨望不減於前朝之時前朝之時賢愚知敗人雖有口而不
敢言言未發聲禍將及矣韋月將受誅於丹徼燕欽融見殺於紫

庭此人皆不惜其身而納忠於主身既死矣朝亦危矣故先朝誅之陛下賞之是陛下知直言之事有裨於國臣今直言亦先代之直惟陛下察之疏奏睿宗嘉其公直稍遷爲右臺殿中侍御史開元中累轉潁王府長史天寶初卒年八十餘

史臣曰夫好聞其善惡聞其過君人者之常情也寧諂媚以取容不逆耳以招禍臣人者之常情也能反此者不亦善乎李薛等六君吐忠讜之言補朝廷之失有犯無隱不愧古人有唐之良臣也

贊曰臣之事君有邪有正君之使臣從諫則聖李薛輸忠救人之命韋韓讜言醫國之病辛王章疏犯顏諫聽張子法言實裨時政

唐書列傳卷第五十一

右文林郎充兩浙東路提舉茶鹽司幹辦公事霍文昭校勘

唐書列傳卷第五十二

馬懷素　褚无量　劉子玄　劉貺　徐堅

元行沖　吳兢　韋述

馬懷素潤州丹徒人也寓居江都少師事李善家貧無燈燭晝採薪蘇夜燃讀書遂博覽經史善屬文舉進士又應制舉登文學優贍科拜郿尉四遷左臺監察御史長安中御史大夫魏元忠爲張易之所構配徙嶺表太子僕崔貞慎東宮率獨孤禕之餞于郊外易之怒使人誣告貞慎等與元忠同謀則天令懷素按鞫遣中使促迫諷令構成其事懷素執正不受命則天怒召懷素親加詰問懷素奏曰元忠犯罪配流貞慎等以親故相送誠爲可責若以爲謀反臣豈誣罔神明昔彭越以反伏誅欒布奏事於其屍下漢朝不坐況元忠罪非彭越陛下豈加追送之罪陛下當生殺之柄欲加之罪取決聖衷可矣若付臣推鞫臣敢不守陛下之法則天

意解貞慎等由是獲免時夏官侍郎李迥秀恃張易之之勢受納貨賄懷素奏劾之迥秀遂罷知政事懷素累轉禮部員外郎與源乾曜盧懷慎李傑等充十道黜陟使懷素處事平恕當時稱之使還遷考功員外郎時貴戚縱恣請託公行懷素無所阿順典舉平允擢拜中書舍人開元初爲戶部侍郎加銀青光祿大夫累封常山縣公三遷秘書監兼昭文館學士懷素雖居吏職而篤學手不釋卷謙恭謹慎深爲玄宗所禮令與左散騎常侍褚无量同爲侍讀每次閤門則令乘肩輿以進上居別館以路遠則命宮中乘馬或親自送迎以申師資之禮是時秘書省典籍散落條流無敘懷素上疏曰南齊已前墳籍舊編王儉七志已後著述其數盈多隋志所書亦未詳悉或古書近出前志闕而未編或近人相傳浮詞鄙而猶記若無編錄難辯淄澠望括檢近書篇目并前志所遺者續王儉七志藏之秘府上於是召學涉之士國子博士尹知章等分部撰錄并刊正經史粗創首尾會懷素病卒年六十上特

爲之舉哀廢朝一日贈潤州刺史謚曰文

褚无量字弘度杭州鹽官人也幼孤貧勵志好學家近臨平湖時湖中有龍鬭傾里閈就觀之无量時年十二讀書晏然不動及長尤精三禮及史記舉明經累除國子博士景龍三年遷國子司業兼修文館學士是歲中宗將親祀南郊詔禮官學士脩定儀注國子祭酒祝欽明司業郭山惲皆希旨請以皇后爲亞獻无量獨與太常博士唐紹蔣欽緒固爭以爲不可无量建議曰夫郊祀者明王之盛事國家之大禮行其禮者不可以臆斷不可以情求皆上順天心下符人事欽若稽古率由舊章然後可以交神明可以膺福祐然禮文雖衆莫如周禮周禮者周公致太平之書先聖極由衷之典法天地而行教化辯方位而叙人倫其義可以幽贊神明其文可以經緯邦國備物致用其可忽乎至如冬至圓丘祭中最大皇后内主禮位甚尊若合郊天助祭則當具著禮典今徧檢周官無此儀制蓋由祭天南郊不以地配唯將始祖爲主不以祖妣

配天故唯皇帝親行其禮皇后不合預也謹按大宗伯職云若王不祭祀則攝位注云王有故代行其祭事下文云凡大祭祀王后不與則攝而薦豆籩徹若皇后合助祭承此下文即當云若不祭祀則攝而薦豆籩今於文上更起凡則是别生餘事夫事與上異則别起凡凡者生上起下之名不專繫於本職周禮一部之内此例極多備在文中不可具録又王后助祭親薦豆籩而不徹案九嬪職云凡祭祀贊后薦徹豆籩注云后進之而不徹則知中徹者爲宗伯生文若宗伯攝祭則宗伯親徹不别使人又案外宗掌宗廟之祀王后不與則贊宗伯此之一文與上相證何以明之案外宗唯掌宗廟祭祀不掌郊天足明此文是宗廟祭也案王后行事揔在内宰職中檢其職文唯云大祭祀后祼獻則贊瑶爵亦如之鄭注云謂祭宗廟也注所以知者以文云祼獻祭天無祼以此得知又祭天之器則用陶匏亦無瑶爵注以此得知是宗廟也又内司服掌王后六服無祭天之服而巾車職掌王后之五路亦無后祭天之輅祭天七獻無后亞獻以此諸文參之故知后不合助祭天也唯漢書郊祀志則有天地合祭皇后預享之事此則西漢末代强臣擅朝悖亂彝倫黷神諂祭不經之典事涉誣神故易傳曰誣神者殃及三代太誓曰正稽古立功立事可以永年承天之大律斯史策之良誡豈可不知今南郊禮儀事不稽古忝守經術不敢默然請旁詢碩儒俯摭舊典採曲臺之故事行圓丘之正儀使聖朝叶昭曠之塗天下知文物之盛豈不幸甚時左僕射韋巨源等阿旨叶同欽明之議竟不從无量所奏尋以母老請停官歸侍景雲初玄宗在春宫召拜國子司業兼皇太子侍讀嘗撰翼善記以進之皇太子降書嘉勞賚絹四十匹太極元年皇太子國學親釋奠令无量講孝經禮記各隨端立義博而且辯觀者歎服焉既畢進授銀青光禄大夫兼賜以章服并綵絹百段玄宗即位遷郯王傅兼國子祭酒尋以師傅恩遷左散騎常侍仍兼國子祭酒封舒國公實封二百戸未幾丁憂解職廬於墓側其所植松栢時有鹿犯之

无量泣而言曰山中衆草不少何忍犯吾先塋樹栽因通夕守護俄有群鹿馴狎不復侵害无量因此終身不食鹿肉服闋召拜左散騎常侍復爲侍讀以其年老每隨仗出入特許緩行又爲造腰輿令内給使輿於内殿无量頻上書陳時政得失多見納用又嘗手勑襃美賜物二百段无量以内庫舊書自高宗代即藏在宫中漸致遺逸奏請繕寫刊校以弘經籍之道玄宗令於東都乾元殿前施架排次大加搜寫廣天下異本數年間四部充備仍引公卿已下入殿前令縱觀焉開元六年駕還又勑无量於麗正殿以續前功皇太子及郯王嗣直等五人年近十歲尚未就學无量繕寫論語孝經各五本以獻上覽之曰吾知无量意无量遂令選經明篤行之士國子博士郄恒通郭謙光左拾遺潘元祚等爲太子及郯王已下侍讀七年詔太子就國子監行齒胄之禮无量登座説經百寮集觀禮畢賞賜甚厚明年无量病卒年七十五臨終遺言以麗正寫書未畢爲恨上爲舉哀廢朝兩日贈禮部尚書謚曰

文初元量與馬懷素俱爲侍讀顧待甚厚及元量等卒後秘書少監康子元國子博士侯行果等又入侍講雖屢加賞賜而禮遇不逮褚焉

劉子玄本名知幾楚州刺史胤之族孫也少與兄知柔俱以詞學知名弱冠舉進士授獲嘉主簿證聖年有制文武九品已上各言時政得失知幾上表陳四事詞甚切直是時官爵僭濫而法網嚴密士類競爲趨進而多陷刑戮知幾乃著思慎賦以刺時且以見意鳳閣侍郎蘇味道李嶠見而歎曰陸機豪士所不及也知幾長安中累遷左史兼修國史擢拜鳳閣舍人修史如故景龍初再轉太子中允依舊修國史時侍中韋巨源紀處訥中書令楊再思兵部尚書宗楚客中書侍郎蕭至忠並監修國史知幾以監修者多甚爲國史之弊蕭至忠又嘗責知幾著述無課知幾於是求罷史任奏記於至忠曰僕自策名士伍待罪朝列三爲史臣再入東觀竟不能勒成國典貽彼後來者何哉靜言思之其不可者五

也何者古之國史皆出自一家如魯漢之丘明子長晉齊之董狐南史咸能立言不朽藏諸名山未聞藉以衆功方云絕筆唯後漢東觀大集群儒而著述無主條章靡立由是伯度譏其不實公理以爲可焚張蔡二子糾之於當代傅范兩家嗤之於後葉今史司取士有倍東京人自以爲荀袁家自稱爲政駿每欲記一事載一言皆閣筆相視含毫不斷故首白可期而汗青無日其不可一也前漢郡國計書先上太史副上丞相後漢公卿所撰始集公府乃上蘭臺由是史官所修載事爲博原自近古此道不行史臣編錄唯自詢採而左右二史闕注起居衣冠百家罕通行狀求風俗於州郡視聽不該討沿革於臺閣簿籍難見雖使尼父再出猶且成其管窺況限以中才安能遂其博物其不可二也昔董狐之書弒也執簡以往而近代史局皆通籍禁門幽居九重欲人不見尋其義者由杜彼顏面防諸請謁故也然今館中作者多士如林皆願長喙無聞齰舌儻有五始初成一字加貶言未絕口而朝野具知筆未棲毫而搢紳咸誦夫孫盛實錄取嫉權門王韶直書見讎貴族人之情也能無畏乎其不可三也古者刊定一史纂成一家體統各殊指歸咸別夫尚書之教也以疏通知遠爲主春秋之義也以懲惡勸善爲先史記則退處士而進姦雄漢書則抑忠臣而飾主闕斯並曩賢得失之例良史是非之準作者言之詳矣頃史官注記多取稟監修楊令公則云必須直詞宗尚書則宜多隱惡十羊九牧其事難行一國三公適從焉在其不可四也竊以史置監修雖無古式尋其名號可得而言夫言監者蓋總領之義耳如創紀編年則年有斷限草傳敘事則事有豐約或可略而不略或應書而不書此刊削之修也屬詞比事勞逸宜均揮鉛奮墨勤惰須等某秦某篇付之此職某紀某傳歸之此官此銓配之理也斯並宜明立科條審定區域儻人思自勉則書可立成今監之者既不指授修之者又無遵奉用使爭學苟且務相推避坐變炎涼徒延歲月其不可五也凡此不可其流實多一言以蔽三隅自反而時談物

議焉得笑僕編次無聞者哉比者伏見明公每汲汲於勸誘勤勤於課責或云墳籍事重努力用心或云歲序已淹何時輟手竊以綱維不舉而督課徒勤雖威以刺骨之刑勗以懸金之賞終不可得也語曰陳力就列不能則止僕所以比者布懷知己歷詆群公屢辭載筆之官願罷記言之職者正爲此耳當今朝號得人國稱多士蓬山之下良直差肩芸閣之中英奇接武僕既功虧刻鵠筆未獲麟徒殫太官之膳虛索長安之米乞以本職還其舊居多謝簡書請避賢路惟明公足下哀而許之至忠惜其才不許解史任宗楚客嫉其正直謂諸史官曰此人作書如是欲置我何地時知幾又著史通子二十卷備論史策之體太子右庶子徐堅深重其書嘗云居史職者宜置此書於座右知幾自負史才常慨時無知己乃委國史於著作郎吳兢別撰劉氏家史十五卷譜考三卷推漢氏爲陸終苗裔非堯之後彭城叢亭里諸劉出自宣帝子楚孝王囂曾孫司徒居巢侯劉愷之後不承楚元王交皆按據明白

正前代所誤雖爲流俗所譏學者服其該博初知幾每云若得
受封必以居巢爲名以紹司徒舊邑後以修則天實録功果封居
巢縣子又鄉人以知幾兄弟六人進士及第文學知名改其鄉里爲
高陽鄉居巢里景雲中累遷太子左庶子兼崇文館學士仍依舊
修國史加銀青光禄大夫時玄宗在東宫知幾以名音類上名乃
改子玄二年皇太子將親釋奠於國學有司草儀注令從臣皆
乘馬著衣冠子玄進議曰古者自大夫已上皆乘車而以馬爲騑
服魏晉已降迄乎隋代朝士又駕牛車歷代經史具有其事不可
一二言也至如李廣北征解鞍憩息馬援南伐據鞍顧眄斯則鞍
馬之設行於軍旅戎服所乘貴於便習者也按江左官至尚書郎
而輒輕乘馬則爲御史所彈又顔延之罷官後好騎馬出入閭里
當代稱其放誕此則專車憑軾可擐朝衣單馬御鞍宜從褻服求
之近古灼然之明驗也自皇家撫運沿革隨時至如陵廟巡謁王
公册命則盛服冠履乘彼輅車其士庶有衣冠親迎者亦時以服

〇 三十四 舊唐傳五十二 六 阮予

箱充馭在於他事無復乘車貴賤所行通用鞍馬已臣伏見比者
鑾輿出幸法駕首途左右侍臣皆以朝服乘馬夫冠履而出只可
配車而行今乘車既停而冠履不易可謂唯知其一而未知其二
也何者褒衣博帶革履高冠本非馬上所施自是車中之服必也
韈而升鐙跣以乘鞍非唯不師古道亦自取驚今俗求諸折中進
退無可且長裾廣袖襜如翼如鳴珮行組鏘鏘弈弈馳驟於風塵
之内出入於旌棨之間儻馬有驚逸人從顛墜遂使屬車之右遺
履不收清道之傍絓驂相續固以受嗤行路有損威儀今議者皆
云秘閣有梁武帝南郊圖多有危冠乘馬者此則近代故事不得
謂無其文臣案此圖是後人所爲非當時所撰且觀代間有古今
圖畫者多矣如張僧繇畫群公祖二疏而兵士有著芒屩者閻立
本畫明君入匈奴而婦人有著帷帽者夫芒屩出於水鄉非京華
所有帷帽創於隋代非漢宫所作議者豈可徵此二畫以爲故實
者乎由斯而言則梁南郊之圖義同於此又傳稱因俗禮貴緣情

殷輅周冕規模不一秦冠漢佩用捨無常況我國家道軼百王功
高萬古事有不便理資變通其乘馬衣冠竊謂宜從省廢臣懷此
異議其來自久日不暇給未及推揚今屬殿下親從齒胄將臨國
學凡有衣冠乘馬皆憚此行所以輒進狂言用申鄙見皇太子手
令付外宜行仍編入令以爲常式開元初遷左散騎常侍修史如
故九年長子貺爲太樂令犯事配流子玄詣執政訴理上聞而怒
之由是貶授安州都督府別駕子玄掌知國史首尾二十餘年多
所撰述甚爲當時所稱禮部尚書鄭惟忠嘗問子玄曰自古已來
文士多而史才少何也對曰史才須有三長世無其人故史才少也
三長謂才也學也識也夫有學而無才亦猶有良田百頃黄金滿
籝而使愚者營生終不能致於貨殖者矣如有才而無學亦猶思
兼匠石巧若公輸而家無楩柟斧斤終不果成其宫室者矣猶須
好是正直善惡必書使驕主賊臣所以知懼此則爲虎傅翼善無
可加所向無敵者矣脱苟非其才不可叨居史任自敻古已來能應

〇 三十四 舊唐傳五十二 七

斯目者罕見其人時人以爲知言子玄至安州無幾而卒年六十一
自幼及長述作不倦朝有論著必居其職預修三教珠英文館詞
林姓族系録論孝經非鄭玄注老子無河上公注修唐書實録皆
行於代有集三十卷後數年玄宗勅河南府就家寫史通以進讀
而善之追贈汲郡太守尋又贈工部尚書謚曰文兄知柔少以文學
政事歷荆揚曹益宋海唐等州長史刺史户部侍郎國子司業鴻
臚卿尚書右丞工部尚書東都留守卒贈太子少保謚曰文代傳
儒學之業時人以述作名其家子玄子貺餗彙秩迅迥皆知名於
時貺博通經史明天文律曆音樂醫筭之術終於起居郎修國史
撰六經外傳三十七卷續説苑十卷太樂令壁記三卷真人肘後方
三卷天官舊事一卷餗右補闕集賢殿學士修國史著史例三卷
傳記三卷樂府古題解一卷彙給事中尚書右丞左散騎常侍荆
南長沙節度有集三卷秩給事中尚書右丞國子祭酒撰政典三
十五卷止戈記七卷至德新議十二卷指要三卷論喪紀制度加

遷亘許私鑄錢改制國學事各在本志迅右補闕撰六說五卷迥諫議大夫給事中有集五卷貺子浹滋彙子贊滋貞元中位至宰輔贊觀察使自有傳

徐堅西臺舍人齊聃子也少好學徧覽經史性寛厚長者進士舉累授太學聖曆中車駕在三陽宮御史大夫楊再思太子左庶子王方慶爲東都留守引堅爲判官表奏專以委之方慶善三禮之學每有疑滯常就堅質問堅必能徵舊說訓釋詳明方慶深善之又賞其文章典實常稱曰掌綸誥之選也再思亦曰此鳳閣舍人樣如此才識走避不得堅又與給事中徐彦伯定王府倉曹劉知幾右補闕張說同修三教珠英時麟臺監張昌宗及成均祭酒李嶠總領其事廣引文詞之士日夕談論賦詩聚會歴年未能下筆堅獨與說構意撰録以文思博要爲本更加姓氏親族二部漸有條流諸人依堅等規制俄而書成遷司封員外郎則天又令堅刪改唐史會則天遜位而止神龍初再遷給事中時雍州人韋月將

上書告武三思不臣之跡反爲三思所陷中宗即令殺之時方盛夏堅上表曰月將誣構良善故違制命準其情狀誠合嚴誅但今朱夏在辰天道生長即從明戮有乖時令謹按月令夏行秋令則丘隰水潦禾稼不熟陛下誕膺靈命中興聖圖將弘羲軒之風以光史策之美豈可非時行戮致傷和氣哉君舉必書將何以訓伏願詳依國典許至秋分則知恤刑之規冠於千載哀矜之惠洽乎四海中宗納堅所奏遂令決杖配流嶺表睿宗即位堅自刑部侍郎加銀青光祿大夫拜左散騎常侍俄轉黄門侍郎時監察御史李知古請兵以擊姚州西貳河蠻既降附又請築城重征稅之堅以蠻夷生梗可以羈縻屬之未得同華夏之制勞師涉遠所損不補所獲獨建議以爲不便睿宗不從令知古發劍南兵往築城將以列置州縣知古因是欲誅其豪傑役子女以爲奴婢蠻衆恐懼乃殺知古相率反叛役徒奔潰姚嶲路由是歴年不通堅妻即侍中岑羲之妹堅以與羲近親固辭機密乃轉太子詹事謂人曰非敢求高蓋避難也及羲誅堅竟免深累出爲絳州刺史五轉復入爲秘書監開元十三年再遷左散騎常侍其年玄宗改麗正書院爲集賢院以堅爲學士副張說知院事累封東海郡公以修東封儀注及從升太山之功特加光祿大夫堅多識典故前後修撰格式氏族及國史等凡七入書府時論美之十七年卒年七十餘上深悼惜之遣中使就家弔内出絹布以賵之贈太子少保謚曰文堅長姑爲太宗充容次姑爲高宗婕妤並有文藻堅父子以詞學著聞議者方之漢世班氏

元行沖河南人後魏常山王素連之後也少孤爲外祖司農卿韋機所養博學多通尤善音律及詁訓之書舉進士累轉通事舍人納言狄仁傑甚重之行沖性不阿順多進規誡嘗謂仁傑曰下之事上亦猶蓄聚以自資也譬貴家儲積則脯腊膎胰以供滋膳參朮芝桂以防痾疾伏想門下賓客堪充旨味者多願以小人備一藥物仁傑笑而謂人曰此吾藥籠中物何可一日無也九遷至陝州刺

史兼隴右關内兩道按察使未行拜太常少卿行沖以本族出於後魏而未有編年之史乃撰魏典三十卷事詳文簡爲學者所稱初魏明帝時河西柳谷瑞石有牛繼馬後之象魏收舊史以爲晉元帝是牛氏之子冒姓司馬以應石文行沖推尋事跡以後魏昭成帝名犍繼晉受命考校謡讖特著論以明之開元初自太子詹事出爲岐州刺史又充關内道按察使行沖自以書生不堪搏擊之任固辭按察乃以寧州刺史崔琬代焉俄復入爲右散騎常侍東都副留守時嗣彭王志暕庶兄志謙被人誣告謀反考訊自誣繫獄待報連坐十餘人行沖察其寃濫並奏原之四遷大理卿時揚州長史李傑爲侍御史王旭所陷詔下大理結罪行沖以傑歴政清貞不宜枉爲讒邪所構又奏請從輕條出之當時雖不見從深爲時論所美俄又固辭刑獄之官求爲散職七年復轉左散騎常侍九遷國子祭酒月餘拜太子賓客弘文館學士累封常山郡公先是秘書監馬懷素集學者續王儉今書七志左散騎常侍褚

无量於麗正殿校寫四部書事未就而懷素无量卒詔行沖捴代其職於是行沖表請通撰古今書目名爲群書四録命學士鄠縣尉毋煚櫟陽尉韋述曹州司法參軍殷踐猷太學助教余欽等分部修撿歲餘書成奏上之上又特令行沖撰御所注孝經疏義列於學官尋以衰老罷能知麗正殿校寫書事初有左衛率府長史魏光乘奏請行用魏徵所注類禮上遽令行沖集學者撰義疏將立學官行沖於是引國子博士范行恭四門助教施敬本檢討刊削勒成五十卷十四年八月奏上之尚書左丞相張説駁奏曰今之禮記是前漢戴德戴聖所編録歷代傳習已向千年著爲經教不可刊削至魏孫炎始改舊本以類相比有同抄書先儒所非竟不行用貞觀中魏徵因孫炎所修更加整比兼爲之注先朝雖厚加賞錫其書竟亦不行今行沖等解徵所注勒成一家然與先儒第乖章句隔絶若欲行用竊恐未可上然其奏於是賜行沖等絹二百匹留其書貯於内府竟不得立於學官行沖恚諸儒排己退

三十四 〈唐傳五十二〉 十 林俊

○而著論以自釋名曰釋疑其詞曰客問主人曰小戴之學行之已久康成銓注見列學官傳聞魏公乃有刊易又承制旨造疏將頒未悉二經孰爲優劣主人荅曰小戴之禮行於漢末馬融注之時所未覩盧植分合二十九篇而爲説解代不傳習鄭因子幹師於季長屬黨錮獄起師門道喪康成於竄伏之中理紛拏之典志存探究靡所咨謀而猶緝述忘疲聞義能徙具於鄭志向有百科章句之徒曾不窺覽猶遵覆轍頗類刻舟王肅因之重兹開釋或多改駁仍按本篇又鄭學之徒有孫炎者雖扶玄義乃易前編自後條例支分箴石間起馬伷增革向踰百篇葉遵刪修僅全十二魏公病群言之錯雜紬衆説之精深經文不同未敢刊正注理睽誤寧不芟礱成畢上聞太宗嘉賞賚縑千匹録賜儲藩將期頒宣未有踈義聖皇纂業耽古崇儒高曾規矩宜所修襲乃制昏愚甄分舊義其有注移往説理變新文務加搜窮積稔方畢具録呈進敕付群儒庶能斟詳以課踈密豈悟章句之士堅持昔言特嫌知新

慤欲仍舊貫沉疑多月擯壓不申優劣短長定於通識手成口荅安敢銓量客曰當局稱迷傍觀見審累朝銓定故是周詳何所爲疑不爲申列荅曰是何言歟談豈容易昔孔安國注壁中書會巫蠱事經籍道息族兄臧與之書曰相如聞之俗儒淫辭冒義欲撥亂反正而未能果然雅達通博不代而生浮學守株比肩皆是衆非難正自古而然誠恐此道未申而以獨智爲議也則知變易章句其難一矣漢有孔季産者專於古學有孔扶者隨俗浮沉扶謂産云今朝廷皆爲章句内學而君獨脩古義脩古義則非章句内學非章句内學則危身之道也獨善不容於代必將貽患禍乎則知變易章句其難二矣劉歆以通書爲文待詔官署見左氏傳而大好之後蒙親近欲建斯業哀帝欣納令其討論各遷延推辭不肯置對劉歆移書責讓其言甚切諸博士等皆忿恨之名儒龔勝時爲光禄見歆此議乃乞骸骨司空師丹因大發怒奏歆改亂前志非毁先朝所立帝曰此廣道術何爲毁耶由是犯忤大臣懼

三十四 【唐傳五十二】 十一 周宗

○誅求出爲河南太守宗室不典三河又徙五原太守以君賓之著名好學公仲之深博守道猶迫同門朋黨之議卒令子駿負謗於時則知變易章句其難三矣子雍規玄數十百件守鄭學者時有中郎馬昭上書以爲肅繆詔王學之輩占荅以聞又遣博士張融案經論詰融登召集分别推處理之是非具聖證論王肅酬對疲於歲時則知變易章句其難四矣卜商疑聖納誚於曾輿木賜近賢貽嗤於武叔自此之後唯推鄭公王粲稱伊洛已東淮漢之北一人而已莫不宗焉咸云先儒多闕鄭氏道備粲竊嗟怪因求其學得尚書注退而思之以盡其意意皆盡矣所疑之者猶未喻焉凡有兩卷列於其集又王肅改鄭六十八條張融覈之將定臧否融稱玄注泉深廣博兩漢四百餘年未有偉於玄者然二郊之祭殊天之祀此玄誤也其殊皇天祖所自出之帝亦玄慮之失也及服虔釋傳未免差違後代言之思弘聖意非謂揚己之善掩人之名也何者君子用心願聞其過故仲尼曰過也人皆見之更也人皆仰之是

也而專門之徒恕己及物或攻先師之誤如聞父母之名將謂亡者之德言而見壓於重壤也故王邵史論曰魏晉浮華古道夷替預王肅杜預更開門戶歷載三百士大夫恥為章句唯草野生以專經自許不能究覽異義擇從其善徒欲父康成兄子慎寧道孔聖誤諱聞鄭服非然於鄭服甚憒憒鄭服之外皆讎也則知變易章句其難五也伏以安國尚書劉歆左傳悉遭擯於曩葉咸見重於來今故知二人之鑒高於漢廷遠矣孔季彥云物極則變比及百年外當有明直君子恨不與吾同代者於戲道之行廢必有其時者歟僕非專經罕習章句高名不著易受輕誣頃者修撰殆淹年月賴諸賢輩能左右之免致愆尤仍叨賞賚內省昏朽其榮已多何遽持一己之區區抗群情之噂沓捨勿矜之美成自我之私褊近名之誠興犯衆之禍一舉四失中材不為是用韜聲甘此沉默也行沖俄又累表請致仕制許之十七年卒年七十七贈禮部尚書謚曰獻

吳兢汴州浚儀人也勵志勤學博通經史宋州人魏元忠亳州人

○朱敬則深器重之及居相輔薦兢有史才堪居近侍因令直史館修國史累月拜右拾遺內供奉神龍中遷右補闕與韋承慶崔融劉子玄撰則天實錄成轉起居郎俄遷水部郎中丁憂還鄉里開元三年服闋抗疏言曰臣修史已成數十卷自停職還家匪忘紙札乞終餘功乃拜諫議大夫依前修史俄兼修文館學士歷衛尉少卿左庶子居職殆三十年叙事簡要人用稱之末年傷於太簡國史未成十七年出為荊州司馬制許以史藁自隨中書令蕭嵩監修國史奏取兢所撰國史得六十五卷累遷台洪饒蘄四州刺史加銀青光祿大夫遷相州長史封襄垣縣子天寶初改官名為鄴郡太守入為恒王傅兢嘗以梁陳齊周隋五代史繁雜乃別撰梁齊周史各十卷陳史五卷隋史二十卷又傷疎略兢雖衰耗猶希史職而行步傴僂李林甫以其年老不用天寶八年卒於家時年八十餘兢卒後其子進兢所撰唐史八十餘卷事多紕繆不逮於壯年兢家聚書頗多嘗目錄其卷第號吳氏西齋書目

韋述司農卿弘機曾孫也父景駿房州刺史述少聰敏篤志文學家有書二千卷述為兒童時記覽皆徧人駭異之景龍中景駿為肥鄉令述從父至任洺州刺史元行沖景駿之姑子為時大儒常載書數車自隨述入其書齋忘寢與食行沖異之引與之談貫穿經史事如指掌探賾奧旨如遇師資又試以綴文操牘便就行沖大悅引之同榻曰此吾外家之寶也舉進士西入關時述甚少儀形眇小考功員外郎宋之問曰韋學士童年有何事業述對曰性好著書述有所撰唐春秋三十卷恨未終篇至如詞策仰待明試之問曰本求異才果得遷固是歲登科開元五年為櫟陽尉秘書監馬懷素受詔編次圖書乃奏用左散騎常侍元行沖左庶子齊澣秘書少監王珣衛尉少卿吳兢并述等二十六人同於秘閣詳錄四部書懷素尋卒行沖代掌其事五年而成其總目二百卷述好譜學秘閣中見常侍柳沖先撰姓族系錄二百卷述於分課之外手自抄錄暮則懷歸如是周歲寫錄皆畢百氏源流轉益詳悉

○乃於柳錄之中別撰成開元譜二十卷其篤志忘倦皆此類也轉右補闕中書令張說專集賢院事引述為直學士遷起居舍人說重詞學之士述與張九齡許景先袁暉趙冬曦孫逖王翰常遊其門趙冬曦兄冬日弟和璧居貞安貞頤貞等六人述弟迪逌迥迴巡亦六人並詞學登科說曰趙韋昆季今之杞梓也十八年兼知史官事轉屯田員外郎職方吏部二郎中學士知史官事如故及張九齡為中書令即集賢之同職裴耀卿為侍中即述之舅皆相推重語必移晷二十七年轉國子司業停知史事俄而復兼史職充集賢學士天寶初歷左右庶子加銀青光祿大夫九載兼充禮儀使其載遷尚書工部侍郎封方城縣侯述在書府四十年居史職二十年嗜學著書手不釋卷國史自令狐德棻至於吳兢雖累有修撰竟未成一家之言至述始定類例補遺續闕勒成國史一百一十三卷并史例一卷事簡而記詳雅有良史之才蘭陵蕭穎士以為譙周陳壽之流述早以儒術進當代宗仰而純厚長者澹

於勢利道之同者無間貴賤皆禮接之家聚書二萬卷皆自校定鉛槧雖御府不逮也兼古今朝臣圖歷代知名人畫魏晉已來草隸眞跡數百卷古碑古器藥方格式錢譜璽譜之類當代名公尺題無不畢備及祿山之亂兩京陷賊玄宗幸蜀述抱國史藏於南山經籍資產焚剽殆盡述亦陷於賊庭授偽官至德二年收兩京三司議罪流於渝州爲刺史薛舒困辱不食而卒其甥蕭直爲太尉李光弼判官廣德二年直因入奏言事稱旨乃上疏理述於蒼黃之際能存國史致聖朝大典得無遺逸以功補過合霑恩宥乃贈右散騎常侍議者云自唐已來氏族之盛無踰於韋氏其孝友詞學承慶嗣立爲最明於音律則萬石爲最達於禮儀則叔夏爲最史才博識以述爲最所撰唐職儀三十卷高宗實錄三十卷御史臺記十卷兩京新記五卷凡著書二百餘卷皆行於代逌學業亦亞於述尤精三禮與述對爲學士迪同爲禮官時人榮之累遷考功員外郎國子司業以風疾卒蕭穎士者聰雋過人富詞學

○有名於時賈曾席豫張垍及述皆引爲談客開元二十三年登進士第考功員外郎孫逖稱之於朝褊躁無威儀與時不偶前後五授官旋即駁落乾元初終於揚府功曹述在秘閣時與鄠縣尉毋煚曹州司法殷踐猷並友善二人相次卒踐猷申州刺史仲容從子明班史通於族姓子寅有至性早孤事母以孝聞應宏詞舉爲永寧尉

史臣曰前代文學之士氣一天然以道義偶世遭遇斯難馬懷素褚无量好古嗜學博識多聞遇好文之君隆師資之禮儒者之榮可謂際會矣劉徐等五公學際天人才兼文史俾西垣東觀一代粲然蓋諸公之用心也然而子玄鬱結於當年行沖彷徨於極筆官不過俗吏寵不殆常才非過使然蓋此道非趨時之具也其窮也宜哉

贊曰學者如市博通甚難文士措翰典麗惟艱馬褚兢述徐元子玄文學之書胡寧比焉

唐書列傳卷第五十二

唐書列傳卷第五十三

劉昫等修

郭虔瓘 郭知運 王君㚟

張守珪 牛仙客 王忠嗣

郭虔瓘齊州歷城人也開元初累遷右驍衞將軍兼北庭都護二年春突厥默啜遣其子移江可汗及同俄特勤率精騎圍逼北庭虔瓘率衆固守同俄特勤單騎親逼城下虔瓘使勇士伏於路左突起斬之賊衆既至失同俄相率於城下乞降請盡軍中衣資器仗以贖同俄及聞其死三軍慟哭便引退默啜女壻火拔頡利發石阿失畢時與同俄特勤同領兵以同俄之死懼不敢歸遂將其妻歸降虔瓘以破賊之功拜冠軍大將軍行右驍衞大將軍又下制曰朕聞賞有功報有德者政之急也若功不賞德不報則人何謂哉雲麾將軍檢校右驍衞將軍兼北庭都護瀚海軍經略使金山道副大總管招慰營田等使上柱國太原縣開國子郭虔瓘宣

○威將軍守右驍衞翊府中郎將檢校伊州刺史兼伊吾軍使借紫金魚袋上柱國郭知運等早負名節見稱義勇頃者柳中金蒲偏師禦敵蕞爾條窮漠之外奔迫孤城之下強寇益侵援兵不至既守而戰背秋涉冬櫪馬長嘶戎人遠望謀以十勝成其九拒遂能摧日逐之遺種斬天驕之愛息豈耿恭班超獨高前史將廉頗李牧與朕同時眷言茂勳是所嘉歎信可以疇其井邑昭示遐邇俾勞臣勸而懦夫立焉虔瓘可進封太原郡開國公知運可封介休縣開國公虔瓘俄轉安西副大都護攝御史大夫四鎮經略安撫使進封潞國公賜實封一百戶虔瓘乃奏請募關中兵一萬人往安西討擊皆給公乘兼供熟食敕許之將作大匠韋湊上疏曰臣聞兵者凶器不獲已而用之今西域諸蕃莫不順軌縱鼠竊狗盜有戍卒鎮兵足宜式遏之威非降赫斯之怒此師之出未見其名臣又聞安不忘危理必資備自近及遠強幹弱枝是以漢實關中徙諸豪族今關輔戶口積久逋逃承前先虛見猶未實屬北虜犯

塞西戎驟邊凡在丁壯征行略盡豈宜更募驍勇遠資荒服又一
萬行人詣六千餘里咸給遞馱並供熟食道次州縣將何以供秦
隴之西人戶漸少涼州已去沙磧悠然遣彼居人如何得濟又萬
人賞賜費用極多萬里資粮破損尤廣縱令必剋其獲幾何儻稽
天誅無乃甚損請令計議所用所得校其多少即知利害況用者
必賞獲者未量何要此行頓空畿甸且上古之時大同之化不獨
子子不獨親親何隔華戎務均安靖洎皇道謝古帝德慙皇猶尚
綏懷不崇征伐有占風覘雨之客無越海踰山之師其後漢武膺
圖志恢土宇西通絕域北擊匈奴雖廣獲珍奇多斬首級而中國
疲耗殆至危亡是以俗號昇平君稱盛德者咸指唐堯之代不歸
漢武之年其要功不成者復焉足比議惟陛下圖之虔瓘竟無克
獲之功尋遷右威衛大將軍以疾卒其後又以張嵩為安西都護
以代虔瓘嵩身長七尺偉姿儀初進士舉常以邊任自許及在安
西務農重戰安西府庫遂為充實十年轉太原尹卒官歲又以黃

三十五【唐列傳五十三　二　供茂

○門侍郎杜暹代嵩為安西都護
郭知運字逢時瓜州常樂人壯勇善射頗有膽略初為春州三度
府果毅以戰功累除左驍衛中郎將瀚海軍經略使又轉檢校伊
州刺史兼伊吾軍使開元二年春副郭虔瓘破突厥於北庭以功
封介休縣公加雲麾將軍擢拜右武衛將軍其秋吐蕃入寇
隴右掠監牧馬而去詔知運率衆擊之知運與薛訥王晙
等掎角擊敗之拜知運鄯州都督隴右諸軍節度大使四年
冬突厥降戶阿悉爛跌跌思泰等率衆反叛單于副都護
張知運為賊所執詔薛訥領兵討之叛賊至綏州界詔知運
領朔方兵募橫擊之大破賊衆於黑山呼延谷賊捨甲仗并
棄張知運走六年知運又率兵入討吐蕃賊徒無備遂掩至
九曲獲鎧及甲馬犛牛等數萬計知運獻捷遂分賜京文
武五品已上清官及朝集使拜知運為兼鴻臚卿攝御史
中丞加封太原郡公八年六州胡康待賓等反詔知運與

王晙討平之拜左武衛大將軍授一子官賜金銀器百事雜綵千
段九年卒於軍贈涼州都督米粟五百斛絹帛五百段仍令中書
令張說為其碑文知運自居西陲甚為蕃夷所憚其後王君㚟亦
號勇將時人稱王郭焉子英傑英乂英傑官至左衛將軍開元二
十一年幽州長史薛楚王遣英傑及裨將吳克勤烏知義羅守忠
等率精騎萬人及降奚之衆以討契丹屯兵於榆關之外契丹首
領可突于引突厥之衆拒戰於都山之下官軍不利知義守忠率
麾下便道遁歸英傑與克勤逢賊力戰皆沒于陣其下精銳六千
餘人仍與賊苦戰賊以英傑之首示之竟不降盡為賊所殺英乂
劍南西川節度使自有傳
王君㚟瓜州常樂人也初為郭知運別奏驍勇善騎射以戰功累
除右衛副率及知運卒遂代知運為河西隴右節度使遷右羽林
軍將軍判涼州都督事開元十六年冬吐蕃大將悉諾邏率衆入
寇大斗谷又移攻甘州焚燒市里而去君㚟以其兵疲整士馬以

三十五【唐列傳五十三　三　張武

○掩其後會大雪賊徒凍死者甚衆賊遂取積石軍西路而還君㚟
令副使馬元慶裨將車蒙追之不及㚟先令人潛入賊境於歸路
燒草悉諾邏還至大非川將息甲牧馬而野草皆盡馬死過半君
㚟襲其後入至青海之西時海水冰合君㚟與秦州都督張景順
等率將士並乘冰而渡會悉諾邏已度大非山輜重及疲兵尚在
青海之側君㚟縱兵盡俘獲之及羊馬萬數君㚟以功遷右羽林
軍大將軍攝御史中丞依舊判涼州都督封晉昌伯拜其父壽為
少府監仍聽致仕上又嘗於廣達樓引君㚟及妻夏氏設宴賜以
金帛夏氏亦有戰功故特賞之封為武威郡夫人其冬吐蕃寇陷
瓜州執刺史田仁獻及君㚟父壽殺掠人戶并取軍資及倉粮又進
攻玉門軍及常樂縣仍縱僧徒使歸涼州謂君㚟曰將軍常欲以
忠勇報國今日何不一戰君㚟聞父被執登陴西向而哭竟不敢
出兵初涼州界有迴紇契苾思結渾四部落代為酋長君㚟微時
往來涼府為迴紇等所輕及君㚟為河西節度使迴紇等怏怏恥

在其麾下君㚟以法繩之迴紇等積怨密使人詣東都自陳枉狀君㚟遽發驛奏迴紇部落難制潛有叛謀上使中使往按問之迴紇等竟不得理由是瀚海大都督迴紇承宗長流瀼州渾大德長流吉州賀蘭都督契苾承明長流藤州盧山都督思結歸國長流瓊州右散騎常侍李令問特進契苾嵩以與迴紇等結婚貶令問爲撫州別駕嵩爲連州別駕於是承宗之黨瀚海州司馬護輸糾合黨與謀殺君㚟以復其怨會吐蕃使間道往突厥君㚟率精騎往肅州掩之還至甘州南鞏筆驛護輸伏兵突起奪君㚟旌節先殺其左右宗貞剖其心云是其始謀也君㚟從數十人與賊力戰自朝至晡左右盡死遂殺君㚟馱其屍以奔吐蕃追及之護輸遂棄君㚟屍而走上甚痛惜之制贈特進荊州大都督給靈轝遞歸京師葬於京城之東官供喪事仍令張說爲其碑文上自書石以寵異之吐蕃之寇瓜州也分遣副將莽布支攻常樂縣縣令賈師順嬰城固守及瓜州城陷大將悉諾邏又盡引其衆勢以攻之數

○ 三十五【唐列傳五十三　四　郭良

日不陷賊中有分得漢口爲妻者其妻弟在常樂城中悉諾邏使夜就城下詐爲私見謂師順曰瓜州已破吐蕃盡衆來此豈有拒守之理小人妻弟在城情有所念明府何不早降以全城中之衆師順荅曰漢法降賊者九族爲戮吾受國官爵祇可以死拒寇豈得背恩降賊悉諾邏知師順不降又攻城八日復令前使謂師順曰明府既不肯降吾衆欲還城中豈無財物以相贈耶師順請脫士卒衣裳以爲賂悉諾邏知城中無財帛夜燒死人收營而去引衆毀瓜州城師順遽開門收器械更修守備吐蕃果使精騎迴而巡城知有備始去賈師順者岐州人也以守城之功累遷鄯州都督隴右節度使入爲左領軍將軍病卒

張守珪陝州河北人也初以戰功授平樂府別將從郭虔瓘於北庭鎮遣守珪率衆救援在路逢賊甚衆守珪身先士卒與之苦戰斬首千餘級生擒賊率頡斤一人開元初突厥又寇北庭虔瓘令守珪間道入京奏事守珪因上書陳利害請引兵自蒲昌輪臺翼而擊之及賊敗守珪以功特加游擊將軍再轉幽州良社府果毅守珪儀形瓌壯善騎射性慷慨有節義時盧齊卿爲幽州刺史深禮遇之常共榻而坐謂曰足下數年外必節度幽涼爲國之良將方以子孫相託豈得以寮屬常禮相期耶守珪後累轉左金吾員外將軍爲建康軍使十五年吐蕃寇陷瓜州王君㚟死河西恟懼以守珪爲瓜州刺史墨離軍使領餘衆修築州城板堞裁立賊又暴至城下城中人相顧失色雖相率登陴略無守禦之意守珪曰彼衆我寡又創痍之後不可以矢石相持須以權道制之也乃於城上置酒作樂以會將士賊疑城中有備竟不敢攻城而退守珪縱兵擊敗之於是修復廨宇收合流亡皆復舊業守珪以戰功加銀青光祿大夫仍以瓜州爲都督府以守珪爲都督瓜州地多沙磧不宜稼穡每年少雨以雪水溉田至是渠堰盡爲賊所毀旣地少林木難爲修葺守珪設祭祈禱經宿而山水暴至大漂材木塞澗而流直至城下守珪使取充堰於是水道復舊州人刻石以

○ 三十五【唐列傳五十三　五　朱明

紀其事明年遷鄯州都督仍充隴右節度二十一年轉幽州長史兼御史中丞營州都督河北節度副大使俄又加河北採訪處置使先是契丹及奚連年爲邊患契丹衙官可突于驍勇有謀略頗爲夷人所伏趙含章薛楚玉等前後爲幽州長史竟不能拒及守珪到官頻出擊之每戰皆捷契丹首領屈剌與可突于恐懼遣使詐降守珪察知其僞遣管記右衛騎曹王悔詣其部落就謀之悔至屈剌帳賊徒初無降意乃移其營帳漸向西北密遣使引突厥將殺悔以叛會契丹別帥李過折與可突于爭權不叶悔潛誘之夜斬屈剌及可突于盡誅其黨率餘燼以降守珪因出師次于紫蒙川大閱軍實讌賞將士傳屈剌可突于等首于東都梟於天津橋之南詔封李過折爲北平王使統其衆尋爲可突于餘黨所殺二十三年春守珪詣東都獻捷會籍田禮畢酺宴便爲守珪飲至之禮上賦詩以褒美之廷拜守珪爲輔國大將軍右羽林大將軍兼御史大夫餘官並如故仍賜雜綵一千匹及金銀器物等與

三子官仍詔於幽州立碑以紀功賞二十六年守珪裨將趙堪白
眞陁羅等假以守珪之命逼平盧軍使烏知義令率騎邀叛奚餘
燼於潢水之北將踐其禾稼知義初猶固辭眞陁羅又詐稱詔命
以迫之知義不得已而行及逢賊初勝後敗守珪隱其敗狀而妄
奏克獲之功事頗泄上令謁者牛仙童往按之守珪厚賂仙童遂
附會其事但歸罪於白眞陁羅逼令自縊而死二十七年仙童事
露伏法守珪以舊功減罪左遷括州刺史到官無幾疽發背而卒
弟守琦左驍衛將軍守瑜金吾將軍守珪子獻誠守瑜子獻恭守
琦子獻甫三人皆爲興元節度使各自有傳
牛仙客涇州鶉觚人也初爲縣小吏縣令傅文靜甚重之文靜後
爲隴右營田使引仙客參預其事遂以軍功累轉洮州司馬開元
初王君㚟爲河西節度使以仙客爲判官甚委信之時又有判官
宋貞與仙客俱爲腹心之任及君㚟死宋貞亦爲迴紇所殺仙客
以不從獲免俄而蕭嵩代君㚟爲河西節度又以軍政委於仙客

○仙客清勤不倦接待上下必以誠信及嵩入知政事數稱薦之稍
遷太僕少卿判涼州別駕事仍知節度留後事竟代嵩爲河西節
度使判涼州事歷太僕卿殿中監軍使如故開元二十四年秋代信
安王禕爲朔方行軍大摠管右散騎常侍崔希逸代仙客知河西節
度事初仙客在河西節度時省用所積鉅萬希逸以其事奏聞上
令刑部員外郎張利貞馳傳往覆視之仙客所積倉庫盈滿器械
精勁皆如希逸之狀上大悅以仙客爲尚書中書令張九齡執奏
以爲不可乃加實封二百戶其年十一月九齡等罷知政事遂以
仙客爲工部尚書同中書門下三品仍知門下事時有監察御史
周子諒竊言於御史大夫李適之曰牛仙客不才濫登相位大夫
國之懿親豈得坐觀其事適之遽奏子諒之言上大怒廷詰之子
諒辭窮於朝堂決配流瀼州行至藍田而死仙客既居相位獨善
其身唯諾而已所有錫賚皆緘封不啓百司有所諮決仙客曰但
依令式可也不敢措手裁決明年特封豳國公贈其父意爲禮部

尚書祖會爲涇州刺史歲又進拜侍中兼兵部尚書天寶元年改易
官名拜左相尚書如故其年七月卒年六十八內出絹一千匹布五
百端遣中使送至宅以賻之贈尚書左丞相謚曰貞簡初仙客爲朔
方軍使以姚崇孫閎爲判官及知政事閎累遷侍御史自云能通
鬼道預知休咎仙客頗信惑之及疾甚閎請爲仙客祈禱在其門
下遂逼仙客令作遺表薦閎叔尚書右丞弈及兵部侍郎盧奐堪
代已閎爲起草仙客時既危殆署字不成其妻因中使來弔以其
表上玄宗覽而怒之左遷弈爲永陽太守盧奐爲臨淄太守賜閎死
王忠嗣太原祁人也家于華州之鄭縣父海賓太子右衛率豐安
軍使太谷男以驍勇聞隴上開元二年七月吐蕃入寇朝廷起薛
訥攝左羽林將軍爲隴右防禦使率杜賓客郭知運王晙安思順
以禦之以海賓爲先鋒及賊于渭州西界武階驛苦戰勝之殺獲
甚衆諸將嫉其功按兵不救海賓以衆寡不敵歿于陣大軍乘其
勢擊之斬首一萬七千級獲馬七萬五千匹羊牛十四萬頭玄宗

○聞而憐之詔贈左金吾大將軍忠嗣初名訓年九歲以父死王事
起復拜朝散大夫尚輦奉御賜名忠嗣養於禁中累年肅宗在忠
邸與之游處及長雄毅寡言嚴重有武略玄宗以其兵家子與之
論兵應對縱橫皆出意表玄宗謂之曰爾後必爲良將十八年又
贈其父安西大都護其後遂從河西節度兵部尚書蕭嵩河東副
元帥信安王禕並引爲兵馬使二十一年再轉左領軍衛郎將河
西討擊副使左威衛將軍賜紫金魚袋清源男兼檢校代州都督
嘗短皇甫惟明義弟王昱憾焉遂爲所陷貶東陽府左果毅屬河
西節度使杜希望謀拔新城或言忠嗣之材足以輯事必欲取勝
非其人不可希望即奏聞詔追忠嗣赴河西既下新城忠嗣之功
居多因授左威衛郎將專知行軍兵馬是秋吐蕃大下報新城之
役晨壓官軍衆寡不敵師人皆懼焉忠嗣乃以所部策馬而前左
右馳突當者無不闢易出而復合殺數百人賊衆遂亂三軍翼而
擊之吐蕃大敗以功最詔拜左金吾衛將軍同正員尋又兼左羽

林軍上將軍河東節度副使兼大同軍使二十八年以本官兼代州都督攝御史大夫兼充河東節度又加雲麾將軍二十九年代韋光乘爲朔方節度使仍加權知河東節度事其月以田仁琬充河東節度使忠嗣依舊朔方節度天寶元年兼靈州都督是歲北伐與奚怒皆戰于桑乾河三敗之大虜其衆耀武漠北高會而旋時突厥葉護新有內難忠嗣盛兵磧口以威振之烏蘇米施可汗懼而請降竟遷延不至忠嗣乃縱反間於拔悉密與葛邏祿迴紇三部落攻米施可汗走之忠嗣因出兵伐之取其右廂而歸其西葉護及毗伽可敦男殺葛臘哆率其部落千餘帳入朝因加左武衛大將軍明年又再破怒皆及突厥之衆自是塞外晏然虜不敢入天寶三載突厥十姓拔悉密葉等背攻殺烏蘇米施可汗傳首京師四載加攝御史大夫充河東節度採訪使五月進封清源縣公忠嗣少以勇敢自負及居節將以持重安邊爲務嘗謂人云國家升平之時爲將者在撫其衆而已吾不欲疲中國之力以徼

○ 三十五 〈唐傳五十三 八 王康

功名耳但訓練士馬缺則補之有漆弓百五十斤嘗貯之袋中示無所用軍中皆日夜思戰因多縱閒諜以伺虜之隟時以奇兵襲之故士樂爲用師出必勝每軍出即各召本將付其兵器令給士卒雖一弓一箭必書其名姓於上以記之軍罷却納若遺失即驗其名罪之故人人自勸甲仗充牣矣四載又兼河東節度採訪使自朔方至雲中緣邊數千里當要害地開拓舊城或自創制斥地各數百里自張仁亶之後四十餘年忠嗣繼之北塞之人復罷戰矣五年正月河隴以皇甫惟明敗衂之後因忠嗣以持節充西平郡太守判武威郡事充河西隴右節度使其月又權知朔方河東節度使事忠嗣佩四將印控制萬里勁兵重鎮皆歸掌握自國初已來未之有也尋遷鴻臚卿餘如故又加金紫光祿大夫仍授一子五品官後頻戰青海積石皆大剋捷尋又伐吐渾於墨離虜其全國而歸初忠嗣在河東朔方日久備諳邊事得士卒心及至河隴頗不習其物情又以功名富貴自處望減於往日矣其載四月固

讓朔方河東節度許之玄宗方事石堡城詔問以攻取之略忠嗣奏云石堡險固吐蕃舉國而守之若頓兵堅城之下必死者數萬然後事可圖也臣恐所得不如所失請休兵秣馬觀釁而取之計之上者玄宗固不快李林甫尤忌忠嗣日求其過六載會董延光獻策請下石堡城詔忠嗣分兵應接之忠嗣僶俛而從延光不悅河西兵馬使李光弼危之遽而入告將及於庭忠嗣曰李將軍有何事乎光弼進而言曰請議軍事忠嗣曰何也對曰向者大夫以士卒爲心有拒董延光之色雖曰受詔實奪其謀何者大夫以數萬衆付之而不懸重賞則何以賈三軍之勇乎大夫財帛盈庫何惜數萬段之賞以杜其讒口乎彼如不捷歸罪於大夫矣忠嗣曰李將軍忠嗣計已決矣平生始望豈及貴乎今爭一城得之未制於敵不得之未害於國忠嗣豈以數萬人之命易一官哉假如明主見責豈失一金吾羽林將軍歸朝宿衛乎其次豈失一黔中上佐乎此所甘心也雖然公實愛我光弼謝曰向者恐累大夫敢以衷告大夫

○ 三十五 〈唐列傳五十三 九 陳文

能行古人之事非光弼所及也遂趨而出及延光過期不剋訴忠嗣緩師故師出無功李林甫又令濟陽別駕魏林告忠嗣稱往任朔州刺史忠嗣爲河東節度云早與忠王同養宮中我欲尊奉太子玄宗大怒因徵入朝令三司推訊之幾陷極刑會哥舒翰代忠嗣爲隴右節度特承恩顧因奏忠嗣之枉詞甚懇切請以己官爵贖罪玄宗怒稍解十一月貶漢陽太守七載量移漢東郡太守明年暴卒年四十五子震天寶中秘書丞其後哥舒翰大舉兵伐石堡城拔之死者太半竟如忠嗣之言當代稱爲名將先是忠嗣之在朔方也每至互市時即高估馬價以誘之諸蕃聞之競來求市來輒買之故蕃馬益少而漢軍益壯及至河隴又奏請朔方河東戎馬九千匹以實之其軍又壯迄于天寶末戰馬蕃息寶應元年追贈兵部尚書

史臣曰郭虔瓘郭知運王君㚟張守珪牛仙客王忠嗣立功邊域爲世虎臣班超傅介子之流也然虔瓘以萬人征西請給公乘熟

食可謂謀之不臧矣君㚟以父執登陴兵晉不出此則不知門外之事義斷恩也守珪以至誠感神取材成堰與夫耿恭拜井有何異焉仙客爰自方隅驟登廊廟顯招物議獨善其身蓋才有不周昧於陳力就列忠嗣因青蠅之點幾危其身讒人之言誠可畏也

贊曰隴山之西幽陵之北爰有戎夷世爲殘賊二郭二王守珪仙客禦冦之功存乎方策

唐書列傳卷第五十三

右文林郎充兩浙東路提舉茶塩司幹辦公事蘇之勤校勘

劉 昫 等修

聞人詮校刊沈桐同校

高仙芝 封常清

哥舒翰

高仙芝本高麗人也父舍雞初從河西軍累勞至四鎮十將諸衛將軍仙芝美姿容善騎射勇決驍果少隨父至安西以父有功授游擊將軍年二十餘即拜將軍與父同班秩事節度使田仁琬蓋嘉運未甚任用後夫蒙靈詧累拔擢之開元末爲安西副都護四鎮都知兵馬使小勃律國王爲吐蕃所招妻以公主西北二十餘國皆爲吐蕃所制貢獻不通後節度使田仁琬蓋嘉運并靈詧累討之不捷玄宗特勑仙芝以馬步萬人爲行營節度使往討之時步軍皆有私馬自安西行十五日至撥換城又十餘日至握瑟德又十餘日至疎勒又二十餘日至葱嶺守捉又行二十餘日至播密川又二十餘日至特勒滿川即五識匿國也仙芝乃分爲三軍使疎勒守捉趙崇玼統三千騎趣吐蕃連雲堡自北谷入使撥換守捉使賈崇瓘自赤佛堂路入仙芝與中使邊令誠自護密國入約七月十三日辰時會于吐蕃連雲堡堡中有兵千人又城南十五里因山爲柵有兵八九千人城下有婆勒川水漲不可渡仙芝以三牲祭河命諸將選兵馬人齎三日乾粮早集河次水既難渡將士皆以爲狂既至人不濕旗馬不濕韉已濟而成列矣仙芝喜謂令誠曰向吾半渡賊來吾屬敗矣今既濟成列是天以此賊賜我也遂登山挑擊從辰至巳大破之至夜奔逐殺五千人生擒千人餘並走散得馬千餘匹軍資器械不可勝數玄宗使術士韓履冰往視日懼不欲行邊令誠亦懼仙芝留令誠等以羸病尫弱三千餘人守其城仙芝遂進三日至坦駒嶺直下峭峻四十餘里仙芝料之曰阿弩越胡若速迎即是好心又恐兵士不下乃先令二十餘騎詐作阿弩越城胡服上嶺來迎既至坦駒嶺兵士果不肯下云大使將我欲何處去言未畢其先使二十人來迎云阿

弩越城胡並好心奉迎娑夷河藤橋已斫訖仙芝陽喜以號令兵士盡下娑夷河即古之弱水也不勝草芥毛髮下嶺三日越胡果來迎明日至阿弩越城當日令將軍席元慶賀婁餘潤先修橋路仙芝明日進軍又令元慶以一千騎先謂勃律王曰吾取汝城亦不斫汝橋但借汝路過向大勃律去城中有首領五六人皆赤心爲吐蕃仙芝先約元慶云軍到首領百姓必走入山谷招呼取以勅命賜綵物等首領至齊縛之以待我元慶既至一如仙芝之所教縛諸首領王及公主走入石窟取不可得仙芝至斬其爲吐蕃者五六人急令元慶斫藤橋去勃律猶六十里及暮纔斫了吐蕃兵馬大至已無及矣藤橋闊一箭道修之一年方成勃律先爲吐蕃所詐借路遂成此橋至是仙芝徐自招諭勃律及公主出降並平其國天寶六載八月仙芝虜勃律王及公主趣赤佛堂路班師九月復至婆勒川連雲堡與邊令誠等相見其月末還播蜜川令劉單草告捷書遣中使判官王廷芳告捷仙芝軍還至河西夫蒙靈詧都不使人迎勞罵仙芝曰噉狗

腸高麗奴噉狗屎高麗奴于闐使誰與汝奏得仙芝曰中丞焉耆鎮守使誰邊得曰中丞安西副都護使誰邊得曰中丞安西都知兵馬使誰邊得曰中丞靈詧曰此既皆我所奏安得不待我處分懸奏捷書據高麗奴此罪合當斬但緣新立大功不欲處置又謂劉單曰聞爾能作捷書單恐懼請罪令誠具奏其狀曰仙芝立奇功今將憂死其年六月制授仙芝鴻臚卿攝御史中丞代夫蒙靈詧爲四鎮節度使徵靈詧入朝靈詧大懼仙芝每日見之趨走如故靈詧益不自安將軍程千里時爲副都護大將軍畢思琛爲靈詧押衙幷行官王滔康懷順陳奉忠等嘗構譖仙芝於靈詧仙芝既領節度事謂程千里曰公面似男兒心如婦人何也又謂思琛曰此胡敢來我城東一千石種子莊被汝將去憶之乎對曰此是中丞知思琛辛苦見乞仙芝曰吾此時懼汝作威福豈是憐汝與之我欲不言恐汝懷憂言了無事矣又呼王滔等至捽下將笞良久皆釋之由是軍情不懼八載入朝加特進兼左金吾衛大將軍同正員仍與一子五品官九載將

兵討石國平之獲其國王以歸仙芝性貪獲石國大瑟瑟十餘石眞金五六駝駱名馬寶玉稱是初舍雞以仙芝爲懦緩恐其不能自存至是立功家財鉅萬頗能散施人有所求言無不應其載入朝拜開府儀同三司尋除武威太守河西節度使代安思順思順諷群胡割耳剺面請留監察御史裴周南奏之制復以仙芝爲右羽林大將軍十四載進封密雲郡公十一月安祿山據范陽叛是日以京兆牧榮王琬爲討賊元帥仙芝爲副命仙芝領飛騎彍騎及朔方河西隴右應赴京兵馬幷召募關輔五萬人繼封常清出潼關進討仍以仙芝兼御史大夫十二月師發玄宗御望春亭慰勞遣之仍令監門將軍邊令誠監其軍屯於陝州是月十一日封常清兵敗於汜水十三日祿山陷東京常清以餘衆奔陝州謂仙芝曰累日血戰賊鋒不可當且潼關無兵若狂寇奔突則京師危矣宜棄此守急保潼關常清仙芝乃率見兵取太原倉錢絹分給將士餘皆焚之俄而賊騎繼至諸軍惶駭棄甲而

走無復隊伍仙芝至關繕修守具又令索承光守善和戍賊騎至關已有備矣不能攻而去仙芝之力也

封常清蒲州猗氏人也外祖犯罪流安西効力守胡城南門頗讀書每坐常清於城門樓上教其讀書多所歷覽外祖死常清孤貧年三十餘屬夫蒙靈詧爲四鎮節度使將軍高仙芝爲都知兵馬使頗有材能每出軍奏傔從三十餘人衣服鮮明常清慨然發憤投牒請預一傔常清細瘦目類脚短而跛仙芝見其貌寢不納明日又投牒仙芝謝曰吾奏傔已足何煩復來常清怒倨謂仙芝曰常清慕公高義願事鞭轡所以無媒而前何見拒之深乎公若方圓取人則士大夫所望若以貌取人恐失之子羽矣仙芝猶未納常清自爾候仙芝出入晨夕不離其門凡數十日仙芝不得已補爲傔開元末會達奚部落背叛自黑山北向西趣碎葉玄宗勅靈詧邀擊之靈詧使仙芝以二千騎自副城向北至綾嶺下遇賊擊之達奚行遠人馬皆疲斬殺略盡常清於幕中潛作捷書具言次舍

井泉遇賊形勢剋獲謀略事頗精審仙芝之所欲言無不周悉仙芝
大駭異之仙芝軍迴靈察賞勞仙芝去奴袜帶刀見判官劉眺獨
孤峻等迎問之曰前者捷書誰之所作副大使幕下何得有如此
人仙芝曰即仙芝傔人封常清也眺等揖仙芝命常清進坐與語
如舊相識衆人方異之以破達奚功授疊州地下戍主使以爲判
官累以軍功授鎮將果毅折衝天寶六年從仙芝破小勃律十二
月仙芝代夫蒙靈察爲安西節度使便奏常清爲慶王府録事參
軍充節度判官賜紫金魚袋尋加朝散大夫專知四鎮倉庫屯田
甲仗支度營田事仙芝每出征討常令常清知留後事常清有才
學果決知留後時仙芝乳母子鄭德詮已爲郎將德詮母在宅內
仙芝視之如兄弟家事皆令知之威望動三軍常清出迴諸將皆
引前德詮見常清出其門素易之自後走馬突常清而去常清至
使院命左右密引至廳連節度使宅院凡經數重門德詮既過命
隨後閉之德詮至常清離席謂之曰常清起自細微預中丞兵馬

使傔中丞再不納郎將豈不知乎今中丞過聽以常清爲留後使
郎將何得無禮對中使相凌因叱之曰郎將須暫死以肅軍容因
令勒迴杖六十面仆地曳出仙芝妻及乳母於門外號哭救之不
得因以其狀上仙芝仙芝覽之驚曰已死矣及見常清遂無一言
常清亦不之謝諸大將有罪者擊殺二人於是軍州股慄十載仙
芝改河西節度使奏常清爲判官王正見爲安西節度奏常清爲
四鎮支度營田副使行軍司馬十一載正見死乃以常清爲安西
副大都護攝御史中丞持節充安西四鎮節度經略支度營田副
大使知節度事十三載入朝攝御史大夫仍與一子五品官賜第
一區亡父母皆贈封爵俄而北庭都護程千里入爲右金吾大將
軍仍令常清權知北庭都護持節充伊西節度等使常清性勤儉
每出征或乘驛私馬不過一兩匹賞罰嚴明十四載入朝十一月謁
玄宗於華清宮時祿山已叛玄宗言兇胡負恩之狀何方誅討常
清奏曰祿山領兇徒十萬徑犯中原太平斯久人不知戰然事有

逆順勢有奇變臣請走馬赴東京開府庫募驍勇挑馬箠渡河計
日取逆胡之首懸於闕下玄宗方憂壯其言翌日以常清爲范陽
節度俾募兵東討其日常清乘驛赴東京召募旬日得兵六萬皆
傭保市井之流乃斫斷河陽橋於東京爲固守之備十二月祿山渡
河陷陳留入甖子谷兇威轉熾先鋒至葵園常清使驍騎與柘羯
逆戰殺賊數十百人賊大軍繼至常清退入上東門又戰不利賊
鼓譟於四城門入殺掠人吏常清又戰於都亭驛不勝退守宣仁
門又敗乃從提象門入倒樹以礙之至穀水西奔至陝郡遇高仙
芝具以賊勢告之恐賊難與爭鋒仙芝遂退守潼關玄宗聞常清
敗削其官爵令白衣於仙芝軍効力仙芝令常清監巡左右廂諸
軍常清衣皂衣以從事監軍邊令誠每事干之仙芝多不從令誠
入奏事具言仙芝常清逗撓奔敗之狀玄宗怒遣令誠齎勑至軍
並誅之令誠至潼關引常清於驛南西街宣勑示之常清曰常清
所以不死者不忍污國家旌麾受戮賊手討逆無効死乃甘心初

常清兵敗入關欲馳赴闕庭至渭南有勑令却赴潼關自草表待
罪是日臨刑託令誠上之其表曰中使駱奉仙至奉宣口勑恕臣
萬死之罪收臣一朝之効令臣却赴陝州隨高仙芝行營負斧鑕
四忽焉解縛敗軍之將更許增修臣常清誠懽誠喜頓首頓
首臣自城陷已來前後三度遣使奉表具述赤心竟不蒙引對臣
之此來非求苟活實欲陳社稷之計破虎狼之謀冀拜首闕庭吐
心陛下論逆胡之兵勢陳討捍之別謀將酬萬死之恩以報一生之
寵豈料長安日遠謁見無由函谷關遙陳情不暇臣讀春秋見狼
瞫稱未獲死所臣今獲矣昨者與羯胡接戰自今月七日交兵至
于十三日不已臣所將之兵皆是烏合之徒素未訓習率周南市
人之衆當漁陽突騎之師尚猶殺敵塞路血流滿野臣欲挺身刃
下死節軍前恐長逆胡之威以挫王師之勢是以馳御就日將命
歸天一期陛下斬臣於都市之下以誡諸將二期陛下問臣以逆賊
之勢將誡諸軍三期陛下知臣非惜死之徒許臣竭露臣今將死

抗表陛下或以臣失律之後誑妄爲辭陛下或以臣欲盡所忠肝
膽見察臣死之後望陛下不輕此賊無忘臣言則冀社稷復安逆
胡敗覆臣之所願畢矣仰天飲鴆向日封章即爲屍諫之臣死作
聖朝之鬼若使殁而有知必結草軍前迴風陣上引王師之旗鼓
平寇賊之戈鋋生死酬恩不任感激臣常清無任永辭聖代悲戀
之至常清既刑陳其尸於蘧蒢上仙芝歸至廳令誠索陌刀手百
餘人隨而從之曰大夫亦有恩命仙芝遽下遂至常清所刑處仙
芝曰我退罪也死不辭然以我爲減截兵糧及賜物等則誣我也
謂令誠曰上是天下是地兵士皆在足下豈不知乎其召募兵排
列在外素愛仙芝仙芝呼謂之曰我於京中召兒郎輩雖得少
許物裝束亦未能足方與君輩破賊然後取高官重賞不謂賊勢
憑陵引軍至此亦欲固守潼關故也我若實有此君輩即言實我
若實無之君輩當言枉兵齊呼曰枉其聲殷地仙芝又目常清之
尸謂之曰封二子從微至著我則引拔子爲我判官俄又代我爲

節度使今日又與子同死於此豈命也夫遂斬之
哥舒翰突騎施首領哥舒部落之裔也蕃人多以部落稱姓因以
爲氏祖沮左清道率父道元安西副都護世居安西翰家富於財
倜儻任俠好然諾縱蒱酒年四十遭父喪三年客居京師爲長安
尉不禮慨然發憤折節杖劍之河西初事節度使王倕倕攻新城
使翰經略三軍無不震懾後節度使王忠嗣補爲衙將翰好讀左
氏春秋傳及漢書疎財重氣士多歸之忠嗣以爲大斗軍副使嘗
使翰討吐蕃于新城有同列爲副者見翰禮倨不爲用翰怒撾殺
之軍中股慄遷左衞郎將後吐蕃寇邊翰拒之于苦拔海其衆三
行從山差池而下翰持半段槍當其鋒擊之三行皆敗無不摧靡
由是知名天寶六載擢授右武衞員外將軍充隴右節度副使都
知關西兵馬使河源軍使先是吐蕃每至麥熟時即率部衆至積
石軍穫取之共呼爲吐蕃麥莊前後無敢拒之者至是翰使王難
德楊景暉等潛引兵至積石軍設伏以待之吐蕃以五千騎至翰

於城中率驍勇馳擊殺之略盡餘或挺走伏兵邀擊匹馬不還翰
有家奴曰左車年十五六亦有膂力翰善使槍追賊及之以槍搭
其肩而喝之賊驚顧翰從而刺其喉皆剔高三五尺而墮無不死
者左車輒下馬斬首率以爲常其冬玄宗在華清宮王忠嗣被劾
勑召翰至與語悅之遂以爲鴻臚卿兼西平郡太守攝御史中丞
代忠嗣爲隴右節度支度營田副大使知節度事仍極言救忠嗣
上起入禁中翰叩頭隨之而前言詞慷慨聲淚俱下帝感而寬之
貶忠嗣爲漢陽太守朝廷義而壯之明年築神威軍於青海上
吐蕃至攻破之又築城於青海中龍駒島有白龍見遂名爲應龍
城吐蕃屏跡不敢近青海吐蕃保石堡城路遠而險久不拔八載
以朔方河東群牧十萬衆委翰總統攻石堡城翰使麾下將高秀
巖張守瑜進攻不旬日而拔之上錄其功拜特進鴻臚員外卿與
一子五品官賜物千匹莊宅各一所加攝御史大夫十一載加開
府儀同三司翰素與祿山思順不協上每和解之爲兄弟其冬祿

山思順翰並來朝上使內侍高力士及中貴人於京城東駙馬崔
惠童池亭宴會翰母尉遲氏于闐之族也祿山以思順惡翰嘗銜
之至是忽謂翰曰我父是胡母是突厥公父是突厥母是胡與公
族類同何不相親乎翰應之曰古人云野狐向窟嗥不祥以其忘
本也敢不盡心焉祿山以爲譏其胡也大怒罵翰曰突厥敢如此
耶翰欲應之高力士目翰翰遂止十二載進封涼國公食實封三
百戶加河西節度使尋封西平郡王時楊國忠有隙於祿山頻奏
其反狀故厚賞翰以親結之十三載拜太子太保更加實封三百
戶又兼御史大夫翰好飲酒頗恣聲色至土門軍入浴室遘風疾
絕倒良久乃蘇因入京廢疾于家及安祿山反上以封常清高仙
芝喪敗召翰入拜爲皇太子先鋒兵馬元帥以田良丘爲御史中
丞充行軍司馬以王思禮鉗耳大福李承光蘇法鼎管崇嗣及蕃
將火拔歸仁李武定渾萼契苾寧等爲裨將河隴朔方兵及蕃
兵與高仙芝舊卒共二十萬拒賊於潼關上御勤政樓勞遣之百

寮出餞于郊十五載加翰尚書左僕射同中書門下平章事翰至潼關或勸翰曰祿山阻兵以誅楊國忠爲名公若留兵三萬守關悉以精銳迴誅國忠此漢挫七國之計也公以爲何如翰心許之未發有客泄其謀於國忠國忠大懼乃奏曰兵法安不忘危今潼關兵衆雖盛而無後殿萬一不利京師得無恐乎請選監牧小兒三千人訓練於苑中詔從之遂遣劍南軍將李福劉光庭分統焉又奏召募一萬人屯於灞上令其腹心杜乾運將之翰慮爲所圖乃上表請乾運兵隸於潼關遂召乾運赴潼關計事因斬之自是翰心不自安又素有風疾至是頗甚軍中之務不復躬親委政於行軍司馬田良丘良丘復不敢專斷教令不一頗無部伍其將王思禮李承光又爭長不叶人無鬬志先是翰數奏祿山雖竊何朔而不得人心請持重以弊之彼自離心因而翦滅之可不傷兵擒茲寇矣賊將崔乾祐於陝郡潛鋒蓄銳而覘者奏云賊殊無備上然之命悉衆速討之翰奏曰賊既始爲兇逆祿山久習用兵必不肯無

備是陰計也且賊兵遠來利在速戰今王師自戰其地利在堅守不利輕出若輕出關是入其筭乞更觀事勢楊國忠恐其謀已屢奏但出之上久處太平不練軍事既爲國忠眩惑中使相繼督責翰不得已引師出關六月四日次于靈寶縣之西原八日與賊交戰官軍南迫險峭北臨黃河崔乾祐以數千人先據險要翰及良丘等浮舡中流以觀進退謂乾祐兵少輕之遂促將士令進爭路擁塞無復隊伍午後東風急乾祐以草車數十乘縱火焚之煙焰亘天將士掩面開目不得因爲兇徒所乘王師自相排擠墜于河其後者見前軍陷敗悉潰塡委于河死者數萬人號叫之聲振天地縛器械以槍爲檝投北岸十不存一二軍既敗翰與數百騎馳而西歸爲火拔歸仁執降於賊祿山謂之曰汝常輕我今日如何翰懼俯伏稱肉眼不識陛下遂至於此陛下爲撥亂主今天下未平李光弼在土門來瑱在河南魯炅在南陽但留臣臣以尺書招之不日平矣祿山大喜遂僞署翰司空作書招光弼等諸將報書皆讓翰不死節祿山知事不諧遂閉翰於苑中潛殺之翰之守潼關也主天下兵權肆志報怨誣奏戶部尚書安思順與祿山潛通僞令人爲祿山遺思順書於關門擒之以獻其年三月思順及弟太僕卿元貞並坐誅徙其家屬于嶺外天下冤之

史臣曰大盜作梗祿山亂常詞雖欲誅國忠志則謀危社稷于時承平日久金革道消封常清高仙芝相次率不敎之兵募市人之衆以元兇寇失律喪師哥舒翰廢疾于家起專兵柄二十萬衆拒賊關門軍中之務不親委任又非其所及遇羯賊旋致敗亡天子以之播遷自身以之拘執此皆命帥而不得其人也禮曰大夫死衆又曰謀人之軍師敗則死之翰受署賊庭苟延視息忠義之道即可知也豈不愧於顏杲卿乎抑又聞之古之命將者推轂而謂之曰閫外之事將軍裁之觀楊國忠之奏事邊令誠之護戎又掣肘於軍政者也未可偏責三帥不尤伊人後之君子得不深鑑

贊曰羯賊犯順戎車啓行委任失所封高敗亡虔劉圻甸僭竊衣裳醜哉舒翰不能死王

唐書列傳卷第五十四

宇文融　韋堅　楊愼矜　王鉷

劉　昫　等修

宇文融京兆萬年人隋禮部尚書平昌公弼之玄孫也祖節貞觀
中爲尚書右丞明習法令以幹局見稱時江夏王道宗嘗以私事
託於節節遂奏之太宗大悅賜絹二百匹仍勞之曰朕所以不置
左右僕射者正以卿在省耳永徽初累遷黃門侍郎同中書門下
三品代于志寧爲侍中坐房遺愛事配流桂州而卒父嶠萊州長
史融開元初累轉富平主簿明辯有吏幹源乾曜孟溫相次爲
京兆尹皆厚禮之俄拜監察御史時天下戶口逃亡免役多僞濫
朝廷深以爲患融乃陳便宜奏請檢察僞濫搜括逃戶玄宗納
其言因令融充使推勾無幾獲僞濫及諸免役甚衆特加朝散大
夫再遷兵部員外郎兼侍御史融於是奏置勸農判官十人並攝
御史分往天下所在檢括田疇招携戶口其新附客戶則免其六

年賦調但輕稅入官議者頗以爲擾人不便陽翟尉皇甫憬上疏
曰臣聞智者千慮或有一失愚夫千計亦有一得且無益之事繁
則不急之務衆不急之務衆則數役數役則人疲人疲則無聊生
矣是以太上務德以靜爲本其次化之以安爲上但責其疆界嚴
之隄防山水之餘即爲見地何必聚人阡陌親遣括量故奪農時
遂令受弊又應出使之輩未識大體所由殊不知陛下愛人至深
務以勾剝爲計州縣懼罪據牒即徵逃亡之家鄰保代出鄰保不
濟又便更輸急之則都不謀生緩之則慮法交及臣恐逃逸從此
更深至如澄流在源止沸由火不可不愼今之具寮向逾萬數蠶
食府庫侵害黎人國絕數載之儲家無經月之畜雖其厚稅亦不
可供戶口逃亡莫不由此縱使伊皐申術管晏陳謀豈息茲弊若
以此給將何以堪雖東海南山盡爲粟帛亦恐不足豈括田稅客
能周給也左拾遺楊相如上書咸陳括客爲不便上方委任融侍
中源乾曜及中書舍人陸堅皆贊成其事乃貶璟爲盈川尉於是

諸道括得客戶凡八十餘萬田亦稱是州縣希融旨意務於獲多
皆虛張其數亦有以實戶爲客者歲終徵得客戶錢數百萬融由
是擢拜御史中丞言事者猶稱括客損居人上令集百寮於尚書
省議公卿已下懼融恩勢皆雷同不敢有異詞唯戶部侍郎楊瑒
獨建議以括客不利居人徵籍外田稅使百姓困弊所得不補所
失無幾瑒出爲外職融乃馳傳巡歷天下事無大小先牒上勸農
使而後申中書省司亦待融指撝而後決斷融之所至必招集老
幼宣上恩命百姓感其心至有流淚稱父母者融使還具奏乃下
制曰人惟邦本本固邦寧必在安人方能固本永言理道實獲朕
心思所以康濟黎庶寵綏華夏上副宗廟乾坤之寄下答寓縣責
獻之勤何嘗不夜分輟寢日旰忘食厥後以眇眇之身當四海之
貴雖則長想遐適不可家至日見至于宣布政教安緝逋亡言念
再三其勤至矣莫副朕命實用恧焉當扆永懷靜言厥緒豈人
流自久招諭不還上情靡通于下衆心罔達於上求之明發想見

其人當屬括地使宇文融謁見于延英殿朕以人必土著因議逃
亡嘉其忠讜堪任以事乃授其田戶紀綱兼委之郡縣釐革使令
允使奉以安人遂能恤我黎元克將朕命發自夏首來於歲終巡
按所及歸首百萬仍聞宣制之日老幼欣躍惟令是從多流淚以
感朕心咸吐誠以荷王命猶恐朕之薄德未孚于人撫字安存更
寘良算遂命百司長吏方州岳牧僉議都堂廣徵異見群詞盈於
札翰環省彌于旬日靡廣朕意豈以爲勞稽衆考言謂斯折衷敬
人必信期於令行凡爾司存勉以遵守夫食爲人天富而後教經
叙彝體刑哲至言故平糴行於昔王義倉加於近代所以存九年
之蓄收上中之斂穰歲則農不傷財災饉則時無菜色救人活國
其利博哉今流戶大來王田載理敦庚之務寤寐所懷其客戶所
稅錢宜均充所在常平倉用仍許預付價直任粟麥兼貯并舊常
平錢粟並委本道判官勾當處置使斂散及時務以矜恤且分災
恤患州黨之常情損餘濟闕親隣之善貸故木鐸云徇里胥均

功夜續相從齊俗以勸令陽和布澤丁壯就田言念鰥惸事資救助宜委使司與州縣商量勸作農社貧富相恤耕耘以時仍每至雨澤之後種穫忙月州縣常務一切停減使趨時急於備寇尺璧賤於寸陰是則天無虛施人無遺力又政在經遠功惟久著今逃亡初復居業未康循逃戶及籍外剩田猶宜勞徠理資存撫其十道分判官三五年內使就厥功令有終始當道覆屯及須推勸並以委之不須廣差餘使示專其事不擾于人政術有能必行賞罰其巳奏復業歸首勾當州縣每季一申不須挾名致有勞擾其歸首戶各令新首處與本貫計會年石色役勿欺隱及其兩處徵科宣布天下使明知朕意中書令張說素惡融之爲人又患其權重融之所奏多建議爭之融揣其意先事圖之中書舍人張九齡言於說曰宇文融承恩用事辯給多詞不可不備也說曰此狗鼠輩焉能爲事融尋兼戶部侍郎從東封還又密陳意見分吏部爲十銓典選事所奏又爲說所抑融乃與御史大夫崔隱甫連名劾

說廷奏其狀說由是罷知政事融恐說復用爲巳患數譖毀之上惡其朋黨尋出融爲魏州刺史俄轉汴州刺史又上表請用禹貢九河舊道開稻田以利人并迴易陸運脚錢官收其利雖興役不息而事多不就十六年復入爲鴻臚卿兼戶部侍郎明年拜黃門侍郎與裴光庭並兼同中書門下平章事融既居相位欲以天下爲巳任謂人曰使吾居此數月庶令海內無事矣於是薦宋璟爲右丞相裴耀卿爲戶部侍郎許景先爲工部侍郎甚允朝廷之望然性躁急多言又引賓客故人晨夕飲謔由是爲時論所譏時禮部尚書信安王褘爲朔方節度使殿中侍御史李宙驛召將下獄褘既申訴得理融坐阿黨李宙出爲汝州刺史在相凡百日而罷裴光庭時兼御史大夫又彈融交遊朋黨及男受贓等事貶昭州平樂尉在嶺外歲餘司農少卿蔣岑舉奏融在汴州迴造船脚隱没鉅萬給事中馮紹烈又深文案其事實融於是配流巖州地既瘴毒憂恚發疾遂詣廣府將停留未還都督耿仁忠謂融曰明公負朝廷深譴以至於此更欲故犯嚴命淹留他境仁忠見累誠所甘心亦恐朝廷知明公在此必不相容也融遽還卒于路上聞之思其舊恩贈台州刺史

韋堅京兆萬年人父元珪先天中銀青光祿大夫開元初兗州刺史堅姊爲贈惠宣太子妃堅妻又楚國公姜皎女堅妹又爲皇太子妃中外榮盛故早從官敘二十五年爲長安令以幹濟聞與中貴人善探候主意見宇文融楊慎矜父子以勾剝財物爭行進奉而致恩顧堅乃以轉運江淮租賦所在置吏督察以裨國之倉廩歲益鉅萬玄宗以爲能天寶元年三月擢爲陝郡太守水陸轉運使自西漢及隋有運渠自關門西抵長安以通山東租賦奏請於咸陽擁渭水作興成堰截灞滻水傍渭東注至關西永豐倉下與渭合於長安城東九里長樂坡下滻水之上架苑牆東面有望春樓樓下穿廣運潭以通舟楫二年而成堅預於東京汴宋取小斛底船三二百隻置於潭側其船皆署牌表之若廣陵郡船即於栿

背上堆積廣陵所出錦鏡銅器海味丹陽郡船即京口綾衫段晉陵郡船即折造官端綾繡會稽郡船即銅器羅吳綾絳紗南海郡船即玳瑁眞珠象牙沉香豫章郡船即力瓷酒器茶釜茶鐺茶椀宣城郡船即空青綠紙筆黃連始安郡船即蕉葛蚺蛇膽翡翠船中皆有米吳郡即三破糯米方文綾凡數十郡駕船人皆大笠子寬袖衫芒屩如吳楚之制先是人間戲唱歌詞云得(丁紇反)体(都董反)紇那也紇囊得体耶潭裏船車鬧揚州銅器多三郎當殿坐看唱得体歌至開元二十九年田同秀上言見玄元皇帝云有寶符在陝州桃林縣古關令尹喜宅發中使求而得之以爲殊祥改桃林爲靈寶縣及此潭成陝縣尉崔成甫以堅爲陝郡太守鑿成新潭又致揚州銅器翻出此詞廣集兩縣官使婦人唱之言得寶弘農野弘農得寶耶潭裏船車鬧揚州銅器多三郎當殿坐看唱得寶歌成甫又作歌詞十首自衣缺胯綠衫錦半臂偏袒膊紅羅抹額於第一船作號頭唱之和者婦人一百人皆鮮服靚

糙舂聲接影鼓笛胡部以應之餘船洽進至樓下連檣彌亘數里
觀者山積京城百姓多不識驛馬船檣竿人人駭視堅跪上諸郡
輕貨又上百牙盤食府縣進奏教坊出樂迭奏玄宗歡悅下詔曰
物古之善政者貴於足食欲求富國者必先利人朕關輔之間尤
資殷贍比來轉輸未免艱辛故置此潭以通漕運萬代之利一朝
而成將允叶於永圖豈苟求於縱觀其陝郡太守韋堅始終檢校
夙夜勤勞賞以懋功則惟常典宜特與三品仍改授一子三品京官
兼太守判官等並即量與改轉其專知檢校始末不離潭所者并
孔目官及至典選日優與處分仍委韋堅具名録奏應役人夫等
雖各酬傭直終使役日多並放今年地稅且啓鑿功畢舟檝已通
既涉遠途又能先至永言勸勵稍宜甄獎其押運綱各賜一中上
考准前録奏船夫等宜共賜錢二千貫以充宴樂外郡進土物賜
貴戚朝官賜名廣運潭時堅姊故惠宣太子妃亦出寳物供橑
上鋪設進食竟日而罷李林甫以堅姜氏婿甚狎之至是懼其寵

計求進承恩日深堅又與李適之善益怒之恐入爲相乃與腹心
構成其罪四月進銀青光禄大夫左散騎常侍陝郡太守水陸轉
運使勾當緣河及江淮南租庸轉運處置使並如故又以判官元
撝豆盧友除監察御史三年正月堅又加兼御史中丞封韋城男
九月拜守刑部尚書奪諸使以楊慎矜代之五載正月望夜堅與
河西節度鴻臚卿皇甫惟明夜遊同過景龍觀道士房爲林甫所
發以堅戚里不合與節將狎暱是構謀規立太子玄宗惑其言遽
貶堅爲縉雲太守惟明爲播川太守尋發使殺惟明於黔中籍其
貲財六月又貶堅爲江夏員外別駕又構堅與李適之善貶適之
爲宜春太守七月堅又長流嶺南臨封郡堅弟將作少匠蘭鄂縣
令冰兵部員外郎芝堅男河南府戸曹諒並遠貶至十月使監察
御史羅希奭逐而殺之諸弟及男諒並死堅妻姜氏林甫以其久遭
輕賤特放還本宗倉部員外郎鄭章貶南豐丞殿中侍御史鄭欽
說貶夜郎尉監察御史豆盧友貶富水尉監察御史楊惠貶巴東

尉連累者數十人又勑嗣薛王琄貶夷陵郡員外別駕長任其母隨
男任女壻新貶巴陵太守盧幼林長流合浦郡肅宗時爲皇太子
恐懼上表稱與新婦離絕七載嗣薛王琄停仍於夜郎郡安置其
母亦勸隨男堅貶黜後林甫諷所司發使於江淮東京緣河轉運
使恣求堅之罪以聞徵之綱典船夫溢於牢獄郡縣徵剥不止隣
伍盡成裸形死於公府林甫死乃停
楊慎矜隋煬帝玄孫也曾祖隋齊王暕祖正道大業末隋宇文化
及至河北爲竇建德所破因與其祖母蕭皇后入于建德軍建德
送于突厥處羅可汗于貞觀初李靖擊破頡利可汗胡酋康蘇密
以蕭后及正道歸授尚衣奉御父隆禮長安中天官郎中神龍後
歷洺梁滑汾懷五州刺史皆以清嚴能檢察人吏絶於欺隱聞景
雲中以名犯玄宗上字改爲崇禮開元初擢爲太府少卿雖錢帛
充牣丈尺間皆躬自省閱時議以爲前後爲太府者無與爲比擢
拜太府卿加銀青光禄大夫進封弘農郡公在職二十年公清如

一二十一年九十餘授戸部尚書致仕時太平且久御府財物山
積以爲經楊卿者無不精好每歲勾剥省便出錢數百萬貫慎矜
沉毅有財幹任氣尚朋執初爲汝陽令有能名崇禮罷太府玄宗
訪其子堪委其父任者宰臣以慎餘慎矜慎名三人皆勤恪清白
有父風而慎矜爲其最因拜監察御史知太府出納慎餘先爲司
農丞除太子舍人監京倉尋丁父憂二十六年服闋累遷侍御史
仍知太府出納慎名授大理評事攝監察御史充都含嘉倉出納
使其甚承恩顧慎矜於諸州納物者有水漬傷破及色下者皆令本
州徵折估錢轉市輕貨州縣徵調不絕於歲月矣在臺數年又專
知雜事風格甚高天寶二年遷權判御史中丞充京畿採訪使知
太府出納使並如故時右相李林甫擅權慎矜以遷拜不由其門
懼不敢居其任固讓之因除諫議大夫兼侍御史仍依舊知太府
出納以鴻臚少卿蕭諒爲御史中丞諒至臺無所攝讓頗不相能
尋出爲陝郡太守林甫以慎矜屈於已復擢爲御史中丞仍充諸

道鑄錢使餘如故時散騎常侍陝郡太守韋堅兼御史中丞爲水陸漕運使權傾宰相侍御史王鉷推堅慎矜引身中立以候望鉷恨之林甫亦憾焉慎矜與鉷父瑨中外兄弟鉷即表姪少相狎鉷入臺慎矜爲臺端亦有推引及鉷遷中丞雖與鉷同列每呼爲王鉷鉷恃與林甫善漸不平之五載慎矜遷戶部侍郎中丞使如故林甫見慎矜受主恩心嫉之又知王鉷於慎矜有間又誘而啗之鉷乃伺其隟以陷之慎矜奪鉷職田背嘗詈鉷詆其母氏鉷不堪其辱慎矜性踈快素昵於鉷嘗話讖書於鉷又與還俗僧史敬忠游處敬忠有學業鉷於林甫構成其罪云慎矜是隋家子孫心規克復隋室故畜異書與凶人來往而說國家休咎時天寶六載十一月玄宗在華清宮林甫令人發之玄宗震怒繫之於尚書省詔刑部尚書蕭隱之大理卿李道邃少卿楊璹侍御史楊釗殿中侍御史盧鉉同鞫之又使京兆士曹吉溫往東京收慎矜兄少府少監慎餘弟洛陽令慎名等雜訊之又令溫於汝州捕史敬忠獲之便赴

○ 三十五 【唐列傳五十五】 七 林英

行在所先令盧鉉收太府少卿張瑄於會昌驛繫而推之瑄不肯荅辯鉉百端拷訊不得乃令不良枷瑄以手力絆其足以木按其足間撅其枷柄向前挽其身長校數尺胥細欲絕眼鼻皆血出謂之驢駒拔撅瑄竟不肯荅又使鉉與御史崔器入城搜慎矜宅無所得拷其小妻韓珠團乃在堅櫃上作一闇函盛讖書是等鉉於袖中出而納之詬以示慎矜慎矜曰他日不見今乃來是命也吾死矣及溫以敬忠至戲水驛東十餘里使典說之若至溫湯即求首陳不可得矣去溫湯十餘里敬忠乞紙筆於桑樹下具吐之比見慎矜敬忠證之慎矜皆引實二十五日詔楊慎矜慎餘慎名並賜自盡史敬忠決重杖一百鮮于賁范滔並決重杖配流遠郡慎矜外甥前通事舍人辛景湊決杖配流義陽郡司馬嗣虢王巨與敬忠相識解官於南賓郡安置太府少卿張瑄決六十長流嶺南臨封郡亦死於湯所慎矜兄弟并史敬忠莊宅官收以男女配流嶺南諸郡其張瑄萬俟承暉鮮于賁等準此配流乃使監察御史顏

眞卿送勑至東京殿中侍御史崔寓引慎名令河南法曹張萬頃宣勑示之慎名見慎矜賜自盡初尚撫膺及聞慎餘及身皆爾遂止及宣勑了慎名曰今奉聖恩不敢稽留暴剋但以寡姊老年請作數行書以別之寓揖眞卿眞卿許之慎名神色不變入房中作書曰拙於謀運不能靜退兄弟幷命唯姊尚存老年孤煢何以堪此書後又數條事又宅中作一板池池中魚一皆放之遂縊而死監察御史平列齎勑至大理寺慎餘聞死合掌指天而縊初慎矜至溫湯午食忽見一鬼物長丈餘朱衣冠幘立於門扇後慎矜叱之良久不滅以熱羹投之乃滅無何下獄死兄弟甚友愛事寡姊如母皆偉儀形風韻高朗愛客喜飲籍甚於時慎名嘗臨鏡見其鬚頭面神彩有過於人覆鏡歎曰吾兄弟三人盡長六尺餘有如此貌如此材而見容當代以期全難矣何不惜我少體留耶言如其言

○ 三十五 【唐列傳五十五】 八 章楷

王鉷太原祁人也祖方翼夏州都督爲時名將生晅瑨珣璿瑨開元初並歷中書舍人珣兵部侍郎秘書監鉷即瑨之孽子開元十年爲鄠縣尉京兆尹稻田判官二十四年再遷監察御史二十九年累除戶部員外郎常兼侍御史天寶二年充京和市和糴使遷戶部郎中三載長安令柳升以賄敗初韓朝宗爲京兆尹引升爲京令朝宗又於終南山下爲苟家觜買山居欲以避世亂玄宗怒勑鉷推之朝宗自高平太守貶爲吳興別駕又加鉷長春宮使四載加勾戶口色役使又遷御史中丞兼充京畿採訪使五載又爲京畿關內道黜陟使又兼充關內採訪使時右相李林甫讒前用事志謀不利於東儲以除不附己者而鉷有吏幹倚之轉深以爲己用既爲戶口色役使時有勑給百姓一年復鉷即奏徵其脚錢廣張其數又市輕貨乃甚於不放輸納物者有浸漬折估皆下本郡徵納又勑本郡高戶爲租庸脚貫破其家產彌年不了恣行割剝以媚於時人用嗟怨古制天子六宮皆有品秩高下其俸物因有等差唐法沿於周隋妃嬪宮官位有尊卑亦隨其品而給授以供

衣服鉛粉之費以奉於宸極玄宗在位多載妃御承恩多賞賜不欲頻於左右藏取之鉷探旨意歲進錢寶百億萬便貯於內庫以恣主恩錫賚鉷云此是常年額外物非征稅物玄宗以為鉷有富國之術利於王用益厚待之丁嫡母憂起復舊職使如故七載又加檢察內作事遷戶部侍郎仍兼御史中丞賜紫金魚袋八載兼充閑廄使及苑內營田五坊宮苑等使隴右群牧都使支度營田使餘並如故太白山人李渾於金星洞蕭仙人見老人云有玉版石記符聖上長生久視玄宗令鉷入山洞求而得之因上尊號加鉷銀青光祿大夫都知摠監及栽接等使九載五月兼京兆尹使並如故鉷威權轉盛兼二十餘使近宅為使院文案堆積胥吏求押一字即累日不遂中使賜遺不絕於門雖晉公林甫亦畏避之林甫子岫為將作監供奉禁中鉷子準衛尉少卿亦鬭雞供奉每謙岫岫常下之萬年尉韋黃裳長安尉賈季鄰常於廳事貯錢數百繩名倡珍饌常有備擬以候準所適又於宅側自有追歡之所鉷與弟戶部郎中銲召術士任海川遊其門問其相命言有王否海川震懼潛匿不出鉷懼洩其事令逐之至馮翊郡得誣以他事杖殺之定安公主男韋會任王府司馬聞之話於私庭乃被侍兒說於傭保者或有憾於會告於鉷鉷遣賈季鄰收於長安獄入夜縊之明辰載屍還其家會是皇堂外甥同產兄王繇尚永穆公主而惕息不敢言十載封太原縣公又兼殿中監十一載四月銲與故鴻臚少卿邢璹子縡情密累年縡潛構逆謀引右龍武軍萬騎刻取十一月殺龍武將軍因燒諸城門及市分數百人殺楊國忠及右相李林甫左相陳希烈等先期二日事發玄宗臨朝召鉷上於五案前過狀與鉷鉷好弈棊縡善棊鉷因銲與之交故至是意銲在縡處金城坊密召之曰晏始令捕賊官捕之萬年尉薛榮先長安尉賈季鄰等捕之逢銲於化度寺門季鄰為鉷所引用為赤尉銲謂之曰我與邢縡故舊縡今反恐事急妄相引請足下勿受其言榮先等至縡門縡等十餘人持弓刃突出榮先等遂與格戰

季鄰以銲語白鉷鉷謂之曰我弟何得與之有謀乎鉷與國忠共討逐縡縡下人曰勿損大夫下人國忠為劍南節度使有隨身官以白國忠曰賊有號不可戰須臾驃騎大將軍內侍高力士領飛龍小兒甲騎四百人討之縡為亂兵所斬擒其黨善射人韋瑶等以獻國忠以白玄宗玄宗以鉷委任深必不與之知情鉷與銲別生嫉其富貴故欲陷鉷耳遂特原銲不問然意欲鉷請罪之上密令國忠諷之國忠不敢洩上意諷鉷曰且主上眷大夫深今日大夫須割慈存門戶但抗疏請罪郎中郎中亦未必至極刑大夫必存何如併命鉷俛首久曰小弟先人餘愛平昔頗有處分義不欲捨之而謀存乃進狀十二日鉷入朝左相陳希烈言語侵之鉷恨之憤訴言氣頗高鉷朝迴於中書侍郎廳修表令人進狀門司已不納矣須臾勑希烈推之鉷以表示宰相林甫曰大夫後之矣遂不許追銲至國忠問大夫知否銲未及應侍御史裴冕恐銲引之冕叱詈之曰足下為臣不忠為弟不義聖上以大夫之故以足下為戶部郎中又加五品恩亦厚矣大夫豈知縡事乎國忠愕然謂銲曰實知即不可隱不知亦不可妄引銲方曰七兄不知季鄰證其罪及日暮奏之銲決杖死於朝堂賜鉷自盡於三衛廚明日移於資聖寺廊下裴冕言於國忠令歸宅權斂之又請令妻女送墓所國忠義而許之令鉷判官齊奇營護之男準除名長流嶺南承化郡偁長流珠崖郡至故驛殺之妻薛氏及在室女並流初鉷與御史中丞戶部侍郎楊慎矜親且情厚頗為汲引及貴盛爭權鉷附於李林甫為所誘陷慎矜家纔五年而鉷至赤族豈天道歟

史臣曰夫姦佞之輩惟事悅人聚斂之臣無非害物賈禍招怨敗國喪身罕不由斯道也君人者中智已降亦心緣利動言為甘聞志雖慕於聖明情不勝於嗜欲徒有賢佐無如之何所以禮經戒其勿畜宇文融韋堅楊慎矜王鉷皆開元之倖人也或以括戶取媚或以漕運承恩或以聚貨得權或以剝下獲寵負勢自用人莫敢違張說李林甫手握大權承主恩顧尚遭凌擯以身下之他人

即可知也然天道惡盈器滿則覆傾終雖不令其弊已多良可痛也
宋璟裴耀卿許景先獲居重任因融薦之此亦有鳳之一毛也玄
宗以聖哲之姿處高明之位未免此累或承之羞後之帝王得不
深鑑
贊曰財能域人聚則民散如何帝王志求餘羨融堅聆鉄因利乘
便以徼寵榮宜招後患

唐書列傳卷第五十五

右文林郎充兩浙東路提舉茶塩司幹辦公事臣董之勤校勘

唐書列傳卷第五十六

劉昫 等修

李林甫 林甫子岫附 楊國忠 忠子暄附 張暐
王琚 王毛仲等

李林甫高祖從父弟長平王叔良之孫叔良生孝斌官至原州長
史孝斌生思誨官至揚府參軍思誨即林甫之父也林甫善音律
初爲千牛直長其舅楚國公姜皎深愛之開元初遷太子中允時
源乾曜爲侍中乾曜姪孫光乘姜皎妹壻乾曜與之親乾曜之男
絜白其父曰李林甫求爲司門郎中乾曜曰郎官須有素行才望
高者哥奴豈是郎官耶數日除諭德哥奴林甫小字累遷國子司
業十四年宇文融爲御史中丞引之同列因拜御史中丞歷刑吏
二侍郎時武惠妃愛傾後宮二子壽王盛王以母愛特見寵異太
子瑛益踈薄林甫多與中貴人善乃因中官干惠妃云願保護
壽王惠妃德之初侍中裴光庭妻武三思女詭譎有材略與林甫

私中官高力士本出三思家及光庭卒武氏銜哀祈於力士請林
甫代其夫位力士未敢言玄宗使中書令蕭嵩擇相嵩久之以右
丞韓休對玄宗然之乃令草詔力士遽漏於武氏乃令林甫白休
休既入相甚德林甫與嵩不和乃薦林甫堪爲宰相惠妃陰助之
因拜黄門侍郎玄宗眷遇益深二十三年以黄門侍郎平章事裴
耀卿爲侍中中書侍郎平章事張九齡爲中書令林甫爲禮部尚
書同中書門下三品並加銀青光祿大夫林甫面柔而有狡計能
伺候人主意故驟歷清列爲時委任而中官妃家皆厚結託伺上
動靜皆預知之故出言進奏動必稱旨而猜忌陰中人不見於詞
色朝廷受主恩顧不由其門則構成其罪與之善者雖廝養下士
盡至榮寵尋歷戶兵二尚書知政事如故尋又以太子瑛鄂王瑤
光王琚皆以母失愛而有怨言駙馬都尉楊洄白惠妃玄宗怒謀
於宰臣將罪之九齡曰陛下三箇成人見不可得太子國本長在
宮中受陛下義方人未見過陛下奈何以喜怒間忍欲廢之臣不

敢奉詔玄宗不悅林甫惘然而退初無言旣而謂中貴人曰家事
何須謀及於人時朔方節度使牛仙客在鎮有政能玄宗加實封
九齡又奏曰邊將訓兵秣馬儲蓄軍實常務耳陛下賞之可也欲
賜實賦恐未得宜惟聖慮思之帝默然林甫以其言告仙客仙客
翌日見上泣讓官爵玄宗欲行實封之命兼爲尚書九齡執奏如
初帝變色曰事總由卿九齡頓首曰陛下使臣待罪宰相事有未
允臣合盡言違忤聖情合當萬死玄宗曰卿以仙客無門籍耶卿
有何門閥九齡對曰臣荒徼微賤仙客中華之士然陛下擢臣踐
臺閣掌綸誥仙客本河湟一使典目不識文字若大任之臣恐非
宜林甫退而言曰但有材識何必辭學天子用人何有不可玄宗
滋不悅九齡與中書侍郎嚴挺之善挺之初娶妻出之妻乃嫁蔚
州刺史王元琰時元琰坐贓詔三司使推之挺之救免其罪玄宗
察之謂九齡曰王元琰不無贓罪嚴挺之囑託所由輩有顏面九
齡曰此挺之前妻今已婚崔氏不合有情玄宗曰卿不知雖離之

亦卻有私玄宗籍前事以九齡有黨與裴耀卿俱罷知政事拜左
右丞相出挺之爲洺州刺史元琰流于嶺外即日林甫代九齡爲
中書集賢殿大學士修國史拜牛仙客工部尚書同中書門下平章
事知門下省事監察御史周子諒言仙客非宰相器玄宗怒而殺
之林甫言子諒本九齡引用乃貶九齡爲荊州長史玄宗終用林
甫之言廢太子瑛鄂王瑤光王琚爲庶人太子妃兄駙馬都尉薛
鏽長流瀼州死於故驛人謂之三庶聞者冤之其月佞媚者言有
鳥鵲巢於大理獄戶天下幾致刑措玄宗推功元輔封林甫晉國
公仙客豳國公其冬惠妃病三庶人爲祟而薨儲宮虛位玄宗未
定所立林甫曰壽王年已成長儲位攸宜玄宗曰忠王仁孝年又
居長當守器東宮乃立爲皇太子自是林甫懼巧求陰事以傾太
子林甫既秉樞衡兼領隴右河西節度又加吏部尚書天寶改易
官名爲右相停知節度事加光祿大夫遷尚書左僕射六載加開
府儀同三司賜實封三百戶而恩渥彌深凡御府膳羞遠方珍味

中人宣賜道路相望與宰相李適之雖同宗屬而適之輕率嘗與
林甫同論時政多失大體由是主恩益疎以至罷免黃門侍郎陳
希烈性便佞嘗曲事林甫適之旣罷乃引希烈同知政事林甫久
典樞衡天下威權並歸於己台司機務希烈不敢參議但唯諾而
已每有奏請必先賂遺左右伺察上旨以固恩寵上在位多載倦
於萬機恒以大臣接對拘檢難徇私欲自得林甫一以委成故杜
絕逆耳之言恣行宴樂衽席無別不以爲恥由林甫之贊成也林
甫京城邸第田園水磑利盡上腴城東有薛王別墅林亭幽邃甲
於都邑特以賜之及女樂二部天下珍玩前後賜與不可勝紀宰
相用事之盛開元已來未有其比然每事過慎條理衆務增修綱
紀中外遷除皆有恒度而耽寵固權已自封植朝望稍著必陰計
中傷之初韋堅登朝以堅皇太子妃兄引居要職示結恩信實圖
傾之乃潛令御史中丞楊愼矜陰伺堅隙會正月望夜皇太子出
遊與堅相見愼矜知之奏上上大怒以爲不軌黜堅免太子妃韋

氏林甫因是奏李適之與堅昵狎及裴寬韓朝宗並曲附適之上
以爲然賜堅自盡裴韓皆坐之斥逐後楊愼矜權位漸盛林甫又
忌之乃引王鉷爲御史中丞託以心腹鉷希林甫意遂誣罔密奏
愼矜左道不法遂族其家楊國忠以椒房之親出入中禁奏請多
允乃擢在臺省令按刑獄會皇太子良娣杜氏父有鄰與子壻柳
勣不叶勣飛書告有鄰不法引李邕爲證詔王鉷與國忠按問鉷
與國忠附會林甫奏之於是賜有鄰自盡出良娣爲庶人李邕裴
敦復枝黨數人並坐極法林甫之苞藏安忍皆此類也林甫自以
始謀不佐皇太子慮爲後患故屢起大獄以危之賴太子重愼無
過流言不入林甫嘗令濟陽別駕魏林告隴右河西節度使王忠
嗣林往任朔州刺史忠嗣時爲河東節度自云與忠王同養宮中
情意相得欲擁兵以佐太子玄宗聞之曰我兒在內何路與外人
交通此妄也然忠嗣亦左授漢陽太守八載咸寧太府趙奉章告
林甫罪狀二十餘條告未上林甫知之諷御史臺逮捕以爲妖言

重杖決殺十載林甫兼領安西大都護朔方節度俄兼單于副大都護十一載以朔方副使李獻忠叛讓節度舉安思順自代國家武德貞觀已來蕃將如阿史那社爾契苾何力忠孝有才略亦不專委大將之任多以重臣領使以制之開元中張嘉貞王晙張說蕭嵩杜暹皆以節度使入知政事林甫固位志欲杜出將入相之源嘗奏曰文士爲將怯當矢石不如用寒族蕃人蕃人善戰有勇寒族即無黨援帝以爲然乃用思順代林甫領使自是高仙芝哥舒翰皆專任大將林甫利其不識文字無入相由然而祿山竟爲亂階由專得大將之任故也林甫恃其早達輿馬被服頗極鮮華自無學術僅能秉筆有才名於時者尤忌之而郭愼微苑咸文士之闒茸者代爲題尺林甫典選部時選人嚴迥判語有用杕杜二字者林甫不識杕字謂吏部侍郎韋陟曰此云杕杜何也陟俛首不敢言太常少卿姜度林甫舅子度妻誕子林甫手書慶之曰聞有弄麞之慶客視之掩口初楊國忠登朝林甫以微才不之忌及

位至中司權傾朝列林甫始惡之時國忠兼領劒南節度會南蠻寇邊林甫請國忠赴鎭帝雖依奏然待國忠方渥有詩送行句末言入相之意又曰卿止到蜀郡處置軍事屈指待卿林甫心尤不悅林甫時已寢疾其年十月扶疾從幸華清宮數日增劇巫言一見聖人差減帝欲視之左右諫止乃勑林甫出於庭中上登降聖閣遥視舉紅巾招慰之林甫不能興使人代拜於席翌日國忠自蜀還謁林甫拜於牀下林甫垂涕託以後事尋卒贈太尉揚州大都督給班劒西園秘器諸子以吉儀護柩還京師發喪於平康坊之第林甫晚年溺於聲妓姬侍盈房自以結怨於人常憂刺客竊發重扃複壁絡板甃石一夕屢徙雖家人不之知有子二十五人女二十五人岫爲將作監崿爲司儲郎中嶼爲太常少卿子婿張博濟爲鴻臚少卿鄭平爲戶部員外郎杜位爲右補闕齊宣爲諫議大夫元撝爲京兆府戶曹初林甫嘗夢一白皙多鬚長丈夫逼已接之不能去旣寤言曰此形狀類裴寬寬謀代我故也時寬爲戶部尚書兼御史大夫故因李適之黨斥逐之是時楊國忠始爲金吾胄曹參軍至是不十年林甫卒國忠竟代其任其形狀亦類寬焉國忠素憾林甫旣得志誣奏林甫與蕃將阿布思同構逆謀誘林甫親族間素不悅者爲之證詔奪林甫官爵廢爲庶人岫崿諸子並謫於嶺表林甫性沉密城府深阻未嘗以愛憎見於容色自處台衡動循格令衣冠士子非常調無仕進之門所以秉鈞二十年朝野側目憚其威權及國忠誣構天下以爲冤

楊國忠本名釗蒲州永樂人也父珣以國忠貴贈兵部尚書則天朝幸臣張易之即國忠之舅也國忠無學術拘檢能飲酒蒱博無行爲宗黨所鄙乃發憤從軍事蜀帥以屯優當遷益州長史張寬惡其爲人因事笞之竟以屯優授新都尉稍遷金吾衛兵曹參軍太眞妃即國忠從祖妹也天寶初太眞有寵劒南節度使章仇兼瓊引國忠爲賓佐旣而擢授監察御史去就輕率驟履清貫朝士指目嗤之時李林甫將不利於皇太子掎摭陰事以傾之侍御史

楊愼矜承望風旨誣太子妃兄韋堅與皇甫惟明私謁太子以國忠怙寵敢言援之爲黨以按其事京兆府法曹吉溫舞文巧詆爲國忠爪牙之用因深竟堅獄堅及太子良娣杜氏親屬柳勣杜昆吾等痛繩其罪以樹威權於京城別置推院自是連歲大獄追捕擠陷誅夷者數百家皆國忠發之林甫方深阻保位國忠凡所奏劾涉疑似於太子者林甫雖不明言以指導之皆林甫所使國忠乘而爲邪得以肆意上春秋高意有所愛惡國忠探知其情動契所欲驟遷檢校度支員外郎兼侍御史監水陸運及司農出納錢物內中市買召募劒南健兒等使以稱職遷度支郎中不朞年兼領十五餘使轉給事中兼御史中丞專判度支事是歲貴妃姊虢國韓國秦國三夫人同日拜命兄銛拜鴻臚卿八載玄宗召公卿百寮觀左藏庫喜其貨幣山積面賜國忠金紫兼權太府卿事國忠旣專錢穀之任出入禁中日加親幸初楊愼矜希林甫旨引王鉷爲御史中丞同構大獄以傾東宮旣帝意不迴愼矜稍避事防

忠因與鉷有隙鉷乃附國忠奏誣愼矜誅其昆仲繇是權傾內外公卿惕息吉溫爲國忠陳移奪執政之策國忠用其謀尋兼兵部侍郎京兆尹蕭炅御史中丞宋渾皆林甫所親善國忠皆誣奏譴逐林甫不能救王鉷爲御史大夫兼京兆尹恩寵侔於國忠而位望居其右國忠忌其與己分權會邢縡事泄乃陷鉷兄弟誅之因代鉷爲御史大夫權京兆尹賜名國忠乃窮竟邢縡獄令引林甫交私鉷銲與阿布思事狀而陳希烈哥舒翰附會國忠證成其狀上由是疏薄林甫南蠻質子閤羅鳳亡歸不獲帝怒甚欲討之國忠薦閬州人鮮于仲通爲益州長史令率精兵八萬討南蠻與羅鳳戰于瀘南全軍陷沒國忠掩其敗狀仍叙其戰功仍令仲通上表請國忠兼領益部十載國忠權知蜀郡都督府長史充劍南節度副大使知節度事仍薦仲通代己爲京兆尹國忠又使司馬李宓率師七萬再討南蠻宓渡瀘水爲蠻所誘至和城不戰而敗李宓死于陣國忠又隱其敗以捷書上聞自仲通李宓再舉討蠻之

軍其徵發皆中國利兵然於土風不便沮洳之所陷瘴疫之所傷饋餉之所乏物故者十八九凡舉二十萬衆棄之死地隻輪不還人銜冤毒無敢言者國忠尋兼山南西道採訪使十一載南蠻侵蜀蜀人請國忠赴鎭林甫亦奏遣之將辭雨泣懇陳必爲林甫所排帝憐之不數月召還會林甫卒遂代爲右相兼吏部尚書集賢殿大學士太清太微宮使判度支劍南節度山南西道採訪兩京出納租庸鑄錢等使並如故國忠本性疎躁強力有口辯旣以便佞得宰相剖決機務居之不疑立朝之際或攘袂扼腕自公卿已下皆頤指氣使無不讋憚故事宰相居台輔之地以元功盛德居之不務威權出入騎從簡易自林甫承恩顧年深每出車騎滿街節將侍郎有所關白皆趨走辟易有同案吏舊例宰相午後六刻始出歸第林甫奏太平無事以巳時還第機務塡委皆決於私家主書吳珣持籍就左相陳希烈之第希烈引籍署名都無可否國忠代之亦如前政國忠自侍御史以至宰相凡領四十餘使又專判

度支吏部三銓事務鞅掌但署一字猶不能盡皆責成胥吏賄賂公行國忠旣以宰臣典選奏請銓日便定留放不用長名先天已前諸司官知政事午後歸本司決事兵部尚書侍郎亦分銓注擬開元已後宰臣數少始崇其任不歸本司故事吏部三銓三注三唱自春及夏才終其事國忠使胥吏於私第暗定官員集百寮於尚書省對注唱一日令畢以誇神速資格差謬無復倫序明年注擬又於私第大集選人令諸女弟垂簾觀之笑語之聲朗聞於外故事注官訖過門下侍中給事中國忠注官時呼左相陳希烈於座隅給事中在列曰旣對注擬過門下了矣吏部侍郎韋見素張倚皆衣紫是日與本曹郎官同咨事趨走於屛樹之閒旣退國忠謂諸妹曰兩員紫袍主事何如人相對大噱其所昵京兆尹鮮于仲通中書舍人竇華侍御史鄭昂諷選人於省門立碑以頌國忠銓綜之能貴妃姊虢國夫人國忠與之私於宣義里構連甲第土木被綈繡棟宇之盛兩都莫比晝會夜集無復禮度有時與虢

國並轡入朝揮鞭走馬以爲諧謔衢路觀之無不駭歎玄宗每年冬十月幸華淸宮常經冬還宮國忠山第在宮東門之南與虢國相對韓國秦國甍棟相接天子幸其第必過五家賞賜宴樂每扈從驪山五家合隊國忠以劍南幢節引於前出有餞路還有軟脚遠近餉遺珍玩狗馬閹侍歌兒相望于道進封衛國公食實封三百戶俄拜司空時安祿山恩寵特深摠握兵柄國忠知其跋扈終不出其下將圖之屢於上前言其悖逆之狀上不之信是時祿山已專制河北聚幽幷勁騎陰圖逆節動未有名伺上千秋萬歲之後方圖叛換及見國忠用事慮不利於己祿山遙領內外閑廐使遂以兵部侍郎吉溫知留後兼御史中丞京畿採訪使內伺朝廷動靜國忠使門客蹇昂何盈求祿山陰事圍捕其宅得李岱等使侍御史鄭昂縊殺於御史臺又奏貶吉溫於合浦以激怒祿山幸其搖動內以取信於上上竟不之悟由是祿山惶懼遂舉兵以誅國忠爲名玄宗聞河朔變起欲以皇太子監國自欲親征謀於國

忠國忠大懼歸謂姊妹曰我等死在旦夕今東宮監國當與娘子等併命矣姊妹哭訴於貴妃貴妃銜土請命其事乃止及哥舒翰守潼關諸將以函關距京師三伯里利在守險不利出攻國忠以翰持兵未決慮反圖己欲其速戰自中督促之翰不獲已出關及接戰桃林王師奔敗哥舒受擒敗國喪師皆國忠之悞惑也自祿山兵起國忠以身領劍南節制乃布置腹心於梁益間以圖自全之計六月九日潼關不守十二日凌晨上率龍武將軍陳玄禮左相韋見素京兆尹魏方進國忠與貴妃及親屬擁上出延秋門諸王妃主從之不及慮賊奄至令內侍曹大仙擊鼓于春明門外又焚芻藁之積煙火燭天既渡渭即令斷便橋辰時至咸陽望賢驛官吏駭竄無復儲擬坐宮門大樹下亭午上猶未食有老父獻麨帝令具飯始得食翌日至馬嵬軍士飢而憤怒龍武將軍陳玄禮懼亂先謂軍士曰今天下崩離萬乘震蕩豈不由楊國忠割剝甿庶朝野怨咨以至此耶若不誅之以謝天下何以塞四

○海之怨憤衆曰念之久矣事行身死固所願也會吐蕃和好使在驛門遮國忠訴事軍士呼曰楊國忠與蕃人謀叛諸軍乃圍驛擒國忠斬首以徇是日貴妃既縊韓國虢國二夫人亦為亂兵所殺御史大夫魏方進死左相韋見素傷良久兵解陳玄禮等見上謝罪曰國忠撓敗國經構興禍亂使黎元塗炭乘輿播越此而不誅患難未已臣等為社稷大計請矯制之罪帝曰朕識之不明任寄失所近亦覺悟審其詐佞意欲到蜀肆諸市朝今神明啓卿諧朕夙志將疇爵賞何至言焉是時祿山雖據河洛其兵鋒東止於梁宋南不過許鄧李光弼郭子儀統河朔勁卒連收恒定若崤函固守兵不妄動則兇逆之勢不討自弊及哥舒翰出師凡不數日乘輿遷幸朝廷陷沒百寮繫頸妃主被戮兵滿天下毒流四海皆國忠之召禍也國忠子暄朏曉晞暄為太常卿兼戶部侍郎尚延和郡主朏為鴻臚卿尚萬春公主兄弟各立第於親仁里窮極奢侈國忠娶蜀倡裴氏女曰裴柔國忠既死柔與虢國夫人皆自剄死暄死於馬嵬朏陷賊被殺曉走漢中郡漢中王瑀榜殺之晞走至陳倉為追兵所殺國忠之黨翰林學士張漸竇華中書舍人宋昱吏部郎中鄭昂等憑國忠之勢招來賂遺車馬盈門財貨山積及國忠敗皆坐誅滅其斁喪王室俱一時之沴氣焉

張暐汝州襄城人也祖德政武德中鄆州刺史暐景龍初為銅鞮令家本豪富好賓客以弋獵自娛會臨淄王為潞州別駕暐潛識英姿傾身事之日奉遊處及樂人趙元禮自山東來有女美麗善歌舞王幸之止於暐第生廢太子瑛唐隆元年六月王清內難升為皇太子召暐拜宮門大夫每與諸王姜皎崔滌李令問王守一薛伯陽在太子左右以接歡令問其年擢拜左臺侍御史數月遷左御史臺中丞先天元年太子即位帝居武德殿太平公主有異謀廣樹朋黨暐與僕射劉幽求請先為備太平聞之白於睿宗乃流暐於嶺南峯州幽求謫於嶺外及太平之敗幽求追拜尚書左僕射兼侍中暐為大理卿封鄧國公實封三百戶逾月又加權

○兼雍州長史其年十二月改元開元以雍州為京兆府長史為尹暐首遷京兆尹入侍宴私出主都政以為榮寵之極暐亦有應務才幹遷太子詹事判尚書左右丞再除左羽林大將軍三為左金吾大將軍又為殿中監太僕卿二十年以暐年高加特進子履冰季良弟晤皆居清列天寶初暐還鄉拜掃特賜錦袍繒綵御賜詩以寵異之乘傳來往勅郡縣供擬暐鬢髮華皓在輿中弟車馬連接數里衣冠榮之中使中路追賜藥物至襄城月餘詔還京五載薨年九十餘贈開府儀同三司其後履冰為金吾將軍季良殿中監俱列棨戟時人美之暐壽考善保終始

王琚懷州河內人也叔父隱客則天朝為鳳閣侍郎琚少孤而聰敏有才略好玄象合鍊之學神龍初年二十餘嘗謁駙馬王同皎同皎甚器之益歡洽言及刺武三思事琚義而許之與周璟張仲之為忘年之友及同皎敗琚恐為吏所捕變姓名詣於江都傭書於富商家主人後悟其非庸者以女嫁之資給其財經四五年睿

宗登極琚具白主人厚資其行裝乃至長安遇玄宗爲太子監國
爲太平公主所忌思立孱弱以竊威權太子憂危沙門普潤先與
玄宗翦剋清内難加三品食實封常入太子宮琚見之說以天時人
事歷歷可觀普潤白玄宗玄宗異之及琚於吏部選補諸暨主簿
於東宮過謝及殿而行徐視高中官曰殿下在簾下琚曰在外只
聞有太平公主不聞有太子太子有大功於社稷大孝於君親何
得有此聲玄宗遽召見之琚曰頃韋庶人智識淺短親行弒逆人
心盡搖思立李氏殿下誅之爲易今社稷已安太平則天之女凶狡
無比專思立功朝之大臣多爲其用主上以元妹之愛能忍其過
賤臣淺識爲殿下深憂玄宗命之同榻而坐玄宗泣曰四哥仁孝
同氣唯有太平言之恐有違犯不言憂患轉深爲臣爲子計無所
出琚曰天子之孝貴於安宗廟定萬人微之於昔蓋主漢帝之長
姊帝幼蓋主共養帝於宮中後與上官桀燕王謀害大司馬霍光
不議及君上漢主恐危劉氏以大義去之況殿下功格天地位尊

三十五　唐傳五十六　十　趙實

○

儲貳太平雖姑臣妾也何敢議之今劉幽求張說郭元振一二大臣
心輔殿下太平之黨必有移奪安危之計不可立談玄宗又曰公有
何小藝可隱跡與寡人遊處琚曰飛丹練藥談諧嘲詠堪與優人
比肩玄宗益喜與之爲友恨相知晚呼爲王十一翌日奏授詹事
府司直内供奉兼崇文學士日與諸王及姜皎等侍奉焉獨琚常
預祕計踰月又拜太子舍人尋又兼諫議大夫内供奉又贈其父故
下邽丞仲友楚州刺史先天元年七月玄宗居尊位在武德殿八
月擢拜中書侍郎時劉幽求張暐並流於嶺外琚見事迫請早爲
之計二年七月三日琚與岐王範薛王業姜皎李令問王毛仲王
守一並預誅逆以鐵騎至承天門時睿宗聞鼓譟聲召郭元振升
承天樓宣詔下關侍御史任知古召募數百人於朝堂不得入須
閒琚等從玄宗至樓上誅蕭至忠岑羲竇懷貞常元楷李慈李
猷等睿宗遜居百神殿十日拜琚銀青光祿大夫戶部尚書封趙
國公食實封五百戶皎銀青光祿大夫工部尚書封楚國公實封

五百戶令問銀青光祿大夫殿中監宋國公實封三百戶毛仲輔
國大將軍左武衛大將軍檢校閑廄兼知監牧使霍國公實封五
百戶守一銀青光祿大夫太常卿員外置同正員進封晉國公實
封五百戶琚皎令問並固讓尚書殿中監不上十八日琚皎依舊
官各加實封二百戶通前七百戶累日玄宗讌於内殿賜功臣金
銀器皿各一床雜綵各一千匹絹一千匹列於庭讌慰終夕載之
而歸琚轉見恩顧每延入閤中迄夜方出歸休之日中官至第召
之中宮亦使尚宮就琚宅問訊琚母時菓珍味賚之助其甘旨琚
在帷幄之側常參聞大政時人謂之内宰相無有比者又贈其父
魏州刺史或有上說於玄宗曰彼王琚麻嗣宗譎詭縱橫之士可
與履危不可得志天下已定宜益求純樸經術之士玄宗乃踈之
十一月令御史大夫持節巡天兵北諸軍十二月改年號爲開元
又改官名與蘇頲同爲紫微侍郎二年二月過未及京使除澤州
刺史削封歷衡郴滑虢沔夔許潤九州刺史又復其封二十年丁

三十五　唐傳五十六　十一　駱實

○

母憂二十二年起復右庶子兼舒州刺史又改同蒲通鄧蔡五州
刺史天寶後又爲廣平鄴郡二太守性豪侈著勳中朝又實食封
典十五州賞受饋遺下擔帳設皆數千貫玄宗念舊常優容之侍
見二十人皆居寶帳家累三百餘口作造不遵於法式雖居州伯
與佐官胥吏酋豪連榻飲謔或樗蒲藏鉤以爲樂每移一州車馬
填路數里不絕携妓從禽恣爲歡賞垂四十年矣時李邕王翰與
琚皆年齒尊高又在外郡書跡尺題來往有謔詠留落之句右相
林甫以琚等負材使氣陰議除之五載正月琚果爲林甫構成其
罪貶琚江華郡員外司馬削階封至任未幾林甫使羅希奭重按
之希奭排馬牒至琚懼仰藥不能死及希奭至遂自縊而卒
死非其罪人用憐之天寶元年贈太子少保
王毛仲本高麗人也父游擊將軍職事求婁犯事沒官生毛仲因
隸于玄宗玄宗爲臨淄王常伏事左右及出兼潞州別
駕又見李宜德趫捷善騎射爲人蒼頭以錢五萬買之景龍三年

冬玄宗還長安以二人挾弓矢爲翼初太宗貞觀中擇官戶蕃口
中少年驍勇者百人每出遊獵令持弓矢於御馬前射生令騎豹
文韉著畫獸文衫謂之百騎至則天時漸加其人謂之千騎分隸
左右羽林營孝和謂之萬騎亦置使以領之玄宗在藩邸時常接
其豪俊者或賜飲食財帛以此盡歸心焉毛仲亦悟玄宗旨待之
甚謹玄宗益憐其敏惠及四年六月中宗遇弑韋后稱制令韋播
高嵩爲羽林將軍令押千騎營榜棰以取威其營長葛福順陳玄
禮等相與見玄宗訴冤會玄宗已與劉幽求麻嗣宗薛崇簡等謀
舉大計相顧益歡令幽求諷之皆願決死從命及二十日夜玄宗入
苑中宜德從焉毛仲避之不入乙夜福順等至玄宗曰與公等除
大逆安社稷各取富貴在於俄頃何以取信福順等請號而行斯
須斬韋播韋璿高嵩等頭來玄宗舉火視之又召鍾紹京領總監
丁匠刀鋸百人至因斬關而入后及安樂公主等皆爲亂兵所殺
其夜少帝以玄宗著大勳進封平王以紹京幽求知政事署詔敕

三十五【唐傳五十六 十二 葛崇

○崇簡嗣宗及福順宜德功大者爲將軍次者爲中郎將其時梓宮
在殯舉城縞素及明玄宗引新立功者皆衣紫衣緋持滿鐵騎而
出傾城聚觀歡慰其犯逆者盡曝屍於城外毛仲數日而歸玄宗
不責又超授將軍及玄宗爲皇太子監國因奏改左右萬騎左右
營爲龍武軍與左右羽林爲北四門軍以福順等爲將軍以押之龍
武官盡功臣受錫賚號爲唐元功臣長安良家子避征傜納資以
求隸於其中遂每軍至數千人毛仲專知東宮駞馬鷹狗等坊未
踰年已至大將軍階三品矣及先天二年七月毛仲預誅蕭岑等
功授輔國大將軍左武衛大將軍檢校內外閑廄兼知監牧使進
封霍國公實封五百戶毛仲奉公正直不避權貴兩營萬騎功臣
閑廄官吏皆懼其威人不敢犯苑中營田草萊常收率皆豐溢玄
宗以爲能開元十四年贈其父秦州刺史毛仲雖有賜莊宅奴婢
駞馬錢帛不可勝紀常於閑廄側內宅住每入侍讌賞與諸王姜
皎等御幄前連榻而坐玄宗或時不見則悄然如有所失見之則歡

洽連宵有至日晏其妻已邑號國夫人賜妻李氏又爲國夫人每入
內朝謁二夫人同承賜賚生男孩稚已授五品與皇太子同遊故
中官楊思勗高力士等常避畏之七年進位特進行太僕卿餘並
如故九年持節充朔方道防禦討擊大使仍以左領軍大總管王
晙與天兵軍節度張說東與幽州節度裴伷先等計會毛仲部統
嚴整群牧孳息遂數倍其初芻粟之類不敢盜竊每歲迴殘常致
數萬斛不三年扈從東封以諸牧馬數萬匹從每色爲一隊望如雲
錦玄宗益喜於岳下以宰相源乾曜張說加左右丞相毛仲加開府
儀同三司自玄宗先天正位後以后父王同皎及姚崇宋璟及毛仲
十五年閒四人至開府又敕張說爲監牧頌以美之十七年從朝五
陵又贈毛仲父益州大都督毛仲益驕嘗求爲兵部尚書玄宗不
悅毛仲怏怏見於詞色又福順子娶毛仲女宜德唐地文等數十
人皆與毛仲善倚之多爲不法中官等妒其全盛逾己專發其罪
尤倨慢之中官高品者毛仲視之蔑如也如卑品者小忤意則挫

三十五【唐傳五十六 十三 葛崇

○辱如己之僮僕力士輩恨入骨髓毛仲承恩遇妻產嘗借苑中亭
子納涼玄宗借之中官構之彌甚曰北門奴官太盛豪者皆一心不
除之必起大患後毛仲索甲仗於太原軍器監時嚴挺之爲少尹
奏之玄宗恐其黨震懼爲亂乃隱其實狀詔曰開府儀同三司
兼殿中監霍國公內外閑廄監牧都使王毛仲是惟微細非有功
績擢自家臣升于朝位恩寵莫二委任斯崇無涓塵之益肆驕盈
之志往屬艱難遽茲逃匿念深惟舊義在優容仍荷殊榮曾闕
悛悔在公無竭盡之効居常多怨望之詞迹其深愆合從誅殛恐
其庸昧宜從遠貶可瀼州別駕員外置長任差使馳驛領送至任
勿許東西及判事左領軍大將軍耿國公葛福順貶壁州員外別
駕左監門將軍盧龍子唐地文貶振州員外別駕右武衛將軍成
紀侯李守德貶嚴州員外別駕守德本宜德也立功後改名右威
衛將軍王景耀貶黨州員外別駕右威衛將軍高廣濟貶道州員
外別駕毛仲男太子僕守貞貶施州司戶太子家令守廉貶溪州

司戶李更令守慶貶鶴州司倉左監門長史守道貶涪州參軍連累者數十人又詔殺毛仲及永州而縊之其後中官益盛而陳玄禮以淳樸自檢宿衛宮禁志節不衰天寶中玄宗在華清宮乘馬出宮門欲幸虢國夫人宅玄禮曰未宣勑報臣天子不可輕去就玄宗爲之迴轡他年在華清宮逼正月半欲夜遊玄禮奏曰宮外即是曠野須有備預若欲夜遊願歸城闕玄宗又不能違及安祿山反玄禮欲於城中誅楊國忠事不果竟於馬嵬斬之從玄宗入巴蜀迴封蔡國公實封三百戶上元元年八月致仕

史臣曰李林甫以諂佞進身位極台輔不懼盈滿蔽主聰明生既唯務陷人死亦爲人所陷得非彼蒼假手以示禍淫者乎楊國忠稟性斷回才薄行穢領四十餘使恣弄威權天子莫見其非群臣由之杜口致祿山叛逆鑾輅播遷梟首覆宗莫救艱步以玄宗之睿哲而惑於二人者蓋巧言令色先意承旨財利誘之迷而不悟也開元任姚崇宋璟而治幸林甫國忠而亂與夫齊桓任管仲隰

朋奪堅鍬易牙亦何異哉書曰臣有作福作威害于而家凶于而國孔子曰佞人殆誠哉是言也張暐王琚王毛仲皆鄧通閎孺之流也琚有締構之功過多僭侈死於非罪亦可惜之

贊曰天啓亂階甫忠當國蔽主聰明秉心讒慝暐問二王亦承恩德吁哉僭踰不知紀極

唐書列傳卷第五十六

右文林郎充兩浙東路提舉茶鹽司幹辦公事蘇之勤校勘

唐書列傳卷第五十七

劉昫

靖德太子琮　庶人瑛　皇太子亨　棣王琰
庶人瑤鄂王　靖恭太子琬　庶人琚光王　夏悼王一
儀王璲　潁王璬　懷哀王敏　永王璘
壽王瑁　延王玢　盛王琦　濟王環
信王瑝　義王玭　陳王珪　豐王珙
亘王瑱　涼王璿　汴哀王璥

玄宗三十子元獻楊皇后生肅宗劉華妃生奉天皇帝琮靖恭太子琬儀王璲趙麗妃生廢太子瑛錢妃生棣王琰皇甫德儀生鄂王瑤劉才人生光王琚貞順武皇后生夏悼王一懷哀王敏壽王瑁盛王琦高婕妤生潁王璬郭順儀生永王璘柳婕妤生延王玢鍾美人生濟王環盧美人生信王瑝閻才人生義王玭王美人生陳王珪陳美人生豐王珙鄭才人生亘王瑱武賢儀生涼王璿汴哀

王璥餘七王早夭

奉天皇帝琮玄宗長子也本名嗣直景雲元年九月封許昌郡王先天元年八月進封郯王開元四年正月遥領安西大都護仍充安撫河東關内隴右諸蕃大使三年改封慶王仍改名潭十五年遥領涼州都督兼河西諸軍節度大使二十一年加太子太師改名琮二十四年拜司徒天寶元年兼太原牧十載薨贈靖德太子葬於渭水之南細柳原仍於啓夏門内置廟祔享肅宗元年建寅月九日詔追冊爲奉天皇帝妃竇氏爲恭應皇后備禮改葬於華清宮北齊陵以尚書右僕射冀國公裴冕爲其使初開元二十五年太子瑛得罪廢令琮養其子及天寶十一載琮薨以瑛子俅爲嗣慶王除秘書監同正員

廢太子瑛玄宗第二子也本名嗣謙景雲元年九月封真定郡王先天元年八月進封郢王開元三年正月立爲皇太子七年正月加元服其年玄宗又令太子詣國子學行齒胄之禮仍勑右散騎

常侍褚死亮元外筵講論學官及文武百官節級加賜十三年改名鴻納妃薛氏禮畢曲赦京城之內侍講潘肅等並加級改職中書令蕭嵩親迎特封徐國公二十五年七月改名瑛瑛母趙麗妃本伎人有才貌善歌舞玄宗在潞州得幸及景雲升儲之後其父元禮兄常奴擢爲京職開元初皆至大官及武惠妃寵幸麗妃恩乃漸疏時鄂王瑤母皇甫德儀光王琚母劉才人皆玄宗在臨淄邸以容色見顧出子朗秀而母加愛焉及惠妃承恩鄂王之母亦漸疏薄惠妃之子壽王瑁鍾愛非諸子所比瑛於內第與鄂光王等自謂母氏失職嘗有怨望惠妃女咸宜公主出降於楊洄洄希惠妃之旨規利於己日求其短譖於惠妃妃泣訴於玄宗以太子結黨將害於妾母子亦指斥於至尊玄宗惑其言震怒謀於宰相意將廢黜中書張九齡奏曰陛下纂嗣鴻業將三十年太子已下常不離深宮日受聖訓今天下之人皆慶陛下享國日久子孫蕃育不聞有過陛下奈何以一日之間廢棄三子伏惟陛下思之且太子

國本難於動搖昔晉獻公惑寵嬖之言太子申生憂死國乃大亂漢武威加六合受江充巫蠱之事將禍及太子遂至城中流血晉惠帝有賢子爲太子容賈后之譖以至喪亡隋文帝取寵婦之言廢太子勇而立晉王廣遂失天下由此而論之不可不慎今太子既長無過二王又賢臣待罪左右敢不詳悉玄宗默然事且寢其年駕幸西京以李林甫代張九齡爲中書令希惠妃之旨託意於中貴人揚壽王瑁之美惠妃深德之二十五年四月楊洄又構於惠妃言瑛兄弟三人與太子妃兄駙馬薛鏽常構異謀玄宗遽召宰相籌之林甫曰此蓋陛下家事臣不合參知玄宗意乃決矣使中官宣詔於宮中並廢爲庶人鏽配流俄賜死於城東驛天下之人不見其過咸惜之其年武惠妃數見三庶人爲祟怖而成疾巫者祈請彌月不痊而殞瑛有六男儼伸倩俅備僙慶王琮先無子瑛得罪後玄宗遣鞫之天寶中儼爲新平郡王光祿卿同正員伸爲平原郡王宗正卿同正員俅爲嗣慶王寶應元年詔雪瑤瑛琚之罪贈瑛爲皇太子瑤琚復贈爲王

棣王琰玄宗第四子也初名嗣真開元二年十二月封爲鄫王十二年三月改封棣王仍改名洽十五年遙領太原牧太原已北諸軍節度大使二十二年加太子太傅餘如故二十四年改名琰天寶元年六月遙領兼武威郡都督河西隴右經略節度大使先是琰妃韋氏有過琰怒之不敢奏聞乃斥於別室寵二孺人孺人又不相協至十一載孺人乃密求巫者書符置於琰履中以求媚琰與監院中官有隙中官聞其事密奏於玄宗云琰厭魅聖躬玄宗使人掩其履而獲之玄宗大怒引琰詰責之琰頓首謝曰臣之罪合死矣請一言以就鼎鑊然臣與新婦情義絕者二年于茲臣有二孺人又皆爭長臣實不知有符恐此三人所爲也惟三哥辯其罪人及推問之實孺人也玄宗猶疑琰知情怒未解太子已下皆爲請命因於鷹狗坊中絕朝請憂懼而死琰妃即少師韋滔女無子琰死後妃得還其父琰男女繁衍至五十五人天寶中封爲王者三人

僎爲汝南郡王祕書監同正員微爲宜都王衛尉卿同正員儁爲濟南王光祿卿同正員寶應元年五月代宗即位捨琰罪贈其王位

鄂王瑤玄宗第五子也初名嗣初開元二年五月封爲鄂王十二年改名瀞遙領幽州都督河北道節度大使二十一年四月加太子太保兼幽州都督餘如故二十三年改名瑤二十五年得罪廢寶應元年五月追復

靖恭太子琬玄宗第六子也初名嗣玄開元二年三月封爲甄王十二年三月改名滉封爲榮王十五年授京兆牧又遙領隴右節度大使二十三年加開府儀同三司餘如故二十五年改名琬天寶元年六月授單于大都護十四年十一月安祿山反於范陽其月制以琬爲征討元帥高仙芝爲副令仙芝徇河隴兵募屯於陝郡以禦之數日琬薨琬素有雅稱風格秀整時士庶冀琬有所成功忽然殂謝遠近咸失望焉贈靖恭太子葬於見子西原琬諸子尤繁衍男女五十八人天寶中封爲郡王者二佩爲濟陰王太僕卿

同正貟偕爲北平王國子祭酒同正貟

光王琚玄宗第八子也開元十二年封爲光王十五年遥領廣州都督五府經略大使二十三年七月光王琚儀王濰頴王澐壽王清延王洄盛王沐信王涺義王漼等十王並授開府儀同三司皇子珪封爲陳王澄封爲豐王潓封爲亘王滔封爲汴王陳王巳下第四王幼未授官並置府官寮屬其日光儀等十人同於東宮尚書省上詔宰臣及文武百寮送儀注甚盛俄除十五王府元僚並未有府幕同於禮院上亦無精選其時琚兼廣州都督餘如故琚與鄂王瑤皇子中有學問才識同居内宅最相愛狎琚有才力善騎射初封其善玄宗愛之以母見踈薄嘗有怨言爲人所搆得罪人用憐之寶應元年五月追復官爵無子

夏悼王一玄宗第九子也母貞順皇后爲惠妃見寵一生而美秀上鍾愛無比名之爲一開元五年孩孺而薨玄宗追封謚時車駕在東都葬於城南龍門東岑欲宫中舉目見之

○儀王璲玄宗第十二子也初名濰開元十三年五月封爲儀王十五年授河南牧二十三年加開府儀同三司兼河南牧其年改名璲永泰元年二月薨廢朝三日贈太傅天寶中有子封王者二人供爲鍾陵郡王光祿卿同正貟使爲廣陵王國子祭酒同正貟

頴王璬玄宗第十三子也讀書有文詞初名澐開元十三年封頴王十五年遥領安東都護平盧軍節度大使二十三年加開府儀同三司改名璬安祿山反除蜀郡大都督劒南節度大使楊國忠爲之副玄宗幸蜀令御史大夫魏方進充置頓使先移牒至蜀託以頴王之藩令設儲供玄宗至馬嵬方進被殺乃令璬先赴本郡以蜀郡長史崔圓爲副璬性儉率將渡綿州江登舟見絲綠席爲藉者顧曰此可以爲寢處奈何踐之命撤去璬初奉命之藩卒遽不遑受節綿州司馬史賁進説曰王帝子也且爲節度大使今之藩而不持節單騎徑進人何所瞻請建大槊蒙之油囊爲旌節狀先驅道路足以威衆璬笑曰但爲眞王何用假旌節乎將至成都崔圓迓之拜於馬前璬不止之圓頗怒玄宗至璬視事兩月人甚安之爲圓所奏罷居内宅後令宣慰肅宗於彭原遂從歸京師建中四年薨年六十六輟朝三日子伸天寶中封榮陽郡王授衛尉卿同正貟

懷哀王敏玄宗第十五子也幼而豐秀以母惠妃之寵玄宗特加顧念纔晬開元八年二月薨追封謚權窆於景龍觀天寶十三載改葬京城南以祔其母敬陵也

永王璘玄宗第十六子也母曰郭順儀劒南節度尚書虛己之妹璘數歲失母肅宗收養夜自抱眠之少聰敏好學貌陋視物不正開元十三年三月封爲永王十五年五月遥領荊州大都督二十年七月加開府儀同三司改名璘天寶十四載十一月安祿山反范陽十五載六月玄宗幸蜀至漢中郡下詔以璘爲山東南路及嶺南黔中江南西路四道節度採訪等使江陵郡大都督餘如故璘七月至襄陽九月至江陵召募士將數萬人恣情補署江淮租賦山

○積於江陵破用鉅億以薛繆李臺卿蔡坰爲謀主因有異志肅宗聞之詔令歸覲于蜀璘不從命十二月擅領舟師東下甲仗五千人趨廣陵以季廣琛渾惟明高仙琦爲將璘生於宫中不更人事其子襄城王瑒又勇而有力遇兵權爲左右眩惑遂謀狂悖璘雖有窺江左之心而未露其事吴郡採訪李希言乃平牒璘大署其名璘遂激怒牒報曰寡人上皇天屬皇帝友于地尊侯王禮絶僚品簡書來往應有常儀今乃平牒抗威落筆署字漢儀隳紊一至於斯乃使渾惟明取希言季廣琛取廣陵採訪李成式璘進至當塗希言在丹陽令元景曜閻敬之等以兵拒之身走吴郡李成式使將李承慶拒之先是肅宗以璘不受命先使中官啖廷瑤段喬福招討之中官至廣陵成式括得馬數百疋時河北招討判官司虞郎中李銑在廣陵瑶等結銑爲兄弟求之將兵銑麾下有騎一百八十人遂率所領屯于揚子成式使判官評事裴茂以廣陵步卒三千同拒于瓜步洲伊婁埭希言將元景曜及成式將李承慶

並以其衆迎降于璘璘又殺丹徒太守閻敬之以徇江左大駭裴茂至瓜步洲廣張旗幟耀于江津璘與瑒登陴望之意自始有懼色季廣琛召諸將割臂而盟以貳於璘是日渾惟明走于江寧馮季康康謙投于廣陵之白沙廣琛以步卒六千趨江寧璘使騎追之廣琛曰我感王恩是以不能決戰逃而歸國若逼我我則不擇地而迴戰矣使者返報其夕銑等多燃火人執兩炬以疑之隔江望者兼水中之影一皆爲二矣璘軍又以火應之璘懼以官軍悉濟矣遂以兒女及麾下宵遁遲明不見濟者遂入城具舟檝使襄城王驅其衆以奔晉陵宵諜曰王走矣於是江北之軍齊進募敢死士趙侃庫狄岫趙連城等共二十人先鋒遊弈于新豐皆因醉而寐璘聞官軍之至乃使襄城王高仙琦逆擊之驛騎奔告侃等介馬而出襄城王已隨而至銑等奔救張翌擊之射中襄城王首瑒軍遂敗高仙琦等四騎與璘南奔至鄱陽郡司馬閻備閉城拒之璘怒命焚其城至餘干及大庾嶺將南投嶺外爲江西採訪使皇甫侁下防禦兵所擒因中矢而薨子瑒等爲亂兵所害肅宗以璘愛弟隱而不言

三十六　唐傳五十七　六　黃驊

○壽王瑁玄宗第十八子也初名清初瑁母武惠妃開元元年見幸寵傾後宮頻產夏悼王懷哀王上僊公主皆端麗襁褓不育及瑁之初生讓帝妃元氏請瑁在於邸中收養妃自乳之名爲己子十餘年在寧邸故封建之事晚於諸王宮中常呼爲十八郎十三年三月封爲壽王始入宮中十五年遥領益州大都督劍南節度大使二十三年加開府儀同三司改名瑁二十五年惠妃薨葬以后禮二十九年讓帝薨瑁請制服以報乳養之恩玄宗從之瑁天寶中有子封爲王者二人僾爲濟陽郡王偡爲廣陽郡王鴻臚卿同正員唐法親王食封八百戶有至一千戶公主三百戶長公主加五百戶有至六百戶高宗朝以沛英豫王太平公主武后所生食邑逾於制垂拱中太平至一千二百戶聖曆初皇嗣封爲相王食封與太平同三千戶長安中壽春王兄弟五人並賜實封三百戶神龍初相府與太平同至千戶衛王三千戶温王二千戶成王七百戶壽春王加四百戶通前七百戶嗣雍衡陽臨淄巴陵中山各加二百戶通前五百戶安樂初封二千戶長寧一千五百戶宣城宜城宜安各一千戶相王女爲縣主者各三百戶衛王壽升儲位相府增至七千戶太平至五千戶安樂三千戶長寧二千五百戶宜城已下各二千戶相府太平長寧安樂皆以七千爲限雖水旱亦不破損免以正租庸充數唐隆元年遺制以嗣雍王守禮壽春王成器封爲親王各賜實封一千戶開元之後朝恩睦親以寧府最長封至五千五百戶岐薛愛弟著勳五千戶申府以外家微至四千戶邠府以外枝至一千八百戶皇妹爲公主者食封一千戶中宗女亦同其後皇子封王者賜封二千戶皇女爲公主者賜封五百戶咸宜賜湯沐以母惠妃封至一千戶諸皇女爲公主者例加至一千戶其封自開元已來皆約以三千戶爲限

三十六　唐傳五十七　七　張謹

○延王玢玄宗第二十子也初名泗玢母即尚書右丞柳範孫也最爲名家玄宗深重之玢亦仁愛有學尚開元十三年封爲延王十五年遥領安西大都護磧西節度大使二十三年七月加開府儀同三司餘如故改名玢天寶十五載玄宗幸蜀玢男女三十六人不忍棄於道路數日不及行在所玄宗怒之賴漢中王瑀抗跡救之聽歸於靈武興元元年薨天寶末封子倬彭城郡王祕書監同正員倜平陽郡王殿中監同正員

盛王琦玄宗第二十一子也壽王母弟初名沐十五年三月封爲盛王當年遥領揚州大都督二十年加開府儀同三司餘如故改名琦天寶十五年六月玄宗幸蜀在路除琦爲廣陵大都督仍領江南東路及淮南河南等路節度支度採訪等使以前江陵大都督府長史劉彙爲之副以廣陵長史李成式爲副大使兼御史中丞琦竟不行廣德二年四月薨贈太傅天寶末有子封王者二人償眞定郡王太常卿同正員佩封武都郡王殿中監同正員

濟王環玄宗第二十二子也初名溢開元十三年三月封濟王二十

三年七月授開府儀同三司其月改名璲天寶末有子封為王者二人倸為永嘉郡王衛尉卿同正員僎為平樂郡王光祿卿同正員

信王瑝玄宗第二十三子也初名沔開元十三年三月封為信王二十三年七月授開府儀同三司仍改名瑝天寶末有子封為王者二人佟為新安郡王太常卿同正員偶為晉陵郡王光祿卿同正員

義王玭玄宗第二十四子也初名漼開元十三年三月封為義王二十二年七月授開府儀同三司仍改名玭天寶末有子封為王者二人儀為舞陽郡王太僕卿同正員僚為高密郡王宗正卿同正員

陳王珪玄宗第二十五子也初名溴開元二十三年七月封為陳王二十四年三月改名珪天寶末男女二十一人封為王者二人他為臨淮郡王太常卿同正員役為安陽王殿中監同正員

豐王珙玄宗第二十六子也初名澄開元二十三年七月封為豐

王二十四年二月改名珙天寶十五年六月玄宗幸蜀至扶風郡授珙武威郡都督仍領河西隴右安西北庭等路節度支度採訪使以隴右太守鄧景山為之副兼武威長史御史中丞充都副大使珙竟不行廣德元年十月吐蕃凌逼上都上將幸陝州自苑中而出騎從半渡滻水將軍王懷忠遂閉苑門橫截五百餘騎擁十宅諸王西投吐蕃至城西適遇元帥郭子儀懷忠謂子儀曰主上東遷社稷無主萬國顒顒何所瞻仰今僕奉諸王等西奔以副天下之望今公身為元帥廢置在手何不行冊立之事乎子儀未及對珙遂越次而言曰令公作何語何不言也行軍司馬王延昌責之曰主上雖蒙塵于外聖德欽明王身為藩翰何乃發狂悖之詞也延昌當奏聞于上子儀又數讓之命軍士領之盡赴行在潼關謁見上不之責珙歸幕次詞又不順羣臣恐遂為亂請除之遂賜死天寶中有子二人為王侁齊安郡王宗正卿同正員佃宜春郡王鴻臚卿同正員

亘王瑱玄宗第二十七子也初名漗開元二十三年七月封為亘王性好道常服道士衣授右衛大將軍加開府儀同三司二十四年二月改名瑱天寶十五載從幸巴蜀不復衣道士衣矣

涼王璿玄宗第二十九子也初名漎母武賢儀則天時高平王重規女也開元中入宮中號為小武妃二十三年七月封為涼王二十四年二月改名璿初貞觀中高宗為晉王以文德皇后最小子后崩後累年太宗憐之不令出閤至立為太子高宗朝睿宗為豫王雖成長亦以則天最小子不令出閤聖曆初封為相王始出閤中宗時以譙王重福失愛出遷外藩衛王重俊為太子入與成王千里等起兵將誅韋后故溫王重茂雖年十六七竟亦居中先天之後皇子幼則居內東封年以漸成長乃於安國寺東附苑城同為大宅分院居為十王宅令中官押之於夾城中起居每日家令進膳又引詞學工書之人入教謂之侍讀十王謂慶忠棣鄂榮光儀潁永延濟蓋舉全數其後盛儀壽陳豐亘涼六王又

就封入內宅二十五年鄂光得罪忠繼大統天寶中慶棣又歿唯榮儀等十四王居院而府幕列於外坊時通名起居而已外諸孫成長又於十宅外置百孫院每歲幸華清宮側亦有十王院百孫院宮人每院四百餘人孫院三四十人又於宮中置維城庫諸王月俸物約之而給用諸孫納妃嫁女亦就十宅中太子不居於東宮但居於乘輿所幸之別院太子亦分院而居婚嫁則同親王公主在於崇仁之禮院天寶十五載六月玄宗幸蜀儀王已下十三王從至漢中郡遣永王璘出鎮荊州至德二年十月從還京廣德元年十二月五日上都失守有儀潁壽延盛濟信義陳亘涼十一王扈從幸陝州十二月從還上都璿之子天寶中封為王者一人仂濾陽郡王殿中監同正員

汴哀王璥玄宗第三十子也初名滔開元二十五年七月封為汴王二十四年二月改名璥以其月薨

史臣曰前史有云母愛者子抱太子瑛之廢有由然矣琬為元帥

不幸遘虐豈天啓亂階何失衆望之速也永王璘父在蜀城兄居靈武不能立忠孝之節爲社稷之謀而乃聚兵江上規爲己利不義不昵以災其身書所謂自作孽不可逭也豐王珙因緣厄運竊有覬覦不慎樞機自貽伊咎悲矣

贊曰螽斯之詠樂有子孫用建藩屏以崇本根讓勝琰廢恩移至尊盜熾琬卒情乖萬民口禍豐珙自災永璘惜乎二僣不如仁人

唐書列傳卷第五十七

左從政郎紹興府録事參軍徐俊卿校勘

唐書列傳卷第五十八

劉昫 等修

韋見素 素子諤 益 益子頎 崔圓

崔渙 渙子縱 杜鴻漸

韋見素字會微京兆萬年人父湊開元中太原尹見素學科登第景龍中解褐相王府參軍歷衛佐河南府倉曹丁父憂服闋起爲大理寺丞襲爵彭城郡公坐事出爲坊州司馬入爲庫部員外郎加朝散大夫歷右司兵二員外左司兵部二員郎中遷諫議大夫天寶五年充江西山南黔中嶺南等道黜陟使觀省風俗彈糾長吏所至肅然使還拜給事中駁正繩違頗振臺閣舊典尋檢校尚書工部侍郎改右丞九載遷吏部侍郎加銀青光祿大夫見素仁恕長者意不忤物及典選累年銓叙平允人士稱之時右相楊國忠用事左相陳希烈畏其權寵凡事唯諾無敢發明玄宗頗知之聖情不悅天寶十三年秋霖雨六十餘日京師廬舍垣墉頹毁殆盡凡一十九坊汙潦天子以宰輔或未稱職見此咎徵命楊國忠精求端士時兵部侍郎吉溫方承寵遇上意用之國忠以溫祿山賓佐懼其威權奏寢其事國忠訪於中書舍人竇華宋昱等華昱言見素方雅柔而易制上亦以經事相王府有舊恩可之其年八月拜武部尚書同中書門下平章事充集賢院學士知門下省事代陳希烈見素既爲國忠引用心德之時祿山與國忠爭寵兩相猜嫌見素亦無所是非署字而已遂至兇胡犯順不措一言十五年六月哥舒翰兵敗桃林潼關不守是月玄宗蒼黃出幸莫知所詣楊國忠以身領劍南旄鉞請幸成都見素與國忠御史大夫魏方進遇上於延秋門便扈從之咸陽翌日次馬嵬驛軍士不得食流言不遜龍武將軍陳玄禮懼其亂乃與飛龍馬家李護國謀於皇太子請誅國忠以慰士心是日玄禮等禁軍圍行宮盡誅楊氏見素遁走爲亂兵所傷衆呼曰勿傷韋相識者救之獲免上聞之令壽王瑁宣慰賜藥傳瘡魏方進爲亂兵所殺是日朝士獨見素一人

是夜宿馬嵬上命見素子京兆府司錄參軍諤爲御史中丞充置
頓使凌晨將發六軍將士曰國忠反叛不可更往蜀川請之河隴
或言靈武太原或云還京議者不一上意在劍南慮違士心無所
言諤曰還京須有捍賊之備今兵馬數少恐非萬全不如且至扶
風徐圖去就上詢于衆衆以爲然乃令皇太子後殿上至扶風郡
從駕諸軍各圖去就頗出醜言陳玄禮不能制上聞之憂懼會益
州貢春綵十萬疋乃以其綱使蒙陽尉劉景溫爲監察御史其綵
悉陳於廷召六軍將士等入上謂之曰卿等皆國之功臣勳勞素著
朕之優賞常亦不輕逆胡負恩事須迴避甚知卿等不得別父母
妻子朕亦不及辭九廟言發涕流又曰朕今須幸蜀蜀路險狹人
若多往恐難祇供今有此綵卿等即宜分取各自圖去就朕自有
子弟中官等相隨便與卿等訣別衆咸俯伏號泣曰死生從陛下
上良久曰去住聽卿自是醜言方息七月至巴西郡以見素
兼左相武部尚書數日至蜀郡加金紫光祿大夫進封豳國公與

一子五品官是月皇太子即位於靈武道路艱澁音驛未通八月
肅宗使至始知靈武即位尋命見素與宰臣房琯齎傳國寶玉
冊奉使靈武宣傳詔命便行冊禮將行上皇謂見素等曰皇帝自
㓜仁孝與諸子有異朕豈不知往十三年已有傳位之意屬其歲水
旱左右勸朕且俟豐年爾來便屬祿山構逆方隅震擾未遂此心
昨發馬嵬亦有處分今皇帝受命朕心頓如釋負勞卿等遠去勉
輔佐之多難興王自古皆有卿等乃心王室以宗社爲念早定中原
吾之望也見素等悲泣不自勝仍以見素子諤及中書舍人賈至
充冊禮使判官時肅宗已迴幸順化郡九月見素等至冊禮畢從
幸彭原郡肅宗在東宮素聞房琯名重故虛懷以待以見素常附
國忠禮遇稍薄明年至鳳翔三月除左僕射罷知政事以憲部尚
書致仕苗晉卿代爲左相初肅宗在鳳翔喪亂之後綱紀未立兵
吏三銓簿籍煨燼南曹選人文符悉多僞濫上以兇醜未滅且示
招懷擮到注擬一無檢括見素曰臣典選歲久周知此弊今寡區來

復貟闕不多若總無條綱恐難持久上然之未暇釐革及還京選
人數千補授無所喧訴于朝由是行見素之言及房琯以敗軍左
降崔圓崔渙等皆罷知政事上皇所命宰臣無知政事者五月遷
見素太子太師十一月肅宗自右輔還京詔見素入蜀奉迎太上皇
十二月上皇至京師肅宗御樓大赦見素以奉上皇幸蜀功加開
府儀同三司食實封三百戶上元中以足疾上表請致仕許之寶應
元年十二月卒年七十六贈司空謚曰忠貞喪事官給子倜諤益
倜諤皆位至給事中益終刑部員外郎暂終秘書丞倜子頌益子
顗頌字周仁生一歲而孤事姊稱爲恭孝性嗜學尤精陰陽象緯
略風俗之書善持論有倩譽少以門蔭補千牛備身自鄠縣尉判
入等授萬年尉歷御史補闕尚書郎累遷給事中尚書左丞戶部
侍郎中丞吏部侍郎其在諫垣與李約李正辭迭申裨諷頗迴大
政宰相裴垍李絳崔群輩多與友善而後進之有浮名者亦遊其
門以是稱有時望及李逢吉駕朋黨以專政柄而顗附麗之跡尤

密頗爲時人所譏然處身儉約有足多者著易蘊解推演徵旨凡終
始之義甚有奧旨寶曆元年七月卒贈禮部尚書
崔圓清河東武城人也後魏左僕射亮之後父景晊官至大理評
事圓少孤貧志尚閎博好讀兵書有經濟宇宙之心開元中詔搜
訪遺逸圓以鈐謀射策甲科授執戟自負文藝獲武職頗不得意
蕭炅爲京兆尹薦爲會昌丞累遷司勳員外郎宰臣楊國忠遙制
劍南節度使引圓佐理乃奏授尚書郎兼蜀郡大都督府左司馬
知節度留後天寶末玄宗幸蜀郡特遷蜀郡大都督府長史劍南
節度圓素懷功名初聞國難潛使人探國忠深旨知有行幸之計
乃增修城池建置館宇儲備什器及乘輿至殿宇帷帳咸如宿設
玄宗甚嗟賞之即日拜中書侍郎同中書門下平章事劍南節度
餘如故肅宗即位玄宗命圓同與房琯韋見素並赴肅宗行在所
玄宗親製遺愛碑于蜀以寵之從肅宗還京以功拜中書令封趙
國公賜實封五百戶明年罷知政事遷太子少師留守東都會官

軍不利於相州軍迴過洛陽所在剽掠圍弃城南奔襄陽詔削除
階封尋起爲濟王傅李光弼用爲懷州刺史除太子詹事改汾州
刺史皆以理行稱拜揚州大都督府長史淮南節度觀察使加檢
校右僕射兼御史大夫轉檢校左僕射知省事大曆三年六月薨
年六十四輟朝三日贈太子太師謚曰昭襄
崔渙祖玄暐神龍功臣封博陵郡王父璩文學知名位至禮部侍
郎渙少以士行聞博綜經籍尤善談論累遷尚書司門員外郎天
寶末楊國忠出不附己者渙出爲劍州刺史天寶十五載七月玄
宗幸蜀渙迎謁於路抗詞忠懇皆究理體玄宗嘉之以爲得渙晚
宰臣房琯又薦之即日拜黃門侍郎同中書門下平章事扈從成
都府肅宗靈武即位八月與左相韋見素同平章事房琯崔圓同
賚冊赴行在時未復京師舉選路絕詔渙充江淮宣諭選補使以
收遺逸或於聽受爲下吏所鬻濫進者非一以不稱職聞乃罷知
政事除左散騎常侍兼餘杭太守江東採訪防禦使旋授正議大

三十六　舊唐傳五十八　四　胡勝

夫太子賓客乾元三年正月轉大理卿再遷吏部侍郎檢校工部
尚書集賢院待詔性尚簡澹不交世務頗爲時望所歸遷御史大
夫加稅地青苗錢物使時以此錢充給京百官料上估爲百司料渙
爲屬吏希中以上估爲使料下估爲皇城副留守張清發之詔下
有司訊鞫渙無詞以對坐是貶道州刺史大曆三年十二月壬寅以
疾終子縱初以蔭補協律郎三遷爲監察御史詔擇令長於臺省
除藍田令寬明勤幹德化大行縣人爲之立碑頌德轉京兆府司
錄累遷金部員外郎以父貶道州刺史弃官就養丁父憂終制六
遷大理卿兼御史中丞汴西水陸運兩稅鹽鐵等使田悅連敗走
魏州嬰城自守諸道兵圍之屢乏食詔縱兼魏州四節度粮料使
軍儲稍給德宗幸奉天四方握兵未有至者縱先知之潛告李懷
光勸令奔命懷光從之縱乃悉斂軍財與懷光俱來調給具備懷
光兵士久戰河外及次河中將遷延縱之貨幣先已渡河縱謂衆
曰若濟悉以分賜衆利之乃西至奉天加右庶子充使無幾拜京
兆尹兼御史大夫數奏懷光剛愎反覆宜陰備之及行幸梁州左
右或短之曰縱素善懷光今不來矣上曰他人不知縱吾可保其心
不數日縱至拜御史大夫嘗議其大體不親細事獄訴儀制皆付
之僚吏貞元元年親祠南郊爲大禮使屬兵旱之後賦入尚少縱
裁定文物倫而中禮無何萬年丞源寂遂爲京兆尹李齊運所抑捽
至死縱劾奏不行數月除吏部侍郎尋檢校禮部尚書東畿唐汝
鄧都觀察使河南尹是時兵革甫定民耗六七縱悉心求瘼爲理簡
易先是戎邊之師由洛陽者儲餼取辦於編戶縱始官備不擾於
人令五家相保俾自占告發斂以絕胥吏之私又引伊洛水以通里
閈都中灌溉濟不逮爲十一二人甚安之徵拜太常卿貞元七年
六月卒官年六十二謚曰忠贈吏部尚書縱孝悌修飾自立以父爲
元載排抑居退十餘年左官外府訖載得罪不求聞達初渙有寵
妾鄭氏縱以母事之鄭氏性剛戾待縱不以理雖爲大僚每加笞
詬縱率妻子候顏敬順不懈時以爲難

三十六　舊唐傳五十八　五　李杲

杜鴻漸故相暹之族子祖慎行益州長史父鵬舉官至王友鴻漸
敏晤好學舉進士解褐王府參軍天寶末累遷大理司直朔方留
後支度副使肅宗北幸至平涼未知所適鴻漸與六城水運使魏少
遊節度判官崔漪支度判官盧簡金關內鹽池判官李涵謀曰今
胡羯亂常二京陷沒主上南幸於巴蜀皇太子理兵於平涼然平
涼散地非聚兵之處必欲制勝非朔方不可若奉殿下旬日之間
西收河隴迴紇方強與國通好北徵勁騎南集諸城大兵一舉可
復二京雪社稷之恥上報明主下安蒼生亦臣子之用心國家之
大計也鴻漸即日草箋具陳兵馬招集之勢錄軍資器械倉儲庫
物之數令李涵賫赴平涼肅宗大悅鴻漸知肅宗發平涼於北界
白草頓迎謁因勞諸使及兵士進言曰朔方天下勁兵靈州用武
之處今迴紇請和吐蕃內附天下郡邑人皆堅守以待制命其中
雖爲賊所據亦望不日收復殿下整理軍戎長驅一舉則逆胡不
足滅也肅宗然之及至靈武鴻漸與裴冕等勸即皇帝位以歸中

外之望五上表乃從鴻漸素習帝王陳布之儀君臣朝見之禮遂採撫舊儀綿蕝其事城南設壇壝先一日具儀注草奏肅宗曰聖君在遠寇逆未平宜罷壇場餘可其奏肅宗即位授兵部郎中知中書舍人事尋轉武部侍郎至德二年兼御史大夫為河西節度使涼州都督兩京平遷荊州大都督府長史荊南節度使襄州大將康楚元張嘉延盜所管兵據襄州城叛刺史王政遁走嘉延南襲荊州鴻漸聞之弃城而遁澧朗硤歸等州聞鴻漸出奔皆惶駭潛竄山谷歲餘徵拜尚書右丞吏部侍郎太常卿充禮儀使二聖晏駕鴻漸監護儀制山陵畢加光祿大夫封潁國公廣德二年代宗將享郊廟拜鴻漸兵部侍郎同中書門下平章事尋轉中書侍郎永泰元年十月劍南西川兵馬使崔旰殺節度使郭英乂據成都自稱留後邛州衙將栢貞節瀘州衙將楊子琳劍州衙將李昌夔等興兵討旰西蜀大亂明年二月命鴻漸以宰相兼充山劍副元帥劍南西川節度使以平蜀亂鴻漸心無遠圖志氣怯懦又酷好

佛圖道不喜軍戎既至成都懼旰雄武不復問罪乃以劍南節制表讓於旰時西戎寇邊關中多事鴻漸孤軍陷險兵威不振代宗不獲已從之仍以旰為劍南西川行軍司馬栢貞節為邛州刺史楊子琳為瀘州刺史各罷兵尋請入覲仍表崔旰為西川兵馬留後大曆二年詔以旰為成都尹劍南西川節度使召鴻漸還京鴻漸仍率旰同入覲代宗嘉之後知政事轉門下侍郎讓山南副元帥三年八月代王縉為東都留守充河南淮西山南東道副元帥平章事如故以疾上表乞骸骨從之竟不之任四年十一月卒贈太尉謚曰文憲輟朝三日賜物五百疋粟五百碩鴻漸晚年樂於退靜私第在長興里館宇華靡賓僚宴集鴻漸悠然賦詩曰常願追禪理安能挹化源朝士多屬和之及休致後病令僧剃頂髮及卒遺命其子依胡法塔葬不為封樹異類緇流物議哂之

史臣曰祿山狂悖已顯玄宗寵任無疑見素知國危陳廟筭直言極諫而君不從獨正犯難而人不咎出生入死善始令終者鮮矣時論以見素取容於國忠無言臣大政且國忠恃內戚弄重權沮林甫姦豪取其大位若見素之孤直豈許取容蓋禍胎已成政柄久素見素入相歲餘年言不從而難作雖有周孔之才其能匡救者乎諤才辯頗儉約雅符積善之慶矣圓守文之士非禦侮之才渙才兼行闇命與時會發言上沃主意遽致顯榮當官屢為吏欺終及竄逐所謂可與適道未可與權縱忠於國能於官孝於家三者備矣孰能繼之鴻漸有衛社之功非干城之者時以任崔旰為非則不然矣且旰南拒貞節北敗獻誠宜以懷來未可力制終致歸國豈非臧謀向討之即為劇賊矣然事佛徼福朋勢取容非君子之道焉

贊曰玄宗失德祿山肆逆見素竭節諸公協力

唐書列傳卷第五十八

左文林郎充浙東路提舉茶鹽司幹辦公事臣文昭校勘

劉昫　等修

馮盎　阿史那杜爾子道真 仲祖蘇尼失 蘇尼失子忠附
契苾何力　黑齒常之　李多祚
李嗣業　白孝德

馮盎高州良德人也累代為本部大首領盎少有武略隋開皇中為宋康令仁壽初潮成等五州獠叛盎馳至京請討之文帝勑左僕射楊素與盎論賊形勢素曰不意蠻夷中有此人大可奇也即令盎發江嶺兵擊之賊平授金紫光祿大夫仍除漢陽太守武德三年廣新二州賊帥高法澄洗寶徹等並授林士弘節度殺害隋官吏盎率兵擊破之既而寶徹兄子智臣又聚兵於新州自為渠帥盎趨往擊之兵交盎却兜鍪大呼曰爾等頗識我否賊多弃戈肉袒而拜其徒遂潰擒寶徹智臣等嶺外遂定或有說盎曰自隋季崩離海內騷動今唐雖應運而風教未浹南越一隅未有所定

○公克平五嶺二十餘州豈與趙他九郡相比今請上南越王之號盎曰吾居南越于茲五代本州牧伯唯我一門子女玉帛吾之有也人生富貴如我殆難常恐弗克負荷以墜先業本州衣錦便足餘復何求越王之號非所聞也四年盎以南越之衆降高祖以其地為羅春白崖儋林等八州仍授盎上柱國高羅總管封吳國公尋改封越國公拜其子智戴為春州刺史智彧東合州刺史從封盎耿國公貞觀五年盎來朝太宗宴賜甚厚俄而羅竇諸洞獠叛詔令盎率部落二萬為諸軍先鋒時有賊數萬屯據險要不可攻逼盎持弩語左右曰盡吾此箭可知勝負連發七矢而中七人賊退走因縱兵乘之斬首千餘級太宗令智戴還慰省之自後賞賜不可勝數盎奴婢萬餘人所居地方二千里勤於簿領詰擿姦狀甚得其情二十年卒贈左驍衛大將軍荊州都督

阿史那杜爾突厥處羅可汗子也年十一以智勇稱於本蕃拜為拓設建牙于磧北與欲谷設分統鐵勒紇骨同羅等諸部在位十年無所課斂諸首領或鄙其不能富貴杜爾曰部落既豐於我便足諸首領咸畏而愛之武德九年延陁迴紇等諸部皆叛攻破欲谷設杜爾擊之復為延陁所敗貞觀二年遂率其餘衆保于西偏依可汗浮圖後遇頡利滅而西蕃葉護又死奚利邲咄陸可汗兄弟爭國杜爾揚言降之引兵西上因襲破西蕃半有其國得衆十餘萬自稱都布可汗謂其諸部曰首為背叛破我國者延陁之罪也今我據有西方大得兵馬不平延陁而取安樂是忘先可汗為不孝也若天令不捷死亦無恨其酋長咸諫曰今新得西方須留鎮壓若即弃去遠擊延陁只恐葉護子孫必來復國杜爾不從親率五萬餘騎討延陁於磧北連兵百餘日遇我行人劉善因立同娥設為咥利始可汗杜爾部兵又苦久役多委之逃延陁因縱擊敗之復保高昌國其舊兵在者纔萬餘人又與西蕃結隙九年率衆內屬拜左驍衛大將軍歲餘令尚衡陽長公主授駙馬都尉典屯兵於苑內十四年授行軍總管以平高昌諸人咸即受賞杜爾

○以未奉詔旨秋毫無所取及降別勑然後受之及所取唯老弱故弊而已軍還太宗美其廉慎以高昌所得寶刀并雜綵千段賜之仍令檢校北門左屯營封畢國公十九年從太宗征遼至駐蹕陣頻遭流矢拔而又進其所部兵士人百其勇盡獲殊勳師旋兼授鴻臚卿二十一年為崑丘道行軍大總管征龜茲明年軍次西突厥擊處密大破之餘衆悉降又下龜茲大撥換城虜龜茲王白訶黎布失畢及大臣那利等百餘人而還屬太宗崩請以身殉葬高宗遣使喻以先旨不許遷右衛大將軍永徽四年加位鎮軍大將軍六年卒贈輔國大將軍并州都督陪葬昭陵起冢以象葱山仍為立碑謚曰元子道真位至左屯衛大將軍貞觀初阿史那蘇尼失者啟民可汗之母弟杜爾叔祖也其父始畢可汗以為沙鉢羅設督部落五萬家牙直靈州之西北驍雄有恩惠甚得種落之心及頡利政亂而蘇尼失所部獨不攜貳突利之來奔也頡利乃立蘇尼失為小可汗及頡利為李靖所破獨騎而投之蘇尼失遂舉其

衆歸國因令子忠擒頡利以獻太宗賞賜優厚拜北寧州都督右
衛大將軍封懷德郡王貞觀八年卒忠以擒頡利功拜左屯衛將
軍妻以宗女定襄縣主賜名爲忠單稱史氏貞觀九年遷右衛大
將軍永徽初封薛國公累遷右驍衛大將軍所歷皆以清謹見稱
時人比之金日磾上元初卒贈鎮軍大將軍陪葬昭陵子暕襲封
薛國公垂拱中歷位司僕卿
契苾何力其先鐵勒別部之酋長也父葛隋大業中繼爲莫賀咄
特勤以地偪吐谷渾所居隘狹又多瘴癘遂入龜茲居于熱海之
上特勤死何力時年九歲降號大俟利發至貞觀六年隨其母率
衆千餘家詣沙州奉表內附太宗置其部落於甘涼二州何力至
京授左領軍將軍七年與涼州都督李大亮將軍薛萬均同征吐
谷渾軍次赤水川萬均率騎先行爲賊所攻兄弟皆中槍墮馬徒
步而鬬兵士死者十六七何力聞之將數百騎馳往突圍而前縱
橫奮擊賊兵披靡萬均兄弟由是獲免時吐谷渾主在突倫川

何力復欲襲之萬均懲其前敗固言不可何力曰賊非有城郭逐
水草以爲生若不襲其不虞便恐鳥驚魚散一失機會安可傾其
巢穴耶乃自選驍兵千餘騎直入突倫川襲破吐谷渾牙帳斬首
數千級獲駝馬牛羊二十餘萬頭渾主脫身以免俘其妻子而還
有詔勞於大斗拔谷萬均乃排毀何力自稱己功何力不勝憤怒
拔刀而起欲殺萬均諸將勸止之太宗聞而責問其故何力言萬
均敗恧之事太宗怒將解其官迴授何力固讓曰以臣之故而解
萬均恐諸蕃聞之以爲陛下厚蕃輕漢轉相誣告馳競必多又夷
狄無知或謂漢臣皆如此輩固非安寧之也太宗乃止尋令北門
宿衛檢校屯營事勅尚臨洮縣主十四年爲葱山道副大總管討平
高昌時何力母姑臧夫人母弟賀蘭州都督沙門並在涼府十六
年詔許何力覲省其母兼撫巡部落時薛延陀強盛契苾部落皆
願從之何力至聞而大驚曰主上於汝有厚恩任我又重何忍而圖
叛逆諸首領皆曰可敦及都督已去何故不行何力曰我弟沙門孝而

能養我以身許國終不能去也於是衆共執何力至延陀所置於
可汗牙前何力箕踞而坐拔佩刀東向大呼曰豈有大唐烈士受辱
蕃庭天地日月願知我心又割左耳以明志不奪也可汗怒欲殺之
爲其妻所抑而止初太宗聞何力之延陀明非其本意或曰人心
各樂其土何力今入延陀猶魚之得水也太宗曰不然此人心如鐵
石必不背我會有使自延陀至具言其狀太宗泣謂群臣曰契苾
何力竟如何遽遣兵部侍郎崔敦禮持節入延陀許降公主求何
力由是還拜右驍衛大將軍太宗既許公主於延陀行有日矣何
力抗表固言不可太宗曰吾聞天子無戲言既已許之安可廢何
力曰然臣本請延緩其事不謂總停臣聞六禮之內婿合親迎宜
告延陀親來迎婦縱不敢至京邑即當使詣靈州畏漢必不敢來
論親未可有成日既憂悶臣又攜離不盈一年自相猜忌延陀志
性很戾若死必兩子相爭坐而制之必然之理太宗從之延陀恐有
詐竟不至靈州自後常悒悒不得志一年而死兩子果爭權各立爲

主太宗征遼東以何力爲前軍總管軍次白崖城爲賊所圍被稍
中腰瘡重疾甚太宗自爲傅藥及拔賊城勅求傷之者高突勃付
何力自殺之何力奏言犬馬猶爲其主況於人乎彼爲其主況致命
冒白刃而刺臣是其義勇士也本不相識豈是寃讎遂捨之二十
二年爲崑丘道總管破龜茲獲其王訶黎布失畢及諸首領等太
宗崩何力欲殺身以殉高宗諭而止之永徽二年處月處密叛以何
力爲弓月道大總管討平之擒其渠帥處密時健俟斤合支賀等
以歸顯慶二年遷左驍衛大將軍累封郕國公兼檢校鴻臚卿龍
朔元年又爲遼東道行軍大總管九月次于鴨綠水其地即高麗
之險阻莫支男生以精兵數萬守之衆莫能濟何力始至會層冰
大合趣即渡兵鼓譟而進賊遂大潰追奔數十里斬首三萬級餘
衆盡降男生僅以身免會有詔班師乃還其年九姓叛以何力爲
鐵勒道安撫大使乃簡精騎五百馳入九姓中賊大驚何力乃謂曰
國家知汝被詿誤遂有翻動使我捨汝等過皆可自新罪在酋渠

得之則巳諸姓大喜共擒僞葉護及設特勤等同惡二百餘人以
歸何力數其罪而誅之乾封元年又爲遼東道行軍大總管兼安
撫大使高麗有衆十五萬屯於遼水又引靺鞨數萬據南蘇城何
力奮擊皆大破之斬首萬餘級乘勝而進凡拔七城乃迴軍會英
國公李勣於鴨绿水共攻辱夷大行二城破之勣頓軍於鴨绿柵
何力引蕃漢兵五十萬先臨平壤勣仍繼至共拔平壤城執男建
虜其王還授鎮軍大將軍行左衛大將軍徙封涼國公仍檢校右
羽林軍儀鳳二年卒贈輔國大將軍幷州都督陪葬昭陵謚曰烈
有三子明光貞明左鷹揚衛大將軍兼賀蘭都督襲爵涼國公
光則天時右豹韜衛將軍爲酷吏所殺貞司膳少卿
黑齒常之百濟西部人長七尺餘驍勇有謀略初在本蕃仕爲達
率兼郡將猶中國之刺史也顯慶五年蘇定方討平百濟常之率
所部隨例送降款時定方縶左王及太子隆等仍縱兵劫掠丁壯
者多被戮常之恐懼遂與左右十餘人遁歸本部鳩集亡逸共保

任存山築柵以自固旬日而歸附者三萬餘人定方遣兵攻之常之
領敢死之士拒戰官軍敗績遂復本國二百餘城定方不能討而
還龍朔三年高宗遣使招諭之常之盡率其衆降累轉左領軍員
外將軍儀鳳中吐蕃犯邊常之從李敬玄擊之劉審禮之沒賊敬
玄欲抽軍却阻泥溝而計無所出常之夜率敢死之兵五百人進
掩賊營吐蕃首領跋地設弃軍宵遁敬玄因此得還高宗歎其才
略擢授左武衛將軍兼檢校左羽林軍賜金五百兩絹五百疋仍
充河源軍副使時吐蕃贊婆及素和貴等賊徒三萬餘屯於良非
川常之率精騎三千夜襲賊營殺獲二千級獲羊馬數萬贊婆等
單騎而遁擢常之爲大使又賞物四百疋常之以河源軍正當賊衝
欲加兵鎮守恐有運轉之費遂遠置烽戍七十餘所度開營田五
千餘頃歲收百餘萬石開耀中贊婆等屯於青海常之率精兵一
萬騎襲破之燒其糧貯而還常之在軍七年吐蕃深畏憚之不敢
復爲邊患嗣聖元年遷左武衛大將軍仍檢校左羽林軍垂拱二

年突厥犯邊命常之率兵拒之蹋至兩井忽遭賊三千餘衆常之
見賊徒爭下馬著甲遂領二百餘騎身當先鋒直衝賊遂弃甲而
散俄頃賊衆大至及日將暮常之令伐木營中燃火如烽燧時東
南忽有大風起賊疑有救兵相應遂狼狽夜遁以功進封燕國公
三年突厥入寇朔州常之又充大總管以李多祚王九言爲副追躡
至黃花堆大破之追奔四十餘里賊散走磧北時有中郎將㸑寶
璧表請窮追餘賊制常之與寶璧會遥爲聲援寶璧以爲破賊
在朝夕貪功先行竟不與常之謀議遂全軍而没尋爲周興等誣
構云與右鷹揚將軍趙懷節等謀反繫獄遂自縊而死常之嘗有
所乘馬爲兵士所損副使牛師獎等請鞭之常之曰豈可以損私
馬而決官兵乎竟赦之前後所得賞賜金帛等皆分給將士及死
時甚惜之
李多祚代爲靺鞨酋長多祚驍勇善射意氣感激少以軍功歷
位右羽林軍大將軍前後掌禁兵北門宿衛二十餘年神龍初張

柬之將誅張易之兄弟引多祚將籌其事謂曰將軍在北門幾年
曰三十年矣柬之曰將軍擊鐘鼎食金章紫綬貴寵當代位極武
臣豈非大帝之恩乎曰然又曰將軍既感大帝殊澤能有報乎大帝
之子見在東宮逆竪張易之兄弟擅權朝夕危逼宗社之重於將
軍誠能報恩正屬今日多祚曰苟緣王室惟相公所使終不顧妻
子性命因即引天地神祇爲要誓詞氣感動義形于色遂與柬之
等定謀誅易之兄弟以功進封遼陽郡王食實封八百戸仍拜其
子承訓爲衛尉少卿其年將有事于太廟特令多祚與安國相王
登輦夾侍監察御史王覿上疏諫曰竊惟祔廟之禮在於尊祖奉
先肅事之儀豈猷惟親與德伏見恩勅令安國相王與李多祚參
乘且多祚夷人有功於國適可加之寵爵豈宜逼奉至尊侍帝驂
而連衡與吾君而共輦誠恐萬方之人不允所望昔文帝引趙談
參乘盎伏車前曰臣聞天子所共六尺輿者皆天下豪英今漢雖
乏人陛下獨奈何與刀鋸之餘共載於是斥而下之多祚雖無趙談

之累亦非卿相之重不自循省無聞匡諫豈國之良輔更無其人史官所書將示於後何袁盎之強諫獨微臣之不及惟陛下詳擇焉上謂覲曰多祚雖是夷人緣其有功委以心腹特令侍輦卿勿復言也節愍太子之殺武三思也多祚與羽林大將軍李千里等率兵以從太子令多祚先至玄武樓下與上問以殺三思之意遂按兵不戰時有宮闈令楊思勗於樓上侍帝請拒其先鋒多祚子婿羽林中郎將野呼利為先軍摠管思勗挺刃斬之兵衆大沮多祚俄為左右所殺并殺其二子籍沒其家睿宗即位下制曰以忠報國典冊所稱感義捐軀名節斯在故右羽林大將軍上柱國遼陽郡王李多祚三韓貴種百戰餘雄席寵禁營遹心王室伏茲誠信翻陷誅夷賴彼神明重清姦慝永言徽烈深合褒崇宜追殁後之業以復生前之命可還舊官仍宥其妻子

李嗣業京兆高陵人也身長七尺壯勇絕倫天寶初隨募至安西頻經戰鬬于時諸軍初用陌刀咸推嗣業為能每為隊頭所向必陷

節度使馬靈察知其勇健每出師令嗣業與焉累遷至中郎將天寶七載安西都知兵馬使高仙芝奉詔總軍專征勃律選嗣業與郎將田珍為左右陌刀將于時吐蕃聚十萬衆於娑勒城據山因水塹斷崖谷編木為城仙芝夜引軍渡信圖河奄至城下仙芝謂嗣業與田珍曰不午時須破此賊嗣業引步軍持長刀上山頭拋檑蔽空而下嗣業獨引一旗於絕險處先登諸將因之齊上賊不虞漢軍暴至遂大潰墳溪谷投水溺死僅十八九遂長驅至勃律城擒勃律王吐蕃公主斬藤橋以兵三千人戍於是拂林大食諸胡七十二國皆歸國家款塞朝獻嗣業之功也由此拜右威衛將軍十載又從平石國及破九國胡并背叛突騎施以跳盪加特進兼本官初仙芝紿石國王約為和好乃將兵襲破之殺其老弱虜其丁壯取金寶瑟瑟駝馬等國人號哭因掠石國王東獻之于闕下其子逃難奔走告於諸胡國群胡忿之與大食連謀將欲攻四鎮仙芝懼領兵二萬深入胡地與大食戰仙芝大敗會夜兩軍解仙芝衆為大食所殺存者不過數千事窘嗣業白仙芝曰將軍深入胡地後絕救兵今大食戰勝諸胡知必乘勝而併力事漢若全軍沒嗣業與將軍俱為賊所虜則何人歸報主不如馳守白石嶺早圖奔逸之計仙芝曰爾戰將焉吾欲收合餘燼明日復戰期一勝耳嗣業曰愚者千慮或有一得勢危若此不可膠柱固請行乃從之路隘人馬魚貫而奔會跋汗那兵衆先奔人及駝馬塞路不克過嗣業持大棒前驅擊之人馬應手俱斃胡等遁路開仙芝獲免仙芝表其功加驃騎左金吾大將軍及祿山反兩京陷上在靈武詔嗣業赴行在嗣業自安西統衆萬里威令肅然所過郡縣秋毫不犯至鳳翔謁見上曰今日得卿勝數萬衆事之濟否實在卿也遂與郭子儀僕固懷恩等常犄角為先鋒嗣業每持大棒衝擊賊衆披靡所向無敵祿山之亂兩京未復肅宗在鳳翔至德六年九月嗣業從廣平王收復京城與賊大戰于香積寺北西拒灃水東臨大川十里間軍容不斷嗣業時為鎮西北庭支度行營節度使為前軍朔方

右行營節度使郭子儀為中軍關內行營節度王思禮為後軍又鉦鼓鞞震曜山野距賊軍數里列長陣而待之賊將李歸仁初以銳師數來挑戰我師攢矢而逐之賊軍大至逼我追騎突入我營我師囂亂嗣業謂郭子儀曰今日之事若不以身啖寇決戰於陣萬死而冀其一生不然則我軍無孑遺矣嗣業乃脫衣徒搏執長刀立於陣前大呼當嗣業刀者人馬俱碎殺十數人陣容方駐前軍之士盡執長刀而出如墻而進嗣業先登奮命所向摧靡是時賊先伏兵於營東偵者知之元帥廣平王分迴紇銳卒令擊其伏兵賊將大敗嗣業出賊營之背與迴紇合勢表裏夾攻自午及酉斬首六萬級填溝壑而死者十二三賊帥張通儒安守忠李歸仁等收合殘卒東走保陝郡慶緒又命嚴莊率衆數萬赴陝助通儒輩以拒官軍廣平王郭子儀王思禮等大軍營於陝西嗣業與子儀遇賊於新店與之力戰數合我師初勝而後敗嗣業遂急應接迴紇從南山望見官軍敗與白旗而下徑抵賊背穿賊陣賊陣西北角先陷嗣業又

率精騎前擊表裏齊進賊衆大敗走河北子儀遂收東都嗣業以
功加開府儀同三司衛尉卿封虢國公食實封二百戶乾元二年
諸將同圍相州是時築堤引漳水灌城經月餘城不拔是時軍無
統帥諸將自圖全人無鬬志賊每出戰嗣業被堅衝突履鋒冒刃
為流矢所中數日瘡欲愈臥於帳中忽聞金鼓之聲因而大叫瘡中
血出數升注地而卒上聞之震悼嗟惜久之詔曰臨難忘身為臣
之大節念功加贈經國之常典故衛尉卿兼懷州刺史充北庭行營
節度使虢國公李嗣業植操沉厚秉心忠烈懷幹時之勇略有戡
難之遠謀久任邊陲備經任使自兇渠構亂中夏不寧持感激之
誠摠驍果之衆親當矢石頻立勳庸壯節可嘉將謀於百勝忠誠
未遂空恨於九原言念其功良深憫悼死於王事禮有可加宜贈
裂土之封用廣飾終之義可贈武威郡王其賻贈及緣葬事所司
倍於常式仍令官給靈轝遞還所在以其子佐國襲其官爵食實
封二百戶

○白孝德安西胡人也驍悍有膽力乾元中事李光弼為偏裨史思
明攻河陽使驍將劉龍仙率鐵騎五十臨城挑戰龍仙捷勇自恃
舉右足加馬鬣上嫚罵光弼光弼登城望顧諸將曰孰可取者僕
固懷恩請行光弼曰此非大將所為歷選其次左右曰白孝德可
光弼乃招孝德前問曰可乎曰可光弼問所要幾何兵孝德曰可
獨往耳光弼壯之終問所欲對曰願選五十騎於軍門為繼兼請
大軍鼓譟以增氣勢他無所用光弼撫其背以遣之孝德挾二矛
策馬截流而渡半濟懷恩賀曰剋矣光弼曰未及何知其剋懷恩
曰觀其攬轡便辟可萬全者龍仙見其獨來甚易之足不降蹔稍
近將動孝德搖手示之若使其不動龍仙不之測乃止孝德呼曰
侍中使余致辭非他也龍仙去十步與之言褻罵如初孝德息馬
伺便因瞋目曰賊識我乎龍仙曰誰耶曰我國之大將白孝德也
龍仙曰是何豬狗孝德發聲虓㘚持矛躍馬而搏之城上鼓譟五
十騎繼進龍仙矢不暇發環走堤上孝德追及斬首攜之而歸賊

徒大駭其後累戰功至安西北庭行營節度鄜坊邠寧節度使
歷檢校刑部尚書封昌化郡王以家難去職服闋復舊官大曆十
四年九月轉太子少傅尋卒時年六十六贈太子太保
史臣曰歷代武臣壯勇出衆者有諸節行勵俗者鮮矣矧蕃夷之
人乎如馮盎智勇守節杜爾廉慎知足蘇尼失恩重忠清謹
凡用兵破吐蕃谷渾勇也心如鐵石忠也不解萬均官怨也阻延
陁之親智也捨高昌之勳死識也立大功居顯位夙夜匪懈者何
力有焉常之以私馬惌官兵與將士均賞賜古之名將無以加焉多
祚忘身許國孝德壯勇立功皆三軍之傑也豈九夷之陋哉嗣業
力贊中興終殁王事未可倫而擬也
贊曰君子之居九夷無陋壯哉嗣業孰出其右

唐書列傳卷第五十九

右文林郎充浙東路提舉茶鹽司幹辦公事臣霍文昭校正

劉　昫　等修

李光弼　王思禮　鄧景山　辛雲京

李光弼營州柳城人其先契丹之酋長父楷洛開元初在羽林將軍同正朔方節度副使封薊國公以驍果聞光弼幼持節行善騎射能讀班氏漢書少從戎嚴毅有大略起家左衛郎丁父憂終喪不入妻室天寶初累遷左清道率兼安北都護府朔方都虞候五載河西節度王忠嗣補爲兵馬使充赤水軍使忠嗣遇之甚厚常云光弼必居我位邊上稱爲名將八載充節度副使封薊郡公十一載拜單于副使都護十三載朔方節度安思順奏爲副使知留後事思順愛其材欲妻之光弼稱疾辭官隴右節度哥舒翰聞而奏之得還京師祿山之亂封常清高仙芝戰敗斬於潼關又以哥舒翰率師拒賊尋命郭子儀爲朔方節度收兵河西玄宗春求良將委以河北河東之事以問子儀子儀薦光弼堪當闕寄十五載正月以光弼爲雲中太守攝御史大夫充河東節度副使知節度事二月轉魏郡太守河北道採訪使以朔方兵五千會郭子儀軍東下井陘收常山郡賊將史思明以卒數萬來援常山追擊破之進收藁城等十餘縣南攻趙郡三月八日光弼兼范陽長史河北節度使拔趙郡自祿山反常山爲戰場死人蔽野光弼酹其屍而哭之爲賊幽閉者出之誓平寇難以慰其心六月與賊將蔡希德史思明尹子奇戰于常山郡之嘉山大破賊黨斬首萬計生擒四千思明露髮跣足奔於博陵河北歸順者十餘郡光弼以范陽祿山之巢穴將先斷之使絕根本會哥舒翰潼關失守玄宗幸蜀人心驚駭肅宗理兵於靈武遣中使劉智達追光弼子儀赴行在授光弼戶部尚書兼太原尹北京留守同中書門下平章事以景城河間之卒五千赴太原時節度王承業軍政不修詔御史崔衆交兵於河東衆侮易承業或裹甲持槍突入承業廳事玩謔之光弼聞之素不平至是交衆兵於光弼衆以麾下來光弼出迎旌旗相接而不避光弼怒其無禮又不即交兵令收繫之頃中使至除衆御史中丞懷其敕問衆所在光弼曰衆有罪繫之矣中使以敕示光弼光弼曰今只斬侍御史若宣制命即斬中丞若拜宰相亦斬宰相中使懼遂寢之而還翌日以兵仗圍衆至碑堂下斬之威震三軍命其親屬弔之二年賊將史思明蔡希德高秀巖牛庭玠等四僞師衆十餘萬來攻太原光弼經河北苦戰精兵盡赴朔方麾下皆烏合之衆不滿萬人思明謂諸將曰光弼之兵寡弱可屈指而取太原哉行而西圖河隴朔方無後顧矣光弼所部將士聞之皆懼議欲修城以待之光弼曰城周四十里賊垂至今興功役是未見敵而自疲矣乃躬率士卒百姓外城掘壕以自固作墼數十萬衆莫知所用及賊攻城於外光弼即令增壘於內壞輒補之賊城外詬詈戲侮者光弼令穿地道一夕而擒之自此賊將行皆視地不敢逼城強弩發石以擊之賊驍將勁卒死者十二三城中長幼咸伏其勤智懦兵增氣而皆欲出戰史思明揣知之先歸留蔡希德等攻之月餘我怒而寇怠光弼率敢死之士出擊大破之斬首七萬餘級軍資器械一皆委弃賊始至及追五十餘日光弼設小幕宿於城東南隅有急即應行過府門未嘗迴顧賊退三日決軍事畢始歸府第轉檢校司徒收清夷橫野等軍擒賊將李弘義以歸詔曰銀青光祿大夫檢校司徒兼戶部尚書同中書門下平章事兼御史大夫鴻臚卿太原尹北京留守河東節度副大使薊國公光弼全德挺生英才間出干城禦侮坐甲安邊可守司空兼兵部尚書中書門下平章事進封魏國公食實封八百戶乾元元年與關內節度使王思禮入朝敕朝官四品已上出城迎謁遷侍中改封鄭國公二年七月制曰元帥之任實屬於師貞左軍之選諒資於邦傑自非道申啓沃學富韜鈐則何以翊分閫而專征膺鑿門而受律求諸將相允得其人司空兼侍中鄭國公光弼器識弘遠志懷沉毅蘊孫吳之略有文武之材往屬艱難備彰忠勇協風雲而經始保宗社於阽危由是出備長城入扶大廈茂功懸於日月嘉績被於巖廊屬

殘冦猶虞撫戎有命用擇惟賢之佐式弘建親之典必能紓寧邦
國協贊天人搢于丹浦之師勦彼緑林之盜載明朝獎委籍舊勳宜
副出車之命仍踐分麾之寵爲天下兵馬元帥趙王係之副知節度
行營事八月兼幽州大都督府長史河北節度支度營田經略等
使餘如故與九節度兵圍安慶緒於相州拔有日矣史思明自范
陽來救屢絶糧道光弼身先士卒苦戰勝之屬大風晦冥諸將引
衆而退所在剽掠唯光弼所部不散東京留守崔圓河南尹蘇震
南奔襄陽郭子儀率衆屯于穀水史思明因殺安慶緒即僞位縱
兵河南加光弼太尉兼中書令代郭子儀爲朔方節度兵馬副元
帥以東師委之左廂兵馬使張用濟承子儀之寬懼光弼之令與
諸將頗有異議欲逗留其衆光弼以數千騎出次汜水縣用濟單
騎迎謁即斬於轅門諸將慴伏都兵馬使僕固懷恩先期而至初
光弼次汴州聞思明來寇衆且至謂許叔冀曰大夫能守此城浹旬
我必將兵來救叔冀曰諾光弼還東京思明至汴叔冀與戰不利

遂與董秦梁浦劉從諫率衆降思明賊勢甚熾遣梁浦劉從諫田
神功等將兵徇江淮謂之曰收得其地每人貢兩舡玉帛思明乘
勝而西光弼整衆徐行至洛謂留守韋陟曰賊乘鄴下之勝難犯
王畿宜按甲以挫其鋒不利速戰洛城非禦備之所公計若何陟
曰加兵陝州退守潼關據險以待之足挫其銳矣光弼曰此蓋兵
家常勢非用奇之策也夫兩軍相寇貴進尺寸之間耳今委五百
里而不顧是張賊勢也若移軍河陽北阻澤潞三城以抗勝即擒
之敗則自守表裏相應使賊不敢西侵此則猨臂之勢也夫辨朝
廷之禮光弼不如公論軍旅之事公不如光弼陟無以應判官韋
損曰東京帝宅侍中何不守之光弼曰若守洛城汜水崿嶺皆須
人守子爲兵馬判官能守之乎遂移牒留守及河南尹并留司官
坊市居人出城避冦空其城率軍士運油鐵諸物以爲戰守之備
時史思明已至偃師光弼悉軍赴河陽賊已至洛城光弼軍方
至石橋日暮令秉炬徐行與賊相隨而不敢來犯乙夜入河陽三

城排閲守備號令嚴明與士卒同甘苦咸誓力戰賊懼光弼威略
頓兵白馬寺南不出百里西不敢犯宮闕於河陽南築月城掘壕
以拒光弼十月賊攻城於中潬城西大破逆黨五千餘衆斬首千
餘級生擒五百餘人溺死者太半初光弼謂李抱玉曰將軍能爲
我守南城二日乎抱玉曰過期若何光弼曰過期而救不至任弃
也抱玉稟命勒兵守南城將陷抱玉紿賊曰吾糧盡明日當降賊
衆大喜斂軍以俟之抱玉復得繕完設備明日堅壁請戰賊怒見
欺急攻之抱玉出奇兵表裏夾擊殺傷甚衆賊帥周摯領軍而退
光弼自將於中潬城城外置柵柵外大掘壍闊二丈深亦如之周
摯捨南城併力攻中潬光弼命荔非元禮出勁卒於羊馬城以拒
賊光弼於城東北角樹小紅旗下望賊軍賊恃衆直逼其城以車
二乘載木鵝蒙衝闘樓櫓車隨其後督兵填壍三面各八道
過其兵又當壍開柵各置一門光弼遥望賊逼城使人語荔非元
禮曰中丞看賊填壍開柵過兵居然不顧何也元禮報曰太尉擬

守乎擬戰乎光弼曰戰元禮曰若戰賊爲我填壍復何嫌也光弼
曰吾智不及公公其勉之元禮俟柵開率其勇敢出戰一逼賊軍退
走數百步元禮料敵陣堅雖出入馳突不足破賊收軍稍退以息
其冦而攻之光弼望見收軍大怒使人喚元禮欲按軍令元禮曰戰
正忙喚作何物良久令軍中鼓譟出柵門徒搏齊進賊大潰周摯
復整軍押北城而下將攻之光弼遽率衆入北城登城望曰彼雖衆
亂而囂畢不足懼也當爲公等日午而破之命出將戰及期不決謂
諸將曰向來戰何處最堅而難犯或曰西北角遽命郝玉曰爾往
擊之玉曰玉步卒也請騎軍五百翼之光弼與之三百又問何處最
堅曰東南隅即命論惟貞以所部往擊之對曰蕃將也不知步戰
請鐵騎三百與之百光弼又出賜馬四十疋分給且令之曰爾等望吾
旗而戰若麾旗緩任爾觀望便宜吾旗速麾三至地則萬衆齊入
生死以之少退者斬無捨玉策馬赴賊有一人將援槍刺賊洞馬腹
連刺數人一人逢賊不戰而退光弼召不戰者斬賞援槍者絹五百

足須臾郝玉奔歸光弼望之驚曰郝玉退吾事危矣命左右取玉頭來玉見使者曰馬中箭非敢敗也使者馳報光弼令換馬遣之玉換馬復入決死而前光弼連麾三軍望旗俱進聲動天地一鼓而賊大潰斬萬餘級生擒八千餘人軍資器械糧儲數萬計臨陣擒其大將徐璜玉李秦授周摯其大將安太清走保懷州思明不知摯等敗尚攻南城光弼悉驅俘囚臨河以示之殺數十人以威之餘衆懼投河赴南岸光弼背斬之初光弼將戰謂左右曰戰危事勝負繫之光弼位爲三公不可死於賊手苟事之不捷繼之以死及是擊賊常納短刀於鞾中有決死之志城上面西拜舞三軍感動賊既敗走光弼收懷州思明來救迎擊於沁水之上又敗之城將安太清極力拒守月餘不下光弼令僕固懷恩郝玉由地道而入得其軍號乃登陴大呼我師同登城遂拔生擒安太清周摯楊希文等送於闕下即日懷州平以功進爵臨淮郡王累加實封至一千五百戶觀軍容使魚朝恩屢言賊可滅之狀朝旨令光弼速收東都光弼

屢表賊鋒尚銳請候時而動不可輕進僕固懷恩又害光弼之功潛附朝恩言賊可滅由是中使督戰光弼不獲已進軍列陣於北邙山下賊悉精銳來戰光弼敗績軍資器械並爲賊所有時渠子抱玉亦弃河陽光弼渡河保聞喜朝旨以懷恩異同致敗優詔徵之光弼自河中入朝抗表請罪詔釋之光弼懇讓太尉遂加開府儀同三司侍中河南尹行營節度使俄拜復太尉充河南淮南山南東道荊南等副元帥侍中如故出鎮臨淮史朝義乘邙山之勝寇申光等十三州自領精騎圍李岑於宋州將士皆懼請南保揚州光弼徑赴徐州以鎮之遣田神功擊敗之浙東賊首袁晁攻剽郡縣浙東大亂光弼分兵除討尅定江左人心乃安初光弼將赴臨淮在道昇疾而行監軍使以袁晁方擾江淮光弼兵少請保潤州以避其鋒光弼曰朝廷寄安危於我今賊雖強未測吾衆寡若出其不意當自退矣遂徑往泗州光弼未至河南也田神功平劉展後逗留於揚府尚衡殷仲卿相攻於兗鄆來瑱旅拒於襄陽朝廷患之及光弼輕騎至徐州史朝義退走田神功遽歸河南尚衡殷仲卿來瑱皆懼其威名相繼赴闕寶應元年進封臨淮王賜鐵券圖形凌煙閣廣德初吐蕃入寇京畿代宗詔徵天下兵光弼與程元振不協遷延不至十月西戎犯京師代宗幸陝朝廷方倚光弼爲援恐成嫌疑數詔問其母吐蕃退乃除光弼東都留守以察其去就光弼伺知之辭以久待敕不至且歸徐州欲收江淮租賦以自給代宗還京二年正月遣中使往宣慰光弼母在河中密詔子儀輿歸京師其弟光進與李輔國同掌禁兵委以心膂至是以光進爲太子太保兼御史大夫涼國公渭北節度使上遇之益厚光弼御軍嚴肅天下服其威名每申號令諸將不敢仰視及懼朝恩之害不敢入朝田神功等皆不禀命因愧恥成疾遣衙將孫珍奉遺表自陳廣德二年七月薨於徐州時年五十七輟朝三日贈太保謚曰武穆光弼既疾亟將吏問以後事曰吾久在軍中不得就養既爲不孝子夫復何言因取已封絹布各三千疋錢三千貫文分給將士部

下護喪柩還京師代宗遣中官開府魚朝恩弔問其母於私第又命京兆尹第五琦監護喪事十一月葬於三原詔宰臣百官祖送於延平門外母李氏有鬚數十莖長五六寸以子貴封韓國太夫人二子皆節制一品光弼十年間三入朝與弟光進在京師雖與光弼異母性亦孝悌雙旌在門鼎味就養甲第並開往來追歡極一時之榮

王思禮營州城傍高麗人也父虔威爲朔方軍將以習戰聞思禮少習戎旅隨節度使王忠嗣至河西與哥舒翰對爲押衙及翰爲隴右節度使思禮與中郎周泌爲翰押衙以拔石堡城功除右金吾衛將軍充關西兵馬使兼河源軍使十一載加雲麾將軍十二載翰征九曲思禮後期欲引斬之續使命釋之思禮徐言曰斬則斬卻喚何物諸將皆壯之十三年吐蕃渾蘇毗王款塞詔翰至磨環川應接之思禮墜馬損腳翰謂中使李大宜曰思禮既損腳更欲何之十四載六月加金城太守祿山反哥舒翰爲元帥奏思禮加開府儀同三司兼太常卿同正員充元帥府馬軍都將每事獨與思禮

決之十五載二月思禮白翰謀殺安思順父元貞於紙隔上密語翰
請抗表誅楊國忠翰不應復請以三十騎劫之橫馱來潼關殺之
翰曰此乃翰反何預祿山事六月潼關失守思禮西赴行在至安
化郡思禮與呂崇賁李承光並引於纛下責以不能堅守並從軍
令或救之可收後効遂斬承光而釋思禮崇賁與房琯爲副使便
橋之戰又不利除爲關内節度使尋遣守武功賊將安守忠及李
歸仁安泰清來戰思禮以其衆退守扶風賊兵分至大和關去鳳
翔五十里王師大駭鳳翔戒嚴中官及朝官皆出其孥上使左右
巡御史虞候書其名乃止遂命司徒郭子儀以朔方之衆擊之而
退至德二年九月思禮從元帥廣平王收西京既破賊思禮領兵先
入景清宫又從子儀戰陝城曲沃新店賊軍繼敗收東京思禮又
於絳郡破賊六千餘衆器械山積牛馬萬計遷戶部尚書霍國公
食實三百戶乾元二年與子儀等九節度圍安慶緒於相州思禮
領關内及潞府行營步卒三萬馬軍八千大軍潰唯思禮與李光

三十六 唐傳六十 七 黄暉

弼兩軍獨全及光弼鎮河陽制以思禮爲太原尹北京留守河東節
度使兼御史大夫貯軍粮百萬器械精鋭尋加守司空自武德已
來三公不居宰輔唯思禮而已上元二年四月以疾薨輟朝一日贈
太尉謚曰武烈命鴻臚卿監護喪事思禮長於支計短於用兵然
立法嚴整士卒不敢犯時議稱之

鄧景山曹州人也文吏見稱天寶中自大理評事至監察御史至
德初擢拜青齊節度使遷揚州長史淮南節度爲政簡肅聞於朝
廷居職四年會劉展作亂引平盧副大使田神功兵馬討賊神功至
揚州大掠居人資產鞭笞發掘略盡商胡大食波斯等商旅死者
數千人上元二年十月追入朝拜尚書左丞太原尹北京留守王思
禮軍儲豐實其外又別積米萬石奏請割其半送京師屬思禮薨
以管崇嗣代之委任左右失於寬緩數月之間費散殆盡唯存陳
爛萬餘石上聞之即日召景山代崇嗣及至太原以鎮撫紀綱爲已
任檢覆軍吏隱没者衆懼有一偏將抵罪當死諸將各請贖其罪
景山不許其弟請以身代其兄又不許弟請納馬一疋以贖兄罪景
山許其减死衆咸怒謂景山曰我等人命輕如一馬乎軍衆憤怒遂
殺景山上以景山統馭失所不復驗其罪遣使諭之軍中因請以都
知兵馬使代州刺史辛雲京爲節度使從之

辛雲京者河西之大族也代掌戎旅兄弟數人並以將帥知名雲京
有膽略志氣剛決不畏强禦毎在戎行以擒生斬馘爲務累建勲勞
官至北京都知兵馬使代州刺史鄧景山統馭失所爲軍士所殺請
雲京爲節度使因授兼太原尹以北門委之雲京質性沉毅部下有
犯令者不貸絲毫其賞功効亦如之故三軍整肅迴紇恃舊勲毎入
漢界必肆狼貪至太原雲京以戎狄之道待之虜畏雲京不敢惕息
數年間太原大理無烽警之虞累加檢校左僕射同中書門下平章
事大曆三年八月庚午薨上追悼發哀爲之流涕冊贈太尉輟朝三
日謚曰忠獻後宰臣子儀元載等見上言及雲京泫然久之十一月
葬命中使弔祭時宰相及諸道節度使祭者凡七十餘幄

唐傳六十 八

史臣曰凡言將者以孫吳韓白爲首如光弼至性居喪人子之情顯
矣雄才出將軍旅之政肅然以奇用兵以少敗衆將今比古詢事考
言彼四子者或有慙德邛山之敗闕外之權不專徐州之留君側之
人伺隙失律之尤雖免匪躬之義或虧令名不全良可惜也然闕外
之事君側之人得不愼諸思禮法令嚴整儲廩豐盈節制之才固不
易得景山始以文吏或有虚名仗鉞揚州召匪人而刼掠士庶分茅
幷部持小法而全昧機權貴馬賤人衆怒身死宜哉雲京賞善懲惡
靜亂安邊功著軍中寵加身後不亦美歟

贊曰光弼雄名思禮刑清始致亂者鄧景山何以救之辛雲京

唐書列傳卷第六十

唐書列傳卷第六十一

劉　昫　等修

聞人詮校刻沈桐同校

崔光遠　房琯子孺復　從子式

張鎬　高適　暢璀

崔光遠滑州靈昌人也本博陵舊族祖敬嗣好樗蒲飲酒則天初爲
房州刺史中宗爲廬陵王安置在州官吏多無禮度敬嗣獨以親賢
待之供給豐贍中宗深德之及登位有益州長史崔敬嗣既同姓名
每進擬官皆御筆超拜之者數四後引與語始知誤寵訪敬嗣已卒
乃遣中書令韋安石授其子汪官汪嗜酒不堪職任且授洛州司功
又改五品光遠即汪之子雖無學術頗有祖風勇決任氣身長六尺
餘目睛白黑分明少歷任州縣開元末爲蜀州唐安令與楊國忠以
博徒相得累遷至左贊善大夫天寶十一載京兆尹鮮于仲通舉光
遠爲長安令十四載遷京兆少尹其載使吐蕃弔祭十五載五月使

○迴十餘日潼關失守玄宗幸蜀詔留光遠爲京兆尹兼御史中丞充
西京留守採訪使駕發百姓亂入宮禁取左藏大盈庫物既而焚之
自日及午火勢漸盛亦有乘驢上紫宸興慶殿者光遠與中官將
軍邊令誠號令百姓救火又募人攝府縣官分守之殺十數人方令
使其息東見祿山祿山大悅僞勑復本官先是祿山　已令張休
攝京兆尹十餘日既得光遠歸欲召休歸洛八月同羅背祿山以廐
馬三千出至滻水孫孝哲安神威從而召之不得神威懼而憂死府縣官
吏驚走獄囚皆空光遠以爲賊且逃矣命所由守神威孝哲以光遠
之狀報祿山光遠閉府門斬爲盜曳落河二人遂與長安令蘇震等
同出至開遠門使人前謂門官曰尹巡諸門門官具器仗以迎至則
皆斬之領府縣官千餘人於京西號令百姓赴召者百餘人夜過咸陽
遂達靈武上喜之擢拜御史大夫兼京兆尹仍使光遠於渭北召集
人吏之歸順者嘗有賊剽掠涇陽縣界於僧寺中椎牛釃酒連夜酣飲
去光遠營四十里光遠偵知之率馬步二千乙夜趨其所賊徒多醉
光遠領百餘騎持滿扼其要分命驍勇持陌刀呼而斬之殺賊徒二
千餘人虜馬千疋俘其渠酋一人賊中以光遠勇勁常避其鋒及鳳
從還京論功行賞制曰持節京畿採訪計會招召宣慰處置等使崔
光遠毀家成國致命前矛可特進行禮部尚書封鄴國公食實封三
百戶乾元元年兼御史大夫五月爲河南節度使八月代張鎬爲汴
州刺史兼本州防禦使十二月代蕭華爲魏州刺史充魏州節度使
初司徒郭子儀與賊戰於汲郡光遠率汴師千人渡河援之及代
蕭華入魏州使將軍李處崟拒賊賊大至連戰不利子儀怒不救
處崟遂敗奔還賊逐處崟至城下反間之曰處崟召我來何爲不出
光遠乃腰斬處崟處崟驍戰有勇衆皆倚之及死人用危懼魏州城自祿
山反袁知泰能元皓等皆繕完之甚爲堅峻光遠不能守遂夜潰圍
而出度河而還肅宗不之罪除太子少保襄州將士康楚元張嘉延
率衆爲亂陷荊襄澧朗等州以光遠兼御史大夫持節荊襄招討仍
充山南東道處置兵馬都使三年除鳳翔尹充本府及秦隴觀察使

○先是岐隴吏人郭愔等爲土賊掠州縣爲五堡光遠使判官監察御
史嚴侁召而降之光遠在官好蒲　酒晚年不親戎事上元元年冬
愔等潛連党項及奴剌突厥敗韋倫於秦隴殺監軍使擊黃戍肅宗
追還以李鼎代之二年兼成都尹充劍南節度營田觀察處置使仍
兼御史大夫及段子璋反東川節度使李奐敗走投光遠率將花驚
定等討平之將士肆其剽劫婦女有金銀臂釧兵士皆斷其腕以取
之亂殺數千人光遠不能禁肅宗遣監軍官使按其罪光遠憂恚成
疾上元二年十月卒

房琯河南人天后朝正議大夫平章事融之子也琯少好學風儀沉
整以門蔭補弘文生性好隱遁與東平呂向於陸渾伊陽山中讀書
爲事凡十餘歲開元十二年玄宗將封岱岳琯撰封禪書一篇及牋
啓以獻中書令張說奇其才奏授秘書省校書郎調補同州馮翊尉
無幾去官應堪任縣令舉授虢州盧氏令政多惠愛人稱美之二十
二年拜監察御史其年坐鞫獄不當貶睦州司戶歷慈溪宋城濟源

縣令所在爲政多興利除害繕理廨宇頗著能名天寶元年拜主客員外郎三年遷試主客郎中五年正月擢試給事中賜爵漳南縣男時玄宗企慕古道數游幸近甸乃分新豐縣置會昌縣於驪山下尋改會昌爲昭應縣又改溫泉宮爲華清宮於宮所立百司廨舍以琯雅有巧思令充使繕理事未畢坐與李適之韋堅等善貶宜春太守歷琅邪鄴郡扶風三太守所至多有遺愛十四年徵拜左庶子遷憲部侍郎十五年六月玄宗蒼黃幸蜀大臣陳希烈張倚等銜於失恩不時赴難琯結張均張垍兄弟與韋述等行至城南十數里山寺均垍同行皆以家在城中逗留不進琯獨馳蜀路七月至普安郡謁見玄宗玄宗大悅即日拜文部尚書同中書門下平章事賜紫金魚袋從幸成都加銀青光祿大夫仍與一子官其年八月與左相韋見素門下侍郎崔渙等奉使靈武冊立肅宗至順化郡謁見陳上皇傳付之旨因言時事詞情慷慨肅宗爲之改容時潼關敗將王思禮呂崇賁李承光等引於纛下將斬之琯從容救諫獨斬承光而已肅宗以琯素有重

名傾意待之琯亦自負其才以天下爲已任時行在機務多決之於琯凡有大事諸將無敢預言尋抗疏自請將兵以誅寇孽收復京都肅宗望其成功許之詔加持節招討西京兼防禦蒲潼兩關兵馬節度等使與子儀光弼等計會進兵琯請自選參佐乃以御史中丞鄧景山爲副戶部侍郎李揖爲行軍司馬中丞宋若思起居郎知制誥賈至右司郎中魏少遊爲判官給事中劉秩爲參謀既行又令兵部尚書王思禮副之琯分爲三軍遣楊希文將南軍自宜壽入劉悊將中軍自武功入李光進將北軍自奉天入琯自將中軍爲前鋒十月庚子師次便橋辛丑二軍先遇賊於咸陽縣之陳濤斜接戰官軍敗績時琯用春秋車戰之法以車二千乘馬步夾之既戰賊順風揚塵鼓譟牛皆震駭因縛芻縱火焚之人畜撓敗爲所傷殺者四萬餘人存者數千而已癸卯琯又率南軍即戰復敗希文劉悊並降於賊琯等奔赴行在肉袒請罪上並宥之琯好賓客喜談論用兵素非所長而天子採其虛聲冀成實效琯既自無廟勝又以虛名擇將吏以至於敗琯之出師戎務一委於李揖劉秩秩等亦儒家子未嘗習軍旅之事琯臨戎謂人曰逆黨曳落河雖多豈能當我劉秩等及與賊對壘琯欲持重以伺之爲中使邢延恩等督戰蒼黃失據遂及於敗上猶待之如初仍令收合散卒更圖進取會北海太守賀蘭進明自河南至詔授南海太守攝御史大夫充嶺南節度使中謝肅宗謂之曰朕處分房琯與卿正大夫何爲攝也進明對曰琯與臣有隙上以爲然進明因奏曰陛下知晉朝何以至亂上曰卿有說乎進明曰晉朝以好尚虛名任王夷甫爲宰相祖習浮華故至於敗今陛下方興復社稷當委用實才而琯性疎闊徒大言耳非宰相器也陛下待琯至厚以臣觀之琯終不爲陛下用上問其故進明曰琯昨於南朝爲聖皇制置天下乃以永王爲江南節度潁王爲劍南節度盛王爲淮南節度制云命元子北略朔方命諸王分守重鎮且太子出爲撫軍入曰監國琯乃以枝庶悉領大藩皇儲反居邊鄙此雖於聖皇似忠於陛下非忠也琯立此意以爲聖皇諸子但一人得天下即不失恩寵

又各樹其私黨劉秩李揖劉彙鄧景山竇紹之徒以副戎權推此而言琯豈肯盡誠於陛下乎臣欲正衙彈劾不敢不先聞奏上由是惡琯詔以進明爲河南節度兼御史大夫崔圓本蜀中拜相肅宗幸扶風始來朝謁琯意以爲圓纔到當即免相故待圓禮薄圓厚結李輔國到後數日頗承恩渥亦憾於琯琯又多稱病不時朝謁於政事簡惰時議以兩京陷賊車駕出次外郊天下人心惴恐當主憂臣辱之際此時琯爲宰相略無匪懈之意但與庶子劉秩諫議李揖何忌等高談虛論說釋氏因果老子虛无而已此外則聽董廷蘭彈琴大招集琴客筵宴朝官往往因庭蘭以見琯自是亦大招納貨賄姦贓頗甚顏真卿時爲大夫彈何忌不孝琯既黨何忌遽託以酒醉入朝貶爲西平郡司馬憲司又奏彈董庭蘭招納貨賄琯入朝自訴上叱出之因歸私第不敢關預人事諫議大夫張鎬上疏言琯大臣門客受贓不宜見累二年五月貶爲太子少師仍以鎬代琯爲宰相其年十一月從肅宗還京師十二月大赦策勳行賞加琯金紫光祿大夫進

封清河郡公琯既在散位朝臣多以為言琯亦常自言有文武之用
合當國家驅策冀蒙任遇又招納賓客朝夕盈門遊其門者又將琯
言議暴揚於朝琯又多稱疾上頗不悅乾元元年六月詔曰崇黨近
名實為害政之本黜華去薄方啓至公之路房琯素表文學夙推名器
由是累階清貴致位台衡而率情自任怙氣恃權虛浮簡傲者進為
同人溫讓謹令者捐於異路所以輔佐之際謀猷匪弘頃者時屬艱
難擢居將相朕永懷仄席冀有成功而喪我師徒既虧制勝之任升
其親友悉彰浮誕之迹曾未踰時遽從敗績自合首明軍令以謝師
旅猶尚矜其萬死擢以三孤或云緣其切直遂見斥退朕示以堂案
令觀所以咸知乖舛曠於政事誠宜効茲忠懇以奉國家而乃多稱
疾疹莫申朝謁郯肇為政曾不疾其迂迴亞夫事君翻有懷於鬱快
又與前國子祭酒劉秩前京兆少尹嚴武等潛為交結輕肆言談有
朋黨不公之名違臣子奉上之體何以儀刑王國訓導儲闈但以嘗
踐台司未忍致之于理況秩武遽更相尚同務虛求不議典章何成

沮勸宜從貶秩俾守外藩琯可邠州刺史秩可閬州刺史武可巴州
刺史散官封如故並即馳驛赴任庶各增修朕自臨御寰區薦延多
士常思聿求賢哲共致雍熙深嫉比周之徒虛偽成俗今茲所譴實
屬其辜猶以琯等妄自標持假延浮稱雖周行具悉恐流俗多疑所
以事必縷言蓋欲人知不濫凡百卿士宜悉朕懷時邠州久屯軍旅
多以武將兼領刺史法度隳廢州縣廨宇並為軍營官吏侵奪百姓
室屋以居人甚弊之琯到任舉陳令式令州縣恭守又緝理公館寮
吏各歸官曹頗著政聲二年六月詔褒美之徵拜太子賓客上元元
年四月改禮部尚書尋出為晉州刺史八月改漢州刺史琯長子乘
自少兩目盲琯到漢州廼厚結司馬李鋭以財貨乘聘鋭外甥女盧
氏時議薄其無士行寶應二年四月拜特進刑部尚書在路遇疾廣
德元年八月四日卒於閬州僧舍時年六十七贈太尉孺復琯之孽
子也少黠慧年七八歲即粗解綴文親黨奇之稍長狂疎傲慢任情
縱欲年二十淮南節度陳少遊辟為從事多招陰陽巫覡令揚言

已過三十必為宰相德宗幸奉天包佶掌賦於揚州少遊將抑奪之
佶聞而奔出少遊方遣人劫佶令迴孺復請行會佶已過江南乃還
及少遊卒浙西節度韓滉又辟入幕其長兄宗偃先貶官嶺下而卒
及喪柩到揚州孺復未嘗弔祔娶鄭氏惡賤其妻多畜婢僕妻之保
母累言之孺復乃先具棺櫬而集家人生斂保母遠近驚異及妻在
產蓐三四日遽令上船即路數日妻遇風而卒孺復以宰相子年少
有浮名而奸惡未甚露累拜杭州刺史又娶台州刺史崔昭女崔
妬悍甚一夕杖殺孺復侍兒二人埋之雪中觀察使聞之詔發使鞫
案有實孺復坐貶連州司馬仍令與崔氏離異孺復久之遷辰州刺
史改容州刺史本管經略使乃潛與妻往來久而上疏請合詔從之
二歲餘又奏與崔氏離異其為取捨恣逸不顧禮法也如此貞元十
三年九月卒時年四十二式琯之姪舉進士李泌觀察陝州辟為從
事泌入為相累遷起居郎出入泌門為其耳目及泌卒再除忠州刺
史韋皋表為雲南安撫使兼御史中丞皋卒詔除兵部郎中屬劉闢

反式留不得行性便佞又懼闢每於座中數贊闢之德美比之劉備
同陷於賊者皆惡之高崇文既至成都式與王良士崔從盧士玫等
白衣麻蹻銜土請罪崇文寬禮之乃表其狀尋除吏部郎中時河朔
節度劉濟王士眞張茂昭皆以兵壯氣豪相持短長屢以表聞迭請
加罪上欲止其兵李吉甫薦式為給事中將命于河朔式歷使諸鎮
諷諭之還奏愜旨除陝虢觀察使兼御史中丞轉河南尹時討王承
宗於鎮州配河南府饋運車四千兩式表以凶旱人貧力微難以徵
發憲宗可其奏既免力役人懷而安之明年移授宣歙池觀察使元
和七年七月卒贈左散騎常侍
張鎬博州人也風儀魁岸廓落有大志涉獵經史好談王霸大略少
時師事吳兢兢甚重之後遊京師端居一室不交世務性嗜酒好琴
常置座右公卿或有邀之者鎬杖策徑往求醉而已天寶末楊國忠
以聲名自高搜天下奇傑聞鎬名召見薦之自褐衣拜左拾遺及祿
山阻兵國忠屢以軍國事咨於鎬鎬舉贊善大夫來瑱可當方面之

寄數月玄宗幸蜀鎬自山谷徒步扈從肅宗即位玄宗遣鎬赴行在所鎬至鳳翔奏議多有弘益拜諫議大夫尋遷中書侍郎同中書門下平章事時供奉僧在内道場晨夜念佛動數百人聲聞禁外鎬奏曰臣聞天子修福要在安養含生靖一風化未聞區區僧教以致太平伏願陛下以無爲爲心不以小乘而撓聖慮肅宗甚然之時方興軍戎帝注意將帥以鎬有文武才尋命兼河南節度使持節都統淮南等道諸軍事鎬既發會張巡宋州圍急倍道兼進傳檄濠州刺史閭丘曉引兵出救曉素愎戾馭下少恩好獨任已及鎬信至略無稟命又慮兵敗禍及於已遂逗遛不進鎬至淮口宋州已陷鎬怒曉即杖殺之及收復兩京加鎬銀青光祿大夫封南陽郡公詔以本軍鎮汴州招討殘孽時賊帥史思明表請以范陽歸順鎬揣知其僞恐朝廷許之手書密表奏曰思明兇竪因逆竊位兵強則衆附勢奪則人離包藏不測禽獸無異可以計取難以義招伏望不以威權假之又曰滑州防禦使許叔冀性狡多謀臨難必變望追入宿衞肅宗計意已定

表入不省鎬爲人簡澹不事中要會有宦官自范陽及滑州使還者皆言思明叔冀之誠懇肅宗以鎬不切事機遂罷相位授荆州大都督府長史後思明叔冀之僞皆符鎬言尋徵爲太子賓客改左散騎常侍屬嗣岐王珍被誣告構逆伏法鎬買珍宅坐累貶辰州司戶代宗即位推恩海内拜撫州刺史遷洪州刺史饒吉等七州都團練觀察等使尋正授江南西道都團練觀察等使廣德二年九月卒鎬自入仕三十年致位宰相居身清廉不營資產謙恭下士善談論多識大體故天下具瞻雖考秩至淺推爲舊德耳

高適者渤海蓨人也父從文位終韶州長史適少濩落不事生業家貧客於梁宋以求丐取給天寶中海内事干進者注意文詞適年過五十始留意詩什數年之間體格漸變以氣質自高每吟一篇已爲好事者稱誦宋州刺史張九皐深奇之薦舉有道科時右相李林甫擅權薄於文雅唯以舉子待之解褐汴州封丘尉非其好也乃去位客遊河右河西節度哥舒翰見而異之表爲左驍衞兵曹充翰府掌書記從翰入朝盛稱之於上前祿山之亂徵翰討賊拜適左拾遺轉監察御史仍佐翰守潼關及翰兵敗適自駱谷西馳奔赴行在及河池郡謁見玄宗因陳潼關敗亡之勢曰僕射哥舒翰忠義感激臣頗知之然疾病沉頓智力將竭監軍李大宜與將士約爲香火使倡婦彈箜篌琵琶以相娛樂樗蒲飲酒不恤軍務蕃渾及秦隴武士盛夏五六月於赤日之中食倉米飯且猶不足欲其勇戰安可得乎故有望敵散亡臨陣翻動萬全之地一朝而失南陽之軍魯炅何履光趙國珍各皆持節監軍等數人更相用事寧有是戰而能必勝哉臣與楊國忠爭終不見納陛下因此履巴山劍閣之險西幸蜀中避其蠆毒未足爲耻也玄宗嘉之尋遷侍御史至成都八月制曰侍御史高適立節貞峻植躬高朗感激懷經濟之略紛綸贍文雅之才長策遠圖可云大體讜言義色實謂忠臣宜迴糾逖之任俾超諷論之職可諫議大夫賜緋魚袋適負氣敢言權幸憚之二年永王璘起兵於江東欲據揚州初上皇以諸王分鎮適切諫不可及是永王叛肅宗聞其

論諫有素召而謀之適因陳江東利害永王必敗上奇其對以適兼御史大夫揚州大都督府長史淮南節度使詔與江東節度來瑱率本部兵平江淮之亂會于安州師將渡而永王敗乃招季廣琛於歷陽兵罷李輔國惡適敢言短於上前乃左授太子少詹事未幾蜀中亂出爲蜀州刺史遷彭州劍南自玄宗還京後於綿益二州各置一節度百姓勞弊適因出西山三城置戍論之曰劍南雖名東西兩川其實一道自邛關黎雅界於南蠻也茂州而西經羌中至平戎數城界於吐蕃也臨邊小郡各舉軍戎並取給於劍南其運糧戍以全蜀之力兼山南佐之而猶不舉今梓遂果閬等八州分爲東川節度歲月之計西川不可得而參也而嘉陵比爲夷獠所陷今雖小定瘡痍未平又一年已來耕織都廢而衣食之業皆貿易於成都則其人不可得而役明矣今可稅賦者成都彭蜀漢州又以四州殘弊當他十州之重役其於終久不亦至艱又言利者穿鑿萬端皆取之百姓應差科者自朝至暮案牘千重官吏相承懼於罪譴或責之於鄰保或

威之以杖罰督促不已逋逃益滋欲無流亡理不可得比日關中米
貴而衣冠士庻頗亦出城山南劍南道路相望村坊市肆與蜀人雜
居其升合斗儲皆求於蜀人矣且田土疆界蓋亦有涯賦稅差科乃
無涯矣爲蜀人之計不亦難哉今所界吐蕃城堡而疲於蜀人不過
平戎已西數城矣邈在窮山之巔垂於險絕之末運粮於東馬之路
坐甲於無人之鄉以戎狄言之不足以利戎狄以國家言之不足以
廣土宇柰何以險阻彈丸之地而困於全蜀太平之人哉恐非今日
之急務也國家若將已戍之地不可廢已鎭之兵不可收當宜却停
東川併力從事猶恐狼狽安可仰於成都彭漢蜀四川哉慮乖聖朝
洗盪關東掃清逆亂之意也儻蜀人復擾豈不貽陛下之憂昔公孫
弘願罷西南夷臨海專事朔方賈捐之請棄珠崖以寧中土讜言政
本匪一朝一夕臣愚望罷東川節度以一劍南西山不急之城稍以
減削則事無窮頓疲免倒懸陛下若以微臣所陳有裨萬一下宰相
廷議降公忠大臣定其損益與劍南節度終始處置疏奏不納後梓

州副使段子璋反以兵攻東川節度使李奐適率州兵從西川節度
使崔光遠攻子璋斬之西川牙將花驚定者恃勇既誅子璋大掠東
蜀天子怒光遠不能戢軍乃罷之以適代光遠爲成都尹劍南西川
節度使代宗即位吐蕃陷隴右漸逼京畿適練兵於蜀臨吐蕃南境
以牽制之師出無功而松維等州尋爲蕃兵所陷代宗以黃門侍郎
嚴武代還用爲刑部侍郎轉散騎常侍加銀青光祿大夫進封渤海
縣侯食邑七百戸永泰元年正月卒贈禮部尚書諡曰忠適喜言王
霸大畧務功名尚節義逢時多難以安危爲已任然言過其術爲大
臣所輕累爲藩牧政存寬簡吏民便之有文集二十卷其與賀蘭進
明書令疾救梁宋以親諸軍與許叔冀書綢繆繼好使釋他憾同援
梁宋未過淮先與將校書使絕永王各求自白君子以爲義而知變
而有唐已來詩人之達者唯適而已

暢璀河東人也鄉舉進士天寶末安祿山奏爲河北海運判官三遷
大理評事副元帥郭子儀辟爲從事至德初肅宗即位大收俊傑或
薦璀召見悅之拜諫議大夫累轉吏部侍郎廣德二年十二月爲散
騎常侍河中尹兼御史大夫永泰元年復爲左常侍與裴冕並集賢
院待制大曆五年兼判太常卿遷戸部尚書十年七月卒贈太子太
師璀廓落有口才好談王霸之畧居職責成屬吏齷齪無過而已

史臣曰祿山寇陷兩京儒生士子被脅從懷苟且者多矣去逆効順
毀家爲國者少焉如光遠勇決任氣會權變以立功房琯文學致身
全節義以避寇阽危之時顚沛之際有足稱者然光遠居重藩掌軍
政琯登相位奪將權聚浮薄之徒敗軍旅之事不知機而固位竟無
德以自危儒復兇狂式之便佞獲令終者幸焉鎬直躬居位重德鎭
時其爲人也鮮矣適以詩人爲戎帥險難之際名節不虧君子哉璀擢
第居官守分無過又何咎焉

贊曰光遠房琯有始有終張鎬國器適璀儒風

唐書列傳卷第六十一

唐書列傳卷第六十二

劉　昫　等修

聞人詮校刻沈桐同校

李暠 族弟齊物 族弟若冰 齊物子復 李麟 李國貞 子錡

李峘 弟嶧 峴 李巨 子則之

李暠淮安王神通玄孫清河王孝節孫也暠少孤事母甚謹睿宗時累轉衛尉少卿丁憂去職在喪柴毀家人密親未嘗窺其言笑開元初授汝州刺史爲政嚴簡州境肅然與兄昇弟暈尤相篤睦昇等每月自東都省暠往來微行州人不之覺其清慎如此俄入授太常少卿三遷黄門侍郎兼太原尹仍充太原已北諸軍節度使太原舊俗有僧徒以習禪爲業及死不殮但以屍送近郊以飼鳥獸如是積年土人號其地爲黄坑側有餓狗千數食死人肉因侵害幼弱遠近患之前後官吏不能禁止暠到官申明禮憲期不再犯發兵捕殺群狗其風遂革久之轉太常卿旬日拜工部尚書東都留守開元二十

一年正月制曰繼好之義雖屬邊鄙受命以出必在親賢事欲重於當時禮故崇於殊俗選衆之舉無出宗英工部尚書李暠體含柔嘉識致明允爲公族之領袖是朝廷之羽儀金城公主既在蕃中漢庭公卿非無專對有懷於遠夫豈能忘宜持節充入吐蕃使准式發遣以國信物一萬匹私覿物二千匹皆雜以五綵遣之及還金城公主上言請以今年九月一日樹碑於赤嶺定蕃漢界樹碑之日詔張守珪李行褘與吐蕃使莽布支同往觀焉既而吐蕃遣其臣隨漢使分往劍南及河西磧西歷告邊州日兩國和好無相侵掠漢使告亦如之以暠奉使稱職轉兵部尚書時吏部告身印與曹印文同行用參雜難以區分暠奏請准司勳兵部印文例加官告兩字至今行之暠風儀秀整所歷皆以威重見稱朝廷稱其有宰相之望累封武都縣伯俄爲太子少傅病卒年六十餘贈益州大都督

齊物淮安王神通子盬州刺史鋭孫也齊物無學術在官嚴整開元二十四年後歷懷陝二州刺史齊物天寶初開砥柱之險以通流運於石中得古鐵犁鏵有平陸字因改河北縣爲平陸縣加齊物銀青光禄大夫爲鴻臚卿河南尹齊物與右相李適之善適之爲林甫所構貶官齊物坐謫竟陵太守入爲司農鴻臚卿至德初拜太子賓客遷刑部尚書鳳翔尹太常卿京兆尹爲政發官吏陰事以察爲能於物少恩而清廉自飭人吏莫敢抵犯晚年除太子太傅兼宗正卿上元二年五月卒輟朝一日詔曰故金紫光禄大夫太子太傅兼宗正卿齊物宗室珪璋士林楨幹清廉獨斷剛毅不群歷踐周行備經中外威名益振忠效彌彰三尹神州一登會府擿姦捨鉤距之術恤獄正喉舌之官遂令調護儲闈再登師傅從容賓友師長官寮桑榆之時壯志逾厲松柏之性晚歲常堅天不慭遺奄然殂謝念親感舊深軫于懷宜錫寵章載光營魄可贈太子太師

子復字初陽以父蔭累官至江陵府司録精曉吏道衛伯玉厚遇之府中之事多以咨委性苛刻爲伯玉所信奏爲江陵縣令遷少尹歷饒州蘇州刺史皆著政聲李希烈背叛荆南節度張伯儀數出兵爲

希烈所敗朝廷憂之以復久在江陵得軍民心復方在母喪起爲江陵少尹兼御史中丞充節度行軍司馬伯儀既受代以復爲容州刺史兼御史中丞充本管招討使加檢校常侍先時西京叛亂前後經略使征討反者獲其人皆没爲官奴婢配作坊重役復乃令訪其親屬悉歸還之在容州三歲南人安悦遷廣州刺史兼御史大夫嶺南節度觀察使會安南經畧使高正平張應相次卒官其下叅佐偏裨李元度胡懷義等阻兵驕亂州縣姦贓狼藉復誘懷義杖殺之奏元度流於荒裔又勸導百姓令變茅屋爲瓦舍瓊州久陷於蠻獠中復累遣使喻之因奏置瓊州都督府以綏撫之復曉於政道所在稱理徵拜宗正卿加檢校工部尚書未一歲會華州節度李元諒卒以復爲華州刺史潼關鎮國軍使仍檢校戸部尚書兼御史大夫貞元十年鄭滑節度使李融卒軍中潰亂以復檢校兵部尚書兼滑州刺史義成軍節度鄭滑觀察營田等使兼御史大夫復到任置營田數百頃以資軍食不率於民衆皆悦之十二年加檢校左僕射十三年

四月卒官年五十九廢朝三日贈司空賻布帛米粟有差儀久典方面積財頗甚爲時所譏若水齊物族弟累官至左金吾大將軍兼通事舍人容貌甚偉在館三十年多識舊儀每宣勞賛導周旋俯仰有可觀者建中元年八月卒

李麟皇室之疎屬太宗之從孫也父濬開元初置十道按察使精選吏才以濬爲潤州刺史江南東道按察使轉虢潞二州刺史益州大都督府長史攝御史大夫劒南節度按察使所歷以誠信待物稱爲良吏八年卒贈戶部尚書謚曰誠麟以父任補職累授京兆府戶曹開元二十二年舉宗室異能轉殿中侍御史歷戶部考功吏部三員外郎天寶元年遷郎中尋改諫議大夫五載充河西隴右磧西等道黜陟使稱旨遷給事中七載遷兵部侍郎同列楊國忠專權不悅麟同職宰臣奏麟以本官權知禮部貢舉俄而國忠爲御史大夫麟復本官十一載遷銀青光祿大夫國子祭酒十四年七月以本官出爲河東太守河東道採訪使爲政清簡民吏稱之其年冬祿山構逆朝廷以麟儒者恐非禦侮之用乃以將軍呂崇賁代還復以祭酒歸朝賜爵渭源縣男六月玄宗幸蜀麟奔赴行在既至成都拜戶部侍郎兼左丞遷憲部尚書至德二年正月拜同中書門下平章事時扈從宰相韋見素房琯崔渙已赴鳳翔俄而崔圓繼去玄宗以麟宗室子獨留之行在百司麟揔攝其事其年十一月從上皇還京策勳行賞加金紫光祿大夫刑部尚書同中書門下三品進封褒國公時張皇后干預朝政殿中監李輔國以翊衛肅宗之勞判天下兵馬事充元帥府行軍司馬勢傾國朝宰相苗晉卿崔圓已下懼其威權傾心事之唯麟正身謹事無所依附輔國不悅乾元元年罷麟知政事守太子少傅二年八月卒時年六十六贈太子太傅賻絹二百匹葬日詔京兆府差官護送官給所須麟好學能文嘗編聚皇朝已來制集五十卷行於時

李國貞淮安王神通子淄川王孝同之曾孫父廣業歙州長史國貞本名若幽性剛正有吏才歷安定扶風録事參軍皆稱職乾元中累遷長安令尋拜河南尹會史思明逼城元帥李光弼東保河陽國貞領官吏寓于陝數月徵爲京兆尹上元初改成都尹兼御史大夫充劒南節度使入爲殿中監二年八月遷戶部尚書兼御史大夫持節充朔方鎮西北庭興平陳鄭等節度行營兵馬及河中節度都統處置使鎮于絳賜名國貞既至又加充管內河中晉絳慈隰沁等州觀察處置等使餘並如故國貞既至絳屬軍中素無儲積百姓飢饉難爲聚斂將士等糧賜多闕國貞頻以狀聞未報軍中諠諠怨讟左右以告國貞國貞喻之曰軍將何苦如是已爲奏聞終有所給信宿軍亂攻國貞夜燒衙城門國貞莫知所圖左右勸國貞棄城遁去國貞曰吾銜命爲將不能靖難安可棄城乎左右固勸廻避乃隱於州獄詐爲縲紲會國貞麾下爲賊所擒因指所在遂於獄中執國貞將害之國貞曰軍中乏糧已有陳請人不堪賦予無負於將士耳衆引退突將王元振獨曰今日之事豈須問焉抽刀害國貞及二男三大將國貞有風彩清白守法爲政急於操下時論以辦吏稱之追贈揚州大都督

○子錡以父蔭貞元中累至湖杭二州刺史多以寶貨賂李齊運由是遷潤州刺史兼鹽鐵使持積財進奉以結恩澤德宗甚寵之錡恃恩驕恣有淛西人布衣崔善貞詣闕上封論錡罪狀而德宗械送賜錡錡遂坑殺善貞天下切齒乃增置兵額選善弓矢者聚之一營名曰挽硬隨身以胡奚雜類虬鬚者爲一將名曰蕃落健兒德宗復於潤州置鎮海軍以錡爲節度使罷其鹽鐵使務錡雖罷其利權且得節度反狀未發憲宗即位已二年諸道傀強者入朝而錡不自安亦請入朝乃拜錡左僕射錡乃署判官王澹爲留後既而遷延發期澹與中使頻喻之不悅遂諷將士以給冬衣日殺澹而食之監軍使聞亂遣衙將趙琦慰喻又臠食之復以兵注中使之頸錡佯驚救解之囚於別館遂稱兵室五劒分授管內鎮將令殺刺史於是常州刺史顏防用客李雲謀矯制傳檄于蘇杭湖睦等州遂殺其鎮將李深　湖州辛秘亦殺其鎮將趙惟忠而蘇州刺史李素爲鎮將姚志安所繫釘

於船舷生致於錡未至而錡敗得免初錡以宣州富饒有并吞之意
遣兵馬使張子良李奉僊田少卿領兵三千分略宣池等州三將夙
有向順志而錡甥裴行立亦思向順其密謀多決於行立乃迴戈趣
城執錡於幕縋而出之斬於闕下年六十七其挽硬蕃落將士或投
井自縊紛紛枕藉而死者不可勝紀宰相鄭絪等議錡所坐親疏未
定乃召兵部郎中蔣武問曰詔罪李錡一房當是大功內耶武曰大
功是錡堂兄弟即淮安王神通之下淮安有大功於國不可以孽孫
而上累又問錡親兄弟從坐否武曰錡親兄弟是若幽之子若幽有死
王事之功如令錡兄弟從坐若幽即宜削籍亦所未安宰相頗以為
然故誅錡詔下唯止元惡一房而已

李峘太宗第三子吳王恪之孫恪　第三子琨生信安王禕禕生三子
峘嶧峴峘志行修立天寶中為南宮郎歷典諸曹十餘年居父喪哀
毀得禮服闋以郡王子例封趙國公楊國忠秉政郎官不附已者悉
出於外峘自考功郎中出為睢陽太守尋而弟峴出為魏郡太守兄

弟夾河典郡皆以理行稱十四載入計京師屬祿山之亂玄宗幸蜀
峘奔赴行在除武部侍郎兼御史大夫俄拜蜀郡太守劍南節度採
訪使上皇在成都健兒郭千仞夜謀亂上皇御玄英樓招諭不從峘
與六軍兵馬使陳玄禮等平之以功加金紫光祿大夫時峴為鳳翔
太守臣翊肅宗兄弟俱効勳力從上皇還京為戶部尚書峴為御史
大夫兼京兆尹封梁國公兄弟同制封公乾元初兼御史大夫持節
都統淮南江南江西節度宣慰觀察處置等使二年以宋州刺史劉
展握兵河南有異志乃陽拜展淮南節度使而密詔揚州長史鄧景
山與峘圖之時展徒黨方強既受詔即以兵渡淮景山峘拒之壽春
為展所敗峘走渡江保丹陽坐貶袁州司馬寶應二年病卒於貶所
追贈揚州大都督官給遞乘護柩還京初峘為戶部尚書峴為吏部
尚書知政事嶧為戶部侍郎銀青光祿大夫兄弟同居長興里第門
列三戟兩國公門十六戟一三品門十二戟榮耀冠時嶧位終蜀
州刺史峴樂善下士少有吏幹以門蔭入仕累遷高陵令政術知名

特遷萬年令河南少尹魏郡太守入為金吾將軍遷將作監改京兆府
尹所在皆著聲績天寶十三載連雨六十餘日宰臣楊國忠惡其不
附己以雨災歸咎京兆尹乃出為長沙郡太守時京師米麥踊貴百
姓謠曰欲得米粟賤無過追李峴其為政得人心如此至德初朝廷
務收才傑以清寇難峴召至行在拜扶風太守兼御史大夫至德二
年十二月制曰銀青光祿大夫守禮部尚書李峴鎮軍周給開物成
務可光祿大夫行御史大夫兼京兆尹封梁國公乾元二年制曰李
峴朝廷碩德宗室藎臣可中書侍郎同中書門下平章事與呂諲李揆
第五琦同拜相峴位望稍高軍國大事諸公莫敢言皆獨決於峴由
是諲等銜之初李輔國判行軍司馬潛令官軍於人間聽察是非謂
之察事忠良被誣構者繼有之須有追呼諸司莫敢抗御史臺大理
寺重囚有獄推斷未了牒追就銀臺不問輕重一時釋放莫敢違者
每日於銀臺門決天下事須處分便稱制勑禁中符印悉佩之出入
縱有勑輔國押署然後施行及峴為相叩頭論輔國專權亂國上悟

賞峴正直事並變革輔國以此讓行軍司馬請歸本官察事等並停
由是深怨峴鳳翔七馬坊押官先頗為盜劫掠平人州縣不能制天
興縣令知捕賊謝夷甫擒獲決殺之其妻進狀訴夫寃輔國先為飛
龍使黨其人為之上訴詔監察御史孫鎣推之鎣初直其事其妻又
訴詔令御史中丞崔伯陽刑部侍郎李曄大理卿權獻三司與鎣同
妻論訴不已詔令侍御史毛若虛覆之若虛歸罪於夷甫又言伯陽
等有情不能質定刑獄伯陽怒使人召若虛詞氣不順伯陽欲上言之
若虛先馳謁告急於肅宗云已知卿出去若虛奏曰臣出即死上因
留在簾內有頃伯陽至上問之伯陽頗言若虛順旨附會中人上怒
叱出之伯陽貶端州高要尉權獻郴州桂陽尉鳳翔尹嚴向及李曄
皆貶嶺下一尉鎣除名長流播州峴以數人咸非其罪所責太重欲
理之遂奏若虛希旨用刑不守國法陛下若信之重輕是無御史臺
上怒峴言出峴為蜀州刺史時右散騎常侍韓擇木入對上謂之曰
峴欲專權耶何乃云任毛若虛是無御史臺也令貶蜀州刺史朕自

覺用法太寬擇木對曰峴言直非專權陛下寬之秖益聖德爾代宗即位徵峴爲荆南節度江陵尹知江淮選補使入爲禮部尚書兼宗正卿屬鑾輿幸陝峴由商山路赴行在既還京師拜峴爲黄門侍郎同中書門下平章事故事宰臣不于政事堂邀客時海内多務宰相元載等見中官傳詔命至中書者引之升政事堂仍置榻待之峴爲宰相令去其榻奏請常參官各舉堪任諫官憲官者不限人數初收東京受僞官陳希烈已下數百人崔器希旨深刻奏皆處死上意亦欲懲勸天下欲從器議時峴爲三司使執之曰夫事有首從情有輕重若一槩處死恐非陛下含弘之義又失國家惟新之典且羯胡亂常無不凌據二京全陷萬乘南巡各顧其生衣冠蕩覆或陛下親戚或勲舊子孫皆寘極法恐乖仁恕之旨昔者明王用刑殲厥渠魁脅從罔理況河北殘寇未平官吏多陷苟容漏網適開自新之路若盡行誅是堅叛逆之黨誰人更圖効順困獸猶鬬況數萬人乎崔器呂諲皆守文之吏不識大體殊無變通廷議數日方從峴奏全活甚衆

其料敵決事皆此類竟爲中官所擠罷知政事爲太子詹事尋遷吏部尚書知江淮舉選置銓洪州明年改檢校兵部尚書兼衢州刺史永康二年七月以疾終時年五十八

李巨曾祖父虢王鳳高祖之第十四子也鳳孫邕嗣虢王巨即邕之第二子世剛鋭果決頗涉獵書史好屬文開元中爲嗣虢王天寶五載出爲西河太守皇太子杜良娣之妹婿柳勣陷詔獄巨母扶餘氏吉温嫡母之妹也温爲京兆士曹推鞫之黨以徐徵等往來巨家資給之由是坐貶義陽郡司馬六載御史中丞楊愼矜爲李林甫王鉷構陷得罪其黨史敬忠亦伏法以巨與敬忠相識坐解官於南賓郡安置又起爲夷陵郡太守及祿山陷東京玄宗方擇將帥張垍言巨善騎射有謀畧玄宗追至京師楊國忠素與巨相識忌之謂人曰如此小兒豈得令見人主經月餘日不得見玄宗使中　官召入奏事頗怠對奉庭謂巨曰比來人多口打賊公不爾乎巨曰不知若箇軍將能與相公手打賊乎尋授陳留譙郡太守攝御史大夫河南節度使翌日巨稱官銜奉謝玄宗驚曰何得令攝即日詔兼御史大夫巨奏曰方今艱難恐爲賊所詐如忽召臣不知何以取信玄宗劈木契分授之遂以巨兼統嶺南節度使何履光黔中節度使趙國珍南陽節度使魯炅先領三節度事有詔貶炅爲果毅以潁州太守來瑱兼御史中丞代之巨奏曰若炅能存孤城其功足以補過則何以處之玄宗曰卿隨宜處置之巨至内鄉趣南陽賊將畢思琛聞之解圍走巨趣何履光趙國珍同至南陽宣勅貶炅削其章服令隨軍効力至日晚以恩命令炅復位至德二年爲太子少傅十月收西京爲留守兼御史大夫三年夏四月加太子少師兼河南尹充東京留守判尚書省事充東畿採訪等使於城市橋梁稅出入車牛等錢以供國用頗有乾没士庶怨讟後與妃張氏不睦張氏即皇后從父妹也宗正卿李遵構之發其所犯贓賄貶爲遂州刺史屬劒南東川節度兵馬使梓州刺史段子璋反以衆襲節度使李奐於綿州路經遂州巨蒼

黄修屬郡禮迎之爲子璋所殺子則之以宗室歷官好學年五十餘每執經詣太學聽受嗣曹王皐自荆南來朝稱薦之貞元二年自睦王府長史遷左金吾衛大將軍以從父錫實申追遊無間親累貶昭州司馬

史臣曰峘孝友清愼居官有稱齊物貞廉整肅復節制權謀國貞清白守法皆神通之曾玄宗室之翹楚錡之爲逆不累其親前人之積德彰矣當朝之用法明矣然峘發人陰私齊物積財與議國貞急於操下皆尺之短也麟修整峘循良匪躬立事始終無玷者皆宗室之英也峴之剛正才畧有足可稱初爲國忠所憎終沮朝恩之勢處群邪之内堅獨正之心是不吐也活東都之命是不茹也庶幾乎仲山甫之道焉巨以剛鋭果決亦可嘉焉終以贓賄貪殘良可痛也

贊曰宗室賢良枝葉茂盛最尤者誰峴獨守正

唐書列傳卷第六十二

劉昫 等修

聞人詮校刻沈桐同校

苗晉卿 裴冕 裴遵慶 子向 向子寅 寅子樞

苗晉卿上黨壺關人世以儒素稱祖夔高道不仕追贈禮部尚書父殆庶官至絳州龍門縣丞早卒以晉卿贈太子少保晉卿幼好學善屬文進士擢第初授懷州修武縣尉歷奉先縣尉坐累貶徐州司戶參軍秩滿隨調判入高等授萬年縣尉遷侍御史歷度支兵吏部三員外郎開元二十三年遷吏部郎中二十四年與吏部郎中孫逖並拜中書舍人二十七年以本官權知吏部選事晉卿性謙柔選人有訴訟索好官者雖至數千言或聲色甚厲者晉卿必含容之略無慍色二十九年拜吏部侍郎前後典選五年政既寬弛胥吏多因緣爲姦賄賂大行時天下承平每年赴選常萬餘人李林甫爲尚書專任廟堂銓事唯委晉卿及同列侍郎宋遙主之選人既多每年兼命他

官有識者同考定書判務求其實天寶二載春御史中丞張倚男奭參選晉卿與遙以倚初承恩欲悅附之考選人判等凡六十四人分甲乙丙科奭在其首衆知奭不讀書論議紛然有蘇孝慍者嘗爲范陽薊令事安祿山具其事告之祿山恩寵特異謁見不常因而奏之玄宗大集登科人御花萼樓親試登第者十無一二而奭手持試紙竟日不下一字時謂之曳白上怒晉卿貶爲安康郡太守遙爲武當郡太守張倚爲淮陽太守勑曰門庭之間不能訓子選調之際仍以託人時士子皆以爲戲笑天寶三載閏二月轉魏郡太守充河北採訪處置使居職三年政化洽聞會入計因上表請歸鄉里既至壺關望縣門而步小吏進曰太守位高德重不宜自輕晉卿曰禮下公門軾路馬況父母之邦所宜尊敬汝何言耶大會鄉黨歡飲累日而去又出俸錢三萬爲鄉學本以教授子弟尋改河東太守河東採訪使入爲尚書東京留守徵爲憲部尚書屬祿山叛逆楊國忠以晉卿有時望將抑之乃奏云宜以大臣鎮遏東道遂出爲陝州刺史陝虢兩州

防禦使及入對固辭老病由是忤旨改憲部尚書致仕及朝廷失守衣冠流離道路多爲逆黨所脅自陳希烈張均已下數十人盡赴洛陽晉卿潛遁山谷南投金州會肅宗至鳳翔手詔追晉卿赴行在即日拜爲左相軍國大務悉以咨之既收兩京以功封韓國公食實封五百戶改爲侍中後以賊冦漸除屢乞骸骨優詔許之罷知政事爲太子太傅明年帝思舊臣復拜爲侍中晉卿寬厚廉謹爲政舉大綱不問小過所到有惠化魏人思之爲立碑頌德及秉鈞衡小心畏慎未嘗忤人意性聰敏達練事體百司文簿經目必曉而修身守位以智自全議者比漢之胡廣玄宗崩肅宗詔晉卿攝冢宰上表固辭曰臣聞古者殷高宗在諒闇之中百官聽於冢宰更無事跡但存文字且一時之事禮不相公今殘冦猶虞日殷萬務皆緣兵馬以屯守討襲善算良謀立勝擒敵陛下若行古之道居喪不言蒼生何依百事皆廢伏讀國家起居注亦於禮部檢見舊勑恭惟太宗高宗大行皇帝在位之日皆有國哀視事不輟以爲君臨天下難徇

常情今遺詔有處分皇帝宜三日而聽政陛下遵太宗故事則無冢宰遵大行皇帝遺詔便合聽朝萬姓顒顒不勝大願伏惟陛下知理國之重順人心之切以義斷恩從宜無改令朝臣一命已上皆言臣心昏貌朽加以疾病事有急速斷在須臾凡聖不同豈合受詔陛下發哀已五日矣願准遺詔聽政則四夷萬國無任悲幸肅宗時疾彌留覽表殞絕乃許數日肅宗晏駕代宗踐祚又詔晉卿攝冢宰晉卿上表懇辭曰臣以昔者天子居喪之時百官聽於冢宰者蓋君幼小御極事殷情理當然沿革不一今古異同而周武漢文合於通變垂範作則可舉而行又士或墨縗時遇金革豈非銜恤謂義在斷恩且百善之至無加於孝也其有容葬心絕指景悼生此匹夫守節之常情殊王者嗣續之大計昨二十日陛下於大行皇帝柩前即位是承先帝遺顧之言亦前代不易之典則知所畧不爲害所存是適權防威滅端所利者大陛下因心純至天地明察伏以報劬勞之恩申罔極之思終身之痛豈計朝夕但以一日之內萬務在中須達宸聽始

成國政百寮萬姓及僧道耆壽等相顧聚言以臣老且無能愚豈測
聖況久無居攝臣不敢奉詔特乞陛下遵遺命三日而聽政臣博聽
衆情不勝懇願伏望割痛抑哀則天下悲幸上號泣從之時晉卿年
已衰暮又患兩足上特許肩輿至中書入閤不趨累日一視事歷三
朝皆以謹密見稱廣德初吐蕃寇長安晉卿時病臥於私第蕃聞之
輿入逼脅晉卿閉口不言賊不敢害及上自陝至冊爲太保罷知政
事又詔以太保致仕永泰元年四月薨輟朝三日令京兆少尹一員
護喪事緣葬諸物並官給賻絹布五百段米粟五百石太常議謚曰
懿獻初晉卿東都留守引用大理評事元載爲推官至是載爲中書
侍郎平章事懷舊恩諷有司改謚曰文貞大曆七年令配享肅宗廟
庭
裴冕河東人也爲河東冠族天寶初以門蔭再遷渭南縣尉以吏道
聞御史中丞王鉷充京畿採訪使表爲判官遷監察御史歷殿中侍
御史冕雖無學術守職通明果於臨事鉷甚委之及鉷得罪伏法時

○宰臣李林甫方竊權柄人咸懼之鉷賓佐數百不敢窺鉷門冕獨收
鉷屍親自護喪瘞于近郊冕自是知名河西節度使哥舒翰表爲行
軍司馬累遷員外郎中玄宗幸蜀至益昌郡遥詔太子充天下兵馬
元帥以冕爲御史中丞兼左庶子爲之副是時冕爲河西行軍司馬
授御史中丞詔赴朝廷遇太子於平凉具陳事勢勸之朔方亟入靈
武冕與杜鴻漸崔漪等勸進曰主上厭勤大位南幸蜀川宗社神器
須有所歸天意人事不可固違況賢智乎太子曰南平寇逆奉迎鑾輿退
居儲貳侍膳左右豈不樂哉公等何言之過也冕與杜鴻漸又進曰
殿下藉累聖之資有天下之表元貞萬國二十餘年殷憂啓聖正在
今日所從殿下六軍將士皆關輔百姓日夜思歸大軍一散不可復
集不如因而撫之以從衆臣等敢以死請凡勸進五上乃依肅宗即
位以定策功遷中書侍郎同中書門下平章事倚以爲政冕性忠勤
悉心奉公稍得人心然不識大體以聚人曰財乃下令賣官鬻爵度
尼僧道士以儲積爲務人不願者科令就之其價益賤事轉爲弊肅

宗移幸鳳翔罷冕知政事遷右僕射兩京平以功封冀國公食實封
五百戶尋加御史大夫成都尹充劍南西川節度使又入爲右僕射
永泰元年與裴遵慶等並集賢待制代宗求舊拜冕兼御史大夫充
護山陵使冕以倖臣李輔國權盛將附之乃表輔國親昵術士中書
舍人劉烜充山陵使判官烜坐法冕坐貶施州刺史數月移澧州刺
史復徵爲左僕射元載秉政載爲新平縣尉王鉷辟在巡內冕常引
之載頗德冕會宰臣杜鴻漸卒載遂舉冕代之冕時已衰瘵載以其
順已引爲同列受命之際蹈舞絶倒載趨而扶起代爲謝詞冕兼掌
兵權留守之任俸錢每月二千餘貫性本侈靡好尚車服及營珍饌
名馬在櫪直數百金者常十數每會賓友滋味品數坐客有昧於名
者自創巾子其狀新奇市肆因而効之呼爲僕射樣初代鴻漸小吏
以俸錢文簿白之冕顧子弟喜見於色其嗜利若此拜職未盈月卒
大曆四年十二月也上悼之輟朝三日贈太尉賻物五百匹粟五百石
裴遵慶絳州聞喜人也代襲冠冕爲河東著族遵慶志氣深厚機鑒敏

○達自幼強學博涉載籍謹身晦跡不干當世之務以門蔭累授潞府
司法參軍時年已老未爲人所知隨調吏部授大理寺丞剖斷刑獄
舉正綱條理行始著遷司門員外吏部員外郎專判南曹天寶中海内
無事九流輻輳會府每歲吏部選人動盈萬數遵慶敏識強記精覈
文簿詳而不滯時稱吏事第一由是大知名天寶末楊國忠當國出
不附已者例爲外官遵慶亦出爲郡守肅宗即位徵拜給事中尚書
右丞吏部侍郎恭儉克已遲重謹密頗有時望上元中蕭華輔政素
知遵慶每奏見累稱之遷黃門侍郎同中書門下平章事廣德初僕
固懷恩阻兵汾上指中官爲詞上以遵慶忠純特遣往汾州宣慰懷
恩遵慶既見懷恩具陳朝旨懷恩引過聽命將隨遵慶朝謁爲副將
范志誠以邪說惑之懷恩遂以懼死爲詞會蕃寇陷京師乘輿幸陝
遵慶自汾州奔赴行在及乘輿還京以遵慶爲太子少傅永泰元年
與裴冕等並於集賢院待制罷知政事尋改吏部尚書右僕射復知
選事時有選人天興縣尉陳琯於銓庭言詞不遜凌突無禮代宗詔

付遵慶於省門鞭三十貶爲吉州員外司戶叅軍遵慶敦守儒行老而彌謹嘗爲風狂族姪揭登聞鼓告以不順上知其謬不省其見信如此大歷十年十月薨於位年九十餘遵慶初登省郎嘗著王政記述今古禮體識者韙之知有公輔之量子向字儀仁少以門蔭歷官至太子司議郎建中初李紓爲同州刺史奏向爲從事朱泚反李懷光又叛河中使其將趙貴先築壘于同州紓來奔奉天向領州務貴先因脅縣尉林寶役徒板築不及期將斬之吏人百姓奔竄向即詣貴先軍壘以逆順之理責之貴先感悟遂來降故同州不陷向繇是知名累爲京兆府戶曹轉櫟陽渭南縣令奏課皆第一朝廷亟聞其理行擢爲戶部員外郎德宗季年天下方鎮副倅多自選于朝防一日有變遂就而授之節制向以選爲太原少尹德宗召見諭旨尋用爲行軍司馬兼御史中丞改汾州刺史轉鄭州又復爲太原少尹兼河東節度副使改晉州刺史充本州防禦使遷虢州刺史入爲京兆少尹拜同州刺史充本州防禦使入爲大理寺卿出遷陝虢都防禦觀察

。使三歲拜左散騎常侍自常侍復爲大理向本以名相子以學行自飾謹守其門風歷官仁智推愛利及於人至是以年過致政朝廷優異乃以吏部尚書致仕于新昌里第內外支屬百餘人向所得俸祿必同其費及領外任亦挈而隨之有孤惸疾苦不能自恤向尤周給至今稱其孝睦焉大和四年九月卒年八十贈太子少保

子寅登進士第累官至御史大夫卒子樞

子樞字紀聖咸通十二年登進士第宰相杜審權出鎮河中辟爲從事得祕書省校書郎再遷藍田尉直弘文館大學士王鐸深知之鐸罷相失職樞亦久之不調從僖宗幸蜀中丞李煥奏爲殿中侍御史遷起居郎中和初王鐸復見用以舊恩從爲鄭滑掌書記檢校司封郎中賜金紫入朝歷兵吏二員外郎龍紀初擢拜給事中改京兆尹宰相孔緯尤深獎遇大順中緯以用兵無功貶官樞坐累爲右庶子尋出爲歙州刺史乾寧初入爲右散騎常侍從昭宗幸華州爲汴州宣諭使初樞自歙州罷郡歸朝路經大梁時朱全忠兵威已振樞以兄事之全忠縣是重之及樞傳詔全忠皆稟朝旨獻奉相繼昭宗甚悅乃還兵部侍郎時崔胤專政亦倚全忠二人因是相結改樞吏部侍郎未幾換戶部侍郎同平章事其年冬昭宗幸華州崔胤貶官樞亦爲工部尚書天子自岐下還宮以樞檢校右僕射同平章事出爲廣南節度使制出朱全忠保薦之言樞有經世才不可棄之嶺表尋復拜門下侍郎監修國史累兼吏部尚書判度支崔胤誅以全忠素厚相位如故從昭宗遷洛陽駐驛陝州進右僕射弘文館大學士太清宮使充諸道鹽鐵轉運使哀帝初嗣位柳璨用事全忠嘗奏用牙將張廷範爲太常卿諸相議樞曰廷範勳臣幸有方鎮節鉞之命何藉樂卿恐非元帥梁王之旨乃持之不下俄而全忠聞樞言謂賓佐曰吾常以裴十四器識真純不入浮薄之伍觀此議論本態露矣切齒含怒柳璨聞全忠言尋希旨罷樞相位和陵稍事拜尚書左僕射五月責授朝散大夫登州刺史尋再貶瀧州司戶六月十一日行及滑州全忠遣人殺之於白馬驛投屍於河時年六十五

。史臣曰晉卿謹身蒞事足爲純臣避寇全忠固彰大節然傅達精審豈不知寬猛之道哉奉林甫之旨沴胥吏之意悅附張倚欺罔時君生爲重臣諂林甫之勢也歿改美謚引元載之恩焉或言晉卿不爲巧宦者誠不信也冕力贊中興名居大位奉公抱義可以致身責官度僧是何爲政及其老也貪冒尤深遵慶學術貞明爲國忠所出恭儉謹密遇蕭華素知位重行純老而彌篤彼二公固有慚德向克荷堂構不墜門風樞因盜而振盜憎而亡宜哉君子守道遠刑蓋慮此也

贊曰奧美晉卿貪哉裴冕遵慶父子及之者鮮

唐書列傳卷第六十三

劉昫等修

聞人詮校刻沈桐同校

魯炅　裴茙　來瑱　周智光

魯炅范陽人也身長七尺餘涉獵書史天寶六年隴右節度使哥舒翰引爲別奏顔眞卿爲監察御史使至隴右翰嘗設宴眞卿謂翰曰中丞自郎將授將軍便登節制後生可畏得無人乎炅時立在階下翰指炅曰此人後當爲節度使矣後以隴右破吐蕃跳盪功累授右領軍大將軍同正員賜紫金魚袋祿山之亂選任將帥十五載正月拜炅上洛太守未行遷南陽太守本郡守捉仍充防禦使尋兼御史大夫充南陽節度使以嶺南黔中山南東道子弟五萬人屯葉縣北滍水之南築柵四面掘壕以自固至五月賊將武令珣畢思琛等來擊之衆欲出戰炅不許賊於營西順風燒煙營内坐立不得横門扇及木爭出賊矢集如雨炅與中使薛道等挺身遁走餘衆盡没嶺南節度使何履光黔中節度使趙國珍襄陽太守徐浩未至裨將嶺南黔中荆襄子弟半在軍多懷金銀爲資糧軍資器械盡棄於路如山積至是賊徒不勝其富炅收合殘卒保南陽郡爲賊所圍尋而潼關失守賊使哥舒翰招之不從又使僞將豫州刺史令珣等攻之累月不能尅武令珣死又令田承嗣攻之潁川太守來瑱襄陽太守魏仲犀合勢救之犀使弟孟馴爲將領兵至明府橋望賊而走衆遂大敗炅城中食盡煮牛皮筋角而食之米㪷至四五十千有價無米鼠一頭至四百文餓死者相枕藉肅宗使中官將軍曹日昇來宣慰路絶不得入日昇請單騎入致命仲犀曰不可賊若擒吾勑使我亦何安顔眞卿適自河北次于襄陽謂仲犀曰曹使既果決不顧萬死之地何得沮之縱爲賊所獲是亡一使者茍得入城則萬人之心固矣公何愛焉中官馮廷瓌曰將軍必能入我請以兩騎助之日昇又自有傔騎數人仲犀又以數騎共十人同行賊徒望見知其驍鋭不敢逼日昇既入城炅衆初以爲望絶忽有使來宣命皆踴躍一心日昇以其

十人至襄陽取糧賊雖追之不敢擊遂以一千人取音聲路運糧而入賊亦不能遏又得相持數月炅在圍中一年救兵不至晝夜苦戰人相食至德二年五月十五日率衆持滿傳矢突圍而出南陽投襄陽田承嗣來追苦戰二日殺賊甚衆賊又知其決死遂不敢逼朝廷因除御史大夫襄陽節度使時賊志欲南侵江漢賴炅奮命扼其衝要南夏所以保全十月王師收兩京承嗣令珣等奔於河北南陽遭大亂之後距鄧州二百里人煙斷絶遺骸委積於牆壍閒十二月策勳行賞詔曰特進太僕卿南陽郡公兼御史大夫權知襄陽節度事上柱國金鄉縣公魯炅蘊是韜畧副玆節制竭節保邦悉心陷敵表之旗幟分以土田可開府儀同三司兼御史大夫封岐國公食實封二百戸兼京兆尹乾元元年兼鄭州刺史充鄭陳潁亳等州節度使上元二年爲淮西襄陽節度使鄧州刺史十月與朔方節度使司徒郭子儀河東節度使太尉李光弼等九節度同圍安慶緒於衞州炅領淮西襄陽節度行營步卒萬人馬軍三百以李抱玉爲兵馬使炅分界知東面之北二年六月六日賊將史思明自范陽來救戰於安陽河北王師不利炅中流矢奔退時諸節度以迴紇戰敗因而退散盡棄軍糧器械所過虜掠炅兵士剽奪尤甚人因驚恐五日至新鄭縣聞郭子儀已整衆屯穀水李光弼還太原炅憂懼仰藥而卒

裴茙以門蔭入仕累遷京兆府司録參軍來瑱鎭陝州引爲判官瑱移襄州又爲瑱行軍司馬瑱遇之甚厚及瑱淮西之敗逗留不行茙密表聞奏朝廷以瑱掌重兵惡之密詔以茙代瑱爲襄州刺史充防禦使茙本鎭穀城及受密命乃率麾下二千人赴襄陽時瑱亦奉詔依舊任瑱遂設具於江津以俟之茙初聲言假道入朝及見瑱即云奉代且欲視事瑱報曰瑱已奉恩命復任此茙惶惑諭其麾下曰此言必妄遂引射瑱軍因與瑱兵交戰茙大敗士卒死傷殆盡茙走還穀城舊營瑱追擒之朝旨務安漢南乃歸咎於茙寶應元年七月勑曰前襄州刺史裴茙性本頑疎行惟狂悖頃因試用爰委軍戎守在要衝無聞方略所以申命來瑱重撫漢南即宜奔赴闕廷謝其曠職

而乃顧惜名位輕圖異端誣構忠良乎安興兵甲遽令追召敢欲逗留是有無君之心不唯罔上之罪又轉輸之物軍國所資擅爲費用其數甚廣據其抵犯合寘嚴誅但自朕登極已來屢施恩宥肆諸朝市所未忍爲宜寬殊死之刑俾　就投荒之謫宜除名長流費州茙器局輕褊初興師徒給用無節及敗撓遲迴赴召將至京師會有是命既行至藍田驛賜自盡

來瑱邠州永壽人也父曜起於卒伍開元十八年爲鴻臚卿同正員安西副都護持節磧西副大使四鎮節度使後爲右領軍大將軍仗内五坊等使名著西陲寶應元年以子貴贈太子太保瑱少尚名節慷慨有大志頗涉書傳天寶初四鎮從職十一載爲左贊善大夫殿中侍御史充伊西北庭行軍司馬玄宗詔朝臣舉智謀果決才堪統衆者各一人拾遺張鎬薦瑱有縱橫之略臨事能斷堪當禦侮之任丁母憂以孝聞安祿山反張垍復薦之起復兼汝南郡太守未行改潁川太守賊攻之城中積粟素多瑱繕修有備賊繼至城下瑱親射

之無不應弦而斃賊使降將畢思琛招瑱琛即瑱父曜故將城下拜泣弔瑱瑱不應前後殺賊頗衆咸呼瑱爲來嚼鐵以功加銀青光祿大夫攝御史中丞本郡防禦使及河南淮南遊奕逐要招討等使魯炅敗於葉縣退守南陽乃以瑱爲南陽太守兼御史中丞充山南東道節度防禦處置等使以代炅尋以嗣號王巨爲御史大夫河南節度使因奏炅能守南陽詔各復本位賊攻圍南陽累月瑱分兵與襄陽節度使魏仲犀救之犀遣弟孟馴將兵至明府橋望風敗走賊追蹤大敗而還兵素少遇敗人情恟懼瑱綏撫訓練賊不能侵詔爲淮南西道節度使收復兩京與魯炅同制加開府儀同三司兼御史大夫封潁國公食實封二百戶餘如故乾元元年召爲殿中監二年初除涼州刺史河南節度經畧副大使未行屬相州官軍爲史思明所敗東京震駭元帥司徒郭子儀鎮穀水乃以瑱爲陝州刺史充陝虢等州節度并潼關防禦團練鎮守使乾元三年四月十三日襄州軍將張維瑾曹玠率衆謀亂殺刺史翹以瑱爲襄州刺史兼御史大夫充山南東道襄鄧均房金商隨郢復十州節度觀察處置使上元二年肅宗召瑱入京瑱樂襄州將士亦慕瑱之政因諷將吏州牧縣宰上表請留之身赴詔命行及鄧州復詔歸鎮肅宗聞其計而惡之後呂諲王仲昇及中官皆言瑱布恩惠懼其得士心以瑱爲鄧州刺史充山南東道襄鄧唐復郢隨等六州節度餘並如故俄而淮西節度王仲昇與賊將謝欽讓戰於申州城下爲賊所虜初仲昇被圍累月呂諲病於江陵瑱在襄州又恐仲昇權已遂顧望不救及師出仲昇已沒裴茙頻表陳瑱之狀謀奪其位稱瑱善謀而勇崛強難制宜早除之可一戰而擒也肅宗然之遂以瑱檢校戶部尚書兼御史大夫安州刺史充淮西申安蘄黃光沔節度觀察兼河南陳豫許鄭汴曹宋潁泗十五州節度觀察使外示尊崇實奪其權也加裴茙兼御史中丞襄鄧等七州防禦使以代之瑱懼不自安上表稱淮西無糧饋軍臣去秋種得麥請待收麥畢赴上復諷屬吏請留之裴茙於商州召募以窺去就寶應元年五月代宗即位因復授瑱襄州節度奉義

軍渭北兵馬等使官如故潛令裴茙圖之其月十九日裴茙率衆浮漢江而下日暮候者白瑱謀於帳下副使薛南陽曰尚書奉詔留鎮裴茙以兵代是無名也且茙之智勇非尚書敵也衆心歸尚書不歸於茙彼若乘我之不虞今夕而至直燒城市我衆必懼而亂彼乘亂而擊則可憂也若及明而至尚書破之必矣翌日平明茙督軍士五千列于穀水北瑱以兵逆之登高而陣呼茙將士告之曰爾何事來曰尚書不受命謹奉中丞伐罪人若尚書受替謹當釋兵瑱曰恩制復除瑱此州乃取告身勅書以示茙軍皆曰僞也承命討君豈千里空歸富貴在於今日遂爭射之瑱奔歸旗下薛南陽曰事急矣請以三百騎爲奇兵尚書勿與之戰兩軍相見遂以麾下傍萬山而出其背表裏夾擊茙軍大敗投水而死殺獲殆盡茙及弟薦脫身北走妻子並爲瑱所擒瑱甚厚撫之因抗表謝罪擒茙於申口送至京師長流費州賜死於藍田故驛八月瑱入朝謝罪代宗特寵異之遷兵部尚書同中書門下平章事依前山南東道節度觀察等使代左僕射

裴冕充山陵使時中官驃騎大將軍程元振居中用事發瑱言涉不順王仲昇賊平來歸證瑱與賊合故令仲昇陷賊三年代宗含怒久之因是下詔曰春秋之義貴在於必書君臣之間法存於無赦沮勸式遵於前典進退莫匪於至公惡稔旣彰明罰難貸開府儀同三司行兵部尚書中書門下平章事充山南東道節度觀察處置等使上柱國潁國公來瑱謬當任用素乏器能亟歷班榮累經節制莅職蔑聞於成績登朝鮮美於崇名頃者分閫須條久淹江漢或頻徵不至或移鎭遲留實乖堂陛之儀爰及干戈之忿朕以舊臣宿將道在含弘會其來庭用甄後効超登宰輔光拜夏卿列在三台掩其一眚山陵先遠事委近臣謀謨素闕於大猷卜祝頗聞於私議實虧周愼且間樞言何以輔弼咎司儀刑昏紊據其所犯合寘殊科以嘗侍軒闈用存寬免之宰緬範舊章兼膺黜削之譴其身官爵一切削除實應二年正月貶播州縣尉員外置翌日賜死於鄠縣籍沒其家瑱之被刑也門客四散掩于坎中校書郎殷亮後至獨哭於屍側貸所

○乘驢以備棺衾夜詣縣令長孫演以情告之演義而從之亮夜塟而祭走歸京師代宗旣悟元振之誣搆積其過而配流溱州先是瑱行軍司馬龐充統兵二千人赴河南至汝州聞瑱死將士魚目等廻兵襲襄州左兵馬使李昭禦之奔房州昭及薛南陽與右兵馬使梁崇義不叶相圖爲崇義所殺朝廷授崇義節度使兼御史中丞以代瑱崇義爲瑱立祠四時拜饗不居瑱聽及正堂視事於東廂下搆一小室而寢止抗疏哀請收葬優詔許之廣德元年追復官爵

周智光本以騎射從軍常有戎捷自行間登偏裨宦官魚朝恩爲觀軍容使鎭陝州與之昵狎朝恩以扈從功恩渥崇厚奏請多允屢於上前賞拔智光累遷華州刺史同華二州節度使及潼關防禦使加檢校工部尚書兼御史大夫永泰元年吐蕃廻紇党項羌渾奴刺十餘萬衆寇奉天醴泉等縣智光邀戰破於澄城收駝馬軍資萬計因逐賊至鄜州智光與杜冕不協遂殺鄜州刺史張麟坑杜冕家屬八十一人焚坊州廬舍三千餘家懼罪召不赴命朝廷外示優容俾杜冕使梁州實避讐也永泰二年十二月智光專殺前虢州刺史兼御史中丞龐充充方居縗絰潛行智光追而斬之又劫諸節度使進奉貨物及轉運米二萬碩據州反智光自鄜坊專殺朝廷患之遂聚亡命不逞之徒衆至數萬縱其剽掠以結其心初與陝州節度使皇甫溫不協監軍張志斌自陝入奏智光館給禮慢志斌責其不肅智光大怒曰僕固懷恩豈有反狀皆由爾鼠輩作福作威懼死不敢入朝我本不反今爲爾作之因叱下斬之臠其肉以飼從者時淮南節度使檢校右僕射崔圓入覲方物百萬智光强留其半舉選之士諫駭或竊同州路以過智光使部將邀斬於乾坑店橫死者衆優詔以智光爲尚書左僕射遣中使余元仙持告身以授之智光受詔慢罵曰智光有數子皆彎弓二百斤有萬人敵堪出將入相只如挾天子令諸侯天下只有周智光合作因歷數大臣之過元仙股慄智光贈絹百匹遣之於州廓置生祠俾將吏百姓祈禱大曆二年正月密詔關內河東副元帥中書令郭子儀率兵討智光許以便宜從事時同華

○路絶上召子儀女婿工部侍郎趙縱受口詔付子儀縱裂帛寫詔置蠟丸中遣家童間道達焉子儀奉詔將出師華州將士相顧攜貳智光大將李漢惠自同州以其所管降子儀貶智光爲澧州刺史散官勳封如故乃聽將一百人隨身便路赴任其所部將士官吏一無所問乃以兵部侍郎張仲光爲華州刺史兼御史大夫潼關防禦使又以大理卿敬括爲同州刺史兼御史大夫長春宮等使是日智光爲帳下將斬首幷子元耀元幹等二人來獻丁卯梟智光首于皇城之南街二子腰斬以示衆判官監察御史邵賁都虞候蔣羅漢並伏誅餘黨各以親疎准法定罪命有司具儀奏告太清宮太廟七陵時淮西節度使李忠臣入覲次潼關聞智光阻兵駐所部將往禦之及智光死忠臣進兵入華州大掠自赤水至潼關二百里間畜產財物殆盡官吏至有著紙衣或數日不食者

史臣曰嘗讀李陵傳戰敗不能死屈節降虜廷君不得爲忠臣母不得爲孝子毋長歎久之旲收湹水敗衆守南陽孤城每蹈危機竟効

死節料敵雖非其良將事君不失爲忠臣哉浮躁無行狂悖用兵宜其死矣瑱善軍政得士心庶幾干城禦侮者歟始固名位爲裴茙巧言終歸朝廷遭元振誣構賜死之辜匪辨用刑之道不明致舊將立祠門吏偷瘞出將入相一至於斯惜哉智光狂悖不足與論

贊曰魯炅竭節來瑱枉死裴茙凶人智光逆子

唐書列傳卷第六十四

唐書列傳卷第六十五

劉　昫　等修
聞人詮校刻沈桐同校

崔器　趙國珍　崔瓘
敬括　韋元甫　魏少遊
衛伯玉　李承

崔器深州安平人也曾祖恭禮狀貌豐碩飲酒過斗貞觀中拜駙馬都尉尚神堯館陶公主父肅然平陰丞器有吏才性介而少通舉明經歷官清謹天寶六載爲萬年尉踰月拜監察御史中丞宋渾爲東畿採訪使引器爲判官渾坐贓流貶嶺南器亦隨貶十三年量移京兆府司錄轉都官員外郎出爲奉先令逆胡陷西京器没於賊仍守奉先居無何屬賊黨同羅叛賊長安守將安守忠張通儒並已匿又渭上義兵起一朝聚徒數萬器懼所受賊文牒符勅一時焚之牓召義師欲應渭上軍及渭上軍破賊將崔乾祐先鎮蒲同使麾下騎

三十人捉器器遂北走靈武器素與呂諲善諲引爲御史中丞兼戶部侍郎從肅宗至鳳翔加禮儀使尅復二京爲三司使器草儀注駕入城令陷賊官立於含元殿前露頭跣足撫膺頓首請罪以刀杖環衛令扈從群官宰臣已下視之及收東京令陳希烈已下數百人如西京之儀器性陰刻樂禍殘忍寡恩希旨奏陷賊官準律並合處死肅宗將從其議三司使梁國公李峴執奏固言不可乃六等定罪多所原宥唯陳希烈達奚珣斬於獨柳樹下後蕭華自相州賊中仕賊官歸闕奏云賊中仕官等重爲安慶緒所驅脅至相州初聞廣平王奏宣恩命釋放陳希烈已下皆相顧曰我等國家見待如此悔恨何及及聞崔器議刑太重衆心復搖肅宗曰朕幾爲崔器所誤呂諲驟薦器爲吏部侍郎御史大夫上元元年七月器病脚腫月餘疾亟瞑目則見達奚珣叩頭曰大尹不自由左右問之器荅曰達奚大尹嘗訴寃於我我不之許如是三日而器卒

趙國珍牂牁之苗裔也天寶中以軍功累遷黔府都督兼本管經略

等使時南蠻閤羅鳳叛宰臣楊國忠兼劒南節度遥制其務屢喪師徒中書舍人張漸薦國珍有武略習知南方地形國忠遂奏用之在五溪凡十餘年中原興師唯黔中封境無虞代宗踐祚特嘉之召拜工部尚書大曆三年九月以疾終贈太子太傅

崔瓘博陵人也以士行聞莅職清謹累遷至澧州刺史下車削去煩苛以安人爲務居二年風化大行流亡襁負而至增戶數萬有司以聞優詔特加五階至銀青光祿大夫以甄能政遷潭州刺史兼御史中丞充湖南都團練觀察處置使瓘到官政在簡肅恭守禮法將吏自經時艱久不奉法多不便之大曆五年四月會月給糧儲兵馬使臧玠與判官達奚觀忿爭觀曰今幸無事玠曰有事何逃厲色而去是夜玠遂搆亂犯州城以殺達奚觀爲名瓘惶遽走逢玠兵至遂遇害代宗聞其事悼惜久之

敬括河東人也少以文詞稱鄉舉進士又應制登科再遷右拾遺內供奉殿中侍御史天寶末宰臣楊國忠出不附己者括以例爲果州

刺史累遷給事中兵部侍郎大理卿性深厚志尚簡淡在職不務求名因循而已大曆初叛臣周智光伏誅詔選循良爲近輔以括爲同州刺史歲餘入爲御史大夫遲重推誠於下未嘗以私害公士頗稱焉而從容養望不舉綱紀士亦以此少之大曆六年三月卒

韋元甫少修謹敏於學行初任滑州白馬尉以吏術知名本道採訪使韋涉深器之奏充支使與同幕判官員錫齊名元甫精於簡牘錫詳於訊覆涉推誠待之時謂員推韋狀元甫有器局所莅有聲累遷蘇州刺史浙江西道都團練觀察等使大曆初宰臣杜鴻漸首薦之徵爲尚書右丞會淮南節度使缺鴻漸又薦堪當重寄遂授揚州長史兼御史淮南節度觀察等使在揚州三年政尚不擾事亦粗理大曆六年八月以疾卒於位

魏少遊鉅鹿人也早以吏幹知名歷職至朔方水陸轉運副使肅宗幸靈武杜鴻漸等奉迎留少遊知留後備宮室掃除之事少遊以肅宗遠離宮闕初至邊蕃故豐供具以悅之將至靈武少遊整騎卒千餘干戈耀日於靈武南界鳴沙縣奉迎備威儀振旅而入肅宗至靈武殿宇御幄皆象宮闈諸王公主各設本院飲食進御窮其水陸肅宗曰我至此本欲成大事安用此爲命有司稍去之累遷衛尉卿乾元二年十月議率朝臣馬以助軍少遊與漢中郡王瑀沮其議上知之貶渠州長史後爲京兆尹請中書門下及兩省五品已上尚書省四品已上諸司正員三品已上諸王駙馬中朞周已上親及女婿外甥不得任京兆府判官畿令赤縣丞簿尉勑從之遷刑部侍郎大曆二年四月出爲洪州刺史兼御史大夫充江南西道都團練觀察等使四年六月封趙國公賈明觀者本萬年縣捕賊卜胥劉希暹佞魚朝恩之勢恣行兇忍毒甚豺虺朝恩希暹既誅元載當權納明觀姦謀容之特令江西効力明觀未出城百姓萬衆聚於城外皆懷塼石候之期投擊以快意載聞之特令所由吏擁百姓入城內由是獲免在洪州二年少遊爲觀察使承元載意苟容之及路嗣恭代少遊到州即日杖殺識者以是減魏之名多路之政大曆六年三月己未卒

於官贈太師少遊居職緣飾成務有規檢善任人果於集事前後四領京尹雖無赫赫之名而齗齗廉謹有足稱者

衛伯玉有膂力幼習藝天寶中杖劒之安西以邊功累遷至員外諸衛將軍肅宗即位興師靖難伯玉激憤思立功名自安西歸長安初爲神策軍兵馬使出鎮乾元二年十月逆賊史思明遣僞將李歸仁鐵騎三千來犯伯玉以數百騎於疆子坂擊破之積尸滿野虜馬六百匹歸仁與其黨東走以功遷右羽林軍大將軍知軍事轉四鎮北庭行營節度使獻俘百餘人至闕下詔解縛而赦之遷伯玉神策軍節度上元二年二月史思明領衆西下圖長安史朝義率其黨夜襲陝州伯玉以兵逆擊大破賊於永寧賊退進位特進封河東郡公廣德元年冬吐蕃寇京師乘輿幸陝以伯玉有幹略可當重寄乃拜江陵尹兼御史大夫充荊南節度觀察等使尋加檢校工部尚書封城陽郡王大曆初丁母憂朝廷以王昂代其任伯玉潛諷將吏不受詔遂起復以本官爲荊南節度等使時議醜之大曆十一年二月入覲

以疾卒於京師

李承趙郡高邑人吏部侍郎至遠之孫國子司業畬之第二子也承幼孤兄曄鞠養之既長事兄以孝聞舉明經高第累至大理評事充河南採訪使郭納判官尹子奇圍汴州陷賊拘承送洛陽承在賊庭密疏姦謀多獲聞達兩京剋復例貶撫州臨川尉數月除德清令旬日拜監察御史淮南節度使崔圓請留充判官累遷檢校刑部員外郎兼侍御史圓卒歷撫州江州二刺史課績連冣遷檢校考功郎中兼江州刺史徵拜吏部郎中尋為淮南西道黜陟使奏於楚州置常豐堰以禦海潮屯田瘠鹵歲收十倍至今受其利時梁崇義縱恣倨慢朝廷將加討伐李希烈揣知之上表數崇義過惡請率先誅討上悅之每對朝臣多稱希烈忠誠承自黜陟廻因奏之曰希烈將兵討伐必有微勳但恐立功之後縱恣跋扈不稟朝憲必勞王師問罪上初未之信無幾希烈既平崇義果有不順之跡上思承言故驟加擢用建中二年七月拜同州刺史河中尹晉絳都防禦觀察使九月轉襄州刺史山南東道節度觀察鹽鐵等使希烈既破崇義擁兵襄州遂有其地朝廷慮不受命欲以禁兵送承承請單騎徑行既至希烈處承於外館迫脅萬態承恬然自安誓死王事希烈不能屈遂剽虜闔境所有而去襄漢為之空承治之一年頗得完復初希烈雖歸蔡州留將校等於襄州守當驕縱掠得財帛什物等　後使襄漢往來不絕承亦使腹心臧叔雅往來許蔡厚結希烈腹心周曾王玢姚憺等及曾等謀殺希烈以衆歸朝多承首建謀也累賜密詔褒美之承尋改檢校工部尚書兼潭州刺史湖南都團練觀察使建中四年七月卒於位年六十二贈吏部尚書承少有雅望至其從官頗以貞廉才術見稱於時

史臣曰自古酷吏濫刑幸免者多矣苟無強寃為崇沮議者惑焉器深文樂禍居官令終非達奚訴冤無以顯其陰責矣國珍守黔溪獠修禮法括推誠取下元甫為政寬簡少遊規檢集事皆可稱者伯玉破敵立功足為猛士丁憂負寵終是武夫承忠愨謀議勤勞盡瘁方之者鮮矣

贊曰崔器深文達奚作祟七子伊何李承為最

唐書列傳卷第六十五

劉 昫 等修

聞人詮校刻沈桐同校

肅宗代宗諸子 肅宗十三子，代宗二十子

越王係　承天皇帝倓　衛王佖
彭王僅　兖王僩　涇王侹
鄆王榮　襄王僙　杞王倕
召王偲　恭懿太子佋　定王侗
淮陽王僖　昭靖太子邈　均王遐
睦王述　丹王逾　恩王連
韓王迥　簡王遘　益王迺
隋王迅　荆王選　蜀王遡
忻王造　韶王暹　嘉王運
端王遇　循王遹　恭王通
原王逵　雅王逸

肅宗皇帝十四子章敬皇后生代宗皇帝宮人孫氏生越王係張氏生承天皇帝王氏生衛王佖陳婕妤生彭王僅韋妃生兖王僩張美人生涇王侹裴昭儀生襄王僙段婕妤生杞王倕崔妃生召王偲張皇后生恭懿太子佋定王侗宮人生鄆王榮宋王僖

越王係本名儋肅宗第二子也天寶中封南陽郡王授特進至德二年十二月進封趙王乾元二年三月九節度之兵潰於河北史思明僭號於相州王師未集朝廷震駭詔以李光弼握兵關東以代子儀光弼請以親賢統師七月詔曰握兵之要古先爲重命帥之道心膂攸憑是知靖難夷兇必資於金革揔戎授律寔仗於親賢盡將底寧邦家保息黎獻者矣朕以薄德纘承鴻緒往屬元兇暴亂中夏不寧上憑宗社之靈下藉熊羆之力由是廓清咸洛拯此生人頃以河朔殘妖尚稽天討蛇豕竊依於城堡塗炭久被於齊甿朕爲人父母寧忘閔念雖好生息戰每冀其歸降而餘孽昧恩靡聞于悔禍所以軒后親征於獯鬻周文致伐於昆夷古之用兵蓋非獲已越王係幼禀異操夙懷韜畧負東平之文學蘊任城之智勇性惟忠孝持愛敬以立身志尚權謀有經通之遠智知子者父方有屬於維城擇能而授俾克申於戎律且兇徒嘯聚頗歷歲時惡既貫盈理當撲滅君親有命可不敬乎俾展龍豹之韜永清梟獍之類可充天下兵馬元帥仍令司空兼侍中薊國公光弼副知節度行營事應緣軍司署置所司準式九月史思明陷洛陽光弼以副元帥董兵守河陽王不出京師十月下詔車駕親征諫官論奏乃止王請行不許三年四月改封越王寶應元年四月肅宗寢疾彌留皇后張氏與中官李輔國有隙因皇太子監國謀誅輔國使人以肅宗命召太子入宮皇后謂太子曰賊臣輔國久典禁軍四方詔令皆出其口頃矯制命逼徙聖皇今聖體彌留心懷怏怏常忌吾與汝又聞射生內侍程元振結託黃門將圖不軌若不誅之禍在頃刻太子泣而對曰此二人是陛下勳舊內臣今聖躬不康重以此事驚撓聖慮情所難任若決行此命當出外徐圖■之后知太子難與共事乃召係謂之曰皇太子仁惠不足以圖平禍難復以除輔國謀告之曰汝能行此事乎係曰能后令內謁者監段恒俊與越王謀召中官有武勇者二百餘人授甲於長生殿是月乙丑皇后矯詔召太子程元振伺知之告輔國元振握兵於淩霄門候之太子既至以難告太子曰必無此事聖恙危篤吾豈懼死不赴召乎元振曰爲社稷計行則禍及矣遂以兵護太子匿於飛龍廄丙寅夜元振輔國勒兵於三殿前收捕越王及同謀內侍朱光輝段恒俊等百餘人禁繫幽皇后於別殿侍者十數人隨之是日皇后越王俱爲輔國所害係子建逌逾建中元年十一月封武威郡王授殿中監同正員逌封興道郡王授中監同正員逾封齊國公光祿卿同正員

承天皇帝倓肅宗第三子也天寶中封建寧郡王授太常卿同正員英毅有才畧善射祿山之亂玄宗幸蜀倓兄弟典親兵扈從車駕渡渭百姓遮道乞留太子太子諭之曰至尊奔[illegible]吾不忍違離左右倓

吾見上奏聞倓於行宮謂太子曰逆胡犯順四海分崩不因人情何以興復夫有國家者大孝莫若存社稷今從至尊入蜀則散關已東非皇家所有何以維屬人情殿下宜購募豪傑暫往河西收拾戎馬點集防邊將卒不下十萬人光弼子儀全軍河朔謀爲興復計之上也廣平王亦贊成之於是令李輔國奏聞玄宗忻然聽納乃分從官士卒以遣之時敗卒膽破兵仗不完太子旣北上渡渭一日百戰倓自選驍騎數百衞從每蒼黃顛沛之際血戰在前太子或過時不得食倓涕泗不自勝上尤憐之軍士屬目歸於倓至靈武太子卽帝位廣平旣爲元子欲以倓爲天下兵馬元帥侍臣曰廣平王冢嗣有君人之量上曰廣平地當儲貳何假更爲元帥左右曰廣平今未冊立艱難時人尤屬望於元帥况太子從曰撫軍守曰監國今之元帥撫軍也廣平爲宜遂以廣平爲元帥倓典親軍李輔國爲元帥府司馬時張良娣有寵倓性忠謇因侍上屢言良娣頗自恣輔國連結內外欲傾動皇嗣自是日爲良娣輔國所構云建寧恨不得兵權頗畜異

志肅宗怒賜倓死旣而省悟悔之明年冬廣平王收復兩京遣判官李泌入朝獻捷泌與上有東宮之舊從容語及建寧事肅宗改容謂泌曰倓於艱難時實得氣力無故爲下人之所間欲圖害其兄朕以社稷大計割愛而爲之所也泌對曰爾時臣在河西豈不知其故廣平兄弟天倫篤睦至今廣平言及建寧則嗚咽不已陛下之言出於讒口也帝因泣下曰事已及此無如之何泌因奏曰臣幼稚時念黃臺瓜辭陛下嘗聞其說乎高宗大帝有八子睿宗最幼天后所生三子自爲行第故睿宗第四長曰孝敬皇帝爲太子監國而仁明孝悌天后方圖臨朝乃鴆殺孝敬立雍王賢爲太子賢每日憂惕知必不保全與二弟同侍於父母之側無由敢言乃作黃臺瓜辭令樂工歌之冀天后聞之省悟卽生哀愍辭云種瓜黃臺下瓜熟子離離一摘使瓜好再摘令瓜稀三摘猶尚可四摘抱蔓歸而太子賢終爲天后所逐死于黔中陛下有今日運祚已一摘矣愼無再摘上愕然曰公安得有是言時廣平王立大功亦爲張皇后所忌潛構流言泌因事諷動之及代宗卽位深思建寧之冤追贈齊王大曆三年五月詔曰故齊王倓承天祚之慶保鴻名之光降志尊賢高才好學藝文博洽智畧宏通斷必知來謀皆先事識無不達理至通精乃者寇盜橫流鑾輿南幸先聖以宸扆之戀將侍君親惟王以宗廟之重誓寧家國克協朕志載符天時立辨群議之非同獻五原之計中興之盛實賴奇功景命不融早從厚夜天倫之愛震惕良深流涕追封胙于東海頃加表飾未極哀榮夫以纂舊邦再造之勤成天下一家之業而存未峻其等殁未尊其稱非所以旌徽烈明至公也朕以恥身纘膺大寶不及讓王之禮莫申太弟之嗣所懷靡殫追想逾切非常之命寵錫攸宜敬用追謚曰承天皇帝與興信公主第十四女張氏宜婚謚曰恭順皇后有司準式擇日冊命改葬于順陵仍祔于奉天皇帝廟同殿異室焉

衞王佖肅宗第四子天寶中封西平郡王授殿中監同正員早薨寶應元年五月追贈衞王

○彭王僅肅宗第五子天寶中封新城郡王授鴻臚卿同正員至德二年十二月進封彭王乾元二年冬史思明再陷河洛關東用兵人情震懼群臣請以親王遙統兵柄三年四月詔曰古之哲王宅中御宇莫不內封子弟外建藩維故周稱百代抑聞麟趾之美漢命六官亦樹犬牙之制歷考前載率由舊章朕以薄德纘承鴻緒屬犲狼未殄金革猶虞賴文武盡臣協心同德庶克清於玄祲期永保於皇圖且授鉞分符義已先於用武又維城作翰道方弘於建親咨爾分閫之崇成乎磐石之固彭王僅等銀潢毓慶璿萼分輝忠孝禀於天成文武稱其備用今三秦之地萬國來庭誠宜列皇子以建封崇懿藩而制勝是資固本委以臨戎彭王僅可充河西節度大使兗王僴可充北庭節度大使涇王侹可充隴右節度大使杞王倕可充陝西節度大使與王佋可充鳳翔節度大使僅是歲薨子鎭授大僕卿同正員封常山郡王

兗王僴肅宗第六子母韋妃刑部尚書堅之妹肅宗在東宮選爲太

子妃生佩及永和公主後為李林甫誣搆被誅太子懼奏請與妃離異於別宮安置佩天寶中封潁川郡王授太子詹事同正員至德二年十二月進封兗王乾元三年領北庭節度大使寶應元年薨

涇王侹肅宗第七子天寶中封東陽郡王授光祿卿同正員至德二載十二月進封涇王乾元三年領隴右節度大使興元元年薨

鄆王榮肅宗第八子天寶中封靈昌郡王早世寶應元年五月追贈鄆王

襄王僙肅宗第九子至德二載十二月封襄王貞元七年正月薨

杞王倕肅宗第十子母段婕妤貞元六年六月贈為昭儀倕至德二載封貞元十四年薨

召王偲肅宗第十一子至德二載十二月封元和元年薨

恭懿太子佋肅宗第十二子至德二載封興王上元元年六月薨佋皇后張氏所生上尤鍾愛后屢危太子欲以興王為儲貳會薨而止七月丁亥詔曰厚禮所以飾終易名所以表行況情鍾天屬寵及褒

封載疇加等之義式備元儲之贈永懷軫念有惻彝章第十二子故興王佋毓慶璿源分華若木天資純孝神假聰明河間聚書幼聞樂善之旨延陵聽樂早得知音之妙頃以暫嬰沉瘵殆積旬時而資敬益彰穎晤逾爽愛親之戀言不間於斯須告訣之辭事先符於夢寐顧惟至性實切深哀將祚土析珪載崇藩翰聞詩對易爰就琢磨方冀成立豈期夭喪瑤英始茂遽摧於當春隙駟俄遷忽沉於厚夜興言痛悼閔惜良深宜賁寵於青宮俾哀榮於玄穸可贈太子謚曰恭懿應緣喪葬所司準式仍令京兆尹劉晏充監護使詔宰臣李揆持節冊命十一月葬于高陽原其哀冊曰維上元元年太歲庚子六月己未朔二十六日甲申皇第十二子持節鳳翔等四州節度觀察大使興王佋薨于中京內邸殯于寢之西階粵八月丁亥冊贈皇太子廟號恭懿冬十一月庚寅詔葬于長安之高陽原禮也鸞隧開封龍輴進轍陳祖載而就位儼塗芻以成列皇帝哀王林之閟景憫璿萼之惟霜瞻龍綍而增思懷鳳池而永傷考謚惟古褒崇有式爰詔史司恭宣懿德其辭曰惟天祚唐累葉重光中興宸景再紐乾綱本枝建國磐石疏疆克開龍衛寔曰賢王驪源孕彩日幹騰芳深仁廣孝蘊義含章秀發童年惠彰齔齒蹈禮知方承尊叶旨對日流辯占風擅美魯衛後塵閒平絕軌胡孽初構王師未班爰從襁褓載歷險艱愛備中被名崇懿藩居常稟訓動不違顏禮及佩觿朝加分器胙土延渥登壇受帥王賓金聲文經武緯樂善為寶崇儒是貴濬哲外朗溫文內深閱書成誦觀樂表音五經在口六律諧心才優藝洽絕古超今蛇豕僭梗寰區未乂滌慮祈真焚香潔食去葷血心依定惠慶福邦家俾清兇穢霧露嬰疾聰明害神沉痾始遘彌曠盈旬止慮無擾發言有倫在膏方亟問膳逾勤雲物告徵星辰變象楚藥無救秦醫莫伎靈儀宵而上賓微音邈其長往遺舊邸於青社即幽陵於黃壤嗚呼哀哉魂氣奪兮去何之精靈存兮孝有思念君親之永隔託夢寐而來辭延桂宮而震悼貫椒壺而纏悲旌遺芳於碣館賁新命於儲闈嗚呼哀哉先遠戒候占龜獻吉指鶉野而西臨背鳳城而

右出天慘慘而苦霧山蒼蒼而曀日望馳道而長辭赴幽塗而永畢嗚呼哀哉生為寵王兮寢愛所鍾歿追上嗣兮朝典斯崇升玉壑於洞府閟銀榮於泉宮金石誰固人生有終簡冊攸記兮德音無窮敢直詞於篆美庶永代而成風嗚呼哀哉佋薨時年八歲既薨之夕肅宗張后俱夢佋有如平昔拜辭流涕而去帝方寢疾追念過深故特以儲闈之贈寵之上疾累月方平

定王侗肅宗第十三子亦張后所生佋之母弟至德二載封定王寶應初薨時年甚幼

宋王僖肅宗第十四子初封淮陽王早夭追封宋王

代宗皇帝二十子睿真皇后沈氏生德宗皇帝崔妃生昭靖太子獨孤皇后生韓王迥餘十七王舊史不載母氏所出

昭靖太子邈代宗第二子寶曆元年封鄭王大曆初代皇太子為天下兵馬元帥王好讀書以儒行聞大曆九年薨廢朝三日由是罷元帥之職上惜其才早夭冊贈昭靖太子葬於萬年縣界

均王遐代宗第三子早夭貞元八年追封

睦王述代宗第四子大曆九年冬三田承嗣謀亂河朔時鄭王居長典兵師不幸薨落諸王皆幼多未封建大臣奏議請封親王分領戎師以威天下十年二月詔曰虞夏之制諸子疏封漢魏以還十連授律是用錫珪班瑞盤石開疆信通邑之紀綱爲中都之屏翰然則旌鉞之寄推擇攸難因親之任各膺其命第四子述第五子逾第六子連第七子迥第八子遘第十三子造第十四子暹第十五子運第十六子遇第十七子遹第十八子通第十九子逵第二十子逸等並敏茂純懿稟於衷誠溫良孝恭形於進對動皆合義居必有常可以理衆靖人撫封宣化而摠列城之賦纔分閫之謀克勤公家允輔王室今則均茅社之寵盛槐庭之儀授鉞登車嗣茲朝典維城之固爾其懋哉述可封睦王充嶺南節度支度營田五府經略觀察處置等大使逾可封郴王充渭北鄜坊等州節度大使連可封恩王韓王迥可汴宋等節度觀察處置等大使遘可封鄜王造可封忻王充昭義軍節

度觀察處置等大使暹可封韶王運可封嘉王遇可封端王遹可封循王通可封恭王逵可封原王逸可封雅王仍並可封開府儀同三司是時皇子勝衣者盡加王爵不出閤德宗朝述爲諸王之長時分命中使周行天下求訪沈太后詔以睦王爲奉迎太后使以工部尚書喬琳副之貞元七年薨

丹王逾代宗第五子大曆十年封郴王領渭北鄜坊節度大使建中四年改丹王元和十五年薨

恩王連代宗第六子大曆十年封元和十二年薨

韓王迥代宗第七子以母寵既生而受封雖沖幼恩在鄭王之亞寶應元年封韓王貞元十二年薨時年四十七

簡王遘代宗第八子大曆十年封鄜王建中四年改封簡王元和四年薨

益王迺代宗第九子大曆四年封

隋王迅代宗第十子大曆十年封興元元年薨

荊王選代宗第十一子早世建中二年正月追封荊王贈開府儀同三司

蜀王遡代宗第十二子大曆十四年封本名遂建中二年改今名

忻王造代宗第十三子大曆十年封仍領昭義軍節度觀察大使元和六年薨

韶王暹代宗十四子大曆十年封貞元十二年薨

嘉王運代宗十五子大曆十年封貞元十七年薨

端王遇代宗十六子大曆十年封貞元七年薨

循王遹代宗第十七子大曆十年封

恭王通代宗第十八子大曆十年封

原王逵代宗第十九子大曆十年封太和六年薨

雅王逸代宗第二十子大曆十年封貞元十五年薨

史臣曰豔妻破國孽子敗宗前代英傑之君率不免於斯累者何也良以愛惡不由於義斷毀譽遽逐於情移雖申生孝已之仁卒不能

迴君父之愛悲哉孝宣皇帝當屯剝之運收忠義之心忍行愛子之刑終宥姦閹之罪大雅君子爲之痛心張后卒以凶終固其宜矣

讚曰牀簀之愛人情易惑以義制情晉王令德李侯悟主讒諂金石褒譏建寧良堪太息

唐書列傳卷第六十六

劉昫等修

聞人詮校刊沈桐同校

嚴武　郭英乂

崔寧　嚴震

嚴礪

嚴武中書侍郎挺之子也神氣儁爽敏於聞見幼有成人之風讀書不究精義涉獵而已弱冠以門廕策名隴右節度使哥舒翰奏充判官遷侍御史至德初肅宗興師靖難大收才傑武杖節赴行在宰相房琯以武名臣之子素重之及是首薦才略可稱累遷給事中既收長安以武爲京兆少尹兼御史中丞時年三十二以史思明阻兵不之官優游京師頗自矜大出爲綿州刺史遷劒南東川節度使入爲太子賓客兼御史中丞上皇誥以劒兩川合爲一道拜武成都尹兼御史大夫充劒南節度使入爲太子賓客遷京兆尹兼御史大夫二

聖山陵以武爲橋道使無何罷兼御史大夫改吏部侍郎尋遷黃門侍郎與宰臣元載深相結託冀其引在同列事未行求爲方面復拜成都尹充劒南節度等使廣德二年破吐蕃七萬餘衆拔當狗城十月取鹽川城改檢校吏部尚書封鄭國公前後在蜀累年肆志逞欲恣行猛政梓州刺史章彝初爲武判官及是小不副意赴成都杖殺之由是威震一方蜀土頗饒珍產武窮極奢靡賞賜無度或由一言賞至百萬蜀方閭里以徵斂殆至匱竭然蕃虜亦不敢犯境而性本狂蕩視事多率胷臆雖慈母言不之顧初爲劒南節度使舊相房琯出爲管內刺史琯於武有薦導之恩武驕倨見琯略無朝禮甚爲時議所貶永泰元年四月以疾終時年四十

郭英乂先朝隴右節度使左羽林軍將軍知運之季子也少以父業習知武藝策名河隴間以軍功累遷諸衛員外將軍至德初肅宗興師朔野英乂以將門子特見任用遷隴右節度使兼御史中丞既收二京徵還闕下掌禁兵遷羽林軍大將軍加特進以家艱去職朝廷方討史思明選任將帥乃起英乂爲陝州刺史充陝西節度潼關防禦等使尋加御史大夫兼神策軍節度代宗即位加檢校戶部尚書兼御史大夫元帥雍王自陝統諸軍討賊洛陽留英乂在陝爲後殿東都平以英乂權爲東都留守既至東都不能禁暴縱麾下兵與朔方迴紇之衆大掠都城延及鄭汝等州比屋蕩盡廣德元年策勳加實封二百戶徵拜尚書右僕射封定襄郡王恃富而驕於京城創起甲第窮極奢靡與宰臣元載交結以久其權會劒南節度使嚴武卒載以英乂代之兼成都尹充劒南節度使既至成都肆行不軌無所忌憚玄宗幸蜀時舊宮置爲道士觀內有玄宗鑄金真容及乘輿侍衛圖畫先是節度使每至皆先拜而後視事英乂以觀地形勝乃入居之其真容圖畫悉遭毀壞見者無不憤怒以軍政苛酷無敢發言又頗恣狂蕩聚女人騎驢擊毬製鈿驢鞍及諸服用皆侈靡裝飾日費數萬以爲笑樂未嘗問百姓間事人頗怨之又以西山兵馬使崔旰得衆心屢抑之旰因蜀人之怨自西山率麾下五千餘衆襲成都

英乂出軍拒之其衆皆叛反攻英乂英乂奔於簡州普州刺史韓澄斬英乂首以送旰并屠其妻子焉

崔寧衛州人本名旰雖儒家子喜縱橫之術衛州刺史茹璋授旰符離令既罷久不調遂客遊劒南從軍爲步卒事鮮于仲通又隨李宓討雲南宓戰敗旰歸成都行軍司馬崔論見旰悅其狀貌又以其宗姓厚遇薦爲衙將歷事崔圓裴冕冕遭流謗朝廷將遣使推按旰部下截耳稱冤中使奏之旰亦赴京師授司戈歷司階折衝郎將軍等官寶應初蜀中亂山賊擁絕縣道代宗憂之嚴武薦旰爲利州刺史既至山賊逋散由是知名嚴武爲劒南節度赴鎭過利州心欲辟旰爲部將以利非屬部旰難輒去俾旰籌之旰曰節度使張獻誠見忌且又好利誠能重賂之旰可以從大夫矣武至劒南遺獻誠奇錦珍貝價兼百金獻誠大悅武乃遺獻誠書求旰獻誠然之令旰移疾去郡旰乃之劒南武奏爲漢州刺史久之吐蕃與諸雜羌戎寇陷西山柘靜等州詔嚴武收復武遣旰統兵西山旰善撫士卒皆願致死命

始次賊城周圍皆石磧攻具無所設唯東南隅環丈之地壤土可穴謀知之以告旰晝夜穿地道攻之再宿而拔其城因拓地數百里下城寨數四番衆相語曰崔旰神兵也將吏前進以粮盡還師武大悅裴七寶轝迎旰入成都以誇士衆賞賚過厚永泰元年五月嚴武卒杜濟爲西川行軍司馬權知軍府事時郭英幹爲都知兵馬使郭嘉琳爲都虞候皆請英幹兄英乂爲節度使旰時爲西山都知兵馬使與軍衆共請大將王崇俊爲節度使二奏俱至京師會朝廷已除英乂旰使因見英乂陳其事英乂至成都數日誣殺王崇俊又召旰還成都英乂減將健粮賜人心怨怒旰在西山聞之大恐乃託備吐蕃未赴成都英乂怒出兵聲言助旰討吐蕃其實襲之也旰家在漢州英乂遷之成都通其妾媵旰知之轉入深山英乂自率師攻旰值天大寒雪深數尺英乂士馬凍死者數百人衆心離叛旰遂出兵拒敵英乂與之接戰英乂軍大敗而還收餘兵纔千人歸成都將卒因多逃散初天寶中劍南節度使鮮于仲通嘗建一使院院宇甚華麗及

玄宗幸蜀嘗居之因爲道觀兼寫玄宗眞容置之正室英乂因入觀行香悅其竹樹遂奏請以仲通舊院爲軍營乃移去眞容自居之旰聞之謂將士曰英乂反矣不然何得除毀玄宗眞容而自居之乃率兵攻成都英乂出兵於城西門令柏茂琳爲前軍郭英幹爲左軍郭嘉琳爲後軍與旰戰茂琳等軍累敗軍人多投旰旰令降將統兵與英乂轉戰失敗之兵至子城英乂單騎奔簡州爲普州刺史韓澄所殺時邛劍所在起兵相攻劍南大亂永泰二年二月乃以黃門侍郎平章事杜鴻漸兼成都尹山南西道劍南東川西川南邛等道副元帥劍南西川節度使鴻漸出駱谷有謀者曰相公駐車閬州遥制劍南數移牒述英乂過失言旰有方略旰腹心攝諸州刺史者皆奏正之令旰及將校不疑怨然後與東川節度使張獻誠及諸賊帥合議數出兵攻旰既數道連兵未經一年兵勢減耗旰窮必束身歸朝此上策也鴻漸畏懦計　未決會旰使至卑辭厚禮送繒錦數千匹鴻漸貪其利遂至成都日與判官杜亞楊炎將吏等高會縱觀軍州政事悉委旰仍連表聞薦先時張獻誠數與旰戰獻誠屢敗旌節皆爲旰所奪朝廷因鴻漸之請加成都尹兼西山防禦使西川節度行軍司馬仍賜名曰寧大曆二年鴻漸歸朝遂授寧西川節度使恃地險人富乃厚斂財貨結權貴令弟寬留京師元載及諸子有所欲寬悉與之故寬驟歷御史知雜事御史中丞寬兄審亦任郎中諫議大夫給事中寧在蜀十餘年地險兵強肆侈窮欲將吏妻妾多爲所淫汚朝廷患之而不能詰累加尚書左僕射大曆十四年入朝還司空平章事兼山陵使尋代喬琳爲御史大夫平章事寧以爲選擇御史當出大夫不謀及宰相乃奏請以李衡于結等數人爲御史楊炎大怒其狀遂寢炎又數譏毀劉晏寧又救解之寧既厚結元載已久楊炎又出自載門寧初附炎炎因此大怒其年十月南蠻大下與吐蕃三道合進一出茂州過文川及灌口一出扶文過方維白壩一出黎壩雅過邛郲戎酋誡其衆曰吾要蜀川爲東府凡伎巧之工皆送邏娑平歲賦一縑而已是蠻之入連陷郡邑士庶奔亡山谷屬寧在朝軍

中無帥德宗促寧還鎭炎懼寧怨已入蜀難制謂德宗曰蜀川天下奧壤自寧擅置其中朝廷失其外府十四年矣今寧來朝尚有全師守蜀貨利之厚適中奉給貢賦所入與無地同始寧與諸將等夷獨因叛亂得位不敢自有以恩柔煦育威令不行今雖歸之必無功是徒遣也若有功義不可奪則西川之奧敗固失之勝亦非國家所有陛下熟察帝曰卿策何從炎曰請無歸寧今朱泚所部范陽勁兵戍在近甸促令與禁兵雜往舉無不捷因是役得寘親兵內其腹中蜀將必不敢動然後換授他帥以收其權得千里肥饒之地是因小禍受大福也帝曰善即止寧不行乃發禁兵四千范陽兵五千赴援東川出軍自江油趣白壩與山南兵合擊蠻兵敗走范陽軍又擊破於七盤遂拔新城戎蠻大敗凡斬馘六千生擒六百傷者糊饑寒隕於崖谷者八九萬寧遂罷西川節度使制授檢校司空同中書門下平章事御史大夫京畿觀察使兼靈州大都督單于鎭北大都護朔方節度等使兼鄜坊丹延都團練觀察使託以重臣綏靖北邊但令居

鄜州雖以寧爲節度毎道皆置留後自得奏事炎悉諷令伺寧過佗杜希全爲靈州王翃爲振武李建徽爲鄜州及戴休顔杜從政呂希倩等皆炎署置也寧巡邊至夏州刺史呂希倩與寧同力招撫党項歸降者甚多炎惡之因奏希倩撫綏之功才堪委任召歸朝除右僕射知省事以神武將軍時常春代之朱泚之亂上卒迫行幸百寮諸王鮮有知者寧後數日自賊中來上初喜甚寧私謂所親曰聖上聰明英邁從善如轉規但爲盧杞所惑至此爾杞聞之潛與王翃圖議陷之初涇原兵作亂之夕寧與翃及御史大夫于頎俱出延平門而西數下馬便液毎下輒良久翃等促之不敢前又懼賊兵追及翃乃大聲而言曰已至此不必顧望至奉天翃具以事聞會朱泚行反間僞除柳渾宰相署寧中書令寧朔方掌書記康湛時爲盩厔尉翃逼湛作寧遺朱泚書使寧無以自辯翃遂獻之杞因誣奏曰崔寧初無葵藿向日之心聞於城中與朱泚堅爲盟約所以後於百辟今事果驗使兕渠外逼姦臣内謀則大事去矣因俯伏歔欷曰臣備位宰相危不能持顛不能扶宜當萬死伏待斧鉞上命左右扶起之既還俄有中人引寧於幕

○後二力士自後縊殺之時年六十一初將誅寧召至朝堂云令江淮宣慰尋命翰林學士陸贄草誅寧制贄求寧與泚書將以狀生之復亂言云其書已失寧既得罪籍没其家中外稱其冤乃赦其家歸其資産貞元十二年六月寧故將夏綏銀節度使韓潭奏請以新加禮部尚書恩制以雪寧之罪詔從之任其家收葬初寧入朝留弟寛守成都瀘州楊子琳乘間以精騎數千突入成都據城守之寛屢戰力屈子琳威聲頗盛寧妾任氏魁偉果幹乃出其家財十萬募勇士信宿間得千人設隊伍將校手自麾兵以逼子琳子琳懼城内糧盡乃拔城自潰子琳素有妖術其夕致大雨引舟至庭除登之而遁寧季弟密密子繪父子皆以文雅稱歷使府從事繪生四子蠡黯確蕘皆以進士擢第蠡字越卿元和五年擢第累辟使府寶曆中入朝監察御史太和初爲侍御史三遷戸部郎中出爲汝州刺史開成初以司勲郎中徵尋以本官知制誥明年正拜舍人三年權知禮部貢舉四年拜禮部侍郎轉戸部上疏論國忌日設僧齋百官行香事無經據詔曰朕以郊廟之禮嚴奉祖宗備物盡誠庶幾昭格恭惟忌日之感所謂終身之憂而近代以來歸依釋老徵二教以設食會百辟以行香將以有助聖靈冀資福祚有異皇王之術頗乖教義之宗昨得崔蠡奏論遂遣討尋本末禮文令式曾不該明習俗因循雅當整革其兩京天下州府以國忌日爲寺觀設齋焚香起今已後並宜停罷蠡尋爲華州刺史鎭國軍等使再歷方鎭子蕘

蕘字野夫大中二年擢進士第累官至尚書郎知制誥正拜中書舍人戸部侍郎乾符中自尚書右丞遷吏部侍郎蕘美文詞善談論而馭事簡率銓管非所長出爲陝州觀察使以器韻自高不屑細故權移僕下時河南寇盜蜂起王仙芝亂漢南朝綱不振而蕘自恃清貴不恤人之疾苦百姓訴旱蕘指庭樹曰此尚有葉何旱之有乃笞之吏民結怨既而爲軍人所逐饑渴甚投民舍求水民以溺飲之初爲軍人所俘翦其髭髮拜而獲免以失守貶端州司馬復入爲左散騎

○常侍卒子居敬居儉居敬終尚書郎居儉中興終戸部尚書

黯字直卿大和二年進士擢第開成初爲青州從事入爲監察御史奏郊廟祭器不虔請勑有司文宗謂宰臣曰宗廟之事朕合親奉其禮但以千乘萬騎動費國用毎有司行事之日被衣冠坐以俟旦比聞主者不虔祭器弊非事神蠲絜之義卿宜嚴勑有司道吾此意黯具條奏以聞尋遷員外郎會昌中爲諫議大夫○確字岳卿顔字希卿位皆至尚書郎

嚴震字遐聞梓州鹽亭人世爲田家以財雄於鄉里至德乾元已後震屢出家財以助邊軍授州長史王府諮議參軍東川節度判官韋收薦震才用於節度使嚴武遂授合州長史及嚴武移西川署爲押衙改恒王府司馬嚴武以宗姓之故軍府之事多以委之又歷試衛尉太常少卿嚴武卒適罷歸東川節度使又奏爲渝州刺史以疾免山南西道節度使又奏爲鳳州刺史加侍御史丁毋憂罷起復本官仍充興鳳兩州團練使累加開府儀同三司兼御史中丞爲政清嚴

興利除害遠近稱美建中初司勳郎中韋楨爲山劍黜陟使薦震理
行爲山南第一特賜上下考封鄖國公在鳳州十四年能政不渝建
中三年代賈耽爲梁州刺史兼御史大夫山南西道節度觀察等使
及朱泚竊據京城李懷光頓軍咸陽又與之連結泚令腹心穆庭光
宋瑗等齎白書誘震同叛震集衆斬庭光等時李懷光連賊德宗欲
移幸山南震既聞順動遣吏馳表往奉天迎駕仍令大將張用誠領
兵五千至盩厔已東迎護上聞之喜既而用誠爲賊所誘欲謀背逆
朝廷憂之會震又遣牙將馬勛奉表迎候上臨軒召勛與之語勛對
曰臣請計日至山南取節度使符召用誠即不受召臣當斬其首以
復上喜曰卿何日當至勛剋日時而奏帝勉勞之勛既得震符乃請
壯丁五人偕行既出駱谷用誠以勛未知其謀乃以數百騎迎勛勛
與俱之傳舍用誠左右森然勛先聚草發火於驛外軍士爭附火勛
乃從容出懷中符示之曰大夫召君用誠惶懼起走壯士自背束手
而擒之不虞用誠子居後引刀斫勛勛左右遽承其臂刀下不甚傷

傷勛首遂格殺其子而仆用誠於地壯士跨其腹以刃擬其喉曰出
聲即死勛即其營軍士已被甲執兵矣勛大言曰汝等父母妻子皆
在梁州一朝棄之欲從用誠反逆有何利也但滅汝族耳大夫使我
取張用誠不問汝輩欲何爲乎衆皆讋服於是縛用誠送州震杖殺
之拔其副將使率其衆迎駕勛以藥封首馳赴行在約半日上頗
憂之及勛至喜動顏色翌日車駕發奉天及入駱谷李懷光遣數百
騎來襲賴山南兵擊之而退輿駕無警急之患尋加震檢校戶部尚
書賜實封二百戶三月德宗至梁州山南地貧糧食難給宰臣議請
幸成都府震奏曰山南地接京畿李晟方圖收復藉六軍聲援如幸
西川則晟未見收復之期也幸陛下徐思其宜議未決李晟表至請
車駕駐蹕梁洋以圖收復群議乃止梁漢之間刀耕火耨民以採梠
爲事雖節察十五郡而賦額不敵中原三數縣自安史之後多爲山
賊剽掠戶口流散太半洎六師駐蹕震設法勸課鳩聚財賦以給行
在民不至煩供億無闕其年六月收復京城車駕將還京師進位檢

校尚書左僕射詔曰朕遭罹寇難播越梁岷蒸庶煩於供億武旅勤
於扞衛凡百執事各奉厥司眷于是邦復我興運宜加崇大以示將
來宜改梁州爲興元府官名品制同京兆河南府鄭縣昇爲赤諸縣
昇爲畿見任州縣官考滿日放選百姓給復一年洋州宜昇爲望見
任州縣官考滿減兩選山南西道將士並與甄敍以震爲興元尹賜
實封二百戶貞元元年十一月德宗親祀
昊天上帝于南郊震入朝陪祭十一年二月加同平章事貞元十五
年六月卒時年七十六廢朝三日冊贈太保賻布帛米粟有差及喪
將至令百官以次赴宅弔哭

嚴礪震之宗人也性輕躁多姦謀以便佞在軍歷職至山南東道節
度都虞候興州刺史兼監察御史貞元十五年嚴震卒以礪權留府
事兼遺表薦礪才堪委任七月超授興元尹兼御史大夫山南西道
節度支度營田觀察使詔下諫官御史以爲除拜不當是日諫議給
事補闕拾遺並歸門下省共議礪資歷甚淺人望素輕遽領節旄恐

非允當既兼雜話發論喧然拾遺李繁獨奏云昨除拜嚴礪衆以爲
不當諫議大夫苗拯云巳三度表論未見聽允給事中許孟容曰誠
如此不曠職矣又云李元素陳京王舒並見拯及孟容言議上遣三
司使詰之拯狀云實於衆中言曾論奏不言三度繁證之不已孟容
等又云拯實言兩度拯請依衆狀翌日貶拯萬州刺史李繁播州參
軍並同正礪在位貪殘士民不堪其苦素惡鳳州刺史馬勛誣奏貶
賀州司戶縱情肆志皆此類也元和四年三月卒卒後御史元稹奉
使兩川按察糾劾礪在任日贓罪數十萬詔徵其贓以死恕其罪

史臣曰爵人於朝與衆共之刑人於市與衆棄之縱崔寧除嚴礪時
君之政可知矣輔相之才可見矣武不稟父風有違母誨凡爲人子
者得不誡哉雖有周孔之才不足稱也況狂夫乎英乂失政其死也
宜哉嚴震立功其道也顯矣

贊曰英乂失政崔寧發身武爲士子震作純臣

唐書列傳卷第六十七

唐書列傳卷第六十八

劉昫等修

聞人詮校刊沈桐同校

元載 王昂附　李少良 郇謨附

王縉　楊炎

黎幹 劉忠翼附　庾準

元載鳳翔岐山人也家本寒微父景昇任員外官不理產業常居岐州載母攜載適景昇冒姓元氏載自幼嗜學好屬文性敏惠博覽子史尤學道書家貧徒步隨鄉賦累尚不升第天寶初玄宗崇奉道教下詔求明莊老文列四子之學者載策入高科授邠州新平尉監察御史韋鎰充使監選黜中引載為判官載名稍著遷大理評事東都留守苗晉卿又引為判官遷大理司直肅宗即位急於軍務諸道廉使隨才擢用時載避地江左蘇州刺史江東採訪使李希言表載為副拜祠部員外郎遷洪州刺史兩京平入為度支郎中載智性敏悟善奏對肅宗嘉之委以國計俾充使江淮都領漕輓之任尋加御史中丞數月徵入遷戶部侍郎度支使并諸道轉運使既至朝廷會肅宗寢疾載與倖臣李輔國善輔國妻元氏載之諸宗因是相昵狎時輔國權傾海內舉無違者會選京尹輔國乃以載兼京兆尹載意屬國柄詣輔國懇辭京尹輔國識其意然之翌日拜載同中書門下平章事度支轉運使如故旬日肅宗晏駕代宗即位輔國勢愈重稱載於上前載能伺上意頗承恩遇遷中書侍郎同中書門下平章事加集賢殿大學士修國史又加銀青光祿大夫封許昌縣子載以度支轉運使職務繁碎負荷且重慮傷名阻大位素與劉晏相友善乃悉以錢穀之務委之薦晏自代載自加營田使李輔國罷職又加判天下元帥行軍司馬廣德元年與宰臣劉晏裴遵慶同扈從至陝及輿駕還宮遵慶皆罷所任載恩寵彌盛輔國死載復結內侍董秀多與之金帛委主書卓英倩潛通密旨以是上有所屬載必先知之承意探微言必玄合上益信任之妻王氏很戾自專載出朝謁縱子伯和等遊于

外上封人顧繇奏之上方任載以政反罪繇而已內侍魚朝恩負恃權寵不與載協載常憚之大曆四年冬乘間密奏朝恩專權不軌請除之朝恩驕橫天下咸怒上亦知之及聞載奏適會於心載遂結北軍大將同謀以防萬慮五年三月朝恩伏法度支使第五琦以朝恩黨坐累載兼判度支志氣自若謂已有除惡之功是非前賢以為文武才略莫已之若外委胥吏內聽婦言城中開南北二甲第室宇宏麗冠絕當時又於近郊起亭榭所至之處帷帳什器皆於宿設儲不改供城南膏腴別墅連疆接畛凡數十所婢僕曳羅綺一百餘人恣為不法侈僭無度江淮方面京輦要司皆排去忠良引用貪狠士有求進者不結子弟則謁主書貨賄公行近年以來未有其比與王縉同列縉方務聚財遂睦於載二人相得甚歡日益縱橫代宗盡察其跡以載任寄多年欲全君臣之分載嘗獨見上誡之不悛初鑾駕自陝還與縉上表請以河中府為中都秋杪行幸春首還京以避蕃戎侵軼之患帝初納之遣條奏以聞自魚朝恩就誅志頗盈滿遂抗表

請建中都文多不載大略以關輔河東等十州戶稅入奉京師創置精兵五萬管在中都以威四方辭多開闔自以為表入事行潛遣所由吏於河中經營節度寄理於涇州大曆八年蕃戎入邠寧之後朝議以為三輔已西無襟帶之固而涇州散地不足為守載嘗為西州刺史知河西隴右之要害指畫於上前曰今國家西境極于潘源吐蕃防戍在摧沙堡而原州界其間原州當西塞之口接隴山之固草肥水甘舊壘存焉吐蕃比毀其垣墉棄之不居其西則監牧故地皆有長濠巨塹重複深固原州雖早霜黍稷不蓺而有平涼附其東獨耕一縣可以足食請移京西軍戍原州乘間築之貯粟一年戎人夏牧多在青海羽書覆至已逾月矣今運築並作不二旬可畢移子儀大軍居涇以為根本分兵守石門木峽隴山之關北抵于河皆連山峻嶺寇不越稍置鳴沙縣豐安軍為之羽翼北帶靈武五城為之形勢然後舉隴右之地以至安西是謂斷西戎之脛朝廷可高枕矣兼圖其地形以獻載密使人踰隴山入原州量井泉計徒庸車乘畚鍤

之器皆具檢校左僕射田神功沮之曰夫興師料敵老將所難陛下信一書生言舉國從之聽誤矣上遲疑不決會載得罪乃止初六年載條奏應緣別勑授文武六品以下勑出後望令吏部兵部便附甲團奏不得檢勘從之時功狀奏擬結銜多謬載欲權歸於已慮有司駮正會有上封人李少良密以載醜跡聞載知之奏於上前少良等數人斃於公府由是道路以目不敢議載之短門庭之內非其黨與不接平素交友涉於道義者悉疏棄之代宗寬仁明恕審其所由凡累年載長惡不悛衆怒上聞大曆十二年三月庚辰仗下後上御延英殿命左金吾大將軍吳湊收載縉于政事堂各留繫本所并中書主事卓英倩李待榮及載男仲武季能並收禁命吏部尚書劉晏訊鞫晏以載受任樹黨布于天下不敢專斷請他官共事勑御史大夫李涵右散騎常侍蕭昕兵部侍郎袁傪禮部侍郎常袞諫議大夫杜亞同推究其狀辯罪問端皆出自禁中仍遣中使詰以陰事載縉皆伏罪是日宦官左衛將軍知內侍省事董秀與載同惡先載於禁中

杖殺之勑曰任直去邪懸於帝典獎善懲惡急於時政和鼎之寄匪易其人中書侍郎同中書門下平章事元載性頗姦回跡非正直寵待踰分早踐鈞衡亮弼之功未能經邦成務挾邪之志常以罔上面欺陰託妖巫夜行解禱用圖非望庶追典章納受贓私貿鬻官秩凶妻忍害暴子侵牟曾不隄防恣其凌虐行僻辭矯心狠貌恭使沉抑之流無因自達賞罰差謬罔不由茲頃以君臣之間重於去就冀其遷善掩而不言曾無悔非彌益凶戾年序滋遠釁惡貫盈將肅政於朝班俾申明於憲網宜賜自盡朕涉道猶淺知人不明理績未彰遺闕斯衆致茲刑僻憫愧良深僶俛行之務申沮勸凡在中外悉朕懷焉又制曰門下侍郎同中書門下平章事王縉附會姦邪阿諛讒佞據茲犯狀罪至難容矜以耄及未忍加刑俾申屈法之恩貸以岳牧之秩可使持節括州諸軍事守括州刺史宜即赴任於戲朕恭已南面推誠股肱數求哲人將弼予理昧於任使過在朕躬無曠廢官各慎厥職初晏等承旨縉亦處極法晏謂涵曰重刑再覆國之常典況

誅太臣豈得不覆奏又法有首從二人同刑亦宜重取進止涵等咸
聽命及宴等覆奏上乃减縉罪從輕載長子伯和先是貶在揚州兵
曹參軍載得罪命中使馳傳於揚州賜死次子仲武祠部員外郎次
子季能秘書省校書郎并載妻王氏並賜死女資敬寺尼眞一收入
掖庭王氏開元中河西節度使忠嗣之女也素以兇戾聞恣其子伯
和等爲虐伯和恃父威勢唯以聚斂財貨徵求音樂爲事載在相位
多年權傾四海外方珍異皆集其門如恐不及名姝異樂資貨不可
勝計故伯和仲武等得肆其志輕浮之士奔其門者如恐不及名姝
異樂禁中無者有之兄弟各貯妓妾于室倡優猥褻之戲天倫同觀
略無愧恥及得罪行路無嗟惜者中使董秀主書卓英倩李待榮及
陰陽人李季連以載之故皆處極法遣中官於萬年縣界黃臺鄉毀
載祖及父母墳墓斲棺棄柩及私廟木主并載大寧里安仁里二宅
充修百司廨宇以載籍没鍾乳五百兩分賜中書門下御史臺五品
已上尚書省四品已上王昂者出自戎旅以軍功累遷河中尹充河

唐傳六十八　四

。中節度使貪縱不法務於聚斂以貨藩身永泰元年正月檢校刑部
尚書知省事改殿中少監元載秉政與載深相結託大曆五年六月
爲江陵尹兼御史大夫充荆南節度觀察使代衛伯玉昂既行伯玉
諷大將楊鉥等拒昂乞留伯玉詔許之昂復檢校刑部尚書知省事
專事奢靡廣修第宅多畜妓妾以逞其志在刑部雖公務有程昂耽
徇私宴連日不視曹事性貪怯無媿苟得乃鬻公廨園菜收其錢以
潤屋甚爲時論所醜元載誅貶連州刺史遣中使監至萬州過硤江
墜江而卒

李少良者以吏用早從使幕因職遷殿中侍御史罷遊京師干謁權
貴時元載專政所居第宅崇侈子弟縱横貨賄公行士庶咸嫉之少
良忿不見用乘衆怒以抗疏上聞留少良於禁内客省少良友人韋
頌因至禁門訪少良少良漏其言頌不慎密遂爲載備知之乃奏少
良狂妄詔下御史臺訊鞫是時御史大夫缺載以張延賞爲之屬意
焉少良以泄禁中奏議制使陸珽同伏罪初韋頌及珽俱與少良友
善與載子弟親黨狎頌得少良微言漏於載所親遂達於載載密
召珽問之珽具白其狀及禁中語載得之奏于上前上大怒並付京
兆府決殺珽國子司業善經之子也少傳父業頗通經史性浮躁而
踈故及于累大曆中元載弄權自恣人皆惡之八年七月晉州男子
郇謨以麻辮髮持竹筐及葦席哭於東市人問其故對曰有三十字
請獻於上若無堪便以竹筐貯屍棄之于野京兆府以聞上即召見
賜衣館於禁内客省其獻三十字各論一事其要者團字監字團者
請罷諸州團練使監者請罷諸道監軍使殿中御史楊護職居左巡
郇謨哭市護不聞奏上以爲蔽匿貶連州桂陽縣丞員外置元載當
承寵得志每改張朝政出於載手中外共怒當時歸咎於載故少良
封事於前郇謨哭市於後凡百有位宜爲明誡

王縉字夏卿河中人也少好學與兄維早以文翰著名縉連應草澤
及文辭清麗舉累授侍御史武部員外禄山之亂選爲太原少尹與
李光弼同守太原功效謀略衆所推先加憲部侍郎兼本官時兄維

唐傳六十八　五

。陷賊受僞署賊平維付吏議縉請以已官贖維之罪特爲減等縉尋
入拜國子祭酒改鳳翔尹秦隴州防禦使歷工部侍郎左散騎常侍
撰玄宗哀册文時稱爲工改兵部侍郎屬平殄史朝義河朔未安詔
縉以本官河北宣慰奉使稱旨廣德二年拜黃門侍郎同平章事太
微宮使弘文崇賢館大學士其年河南副元帥李光弼薨於徐州以
縉爲侍中持節都統河南淮西山南東道諸節度行營事縉懇讓侍
中從之加上柱國兼東都留守歲餘遷河南副元帥請減軍資錢四
十萬貫修東都殿宇大曆三年幽州節度使李懷仙死以縉領幽州
盧龍節度縉赴鎮而還委政於燕將朱希彩又屬河東節度辛雲京
卒遂兼太原尹北都留守河東節度營田觀察等使縉又讓河南副
元帥東都留守從之太原舊將王無縱張奉璋等恃功且以縉儒者
易之每事多違約束縉一朝悉召斬之將校股慄二歲罷河東歸朝
授門下侍郎中書門下平章事時元載用事縉卑附之不敢與忤然
恃才與老多所傲忽載所不悅心雖希載旨然以言辭凌詬無所忌

[illegible]時京兆尹黎幹者戎州人也數論事載甚病之而力不能去也幹嘗白事於縉縉曰尹南方君子也安知朝禮其慢而侮人率如此類縉弟兄奉佛不茹葷血縉晚年尤甚與杜鴻漸捨財造寺無限極妻李氏卒捨道政里第為寺為之追福奏其額曰寶應度僧三十人住持每節度觀察使入朝必延至寶應寺諷令施財助已修繕初代宗喜祠祀未甚重佛而元載杜鴻漸與縉喜飯僧徒代宗嘗問以福業報應事載等因而啓奏代宗由是奉之過當嘗令僧百餘人於宮中陳設佛像經行念誦謂之內道場其飲膳之厚窮極珍異出入乘廄馬度支具廩給每西蕃入寇必令羣僧講誦仁王經以攘虜寇苟幸其退則橫加錫賜胡僧不空官至卿監封國公通籍禁中勢移公卿爭權擅威日相凌奪凡京畿之豐田美利多歸於寺觀吏不能制僧之徒侶雖有贓姦畜亂敗戮相繼而代宗信心不易乃詔天下官吏不得箠曳僧尼又見縉等施財立寺窮極瓌麗每對揚啓沃必以業果為證以為國家慶祚靈長皆福報所資業力已定雖小有患難不

足道也故祿山思明毒亂方熾而皆有子禍僕固懷恩將亂而死西戎犯闕未擊而退此皆非人事之明徵也帝信之愈甚公卿大臣既挂以業報則人事棄而不修故大曆刑政日以陵遲有由然也五臺山有金閣寺鑄銅為瓦塗金於上照耀山谷計錢巨億萬縉為宰相給中書符牒令臺山僧數十人分行郡縣聚徒講說以求貨利代宗七月望日於內道場造盂蘭盆飾以金翠所費百萬又設高祖已下七聖神座備幡節龍傘衣裳之制各書尊號于幡上以識之舁出內陳於寺觀是日排儀仗百寮序立於光順門以俟之幡花鼓舞迎呼道路歲以為常而識者嗤其不典其傷教之源始於縉也李氏初為左丞韋濟妻濟卒奔縉縉嬖之冒稱為妻實妾也又縱弟妹女尼等廣納財賄貪猥之跡如市賈焉元載得罪縉連坐貶括州刺史移處州刺史大曆十四年除太子賓客留司東都建中二年十二月卒年八十二

楊炎字公南鳳翔人曾祖大寶武德初為龍門令劉武周陷晉絳攻之不降城破被害褒贈全節侯祖哲以孝行有異旌其門閭父播登進士第隱居不仕玄宗徵為諫議大夫棄官就養亦以孝行禎祥表其門閭肅宗就加散騎常侍賜號玄靖先生名在逸人傳炎美鬚眉風骨峻峙文藻雄麗汧隴之間號為小楊山人釋褐辟河西節度掌書記神烏令李大簡嘗因醉辱炎至是與炎同幕率左右反接之鐵棒撾之二百流血被地幾死節度使呂崇賁愛其才不之責後副元帥李光弼奏為判官不應徵拜起居舍人辭祿就養岐下丁憂廬於墓前號泣不絕聲有紫芝白雀之祥又表其門閭孝著三代門樹六闕古未有也服闋久之起為司勳員外郎改兵部轉禮部郎中知制誥遷中書舍人與常袞並掌綸誥袞長於除書炎善為德音自開元已來言詔制之美者時稱常楊焉炎樂賢下士以汲引為己任人士歸之嘗為李楷落碑辭甚工文士莫不成誦之遷吏部侍郎修國史元載自作相常選擢朝士有文學才望者一人厚遇之將以代己初引禮部郎中劉單單卒引吏部侍郎薛邕邕貶又引炎載親重炎無

與為比載敗坐貶道州司馬德宗即位議用宰相崔祐甫薦炎有文學器用上亦自聞其名拜銀青光祿大夫門下侍郎同平章事炎有風儀博以文學早負時稱天下翕然望為賢相初國家舊制天下財賦皆納於左藏庫而太府四時以數聞尚書比部覆其出入上下相轄無失遺及第五琦為度支鹽鐵使京師多豪將求取無節琦不能禁乃悉以租賦進入大盈內庫以中人主之意天子以取給為便故不復出是以天下公賦為人君私藏有司不得窺其多少國用不能計其贏縮殆二十年矣中官以冗名持簿書領其事者三百人皆奉給其間連結根固不可動及炎作相頓首於上前論之曰夫財賦邦國之大本生人之喉命天下理亂輕重皆由焉是以前代歷選重臣主之猶懼不集往往覆敗大計一失則天下動搖先朝權制中人領其職以五尺宦豎操邦之本豐儉盈虛雖大臣不得知則無以計天下利害臣愚待罪宰輔陛下至德惟人是恤參校蠹弊無斯之甚請出之以歸有司度宮中經費一歲幾何量數奉入不敢虧用如此然

後可以議政惟陛下察焉詔曰凡財賦皆歸左藏庫一用舊式每歲於數中量進三五十萬入大盈而度支先以其全數聞炎以片言移人主意議者以為難中外稱之初定令式國家有租賦庸調之法開元中玄宗修道德以寬仁為理本故不為版籍之書人戶寖溢隄防不禁丁口轉死非舊名矣田畝移換非舊額矣貧富升降非舊第矣戶部徒以空文總其故書蓋得非當時之實舊制人丁戍邊者蠲其租庸六歲免歸玄宗方事夷狄戍者多死不返邊將怙寵而諱不以死申故其貫籍之名不除至天寶中王鉷為戶口使方務聚斂以丁籍且存則丁身焉往是隱課而不出耳遂案舊籍計除六年之外積徵其家三十年租庸天下之人苦而無告則租庸之法弊久矣迨至德之後天下兵起始以兵役因之饑癘徵求運輸百役並作人戶凋耗版圖空虛軍國之用仰給於度支轉運二使四方征鎮又自給於節度都團練使賦斂之司數四而莫相統攝於是綱目大壞朝廷不能覆諸使諸使不能覆諸州四方貢獻悉入內庫權臣猾吏因緣為

○姦或公託進獻私為贓盜者動萬萬計河南山東荊襄劍南有重兵處皆厚自奉養王賦所入無幾吏職之名隨人署置俸給厚薄由其增損故科斂之名凡數百廢者不削重者不去新舊仍積不知其涯百姓受命而供之瀝膏血鬻親愛旬輸月送無休息吏因其苛蠶食于人凡富人多丁者率為官為僧以色役免貧人無所入則丁存故課免於上而賦增於下是以天下殘瘁蕩為浮人鄉居地著者百不四五如是者殆三十年炎因奏對懇言其弊乃請作兩稅法以一其名曰凡百役之費一錢之斂先度其數而賦於人量出以制入戶無主客以見居為簿人無丁中以貧富為差不居處而行商者在所郡縣稅十之一度所與居者均使無 僥利居人之稅秋夏兩徵之俗有不便者正之其租庸雜傜悉省而丁額不廢申報出入如舊式其田畝之稅率以大曆十四年墾田之數為準而均徵之夏稅無過六月秋稅無過十一月逾歲之後有戶增而稅減輕及人散而失均者進退長吏而以尚書度支總統焉德宗善而行之詔諭中外而掌賦

者沮其非利言租庸之令四百餘年舊制不可輕改上行之不疑天下便之人不土斷而地著賦不加斂而增入版籍不造而得其虛實貪吏不誡而姦無所取自是輕重之權始歸於朝廷炎救時之弊頗有嘉聲莅事數月屬崔祐甫疾病多不視事喬琳罷免炎遂獨當國政祐甫之所制作炎隳之初藏薄護作元陵功優人心始不悅又專意報恩復讎道州錄事參軍王沼有微恩於炎舉沼為監察御史感元載恩專務行載舊事以報之初載得罪左僕射劉晏訊劾之元載誅炎亦坐貶故深怨晏晏領東都河南江淮山南東道轉運租庸青苗鹽鐵使炎作相數月欲貶晏先罷其使天下錢穀皆歸金部倉部又獻議開豐州陵陽渠發京畿人夫於西城就役閭里騷擾事竟無成初大曆末元載議請城原州以遏西蕃入寇之衝要事未行而載誅及炎得政建中二年二月奏請城原州先牒涇原節度使段秀實令為之具秀實報曰凡安邊卻敵之長策宜緩以計圖之無宜草草興功也又春事方作請待農隙而緝其事炎怒徵秀實為司農卿以

○邠寧別駕李懷光居前督作以檢校司空平章事朱泚御史大夫平章事崔寧各統兵萬人以翼後三月詔下涇州為具涇軍怒而言曰吾曹為國西門之屏十餘年矣始治于邠纔置農桑地著之安而徙于此置榛莽之中手披足踐纔立城壘又投之塞外吾何罪而寘此乎李懷光監朔方軍法令嚴峻頻殺大將涇州裨將劉文喜因人怨怒拒不受詔上疏復求段秀實為帥否則朱泚於是以朱泚代懷光文喜又不奉詔涇有勁兵二萬閉城拒守令其子入質吐蕃以求援時方炎旱人情騷動羣臣皆請赦文喜上皆不省德宗減服御以給軍人城中軍士當受春服賜與如故命朱泚李懷光等軍攻之乃築壘環之涇州別將劉海賓斬文喜首傳之闕下苟非海賓効順必生邊患皆因炎以喜怒易帥涇帥結怨故也原州竟不能城炎既構劉晏之罪貶官司農卿庾準與晏有隙乃用準為荊南節度使諷令誣晏以忠州叛殺之妻子徙嶺表朝野為之側目李正己上表請殺晏之罪指斥朝廷炎懼乃遣腹心分往諸道裴冀東都河陽魏博孫成

澤潞磁邢幽州盧東美河南淄青李舟山南湖南王定淮西擊言宜慰而意實說諭且言晏之得罪以昔年附會姦邪謀立獨孤妃爲皇后上自惡殺他過也或有密奏炎遣五使往諸鎮者恐天下以殺劉晏之罪歸已推過於上耳乃使中人復炎辭於正已還報信然自此德宗有意誅炎矣待事而發乃擢用盧杞爲門下侍郎平章事炎轉中書侍郎仍平章事二人同事秉政杞無文學儀貌寢陋炎惡而忽之每託疾息於他閤多不會食杞亦銜恨之舊制中書舍人分押尚書六曹以平奏報開元初廢其職杞請複之炎固以爲不可杞益怒又密啓中書主書過逐之炎怒曰主書吾局吏也有過吾自治之奈何而相侵屬梁崇義叛換德宗欲以淮西節度使李希烈統諸軍討之炎諫曰希烈始與李忠臣爲子親任無雙竟逐忠臣而取其位背本若此豈可信也居常無尺寸功猶強不奉法異日平賊後恃功邀上陛下何以馭之初炎之南來途經襄漢固勸崇義入朝崇義不能從已懷反側尋又使其黨李舟使馳說崇義固而拒命遂圖叛逆皆炎

迫而成之至是德宗欲假希烈兵勢以討崇義然後別圖希烈炎又固言不可上不能平乃曰朕業許之矣不能食言遂以希烈統諸軍會德宗嘗訪宰相羣臣中可以大任者盧杞薦張鎰嚴郢而炎舉崔昭趙惠伯上以炎論議疏闊遂罷炎相爲左僕射後數日中謝對於延英及出馳歸不至中書盧杞自是益怒焉杞尋引嚴郢爲御史大夫初郢爲京兆尹不附炎炎怒之諷御史張著彈郢郢罷兼御史中丞炎又風聞源休與郢有隙乃拔休自流人爲京兆尹令伺郢過休從官後與郢友善炎大怒張光晟方謀議殺迴紇酋帥炎乃以休爲入迴紇使休幾爲虜所殺郢尋坐以度田不實改爲大理卿時人惜之至是杞因羣情所欲又知郢與炎有隙故引薦之炎子弘業不肖多犯禁受賂請託郢按之兼得其他過初炎將立家廟先有私第在東都令河南尹趙惠伯貨之惠伯爲炎市爲官廨時惠伯自河中尹都團練觀察等使初受代郢奏追捕惠伯詰案御史以炎爲宰相抑吏貨市私第貴估其宅賤入其幣計以爲贓杞召大理正田晉評罪晉曰宰臣於庶官比之監臨官市賈有羨利計其利以乞取論罪當奪官杞怒謫晉衡州司馬更召他吏繩之曰監主自盜罪絞開元中蕭嵩將於曲江南立私廟尋以玄宗臨幸之所恐置廟非便乃罷之至是炎以其地爲廟有飛語者云此地有王氣炎故取之必有異圖語聞上愈怒及臺司上具獄詔三司使同覆之建中二年十月詔曰尚書左僕射楊炎託以文藝累登清貫雖謫居荒服而虛稱猶存朕初臨萬邦思弘大化務擢非次招納時髦拔自郡佐登于臺司獨委心膂信任無疑而乃不思竭誠敢爲姦蠹進邪醜正既僞且堅黨援因依動涉情故隳法敗度罔上行私苟利其身不顧於國加以內無訓誡外有交通縱恣詐欺以成贓賄詢其事跡本末乖謬蔑恩棄德負我何深考狀議刑罪在難宥但以朕於將相義切始終顧全大體特有弘貸俾從遠謫以肅具寮可崖州司馬同正仍馳驛發遣去崖州百里賜死年五十五炎早有文章亦勵志節及爲中書舍人附會元載時議已薄之後坐載貶官憤恚益甚歸而得政睚眦必讐險害

之性附於心唯其愛憎不顧公道以至於敗惠伯亦坐炎貶費州多田尉尋亦殺之

黎幹者戎州人始以善星緯數術進待詔翰林累官至諫議大夫尋遷京兆尹以嚴肅爲理人頗便之而因緣附會與時上下大曆二年改刑部侍郎魚朝恩伏誅坐交通出爲桂州刺史本管觀察使至江陵丁母憂久之會京兆尹缺人頗思幹八年復拜京兆尹兼御史大夫幹自以得志無心爲理貪暴益甚徇於財色十三年除兵部侍郎性險挾左道結中貴以希主恩代宗甚惑之時中官劉忠翼寵任方盛幹結之素厚嘗通其姦謀及德宗初即位幹猶以詭道求進密居轝中詣忠翼第事發詔曰兵部侍郎黎幹害若豺狼特進劉忠翼掩義隱賊並除名長流既行市里兒童數千人譟聚懷瓦礫投擊之捕賊尉不能止遂皆賜死於藍田驛忠翼宦官也本名清潭與董秀皆有寵於代宗天憲在口勢迴日月貪饕納賄貨產巨萬大曆中德宗居東宮幹及清潭嘗有姦謀動搖及是積前罪以誅之

庾準常州人父光先天寶中文部侍郎準以門廕入仕昵於宰相王
縉縉驟引至職方郎中知制誥遷中書舍人準素寡文學以柔媚自
進既非儒流甚爲時論所薄尋改御史中丞遷尚書左丞縉得罪出
爲汝州刺史復入爲司農卿與楊炎厚善炎欲殺劉晏知準與晏有
隙乃用爲荊南節度準乃上言得晏與朱泚書且有怨望又召補州
兵以拒命於是先殺晏然後下詔賜自盡海内寃之炎以殺晏徵準
爲尚書左丞建中三年六月丁巳卒時年五十一贈工部尚書

史臣曰仲尼云富與貴是人之欲不以道得之不處反乎是道者小
人載謟輔國以進身弄時權而固位衆怒難犯長惡不悛家亡而誅
及妻兒身死而殃及祖禰縉附會姦邪以至顛覆炎隳崔祐甫之規
恕段秀實之直酬恩報怨以私害公三子者咸著文章殊乖德行不
常其德或承之羞大易之義也富貴不以其道小人之事哉觀庾準
之險遭王縉之復徇楊炎之意曲致劉晏之寃積惡而獲令終者其
在餘殃乎

○贊曰載縉炎準交相附會左傳有言貪人敗類

唐書列傳卷第六十八

唐書列傳卷第六十九

劉　昫　等修

閩人詮校■沈桐同校

楊綰

常袞

崔祐甫 子植 植再從兄倰

楊綰字公權華州華陰人也祖温玉則天朝爲戶部侍郎國子祭酒
父侃開元中醴泉令皆以儒行稱綰生聰惠年四歲處羣從之中敏
識過人嘗夜宴親賓各舉坐中物以四聲呼之諸賓未言綰應聲指
鐵燈樹曰燈盞柄曲衆咸異之及長好學不倦博通經史九流七略
無不該覽尤工文辭藻思清贍而宗尚玄理沉靜寡欲常獨處一室
左右經書凝塵滿席澹如也含光晦用不欲名彰每屬文耻於自白
非知己不可得而見早孤家貧養母以孝聞甘旨或闕憂見于色親
友諷令干祿舉進士調補太子正字天寶十三年玄宗御勤政樓試
博通墳典洞曉玄經辭藻宏麗軍謀出衆等舉人命有司供食既暮

○而罷取辭藻宏麗外别試詩賦各一首制舉試詩賦自此始也時登
科者三人綰爲之首超授右拾遺天寶末安禄山反肅宗即位於靈
武綰自賊中冒難披榛求食以赴行在時朝廷方急賢及綰至衆心
咸悦拜起居舍人知制誥歷司勳員外郎職方郎中掌誥如故遷中
書舍人兼修國史故事舍人年深者謂之閣老公廨雜料歸閣老者
五之四綰以爲品秩同列給受宜均悉平分之甚爲時論歸美再遷
禮部侍郎上疏條奏貢舉之弊曰國之選士必藉賢良蓋取孝友純
備言行敦實居常育德動不違仁體忠信之資履謙恭之操藏器則
未嘗自伐虛心而所應必誠夫如是故能率已從政化人鎮俗者也
自叔葉澆詐兹道浸微爭尚文辭互相矜衒馬卿浮薄竟不周於任
用趙■虛誕終取擯於鄉閭自時厥後其道彌盛不思實行皆徇空
名敗俗傷教備載前史古人比文章於鄭衛蓋有由也近煬帝始置
進士之科當時猶試策而已至高祖朝劉思立爲考功員外郎又奏
進士加■明經加■從此積弊浸轉成俗幼能就學皆誦當代之詩

長而博文不越諸家之集遞相黨與用致虛聲六經則未嘗開卷三
史則皆同挂壁況復徵以孔門之道責其君子之儒者哉祖習既深
奔競爲務矜能者曾無愧色勇進者但欲凌人以毀讟爲常談以向
背爲己任投刺干謁驅馳於要津露才揚己喧騰於當代古之賢良
方正豈有如此者乎朝之公卿以此待士家之長老以此垂訓欲其
返淳朴懷禮讓守忠信識廉隅何可得也譬之於水其流已濁若不
澄本何當復清方今聖德御天再寧寰宇四海之内顒顒向化皆延
頸舉踵思朝之理也不以此時而理之則太平之政又乖矣凡國之
大柄莫先擇士自古哲后皆側席待賢今之取人令投牒自舉非經
國之體也望請依古制縣令察孝廉審知其鄉閭有孝友信義廉恥
之行加以經業才堪策試者以孝廉爲名薦之於州刺史當以禮待
之試其所通之學其通者送名於省自縣至省不得令舉人輒自陳
牒比來有到狀保辯識牒等一切並停其所習經取左傳公羊穀梁
禮記周禮儀禮尚書毛詩周易任通一經務取深義奥旨通諸家之

義試日差諸司有儒學者對問每經問義十條問畢對策三道其策皆
問古今理體及當時務取堪行用者其經義并策全通爲上第望付
吏部便與官其經義通八策通二爲中第與出身下第罷歸其明經
比試帖經殊非古義皆誦帖括冀圖僥倖并近有道舉亦非理國之
體望請與明經進士並停其國子監舉人亦請準此如有行業不著
所由妄相推薦請量加貶黜所異數年之間人倫一變既歸實學當
識大猷居家者必修德業從政者皆知廉恥浮競自止敦龐自勸教
人之本實在茲焉事若施行即别立條例詔左右丞諸司侍郎御史
大夫中丞給舍同議奏聞給事中李廙給事中李栖筠尚書左丞賈
至京兆尹兼御史大夫嚴武所奏議狀與綰同尚書左丞至議曰謹
按夏之政尚忠殷之政尚敬周之政尚文然則文與忠敬皆統人之
行也且謚號述行行美極文文興則忠敬存焉是故前代以文取士
本文行也由辭以觀行則及辭也宣父稱顏子不遷怒不貳過謂之
好學至乎修春秋則游夏之徒不能措一辭不亦明乎間者禮部取

人有乖斯義易曰觀乎人文以化成天下關雎之義曰先王以是經
夫婦成孝敬厚人倫美教化移風俗蓋王政之所由廢興也故延陵
聽詩知諸侯之存亡今試學者以帖字爲精通不窮旨義豈能知遷
怒貳過之道乎考文者以聲病爲是非惟擇浮艷豈能知移風易俗
化天下之事乎是以上失其源而下襲其流波蕩不知所止先王之
道莫能行也夫先王之道消則小人之道長小人之道長則亂臣賊
子生焉臣弑其君子弑其父非一朝一夕之故其所由來者漸矣漸
者何謂忠信之陵頽恥尚之失所末學之馳騁儒道之不舉四者皆
取士之失也夫一國之事繫一人之本謂之風贊揚其風卿大夫何
嘗不出於士乎今取士試之小道而不以遠者大者使干祿之徒趨
馳末術是誘導之差也夫以蝸蚓之餌雜垂滄海而望吞舟之魚不
亦難乎所以食垂餌者皆小魚就科目者皆小藝四人之業士最關
於風化近代趨仕靡然向風致使祿山一呼而四海震蕩思明再亂而
十年不復向使禮讓之道弘仁義之道著則忠臣孝子比屋可封逆

節不得而萌也人心不得而搖也且夏有天下四百載禹之道喪而
殷始興焉殷有天下六百祀湯之法棄而周始興焉周有天下八百
年文武之政廢而秦始并焉觀三代之選士任賢皆考實行故能風
化淳一運祚長遠秦坑儒士二代而亡漢興雜三代之政弘四科之
舉西京始振經術之學東都終持名節之行至有近戚竊位強臣擅
權弱主外立母后專政而社稷不隕終彼四百豈非興學行道扇化
於鄉里哉厥後文章道弊尚於浮侈取士術異苟濟一時自魏至隋
僅四百載三分光景九州阻域竊號僭位德義不修是以子孫速顛
享國咸促國家革魏晉梁隋之弊承夏殷周漢之業四隩既宅九州
攸同覆燾亭育合德天地安有捨 皇王舉士之道縱亂代取人之
術此公卿大夫之辱也楊綰所以奏實爲正論然自典午覆敗中原版
蕩戎狄亂華衣冠遷徙南北分裂人多僑處聖朝一平區宇尚復因
循版圖則張閭井未設士居鄉土百無一二因緣官族所在耕業地
望繫之數百年之外而身皆東西南北之人焉今欲依古制鄉舉里

選猶恐取士之未盡也請兼廣學校以弘訓誘今京有太學州縣有小學兵革一動生徒流離儒臣師氏祿廪無向貢士不稱行實胄子何嘗講習獨禮部每歲擢甲乙之第謂弘獎擢不其謬歟祇足長浮薄之風啓僥倖之路矣其國子博士等望加負數厚其祿秩選通儒碩生間居其職十道大郡量置太學館令博士出外兼領郡官召置生徒依乎故事保桑梓者鄉里舉焉在流寓者庠序推焉朝而行之夕見其利如此則青青不復興刺擾擾由其歸本矣人倫之始王化之先不是過也李廙等議與綰協文多不載宰臣等奏以舉人舊業已成難於速改其今歲舉人望且許應舊舉來歲奉詔仍勑禮部即具條例奏聞代宗以廢進士科問翰林學士對曰進士行來已久遽廢之恐失人業乃詔孝廉與舊舉兼行綰又奏歲貢孝悌力田及童子科等其孝悌力田宜有實狀童子越衆不在常科同之歲貢恐長僥倖之路詔停之再遷吏部侍郎歷典舉選精覈人物以公平稱時元載秉政公卿多附之綰孤立中道清貞自守未嘗私謁載以綰雅

○望素高外示尊重心實疏忌會魚朝恩死載以朝恩嘗判國子監事塵汚太學宜得名儒以清其秩乃奏爲國子祭酒實欲以散地處之載貪冒日甚天下清議亦歸於綰上深知之以載久在樞衡未即罷遣仍遷綰爲太常卿充禮儀使以郊廟禮久廢藉綰振起之也亦以觀其効用是年三月載伏誅上乃拜綰中書侍郎同中書門下平章事集賢殿崇文館大學士兼脩國史綰久積公輔之望及詔出朝野相賀綰累表懇讓上屬意稍重綰不敢辭綰素以德行著聞質性貞廉車服儉朴居廟堂未數月人心自化御史中丞崔寬劒南四川節度使寧之弟家富於財有別墅在皇城之南池館臺榭當時第一寬即日潛遣毀拆中書令郭子儀在邠州行營聞綰拜相座內音樂減散五分之四京兆尹黎幹以承恩每出入騶馭百餘亦即日減損車騎唯留十騎而已其餘望風變奢從儉者不可勝數其鎮俗移風若此綰有宿痼疾居職旬日中風優詔令就中書省攝養每引見延英殿特許扶入時釐革舊弊惟綰是瞻恩遇莫二綰累抗疏辭位頻詔

敦勉不許及綰疾亟上日發中使就第存問尚藥御醫旦夕在側上聞其有間喜見容色數日而薨中使在門馳奏於上代宗震悼久之輟朝三日詔曰王者之於大臣也存則寄其腹心均於肢體歿則誄其事功加之命數告於宗廟之祭禘以紱冕之章則九原可歸百辟知勸故朝議大夫守中書侍郎同中書門下平章事集賢殿崇文館大學士監修國史上柱國賜紫金魚袋楊綰性合元和身齊律度道臣雅俗器重宗彝寬柔敬恭協於九德文行忠信弘於四教內無耳目之役以孝悌傳於家外無車服之容以貞實形於代西掖專宥密之地南宮領選舉之源以儒術首於國庠以禮度掌於高廟簡廉其質條職同休頃以任非其才毒流于政爰登清淨之輔庶諧至理之期道風既穆於朝班儉德已行於海內雖賢人之業異於可久而夫子之命末如之何方有憑依遽此淪謝屏予之歎震悼良深所懷莫從長想何及況歷官有素絲之節庀家無匹帛之餘故飾以華衮增其法賻備膺典策載賁朝經可贈司

○徒又詔文武百寮臨於其第遣內常侍吳承倩會弔贈絹千匹布三百端上深惜之顧謂朝臣曰天不使朕致太平何奪我楊綰之速也俯及大斂與卿等悲悼同之宰輔賻贈恩遇哀榮之盛近年未有其比太常初謚曰文貞詔曰褒德勸善春秋之舊章考行易名禮經之通典垂範作則存乎格言朝議大夫中書侍郎同中書門下平章事集賢殿崇文館大學士修國史上柱國賜紫金魚袋贈司徒楊綰履道居貞含和毓德行爲人紀文合典謨清而晦名無自伐之善約以師儉有不矜之謙方冊直書秩宗相禮辭稱良史學茂醇儒委在樞衡掌茲密命彌契沃心之道累陳造膝之誠將以布天下五行之和同君臣一德之運遽軫藏舟之歎未展濟川之才素業久而彌彰清風歿而可尚自古飾終之義皆錫以美名謚法曰忠信愛人曰文平易不懈曰簡宜謚曰文簡比部郎中蘇端性疎狂嫉其賢乃肆毀讟異同其議上怒貶端爲廣州員外司馬綰儉薄自樂未嘗留意家產口不問生計累任清要無宅一區所得俸祿隨月分給親故清識過人

至如往哲微言五經奧義先儒未悟者綰一覽究其精理雅尚玄言宗釋道二教嘗著王開先生傳以見意文多不載凡所知友皆一時名流或造之者清談終日未嘗及名利或有客欲以世務干者見綰言必玄遠不敢發辭內愧而退大曆中德望日崇天下雅正之士爭趨其門至有數千里來者以清德坐鎮雅俗時比之楊震邴吉山濤謝安之儔也

崔祐甫字貽孫祖暟懷州長史父沔黃門侍郎謚曰孝公家以清儉禮法爲士流之則祐甫舉進士歷壽安尉安祿山陷洛陽士庶奔迸祐甫獨崎危於矢石之間潛入私廟負木主以竄歷起居舍人司勳吏部員外郎累拜兼御史中丞永平軍行軍司馬尋知本軍京師留後性剛直無所容受遇事不回累遷中書舍人時中書侍郎闕祐甫省事數爲宰相常袞所侵祐甫不從袞怒之奏令分知吏部選每有擬官袞多駮下言數相侵時朱泚上言隴州將趙貴家猫鼠同乳不相爲害以爲禎祥詔遣中使以示於朝袞率百僚慶賀祐甫獨否中

○官詰其故答曰此物之失常也可弔不可賀中使徵其狀祐甫上奏言臣聞天生萬物剛柔有性聖人因之垂訓作則禮記郊特篇曰迎猫爲其食田鼠也然則猫之食鼠載在禮典以其除害利人雖微必錄今此猫對鼠不食仁則仁矣無乃失於性乎鼠之爲物晝伏夜動詩人賦之曰相鼠有體人而無禮又曰碩鼠碩鼠無食我黍其序曰貪而畏人若大鼠也臣旋觀之雖云動物異於麋鹿麏兎彼皆以時殺獲爲國之用猫受人養育職既不修亦何異於法吏不勤觸邪疆吏不勤扞敵又按禮部式具列三瑞無猫不食鼠之目以茲稱慶臣所未詳伏以國家化洽理平天符薦至紛綸雜沓史不絕書今茲猫鼠不可濫廁若以劉向五行傳論之恐須申命憲司察聽貪吏誡諸邊候無失徼巡猫能致功鼠不爲害代宗深嘉之袞益惡祐甫代宗初崩發哀於西宮袞以獨受任遇哀逾等禮例晨夕臨者皆十五舉音而袞輒哀慟涕泗或中墀返哭顧慕若不能去同列者皆不悅及袞與禮司議羣臣喪服曰案禮爲君斬衰三年漢文權制猶三十六

日國家太宗崩遺詔亦三十六日而羣臣延之既葬而除約四月也高宗崩服絕輕重如漢故事武太后崩亦然及玄宗肅宗崩始變天子喪爲二十七日且當時遺詔雖曰天下吏人三日釋服在朝羣臣實服二十七日而除則朝臣宜如皇帝之制祐甫執曰伏準遺詔無朝臣庶人之別但言天下人吏敕到後出臨三日皆釋服則朝野中外何非天下凡百執事誰非吏職則皇帝宜二十七日而羣臣當三日也袞曰案賀循注義吏者謂官長所署則今胥吏耳非公卿百寮之例祐甫曰左傳云委之三吏則三公也史稱循吏良吏者豈胥徒歟袞曰禮非天降地出人情而已且公卿大臣榮受殊寵故宜異數今與黔首同制信宿而除之於爾安乎祐甫曰若遺詔何詔言可改孰不可改堅諍不服而聲色甚厲不爲禮節又袞方哭於鉤陳之前而袞從吏或扶之祐甫指示於衆曰臣哭於君前有扶禮乎袞聞之不堪其怒乃上言祐甫率情變禮輕議國典請謫爲潮州刺史內議太重改爲河南少尹初肅宗時天下事殷而宰相不減三四員更直

○掌事若休沐各在第有詔旨出入非大事不欲歷抵諸第許令直事者一人假署同列之名以進遂爲故事是時中書令郭子儀檢校司空平章事朱泚名是宰臣當署制敕至於密勿之議則莫得聞時德宗踐祚未旬日居不言之際袞循舊事代署二人之名進貶祐甫敕出子儀及泚皆表明祐甫不當貶謫上曰向言可謫今言非罪何也二人皆奏實未嘗有可謫之言德宗大駭謂袞誣罔是日百寮首經序立於月華門立貶袞爲河南少尹以祐甫爲門下侍郎平章事兩換其職祐甫出至昭應縣徵還尋轉中書侍郎脩國史仍平章事時上初即位庶務皆委宰司自至德乾元中天下多戰伐啓奏填委故官賞紊雜及永泰之後四方既定而元載秉政公道隘塞官由賄成中書主書卓倩待榮輩用事勢傾朝列天下官爵大者出元載小者自倩榮四方齎貨賄求官者道路相屬靡不稱遂而去於是綱紀大壞及元載敗楊綰尋卒常袞當國杜絕其門四方奏請莫有過者雖權勢與匹夫等非以辭賦登科者莫得進用雖賄賂稍絕然

無所甄異故賢愚同滯及祐甫代袞薦延推舉無復疑滯日除十數人作相未逾年凡除吏幾八百員多稱允當上嘗謂曰有人謗卿所除擬官多涉親故何也祐甫奏曰臣頻奉聖旨令臣進擬庶官進擬必須諳其才行臣若與其相識方可粗諳若素不知聞何由知其言行獲謗之由實在於此上以爲然神策軍使王駕鶴掌禁兵十餘年權傾中外德宗初登極將令白琇珪代之懼其生變祐甫召駕鶴與語留連之琇珪已赴軍視事矣時李正已畏懼德宗威德乃表獻錢三十萬貫上欲納其奏慮正已未可誠信以計逗留止之未有其辭延問宰相祐甫對曰正已姦詐誠如聖慮臣請因使往淄青便令宣慰將士因以正已所獻錢錫賚諸軍人且使深荷聖德又令外藩知朝廷不重財貨上悅從之正已大慙而心畏服焉祐甫謀猷啓沃多所弘益天下以爲可復貞觀開元之太平也至冬被疾肩輿入中書卧而承旨或休假在第大事必令中使咨決薨時年六十上甚悼惜之廢朝三日册贈太傅賻布帛米粟有差謚曰文貞無子遺命猶子

○植爲嗣有文集三十卷故事門下侍郎未嘗有贈三師者德宗以祐甫謇謇有大臣節故特寵異之朱泚之亂祐甫妻王氏陷於賊中泚以嘗與祐甫同列雅重其爲人乃遺王氏繒帛菽粟王氏受而緘封之及德宗還京具陳其狀以獻士君子益重祐甫家法宜其享令名也

植字公脩祐甫弟廬江令嬰甫子植既爲相上言出繼伯父祐推恩不及於父詔贈嬰甫吏部侍郎植潛心經史尤精易象累歷清要爲給事中時稱舉職時皇甫鎛以宰相判度支請減內外官俸祿植封還勅書極諫而止鎛復奏諸州府鹽院兩稅榷酒鹽利匹段等加估定數及近年天下所納鹽酒利擡估者一切徵收詔皆可之植抗疏論奏令宰臣召植宣旨慰諭之物議罪鎛而美植尋除御史中丞入閤彈事頗振綱紀長慶初拜中書侍郎同中書門下平章事穆宗嘗謂侍臣曰國家貞觀中文皇帝躬行帝道治致昇平及神龍景龍之間繼有內難玄宗平定興復不易而聲明最盛歷年長久何道而然

植對曰前代創業之君多起自人間知百姓疾苦初承丕業皆能厲精思理太宗文皇帝特禀上聖之資同符堯舜之道是以貞觀一朝四海寧晏有房玄齡杜如晦魏徵王珪之屬爲輔佐股肱君明臣忠事無不理聖賢相遇固宜如此玄宗守文繼體嘗經天后朝艱危開元初得姚崇宋璟委之爲政此二人者天生俊傑動必推公夙夜孜孜致君於道璟嘗手寫尚書無逸一篇爲圖以獻玄宗置之內殿出入觀省咸記在心每歎古人至言後代莫及故任賢戒欲心歸沖漠開元之末因無逸圖朽壞始以山水圖代之自後既無座右箴規又信姦臣用事天寶之世稍倦于勤王道于斯缺矣建中初德宗皇帝嘗問先臣祐甫開元天寶治亂之殊先臣具陳本末臣在童丱即聞其説信知古人以韋弦作戒其益弘多陛下既虛心理道亦望以無逸爲元龜則天下幸甚穆宗善其對他日復謂宰臣曰前史稱漢文帝惜十家之產而罷露臺又云身衣弋綈履革舃集上書囊以爲殿帷何太儉也信有此乎植對曰良史所記必非妄言漢興承亡秦

○殘酷之後項氏戰爭之餘海內凋弊生人力竭漢文仁明之主起自代邸知稼穡之艱難是以即位之後躬行儉約繼以景帝循道此風由是海內黔首咸樂其生家給戶足迨至武帝公私殷富用能出師征伐威行四方錢至貫朽穀至紅腐上務侈靡費用復竭末年稅及舟車六畜人不聊生戶口減半乃下哀痛之詔封丞相爲富人侯皆漢史明徵用爲事實且耕蠶之勸出自人力用既無度何由以至富強據武帝嗣位之初物力阜殷前代無比固當因文帝儉約之致也上曰卿言甚善患行之爲難耳憲宗皇帝削平羣盜河朔三鎮復入提封長慶初幽州節度使劉總表以幽薊七州上獻請朝廷命帥總仍懼部將搆亂乃籍其豪銳者先送京師時朱克融在籍中植與同列杜元穎素不知兵且無遠慮克融等在京羇旅窮餓日詣中書乞官殊不介意及張弘靖赴鎮令克融等從還不數月克融因弘靖害實佐結王廷湊國家復失河朔職植兄弟之由乃罷知政事守刑部尚書出爲華州刺史大和三年正月卒年五十八植雖器量謹厚而

無開物成務之才及喪師異方天下尤其失策

倰字德長祖壽大理卿李公沔之弟也壽生儀甫終大理丞即倰之父以門蔭由太廟齋郎調授太平東陽二主簿李衡廉察湖南江西辟為賓佐坐事沉廢久之復以選授宣州録事參軍觀察使崔衍奇其才奏加章服倰辭而不受李巽鎮江西奏為副使得監察裏行又從巽領使為河陰院監鐵畱後入為侍御史尋改膳部員外充轉運判官入為膳部郎中充判褒十道兩稅使賜金紫遷蘇州刺史理行為第一轉潭州刺史湖南都團練觀察使湖南舊法豐年貿易不出境鄰部災荒不相恤倰至謂屬吏曰此非人情也無宜閉糴重困於民也自是商賈通流入為戶部侍郎判度支時倰再從弟植為宰相倰性剛褊恃其權寵與奪任情時朝廷以王承元歸國命田弘正移師鎮州弘正之行以魏卒二千為帳下又以常山之人久背朝化人情易為變擾累表請畱魏卒為綱紀其粮賜請度支歲給穆宗下宰臣議倰固言魏鎮各有鎮兵朝廷無例支給恐為事例不可聽從弘

正不獲已遣魏卒還藩不數日而鎮州亂弘正遇害穆宗失德倰黨方盛人不敢糺其罪罷領度支檢校禮部尚書出為鳳翔節度等使不朞歲召為河南尹時年七十抗疏致仕詔以戶部尚書歸第明年暴卒輟朝一日贈太子少保謚曰肅倰居官清嚴所至必理然性介急待僚屬不以禮節恃己之廉見贓汙者如讎焉子嚴登進士第辟襄陽掌書記監察御史方雅有父風

常袞京兆人也父無為三原縣丞以袞累贈僕射袞天寶末舉進士歷太子正字累授補闕起居郎寶應二年選為翰林學士考功員外郎中知制誥依前翰林學士永泰元年遷中書舍人袞文章俊拔當時推重與楊炎同為舍人時稱為常楊性清直孤潔不妄交遊內侍魚朝恩恃權寵兼領國子監事袞上疏以為不可時朝廷多事西北邊虜連為寇盜袞累上章陳其利害代宗甚顧遇之加集賢院學士大歷元年遷禮部侍郎仍為學士時中官劉忠翼權傾內外涇原節度馬璘又累著功勳恩寵莫二各有親戚干貢部及求為兩館生袞皆執理人皆畏之元載之得罪令袞與劉晏李涵等鞫之獄具拜袞門下侍郎同平章事太清太微宮使崇文弘文館大學士與楊綰同掌樞務代宗尤信重綰綰弘通多可袞頗務苛細求清儉之稱與綰之道不同先是百官俸料寡薄綰與袞奏請加之時韓滉判度支袞與滉各騁私懷所加俸料厚薄由己時少列各定月俸為三十五千滉怒司業張參唯止給三十千袞惡少詹事趙碁遂給二十五千太子洗馬實司經局長官文學為之貳袞有親戚任文學者給十二千而給洗馬十千其輕重任情不通時政多如此類無幾楊綰卒袞獨當政故事每日出內廚食以賜宰相饌可食十數人袞特請罷之迄今便為故事又將故讓堂封同列以為不可而止議者以為厚祿重賜所以優賢崇國政也不能當辭位不宜辭祿食政事堂有後門蓋宰相時到中書舍人院咨訪政事以自廣也袞又塞絕其門以示尊大不相往來既懲元載為政時公道梗澁賄賂朋黨大行不以財勢者無因入仕袞一切杜絕之中外百司奏請皆執不與權與匹夫等

尤排擯非文辭登科第者雖窒賣官之路政事大致壅滯代宗既素重楊綰欲以政事委之綰尋卒袞與綰志尚素異嫉而怒之有司議謚綰為文貞袞微諷比部郎中蘇端令駮之毀綰過甚端坐黜官時既無中書侍郎舍人崔祐甫領省事袞以為同中書門下平章事兼得總中書省遂管綜中書胥吏省事去就及其案牘祐甫不能平之累至忿競遂令祐甫分知吏部選事所擬官又多駮下時袞散官尚朝議又無封爵郭子儀因入朝奏之遂特加銀青光祿大夫封河內郡公及代宗崩與祐甫爭論喪服輕重代相署奏初換祐甫河南少尹再貶為潮州刺史楊炎入相素與袞善建中元年遷福建觀察使四年正月卒時年五十五　久之贈左僕射有文集六十卷

史臣曰善人為邦百年即可勝殘去殺楊綰入相數日遽致移風易俗周召伊傅蕭張房杜歷代為相之顯者蔑聞斯道也嘗讀諸集賞善多溢美書罪多溢惡如楊綰拜相之麻贈官之制改謚之詔則當時秉筆者無媿色矣昔趙文子薦士七十古為美談崔祐甫除吏八

百人無間言開物成務之才滅私徇公之道可知也噫公權餘旬日而薨貽孫未朞年而逝遂古已來理世少而亂世多其義在茲矣常衮之輩不足云耳

贊曰公權儒道貽孫相才命乎不永時哉可哀

唐書列傳卷第六十九

唐書列傳卷第七十

劉　昫　等修

聞人詮校刻沈桐同校

郭子儀 子曜 晞 曖 曙 晤 映　曖子釗 鏦　晞子鋼

郭子儀華州鄭縣人父敬之歷綏渭桂壽泗五州刺史以子儀貴贈太保追封祁國公子儀長六尺餘體貌秀傑始以武舉高等補左衛長史累歷諸軍使天寶八載於木剌山置横塞軍及安北都護府命子儀領其使拜左衛大將軍十三載移横塞軍及安北都護府於永清柵北築城仍改横塞爲天德軍子儀爲之使兼九原太守朔方節度右兵馬使十四載安禄山反十一月以子儀爲衛尉卿兼靈武郡太守充朔方節度使詔子儀以本軍東討遂舉兵出單于府收静邊軍斬賊將周萬頃傳首闕下禄山遣大同軍使高秀巖寇河曲子儀擊敗之進收雲中馬邑開東陘以功加御史大夫十五載正月賊將蔡希德陷常山郡執顔杲卿河北郡縣皆爲賊守二月子儀與河東節度使李光弼率師下井陘拔常山郡破賊於九門南攻趙郡生擒賊四千皆捨之斬僞太守郭獻璆獲兵仗數萬師還常山賊將史思明以數萬人踵其後我行亦行我止亦止子儀選驍騎五百更挑之三日至行唐賊疲乃退我軍乘之又敗於沙河禄山聞思明敗乃以精兵益之我軍至恒陽賊亦隨至子儀堅壁自固賊來則守賊去則追晝揚其兵夕襲其幕賊人不及息數日光弼議曰賊怠矣可以戰六月子儀光弼率僕固懷恩渾釋之陳迴光等陣於嘉山賊將史思明蔡希德尹子奇等亦結陣而至一戰敗之斬馘四萬級生擒五千人獲馬五千匹思明露髮跣足奔于博陵於是河北十餘郡皆斬賊守者以迎王師子儀將北圖范陽軍聲大振是月哥舒翰爲賊所敗潼關不守玄宗幸蜀肅宗幸靈武子儀副使杜鴻漸爲朔方留後奏迎車駕七月肅宗卽位以賊據兩京方謀收復詔子儀班師八月子儀與李光弼率步騎五萬至自河北時朝廷初立兵衆寡弱雖得牧馬軍容缺然及子儀光弼全師赴行在軍聲遂振興復之勢民有望

焉詔以子儀爲兵部尚書同中書門下平章事依前靈州大都督府長史朔方軍節度使肅宗大閱六軍南趨關輔至彭原郡宰相房琯請兵萬人自爲統帥以討賊帝素重琯許之兵及陳濤爲賊所敗喪師殆盡方事討除而軍半殪唯倚朔方軍爲根本十一月賊將阿史那從禮以同羅僕骨五千騎出塞誘河曲九府六胡州部落數萬欲迫行在子儀與迴紇首領葛邏支往擊敗之斬獲數萬河曲平定賊將崔乾祐守潼關二年三月子儀大破賊於潼關崔乾祐退保蒲津時永樂尉趙復河東司戶韓旻司士徐炅宗子李藏鋒等陷賊在蒲州四人密謀候王師至則爲內應及子儀攻蒲州趙復等斬賊守陴者開門納子儀乾祐與麾下數千人北走安邑安邑百姓僞降乾祐兵入將半下懸門擊之乾祐未入遂得脫身東走子儀遂收陝郡永豐倉自是潼陝之間無復寇鈔是月安祿山死朝廷欲圖大舉詔子儀還鳳翔四月進位司空充關內河東副元帥五月詔子儀帥師趨京城師於潏水之西與賊將安太清安守忠戰王師不利其衆大潰

盡委兵仗於清渠之上子儀收合餘衆保武功詣闕請罪乞降官資乃降爲左僕射餘如故九月從元帥廣平王率蕃漢之師十五萬進收長安迴紇遣葉護太子領四千騎助國討賊子儀與葉護宴狎修好相與誓平國難相得甚好子儀奉元帥爲中軍與賊將安守忠李歸仁戰於京西香積寺之北王師結陣橫亘三十里賊衆十萬陳於北歸仁先薄我軍我軍亂李嗣業奮命馳突擒賊十餘騎乃定迴紇以奇兵出賊陣之後夾攻之賊軍大潰自午至酉斬首六萬級賊將張通儒守長安聞歸仁等敗是夜奔陝郡翌日廣平王入京師老幼百萬夾道歡叫涕泣而言曰不圖今日復見官軍廣平王休士三日率師東趨肅宗在鳳翔聞捷羣臣稱賀帝以宗廟被焚悲咽不自勝臣寮無不感泣十月安慶緒遣嚴莊悉其衆十萬來赴陝州與張通儒同抗官軍賊聞官軍至悉其衆屯於陝西負山爲陣子儀以大軍擊其前迴紇登山乘其背遇賊潛師於山中與關過期大軍稍却賊分兵三千人絶我歸路衆心大搖子儀麾迴紇令進盡殺之師畢至

其後於黃埃中發十餘箭賊驚顧曰迴紇來即時大敗僵屍遍山澤嚴莊張通儒走歸洛陽遂與安慶緒渡河保相州子儀奉廣平王入東都陳兵於天津橋南士庶歡呼於路僞侍中陳希烈僞中書令張垍等三百餘人素服請罪王慰撫遣之是時河東河西南賊所盜郡邑皆平以功加司徒封代國公食邑千戶尋入朝天子遣兵仗戎容迎于灞上肅宗勞之曰雖吾之家國實由卿再造子儀頓首感謝十二月還東都命子儀經營北討乾元元年七月破賊河上擒僞將安守忠以獻遂朝京師勑百寮班迎於長樂驛帝御望春樓待之進位中書令九月奉詔大舉子儀與河東節度使李光弼關內節度使王思禮北庭行營節度李嗣業襄鄧節度使魯炅荊南節度李廣琛河南節度使崔光遠滑濮節度許叔冀平盧兵馬使董秦等九節度之師討安慶緒帝以子儀光弼俱是元勳難相統屬故不立元帥唯以中官魚朝恩爲觀軍容宣慰使十月子儀自杏園渡河圍衛州安慶緒與其驍將安雄俊崔乾祐薛嵩田承嗣悉其衆來援分爲三軍子

儀陣以待之預選射者三千人伏於壁內誡之曰俟吾小却賊必爭進則登城鼓譟弓弩齊發以迫之既戰子儀僞遁賊果乘之及壘門遽聞鼓譟俄而弓弩齊發矢注如雨賊徒震駭子儀整衆追之賊衆大敗是役也獲僞鄭王安慶和以獻遂收衛州進軍趨鄴與賊再戰于愁思岡賊軍又敗乃連營圍之慶緒遣薛嵩以所乘馬十匹求救於史思明且言禪代十二月思明遣將李歸仁率衆赴之營于滏陽二年正月史思明自率范陽精卒復陷魏州乃僞稱燕王王師雖衆軍無統帥進退無所承稟自冬徂春竟未破賊但引漳水以灌其城城中食盡易子而食二月思明率衆自魏州來李光弼王思禮許叔冀魯炅前軍遇賊于鄴南與之接戰夷傷相半魯炅中流矢子儀爲後陣未及合戰大風遽起吹沙拔木天地晦瞑跬步不辨物色我師潰而南賊軍潰而北委棄兵仗輜重累積於路諸軍各還本鎮子儀以朔方軍保河陽斷浮橋有詔令留守東都三月以子儀爲東都畿山南東道河南諸道行營元帥中官魚朝恩素害子儀之功因其不

振媒孽之釁召還京師天子以趙王係爲天下兵馬元帥李光弼副
之委以陝東軍事代子儀之任子儀雖失兵柄乃心王室以禍難未
平不遑寢息俄而史思明再陷河洛朝廷旰食復慮蕃寇逼迫京畿
三年正月授子儀邠寧鄜坊兩鎮節度使乃留京師言事者以子儀
有社稷大功今殘孽未除不宜置之散地肅宗深然之上元元年九
月以子儀爲諸道兵馬都統管崇嗣副之令率英武威遠等禁軍及
河西河東諸鎮之師取邠寧朔方大同橫野徑抵范陽詔下旬日復
爲朝恩所間事竟不行上元二年二月李光弼兵敗於邙山河陽失
守魚朝恩退保陝州三年二月河中軍亂殺其帥李國貞時太原節
度鄧景山亦爲部下所殺恐其合從連賊朝廷憂之後輩帥臣未能
彈壓勢不獲已遂用子儀爲朔方河中北庭潞儀澤沁等州節度行
營兼興平定國副元帥充本管觀察處置使進封汾陽郡王出鎮絳
州三月子儀辭赴鎮肅宗不豫羣臣莫有見者子儀請曰老臣受命
將死於外不見陛下目不瞑矣帝乃引至臥內謂子儀曰河東之事

一以委卿子儀嗚咽流涕賜御馬銀器雜綵別賜絹四萬匹布五萬
端以賞軍子儀至絳擒其殺國貞賊首王元振數十人誅之太原辛
雲京聞子儀誅元振亦誅害景山者由是河東諸鎮率皆奉法四月
代宗卽位內官程元振用事自矜定策之功忌嫉宿將以子儀功高
難制巧行離間請罷副元帥加實封七百戶充肅宗山陵使子儀既
謝恩上表進肅宗所賜前後詔敕因自陳訴曰臣德薄蟬翼命輕鴻
毛累蒙國恩猥廁朝列會天地震盪中原血戰臣北自靈武冊先皇
帝乃舉兵而南大蒐於岐陽先帝憂勤宗社託臣以家國俾副陛下
掃兩京之妖祲陛下雄圖不斷再造區宇自後不以臣寡劣委文武
之二柄外敷邦教內調鼎飪是以常許國家之死實荷日月之明臣
本愚淺言多訐直慮此招謗上瀆冕旒陛下居高聽卑察臣不貳皇
天后土察臣無私伏以器忌滿盈日增兢惕焉敢偷全久妨賢路自
受恩塞下制敵行間東西十年前後百戰天寒劍折濺血霑衣野宿
魂驚飲冰傷骨跋涉艱阻出沒死生所仗唯天以至今日陛下曲垂

惠獎念及勤勞貽臣詔書一千餘首聖旨微婉慰諭綢繆彰微臣一
時之功成子孫萬代之寶自靈武河北河南彭原鄜坊河東鳳翔兩
京絳州臣所經行賜手詔敕書凡二十卷昧死上進庶煩聽覽詔荅
曰朕不德不明俾大臣憂疑朕之過也朕甚自愧公勿以爲慮代宗
以子儀頃同患難收復兩京禮之逾厚時史朝義尚據洛陽元帥雍
王率師進討代宗欲以子儀副之而魚朝恩程元振亂政殺裴茙來
瑱子儀旣爲所間其事遂寢乃留京師俄而梁崇義據襄陽叛僕固
懷恩阻兵於汾州引迴紇吐蕃之衆入寇河西明年十月吐蕃陷涇
州虜刺史高暉暉遂與蕃軍爲鄉導引賊深入京畿掠奉天武功濟
渭而南緣山而東渭北行營兵馬使呂日將逆戰于盩厔自辰至酉
殺蕃軍數千然其徒多殞賊將逼京師君上計無所出遽詔子儀爲
關內副元帥出鎮咸陽子儀自相州不利李光弼代掌兵柄及徵還
朝廷部曲散去及是承詔部下唯二十騎強取民家畜産以助軍至
咸陽蕃軍已過渭水其日天子避狄幸陝州子儀聞上避狄雪涕還

京至則車駕已發射生將王獻忠從駕沿路遂以四百騎叛仍逼豐
王已下十王欲投於賊子儀入開遠門遇之詰豐王等所向遂護送
行在子儀以三千騎傍南山至商州得武關防兵及六軍散卒四千
人招輯亡逸其軍漸振蕃寇犯京城得故邠王守禮孫廣武王承宏
立帝號假署百官子儀遣六軍兵馬使張知節烏崇福羽林軍使長
孫全緒等將兵萬人爲前鋒營於韓公堆盛張旗幟鼓鞞震山谷全
緒遣禁軍舊將王甫入長安陰結少年豪俠以爲內應一日齊擊鼓
於朱雀街蕃軍惶駭而去大將李忠義先屯兵苑中渭北節度使王
仲升守朝堂子儀以大軍續進至滻西射生將王撫自署爲京兆尹
聚兵二千人擾亂京城子儀召撫殺之詔子儀權京城留守自西蕃
入寇車駕東幸天下皆咎程元振東宮屢論之元振懼又以子儀復
立功不欲天子還京勸帝且都洛陽以避蕃寇代宗然之下詔有日
子儀聞之因兵部侍郎張重光宣慰迴附章論奏曰臣聞雍州之地
古稱天府右控隴蜀左扼崤函前有終南太華之險後有清渭濁河

之固神明之奧王者所都地方數千里帶甲十餘萬兵強士勇雄視八方有利則出攻無利則入守此用武之國非諸夏所同秦漢因之卒成帝業其後或處之而泰去之而亡前史所書不唯一姓及隋氏季末煬帝南遷河洛丘墟兵戈亂起高祖唱義亦先入關惟能翦滅姦雄底定區宇以至于太宗高宗之盛中宗玄宗之明多在秦川鮮居東洛間者羯胡構亂九服分崩河北河南盡從逆命然而先帝仗朔方之衆慶緒奔亡陛下藉西土之師朝義就戮豈唯天道助順抑亦地形使然此陛下所知非臣飾說近因吐蕃凌逼鑾駕東巡蓋以六軍之兵素非精練皆市肆屠沽之人務挂虛名苟避征賦及驅以就戰百無一堪亦有潛輸貨財因以求免又中官掩蔽庶政多荒遂令陛下振蕩不安退居陝服斯蓋關於委任失所豈可謂秦地非良者哉今道路云云不知信否咸謂陛下已有成命將幸洛都臣熟思其端未見其利夫以東周之地久陷賊中宮室焚燒十不存一百曹荒廢曾無尺椽中間畿內不滿千戶井邑榛棘豺狼所嘷既乏軍儲

唐傳七十　六

又鮮人力東至鄭汴達于徐方北自覃懷經于相土人煙斷絕千里蕭條將何以奉萬乘之牲餼供百官之次舍矧其土地狹阨纔數百里間東有成皋南有二室險不足恃適爲戰場陛下奈何棄久安之勢從至危之策忽社稷之計生天下之心臣雖至愚竊爲陛下不取且聖言所慮豈不以京畿新遭剽掠田野空虛恐粮食不充國用有闕以臣所見深謂不然昔衛文公小國之臣諸侯之主耳遭懿公爲狄所滅始廬于曹衣大布之衣冠大帛之冠元年革車三十乘季年三百乘卒能恢復舊業享無疆之休況明明天子躬儉節用苟能黜素飡之吏去冗食之官抑豎刁易牙之權任蘧瑗史鰌之直薄征弛力卹隱追鰥委諸相以簡賢任能付老臣以練兵禦侮則黎元自理寇盜自平中興之功旬月可冀卜年斯永永無極矣願時邁順動迴鑾上都再造邦家唯新庶政奉宗廟以修薦享謁陵寢以崇孝思臣雖隕越死無所恨代宗省表垂泣謂左右曰子儀用心眞社稷臣也可亟還京師十一月車駕自陝還宮子儀伏地請罪帝駐車勞之曰朕用卿不早故及於此乃賜鐵券圖形淩煙閣是時河北副元帥僕固懷恩方頓軍汾州掠幷汾諸縣以爲巳邑乃以子儀兼關內河東副元帥河中節度觀察使出鎭河中蕃戎既退僕固懷恩部下離散是月懷恩子瑒主兵榆次爲帳下將張惟岳所殺傳首京師惟岳以瑒之衆歸於子儀懷恩懼棄其母而走靈州明年九月以子儀守太尉充北道邠寧涇原河西巳東通和蕃及朔方招撫觀察使其關內河東副元帥中書令如故子儀以懷恩未誅不宜讓使堅辭太尉曰太尉職雄任重竊憂非據輒敢上聞伏奉詔書未允誠懇臣嚮昔之分早知止足今茲累請竊懼滿盈義實由衷事非矯飾志之所至敢不盡言自兵亂巳來紀綱寖壞時多躁競俗少廉隅德薄而位尊功微而賞厚寔繁有衆不可殫論臣每見之深以爲念昔范宣子讓其下皆讓欒黶爲汰不敢違也臣誠薄劣竊慕古人務欲以身率先大變浮俗是用勤勤懇懇願罷此官庶禮讓興行由臣而致也臣位爲上相爵爲眞王忝啓沃之謀受腹心之寄恩榮巳極功業巳成壽命

唐傳七十　七

乞骸保全餘齒但以寇讎在近家國未安臣子之心不敢寧處苟西戎即叙懷恩就擒曩昔官爵誓無所受必當追蹤范蠡繼迹留侯臣之鄙懷切在於此優詔不許子儀見上感泣懇讓乃止十月僕固懷恩引吐蕃迴紇党項數十萬南下京師大恐子儀出鎭奉天帝召子儀問禦戎之計子儀曰以臣所見懷恩無能爲也帝問其故對曰懷恩雖稱驍勇素失士心今所以能爲亂者引思歸之人耳懷恩本臣偏將其下皆臣之部曲臣恩信嘗及之今臣爲大將必不忍以鋒刃相向以此知其無能爲也虜寇邠州子儀在涇陽子儀令長男朔方兵馬使曜率師援之與邠寧節度使白孝德閉城拒守懷恩前鋒至奉天近城挑戰諸將請擊之子儀止之曰夫客深入利在速戰不可爭鋒彼皆吾之部曲緩之自當攜貳若迫之是速其戰戰則勝負未可知敢言戰者斬堅壁待之果不戰而退子儀自涇陽入朝帝御安福門待之命子儀樓上行朝見之禮宴賜隆厚十一月以子儀爲尚書令上表懇辭曰臣以薄劣素乏行能逢時擾攘猥蒙驅策內叅朝

政外摠兵權上不能翼戴三光下不能糺逖羣慝功微賞厚任重恩深覆餗之憂實盈寤寐臣昨所以固辭太尉乞保餘年殊私曲臨遂見矜許竊謂陛下已知其願深察其心豈意未歷旬時復延寵命以臣褊淺又寡智謀安可謬職南宮當茲大任況太宗昔居藩邸嘗踐此官累聖相承曠而不置皇太子為雍王之日陛下以其摠兵薄伐平定關東歃至策勳再有斯授豈臣末識敢亂大倫德薄位尊難逃天子之責負乘致寇復速神明之誅伏乞天慈俯停新命答詔不允翌日勑所司令子儀於尚書省視事詔宰相百寮送上遣射生五百騎執戟翼從自朝堂至省賜教坊樂子儀不受復上表曰臣伏以尚書令武德之際太宗為之一昨歷懇上陳請罷斯職而陛下未垂亮察務欲褒崇區區微誠益用惶懼何則太宗立極之主聖德在人自後因廢此官永代作則陛下守文繼體固當奉而行之豈可猥私老臣隳厥成式上掩陛下之德下貽萬方之非臣雖至愚安敢輕受況久經兵亂僭賞者多一人之身兼官數四朱紫同色清濁不分爛羊

○之謠復聞聖代臣頃觀其弊思革其源以逆寇猶存未敢輕議今元兇沮敗計日成擒中外無虞妖氛漸息此陛下作法之際審官之時固合始於老臣化及班列豈可輕為此舉以亂國章國章亂於上則庶政隳於下海內之政皆亂則國家又安得永代而無患哉陛下苟能從臣之言俯察誠請彼貪榮冒進者亦將各讓其所兼之官自然天下文明百工式叙太平之業可得而復也臣誠蒙鄙識昧古今志之所切實在於此手詔答曰僕寀之命所以報功摠領之司期於賦政卿入居台鉉出統戎旃爰自先朝累臣多難靖羣氛於海表凝庶績於天階敏事而寡言居敬而行簡人難其易爾易其難所以命掌六聯首茲百辟顧循時議僉謂允諧而屢拜封章懇懷讓挹守淳素之道語政理之源無待禮成曲從德讓宜宣示於外編之史冊遣內侍魚朝恩傳詔賜美人盧氏等六人從者八人并車服帷帳牀褥珍玩之具時蕃虜屢寇京畿倚蒲陝為內地常以重兵鎮之永泰元年五月以子儀都統河南道節度行營出鎮河中八月僕固懷恩誘吐

蕃迴紇党項羌渾奴剌山賊任敷鄭庭郝德劉開元等三十餘萬南下先發數萬人掠同州期自華陰趨藍田以扼南路懷恩率重兵繼其後迴紇吐蕃自涇邠鳳翔數道寇京畿掠奉天醴泉京師震恐天子下詔親征命李忠臣屯東渭橋李光進屯雲陽馬璘郝玼屯便橋駱奉先李日越屯盩厔李抱玉屯鳳翔周智光屯同州杜冕屯坊州天子以禁軍屯苑內京城壯丁並令團結城二門塞其一魚朝恩括士庶私馬重兵捉城門市民由竇穴而遁去人情危迫是時急召子儀自河中至屯於涇陽而虜騎已合子儀一軍萬餘人而雜虜圍之數重子儀使李國臣高昇拒其東魏楚玉當其南陳迴光當其西朱元琮當其北子儀率甲騎二千出沒於左右前後虜見而問曰此誰也報曰郭令公也迴紇曰令公存乎僕固懷恩言天可汗已棄四海令公亦謝世中國無主故從其來今令公存天可汗存乎報之曰皇帝萬歲無疆迴紇皆曰懷恩欺我子儀又使諭之曰公等頃年遠涉萬里翦除兇逆恢復二京是時子儀與公等周旋艱難何日忘之今

○忽棄舊好助一叛臣何其愚也且懷恩背主棄親於公等何有迴紇曰謂令公亡矣不然何以至此今公誠存安得而見之子儀將出諸將諫曰戎狄之心不可信也請無往子儀曰虜有數十倍之衆今力固不敵且至誠感神況虜輩乎諸將曰請選鐵騎五百衛從子儀曰適足以為害也乃傳呼曰令公來虜初疑持滿注矢以待之子儀以數十騎徐出免冑而勞之曰安乎久同忠義何至於是迴紇皆捨兵下馬齊拜曰果吾父也子儀召其首領各飲之酒與之羅錦歡言如初子儀說迴紇曰吐蕃本吾舅甥之國無負而至是無親也若倒戈乘之如拾地芥耳其羊馬滿野長數百里是謂天賜不可失也今能逐戎以利舉與我繼好而凱旋不亦善乎會懷恩暴死于鳴沙羣虜無所統攝遂許諾乃遣首領石野那等入朝子儀遣朔方兵馬使白元光與迴紇會軍吐蕃知其謀是夜奔退迴紇與元光追之子儀大軍繼其後大破吐蕃十餘萬於靈武臺西原斬首五萬生擒萬人收其所掠士女四千人獲牛羊駝馬三百里內不絕子儀自涇陽入朝

加實封二百戶還鎮河中大曆元年十二月華州節度使周智光殺
監軍張志斌謀叛帝以同華路阻召子儀女壻工部侍郎趙縱受口
詔往河中令子儀起軍討之縱請爲蠟書令家僮間道賜子儀奉詔
大閱軍戎將校同華將吏聞軍起乃斬智光父子傳首京師二年二
月子儀入朝宰相元載王縉僕射裴冕京兆尹黎幹內侍魚朝恩共
出錢三十萬置宴於子儀第恩出羅錦二百匹爲子儀纏頭之費
極歡而罷九月吐蕃寇涇州詔子儀以步騎三萬自河中移屯涇陽
十月蕃軍退至靈州邀擊敗之斬馘二萬十二月盜發子儀父墓捕
盜未獲人以魚朝恩素惡子儀疑其使之子儀心知其故及自涇陽
將入議者慮其構變公卿憂之及子儀入見帝言之子儀號泣奏曰
臣久主兵不能禁暴軍士殘人之墓固亦多矣此臣不忠不孝上獲
天譴非人患也朝廷乃安三年三月還河中八月吐蕃寇靈武九月
詔子儀率師五萬自河中移鎮奉天是月白元光大破吐蕃於靈武
十月子儀入朝還鎮河中時議以西蕃侵寇京師不安馬璘雖在邠

州力不能拒乃以子儀兼邠寧慶節度自河中移鎮邠州徙馬璘爲
涇原節度使八年十月吐蕃寇涇州子儀遣先鋒兵馬使渾瑊逆戰
于宜祿不利會馬璘設伏於潘源與瑊合擊大破蕃軍俘斬數萬計
迴紇赤心賣馬一萬匹有司以國計不充請市千匹子儀以迴紇前
後立功不宜阻意請自納一年俸物充迴紇馬價雖詔旨不允內外
稱之九年入朝代宗召對延英語及西蕃充斥苦戰不暇言發涕零
旣退復上封論備吐蕃利害曰朔方國之北門西禦犬戎北虞獫狁
五城相去三千餘里開元天寶中戰士十萬戰馬三萬纔敵一隅自
先皇帝龍飛靈武戰士從陛下收復兩京東西南北曾無寧歲中年
以僕固之役又經耗散人亡三分之二比於天寶中有十分之一今
吐蕃充斥勢強十倍兼河隴之地雜羌渾之衆每歲來闚近郊以朔
方減十倍之軍當吐蕃加十倍之騎欲求制勝豈易爲力近入內地
稱四節度每將盈萬每賊兼乘數四臣所統將士不當賊四分之一
所有征馬不當賊百分之二誠合固守不宜與戰又得馬璘牒賊擬

涉渭而南臣若堅壁恐犯畿甸若過畿內則國人大恐諸道易搖外
有吐蕃之強中有易搖之衆外畏內懼將何以安臣伏以陛下橫制
勝之術力非不足但慮簡練未精進退未一時淹師老地潤勢分願
陛下更詢讜議慎擇名將俾之統軍於諸道各抽精卒成四五萬則
制勝之道必矣未可失時臣又料河南河北山南江淮小鎮數千大
鎮數萬空耗月餼曾不習戰臣請抽赴關中教之戰陣則軍聲益振
攻守必全亦長久之計也臣猥蒙任遇垂二十年今齒髮已衰願避
賢路止足之誡神明所鑒詔曰卿憂深慮遠殊沃朕心始終倚賴未
可執辭也德宗卽位詔還朝攝冢宰充山陵使賜號尚父進位太尉
中書令增實封通計二千戶給一千五百人糧二百匹馬草料所領
諸使副元帥並罷諸子弟女壻拜官者十餘人建中二年夏子儀病
甚德宗令舒王誼傳詔省問及門郭氏子弟迎拜於外王不荅拜子
儀臥不能興以手叩頭謝恩而已六月十四日薨時年八十五德宗
聞之震悼廢朝五日詔曰天地以四時成物元首以股肱作輔公台

之任鼎足相承上以調三光下以蒙五岳允釐庶績鎮撫四夷體元
和之氣根貞一之德功至大而不伐身處高而更安尚父比呂望之
名爲師增周公之位盛業可久歿而彌光故太尉兼中書令柱國汾
陽郡王尚父子儀天降人傑生知王佐訓師如子料敵若神昔天寶
多難羯胡作禍咸秦失險河洛爲戎公能扶翼肅宗載造區夏於國
有患勞其戡定於邊有寇藉其驅除安社稷必有於絳侯定羌戎無
踰於充國絳臺綏四散之衆涇陽降十萬之虜勳高今古名讋夷狄
而勞乎征鎮二紀于茲頃以春秋旣高疆場多事罷彼旌鉞寵在台
衡以公柱石四朝藩翰萬里忠貞懸於日月寵遇冠於人臣尊其元
老加以崇號期壽考之永養勳賢之德膏肓生疾藥石靡攻人之云
亡梁木斯壞雖賻禮加等輟朝增日悼之流涕曷可弭忘更議追崇
名位斯極而尊爲尚父官協太師雖爵秩則同而體望尤重歛以袞
冕旌我元臣聖祖園陵所宜陪葬式墓表文終之德象山追去病之
勳千載如存九原可作冊命之禮有司備焉可贈太師陪葬建陵仍

令所司備禮冊命賻絹三千匹布三千端米麥三千石舊令一品墳
高丈八而詔特加十尺羣臣以次赴宅吊哭凶喪所須並今官給及
葬上御安福門臨哭送之百寮陪位隕泣賜謚曰忠武配饗代宗廟
庭子曜旰晞昢晤曖曙映等八人壻七人皆朝廷重官諸孫數十人
每羣孫問安不盡辨頷之而已恭佐官吏六十餘人後位至將相昇
朝秩貴位勒其姓名於石今在河中府人士榮之史臣裴洎曰汾陽
事上誠蓋臨下寛厚每降城下邑所至之處必得士心前後遭罹倖
臣程元振魚朝恩譖毁百端時方握強兵或方臨戎敵詔命徵之未
嘗不卽日應召故讒謗不能行代宗幸陝時令以數十騎覘賊及在
涇陽又陷於胡虜重圍之中皆以身許國未嘗以危亡易慮亦遇天
幸竟免患難田承嗣方跋扈魏州傲很無禮子儀嘗遣使至承嗣西
望拜之指其膝謂使者曰茲膝不屈於人若干歲矣今爲公拜李靈
曜據汴州公私財賦一皆遏絶獨子儀封幣經其境莫敢留之必持
兵衛送其爲豺虎所服如此麾下老將若李懷光輩數十人皆王侯

重貴子儀頤指進退如僕隸焉幕府之盛近代無比始與李光弼齊
名雖威略不逮而寛厚得人過之歲入官俸二十四萬貫私利不在
焉其宅在親仁里居其里四分之一中通永巷家人三千相出入者
不知其居前後賜良田美器名園甲館聲色珍玩堆積羨溢不可勝
紀代宗不名呼爲大臣天下以其身爲安危者殆二十年校中書令
考二十有四權傾天下而朝不忌功蓋一代而主不疑侈窮人欲而
君子不之罪富貴壽考繁衍安泰哀榮終始人道之盛此無缺焉唯
以讒怒誣奏判官戶部郎中張譚杖殺之物議爲薄

曜子儀長子性孝友廉謹子儀出征於外留曜治家少長千人皆得
其所諸弟爭飾池館盛其車服曜以儉朴自處累遷至太子賓客建
中初子儀罷兵柄乃遍加諸子官以曜爲太子少保子儀薨曜遵遺
命四朝所賜名馬珍玩悉皆上獻德宗復賜之曜乃散諸昆弟子儀
薨後楊炎盧杞相次秉政姦謟用事尤忌勳族子儀之壻太僕卿趙
縱少府少監李洞清光祿卿王宰皆以家人告訐細過相次貶黜曜
家大恐轁宰相張鎰力爲庇護姦人幸其危懼多論奪田宅奴婢曜
不敢訴德宗微知之詔曰尚父子儀有大勳力保乂皇家嘗誓以山
河琢之金石十世之宥其可忘也其家前時與人爲市以子儀身歿
或被誣構欲論奪之有司無得爲理詔下方已曜居喪得禮若儒家
子服未闋寢疾或勸其茹葷曜竟不屬口建中四年三月卒贈太
子太傅

晞子儀第三子少善騎射常從父征伐初以戰功授左贊善大夫從
廣平王收復兩京晞力戰於香積寺陝西皆出奇兵剋捷以功加銀
青光祿大夫鴻臚卿後河中軍亂殺節度使李國貞荔非元禮於絳
詔以子儀爲河東關內副元帥鎮絳州時四方擾叛多逐戎帥子儀
至絳誅其元惡其黨頗不自安欲謀翻變晞知其謀選親兵四千伏
甲以防之常持弓警夜不寐者凡七十日叛將竟不敢發以功拜殿
中監廣德二年僕固懷恩誘吐蕃迴紇入寇加晞御史中丞領朔方
軍以援邠州與馬璘合勢大破蕃軍其年冬懷恩誘虜再寇邠州陣

于涇北子儀令晞率步卒五千騎軍五百出西南掩擊之晞以兵寡
不敵持而不戰及至晡晚乘其半濟而擊之大破僕虜斬首五千級
是時連戰皆捷詔加御史大夫子儀固讓不受永泰二年檢校左散
騎常侍大曆七年加開府儀同三司十二年丁母憂服除加檢校工
部尚書判秘書省事建中二年丁父喪持服京城朱泚構逆遣人就
第問訊欲令掌兵晞佯瘖噤口不言泚以兵脅之晞終不語賊知其
不可用乃止晞潛奔奉天僅而獲免初晞兄曜襲父代國公實封二
千戶及曜卒詔曰故尚父太尉中書令汾陽王功格上玄道光下土
積其善慶垂裕無窮雖嫡長云徂支宗斯盛汾陽舊邑盍有丕承其
男前左散騎常侍駙馬都尉食實封五百戶曖夙禀義方居忠履孝
儼崇銀牓擁美金章繼撫先封允宜聽復曖兄檢校工部尚書守太
子賓客趙國公晞弟右金吾將軍祁國公食實封二百五十戶曙
太子左諭德映等並休有令名保其先業宜允推恩之典以明延嗣
之誠其實封二千戶宜準式減半餘可分襲曖可襲代國公仍通前

襲三百戶晞可二百五十戶曙可五十戶通前三百七十戶映可二百三十五戶尋又詔尚父子儀男晞曖映曙四人所襲實封各減五十戶以賜郭曜男鍔郭晤男鐇各襲一百戶晞至行在復檢校工部尚書太子詹事從駕還京改太子賓客晞子鋼爲朔方節度使杜希全賓佐希全以鋼攝豐州刺史晞以鋼幼弱恐不任邊職貞元七年晞上章請罷鋼官德宗遣中使召之鋼疑以他事見攝乃單騎走入吐蕃蕃將見鋼獨叛不納置之夜上流入黃河令歸杜希全得之送赴京師賜鋼自盡晞亦坐子免官明年復授太子賓客貞元十年卒贈兵部尚書晞大子鈞鈞子承嘏別有傳曖子儀第六子年十餘歲尚代宗第四女昇平公主時昇平年亦與曖相類大曆中恩寵冠於戚里歲時錫賚珍玩不可勝紀大曆十三年有詔毀除白渠水支流碾磑以妨民溉田昇平有脂粉磑兩輪郭子儀私磑兩輪所司未敢毀徹公主見代宗訴之帝謂公主曰吾行此詔蓋爲蒼生爾豈不識我意耶可爲衆率先公主即日命毀由是勢門碾磑八十餘所皆毀之曖檢校左散騎常侍建中末公主坐事留之禁中曖亦令出入既而朱泚之亂不知車駕幸奉天爲賊所逼欲受僞官曖辭以居喪被疾既而與兄晞弟曙及昇平公主皆奔奉天德宗喜並釋前咎待之如初復銀青光祿大夫檢校左散騎常侍從駕至山南改太常卿同正員貞元中帝爲皇孫廣陵郡王納曖女爲妃曖貞元十六年七月卒贈尚書左僕射昇平公主元和五年十月薨贈虢國大長公主謚曰懿廣陵王即位爲憲宗皇帝妃生穆宗皇帝元和十五年穆宗即位尊郭妃爲皇太后詔曰追遠飾終先王令典況積仁累義事已顯於身前祥會慶傳福遂流於天下式光盛德爰舉徽章尊尊親親於是乎在皇太后父贈尚書左僕射曖克荷崇構有勞王家孝友本於生知英華發於事任實修一德歷仕三朝建中末年屬有大難畢力扈駕忘軀即戎忠貞之節國史明備才高望洽是膺沁水之祥德厚流光乃啓塗山之祚肆予小子獲纘大業未展定申之命敢緣褒紀之恩俾繼維師用光縟禮可贈太傅曖子釗鏦銛曙代宗朝累歷司農

卿居父憂建中三年冬舒王誼爲淮西山南諸道大元帥以曙檢校左庶子爲元帥府都押牙京城亂從幸山南轉太府卿隨駕還京拜左金吾衛大將軍貞元末卒

釗偉姿儀身長七尺方口豐下沉默寡言母昇平長公主代宗朝釗爲外孫恩寵踰等起家爲太常寺奉禮郎德宗朝累官至太子右庶子元和初爲左金吾衛大將軍充左街使九年十一月檢校工部尚書兼邠州刺史充邠寧節度使數歲檢校戶部尚書入爲司農卿釗大勲之後姻聯戚里而謙和接物恭慎自持居家臨民無驕怠之色無奢侈之失士君子重之十五年正月憲宗寢疾彌旬諸中貴人秉權者欲議廢立紛紛未定穆宗在東宮心甚憂之遣人問計於釗釗曰殿下身爲皇太子但旦夕視膳謹守以俟又何慮乎迄今稱釗得元舅之體穆宗即位冊皇太后南內推崇外氏以釗兼司農卿未幾檢校戶部尚書充河陽三城懷節度使歲中換河中尹河中晉絳慈隰節度使釗歷踐藩鎮以汾陽胄胤材能選用不獨憑椒房之勢所莅簡約不撓其俗自理敬宗即位尊郭太后爲太皇太后徵釗爲兵部尚書兼檢校尚書左僕射明年出爲梓州刺史劍南東川節度使文宗即位加司空太和三年冬南蠻陷巂州遂寇西川杜元穎失於控禦蠻軍陷成都府外城朝廷未暇除帥乃以釗兼領西川節度蠻軍已寇梓州諸道援軍未至川軍寡弱不可令戰釗致書於蠻首領嵯巔責以侵寇之意嵯巔曰杜元穎不守疆場屢侵吾圉以是修報也與釗修好而退朝廷嘉之授成都尹劍南西川節度使與南詔立約疆陲不擾以疾求代四年入爲太常卿檢校司徒十二月在道卒詔贈司徒子仲文仲辭

鏦母昇平長公主大曆貞元之間恩禮冠諸主順宗在東宮以女德陽郡主尚鏦時鏦與公主年未及冠郡主尤爲德宗之所鍾愛故鏦之貴寵焜燿一時順宗即位改封德陽爲漢陽公主鏦累官至衛尉卿駙馬都尉改殿中監穆宗即位鏦爲叔舅改右金吾衛大將軍兼御史大夫充左街使城南有汾陽王別墅林泉之致莫之與比穆宗

常遊幸之置酒極歡而罷賜鐬甚厚俄加檢校工部尚書兼太子詹事充閑廐宮苑使從容貴位三十餘年而椒房之寵國舅之恩近代已來無有其比而鐬恭遜虔恪不以富貴驕人士無賢不肖接之以禮由是中外稱之長慶二年十月卒贈尚書左僕射仍以其弟銛代鐬爲太子詹事充閑廐宮苑使仲文太和末爲殿中少監開成初詔仲文襲父太原郡公制下給事中封敕奏曰伏準制書贈司徒郭釗嫡男仲文襲封太原郡公者臣近訪知郭釗妻沈氏公主之女代宗皇帝外孫有男仲辭已選尚主仲文不合假冒自稱嫡子若仲文承嫡即沈氏須黜居別室仲辭不合配尚貴主伏以郭仲文尚父子儀之孫太皇太后之姪戚里勳門無與儔比婚姻嫡庶朝野具知奪宗之配實玷風敎且仲文仲辭既非同出襲封尚主不可並行伏請付臺勘當詔曰以萬年縣尉仲辭襲封仲文落下以太皇太后姪不之罪尋以仲辭爲銀青光祿大夫檢校殿中少監駙馬都尉襲封太原郡公尚饒陽公主又仲辭兄詹事府丞仲恭爲銀青光祿大夫尚金堂公主

郭幼明尚父子儀之母弟也性謹愿無過不工武藝喜賓客飲讌居家御衆皆得其歡心以子儀勳業累歷大卿監大曆八年卒贈太子太傅子昕肅宗末爲四鎮留後自關隴陷蕃爲虜所隔其四鎮北庭使額李嗣業茘非元禮皆遥領之昕阻隔十五年建中二年與伊西北庭節度使李元忠俱遣使于朝德宗嘉之詔曰四鎮二庭統任西夏五十七蕃十姓部落國朝已來相次率職自關隴失守東西阻絶忠義之徒泣血相守慎固封略奉尊朝法皆侯伯守將交修共理之所致也伊西北庭節度使李元忠可北庭大都護四鎮節度留後郭昕可安西大都護四鎮節度使其將吏已下叙官可超七資李元忠本姓曹名令忠以功賜姓名時昕使自迴紇歷諸蕃部方達於朝又有袁光庭者爲伊州刺史隴右諸郡皆陷光庭堅守伊州吐蕃攻之累年兵盡食竭光庭先刃其妻子自焚而死因昕使知之贈工部尚書

史臣曰天寶之季盜起幽陵萬乘播遷兩都覆沒天祚土德寔生汾陽自河朔班師關西殄寇身扞豺虎手披荊榛七八年間其勤至矣再造王室勳高一代及國威復振羣小肆讒位重懇辭失寵無怨不幸危而邀君父不挾憾以報仇讎晏然効忠有死無二誠大雅君子社稷純臣自秦漢已還勳力之盛無與倫比而晞曖於纏祖之中拔身虎口赴難奉天可謂忠孝之門有嗣矣

贊曰猗歟汾陽功扶昊蒼秉仁蹈義鐵心石腸四朝靜亂五福其昌爲臣之節敢告忠良

唐書列傳卷第七十

唐書列傳卷第七十一

劉　昫　等修
聞人詮校刻沈桐同校

僕固懷恩　梁崇義
李懷光

僕固懷恩鐵勒部落僕骨歌濫拔延之曾孫語訛謂之僕固貞觀二十年鐵勒九姓大首領率其部落來降分置瀚海燕然金微幽陵等九都督府於夏州別爲蕃州以禦邊授歌濫拔延爲右武衛大將軍金微都督拔延生乙李啜拔乙李啜生懷恩世襲都督天寶中加左領軍大將軍同正員特進歷事節度王忠嗣安思順皆以善格鬬達諸蕃情有統禦材委之心腹及安祿山反從郭子儀討高秀巖于雲中破之又敗薛忠義于背度山下抗賊七千騎生擒忠義男襲下馬邑郡十五載進軍與李光弼合勢及史思明戰于常山趙郡沙河嘉山皆大破之懷恩功居多肅宗卽位於靈武懷恩從郭子儀赴行在所

○時同羅部落自西京叛賊北寇朔方子儀與懷恩擊之懷恩子玢領徒擊賊兵敗而降尋又自拔而歸懷恩叱而斬之將士懾駭無不一當百遂破同羅千餘騎於河上盡收其器械駝馬肅宗雖仗朔方之衆將假蕃兵以張形勢乃遣懷恩與燉煌王承寀使于迴紇請兵結好迴紇可汗遂以女妻承寀兼請公主遣首領隨懷恩入朝二年正月又從子儀下馮翊河東二郡走僞將崔乾祐又襲破潼關賊將安守忠李歸仁自京率衆來援苦戰二日官軍敗績懷恩退至渭水無舟楫抱馬以渡存者僅半乃奔歸子儀於河東整其餘衆四月子儀赴鳳翔李歸仁以勁卒五千邀之於三原北子儀窘急使懷恩及王昇陳迴光渾釋之李國貞等五將伏兵於白渠留運橋以待之賊至伏發歸仁大敗而走又從子儀戰于清渠不利歸于鳳翔及迴紇使葉護帝得數千騎來赴國難南蠻大食之卒相繼而至肅宗乃遣廣平王爲元帥以子儀爲副而懷恩領迴紇兵從之汶水賊伏兵於營東懷恩引迴紇馳殺之匹馬不歸賊乃大潰日暮懷恩謂王曰賊必幷城走矣請以二百騎馬追之縛取李歸仁田乾真安守忠張通儒王曰將軍戰亦疲矣且休息追明而後圖之懷恩曰歸仁守忠天下驍賊也驟勝而敗此天與我也柰何縱之不取若使得衆復爲我患雖悔無及夫戰尚速何明日爲王固止之令還營懷恩又固請往而復反一夕四五起遲明諜至守忠等果逃又從王大破賊於陝西之新店收兩京皆立殊功以前後功加開府儀同三司鴻臚卿同正員同節度副使十二月封豐國公食實封二百戶乾元元年九月遣九節度擊安慶緒於相州從郭子儀領朔方行營破安太清下懷衛二州圍相州戰愁思岡凡經五月常爲先鋒堅敵大陣必經其戰勇冠三軍尋充都知兵馬使及李光弼代子儀懷恩又副之乾元二年進封大寧郡王遷御史大夫朔方行營節度又從李光弼守河陽破周又擒徐璜玉安太清拔懷州皆摧鋒陷敵功冠諸將其男瑒又以開府儀同三司從將兵於其軍每深入虜陣以勇敢聞軍中號爲鬬將懷恩爲人雄毅寡言應對舒緩而剛決犯上始居偏裨之中意有不

○合雖主將必詬怒之郭子儀爲帥以寬厚容衆素重懷恩其麾下皆朔方蕃漢勁卒恃功怙將多爲不法子儀每事優容之行師用兵倚以輯事而光弼持法嚴肅法不貸下懷恩心憚而頗不叶上元二年從李光弼史思明戰于卭山不利肅宗以懷恩功高恩顧特異諸將至冬加工部尚書勑李輔國及常參官送上太官造食以寵之代宗卽位拜隴右節度未行改朔方行營節度以副郭子儀其秋上使中官劉清潭請兵於迴紇登里可汗登里巳爲史朝義誘之傾國入塞衆號十萬關中騷擾上使殿中監藥子昂馳於塞上勞之遇於忻州先是肅宗以寧國公主下嫁於毗伽闕可汗毗伽闕可汗又以少子請婚肅宗以懷恩女妻之毗伽可汗死小子代立卽登里可汗登里立以懷恩女爲可敦至是可汗請與懷恩及懷恩之母相見詔從之懷恩嫌疑不敢上因賜鐵券手詔以遣之卽令其母便發懷恩與迴紇可汗相見於太原可汗大悅遂許助討朝義於是進兵歷太原汾晉營于陝州以俟期十月詔天下兵馬元帥雍王爲中軍先鋒以懷

恩爲副加同中書門下平章事領河東朔方節度行營及鎮西迴紇
兵馬赴陜州幷令諸道節度一時齊進懷恩與迴紇左殺爲先鋒觀
軍容使魚朝恩陜州節度郭英乂爲後殿自澠池入陳鄭節度李抱
玉自河陽入河南副元帥雍王留陜州懷恩等師至黄水賊徒數萬
堅柵自固懷恩陣于西原上廣張旗幟以當之命驍騎及迴紇之衆
傍南山出於東北兩軍舉旗内應表裏擊之一鼓而拔賊死者數萬
朝義領鐵騎十萬來救陣於昭覺寺賊皆殊死決戰短兵旣接相殺
甚衆官軍驟擊之賊陣而不動魚朝恩令射生五百人下馬弓弩亂
發多中賊而死陣亦如初鎮西節度使馬璘曰事急矣遂援旗而進
單騎奔擊奪賊兩牌突入萬衆之中左右披靡大軍乘之而入朝義
大敗斬首一萬六千級生擒四千六百人降者三萬二千人轉戰于
石榴園老君廟賊黨又敗人馬蹂踐塡於尚書谷朝義輕騎而走懷
恩乃進收東京及河陽城封其府庫僞中書令許叔冀王伷等承制
釋之悉皆安堵懷恩留迴紇可汗營於河陽乃使其子右廂兵馬使

唐傳七十一　三

瑒北庭朔方兵馬使高輔城以萬餘衆乘勝逐北懷恩常壓賊而行
至于鄭州再戰皆捷進至汴州僞節度張獻誠開門出降又拔滑州
追破朝義于衛州僞睢陽節度田承嗣李進超薛盧等兵馬四萬餘
衆又與朝義合據河來拒瑒連盤齊師登岸薄之賊黨悉奔長驅至
昌樂縣東朝義率魏州兵馬來戰又敗走達盧來降賊徒震駭於是
相州僞節度薛嵩以相衛州洺邢趙降于李抱玉高輔成尚文悊僞
恒陽節度李寶臣以深恒定易四州降于河東節度辛雲京朝義至
貝州又與僞大將薛忠義兩節度合瑒至臨清縣懼賊氣盛駐軍以
俟變朝義領衆三萬幷攻具來攻瑒令高彦崇渾日進李光逸等設
三伏以待之賊半渡伏發合擊而走之其時迴紇又至官軍益振瑒
卷甲馳之大戰于下博縣東南賊背水而陣大軍衝擊而崩之積屍
擁流而下朝義又走莫州於是河南副元帥都知兵馬使薛兼訓兵
馬使郝庭玉兗鄆節度使辛雲京會師于下博進軍莫州城下朝義
與田承嗣頻出挑戰大敗而旋臨陣殺其僞尚書蔡榮朝義懼自分

萬餘衆投歸義縣留承嗣守城於是淄青節度侯希逸繼諸將同爲
攻守凡月餘日瑒與高彦崇侯希逸薛兼訓等以衆三萬追及朝義
於歸義縣交鋒而賊潰屬幽州節度使李懷仙送降款瑒頓兵於其
境遣懷仙分兵追躡二年三月朝義至平州石城縣温泉柵窮蹙走
入長林自縊懷仙使妻弟徐有濟傳其首以獻又降田承嗣之軍河
北悉平懷恩乃與諸將班師先是去冬郭子儀以懷恩有平定河朔
之功讓位於懷恩遂授河北副元帥尚書左僕射兼中書令靈州大
都督府長史單于鎮北大都護朔方節度使仍加實封四百戸通前
一千戸春又加太子少師充朔方都知兵馬使同節度副大使食實
封五百戸莊宅各一所仍與一子五品官高輔成太子少傅兼御史
中丞充河北副元帥都知兵馬使加實封三百戸仍與一子五品官
高彦崇太子賓客依舊朔方右廂兵馬使實封二百戸莊宅各賜一
所與一子五品官遂詔懷恩統可汗還蕃遂自相州西郭口趣潞州
與迴紇可汗會出太原之北懷恩初至太原辛雲京以可汗是其子

唐傳七十一　四

壻疑其召戎閉關不報且懼可汗相襲不敢犒軍及還亦如之懷恩
父子宣力王室攻城野戰無役不從一舉滅史朝義復燕趙韓魏之
地自以爲功無以讓至是又爲雲京所拒懷恩怒上表列其狀頓軍
汾州會中官駱奉先使于雲京雲京言懷恩與可汗爲約逆狀已露
乃與奉先厚結歡奉先迴至懷恩所其母數讓奉先曰爾等與我兒
約爲兄弟今又親雲京何兩面乎雖然前事勿論自今毋子兄弟如
初酒酣懷恩起舞奉先贈纏頭綵懷恩將酬其貺奉先遽告發懷恩
曰明日端午請宿爲令節奉先固辭懷恩苦邀之命藏其馬中夕謂
其從者曰向者責吾又收吾馬是將害我也奉先懼遂踰垣而走懷
恩驚遽令追還其馬奉先使迴奏其反狀懷恩累表請誅雲京奉先
上以雲京有功手詔和解之懷恩遂有貳於我至七月改元廣德册
勳拜太保仍與一子三品一子四品官幷階仍加實封五百戸僕固
瑒一子五品官加實封一百戸仍賜鐵券以名藏太廟畫像於凌煙
閣尋以瑒爲御史大夫朔方行營節度懷恩以寇難已來一門之内

死王事者四十六人女嫁絕域再妝兩京皆導引迴紇摧滅強敵而爲人媒孽畨性獷戾怏怏不已乃上書自敘功伐曰廣德元年八月二十三日開府儀同三司尚書左僕射兼中書令朔方節度副大使河北副元帥上柱國大寧郡王臣懷恩刺肝瀝血謹頓首頓首上書寶應聖文神武皇帝陛下臣家本畨夷代居邊塞爰自祖父早沐國恩臣年未弱冠即蒙上皇驅策出入死生竭力疆場叨承先帝報功時年已授特進洎乎祿山作亂大振王師臣累任偏裨決死靖難上以安社稷下以拯生靈使皇天之威神滅狂胡之醜類無何思明繼逆又據東周宸極不安海內騰沸臣謬承大行皇帝委任授以兵權誓雪國讐以臣時難闔門忠烈咸願殺身野戰攻城皆先士卒兄弟死於陣敵子姪沒於軍前九族之親十不存一縱有在者瘡痍偏身況陛下潛龍之時親統師旅臣忝事麾下陛下悉臣愚誠大行皇帝未捐宮館之時臣頻立微効臣累霑官賞遂被輔國等讒害幾至破家便奪兵權逾年宿衛臣雖內省無疚終懼讒佞傾危以日繼時命

○戀秋葉至將歸骨泉壤永謝明時幸遇陛下龍躍天衢繼續鴻業知臣負謗察臣丹心遂開獨見之明杜絕衆多之口特拔臣於汧隴再任臣於朔方誠謂遊魂返骸枯骨再肉使臣得竭駑蹇之力効錐刀之功上荅陛下再造之恩下展微臣犬馬之志去年秋末迴紇仗義而來士庶不知悉皆驚駭陛下以臣與其姻婭令至太原祇迎一切事宜許臣逐便處置遂與可汗計議分道用兵剋復洛陽平蕩幽薊惟有神策兵馬頓軍獨住陳留可汗時在洛陽即被朝恩猜阻要爲流議已失蕃情臣自平賊却迴天恩又令餞送臣遂罄竭家產爲國周旋發遣外蕃貴圖上道行至山北被奉先雲京共生異見妄作加諸閉城不出祇迎仍令潛行竊盜蕃夷怨怒早欲相讐臣遂彌縫方得出界及其祖餞事了迴至太原臣忝跡鼎司又承重寄奉先雲京曾無禮數閉關不出相看臣遂過汾州休息士馬凡經數日不遣一介知聞自以行事乖踈恐臣先有論奏遂乃構其謗黷妄起異端扇動軍城以爲設備又臣從潞府過日見抱玉祇迎迴紇庶事用心懇

稱家資罄於公用又與臣馬兼銀器四事臣於迴紇處得絹便與抱玉二千匹以充荅贈令被抱玉共相組織將此往來之貺便爲結託之私貴在厚誣務相傾奪陛下不垂明察採聽流言欲令忠直之臣枉陷讒邪之黨臣實不欺天地不負神明夙夜三思臣罪有六往年同羅背叛河曲騷然經略數軍兵圍不解臣不顧老母走投靈州先帝嘉臣忠誠遂遣徵兵討叛使得河曲清泰賊徒奔亡是臣不忠於國其罪一也臣男玢嘗被同羅虜將蓋亦制不由已旋即弃逆歸順却來投臣臣斬之以令士衆且臣不愛骨肉之重而徇忠義之誠是臣不忠於國其罪二也臣有二女俱聘遠蕃爲國和親合從討難致使賊徒殄滅寰宇清平是臣不忠於國其罪三也臣及男瑒不顧危亡身先行陣父子効命志寧邦家是臣不忠於國其罪四也陛下委臣副元帥之權令臣指麾河北其新附節度使皆握強兵臣之撫綏悉安反側州縣旣定賦稅以時是臣不忠於國其罪五也臣叶和迴紇戡定兇徒天下削平蕃夷歸國使其永爲鄰好義著急難萬姓安

○寧干戈止息二聖山陵事畢陛下忠孝兩全是臣不忠於國其罪六也臣旣負六罪誠合萬誅延頸轅門以待斧鑕過此以往更無他違陛下若以此誅臣何異伍子胥存吳卒浮屍於江上大夫種霸越終賜劍於稽山唯當吞恨九泉銜寃千古復何訴哉復何訴哉且葵藿尚解仰陽犬馬猶能戀主臣忝恩至重委任非輕夙夜思奉天顏豈暫心離魏闕誠恐以忠獲罪龜鏡不遠頃者來瑱受誅朝廷不示其罪天下忠義從此生疑況來瑱功業素高人多所忌不審聖衷獨斷復爲姦臣弄權臣欲入朝恐罹斯禍諸道節度使皆懼非臣獨敢如此近聞追詔數人並皆不至實畏中官讒口又懼陛下損傷豈唯是臣不忠只爲回邪在側且臣前後所奏騈奉先詞情非不摭實陛下竟無處置寵用彌深皆由同類相從致蒙蔽聖聰人皆懼死誰復敢言臣義切君臣志憂社稷若無極諫有負聖朝敢肆愚忠以干鼎鑊況今西有犬戎背亂東有吳越不庭均房羣盜縱橫鄜坊稽胡草擾陛下不思外禦而乃內忌忠良何以混一車書而使梯航納貢天下

至大豈可暫輕伏承四方數奏之人引對之時陛下皆云與驃騎商量曾不委宰臣可否或有稽留數月不放歸還遠近之心轉加疑阻且臣朔方將士功効最高為先帝中興主人是陛下蒙塵故吏曾不別加優獎却信嫉妬譖詞子儀先已被猜臣今又遭毁黷弓藏鳥盡兎死犬烹臣昔謂非今方知實且臣息軍汾上關鍵大開收馬放羊曾無守備分兵數郡貴免般粮勸課農桑務安黎庶有何狀跡而涉異端陛下必信矯詞何殊指鹿為馬陛下儻斥逐邪佞親附忠良鑷削孤疑數陳政化使君臣無二天下歸心則窺邊之戎不足為患梗命之寇將復何憂偃武修文其則不遠陛下若不納愚懇且貴因循臣實不敢保家陛下豈能安國忠言利行良藥愈病伏惟陛下圖之臣今戎事已安粮儲且繼深願一至闕下披露心肝再覲聖顏萬死無恨臣欲公然進發慮恐將士留連臣今便託巡晉絳等州於彼遷延且住謹遣押衙開府儀同三司試太常卿張休藏先進書兼口奏事伏惟陛下覽臣此書知臣誠懇特垂聖斷勿議近臣待臣如初浮

。譖不入臣當死節王命誓酬國恩仍請遣一介專使至絳州問臣臣即便與同行冀獲蹈舞軒陛鄙臣愚慮不顧死亡輕觸天威戰汗無地九月上以迴紇近塞懷恩又與辛雲京有隙上欲其悔過推心以待之恐其不信詔黃門侍郎裴遵慶使汾州諭旨且察其去就遵慶既至懷恩抱其足號泣而訴遵慶因宣聖恩優厚諷令入朝懷恩許諾副將范志誠說之曰公以讒言交構有功高不賞之懼嫌隙已成柰何入不測之朝公不見來瑱李光弼之事乎功成而不見容二臣以走誅懷恩然之明日又以懼死為辭許令一子入朝志誠又不可遵慶復命御史大夫王翊自迴紇使還懷恩與可汗往來恐洩其事乃止之遂令子瑒率衆攻雲京雲京出戰瑒大敗而旋進圍榆次朝廷患之先是尚書右丞顏真卿請奉詔召懷恩上因以真卿為刑部尚書兼御史大夫往宣慰之真卿曰臣往請行者時也今方受命事無益矣上問其故對曰懷恩阻兵是其反側明矣頃陛下避狄于陝郊臣方責以春秋之義云寡君蒙塵於郊敢不恭問官守當是時也

懷恩來朝以助討賊則其辭順今陛下攘去犬戎即宮京邑懷恩進不勤王退不釋衆其辭曲必不來矣且明懷恩反者獨辛雲京李抱玉駱奉先魚朝恩四人耳自外朝臣咸言其枉然懷恩將士皆子儀部曲恩信結其心陛下何不以子儀代之諭以逆順禍福必相率而歸耳上從之子儀至河中僕固瑒已為朔方兵馬使張惟岳等四人斬其首獻於闕下懷恩聞之率麾下數百騎棄其母渡河北走靈武餘衆聞子儀到束甲來奔歸者數萬懷恩至靈武鳩聚亡命其衆復振上念其勳舊不欲罪功臣厚撫其家懷恩終不從其母月餘日竟以壽終又遥授太師兼中書令大寧王餘並停是秋為鄉導誘吐蕃十萬人寇涇邠州祭來瑱之墓自序云俱遭放逐寇奉天醴泉郭子儀拒之而退永泰元年上徵天下兵以防之懷恩又糺合諸蕃衆號二十萬南犯京師遣吐蕃之衆自北道先寇醴泉奉天任敷鄭庭郝德自東道寇奉先同州羗渾奴剌之衆自西道寇盩厔鳳翔朝廷大駭詔遣郭子儀屯涇陽渾日進白元光屯奉天李光進屯雲陽馬璘

。郝廷玉屯中渭橋董秦屯東渭橋駱奉先李日越屯盩厔李抱玉屯鳳翔周智光杜冕屯同州上親率六軍令魚朝恩屯苑中下詔親征懷恩領迴紇及朔方之衆繼進行至鳴沙縣遇疾舁歸九月九日死於靈武部曲以鄉法焚而葬之張韶代領其衆為徐璜玉所殺璜玉領其衆又為范志誠所殺志誠領其衆迴紇進寇涇陽諸軍堅壁不戰吐蕃相持二十餘日又聞懷恩死與迴紇爭長自相疑貳莫敢先進遂大掠居人焚燒舍宇驅男女數萬而去所過踐禾穀殆盡迴紇乃詣子儀降請擊吐蕃以自効子儀分兵隨之大破吐蕃於涇州界任敷又敗走羗渾又多降於李抱玉懷恩逆命三年再犯順連諸蕃之衆為國大患士不解甲粮盡餽軍適幸天亡而上為之隱惡前後下制未嘗言其反及懷恩死羣臣以聞上為之憫默曰懷恩不反為左右所誤其寬仁如此閏十月懷恩姪名臣領千餘騎來降

梁崇義長安人以升斗給役於市有膂力能卷金舒鉤後為羽林射生從來瑱於襄陽沉默寡言衆悅之累遷為偏裨瑱朝京師分使諸

將戍福昌南陽來瑱被誅戍者皆潰歸崇義時在南陽統歸師徑入襄州與同列李昭薛南陽相讓爲長不決諸將請曰兵非梁卿主之不可遂推崇義爲帥寶應二年三月崇義殺昭與南陽以脅衆心朝廷因授其節度焉以襄州荐屢兵禍屈法含容姑務息人也歷御史中丞大夫尚書遂與田承嗣李正已薛嵩李寶臣爲輔車之勢奄有襄漢七州之地帶甲二萬連結根固未嘗朝覲然於羣兇地最褊兵最少法令最理禮貌最恭其地跨東南之衝數有王命之所宣洽故其人知化所親嘗勸其來朝崇義曰吾本帥來公有大勳肅當上元中以閹豎讒譖遂巡稽召及代宗嗣位不俟駕行旋見誅族今吾釁盈而事久若之何見上建中元年淮西節度使李希烈數請興師討崇義崇義懼軍旅之事加嚴焉流人郭昔告其爲變崇義聞之請罪昔坐決杖配流命金部員外郎李舟諭旨以安之初劉文喜作難舟嘗入其城説利害文喜拘之會帳下殺文喜而降四方反側者聞之謂舟必能覆軍殺將是以皆惡及舟至又勸其入覲言頗切直崇義

○益不悦二年春發五使宣諭諸道而舟復如荆襄崇義慮有變拒境不納上言軍中疑懼請换他使繇是益不安兇謀日深賓僚或有忠言沮勸多遭傷害時羣兇方自疑阻朝廷將仗大信欲來而安之以示天下乃加崇義同平章事其妻子悉加封賞且賜鐵券誓之兼授其裨將藺杲爲鄧州刺史遣御史張著齎手詔徵之崇義益恐怖誤持滿而受命藺杲奉詔書又不敢發馳詣崇義請命崇義益疑懼對著號哭不受詔由是徵四方兵使希烈統擊之崇義乃發兵攻江陵以遏黔嶺及四望大敗而歸遂屯襄鄧希烈先發千餘人守臨漢崇義屠之無遺噍既而希烈統大軍緣漢而崇義使將翟暉杜少誠迎戰於蠻水希烈大破之復合於涑口又破之二將求降希烈受之使統本兵入襄陽號令以安百姓崇義領親兵老小閉壁將守者斬關爭出不可止其年八月崇義與其妻投井而死傳首闕下其親戚希烈皆戮之選其嘗從臨漢之役者三千人悉斬之

李懷光渤海靺鞨人也本姓茹其先徙于幽州常爲朔方列將以戰功賜姓氏更名嘉慶懷光少從軍以武藝壯勇稱朔方節度使郭子儀禮之益厚上元中累遷試太僕太常卿王右衛兵將積功勞至開府儀同三司爲朔方軍都虞候永泰初實封三百戸大曆六年兼御史中丞間一年兼御史大夫加爲轉虞候性清勤嚴猛而敢誅殺雖親戚犯法皆不撓避子儀性寛厚不親軍事紀綱任懷光軍中尤畏之亦稱爲理十二年以母憂罷職明年起復本官仍兼邠寧慶三州都將德宗即位罷子儀節度副元帥以其所部分隸諸將遂以懷光起復檢校刑部尚書兼河中尹邠州刺史邠寧慶晉絳慈隰節度支度營田觀察押諸蕃部落等使先是懷光頻歲率師城長武以處軍士城據原首臨涇水俯瞰通道吐蕃自是不敢南侵爲西邊要防矣建中初涇原四鎮節度使段秀實爲宰相楊炎所惡徵爲司農卿上將復城原州乃以懷光兼涇州刺史涇原四鎮北庭節度使時懷光挾私怨新誅殺朔方舊將温儒雅等數人涇州軍士咸畏之劉文喜因衆不欲遂以城叛詔朱泚與懷光將兵討平之加檢校太子少

○師二年遷檢校左僕射兼靈州大都督單于鎮北大都護朔方節度支度營田觀察鹽池押諸蕃部落六城水運使實封四百戸邠寧節度等使如故時馬燧李抱真諸軍同討魏城未拔朱滔王武俊皆反連兵救悦三年詔遣懷光統朔方兵步騎一萬五千同討田悦懷光勇而無謀至魏城之日營壘未設因與滔等大戰于愜山爲滔等所敗復爲悦決水以灌之諸軍不利因與燧等退軍于魏縣尋加同平章事益實封二百戸自是與滔等相持不戰明年十月涇原之卒叛上居奉天朱泚既僭大號遣中使馳告河北諸師懷光率軍奔命時屬泥淖懷光奮厲軍士道自蒲津渡河敗泚騎兵於醴泉直赴奉天前數日先遣裨將張韶持表封蠟丸隨賊攻城乘間逾壍呼城上人曰朔方軍使也乃以繩引上城而入比登堞身中數十矢時上在重圍中守拒益急既知懷光軍至令張韶號令於城上人心乃安懷光又敗泚兵於魯店泚乃解兵還走入城懷光性麤厲踈愎緣道數言盧杞趙贊白志貞等姦佞且曰天下之亂皆此輩也吾見上當請誅

之杞等微知之懼甚因說上令懷光乘勝逐泚收復京師不可許至
奉天德宗從之懷光屯軍咸陽數上表暴揚杞等罪惡上不得已爲
貶杞趙贊白志貞以慰安之又疏中使翟文秀上之信任也又殺之
懷光既不敢進軍遷延自疑因謀爲亂初詔遣崔漢衡使於吐蕃出
兵佐收京城蕃相尚結贊曰蕃法進軍以統兵大臣爲信今奉制書
無懷光名署故不敢前上聞之遣翰林學士陸贄詣懷光議用蕃軍
懷光堅執言不可者三不肯署制詞慢且謂贄曰爾何所能興元元
年二月詔加太尉兼賜鐵券遣李昇及中使鄧鳴鶴齎券喻旨懷光
怒甚投券於地曰凡人臣反則賜鐵券今授懷光是使反也詞氣益
悖衆爲之懼時懷光部將韓遊瓌掌兵在奉天懷光乃與遊瓌書約
令爲變遊瓌密奏之翌日懷光又使趣之遊瓌復奏聞數日懷光又
使趣遊瓌爲門者所捕懷光且宣言曰吾今與朱泚連和車駕當須
引避由是上遽幸梁州時李晟已移軍東渭橋懷光復劫李建徽楊
惠元等軍移於好畤其下頗多攜貳先是朱泚甚畏之至是因欲臣

之懷光慮劫無所得益疑懼不自安居二旬乃驅兵分爲部隊掠涇
陽三原富平自同州往河中神策將孟涉段威勇自三原擁兵三千
餘人奔歸李晟懷光不能遏韓遊瓌殺懷光留後張昕以邠州從順
戴休顏自奉天令於軍曰懷光已反乃令城守馳表以聞上於是授
遊瓌休顏節度使乃除懷光太子太保罷其餘官其所管委本軍擇
一人功高望崇者統之皆不奉詔四月懷光至河中遂偷有同絳等
州按兵觀望李晟既收復京師上遣給事中孔巢父中使啖守盈持
詔徵之懷光素服受命巢父乃宣言於衆太尉軍中誰可領軍事者
懷光左右皆胡虜因發怒亂持兵殺巢父及守盈自是繕兵益修守
拒上還京師以侍中渾瑊爲河中節度副元帥將兵討懷光瑊復破
同州屯軍不進數爲懷光所敗時仍歲旱蝗京師初復經費不給言
事者多請赦懷光上以河東節度使馬燧威名素著乃加燧副元帥與
瑊及鎮國軍節度駱元光邠寧節度韓遊瓌鄜坊節度唐朝臣會兵
同討懷光燧率軍先拔絳州至寶鼎燧慮懷光西走唐突京邑乃捨軍朝

京師既還與瑊先自河東而降其驍將尉珪徐庭光統諸軍以圍河
中貞元元年秋朔方部將牛名俊斬懷光首以降燧其子璀刃其弟
數人乃自殺懷光死時年五十七尋詔以男一人爲嗣賜莊宅各一
所仍還懷光屍首任其收葬妻子並徙澧州五年又詔曰懷舊念功
仁之大也興滅繼絕義之弘也昔蔡叔圮族周公封其子於東土韓
信干紀漢后爵其孥以弓高侯君集之不率景化我太宗存其胤以
主祀詳考先王之道洎乎烈祖之訓皆以刑佐德俾人嚮方則斧鉞
之誅甲兵之伐蓋不得已而用也曩歲盜臣竊發國步多虞朕狩于
近郊指期薄伐將振昆陽之旅以興涿鹿之功徵師未達于諸侯衛
士且疲于七萃而李懷光三軍夙駕千里勤王上假雷霆之威下逐
虎狼之衆議功方始守節靡終潛構禍胎拒違朝命弃同即異捨順
効逆爲臣至此在法必誅猶示綏懷庶其革復而梟音益厲豨突莫
遏大戮所加曾無噍類雖自貽伊戚與衆弃之而言念爾勞何嗟及
矣以其前効猶在孤魂無歸懷之悅然是用悽軫予欲布陳大惠與

以化成保合太和期於刑措宜以懷光外孫燕八八賜姓李氏名承
緒授左衛率府胄曹參軍承懷光之後仍賜錢一千貫任於懷光墓
側置立莊園侍養懷光妻王氏并備四時享奠之禮嗚呼朕實不德
臨於兆人泣辜宥罪素誠所志爾其保姓受氏宣力承家勉紹乃考
之建國庸無若爾父之違王命初懷光授首其子璀瑗等皆死唯妻
王氏在故上特捨其死及是又思懷光舊勳哀其絕後乃命承緒繼
之

史臣曰僕固懷恩李懷光咸以勇烈有勞王家爲臣不終遂行反噬
其罪大矣然辛雲京駱奉先盧杞白志貞輩致彼二逆貽憂時君亦
可謂國之讒賊矣梁崇義既無令始又無善終與妻投泉何塞其咎

贊曰臣之事君有死無二懷恩懷光凶終一致崇義多姦國家所棄
迷而亡歸自速其斃

唐書列傳卷第七十一

唐書列傳卷第七十二

劉　昫　等修

聞人詮校刻沈桐同校

張獻誠弟獻恭　獻恭子煦　獻甫　路嗣恭

曲環　崔漢衡

楊朝晟　樊澤

李叔明　裴胄

張獻誠陝州平陸人幽州節度使幽州大都督府長史守珪之子也天寶末陷逆賊安祿山受偽官連陷史思明爲思明守汴州統逆兵數萬寶應元年冬東都平史朝義逃歸汴州獻誠不納舉州及所統兵歸國詔拜汴州刺史充汴州節度使踰年來朝代宗寵賜甚厚三遷檢校工部尚書兼梁州刺史充山南西道觀察使廣德二年十月擒南山賊帥高玉以獻永泰二年正月獻名馬二絲絹雜貨共十萬匹是月兼充劍南東川節度觀察使封鄧國公西川崔旰殺郭英乂獻誠率衆戰於梓州爲旰所敗獻誠僅以身免大曆二年四月獻誠以疾上表乞歸私第仍薦堂弟試太常卿兼右羽林將軍獻恭以自代詔許之以獻誠檢校戶部尚書知省事八月獻誠以疾抗疏辭官無幾卒於私第獻恭守珪之弟守瑜子累以軍功官至試太常卿兼右羽林將軍代獻誠爲梁州刺史兼御史中丞充山南西道節度觀察使大曆十二年七月獻恭破吐蕃萬餘衆於岷州建中二年正月加檢校兵部尚書爲東都留守三年正月爲太府卿容州刺史本管經略招討使四年七月與渾瑊盧杞司農卿段秀實與吐蕃尚結贊築壇於京城之西會盟如清水之儀興元元年六月轉檢校吏部尚書仍與一子正員官盧杞移饒州刺史給事中袁高論其不可獻恭因入對紫宸殿上言高所奏至當臣恐煩聖聽不敢縷陳其事德宗不悟獻恭復奏曰袁高是陛下一良臣望特優異德宗顧謂宰臣李勉等曰朕欲授杞一小州刺史可乎對曰陛下授大州亦可其奈士庶失望何獻恭守正不撓也如此獻甫守珪弟左武衛將軍贈戶部

尚書守琦之子獻甫少隨諸兄從軍初爲偏裨以軍功累授試光祿卿殿中監河中節度副元帥都知兵馬使檢校兵部尚書兼御史大夫建中初從節度使賈耽征梁崇義於襄漢以功加太子詹事及幸奉天興元獻甫首至從渾瑊征討有功及復京邑入爲金吾將軍時李懷光未平吐蕃侵擾西邊獻甫領禁軍出鎮咸陽凡累年軍民悅之貞元四年遷檢校刑部尚書兼邠州刺史邠寧慶節度觀察使乃於彭原置義倉方渠馬嶺等縣選險要之地以爲烽堡又上疏請復鹽州及洪門洛原等鎮各置兵防以備蕃寇朝廷從之貞元四年九月吐蕃將尚志董星論莽羅等寇寧州獻甫率衆禦之斬首百餘級吐蕃遁邊城貞元十二年加檢校左僕射五月丙申卒年六十一廢朝三日贈司空賻物有差獻恭子煦嘗隨獻甫征討積戰功累遷至夏州節度使元和八年十二月振武軍逐出節度使李進賢而屠其家殺判官嚴澈憲宗怒遣煦以夏州兵二千人赴振武仍許以便宜擊斷九年正月賜絹三萬匹以助軍資河東節度使王鍔遣兵五千會煦於善羊柵詔煦入振武誅作亂蘇國珍等二百五十三人乃定是歲十二月卒贈太子太保

路嗣恭京兆三原人始名劍客歷仕郡縣有能名累至神烏令考績上上爲天下最以其能賜名嗣恭歷工部尚書兼御史大夫靈州大都督府長史充關內副元帥郭子儀副使知朔方節度營田押諸蕃部落等使嗣恭披荆棘以守之大將御史中丞孫守亮握重兵倔強不受制嗣恭稱疾召至因殺之威信大行永泰三年檢校刑部尚書知省事大曆六年七月爲江南西道都團練觀察使在官恭恪善理財賦賈明觀者事北軍都虞候劉希暹魚朝恩誅希暹從坐明觀積惡犯衆怒時宰相元載受賂遣江南効力魏少遊承載意苟容之及嗣恭代少遊即日杖殺識者稱之大曆八年嶺南將哥舒晃殺節度使呂崇賁反五嶺騷擾詔加嗣恭兼嶺南節度觀察使嗣恭擢流人孟瑤敬冕使分其務瑤主大軍當其衝冕自間道輕入招集義勇得八千人以撓其心腹二人皆有全策詭計出其不意遂斬晃及誅其

同惡萬餘人築爲京觀俚洞之宿惡者皆族誅之五嶺削平拜檢校兵部尚書知省事嗣恭起於郡縣吏以至大官皆以恭恪爲理著稱及平廣州商舶之徒多因晃事誅之嗣恭前後没其家財寶數百萬貫盡入私室不以貢獻代宗心甚銜之故嗣恭雖有平方面功止轉檢校兵部尚書無所酬勞及德宗即位楊炎受其貨始敘前功除兵部尚書東都留守尋加懷鄭汝陝四州河陽三城節度及東都畿觀察使徵至京師卒時年七十一廢朝一日贈左僕射子恕字體仁初嶺南衙將哥舒晃反詔嗣恭自江西致討授檢校工部員外郎得以軍前便宜從事俄而降者繼路於是擢降將伊慎推心用之賊平恕功居多年纔三十爲懷州刺史久之轉京兆少尹監門衛大將軍兼御史中丞教練招討等使其後爲鄜坊觀察使太子詹事坐事貶吉州刺史遷太子賓客以右散騎常侍致仕卒年七十三贈洪州都督恕私第有佳林園自貞元初李紓包佶輩迄于元和末僅四十年朝之名卿咸從之遊高歌縱酒不屑外慮未嘗問家事人亦以和易稱之

曲環陝州安邑人也父彬爲南使正監因家於隴右以環故累贈兵部尚書環少讀兵書尤以勇敢騎射聞天寶中從哥舒翰攻拔石堡城收黃河九曲洪濟等城累授果毅別將安禄山反從襄陽節度魯炅守鄧州拒賊將武令珣戰數十合環功居多超授左清道率又從李抱玉守河陽南城尋別將兵守澤州破賊驍將安曉物特拜羽林將軍又將別部兵合諸軍同討史朝義平河北累轉金吾大將軍並同正員隨李抱玉移軍京西大曆中領兵隴州頻破吐蕃加特進太常卿上初嗣位吐蕃大寇劍南詔環以邠隴兵五千馳往大破戎虜收七盤城威武軍及維茂二州西戎奔遁環大振功名而還加太子賓客賜以名馬與諸將討涇州叛將劉文喜平之加開府儀同三司兼御史中丞充邠隴兩軍都知兵馬使時李納擁兵侵逼徐州令環與劉玄佐同救援累破李納逆黨環以功最加御史大夫建中三年十月加檢校左常侍充邠隴行營節度使李希烈侵陷汴州環與諸軍守固陵陳州大破希烈軍於陳州城下殺逆黨三萬五千人擒其驍將翟暉以獻希烈因遁歸蔡州環以功加檢校工部尚書兼陳州刺史希烈平加環兼許州刺史陳許等州節度觀察加實封三百戶陳蔡二州以希烈擾亂遭剽劫頗甚人多逃竄他邑以避禍環勤身恭儉賦稅均平政令寬簡不三二歲襁負而歸者相屬訓農理戎兵食皆豐羨十二年加檢校左僕射卒時年七十四廢朝一日贈司空賻布帛米粟有差

崔漢衡博陵人也性沉厚寬博善與人交釋褐授沂州費令滑州節度使令狐彰奏署掌記累遷殿中侍御史大曆六年拜檢校禮部員外郎爲和吐蕃副使還遷右司郎中改萬年令建中三年爲殿中少監兼御史大夫充和蕃使與吐蕃使區頰贊至自蕃中時吐蕃大相尚結息忍而好殺以常覆敗於劍南思刷其恥不肯約和其次相尚結贊有材略因言於贊普請定界明約以息邊人贊普然之竟以結贊代結息爲大相約和好期以十月十五日會盟於境上戊申以漢衡爲鴻臚卿四年吐蕃朝貢加檢校工部尚書復使吐蕃興元初上

居奉天吐蕃遣帥佐渾瑊敗朱泚兵於武功以功轉檢校兵部尚書兼秘書監西京留守無幾真拜兵部尚書爲東都淄青魏博賑給宣慰使明年爲幽州宣慰使所至皆稱職貞元三年副侍中渾瑊與吐蕃會盟於平涼吐蕃背約瑊僅免時無備預在會免者什無一二士卒死者以千數漢衡與同陷者並至河州結贊令召之以頻使於蕃結贊素信重與孟日華中官劉延邕俱至石門而遣五騎送至境上四年七月加檢校吏部尚書晉慈隰觀察使尋加都防禦使十一年四月卒

楊朝晟字叔明夏州朔方人也初在朔方爲步軍先鋒嘗有功授甘泉府果毅建中初從李懷光討劉文喜于涇州斬獲生擒居多授驃騎大將軍稍爲右先鋒兵馬使後李納寇徐州從唐朝臣征討嘗冠軍鋒以功授開府儀同三司檢校太子賓客上在奉天李懷光自山東赴難以朝晟爲左廂兵馬使將千餘人下咸陽以挫朱泚加御史中丞實封一百五十戶及懷光反于河中朝晟被脅在軍上幸梁洋

韓遊瓌退于邠寧懷光以嘗在邠寧追制如屬城以賊黨張昕在邠
州揔後務昕懼難作乃大索軍資徵卒乘約明潛發歸于懷光朝晟
父懷賓爲遊瓌將因夜以數十騎斬昕及同謀遊瓌卽日使懷賓奉
表聞奏上召勞問授兼御史中丞正除遊瓌邠寧節度使間諜至河
中朝晟聞其事泣告懷光曰父立功於國子合誅戮不可主兵矣懷
光遂縶之及諸軍進圍河中韓遊瓌營于長春宮懷賓身當戰伐及
懷光平上念其忠俾副元帥渾瑊特原朝晟遂爲遊瓌都虞候時父
子同軍皆爲開府賓客御史中丞嘗於軍中後詔徵遊瓌宿衛以左
金吾將軍張獻甫爲檢校刑部尚書兼御史大夫邠寧慶節度觀察
使代韓遊瓌初遊瓌以吐蕃犯塞自將兵戍寧州及受代以是月壬
子夜輕騎潛遁歸闕其將卒素驕怠畏張獻甫之嚴因遊瓌夜出衙
內千餘人遂叛掠且因監軍楊明義邀奏出奔將范希朝爲節度朝
晟時爲都虞候初逃於郊翌日乃來紿其衆曰所請甚愜我來賀也
由是稍安朝晟及諸將謀誅首惡者乙卯朝晟率諸將經數日以告曰前請者

。不獲張尚書昨日已入邠州汝等皆當死吾不能盡殺各言戎首以
歸罪焉餘無所問於是衆中唱二百餘人立斬之乃定上擢希朝爲
寧州刺史以副獻甫獻甫入奏朝晟功加御史大夫九年城鹽州徵
兵以護外境朝晟分統士馬鎮木波獻甫卒詔以朝晟代之其年丁
母憂起復左金吾大將軍同正邠州刺史大夫如故十年春朝晟奏
方渠合道木波皆賊路也請城其地以備之詔問所須幾何朝晟奏
曰臣部下兵自可集事不煩外助復問前築鹽州凡興師七萬今何
其易也朝晟曰鹽州之役諸軍蕃戎盡知之今臣境迫虜若大興兵
卽蕃戎來寇寇則戰戰則無暇城矣今請密發軍士不十日至塞下
未三旬而功畢蕃人始乘障數日而退初軍次方渠無水師徒囂然
遽有青蛇乘高而下視其跡水隨而流朝晟令築防環之遂爲停泉
軍人仰飲以足圖其事上聞詔置祠焉十五年二月免喪加檢校工
部尚書是夏以防秋移軍寧州遘疾來年正月卒

樊澤字安時河中人也父詠開元中舉草澤授試大理評事累贈兵
部尚書澤長於河朔相衛節度薛嵩奏爲磁州司倉堯山縣令建中
元年舉賢良對策禮部侍郎于邵厚遇之與楊炎善薦爲補闕歷都
官員外郎澤好讀兵書朝廷以其有將帥材尋兼御史中丞充通和
蕃使蕃中用事宰相尚結贊深禮之尋從鳳翔節度張鎰與吐蕃會
盟於清水遷金部郎中御史中丞山南節度行軍司馬時李希烈背
叛詔以普王爲行軍元帥徵澤爲諫議大夫元帥行軍右司馬屬駕
幸奉天普王不行澤改右庶子兼中丞復爲山南東道行軍司馬尋
代賈耽爲襄州刺史兼御史大夫山南東道節度觀察等使澤有武
藝每與諸將射獵常出其右人心服之賊衆畏焉頻與李希烈兇黨
接戰前後擒降其驍將張嘉瑜杜文朝梁俊之李克誠薛翼等收唐
隨二州希烈既平澤丁母憂起復右衛大將軍同正餘如故三年代
張伯儀爲荊南節度觀察等使江陵尹兼御史大夫三歲加檢校禮
部尚書會襄州節度曹王臯卒於鎮軍中剽劫擾亂以澤威惠素著
於襄漢復代曹王臯爲襄州刺史山南東道節度使十二年加檢校

。右僕射卒年五十贈司空賻布帛米粟有差其日將宴百官廢朝改
取他日

李叔明字晉卿閬州新政人本姓鮮于氏代爲豪族兄仲通天寶末
爲京兆尹劍南節度使兄弟並涉學輕財好施叔明初爲劍南節度
使楊國忠判官乾元後爲司勳員外郎副漢中王瑀使迴紇迴紇棲
禮稍倨叔明離位責之曰大國通好賢王奉使可汗於大唐子壻豈
可恃微功而傲乎唐法不然可汗改容加敬復命遷司門郎中後爲
京兆少尹無幾以疾辭除右庶子出爲邛州刺史尋拜東川節度遂
州刺史後移鎮梓州檢校戶部尚書時東川兵荒之後凋殘頗甚叔
明理之近二十年招撫甿庶夷落徧安大曆末有閬州嚴氏子上疏
稱叔明少孤養子於外族遂冒姓焉請復之詔從焉叔明初不知其
從外氏姓意醜其事遂抗表乞賜宗姓代宗以戎鎮寄重許之仍寘
嚴氏子於法及駕幸奉天其子昇翊從叔明每私疏誡勵見危臨難
當誓以死昇奉父嚴訓果著勳效識者嘉之叔明旣朝京師以本官

兼右僕射乞骸骨改太子太傅致仕卒謚曰襄叔明撫戎年深積聚財貨子孫驕淫殁纔數年遺業蕩盡

裴冑字胤叔其先河東聞喜人今代華河南伯父寛戸部尚書有名於開元天寶間冑明經及第解褐補太僕寺主簿屬二京陷覆淪避他州賊平授秘書省正字累轉秘書郎陳少遊陳鄭節度留後奏冑試大理司直少遊罷隴右節度李抱玉奏授監察御史不得意歸免陳少遊爲宣歙觀察復辟在幕府抱玉怒奏桐廬尉浙西觀察使李栖筠有重望虚心下士幕府盛選才彦觀察判官許鴻謙有學識栖筠嘗異席事多咨之崔造輩皆所薦引一見冑深重之薦於栖筠奏授大理評事觀察支使代宗以元載隳紊朝綱徵栖筠入朝内制授御史大夫方將大用載怙權栖筠居顧問刺舉之職與不平及栖筠卒冑護栖筠喪歸洛陽衆論危之冑坦然行心無所顧望淮南節度陳少遊奏檢校主客員外兼侍御史觀察判官尋爲行軍司馬遷宣州刺史楊炎初作相銳意爲元載報讐凡其枝黨無漏適會冑部人

○積冑官時服雜俸錢爲贓者炎命酷吏員寓深按其事貶汀州司馬尋徵爲少府少監除京兆少尹以父名不拜換國子司業遷湖南觀察都團練使移江南西道前江西觀察使李兼罷省南昌軍千餘人收其資糧分爲月進冑至奏其本末罷之會京南節度樊澤移鎮襄陽宰相方議其人上首命冑代澤仍兼御史大夫冑簡儉恒一時諸道節度觀察使競剝下厚斂製奇錦異綾以進奉爲名又貴人宣命必竭公藏以買其歡冑待之有節皆不盈數金常賦之外無横斂宴勞禮止三爵未嘗酣樂時武臣多厮養畜賓介微失則奏流死冑以書生始奏貶書記梁易從君子薄其進退賓客不以禮物議薄之貞元十九年十月卒時年七十五贈右僕射謚曰成

史臣曰三獻軍謀臣節克紹家風路嗣恭從微至著執法簡廉環理兵勸農獨彰善政漢衡誠慤奉職朝晨忠孝權謀澤威惠荆襄叔明見危誓死立政惠民冑抱義危行守政奉公皆賢帥矣然嗣恭聚財爲功名之瑕玷叔明聚財致子孫之驕淫財之汚人誠可誡也

贊曰張路曲崔樊楊李裴守忠臣之道皆賢帥之才

唐書列傳卷第七十二

唐書列傳第七十三

劉昫 等修

聞人詮校刻沈桐同校

劉晏 第五琦 班宏 王紹 李巽

劉晏字士安曹州南華人年七歲舉神童授秘書省正字累授夏縣令有能名歷殿中侍御史遷度支郎中杭隴華三州刺史尋遷河南尹時史朝義盜據東都寄理長水入爲京兆尹頃之加戶部侍郎兼御史中丞判度支委府事於司録張群杜亞綜大體議論號爲稱職無何爲酷吏敬羽所構貶通州刺史復入爲京兆尹戶部侍郎判度支時顔眞卿以文學正直出爲利州刺史晏舉眞卿自代爲戶部乃加國子祭酒寶應二年遷吏部尚書平章事領度支鹽鐵轉運租庸使坐與中官程元振交通元振得罪晏罷相爲太子賓客尋授御史大夫領東都河南江淮山南等道轉運租庸鹽鐵使如故時新承兵戈之後中外艱食京師米價斗至一千宮厨無兼時之積禁軍乏食

畿縣百姓乃挼穗以供之晏受命後以轉運爲已任凡所經歷必究利病之由至江淮以書遺元載曰浮于淮泗達于汴入于河西底柱硤石少華楚帆越客直抵建章長樂此安社稷之奇策也晏賓于東朝猶有官謗相分終始故舊不信流言賈誼復召宣室弘羊重興功利敢不悉力以荅所知驅馬陜郊見三門渠津遺迹到河陰鞏洛見宇文愷置梁公堰分黃河水入通濟渠大夫李傑新堤故事飾像河廟凛然如生涉滎郊浚澤遥瞻淮甸步步探討知昔人用心則潭衡桂陽必多積穀關輔汲汲只縁兵粮漕引瀟湘洞庭萬里幾日淪波挂席西指長安三秦之人待此而飽六軍之衆待此而強天子無側席之憂都人見泛舟之役四方旅拒者可以破膽三河流離者於茲請命相公匡戴明主爲富人侯此今之切務不可失也使僕湔洗瑕穢率罄愚懦當憑經義請護河隄冝勤在官不辭水死然運之利病各有四五焉晏自尹京入爲計相共五年矣京師三輔百姓唯苦稅畝傷多若使江湖米來每年三二十萬即頓減徭賦歌舞皇澤其利一也東都殘毁百無一存若米運流通則飢人皆附村落邑廛從此滋多命之日引海陵之倉以食鞏洛是計之得者其利二也諸將有在邊者諸戎有侵敗王略者或聞三江五湖貢輸紅粒雲帆桂楫輸納帝鄉軍志曰先聲後實可以震耀夷夏其利三也自古帝王之盛皆云書同文車同軌日月所照莫不率俾今舟車既通商賈來往百貨雜集航海梯山聖神輝光漸近貞觀永徽之盛其利四也所可疑者函陜凋殘東周尤甚過宜陽熊耳至武牢成皋五百里中編戶千餘而已居無尺椽人無煙爨蕭條悽慘獸遊鬼哭牛必羸角輿必說輹棧車輓漕亦不易求今於無人之境興此勞人之運固難就矣其病一也河汴有初不修則毁澱故每年正月發近縣丁男塞長茭決沮淤清明桃花已後遠水自然安流陽侯宓妃不復太息頃因寇難摠不掏拓澤滅水岸石崩役夫需於沙津吏旋於濘千里洄上罔水舟行其病二也東垣底柱澠池二陵北河運處五六百里戍卒久絶縣吏空拳奪攘姦宄窟穴囊橐夾河爲藪豺狼闇閭舟行所經寇亦能

往其病三也東自淮陰西臨蒲坂亘三千里屯戍相望中軍皆鼎司元侯賤卒儀同青紫每云食半菽又云無挾纊輓漕所至船到便留即非單車使折簡書所能制矣其病四也惟小子畢其慮奔走之惟中書詳其利病裁成之晏累年已來事皆名毁聖慈含育特賜生全月餘家居遽即臨遣恩榮感切思殞百身見一水不通願荷鍤而先往見一粒不運願負米而先趨焦心苦形期報明主丹誠未克漕引多虞屏營中流掩泣獻狀自此每歲運米數十萬石以濟關中又至德初爲國用不足令第五琦於諸道榷鹽以助軍用及晏代其任法益精密官無遺利初歲入錢六十萬貫季年所入逾十倍而人無厭苦大曆末通計一歲征賦所入摠一千二百萬貫而鹽利且過半累遷吏部尚書大曆四年六月與右僕射裴遵慶同赴本曹視事勑尚食增置儲供許內侍魚朝恩及宰臣已下常朝官咸詣省送上八年知三銓選事十二年三月誅宰臣元載晏奉詔訊鞫晏以載居任樹黨布于天下不敢專斷請他官共事勑御史大夫李涵右散騎常侍

蕭昕兵部侍郎來倸禮部侍郎常衮諫議大夫杜亞同推載皆款伏初晏承言門下侍郎同平章事王縉亦處極法晏謂涵等曰重刑再覆國之常典況誅大臣得不覆奏又法有首從二人同刑亦宜重取進止涵等從命及晏等覆奏代宗乃減縉罪從輕縉之生晏平反之力也十三年十二月爲尚書左僕射時宰臣常衮專政以晏久掌銓衡時議平允兼司儲蓄職舉功深慮公望日崇上心有屬禍忌之乃奏晏朝廷舊德宜爲百吏師長外示崇重內實去其權及奏上以晏使務方理代其任者難其人使務知三銓並如故李靈曜之亂也河南節帥所據多不奉法令征賦亦隨之州縣雖益減晏以羨餘相補人不加賦所入仍舊議者稱其能自諸道巡院距京師重價募疾足置遞相望四方物價之上下雖極遠不四五日知故食貨之重輕盡權在掌握朝廷獲美利而天下無甚貴甚賤之憂得其術矣凡所任使多收後進有幹能者其所總領務乎急促趨利者化之遂以成風當時權勢或以親戚爲託晏亦應之俸給之多少命官之遲速必如

唐傳七十三　三

○其志然未嘗得親職事其所領要務必一時之選故晏沒後二十餘年韓洄元琇裴腆包佶盧徵李衡繼掌財賦皆晏故吏其部吏居數千里之外奉教令如在目前雖寢興宴語而無欺紿四方動靜莫不先知事有可賀者必先上章奏江淮茶橘晏與本道觀察使各歲貢之皆欲其先至有土之官或封山斷道禁前發者晏厚以財力致之常先他司由是甚不爲藩鎮所便晏理家以儉約稱而重交敦舊頗以財貨遺天下名士故人多稱之善訓諸子咸有學藝任事十餘年權勢之重鄰於宰相要官重職頗出其門既有材力視事敏速乘機無滯然多任數挾權貴固恩澤有口者必利啗之當大曆時事貴因循軍國之用皆仰於晏未嘗檢轄德宗嗣位言事者稱轉運可罷多矣初楊炎爲吏部侍郎晏爲尚書各恃權使氣兩不相得炎坐元載貶晏快之昌言於朝及炎入相追怒前事且以晏與元載隙憾時人言載之得罪晏有力焉炎將爲載復讎又時人風言代宗寵獨孤妃而又愛其子韓王迥晏密啓請立獨孤爲皇后炎因對敗流涕奏言

賴祖宗福祐先皇與陛下不爲賊臣所間不然劉晏黎幹之輩搖動社稷凶謀果矣今幹以伏罪晏猶領權臣爲宰相不能正持此事罪當萬死崔祐甫奏言此事曖昧陛下以廓然大赦不當究尋虛語朱泚崔寧又從傍與祐甫救解之寧言頗切炎大怒故斥寧令出鎮鄜坊以摧挫之遂罷晏轉運等使尋貶爲忠州刺史炎欲誣構其罪知庾準與晏素有隙擧爲荊南節度以伺晏動靜準乃奏晏與朱泚書祈救解言多怨望炎又證成其事上以爲然是月庚午晏已受誅使廻奏報誣晏以忠州謀叛下詔暴言其罪時年六十六天下冤之家屬徙嶺表連累者數十人貞元五年上悟方錄晏子執經授太常博士少子宗經秘書郎執經上請削官贈父特追贈鄭州刺史

○第五琦京兆長安人少孤事兄華敬順過人及長有吏才以富國強兵之術自任天寶初事韋堅堅敗貶官累至須江丞時太守賀蘭進明甚重之會安祿山反進明遷北海郡太守奏琦爲録事參軍祿山已陷河間信都等五郡進明未有戰功玄宗大怒遣中使封刀促之曰

唐傳七十三　四

收地不得即斬進明之首進明惶懼莫知所出琦乃勸令厚以財帛募勇敢士出奇力戰遂收所陷之郡令琦奏事至蜀中琦得謁見奏言方今之急在兵兵之強弱在賦賦之所出江淮居多若假臣職任使濟軍須臣能使賞給之資不勞聖慮玄宗大喜即日拜監察御史勾當江淮租庸使尋拜殿中侍御史尋加山南等五道度支使促辦應卒事無違闕遷司金郎中兼御史中丞使如故於是創立鹽法就山海井竈收榷其鹽官置吏出糶其舊業戶并浮人願爲業者免其雜徭隸鹽鐵使盜煮私市罪有差百姓除租庸外無得橫賦人不益稅而上用以饒遷戶部侍郎兼御史中丞專判度支領河南等道支度都勾當轉運租庸鹽鐵鑄錢司農太府出納山南東西江淮南館驛等使乾元二年以本官加同中書門下平章事初琦以國用未足幣重貨輕乃請鑄乾元重寶錢以一當十行用之及作相又請更鑄重輪乾元錢一當五十與乾元錢及開元通寶錢三品並行既而穀價騰貴餓殍死亡枕藉道路又盜鑄爭起中外皆以琦變法之弊封

奏曰聞乾元二年十月貶忠州長史旣在道有告琦受人黄金二百兩者遣御史劉期光追按之琦對曰二百兩金十三斤重忝爲宰相不可自持若其付受有憑即請準法科罪期光以爲此是琦伏罪也遽奏之請除名配流夷州馳驛發遣仍差綱領送至彼寶應初起爲朗州刺史甚有能政入遷太子賓客屬吐蕃寇陷京師代宗幸陜關内副元帥郭子儀請琦爲粮料使兼御史大夫充關内元帥副使未幾改京兆尹車駕尅復專判度支兼諸道鑄錢鹽鐵轉運常平等使累封扶風郡公又加京兆尹改戸部侍郎判度支前後領財賦十餘年魚朝恩伏誅琦坐與款狎出爲處州刺史歷饒湖二州入爲太子賓客東都留司上以其材將復任用召還京師信宿而卒年七十贈太子少保子峯峯婦鄭氏女皆以孝著旌表其門

○班宏衛州汲人也祖思簡春官員外郎父景倩秘書監宏少舉進士授右司禦胄曹後爲薛景先鳳翔掌書記又爲高適劔南觀察判官累拜大理司直攝監察御史時青城山有妖賊張安居以左道惑衆事覺多誣引大將冀以緩死宏驗理而速殺之人心乃安旣而郭英乂代適以猷人望奏署秘書郎兼雒令以疾免大曆三年遷起居舍人尋兼理匭使四遷至給事中時李寶臣卒於其位子惟岳匿喪求位上遣宏使成德問疾且諭之惟岳厚賂宏皆不受還報合旨遷刑部侍郎兼京官考使時右僕射崔寧考兵部侍郎劉廼上下宏駮曰夷荒請難專在節制尺籍伍符不校省司夫上行宣美之名則下開趨競之路上行阿容下必朋黨因削去之廼知而謝曰廼雖不敏敢掠一美以徼二罪乎尋除吏部侍郎爲吐蕃會盟使李揆之副貞元初仍歲旱蝗上以賦調爲急改戸部侍郎爲度支使韓滉之副遷尚書復副竇參參初爲大理司直宏已爲刑部侍郎及參爲相領度支上以宏久司國計因令副之且曰朕藉參宰相以臨遠衆務悉委於卿勿以辭也參以宏先貴常私解悦之曰參後來一朝居尚書之上甚不自安一年之後當歸此使宏心喜歲餘參絶不復言宏性剛愎爲人問之且怒食言公事多異楊子院鹽鐵轉運委藏也宏以御史

中丞徐粲主之旣不理且以賄聞參欲代之宏執不可參又遷諸院吏未嘗訪宏乃疏參所用者有過惡以聞事輙留中無何參以使務加吏部尚書而宏進封蕭國公怨參以虛號寵之間惡愈甚每奉詔營建宏必極壯麗親程課役又厚結權倖以傾參張滂先善於宏宏薦爲司農少卿及參欲以滂分掌江淮鹽鐵詢之於宏宏以滂嫉惡慮以法繩徐粲因曰滂强戾難制不可用滂知之八年三月參遂爲上所疎乃讓度支使遂以宏專判而參不欲使務悉歸於宏問計京兆尹薛珏珏曰二子交惡而滂剛決若分鹽鐵轉運於滂必能制宏參乃薦滂爲戸部侍郎鹽鐵使判轉運尚隸於宏以悅之江淮兩稅悉宏主之置巡院然令宏滂共擇其官滂請鹽鐵舊簿書於宏宏不與之每署院官宏滂更相是非莫有用者滂乃奏曰珏宏與臣相戾殆院多闕官臣掌財賦國家大計職不修無所逃罪今宏若此何以輯事遂令分掌之無幾宏言於宰相趙憬陸贄曰宏職轉運年運江淮米五十萬斛前年增七十萬斛以實太倉幸無過今職移於人不知何謂滂時在側忿然曰尚書失言甚矣若運務舉集朝廷固不奪之蓋由喪公錢縱姦吏故也且凡爲度支胥吏不一歲資累鉅萬僮馬第宅僭於王公非盜官財何以致是道路喧喧無不知之聖上故令滂分掌公問所言無乃歸怨於上乎宏默然不對是日宏稱疾於第滂往問之宏不見憬贄乃以宏滂之言上聞由是遵大曆故事如劉晏韓滉所分滂至揚州按徐粲逮僕妾子姪得贓鉅萬乃徙嶺表故參得罪宏頗有力焉勤恪官署晨入夕歸下吏勞而未嘗猒苦清白勤幹稱之於時貞元八年七月卒年七十三廢朝加贈謚曰敬

○王紹本家于太原今爲京兆萬年人舊名與憲宗同永貞年改焉少時顔真卿器重之因紹舊名字之曰德素奏授武康尉蕭復爲常州刺史辟爲從事包佶領租庸鹽鐵亦以紹爲判官時李希烈阻兵江淮租輸所在艱阻佶移運路自潁入汴紹奉佶表詣闕屬德宗西幸紹乃督緣路輕貨趣金商路倍程出洋州以赴行在德宗覩勞之謂紹曰六軍未有春服我猶衣裘紹俯伏流涕奏曰包佶令臣間道進

奏數約五十萬上曰道路回遠經費懸急卿之所奏豈可望耶後五日而所督纔至上深賴焉貞元中爲倉部員外郎時屬兵革旱蝗之後令戶部收闕官俸兼稅茶及諸色無名之錢以爲水旱之備紹自拜倉部便準詔主判及遷戶部兵部郎中皆獨司其務擢拜戶部侍郎尋判度支後二年遷戶部尚書德宗臨馭歲久機務不由台司自竇參陸贄已後宰臣備位而已德宗以紹謹密恩遇特異凡主重務八年政之大小多所訪決紹未嘗洩漏亦不矜衒順宗即位王叔文始奪其權拜兵部尚書尋除檢校吏部尚書東都留守元和初遷檢校尚書右僕射徐州刺史武寧軍節度復以濠泗二州隸焉時承張愔之後兵驕難治紹修輯軍政人甚安之六年徵拜兵部尚書兼判戶部事九年卒年七十二贈左僕射謚曰敬

李巽字令叔趙郡人少苦心爲學以明經調補華州參軍拔萃登科授鄠縣尉周歷臺省由左司郎中出爲常州刺史踰年召爲給事中出爲湖南觀察使銳於爲理五年改江西觀察使加檢校散騎常侍

兼御史大夫巽持下以法吏不敢欺而動必察之順宗即位入爲兵部侍郎司徒杜佑判度支鹽鐵轉運使以巽幹治奏爲副使佑辭重位巽遂專領度支鹽鐵使榷筦之法號爲難重唯大曆中僕射劉晏雅得其術賦入豐美巽掌使一年征課所入類晏之多歲明年過之又一年加一百八十萬貫舊制每歲運江淮米五十萬斛抵河陰久不盈其數唯巽三年登焉遷兵部尚書明年改吏部尚書使任如故巽精於吏職蓋性使然也雖在私家亦置案牘簿書勾檢如公署焉人吏有過絲毫無所貸雖在千里外其恐慄如在巽前初程异附王叔文貶竄巽知其吏才明辨奏而用之憲宗不違其請异勾檢簿籍又精於巽故課最加衍亦异之助焉巽爲吏部尚書卧疾郎官相率省問巽初不言其病與之考校程課商略功利至其夕而卒然性強很狡惡忌刻頗甚秉德宗之怒謀殺竇參物論寃之初參爲宰相不悦於巽自左司郎中出爲常州刺史仍促其行不數月參貶郴州司馬久之巽自給事中爲湖南觀察使郴即屬郡也宣武軍節度使劉士寧以擅襲父任物議不可朝廷不得已而授之及參之貶士寧常以絹數千匹賂參巽在湖南具奏其事言參與藩鎮交通德宗怒遂賜參死議者寃之巽廉察江西徇喜怒之情而無罪被戮者多矣元和四年四月卒時七十一贈尚書左僕射

史臣曰歷代操利柄爲國計者莫不損下益上危人自安變法以弄權斂怨以構禍皆有之矣如劉晏通權滯任才能富其國而不勞於民儉於家而利於衆或問曰鄭子產吏不能欺宓子賤吏不忍欺西門豹吏不敢欺三子者古之賢人也吏皆懷其欺而不能不忍不敢也晏之吏遠近自不欺者何也荅曰蓋任其才而得其人也晏殁故吏二十餘年繼掌財賦不其是哉史記貨殖云平糶齊物關市不乏治國之道也晏致天下無甚貴甚賤之物泛言治國者其可及乎舉眞卿才忠也滅王縉罪正也忠正之道復出於人嗚呼木秀於林風必摧之常袞見忌於前楊炎致寃於後可爲長歎息矣時議有口者以利喙之苟不塞讒口何以持重權即無以展其才濟其國矣是其

術也又何識焉第五琦促辦應卒民不加賦而國豐饒亦庶幾矣然鑄錢變法物貴身危其何陋哉凡利國者農商之外不可爲也宏滂爭權樹黨皆非令人紹之謹密幹事巽之敏察精辨亦足可稱

贊曰豐財忠良晏道爲長琦宏滂巽咸以利彰

唐書列傳卷第七十三

唐書列傳卷第七十四

劉　昫　等修

聞人詮校刻沈桐同校

薛嵩子平 嵩弟咢　令狐彰子建 運 通　田神功弟神玉

侯希逸　李正巳子納 納子師古 師道 宗人洧附

薛嵩絳州萬泉人祖仁貴高宗朝名將封平陽郡公父楚玉爲范陽平盧節度使嵩少以門蔭落拓不事家產有膂力善騎射不知書自天下兵起東身戎伍委質逆徒廣德元年東都平時皇太子爲天下兵馬元帥遣僕固懷恩東收河朔嵩爲賊守相州聞賊朝義兵潰王師至嵩惶惑迎拜于懷恩馬前懷恩釋之令守舊職時懷恩二心已萌懷恩平河朔旋乃奏嵩及田承嗣張志忠李懷仙分理河北道詔遂以嵩爲相州刺史充相衛洺邢等州節度觀察使承嗣鎮魏州志忠鎮恒州懷仙鎮幽州各據數州之地時多事之後姑欲安人遂以重寄委嵩嵩感恩奉職數年間管內粗理累遷檢校右僕射大曆八

唐傳七十四　一

○年正月卒詔遣弟咢知留後累加咢太子少師大曆十年正月丁酉昭義軍兵馬使裴志清盜所將兵逐咢率衆歸田承嗣以叛咢奔于洺州上表乞入朝許之至京素服於銀臺門待罪詔釋之嵩子平年十二爲磁州刺史嵩卒軍吏欲用河北故事脅平知留後務平僞許之讓於叔父咢一夕以喪歸及免喪累授右衛將軍在南衙凡三十年宰相杜黃裳深器之薦爲汝州刺史兼御史中丞理有能名元和七年淮西用兵自左龍武大將軍授兼御史大夫滑州刺史鄭滑節度觀察等使累有戰功滑州城西距黃河二里每歲常爲水患平詢訪得古河道接衛州黎陽縣界平率魏博節度使田弘正同上聞開古河南北長十四里決舊河以分水勢滑人遂無水患居鎮六年入爲左金吾大將軍未幾復爲鄭滑節度觀察使及平李師道朝廷以東平十二州析爲三道以淄青齊登萊五州爲平盧軍以平爲節度觀察等使仍押新羅渤海兩蕃使長慶元年幽鎮叛杜叔良統橫海全軍討伐不勝王庭湊圍牛元翼於深州棣州爲賊所窘朝廷乃委平以偏師援棣州平即遣將李叔佐以兵五百救之居數月刺史王稷餽給稍薄兵士怨怒叔佐不能戢宵潰而歸仍推突將馬狼兒爲帥行及青城鎮劫鎮將李自勸并其衆夾至博昌鎮復劫其鎮兵共得七千餘人徑逼青州城城中兵士不敵平悉府庫并家財募二千精卒逆擊之仍先以騎兵掩其家屬輜重賊衆惶惑反顧因大敗狼兒與其同惡十數輩脫身竄匿餘黨降稍後者斬於鞠場明日狼兒亦就擒數脅從者放歸田里詔加右僕射進封魏國公由是遠近畏伏平之威略在鎮六周歲兵甲完利井賦均一至是入覲百姓遮道乞留數日乃得出時人以爲近日節制罕有其比寶曆元年歸朝進加檢校左僕射兼戶部尚書踰月復檢校司空兼河中絳隰節度觀察等使太和二年復以晉州慈州隸河中益兵三千人加平檢校司徒在河中凡六年召拜太子太保明年上疏乞老以司徒致仕居一年卒冊贈太傅嵩族子雄初爲嵩屬吏知衛州事嵩歿特詔授衛州刺史魏博節度田承嗣誘爲亂雄不從承嗣遣刺客盜殺之

唐傳七十四　二

○令狐彰京兆富平人也遠祖自燉煌從家焉代有冠冕父濞天寶中任鄧州錄事參軍以清白聞本道採訪使宋鼎引爲判官初任范陽縣尉通幽州人女生彰及秩滿留彰于母氏彰遂少長范陽倜儻有膽氣涉獵書傳粗知文義善弓矢乃策名從軍事安祿山天寶中以軍功累遷至左衛員外郎將安祿山叛逆以本官隨賊黨張通儒赴京師通儒僞署爲城內左街使王師收復二京隨通儒等遁走河朔又陷逆賊史思明僞署爲博州刺史及滑州刺史令統數千兵戍滑臺彰感激忠義思立名節乃潛謀歸順會中官楊萬定監滑州軍彰遂募勇士善於水者俾乘夜涉河達表奏于萬定請以所管賊一將兵馬及州縣歸順萬定以聞自祿山構逆爲賊守者未有舉州向化肅宗得彰表大悅賜書慰勞時彰移鎮杏園渡遂爲思明所疑思明乃遣所親薛岌統精卒圍大圍攻之彰乃明示三軍曉以逆順衆心感附咸悉力爲用與賊兵戰大破之潰圍而出遂以麾下將士數百人隨萬定入朝肅宗深獎之禮甚優厚賜甲第一區名馬數匹并帷

帳什器頗盛拜御史中丞兼滑州刺史滑亳魏博等六州節度仍加銀青光祿大夫鎮滑州委平殘寇及史朝義滅遷御史大夫封霍國公尋加檢校工部尚書未幾檢校右僕射餘並如故彰在職風化大行滑州瘡痍未復城邑爲墟彰以身勵下一志農戰內檢軍戎外牧黎庶法令嚴酷人不敢犯數年間田疇大闢庫藏充積歲奉王稅及修貢獻未嘗暫闕時犬戎犯邊徵兵防秋彰遣屬吏部統營伍自滑至京之西郊向二千餘里甲士三千人率自賫糧所過州縣路次供擬皆讓而不受經閭里不犯秋毫識者稱之然性識猜阻人有忤意不加省察輒至斃踣此其短也臨終手疏辭表誡子以忠孝守節又舉能自代表曰臣自事陛下得備藩守受恩則重効節未終長辭聖朝痛入心骨臣誠哀懇頓首頓首臣受性剛拙亦能包含頃因魚朝恩將掠亳州遂與臣結怨當其縱暴臣不敢入朝專聽天誅即欲奔謁及魚朝恩死即臣屬疾苦又遭家艱力微眼暗行動須人拜舞不能數月有闕欲請替辭退即日望稍瘳冀得康強榮歸朝覲自冬末

舊疾益重瘡腫又生氣息奄奄遂期殞歿不遂一朝天闕一拜龍顏臣禮不終忠誠莫展臣之大罪下慙先代仰媿聖朝臣竭誠事上誓立大節天地神明實知臣心心不遂行言發自痛當使倉糧錢絹羊馬牛畜一切已上並先有部署三軍兵士州縣官吏等各恭舊職衹待聖恩臣伏見吏部尚書劉晏及工部尚書李勉知識忠貞堪委大事伏願陛下速令檢校上副聖心臣男建等性不爲非行亦近道今勒歸東都私第使他年爲臣報國下慰幽魂臨歿昏亂伏表哀咽上覽表嗟悼久之特下詔褒美曰中衛社稷外修疆事合於一體以靖庶邦其在有終謂之不朽觀前代文武通賢有臣時戡難迫於大化不忘時君未嘗不嘉尚而流歎也今有忠烈之臣彰剛直形外純和積中本於孝敬輔以才略統制藩閫服勞王家往以母老躬於就養豈不戀闕以茲曠年及苴麻在艱優論權奪踴絕傷足淚盡喪明入覲之期良願莫遂想其風彩久軫顧懷遽見淪沒用深追悼嗟乎方疾之時以情自疏無所有隱見之於詞復節守常條上軍簿請擇良帥命于中朝乃令遺胤爰歸東洛敎忠以報國約禮以居喪古人所謂生不交利死不屬其子夫豈遠哉節槩誠亮高絕無鄰喟然感傷鑒寐增慟有以見東州士大夫勤王尊主之志用嘉其休可以垂範宣付史館式昭名臣子建運通建大曆四年十二月彰遣入朝特加兼御史中丞歸滑州及彰卒滑三軍逼奪情禮建守死不從舉家歸京師服闋累轉至右龍虎軍使德宗以涇原兵亂出幸奉天建方敎射於軍中遂以四百人隨駕爲後殿至奉天以建爲行在中軍鼓角使幸梁州轉行在右廂兵馬使右羽林大將軍兼御史大夫興元元年六月加檢校左散騎常侍行在都知兵馬使左神武大將軍建妻李氏恒帥寶臣女也建惡將棄之乃誣與傭敎生邢士倫姦通建召士倫榜殺之因逐其妻士倫母聞不勝其痛卒李氏奏請按劾詔令三司詰之李氏及奴婢款證被誣頗明白建方自首伏建會赦免坐德宗詔曰子育黎元未能禁暴在予之責用軫于懷宜輟常膳五百千文充葬士倫母子其父既衰耄至無所歸良深矜念委京兆尹厚

加存恤貞元四年七月以前官爲右領軍大將軍五年三月以專殺不辜德宗念舊勳特容貸之復陳訴詞甚虛罔遂貶施州別駕同正卒於貶所貞元六年九月贈右領軍大將軍十年贈揚州大都督運爲東都留守將逐賊出郊其日有劫轉運絹於道者杜亞以運豪家子意其爲之乃令判官穆員及從事張弘靖同鞫其事員與弘靖皆以運職在牙門必不爲盜抗請不按亞不聽而怒斥逐員等令親事將武金鞫之金笞箠運從者十餘人一人笞死九人不勝考掠自誣竟無贓狀亞具以聞請流運於嶺表德宗令侍御史李元素刑部員外崔從質大理司直盧士瞻三司覆按運獄既竟明運迹非行盜以嘗捕掠人於家配流歸州武金肆虐作威敎人通款配流建州後歲餘齊抗捕得劫轉運絹賊郭部朱瞿曇等七人及贓絹詔令杜亞與留臺同劾之皆首伏然終不原運運死於歸州人士寃之元和中宰相李吉甫奏曰臣伏見代宗朝滑州節度使令狐 彰臨終上表悉以土地兵甲籍上朝廷遣諸子隨表歸闕代宗以彰 遺表宣示百寮當

時在位者聞之無不感歎今有次子通在臣無感彰同時河朔諸鎮付子傳孫無不燻灼數代唯彰忠義感激奉國忘家遣子入朝以土地歸於先帝貞元中長子建坐事死於施州幼子運亦無罪流於歸州欲使忠義之人何所激勸今通幸存得遇明聖伏乞陛下召之與語如堪用望垂奬録憲宗念彰之忠即授通贊善大夫出爲宿州刺史時討淮蔡用爲泗州刺史歲中改壽州團練使檢校御史中丞每與賊戰必虛張虜獲得賊數人即爲露布上之宰相武元衡笑而不奏如有敗衂即不敢上聞後爲賊所攻境上城柵並陷通走固州城閉壁不出憲宗遣李文通往宣慰度其將至遂令代通貶爲昭州司戶移撫州司馬十四年徵爲右衛將軍制下給事中崔植封還制書言通前刺壽州失律不宜遽加奬任憲宗令宰相宣喻門下言通父有功於國不宜逐弃其子制命方行歲餘出爲淄州刺史長慶初入爲左衛大將軍卒

○田神功冀州人也家本微賤天寶末爲縣里胥會河朔兵興從事幽薊上元元年爲平盧節度都知兵馬使兼鴻臚卿於鄭州破賊四千餘衆生擒逆賊大將四人牛馬器械不可勝數尋爲鄧景山所引至揚州大掠百姓商人資產郡內比屋發掘略徧商胡波斯被殺者數千人二年二月生擒逆賊劉展送于闕下以擒展功累遷檢校工部尚書兼御史大夫汴宋等八州節度使大曆三年三月朝京師獻馬十匹金銀器五十件繒綵一萬匹時郭子儀入朝請宴宰臣等於私第神功效其請亦以許之尋加檢校右僕射赴尚書省視事特詔宰臣已下百官送上仍加知省事以寵之神功忠朴幹勇當時所稱八年冬復覲闕廷遘疾信宿而終上悼惜爲之徹樂廢朝三日贈司徒賻絹一千匹布五百端特許百官弔喪賜屏風茵褥於靈座并賜千僧齋以追福至德已來將帥不兼三事者哀榮無比弟神玉自曹州刺史權汴州留後大曆十年正月加檢校兵部郎中兼御史中丞爲汴州刺史知汴州節度觀察留後事并河陽澤潞等兵馬直據淇門會李承昭討魏博田承嗣十一年卒詔滑州李勉代之

侯希逸平盧人也少習武藝天寶末安禄山反署其腹心徐歸道爲平盧節度希逸時爲平盧裨將率兵與安東都護王玄志襲殺歸道使以聞詔以玄志爲平盧節度使乾元元年冬玄志病卒軍人共推立希逸爲平盧軍使朝廷因授節度使既數爲賊所迫希逸率勵將士累破賊徒向潤客李懷仙等既淹歲月且無救援又爲奚虜所侵希逸拔其軍二萬餘人且行且戰遂達于青州會田神功能元皓於兗州青州遂陷於希逸詔就加希逸爲平盧淄青節度使自是迄今淄青節度皆帶平盧之名也希逸初領淄青甚著聲稱理兵務農遠近美之寶應元年與諸節度同討襲史朝義平之加檢校工部尚書賜實封圖形凌煙閣以私艱去職大曆十一年九月起復檢校尚書右僕射上柱國封淮陽郡王後漸縱恣政事怠惰尤崇奉釋教且好畋遊興功創寺宇軍州苦之永泰元年因與巫者夜宿於城外軍士乃閉之不納希逸奔歸朝廷拜檢校右僕射久之加知省事遷司空詔出而卒廢朝三日贈太保

○李正己高麗人也本名懷玉生於平盧乾元元年平盧節度使王玄志卒會有勑遣使來存問懷玉恐玄志子爲節度遂殺之與軍人共推立侯希逸爲軍帥希逸母即懷玉姑也後與希逸同至青州累至折衝將軍驍健有勇力寶應中衆軍討史朝義至鄭州迴紇方強暴恣橫諸節度皆下之正己時爲軍候獨欲以氣吞之因與其角逐衆軍聚觀約曰後者批之既逐而先正己擒其領而批其背迴紇尿液俱下衆軍呼笑虜慙由是不敢爲暴節度使侯希逸即其外兄也用爲兵馬使正己沉毅得衆心希逸因事解其職軍中皆言其非罪不當廢會軍人逐希逸希逸奔走遂立正己爲帥朝廷因授平盧淄青節度觀察使海運押新羅渤海兩蕃使檢校工部尚書兼御史大夫青州刺史賜今名尋加檢校尚書右僕射封饒陽郡王大曆十一年十月檢校司空同中書門下平章事十三年請入屬籍從之爲政嚴酷所在不敢偶語初有淄青齊海登萊沂密德棣等州之地與田承嗣令狐彰薛嵩李寶臣梁崇義更相影響大曆中薛嵩死及李靈曜

之亂諸道共攻其地得者爲己邑正己復得曹濮徐兖鄆共十有五
州内視同列貨市渤海名馬歲歲不絕法令齊一賦税均輕最稱強
大嘗攻田承嗣威震鄰敵歷檢校司空左僕射兼御史大夫加平章
事太子太保司徒後自青州徙居鄆州使子納及腹心之將分理其
地建中後畏懼朝廷多不自安聞將築汴州乃移兵屯濟陰晝夜教
習爲備河南騷然天下爲憂羽檄馳走徵兵以益備又於徐州增兵
以扼江淮於是運輸爲之改道未幾發疽卒時年四十九子納擅總
兵政秘之數月乃發喪納阻兵興元元年四月歸順方贈正己太尉
納少時正己遣將兵備秋代宗召見嘉之自奉禮郎超拜殿中丞兼
侍御史賜紫金魚袋歷檢校倉部郎中兼總父兵奏署淄州刺史正
己將兵擊田承嗣奏署節度觀察留後尋遷青州刺史又奏署行軍
司馬兼曹州刺史曹濮徐兖沂海留後又加御史大夫建中初正己
田悦梁崇義張惟岳皆反二年正己卒納秘喪統父衆仍復爲亂比
會悦於濮陽遣大將衛俊將兵一千救悦爲河東節度使馬燧敗於

洹水殺傷殆盡詔諸軍誅之納從叔父洧以徐州李士眞以德州及
棣州李長卿皆以州歸順納以彭城險阨又怒洧背宗乃悉兵圍之
詔宣武軍節度劉洽與諸軍救之大敗納兵於城下後將兵於濮陽
洽攻破其城外納自城上見洽涕泣悔罪遣判官房説以其弟經男
成務朝京師請因洽從順會中使宋鳳朝見之謂納計蹙欲誅破之
以爲己功奏請無捨上乃械説等繫禁中納遂歸鄆州復與李希烈
朱滔王武俊田悦合謀皆反僞稱齊王建置百官及興元之降罪己
詔納乃効順詔加檢校工部尚書平盧軍節度淄青等州觀察使無
幾檢校右僕射同中書門下平章事時希烈圍陳州納遣兵與諸軍
奮擊大破之因解圍加檢校司空封五百户貞元初升鄆州爲大都
督府改授長史年三十四薨於位廢朝三日贈賻有差子師古累奏
至青州刺史貞元八年納死軍中以師古代其位而上請朝廷因而
授之起復右金吾大將軍同正平盧及青淄齊節度營田觀察海運陸
運押新羅渤海兩蕃使成德軍節度使王武俊率師次于德棣二州將

取蛤蜾及三汊城棣州之鹽池與蛤蜾歲出鹽數十萬斛棣州之隸
淄青也其刺史李長卿以城入朱滔而蛤蜾爲納所據因城而戍之
以專鹽利其後武俊以敗朱滔功以德棣二州隸之蛤蜾猶爲納戍
納初於德州南跨河而城以守之謂之三汊交田緒以通魏博路而
侵掠德州爲武俊患及納卒師古繼之武俊以其年弱初立舊將多
死心頗易之乃率衆兵以取蛤蜾三汊爲名其實欲窺納之境師古
令棣州降將趙鎬拒之武俊令其子士清將兵先濟於滴河會士清
營中火起軍驚惡之未進德宗遣使諭旨武俊即罷還師古毀三汊
口城從詔旨師古雖外奉朝命而嘗畜侵軼之謀招集亡命必厚養
之其得罪于朝而逃詣師古者因即用之其有任使于外者皆留其
妻子或謀歸款於朝事洩族其家衆畏死而不敢異圖貞元十年五
月師古服闋加檢校禮部尚書十二年正月檢校尚書右僕射十一
月師古丁母憂起復左金吾上將軍同正十五年正月師古杜佑李
欒妻媵並爲國夫人十六年六月與淮南節度使杜佑同制加中書

門下平章事及德宗遺詔下告哀使未至義成軍節度使李元素以
與師古鄰道録遺詔報師古以示無外師古遂集將士引元素使者
謂曰師古近得邸吏狀具承聖躬萬福李元素豈欲反乃忽僞録遺
詔以寄師古三代受國恩位兼將相見賊不可以不討遂杖元素使
者遽出兵以討元素爲名冀因國喪以侵州縣俄聞順宗即位師古
乃罷兵後累官至檢校司徒兼侍中卒贈太傅師道師古異母弟其
母張忠志女師道時知密州事師古死其奴不發喪潛使迎師道於
密而奉之朝命久未至師道謀於將吏或欲加兵於四境其判官高
沐固止之乃請進兩税守鹽法申官員遣判官崔承寵孔目官林英
相繼奏事時杜黄裳作相欲乘其未定也以計分削之憲宗以蜀川
方擾不能加兵於師道元和元年七月遂命建王審遥領節度授師
道檢校左散騎常侍兼御史大夫權知鄆州事充淄青節度留後十
月加檢校工部尚書兼鄆州大都督府長史充平盧軍及淄青節度
副大使知節度事管内支度營田觀察處置陸運海運押新羅渤海

兩蕃等使自正己至師道竊有鄆曹等十二州六十年矣懼衆不附己皆用嚴法制之大將持兵鎮于外者皆質其妻子或謀歸款於朝事洩其家無少長皆殺之以故能劫其衆父子兄弟相傳焉五年七月檢校尚書右僕射十年王師討蔡州師道使賊燒河陰倉斷建陵橋初師道置留邸於河南府兵諜雜以往來吏不敢辨因吳元濟北犯汝鄭郊畿多警防禦兵盡戍伊闕師道潛以兵數十百人內其邸謀焚宮闕而肆殺掠既烹牛饗衆矣明日將出會有小將楊進李再興者詣留守呂元膺告變元膺追伊闕兵圍之半日不敢進攻防禦判官王茂元殺一人而後進或有毀其墉而入者賊衆突出殺人圍兵奔駭賊得結伍中衢內其妻子於囊橐中以甲冑殿而行防禦兵不敢追賊出長夏門轉掠郊墅東濟伊水入嵩山元膺誡境上兵重購以捕之數月有山棚鬻鹿於市賊遇而奪之山棚走而徵其黨或引官軍共圍之谷中盡獲之窮理得其魁首乃中岳寺僧圓靜年八十餘嘗爲史思明將偉悍過人初執之使巨力者奮鎚不能折脛圓

靜罵曰鼠子折人脚猶不能敢稱健兒乎乃自置其足教折之臨刑乃曰誤我事不得使洛城流血死者凡數十人留守禦將二人都亭驛卒五人甘水驛卒三人皆潛受其職署而爲之耳目自始謀及將敗無知者初師道多買田於伊闕陸渾之間凡十所處欲以舍山棚而衣食之有訾嘉珍門察者潛部分之以屬圓靜以師道錢千萬僞理嵩山之佛光寺期以嘉珍竊發時舉火於山中集二縣山棚人作亂及窮按之嘉珍門察乃賊武元衡者元膺具狀以聞及誅吳元濟師道恐懼上表乞聽朝旨請割三州并遣長子入侍宿衛詔許之師道識暗政事皆決於群婢婢有號蒲大姊袁七娘者爲謀主乃言曰自先司徒以來有此十二州奈何一日無苦而割之耶今境內兵士數十萬人不獻三州不過發兵相加可以力戰戰不勝乃議割地未晚也師道從之而止表言軍情不叶乃詔諸軍討伐十年十二月武寧軍節度使李愿遣將王智興擊破師道之衆九千斬首二千餘級獲牛馬四千遂至平陰十一年十一月加師道司空仍遣給事中柳

公綽往宣慰且觀所爲欲寬容之師道苟以遜順爲辭長惡不悛十三年七月滄州節度使鄭權破淄青賊於齊州福城縣斬首五百餘級十月徐州節度使李愬兵馬使李祐於兗州魚臺縣破賊三千餘人魏博節度使田弘正率本軍自陽劉渡河距鄆州九十里下營再接戰破賊三萬餘衆生擒三千人收器械不可勝紀陳許節度使李光顏於濮陽縣界破賊收斗門城杜莊柵田弘正復於故東阿縣界破賊五萬諸軍四合累下城柵師道使劉悟將兵當魏博軍既敗數令促戰師未進乃使奴召悟計事悟知其來殺己乃稱病不出召將吏謀曰魏博兵強乘勝出戰必敗吾師不出則死今天子所誅司空一人而已悟與公等皆被驅逐就死地何如轉禍爲福殺其來使以兵趣鄆州立大功以求富貴衆皆曰善乃迎其使而斬之遂責師道追牒以兵趣鄆州及夜至門示以師道追牒乃得入兵士繼進至毬場因圍其內城以火攻之擒師道而斬其首送于魏博軍元和十四年二月也是月弘正獻於京師天子命左右軍如受馘儀先獻于太

廟郊社憲宗御興安門受之百寮稱賀初東軍諸道行營節度擒逆賊將夏侯澄等共四十七人詔曰附麗凶黨拒抗王師國有常刑悉合誅戮朕以父居污俗皆被脅從況討伐已來時日未幾縱懷轉禍之計未有効款之由情似可矜朕不忍殺況三軍百姓孰非吾人詔令須行罪止師道方欲拯於塗炭是用活其性命誠爲屈法庶使知恩並宜特從釋放仍令却遞送至魏博及義成行營各委節度收管驅使如父母血屬猶在賊中或羸老疾病情切歸還者仍量事優當放去務相全貸何所疑留及澄等至行營賊覘知傳告叛徒皆感朝恩由是劉悟得行其謀焉師道妻魏氏及小男並配掖庭堂弟師賢師智配流春州姪弘巽配流雷州詔分其十二州爲三節度俾馬揔薛平王遂分鎮焉仍命宰臣崔群撰碑以紀其績國家自天寶末安祿山首亂兩河至寶應元年王師平史朝義其將薛嵩李懷仙田承嗣李寶臣等受僞命分領州郡朝廷厭兵因僕固懷恩請就加官爵及侯希逸爲軍人逐出正己又據齊魯之地旣而遞相膠固聯結姻

奸職貢不入法令不加率以爲常仍皆署其子爲副大使父死子立則以三軍之請聞亦有爲大將所殺而自立者自安史以後迄至于貞元朝廷多務優容每聞擅襲因而授之以故六十餘年兩河號爲反側之俗憲宗知人善任削平亂迹兩河復爲王土焉師道妻魏氏元和十五年出家爲尼

洧正巳從父兄也正巳用爲徐州刺史正巳死子納犯宋州洧以其州歸順加御史大夫封潮陽郡王食實封二百戶充招諭使初洧遣攝巡官崔程奉表至京師令口奏并白宰相徐州恐不能獨當賊若得徐海沂三州節度都團練使即必立功況海沂兩州亦並爲賊納所據非國家州縣其刺史王涉馬萬通等洧並素與之約若有詔命冀必成功程乍自外到闕以爲宰相一也乃先以其言白張鎰鎰言於盧杞杞怒程不先白巳故洧所請不行杞妨公害私皆此類也及李納遣兵攻徐州劉洽與諸將擊退之賊勢未衰始加洧徐海沂都團練觀察使尋加密州時海密州皆爲賊所據不受洧命旋加洧檢校戶部尚書未幾疽發背稍平乃大具糜餅飯僧於市洧乘平肩輿自臨其場市人歡呼洧驚疽潰於背而卒贈左僕射

史臣曰自安史亂離河朔割據雖外尊朝旨而內蓄姦謀薛嵩祖父國之名將及身濡足賊廷既沐國恩尚存家法守土奉職終身一心果有令人克全餘慶彰居喪循禮有士子之風馭衆權謀著將軍之業中外善政終始令名成功不居告老致仕方之者鮮矣背逆歸國治兵牧民上表推誠舉賢代巳時稱能善始善終者也建志稟遺訓克全令名不能終保功業惜哉神功忠勇竟著勳名希逸荒狂自失弃土師道祖父弟兄盜據青鄆得計則潛圖兇逆失勢則僞奉朝旨向背任情數十年矣或問曰師古之前三帥而不滅師道繼立數年而亡者何哉荅曰納與師古自運姦謀躬臨戎事朝廷任盧杞以私妨公致懷光變忠爲逆李納父子宜其苟延洎憲宗當朝裴度爲相君臣道合中外情通師道外任諸奴內聽群婢軍民攜貳家族滅亡不亦宜乎假息數年猶爲多矣何所疑焉

贊曰田神功勇能立勳令狐彰死不失節薛平振家世以顯揚師道任臧獲而亡滅

唐書列傳卷第七十四

劉昫等修

聞人詮校刻沈桐同校

張鎰 爲河 清州 劉從一 蕭復 復族子位 佩偲 柳渾

張鎰蘇州人朔方節度使齊丘之子也以門蔭授左衛兵曹參軍郭子儀爲關內副元帥以嘗伏事齊丘辟鎰爲判官授大理評事遷殿中侍御史乾元初華原令盧樅以公事呵責邑人內侍齊令詵令詵銜之構誣外發鎰按驗樅當降官及下有司樅當杖死鎰具公服白其母曰上疏理樅樅必免死鎰必坐貶若以私則鎰負於當官貶則以太夫人爲憂敢問所安母曰爾無累於道吾所安也遂執奏正罪樅獲配流鎰貶撫州司戶量移晉陵令未之官洪吉觀察張鎬辟爲判官奏授殿中侍御史遷屯田員外郎轉祠部右司二員外母憂居喪有聞免喪除司勳員外交遊不雜與楊綰崔祐甫相善大曆五年除濠州刺史爲政清淨州事大理乃招經術之士講訓生徒比去郡

升明經者四十餘人撰三禮圖九卷五經微旨十四卷孟子音義三卷李靈曜反于汴州鎰訓練鄉兵嚴守禦之備詔書褒異加侍御史沿淮鎮守使尋遷壽州刺史使如故德宗即位除江南西道都團練觀察使洪州刺史兼御史中丞徵拜吏部侍郎尋除河中晉絳都防禦觀察使到官數日改汴滑節度觀察使汴州刺史兼御史大夫以疾辭逗留於中路徵入養疾私第未幾拜中書侍郎平章事集賢殿學士修國史建中三年正月太僕卿趙縱爲奴當千發其陰事縱下御史臺貶循州司馬留當千於內侍省鎰上疏論之曰伏見趙縱爲奴所告下獄人皆震懼未測聖情貞觀二年太宗謂侍臣曰比有奴告其主謀逆此極弊法特須禁斷假令有謀反者必不獨成自有他人論之豈藉其奴告也自今已後奴告主者皆不受盡令斬決由是賤不得干貴下不得陵上教化之本既正悖亂之漸不生爲國之經百代難改欲全其事體實在防微頃者長安令李濟得罪因奴萬年令霍晏得罪因婢愚賤之輩悖慢成風主反畏之動遭誣告充溢府縣莫能斷決建中元年五月二十八日詔曰準鬬競律諸奴婢告主非謀叛已上者同自首法並準律處分自此奴婢復順獄訴稍息今趙縱非叛逆奴實姦兇奴在禁中縱獨下獄考之於法或恐未正將帥之功莫大於子儀人臣之位莫大於尚父歿身未幾墳土僅乾兩壻先已當辜趙縱今又下獄設令縱實抵法所告非奴纔經數月連罪三壻錄勳念舊猶或可容況在章程本宜看免陛下方誅群賊大用武臣雖見寵於當時恐息望於他日太宗之令典尚在陛下之明詔始行一朝偕違不與衆守於敎化恐失於刑法恐頗所益悉無所傷至廣臣非私趙縱非惡此奴叨居股肱職在匡弼斯是大體敢不極言伏乞聖慈納臣愚懇上深納之縱於是左貶而已當千杖殺之鎰乃令召子儀家僮數百人以死奴示之盧杞忌鎰名重道直無以陷之以方用兵西邊杞乃僞請行上固以不可因薦鎰以中書侍郎爲鳳翔隴右節度使代朱泚與吐蕃相尚結贊等盟於清水將盟鎰與結贊約各以二千人赴壇所執兵者半之列於壇外二百步散從

者半之分立壇下鎰與賓佐齊映齊抗及盟官崔漢衡樊澤常魯于頔等七人皆朝服結贊與其本國將相論悉頰藏論殑論利陁斯官者論力徐等亦七人俱昇壇爲盟初約漢以牛蕃以馬爲牲鎰耻與之盟將殺其禮乃請結贊曰漢非牛不田蕃非馬不行今請以羊豕犬三物代之結贊許諾時塞外無豕結贊請以羝羊鎰出犬白羊乃坎於壇北刑之雜血一器而歃盟文曰唐有天下恢奄禹跡舟車所至莫不率俾以累聖重光十年惟永恢王者之丕業被四海以聲敎與吐蕃贊普代爲婚姻因結鄰好安危同體甥舅之國將二百年其間或因小忿弃惠爲讎封壃騷然靡有寧歲皇帝踐祚愍玆黎元乃釋俘囚悉歸蕃落二國展禮同茲協和行人往復累布成命是必詐謀不起兵革不用矣彼猶以兩國之要求之永久古有結盟今請用之國家務息邊人外其故地弃利蹈義堅盟從約今國家所守界涇州西至彈箏峽西口隴州西至清水縣鳳州西至同谷縣暨劒南西山大渡河東爲漢界蕃國守鎮在蘭渭原會西使臨洮又東至成州

抵劒南西界磨些諸蠻大渡水西南爲蕃界其兵馬鎮守之處州
縣見有居人彼此兩邊見屬漢諸蠻以今所分見住處依前爲定其
黃河以北從故新泉軍直北至大磧南至賀蘭山駱駝嶺爲界中間
悉爲閑田盟文所有不載者蕃有兵馬處蕃守漢有兵馬處漢守不
得侵越其先未有兵馬處不得雜置并築城堡耕種今二國將相受
辭而會齋戒將事告天地山川之神照臨無得很墜其盟文藏於郊
廟副在有司二國之誠其永保之結贊亦出盟文不加於坎但埋牲
而已盟畢結贊請鎰就壇之西南隅佛幄中焚香爲誓誓畢復昇壇
飲酒獻酬之禮各用其物以將厚意而歸德宗將幸奉天鎰竊知之
將迎鑾駕具財貨服用獻行在李楚琳者嘗事朱泚得其心軍司馬
齊映等密謀曰楚琳不去必爲亂乃遣楚琳屯於隴州楚琳知其謀
乃託故不時發鎰始以迎駕心憂惑以楚琳承命去矣殊不促其行
鎰修飾邊幅不爲軍士所悅是夜楚琳遂與其黨王汾李卓牛僧伽
等作亂鎰夜縋而走判官齊映自水竇出齊抗爲傭保負笥而逃皆

○獲免鎰出鳳翔三十里及二子皆爲候騎所得楚琳俱殺之判官王
沼張元度柳遇李潋被殺尋贈太子太傅葬事官給

馮河清者京兆人也初以武藝從軍隸朔方節度郭子儀以戰功授
左衛大將軍同正隸涇原節度馬璘頻以偏師禦吐蕃甚有殺獲之
功歷試太子詹事兼御史中丞充兵馬使建中四年節度使姚令言
奉詔率兵赴關東以河清知兵馬留後判官殿中侍御史姚況知州
事及令言至京師所統兵叛上幸奉天河清與況聞之乃集三軍大
哭因共激勵將吏誓敦誠節衆頗義之即時發甲仗器械車百餘兩
連夜送行在所時駕初遷幸六軍雖集蒼黃之際都無戎器及涇州
甲仗至軍士大振特詔褒其誠効拜四鎮北庭行軍涇原節度使兼
御史大夫姚況兼御史中丞行軍司馬俄加河清檢校工部尚書賊
泚及姚令言累遣間諜招誘河清輒拘而戮焉及駕幸梁州其將田
希鑒潛通泚使結兇黨害河清尋贈尚書左僕射葬事官給興元元
年贈太子少傅

劉從一中書侍郎林甫之玄孫也祖令植禮部侍郎父孺之京兆府
少尹從一少舉進士大曆中宏詞授秘書省校書郎以調中第補渭
南尉雅爲常衮所推重及衮爲相遷監察御史居無何丁母憂服除
宰相盧杞薦之超遷侍御史居數月以親避除刑部員外郎建中末
普王之爲元帥也遷吏部郎中兼御史中丞爲元帥判官德宗居奉
天拜刑部侍郎平章事從幸梁州明年六月改中書侍郎平章事歲
中加集賢殿大學士修史上遇之甚厚以容身遠罪而已不能有所
匡輔無幾以疾請告至是病甚辭位章疏六上乃許除戶部尚書尋
卒年四十四輟朝三日贈太子太傅初林甫生祥道麟德初爲右相
祥道即從一曾伯祖也令植從父兄齊賢弘道初爲侍中自祥道至
從一劉氏凡三相

蕭復字履初太子太師嵩之孫新昌公主之子父衡太僕卿駙馬都
尉少秉清操其群從兄弟競飾輿馬以侈靡相尚復衣澣濯之衣獨
居一室習學不倦非詞人儒士不與之遊伯華每歎異之以主蔭初

○爲宮門郎累至太子僕廣德中連歲不稔穀價翔貴家貧將鬻昭應
別業時宰相王縉聞其林泉之美心欲之乃使弟紘誘焉曰足下之
才固宜居右職如以別業奉家兄當以要地處矣復對曰僕以家貧
而鬻舊業將以拯濟孀幼耳儻以易美職於身令門內凍餒非鄙夫
之心也縉憾之乃罷復官沉廢數年復處之自若後累至尚書郎大
曆十四年自常州刺史爲潭州刺史湖南觀察使及爲同州刺史州
人阻饑有京畿觀察使儲廩在境內復輒以賑貸爲有司所劾削階
朋友唁之復怡然曰苟利於人敢憚薄罰尋爲兵部侍郎建中末普
王爲襄漢元帥以復爲戶部尚書統軍長史以復父名衡特詔避之
未行扈駕奉天拜吏部尚書平章事復嘗奏曰宦者自艱難已來初
爲監軍自爾恩倖過重此輩只合委宮掖之寄不可參兵機政事之
權上不悅又請別對奏云陛下臨御之初聖德光被自用楊炎盧杞
黍政悖瀆皇猷以致今日今雖危急伏願陛下深革睿思微臣敢當
此任若令臣依阿偷免臣不敢曠職盧杞奏對於上前阿諛順言復

正色曰盧杞之詞不正德宗愕然退謂左右曰蕭復頗輕朕遂令往
江南宣撫先時淮南節度陳少遊首稱臣於李希烈鳳翔將李楚琳
殺節度使張鎰以應朱泚鎰判官韋皐先知隴州留後首殺幽叛卒
數百人不應楚琳復江南使迴與宰相同對訖復獨留奏曰陛下自
返宮闕勳臣已蒙官爵唯旌善懲惡未有區分陳少遊將相之寄最
崇首敗臣節韋皐名官最卑特建忠義請令韋皐代少遊則天下明
然知逆順之理上許之復出宰相李勉盧翰劉從一方同歸中書中
使馬欽緒至揖從一附耳語而退諸相各歸閣從一詣復曰適欽緒
宣旨令與公商量朝來所奏便進勿令李勉盧翰知復曰適來奏對
亦聞斯旨然未諭聖心已面陳述上意尚爾復未敢言其事復又曰
唐虞有僉曰之論朝廷有事尚合與公卿同議令勉翰不可在相位
即去之既在相位合同商量何故獨避此之一節且與公行之無爽
但恐寖以成俗此政之大弊也竟不言於從一從一奏之上浸不悅
復累表辭疾請罷知政事從之守太子左庶子三年坐郜國公主親

累檢校左庶子於饒州安置四年終于饒州時年五十七復門望高
華志稱名節與流俗不甚通狎及登台輔臨事不苟頗爲同列所嫉
以故居位不久性孝友居家甚睦爲族子所累晏然屏退口未嘗言
郜國公主者肅宗之女也出降駙馬蕭升升於復爲從兄弟升早卒
貞元中蜀州別駕蕭鼎商州豐陽令韋恪前彭州司馬李萬太子詹
事李昇等出入主第穢聲流聞德宗怒幽主於別第李萬決殺昇貶
嶺南蕭鼎韋恪決四十長流嶺表又言公主行厭禱其子位爲禱文
位弟佩儒偲及異父兄駙馬都尉裴液並長流端州公主女爲皇太
子妃即順宗也太子懼亦請與妃離婚六年郜國薨位兄弟及液詔
還京師液父徽初尚郜國徽卒尚蕭升

柳渾字夷曠襄州人其先自河東徙焉六代祖惔梁僕射渾少孤父
慶休官至渤海丞而志學樸貧天寶初舉進士補單父尉至德中爲
江西採訪使皇甫侁判官累除衢州司馬未至召拜監察御史臺中
執法之地動限儀矩渾性放曠不甚檢束寮長拘局忿其踈縱渾不
樂乞外任執政惜其才奏爲左補闕明年除殿中侍御史知江西租
庸院事大曆初魏少遊鎮江西奏署判官累授檢校司封郎中州理
有開元寺僧與徒夜飲醉而延火歸罪於守門瘖奴軍候亦受財同
上其狀少遊信焉人知奴冤莫肯言渾與崔祐甫遽入白少遊驚問
醉僧首伏既而謝曰微二君子幾成老夫暗劣矣自此以公正聞及
路嗣恭領鎮復以爲都團練副使十二年拜袁州刺史居二年崔祐
甫入相薦爲諫議大夫浙江東西黜陟使累遷尚書左丞及駕在奉
天微服徒行遁終南山谷踰旬方達行在扈從至梁州改左散騎常
侍初渾之歸行在賊泚籍其名甚願以致之猶疑匿在閭里乃加宰
相及克復渾尚名載乃上言頃爲狂賊點穢臣實恥稱舊名矧字或
帶戈時當偃武請改名渾貞元二年拜兵部侍郎封宜城縣伯三年
正月加同平章事仍判門下省時上命玉工爲帶墜壞一銙乃私市
以補及獻上指曰此何不相類工人伏罪上命決死詔至中書渾執
曰陛下若便殺則已若下有司即須議讞且方春行刑容臣條奏定

罪以誤傷乘輿器服杖六十餘工釋放詔從之復奏故尚書左丞田
季羔公忠正直先朝名臣其祖父皆以孝行旌表門閭京城隋朝舊
第季羔一家而已今被堂姪伯強進狀請貨宅召市人馬以討吐蕃
一開此門恐滋不逞討賊自有國計豈資僥倖之徒且毀弃義門虧
損風教望少責罰亦可懲勸上可其奏先時韓滉自浙西入覲朝廷
委政待之至於調兵食籠鹽鐵勾官吏贓罰鋤豪強兼幷上悉仗焉
每奏事或日旰他相充位而已公卿救過不能暇無敢枝梧者渾雖
滉所引心惡其專政正色讓之曰先相公以狷察爲相不滿歲而罷
今相公榜吏於省中至死且非刑人之地奈何蹈前非而又甚焉專
立威福豈尊主卑臣之禮滉感悟愧悔爲霽威焉及白志貞除浙西
觀察使渾奏曰志貞一末吏憸人縱稱廉謹不當頓居重職適遇渾
以疾稱告即日詔下疾間因乞骸骨優詔不許其判門下主吏白當
過官渾慨然曰列官分職復更撓之非禮法也千里辭家以干微祿
邑主辭辦豈慮無能矧旌善進賢事不在此故其年注擬無退量者

及渾瑊與吐蕃會盟之日上御便殿謂宰相曰和戎息師國之大計今日將士與卿同歡馬燧前賀曰今之一盟百年內更無蕃寇渾曰五帝無誥誓之盟皆在季末今盛明之代豈又行於夷狄人面獸心難以信結今日盟約臣竊憂之李晟繼言曰臣生長邊城知蕃戎心今日之事誠如渾言上變色曰柳渾書生未達邊事大臣智略果亦有斯言乎皆頓首俯伏遽令歸中書其夜三更邠寧節度韓遊瓌飛驛叩苑門奏盟會不成將校覆沒兵臨近鎮上驚歎即遞其表以示渾詰旦臨軒慰勉渾曰卿文儒之士而萬里知軍戎之情自此驟加禮異時張延賞與渾同列延賞怙權矜己而嫉渾守正俾其所厚謂渾曰相公舊德但節言於廟堂則重位可久渾曰爲吾謝張相公柳渾頭可斷而舌不可禁也自是爲其所擠尋除常侍罷知政事貞元五年二月以疾終年七十五有文集十卷渾毋兄識督意文章有重名於開元天寶間與蕭穎士元德秀劉迅相亞其練理𥳑端往往詣極當時作者咸伏其簡拔而趣尚辨博渾亦善爲文然趨時向功非

沉思之所及渾警辯好諧謔放達與人交豁然無隱性節儉不治產業官至丞相假宅而居罷相數日則命親族尋勝讌醉方歸陶陶然忘其黜免時李勉盧翰皆退罷居第相謂曰吾輩方柳宜城悉爲拘俗之人也

史臣曰張鎰蕭復柳渾節行才能訏謨亮直皆足相明主平泰階而盧杞忌之於前延賞排之於後管仲有言任君子使小人間之害霸也德宗黜賢相位姦臣致朱泚懷光之亂是失其人也豈尤其時哉河清歿於王事乃顯忠貞從一舉自姦人固宜循默

贊曰得人則興失人則亡鎰復渾去宗社其殃

唐書列傳卷第七十五

唐書列傳卷第七十六

劉昫　等修

聞人詮校刻沈桐同校

李揆　李涵　陳少遊　盧惎　裴諝

李揆字端卿隴西成紀人而家于鄭州代爲冠族秦府學士給事中玄道玄孫祕書監贈吏部尚書成裕之子少聰敏好學善屬文開元末舉進士補陳留尉獻書闕下詔中書試文章擢拜右拾遺改右補闕起居郎知宗子表疏遷司勳員外郎考功郎中並知制誥扈從劒南拜中書舍人乾元初兼禮部侍郎揆嘗以主司取士多不考實徒峻其隄防索其書策殊未知藝不至者文史之囿亦不能擒詞深昧求賢之意也其試進士文章請於庭中設五經諸史及切韻本於床而引貢士謂之曰大國選士但務得才經籍在此請恣尋檢由是數月之間美聲上聞未及畢事遷中書侍郎平章事集賢殿崇文館大學士修國史揆美風儀善奏對每有敷陳皆符獻替肅宗賞歎之嘗

謂揆曰卿門地人物文章皆當代所推故時人稱爲三絕其爲舍人也宗室請加張皇后翊聖之號肅宗召揆問之對曰臣觀往古后妃終則有謚生加尊號未之前聞景龍失政韋氏專恣加號翊聖今若加皇后之號與韋氏同陛下明聖動遵典禮豈可蹤景龍故事哉肅宗驚曰凡才幾誤我家事遂止時代宗自廣平王改封成王張皇后有子數歲陰有奪宗之議揆因對見肅宗從容曰成王嫡長有功今當命嗣卿意何如揆拜賀曰陛下言及於此社稷之福天下幸甚臣不勝大慶肅宗喜曰朕計決矣自此頗承恩遇遂蒙大用時京師多盜賊有通衢殺人寘溝中者李輔國方恣横上請選羽林騎士五百人以備巡檢揆上疏曰昔西漢以南北軍相統攝故周勃因南軍入北軍遂安劉氏皇朝置南北衙文武區分以相伺察今以羽林代金吾警夜忽有非常之變將何以制之遂制罷羽林之請揆在相位決事獻替雖甚博辨性銳於名利深爲物議所非又其兄皆自有時名滯於冗官竟不引進同列呂諲地望雖懸政事在揆之右罷相自賓

家爲荆南節度聲問甚美懼其重入遂密令直省至諲管內搆求諲過失諲密疏自陳乃貶揆萊州長史同正員其制言曰扇湖南之八州沮江陵之節制揆既黜官數日其兄皆改授爲司門員外郎後累年揆量移歙州刺史初揆秉政侍中苗晉卿累薦元載爲重官揆自恃門望以載地寒意甚輕易不納而謂晉卿曰龍章鳳姿之士不見用麞頭鼠目之子乃求官載銜恨頗深及載登相位因揆當徙職遂奏爲試秘書監江淮養疾既無祿俸家復貧乏孀孤百口丐食取給萍寄諸州凡十五六年其牧守稍薄則又移居故其遷徙者蓋十餘州馬元載以罪誅除揆睦州刺史入拜國子祭酒禮部尚書爲盧杞所惡德宗在山南令充入蕃會盟使加左僕射行至鳳州以疾卒興元元年四月也年七十四贈司空喪事官給

李涵高平王道之曾孫父少康宋州刺史涵簡素恭愼有名宗室累授贊善大夫兼侍御史朔方節度郭子儀奏爲關內鹽池判官肅宗北幸平涼未有所適涵與朔方留後杜鴻漸草牋具朔方兵馬招集

之勢軍資倉儲庫物之數咸推涵宗枝之英純厚忠信乃令涵奉牋至平涼謁見涵敷奏明辯動合事機肅宗大悅除右司員外郎累至司封郎中宗正少卿寶應元年初平河朔代宗以涵忠謹洽聞遷左庶子兼御史中丞河北宣慰使會丁母憂起復本官而行每州縣郵驛公事之外未嘗啓口蔬飯飲水席地而息使還請罷官終喪制代宗以其毀瘠許之服闋除給事中遷尚書左丞以幽州之亂充河朔宣慰使大曆六年正月爲蘇州刺史兼御史大夫充浙江西道都團練觀察等使十一年來朝拜御史大夫京畿觀察使李栖筠歿代之德宗即位以涵和易無剸割之才除太子少傅充山陵副使涵判官殿中侍御史呂渭上言涵父名少康今官名犯諱恐乖禮典宰相崔祐甫奏曰若朝廷事有乖舛群臣悉能如此實太平之道除渭司門員外郎尋有人言涵昔爲宗正少卿此時無言今爲少傅妄有奏議詔曰呂渭僭陳章奏爲其本使薄訴官名朕以宋有司城之嫌晉有詞曹之諱歎其忠於所事亦謂確以上聞乃加殊恩俾膺厚賞近聞所陳少字往歲已任少卿昔是今非罔我何甚豈得謬當朝典更廁周行宜佐遐藩用誡薄俗可歙州司馬同正由是改涵爲檢校工部尚書兼光祿卿仍充山陵副使無幾以右僕射致仕興元元年九月卒追贈太子太保

陳少遊博州人也祖儼安西副都護父慶右武衛兵曹參軍以少遊累贈工部尚書少遊幼聰辯初習莊列老子爲崇玄館學生衆推引講經時同列有私習經義者期昇坐日相問難及會少遊攝齊昇坐音韻淸辯觀者屬目所引文句悉兼他義諸生不能對甚爲大學士陳希烈所歎賞又以同宗遇之甚厚既擢第補渝州南平令理甚有聲至德中河東節度王思禮奏爲參謀累授大理司直監察殿中侍御史節度判官寶應元年入爲金部員外郎尋授侍御史迴紇糧料使改檢校職方員外郎充使檢校郎官自少遊始也明年僕固懷恩奏爲河北副元帥判官兵部郎中兼侍御史遷晉州刺史改同州刺史未視事又歷晉鄭二州刺史少遊爲理長於權變時推幹濟然厚

斂財貨交結權倖以是頻獲遷擢無幾澤潞節度使李抱玉表爲副使御史中丞陳鄭二州留後永泰二年抱玉又奏爲隴右行軍司馬拜檢校左庶子依前兼中丞其年除桂州刺史桂管觀察使少遊以嶺徼遐遠欲規求近郡時中官董秀掌樞密用事少遊乃宿於其里候其下直際晚謁之從容曰七郎家中人數幾何每月所費復幾何秀曰久忝近職家累甚重又屬時物騰貴一月過千餘貫少遊曰據此之費俸錢不足支數日其餘常須數求外人方可取濟儻有輸誠供億者但留心庇覆之固易爲力耳少遊雖不才請以一身獨供七郎之費每歲請獻錢五萬貫今見有大半請即受納餘到官續送免貴人勞慮不亦可乎秀既踰於始望欣愜頗甚因與之厚相結少遊言訖泣曰南方炎瘴深愴違辭但恐不生還再覩顏色矣秀遽曰中丞美才不當遠官請從容旬日冀竭蹇分時少遊又已納賄於元載子仲武矣秀載內外引薦數日拜宣州刺史宣歙池都團練觀察使大曆五年改越州刺史兼御史大夫浙東觀察使八年遷揚州大都

督府長史淮南節度觀察使仍加銀青光祿大夫封潁川縣開國子所在悉心綏輯而多以任數爲政好行小惠胥吏得職人亦獲安及朝廷多事奏請本道兩稅錢千增二百因詔諸道悉如淮南鹽每一㪷更加一百文少遊十餘年間三總大藩皆天下殷厚處也以故徵求貿易且無虛日斂積財寶累巨億萬多賂遺權貴視文雅清流之士蔑如也初結元載每年饋金帛約十萬貫又多納賄於用事中官駱奉先劉清潭吳承倩等由是美聲達於中禁後見元載在相位年深以過犯漸見疑忌少遊亦稍踈之無何載子伯和貶官揚州少遊外與之交結而陰使人伺其過失密以上聞代宗以爲忠待之益厚上即位累加檢校禮部兵部尚書建中三年李納反叛少遊以師收徐海等州尋弃之退軍盱眙又加檢校左僕射賜實封三百戶其年就加同平章事關播嘗爲少遊賓僚盧杞早年與之同在僕固懷恩使府故驟加其官秩四年十月駕幸奉天度支汴東兩稅使包佶在揚州尚未知也佶判官崔沅遽報少遊佶時所總賦稅錢帛約八百

萬貫在焉少遊意以爲賊據京師未即收復遂脅取其財物先使判官崔頎就佶強索其納給文曆并請供二百萬貫錢物以助軍費佶荅曰所用財帛須承勑命未與之頎勃然曰中丞若得爲劉長卿不爾爲崔衆矣長卿嘗任租庸使爲吳仲孺所困崔衆供軍丢財爲光弼所殺故頎言及之佶大懼不敢固護財帛將轉輸入京師者悉爲少遊奪之佶自謂少遊止焉長揖而遣既懼禍奔往白沙少遊又遣判官房孺復召之佶愈懼託以巡檢因急棹過江妻子伏案牘中至上元復爲韓滉所拘留佶先有兵三千守禦財貨令高越元甫將焉少遊盡奪之隨佶渡江者又爲韓滉所留佶但領胥吏往江鄂等州佶於彈丸中置表以少遊脅取財帛事會少遊使繼至上問曰少遊收包佶財帛有之乎對曰臣發揚州後非所知也上曰少遊國之守臣或防他盜供費軍旅收亦何傷時方隅阻絕國命未振遠近聞之大驚咸以聖情達於變通明見萬里少遊後聞之乃安及李希烈陷汴州聲言欲襲江淮少遊懼乃使參謀溫述由壽州送款於希烈曰豪壽舒廬尋令罷壘韜戈卷甲佇候指揮少遊又遣巡官趙詵於鄆州結李納其年希烈僭號遣其將楊豐齎偽赦書赴揚州至壽州爲刺史張建封候騎所得建封對中使二人及少遊判官許子瑞廷責豐而斬之希烈聞之大怒即署其大將杜少誠爲偽僕射淮南節度令先平壽州後取廣陵建封於霍丘堅柵嚴加守禁少誠竟不能進後包佶入朝具奏少遊奪財賦事狀少遊大懼乃上表以所取包佶財貨皆是供軍急用今請據數却納既而州府殘破無以上塡乃與腹心孔目官等設法重稅管內百姓以供之無何劉洽收汴州得希烈偽起居注某月日陳少遊上表歸順少遊聞之慙惶發疾數日而卒年六十一贈太尉賻布帛葬祭如常儀

盧甚幽州范陽人也貞觀中工部侍郎義恭玄孫也父子騫潁王府諮議參軍以甚贈祕書少監甚少以門蔭入仕在職以幹局稱累授閬州錄事參軍監察殿中御史侍御史金州刺史宰相楊炎遇之頗厚召入左司郎中京兆少尹遷大尹甚無術學善事權要爲政苛躁

盧杞甚惡之諷有司彈奏坐貶撫州司馬同正改饒州刺史遷福州刺史福建觀察使貞元二年七月以疾終

裴諝字士明河南洛陽人父寬禮部尚書有重名於開元天寶間諝少舉明經補河南府參軍通達簡率不好苛細積官至京兆倉曹丁父喪居東都是時安祿山盜陷二京東都收復遷太子司議郎無幾虢王巨奏署侍御史襄鄧營田判官丁母憂東都復爲史思明所陷諝藏匿山谷思明嘗爲諝父將校懷舊恩又素慕諝名欲必得之因令捕騎數十跡逐得諝思明見之甚喜呼爲郎君不名僞授御史中丞主擊斷時思明殘殺宗室諝陰緩之全活者數百人又嘗䟽賊短長以聞事泄思明大怒詬罵僅而免死賊平除太子中允遷考功郎中數召見言事代宗居陝諝步懷考功及南曹二印赴行在上見而謂之曰疾風知勁草果信矣將以爲御史中丞爲元載所排爲河東道租庸鹽鐵等使時關輔大旱諝入計代宗召見便殿問諝榷酤之利一歲出入幾何諝久之不對上復問之對曰臣有所思上曰何思

對曰臣自河東來其間所歷三百里見農人愁歎穀菽未種誠謂陛下軫念先問人之疾苦而乃責臣以利孟子曰理國者仁義而已何以利爲由是未敢即對也上前坐曰微公言吾不聞此拜左司郎中上時訪以事執政者忌之出爲虔州刺史歷饒廬亳三州刺史入爲右金吾將軍建中初上以刑名理天下百吏震悚時十月禁屠殺以甫近山陵禁益嚴尚父汾陽王郭子儀隸人殺羊以入門者覺之諝列奏狀上以爲不畏强禦累遣宣諭或謂諝曰郭公有社稷功豈不爲蓋之諝笑曰非爾所解且郭公威權太盛上新即位必謂黨附者衆今發其細過以明不弄權耳吾上以盡事君之道下以安大臣不亦可乎時於朝堂别置三司以決庶獄辯争者輒擊登聞鼓諝上疏曰夫諫鼓謗木之設所以達幽枉延直言今輕猾之人援桴鳴鼓始動天聽竟因纖微若然者安用吏理乎上然之悉歸有司諝以法吏舞文多挾宿怨因獻獄官箴以諷無何坐所善僧抵法貶閬州司馬徵爲右庶子改千牛上將軍會吐蕃入寇諝拜吏部侍郎兼御史大

夫爲吐蕃使不行無幾轉太子賓客兵部侍郎河南尹東都副留守諝自河南凡五代爲官入視事未嘗當正處不鞫人於贓罪以寬厚和易爲理貞元九年十一月以疾終年七十五贈禮部尚書

史臣曰李揆發言沃心幸遇明主蔽賢固位終非令人少遊逐勢利隨時盧惎事權要巧宦察言觀行皆無可稱涵節行著聞諝和易爲理庶幾近仁也

贊曰李陳盧惎言行非眞涵諝和易庶乎近仁

唐書列傳卷第七十六

唐書列傳卷第七十七

劉昫等修

聞人詮校刻沈桐同校

姚令言　張光晟

源休　喬琳

張涉　蔣鎮

洪經綸　彭偃

姚令言河中人也少應募起於卒伍隸涇原節度馬璘以戰功累授金吾大將軍同正爲衙前兵馬使改試太常卿兼御史中丞建中元年孟暤爲涇原節度留後自以文吏進身不樂軍旅頻表薦令言謹肅堪任將帥暤尋歸朝廷遂拜令言爲四鎮北庭行營涇原節度使涇州刺史兼御史大夫建中四年李希烈叛寇陷汝州詔哥舒曜率師攻之營于襄城希烈兵數萬圍襄城勢甚危急十月詔令言率本鎮兵五萬赴援涇師離鎮多攜子弟而來望至京師以獲厚賞及師

上路一無所賜時詔京兆尹王翃犒軍士唯糲食菜啖而已軍士覆而不顧皆憤怒揚言曰吾輩棄父母妻子將死於難而食不得飽安能以草命捍白刃耶國家瓊林大盈寶貨堆積不取此以自活何往耶行次滻水乃返戈大呼鼓譟而還令言曰比約東都有厚賞兒郎勿草草此非求活之良圖也衆不聽以戈環令言請退令言急奏之上恐令内庫出繒綵二十車馳賜之軍聲浩浩令言不能戢街市居人狼狽走竄亂兵呼曰勿走不稅汝間架矣德宗令普王與學士姜公輔往撫勞之纔出内門賊已斬關陣于丹鳳樓下是日德宗倉卒出幸賊縱入府庫輦運極力而止時太尉朱泚罷鎮居晋昌里第是夜叛卒謀曰朱太尉久囚於宅若迎爲主大事濟矣泚嘗節制涇州衆知其失權廢居怏怏又幸泚寛和乃請令言率騎迎泚於晋昌里泚初遲疑以食飼之徐觀衆意既而諸校齊至乃自第張炬火入居含元殿既僭號乃以令言爲侍中與源休同知賊政事既以身先逆亂頗盡心於賊害宗室圖奉天皆令言爲首帥也群兇宴樂既醉令

言與源休論功令言自比蕭何源休曰帷幄之謀成秦之業無出予之右者吾比蕭何無讓于當曹參可矣時朝士在賊廷者聞之皆笑謂源休爲火迫酇侯朱泚敗令言與張廷芝尚有衆萬人從泚將入吐蕃至涇州欲投田希鑒希鑒僞致禮誘之與泚俱斬首來獻

張光晟京兆盩厔人起於行間天寶末哥舒翰兵敗潼關大將王思禮所乘馬中流矢而斃光晟時在騎卒之中因下以馬授思禮思禮問其姓名不告而退思禮陰記其形貌常使人密求之無何思禮爲河東節度使其偏將辛雲京爲代州刺史屢爲將校譖毀思禮怒焉雲京惶懼不知所出光晟時隸雲京麾下因間進曰光晟素有德於王司空比不言者恥以舊恩受賞今使君憂迫光晟請奉命一見司空則使君之難可解雲京然其計即令之太原乃謁思禮未及言舊事思禮識之遽曰爾豈非吾故人乎何相見之晚也光晟遂陳潼關之事思禮大喜因執其手感泣曰吾有今日子之力也求子頗久竟此相遇何慰如之命同榻而坐結爲兄弟光晟遂述雲京之屈思禮曰

雲京比涉謗言過亦不細今爲故人特捨之矣即日擢光晟爲兵馬使賚田宅縑帛甚厚累奏特進試太常少卿委以心腹及雲京爲河東節度使又奏光晟爲代州刺史大曆末遷單于都護兼御史中丞振武軍使代宗密謂之曰北蕃縱橫日久當思所禦之計光晟既受命至鎮威令甚行建中元年迴紇突董梅録領衆并雜種胡等自京師還國輿載金帛相屬於道光晟訝其裝槖頗多潛令驛吏以長錐刺之則皆輦歸所誘致京師婦人也遂紿突董及所領徒悉令赴宴酒酣光晟伏甲盡拘而殺之死者千餘人唯留二胡歸國復命遂部其婦人給粮還京收其金帛賞賚軍士後迴紇遣使來訴上不欲甚阻蕃情徵拜右金吾將軍迴紇猶怨懟不已又降爲睦王傅尋改太僕卿負才快快不得志賊泚僭逆署光晟僞節度使兼宰相及泚衆頻敗遂擇精兵五千配光晟營於九曲去東渭橋凡十餘里光晟潛使於李晟有歸順之意晟進兵入苑光晟勸賊泚宜速西奔光晟以數千人送泚出城因率衆迴降於晟晟以其誠款又愛其材欲奏用之俾令歸私第表請特減其罪毋大宴會皆令就坐華州節度使駱元光訴之曰吾不能與反虜同席拂衣還營晟不得已拘之私第後有詔言其狀跡不可原乃斬之

源休相州臨漳人京兆尹光輿之子也休以幹局累授監察御史殿中侍御史青苗使判官遷虞部員外郎出潭州刺史入爲主客郎中遷給事中御史中丞左庶子其妻即吏部侍郎王翊女也因小忿而離妻族上訴下御史臺驗理休遲留不荅款狀除名配流溱州久之移岳州建中初楊炎執政以京兆尹嚴郢威名稍著心欲傾之郢即王翊甥婿也休與王氏離絕之時炎風聞休郢有隙遂擢休自流人爲京兆少尹俾令伺郢過失休既職久與郢親善炎怒之奏令以本官兼御史中丞奉使迴紇休至振武軍使張光晟已殺迴紇突董等上初欲遂絕其使令休還待命于太原久之方遣仍令休歸其突董骸密施大小梅録等四屍突董者即義可汗之叔父也屍既至可汗令宰臣已下具縗服車馬來迎其宰相頡干思迦坐大帳立休等於

帳外雪中詰殺突董等故休曰突董等自與張光晟忿鬭而死非天子也又問使者背唐國負罪當死不能自殄耶不然何假手於我殺之也凡將殺者數矣言頗悖慢乃引去供饋甚薄留之五十餘日乃得還可汗使謂休曰我國人皆欲殺汝唯我不然汝國已殺突董等吾又殺汝猶以血洗血汙益甚爾吾今以水洗血不亦善乎所欠吾馬直絹一百八十萬疋當速歸之遣散支將軍康赤心等隨休來朝休竟不得見其可汗尋遣赤心等歸與之帛十萬疋金銀十萬兩償其馬直休屢危而還宰相盧杞又恐復命之日以口辯結恩將至太原遽奏爲光祿卿休以其遠使賞薄居常怨望會涇原兵叛立朱泚爲主初但稱太尉朝官謁泚者悉勸奉迎鑾駕既不合泚意而退及休至遂屏人移時言多悖逆盛陳成敗稱述符命勸令僭號泚悅其言以休爲宰相判度支休遂爲謀主至於兵食軍資遷除補擬內外咨謀一稟休畫故時人云源休之逆甚於朱泚朝廷大臣之奔竄不獲者多爲休所誘致以至戮辱職休而爲蓋非一焉又勸泚鋤翦宗

室以絕人望命萬年縣賊曹尉楊偡専其斷決諸王子孫遇害不可勝數泚敗走休隨至寧州泚死休走鳳翔爲其部曲所殺傳首來獻休三子並斬于東市籍沒其家

喬琳太原人少孤貧志學以文詞稱天寶初舉進士補成武尉累授興平尉朔方節度郭子儀辟爲掌書記尋拜監察御史琳倜儻疎誕好談諧侮謔儕列頗無禮檢同院御史畢耀初與琳嘲誚往復因成釁隙遂以公事互相告訐坐貶巴州員外司戶遂起爲南鄭令改殿中侍御史充山南節度張獻誠行軍司馬使罷爲劒南東川節度鮮于叔明判官故檢校駕部郎中果綿遂三州刺史兼御史中丞入爲大理少卿國子祭酒出爲懷州刺史琳素與張涉友善上在春宮涉嘗爲侍讀及嗣位多以政事詢訪於涉盛稱琳識度材略堪備大用因拜御史大夫平章事琳本麤材又年高有耳疾上每顧問對荅失次論奏不合時機居相位凡八十餘日除工部尚書罷知政事尋加迎皇太后副使朱泚之亂竄從至奉天轉吏部尚書遷太子少師尋

幸梁洋琳從至盩厔託以馬乏遲留上以琳舊老心敬重之慰諭頗至以御馬一疋給焉又懇辭以老疾不堪山阻登頓上悵然賜之所執策曰勉爲良圖與卿決矣後數日乃削髮爲僧止仙遊寺賊泚聞之遂令數十騎追至京城俾爲僞吏部尚書令源休被公服饋肉食琳雖辭讓而僧言求施琳掌賊中吏部選人前請曰所注某官不穩便琳謂之曰足下謂此選竟穩便乎及官軍收京師當處極刑時琳已七十餘李晟憫其衰老表請減死上以其累經重任頓虧臣節自受逆命頗聞譏誚悖慢之言背義負恩固不可捨命斬之臨刑歎曰喬琳以七月七日生亦以此日死豈非命歟

張涉者蒲州人家世儒者涉依國學爲諸生講說稍遷國子博士亦能爲文嘗請有司日試萬言時呼張萬言德宗在春宮授經于涉及即位之夕召涉入宮訪以庶政小大之事皆咨之翌日詔居翰林恩禮甚厚親重莫比自博士遷散騎常侍上方屬意宰輔惟賢是擇故求人於不次之地涉舉懷州刺史喬琳爲相上授之不疑天下聞之者皆愕然數月琳以不稱職罷上由是疎涉涉俄授前湖南都團練使辛京杲賕事發詔曰尊師之道禮有所加議故之法恩有所掩張涉賄賂交通頗駭時聽常所親重良深歎惜宜放歸田里

蔣鎮常州義興人尚書左丞冽之子也與兄鍊並以文學進天寶末舉賢良累授左拾遺司封員外郎轉諫議大夫戶部侍郎判度支韓滉上言河中鹽池生瑞鹽實土德之上瑞上以秋霖稍多水潦爲患不宜生瑞命鎮馳驛檢行之鎮奏與滉同仍上表賀請宣付史館并請置神祠錫其嘉號實應靈慶池時霖潦彌月壞居人廬舍非一鹽池爲潦水所入其味多苦韓滉慮鹽戶減稅詐奏雨不壞池池生瑞鹽鎮庇之飾詐識者醜之轉給事中工部侍郎以簡儉稱於時其妹壻源溥即休之弟也以姻嫾之故與休交好涇師之叛鎮潛竄夜至鄠縣西馬蹶墮溝澗中傷足不能進時兄鍊已與源休相率受賊僞官鎮僕人有逃歸投鍊云鎮病足在鄠鍊與源休聞之大喜遂言於賊泚泚素慕鎮清名即令騎二百求之鄠縣西明日擁鎮而至署

爲僞宰相既知不免每憂沮常懷刃將自裁多爲兄鍊所救而罷數日後復謀竄匿竟以性懦畏怯計終不果然源休與泚頻議欲逼脅潛藏衣冠大加殺戮鎮輒力爭救獲全者甚衆至是與兄鍊等並授僞職斬於東市西北街初鎮父冽叔渙當祿山思明之亂並授僞職然以家風修整爲士大夫所稱鎮兄弟亦以教義禮法爲己任而貪祿愛死節隳身戮爲天下笑

洪經綸建中初爲黜陟使至東都訪聞魏州田悅食糧兵凡七萬人經綸素昧時機先以符停其兵四萬人令歸農畝田悅僞順命即依符罷之而大集所罷兵士激怒之曰爾等在軍旅各有父母妻子既爲黜陟使所罷如何得衣食遂大哭悅乃盡出家財衣服厚給之各令還其部伍自此人堅叛心由是罷職及朱泚反僞授太常少卿

彭偃少負俊才銳於進取爲當塗者所抑形於言色大曆末爲都官員外郎時劒南東川觀察使李叔明上言以佛道二教無益于時請粗加澄汰其東川寺觀請定爲二等上等留僧二十一人上觀留道

士十四人降殺以七皆精選有道行者餘悉令返初蘭若道場無名者皆廢德宗曰叔明此奏可爲天下通制不唯劒南一道下尚書集議優獻議曰王者之政變人心爲上因人心次之不變不因循常守故者爲下故非有獨見之明不能行非常之事今陛下以惟新之政爲萬代法若不革舊風令歸正道者非也當今道士有名無實時俗鮮重亂政猶輕唯有僧尼頗爲穢雜自西方之教被于中國去聖日遠空門不行五濁比丘但行麤法爰自後漢至于陳隋僧之廢滅其亦數乎或至坑殺殆無遺餘前代帝王豈惡僧道之善如此之深耶蓋其亂人亦已甚矣且佛之立教清淨無爲若以色見即是邪法開示悟入唯有一門所以三乘之人比之外道況今出家者皆是無識下劣之流縱其戒行高潔在于王者已無用矣況是苟避征徭於殺盜婬穢無所不犯者乎今叔明之心甚善然臣恐其姦吏詆欺而去者未必非留者不必是無益於國不能息姦既不變人心亦不因人心強制力持難致遠耳臣聞天生烝人必將有職遊行浮食王制所

禁故有才者受爵祿不肖者出租征此古之常道也今天下僧道不耕而食不織而衣廣作危言險語以惑愚者一僧衣食歲計約三萬有餘五丁所出不能致此舉一僧以計天下其費可知陛下日旰憂勤將去人害此而不救奚其爲政臣伏請僧道未滿五十者每年輸絹四疋尼及女道士未滿五十者每年輸絹二疋其雜色役與百姓同有才智者令入仕請還俗爲平人者聽但令就役輸課爲僧何傷臣竊料其所出不下今之租賦三分之一然則陛下之國富矣蒼生之害除矣其年過五十者請皆免之夫子曰五十而知天命列子曰不斑白不知道人年五十嗜慾已衰縱不出家心已近道況戒律檢其情性哉臣以爲此令既行僧道規避還俗者固已太半其年老精修者必盡爲人師則道釋二教益重明矣議者是之上頗善其言大臣以二教行之已久列聖奉之不宜頓擾宜去其太甚其議不行優以才地當掌文誥以躁求爲時論所抑鬱鬱不得志涇師之亂從駕不及匿於田家爲賊所得朱泚素知之得優甚喜僞署中書舍人僭號辭令皆優爲之賊敗與僞中丞崔宣賊將杜如江吳希光等十三人李晟收之俱斬於安國寺前

史臣曰肇分陰陽爰有生死脩短二事賢愚一途故君子遇夷險之機不易其節小人昧逆順之道而陷於刑鴻毛泰山斯爲至論令言遠揔師徒首爲叛逆光晟初當委任危輸款誠源休雖曰士流甚於元惡喬琳巧辭眞主俯就僞官蔣鎮貪祿隳節皆曰小人經綸之徒不足言爾

贊曰時爭逆順命繫死生君子守節小人正刑

唐書列傳卷第七十七

唐書列傳卷第七十八

劉　昫

段秀實 子伯倫　顏眞卿 子頵碩

段秀實字成公隴州汧陽人也祖達左衛中郎父行琛洮州司馬
以秀實贈揚州大都督秀實性至孝六歲母疾水漿不入口七日
疾有間然後飲食及長沉厚有斷天寶四載安西節度馬靈詧署
爲別將從討護密有功授安西府別將七載高仙芝代靈詧舉兵
圍怛邏斯黑衣救至靈詧大衄軍士相失夜中聞都將李嗣業之聲
因大呼責之曰軍敗而求免非丈夫也嗣業甚慚遂與秀實收合
散卒復得成軍師還嗣業請于仙芝以秀實爲判官授斥候府果
毅十二載封常清代仙芝討大勃律師次賀薩勞城一戰而勝常
清逐之秀實進曰賊兵羸餌我也請備左右搜其山林遂殲其覆
改綏德府折衝肅宗即位於靈武徵安西兵節度使梁宰潛懷
異圖秀實謂嗣業曰豈有天子告急臣下晏然信浮妄之說豈明

公之意耶嗣業遂見宰請發兵從之乃出步騎五千令嗣業統赴
朔方以秀實爲援累有戰功而秀實父歿哀毀過禮嗣業既授節
制思秀實如失左右手表請起復爲義王友充節度判官安慶緒
奔鄴嗣業與諸軍圍之安西輜重委於河内乃奏秀實爲懷州長
史知軍州加節度留後諸軍進戰于愁思岡嗣業爲流矢所中卒
于軍衆推安西兵馬使荔非元禮代之秀實聞嗣業之喪乃遣先
鋒將白孝德書令發卒護嗣業喪送河内秀實率將吏哭待于境
傾私財以奉葬事元禮多其義奏試光祿少卿依前節度判官邙
山之敗軍徙翼城元禮爲麾下所殺將佐亦多遇害而秀實獨以
智全衆推白孝德爲節度使人心稍定又遷試光祿卿爲孝德判
官孝德改鎮邠寧奏秀實試太常卿支度營田二副使大軍西遷
所過掠奪又以邠寧乏食難於饋運乃請軍於奉天是時公廩亦
竭縣吏憂恐多逃匿羣行剽盜孝德不能禁秀實私曰使我爲軍
候當不如此軍司馬言之遂以秀實爲都虞候權知奉天行營事
號令嚴一軍府安泰代宗聞而嗟賞久之兵還于邠寧復爲都虞
候尋拜涇州刺史大曆元年馬璘奏加開府儀同三司軍中有能
引二十四弓而犯盜者璘欲免之秀實曰將有私愛則法令不一雖
韓白復生亦不能爲理璘善其議竟使殺之璘決事有不合理者
必固爭之得璘引過乃已璘城涇州秀實掌留後歸還加御史中
丞璘既奉詔徙鎮涇州其士衆嘗自四鎮北庭赴難中原僑居驟
移頗積勞怨刀斧將王童之因人心動搖導以爲亂或告其事且
曰候嚴警鼓爲約矣秀實乃召鼓人陽怒失節且戒之曰每更籌
盡必來報每白之輒延數刻四更畢而曙既差互童之亂不能作
明日告者復曰今夜將焚草場期救火者同作亂秀實使嚴加警
備夜半火發乃使令於軍中曰救火者斬童之居外營請入救火
不許明日斬之捕殺其黨凡十餘人以徇曰敢後徙者族於是遷涇
州既至其理所人煙斷絕兵無廩食朝廷憂之遂詔璘遙管鄭潁
二州以贍涇原軍俾秀實爲留後二州甚理璘忌其績用又奏行

軍司馬兼都知兵馬使八年吐蕃來寇戰于鹽倉我軍不利璘爲
虜所隔逮暮未還敗將潰兵爭道而入時都將焦令諶與諸將
四五輩狼狽而至秀實召讓之曰兵法失將麾下當斬公等忘其
死而欲安其家耶令諶等恐懼下拜數十秀實乃悉驅城中士卒
未出戰者使驍將統之東依古原列奇兵示賊將戰且以收合敗
亡蕃衆望之不敢逼及夜璘方獲歸十一年璘疾甚不能視事請
秀實攝節度副使兼左廂兵馬使秀實乃以十將張羽飛騎召
將分兵擐甲以備非常璘卒而軍中行哭赴喪事於内李漢惠接
賓客於外非其親不得居喪側族談偶立者捕而囚之都虞候史
廷幹裨將崔珍張景華謀作亂秀實乃送廷幹於京師徙珍及景
華外鎮軍中遂定不戮一人尋拜秀實涇州刺史兼御史大夫四
鎮北庭行軍涇原鄭潁節度使三四年間吐蕃不敢犯塞清約率
易遠近稱之非公會不聽樂飲酒私室無妓媵無贏財退公之後
端居靜慮而已德宗嗣位就加檢校禮部尚書張掖郡王建中元

年宰相楊炎欲行元載舊志築原州城開陵陽渠詔中使上聞仍
問秀實可否之狀秀實以爲方春不可興土功請俟農隙炎以其
沮己之謀遂除司農卿以邠寧節度李懷光兼涇原節度使以事
西拓無何劉文喜叛亦不果城四年朱泚盜據宮闕源休教泚僞
迎鑾駕陰濟逆志泚乃遣其將韓旻領馬步三千疾趨奉天時蒼
黃之中未有武備泚以秀實嘗爲涇原節度頗得士心後罷兵權
以爲蓄憤且久必肯同惡乃召與謀議秀實初詐從之陰說大將
劉海賓何明禮姚令言判官岐靈岳同謀殺泚以兵迎乘輿三人
者皆秀實夙所獎遇遂皆許諾及韓旻追駕秀實以爲宗社之危
期於頃刻乃使人走諭靈岳竊令言印不遂乃倒用司農印印符
以追兵旻至駱驛得符軍人亦莫辯其印文惶遽而迴秀實海賓
等曰旻之來吾黨無遺類矣我當直搏殺泚不得則死終不能向
此賊稱臣乃與海賓約事急爲繼而令明禮應於外明日泚召秀
實議事源休姚令言李忠臣李子平皆在坐秀實戎服與泚並膝

語至僭位秀實勃然而起執休腕奪其象笏奮躍而前唾泚面大
罵曰狂賊吾恨不斬汝萬段我豈逐汝反耶遂擊之泚舉臂自捍
纔中其額流血匍匐而走兇徒愕然初不敢動而海賓等不至秀
實乃曰我不同汝反何不殺我兇黨羣至遂遇害焉海賓明禮靈
岳相次被殺德宗在奉天聞其事惜其委用不至垂涕久之初秀
實見禁兵寡少不足以備非常乃上疏曰臣聞天子曰萬乘諸侯
曰千乘大夫曰百乘此蓋以大制小以十制一也尊君卑臣強幹弱
枝之義在於此矣今外有不庭之虜內有梗命之臣竊觀禁兵不
精其數全少卒有患難將何待之且猛虎所以百獸畏者爲爪牙
也若去其爪牙則犬彘馬牛悉能爲敵伏願少留聖慮冀稗萬一
及涇原兵作亂召神策六軍遂無一人至者秀實守節不二竟殁
於賊其明略義烈如此興元元年二月詔曰見危致命之謂忠臨義
有勇之謂烈惟爾克勵臣節不憚殺身惟予式嘉乃勳懋昭大典
曰台不德罔克若天遘茲愍凶變起都邑惟爾卿士嗷然靡依逼

畏所加幽淪共亂故開府儀同三司檢校禮部尚書兼司農卿上
柱國張掖郡王段秀實操行岳立忠厚精至義形於色勇必有仁
頃者嘗鎮涇原克著威惠叛卒知訓咨爾以誠賊泚藏姦欺爾以
詐守人臣之大節見元惡之深情端委國門挺身白刃誓碎兇渠
之首以敵君父之讎視死如歸履虎致啞噫天未悔禍事乖垂成
雄風壯圖振駭群盜昔王蠋守死以全節周顗正色而抗詞惟我
信臣無愧前哲聲恒宇宙義冠古今足以激勵人倫光昭史冊不
有殊等之賞孰表非常之功爰議疇庸特超檢限著之甲令樹此
風聲可贈太尉謚曰忠烈宜付史官仍賜實封五百戶莊宅各一區
長子與三品正員官諸子並與五品正員官仍廢朝三日收京城
之後以禮葬祭旌表門閭朕承天子人臨馭億兆一夫不獲時予之
辜況誠信不達屢致寇戎使抱義之臣陷于凶逆有臨危致命殁
而逾彰有因事成功權以合道苟利社稷存亡一致疇報之典豈
限常倫並委所司訪其事跡續具條奏當加褒異錫其井賦圖形

雲閣書功鼎彝以彰我有服節死義之臣傳于不朽德宗還京又
詔曰贈太尉秀實授平貞烈激其頹風蒼黃之中密蘊雄斷將紓
國難詭收寇兵撓其兇謀果集吾事挺身徑進奮擊渠魁英名
凜然振邁千古宜差官致祭并旌表門閭緣葬所須一切官給仍
於墓所官爲立碑以揚徽烈自貞元後累朝凡赦書節文褒獎忠
烈必以秀實爲首其子伯倫累官至太子詹事大和二年正月奏亡
父贈太尉秀實準前後制勅令所司置廟立碑今營造已畢取今
月二十五日行升祔禮詔曰秀實忠衛宗社功配廟食義風所激
千載凜然間代勳力須異等夷宜賜綾絹五百疋以度支物充仍
令所司供少牢幷給鹵簿人夫兼太常博士一人檢校壽加伯倫檢
校左散騎常侍兼殿中監大和四年十一月遷右金吾衛大將軍兼
御史大夫充街使八年七月檢校工部尚書充福建等州都團練觀
察使入爲太僕卿卒宰臣李石奏曰伯倫秀實之子自古殁身以
衛社稷者無如秀實之賢文宗憫然曰伯倫宜加贈賻仍輟朝一日

以禮忠臣之嗣

顏眞卿字淸臣琅琊臨沂人也五代祖之推北齊黃門侍郎眞卿少勤學業有詞藻尤工書開元中舉進士登甲科事親以孝聞四命爲監察御史充河西隴右軍試覆屯交兵使五原有寃獄久不決眞卿至立辯之天方旱獄決乃雨郡人呼之爲御史雨又充河東朔方試覆屯交兵使有鄭延祚者母卒二十九年殯僧舍垣地眞卿劾奏之兄弟三十年不齒天下聳動遷殿中侍御史東都畿採訪判官轉侍御史武部員外郎楊國忠怒其不附己出爲平原太守安祿山逆節頗著眞卿以霖雨爲託修城浚池陰料丁壯儲廩實乃陽會文士泛舟外池飲酒賦詩或讒於祿山祿山亦密偵之以爲書生不足虞也無幾祿山果反河朔盡陷獨平原城守具備乃使司兵參軍李平馳奏之玄宗初聞祿山之變歎曰河北二十四郡豈無一忠臣乎得平來大喜顧左右曰朕不識顏眞卿形狀何如所爲得如此祿山初尚務牒眞卿令以平原博平軍屯七千人防河津

以博平太守張獻直爲副眞卿乃募勇士旬日得萬人遣錄事參軍李擇交統之嚮閱以刁萬歲和琳徐浩馬相如高抗朗等爲將祿山旣陷洛陽殺留守李憕御史中丞盧弈判官蔣淸以三首遣段子光來徇河北眞卿恐搖人心乃詐謂諸將曰我識此三人首皆非也遂要斬子光密藏三首異日乃取三首冠飾草續支體棺斂祭殯爲位慟哭人心益附祿山遣其將李欽湊高邈何千年等守土門眞卿從父兄常山太守杲卿與長史袁履謙謀殺湊邈擒千年送京師土門旣開十七郡同日歸順共推眞卿爲帥得兵二十餘萬橫絕燕趙詔加眞卿戶部侍郎依前平原太守淸河客李萼年二十餘與郡人來乞師謂眞卿曰聞公義烈首唱大順河朔諸郡恃公爲長城今淸河實公之西鄰也僕幸寓家得其虛實知可爲長者用今計其畜積足以三平原之富士卒可以二平原之彊公因而撫之腹心輔車之郡其他小城運之如臂使指耳唯公所意誰敢不從眞卿借兵千人萼將去眞卿謂之曰兵出也吾子何以教我

萼曰今聞朝廷使程千里統衆十萬自太行東下將出崞口爲賊所扼兵不得前今若先伐魏郡斬袁知泰太守司馬垂使爲西南主分兵開崞口之路出千里之兵使討鄴幽陵平原淸河合同志十萬之衆徇洛陽分兵而制其衝計王師亦不下十萬公當堅壁無與挑戰不數十日賊必潰而相圖矣眞卿然之乃移牒淸河等郡遣其大將李擇交副將平原縣令范冬馥裨將和琳徐浩等進兵與淸河四千人合勢而博平以千人來三郡之師屯於博平去堂邑縣西南十里袁知泰遣其將白嗣深乙舒蒙等以二萬人來拒戰賊大敗斬首萬餘級肅宗幸靈武授工部尚書兼御史大夫河北採訪招討使祿山乘虛遣史思明尹子奇急攻河北諸郡饒陽河間景城樂安相次陷沒獨平原博平淸河三郡城守然人心危蹙不可復振至德元年十月弃郡渡河歷江淮荊襄二年四月朝於鳳翔授憲部尚書尋加御史大夫中書舍人兼吏部侍郎崔漪帶酒容入朝諫議大夫李何忌在班不肅眞卿劾之貶漪爲右庶子何忌西

平郡司馬元帥廣平王領朔方蕃漢兵號二十萬來收長安出辭之曰百寮致謁於朝堂百寮拜荅拜辭亦如之王當闕不乘馬步出木馬門而後乘管崇嗣爲王都虞候先王上馬眞卿進狀彈之肅宗曰朕兒子每出一一教誡之故不敢失禮崇嗣老將有足疾姑欲優容之卿勿復言乃以奏狀還眞卿雖天子蒙塵典法不廢洎鑾輿將復宮闕遣左司郎中李巽先行陳告宗廟之禮有司署祝文稱嗣皇帝眞卿謂禮儀使崔器曰上皇在蜀可乎器遽奏改之中言宣勞以爲名儒深達禮體時太廟爲賊所毀眞卿奏曰春秋時新宮災魯成公三日哭今太廟旣爲盜毀請築壇於野皇帝東向哭然後遣使竟不能從軍國之事知無不言爲宰相所忌出爲同州刺史轉蒲州刺史爲御史唐旻所構貶饒州刺史旋拜昇州刺史浙江西道節度使徵爲刑部尚書李輔國矯詔遷玄宗居西宮眞卿乃首率百寮上表請問起居輔國惡之奏貶蓬州長史代宗嗣位拜利州刺史遷戶部侍郎除荊南節度使未行而罷除

尚書左丞車駕自陝將還眞卿請皇帝先謁五陵九廟而後還宮宰相元載謂眞卿曰公所見雖美其如不合事宜何眞卿怒前曰用捨在相公耳言者何罪然朝廷之事豈堪相公再破除耶載深銜之旋改檢校刑部尚書知省事累進封魯郡公時元載引用私黨懼朝臣論奏其短乃請百官凡欲論事皆先白長官長官白宰相然後上聞眞卿上疏曰御史中丞李進等傳宰相語稱奉進止緣諸司官奏事頗多朕不憚省覽但所奏多挾讒毀自今論事者諸司官皆須先白長官長官白宰相宰相定可否然後奏聞者臣自聞此語已來朝野囂然人心亦多衰退何則諸司長官皆達官也言皆專達於天子也郎官御史者陛下腹心耳目之臣也故其出使天下事無巨細得失皆令訪察迴日奏聞所以明四目達四聰也今陛下欲自屏耳目使不聰明則天下何述焉詩云營營青蠅止于棘讒言罔極交亂四國以其能變白爲黑變黑爲白也詩人深惡之故曰取彼讒人投畀豺虎豺虎不食投畀有北則夏之伯明楚之無極漢之江充皆讒人也孰不惡之陛下惡之深得君人之體矣陛下何不深迴聽察其言虛誣者則讒人也因誅殛之其言不虛者則正人也因獎勵之陛下捨此不爲使衆人皆謂陛下不能明察倦於聽覽以此爲辭拒其諫諍臣竊爲陛下痛惜之臣聞太宗勤於聽覽庶政以理故著司門式云其有無門籍人有急奏者皆令監門司與仗家引奏不許關礙所以防壅蔽也并置立杖馬二疋須有乘騎便往所以平治天下正用此道也天寶已後李林甫威權日盛羣臣不先諮宰相輒奏事者仍託以他故中傷猶不敢明約百司令先白宰相又閹官袁思藝日宣詔至中書玄宗動靜必告林甫先意奏請玄宗驚喜若神以此權柄恩寵日甚道路以目上意不下宣下情不上達所以漸致潼關之禍皆權臣誤主不遵太宗之法故也陵夷至于今日天下之敝盡萃于聖躬豈陛下招致之乎蓋其所從來者漸矣自艱難之初百姓尚未凋弊太平之理立可便致屬李輔國用權宰相專政遞相姑息莫肯直

言大開三司不安反側逆賊散落將士北走党項合集士賊至今爲患僞將更相驚恐因思明危懼扇動却反又今相州敗散東都陷沒先帝由此憂勤至於損壽臣每思之痛切心骨今天下兵戈未戢瘡痏未平陛下豈得不日聞讜言以廣視聽而欲頓隔忠讜之路乎臣竊聞陛下在陝州時奏事者不限貴賤務廣聞見乃堯舜之事也凡百臣庶以爲太宗之理可翹足而待也臣又聞君子難進易退由此言之朝廷開不諱之路猶恐不言況懷默息今宰相宣進止使御史臺作條目不令直進從此人人不敢奏事則陛下聞見只在三數人耳天下之士方鉗口結舌陛下後見無人奏事必謂朝廷無事可論豈知懼不敢進即林甫國忠復起矣凡百臣庶以爲危殆之期又翹足而至也如今日之事曠古未有雖李林甫楊國忠猶不敢公然如此今陛下不早覺悟漸成孤立後縱悔之無及矣臣實知忤大臣者罪在不測不忍孤負陛下無任懇迫之至其激切如此於是中人爭寫內本布於外後攝祭太廟以祭器不修言於朝載坐以誹謗貶硤州別駕撫州湖州刺史元載伏誅拜刑部尚書代宗崩爲禮儀使又以高祖已下七聖謚號繁多乃上議請取初謚爲定旹袁傪以謟言排之遂罷楊炎爲相惡之改太子少傅禮儀使如舊外示崇寵實去其權也盧杞專權忌之改太子太師罷禮儀使諭於眞卿曰方面之任何處爲便眞卿候杞於中書曰眞卿以褊性爲小人所憎竄逐非一今已羸老幸相公庇之相公先中丞傳首至平原面上血眞卿不敢衣拭以舌舐之相公忍不相容乎杞矍然而拜而含怒心會李希烈陷汝州杞乃奏曰顏眞卿四方所信使諭之可不勞師旅上從之朝廷失色李勉聞之以爲失一元老貽朝廷羞乃密表請留又遣逆於路不及初見希烈欲宣詔旨希烈養子千餘人露刃爭前迫眞卿將食其肉諸將叢逼慢罵舉刃以擬之眞卿不動希烈遽以身蔽之而麾其衆衆退乃揖眞卿就館舍因逼爲章表令雪已願罷兵馬累遣眞卿兄子峴與從吏凡數輩繼來京師上皆不報每與諸子書令嚴奉家

廟出諸袴而已希烈大宴逆黨召真卿坐使倡優斥黷朝政爲戲
真卿怒曰相公人臣也奈何使此曹如是乎拂衣而起希烈慙亦呵
止時朱滔王武俊田悅李納使在坐目真卿謂希烈曰聞太師名
德久矣相公欲建大號而太師至非天命正位欲求宰相孰先太
師乎真卿正色叱之曰是何宰相耶君等聞顔杲卿無是吾兄也
禄山反首舉義兵及被害詬罵不絶於口吾今年向八十官至太
師守吾兄之節死而後已豈受汝輩誘脅耶諸賊不敢復出口希
烈乃拘真卿令甲士十人守掘方丈坎於庭曰坑顔真卿怡然不介
意後張伯儀敗績於安州希烈令齎伯儀旌節首級誇示真卿真卿慟
哭投地後其大將周曾等謀襲汝州因迴兵殺希烈奉真卿爲節
度事洩希烈殺曾等遂送真卿於龍興寺真卿度必死乃作遺表
自爲墓誌祭文常指寢室西壁下云吾殯所也希烈既陷汴州僭
僞號使人問儀於真卿真卿曰老夫耄矣曾掌國禮所記者諸侯
朝覲禮耳興元元年王師復振逆賊慮變起蔡州乃遣其將辛景

臻安華至真卿所積柴庭中沃之以油且傳逆詞曰不能屈節當
自燒真卿乃投身赴火景臻等遽止之復告希烈德宗復宮闕希
烈弟希倩在朱泚黨中例伏誅希烈聞之怒興元元年八月三日
乃使閹奴與景臻等殺真卿先曰有勑真卿拜奴曰宜賜卿死真
卿曰老臣無狀罪當死然不知使人何日從長安來奴曰從大梁來
真卿罵曰乃逆賊耳何勑耶遂縊殺之年七十七及淮泗平貞元元
年陳仙奇使護送真卿喪歸京師德宗痛悼異常廢朝五日謚曰
文忠復下詔曰君臣之義生録其功殁厚其禮况才優匡國忠至
滅身朕自興歎勞於寤寐故光禄大夫守太子太師上柱國魯郡
公顔真卿器質天資公忠傑出出入四朝堅貞一志屬賊臣擾亂
委以存諭拘脅累歲死而不撓稽其盛節寔謂猶生朕致貽斯禍
慙悼靡及式崇嘉命兼延爾嗣可贈司徒仍賜布帛五百端男頵
碩等喪制終所司奏超授官秩貞元六年十一月南郊赦書節文授
真卿一子五品正員官故頵得録用文宗詔曰朕每覽國史見忠
列之臣未嘗不嗟歎久之思有以報如聞從覽弘式實真卿之
孫永惟九原既不可作旌其嗣續諒協典彝考績已深於官途者
命列於中臺官次未齒於搢紳者俾佐於左輔庶使天下再新義
風以真卿曾孫弘式爲同州參軍

史臣曰每思先哲彰免胄子路結纓雖云其忠未聞於道如成公孝
於家能於軍忠於國是武之英也苟無楊炎弄權若任之爲將遂
展其才豈有朱泚之禍焉如清臣富於學守其正全其節是文之
傑也苟無盧杞惡直若任之爲相遂行其道豈有希烈之叛焉夫
國得賢則安失賢則危德宗内信姦邪外斥良善幾致危亡宜哉
噫仁以爲己任不亦重乎死而後已不亦遠乎二君守道殁身爲
時垂訓希代之士也光文武之道焉

贊曰自古皆死得正爲難二公云亡萬代垂訓

唐書列傳卷第七十八

右文林郎充浙東路提舉茶鹽司幹辦公事崔文卿校勘

劉昫等修

韓滉 子臯 弟洄　張延賞 子弘靖 子文規 次宗

韓滉字太冲太子少師休之子也少貞介好學以蔭解褐左威衛騎曹參軍出爲同官主簿至德初青齊節度鄧景山辟爲判官授監察御史兼北海郡司馬以道路阻絕因避地山南採訪使李承昭奏充判官授通州長史彭王府諮議參軍鄧景山移鎮淮南又表爲賓佐未行除殿中侍御史追赴京師先是滉兄法知制誥草王璵拜官之詞不加虛美璵頗銜之及其秉政諸使奏滉兄弟者必以冗官授之璵免相羣議稱其屈累遷至祠部考功吏部三員外郎滉公潔強直明於吏道判南曹凡五年詳究簿書無遺纖隱大曆中改吏部郎中給事中時盜殺富平令韋當縣吏捕獲賊黨而名隸北軍監軍魚朝恩以有武材請詔原其罪滉密疏駁奏賊遂伏辜遷尚書右丞五年知兵部選六年改戶部侍郎判度支自

○至德乾元已後所在軍興賦稅無度帑藏給納多務因循滉旣常司計清勤檢轄不容姦妄下吏及四方行綱過犯者必痛繩之又屬大曆五年已後蕃戎罕侵連歲豐稔故滉能儲積穀帛帑藏稍實然苛剋頗甚覆治案牘勾剝深文人多咨怨大曆十二年秋霖雨害稼京兆尹黎幹奏畿縣損田滉執云幹奏不實乃命御史巡覆迴奏諸縣凡損三萬一千一百九十五頃時渭南令劉藻曲附滉言所部無損戶部分巡御史趙計復檢行奏與藻合代宗覽奏以爲水旱咸均不宜渭南獨免申命御史朱敖再檢渭南損田三千餘頃上謂敖曰縣令職在字人不損猶宜稱損損而不問豈有恤隱之意耶卿之此行可謂稱職下有司訊鞫藻計皆伏罪藻貶萬州南浦員外尉計貶豐州員外司戶滉弄權樹黨皆此類也俄改太常卿議未息又出爲晉州刺史數月拜蘇州刺史浙江東西都團練觀察使尋加檢校禮部尚書兼御史大夫潤州刺史鎮海軍節度使滉旣移鎮安輯百姓均其租稅未及踰年境內稱理及建中年冬涇師之亂德宗出幸河汴騷然滉訓練士卒鍛礪戈甲稱爲精勁李希烈旣陷汴州滉乃擇其銳卒令裨將李長榮王栖曜與宣武軍節度劉玄佐掎角討襲解寧陵之圍復宋汴之路滉功居多然自關中多難滉即於所部閉關梁築石頭五城自京口至玉山禁馬牛出境造樓船戰艦三十餘艘以舟師五千人由海門揚威武至申浦而還毀撤上元縣佛寺道觀四十餘所修塢起建業抵京峴樓雉相屬以佛殿材於石頭城繕置館第數十時滉以國家多難恐有永嘉渡江之事以爲備預以迎鑾駕亦申儆自守也城中穿深井十丈近百所下與江平俾偏將丘涔督其役涔酷虐士卒日役千人朝令夕辦去城數十里內先賢丘墓多令毀廢明年正月追李長榮等戍鄜還以其所親吏盧復爲宣州刺史採石軍使增營壘教習長兵以佛寺銅鐘鑄弩牙兵器陳少遊時鎮揚州以甲士三千人臨江大閱滉亦以兵三千人臨金山與少遊相應樓船於江中以金銀繒綵互相聘賚而自德宗出居及歸京師

○軍用旣繁道路又阻關中飢饉加之以災蝗江南兩浙轉輸粟帛府無虛月朝廷賴焉興元元年就加檢校吏部尚書數月又加檢校右僕射貞元元年七月拜檢校左僕射同平章事使並如故二年春特封晉國公其年十一月來朝京師時右丞元琇判度支以關輔旱儉請運江淮租米以給京師上以滉浙江東節度素著威名加江淮轉運使欲令專督運務琇以滉性剛愎難與集事乃條奏滉督運江南米至揚子凡一十八里揚子南北皆元琇主之滉深怒於琇琇以京師錢重貨輕切疾之乃於江東監院收穫見錢四十餘萬貫令轉送入關滉不許乃誣奏云運千錢至京師費錢至萬於國有害請罷之上以問琇琇奏曰一千之重約與一斗米均自江南水路至京一千之所運費三百耳豈至萬乎上然之遣中使齎手詔令運錢滉堅執以爲不可其年十二月加滉度支諸道轉運鹽鐵等使遂逞宿怒累誣奏琇貶雷州司戶其責旣重舉朝以爲非罪多竊議者尚書左丞董晉謂宰臣劉滋齊映曰元左丞忽

有朕責未知罪名用刑一濫誰不危懼假有權臣騁志相公何不
奏請三司詳斷之去年關輔用兵時方蝗旱琇總國計夙夜憂勤
以贍給師旅不增一賦軍國皆濟斯可謂之勞臣也今見播逐恐
失人心人心一搖則有聞鷄起舞者矣竊謂相公痛惜之滋映但
引過而已給事袁高又抗疏申理之滉誣以朋黨寢而不行時兩
河罷兵中土寧乂滉上言吐蕃盜有河湟爲日已久大曆已前中
國多難所以肆其侵軼臣聞其近歲已來兵衆寖弱西迫大食之
強北病迴紇之衆東有南詔之防計其分鎮之外戰兵在河隴五
六萬而已國家第令三數良將長驅十萬衆於涼鄯洮渭並修堅
城各置二萬人足當守禦之要臣請以當道所貯蓄財賦爲饋運
之資以充三年之費然後營田積粟且耕且戰收復河隴二十餘
州可翹足而待也上甚納其言滉之入朝也路由汴州厚結劉玄
佐將薦其可任邊事玄佐納其賂因許之及來覲上訪問焉初頗
禀命及滉以疾歸第玄佐意怠遂辭邊任盛陳犬戎未衰不可

輕進滉貞元三年二月以疾薨遂寢其事年六十五上震悼久之廢
朝三日贈太傅賻布帛米粟有差滉宰相子幼有美名其所結交
皆時之儁彥非公直者不與之親密性持節儉志在奉公衣裘茵
衽十年一易居處陋薄纔蔽風雨弟洄常於里宅增修廊宇滉自
江南至即命撤去之曰先公容焉吾輩奉之常恐失墜所有摧圮
葺之則已豈敢改作以傷儉德自居重位愈清儉嫉惡彌縫闕漏
知無不爲家人資產未嘗在意入仕之初以至卿相凡四十年相繼
乘馬五疋皆及敝帷尤工書兼善丹青以繪事非急務自晦其能
未嘗傳之好易象及春秋著春秋通例及天事序議各一卷然以
前輩早達稍薄後進晚歲至京師丞郎卿佐接之頗倨衆不能平
其在浙右也政令明察末年傷於嚴急巡內婺州傍縣有犯其令
者誅及鄰伍死者數十百人又俾推覆官分察境內情涉疑似必
實極法誅殺殘忍一判即勦數十人且無虛日雖令行禁止而冤
濫相尋議者以滉統制一方頗著勤績自幼立名貞廉晚途政甚

苛慘身未達則飾情以進得其志則本質遂彰子群皐群官至考
功員外郎皐字仲文夙負令名而器質重厚有大臣之度由雲陽
尉擢賢良科拜右拾遺轉左補闕累遷起居郎考功員外郎丁
父艱德宗遣中人就第慰問仍宣令論譔滉之事業皐號泣承命
立草數千言德宗嘉之及免喪執政者擬考功郎中御筆加知制
誥遷中書舍人御史中丞尚書右丞兵部侍郎皆稱職改京兆尹
奏鄭鋒爲倉曹專掌錢穀鋒苛刻剝下爲事人皆咨怨又勸皐搜
索府中雜錢折糴百姓粟麥等三十萬石進奉以圖恩寵皐納其
計尋奏鋒爲興平縣令及貞元十四年春夏大旱粟麥枯槁畿內
百姓累經皐陳訴以府中倉庫虛竭憂迫惶惑不敢實奏會唐
安公主女出適右庶子李愬內官中使於愬家往來百姓遮道投狀
內官繼以事上聞德宗下詔曰京邑爲四方之則長吏受親人之寄
實繫邦本以分朕憂苟非其才是紊於理正議大夫守京兆尹賜
紫金魚袋韓皐比踐清貫頗聞謹恪委之尹正冀效公忠乃者邦

畿之間粟麥不稔朕念茲黎庶方議蠲除自宜悉心以副勤恤皐
奏報失實處理無方致令閭井不安囂然上訴及今覆視皆涉虛
詞壅蔽頗深罔惑斯甚宜加懲誡以勗守官可撫州司馬員外置
同正員馳驛發遣鋒亦尋出爲汀州司馬皐無幾移杭州刺史復
拜尚書右丞皐待前輩頗以簡倨自處順宗時王叔文黨盛皐嫉
之謂人曰吾不能事新貴皐從弟曄幸於叔文以告之因出爲鄂
州刺史岳鄂蘄沔等州觀察使入爲東都留守元和八年六月加
檢校吏部尚書兼許州刺史充忠武軍節度等使以陳許二州水
潦之後賜皐綾絹布等十萬端疋以助軍資賞所理以簡儉
稱入爲吏部尚書兼太子少傅判太常卿事元和十一年三月皇
太后王氏崩以皐充大明宮使十五年閏正月充憲宗山陵禮儀
使三月穆宗以師保之舊加檢校右僕射十二月以銓司考科目人
失實與刑部侍郎知選事李建罰一月俸料長慶元年正月正拜
尚書右僕射二年四月轉左僕射赴尚書省上事命中使宣賜酒

餞及宰臣百寮送上皆如近式其年十月以本官東都留守行及戲源
驛暴卒年七十九贈太子太保太和元年謚曰貞皐生知音律嘗
觀彈琴至止息歎曰妙哉嵇生之為是曲也其當晉魏之際乎其
音主商商為秋聲秋也者天將搖落肅殺其歲之晏乎又晉乘金
運商金聲此所以知魏之季而晉將代也慢其商絃與宮同音是
臣奪君之義也所以知司馬氏之將簒也司馬懿受魏明帝顧託
後嗣返有簒奪之心自誅曹爽逆節彌露王陵都督揚州謀立荊
王彪毋丘儉文欽諸葛誕前後相繼為揚州都督咸有匡復魏室
之謀皆為懿父子所殺叔夜以揚州故廣陵之地彼四人者皆魏
室文武大臣咸敗散於廣陵始也止息者晉雖暴興終止息於此
也其哀憤躁蹙憯痛迫脅之音盡在於是矣永嘉之亂其應乎叔
夜撰此將貽後代之知音者且避晉魏之禍所以託之神鬼也
洄以蔭緒受任劉晏判鹽鐵度支辟為屬吏累官至諫議大夫知
制誥與元載善載誅以累貶邵州司戶同正員建中元年二月復

○ 四十 【唐傳七十九】 五 陳迴

諫議大夫先以劉晏兼領度支晏既罷黜令天下錢穀各歸尚書
省本司廢職罷事久無綱紀徒收其名而莫綜其任國用出入未
有所統故轉洄戶部侍郎判度支洄上言江淮錢監歲鑄錢四五
千貫輸于京師度工用轉送之費每貫計錢二千是本倍利也今
商州有紅崖冶出銅益多又有洛源監久廢不理請增工鑿山以
取銅興洛源故監置十鑪鑄之歲計出錢七萬二千貫度工用轉
送之費貫計錢九百則利浮本矣其江淮七監請皆罷之復以天
下銅鐵之冶是曰山澤之利當歸於王者非諸侯方岳所有今諸道
節度都團練使皆占之非宜也請總隸鹽鐵使皆從之洄與楊炎善
炎得罪常不自安無何兄子皐抗疏理炎罪德宗意洄令為之尋貶
蜀州刺史興元元年三月入為兵部侍郎六月為京兆尹七月加御
史大夫貞元二年正月刑部侍郎劉太真黨於宰相盧杞得罪以洄
代太真為刑部侍郎尋復兵部侍郎貞元七年十一月為國子祭酒
張延賞中書令嘉貞之子幼孤本名寶符開元末玄宗召見賜名延
賞取賞延於世之義特授左司禦率府兵曹參軍博涉經史達於
政事侍中韓國公苗晉卿見而奇之以女妻焉肅宗在鳳翔擢拜
監察御史賜緋魚袋轉殿中侍御史關內節度使王思禮請為從
事思禮領河東又為太原少尹兼行軍司馬北都副留守代宗幸
陝除給事中轉御史中丞中書舍人大曆二年拜河南尹充諸道
營田副使河洛久當兵衝閭井丘墟延賞勤身率下政尚簡約疏
導河渠修築宮廟數年間流庸歸附邦畿復完詔書褒美焉時
罷河南西山山南副元帥以其兵鎮東都延賞權知東都留守以
領之理行第一入朝拜御史大夫初上封人李少良潛以元載陰事
聞載黨知之奏少良狂妄下御史臺訊鞫欲有所屬延賞不承其
意尋出為揚州刺史淮南節度觀察等使屬歲旱歉人有亡去他
境者吏或拘之延賞曰夫食人之所恃而生也此居而坐斃適彼而
可生得存吾人又何恨於彼也乃具舟楫而遣之俾吏修其廬室已
其逋債而歸者增於其舊遷江之瓜洲舟航湊會而懸屬江南延

○ 四十 【唐傳七十九】 六 陳迴

賞奏請以江為界人甚為便尋以母憂去職終制授檢校禮部尚
書江陵尹兼御史大夫荊南節度觀察使數年改檢校兵部尚書
成都尹劍南西川節度觀察使依前兼御史大夫尋就加吏部尚
書建中四年十一月部將西山兵馬使張朏以兵入成都為亂延
賞奔漢州鹿頭戍將叱干遂等討之其月斬朏及同惡者復歸成
都先是兵革屢擾自天寶末楊國忠用事南蠻三蜀疲弊屬車
駕巡幸其後郭英乂淫崔寧之室遂縱崔寧楊琳交亂及崔寧得
志復極侈靡故蜀土殘弊蕩然無制度延賞薄賦約事動遵法度
僅至庶富焉建中末駕在山南延賞貢奉供億頗竭忠力焉駕在
梁州倚劍南蜀川為根本貞元元年以宰相劉從一有疾詔徵延
賞為中書侍郎同中書門下平章事與鳳翔節度使李晟不協晟
表論延賞過惡德宗重違晟意延賞至興元改授左僕射初大曆
末吐蕃寇劍南李晟領神策軍戍之及旋師以成都官妓高氏歸
延賞聞而大怒即使將吏令追還焉晟頗銜之形于詞色三年正

月晟入朝詔晟與延賞釋憾德宗注意於延賞將用之會浙西觀察使韓滉來朝嘗有德於晟因會讌説晟使釋憾遂同飲極歡且請晟表薦爲相晟然之於是復加同中書門下平章事及延賞當國用事晟請一子娉其女固情好焉延賞拒而不許晟謂人曰武人性快若釋舊惡於盃酒之間終歡可解文士難犯雖修睦於外而蓄怒于内今不許婚釁未忘也得無懼焉無幾延賞果謀罷晟兵權初吐蕃尚結賛興兵入隴州抵鳳翔無所虜掠且曰召我來何不持牛酒勞軍徐乃引去持是以間晟晟令牙將王佖選鋭兵三千設伏汧陽大敗吐蕃結賛僅免自是數遣使乞和晟朝於京師奏曰戎狄無信不可許宰相韓滉又扶晟議請調軍食以繼之上意將帥生事邀功會滉卒延賞揣上意遂行其志奏令給事中鄭雲逵代之上不許且曰晟有社稷之功令自擧代己者於是始用邢君牙焉拜晟太尉兼中書令奉朝請而已是年五月吐蕃果背約以劫渾瑊及册晟太尉故事臨軒册拜三公中書令讀册侍中

奉禮如闕即以宰相攝之延賞欲輕其禮始令兵部尚書崔漢衡攝中書令讀册時議非之延賞奏議請省官貟曰爲政之本必先命官舊制官貟繁而且費州縣殘破職此之由臣在荆南劒南所管州縣闕官貟者少不下十數年吏部未嘗補授但令一官假攝公事亦理以此言之貟可減無疑也請減官貟收其禄俸資幕職戰士俾劉玄佐復河湟軍用不乏矣上然之初韓滉入朝至汴州厚結劉玄佐將薦其可委邊任玄佐亦欲自効初稟命及滉卒玄佐以疾辭上遣中官勞問臥以受命延賞知不可用奏用李抱眞抱眞亦辭不行時抱眞判官陳曇奏事京師延賞俾曇勸抱眞竟拒絶之蓋以延賞挾怨罷李晟兵柄由是武臣不附自建議減貟之後物議不平延賞懼量留其官下詔曰諸州府停減及所留官並合釐務其中有先考滿及充職掌遇停減或恐公務有闕宜委長吏於合停官中取考淺人清白幹擧者留塡闕官差攝訖聞奏但取才堪不限資序如當州官少任以鄰州官充其州縣諸色郎

送準舊例以當州官及本土寄客有才貟産幹了者差遣及減貟人衆道路怨歎曰聞於上侍中馬燧奏減貟太甚恐不可行太子少保韋倫及常參官等各抗疏以減貟招怨並請復之浙西觀察使白志貞亦以疏論時延賞疾甚在私第李泌初爲相採於羣情由是官貟悉復貞元三年七月薨年六十一廢朝三日贈太保賻禮加等謚曰成肅子弘靖字元理雅厚信直少以門蔭授河南府參軍調補藍田尉東都留守杜亞辟爲從事奏改監察御史裏行轉殿中侍御史内供奉留守將令狐運逐賊出郊其日有劫轉運絹於道者亞以運豪家子意其爲之乃令判官穆貟及弘靖同鞫其事貟與弘靖皆以運職在牙門必不爲盜堅請不按亞不聽遂以獄聞仍斥貟及弘靖出幕府有詔令三司使雜治之後果於河南界得賊無何德陽公主下嫁治第將侵弘靖家廟弘靖拜表陳情具述祖考之德德宗慰撫之不令毀廟又獻賦美二京之制德宗嘉其文擢授監察御史轉殿中侍御史禮部貟外郎遷兵部郎中知

制誥中書舍人知東都選事拜工部侍郎轉戸部侍郎陜州觀察河中節度使拜刑部尚書同中書門下平章事吳少陽死其子元濟擅主留務憲宗怒欲下詔誅之弘靖請先命弔贈使待其不恭然後加兵憲宗從其議尋加中書侍郎平章事盜殺宰相武元衡京師索賊未得時王承宗邸中有鎭卒張晏輩數人行止無狀人多意之詔録付御史臺御史陳中師按之皆附致其罪如京中所説弘靖疑其不直驟於上前言之憲宗不聽竟殺張晏輩及田弘正入鄆按簿書亦有殺元衡者但事曖昧互有所説卒未得其實又殺張晏後憲宗欲遂伐承宗弘靖以爲戎事並興鮮有濟者不若併攻元濟待淮西平然後悉師河朔憲宗業已北討不爲之止然亦重違其言弘靖知終不聽用遂自陳乞罷政事俄檢校吏部尚書同中書門下平章事充太原節度使行未及鎭果下詔誅承宗弘靖以驟諫不行宜用自効大閱軍實請躬討承宗詔許出軍不許自往俄而魏博澤潞悉爲承宗所敗有詔貰其前言弘靖即

開道發使黎愬諭承宗承宗因亦款附旋徵拜吏部尚書遷檢校右
僕射宣武軍節度使時韓弘入覲之後也弘靖用政寬緩代弘之
理俄以劉總累表歸闕且請弘靖代己制加檢校司空平章事充
幽州盧龍等軍節度使弘靖之入幽州也薊人無老幼男女皆夾
道而觀焉河朔軍帥冒寒暑者多與士卒同無張蓋安輿之別弘靖
久富貴又不知風土入燕之時肩輿於三軍之中薊人頗駭之弘靖
以祿山思明之亂始自幽州欲於事初盡革其俗乃發祿山墓毀
其棺柩人尤失望從事有韋雍張宗厚數輩復輕肆嗜酒常夜飲
醉歸燭火滿街前後呵叱薊人所不習之事又雍等詬責吏卒多以
反虜名之謂軍士曰今天下無事汝輩挽得兩石力弓不如識一丁
字軍中以意氣自負深恨之劉總歸朝以錢一百萬貫賜軍士弘
靖留二十萬貫充軍府雜用薊人不勝其憤遂相率以叛囚弘靖
於薊門館執韋雍張宗厚輩數人皆殺之續有張徹者自遠使迴
軍人以其無過不欲加害將引置館中徹不知其心遂索弘靖所

在大罵軍人亦為亂兵所殺明日吏卒稍稍自悔悉詣館請弘靖
為帥願改心事之凡三請弘靖卒不對軍人乃相謂曰相公無言
是不捨吾曹必矣軍中豈可一日無帥遂取朱洄為兵馬留後朝
廷既除洄子克融為幽州節度使乃貶弘靖為撫州刺史未幾遷
太子賓客少保少師長慶四年六月卒年六十五元和初王承宗阻
兵劉總父濟備陳征討之術請身先之及出軍累拔城邑總既繼
父願述先志且欲盡更河朔舊風長慶初累表求入朝兼請分割
所理之地然後歸朝其意欲以幽涿營州一道請弘靖理之瀛州
為一道盧士玫理之平薊媯檀為一道請薛平理之仍籍軍中宿
將盡薦於闕下因望朝廷昇獎使幽薊之人皆有希美爵祿之意
及疏上穆宗且欲速得范陽宰臣崔植杜元穎又不為遠大經略
但欲重弘靖所授而省其使局唯瀛莫兩州許置觀察使其他郡
縣悉命弘靖統之時總所薦將校俱在京師旅舍中久而不問朱克融
輩僅至假衣丐食日詣中書求官不勝其困及除弘靖命悉還本
軍克融輩雖得復歸皆深懷觖望其後因為叛亂初總以平薊媯
檀請薛平於分列衣之中尤為上策而朝廷不能行之竟致後患人
到于今惜之子文規景初嗣慶文宗文規歷拾遺補闕吏部員外
郎開成三年十一月右丞韋溫彈劾文規長慶中父弘靖陷在幽
州文規徘徊京師不尋赴難不宜塵忝南宮乃出為安州刺史累
遷右散騎常侍兼御史中丞桂管都防禦觀察使景初歷職使
府官止殿中侍御史嗣慶位終河南少尹文宗最有文學稽古履
行開成中為起居舍人文宗復故事每入閤左右史執筆立于螭
頭之下宰相奏事得以備錄宰臣既退上召左右史更質證所奏
是非故開成政事詳於史氏文宗尤稱奉職改禮部員外郎以兄
文規為韋溫不放入省出官次宗堅辭省秩改國子博士兼史館
修撰出為舒州刺史卒文規子彥遠大中初由左補闕為尚書祠
部員外郎景初子天保嗣慶子彥修次宗子曼容延賞東都舊地
在思順里亭館之麗甲於都城子孫五代無所加工時號三相張

氏云

史臣曰君民足則國富將相和則國安反是道焉非得仁者滉殺
元琇奏瑞鹽運之能非貞純之士刻下罔上以為己功幸逢
多事之朝例在姑息之地幸而獲免餘無可稱延賞以私害公罷
李晟兵柄使武臣不陳其力矣惡直醜正擠柳渾相位致賢者不
進其才矣象恭偽功皆四凶之跡也雖以蔭繼世以才進身蹈非
道者實小人哉延賞歷典名藩皆稱善政及登大位乃彰飾情皐
迭處大寮徒稱舊德弘靖輕傲泉遵事欺滅軍資洄附元載楊炎繼
及累貶俱非守正中立者也書云世祿之家鮮克由禮不其是歟

贊曰韓滉刻下延賞害公皐洄繼世弘靖興戎

唐書列傳卷第七十九

左從政郎紹興府錄事參軍徐 俊卿 校勘

劉　昫　等修

王璵　道士李國禎　梁鎮奏疏附　李泌　子繁　顧況附
崔造　關播　李元平附

王璵少習禮學博求祠祭儀注以干時開元末玄宗方尊道術靡神不宗璵抗疏引古今祀典請置春壇祀青帝於國東郊玄宗甚然之因遷太常博士侍御史充祠祭使璵專以祀事希倖每行祠禱或焚紙錢禱祈福祐近於巫覡由是過承恩遇肅宗即位累遷太常卿以祠禱每多錫賚乾元三年七月兼蒲州刺史充蒲同絳等州節度使中書令崔圓罷相乃以璵爲中書侍郎同中書門下平章事人物時望素不爲衆所稱及當樞務聲問頓減璵又奏置太一神壇於南郊之東請上躬行祀事肅宗嘗不豫太卜云祟在山川璵乃遣女巫分行天下祈祭名山大川巫皆盛服乘傳而行上令中使監之因緣爲姦所至干託長吏以邀賂遺一巫盛年而美以惡少年數十自隨尤爲蠹弊與其徒宿於黃州傳舍刺史左震晨至驛門扃鐍不可啓震破鎖而入曳女巫階下斬之所從惡少年皆斃閱其贓賂數十萬震籍以上聞仍請贓錢代貧民租稅其中使發遣歸京肅宗不能詰肅宗親謁九宮神壇勤於祠禱皆璵所啓也歲餘罷知政事爲刑部尚書上元二年兼揚州長史御史大夫充淮南節度使肅宗南郊禮畢以璵使持節都督越州諸軍事越州刺史充浙江東道節度觀察處置使本官兼御史大夫祠祭使如故入爲太子少保轉少師大曆三年六月卒璵以祭祀妖妄致位將相時以左道進者往往有之廣德二年八月道士李國禎以道術見因奏皇帝仙系宜修崇靈跡請於昭應縣南三十里山頂置天華上宮露臺大地婆父三皇道君太古天皇中古伏羲媧皇等祠堂幷置掃灑宮戶一百戶又於縣之東義扶谷故湫置龍堂並許之時歲飢荒人甚不安昭應縣令梁鎮上表曰臣聞國以人爲本害其本則非國神以人爲主虐其主則非神故昔之

聖王所以極陳理道明著祀典將愛其人而愼用其財力敬其神而虔恭於祠祭故神享其明德而降之福人受其大賴而盡其力然後神人以和而國家可保也一昨蟊賊作孽水旱爲災雖王畿皆遍而臣縣最甚此則神之不能禦大災明矣又何力於陛下而得列祀典哉且以殘歉之餘當凶荒之歲丁壯素或家入仕羸老方飛芻輓粟今但供億王事已不堪命更奔走鬼道何以聊生臣又聞天地之神尊之極者掃地可祭精意可饗陛下亦何必廢先王之典崇俗巫之說走南畝之客殺東鄰之牛而後冀非妄之福陛下雖欲爲人祈福福未至而人已困矣其不可一也陛下不覩昔者有道之君至德之后曷不卑宮室惡飲食恭己以遂萬物之性哉陛下今違神享育之心竭人疲困之力如是又何從而致其福哉此又不可二也又陛下宗廟之奉極矣尚無一月三祭之禮今此獨爲則宗廟之靈將等以親疏校以厚薄陛下又何以言哉此又不可三也又大地婆父祀典無文言甚不經義無可取若陛下特

與大地建祖宗之廟必上天貽向背之責陛下又何以爲詞哉此又不可四也夫湫者龍之所居也龍得水則神無水則螻蟻之匹也故知水存則龍在水竭則龍亡此愚智之所同知矣今湫竭已久龍安所存陛下又崇飾祠宇豐絜薦奠爲去龍之穴破生人之產人且怨矣神何歆哉此又不可五也其道君三皇五帝則兩京及所都之處皆建宮觀祠廟時設齋醮饗祀國有彝典官有常禮蓋無闕失何勞神役靈此又不可六也臣稽先王之典禮觀前聖之軌躅休咎豐凶災祥禍福必生帝王五事不在山川百神此又不可七也臣伏察此數頗知其由蓋以道士李國禎等動衆則得人興工則獲利祭祀則受胙主執則弄權是以鼓動禁中熒惑天聽踰越險阻負荷粢盛以日繫年無時而息曾不謂神功力空止竭人膏血以使人神胥怨災孽並生罔上害人左道亂政原情定罪非殺而何臣昨受命之時親承聖旨務存安緝許遂權宜誠願況鄠縣之巫妄流弊之俗其所興兩祠土木之功丹青之役三

六之祭灑掃之戶謹明宣言並以權宜停訖人吏百姓等知陛下
以從善爲心嫉惡爲務蠲除不急剗革煩苛皆喧呼於庭抃躍於
路所御糧糗無不樂輸臣伏以國禎等並交結中貴狡蠹成性臣
雖忘身許國不懼讒構終恐賄及豪右復爲奸惡其國禎等見據
狀推勘如獲贓狀伏望許臣御收便充當縣郵館本用其湫既竭
不可更置祠堂又不當爲大地建立祖廟臣並請停其三皇道君
天皇伏犧女媧等既先各有宮廟望請並於本所依禮齋祭上
從之

李泌字長源其先遼東襄平人西魏太保八柱國司徒何弼之六
代孫今居京兆吳房令承休之子少聰敏博涉經史精究易象善
屬文尤工於詩以王佐自負張九齡韋虛心張廷珪皆器重之泌
操尚不羈恥隨常格仕進天寶中自嵩山上書論當世務玄宗召
見令待詔翰林仍東宮供奉楊國忠忌其才辯奏泌嘗爲感遇詩
諷刺時政詔於蘄春郡安置乃潛遁名山以習隱自適天寶末祿

山構難肅宗北巡至靈武即位遣使訪召會泌自嵩潁間冒難奔
赴行在至彭原郡謁見陳古今成敗之機甚稱旨延致臥內動皆
顧問泌稱山人固辭官秩特以散官寵之解褐拜銀青光祿大夫
俾掌樞務至於四方文狀將相遷除皆與泌參議權逾宰相仍判
元帥廣平王軍司馬事肅宗每謂曰卿當上皇天寶中爲朕師友
下判廣平王行軍朕父子三人資卿道義其見重如此尋爲中書
令崔圓倖臣李輔國害其能將有不利於泌泌懼乞遊衡山優詔
許之給以三品祿俸遂隱衡岳絕粒棲神數年代宗即位召爲翰
林學士頗承恩遇及元載輔政忌其異己因江南道觀察都團練
使魏少遊奏求參佐稱泌有才拜檢校秘書少監充江南西道判
官幸其出也尋改爲檢校郎中依前判官元載誅乃馳傳入謁上
見悅之又爲宰相常袞所忌出爲楚州刺史又謝恩具陳戀闕上
素重之留京數月會澧州刺史闕袞盛陳泌理行以荊南凋瘵遂
藉泌理之詔曰荊南都會是屬在澧陽俾人歸厚惟賢是牧以泌文

可以化成風俗政可以全活惸嫠爰命頒條期乎共理無薄淮陽
之守勉思渤海之功可檢校御史中丞充澧朗硤團練使重其禮
而遣之無幾改杭州刺史以理稱興元初徵赴行在遷左散騎常
侍貞元元年除陝州長史充陝虢都防禦觀察使二年六月泌奏
虢州盧氏山冶近出瑟瑟請充獻禁人開採詔曰瑟瑟之寶中土
所無今産於近甸實爲靈貺朕不飾器玩不尚珍奇常思返朴之
風用明躬儉之節其出瑟瑟之處任百姓求採不宜禁止就加泌
檢校禮部尚書時陝許戍邊卒三千自京西逃歸至州境泌潛師
險隘左右攻擊盡誅之尋拜中書侍郎平章事集賢崇文館學士
修國史初張延賞大減官員人情咨怨泌請復之以從人欲因是奏
罷兼試額內占闕等官加百官俸料隨閑劇加置手力課上從之
人人以爲便而竇參旁奏遂改易使同品之内月俸多少累等殺
又奏請罷拾遺補闕上雖不從亦不授人故諫司唯韓皋歸登而
已泌仍命收其署食錢令登等寓食於中書舍人故時戲云韓諫

議雖分左右歸拾遺莫辨存亡如是者三年至貞元五年以前東
都防禦判官殿中侍御史内供奉韋綬爲左補闕監察御史梁肅
右補闕既復置人心忻然順宗在春宮妃蕭氏母郜國公主交通
外人上疑其有他連坐貶黜者數人皇儲亦危泌百端奏說上意
方解泌頗有讜直之風而談神仙詭道或云嘗與赤松子王喬安
期羨門遊處故爲代所輕雖詭道求容不爲時君所重德宗初即
位尤惡巫祝怪誕之士初肅宗重陰陽祠祝之說用妖人王璵爲
宰相或命巫媼乘馹行郡縣以爲厭勝凡有所興造功役動牽禁
忌而黎幹用左道位至尹京嘗内集衆工編刺珠繡爲御衣既成
而焚之以爲禳禬且無虛月德宗在中宮頗知其事即位之後罷
集僧於内道場除巫祝之祀有司言宣政内廊壞請修繕而太卜
云孟冬爲魁岡不利穿築請卜他月帝曰春秋之義啓塞從時何
魁岡之有卒命修之又代宗山陵靈駕發引上號送于承天門見
轀輬不當道稍指午未間問其故有司對曰陛下本命在午故不

敢當道上號泣曰安有枉靈駕而謀身利卒命直午而行及建中末寇戎內梗桑道茂有城奉天之說上稍以時日禁忌爲意而雅聞泌長於鬼道故自外徵還以至大用時論不以爲愜及在相位隨時俯仰無足可稱復引顧況輩輕薄之流動爲朝士戲侮頗貽譏誚年六十八薨贈太子太傅賻禮有加泌放曠敏辯好大言自出入中禁累爲權倖忌嫉恒由智免終以言論縱橫上悟聖主以躋相位有文集二十卷子繁少聰警有才名無行義泌爲相嘗引薦夏縣處士延平陽城爲諫議大夫城道直既遇知己深德之及泌殁戶部尚書裴延齡巧佞奉上德宗信任竊弄威權舉朝側目城中正之士尤忿嫉之一日盡疏其過惡欲密論奏以繁故人子爲可親信遂示其疏草兼請繁繕寫繁既寫悉能記之其夕乃徑詣延齡具述其事延齡聞之即時請對盡以城章中欲論事件一一先自解及城疏入德宗以爲妄不之省泌與右補闕翰林學士梁肅友善嘗命繁持所著文請肅潤色繁亦自有學術肅待之甚厚因許師事日熟其門及肅卒繁亂其配士君子無不歎駭積年委棄後起爲太常博士太常卿權德輿奏斥之除河南府士曹掾以其藝信異常泌之故人爲宰相左右援拯後得累居郡守而力學不倦罷隨州刺史歸京師久不承恩韋處厚入相厚待之寶曆二年六月敬宗降誕日御三殿特詔兵部侍郎丁公著太常少卿陸亘與繁等三人抗浮圖道士講論九月除大理少卿復加弘文館學士時諫官御史章疏相繼宰臣不得已出爲亳州刺史州境嘗有群賊剽人廬舍劫取貨財累政擒捕不獲繁潛設機謀悉知賊之巢穴出兵盡加誅斬時議責繁以不先啓聞廉使涉於擅興之罪朝廷遣監察御史舒元輿按問元輿素與繁有隙復以初官銳於生事乃盡反其獄辭以爲繁濫殺無辜狀奏勑於京兆府賜死時人冤之其後元輿被禍人以爲有報應焉初泌流放江南與柳渾顧況爲人外之交吟詠自適而渾先達故泌復得入官於朝

顧況者蘇州人能爲歌詩性詼諧雖王公之貴與之交者必戲侮之然以嘲誚能文人多狎之柳渾輔政以校書郎徵復遇李泌繼入自謂己知秉樞要當得達官久之方遷著作郎況心不樂求歸於吴而班列群官咸有侮玩之目皆惡嫉之及泌卒不哭而有調笑之言爲憲司所劾貶饒州司戶有文集二十卷其贈柳宜城辭句率多戲劇文體皆此類也子非熊登進士第累佐使府亦有詩名于時

崔造字玄宰博陵安平人少涉學永泰中與韓會盧東美張正則爲友皆僑居上元好談經濟之略嘗以王佐自許時人號爲四夔浙西觀察使李栖筠引爲賓僚累至左司員外郎與劉晏善及晏遭楊炎虔雋誣奏伏誅造累貶信州長史朱泚之逆造爲建州刺史聞難作馳檄隣州請齊舉義兵遂調發所部得二千人德宗聞而嘉之及收京師詔徵造至藍田以舅源休明逆伏誅上疏請罪不敢即赴闕上以爲知禮優詔慰勉拜吏部郎中給事中貞

元二年正月與中書舍人齊映各守本官同平章事時京畿兵亂之後仍歲蝗旱府無儲積德宗以造敢言爲能立事故不次登用造久從事江外嫉錢穀諸使罔上之弊乃奏天下兩稅錢物委本道觀察使本州刺史選官典部送上都諸道水陸運使及度支巡院江淮轉運使等並停其度支鹽鐵委尚書省本司判其尚書省六職令宰臣分判乃以戶部侍郎元琇判諸道鹽鐵榷酒等事戶部侍郎吉中孚判度支及諸道兩稅事宰臣齊映判兵部承旨及雜事宰臣李勉判刑部宰臣劉滋判吏部禮部造判戶部工部又以歲饑浙江東西道入運米每年七十五萬石今更令兩稅折納米一百萬石委兩浙節度使韓滉運送一百萬石至東渭橋其淮南豪壽旨米洪潭屯米委淮南節度使杜亞運送二十萬石至東渭橋諸道有鹽鐵處依舊置巡院勾當河陰見在米及諸道先付度支巡院般運在路錢物委度支依前勾當其未離本道者分付觀察使發遣仍委中書門下年終類例諸道課最聞奏造與元琇

素厚罷使之後以鹽鐵之任委之而韓滉方司轉運朝廷仰給其
漕發滉以司務久行不可遽改德宗復以滉爲江淮轉運使餘如
造所條奏元琇以滉性剛難制乃復奏江淮轉運其江南米自江
至揚子凡十八里請滉主之揚子已北琇主之滉聞之怒掎摭琇
鹽鐵司事論奏德宗不獲已罷琇判使轉尚書右丞其年秋初江
淮漕米大至京師德宗嘉其功以滉專領度支諸道鹽鐵轉運等
使造所條奏皆改物議亦以造所奏雖舉舊典然凶荒之歲難爲
集事乃罷造知政事守太子右庶子貶琇雷州司戶造初奏太鋭
及琇改官憂懼成疾數月不能視事明年九月卒年五十一

關播字務元衛州汲人也天寶末舉進士鄧景山爲淮南節度使
辟爲從事累授衛佐評事遷右補闕善言物理尤精釋氏之學大
曆中神策軍使王駕鶴妻關氏以播與同宗深遇之元載惡其交
往出爲河南府兵曹攝職數縣皆有政能陳少遊領浙東淮南又
辟爲判官歷檢校金部員外攝滁州刺史李靈曜阻兵跋扈於梁

汴少遊自總兵鎮汴上所在盜賊蜂起播調閱州兵令其守備又
爲政清淨簡惠既無盜賊人甚安之楊綰常袞知政事薦播爲都
官員外郎德宗登極湖南山洞中有王國良者聚衆爲盜令播往
宣撫之臨行召對於別殿上問政理之要播奏云爲政之本須求
有道賢人乃可得理上謂播云朕下詔求賢良當躬親閱試亦遣
使臣黜陟廣加搜訪聞薦擢其能者用之冀以傳理播奏曰下詔
求賢黜陟舉薦唯得求名文詞之士安有有道賢人肯隨牒舉選
乎上悅其言謂播曰卿且使去迴日當與卿論政事播又奏曰臣
今奉詔招撫國良不受命臣請便宣恩命諭隣境速出兵翦除上
曰卿言深合朕意使迴改兵部員外遷河中少尹建中初張鎰爲
河中少尹鎰尋入相二年七月遷播給事中舊例諸司甲庫皆是
胥吏掌知爲弊頗久播始建議並以士人知之至今稱當轉刑部
侍郎奉迎皇太后副使盧杞以播柔緩冀其易制驟稱薦之尋遷
吏部侍郎轉刑部尚書知刪定奏上元中詔擇古今名將十人於

武成王廟配享如文宣王廟之儀播以太公古稱大賢今其下稱
亞聖於義不安又孔子十哲皆是當時弟子今所擇名將年代不
同於義既乖於事又失臣請刪去名將配享之儀及十哲之稱從
之建中三年十月拜銀青光祿大夫中書侍郎同中書門下平章
事集賢殿崇文館大學士修國史時政事決在盧杞播但斂衽取
容而已乏於知人之鑒好大言虛誕者播必悅而親信之有李元
平陶公達張愻劉承誡皆言談詭妄誇大可立功名亦有微材薄
藝播累奏云元平等皆可將相也請閱試用之上以爲然以元平
爲補闕會淮西節度李希烈叛亂上以汝州要鎮令選擇刺史播
薦元平爲汝州刺史尋加檢校吏部郎中汝州別駕知州事元平
至州旬日爲希烈所擒汝州陷賊中外哂之由是公達等未尅任
用播與盧杞等從駕幸奉天既而盧杞白志貞等並貶黜播尚知
政事中外囂然以爲不可遂罷相改刑部尚書大臣韋倫等泣於
朝曰宰相不能謀猷翊贊以至今日而尚爲尚書可痛心也貞元

四年迴紇請和親以咸安公主出降可汗令播以本官加檢校右
僕射兼御史大夫持節充送咸安公主及冊可汗奉使往來皆清
儉謹愼蕃人悅之使迴遷兵部尚書固辭疾請罷官改太子少師
致仕播致仕之後減去僮僕車騎閉閤守靜不禁外事士君子重
之貞元十三年正月卒時年七十九廢朝一日贈太子太保

李元平者宗室子始爲湖南觀察使蕭復判官試大理評事性疏
傲敢大言好論兵天下賢士大夫無可其意者以是人多銜怒關
播奇重之許以將帥時希烈反叛朝廷以汝州與賊接壤刺史韋
光裔懦弱不任職播乃盛稱元平特召見超左補闕不數日擢爲
檢校吏部郎中兼汝州別駕知州事既至部募工徒繕理郛郭希
烈乃使勇士應募執役板築凡入數百人元平不之覺希烈遣僞
將李克誠以數百騎突至其城先應募執役者應於內縛元平馳
去既見希烈遺下汙地希烈見其無鬚眇小戲謂克誠曰使汝取
李元平何得將元平兒來因嫚罵曰盲宰相使汝當我何待我淺

耶僞署爲御史中丞播聞元平得用仍欺於人曰李生功業濟矣言必能覆希烈而建功也居無何希烈用爲宰相或告其有二者乃斷一指以自誓希烈既死或有人言在賊中微有謀慮貸死流於珍州會赦得歸剡中浙東觀察使皇甫政表聞其到以發上怒復流賀州而死

史臣曰蒸嘗礿祀前王制以奉先怪力亂神宣聖鄙而不語凡云左道固有舊章璵假於鬼神乃至將相既處代天之位爰滋亂政之源國禎妖人疑衆妄陳其祀典梁鎮正士抗疏方悟其上心泌見可進而知難退足爲高率智辯之士居相位而談鬼道乃見狂妄浮薄之蹤王制云執左道以亂政殺寧無畏乎繁之醜行棄於當時章陷非辜諒由素履造爲臣得禮莅事非能播居位取容舉人敗事皆非國器咸歷台司失人者亡國其危矣

贊曰璵泌造播俱非相材國禎左道梁生直哉

唐書列傳卷第八十

左從政郎紹興府録事叅軍徐俊卿校勘

唐書列傳第八十一

李勉　李皋 子象古 道古　劉昫

李勉字玄卿鄭王元懿曾孫也父擇言爲漢褒相岐四州刺史安德郡公所歷皆以嚴幹聞在漢州張嘉貞爲益州長史判都督事性簡貴待管內刺史禮隔而引擇言同榻坐談政理時人榮之勉幼勤經史長而沉雅清峻宗於虛玄以近屬陪位累授開封尉時昇平日久且汴州水陸所湊邑居庬雜號爲難理勉與聯尉盧成軌等並有擒姦擿伏之名至德初從至靈武拜監察御史屬朝廷右武勳臣恃寵多不知禮大將管崇嗣於行在朝堂背闕而坐言笑自若勉劾之拘於有司肅宗特原之歎曰吾有李勉始知朝廷尊也遷司膳員外郎時關東獻俘百餘詔並處斬四有仰天歎者勉過問之對曰某被脅制守官非逆者勉乃哀之上言曰元惡未殄遭點汚者半天下皆欲澡心歸化若盡殺之是驅天下以資兇

逆也肅宗遽令奔騎宥釋由是歸化日至克復西京累歷清要四遷至河南少尹累爲河東節度王思禮朔方河東都統李國貞行軍司馬尋遷梁州都督山南西道觀察使勉以故吏前密縣尉王晬勤幹俾攝南鄭令俄有詔處死勉問其故乃爲權倖所誣勉詢將吏曰上方藉牧宰爲人父母豈以譖言而殺不辜乎即停詔拘晬飛表上聞晬遂獲宥而勉竟爲執政所非追入爲大理少卿謁見面陳王晬無罪政事條舉盡力吏也肅宗嘉其守正乃除太常少卿王晬後以推擇拜大理評事龍門令終有能名時稱知人肅宗將大用勉會李輔國寵任意欲勉降禮於己勉不爲之屈竟爲所抑出歷汾州虢州刺史改京兆尹檢校右庶子兼御史中丞都畿觀察使尋兼河南尹明年罷尹以中丞歸西臺又除江西觀察使賊帥陳莊連陷江西州縣偏將呂太一武日昇相繼背叛勉與諸道力戰悉攻平之部人有父病以蠱道爲木偶人署勉名位瘞于其隴或以告曰爲父攘災亦可矜也捨之大曆二年來朝拜

京兆尹兼御史大夫政尚簡肅官宦魚朝恩爲觀軍容使仍知國子監事恃寵含威天憲在舌前尹黎幹寫心候事動必求媚每朝恩入監傾府人吏具數百人之饌以待之及勉莅職旬月朝恩入監府吏先期有請勉曰軍容使判國子監事勉候太學軍容宜厚具主禮勉忝京尹軍容儻惠顧府廷豈敢不具蔬饌朝恩聞而銜之因不復至太學勉亦尋受代四年除廣州刺史兼嶺南節度觀察使番禺賊帥馮崇道桂州叛將朱濟時等阻洞爲亂前後累歲陷沒十餘州勉至遣將李觀與容州刺史王翃併力招討悉斬之五嶺平前後西域舶泛海至者歲纔四五勉性廉潔舶來都不檢閱故末年至者四十餘在官累年器用車服無增飾及代歸至石門停舟悉搜家人所貯南貨犀象諸物投之江中耆老以爲可繼前朝宋璟盧奐李朝隱之徒人吏詣闕請立碑代宗許之十年拜工部尚書及滑亳永平軍節度令狐彰卒遺表舉勉自代因除之在鎮八年以舊德清重不嚴而理東諸侯雖暴驁者亦宗敬之十

一年汴宋留後田神玉卒詔加勉汴州刺史汴宋節度使未行汴州將李靈曜阻兵北結田承嗣承嗣使姪悅將銳兵戍之詔勉與李忠臣馬燧等攻討大破之悅僅以身免靈曜北走勉騎將杜如江擒之以獻代宗褒賞甚厚既而李忠臣代鎮汴州而勉仍舊鎮忠臣過下貪虐明年爲麾下所逐詔復加勉汴宋節度使務理汴州餘並如故德宗嗣位加檢校吏部尚書尋加平章事建中元年檢校左僕射充河南汴宋滑亳河陽等道都統餘如故四年李希烈反以他盜爲名悉衆來寇汴州勉城守累月救援莫至謂其將曰希烈凶逆殘酷若與較力必多殺無辜吾不忍也遂潰師瀆圍南奔宋州詔以司徒平章事徵既至朝廷素服請罪優詔復其位勉引過備位而已無何盧杞自新州員外司馬除澧州刺史給事中袁高以杞邪佞蠹政貶未塞責停詔執奏遂授澧州別駕他日上謂勉曰衆人皆言盧杞姦邪朕何不知卿知其狀乎對曰天下皆知其姦邪獨陛下不知所以爲姦邪也時人多其正直然自

是見疎累表辭位遂罷知政事加太子太保貞元四年卒年七十二上頗悼之冊贈太傅賻物有差喪葬官給勉坦率素淡好古尚奇清廉簡易爲宗臣之表善鼓琴好屬詩妙知音律能自製琴又有巧思及在相位向二十年祿俸皆遺親黨身没而無私積其在大官禮賢下士終始盡心以名士李巡張參爲判官卒於幕三歲之内每遇宴飲必設虛位於筵次陳膳執酹辭色悽惻論者美之或曰勉失守梁城亦可貶也議者曰不然當賊烈之始亂其慓悍陰禍兇焰不可當天方厚其毒而降之罰況勉應變非長援軍莫至又其時關輔已叙擾矣人心已動搖矣以文吏之才當虎狼之隊其全師奔宋非量力之恥也與其坐受喪敗不猶愈乎

李皐字子蘭曹王明玄孫嗣王戢之子少補左司禦率府兵曹參軍天寶十一載嗣封授都水使者三遷至秘書少監皆同正多智數善因事以自便奉太妃鄭氏以孝聞上元初京師旱米斛直數千死者甚多皐度俸不足養亟請外官不允乃故抵微法貶溫州

長史無幾攝行州事歲儉州有官粟數十萬斛皐欲行賑救掾吏叩頭乞候上旨皐曰夫人日不再食當死安暇禀命若殺我一身活數千人命利莫大焉於是開倉盡散之以擅貸之罪飛章自劾天子聞而嘉之荅以優詔就加少府監皐行縣見一媪垂白而泣哀而問之對曰李氏之婦有二子鈞鍔宦遊二十年不歸貧無以自給時鈞爲殿中侍御史鍔爲京兆府法曹俱以文藝登科名重於時皐曰入則孝出則悌行有餘力然可以學文若二子者豈可備於列位由是舉奏並除名勿齒改處州別駕行州事以良政聞徵至京未召見因上書言理道拜衡州刺史坐小法貶潮州刺史時楊炎謫官道州知皐事直及爲相復拜衡州初皐爲御史覆訐懼貽太妃憂出則素服入則公服言皃如平常太妃竟不知及爲潮州詭詞謂遷至是復位方泣以白且言非疾不敢有聞建中元年遷湖南觀察使前使辛京杲貪殘有將王國良鎮邵州武岡縣豪富京杲以死罪加之國良危懼因人所苦遂散財聚衆據縣

以叛諸道同討賊歲不能下皋授命日乃曰驅疲瘵誅反側非所以奉聖朝事遣使遺國良書曰觀將軍非敢大逆蓋讒嫉救謀死而已將軍遇我何不速降我與將軍同爲辛京杲所構我已蒙聖朝昭雪使我何心持刃殺將軍耶將軍以爲不然我以陣術破將軍陣以攻法屠將軍城非將軍所度也國良捧書且憂且喜遣使請降亦未必決皋即日赴縣受降中道有候騎馳告曰國良軍中有變言降是詐也皋曰非爾輩所知遂留麾下兵單騎假稱使者徑入國良壘中國良召使者入皋遂大叫軍中曰有人識曹王否只我是國良何不速降一軍愕眙不敢動適有識者走至傳呼曰是國良匍匐叩頭請罪皋執手約爲兄弟盡焚攻守之備散倉庫給兵士令復農桑有詔赦國良罪賜名惟新建中二年丁母艱奉喪至江陵會梁崇義反乃授起復左衞大將軍復還湖南尋加散騎常侍李希烈反遷江西道節度使洪州刺史兼御史大夫至州集將吏而令曰嘗有功未申者別爲行有榮謀及器能堪佐軍

者別爲行有裨將伊慎李伯潛劉昊皆自占皋察其詞氣驗其有功悉補大將擢王鍔委之中軍以馬彝許孟容爲賓佐繕甲兵具戰艦將軍二萬餘初伊慎將江西兵從李希烈平襄州及反懼皋任之乃陰遣遺之鏁甲又詐爲慎書往復置遺于境上聞即遣中使斬慎皋表請捨令自效會與賊夾江爲軍中使又至皋乃勉令以功自贖賜之以所乘馬及器甲令將鋒而先皋率軍繼之責其有功果大破賊斬首數百級慎方得免罪賊樹堡柵於蔡山皋度峻險不可攻乃聲言西取蘄州理戰艦分兵傍南涯與舟師泝江而上賊以老弱守柵引軍循江隨戰艦南北與皋兵相去直蔡山三百餘里皋令步兵登舟順流東下不日拔蔡山賊還救間一日方至大破之因進拔蘄州降其將李良又取黃州斬首千餘兵益振舒王爲元帥加皋前軍兵馬使德宗居奉天淮南節度陳少遊強取鹽鐵錢其使包佶以財幣泝江次于蘄口時希烈已屠汴州又遣驍將杜少誠將步騎萬餘來寇蘄黃將絕江道皋遣伊慎將七千衆禦之遇于永安戍慎列三柵相去纔四里列鼓角中柵少誠至分兵圍之部隊未嚴聲鼓而三柵齊出奮擊不爲行陣賊亂少誠敗走斬首萬級封尸爲京觀以功加銀青光祿大夫進封五百戶上至梁州進獻繼至皋以上蒙塵于外不敢居城府乃於四塞山上游大洲屯軍從近縣爲軍市商賈畢至加工部尚書屬還京師又遣伊慎王鍔將兵圍安州州城阻溳水爲固攻之累日不下希烈遣甥劉戒虛將步騎八千來援皋命李伯潛分師邀擊於應山獲戒虛及大將二裨將二十斬首千餘面縛戒虛等之城下乃使人說之賊曰得大將及賓佐一二人爲信當降皋乃使王鍔馬彝縋城而入城中大呼乃出降希烈又遣兵援隨州皋令伊慎擊於厲鄉大破之復平靜白鴈等關希烈懼乃戢兵貞元初拜江陵尹荊南節度等使江漢倚皋爲固未幾李思登以隨州降凡下州四縣十七大小十餘陣未嘗敗衄淮西既平請護喪祔東都上遣中使弔贈父右僕射母曹國太妃葬畢來朝詔還鎮出東都以

拜墓觀者榮之先江陵東北有廢田旁漢古隄二處每夏則溢皋始命塞之廣田五千頃畝得一鍾規江南廢洲爲廬舍架江爲二橋流人自占二千餘戶自荊至樂鄉凡二百里旅舍鄉聚凡十數大者皆數百家楚俗佻薄不穿井飲陂澤皋始命合錢開井以便人初平希烈吳少誠殺陳仙奇上以襄鄧要阨三年除襄州刺史山南東道節度等使割汝隨隸焉練兵積粮市廏馬益騎兵嘗大畋以教士少誠憚之性勤儉知人疾苦設監司能察聽下持將吏短長賞罰必信所至常平物貴則出賣之給將吏廩俸豪家不得擅其利常運心巧思爲戰艦挾二輪蹈之翔風鼓疾若挂帆席所造省易而久固又造欹器進入內中每遺人物常自稱量署之官匹帛皆印之絕吏之私初扶風馬彝未知名皋始辟之卒以正直稱漢陽王張柬之有林園在州西公府多假之游宴皋將買之彝斂衽而言曰張漢陽有中興功今遺業當百代保之王縱欲之奈何令其子孫自鬻焉皋謝曰主吏失詞爲足下羞微足下安得

聞此言以改過遷善知人任下為己任故賓從將佐多至大官貞
元八年三月暴卒于位年六十廢朝三日贈右僕射賻帛有差謚
曰成子象古道古復古象古自衡州刺史為安南都護元和十四年
為楊清所殺妻子支黨無噍類焉楊清者代為南方酋豪屬象古
貪縱人心不附又惡清之強自驩州刺史召為牙門將清鬱鬱不快
無何邕管黃家賊叛詔象古發兵數道共討之象古命清領兵三
千赴焉清與其子志烈及所親杜士交潛謀迴戈夜襲安南數日
城陷象古故及於害朝廷命唐州刺史桂仲武為都護且招諭之
赦清以為瓊州刺史仲武至境清不納復約束部署刑戮慘虐人
無聊生仲武使人諭其酋豪數月間歸附繼至約兵七千餘人收
其城斬清及其子志貞籍沒其家志烈與士交敗保于長州之盤
溪尋以所部兵來降道古登進士第遷司門員外郎便佞巧宦早
升朝籍常以酒肴棊博游公卿門角賭之際每偽為不勝而厚償
之故當時有虛名而嗜利者悉與之狎歷利隨唐睦四州刺史由

黔中觀察為鄂岳沔蘄安黃團練觀察使時元和十一年也初以柳
公綽在鎮無功議將代之裴度言道古嗣曹王皐之子皐嘗以江
漢兵遏希烈之亂威惠至今在人復用其子必能繼美憲宗然之
故有此授及赴鎮倍道而行以數騎徑入安州城時公綽殊未意
道古至惶駭而出家財多為所奪十二年道古攻申州克其羅城
乃進圍逼其中城城中守卒夜帥婦人登城而呼懸門竊發分出
其衆道古之衆驚亂為虜所殺初李聽守安州未嘗退衄及道古
至誣奏聽移去之乃自帥兵出穆陵士卒驕惰賜給多闕其度支
供軍錢道古半以奉權倖半以沒己人皆怨怒不肯力戰賊亦易
道古以羸兵抵之故道古前後再攻破申州外城而不能拔至李
愬入蔡州乃降元和十三年入為宗正卿道古在鄂州日以貪暴
聞懼終得罪乃薦山人柳泌以媚於上後又為左金吾衛將軍憲
宗季年頗信方士銳於服食詔天下搜訪奇士宰相皇甫鎛方諛
媚固寵道士言柳泌有道術鎛得而進之待詔翰林憲宗服餌過

當暴成狂躁之疾以至棄代穆宗在東宮扼腕於其事及居喪皆
竄逐誅之鎛既貶責授道古循州司馬終以服丹藥歐血而卒
史臣曰李勉李皐宗性端莊處身廉絜臨民蒞事動有美聲可謂
宗臣之英也若夫治軍旅禦寇戎謀必臧戰必勝則又勉不及皐
遠矣道古便佞姦以事君何父子之不相類也
贊曰我宗之英曰皐與勉才雖不同道豈相遠

唐書列傳卷第八十一

左從政郎紹興府錄事參軍徐僎卿校勘

唐書列傳第八十二

劉 昫 等修

李抱玉 李抱眞 王虔休
盧從史 李芃 李澄 族弟元素

李抱玉武德功臣安興貴之裔代居河西善養名馬爲時所稱群
從兄弟或徙居京華習文儒與士人通婚者稍染士風抱玉少長
西州好騎射常從軍幕沉毅有謀小心忠謹乾元初太尉李光弼
引爲偏裨屢建勲績由是知名二年自特進右羽林軍大將軍知
軍事遷鴻臚卿員外置同正員持節鄭州諸軍事兼鄭州刺史攝
御史中丞鄭陳穎亳四州節度時史思明陷洛陽光弼守河陽賊
兵鋒方盛光弼謂抱玉曰將軍能爲我守南城二日乎抱玉曰過
期若何光弼曰過期而救不至任棄城也賊帥周摯領安太清徐
黃玉等先攻南城將陷之抱玉乃紿之曰吾糧盡明日當降賊衆
大喜斂軍以俟之抱玉因得繕完設備明日堅壁請戰賊怒欺紿

急攻之抱玉出奇兵表裏夾攻殺傷甚衆摯軍退光弼自將于中
潬城摯捨南城攻中潬不勝乃整軍將攻北城光弼以兵出戰大
敗之固河陽復懷州皆功居第一遷澤州刺史兼御史中丞代宗
即位擢爲澤潞節度使潞州大都督府長史兼御史大夫加領陳
鄭二州遷兵部尚書抱玉上言臣貫屬涼州本姓安氏以祿山構
禍恥與同姓去至德二年五月蒙恩賜姓李氏今請割貫屬京兆
府長安縣許之因是舉宗並賜國姓廣德元年冬吐蕃寇京師乘
輿幸陝諸軍潰卒及村閭亡命相聚爲盜京城南面子午等五谷
群盜頗害居人朝廷遣薛景仙領兵爲五谷使招討連月不捷乃
詔抱玉兼鳳翔節度使討之抱玉探知賊帥行止之處先分屯諸
谷乃設奇潛使輕銳數百南自洋州入攻之賊帥高玉方與諸偷
會遽爲銳卒數十人擒之因大搜獲偷黨悉斬之餘黨不討自
潰旬日內五谷平以功遷司空餘並如故時吐蕃每歲犯境上以
岐陽國之西門寄在抱玉恩寵無比遷同中書門下平章事又兼

山南西道節度使河西隴右山南西道副元帥判梁州事連統三
道節制兼領鳳翔潞梁三大府秩處三公抱玉以任位崇重抗疏
懇讓司空及山南西道節度判梁州事乞還授兵部尚書上嘉其
謙讓許之抱玉凡鎮鳳翔十餘年雖無破虜之功而禁暴安人頗
爲當時所稱大曆十二年卒上甚悼之輟朝三日贈太保
李抱眞抱玉從父弟也抱玉爲澤潞節度使甚器抱眞任以軍事
累授汾州別駕當是時僕固懷恩反于汾州抱眞陷焉乃脫身歸
京師代宗以懷恩倚迴紇所將朔方兵又勁憂甚召見抱眞問狀
因奏曰郭子儀領朔方之衆人多思之懷恩欺其衆曰子儀爲朝
恩所殺詐而用之今復子儀之位可不戰而克其後懷恩子瑒爲
其下所殺懷恩奔遁多如抱眞策因是遷殿中少監居頃之爲陳
鄭澤潞節度留後抱眞因中謝言曰臣雖無可取當今百姓勞逸
繫在牧守願得一郡以自試上許之改授澤州刺史兼爲澤潞節
度副使居二年轉懷州刺史復爲懷澤潞觀察使留後凡八年抱

玉卒抱眞仍領留後抱眞密揣山東當有變上黨且當兵衝是時
乘戰餘之地土瘠賦重人益困無以養軍士籍戶丁男三選其一有
材力者免其租徭給弓矢令之曰農之隙則分曹角射歲終吾當
會試及期按簿而徵之都試以示賞罰復命之如初比三年則皆
善射抱眞曰軍可用矣於是舉部內鄉得成卒二萬前既不廩費
府庫益實乃繕甲兵爲戰具遂雄視山東是時天下稱昭義軍步
兵冠諸軍無幾復代李承昭爲昭義軍及磁邢節度觀察留後加
散騎常侍德宗即位拜檢校工部尚書兼潞州長史昭義軍節度
支度營田澤潞磁邢觀察使建中三年田悅以魏博反乃悉兵圍
邢州及臨洺益急詔河東節度使馬燧及神策兵救之抱眞與燧
敗悅兵於雙岡斬悅將楊朝光又擊破悅于臨洺遂解臨洺及邢
州之圍以功加檢校兵部尚書復與燧大破悅於洹水悅以數百
騎走歸魏州復與燧圍魏州又敗悅於城下以功加檢校右僕射
時悅窘蹙朱滔王武俊皆反聯兵救悅抱眞與燧等退次魏縣上

幸奉天中使告問至諸將皆仰天慟哭李懷光席卷奔命馬燧李
芃各引兵歸鎮朱泚既汙宮闕時李希烈陷大梁李納亦反鄆州
無何上幸梁州李懷光又竊據河中抱真獨於擾攘傾潰之中以
山東三州外抗群賊内輯軍士群賊深憚之興元初遷檢校左僕
射平章事時朱滔悉幽薊軍借兵迴紇擁衆五萬南向以應泚攻
圍貝州初群賊附於希烈希烈僭僞有臣屬群賊意群心稍離
上自奉天下罪己之詔悉赦群賊抱真乃遣門客賈林以大義説
武俊合從擊朱滔武俊許之時兩軍尚相疑抱真乃以數騎徑入
武俊營其將去也賓客皆止之抱真遣軍司馬盧玄卿勒軍部分
曰僕今日此舉繫天下安危僕死不還領軍事以聽朝命亦唯子
奮勵士馬東向雪僕之恥亦唯子言訖而去武俊設備甚嚴抱真
曰朱泚希烈僭竊大位朱滔攻圍貝州此輩皆欲陵駕吾屬足下
既不能自振數賊之上捨九葉天子而北面臣反虜乎乃者聖上
奉天下罪己之詔可謂禹湯之主也因言及播越持武俊哭涕泗

交下武俊亦哭感動左右因退卧武俊帳中甘寢久之武俊感其
不疑待之益恭指心仰天曰此身已許公死敵矣遂與結爲兄弟
而別約明日合戰遂擊破朱滔于經城以功加檢校司空實封五
百戶貞元初朝于京師居頃之還鎮抱真沉斷多智計嘗欲招致
天下賢儁聞人之善必令持貨幣數千里邀致之至與語無可採
者漸退之時天下無事乃大起臺榭穿池沼以自娛晚節又好方
士以冀長生有孫季長者爲抱真鍊金丹紿抱真曰服之當昇僊
遂署爲賓僚數謂參佐曰此丹秦皇漢武皆不能得唯我遇之他
年朝上清不復偶公輩矣復夢駕鶴冲天寤而刻木鶴衣道士衣
以習乘之凡服丹二萬九腹堅不食將死不知人者數日矣道士牛
洞玄以猪肪穀漆下之殆盡病少間季長復曰垂上僊何自棄也
益服三千九頃之卒初抱真久疾好機祥或令厭勝爲巫祝所惑
請降官爵以禳除之是年凡七上章讓司空復爲檢校左僕射貞
元十年卒時年六十二廢朝三日贈太保賻以布帛米粟有差抱

真薨之日其子殿中侍御史緘匿喪不發營田副使盧會昌令抱
真從甥元仲經僭與緘謀其明日將吏會集仲經詐爲抱真令曰
吾疾甚不能莅職今令緘掌軍事諸軍善佐之節度副使李説及
諸將吏俛首皆曰諾須臾緘盛服而出衆皆拜之緘乃悉府藏頒
賞軍士盧會昌仍詐爲抱真表請以職事付緘翌日又令諸將連
奏請緘領軍上已聞抱真卒乃遣中使第五守進馳傳觀變且令
以軍事屬於大將王延貴守進至潞州緘詐言抱真疾病請見明
日如此者凡三日緘乃出造中使左右皆陳兵甚嚴備中使謂緘
曰朝廷已知相公薨殁令以兵務屬延貴侍御宜歸發喪行服也
緘愕然出謂諸將曰有詔不許緘掌事諸公意如何將吏莫有對
者緘懼而退遽以使印及管鑰歸監軍是日乃發喪畢一哭中
使召延貴以口詔令視事趣遣緘赴東都元仲經逃于外延貴捕
得殺之既歸罪仲經盧會昌得不坐緘初謀亂遣裨將陳榮詐以
文書告成德節度使王武俊求假財帛武俊大怒曰吾與汝府公

善者異恭王命非同惡也今聞已亡孰詐令其子而不俟朝旨耶
何敢告我況有求也乃因陳榮而遣使讓緘焉
王虔休字君佐汝州梁人也本名延貴少涉獵書籍鄉里間以信
義畀慕之尤好武藝大曆中汝州刺史李深用之爲將久之澤潞
節度李抱真聞名厚以財帛招之累授兵馬使押衙建中初抱真
統兵馬與諸將征討河北其雙岡水寨營等陣虔休攻戰居多擢
爲步軍都虞候累加兼御史中丞大夫賜實封百戶洎抱真卒裨
將元仲經等議立抱真子緘軍中擾亂虔休正色言於衆曰軍州
是天子軍州將帥闕合待朝命何乃云云妄生異意軍中服從其
言由是竟免潰亂朝廷知而嘉之以邕王爲昭義節度觀察大使
授虔休潞州左司馬依前兼御史大夫掌留後仍賜名虔休號令
安撫軍州大理二歲遷潞州長史昭義軍節度澤潞磁邢洺觀察
使尋加檢校工部尚書貞元十五年卒年六十二廢朝三日贈左僕
射賻以布帛米粟虔休性恭勤儉省節用營内州倉庫皆積粮儲

可支軍人數歲又常撰誕聖樂曲以進其表曰臣聞於師夫君子爲能知樂是故審音以知聲審樂以知政則理道備矣清明廣大終始周旋與天地同其和與四時合其序豈止於鍾鼓管磬云乎哉臣伏見開元中天長節著于甲令每於是日海縣懽娛稱萬壽之無疆樂一人之有慶故能追堯接舜邁禹踰湯自周已後不能議矣臣竊以陛下降誕之辰未有惟新之曲雖大和已布於六氣而大樂未宜於八音無乃臣子之分或有所闕愚臣不揆頑昧敢思祖述每思歌竊抃忘寢與食久矣適遇有知音者與臣論及樂章探微賾奥窮理盡性臣乃遣造繼天誕聖樂一曲大抵以宫爲調表五音之奉君也以土爲德知五運之居中也凡二十五遍法二十四氣而足成一歲也每遍一十六拍象八元八凱登庸於朝也所異雲門咸池永傳於律呂空桑孤竹合薦於宫懸不聞沾懘之聲長作中和之樂可使九域之人頓忘於肉味四夷之俗皆播於薰風與唐惟休終古盡善臣不勝懇款屏營之至謹昧死陳獻以聞其所造譜謹同封進先時有太常樂工劉玠流落至潞州虔休因令造此曲以進今中和樂起此也

○盧從史其先自元魏已來冠冕頗盛父虔少孤好學舉進士歷御史府三院刑部郎中江汝二州刺史秘書監從史少矜力習騎射遊僻潞軍節度使李長榮用爲大將德宗中歲每命節制必令採訪本軍爲其所歸者長榮卒從史因軍情且善迎奉中使得授昭義軍節度使漸狂恣不道至奪部將妻妾而辯給矯妄從事孔戡等以言直不從引去前年丁父憂朝旨未議起復屬王士眞卒從史竊獻誅承宗計以希上意用是起授委其成功及詔下討賊兵出逗留不進陰與承宗通謀令軍士潛懷賊號又高其芻粟之價售於度支諷朝廷求宰相且誣奏諸軍與賊通兵不可進上深患之護軍中尉吐突承璀將神策兵與之對壘從史往往過其營博戲從史貪貨好得承璀出寶帶奇玩以炫燿之時其愛悅而遺焉從史喜甚日益狎上知其事取裴垍之謀因戒承璀伺其來博揖語幕下伏壯士突起持捽出帳後縛之内車中馳以赴闕從者驚亂斬十數人餘號令乃定且宣諭密詔追赴闕庭都將烏重胤素懷忠順乃嚴戒其軍衆不敢動會夜使疾驅未明出境道路人莫知元和五年四月制曰邪以蓄衆自致覆車姦以事君所宜用鉞故楚人告變韓信患釋於事先蜀土僭災鍾會禍生於部下況害深楚蜀功匪鍾韓搆此厲階布於公議懷私負德合實於嚴科屈法申恩尚從於寬典前昭義軍節度副大使知節度事盧從史擢自裨將居于大藩不思報國之誠每設徇身之計比丁家禍曾無戚容行棄人倫孝虧天性屬常山稱亂朝制未行國顧興師苟求復位剋期効用請以身先指日投誠誓云獨致示於懷撫推以信誠排衆論以釋其疑麻決中心而授之鈇鉞委以重任命之專征章奏所陳事無違者恩光是貸予何愛焉而乃冒利蓄姦隋敢敗度成師既出保敵而交通邪計以行臨戎而向背諸侯盡力而不應遣寇遊魂而是託臣節既喪恩豈念於生成台位干求禮頓虧

於忠勸肆其醜行熾以兇威至於逼脅軍中潛施賊號陵汙麾下實玷皇風貨以藩身虐而用衆士庶怨而罔恤將校勞而不圖果於陶鈞行事至此靦於天地負我何多且辜覆載之仁寧逭神鬼之責況頃年上請就食山東及遣旋師不時恭命致動其衆覬生其心賴劉濟抗忠正之辭使邪畏絶遲迴之計加以偏毁隣境密疏事情反覆百端高下萬變心無恥愧事至滿盈朕念以始終務於含貸所期悔過豈謂踰兇而昭義軍忠節夙彰義聲昭著發其衆怒叶以一心顧大惡而不容幸全軀而自免宜從大戮以正彝章尚以曽列方隅嘗經任使惜君臣之體抑中外之情俾投魑魅之鄉以解人神之憤可貶驩州司馬嗚呼姦由事驗自開棄絶之門禍實己招豈漏恢踈之網凡百多士宜諒朕懷子繼宗等四人並貶嶺外

李芃字茂初趙郡人也解褐上邽主簿三選試大理評事攝監察御史山南東道觀察支使嚴武爲京兆尹舉爲長安尉李勉爲江

西觀察使署奏秘書郎兼監察御史爲判官永泰初轉兼殿中侍御史時宣饒二州人方淸陳莊聚衆據山洞西絕江路劫商旅以爲亂芃乃請於秋浦置州守其要地以破其謀李勉然其計以聞代宗嘉之以宣州之秋浦青陽饒州之至德置池州焉芃攝行州事無幾乃兼侍御史居無何魏少遊代勉爲使復署奏檢校虞部員外郎賜金紫爲都團練副使頃之攝江州刺史州人便之丁母憂免喪永平軍節度李勉署奏檢校工部郎中兼侍御史爲判官尋攝陳州刺史歲中即值李靈耀反於汴州勉署芃兼亳州防禦使練達軍事兵備甚肅又開陳潁運路以通漕輓德宗嗣位授檢校太常少卿兼御史中丞河陽三城鎮遏使撫勞備至資廩善者必先軍士間一年爲節度使路嗣恭之副加檢校左庶子河陽三城懷州節度觀察使以東畿汜水等五縣隸焉時河南北連大兵詔益以神策陟陝之師芃進收新鄉共城遂圍衞州明年詔與河東節度馬燧等諸軍破田悅於洹水以功加檢校兵部尚書累封開郡王實封一百戶進圍悅於魏州將符璘以精騎五百夜降芃開營以納之明日歸璘於招討使上居奉天斂軍還興元初檢校右僕射無何以疾固讓罷歸芃將請告謂所親曰今年夏被蝗旱人主厭兵革然則天下城壘堅厚矣戈鋋銛利矣以力勝之則有得失其可盡乎除弊之急莫先德化循而理之斯易致耳方鎭之戴翼時主宜先退讓貪權持祿吾所不取也吾既疾病豈能言而不踐乎乃手疏乞罷貞元元年卒年六十四廢朝一日贈太子太保

李澄遼東襄平人隋蒲山公寬之後也居京兆父鎬淸江太守以澄贈工部尚書澄以武藝爲偏將累除試將作監隸於江淮都統李峘建中初以檢校太子賓客兼御史中丞隸於永平軍節度使李勉及勉移理汴州乃奏澄爲滑州刺史四年冬李希烈陷汴州勉奔歸行在澄遂以城降希烈僞署尚書令兼滑州永平軍節度使興元元年春澄密令親信人盧融間道賷表達於奉天上嘉之

乃以帛詔藏於蠟丸中加澄刑部尚書兼汴州刺史汴滑節度觀察使澄秘而未宣乃集州兵嚴加訓習希烈頗疑之乃令養子六百人戍之以虞其變希烈若攻寧陵邀澄率其衆至石柱澄令縱火焚營而僞遁誘六百人因驚行剽而加其罪果大俘掠悉令斬之以告希烈不能詰焉無幾何希烈遣其將翟暉等寇陳州久之未復是歲十月澄以汴州兵寡度希烈不能制已又會中官薛盈珍持節且至加檢校兵部尚書封武威郡王賜實封五百戶澄乃乘勢力焚賊旌節誓衆歸國及十一月希烈既失澄又聞翟暉大敗由是奔歸蔡州澄遽率衆將復汴州屯於城北門恇怯不敢進及宣武軍節度使劉洽師至城東門賊將田懷珍開關以納之是日澄方自北入洽已據子城澄乃舍於浚儀縣兩軍將士日有忿競不自安會鄭州賊將孫液通欵於澄澄遣其子淸赴之先是河陽軍節度使李芃遣其將雍顯攻鄭州顯所過縱掠液拒之允固及淸至遂納之顯怒攻液請以衆助之殺登城者數十人顯方引退又焚陽武而歸澄乃出赴鄭州朝廷特授淸檢校太子賓客兼御史中丞更名克寧貞元元年三月就加澄檢校左僕射義成軍鄭滑許等州節度使二年卒年五十四廢朝一日贈司空賵布帛粟有差仍令左散騎常侍歸崇敬充弔祭使所緣喪葬並勒官給澄實以八月癸未終克寧秘之以九月庚寅欲自起視事其行軍司馬馬鉉不許克寧陰遣殺之乃墨經而出加卒於城門將爲不順劉洽出師屯於境上以制之且使告諭切至由是克寧不敢妄發然道路絕商旅者凡十四五日及賈耽代澄克寧護喪將歸乃悉索府中財貨以夜出城軍人從而剽奪及明殆盡澄柩至京師又賜克寧莊一所錢千貫粟麥三千碩澄初封隴西郡公進武威郡王每上疏連稱二封頗爲時人所哂

李元素字大朴蒲山公密之孫任侍御史時杜亞爲東都留守惡大將令狐運會盜發洛城之北運適與其部下畋于北郊亞意其爲盜遂執訊之逮繫者四十餘人監察御史楊寧按其事亞以爲

不直竊表陳之寧遂得罪亞將逞其宿怒且以得賊為功上表指
明運為盜之狀上信而不疑宰臣以獄大宜審奏請覆之命元素
就決亞迎路以獄成告元素驗之五日盡釋其囚以還亞大驚且
怒親追送馬上責之元素不答亞遂上疏又誣元素元素還奏言
未畢上怒曰出俟命元素曰臣未盡詞上又曰且去元素復奏曰
一出不得復見陛下乞容盡詞上意稍緩元素盡言運冤狀明白
上乃寤曰非卿孰能辨之後數月亭得其眞賊元素由是為時器
重遷給事中時美官缺必指元素遷尚書右丞數月鄭滑節度盧
群卒遂命元素兼御史大夫鎮鄭滑就加檢校工部尚書在鎮稱
理元和初徵拜御史大夫自貞元中位缺久難其人至是元素以
名望召拜中外聳聽及居位一無修舉但規求作相久之竊不得
志見客必白無以某官散相疏也見屬官必先拜脂韋在列大失
人情李錡為亂江南遂授元素浙西道節度觀察處置等使數
月受代入拜國子祭酒尋遷太常卿轉戶部尚書判度支元素少

孤奉長姊友敬加於人及其姊歿沉悲遘疾上疏懇辭職從之數
月以出妻免官初元素再娶妻王氏石泉公方慶諸孫性柔弱元
素為郎官時娶之甚禮重及貴溺情僕妾遂薄之且又無子而前
妻之子已長無良元素寢疾昏惑聽譖遂出之給與非厚妻族上
訴乃詔曰李元素病中上表懇切披陳云妻王氏禮義殊乖願與
離絕初謂素有醜行不能顯言以其大官之家所以令自處置訪
聞不曾告報妻族亦無明過可書蓋是中情不和遂至於此脅以
王命當日遣歸給送之間又至單薄不唯王氏受辱實亦朝情悉
驚如此理家合當懲責宜停官仍令與王氏錢物通所奏數滿五
千貫元和五年卒贈陝州大都督

史臣曰李抱玉李抱眞以武勇之材兼忠義之行有唐之良將也
且如農隙教器人之射數騎入武俊之營非有奇謀孰能如是惜
乎服食求仙為藥所悞王虔休不黨僭命有足可嘉盧從史動
多懷姦自貽伊戚尤則老也知足澄則過而改圖元素為御史時
執德不回居大夫日其心甚短因緣七出益露醜聲善少惡多又
何足算

贊曰抱玉抱眞我朝良將虔休之心亦多可尚史懷姦謀尤將祿
讓澄迷却行素貪一鄉吾誰與欺豈如忠諒

唐書列傳第八十二

左從政郎紹興府錄事參軍徐　　俊卿　校勘

劉昫　等修

李晟　子愿 愬 聽 憑 憲 恕 惎 憖　王佖

李晟字良器隴右臨洮人祖思恭父欽代居隴右爲裨將晟生數歲而孤事母孝謹性雄烈有才善騎射年十八從軍身長六尺勇敢絶倫時河西節度使王忠嗣擊吐蕃有驍將乘城拒鬬頗傷士卒忠嗣募軍中能射者射之晟引弓一發而斃三軍皆大呼忠嗣厚賞之因撫其背曰此萬人敵也鳳翔節度使高昇雅聞其名召補列將嘗擊疊州叛羌於高當川又擊宕州連狂羌於罕山皆破之累遷左羽林大將軍同正廣德初鳳翔節度使孫志直署晟總遊兵擊破党項羌高玉等以功授特進試光祿卿轉試太常卿大曆初李抱玉鎮鳳翔署晟爲右軍都將四年吐蕃圍靈州抱玉遣晟將兵五千以擊吐蕃晟辭曰以衆則不足以謀則太多乃請將兵千人疾出大震關至臨洮屠定秦堡焚其積聚虜堡帥慕容谷種而還吐蕃因解靈州之圍而去拜開府儀同三司無幾兼左金吾衛大將軍涇原四鎮北庭都知兵馬使并總遊兵無何節度使馬璘與吐蕃戰於鹽倉兵敗晟率所部橫擊之拔璘出亂兵之中以功封合川郡王璘忌晟威名又遇之不以禮令朝京師代宗留居宿衛爲右神策都將德宗即位吐蕃寇劍南時節度使崔寧朝京師三川震恐乃詔晟將神策兵救之授太子賓客晟乃踰漏天拔飛越廓清肅寧三城絶大渡河獲首虜千餘級虜乃引退因留成都數月而還建中二年魏博田悅反將兵圍臨洺邢州詔以晟爲神策先鋒都知兵馬使與河東節度使馬燧昭義節度使李抱眞合兵救臨洺尋加兼御史中丞河東昭義軍攻楊朝光於臨洺南晟與河東騎將李自良李奉國擊悅於雙岡悅兵却遂斬朝光戰於臨洺諸軍皆却晟引兵渡洺水乘冰而濟橫擊悅軍王師復振擊悅大破之三年正月復以諸道軍擊敗悅軍於洹水遂進攻魏州以功加檢校左散騎常侍實封百戶無幾兼魏府左司馬時朱滔王武俊聯兵在深趙怨朝廷賞功薄田悅知其可間遣使求援滔與武俊應之遂以兵圍康日知于趙州李抱眞分兵二千人守邢州馬燧大怒欲班師晟謂燧曰初奉詔進討三帥齊進李尚書以邢州與趙州接壤分兵守之誠未爲害其精卒銳將皆在於此今公遽自引去奈王事何燧釋然謝晟燧乃自造抱眞壘與之交歡如初王武俊攻趙州晟乃獻狀請解趙州之圍欲引兵赴定州與張孝忠合勢欲圖范陽德宗壯之加晟御史大夫俾禁軍將軍莫仁擢趙光銑杜季泚皆隸焉晟自魏州引軍而北徑趨趙州武俊聞之解圍而去晟留趙州三日與孝忠兵合北略恒州圍朱滔將鄭景於清苑決水以灌之田悅王武俊皆遣兵來救戰於白樓賊犯義武軍稍却晟引步騎擊破之晟所乘馬連中流矢踰月城中益急滔武俊大懼乃悉收魏博之衆而來復圍晟軍晟內圍景濟外與滔等拒戰日數合自正月至于五月會晟病甚不知人者數焉軍吏合謀乃以馬輿還定州賊不敢逼晟疾間復將進師會京城變起德宗在奉天詔晟赴難晟承詔泣下即日欲赴關輔義武軍閒於朱滔王武俊倚晟爲輕重不欲晟去數謀沮止晟軍晟謂將吏曰天子播越於外人臣當百舍一息死而後已張義武欲沮吾行吾當以愛子爲質選良馬以啗其意乃留子憑以爲婚義武軍有大將爲孝忠委信者謁晟晟乃解玉帶以遺之因曰吾欲西行願以爲別陳赴難之意受帶者果德晟乃諫孝忠勿止晟晟得引軍踰飛狐師次代州詔加晟檢校工部尚書神策行營節度使實封二百戶晟軍令嚴肅所過樵采無犯自河中由蒲津而軍渭北壁東渭橋以逼泚時劉德信將子弟軍救襄城敗於扈澗聞難率餘軍先次渭南與晟合軍軍無統一晟不能制德信因入晟軍乃數其罪斬之晟以數騎馳入德信軍撫勞其衆無敢動者既併德信軍軍益振時朔方節度使李懷光亦自河北赴難軍於咸陽不欲晟獨當一面以分己功乃奏請與晟兵合乃詔晟移軍合懷光軍晟奉詔引軍至陳濤斜軍壘未成賊兵遽至晟乃出陣

且言於懷光曰賊堅保宮苑攻之未必剋今離其窟穴敢出索戰
此殆天以賊賜明公也懷光恐晟立功乃曰吾軍適至馬未秣士
未飯詎可戰耶不如蓄銳養威俟時而舉晟知其意遂收軍入
壘時興元元年正月也每將合戰必自異衣錦裘繡帽前行親自
指導懷光望見惡之乃謂晟曰將帥當持重豈宜自表飾以啗賊
也晟曰晟久在涇原軍士頗相畏服故欲令其先識以奪其心耳
懷光益不悅陰有異志遷延不進晟因人說懷光曰寇賊竊據京
邑天子出居近甸兵柄廟略屬在明公公宜觀兵速進晟願以所
部得奉嚴令為公前驅雖死不悔懷光益拒之晟兵軍於朔方軍
北每晟與懷光同至城下懷光軍輒虜驅牛馬百姓苦之晟軍無
所犯懷光軍惡其獨善乃分所獲與之晟軍不敢受久之懷光將
謀沮晟軍計未有所出時神策軍以舊例給賜厚於諸軍懷光奏
曰賊寇未平軍中給賜咸宜均一今神策獨厚諸軍皆以為言臣
無以止之惟陛下裁處懷光計欲因是令晟自署侵削己軍以撓

破之德宗憂之欲以諸軍同神策則財賦不給無可奈何乃遣翰
林學士陸贄往懷光軍宣諭仍令懷光與晟參議所宜以聞贄晟
俱會於懷光軍懷光言曰軍士稟賜不均何以令戰贄未有言數
顧晟晟曰公為元帥弛張號令皆得專之晟當將一軍唯公所指
以效死命至於增損衣食公當裁之懷光默然無以難晟又不欲
侵刻神策軍發自於己乃止懷光屯咸陽堅壁八十餘日不肯出
軍德宗憂之屢降中使促以收復之期懷光託以卒疲更請休息
以伺其便然陰與朱泚交通其迹漸露晟懼為所併乃密疏請移
軍東渭橋以分賊勢上初未之許晟以懷光反狀已明緩急宜有
所備蜀漢之路不可壅也請以裨將趙光銑為洋州刺史唐良臣
為利州刺史晟子婿張彧為劍州刺史各將兵五百以防未然上
初納之未果行無何吐蕃請以兵佐誅泚上欲親總六師移幸咸
陽以促諸軍進討懷光聞之大駭疑上奪其軍謀亂益急時鄜坊
節度李建徽神策將陽惠元及晟並與懷光聯營晟以事迫會有

中使過晟軍晟乃宣令云奉詔徙屯渭橋乃結陣而行至渭橋不
數日懷光果劫建徽惠元而併其兵建徽遁免惠元為懷光所害
是日車駕幸梁州時變生蒼卒百官扈從者十二三駱谷道路險
阻儲供無素從官乏食上歎曰早從李晟之言三蜀可坐致也晟
大將張少弘自行在傳口詔授晟尚書左僕射同中書門下平章
事以安衆心晟拜哭授命且曰長安宗廟所在為天下本若皆執
羈靮誰復京師乃浚城隍繕兵甲以圖收復晟以孤軍獨當強寇
恐為二賊之所併乃卑詞厚幣偽致誠於懷光外示推崇內為之
備時芻粟未集乃令檢校戶部郎中張彧假京兆少尹擇官吏以
賦渭北畿縣不旬日芻糧皆足晟乃大陳三軍令之曰國家多難
亂逆繼興屬車駕西幸關中無主予代受國恩見危死節臣子之
分況當此時不能誅滅兇渠以取富貴非人豪也渭橋橫跨大川
斷賊首尾吾與公等勠力勤王擇利而進興復大業建不世之功
能從我乎三軍無不泣下曰唯公所使晟亦歔欷流涕是時朱泚

盜據京城懷光圖為反噬河朔僭偽者三李納虎視於河南希烈
鴟張於汴鄭晟內無資財外無轉輸以孤軍而抗劇賊而銳氣不
衰徒以忠義感於人心故英豪歸向戴休顏率奉天之衆韓遊瓌
治邠寧之師駱元光以華州之兵守潼關尚可孤以神策之旅屯
七盤皆稟晟節度晟軍大振懷光以休顏遊瓌從晟益懼晟又
致書於懷光諭以禍福令破賊迎鑾以掩前過懷光卒不悟軍衆
漸多離散糗糧且竭虜剽無所得懼為晟所襲三月懷光自三
原富平東抵奉天所至焚掠乃自馮翊入據河中懷光將孟涉段
威勇者本神策將惡懷光之不臣既至富平結陣於軍中外向大
呼而去懷光不能制涉威勇以數千人歸晟乃陳兵受涉等降卒
乃奏授涉檢校工部尚書威勇兼御史大夫德宗之幸山南既入
駱谷謂渾瑊曰渭橋在賊腹內兵勢懸隔李晟可辦事乎瑊對曰
李晟秉義執志臨事不可奪以臣計之破賊必矣帝意始安是月
渾瑊步將上官望自間道懷詔書加晟檢校右僕射兼河中尹河

中晉絳慈隰節度使益實封三百戶又兼京畿渭北鄜坊丹延節度招討使晟承詔流涕時帝欲移幸西川晟上表請駐蹕梁漢繫億兆之心圖翦滅之勢若規小捨大作都岷峨即人心失望武士謀臣無所施矣四月有詔加晟京畿渭北鄜坊商華兵馬副元帥時京兆府司錄李𠔌仲自京城來諫議大夫鄭雲逵自奉天至晟以京兆少尹張彧爲副使鄭雲逵爲行軍司馬李𠔌仲爲節度判官俾同主軍畫又請以懷光舊將唐良臣保潼關以河中節度授之戴休顏守奉天請以鄜坊節度授之上皆從之渭橋舊有粟十餘萬斛度支先饋懷光軍欲盡晟又奏曰近畿雖兼兵亂猶可賦斂儻寇賊未滅宿兵曠時人廢耕桑又無儲蓄非防微制勝之術也上納之晟乃於畿甸率稟征賦吏民樂輸守禦益固由是軍不乏食神策軍家族多陷於賊晟家亦百口在賊中左右或有言及家者晟因泣下曰乘輿何在而敢恤家乎泚又使晟小吏王無忌之壻詣晟軍且曰公家無恙城中有書聞晟曰爾敢與賊爲間遽命

○斬之時轉輸不至盛夏軍士或衣裘褐晟亦同勞苦每以大義奮激士心卒無離叛者會將吏數輩自賊中逃來言泚衆攜離可滅之狀士心益奮先是賊將姚令言及僞中丞崔宣咸使諜覘我軍爲羅騎所得拘送於晟晟解縛食而遣之誡之曰爾報崔宣善爲賊守諸人勉力自固勿不忠於賊也五月三日晟引軍抵通化門耀武而還賊不敢出晟集將佐圖兵所向諸將曰先拔外城既有市里然後北清宮闕晟曰若先收坊市巷陌隘狹閒以居人若賊設伏格門百姓囂潰非計也且賊重兵堅甲皆在苑中若自苑擊其心腹彼將圖走不暇如此則宮闕保安市不易肆計之上也諸將曰善乃移書渾瑊駱元光尚可孤剋期進軍於城下其月二十五日夜晟自東渭橋移軍於光泰門外米倉村以薄京城晟臨高指麾令設壕柵以候賊軍俄而賊衆大至賊驍將張庭芝李希倩逼柵求戰晟謂諸將曰吾恐賊不出今冒死而來天贊我也勸吴詵康英俊史萬頃孟涉等縱兵擊之時華州營在北兵少賊併力攻之晟遣

李演孟華以精卒救之中軍鼓譟演力戰大破之乘勝入光泰門再戰又敗之殭屍蔽地餘衆走入白華夜聞慟哭之聲翌日將復出師諸將請待西軍至則左右夾攻晟曰賊既傷敗須乘勝撲滅若俟其有備豈王師之利耶如待西軍恐失機便二十八日晟大集諸將駱元光尚可孤兵馬使吴詵王佖都虞候邢君牙李演史萬頃神策將孟涉康英俊華州將郭審金權文成商州將彭元俊等號令誓師畢陳兵於光泰門外乃使王佖李演率騎軍史萬頃領步卒直抵苑牆神麢村晟先是夜使人開苑牆二百餘步至是賊已樹木柵之賊倚柵拒戰晟叱軍士曰安得縱賊如此當先斬公等萬頃懼先登拔柵而入王佖騎軍繼進賊即奔潰獲賊將段誠諫大軍分道並入鼓譟雷動姚令言張庭芝李希倩猶力捍官軍晟令決勝軍使唐良臣兵馬使趙光銑楊萬榮孟日華等步騎齊進賊軍陣成而屢北戰十餘合乘勝驅蹙至于白華忽有賊騎千餘出於官軍之背晟以麾下百餘騎馳之左右呼曰相公來賊聞

○之驚潰官軍追斬不可勝計朱泚姚令言張庭芝尚有衆萬人相率遁走晟遣田子奇追之其餘兇黨相率來降是日晟軍入京城勒兵屯於含元殿前晟舍於右金吾仗仍號令諸軍曰晟實不武上憑睿算下賴士心幸得殲厥兇渠肅清宮禁皆三軍之力也長安士庶久陷賊庭若小有震驚則非伐罪弔人之義也晟與公等各有家室離別數年今已成功相見非晚五日內不得輒通家信違命者斬乃遣京兆尹李齊運攝長安令陳元衆攝萬年令韋上佽告諭百姓居人安堵秋毫無所犯尚可孤軍人有擅取賊馬者晟大將高明曜虜賊女妓一人司馬伷取賊馬二匹晟皆立斬之莫敢忤視士庶無不感悅咸歔欷流涕遠坊居人亦有經宿方知者二十九日令孟涉屯於白華尚可孤屯望仙門駱元光屯章敬寺晟自屯於安國寺是日斬賊將李希倩等八人徇于市六月四日晟破賊露布至梁州上覽之感泣群臣無不隕涕因上壽稱萬歲奏曰李晟虔奉聖謨盪滌兇醜然古之樹勳力復都邑者往往

有之至於不犧宗廟不易市肆長安人不識旗鼓安堵如初自
三代已來未之有也上曰天生李晟爲社稷萬人不爲朕也百
官拜賀而退是日晟斬僞相李忠臣張光晟蔣鎮喬琳洪經綸崔
宣等又表守臣節不屈于賊者程鎮之劉迺蔣沇趙曄薛岌等晟
初屯渭橋時熒惑守歲久之方退賓介或勸曰今熒惑已退皇家
之利也可速用兵晟曰天子外次人臣但當死節垂象玄遠吾安
知天道耶至是謂參佐曰前者士大夫勸晟出兵非敢拒也且軍
可用之不可使知之嘗聞五緯盈縮無準晟懼復來守歲則我軍
不戰而自潰參佐歎服皆曰非所及也尋拜晟司徒兼中書令實
封一千戶晟綜理以備百司令大將吳詵將兵三千至寶雞清道
晟又請至鳳翔迎扈不許七月十三日德宗至自興元渾瑊韓遊
瓌戴休顏以其兵扈從晟與駱元光尚可孤以其兵奉迎時元從
禁軍及山南隴州鳳翔之衆步騎凡十餘萬旌旗連亘數十里傾
城士庶夾道歡呼晟以戎服謁見于三橋上駐馬勞之晟再拜稽

○ 四十二 【唐傳八十三 七 江通

首初賀元惡殄滅宗廟再清宮闈咸肅抃舞感涕跪而言曰臣忝
備爪牙之任不能早誅妖逆致鑾輿再遷及師於城隅累月方殄
賊寇皆臣庸懦不任職之責敢請死罪伏於路左上爲之掩涕命
給事中齊映宣言令左右起晟於馬前是月御殿大赦贈晟父欽
太子太保母王氏贈代國夫人賜永崇里第及涇陽上田延平門
之林園女樂八人入第之日京兆府供帳酒饌賜教坊樂具鼓吹
迎導宰臣節將送之京師以爲榮觀上思晟勳力製紀功碑俾皇
太子書之刊石立於東渭橋與天地悠久又令太子書碑詞以賜
晟晟以涇州倚邊屢害戎帥數爲亂階乃上書請理不用命者兼
備耕以積粟攘却西蕃上皆從之詔以晟兼鳳翔尹鳳翔隴右節
度使仍充隴右涇原節度兼管內諸軍及四鎮北庭行營兵馬副
元帥改封西平郡王初帝在奉天鳳翔軍亂殺其帥張鎰立小將
李楚琳至是楚琳在朝晟請以楚琳俱往鳳翔將誅之上以初復
京師方安反側不許八月晟至鳳翔理殺張鎰之罪斬王斌等十

餘人初朱泚亂時涇州亦殺其帥馮河清立別將田希鑒方屬播
遷不遑討伐以涇帥授之至是晟奏曰近者中原兵禍皆起涇州
且其地逼西戎易爲反覆希鑒凶徒將校驕逆若不懲革終爲後
患從之晟至鳳翔託以巡邊至涇州希鑒迎謁於坐執而誅之并
誅害河清者石奇等三十餘人具事以聞上曰涇州亂逆梟獍非
晟莫能理之還鎮表右龍武將軍李觀爲涇原節度使吐蕃深畏
之晟常曰河隴之陷也豈吐蕃力取之皆因將帥貪暴種落携貳
人不得耕稼展轉東徙自棄之耳且土無絲絮人苦征役思唐之
心豈有已乎乃傾家財以賞降者以懷來之降虜浪息曩晟奏封
王毋蕃使至晟必置息曩於坐衣以錦袍金帶以寵異之蕃人皆
相指目榮羨息曩蕃相尚結贊頗多詐謀尤惡晟乃相與議云
唐之名將李晟與馬燧渾瑊耳不去三人必爲我憂乃行反間遣
使因馬燧以請和既和即請盟復因盟以虜瑊因以賣燧貞元二
年九月吐蕃用尚結贊之計乃大興兵入隴州抵鳳翔無所虜掠

○ 四十二 【唐傳八十三 八 江通

且曰召我來何不以牛酒犒勞徐乃引去持是間晟也是役也晟
先令衙將王佖選銳兵三千設伏於汧陽誡之曰蕃軍過城下勿
擊首尾首尾縱敗中軍力全若合勢攻欻必受其弊但俟其前軍
已過見五方旗武豹衣則其中軍也突其不意可建奇功佖如晟
節度果遇結贊及出奮擊賊皆披靡佖軍不識結贊故結贊僅而
獲免十月晟出師襲吐蕃摧沙堡拔之斬其堡使扈屈律悉蒙等
自是結贊數遣使乞和十二月晟朝京師奏曰戎狄無信不可許宰
相韓滉又扶晟議請調軍食以給晟命將擊之上方厭兵疑將帥
生事邀功會滉卒張延賞秉政與晟有隙屢於上前間晟言不可
久令典兵延賞欲用劉玄佐李抱眞委以西北邊事俾立功以壓
晟德宗竟納延賞之言罷晟兵柄三年三月冊拜晟爲太尉中書
令奉朝請而已其年閏五月渾瑊與尚結贊同盟於平涼果爲蕃
兵所劫瑊單馬僅免將吏皆陷六月罷河東節度使馬燧爲司徒
盡中尚結贊之謀晟既罷兵權朝謁之外罕所過從有通王府長

吏丁瓊者亦爲張延賞所排心懷怨望乃求見晟言事且曰太尉功業至大猶罷兵權自古功高無有保全者國家儻有變故瓊願備左右校兔三穴盍早圖之晟怒曰爾安得不祥之言遽執瓊以聞四年三月詔爲晟立五廟以晟高祖芝贈隴州刺史曾祖嵩贈澤州刺史祖思恭贈幽州大都督廟成官給牲牢祭器牀帳禮官相儀以祔焉五年九月晟與侍中馬燧見於延英殿上嘉其勳力詔曰昔我列祖乘乾坤之盪滌掃隋季之荒屯體元御極作人父母則亦有熊羆之士不二之臣左右經綸參翊締構昭文德恢武功威不若康不乂用端命于上帝付畀四方宇宙既清日月既貞王業既成太階既平乃圖厥容列于斯閣懋昭績効式表儀形一以不忘于朝夕一以永垂乎來裔君臣之義厚莫重焉貞元己巳歲秋九月我行西宮瞻宏閣崇構見老臣遺像顒然肅然和敬在色想雲龍之叶應感致業之艱難覩往思今取類非遠且功與時並才爲代生苟蘊其才遇其時尊主庇人何代不有在中宗則桓彥範等著其輔戴之績在玄宗則劉幽求等申翼奉之勳在肅宗則郭子儀掃殄氛祲今則李晟等保寧朕躬咸宜力肆勤光復宗社訏之前烈夫豈多謝闕而未録孰謂旌賢況念功紀德文祖所爲也在予曷其敢怠有司宜叙年代先後各圖其像於舊臣之次仍令皇太子書朕是命紀于壁焉庶播嘉庸式昭于下俾後來者尚揖清顔知元勳之不朽復命皇太子書其文以賜晟晟刻石於門左初晟在鳳翔謂賓介曰魏徵能直言極諫致太宗於堯舜之上眞忠臣也僕所慕之行軍司馬李叔度對曰此搢紳儒者之事非勳德所宜晟斂容曰行軍失言傳稱邦有道危言危行今休明之期晟幸得備位將相必有不可忍而不言豈可謂有犯無隱知無不爲者耶是非在人主所擇耳叔度慙而退故晟爲相每當上所顧問必極言匪躬盡大臣之節性沉默未嘗泄於所親臨下明察每理軍必曰某有勞某能其事雖廝養小善必記主名尤惡下爲朋黨相構好善嫉惡出於天性嘗有恩者厚報之初譚元澄爲嵐州刺史嘗有恩於晟後坐貶於岳州比晟貴上疏理之詔贈元澄寧州刺史元澄三子晟撫待勤至皆爲成就官學人皆義之理家以嚴稱諸子姪非晨昏不得謁見言不及公事視王氏甥如己子嘗正歲崔氏女歸省未及階晟却之曰爾有家況姑在堂婦當奉酒醴供饋以待賓客遂不視而遣還家其達禮教如此貞元九年八月薨時年六十七上震悼出次廢朝五日令百官就第臨弔命京兆尹李充監護喪事官給葬具賵賻加等比大斂上手書致意送柩前曰皇帝遣宮闈令第五守進致言於故太尉中書令西平郡王贈太師之靈曰天祚我邦是生才傑稟陰陽之粹氣實山岳之降靈弘濟艱難保佑王室掃盪氛祲廓清上京忠誠感於人神功業施於社稷匡時定亂實賴元勳洎領上台克諧中外訏謨帝道叶替皇猷常竭嘉言以匡不逮情所親重義無間然方期與國同休永爲邦翰比嬰疾恙雖歷旬時日冀痊除重期相見弼予在位終致和平豈圖藥餌無徵奄至薨逝喪我賢哲虧我股

肱天不慭遺痛惜何極嗚呼大廈方構旋失棟樑巨川未濟遂亡舟檝君臣之義追慟益深循省遺章倍增感切卿一門胤嗣朕必終始保持況愿愻等弟兄承卿教訓朕之志義豈忘平生繼卿不言朕亦存信比者卿在之日却未見朕深心今卿與朕長乖方冀知朕誠志無以表念發言渧零是用躬述數行貴寫所懷得盡臨紙遣使不能飾詞魂而有知當體朕意冊贈太師謚曰忠武晟薨後城鹽州復鹽池上賜宰臣新鹽愴然思晟乃令致鹽於靈座又時遣中使至晟第存撫諸子敎戒備至聞愿等有一善上喜形於色終始無與晟比元和四年詔曰夫能定社稷濟生人存不朽之名垂可久之業者必報以殊常之寵待以親比之恩與國無窮時惟茂典故奉天定難功臣太尉兼中書令上柱國西平郡王食實封一千五百戶贈太師李晟閒代英賢自天忠義遇濟時之宏筭抱經武之長材貫以至誠協于一德嘗遭屯難之際實著戡定之功鯨鯢既殲宮廟斯復眷兹勳伐則旣褒崇永言天步之艱載懷邦

傑之力恩加崇於往烈爰協比於後昆睦以宗親將子厚意其家
宜令編附屬籍晟配饗德宗廟庭晟十五子侗伷偕無祿早世次
愿聰揔憑恕憲愬懿聽惎慇聰揔官卑而卒而愿愬聽最知名
愿幼謙謹寡過晟立大勳諸子猶無官宰相奏陳德宗即日召愿
拜銀青光祿大夫太子賓客上柱國舊制勳至上柱國賜門戟即
令賜愿乃與父並列棨戟於門九年丁父憂十一年服闋德宗召
見愿等於延英憫然久之曰朕在宮中常念卿等追懷勳德何日
忘之又聞卿等居喪得禮朕甚嘉之各賜衣一襲絹三千匹愿依
前授太子賓客兄弟同日拜官者九人尋轉左衛大將軍元和元
年八月檢校禮部尚書兼夏州刺史夏綏銀宥等州節度使威令
簡肅甚得綏懷之術客有亡馬者以狀告愿愿以狀牓於路懸金
以購之不三日所亡馬繫之牓下仍置書一緘曰馬逸及群不時
告罪當死敢以良馬一匹贖罪幷亡馬謹納於路愿付客亡馬而
縱其良馬境內嚴肅多如此類轉徐州刺史武寧軍節度使到鎮

○以青鄆不恭奉命討伐屠城下邑捷奏屢聞無何有疾以其弟愬
代爲徐帥入爲刑部尚書疾愈檢校尚書左僕射兼鳳翔尹鳳翔
隴右節度使然自是頗怠於爲理無復素志聲色之外全不介懷
長慶二年二月檢校司空兼汴州刺史宣武軍節度使先是張弘
靖爲汴帥以厚賞安士心及愿至帑藏已竭而愿恣其奢侈門內
數百口仰給官司不恤軍政賞賚不及弘靖時而以威刑馭下又
令妻弟竇緩將親兵緩亦驕僭黷貨以是群情聚怨是歲七月四
日夜牙將李臣則薛志忠秦鄰等三人宿直突入竇緩帳中斬緩
首以徇愿聞有變與左右數人露髮而走登子城北樓懸縋而下
水由竇而出比曉行十數里遇野人驢奪而乘之得至鄭州愿
妻竇氏死於亂兵之手子三人匿而獲免僕妾爲軍士所俘城中
大掠三日乃立其牙將李介爲留後以邀旄鉞月餘方誅之愿坐
貶隨州刺史朝廷念晟之勳終不加罪入爲左金吾衛大將軍長
慶四年六月復檢校司空兼河中尹充河中晉絳慈隰節度使河

中之政亦如岐梁加以愿結託權幸厚行賂遺賦入隨盡軍府蕭
然賴遘疾終不爾蒲人必有變寶曆元年六月卒贈司徒
愬以父蔭起家授太常寺協律郎遷衛尉少卿愬早喪所出保養
於晉國夫人王氏及卒晟以本非正室令服緦愬號哭不忍晟感之
因許服縗既練丁父憂愬與仲弟憲廬于墓側德宗不許詔令歸
第居一宿徒跣復往上知不可奪遂許終制服闋授右庶子轉少
府監左庶子出爲坊晉二州刺史以理行殊異加金紫光祿大夫復
爲庶子東還至太子詹事宮苑閑廐使愬有籌略善騎射元和十
一年用兵討蔡州吳元濟七月唐鄧節度使高霞寓戰敗又命袁
滋爲帥滋亦無功愬抗表自陳願於軍前自効宰相李逢吉亦以
愬才可用遂檢校左散騎常侍兼鄧州刺史御史大夫充隨唐鄧
節度使兵士摧敗之餘氣勢傷沮愬揣知其情乃不肅軍陣不齊
部伍或以不肅爲言愬曰賊方安袁尚書之寬易吾不欲使其改
備乃給告三軍曰天子知愬柔而忍恥故令撫養爾輩戰者非吾

○事也軍衆信而樂之愬又散其優樂未嘗宴樂士卒傷夷者親自
撫之賊以嘗敗高袁二帥又以愬名位非所畏憚者不甚增其備
愬沉勇長算推誠待士故能用其卑弱之勢出賊不意居半歲知
人可用乃謀襲蔡表請濟師詔河中鄜坊騎兵二千人益之由是
戶繕器械陰計戎事嘗獲賊將丁士良召入與語辭氣不撓愬異
之因釋其縛署爲捉生將士良感之乃曰賊將吳秀琳總衆數千
不可遽破者用陳光洽之謀也士良能擒光洽以降秀琳愬從之
果擒光洽十二月吳秀琳以文成柵兵三千降愬乃徑從之新興
柵遂以秀琳之衆攻吳房縣收其外城初將攻吳房軍吏曰往亡日
請避之愬曰賊以往亡爲吾不來正可擊也及戰勝捷而歸賊以
驍騎五百追愬愬下馬據胡床令衆悉力赴戰射殺賊將孫忠憲
乃退或勸愬遂拔吳房愬曰取之則合勢而固其穴不如留之以
分其力初吳秀琳之降愬單騎至柵下與之語親釋其縛署爲衙
將秀琳感恩期於効報謂愬曰若欲破賊須得李祐某無能爲也

祐者賊之驍將有膽略守興橋柵常侮易官軍去來不可備愬召其將史用誠誡之曰今祐以衆穫麥於張柴爾可以三百騎伏旁林中又使搖旆於前示將焚麥者祐素易我軍必輕而來逐爾以輕騎搏之必獲祐用誠等如其料果擒祐而還官軍常苦祐皆請殺之愬不聽解縛而客禮之愬乘間常召祐及李忠義屏人而語或至夜分忠義亦降將也本名憲愬致之軍中多諫愬愬益寵祐始募敢死者三十人以爲突將愬自教習之愬將襲元濟會雨水自五月至七月不止溝塍潰溢不可出師軍吏咸以不殺祐爲言簡牘日至且言得賊諜者具言其事愬無以止之乃持祐泣曰豈天意不欲平此賊何爾一身見奪於衆口愬又慮諸軍先以謗聞則不能全祐乃械送京師先表請釋且言必殺祐則無以成功者比祐至京詔釋以還愬乃署爲散兵馬使令佩刀巡警出入帳中略無猜間又改爲六院兵馬使舊軍令有舍賊諜者屠其家愬除其令因使厚之諜反以情告愬愬益知賊中虛實陳許節度使李

四十二 唐傳仐三 十三 王惠

○光顏勇冠諸軍賊悉以精卒抗光顏由是愬乘其無備十日將襲蔡州其月七日使判官鄭澥告師期於裴度十日夜以李祐率突將三千爲先鋒李忠義副之愬自帥中軍三千田進誠以後軍三千殿而行初出文成柵衆請所向愬曰東六十里止至賊境曰張柴砦盡殺其戍卒令軍士少息繕羈靮甲冑發刃彀弓復建旆而出是日陰晦雨雪大風裂旗旆馬慄而不能躍士卒苦寒抱戈僵仆者道路相望其川澤梁逕險夷張柴已東師人未嘗蹈其境皆爲殺身不測初至張柴諸將請所止愬曰入蔡州取吳元濟也諸將失色監軍使哭而言曰果落李祐計中愬不聽促令進軍皆爲必不生還然已從愬之令無敢爲身計者愬道分五百人斷洄曲路橋其夜凍死者十二三又分五百人斷朗山路自張柴行七十里比至懸瓠城夜半雪愈甚近城有鵝鴨池愬令驚擊之以雜其聲賊恃吳房朗山之固晏然無一人知者李祐李忠義坎墉而先登敢銳者從之盡殺守門卒而登其門留擊柝者黎明雪亦止愬入止元濟外宅蔡吏告元濟曰城已陷矣元濟曰是洄曲子弟歸求寒衣耳俄聞愬軍號令將士云常侍傳語乃曰何常侍得至於此遂驅率左右乘子城拒捍田進誠以兵環而攻之愬計元濟猶望董重質來救乃令訪重質家安卹之使其家人持書召重質重質單騎而歸愬白衣泥首愬以客禮待之田進誠焚子城南門元濟城上請罪進誠梯而下之乃檻送京師其申光二州及諸鎮兵尚二萬餘人相次來降自元濟就擒愬不戮一人其爲元濟執事帳下廚廄之間者皆復其職使之不疑乃屯兵鞠場以待裴度翌日度至愬具櫜鞬候度馬首度將避之愬曰此方不識上下等威之分久矣請公因以示之度以宰相禮受愬迎謁衆皆聳觀明日愬軍還於文城柵十一月詔以愬檢校尚書左僕射兼襄州刺史山南東道節度襄鄧隨唐復郢均房等州觀察等使上柱國封涼國公食邑三千戶食實封五百戶一子五品正員憲宗有意復隴右故地元和十三年五月授愬鳳翔隴右節度使仍詔路由闕下

四十二 唐傳仐三 十四 王惠

○愬未發屬李師道再叛詔田弘正義成宣武等軍討之乃移愬爲徐州刺史武寧軍節度使代其兄愿兄弟交換岐徐三鎮旬日間再踐父兄之任愬至徐方理兵有方略時蔡將董重質貶春州司戶愬上表請恕董重質賜之堪於軍前驅使即詔徵還送武寧軍愬乃署爲牙將愬破賊金鄉凡十一戰擒賊將五十俘斬萬計淄青平將有事燕趙元和十五年九月以愬檢校左僕射同中書門下平章事潞州大都督府長史昭義節度使仍賜興寧里第十月王承宗卒魏博田弘正移任鎮州愬至潞州四月遷魏州大都督府長史魏博節度使長慶元年幽鎮復亂愬聞之素服以令三軍曰魏人所以富庶而能通知聖化者由田公故也天子以其仁而愛人使理鎮冀且田公出於魏撫師七年一旦鎮人不道敢茲殘害以魏爲無人也若父兄子弟食田公恩者其何以報衆皆慟哭又以玉帶寶劍與牛元翼遣使謂之曰吾先人常以此劍立大勳吾又以此劍平蔡寇今鎮人叛逆公以此翦之元翼承命感激乃以劍及

帶令於軍中報之曰願以衆從竭其死力方有制置會疾作不能治軍人違紀律功遂無成朝廷以田布代之除太子少保歸東都是年十月卒於洛陽時年四十九穆宗聞之震悼贈賻加等贈太尉始晟剋復京城市不改肆及愬平淮蔡復踵其美父子仍建大勳雖昆仲皆領兵符而功業不侔於愬近代無以比倫加以行己有常儉不違禮第兄席父勳寵率以僕馬第宅相矜唯愬六遷大鎮所處先人舊宅一院而已晚歲忽於取士辟請不得其人至使吏緣爲姦軍政不肅物論稍減惜哉

聽七歲以蔭授太常寺協律郎常入公署吏胥以小之不爲致敬聽令鞭之見血父晟奇之後隨吐突承璀討王承宗爲神策行營兵馬使時昭義盧從史持兩端無心討賊承璀用聽計擒從史以獻轉左驍衛將軍兼御史中丞出爲安州刺史隨鄂岳觀察使柳公綽討吳元濟軍中動靜悉用聽謀軍聲遂振元和中討李師道聽爲楚州刺史統淮南之師鄆人素易淮軍聽潛訓練出其不意趨

○海州據險要破沭陽兵降朐山戍懷仁東海兩城望風乞降山東平元和十四年五月以功授檢校左散騎常侍夏州刺史夏綏銀宥節度使十五年六月改靈州大都督府長史靈鹽節度使境內有光祿渠廢塞歲久欲起屯田以代轉輸聽復開決舊渠溉田千餘頃至今賴之就加檢校工部尚書初聽爲羽林將軍有名馬穆宗在東宮令近侍諷聽獻之聽以職總親軍不敢從及即位之始幽鎮不廷太原與二鎮接境方議易帥宰臣進擬上皆不允謂宰臣曰李聽爲羽林將軍不與朕馬是必可任長慶二年二月授檢校兵部尚書太原尹北京留守河東節度使代裴度四年七月轉滑州刺史義成軍節度使大和二年討李同捷時魏博行營將丁志沼潛結滄鎮擅迴戈攻其帥史憲誠詔聽師援之大破其叛卒志沼奔鎮州爲王庭湊所殺聽遂凱旋以功封涼國公授一子五品官王廷湊再違朝旨詔聽以全師屯貝州路由魏州史憲誠懼聽見襲束甲郊迎候吏密白聽乃令兵士匣刃櫜弓休於野外魏人遂安後憲誠欲入覲竭其府庫魏人怨之殺憲誠衙軍立其大將何進滔詔聽兼領魏博節度使將兵北渡魏人不納聽乘城拒守乃屯兵館陶魏兵遽襲聽不爲備其軍大敗無復部伍晝夜奔走僅而獲免喪師過半輜車兵仗並皆委棄御史中丞溫造殿中侍御史崔蠡彈之曰臣聞賞罰不立無以示天下是非一貫莫能建大中竊見義成軍節度使李聽昨者負其承藉委以統戎俾代憲誠付之雄鎮總二萬虎貔之旅位極寵榮兼兩藩節制之權心無報効況陛下授以神算假以天威入魏之期剋日先定而聽擁旄觀望按甲遷延熒惑人心逗撓軍政遂使憲誠陷於屠戮亂衆肆其姦凶凡失六郡於垂成固危巢於已覆委貝州而不守燒劫無遺望淺口而疾驅狼狽就道自圖苟免不忝苞苴蔑棄朝章有同兒戲魏州之亂職聽之由論其負恩萬死猶幸伏以封常清河南失律斬於關門高霞寓唐鄧破傷投諸遐裔渾鎬節制易定將戰而兵力不支袁滋逗留西川欲進而兇渠尚在或親當矢石

○或躬歷艱危勢屈賊鋒竟申朝典未曾貸法必震皇威今李聽罪狀夙聞中外憤惋比之常清等輩萬萬過之若陛下猶示含弘不寘極法臣等恐憲章墜地天下寒心伏請付法上不之罪罷兵柄爲太子少師聽頗賂遺權幸以爲援居無何復檢校司徒起爲邠寧節度使邠州衙廳相傳不利昔修以至隳壞聽曰帥臣鑿凶門而出豈有拘于巫祝而隳公署耶遂命葺之卒無變異大和六年轉武寧軍節度使時聽有蒼頭爲徐州將不欲聽至聽先使親吏慰勞徐人爲蒼頭所殺聽不敢進因以疾辭用爲太子太保七年出守鳳翔時人榮之九年改陳許節度未至鎮復除太子太保分司開成元年出爲河中尹河中晉慈隰節度使四年以疾求代除太子太保是歲十月卒時年六十一贈司徒聽十領節旌所不至者三鎮莅官苛細好將迎遺賂收急於聚斂窮極侈欲位至一品竟終牖下非西平之遺德焉能及此乎

憲晟第五子晟十子憲愬最仁孝及長好儒術以禮法修整起家

太原府參軍醴泉縣尉于頔鎮襄陽辟爲從事時吳少誠據淮西
獨憚頔之威當時咸以憲謀畫致之元和八年田弘正以魏博奉朝
言辟憲爲從事授衛州刺史遷絳州所至以理行稱入爲宗正少
卿遷光祿卿穆宗即位以太和公主降迴鶻命金吾大將軍胡証
充送公主使命憲副之使還獻入蕃道里記遷檢校左散騎常侍
兼太府卿出爲洪州刺史江西觀察使大和二年轉嶺南節度使
憲雖勳伐之家然累歷事任皆以吏能擢用所履官秩政績流聞
性本明恕尤精律學屢詳決冤獄活無罪者數百人以能入官官
無敗事士君子多之大和三年八月卒時年五十六憑累歷諸衛
大將軍恕太子洗馬並以蔭授官累遷至少卿監甚累官至右龍
武大將軍沉湎酒色恣爲豪侈積債至數千萬其子貸迴鶻錢壹
萬餘貫不償爲迴鶻所訴文宗怒貶甚爲定州司法參軍
王佖晟之甥雄武善騎射自晟河西河北出師佖無役不從朱泚
之亂晟攻賊於光泰門賊鋒尚勁佖與兵馬使李演踰苑墻血戰

敗賊前鋒諸軍方振論功爲神策將吐蕃之寇涇原佖伏卒擊拏尚
結贊幾獲由是深爲吐蕃所畏晟親佖恩寵與愿愬不殊給與過
之晟既爲張延賞媒孽罷兵權亦不用佖爲將帥入爲左衛上將
軍元和中愿愬兄弟在方鎮佖檢校工部尚書靈州大都督府長
史朔方靈鹽節度使先是吐蕃欲成烏蘭橋於河壖先貯材木朔
方節度使每遣人潛載之委於河流終莫能成至是蕃人知佖貪
而無謀先厚遺之然後併役成橋仍築月城圍守之自是朔方禦
寇不暇邊上至今爲恨長慶三年四月卒

史臣曰西平器偉材雄人望而畏出身事主落落有將帥之風見
義能勇聽受不疑忠於事君長於應變誠一代之賢將也觀恒山
之役立談釋二帥之憾涇師之亂號哭赴奉天之危可不爲忠義
乎對白華之進軍知平涼之必詐沮星變之議殺渭橋之軍可不
爲應變乎解帶結孝忠之心請婚釋延賞之怨嫉惡有楚琳之請
懲亂行希烈之誅可不爲明於決斷乎而德宗皇帝聽斷不明無
人君之量俾功臣困讒慝之口斯人秉衡石之權丁寧之言誠堪
太息雖齦齕刻渭橋之石區區賜煙閣之銘亦何心哉作善遺慶
諸子俱才元和平賊之功聽愬居其半父子昆弟皆以功名始終
道家所忌之談李氏以善勝矣

贊曰桓桓太師義勇天資運鍾禍亂力拯顛危愬事章武誅蔡
平齊凌煙畫圖父子爲宜

唐書列傳卷第八十三

左從政郎紹興府錄事參軍徐　俊卿　校勘

劉　昫　等修

聞人詮校刻沈桐同校

馬燧 燧子暢 惪兄炫 渾瑊 瑊子鎬 鐬

馬燧字洵美汝州郟城人其先自右扶風徙焉祖珉官至左玉鈐衛倉曹父季龍嘗舉明孫吳倜儻善兵法官至嵐州刺史幽州經畧軍使燧少時嘗與諸兄讀書乃輟卷歎曰天下將有事矣丈夫當建功於代以濟四海安能矻矻爲一儒哉燧姿度魁異長六尺二寸沉勇多智畧該涉群書尤善兵法安祿山反俾光祿卿賈循守范陽燧說循曰祿山負恩首亂雖陷洛城必當夷滅公盍建不代之功誅其逆將向潤客牛廷玠拔其根柢祿山西不能入關則坐而受擒天下可定也循雖善之計不時決事洩祿山果遣韓朝陽來召循朝陽至范陽與循語陰伏壯士以弓弦縊殺之燧脫身走西山隱者徐遇匿之踰月間行歸平原平原不守復走魏郡寶應中澤潞節度使李抱玉

○署奏趙城尉是時迴紇大軍還國恃復東都之功倔強恣睢所過或虜掠廩粟供餼小不如意恣行殺害抱玉具供辦虞介皆憚不敢行燧自贊請主郵驛比迴紇至則先賂其渠帥與明要約迴紇乃授燧旗幟爲識犯令者命燧戮之燧取死囚給左右廝役小違令輒殺之迴紇相顧失色虜涉其境無敢暴掠抱玉益奇之燧因說抱玉曰屬者與迴紇言燧得其情今僕固懷恩恃功樹黨李懷仙張忠志薛嵩田承嗣分授疆土皆出於懷恩其子瑒佻勇不義以燧度之將必窺太原西山以爲亂公宜深備之無何懷恩果與太原都將李竭誠通謀將取太原其帥辛雲京覺之斬竭誠固城自守懷恩遣其子瑒率兵圍之初迴紇北歸遣其將安恪石常庭將兵數百及誘募附麗者復數千人以守河陽東都所虜掠重貨悉積河陽是時懷恩遣薛嵩自相衛餽糧以絕河津抱玉令燧請薛嵩說之嵩乃絕懷恩從順署奏左武衛兵曹歷太子通事舍人遷著作郎營田判官無幾遷秘書少監兼殿中侍御史爲節度判官承務郎遷鄭州刺史燧乃勸課農畝撫其戶籍歲一稅之州人以爲便大曆四年改懷州刺史乘亂兵之後其夏大旱人失耕稼燧乃務修教化將吏有父母者燧輒造之施敬收瘞暴骨去其煩苛至秋界中生穭穀人頗賴之抱玉移鎮鳳翔以汧陽被邊署奏隴州刺史兼御史中丞州西有通道廣二百餘步上連峻山山與吐蕃相直虜每入寇皆出於此燧乃按行險易立石種樹以塞之下置二門設籬櫓八日而功畢會抱玉入覲與燧俱行久之代宗知其能召見拜商州刺史兼御史中丞防禦水陸運使大曆十年河陽三城兵亂逐鎮將常休明以燧檢校左散騎常侍御史大夫河陽三城使十一年五月汴州大將李靈耀反因據州城絕運路以邀節制代宗務姑息人因授靈耀汴宋等八州節度留後靈耀不受命乃潛結魏博田承嗣乃遣兄子悅將兵援靈耀破永平軍將劉洽詔燧與淮西節度使李忠臣合軍討靈耀忠臣懼賊焚廬舍西走燧勸其還兵請爲前鋒擊破田悅進逼汴州忠臣行汴南燧引軍行汴北又敗靈耀將張清於西梁固靈耀選銳兵八千號爲餓狼軍燧獨

○引軍擊破之進至浚儀是時河陽兵寇諸軍承嗣又遣悅將兵二萬救靈耀破永平軍將杜如江畧曹州又敗李正巳遊軍擊走劉洽長孫全緒等軍乘勝去汴州一舍方陣而進忠臣會宋州淮南浙西兵與戰不利請救於燧燧引四千人爲奇兵擊破之田悅匹馬遁去靈耀知悅敗明日以百騎夜走汴州悉降燧讓功於忠臣忠臣素暴戾燧不欲入汴城乃引軍退舍於板橋忠臣入城果專其功因會擊殺宋州刺史李僧惠燧還河陽大曆十四年六月檢校工部尚書太原尹北都留守河東節度留後尋爲節度使太原承前政鮑防百井敗軍之後兵甲寡弱燧乃悉召將吏牧馬廝役得數千人悉補騎卒教之數月爲精騎造甲者必令長短三等稱其所衣以便進趨又造戰車蒙以狻猊象列戟於後行則載兵甲止則爲營陣或塞險以遏奔衝器械無不犀利居一年陳兵三萬開廣場以習戰陣教其進退坐作之勢建中二年六月朝于京師加檢校兵部尚書令還太原初田悅新代承嗣統兵恐人不附已詐効誠款燧上疏明其必反宜先備

之其年悅果與淄青恒冀通謀自將兵三萬圍邢州次臨洺築重城絕其內外以拒救兵邢州將李洪臨洺將張伾皆堅守不拔昭義軍告急乃詔燧將步騎二萬與昭義節度使李抱眞神策行營兵馬使李晟合軍救臨洺燧軍出𨺗口兵未過險乃遣持書喻悅且示之好悅謂燧畏之十一月師次邯鄲悅遣使至燧皆斬之以徇遣兵擊破其支軍射殺其將成炫之悅自攻臨洺遣大將楊朝光將兵萬人於臨洺南雙岡東西列二柵以禦燧燧乃率李抱眞李晟進軍營於二柵之中其夜東柵走歸悅明日燧進軍營明山取其棄柵以置輜重悅謂將吏曰朝光堅柵不下萬人假令燧等盡銳攻之比數日計不能下殺傷必甚吾此必拔臨洺賞勞軍士而與之戰必勝之術也悅乃分恒州李惟岳救兵五千以助朝光燧率軍攻朝光田悅將萬餘人救之燧乃令大將李自良李奉國將騎兵合神策軍於雙岡禦之令曰令悅得過當斬爾自良等擊却悅燧乃令推火車以焚其柵斬朝光及大將盧子昌斬首五千餘級生虜八百餘人居五日進軍至

○臨洺田悅悉軍復戰燧自將銳兵振其衝口凡百餘合士皆決死悅兵大敗斬首萬餘級生虜九百人得穀三十萬斛器甲稱是悅收敗兵夜遁邢州圍亦解以功加右僕射先戰燧揩軍中戰勝請以家財行賞旣勝盡出其私財以頒將士德宗嘉之詔度支出錢五萬貫行賞還燧家財尋加魏博招討使三年正月田悅求救於淄青恒冀李納遣大將衞俊將兵萬人救悅李惟岳亦遣兵三千赴援悅收合散卒二萬餘人壁于洹水淄青軍其東恒冀軍其西首尾相應燧率諸軍進屯於鄴奏請益河陽兵詔河陽節度使李芃將兵會之軍次于漳悅遣將王光進以兵守長橋築月城以爲固軍不得渡燧乃於下流以車數百乘維以鐵鏁鏁絕中流實以土囊以遏水水稍淺諸軍畢渡是時軍糧少悅深壁不戰欲老燧軍燧令諸軍持十日糧進次倉口與悅夾洹水而軍抱眞與李芃問曰糧少而深入何也燧曰糧少利速戰兵法善於致人不致於人今田悅與淄青恒三軍爲首尾計欲不戰以老我師若分軍擊其左右兵少未可必破悅且來救是前後受敵也兵法所謂攻其必救彼固當戰也燧爲諸軍合而破之燧乃造三橋道逾洹水日挑戰悅不敢出恒州兵以軍少懼爲燧所并引軍合於悅悅謂燧明日復挑戰乃伏兵萬人欲邀燧燧乃令諸軍半夜皆食先雞鳴時擊鼓吹角潛師傍洹水徑趣魏州令曰聞賊至則止爲陣又令百騎吹鼓角皆留於後仍抱薪持火待軍畢發止鼓角匿其旁伺悅軍畢渡焚其橋軍行十數里悅乃率淄青恒州步騎四萬餘人踰橋掩其後乘風縱火鼓譟而進燧乃坐申令無動命前除草斬榛棘廣百步以爲陣燧出陣募勇力得五千餘人分爲前列以俟賊至比悅軍至則火止氣乏力少衰乃縱兵擊之悅軍大敗時神策昭義河陽軍小却河東軍旣勝諸軍還鬬合擊又大破之追洹水悅軍走橋橋已焚矣悅軍亂赴水斬首二萬餘級殺大將孫晉卿安墨啜生獲三千餘人溺死者不可勝紀淄青軍殆盡死者相枕藉三十餘里悅收敗卒千餘人走魏州至門州將李長春閉門不納久之追兵不至比明乃納悅悅旣入殺長春嬰城自守數日李再春

○以博州降悅兄昂以洺州降王光進以長橋降悅遣符璘李瑤將五百騎送淄青兵還鎭璘瑤因來降燧魏州先引御河入南流燧令塞其領口河流絕城中益恐悅乃遣許士則侯臧徒步間行說朱滔王武俊借兵求救時王武俊已殺李惟岳傳首京師授武俊恒冀觀察都防禦使時武俊同列張孝忠已爲易定節度使武俊獨爲防禦使又割趙深二州爲一鎭以康日知爲觀察使甚爲怨望且素輕孝忠恥名在下時朱滔討李惟岳拔深州求隸幽州不得亦怨望由是滔武俊同謀救悅悅恃燕趙之援又出兵二萬背城而陣燧復與諸軍擊破之五月加燧同中書門下平章事六月朱滔王武俊聯兵五萬來救悅至于城下諸帥議退兵燧固不可德宗遣朔方節度使李懷光將朔方軍步騎萬五千人赴燧是月晦懷光亦至懷光勇而無謀軍至之日未休息堅請與滔等戰王師不利悅等決水灌燧等軍燧兵屈糧少七日燧與諸軍退次魏縣是月詔加燧魏州大都督府長史兼魏博貝四州節度觀察招討等使田悅朱滔王武俊軍亦至魏

縣與官軍隔河對壘十一月三盜於魏縣軍中遞相推奬王號朱滔稱冀王田悅稱魏王王武俊稱趙王又遣使於李納納稱齊王四道共推淮西李希烈爲天下兵馬元帥太尉建興王皆僞署官號如國初行臺之制而名目頗有妖僻者然未敢僞稱年號而五盜合從圖傾社稷兩河鼎沸寇盜橫行燧等雖志在勤王竟莫能剷戮患難四年十月涇師犯闕帝幸奉天燧引軍還太原議者云燧若乘田悅洹水之敗併力攻之時城中敗卒無二三千人皆夷傷未起旦夕俟降燧與抱眞不和遷延於擊賊乃致三盜連結至今爲梗職燧之由燧至太原遣行軍司馬王權將兵五千赴奉天又遣男彙及大將之子與俱來壁於中渭橋及帝幸梁州權彙領兵還鎮燧以晉陽王業所起度都城東面平易受敵時天下騷動北邊數有警急乃引晉水架汾而注城之東瀦以爲池寇至計省守陴者萬人又決汾水環城多爲池沼樹柳以固隄壽兼保寧軍節度使興元元年正月加檢校司徒封北平郡王七月德宗還京加燧奉誠軍及晉絳慈隰節度幷管

○内諸軍行營副元帥令與侍中渾瑊鎮國軍節度使駱元光同討河中初李懷光據河中燧遣使招諭之懷光妹壻要廷珍守晉州衙將毛朝敭守隰州鄭抗守慈州皆相次降燧初王武俊自魏縣還鎮雖去僞號而攻圍趙州不解康日知窘蹙欲棄趙州燧奏曰可詔武俊與抱眞同擊朱滔以深趙隸武俊請改日知爲晉慈隰節度使日知未至而三州降燧故又加燧晉慈隰節度使燧乃表讓三州於日知且言因降而授之恐後有功者踵以爲常上嘉而許之燧乃遣使迎日知既至籍府庫而歸之日知喜且過望九月十五日燧帥步騎三萬次于絳分兵收夏縣略稷山攻龍門降其將馮萬興任象玉燧以兵攻絳州十月拔其外城其夜僞刺史王克同與大將達奚小進棄城走降其衆四千人又遣大將李自良谷秀分兵略定聞喜夏縣萬泉虞鄉永樂猗氏六縣降其將辛兟及兵五千人谷秀以犯令虜士女斬之以徇貞元元年軍次寳鼎敗賊騎兵於陶城前鋒將李巔追擊之射殺賊將徐伯文斬首萬餘級獲馬伍百匹是歲天下蝗旱物

價騰踊軍之糧餉而京師言事多請捨懷光上意未決燧以懷光逆節尤甚河中密邇京邑反覆不可保信捨之無以示天下處上爲左右所惑且兵事尚密六月燧乃捨軍以數百騎朝于京師比召見燧曰臣雖不武得芻糧支一月足以平河中上許之七月燧因朝京師乃與渾瑊駱元光韓遊瓌合軍次于長春宮懷光將徐廷光以兵六千守宮城禦備甚嚴燧度長春不下則懷光自固攻之曠日持久所傷必甚乃挺身至城下呼廷光廷光素憚燧威名則拜於城上燧度廷光心已屈乃徐謂之曰我來自朝廷可西面受命廷光復拜燧乃喩之曰公等皆朔方將士祿山已來首建大勳四十餘年功伐最高柰何棄祖父之勳力背君上爲族滅之計耶從吾非止免禍富貴可圖也賊徒皆不對燧又曰爾以吾言不誠今相去不遠數步爾當射我乃披襟示之廷光感泣俯伏軍士亦泣下先一日賊焦籬堡守將尉珪以兵二千因堡降燧廷光東道既絕乃率衆出降燧以數騎徑入城處之不疑莫不畏服衆大呼曰吾輩復得爲王人矣渾瑊謂是

○服燧私謂參佐曰予嘗謂馬公用兵與予不相遠但驚怪累敗田悅令觀其行兵料敵吾不逮遠矣八月燧移軍於焦籬堡其夜賊太原堡守將吳冏棄堡而遁其下皆降燧率諸軍濟河兵凡八萬陣於城下是日賊將牛名俊斬懷光首以城降其守兵猶一萬六千人斬賊將閻晏孟寳張清吳冏等七人以徇爲懷光脅虜者皆捨之燧自朝京師還行營凡二十七日而河中平詔書褒美遷光祿大夫兼侍中仍與一子五品正員官宴賜畢還太原是行也德宗賜燧宸扆台衡二銘序曰朕每覽上古之書及唐虞之際君臣相得聖賢同時日夕孜孜講論至道或陳其鑒誡或諷以詠歌煥乎典謨百代是式有以見啓沃之道理化之端意甚慕之而未能逮也頃靈鹽節度使杜希全著書上獻多所規諫聊爲君臣箴用答其意河東等道副元帥司徒燧固請勒石貽厥後人朕以文旣非工義又非備垂諸來裔良所忸焉起予者商因之有作庶乎朝夕自儆且俾後代知我文武殿邦之臣歟宸扆銘曰天生烝人性命元淳嗜欲交馳利害紛紛無主乃

亂樹之以君九域茫茫萬情云云目不備覩耳難偏聞覩之聞之匆又非眞事失其源道遠莫親理得其要化行如神失源維何不自正身正身之方先誠其意罔從爾欲罔載爾僞體道崇德本仁率義必信若寒暑無私象天地感而遂通百慮一致任人之術各當其器捨短從長理無求備事多揔集衆才咸遂知而必任任而勿貳以天下之目爲鑒我鑒斯明以天下之心爲謀我謀則智求賢惟廣辯理惟精逆耳咈心必嘉乃誠順旨茍容亦察其情斥去奸諛全度忠貞先人立言爲代作程謇謇者昌唯唯者傾繫以興亡昌云其輕承天子人夫豈不貴伊昔哲王夙夜祗畏馭朽爲戒納隍爲志神將害盈天匪假易四海爲家夫豈不富伊昔哲王勤儉固陋土階罔飾露臺罷構遠奇伎滛巧放珍禽怪獸敬之愼之天命可祐欲令必行順人之情欲誠必著清已之慮心無億詐事必忠恕凡將有爲靡不三思喜怒以節動靜以時毫釐或差禍害亦隨慢易厥初悔其曷追刑不可長武不可恃作威逞力厲階斯起垂旒蔽聰黈纊塞耳含弘光大是

亦爲美覆之如天愛之如子仁心感人率土自理嗟予寡昧嗣守丕圖寇戎荐興德化未孚大業兢兢其敢以渝俯察物情仰稽典謨作誡斯言寘于坐隅台衡銘曰天列台星垂象于人聖人則天亦建輔臣以翼以弼爲衡爲鈞如耳目應心如股肱運身是則同體孰云非親陰陽相推四序成歲君臣相得萬邦作乂感同風雲合若符契以道匡救盡規獻替木必從繩金其用礪帝者之盛時惟陶唐乃聞疇咨仄陋明敭洎乎有虞二八騰芳爰迨伊尹相于成湯載生姜亡諒彼武王道無不行謀無不臧君聖臣賢運泰時康漢高既興蕭曹亦彰烈烈我祖膺期而昌剗滅羣兇砥平四方惟衞及英啓闢封疆曰房與杜振理維綱亦有魏徵忠謇昂昂偉茲衆材爲棟爲梁蕩蕩巍巍邦家有光是知道之廢興繫于時主主之得失資于台輔經之以文緯之以武出爲方伯入作申甫絕維蔵張闕衮斯補惟德是脩惟才是求人不易知德亦難周傅說板築吕望射鉤任之不疑千載垂休體於至公何鄙何讎追惟哲主必賴良弼矧予不德暗於理術師旅繁起政刑多失壽茲艱屯夙夜祗慄翊我戴我實惟勳賢內熙庶績外揔十連威武載揚謀猷日宣長城壓境巨艦濟川同德同心扶危持顚予嘉爾誠爾相予理惟后失道亦臣之恥自昔格言愼終如始功藏與典道冠圖史無俾伊傅克專厥美作鑒勒銘永世是紀燧至太原乃勒二銘於起義堂西偏帝爲題額其崇寵如此二年冬吐蕃大將尚結贊陷鹽夏二州各留兵守之結贊大軍屯於鳴沙自冬及春羊馬多死糧餉不繼德宗以燧爲綏銀麟勝招討使令與華帥駱元光邠帥韓遊瓌及鳳翔諸鎮之師會於河西進討燧出師次石州結贊聞之懼遣使請和仍約盟會上皆不許又遣其大將論頰熱厚禮卑辭申情於燧請和燧頻表論奏上堅不許三年正月燧軍還太原四月燧與論頰熱俱入朝燧盛言蕃情可保請許其盟上然之燧既入朝結贊遽自鳴沙還蕃是歲閏五月十五日侍中渾瑊與蕃相尚結贊盟于平涼爲蕃軍所劫狼狽僅免陷將吏六十餘員由燧之謬謀也坐是奪兵權六月以燧守司徒兼侍中北平王如故仍賜

妓樂奉朝請而已五年九月燧與太尉李晟召見于延英殿上嘉其有大勲力皆圖形凌煙閣列於元臣之次九年七月燧對於延英初上以燧足疾不令朝謁是日燧以冬首入朝勑許不拜而坐時太尉晟初薨帝謂燧曰常時卿與太尉晟同來今獨見卿不覺悲慟上歔欷久之燧既退足疾仆於地上親掖起之送及於陛燧頓首泣謝累上表乞骸陳讓侍中優詔不許貞元十一年八月薨時年七十先是司天頻奏熒惑太白犯太微上將間一月而燧薨廢朝四日詔京兆尹韓皐監護喪事嗣吳王獻爲弔祭贈賵使冊贈太尉謚曰莊武

史臣曰燧雄勇強力常先計後戰又善誓師將戰親自號令士無不懍慨感動戰皆決死未嘗折北謀得兵機冠於一時然力能擒田悅而不取納蕃帥之僞款而保其必盟平涼之會大臣幾陷闢鐵搖動此謂才有餘而心不至議者惜而恨之

子彙暢以父蔭累遷至鴻臚少卿留京師建中三年燧討田悅於山東時歲旱京師括率商戸人心甚搖鳳翔留鎮幽州兵多離散入

南山爲盜殿中丞李雲端與其黨袁封單超佺李誠信與信等與暢善因飲食聚會言時事將危暢乃遣家人温靖與父書具陳利害可班師還鎮燧怒執靖具奏其狀令兄炫執暢請罪德宗以燧方討賊不竟其事誅雲端等十一人勑炫就第杖暢三十上於是罷括率之令燧貲貸甲天下燧既卒暢承舊業屢爲豪幸邀取貞元末中尉申志廉諷暢令獻田園第宅順宗復賜暢初爲彙妻所訴析其產中貴又逼取仍指使施於佛寺暢不敢恡晚年財產並盡身歿之後諸子無室可居以至凍餒今奉誠園亭館即暢舊第也暢終少府監贈工部尚書子繼祖以祖蔭四歲爲太子舍人累遷至殿中少監年三十七卒

馬炫字弱翁燧之仲兄少以儒學聞於時隱居蘇門山不應辟召至德中李光弼鎮太原辟爲掌書記試大理評事監察御史歷侍御史常衮謀議光弼甚重之奏授比部刑部郎中田神功鎮汴州奏授節度判官檢校兵部郎中轉連州刺史徵拜吏部郎中又出爲閬州刺史入爲大理少卿建中初爲潤州刺史黜陟使柳載以清白聞徵拜太子右庶子遷左散騎常侍弟燧爲司徒以親比拜刑部侍郎以疾辭改兵部尚書致仕貞元七年卒時年七十九

渾瑊皐蘭州人也本鐵勒九姓部落之渾部也高祖大俟利發渾阿貪支貞觀中爲皐蘭州刺史曾祖元慶祖大壽父釋之皆代爲皐蘭都督大壽開元初歷左領衛中郎將太子僕同正釋之少有武藝從朔方軍積戰功於邊上累遷至開府儀同三司試太常卿寧朔郡王廣德中與吐蕃戰沒於靈武年四十九瑊本名曰進年十餘歲即善騎射隨父戰伐破賀魯部下石堡城收龍駒島勇冠諸軍累授折衝果毅後節度使安思順遣瑊提偏師深入葛祿部經狐媚磧略特羅斯山大破阿布思部又與諸軍城永清柵天安軍遷中郎將安祿山構逆瑊從李光弼出師河北定諸郡邑賊將有李立節者素稱驍勇與瑊格鬭臨陣斬之遷右驍衛將軍既而肅宗即位於靈武瑊統兵赴行在至天德遇蕃軍入寇瑊擊敗之從郭子儀收兩京討安慶緒破賊於新鄉改檢校太僕卿充武鋒軍使又從僕固懷恩討史朝義前後數十戰朝義平加開府儀同三司太常卿賜實封二百戶及懷恩謀亂令子瑒與瑊率軍圍榆次朔方將殺瑒瑊率所部歸郭子儀會瑊父釋之戰死又起復本官爲朔方行營左廂兵馬使從子儀討吐蕃於邠州以功加御史中丞軍還盛秋於邠會吐蕃大入寇至奉天瑊拒戰於莫谷大破蕃軍以功加太子賓客復屯於奉天華州周智光反子儀奉詔討之令瑊領馬步萬人攻下同州智光平詔以邠寧慶三州隸朔方軍子儀領之子儀令瑊先率兵至邠州使於宜祿縣防秋歲餘加兼御史大夫大曆七年吐蕃大寇邊瑊與涇原節度使馬璘會兵大破蕃賊於黃菩原自是每年常戍於長武城臨盛秋十一年領邠州刺史其年吐蕃入寇慶州方渠懷安等鎮瑊擊却之十二年子儀入朝令瑊知邠寧慶三州兵馬留後十三年迴紇侵太原破鮑防軍北歸頗爲邊患以瑊爲石嶺關已南諸軍都知兵馬使率兵掎角逐之虜騎引退其年八月加檢校工部尚書單于副都護

振武軍使十四年郭子儀拜太尉號尚父分所管內別置三節度以瑊兼單于大都護充振武軍東受降城鎮北大都護府綏銀麟勝等軍州事節度副大使知節度使事管內支度營田等使其年復以崔寧爲朔方節度使領子儀舊管徵瑊爲左金吾衛大將軍兼左街使建中四年李希烈遣間諜詐爲瑊書與希烈交通瑊奏其狀上特保證之仍賜瑊馬一匹并鞍轡錦綵二百匹時以普王爲荊襄等道兵馬元帥討李希烈大開府幕以瑊檢校戶部尚書御史大夫充中軍都虞候會涇師亂德宗幸奉天後三日瑊率家人子弟自京城至乃署爲行在都虞候檢校兵部尚書京畿渭北節度觀察使居數日邠寧節度使韓遊瓌與慶州刺史論惟明統兵三千自乾陵北過赴醴泉以拒朱泚會諜報泚已出兵帝遽令追遊瓌兵纔至奉天賊軍果至遊瓌等戰于城東王師不利遂乘勝奔突將入官軍與賊隔門相持自卯至午殺傷頗甚門內有草車數乘瑊令推車塞門焚之以外禦乘火力戰賊方解去然重圍已合賊大修攻具以僧法堅爲匠師

毁佛寺房宇以爲梯櫓是月賊自丁未至辛未四面攻城晝夜矢石不絕瑊隨機應敵僅能自固十一月靈武節度使杜希全鹽州刺史戴休顏夏州刺史常春合兵六千人赴難將至上議其所向宰相盧杞白志貞以漠谷路爲便瑊曰漠谷險隘必爲賊所邀若取乾陵北過附使城守固而行便取城東北鷄子堆下與城中犄角相應且分賊勢朱泚必不更於陵寢往來杞曰漠谷路近若慮逆賊邀擊即出兵應接若取乾陵路恐驚陵寢瑊曰今朱泚圍城斬伐柏城以夜繼晝驚動已多今城中危急佇望救軍唯希全等率先赴難安危是賴所繫非輕制置不宜差跌但令希全等於鷄子堆下營固守善地賊泚可以計破也盧杞等曰陛下以順討逆不可自驚陵寢白志貞從而贊之上從杞議希全等進至漠谷果爲賊軍邀擊奪據水口乘高以大弩巨石左右夾擊殺傷頗甚城中出兵應援亦爲賊挫銳而退希全等各歸還本鎮賊攻城逾急壕塹圍之旬日復偏攻東北角矢石亂入晝夜如雨城中死傷者甚衆重圍救絕芻粟俱盡城中伺賊

○

休息輒遣人城外捃拾樵採以進御人心危蹙上與瑊對泣賊泚北據乾陵下瞰城内身衣黃衣蔽以翟扇前後左右皆朱紫閹官宴賜拜舞紛紜旁午城中動息賊俯窺之慢辭戲侮以爲破在漏刻之頃時令騎將環城招公卿士庶責以不識天命十五日賊造雲橋成闊數十丈以巨輪爲脚推之使前施濕氈生牛革多懸水囊以爲障直指城東北隅兩旁構木爲廬冒以牛革週環相屬負土運薪於其下以塡壕塹矢石不能傷城中恟懼相顧失色上召瑊勉諭之令齎空名告身自御史大夫實封五百戶已下者千餘軸募諸軍突將敢死之士以當之兼賜瑊御筆一管當戰勝量其功伐即署其名授之不足者筆書其身因命以位仍謂瑊曰朕便與卿别更不用對來縱有急切令馬承倩在瘡處但令附奏瑊俯伏嗚咽上亦悲慟不自勝撫瑊背而遣之前一日瑊與防城使侯仲莊揣雲橋來路先鑿地道下可深丈餘上積馬糞深五六尺次二日即令爇火次一日復下柴薪夜燒之平明火焰高於城壘是時北風正急賊乃隨風推橋以薄城下賊三千餘人相繼而登城上士卒皆久寒餒又少甲冑瑊但感激誠厲之以飢弱之衆當劇賊之鋒雖力戰應敵人憂不濟公卿已下仰首祝天賊徒至地道所橋脚偏陷不能進須臾風迴焰轉雲橋焚爲灰燼賊焚死者數千城中歡譟振地時瑊中流矢遽自拔之血流霑沫格鬭不已初不言瘡痛以激士心是日上先授瑊二子官餘授將校有差賊又别造雲橋周以重鐵方就而朔方節度使李懷光自魏縣行營赴難先遣兵馬使張韶入奏韶至奉天與賊塡塹者相雜臨城忽大呼謂城上曰我李懷光使也懷光自河北領大軍至矣即繩引而登城中得懷光表歡聲振動賊衆不之測乃令舁韶巡於城上翌日懷光大軍次醴泉是夜賊解圍而去興元元年正月以瑊爲行在都知兵馬使二月賜實封五百戶是月德宗移幸山南時懷光叛逆二賊連結寇盜縱橫瑊分布諸軍以爲翼衞繞入谷口而懷光追騎遽至瑊令侯仲莊以後軍擊敗之三月加檢校左僕射同中書門下平章事兼靈州都督靈鹽豐夏等州定遠西城天德軍節度等

○

使仍充朔方邠寧振武等道兼永平軍奉天行營兵馬副元帥上臨軒授鉞用漢拜韓信故事是月瑊將諸軍赴京畿賊將韓旻張廷芝宋歸朝等拒我師於武功瑊與吐蕃將論莽羅之衆大破賊於武亭川斬首萬餘級瑊便赴奉天應接李晟抗京城西面五月李晟自東渭橋抵京城攻賊瑊亦與韓遊瓌戴休顏西面諸軍會合晟破賊之日瑊亦進收咸陽尋聞朱泚姚令言奔敗命諸軍分道邀擊其衆離潰相率來降選勁騎三千急追泚至涇州賊將誅泚傳首來獻六月加瑊侍中論收京城之功加實封李晟一千戶瑊八百戶韓遊瓌戴休顏四百戶駱元光尚可孤五百戶七月德宗還宮以瑊守本官兼河中尹河中絳慈隰節度使仍充河中同陝虢節度及管内諸軍行營兵馬副元帥改封咸寧郡王九月賜瑊大寧里甲第女樂五人入第之日宰臣節將送之一如李晟入第之儀以李懷光未平又加朔方行營兵馬副元帥與河東節度使馬燧會兵進討貞元元年八月河中平以功加檢校司空與一子五品正員官是冬望皇帝親郊昊

天上帝瑊入朝陪祀畢還鎮河中三年吐蕃入寇至鳳翔爲李晟邀擊之又襲破其摧沙堡吐蕃深恨之尚結贊入寇陷我鹽夏二州以兵守之欲長驅犯京師而畏瑊與李晟馬燧欲陰計圖之乃卑詞遜禮告馬燧請重立盟誓則蕃軍引去德宗不許馬燧自入朝言之上乃令崔澣入蕃報結贊言還我鹽夏則許同盟結贊謂澣曰清水之會同盟人少是以和好輕慢不成今蕃相及元帥已下凡二十一人赴盟靈州節度使杜希全涇原節度使李觀皆和善守信境外重之此時須請預盟澣約盟于清水且先歸我鹽夏二州結贊曰清水非吉地請會盟於原州土梨樹又請盟畢歸二州澣歸備奏其事神策將馬有麟奏曰土梨樹地多險恐蕃軍隱伏不利不如於平涼其地坦平且近涇州就之爲便乃定盟於平涼川初結贊請李觀杜希全預盟欲執之徑犯京師詔報之曰杜希全職在靈州不可出境李觀又已改官今遣侍中渾瑊充盟會使五月瑊自咸陽入朝詔授平涼盟會使兵部尚書崔漢衡副之司勳郎中鄭叔矩爲判官瑊統兵二萬又詔華州節度使駱元光以本鎮兵從瑊閏月十五日瑊與結贊會平涼初約以兵三千列於壇之東西散手四百人至壇下各遣遊軍相覘伺是時蕃軍精騎數萬列於壇西蕃之遊軍貫穿我軍之中瑊將梁奉貞率六十騎爲遊軍纔至壇所爲蕃軍所執結贊又謂瑊曰請侍中已下具衣冠劍珮瑊與監軍宋鳳朝崔漢衡等入幕次坦無他慮結贊命伐鼓三通其衆呼譟而至瑊遽出自幕後偶得他馬跨而奔馳追騎雲合流矢雨集而不傷會瑊將辛榮以數百人據北阜與賊血戰追騎方止瑊僅得免辛榮兵盡矢窮力屈而降宋鳳朝瑊判官鄭弇爲追兵所殺崔漢衡中官俱文珍劉延李清朝漢衡判官鄭叔矩瑊判官路泌袁同直大將軍扶餘準馬寧神策將孟日華李至言樂演明范澄馬弇等六十餘人皆陷于賊尚結贊至原州列坐帳中召陷蕃將吏讓之因怒瑊曰武功之捷吐蕃之力許以涇州靈州相報竟食其言負我深矣舉國同怨本劫是盟志在擒瑊吾已爲金枷待瑊將獻贊普既已失之虛致君等何爲乃放俱文珍馬寧馬弇歸朝七月瑊自奉天入朝素服待罪詔釋之而後見俄而吐蕃入寇京畿瑊鎮奉天十月還河中四年七月加邠寧慶副元帥十二年二月加檢校司徒兼中書令諸使副元帥如故十五年十二月二日薨於鎮廢朝五日羣臣於延英奉慰詔贈太師謚曰忠武賻絹布四千匹米粟三千碩及喪車將至又爲廢朝應緣喪事所司準式支給命京兆尹監護葬日賜絹五百匹瑊忠勤謹慎功高不伐在藩方歲時貢奉必躬親閱視每有頒錫雖居遠地如在帝前位極將相無忘謙抑物論方之金日磾故深爲德宗委信猜間不能入君子多之

子鍊鎬鐬

鎬瑊第二子性謙謹多與士大夫遊歷延唐二州刺史軍政吏職有可稱者及元和中諸道出師討王承宗屬義武軍節度使任迪簡病不能軍以鎬藉父威名足以鎮定乃以鎬檢校右散騎常侍充義武軍節度副使九月六日加檢校工部尚書代迪簡爲節度使鎬治兵練卒頗有威望然不能觀釁養銳以期必勝鎮定相去九十里元和

十一年冬鎬率全師壓賊境而軍距賊壘三十里鎬謀慮不周但躍兵鋒無所控制賊乃分兵潛入定州界焚燒驅掠鎬怒進攻賊壘交鋒而敗師徒殆喪其半餘衆還定州亂不可遏朝廷乃除陳楚代之楚聞亂馳入定州鎬爲亂兵所劫以至倮露楚既整戢於亂兵處牽斂衣服還鎬方得歸朝坐貶韶州刺史後代州刺史韓重華奏收得鎬供軍錢絹十餘萬貫匹再貶循州刺史歲餘卒鐬瑊第三子以父蔭起家爲諸衛參軍歷諸衛將軍元和初出爲豐州刺史天德軍使坐贓貶袁州司戶憲宗思咸寧之勳比例從輕五年徵爲袁王傅復賜金紫遷殿中監開成初宰相擬壽州刺史文宗曰鐬勳臣子弟豈可委以牧民仲尼有言不如多與之邑今我念其先人之功與之致富可也宰臣曰鐬常歷名郡有政能乃從之三年入爲右金吾衛大將軍知街事歷諸衛大將軍卒

史臣曰馬司徒之方畧渾咸寧之忠藎各奮節義爲時名臣然元城之師失策於田悅平涼之會幾陷於吐蕃此亦術有所不至也緬思

建中之亂四海波騰賊泚竊發之辰宗祀不絕如綫苟非忠臣致命化危為安則李氏之宗社傾矣

贊曰北平之勳排難解紛咸寧蹈義感慨臣君再隆基構克沴昏氛迴天捧日實賴將軍

唐傳列傳卷第八十四

唐書列傳第八十五

劉昫等修

聞人詮校刻沈桐同校

盧杞 杞子元輔　白志貞

裴延齡　韋渠牟

李齊運　李實

韋執誼　王叔文 王伾附

程异　皇甫鎛 鎛弟鏞

盧杞字子良故相懷慎之孫父奕天寶末為東臺御史中丞洛城為安祿山所陷奕守司而遇害杞以門蔭解褐清道率府兵曹朔方節度使僕固懷恩辟為掌書記試大理評事監察御史以病免入補鴻臚丞遷殿中侍御史膳部員外郎出為忠州刺史至荊南謁節度使衛伯玉伯玉不悅杞移病歸京師歷刑部員外郎金部吏部二郎中杞貌陋而色如藍人皆鬼視之不恥惡衣糲食人以為能嗣懷慎之清節亦未識其心頗有口辯出為虢州刺史建中初徵為御史中丞時尚父子儀病百官造問皆不屏姬侍及聞杞至子儀悉令屏去獨隱机以待之杞去家人問其故子儀曰杞形陋而心險左右見之必笑若此人得權即吾族無類矣及居糺彈顧問之地論奏稱旨遷御史大夫旬日為門下侍郎同中書門下平章事既居相位忌能妬賢迎吠陰害小不附者必致之於死將起勢立威以久其權楊炎以杞陋皃無識同處台司心甚不悅為杞所譖逐於崖州德宗幸奉天崔寧流涕論時事杞聞惡之譖於德宗言寧與朱泚盟誓故至遲廻寧遂見殺惡顏真卿之直言令奉使李希烈竟歿於賊物京兆尹嚴郢與楊炎有隙杞乃擢郢為御史大夫以傾炎炎既貶死心又惡郢圖欲去之宰相張鎰忠正有才上所委信杞頗惡之會朱滔朱泚弟兄不睦有泚判官蔡廷玉者離間滔滔論奏請殺之廷玉既貶殿中侍御史鄭詹遣吏監送廷玉投水而卒杞因奏曰恐朱泚疑為詔旨請三司按鞫詹又御史所為稟大夫命并令按郢詹與張鎰善每伺杞

晝眠輒詣鎰杞知之他日杞假寢佯熟伺詹果來方與鎰語杞遽至
鎰閤中詹趨避杞杞遽言密事鎰曰殿中鄭侍御在此杞佯愕曰向
者所言非他人所宜聞將三司使方按詹郢獄未具而奏殺詹貶郢
爲驩州刺史鎰辭罷相出鎮鳳翔其陰禍賊物如此李揆舊德慮德
宗復用乃遣使西蕃天下無不扼腕痛憤然無敢言者戶部侍郎判
度支杜佑甚承恩顧爲杞媒孽貶饒州刺史初上即位擢崔祐甫爲
相頗用道德寬大以弘上意故建中初政聲藹然海內想望貞觀之
理及杞爲相諷上以刑名整齊天下初李希烈請討梁崇義崇義誅
而希烈叛盡據淮右襄鄧之郡邑恒州李寶臣死其子惟岳邀節鉞
遂與田悅締結以抗王師繇是河北河南連兵不息度支使杜佑計
諸道用軍月費一百餘萬貫京師帑廩不支數月且得五百萬貫可
支半歲則用兵濟矣杞乃以戶部侍郎趙贊判度支贊亦計無所施
乃與其黨太常博士韋都賓等謀行括率以爲泉貨所聚在於富商
錢出萬貫者留萬貫爲業有餘官借以給軍冀得五百萬貫上許之

約以罷兵後以公錢還敕既下京兆少尹韋禎督責頗峻長安尉薛
萃荷校乘車搜人財貨意其不實即行搒箠人不勝寃痛或有自縊
而死者京師囂然如被賊盜都計富戶田宅奴婢等估纔及八十八
萬貫文以僦櫃納質積錢貨貯粟麥等一切借四分之一封其櫃窖
長安爲之罷市百姓相率千萬衆邀宰相於道訴之杞初雖慰諭後
無以遏即疾驅而歸計僦質與借商纔二百萬貫德宗知下民流怨
詔皆罷之然宿師在野日須供饋明年六月趙贊又請稅間架筭除
陌凡屋兩架爲一間分爲三等上等每間二千中等一千下等五百
所由吏秉筆執籌入人第舍而計之凡沒一間杖六十告者賞錢五
十貫文除陌法天下公私給與貿易率一貫舊筭二十益加筭爲五
十給與物或兩換者約錢爲率筭之市主人牙子各給印紙人有買
賣隨自署記翌日合筭之有自貿易不用市牙子者驗其私簿投狀
自其有私簿投狀其有隱錢百沒入二千杖六十告者賞錢十千出
於其家法既行主人市牙得專其柄率多隱盜公家所入百不得半

怨讟之聲囂然滿於天下及十月涇師犯闕亂兵呼於市曰不奪汝
商戶僦質矣不稅汝間架除陌矣是時人心愁怨涇師乘間謀亂奉
天之奔播職杞之由故天下無賢不肖視杞如讎德宗在奉天爲朱
泚攻圍李懷光自魏縣赴難或謂王翃趙贊曰懷光累歎憤欲以爲
宰相謀議乖方度支賦歛煩重京尹刻薄軍粮乘輿播遷三臣之罪
也今懷光勳業崇重聖上必開襟布誠詢問得失使其言入豈不殆
哉翃贊白於杞杞大駭懼從容奏曰懷光勳業宗社是賴臣聞賊徒
破膽皆無守心若因其兵威可以一舉破賊今若許其朝覲則必賜
宴賜宴則留連使賊得京城則從容完備恐難圖之不如使懷光乘
勝進收京城破竹之勢不可失也帝然之乃詔懷光率衆屯便橋克
期齊進懷光大怒遂謀異志德宗方悟爲杞所構物議喧騰歸咎於
杞乃貶爲新州司馬白志貞恩州司馬趙贊爲播州司馬遇赦移吉
州長史在貶所謂人曰吾必再入用是日上果用杞爲饒州刺史給
事中袁高宿直當草杞制遂執以謁宰相盧翰劉從一曰杞作相三

年矯誣陰賊排斥忠良朋附者欬唾立至青雲睚眦者顧盼已擠溝
壑傲很背德反亂天常播越鑾輿瘡痍天下皆杞之爲也幸免誅戮
唯示貶黜尋以稍遷近地更授大郡恐失天下望惟相公執奏之事
尚可救翰從一不悅遂改命舍人草制明日詔下袁高執奏曰盧杞
爲政極恣兇惡三軍將校願食其肉百辟卿士嫉之若讎諫官趙需
裴佶宇文炫盧景亮張薦等上疏曰伏以吉州長史盧杞外矯儉簡
內藏奸邪三年擅權百揆失序惡直醜正亂國殄人天地神祇所知
蠻夷華夏同棄伏惟故事皆得上聞自杞爲相要官大臣動踰月不
敢奏聞百寮惴惴常懼顛危及京邑傾淪皇輿播越陛下炳然覺悟
出棄遐荒制曰忠讜壅於上聞朝野爲之側目由是忠良激勸內外
歡忻今復用爲饒州刺史衆情失望皆謂非宜臣聞君之所以臨萬
姓者政也萬姓之所以戴君者心也儻加巨奸之寵必失萬姓之心
乞迴聖慈遽輟新命疏奏不荅諫官又論曰盧杞蒙蔽天聽隳紊朝
典致亂危國職杞之由可謂公私巨蠹中外棄物自聞再加擢用忠

良痛骨士庶寒心臣昨者瀝肝上聞冒死不恐冀迴宸聰用快群情至今拳拳未奉聖旨物議騰沸行路驚嗟人之無良一至於此伏乞俯從衆望永棄姦臣幸免誅夷足明恩貸特加榮寵恐造禍階臣等忝列諫司令陳狂瞽給事中袁高堅執不下乃改授澧州別駕翌日延英上謂宰臣曰朕欲授杞一小州刺史可乎李勉對曰陛下授杞大郡亦可其如兆庶失望何上曰衆人論杞姦邪朕何不知勉曰盧杞姦邪天下人皆知唯陛下不知此所以爲姦邪也德宗默然良久散騎常侍李泌復對上曰盧杞之事朕已可袁高所奏如何泌拜而言曰累日外人竊議以陛下同漢之桓靈臣今親承聖旨乃知堯舜之不迨也德宗大悅慰勉之杞尋卒於澧州子元輔字子望少以清行聞於時進士擢第授崇文館校書郎德宗思杞不已乃求其後特恩拜左拾遺再遷左司員外郎歷杭常絳三州刺史以課最高徵爲吏部郎中遷給事中改刑部侍郎自兵部侍郎出爲華州刺史潼關防禦鎮國軍等使復爲兵部侍郎元輔自祖至曾以名節著於史冊

元輔簡絜貞方綽繼門風歷踐清貫人亦不以父之醜行爲累人士歸美大和三年八月卒時年五十六

白志貞者太原人本名琇珪出於胥吏事節度使李光弼小心勤恪動多計數光弼深委信之帳中之事與琇珪參決代宗素知之光弼薨後用爲司農少卿遷太卿在寺十餘年德宗嘗召見與語引爲腹心遂用爲神策軍使檢校左散騎常侍兼御史大夫賜名志貞善伺候上意言無不從建中四年李希烈陷汝州命志貞爲京城召募使時尚父子儀壻端王傳吳仲孺家財巨萬以國家召募有急懼不自安乃上表請以子弟率奴客從軍德宗嘉之超授五品官由是志貞請令節度觀察團練等使并嘗爲是官者令家出子弟甲馬從軍亦與其男官是時豪家不肖子幸之貧而有知者苦之自是京師人心搖震不保家室時禁軍募致悉委志貞兩軍應赴京師殺傷殆盡都不奏聞皆以京師沽販之徒以塡其闕其人皆在市鄽及涇師犯闕詔志貞以神策軍拒賊無人至者上無以御寇乃圖出幸時令狐建以龍武軍四百人從駕至奉天仍以志貞爲行在都知兵馬使閾李懷光至恐暴揚其罪乃與盧杞同沮懷光入朝衆議喧沸言致播遷盧杞志貞之罪也故與杞同貶遇赦量移閬州別駕貞元二年遷果州刺史宰臣李勉及諫官表疏論列言志貞與盧杞罪均未宜敘用固執不許凡旬日方下其詔貞元三年遷潤州刺史兼御史大夫浙西觀察使是年六月卒

裴延齡河東人父旭和州刺史延齡乾元末爲汜水縣尉遇東都陷賊因寓居鄂州綴緝裴駰所注史記之闕遺自號小裴後華州刺史董晉辟爲防禦判官黜陟使薦其能調授太常博士盧杞爲相擢爲膳部員外郎集賢院直學士改祠部郎中崔造作相改易度支之務令延齡知東都度支院及韓滉領度支召赴京守本官延齡不待詔命遽入集賢院視事宰相延賞惡其輕率出爲昭應令與京兆尹鄭叔則論辨是非攻訐叔則之短時李泌爲相厚於叔則中丞竇參恃恩寵惡泌而佑延齡叔則坐貶爲永州刺史延齡改著作郎竇參尋

作相用爲太府少卿轉司農少卿貞元八年班宏卒以延齡守本官權領度支自揣不通殖貨之務乃多設鉤距召度支老吏與謀以求恩顧乃奏云天下每年出入錢物新陳相因常不減六七千萬貫唯有一庫差舛散失莫可知之請於左藏庫中分置別庫欠負耗賸等庫及季庫月給納諸色錢物上皆從之且欲多張名目以惑上聽其實於錢物更無增加唯虛費簿書人吏耳其年遷戶部侍郎判度支奏請令京兆府以兩稅青苗錢市草百萬圍送苑中宰相陸贄趙憬議以爲若市送百萬圍草即一府百姓自冬歷夏般載不了百役供應須悉停罷又妨奪農務請令府縣量市三二萬圍各貯側近處他時要即支用京西有汙池卑濕處時有蘆葦生焉亦不過數畝延齡乃奏云廄馬冬月合在槽櫪秣飼夏中即須牧放臣近尋訪是長安咸陽兩縣界有陂池數百頃請以爲內廄牧馬之地且去京城十數里與苑廄中無別上初信之言於宰相對曰恐必無此上乃差官閱視事皆虛妄延齡既慚且怒又誣奏李充爲百姓妄請積年和市物

價特勅令折塡謂之底折錢嘗因奏對請積年錢帛以實帑藏上曰若爲可得錢物延齡奏曰開元天寶中天下戶僅千萬百司公務殷繁官員尚或有闕自兵興已來戶口減耗太半今一官可兼領數司伏請自今已後內外百司官闕未須補置收其闕官祿俸以實帑藏後因對事上謂延齡曰朕所居浴堂院殿一栿以年多之故似有損壞欲換之未能對曰宗廟事至重殿栿事至輕況陛下自有本分錢物用之不竭上驚曰本分錢何也對曰此是經義證據愚儒常材不 能知陛下正合問臣唯臣知之準禮經天下賦稅當爲三分一分充乾豆一分充賓客一分充君之庖廚乾豆者供宗廟也今陛下奉宗廟雖至敬至嚴至豐至厚亦不能一分財物也只如鴻臚禮賓諸國蕃客至於迴紇馬價用一分錢物尚有贏羨甚多況陛下御膳宮廚皆極簡儉所用外分賜百官充俸料飧錢等猶未能盡據此而言庖廚者之餘其數尚多皆陛下本分也用修數十殿亦不合疑慮何況一栿上曰經義如此人摠不曾言之頷之而已又因計料造神龍

○寺須長五十尺松木延齡奏曰臣近於同州檢得一谷木可數千條皆長八十尺上曰人言開元天寶中側近求覓長五六十尺木尚未易須於嵐勝州採市如今何爲近處便有此木延齡奏曰臣聞賢材珍寶異物皆在處常有但遇聖君即出見今此木生關輔蓋爲聖君豈開元天寶合得有也時陸贄秉政上素所禮重每於延英極論其誕妄不可令掌財賦德宗以爲排擯待延齡益厚贄上書疏其失曰前歲秋首班宏喪亡特詔延齡繼司邦賦數日之內遽銜功能奏稱勾獲隱欺計錢二十萬貫請貯別庫以爲羨餘供御所須永無匱乏 陛下欣然信納因謂委任得人既賴盈餘之財稍弘心意之欲興作浸廣宣索漸多延齡務實前言且希睿旨不敢告闕不敢辭難勾獲旣是虛言無以應命供辦皆承嚴約苟在及期遂乃搜求市鄽豪奪入獻追捕夫匠迫脅就功以勑索爲名而不酬其直以和雇爲稱而不償其傭都城之中列肆爲之晝閉興役之所百工比於幽囚聚詛連郡遮訴盈路持綱者莫敢致詰巡察者莫敢爲言時有許而言之翻

謂黨邪醜直天子轂下囂聲沸騰四方觀聽何所取則傷心于上歛怨于人欺天陷君遠近危懼此其罪之大者也揔制邦用度支是司出納貨財太府攸職凡是太府出納皆稟度支文符太府依符以奉行度支憑案以勘覆互相關鍵用絕姦欺其出納之數則每旬申聞見在之數則每月計奏皆經度支勾覆又有御史監臨旬旬相承月月相繼明若指掌端如貫珠財貨多少無容隱漏延齡務行邪諂公肆誣欺遂奏云左藏庫司多有失落近因檢閱使置簿書乃於糞土之中收得十三萬兩其匹段雜貨又百萬有餘皆是文帳脫遺並同已棄之物今所收獲即是羨餘悉合移入雜庫以供別勑支用者其時特宣進旨並依所奏施行太府卿韋少華抗疏上陳殊不引伏確稱每月申奏皆是見在數中請令推尋足驗奸詐兩司旣有論執理須詳辨是非陛下縱其妄欺不加按問以在庫之物爲收獲之功以常賦之財爲羨餘之廢罔上無畏示人不慚此又罪之大者也國家府庫出納有常延齡險猾售奸詭譎求媚遂於左藏之內分建六庫之

○名意在別貯贏餘以奉人主私欲曾不知王者之體天下爲家國不足則取之於人人不足則資之於國在國爲官物在人爲私財何謂贏餘須別收貯是必巧詐以變移官物暴法以刻削私財捨此二途其將安取陛下方務崇信不加檢裁姑務保持曾無詰責延齡謂能蔽惑不復懼思奸威旣沮於四方檢態復行於內府由是蹂躪官屬傾倒貨財移東就西便爲課績取此適彼遂號羨餘愚弄朝廷有同兒戲夫理天下者以義爲本以利爲末以人爲本以財爲末本盛則其末自舉末大則其本必傾自古及今德義立而利用不豐人庶安而財貨不給因以喪邦失位者未之有也故曰不患寡而患不均不患貧而患不安有德必有人有人必有土有土必有財百姓足君孰與不足蓋謂此也自古及今德義不立而利用克宣人庶不安而財貨可保因以興邦固位者未之有也故曰財散則人聚財聚則人散與其有聚歛之臣寧有盜臣無令侵削兆人爲天子取怨于下也且陛下初膺寶曆志剪羣兇師旅繁興徵求寖廣權筭侵剩下無聊生是以

涇原叛徒乘人怨咨白晝犯闕都邑甿庶恬然不驚反與賊衆相從比肩而入宮殿雖蚩蚩之性靡所不爲然亦由德澤未浹而暴令驅之以至於是也于時內府之積尚如丘山竟資兇渠以餌貪卒此則陛下躬覩之矣是乃失人而聚貨夫何利之有焉車駕既幸奉天逆泚旋肆圍逼一壘之內萬乘所屯窘如涸流庶物空匱嘗欲發一健步出覘賊軍其人懇以苦寒爲辭跪奏乞一襦袴陛下爲之求覓不致竟閔默而遣之又嘗宮壼之中服用有闕聖旨方以戎事爲急不忍重煩於人乃剥親王飾帶之金賣以給直是時行從將吏赴難師徒倉黃奔馳咸未冬服漸屬凝沍且無薪蒸饑凍內攻矢石外迫晝則荷戈奮迅夜則映堞呻吟凌風飈冒霜雪踰四旬而衆無攜貳卒能走彊賊全危城者陛下豈有嚴刑重賞使之然耶唯以不厚其身不藏其貨與衆庶同其憂患與士伍共其有無乃能使人捐軀命而扞寇讎餒之不離凍之不憾臨危而不易其守見死而不去其君所謂聖人感人心而天下和平此其効也及乎重圍既解諸路稍通賦稅

漸臻貢獻繼至乃於行宮外廡之下別置瓊林大盈之司未賞功勞遽私賄玩甚沮惟新之望頗墮死義之心於是輿誦興譏而軍士始怨矣財聚人散不其然乎旋屬孼賊內興翠華南狩奉天所積財貨悉復殲於亂軍既遷岷梁日不暇給獨憑大順遂復皇都是知天子者以得人爲資以蓄義爲富人苟歸附何患蔑資義苟修崇何憂不富豈在貯之內府方爲己有哉故藏於天下者天子之富也藏於境內者諸侯之富也藏於囷倉篋櫝者農夫商賈之富也柰何以天子之貴海內之富而猥行諸侯之棄德守農商之鄙業哉陛下若謂厚取可以恢武功則建中之取既無成矣若謂多積可以爲己有則建中之積又不在哉謂徇欲不足傷理化則建中之失傷已甚矣若謂斂怨不足致危亡則建中之亂危亦至矣然而遽能靖滔天之禍成中興之功者良以陛下有側身修勵之志有罪已悔懼之辭罷息誅求敦尚節儉渙發大號與人更新故靈祗感陛下之誠臣庶感陛下之意釋憾迴慮化危爲安陛下亦當爲宗廟社稷建不抜之永圖爲

子孫黎元立可久之休業懲前事徇欲之失復日新盛德之言豈宜更縱憸邪復行剋暴事之追悔其可再乎臣又竊慮陛下納彼盜言墮其姦計以爲搏噬拏攫怨集有司積聚豐盈利歸君上是又大謬所宜慎思夫人主昏明繫於所任咎繇夔龍之道長而虞舜享濬哲之名皇甫聚楀之嬖行而周厲嬰顛覆之禍自古何嘗有小人柄用而災患不及邦國者乎譬猶操兵以刃　人天下不委罪於兵而委罪於所操之主蓄蠱以殃物天下不歸咎於蠱而歸咎於所蓄之家理有必然不可不察臣伏慮陛下以延齡之進獨出宸衷延齡之言多順聖旨今若以罪實辟則似爲衆所擠故欲保持用彰堅斷若然陛下與人終始之意則美矣其於改過勿吝去邪勿疑之道或未盡善今希旨自默寖以成風獎之使言猶懼不既若又阻抑誰當貢誠或恐未亮斯言請以一事爲證只如延齡兇妄流布寰區上自公卿近臣下逮輿臺賤品喧喧談議億萬爲徒能以上言其人有幾陛下誠令親信博採輿詞參較比來所聞足鑒人間情僞臣以卑鄙位當台

衡既極崇高又承渥澤豈不知觀時附會足保舊恩隨衆沉浮免貽厚責謝病黜退獲知幾之名黨奸苟容無見嫉之患何急自苦獨當豺狼上違歡情下餌讒口良以內顧庸昧一無所堪夙蒙眷知唯以誠直綢繆帷扆一紀于茲聖慈既以此見容愚臣亦以此自負從陛下歷播遷之危覩陛下致興復之難至今追思猶爲心悸所以畏覆車而駭慮懼毀室而悲鳴蓋情激於衷雖欲罷而不能自默因事陳請雖已頻煩天聽上高未垂諒察輒申悃款以極愚誠憂深故語煩意懇故詞切以微臣自固之謀則過於陛下慮患之計則忠糜軀奉君所不敢避沽名衒直亦不忍爲願迴睿聰爲國孰慮社稷是賴豈唯微臣書奏德宗不悅待延齡益厚時鹽鐵轉運使張滂京兆尹李充司農卿李銛以事相關皆證延齡矯妄德宗罷陸贄知政事爲太子賓客滂充銛悉罷職左遷十一年春暮上數畋于苑中時久旱人情憂惴延齡遽上疏曰陸贄李充等失權心懷怨望今專大言於衆曰天下炎旱人庶流亡度支多欠闕諸軍粮草以激怒群情後數日

上又幸苑中適會神策軍人訴度支欠厩馬芻草上思延齡言即時迴駕下詔斥逐贄充滂銛等朝廷中外惴恐延齡方謀害在朝正直之士會諫議大夫陽城等伏閤切諫事遂且止贄充等雖已貶黜延齡憾之未已乃掩捕李充腹心吏張忠捶掠楚痛令爲之詞云前後隱没官錢五十餘萬貫米麥稱是其錢物多結託權勢充妻常於犢車中將金寳繒帛遺陸贄妻忠不勝楚毒並依延齡教抑之辭具於款占忠妻毋於光順門投匭訴寃詔御史臺推問一宿得其實狀事皆虛乃釋忠延齡又奏京兆府妄破用錢穀請令比部勾覆以比部郎中崔元嘗爲陸贄所黜故也及崔元勾覆錢穀又無交涉延齡既銳意以苛刻剥下附上爲功每奏對際皆恣騁詭怪虛妄他人莫敢言者延齡言之不疑亦人之所未嘗聞德宗頗知其誕妄但以其敢言無隱且欲訪聞外事故斷意用之延齡恃之謂必得宰相尤好慢罵毀詆朝臣班行爲之側目及卧病載度支官物置於私家亦無敢言者貞元十二年卒時年六十九延齡死中外相賀唯德宗悼惜不已冊贈太子少保

○韋渠牟京兆萬年人六代祖範西魏陽太守後周封鄖城公渠牟少慧悟涉覽經史初爲道士復爲僧興元中韓滉鎮浙西奏授試秘書郎累轉四門博士貞元十二年四月德宗誕日御麟德殿召給事中徐岱兵部郎中趙需禮部郎中許孟容與渠牟及道士萬參成沙門譚延等十二人講論儒道釋三教渠牟枝詞游說捷口水注上謂其講耨有素聽之意動數日轉秘書郎奏詩七十韻旬日遷右補闕内供奉儕列初不有之在延英既對宰相多使中貴人召渠牟於官次同輩始注目矣歲終遷右諫議大夫時延英對秉政賦之臣晝漏率下二三刻爲常渠牟奏事率漏下五六刻上笑語欵狎往往外聞渠牟形神佻躁無士君子器志向不根道德衆雅知不能以正道開悟上意陸贄免相後上躬親庶政不復委成宰相廟堂備員行文書而已除守宰御史皆帝自選擇然居深宫所狎而取信者裴延齡李齊運王紹李實韋執誼洎渠牟皆權傾相府延齡李實奸欺多端其傷國體紹無所發明而渠牟名素輕頗張恩勢以招趨嚮者門庭塡委茅山處士崔芊徵至闕下鄭隨自山人再至補闕馮伉自醴泉令爲給事中皇太子侍讀皆渠牟延薦之上既偏有所聽浮薄率皆本衙進不復藏器蘊德皆奔馳請謁刓跡甘辭以附渠牟居無何遷太府卿賜金紫又轉太常卿貞元十七年卒時年五十三贈刑部尚書仍謚曰忠

李齊運者蔣王惲之孫也解褐寧王府東閤祭酒七遷至監察御史江淮都統李峘辟爲幕府累轉工部郎中爲長安縣令職事修理歷京兆少尹陝府長史建中末改河中尹晉絳慈隰觀察使時李懷光自山東卷甲奔難晝夜倍道比至河中力疲休兵三日齊運傾力犒設軍人皆悅懷光既反驅兵還保河中齊運不能敵棄城而走除爲京兆尹兼御史大夫時賊據京城李晟軍東渭橋齊運援攘之中徵募工役版築城壘飛芻輓粟以應晟收復之際頗有力焉貞元中蝗旱方熾齊運無政術乃以韓洄代之改宗正卿兼御史大夫閑廐宫

○苑使改檢校禮部尚書兼殿中監尋正拜禮部尚書兼殿中監使如故其後十餘歲宰臣內殿對後齊運常次進貢其計慮以决羣議齊運無學術不知大體但甘言取信而已薦李錡爲浙西觀察使受賂數十萬計舉李詞爲湖州刺史既而邑人告其贓犯上以齊運故不問而遣之齊運被疾歲餘不能朝請朝廷除授往往降中人就宅咨决末以妾衛氏爲正室身爲禮部尚書冕服以行其禮人士嗤誚貞元十二年卒時年七十二贈尚書左僕射

李實者道王元慶玄孫以蔭入仕六轉至潭州司馬洪州節度使嗣曹王皐辟爲判官遷蘄州刺史皐爲山南東道節度使復用爲節度判官檢校太子賓客員外郎皐卒新帥未至實知留後刻薄軍士衣食軍士怨叛謀殺之實夜縋城而出歸詣京師用爲司農少卿加檢校工部尚書司農卿貞元十九年爲京兆尹卿及兼官如故尋封嗣道王自爲尹京恃寵強愎不顧文法人皆側目二十年春夏旱關中大歉實爲政猛暴方務聚斂進奉以固恩顧百姓所訴一不介意因

入對德宗問人疾苦實奏曰今年雖旱穀田甚好由是租稅皆不免人窮無告乃徹屋瓦木賣麥苗以供賦斂優人成輔端因戲作語為秦民艱苦之狀云秦地城池二百年何期如此賤田園一頃麥苗碩伍米三間堂屋二千錢凡如此語有數十篇實聞之怒言輔端誹謗國政德宗遽令決殺當時言者曰瞽誦箴諫取其詼諧以託諷諫優伶舊事也設謗木採芻蕘本欲達下情存諷議輔端不可加罪德宗亦深悔京師無不切齒以怒實故事府官避臺官實常遇侍御史王播于道實不肯避導從如常播詰其從者實怒奏播為三原令謝之日庭詬之陵轢公卿百執事隨其喜怒誣奏遷逐者相繼朝士畏而惡之又誣奏萬年令李衆貶虔州司馬奏虞部員外郎房啓代衆昇黜如其意恃勢之色警然在眉睫間故事吏部將奏科目與密朝官不通書問而實身詣選曹迫趙宗儒且以勢恐之前歲權德輿為禮部侍郎實託私薦士不能如意後遂大錄二十人迫德輿曰可依此第之不爾必出外官悔無及也德輿雖不從然頗懼其誣奏二十一

年有詔蠲畿內逋租實違詔徵之百姓大困官吏多遭笞罰剝割掊斂聚錢三十萬貫胥吏無犯者即按之有乞丐絲髮固死無者且曰死亦不屈亦杖殺之京師貴賤同苦其暴虐順宗在諒闇逾月實斃人於府者十數遂議逐之乃貶通州長史制出市人皆袖瓦石投其首實知之由月營門自苑西出人人相賀後遇赦量移虢州在道卒

韋執誼者京兆人父浼官卑執誼幼聰俊有才進士擢第應制策高等拜右拾遺召入翰林為學士年纔二十餘德宗尤寵異相與唱和歌詩與裴延齡韋渠牟等出入禁中略備顧問德宗載誕日皇太子獻佛像德宗命執誼為畫像贊上令太子賜執誼縑帛以酬之執誼至東宮謝太子卒然無以藉言太子因曰學士知王叔文乎彼偉才也執誼因是與叔文交甚密俄丁母憂服闋起為南宮郎德宗時召入禁中初貞元十九年補闕張正一因上書言事得召見王仲舒韋成季劉伯芻裴茝常仲孺呂洞等以嘗同官相善以正一得召見偕往賀之或告執誼曰正一等上疏論君與王叔文朋黨事執誼信然之因召對奏曰韋成季等朋聚覬望德宗令金吾伺之得其相過從飲食數度於是盡逐成季等六七人當時莫測其由及順宗即位久疾不任朝政王叔文用事乃用執誼為宰相乃自朝議郎吏部郎中騎都尉賜緋魚袋授尚書左丞同平章事仍賜金紫叔文欲專國政故令執誼為宰相於外已自專於內執誼既為叔文引用不敢負情然迫於公議時時立異密令人謝叔文曰不敢負約為異欲共成國家之事故也叔文詬怒遂成仇怨執誼既因之得位亦欲矛盾掩其迹及憲宗受內禪王伾王叔文徒黨並逐尚以執誼是宰相杜黃裳之壻故數月後貶崖州司戶初執誼自卑官常忌諱不欲人言嶺南州縣名為郎官時嘗與同舍詣職方觀圖每至嶺南州執誼遽命去之閉目不視及拜相還所坐堂見北壁有圖不就省七八日試觀之乃崖州圖也以為不祥甚惡之不敢出口及坐叔文之貶果往崖州卒於貶所

王叔文者越州山陰人也以棊待詔粗知書好言理道德宗令直東

宮太子嘗與侍讀論政道因言宮市之弊太子曰寡人見上當極言之諸生稱贊其美叔文獨無言罷坐太子謂叔文曰向論宮市君獨無言何也叔文曰皇太子之事上也視膳問安之外不合輒預外事陛下在位歲久如小人離間謂殿下收取人情則安能自解太子謝之曰苟無先生安得聞此言由是重之宮中之事倚之裁決每對太子言則曰某可為相某可為將幸異日用之密結當代知名之士而欲僥倖速進者與韋執誼陸質呂溫李景儉韓曄韓泰陳諫柳宗元劉禹錫等十數人定為死交而凌準程异又因其黨以進藩鎮侯伯亦有陰行賂遺請交者德宗崩已宣遺詔時上寢疾久不復關庶政深居施簾帷閹官李忠言美人牛昭容侍左右百官上議自帷中可其奏王伾常諭上屬意叔文宮中諸黃門稍稍知之其日召自右銀臺門居于翰林為學士叔文與吏部郎中韋執誼相善請用為宰相叔文因王伾伾因李忠言忠言因牛昭容轉相結搆事下翰林叔文定可否宣于中書俾執誼承奏於外以韓泰柳宗元劉禹錫陳諫凌

準韓曅唱和曰管曰葛曰伊曰周凡其黨倜然自得謂天下無人叔
文賦時每言錢穀爲國大本將可以盈縮兵賦可操柄市士叔文初
入翰林自蘇州司功爲起居郎俄兼充度支鹽鐵副使以杜佑領使
其實成於叔文數月轉尚書戶部侍郎領使學士如故內官俱文珍
惡其弄權乃削去學士之職制出叔文大駭謂人曰叔文須時至此
商量公事若不帶此職無由入內王伾爲之論請乃許三五日一入
翰林竟削內職叔文始入內廷陰構密命機形不見因騰口善惡進
退之人未窺其本信爲奇才及司兩使利柄齒干外朝愚智同口城
狐山鬼必夜號窟居以禍福人亦神而畏之一旦晝出路馳無能必
矣叔文在省署不復舉其職事引其黨與竊語謀奪內官兵柄乃以
故將范希朝統京西北諸鎮行營兵馬使韓泰副之初中人尚未悟
會邊上諸將各以狀辭中尉且言方屬希朝中人始悟兵柄爲叔文
所奪中尉乃止諸鎮無以兵馬入希朝韓泰已至奉天諸將不至乃
還無幾叔文母死前一日叔文置酒饌於翰林院宴諸學士及內官

○李忠言俱文珍劉光奇等中飲叔文白諸人曰叔文母疾病比來盡
心戮力爲國家事不避好惡難易者欲以報聖人之重知也若一去
此職百謗斯至誰肯助叔文一言者望諸君開懷見察又曰羊士諤
非毀叔文欲杖殺之而韋執誼懦而不遂叔文生平不識劉闢乃以
韋皐意求領三川闢排門相干欲執叔文手豈非凶人耶叔文已令
掃木場將斬之韋執誼苦執不可每念失此兩賊令人不快又自陳
判度支已來興利除害以爲己功俱文珍隨語折之叔文無以對叔
文未欲立皇太子順宗既久疾未平羣臣中外請立太子既而詔下
立廣陵王爲太子天下皆悅叔文獨有憂色而不敢言其事但吟杜
甫題諸葛亮祠堂詩末句云出師未捷身先死長使英雄淚滿襟因
歔欷泣下人皆竊咲之皇太子監國貶爲渝州司戶明年誅之王伾
杭州人始爲翰林侍書待詔累遷至正議大夫殿中丞皇太子侍書順
宗即位遷左散騎常侍依前翰林待詔伾闒茸不如叔文唯招賄賂
無大志皃寢陋吳語素爲太子之所褻狎而叔文頗任氣自許粗知

書好言事順宗稍敬之不得如伾出入無間叔文入止翰林而伾入
至柿林院見李忠言牛昭容等然各有所主伾主往來傳受王叔文
主決斷韋執誼爲文誥劉禹錫陳諫韓曅韓泰柳宗元房啓凌準等
謀議唱和採聽外事而伾與叔文及諸朋黨之門車馬填湊而伾門
尤盛珍玩賂遺歲時不絕室中爲無門大櫃唯開一竅足以受物以
藏金寶其妻或寢臥於上與叔文同貶開州司馬王叔文最所重者
李景儉呂溫叔文用事時景儉居喪於東都呂溫使吐蕃留半歲叔
文敗方歸陸質爲皇太子侍讀尋卒伾叔文旣逐詔貶其黨韓曅饒
州司馬韓泰虔州司馬陳諫台州司馬柳宗元永州司馬劉禹錫朗
州司馬凌準連州司馬程异郴州司馬韋執誼崖州司馬韓曅宰相
滉之族子有俊才依附韋執誼累遷尚書司封郎中叔文敗貶池州
刺史尋改饒州司馬量移汀州刺史又轉永州卒陳諫至叔文敗已
出爲河中少尹自台州司馬量移封州刺史轉通州卒凌準貞元二
十年自浙東觀察判官侍御史召入王叔文與準有舊引用爲翰林

○學士轉員外郎坐叔文貶連州準有史學尚古文撰邠志二卷韓泰
貞元中累遷至戶部郎中王叔文用爲范希朝神策行營節度行軍
司馬泰最有籌畫能決陰事深爲伾叔文之所重坐貶自虔州司馬
量移漳州刺史遷郴州柳宗元劉禹錫自有傳
程异京兆長安人嘗侍父疾鄉里以孝悌稱明經及第釋褐揚州海
陵主簿登開元禮科授華州鄭縣尉精於吏職剖判無滯杜■刺同
州帥河中皆從爲賓佐貞元末擢授監察御史遷虞部員外郎充鹽
鐵轉運揚子院留後時王叔文用事由逕放利者皆附之异亦被引
用叔文敗坐貶岳州刺史改柳州司馬元和初鹽鐵使李巽薦异曉
達錢穀請棄瑕錄用擢爲侍御史復爲揚子留後累檢校兵部郎中
淮南等伍道兩稅使异自悔前非厲己竭節江淮錢穀之弊多所鏟
革入爲太府少卿太卿轉衛尉卿兼御史中丞充鹽鐵轉運副使時
淮西用兵國用不足异使江表以調征賦且諷有土者以饒羨入貢
至則不剝下不浚財經費以贏人頗便之由是專領鹽鐵轉運使兼

御史大夫三年九月轉工部侍郎同中書門下平章事領使如故議者以异起錢穀吏一旦位冠百寮人情大爲不可异自知叨據以謙遜自牧月餘日不敢知印秉筆异知西北邊軍政不理建議置巡邊使上問誰可使者异請自行議未決無疾而卒元和十四年四月也贈左僕射謚曰恭异性廉約殁官第家無餘財人士多之

皇甫鎛安定朝那人祖鄰幾汝州刺史父愉常州刺史鎛貞元初登進士第登賢良文學制科授監察御史丁母憂免喪坐居喪時薄游除詹事府司直轉吏部員外郎判南曹凡三年頗鈐制奸吏改吏部郎中三遷司農卿兼御史中丞賜金紫判度支俄拜戶部侍郎時方討淮西切於饋運鎛勾剥嚴急儲供辦集益承寵遇加兼御史大夫十三年與鹽鐵使程异同日以本官同平章事領使如故鎛雖有吏才素無公望特以聚斂媚上刻削希恩詔書既下物情駭異至於賈販無識亦相嗤誚宰相崔群裴度以物議上聞憲宗怒而不聽度上疏乞罷知政事因論之曰臣亦昨於延英陳乞伏奉聖旨未遂愚衷

○竊以上古明王聖帝致理興化雖由元首亦在股肱所以述堯舜之道則言稷契皋夔紀太宗玄宗之德則言房杜姚宋自古至今未有不任輔弼而能獨理天下者況今天下異於十年已前方驅駕文武廓清寇亂建昇平之業十已得八九然華夏安否繫於朝廷朝廷輕重在於宰相如臣駑鈍夙夜戰兢常以爲上有聖君下無賢臣不能增日月之明廣天地之德遂使每事皆勞聖心所以平賊安人費力如此實由臣輩不稱所職方期陛下博採物議旁求人望致之輔弼責之化成而乃忽取微人列於重地始則殿庭班列相與驚駭次則街衢市肆相與嗟呼伏計遠近流聞與京師無異何者天子如堂宰臣如陛陛高則堂高陛卑則堂不得高矣宰臣失人則天子不得尊矣伏以陛下叡哲文明唯天所授凡所閱視洞達無遺所以比來選任宰相繼道不周物才不濟時公望所歸皆有可取況皇甫鎛自掌財賦惟事剗剥以苛爲察以刻爲明自京北京西城鎮及百司并遠近州府應是仰給度支之處無不苦口切齒願食其肉猶賴臣等每加

勸誡或爲奏論庶事之中抑令通濟比者淮西諸軍糧料所破五成錢其實只與一成兩成士卒怨怒皆欲離散臣到行營方且慰喻直其遷延不進供軍漸難俱能前行必有優賞以此約定然後切勒供軍官且支九月一日兩成已上錢俱容努力方將小安不然必有潰散今舊兵悉向淄青討伐忽聞此人入相則必相與驚憂以爲更有前時之事則無告訴之憂雖侵刻不少然漏落亦多所以罷兵之後經費錢數一千三十萬貫此事猶可直以性惟狡詐言不誠實朝三暮四天下共知惟能上惑聖聰足見奸邪之極程异雖人品凡俗然心事和平處之煩劇或亦得力但昇之相位便在公卿之上實亦非宜如皇甫鎛天下之人怨入骨髓陛下今日收爲股肱列在台鼎切恐不可伏惟圖之儻陛下納臣懇款速賜移易以副天下之望則天下幸甚伏聞李修疾病亦求入來如浙西觀察使且與亦得臣知一言出口必犯天威但使言行甘心獲戾今者臣若不退天下之人謂臣有負恩寵今退既未許言又不聽如火燒心若箭攢體臣自無惜

○惜陛下今日事勢何者淮西盪定河北咸寧承宗歛手削地程權束身赴闕韓弘輿疾討賊此豈京師氣力能制其命秖是朝廷處置能服其心今繼既開中興再造區夏陛下何忍却自破除使億萬之衆離心四方諸侯解體凡百君子皆欲慟哭況陛下任臣之意豈比常人臣事陛下之心敢同衆士所以昧死重封以聞如不足觀臣當引領受責陛下引一市肆商徒與臣同列在臣亦有何損陛下實有所傷不勝憤懣惶恐之至時憲宗以世道漸平欲肆意娛樂池臺館宇稍增崇飾而异鎛探知上旨數貢羨餘以備經構故帝獨排物議相之見裴度疏以爲朋黨竟不省覽鎛知公議不可盜以巧媚自固奏減內外官俸錢以贍國用勑下給事中崔祐封還詔書其事方罷時內出積年庫物付度支估價例皆陳朽鎛盡以善價買之以給邊軍羅縠繒綵觸風斷裂隨手散壞軍士怨怒皆聚而焚之裴度奏事因言邊軍焚賜之意鎛因引其足奏曰此靴乃內庫出者臣以俸錢二千買之堅韌可以久服所言不可用皆詐也帝以爲然由是鎛益無

忌憚裴度有用兵伐叛之功鎛心嫉之與宰相李逢吉令狐楚合勢擠度出鎮太原崔羣有公望爲搢紳所重屢言時政之弊鎛惡之因議憲宗尊號乃奏曰昨羣臣議上徽號崔羣於陛下惜孝德兩字憲宗怒黜羣爲湖南觀察使又與金吾將軍李道古叶爲奸謀薦引方士柳泌僧大通言可致長生中尉吐突承璀恩寵莫二鎛厚賂結其歡心故及相位穆宗在東宮備聞鎛之奸邪及居諒闇聽政之日詔皇甫鎛器本凡近性惟險狹行靡所顧文無可觀雖早踐朝倫而素乖公望自掌邦計屬當軍興以剥下爲徇公既鼓衆怒以矯迹爲孤立用塞人言洎塵台司益蠹時政不知經國之大體不慮安邊之遠圖三軍多凍餒之憂百姓深凋瘵之弊事皆罔蔽言悉虛誣遠近咸知朝野同怨而又恣求方士上惑先朝潛通奸人罪在難捨合加竄殛以正刑章俾黜遐荒尚存寬典又詔曰山人柳泌輒懷左道上惑先朝固求牧人貴欲疑衆自知虛誕仍便奔逃僧大通醫方不精藥術皆妄既延禍釁俱是奸邪邦國固有常刑人神所宜共棄宜付京

○兆府決重杖一頓處死柳泌本曰楊仁力少習醫術言多誕妄李道古奸回巧宦與泌密謀求進言之於皇甫鎛因徵入禁中自云能致靈藥言天台山多靈草羣仙所會臣常知之而力不能致願爲天台長吏因以求之起徒步爲台州刺史仍賜金紫諫官論奏曰列聖亦有好方士者亦與官號未嘗令賦政臨民憲宗曰煩一郡之力而致神仙長年臣子於君父何愛焉由是莫敢有言者裴潾以極言被黜泌到天台驅役吏民於山谷間聲言採藥鞭笞躁急歲餘一無所得懼詐發獲罪舉家入山谷浙東觀察使追捕送於京師鎛與李道古懇保證之必能可致靈藥乃待詔翰林院憲宗服泌藥日益煩躁喜怒不常內官懼非罪見戮遂爲弒逆大通自云壽一百五十載久得藥力又有田佐元者鳳翔虢人自言有奇術能變瓦礫爲金白衣授虢縣令初柳泌繫京兆府獄吏叱之曰何苦作此虛矯泌曰吾本無此心是李道古教我且云壽四百歲府吏防虞周密恐其隱化及解衣就誅一無變異但灸灼之瘢痕浹身而已鎛卒於貶所鎛弟鏞端士也亦進士擢第累歷宣歙鳳翔使府從事入爲殿中侍御史轉比部員外郎河南縣令都官郎中河南少尹時鎛爲宰相領度支恩寵殊異鏞惡其太盛每弟兄讌語即極言之鎛頗不悅乃求爲分司除右庶子及鎛獲罪朝廷素知鏞有先見之明不之罪徵爲國子祭酒改太子賓客秘書監開成初除太子少保分司卒年四十九鏞能文尤工詩什樂道自怡不屑世務當時名士皆與之交有集十八卷著性言十四篇

史臣曰奸邪害正自古有之如矯誕無忌妬賢傷善未有如延齡皇甫之甚也臣每讀陸丞相論延齡疏未嘗不泣下霑衿其守正効忠爲宗社大計非端士益友安能感激犯難如此異哉德宗之爲人主也忠良不用讒慝是崇乃至身播國屯幾將覆敗尚獨保延齡之是不悟盧杞之非悲夫執誼叔文乘時多辟而欲斡運六合斟酌萬機劉柳諸生逐臭市利何狂妄之甚也韋武雄材審斷剪削屬階洎逐群度而相异鎛蓋季年之妖惑也夫何言哉

○贊曰貞元之風好佞惡忠齡鎛害善爲國蠹蟲裴陸獻替嫉惡如風天聽匪諶吾道斯窮

唐書列傳卷第八十五

劉　昫　等修

聞人詮校刻沈桐同校

竇參 從子申附　齊映

劉滋 族弟贊附　盧邁

崔損　齊抗

竇參字時中工部尚書誕之玄孫父審言聞喜尉以參貴贈吏部尚書參習法令通政術性矜嚴強直而果斷少以門蔭累官至萬年尉時同僚有直官曹者將夕聞親疾請參代之會獄囚亡走京兆尹按直簿將奏參遽請曰彼以不及狀謁參實代之宜當罪坐貶江夏尉人多義之累遷奉先尉縣人曹芬名隷北軍芬素兇暴因醉歐其女弟族人救之不得遂投井死參捕理芬兄弟當死衆官皆請俟免喪參曰子因父生父由子死若以喪延罪是殺父不坐也皆正其罪而杖殺之一縣畏伏轉大理司直按獄江淮次揚州節度使陳少游驕

蹇不郊迎令軍吏傳問參正辭讓之少游悔懼促詣參參不俟濟江還奏合旨時婺州刺史鄧珽坐贓八千貫珽與執政有舊以會赦欲免贓詔百寮於尚書省雜議多希執政意參獨堅執正之於法竟徵贓明年除監察御史奉使按湖南判官馬彝獄時彝舉屬令贓罪至千貫爲得罪者之子因權幸誣奏彝參竟白彝無罪彝實能吏後累佐曹王臯以正直強幹徇參轉殿中侍御史改金部員外郎刑部郎中侍御史知雜事無幾遷御史中丞不避權貴理獄以嚴稱數蒙召見論天下事又與執政多異同上深器之或參決大政時宰頗忌之多所排抑亦無以傷參然多率情壞法初定百官俸料以嘗爲司直黨其官故給俸多於本寺丞又定百官班秩初令太常少卿在左右庶子之上又惡詹事李昇遂移詹事班退居諸府尹之下甚爲有識所嗤尋兼戶部侍郎時京師人家豕生兩首四足有司欲奏參曰此爲豕禍安可上聞命棄之是時郊牛生犢有六足者太僕卿周皓白宰相請奏李泌亦戲荅以遣之故淮南節度使陳少游子正儀請襲封參大署尚書省門曰陳少游位兼將相之崇節變艱危之際君上含垢未能發明愚子何心輒求傳襲正儀懼不敢求封而去時神策將軍孟華有戰功爲大將軍所誣奏稱華謀反有右龍武將軍李建玉前陷吐蕃久之自拔爲部曲誣告潛通吐蕃皆當死無以自白參悉理出之由是人皆屬望明年拜中書侍郎同平章事領度支鹽鐵轉運使每宰相間日於延英召對諸相皆出參必居後久之以度支爲辭實專大政參無學術但多引用親黨使居要職以爲耳目四方藩帥皆畏懼之李納既憚參饋遺畢至外示敬參實陰間之上所親信多非毀參竇申又與吳通玄通犯事覺參任情好惡恃權貪利不知紀極終以此敗貶參郴州別駕貞元八年四月也參至郴州汴州節度使劉士寧遺參絹五千匹湖南觀察使李巽與參有隙遂具以聞又中使逢士寧使於路亦奏其事德宗大怒欲殺參宰相陸贄曰竇參與臣無分因事報怨人之常情然臣參宰衡合存公體以參罪犯置之於死恐用刑太過於是且止尋又遣中使謂贄等曰卿等所

奏於大體雖好然此人交結中外其意難測朕尋情狀其事灼然又竇參在彼與諸戎帥交通社稷事重卿等速進文書處分贄奏曰臣面承德音幸奉密音旨以社稷爲憂知根尋已審敢不上同憂憤內絕狐疑豈願遲迴更貽念慮但以參常經重任斯謂大臣進退之間猶宜有禮誅戮之際不可無名劉晏久掌貨財當時亦招怨讟及加罪責事不分明叛者既得以爲辭衆人亦爲之懷愍用刑暧昧損累不輕事例未遙所宜重慎竇參頃司鈞軸頗怙恩私貪受貨財引縱親黨此則朝廷同議天下共傳至於潛懷異圖將起大惡跡既未露人皆莫知臣等親奉天顏議加刑辟但聞兇險之意尚昧結構之由況在衆流何由備悉忽行峻罰必謂冤誣群情震驚事亦非細若不付外推鞫則恐難定罪名乞留睿聰更少詳度竇參於臣素亦無分陛下固以明知有何顧懷輒欲營救良以事關國體義絕私嫌所異典刑不濫於清時君道免虧於聖德乃再貶爲驩州司馬男景伯配泉州女尼眞如隷郴州其財物婢妾傳送京師參時爲左右中官深怒謗沮

不已未至驩州賜死於邕州武經鎮時年六十
竇申者參之族子累遷至京兆少尹轉給事中參特愛之每議除授
多訪於申申或泄之以招權受賂申所至人目之爲喜鵲德宗頗聞
其事數誡參曰御他日必爲申所累不如出之以掩物議參曰臣無
彊子姪申雖疎屬臣素親之不忍遠出請保無他犯帝曰卿雖自保
如衆人何參固如前對申亦不悛兵部侍郎陸贄與參有隙吳通微
弟兄與贄同在翰林俱承德宗顧遇亦爭寵不協金吾大將軍嗣虢
王則之與申及通微通玄善遂相與傾贄考貢舉言贄考貢不實吳
通玄取宗室女爲外婦德宗知其毀贄且令察視具得其奸狀乃貶
則之爲昭州司馬吳通玄爲泉州司馬竇申爲道州司馬不旬日貶
參郴州別駕即日以陸贄爲宰相明年竇參再貶驩州德宗謂陸贄
曰竇申竇榮李則之首末同惡無所不至又並細微不比竇參便宜
商量處置所有親密並發遣於遠惡處贄奏曰竇參罪犯誠合誅夷
聖德含弘務全事體特寬嚴憲俯貸餘生始終之恩實足感於庶品

仁煦之惠不獨幸於斯人所議貶官謹具別狀其竇申竇榮李則之
等既皆同惡固亦難容然以得罪相因法有首從首當居重從合從
輕參既蒙恩矜全申等亦宜減降又於黨與之內亦有淑慝之殊稍
示區分足彰沮勸竇榮與參雖非近屬亦甚相親然於款密之中都
無邪僻之事仍聞激憤屢有直言因此漸構猜嫌晚年頗見疎忌若
論今者陰事則尚未究端由如據此來所行應不至兇險恐須差異
以表詳明臣等商量竇榮更貶遠官竇申則之並除名配流庶允從輕
之典以洽好生之恩夫趨勢附權時俗常態苟無高節出衆何能特
立不群竇參久處鈞衡特承寵渥君之所任孰敢不從或游於門庭
或序以中表或偏被接引或驟與薦延如此之徒十常七八若聽流
議皆謂黨私自非甚與交親安可參從貶累況竇參罷黜殆欲周星
應是私黨近親當時並已連坐人心久定不可復搖臣等商量除與
竇參陰謀邪事外一切不問詔從之由是申等得配流嶺南既賜參
死乃杖殺申諸竇皆貶榮得免死

齊映瀛州高陽人父圯試太常少卿兼檢校工部郎中映登進士第
應博學宏辭授河南府參軍滑亳節度使令狐彰辟爲掌書記累授
監察御史彰疾甚映草遺表因與謀後事映說彰令上表請代令子
建歸京師彰皆從之因妻以女彰卒後兵亂映脫身歸東都河陽三
城使馬燧辟爲判官奏殿中侍御史建中初盧杞爲宰相薦之遷刑
部員外郎會張鎰出鎮鳳翔奏爲判官映口辯頗更軍事數以論奏
合旨尋轉行軍司馬兼御史中丞德宗在奉天鳳翔逼於賊泚鎰懦
緩不曉兵家事部將有李楚琳者慓悍兇暴軍中畏之泚間將謀亂
先數日映與同列齊抗覺其謀乃言於鎰請早圖之鎰不從映言乃
示其寬大召楚琳語之曰欲令公使於外楚琳恐是夜作亂乃殺鎰
以應泚軍中多爲映指道故得免因赴奉天行在除御史中丞興元
初從幸梁州每過險映常執轡會御馬遽駭奔跳頗甚帝懼傷映令
捨轡映堅執久之乃止帝問其故曰馬奔蹶不過傷臣如捨之或犯
清塵雖臣萬死何以塞責上嘉獎無已在梁州拜給事中映白皙長

大言音高朗上自山南還京常令映侍左右或令前馬至城邑州鎮
俾映宣詔令帝益親信之其年冬轉中書舍人貞元二年以本官與
左散騎常侍劉滋給事中崔造同拜平章事滋以端默雅重寡言映
讜和美言悅下無所是非政事多決於造無幾造疾病映當國政乘間
亦敢言事時吐蕃數入寇人情搖動且言帝欲行幸避狄映奏曰戎
狄亂華臣之罪也今人情恟懼謂陛下理裝具糗糧臣聞大福不再
奈何不與臣等熟計之因俯伏流涕上亦爲之感動時給事中袁高
忤旨映連請爲左丞御史大夫映於東都舉進士及宏詞時張延賞
爲河南尹東都留守厚映及映爲相延賞罷相爲左僕射數書時事
令映行之及爲所親求官映多不應延賞怒言映非宰相器三年正
月貶映夔州刺史又轉衡州七年授御史中丞桂管觀察使又改洪
州刺史江西觀察使映常以頃爲相輔無大過而罷冀其復入用乃
倍斂貢奉及大爲金銀器以希旨先是銀餅高者五尺餘李兼爲江
西觀察使乃進六尺者至是因帝誕日端午映爲餅高八尺者以獻

貞元十一年七月卒時年四十八贈禮部尚書
劉滋字公茂左散騎常侍子玄之孫父貺開元初為左拾遺父子仍代為史官貺依劉向說苑撰續說苑一十卷以獻玄宗嘉之滋少以門蔭調授太子正字歷漣水令吏部侍郎楊綰薦滋堪為諫官拜左補闕改太常卿後為左補闕辭官侍親還東都河南尹李廙署奏功曹參軍無幾丁母喪服除遷屯田員外郎轉司勳員外郎判南曹勤於吏職孜孜奉法遷司勳郎中累拜給事中從幸奉天轉太常少卿掌禮儀興元元年改吏部侍郎往洪州知選事時京師寇盜之後天下蝗旱穀價翔貴選人不能赴調乃命滋江南典選以便江嶺之人時稱舉職貞元三年遷左散騎常侍同中書門下平章事在相位無所啓奏但多謙退廉謹畏慎而已三年正月守本官罷知政事四年復為吏部侍郎六年遷吏部尚書竇參以宰相為吏部尚書換刑部尚書無何御史臺劾奏滋前在吏部選人渝濫詔奪金紫階滋有經學善持論性廉潔刻苦嫉惡掌選多所發擿吏代詐偽者尤畏之十年十月卒時年六十六

贈陝州大都督貺從兄贊大曆中左散騎常侍彙之子少以資蔭補吏累授鄠縣丞宰相杜鴻漸自劍南還朝途出於鄠贊儲供精辦鴻漸判官楊炎以贊名儒之子薦之累授侍御史浙江觀察判官楊炎作相擢為歙州刺史以勤幹聞有老婦人捃拾橡櫟間猛獸將噬之幼女號呼搏獸而救之母子俱免宣歙觀察使韓滉表其異行加金紫之服再遷常州刺史韓滉入相分舊所統為三道以贊為宣州刺史兼御史中丞宣歙池都團練觀察使贊在宣州十餘年贊祖子玄開元朝一代名儒父彙博涉經史雖贊不知書但以強猛立威官吏畏之重足一迹宣為天下沃饒贊久為廉察厚斂殖貨務貢奉以希恩子弟皆虧庭訓雖童年稚齒便能侮易驕人人士鄙之貞元十二年卒時年七十贈吏部尚書
盧邁字子玄范陽人少以孝友謹厚稱深為叔舅崔祐甫所親重兩經及第歷太子正字藍田尉以書判拔萃授河南主簿充集賢校理朝臣薦其文行遷右補闕侍御史刑部吏部員外郎邁以叔父兄弟姊妹悉在江介屬蝗蟲歲飢懇求江南上佐由是授滁州刺史入為司門郎中遷右諫議大夫累上表言時政得失轉給事中屬校定考課邁固讓以授官日近未有政績不敢當上考時人重之遷尚書右丞將作監元亘當攝太尉享昭德皇后廟以私忌日不受誓誡為御史劾奏詔尚書省與禮官法官集議邁奏狀曰臣按禮記大夫士將祭於公既視濯而父母死猶奉祭又按唐禮散齋有大功之喪致齋有周親喪齋中疾病即還家不奉祭事皆無忌日不受誓誡之文雖假寧令忌日給假一日春秋之義不以家事辭王事今直以假寧常式而違攝祭新命酌其輕重誓誡則祀事之嚴校其禮式忌日乃尋常之制詳求典據事緣薦獻不宜以忌日為辭由是亘坐罰俸邁九年以本官同中書門下平章事歲餘遷中書侍郎時大政決在陸贄趙憬邁謹身中立守文奉法而已而友愛恭儉邁從父弟退為劍南西川判官卒於成都歸葬於洛陽路由京師邁奏請至城東哭於其柩許之近代宰臣多自以為崇重三服之親或不過從而弔臨而邁獨

振薄俗請臨弟喪士君子是之十二年九月邁於政事堂中風肩輿而歸上表請罷官不許詔宰臣就第問疾自是凡五上表堅乞骸骨詔曰御操履貞方器識淹茂自居台輔益見忠清方籍謀猷遽嬰疾疹歲月滋久章表屢聞陳請再三撝謙難奪且備養賢之禮宜遂優閑之秩告免之誠雖為懇至俯從來奏良用憮然乃除太子賓客貞元十四年卒時年六十贈太子太傅賻以布帛邁再娶無子以從父弟子紀為嗣
崔損字至無博陵人高祖行功已後名位卑替損大曆末進士擢第登博學宏詞科授秘書省校書郎再授咸陽尉外舅王翃為京兆尹改大理評事累遷兵部郎中貞元十一年遷右諫議大夫會門下侍郎平章事趙憬卒中書侍郎平章事盧邁風病請告戶部尚書裴延齡素與損善乃薦之于德宗十二年以本官同中書門下平章事與給事中趙宗儒同日知政事並賜金紫初二相有故旬日中外顒望名德損比無聲實及制下之日中外失望性齷齪謹慎每延英論事

未嘗有言十四年秋轉門下侍郎平章事是歲以昭陵舊宮爲野火所焚所司請修奉昭陵舊宮在山上置來歲久曾經野火燒爇摧毁略盡其宫尋移在瑶臺寺左側今屬通年欲議修置緣供水稍遠百姓勞弊今欲於見住行宫處修創興久遠便人又爲移改舊制恐禮意未周宜令宰臣百寮集議議者多云舊宫既焚宜移就山下上意不欲遷移只於山上重造命損爲八陵修奉使於是獻昭乾定泰五陵造屋五百七十間橋陵一百四十間元陵三十間唯建陵仍舊但修葺而已所緣陵寢中牀蓐帷幄一事已上帝親自閱視然後授損送於陵所損以久疾在家賜絹二百匹以爲醫藥南北兩省清要損皆歷踐之在位無稱於人者身居宰相母野殯不言展墓不議遷祔姊爲尼没於近寺終喪不臨士君子罪之加以過爲恭遜接見便僻不止於容身而已自建中已後宰相罕有久在位者數歲罪黜損用此中上意竊大任者八年上亦知物議鄙其持祿取容然怜而厚之貞元十九年卒贈太子太傅賻布帛五百端米粟四百石

齊抗字遐舉天寶中平陽太守澣之孫父翶一命卑官卒以抗貴累贈國子祭酒抗少隱會稽剡中讀書爲文長於牋奏大曆中壽州刺史張鎰辟爲判官明閑吏事敏於文學鎰甚重之建中初鎰爲江西觀察使抗亦隨在幕府三年鎰自中書侍郎平章事出鎮鳳翔奏抗爲監察御史仍爲賓佐幕中籌畫多出於抗德宗在奉天鎰爲李楚琳所害抗奔赴行在拜侍御史旬日改戶部員外郎宰相蕭復爲江淮宣慰使以抗爲判官德宗還京大盜之後天下旱蝗國用盡竭鹽鐵轉運使元琇以抗有才用奏授倉部郎中條理江淮鹽務貞元初爲水陸運副使督江淮漕運以給京師遷諫議大夫歷處州刺史轉潭州刺史湖南都團練觀察使入爲給事中又爲河南尹歷秘書監太常卿代鄭餘慶爲中書侍郎同中書門下平章事先時每年吏部選人試判別奏官考覆第其上下既考中書門下復奏擇官覆定寢以爲例抗乃奏曰吏部尚書侍郎已是朝廷精選不宜別差考官重覆其年他官考判訖俾吏部侍郎自覆一歲遂除考判官蓋抗所論奏也故事禮部侍郎掌貢舉其親故即試於考功謂之別頭舉人抗亦奏罷之尋奏省諸州府別駕田曹司田官及判司之雙曹者復省中書省驛使官及諸胥吏尋加修國史抗雖讀書無遠智大略凡爲官必求至精末乃滋彰物論薄其隘刻遇疾上表請罷改太子賓客竟不任朝謝貞元二十年卒時年六十五贈戶部尚書又賜其家絹二百匹

史臣曰竇参朋黨不顧君上之誡斯爲悖矣齊映曲貢希用甚謬而愛君莅事往往有長者之言滋邁家行修謹臨事可稱器雖齷齪無廢爲君子矣而損抗之比夫何足云邁汙台槐蓋時主之容易耳

贊曰物之同器貴於私通竇阿齊佞偏詖斯同滋邁之行可以飾躬康濟蒸民胡爲厥中

唐書列傳卷第八十六

劉昫　等修

聞人詮校刻沈桐同校

徐浩　趙涓（子博宣　盧南史附）劉太真　李紓
邵說　于邵　崔元翰　于公異
呂渭（子溫恭儉讓）　鄭雲逵　李益　李賀

徐浩字季海越州人父嶠官至洛州刺史浩少舉明經工草隸以文學為張說所器重調授魯山主簿說薦為麗正殿校理三遷右拾遺仍為校理幽州節度使張守珪奏在幕府改監察御史丁父憂服除授京兆司録以母憂去職數年調授河南司録歷河陽令以善政稱拜太子司議郎遷金部員外郎歷憲部郎中安禄山反出為襄陽太守本郡防禦使賜以金紫之服肅宗即位召拜中書舍人時天下事殷詔令多出於浩浩屬詞贍給又工楷隸肅宗悅其能加兼尚書右丞玄宗傳位誥冊皆浩為之參兩宮文翰寵遇罕與為比除國子

祭酒坐事貶廬州長史代宗徵拜中書舍人集賢殿學士尋遷工部侍郎嶺南節度觀察使兼御史大夫又為吏部侍郎集賢殿學士坐以妾弟冒選託侍郎薛邕注授京尉為御史大夫李栖筠所彈坐貶明州別駕德宗即位徵拜彭王傅建中三年以疾卒年八十贈太子少師初浩以文雅稱及授廣州典選部多積貨財又嬖其妾侯莫陳氏頗干政事為時論所貶

趙涓冀州人也幼有文學天寶初舉進士補鄠城尉累授監察御史右司員外郎河南副元帥王縉奏充判官授檢校兵部郎中兼侍御史遷給事中太常少卿出為衢州刺史永泰初涓為監察御史時禁中失火燒屋室數十間火發處與東宮稍近代宗深疑之涓為巡使俾令即訊涓周歷壖園按據迹狀乃上直中官遺火所致也推鞫明審頗盡事情既奏代宗稱賞焉德宗時在東宮常感涓之究理詳細及刺衢州年考既深又與觀察使韓滉不相得滉奏免涓官德宗見其名謂宰臣曰豈非永泰初御史趙涓乎對曰然即拜尚書左丞無何知吏部選扈從梁州興元元年卒贈戶部尚書

子博宣登進士第文章俊拔性率多酒陳許節度使曲環辟為從事賓筵之間多所忽畧環不能容朝廷方討淮蔡環誣奏博宣受吳少誠賂為反間又妄說國家休咎扇惑軍情時博宣權知舞陽縣事詔令環決杖四十流於康州人皆以為枉先是侍御史盧南史坐事貶信州員外司馬至郡準例得廳吏一人每月請紙筆錢前後五年計錢一千貫南史以官閑冗放吏歸納其紙筆錢六十餘千刺史姚驥劾奏南史以為贓又劾南史買鉛燒黃丹德宗遣監察御史鄭楚相刑部員外郎裴澥大理評事陳正儀充三司使同往按鞫將行並召於延英謂之曰卿等必須詳審無令漏罪銜冤三人將退裴澥獨留奏曰臣按姚驥奏狀稱南史取廳吏紙筆錢計贓六十餘貫雖於公法有違量事且非巨蠹上曰此事亦未為甚未知燒鉛何如澥曰燒鉛為丹格令不禁准天寶十三載勑鉛銅錫不許私家買賣貨易蓋防私鑄錢本亦不言燒鉛為丹南史違勑買鉛不得無罪伏以陛下自

登寶位及天寶大曆以來未嘗降三司使至江南今忽録此小事令三司使往非唯損耗州縣亦恐遠處聞之各懷憂懼臣聞開元中張九齡為五嶺按察使有録事參軍告齡非法朝廷止令大理評事往按大曆中鄂岳觀察使吳仲孺與轉運使判官劉長卿紛競仲孺奏長卿犯贓二十萬貫時止差監察御史苗伾就推今姚驥所奏事狀無多臣堪任此行即請獨往恐不須三司並行為使德宗忻然曰卿言是矣乃復召楚相正儀與澥俱坐謂之曰朕情於理道處事未精適見裴澥所奏深協事宜亦不用三人摠去但行首一人行可也卿等便宜付宰臣改勑德宗不務大體以察為明皆此類也而博宣南史坐誣枉擯逐賴裴澥悟主南史不至深罪後得召還

劉太真宣州人涉學善屬文少師事詞人蕭穎士天寶末舉進士大曆中為淮南節度使陳少遊掌書記徵拜起居郎累歷臺閣自中書舍人轉工部刑部二侍郎性怯懦詭隨及轉禮部侍郎掌貢舉宰執姻族方鎮子弟先收擢之又常叙少遊勲績擬之桓文大招物論貞元

五年貶信州刺史到州尋卒太真尤長於詩句每出一篇人皆諷誦
德宗文思俊拔每有御製即命朝臣畢和貞元四年九月賜宴曲江
亭帝爲詩序曰朕在位僅將十載實賴忠賢左右克致小康是以擇
三令節錫茲宴賞俾大夫卿士得同歡洽也夫共其戚者同其休有
其初者貴其終咨爾群寮頃朕不暇樂而能節職思其憂咸若時則
庶乎理矣因重陽之會聊示所懷早衣對延燎躬化勤意誠時此萬
樞暇適與佳節幷曲池潔寒流芳菊舒金英乾坤爽氣澄臺殿秋光
清朝野慶年豐高會多歡聲永懷無荒誡良士同斯情因詔曰卿等
重陽會宴朕想歡洽欣慰良多情發于中因製詩序令賜卿等一本
可中書門下簡定文詞士三五十人應制同用清字明日內於延英
門進來宰臣李泌等雖奉詔簡擇難於取捨由是百寮皆和上自考
其詩以太真及李紓等四人爲上等鮑防于邵等四人爲次等張濛
殷亮等二十三人爲下等而李晟馬燧李泌三宰相之詩不加考第
初朱泚懷光之亂關輔荐饑貞元三年已後仍歲豐稔人始復生人
○之樂德宗詔曰比者卿士內外朝夕公務今方隅無事烝民小康其
正月晦日三月三日九月九日三節日宜任文武百寮擇勝地追賞
每節宰相常參官共賜錢五百貫文翰林學士一百貫文左右神威
神策等十軍各賜五百貫金吾英武威遠及諸衛將軍共賜二百貫
客省奏事共賜一百貫委度支每節前五日支付永爲常制

李紓字仲舒禮部侍郎希言之子少有文學天寶末拜秘書省校書
郎大曆初吏部侍郎李季卿薦爲左補闕累遷司封員外郎知制誥改
中書舍人尋自虢州刺史徵拜禮部侍郎德宗居奉天擇爲同州刺
史尋棄州詣梁州行在拜兵部侍郎及正兼知選事李懷光誅河東
節度及諸軍會河中詔往宣勞節度使還敷奏合旨拜禮部侍郎紓
通達善詼諧好樂後進厚自奉養鮮華輿馬以放達蘊藉稱雖爲大
官而佚遊佐宴不甞自忌嘗議享武成王不當視文宣廟奏云準開元
十九年敕置齊太公廟以張良配太常卿及少卿丞充三獻官又按
開元禮祝文云皇帝遣某官昭告于齊太公漢留侯至上元年敕追

贈太公爲武成王享祭之典一同文宣王有司因差太尉充獻官兼
御署祝板伏以太公即周之太師張良即漢之少傅聖朝列於祀典
已極褒崇今屈禮於至尊施敬于臣佐理或過當神何敢歆伏以文宣
垂教百代宗師五常三綱非其訓不明有國有家非其制不立故孟
軻稱生人已來一人而已由是正素王之位加先聖之名樂用宮縣
獻差太尉尊師崇道雅合政經且太公述作止於六韜勳業形於一
代豈宜擬諸盛德均其殊禮其祝文請不進署敢昭告請改爲敬祭
于其昭告請改爲致祭于留侯其獻官請準舊式差太常卿已下充
詔百寮進議文武官上言互有異同詔曰帝德廣運乃武乃文文化
武功皇王之二柄祀禮教敬國章孔明自今宜上將軍已下充獻官餘
依紓所奏紓又奉詔爲興元紀功述及郊廟樂章諸所論著甚衆卒
于官年六十二貞元八年贈禮部尚書

邵說相州安陽人舉進士爲史思明判官歷事思明朝義常掌兵事
朝義之敗說降於軍前郭子儀愛其才留於幕下累授長安令秘書
○少監遷吏部侍郎太子詹事以才幹稱談者或以宰相許之金吾將
軍裴儆謂諫議大夫柳載曰以鄙夫所度說得禍不久矣且說與史
思明父子定君臣之分居劇官掌兵柄亡軀犯順前後百戰於賊庭
掠名家子女以爲婢僕者數十人剽盜寶貨不知紀極力屈然後降
朝廷宥以不死獲齒班序無厚顏而又遑遑求財崇飾第宅附託貴
倖以求大用不知愧懼而有得色其能久乎建中三年嚴郢得罪說
與郢厚善勸朱泚抗疏申其冤說爲草其奏上知之貶說歸州刺史
竟卒于貶所

于邵字相門其先家于代今爲京兆萬年人曾祖鈞戶部尚書邵天
寶末進士登科書判超絕授崇文館校書郎累歷使府入爲起居郎
再遷比部郎中尚二十考第於吏部以當稱無何出爲道州刺史未
就道轉巴州時歲儉夷獠數千相聚山澤圍州掠衆邵勵州兵以拒
之旬有二日遣使說喻盜邀邵面降邵儒服出城盜羅拜而降圍解
節度使李抱玉以聞超遷梓州以疾不至遷兵部郎中西川節度使

崔寧請留爲支度副使尋拜諫議大夫知制誥再遷禮部侍郎史館修撰爲三司使以撰上尊號册賜階三品當時大詔令皆出於邵頃之與御史中丞袁高給事中蔣鎮雜理左丞薛邕詔獄邵以爲邕犯在赦前奏出之失旨貶桂州長史貞元初除原王傅後爲太子賓客與宰相陸贄不睦八年出爲杭州刺史以疾請告坐貶衢州別駕移江州別駕卒年八十一邵性孝悌內行修絜老而彌篤初樊澤常舉賢良方正邵一見之於京師曰將相之材也不十五年澤爲節將崔元翰年近五十始舉進士邵異其文擢登甲科且曰不十五年當掌誥令竟如其言獨孤授舉博學宏詞吏部考爲乙第在中書覆昇甲科人稱其當有集四十卷

崔元翰者博陵人進士擢第登博學宏詞制科又應賢良方正直言極諫科三舉皆昇甲第年已五十餘李汧公鎮滑臺辟爲從事後北平王馬燧在太原聞其名致禮命之又爲燧府掌書記入朝爲太常博士禮部員外郎實參輔政用爲知制誥詔令温雅合於典謨然性太

剛褊簡傲不能取容於時每發言論畧無阿徇忤執政旨故掌誥二年而官不遷竟罷知制誥守比部郎中元翰苦心文章時年七十餘好學不倦既介獨耿直故少交遊唯秉一操伏膺翰墨其對策及奏記碑誌師法班固蔡伯喈而致思精密爲時所稱終于散位

于公異者吳人登進士第文章精拔爲時所稱建中末爲李晟招討府掌書記興元元年收京城公異爲露布上行在云臣已肅清宮禁祗奉寢園鍾簴不移廟皃如故德宗覽之泣下不自勝左右爲之嗚咽既而曰不知誰爲之或對曰于公異之詞也上稱善久之公異初應進士時與舉人陸贄不恊至是贄爲翰林學士聞上稱與尤不悦時議者言之公異少時不爲後母所容自遊宦成名不歸鄉里及貞元中陸贄爲宰相奏公異無素行黜之詔曰祠部員外郎于公異頃以才名昇於省闥其少也爲父母之所不容宜其引慝在躬孝行不匱匿名跡於畎畝候安否於門閭俾其親之過不彰庶其誠之至必感安於棄斥遊學遠方忘其温凊之戀竟至存亡之隔爲人子者忍至是乎宜放歸田里俾自循省其舉公異官尚書左丞盧邁宜奪俸兩月時中書舍人高郢薦監察御史元敦義及覩公異譴逐懼爲所累乃上疏首陳敦義虧於禮教詔嘉郢之知過俾敦義罷歸公異竟名位不振轗軻而卒人士惜其才惡贄之褊急焉

呂渭字君載河中人父延之越州刺史浙江東道節度使渭舉進士累授婺州永康令大理評事浙西觀察使李涵辟爲支使再遷殿中侍御史涵自御史大夫改太子少傅渭上言涵父名少康今涵爲少傅恐乖朝典由是特授渭司門員外郎尋爲御史臺劾奏涵再任少卿此時都不言今爲少傅疑以散慢廼爲不可由是貶渭歙州司馬改涵檢校工部尚書兼光祿卿渭累授舒州刺史吏部員外駕部郎中知制誥中書舍人母憂罷服闋授太子右庶子禮部侍郎中書省有柳樹建中末枯死興元元年車駕還京後其樹再榮人謂之瑞柳渭試進士取瑞柳爲賦題上聞而嘉之渭又結附裴延齡之子操舉進士文詞非公渭擢之登第爲正人嗤鄙因入閤遺失請託文記遂

出爲潭州刺史兼御史中丞湖南都團練觀察使在任三歲政甚煩碎貞元十六年卒年六十六贈陝州大都督子温恭儉讓

温字化光貞元末登進士第與翰林學士韋執誼善順宗在東宮侍書王叔文勸太子招納時之英俊以自輔温與執誼尤爲叔文所睠起家再命拜左拾遺二十年冬副工部侍郎張薦爲入吐蕃使行至鳳翔轉侍御史賜緋袍牙笏明年德宗晏駕順宗即位張薦卒於青海吐蕃以中國喪禍留温經年時王叔文用事故與温同遊東宮者皆不次任用温在蕃中悲歎久之元和元年使還轉戶部員外郎時柳宗元等九人坐叔文貶逐唯温以奉使免温天才俊拔文彩贍逸爲時流柳宗元劉禹錫所稱然性多險詐好奇近利與竇群羊士諤趣尚相狎群爲韋夏卿所薦自處士不數年至御史中丞李吉甫尤奇待之三年吉甫爲中官所惡將出鎮揚州温欲乘其有間傾之温自司封員外郎轉刑部郎中竇群請爲知雜吉甫以疾在第召醫人陳登診視夜宿于安邑里第温伺知之詰旦令吏捕登鞠問之又奏

劾吉甫交通術士憲宗異之召登面訊其事皆虛乃貶群爲湖南觀察使羊士諤資州刺史温均州刺史朝議以所責太輕群再貶黔南温貶道州刺史五年轉衡州秩滿歸京不得意發疾卒温文體富艷有丘明班固之風所著凌烟閣功臣銘張始興畫賛移博士書頗爲文士所賞有文集十卷恭儉皆至侍御史讓至太子右庶子皆有美才自後吉甫再入中書長慶已後李德裕黨盛呂氏諸子無至達官者

鄭雲逵滎陽人大曆初舉進士性果誕敢言客遊兩河以畫干于朱泚泚悅乃表爲節度掌書記檢校祠部員外郎仍以弟滔女妻之泚將入覲先令雲逵入奏及泚至京以事怒雲逵奏貶莫州參軍滔代泚後請爲判官滔助田悅爲逆雲逵諭之不從遂棄妻子馳歸長安帝嘉其來留於客省超拜諫議大夫奉天之難雲逵奔赴行在李晟以爲行軍司馬戎署多以咨之歷秘書少監給事中尋拜大理卿遷刑部兵部二侍郎遷御史中丞充順宗山陵橋道置頓使雲逵初爲

朱泚判官常忤同幕蔡庭玉庭玉白泚黜爲莫州録事參軍滔復奏爲判官因深搆庭玉於滔滔爲泚留後事有請於泚庭玉又騰謗之又有判官朱體微亦蒙泚親信與庭玉常從容言於泚曰滔非長者不可付以兵權滔竊知之後滔南討有功雲逵數激怒之滔乃抗表論庭玉等離間骨肉及滔叛帝乃召泚以表示之故歸罪於庭玉等以悅滔滔亦終叛三年雲逵奏其弟有前太僕丞方逵受性凶悖不知君親衆惡備身訓教莫及結聚兇黨江中劫人臣亡父先臣叩杖至一百終不能懲張延賞任揚州日亦曾犯延賞法決殺復蘇至於常言皆呼臣亡父先臣名親戚所知無可教語昨聞於邠寧慶等州干謁節度及州縣乞丐今見在武功縣南西戎俯近恐有異謀若不冐死奏聞必恐覆臣家族詔令京兆府錮身遞送黔州付李模於僻遠州驛使勿許東西雲逵元和元年拜右金吾衛大將軍歲中改京兆尹五年五月卒

李益肅宗朝宰相揆之族子登進士第長爲歌詩貞元末與宗人李賀齊名每作一篇爲教坊樂人以賂求取唱爲供奉歌詞其征人歌早行篇好事者畫爲屏障迴樂峯前沙似雪受降城外月如霜之句天下以爲歌詞然少有癡病而多猜忌防閑妻妾過爲苛酷而有散灰扃戶之譚聞於時故時謂妬癡爲李益疾以是久之不調而流輩皆居顯位益不得意北遊河朔幽州劉濟辟爲從事常與濟詩而有不上望京樓之句憲宗雅聞其名自河北召還用爲秘書少監集賢殿學士自負才地所多凌忽爲衆不容諫官舉其幽州詩句降居散秩俄復用爲秘書監遷太子賓客集賢學士判院事轉右散騎常侍太和初以禮部尚書致仕卒

李賀字長吉宗室鄭王之後父名晉肅以是不應進士韓愈爲之作諱辨賀竟不就試手筆敏捷尤長於歌篇其文思體勢如崇巖峭壁萬仞崛起當時文士從而效之無能髣髴者其樂府詞數十篇至於雲韶樂工無不諷誦補太常寺協律郎卒時年二十四

史臣曰文學之士代不乏才末泰貞元之間如徐浩趙涓諸公可謂

一時之秀也然太眞以畏懦闒邵說以僭侈失於于公輿呂渭李益皆有微累故知全其德者罕矣

賛曰名以才顯才兼德尊徐趙劉李厥聲遠聞邵于呂鄭其名久存半乏全德愧于後人

唐書列傳卷第八十七

唐書列傳卷第八十八

劉　昫　等脩

聞人詮校刻沈桐同校

趙憬　韋倫　賈耽　姜公輔

趙憬字退翁天水隴人也總章中吏部侍郎同東西臺三品仁本之曾孫祖誼歷左司郎中父道先洪州錄事參軍憬少好學志行脩絜不求聞達寶應中玄宗肅宗梓宮未祔有司議山陵制度時西蕃入寇天下飢饉憬以褐衣上疏宜遵儉制時人稱之後連爲州從事試江夏尉累遷監察御史隨牒藩府歷殿中侍御史太子舍人居母憂哀毁幾絕服除建中初擢授水部員外郎未拜會湖南觀察使李承請爲副使檢校工部郎中充職歲餘承卒遂知留後事尋授潭州刺史兼御史中丞湖南觀察使仍賜金紫居二歲受代歸京師閉門靜居不與人交久之特召對於别殿憬多學問有辭辯敷奏稱旨上悦拜給事中貞元四年迴紇請結和親詔以咸安公主降迴紇命檢討

右僕射關播充使憬以本官兼御史中丞爲副前後使迴紇者多私賫繒絮蕃中市馬迴以窺利憬一無所市人嘆美之使還遷尚書左丞綱轄省務清勤奉職竇參爲宰相惡其能請出爲同州刺史上不從八年四月竇參罷黜憬與陸贄並拜中書侍郎同中書門下平章事憬深於理道常言爲政之本在於選賢能務節儉薄賦歛寬刑罰對揚之際必以此爲言乃獻審官六議曰臣謬登宰府四年于茲恭承德音未嘗不以求賢爲切至於延薦職在愚臣雖當代天之工且乏知人之鑒漸積歲月負於聖明無補王猷有妨賢路况多疾恙兼處闕遺頃奉表章備陳肝膈陛下以臣性拙直身病可矜不棄孱微尚加委任自此思省報効尤難莫副堯舜之心空懷尸素之懼伏惟陛下法象應期聖神廣運雲行雨施皆發自然訓誥典謨悉經睿覽臣所以不敢援引古昔上煩天聽且以用人之要願伸鄙見復念稽顙丹陛仰對宸嚴謇訥易窮處數難辯理詳則塵瀆頗甚言畧則利害未宣若默以求容苟而竊位縱天地之仁幸免而中外之責何逃

非陛下用臣之意也其所欲言者皆陛下聖慮之内臣以頂戴恩造不知所爲身被風毒漸覺沉痼是以勤勤懇懇切於愚誠也臣聞貞觀開元之際宰輔論事或多上書所冀獲盡情理今臣酌前代之損益體當時之通變謹獻審官六議伏惟閒宴時賜省覽其大指議相則曰宜博採衆賢用爲輔弼令中外知其賢者伏願陛下用之識其能者任之求其全材恐不可得議進用庶官則曰異同之論是非難辨由考課難於實効好惡雜於衆聲所以訪之彌多得之彌少選士古今爲難拔十得五賢愚猶半陛下謂臣曰何必五也十得二三斯可矣聖主思賢至是而宰臣不能進之臣之罪也進賢在於廣任用明殿最舉大節棄其小瑕隨其所能試之以事用人之大綱也議京諸司闕官則曰當今要官多闕閑官十無乙文武任用資序遞遷要官本以材行閑官多由恩澤朝廷或將任多擬要官則人少闕多閑官則人多闕少明當選拔者轉少在優容者轉多宜補闕員務實材用大廈永固是棟梁榱桷之全也聖朝致理亦庶官群吏之能也

議中外考課官則曰漢以數易長吏謂之弊政其有能理者輙增秩賜金或八九年十餘年乃入爲九卿或遷三輔功績茂異遂至丞相其間不隔數官今陛下内選庶僚外委州府課績高者不次超昇致理之法無踰於此臣愚以爲黜陟且立年限若所居要重未當遷移就加爵秩其餘進退令知褒貶之必應遲速之有常如課績在中年考及限與之平轉中外迭處歷試其能使無苟且之心又無滯淹之慮議舉遺滯則曰官司既廣必委宰輔以舉之宰輔不能遍知又詢于庶官庶官不能遍知又訪於衆人衆聲囂然互有臧否十人舉之未信一人毁之可疑迨至于今茲弊未改其所以然者非盡爲愛憎也苦於不審實而承聲言之大凡常人之心以稱人之善爲清以攻人之過爲直苟有除授多生横議由是宰臣每將薦用亦自重難日往月來未副聖意宜須採聽時論以所舉多者先用必非大故皆不棄之議擢用諸使府僚屬則曰諸使辟吏各自精求務於得人將重府望既經試効能否可知擢其賢能置之朝列或曰外使須才固不可

奪臣知必不然也屬者使府賓介每有登朝本使殊以爲榮自喜知人且明公選大凡才能之士名位未達多在方鎮日月在上誰不知之思登關庭如望霄漢宜須博採無宜久滯上優詔荅之時吏部侍郎杜黃裳爲中貴譖及他過犯御史中丞穆贊京兆少尹韋武萬年縣令李宣長安令盧雲皆爲裴延齡構陷將加斥逐憬保護救解之故多從輕貶初憬廉察湖南令狐峘崔儆並爲巡屬刺史峘嘗歷中書舍人禮部侍郎儆久在朝列所爲或虧法令憬每以正道制之峘儆密遣人數憬罪狀毀之於朝及憬爲相援儆自大理卿爲尚書右丞峘先貶官爲別駕又擢爲吉州刺史時人多之憬與陸贄同知政事贄恃久在禁庭特承恩顧以國政爲已任纔周歲轉憬爲門下侍郎憬由是深銜之數以目疾請告不甚當政事因是不相協裴延齡姦詐恣睢滿朝側目憬初與贄約於上前論之及延英奏對贄極言延齡姦邪誑誕之狀不可任用德宗不悅形於顏色憬默然無言由是罷贄平章事而憬當國矣時宰相賈躭盧邁與憬三人十二年

○春正月躭邁皆有假故憬獨對於延英上問曰近日起居注記何事憬對曰古者左史記言人君動止有實言隨即記録起居注是也國朝永徽中起居唯得對仗承旨仗下後謀議皆不得聞其記注唯編制勑更無他事所以長壽中姚璹知政事以爲親承德音謨訓若不宣旨宰相史官無以得書璹請宰相一人記録所論軍國政事謂之時政記每月送史館既而時政記又廢上曰君舉必書義存勸誡既嘗有時政記宰臣宜依故事爲之起居無何憬卒時政記亦不行憬特承恩顧性清儉雖爲宰輔居第僕使類貧士大夫之家所得俸入先置私廟而竟不立第舍田產其年八月遇暴疾信宿而卒時年六十一子元亮進憬遺表草曰臣叨荷聖慈竊塵台鼎年序頗久績用無聞負乘之敗已彰覆餗之咎俄及而天與之疾福過生災自今日卯時以來稍加困重針灸不及藥餌奚施奄然遊魂終當就木冥冥殘喘豈忍辭天號呼涕零側息心斷反風結草誓報深恩雖死猶生豈孫素願無任感恩嗚咽痛恨之至德宗尤悼惜之廢朝三日冊贈

太子太傅賻布五百端米粟四百石令鴻臚卿王權充冊弔使元亮官至左司郎中侍御史知雜事卒次子全亮官至侍御史桂管防禦判官元亮兄宣亮弟承亮皆以門蔭授官

韋倫開元天寶中朔方節度使光乘之子少以蔭累授藍田縣尉以吏事勤恪楊國忠署爲鑄錢內作使判官國忠恃權寵又邀名稱多徵諸州縣農人令鑄錢農夫既非本色工匠被所由抑令就役多遭箠罰人不聊生倫白國忠曰鑄錢須得本色人今抑百姓農人爲之尤費力無功人且興謗請厚懸市估價募工曉者爲之由是役使減少而益鑄錢之數天寶末宮內土木之功無虛日內作人吏因緣爲姦倫乃躬親閱視省費減倍改大理評事會安祿山反車駕幸蜀拜倫監察御史劍南節度行軍司馬兼充置頓使判官尋改屯田員外兼侍御史時內官禁軍相次到蜀所在侵暴號爲難理倫清儉率身以化之蜀川咸賴其理竟遭中官毀譖貶衡州司戶屬東都河南並陷賊漕運路絕度支使第五琦薦倫有理能拜商州刺史充荊襄等

○道租庸使會襄州裨將康楚元張嘉延聚衆爲叛凶黨萬餘人自稱東楚義王襄州刺史王政棄城遁走嘉延又南襲破江陵漢沔饋運阻絕朝廷旰食倫乃調發兵甲駐鄧州界凶黨有來降者必厚加接待數日後楚元衆頗怠倫進軍擊之生擒楚元以獻餘衆悉走散收租庸錢物僅二百萬貫並不失墜荊襄二州平詔除崔光遠爲襄州節度使徵倫爲衛尉卿旬日又以本官兼寧州刺史招討處置等使尋又兼隴州刺史乾元三年襄州大將張瑾殺節度使史翽作亂乃以倫爲襄州刺史兼御史大夫山南東道襄鄧等十州節度使時李輔國秉權用事節將除拜皆出其門倫既爲朝廷公用又不私謁輔國倫受命未行改秦州刺史兼御史中丞本州防禦使時吐蕃党項歲歲入寇邊將奔命不暇倫至秦州屢與虜戰兵寡無援頻致敗衂連貶巴州長史思州務川縣尉代宗即位起爲忠州刺史歷台饒二州以中官呂太一於嶺南矯詔募兵爲亂乃以倫爲韶州刺史兼御史中丞韶連郴三州都團練使立兒遣太一用賂反間貶信州司馬虔州司

戶隋州司戶隨州司馬遇赦旅寓於洪州十數年德宗即位選堪使絕域者徵倫拜太常少卿兼御史中丞持節充通和吐蕃使倫至蕃中初宣諭皇恩次述國威德遠振蕃人大悅贊普入獻方物使還遷太常卿兼御史大夫加銀青光祿大夫再入吐蕃奉使稱旨西蕃敬服朝廷得失數上疏言之又爲宰相盧杞所惡改太子少保累加開府儀同三司涇師之亂駕幸奉天及盧杞白志貞趙贊等貶官關播罷相爲刑部尚書倫於朝堂嗚咽而言曰宰相不能弼諧啓沃使天下一至於此仍爲尚書天下何由致理聞者敬憚之從駕梁州還京又欲擢用盧杞爲荊州刺史倫又上表切言不可深爲忠正之士所稱歎以年踰七十表請休官改太子少師致仕封鄴國公時李楚琳以僕射兼衛尉卿李忠誠以尚書兼少府監倫上言曰楚琳兇逆忠誠蕃戎醜類不合厠列清班又表請置義倉以防水旱擇賢良任之左右又言吐蕃必無信約專須防備不可輕易上每善遇之倫居家孝友撫弟姪以慈愛稱貞元十四年十二月卒時年八十三贈楊州

都督

賈耽字敦詩滄州南皮人以兩經登第調授貝州臨清縣尉上疏論時政授絳州正平尉從事河東檢校膳部員外郎太原少尹北都副留守又檢校禮部郎中節度副使改汾州刺史在郡七年政績茂異入爲鴻臚卿時左右威遠營隸鴻臚耽仍領其使大曆十四年十一月檢校左散騎常侍兼梁州刺史御史大夫山南西道節度使建中三年十一月檢校工部尚書兼御史大夫山南東道節度使德宗移幸梁州興元元年二月耽使行軍司馬樊澤奏事於行在澤既復命方大宴諸將有急牒至言澤代耽爲節度使而召耽爲工部尚書耽得牒内懷中宴飲不改容及散召樊澤以詔授之曰詔以行軍爲節度使耽今即上路因告將吏使謁澤牙將張獻甫曰天子巡幸山南尚書使行軍奏表起居而行軍敢自圖節鉞潛奪尚書土地此可謂事人不忠軍中皆不伏請殺樊澤耽曰公是何言歟天子有命即爲節度使矣耽今赴行在便與公偕行即日離鎮以獻甫自隨軍中乃安尋以本官爲東都留守東畿汝南防禦使貞元二年改檢校右僕射兼滑州刺史義成軍節度使是時淄青節度使李納雖去僞王號外奉朝旨而心常蓄併吞之謀納兵士數千人自行營歸路由滑州大將請城外館之耽曰與人隣道奈何野處其兵命館之城内淄青將士皆心服之耽善射好獵每出畋不過百騎往往獵於李納之境納聞之大喜心畏其度量不敢興圖九年徵爲右僕射同中書門下平章事耽好地理學凡四夷之使及使四夷還者必與之從容訊其山川土地之終始是以九州之夷險百蠻之土俗區分指畫備究源流自吐蕃陷隴右積年國家守於内地舊時鎮戍不可復知耽乃畫隴右山南圖兼黃河經界遠近聚其說爲書十卷表獻曰臣聞楚左史倚相能讀九丘晉司空裴秀創爲六體九丘乃成賦之古經六體則爲圖之新意臣雖愚昧夙嘗師範累蒙拔擢遂忝台司雖歷踐職任誠多曠闕而率土山川不忘寤寐其大圖外薄四海内別九州必藉精詳乃可摹寫見更纘集續冀畢功然而隴右一隅久淪蕃寇職方失

其圖記境土難以區分輒扣課虛微採掇輿議畫關中隴右及山南九州等圖一軸伏以洮湟舊墟連接監牧甘涼右地控帶朔陲岐路之偵候交通軍鎮之備禦衝要莫不匠意就實依俙像真如聖恩遣將護邊新書授律則靈慶之設險在目原會之封略可知諸州諸軍須論里數人額諸山諸水須言首尾源流圖上不可備書憑據必資記注謹撰別錄六卷又黃河爲四瀆之宗西戎乃群羌之帥臣並研尋史牒翦棄浮詞釐所聞知編爲四卷通錄都成十卷文義鄙朴伏增慙悚德宗覽之稱善賜厩馬一匹銀綵百匹銀餅盤各一至十七秊又譔成海内華夷圖及古今郡國縣道四夷述四十卷表獻之曰臣聞地以博厚載物萬國棊布海以委輸環外百蠻繡錯中夏則五服九州殊俗則七戎六狄普天之下莫非王臣昔毌丘出師東銘不耐甘英奉使西抵條支奄蔡乃大澤無涯罽賓則懸度作險或道理迴遠或名號改移古來通儒罕遍詳究臣弱冠之歲好聞方言筮仕之辰注意地理究觀研考垂三十年絕域之比鄰異蕃之習俗梯山獻

琛之路乘舶來朝之人咸究竟其源流訪求其居處閭閻之行賈戎
貊之遺老莫不聽其言而掇其要閭閻之瑣語風謠之小說亦收其
是而芟其僞然殷周以降封略益明承曆數者八家渾區宇者五姓
聲教所及惟唐爲大秦皇罷侯置守長城起於臨洮孝武却地開邊
障塞限於鷄鹿東漢則哀牢請吏西晉則裨離結轍隋室列四郡於
卑和海西創三州於扶南江北遼陽失律因而棄之高祖神堯皇帝
誕膺天命奄有四方太宗繼明重熙柔遠能邇踰太磧通道北至仙
娥於骨利幹置玄闕州高宗嗣守丕績克廣前烈遣單車賫詔西越
葱山於波剌斯立疾陵府中宗復配天之業不失舊物睿宗含先天
之量惟新永圖玄宗以大孝清内以無爲理外大宛驤騄歲充内廏
與貳師之窮兵黷武豈同年哉肅宗掃平氛祲潤澤生人代宗剗除
殘孽彝倫攸叙伏惟皇帝陛下以上聖之姿當太平之運敦信明義
履信包元惠養黎蒸懷柔遐裔故瀘南貢麗水之金漠北獻余吾之
馬玄化洋溢率土霑濡臣幼切磋於師友長趨侍於軒墀自揣孱愚

○叨榮非據鴻私莫荅夙夜兢惶去興元元年伏奉進止令臣修撰國
圖旋郎充使魏州汴州出鎮東洛東都間以衆務不遂專門績用尚
虧憂愧彌切近乃力竭衰病思殫所聞見藂於丹青謹令工人畫海
内華夷圖一軸廣三丈從三丈三尺率以一寸折成百里別章甫左
衽奠高山大川縮四極於纖縞分百郡於作繢宇宙雖廣舒之不盈
庭舟車所通覽之咸在目并撰古今郡國縣道四夷述四十卷中國
以禹貢爲首外夷以班史發源郡縣紀其增減蕃落叙其衰盛前地
理書以黔州屬酉陽今則改入巴郡前西戎志以安國爲安息今則
改入康居凡諸疎舛悉從釐正隴西北地播棄永初之中遼東樂浪
陷屈於建安之際曹公棄陘北晉氏遷江南緣邊累經侵盜故墟日
致堙毁舊史撰録十得二三今書搜補所獲太半周禮職方以淄時
爲幽州之浸以華山爲荆河之鎮既有乖於禹貢又不出於淹中多
聞闕疑詎敢編次其古郡國題以墨今州縣題以朱今古殊文執習
簡易臣學謝小成才非博物伏波之聚米開示衆軍鄧侯之圖書方

知阨塞企慕前哲嘗所寄心輙罄庸陋多慙紕繆優詔荅之賜錦綵
二百匹袍段六錦帳二銀餅盤各一銀榼二馬一匹進封魏國公順
宗即位檢校司空守左僕射知政事如故時王叔文用事政出群小
躭惡其亂政屢移病乞骸不許躭性長者不喜臧否人物自居相位
凡十三年雖不能以安危大計啓沃於人主而常以檢身厲行以律
人每自朝歸第接對賓客終日無倦至於家人近習未甞見其喜愠之色
古之淳德君子何以加焉永貞元年十月卒時年七十六廢朝四日
册贈太傅謚曰元靖
姜公輔不知何許人登進士第爲校書郎應制策科高等授左拾遺
召入翰林爲學士歲滿當改官公輔上書自陳以母老家貧以府掾
俸給稍優乃求兼京兆府戶曹參軍特承恩顧才高有器識每對見
言事德宗多從之建中四年十月涇師犯闕德宗倉黃自苑北便門
出幸公輔馬前諫曰朱泚嘗爲涇原帥得士心昨以朱滔叛坐奪兵
權泚常憂憤不得志不如使人捕之使陪鑾駕忽群兇立之必貽國

○患臣頃曾陳奏陛下苟不能坦懷待之則殺之養獸自貽其患悔且
無益德宗曰已無及矣從幸至奉天拜諫議大夫俄以本官同中書
門下平章事從幸山南車駕至城固縣唐安公主薨上之長女昭德
皇后所生性聰敏仁孝上所鍾愛初詔尚韋宥未克禮會而遇播遷
及薨上悲悼尤甚詔所司厚其葬禮公輔諫曰非久克復京城公主
必須歸葬今於行路且宜儉薄以濟軍士德宗怒謂翰林學士陸贄
曰唐安夭亡不欲於此爲塋壠宜令造一磚塔安置功費甚微不合
關宰相論列姜公輔忽進表章都無道理但欲指朕過失擬自取名
朕比擢拔爲腹心乃負朕如此贄對曰公輔官是諫議職居宰衡獻
替固其職分本立輔臣置之左右朝夕納誨意在防微而弼之乃
其所也陛下以造塔役費微小非宰相所論之事但問理之是非豈
論事之大小若造塔爲是役雖大而作之何傷若造塔爲非費雖小
而言者何罪帝又曰卿未會朕意朕以公輔才行共宰相都不相當
在奉天時已欲罷免後因公輔辭退朕以面許尋屬懐光背叛遂且

因循容至山南公輔知朕擬改官所以固論造塔賣直取名據此用心豈是良善朕所惆悵者只緣如此贄所再三救護帝怒不已乃罷爲左庶子尋丁母憂服闋授右庶子久之不遷洎陸贄知政事以有翰林之舊數告贄求官贄密謂公輔曰吾嘗見郴州竇相言爲公奏擬數矣上言不允有怒公之言公輔恐懼上疏乞罷官爲道士久之未報後又庭奏德宗問其故公輔不敢洩贄便以參言爲對帝怒貶公輔爲泉州別駕又遣中使賫詔責竇參順宗即位起爲吉州刺史尋卒憲宗朝贈禮部尚書

史臣曰賈魏公以溫克長者致位丞相拒獻甫之請斂李納之郊則器略可知矣韋鄖公慷慨節義困於讒邪命矣夫趙丞相區分檢裁求爲雅士以爭權而陷陸贄則前時以德報怨其可信乎公輔一言悟主驟及台司一言不合禮遽踈薄則加膝墜泉之間君道可知矣

贊曰元靖訏謨眞謂純儒手調鼎飪心運地圖姜躁趙險並躍天衢哀哉韋公終困讒夫

唐書列傳卷第八十八

唐書列傳卷第八十九

劉昫等修
聞人詮校刻沈桐同校

陸贄

陸贄字敬輿蘇州嘉興人父侃溧陽令以贄貴贈禮部尚書贄少孤特立不群頗勤儒學年十八登進士第以博學宏詞登科授華州鄭縣尉罷秩東歸省母路由壽州刺史張鎰有時名贄往謁之鎰初不甚知留三日再見與語遂大稱賞請結忘年之契及辭遺贄錢百萬曰願備太夫人一日之膳贄不納唯受新茶一串而已曰敢不承君厚意又以書判拔萃選授渭南縣主簿遷監察御史德宗在東宮時素知贄名乃召爲翰林學士轉祠部員外郎贄性忠藎既居近密感人主重知思有以効報故政或有缺巨細必陳繇是顧待益厚建中四年朱泚謀逆從駕幸奉天時天下叛亂機務塡委徵發指蹤千端萬緒一日之內詔書數百贄揮翰起草思如泉注初若不經思慮既成

之後莫不曲盡事情中於機會胥吏簡札不暇同舍皆伏其能轉考功郎中依前充職嘗啓德宗曰今盜遍天下輿駕播遷陛下宜痛自引過以感動人心昔成湯以罪己勃興楚昭以善言復國陛下誠能不恡改過以言謝天下使書詔無忌臣雖愚陋可以仰副聖情庶令反側之徒革心向化德宗然之故奉天所下書詔雖武夫悍卒無不揮涕感激多贄所爲也其年冬議欲以新歲改元而卜祝之流皆以國家數鍾百六凡事宜有變革以應時數上謂贄曰往年群臣請上尊號聖神文武四字今緣寇難諸事並宜改更衆欲朕舊號之中更加一兩字其事何如贄奏曰尊號之典本非古制行於安泰之日已累謙沖襲乎喪亂之時尤傷事體今者鑾輿播越未復宮闈宗社震驚尚愆禋祀中區多梗大憝猶存此乃人情向背之秋天意去就之際陛下宜深自懲勵收覽群心痛自貶損以謝靈譴不可近從末議重益美名帝曰卿所奏陳雖理體甚切然時運必須小有改變亦不可執滯卿更思量贄曰古之人君稱號或稱皇稱帝或稱王但一字

而巳至暴秦乃兼皇帝二字後代因之及昬僻之君乃有聖劉天元
之號是知人輕重不在自稱崇其號無補於徽猷損其名不傷其德
美然而損之有謙光稽古之善崇之獲矜能納謟之譏得失不侔居
然可辨况今時遭迍否事屬傾危尤宜懼思以自貶抑必也俯稽術
數須有變更與其增美稱而失人心不若黜舊號以祗天戒天時人
事理必相符人既好謙天亦助順陛下誠能斷自宸衷煥發德音引
咎降名深示刻責惟謙與順一舉而二美從之德宗從之但改興元
年號而巳初德宗倉黃出幸府藏委棄凝冽之際士衆多寒服御之
外無尺縑丈帛及賊泚解圍諸藩貢奉繼至乃於奉天行在貯貢物
於廊下仍題曰瓊林大盈二庫名贄諫曰瓊林大盈自古悉無其制
傳諸耆舊之說皆云創自開元貴臣貪權飾巧求媚乃言郡邑貢賦
所用盍各區分賦稅當委於有司以給經用貢獻宜歸於天子以奉
私求玄宗悅之新是二庫蕩心侈欲萌柢於茲迨乎失邦終以餌寇
記曰貨悖而入必悖而出豈其効歟陛下嗣位之初務遵理道敦行

○ 唐傳八十九 二

儉約斥遠貪饕雖內庫藏未歸太府而諸方曲獻不入禁闈清風肅
然海內丕變近以寇逆亂常鑾輿外幸既屬憂危之運宜增儆勵之
誠臣昨奉使軍營出經行殿忽覩右廊之下牓列二庫之名懼然若
驚不識所以何者天衢尚梗師旅方殷痛心呻吟之聲噢咻未息忠
勤戰守之効賞賚未行諸道貢珍遽私別庫萬目所視孰能忍情竊
揣軍情或生觖望或忿形謗讟或醜肆謳謠頗含思亂之情亦有悔
忠之意是知甿俗昬鄙識昧高卑不可以尊極臨而可以誠感頃者
六師初降百物無儲外扞兇徒內防危堞晝夜不息迨將五旬凍餒
交侵死傷相枕畢命同力竟夷大艱良以陛下不厚其身不私其欲
絕甘以同卒伍輟食以啗功勞無猛制人而不攜懷所感也無厚賞
士而不怨悉所無也今者攻圍已解衣食已豐而謗讟方興軍情稍
沮豈不以勇夫常性嗜貨矜功其患難既與之同憂而好樂不與之
同利苟異恬默能無怨咨此理之常故不足怪記曰財散則民聚豈
其効歟陛下天資英聖見善必遷是將化蓄怨爲銜恩反過差爲至

當促殄遺寇未垂鴻名大聖應機固當不俟終日上嘉納之令去其
題署興元元年李懷光異志已萌欲激怒諸軍上表論諸軍衣糧薄
神策衣糧厚厚薄不均難以驅戰意在撓沮進軍李晟密奏恐其有
變上憂之遣贄使懷光軍宣諭使還贄奏事曰賊泚稽誅保聚宮苑
勢窮援絕引日偷生懷光揔仗順之軍乘制勝之氣鼓行芟翦易若
摧枯而乃寇奔不追師老不用諸帥每欲進取懷光輒沮其謀據茲
事情殊不可解陛下意在全護委曲聽從觀其所爲亦未知感若不
別爲規略漸相制持唯以姑息求安終恐變故難測此誠事機危迫
之秋也故不可以尋常容易處之今李晟奏請移軍適遇臣銜命宣
慰懷光偶論此事臣遂泛問所宜懷光乃云李晟既欲別行某亦都
不要藉臣雖慮有翻覆因美其軍強盛懷光大自矜夸轉有輕晟之
意臣又從容問云昨發離行在之日未知有此商量今日從此却迴
或恐聖旨顧問事之可否決定何如懷光巳肆輕言不可中變遂云恩命
許公去事亦無妨要約再三非不詳審雖欲追悔固難爲詞伏望

○ 唐傳八十九 三

即以李晟表出付中書勑下依奏別賜懷光手詔示移軍事由其手
詔大意云昨得李晟奏請移軍城東以分賊勢朕緣未知利害本欲
委卿商量適會陸贄從彼宣慰迴云見卿論叙軍情語及於此仍言
許去事亦無妨遂勑本軍允其所請卿宜授以謀略分路夾攻務使
叶齊勉平寇孽如此詞婉而直理當而明雖蓄異端何由起怨臣初
奉使諭旨本緣粮料不均偶屬移軍事相諧會又幸懷光詭對且無
阻絕之言機宜合并若有幽贊一失其便後何可追幸垂裁察德宗
初望懷光迴意破賊故晟屢奏移軍不許及贄纔陳懷光反狀乃可
晟之奏遂移軍東渭橋而鄜坊節度李建徽神策行營陽惠元猶在
咸陽贄慮懷光併建徽等軍又奏曰懷光當管師徒足以獨制兇寇逗留
未進抑有他由所患太強不資傍助比者又遣李晟李建徽陽惠元
三節度之衆附麗其營無益成功祇憂生事何則四軍懸壘群帥異
心論勢力則懸絕高卑據職名則不相統屬懷光輕晟等兵微位下
而忿其制不從心晟等疑懷光養寇蓄姦而怨其事多陵巳端居則

互防飛謗欲戰則遞恐分功齟齬不和嫌釁遂構俾之同處必不兩全强者惡積而後亡弱者勢危而先覆覆亡之禍翹足可期舊寇未平新患方起憂歎所切實堪疚心太上消慝於未萌其次救失於始兆況乎事情已露禍難垂成委而不謀何以制亂李晟見機慮變先請移軍就東建徽惠元勢轉孤弱爲其吞噬理在必然他日雖有良圖亦恐不能自拔拯其危急唯在此時今因李晟願行便遣合軍同往託言晟兵素少慮爲賊泚所邀藉此兩軍迭爲犄角仍先諭旨密使促裝詔書至營即日進路懷光意雖不欲然亦計無所施是謂先人有奪人之心疾雷不及掩耳者也夫制軍馭將所貴見情離合疾徐各有宜適當離者合之則召亂當合者離之則寡助當疾而徐則失機當徐而疾則漏策得其要契其時然後舉無敗謀措無危勢而今者屯兵而不肯爲用聚將而罔能叶心自爲鯨鯢變在朝夕留之不足以相制徒長厲階析之各競於擅能或成勳績事有必應斷無可疑德宗曰卿之所料極善然李晟移軍懷光心已惆悵若更遣建徽惠元

○就東則足得爲詞且俟旬時晟至東渭橋不旬日懷光果奪兩節度兵建徽單騎遁而獲免惠元中路被執害之報至行在人情大恐翌日移幸山南贄練達兵機率如此類二月從幸梁州轉諫議大夫依前充學士先是鳳翔衙將李楚琳乘涇師之亂殺節度使張鎰歸款朱泚及奉天解圍楚琳遣使貢奉時方艱阻不獲已命爲鳳翔節度使然德宗忿其弑逆心不能容纔至漢中欲令渾瑊代爲節度贄諫曰楚琳之罪固不容誅但以乘輿未復大憝猶存勤王之師悉在畿內急宣速告晷刻是爭商嶺則道迂且遥駱谷復爲賊所扼僅通王命唯在襃斜此路若又阻艱南北便成隔絶以諸鎮危疑之勢居二逆誘脅之中恟恟群情各懷向背賊勝則往我勝則來其間事機不容差跌儻楚琳發憾公肆猖狂南塞要衝東延巨猾則我咽喉梗而心膂分矣其勢豈不病哉上釋然開悟乃善待楚琳使優詔安慰其心德宗至梁欲以谷口已北從臣賜號曰奉天定難功臣谷口已南隨扈者曰元從功臣不選朝官一例俱賜贄奏曰破賊扞難武臣之効至如宮闈近侍班列員寮但馳走從行而已忽與介胄奮命之士俱號功臣伏恐武臣憤惋乃止李晟既收京城遣中使宣付翰林院具錄先散失宮人名字令草詔賜渾瑊遣於奉天尋訪以得爲限仍量與資糧送赴行在贄不時奉詔進狀論之曰頃以理道乖錯禍亂荐鍾陛下思咎懼災裕人罪己屢降大號誓將更新天下之人垂涕相賀懲忿釋怨煦仁戴明畢力同心共平多難止土崩於絶岸收版蕩於横流殄寇清都不失舊物實由陛下至誠動於天地深悔感於神人故得百靈降康兆庶歸德苟不如此自古何嘗有棄宮闕失守宗祧繼逆於赴難之師再遷於蒙塵之日不踰半歲而復興大業者乎今渠魁始平法駕將返近自郊甸遠周寰瀛百役疲瘵之甿重戰傷殘之卒皆忍死扶病傾耳聳肩想聞德聲翹望聖澤陛下固當感上天悔禍之眷荷列祖垂裕之休念將士鋒刃之殃愍黎元塗炭之酷以致寇爲戒以居上爲危以務理爲憂以復宮爲急損之又損尚懼傒之易滋艱之惟艱猶患戒慎之難久謀始盡善克終已稀始

○而不謀終則何有夫以內人爲號蓋是中壼末流天子之尊富有宮掖如此等輩固繁有徒但恐傷多豈憂乏使翦除元惡曾未浹辰奔賀往來道途如織何必自虧君德首訪婦人又令資裝速赴行在萬目閱視衆口流傳恐非所以答慶賴之心副惟新之望也夫事有先後義有重輕重者宜先輕者宜後武王剋殷有未及下車而爲之者有下車而爲之者蓋美其不失先後之宜也自翠華播越萬姓靡依清廟震驚三時乏祀當今所務莫大於斯誠宜速遣大臣馳傳先往迎復神主修整郊壇展禋享之儀申告謝之意然後吊恤死義慰犒有功綏輯黎蒸優問耆老安定反側寬宥脅從宣暢鬱堙襃奨忠直官失職之士復廢業之人是皆宜先不可後也至如崇飾服器繕緝殿臺備耳目之娛選巾櫛之侍是皆宜後不可先也散失内人已經累月既當離亂之際必爲將士所私其人若稍有知不求當自陳獻其人若甚無識求之適使憂虞自因寇亂喪亡頗有大於此者一聞搜索懷懼必多餘孽尚繁群情未一因而善撫猶恐危疑若又懼之於

何不有昔人所以掩絕纓而飲盜馬者豈必忘其情愛蓋知爲君之
體然也以小妨大明者不爲天下固多埶人何必獨在於此所令撰
賜渾瑊詔書未敢順旨帝遂不降詔但遣使而已德宗還京轉中書
舍人學士如故初贄受張鎰知得居内職及鎰爲盧杞所排贄常憂
惴及杞貶黜始敢上書言事德宗好文益深顧遇奉天解圍後德宗
言及違離宗廟嗚咽流涕曰致寇之由實朕之過贄亦流涕而對曰
臣思致今日之患者群臣之罪也贄意蓋爲盧杞趙贊等也上欲掩
杞之失則曰雖朕德薄致茲禍亂亦運數前定事不由人贄又極言
杞等罪狀上雖皃從心頗不説吴通微兄弟俱在翰林亦承德宗寵
遇文章才器不迨贄而能交結權倖共短贄於上前故劉從一姜公
輔自卑品蒼黄之中皆登輔相而贄爲朋黨所擠同職害其能加以
言事激切動失上之歡心故久之不爲輔相其於議論應對明練理
體敷陳剖判下筆如神當時名流無不推挹貞元初李抱眞入朝從
容奏曰陛下幸奉天山南時赦書至山東宣諭之時士卒無不感泣

臣即時見人情如此知賊不足平也時贄母韋氏在江東上遣中使
迎至京師搢紳榮之俄丁母憂東歸洛陽寓居嵩山豐樂寺藩鎮賻
贈及別陳餉遺一無所取與韋臯布衣時相善唯西川致遺奏而受
之贄父礿葬蘇州至是欲合葬上遣中使護其柩車至洛其禮遇如此免
喪權知兵部侍郎依前充學士中謝日贄伏地而泣德宗爲之改容
叙慰恩遇既隆中外屬意爲輔弼而宰相竇參素忌贄贄亦短參之
所爲言參黷貨繇是與參不平七年罷學士正拜兵部侍郎知貢舉
時崔元翰梁肅文藝冠時贄輸心於肅肅與元翰推薦藝實之士昇
第之日雖衆望不愜然一歲選士纔十四五數年之内居臺省清近
者十餘人八年四月竇參得罪以贄爲中書侍郎門下同平章事贄
久爲邪黨所擠困而得位意在不負恩獎悉心報國以天下事爲已
任上即位之初用楊炎盧杞秉政樹立朋黨排擯良善卒致天下沸
騰鑾輿奔播懲是之失貞元已後雖立輔臣至於小官除擬上必再
三詳問久之方下及贄知政事請許臺省長官自薦屬官仍保任之

事有曠敗兼坐舉主上許之俄又宣旨曰外議與諸司所舉多引用
親黨兼通賂遺不得實才此法行之非便今後卿等宜自選擇勿用
諸司延薦贄論奏曰臣實頑鄙一無所堪猥蒙任使待罪宰相雖懷
竊位之懼且乏知人之明自揣庸虛終難上報唯知廣求才之路使
賢者各以彙征啓至公之門令職司皆得自達既蒙允許即宜宣行南
官舉人纔至十數或非臺省舊吏則幕府佐僚累經薦延多歷事任
論其資望既不愧於班行考其行能又未聞于闕敗遽以騰口上煩
聖聰道之難行亦可知矣陛下勤求理道務徇物情因謂舉薦非宜
復委宰臣揀擇其爲崇任輔弼博採輿詞可謂聖德之盛者然亦委
任責成之道聽言考實之方閑邪存誠猶恐有闕陛下既納臣言而用
之旋聞横議而止之於臣謀不責成於横議不考實此乃謀失者得
以辭其罪議曲者得以肆其誣率是而行觸類而長固無必定之計
亦無必實之言計不定則理道難成言不實則小人得志國家之病
常必由之昔齊桓公問管仲害霸之事對曰得賢不能任害霸也用而

不能終害霸也與賢人謀事而與小人議之害霸也爲小人者不必悉
懷險詖故覆邦家蓋以其意性回邪趣向狹促以沮議爲出衆以自
異爲不群趨近利而昧遠圖効小信而傷大道況又言行難保志其
非心者乎伏以宰輔常制不過數人人之所知固有限極不能遍諳
諸士備閱群才若令悉命群官理須展轉詢訪是則變公舉爲私薦
易明敗爲暗投儻如議者之言所舉多有情故舉于君上且未絕私
薦於宰臣安肯無詐失人之弊必又甚焉所以承前命官罕有不涉
私謗雖則秉鈞不一或自行情亦由私訪所親轉爲所賣其弊非遠
聖鑒明知今又將徇浮言專任宰臣除吏宰臣不徧諳識踵前須訪
於人若訪親朋則是悔其覆車不易故轍若訪於朝列則是求其私薦不
如公舉之愈也二者利害惟陛下更詳擇焉恐不如委任長官慎揀
僚屬所揀既少所求亦精得賢有鑑識之名失實當暗謬之責人之
常性莫不愛身況於臺省長官皆是當朝華選孰肯徇私妄舉以傷
名取責者耶所謂臺省長官即僕射尚書左右丞侍郎及御史大夫

中丞是也陛下比擇輔相多亦出於其中今之宰臣則往日臺省長官也今之臺省長官乃將來之宰臣也但是職名暫異固非行業頓殊豈有爲長官之時不能擧一二屬吏居宰臣之位則可擇千百具僚物議攸攸其惑斯甚夫求才貴廣考課貴精求廣在於各擧所知長吏之薦擇是也貴精在於按名責實宰臣之序進是也往者則天太后踐祚臨朝欲收人心尤務拔擢弘委任之意開汲引之門進用不疑求訪無倦非但人得薦士亦許自擧其才所薦必行所擧輒試其於選士之道豈不傷於容易哉而課責旣嚴進退皆速不肖者旋黜才能者驟昇是以當代謂知人之明累朝賴多士之用此乃近於求才貴廣考課貴精之効也陛下誕膺寶曆思致理平雖好賢之心有踰於前哲而得人之盛未迨於往時蓋由賞鑒獨任於聖聰搜擇頗難於公擧仍啓登延之路罕施練覈之方遂使先進者漸益凋訛後來者不相接續施一令則謗沮互起用一人則瘡痏立成此乃失於選才太精制法不一之患也則天擧用之法傷易而得人陛下愼揀之規太精而失士陛下選任宰相必異於庶官精擇長官必愈於末品及至宰相獻規長吏薦士陛下即但納橫議不稽始謀是乃任以重者輕其言待以輕者重其事且又不辨所毁之實虛不校所試之短長人之多言何所不至是將使人無所措其手足豈獨選任之道失其端而已乎上雖嘉其所陳長官薦士之詔竟追寢之○國朝舊制吏部選人每年調集自乾元已後屬宿兵干野歲或凶荒遂三年一置選由是選人停擁其數猥多文書不接眞僞難辨吏緣爲奸注授乖濫而有十年不得調者贄奏吏部分內外官員爲三分計闕集人每年置選故選司之弊十去七八天下稱之贄與賈耽盧邁趙憬同知政事百司有所申覆皆更讓不言可否舊例宰臣當旬秉筆決事每十日一易贄請準故事令秉筆者以應之又以河隴陷蕃已來西北邊常以重兵守備謂之防秋皆河南江淮諸鎭之軍也更番往來疲於戍役贄以中原之兵不習邊事及扞虜戰賊多有敗衄又苦邊將名目太多諸軍統制不一緩急無以應敵乃上疏論其事曰

臣歷觀前代書史皆謂鎭撫四夷宰相之任不揆闇劣屢敢上言誠以備邊禦戎國家之重事理兵足食備禦之大經兵不治則無可用之師食不足則無可固之地理兵在制置得所足食在斂導有方陛下幸聽愚言先務積穀人無加賦官不費財坐致邊儲數逾百萬諸鎭收糴今已向終分貯軍城用防艱急縱有寇戎之患必無乏絕之憂守此成規以爲永制常收冗費益贍邊農則更經二季可積十萬人三歲之糧矣足食之原粗立理兵之術未精敢議籌量庶備採擇伏以戎狄爲患自古有之其於制禦之方得失之論備存史籍可得而言大抵尊卽序者則曰非德無以化要荒曾莫知威不立則德不能馴也樂武威者則曰非兵無以服凶獷曾莫知德不修則兵不可恃也務和親者則曰要結可以睦隣好曾莫知我結之而彼復解也美長城者則曰設險可以固邦國而扞寇讎曾莫知力不足兵不堪則險之不能有也尚薄伐者則曰驅遏可以禁侵暴而省征徭曾莫知兵不銳壘不完則遏之不能勝驅之不能去也議邊之要略盡於斯雖互相譏評然各有偏駮聽一家之說則例理可徵考歷代所行則成敗異効是由執常理以御其不常之勢徇所見而昧於所遇之時夫中夏有盛衰夷狄有強弱事機有利害措置有安危故無必定之規亦無長勝之法夏后以序戎而聖化茂古公以避狄而王業興周城朔方而獫狁攘秦築臨洮而宗社覆漢武討匈奴而貽悔太宗征突厥而致安文景約和親而不能弭患於當年宣元弘撫納而足以保寧於累葉蓋以中夏之盛衰異勢夷狄之強弱異時事機之利害異情措置之安危異便知其事而不度其時則敗附其時而不失其稱則成形變不同胡可專一夫以中國強盛夷狄衰微而能屈膝稱臣歸心受制拒之則阻其嚮化威之則類於殺降安得不存而撫之即而序之也又如中國強盛夷狄衰微而尚棄信奸盟蔑恩肆毒諭之不變責之不懲安得不取亂推亡息人固境也其有遇中國喪亡之弊當夷狄強盛之時圖之則彼釁未萌禦之則我力不足安得不卑詞降禮約好通和啗之以親紓其交禍縱不必信且無大侵雖非

禦戎之善經蓋時事亦有不得已也儻或夷夏之勢強弱適同撫之不寧威之不靖力足以自保不足以出攻得不設險以固軍訓師以待寇來則薄伐以遏其深入去則攘斥而戒於遠追雖爲安邊之令圖蓋勢力亦有不得不然也故夏之即序周之于攘太宗之翦亂皆乘其時而善用其勢也古公之避狄文景之和親神堯之降禮皆順其時而不失其稱也秦皇之長城漢武之窮討皆知其事而不度其時者也向若遇孔熾之勢行即序之方則見侮而不從矣乘可取之資懷畏避之志則失機而養寇矣有攘却之力用和親之謀則示弱而勞費矣當降屈之時務翦伐之畧則召禍而危殆矣故曰知其事而不度其時則敗附其時而不失其稱則成是無必定之規亦無長勝之法得失著効不其然歟至於察安危之大情計成敗之大數百代之不變易者蓋有之矣其要在於失人肆欲則必蹙任人從衆則必全此乃古今所同而物理之所壹也國家自祿山搆亂河隴用兵以來肅宗中興撤邊備以靖中邦借外威以寧內難於是吐蕃乘釁吞噬無猒

○　舊唐傳八十九　十

迴紇矜功憑陵亦甚中國不遑振旅四十餘年使傷耗遺甿竭力蠶織西輸賄幣北償馬資尚不足塞其煩言滿其驕志復乃遠徵士馬列戍疆陲猶不能遏其奔衝止其侵侮小入則驅畧黎庶深入則震驚邦畿時有議安邊策者多務於所難而忽於所易勉於所短而略於所長遂使所易所長者行之而其要不精所難所短者圖之而其功靡就憂患未弭職斯之由夫制敵行師必量事勢勢有難易事有先後力大而敵脆則先其所難是謂奪人之心暫勞而永逸者也力寡而敵堅則先其所易是謂固國之本觀釁而後動者也頃屬多故人勞未瘳而欲廣發師徒深踐寇境復其侵地攻其堅城前有勝負未必之虞後有餽運不繼之患儻或撓敗適所以啓戎心而挫國威以此爲安邊之謀可謂不量事勢而務所難矣天之授者有分事無全功地之產者有物宜無兼利是以五方之俗長短各殊長者不可踰短者不可企勉所短而敵其所長必殆用所長而乘其所短必安強者乃以水艸爲邑居以射獵供飲茹多馬而尤便馳突輕生而不恥

敗亡此戎狄之所長也戎狄之所長乃中國之所短而欲益兵蒐乘角力爭驅交鋒原野之間決命尋常之內以此爲禦寇之術可謂勉所短而校其所長矣務所難勉所短勞費百倍終於無成雖果成之不挫則廢豈不以越天授而違地產虧時勢以反物宜者哉將欲去危就安息費從省在慎守所易精用所長而已若乃擇將吏以撫寧衆庶修紀律以訓齊師徒耀德以佐威能邇以柔遠禁侵抄之暴以彰吾信抑攻取之議以安戎心彼求和則善待而勿與結盟彼爲寇則嚴備而不務報復此當今之所易也賤力而貴智惡殺而好生輕利而重人忍小以全大安其居而後動俟其時而後行是以修封疆守要害塹蹊隧壘軍營謹禁防明斥候務農以足食練卒以蓄威非萬全不謀非百剋不鬬寇小至則張勢以遏其入寇大至則謀其入以邀其歸據險以乘之多方以悞之使其勇無所加衆無所用掠則靡獲攻則不能進有腹背受敵之虞退有首尾難救之患所謂乘其弊不戰而屈人之兵此中國之所長我之所長乃戎狄之所短我之所易乃戎狄之所難以長制短則用

○　舊唐傳八十九　十一

力寡而見功多以易敵難則財不匱而事速就捨此不務而反爲所乘斯謂倒持戈矛以鐏授寇者也今則皆務之矣猶且守封未固寇戎未懲者其病在於謀無定用衆無適從所任不必才才者不必任所聞不必實實者不必聞所信不必誠誠者不必信所行不必當當者未必行故令措置乖方課責虧度財匱於兵衆力分於將多怨生於不均機失於遙制臣請爲陛下粗陳六者之失惟明主慎聽而熟察之臣聞工欲善其事必先利其器武欲勝其敵必先練其兵練兵之中所用複異用之於救急則權以紓難用之於暫敵則緩以應機故事有便宜而不拘常制謀有奇詭而不徇衆情進退死生唯將所命此所謂攻討之兵也用之於屯戍則事資可久勢異從權非物理所愜不寧非人情所欲不固夫人情者利焉則勸習焉則安保親戚則樂生顧家業則忘死故可以理術馭不可以法制驅此所謂鎮守之兵也夫欲備封疆禦戎狄非一朝一夕之事固當選鎮守之兵以置焉古之善選置者必量其性習辨其土宜察其伎能知其欲惡用其力

而不違其性齊其俗而不易其宜引其善而不責其所不能禁其非而不處其所不欲而又類其紀伍安其室家然後能使之樂其居定其志奮其氣勢結其恩情撫之以惠則感而不驕臨之以威則肅而不怨靡督課而人自爲用弛禁防而衆自不攜故出則足兵居則足食守則固戰則強其術無他便於人情而已矣今者散徵士卒分戍邊陲更猷來以爲守備是則不量性習不辨土宜邀其所不能強其所不欲求廣其數而不考其用將致其力而不察其情斯可以爲羽衛之儀而無益於備禦之實也何者窮邊之地千里蕭條寒風裂膚驚沙慘目與豺狼爲鄰伍以戰鬭爲嬉遊晝則荷戈而耕夜則倚烽而覘日有剽害之慮永無休暇之娛地惡人勤於斯爲甚自非生於其域習於其風幼而覩焉長而安焉不見樂土而遷焉則罕能寧其居而狎其敵也關東之地百物阜殷從軍之徒尤被優養慣於溫飽狎於歡康比諸邊隅若異天地聞絕塞荒陬之苦則辛酸動容聆強蕃勁虜之名則懾駭奪氣而乃使之去親族捨園廬甘其所辛酸抗其所

懾駭將冀爲用不亦疎乎矧又有休代之期無統帥之馭資奉若驕子姑息如倩人進不邀之以成功退不處之以嚴憲其來也咸負得色其止也莫有固心屈指計歸張顧待餉徼倖者猶患還期之賒緩常念戎醜之充斥王師挫傷則將乘其亂離布路東潰情志且爾得之奚爲平居則殫耗資儲以奉浮冗之衆臨難則拔棄城鎮以摇遠近之心其弊豈惟無益哉固亦將有所撓也復有抵犯刑禁謫徙軍城意欲增戶實邊兼令展効自贖既是無良之類且加懷土之情思亂幸災又甚戍卒適足煩於防衛諒無望於功庸雖前代時或行之固非良算之可遵者也復有擁旄之帥身不臨邊但分偏師俾守疆埸大抵軍中壯銳元戎例選自隨委其疲羸乃配諸鎮節將既居內地精兵祗備紀綱遂令守要禦衝常在寡弱之輩寇戎每至乃勢不支入壘者纔足閉關在野者悉遭劫執恣其芟蹂盡其搜驅比及都府聞知虜已克獲旋返且安邊之本所切雖殊若斯可謂措置乖方矣夫賞以存勸罰以示懲勸以懋有庸懲以威不恪故賞罰之

於馭衆也猶繩墨之於曲直權衡之揣重輕輗軏之所以行車銜勒之所以服馬也馭衆而不用賞罰則善惡相混而能否莫殊用之而不當功過則姦妄寵榮而忠實擯抑夫如是若聰明可衒律度無章則用與不用其弊一也自頃權移於下柄失於朝將之號令既鮮克行之於軍國之典章又不能施之於將務相遵養苟度歲時欲賞一有功飜慮無功者反側欲罰一有罪復慮同惡者憂虞罪以隱忍而不彰功以嫌疑而不賞姑息之道乃至於斯故使忘身効節者獲誚於等夷率衆先登者取怨於士卒僨軍蹙國者不懷於愧畏緩救失期者自以爲智能褒貶既闕而不行稱毀復紛然相亂人雖欲善誰爲言之況又公忠者直已而不求於人反罹困厄敗撓者行私而苟媚於衆例獲優崇此義士所以痛心勇夫所以解體也又有遇敵而所守不固陳謀而其効靡成將帥則以資糧不足爲詞有司復以供給無闕爲解既相執證理合辨明朝廷每爲含糊未嘗窮究曲直措理者吞聲而靡訴誣善者罔上而不慙馭衆若斯可謂課責虧度矣課

責虧度措置乖方將不得竭其材卒不得盡其力屯集雖衆戰陣莫前虜每越境橫行若涉無人之地遞相推倚無敢誰何虛張賊勢上聞則曰兵少不敵朝廷莫之省察惟務徵發益師無裨備禦之功重增供億之弊閭井日耗徵求日繁以編戶傾家破產之資兼有司榷鹽稅酒之利摠其所入半以事邊制用若斯可謂財匱於兵衆矣今四夷之最強盛爲中國甚患者莫大於吐蕃舉國勝兵之徒纔當中國十數大郡而已其於內虞外備亦與中國不殊所能寇邊數則蓋寡且又器非犀利甲不堅完識迷韜鈐藝乏趫敏動則中國畏其衆而不敢抗靜則中國憚其強而不敢侵厥理何哉良以中國之節制多門蕃醜之統帥專一故也夫統帥專則人心不分人心不分則號令不貳號令不貳則進退可齊進退可齊則疾徐如意疾徐如意則機會靡愆機會靡愆則氣勢自壯斯乃以少爲衆以弱爲強變化翕闢在於反掌之內是猶臂之使指心之制形若所任得人則何敵之有夫節制多門則人心不一人心不一則號令不行號令不行則進退難必進退難必則疾徐失宜

疾徐失宜則機會不及機會不及則氣勢自衰斯乃勇廢爲尩衆散爲弱逗撓離析兆乎戰陣之前是猶一國三公十羊九牧欲令齊肅其可得乎開元天寶之間控禦西北兩蕃唯朔方河西隴右三節度而已猶慮權分勢散或使兼而領之中興已來未遑外討僑隸四鎭於安定權附隴右於扶風所當西北兩蕃亦朔方涇原隴右河東節度而已關東戍卒至則屬焉雖委任未盡得人而措置尚存典制自頃逆泚誘涇隴之衆叛懷光汙朔方之軍割裂誅鋤所餘無幾而又分朔方之地建牙擁節者凡三使焉其餘鎭軍數且四十皆承特詔委寄各降中貴監臨人得抗衡莫相稟屬每俟邊書告急方令計會用兵既無軍法下臨唯以客禮相待是乃從容拯溺揖讓救焚冀無阽危固亦難矣夫兵以氣勢爲用者也氣聚則盛散則消勢合則威析則弱今之邊備勢弱氣消建軍若斯可謂力分於將多矣理戎之要最在均齊故軍法無貴賤之差軍實無多少之異是將所以同其志而盡其力也如或誘其志意勉其藝能則當閱其材程其勇校其勞逸度其安危明申練覈優劣之科以爲衣食等級之制使能者企及否者息心雖有薄厚之殊而無觖望之釁蓋所謂日省月試餼稟均事如權量之無情於物萬人莫不安其分而服其平也今者窮邊之地長鎭之兵皆百戰傷夷之餘終年勤苦之劇角其所能則練習度其所處則孤危考其服役則勞察其臨敵則勇然衣糧所給唯止當身例爲妻子所分常有凍餒之色而關東戍卒歲月踐更不安危城不習戎備怯於應敵懈於服勞然衣糧所頒優厚踰數繼以茶藥之饋益以蔬醬之資豐約相形懸絕斯甚又有素非禁旅本是邊軍將校詭爲媚詞因請遙隸神策不離舊所唯改虛名其於稟賜之饒遂有三倍之益此儔類所以忿恨忠良所以憂嗟疲人所以流亡經費所以褊匱夫事業未異而給養有殊人情之所不能甘也況乎矯佞行而稟賜厚績藝劣而衣食優苟未忘懷能無慍怒不爲戎首則已可嘉而欲使其叶力同心以攘寇難雖有韓白孫吳之將臣知其必不能焉養士若斯可謂怨生於不均矣凡欲選任將帥必先考察行能然後指以

所授之方語以所委之事令其自揣可否自陳規模須某色甲兵藉某人參佐要若干士馬用若干資糧某處置軍某時成績始終要領悉俾經綸於是觀其計謀校其聲實若謂材無足取言不可行則當退之於初不宜貽慮於其後也若謂志氣足任方畧可施則當要之於終不宜掣肘於其間也夫如是則疑者不使使者不疑勞神於選才端拱於委任既委其事既足其求必然可以覈其否臧行其賞罰受賞者不以爲濫當罰者無得而辭付授之柄既專苟且之心自息是以古之遣將帥者君親推轂而命之曰自閫以外將軍裁之又賜鈇鉞示令專斷故軍容不入國國容不入軍將在軍君命有所不受誠謂機宜不可以遠決號令不可以兩從未有委任不專而望其尅敵成功者也自頃邊軍去就裁斷多出宸衷選置戎臣先求易制多其部以分其力輕其任以弱其心雖有所懲亦有所失遂令分閫責成之義廢死綏任咎之志衰一則聽命二亦聽命爽於軍情亦聽命乖於事宜亦聽命若所置將帥必取於承順無違則如斯可矣若有意乎兇靖難則不可夫兩境相接兩軍相持事機之來間不容息蓄謀而俟猶恐失之臨旹始謀固已疎矣況乎千里之遠九重之深陳述之難明聽覽之不一欲其事無遺策雖聖者亦有所不能焉設使謀慮能周其如權變無及戎虜馳突迅如風飇驛書上聞旬月方報守土者以兵寡不敢抗敵分鎭者以無詔不肯出師逗留之間寇已奔逼託於救援未至各且閉壘自全牧馬屯牛鞠爲椎剽穡夫樵婦罄作俘囚雖詔諸鎭發兵唯以虛聲應援互相瞻顧莫敢遮邀賊既縱掠退歸此乃陳功告捷其敗喪則減百而爲一其捃獲則張百而成千將帥既幸於總制在朝不憂於罪累陛下又以爲大權由己不究事情用師若斯可謂機失於遙制矣理兵而措置乖方馭將而賞罰虧度制用而財匱建兵而力分養士而怨生用師而機失此六者疆場之蟊賊軍旅之膏肓也蟊賊不除而但滋之以糞溉膏肓不療而唯啗之以滑甘適足以養其害速其災欲求稼穡豐登膚革充美固不可得也臣愚謂宜罷諸道將士番替防秋之制率因舊數而三分之其一分

委本道節度使募少壯願住邊城者以徙焉其一分則本道但供衣糧委關內河東諸軍州募蕃漢子弟願傳邊軍者以給焉又一分亦令本道但出衣糧加給應募之人以資新徙之業又令度支散於諸道和市耕牛兼顧召工人就諸軍城繕造器具募人至者每家給耕牛一頭又給田農水火之器皆令充備初到之歲與家口二人糧并賜種子勸之播植待經一稔俾自給家若有餘糧官爲收糴各酬倍價務獎營田既息踐更徵發之煩且無幸災苟免之弊寇至則人自爲戰時至則家自力農是乃兵不得不強食不得不足與夫倏來忽往豈可同等而論哉臣又謂宜擇文武能臣一人爲隴右元帥應涇隴鳳翔長武城山南西道等節度管內兵馬悉以屬焉又擇一人爲朔方元帥應鄜坊邠寧靈夏等節度管內兵馬悉以屬焉又擇一人爲河東元帥河東振武等節度管內兵馬悉以屬焉三帥各選臨邊要會之州以爲理所見置節度有非要者隨所便近而併之唯元帥得置統軍餘並停罷其三帥部內太原鳳翔等府及諸郡

戶口稍多者慎揀良吏以爲尹守外奉師律內課農桑俾爲軍糧以壯戎府理兵之宜既得選帥之授既明然後減姧濫虛浮之費以豐財定衣糧等級之制以和衆弘委任之道以宣其用懸賞罰之典以考其成而又慎守中國之所長謹行當今之所易則八利可致六失可除如是而戎狄不威懷疆埸不寧謐者未之有也諸侯執道庶類服從如是而教令不行天下不理者亦未之有也以陛下之英鑒聖心之思安四方之小休兩寇之方靜加以頻年豐稔所在積糧此皆天贊國家可以立制垂統之時也時不久居事不常兼已過而追雖悔無及明主者不以言爲罪不以人廢言罄陳狂愚惟所省擇德宗極深嘉納優詔褒獎之贄在中書政不便於時者多所條奏德宗雖不能皆可而心頗重之初竇參既貶郴州節度使劉士寧餉參絹數千匹湖南觀察使李巽與參有隙具事奏聞德宗不悅會右庶子姜公輔於上前聞奏稱竇參嘗語臣云陛下怒臣未已德宗怒再貶參竟殺之時議云公輔奏竇參語得之於贄云參之死贄有力焉又素惡于公異于邵既輔政而逐之談者亦以爲阨戶部侍郎判度支裴延齡姧宄用事天下嫉之如讎以得幸於天子無敢言者贄獨以身當之屢於延英面陳其不可累上疏極言其弊延齡日加譖毀十年十二月除太子賓客罷知政事贄性畏慎及策免私居朝謁之外不通賓客無所過從十一年春旱邊軍芻粟不給具事論訴延齡言贄與張滂李充等搖動軍情語在延齡傳德宗怒將誅贄等四人會諫議大夫陽城等極言論奏乃貶贄爲忠州別駕贄初入翰林特承德宗異顧歌詩戲狎朝夕陪遊及出居艱阻之中雖有宰臣而謀猷參決多出於贄故當時目爲內相從幸山南道途艱險扈從不及與帝相失一夕不至上喻軍士曰得贄者賞千金翌日贄謁見上喜形顏色其寵待如此既與二吳不協漸加浸潤恩禮稍薄及通玄敗上知誣枉遂復見用贄以受人主殊遇不敢愛身事有不可極言無隱朋友規之以爲太峻贄曰吾上不負天子下不負吾所學不恤其他精於吏事斟酌決斷不失錙銖當以詞詔所出中書舍人之職軍興之際促迫應務權

令學士代之朝野乂寧合歸職分其命將相制詔却付中書行遣又言學士私臣玄宗初令待詔止於唱和文章而已物議是之德宗以贄指斥通微通玄故不可其奏贄在忠州十年常閉關靜處人不識其面復避謗不著書家居瘴鄉人多癘疫乃抄撮方書爲陸氏集驗方五十卷行於代初贄秉政貶駕部員外郎李吉甫爲明州長史量移忠州刺史贄在忠州與吉甫相遇昆弟門人咸爲贄憂而吉甫忻然厚禮都不銜前事以宰相禮事之猶恐其未信不安日與贄相狎若平生交契者贄初猶慚懼後乃深交時論以吉甫爲長者後有薛延者代吉甫爲刺史延朝辭日德宗令宣旨慰安而韋臯累上表請以贄代已順宗即位與陽城鄭餘慶同詔徵還詔未至而贄卒時年五十二贈兵部尚書謚曰宣子簡禮登進士第累辟使府

史臣曰近代論陸宣公比漢之賈誼而高邁之行剛正之節經國成務之要激切仗義之心初蒙天子重知末塗淪躓皆相類也而誼止中大夫贄及台鉉不爲不遇矣昔公孫鞅挾三策說秦王淳于髡以

隱語見齊君從古以還正言不易昔周昭戒急論議正爲此也贊居珥筆之列調飪之地欲以片心除衆弊獨手遏群邪君上不亮其誠群小共攻其短欲無放逐其可得乎詩稱其維哲人告之話言又有誨爾聽我之恨此皆賢人君子歎言不見用也故堯咨禹拜千載一時攜手提耳豈容易哉

贊曰良臣悟主我有嘉猷多僻之君爲善不周忠言救失啓沃日肆勿貽天問蒼昊悠悠

唐書列傳卷第八十九

唐書列傳卷第九十

劉　昫　等修

聞人詮校刻沈桐同校

韋皐劉闢附　張建封　盧群

韋皐字城武京兆人大曆初以建陵挽郎調補華州參軍累授使府監察御史宰相張鎰出爲鳳翔隴右節度使奏皐爲營田判官得殿中侍御史權知隴州行營留後事建中四年涇師犯闕德宗幸奉天鳳翔兵馬使李楚琳殺張鎰以府城叛歸於朱泚隴州刺史郝通奔于楚琳先是朱泚自范陽入朝以甲士自隨後泚爲鳳翔節度使既罷留范陽五百人戍隴州而泚舊將牛雲光督之時泚既以逆徒圍奉天雲光因稱疾請皐爲帥將謀亂擒皐以赴泚皐將翟曄伺知之白皐爲備雲光知事洩遂率其兵以奔泚行及汧陽遇泚家僮蘇玉將使于皐所蘇玉謂雲光曰太尉已登寶位使我持詔以韋皐爲御史中丞君可以兵歸隴州皐若承命即爲吾人如不受詔彼書生可以圖之事無不濟矣乃反旆疾趨隴州皐迎勞之先納蘇玉受其僞命乃問雲光曰始不告而去今又來何也雲光曰前未知公心故潛去知公有新命今乃復還願與公戮力定功同其生死皐曰善又謂雲光曰大使苟不懷詐請納器甲使城中無所危疑乃可入雲光以書生待皐且以爲信然乃盡付弓矢戈甲皐既受之乃内其兵明日皐犒宴蘇玉雲光之卒於郡舍伏甲於兩廊酒既行伏發盡誅之斬雲光蘇玉首以徇泚又使家僮劉海廣以皐爲鳳翔節度使皐斬海廣及從者三人生一人使報泚於是詔以皐爲御史大夫隴州刺史置奉義軍節度以旌之皐遣從兄平及弇繼入奉天城城中聞皐有備士氣增倍皐乃築壇于廷血牲與將士等盟曰上天不弔國家多難逆臣乘間盜據宮闈而李楚琳亦扇兇徒傾陷城邑酷虐所加爰及本使既不事上安能卹下皐是用激心憤氣不遑底寧誓與群公竭誠王室凡我同盟一心協力仗順除兇先祖之靈必當幽贊言誠則志合義感則心齊粉骨糜軀決無所顧有渝此志明神殛之迨於

子孫亦罔遺類皇天后土當兆斯言又遣使入吐蕃求援十一月加
檢校禮部尚書興元元年德宗還京徵爲左金吾衛將軍尋遷大將
軍貞元元年拜檢校戶部尚書兼成都尹御史大夫劒南西川節度
使代張延賞皐以雲南蠻衆數十萬與吐蕃和好蕃人入寇必以蠻
爲前鋒四年皐遣判官崔佐時入南詔蠻說令向化以離吐蕃之助
佐時至蠻國羊咀咩城其王異牟尋忻然接遇請絕吐蕃遣使朝貢
其年遣東蠻鬼主驃傍苴夢衝苴烏等相率入朝南蠻自嶲州陷沒
臣屬吐蕃絕朝貢者二十餘年至是復通五年皐遣大將王有道簡
習精卒以入蕃界與東蠻於故嶲州臺登北谷大破吐蕃青海臘城
二節度斬首二千級生擒籠官四十五人其投崖谷而死者不可勝
計蕃將乞藏遮遮者蕃之驍將也久爲邊患自擒遮遮城柵無不降
數年之內終復嶲州以功加吏部尚書九年朝廷築鹽州城慮爲吐
蕃掩襲詔皐出兵牽維之及命大將董勔張芬出西山及南道破峨
和城通鶴軍吐蕃南道元帥論莽熱率衆來援又破之殺傷數千人

焚定廉城凡平堡柵五十餘所以功進位檢校右僕射皐又招撫西
山羌女訶陵白狗逋租弱水南王等八國酋長入貢闕廷十一年九
月加統押近界諸蠻西山八國兼雲南安撫等使十二年二月就加
同中書門下平章事十三年收復嶲州城十六年皐命將出軍累破
吐蕃於黎嶲二州吐蕃怒遂大搜閱築壘造舟欲謀入寇皐悉挫之
於是吐蕃酋帥兼監統曩貢臘城等九節度嬰籠官馬定德與其大
將八十七人舉部落來降定德有計略習知兵法及山川地形吐蕃
每用兵定德常乘驛計事蕃中諸將稟其成筭至是自以扞邊失律
懼得罪而歸心焉十七年吐蕃昆明城管叱蠻千餘戶又降贊普以
其衆外潰遂北寇靈朔陷麟州德宗遣使至成都府令皐出兵深入
蕃界皐乃令鎮靜軍使陳洎等統兵萬人出三奇路威戎軍使崔堯
臣兵千人出龍溪石門路南維保二州兵馬使仇冕保霸二州刺史
董振等兵二千趨吐蕃維州城中北路兵馬使邢玼等四千趨吐蕃
棲鷄老翁城都將高倜王英俊兵二千趨故松州隴東兵馬使元膺

兵八千人出南道雅邛黎嶲路又令鎮南軍使韋良金兵一千三百
續進雅州經略使路惟明等兵三千趨吐蕃租松等城黎州經略使
王有道兵二千人過大渡河深入蕃界嶲州經略使陳孝陽兵馬使
何大海韋義等及磨些蠻東蠻二部落主苴那時等兵四千進攻昆
明城諾濟城自八月出軍齊入至十月破蕃兵十六萬拔城七軍鎮
五戶三千擒生六千斬首萬餘級遂進攻維州救軍再至轉戰千里
蕃軍連敗於是寇靈朔之衆引而南下贊普遣論莽熱以內大相兼
東境五道節度兵馬都群牧大使率雜虜十萬而來解維州之圍蜀
師萬人據險設伏以待之先出千人挑戰莽熱見我師之少悉衆追
之發伏掩擊鼓譟雷駭蕃兵自潰生擒論莽熱虜衆十萬殲夷者半是
歲十月遣使獻論莽熱于朝德宗數而釋之賜第於崇仁里皐以功
加檢校司徒兼中書令封南康郡王順宗即位加檢校太尉順宗久
疾不能臨朝聽政宦者李忠言侍碁待詔王叔文侍書待詔王伾等
三人頗干國政高下在心皐乃遣支度副使劉闢使於京師闢私謁

王叔文曰太尉使致誠於足下若能致某都領劒南三川必有以相
酬如不留意亦有以奉報叔文大怒將斬闢以徇韋執誼固止之闢
乃私去皐知王叔文人情不附又知與韋執誼有隙自以大臣可議
社稷大計乃上表請皇太子監國曰臣聞上承宗廟下鎮黎元永固
無疆莫先儲兩伏聞聖明以山陵未祔哀毀逾制心勞萬機伏計旬
月之間未甚痊復皇太子睿質已長淑問日彰四海之心實所倚賴
伏望權令皇太子監撫庶政以俟聖躬痊平一日萬機免令壅滯又
上皇太子牋曰殿下體重離之德當儲貳之重所以克昌九廟式固
萬方天下安危繫於殿下皐位居將相志切匡扶先朝獎知早承恩
顧人臣之分知無不爲願上答眷私罄輸肝鬲伏以聖上嗣膺鴻業
睿哲英明攀感先朝志存孝理諒闇之際方委大臣但付託偶失於
善人而參決多虧於公政今群小得志隳紊紀綱官以勢遷政由情
改朋黨交構熒惑宸聰樹置腹心遍於貴位潛結左右難在蕭墻國
賦散於權門王稅不入天府褻慢無忌高下在心貨賄流聞遷轉失

叙先聖屏黜贓犯之類咸擢居省寺之間至今忠臣隕涕正人結舌遐邇痛心人知不可伏恐姦雄乘便因此謀動干戈危殿下之家邦傾太宗之王業伏惟太宗櫛沐風雨經營廟朝將垂二百年欲及千萬祀而一朝使叔文姦佞之徒侮弄朝政恣其胷臆坐致傾危臣每思之痛心疾首伏望殿下斥逐群小委任賢良慺慺血誠輸寫於此太子優令荅之而裴均嚴綬牋表繼至由是政歸太子盡逐伾文之黨是歲暴疾卒時年六十一贈太師廢朝五日臯在蜀二十一年重賦斂以事月進卒致蜀土虛竭時論非之其從事累官稍崇者則奏為屬郡刺史或又署在府幕多不令還朝蓋不欲洩所為於闕下故也故劉闢因臯故態圖不軌以求三川厲階之作蓋有由然臯兄聿時為國子司業劉闢與盧文若據西川叛臯姪行式先娶文若妹而聿不奏既收行式以其妻沒官詔御史臺按聿聿下獄有司以行式妻在遠不與兄同情不當連坐詔歸行式妻而釋聿

○劉闢者貞元中進士擢第宏詞登科韋臯辟為從事累遷至御史中

丞支度副使永貞元年八月韋臯卒闢自為西川節度留後率成都將校上表請降節鉞朝廷不許除給事中便令赴闕闢不奉詔時憲宗初即位以無事息人為務遂授闢檢校工部尚書充劒南西川節度使闢益兇悖出不臣之言而求都統三川與同幕盧文若相善欲以文若為東川節度使遂舉兵圍梓州憲宗難於用兵宰相杜黃裳奏劉闢一狂蹶書生耳王師鼓行而俘之兵不血刃臣知神策軍使高崇文驍果可任舉必成功帝數日方從之於是令高崇文李元奕將神策京西行營兵相續進發令與嚴礪李康掎角相應以討之仍許其自新元和元年正月崇文出師三月收復東川乃下詔曰朕聞皇祖玄元之誡曰兵者凶器也不得已而用之恭惟聖謨常所祗服故惟文誥有所不至誠信有所未孚始務安人必能忍恥朕之此志亦可明徵近者德宗皇帝舉柔服之規授宰衡之傑弘我廟勝遂康巴庸故得南詔入貢西戎寢患成績始究元臣喪亡劉闢乘此變故坐邀符節朕以成狂命者雖乘於理體從權便者所冀於輯寧竟乘卿士之謀遂允僥求之志朕之於闢恩亦弘矣曾不知恩負牛羊之力飽則逾兇矜梟獍之心馴之益悖誑惑士伍圍逼梓州誘陷戎臣塞絕劒路師徒所至燒劫無遺干紀之辜擢髮難數朕為人司牧宇彼黎元如闢之罪非朕敢捨可削奪在身官爵六月崇文破鹿頭關進收漢州九月崇文收成都府劉闢以數十騎遁走投水不死騎將酈定進入水擒闢於成都府西洋灌田盧文若先自刃其妻子然後縋石投江失其屍闢檻送京師在路飲食自若以為不當死及至京西臨臯驛左右神策兵士迎之以帛繫首及手足曳而入乃驚曰何至於是或紿之曰國法當爾無憂也是日詔曰劉闢生於士族敢蓄梟心驅劫蜀人拒扞王命肆其狂逆詿誤一州俾我黎元肝腦塗地賊將崔綱等同惡相扇至死不迴咸宜伏辜以正刑典劉闢男超郎等九人並處斬闢入京城上御興安樓受俘馘令中使於樓下詰闢反狀闢曰臣不敢反五院子弟為惡臣不能制又遣詰之曰朕遣中使送旌節官告何故不受闢乃伏罪令獻太廟郊社徇于市即日戮於子

城西南隅初闢嘗病見諸問疾者來皆以手據地倒行入闢口闢因磔裂食之惟盧文若至則如平常故尤與文若厚竟以同惡俱赤族不其怪歟

張建封字本立兗州人祖仁範洪州南昌縣令貞元初贈鄭州刺史父玠少豪俠輕財重士安祿山反令偽將李庭偉率蕃兵脅下城邑至魯郡太守韓擇木具禮郊迎置於郵館玠率鄉豪張貴孫邑段絳等集兵將殺之擇木怯懦大懼唯員外司兵張孚然其計遂殺庭偉并其黨數十人擇木方遣使奏聞擇木張孚俱受官賞玠因遊蕩江南不言其功以建封貴贈秘書監建封少頗屬文好談論慷慨負氣以功名為己任寶應中李光弼鎮河南時蘇常等州草賊寇掠郡邑代宗遣中使馬日新與光弼將兵馬同征討之建封乃見日新自請說喻賊徒日新從之遂入虎窟蒸里等賊營以利害禍福喻之一夕賊黨數千人並詣日新請降遂悉放歸田里大曆初道州刺史裴虬薦建封於觀察使韋之晉辟為參謀奏授左清道兵曹不樂吏役而去

滑亳節度使令狐彰聞其名辟之彰既未曾朝覲建封心不悅之遂投刺於轉運使劉晏自述其志不願仕於彰也晏奏試大理評事勾當軍務歲餘復罷歸建封素與馬燧友善大曆十年燧爲河陽三城鎮遏使辟爲判官奏授監察御史賜緋魚袋李靈曜反於梁宋間與田悅掎角同爲叛逆燧與李忠臣同討平之軍務多咨於建封及燧爲河東節度使復奏建封爲判官特拜侍御史建中初燧薦之於朝楊炎將用爲度支郎中盧杞惡之出爲岳州刺史時淮西節度使李希烈乘破滅梁崇義之勢漸縱恣跋扈壽州刺史崔昭數書疏往來淮南節度使陳少遊奏之上遽召宰相令選壽州刺史盧杞本惡建封是日蒼黃遂薦建封以代崔昭牧壽陽李希烈稱兵寇陷汝州擒李元平擊走胡德信唐漢臣等又摧破哥舒曜於襄城連陷鄭汴等州李勉棄城而遁涇師內逆駕幸奉天賊鋒益盛淮南陳少遊潛通希烈尋稱僞號改元遣將楊豐齎僞赦書二道令送少遊及建封至壽州建封縛楊豐徇於軍中適會中使自行在及使江南迴者同至建封

○集衆對中使斬豐於通衢封僞赦書送行在遠近震駭陳少遊聞之既怒且懼建封乃具奏少遊與希烈往來事狀希烈又僞署其黨杜少誠爲淮南節度使令先平壽州越江都建封令其將賀蘭元均邵怡等守霍丘秋柵少誠竟不能侵軼乃南掠蘄黃等州又爲伊慎所挫衂尋加建封兼御史中丞本州團練使車駕還京陳少遊憂憤而卒興元元年十二月乃加兼御史大夫充濠壽廬三州都團練觀察使於是大修緝城池悉心綏撫遠近悅附自是威望益重李希烈選兇黨精悍者率勁卒以攻建封曠日持久無所尅獲而去及希烈平進階封賜一子正員官初建中年李洧以徐州歸附洧尋卒其後高承宗父子獨孤華相繼爲刺史爲賊侵削貧困不能自存又咽喉要地據江淮運路朝廷思擇重臣以鎮者久之貞元四年以建封爲徐州刺史兼御史大夫徐泗濠節度支度營田觀察使既創置軍伍建封觸事躬親性寬厚容納人過誤而按據綱紀不妄曲法貸人每言事忠義感激人皆畏悅七年進位檢校禮部尚書十二年加檢校右僕

射十三年冬入覲京師德宗禮遇加等特以雙日開延英召對又令朝參入大夫班以示殊寵建封賦朝天行一章上獻賜名馬珍玩頗厚時宦者主宮中市買謂之宮市抑買人物稍不如本估末年不復行文書置白望數十百人於兩市及要鬧坊曲閱人所賣物但稱宮市則斂手付與眞僞不復可辨無敢問所從來及論價之高下者率用直百錢物買人直數千物仍索進奉門戶及腳價銀人將物詣市至有空手而歸者名爲宮市其實奪之嘗有農夫以驢馱柴宦者市之與絹數尺又就索門戶仍邀驢送柴至內農夫啼泣以所得絹與之不肯受曰須得爾驢農夫曰我有父母妻子待此而後食今與汝柴而不取直而歸汝尚不肯我有死而已遂毆宦者街使擒之以聞乃黜宦者賜農夫絹十匹然宮市不爲之改諫官御史表疏論列皆不聽吳湊以戚里爲京兆尹深言其弊建封入覲具奏之德宗頗深嘉納而戶部侍郎判度支蘇弁希宦者之旨因入奏事上問之弁對曰京師游手墮業者數千萬家無土著生業仰宮市取給上信之凡

○言宮市者皆不聽用詔書矜免百姓諸色逋賦上問建封對曰凡逋賦殘欠皆是累積年月無可徵收雖蒙陛下憂恤百姓亦無所裨益時河東節度使李說華州刺史盧徵皆中風疾口不能言足不能行但信任左右胥吏決遣之建封皆悉聞奏上深嘉納又金吾大將軍李翰好伺察城中細事加諸聞奏冀求恩寵人畏而惡之建封亦奏之乃下詔曰比來朝官或諸處過從金吾皆有上聞其間如素是親故或曾同僚友伏臘歲序時有還往亦是常禮人情所通起今已後金吾不須聞十四年春上巳賜宰臣百寮宴於曲江亭特令建封與宰相同座而食貞元已後藩帥入朝及還鎮如馬燧渾瑊劉玄佐李抱真曲環之崇秩鴻勳未有獲御製詩以送者建封將還鎮特賜詩曰牧守寄所重才賢生爲時宣風自淮甸授鉞膺藩維入覲展遐戀臨軒慰來思忠誠在方寸感激陳情詞報國爾所向恤人予是資歡宴不盡懷車馬當還期穀雨將應候行春猶未遲勿以千里遙而云無已知又令高品中使賚所執鞭以賜之曰以卿忠貞節義

歲寒不移此鞭朕久執用故以賜卿表卿忠節也建封又獻詩一篇以自警勵建封在彭城十年軍州稱理復又禮賢下士無賢不肖遊其門者皆禮遇之天下名士嚮風延頸其往如歸貞元時文人如許孟容韓愈諸公皆爲之從事十六年遇疾連上表請速除代方用韋夏卿爲徐泗行軍司馬未至而建封卒時年六十六冊贈司徒子愔

愔以蔭授虢州參軍初建封卒判官鄭通誠知留後事通誠懼軍士謀亂適遇浙西兵還鎮通誠欲引入州城爲援事洩三軍怒五六千人斫甲仗庫取戈甲執帶環繞衙城請愔爲留後乃殺通誠楊德宗大將段伯熊吉遂曲澄張秀等軍衆請於朝廷乞授愔旌節初不之許乃割濠泗二州隸淮南加杜佑同平章事以討徐州既而泗州刺史張伾以兵攻埇橋與徐軍接戰伾大敗而還朝廷不獲已乃授愔起復右驍衛將軍同正兼徐州刺史御史中丞充本州團練使知徐州留後仍以泗州刺史張伾爲泗州留後濠州刺史杜兼爲濠州留後正授武寧軍節度檢校工部尚書元和元年被疾上表請代徵爲

兵部尚書以東都留守王紹爲武寧軍節度代愔復隸濠泗二州於徐徐軍喜復得二州不敢爲亂而愔遂赴京師未出界卒愔在徐州七年百姓稱理詔贈右僕射

盧群字載初范陽人少好讀書初學於太安山淮南節度使陳少遊聞其名辟爲從事建中末薦於朝廷會李希烈反叛詔諸將討之以群爲監察御史江西行營糧料使興元元年江西節度嗣曹王皐奏爲判官曹王移鎮江陵襄陽群皆從之幕府之事委以咨決以正直聞貞元六年入拜侍御史有人誣告故尚父子儀嬖人張氏宅中有寶玉者張氏兄弟又與尚父家子孫相告訴詔促鞫獄群奏曰張氏以子儀在時分財子弟不合爭奪然張氏宅與子儀親仁宅皆子儀家事子儀有大勳伏望陛下特赦而勿問俾私自引退德宗從其言時人嘉其識大體累轉左司職方兵部三員外郎中淮西節度使吳少誠擅開決司洧等水漕輓溉田遣中使止之少誠不奉詔令群使蔡州詰之少誠曰開大渠大利於人群曰爲臣之道不合自專雖便於人須俟君命且人臣須以恭恪爲事若事君不盡恭恪卽責下吏恭恪固亦難矣凡數百千言論以君臣之分忠順之義少誠乃從命卽停工役群博涉有口辨好談論與少誠言古今成敗之事無不聳聽又與唱和賦詩自言以反側常蒙隔在恩外群於筵中醉而歌曰祥瑞不在鳳凰麒麟太平須得邊將忠臣衛霍真誠奉主貔虎十萬一身江河潛注息浪蠻貊款塞無塵但得百寮師長肝膽不用三軍羅綺金銀少誠大感悅群以奉使稱旨餞遷檢校秘書監兼御史中丞義成軍節度行軍司馬貞元十六年四月節度姚南仲歸朝拜群天成軍節度鄭滑觀察等使先寓居鄭州典質良田數頃及爲節度使至鎮各與本地契書分付所管令長令召還本主時論稱美尋遇疾其年十月卒時年五十九廢朝一日贈工部尚書賵賻布帛米粟有差

史臣曰韋南康張徐州慷慨下位之中橫身喪亂之際力扶衰運氣激壯圖義風凜凜聳動群醜春盜之喉折賊之角可謂忠矣而韋公

季年惑賊闢之奸說欲兼巴益則志未可量徐州請覲頗有規諫之言所謂以道匡君能以功名始終者盧載初喻少誠還地券君子哉三子之賢不夠得

贊曰南康英壯力匡交喪張侯義烈志平亂象見危能振蹈利無謗韋德不周張心可亮

唐書列傳卷第九十

劉　昫　等修

聞人詮校刻沈桐同校

田承嗣 姪悅 承嗣子緒 緒子季安　田弘正 子布 牟 布子在宥

張孝忠 子茂昭 茂和 茂昭子克勤 陳楚附 弟茂宗

田承嗣平州人世事盧龍軍爲稗校祖璟父守義以豪俠聞於遼碣承嗣開元末爲軍使安祿山前鋒兵馬使累俘斬奚契丹功補左清道府率遷武衛將軍祿山構逆承嗣與張忠志等爲前鋒陷河洛祿山敗史朝義再陷洛陽承嗣爲前導僞授魏州刺史代宗遣朔方節度使僕固懷恩引迴紇軍討平河朔帝以二凶繼亂郡邑傷殘務在禁暴戢兵屢行赦宥凡爲安史詿誤者一切不問時懷恩陰圖不軌慮賊平寵衰欲留賊將爲援乃奏承嗣及李懷仙張忠志薛嵩等四人分帥河北諸郡乃以承嗣檢校戶部尚書鄭州刺史俄遷魏州刺史貝博滄瀛等州防禦使居無何授魏博節度使承嗣不習教義沈猜好勇雖外受朝旨而陰圖自固重加稅率修繕兵甲計戶口之衆寡而老弱事耕稼丁壯從征役故數年之間其衆十萬仍選其魁偉強力者萬人以自衛謂之衙兵郡邑官吏皆自署置戶版不籍於天府稅賦不入於朝廷雖曰藩臣實無臣節代宗以黎元久罹寇虐姑務優容累加檢校尚書僕射太尉同中書門下平章事封鴈門郡王賜實封千戶及昇魏州爲大都督府以承嗣爲長史仍以其子華尚永樂公主冀以結固其心庶其悛革而生於朔野志性兇逆每王人慰安言詞不遜大曆八年相衛節度使薛嵩卒其弟崿欲邀旄節及用李承昭代嵩衙將裴志清謀亂逐萼率衆歸於承嗣十年薛萼歸朝承嗣使親黨扇惑相州將吏謀亂遂將兵襲擊謬稱救應代宗遣中使孫知古使魏州宣慰令各守封疆承嗣不奉詔遣大將盧子期攻洺州楊光朝攻衛州殺刺史薛雄仍逼知古令巡磁相二州諷其大將割耳剺面請承嗣爲帥知古不能詰四月詔曰田承嗣出自行間策名邊戍早參戎秩効用無聞常輔兇渠驅馳有素洎再平河朔歸命轅門朝廷俯念遺黎久罹兵革自祿山召禍瀛博流離思明繼釁趙魏堙厄以至農桑井邑靡獲安居骨肉室家不能相保念其凋瘵思用撫寧以其先布款誠寄之爲理所以委授旄鉞之任假以方面之榮期爾知恩庶能自効崇資茂賞首冠朝倫列異姓之苴茅登上公之禮命子弟童稚皆聯臺閣之華妻妾僕媵並受國邑之號人臣之寵舉集其門將相之權兼領其職夫宰相者所以盡忠而乃據國家之封壤仗國家之兵戈安國家之黎人調國家之征賦掩有資實憑竊寵靈內包兇邪外示歸順且相衛之略所管素殊而逼脅軍人使之翻潰因其驚擾便進軍師事跡暴彰姦邪可見不然豈志清之亂曾未崇朝子期光朝會于明日足知先有成約指期而來是爲蔑棄典刑擅興戈甲既云相州擾攘鄰境救災旋又更拜磁州重威虐此實自矛盾不究始終三州既空遠邇驚陷更移兵馬又赴洺州實爲暴惡不仁窮極殘忍薛雄乃衛州刺史固非本藩忿其不附橫加凌虐一門盡屠非復噍類酷烈無狀人神所冤又四州之地皆列屯營長吏屬官任情補署精甲利刃良馬勁兵全實之資裝農藏之積實盡收魏府罔有孑遺其爲蓋在無赦欲行討問正厥刑書猶示含容冀其遷善抑于典憲務在慰安乃遣知古遠奉詔書諭以深旨乃命承昭副茲麾下撫彼舊封而承昭又遣親將劉渾先傳詔命承嗣迫巡相衛仍劫知古偕行先令姪悅權扇軍吏至使引刀自割抑令騰口相稽當衆諠譁請歸承嗣論其姦狀足以爲憑此而可容何者爲罪承嗣宜貶永州刺史仍許一幼男女從行便路赴任委河東節度使薛兼訓成德軍節度使李寶臣幽州節度留後朱滔昭義節度李承昭淄青節度李正己淮西節度李忠臣永平軍節度使李勉汴宋節度田神王等掎角進軍如承嗣不時就職所在加討按軍法處分詔下承嗣懼而麾下大將復多攜貳倉皇失圖乃遣牙將郝光朝奉表請罪乞束身歸朝代宗重勞師旅特恩詔先并姪悅等悉復舊官仍詔不須入覲十一年汴將李靈輝據城叛詔近鎮加兵靈輝求援於魏承嗣令田悅率衆五千赴之爲馬燧李忠臣逆擊敗之

悅僅而獲免兵士死者十七八復詔誅之十二年承嗣復上章請罪
又赦之復其官爵承嗣有貝博魏衛相磁洺等七州復爲七州節度
使於是承嗣弟廷琳及從子悅承嗣子綰緒等皆復本官仍令給事
中杜亞宣諭賜鐵券十三年九月卒時年七十五有子十一人維朝
華繹綸綰緒繪純紳縉等維爲魏州刺史朝神武將軍華太常少卿
駙馬都尉尚永樂公主再尚新都公主餘子皆幼而悅勇冠軍中承
嗣愛其才及將卒命悅知軍事而諸子佐之悅初爲魏博中軍兵馬
使檢校右散騎常侍魏府左司馬大曆十三年承嗣卒朝廷用悅爲
節度留後驍勇有膂力性殘忍好亂而能外飾行義傾財散施人多
附之故得兵柄尋拜檢校工部尚書御史大夫充魏博七州節度使
大曆末悅尚恭順建中初黜陟使洪經綸至河北方聞悅軍七萬經
綸素昧時機先以符停其兵四萬令歸農畝悅僞亦順命即依符罷
之既而大集所罷將士激怒之曰爾等久在軍戎各有父母妻子既
爲黜陟使所罷如何得衣食自資衆遂大哭悅乃盡出其家財帛衣

服以給之各令還其部伍自此[illegible]感悅而怨朝廷居無何或謬稱車
駕將東封而李勉增廣汴州城李正己聞而猜懼以兵萬人屯曹州
遣使說悅同爲拒命悅乃與正己梁崇義等謀各阻兵以判官王侑
扈蕚許士則爲腹心邢曹俊孟希祐李長春符璘康愔爲爪牙建中
二年鎮州李寶臣卒子惟岳求襲節鉞俄而淄青李正己卒子納亦
求節鉞朝廷皆不允遂與惟岳李納同謀叛逆時朝廷遣張忠等討
栢州悅將孟祐率兵五千援之又遣將康愔率兵八千圍邢州楊朝
光五千人營於邯鄲西北盧家砦絕昭義糧餉之路悅自將兵甲數
萬繼進邢州刺史李洪臨洺將張伾爲賊所攻禦備將竭詔河東節
度使馬燧河陽李芃與昭義軍討悅七月三日師自壺關東下收賊
盧家砦大破賊於雙岡邢州解圍悅衆遁走保洹水馬燧等三師距
悅軍三十里爲壘李納遣兵八千人助悅魏將邢曹俊者承嗣之舊
將老而多智頗知兵法悅昵於扈蕚以曹俊爲貝州刺史及悅拒官
軍於臨洺大爲王師所破悅乃召曹俊而問計焉曹俊曰兵法十倍

則攻尚書以逆犯順勢且不侔宜於崞口置兵萬人以遏西師則河
北二十四州悉爲尚書有矣今於臨洺武安設攻城之計糧竭卒盡
危凶立至未見其可也祐等以其異已咸譖毀悅復令守貝州悅與
淄青兵三萬餘人陣於洹水馬燧等三師與神策將李晟等來攻悅
之衆復敗死傷二萬計悅收合殘卒奔魏州至南郭外大將李長春
拒關不內以俟官軍三師雖進頓兵於魏州南平邑浮圖咸遲留不
進長春乃開門內之悅持佩刀立於軍門謂軍士百姓曰悅藉伯父
餘業久與卿等同事今既敗喪相繼不敢圖全然悅所以堅拒天誅
者是以淄青恒冀二大人在日爲悅保薦於先朝方獲承襲今三帥
云亡子弟求襲悅既不能報効以至興師今軍旅敗亡士民塗炭此
皆悅之罪也以母親之故不能自剄公等當斬悅首以取功勳無爲
俱死也乃自馬投地衆皆憐之或前撫持悅曰久蒙恩公不忍聞此
今士民之衆猶可一戰生死以之悅收涕言曰諸公不以悅喪敗猶
願同心悅縱身死寧忘厚意於地下乎悅乃自割一髻以爲要誓於

是將士自斷其髮結爲兄弟誓同生死其將符璘李再春李瑤悅從
兄昂相次以郡邑歸國璘等家在魏州者無少長悉爲悅所害悅觀
城內兵仗罄乏士衆衰減甚爲惶駭乃復召邢曹俊與之謀既至完
整徒旅繕修營壁人心復堅經旬餘日馬燧等進至城下向使燧等
乘勝長驅襲其未備則魏城屠之久矣識者痛惜之會王武俊殺李
惟岳朱滔攻深州下之朝廷以武俊爲恒州刺史又以寶臣故將康
日知爲深趙二州觀察使是以武俊怨賞功在日知下朱滔怨不得
深州二將有憾於朝廷悅知其可間遣判官王侑許士則使於北軍
說朱滔曰昨者司徒奉詔征伐徑趨賊境旬朔之內拔束鹿下深州
惟岳勢蹙故王大夫獲殄兇渠皆因司徒勝勢又聞司徒離幽州日
有詔得惟岳郡縣使隸本鎮今割深州與日知是國家無信於天下
也且今上英武獨斷有秦皇漢武之才誅夷豪傑欲掃除河朔不令
子孫嗣襲又朝臣立功立事如劉晏輩皆被屠滅昨破梁崇義殺三
百餘口投之漢江此司徒之所明知也如馬燧抱眞等破魏博後朝

廷必以儒德大臣以鎮之則燕趙之危可翹足而待也若魏博全則燕趙無患田尚書必以死報恩義合從連衡救災邺患春秋之義也春秋時諸侯有危者桓公不能救則耻之今司徒聲振宇宙雄略命世救隣之急非徒立義且有利也尚書以貝州奉司徒命某送孔目惟司徒熟計之滔既有貳於國忻然從之乃命判官王郢與許士則同往恒州說王武俊仍許還武俊深州武俊大喜即令判官王巨源報滔仍知深州事武俊又說張孝忠同援悅孝忠不從恐爲後患乃遣小校鄭恆築壘於北境以拒孝忠仍令其子士眞爲恒冀深三州留後以兵圍趙州三年五月悅以救軍將至率其衆出戰於御河之上大敗而還四月朱滔武俊蒐軍於寧晉縣共步騎四萬五月十四日起軍南下次宗滔判官鄭雲逵及弟方逵背滔歸馬燧六月二十八日滔武俊之師至魏州會神策將李懷光軍亦至懷光銳氣不可遏堅欲與賊戰遂徑薄朱滔陣殺千餘人王武俊與騎將趙琳趙萬敵等二千騎橫擊懷光陣滔軍繼踵而進禁軍大敗人相蹈藉投屍

○於河三十里河水爲之不流馬燧等收軍保壘是夜王武俊決河水入王莽故河欲隔官軍水已深三尺糧餉路絕王師計無從出乃遣人告朱滔曰鄙夫輙不自量與諸人合戰王大夫善戰天下無敵司徒五郎與王君圖之放老夫歸鎮必得聞奏以河北之事委五郎時武俊戰勝滔心忌之即曰大夫二兄敗官軍馬司徒卑屈若此不宜迫人於險也武俊曰燧等連兵十萬皆是國之名臣一戰而北貽國之耻不知此等何面見天子耶然吾不惜放還但不行五十里必反相拒燧等至魏縣軍於河西武俊等三將壁於河東兩軍相持自七月至十月勝負未決悅感朱滔救助欲推爲盟主滔判官李子千武俊判官鄭儒等議曰古有戰國連衡誓約以抗秦請依周末七雄故事並建國號爲諸侯用國家正朔今年號不可改也於是朱滔稱冀王悅稱魏王武俊稱趙王又請李納稱齊王十一月一日築壇於魏縣中告天受之滔爲盟主稱孤武俊悅納稱寡人滔以幽州爲范陽府恒州爲眞定府魏州爲大名府鄆州爲東平府皆以長子爲元帥

僞册之日其軍上有雲物稍異馬燧等望而笑曰此雲無知乃爲賊瑞又其營地前三年土長高三尺餘魏州戶曹韋稔爲土長頌曰益土之兆也四年十月涇師犯闕諸師各還本鎮悅滔武俊互相疑惑各去王號遣使歸國悅亦致書於抱眞遣使聞奏興元元年正月加悅檢校尚書右僕射封濟陽王使並如故仍令給事中兼御史大夫孔巢父往魏州宣慰時悅阻兵四年身雖驍猛而性愎無謀以故頻致破敗士衆死者十七八魏人苦於兵革願息肩焉聞巢父至莫不舞忭悅方晏巢父爲其從弟緒所殺

緒承嗣第六子大曆末授京兆府參軍承嗣卒時緒年幼稚承嗣慮諸子不任軍政以從子悅便弓馬性狡黠故任遇之俾代爲帥守及緒年長悅以承嗣委遇之厚待緒等無間令主衙軍緒兇險多過悅不忍悅嘗笞而拘之緒頗怨望常俟釁隙會興元元年朝廷宥悅仍令孔巢父往宣慰悅既順命門階徹警悅宴巢父夜歸緒率左右數十人先殺悅腹心蔡濟扈岌許士則等挺劒而入其兩弟止之緒斬

○止者遂徑升堂悅方沉醉緒手刃悅并悅妻高氏又入別院殺悅母馬氏自河北諸盜殘害骨肉無酷於緒者緒懼衆不附奔出北門邢曹俊孟希祐等領徒數百追及之遥呼之曰節度使須郎君爲之他人固不可也乃以緒歸衙推爲留後明日歸罪於扈岌以其首徇然後稟於孔巢父遣使以聞時緒兄綸居長爲亂兵所殺遂以緒爲留後朝廷授緒銀青光祿大夫魏州大都督府長史兼御史大夫魏博節度使時朱滔率兵兼引迴紇之衆南侵緒遣兵助王武俊李抱眞大破朱滔于涇城以功授檢校工部尚書貞元元年以嘉誠公主出降緒加駙馬都尉尋遷檢校左僕射封常山郡王食邑三千戶改封鴈門郡王食實封五百戶尋加同平章事初田悅性儉嗇衣服飲食皆有節度而緒等兄弟心常不足緒既得志頗縱豪侈酒色無度貞元十二年四月暴卒時年三十三贈司空賻賚加等子三人季和季直季安季和爲澶州刺史季直爲衙將季安最幼爲嫡嗣

季安字夔母微賤嘉誠公主蓄爲己子故寵異諸兄年數歲授左衛

胄曹參軍改著作佐郎兼侍御史充魏博節度副大使累加至試光祿少卿兼御史大夫緒卒時季安年纔十五軍人推爲留後朝廷因授起復左金吾衛將軍兼魏州大都督府長史魏博節度營田觀察處置等使服闋拜銀青光祿大夫檢校尚書右僕射進位檢校司空襲封鴈門郡王未幾加金紫光祿大夫以本官同中書門下平章事季安幼守父業懼嘉誠之嚴雖無他才能亦麄脩禮法及公主薨遂頗自恣擊鞠從禽色之娛其軍中政務大抵任徇情意賓僚將校言皆不從免公主喪加檢校司徒元和中王承宗擅襲戎帥憲宗命吐突承璀爲招撫使會諸軍進討季安亦遣大將率兵赴會仍自供糧餉師還加太子太保季安性忍酷無所畏懼有進士丘絳者嘗爲田緒從事及季安爲帥絳與同職侯臧不協相持爭權季安怒斥絳爲下縣尉使人召還先掘坎於路左既至坎所活排而瘞之其兇暴如此元和七年卒時年三十二贈太尉子懷諫懷禮懷詢懷讓懷諫母元誼女及季安卒元氏召諸將欲立懷諫衆皆唯唯懷諫幼未能御

事軍政無巨細皆取決於私白身蔣士則數以愛憎移易將校衙軍怒取前臨清鎮將田興爲留後遣懷諫歸第殺蔣士則等十餘人田興葬季安畢送懷諫於京師乃起復授右監門衛將軍賜第一區芻米甚厚田氏自承嗣據魏州至懷諫四世相傳襲四十九年而田興代焉

田弘正本名興祖延惲魏博節度使承嗣之季父也位終安東都護府司馬延惲生廷玠幼敦儒雅不樂軍職起家爲平舒丞遷樂壽清池東城河間四縣令所至以良吏稱大曆中累官至 太府卿滄州別駕遷滄州刺史兼御史中丞充橫海軍使承嗣與淄青李正巳恒州李寶臣不協承嗣既令廷玠守滄州而寶臣朱滔聯兵攻擊欲兼其土宇廷玠嬰城固守連年受敵兵盡食竭人易子而食卒無叛者卒能保全城守朝廷嘉之遷洺州刺史又改相州屬薛嵩之亂承嗣蠶食嵩所部廷玠守正字民不以宗門回避而改節建中初族弟悅代承嗣領軍政志圖兇逆慮廷玠不從召爲節度副使悅每謀頗露廷玠謂悅曰爾藉伯父遺業可稟守朝廷法度坐享富貴何苦與恒鄆同爲叛臣自兵亂已來誅叛國家者可以歷數鮮有保完宗族者爾若狂志不悛可先殺我無令我見田氏之赤族也乃謝病不出悅過其第而謝之廷玠杜門不納將吏請納建中三年鬱憤而卒

弘正廷玠之第二子少習儒書頗通兵法善騎射勇而有禮伯父承嗣愛重之當季安之世爲衙內兵馬使季安惟務侈靡不卹軍務屢行殺罰弘正每從容規諷軍中甚賴之季安以人情歸附乃出爲臨清鎮將欲捃摭其過害之弘正假以風痺請告灸灼滿身季安謂其無能爲及季安病篤其子懷諫幼騃乃召弘正署其舊職季安卒懷諫委家僮蔣士則改易軍政人情不悅咸曰都知兵馬使田興可爲吾帥也衙兵數千詣興私第陳請興拒關不出衆呼噪不已興出衆環而拜請入府署興頓仆於地久之度終不免乃令於軍中曰三軍不以興不肖令主軍務欲與諸軍前約當聽命否咸曰惟命是從興曰吾欲守天子法以六州版籍請吏勿犯副大使可乎皆曰諾是日

入府視事殺蔣士則十數人而已晚自府歸第其兄融責興曰爾卒不能自晦取禍之道也翌日具事上聞憲宗嘉之加興銀青光祿大夫檢校工部尚書魏州大都督府長史兼御史大夫上柱國沂國公充魏博等州節度觀察處置支度營田等使仍賜名弘正仍令中書舍人裴度使魏州宣慰賜魏博三軍賞錢一百五十萬貫弘正既受節鉞上表曰臣聞君臣父子是謂大倫爰立紀綱以正上下其或子不爲子臣不爲臣覆載莫可得容幽明所宜共殛臣家本邊塞累代唐人從乃祖乃父以來沐文子文孫之化臣幸因宗族早列偏裨驅馳戎馬之鄉不覩朝廷之禮惟忠與孝天與臣心常思奮不顧生以身徇國無由上達私自感傷豈意命偶昌時事緣難故白刃之下謬見推崇天慈遽臨免書罪累朝章猶及仍委旆旌錫封壤於全藩列班榮於八座君父之恩已極絲毫之效未伸但以靦冒知羞低徊自愧是知功榮所著必俟危亂之時微幸之來却在清平之日循涯揣分以寵爲憂伏自天寶已還幽陵肇亂山東奧壤悉化戎墟外無軍

馬內懷梟獍官封代襲刑賞自專國家含垢匿瑕垂六十載臣每思此事當食忘餐若稍假天年得奉宸筭兼弱攻昧批亢擣虛塌覆犬之資展獲禽之用導揚和氣洗滌偽風然後退歸田園以避賢路臣懷此志陛下察之優詔褒美弘正樂聞前代忠孝立功之事於府舍起書樓聚書萬餘卷視事之隙與賓佐講論古今言行可否今河朔有沂公史例十卷弘正客爲弘正所著也魏州自承嗣已來館宇服玩有踰常制者悉命徹毀之以正廳大侈不居乃視事于採訪使廳賓寮參佐請之於朝頗好儒書尤通史氏左傳國史知其大略自弘正歸國幽恒鄆蔡有齒寒之懼屢遣客間說多方誘阻而弘正終始不移其操裴度明理體詞說雄辯弘正聽其言終夕不倦遂深相結納由是奉上之意逾謹元和十年朝廷用兵討吳元濟弘正遣子布率兵三千進討屢戰有功李師道以弘正効忠又虞其後不敢顯助元濟故絕其掎角之援王師得致討焉俄而王承宗叛詔弘正以全師壓境承宗懼遣使求救於弘正遂表其事承宗遂納二子獻德

棣二州以自解十三年王師加兵於鄆詔弘正與宣武義成武寧橫海等五鎮之師會軍齊進十二月弘正自帥全師自楊劉渡河築壘距鄆四十里師道遣大將劉悟率重兵以抗弘正結壘相望前後合戰魏軍大捷而李愬李光顔三面進攻賊皆挫敗其勢將危十四年三月劉悟以河上之衆倒戈入鄆斬師道首詣弘正請降淄青十二州平論功加檢校司徒同中書門下平章事是年八月弘正入覲憲宗待之隆異對於麟德殿參佐將校二百餘人皆有頒錫進加檢校司徒兼侍中實封三百戶仍以其兄檢校刑部尚書相州刺史融爲太子賓客東都留司弘正三上章願留闕下憲宗勞之曰昨韓弘至朝稱疾懇辭戎務朕不得不從今卿復請留意誠可尚然魏土樂卿之政隣境服卿之威爲我長城不可離也可亟歸藩弘正每懼有一日之憂嗣襲之風不革兄弟子姪悉仕於朝憲宗皆擢居班列朱紫盈庭當時榮之十五年十月鎮州王承宗卒穆宗以弘正檢校司徒兼中書令鎮州大都督府長史充成德軍節度鎮冀深趙觀察等使弘

正以新興鎮人戰伐有父兄之怨乃以魏兵二千爲衛從十一月二十六日至鎮州時賜鎮州三軍賞錢一百萬貫不時至軍衆讙騰以爲言弘正親自撫喻人情稍安仍表請留魏兵爲紀綱之僕以持衆心其糧賜請給於有司時度支使崔倰不知大體固阻其請凡四上表不報明年七月歸卒於魏州是月二十八日夜軍亂弘正幷家屬參佐將吏等三百餘口並遇害穆宗聞之震悼冊贈太尉賵賻加等弘正孝友慈惠骨肉之恩甚厚兄弟子姪在兩都者數十人競爲崇飾日費約二十萬魏鎮州之財皆輦屬於道河北將卒心不平之故不能盡變其俗竟以此致亂弘正子布群牟

布弘正第三子始弘正爲田季安裨將鎮臨清布年尚幼知季安身世必危密白其父帥其所鎮之衆歸朝弘正甚奇之及弘正節制魏博布掌親兵國家討淮蔡布率偏師隸嚴綬軍於唐州授檢校秘書監兼殿中侍御史前後十八戰破凌雲柵下郾城布皆有功擢授御史中丞時裴度爲宣撫使嘗觀兵於沱口賊將董重質領驍騎遽至布以

二百騎突出溝中擊之俄而諸軍大集賊乃退去淮西平拜左金吾將軍兼御史大夫十三年丁母憂起復舊官十五年秋弘正移鎮成德軍仍以布爲河陽三城懷節度使父子俱擁節旄同日拜命時韓弘亦與子公武俱爲節度使然人以忠勤多田氏長慶元年春移鎮涇原其秋鎮州軍亂害弘正都知兵馬使王廷湊爲留後時魏博節度使李愬病不能軍無以捍廷湊之亂且以魏軍田氏舊旅乃急詔布至起復爲魏博節度使仍遷檢校工部尚書令布乘傳之鎮布喪服居堊室去旌節導從之飾及入魏州居喪御事動皆得禮其祿俸月入百萬一無所取又籍魏中舊產無巨細計錢十餘萬貫皆出之以頒軍士牙將史憲誠出己麾下謂必能輸誠報効用爲先鋒兵馬使精銳悉委之時屢有急詔促令進軍十月布以衛軍三萬七千討之結壘於南宮縣之南十二月進軍下賊二柵時朱克融囚張弘靖據幽州與廷湊掎角拒命河朔三鎮素相連衡憲誠陰有異志而魏軍驕侈怯於格戰又屬雪寒糧餉不給以此愈無鬪志憲誠從而間之

俄有詔分布軍與李光顏合勢東救深州其衆自潰多爲憲誠所有
布得其衆八千是月十日還魏州十一日會諸將復議興師而將卒
益倨咸曰尚書能行河朔舊事則死生行之若使復戰皆不能也布
以憲誠離間度衆終不爲用嘆曰功無成矣即日密表陳軍情且稱
遺表畧曰臣觀衆意終負國恩臣既無功不敢忘死伏願陛下速救
光顏元翼不然則義士忠臣皆爲河朔屠害奉表號哭拜授其從事
李石乃入啓父靈抽刀自刺曰上以謝君父下以示三軍言訖而絶
時議以布才雖不足能以死謝家國心志決烈得燕趙之古風焉穆
宗聞之駭嘆廢朝三日詔曰故魏博節度使起復寧遠將軍檢校工
部尚書兼魏州大都督府長史御史大夫賜紫金魚袋田布朕以寡
昧臨御萬邦威刑不能禁干紀之徒道化不能馴多僻之俗致使上
公罹禍田氏銜冤爰整旅以徂征每終食而浩嘆自茲弔伐驟歷寒
暄雖良將銳師率皆協力而佚時觀釁未即齊驅嗟我誠臣結其哀
憤引遷延之咎以自刻責奮決烈之志以謝君親白刃寘於肝心鴻

毛論其生死忠臣孝子一舉兩全晉稱卞氏之門漢表尸鄉之節比
方於布今古爲鄰況其臨命須臾處之不撓載形章表益深嘉憫使
發緘悼心疾首從先臣於厚載爾則無愧覩遺像於麟閣予何所堪
端拱崇名職垂彝典攄斯以爲報聊擴永懷可贈尚書右僕射布子
在宥大中年爲安南都護頗立邊功早太和八年爲少府少監充入
吐蕃使歷棣州刺史安南都護年會昌初爲豐州刺史天德軍使歷
武寧軍節度使大中朝爲兗海節度使移鎮天平軍諸子皆以邊上
立功累更藩鎮以忠義爲談者所稱

張孝忠本奚之種類曾祖靖祖遜代乙失活部落酋帥父謐開元中
以衆歸國授鴻臚卿同正以孝忠貴贈戶部尚書孝忠以勇聞於燕
趙時號張阿勞王沒諾干二人齊名阿勞孝忠本字沒諾干王武俊
本字孝忠形體魁偉長六尺餘性寬裕事親恭孝天寶末以善射授
內供奉安祿山奏爲偏將破九姓突厥先登陷陣以功授果毅折衝
祿山史思明繼陷河洛孝忠皆爲其前鋒史朝義敗入李寶臣帳下
上元中奏授左領軍郎將累加左金吾衛將軍同正試殿中監仍賜
名孝忠歷飛狐高陽二軍使李寶臣以孝忠謹重驍勇甚委信之以
妻妹谷氏妻焉仍悉以易州諸鎮兵馬令其統制前後居城鎮十餘
年甚著威惠田承嗣之寇冀州也寶臣俾孝忠以精騎數千禦之承
嗣見其整肅歎曰張阿勞在焉冀州未易圖也乃焚營宵遁及寶臣
與朱滔戰於瓦橋常慮滔來攻故以孝忠爲易州刺史選精騎七千
配焉使扞幽州奏授太子賓客兼御史中丞封范陽郡王既而寶臣
疑忌大將殺李獻誠等四五人使召孝忠孝忠懼不往寶臣使孝忠
弟孝節召焉孝忠命孝節復命曰諸將無狀連頸受戮孝忠懼死不
敢往亦不敢叛猶公之不覲於朝慮禍而已無他志也孝節泣曰兄
不行吾歸死矣孝忠曰偕往則并命吾留無患也乃歸果無患無幾
寶臣死其子惟嶽阻兵不受命朝廷詔幽州節度使討之滔以孝忠
宿將善戰有精兵八千在易州慮軍興則撓其後乃使判官蔡雄說
孝忠曰惟岳小子驕貴不達人事輙拒朝命滔奉命伐罪使君何用

助逆不自求多福耶今昭義河東攻破田悅淮西李僕射收下襄陽
梁崇義投井而卒臨漢江而誅者五千人即河南軍計日北首趙魏
滅亡可見也使君誠能去逆効順必受重任有先歸國之功矣孝忠
然之乃遣衙官隨雄報滔又遣易州錄事參軍董稹入朝德宗嘉之
授孝忠檢校工部尚書恒州刺史兼御史大夫充成德軍節度使便
令與滔合兵攻惟岳仍賜實封二百戶其弟孝義及孝忠三女已適
人在恒州者悉爲惟岳所害孝忠甚德滔之保薦以其子茂和娉滔
之女契約甚密遂合兵破惟岳之師於束鹿惟岳遁歸恒州滔請乘
勝襲之孝忠仍引軍西北還營義豐滔大駭孝忠將佐曰尚書布赤
心於朱司徒相信至矣今逆寇已潰不終其功竊所未諭孝忠曰本
求破賊賊已破矣然恒州宿將尚多迫之則困獸猶鬭緩之必翻然
改圖又朱滔言大識淺可以慮始難與守成吾壁義豐坐待惟岳之
殄滅耳既而朱滔屯束鹿不敢進軍月餘王武俊果斬惟岳首以獻
如孝忠所料後定州刺史楊政義以州降孝忠遂有易定之地時既

誅惟岳分四州各置觀察使武俊得恒州康日知得深趙二州孝忠得易州以成德軍額在恒州孝忠既降攺義朝廷乃於定州置義武軍以孝忠檢校兵部尚書爲義武軍節度易定滄等州觀察等使及朱滔王武俊謀叛詔田悅救於魏州慮孝忠踵後滔軍將發遣蔡雄往說之孝忠曰李惟岳背國作逆孝忠歸國今爲忠臣孝忠性直業已効忠不復助逆矣往與武俊同行且孝忠與武俊俱出蕃部少長相狎深知其心僻能翻覆語司徒當記鄙言忽有蹉跌始相憶也滔又晋以金帛終拒而不從易定居二兇之間四面受敵孝忠脩峻溝壘感勵將士竟不受二兇之熒惑議者多之又加檢校左僕射實封至三百戸後孝忠爲朱滔侵逼詔神策兵馬使李晟中官竇文場率師援之孝忠以女妻晟子憑與晟戮力同　心整訓士衆竟全易定賊不敢深入及上幸奉天令大將楊榮國提銳卒六百從晟入關赴難收京城榮國有功興元元年正月詔以本官同平章事滄州本隸成德軍既移隸義武其刺史李固烈者惟岳妻兄也請還恒州是

○歲孝忠遣牙將程華往滄州交檢府藏固烈輜車數十乘上路滄州軍士呼曰士皆菜色刺史不垂賑卹乃綑載而歸官物不可得也殺固烈而剽之程華聞亂由竇而遁將士追之謂曰固烈貪暴已誅之矣押牙且知州務孝忠即令攝刺史事及朱滔王武俊稱僞國華與孝忠阻絶不能相援華嬰城拒賊一州獲全朝廷嘉之乃拜華滄州刺史御史中丞充橫海軍使仍攺名日華令每歲以滄州稅錢十二萬貫供義武軍貞元二年河北蝗旱米斗一千五百文復大兵之後民無蓄積餓殍相枕孝忠所食豆䃋而已其下皆甘粗糲人皆服其勤儉孝忠爲一時之賢將也三年加檢校司空仍以其子茂宗尚義章公主孝忠遣其妻鄧國夫人昧谷氏入朝執親迎之禮上嘉之賞賚隆厚五年七月爲將佐所惑以兵入蔚州尋詔歸鎮仍以擅興削檢校司空七年三月卒時年六十二廢朝三日追封上谷郡王贈太傅再贈魏州大都督冊贈太師謚曰貞武子茂昭茂宗茂和

茂昭本名昇雲幼有志氣好儒書以父蔭累官至檢校工部尚書貞元七年孝忠卒德宗以邕王謜爲義成軍節度大使易定觀察使以昇雲爲定州刺史起復左金吾衛大將軍充節度觀察留後仍賜名茂昭元年正月授節度使累遷檢校僕射司空二十年十月入朝累陳奏河北及西北邊事詞情忠切德宗聳聽嘆曰恨見卿之晚錫宴於麟德殿賜良馬甲第器用珍幣甚厚仍以其第三男克禮尚晉康郡主德宗方欲委之以邊任明年晏駕茂昭入臨於太極殿每朝晡預列聲哀氣咽人皆獎其忠懇順宗聽政加中書門下平章事且令還鎮賜女樂二人三表辭讓及中使押犢車至第茂昭立謂中使曰女樂出自禁中非臣下所宜目覩昔汾陽咸寧南平北平嘗受此賜不讓爲宜茂昭無四賢之功述職入覲人臣常禮柰何當此寵賜後有立功之臣陛下何以加賞順宗聞之深加禮異允其所讓又錫安仁里第亦固讓不受元和二年又請入覲五上章懇切憲宗許之冬十月至京師留數月詔令歸鎮茂昭願奉朝請於闕下不許加太子太保復令還鎮四年王承宗叛詔河東河中振武三鎮之師合義武

○軍爲恒州北道招討茂昭　創廩廐開道路以待西軍屬正月望夜軍吏請曰舊例上元前後三夜不止行人不閉里門今外道軍戎方集請如軍令茂昭曰三鎮兵馬官軍也安得言外道放燈一如常歲使長男克讓與諸軍分道並進克讓渡木刀溝與賊接戰屢勝茂昭親擐甲冑爲諸軍前鋒累獻戎捷幾覆承宗會朝廷洗雪承宗乃詔班師加檢校太尉兼太子太傅自安史之亂兩河藩帥多阻命自固父死子代雅茂昭表請舉族還朝鄰藩累遣遊客間說茂昭志意堅決拜表求代欵數四上之命左庶子任簡迪爲其行軍司馬乘驛赴之以兩郡之簿書管鑰符印付簡迪遣其妻季氏男克讓克恭等先就路將行誡之曰吾使爾曹侍親出易者庶後之子孫不爲風俗所染則吾無恨矣時五年冬也行及晉州拜檢校太尉兼中書令充河中晉絳慈隰等州節度觀察等使十二月十二日至京師故事雙日不坐是日特開延英殿對茂昭五刻乃罷又上表請遷祖考之骨墓于京兆在朝兩月未之鎮六年二月疽發於首卒時年五十廢朝五

日冊贈太師賻絹三千匹布一千端米粟三千碩喪事所須官給詔京兆尹監護謚曰獻武憲宗念其忠藎諸昆仲子姪皆居職秩仍詔每年給絹二千匹春秋分給克讓克恭官至諸衛大將軍小男克勤長慶中左武衛大將軍時有赦文許一子五品官克勤以子幼請準近例迴授外甥狀至中書下吏部員外郎判廢置裴夷直斷曰一子官恩在念功賞於延賞若無巳子許及宗男今張克勤自有息男妄以外甥奏請移於他族知是何人儻涉賣官寔爲亂法雖援近日敕例難破著定格文國章旣在必行宅相恐難虛授具狀上中書門下克勤所請望宜不允遂爲定例茂宗以父蔭累官至光祿少卿同正貞元三年許尚公主拜銀青光祿大夫本官駙馬都尉以公主幼待年十三屬茂宗毋亡遺表請終嘉禮德宗念茂昭之勳即日授雲麾將軍起復授左衛將軍同正駙馬都尉諫官蔣乂等論曰自古以來未聞有駙馬起復而尚公主者上曰卿所言古禮也如今人家往往有借吉爲婚嫁者卿何苦固執又奏曰臣聞近日人家有不甚知禮

教者或女居父母服家旣貧乏且無强近至親即有借吉以就親者至於男子借吉婚娶從古未聞今忽令駙馬起復成禮實恐驚駭物聽況公主年幼更俟一年出降時旣未失且合禮經太常博士韋彤裴堪曰伏見駙馬都尉張茂宗猶在毋喪聖恩念其亡毋遺表所請許公主出降仍令茂宗即吉就婚者伏以夫婦之義人倫大端所以關雎冠於詩首者王化所先也天屬之親孝行爲本所以齊斬五服之重者人道之厚也聖人知此二端爲訓人之本不可變也故制婚禮上以承宗廟下以繼後嗣至若墨衰奪情事緣金革若使茂宗釋衰服而衣冕裳去堊室而爲親迎雖云輟哀借吉是亦以凶瀆嘉伏願抑茂宗亡毋之請顧典章不易之義待其終制然後賜婚德宗不納竟以義章公主降茂宗自是以戚里之親頗承恩顧元和中爲閑廄使國家自貞觀中至於麟德國馬四十萬匹在河隴間開元中尚有二十七萬雜以牛羊雜畜不啻百萬置八使四十八監占隴右金城平凉天水四郡幅圓千里自長安至隴右置七馬坊爲會計都領

岐隴間善水草及　田皆屬七馬坊至麟德以後西戎陷隴右國馬盡散監牧使與七馬坊名額盡廢其地利因歸於閑廄使寶應中鳳翔節度使請以監牧爛貧民爲業土著相承十數年矣又有別敕賜諸寺觀凡千餘頃及茂宗掌閑廄奏與中尉吐突承璀善遂特舉恩舊事並以監牧地租歸閑廄司茂宗又奏麟遊縣有岐陽馬坊按舊圖地方三百四十頃制下閑廄司檢計百姓紛紜論訴節度使李惟簡具事上聞詔監察御史孫革往按問之革還奏曰六典縣東五里有隋故岐陽馬坊地在其側蓋因監爲名與今岐陽所指百姓侵占處不相接皆有明驗茂宗怒恃有中助誣革所奏不實又令侍御史范傳式覆按乃附茂宗盡翻前奏遂奪居人田業皆屬閑廄乃罷革官長慶初岐人論訴不已詔御史按驗明白乃復以其地還百姓貶傳式官茂宗俄授左金吾衛大將軍長慶二年檢校工部尚書兼兗州刺史御史大夫充兗海沂節度等使加檢校兵部尚書太和五年入爲左金吾衛大將軍充左街使轉左龍武統軍卒茂和元和中爲左

武衛將軍裴度爲淮西行營處置用兵討吳元濟建牙赴行營奏用茂和爲都押衙茂和嘗以膽氣才略自贊於相府故度奏用之茂和慮度無功淮蔡不可平乃辭之以疾度怒甚奏請斬茂和以厲行者憲宗曰予以其家門忠順爲卿遠貶後復用爲諸衛將軍卒陳楚者定州人茂昭之甥少有武幹爲義勇牙將事茂昭每出征伐必令典精卒隨茂昭入朝授諸衛大將軍元和十二年義武軍節度使渾鎬喪師定州兵亂乃除楚易定節度令馳傳赴任亂猶未弭楚夜馳入州城楚家世久在定州軍中部校皆楚之舊卒人情大悅軍卒陳然轉河陽三城懷節度使前後亟立戰功入爲龍武統軍長慶三年卒

史臣曰朝廷治亂在法制當否形勢得失而已秦人叛上法制失也漢道勃興形勢得也臣觀開元之政舉坐制百蠻天寶之法衰遂淪四海玄宗一失其勢橫流莫救地分於群盜身播於九夷河朔二十餘州竟爲盜穴諸田兇險不近物情而弘正孝忠頗達人臣之節沂國力善無報殆天意之好亂惡治歟茂昭忠梗有　禮明禍福大端近

代之賢侯也

贊曰田宗不令禍滔無應謂天輔仁胡覆弘正茂昭知止終以善勝孰生厲階上失威柄

唐書列傳卷第九十一

唐書列傳卷第九十二

劉　昫　等修

聞人詮校刻沈桐同校

李寶臣 子惟岳 惟誠 惟簡 惟簡子元本

王武俊 子士貞 士平 士貞子承宗 承元

王廷湊 子元逵 紹鼎子景崇 元逵子紹懿 景崇子鎔 紹鼎 紹烈

李寶臣范陽城旁奚族也故范陽將張鏁高之假子故姓張名忠志幼善騎射節度使安祿山選爲射生官天寶中隨祿山入朝玄宗留爲射生子弟出入禁中及祿山叛忠志遁歸范陽祿山喜錄爲假子姓安常給事帳中祿山兵將指關使忠志領驍騎八千人入太原劫太原尹楊光翽忠志挾光翽出太原萬兵追之不敢近祿山使董精甲扼井陘路軍於土門安慶緒僞署爲恒州刺史九節度之師圍慶緒於相州忠志懼獻章歸國肅宗因授恒州刺史及史思明復渡河僞授忠志工部尚書恒州刺史恒趙節度使統衆三萬守常山及思明敗不受朝義之命乃開土門路以內王師河朔平定忠志與李懷仙薛嵩田承嗣各舉其地歸國皆賜鐵券誓以不死因授忠志開府儀同三司檢校禮部尚書恒州刺史實封二百戶仍舊爲節度使乃以恒州爲成德軍賜姓名曰李寶臣時寶臣有恒定易趙深冀六州之地後又得滄州步卒五萬馬五千疋當時勇冠河朔諸帥寶臣以七州自給軍用殷積招集亡命之徒繕閱兵仗與薛嵩田承嗣李正已梁崇義等連結姻婭互爲表裏意在以土地傳付子孫不稟朝旨自補官吏不輸王賦初天寶中天下州郡皆鑄銅爲玄宗真容擬佛之制及安史之亂賊之所部悉鎔毀之而恒州獨存由是實封百戶初寶臣正已皆爲承嗣所易寶臣弟寶正娶承嗣女在魏州與承嗣子維擊鞠寶正馬馳駭觸殺維承嗣怒繫寶正以告寶臣謝爲教不謹緘杖令承嗣以示責承嗣遂鞭殺之由是交惡大曆十年寶臣正已上言承嗣之罪請討之代宗欲因其相圖乃從其請時幽州節度留後朱滔方恭順朝廷詔滔與寶臣及太原之師攻其北正已滑亳

河陽江淮之師攻其南寶臣正已會軍于棗強椎牛釃酒犒勞將士
仍須優賞寶臣軍賞厚正已軍賞薄既罷會正已軍中咄咄有辭正
已聞之懼有變即時引退由是寶臣朱滔共攻承嗣之滄州連年未
下時承嗣使腹心將盧子期攻邢州城將陷寶臣發精卒赴救擊敗
之擒子期來獻河南諸將又大破田悅于陳留正已收承嗣之德州
以重兵臨其境指期進討承嗣大懾遂求解於寶臣寶臣不許初正
已將發兵使人至魏承嗣囚之及是乃厚禮遣歸發使與俱具列境
內戶口兵糧之數悉以奉正已且告曰承嗣老矣今年八十有六形
體支離無日月焉已子不令悅亦孱弱不足保其後業今之所有爲
公守耳曷足辱公師旅焉立使者于廷南向拜而授書又圖正已形
焚香事之如神謂人曰真聖人也正已聞之且得其歡乃止諸軍莫
敢進者承嗣止正已無南軍之虞又知范陽寶臣故里生長其間心
常欲立之乃勒石爲讖密瘞寶臣境內使望氣者云此中有王氣寶
臣掘地得之有文曰二帝同功勢萬全將田作伴入幽燕二帝指寶

臣正已也承嗣又使客諷之曰公與朱滔共舉取吾滄州設得之當
歸國非公所有誠能捨承嗣之罪請以滄州奉獻可不勞師而致願
取范陽以自効公將騎爲前驅承嗣率步卒從此萬全之勢寶臣喜
以爲事合符命遂與承嗣通謀割州與之寶臣乃密圖范陽承嗣亦
陳兵境上寶臣謂朱滔使曰吾聞朱公貌如神安得而識之願因繪
事而觀可乎滔乃圖其形以示之寶臣懸於射堂命諸將熟視之曰
朱公信神人也他日滔出軍寶臣密選精卒刼之戒其將曰取彼貌
如射堂所懸者是時二軍不相虞有變滔與戰於瓦橋滔適衣他服
以不識免承嗣聞與滔交鋒其壘已成乃旋軍使告寶臣曰河內有
警急不暇從公石上讖文吾戲爲之耳寶臣慙怒而退遷左僕射封
隴西郡王檢校司空同中書門下平章事德宗即位拜司空兼太子
太傅寶臣名位既高自擅一方專貯異志妖人僞爲讖語言寶臣終
有天位寶臣乃爲符瑞及靈芝朱草作朱書符又於深室齋戒築壇
上置金匜玉斝云甘露神酒自出又僞刻玉爲印金填文字告境內

云天降靈瑞非子所求不祈而至將吏無敢言者妖黨慮其詐發乃
曰相公須飲甘露湯即天神降寶臣然之妖人寘堇湯中飲之三日
而卒寶臣暮年益多猜忌以惟岳暗懦諸將不服即殺大將辛忠義
盧俶定州刺史張南容趙州刺史張彭老許崇俊等二十餘人家口
没入自是諸將離心建中二年春卒時年六十四廢朝三日冊贈太
保

子惟岳惟誠惟簡寶臣卒時惟岳爲行軍司馬三軍推爲留後仍遣
使上表求襲父任朝旨不允魏博節度使田悅上章保薦請賜旄節
不許惟岳乃與田悅李正已同謀拒命判官邵真泣諫以爲不可惟
岳暗懦初雖聽從終爲左右所惑而止而所與圖議皆姦吏胡震家
人王他奴等唯勸拒逆爲事惟岳舅谷從政者有智畧爲寶臣所忌
移病不出至是知惟岳之謀慮其覆宗乃出諫惟岳曰今天下無事
遠方朝貢主上神武必致太平如至不允必至加兵雖大夫恩及三
軍萬一不捷孰爲大夫用命者又先朝相公與幽帥不協今國家致

討必命朱滔爲帥彼嘗切齒今遂復讐可不懼乎又頃者相公誅滅
軍中將校其子弟存者口雖不言心寧無憤兵猶火也不戢自焚往
者田承嗣佐安祿山史思明謀亂天下千征百戰及頃年侵擾洺相
等州爲官軍所敗及貶永州仰天垂泣賴先相公佐佑保援方獲赦
宥若雷霆不收承嗣豈有生理今田悅兇狂何如承嗣名望苟欲坐
邀富貴不料破家覆族而況今之將校罕有義心因利乘便必相傾
陷爲大夫畫久長之計莫若令惟誠知留後大夫自速入朝國家念
先相公之功見大夫順命何求而不得今與群逆爲自危之計非保
家之道也惟岳亦素忌從政皆不聽竟與魏齊謀叛既而惟岳大將
張孝忠以郡歸國朝廷以孝忠爲成德軍節度使仍詔朱滔與孝忠
合勢討之惟岳以精甲屯東鹿以抗之田悅遣大將孟佑率兵五千
助惟岳建中三年正月朱滔孝忠大破恒州軍於東鹿惟岳燒營而
遁惟岳大將趙州刺史康日知以郡歸國惟岳乃令衙將衞常寧率
士卒五千兵馬使王武俊率騎軍八百同討日知武俊既出恒州謂

常寧曰武俊盡心於本使大夫信讒頗相猜忌所謂朝不謀夕豈圖生路且趙州用兵捷與不捷武俊不復入恒州夫妻子任從屠滅且以殘生往定州事張尚書去也孰能持頸就戮常寧曰中丞以大夫不可事且有詔書云斬大夫首者以其官爵授自大夫拒命已來張尚書以易州歸國得節度使今聞日知已得官爵觀大夫事勢終爲朱滔所滅此際轉禍爲福莫若倒戈入使府誅大夫以取富貴也況大夫暗昧左右詿惑其實易圖事苟不捷歸張尚書非晚武俊然之三年閏正月武俊與常寧自趙州迴戈達明至恒武俊子士真應於內武俊兵突入府署遣虞候任越劫擒惟岳縊死於戟門外又誅惟岳妻父鄭華及長慶王他奴等二十餘人傳首京師

惟誠惟岳異母兄以父蔭爲殿中丞累遷至檢校戶部員外郎好儒書理道寶臣愛之委以軍事性謙厚以惟岳嫡嗣讓而不受同母妹嫁李正己子納寶臣以其宗姓請惟誠歸本姓又令入仕於鄆州爲李納營田副使歷兗淄濟淮四州刺史竟客死東平

○惟簡寶臣第三子初王武俊既誅惟岳又械惟簡送京師德宗拘於客省防伺甚峻朱泚之亂惟簡斬關而出赴奉天德宗嘉之用爲禁軍將從渾瑊率師討賊頻戰屢捷加御史中丞從幸山南得元從功臣之號封武安郡王後授左神威大將軍轉天威統軍元和初檢校戶部尚書左金吾衛大將軍充街使俄拜鳳翔隴右節度使元和十三年正月卒贈尚書右僕射

子元本生於貴族輕薄無行初張茂昭子克禮尚襄陽公主長慶中主縱恣不法常遊行市里有士族子薛樞薛渾者俱得幸於主尤愛渾每詣渾家謁渾母行事姑之禮有吏誰何者即以厚賂啗之渾與元本偕少年遂相誘掖元本亦得幸於主出入主第張克禮不勝其忿上表陳聞乃召主幽于禁中以元本功臣之後得減死杖六十流象州樞渾以元本之故亦從輕杖八十長流崖州

王武俊契丹怒皆部落也祖可訥干父路俱開元中饒樂府都督李詩率其部落五千帳與路俱南河襲冠帶有詔褒美從居薊武俊初號沒諾干年十五能騎射上元中爲史思明恒州刺史李寶臣裨將寶應元年王師入井陘將平河朔武俊謂寶臣曰以寡敵衆以曲遇直戰則離守則潰銳師遠鬬庸可禦乎寶臣遂徹警備以恒定深趙易五州歸國與王師協力東襲遺寇寶臣除恒定等州節度使以武俊攜謀奏兼御史中丞充本軍先鋒兵馬使大曆十年田承嗣因薛嵩死兼有相衛磁邢洺五州承嗣遣將盧子期寇磁州詔令寶臣與李正己李勉李承昭田神玉朱滔李抱真各出兵討之諸軍與子期戰于清水大破之寶臣將有節　生擒子期以獻代宗嘉其功使中貴人馬承倩賚詔宣勞承倩將歸止傳舍寶臣親遺百縑承倩詬詈擲出道中寶臣顧左右有愧色還休府中諸將散歸寶臣潛伺屏間獨武俊佩刀立于門下召入解刀與語曰見向者頑豎乎武俊曰今閤下有功尚爾寇平後天子以幅紙之詔召置京下一匹夫耳可乎寶臣曰爲之若何武俊曰不如玩養承嗣以爲己資寶臣曰今與嗣有釁矣可推腹心哉武俊曰勢同患均轉寇讎爲父子欬唾間若傳

○虛言無益也今中貴人劉清譚在驛斬首送承嗣立質妻孥矣寶臣曰恐不能如此武俊曰朱滔爲國屯兵滄州請擒送承嗣以取信許之立選銳士二千皆乘駿馬通夜馳三百里晨至滔營掩其不備滔軍出戰大敗擒類滔者滔故得脫自此寶臣與田承嗣李正已更相爲援皆武俊萌之寶臣死其子惟岳謀襲父位寶臣舊將易州刺史張孝忠以州順命遂以孝忠代寶臣俾惟岳護喪歸京惟岳不受命建中三年正月詔朱滔張孝忠合軍討之惟岳與武俊復統萬餘衆戰於東鹿武俊率三千騎先進爲滔所敗惟岳遁走趙州刺史康日知遂以州順命惟岳令武俊統兵擊之日知遣人謂武俊曰惟岳孱微而無謀何足同反我城堅衆一未可以歲月下且惟岳恃田悅爲援前歲悅之士男甲卒塗地於邢州城下猶不能陷況比城乎復給僞手詔招武俊信之遂倒兵入恒州率數百騎入衙門使謂惟岳曰大夫舉兵與魏帥　同惡今田尚書已喪敗李尚書爲趙州所間軍士自東鹿之役傷痛軫心朱僕射強兵宿境內張尚書已援定州三

軍伋懼殞首丧家聞有詔徵大夫宜亟赴命不爾禍在漏刻惟岳怖遽睢盱武俊子士真斬惟岳持首而出武俊殺不同已者十數人遂定傳首上聞授武俊檢校秘書少監兼御史大夫恒州刺史恒冀都團練觀察使實封五百戶以康日知爲深趙團練觀察使時惟岳僞定州刺史楊政義以州順命深州刺史楊榮國降朱滔分兵鎮之朝廷旣以定州屬張孝忠深州屬康日知武俊怒失趙定二州且名位不滿其志朱滔怒失深州因誘武俊謀反斥言朝廷遂連率勁兵救田悅時馬燧李抱真李芃李晟方討田悅敗悅於洹水後連歲暴兵然悅勢已蹶至是武俊朱滔復振起之悅勢益張十一月武俊使大將張鍾葵寇趙州康日知擊敗之斬首上獻是日武俊僭建國稱趙王以恒州爲真定府僞命官秩朱滔田悅李納一同僭號分據所部各遣使勸誘蔡州李希烈同僭位號四年三月希烈旣爲周曾謀潰其腹心或傳希烈已死馬燧等四節度軍中聞之歡聲震外六月李抱真使辯客賈林詐降武俊林至武俊壁曰是來傳詔非降也武俊色動徵其說林曰天子知大夫宿誠及登壇建國之日撫膺顧左右曰我本忠義天子不省是後諸軍曾同表論列大夫天子覽表動容語使者曰朕前事誤追無及已朋友間失意尚可謝朕四海主毫芒安可復念執武俊曰僕虜將尚知存撫百姓天子固不專務殺人以安天下今山東大兵者五比戰勝骨盡暴野雖勝與誰守今不憚歸國以與諸侯盟約虜性直不欲曲在已朝廷能降恩滌盪之僕首倡歸國不從者於以奉辭則上不負天子下不負朋友此謀既行河朔不五旬可定十月涇原兵犯闕上幸奉天京師問至諸將退軍李抱真將還潞澤田悅說武俊與朱滔襲擊之賈林復說武俊曰今退軍前輜重後銳師人心固一不可圖也且勝而得地則利歸魏博喪師即成德大傷大夫本部易定滄趙四州何不先復故地武俊遂北馬首背田悅約賈林復說武俊曰大夫冀邦豪族不合謀據中華且滔心幽險王室強即藉大夫援之卑即思有併吞且河朔無冀國唯趙魏燕耳今朱滔稱冀則窺大夫冀州其兆已形矣若滔力制山東大夫須

整臣禮不從即爲所攻奪此時臣滔乎武俊投袂作色曰二百年宗社我尚不能臣誰能臣田舍漢由此計定遂南修好抱真西連盟馬燧會興元元年德宗罪己大赦反側二月武俊集三軍削僞國號詔國子祭酒兼御史大夫董晉中使王進傑自行在至恒州宣命授武俊檢校兵部尚書成德軍節度使三月加司空同中書門下平章事兼幽州盧龍兩道節度使瑯琊郡王時朱泚僞册滔爲皇太弟滔率幽檀勁卒誘迴紇二千騎已圍貝州數十日將絕白馬津南盜洛都與泚合勢時李懷光反據河中李希烈已陷大梁南逼江漢李納尚反於齊田緒未爲用李晟孤軍壁渭上天子羽書所制者天下纔十二三海內蕩析人心失歸賈林又說武俊與抱真合軍同救魏博爲武俊陳利害曰朱滔此行欲先平魏博更逢田悅被害人心不安旬日不救魏貝必下滔益數萬張孝忠見魏貝已拔必臣朱滔三道連衡兼統迴紇長驅至此家族可得免乎若閣下利則昭義軍下山西河朔地盡入滔今乘魏貝未下孝忠未附公與昭義合軍破之一如撥遺耳此計就則聲振關中京邑可坐復鑾輿反正自公則勳業無二也武俊歡然許之兩軍議定卜日同征五月武俊抱真會軍於鉅鹿東兩軍旣交滔震恐抱真爲方陣武俊用奇兵朱滔傾壘出戰武俊不擐甲而馳之滔望風奔潰自相蹂踐死者十四五收其輜重器用馬牛不可勝計滔夜奔還幽州武俊班師表讓幽州盧龍節度使許之乃升恒州爲大都督府以武俊爲長史加檢校司徒實封七百戶餘如故車駕還京寵之逾厚子尚主子弟在孩稚者皆賜官名彝丁母憂起復加左金吾上將軍同正免喪加開府儀同三司十二年上念舊勳加檢校太尉兼中書令十七年六月卒時年六十七廢朝五日群臣詣延英門奉慰如渾瑊故事詔左庶子上公持節册贈太師賻絹三千匹布千端米粟三千碩太常謚曰威烈德宗曰武俊竭忠奉國宜賜謚忠烈子士真士清士平士則士貞嗣

士貞武俊長子少驍悍冠於軍中沉謀有斷事李寶臣爲帳中親將仍以女妻之寶臣末年慮身後諸子暗弱爲諸將所奪屢行誅戮諸

將離心武俊官位雖卑而勇畧邁世寶臣惜其才不忍誅之而士貞
密結寶臣左右保護其父以是獲免惟岳之世尤加委任武俊亦盡
心匡佐既兵敗束鹿張孝忠康日知以地歸國受官賞惟岳稍貯防
疑武俊謀自貶損出入不過三兩人左右謂惟岳曰先相公委任武
俊以遺大夫兼有治命令披肝膽爲大夫者武俊耳又士貞即大夫
妹婿保無異志今勢危急若不坦懷待之若更如康日知即大事去
矣惟岳曰我待武俊自厚不獨先公遺旨由是無疑即令將兵攻趙
州士貞更宿於府衙與同職謀事及武俊倒戈士真等數人擒惟岳
出衙縊死之武俊領節鉞以士真爲副大使建中年武俊僭稱趙王
於魏縣以士真爲司空真定府留守充元帥及武俊破朱滔順命以
武俊兼幽州盧龍軍節度使仍以士真爲副使檢校工部尚書德宗
還京進位檢校兵部尚書充德州刺史德棣觀察使封清河郡王十
七年武俊卒起復授左金吾衛大將軍同正恒州大都督府長史充
成德軍節度恒冀深趙德棣等州觀察等使尋檢校尚書左僕射順

宗即位進位檢校司空士真佐父立功備歷艱苦得位之後恬然守
善雖自補屬吏賦不上供然歲貢貨財名爲進奉者亦數十萬比幽
魏二鎮最爲承順元和元年就加同中書門下平章事四年三月卒
子承宗承元承通承迪承榮
士清以父勳累加官至殿中少監同正元和初爲冀州刺史御史大
夫封北海郡王早卒
士平以父勳補原王府諮議貞元二年選尚義陽公主加秘書少監
同正駙馬都尉元和中累遷至安州刺史時公主縱恣不法士平與
之爭忿憲宗怒幽公主於禁中士平幽於私第不令出入後釋之出
爲安州刺史坐與中貴交結貶賀州司戶時輕薄文士蔡南獨孤申
叔爲義陽主歌詞曰團雪散雪等曲言其遊處離異之狀往往歌於
酒席憲宗聞而惡之欲廢進士科令所司網捉搜得南申叔貶之由
是稍止及盜殺宰相武元衡旬日捕賊未獲士平與兄士則庭奏盜
王於承宗既獲張晏等誅之乃以士平爲左金吾衛大將軍及奪承
宗官爵仍以士平襲父實封
士則士平異母兄承宗既立爲節度使不容諸父乃奔于京師用爲
神策大將軍及承宗叛逆盜殺宰相士則請移貫京兆府諸鎮兵討
承宗裴度言士則武俊子其軍中必有懷之者乃用士則爲邢州刺
史兼本州團練使從昭義節度使郗士美討賊其攜離承宗之黨且
許以節制士則恃此頗不受士美節制行止以兵自衛雖謁士美而
衛兵如故吏呵止之士則不能平見于辭氣士美惡之密以狀聞乃
以張遵代還
承宗士真長子河朔三鎮自置副大使以嫡長爲之承宗累奏至鎮
州大都督府右司馬知州事御史大夫充都知兵馬使副大使元和
四年三月士真卒三軍推爲留後朝廷伺其變累月不問承宗懼累
上表陳謝至八月上令京兆少尹裴武往宣諭承宗奉詔甚恭且曰
三軍見迫不候朝旨今請割德棣二州上獻以表丹懇由是起復雲
麾將軍左金吾衛大將軍同正檢校工部尚書鎮州大都督府長史

御史大夫成德軍節度鎮冀深趙等州觀察等使又以德州刺史薛
昌朝檢校右散騎常侍德州刺史御史大夫充保信軍節度德棣觀
察等使昌朝故昭義節度使嵩之子婚姻於王氏入仕於成德軍故
爲刺史承宗既獻二州朝廷不欲別命將帥且授其親將保信旌節
未至德州承宗遣數百騎馳往德州虜昌朝歸真定因之朝廷又加
棣州刺史田渙充本州團練守捉使與漸離之令中使景忠信往諭
旨令遣昌朝還鎮承宗不奉詔憲宗怒下詔曰王承宗頃在苫廬潛
窺戎鎮而內外以事君之禮逆而必誅分土之儀專則有辟朕念其
先祖嘗有茂勳貸以私恩抑於公議使臣旁午以告諭孽童俯伏以
陳誠願獻兩州期無二事朕欲收其後効用以曲全授節制於舊疆
齒勳賢於列位況德棣本非成德所管昌朝又是承宗懿親俾撫近
鄰斯誠厚渥外雖兩鎮中實一家而承宗象恭懷姦肖貌稔禍欺裴
武於得位之後縶昌朝於受命之中豺狼之心飽之而愈發梟獍之
性養之而益兇加以表疏之中悖慢斯甚式遏亂畧期于無刑恭行

天誅干於有制可削承宗在身官爵詔左神策護軍中尉吐突承璀為左右神策河中河陽浙西宣歙等道赴鎮州行營兵馬招討處置等使會諸道軍進討神策兵馬使趙萬敵者王武俊之驍將也驍悍聞於燕趙具言進討必捷承璀因得兵柄與萬敵偕行承璀至行營威令不振禁軍屢衄都將酈定進前擒劉闢有功號為驍將又陷於賊唯范陽節度使劉濟易定節度使張茂昭至効忠赤戰賊屢捷而昭義節度使盧從史反復難制陰附於賊憲宗密詔承璀擒之送于京師五年七月承宗遣巡官崔遂上表三封乞自陳首且歸過於盧從史其略曰臣頃在苫廬綿歷時序恭守朝旨罔敢闕遺復奉詔書令獻州郡迫以三軍之勢不從孤臣之心今天兵四臨王命又絕白刃之下難避國刑殷憂之中轉積疊懼中由盧從史首為亂階與天下之兵生海內之亂既不忠於國又不孝於家當其聞父之喪已變為臣之節迫脅天使潰紊朝經而乃幸臣居喪敗臣求利上敢欺於聖主下不顧其死親矯情徒見於封章邪妄素萌於胷臆今搆禍

者已就擒獲抱冤者實冀辯明況臣之一軍素守忠義橫被從史離間君臣哀號轅門痛隔恩外伏冀陛下以天地之德容納為心弘好生之仁許自新之路順陽和而布澤因雷雨以覃恩追念祖父之前勞俯觀臣子之來効特開湯網使樂堯年時朝廷以承璀宿師無功國威日沮頗憂會承宗使至宰臣商量請行赦宥乃全以六郡付之承宗送薛昌朝入朝授以右武衛將軍承宗以國家加兵不勝誣從史姦計得行雖上章表謙恭而心無忌憚十年王師討吳元濟承宗與李師道繼獻章表請宥元濟其牙將尹少卿奏事因為元濟游說少卿至中書見宰相論列語意不遜武元衡怒叱出之承宗益不順自是與李師道姦計百端以沮用兵四月遣盜燒河陰倉六月遣盜伏於靖安里殺宰相武元衡京師震恐大索旬日天子為之旰食是時承宗師道之盜所在竊發焚襄州佛寺斬建陵門戟燒獻陵寢宮欲伏甲屠洛陽憲宗赫怒命田弘正出師臨其境并隣道六節度之衆討之時方淮西用兵國用虛竭河北諸軍多觀望不進獨昭義節

度使郗士美率精兵壓賊壘欲乘釁而取之軍威甚盛承宗懼不敢犯俄詔權罷河北用兵併力淮西十二年十月誅吳元濟承宗始懼求救於田弘正十三年三月弘正遣人送承宗男知感知信及其牙將石泛等詣闕請命今於客舍安置又獻德棣二州圖印兼請入管內租稅除補官吏上以弘正表疏相繼重違其意乃下詔曰帝者承天子人下臨萬國觀乾坤覆載之施常務其曲全用德刑撫御之方每先其弘貸叛則必伐服而捨之訪于典謨亦尚斯道朕祇符前訓纘嗣丕圖底寧方隅蕩滌氛祲上以攄祖宗之宿憤下以致黎庶之阜康思厚者生務去者殺至於包荒藏慝屈法伸恩苟衷誠之可矜則宥過而無大王承宗頃居喪紀見責於隣封後領蕃城受疑於朝野國恩雖厚時憲不容戚實自貽寵非我絕百辟卿士昌言在廷四方諸侯飛奏盈篋竟請致討爭先出軍尚復廣示招懷務存容納至於動衆事豈願然開境懸罹其殺傷退舍為伏其士伍取陷救溺能無慘嗟以其先祖武俊有勞王室書于甲令銘在景鍾雖再駕王師

再從人欲而十代之宥常切朕懷近以三朝稱慶八表流澤廣此鴻霈開其自新而承宗果能翻然改圖披露忠懇遠遣二子進陳表章緘圖印以上聞獻德棣之名部發囷奉粟弁龜貢煙地願師於職方物請歸於司會且天子所臨莫非王土析茲舊服將表爾誠諒由效順之心悉見納忠之志抑而不撫何以示懷朕念此方亦猶赤子一物失所寢興靡寧忽驅樂土之人竟就陳原之戮既克剪暴常思止戈予之此心天地臨鑒況常山師旅舊有功勞將改往以修來誓酬恩而遷善鑒精誠之俱切俾渙汗而再敷膺滌乃愆斷於朕志復此殊渥當懷永圖承宗可依前銀青光祿大夫檢校吏部尚書鎮州大都督府長史御史大夫充成德軍節度鎮冀深趙觀察等使仍令右丞崔從往鎮州宣慰承宗素服俟命乃以華州刺史鄭權為德州刺史充橫海軍節度德棣滄景觀察等使明年加金紫光祿大夫檢校尚書左僕射是歲李師道平承宗奉法逾謹請當管四州每州置錄事參軍一員判司三員每縣令一員主簿一員吏補授皆聽朝旨十

五年十一月卒贈侍中子知感知信在朝
承元士真第二子兄承宗既領節鉞奏承元爲觀察支使朝議郎左
金吾衛胄曹參軍兼監察御史年始十六勸承宗以二千騎佐王師
平李師道承宗不能用其言元和十五年冬承宗卒秘不發喪大將
謀取帥於旁郡時參謀崔燧密與握兵者謀乃以祖母涼國夫人之
命告親兵及諸將使拜承元承元拜泣不受諸將請之不已承元曰
天子使中貴人監軍有事盍先與議及監軍至因以諸將意贊之承
元謂諸將曰諸公未忘先德不以承元齒幼欲使領事承元欲効忠
於國以奉先志諸公能從之乎諸將許諾遂於衙門都將所理視事
約左右不得呼留後事無巨細决之參佐密疏諸帥天子嘉之授銀
青光祿大夫檢校工部尚書兼滑州刺史義成軍節度鄭滑觀察等
使隣鎮以兩河近事諷之承元不聽諸將亦悔及起居舍人栢耆齎
詔宣諭滑州之命兵士或拜或泣承元與栢耆於館驛召諸將諭之
諸將號哭諠譁承元詰之曰諸公以先世之故不欲承元失此意甚

唐傳九十二　十二

○隆厚然奉詔遲留其罪大矣前者李師道未敗時議赦其罪時師道
欲行諸將止之他日殺師道亦諸將也今公輩幸勿爲師道之事敢
以拜請遂拜諸將泣涕不自勝承元乃盡出家財籍其人以散之酌
其勤者擢之牙將李寂等十數人固留承元斬寂等軍中始定承元
出鎮州時年十八所從將吏有具器用貨幣而行者承元悉命留之
承元昆弟及從父昆弟授郡守者四人登朝者四人從事將校有勞
者亦皆擢用祖母涼國夫人入朝穆宗命內官廷待錫賚甚厚俄而
王廷湊殺田弘正據鎮州叛移鎮鄜坊丹延節度使便道請覲穆宗
嘉之數召顧問未幾改鳳翔節度使鳳翔西北界接涇原無山谷之
險吐蕃由是徑往入寇承元於要衝築壘分兵千人守之賜名曰臨
汧城詔襲岐國公累加檢校左僕射鳳翔城東商旅所集居人多以
烽火相警承元奏益城以環之居鎮十年加檢校司空御史大夫移
授平盧軍節度淄青登萊觀察等使時均輸鹽法未常行於兩河承
元首請鹽法歸之有司自是兖鄆諸鎮皆稟均輸之法承元寬惠有

制所理稱治太和七年十二月卒於平盧時年三十三冊贈司徒
王廷湊本迴鶻阿布思之種族世隸安東都護府曾祖曰五哥之事
李寶臣父子王武俊養爲假子驍果善鬭武俊愛之以軍功累授左
武衛將軍同正贈越州都督祖末怛活贈左散騎常侍父升朝贈禮
部尚書皆以廷湊貴加贈典祖父世爲王氏騎將累遷右職廷湊沉
勇寡言雄猜有斷爲王承元衙內兵馬使初承宗上稟朝旨田弘正
帥成德軍國家賞錢一百萬貫度支輦運不時至軍情不悅廷湊每
抉其細故激怒衆心會弘正以魏兵二千爲衙隊左右有備不能間
長慶元年六月魏軍還鎮七月二十八日夜廷湊乃結衙兵譟於府
署遲明盡誅弘正與將吏家族三百餘人廷湊自稱留後知兵馬使
將吏逼監軍宋惟澄上章請授廷湊節鉞穆宗怒下詔徵隣道兵仍
以河東節度裴度充幽鎮兩道招撫使仍以弘正子涇原節度使布
代李愬爲魏博節度使令率魏軍進討又以承宗故將深州刺史牛
元翼爲成德軍節度使下詔購誅廷湊是月鎮州大將王位等謀殺

唐傳九十二　十三

○廷湊事泄坐死者二千餘人時朱克融因張弘靖廷湊殺弘正合從
搆逆謀拒王命兩鎮併力討除慮難應接詔朝臣議其可否東川節
度使王涯獻狀曰幽鎮兩州悖亂天紀迷亭育之厚德肆狼虎之非
心囚縶鼎臣戕賊戎帥毒流州郡舋及賓寮凡在有情孰不痛憤伏
以國家文德誕敷武功繼立遠無不伏邇無不安剋茲二方敢逆天
理臣竊料詔書朝下諸鎮夕驅以貔貅問罪之師當猖狂失節之冦
傾山壓卵决海灌熒勢之相懸不是過也但常山薊郡虞虢相依一
時興師恐費財力罪有輕重事有後先譬之攻堅宜從易者如聞范
陽肇亂出自一時事非宿謀迹亦可驗鎮州搆禍殊匪偶然扇諸屬
城以兵拒境如此則幽薊之衆可示寬刑鎮冀之戎可資先討況廷
湊闒茸不席父祖之資成德分離又多迫脅之勢今以魏博思復讎
之衆昭義願盡敵之司參之晉陽輔以滄德掎角而進實若建瓴盡
屠其城然後北首燕路在朝廷不爲失信於軍勢實得機宜臣之愚
誠切在於此臣又聞用兵若聞先扼其喉今瀛鄚易定兩賊之咽喉

也誠宜假之威柄戕以重兵俾其死生不相知閒諜無所入而以大軍先進冀趙次臨井陘此一舉萬全之勢也於是命易定節度使開境以抗克融諸軍三面而進討初以滄德烏重胤獨當一面重胤宿將知不可進頗遲留乃以杜叔良代重胤叔良有中官之援朝辭日大言云賊不足破時廷湊合幽薊之兵圍深州梯衝雲合牛元翼嬰城拒守十一月杜叔良爲賊所敗衆皆陷沒僅以身免乃以德州王日簡代之裴度率衆屯承天軍諸將挫敗深州危急乃以鳳翔節度使李光顏爲忠武節度使兼深冀節度救深州仍以中官楊承和監光顏軍國家自憲宗誅除群盜帑藏虛竭穆宗即位賞賜過當及幽鎮共起征發百端財力殫竭時諸鎮兵十五餘萬繞出其境便仰給度支置南北供軍院既深入賊境輦運艱阻芻薪不繼諸軍多分番樵採俄而度支轉運車六百乘盡爲廷湊邀而虜之兵食益困賊圍深州數重雖光顏之善將亦無以施其方略其供軍院布帛衣賜往往不得至院在途爲諸軍強奪而懸軍深鬬者率無支給復又每軍遣內官一人監軍悉選驍健者自衞羸懦者即戰以是屢多奔北而廷湊克融之衆不過萬餘而抗官軍十五萬者良以統制不一玩寇邀利故也宰相崔祐甫不曉兵家膠柱於常態以至復失河朔既無如之何遂議休兵而赦廷湊二年正月魏府牙將史憲誠誘其軍謀叛田布不能止其衆自潰於南宮二月詔赦廷湊仍授檢校右散騎常侍鎮州大都督府長史成德軍節度鎮冀深趙等州觀察等使以牛元翼爲山南東道節度使遣兵部侍郎韓愈至鎮州宣慰又遣中使御入深州監元翼赴鎮廷湊雖受命而深州之圍不解招撫使裴度與幽鎮書以大義責之朱克融解圍而去廷湊亦退舍朝廷欲其稟命並加克融檢校工部尚書三月牛元翼率十餘騎突圍出深州赴闕深州將校臧平以城降廷湊責其固守殺將吏一百八十餘人五月遣中使楊再昌至鎮州取牛元翼家族及田弘正骸骨廷湊曰弘正骸骨不知所在元翼家族請至秋發遣俄而元翼卒廷湊乃盡屠其家其酷毒如此自獲赦宥遂與朱克融史憲誠連衡相應謀拒朝

廷大和初滄州李全畧死其子同捷欲效河朔事求代父任文宗授以兗海節度使同捷不奉詔據郡構逆以珍玩器幣妓女子弟投款於廷湊及幽州李載義時載義初代克融輸誠效順盡送同捷所遣赴闕詔徵幽魏徐兗之師進討廷湊出兵撓魏北境以援同捷二年下詔絕廷湊進奉既魏博將亓志治以行營兵叛倒戈攻魏州諸軍擊志治廷湊出兵應之史憲誠危急詔義武軍節度使李聽擊敗之志治奔於廷湊三年六月誅李同捷尋又何進滔殺史憲誠據魏州朝廷厭兵誅之不果遂授進滔魏博節度八月廷湊遣使詣闕請罪朝廷因而赦之依前檢校司徒成德軍節度使鎮冀自李寶臣已來雖惟岳承宗繼叛而猶親隣畏法期自新之路而兇毒好亂無君不仁未如廷湊之甚也又就加太子太傅太原郡開國公食邑二千戶八年十一月卒冊贈太尉累贈至太師

子元逵爲鎮州右司馬兼都知兵馬使廷湊卒三軍推主軍事請命於朝乃起復檢校工部尚書鎮州大都督府長史成德軍節度使累遷檢校左僕射元逵素懷忠順頗革父風及領藩垣頗輸誠欵歲時貢奉結轍於途文宗嘉之開成二年詔以壽安公主出降加駙馬都尉元逵遣段氏姑詣闕納娉禮段氏進食二千盤并御衣戰馬公主粧奩及私白身女口等其從如雲朝野榮之會昌中昭義節度使劉從諫卒其子稹擅領軍政武宗怒誅之命鄰藩分地而進討以元逵爲北面招討使詔至之日出師次趙州與魏博何弘敬同收山東三州元逵進攻邢州俄而賊將裴問高元武降元逵王釗安王降何弘敬並拔三郡累遷檢校司徒同中書門下平章事以破劉稹功加太傅太原郡開國公食邑二千戶食實封二百戶大中十一年二月卒冊贈太師謚曰忠子紹鼎紹懿

紹鼎時爲鎮州大都督府左司馬知府事節度副使都知兵馬使起復授檢校工部尚書鎮府長史成德軍節度鎮深冀趙觀察等使累加光祿大夫尚書左僕射其年七月卒贈司空賻布帛三百段米粟二百碩累贈司徒太尉又贈太傅子景儼景崇景崇爲嫡時年

幼紹鼎卒宣宗以昭王汭爲鎮州大都督成德軍節度副使都知兵馬使檢校右散騎常侍鎮府左司馬知府事兼御史中丞王紹懿本官充成德軍節度觀察留後仍賜紫金魚袋尋正授節度使檢校工部尚書累加檢校右僕射兼御史大夫太原縣開國伯食邑七百戶又加檢校司空卒贈司徒

景崇初爲成德軍中軍兵馬使銀青光祿大夫檢校太子賓客監察御史紹鼎卒出爲深州刺史兼殿中侍御史充本州團練守捉使景崇於季父紹懿時爲鎮州大都督府左司馬知府事都知兵馬使紹鼎卒三軍立紹懿數月疾篤召景崇謂之曰亡兄以軍政託予以俟汝成立今危惙如此殆將不救汝雖少年勉自負荷下禮藩鄰上奉朝旨俾吾兄家業不墜惟汝之才也言訖而卒時監軍在席奏其治命上嘉之詔起復忠武將軍守左金吾衛將軍同正檢校右散騎常侍充成德軍節度觀察留後仍賜上柱國賜紫金魚袋尋正授節度使檢校工部尚書咸通中景崇以公主嫡孫特承恩渥季年盜起徐

。方王師進討景崇令大將從諸軍除寇平以功授檢校右僕射封太原縣男食邑三百戶祖母章惠長公主薨景崇居喪得禮朝野稱之起復左金吾衛上將軍同正進位檢校司空明年同中書門下平章事累加檢校太尉趙國公食邑三千戶食實封二百戶尋進封常山王丁母秦國夫人憂起復本官乾符末盜起河南黃巢犯闕駕幸朔南景崇與定州節度使王處存馳檄藩鄰以兵附處存入關討賊奔問行在貢輸相繼關輔平定以功真拜太尉中和二年十二月卒子鎔時年十歲三軍推爲留後朝廷因授旄鉞檢校工部尚書時天子蒙塵九州鼎沸河東節度李克用虎視山東方謀吞據鎔以重賂結納以脩和好晉軍討孟方立於邢州鎔常奉以芻糧及方立平晉將李存孝侵鎔南部鎔求援於幽州幽帥李匡威率衆三萬赴之存孝退去景福元年鎔乘存孝有間於其帥乃出兵攻堯山晉師遣大將李存質來援大敗鎮人於堯山死者萬計晉人乘勝至趙州鎔復求援於燕二年匡威率衆數萬來援會邢州節度使李存孝背其帥據城自固存孝單騎入鎮州與鎔面相盟約俄而李克用自率全師攻存孝時匡威離鎮後其弟匡籌奪據其位匡威退無歸路鎔感其援助之恩乃迎入府城築第以居之事之如父匡威亦盡心裨益軍中之事皆爲訓練是年五月鎔過匡威第陰遣部下伏甲劫鎔鎔抱持之鎔曰公誠止人勿倉卒吾爲晉人所困賴公獲濟猶吾父也軍政請公師之即並轡歸府署鎮軍拒之竟殺匡威晉人知匡威死克用自率師至城下鎔出縑二十萬犒勞修好而退及汴宋節度使朱全忠領鄆清三鎮兵強天下遣將葛從周張存敬寇陷邢洺二州乘勝北掠燕趙俄而全忠率親兵薄於城下鎔倉卒無備謂賓佐曰勢危矣計將安出判官周式者率先而對曰敵人迫我兵不能抗此可以理說耳請見梁師圖之式即時出見全忠全忠逆謂式曰爾不必言王令朋附并汾違盟爽信弊賦業已及此期於無捨式曰公言過矣且公爲唐室之桓文當以禮義而成霸業乃欲窮兵黷武困人於險難天下其謂公何全忠喜引式袂而慰之曰前言戲之耳且君爲王

。今計如何式曰但修好耳即復見鎔請出牛酒貨幣以犒軍仍以鎔子昭祚及牙將梁公儒李弘規子各一人從昭祚入官于大梁全忠以女妻昭祚及全忠僭天下無主鎔不獲已行其正朔鎔累遷至開府儀同三司守太師中書令仍賜款睦保定大功臣上柱國趙王食邑一萬五千戶食實封一千戶襲食實封二百五十戶僞梁加尚書及唐室中興去僞尚書令之號天佑七年毋魏國太夫人何氏卒起復本官十八年爲其大將王德明所殺至於赤族其後事在中興云

史臣曰土運中微群盜孔熾寶臣附麗安史流毒中原終竊土疆爲國蟊賊加以武俊之狠狡爲其腹心或叛或臣見利忘義虵吞蝮吐垂二百年哀哉王政不綱以至于此若使明皇不懈於開元之政姚崇久握於阿衡詎有柳城一胡敢窺佐伯况其下者哉觀此無君可爲太息

贊曰鶻鷃爲侯必取其昏人君失政爲盜啓門牙旂金鉞虎子狼孫茫茫黔首於何吁閽

唐書列傳第九十二

唐書列傳卷第九十三

劉昫等修

聞人詮校刻沈桐同校

李懷仙 朱希彩附 朱滔 弟

劉怦 怦子濟 濟子總 澭 程日華 日華子懷直 懷直子權

李全略 全略子同捷

李懷仙柳城胡人也世事契丹降將守營州祿山之叛懷仙以裨將從陷河洛安慶緒敗又事史思明善騎射有智數朝義時僞授爲燕京留守范陽尹寶應元年元帥雍王統迴紇諸兵收復東都朝義渡河北走乃令副元帥僕固懷恩率兵追之時羣兇瓦解國威方振賊黨聞懷恩至望風納款朝義以餘孽數千奔范陽懷仙誘而擒之斬首來獻屬懷恩私欲樹黨以固兵權乃保薦懷仙可用代宗復授幽州大都督府長史檢校侍中幽州盧龍等軍節度使與賊將薛嵩田承嗣張忠志等分河朔而帥之既而懷恩叛逆西蕃入寇朝廷多故

懷仙等四將各招合遺孽治兵繕邑部下各數萬勁兵文武將吏擅自署置貢賦不入於朝廷雖稱藩臣實非王臣也朝廷初集姑務懷安以是不能制懷仙大曆三年爲其麾下兵馬使朱希彩所殺希彩自稱留後恒州節度使張忠志以懷仙世舊無辜覆族遣將率衆討之爲希彩所敗朝廷不獲已宥之以河南副元帥黃門侍郎同平章事王縉爲幽州節度使授希彩御史中丞充幽州節度副使權知軍州事詔縉赴鎮希彩聞縉之來蒐選卒伍大陳戎備以逆之縉晏然建旌節而希彩迎謁甚恭縉知終不可制勞軍旬日而還尋加希彩御史大夫充幽州節度留後十二月加希彩幽州大都督府長史幽州盧龍軍節度使五年封高密郡王既得位暴橫自恣無禮於朝廷七年孔目官李瑗因人之怒伺隙斬之軍人立其兵馬朱泚爲留後泚自有傳

朱滔賊泚之弟也平州刺史朱希彩爲幽州節度以滔同姓甚愛之常令將腹心親兵及泚爲節度使遂使滔將勁兵三千赴京師請率

先諸軍備塞自祿山反後山東范陽外雖示順實皆倔強不庭泚首効臣節代宗喜甚命滔勒兵東入長安通化門西出開遠門出師勞還未有兵還王城者今而許之蓋示優異召滔對于三殿代宗臨軒勞問既而曰卿材孰與泚多滔曰各有長短統御士衆方略明辨臣不及泚臣年二十八獲謁龍顏泚長臣五歲未朝鳳闕此不及臣代宗愈喜大曆九年泚朝覲因乞留西征吐蕃以滔試殿中監權知幽州盧龍節度留後兼御史大夫及田承嗣反與李寶臣李正己等解磁州圍建中二年寶臣死其子惟岳謀襲父位滔與成德軍節度張孝忠征之大破惟岳於束鹿滔命偏師守束鹿進圍深州惟岳乃統萬餘衆及田悅援兵圍束鹿惟岳將王武俊以騎三十方陳橫進滔績帛爲狻猊象使猛士百人蒙之鼓譟奮馳賊爲驚亂隨擊大破之惟岳焚營而遁以功加檢校司徒爲幽州盧龍軍節度使以德棣二州隸焉朝廷以康日知爲深趙二州團練使王武俊爲恒冀二州團練使滔怒失深州武俊怒失寶臣故地滔構武俊同已反馬燧圍田

悅于魏州悅告急滔與武俊遂連兵救悅敗李懷光於愜山三年十一月滔僭稱大冀王僞署百官與李納田悅王武俊並稱王南結李希烈興元初田悅王武俊以朱泚據京師滔兵強盛首尾相應田悅常謂武俊曰朱滔心險不可隄防遂相率歸順泚既僭號立滔爲皇太弟仍令以重賂招誘迴紇南攻魏貝即西入關興元元年正月滔驅率燕薊之衆及迴紇雜虜號五萬次南河攻圍貝州三月田緒殺田悅魏州亂滔令大將馬寔分兵逼魏州營于王莽河德宗在山南慮二兇兵合遣使授王武俊平章事令與李抱眞叶力擊滔四月恒潞兩軍次涇城北行營相距十里抱眞自率二百騎徑入武俊軍面申盟約結爲兄弟五月四日進軍距貝州三十里而軍翌日滔令大將馬寔盧南史引迴紇契丹來挑戰武俊遣騎將趙珍提精騎三百當之抱眞將王虔休犄角待之武俊與其子士清自當迴紇契丹部落兩軍既合鼓譟震地迴紇恃捷穿武俊陣而過武俊乘騎勒馬不動俟迴紇引退因而薄之迴紇勢不能止武俊父子縱馬急擊獲迴紇三百騎滔陣亂東走兩邊追斬俘馘數萬計遇夜夾滔壘而軍是夜滔以殘衆千人奔德州委棄戈甲山積滔至瀛州殺騎將蔡雄楊布以其前鋒先敗又殺陰陽人尹少伯以其言舉兵必勝故也六月李晟收京城朱泚姚令言死滔還幽州爲武俊所攻僅不能軍上章待罪九月詔曰朱滔累獻欵疏深効懇誠省之惻然良用憫嘆宜委武俊抱眞開示大信深加曉諭若誠心益固善跡克彰朕當掩疊録勳與之昭雪貞元元年薨卒于位時年四十贈司徒

劉怦幽州昌平人也父貢常爲廣邊大斗軍使怦即朱滔姑之子積軍功爲雄武軍使廣屯田節用以辦理稱稍遷涿州刺史居數年朱滔將兵討田承嗣奏署怦領晋府事以寬緩得衆心時李寶臣爲田承嗣間説與之通謀承嗣又以滄州與寶臣乃以兵劫朱滔於瓦橋關滔脱身走乘勝欲襲取幽州怦設方略鎮撫寶臣不敢進以功加御史中丞寶臣死子惟岳拒朝命德宗令滔與張孝忠同力討之及惟岳平滔怨朝廷違約不與深州含怒不已會王武俊亦怨割地深

趙相謀叛欲救田悅怦時知幽州留後事遣人齎書諫滔曰司徒位崇太尉算居宰相恩寵冠藩臣之右榮遇極矣今昌平故里朝廷改爲尉鄉司徒里此亦大夫不朽之名也但以忠順自持則事無不濟竊思近日務大樂戰不顧成敗而家滅身屠者安史是也暴亂易亡今復何有怦忝密親世荷恩遇默而無告是負重知惟司徒圖之無貽後悔也滔雖不用其言亦嘉其盡言卒無疑貳凡出征伐必以怦總留後事及僭稱大冀王僞署怦爲右僕射范陽留守及泚據京邑召滔南河至貝州挫敗而還兵甲盡喪怦聞滔將至悉蒐范陽兵甲夾道排列二十餘里以迎滔歸於府第人皆嘉怦忠義貞元二年滔卒三軍推怦權撫軍府事怦爲衆所服卒有其地朝廷因授怦幽州大都督府長史兼御史大夫幽州盧龍節度副大使知節度事管內營田觀察押奚契丹經略盧龍軍使居位三月而卒貞元元年九月卒年五十九廢朝三日贈兵部尚書賜布帛有差子濟繼爲幽州節度使

濟怦之長子初母難產既產侍者初見濟是一大虵黒氣勃勃莫不驚走及長頗異常童所居室㸚人皆驚救濟從容而出衆異之累歷本管州縣牧宰及怦爲節度使以濟兼御史中丞充行軍司馬怦卒軍人習河朔舊事請濟代父爲帥朝廷姑務便安因而從之累加至檢校兵部尚書貞元五年遷左僕射充幽州節度使時烏桓鮮卑數寇邊濟帥軍擊走之深入千餘里虜獲不可勝紀東北晏然貞元中朝廷優容藩鎮方甚兩河擅自繼襲者尤驕蹇不奉法惟濟最務恭順朝獻相繼德宗亦以恩禮接之尋加同中書門下平章事順宗即位再遷檢校司徒元和初加兼侍中及詔討王承宗諸軍未進濟獨率先前軍擊破之生擒三百餘人斬首千餘級獻逆將於闕優詔襃之又爲詩四韻上獻以表忠憤之志明年春將大軍次瀛州累攻樂壽博陸安平等縣前後大獻俘獲賞功頗厚仍與子孫六品官者凡四人未幾有疾會赦承宗録功拜兼中書令濟在鎮二十餘年雖輸忠欵竟不入覲又謀殺其弟澭澭歸國爲信臣及濟疾次子總與濟

○親吏唐弘實通謀酖殺濟數日乃發喪時年五十四詔贈太師廢朝三日賻禮有加謚曰莊武弟源貞元十六年八月爲檢校工部尚書兼左武衛將軍初爲涿州刺史不受兄教令濟奏之貶漢州參軍復不受詔濟帥師至涿州源出兵拒之未合而自潰濟擒源至幽州上言請令入覲故授官以徵之

澭濟之異母弟也喜讀書工武藝輕財愛士得人死力事朱滔常陳逆順之理後怦爲盧龍軍節度使病將卒澭在父側即以父命召兄濟自漠州至竟得授節度使濟常感澭奉己澭爲瀛州刺史亦許以澭代己任其後濟乃以其子爲副大使澭既怒濟遂請以所部西捍隴塞挈其所部兵一千五百人男女萬餘口直趍京師在道無一人犯令者德宗寵遇特授秦州刺史以普潤縣爲理所及順宗傳位稱太上皇有山人羅令則詣澭言異端數百言皆廢立之事澭立命繫之令則又云某之黨多矣約以德宗山陵時伺便而動澭械令則送京師杖死之後録功賜其額曰保義其軍蕃戎畏之不敢爲寇常有復河湟之志議者壯之元和二年十二月卒總濟之第二子也性陰賊險譎元和五年濟奉詔討王承宗使長子緄假爲副使領留務時總爲瀛州刺史濟署爲行營都兵馬使屯軍饒陽師久無功總潛伺其隙與判官張玘孔目官成國寶及帳内小將爲謀使詐自京至曰朝廷以相公逗留不進除副大使爲節度使矣明日又使人曰副大使旌節已到太原又使人走而呼曰旌節過代州舉軍驚恐濟驚惶憤怒不知所爲因殺主兵大將數十人及與緄素厚者乃追緄以張玘兄皐代知留務濟自朝至日昃不食渇索飲總因寘毒而進之濟死緄行至涿州總矯以父命杖殺之總遂領軍務朝廷不知其事因授以斧鉞累迁至檢校司空及王承宗再拒命總遣兵取賊武強縣遂駐軍持兩端以利朝廷供饋賞賜是時吳元濟尚存王承宗方跋扈易定孤危憲宗暫務姑息加總同中書門下平章事及元濟就擒李師道梟首王承宗憂死田弘正入鎮州總既無黨援懷懼每謀自安之計初總弒逆後每見父兄爲祟甚慘懼乃於官署後置數百僧

○厚給衣食令晝夜乞恩謝罪每公退則憩于道場若入他室則惱惕不敢寐晚年恐悸尤甚故請落髮爲僧冀以脫禍乃以判官張皐爲留後總以落髮上表歸朝穆宗授天平軍節度使既聞落髮乃賜紫號大覺師總行至易州界暴卒輟朝五日贈太尉擇日備禮冊命賻絹布一千五百段米粟五百石先是元和初王承宗阻兵總父濟備陳征伐之術請身先之及出軍累拔城邑旋屬被病不克成功總既纘父願述先志且欲盡更河朔舊風長慶初累疏求入覲兼請分割所理之地然後歸朝其意欲以幽涿營州爲一道請弘靖理之瀛漠州爲一道盧士玫理之平薊嬀檀爲一道請薛平理之仍籍軍中宿將盡薦於闕下因望朝廷升奬使幽薊之人皆有希羡爵祿之意及疏上穆宗且欲速得范陽宰臣崔植杜元穎又不爲久大經略但欲重弘靖所授而未能省其使局惟瀛漠兩州許置觀察使其他郡縣悉命弘靖統之時總所薦將校又俱在京師旅舍中久而不問如朱克融輩僅至假衣丐食日詣中書求官不勝其困及除弘靖又命

悉還本軍克融輩雖得復歸皆深懷觖望其後果爲叛亂總既以土
地歸國授其弟約及男等一十一人領郡符加命服者五人升朝班
佐宿衛者六人
程日華定州安喜人本單名華父元皓事安祿山爲帳下將從陷兩
京頗稱勇力史思明時爲定州刺史華少事本軍爲張孝忠牙將初
李寶臣授恒州節度吞削藩隣有恒冀深趙易定滄德等八州寶臣
既卒惟岳拒朝命以圖繼襲寶臣部將張孝忠以定州歸國授成德
軍節度使令與朱滔討惟岳及惟岳誅朝廷以恒冀授王武俊深趙
授康日知易定滄授張孝忠分爲三帥時惟岳將李固烈守滄州孝
忠令華詣固烈交郡固烈將歸眞定悉取滄州府藏累乘而還軍人
怒殺固烈皆奪其財相與詣華曰李使君貪鄙而死軍州請押牙權
領不獲已從之孝忠因授華知滄州事未幾朱滔合武俊謀叛滄定
往來艱阻二盜遂欲取滄州多遣人遊說又加兵攻圍華俱不聽從
乘城自固久之錄事參軍李宇爲華謀曰使君受圍累年張尚書不

唐傳九十三　六

○能致援論功獻捷須至中山所謂勞而無功者也請爲足下至京師
自以一州爲使華卽遣之宇入闕備陳華當二盜之間疲於矢石德
宗深嘉之拜華御史中丞滄州刺史復置横海軍以華爲使尋加工
部尚書御史大夫賜名日華仍歲給義武軍糧餉數萬自是別爲一
使孝忠唯有易定二州而已武俊遣人說華歸已華曰相公欲弊邑
仍舊隷恒州且借騎二百以抗賊俟道路通卽從命武俊喜卽以二
百騎助之華乃留其馬遣人皆還武俊怒其背約又以朱滔方攻圍
慮爲所有而止及武俊歸國河朔無事日華卽遣所留馬還武俊別
陳珍幣謝過武俊歎然而釋貞元四年卒贈兵部尚書子懷直
懷直習河朔事父卒自知留後事朝廷嘉父之忠起復授檢校工部
尚書兼御史大夫升横海軍爲節度以懷直爲留後又於弓高縣置
景州管東光景城二縣以爲屬郡累加至檢校尚書右僕射五年
起復正授節度觀察使懷直荒於畋獵數日方還不恤軍政軍士不
勝寒餒其帳下將從父兄懷信因衆怒閉門不内懷直因來朝覲貞

元九年也德宗優容之依前檢校右僕射兼龍武統軍賜安業里甲
第妓女一人既而懷信死懷直子執恭知留後事乃遣懷直歸滄州
十六年卒年四十九廢朝一日贈揚州大都督執恭代襲父位朝廷
因而授之元和六年入朝憲宗禮遇遣之加尚書左僕射嘗夢滄州
衙門樓額悉帖權字遂奏請改名權十三年淮西賊平藩方惕息權
以父子世襲如三鎭事例心不自安乃請入朝十三年至京師表辭
戎帥因命華州刺史鄭權代之以靖安里私第側狹賜地二十畝令
廣其居尋遷檢校司空邠州刺史邠寧節度使十四年十一月卒贈
司徒權兄弟子姪在朝列宿衛者三十餘人
李全畧者本姓王名日簡爲鎭州小將事王武俊元和中節度使王
承宗歿軍情不安自拔歸朝授代州刺史及長慶初鎭州軍亂殺田
弘正穆宗爲之旰食以日簡嘗爲鎭將召問其計日簡遂於御前極
言利害兼願有以自效因授德州刺史經略其事明年擢拜横海軍
節度使賜姓李氏名全略以崇樹之未幾令子同捷入侍兼進錢千

唐傳九十三　七

○萬踰歲同捷歸覲乃奏請授滄州長史知州事兼主中軍兵馬朝廷
初不之許後慮其有奇策將副經略之旨遂從之及得請全畧乃陰
結軍士潜爲久計外示忠順内蓄姦謀棣州刺史王稷善撫衆且得
其心全略忌而殺之仍孥戮其屬凡所爲事大率類此寶曆二年四
月卒子同捷初爲副大使居喪擅領留後事仍重賂藩鄰以求纘襲
朝廷知其所爲經年不問屬昭愍晏駕文宗卽位同捷與易世之後
稍行恩貸卽令母弟同志同巽入朝令掌書記崔長奉表備達懇誠
請從朝旨詔授同捷檢校左散騎常侍兖州刺史兖海節度使以天
平節度使烏重胤爲滄州節度以代之詔下同捷託以三軍乞留拒
命乃命烏重胤率鄆齊兵加討又詔徐帥王智興滑帥李聽平盧康
志睦魏博史憲誠易定張璠幽州李載義等四面進攻同捷世行姦
詐自以嘗在成德軍爲將校燕趙之師可結爲城社乃以玉帛子女
賂河北三鎭以求旌鉞李載義初受朝命堅於効順乃囚同捷姪及
所賂玉帛妓女四十七人表獻又表朝廷加載義左僕射王廷湊司

徒以悅其心事廷湊本蓄狼心欲吞横海乃出兵于境以赴同捷王智興師次棣州詔曰李同捷幸襲舊勳不思纉緒斬麻未幾私行墨縗毒殺忠良擾惑部校稽之國憲難逭常刑朕以頃在先朝已稽中旨寔遵成命未議改圖乃由留務之權授以戎帥拔負海之陋置之中華推恩含垢斯亦至矣而同捷益懷迷執閉境練兵大詬鄰封拒捍中使遐邇憤惋中外驚嗟叛命既彰大義當絶事非獲已良用撫然其在同捷在身官爵並宜削奪令諸軍進討俄而烏重胤卒授神策節度使李寰代重胤出師無功召還乃加王智興平章事充行營招撫使史憲誠遣大將亓志沼與子唐帥兵二萬五千攻德州大和二年九月智興收棣州因割隸淄青時諸軍在野朝廷特置供軍糧料使日費寖多兩河諸帥每有小捷虛張俘級以邀賞賚實欲困朝廷而緩賊也繒帛征馬賜之無算同捷既窘王廷湊援之不及乃令入誘亓志沼俾倒戈攻憲誠許以代爲魏博節度志沼信其言而叛憲誠告難詔李聽 以諸道兵攻之志沼敗奔于鎮州李寰赴闕又

○以李祐代爲横海節度三年三月詔諫議大夫柏耆宣前慰撫四月李祐收德州同捷乞降于祐祐疑其詐柏耆請以騎兵三百入滄州祐從之耆徑入滄州取同捷與其家屬赴京師其月二十六日至德州界諜言廷湊兵來劫篡耆乃斬同捷首傳而獻捷百寮稱賀同捷母孫妻崔兒元達等既獻詔悉宥之配於湖南安置

史臣曰國家崇樹藩屏保界山河得其人則區宇以寧失其授則干戈勃起若懷仙之輩皆亂河朔志深狡蠹忠義之談罔經耳目以暴亂爲事業以專殺爲雄豪或父子弟兄或將帥卒伍迭相屠滅以成風俗斯乃王道寖微敎化不及惜哉蒸民陷彼虎吻其間劉總粗貯臣誠然而殺父兄以圖榮落髮而避禍未旋踵而暴卒他境斯謂報應之驗與

贊曰國法不綱賊臣鴟張雖曰父子兇如虎狼惡稔族滅身屠地亡蠢兹伏莽汙我彝章

唐書列傳卷第九十四

劉　昫　等修

聞人詮校刻沈桐同校

尚可孤　李觀　戴休顏
陽惠元　李元諒　韓遊瓌
賈隱林　杜希全　尉遲勝
邢君牙　楊朝晟　張敬則

尚可孤東部鮮卑宇文之别種也代居松漠之間天寶末歸國隸范陽節度安祿山後事史思明上元中歸順累授左右威衛二大將軍同正充神策大將以前後功歷試太常卿仍賜實封一百五十戶魚朝恩之統禁軍愛其勇甚委遇之俾爲養子奏姓魚氏名智德以禁兵三千鎮于扶風縣後移武功可孤在扶風武功凡十餘年士伍整肅軍邑安之朝恩死賜可孤姓李氏名嘉勳會李希烈反叛建中四年七月除兼御史中丞荆襄應援淮西使仍復本姓名尚可孤以所

○統之衆起山南累有戰功及涇原兵叛詔徵可孤軍至藍田賊衆方盛遂營於七盤修城柵而居之賊將仇敬等來寇可孤頻擊破之因收藍田縣興元元年三月遷檢校工部尚書兼御史大夫神策京畿渭南商州節度使四月仇敬 來寇可孤率兵急擊擒仇敬斬之遂進軍與副元帥李晟決策攻討五月晟率可孤及駱元光之軍收京城可孤之師爲先鋒京師平以功陞檢校右僕射封馮翊郡王增邑通前八百戶實封二百戶可孤性謹愿沉毅既有勳勳衆會之中未嘗言功賊平之後營於白花亭御衆公平號令嚴整時人稱焉李晟甚親重之及李懷光以河中叛詔可孤帥師與諸軍進討次於沙苑遇疾卒于軍贈司徒賻布帛米粟加等喪葬所須並令官給

李觀洛陽人其先自趙郡徙焉秋官員外敬仁姪孫也少習武藝沉厚寡言有將帥識度乾元中以策干朔方節度使郭子儀子儀善之令佐坊州刺史吳伷充防遏使尋以憂免居盩厔別業廣德初吐蕃入寇鑾駕之陝觀於盩厔率鄉里子弟千餘人守黑水之西戎人不

敢近會昌領南節度楊慎微將之鎮以觀權謀奏充偏將俾總軍政及徐浩李勉繼領廣州尤加信任麾下兵甲悉委之平馮崇道朱泚時有功累遷大將李勉移鎮滑州累奏授試殿中監加開封府儀同三司追赴闕授右龍武將軍建中末涇師叛觀時上直領衛兵千餘人扈從奉天詔都巡警訓練諸軍戍卒三數日間加召二千餘衆列之通衢整肅鼙鼓城內因之增氣德宗倚賴之賜封二百戶二子宏寓授八品京官及駕出奉天與令狐建李昇韋清等咸執羈靮周旋艱險皆著功勞駕還京師詔總後軍禁衛興元元年閏十月拜四鎮北庭行軍涇原節度使檢校兵部尚書在鎮四年雖無拓境之績勵卒儲糧訓整寧輯及平涼之師會渾瑊既無戎備觀伺知狡謀潛擇精兵五千要伏險道及瑊遁歸賴觀游軍及李元諒之師表裏以免帝優賞賜賚甚厚特詔褒美其年朝京師除少府監檢校工部尚書以疾終貞元四年贈太子少傅

戴休顏夏州人在軍伍以膽略稱大曆中爲郭子儀部將以戰功累遷至塩州刺史奉天之難倍道以所部蕃漢三千人號泣赴難德宗嘉之賜實封二百戶與渾瑊杜希全韓遊瓌等捍禦有功車駕再幸梁洋晋守奉天及李懷光叛據咸陽使誘休顏休顏集三軍斬其使嬰城自守懷光大駭遂自涇陽夜遁其月拜檢校工部尚書奉天行營節度使李晟收京師乃與渾瑊破泚偏師斬首三千級休顏追賊至中渭橋李晟既清宮闕休顏與瑊等率兵赴岐陽邀擊泚餘衆及策勳加檢校右僕射封至六百戶七月扈駕至京特賜女樂甲第以褒功伐尋拜左龍武將軍貞元元年卒年五十九廢朝一日贈賻有差

陽惠元平州人以材力從軍隷平盧節度劉正臣後與田神功李忠臣等相繼泛海至青齊間忠勇多權略稱爲名將又以兵隷神策充神策京西兵馬使鎮奉天初大曆中兩河平定事多姑息李正己有淄青齊海登萊沂密德曹濮徐兗鄆十五州之地養兵十萬李寶臣有恒易深趙滄冀定七州之地有兵五萬田承嗣有魏博相衛洺貝澶七州之地有兵五萬梁崇義有襄鄧均房復郢六州之地其衆二萬皆始因叛亂得侯各擅土宇雖泛稟朝旨而威刑爵賞生殺自專盤根結固相爲表裏朝廷常示大信不爲拘限綏之則嫌釁自作急之則合謀或聞詔旨將增一城浚一池必皆怨怒有辭則爲之罷役而自於境內治兵繕壘以自固凡歷三朝殆二十年國家不敢興拳石撮土之役代宗性寬柔無怒一切從之凡河朔諸道健步奏計者必獲賜賚及德宗即位嚴察神斷自誅劉文喜之後知朝法不可犯四盜俱不自安奏計者空還無所賞賜歸者多怨或傳訛飛語云帝欲東封汴州奏以城隘狹增築城郭李正已聞之移兵萬人屯于曹州田悅亦加兵河上河南大擾羽書警急乃詔移京西戎兵萬二千人以備關東帝御望春樓誓師以遣之曰嗚呼東鄙之警事非獲已唯爾將校臺士各以忠節勤於王家南赴蜀門西定涇壘甲冑不解瘡痍未平今載用爾分鎮于周鄭之郊敬聽明命夫王者之師有征無戰稽諸理道用正邦國宜勵乃戈甲保固城池以德和人以義

制事將備其侵軼不用越境攻取戢而後動可謂正矣今外夷來庭方春生植品物資始農桑是時俾爾將士暴露中野我心痛悼鬱如焚灼嗟爾有衆其悉予懷士卒多泣下及賜宴諸將列坐酒至神策將士皆不飲帝使問之惠元時爲都將對曰臣初發奉天本軍帥張巨濟與臣等約曰斯役也將策大勳建大名凱旋之日當共爲歡苟未戎捷無以飲酒故臣等不敢違約而飲既發有司供饋於道路他軍無孑遺唯惠元一軍缾罍不發上稱嘆久之降璽書慰勞及田悅反叛詔惠元領禁兵三千與諸將討伐御河奪三橋皆惠元之功也尋加檢校工部尚書攝貝州刺史令以兵屬李懷光建中四年冬自河朔與懷光同赴國難解奉天之圍明年二月懷光背國叛逆惠元義不受汙脫身奔竄奉天會乘輿南幸懷光怒惠元之逸令其將冉宗以百餘騎追及於好畤縣惠元計窮父子三人並投人家井中冉宗並出而害之興元元年贈右僕射仍賻絹百匹惠元男尚食奉御晟贈殿中監左衛兵曹參軍暠贈邠州刺史褒死難也

李元諒本駱元光姓安氏其先安息人也少為宦官駱奉先所養冒姓駱氏元諒長大美鬚勇敢多計少從軍備宿衛積勞試太子詹事鎮國軍節度使李懷讓署奏鎮國軍副使俾領州事元諒嘗在潼關領軍積十數年軍士皆畏服德宗居奉天賊泚遣偽將何望之輕騎襲華州刺史董晋弃州走望之遂據城將聚兵以絶東道元諒自潼關將所部仍令義兵因其未設備徑攻望之遂拔華州望之走歸元諒乃修城隍器械召募不數日得兵萬餘人軍益振以功加御史中丞賊泚數遣兵來寇輒擊却之是時尚可孤守藍田與元諒掎角賊東不能逾渭南元諒功居多無幾遷華州刺史兼御史大夫潼關防禦鎮國軍節度使尋加檢校工部尚書興元元年五月詔元諒與副元帥李晟進收京邑兵次於滻西賊悉衆來攻元諒先士卒奮擊大敗之進軍至苑東與晟力戰壞苑垣而入賊聯戰皆敗遂復京師元諒讓功於晟出屯於章敬佛寺帝還宮加檢校尚書右僕射實封七百戶賜甲第女樂仍與一子六品正員官李懷光叛於河中絶河津

○詔元諒與副元帥馬燧渾瑊同討之時賊將徐庭光以銳兵守長春宮元諒遣使招之庭光素輕易元諒且慢罵之又以優胡為戲於城上辱元諒先祖元諒深以為恥及馬燧以河東兵至庭光降於馬燧詔以庭光為試殿中監兼御史大夫河中平燧待庭光益厚元諒因遇庭光於軍門命左右劫而斬之乃詣燧匍匐請罪燧盛怒將殺元諒久之以其功高乃止德宗以元諒專殺慮有章疏先令宰相諭諫官勿論貞元三年詔元諒將本軍從渾瑊與吐蕃會盟于平凉元諒謂瑊曰本奉詔令營於潘原堡以應援侍中竊思潘原去平凉六七十里蕃情多詐儻有急变何由應赴請次侍中為營瑊以違詔固止之元諒竟與瑊同進瑊營距盟所二十里元諒營次之壕柵深固及瑊赴會乃戒嚴部伍結陣營中是日虜果伏甲乗瑊無備竊發時士大夫皆朝服就執軍士死者十七八瑊单馬奔還群虜追躡瑊營將李朝彩不能整衆多已奔散瑊至空營而已賴元諒之軍嚴固瑊既入營虜皆散去是日無元諒軍瑊幾不免元諒乃整軍先遣輜重次

與瑊俱申號令嚴其部伍而還時謂元諒有將帥之風德宗嘉之賜良馬十匹金銀器錦綵等甚厚丁母憂加右金吾衛上將軍起復本官帝念其勳勞又賜姓李氏改名元諒四年春加隴右節度支度營田觀察洮臨軍使移鎮良原良原古城多摧圮隴東要地虜入寇常牧馬休兵於此元諒遠烽堠培城補堞身率軍士與同勞逸芟林薙草斬荆榛俟乾盡焚之方數十里皆為美田勸軍士尌藝歲收粟菽數十萬斛生殖之業陶冶必備仍距城築臺上彀車弩為城守備益固無幾又進築新城以據便地虜每寇掠輒擊卻之涇隴由是乂安虜深憚之以疾貞元元年十一月卒于良原年六十二帝甚悼惜廢朝三日贈司空賻布帛米粟有差

○韓遊瓌河西靈武人仕本軍累歷裨補積功至邠寧節度使德宗出幸奉天衛兵未集遊瓌與慶州刺史論惟明合兵三千人赴難自乾陵北過赴醴泉以拒泚會有人自京城來言賊信宿當至上遽令追遊瓌等軍伍纔入壁泚黨果至乃出鬭城下小不利乃退入城賊急奪門遊瓌與賊隔門血戰會暝方解自是賊日攻城遊瓌惟明乗城拒守躬當矢石不暇寢息赴難之功遊瓌首焉李懷光反從駕山南德宗以禁軍無職局六軍特置統軍一員秩從二品以遊瓌惟明賈隱林等分典從駕禁兵李晟移軍東渭橋與駱元光尚可孤分扼京東要路渾瑊與遊瓌戴休顔分典京西要路掎角進攻興元元年檢校刑部尚書兼御史大夫例授奉天定難功臣李晟收京城遊瓌三將亦破賊於咸陽德宗自興元還京渾瑊與遊瓌休顔三將從李晟尚可孤駱元光三將奉迎論功行封與瑊等相次還鎮邠寧三年以子欽緒與妖賊李廣弘同謀不軌時遊瓌鎮長武城事將發欽緒奔于邠州邠州將吏械送京師遊瓌以子大逆請代歸固欲詣闕詔不許遊瓌鏁繫欽緒二子送京師請從坐上亦宥之十二月遊瓌入朝素服待罪入朝堂遽命釋之勞遇如故復令還鎮初遊瓌入覲邠州將吏以其子謀叛又御軍無政謂必受代餞送之禮甚薄及遊瓌見上盛論邊事請築豐義城以備蕃寇上以特達委用如初及還鎮軍

中懼不自安大將范希朝善將兵名聞軍中遊瓌畏其逼己將因事誅之希朝懼出奔鳳翔上素知名召入宿衛及遊瓌遣五百人築豐義城兩版而潰又寧州戍卒數百人縱掠而叛其無方略失士心皆此類也自寧州卒叛吐蕃入寇遊瓌自率衆戍寧州四年七月除將軍張獻甫代遊瓌不俟獻甫至又不告衆知乃輕騎夜出歸朝將卒素驕聞獻甫嚴急因其無帥縱兵大掠且圍監軍楊明義第請奏范希朝為帥都虞候楊朝晟初逃難郊外翌日聞請希朝乃復入城與軍衆曰所請甚愜我來賀也叛卒稍安朝晟乃與諸將密謀晨率甲兵而出召叛卒告曰前請者不獲張尚書來昨日已入邠州汝等謀叛皆當死吾不盡殺誰為賊首各言之以罪歸之餘悉不問於衆中唱二百餘人立斬之軍城方定上聞軍情欲希朝乃授寧州刺史為獻甫邠寧之副遊瓌至京授右龍武統軍十四年卒李廣弘者或云宗室親王之胤落髮為僧自云見五岳四瀆神已當為人主貞元三年自邠州至京師有市人董昌者通導廣弘舍于資敬寺尼智因之

室智因本宮人董昌以酒食結殿前射生將韓欽緒李政諫南珍霞神策將魏修李傪前越州參軍劉昉陸緩陸絳陸充徐綱等同謀為逆廣弘言岳瀆神言可以十月十日舉事必捷自欽緒已下皆有署置為宰相以智因尼為后謀於舉事日夜令欽緒擊鼓於凌霄門焚飛龍廄舍草積又令珍霞盜擊街鼓集城中人又令政諫修傪等領射生神策兵內應事克縱剽五日朝官悉殺之事未發魏修李傪上變令內官王希迁等捕其黨與斬之德宗因禁止諸色人不得輒入寺觀

賈隱林者滑州牙將也建中初為本軍兵馬使令率兵宿衛朱泚之亂諸軍未集隱林率衆扈從性質朴在奉天賊急攻城隱林與侯仲莊遂急救應難險備至既而懷光軍至逆賊解圍從臣稱慶隱林抃舞畢奏曰賊泚奔遁臣下大慶此皆宗社無疆之休然陛下性靈太急不能容忍若舊性未改賊雖奔亡臣恐憂未艾也上不以為忤甚稱之累官至檢校右散騎常侍封武威郡王將幸山南而卒贈左僕射賜其家實封三百戶賻絹百匹米百碩喪葬官給

杜希全京兆醴泉人也少從軍嘗為郭尚父子儀裨將積功至朔方軍節度使軍令嚴肅士卒皆悅服初德宗居奉天希全首將所部與鹽州刺史戴休顏夏州刺史時常春合兵赴難軍至漠谷為賊泚邀擊乘高縱礌又以大弩射之者衆德宗令出兵援之不得進希全退次邠州以赴難功加檢校戶部尚書行在都知兵馬使從幸梁州帝還京師遷太子少師檢校右僕射兼靈州大都督御史大夫受降定遠城天德軍靈鹽豐夏等州節度支度營田觀察押蕃落等使餘姚郡王希全將赴靈州當獻體要八章多所規諫德宗深納之乃著君臣箴以賜之其辭曰夫惟德惠人惟辟奉天從諫則聖共理惟賢皇立有極駿命不易總萬機以成務齊六合之殊致一心不能獨鑑一目不能周視數求哲人式序在位於戲君之任臣必求一德臣之事君咸思正直何啟沃之所宜自古今而未得且以讜言者逆耳諛諫者伺側故下情未通而上聽已惑俾夫忠賢敗於凶慝譬彼輕舟

泛徒揖之亦有和羹宰夫膳之孰云理國不自得師覆車之轍予其懲而高以下升和由甘受惟君無良亦臣之咎聞諸辛毗牽裾魏后則有禽息竭忠碎首勉思獻替以平可否勿謂無傷自微而彰勿謂何害積小成大事有隱而必見令既出而焉悔鼓鍾在宮聲聞于外浩然涉水朕未有艾將負扆以虛心期盡忠而納誨在昔稷契實匡舜禹近茲魏徵佑我文祖君臣協德混一區宇肆予寡昧獲纘丕緒臣哉鄰哉爾翼爾輔高秋始肅我武惟揚輟此禁衛殿于大邦戀闕方甚嘉言乃昌是規是諫金玉其相辭高理要入德知方總彼千慮備于八章宣父有言啓予者商殷有盤銘周有欹器或誡以辭或警以事披圖演義發于爾志與金鏡而高懸將座右而同置人皆有初鮮慎厥終汝其夙夜期保朕躬無曰爾身在外而爾誠不通一言之應千里攸同導彼遐徼達余四聰華夷仰德時乃之功既往既來懷賢忡忡唱予和汝式示深衷尋兼本管及夏綏節度都統加太子少師希全以鹽州地當要害自貞元三年西蕃劫盟之後州城陷虜自

是塞外無保障靈武勢隔西通鄜坊甚爲邊患朝議是之九年詔曰設險守國易象垂文有備無患先王令典況修復舊制安固疆里偃甲息人必在於此鹽州地當衝要遠介朔陲東達銀夏西援靈武密邇延慶保扞王畿乃者城池失守制備無據千里庭障烽燧不接三隅要害役戍其勤若非興集師徒繕修壁壘設攻守之具務耕戰之坊則封內多虞諸華屢驚由中及外皆靡寧居深惟永圖豈忘終食顧以薄德至化未孚既不能復前古欲致四夷之守與其臨事而重擾豈若先備而即安是用弘久遠之謀修五原之壘使邊城有守中夏克寧不有暫勞安能永逸宜令左右神策及朔方河中絳邠寧慶兵馬副元帥渾瑊朔方靈鹽豐夏綏銀節度都統杜希全邠寧節度使張獻甫神策行營節度使邢君牙銀夏節度使韓潭鄜坊節度使王栖曜振武節度使范希朝各於所部簡練將士令三萬五千人同赴鹽州神策將軍張昌宜權知鹽州事應板築雜役取六千人充其鹽州防秋將士率三年滿更代仍委杜彥先具名奏聞悉與改轉朕

情非已欲志在靖人咨爾將相之臣忠良之士輸誠奉命陳力忘憂勉茂功勳永安疆埸必集兵事實惟衆心各相率勵以副朕志凡役六千人二旬而畢時將板築仍詔涇原劍南山南諸軍深討吐蕃以牽制之由是板築之時虜不及犯塞城畢中外稱賀由是靈武銀夏河西稍安虜不敢深入希全久鎮河西晚節倚邊多恣橫帝嘗寬之豐州刺史李景略威名出其右希全深忌之疑畏代已乃誣奏景略德宗不得已爲貶之素病風眩暴戾益甚判官監察御史李起頗忤之希全又誣奏殺之將吏皆重足脅息貞元十年正月卒廢朝三日贈司空

尉遲勝本于闐王珪之長子少嗣位天寶中來朝獻名馬美玉玄宗嘉之妻以宗室女授右威衛將軍毗沙府都督還國與西安節度使高仙芝同擊破薩毗播仙以功加銀青光祿大夫鴻臚卿改光祿卿皆同正至德初聞安祿山反勝乃命弟曜行國事自率兵五千赴難國人留勝以少女爲質而後行肅宗待之甚厚授特進兼殿中監廣德中拜驃騎大將軍毗沙府都督于闐王令還國勝固請留宿衛加開府儀同三司封武都王實封百戶勝請以本國王授曜詔從之勝乃於京師修行里盛飾林亭以待賓客好事者多訪之建中末從幸奉天爲兼御史中丞駕在興元勝爲右領軍將軍俄迁右威衛大將軍歷睦王傅貞元初曜遣使上疏稱有國已來代嫡承嗣兄勝既讓國請傳勝子銳上乃以銳爲檢校光祿卿兼毗沙府長史還固辭且言曰曜久行國事人皆悅服銳生於京華不習國俗不可遣往因授詔王諮議兄弟讓國人多稱之府除以勝爲原王傅卒時年六十四貞元十年贈涼州都督子銳嗣

邢君牙瀛州樂壽人也少從軍於幽薊平盧以戰功歷果毅折衝郎將充平盧兵馬使安祿山反隨平盧節度使侯希逸過海至青徐間田神功之討劉展君牙又從神功戰伐有功歷將軍試光祿卿神功既爲兗鄆節度使令君牙領防秋兵入鎮好時屬吐蕃陵犯代宗幸陝君牙隸屬禁軍扈從後又以戰功加鴻臚卿累封河間郡公建中

初河北諸節帥叛李晟率禁軍助馬燧等征之晟以君牙爲都虞侯累於武安襄國洺水魏縣清豐討賊有功君牙擒生斬級居多屬德宗幸奉天晟率君牙統所部兵倍道兼程來赴國難及駐軍咸陽移營渭橋軍中之事晟惟與君牙商之他人莫可得而聞也收復宮闕驟加御史大夫檢校常侍既而晟爲鳳翔涇原元帥數出軍巡邊常令君牙掌知留後軍府安悅貞元三年晟以太尉中書令歸朝君牙代爲鳳翔尹鳳翔隴州都防禦觀察使尋迁右神策行營節度鳳翔隴州觀察使加檢校工部尚書吐蕃連歲犯邊君牙且耕且戰以爲守備西戎竟不能爲大患尋加檢校右僕射貞元十四年卒時年七十一廢朝一日贈司空賻布帛米粟有差

楊朝晟字叔明夏州朔方人初在朔方爲部軍前鋒常有功授甘泉果毅建中初從李懷光討劉文喜于涇州斬獲擒生居多授驃騎大將軍稍迁右先鋒兵馬使從李納寇徐州從唐朝臣征討常冠軍鋒以功授開府儀同三司檢校太子賓客上在奉天李懷光自山東赴

難以朝晟爲右廂兵馬使將千余人下咸陽以挫朱泚加御史中丞實封一百五十戶及懷光反於河中朝晟被脅在軍上幸梁洋韓遊瓌退於邠寧懷光以嘗在邠寧迫制如屬城以賊黨張昕在邠州總後務昕懼難作乃大索軍資徵卒乘約明潛發歸于懷光時朝晟父懷賓爲遊瓌將夜後以數十騎斬昕及同謀者遊瓌卽日使懷賓奉表聞奏上召勞問授兼御史中丞正授遊瓌邠寧節度使間諜至河中朝晟聞其事泣告懷光曰父立功于國子合誅戮不可主兵懷光遂縶之及諸軍進圍河中韓遊瓌營于長春宮懷賓身當戰伐及懷光平上念其忠俾副元帥渾瑊特原朝晟用爲遊瓌都虞候時父子同軍皆爲開府賓客御史中丞異姓王榮於軍中後詔徵遊瓌宿衛以張獻甫代之獻甫在道軍中有裴滿者扇亂劫朝晟朝晟陽許之密計斬三百余人獻甫入改御史大夫九年城鹽州徵兵以護外境朝晟統分士馬鎮木波堡獻甫卒詔以朝晟代之其年丁母憂起復左金吾大將軍同正邠州刺史兼御史大夫十三年春朝晟奏方渠合道木波皆賊路也請城其地以備之詔問須兵幾何朝晟奏曰臣部下兵自可集事不煩外助復問前築鹽州凡興師七萬今何其易也朝晟曰鹽州之役咸集諸軍番戎盡知之今臣境迫虜若大興兵卽番戎來寇來寇則戰戰則無暇城矣今請密發軍士不十日至塞下未旬而功畢番人始知已無柰何上從之已事軍還至馬嶺吐蕃始來數日而退初軍次方渠無水師旅囂然遽有青蛇乘高而下視其迹水隨而流朝晟命築防環之遂爲渟泉軍人仰飲以足圖其事上聞詔置祠焉免喪加檢校工部尚書是夏以防秋移軍寧州構疾旬余而卒

張敬則者不知何許人本名昌後賜名敬則初助劉玄佐累有軍功官至鳳翔節度使常有復河湟之志遣大將野詩良輔發銳卒至隴西番戎大駭元和二年六月卒

史臣曰有唐中否逆寇勃興天王暫以蒙塵諸侯忠而赴難可孫生居沙漠挺然懷效命之風功冠貔貅屹爾有不矜之色李觀文儒之胄樂習兵戎戴聖主著定難之勳救渾瑊於會盟之變休顏斬使婁城懷光股慄惠元窮蹙自致天子軫悼元諒退兵章敬力戰讓功稚有器度及不忍小忿事叛庭光請罪軍門壯哉烈士其下諸將鬱有勞能勝生異域推位讓國堅留宿衛顧慕華風居中土者豈不思厥讓耶斯乃高祖之基太宗之業貽厥孫謀不徒虛語

贊曰建中失國嘯聚氛慝累五載延橐雄畢力歌鍾甲第珪組繁錫凡百人臣忠爲令德

唐書列傳卷第九十四

唐書列傳卷第九十五

劉　昫　等修

聞人詮校刻沈桐同校

劉玄佐 子士寧 士幹 李萬榮附　董晉　陸長源

劉全諒　李忠臣　李希烈　吳少誠 弟少陽 子元濟附

劉玄佐本名洽滑州匡城人也少倜儻不理生業爲縣捕盜吏違法爲令所笞僅死乃亡命從軍大曆中爲永平軍衙将李靈曜據汴州洽将兵乘其無備徑入宋州遂詔以州隸永平軍節度使李勉奏署宋州刺史建中二年加兼御史中丞亳潁節度等使李正已死子納匿喪謀叛而李洧以徐州歸順納遣兵圍之詔洽與諸軍援洧與賊接戰大破之斬首萬餘級由是轉輸路通加御史大夫又收濮州降将楊令暉分兵挾之狗濮陽降其将高彦昭以通濮陽津遷尚書累封四百戶兼曹濮觀察使尋加淄青兗鄆招討使又加汴滑都統副使李希烈攻汴州德宗在奉天連戰賊稍卻興元初進加檢校左僕射加平章事希烈圍寧陵洽大将劉昌言堅守不下希烈攻陳州洽遣昌言與諸軍救之大敗賊黨獲其将翟崇暉希烈棄汴州洽率軍收汴宋節度無幾授本管及陳州諸軍行營都統賜名玄佐是歲來朝又拜涇原四鎮北庭等道兵馬副元帥檢校司空益封八百戶玄佐性豪侈輕財重義厚賞軍士故百姓益困是以汴之卒始於李忠臣訖于玄佐而日益驕恣多逐殺将帥以利剽劫又寵任小吏張士南及養子樂士朝財物鉅萬士朝通玄佐在鎮李納每使來必重贈遺餘美女名樂從其遊娛故多得其陰事常先爲備故納憚其心計貞元三年三月薨于位年五十八廢朝三日贈太傅将佐祕匿喪稱疾俟代帝亦爲隱数日乃發喪子士寧士幹初将佐匿喪既發帝遣問所欲立吳湊可乎監軍孟介行軍盧瑗皆曰便及湊次汜水柩将迁請備儀瑗不許又令留什物俟新使将士大怒玄佐子婿及親兵乃以三月晦夜激怒三軍明晨衙兵皆甲冑擁士寧登重榻衣以墨縗呼爲留後軍士執城将曹金岸浚儀令李邁曰爾等皆請吳湊者遂臠之唯盧瑗獲免士寧乃以財物分賜将士請之爲帥孟介以聞帝召宰臣問計竇参曰今汴人挾李納以邀命若不許恐合於納遂從之授士寧起復金吾衛将軍同正汴州刺史宣武軍節度等使士寧位未定時遣使通王武俊劉濟田緒以士寧未受詔於國皆留之士寧初授節制諸将多不悅服性忍暴淫亂或彎弓挺刃手殺人於枉禁閭悉烝父之妓妾又強取人之婦女好倮觀婦人每出畋獵數日方還軍府苦之其大将李萬榮與其父玄佐同里閈少相善寬厚得衆心士寧疑之去其兵權令攝汴州事萬榮深怨之将伺其隙遂之十年正月士寧以衆二萬畋於城南兵既出萬榮晨入士寧廨舍召其所留心腹兵千餘人矯謂之曰有詔徵大夫入朝俾吾掌留務汝輩人賜錢三千貫無他憂也兵士皆拜萬榮既約親兵於內又召詔客營兵於外以是言令之軍士皆聽命萬榮乃分兵閉城門馳使白士寧曰詔徵大夫宜速即路若迁延不行當傳首以獻士寧知衆不爲用計無所出乃将五百騎走歸京師比至中牟亾走大半至東都所餘僮隸婢妾數十人而已既至京師詔令歸第服喪禁絶出入萬榮乃斬士寧所親之将卒液白英賢以令於軍凡賞軍士錢二十萬貫詔令籍没士寧家財以分賞焉遂授萬榮宣武軍兵馬留後初萬榮遣兵三千備秋於京西有親兵三百前爲劉士寧所驕者日益横萬榮惡之悉置行籍中由是深怨萬榮大将韓惟清張彦琳請将往不許萬榮令其子迺将之未發惟清彦琳不得志因親兵衘怨乃作亂共攻萬榮萬榮分兵擊之叛卒兵械少戰不勝乃刼轉運財貨及居人而潰殺傷千餘人叛兵四出多投宋州刺史劉逸準厚撫之韓惟清走鄭州張彦琳走東都以東身歸罪有以不死並流竄焉萬榮悉捕逊叛将卒妻孥數千人皆誅之萬榮誅叛卒之後人心恟恟不安軍卒數人呼於市曰今夜大兵四面至城當破衆驚駭萬榮悉捕得或云士寧所教萬榮斬之以聞遂以士寧廢處郴州十一年五月授萬榮宣武軍節度使其年八月萬榮病遂署其子迺爲司馬乃勒大将李湛伊婁涗張伾伾外鎮尋皆令殺之涗伾皆已死惟李湛至尉氏尉氏

鎮邾忠節不肯殺湛是夜軍士遂出李迺遂執送京師萬榮以其日
病卒迺至京師付京兆府杖殺劉士幹玄佐養子前爲太府少卿有
樂士朝者亦爲玄佐養子因冒劉姓與士幹有隙及玄佐卒或云爲
士朝所酖士幹知之及至京師遣奴持刀於喪位語士朝曰有弔客
至因誘殺之賜士幹死

董晉字混成河中虞鄉人明經及第至德初肅宗自靈武幸彭原晉
上書謁見授校書郎翰林待制再轉衛尉丞出爲汾州司馬未幾刺
史崔圓改淮南節度奏晉以本官攝殿中侍御史充判官尋歸臺授
本官遷侍御史主客員外郎祠部郎中大曆中兵部侍郎李涵送崇
徽公主使迴紇奏晉爲判官使還拜司勳郎中歷秘書太府太常少
卿監左金吾將軍旬日德宗嗣位改太常卿遷右散騎常侍兼御史
中丞知臺事以清勤謹慎故驟遷右職尋爲華州刺史兼御史中丞
潼關防禦使又之加兼御史大夫朱泚僭逆於京邑使兇黨仇敬何
望之侵逼華州晉奔遣赴行在授國子祭酒尋令往恒州宣慰從車

唐傳九十五　三

。駕還京師遷左金吾衛大將軍改尚書左丞時右丞元琇領度支使
爲韓滉所擠貶黜晉嫉之見宰相極言非罪舉朝稱之復拜太常卿
五年遷門下侍郎同平章事時政事決在竇參晉但奉詔書領然諾而
已金吾衛將軍沈房有第喪公除不衣慘服入閣上問宰相對曰準
式朝官有周年已下喪者諸絁縵不合衣淺色帝曰南班安得有之
對曰因循而然又問晉冠冕之制對曰古人服冠冕者動有佩玉之
響所以節步也禮云堂上接武堂下布武至恭也步武有常君前之
禮進趨而已令或奔走以致顛仆非恭慎也在式朝官皆是綾袍袱
襆冕君親一致昔尚書郎含香奏菜彩服皆此義也服絁縵非制也
五品已上金玉帶取其文彩畫飾以奉上也是禹惡衣食而致美乎
上深然之遂詔曰常參官入閣不得趨走周朞已下喪者禁慘服朝
會又令服本品綾袍金玉帶晉明於禮學如此竇參驕滿既甚帝漸
惡之八年參諷晉奏其弟給事中竇申爲吏部侍郎帝正色曰豈不
是竇參遣卿奏也晉不敢隱因問參過失晉具奏之旬日參貶官晉
憂懼累上表辭位九年夏改禮部尚書兵部尚書東都留守東都畿
汝州都防禦使會汴州節度李萬榮疾甚其子迺爲亂以晉爲檢校
左僕射同平章事兼汴州刺史宣武軍節度營田汴宋觀察使晉既
受命唯將慕官傔從等十數人都不召集兵馬既至鄭州宣武軍迎
候將吏無至者晉左右及鄭州官吏皆懼共勸晉云鄧惟恭承萬榮
疾病之甚遂摠領軍州事今相公到此尚不使人迎候其情狀豈可
料即恐須且遲迴以候事勢晉曰奉詔爲汴州節度使即合準勑赴
官何可妄爲逗留人皆憂其不測晉獨恬然未至汴州十數里鄧惟
恭方來迎候晉俾其不下馬既入乃委惟恭以軍政衆服晉明於事
體機變而未測其深淺初萬榮逐劉士寧代爲節度使委兵於惟恭
以其同鄉里及疾甚李迺將爲亂惟恭乃與監軍同謀縛迺送歸朝
廷惟恭自以當便代居其位故不遣候吏以疑懼晉心冀其不敢進
不意晉之速至晉已近方遽出迎之然心常怏怏竟以驕盈慢法潛
圖不軌配流嶺南朝廷恐晉柔懦尋以汝州刺史陸長源爲晉行軍

唐傳九十五　四

。司馬晉謙恭簡儉每事因循多可故亂兵粗安長源好更張云爲數
請改易舊事務從削刻晉初皆然之及案牘已成晉乃命且罷又委
錢穀支計初判官孟叔度輕佻好慢易軍人皆惡之晉十五年二月
卒年七十六廢朝三日贈太傅賻布帛有差卒後未十日汴州大亂
殺長源叔度等

陸長源字泳之開元天寶中尚書左丞太子詹事餘慶之孫西河太
常璪之子長源淑書史乾元中陷河北諸賊因爲昭義軍節度薛嵩
卒後又之歷建信二州刺史浙西節度韓滉兼領江淮轉運奏長源
檢校郎中兼中丞充轉運副使罷爲都官郎中改萬年縣令出爲汝
州刺史貞元十二年授檢校禮部尚書宣武軍行軍司馬汴州政事
皆決斷之性輕佻言論容易恃才傲物所在人畏而惡之及至汴州
欲以峻法繩驕兵而董晉判官楊凝孟叔度亦縱恣淫湎衆情共怒晉
性寬緩事務因循以收士心長源每事守法晉或苟且長源輒執而
正之及晉卒令長源知留後事長源亦揚言曰將士多弛慢不守憲章

當以法繩之由是人人恐懼加以叔度苛刻多縱聲色數至樂營與諸婦人嬉戲自稱孟郎衆皆薄之舊例使長覺放散布帛於三軍制服至是人請服長源初固不允軍人求之不已長源等議給其布直叔度高其鹽價而賤為布直每人不過得鹽三二斛軍情大變或勸長源故事有大變皆賞三軍三軍乃安長源曰不可使我同河北賊以錢買健兒取旌節兵士怨怒滋甚乃執長源及叔度等臠而食之斯須骨肉糜散長源死之日詔下以為節度使及聞其死中外惜之贈尚書右僕射

劉全諒懷州武涉人也父客奴由征行家於幽州之昌平少有武藝從平盧軍開元中有室韋首領段普恪恃驍勇數苦邊節度使薛楚玉以客奴有膽氣令抗普恪客奴單騎襲之斬首以獻自白身授左驍衛將軍充遊弈使自是數有戰功性忠謹為軍人所信天寶末安祿山反詔以安西節度封常清為范陽節度以平盧節度副使呂知誨為平盧節度以太原尹王承業為河東節度祿山既僭位於東都

○遣腹心韓朝陽等招誘知誨知誨遂受逆命誘殺安東副都護保定軍使馬靈詧祿山遂署知誨為平盧節度使客奴與平盧諸將同議取知誨殺之仍遣與安東將王玄志遥相應援馳以奏聞十五載四月授客奴柳城郡太守攝御史大夫平盧節度支度營田陸運押兩蕃渤海黑水四府經畧及平盧軍使仍賜名正臣又以王玄志為安東副大都護攝御史中丞保定軍及營田使正臣仍領兵平盧來襲范陽未至為逆賊將史思明等大敗之正臣奔歸為王玄志所酖而卒逆賊署徐歸道軿驢王玄志與平盧將侯希逸等又襲殺歸道大曆九年追贈正臣工部尚書全諒本名逸準以父勲授別駕長史建中初劉玄佐為宋亳節度使召署為牙將以勇果騎射聞玄佐以宗姪厚遇之累署都知兵馬使試太僕卿兼御史中丞玄佐卒子士寧代為節度使疑宋州刺史翟良佐不附己陽言出巡至宋州遽以逸準代良佐為刺史及董晉卒兵亂殺陸長源監軍貝文珍與大將密召逸準赴汴州令知留後朝廷因授以檢校工部尚書汴州刺史兼

宣武軍節度觀察等使仍賜名全諒貞元十五年二月卒年四十九廢朝一日贈右僕射

李忠臣本姓董名秦平盧人也世家于幽州薊縣自云曾祖文昱隸州刺史祖玄奬安東都護府録事參軍父神虜河内府折衝忠臣少從軍在卒伍之中材力冠異事幽州節度薛楚王張守珪安祿山等頻委征討積勞至折衝郎將將軍同正平盧軍先鋒使及祿山反與其倫董密議殺偽節度呂知誨劉正臣為節度以忠臣為兵馬使攻長楊戰獨山襲榆關北平殺賊將申子貢榮先欽擒周釗送京師忠臣功多又從正臣破漁陽逆將李歸仁李咸白秀芝等來拒戰約數十合並摧破之無何潼關失守郭子儀李光弼退師忠臣乃引軍北歸奚王阿篤孤物以衆與正臣合後詐言請以萬餘騎同收范陽至后城南中夜反攻忠臣與戰遂至温泉出破之擒大首領阿布離斬以祭纛纛敲正臣卒又與衆議以安東都護王玄志為節度使至德二載正月玄志令忠臣以步卒三千自雍奴為葦筏過海賊將鞠庭

○鵶洽來拒忠臣與董竭忠退之轉戰累日遂收魯城河間景城等大獲資糧以赴本軍復與大將田神功率兵討平原樂安郡下之擒偽刺史臧瑜等防河招討使李銑承制以忠臣為德州刺史屬史思明歸順河南節度張鎬令忠臣以兵赴鄆州與諸軍使收河南州縣又與裨將陽惠元大破賊將王福德于舒舍口肅宗累下詔慰諭仍令鎮濮州尋移韋城乾元元年九月改光祿卿同正其年與郭子儀等九節度圍安慶緒於相州明年二月諸軍潰歸忠臣亦退至滎陽賊將敬釭來襲官船忠臣大破之獲米二百餘艘以資汴州軍士尋拜濮州刺史緣河守捉使移鎮杏園渡及史思明陷汴州節度使許叔冀與忠臣並力屈降賊思明撫忠臣背曰吾比秖有左手今得公兼有右手矣與俱寇河陽數日忠臣夜以五百人斫其營突圍歸李光弼以聞詔加開府儀同三司殿中監同正賜實封二百户召至京師賜姓李氏名忠臣封隴西郡公賜良馬莊宅銀器綵物等時陝西神策兩節度郭英乂衛伯玉鎮陝州以忠臣為兩軍節度兵馬使魚朝

恩亦在陝俾忠臣與賊将李歸仁李感義等戰於永寧莎柵前後數十陣皆摧破之會淮西節度王仲昇為賊所擒宝應元年七月拜忠臣太常卿同正兼御史中丞淮十一州節度尋加安州刺史仍鎮蔡州其年令忠臣會元帥諸軍收復東都二年六月就加御史大夫時廻紇可汗既歸其国留判官安恪石帝庭於河陽守禦財物因此招聚亡命為寇道路壅隔詔忠臣討平之永泰元年吐蕃犯西陲京師戒嚴代宗命中使追兵諸道多不時赴難使至淮西忠臣方會鞠即令整師餙駕監軍大将固請曰軍行須擇日吉忠臣奮臂於衆曰焉有父母遇寇難待揀好日方救患乎即日進發自此方隅有警忠臣必先期而至由是代宗嘉其忠節加本道觀察使寵賜頗厚及同華節度周智光舉兵反詔忠臣與神策将李太清等討平之大暦二年加檢校工部尚書實封通前三百五年加蔡州刺史七年檢校右僕射知省事李靈曜之叛田承嗣使姪悦援之忠臣與諸軍大破悦等汴州平十一年十二月加檢校司空平章事汴州刺史忠臣性貪殘

好色将吏妻女多被誘脅以通之又軍無紀綱所至縱暴人不堪命而以妹壻張惠光爲衙将恃勢光虐軍中苦之數有言於忠臣不之信也俄以惠光為節度副使令惠光子為衙将陵横甚於其父忠臣所信任大将李希烈素善騎射群情所伏因衆心之怒以十四年三月與少将丁暠賈子華監軍判官蒋知璋等舉兵斬惠光父子以脅逐忠臣單騎赴京師朝廷方寵武臣不之責也依前檢校司空平章事留京師奉朝請建中初嘗因奏對徳宗謂之曰卿耳甚大真貴人也忠臣對曰臣聞驢耳甚大龍耳甚小臣耳雖大乃驢耳也上説之時常侍張涉承恩用事坐受財賄事露帝将以法繩之涉即帝在春宮時侍講也忠臣奏曰陛下貴為天子而先生以乏財抵法以愚臣觀之非先生之過也帝意觧但令歸田里前湖南觀察辛京杲嘗以忿怒杖殺部曲有司劾奏京杲殺人當死從之忠臣奏曰京杲合死久矣上問之對曰渠伯叔某於某處戰死兄弟某於某處戰死渠嘗從行獨不死是以知渠合死久矣上亦憫然不令加罪改授王傳而

已忠臣木強率直不識書不喜儒生及罷兵權官位崇重常欝欝不得志及朱泚反以爲僞司空兼侍中泚率兵逼奉天命忠臣京城留守泚敗忠臣走樊川别業李晟下将士擒忠臣至繫之有司興元元年幷其子並誅斬之時年六十九籍沒其家

李希烈遼西人父大定希烈少從平盧軍後隨李忠臣過海至河南寳應初忠臣爲淮西節度署希烈爲偏裨累授将軍試光禄卿殿中監忠臣兼領汴州希烈爲左廂都虞候加開府儀同三司大暦末忠臣軍政不脩事多委妹婿張惠光爲押衙弄權縱恣人怨與少将丁暠等斬惠光父子忠臣奔赴朝廷詔以忻王爲淮西節度副大使授希烈蔡州刺史兼御史中丞淮西節度留後令滑亳節度李勉兼領汴州徳宗即位後月餘加御史大夫充淮西節度支度營田觀察使又改淮西節度淮寧軍以寵之建中元年又加檢校禮部尚書會山南東道節度梁崇義拒捍朝命迫脅使臣二年六月詔諸軍節度率兵討之加希烈南平郡王兼漢北都知諸兵馬招撫處置使希烈破崇義

衆遂討平之録希烈功加檢校右僕射同平章事賜實封五百户淄青節度李正巳又謀不軌三年秋加希烈檢校司空兼淄青兖鄆登萊齊等州節度支度營田新羅渤海兩蕃使令討襲正巳希烈遂率所部三萬人移居許州聲言遣使往青州招諭李納其實潜與交通又移牒汴州令備供擬将與納同爲亂李勉以其道路合自陳留乃除道具饌以待之希烈不從乃大慢罵自是志意縱肆言多悖慢日遣使交通河北諸賊師等是歳長至日朱滔田悦王武俊李納各僭稱王滔使至希烈希烈亦僭稱建興王天下都元帥四年希烈遣其将襲陥汝州執李元平而去東都大擾亂朝廷猶爲含容遣太子太師顔真卿往宣慰真卿發後數日以龍武将軍哥舒曜爲東都兼汝州行營兵馬節度希烈既見真卿但肆兇言令左右慢罵指斥朝廷又遣逆黨董待名韓霜露劉敬宗陳質翟暉等四人伺外侵抄州縣官軍皆爲其所敗荆南節度張伯儀全軍覆沒又令周曾王玢姚憺呂從賁康琳等來襲曜曽玢憺等謀廻軍擾蔡州襲討希烈事洩並

遇害神策軍使白志貞又獻策謀令嘗爲節度都團練使者各出家僮部曲一人及馬令劉信揔之以討希烈尋詔李勉爲淮西招討使哥舒曜爲副至四月曜率衆屯襄城頻與賊戰皆不勝八月希烈率衆二萬圍襄城李勉又令將唐漢臣率兵與劉德信同爲曜之影援皆望風敗衂希烈兇逆既甚帝乃命舒王爲荊襄江西沔鄂等道節度諸軍行營兵馬都元帥大開幕府文武僚屬之盛前後出師未有其比又令涇原諸道出兵皆赴襄城軍未發會涇州兵亂車駕幸奉天其日希烈大破曜軍於襄城曜遁歸東都賊因乘勝攻陷汴州李勉奔歸宋州希烈性慘毒酷每對戰陣殺人流血盈前而言笑飲饌自若以此人畏而服從其教令盡其死力其攻汴州驅百姓令運木土築壘道又怒其未就乃驅以填之謂之溼梢既入汴州於是僭號曰武成以孫廣鄭賁李綬元平爲宰相以汴州爲大梁府李清虚爲尹署百官遣兵東討至寧陵竟爲劉洽所拒不得前又遣將翟暉率精卒襲陳州爲劉洽李納大破之生擒暉以獻諸軍乘勝進攻汴州

《唐傳九十五 九

○希烈遁歸蔡州擒其僞署將相鄭賁劉敬宗等李皐樊澤曲環張建封又四面討襲之累拔其郡縣希烈敗衂貞元二年三月因食牛肉遇疾其將陳仙奇令醫人陳仙甫置藥以毒之而死妻男骨肉兄弟共一十七人並誅之初希烈於唐州得象一頭以爲瑞應又上蔡襄城獲其珍寶乃是爛車釭及滑石僞印也陳仙奇者起於行閒性忠果自希烈死朝廷授淮西節度頗竭誠節未幾爲別將吳少誠所殺贈太子太保賻布帛米粟有差喪事官給

吳少誠幽州潞縣人父爲魏博節度都虞候少誠以父勳授一子官釋褐王府户曹後至荊南節度使庾準奇之留爲衙門將準入覲從至襄漢見梁崇義不留憲度知有異志少誠密計有成擒之略將自陳於闕下屬李希烈初授節制銳意立功見少誠計慮乃以少誠所見録奏有詔慰飭不次封通義郡王未幾崇義違命希烈受制專征以少誠爲前鋒崇義平賜實封五千户後希烈叛少誠頗爲其用希烈死少誠等初推陳仙奇統戎事朝廷已命仙奇尋爲少誠所殺衆推少誠知留務朝廷遂授以申光蔡等州節度觀察兵馬留後尋正授節度少誠善爲治勤儉無私軺完聚不奉朝廷貞元三年判官鄭常及大將楊冀謀逐少誠以聽命於朝試校書郎劉涉假爲手詔數十潛致於大將欲因少誠之出閉城門以拒之屬少誠將出餞中使常冀等遂謀舉事臨發爲人所告常冀先遇害其將李嘉節等各持假詔請罪少誠悉宥之其大將宋旻曹濟奔歸京師十五年陳許節度曲環卒少誠擅出兵攻掠臨潁縣節度留後上官涚遣兵赴救臨潁鎮使韋清與少誠通救兵三千餘人悉擒縛而去九月遂圍許州尋下詔削奪少誠官爵分遣十六道兵馬進討十二月官軍敗衂於小溵河明年正月夏州節度使韓全義爲淮蔡招討處置使北路行營諸軍將士並取全義指揮陳許節度留後上官涚充副使五月全義與少誠將吳秀吳少陽等戰於溵水南官軍復敗七月全義頓軍於五樓行營爲賊所乘大潰全義與都監軍使賈秀英賈國良等夜遁遂城守溵水汴宋徐泗淄青兵馬直趣陳州列營四面少誠兵逼溵

《唐傳九十五 十

○水五六里下營韓全義諸軍又退保陳州其汴州河陽等兵各私歸本道陳許將孟元陽與神策兵各率所部留軍溵水全義斬昭義滑州河陽河中都將凡四人然竟未嘗整陣交鋒而王師累挫潰少誠尋引兵退歸蔡州遂下詔洗雪復其官爵累加檢校僕射順宗即位加同中書門下平章事元和初遷檢校司空依前平章事元和四年十一月卒年六十廢朝三日贈司徒

吳少陽本滄州清池人初吳少誠父翔在魏博軍中與少陽相愛及少誠知淮西留守乃厚以金帛取少陽至則名以堂弟署爲軍職累奏官爵出入少誠家情旨甚暱少陽度少誠猜忍懼爲所害乃請出外以任防捍之任少誠乃表爲申州刺史兼御史大夫凡五年少陽頗寬易而少誠之衆悅附焉及少誠病亟家僮單于熊兒者僞以少誠意取少陽至時少誠已不知人乃僞署少陽攝副使知軍州事少誠子元慶年二十餘先爲軍職兼御史中丞少陽密害之及少誠死少陽自爲留後時王承宗求繼士真不受詔德宗怒以討承宗不欲兵

連兩河乃詔遂王宥遥領彰義軍節度大使以少陽爲留後遂授彰
義軍節度使檢校工部尚書少陽據蔡州凡五年不朝覲汝南多廣
野大澤得豢馬畜時奪掠壽州茶山之利內則數匿亡命以富實其
軍又屢以牧馬來獻詔因善之元和九年九月卒贈右僕射
吴元濟少陽長子也初爲試協律郎兼監察御史攝蔡州刺史及父
死不發喪以病聞因假爲少陽表請元濟主兵務帝遣醫工候之卽
稱少陽疾愈不見而還先是少陽判官蘇兆楊元卿及其將侯惟清
嘗同爲少陽畫朝覲計及元濟自領軍兇狠無義唯暱軍中兇悍之
徒素不便兆縊殺之歸其屍於家械侯惟清而囚之時朝廷誤聞惟
清已死贈兵部尚書贈蘇兆以右僕射楊元卿先奏事在京師得盡
言經畧淮西事於宰相李吉甫始少陽以病聞元卿請凡淮西使在
道路者所在留止之及少陽卒凡四十日不爲輟朝但易將加兵於
外以待其即吏無何妄傳董重質已殺元濟并屠其家李吉甫遽請
對拜賀乃輟朝數日知元濟尚在時賊陰計已成群衆四出狂悍而

不可遏屠舞陽焚葉縣攻掠魯山襄城汝州許州及反陽翟人多逃
伏山谷荆棘間爲其殺傷驅剽者千里關東大恐十月以陳州刺史
李光顔爲忠武軍節度使又以山南東道節度使嚴綬充申光蔡等
州招撫使仍令內常侍崔潭峻監綬軍十年正月綬軍臨賊西境詔
曰吴元濟逆絶人理反易天常不居父喪擅領軍政諭以詔旨曾無
謙恭熒惑一方之人迫脅三軍之衆以少陽嘗經任使爲之軫悼命
申吊祭臨遣使臣陵虐封疆遂致稽阻絶朝廷之理忘父子之恩旋
又掩寇舞陽傷殘吏卒焚燒葉縣擾擾閭閻恣行殺戮無所畏忌朕
念賞延之義重傷藩帥之門尚欲納於忠順之途處在顯榮之地未
能飭怒循爲包荒再降詔書俾申招撫而毒螫滋甚姦心靡悛壽春
西南又陷鎮柵窮兇稔惡縱暴延災覆載之所不容人神之所共棄
良非獲已致此興戎吴元濟在身官爵並宜令削奪令宣武大寧淮
南宣歙等道兵馬合勢山南東道及魏博荆南江西劒南東川兵馬
與鄂岳許會東都防禦使與懷鄭汝節度及義成兵馬犄角相應同

期進討二月綬兵爲賊所襲敗于磁丘退保唐州四月光顔破賊黨
元濟遣人求援于鎮州王承宗淄鄆李師道二帥上表于鎮州請赦
元濟之罪朝旨不從自是兩河賊帥所在竊發冀以沮撓王師五月
承宗師道遣盜焼河陰倉詔御史中丞裴度於軍前宣喩觀用兵形
勢度還奏曰臣觀諸將唯光顔勇義盡心必有成功上意甚悅翌日
光顔奏大破賊於時曲上曰度知光顔可謂至矣乃以度兼刑部侍
郎自是中外相賀決不赦賊徵天下兵環申蔡之郊大小十餘鎮六
月承宗師道遣盜伏於京城殺宰相武元衡中丞裴度衡先死度重
傷而免憲宗特怒即命度爲宰相淮右用兵之事一以委之七月李
師道遣嵩山僧圓淨結山賊與留邸兵欲焚燒東都先事敗而禍弭
嚴綬退罷乃以汴州節度使韓弘爲淮右行營兵馬都統以高霞寓
有名用爲唐鄧節度十一年春諸軍雲合惟李光顔懷汝節度烏重
胤心無顧望旦夕血戰繼獻戎捷六月高霞寓爲賊所擊敗于鐵城
退保新興柵時諸軍勝負皆不實聞多虛稱克捷及霞寓敗中外恟

恟宰相諫官屢以罷兵爲請唯裴度堅於破賊尋以袁滋代霞寓爲
唐鄧帥滋柔懦不能軍十二年正月袁滋復貶閑廐使李愬表請軍
前自効乃用愬爲唐鄧帥以代滋愬軍壓境拔賊文城柵擒柵將吴
秀琳又獲賊將李祐李光顔亦拔賊郾城元濟始懼盡發左右及守
城卒屬董重質以抗光顔重胤六月元濟乞降爲群賊所制不能自
拔上以元兇已蹙兵未臨於賊城輓饋日殫因延英問計於宰相裴度
曰賊力已困但群帥不一故未能決降上曰卿決能行乎曰臣誓不
與賊偕全七月詔以度爲彰義軍節度使兼申光蔡四面行營招撫
使以郾城爲行在蔡州爲節所八月度至郾城激勵士衆軍士喜度
至以賞罰必行皆願輸聲每出勞軍士有流涕者時李愬營文城柵
既得吴秀琳李祐知其可用委信無疑日夜與計事於帳中祐曰元
濟勁軍多在洄曲西境防捍而守蔡者皆市人疲耄之卒可以乘虛
掩襲直抵懸瓠比賊將聞之元濟成擒矣愬然之咨於裴度度曰兵
非出奇不勝常侍良圖也十一月愬夜出軍令李祐率勁騎三千爲

前鋒田進誠三千爲後軍愬自率三千爲中軍其月十日夜至蔡州城下坎墻而畢登賊不之覺十一日攻衙城擒元濟幷其家屬以聞初元濟之叛恃其兇狠然治軍無紀綱其將趙昌洪凌朝江董重質等各權兵外寇李師道鄆州之盐城往來寧陵雍丘之間韓弘知而不禁淮右自少誠阻兵已來三十餘年王師加討未嘗及其城下常走韓全義敗于頓故驕悍無所顧忌且恃城池重固有陂浸阻迴故以天下兵環攻三年所剋者一縣而已及黜高霞寓李遜袁滋諸軍始進又得陰山府沙陁驍騎邯鄲勇卒光顏重胤之奮命及丞相臨統破諸將首尾之計方擒元惡申蔡之始人刼於希烈少誠之虐法而忘其所歸數十年之後長者衰喪而壯者安於毒暴而恬於搏噬地既少馬而廣畜騾乘之教戰謂之騾子軍尤稱勇悍而甲仗皆畫爲雷公星文以爲厭勝而少誠能以姦謀固衆心初韓全義敗於溵水蔡兵于全義帳中得公卿間問訊書少誠束而諭衆曰朝廷公卿以此書託全義收蔡州日乞一將士妻女以爲婢妾以此激怒其衆絕

其歸向之心是以蔡人有老死不聞天子息肩者故堅爲賊用地雖中州人心過于夷貊乃至搜閱天下豪鋭三年而後屈者彼非將才而力備蓋勢驅性習不知教義之所致也元濟至京憲宗御興安門受俘百寮樓前稱賀乃獻廟社徇于兩京斬之於獨栁時年三十五其夜失其首妻沈氏没入掖遅第二人子三人流於江陵誅之判官劉協庶七人皆斬光蔡等州平始復爲王土矣

史臣曰治亂勢也勢亂不能卒治長源以法繩驕軍禍不旋踵則董公之寛柔不無謂古之名將以陰謀怨望鮮全其族者董秦始奮忠義多長者言宜其顯赫及失意挾邪俄被淮陰之戮惜哉吳少誠爲希烈之亂胎雖謀奪其軍及嗣而戕而元濟効希烈之狂悖謂無天地人之兇險一至於斯是知王者御治之道其可忽諸

贊曰聖哲之君愼名與器不執之臣得寵則戾董然而族吳悖而葅好亂樂禍可監前車

唐書列傳卷第九十五

唐書列傳卷第九十六

劉昫 等修

聞人詮校刻沈桐同校

薛播 鮑防 李自良 李說
嚴綬 蕭昕 杜亞 王緯
李若初 于頎 盧徵 楊憑
鄭元 杜兼 裴玢 薛伾

薛播河中寶鼎人中書舍人文思曾孫也父元暉什邡令以播贈工部郎中播天寶中舉進士補校書郎累授萬年縣丞武功令殿中侍御史刑部員外郎萬年令播温敏善與人交李栖筠常衮崔祐甫皆引擢之及祐甫輔政用爲中書舍人出汝州刺史以公事貶泉州刺史尋除晉州刺史河南尹遷尚書左丞轉禮部侍郎遇疾貞元三年卒贈禮部尚書初播伯父元曖終於隰城丞其妻濟南林氏丹陽太守洋之妹有母儀令德博涉五經善屬文所爲篇章時人多諷誦之

元曖卒後其子彥輔彥國彥偉彥雲及播兄據揔並早孤幼悉爲林氏所訓導以至成立咸致文學之名開元天寶中二十年間彥輔據等七人並舉進士連中科名衣冠榮之

鮑防襄州人幼孤貧篤志好學善屬文天寶末舉進士爲浙東觀察使薛兼訓從事累至殿中侍御史入爲職方員外郎改太原少尹正拜節度使入爲御史大夫歷福建江西觀察使徵拜左散騎常侍扈從奉天除禮部侍郎尋遷工部尚書致仕防歷洪福京兆皆有政聲唯總戎非所宜而謬執兵柄以太原葦車胡騎雄雜而迴鶻深入寇防出拒戰爲虜所敗爲禮部侍郎時嘗遇知雜侍御史竇參於通衢導騎不時引避僕人爲參所鞭及參秉政遽令致仕防謂親友曰吾與蕭昕之子齒而與昕同日懸車非朽邁之致以餘忿見發防文學舊人歷職中外不因罪戾而爲俗吏所擯竟以憤終衆頗憫防而咎參故參之敗不旋踵非不幸也

李自良兗州泗水人初祿山之亂自良從兗鄆節度使能元皓以戰

功累授右衛率後從袁傪討袁晁陳莊賊積功至試殿中監隸浙江
東道節度使薛兼訓兼訓移鎮太原自良從行授河東軍節度押衙
兼訓卒鮑防代又事防爲牙將會迴鶻入寇防令大將焦伯瑜杜榮
國將兵擊之自良謂防曰迴鶻遠來求戰未可與爭鋒但於歸路築
二壘以兵守之堅壁不動虜求戰不得師老自旋俟其返旆即乘之
縱不甚捷虜必狼狽矣二壘扼其歸路策之上也防不從促伯瑜等
逆戰遇虜於百井伯瑜等大敗而還由是稍知名馬燧代防爲帥署
奏自良代州刺史兼御史大夫仍爲軍候自良勤恪有謀燧深委信
之建中年田悅叛燧與抱眞東討自良常爲河東大將摧鋒陷陣破
田悅及討李懷光於河中自良專河東軍都將前後戰績居多燧之
立功名由自良協輔之力也貞元三年從燧入朝罷燧兵權德宗欲
以自良代燧自良懇辭事燧久不欲代爲軍帥物議多之乃授右龍
武大將軍德宗以河東密邇胡戎難於擇帥翌日自良謝上謂之曰
卿於馬燧存軍中事分誠爲得禮然北門之寄無易於卿即日拜檢

校工部尚書兼御史大夫太原尹北都留守河東節度支度營田觀
察使在鎮九年以簡儉守職軍民胥悅雖出身戎伍動必循法略不
以暴戾加人十一年五月卒於軍年六十三上甚嗟惜之廢朝一日
贈左僕射賻布帛米粟有差
李說淮安王神通之裔也父遇天寶中爲御史中丞說以門蔭歷仕
累佐使幕馬燧爲河陽三城太原節度皆辟爲從事累轉御史郎官
御史中丞太原少尹出爲汾州刺史節度使李自良復奏爲太原少
尹檢校庶子兼中丞貞元十一年五月自良病凡六日而卒匿喪陽
言病甚數日發喪先是都虞候張瑤久在軍素得士心嘗請假遷葬
自良未許至是說與監軍王定遠謀乃給瑤假以大將毛朝陽代瑤
然後遣使告自良病中使第五國珍自雲朔使還過太原聞自良病
中使遲留信宿自良卒國珍急馳至京先說使至乃下制以通王領
河東節度大使以說爲行軍司馬充節度留後北都副留守仍令國
珍齎說官告及軍府將吏部內刺史等敕書三十餘通往太原宣賜

軍中始定定遠恃立說之功頗恣縱橫軍政皆自專決仍請賜印監
軍有印自定遠始也定遠既得印益暴將吏輒自補授說憂不歡遂
成嫌隙是歲七月定遠署虞候田宏爲列將以代彭令茵令茵不伏
揚言曰超補列將非功不可宏有何功敢代予任定遠聞而含怒召
令茵斬之埋於馬糞之中家人請尸不與三軍皆怨說具以事聞德
宗以定遠有奉天扈從之功恕死停任制未至定遠怒說奏聞趨府
謀殺說昇堂未坐抽刀刺說說走而獲免定遠馳至府門召集將吏
於箱中陳敕牒官告二十餘軸示諸將曰有敕令李景略知留後遣
說赴京公等皆有恩命指箱中示之諸將方拜抃大將馬良輔呼而
麾衆曰箱中皆監軍舊官告非恩命也不可授但備急變爾定遠知
事敗走登乾陽樓召其部下將卒多不之應比夜定遠墜城下撓枿
傷而不死尋有詔削奪長流崖州大將高迪等同其謀說皆斬之尋
正拜河東節度使檢校禮部尚書說在鎮六年初勤心吏職後遇疾
言語行步蹇澀不能錄軍府之政悉監軍主之又爲孔目吏宋季等

欺誑軍政事多隳紊如此累年十六年十月卒年六十一廢朝一日
贈左僕射是月制以河東節度行軍司馬鄭儋檢校工部尚書兼太
原尹御史大夫河東節度度支營田觀察等使北都留守在任不朞
年而卒
嚴綬蜀人曾祖方約利州司功祖挹之符離尉父丹殿中侍御史綬
大曆中登進士第累佐使府貞元中由侍御史充宣歙團練副使深
爲其使劉贊委遇政事多所咨訪十二年贊卒綬掌宣歙留務傾府
藏以進獻由是有恩召爲尚書刑部員外郎天下賓佐進獻自綬始
也未幾河東節度使李說嬰疾事多曠弛行軍司馬鄭儋代綜軍政
既而說卒因授儋河東節度使是時姑息四方諸侯未嘗特命帥守
物故即用行軍司馬爲帥冀軍情帖伏儋既爲帥德宗選朝士可以
代儋爲行軍司馬者因綬前日進獻上頗記之故命檢校司封郎中
充河東行軍司馬不周歲儋卒遷綬銀青光祿大夫檢校工部尚書
兼太原尹御史大夫北都留守充河東節度支度營田觀察處置等

使元和元年楊惠琳叛於夏州劉闢叛於成都綬表請出師討伐綬悉選精甲付牙將李光顏兄弟光顏累立戰功蜀夏平加綬檢校尚書左僕射尋拜司空進階金紫封扶風郡公綬在鎮九年以寬惠為政士馬蕃息境內稱治四年入拜尚書右僕射綬雖名家子為吏有方略然銳於勢利不存名節人士以此薄之嘗預百寮廊下食上令中使馬江朝賜櫻桃綬居兩班之首在方鎮時識江朝敘語次不覺屈膝而拜江朝拜御史大夫高郢亦從而拜是日為御史所劾綬待罪于朝命釋之翌日責江朝降官一等尋出鎮荊南進封鄭國公有漵州蠻首張伯靖者殺長吏據辰錦等州連九洞以自固詔綬出兵討之綬遣部將李忠烈齎書曉諭盡招降之九年吳元濟叛朝議加兵以綬有弘恕之稱可委以戎柄乃授山南東道節度使尋加淮西招撫使綬自帥師壓賊境無威略以制寇到軍日遽發公藏以賞士卒累年蓄積一旦而盡又厚賂中貴人以招聲援師徒萬餘閉壁而已經年無尺寸功裴度見上屢言綬非將帥之才不可責以戎事乃

拜太子少保代歸尋檢校司空久之進位太傅封至三千戶長慶二年五月卒年七十七詔贈太保綬材器不踰常品事兄嫂過謹為時所稱常以寬柔自持位躋上公年至大耋前後統臨三鎮皆號雄藩所辟士類睹為將相者凡九人其貴壽如此

蕭昕河南人少補崇文進士開元十九年首舉博學宏辭授陽武縣主簿天寶初復舉宏辭授壽安尉再遷左拾遺昕嘗與布衣張鎬友善館而禮之表薦之曰如鎬者用之則為王者師不用則幽谷一叟爾玄宗擢鎬拾遺不數年出入將相及安祿山反昕舉賛善大夫來瑱堪任將帥思明之亂瑱功居多累遷憲部員外郎為副元帥哥舒翰掌書記潼關敗間道入蜀遷司門郎中尋兼安陸長史為河南等道都統判官遷中書舍人兼揚府司馬佐軍仍舊入拜本官累遷秘書監代宗幸陝昕出武關詣行在轉國子祭酒大曆初持節弔迴鶻時迴鶻恃功驕詰昕曰祿山思明之亂非我無以平定唐國柰何市馬而失信不時歸價眾皆失色昕荅曰國家自平寇難賞功無絲毫之遺況隣國乎且僕固懷恩我之叛臣乃者爾助為亂聯西戎而犯郊畿及吐蕃敗走迴紇悔懼啓顙乞和非大唐存念舊功則當匹馬不得出塞矣是迴紇自絕非我失信迴紇慚退加禮以歸為常侍十二年朱泚之亂徒步出城泚急求之亡竄山谷間至奉天遷太子少傅貞元初兼禮部尚書尋復知貢舉五年致仕七年卒于家年九十廢朝謚曰懿

杜亞字次公自云京兆人也少頗涉學善言物理及歷代成敗之事至德初於靈武獻封章言政事授校書郎其年杜鴻漸為河西節度辟為從事累授評事御史後入朝歷工戶兵吏四員外郎永泰末劍南叛亂鴻漸以宰相出領山劍副元帥以亞及楊炎並為判官使還授吏部郎中諫議大夫炎為禮部郎中知制誥中書舍人亞自以才用合當柄任雖為諫議大夫而心不悅李栖筠承恩眾望必為宰相亞厚結之元載得罪亞與劉晏李涵等七人同鞫訊之載死之翌日亞遷給事中河北宣慰使宰相常袞亦不悅亞歲餘出為洪州刺史

兼御史中丞江西都團練觀察使德宗初嗣位勵精求賢令中使召亞亞自揣必以宰輔見徵乃促程而進累路與人言議語及行宰相事方面或以公事諮祈亞皆納之既至帝微知之不悅又奏對辭旨踈闊出為陝州觀察使兼轉運使尋遷河中晉絳等州防禦觀察使楊炎作相劉晏得罪亞坐貶睦州刺史興元初召拜刑部侍郎出為揚州長史兼御史大夫淮南節度觀察使時承陳少遊征稅煩重奢侈僭濫之後又新遭王紹亂兵剽掠淮南之人望亞之至革刻舊弊冀以康寧亞自以材當公輔之選而聯出外職志頗不適政事多委參佐招引賓客談論而已揚州官河填淤漕輓堙塞又僑寄衣冠及工商等多侵衢造宅行旅擁弊亞乃開拓踈啓公私悅賴而盛為奢侈江南風俗春中有競渡之戲方舟並進以急趨疾進者為勝亞乃令以漆塗船底貴其速進又為綺羅之服塗之以油令舟子衣之入水而不濡亞本書生奢縱如此朝廷亟聞之貞元五年以戶部侍郎竇覦為淮南節度代亞亞猶以舊望冀覦甚畏之改檢校吏部尚書

判東都尚書省事充東都留守都防禦使旣病風尚建利以固寵奏請開苑内地爲營田以資軍糧減度支每年所給從之亟不躬親部署但委判官張薦楊曲初奏請取荒地營田其苑内地堪耕食者先爲留司中官及軍人等開墾已盡亟計急乃取軍中雜錢舉息與畿内百姓每至田收之際多令軍人車牛散入村鄉收斂百姓所得菽粟將還軍民家略盡無可輸稅人多艱食由是大致流散乃厚賂中官令奏河南尹無政亟自此亦規求兼領河南尹事不果帝漸知虛誕乃以禮部尚書董晉代爲東都留守召亟還京師旣風疾漸深又患腳膝不任朝謁貞元十四年卒于家年七十四贈太子少傅

王緯字文卿太原人也祖景司門員外萊州刺史父之咸長安尉與昆弟之賁之渙皆善屬文之咸以緯貴故累贈刺史緯舉明經又書判入等歷長安尉出佐使府授御史郎官入朝爲金部員外郎劒南租庸使檢校司封郎中彭州刺史檢校庶子兼御史中丞西川節度營田副使初大曆中路嗣恭爲江西觀察使陷害判官李泌將誅之

○緯亦爲路嗣恭判官說論救解獲免貞元三年泌爲相擢授緯給事中未數日又擢爲潤州刺史兼御史中丞浙江西道都團練觀察使十年加御史大夫兼諸道鹽鐵轉運使三歲加檢校工部尚書緯性勤儉歷官清潔而傷於苛碎多用削刻之吏督察巡屬人不聊生貞元十四年卒年七十一廢朝一日贈太子少保

李若初趙郡人貞觀中并州長史工部侍郎弘節之曾孫也祖道謙太府卿若初少孤貧初爲轉運使劉晏下微冗散職晏判官包佶重其勤幹以女妻之歷陳州太康令刺史李芃初涖官若初獻計請收斂羨餘錢物交結權貴芃厚遇之累歲芃遷河陽三城使奏若初爲從事軍中之事多以委之累授檢校郎中兼中丞懷州刺史轉虢州刺史坐公事爲觀察使劾奏免歸久之出爲衢州刺史遷福州刺史兼御史中丞福建都團練使尋遷越州刺史浙江東道都團練觀察使十四年秋代王緯爲潤州刺史兼御史大夫浙江都團練觀察諸道鹽鐵轉運使善於吏道性嚴強力束斂下吏人甚畏服方整理鹽法頗有次敘貞元十五年遇疾卒廢朝一日贈禮部尚書

于頎字休明河南人也父庭謂濟王府倉曹累贈尚書左僕射頎少以吏事聞累授京兆府士曹爲尹史翽所賞重翽出鎮襄漢奏爲御史充判官翽爲亂兵所殺頎挺出收葬遺骸時人義之度支使第五琦署爲河東租庸使累授鳳翔少尹度支郎中兼御史中丞轉運租庸糧料鹽鐵等使頎因奏移轉運汴州院於河陰以汴州累遇兵亂散失錢帛故也元載爲諸道營田使又署爲郎官令於東都汝州開置屯田歷戶部侍郎秘書少監京兆尹太府卿代杜濟爲京兆尹及爲大官好任機數專候權要朝列中無勢利者視之蔑如也曲事元載親昵之而爲政苛細無大體丁所生母憂罷及載得罪後出爲鄭州刺史遷河南尹以無政授代還時徵汾州刺史劉暹暹剛腸嫉惡歷典數州皆爲廉使畏憚宰相盧杞恐暹爲御史大夫虧沮己之所見遽稱薦頎爲御史大夫以其柔佞易制也從幸奉天改左散騎常侍歷左千牛上將軍從大理卿太子少保工部尚書因入朝仆地爲

○金吾仗衛被起改太子少師致仕貞元十五年卒時年七十四

盧徵范陽人也家於鄭之中牟少涉獵書記永泰中江淮轉運使劉晏辟爲從事委以腹心之任累授殿中侍御史晏得罪貶珍州司戶元琇亦晏之門人興元中爲戶部侍郎判度支薦徵爲京兆司錄度支員外琇得罪坐貶爲信州長史遷信州刺史入爲右司郎中驟遷給事中戶部侍郎竇參深遇之方倚以自代貞元八年春同州刺史闕參請以尚書左丞趙憬補之特詔用徵以間參腹心也數歲轉華州刺史徵巢復入用深結託中貴厚遺之故事同華以近地人貧每正至端午降誕所獻甚薄徵遂竭其財賦每有所進獻輒加常數人不堪命疾病卧理者數年貞元十六年卒時年六十四

楊憑字虛受弘農人舉進士累佐使府徵爲監察御史不樂檢束遂求免累遷起居舍人左司員外郎禮部兵部郎中太常少卿湖南江西觀察使入爲左散騎常侍刑部侍郎京兆尹憑工文辭少負氣節與母弟凝凌相友愛皆有時名重交游尚然諾與穆質許孟容李鄘

王仲舒爲友故時人稱楊穆許李之友仲舒以後進慕而入焉性尚簡傲不能接下以此人多怨之及歷二鎮尤事奢侈元和四年拜京兆尹爲御史中丞李夷簡劾奏憑前爲江西觀察使贓罪及他不法事勑付御史臺覆按刑部尚書李鄘大理卿趙昌同鞫問臺中又捕得憑前江西判官監察御史楊瑗繫於臺復命大理少卿胡珦左司員外郎胡証侍御史韋顗同推鞫之詔曰楊憑頃在先朝委以藩鎮累更選用位列大官近者憲司奏劾暴揚前事計錢累萬曾不報聞蒙蔽之罪於何逃責又營建居室制度過差侈靡之風傷我儉德以其自尹京邑人頗懷之將議刑書是加愍惻宜從遐譴以誡百僚可守賀州臨賀縣尉同正仍馳驛發遣先是憑在江西夷簡自御史出官在巡屬憑頗踈縱不顧接之夷簡常切齒及憑歸朝修第於永寧里功作併興又廣蓄妓妾於永樂里之別宅時人大以爲言夷簡乘衆議舉劾前事且言修營之僭將欲殺之及下獄置對數日未得其事夷簡持之益急上聞且貶焉追舊從事以驗自貞元已來居方鎮者爲德宗所姑息故窮極僭奢無所畏忌及憲宗即位以法制臨下夷簡首舉憑罪故時議以爲宜然繩之太過物論又譏其深切矣

○鄭元舉進士第累遷御史中丞貞元中爲河中節度使杜確行軍司馬確卒遂繼爲節度使入拜尚書左丞元和二年轉戶部侍郎兼御史大夫判度支三年春遷刑部尚書兼京兆尹九月復判度支依前刑部尚書兼御史大夫元性嚴毅有威斷更踐劇任時稱其能元和四年以疾辭職守本官逾月卒

杜兼京兆人貞觀中宰相杜正倫五代孫舉進士累辟諸府從事拜濠州刺史兼性浮險豪侈矜氣屬貞元中德宗厭兵革姑息戎鎮至軍郡刺史亦難於更代兼探上情遂練卒脩武占召勁勇三千人以上聞乃恣凶威錄事參軍韋賞團練判官陸楚皆以守職論事忤兼兼密誣奏二人通謀扇動軍中忽有制使至兼率官吏迎于驛中前呼韋賞陸楚出宣制杖殺之賞進士擢第楚兖公象先之孫皆名家有士林之譽一朝以無罪受戮郡中股慄天下冤歎之又誣奏李藩將殺之語在藩事中故兼所至人側目焉元和初入爲刑部吏部郎中拜給事中除金商防禦使旋授河南少尹知府事尋正拜河南尹皆杜佑在相位所借護也元和四年卒于官

裴玢京兆人五代祖疏勒國王綽武德中來朝授鷹揚大將軍封天山郡公因留闕下遂爲京兆人玢初爲金吾將軍論惟明傔德宗幸奉天以戰功封忠義郡王惟明鎮鄜坊累署玢爲都虞候後節度王栖曜卒中軍將何朝宗謀作亂中夜縱火玢匿身不救火遲明而擒朝宗德宗發三司使按問竟斬朝宗及行軍司馬崔輅以同州刺史劉公濟爲節度使以玢爲坊州長史兼侍御史充行軍司馬明年公濟卒拜玢鄜州刺史兼御史大夫充節度觀察等使三年改授山南西道節度觀察等使玢歷二鎮頗以公清苦節爲政不交權倖不務貢獻蔬食弊衣居處纔避風雨而廩庫饒實三軍百姓安業近代將帥無比焉及綿疾辭位請歸長安元和七年卒年六十五贈尚書左僕射謚曰節

○薛伾勝州刺史渙之子尚父汾陽王召置麾下著名於諸將間左僕射李揆使西蕃伾爲將從役時賊泚之難昆夷赴義伾馳騎嚮道至于武功擢授左威衛將軍使絕域者前後數四累遷左金吾衛大將軍檢校工部尚書兼將作監出爲鄜坊觀察使元和八年卒于官贈潞州大都督

史臣曰薛播溫敏有文鮑防董戎無術李巖太原之政可謂美矣蕭昕抱則哲之知杜亞懷非次之望王緯清潔而傷苛碎若矜善理而性剛嚴于頎好任機權趨附勢利盧徵厚斂貨賄結託中人楊憑好奢鄭元有斷杜兼殺戮端士怙亂邀君裴玢發姦謀安民和衆而玢弊衣糲食不交權倖帑庾咸實郡邑以寧若夫君子無求備於人捨短從長彰善癉惡則裴玢之善抑之更揚杜兼之惡欲蓋而彰耳

唐書列傳卷第九十六

唐書列傳卷第九十七

劉昫等修

聞人詮校刻　沈桐同校

杜黃裳 裳子載　高郢 郢子定　杜佑 佑子師損 式方 從郁 式方子悰 從郁子牧 牧子德祥

杜黃裳字遵素京兆杜陵人也登進士第宏辭科杜鴻漸深器重之爲郭子儀朔方從事子儀入朝令黃裳主留務於朔方邠將李懷光與監軍陰謀代子儀乃爲僞詔書欲誅大將溫儒雅等黃裳立辯其僞以告懷光懷光流汗伏罪諸將有難制者黃裳矯子儀命盡出之數月而亂不作後入爲臺省官爲裴延齡所惡十年不遷貞元末爲太常卿王叔文之竊權黃裳終不造其門嘗語其子壻韋執誼令率百官請皇太子監國執誼遽曰丈人纔得一官可復開口議禁中事耶黃裳勃然曰黃裳受恩三朝豈可以一官見買即拂衣而出尋拜平章事邠州節度使韓全義曾居討伐之任無功黃裳奏罷之劉闢作亂議者以劒南險固不宜生事唯黃裳堅請討除憲宗從之又奏

請不以中官爲監軍秖委高崇文爲使黃裳自經營伐蜀以至成功指授崇文無不懸合崇文素憚劉澭黃裳使人謂崇文曰若不奮命當以劉澭代之由是得崇文之死力既平闢宰臣入賀帝目黃裳曰此卿之功也後與憲宗語及方鎮除授黃裳奏曰德宗自艱難之後事多姑息貞元中每帥守物故必先命中使偵伺其軍動息其副貳大將中有物望者必厚賂近臣以求見用帝必隨其稱美而命之以是因循方鎮罕有特命帥守者陛下宜熟思貞元故事稍以法度整肅諸侯則天下何憂不治憲宗然其言繇是用兵誅蜀夏之後不容藩臣蹇傲剋復兩河威令復振蓋黃裳啓其衷也黃裳有經畫之才達於權變然檢身律物寡廉絜之譽以是居鼎職不久二年正月檢校司空同平章事兼河中尹河中晉絳等州節度使八月封邠國公三年九月卒於河中年七十一贈司徒謚曰宣黃裳性雅澹寬恕心雖從長口不忤物始爲鄉士女嫁韋執誼深不爲執誼所稱及執誼譴逐黃裳終保全之洎死嶺表請歸其喪以辦葬事及是被疾醫人誤進其藥疾甚而不怒然爲宰相除授不分流品或官以賂遷時論惜之黃裳歿後賄賂事發八年四月御史臺奏前永樂令吳憑爲僧鑒虛受託與故司空杜黃裳於故州邠寧節度使高崇文處納賂四萬五千貫並付黃裳男載按問引伏勑曰吳憑曾佐使府忝履官途自宜畏法惜身豈得爲人通貨事關非道理合懲愆宜配流昭州其付杜載錢物宰輔之任寵寄實深致茲貨財不能拒絕已令按問悉合徵收貴全終始之恩俾弘寬大之典其所取錢物並宜矜免杜載等並釋放載爲太子僕長慶中遷太僕少卿兼御史中丞充入吐蕃使載弟勝登進士第大中朝位給事中勝子廷堅亦進士擢第

高郢字公楚其先渤海蓨人九歲通春秋能屬文天寶末盜據京邑父伯祥先爲好畤尉抵賊禁將加極刑郢時年十五被髮解衣請代其父賊黨義之乃俱釋後舉進士擢第應制舉登茂才異行科授華陰尉嘗以魯不合用天子禮樂乃引公羊傳著魯議見稱於時由是授咸陽尉郭子儀節制朔方辟爲掌書記子儀嘗怒從事張曇奏殺

之郢極言爭救忤子儀旨奏貶猗氏丞李懷光節制邠寧奏爲從事累轉副元帥判官檢校禮部郎中懷光背叛將歸河中郢言西迎大駕豈非忠乎懷光忿而不聽及歸鎭又欲悉衆而西時渾瑊軍孤壘帥未集郢與李鄘誓死駐之屬懷光長子琟候郢郢乃諭以逆順曰人臣所宜效順且自天寶以來阻兵者今復誰在況國家自有天命非獨人力今若恃衆西向自絕于天十室之邑必有忠信安知三軍不有奔潰者乎李琟震懼流涕氣索明年春郢與都知兵馬使呂鳴岳都虞候張延英同謀間道上表及受密詔事洩二將立死懷光乃大集將卒白刃盈庭引郢詰之郢挺然抗辭無所慙隱憤氣感發觀者涕下懷光慙沮而止德宗還京命諫議大夫孔巢父中人啖守盈赴河中宣慰懷光授以太保而懷光怒激其親兵詬詈殺守盈及巢父巢父之被刃也委於地郢就而撫之及懷光被誅馬燧辟郢爲掌書記未幾徵拜主客員外遷刑部郎中改中書舍人凡九歲拜禮部侍郎時應進士舉者多務朋游馳逐聲名每歲冬州府薦送後唯追

奉譏集字肄其業郢性剛正尤嫉其風既領職拒絕請託雖同列通熟無敢言者志在經藝專考程試凡掌貢部三歲進幽獨抑浮華朋濫之風翕然一變拜太常卿貞元十九年冬進位銀青光祿大夫守中書侍郎同中書門下平章事順宗即位轉刑部尚書爲韋執誼等所憚尋罷知政事以本官判吏部尚書事明年出鎮華州元和元年冬復拜太常卿尋除御史大夫數月轉兵部尚書逾月冊表乞骸不許又上言曰臣聞勞生佚老天理自然蠕動翾飛日入皆息自非貢禹之守經據古趙憙之正身匪懈韓暨之志節高潔山濤之道德模表繼過常期詎爲貪冒其有當仁不讓急病忘身豈止君命猶宜身舉臣郢不才久忝高位無任由衷瀝懇之至乃授尚書右僕射致仕六年七月卒年七十二贈太子太保謚曰貞郢性恭愼廉潔寡與人交持守官奉法勤恪掌誥累年家無制草或謂之曰前輩皆留制集公焚之何也曰王言不可存私家時人重其愼密與鄭珣瑜並命拜相未幾德宗昇遐時同在相位杜佑以宿舊居上而韋執誼由朋黨

專柄順宗風恙方甚樞機不宣而王叔文以翰林學士兼戶部侍郎充度支副使是時政事王叔文謀議王伾通導李忠言宣下韋執誼奉行珣瑜自受命憂形顏色至是以勢不可奪因稱疾不起郢則因循竟無所發以至於罷物論定此爲優劣焉子定嗣定幼聰警絕倫年七歲時讀尚書湯誓問郢曰柰何以臣伐君郢曰應天順人不爲非道又問曰用命賞于祖不用命戮于社是順人乎父不能對仕至京兆參軍小字董二人以幼慧多以字稱之尤精王氏易嘗爲易圖合八出以畫八卦上圓下方合則重轉則演七轉而六十四卦六甲八節備焉著易外傳二十二卷也

杜佑字君卿京兆萬年人曾祖行敏荊益二州都督府長史南陽郡公祖愨右司員外郎詳正學士父希望歷鴻臚卿恒州刺史西河太守贈右僕射佑以蔭入仕補濟南郡參軍剡縣丞時潤州刺史韋元甫嘗受恩於希望佑謁見元甫未之知以故人子待之他日元甫視事有疑獄不能決佑時在旁元甫試訊於佑佑口對響應皆得其要元甫奇之乃奏爲司法參軍元甫爲浙西觀察淮南節度皆辟爲從事深所委信累官至檢校主客員外郎入爲工部郎中充江西青苗使轉撫州刺史改御史中丞充容管經略使楊炎入相徵入朝歷工部金部二郎中並充水陸轉運使改度支郎中兼和糴等使時方軍興饋運之務悉委於佑遷戶部侍郎判度支爲盧杞所惡出爲蘇州刺史佑母在杞以蘇州憂闕授之佑不行俄換饒州刺史未幾兼御史大夫充嶺南節度使時德宗在興元朝廷故事執政往往遺脫舊嶺南節度常兼五管經略使佑獨不兼故五管不屬嶺南自佑始也貞元三年徵爲尚書左丞又出爲陝州觀察使遷檢校禮部尚書揚州大都督府長史充淮南節度使丁母憂特詔起復累轉刑部尚書檢校右僕射十三年徐州節度使張建封卒其子愔爲三軍所立詔佑以淮南節制檢校左僕射同平章事兼徐泗節度使委以討伐佑乃大具舟艦遣將孟準先當之準渡淮而敗佑杖之固境不敢進及詔以徐州授愔而加佑兼濠泗等州觀察使在揚州開設營壘三十

餘所士馬修葺然於賓僚間依阿無制判官南宮傳李亞鄭元均爭權頗紊軍政德宗知之並寘於嶺外十九年入朝拜檢校司空同平章事充太清宮使德宗崩佑攝冢宰尋進位檢校司徒充度支鹽鐵等使依前平章事旋又加弘文館大學士時王叔文爲副使佑雖總統而權歸叔文叔文敗又奏李巽爲副使頗有所立順宗崩佑復攝冢宰尋讓金穀之務引李巽自代先是度支以制用惜費漸權百司之職廣署吏員繁而難理佑始奏營繕歸之將作木炭歸之司農染練歸之少府綱條頗整公議多之朝廷允其議元和元年冊拜司徒同平章事封岐國公時河西党項潛導吐蕃入寇邊將邀功亟請擊之佑上疏論之曰臣伏見党項與西戎潛通屢有降人指陳事迹而公卿廷議以爲誠當謹兵戎備侵軼益發甲卒邀其寇暴此蓋未達事機匹夫之常論也夫蠻夷猾夏唐虞已然周宣中興獫狁爲害但命南仲往城朔方追之太原及境而止誠不欲弊中國而怒遠夷也秦平六國恃其兵力北築長城以拒匈奴西逐諸羌出於塞外勞力

擾人結怨階亂中國未靜白徒競起海內雲擾實生謫戍漢武因文景之富命將興師遂至戶口減半竟下哀痛之詔罷田輪臺前史書之尚嘉其先迷而後復蓋聖王之理天下也唯務綏靜蒸人西至流沙東漸于海在南與北亦存聲教不以遠物爲珍匪求遐方之貢豈疲內而事外終得少而失多故前代納忠之臣並有匡君之議淮南王請息師于閩越賈捐之願棄地于珠崖安危利害高懸前史昔馮奉世矯漢帝之詔擊莎車傳其王首於京師威震西域宣帝大悅議加爵土之賞蕭望之獨以爲矯制違命雖有功效不可爲法恐後之奉使者爭逐發兵爲國家生事述理明白其言遂行國家自天后已來突厥默啜兵強氣勇屢寇邊城爲害頗甚開元初邊將郝靈佺親捕斬之傳首闕下自以爲功代莫與二坐望榮寵宋璟爲相慮武臣邀功爲國生事止授以郎將由是訖開元之盛無人復議開邊中國遂寧外夷亦靜此皆成敗可徵鑒戒非遠且党項小蕃雜處中國本懷我德當示撫綏間者邊將非廉亟有侵刻或利其善馬或取其子

女便賄方物徵發役徒勞苦既多叛亡遂起或與北狄通使或與西戎寇邊有爲使然固當懲革傳曰遠人不服則修文德以來之管子曰國家無使勇猛爲邊境此誠聖哲識微知著之遠略也今戎醜方強邊備未實誠宜慎擇良將誡之完葺使保誠信絕其求取用示懷柔來則懲禦去則謹備自然彼懷革其姦謀何必遠圖興師坐致勞費陛下上聖君人覆育群類動必師古謀無不臧伏望堅保永圖置兵衽席天下幸甚臣識昧經綸學慙博究竊鼎鉉之寵任爲朝廷之老臣恩深莫倫志懇思報臧否備閱芻蕘上陳有瀆旒扆伏深惶悚上深嘉納歲餘請致仕詔不許但令三五日一入中書平章政事每入奏事憲宗優禮之不名常呼司徒佑城南樊川有佳林亭卉木幽邃佑每與公卿讌集其間廣陳妓樂諸子咸居朝列當時貴盛莫之與比元和七年被疾六月復乞骸骨表四上情理切至憲宗不獲已許之詔曰宣力濟時爲臣之懿躅辭榮告老行己之高風況乎任重公台義深翼贊秉沖讓之志堅金石之誠敦諭既勤所執彌固則當遂其衷懇進以崇名尚齒優賢斯王化之本也金紫光祿大夫守司徒同中書門下平章事兼充弘文館大學士太清宮使上柱國岐國公食邑三千戶杜佑嚴廊上才邦國茂器蘊經通之識履溫厚之姿寬裕本乎性情謀猷彰乎事業博聞強學知歷代沿革之宜爲政惠人審群黎利病之要由是再司邦用累歷藩方出總戎麾入和鼎實肇膺重寄歷事先朝左右朕躬夙夜不懈命以詔冊登之上公肅恭在廷華髮承弁茲可謂國之元老人之具瞻者也朕纘承丕業思弘景化選勞求舊期致時邕方伸引翼之儀遽抗懸車之請而又固辭年疾乞就休閑已而復來星琯屢變有不可抑良用耿然永惟古先哲王君臣之際臣有耆艾以求其退君有優賜以徇其情乃輟鄧禹數教之功仍增王祥輔導之秩俾養浩然之氣安於敬止之鄉庶乎怡神葆和永綏福履仍加階級以厚寵章可光祿大夫守太保致仕宜朝朔望是日上遣中使就佑第賜絹伍百匹錢伍伯阡其年十一月薨壽七十八廢朝三日冊贈太傅諡曰安簡佑性敦厚強力尤精吏

職雖外示寬和而持身有術爲政弘易不尚皦察掌計治民物便而濟馭戎應變即非所長性嗜學該涉古今以富國安人之術爲己任初開元末劉秩採經史百家之言取周禮六官所職撰分門書三十五卷號曰政典大爲時賢稱賞房琯以爲才過劉更生佑得其書尋味厥旨以爲條目未盡因而廣之加以開元禮樂書成二百卷號曰通典貞元十七年自淮南使人詣闕獻之曰臣聞太上立德不可庶幾其次立功遂行當代其次立言見志後學由是往哲遞相祖述將施有政用乂邦家臣本以門資幼登官序仕非遊藝才不逮人徒懷自強頗玩墳籍雖履歷叨幸或職劇務殷竊惜光陰未嘗輕廢夫孝經尚書毛詩周易三傳皆父子君臣之要道十倫五教之宏綱如日月之下臨天地之大德百王是式終古攸遵然多記言罕存法制愚管窺測莫達高深輒肆荒虛誠爲億度每念懵學莫探政經略觀歷代衆賢著論多陳紊失之弊或闕匡拯之方臣既庸淺寧詳損益未原其始莫暢其終尚賴周氏典禮秦皇蕩滅不盡縱有繁雜且用準

緝至於往昔是非可爲來今龜鏡布在方冊亦粗研尋自頃釋褐從仕年踰三紀識寡思拙心昧辭蕪圖籍實多事目非少將事功畢罔愧乖疏固不足發揮大猷但竭愚盡慮而已書凡九門計貳伯卷不敢不具上獻庶明鄙志所之塵瀆聖聰兢惶無措優詔嘉之命藏書府其書大傳於時禮樂刑政之源千載如指諸掌大爲士君子所稱佑性勤而無倦雖位極將相手不釋卷質明視事接對賓客夜則燈下讀書孜孜不怠與賓佐談論人憚其辯而伏其博設有疑悞亦能質正始終言行無所玷缺唯在淮南時妻梁氏亡後昇嬖妾李氏爲正室封密國夫人親族子弟言之不從時論非之三子師損嗣位終司農少卿

式方字考元以廕授揚府參軍轉常州晉陵尉浙西觀察使王緯辟爲從事入爲太子通事舍人改太常寺主簿明練鍾律有所考定深爲高郢所賞時父作鎮揚州家財鉅萬甲第在安仁里杜城有別墅亭館林池爲城南之最昆仲皆在朝廷與時賢遊從樂而有節旣而

佑入中書出爲昭應令丁父憂服闋遷司農少卿賜金紫加正議大夫太僕卿時少子悰選尚公主式方以右戚移病不視事久之文宗卽位轉兼御史中丞充桂管觀察都防禦使長慶二年三月卒於位贈禮部尚書式方性孝友弟兄尤睦季弟從郁少多疾病式方每躬自煎調藥膳水飲非經式方之手不入於口及從郁夭喪終年號泣殆不勝情士友多之子惲憓悰恂惲嗣富平尉憓興平尉

悰以廕三遷太子司議郎元和九年選尚公主召見于麟德殿尋尚岐陽公主加銀青光祿大夫殿中少監駙馬都尉岐陽憲宗長女郭妃之所生自頃選尚多於貴戚或武臣節將之家于時翰林學士獨孤郁權德輿之女壻時德輿作相郁避嫌辭內職上頗重學士不獲已許之且歎德輿有佳壻遂令宰臣於卿士家選尚文雅之士可居清列者初於文學後進中選擇皆辭疾不應唯悰願焉累遷至司農卿太和六年轉京兆尹七年檢校刑部尚書出爲鳳翔尹鳳翔隴右節度丁內艱八年起復授忠武軍節度使陳許蔡觀察等使就加兵部尚書開成初入爲工部尚書判度支屬岐陽公主薨久而未謝文宗怪之問左右戶部侍郎李珏對曰近日駙馬爲公主服斬衰三年所以士族之家不願爲國戚者半爲此也杜悰未謝拘此服紀也上愕然曰予初不知乃詔曰制服輕重必由典禮如聞往者駙馬爲公主服三年緣情之義殊非故實違經之制今乃聞知宜令行杖周朞爲通制三年改戶部尚書兼判戶部度支事會昌中拜中書侍郎同中書門下平章事尋加左僕射大中初出鎮西川降先沒吐蕃維州州卽古西戎地也其地南界江陽岷山連嶺而西不知其極北望隴山積雪如玉東望成都若在井底地接石紐山夏禹生于石紐山是也其州在岷山之孤峯三面臨江天寶後河隴繼陷惟此州在焉吐蕃利其險要二十年間設計得之遂據其城因號曰無憂城吐蕃由是不虞邛蜀之兵先是李德裕鎮西川維州吐蕃首領悉怛謀以城來降德裕奏之執政者與德裕不協遽勒還其城至是復收之亦不因兵刃乃人情所歸也俄復入相加司空繼加司徒歷鎮重藩至是

加太傅邠國公悰無他才常延接寒素甘食竊位而已

從郁以廕貞元末再遷太子司議郎元和初轉左補闕諫官崔群韋貫之獨孤郁等以從郁宰相子不合爲諫官乃降授左拾遺群等復執曰拾遺之與補闕雖資品有殊皆名諫列父爲宰相子爲諫官若政有得失不可使子論父乃改爲秘書丞終駕部員外郎子牧顗俱登進士第顗後病目而卒

牧字牧之旣以進士擢第又制舉登乙第解褐弘文館校書郎試左武衛兵曹參軍沈傳師廉察江西宣州辟牧爲從事試大理評事又爲淮南節度推官監察御史裏行轉掌書記俄眞拜監察御史分司東都以弟顗病目棄官授宣州團練判官殿中侍御史內供奉遷左補闕史館修撰轉膳部比部員外郎並兼史職出牧黃池睦三郡復遷司勳員外郎史館修撰轉吏部員外郎又以弟病免歸授湖州刺史入拜考功郎中知制誥歲中遷中書舍人牧好讀書工詩爲文嘗自負經緯才略武宗朝誅昆夷鮮卑牧上宰相書論兵事言胡戎入

寇在秋冬之間盛夏無備宜五六月中擊胡爲便李德裕稱之注曹公所定孫武十三篇行於代牧從兄悰隆盛于時牧居下位心嘗不樂將及知命得病自爲墓志祭文又嘗夢人告曰爾改名畢踰月奴自家來告曰炊將熟而甑裂牧曰皆不祥也俄又夢書行紙曰皎皎白駒在彼空谷寤寢而歎曰此過隙也吾生於角徵還於角爲第八宮吾之甚厄也予自湖守遷舍人木還角足矣其年以疾終於安仁里年五十有集二十卷曰杜氏樊川集行於代子德祥官至丞郎

史臣曰黃裳以道致君持誠奉主辨懷光之詐羅全義之征討賊闢之兇舉無遺筭葬執誼之柩豈曰不仁郢天縱之性幼沖之年代父命於臨刑孝也懷光之亂王人被傷撫巢父於賊庭義也抑浮盪之流考藝文之士盡搜幽滯大變時風正也保止足之名辭榮辱之路高避世利遐躅昔賢智也忠孝全矣仁智備矣此二子者皆臨大節而不可奪也佑承蔭入仕讞獄受知博古該今輸忠效用位居極品榮逮子孫操修之報不亦宜哉及其寵寮案法嬖妾受封事重因循

○難乎語於正矣牧之文章悰之長厚能否既異才位不倫命矣夫

贊曰貞公壯節臨難奮發言行無玷斯爲明哲戡亂阜俗時泰位隆國之名臣鄭公岐公

唐書列傳卷第九十七

唐書列傳卷第九十八

劉昫等修

聞人詮校刻沈桐同校

裴垍　李吉甫　李藩　權德輿子璩

裴垍字弘中河東聞喜人曾拱中宰相居道七代孫垍弱冠舉進士貞元中制舉賢良極諫對策第一授美原縣尉秩滿藩府交辟皆不就拜監察御史轉殿中侍御史尚書禮部考功二員外郎時吏部侍郎鄭珣瑜請垍考詞判垍守正不受請託考覈皆務才實元和初召入翰林爲學士轉考功郎中知制誥尋遷中書舍人李吉甫自翰林承旨拜平章事詔將下之夕感出涕謂垍曰吉甫自尚書郎流落遠地十餘年方歸便入禁署今纔滿歲後進人物罕所接識宰相之職宜選擢賢俊今則懵然莫知能否卿多精鑒今之才傑爲我言之垍取筆疏其名氏得三十餘人數月之內選用略盡當時翕然稱吉甫有得人之稱三年詔舉賢良時有皇甫湜對策其言激切牛僧孺李

宗閔亦苦詆時政考官楊於陵韋貫之升三子之策皆上第垍居中覆視無所同異及爲貴倖泣訴請罪於上憲宗不得已出於陵貫之官罷垍翰林學士除戶部侍郎然憲宗知垍好直信任彌厚其年秋李吉甫出鎮淮南遂以垍代爲中書侍郎同平章事明年加集賢院大學士監修國史垍奏集賢御書院請準六典登朝官五品已上爲學士六品已下爲直學士自非登朝官不問品秩並爲校理其餘名目一切勒停史館請登朝官入館者並爲修撰非登朝官並爲直史館仍永爲常式皆從之元和五年中風病憲宗甚嗟惜中使旁午致問至於藥膳進退皆令疏陳疾益痼罷爲兵部尚書仍進階銀青明年改太子賓客卒廢朝賻禮有加贈太子少傅初垍在翰林承旨屬憲宗初平吳蜀勵精思理機密之務一以關垍垍小心敬慎甚稱中旨及作相之後懇請旌別淑慝杜絕蹊徑齊整法度考課吏理皆蒙垂意聽納吐突承璀自春宮侍憲宗恩顧莫二承璀承間欲有所關說憲宗憚垍誠勿復言在禁中常以官呼垍而不名楊於陵爲嶺南

節度使與監軍許遂振不和遂振誣奏於陵憲宗令追與慢官垍曰以遂振故罪一藩臣不可請授吏部侍郎嚴綬在太原其政事一出監軍李輔光綬但拱手而已垍具奏其事請以李鄘代之王士眞死其子承宗以河北故事請代父爲帥憲宗意速於太平且頻盪寇孼謂其地可取吐突承璀恃恩謀撓垍權遂伺君意請自征討盧從史陰苞逆節內與承宗相結約而外請興師以圖厚利垍二陳其不可且言武俊有大功於朝前授李師道而後奪承宗是賞罰不一無以沮勸天下逗留半歲憲宗不決承璀之策竟行及師臨賊境從史果攜貳承璀數督戰從史益驕倨反覆官軍病之時王師久暴露無功上意亦怠後從史遣其衙門將王翊元入奏垍延與語徵動其心且喻以爲臣之節翊元因吐誠言從史惡稔可圖之狀垍遣再往比復還遂得其大將烏重胤等要領垍因從容啓言從史暴戾有無君之心今聞其視承璀如嬰孩往來神策壁壘間益自恃不嚴是天亡之時也若不因其機而致之後雖興師未可以歲月破也憲宗初愕然

○熟思其計方許之垍因請密其謀憲宗曰此唯李絳梁守謙知之時絳承旨翰林守謙掌密命後承璀竟擒從史平上黨其年秋班師垍以承璀首唱用兵今還無功陛下縱念舊勞不能加顯戮亦請貶黜以謝天下遂罷承璀兵柄先是天下百姓輸賦於州府一曰上供二曰送使三曰留州建中初定兩稅時貨重錢輕是後貨輕錢重齊人所出固已倍其初征以其留州送使所在長史又降省估使就實估以自封殖而重賦於人及垍爲相奏請天下留州送使物一切令依省估其所在觀察使仍以其所涖之郡租賦自給若不足然許徵於支郡其諸州送使額悉變爲上供故江淮稍息肩垍雖年少驟居相位而器局峻整有法度雖大寮前輩其造請不敢干以私諫官言時政得失舊事操權者多不悅其舉職垍在中書有獨孤郁李正辭嚴休復自拾遺轉補闕及參謝之際垍廷語之曰獨孤與李二補闕孜孜獻納今之遷轉可謂酬勞無愧矣嚴補闕官業或異於斯昨者進擬不無疑緩休復悚悉而退垍在翰林舉李絳崔羣同掌密命及在相位用韋貫之裴度知制誥擢李夷簡爲御史中丞其後繼踵入相咸著名跡其餘量材賦職皆叶人望選任之精前後莫及議者謂垍作相才與時會知無不爲于時朝無倖人百度寖理而再周遘疾以至休謝公論惜之

李吉甫字弘憲趙郡人父栖筠代宗朝爲御史大夫名重於時國史有傳吉甫少好學能屬文年二十七爲太常博士該洽多聞尤精國朝故實沿革折衷時多稱之遷屯田員外郎博士如故改駕部員外宰臣李泌竇參推重其才接遇頗厚及陸贄爲相出爲明州員外長史久之遇赦起爲忠州刺史時贄已謫在忠州議者謂吉甫必逞憾於贄重構其罪及吉甫到部與贄甚歡未嘗以宿嫌介意六年不徙官以疾罷免尋授郴州刺史遷饒州先是州城以頻喪四牧廢而不居物怪變異郡人信驗吉甫至發城門管鑰剪荊榛而居之後人乃安憲宗嗣位徵拜考功郎中知制誥既至闕下旋召入翰林爲學士轉中書舍人賜紫憲宗初即位中書小吏滑渙與知樞密中使劉光

○琦暱善頗竊朝權吉甫請去之劉闢反帝命誅討之計未決吉甫密贊其謀兼請廣徵江淮之師由三峽路入以分蜀寇之力事皆允從由是甚見親信二年春杜黃裳出鎮擢吉甫爲中書侍郎平章事吉甫性聰敏詳練物務自員外郎出官留滯江淮十五餘年備詳閭里疾苦及是爲相患方鎮貪恣乃上言使屬郡刺史得自爲政敍進群材甚有美稱三年秋裴垍爲僕射判度支交結權倖欲求宰相先是制策試直言極諫科其中有譏刺時政忤犯權倖者因此垍黨揚言皆執政教指冀以搖動吉甫賴諫官李約獨孤郁李正辭蕭俛密疏陳奏帝意乃解吉甫早歲知獎羊士諤擢爲監察御史又司封員外郎呂溫有詞藝吉甫亦眷接之竇群亦與羊呂善羣初拜御史中丞奏請士諤爲侍御史溫爲郎中知雜事吉甫怒其不先關白而所請又有超資者持之數日不行因而有隙羣遂伺得日者陳克明出入吉甫家密捕以聞憲宗詰之無姦狀吉甫以裴垍久在翰林憲宗親信必當大用遂密薦垍代已因自圖出鎮其年九月拜檢校兵部尚

書兼中書侍郎平章事充淮南節度使上御通化門樓餞之在揚州每有朝廷得失軍國利害皆密疏論列又於高郵縣築堤爲塘溉田數千頃人受其惠五年冬裴垍病免明年正月授吉甫金紫光祿大夫中書侍郎平章事集賢殿大學士監修國史上柱國趙國公及再入相請減省職員并諸色出身胥吏等及量定中外官俸料時以爲當京城諸僧有以莊磑免稅者吉甫奏曰錢米所徵素有定額寬緇徒有餘之力配貧下無告之民必不可許憲宗乃止又請歸普潤軍於涇原七年京兆尹元義方奏永昌公主准禮令起祠堂請其制度初貞元中義陽義章二公主咸於墓所造祠堂一百二十間費錢數萬及永昌之制上令義方減舊制之半吉甫奏曰伏以永昌公主稚年夭枉舉代同悲況於聖情固所鍾念然陛下猶減制造之半示折衷之規昭儉訓人實越今古臣以祠堂之設禮典無文德宗皇帝恩出一時事因習俗當時人間不無竊議昔漢章帝時欲爲光武原陵明帝顯節陵各起邑屋東平王蒼上疏言其不可東平王即光武之

愛子明帝之愛弟賢王之心豈惜費於父兄哉誠以非禮之事人君所當慎也今者依義陽公主起祠堂臣恐不如量置墓戶以充守奉翌日上謂吉甫曰卿昨所奏罷祠堂事深愜朕心朕初疑其冗費緣未知故實是以量減覽卿所陳方知無據然朕不欲破二十戶百姓當揀官戶委之吉甫拜賀上曰卿此豈是難事有關朕身不便於時者苟聞之則改此豈足多耶卿但勤匡正無謂朕不能行也七年七月上御延英顧謂吉甫曰朕近日畋遊悉廢唯喜讀書昨於代宗實錄中見其時綱紀未振朝廷多事亦有所鑒誡向後見卿先人事迹深可嘉歎吉甫降階跪奏曰臣先父伏事代宗盡心盡節迫於流運不待聖時臣之血誠常所追恨陛下耽悅文史聽覽日新見臣先父忠於前朝著在實錄今日特賜襃揚先父雖在九泉如覩白日因俯伏流涕上慰諭之八年十月上御延英殿問時政記記何事時吉甫監修國史先對曰是宰相記天子事以授史官之實錄也古者右史記言今起居舍人是左史記事今起居郎是永徽中宰相姚璹監修

國史慮造膝之言或不下聞因請隨奏對而記於仗下以授于史官今時政記是也上曰間或不修何也曰面奏德音未及施行總謂機密故不可書以送史官其間有謀議出於臣下者又不可自書以付史官及已行者制令昭然天下皆得聞知即史官之記不待書以授也且臣觀時政記者姚璹修之於長壽及璹罷而事寢賈耽齊抗修之於貞元及耽抗罷而事廢然則關時政化者不虛美不隱惡謂之良史也是月迴紇部落南過磧取西城柳谷路討吐蕃西城防禦使周懷義表至朝廷大恐以爲迴紇聲言討吐蕃意是入寇吉甫奏曰迴紇入寇且當漸絕和事不應便來犯邊但須設備不足爲慮因請自夏州至天德復置廢館一十一所以通緩急又請發夏州騎士五百人營於經略故城應援驛使兼護党項九年請於經略故城置宥州六胡州以在靈鹽界開元中廢六州曰國家舊置宥州以寬宥爲名領諸降戶天寶末宥州寄理於經略軍蓋以地居其中可以總統蕃部北以應接天德南援夏州今經略遙隸靈武又不置軍鎮非舊

制也憲宗從其奏復置宥州詔曰天寶中宥州寄理於經略軍寶應已來因循遂廢由是昆夷屢擾党項靡依蕃部之人撫懷莫及朕方弘遠略思復舊規宜於經略軍置宥州仍爲上州於郭下置延恩縣爲上縣屬夏綏銀觀察使淮西節度使吳少陽卒其子元濟請襲父位吉甫以爲淮西內地不同河朔且四境無黨援國家常宿數十萬兵以爲守禦宜因時而取之頗叶上旨始爲經度淮西之謀元和九年冬暴病卒年五十七憲宗傷悼久之遣中使臨弔常贈之外內出絹五百匹以恤其家再贈司空吉甫初爲相頗洽時情及淮南再徵中外延望風采秉政之後視聽時有所蔽人心疑憚之時負公望者慮爲吉甫所忌多避畏憲宗潛知其事未周歲遂擢用李絳大與絳不協而絳性剛訐於上前互有爭論人多直絳然性畏慎雖其不悅者亦無所傷服物食味必極珍美而不殖財產京師一宅之外無他第墅公論以此重之有司諡曰敬憲及會議度支郎中張仲方駮之以爲太優憲宗怒貶仲方賜吉甫諡曰忠懿甫嘗討論易象異義附

於一行集注之下及綴錄東漢魏晉周隋故事訖其成敗損益大端目爲六代略凡三十卷分天下諸鎮紀其山川險易故事各寫其圖於篇首爲五十四卷號爲元和郡國圖又與史官等錄當時戶賦兵籍號爲國計簿凡十卷纂六典諸職爲百司舉要一卷皆奏上之行於代子德脩德裕

李藩字叔翰趙郡人曾祖至遠天后時李昭德薦爲天官侍郎不詣昭德謝恩昭德怒奏黜爲壁州刺史祖畬開元時爲考功郎中事母孝謹母卒不勝喪死至遠畬皆以志行名重一時父承爲湖南觀察使亦有名藩少恬淡修檢雅容儀好學父卒家富於財親族弔者有挈去不禁愈務散施不數年而貧年四十餘未仕讀書揚州困於自給妻子怨尤之晏如也杜亞居守東都以故人子署爲從事洛中盜發有誣牙將令狐運者亞信之拷掠竟罪藩知其寃爭之不從遂辭出後獲眞盜宋瞿曇藩益知名張建封在徐州辟爲從事居幕中謙謙未嘗論細微杜兼爲濠州刺史帶使職建封病革兼疾驅到府

。覦覬藩與同列省建封出而泣語兼曰僕射公奄忽如此公宜在州防遏今棄州此來欲何也宜疾去不若此當奏聞兼錯愕不虞遂徑歸建封死兼悔所志不就怨藩甚旣歸揚州兼因誣奏藩建封死時搖動軍中德宗大怒密詔杜佑殺之佑素重藩懷詔旬日不忍發因引藩論釋氏曰因報之事信有之否藩曰信然曰審如此君宜遇事無恐因出詔藩覽之無動色曰某與兼信爲報也佑曰愼勿出口吾已密論持百口保君矣德宗得佑解怒不釋亟追藩赴闕及召見望其儀形曰此豈作惡事人耶乃釋然除秘書郎王紹持權邀藩一相見即用終不就王仲舒韋成季呂洞輩爲郎官朋黨輝赫日會聚歌酒慕藩名強致同會藩不得已一至仲舒輩好爲訛語俳戲後召藩堅不去曰吾與仲舒輩終日不曉所與言何也後果敗遷主客員外郎尋換右司時順宗册廣陵王淳爲皇太子兵部尚書王紹請改名紹時議非之皆云皇太子亦人臣也東宮之臣改之宜也非其屬而改之諂也如紹輩豈爲以禮事上耶藩謂人曰歷代故事皆自不識大體之臣而失之因不可復正無足怪也及太子即位憲宗是也宰相改郡縣名以避上名唯監察御史韋淳不改旣而有詔以陸淳爲給事中改名質淳不得已改名處厚議者嘉之藩尋改吏部員外郎元和初遷吏部郎中掌曹事爲吏所蔽監用官闕黜爲著作郎轉國子司業遷給事中制勑有不可遂於黃勑後批之吏曰宜別連白紙藩曰別以白紙是文狀豈曰批勑耶裴垍言於帝以爲有宰相器屬鄭絪罷免遂拜藩門下侍郎同平章事藩性忠藎事無不言上重之以爲無隱四年冬顧謂宰臣曰前代帝王理天下或家給人足或國貧下困其故何也藩對曰古人云儉以足用蓋足用繫於儉約誠使人君不貴珠玉唯務耕桑則人無淫巧俗自敦本百姓旣足君孰與不足自然帑藏充羨稼穡豐登若人君竭民力貴異物上行下効風俗日奢去本務末衣食益乏則百姓不足君孰與足自然國貧家困盜賊乘隙而作矣今陛下永鑒前古思躋富庶躬尚勤儉自當理平伏願以知之爲非艱保之爲急務宮室輿馬衣服器玩必務損之又

。損示人變風則天下幸甚帝曰儉約之事是我誠心貧富之由如卿所說唯當上下相勗以保此道似有踰濫極言箴規此固深期於卿等也藩等拜賀而退帝又問曰禳災祈福之說其事信否藩對曰臣竊觀自古聖達皆不禱祠故楚昭王有疾卜者謂河爲祟昭王以河不在楚非所獲罪孔子以爲知天道仲尼病子路請禱仲尼以爲神道助順繫於所行已旣全德無愧屋漏故答子路云丘之禱久矣書云惠迪吉從逆凶言順道則吉從逆則凶詩云自求多福則禍福之來咸應行事若苟爲非道則何福可求是以漢文帝每有祭祀使有司敬而不祈其見超然可謂盛德若使神明無知則安能降福必其有知則私己求媚之事君子尚不可悅也況於明神乎由此言之則履信思順自天祐之苟異於此實難致福故堯舜之德唯在修己以安百姓管仲云義於人者和於神蓋以人爲神主故但務安人而已號公求神以致危亡王莽妄祈以速漢兵古今明識書傳所紀伏望陛下每以漢文孔子之意爲準則百福具臻帝深嘉之時河東節度

使王鍔用錢數千萬賂遺權倖求兼宰相藩與權德輿在中書有密言曰王鍔可兼宰相宜即擬來藩遂以筆塗兼相字却奏上云不可德輿失色曰縱不可宜別作奏豈可以筆塗詔耶曰勢迫矣出今日便不可止日又暮何暇別作奏事果寢李吉甫自揚州再入相數日罷藩爲詹事後數月上思藩召對復有所論列元和六年出爲華州刺史兼御史大夫未行卒年五十八贈戶部尚書藩爲相材能不及裴垍孤峻頗後韋貫之然人物清規亦其流也

權德輿字載之天水略陽人父臯字士繇後秦尚書翼之後少以進士補貝州臨清尉安祿山以幽州長史充河北按察使假其才名表爲薊縣尉署從事臯陰察祿山有異志畏其猜虐不可以潔退欲潛去又慮禍及老母天寶十四年祿山使臯獻戎俘自京師迴過福昌福昌尉仲謩臯從父妹壻也密以計約之比至河陽詐以疾亟召謩謩至臯示已瘖瞪謩而瞑謩乃勉哀而哭手自含襲既逸臯而葬其棺人無知者從吏以詔書還臯母初不知聞臯之死慟哭傷行路祿

○山不疑其詐死許其母歸臯時微服匿跡候母於淇門既得侍其母乃奉母晝夜南去及渡江祿山已反矣由是名聞天下淮南採訪使高適表臯試大理評事充判官屬永王璘亂多刼士大夫以自從臯懼見迫又變名易服以免玄宗在蜀聞而嘉之除監察御史會丁母憂因家洪州時南北隔絶或踰歲不聞詔命有中使奉宣至洪州經時未復過有求取州縣苦之時有王濤爲南昌令將執按之因見臯白其事臯不言久之垂涕曰方今何由可致一勑使而遽有此言因掩涕而起濤遽拜謝之浙西節度使顔眞卿表臯爲行軍司馬詔徵爲起居舍人又以疾辭嘗曰本自全吾志豈受此之名耶李季卿爲江淮黜陟使奏臯節行改著作郎復不起兩京蹂於胡騎士君子多以家渡江東知名之士如李華柳識兄弟者皆仰臯之德而友善之大曆三年卒于家年四十六元和中謚曰貞孝初臯卒韓洄王定爲服朋友之喪李華爲其墓表以爲分天下善惡一人而已前贈秘書監至是因子德輿爲相立家廟至元和十二年復贈太子太保德輿生四歲能屬詩七歲居父喪以孝聞十五爲文數百篇編爲童蒙集十卷名聲日大韓洄黜陟河南辟爲從事試秘書省校書郎貞元初復爲江西觀察使李兼判官再遷監察御史府罷杜佑裴冑皆奏請二表同日至京德宗雅聞其名徵爲太常博士轉左補闕八年關東大水上疏請降詔恤隱遂命奚陟等四人使裴延齡以巧倖判度支九年自司農少卿除戶部侍郎仍判度支德輿上疏曰臣伏以爵人於朝與衆共之況經費之司安危所繫延齡頃自權判逮今間歲不稱之聲日甚於初羣情衆口諠於朝市不敢悉煩聖聽今謹略舉所聞多云以常賦正額支用未盡者便爲剩利以爲己功又重破官錢買常平先所收市雜物遂以再給估價用充別貯利錢又云邊上諸軍皆至懸闕自今春已來並不支糧伏以疆埸之事所虞非細誠聖謩前定終事切有司陛下必以延齡孤貞獨立爲時所排醜正有黨結此流言何不以新收剩利徵其本末爲分析條奏又擇朝賢信臣與中使一人巡覆邊軍察其資儲有無虛實儻延齡受任已來精心

○勤力每事省約別收羨餘於正數各有區分邊軍儲蓄實猶可支身自斂怨爲國惜費自宜更示優奬以洗群疑明書厥勞昭示天下如或言者非謬罔上實多豈以邦國重務委之非據臣職在諫曹合採群議正拜已來今已旬日道路云云無不言此豈京師士庶之衆愚智之多合而爲黨共有讎嫉陛下亦宜稍迴聖鑑俯察羣心況臣之事君如子事父今當聖明不諱之代若猶愛身隱情是不忠不孝莫大之罪敢瀝肝血伏待刑書十年遷起居舍人歲中兼知制誥轉駕部員外郎司勳郎中職如舊遷中書舍人是時德宗親覽庶政重難除授凡命於朝多補自御札始德輿知制誥給事有徐岱舍人有高郢居數歲岱卒郢知禮部貢舉獨德輿直禁垣數旬始歸嘗上疏請除兩省官德宗曰非不知卿之勞苦禁掖清切須得如卿者所以久難其人德輿居西掖八年其間獨掌者數歲貞元十七年冬以本官知禮部貢舉來年眞拜侍郎凡三歲掌貢士至今號爲得人轉戶部侍郎元和初歷兵部吏部侍郎坐郎吏誤用官闕改太子賓客復爲

兵部侍郎遷太常卿五年冬宰相裴垍寢疾德輿拜禮部尚書平章事與李藩同作相河中節度王鍔來朝貴倖多譽鍔者上將加平章事李藩堅執以爲不可德輿繼奏曰夫平章事非序進而得國朝方鎮帶宰相者蓋有大忠大勳大曆已來又有跋扈難制者不得已而與之今王鍔無大忠勳又非姑息之時欲假此名實恐不可上從之運粮使董溪于臯謨盜用官錢詔流嶺南行至湖外密令中使皆殺之他日德輿上疏曰竊以董溪等當陛下憂山東用兵時領粮料供軍重務聖心委付不比尋常敢負恩私恣其贓犯使之萬死不足塞責弘寬大之典流竄太輕陛下合改正罪名兼責臣等疏畧但詔令已下四方聞知不書明刑有此處分竊觀衆情有所未喻伏自陛下臨御已來每事以誠實與天地合德與四時同符萬方之人沐浴皇澤至如于董所犯合正典章明下詔書與衆同棄即人人各懼法各謹身臣誠知其罪不容誅又是已過之事不合論辯上煩聖聰伏以陛下聖德聖姿度越前古頃所下一詔舉一事皆合理本皆順人心

伏慮他時更有此比但要有司窮鞫審定罪名或致之極法或使自盡罰一勸百孰不甘心巍巍聖朝事體非細臣每於延英奏對退思陛下求理之言生逢盛明感涕自賀況以愚滯朴訥聖鑒所知伏惟恕臣迂疎察臣丹懇及李吉甫自淮南詔徵未一年上又繼用李絳時上求理方切軍國無大小一付中書吉甫絳議政頗有異同或於上前論事形於言色其有詣於理者德輿亦不能爲發明時人以此譏之竟以循默而罷復守本官尋以檢校吏部尚書爲東都留守後拜太常卿改刑部尚書先是許孟容蔣乂等奉詔刪定格勑孟容等尋改他官乂獨成三十卷表獻之留中不出德輿請下刑部與侍郎劉伯芻等考定復爲三十卷奏上十一年復以檢校吏部尚書出鎮興元十三年八月有疾詔許歸闕道卒年六十贈左僕射謚曰文德輿自貞元至元和三十年間羽儀朝行性直亮寬恕動作語言一無外飾醖藉風流爲時稱嚮於述作特盛六經百氏游詠漸漬其文雅正而弘博王侯將相洎當時名人薨歿以銘紀爲請者什八九時人以宗匠焉尤嗜讀書無寸景暫倦有文集五十卷行於代子璩中書舍人

史臣曰裴垍精鑒默識舉賢任能啓沃帝心弼諧王道如崔羣裴度韋貫之輩咸登將相皆垍之薦達立言立事知無不爲吉甫該洽典經詳練故實伏裴垍之抽擢致朝倫之式序吉甫知垍之能別鑒彥垍知吉甫之善任賢良相須而成不忌不克叔翰修身慎行力學承家批制勑有夕郎之風塗御書見宰執之器而乃輕財散施天爵是期偉哉自待之意也德輿孝悌力學髫亂有聞疏延齡恣行巧行論臯謨不書明刑三十年羽儀朝行實臯之餘慶所鍾此四子者所謂經緯之臣又何慙於王佐矣

贊曰二李秉鈞信爲名臣甫柔而黨藩俊而純裴公鑒裁朝無屈人權之藻思文質彬彬

唐書列傳卷第九十八

劉昫 等修

聞人詮校刻沈桐同校

于休烈（子肅 肅子敖 敖子琮） 令狐峘 歸崇敬（子登 登子融）

奚陟 張薦（祖文成 薦子又新 又新子讀） 蔣乂（子係）

柳登（父芳 登弟冕 登子璟） 沈傳師（父既濟 子詢）

于休烈河南人也高祖志寧貞觀中任左僕射爲十八學士父默成沛縣令早卒休烈至性貞愨機鑒敏悟自幼好學善屬文與會稽賀朝萬齊融延陵包融爲文詞之友齊名一時舉進士又應制策登科授秘書省正字累遷右補闕起居郎集賢殿學士轉比部員外郎郎中楊國忠輔政排不附已者出爲中部郡太守值祿山構難肅宗踐祚休烈自中部赴行在擢拜給事中遷太常少卿知禮儀事兼修國史肅宗自鳳翔還京勵精聽受嘗謂休烈曰君舉必書良史也朕有過失卿書之否對曰禹湯罪已其興也勃焉有德之君不忘規過臣

○不勝大慶時中原蕩覆典章殆盡無史籍檢尋休烈奏曰國史一百六卷開元實録四十七卷起居注并餘書三千六百八十二卷並在興慶宮史館京城陷賊後皆被焚燒且國史實録聖朝大典修撰多時今並無本伏望下御史臺推勘史館所由令府縣招訪有人別收得國史實録如送官司重加購賞若是史官收得仍赦其罪得一部超授官資得一卷賞絹十匹數月之内唯得一兩卷前修史官工部侍郎韋述陷賊入東京至是以其家藏國史一百一十三卷送于官肅宗以太常鍾磬自隋已來所傳五音或有不調乾元初謂休烈曰古者聖人作樂以應天地之和以合陰陽之序則人不夭札物不疵癘且金石絲竹樂之器也比親享郊廟每聽懸樂宮商不備或鍾磬失度可盡將鍾磬來朕當於内自定太常集樂工考試數日審知差錯然後令別鑄造磨刻及事畢上臨殿親試考擊皆合五音群臣稱慶休烈尋轉工部侍郎修國史獻五代帝王論帝甚嘉之宰相李揆矜能忌賢以休烈修國史與已齊列嫉之奏爲國子祭酒權留史館修撰以下之休烈恬然自持殊不介意舊儀元正冬至百官不於光順門朝賀皇后乾元元年張皇后遂行此禮休烈奏曰周禮有命夫朝人主命婦朝女君自顯慶已來則天皇后始行此禮其日命婦又朝光順門與百官雜處殊爲失禮肅宗詔停之代宗即位甄别名品宰臣元載稱之乃拜右散騎常侍依前兼修國史尋加禮儀使遷工部侍郎又改檢校工部尚書兼判太常卿事正拜工部尚書累封東海郡公加金紫光祿大夫在朝凡三十餘年歷掌清要家無擔石之蓄恭儉溫仁未嘗以喜愠形於顔色而親賢下士推轂後進雖位崇年高曾無倦色篤好墳籍手不釋卷以至于終大曆七年卒年八十一有集十卷行於代嗣子益次子肅相繼爲翰林學士是歲春休烈妻韋氏卒上以休烈父子儒行著聞特詔贈韋氏國夫人葬日給鹵簿鼓吹及聞休烈卒追悼久之褒贈尚書左僕射賻絹百匹布五十端遣謁者内常侍吳承倩就私第宣慰儒者之榮少有其比肅官至給事中肅子敖

○敖字蹈中以家世文史盛名少爲時彦所稱志行修謹登進士第釋褐秘書省校書郎湖南觀察使楊憑辟爲從事府罷鳳翔節度使李鄘鄂岳觀察使呂元膺相繼辟召自協律郎大理評事試監察御史元和六年真拜監察御史轉殿中歷倉部司勳二員外萬年令拜右司郎中出爲商州刺史長慶四年入爲吏部郎中其年遷給事中昭愍初即位李逢吉用事與翰林學士李紳素不叶遂誣紳以不測之罪逐於嶺外紳同職駕部郎中知制誥龐嚴司封員外郎知制誥蔣防坐紳黨左遷信汀等州刺史黜詔下敖封還詔書時人以爲與嚴相善訴其非罪皆曰于給事犯宰執之怒伸龐蔣之屈不亦仁乎及駁奏出乃是論龐嚴貶黜太輕中外無不大噱而逢吉由是獎之尋轉工部侍郎遷刑部出爲宣歙觀察使兼御史中丞敖溫裕長者與物無忤居官亦未嘗有立周踐臺閣三爲列曹侍郎謹順自容而已太和四年八月卒年六十六贈禮部尚書四子球珪瓌琮皆登進士第

琮落托有大志雖以門資爲吏久不見用大中朝駙馬都尉鄭顥以琮世故獨以器度奇之會有詔於士族中選人才尚公主衣冠多避之顥謂琮曰子人才甚佳但不護細行爲世譽所抑久而不調能應此命乎琮然之會李潘知貢擧顥託之登第其年遂升諫列尚廣德公主拜駙馬都尉累踐臺閣揚歷藩府乾符中同平章事黃巢犯京師僖宗出幸琮病不能從既僭號起琮爲相琮以疾辭迫脅不已琮曰吾病廢矣死在旦夕加以唐室親姻義不受命死即甘心竟爲賊所害而赦公主主視琮受禍謂賊曰妾李氏女也義不獨存願與于公幷命賊不許公主入室自縊而卒廣德閨門有禮咸通乾符中譽在人口于族內外冠婚喪祭主必自預行禮諸婦班而見之尊卑答勞咸有儀法爲時所稱珪球皆至清顯

令狐峘德棻之玄孫登進士第祿山之亂隱居南山豹林谷中有峘別墅司徒楊綰未仕時避亂南山止於峘舍峘博學貫通群書有口辯綰甚稱之及綰爲禮部侍郎修國史乃引峘入史館自華原尉

拜右拾遺累遷起居舍人皆兼史職修玄宗實錄一百卷代宗實錄四十卷著述雖勤屬大亂之後起居注亡失峘纂開元天寶事雖得諸家文集編其詔策名臣傳記十無三四後人以漏落處多不稱良史大曆八年改刑部員外郎德宗即位將厚奉元陵峘上疏諫曰臣聞傳曰近臣盡規禮記曰事君有犯而無隱臣幸偶昌運謬忝近列敢竭狂愚庶裨分寸伏惟陛下詳察臣讀漢書劉向傳見論王者山陵之誡良史稱歎萬古芬芳何者聖賢之心勤儉是務必求諸道不作無益故舜葬蒼梧不變其肆禹葬會稽不改其列周武葬于畢陌無丘壟之處漢文葬於霸陵因山谷之勢禹非不忠也啓非不順也周公非不悌也景帝非不孝也其奉君親皆從微薄昔宋文公始爲厚葬用蜃炭益車馬其臣華元樂擧春秋書爲不臣秦始皇葬驪山魚膏爲燈燭水銀爲江海珍寶之藏不可勝計千載非之宋桓魋爲石椁夫子曰不如速朽子游問喪具夫子曰稱家之有無張釋之對孝文曰使其中無可欲雖無石椁又何戚焉漢文帝霸陵皆以瓦器不以金銀爲飾由是觀之有德者葬逾薄無德者葬逾厚昭然可覩矣陛下自臨御天下聖政日新進忠去邪減膳節用不珍雲物之瑞不近鷹犬之娛有司給物悉依元估利於人也遠方底貢唯供祀事薄於己也故澤州奏慶雲詔曰以時和爲嘉祥邕州奏金坑詔曰以不貪爲寶恭惟聖慮無非至理而獨六月一日制節文云應緣山陵制度務從優厚當竭帑藏以供費用者此誠仁孝之德切於聖衷伏以尊親之義貴於合禮陛下每下明詔發德音皆比蹤唐虞超邁周漢豈取悅凡常之目有違賢哲之心與失德之君競其奢侈者也臣又伏讀遺詔曰其喪儀制度務從儉約不得以金銀錦綵爲飾陛下恭順先志動無違者若制度優厚豈顧命之意耶伏惟陛下遠覽虞夏周漢之制深惟夫子張釋之誠虔奉先旨俯遵禮經爲萬代法天下幸甚今赦書雖已頒行諸條尚猶未出此時奉遺制數聖理固未晚也伏望速詔有司悉從古禮臣聞愚夫之言明主擇焉況臣忝職史官親逢睿德恥同華元樂擧之爲不臣也願以舜禹之理紀聖猷也

夙夜懇迫不敢不言抵犯聖明實憂罪譴言行身黜雖死猶生優詔答曰朕頃議山陵心方迷謬忘遵先旨遂有優厚之文卿聞見該通識度弘遠深知不可形於至言援引古今依據經禮非唯中朕之病抑亦成朕之躬免朕獲不子之名皆卿之力也敢不聞義而徙收之桑榆奉以始終期無失墜古之遺直何以加焉初大曆中劉晏爲吏部尚書楊炎爲侍郎晏用峘判吏部南曹事峘荷晏之擧每分闕必擇其善者送晏不善者送炎炎心不平之及建中初峘爲禮部侍郎炎爲宰相不念舊事有士子杜封者故相鴻漸子求補弘文生炎嘗出杜氏門下託封於峘峘謂使者曰相公誠憐封欲成一名乞署封名下一字峘得以志之炎不意峘賣即署名託封峘以炎所署奏論言宰相迫臣以私臣若從之則負陛下不從則炎當害臣德宗出疏問炎炎具言其事德宗怒甚曰此姦人無可奈何欲決杖流之炎苦救解貶衡州別駕遷衡州刺史貞元中李泌輔政召拜右庶子史館修撰性既僻異動失人和在史館與同職孔述睿等爭忿細故數侵

述睿述睿長者讓而不爭無何泌卒竇參秉政惡其爲人貶吉州別駕久之授吉州刺史齊映廉察江西行部過吉州故事刺史始見觀察使皆戎服趨庭致禮映雖嘗爲宰相然驟達後進峘自恃前輩有以過映不欲以戎服謁入告其妻韋氏恥抹首趨庭謂峘曰卿自視何如人白頭走小生前卿如不以此禮見映雖黜死我亦無恨峘曰諾即以客禮謁之映雖不言深以爲憾映至州奏峘紀前政過失鞫之無狀不宜按部臨人貶衛州別駕衛州刺史田敦峘知舉時進士門生也初峘當貢部放牓日貶逐與敦不相面敦聞峘來喜曰始見座主迎謁之禮甚厚敦月分俸之半以奉峘峘在衛州殆十年順宗即位以秘書少監徵既至而卒元和三年峘子太僕寺丞丕始獻峘所撰代宗實録四十卷初峘坐李泌貶監修國史奏峘所撰實録一分請於貶所畢功至是方奏以功贈工部尚書

歸崇敬字正禮蘇州吳郡人也曾祖奧以崇敬故追贈秘書監祖樂贈秀州刺史父待聘亦贈秘書監崇敬少勤學以經業擢第遭喪哀

毁以孝聞調授四門助教天寶末對策高第授左拾遺改秘書郎遷起居郎贊善大夫兼史館修撰又加集賢殿校理以家貧求爲外職歷同州潤州長史會玄宗肅宗二帝山陵叅掌禮儀遷主客員外郎又兼史館修撰改膳部郎中崇敬以百官朔望朝服袴褶非古上疏云按三代典禮兩漢史籍並無袴褶之制亦未詳所起之由隋代已來始有服者事不師古伏請停罷從之又諫東都太廟不合置木主謹按典禮虞主用桑練主用栗作桑主則埋栗主作栗主則埋桑主所以神無二主天無二日土無二王也東都太廟是則天皇后所建以置武氏木主中宗去其主而存其廟蓋將以備行幸遷都之置也且殷人屢遷前八後五則前後遷都一十三度不可每都而別立神主也議者或云東都神主已曾虞祭而禮之豈可一朝廢之乎且虞祭則立桑主而虞祀練祭則立栗主而埋桑主豈桑主不曾虞祀而乃埋之又所闕之主何須更作作之不時恐非禮也又議云每年春秋二時釋奠文宣王祝板御署訖北面揖臣以爲禮太重謹按大戴禮師尚父授周武王丹書武王東面而立今署祝板伏請準武王東面之禮輕重庶得其中時有術士巨彭祖上疏云大唐土德千年合符請每四季郊祀天地詔禮官儒者議之崇敬議曰按舊禮立春之日迎春於東郊祭青帝立夏之日迎夏於南郊祭赤帝先立秋十八日迎黃靈於中地祀黃帝秋冬各如其方黃帝於五行爲土王在四季生於火故火用事之末而祭之三季則否漢魏周隋共行此禮國家土德乘時亦以每歲六月土王之日祀黃帝於南郊以后土配所謂合禮今彭祖請用四季祠祀多憑緯候之說且據陰陽之說事涉不經恐難行用又議祭五人帝不稱臣云太昊五帝人帝也於國家即爲前後之禮無君臣之義若於人帝而稱臣則於天帝復何稱也議者或云五人帝列於月令分配五時則五神五音五祀五蟲五臭皆備五穀以備其時之色數非謂别有尊崇也又請太祖景皇帝配天事已具禮儀志自是國典大禮崇敬常叅議焉大曆初以新羅王卒授崇敬倉部郎中兼御史中丞賜紫金魚袋充弔祭册立新羅使

至海中流波濤迅急舟船壞漏衆咸驚駭舟人請以小艇載崇敬避禍崇敬曰舟中凡數十百人我何獨濟逡巡波濤稍息竟免爲害故事使新羅者至海東多有所求或攜資帛而往貿易貨物規以爲利崇敬一皆絶之東夷稱重其德使還授國子司業兼集賢學士與諸儒官同修通志崇敬知禮儀志衆稱允當時皇太子欲以仲秋之月於國學行齒冑之禮崇敬以國學及官名不稱請改國學之制兼更其名曰禮記王制曰天子學曰辟雍又五經通義云辟雍養老教學之所也以形制言之雍壅也辟璧也壅水環之圓如璧形以義理言之辟明也雍和也言以禮樂明和天下禮記亦謂之澤宮射義云天子將祭必先習射於澤宮故前代文士亦呼云璧池亦曰璧沼亦謂之學省後漢光武立明堂辟雍靈臺謂之三雍宮至明帝躬行養老於其中晉武帝亦作明堂辟雍靈臺親臨辟雍行鄉飲酒之禮又别立國子學以殊士庶永嘉南遷唯有國子學不立辟雍北齊立國子寺隋初亦然至煬帝大業十三年改爲國子監今國家富有四海聲

明文物之盛唯辟雍獨闕伏請改國子監爲辟雍省又以祭酒之名
非學官所宜按周禮師氏掌以義詔王教國子請改祭酒爲太師氏
位正三品又司業者義在禮記云樂正司業正長也言樂官之長司
主此業爾雅云大板謂之業按詩周頌設業設虡崇牙樹羽則業是
懸鍾磬之栒簴也今太學旣不教樂於義則無所取請改司業一爲
左師一爲右師位正四品上又以五經六籍古先哲王致理之式也
國家創業制取賢之法立明經發微言於衆學釋回增美選賢與能
自艱難已來取人頗易考試不求其文義及第先取於帖經遂使專
門業廢請益無從師資禮虧傳受義絕今請以禮記左傳爲大經周
禮毛詩爲中經尚書周易爲小經各置博士一員其公羊穀梁文疏
少請共準一中經通置博士一員所擇博士兼通孝經論語依憑章
疏講解分明注引旁通問十得九兼德行純潔文詞雅正儀形規範
可爲師表者今四品以上各舉所知在外者給驛年七十已上者蒲
輪其國子太學四門三館各立五經博士品秩上下生徒之數各有

差其舊博士助教直講經直及律館算館助教請皆罷省其教授之
法學生至監謁同業師其所執贄脯脩一束淸酒一壺衫布一段其
色隨師所服師出中門延入與坐割脩斟酒三爵而止乃發篋出經
摳衣前請師爲依經辨理略舉一隅然後就室每朝晡二時請益師
亦二時居講堂說釋道義發明大體兼教以文行忠信之道示以孝
悌睦友之義旬省月試時考歲貢以生徒及第多少爲博士考課上
下其有不率教者則檟楚朴之國子不率教者則申禮部移爲太學
太學之不變者移之四門四門之不變者歸本州之學州學之不變
者復本役終身不齒雖率教九年而學不成者亦歸之州學其禮部
考試之法請無帖經但於所習經中問大義二十得十八爲通兼論
語孝經各問十得八兼讀所問文注義疏必令通熟者爲一通又於
本經問時務策三道通二爲及第其中有孝行聞於鄉閭者舉解具
言於習業之下省試之日觀其所會義少兩道亦請兼收其天下鄉
貢亦如之習業考試並以明經爲名得第者授官之資與進士同若

此則教義日深而禮讓興禮讓興則強不犯弱衆不暴寡此由太學
之來者也詔下尚書集百寮定議以爲省者禁也非外司
所宜名周禮代掌其職者曰氏國學非代官不宜曰太師氏其餘大
抵以習俗旣久重難改作其事不行會國學胥吏以餐錢差舛御史
臺按問坐貶饒州司馬建中初又拜國子司業尋遷爲翰林學士遷
左散騎常侍加銀青光祿大夫尋兼普王元帥參謀累加光祿大夫
以兩河叛換之徒初稟朝命令崇敬以本官兼御史大夫持節宣慰
奉使稱旨及還上表請歸拜墓許之賜以繒帛儒者榮之尋加特進
檢校戶部尚書遷工部尚書並依前翰林學士充皇太子侍讀累表
辭以年老乞骸骨改兵部尚書致仕貞元十五年卒時年八十廢朝
一日贈左僕射子登嗣
登字冲之雅實弘厚事繼母以孝稱大曆七年舉孝廉高第補四門
助教貞元初復登賢良科自美原尉拜右拾遺時裴延齡以姦佞有
恩欲爲相諫議大夫陽城上疏切直德宗赫怒右補闕熊執易等亦

以危言忤旨初執易草疏成示登登愕然曰願寄一名雷電之下安
忍令足下獨當自是同列切諫登每聯署其奏無所迴避時人稱重
轉右補闕起居舍人三任十五年同列嘗出其下者多以馳騖至顯
官而登與右拾遺蔣武退然自守不以淹速介意後遷兵部員外郎
充皇子侍讀尋加史館修撰順宗初以東朝舊恩超拜給事中旋賜
金紫仍錫衫笏焉遷工部侍郎與孟簡劉伯芻蕭俛受詔同翻譯大
乘本生心地觀經又爲東宮及諸王侍讀獻龍樓箴以諷久之改左
散騎常侍因中謝憲宗問時所切登以納諫爲對時論美之轉兵部
侍郎兼判國子祭酒事遷工部尚書元和十五年卒年六十七贈太
子少保登有文學工草隸寬博容物嘗使僮飼馬馬蹄踶僮怒擊折
馬足登知而不責晚年頗好服食有饋金石之藥者且云先嘗之矣
登服之不疑藥發毒幾死方訊云未之嘗他人爲之怒登視之無慍
色常慕陸象先之爲人議者亦以爲近之子融嗣
融進士擢第自監察拾遺入省拜工部員外郎遷考功員外六年轉

工部郎中充翰林學士八年正拜舍人九年轉戶部侍郎開成元年兼御史中丞湖南觀察使盧周仁違勅進羡餘錢十萬貫融奏曰天下一家何非君土中外財賦皆陛下府庫也周仁輒陳小利妄設異端言南方火災恐成灰燼進於京國姑徇私誠入財貨以希恩待朝廷而何淺臣恐天下放效以羨餘爲名因緣刻剥生人受弊周仁請行重責以例列藩其所進錢請還湖南代貧下租稅詔周仁所進於河陰院收貯以備水旱金部員外郎韓益判度支案子弟受人賂三千餘貫半是摋贓上問融曰韓益所犯與盧元中姚康孰甚對曰元中與康枉破官錢三萬餘貫益所取受人事比之殊輕乃貶梧州司戶尋還京兆尹時府司物力不充特勅賜錢五萬貫府司以所賜之半還司農寺菜錢融因對言之上以融學家因問蔬𥻆字有賴音何也𥻆是飯之極麤者耶融以義類對之時兩公主出降府司供帳事殷又俯近上巳曲江賜宴奏請改日上曰去年重陽取九月十九日未失重陽之意今改取十三日可也既而李固言作相素不悅融罷

。尹月餘授秘書監俄而固言罷楊嗣復輔政以融權知兵部侍郎一年內拜吏部三年檢校禮部尚書興元尹兼御史大夫充山南西道節度使融子仁晦仁翰仁憲仁召仁澤皆登進士第咸通中並至達官

奚陟字殷卿亳州人也祖乾緯天寶中弋陽郡太守陟少好讀書登進士第又登制舉文詞清麗科授弘文館校書尋拜大理評事佐入吐蕃使不行授左拾遺丁父母憂哀毀過禮親朋愍之車駕幸興元召拜起居郎翰林學士辭以疾病久不赴職改太子司議郎歷金部吏部員外郎左司郎中彌綸省闥又累奉使皆稱旨貞元八年擢拜中書舍人是歲江南淮西大雨爲災令陟勞問巡慰所在人安悅之中書省故事姑息胥徒以常在宰相左右也陟皆以公道處之先是右省雜給率分等第皆據職田頃畝即主書所受與右史等陟乃約以料錢爲率自是主書所得減拾遺時中書令李晟所請紙筆雜給皆不受但告雜事舍人令且貯之他日便悉以遺舍人前例雜事舍人自擕私入陟以所得均分省內官又躬親庶務下至園蔬皆悉自點閱人以爲難陟處之無倦遷刑部侍郎裴延齡惡京兆尹李充有能政專意陷害之誣奏充結陸贄數厚賂遺金帛充既貶官又奏充比者妄破用京兆府錢穀至多請令比部勾覆以比部郎中崔元翰陷充怨惡贄也詔許之元翰曲附延齡劾治府史府史到者雖無過犯皆笞決以立威時論喧然陟遒躬自閱視府案具得其實奏言據度支奏京兆府貞元九年兩稅及已前諸色羨餘錢共六十八萬餘貫李充並妄破用今所勾勘一千二百貫已來是諸縣供館驛加破及在諸色人戶腹內合收其斛㪷共三十二萬石唯三百餘石諸色輸納所由欠折其餘並是準勅及度支符牒給用已盡陟之寬平守法多如此類元翰既不遂其志因此憤恚而卒陟尋以本官知吏部選事銓綜平允有能名遷吏部侍郎所莅之官時以爲稱職貞元十五年卒年五十五贈禮部尚書

張薦字孝舉深州陸澤人祖鷟字文成聰警絕倫書無不覽爲兒童

。時夢紫色文鳥五彩成文降于家庭其祖謂之曰五色赤文鳳也紫文鸑鷟也爲鳳之佐吾兒當以文章瑞於明廷因以爲名字初登進士第對策尤工考功員外郎騫味道賞之曰如此生天下無雙矣調授岐王府參軍又應下筆成章及才高位下詞標文苑等科鷟凡應八舉皆登甲科再授長安尉遷鴻臚丞凡四參選判策爲銓府之最員外郎員半千謂人曰張子之文如青錢萬簡選中未聞退時時流重之目爲青錢學士然性褊躁不持士行尤爲端士所惡姚崇甚薄之開元初澄正風俗鷟爲御史李全交所糺言鷟語多譏刺時坐貶嶺南刑部尚書李日知奏論乃追勅移於近處開元中入爲司門員外郎卒鷟下筆敏速著述尤多言頗詼諧是時天下知名無賢不肖皆記誦其文天后朝中使馬仙童陷默啜默啜謂仙童曰張文成在否曰近自御史貶官默啜曰國有此人而不用漢無能爲也新羅日本東夷諸蕃尤重其文每遣使入朝必重出金貝以購其文其才名遠播如此薦少精史傳顏眞卿一見歎賞之天寶中浙西觀察使李

涵表薦其才可當史任乃詔授左司禦率府兵曹參軍既至闕下以毋老疾竟不拜命毋喪闋禮部侍郎于邵舉前事以聞召充史館修撰兼陽翟尉朱泚之亂變姓名伏匿城中因著史遁先生傳德宗還宮擢拜左拾遺貞元元年冬上親郊時初克復簿籍多失禮文錯亂乃以薦爲太常博士參典禮儀四年迴紇和親以檢校右僕射刑部尚書關播充使送咸安公主入蕃以薦爲判官轉殿中侍御史使還轉工部員外郎改戶部本司郎中十一年拜諫議大夫仍充史館修撰時裴延齡恃寵譖毀士大夫薦欲上書論之屢揚言未果延齡聞之怒奏曰諫官論朝政得失史官書人君善惡則領史職者不宜兼諫議德宗以爲然薦爲諫議月餘改秘書少監延齡排擯不已會差使冊迴紇毗伽懷信可汗及弔祭乃命薦兼御史中丞入迴紇二十年吐蕃贊普死以薦爲工部侍郎兼御史大夫充入吐蕃弔祭使涉蕃界二千餘里至赤嶺東被病殁於紇壁驛吐蕃傳其柩以歸順宗即位凶問至詔贈禮部尚書薦自拾遺至侍郎僅二十年皆兼史館

○修撰三使絕域皆兼憲職以博洽多能敏於占對被選有文集三十卷及所撰五服圖宰輔略靈怪集江左寓居録等並傳于時子又新同希復皆登進士第又新幼工文善於傳會長慶中宰相李逢吉用事翰林學士李紳深爲穆宗所寵逢吉惡之求朝臣中凶險敢言者掎摭紳陰事俾暴揚於搢紳間又新與拾遺李續之劉棲楚尤蒙逢吉睠待指爲鷹犬穆宗崩昭愍初即位又新等構紳貶端州司馬朝臣表賀又至中書賀宰相及門門者止之曰請少留緣張補闕在齋內與相公談俄而又新揮汗而出旅揖群官曰端溪之事又新不敢多讓人皆辟易憚之與續之等七人時號八關十六子寶曆二年逢吉出爲山南東道節度使請又新爲副使李續之爲行軍司馬逢吉爲宰相時用門下省主事田伾伾犯贓亡命逢吉保之于外及罷相裴度發其事逢吉坐罰俸又詔曰朕在億兆人之上不令而人化不言而人信者法也法行則君主重法廢則朝廷輕田伾常挂亡命之章偷請養親之祿迹在捜捕公行人間而更冒選吏曹顯擬郡佐及黃樞覆驗烏府追擒證逮皆明姦狀盡得三移憲牒一無申陳參狀滿前群議溢耳終則步健不至琅璫空來蔑視紀綱頗同侮謔顧茲參畫負我上台閱視連名伊爾二子又新可汀州刺史李續之可涪州刺史及逢吉致仕李訓用事復召二子爲尚書郎訓敗復貶而卒希復子讀登進士第有俊才累官至中書舍人禮部侍郎典貢舉時稱得士位終尚書左丞

蔣乂字德源常州義興人也祖瓌太子洗馬開元中弘文館學士父將明累遷至左司郎中國子司業集賢殿學士副知院事代爲名儒而乂史官吳兢之外孫以外舍富墳史幼便記覽不倦七歲時誦庾信哀江南賦數徧而成誦在口以聰悟強力聞於親黨閒弱冠博通群籍而史才尤長其父在集賢時以兵亂之後圖籍溷雜乃白執政請攜乂入院令整比之宰相張鎰見而奇之乃署爲集賢小職乂編次踰年於亂中勒成部帙得二萬餘卷再遷王屋尉充太常禮院修撰貞元九年轉右拾遺充史館修撰十三年以故河中節度使張茂

○昭弟光祿少卿同正茂宗尚義章公主茂宗方居母喪有詔起復雲麾將軍成禮詔下乂上疏諫曰墨縗之禮本緣金革從古已來未有駙馬起復尚主者既乖典禮且違人情切恐不可上令中使宣諭云茂宗母臨亡有請重違其心乂又拜疏辭逾激切德宗於延英特召入對上曰卿所言古禮也朕聞如今人家往往有借吉爲婚嫁者卿何苦固執對曰臣聞里俗有不甚知禮法者或女居父母服內家既貧匱旁無至親即有借吉以就禮者男子借吉而娶臣未嘗聞之況陛下臨御已來每事憲章典禮建中年郡縣主出降皆詔有事依禮不用俗儀天下慶戴忽今駙馬起復成禮實恐驚駭物聽臣或聞公主年甚幼小即更俟一年出降時既未失且合禮經實天下幸甚上曰卿言甚善更俟商量俄而韋彤裴堪諫疏繼入上不悅促令奉行前詔然上心頗重乂上嘗登凌煙閣見左壁頹剥文字殘缺每行僅有三五字命録之以問宰臣宰臣遽受宣無以對即令召乂至對曰此聖曆中侍臣圖贊臣皆記憶即於御前口誦以補其缺不失一字

上歎曰虞世南暗寫列女傳無以加也十八年遷起居舍人轉司勳
員外郎皆兼史職時集賢學士甚衆會詔問神策軍建置之由相府
討求不知所出諸學士悉不能對乃訪於乂乂徵引根源事甚詳悉
宰臣高郢鄭珣瑜相顧曰集賢有人矣翌日詔兼判集賢院事父子
代爲學士儒者榮之時順宗祔廟將行祧遷之禮詔公卿議咸云中
宗中興之主不當遷乂建議云中宗既正位柩前乃受毋后篡奪五
王翼戴方復大業此乃由我失之因人得之止可同於返正不得號
爲中興群議紛然竟依乂所執元和二年遷兵部郎中與許孟容韋
貫之等受詔刪定制勑成三十卷奏行用改秘書少監復兼史館修
撰尋奉詔與獨孤郁韋處厚同修德宗實録五年書成奏御以功拜
右諫議大夫明年監修國史裴垍罷相李吉甫再入以乂垍之修撰
改授太常少卿久之遷秘書監乂性朴直不能事人或遇權臣專政
輙數歲不遷官在朝垂三十年前後每有大政事大議論宰執不能
裁決者必召以咨訪乂徵引典故以參時事多合其宜然亦以此自

舊傳九十九　十三

滯而好學不倦老而彌篤雖甚寒暑手不釋卷旁通百家尤精歷代
沿革家藏書一萬五千卷本名武因憲宗召對奏曰陛下已誅群寇
偃武修文臣名於義未允請改名乂上忻然從之時帝方用兵兩河
乂亦因此諷諭耳乂居史任二十年所著大唐宰輔録七十卷凌煙
閣功臣秦府十八學士史臣等傳四十卷長慶元年卒年七十五贈
禮部尚書謚曰懿子係伸偕仙佶係大和初授昭應尉直史館二年
拜右拾遺史館修撰典實有父風與同職沈傳師鄭澣陳夷行李漢
等受詔撰憲宗實録四年書成奏御轉尚書工部員外遷本司郎中
皆兼史職宰相宋申錫爲北軍羅織罪在不測係與諫官崔玄亮泣
諫於玉階之下申錫亦減死時論稱之開成中轉諫議大夫武宗朝
李德裕用事以係與漢僚婿出爲桂管都防禦觀察使宣宗即位徵
拜給事中集賢殿學士判院事轉吏部侍郎改左丞出爲興元節度
使入爲刑部尚書俄檢校戶部尚書鳳翔尹充鳳翔隴節度使入爲
兵部尚書以弟伸爲丞相懇辭朝秩檢校尚書左僕射襄州刺史山
南東道節度使封淮陽縣開國公食邑五百戶

伸登進士第歷佐使府大中初入朝右補闕史館修撰轉中書舍人
召入翰林爲學士自員外郎中至戶部侍郎學士承旨轉兵部侍郎
大中末中書侍郎平章事仙佶皆至刺史偕有史才以父任歷官左
拾遺史館修撰轉補闕咸通中與同職盧耽牛叢等受詔修文宗實
録蔣氏世以儒史稱不以文藻爲事唯伸及係子兆有文才登進士
第然不爲文士所譽與柳氏沈氏父子相繼修國史實録時推良史
京師云蔣氏日曆士族靡不家藏焉

柳登字成伯河東人父芳肅宗朝史官與同職韋述受詔添修吳兢
所撰國史殺青未竟而述亡芳緒述凡例勒成國史一百三十卷上
自高祖下止乾元而敘天寶後事絕無倫類取捨非工不爲史氏所
稱然芳勤於記註含毫罔倦屬安史亂離國史散落編綴所聞率多
闕漏上元中坐事徙黔中遇內官高力士亦貶巫州遇諸途芳以所
疑禁中事咨於力士力士說開元天寶中時政事芳隨口志之又以

舊傳九十九　十四

國史已成經於奏御不可復改乃別撰唐曆四十卷以力士所傳載
於年曆之下芳自永寧尉直史館轉拾遺補闕員外郎皆居史任位
終右司郎中集賢學士少嗜學與弟冕咸以該博著稱登年六十餘
方從官遊累遷至膳部郎中元和初爲大理少卿與刑部侍郎許孟
容等七人奉詔刪定開元已後勑格再遷右庶子以衰病改秘書監
不拜授右散騎常侍致仕長慶二年卒時九十餘輟朝一日贈工部
尚書弟冕

冕文史兼該長於吏職貞元初爲太常博士二年昭德王皇后之喪
論皇太子服紀左補闕穆質請依禮周朞而除冕與同職張薦等奏
議曰準開元禮子爲毋齊縗三年此王公已下服紀皇太子爲皇后
喪服國禮無聞昔晉武帝元皇后崩其時亦疑太子所服杜元凱奏
議曰古者天子三年之喪既葬除服魏氏革命亦以既葬爲節故天
子諸侯之禮當已具矣惡其害已而削去其籍今其存者唯士喪禮
一篇戴勝之記錯雜其內亦難以取正皇太子配二尊與國爲體固

宜卒哭而除服於是山濤魏舒並同其議晉朝從之歷代遵行垂之不朽臣謹按實録文德皇后以貞觀十年九月崩十一月葬至十一年正月除晉王治爲并州都督晉王即高宗在藩所封文德皇后幼子攍其命官當已除之義也今請皇太子依魏晉故事爲大行皇后喪服葬而虞虞而卒哭卒哭而除心喪終制庶存厭降之禮事下中書宰臣召問禮官曰語云子食於有喪者之側未嘗飽也今豈可令皇太子縗服侍膳至於既葬乎準令羣臣齊縗給假三十日即公除約於此制更審議之張薦曰請依宋齊間皇后爲父母服三十日公除例爲皇太子喪服之節薦既以公除詣於正内則服墨慘歸至本院縗麻如故穆質曰杜元凱既葬除服之論不足爲法臣愚以爲遵三年之制則太重從三十日之變太輕唯行古之道以周年爲定詔宰臣與禮官定可否宰臣以穆質所奏問博士㬎對曰準禮三年喪無貴賤一也豈以有父母貴賤而差降喪服之節乎且禮有公門脱齊縗開元禮皇后爲父母服十三月其禫朝晡十三日而除皇太子

爲外祖父母服五月其從朝晡則五日而除所以然者恐喪服侍奉有傷至尊之意也故從權制昭著國章公門脱縗義亦在此豈皆爲金革乎皇太子今若抑哀公除墨慘朝覲歸至本院依舊縗麻酌於變通庶可傳繼宰臣然其議遂命太常卿鄭叔則草奏以㬎議爲是而穆質堅執前議請依古禮不妨太子墨縗於内也宰臣齊映劉滋參酌群議請依叔則之議制從之及董晉爲太常卿德宗謂之曰皇太子所行周服非朕本意有諫官横論之今熟計之即禮官請依魏晉故事斯甚折衷明年冬上以太子久在喪合至正月晦受吉服欲以其年十一月釋衰麻以及新正稱慶有司皆論不可乃止六年十一月上親行郊享上重慎祀典每事依禮時㬎爲吏部郎中攝太常博士與司封郎中徐岱倉部郎中陸質工部郎中張薦皆攝禮官同修郊祀儀注以備顧問初詔以皇太子亞獻終獻當受誓戒否㬎對曰準開元禮有之然誓詞云不供其職國有常刑今太子受誓請改云各揚其職肅奉常儀上又問升郊廟去劒履及象劒尺寸之度祝文輕重之宜㬎據禮經沿革聞奏上甚嘉之㬎言事頗切執政不便之出爲婺州刺史十三年兼御史中丞福州刺史充福建都團練觀察使㬎在福州奏置萬安監牧於泉州界置群牧五悉索部内馬五千七百匹驢騾牛八百頭羊三千口以爲監牧之資人情大擾朞年無所滋息詔罷之以政無狀詔以閻濟美代歸而卒子璟登進士第亦以著述知名

璟寶曆初登進士第三遷監察御史時郊廟告祭差攝三公行事多以雜品璟時監祭奏曰準開元二十三年勅宗廟大祠宜差左右丞相嗣王特進少保少傅尚書賓客御史大夫又二十五年勅太廟五享差丞相師傅尚書嗣郡王通攝餘司不在差限又元和四年勅太廟告祭攝官太尉以宰相充其攝司空司徒以僕射尚書師傅充餘司不在差限比來吏部因循不守前後勅文用人稍輕請自今年冬季勅吏部準開元元和勅例差官從之再遷度支員外郎轉吏部開成初換庫部員外郎知制誥尋以本官充翰林學士初璟祖芳精於

譜學永泰中按宗正譜諜自武德已來宗枝昭穆相承撰皇室譜二十卷號曰永泰新譜自後無人修續璟因召對言及圖譜事文宗曰卿祖嘗爲皇家圖譜朕昨觀之甚爲詳悉卿檢永泰後試修續之璟依芳舊式續德宗後事成十卷以附前譜仍詔戸部供紙筆厨料五年拜中書舍人充職武宗朝轉禮部侍郎再司貢籍時號得人子韜亦以進士擢第

沈傳師字子言吳人父既濟博通群籍史筆尤工吏部侍郎楊炎見而稱之建中初炎爲宰相薦既濟才堪史任召拜左拾遺史館修撰既濟以吳兢撰國史以則天事立本紀奏議非之曰史氏之作本乎懲勸以正君臣以維家邦前端千古後法萬代使其生不敢差死不妄懼緯人倫而經世道爲百王準的不止屬辭比事以日繫月而已故善惡之道在乎勸誡勸誡之柄存乎褒貶是以春秋之義尊卑輕重升降幾微髣髴雖一字二字必有微言存焉況鴻名大統其可以貸乎伏以則天皇后初以聰明睿哲内輔時政厥功茂矣及弘道之

際孝和以長君嗣位而太后以專制臨朝俄又廢帝或幽或徙既而握圖稱籙移運革名牝伺鸞冢之蹤難乎備述其後五王建策皇運復興議名之際得無降損必將義以親隱禮從國諱苟不及損當如其常安可橫絕彝典超居帝籍昔仲尼有言必也正名故夏殷二代爲帝者三十世矣而周人通名之曰王吳楚越之君爲王者百餘年而春秋書之爲子蓋高下自乎彼而是非稽乎我過者抑之不及者援之不爲弱減不爲僭奪握中持平不振不傾使其求不可得而蓋不可掩斯古君子所以慎其名也夫則天體自坤順位居乾極以柔乘剛天紀倒張進以強有退非德讓今史臣追書當稱之太后不宜曰上孝和雖迫母后之命降居藩邸而體元繼代本吾君也史臣追書宜稱曰皇帝不宜曰廬陵王睿宗在景龍已前天命未集徒稟后制假臨大寶於倫非次於義無名史臣書之宜曰相王未宜曰帝若以得失既往遂而不舉則是非褒貶安所辨正載筆執簡謂之何哉則天廢國家曆數用周正朔廢國家太廟立周七廟鼎命革矣徽號

易矣旂裳服色既已殊矣今安得以周氏年曆而列爲唐書帝紀徵諸禮經是謂亂名且孝和繼天踐祚在太后之前而敘年製紀居太后之下方之躋僖是謂不智詳今考古並未爲可或曰班馬良史也編述漢事立高后以續帝載豈有非之者乎荅曰昔高后稱制因其曠嗣獨有分王諸呂負於漢約無遷鼎革命之甚況其時孝惠已殁孝文在下宮中二子非劉氏種不紀呂后將紀誰焉雖云其然議者猶爲不可況遷鼎革命者乎或曰若天后不紀帝緒缺矣則二十二年行事何所繫乎曰孝和以始年登大位以季年復舊業雖尊名中奪而天命未改足以首事足以表年何所拘閡裂爲二紀昔魯昭之出也春秋歲書其居曰公在乾侯且君在雖失位不敢廢也今請併天后紀合孝和紀每於歲首必書孝和所在以統之書曰某年春正月皇帝在房陵太后行某事改某制云云則紀稱孝和而事述太后俾名不失正而禮不違常名禮兩得人無間矣其姓氏名諱入宮之由歷位之資才藝智略年辰崩葬別纂錄入皇后傳列於廢后王庶

人之下題其篇曰則天順聖武后云事雖不行而史氏稱之德宗初即位銳於求理建中二年夏勑中書門下兩省分置待詔官三十員以見官前任及同正試攝九品已上擇文學理道韜鈐法度之深者爲之各準品秩給俸錢廩餼幹力什器館宇之設以公錢爲之本收息以贍用物論以爲兩省皆名侍臣足備顧問無勞別置冗員既濟上疏論之曰臣伏以陛下今日之理患在官煩不患員少患在不問不患無人且中書門下兩省常侍諫議補闕拾遺揔四十員及常參待制之官日有兩人皆備顧問亦不少矣中有二十一員尚闕人未充他司缺職累倍其數陛下若謂見官非才不足與議則當選求能者以代其人若欲務廣聰明畢收淹滯則當擇其可者先補缺員則朝無曠官俸不徒費且夫置錢息利是有司權宜非陛下經理之法今官三十員皆給俸錢幹力及厨廩什器建造廳宇約計一月不減百萬以他司息例準之當以錢二千萬爲之本方獲百萬之利若均本配人當復除二百戶或許其入流反覆計之所損滋甚當今關輔

大病皆爲百司息錢傷人破產積於府縣實思改革以正本源又臣嘗計天下財賦耗數之大者唯二事焉最多者兵資次多者官俸其餘雜費十不當二事之一所以黎人重困杼軸猶空方斯輯熙必藉裁減今四方形勢兵罷未得資費之廣蓋非獲已陛下躬行儉約節用愛人豈俾閑官復爲冗食藉舊而置猶可省也若之何加焉陛下必以制出不可改請重難慎擇遷延寢罷其事竟不得行既而楊炎譴逐既濟坐貶處州司戶後復入朝位終禮部員外郎傳師擢進士登制科乙第授太子校書郎鄠縣尉直史館轉左拾遺左補闕並兼史職遷司門員外郎知制誥召充翰林學士歷司勳兵部郎中遷中書舍人性恬退無競時翰林未有承旨次當傳師爲之固稱疾宣召不起乞以本官兼史職俄兼御史中丞出爲潭州刺史湖南觀察使入爲尚書右丞出爲洪州刺史江南西道觀察使轉宣州刺史宣歙池觀察使入爲吏部侍郎太和元年卒年五十九贈吏部尚書初傳師父既濟撰建中實錄十卷爲時所稱傳師在史館預修憲宗實錄

未成廉察湖南特詔頎一分史藁成於理所有子樞詢皆登進士第
詢歷清顯中書舍人翰林學士禮部侍郎咸通中檢校戶部尚書潞
州長史昭義節度使爲政簡易性本恬和奴歸秦者通詢侍者詢將
繋之未果奴結牙將爲亂夜攻府第詢舉家遇害

史臣曰前代以史爲學者率不偶於時多罹放逐其故何哉誠以褒貶是非在於手賢愚輕重繫乎言君子道微俗多忌諱一言切己嫉之如讎所以峋蔫坎壈於仕塗沈柳不登於顯貫後之載筆執簡者可以爲之痛心道在必伸物不終否子孫藉其餘祐多至公卿者蓋有天道存焉

贊曰褒貶以言孔道是模誅亂以筆亦有董狐邦家大典班馬何辜懲恶勸善史不可無

唐書列傳卷第九十九

唐書列傳卷第一百

劉昫等修
聞人詮校刻沈桐同校

德宗順宗諸子

舒王誼　通王諶　虔王諒
肅王詳　文敬太子謜　資王謙
代王諲　昭王誠　欽王諤
珍王諴　郯王經　均王緯
溆王縱　莒王紓　密王綢
郇王綜　邵王約　朱王結
集王緗　冀王絿　和王綺
衡王絢　欽王績　會王纁
福王綰　珍王繕　撫王紘
岳王緄　袁王紳　桂王綸
翼王綽　蘄王緝

德宗皇帝一十子昭德皇后王氏生順宗皇帝舒王誼昭靖太子之子文敬太子順宗之子諸妃生通王已下八王本録不載母氏

舒王誼本名謨代宗第三子昭靖太子邈之子也以其最幼德宗憐之命之爲子大曆十四年六月封舒王拜開府儀同三司與通王虔王同日封仍詔所司其開府俸料逐月進内尋以軍興罷支建中元年領四鎮北庭行軍涇原節度大使以涇州刺史孟皡爲節度留後以誼愛弟之子諸王之長軍國大事欲其更踐必委試之明年尚父郭子儀病篤上御紫宸命誼持制書省之誼冠遠遊冠絳紗袍乘象輅駕駟馬飛龍騎士三百人隨之國府之官皆袴褶騎而導前鹵簿備引而不樂在遏密故也及門郭氏子弟迎拜於外王不荅拜子儀臥不能興以手叩頭謝恩而已王解冠珮以常服傳詔勞問之三年蔡帥李希烈叛詔哥舒曜討之八月希烈自帥衆三萬圍哥舒曜于襄城又詔河南都統李勉援之勉檜襄城今大將唐漢臣等選勁兵

徑襲許州以解圍漢臣未至許上遣中使追之責以違詔亟旋師爲賊所乘漢臣之衆大敗勉恐東都危急乃分兵數千赴洛又爲賊所隔賊衆急攻汴滑勉走宋州朝廷大聳乃詔誼爲揚州大都督持節荆襄江西沔鄂等道節度兼諸軍行營兵馬元帥改名誼又以哥舒翰聲近士卒竊議改封普王令統攝諸軍進攻希烈仍以兵部侍郎蕭復爲戶部尚書兼御史大夫元帥府統軍長史舊例有行軍長史以復父名衡特更之又以新除潭州觀察使孔巢父爲右庶子兼御史大夫充行軍司馬以山南東道節度行軍司馬檢校兵部郎中兼御史中丞樊澤爲諫議大夫兼御史中丞行軍右司馬刑部員外郎劉從一爲吏部郎中兼中丞侍御史韋儹爲工部郎中兼中丞並充元帥府判官兵部員外郎高參爲本司郎中充元帥府掌書記以右金吾大將軍渾瑊檢校工部尚書兼御史大夫爲中軍虞候江西節度使嗣曹王皐爲前軍兵馬使鄂岳團練使李兼爲之副山南東道節度使賈耽爲中軍兵馬使荆南節度使張伯儀充後軍兵馬使以

左神武軍使王价檢校太子賓客左衛將軍高承謙檢校太子詹事前司農少卿郭曙檢校左庶子前秘書省著作郎常愿爲秘書少監並充元帥府押衙制下未行涇原兵亂而止德宗初聞兵士出怨言不得賞設乃令誼與翰林學士姜公輔傳詔安撫許以厚賞行及內門兵已陣於闕前誼狼狽而還遂奉德宗出幸奉天賊之攻城誼晝夜傳詔慰勞諸軍僅不解帶者月餘從車駕還宮復封舒王開府儀同三司揚州大都督如故永貞元年十月薨廢朝三日

通王諶德宗第三子也大曆十四年封制授開府儀同三司貞元九年十月領宣武軍節度大使汴宋等州觀察支度營田等使以宣武都知兵馬使李萬榮爲留後王不出閤十一年河東帥李自良卒以諶爲河東節度大使以行軍司馬李說知府事充留後亦不出閤

虔王諒德宗第四子大曆十四年封授開府儀同三司貞元二年領蔡州節度大使申光蔡觀察等使以大將吳少誠爲留後十年領朔方靈鹽節度大使靈州大都督以朔方行軍司馬李欒爲靈府左司馬知府事朔方留後十一年九月橫海大將程懷信逐其帥懷直十月以諒領橫海節度大使滄景觀察等使以都知兵馬使程懷信爲留後王不出閤十六年徐帥張建封卒徐軍亂又以諒領徐州節度大使徐泗濠觀察處置等使以建封子愔爲留後

肅王詳德宗第五子大曆十四年六月封建中三年十月薨時年四歲廢朝三日贈揚州大都督性聰惠上尤憐之追念無已不令起墳墓詔如西域法議層甎造塔禮儀使判官司門郎中李岩上言曰墳墓之義經典有常自古至今無聞異制層甎起塔始於天竺名曰浮圖行之中華竊恐非禮況肅王天屬名位尊崇喪葬之儀存乎簡冊舉而不法垂訓非輕伏請準令造墳庶遵典禮詔從之

文敬太子謜順宗之子德宗愛之命爲子貞元四年封邕王授開府儀同三司七年定州張孝忠卒以謜領義武軍節度大使易定觀察等使以定州刺史張茂昭爲留後十年六月潞帥李抱眞卒又以謜領昭義節度大使澤潞邢洺磁觀察等使以潞將王虔休爲潞府司

馬知留後十五年十月薨時年十八廢朝三日贈文敬太子所司備禮册命其年十二月葬於昭應有陵無號發引之日百官送於通化門外列位哭送是日風雪寒甚近歲未有詔置陵署令丞

資王謙德宗第七子大曆十四年封

代王諲德宗第八子本封縉雲郡王早薨建中二年追封代王

昭王誡德宗第九子貞元二十一年封

欽王諤德宗第十子順宗即位詔曰王者之制子弟畢封所以固藩輔而重社稷古今之通義也第十弟諤等寬簡忠厚生知孝敬行皆由禮志不違仁樂善本於性情好賢宗於師傅纘修六藝達人倫風化之源博習群言知惠和睦友之道溫恭朝夕允茂厥猷克有嘉聞宜封土宇諤可封欽王第十一弟可封珍王

珍王諴德宗第十一子與欽王同制封德宗仁孝動循法度雖子弟姑妹之親無所假借建中初詔親王子弟帶開府朝秩者出就本班又以公主郡縣主出降與舅姑抗禮詔曰冠婚之義人倫大經昔唐

弃降嬪帝乙歸妹迫於漢氏同姓主之爰自近古禮教夷陵公郡法度僭差殊制姻族闕齒序之義舅姑有拜下之禮自家刑國多愧古人令縣主有行將俟嘉命俾親執棗栗以見舅姑敬遵宗婦之儀降就家人之禮事資變革以抑浮華其令禮儀使與禮官博士約古今舊儀及開元禮詳定公主郡縣主出降覿見之文儀以聞初開元中置禮會院于崇仁里自兵興已來廢而不修故公郡縣主不時降嫁殆三十年至有華髮而猶丱者雖居內館而不復覲見十六年矣凡皇族子弟皆散弃無位或流落他縣湮沉不齒錄無異匹庶及德宗即位敘用枝屬以時婚嫁公族老幼莫不悲感初即位將謁太廟始與公郡縣主相見於大次中尊者展其敬幼者申其愛歔欷哭泣之聲聞於朝公卿陪列者為之悽然每將有大禮必與諸父昆弟同其齋次及岳陽信寧宜芳永順朗陵陽安襄城德清南華元城新鄉等十一縣主同月出降勑所司大小之物必周其用至於櫛纚笄總皆經於心各給錢三百萬使中官主之以買田業不得復用其衣服之

唐傳一百　四

○飾使內司計造不在此數是時所司度用一人籠花計錢七十萬帝曰籠花首飾婦禮不可闕然用費太廣即無謂也宜損之又損之及三萬而止帝謂主等曰吾非有所愛但不欲無益之費耳各以餘錢六十萬賜之以備他用舊例皇姬下嫁舅姑返拜而婦不荅及是制下禮官定制曰既成婚於禮會院明晨舅坐於堂東階西向姑南向婦執笲盛以棗栗升自西階再拜跪奠於舅席前退降受笲盛以服修升北面再拜跪奠於姑席前降東面拜婿之伯叔兄弟姊妹已而謝恩於光順門婿之親族亦隨之然後會讌於十六宅是日縣主皆如其制初贈司徒沈易良之妻崔氏即太后之季父母也帝每見之方屣而鞾召王韋二美人出拜勑崔氏坐受勿荅故戚屬之間罔不憚其敬不肅而遵禮法焉

順宗二十三子莊憲皇后王氏生憲宗皇帝王昭儀生郯王經趙昭儀生宋王結王昭儀生郇王綜王昭訓生衡王絢餘十八王本錄不載母氏

郯王經本名渙順宗次子始封建康郡王貞元二十一年進封太和八年薨

均王緯本名沔順宗第三子始封洋川郡王貞元二十一年進封

溆王縱本名洵順宗第四子初授殿中監封臨淮郡王貞元二十一年進封

莒王紓本名涗順宗第五子初授秘書監封弘農郡王貞元二十一年進封太和八年薨

密王綢本名沐順宗第六子始封漢東郡王貞元二十一年進封元和二年九月薨

郇王綜本名湜順宗第七子初授少府監封晉陵郡王貞元二十一年進封元和三年四月薨

邵王約本名溆順宗第八子初授國子祭酒封高平郡王貞元二十一年進封

宋王結本名滋順宗第九子始封雲安郡王貞元二十一年進封長

唐傳一百　五

○慶二年薨

集王緗貞元二十一年封長慶二年薨

冀王絿本名淮順宗第十子初授太常卿封宣城郡王貞元二十一年進封大和九年薨

和王綺本名滑順宗第十一子始封德陽郡王貞元二十一年進封大和七年薨

衡王絢順宗第十二子貞元二十一年封寶曆二年薨

欽王續順宗第十三子貞元二十一年封

會王纁順宗第十四子貞元二十一年封元和五年十一月薨

福王綰本名浥順宗第十五子母莊憲王皇后憲宗同出初授光祿卿封河東郡王貞元二十一年進封咸通元年特冊拜司空明年薨

珍王繕本名況順宗第十六子初授衛尉卿封洛交郡王貞元二十一年進封

撫王紘順宗第十七子貞元二十一年封咸通四年特冊拜司空五

年冊司徒乾符三年冊太尉其年薨

岳王緄順宗第十八子貞元二十一年封太和二年薨

袁王紳順宗第十九子貞元二十一年封太和十四年薨

桂王綸順宗第二十子貞元二十一年封太和九年薨

翼王綽順宗第二十一子貞元二十一年封咸通二年薨

蘄王緝順宗第二十二子咸通八年封

史臣曰夫聖人君臨寓縣肇啓邦基莫不受命上玄膺名帝籙自太昊已降五運相推迄于殷湯曆數綿永但設均平之化未聞封建之名洎乎周漢始以子弟建侯樹屏以作維城及王室浸微遂有吞卓之亂唐室自艱難已後兩河兵革屢興諸王雖封竟不出閤夫帝王居寰宇之尊撫億兆之衆但能平一理道夙夜嚴恭任賢使能設官分職自然四海樂推天命所祐縱無封建亦鴻基永固安俟學孺鎮重哉

贊曰孝文秉禮道弘藩邸睦族展親儀形戚里自閤臨藩所謂周爰無如惡鳥終懷籠樊

唐書列傳第一百

唐書列傳卷第一百一

劉 昫 等修

聞人詮校刻沈桐同校

高崇文子承簡　伊愼　朱忠亮

劉昌裔　范希朝　王鍔子稷

閻巨源　孟元陽　趙昌

高崇文其先渤海人崇文生幽州朴厚寡言少從平盧軍貞元中隨韓全義鎮長武城治軍有聲五年夏吐蕃三萬寇寧州崇文率甲士三千救之戰于佛堂原大破之死者過半韓全義入覲崇文掌行營節度留務遷兼御史中丞十四年爲長武城使積粟練兵軍聲大振永貞元年冬劉闢阻兵朝議討伐宰臣杜黃裳以爲獨任崇文可以成功元和元年春拜檢校工部尚書兼御史大夫充左神策行營節度使兼統左右神策奉天麟游諸鎮兵以討闢時宿將專征者甚衆人人自謂當選及詔出大驚崇文在長武城練卒五千常若寇至及是

中使至長武卯時宣命而辰時出師五千器用無闕者軍至興元軍中有折逆旅之匕箸斬之以徇西從閬中入遂却劒門之師解梓潼之圍賊將邢泚遁歸屯軍梓州因拜崇文爲東川節度使先是劉闢攻陷東川擒節度使李康及崇文克梓州乃歸康求雪己罪崇文以康敗軍失守遂斬之成都北一百五十里有鹿頭山扼兩川之要闢築城以守又連八柵張掎角之勢以拒王師是日破賊二萬于鹿頭城下大雨如注不克登乃止明日又破于萬勝堆堆在鹿頭之東使驍將高霞寓親鼓士拔緣而上矢石如雨又命敢死士連登奪其堆燒其柵柵中之賊殲焉遂據堆下瞰鹿頭城城中人物可數凡八大戰皆大捷賊搖心矣八月阿跌光顏與崇文約到行營愆一日懼誅乃深入以自贖故軍於鹿頭西大河之口以斷賊糧道賊大駭是日賊綿江柵將李文悅以三千人歸順尋而鹿頭將仇良輔舉城降者衆二萬闢之男方叔子壻蘇強先監良輔軍是日械繫送京師降卒投戈面縛者彌十數里遂長驅而直指成都德陽等縣城皆鎮以重

兵莫不望旗率服師無留行闢大懼以親兵及逆黨盧文若賷重寶西走吐蕃吐蕃素受其賂且將啓之崇文遣高霞寓酈定進倍道追之至羊灌田及馬闢自投岷江擒於湧湍之中西蜀平乃檻闢送京師伏法文若赴水死王師入成都介士屯于大逵軍令嚴肅珍寶山積市井不移無秋毫之犯先是賊將邢泚以兵二萬爲鹿頭之援既降又貳斬之以徇衣冠陷逆者皆匍匐衙門請命崇文條奏全活之制授崇文檢校司空兼成都尹充劒南西川節度管內度支營田觀察處置統押近界諸蠻西山八國雲南安撫等使改封南平郡王食實封三百戶詔刻石紀功于鹿頭山下崇文不通文字厭大府案牘諮稟之繁且以優富之地無所陳力乞居塞上以扞邊戍懇疏累上二年冬制加同中書門下平章事邠州刺史邠寧慶三州節度觀察等使仍充京西都統恃其功而侈心大作帑藏之富百工之巧舉而自隨蜀都一罄以不習朝儀憚於入覲優詔令便道之鎮居三年大修戎備元和四年卒年六十四廢朝三日贈司徒謚曰威武配享憲

○宗廟庭子承簡少爲忠武軍部將後入神策軍以父征劉闢拜嘉王傳裴度征淮蔡奏承簡以本官兼御史中丞爲其軍都押衙淮西平詔以郾城上蔡遂平三縣爲溵州治郾城用承簡爲刺史尋轉邢州刺史值觀察使責時賦急承簡代數百戶出其租遷宋州刺史屬汴州逐其帥以部將李㝏行帥事㝏遣其將責宋官私財物承簡執而囚之自是汴使來者輒繫之一日并出斬于軍門之外威震郡中及㝏兵大至宋州凡三城已陷南一城承簡保北兩城以拒凡十餘戰會徐州救兵至㝏爲汴將李質執之傳送京師兵圍宋者即遁去授承簡檢校左散騎常侍充海沂密等州節度觀察處置等使俄遷檢校工部尚書義成軍節度鄭滑穎等州觀察處置等使就加檢校尚書右僕射入拜右金吾衛大將軍充右街使復出爲邠寧慶等州節度觀察處置等使先是羌虜多以秋月犯西邊承簡請軍寧州以備之因疾上言乞入覲即隨表詣闕太和元年八月行至永壽縣傳舍卒贈司空崇文孫駢歷位崇顯終淮南節度使自有傳

伊慎兖州人善騎射始爲果毅喪母將營合祔不識其父之墓晝夜號哭未決日夢寐有指導焉遂發壠果得舊記驗大曆八年江西節度使路嗣恭討嶺南哥舒晃之亂以慎爲先鋒直逼賊壘疾戰破之斬首三千級由是復始興之地未幾與諸將追斬晃於泔溪函首獻于闕下嗣恭表慎功授連州長史知當州團練副使三遷江州別駕討梁崇義之歲慎以江西牙將統李希烈摧鋒陷敵功又居多江漢既平希烈愛慎之材數遺善馬意欲縻之慎以計遁歸命本道明年希烈果反闢曹王皐始至鍾陵大集將吏得慎而壯之大集兵將繕理舟師希烈懼慎爲曹王所任遺慎七屬之甲詐爲慎書行間焉上遣中使即軍以詰之曹王乃抗疏論雪上章未報會賊兵泝江來寇曹王乃召慎勉之令戰大破三千餘衆朝廷始信其不貳累破蔡山柵取蘄州降其將李良又攻黃梅縣殺賊將韓霜露斬首千餘級優詔褒異授試太子詹事封南充郡王又兼御史中丞蘄州刺史充節度都知兵馬使建中末車駕在梁洋鹽鐵使包佶以金幣泝江將進

○獻次于蘄口時賊已屠汴州遣驍將杜少誠將步騎萬餘來寇黃梅以絕江道慎兵七千遇於永安戍慎列樹三柵相去數里偃旗卧鼓於中柵聲鼓三柵悉兵以擊賊軍大亂少誠脫身以免斬級不可勝數江路遂通又破苟莽柵進兵圍安州賊阻溳水攻之不能下希烈遣其甥劉戒虛將騎八千來援慎分兵迎擊戰于應山擒戒虛縛示城下遂開門請罪以功拜安州刺史兼御史大夫仍賜實封一百戶希烈又遣將援隋州慎擊之於厲鄉走康叔夜斬首五千級希烈死李惠登爲賊守隋州慎飛書招諭惠登遂以城降因密奏惠登可用詔授隋州刺史貞元十五年以慎爲安黃等州節度管內支度營田觀察等使十六年吳少誠阻命詔以本道步騎五千兼統荆南湖南江西三道兵當其一面於申州城南前後破賊數千以例加檢校刑部尚書二十一年於安黃置奉義軍額以爲奉義軍節度使檢校右僕射憲宗即位入覲拜右僕射元和二年轉檢校左僕射兼右金吾衛大將軍以賂第五從直求鎮河中爲從直所奏貶右衛將軍數月

復爲檢校尚書右僕射兼右衛上将軍元和六年卒年六十八贈太子太保

朱忠亮本名士明汴州浚儀人初事薛嵩爲将大曆中詔鎮普潤縣掌屯田朱泚之亂以麾下四十騎奔奉天德宗嘉之封東陽郡王爲奉天定難功臣及大駕南幸爲虜騎所獲繫於長安賊平李晟釋之薦渾瑊署定平鎮都虞候鎮使李朝寀卒遂代之憲宗即位加御史大夫築臨涇城有勞特加檢校工部尚書涇原四鎮節度使仍賜名涇上舊俗多賣子忠亮以俸錢贖而還其親者約二百人元和八年卒贈右僕射

劉昌裔太原陽曲人少遊三蜀楊琳之亂昌裔說其歸順及琳授洺州刺史以昌裔爲從事琳死乃去曲環将幽隴兵收濮州也辟爲判官詔授監察御史累加至檢校兵部尚書賜紫兼中丞充營田副使貞元十五年環鎮許州卒詔上官涚知節度留後吳少誠攻許州涚領事欲弃城走昌裔追止之曰留後既受詔宜以死守城況城中士馬足以破賊但堅壁不戰不過五七日賊勢必衰我以全制之可也

唐傳一百一 四

涚然之賊日夕攻急堞壞不得修昌裔令造戰棚木柵以待募壯士破營得突将千人鑿城分出大破之因立戰棚木柵於城上城以故不陷兵馬使安國寧與涚不善謀反以城降賊事洩昌裔密計斬之即召其麾下千餘人食之賞縑二匹伏兵諸要巷令持縑者悉斬之無一人得脫十六年以全陳許功以涚爲節度使昌裔爲陳州刺史韓全義之敗溵水也與諸道兵皆走保陳州求舍昌裔登城謂曰天子命公討蔡州今來陳州義不敢納請舍城外而從千騎入全義愕持牛酒勞軍全義不自意驚喜歎服十八年改充陳許行軍司馬明年涚卒詔昌裔爲許州刺史充陳許節度使再加檢校右僕射元和八年五月許州大水壞廬舍漂溺居人六月徵昌裔加檢校左僕射兼左龍武統軍初昌裔以老疾而軍府無政因其水敗軍府上乃促令韓皐代之昌裔赴召至長樂驛聞有是命乃上言風眩請歸私第許之其年卒贈潞州大都督

范希朝字致君河中虞鄉人建中年爲邠寧虞候戎政修舉事節度使韓遊瓌及德宗幸奉天希朝戰守有功累加兼中丞爲寧州刺史遊瓌入覲自奉天歸邠州以希朝素整肅有聲畏其逼己求其過将殺之希朝懼奔鳳翔德宗聞之趣召至京師寘於左神策軍中遊瓌殁邠州諸将列名上請希朝爲節度德宗許之希朝讓於張獻甫曰臣始偪而來終代其任非所以防覬覦安反側也詔嘉之以獻甫統邠寧數日除希朝振武節度使就加檢校禮部尚書振武有党項室韋交居川阜凌犯爲盗日入慝作謂之刮城門居人懼駭鮮有寧日希朝周知要害置堡柵斥候嚴密人遂獲安異蕃雖鼠竊狗盗必殺無赦戎虜甚憚之曰有張光晟苦城久矣今聞是乃更姓名而來其見畏如此蕃落之俗有長帥至必効奇駝名馬雖廉者猶曰當從俗以致其歡希朝一無所受積十四年皆保塞而不爲横單于城中舊少樹希朝於他處市柳子命軍人種之俄遂成林居人賴之貞元末累表請修朝覲時節将不以他故自述職者惟希朝一人德宗大悅既至拜檢校右僕射兼右金吾大将軍順宗時王叔文黨用事将授

唐傳一百一 五

韓泰以兵柄利希朝老疾易制乃命爲左神策京西諸城鎮行營節度使鎮奉天而以泰爲副欲因代之叔文敗而罷憲宗即位復以檢校僕射爲右金吾出拜檢校司空充朔方靈鹽節度使突厥别部有沙陀者北方推其勇勁希朝誘致之自甘州舉族來歸衆且萬人其後以之討賊所至有功遷河東節度使率師討鎮州無功既耄且疾事不理除左龍武統軍以太子太保致仕元和九年卒贈太子太師希朝近代號爲名将人多比之趙充國及張茂昭擊王承宗幾覆希朝詭冠不前物議罪之

王鍔字昆吾自言太原人本湖南團練營将初楊炎貶道州司馬鍔候炎於路炎與言異之後嗣曹王皐爲團練使擢任鍔頗便之使招召州武岡叛将王國良有功表爲召州刺史及皐改江西節度使李希烈南侵皐請鍔以勁兵三千鎮尋陽後皐自以全軍臨九江既襲得蘄州盡以衆渡乃表鍔爲江州刺史兼中丞充都虞候因以鍔從

小心習事善採得軍府情狀至於言語動靜巨細畢以白臯臯亦推
心委之雖家醼妻女之會鍔或在焉鍔感臯之知事無所避後臯攻
安州使伊慎盛兵圍之賊懼臯使鍔至城中以約降臯使鍔懸而入既
成約殺不從者以出明日城開臯以其衆入伊慎以賊恟懼由其圍
也不下鍔鍔稱疾避之及臯爲荆南節度使表鍔爲江陵少尹兼中
丞欲列於賓倅馬彝裴泰鄙鍔請去乃復以爲都虞候明年從臯至
京師臯稱鍔於德宗曰鍔雖文用小不足他皆可以試驗遂拜鴻臚
少卿尋除容管經略使凡八年谿洞安之遷廣州刺史御史大夫嶺
南節度使廣人與夷人雜處地征薄而叢求於川市鍔能計居人之
業而榷其利所得與兩税相埒鍔以兩税錢上供時進及供奉外餘
皆自入西南大海中諸國舶至則盡没其利由是鍔家財富於公藏
日發十餘艇重以犀象珠貝稱商貨而出諸境周以歲時循環不絶
凡八年京師權門多富鍔之財拜刑部尚書時淮南節度使杜佑屢
請代乃以鍔檢校兵部尚書充淮南副節度使鍔始見佑以趨拜悅

唐傳一百一　六

佑退坐司馬廳事數日詔杜佑以鍔代之鍔明習簿領善小數以持
下吏或有姦鍔畢究之嘗聽理有遺匿名書於前者左右取以授鍔
鍔内之韡中韡中先有他書以雜之及吏退鍔探取他書焚之人信
其以所匿名者焚也既歸省所告者異日乃以他微事連其所告者
固窮按驗之以譎衆下吏以爲神明鍔長於部領程作有法軍州所
用竹木其餘碎屑無所弃皆復爲用掾曹簾壞吏以新簾易之鍔察
知以故者付舡坊以替箬其他率如此每有饗宴輒録其餘以備後
用或云賣之收利皆自歸故鍔錢流衍天下在鎭四年累至司空元
和二年來朝眞拜左僕射未幾除檢校司徒河中節度居三年兼太
子太傅移鎭太原特方討鎭州鍔緝綏訓練軍府稱理鍔受符節居
方面凡二十餘年九年加同平章事十年卒年七十六贈太尉鍔將
卒約束後事甚明如知其死日鍔附太原王翃爲從子以婚閥自炫
翃子弟多附鍔以致名官又嘗讀春秋左氏傳自稱儒者人皆笑之
子稷歷官鴻臚少卿鍔在藩鎭稷嘗留京師以家財奉權要視官高

下以進賂不待白其父而行之廣治第宅嘗奏請籍坊以益之作複
垣洞穴實金錢於其中貴官清品溺其賞宴而游不憚清議及父卒
爲奴所告稷換鍔遺表隱没所進錢物上令鞫其奴於内仗又發中
使就東都驗責其家財宰臣裴度苦諫於是罷其使而殺奴稷長慶
二年爲德州刺史廣賫金寶僕妾以行節度使李全略利其貨而圖
之故致本州軍亂殺稷其室女爲全略所虜以妓媵處之稷子叔泰
開成四年滄州節度使劉約上言王稷爲李全略所殺家無遺類稷
男叔泰時年五歲郡人宋忠獻匿之獲免乃收養之今已成長臣獎
其義忠獻已補職叔泰津送以聞文宗詔曰王鍔累朝宣力王稷一
旦捐軀須録孤遺微申憫念王叔泰委吏部與九品官令奉祭
閻巨源貞元十九年以勝州刺史單于振武行軍司馬屬希朝入覲遂
代爲節度以材力進無他智能初不知書而好文其言輒乖謬時人
多摭其談說以爲戲然以寛厚爲將卒所懷後爲邠寧節度使檢校
左僕射元和九年卒

唐傳一百　七

孟元陽起於陳許軍中理戎整肅勤事善部署曲環之爲節度元陽
已爲大將環使董作西華屯元陽盛夏芒屩立稻田中須役者退而
後就舍故其田歲無不稔軍中足食環卒吳少誠寇許州元陽城守
外無救兵攻圍甚急而終不能傳其城賊乃罷兵韓全義五樓之敗
諸軍多私歸元陽及神策都將蘇元策宣州都將王幹各率部留軍
㶏水破賊二千餘人兵罷加御史大夫元和初拜河陽節度檢校尚
書五年拜右僕射昭義節度入爲右羽林統軍封趙國公俄拜左金
吾大將軍復除統軍元和九年卒贈揚州大都督
趙昌字洪祚天水人祖不器父居貞皆有名於時李承昭爲昭義節
度辟昌在幕府貞元七年爲虔州刺史屬安南都護爲夷獠所逐拜
安南都護夷人率化十年因屋壞傷脛懇疏乞還以檢校兵部郎中
裴泰代之入拜國子祭酒及泰爲首領所逐德宗詔昌問狀昌時年
七十二而精健如少年者德宗奇之復命爲都護南人相賀憲宗即
位加檢校工部尚書尋轉戶部尚書充嶺南節度元和三年遷鎭荆

南徵爲太子賓客及得見拜工部尚書兼大理卿歲餘讓卿守本官六年除華州刺史辭於麟德殿時年八十餘趨拜輕捷召對詳明上退而歎異宜宰臣密訪其頤養之道以奏焉在郡三年入爲太子少保九年卒年八十五贈揚州大都督謚曰成

史臣曰高崇文以律貞師勤於軍政戎麾指蜀遽立奇功可謂近朝之良將也伊慎朱忠亮劉昌裔范希朝閻巨源孟元陽趙昌等各立功立事亦一時之名臣王鍔明可照姦忠能奉主此乃垂名於後也至若竹頭木屑曾無弃遺作事有程儉而足用則又士君子之爲也如賦收貴出務積珠金唯利是求多財爲累則與夫清白遺子孫者遠矣凡百在位得不鑑之

贊曰崇文之功顯於西蜀伊慎之忠見乎南服朱劉范閻各有其目元陽趙昌不無遺躅惟彼太原戰勳可録累在多財子孫不禄

○唐書列傳卷第一百一

唐書列傳卷第一百二

劉 昫 等修

聞人詮校刊沈桐同校

馬璘 郝廷玉

王栖曜子茂元 劉昌子士涇

李景略 張萬福

高固 郝玼

段佐 史敬奉 野詩良輔附

馬璘扶風人也祖正會右威衛將軍父晟右司禦率府兵曹參軍璘少孤落拓不事生業年二十餘讀馬援傳至大丈夫當死於邊野以馬革裹尸而歸慨然歎曰豈使吾祖勳業墜于地乎開元末杖劒從戎自効於安西以前後奇功累遷至左金吾衛將軍同正至德初王室多難璘統甲士三千自二庭赴于鳳翔肅宗奇之委以東討殄寇陝郊破賊河陽皆立殊効嘗從李光弼攻賊洛陽史朝義自領精卒拒王師于北邙營壘如山旌甲耀日諸將愕眙不敢動璘獨率所部橫戈而出入賊陣者數四賊因披靡潰去副元帥李光弼壯之曰吾用兵三十年未見以少擊衆有雄捷如馬將軍者遷試太常卿明年蕃賊寇邊詔璘赴援河西廣德初僕固懷恩不順誘吐蕃入寇代宗避狄陝州璘即日自河右轉鬬戎虜間至于鳳翔時蕃軍雲合鳳翔節度使孫志直方閉城自守璘乃持滿外向突入懸門不解甲背城出戰吐蕃奔潰璘以勁騎追擊俘斬數千計血流于野由是雄名益振代宗還宮召見慰勞之授兼御史中丞永泰初拜四鎮行營節度兼南道和蕃使委之禁旅俾清殘寇俄遷四鎮北庭行營節度及邠寧節度使兼御史大夫旋加檢校工部尚書以犬戎浸驕歲犯郊境涇州最鄰戎虜乃詔璘移鎮涇州兼權知鳳翔隴右節度副使涇原節度涇州刺史四鎮北庭行營節度使如故復以鄭滑二州隷之璘詞氣慷慨以破虜爲己任既至涇州分建營堡繕完戰守之具頻破吐蕃以其生口俘馘來獻前後破吐蕃約三萬餘衆在涇州令寬而

肅人皆樂爲之用鎮守凡八年雖無拓境之功而城堡獲全虜不敢犯加檢校右僕射上甚重之遷檢校左僕射知省事詔宰臣百寮於尚書省送上進封扶風郡王璘雖生於士族少無學術忠而能勇武幹絶倫艱難之中頗立忠節中興之猛將也年五十六大曆十二年卒德宗悼之廢朝贈司徒璘乂將邊軍屬西蕃寇擾國家倚爲屏翰前後賜與無筭積聚家財不知紀極在京師治第舍尤爲宏侈天寶中貴戚勳家已務奢靡而垣屋猶存制度然衛公李靖家廟已爲嬖臣楊氏馬廐矣及安史大亂之後法度隳弛內臣戎帥競務奢豪亭館第舍力窮乃止時謂木妖璘之第經始中堂費錢二十萬貫他室降等無幾及璘卒於軍子弟護喪歸京師士庶觀其中堂或假稱故吏爭往赴弔者數十百人德宗在東宮宿聞其事及踐祚條舉格令第舍不得踰制仍詔毀璘中堂及內官劉忠翼之第璘之家園進屬宮司自後公卿賜宴多於璘之山池子弟無行家財尋盡○郝廷玉者驍勇善格鬭事太尉李光弼爲帳中愛將乾元中史思明再陷洛陽

光弼拔東都之師保河陽時三城壁壘不完芻糧不支旬日賊將安太清等率兵數萬四面急攻光弼懼賊勢西犯河潼極力保孟津以掎其後晝夜嬰城血戰不解將士夷傷光弼召諸將訊之曰賊黨何面難抗或對曰西北隅最爲勍敵乃亟召廷玉謂之曰兇渠攻西北者難奈爾爲我決勝而還辭曰廷玉所領步卒也願得騎軍五百光弼以精騎三百授之光弼法令嚴峻是日戰不利而還者不解甲斬之廷玉奮命先登流矢雨集馬傷不能軍而退光弼登堞見之駭然曰廷玉奔還吾事敗矣促令左右取廷玉首來廷玉見使者曰馬中毒箭非敗也光弼命易馬而復徑騎衝賊陣馳突數四俄而賊黨大敗於河壖廷玉擒賊將徐璜而還繇是賊解中潬之圍信宿退去前後以戰功累授開府儀同三司試太常卿封安邊郡王從光弼鎮徐州光弼薨代宗用爲神策將軍永泰初僕固懷恩誘吐蕃迴紇入犯京畿分命諸將屯於要害廷玉與馬璘率五千人屯於渭橋西窯底觀軍容使魚朝恩以廷玉善陣欲觀其教閱廷玉乃於營內列部伍鳴鼓角而出分而爲陣箕張翼舒乍離乍合坐作進退其衆如一朝恩歎曰吾在兵間十餘年始見郝將軍之訓練耳治戎若此豈有前敵耶廷玉悽然謝曰此非末校所長臨淮王之遺法也太尉善御軍賞罰當功過每校旗之日軍士小不如令必斬之以徇由是人皆自効而赴蹈馳突有心破膽裂者太尉薨變已來無復校旗之事此不足軍容見賞王縉爲河南副元帥詔以廷玉爲其都知兵馬使累授秦州刺史大曆八年卒追錄舊勳贈工部尚書

王栖曜濮州濮陽人也初遊鄉學天寶末安祿山叛尚衡起義兵討之以栖曜爲牙將下兗鄆諸縣軍威稍振進爲衙前總管初逆將邢超然據曹州栖曜攻之超然乘城號令栖曜曰彼可取也一箭殪之城中氣懾遂拔曹州及衡居節制授右威衛將軍先鋒遊弈使隨衡入朝授試金吾衛將軍上元元年王璵爲浙東節度使奏爲馬軍兵馬使廣德中草賊袁晁起亂台州連結郡縣積衆二十萬盡有浙江之外御史中丞袁傪東討奏栖曜與李長爲偏將聯日十餘戰生擒

袁晁收復郡邑十六授常州別駕浙西都知兵馬使時江左兵荒譌內常侍馬日新領汴滑軍五千鎮之日新貪暴賊蕭庭蘭乘人怨訴逐之而劫其衆時栖曜遊弈近郊爲賊所脅進圍蘇州栖曜因其懈急挺身登城率城中兵復出擊賊其衆大潰還試金吾大將軍李靈曜叛于汴州浙西觀察使李涵俾栖曜將兵四千爲河南掎角以功加銀青光祿大夫累加至御史中丞李希烈既陷汴州乘勝東侵連陷陳留雍丘頓軍寧陵期襲宋州浙西節度使韓滉命栖曜將強弩數千夜入寧陵希烈不之知晨朝弩矢及希烈坐幄希烈驚曰此江淮弩士入矣遂不敢東去貞元初拜左龍武大將軍旋授鄜坊丹延節度觀察使檢校禮部尚書兼御史大夫貞元十九年卒於位子茂元

茂元幼有勇略從父征伐知名元和中爲右神策將軍大和中檢校工部尚書廣州刺史嶺南節度使在安南招懷蠻落頗立政能南中多異貨茂元積聚家財鉅萬計李訓之敗中官利其財掎摭其事言

弢元因王涯鄭注見用弢元懼罄家財以賂兩軍以是授忠武軍節度陳許觀察使會昌中爲河陽節度使是時河北諸軍討劉稹弢元亦以本軍屯天井賊未平而卒

劉昌字公明汴州開封人也出自行間少學騎射及安祿山反昌始從河南節度張介然授易州遂城府左果毅及史朝義遣將圍宋州昌在圍中連月不解城中食盡賊垂將陷之刺史李岑計蹙昌爲之謀曰今河陽有李光弼制勝且江淮足兵此廩中有數千斤麴可以屑食計援兵不二十日當至東南隅之敵衆以爲危昌請守之昌遂被鎧持盾登城陳逆順以告諭賊賊衆畏服後十五日副元帥李光弼救軍至賊乃宵潰光弼聞其謀召置軍中超授試左金吾衛郎將光弼卒宰臣王縉令歸宋州爲牙門將轉太僕卿兼許州別駕李靈曜據汴州叛刺史李僧惠將受靈曜牽制昌密遣曾神表潛說僧惠僧惠召昌問計昌泣陳其逆順僧惠感之乃使神表齎表詣闕請討靈曜遂翦靈曜左翼汴州平李忠臣嫉僧惠功遂欲殺昌昌潛遁及

唐傳一百二　四

○劉玄佐爲刺史乃復其職又轉太常卿兼華州別駕玄佐奏爲宋亳潁宣武軍節度使昌自下軍爲左廂兵馬使李納反以師收考城充行營諸軍馬步都虞候加檢校太子詹事兼御史中丞明年玄佐圍濮州昌攝濮州刺史李希烈既陷汴州玄佐遣將高翼以精兵五千保援襄邑城陷翼赴水死自宋及江淮人心震恐時昌以三千人守寧陵希烈率五萬衆陣于城下昌深壍以遏地道凡四十五日不解甲胄躬勵士卒大破希烈希烈解圍攻陳州刺史李公廉計窮昌從劉玄佐以浙西兵合三萬人救之至陳州西五十里與賊遇昌晨壓其陣及未成列大破之生擒其將翟曜希烈退保蔡州自此不復侵軼詔加檢校左散騎常侍隨玄佐收汴州加檢校工部尚書增實封通前二百戶丁母憂加起復金吾衛大將軍贈其母梁國夫人貞元三年玄佐朝京師上因以宣武士衆八千委昌北出五原軍中有前却沮事昌繼斬三百人遂行尋以本官授京西北行營節度使歲餘授涇州刺史充四鎮北庭行營兼涇原節度支度營田等使昌躬率士衆力耕三年軍食豐羨名聞闕下復築連雲堡受詔城平涼以扼彈箏峽口昌命徒庀事旬餘而畢又於平涼西別築胡谷堡名曰彰信平涼當四會之衝居北地之要分兵援戍遏其要衝遂以保寧邊鄙加檢校右僕射昌初至平涼劫盟之所收聚亡歿將士骸骨坎瘞之因感夢於昌有媿謝之意昌上聞德宗下詔深自剋責遣秘書少監孔述睿及中使以御饌內造衣服數百襲令昌收其骸骨分爲大將三十人將士百人各具棺櫬衣服葬於淺水原建二塚大將曰旌義塚將士曰懷忠塚詔翰林學士撰銘志祭文昌盛陳兵設幕次具牢饌祭之昌及大將皆素服臨之焚其衣服紙錢別立二石堆題以塚名諸道師徒莫不感泣昌在西邊僅十五年強本節用軍儲豐羨及嬰疾約以是日赴京求覲未發而卒年六十四廢朝一日贈司空子士涇

士涇德宗朝尚主官至少列十餘年家富於財結託中貴交通權倖憲宗朝遷太府卿制下給事中韋弘景等封還制書言士涇不合居

唐傳一百二　五

○九卿辭語激切憲宗謂弘景曰士涇父有功於國又是戚屬制書宜下弘景奉詔士涇善胡琴多遊權倖之門以此爲之助時論鄙之

李景略幽州良鄉人也大父楷固父承悅檀州刺史密雲軍使景略以門廕補幽府功曹大曆末寓居河中闔門讀書李懷光爲朔方節度招在幕府五原有偏將張光者挾私殺妻前後不能斷光富於財貨獄吏不能劾景略訊其實光竟伏法既而亭午有女厲被髮血身膝行前謝而去左右有識光妻者曰光之妻也因授大理司直遷監察御史及懷光屯軍咸陽反狀始萌景略時說懷光請復官闕迎大駕懷光不從景略出軍門慟哭曰誰知此軍一日陷於不義軍士相顧甚義之因退歸私家尋爲靈武節度杜希全辟在幕府轉殿中侍御史兼豐州刺史西受降城使豐州北扼迴紇迴紇使來中國豐乃其通道前爲刺史者多懦弱虜使至則敵禮抗坐時迴紇遣梅錄將軍隨中官薛盈珍入朝景略欲以氣制之郊迎傳言欲先見中使梅錄初未喻景略既見盈珍乃使謂梅錄曰知可汗初沒欲申弔禮乃登高

壠位以待之梅録俯僂前哭景略因撫之曰可汗弃代助爾號慕虜
之驕容威氣索然盡矣遂以行呼景略自此迴紇使至景略皆拜之
于庭由是有威名杜希全忌之上表誣奏貶袁州司馬希全死徵爲
左羽林將軍對于延英殿奏對衎衎有大臣風彩時河東李說有疾
詔以景略爲太原少尹節度行軍司馬時方鎮節度使少徵入換代
者皆死亡乃命焉行軍司馬盡簡自上意受命之日人心以屬景略
居疑師之地勢已難處迴紇使梅録將軍入朝說置宴會梅録爭上
下坐說不能遏景略叱之梅録前過豐州者也識景略語音疾趨前
拜曰非豐州李端公耶不拜麾下久矣何其瘠也又拜遂命之居次
坐將吏賓客顧景略悉加嚴憚說心不平厚賂中尉竇文場將去景
略使爲内應歲餘風言迴紇將南下陰山豐州宜得其人上素知景
略在邊時事上方軫慮文場在旁言景略堪爲邊任乃以景略爲豐
州刺史兼御史大夫天德軍西受降城都防禦使迫塞苦寒土地鹵
瘠俗貧難處景略節用約已與士同甘苦將卒安之鑿咸應永清二

渠溉田數百頃公私利焉廩儲備器械具政令肅智略明二歲後軍
聲雄冠北邊迴紇畏之天下皆惜其理未盡景略之能貞元二十年
卒於鎮年五十五贈工部尚書

張萬福魏州元城人自曾祖至其父皆明經止縣令州佐萬福以父
祖業儒皆不達不喜爲書生學騎射年十七八從軍遼東有功爲將
而還累攝舒廬壽三州刺史舒廬壽三州都團練使州送租賦詣京
師至潁州界爲盜所奪萬福領輕兵馳入潁州界討之賊不意萬福
至忙迫不得戰萬福悉聚而誅之盡得其所亡物并得前後所掠人
妻子財物牛馬等萬計悉還其家不能自致者萬福給船乘以遣之
尋眞拜壽州刺史淮南節度副使爲節度使崔圓所忌失刺史改鴻
臚卿以節度副使將千人鎮壽州萬福不以爲恨許杲以平盧行軍
司馬將卒三千人駐濠州不去有窺淮南意圓令萬福攝濠州刺史
杲聞即提卒去止當塗陳莊賊陷舒州圓又以萬福爲舒州刺史督
淮南岸盜賊連破其黨大曆三年召赴京師代宗謂曰聞卿名久欲
一識卿面且將累卿以許杲萬福拜謝因前奏曰陛下以一許杲召
臣如河北諸將叛欲以屬何人代宗笑謂曰且與吾辦杲事方當大
用卿以爲和州刺史行營防禦使督淮南岸盜賊至州杲懼移軍上
元杲至楚州大掠節度使韋元甫命萬福追討之未至淮陰杲爲其
將康自勸所逐自勸擁兵繼掠循淮而東萬福倍道追而殺之免者
十二三盡得其所掠金帛婦人等皆送致其家元甫將厚賞將士萬
福曰官健常慮費衣糧無所事今乃一小賴之不足過賞請用三之
一代宗發詔以勞之賜衣一襲宮錦十㡓久之詔以本鎮之兵千五
百人防秋西京萬福詣揚州交所領兵會元甫死諸將皆願得萬福
爲帥監軍使米重耀亦請萬福知節度事萬福曰某非幸人勿以此
相待遂去之帶利州刺史鎮咸陽因留宿衛李正已反將斷江淮路
令兵守埇橋渦口江淮進奏舡千餘隻泊渦下不敢過德宗以萬福
爲濠州刺史召見謂曰先帝改卿名正者所以褒卿也朕以爲江淮
草木亦知卿威名若從先帝所改恐賊不知是卿也復賜名萬福馳

至渦口立馬岸上發進奉舡淄青兵馬倚岸睥睨不敢動諸道舡繼
進改泗州刺史魏州飢父子相賣餓死者接道萬福曰魏州吾鄉里
安可不救令其兄子將米百車往饟之又使人於汴口魏人自賣者
給車牛贖而遣之爲杜亞所忌徵拜右金吾將軍召見德宗驚曰杜
亞言卿昏耄卿乃如是健耶詔圖形於凌煙閣數賜酒饌衣服并勑
度支籍口畜給其費及陽城等於延英門外請對論事伏閤不去德
宗大怒不可測萬福揚言曰國有直臣天下太平矣萬福年已八十
見此盛事閤前徧揖城等天下益重其名貞元二十一年以左散騎
常侍致仕其年五月卒年九十萬福自始從軍至卒祿食七十餘年
未嘗病一日典九郡皆有惠愛在泗州時遇德宗幸奉天李希烈反
陳少遊悉令管内刺史送妻子在揚州以爲質萬福獨不送謂使者
曰爲某白相公萬福妻老且醜不足煩相公寄意終不之遣由是爲
人所稱

高固高祖偘永徽中爲北庭安撫使有生擒車鼻可汗之功官至安

東都護事具前録固生微賤爲叔父所賣展轉爲渾瑊家奴號曰黄
岑性敏恵有膂力善騎射好讀左氏春秋瑊大愛之養如巳子以乳
母之女妻之遂以固名取左氏傳高固之名也少隨瑊從戎於朔方
德宗幸奉天固猶在瑊麾下是時賊兵巳突入東壅門固引甲士亂
揮長刀連斫數賊拽車塞闔一以當百賊乃退去衆咸壯之以功封
渤海郡王李懷光既反德宗再幸梁漢懷光發跡邠寧至是使畱後
張昕取将士萬餘人以資援河中固時在軍中乃伺便突入張昕帳
中斬首以徇拜檢校右散騎常侍前軍兵馬使貞元十七年節度使
楊朝晟卒軍中請固爲帥德宗念固功因授檢校工部尚書順宗即
位就加檢校禮部尚書憲宗朝進檢校右僕射數年受代入爲統軍
轉檢校左僕射兼右羽林統軍元和四年七月卒贈陝州大都督
郝玼者涇原之戍将也貞元中爲臨涇鎮将勇敢無敵聲振虜庭玼
以臨涇地居險要當虜要衝白其帥曰臨涇草木豊茂宜畜牧西蕃
入寇每屯其地請完壘益軍以折虜之入寇前帥不從及段佐節制

○ 唐傳一百二 八

涇原深然其策元和三年佐請築臨涇城朝廷從之仍以爲行涼州
詔玼爲刺史以戍之自此西蕃入冦不過臨涇玼出自行間前無堅
敵在邊三十年每戰得蕃俘必刳剔而歸其屍蕃人畏之如神賛普
下令國人曰有生得郝玼者賞之以等身金蕃中兒啼者呼玼名以
怖之十三年檢校左散騎常侍渭州刺史御史大夫充涇原行營節
度平涼鎮遏都知兵馬使封保定郡王吐蕃畏其威綱紀欲圖之朝
廷慮失驍将移授慶州刺史竟終牖下

段佐者亦以勇敢知名少事汾陽王子儀爲牙将從征邊朔積効居
多貞元末爲涇原節度使練卒保邊亦爲西蕃畏憚累至檢校工部
尚書右神策大将軍元和五年卒

史敬奉靈武人少事本軍爲牙将元和十四年敬奉大破吐蕃於鹽
州城下賜實封五十戸先是西戎頻歲犯邊敬奉白節度杜叔良請
兵三千備一月粮深入蕃界叔良以二千五百人授之敬奉既行十
餘日人莫知其所向皆謂吐蕃盡殺之矣乃由他道深入突出蕃衆
之後戎人驚潰敬奉率衆大破之殺戮不可勝紀驅其餘衆於蘆河
獲羊馬駝牛萬數敬奉形甚短小若不能勝衣至於野外馳逐能擒
奔馬自執鞍勒隨鞍躍上然後羇帯弓矢在手前無強敵甥姪及僮
使僅二百人毎以自隨臨入敵輒分其隊爲四五隨逐水草每數日
各不相知及相遇巳皆有獲虜矣與鳳翔将野詩良輔涇原将郝玼
各以名雄邊上吐蕃嘗謂漢使曰唐國既與吐蕃和好何妄語也問
曰何謂曰若不妄語何因遣野詩良輔作隴州刺史其畏憚如此

史臣曰自盗起中原河隴陷虜犬戎作梗屢犯郊畿謀臣運策以竭
精武士荷戈而不暇如彝昌之材力扼腕奮命欲吞虜於胷中郝史
驍雄斬将搴旗将申威於塞外而竟不能北踰白道西出蕭關俾十
九郡生民竟淪左衽僅能自保功何取焉雖運使時然亦将略有所
未至栖曜萬福之節槃景略之負氣壯哉

賛曰馬劉史郝氣雄邊朔力扞獯虜終慙衛霍萬福義勇景略氣豪
爲人所忌慷慨徒勞

○ 唐傳一百二 九

唐書列傳卷第一百二

唐書列傳卷第一百三

劉　昫　等修

聞人詮校刊沈桐同校

姚南仲　劉廼 子伯芻 曾孫允章附 孫端夫

袁高　段平仲

薛存誠 子廷老 廷老子保遜 保遜子昭緯　盧坦

姚南仲華州下邽人乾元初制登科筆授太子校書歷高陵昭應萬年三縣尉遷右拾遺轉右補闕大歷十三年貞懿皇后獨孤氏崩代宗悼惜不已令於近城爲陵墓冀朝夕臨望於目前南仲上疏諫曰伏聞貞懿皇后今於城東章敬寺北以起陵廟臣不知有司之請乎陛下之意乎陰陽家流希旨乎臣愚以爲非所宜也謹具疏陳論伏願暫留天聽而省察焉臣聞人臣宅於家君上宅於國長安城是陛下皇居也其可穿鑿興動建陵墓於其側乎此非宜一也夫葬者藏也欲人之不得見也是以古帝前王葬后妃莫不憑丘原遠郊郭今則西臨宮闕南迫康莊若使近而可見死而復生雖在西宮待之可也如骨肉歸土魂無不之章敬之北竟何所益視之兆庚則彰溺愛垂之萬代則累明德此非所宜二也夫帝王者居高明燭幽滯先皇所以因龍首建望春蓋爲此也今若起陵目前動傷宸慮天心一傷數日不平且匹夫向隅滿堂爲之不樂萬乘不樂人其可歡心乎又暇日起歌動鍾于內此地皆聞此非宜三也伏以貞懿皇后坤德合天毋慈逮下陛下以切軫旒扆久俟耆龜始謚之以貞懿終待之以褻近臣竊惑焉非所以稱述后德光被下泉也今國人皆曰貞懿皇后之陵邇於城下者主上將日省而時望焉斯有損於聖德無益於貞懿將欲寵之而返辱之此非宜四也凡此數事實玷大猷天下咸知伏惟陛下熟計而取其長也陛下方將偃武靖人一誤於此其傷實多臣恐君子是非史官褒貶大明忽虧於掩蝕至德翻後於堯舜不其惜哉今指日尚遥改卜何害抑皇情之殊眷成貞懿之美號疏奏帝甚嘉之賜緋魚袋特加五品階宣付史館與宰相常衮善衮貶官南仲坐出爲海鹽縣令浙江東西道觀察使韓滉辟爲推官奏授殿中侍御史內供奉充支使尋徵還歷左司兵部員外轉郎中遷御史中丞給事中同州刺史陝虢觀察使貞元十五年代李復爲鄭滑節度使監軍薛盈珍恃勢奪軍政南仲數爲盈珍讒毀德宗頗疑之十六年盈珍遣小使程務盈馳驛奉表誣奏南仲陰事南仲裨將曹文洽亦入奏事京師伺知盈珍表中語文洽私懷憤怒遂晨夜兼道追務盈至長樂驛及之與同舍宿中夜殺務盈沉盈珍表於廁中乃自殺日旰驛吏闢門見血流塗地旁得文洽二緘一告于南仲一表理南仲之冤且陳首殺務盈上聞其事頗駭異之南仲慮釁深遂乞入朝德宗曰盈珍擾軍政耶南仲對曰盈珍不擾軍政臣自隳陛下法耳如盈珍輩所在有之雖羊杜復生撫百姓御三軍必不能成愷悌父母之政師律善陣之制矣上默然久之授尚書右僕射貞元十九年七月終于位年七十四贈太子太保謚曰貞

○劉廼字冰夷洛州廣平人高祖武幹武德初拜侍中即中書侍郎林甫從祖兄子也父如璿眗山丞以廼貴贈民部郎中廼少聰穎志學暗記六經日數千言及長文章清雅爲當時推重天寶中舉進士尋丁父艱居喪以孝聞既終制從調選曹廼常以文部選才未爲盡善遂致書於知銓舍人宋昱曰虞書稱知人則哲能官人則惠魏唐虞舉以爲難今夫文部既始之以掄材終之以授位是則知人官人斯爲重任昔在禹稷皋陶之衆聖猶曰載采有九德考績以九載近代主司獨委一二小冢宰察言於一幅之判觀行於一揖之內古今遲速何不侔之甚哉夫判者以狹詞短韻語有定規爲體亦猶以一小冶而鼓衆金雖欲爲鼎爲鏞不可得也故曰判之在文至局促者夫銓者必以崇衣冠自媒耀爲賢斯又士之醜行君子所病若引文公尼父登之於銓廷則雖圖書易象之大訓以判體挫之曽不及徐庾雖有至德以喋喋取之曽不若嗇夫嗚呼彼干霄蔽日誠巨樹也當求尺寸之材必後於椓杙龍吟武嘯誠希聲也若向頰舌之感必下於蛙黽觀察之際猶不悲夫執事慮過龜策文合雅誥豈拘以頭

須攷事曲折因循哉誠能先責以政事次徵以文學退觀其理家進察其臨節則庞鴻深沉之事亦可以窺其門戶矣其載補刺縣尉改會稽尉宣州觀察使殷日用奏爲判官宣慰使李季卿又以表薦連授大理評事兼監察御史轉運使劉晏奏令巡覆江西多所蠲免改殿中侍御史檢校倉部員外民部郎中並充浙西留後佐晏徵賦頗有裨益晏甚任之大曆十二年元載既誅以迺久在職召拜司門員外郎十四年崔祐甫秉政素與迺友善會加郭子儀尚父以冊禮久廢至是復行之祐甫令兩省官撰冊文未稱旨召迺至閤草之立就詞義典裁祐甫歎賞久之數日擢爲給事中尋遷權知兵部侍郎及楊炎盧杞爲相意多醜正以故五歲不遷建中四年夏但眞拜而已其冬涇師作亂駕幸奉天迺卧疾在私第賊泚遣使以甘言誘之迺稱疾篤又令其僞宰相蔣鎮自來招誘迺託瘖疾灸灼徧身鎮再至知不可劫脅乃歎息曰鎮亦嘗忝列曹郎苟不能死以至於斯寧以自辱羶腥復欲汙穢賢哲乎歔欷而退及聞輿駕再幸梁州迺自投

於牀搏膺呼天因是危惙絶食數日而卒時年六十德宗還京聞迺之忠烈追贈禮部尚書子伯芻

伯芻字素芝登進士第志行修謹淮南杜佑辟爲從事府罷屏居吳中久之徵拜右補闕遷主客員外郎以過從友人飲噱爲韋執誼密奏貶虔州掾曹復爲考功員外郎裴垍善其應對機捷遷考功郎中集賢院學士轉給事中裴垍罷相爲太子賓客未幾而卒李吉甫復入相與垍宿嫌不加贈官伯芻上疏論之贈垍太子少傅伯芻妻垍從姨也或譏於吉甫以此論奏伯芻懼亟請散地因出爲虢州刺史吉甫卒裴度擢爲刑部侍郎俄知吏部選事元和十年以左常侍致仕卒年六十一贈工部尚書伯芻風姿古雅涉學善談笑而動與時適論者稍薄之子寬夫登進士第歷諸府從事寶曆中入爲監察御史嘗上言曰近日攝祭多差王府官僚位望既輕有乖嚴敬伏請今後攝太尉差尚書省三品已上及保傅賓詹等官如人少即令丞郎通攝之俄轉左補闕少列陳岵進注維摩經得濠州刺史寬夫與同列因對論之言岵因供奉僧進經以圖郡牧敬宗怒謂宰相曰陳岵不因僧得郡諫官安得此言須推排頭首來寬夫奏曰昨論陳岵之時不記發言前後唯握筆草狀即是微臣今論事不當臣合當罪若尋究推排恐傷事體帝嘉其引過欣然釋之寬夫弟端夫爲太常博士駁韋綬謚議知名寬夫子允章煥章允章登進士第累官至翰林學士承旨禮部侍郎咸通九年知貢舉出爲鄂州觀察使檢校工部尚書後遷東都留守黃巢犯洛陽允章不能拒賊不之害坐是廢于家以疾卒

表高字公顒恕己之孫少慷慨慕名節登進士第累辟使府有贊佐裨益之譽代宗登極徵入朝累官至給事中御史中丞建中二年權爲京畿觀察使以論事失旨貶韶州長史復拜爲給事中貞元元年德宗復用吉州長史盧杞爲饒州刺史命高草詔書高執詞頭以謁宰相盧翰劉從一曰盧杞作相三年矯詐陰賊退斥忠良朋附者咳唾立至青雲睚眦者顧盼已擠溝壑傲很明德反易天常播越鑾輿

瘡痍天下皆杞之爲也爰免族戮雖示貶黜尋以稍遷近地若更授大郡恐失天下之望惟相公執奏之事尚可救翰從一不悅改命舍人草之詔出執之不下仍上奏曰盧杞爲政窮極兇惡三軍將校願食其肉百辟卿士嫉之若讐遣補陳京趙需裴佶宇文炫盧景亮張薦等上疏論奏累日又上疏高又於正殿奏云陛下用盧杞獨秉鈞軸前後三年弃斥忠良附下罔上使陛下越在草莽皆杞之過且漢時三光失序雨旱不時皆宰相請罪小者免官大者刑戮杞罪合至死陛下好生惡殺赦杞萬死唯貶新州司馬旋復遷移今除刺史是失天下之望伏惟聖意裁擇上謂曰盧杞有不逮是朕之過復奏曰盧杞姦臣常懷詭詐非是不逮上曰朕已有赦高曰赦乃赦其罪不宜授刺史且赦文至優黎民今饒州大郡若命姦臣作牧是一州蒼生獨受其弊望引常參官顧問并擇謹厚中官令採聽於衆若億兆之人異臣之言臣當萬死於是諫官爭論於上前上良久謂曰若與盧杞刺史太優與上佐可乎曰可矣遂追饒州制翌日遣使宣慰高

云朕思卿言深理切當依卿所奏太子少保韋倫太府卿張獻恭等奏袁高所奏至當高是陛下一良臣望加優異貞元二年上以關輔祿山之後百姓貧乏田疇荒穢詔諸道進耕牛待諸道觀察使各選揀牛進貢委京兆府勸課民戶勘責有地無牛百姓量其地著以牛均給之其田十畝已下人不在給限高上疏論之聖慈所憂切在貧下有田不滿五十畝者尤是貧人請量三兩家共給牛一頭以濟農事疏奏從之尋卒於官年六十中外歎惜憲宗朝宰臣李吉甫嘗言高之忠鯁詔贈禮部尚書

段平仲字秉庸武威人隋人部尚書段達六代孫也登進士第杜佑李復相繼鎮淮南皆表平仲爲掌書記復移鎮華州滑州仍爲從事入朝爲監察御史平仲磊落尚氣節嗜酒傲言時德宗春秋高多自聽斷由是庶務壅隔事或不理中外畏上嚴察無敢言者平仲嘗謂人曰主上聰明神武臣下畏懼不言自循默耳如平仲一得召見必當大有開悟貞元十四年京師旱詔擇御史郎官各一人發廩賑恤

平仲與考功員外陳歸當奉使因辭得對乃入近御座粗陳本事上察平仲意有所畜以歸在側不言及奏事畢退平仲獨不退欲有奏啓上因兼畱歸問之聲色甚厲雜以他語平仲錯愕都不得言因誤稱其名上怒叱出之平仲蒼黃又誤趨御障後歸下階連呼乃得出由是坐廢七年然亦因此名顯後除屯田膳部二員外郎東都畱守判官累拜右司郎中元和初遷諫議大夫內官吐突承璀爲招討使征鎮州無功而還平仲與呂元膺抗疏論列請加黜責轉給事中自在要近朝廷有得失未嘗不論奏時人推其猶直轉尚書左丞以疾改太子左庶子卒

薛存誠字資明河東人父勝能文嘗作拔河賦詞致瀏亮爲時所稱存誠進士擢第累辟使府入朝爲監察御史知館驛元和初王師討劉闢郵傳多事上特令中官爲館驛使存誠密表論奏以爲有傷公體會諫官亦論奏上乃罷之轉殿中侍御史遷度支員外郎裴垍作相用爲起居郎轉司勳員外刑部郎中兼侍御史知雜事改兵部郎中給事中瓊林庫使奏占工徒太廣存誠以爲此皆姦人竄名以避征役不可許咸陽縣尉袁儋與軍鎮相競軍人無理遂肆侵誣儋反受罰二勑繼至存誠皆執之上聞甚悅命中使嘉慰之由是擢拜御史中丞僧鑒虛者自貞元中交結權倖招懷賂遺倚中人爲城社吏不敢繩會于頔杜黃裳家私事發連逮鑒虛下獄存誠案鞫得姦贓數十萬獄成當大辟中外權要更於上前保救上宣令釋放存誠不奉詔明日又令中使詣臺宣旨曰朕要此僧面詰之非赦之也存誠附中使奏曰鑒虛罪款已具陛下若召而赦之請先殺臣然後可取不然臣期不奉詔上嘉其有守從之鑒虛竟笞死洪州監軍高重昌誣奏信州刺史李位謀大逆追赴京師上令付仗內鞫問存誠一日三表請付位於御史臺及推案無狀位竟得雪未幾再授給事中數月中丞闕上思存誠前効謂宰相持憲無以易存誠遂復爲御史中丞未視事暴卒憲宗深惜之贈刑部侍郎存誠性和易於人無所不容及當官御事即確乎不拔士友以是稱重之子廷老

廷老謹正有父風而性通鋭寶曆中爲右拾遺敬宗荒恣宮中造清思院新殿用銅鏡三千片黃白金薄十萬番廷老與同僚入閤奏事曰臣伏見近日除拜往往不由中書進擬或是宣出伏恐綱紀漸壞姦邪恣行敬宗厲聲曰更諫何事舒元褒對曰近日宮中修造太多上色變曰何處修造元褒不能對廷老進曰臣等職是諫官凡有所聞即合論奏莫知修造之所但見運瓦木絕多即知有用乞陛下勿罪臣言帝曰所奏知尋加史館修撰時李逢吉秉權惡廷老言太切直鄭權因鄭注得廣州節度權至鎮盡以公家珍寶赴京師以酬恩地廷老上疏請按權罪中人由是切齒又論逢吉黨人張權輿程昔範不宜居諫列逢吉大怒廷老告滿十旬逢吉乃出廷老爲臨晉縣令文宗即位入爲殿中侍御史大和四年以本官充翰林學士與同職李讓夷相善廷老之入內署讓夷薦挈之廷老性放逸嗜酒不持檢操終日酣醉文宗知之不悅五年罷職守本官讓夷亦坐廷老罷職守職方員外郎廷老尋拜刑部員外郎轉郎中遷給事中開成三

年卒廷老當官舉職不求虛譽偘偘於公卿之間甚有正人風望贈
刑部侍郎子保遜登進士第位亦至給事中保遜子昭緯乾寧中爲
禮部侍郎貢舉得人文章秀麗爲崔胤所惡出爲磎州刺史卒

盧坦字保衡河南洛陽人其先自范陽徙焉父巒贈鄭州刺史坦晉
爲義成軍判官節度使李復疾篤監軍使薛盈珍慮變遽封府庫入
其麾下五百人於使牙軍中恟恟坦密言於盈珍促收之及復卒坦
護喪歸東都後爲壽安令時河南尹徵賦限窮而縣人訴以機織未
就坦請延十日府不許坦令戶人但織而輸勿顧限也違之不過罰
令俸耳既成而輸坦亦坐罰由是知名累遷至庫部員外郎兼侍御
史知雜事會李錡反有司請毀錡祖父廟墓坦常爲錡從事乃上言
曰淮安王神通有功於草昧且古之父子兄弟罪不相及況以錡故
累五代祖乎乃不毀因賜神通墓五戶以備灑掃及武元衡爲宰相
以坦爲中丞李元素爲大夫命坦分司東都未幾歸臺裴均爲僕射
在班踰位坦請退之均不受坦曰姚南仲爲僕射例如此均曰南仲

何人坦曰南仲是守正而不交權倖者也尋遷爲右庶子時人歸咎
於均旬月出爲宣歙池觀察使三年入爲刑部侍郎鹽鐵轉運使改
戶部侍郎判度支元和八年西受降城爲河徙淩毀宰相李吉甫請
移兵於天德故城坦與李絳叶議以爲西城張仁愿所築制匈奴上
策城當磧口居虜要衝美水豐草邊防所利今河流之決不過退就
二三里奈何捨萬代永安之策徇一時省費之謀況天德故城僻處
确瘠其北枕山與河絕遠烽候警備不相統接虜之唐突勢無由知
是無故而蹙國二百里非所利也及城使周懷義奏利害與坦議同
事既不行未幾出爲劍南東川節度使在鎮累年後請收閏月軍吏
糧料以助軍行營人多非之貞元十二年九月卒年六十九贈禮部
尚書

史臣曰古之諍臣有死於言者其次引裾折檻不改其操亦難矣哉
袁高之執盧杞存誠之幾隳虛有古人之遺風焉平仲觸鱗之氣糾
其謬歟文洽奪章以攄府憤永夷絕食不飲盜泉節義之士也南仲
非彝之言盧坦西城之議量之深也如數子道爲時無君子乃是厚
誣

贊曰譽彝指佞諫臣匪失惟袁與薛人中磊軼寬夫雀躍廷老鴻軒
姚盧啓奏君子之言

唐書列傳卷第一百三

劉昫等修

聞人詮校刻沈桐同校

孔巢父冀州人字弱翁父如珪海州司戶參軍以巢父贈工部郎中巢父早勤文史少時與韓準裴政李白張叔明陶沔隱於徂來山時號竹溪六逸永王璘起兵江淮聞其賢以從事辟之巢父知其必敗側身潛遁由是知名廣德中李季卿為江淮宣撫使薦巢父授左衛兵曹參軍大曆初澤潞節度使李抱玉奏為賓幕累授監察御史轉殿中檢校庫部員外郎出授歸州刺史建中初涇原節度留後孟皞表巢父試秘書少監兼御史中丞行軍司馬尋拜汾州刺史入為諫議大夫出為潭州刺史湖南觀察使未行會普王為荊襄副元帥以巢父為元帥府行軍司馬兼御史大夫尋屬涇師之難從德宗幸奉天遷給事中河中陝華等州招討使累獻破賊之謀德宗甚賞之尋兼御史大夫充魏博宣慰使巢父博辯多智對田悅之衆陳逆順利害君臣之道士衆欣悚喜抃曰不圖今日復覩王化及就宴悅酒酣自矜其騎射之藝拳勇之略因曰若蒙見用無堅不摧巢父謂之曰若如公言而不早歸國者但為一好賊耳悅曰為賊既曰好賊為臣當作功臣巢父曰國方有虞待子而息悅起謝焉悅背叛日久其下厭亂且喜巢父之至數日田承嗣之子緒以失職怨望因人心之搖動遂構謀殺悅而與大將邢曹俊等稟命於巢父巢父因其衆意令田緒權知軍務以紓其難興元元年李懷光擁兵河中七月復以巢父兼御史大夫充宣慰使既傳詔旨懷光以巢父嘗使魏博田悅死於帳下恐禍及又朔方蕃渾之衆數千皆在行列頗驕悖不肅聞罷懷光兵權時懷光素服待命巢父不止之衆咸忿恚咄嗟曰太尉盡

無官矣方宣詔讙譟懷光亦不禁止巢父守盈並遇害上聞之震悼贈尚書左僕射仍詔收河中日備禮葬祭賜其家布帛米粟甚厚仍授一子正員官從子戡戣戢

戡巢父兄岑父之子方嚴有家法重然諾尚忠義盧從史鎮澤潞辟為書記從史寖驕與王承宗田緒陰相連結欲效河朔事以固其位戡每秉筆至不軌之言極諫以為不可從史怒戡歲餘謝病歸洛陽李吉甫鎮揚州召為賓佐從史知之上疏論列請行貶逐憲宗不得已授衛尉丞分司洛陽初貞元中藩帥誣奏從事者皆不驗理便行降黜及戡詔下給事中呂元膺執之上令中使慰喻元膺制書方下戡不調而卒贈駕部員外郎

戣字君嚴登進士第鄭滑節度使盧羣辟為從事羣卒命戣權掌留務監軍使以氣凌之戣無所屈降入為侍御史累轉尚書郎元和初改諫議大夫侃然忠讜有諫臣體上疏論時政四條帝意嘉納六年十月內官劉希光受將軍孫璹賂二十萬貫以求方鎮事敗賜希光死時吐突承璀以出軍無功諫官論列坐希光事出為淮南監軍試太子通事舍人李涉知上待承璀意未衰欲投匭上疏論承璀有功希光無事久委心腹不宜遽弃戣為匭使得涉副章不受面詰責之涉乃進疏於光順門戣極論其與中官交結言甚激切詔貶涉為陝州司倉侍臣聞之側目人為危之戣高步公卿間以方嚴見憚俄兼太子侍讀遷吏部侍郎轉左丞九年信州刺史李位為州將韋岳譖於本使監軍高重謙言位結聚術士以圖不軌追位至京師鞫於禁中戣奏曰刺史得罪合歸法司按問不合劾於內仗乃出付御史臺戣與三司訊鞫得其狀位好黃老道時修齋籙與山人王恭合鍊藥物別無逆狀以岳誣告決殺貶位建州司馬時非戣論諫罪在不測人士稱之愈為中官所惡尋出為華州刺史潼關防禦等使入為大理卿改國子祭酒十二年嶺南節度使崔詠卒三軍請帥宰相奏擬皆不稱旨因入對上謂裴度曰嘗有上疏論南海進蚶菜者詞甚忠正此人何在卿第求之度退訪之或曰祭酒孔戣嘗論此事度徵

疏進之即日授廣州刺史兼御史大夫嶺南節度使戣剛正清儉在
南海請刺史俸料之外絶其取索先是帥南海者京師權要多託買
南人爲奴婢戣不受託至郡禁絶賣女口先是準詔禱南海神多令
從事代祠戣每受詔自犯風波而往韓愈在潮州作詩以美之時桂
管經略使楊旻桂仲武裴行立等騷動生蠻以求功伐遂至嶺表累
歲用兵唯戣以清儉爲理不務邀功交廣大理敬宗即位召爲吏部
侍郎長慶中或告戣在南海時家人受賂上不之責改右散騎常侍
二年轉尚書左丞累請老詔以禮部尚書致仕優詔褒美仍令所司
歲致羊酒如漢禮徵士故事長慶四年正月卒時年七十三子遵孺
温裕皆登進士第大中已後迭居顯職温裕位京兆尹天平軍節度
使遵孺子緯自有傳

戢字方舉戣母弟也以季父巢父死難德宗褒其忠詔與一子正員
官因授戢修武尉以長兄戢未仕固乞迴授舉明經登第判入高等
授秘書省校書郎陽翟尉入拜監察御史轉殿中分司東都時昭義

唐傳一百四　三

○節度判官徐玫以狡慝助成從史之惡從史既得罪孟元陽爲昭義
節度復欲用玫爲賓佐戢遂牒澤潞收玫以俟命然後列狀上聞竟
流玫播州轉侍御史庫部員外郎初涇師之亂朱泚署彭偃爲舍人
至是偃子充符爲鄜坊從事或薦其才執事者召至京師戢謂京兆
尹裴武曰朱泚爲僞詔指斥乘輿皆彭偃之詞也悖逆之子不能梟
竄獸伏乃遠道以干譽子合效季孫行父之逐莒僕以勉事君者武
即日逐充符遷京兆尹出爲汝州刺史大理卿出爲潭州刺史湖南
觀察使時兄戣爲嶺南兄弟皆居節鎮朝野榮之入爲右散騎常侍
拜京兆尹時累月亢旱深軫聖情戢自禱雨於曲池是夕大雨文宗
甚悦詔兼御史大夫大和三年正月卒贈工部尚書子温業登進士
第大中後歷位通顯温業子晦

許孟容字公範京兆長安人也父鳴謙究通易象官至撫州刺史贈
禮部尚書孟容少以文詞知名舉進士甲科後究王氏易登科授秘
書省校書郎趙贊爲判襄等道黜陟使表爲判官貞元初徐州節度
使張建封辟爲從事四遷侍御史李納屯兵境上揚言入寇建封遣
将吏數輩告諭不聽於是遣孟容單車詣納爲陳逆順禍福之計納
即日發使追兵因請修好遂表孟容爲濠州刺史無幾德宗知其才
徵爲禮部員外郎有公主之子請補弘文崇文館諸生孟容舉令式
不許主訴於上命中使問狀孟容執奏竟得遷本曹郎中德宗降誕
日御麟德殿命孟容等登座與釋老之徒講論十四年轉兵部郎中
未滿歲遷給事中十七年夏好時縣風雹傷麥上命品官覆視不實
詔罰京兆尹顧少連已下敕出孟容執奏曰府縣上事不實罪止奪
俸停官其於弘宥已是殊澤但陛下使品官覆視後更擇憲官一人
再令驗察覆視轉審隱欺益明事宜觀聽法歸綱紀臣受官中謝日
伏請詔敕有須詳議者則乞停留晷刻得以奏陳此敕既非急宣可
以少駐詔雖不許公議是之十八年浙江東道觀察使裴肅卒以攝
副使齊摠爲衢州刺史時總爲肅刻下進奉以希恩遇受大郡物議
喧然詔出孟容執奏曰陛下比者以兵戎之地或有不獲已超授者

唐傳一百四　四

○今衢州無他虞齊總無殊績忽此超授羣情驚駭總是浙東判官今
詔勅稱權知留後攝都團練副使向來無此勅命便用此詔尤恐不
可若總必有可録陛下須要酬勞即明書課最超一兩資與改今舉
朝之人不知總之功能衢州浙東大郡總自大理評事兼監察御史
授之使遐邇不甘咒惡騰口如臣言不切乞陛下暫停此詔免使人
聽察必賀聖朝無私今齊總詔謹隨狀封進奉有諫官論列乃留中
不下德宗召孟容對於延英諭之曰使百執事皆如卿朕何憂也自
給事中袁高論盧杞後未嘗有可否及聞孟容之奏四方皆感上之
聽納嘉孟容之當官十九年夏旱孟容上疏曰臣伏聞陛下數月已
來齋居損膳爲兆庶心疾又敕有司走於羣望牲於百神而密雲不
雨首種未入豈籲醊有闕祈祝非誠爲陰陽適然豈數前定何聖意
精至甘澤未答也臣歷觀自古天人交感事未有不由百姓利病之
急者切者邦家教令之大者遠者京師是萬國所會强幹弱枝自古
通規其一年稅錢及地租出入一百萬 貫臣伏其陛下即日下令全

放免之其欠三分放二且使旱涸之際免吏流亡若播種無望徵斂如舊則必愁怨遷徙不顧墳墓矣臣愚以爲德音一發膏澤立應變災爲福期在斯須戶部所收掌錢非度支歲計本防緩急別用今此炎旱直支一百餘萬貫代京兆百姓一年差科實陛下巍巍睿謀天下鼓舞歌揚者也復吏省察廢政之中有流移征防當還而未還者徒役禁錮當釋而未釋者逋懸饋送當免而未免者沉滯鬱抑當伸而未伸者有一於此則特降明命令有司條列三日內聞奏其當還當釋當免當伸者下詔之日所在即時施行臣愚以爲如此而神不監歲不稔古未之有事雖不行物議嘉之貞元末坐裴延齡李齊運等讒謗流貶者動十數年不量移故因旱歉孟容奏此以諷然終貞元世罕有遷移者孟容以諷諭太切改太常少卿元和初遷刑部侍郎尚書右丞四年拜京兆尹賜紫神策吏李昱假貸長安富人錢八千貫滿三歲不償孟容遣吏收捕械繫克日命還之曰不及期當死自典元已後禁軍有功又中貴之尤有渥恩者方得護軍故軍士日

○益縱橫府縣不能制孟容剛正不懼以法繩之一軍盡驚冤訴於上立命中使宣言令送本軍孟容繫之不遣中使再至乃執奏曰臣誠知不奉詔當誅然臣職司輦轂合爲陛下彈抑豪強錢未盡輸昱不可得上以其守正許之自此豪右斂迹威望大震改兵部侍郎俄以本官權知禮部貢舉頗抑浮華選擇才藝出爲河南尹亦有威名俄知禮部選事徵拜吏部侍郎會十年六月盜殺宰相武元衡并傷議臣裴度時淮夷逆命凶威方熾王師問罪未有成功言事者繼上章疏請罷兵是時盜賊竊發人情甚惑獨孟容詣中書雪涕而言曰昔漢廷有一汲黯姦臣尚爲寢謀今主上英明朝廷未有過失而狂賊敢爾無狀寧謂國無人乎然轉禍爲福此其時也莫若上聞起裴中丞爲相令主兵柄大索賊黨窮其姦源後數日度果爲相而下詔行誅時孟容議論人物有大臣風彩由太常卿爲尚書左丞奉詔宣慰汴宋陳許河陽行營諸軍俄拜東都留守元和十三年四月卒年七十六贈太子少保謚曰憲孟容方勁富有文學其折衷禮法考詳訓典甚堅正論者稱焉而又好推轂樂善拔士士多歸之

呂元膺字景夫鄆州東平人曾祖紹宗右拾遺祖霈殿中侍御史父長卿右衛倉曹參軍以元膺贈秘書監元膺質度瓌偉有公侯之器建中初策賢良對問第授同州安邑尉同州刺史侯鐈聞其名辟爲長春宮判官屬蒲賊侵軼鐈失所元膺遂潛跡不務進取貞元初論惟明節制渭北延在賓席自是名達於朝廷惟明卒王栖曜代領其鎭德宗俾栖曜留署使職咨以軍政累轉殿中侍御史徵入眞拜本官轉侍御史丁繼母憂服闋除右司員外郎出爲蘄州刺史頗著恩信嘗歲終閱郡獄囚囚有自告者曰某有父母在明日元正不得相見因泣下元膺憫焉盡脫其械縱之與爲期守吏曰賊不可縱元膺曰吾以忠信待之及期無後到者由是群盜感義相引而去元和初徵拜右司郎中兼侍御史知雜事遷諫議大夫給事中規諫駁議大舉其職及鎭州王承宗之叛憲宗將以吐突承璀爲招討處置使元膺與給事中穆質孟簡兵部侍郎許孟容等八人抗論不可且曰承

○璀雖貴寵然內臣也若爲帥總兵恐不爲諸將所伏指論明切憲宗納之爲改使號然猶專戎柄無功而還出爲同州刺史及中謝上問時政得失元膺論奏辭氣激切上嘉之翌日謂宰相曰元膺有讜言直氣宜留在左右使言得失卿等以爲何如李藩裴垍賀曰陛下納諫超冠百王乃宗社無疆之休臣等不能廣求端士又不能數進忠言孤負聖心合當罪戾請留元膺給事左右尋兼皇太子侍讀賜以金紫尋拜御史中丞未幾除鄂岳觀察使入爲尚書左丞度支使潘孟陽與太府卿王遂迭相奏論孟陽除散騎常侍遂爲鄧州刺史皆假以美詞元膺封還詔書請明示枉直江西觀察使裴堪奏虔州刺史李將順贓狀朝廷不覆按遽貶將順道州司戶元膺曰廉使奏刺史贓罪不覆檢即謫去縱堪之詞足信亦不可爲天下法又封詔書請發御史按問宰臣不能奪代權德輿爲東都留守檢校工部尚書兼御史大夫都畿防禦使舊例留守賜旗甲與方鎭同及元膺受任不賜朝論以淮西用兵特用元膺守洛不宜削其儀制以沮威望諫

官論列援華汝壽三州例上曰此數處並宜不賜留守不賜旗甲自元膺始十年七月鄆州李師道留邸伏甲謀亂初師道於東都置邸院兵謀雜以往來吏不敢辨因吳元濟北犯郊畿多警防禦兵盡戍伊闕師道伏甲百餘於邸院將焚宮室而肆殺掠已烹牛饗衆明日將出會小將李再興告變元膺追兵伊闕圍之半月無敢進攻者防禦判官王茂元殺一人而後進或有毀其墉而入者賊衆突出圍兵奔駭賊乃團結以其孥偕行出長夏門轉掠郊墅奪牛馬東濟伊水望山而去元膺誡境上兵重購以捕之數月有山棚鬻鹿於市賊過山棚乃召集其黨引官兵圍於谷中盡獲之窮理其魁乃中岳寺僧圓淨年八十餘嘗爲史思明將偉悍過人初執之使折其脛鎚之不折圓淨罵曰脚猶不解折乃稱健兒乎自置其足教折之臨刑歎曰誤我事不得使洛城流血死者凡數十人留守防禦將二人都亭驛卒五人甘水驛卒三人皆潛受其職署而爲之耳目自始謀及將敗無知者初師道多買田於伊闕陸渾之間凡十餘處故以舍山棚而衣食之有訾嘉珍門察者潛部分之以屬圓淨以師道錢千萬僞理佛寺期以嘉珍竊發時舉火於山中集二縣山棚人作亂及窮按之嘉珍門察皆稱害武元衡者元膺以聞送之上都賞告變人楊進李再興錦綵三百匹宅一區授之郎將元膺因請募山河子弟以衛宮城從之盜發之日都城震恐留守兵寡弱不可倚而元膺坐皇城門指使部分氣意自若以故居人帖然數年改河中尹充河中節度等使時方鎮多事姑息元膺獨以堅正自處監軍使洎往來中貴無不敬憚入拜吏部侍郎因疾固讓改太子賓客元和十五年二月卒年七十二贈吏部尚書元膺學識深遠處事得體正色立朝有台輔之望初遊京師時故相齊映謂人曰吾不及識婁郝殆斯人之類乎其業官行已始終無缺云

劉栖楚出於寒微爲吏鎮州王承宗甚奇之後有薦於李逢吉自鄧掾擢爲拾遺性果敢逢吉以爲鷹犬之用欲中傷裴度及殺李紳敬宗即位畋遊稍多坐朝常晚栖楚出班以額叩龍墀出血苦諫曰臣歷觀前王嗣位之初莫不躬勤庶政坐以待旦陛下即位已來放情嗜寢樂色忘憂安卧宮闈日晏方起西宮密邇未過山陵鼓吹之聲日喧於外伏以憲宗皇帝大行皇帝皆是長君恪勤庶政四方猶有叛亂陛下運當少主即位未幾惡德布聞臣慮福祚之不長也臣忝諫官致陛下有此請碎首以謝遂以額叩龍墀久之不已宰臣李逢吉出位宣曰劉栖楚休叩頭候詔旨栖楚捧首而起因更陳論搕頭見血上爲之動容以袖連揮令出栖楚又云不可臣奏臣即碎首死中書侍郎牛僧孺復宣示而出敬宗爲之動容無何遷起居郎王諫議俄又宣授刑部侍郎丞郎宣授未之有也改京兆尹權抑豪右甚有鈎距人多比之於西漢趙廣漢者後恃權寵常以詞氣凌宰相韋處厚遂出爲桂州觀察使逾年卒於任時太和元年九月

張宿者布衣諸生也憲宗爲廣陵王時因軍使張茂宗薦達出入邸第及上在東宮宿時入謁辯譎敢言洎監撫之際驟承顧擢授左拾遺以舊恩數召對禁中機事不密貶郴州郴縣丞十餘年徵入歷贊善大夫左補闕比部員外郎宰相李逢吉惡之數於上前言其狡譎不可保信乃用爲濠州刺史制下宿自理乞留乃追制上欲以爲諫議大夫逢吉奏曰諫議職重當以能可否朝政者爲之宿細人不足以汙賢者位陛下必須用宿請先去臣即可上不悅又逢吉與裴度是非不同上方委度討伐乃出逢吉爲劒南東川節度乃用宿權知諫議大夫俄而內使宣授初宰相崔群王涯奏曰諫議大夫前時亦有拔自山林起於卒伍者其例則少用皆有由或道義彰明不求聞達或山林卓異出於群萃以此選求是愜公議或事迹未著恩由一時雖有例超升即時議未允宿本非文辭入用望實稍輕驟加不次之榮繼恐以身爲累臣等所以累有論諫依資且與郎中事具適中非於此人情有厚薄請授職方郎中上命如初群等乃請權知尋又宣授宿怨執政擯已頗加讒毀依附皇甫鎛等傷害清正之士陰事中要以圖進取十三年正月充淄青宣慰使至東都暴病卒於是正人相賀詔贈秘書監

熊望者登進士第粗有文詞而性憸險可口辯往往得遊公卿間李
以大言詭意指抉時政既由此而得進士第務進不已而京兆尹劉
栖楚以不次驟居清貫廣樹朋黨門庭無晝夜填委不息望出入栖
楚之門有伺密機陰佐計畫人無知者昭愍嬉遊之隙學爲歌詩以
翰林學士崇重不可褻狎乃議別置東頭學士以備曲宴賦詩令採
卑官才堪任學士者爲之栖楚以望名薦送事未行而昭愍崩文宗
即位韋處厚輔政大去姦黨既逐栖楚又詔曰孔門高懸百行由至
順者其身必榮朝廷廣設衆官踐正途者其道必達前鄉貢進士熊
望因緣薄伎偷冀褻幸營居中之密職擾惑朝經鼓偪下之讙聲因
依邪隙及衆議波湧累月不寧司門驗繻累月至四考覈謀妄乃非
坦途朕大啓庠序以端群望俾示投荒之典用正向方之流可漳州
司戶

栢耆者將軍良器之子素負志略學縱橫家流會王承宗以常山叛
朝廷厭兵欲以恩澤撫之耆於蔡州行營以畫干裴度請以朝旨奉

使鎮州乃自處士受左拾遺既見承宗以大義陳說承宗泣下請質
二男獻兩郡由是知名元和十年王承宗歸國移鎮滑州朝廷賜成
德軍賞錢一百萬貫令諫議大夫鄭覃宣慰軍人賞錢未至浩浩然
騰口穆宗詔耆往諭旨耆至令承宗集三軍宣導上旨衆心乃安轉
兵部郎中太和初遷諫議大夫俄而李同捷叛兩河藩帥加兵滄德
宿師於野連年同捷窮蹙求降耆既宣諭訖與節度使李祐謀耆乃
帥數百騎入滄州取同捷赴京滄德平諸將害耆邀功爭上表論列
文宗不獲已貶循州司戶判官沈亞之貶虔州南康尉內官馬國亮
又奏耆於同捷處取婢九人再命長流愛州尋賜死

史臣曰人臣事君犯顏匡政不避死亡之誅議者以為徇名臣惡其
許也如許京兆之劾軍吏呂尚書之封詔書詞義可觀聳動人聽以
為沽激傷善何多而栖楚張宿之徒膺罘天下材為人嗚吠誠可醜也
栢耆恃縱橫之筭欲俯拾卿相忘身蹈利旋踵而誅宜哉巢父使不
辱命志在致君遭罹喪亂竟陷虎吻而幽戮諸子世載忠貞大中之
後擢爲昌族爲善之利豈虛言哉

贊曰君子重義小人殉利巢殞耆誅其道即異許呂封駁昭耀黃扉
死而可作吾誰與歸

唐書列傳卷第一百四

唐書列傳卷第一百五

劉昫等修
聞人詮校刻沈桐同校

穆寧 子贊 質 員 賞　崔邠 弟鄯 郾 鄲
竇群 兄常 牟 弟庠 鞏　李遜 弟建
薛戎 弟放

穆寧懷州河內人也父元休以文學著撰洪範外傳十篇開元中獻之玄宗賜帛授偃師縣丞安陽令寧清愼剛正重交遊以氣節自任少以明經調授塩山尉是時安祿山始叛僞署劉道玄爲景城守寧唱義起兵斬道玄首傳檄郡邑多有應者賊將史思明來寇郡寧以攝東光令將兵禦之思明遣使說誘寧立斬之郡懼賊怨深後大兵至奪寧兵及攝縣初寧佐採訪使巡按常過平原與太守顏眞卿密揣祿山必叛至是眞卿亦唱義舉郡兵以拒祿山會間使持書遺眞卿曰夫子爲衛君乎更無他詞眞卿得書大喜因奏署大理評事河北採訪支使寧以長子屬母弟曰惟爾所適苟不乏嗣吾無累矣因往平原謂眞卿曰先人有嗣矣古所謂死有輕於鴻毛者寧是也願佐公以定危難眞卿深然之其後寧計或不行眞卿迫蹙棄郡夜渡河而南見肅宗於鳳翔帝問拒賊之狀眞卿曰臣不用穆寧之言功業不成帝奇之發驛召寧將以右職待之會眞卿以抗直失旨事遂止上元二年累官至殿中侍御史佐鹽鐵轉運使副元帥李光弼以餉運不繼或惡寧者誣譖於光弼光弼揚言欲殺寧寧直抵徐州見光弼喻以大義不爲撓折光弼深重之寧得行其職寶應初轉侍御史爲河南轉運租庸鹽鐵等副使明年遷戶部員外郎無幾加兼御史中丞爲河南江南轉運使廣德初加庫部郎中是時河運不通漕輓由漢沔自商山達京師選鎭夏口者詔以寧爲鄂州刺史鄂岳沔都團練使及淮西鄂岳租庸鹽鐵沿江轉運使賜金紫時淮西節度使李忠臣貪暴不奉法設防戍以稅商賈又縱兵士剽劫行人殆絕與寧夾淮爲理憚寧威名寇盜輒止沔州別駕薛彥偉坐事忤旨寧杖之致死寧坐貶虔州司馬再貶昭州平集尉大曆四年起授監察御史領轉運留後事於淄青閱一年改檢校司封郎中兼侍御史領轉運留後事於江西明年拜檢校秘書少監兼和州刺史理有善政居無何官罷代寧者以天寶版籍校見戶誣以逋亡多坐貶泉州司戶寧子贊守闕三年告冤詔遣御史按覆而人戶增倍詔書召寧除右諭德寧強毅不能事權貴執政者以爲不附己且憚其難制故處之散位寧默默不得志且曰時不我容我不時徇則非吾之進也在於退乎辭病居家請告幾十旬者數矣親友強之復一朝請上居奉天寧詣行在拜秘書少監興元初改右庶子德宗還京師寧曰可以行吾志矣因移病罷歸東都貞元六年就拜秘書監致仕寧好學善教諸子家道以嚴稱事寡姊以悌聞通達體命未嘗服藥每誡諸子曰吾聞君子之事親養志爲大直道而已愼無爲諂吾之志也貞元十年十月卒時年七十九四子贊質員賞

○贊字相明釋褐爲濟源主簿時父寧爲和州刺史以剛直不屈於廉使遂被誣奏貶泉州司戶參軍贊奔赴闕庭號泣上訴詔御史覆問寧方得雪詔曰令子申父之冤憲臣奉君之命楚劍不衝於牛斗秦臺自洗於塵埃由是知名累遷京兆兵曹參軍殿中侍御史轉侍御史分司東都時陝州觀察使盧岳妾裴氏以有子岳妻分財不及訴於官贊鞫其事御史中丞盧佋佐之令深繩裴罪贊持平不許宰臣竇參與佋善參佋俱持權怒贊以小事不受指使遂下贊獄侍御史杜倫希其意誣贊受裴之金鞭其使以成其獄甚急贊弟賞馳詣闕撾登聞鼓詔三司使覆理無驗出爲郴州刺史參敗徵拜刑部郎中因次對德宗嘉其才擢爲御史中丞時裴延齡判度支以姦巧承恩屬吏有贓犯贊鞫理承伏延齡請曲法出之贊三執不許以款狀聞延齡誣贊不平貶饒州別駕丁母憂再轉虔常二州刺史憲宗即位拜宣州刺史御史中丞充宣歙觀察使所莅皆有政聲永貞元年十一月卒時年五十八贈工部尚書贊與弟質員賞以家行人材爲搢紳所仰贊官達父母尚無恙家法清嚴贊兄弟奉指使笞責如僮僕

質最孝謹質強直應制策入第三等其所條對至今傳之自補闕至給事中時政得失未嘗不先論諫元和初掌賦使院多擅禁繫戶人而有笞掠至死者質乃論奏鹽鐵轉運司應決私鹽繫囚須與州府長吏監決自是刑名畫一憲宗以王承宗叛用內官吐突承璀爲招討使質率同列伏閤論奏言自古無以中官爲將帥者上雖改其名心頗不悅尋改質爲太子左庶子五年坐與楊憑善出爲開州刺史未幾卒貞工文辭尚節義杜亞爲東都留守辟爲從事檢校員外郎早卒有文集十卷質兄弟俱有令譽而和粹世以滋味目之贊俗而有格爲酪質美而多入爲酥貞爲醍醐賞爲乳腐近代士大夫言家法者以穆氏爲高

崔邠字處仁清河武城人祖結父倕官卑邠少舉進士又登賢良方正科貞元中授渭南尉遷拾遺補闕常疏論裴延齡爲時所知以兵部員外郎知制誥至中書舍人凡七年又權知吏部選事明年爲禮部侍郎轉吏部侍郎賜以金紫邠溫裕沉密尤敦清儉上亦器重之

裴垍將引爲相病難於承荅事竟寢兄弟同時奉朝請者四人頗以孝敬怡睦聞後改太常卿知吏部尚書銓事故事太常卿初上大閱四部樂於署觀者縱焉邠自私第去帽親導母轝公卿逢者迎騎避之衢路以爲榮居母憂歲餘卒元和十年三月也時年六十二贈吏部尚書謚曰文簡弟鄯郾鄲等六人子璀瓊璀子彥融皆登進士第歷位臺閣

鄯少有文學舉進士元和中歷監察御史太和元年十月自太子詹事拜左金吾衛大將軍鄯昆弟六人仕官皆至三品邠郾鄲三人知貢舉掌銓衡冠族聞望爲時名德鄯大和九年冬爲左金吾大將軍無病暴亡不旬日有訓注之亂其亂始自金吾君子乃知鄯之亡崔氏積善之徵也贈禮部尚書子瑄

郾字廣略舉進士平判入等授集賢殿校書郎三命升朝爲監察御史刑部員外郎姿質秀偉神情重雅人望而愛之終不可捨不知者以爲事高簡拘靜默耳居內憂釋服爲吏部員外姦吏不敢欺孤寒無援者未嘗留滯銓叙之美爲時所稱再遷左司郎中元和十三年鄭餘慶爲禮儀詳定使選時有禮學者共事以郾爲詳定判官吏部郎中十五年遷諫議大夫穆宗即位荒於禽酒坐朝常晚郾與同列鄭覃等延英切諫穆宗甚嘉之畋遊稍簡長慶中轉給事中昭愍即位選侍講學士轉中書舍人入思政殿謝恩郾奏曰陛下用臣爲侍講半歲有餘未嘗問臣經義今蒙轉改實慙尸素有愧厚恩帝曰朕機務稍閑即當請益高釴曰陛下意雖樂善既未延接儒生天下之人寧知重道帝深引咎賜之錦綵郾退與同列高重抄撮六經嘉言要道區分事類凡十卷名曰諸經纂要冀人主易於省覽上嘉之賜錦綵二百匹銀器等其年轉禮部侍郎東都試舉人凡兩歲掌貢士平心閱試賞拔藝能所擢者無非名士至大中咸通之代爲輔相名卿者十數人出爲陝州觀察使舊弊有上供不足奪吏俸以益之歲八十萬郾以廉使常用之直代之居二年政績聞於朝遷鄂岳安黃等州觀察使又五年移浙江西道都團練觀察使至用寬政安疲人

及居鄂者則峻法嚴刑未常貫一死罪江湖之間萑蒲是叢因造蒙衝小艦上下千里朞月而盡獲群盜凡三按廉車率由清簡少事財用有餘人遂寧泰開成元年卒年六十九贈吏部尚書謚曰德郾與兄邠弟鄲等皆有令譽而郾疎財恢廓昆仲所不及子瑤瓌瓘珮璆

瑤大和三年登進士第出佐藩方入升朝列累至中書舍人大中六年知貢舉旋拜禮部侍郎出爲浙西觀察使又遷鄂州刺史鄂岳觀察使終於位瓌珮璆官至郎署給諫瓘大中十年登進士第累居使府歷尚書郎知制誥咸通十三年知貢舉選拔頗爲得人尋拜禮部侍郎出爲湖南觀察使

鄲登進士第累遷監察御史三遷考功郎中大和三年以本官充翰林學士轉中書舍人六年罷學士八年爲工部侍郎集賢殿學士權知禮部貢舉拜兵部侍郎本官判吏部東銓事文宗勤於政道每苦選曹訛弊延英謂宰臣曰吏部殊不選才安得覈實無濫可釐革否李石對曰令錄可以商量他官且宜循舊上曰循舊如配官耳賢不肖

安能甄別帝召三銓謂之曰卿等比選令錄如何注擬鄭對曰資叙相當問其爲治之術視可否而擬之帝曰依資合得而才劣者何授對曰與邊遠慢官帝曰如以不肖之才治邊民則疾苦可知也凡朝廷求理遠近皆須得人苟非其才人受其弊矣尋拜吏部侍郎開成二年出爲宣州刺史兼御史中丞宣歙觀察使四年入爲太常卿七月以本官同中書門下平章事尋加中書侍郎銀青光祿大夫會昌初李德裕用事與鄭弟兄素善鄭在相位累年歷方鎮太子師保卒

竇群字丹列扶風平陵人祖亶同昌郡司馬父叔向以工詩稱代宗朝官至左拾遺群兄常牟弟庠鞏皆登進士第唯群獨爲處士隱居毗陵以節操聞及母卒齧一指置棺中因廬墓次終喪後學春秋於啖助之門人盧庇者著書三十四卷號史記名臣疏貞元中蘇州刺史韋夏卿以丘園茂異薦兼獻其書不報及夏卿入爲吏部侍郎改京兆尹中謝日因對復薦群徵拜左拾遺遷侍御史充入蕃使秘書監張薦判官群因入對奏曰陛下即位二十年始自草澤擢臣爲拾遺

是難其進也今陛下以二十年難進之臣用爲和蕃判官一何易也德宗異其言留之復爲侍御史王叔文之黨柳宗元劉禹錫皆慢群群不附之其黨議欲貶群官韋執誼止之群嘗謁王叔文叔文命徹榻而進群揖之曰夫事有不可知者叔文曰如何群曰去年李實伐恩恃貴傾動一時此時公逡巡路旁乃江南一吏耳今公已處實形勢又安得不慮路旁有公者乎叔文雖異其言竟不之用憲宗即位轉膳部員外兼侍御史知雜出爲唐州刺史節度使于頔素聞其名既謁見群危言激切頔甚悅奏留充山南東道節度副使檢校兵部郎中兼御史中丞賜紫金魚袋宰相武元衡李吉甫皆愛重之召入爲吏部郎中元衡輔政舉群代已爲中丞群奏刑部郎中呂溫羊士諤爲御史吉甫以羊呂險躁持之數日不下群等怒怨吉甫三年八月吉甫罷相出鎮淮南群等欲因失恩傾之吉甫嘗召術士陳登宿于安邑里第翌日群令吏捕登考劾僞構吉甫陰事密以上聞帝召登面訊之立辯其僞憲宗怒將誅群等吉甫救之出爲湖南觀察使數日改黔州刺史黔州觀察使在黔中屬大水壞其城郭復築其城徵督谿洞諸蠻程作頗急於是辰錦生蠻乘險作亂群討之不能定六年九月貶開州刺史在郡二年改容州刺史容管經略觀察使九年詔還朝至衡州病卒時年五十群性狠戾頗復恩讐臨事不顧生死是時徵入欲大用人皆懼駭聞其卒方安二子謙餘審餘兄

常字中行大曆十四年登進士第居廣陵之柳楊結廬種樹不求苟進以講學著書爲事凡二十年不出貞元十四年鎮州節度使王武俊聞其賢遣人致聘辟爲掌書記不就其年杜佑鎮淮南奏授校書郎爲節度參謀元和六年自湖南判官入爲侍御史轉水部員外郎出爲朗州刺史歷固陵潯陽臨川三郡守入爲國子祭酒求致仕寶曆元年卒時年七十子弘餘會昌中爲黃州刺史

牟字貽周貞元二年登進士第試秘書省校書郎東都留守巡官歷河陽昭義從事檢校水部郎中賜緋再爲留守判官入爲都官郎中出爲澤州刺史入爲國子祭酒長慶二年卒時年七十四子周餘大

中年秘書監牟弟

庠字胄卿釋褐國子主簿吏部侍郎韓皐出鎮武昌辟爲推官皐移鎮浙西奏庠爲節度副使殿中侍御史遷澤州刺史又爲宣歙副使除奉天令登州刺史東都留守判官歷信婺二州刺史卒年六十三子係載

鞏字友封元和二年登進士第袁滋鎮滑州辟爲從事滋改荆襄二鎮皆從之掌書記之任平盧薛平又辟爲副使入朝拜侍御史歷司勳員外刑部郎中元稹觀察浙東奏爲副使檢校秘書少監兼御史中丞賜金紫稹移鎮武昌鞏又從之鞏能五言詩昆仲之間與牟詩俱爲時所賞重性溫雅多不能持論士友言議之際吻動而不發白居易等目爲囁嚅翁終于鄂渚時年六十子六人景餘師裕最知名

李遜字友道後魏申公發之後於趙郡謂之申公房曾祖進德太子中允祖珍玉昌明令父震雅州別駕世寓於荆州之石首遜登進士第辟襄陽掌書記復從事於湖南主其留務頗有聲績累拜池濠二

州刺史先是濠州之都將楊騰削刻士卒州兵三千人謀殺騰騰覺
之走揚州家屬皆死濠兵不自戢因行攘剽及遜至郡餘亂未殄徐
驅其間爲陳逆順利害之勢衆皆釋甲請罪因以寧息觀察使言限
外徵役皆不從入拜虞部郎中元和初出爲衢州刺史以政績殊尤
遷越州刺史兼御史大夫浙東都團練觀察使先是貞元初皇甫政
鎮浙東嘗福建兵亂逐觀察使吳詵政以所鎮實壓閩境請權益兵
三千俟賊平而罷賊平向三十年而所益兵仍舊遜視事數日舉奏
停之遜爲政以均一貧富扶弱抑強爲已任故所至稱理九年入爲
給事中遜以舊制隻日視事對群臣遜奏論曰事君之義有犯無隱
陳誠啓沃不必擇辰今君臣數奏乃候隻日是畢歲臣下覩天顏獻
可否能幾何憲宗嘉之乃許不擇時奏對俄遷戶部侍郎元和十年
拜襄州刺史充山南東道節度觀察等使襄陽前領八郡唐鄧隋在
焉是時方討吳元濟朝議以唐蔡鄰接遂以鄧隸唐州三郡別爲節
制命高霞寓領之專侯攻討遜以五州賦餉之時遜代嚴綬鎮襄陽

綬以八州兵討賊在唐州既而綬以無功罷兵柄命高霞寓代綬將
兵於唐州其襄陽軍隸于霞寓軍士家口在襄州者遜厚撫之士卒
多捨霞寓亡歸既而霞寓爲賊所敗乃移過于遜言供饋不時霞寓
本出禁軍內官皆佐之既貶官中人皆言遜撓霞寓軍所以致敗上
令中使至襄州聽察曲直奏言遜不直乃左授太子賓客分司又降
爲恩王傅十三年李師道効順命遜爲左散騎常侍馳赴東平諭之
師道得詔意動即請効順旋爲其下所惑而止遜還未幾除京兆尹
改國子祭酒十四年拜許州刺史充忠武節度陳許溵蔡等州觀察
處置等使是時新罹兵戰難遽完緝及遜至集大軍與之約束嚴具
示賞罰必信號令數百言士皆感悅長慶元年幽鎮繼亂遜請身先
討賊不許但命以兵一萬會于行營遜奉詔即日發兵故先諸軍而
至由是進位檢校吏部尚書尋改鳳翔節度使行至京師以疾陳乞
改刑部尚書長慶二年正月卒年六十三廢朝一日贈右僕射遜幼
孤寓居江陵與其弟建皆安貧苦易衣併食講習不倦遜兄造知二

弟賢日爲營丐成其志業建先遜一年卒兄弟同致休顯士君子多
之謚曰恭肅造早卒

建字杓直家素清貧無舊業與兄造遜於荊南躬耕致養嗜學力文
舉進士選授秘書省校書郎德宗聞其名用爲右拾遺翰林學士元
和六年坐事罷職降詹事府司直高郢爲御史大夫奏爲殿中侍御
史遷兵部郎中知制誥自以草詔思遲不願司文翰改京兆尹與宰
相韋貫之友善貫之罷相建亦出爲澧州刺史徵拜太常少卿尋以
本官知禮部貢舉建取捨非其人又惑於請託故其年選士不精坐
罰俸料明年除禮部侍郎竟以人情不洽改爲刑部建名位雖顯以
廉儉自處家不理垣屋士友推之長慶二年二月卒贈工部尚書三
子訥恪朴訥最知名官至華州刺史檢校尚書右僕射

薛戎字元夫河中寶鼎人少有學術不求聞達居於毗陵之陽羨山
年餘四十不易其操江西觀察使李衡辟爲從事使者三返方應故
相齊映代衡又留署職府罷歸山福建觀察使柳冕表爲從事累月

轉殿中侍御史會泉州闕刺史冕署戎權領州事是時姚南仲節制
鄭滑從事馬揔以其道直爲監軍使誣奏貶泉州別駕冕附會權勢
欲構成揔罪使戎按問曲成之戎以揔無辜不從冕意別白其狀戎
還自泉州冕盛氣據牀而見賓客戎遂歷東廂從容而入冕度勢未
可屈徐起以見一揖而退又構其罪以狀聞置戎于佛寺環以武夫
恣其侵辱如是累月誘令成揔之罪操心如一竟不動搖杜佑鎮淮
南知戎之冤乃上其表發書諭冕戎難方解遂辭職寓居於江湖間
後閻濟美爲福建觀察使備聞其事奏充副使又隨濟美移鎮浙東
改侍御史入拜刑部員外郎出爲河南令累改衢湖常三州刺史遷
浙東觀察使所莅皆以政績聞居數歲以疾辭官長慶元年十月卒
贈左散騎常侍戎檢身勵約不務虛名俸入之餘散於宗族身歿之
後人無譏焉兄弟五人季弟放最知名放登進士第性端厚寡言於
是非不甚繫意累佐藩府莅事幹敏官至試大理評事擢拜右拾遺
轉補闕歷水部兵部二員外遷兵部郎中遇憲宗以儲皇好書求端

士輔導經義選充皇太子侍讀及穆宗嗣位未聽政間放多在左右密參機命穆宗常謂放曰小子初承大寶懼不克荷先生宜爲相以匡不逮放叩頭曰臣實庸淺徒侍冕旒固不足猥塵大位輔弼之任自有賢能其言無矯飾皆此類也穆宗深嘉其誠因召對恩致殷賜以金紫之服轉工部侍郎集賢學士雖任非峻切而恩顧轉隆轉刑部侍郎職如故穆宗常謂侍臣曰朕欲習學經史何先放對曰經者先聖之至言仲尼之所發明皆天人之極致誠萬代不刊之典也史記前代成敗得失之迹亦足鑒其興亡然得失相參是非無準的固不可爲經典比也帝曰六經所尚不一志學之士白首不能盡通如何得其要對曰論語者六經之菁華孝經者人倫之本窮理執要眞可謂聖人至言是以漢朝論語首列學官光武令虎賁之士皆習孝經玄宗親爲孝經注解皆使當時大理四海乂寧蓋人知孝慈氣感和樂之所致也上曰聖人以孝爲至德要道其信然乎轉兵部侍郎禮部尚書判院事放閨門之内尤推孝睦孤孀百口家貧每不給贍

常苦俸薄放因召對懇求外任其時偶以節制無闕乃授以廉問及鎭江西惟用清潔爲理一方之人至今思之寶曆元年卒於江西觀察使廢朝一日

史臣曰穆祕監之剛正不奪如寒松倚巖千丈勁節而實容州之敢決如鷙鳥逐雀英氣動人巖穴之流罕能及此然矯激過當君子不爲如塤如篪不通不介士行之美崔氏諸子有焉建遜之貞方戎放之道義元和已來稱爲令族宜哉

贊曰穆之贊質賓之常群迹參時傑氣爽人文二李英英四崔濟濟薛氏三門難兄難弟

唐書列傳卷第一百五

唐書列傳卷第一百六

劉昫 等修

聞人詮校刻沈桐同校

于頔子敏 季友 方 韓弘子公武 弘弟充

李質 王智興子晏平 晏宰

于頔字允元河南人也周太師燕文公謹之後也始以廕補千牛調授華陰尉黜陟使劉灣辟爲判官又以櫟陽主簿攝監察御史充入蕃使判官再遷司門員外郎兼侍御史賜紫充入西蕃計會使將命稱於時論以爲有出疆專對之能歷長安縣令駕部郎中出爲湖州刺史因行縣至長城方山其下有水曰西湖南朝疏鑿溉田三千頃久堙廢頔命設堤塘以復之歲獲秔稻蒲魚之利人賴以濟州境陸地褊狹其送終者往往不掩其棺槥頔葬朽骨凡十餘所改蘇州刺史濬溝瀆整街衢至今賴之吳俗事鬼頔疾其淫祀廢生業神宇皆撤去唯吳太伯伍員等三數廟存焉雖爲政有績然橫暴已甚追憾

湖州舊尉封杖以計强決之觀察使王緯奏其事德宗不省及後頔累遷乃與緯書曰一蒙惡奏三度改官由大理卿遷陝虢觀察使自以爲得志益恣威虐官吏日加科罰其惴恐重足一跡掾姚峴不勝其虐與其弟汎舟于河遂自投而死貞元十四年爲襄州刺史充山南東道節度觀察地與蔡州鄰吳少誠之叛頔率兵赴唐州收吳房朗山縣又破賊於濯神溝於是廣軍籍募戰士器甲犀利僴然專有漢南之地小失意者皆以軍法從事因請升襄州爲大都督府府比鄆魏時德宗方姑息方鎭聞頔事狀亦無可奈何但允順而已頔奏請無不從於是公然聚斂恣意虐殺專以凌上威下爲務鄧州刺史元洪頔誣以贓罪奏聞朝旨不得已爲流端州命中使監焉至隋州棗陽縣頔命部將領士卒數百人刼洪至襄州拘留之中使奔歸京師德宗怒笞之數十頔又表洪其責太重復降中使景忠信宣旨慰諭遂除洪吉州長史然後洪獲赴謫所又怒判官薛正倫奏貶峽州長史及勑下頔怒已解復奏請爲判官德宗皆從之正倫卒未殯頔

以兵圍其宅令薛勇逼娶其嫡女頔累遷至左僕射平章事燕國公俄而不奉詔旨擅總兵據南陽朝廷幾爲之旰食及憲宗即位威肅四方頔稍戒懼以第四子季友求尚主憲宗以長安永昌公主降焉其第二子方屢諷其父歸朝入覲冊拜司空平章事元和中內官梁守謙掌樞密頗招權利有梁正言者勇於射利自言與守謙宗盟情厚頔子敏與之遊處正言取頔財賄言賂守謙以求出鎮久之無効敏責其貨於正言乃誘正言之僮支解棄于溷中八年春敏奴王再榮詣銀臺門告其事即日捕頔孔目官沈壁家僮十餘人於內侍獄鞫問尋出付臺獄詔御史中丞薛存誠刑部侍郎王播大理卿武少儀爲三司使按問乃搜死奴於其第獲之頔率其男贊善大夫正駙馬都尉季友素服單騎將赴闕下待罪於建福門門司不納退於街南負墻而立遣人進表閤門使以無引不受日沒方歸明日復待罪於建福門宰相諭令還第貶爲恩王傅敏長流雷州錮身發遣殿中少監駙馬都尉季友追奪兩任官階令其家循省左贊善大夫正秘

書丞方並停見任孔目官沈壁決四十配流封州奴犀牛與劉幹同手殺人宜付京兆府決殺敏行至商山賜死梁正言僧鑒虛並付京兆府決殺頔其年十月改授太子賓客十年王師討淮蔡諸侯貢財助軍頔進銀七千兩金五百兩玉帶二詔不納復還之十三年頔表求致仕宰臣擬授太子少保御筆改爲太子賓客其年八月卒贈太保謚曰厲其子季友從獵苑中訴於穆宗賜謚曰思右丞張正甫封勑請還本謚右補闕高鉞上疏論之曰夫謚者所以懲惡勸善激濁揚清使忠臣義士知勸亂臣賊子知懼雖竊位於當時死加惡謚者所以懲暴戾垂沮勸孔子修春秋亂臣賊子懼蓋爲此也垂範如此而不能救況又隳其典法乎臣風聞此事是徐泗節度使李愬奏請李愬勳臣節將陛下寵其勳勞賜其爵祿車服第宅則可若亂朝廷典法將何以沮勸仲尼曰唯名與器不可以假人名器君之所司若以假人與之政也政亡則國家從之頔頃鎮襄漢殺戮不辜恣行兇暴移軍襄鄧迫脅朝廷擅留逐臣徼遮天使當先朝嗣位之始貴安反側以靖四方幸免鈇鉞之誅得全腰領而變謚宜謚之繆厲以沮兇邪豈可曲加美名以惠奸宄如此則是于頔生爲奸臣死獲美謚竊恐天下有識之士謂聖朝無人有此倒置伏請速追前詔却依太常謚爲厲使朝典無虧國章不濫太常博士王彥威又疏曰古之聖王立謚法者所以彰善惡垂勸誡使一字之褒貴踰紱冕一言之貶辱過朝市此有國之典禮陛下勸懲之大柄也頔頃擁節旄肆行暴虐人神共憤法令不容擅興全師僭爲正樂侵辱中使擅止制囚殺戮不辜誅求無度臣故定謚爲厲今陛下不忍改賜爲思誠出聖慈實害聖政伏以陛下自臨宸扆懋建大中闡善若驚從諫不倦況當統天立極之始所謂執法慎名之時一垂恩光大啓徼倖且如頔之不法然而陛下不忍加懲臣恐今後不逞之徒如頔者衆矣死援頔例陛下何以處之是恩曲於前而弊生於後若以李吉甫有賜謚之例則甫之爲相也有犯上殺人之罪乎以頔況之恐非倫類如以頔常入財助國改過來覲兩使絕域可以贖論夫傷物害人剥下奉上

納賄求幸尤不可長其漸焉自兩河宿兵垂七十年王師憊征瘡痏未息及張茂昭以易定入覲陳權以滄景歸朝故恩禮殊尤以勸來者而于頔以文吏之職居腹心之地而倨強犯命不獲已而入朝豈茂昭之比乎縱有入財使遠之勤何以掩其惡迹伏望陛下恩由義斷澤以禮成褒貶道存僥倖路絕則天下幸甚疏奏不報竟謚爲思長慶中以戚里勳家諸貴引用于方復至和王傅家富於財方交結遊俠務於速進元稹作相欲以其策平河朔羣盜方以策畫干稹而李逢吉之黨欲傾裴度乃令人告稹欲結客刺度事下法司按鞫無狀而方竟坐誅

韓弘潁川人其祖父無聞世居滑之匡城少孤依母族劉玄佐即其舅也事玄佐爲州掾累奏試大理評事玄佐卒子士寧被逐弘出汴州爲宋州南城將劉全諒時爲都知兵馬使貞元十五年全諒卒汴軍懷玄佐之惠又以弘長厚共請爲留後環監軍使請表其事朝廷亦以玄佐故許之自試大理評事檢校工部尚書汴州刺史兼御史

大夫宣武軍節度副大使知節度事宋亳汴潁觀察等使時吳少誠遣人至汴密與劉全諒謀因曲環卒襲陳許會全諒卒其人在傳舍弘喜獲節鉞即斬其人以聞立出軍三千助禁軍共討少誠汴州自劉士寧之後軍益驕恣及陸長源遇害頗輕主帥其爲亂魁黨數十百人弘視事數月皆知其人有部將劉鍔者光卒之魁也弘欲大振威望一日引短兵於衙門召鍔與其黨三百數其罪盡斬之以徇血流道中弘對賓僚言笑自若自是訖弘入朝二十餘年軍衆十萬無敢怙亂者累授檢校左右僕射司空憲宗即位加同平章事時王鍔檢校司空平章事致書于宰臣武元衡耻在王鍔之下憲宗方欲用形勢以臨淮西乃授以司徒平章事班在鍔上及用嚴綬爲招討爲賊所敗弘方鎮汴州當兩河賊之衝要朝廷慮其異志欲以兵柄授之而令李光顏烏重胤實當旗鼓乃授弘淮西諸軍行營都統令兵部郎中知制誥李程宣賜官告弘實不離理所唯令其子公武率師三千隷李光顏軍弘雖居統帥常不欲諸軍立功陰爲逗撓之計每

○聞獻捷輒數日不怡其危國邀功如是吳元濟誅以統帥功加檢校司徒兼侍中封許國公罷行營都統十四年誅李師道收復河南二州弘大懼其年七月盡擕汴之牙校千餘人入覲對於便殿拜舞之際以其足疾命中使掖之宴賜加等預冊徽號大禮進絹三十五萬匹絁三萬匹銀器二百七十件三上章堅辭戎務願留京師奉朝請詔曰納大忠樹嘉績爲臣所以明極節錫殊寵進高秩有國所以待元臣況乎邦教誕敷王言揔會百辟攸寘四方式瞻永念于懷久虛其位載揚成命僉曰休哉宣武軍節度副大使知節度事汴宋亳潁等州觀察處置等使開府儀同三司守司徒兼侍中使持節汴州諸軍事汴州刺史上柱國許國公食邑三千戶韓弘降神挺材積厚成器中蘊深閎之量外標嚴重之姿有匡國濟時之心推誠不耀有夷兇禁暴之略仗義益彰自鎮浚郊二十餘載師徒稟訓而咸肅吏士奉法而愈明俗臻和平人用庶富威聲之重隱若山崇屬者淮濆濯征命統羣帥克殄殘孽惟乃有指蹤之功及齊境興妖分師進討遂梟元惡惟乃有略地之効既聞旋旆俄請執珪深陳魏闕之誠遠繼韓侯之志朝天有慶就日方伸又抗表章固辭戎旅三加敦諭所守彌堅于藩于宣諒切於注意我弼我輔難違其衷懇式遂良願載兼上司論道之榮因之以齊八政中樞之長昇之以贊萬務玄袞赤舄備于寵光不有其人孰膺斯任可守司徒兼中書令乃以吏部尚書張弘靖兼平章事代弘鎮宣武憲宗崩以弘攝冢宰十五年六月以本官灃中尹河中晉絳節度觀察等使時弘弟充爲鄭滑節度使子公武爲鄜坊節度使父子兄弟皆秉節鉞人臣之寵冠絕一時二年請老乞罷戎鎮三表從之依前守司徒中書令其年十二月病卒時年五十八贈太尉賻絹二千匹布七百端米粟千碩初弘鎮大梁二十餘載四州征賦皆爲己有未嘗上供有私錢百萬貫粟三百萬斛馬七千匹兵械稱是專務聚財積粟峻法樹威而莊重寡言沉猜勇斷隣封如吳少誠李師道輩皆憚之詔使宣諭弘多倨待及齊蔡賊平勢屈入覲兩朝寵待加等弘竟以名位始終人臣之幸也時公武

○已卒弘孫紹宗嗣公武自宣武馬步都虞候將兵誅蔡賊平檢校右散騎常侍鄜州刺史鄜等州節度使丁所生憂起復金吾將軍仍舊職十四年父弘入朝公武乞罷節度入爲右金吾將軍既而弘出鎮河中季父充移鎮宣武公武歎曰二父聯居重鎮吾以孺子當執金吾職家門之盛懼不克勝堅辭宿衛改右驍衛將軍性頗恭遜不以富貴自處弘罷河中居永崇里第公武居宣陽里之北門因省父無疾暴卒贈戶部尚書

充依舅劉玄佐歷河陽昭義牙將及兄弘節制宣武召歸主親兵奏授御史大夫弘頗酷法人人不自保充獨謙恭執禮未嘗懈怠繇是徧得士心然以親逼權重常不自安元和六年因獵近郊單騎歸于洛陽時朝廷方姑息弘亦憐充之無異志擢拜右金吾衛將軍十二月轉大將軍歷少府監十五年代姪公武爲鄜坊節度使檢校工部尚書長慶二年幽鎮魏復亂朝廷以王承元有異卒數千在滑州恐封疆相接復相勸誘命充與承元更換所守檢校左僕射是歲汴州

節度使李愿被三軍所逐立都將李㝏爲留後朝廷以充久在汴州衆心悅附命充爲宣武節度使兼統義成之師往討㝏會㝏疽發腦屬兵於紀綱李質質以計誅首亂送㝏歸京師充遂不戰而入大梁時陳許李光顏亦奉詔討㝏軍於尉氏意欲必先收汴因大肆俘掠汴州監軍使姚文壽亦欲招許下之師充在中牟聞其謀率衆徑至城下汴人素懷充來皆踊躍相賀無復疑貳詔加檢校司空詔割潁州隸滑州充既安堵密籍部伍間得嘗構惡者千餘人一日下令并父母妻子立出之敢逡巡境內者斬自是軍政大理汴人無不愛戴四年八月例加司徒詔未至暴疾卒時年五十五贈司徒謚曰肅充雖內外皆將家素不事豪侈常以簡約自持臨機決策動無遺悔善將者多之

李質者汴之牙將李㝏既爲留後倚質爲心腹及朝廷以㝏爲郡守志邀節鉞質勸喻不從會㝏疽發首乃與監軍姚文壽謀斬㝏傳首京師有詔以韓充鎮汴充未至質權知軍州事使衙牙兵二千人皆

日給酒食物力爲之損屈充將至質曰若韓公始至頭去二千人日膳人情必大去若不除之後當無繼不可留此弊以遺吾帥遂處分停日膳而後迎充召爲金吾將軍長慶三年四月卒

王智興字匡諫懷州溫縣人也曾祖靖左武衞將軍祖瓌右金吾衞將軍父縉太子詹事智興少驍銳爲徐州衙卒事刺史李洧及李納謀叛欲害洧洧遂以徐州歸國納怒以兵攻徐甚急智興健行不四五日齎表京師求援德宗發朔方軍五千人隨智興赴之淄青圍解自是智興常以徐軍抗納累歷滕豐沛狄四鎮將自是二十餘年爲徐將元和中王師誅吳元濟李師道與蔡賊謀撓沮王師頻出軍侵徐徐帥李愿以所部步騎悉委智興以抗之鄆將王朝晏以兵攻沛智興擊敗之賊又令姚海率勁兵二萬圍豐攻城甚急智興復擊敗之於賊壁獲美妾智興懼軍士爭之乃曰軍中有女子安得不敗此雖無罪違軍法也即斬之以徇累官至侍御史本軍都押衙十三年王師誅李師道智興率徐軍八千會諸道之師進擊與陳許之軍大破賊於金鄉拔魚臺俘斬萬計以功遷御史中丞賊平授沂州刺史長慶初河朔復亂徵兵進討穆宗素知智興善將遷檢校左散騎常侍兼御史大夫充武寧軍節度副使河北行營都知兵馬使初召智興以徐軍三千渡河徐之勁卒皆在部下節度使崔羣慮其前軍難制密表請追赴闕授以他官事未行會赦王廷湊諸道班師智興先期入境羣頗憂疑令府僚迎勞且誡之曰兵士悉輸甲仗於外副使以十騎入城智興既首處賓僚聞之心動率歸師斬關而入殺軍中異己者十餘人然後詣衙謝羣曰此軍情也羣治裝赴闕智興遣兵士援送羣家屬至埇橋遂掠鹽鐵院緡幣及汴路進奉物商旅貲貨率十取七八逐濠州刺史侯弘度弘度棄城走朝廷以罷兵力不能加討遂授智興檢校工部尚書徐州刺史御史大夫充武寧軍節度徐泗濠觀察使自是智興務積財賄以賂權勢賈其聲譽用度不足稅泗口以裒益之累加至檢校僕射司空太和初李同捷據滄德叛智興上章請躬督士卒討賊從之乃出全軍三萬自備五月糧餉朝

廷嘉之加檢校司徒同平章事兼滄德行營招撫使初同捷狂桀把命濟之以王廷湊王師經年無功及智興拔棣州賊大懼諸軍稍務進取以智興首功加守太傅封鴈門郡王賊平入朝上賜宴麟德殿賞賜珍玩名馬進位侍中改許州刺史忠武軍節度陳許蔡等州觀察使太和七年改授河中尹河中節度晉磁隰觀察等使智興因入朝九年五月改汴州刺史宣武軍節度宋亳汴潁觀察等使開成元年七月卒年七十九贈太尉不視朝三日葬于洛陽榆林之北原四鎮將校會葬者千人智興九子晏平晏宰晏皐晏實晏恭晏逸晏深晏斌晏韜而晏平晏宰最知名

晏平幼從父征伐以討李同捷功授檢校右散騎常侍靈州大都督府長史朔方靈鹽節度丁父憂奔歸洛陽晏平居官貪黷去鎮日擅將征馬四百餘匹及兵仗七千事自衞爲憲司所糾減死長流康州以父喪未赴流所告於河北三鎮三帥上表救解請從昭雪改授撫州司馬給事中韋溫薛廷老盧弘宣封還制書改永州司戶韋溫又

執不下文宗令中使宣諭方行晏寧於昆仲間最稱偉器大中後歷上黨太原節度使扞迴鶻党項屢立邊功晏皐仕至左威衛將軍

史臣曰于燕公以儒家子逢時擾攘不持士範非義非俠健者不爲末塗淪躓固其宜矣韓王二帥乘險蹈利犯上無君什狼噬人鶻鷙幸夜爵禄過當其可已乎謂之功臣恐多慙色

贊曰于子清任輕犯彝章韓虐王剽專恣一方元和赫斯揮劒披攘擇肉之倫爪距摧藏

唐書列傳卷第一百六

唐書列傳卷第一百七

劉昫　等修

聞人詮校刻沈桐同校

王翃 翃兄翊　鄭士美

李鄘 鄘子柱　柱子磎　辛祕

馬揔　韋弘景

王彥威

王翃太原晉陽人也兄翊乾元中累官至京兆少尹性謙柔淡於聲利自商州刺史遷襄州刺史山南東道節度觀察等使入朝充北蕃宣慰使稱職代宗素重之及即位目爲純臣遷刑部侍郎御史中丞居憲司雖不能舉振綱條然以謹重知名大曆二年卒翃爲侍郎時

翃自折衝授辰州刺史遷朗州有威望智術所莅立名大曆五年遷容州刺史容管經略使自安史之亂頻詔徵發嶺南兵募隸南陽魯炅軍炅與賊戰於葉縣大敗餘衆離散嶺南谿洞夷獠乘此相恐爲

亂其首領梁崇牽自號平南十道大都統及其黨覃問等誘西原賊張侯夏永攻陷城邑據容州前後經略使陳仁琇李抗侯令儀耿慎惑元結長孫全緒等雖容州刺史皆寄理藤州或寄梧州及翃至藤州言於衆曰吾爲容州刺史安得寄理他邑乃出私財募將健許奏以好爵以是人各盡力不數月斬賊魁歐陽珪馳於廣州見節度使李勉求兵爲援勉曰容州陷賊已久羣獠方強卒難圖也若務速攻祇自敗耳郡不可復也翃請曰大夫如未暇出師但請移牒諸州揚言出千兵援助冀藉聲勢成萬一之功勉然之翃乃以手札告諭義州刺史陳仁璀藤州刺史李曉庭等盟約討賊翃復募三千餘人同力戰日數合節度使牒止翃用兵翃慮感將士匿其牒奮起士卒大破賊數萬衆擒其帥梁崇牽賊遁數百里外盡復容州故境翃發使以聞奏置順州以遏餘寇前後大小百餘戰生擒賊帥上獻者七十餘人累加銀青光禄大夫兼御史中丞充招討處置使翃又令其將張利用李寔等分兵討襲西原遂收復鬱林諸州部內漸安後因哥

舒晃殺節度使呂崇賁嶺南復亂翃遣大將李寔悉所管兵赴援廣州西原賊率覃問復招合夷獠曰容州兵馬盡赴廣州郡可圖也於是悉衆來襲翃知其來伏兵禦之生擒覃問其衆大敗代宗聞而壯之遣中使慰勞加金紫光禄大夫時西蕃入寇河中元帥郭子儀統兵備之乃徵翃爲河中少尹充節度留後領子儀之務有悍將凌正者横暴橈軍政約其徒夜譟斬關以逐翃有告者翃縮夜漏數刻以差其期賊驚而遁卒誅正軍城乂安歷汾州刺史京兆尹屬發涇原兵討李希烈軍次滻水翃備供頓肉敗粮臭衆怒以叛翃奔至奉天加御史大夫改將作監從幸山南車駕還京改大理卿出爲福州刺史福建觀察使入爲太子賓客貞元十二年檢校禮部尚書代董晉爲東都留守判尚書省事東畿汝防禦使凡開置二十餘屯市勁筋良鐵以爲兵器簡練士卒軍政頗修無何吳少誠阻命翃賦車籍甲不待完繕東畿之人賴之十八年卒時七十餘贈禮部尚書

郗士美字和夫高平金鄉人也父純字高卿爲李邕張九齡等知遇

尤以詞學見推與顔眞卿蕭穎士李華皆相友善舉進士繼以書判制策三中高第登朝歷拾遺補闕員外郎中諫議大夫中書舍人處事不迴爲元載所忌魚朝恩署牙將李琮爲兩街功德使琮暴横於銀臺門毆辱京兆尹崔昭純詣元載抗論以爲國耻請速論奏載不從遂以疾辭退歸東洛凡十年自號伊川田父清名高節稱於天下及德宗即位崔祐甫作相召拜左庶子集賢學士到京以年老乞身表三上除太子詹事致仕東歸洛陽德宗召見屢加褒歎賜以金紫公卿大夫皆賦詩祖送於都門搢紳以爲美談有文集六十卷行於世士美少好學善記覽父友顔眞卿蕭穎士輩嘗與之討論經傳應對如流既而相謂曰吾曹異日當交於二郗之間矣未冠爲陽翟丞李抱眞鎮潞州辟爲從事雅有條贊之績其後易二帥皆詔士美佐之由坊州刺史爲黔州刺史兼御史大夫持節黔中經略招討觀察鹽鐵等使時溪州賊帥向子琪連結夷獠控據山洞衆號七八千士美設奇略討平之詔書勞慰加檢校右散騎常侍封高平郡公再遷京兆尹每別殿延問必咨訪大政出爲鄂州觀察使貞元十八年伊愼有功特授安黄節度二十年愼來朝其子宥主留事朝廷未能去會宥毋卒於京師利主軍權不時發喪士美命從事託以他故過其境宥果迎之告以凶問先備肩藍即日遣之元和五年拜河南尹明年三月檢校工部尚書潞州大都督府長史充昭義節度前政之豐給浮費至皆減損號令嚴肅及朝廷討王承宗士美遣兵馬使王獻領勁兵一萬爲前鋒獻兇惡恃亂逗撓不進遽令召至數其罪斬之下令曰敢後出者斬士美親鼓之兵既合而賊軍大敗下三營環柏鄉屢以捷聞上大悅曰吾故知士美能辦吾事于時四面七八鎮兵共十餘萬以環鎮冀未有首功多犯法士美兵士勇敢畏法威聲甚振承宗大懼指期有破亡之勢會詔班師至今兩河間稱之十二年以疾徵爲工部尚書稍間拜忠武節度使檢校刑部尚書至鎮踰月寢疾元和十四年九月卒年六十四贈尚書左僕射謚曰景士美善與人交然諾之際踰如也當時名稱翕然

李鄘字建侯江夏人北海太守邕之姪孫父暄官至起居舍人鄘大曆中舉進士又以書判高等授祕書正字爲李懷光所辟累遷監察御史及懷光據蒲津叛鄘與毋妻陷賊中恐禍及親因僞白懷光曰兄病在洛請毋往視之懷光許焉且戒妻子無得從鄘皆遣行後懷光知責之對曰鄘名隸軍籍不得隨侍老毋奈何不使婦隨姑行也懷光無以罪之時與故相高郢同在賊廷乃密奏賊軍虛實及攻取之勢德宗賜手詔以勞之後事泄懷光嚴兵召郢與鄘詰責鄘詞激氣壯三軍義之懷光不敢殺囚之獄中懷光死馬燧就獄致禮表爲河東從事尋以言不行歸養洛中襄州節度使嗣曹王皐致禮延辟署從事奏兼殿中侍御史入爲吏部員外郎徐州張建封卒其子愔爲將校所迫俾領軍務詔擇臨難不懾者即其軍以諭之遂命鄘爲徐州宣慰使鄘直抵其軍召將士傳朝旨陳禍福脫監軍使桎梏令復其位兇黨不敢犯及愔上表稱兵馬留後鄘以爲非詔令所加不宜稱號立使削去方授其表遷吏部郎中順宗登極拜御史中丞遷

京兆尹尚書右丞元和初以京師多盜復還爲京兆尹擒奸禁暴威
望甚著尋拜檢校禮部尚書鳳翔尹鳳翔隴右節度使是鎮承前命
帥多用武將有神策行營之號初受命必詣軍修謁鄘既受命表陳
其不可詔遂去神策行營字但爲鳳翔隴右節度未幾遷鎮太原入
爲刑部尚書兼御史大夫諸道鹽鐵轉運使五年冬出爲揚州大都
督府長史淮南節度使鄘前在兩鎮皆以剛嚴操下遽變舊制人情
不安故未幾即改去至淮南數歲就加檢校左僕射政嚴事理府廩
充積及王師征淮夷鄆寇李師道表裏相援鄘發楚壽等州二萬餘
兵分壓賊境日費甚廣未嘗請於有司時憲宗以兵興國用不足命
鹽鐵副使程异乘驛諭江淮諸道俾助軍用鄘以境内富實乃大籍
府庫一年所蓄之外咸貢於朝廷諸道以鄘爲倡首悉索以獻自此
王師無匱乏之憂先是吐突承璀監淮南軍貴寵莫貳鄘亦以剛嚴
素著而差相敬憚未嘗相失承璀歸遂引以爲相十二年徵拜門下
侍郎同平章事鄘出入顯重素不以公輔自許年侵勢過頗安外鎮

登祖筵聞樂而泣下曰宰相之任非吾所長也行頗緩至京師又辭
疾歸第既未朝謁亦不領政事竟以疾辭改授戶部尚書俄換檢校
左僕射兼太子賓客分司東都尋以太子少傅致仕元和十五年八
月卒贈太子太保謚曰肅鄘強直無私飾與楊憑穆質許孟容王仲
舒友善皆任氣自負然鄘當官嚴重爲吏以峻法立操所至稱理而
剛決少恩鎮揚州七年令行禁止擒擿生殺一委軍吏參佐束手居
人頗陷非法物議以此少之子柱官至浙東觀察使柱子磎字景望
博學多通文章秀絕大中十三年一舉登進士第歸仁晦鎮大梁穆
仁裕鎮河陽自監察殿中相次奏爲從事入爲尚書水部員外郎累
遷吏部郎中兼史館修撰拜翰林學士中書舍人廣明中分司洛下
遇巢讓之亂逃於河橋光啟中避亂淮海有僞襄王詔命磎皆不從
王鐸鎮滑臺杖策詣之鐸表薦于朝昭宗雅重之復召入翰林爲學
士拜戶部侍郎遷禮部尚書景福二年十月與韋昭度並命中書門
下平章事宣制日水部郎中知制誥劉崇魯掠其麻哭之奏云李磎
奸邪挾附權倖以忝學士不合爲相時宰臣薛昭緯與昭度及磎素
不相協密遣崇魯沮之也乃左授太子少師磎因上十章及納諫論
三篇自雪且數崇魯之惡議者重其才而鄙其訟昭宗素愛其才而
急於大用至乾寧初又上第十一表乃復命爲相數月與昭度同爲
王行瑜等所殺磎自在臺省聚書至多手不釋卷時人號曰李書樓
所撰文章及注解書傳之闕疑僅百餘卷經亂悉亡王行瑜死德音
昭雪贈司徒謚曰文子沇字東濟有俊才與父同日遇害詔贈禮部
員外郎

辛秘隴西人少嗜學貞元年中累登五經開元禮科選授華元尉判
入高等調補長安尉高郢爲太常卿嘉其禮學奏授太常博士遷祠
部兵部員外郎仍兼博士山陵及郊丘二禮儀使皆署爲判官當時
推其達禮元和初拜湖州刺史未幾屬李錡命將收支郡遂令大將
監守五郡蘇常杭睦四州刺史或以戰敗或被拘執賊黨以秘儒者
甚易之秘密遣衙門將丘知二勒兵數百人候賊將動逆戰大破之

知二中流矢墜馬起而復戰斬其將焚其營一州遂安賊平以功賜
金紫由是僉以秘材堪將帥及太原節度范希朝領全師出討王承
宗徵秘爲河東行軍司馬委以留務尋召拜左司郎中出爲汝州刺
史九年徵拜諫議大夫改常州刺史選爲河南尹莅職修政有可稱
者十二年拜檢校工部尚書代郗士美爲潞州大都督府長史御史
大夫充昭義軍節度澤潞磁洺邢等州觀察使是時以再討王承宗
澤潞壓境凋費尤甚朝議以兵革之後思能完復者遂以命秘凡四
歲府庫積錢七十萬貫餱糧器械稱是及歸道病先自爲墓誌將歿
又爲書一通命緘致几上其家發之皆送終遵儉之旨久歷重任無
豐財厚產爲時所稱元和十五年十二月卒年六十四贈左僕射謚
曰昭

馬摠字會元扶風人少孤貧好學性剛直不妄交遊貞元中姚南仲
鎮滑臺辟爲從事南仲與監軍使不叶監軍誣奏南仲不法及罷免
摠坐貶泉州別駕監軍入掌樞密福建觀察使柳冕希旨欲殺摠從

事穆贊鞫揔贊稱無罪揔方免死後量移恩王傅元和初遷虔州刺史四年兼御史中丞充嶺南都護本管經略使揔敦儒學長於政術在南海累年清廉不撓夷獠便之於漢所立銅柱之處以銅一千五百斤特鑄二柱刻書唐德以繼伏波之迹以綏蠻功就加金紫八年轉桂州刺史桂管經略觀察使入為刑部侍郎裴度宣慰淮西奏為制置副使吳元濟誅度留揔蔡州知彰義軍留後尋檢校工部尚書蔡州刺史兼御史大夫充淮西節度使揔以申光蔡等州久陷賊寇人不知法威刑勸導咸令率化奏改彰義軍曰淮西賊之偽迹一皆削盪十三年轉許州刺史忠武軍節度陳許溵等州觀察處置等使明年改華州刺史潼關防禦鎮國軍等使十四年遷檢校刑部尚書鄆州刺史天平軍節度鄆曹濮等州觀察等使就加檢校尚書左僕射入為戶部尚書長慶三年卒贈右僕射揔理道素優軍政多暇公務之餘手不釋卷所著奏議集年曆通曆子鈔等書百餘卷行於世

○韋弘景京兆人後周逍遙公敻之後祖嗣立終宣州司戶父堯終洋

州興道令弘景貞元中始舉進士為汴州浙東從事元和三年拜左拾遺充集賢殿學士轉左補闕尋召入翰林為學士普潤鎮使蘇光榮為涇原節度使弘景草麻漏敘光榮之功罷學士改司門員外郎轉吏部員外左司郎中改吏部度支郎中張仲方貶李吉甫謚上怒貶仲方弘景坐與仲方善出為綿州刺史宰相李夷簡出鎮淮南奏為副使賜以金紫入為京兆少尹遷給事中劉士經以駙馬交通邪倖穆宗用為太僕卿弘景與給事薛存慶封還詔書論士經曰伏以司僕正卿位居九列在周之命伯冏其人所以惟月膺名象河稱重漢朝亦以石慶之謹愿陳萬年之行絜皆踐斯職謂之大寮今士經戚里常人班敘散秩以父任將帥家富貲財聲名不在於士林行義無聞於朝野忽長卿寺有瀆官常以親則人物未賢以勳則寵待常厚今叨顯任誠謂謬官傳曰惟名與器不可假人蓋士經之謂臣等職司違失實在守官其劉士經新除太僕卿敕未敢行下穆宗遣宰臣宣諭弘景等固執如前宰臣不得已改衛尉少卿穆宗復遣諭弘景曰士經父昌有邊功士經為少列十餘年又尚雲安公主宜有加恩朕恩賞勞睦親之意竟行前命穆宗怒乃令弘景使安南邕容宣慰時論翕然推重時蕭俛以清直在位弘景議論常所輔助遷刑部侍郎轉吏部侍郎銓綜平允權邪憚其嚴勁不敢干以非道寶曆二歲改陝虢觀察使歲滿徵拜尚書左丞駮吏部授官不當者六十人弘景素以鯁亮稱及居綱轄之地郎吏望風修整會吏部員外郎楊虞卿以公事為下吏所訕獄未能辨詔下弘景與憲司就尚書省詳讞虞卿多朋游人多為附之弘景素所不悅時已請告在第及準詔就召以公服來謁弘景謂之曰有勑推公虞卿失容自退轉禮部尚書充東都留守判東都尚書省事繕完宮室至今賴之大和五年五月卒年六十六贈尚書左僕射弘景歷官行事始終以直道自立議論操持無所阿附當時風教尤為倚賴自長慶已來目為名卿

○王彥威太原人世儒家少孤貧苦學尤通三禮無由自達元和中游京師求為太常散吏卿知其書生補充檢討官彥威於禮閣掇拾自

隋已來朝廷沿革吉凶五禮以類區分成三十卷獻之號曰元和新禮繇是知名特授太常博士憲宗晏駕未定謚淮南節度使李夷簡以憲宗功高列聖宜特稱祖穆宗下禮官議彥威奏曰據禮經三代之制始封之君謂之太祖太祖之外又祖有功而宗有德故夏后氏祖顓頊而宗禹殷人祖契而宗湯周人郊祀后稷祖文王而宗武王自東漢魏晉漸違經意沿革不一子孫以推美為先自始祖已下並有建祖之制蓋非典訓不可法也國朝祖宗制度本於周禮以景皇帝為太祖又祖神堯而宗太宗自高宗已降但稱宗謂之尊名可為成法不然則太宗造有區夏理致昇平玄宗掃清內難翊戴聖父肅宗龍飛靈武收復兩都此皆應天順人撥亂返正至於廟號亦但稱宗謹按經義祖者始也宗者尊也故傳曰始封必為祖書曰德高可宗故號高宗今宜本三代之定制去魏晉之亂法守貞觀開元之憲章而擬議大名垂以為訓大行廟號宜稱宗制從之故事祔廟之禮先告於太極殿然後奉神主赴太廟祔禮畢不再告於太極殿時憲

宗祔廟禮畢執政詳舊典今有司再告祔享禮畢于太極殿彥威執議以爲不可執政怒會宗正寺進祝版誤以憲宗爲睿宗執政銜其強奏祝版參差博士之罪彥威坐削一階奪兩季俸彥威殊不低迴每議禮事守正不阿附君子稱之累轉司封員外郎中弘文館舊不置學士文宗特置一員以待彥威尋使魏博宣慰特賜金紫五年遷諫議大夫朝廷自誅李師道收復淄青十二州未定戶籍乃命彥威充十二州勘定兩稅使朝法振舉人不以爲煩以本官兼史館修撰彥威通悉典故宿儒碩學皆讓之時以僕射上事儀注前後不定中丞李漢奏定朝議未以爲允中書門下奏請依元和七年已前儀注左右僕射上日請受諸司四品六品丞郎已下拜彥威奏論曰臣謹按開元禮凡受冊官並與卑官荅拜國朝官品令三師三公正一品尚書令正二品並是冊拜授官上之日亦無受朝官再拜之文僕射班次三公又是尚書令副貳之職雖端揆之重有異百寮然與羣官比肩事主禮曰非其臣即荅拜之又曰大夫之臣不稽首非尊家臣

○以避君也即僕射上日受常叅官拜事頗非儀況元和七年已經奏議酌爲定制編在國章近年上儀又有受拜之禮禮文乍變物論未安請依元和七年勅爲定時李程爲左僕射宰執難於改革雖不從其議論者稱之興平縣人上官興因醉殺人亡竄吏執其父下獄興自首請罪以出其父京兆尹杜悰御史中丞宇文鼎以其首罪免父有光孝義請減死配流彥威與諫官上言曰殺人者死百王共守若許殺人不死是教殺人興雖免父不合減死詔竟許決流彥威詣中書投宰相面論語訐氣盛執政怒左授河南少尹未幾改司農卿李宗閔重之既秉政授青州刺史兼御史大夫充平盧軍節度淄青等觀察使開成元年召拜戶部侍郎尋判度支彥威儒學雖優亦勤吏事然貨泉之柄素非所長性既剛訐自恃有餘嘗紫宸廷奏曰臣自計司按見管錢穀文簿皆量入以爲出使經費必足無所刻削且百口之家猶有歲蓄而軍用錢物一切通用悉隨色額占定終歲支給無毫釐之差儻臣一旦愚迷欲自欺竊亦不可得也名曰度支占額圖既而又進供軍圖曰起至德乾元之際迄於貞觀元和之初天下有觀察者十節度二十有九防禦者四經畧者三犄角之師犬牙相制大都通邑無不有兵都計中外各額至八十餘萬長慶戶口凡三百三十五萬而兵額約九十九萬通計三戶資一兵今計天下租賦一歲所入揔不過三千五百餘萬而上供之數三之一焉三萬之中二給衣賜自留州留使兵士衣賜之外其餘四十萬衆仰給度支伏以時逢理安運屬神聖然而兵不可弭食哉惟時憂勤之端兵食是切臣謬司邦計虔奉睿圖輒纂事功庶禆聖覽又纂集國初已來至貞元帝代功臣如左氏傳體叙事號曰唐典進之彥威既掌利權心希大用時內官仇士良魚弘志禁中用事先是左右神策軍多以所賜衣物於度支中估判使多曲從厚給其價開成初有詔禁止然趨利者猶希意從其請託至是彥威大結私恩凡內官請託無不如意物議鄙其躁妄復修王播舊事貢奉羨餘殆無虛日會邊軍上訴衣賜不時兼之朽故宰臣惡其所爲令攝度支人吏付臺推訊彥威略不

○介懷入司視事及人吏受罰左授衛尉卿停務方還私第三年七月檢校禮部尚書代殷侑爲許州刺史充忠武軍節度陳許溵觀察等使會昌中入爲兵部侍郎歷方鎮檢校兵部尚書卒贈僕射謚曰靖

史臣曰世以治軍戎決權變非儒者之事而王翃郗士美釋縫掖之儒衣奮將軍之旗鼓俾士赴湯火威振藩籬何其壯也所謂非秦無人吾謀適不用也二子遭遇英主伸其効用宜哉李建侯不屈於賊庭馬會元見伸於貝錦臨危挺操所謂貞臣將相之榮固其宜矣辛潞州之特達韋僕射之峻整王尚書之果敢皆一時之偉器也若以道自牧求福不回即能臣也而彥威欲爲巧官不亦踈乎

贊曰見危致命臨難不恐士美建侯仁者之勇弘景陸離駁正黃扉貪名喪道狂哉彥威

唐書列傳卷第一百七

唐書列傳卷第一百八

劉　昫　等修

聞人詮校刻沈桐同校

武元衡 從父弟儒衡　鄭餘慶 子澣 澣子允謨茂休處誨從讜

韋貫之 兄綬 弟纁 貫之子澳 澳子庾庠序雍郊附

武元衡字伯蒼河南緱氏人曾祖德載天后從父弟官至湖州刺史祖平一善屬文終考功員外郎修文館學士事在逸人傳父就殿中侍御史以元衡貴追贈吏部侍郎元衡進士登第累辟使府至監察御史後爲華原縣令時畿輔有鎮軍督將恃恩矜功者多撓吏民元衡苦之乃稱病去官放情事外沉浮讌詠者久之德宗知其才召授比部員外郎一歲遷左司郎中時以詳整稱重貞元二十年遷御史中丞嘗因延英對罷德宗目送之指示左右曰元衡眞宰相器也順宗即位以病不親政事王叔文等使其黨以權利誘元衡元衡拒之時奉德宗山陵元衡爲儀仗使監察御史劉禹錫叔文之黨也求充儀仗判官元衡不與其黨滋不悅數日罷元衡爲右庶子憲宗即位始冊爲皇太子元衡贊引因識之及登極復拜御史中丞持平無私綱條悉舉人甚稱重尋遷戶部侍郎元和二年正月拜門下侍郎平章事賜金紫兼判戶部事上爲太子時知其進退守正及是用爲宰相甚禮信之初浙西節度李錡請入覲乃拜爲右僕射令入朝旣而又稱疾請至歲暮上問宰臣鄭絪請如錡奏元衡曰不可且錡自請入朝詔旣許之即又稱疾是可否在錡今陛下新臨大寶天下屬耳目若使姦臣得遂其私則威令從茲去矣上以爲然遽追之錡果計窮而反先是高崇文平蜀因授以節度使崇文理軍有法而不知州縣之政上難其代者乃以元衡代崇文拜檢校吏部尚書兼門下侍郎平章事充劍南西川節度使將行上御安福門以臨慰之高崇文旣發成都盡載其軍資金帛奕幕伎樂工巧以行元衡至則庶事節約務以便人比三年公私稍濟撫蠻夷約束明具不輒生事重慎端謹雖淡於接物而開府極一時之選八年徵還至駱谷重拜門下侍郎平章事時李吉甫李絳情不相叶各以事理曲直於上前元衡居中無所違附上稱爲長者及吉甫卒上方討淮蔡悉以機務委之時王承宗遣使奏事請赦吳元濟請事於宰相辭禮悖慢元衡叱之承宗因飛章詆元衡咎怨頗結元衡宅在靜安里九年六月三日將朝出里東門有暗中叱使滅燭者導騎訶之賊射之中肩又有匿樹陰突出者以棓擊元衡左股其徒馭已爲賊所格奔逸賊乃持元衡馬東南行十餘步害之批其顱骨懷去及衆呼偕至持火照之見元衡已踣於血中即元衡宅東北隅墻之外時夜漏未盡陌上多朝騎及行人鋪卒連呼十餘里皆云賊殺宰相聲達朝堂百官恟恟未知死者誰也須臾元衡馬走至遇人始辨之旣明仗至紫宸門有司以元衡遇害聞上震驚却朝而坐延英召見宰相惋慟者久之爲之再不食冊贈司徒贈賻布帛五百匹粟四百碩輟朝五日諡曰忠愍元衡工五言詩好事者傳之往往被於管絃初八年元衡自蜀再輔政時太白犯上相歷執法占者言今之三相皆不利始輕末重月餘李絳以足疾免明年十月李吉甫以暴疾卒至是元衡爲盜所害年五十八始元衡與吉甫齊年又同日爲宰相及出鎮分領揚益及吉甫再入元衡亦還吉甫先一年以元衡生月卒元衡後一年以吉甫生月卒吉凶之數若符會焉先是長安謠曰打麥麥打三三三旣而旋其袖曰舞了也解者謂打麥者打麥時也麥打者蓋謂暗中突擊也三三三謂六月三日也舞了也謂元衡之卒也自是京師大恐城門加衛兵察其出入物色伺之其偉狀異製燕趙之音者多執訊之元衡從父弟儒衡

儒衡字庭碩才度俊偉氣直貌莊言不妄發與人交友終始不渝相國鄭餘慶不事華絜後進趨其門者多垢衣敗服以望其知而儒衡謁見未嘗輒易所好但與之正言直論餘慶因亦重之憲宗以元衡橫死王事嘗嗟惜之故待儒衡甚厚累遷戶部郎中十二年權知諫議大夫事尋兼知制誥皇甫鎛以宰相領度支剝下以媚上無敢言其罪者儒衡上疏論列鎛密訴其事帝曰勿以儒衡上疏卿將報怨

耶鑄不復敢言儒衡氣岸高雅論事有風彩羣邪惡之尤爲宰相令
狐楚所忌元和末年垂將大用楚畏其明俊欲以計沮之以離其寵
有狄兼謨者梁公仁傑之後時爲襄陽從事楚乃自草制詞召狄兼
謨爲拾遺曰朕聽政餘暇躬覽國書知奸臣擅權之由見毋后竊位
之事我國家神器大寶將遂傳於他人洪惟昊穹降鑒儲祉誕生仁
傑保佑中宗使絕維更張明辟乃復宜福胄胤與國無窮及兼謨制
出儒衡泣訴於御前言曾祖平一在天后朝辭榮終老當時不以爲
累憲宗再三撫慰之自是薄楚之爲人然儒衡守道不回嫉惡太甚
終不至大任尋正拜中書舍人時元稹依倚內官得知制誥儒衡深
鄙之會食瓜閣下蠅集於上儒衡以扇揮之曰適從何處來而遽集
於此同僚失色儒衡意氣自若遷禮部侍郎長慶四年卒年五十六
鄭餘慶字居業滎陽人祖長裕官至國子司業終潁川太守長裕弟
少微爲中書舍人刑部侍郎兄弟有名於當時父慈與元德秀友善
官至太子舍人餘慶少勤學善屬文大曆中舉進士建中末山南節度

使嚴震辟爲從事累官殿中侍御史丁父憂罷貞元初入朝歷左司
兵部員外郎庫部郎中八年選爲翰林學士十三年六月遷工部侍
郎知吏部選事時有玄法寺僧法湊爲寺衆所訴萬年縣尉盧伯達
斷還俗後又復爲僧伯達上表論之詔中丞宇文邈刑部侍郎張彧
大理卿鄭雲逵等三司與功德使判官諸葛述同按鞫議以述胥吏
不合與憲臣等同入省按事餘慶上疏論列當時翕然稱重十四年
拜中書侍郎平章事餘慶通究六經深旨奏對之際多以古義傅之
與度支使于頔素善每奏事餘慶皆議可之未幾頔以罪貶時又歲
旱人飢德宗與宰臣議將賑給禁衛六軍事未行爲中書吏所洩餘
慶貶郴州司馬凡六載順宗登極徵拜尚書左丞憲宗嗣位之月又
擢守本官平章事未幾屬夏州將楊惠琳阻命宰臣等論奏多議兵
事餘慶復以古義上言夏州軍士皆仰給縣官又有介馬萬蹄之語
時議以餘慶雖好古博雅而未適時有主書滑渙久司中書簿籍與
內官典樞密劉光琦情通宰相議事與光琦異同者令渙達意未嘗

不遂所欲宰相杜佑鄭絪皆姑息之議者云佑私呼爲滑八四方書
幣貲貨充集其門弟泳官至刺史及餘慶再入中書與同僚集議渙
指陳是非餘慶怒其僭叱之尋而餘慶罷相爲太子賓客其年八月渙
贓汚發賜死上聞餘慶叱渙事甚重之乃改爲國子祭酒尋拜河
南尹三年檢校兵部尚書兼東都留守六年四月正拜兵部尚書餘
慶再爲相罷免皆非大過尤以清儉爲時所稱洎中外踐更鬱爲耆
德朝廷得失言成準的時京兆尹元義方戶部侍郎判度支盧坦皆
以勳官前任至三品據令合立門戟各請戟立於其第時義方以加
上柱國坦以前任宣州觀察使請戟近代立戟者率有銀青階而義
方只據勳官有司不詳覆而給之議者非之臺司將劾而未果會餘
慶自東都來發論大以爲不可繇是臺司移牒詰禮部左司郎中陸
則禮部員外崔備皆罰俸奪元盧之門戟餘慶受詔撰惠昭太子哀
冊其辭甚工有鑿工崔瓌自淮南小將爲黃州司馬敕至南省餘慶
執之封還以爲諸道散將無故受正員五品官是開徼倖之路且無

闕可供言或過理由是稍忤時權改太子少傅兼判太常卿事初德
宗自山南還宮闈輔有懷光吐蕃之虞都下驚憂遂詔太常集樂去
大鼓至是餘慶始奏復用大鼓九年拜檢校右僕射兼興元尹充山
南西道節度觀察使三歲受代十二年除太子少師尋以年及懸車
請致仕詔不許時累有恩赦敘階及天子親謁郊廟行事官等皆得
以恩授三品五品不復計考其使府賓吏又以軍功借賜命服而後
入拜者十八九由是在朝衣綠者甚少郎官諫官有被紫垂金者又
丞郎中謝泊郎官出使多賜章服以示加恩於是寵章尤濫當時不
以服章爲貴遂詔餘慶詳格令立制條奏以聞十三年拜尚書左僕
射自兵興以來處左右端揆之位者多非其人及餘慶以名臣居之
人情美洽憲宗以餘慶諳練典章朝廷禮樂制度有乖故事專委餘
慶參酌施行遂用爲詳定使餘慶復奏刑部侍郎韓愈禮部侍郎李
程爲副使左司郎中崔郾吏部郎中陳珮刑部員外郎楊嗣復禮部
員外郎庾敬休並充詳定判官朝廷儀制吉凶五禮咸有損益焉改

鳳翔尹鳳翔隴節度使十四年兼太子少師檢校司空封滎陽郡公兼判國子祭酒事以太學荒毀日久生徒不振奏率文官俸給修兩京國子監及穆宗登極以師傅之舊進位檢校司徒優禮甚至元和十五年十一月卒詔曰故金紫光禄大夫檢校司徒兼太子少師上柱國滎陽郡開國公食邑二千戶鄭餘慶始以衣冠禮樂行於山東餘力文章遂成志學出入清近盈五十年再秉台衡屢分戎律凡所要職無不踐更貴而能貧卑以自牧謇諤聞於臺閣柔睦化於閨門受命有考父之恭待士比公孫之廣焚書遜禮盡可口傳古史舊章如因心匠朕方咨稟庶罔昏踰神將祝予痛悼何及乞言既阻賵禮宜優可贈太保時年七十五謚曰貞餘慶砥名礪行不失儒者之道清儉率素終始不渝四朝居將相之任出入垂五十年禄賜所得分給親黨其家頗類寒素自至德已來方鎮除授必遣中使領旌節就第宣賜皆厚以金帛遺之求媚者唯恐其數不廣故王人一來有獲錢數百萬者餘慶每受方任天子必誡其使曰餘慶家貧不得妄有

求取專欲振起儒教後生謁見者率以經學諷之而周其所急理家理身極其儉薄及修官政則喜開廣鎮歧下一歲戎事可觀又創立儒宮以來學者雖行已可學而往往近於沽激故當時議者不全德許之上以家素清貧不辦喪事宜令所司特給一月俸料以充賻贈用示哀榮有文集表疏碑誌詩賦共五十卷行於世兄承慶官不顯弟膺甫官至主客員外郎中楚懷鄭三州刺史次弟具瞻羽客時然皆官至縣令賓佐餘慶子瀚瀚本名涵以文宗藩邸時名同改名瀚貞元十年舉進士以父讁官累年不任自秘書省校書郎遷洛陽尉充集賢院修撰改長安尉集賢校理轉太常寺主簿職仍故遷太常博士改右補闕獻疏切直人為危之及餘慶入朝憲宗謂餘慶曰卿之令子朕之直臣可更相賀遂遷起居舍人改考功員外郎刺史有驅迫人吏上言政績請刊石紀政者瀚探得其情條責廉使巧跡遂露人服其敏識時餘慶為僕射請改省郎乃換國子博士史館修撰丁母憂除喪拜考功郎中復丁內艱終制退居氾上長慶中徵為司封郎中史館修撰累遷中書舍人文宗登極擢為翰林侍講學士上命撰經史要録二十卷書成上喜其精博因以十九書語類上親自發問瀚應對無滯錫以金紫太和二年遷禮部侍郎典貢舉二年選拔造秀時號得人轉兵部侍郎改吏部出為河南尹皆著能名入為左丞旋拜刑部尚書兼判左丞事出為山南西道節度觀察使檢校戶部尚書興元尹兼御史大夫餘慶之鎮興元創立儒宮開設學館至瀚之來復繼前美開成四年閏正月以戶部尚書徵詔下之日卒于興元年六十四贈右僕射謚曰宣有文集制誥共三十卷行于世瀚四子允謨茂諶處誨從讜允謨以蔭累官臺省歷蜀彭濠晉四州刺史位終太子右庶子茂諶避國諱改茂休開成二年登進士第四遷太常博士兵部員外郎吏部郎中絳州刺史位終秘書監處誨字延美於昆仲間文章拔秀早為士友所推太和八年登進士第釋褐秘府轉監察拾遺尚書郎給事中累遷工部刑部侍郎出為越州刺史浙東觀察使檢校刑部尚書汴州刺史宣武軍節度觀察等使卒

于汴處誨族父朗初朗為定州節度使時處誨為工部侍郎因早朝假寐於待漏院忽夢已為浙東觀察使經過汴州而朗為汴帥留連飲餞仰視屋棟飾以黃土賓從皆所識明年朗果自定州鎮宣武辟韋重掌書記重將行處誨告以所夢明年處誨轉刑部侍郎其年秋授浙東觀察使行及潼關朗遣從事迎勞仍致手書令先疏所夢比至汴宴于清暑亭賓佐悉符夢中朗仰視屋棟曰此亦黃土也四座感歎移時後五年朗卒處誨繼為汴州節度使乃賦詩一章刻于廳事以盡思朗之悲處誨方雅好古且勤於著述撰集至多為校書郎時撰次明皇雜録三篇行於世從讜字正求會昌二年登進士第釋褐秘書省校書郎歷拾遺補闕尚書郎知制誥故相令狐綯魏扶皆父貢舉門生為之延譽尋遷中書舍人咸通三年知貢舉拜禮部侍郎轉刑部改吏部侍郎典選平允時無屈人垂將作輔以權臣請託不行改檢校刑部尚書太原尹北都留守河東節度觀察等使踰年乞還不允改檢校戶部尚書汴州刺史宣武軍節度觀察等使朞年

報政美聲流聞當途者憚其大用改廣州刺史嶺南節度使五管爲南詔蠻所擾天下徵兵時有龐勛之亂不暇邊事從讜在鎮北兵寡弱夷獠勞然乃擇其土豪授之右職禦侮扞城皆得其効雖郡邑屢陷而交廣晏然俄而懿宗厭代從讜以久在番禺不樂風土思歸戀闕形於賦詠累上章求爲分司散秩僖宗徵還用爲刑部尚書尋以本官同平章事乾符中盜起河南天下騷動陰山府沙陁都督李國昌部族方強虎視北邊屬靈州防禦使段文楚軍儲不繼郡兵乏食乃密引沙陁部攻城殺文楚遂據振武軍雲朔等州又令其子克章克用大合諸部南侵忻代前帥竇瀚李侃李蔚相繼以重臣鎮幷部皆不能過俄而康傳圭爲三軍所殺軍士益驕矜功責賞動爲謀聚加以河南河北七道兵帥雲合都下人不聊生沙陁連陷城邑朝廷難於擇帥僖宗欲以宰臣臨制之詔曰開府儀同三司門下侍郎兼兵部尚書充太清宮使弘文館大學士延資庫使上柱國滎陽郡開國公食邑二千戶鄭從讜自處鈞衡屢彰麟鳳才高應變動必研機

朕以北門興王故地以爾嘗施惠化尚有去思方當用武之時暫輟調元之職佇殲兇醜副我憂勤可檢校司空同平章事太原尹北都留守河東節度兼行營招討等使制下許自擇叅佐乃奏長安令王調爲副使兵部員外郎史館修撰劉崇龜爲節度判官前司勳員外郎史館修撰趙崇爲觀察判官前進士劉崇魯充推官前左拾遺李渥充掌書記前長安尉崔澤充支使開幕之盛冠於一時時中朝瞻望者目太原爲小朝廷言名人之多也時新承軍亂之後殺掠攻摽無日無之從讜貌溫而氣勁沉機善斷奸無遁情凡兇謀盜發無不落其彀中以是羣豪惕息舊府城都虞候張彥球者前帥令率兵三千逐沙陁於百井中路而還縱兵破鑰殺故帥康傳圭及從讜至捜索其魁誅之知彥球意善有方略召之開喻坦然無疑悉以兵柄委之廣明初李鈞李涿繼率本道之師出鴈門爲沙陁所敗十二月黃巢犯長安僖宗出幸傳詔謂從讜曰卿志安封域權揔戎麾夷夏具瞻社稷全賴今月五日草賊黃巢奔衝十六日駐驆梁漢上軫九廟下媿萬方藩閫乍聞痛憤應切專差供奉官劉全及往彼慰喻卿宜差點本道兵士酌量多少付北面副招討使諸葛爽俾令入援從讜承詔雪涕團結戎伍遣牙將論安後院軍使朱玫率步騎五千從諸葛爽入關赴難時中和元年五月也論安軍次離石是月沙陁李克用軍奄至營于汾東稱奉詔赴難入關從讜具廩餼犒勞信宿不發克用傳城而呼曰本軍將南下欲與相公面言從讜登城謂之曰僕射父子咸通以來奮激忠義血戰爲國天下之人受賜老夫歷事累朝位忝將相今日羣盜擾攘輿駕奔播蕩覆神州不能荷戈討賊以酬聖獎老夫之罪也然多難圖勳是僕射立功立事之時也所恨受命守藩不敢辱命無以仰陪戎棨若僕射終以君親爲念破賊之後車駕還宮却得待罪闕庭是所願也唯僕射自愛克用拜謝而去然雜虜不戢肆掠近甸從讜遣大將王蟾薛威出師追擊之翌日契苾部救兵至沙陁大敗而還初論安率師入關至陰地以數百卒擅歸從讜集諸部校斬之於鞠場並以兵衆付朱玫赴難時鄭畋亦以宰

相鎮鳳翔與從讜宗人同年登進士畋亦舉兵岐下以遏賊巢廣明首唱仗義斷賊首尾逆徒名爲二鄭國威復振二儒帥之功也二年十一月代北監軍使陳景斯奉詔赦沙陁部許討賊自贖繇是沙陁五部數萬人南下不敢蹈境乃自嵐石公河而南唯李克用以數百騎臨城敘別從讜遺之名馬器幣而訣三年克用破賊立功授河東節度代從讜還至榆次遣使致禮謂從讜曰予家尊在鴈門且還覲省相公徐治行裝勿遽首途從讜承詔即日牒監軍使周從寓請知兵馬留後事書記劉崇魯知觀察留後事戒之曰俟面李公按籍而還五月十五日從讜離太原時京城雖復車駕未還道途多寇行次絳州唐彥謙爲刺史留駐數月冬詔使追赴行在復輔政歷司空司徒正拜侍中光啓末固辭機務以疾還第卒有司謚曰文忠從讜知人善任性不驕矜故所至有聲績在太原時大將張彥球強傑難制前後帥守以疑間貽釁故軍旅不寧及從讜撫封四年知其才用可委開懷任遇得其死力故抗虜全城多彥球之効也累奏爲行軍

司馬及再秉政用爲金吾將軍累郡刺史在絳州時彦謙判官陸扆
嗜學有才思寓於郡齋日與之談宴無間先後乃稱之於朝位至清
顯在汴時以兄處誨嘗爲鎭帥歿於是郡託一政受代不於公署舉
樂其友悌知禮操履如此國之名臣文忠有焉

韋貫之本名純以憲宗廟諱遂以字稱八代祖夐仕周號逍遥公父
肇官至吏部侍郎有重名於時貫之即其第二子少舉進士貞元初
登賢良科授校書郎秩滿從調判入等再轉長安縣丞德宗末年京
兆尹李實權移宰相言其可否必數日而詔行人有以貫之名薦於
實者荅曰是其人居與吾同里亟聞其賢但吾得識其面而進於上
舉笏示說者曰實已記其名氏矣說者喜驟以其語告於貫之且曰
子今日詣實而明日受賀矣貫之唯唯數歲中不往然是後竟不遷
永貞中始除監察御史上書舉季弟纁自代時議不以爲私轉右補
闕而纁代爲監察元和元年杜從郁爲左補闕貫之與崔羣奏論尋
降爲左拾遺又論遺補雖品不同皆是諫官父爲宰相子爲諫官若

政有得失不可使子論父改爲秘書丞後與中書舍人張弘靖考制
策第其名者十八人其後多以文稱轉禮部員外郎新羅人金忠義
以機巧進至少府監廕其子爲兩館生貫之持其籍不與曰工商之
子不當仕忠義以藝通權倖爲請者非一貫之持之愈堅既而疏陳
忠義不宜汚朝籍詞理懇切竟罷去之改吏部員外郎三年復策賢
良之士又命貫之與戶部侍郎楊於陵左司郎中鄭敬都官郎中李
益同爲考策官貫之奏居上第者三人言實指切時病不顧忌諱雖
同考策者皆難其詞直貫之獨署其奏遂出爲果州刺史道中黜巴
州刺史俄徵爲都官郎中知制誥踰年拜中書舍人改禮部侍郎凡
二年所選士大抵抑浮華先行實由是趨競者稍息轉尚書右丞中
謝日面賜金紫明年以本官同中書門下平章事淮西之役鎭州盜
竊發輦下殺宰相武元衡傷御史中丞裴度及度爲相二寇並征議
者以物力不可貫之請釋鎭以養威攻蔡以專力上方急於太平未
可其奏貫之進言陛下豈不知建中之事乎天下之兵始於蔡急魏
應齊趙同惡德宗率天下兵命李抱眞馬燧急攻之物力用屈於是
朱泚乘之爲亂朱滔隨而向闕致使梁漢爲府奉天有行皆陛下所
聞見非他不能忍待次第速於撲滅故也陛下獨不能寬歲月俟拔
蔡而圖鎭邪上深然之而業已下伐鎭詔後滅蔡而鎭自服如其策
焉初王師征蔡以汴帥韓弘爲都統又命汝帥烏重胤許帥李光顏
合兵而進貫之以爲諸將四面討賊各銳進取今若置統督復令二
師連營則持重養威未可以歲月下也貫之議不四年而始尅蔡善
遷中書侍郎同列以張仲素段文昌進名爲學士憲宗阻之以行止
未正不宜在內庭貫之爲相嚴身律下以清流品爲先故門無雜賓
有張宿者有口辯得幸於憲宗權爲左補闕將使淄青宰臣裴度欲
爲請章服貫之曰此人得幸何要假其恩寵耶其事遂寢宿深銜之
卒爲所搆誣以朋黨罷爲吏部侍郎不涉旬出爲湖南觀察使弟纁
州刺史纁亦貶遠郡時兩河留兵國用不足命鹽鐵副使程异使諸
道督課財賦异所至方鎭皆諷令掊拾進獻貫之謂兩稅外不忍橫

賦加人所獻未滿异意遂率屬內六州留錢以繼獻由是罷爲太子
詹事分司東都上即位擢爲河南尹徵拜工部尚書未行長慶元年
卒於東都年六十二詔贈尚書右僕射貫之自布衣至貴位居室無
改易歷重位二十年苞苴寶玉不敢到門性沉厚寡言與人交終歲
無款曲未嘗僞詞以悅人身歿之後家無羨財有文集三十卷伯兄
綬德宗朝爲翰林學士貞元之政多參決於內署綬所議論常合中
道然畏慎致傷晚得心疾故不極其用纁有精識與學爲士林所器
閨門之內名教相樂故韋氏兄弟令稱推於一時纁累官至太常少
卿貫之子澳潾

澳字子斐大和六年擢進士第又以宏詞登科性貞退寡慾登第後十
年不仕伯兄溫與御史中丞高元裕友善溫請用澳爲御史謂澳曰
高二十九持憲綱欲與汝相面汝必得御史澳不荅溫曰高君端士
汝不可輕澳曰然恐無呈身御史竟不詣元裕之門周墀鎭鄭滑辟
爲從事墀輔政以澳爲考功員外郎史館修撰墀初作相私謂澳曰

才小任重何以相救澳曰苟公重知願公無權足矣墀愕然不喻其
旨澳曰爵賞刑罰非公共欲行者願不以喜怒憎愛行之但令百司
羣官各舉其職則公斂衽於廟堂之上天下自理何要權耶墀深然
之不周歲以本官知制誥尋召充翰林學士累遷戶部兵部侍郎學
士承旨與同舍蕭寘深爲宣宗所遇每二人同直無不召見詢訪時
事每有邦國刑政大事中使傳宣草詞澳心欲論諫即曰此一事須
降御札方敢施行遲留至旦必論其可否上旨多從之出爲京兆尹
不避權豪京師聳憚會判戶部宰相蕭鄴改判度支澳於延英對上
曰戶部闕判使澳對以府事上言戶部闕判使者三又曰卿意何如
澳對曰臣近年心力減耗不奈繁劇累曾陳乞一小鎮聖慈未垂矜
允上默然不樂其奏澳甥柳玭知其對謂澳曰舅之獎遇特承聖知
延英奏對恐未得中澳曰吾不爲時相所信忽自宸旨委以使務必
以吾他歧得之何以自明我意不錯爾須知時事漸不堪是吾徒貪
爵位所致爾宜志之大中十二年檢校工部尚書兼孟州刺史充河

陽三城懷孟澤節度等使辭於內殿上曰卿自求便我不去卿在河
陽累年中使王居方使魏州令傳詔旨謂澳曰久別無恙知卿奉道
得何藥術可具居方口奏澳因中使上章陳謝又曰方士殊不可聽
金石有毒切不宜服食帝嘉其忠將召之而帝厭代懿宗即位遷檢
校戶部尚書兼青州刺史平盧節度觀察處置等使入爲戶部侍郎
轉吏部銓綜平允不受請託爲執政所惡出爲邠州刺史邠寧節度
使宰相杜審權素不悅於澳會吏部發澳時簿籍吏緣爲奸坐罷鎮
以秘書監分司東都嘗戲吟云莫將韋鑒同殷鑒錯認容身作保身
此句聞於京師權幸尤怒之上表求致仕宰相疑其怨望拜河南尹
制出累上章辭疾以松檟在秦川求歸樊川別業許之踰年復授戶
部侍郎以疾不拜而卒贈戶部尚書謚曰貞濟亦登進士第無位而
卒濟子庾庠序雍郊庾登進士第累佐使府入朝爲御史累遷兵部
郎中諫議大夫從僖宗幸蜀改中書舍人累遷刑部侍郎判戶部事
車駕還京充頓遞使至鳳翔病卒庠序雍郊皆登進士第庠雍官至尚
書郎郊文學尤高累歷清顯自禮部員外郎知制誥正拜中書舍人
昭宗末召充翰林學士累官戶部侍郎學士承旨卒

史臣曰二武朗拔精裁爲時羽儀嫉惡太甚遭罹不幸傳刃喋血誠
可哀哉令狐中傷爲惡滋甚君子之行其若是乎鄭貞公博雅好古
一代儒宗文忠致君無忝乃祖衣冠之盛近代罕儔韋氏三宗世多
才俊純纁忠懿爲時元龜作輔論兵言皆體國澳之貞亮不替祖風
三代謚貞考行無愧

贊曰后族峥嶸平一辭榮高風襲慶鍾在二衛猗與貞公繼以文忠
純纁文雅綽有父風

唐書列傳卷第一百八

唐書列傳卷第一百九

劉　昫　等修

聞人詮校刻沈桐同校

衛次公 子洙　鄭絪 絪子祗德 祗德子顥　韋處厚

崔群　路隨 父泌

衛次公字從周河東人器韻和雅弱冠舉進士禮部侍郎潘炎目爲國器擢居上第參選調吏部侍郎盧翰嘉其才補崇文館校書郎改渭南尉次公善鼓琴京兆尹李齊運使其子交歡意欲次公授之琴次公拒之由是終身未嘗操絃嚴震之鎮興元辟爲從事授監察轉殿中侍御史貞元八年徵爲左補闕尋兼翰林學士二十一年正月德宗昇遐時東宮疾恙方甚倉卒召學士鄭絪等至金鑾殿中人或云内中商量所立未定衆人未對次公遽言曰皇太子雖有疾地居冢嫡内外繫心必不得已當立廣陵王若有異圖禍難未已絪等隨而唱之衆議方定及順宗在諒闇外有王叔文輩操權樹黨無復經制次公與鄭絪同處内廷多所匡正轉司勳員外郎久之以本官知制誥賜紫金魚袋仍爲學士權知中書舍人尋知禮部貢舉斥浮華進貞實不爲時力所搖真拜中書舍人仍充史館修撰遷兵部侍郎知制誥復兼翰林學士與鄭絪善會鄭絪罷相次公左授太子賓客改尚書右丞兼判戶部事拜陝虢等州都防禦觀察處置等使請蠲錢三百萬人得蘇息政簡于朝徵爲兵部侍郎選人李勣徐有功之孫名在黜中次公召而謂之曰子之祖先勳在王府豈限常格並優秩而遣之改尚書左丞恩顧頗厚上方命爲相已命翰林學士王涯草詔時淮夷宿兵歲久次公累疏請罷會有捷書至相詔方出憲宗令追之遂出爲淮南節度使檢校工部尚書兼揚州大都督府長史御史大夫元和十三年十月受代歸朝道次病卒贈太子少保年六十六謚曰敬次公自少入仕歷大寮節操趨尚始終如一爲衆推重子洙登進士第尚憲宗女臨真公主累官至給事中駙馬都尉工部侍郎

鄭絪字文明父羡池州刺史絪少有奇志好學善屬文大曆中有儒學高名如張參蔣乂楊綰常袞皆相知重絪擢進士第登宏詞授秘書省校書郎鄠縣尉張延賞鎮西川辟爲書記入除補闕起居郎兼史職無幾擢爲翰林轉司勳員外郎知制誥德宗朝在内職十三年小心兢謙上遇之頗厚貞元末德宗晏駕順宗初即位遺詔不時宣下絪與同列衛次公密申正論中人不敢違及王伾王叔文朋黨擅權之際絪又能守道中立憲宗監國遷中書舍人依前學士俄拜中書侍郎平章事加集賢殿大學士轉門下侍郎弘文館大學士憲宗初勵精求理絪與杜黃裳同當國柄黃裳多所關決首建議誅惠琳斬劉闢及他制置絪謙默多無所事由是貶秩爲太子賓客出爲嶺南節度觀察等使廣州刺史檢校禮部尚書以廉政稱爲工部尚書轉太常卿又爲同州刺史長春宮使改東都留守入歷兵部尚書旋爲河中節度使太和二年入爲御史大夫檢校左僕射兼太子少保絪以文學進恬澹踐歷華顯出入中外者踰四十年所居雖無赫奕之稱而守道敦篤耽悅墳典與當時博聞好古之士爲講論名理之游時人皆仰其耆德焉及文宗即位以年力衰耄累表陳乞遂以太子太傅致仕三年十月卒年七十八贈司空謚曰宣子祗德祗德子顥登進士第結綬弘文館校書遷右拾遺内供奉詔授銀青光祿大夫遷起居郎尚宣宗女萬壽公主拜駙馬都尉歷尚書郎給事中禮部侍郎典貢士二年振拔滯才至今稱之遷刑部吏部侍郎大中十三年檢校禮部尚書河南尹顥居戚里有器度大中時恩澤無對及宣宗棄代追感恩遇嘗爲詩序曰去年壽昌節赴麟德殿上壽迴憩于長興里第昏然晝寢夢與十數人納涼於別館館宇蕭灑相與聯句予爲數聯同遊甚稱賞既寤不全記諸聯唯省十字云石門霧露白玉殿莓苔青乃書之于楹私怪語不祥不敢言於人不數日宣宗不豫廢朝會及宫車上僊方悟其事追惟顧遇續石門之句爲十韻云間歲流虹節歸軒出禁扃奔波陶畏景蕭灑夢殊庭境象非曾到崇嚴昔未經日車烏斂翼風動鶴飄翎異苑人爭集涼臺筆不停石

門霧露白玉殿莓苔青若匪災先兆何當思入冥御鑪虚伏馬華蓋
負云亭白日成千古金縢閟九齡小臣哀絕筆湖上泣青苹未幾顥
亦卒
韋處厚字德載京兆人父萬監察御史爲荆南節度參謀處厚本名
淳避憲宗諱改名處厚幼有至性事繼母以孝聞居父母憂廬於墓
次既免喪遊長安通五經博覽史籍而文思贍逸元和初登進士第
應賢良方正擢居異等授秘書省校書郎裴垍以宰相監修國史奏
以本官充直館改咸陽縣尉遷右拾遺並兼史職修德宗實録五十
卷上之時稱信史轉左補闕禮部考功二員外早爲宰相韋貫之所
重時貫之以議兵不合旨出官處厚坐友善出爲開州刺史入拜戶
部郎中俄以本官知制誥穆宗以其學有師法召入翰林爲侍講學
士換諫議大夫改中書舍人侍講如故時張平叔以便佞詼諧他門
捷進自京兆少尹爲鴻臚卿判度支不數月宣授戶部侍郎平叔以
征利中穆宗意欲希大任以搉鹽舊法爲弊年深欲官自糶鹽可富

國強兵勸農積貨疏利害十八條詔下其奏令公卿議處厚抗論不
可以平叔條奏不周經慮未盡以爲利者返害爲簡者至煩乃取其
條目尤不可者發十難以詰之時平叔傾巧有恩自謂言無不允及
處厚條件駮奏穆宗稱善令示平叔平叔詞屈無以荅其事遂寢處
厚以幼主荒怠不親政務既居納誨之地宜有以啓導性靈乃銓擇
經義雅言以類相從爲二十卷謂之六經法言獻之錫以繒帛銀器
仍賜金紫以憲宗實録未成詔處厚與路隨兼充史館修撰實録未
成許二人分日入内仍放常參處厚俄又權兵部侍郎敬宗嗣位李
逢吉用事素惡李紳乃搆成其罪禍將不測處厚與紳皆以孤進同
年進士心頗傷之乃上疏曰臣竊聞朋黨議論以李紳貶黜尚輕臣
受恩至深職備顧問事關聖聽不合不言紳先朝奬用擢在翰林無
過可書無罪可戮今群黨得志讒嫉大興詢於人情皆甚歎駭詩云
萋兮斐兮成是貝錦彼譖人者亦已太甚又曰讒言罔極交亂四國
自古帝王未有遠君子近小人而致太平者古人云三年無改於父

之道可謂孝矣李紳是前朝任使縱有罪愆猶宜洗釁滌瑕念舊忘
過以成無改之美今逢吉門下故吏遍滿朝行侵毀加誣何詞不有
所貶如此猶爲太輕蓋曾參有投杼之疑先師有拾塵之戒伏望陛
下斷自聖慮不惑奸邪則天下幸甚建中之初山東向化只緣宰相
朋黨上負朝廷楊炎爲元載復讎盧杞爲劉晏報怨兵連禍結天下
不平伏乞聖明察臣愚懇帝悟其事紳得減死貶端州司馬處厚正
拜兵部侍郎謝恩於思政殿時昭愍狂恣屢出畋遊每月坐朝不三
四日處厚因謝從容奏曰臣有大罪伏乞面首帝曰何也處厚對曰
臣前爲諫官不能先朝死諫縱先聖好畋及色以至不壽臣合當誅
然所以不死諫者亦爲陛下此時在春宮年已十五今則陛下皇子
始一歲矣臣安得更避死亡之誅上深感悟其意賜錦綵一百匹銀
器四事寶曆元年四月群臣上尊號御殿受册肆赦李逢吉以李紳
之故所撰赦文但云左降官已經量移者與量移不言未量移者蓋
欲紳不受恩例處厚上疏曰伏見赦文節目中左降官有不該恩澤

者在宥之體有所未弘臣聞物議皆言逢吉恐李紳量移故有此節
若如此則應是近年流貶官因李紳一人皆不得量移事體至大豈
敢不言李紳先朝奬任曾在内廷自經貶官未蒙恩宥古人云人君
當記人之功忘人之過管仲拘囚齊桓舉爲國相冶長縲絏仲尼選
爲密親有罪猶宜滌蕩無辜豈可終累況鴻名大號册禮重儀天地
百靈之所鑒臨億兆八紘之所瞻戴恩澤不廣實非所宜臣與逢吉
素無讎嫌與李紳本非親黨所論者全大體所陳者在至公伏乞聖
慈察臣肝膽儻蒙允許仍望宣付宰臣應近年左降官並編入赦條
令準舊例得量移近處帝覽奏其事乃追改赦文紳方霑恩例處厚
爲翰林承旨學士每立視草惬會聖旨常奉急命於宣州徵鷹鷂及
楊益兩浙索奇文綾錦皆抗疏不奉命且引前時赦書爲證帝皆可
其奏寶曆季年急變中起文宗底綏内難詔命將降未有所定處厚
聞難奔赴昌言曰春秋之法大義滅親内惡必書以明逆順正名討
罪於義何嫌安可依違有所避諱遂奉藩教行焉是夕詔命制置及

踐祚禮儀不暇所司皆出於處厚之議及禮行之後皆叶舊章以佐命功旋拜中書侍郎同中書門下平章事監修國史加銀青光祿大夫進爵靈昌郡公處厚在相位務在濟時不爲身計中外補授咸得其宜初貞元中宰相齊抗奏減冗員罷諸州別駕其在京百司當入別駕者多處之朝列元和已來兩河用兵偏裨立功者往往擢在周行率以儲寀王官雜補之皆盛服趨朝朱紫塡擁久次當進及受代閑居者常數十人趣中書及宰相私第摩肩候謁繁於辭語及處厚秉政復奏置六雄十望十緊三十四州別駕以處之而清流不雜朝政清肅文宗勤於聽政然浮於決斷宰相奏事得請往往中變處厚常獨論奏曰陛下不以臣等不肖用爲宰相參議大政凡有奏請初蒙聽納尋易聖懷若出自宸衷即示臣等不信若出於橫議臣等何名鼎司且裴度元勳宿德歷輔四朝孜孜竭誠人望所屬陛下固宜親重竇易直良厚忠事先朝陛下固當委信微臣才薄首蒙陛下擢用非出他門言旣不從臣宜先退即趨下再拜陳乞上矍然曰何至

○此耶卿之志業朕素自知登庸作輔百職斯舉縱朕有所失安可遽辭以彰吾薄德處厚謝之而去出延英門復令召還謂曰凡卿所欲言並宜啓論處厚因對彰善癉惡歸之法制凡數百言又裴度勳高望重爲人盡心切直宜久任可壯國威帝皆聽納自是宰臣敷奏人不敢橫議俄而滄州李同捷叛朝廷加兵魏博史憲誠中懷向背裴度以宿舊自任待憲誠於不疑嘗遣親吏請事至中書處厚謂曰晉公以百口於上前保爾使主處厚則不然但仰俟所爲自有朝典耳憲誠聞之大懼自此輸竭竟有功於滄州又嘗以理財制用爲國之本撰太和國計二十卷以獻李載義累破滄鎭兩軍兵士每有俘執多遺刳剔處厚以書諭之載義深然其旨自此滄鎭所獲生口配隸遠地前後全活數百千人處厚居家循易如不克任至於廷諍敷啓及馭轄待胥吏勁確嶷然不可奪質狀非魁偉如甚懦者而庶僚請事畏惕相顧雖與語移晷不敢私謁急於用才酷嗜文學嘗病前古有以浮議坐廢者故推擇群材往往棄瑕錄用亦爲時所譏雅信釋氏因果晚年尤甚聚書踰萬卷多手自刋校奉詔修元和實錄未絶筆其統例取捨皆處厚創起焉太和二年十二月因延英奏對造膝之際忽奏臣病作遽退文宗命中官扶出歸第一夕而卒年五十六贈司空處厚當國柄二周歲啓沃之謀頗叶時譽咸共惜之

崔群字敦詩清河武城人山東著姓十九登進士第又制策登科授秘書省校書郎累遷右補闕元和初召爲翰林學士歷中書舍人群在內職常以讜言正論聞於時憲宗嘉賞降宣旨云自今後學士進狀並取崔群連署然與進來群以禁密之司動爲故事自爾學士或惡直醜正則其下學士無由上言群堅不奉詔三疏論奏方允元和七年惠昭太子薨穆宗時爲遂王憲宗以澧王居長又多內助將建儲貳命群與澧王作讓表群上言曰大凡已合當之則有陳讓之儀已不合當因何遽有讓表今遂王嫡長所宜正位靑宮竟從其奏時魏博節度使田季安進絹五千匹充助修開業寺群以爲事實無名體尤不可請止其所進群前後所論多愜旨無不聽納遷禮部侍郎

○選拔才行咸爲公當轉戶部侍郎二年七月拜中書侍郎同中書門下平章事十四年誅李師道上顧謂宰臣曰李師古雖自襲祖父然朝廷待之始終其妻於師道即嫂叔也雖云逆族若量罪輕重亦宜降等又李宗奭雖抵嚴憲其情比之大逆亦有不同其妻士族也今其子女俱在掖廷於法皆似稍深卿等留意否群對曰聖情仁惻罪止元兇其妻近屬儻獲寬宥實合弘煦之道於是師古妻裴氏女宜娘詔出於鄧州安置宗奭妻韋氏及男女先没掖廷並釋放其奴婢資貨皆復賜之又鹽鐵福建院官權長孺坐贓詔付京兆府決殺長孺母劉氏求哀於宰相群因入對言之憲宗愍其母耄年乃曰朕將屈法赦長孺何如群曰陛下仁惻即赦之當速令中使宣諭如待正勑即無及也長孺竟得免死長流群之啓奏平恕多此類也時憲宗急於盪寇頗奬聚斂之臣故藩府由是希旨往往掊拾目爲進奉奧州刺史苗稷進羨餘錢七千貫群議以爲違詔受之則失信於天下請却賜本州代貧下租稅時論美之度支使皇甫鎛陰結權倖以求

宰相群累疏其奸邪嘗因對面論語及天寶開元中事群曰安危在出令存亡繫所任玄宗用姚崇宋璟張九齡韓休李元紘杜暹則理用林甫楊國忠則亂人皆以天寶十五年祿山自范陽起兵是理亂分時臣以爲開元二十年罷賢相張九齡專任奸臣李林甫理亂自此已分矣用人得失所繫非小詞意激切左右爲之感動鎛深恨之而憲宗終用鎛爲宰相無何群臣議上尊號皇甫鎛欲加孝德兩字群曰有睿聖則孝德在其中矣竟爲鎛所構憲宗不樂出爲湖南觀察都團練使穆宗即位徵拜吏部侍郎召見別殿謂群曰我昇儲位知卿爲羽翼群曰先帝之意元在陛下頃者授陛下淮西節度使臣奉命草制且曰能辨南陽之牘允符東海之貴若不知先帝深旨臣豈敢輕言數日拜御史中丞決旬授檢校兵部尚書兼徐州刺史武寧軍節度徐泗濠觀察等使初幽鎮逆命詔授沂州刺史王智興爲武寧軍節度副使領徐州兵討伐群以智興早得士心表請因授智興旄鉞竟寢不報智興自河北迴戈城内皆是父兄開關延入群爲

○智興所逐朝廷坐其失守授秘書監分司東都未幾改華州刺史兼御史大夫復改宣州刺史歙池等州都團練觀察等使徵拜兵部尚書久之改檢校吏部尚書江陵尹荆南節度觀察使踰歲改檢校右僕射兼太常卿太和五年拜檢校左僕射兼吏部尚書六年八月卒年六十一册贈司空羣有沖識精裁爲時賢相清議以儉素之節其終不及厥初群年未冠舉進士陸贄知舉訪於梁肅議其登第有才行者肅曰崔群雖少年他日必至公輔果如其言群弟于登進士官至郎署有令名子充亦以文學進歷三署終東都留守

路隨字南式其先陽平人高祖節高宗朝爲越王府東閤祭酒曾祖惟恕官至睦州刺史祖傪之仕終太子通事舍人父泌字安期少好學通五經尤嗜詩易左氏春秋能諷其章句皆究深旨博涉史傳工五言詩性端亮寡言以孝悌聞於宗族建中末以長安尉從調與李益韋綬等書判同居高第泌授城門郎屬德宗違難奉天泌時在京師棄妻子潛詣行在所又從幸梁州排潰軍而出再爲流矢所中裂

裳濡血以策說渾瑊瑊深重之辟爲從事瑊討懷光累奏爲副元帥判官檢校戶部郎中兼御史中丞河中平隨瑊與吐蕃會盟于平涼因劫盟陷蕃在絕域累年棲心於釋氏之教爲贊普所重待以賓禮卒於戎鹿貞元十九年吐蕃遣邊將書求和隨哀泣上疏願允其請表三上德宗命中使諭旨朝廷懲其宿詐俟更要於後信訖數歲不報元和中蕃使復欵塞隨復五獻封章請修和好又上書於宰執哀訴裴垍李藩皆協力數奏憲宗可之命祠部郎中徐復報聘乃特於詔中疏平涼陷蕃者名氏令歸中國吐蕃因復等還遣使來朝遂以泌及鄭叔矩之喪與銘及遺録至朝野傷歎憲宗憫之贈絳州刺史賜絹二百匹至葬日委所在官給喪事泌累贈太子少保泌陷蕃之歲隨方在孩提後稍長成知父在蕃乃日夜啼號坐必西嚮饌不食肉毋氏言其形貌肖先君遂終身不照鏡後以通經調授潤州參軍爲李錡所困使知市事隨翛然坐市中一不介意韋夏卿爲東都留守聞而辟之由是聲名日振元和五年邊吏以計至隨居喪益以孝

○聞服闋擢拜左補闕會李絳諷上納諫憲宗皇帝曰諫官路隨韋處厚章疏相繼朕常深用其言自是識者敬伏爲俄遷起居郎轉司勳員外郎自補闕至司勳員外皆充史館修撰穆宗即位遷司勳郎中賜緋魚袋與韋處厚同入翰林爲侍講學士採三代皇王興衰著六經法言二十卷奏之拜諫議大夫依前侍講學士將脩憲宗實録復命兼充史職敬宗登極拜中書舍人翰林學士仍賜紫有以金帛謝除制者必叱而却之曰吾以公事接私財耶終無所納文宗即位韋處厚入相隨代爲承旨轉兵部侍郎知制誥太和二年處厚薨隨代爲相拜中書侍郎加監脩國史初韓愈撰順宗實録說禁中事頗切直内官惡之往往於上前言其不實累朝有詔改修及隨進憲宗實録後文宗復令改正永貞時事隨奏曰臣昨面奉聖旨以順宗實録頗非詳實委臣等重加刊正畢日聞奏臣自奉宣命取史本欲加筆削近見衛尉卿周居巢諫議大夫王彥威給事中李固言史官蘇景胤等各上章疏具陳刊改非甚便宜又聞班行如此議論頗紊臣伏

以史册之作勸誡所存事有當書理宜歸實匹夫美惡尚不可誣人君得失無容虛載聖言以前件實録記貞元末數事稍非摭實盡出傳聞審知差舛便令刊正頃因坐日屢形聖言通計前後至于數日臣及宗閔僧孺亦以永貞已來歲月至近禁中行事在外固難詳知陛下所言皆是接於耳目旣聞乖謬因述古今引前史直不疑盜嫂之言及第五倫撾公之說皆多此比類難盡信書所與睿鑒詳於聽言深宫愼於行事持此比類上開聰明特蒙降察稍知前謬由是近垂宣命令有改脩臣等伏以貞觀已來累朝實録有經重撰不敢固辭但欲粗删深悞亦固盡存諸說宗閔僧孺相與商量緣此書成於韓愈今史官李漢蔣係皆愈之子壻若遣參撰或致私嫌以臣旣職監脩盡令詳正及經奏請事遂施行今者庶僚競言不知本起表章交奏似有他疑臣雖至昧容非自請旣迫羣議輒冒上聞縱臣果獲脩成必懼終爲時累且韓愈所書亦非已出元和之後已是相循縱其密親豈害公理使歸本職實謂正名其實録伏望條示舊記最錯

候者宣付史官委之修定則冀聖祖垂休永無慙於傳信下臣非據獲減戾於侵官彰清朝立政之方表公器不私之義流言自弭時論攸宜詔曰其實録中所書德宗順宗朝禁中事尋訪根柢蓋起謬傳諒非信史宜令史官詳正刊去其他不要更修餘依所奏四年轉門下侍郎加崇文舘大學士七年兼太子太師備禮册拜表上史官所修憲宗穆宗實録八年辭疾不得謝會李德裕連貶至袁州長史隨不署奏狀始爲鄭注所忌九年四月拜檢校尚書右僕射同中書門下平章事兼潤州刺史鎭海軍節度浙江西道觀察等使太和九年七月遘疾于路薨于揚子江之中流年六十册贈太保謚曰貞隨有學行大度爲諫官能直言在内庭匡益自寶曆初爲承旨學士即參大政矣後十五年在相位宗閔德裕朋黨交興攘臂於其間李訓鄭注始終奸詐接武於其後而隨藏器韜光隆汚一致可謂得君子中庸而常居之也

史臣曰衛次公鄭絪韋處厚崔群路隨等皆以文學飾身致位崇極兼之忠讜垂名簡書茲實有足多也絪有其位有其時懷獨善之謀晦衆濟之道左遷非不幸也夫公因獻捷之書輟已成之詔命也夫處厚危言切議振士友之急稱同列之善君子哉

贊曰衛鄭韋路蕭之傳陵文學政事爲時所稱

唐書列傳卷第一百九

劉　昫　等修

聞人詮校刻沈桐同校

韓愈　張籍　孟郊　唐衢　李翺

宇文籍　劉禹錫　柳宗元　韋辭

韓愈字退之昌黎人父仲卿無名位愈生三歲而孤養於從父兄愈自以孤子幼刻苦學儒不俟獎勵大曆貞元之間文士多尚古學效楊雄董仲舒之述作而獨孤及梁肅最稱淵奧儒林推重愈從其徒遊銳意鑽仰欲自振於一代洎舉進士投文於公卿間故相鄭餘慶頗為之延譽由是知名於時尋登進士第宰相董晉出鎮大梁辟為巡官府除徐州張建封又請為其賓佐愈發言真率無所畏避操行堅正拙於世務調授四門博士轉監察御史德宗晚年政出多門宰相不專機務宮市之弊諫官論之不聽愈嘗上章數千言極論之不聽怒貶為連州山陽令量移江陵府掾曹元和初召為國子博士遷

○都官員外郎時華州刺史閻濟美以公事停華陰令柳澗縣務俾攝掾曹居數月濟美罷郡出居公館澗遂諷百姓遮道索前年軍頓役直後刺史趙昌按得澗罪以聞貶房州司馬愈因使過華知其事以為刺史相黨上疏理澗留中不下詔監察御史李宗奭按驗得澗贓狀再貶澗封溪尉以愈妄論復為國子博士愈自以才高累被擯黜作進學解以自喻曰國子先生晨入太學召諸生立館下誨之曰業精于勤荒于嬉行成于思毀于隨方今聖賢相逢治具畢張拔去凶邪登崇俊良占小善者率以錄名一藝者無不庸爬羅剔抉刮垢磨光蓋有幸而獲選孰云多而不揚諸生業患不能精無患有司之不明行患不能成無患有司之不公言未既有笑于列者曰先生欺予哉弟子事先生于茲有年矣先生口不絕吟於六藝之文手不停披於百家之編記事者必提其要纂言者必鈎其玄貪多務得細大不捐燒膏油以繼晷常矻矻以窮年先生之業可謂勤矣觝排異端攘斥佛老補苴罅漏張皇幽眇尋墜緒之茫茫獨旁搜而遠紹障百川而東之迴狂瀾於既倒先生之於儒可謂有勞矣沉浸醲郁含英咀華作為文章其書滿家上規姚姒渾渾無涯周誥殷盤佶屈聱牙春秋謹嚴左氏浮誇易奇而法詩正而葩下逮莊騷太史所錄子雲相如同工異曲先生之於儒可謂閎其中而肆其外矣少始知學勇於敢為長通於方左右具宜先生之於為人可謂成矣然而公不見信於人私不見助於友跋前躓後動輒得咎暫為御史遂竄南夷三為博士冗不見治命與仇謀其敗幾時冬煖而兒號寒年豐而妻啼饑頭童齒豁竟死何裨不知慮此而反教人為先生曰吁子來前夫大木為杗細木為桷欂櫨侏儒椳闑扂楔各得其宜施以成室者匠氏之工也玉札丹砂赤箭青芝牛溲馬勃敗鼓之皮俱收並蓄待用無遺者醫師之良也登明選公雜進巧拙紆餘為妍卓犖為傑校短量長唯器是適者宰相之方也昔者孟軻好辯孔道以明轍環天下卒老于行荀卿守正大論是弘逃讒于楚廢死蘭陵是二儒者吐辭為經舉足為法絕類離倫優入聖域其遇于世何如也今先生學雖勤

○不繇其統言雖多不要其中文雖奇不濟其用行雖修不顯於衆猶且月費俸錢歲靡廩粟子不知耕婦不知織乘馬從徒安坐而食踵常途之促促窺陳編以盜竊然而聖主不加誅宰臣不見斥此非其利哉動而得謗名亦隨之投閑置散乃分之宜若夫商財賄之有無計班資之崇庳忘量己之所稱指前人之瑕疵是所謂詰匠氏之不以杙為楹而訾醫師以昌陽引年欲進其豨苓也執政覽其文而憐之以其有史才改比部郎中史館修撰踰歲轉考功郎中知制誥拜中書舍人俄有不悅愈者摭其舊事言愈前左降為江陵掾曹荊南節度使裴均館之頗厚均子鍔凡鄙近者鍔還省父愈為序餞鍔仍呼其字此論喧於朝列坐是改太子右庶子元和十二年八月宰臣裴度為淮西宣慰處置使兼彰義軍節度使請愈為行軍司馬仍賜金紫淮蔡平十二月隨度還朝以功授刑部侍郎仍詔愈撰平淮西碑其辭多敘裴度事時先入蔡州擒吳元濟李愬功第一愬不平之愬妻出入禁中因訴碑辭不實詔令磨愈文憲宗命翰林學士段文

昌重撰文勒石鳳翔法門寺有護國眞身塔塔內有釋迦文佛指骨一節其書本傳法三十年一開開則歲豐人泰十四年正月上令中使杜英奇押宮人三十人持香花赴臨臯驛迎佛骨自光順門入大內留禁中三日乃送諸寺王公士庶奔走捨施唯恐在後百姓有廢業破產燒頂灼臂而求供養者愈素不喜佛上疏諫曰伏以佛者夷狄之一法耳自後漢時始流入中國上古未嘗有也昔黃帝在位百年年百一十歲少昊在位八十年年百歲顓頊在位七十九年年九十八歲帝嚳在位七十年年百五歲堯帝在位九十八年年百一十八歲帝舜及禹年皆百歲此時天下太平百姓安樂壽考時中國未有佛也其後殷湯亦年百歲湯孫太戊在位七十五年武丁在位五十年書史不言其壽推其年數蓋不減百歲周文王年九十七歲武王年九十三歲穆王在位百年此時佛法亦未至中國非因事佛而致此也漢明帝時始有佛法明帝在位纔十八年耳其後亂亡相繼運祚不長宋齊梁陳元魏已下事佛漸謹年代尤促唯梁武帝在位四十八年前後三度捨身施佛宗廟之祭不用牲牢晝日一食止於菜菓其後竟爲侯景所逼餓死臺城國亦尋滅事佛求福乃更得禍由此觀之佛不足信亦可知矣高祖始受隋禪則議除之當時群臣識見不遠不能深究先王之道古今之宜推闡聖明以救斯弊其事遂止臣嘗恨焉伏惟皇帝陛下神聖英武數千百年已來未有倫比即位之初即不許度人爲僧尼道士又不許別立寺觀臣當時以爲高祖之志必行於陛下之手今縱未能即行豈可恣之轉令盛也今聞陛下令群僧迎佛骨於鳳翔御樓以觀舁入大內令諸寺遞迎供養臣雖至愚必知陛下不惑於佛作此崇奉以祈福祥也直以豐年之樂徇人之心爲京都士庶設詭異之觀戲玩之具耳安有聖明若此而肯信此等事哉然百姓愚冥易惑難曉苟見陛下如此將謂眞心信佛皆云天子大聖猶一心敬信百姓微賤於佛豈合惜身命所以灼頂燔指百十爲羣解衣散錢自朝至暮轉相倣效唯恐後時老幼奔波棄其生業若不即加禁遏更歷諸寺必有斷臂臠身以爲供

養者傷風敗俗傳笑四方非細事也佛本夷狄之人與中國言語不通衣服殊製口不道先王之法言身不服先王之法物不知君臣之義父子之情假如其身尚在奉其國命來朝京師陛下容而接之不過宣政一見禮賓一設賜衣一襲衛而出之於境不令惑於衆也況其身死已久枯朽之骨凶穢之餘豈宜以入宮禁孔子曰敬鬼神而遠之古之諸侯行弔於國尚令巫祝先以桃茢祓除不祥然後進弔今無故取朽穢之物觀視之巫祝不先桃茢不用群臣不言其非御史不舉其失臣實恥之乞以此骨付之水火永絕根本斷天下之疑絕後代之惑使天下之人知大聖人之所作爲出於尋常萬萬也豈不盛哉豈不快哉佛如有靈能作禍祟凡有殃咎宜加臣身上天鑒臨臣不怨悔疏奏憲宗怒甚間一日出疏以示宰臣將加極法裴度崔群奏曰韓愈上忤尊聽誠宜得罪然而非內懷忠懇不避黜責豈能至此伏乞稍賜寬容以來諫者上曰愈言我奉佛太過我猶爲容之至謂東漢奉佛之後帝王咸致夭促何言之乖剌也愈爲人臣敢爾狂妄固不可赦于是人情驚惋乃至國戚諸貴亦以罪愈太重因事言之乃貶爲潮州刺史愈至潮陽上表曰臣今年正月十四日蒙恩授潮州刺史即日馳驛就路經涉嶺海水陸萬里臣所領州在廣府極東去廣府雖云二千里然來往動皆踰月過海口下惡水濤瀧壯猛難計期程颶風鱷魚患禍不測州南近界漲海連天毒霧瘴氛日夕發作臣少多病年纔五十髮白齒落理不久長加以罪犯至重所處又極遠惡憂惶慚悸死亡無日單立一身朝無親黨居蠻夷之地與魑魅同群苟非陛下哀而念之誰肯爲臣言者臣受性愚陋人事多所不通唯酷好學問文章未嘗一日暫廢實爲時輩推許臣於當時之文亦未有過人者至於論述陛下功德與詩書相表裏作爲歌詩薦之郊廟紀太山之封鏤白玉之牒鋪張對天之宏休揚厲無前之偉蹟編於詩書之策而無愧措於天地之間而無虧雖使古人復生臣未肯多讓伏以大唐受命有天下四海之內莫不臣妾南北東西地各萬里自天寶之後政治少懈文致未復武剋不綱孽臣姦

隸外順內悖父死子代以祖以孫如古諸侯自擅其地不朝不貢六七十年四聖傳序以至陛下躬親聽斷干戈所麾無不從順宜定樂章以告神明東巡泰山奏功皇天使永永萬年服我成烈當此之際所謂千載一時不可逢之嘉會而臣負罪嬰釁自拘海島戚戚嗟嗟日與死迫曾不得奏薄伎於從官之內隸御之間窮思畢精以贖前過懷痛窮天死不閉目瞻望宸極魂神飛去伏惟陛下天地父母哀而憐之憲宗謂宰臣曰昨得韓愈到潮州表因思其所諫佛骨事大是愛我我豈不知然愈為人臣不當言人主事佛乃年促也我以是惡其容易上欲復用愈故先語及觀宰臣之奏對而皇甫鎛惡愈狷直恐其復用率先對曰愈終太狂踈且可量移一郡乃授袁州刺史

初愈至潮陽既視事詢吏民疾苦皆曰郡西湫水有鱷魚卵而化長數丈食民畜產將盡以是民貧居數日愈往視之令判官秦濟炮一豚一羊投之湫水呪之曰前代德薄之君棄楚越之地則鱷魚涵泳於此可也今天子神聖四海之外撫而有之況揚州之境刺史縣令

○ 唐傳一百十 五

之所治出貢賦以共天地宗廟之祀鱷魚豈可與刺史雜處此土哉刺史受天子命令守此土而鱷魚睅然不安谿潭食民畜熊鹿麞豕以肥其身以繁其卵與刺史爭為長刺史雖駑弱安肯為鱷魚低首而下哉今潮州大海在其南鯨鵬之大蝦蟹之細無不容鱷魚朝發而夕至今與鱷魚約三日乃至七日如頑而不徙須為物害則刺史選材伎壯夫操勁弓毒矢與鱷魚從事矣呪之夕有暴風雷起於湫中數日湫水盡涸徙於舊湫西六十里自是潮人無鱷患袁州之俗男女隸於人者踰約則沒入出錢之家愈至設法贖其所沒男女歸其父母仍削其俗法不許隸人十五年徵為國子祭酒轉兵部侍郎會鎮州殺田弘正立王廷湊令愈往鎮州宣諭愈既至集軍民諭以逆順辭情切至廷湊畏重之改吏部侍郎轉京兆尹兼御史大夫以不臺參為御史中丞李紳所劾愈不伏言準勅仍不臺參紳愈性皆褊僻移刺往來紛然不止乃出紳為浙西觀察使愈亦罷尹為兵部侍郎及紳面辭赴鎮泣涕陳敘穆宗憐之乃追制以紳為兵部侍郎愈復為吏部侍郎長慶四年十二月卒時年五十七贈禮部尚書謚曰文愈性弘通與人交榮悴不易少時與洛陽人孟郊東郡人張籍友善二人名位未振愈不避寒暑稱薦於公卿間而籍終成科第榮於祿仕後雖通貴每退公之隙則相與談讌論文賦詩如平昔焉而觀諸權門豪士如僕隸焉瞪然不顧而頗能誘厲後進館之者十六七雖晨炊不給怡然不介意大抵以興起名教弘獎仁義為事凡嫁內外及友朋孤女僅十人常以為自魏晉已還為文者多拘偶對而經誥之指歸遷雄之氣格不復振起矣故愈所為文務反近體抒意立言自成一家新語後學之士取為師法當時作者甚衆無以過之故世稱韓文焉然時有恃才肆意亦有盭孔孟之旨若南人妄以柳宗元為羅池神而愈撰碑以實之李賀父名晉不應進士而愈為賀作諱辨令舉進士又為毛穎傳譏戲不近人情此文章之甚紕繆者時謂愈有史筆及撰順宗實錄繁簡不當敘事拙於取捨頗為當代所非穆宗文宗嘗詔史臣添改時愈壻李漢蔣係在顯位諸公難之而

○ 唐傳一百十 六

韋處厚竟別撰順宗實錄三卷有文集四十卷李漢為之序子昶亦登進士第

張籍者貞元中登進士第性詭激能為古體詩有警策之句傳於時調補太常寺太祝轉國子助教秘書郎以詩名當代公卿裴度令狐楚才名如白居易元稹皆與之遊而韓愈尤重之累授國子博士水部員外郎轉水部郎中卒世謂之張水部云

孟郊者少隱於嵩山稱處士李翶分司洛中與之遊薦於留守鄭餘慶辟為賓佐性孤僻寡合韓愈一見以為忘形之契常稱其字曰東野與之唱和於文酒之間鄭餘慶鎮興元又奏為從事辟書下而卒餘慶給錢數萬葬送贍給其妻子者累年

唐衢者應進士久而不第能為歌詩意多感發見人文章有所傷歎者讀訖必哭涕泗不能已每與人言論既相別發聲一號音辭哀切聞之者莫不悽然泣下嘗客遊太原屬戎帥軍宴衢得預會酒酣言事抗音而哭一席不樂為之罷會故世稱唐衢善哭左拾遺白居易

遺之詩曰賈誼哭時事阮籍哭路歧唐生今亦哭異代同其悲唐生者何人五十寒且饑不悲口無食不悲身無衣所悲忠與義悲甚則哭之太尉擊賊日尚書叱盜時大夫死兇寇諫議謫蠻夷每見如此事聲發涕輒隨我亦君之徒鬱鬱何所爲不能發聲哭轉作樂府辭其爲名流稱重若此竟不登一命而卒

李翺字習之涼武昭王之後父楚金貝州司法參軍翺幼勤於儒學博雅好古爲文尚氣質貞元十四年登進士第授校書郎三遷至京兆府司錄參軍元和初轉國子博士史館修撰十四年太常丞王涇上疏請去太廟朔望上食詔百官議議者以開元禮太廟每歲礿祠烝嘗臘凡五享天寶末玄宗令尚食每月朔望具常饌令宮闈令上食於太廟後遂爲常由是朔望不視朔比之大祠翺奏議曰國語曰王者日祭禮記曰王立七廟皆月祭之周禮不祭禴祠烝嘗漢氏皆雜而用之蓋遵秦火詩書禮經燼滅編殘簡缺漢乃求之先儒穿鑿各伸已見皆託古聖賢之名以信其語故所記各不同也古者廟有

寢而不墓祭秦漢始建寢廟於園陵而上食焉國家因之而不改貞觀開元禮並無宗廟日祭月祭之禮蓋以日祭月祭既已行於陵寢矣故太廟之中每歲五饗六告而已不然者房玄齡魏徵輩皆一代名臣窮極經史豈不見國語禮記有日祭月祭之祠乎斯足以明矣伏以太廟之饗籩豆牲牢三代之通禮是貴誠之義也園陵之奠改用常饌秦漢之權制乃食味之道也今朔望上食於太廟豈非用常褻味而貴多品乎且非禮所謂至敬不饗味而貴氣臭之義也傳稱屈到嗜芰有疾召其宗老而屬之曰祭我必以芰及祭薦芰其子違命去芰而用羊饋籩豆脯醢君子是之言事祖考之義當以禮爲重不以其生存所嗜爲獻蓋明非食味也然則薦常饌於太廟無乃與芰爲比乎且非三代聖王之所行也況祭器不陳俎豆祭官不命三公執事者唯宮闈令與宗正卿而已謂之上食也安得以爲祭乎且時享于太廟有司攝事祝文曰孝曾孫皇帝臣某謹遣太尉臣名敢昭告于高祖神堯皇帝祖妣太穆皇后竇氏時惟孟春永懷罔極謹以一元大武柔毛剛鬣明粢薌萁嘉蔬嘉薦醴齊敬脩時享以申追慕此祝辭也前享七日質明太尉誓百官於尚書省曰某月某日時享于太廟各揚其職不供其事國有常刑凡陪享之官散齋四日致齋三日然後可以爲祭也宗廟之禮非敢擅議雖有知者其誰敢言故六十餘年行之不廢今聖朝以弓矢既櫜禮樂爲大故下百寮可得詳議臣等以爲貞觀開元禮並無太廟上食之文以禮斷情罷之可也至若陵寢上食採國語禮記日祭月祭之詞因秦漢之制脩而存之以廣孝道可也如此則經義可據故事不遺大禮既明永息異論可以繼二帝三王而爲萬代法與其瀆禮越古貴因循而憚改作猶天地之相遠也知禮者是之事竟不行翺性剛急論議無所避執政雖重其學而惡其激訐故久次不遷翺以史官記事不實奏狀曰臣謬得秉筆史館以記注爲職夫勸善懲惡正言直筆紀聖朝功德述忠賢事業載姦臣醜行以傳無窮者史官之任也凡人事迹非大善大惡則衆人無由得知舊例皆訪於人又取行狀謚議以爲一據

今之作行狀者多是其門生故吏莫不虛加仁義禮智妄言忠肅惠和此不唯其處心不實苟欲虛美於受恩之地耳蓋爲文者又非游夏遷雄之列務於華而忘其實溺於文而棄其理故爲文則失六經之古風紀事則非史遷之實錄臣今請作行狀者但指事實直載事功假如作魏徵傳但記其諫諍之辭足以爲正直段秀實但記其倒用司農印以追逆兵以象笏擊朱泚足以爲忠烈若考功視行狀不依此者不得受依此則考功下太常牒史館然後定謚伏乞以臣此奏下考功從之尋權知職方員外郎十五年六月授考功員外郎並兼史職翺與李景儉友善初景儉拜諫議大夫舉翺自代至是景儉貶黜七月出翺爲朗州刺史俄而景儉復爲諫議大夫翺亦入爲禮部郎中翺自負辭藝以爲合知制誥以久未如志鬱鬱不樂因入中書謁宰相面數李逢吉之過失逢吉不之校翺心不自安乃請告滿百日有司準例停官逢吉奏授廬州刺史太和初入朝爲諫議大夫尋以本官知制誥三年二月拜中書舍人初諫議大夫柏耆將使滄

州軍前宣諭翱竇鞏成此行栢耆尋以擅入滄州得罪翱坐謬舉左授少府少監俄出爲鄭州刺史五年出爲桂州刺史御史中丞充桂管都防禦使七年改授潭州刺史湖南觀察使八年徵爲刑部侍郎九年轉戶部侍郎七月檢校戶部尚書襄州刺史充山南東道節度使會昌中卒於鎮謚曰文

宇文籍字夏龜父滔官卑少好學尤通春秋竇羣自處士徵爲右拾遺表籍自代由是知名登進士第宰相武元衡出鎮西蜀奏爲從事以咸陽尉直史館與韓愈同修順宗實録遷監察御史王承宗叛詔捕其弟駙馬都尉承系其賓客中有爲偵識者又蘇表以破淮西策干宰相武元衡元衡不用以籍舊從事令召表訊之籍因以表抑元衡怒坐貶江陵府戶曹參軍至任節度使孫簡知重之欲令兼幕府職事籍辭曰籍以君命譴黜亦當以君命升假榮偷奬非所願也後考滿連辟藩府入爲侍御史轉著作郎遷駕部員外郎史館修撰與韋處厚韋表微路隨沈傳師同修憲宗實録俄以本官知制誥轉庫

部郎中太和中遷諫議大夫專掌史筆罷知制誥籍性簡澹寡合耽玩經史精於著述而風望峻整爲時輩推重大和二年正月卒時年五十九贈工部侍郎子臨大中初登進士第

劉禹錫字夢得彭城人祖雲父漵仕歷州縣令佐世以儒學稱禹錫貞元九年擢進士第又登宏辭科禹錫精於古文善五言詩今體文章復多才麗從事淮南節度使杜佑幕典記室尤加禮異從佑入朝爲監察御史與吏部郎中韋執誼相善貞元末王叔文於東宮用事後輩務進多附麗之禹錫尤爲叔文知奬以宰相器待之順宗即位久疾不任政事禁中文誥皆出於叔文引禹錫及柳宗元入禁中與之圖議言無不從轉屯田員外郎判度支鹽鐵案兼崇陵使判官頗怙威權中傷端士宗元素不悅武元衡時武元衡爲御史中丞乃左授右庶子侍御史竇羣奏禹錫挾邪亂政不宜在朝羣即日罷官韓臯憑藉貴門不附叔文黨出爲湖南觀察使既任喜怒凌人京師人士不敢指名道路以目時號二王劉柳叔文敗坐貶連州刺史在道貶朗州司馬地居西南夷土風僻陋舉目殊俗無可與言者禹錫在朗州十年唯以文章吟詠陶冶情性蠻俗好巫每淫祠鼓舞必歌俚辭禹錫或從事於其間乃依騷人之作爲新辭以教巫祝故武陵谿洞間夷歌率多禹錫之辭也初禹錫宗元等八人犯衆怒憲宗亦怒故再貶制有逢恩不原之令然執政惜其才欲洗滌痕累漸序用之會程异復掌轉運有詔以韓臯及禹錫等爲遠郡刺史屬武元衡在中書諫官十餘人論列言不可復用而止禹錫積歲在湘澧間鬱悒不怡因讀張九齡文集乃叙其意曰世稱曲江爲相建言放臣不宜於善地多徙五谿不毛之鄉今讀其文章自內職牧始安有瘴癘之歎自退相守荊州有拘囚之思託諷禽鳥寄辭草樹鬱然與騷人同風嗟夫身出於遐陬一失意而不能堪矧華人士族而必致醜地然後快意哉議者以曲江爲良臣識胡雛有反相羞與凡器同列密啓廷諍雖古哲人不及而燕翼無似終爲餒魂豈忮心失恕陰謫最大雖二美莫贖耶不然何袁公一言明楚獄而鍾祉四葉以是相較神

可誣乎元和十年自武陵召還宰相復欲置之郎署時禹錫作遊玄都觀詠看花君子詩語涉譏刺執政不悅復出爲播州刺史詔下御史中丞裴度奏曰劉禹錫有母年八十餘今播州西南極遠猿狖所居人迹罕至禹錫誠合得罪然其老母必去不得則與此子爲死別臣恐傷陛下孝理之風伏請屈法稍移近處憲宗曰夫爲人子每事尤須謹慎常恐貽親之憂今禹錫所坐更合重於他人卿豈可以此論之度無以對良久帝改容而言曰朕所言是責人子之事然終不欲傷其所親之心乃改授連州刺史去京師又十餘年連刺數郡大和二年自和州刺史徵還拜主客郎中禹錫銜前事未已復作遊玄都觀詩序曰予貞元二十一年爲尚書屯田員外郎時此觀中未有花木是歲出牧連州尋貶朗州司馬居十年召還京師人人皆言有道士手植紅桃滿觀如爍晨霞遂有詩以志一時之事旋又出牧于今十有四年得爲主客郎中重遊茲觀蕩然無復一樹唯兔葵燕麥動搖於春風因再題二十八字以俟後遊其前篇有玄都觀裏桃千

樹揔是劉郎去後栽之句後篇有種桃道士今何在前度劉郎又到來之句人嘉其才而薄其行禹錫甚怒武元衡李逢吉而裴度稍知之太和中度在中書欲令知制誥執政又聞詩序滋不悅累轉禮部郎中集賢院學士度罷知政事禹錫求分司東都終以恃才褊心不得久處朝列六月授蘇州刺史就賜金紫秩滿入朝授汝州刺史遷太子賓客分司東都禹錫晚年與少傅白居易友善詩筆文章時無在其右者常與禹錫唱和往來因集其詩而序之曰彭城劉夢得詩豪者也其鋒森然少敢當者予不量力往往犯之夫合應者聲同交爭者力敵一往一復欲罷不能由是每制一篇先於視草視竟則與作則文成一二年來日尋筆硯同和贈荅不覺滋多太和三年春已前紙墨所存者凡一百三十八首其餘乘興扙醉率然口號者不在此數因命小姪龜兒編勒成兩軸仍寫二本一付龜兒一授夢得小男崙郎各令收藏附兩家文集予頃與元微之唱和頗多或在人口嘗戲微之云僕與足下二十年來爲文友詩敵幸也亦不幸也吟詩情性播揚名聲其適遺形其樂忘老幸也然江南士女語才子者多云元白以子之故使僕不得獨步於吳越間此亦不幸也今垂老復遇夢得夢得非重不幸耶夢得文之神妙莫先於是若　妙與神則吾豈敢如夢得雪裏高山頭白早海中仙果子生遲沉舟側畔千帆過病樹前頭萬木春之句之類眞謂神妙矣在在處處應有靈物護持豈止兩家子弟秘藏而已其爲名流許與如此夢得嘗爲西塞懷古金陵五題等詩江南文士稱爲佳作雖名位不達公卿大寮多與之交開成初復爲太子賓客分司俄授同州刺史秩滿檢校禮部尚書太子賓客分司會昌二年七月卒時年七十一贈戶部尚書子承雍登進士第亦有才藻

○

柳宗元字子厚河東人後魏侍中濟陰公之系孫曾伯祖奭高祖朝宰相父鎮太常博士終侍御史宗元少聰警絕衆尤精西漢詩騷下筆構思與古爲侔精裁密緻璨若珠貝當時流輩咸推之登進士第應舉宏辭授校書郎藍田尉貞元十九年爲監察御史順宗即位王叔文韋執誼用事尤奇待宗元與監察呂溫密引禁中與之圖事轉尚書禮部員外郎叔文欲大用之會居位不久叔文敗與同輩七人俱貶宗元爲邵州刺史在道再貶永州司馬既罹竄逐涉履蠻瘴崎嶇堙厄蘊騷人之鬱悼寫情叙事動必以文爲騷文十數篇覽之者爲之悽惻元和十年例移爲柳州刺史時朗州司馬劉禹錫得播州刺史制書下宗元謂所親曰禹錫有母年高今爲郡蠻方南絕域往復萬里如何與母偕行如母子異方便爲永訣吾於禹錫爲執友胡忍見其若是即草章奏請以柳州授禹錫自往播州會裴度亦奏其事禹錫終易連州柳州土俗以男女質錢過期則沒入錢主宗元革其鄉法其已沒者仍出私錢贖之歸其父母江嶺間爲進士者不遠數千里皆隨宗元師法凡經其門必爲名士著述之盛名動於時時號柳州云有文集四十卷元和十四年十月五日卒時年四十七子周六周七纔三四歲觀察使裴行立爲營護其喪及妻子還於京師時人義之

○

韋辭字踐之祖召卿洛陽丞父翃官至侍御史辭少以兩經擢第判入等爲秘書省校書郎貞元末東都留守韋夏卿辟爲從事後累佐使府皆以叅畫稱職元和九年自藍田令入拜侍御史以事累出爲朗州刺史再貶江州司馬長慶初韋處厚路隨以公望居顯要素知辭有文學理行亟稱薦之擢爲戶部員外轉刑部郎中充京西北和糴使尋爲戶部郎中兼御史中丞充鹽鐵副使轉吏部郎中文宗即位韋處厚執政且以澄汰浮華登用藝實爲事乃以辭與李翺同拜中書舍人辭素無清藻文筆不過中才然處事端實游官無黨與李翺特相善俱擅文學高名踈達自用不事檢操處厚以激時用頗不厭公論辭亦倦於潤色苦求外任乃出爲潭州刺史御史中丞湖南觀察使在鎭二年吏民稱治太和四年卒時年五十八贈右散騎常侍

史臣曰貞元太和之間以文學聳動搢紳之伍者宗元禹錫而已其巧麗淵博屬辭比事誠一代之宏才如俾之詠歌帝載黼藻王言足

以平擣古賢氣呑時輩而蹈道不謹暱比小人自致流離遂隳素業故君子羣而不黨戒懼慎獨正爲此也韓李二文公於陵遲之末遑遑仁義有志於持世範欲以人文化成而道未果也至若抑楊墨排釋老雖於道未弘亦端士之用心也

贊曰天地經綸無出斯文愈翱揮翰語切典墳犧雞斷尾害馬敗羣僻塗自噬劉柳諸君

唐書列傳卷第二百一十

唐書列傳卷第二百一十一

劉昫 等修
聞人詮校刻沈桐同校

李光進 弟光顏　烏重胤
王沛 子逵　李珙
李祐　董重質
楊元卿 子延宗　劉悟 子從諫 孫稹
劉沔　石雄

李光進本河曲部落稽阿跌之族也父良臣襲雞田州刺史隷朔方軍光進姊適舍利葛旃殺僕固瑒而事河東節度使辛雲京光進兄弟少依葛旃因家于太原光進勇毅果敢其武藝兵略次于葛旃肅宗自靈武觀兵光進從郭子儀破賊收兩京累有戰功至德中授代州刺史封范陽郡公食邑二百戶上元初郭子儀爲朔州節度以軍討大同橫野清夷范陽及河北殘寇用光進爲都知兵馬使尋遷渭北節度使永泰初進封武威郡王大曆四年檢校戶部尚書知省事未幾又轉檢校刑部尚書兼太子太保是歲冬十月葬母於京城之南原將相致祭者凡四十四幄窮極奢靡城內士庶觀者如堵元和四年王承宗范希朝引師救易定表光進爲步都虞候戰於木刀溝光進有功六年拜銀青光祿大夫檢校工部尚書充單于大都護振武節度使詔以光進夙有誠節克著茂勳賜姓李氏其弟光顏除洺州刺史充本州團練使兄弟恩澤同時人皆歎異八年遷靈武節度使光進嘗從馬燧救臨洺戰洹水收河中皆有功前後軍中之職無所不歷中丞大夫悉曾兼帶先是救易定之師光進光顏皆在其行故軍中呼光進爲大大夫光顏爲小大夫十年七月卒光進兄弟少以孝睦推於軍中及居母喪三年不歸寢室光顏先娶妻其母委以家事母卒光進始娶光顏使其妻奉管籥家籍財物歸于其姒光進命反之且謂光顏曰新婦逮事母嘗命以主家不可改也因相持泣良久乃如初卒時年六十五贈尚書左僕射

光顏與兄光進以葛旃善騎射兄弟自幼皆師之葛旃獨許光顏之勇健已不能逮及長從河東軍爲裨將討李懷光楊惠琳皆有功後隨高崇文平蜀搴旗斬將出入如神由是稍稍知名自憲宗元和已來歷授代洺二州刺史兼御史大夫九年將討淮蔡九月遷陳州刺史充忠武軍都知兵馬使踰月遷忠武軍節度使檢校工部尚書會朝廷徵天下兵環申蔡而討吳元濟詔光顏以本軍獨當一面光顏於是引兵臨溵水抗洄曲明年五月破元濟之師於時曲初賊衆晨壓光顏之壘而陣光顏不得出乃自毀其柵之左右出騎以突之光顏將數騎冒堅而衝之出入者數四賊衆盡識矢集於身如蝟其子攬光顏馬鞅止其深入光顏舉刃叱之乃退於是人爭奮躍賊乃大潰死者數千人捷聲至京師人人相賀時伐蔡之師大小凡十餘鎮自裴度使還唯奏光顏勇而知義終不辱命至是果立功焉是歲十一月光顏又與懷汝節度烏重胤同破元濟之衆於小溵河平其柵初都統韓弘令諸軍齊攻賊城賊又徑攻烏重胤之壘重胤禦之中

數槍馳請救於光顏光顏以小溵橋賊之堡也乘其無備使田潁宋朝隱襲而取之乃平其城壍由是克救重胤韓弘以光顏違令取潁及朝隱將戮之潁及朝隱勇而材軍中皆惋惜之光顏畏弘不敢留會中使景忠信至知其情乃矯詔令所在械繫之走馬入見具以本末聞憲宗赦忠信矯詔罪令即往釋潁及朝隱弘及光顏迭以表論憲宗謂弘使曰潁等違都統令固當處死但光顏以其襲賊有功亦可宥之軍有三令五申宜捨此以收來效及以詔諭弘弘不悅十一年光顏連敗元濟之衆拔賊凌雲柵憲宗大悅賜其告捷者奴婢銀錦進位檢校尚書左僕射十二年四月光顏敗元濟之衆三萬于郾城其將張伯良奔于蔡州殺其賊什二三獲馬千匹器甲三萬聯皆書雷公符仍書云速破城北軍尋而郾城守將鄧懷金請以城降光顏許之而收郾城初鄧懷金以官軍圍青陵城絕其歸路懷金懼謀於郾城令董昌齡母素誡昌齡令降昌齡因此勸懷金歸款于光顏且曰城中之人父母妻子皆質于蔡州如不屈而降則家盡屠矣請

來攻城我則舉烽求救救兵將至官軍逆擊之必敗此時當以城降光顏從之賊果敗走於是昌齡執印帥吏列于門外懷金與諸將素服倒戈列于門內光顏受降乃入羅城其城自壞五十餘步時韓弘爲汴帥驕矜倔強常倚賊勢索朝廷姑息惡光顏力戰陰圖撓屈計無所施遂舉大梁城求得一美婦人教以歌舞絃管六博之藝飾之以珠翠金玉衣服之具計費數百萬命使者送遺光顏一見悅惑而怠於軍政也使者即賫書先造光顏壘曰本使令公德公私愛憂公暴露欲進一妓以慰公征役之思謹以候命光顏曰今日已暮明旦納焉詰朝光顏乃大宴軍士三軍咸集命使者進妓妓至則容止端麗殆非人間所有一座皆驚光顏乃於座上謂來使曰令公憐光顏離家室久捨美妓見贈誠有以荷德也然光顏受國家恩深誓不與逆賊同生日月下今戰卒數萬皆背妻子蹈白刃光顏奈何以女色爲樂言訖涕泣嗚咽堂下兵士數萬皆感激流涕乃厚以縑帛酬其來使俾領其妓自席上而廻謂使者曰爲光顏多謝令公光顏事君

許國之心死無貳矣自此兵衆之心彌加激勵及裴度至行營率賓從於方城池口觀板築五溝賊遽至注弩挺刃勢將及度光顏決戰於前以却之時光顏預慮其來先使田布以二百騎伏於溝中出賊不意交擊之度方獲免布又先扼其溝中歸路賊多棄騎越溝相牽墜壓而死者千餘人是日微光顏之救度幾陷矣是月賊知光顏勇冠諸將乃悉其衆出當光顏之師時李愬乘其無備急引襲蔡州擒之獲元濟董重質棄洄曲軍入城降愬光顏知之躍馬入賊營大呼以降賊衆萬餘人皆解甲投戈請命賊平加檢校司空十三年春命中官宴光顏於居第賜芻米二千餘車憲宗又御麟德殿召對賜金帶錦綵朝廷東討李師道授光顏義成軍節度使至鎮尋赴行營數旬之內再敗賊軍於濮陽殺戮數千人進軍深入十四年西蕃入寇移授邠寧節度使時鹽州爲吐蕃所毀命李文悅爲刺史令重胤充勾當修築鹽州城使仍許以陳許六千人隨赴邠寧是歲吐蕃侵涇原自田縉鎮夏州以貪猥侵撓党項羌乃吐蕃入寇及蕃軍攻涇州

邊將郝玼血戰始退初光顔聞賊攻涇州料兵赴救邠師諠然曰人給五十千而不識戰陣彼何人也常額衣資不得而前蹈白刃此何人也憤聲恟恟不可遏光顔素得士心曲爲陳說大義言發涕流三軍感之亦泣下乃忻然即路擊賊退之穆宗即位就加特進仍與一子四品正員官尋詔赴闕賜開化里第進加同中書門下平章事穆宗以光顔功冠諸將故召赴闕譙賜優給已而帶平章復鎭所以報勳臣也長慶初遷鳳翔節度使依前檢校司空同中書門下平章事歲未復授許州節度使朝廷以光顔昔鎭陳許頗得士心將討鎭冀故有此拜赴鎭日宰相百寮以故事送别於章敬寺穆宗御通化門臨送之賜錦綵銀器良馬玉帶等物二年討王廷湊命光顔兼深州行營諸軍節度使光顔既受命而行懸軍討賊艱於饋運朝廷又以滄景德棣等州俾之兼管以其鄰賊之郡可便飛輓光顔以朝廷制置乖方賊帥連結未可朝夕平定事若差跌即前功悉棄乃懇辭兼鎭尋以疾作表祈歸鎭朝廷果討賊無功而赦廷湊四年敬宗即位正拜司徒汴州李㝏逐其帥叛詔光顔率陳許之師討之營于尉氏俄而誅㝏遷太原尹北京留守河東節度使進階開府儀同三司仍於正衙受冊司徒兼侍中二年九月卒年六十六廢朝三日贈太尉謚曰忠

烏重胤潞州牙將也元和中王承宗叛王師加討潞帥盧從史雖出軍而密與賊通時神策行營吐突承璀與從史軍相近承璀與重胤謀縛從史於帳下是日重胤戒嚴潞軍無敢動者憲宗賞其功授潞府左司馬遷懷州刺史兼充河陽三城節度使會討淮蔡用重胤壓境仍割汝州隸河陽自王師討淮西三年重胤與李光顔掎角相應大小百餘戰以至元濟誅就加檢校尚書右僕射轉司空蔡將有李端者過溵河降重胤其妻爲賊束縛於樹臠食至死將絶猶呼其夫曰善事烏僕射其得人心如此元和十三年代鄭權爲橫海軍節度使既至鎭上言曰臣以河朔能拒朝命者其大略可見蓋刺史失其職反使鎭將領兵事若刺史各得職分又有鎭兵則節將雖有祿山思明之姦豈能據一州爲叛哉所以河朔六十年能拒朝命者秖以奪刺史縣令之職自作威福故也臣所管德棣景三州已舉公牒各還刺史職事訖應在州兵並令刺史收管又景州本是弓高縣請却廢爲縣歸化縣本是草市請廢縣依舊屬德州詔並從之由是法制修立各歸名分及屯軍深州重胤以朝廷制置失儀賊方憑凌未可輕進觀望累月穆宗急於誅叛遂以杜叔良代之以重胤檢校司徒兼興元尹充山南西道節度使召至京師復以本官爲天平軍節度鄆曹濮等州觀察等使李同捷據滄州請襲父位朝廷不從議者慮狡童拒命欲以重臣代乃移鎭兖海加太子太師平章事俾兼領滄景節度仍舊割齊州隸之蓋望不勞師而底定制出旬日重胤卒贈太尉重胤出自行間及爲長帥赤心奉上能與下同甘苦所至立功未嘗矜伐而善待賓僚禮分同至當時名士咸願依之身殁之日軍士二十餘人皆割股肉以爲祭酹雖古之名將無以加焉子漢弘嗣起復授左領軍衛將軍漢弘上表乞終服紀文宗嘉詔從之服闋方授官

王沛許州人年十八有勇決許州節度使上官涗奇其才以女妻之署爲牙門將及涗卒子壻田偁迫脅涗子欲邀襲位懼監軍使不順其事將結謀伏兵以圖之沛竊知其謀密告監軍因盡擒其黨於伏匿之所監軍范日用以其事聞德宗乃以陳許行軍司馬劉昌裔總統其軍賜沛手詔令護涗之子赴上都既至召見德宗謂之曰據卿忠義寵宜加等但昌裔所奏秖請加監察御史朕意殊爲不足卿速歸便宣付昌裔更令奏來遂馹騎而還未至許州拜開府儀同三司兼御史中丞依前本職吳元濟叛李光顔受命攻討奇沛節槩署行營兵馬使别統勁兵屯于近郊及軍合連破蔡寇頻詔進軍諸將觀望無敢先渡溵河沛率兵五千夜渡溵河合流口徑扼賊喉而成城自是河陽宣武太原魏博等軍繼渡掎角進攻郾城沛先結壘與賊對賊將鄧懷金率衆面縛而降蔡賊平沛隨李光顔入朝光顔具陳沛功加御史大夫既還鎭光顔受詔討鄆寇及李師道誅詔分許州

兵戍于邪以沛爲都將救鹽州擊退吐蕃以功加寧州刺史遷陳州李㝉叛詔沛兼忠武節度副使率師討㝉㝉平加檢校右散騎常侍遷兗海沂密節度觀察等使此邦新造人情獷驁沛明申法令選蒐軍政朞年大理明年以檢校工部尚書充忠武軍節度陳許蔡觀察等使卒于鎮贈右僕射子逢

逢少沉勇從父征伐有功爲忠武都知兵馬使大和中入宿衞歷諸衞將軍從石雄劉沔破迴紇于天德性果決用法嚴其時有二千人不上陣官賜賞給逢皆不與或非之逢曰健兒向前冒白刃若不行賜賞其如冒刃者何王宰攻劉稹逢領陳許七千人屯翼城代田令昭賊平檢校左散騎常侍累遷至忠武軍節度陳許觀察等使

李珙山東甲姓代修婚姻至珙不好讀書唯以弓馬爲務長六尺餘氣貌魁岸嘗詣澤路謁李抱眞異之將選爲衙門將旋以酒酣使氣後欲棄之都將王虔休謂抱眞曰李珙奇士也若不能用不如殺之無爲他人所得抱眞死虔休爲帥乃依虔休累爲昭義大將吐突承

璀之擒盧從史烏重胤實預其謀珙初不知將救從史聞重胤受朝旨乃觀望不進重胤以此德之後領河陽乃置於麾下然朝廷已與從史厚善竟出爲北邉一校元和十年征淮西重胤懇表爲諸道行營都虞候詔特從之俄以母憂去職服闋除右武衞上將軍長慶四年八月卒年六十四廢朝一日

李祐本蔡州牙將事吳元濟驍勇善戰自王師討淮西祐爲行營將每抗官軍皆憚之元和十二年爲李愬所擒愬知祐有膽略釋其死厚遇之推誠定分與同寢食往往帳中密語達曙不寐人有耳屬於外者但屢聞祐感泣聲而軍中以前時爲祐殺傷者多營壘諸卒會議皆恨不殺祐愬以衆情歸怨慮不能全因送祐於京師乃上表救之憲宗特恕遂遣祐賜愬愬大喜即以三千精兵付之祐所言無有所疑竟以祐破蔡擒元濟以功授神武將軍遷金吾將軍檢校左散騎常侍夏州刺史御史大夫夏綏銀宥節度使寶曆初入爲右金吾大將軍尋以吐蕃入寇出爲涇州刺史涇原節度使太和初討李同捷遷檢校戶部尚書滄州刺史滄德景節度使大和三年五月卒

董重質本淮西牙將吳少誠之子壻也性勇悍識軍機善用兵及元濟拒命重質又爲謀主領大軍當王師連歲不拔皆重質之謀也元和十二年宰相裴度督兵淮西至郾城元濟乃悉發左右及守城之卒委重質而拒度時李愬乘虛入蔡旣擒元濟重質之家在蔡愬乃安䘏之仍使其子持書禮以召重質重質見其子知城已陷及元濟囚虜之狀乃慨然以單騎歸愬白衣叩伏愬揖登堦以賓禮與之食憲宗欲殺之愬奏許以不死而來降請免之且乞於本軍驅使於是貶春州司戶參軍明年轉太子少詹事委武寧軍收管驅使仍加金紫十五年徵入授左神武軍將軍知軍事兼御史中丞仍賜金帛與有功者等尋授鹽州刺史又遷左右神策及諸道劍南西川行營節度使檢校左散騎常侍太和四年又轉夏綏銀宥節度使五年就加檢校工部尚書重質訓兵立法差成畏服八年八月卒贈尚書右僕射

楊元卿祖子華德州安陵縣丞父寓申州鍾山縣令元卿少孤慷慨

有才略及冠尚漂蕩江嶺之表縱遊放言人謂之狂生時吳少誠專蔡州朝廷姑息之元卿白衣謁見署以劇縣旋辟爲從事奏授試大理評事亦事少陽後奏轉監察裏行因上奏宰相李吉甫深加慰納自是一歲或再隨奏至京師元卿每與少陽言諭以大義乃爲兇黨所讎賴節度判官蘇肇保持故免元卿潛奉朝廷內耗少陽之事及少陽死其子元濟繼立元卿說曰先尚書性吝諸將皆飢寒今須布惠以自固也府中有無元卿熟知之曷若散聘諸道卑辭厚禮以大人行呼羣帥庶幾一助而諸將大獲矣元卿頻將留後表上聞朝廷安得不從哉元濟許之元卿即日離蔡以賊勢盈虛條奏潛請詔諸道拘留使者及元濟覺元卿妻陳氏并四男並爲元濟所殺同坊一射垜蘇肇以保持元卿亦同日被害詔授元卿岳王府司馬尋遷太子僕射元和十三年授蔡州刺史兼御史中丞未行改授光祿少卿初朝廷比令元卿與李愬會議於唐州東境選要便處權置行蔡州如百姓官健有歸順者便準勅優恤必令全活既而召見元卿遽奏

請借度支錢及言事頗多不合旨宰相裴度亦以諸將討賊三年功成在旦暮如更分土地與元卿即恐相侵生事故罷前命而改授焉是歲既平淮西元卿奏曰淮西甚有寶貨及犀帶臣知之往取必得上曰朕本討賊爲人除害今賊平人安則我求之得矣寶貨犀帶非所求也勿復此言是月詔授左金吾衛將軍未幾改汾州刺史復徵爲左金吾衛將軍長慶初易置鎮魏守臣元卿詣宰相深陳利害并見表其事後穆宗感悟賜白玉帶旋授檢校左散騎常侍涇州刺史涇原渭節度觀察等使兼充四鎮北庭行軍元卿乃奏置屯田五千頃每屯築墻高數仞鍵閉牢密卒然寇至盡可保守加檢校工部尚書營田成復加使號居六年涇人論奏爲立德政碑移授懷州刺史充河陽三城節度觀察等使大和五年就加檢校司空進階光祿大夫以其營田納粟二十萬石以裨經費故也是歲改授汴宋亳觀察等使凡所廢置皆有弘益詔並從之年七十寢疾歸洛陽詔授太子太保是歲八月辛廢朝三日贈司徒元卿始以毀家効順累授方

鎮然性險巧所至好聚歛善結交涇人得情亦由此也子延宗開成中爲磁州刺史坐謀逐河陽節度使以自立爲其黨所告臺司推鞫得實誅之

劉悟正臣之孫也正臣本名客奴天寶末祿山叛平盧軍節度使柳知晦受賊僞署客奴時職居牙門襲殺知晦馳章以聞授平盧軍節度使賜名正臣悟少有勇力叔逸淮爲汴帥積緡錢數百萬於洛中悟輒破扃鐍悉盜用之既而懼亡歸李師古始亦未甚知後因擊毬馳突衝師古馬仆師古怒將斬之悟猛以氣語押觸師古師古奇而免之因令管壯士將後軍累署牙門右職奏授淄青節度都知兵馬使兼監察御史元和末憲宗既平淮西下詔誅師道遣悟將兵拒魏博軍而數促悟戰悟未及進馳使召之悟度使來必殺己乃僞疾不出令都虞候往迎之使者亦果以誠告其人云奉命殺悟以代悟都虞候即時先還悟刻之得其實乃召諸將與謀曰魏博田弘正兵強出戰必敗不出則死今天子所誅者司空一人而已悟與公等皆爲所驅迫使就其死何如殺其來使整戈以取鄆立大功轉危亡爲富貴耶衆咸曰善唯都將所命悟於是立斬其使以兵取鄆圍其內城兼以火攻其門不數刻擒師道并男二人並斬其首以獻擢拜悟檢校工部尚書兼御史大夫義成軍節度使封彭城郡王仍賜實封五百戶錢二萬貫莊宅各一區十五年正月入覲又加檢校兵部尚書餘如故穆宗即位以恩例遷檢校尚書右僕射是歲十月移鎮澤潞旋以本官兼平章事長慶元年幽州大將朱克融叛囚其帥張弘靖朝廷求名將以鎮漁陽乃加悟檢校司空平章事充盧龍軍節度使悟以幽州方亂未克進討請授之節鉞徐圖之乃復以悟爲澤潞節度拜檢校司徒兼太子太傅依前平章事時監軍劉承偕頗恃恩權常對衆辱悟又縱其下亂法悟不能平異日有中使至承偕宴之請悟悟欲往左右皆曰往則必爲其困辱矣軍衆因亂悟不止之乃擒承偕至牙門殺其二僕欲并害承偕悟救之獲免朝廷不獲已貶承偕自是悟頗縱恣欲効河朔三鎮朝廷失意不逞之徒多投寄潞州

以求援往往奏章論事辭旨不遜寶曆元年九月病卒贈太尉遺表請以其子從諫繼纘戎事敬宗下大臣議僕射李絳以澤潞內地與三鎮事理不同不可許宰相李逢吉中尉王守澄受其賂曲爲奏請從諫自將作監主簿起復雲麾將軍守金吾衛大將軍同正檢校左散騎常侍兼御史大夫充昭義節度副大使知節度觀察等留後二年加金吾上將軍檢校工部尚書充昭義節度等使文宗即位進檢校司空六年十二月入覲七年春歸藩加同中書門下平章事九年李訓事敗宰相王涯等四人被禍時涯兼掌邦計雖不與李訓同謀然不自異於其間既死非其罪悟素德涯之私恩心頗不平四上章請涯等罪名仇士良輩深憚之是時中官頗橫天子不能制朝臣日憂陷族賴從諫論列而鄭覃李石方能粗秉朝政先是有蕭洪者詐稱太后弟因仇士良保任許之厚賂及洪累受方鎮納賂不滿士良之志士良怒遣人上書論洪非太后之親又以蕭本者爲太后弟從諫深知內官之故乃自潞府飛章論之曰臣聞造僞以亂真者匹夫

知之尚不可况天下皆知乎就疎以爲親者在匹夫之家尚不可况處大國之朝乎臣受國恩深奉公心切知有此失安敢不言伏惟皇帝陛下仁及萬方孝敦九族而推心無黨唯理是求微臣所以不避直言切論深事伏見金吾將軍蕭本稱是太后親弟受此官榮今喧然國都殆聞藩府自上及下異口同音皆言蕭弘是眞蕭本是僞臣傍聽衆論遍察羣情咸思發明以正名分今年二月其蕭弘投臣當道求臣上聞自言比者福建觀察使唐扶及監軍劉行立具審根源已曾論奏其時屬蕭本得爲外戚來自左軍臺司既不敢研窮聖意遂勤還鄉里自茲議論轉益沸騰臣亦令潛問左軍權論大體而士良推至公之道發不黨之言蓋蕭本自度孤危妄有憑恃伏以名居國舅位列朝班而眞僞不分中外所耻切慮皇太后受此罔惑已有恩情若含垢於一時終取笑於千古伏乞追蕭弘赴闕與蕭本對推細詰根源必辨眞僞詔令三司使推按帝以二蕭雖詐託名太后之宗不欲誅之俱流嶺表從諫進位檢校司徒會昌三年卒大將郭誼

等匿喪用其姪稹權領軍務時宰相李德裕用事素惡從諫之姦回奏請劉稹護喪歸洛以聽朝旨稹竟叛德裕用中丞李回奉使河朔說令三鎭加兵討稹乃削奪稹官命徐許滑孟魏鎭幽并八鎭之師四面進攻四年郭誼斬稹傳首京師從諫妻裴氏初稹拒命裴氏召集大將妻同宴以酒爲壽泣下不能已諸婦請命裴曰新婦各與汝夫文字勿忘先相公之拔擢莫効李丕背恩走投國家子母爲託故悲不能已也諸婦亦泣下故潞將叛志益堅稹死裴亦以此極刑稹族屬昆仲九人皆誅

劉沔許州牙將也少事李光顏爲帳中親將元和末光顏討吳元濟常用沔爲前鋒蔡將有董重質者守洄曲其部下乘騾即戰號騾子軍最爲勁悍官軍常警備之沔驍銳善騎射每與騾軍接戰必冒刃陷堅俘馘而還故忠武一軍破賊第一淮蔡平隨光顏入朝憲宗留宿衞歷三將軍歷鹽州刺史天德軍防禦使在西北邊累立奇効太和末河西党項羌叛沔以天德之師屢誅其酋渠移授振武節度使檢校右散騎常侍單于大都護開成中党項雜虜大擾河西沔率吐渾契苾沙陁三部落等諸族萬人馬三千騎徑至銀夏討襲大破之俘獲萬計告捷而還以功加檢校戶部尚書會昌初迴紇部飢烏介可汗奉太和公主至漢南求食過把頭烽犯雲朔北川朝廷以太原重地控扼諸戎乃移沔河東節度使檢校尚書左僕射太原尹北京留守詔與幽州張仲武協力招撫迴鶻竟破虜寇迎公主還宮以功進位檢校司空尋改滑州刺史義成軍節度使四年潞帥劉從諫卒子稹匿喪擅主留務要求旄鉞武宗怒命忠武節度使王宰徐州節度李彥佐等克潞府西南面招撫使遂復授沔太原節度克潞府北面招討使沔與張仲武不協方徵兵幽州乃移沔爲鄭滑節度使進位檢校司徒既而以疾求歸洛陽授太子太保卒初沔爲忠武小校從李光顏討淮西爲捉生將前後遇賊血戰鋒刃所傷幾死者數四嘗傷重卧草中月黑不知歸路昏然而睡夢人授之雙燭曰子方大貴此行無患可持此而還既行炯然有雙光在前自後破虜危難毋行

常有此光及罷鎭後雙光息五年李德裕出鎭罷沔爲太子太保明年以太子太保致仕卒

石雄徐州牙校也王智興之討李同捷以雄爲右廂捉生兵馬使勇敢善戰氣凌三軍自智興以兵臨賊境率先收棣州雄先驅渡河前無堅陣徐人伏雄之撫待惡智興之虐欲逐之而立雄智興以軍在賊境懼其變生因其立功請授一郡刺史朝廷徵赴京師授壁州刺史智興尋殺雄之素相善諸將士百餘人仍奏雄搖動軍情請行誅戮文宗雅知其能惜之乃長流白州大和中河西党項擾亂選求武士乃召還隸振武劉沔軍爲裨將累立破羌之功文宗以智興故未甚提擢而李紳李德裕以崔羣舊將素嘉之會昌初迴鶻寇天德詔命劉沔爲招撫迴鶻使三年迴鶻大掠雲朔北邊牙於五原沔以太原之師屯於雲州沔謂雄曰黠虜離散不足驅除國家以公主之故不欲急攻今觀其所爲氣凌我輩若稟朝旨或恐依違我輩捍邊但能除患專之可也公可選驍健乘其不意徑趨虜帳彼以疾雷之勢

不暇枝梧必棄公主亡竄事苟不捷吾自繼進亦無患也雄授教自選勁騎得沙陀李國昌三部落兼契苾拓拔雜虜三千騎月暗夜發馬邑徑趨烏介之牙時虜帳逼振武雄既入城登堞視其衆寡見氊車數十從者皆衣朱碧類華人服飾雄令諜者訊之此何大人虜曰此公主帳也雄喻其人曰國家兵馬欲取可汗公主至此家國也須謀歸路俟兵合時不得動帳幕雄乃大率城內牛馬雜畜及大鼓夜穴城爲十餘門遲明城上立旗幟炬火乃於諸門縱其牛畜鼓譟從之直犯烏介牙帳炬火燭天鼓譟動地可汗惶駭莫測率騎而奔雄率勁騎追至殺胡山急擊之斬首萬級生擒五千羊馬車帳皆委之而去遂迎公主還太原以功加檢校左散騎常侍豐州刺史兼御史大夫天德防禦等使雄沉勇徇義臨財甚廉每破賊立功朝廷特有賜與皆不入私室置於軍門首取一分餘並分給以此軍士感義皆思奮發累遷檢校左僕射河中尹河中晉絳節度使俄而昭義劉從諫卒其子稹擅主軍務朝議問罪令徐帥李彥佐爲潞府西南面招

撫使以晉州刺史李丕爲副時王宰在萬善柵劉沔在石會相顧未進雄受代之翌日越烏嶺破賊五砦斬獲千計武宗聞捷大悅謂侍臣曰今之義而有勇罕有雄之比者雄既率先破賊不旬日王宰收天井關何弘敬王元逵亦收磁洛等郡先是潞州狂人折腰於市謂人曰雄七千人至矣劉從諫捕而誅之及稹危蹙大將郭誼密欵請斬稹歸朝軍中疑其詐雄倡言曰賊稹之叛郭誼爲謀主今請斬稹即誼自謀又何疑焉武宗亦以狂人之言詔雄以七千兵受降雄即徑馳潞州降誼盡擒其黨與賊平進加檢校司空王宰智興之子於雄不足雄以轅門子弟善禮之然討潞之役雄有始卒之功宰心惡之及李德裕罷相宰黨排擯雄罷鎮既而聞德裕貶發疾而卒

史臣曰古所謂名將者不必蒙輪拔距之材拉虎批熊之力要當以義終始好謀而成而阿跌昆仲稟氣陰山率多令範讓家權於主婦拒美妓於姦臣章武恢復之功義師之効也重胤忠於事上仁於撫下淮蔡之役勳亞光顏殿邦之臣也不可多得王沛之擒僚壻李祐之執賊渠皆因事立功轉禍爲福智則智矣仁者不爲而劉悟自恃太尤世邀續襲至於赤族報亦晚耶雄沔負羽邊城聲馳沙漠奉迎貴主摧破昆戎不亦壯乎雄能感於己知不爲無義美哉

贊曰淮鄆砥平義將輸誠二凶受縛亦其同惡毀義棄忠必殄爾宗孰稱善將劉沔石雄

唐書列傳卷第一百一十一

劉昫　等修

聞人詮校刻沈桐同校

潘孟陽　李翛　王遂　曹華
韋綬　鄭權　盧士玫　韓全義
高霞寓　高瑀　崔戎　陸亘
張正甫正甫子毅夫　毅夫子讜

潘孟陽禮部侍郎炎之子也孟陽以父蔭進登博學宏辭科累遷殿中侍御史降爲司議郎孟陽母劉晏女也公卿多父友及外祖賓從故得薦用累至兵部郎中德宗末王紹以恩倖數稱孟陽之材因擢授權知戶部侍郎年未四十順宗即位永貞內禪王叔文誅杜佑始專判度支請孟陽代叔文爲副時憲宗新即位乃命孟陽巡江淮省財賦仍加鹽鐵轉運副使且察東南鎭之政理時孟陽以氣豪權重領行從三四百人所歷鎭府但務遊賞與婦女爲夜飲至鹽鐵轉運院廣納財賄補吏職而已及歸大失人望罷爲大理卿三年出爲華州刺史遷梓州刺史劍南東川節度使與武元衡有舊元衡作相復召爲戶部侍郎判度支兼京北五城營田使以和糴使韓重華爲副太府卿王遂與孟陽不協議以營田非便持之不下孟陽忿憾形於言二人俱請對上怒不許乃罷孟陽爲左散騎常侍明年復拜戶部侍郎孟陽氣尚豪俊不拘小節居第頗極華峻憲宗微行至樂遊原見其宏敞工猶未已問之左右以孟陽對孟陽懼而罷工作性喜宴公卿朝士多與之遊時指怒者不一俄以風緩不能行改左散騎常侍元和十年八月卒贈兵部尚書憲宗每事求理常發江淮宣慰使左司郎中鄭敬奉使辭上誡之曰朕宮中用度一匹已上皆有簿籍唯賑䘏貧民無所計算卿經明行修今登車傳命宜體吾懷勿學潘孟陽奉使所至但務酣飲遊山寺而已其爲人主所薄如此

李翛不知何許人起於寒賤以莊憲皇后妹壻元和已來驟階仕進以恩澤至坊州絳州刺史無他才性纖巧承迎常飾廚傳以奉往來中使及禁軍中尉賓客以求善譽治民莅事粗有政能上以爲才召拜司農卿遷京兆尹十年莊憲太后崩翛爲山陵橋道置頓使侍能惜費每事減損靈駕至灞橋頓從官多不得食及至渭城北門門壞先是橋道司請改造渭城北門計錢三萬翛以勞費不從令深鑿軌道以通靈駕掘土既深旁柱皆懸因而頓壞所不及轀輬車者數步而已初欲壞城之東北墉以出靈駕中人皆不可乃停駕徹去壞門土木而後行翛懼誣奏轀輬軸折山陵使李逢吉令御史封其車軸自陵還奏請免翛官上以用兵務集財賦以翛前後進奉不之責但罰俸而已逢吉極言其罪乃削銀青階翌日復賜金紫自此朝廷端士多遭譖毀義士爲之側目時宿師於野饋運不集浙西重鎭號爲殷阜乃以翛爲潤州刺史浙西觀察使令設法鳩聚財貨淮西用兵頗賴其賦十四年以病求還京師未朝謁而卒

王遂宰相方慶之孫也以吏能聞於時尤長於興利鋭於操下法頗嚴酷累遷至鄧州刺史以曉達錢穀入爲太府卿潘孟陽判度支與遂私憾互有爭論遂爲西北供軍使言營田非便與孟陽會議相非各求請對上怒俱不見出遂爲柳州刺史遂親吏韋行素柳季常諸課料於兩池務屬遂罷務季常等爲吏所誣各笞四十遂柳州制出左丞呂元膺執奏曰遂以補吏犯贓法當從坐其除官制云清能業官據遂犯狀不宜有清字柳州大郡出守爲優請封還制書上令喻之方行數年用兵淮西天子藉錢穀吏以集財賦知遂强幹乃用爲宣州刺史宣歙觀察使淮蔡平王師東討召拜光祿卿充淄青行營諸軍糧料使以光祿職當祠祭改檢校左散騎常侍兼御史大夫勑師之出也歲計兵食三萬石及鄆賊誅遂進羨餘一百萬上以爲能時分師東道所據十二州爲三鎭乃以遂爲沂州刺史沂兗海等州觀察使遂性狷忿不存大體而軍州民吏久染汙俗率多獷戾而遂數因公事訾詈將卒曰反虜將卒不勝其忿牙將王弁乘人心怨怒十四年七月遂方宴集弁謀集其徒害遂於廨判官張實李甫等同遇害及曹華代遂至鎭盡擒亂黨王弁等誅之遂器用不弘倖於豢

斂而非兼撫之才但峻威刑以繩亂俗其所製笞杖率踰常制遂旣
死監軍使封其杖進呈上令出示於朝以誡廉使
曹華宋州楚丘人仕宣武軍爲牙校貞元末吳少誠叛本軍以華驍
果有智筭用爲襄城戍將蔡賊攻襄城華屢敗之德宗特賜旗甲元
和九年以功授寧州刺史未行而吳元濟叛朝廷命河陽帥烏重胤
討賊重胤請華爲懷汝節度行營副使前後數十戰大破賊於青陵
城賊平授棣州刺史封陳留郡王棣隣於鄆賊屢侵逼華招募群盜
之勁者補之軍卒分據要路其後賊至皆擊敗之鄆人不敢北顧及
李師道誅分所管十二州爲三鎭王遂爲沂兖海觀察使遂褊刻不能
馭衆爲牙將王弁所害朝廷遂授華左散騎常侍沂州刺史沂海兖
觀察使華至鎭視事三日宴將吏伏甲士千人於幕下群校旣集華
喻之曰吾授命廉問奉聖旨以鄆州將士分割三處有道途轉徙之
勞今有須給此州兵稍厚鄆州士卒處右州兵處左冀易以區別分
定並令州兵出外旣出闔門乃謂鄆卒曰天子深知鄆人之勞然前

舊唐傳一百十二　三

○害王帥者不能免罪甲士自幕中出周環之凡鄆一千二百人立斬
于庭血流成渠是日門屏之間有赤霧高丈餘久之方散自是海沂
之人重足股慄無敢爲盜者華惡沂之地褊請移理於兖許之初李
正己盜有青鄆十二州傳襲四世垂五十年人俗頑驁不知禮教華
令將吏曰鄒魯儒者之鄉不宜忘於禮義乃躬禮儒士習俎豆之容
春秋釋奠於孔子廟立學講經儒冠四集出家財贍給俾成名入仕
其往者如歸及鎭州軍亂殺田弘正華表請以本軍進討詔加檢校
工部尚書昇兖海爲武寧節度賜之節鉞李㝏叛於大梁華不俟命
赴討㝏方遣兵三千人取宋州華逆擊敗之由是宋亳不從㝏亂介
平以功加檢校尚書右僕射以河朔拒命移華爲滑州刺史義成軍
節度使長慶二年七月卒於鎭時年六十九華雖出自戎行而動必
由禮尤重士大夫未嘗以富貴驕人下逮僕隸走使之徒必待之以
誠信人以爲難贈司空
韋綬字子章京兆人少有至性喪父刺血寫佛經初爲長安縣尉遭

朱泚之亂變服乘驢赴奉天于頔鎭襄陽辟爲賓佐嘗因言政面刺
頔之縱恣入朝爲工部員外轉屯田郎中元和十年改職方郎中充
太子諸王侍讀再遷諫議大夫時穆宗在東宮方幼好戲綬講書之
隙頗以嘲誚悅之嘗密齎家所造食入宮餉太子憲宗嘗召對綬奏
曰太子學書至依字輒去旁人臣問之太子云君父以此字可天下
奏事臣子不合全書上益嘉太子之賢賜綬錦綵綬無威儀時以人
間鄙說戲言以取悅太子太子因入侍道綬語憲宗不悅謂侍臣曰
凡侍讀者當以經義輔導太子納之軌物而綬語及此予何望耶乃
罷侍讀出爲虔州刺史穆宗即位以師友之恩召爲尚書右丞兼集
賢院學士甚承恩顧出入禁中綬以七月六日是穆宗載誕節請以
是日百官詣光順門賀太后然後上皇帝壽時政道頗僻勑出人不
敢議久之宰臣奏古無生日稱賀之儀其事終寢綬在集賢遇重陽
賜宰臣百官曲江宴綬請與集賢學士別爲一會從之長慶元年三
月轉禮部尚書判集賢院事帝嘗問禳災祈福其可必乎綬對曰昔

舊唐傳一百十二　四

○宋景公以一善言而法星退之三舍此禳災以德也漢文帝除秘祝
每於祠祭盡敬而已言無所祈以明福不可以求致也而二君卒能
變已變之災享自致之福著於史傳其理甚明如失德以祈災消媚
神以祈福至神苟有知當因以致譴非祈禳之道也時人主失德綬
因以諷之二年十月檢校戶部尚書興元尹山南西道節度使辭日
請門戟十二自將赴鎭又訴家貧請賜錢二百萬又面乞授子元弼
官上皆可之綬御事無術洎臨戎鎭庶政隳紊二年八月卒贈尚書
右僕射博士劉端夫請謚爲通厥中侍御史孟琯上言以爲非當博
士權安請謚爲謬竟不施行
鄭權滎陽開封人也登進士第釋褐涇原從事節度使劉昌符病亟
請入覲度軍情必變以權寬厚容衆俾主留務及昌符上路兵果亂
權挺身入白刃中抗辭喻以逆順因殺其首亂者數人三軍畏伏德
宗聞而嘉之時天子厭兵藩鎭將吏得軍情者多超授官爵自試衛
佐擢授行軍司馬御史中丞入朝爲倉部郎中累遷至河南尹十一

年代李遜爲襄州刺史山南東道節度使十二年轉華州刺史潼關防禦鎮國軍使十三年遷德州刺史德棣滄景節度使時朝廷用兵討李師道權以德棣之兵臨境奏於平原安德二縣之間置歸化縣以集降民滄州刺史李宗奭與權不協每事多違不稟節制權奏之上令中使追之宗奭諷州兵留己上言懼亂未敢離郡乃以烏重胤鎮橫海代權歸朝滄州將吏懼其逐宗奭宗奭方奔歸京師詔以悖慢之罪斬於獨柳之下其弟宗爽長流汀州授權邠寧節度會天德軍使上章論宗奭之冤爲權誣奏權降受原王傅尋遷右金吾衛大將軍充左街使穆宗即位改左散騎常侍充入迴鶻告哀使憚其遠役辭以足疾不獲免肩輿而行權器度魁偉有辭辯既至虜廷與虜主爭論曲直言辭激壯可汗深敬異之長慶元年使還出爲河南尹入拜工部侍郎遷本曹尚書以家人數多俸入不足求爲鎮守旬月檢校右僕射廣州刺史嶺南節度使初權出鎮有中人之助南海多珍貨權頗積聚以遺之大爲朝士所嗤四年十月卒

○盧士玫山東右族以文儒進性端厚與物雅有令聞始爲吏部員外郎稱職轉郎中京兆少尹奉憲宗園寢刑簡事集時論推其有才權知京兆尹事會幽州劉總願釋兵柄入朝請用張弘靖代已復請析瀛漠兩州用士玫爲帥朝廷一皆從之士玫遂授檢校右常侍充瀛漠兩州都防禦觀察使無何幽州亂害賓介繫弘靖取裨將朱克融領軍務遣兵襲瀛漠朝廷慮防禦之名不足抗凶逆即日除士玫檢校工部尚書充瀛漠節度使士玫亦罄家財助軍用堅拒叛徒者累月竟以官軍救之不至又瀛漠之卒親愛多在幽州遂爲其下陰導克融之兵以潰士玫及從事皆被拘執送幽州囚於賓館及朝廷宥克融之罪士玫方得歸東洛尋拜太子賓客留司洛中旋除虢州刺史復爲賓客寶曆元年七月卒贈工部尚書

韓全義出自行間少從禁軍事竇文場及文場爲中尉用全義爲帳中偏將典禁兵在長武城貞元十三年爲神策行營節度長武城使代韓潭爲夏綏銀宥節度詔以長武兵赴鎮全義貪而無勇短於撫御制未下軍中知之相與謀曰夏州沙磧之地無耕蠶生業盛夏移徙吾所不能是夜戍卒鼓譟爲亂全義踰城而免殺其親將王栖巖趙虔曜等賴都虞候高崇文誅其亂首而止之全義方獲赴鎮明年吳少誠拒命詔徵十七鎮之師討之時軍無統帥兵無多少皆以內官監之師之進退不由主將十五年冬王師爲賊所敗于小溵河德宗以文場素待全義乃用爲蔡州四面行營招討使仍以陳許節度使上官涗副之諸鎮之師皆取全義節度全義將略非所長能以巧佞財賄結中貴人以被薦用及師臨賊境又制在監軍每議兵出一帳之中中人十數紛然爭論莫決蔡賊聞之屢求決戰十六年五月遇賊於溵水南廣利城旗鼓未交諸軍大潰爲賊所乘全義退保五樓賊對壘相望潰兵未集乃與監軍賈英秀賈國良等保溵水縣賊距溵水五六里而軍全義懼其凌突退保陳州其汴宋河北之軍皆亡歸本鎮唯陳許將孟元陽神策將蘇光榮等數千人守溵水全義誘路州大將夏侯仲宣滑將時昂河陽將權文度河中將郭湘等誅

○之繇是軍情稍固少誠知王師無能爲致書幣以告監軍願求昭洗德宗召大臣議宰相賈耽曰昨全義五樓退軍賊不追襲者應望國家恩貸臣伏恐須開生路上然之又得監軍等奏即下制洗滌加其爵秩十七年全義自陳州班師而中人掩其敗迹上待之如初全義武臣不達朝儀託以足疾不任謁見全義司馬崔放入對德宗勞問放引過言招撫無功德宗曰全義爲招討使招得吳少誠歸國其功大矣何必殺人乃爲功耶旋命還鎮令中使就第賜宴錫賚頗厚自還至辭都不謁見而去議者以墮敗法制從古已還未如貞元之甚憲宗在藩常惡其事及即位全義懼求入覲詔以太子太保致仕其年七月卒

高霞寓范陽人祖仙父栖鶴皆以孝聞凡五代同爨德宗朝採訪使洪經綸奏旌表其門閭鄉里稱美其事霞寓少讀左氏春秋及孫吳兵法好大言頗以節槩自許貞元中徒步造長武城使高崇文待以猶子之分擢授軍職累奏憲宗甚見委信元和初詔授兼御史大夫

從崇文將兵擊劉闢連戰皆克下鹿頭城降李文悅仇良輔蜀平以功拜彭州刺史尋繼崇文爲長武城使封感義郡王元和五年以左威衛將軍隨吐突承璀擊王承宗又加左散騎常侍明年改豐州刺史三城都團練防禦使六遷至檢校工部尚書元和十年朝廷討吳元濟以霞寓宿將乃析山南東道爲兩鎮以霞寓爲唐鄧隋節度使霞寓雖稱勇敢素昧機略至於統制尤非所長及違所部乃率兵趣蕭陂與賊決戰既小勝又進至文城柵賊軍僞敗而退霞寓逐之不已因爲伏兵所掩王師大衄霞寓僅以身免坐貶歸州刺史後以恩例徵爲右衛大將軍十三年出爲振武節度使入爲左武衛大將軍長慶元年授邠寧節度使三年就加檢校右僕射四年加檢校司空又加司徒寶曆二年疽發首不能理事求歸闕下其夏授右金吾衛大將軍檢校司徒途次奉天而卒年五十五贈太保霞寓卒伍常材始因宦官進用遂階節將位望既高言多不遜朝廷知之欲議移罷霞寓頗懷憂恐捨私第爲佛寺上言請額爲懷恩用資聖福大率姦妄狡如此又非斥朝列侮慢僚屬鄙辭俚語日聞於時

○高瑀渤海蓨人少好論兵釋褐右金吾胄曹累辟諸府從事歷陳蔡二郡刺史入爲太僕卿大和初忠武節度使王沛卒物議以陳許軍四征有功必自擇帥或以禁軍之將得之宰相裴度韋處厚議瑀深沉方雅嘗刺陳蔡人懷良政又熟忠武軍情欲請用瑀事未聞陳許表至果請瑀爲帥乃授檢校左散騎常侍許州刺史忠武節度使自大曆已來節制之除拜多出禁軍中尉凡命一帥必廣輸重賂禁軍將校當爲帥者自無家財必取資於人得鎮之後則膏血疲民以償之及瑀之拜以內外公議搢紳相慶曰韋公作相債帥鮮矣三年就加檢校戶部尚書比年水旱人民荐饑瑀召集州民繞郭立堤塘一百八十里蓄洩既均人無饑年加檢校右僕射六年移授徐州刺史武寧軍節度等使議者以徐泗王智興之後軍士驕恣宜得雄帥鎮之乃以太府卿崔珙代瑀徵爲刑部尚書以疾求分司拜太子少傅其月復授檢校右僕射陳許蔡節度使八年六月卒贈司空瑀性寬和有體量爲官雖無赫赫之譽所至皆理尤得士心論者美之

崔戎字可大高伯祖玄暐神龍初有大功封博陵郡王祖嬰鄧州刺史父貞固太原榆次尉戎舉兩經登科授太子校書調判入等授藍田主簿爲藩鎮名公交辟裴度領太原署爲參謀時王承宗擾鎮州叛度請戎單車往諭之承宗感泣受教入爲殿中侍御史累拜吏部郎中遷諫議大夫尋爲劍南東西兩川宣慰使西川承蠻寇之後戎既宣撫兼再定征稅廢置得所公私便之還拜給事中駁奏爲當時所稱改華州刺史遷兗海沂密都團練觀察等使將行州人戀惜遮道至有解鞾斷鐙者理兗一年太和八年五月卒贈禮部尚書

陸亘字景山吳郡人祖元明睦州司馬父持詮惠陵臺令亘以書判授集賢殿正字華原縣尉應制舉授萬年縣丞自京兆府兵曹參軍拜太常博士寺有禮生孟真久於其事凡吉凶大儀禮官不能達率訪真真亦賴是須要姑息元和七年冊皇太子將撰儀注真亦欲參預亘笞之由是禮儀不專於胥吏自虞部員外郎出爲鄧州刺史其

○後入爲戶部郎中秘書少監太常少卿歷刺兗蔡虢蘇四郡遷越州刺史浙東團練觀察等使移宣歙觀察使加御史大夫大和八年九月卒年七十一贈禮部尚書亘強明嚴毅所至稱理初赴兗州延英面奏曰凡節度使握兵分屯屬郡者刺史不能制遂爲一州之弊宜有處分因詔天下兵分屯屬郡者隸于刺史越之永嘉郡城于海壖常陷寇境集官吏廩祿之半以代常賦因循相踵吏返爲倖亘按舉贓罪表請郡守已降增給其俸人皆賴之

張正甫字踐方南陽人曾祖大禮坊州刺史祖紹貞尚書右丞父泚蘇州司馬正甫登進士第從樊澤爲襄陽從事累轉監察御史于頔代澤辟留正甫正甫堅辭之遂誣奏貶郴州長史後由邕府徵拜殿中侍御史遷戶部員外郎轉司封員外兼侍御史知雜事遷戶部郎中改河南尹由尚書右丞爲同州刺史入拜左散騎常侍集賢殿學士判院事轉工部尚書五年檢校兵部尚書太子詹事明年以吏部尚書致仕正甫仁而端亮涖官清強居外任所至稱理太和八年九

月卒年八十三累贈太師子穀夫

穀夫登進士第初正甫兄式大曆中進士登第繼之以正甫式子元夫傑夫徵夫又相次登科太和中文章之盛世共稱之元夫太和初兵部郎中知制誥遷中書舍人出爲汝州刺史穀夫位至戶部侍郎弘文館學士判院事諸羣從登第者數人而穀夫子禕最知名

禕字冠章釋褐汴州從事戶部判官入爲藍田尉集賢校理趙隱鎮浙西劉鄴鎮淮南皆辟爲賓佐入爲監察御史遷左補闕乾符中詔入翰林爲學士累官至中書舍人黃寇犯京師從僖宗幸蜀拜工部侍郎判戶部事奉使江淮還爲當塗者不協改太子賓客左散騎常侍轉吏部侍郎歷刑部兵部尚書從昭宗在華爲韓建所構貶衡州司馬昭宗還京徵拜禮部尚書太常卿充禮儀使遷兵部尚書禕苦心爲文老而益壯爲刑部時劉鄴子覃嘗罹寇時避禍於金吾將軍張直方之第被害僖宗還京而惡覃者以託附逆黨死不以義下三司詳罪禕上章申理言覃父子併命於賊廷豈附逆耶其家竟獲洗雪覃亦贈官其行義始終皆如此類

○史臣曰孟陽王遂儒雅之曹才有可稱竟以財媚時君陷爲俗吏蹈道之論可不懼耶全義官由妄進霞寓位以卒升勇毅不足以啓行謀慮不足以應變敗亡之辱不亦宜乎朝無責帥之刑蓋自恥也權璠長者末塗喪眞雖牽於食貧純則僞矣

贊曰藴仁則哲藴利則狂搢紳之胤勿效潘王全義逃責貞元失策霞寓薄刑元和復典

唐書列傳卷第一百十二

唐書列傳卷第一百一十三

劉昫 等修

聞人詮校刻沈桐同校

孟簡　胡証 証子溵 湘　崔元略 元略子鉉 鉉子沆 元略弟元受 元儒 元式 元式子鍇

杜元穎 崔禮 弘　李虞仲　王質

盧簡辭 兄簡能 弟弘正 簡求 簡能子知猷

孟簡字幾道平昌人天后時同州刺史詵之孫工詩有名擢進士第登宏辭科累官至倉部員外郎戶部侍郎王叔文竊政簡爲子司多不附之叔文惡之雖甚亦不至擯斥尋遷司封郎中元和四年超拜諫議大夫知匭事簡明於內典六年詔與給事中劉伯芻工部侍郎歸登右補闕蕭俛等同就醴泉佛寺翻譯大乘本生心地觀經簡最擅其理王承宗叛詔以吐突承璀爲招討使簡抗疏論之坐語訐出爲常州刺史八年就加金紫光祿大夫簡始到郡開古孟瀆長四十一里灌溉沃壤四千餘頃爲廉使舉其課績是有就加之命是歲徵

拜爲給事中九年出爲越州刺史兼御史中丞浙東觀察使承李遜抑遏士族恣縱編戶之後及簡爲政一皆反之而農估多受其弊當時以爲兩未可也十二年入爲戶部侍郎十三年代崔元略爲御史中丞仍兼戶部侍郎是歲出爲襄州刺史山南東道節度使十四年勑於穀城縣置群牧命曰臨漢監令簡充使簡奏請均州鄖鄉縣鎮過使趙潔充本縣令臺司奏有虧刑典罰一月俸是歲改授太子賓客分司東都十五年穆宗即位貶吉州司馬員外置同正員初簡在襄陽以腹心吏陸翰知上都進奏委以關通中貴翰持簡陰事漸不可制簡怒追至州以土囊殺之且欲滅口翰子弟詣闕進狀訴冤且告簡贓狀御史臺按驗獲簡賂吐突承璀錢帛等共計七千餘貫匹事狀明白故再貶之長慶元年大赦量移睦州刺史二年移常州刺史三年入爲太子賓客分司東都其年十二月卒簡性俊拔尚義早歲交友先歿者視其孤每厚於周䘏議者以爲有前輩風然溺於浮圖之教爲儒曹所誚

胡証字啓中河東人父瑱伯父玫登進士第証貞元中繼登科咸寧
王渾瑊辟爲河中從事自殿中侍御史拜韶州刺史以母年高不可
適遠改授太子舍人襄陽節度使于頔請爲掌書記檢校祠部員外
郎元和四年由侍御史歷左司員外郎長安縣令戶部郎中田弘正
以魏博內屬請除副貳乃兼御史中丞充魏博節度副使仍兼左庶
子入遷左諫議大夫九年以党項寇邊以証有安邊才略乃授單于
都護御史大夫振武軍節度使前任將帥非統馭之才邊事曠廢朝
廷故特用証以鎮十三年徵爲金吾大將軍依前兼御史大夫十四
年充京西京北巡邊使訪其利害以聞長慶元年太和公主出降迴
紇詔以本官檢校工部尚書充和親使舊制以使車出境有行人私
覿之禮官不能給召富家子納貲於使者而命之官及証將行首請
蹙華儉受省費以絕鬻官之門行及漠南虜騎繼至狼心犬態一日
千狀欲以戎服變華服又欲以王姬疾驅徑路証抗志不撓守漢
儀黜夷法竟不辱君命使還拜工部侍郎敬宗即位之初檢校戶部

尚書守京兆尹數月遷左散騎常侍寶曆初拜戶部尚書判度支上
表乞免願效藩服二年檢校兵部尚書廣州刺史充嶺南節度使大
和二年以疾上表求還京師是歲十月卒于嶺南時年七十一廢朝
一日贈左僕射廣州有海之利貨貝狎至証善蓄積務華侈厚自奉
養童奴數百於京城脩行里起第連亘閭巷嶺表奇貨道途不絕京
邑推爲富家証素與賈餗善及李訓事敗禁軍利其財稱証子溵匿
餗乃破其家一日之內家財並盡軍人執溵入左軍仇士良命斬之
以徇溵弟湘爲太原從事忽白晝見綠衣人無首血流被地入于
室湘惡之晝日溵凶問至而湘獲免

崔元略博陵人祖渾之父儆貞元中官至尚書左丞元略舉進士歷
佐使府元和八年拜殿中侍御史十二年遷刑部郎中知臺雜事擢
拜御史中丞元和十三年以李夷簡自西川徵拜御史大夫乃命元
略留司東臺尋除京兆少尹知府事仍加金紫數月眞拜京兆尹明
年改左散騎常侍穆宗即位命元略使党項宣撫辭疾不行出爲黔
南觀察使兼御史中丞初元略受命使党項意宰臣以私憾排斥頗
出怨言宰相崔植奏曰比以聖意切在安撫党項乃差元略往使受
命之後苦不樂行言辭之間頗乖去就豈有身忝重恩不思報效苟
非便已即不肯行須有薄懲以肅在位請出爲黔中觀察使初崔植
任吏部郎中元略任刑部郎中知雜時中丞缺京兆尹物議以植有
風憲之望元略因入閤妄稱植失儀命御史彈之時二人皆進擬爲
中丞中旨果授元略植深銜之及植爲相元略以左散騎常侍使於
党項元略意植之見排辭疾不行被譴出踰年轉鄂州刺史鄂岳都
團練觀察使長慶四年入爲大理卿敬宗即位復爲京兆尹尋兼御
史大夫以悮徵畿甸經赦免放緡錢萬七千貫爲侍御史蕭澈彈劾
有詔刑部郎中趙元亮大理正元從質侍御史溫造充三司覆理元
略有中助止於削兼大夫初元略有宰相望及是事望益減寶曆元
年遷戶部侍郎議者以元略版圖之拜出於宣授時諫官有疏指言
內常侍崔潭峻方有權寵元略以諸父事之故雖被彈劾而遽遷顯

要元略亦上章自辨且曰一昨府縣條疏臺司舉劾孤立無黨誘言
益彰不謂詔出宸衷恩延望外處南宮之重位列左戶之清班豈臣
孱虛敢自干冒天心所擇雖驚特進之恩衆口相非乃致因緣之說
詔答之曰朕所命官豈非公選卿能稱職奚恤人言然元略終不能
逃父事潭峻之名寶曆貳年四月京兆府以元略前任尹日爲橋道
使造東渭橋時被本典鄭位判官鄭復虛長物價擡估給用不還人
工價直率斂工匠破用計贓二萬一千七百九貫敕云元略不能檢
下有涉慢官罰一月俸料時劉栖楚自爲京兆尹有覬覦相位之意
元略方在次對又多遊裴度門栖楚恐礙己以計擠之乃按舉山陵
時錢物以汚之太和三年轉戶部尚書四年判度支五年檢校吏部
尚書出爲東都留守畿汝等防禦使是歲又遷滑州刺史義成軍節
度使十二月卒廢朝三日贈尚書左僕射子鉉

鉉字台碩登進士第三辟諸侯府荊南西蜀掌書記會昌初入爲左
拾遺再遷員外郎知制誥召入翰林充學士累遷戶部侍郎承旨會

昌末以本官同平章事爲同列李德裕所嫉罷相爲陝虢觀察使檢
校刑部尚書宣宗即位遷檢校兵部尚書河中尹博陵縣開國子食
邑五百戶大中三年召拜御史大夫尋加正議大夫中書侍郎同平
章事累遷金紫光祿大夫守左僕射門下侍郎太清宮使弘文館大
學士博陵縣開國公食邑至二千戶七年以館中學士崔瑑薛逢等
撰續會要四十卷獻之九年檢校司徒揚州大都督長史進封魏國
公淮南節度使宣宗於太液亭賦詩宴餞有七載秉鈞調四序之句
儒者榮之咸通初移鎮襄州咸通八年徐州戍將龐勛自桂管擅還
道途剽掠時爲荆南節度聞徐州軍至湖南盡率州兵點募丁壯
分扼江湘要害欲盡擒之徐寇聞之踰嶺自江西淮右北渡朝議壯
之卒於江陵子沆汀潭沂
沆登進士第官至員外郎知制誥拜中書舍人坐事貶循州司戶乾
符初復拜舍人尋遷禮部侍郎典貢舉選名士十數人多至卿相乾
符末本官同平章事遇京國盜據從駕不及而卒沂後官亦隆顯

元略弟元受元式元儒元受登進士第高陵尉直史館元和初于皐
謨爲河北行營糧料使元受與韋岵薛巽王湘等皆爲皐謨判官分
督供饋既罷兵或以皐謨隱没贓罪除名賜死元受從坐皆逐嶺表
竟坎壈不達而卒子鈞鉶銖相繼登進士第辟諸侯府
元式會昌三年檢校左散騎常侍河中尹河中晉絳觀察使四年檢
校禮部尚書太原尹北都留守河東節度使六年入爲刑部尚書宣
宗朝以領度支以本官同平章事
元儒元和五年登進士第元式子鍇仕至京兆尹
杜元頴萊公如晦裔孫也父佐官卑元頴貞元末進士登第再辟使
府元和中爲左拾遺右補闕召入翰林充學士手筆敏速憲宗稱之
吳元濟平以書詔之勤賜緋魚袋轉司勳員外郎知制誥穆宗即位
召對思政殿賜金紫超拜中書舍人其年冬拜戶部侍郎承旨長慶
元年三月以本官同平章事加上柱國建安男元頴自穆宗登極自
補闕至侍郎不周歲居輔相之地辭臣速達未有如元頴之比也三

年冬帶平章事出鎮蜀川穆宗御安福門臨餞昭愍即位童心多僻
務爲奢侈而元頴求蜀中珍異玩好之具貢奉相繼以固恩寵以故
箕斂刻削工作無虛日軍民嗟怨流聞于朝太和三年南詔蠻攻陷
戎巂等州徑犯成都兵及城下一無備擬方率左右固守城而已蠻
兵大掠蜀城玉帛子女工巧之具而去是時蠻三道而來東道攻梓
州郭釗禦之而退時元頴幾陷賴郭釗擊敗其衆方還蠻驅蜀人至
大渡河謂之曰此南吾境放爾哭別鄉國數萬士女一時慟哭風日
爲之慘悽哭已赴水而死者千餘怨毒之聲累年不息蠻首領箋覿
遣人上表曰蠻軍比修職貢遽敢侵邊但杜元頴不恤三軍令入蠻
疆作賊移文報彼都不見信故蜀部軍人繼爲鄉導蓋蜀人怨苦之
深祈我此行誅虐帥也誅之不遂無以慰蜀士之心願陛下誅之監
軍小使張士謙至備言元頴之咎坐貶循州司馬判官崔璜連州司
馬紇干皐郢州長史盧弁唐州司馬皆以佐元頴無狀也六年卒於
貶所臨終上表乞贈官贈湖州刺史元頴元絳位終太子賓客絳子
審權位至宰相自有傳

崔弘禮字從周博陵人北齊懷遠之七代孫祖育常州江陰令父孚
湖州長城令弘禮風貌魁偉磊落有大志舉進士累佐藩府官至侍
御史元和中呂元膺爲東都留守以弘禮爲從事時淮西吳少陽初
死吳元濟阻兵拒命山東反側之徒爲之影援東結李師道謀襲東
洛以脅朝廷弘禮爲元膺籌畫部分兵衆以固東都卒亦無患累除
汾州隰州刺史會田弘正請入覲請副使乃授弘禮衛州刺史充魏
博節度副使歷鄭州刺史長慶元年劉總入覲張弘請移鎮范陽復
加弘禮檢校左散騎常侍充幽州盧龍軍節度副使未及境幽鎮兵
亂改爲絳州刺史明年汴州李㝏反急詔追弘禮爲河南尹兼御史
大夫東都畿汝都防禦副使㝏平遷河陽節度使整練戈矛頗壯戎
備又上言請於秦渠下闢荒田二百頃歲收粟二萬斛詔皆從之以
疾連表請代數歲拜檢校戶部尚書華州刺史會天平軍節度烏重
胤卒朝廷難其人復以弘禮爲天平軍節度使仍詔即日乘遞赴鎮

文宗即位就加檢校左僕射理鄆三載改授東都留守仍遷刑部尚書詔赴闕以疾未至大和四年十月復除留守是歲十二月卒年六十四贈司空弘禮少時專以倜儻意氣自任通涉兵書留心軍旅之要用此累更選用歷踐藩鎮所居無可尚之績雖繕完有素然善治生蓄積物議少之

李虞仲字見之趙郡人祖震大理丞父端登進士第工詩大曆中與韓翃錢起盧綸等文詠唱和馳名都下號大曆十才子時郭尚父少子曖尚代宗女昇平公主賢明有才思尤喜詩人而端等十人多在曖之門下每宴集賦詩公主坐視簾中詩之美者賞百縑曖因拜官會十子曰詩先成者賞時端先獻警句云薰香荀令偏憐小傅粉何郎不解愁主即以百縑賞之錢起曰李校書誠有才此篇宿構也願賦一韻正之請以起姓爲韻端即襞牋而獻曰方塘似鏡草芊芊初月如鉤未上弦新開金埒教調馬舊賜銅山許鑄錢曖曰此愈工也起等始服端自校書郎移疾江南授杭州司馬而卒虞仲亦工詩元

和初登進士第又以制策登科授弘文校書從事荆南入爲太常博士遷兵部員外司勳郎中寶曆中考制策甚精轉兵部郎中知制誥拜中書舍人大和四年出爲華州刺史兼御史大夫入拜左散騎常侍兼秘書監八年轉尚書右丞九年爲兵部侍郎尋改吏部開成元年四月卒時年六十五虞仲簡澹寡欲立性方雅奕代文學達而不矜士友重之

王質字華卿太原祁人五代祖通字仲淹隋末大儒號文中子通生福畤終上蔡主簿福畤生勉登進士第制策登科位終寶鼎令勉生怡終渝州司戶怡生潛揚州天長丞質則潛之第五子少負志操以家世官卑思立名於世以大其門寓居壽春躬耕以養母專以講學爲事門人授業者大集其門年甫強仕不求聞達親友規之曰以華卿之才取名位如俯拾地芥耳安自苦於闒茸者乎揚名顯親非耕稼可致也質乃白於母請赴鄉舉元和六年登進士甲科釋褐嶺南管記歷佐淮蔡許昌梓潼興元四府累奏兼監察御史入朝爲殿中遷侍御史戶部員外郎爲舊府延薦檢校司封郎中賜金紫充興元節度副使入爲戶部郎中遷諫議大夫大和中王守澄構陷宰相宋申錫文宗怒欲加極法質與常侍崔玄亮雨泣切諫請付外推申錫方從輕典質爲中人側目執政出爲虢州刺史質射策時深爲李吉甫所器及德裕爲相甚禮之事必咨決尋召爲給事中河南尹八年爲宣州刺史兼御史中丞宣歙團練觀察使在政三年開成元年十二月無疾暴卒時年六十八贈左散騎常侍謚曰定質清廉方雅爲政有聲雖權臣待之厚而行已有素不涉朋比之議在宣城辟崔珦劉蕡裴夷直趙晳爲從事皆一代名流視其所與人士重之子曰慶存

盧簡辭字子策范陽人後徙家于蒲祖翰父綸天寶末舉進士遇亂不第奉親避地於鄱陽與郡人吉中孚爲林泉之友大曆初還京師宰相王縉奏爲集賢學士秘書省校書郎王縉兄弟有詩名於世縉既官重凡所延辟皆辭人名士以綸能詩禮待逾厚會縉得罪坐累

久之調陝府戶曹河南密縣令建中初爲昭應令朱泚之亂咸寧王渾瑊充京城西面副元帥乃拔綸爲元帥判官檢校金部郎中貞元中吉中孚爲翰林學士戶部侍郎典邦賦薦綸于朝會丁家艱而中孚卒太府卿韋渠牟得幸於德宗綸即渠牟之甥也數稱綸之才德宗召之內殿令和御製詩超拜戶部郎中方欲委之掌誥居無何卒初大曆中詩人李端錢起韓翃輩能爲五言詩而辭情捷麗綸作尤工至貞元末錢李諸公凋落綸嘗爲懷舊詩五十韻叙其事曰吾與吉侍郎中孚司空郎中曙苗員外發崔補闕峒耿拾遺湋李校書端風塵追遊向三十載數公皆負當時盛稱榮耀未幾俱沉下泉傷悼之際常暢博士追感前事賦詩五十韻見寄輒有所酬以申悲舊兼寄夏侯審侍御其歷言諸子云侍郎文章宗傑出淮楚靈掌賦若吹籟司言如建瓴郎中善慶餘雅韻與琴清鬱鬱松帶雪蕭蕭鴻入冥員外真貴儒弱冠被華纓月香飄桂實乳溜瀝瓊英補闕思沖融巾拂藝亦精彩蝶戲芳圃瑞雲滋翠屏拾遺興難侔逸調曠無程九醞

貯彌潔三花寒轉馨校書才智雄舉世一娉婷睹墅鬼神變屬辭豐鳳鷲老肩曳長裾摠轡奉和鈴共賦瑶臺雪同觀金谷筆倚天方比劒沉水忽如鉼君持玉盤珠寫我懷袖盈讀罷涕交頤願言躋百齡綸之才思皆此類也文宗好文尤重綸詩嘗問侍臣曰盧綸集幾卷有子弟否李德裕對曰綸有四男皆登進士第今員外郎簡能侍御史簡辭是也即遣中使詣其家令進文集簡能盡以所集五百篇上獻優詔嘉之簡辭元和六年登第三辟諸侯府長慶末入朝為監察轉侍御史文雅之餘尤精法律歷朝簿籍靡不經懷寶曆中故京兆尹黎幹男煟詣臺治父葉縣舊業臺司莫知本末簡辭曰幹坐魚朝恩黨誅田產籍沒大曆已來多少赦令豈有雪朝恩黎幹節文況其田產分給百姓將及百年而煟恃中助而冒論耶乃移汝州刺史裴通準大曆元年敕給百姓又福建鹽鐵院官盧昂坐贓三十萬簡辭按之於其家得金牀瑟瑟枕大如斗昭愍見之曰此宮中所無而盧昂為吏可知也尋轉考功員外郎轉郎中太和中坐事自太僕卿出

為衢州刺史會昌中入為刑部侍郎轉戶部大中初轉兵部侍郎檢校工部尚書許州刺史御史大夫忠武軍節度使遷檢校刑部尚書襄州刺史山南東道節度使卒簡辭兄簡能

簡能字子拙登第後再辟藩府入為監察御史太和九年由駕部員外檢校司封郎中充鳳翔節度判官時鄭注得幸李訓與之謀誅宦俾注鎮鳳翔仍妙選當時才俊以為賓佐簡能與蕭俛弟傑錢起子可復皆為訓所選從注及訓敗注誅簡能蕭傑等四人皆為監軍使所害簡辭弟弘正簡求

弘正字子強元和末登進士第累辟使府掌書記入朝為監察御史侍御史大和中華州刺史宇文鼎戶部員外盧允中坐贓弘正按之文宗怒將殺鼎弘正奏曰鼎歷持綱憲綱紀之官今為近輔刺史以贓汙聞死固常典但取受之首罪在允中監司之責鼎當連坐文宗釋之鼎方減等三遷兵部郎中給事中會昌末王師討劉稹時詔河北三帥收山東州郡俄而何弘敬王元逵得刑洺磁三郡宰臣奏議曰山東三郡以賊稹未誅宜且立留後如弘敬元逵有所陳請則朝廷難以依違上曰然誰可任者李德裕曰給事中盧弘正嘗為昭義判官性又通敏推擇攸宜即命為邢洺磁團練觀察留後未行而稹誅乃令弘正銜命宣諭河北三鎮使還拜工部侍郎大中初轉戶部侍郎充鹽鐵轉運使前是安邑解縣兩池鹽法積弊課入不充弘正令判官司空輿至池務檢察特立新法仍奏輿為兩池使三年課入加倍其法至今賴之檢校戶部尚書出為徐州刺史武寧軍節度使徐泗濠觀察等使徐方自智興之後軍士驕怠有銀刀都尤勞姑息前後屢逐主帥弘正在鎮朞年皆去其首惡喻之忠義訖於受代軍旅無譁鎮徐四年遷檢校兵部尚書汴州刺史宣武軍節度宋亳潁觀察等使卒于鎮

簡求字子臧長慶元年登進士第釋褐江西王仲舒從事又從元稹為浙東江夏二府掌書記裴度鎮襄陽保釐洛都皆辟為賓佐奏殿中侍御史入朝拜監察裴度鎮太原復奏為記室入為殿中賜緋牛

僧孺鎮襄漢辟為觀察判官入為水部戶部二員外郎會昌末討劉稹詔以許帥李彥佐為招討使朝廷以簡求累佐使府達於機略乃以簡求為忠武節度副使知節度事本道供軍使入為吏部員外轉本司郎中求為蘇州刺史時簡辭鎮漢南弘正為侍郎領使務昆仲皆居顯列時人榮之既而宰執不協弘正出鎮罷簡求為左庶子分司數年出為壽州刺史九年党項叛以簡求為四鎮北庭行軍涇州刺史涇原渭武節度押蕃落等使檢校左散騎常侍上柱國范陽縣男食邑三百戶十一年遷檢校工部尚書定州刺史御史大夫義武軍節度北平軍等使十三年檢校刑部尚書鳳翔尹鳳翔隴西節度觀察等使十四年八月代裴休為太原尹北都留守充河東節度觀察等使簡求辭翰縱橫長於應變所歷四鎮皆控邊陲屬雜虜寇邊因之移授所至撫御邊鄙晏然太原軍素管退渾契苾沙陁三部落或撫納不至多為邊患前政或要之詛盟質之子弟然為盜不息簡求開懷撫待接以恩信所質子弟一切遣之故五部之人忻然聽命

咸通初以疾辭表章歷懇制以太子太師致仕還於東都都城有園林別墅歲時行樂子弟侍側公卿在席詩酒賞詠竟日忘歸如是者累年五年十月卒時年七十六贈尚書左僕射簡能子知猷

知猷登進士第釋褐秘書省正字宰臣蕭鄴鎮江陵成都辟爲兩府記室入拜左拾遺改右補闕史館修撰轉員外郎出爲饒州刺史入拜兵部郎中賜緋魚改吏部郎中太常少卿出爲商州刺史徵拜給事中轉中書舍人僖宗幸山南襄王僞署乃避地金州駕還徵拜工部侍郎轉戶部判史館遷尚書右丞兵部侍郎歷太常卿工部戶部尚書復領太常卿昭宗在華下加檢校右僕射守太子少師進位太子太師檢校司空卒於華下知猷器度長厚文辭美麗尤工書落簡措翰人爭模倣子文度位亦至丞郎簡辭無子以簡求子貽殷玄禧入繼貽殷終光祿少卿玄禧登進士第終國子博士弘正子虔灌有俊才進士登第所著文筆爲時所稱位終秘書監簡求十子而嗣業汝弼最知名嗣業進士登第累辟使府廣明初以長安尉直昭文館

左拾遺右補闕王鐸徵兵收兩京辟爲都統判官檢校禮部郎中卒汝弼登進士第累遷至祠部員外郎知制誥從昭宗遷洛屬柳璨黨附賊臣誣陷士族汝弼懼移疾退居客遊上黨遇潞府爲太原所攻節度使丁會歸降從會至太原李克用奏爲節度副使累奏戶部侍郎太原使府有龍泉亭簡求節制時手書詩一章在亭之西壁汝弼復爲亞帥每亭中讌集未嘗居賓位西向俛首而已人士嘉之盧氏兩世貴盛六卿方鎮相繼而未有居輔相者至中興嗣業子文紀仕至尚書中書侍郎平章事

史臣曰孟襄陽之清節胡廣州之堅正卒以結權倖而敗積貨賄而亡人如面焉固難知也二崔以綱憲相傾元穎以獻奇取媚雖遺時多辭位至鼎司言之正人亦孔之醜而父事宦者何所逃譏以端綸之才任不踰元士而盧簡辭之昆仲雲搏水擊鬱爲鼎門非德及慶鍾安能及此辭人之後不亦休哉

贊曰君子喻義小人近利孟譴胡亡家財掃地聲勢相傾崔杜醜名端綸諸子奕葉光榮

唐書列傳卷第一百一十三

唐書列傳卷第一百一十四

劉昫等修

聞人詮校刻沈桐同校

王播 播弟炎 起 起子龜 炎子鐸 李絳 絳子璋 頊

楊於陵 於陵子景復 紹復 嗣復 師復

王播字明敭曾祖璀嘉州司馬祖昇咸陽令父恕揚府參軍播擢進士第登賢良方正制科授集賢校理再遷監察御史轉殿中歷侍御史貞元末倖臣李實爲京兆尹恃恩頗横嘗遇播於途不避故事尹避臺官播移文詆之實怒後奏播爲三原令欲挫之播受命趨府謁謝盡府縣之儀及臨所部政理脩明恃勢豪門未嘗貸法歲終考課爲畿邑之最實以其人有政術甚禮重之頻薦之于上德宗奇之將不次拔用會母喪順宗即位除駕部郎中改長安令歲中遷工部郎中知臺雜剌舉綱憲爲人所稱轉考功郎中出爲虢州刺史李巽領鹽鐵奏爲副使兵部郎中元和五年代李夷簡爲御史中丞振舉朝章百職脩舉十月代許孟容爲京兆尹時禁軍諸鎮布列畿内軍人出入屬鞬佩劒往往盜發難以擒姦而播奏請畿内軍鎮將卒出入不得持戎具諸王駙馬權豪之家不得於畿内按試鷹犬畋獵之具詔從之自是姦盜弭息六年三月轉刑部侍郎充諸道鹽鐵轉運使播長於吏術雖案牘鞅掌剖析如流黠吏詆欺無不彰敗時天下多故法寺議讞科條繁雜播備舉前後格條置之座右凡有詳決疾速如神當時屬僚歎服不暇十年四月改禮部尚書領使如故先是李巽以程异爲江淮院官异又通泉貨及播領使奏之爲副當王師討吳元濟令异乘傳往江淮賦輿大集以至賦平深有力焉及皇甫鎛用事恐播大用乃請以使務命程异領之播守本官而已十三年檢校戶部尚書成都尹劒南西川節度使穆宗即位皇甫鎛貶播累表求還京師長慶元年七月徵還拜刑部尚書復領鹽鐵轉運等使十月兼中書侍郎平章事領使如故長慶中内外權臣率多假借播因銅鹽權居輔弼專以承迎爲事而安危啓沃不措一言時河北復叛朝廷用兵會裴度自太原入覲朝野物論言度不宜居外明年三月留度復知政事以播代度爲淮南節度使檢校右僕射領使如故仍請攜鹽鐵印赴鎮上都院印請別給賜從之播至淮南屬歲旱儉人相啖食課最不充設法掊斂比屋嗟怨敬宗即位就加銀青光祿大夫檢校司空罷鹽鐵轉運使時中尉王守澄用事播自落利權廣求珍異令腹心吏内結守澄以爲之助守澄乘間啓奏言播有才上於延英言之諫議大夫獨孤朗張仲方起居郎孔敏行柳公權宋申錫補闕韋仁實劉敦儒拾遺李景讓薛廷老等請開延英面奏播之姦邪交結寵倖復求大用天子冲幼不能用其言自是物議紛然不息明年正月播復領鹽鐵轉運使播既得舊職乃於銅鹽之内巧爲賦斂以事月進名爲羨餘其實正額務希獎擢不恤人言時揚州城内官河水淺遇旱即滯漕船乃奏自城南閶門西七里港開河向東屈曲取禪智寺橋通舊官河開鑿稍深舟航易濟所開長一十九里其工役料度不破省錢當使方圓自備而漕運不阻後政賴之文宗即

○位就加檢校司徒大和元年五月自淮南入覲進大小銀盌三千四百枚綾絹二十萬匹六月拜尚書左僕射同平章事領使如故二年進封太原公太清宮使四年正月患喉腫暴卒時年七十二廢朝三日贈太尉播出自單門以文辭自立踐昇華顯鬱有能名而隨勢沉浮不存士行姦邪進取君子恥之然天性勤於吏事使務塡委胥吏盈廷取決簿書堆案盈机他人若不堪勝而播用此爲適播子式弟炎起

炎貞元十五年登進士第累官至太常博士早世子鐸鐐

起字舉之貞元十四年擢進士第釋褐集賢校理登制策直言極諫科授藍田尉宰相李吉甫鎮淮南以監察充掌書記入朝爲殿中遷起居郎司勳員外郎直史館元和十四年以比部郎中知制誥穆宗即位拜中書舍人長慶元年遷禮部侍郎其年錢徽掌貢士爲朝臣請託人以爲濫詔起與同職白居易覆試覆落者多徽貶官起遂代徽爲禮部侍郎掌貢二年得士尤精先是貢舉猥濫勢門子弟交相酬酢寒門

俊造十棄六七及元稹李紳在翰林深怒其事故有覆試之科及起考貢士奏當司所選進士據所考雜文先送中書令宰臣閱視可否然後下當司放牓從之議者以爲起雖避是非失貢職也故出爲河南尹入爲吏部侍郎文宗即位加集賢學士判院事以兄播爲僕射輔政不欲典選部改兵部侍郎大和二年出爲陝虢觀察使兼御史大夫四年入拜尚書左丞居播之喪號毀過禮友悌尤至遷戶部尚書判度支以西北邊備歲有和市以給軍勞人饋輓奏於靈武邠寧起營田六年檢校吏部尚書河中尹河中晉絳節度使時屬蝗旱粟價暴踊豪門閉糴以邀善價起嚴誡儲蓄之家出粟於市隱者致之於法繇是民獲濟焉七年入爲兵部尚書八年檢校右僕射襄州刺史充山南東道節度江漢水田前政撓法塘堰缺壞起下車命從事李業行屬郡檢視而補繕特爲水法民無凶年九年就加銀青光祿大夫時李訓用事訓即起貢舉門生也欲援起爲相八月詔拜兵部侍郎判戶部事其冬訓敗起以儒素長者人不以爲累但罷判戶部

事文宗好文尤尚古學鄭覃長於經義起長於博洽俱引翰林講論經史起僻於嗜學雖官位崇重耽玩無斁夙夜孜孜殆忘寢食書無不覽經目靡遺轉兵部尚書以莊恪太子登儲欲令儒者授經乃兼太子侍讀判太常卿充禮儀詳定使創造禮神九玉奏議曰邦國之禮祀爲大事珪璧之議經有前規謹按周禮天地四方以蒼璧禮天黃琮禮地青珪禮東方赤璋禮南方白琥禮西方黑璜禮北方又云四圭有邸以祀天兩圭有邸以祀地圭璧以祀日月星辰凡此九器皆祀神之玉也又云以禋祀祀昊天上帝鄭玄云禋煙也爲玉幣祭訖燔之而升煙以報陽也今典開元禮義同此則焚玉之驗也又周禮掌國之玉鎮大寶器若大祭既事而藏之此則收玉之證也梁代崔靈恩撰三禮義宗云凡祭天神各有二玉一以禮神一則燔之禮神者訖事却收祀神者與牲俱燎則靈恩之義合于禮經今國家郊天祀地祀神之玉常用守經據古禮神之玉則無臣等請下有司精求良玉創造蒼璧黃琮等九器祭訖則藏之其燎玉即依常制從之

爲太子廣五運圖及文場秀句等獻之三年以本官充翰林侍講學士莊恪太子薨詔起爲哀冊文辭情婉麗四年遷太子少師判兵部事侍講如故以其家貧特詔每月割仙韶院月料錢三百千添給起富於文學而理家無法俸料入門即爲僕妾所有帝以師友之恩特加周給議者以與伶官分給可爲恥之武宗即位八月充山陵鹵簿使樞密使劉弘逸薛季稜懼誅欲因山陵兵士謀廢立起與山陵使知其謀密奏皆伏誅尋檢校左僕射東都留守判東都尚書省事會昌元年徵拜吏部尚書判太常卿事三年權知禮部貢舉明年正拜左僕射復知貢舉起前後四典貢部所選皆當代辭藝之士有名於時人皆賞其精鑒徇公也其年秋出爲興元尹兼同平章事充山南東道節度使赴鎮日延英辭帝謂之曰卿國之耆老宰相無內外朕有闕政飛表以聞宴賜頗厚在鎮二年以老疾求代不許大中元年卒于鎮時年八十八廢朝三日贈太尉諡曰文懿文集一百二十卷五緯圖十卷寫宣十卷起侍講時或僻字疑事令中使口宣即以牓

子對故名曰寫宣子龜嗣

龜字大年性簡澹蕭灑不樂仕進少以詩酒琴書自適不從科試京城光福里第起兄弟同居斯爲宏敞龜意在人外倦接朋游乃於永達里園林深僻處創書齋吟嘯其間目爲半隱亭及從父起在河中於中條山谷中起草堂與山人道士遊朔望一還府第後人目爲郎君谷及起保釐東周龜於龍門西谷構松齋棲息往來放懷事外起鎮興元又於漢陽之龍山立隱舍每浮舟而往其閑逸如此武宗知之以左拾遺徵久之方至殿廷一謝陳情曰臣才疎散無用於時加以疾病所嬰不任祿仕臣父年將九十作鎮遠藩喜懼之年闕於供侍乞罷今職以奉晨昏上優詔許之明年丁父憂服闋以右補闕徵遷侍御史尚書郎大中末出爲宣歙團練觀察副使賜緋入爲祠部郎中史館修撰前從崔璵貳宣歙及璵鎮河中又奏爲副使入爲兵部郎中賜金紫尋知制誥咸通末以弟鐸在中書不欲在禁掖改太常少卿尋檢校右散騎常侍同州刺史牙將白約者甚恣黷前後防

禦使不能制龜因事殺笞死以徇人皆畏威自效十四年轉越州刺史御史大夫浙東團練觀察使先是龜兄式撫臨此郡有惠政聞龜復至舞抃迎之屬徐泗之亂江淮盜起山越亂攻郡爲賊所害贈工部尚書子蕘

蕘苦學善屬文以季父作相避嫌不就科試乾符初崔瑾廉察湖南崔湞鎮江陵皆辟爲從事蕭遘作相奏授藍田尉直史館遷左拾遺右補闕中丞盧渥奏爲侍御史從僖宗幸山南拜右司員外郎卒子權中典仕至兵部尚書式以門蔭累遷監察御史轉殿中亦巧宦大和中依倚鄭注謁王守澄爲中丞歸融所劾出爲江陵少尹大中後踐更省署咸通初爲浙東觀察使草賊仇甫據明州叛來攻會稽式討平之式有威略三年徐州銀刀軍叛以式爲徐州節度使式至鎮盡誅銀刀等七軍徐方平定天子嘉之後累歷方任卒

鐸字昭範會昌初進士第兩辟使府大中初入爲監察御史咸通初由舊部郎中知制誥拜中書舍人五年轉禮部侍郎典貢士兩歲時稱得人七年以戶部侍郎判度支遷禮部尚書十二年以本官同平章事時宰相韋保衡以拔擢之恩事鐸尤謹累兼刑部吏部尚書僖宗即位加右僕射保衡得罪以鐸檢校右僕射出爲汴州刺史宣武軍節度使鐸有經世大志以安邦爲己任士友推之乾符二年河南江左相繼寇盜結集內官田令孜素聞鐸名乃復召鐸拜右僕射門下侍郎同平章事四年賊陷江陵楊知溫失守宋威破賊失策朝議統率宰相盧攜稱高駢累立戰功宜付軍柄物議未允鐸廷奏曰臣忝宰執之長在朝不足分陛下之憂臣願自率諸軍盪滌羣盜朝議然之五年以鐸守司徒門下侍郎同平章事兼江陵尹荊南節度使充諸道行營兵馬都統鐸至鎮綏懷流散完葺軍戎朞年之間武備嚴整時兗州節度使李係者西平王晟之孫以其家世將才奏用爲都統都押衙兼湘南團練使時黃巢在嶺南鐸悉以精甲付係令分兵扼嶺路係無將略徼有口才軍政不理廣明初賊自嶺南寇湖南諸郡係守城自固不敢出戰賊編木爲栰沿湘而下急攻潭州陷之係甲兵五萬皆爲賊所殺投屍於江鐸聞係敗令部將董漢宏守江陵自率兵萬餘會襄陽之師江陵竟陷於賊天子不之責罷相守太子太師宰相盧攜用事竟以淮南高駢代鐸爲都統其年秋賊焚剽淮南高駢挫敗及賊陷兩京盧攜得罪天子用鄭畋爲兵馬都統明年畋病歸行在朝議復以鐸爲侍中滑州刺史義武軍節度使充諸道行營都統率禁軍山南東蜀之師三萬營於東盩厔進屯靈感寺明年春兗鄆徐許鄭滑邠寧鳳翔十鎮之師大集關內時賊已僭名號以前浙東觀察使崔璆尚讓爲宰相傳僞命天下藩帥多持兩端既聞鐸傳檄四方諸侯翻然景附賊之號令東西不過岐華南北止及山河而勁卒驍將日馳突於國門羣賊由是離心其年秋賊將朱溫降收同州十一月賊華州戍卒七千來奔三年二月沙陁軍至收華州四月敗賊於良田坡遂收京城封鐸晉國公鐸加中書令以收城諸將量其功伐高下承制爵賞以聞是時國命危若綴旒天子播越蠻陬大事去矣若非鄭畋之奮發鐸之忠義則土運之隆替未可

知也自巢讓之亂關東方鎮牙將皆逐主帥自號藩臣時溥據徐州朱瑄據鄆州朱瑾據兗州王武俊據青州周岌據許州王重榮據河中諸葛爽據河陽皆自擅一藩職貢不入賞罰由己既逐賊出關尤恃功伐朝廷姑息不暇巢賊出關東與蔡帥秦宗權合縱時溥舉兵徐方請身先討賊乃授溥都統之命十軍軍容使田令孜以內官楊復光有監護用師之功尤忌儒臣立事故有時溥之授初鐸出軍秉鄭滑節度使以便供饋至是罷鐸都統之權令仗節歸藩鐸以朱全忠於己有恩倚爲藩蔽初全忠辭禮恭順既而全忠軍旅稍集其意漸倨鐸知不可依表求還朝其年冬僖宗自蜀將還乃以鐸爲滄景節度使時楊全玫在滄州聞鐸之來訴於魏州樂彥貞鐸受命赴鎮至魏州旬日彥貞迎謁宴勞甚至鐸以上台元老功蓋羣后行則肩輿妓女夾侍賓僚服御盡美一時彥貞子從訓兇戾無行竊所慕之令甘陵州卒數百人伏於漳南之高雞陌及鐸行李至皆爲所掠鐸與賓客十餘人皆遇害時光啓四年十二月也鐸弟鐐累官至汝州

刺史王仙芝陷郡城被害
李絳字深之趙郡贊皇人也曾祖貞簡祖剛官終宰邑父元善襄州
録事參軍絳舉進士登宏辭科授秘書省校書郎秩滿補渭南尉貞
元末拜監察御史元和二年以本官充翰林學士未幾改尚書主客
員外郎踰年轉司勳員外郎五年遷本司郎中知制誥皆不離内職
孜孜以匡諫爲已任憲宗即位叛臣李錡阻兵於浙右錡既誅朝廷
將輦其所沒家財絳上言曰李錡凶狡叛戾僭侈誅求刻剥六州之
人積成一道之苦聖恩本以叛亂致討蘇息一方今輦運錢帛播聞
四海非所謂式遏亂略惠綏困窮伏望天慈並賜本道代貧下戶今
年租稅則萬姓欣戴四海謌詠矣憲宗嘉之時中官吐突承璀自藩
邸承恩寵爲神策護軍中尉乃於安國佛寺建立聖政碑大興功作
仍請翰林爲其文絳上言曰陛下布惟新之政剗積習之弊四海延
頸日望德音今忽立聖政碑示天下以不廣易稱大人者與天地合
德與日月合明執契垂拱勵精求理豈可以文字而盡聖德碑表而

贊皇猷若可敘述是有分限虧損盛德豈謂敷揚至道哉故自堯舜
禹湯文武並無建碑之事至秦始皇荒逸之君煩酷之政然有罘嶧
之碑揚誅伐之功紀巡幸之跡適足爲百王所笑萬代所譏至今稱
爲失道亡國之主豈可擬議於此陛下嗣高祖太宗之業舉貞觀開
元之政思理不遑食從諫如順流固可以堯舜禹湯文武方駕而行
又安得追秦皇暴虐不經之事而自損聖政近者閻巨源請立紀聖
功碑陛下詳盡事宜皆不允許今忽令立此與前事頗乖况此碑既
在安國寺不得不敘載遊觀崇飾之事述遊觀且乖理要敘崇飾又
匪政經固非哲王所宜行也其碑伏乞聖恩特令寢罷憲宗深然之
其碑遂止絳後因浴堂北廊奏對極論中官縱恣方鎮進獻之事憲
宗怒厲聲曰卿所論奏何太過耶絳前論不已曰臣所諫論於臣無
利是國家之利陛下不以臣愚使處腹心之地豈可見事虧聖德致
損清時而惜身不言仰屋竊歎是臣負陛下也若不顧患禍盡誠奏
論旁忤倖臣上犯聖旨以此獲罪是陛下負臣也且臣與中官素不
相識又無嫌隙秖是威福太盛上損聖朝臣所以不敢不論耳使臣
緘默非社稷之福也憲宗見其誠切改容慰喻之曰卿盡節於朕人
所難言者卿悉言之使朕聞所不聞眞忠正誠節之臣也他日南面
亦須如此絳拜恩而退遽宣宰臣令與改官乃授中書舍人依前翰
林學士翌日面賜金紫帝親爲絳擇良笏賜之前後朝臣裴武柳公
綽白居易等或爲姦人所排陷特加貶黜絳每以密疏申論皆獲寬
宥及鎮州節度使王士眞死朝廷將用兵討除絳深陳以爲未可絳
既盡心匡益帝每有詢訪多協事機六年猶以中人之故罷學士守
戶部侍郎判本司事嘗因次對憲宗曰戶部比有進獻至卿獨無何
也絳曰將戶部錢獻入内藏是用物以結私恩上聳然益嘉其直吐
突承璀恩寵莫二是歲將用絳爲宰相前一日出承璀爲淮南監軍
翌日降制以絳爲中書侍郎同中書門下平章事同列李吉甫便僻
善逢迎上意絳梗直多所規諫故與吉甫不協時議者以吉甫通於
承璀故絳尤惡之絳性剛訐每與吉甫爭論人多直絳憲宗察絳忠

正自立故絳論奏多所允從上嘗謂絳曰卜筮之事習者罕精或中
或否近日風俗尤更崇尚何也對曰臣聞古先哲王畏天命示不敢
專邦有大事可疑者故先謀於卿士庶人次決於卜筮俱協則行之
末俗浮僞幸以徼福正行慮危邪謀覬安遲疑昏惑謂小數能決之
而愚夫愚婦假時日鬼神者欲利欺詐參之見聞用以刺射小近其
事神而異之近者風俗近巫此誠弊俗聖言所及實辯邪源但存而
不論弊斯息矣他日延英上曰朕讀玄宗實録見開元致理天寶兆
亂事出一朝治亂相反何也絳對曰臣聞理生於危心亂生於肆志
玄宗自天后朝出居藩邸嘗莅官守接時賢於外知人事之艱難臨
御之初任姚崇宋璟二人皆忠鯁上才動以致主爲心明皇乘思理
之初亦勵精聽納故當時名賢在位左右前後皆尚忠正是以君臣
交泰内外寧謐開元二十年已後李林甫楊國忠相繼用事專引柔
佞之人分居要劇苟媚于上不聞直言嗜慾轉熾國用不足姦臣說
以興利武夫說以開邊天下騷動姦盜乘隙遂至兩都覆敗四海沸

騰乘輿播遷幾至難復蓋小人啓導縱逸生驕之致也至今兵宿兩河西疆削盡畊戶凋耗府藏空虛皆因天寶喪亂以至於此安危理亂實繫時主所行陛下思廣天聰親覽國史審意精賾監于化源實天下幸甚上又曰凡人行事當患不通於理已然之失追悔誠難古人處此復有道否絳對曰行事過差聖哲皆所不免故天子致諍臣以匡其失故主心理於中臣論政於外制理於未亂銷患於未萌主或過舉則諫以正之故上下同體猶手足之於心膂交相爲用以致康寧此亦常理非難遵之事但矜得護失常情所蔽古人貴改過不悋從善如流良爲此也臣等備位無所發明但陛下不廢芻言則端士賢臣必當自效帝曰朕擢用卿等所冀直言各宜盡心無隱以匡不逮無以護失爲慮也其秋魏博節度使田季安死其子懷諫幼弱軍中立其大將田興使主軍事興卒以六州之地歸命其經始營創皆絳之謀也時教坊忽稱密旨取良家士女及衣冠別第妓人京師囂然絳謂同列曰此事大虧損聖德須有論諫或曰此嗜欲間事自

有諫官論列絳曰相公居常病諫官論事此難事即推與諫官可乎乃極言論奏翌日延英憲宗舉手謂絳曰昨見卿狀所論揀擇事非卿盡忠於朕何以及此朕都不知向外事此是教坊罪過不諭朕意以至於此朕緣丹王已下四人院中都無侍者朕令於樂工中及閭里有情願者厚其錢帛秖取四人四王各與一人伊不會朕意便如此生事朕已令科罰其所取人並已放歸若非卿言朕寧知此過八年封高邑縣男絳以足疾拜章求免九年罷知政事授禮部尚書十年檢校戶部尚書出爲華州刺史未幾入爲兵部尚書丁母憂十四年檢校吏部尚書出爲河中觀察使河中舊爲節制皇甫鎛惡絳秖以觀察命之十五年鎛得罪絳復爲兵部尚書穆宗即位改御史大夫穆宗亟於畋遊行幸絳於延英切諫帝不能用絳以疾辭復爲兵部尚書長慶元年轉吏部尚書是歲加檢校尚書右僕射判東都尚書省事充東都留守二年正月檢校本官兗州刺史兗海節度觀察等使三年復爲東都留守四年就加檢校司空寶曆初入爲尚書左

僕射二年九月昭義節度使劉悟卒遺表請以子從諫嗣襲將吏請關論請絳密奏請速除近澤潞四面將帥一人以充節度令倍程赴鎮使從諫未及拒命新使已到所謂疾雷不及掩耳潞州軍心自有所繫從諫無位何名主張時宰相李逢吉王守澄已受從諫賂俱請以從諫留後不能用絳言絳以直道進退聞望傾於一時然剛腸嫉惡賢不肖太分以此爲非正之徒所忌又嘗與御史中丞王播相遇於道播不爲之避絳奏論事體勅令兩省詳議咸以絳論奏是李逢吉佑播惡絳乃罷絳僕射改授太子少師分司東都文宗即位徵爲太常卿二年檢校司空出爲興元尹山南西道節度使三年冬南蠻寇西蜀詔徵赴援絳於本道募兵千人赴蜀及中路蠻軍已退所募皆還興元兵額素定募卒悉令罷歸四年二月十日絳晨興視事召募卒以詔旨諭而遣之仍給以廩麥皆怏怏而退監軍使楊叔元貪財怙寵怨絳不奉已乃因募卒賞薄衆辭之際以言激之欲其爲亂以逞私憾募卒因監軍之言怒氣益甚乃譟聚趨府劫庫兵以入使

衙絳方與賓僚會宴不及設備聞亂北走登陴衙將王景延力戰以禦之兵折矢窮景延死絳乃爲亂兵所害時年六十七絳初登陴左右請絳縋城可以避免絳不從乃并從事趙存約薛齊俱死焉文宗聞奏震悼下制曰朝有正人時稱令德入參廟筭出撫師干方當寵任之臣橫罹不幸之酷殄瘁興歎搢紳所同故山南西道節度管內觀察處置等使銀青光祿大夫檢校司空兼興元尹御史大夫上柱國趙郡開國公食邑二千戶李絳神授聰明天賦清直抱仁義以希前哲立標準以程後來抑揚時情坐致台輔佐我烈祖格于皇天伏鉞宣風聯居樂土乘軒鳴玉嘗極清班先聲而物議皆歸不約而羣情自許漢中名部俾遂便安而變起不圖禍生無兆殲良之慟聞訃增傷是極哀榮用優典禮三公正秩品數甚崇式表異恩以攄沉痛可贈司徒仍令所司擇日備禮册命賻布帛三千段米粟二百碩子璋頊

璋登進士第盧鈞鎭太原辟爲從事大中末入朝爲監察轉侍御史

出刺兩郡終宣歙觀察使子德林
楊於陵字達夫弘農人漢太尉震之第五子奉之後曾祖珪爲辰州
掾曹祖冠俗奉先尉父太清宋州單父尉於陵天寶末家寄河朔祿
山亂其父歿於賊於陵始六歲及長客於江南好學有奇志弱冠舉
進士釋褐爲潤州句容主簿時韓滉節制金陵滉性剛嚴少所接與
及於陵以屬吏謁謝滉甚奇之謂其妻柳氏曰夫人常擇佳壻吾閱
人多矣無如楊主簿者後竟以女妻之秩滿爲鄂岳江南二府從事
累官至侍御史韓滉自江南入朝總將相財賦之任頗承顧遇權傾
中外於陵自江西府罷以婦翁權幸方熾不欲進取乃卜築於建昌
以讀書山水爲樂滉歿貞元八年始入朝爲膳部員外郎歷考功吏
部三員外判南曹時宰相有密親調集文書不如式於陵駮之大協
物論遷右司郎中復轉吏部郎中改京兆少尹出爲絳州刺史德宗
雅聞其名將辭赴郡詔留之拜中書舍人時李實爲京兆尹恃承恩
寵於陵與給事中許孟容俱不附協爲實媒孼孟容改太常少卿於

。陵爲秘書少監貞元末實輩敗遷於陵爲華州刺史充潼關防禦鎮
國軍等使未幾遷浙江東道都團練觀察等使政聲流聞入拜戶部
侍郎復改京兆尹先是禁軍影占編戶無以區別自於陵請致挾名
每五丁者得兩丁入軍四丁三丁者各以條限由是京師豪強復知
所畏再遷戶部侍郎元和初以考策昇直言極諫牛僧孺等爲執政
所怒出爲嶺南節度使會監軍使許遂振悍戾貪恣干撓軍政於陵
奉公絜己遂振無能柰何乃以飛語上聞憲宗驚惑賴宰相裴垍爲
於陵申理憲宗感悟五年入爲吏部侍郎遂振終自得罪於陵爲吏
部凡四周歲檢察姦吏調補平允當時稱之初吏部試判別差考判
官三人校能否元和初罷之七年吏部尚書鄭餘慶以疾請告乃復
置考判官以兵部員外郎韋顗屯田員外張仲素太學博士陸亘等
爲之於陵自東都來言曰本司考判自當公心非次置官不知曹內
公事考官秖論判之能否一不計闕員本司秖計員闕幾何定其留放
置官不便宰執以已置顗等秖令考科目選人其餘常調委本司自
考於陵又以甲曆年深朽斷吏緣爲姦奏換大曆七年至貞元二十
年甲庫曆令本司郎官監換九年妖人楊叔高自廣州來干於陵請
爲已輔於陵執奏殺之改兵部侍郎判度支時淮西用兵於陵用所
親爲唐鄧供軍使節度使高霞寓以供軍有闕移牒度支於陵不爲
之易其闕如舊霞寓軍屢有摧敗詔書督責之乃奏以度支饋運不
繼憲宗怒十一年貶於陵爲桂陽郡守量移原王傅復還戶部侍郎
知吏部選事會誅李師道分其地爲三鎮朝人思有所制置以於陵
兼御史大夫充淄青十二州宣慰使還奏合旨穆宗即位遷戶部尚
書長慶初拜太常卿充東都留守年高拜章辭位寶曆二年授檢校
右僕射兼太子太傅旋以左僕射致仕詔給全俸懇讓不受於陵器
度弘雅進止有常居朝三十餘年踐更中外始終不失其正居官奉
職亦善操守時人皆仰其風德太和四年十月卒年七十八冊贈司
空謚貞孝子四人景復嗣復紹復師復嗣復自有傳
景復位終同州刺史

。紹復進士擢第宏辭登科位終中書舍人
師復位終大理卿大中後楊氏諸子登進士第者十人
嗣復子授技拭撝紹復子擢拯據揆師復子拙振等擢終給事中拯
司封員外郎據右補闕揆左諫議大夫拙左庶子振左拾遺
史臣曰王氏三英播起位崇將相善始令終而炎薄祐短齡美鍾於
鐸而能驤首矯翼凌厲亨衢仗鉞秉衡扶持衰運天胡罰善遇盜而
殂悲哉李趙公頡頏禁林訏謨相府嘉言啓沃不以身爲糜軀將壇
没有餘裕楊僕射避婦翁之當軸蹤驕尹之怙權守道居貞壽考終
吉行已始卒人以爲難美哉
贊曰王氏儒宗一門三相趙公排擯言猶鯁亮干將雖折不改其剛
楊君之德韶夏洋洋

唐書列傳卷第一百一十四

唐書列傳卷第一百十五

劉　昫

韋夏卿　王正雅（正雅族孫凝）　柳公綽（公綽子仲郢　公綽弟公權）
崔玄亮　温造（造子璋）　郭承嘏
殷侑（侑子盈孫）　徐晦

韋夏卿字雲客杜陵人父迢檢校都官郎中嶺南節度行軍司馬夏卿苦學大曆中與弟正卿俱應制舉同時策入高等授高陵主簿累遷刑部員外郎時久旱蝗詔於郎官中選赤畿令改奉天縣令以課最第一轉長安令改吏部員外郎轉本司郎中拜給事中出爲常州刺史夏卿深於儒術所至招禮通經之士時處士竇羣寓於郡界夏卿以其所著史論薦之于朝遂爲門人改蘇州刺史貞元末徐州張建封卒初授夏卿徐州行軍司馬尋授徐泗濠節度使夏卿未至建封子愔爲軍人立爲留後因授旄鉞徵夏卿爲吏部侍郎轉京兆尹太子賓客檢校工部尚書東都留守遷太子少保卒時年六十四贈左僕射夏卿有風韻善談讌與人同處終年而喜愠不形於色撫孤姪恩踰己子早有時稱其所與游辟之賓佐皆一時名士爲政務通適不喜改作始在東都傾心辟士頗得才彦其後多至卿相世謂之知人

王正雅字光謙其先太原尹東都留守翃之子伯父翊代宗朝御史大夫以貞亮鯁直名於當代卒謚曰忠惠正雅少時以孝行修謹聞元和初舉進士登甲科禮部侍郎崔邠甚知之累從職使府元和十一年拜監察御史三遷爲萬年縣令當穆宗時京邑號爲難理正雅抑強扶弱政甚有聲會柳公綽爲京兆尹上前褒稱穆宗命以緋衣銀章就縣宣賜遷戶部郎中尋加知臺雜事再遷太常少卿出爲汝州刺史充本州防禦使有中人爲監軍怙權干政正雅不能堪乃謝病免入爲大理卿會宋申錫事起獄自內出卒無證驗是時王守澄之威權鄭注之寵勢雖宰相重臣無敢顯言其事者唯正雅與京兆尹崔綰上疏請出造事者付外考驗其事別具狀聞由是獄情稍緩申錫止於貶官中外翕然推重之大和五年十一月卒贈左散騎常侍正雅從弟重翊之子也位止河東令重子衆仲登進士第累官衢州刺史衆仲子凝

凝字致平少孤宰相鄭肅之甥少依舅氏十五兩經擢第常著京城六尚銘爲文士所稱再登進士甲科崔璪領鹽鐵辟爲巡官歷佐梓潼宣歙使幕宰相崔龜從奏爲鄠縣尉集賢校理遷監察御史轉殿中宰相崔鉉出鎮揚州奏爲節度副使入爲起居郎歷禮部兵部考功三員外遷司封郎中長安令中丞鄭處誨奏知臺雜換考功郎中遷中書舍人時政不協出爲同州刺史賜金紫暮年移疾華州數水別墅踰年以禮部侍郎徵凝性堅正貢闈取士拔其寒俊而權豪請託不行爲其所怒出爲商州刺史明年檢校右散騎常侍潭州刺史湖南團練觀察使入爲兵部侍郎領鹽鐵轉運使又以不奉權倖改秘書監出爲河南尹檢校禮部尚書宣州刺史宣歙觀察使凝咸通中爾佐宣城使幕備究人之利病滌除積弊民俗阜康踰歲黃巢以

嶺表北歸大掠淮南攻圍和州疑令牙將樊儔率師據採石以援之儔犯令凝即斬之以徇命別將烏顈代儔赴援竟解歷陽之圍賊怒引衆攻宣城大將王涓請出軍逆戰凝曰賊忿恚而來宜持重待之彼衆我寡萬一不捷則州城危矣涓銳意請行凝即閱集丁壯分守要害登陴設備涓果戰死賊乘勝而來則守有備矣賊爲梯衝之具急攻數月禦備力殫吏民請曰賊之兇勢不可當願尚書歸款退之懼覆尚書家族凝曰人皆有族予豈獨全誓與此城同存亡也既而賊已退去時乾符五年也其年夏疾甚有大星墜於正寢八月卒于郡時五十八無子以弟子鐐爲嗣鐐兄鉅位終兵部侍郎

柳公綽字起之京兆華原人也祖正禮邠州士曹參軍父子温丹州刺史公綽幼聰敏年十八應制舉登賢良方正直言極諫科授秘書省校書郎貞元元年也貞元四年復應制舉再登賢良方正科時年二十一制出授渭南尉公綽性謹重動循禮法屬歲飢其家雖給而

每飯不過一器歲稔復初家甚貧有書千卷不讀非聖之書爲文不
尚浮靡憲隰觀察使姚齊梧奏爲判官得殿中侍御史叅薦授開州
刺史入爲侍御史再遷吏部員外郎武元衡罷相鎮西蜀與裴度俱
爲元衡判官尤相善先度入爲吏部郎中度以詩餞別有兩人同日
事征西今日君先捧紫泥之句元和初憲宗頗出遊畋銳意用兵
公綽欲因事諷諫五年十一月獻大醫箴一篇其辭曰天布寒暑
不私於人品類既一崇高以均惟謹好愛能保其身清淨無瑕輝
光以新寒暑滿天地之間浹肌膚之外好愛溢耳目之前誘心知
於內清潔爲隄奔射猶敗氣行無間隙不在大睿聖之姿清明絕
俗心正無邪志高寡欲謂天高矣氛蒙晦之謂地厚矣橫流潰之
聖德超邁萬方賴之飲食所以資身也過則生患衣服所以稱德
也侈則生慢唯過與侈心必隨之氣與心流疾亦伺之聖心不惑
孰能移之畋遊恣樂流情蕩志馳騁勞形咤叱傷氣惟天之重從
禽爲累不養其外前脩所忌聖心非之孰敢違之人乘氣生嗜欲

○ 唐傳百十五 三

以萌氣離有患氣凝則成巧必喪眞智必誘情去彼煩慮在此誠
明醫之上者理於未然患居慮後防處事先心靜樂行體和道全
然後能德施萬物以享億年聖人在上各有攸處庶政有官群藝
有署臣司太醫敢告諸御憲宗深嘉之翊日降中使奬勞之曰卿
所獻之文云氣行無間隙不在大何憂朕之深也踰月拜御史中
丞公綽素與裴垍厚李吉甫出鎮淮南深怨垍六年吉甫復輔政
以公綽爲潭州刺史兼御史中丞充湖南觀察使湖南地氣卑濕
公綽以母在京師不可迎侍致書宰相乞分司洛陽以便奉養久
不許八年移爲鄂州刺史鄂岳觀察使乃迎母至江夏九年吳元
濟據蔡州叛王師討伐詔公綽以鄂岳兵五千隸安州刺史李聽
率赴行營公綽曰朝廷以吾儒生不知兵耶即日上奏願自征行
許之公綽自鄂濟湘江直抵安州李聽以廉使之禮事之公綽謂
之曰公所以屬鞬負弩者豈非爲兵事耶若去戎容被公服兩郡
守耳何所統攝乎以公名家曉兵若吾不足以指麾則當赴闕不

然吾且署職名以兵法從事矣聽曰唯公所命即署聽爲鄂岳都
知兵馬使中軍先鋒行營兵馬都虞候三牒授之乃選卒六千屬
聽戒其部校曰行營之事一決都將聽感恩畏威如出麾下其知
權制變甚爲當時所稱鄂軍既在行營公綽時令左右省問其家
如疾病養生送死必厚廩給之軍士之妻治容不謹者沉之于江
行卒相感曰中丞爲我輩知家事何以報効故鄂人戰每剋捷十
一年入爲給事中李師道歸朝遣公綽往鄆州宣諭使還拜京兆
尹以母憂免十四年起爲刑部侍郎領鹽鐵轉運使轉兵部侍郎
兼御史大夫領使如故長慶元年罷使復爲京兆尹兼御史大夫
時河朔復叛朝廷用兵補授行營諸將朝令夕改驛騎相望公綽
奏曰自幽鎮用兵使命繁併館遞匱乏鞍馬多闕又刺使行李人
數都無限約其衣緋紫乘馬者二十三十匹衣黃綠者不下十四五匹
驛吏不得視券牒隨口即供驛馬既盡遂奪路人鞍馬衣冠士庶
驚擾怨嗟遠近喧騰行李將絕伏望聖慈聊爲定限乃下中書條

○ 五十 唐傳百十五 四 朱明

疏人數自是吏不告勞以言直爲北司所惡尋轉吏部侍郎二年
九月遷御史大夫韓弘病自河中入朝以弘守司徒中書令詔百寮
問疾弘遣其子達情言不能接見公綽謂其子曰聖上以公官重令
百司省問異禮也如拜君賜宜力疾公見安有卧令子弟傳言耶
弘懼扶牀而出人皆聳然三年改尚書左丞又拜檢校戶部尚書
襄州刺史山南東道節度使行部至鄧縣縣二吏犯法一贓賄一舞文
縣令以公綽守法必殺贓吏獄具判之曰贓吏犯法法在姦吏壞法
法亡誅舞文者公綽馬害圉人命斬之賓客進言曰可惜良馬圉人
自防不至公綽曰安有良馬害人乎亟命殺之牛僧孺罷相鎮江夏
公綽具戎容於郵舍候之軍吏自以漢上地高於鄂禮太過公綽
曰奇章纔離台席方鎮重宰相是尊朝廷也竟以戎容見有道士
獻丹藥試之有驗問所從來曰鍊此丹於蓟門時朱克融方叛公
綽遽謂之曰惜哉至藥來於賊臣之境雖驗何益乃沉之于江而逐
道士鄧縣人鄭懷政病狂妄稱天子公綽捕而殺之敬宗即位加

檢校左僕射寶曆元年入為刑部尚書二年授邠州刺史邠寧慶節度使所部有神策諸鎮屯列要地承前不受節度使制置遂致北虜深入公綽上疏論之因詔諸鎮皆稟邠寧節度使制置三年入為刑部尚書京兆人有姑鞭婦致死者府斷以償死公綽議曰尊毆卑非鬭且其子在以妻而戮其母非教也竟減死大和四年復檢校左僕射太原尹北都留守河東節度觀察等使是歲北虜遣梅祿將軍李暢以馬萬匹來市託云入貢所經州府守帥假之禮分嚴其兵備留館則戒卒於外懼其寵奪太原故事出兵迭之暢及界上公綽使牙將祖孝恭單馬勞問待以修好之意暢感義出涕徐驅道中不妄馳獵及至闢牙門令譯引謁宴以常禮及市馬而還不敢侵犯陘北有沙陀部落自九姓六州皆畏避之公綽至鎮召其酋朱耶執宜直抵雲朔塞下治廢柵十一所募兵三千付之留屯塞上以禦匈奴其妻母來太原者請梁國夫人對酒食問遺之沙陀感之深得其效六年以病求代三月授兵部尚書徵還京師四月卒贈

○太子太保謚曰成公綽天資仁孝初丁母崔夫人之喪三年不沐浴事繼親薛氏三十年姻戚不知公綽非薛氏所生外兄薛宮早卒一女孤配張毅夫資遣甚於己子性端介寡合與錢徽蔣乂杜元穎薛存誠文雅相知交情款密凡六開府幕得人尤盛錢徽掌貢之年鄭朗覆落公綽將赴襄陽首辟之朗竟為名相盧簡辭崔璵夏侯孜韋長李續李拭皆至公卿為吏部侍郎與舅左丞崔從同省人士榮之子仲郢弟公權公諒

仲郢字諭蒙元和十三年進士擢第釋褐秘書省校書郎牛僧孺鎮江夏辟為從事仲郢有父風動修禮法僧孺歎曰非積習名教安能及此入為監察御史五年遷侍御史富平縣人李秀才籍在禁軍誣鄉人斫父墓柏射殺之法司以專殺論文宗以中官所庇決杖配流右補闕蔣係上疏論之不省仲郢執奏曰聖王作憲殺人有必死之令聖明在上當官無壞法之臣今秀才犯殺人之科愚臣備監決之任此賊不死是亂典章臣雖至微豈敢曠職其秀才未敢行決望別降勑處分乃詔御史蕭傑監之傑又執奏帝竟詔京兆府行決不用監之然朝廷嘉其守法會昌中三遷吏部郎中李德裕頗知之武宗有詔減冗官吏部條流欲牒天下州府取戶額官員仲郢曰諸州每冬申闕何煩牒耶倖門一塞仲郢條理旬日減一千二百員時議為愜遷諫議大夫五年淮南奏吳湘獄御史崔元藻覆按得罪仲郢上疏理之人皆危懼德裕知其無私益重之武宗築仙臺仲郢累疏切諫帝召諭之曰聊因舊址增葺愧卿忠言德裕奏為京兆尹謝日言曰下官不期太尉恩獎及此仰報厚德敢不如奇章門館德裕一不以為嫌時廢浮圖法以銅像鑄錢仲郢為京畿鑄錢使錢工欲於模加新字仲郢止之唯淮南加新字後竟為僧人取之為像設鍾磬紇干泉訴妻甥劉詡毆母詡為禁軍小校仲郢不俟奏下杖殺為北司所譖改右散騎常侍權知吏部尚書銓事宣宗即位德裕罷相出仲郢為鄭州刺史周墀自江西移鎮滑臺過鄭觀其境內大理甚獎之歲而墀入輔政遷為河南尹蒞事踰月召

○拜戶部侍郎居無何墀罷知政事同列有疑仲郢與墀善左授秘書監數月復出為河南尹以寬惠為政言事者以為不類京兆之政仲郢曰輦轂之下彈壓為先郡邑之治惠養為本何取類耶大中年轉梓州刺史劍南東川節度使孔目吏邊章簡者以貲交近倖前後廉使無如之何仲郢因事決殺部內肅然不俟行法而自理在鎮五年美績流聞徵為吏部侍郎入朝未謝改兵部侍郎充諸道鹽鐵轉運使大中十二年罷使守刑部尚書咸通初轉兵部加金紫光祿大夫河東男食邑三百戶俄出為興元尹山南西道節度使鳳州刺史盧方乂以輕罪決部民數日而斃其妻列訴又旁引他吏械繫滿獄仲郢召其妻謂之曰刺史科小罪誠人但本非死刑雖未出辜其實病死罰方乂百直繫者皆釋郡人深感之因決贓吏過當以太子賓客分司東都踰年為虢州刺史數月檢校尚書左僕射東都留守盜發先人墓棄官歸華原除華州刺史不拜數月以本官為鄆州刺史天平軍節度觀察等使授節鉞於

華原別墅卒於鎮初仲郢自拜諫議後每遷官羣烏大集於昇平
里第廷樹戟架皆滿凡五日而散詔下不復集家人以爲候唯除天
平烏不集仲郢嚴禮法重氣義嘗感李德裕之知大中朝李氏無
祿仕者仲郢領鹽鐵時取德裕兄子從質爲推官知蘇州院事令
以祿利贍南宅令狐綯爲宰相頗不悅仲郢與綯書自明其要云
任安不去常自愧於昔人吳詠自裁亦何施於今日李太尉受責既
久其家已空遂絕蒸嘗誠增痛惻綯深感歎尋與從質正員官仲
郢以禮法自持私居未嘗不拱手內齋未嘗不束帶三爲大鎮廄
無名馬衣不薰香退公布卷不捨晝夜九經三史一鈔魏晉已來南
北史再鈔手鈔分門三十卷號柳氏自備又精釋典瑜伽智度大論
皆再鈔自餘佛書多手記要義小楷精謹無一字肆筆撰尚書二
十四司箴韓愈柳宗元深賞之有文集二十卷子珪璧玭
珪字鎮方大中五年登進士第累辟使府早卒
璧大中九年登進士第文格高雅嘗爲馬嵬詩詩人韓琮李商隱

嘉之馬植鎮陳許辟爲掌書記又從植汴州李瓚鎮桂管奏爲觀
察判官軍政不愜璧極言不納拂衣而去桂府尋亂入爲右補闕
僖宗幸蜀召充翰林學士累遷諫議大夫充職
玭應兩經舉釋褐祕書正字又書判拔萃高湜辟爲度支推官踰
年拜右補闕湜出鎮澤潞奏爲節度副使入爲殿中侍御史李蔚
鎮襄陽辟爲掌書記湜再鎮澤潞復爲副使入爲刑部員外湜爲
亂將所逐貶高要尉玭三上疏申理湜見疏本歎曰我自辨析亦不
及此尋出廣州節度副使明年黃巢陷廣州郡人鄧承勳以小舟
載玭脫禍召爲起居郎賊陷長安爲刃所傷出奔行在歷諫議給
事中位至御史大夫玭嘗著書誡其子弟曰夫門地高者可畏不
可恃可畏者立身行己一事有墜先訓則罪大於他人雖生可以苟
取名位死何以見祖先於地下不可恃者門高則自驕族盛則人之
所嫉實藝懿行人未必信纖瑕微累十手爭指矣所以承世胄者修
己不得不懇爲學不得不堅夫人生世以無能望他人用以無善望他

人愛用愛無狀則曰我不遇時時不急賢亦由農夫鹵莽而種而
怨天澤之不潤雖欲弗飢其可得乎予幼聞先訓講論家法立身
以孝悌爲基以恭默爲本以畏怯爲務以勤儉爲法以交結爲末
事以氣義爲凶人肥家以忍順保交以簡恭百行備疑身之未周三
緘密慮言之或失廣記如不及求名如儻來去吝與驕庶幾減過
莅官則絜己省事而後可以言守法守法而可以言養人直不近禍
廉不沽名廩祿雖微不可易黎甿之膏血榎楚雖用不可恣褊狹
之胸襟憂與福不偕絜與富不並比見門家子孫其先正直當官
耿介特立不畏強禦及其衰也唯好犯上更無他能如其先遜順
處己和柔保身以遠悔尤及其衰也但有暗劣莫知所宗此際幾
微非賢不達夫壞名災己辱先喪家其失尤大者五宜深誌之其
一自求安逸靡甘澹泊苟利於己不恤人言其二不知儒術不悅古
道懵前經而不恥論當世而解頤身既寡知惡人有學其三勝己
者猒之佞己者悅之唯樂戲譚莫思古道聞人之善嫉之聞人之惡

揚之浸漬頗僻銷刻德義簪裾徒在廝養何殊其四崇好慢遊耽
嗜麴蘖以銜杯爲高致以勤事爲俗流習之易荒覺已難悔其五
急於名宦匿近權要一資半級雖或得之衆怒羣猜鮮有存者茲
五不是甚於痤疽痤疽則砭石可瘳五失則巫醫莫及前賢炯誡
方冊具存近代覆車聞見相接夫中人已下修辭力學者則躁進
患失思展其用審命知退者則業荒文蕪一不足採唯上智則研其
慮博其聞堅其習精其業用之則行捨之則藏苟異於斯豈爲君
子初公綽理家甚嚴子弟克稟誡訓言家法者世稱柳氏云
公權字誠懸幼嗜學十二能爲辭賦元和初進士擢第釋褐祕書
省校書郎李聽鎮夏州辟爲掌書記穆宗即位入奏事帝召見謂
公權曰我於佛寺見卿筆蹟思之久矣即日拜右拾遺充翰林侍
書學士遷右補闕司封員外郎穆宗政僻嘗問公權筆何盡善對
曰用筆在心心正則筆正上改容知其筆諫也歷穆敬文三朝侍書
中禁公綽在太原致書于宰相李宗閔云家弟苦心辭藝先朝以

侍書見用頗偕工祝心實恥之乞換一散秩乃遷右司郎中累換司封兵部二郎中弘文館學士文宗思之復召侍書遷諫議大夫俄改中書舍人充翰林書詔學士每浴堂召對繼燭見跋語猶未盡不欲取燭宫人以蠟淚揉紙繼之從幸未央宫苑中駐輦謂公權曰我有一喜事邊上衣賜久不及時今年二月給春衣訖公權前奉賀上曰單賀未了卿可賀我以詩宫人迫其口進公權應聲曰去歲雖無戰今年未得歸皇恩何以報春日得春衣上悅激賞久之便殿對六學士上語及漢文恭儉帝舉袂曰此澣濯者三矣學士皆贊詠帝之儉德唯公權無言帝留而問之對曰人主當進賢良退不肖納諫諍明賞罰服澣濯之衣乃小節耳時周墀同對爲之股慄公權辭氣不可奪帝謂之曰極知舍人不合作諫議以卿言事有諍臣風彩却受卿諫議大夫翌日降制以諫議知制誥學士如故開成三年轉工部侍郎充職嘗入對上謂之近日外議如何公權對曰自郭皎除授邠寧物議頗有臧否帝曰皎是尚父之從子太皇

。 五十【唐傳一百二十五　九　吳圭

太后之季父在官無過自金吾大將授邠寧小鎮何事議論耶公權曰以皎勳德除鎮恢宜人情論議者言皎進二女入宫致此除拜此信乎帝曰二女入宫參太后非獻也公權曰苽李之嫌何以戶曉因引王珪諫太宗出廬江王妃故事帝即令南内使張日華送二女還皎公權忠言匡益皆此類也累遷學士承旨武宗即位罷内職授右散騎常侍宰相崔珙用爲集賢學士判院事李德裕素待公權厚及爲珙奏薦頗不悅左受太子詹事改賓客累遷金紫光祿大夫上柱國河東郡開國公食邑二千戶復爲左常侍國子祭酒歷工部尚書咸通初改太子少傅改少師居三品二品班三十年六年卒贈太子太師時年八十八公權初學王書遍閱近代筆法體勢勁媚自成一家當時公卿大臣家碑板不得公權手筆者人以爲不孝外夷入貢皆別署貨貝曰此購柳書上都西明寺金剛經碑備有鍾王歐虞褚陸之體尤爲得意文宗夏日與學士聯句帝曰人皆苦炎熱我愛夏日長公權續曰薰風自南來殿閣生微涼時

丁袁五學士皆屬繼帝獨諷公權兩句曰辭清意足不可多得乃令公權題於殿壁字方圓五寸帝視之歎曰鍾王復生無以加焉大中初轉少師中謝宣宗召昇殿御前書三紙軍容使西門季玄捧硯樞密使崔巨源過筆一紙眞書十字曰衛夫人傳筆法於王右軍一紙行書十一字曰永禪師眞草千字文得家法一紙草書八字曰謂語助者焉哉乎也賜錦綵瓶盤等銀器仍令自書謝狀勿拘眞行帝尤奇惜之公權志耽書學不能治生爲勳戚家碑板問遺歲時鉅萬多爲主藏豎海鷗龍安所竊別貯酒器杯盂一笥緘縢如故其器皆亡訊海鷗乃曰不測其亡公權哂曰銀杯羽化耳不復更言所寶唯筆硯圖畫自扃鐍之常評硯以青州石末爲第一言墨易冷絳州黑硯次之尤精左氏傳國語尚書毛詩莊子每說一義必誦數紙性曉音律不好奏樂常云聞樂令人驕怠故也

公綽伯父子華永泰初爲嚴武西蜀判官奏爲成都令累遷池州刺史入爲昭應令知府東十三縣捕賊尋檢校金部郎中修葺華

。 五十【唐傳一百二十五　十　吳圭

清宮使元載欲用爲京兆尹未拜而卒自知死日預爲墓誌有知人之明公綽生三日視之謂其弟子溫曰保惜此兒福祚吾兄弟不能及興吾門者此兒也因以起之爲公綽字子華二子公器公度善攝生年八十餘步履輕便或祈其術曰吾初無術但未嘗以元氣佐喜怒氣海常溫耳位止光祿少卿公器子適適子璨璨仕至宰相自有傳

崔玄亮字晦叔山東慈州人也玄亮貞元十一年登進士第從事諸侯府性雅澹好道術不樂趨競久遊江湖至元和初因知己薦達入朝再遷監察御史轉侍御史出爲密湖曹三郡刺史每一遷秩謙讓輒形於色大和初入爲太常少卿四年拜諫議大夫中謝日面賜金紫朝廷推其名望遷右散騎常侍來年宰相宋申錫爲鄭注所構獄自内起京師震懼玄亮首率諫官十四人詣延英請對與文宗往復數百言文宗初不省其諫欲寘申錫於法玄亮泣奏曰孟軻有言衆人皆曰殺之未可也卿大夫皆曰殺之未可也天下皆

曰殺之然後察之方寘於法今至聖之代殺一凡庶尚須合於典法況無辜殺一宰相乎臣爲陛下惜天下法實不爲申錫也言訖俯伏嗚咽文宗爲之感悟玄亮繇此名重於朝七年以疾求爲外任宰相以弘農便其所請乃授檢校左散騎常侍虢州刺史是歲七月卒於郡所中外無不歎惜始玄亮登第弟純亮寅亮相次昇進士科藩府辟召玄亮最達玄亮孫貽孫位至侍郎

温造字簡輿河內人祖景倩南鄭令父輔國太常丞造幼嗜學不喜試吏自負節槩少所降志隱居王屋以漁釣逍遙爲事壽州刺史張建封聞風致書幣招延造欣然謂所親曰此可人也往從之造動靜咨詢而不敢縻以職任及建封授節彭門造歸下邳有高天下之心建封恐一旦失造乃以兄女妻之時李希烈方悖侵寇藩隣屢陷郡邑天下城鎮恃兵者從而動搖多逐主帥自立留後邀求節鉞德宗患之以范陽劉濟方輸忠款但未能盡達朝廷倚賴之意乃密詔建封選特達識畧之士往諭之建封乃強署造節

度參謀使于幽州造與語未訖濟俯伏流涕曰濟僻在遐裔不知天子神聖大臣忠盡願得率先諸侯效以死節造還建封以其名上聞德宗愛其才召至京師謂之曰卿誰家子年復幾何造對曰臣五代祖大雅外五代祖李勣臣犬馬之年三十有二德宗奇之欲用爲諫官以語泄事寢長慶元年授京兆府司錄參軍奉使河朔稱旨遷殿中侍御史既而幽州劉總請以所部九州聽朝旨穆宗選可使者或薦造帝召而謂之曰朕以劉總輸忠雖書詔便蕃未盡朕之深意以卿素能辦事爲朕此行造對曰臣府縣走吏初受憲職望輕事重恐辱國命無能諭旨帝曰我在東宫時聞劉總請覲及我即位比年上書不絕及約以行期即瘖默不報卿識機知變往諭我懷無多讓也乃拜起居舍人賜緋魚袋充太原鎮州幽州宣諭使造初至范陽劉總具橐鞬郊迎乃宣聖旨示以禍福總俯伏流汗若兵加於頸矣及造使還總遂移家入覲朝廷遂以張弘靖代之及朱克融逐弘靖鎮州殺田弘正朝廷用兵乃先令造銜

命河東魏博澤潞橫海深冀易定等道諭以軍期事皆稱旨俄而坐與諫議大夫李景儉史館飲酒景儉醉謁丞相出造爲朗州刺史在任開後鄉渠九十七里溉田二千頃郡人獲利乃名爲右史渠居四年召拜侍御史請復置彈事朱衣豸冠於外廊大臣阻而不行李祐自夏州入拜金吾違制進馬一百五十匹造正衙彈奏祐股戰汗流祐私謂人曰吾夜踰蔡州城擒吴元濟未嘗心動今日膽落于温御史吁可畏哉遷左司郎中再知雜事尋拜御史中丞大和二年十一月宫中昭德寺火寺在宣政殿東隔垣火勢將及宰臣兩省京兆尹中尉樞密皆環立於日華門外令神策兵士救之晡後稍息是日唯臺官不到造奏曰昨宫中遺火緣臺有繫囚恐緣爲姦追集人吏隄防所以至朝堂在後臣請自罰三十直其兩巡使崔蠡姚合火滅方到請別議責罰勑曰事出非常臺有囚繫官曹警備亦爲周慮即合待罪朝堂候取進旨量罰自許事涉乖儀溫造姚合崔蠡各罰一月俸料造性剛褊人或激觸不顧貴勢以氣凌

籍嘗遇左補闕李虞於街怒其不避捕祗承人決脊十下左拾遺舒元褒等上疏論之曰國朝故事供奉官街中除宰相外無所迴避溫造蔑朝廷典禮凌陛下侍臣恣行胸臆曾無畏忌凡事有小而關分理者不可失也分理一失亂由之生遺補官秩雖卑陛下侍臣也中丞雖高法吏也侍臣見凌是不廣敬法吏壞法何以持繩前時中書舍人李虞仲與造相逢造乃曳去引馬知制誥崔咸與造相逢造又捉其從人當時緣不上聞所以恣犯益甚臣聞元和長慶中中丞行李不過半坊今乃遠至兩坊謂之籠街喝道但以崇高自大不思僭擬之嫌若不糺繩實虧彝典勑曰憲官之職在指佞觸邪不在行李自大侍臣之職在獻可替否不在道路相高並列通班合知名分如聞喧競亦以再三既招人言甚損朝體其臺官與供奉官同道聽先後而行道途即祗揖而過其參從人則各隨本官之後少相辟避勿言衝突又聞近日已來應合導從官事力多者街衢之中行李太過自今後傳呼前後不得過三百步然

造之舉奏無所吐茹朝廷有喪不以禮配不以類者悉効之獲僞官王果等九十餘人杖殺南曹吏李賓等六人刑於都市遷尚書右丞加太中大夫封祁縣開國子賜金紫四年興元軍亂殺節度使李絳文宗以造氣豪嫉惡乃授檢校右散騎常侍興元尹山南西道節度使造辭赴鎮以興元兆亂之狀奏之文宗盡悟其根本許以便宜從事帝慮用兵勞費造奏曰臣計諸道征蠻之兵已迴佽臣行程至褒縣望賜臣密詔使受約束比臣及興元諸軍相續而至臣用此足矣乃授造手詔四通神策行營將董重質河中都將溫德彝郃陽都將劉士和等咸令稟造之命造行至褒城會興元都將衛志忠征蠻迴謁見造即留以自衞密與志忠謀又召亞將張丕李少直各諭其旨暨發褒城以八百人爲衙隊五百人爲前軍前軍入府分守諸門造下車置宴所司供帳於驛事造曰此險狹不足以饗士卒移之牙門坐定將卒羅拜志忠兵周環之造曰吾欲問新軍去住之意可悉前舊軍無得錯雜勞問既畢傳言令

○坐有未至者因令昇酒巡行及酒匝未至者皆至牙兵圍之亦合坐卒未悟席上有先覺者揮令起造傳言叱之因帖息不敢動即召坐卒詰以殺絳之狀志忠張丕夾階立拔劍呼曰殺圍兵齊奮其賊首教練使丘鑄等并官健千人皆斬首於地血流四注監軍楊叔元在座遽起求哀擁造靴以請命遣兵衞出之以俟朝旨勑旨配流康州其親刃絳者斬一百斷號令者斬三斷餘並斬首內一百首祭李絳三十首祭王景延趙存約等並投屍於江造功就加檢校禮部尚書五年四月入爲兵部侍郎以耳疾求退七月檢校戶部尚書東都留守判東都尚書省事東畿汝防禦使造至洛中九月制改授河陽懷節度觀察等使造以河內膏腴民戶凋瘵奏開浚懷州古秦渠枋口堰役工四萬溉濟源河內溫武陟四縣田五千餘頃七年十一月入爲御史大夫造初赴鎮漢中遇大雨平地水深尺餘乃禱雞翁山祈晴俄而疾風驅雲即時開霽文宗嘗聞其事會造入對言之乃詔封雞翁山爲侯九年五月轉禮部尚書其年六月病卒時年七十贈右僕射有文集八十卷造於晚年積聚財貨一無散施時頗譏之子璋嗣

璋以蔭入仕累佐使府歷三郡刺史咸通末爲徐泗節度使徐州牙卒日銀刀軍頗驕橫璋至誅其惡者五百餘人自是軍中畏法入爲京兆尹持法太深豪右一皆屛迹會同昌公主薨懿宗怒殺醫官其家屬宗枝下獄者三百人璋上疏切諫以爲刑法太深帝怒貶璋振州司馬制出璋歎曰生不逢時死何足惜是夜自縊而卒

郭承嘏字復卿曾祖尚父汾陽王祖晞諸衞將軍父鈞承嘏生而秀異乳保之年即好筆硯比及成童能通五經元和四年禮部侍郎弘靖知其才擢升進士第累辟使幕歷渭南尉入朝爲監察御史遷起居舍人丁內艱以孝聞終喪爲侍御史職方兵部二員外兵部郎中大和六年拜諫議大夫頻上疏言時政得失文宗以鄭注爲太僕卿承嘏論諫激切注甚懼之本官知匭院事九年轉給事中開成元年出爲華州刺史兼御史中丞詔下兩省送詣中書

○求承嘏出麾之由給事中盧載封還詔書奏曰承嘏自居諫官繼有封駮能奉其職宜在瑣闈牧守之才易爲推擇文宗謂宰臣曰承嘏久在黃扉欲優其祿俸暫令廉問近闕而諫列拜章惜其稱職甚美事也乃復爲給事中文宗以淮南諸道累歲大旱租賦不登國用多闕及是以度支戶部分命宰臣鎮之承嘏論之曰宰相者上調陰陽下安黎庶致君堯舜致時清平俾之閱簿書算緡帛非所宜也帝深嘉之遷刑部侍郎時因朔望以刑法官得對文宗從容顧問恩禮甚厚未及大用以二年二月卒承嘏身歿之後家無餘財喪祭所費皆親友共給而後具搢紳之流無不痛惜贈吏部尚書

殷侑陳郡人父懌侑爲兒童時勵志力學不問家人資產及長通經以講習自娛貞元末以五經登第精於歷代沿革禮元和中累爲太常博士時迴紇請和親朝廷計費五百萬緡朝廷方用兵伐叛費用百端欲緩其期乃命宗正少卿李孝誠奉使宣命以侑

爲副侑謹重有節槩臨事俊辯既至虜庭可汗初待漢使盛陳兵
甲欲臣漢使而不荅拜侑堅立不動宣諭畢可汗責其倨宣言欲
留而不遣行者皆懼侑謂虜使曰可汗是漢家子壻欲坐受使臣
拜是可汗失禮非使臣之倨也可汗憚其言卒不敢逼使還拜虞部
員外郎王承宗拒命遣侑銜命招諭之承宗尋稟朝旨獻德棣二
州遣二子入朝遷侑諫議大夫凡朝廷之得失悉以陳論前後上八
十四章以言激切出爲桂管觀察使寶曆元年檢校右散騎常侍
洪州刺史轉江西觀察使所至以絜廉著稱入爲衞尉卿文宗初
即位滄州李同捷叛而王廷湊助逆欲加兵鎮州詔五品已上都
省集議時上銳於破賊宰臣莫敢異議獨侑以廷湊再亂河朔方
徇招懷雖附兇徒未甚彰露宜且含容專討同捷其跡未云伏顧
以宗社安危爲大計以善師攻心爲神武以含垢安人爲遠圖以綱
漏吞舟爲至誠文宗雖不納深所嘉之滄景平以侑嘗爲滄州行
軍司馬大和四年加檢校工部尚書滄齊德觀察使時大兵之後

○ 五十 唐傳百十五 十五 洪茂

備自荆榛遺骸蔽野寂無人煙侑不以妻子之官始至空城而已
侑攻苦食淡與士卒同勞苦周歲之後流民襁負而歸侑上表請
借耕牛三萬以給流民乃詔度支賜綾絹五萬匹買牛以給之數
年之後戶口滋饒倉廩盈積人皆忘亡初州兵三萬悉取給於度
支侑一歲而賦入自贍其半二歲而給用悉周請罷度支給賜而
勸課多方民吏忻悅上表請立德政碑以功加檢校吏部尚書侑
以鄆下清池縣在子城北非便奏移於南郭之內六年入爲刑部尚
書尋復檢校吏部尚書鄆州刺史兼御史大夫充天平軍節度鄆
曹濮觀察等使自元和末收復師道十二州爲三鎮朝廷務安反
側征賦所入盡留贍軍貫緡疋帛不入王府侑以軍賦有餘賦不
上供非法也乃上表起大和七年請歲供兩稅榷酒等錢十五萬
貫粟五萬碩詔曰鄆曹濮等州元和已來地本殷實自分三道十
五餘年雖頒詔書竟未入賦頃侑承兵戈之後當歉旱之餘勤力
奉公謹身守法纔及周歲以致阜安而又體國輸忠率先入貢咸

三軍奉上之志陳一境樂輸之心尋有表章良用嘉歎尋就加檢
校右僕射九年御史大夫溫造劾侑不由制旨擅監軍俸入贓斂
於人上不問以庾承宣代還其年濮州錄事參軍崔元武於五縣
人吏率斂及縣官料錢以私馬擡估納官計絹一百二十四大理寺
斷三犯俱發以重者論祇以中私馬爲重止令削三任官而刑部
覆奏令決杖配流獄未決侑奏曰法官不習法律三犯不同即坐
其所重元武所犯皆枉法取受準律枉法十五匹已上絞律疏云
即以贓致罪頻犯者並累科據元武所犯今當入處絞刑蹤奏元
武依刑部奏決六十流賀州乃授侑刑部尚書八月檢校右僕射
復爲天平軍節度使上以溫造所奏深文故也開成元年復召爲
刑部尚書時初經李訓之亂上問侑治安之術侑極言委任責
成宜任朝之耆德新進小生無宜輕用帝深嘉之賜錦綵三百匹
及中謝又令中使就第賜金十斤其年七月檢校左僕射出爲襄
州刺史山南東道節度使二年三月以病求代以太子賓客分司

○ 五十 唐傳百十五 十六 洪茂

東都十一月復檢校右僕射出爲忠武節度陳許蔡觀察等使
三年七月卒于鎮時年七十二贈司空侑以通經入仕觀風撫俗所
莅有聲而晚年急於大用稍通權倖物望減於往時子羽
羽大和五年登進士第藩府辟召不至通顯子盈孫
盈孫乾符末爲成都掾駕在西川用爲太常博士禮學有祖風光
啓二年冬隨駕自成都還三年二月駐蹕鳳翔時宗廟爲賊所焚
車駕至京告享無所四月盈孫謂宰執曰太廟十一室并祧廟八室
及三太后三室因光啓元年十二月二十五日車駕出宮其緣室法物
神主本司載行至鄠縣並被盜剽奪皇帝還宮合先製造宰相
鄭延昌奏曰太廟太殿二十二間功績至大計料支費不少兼宗廟
制度損益重難今未審依元料修奉爲復別有商量勑付禮院詳
議時博士四人杜用勵在利州崔隆在河中封舜卿在巴南獨盈孫
獻議曰太廟制度歷代參詳皆符典經難議損益謹按舊制十一
室二十三間十一架垣墉廣袤之度堂室淺深之規階陛等級之

差棟宇崇低之則前古所謂奢不能侈儉不能踰者也今以朝廷
祭藏方虛費用稍廣須資變禮將務從宜固不可易前聖之規
模狹大朝之制度當為典實別有參詳謹按至德二年以太廟方
修新作神主於長安殿安置便行饗告之禮如同宗廟之儀以俟
廟成方為遷祔當時議論無所是非竊知今者京城除大內正衙
外別無殿宇伏聞先有詔旨且以少府監大廳權充太廟伏緣十
一室於五間之中陳設隘狹伏請接續廳之兩頭成一十室薦饗之
三太后廟即於監內西南別取屋宇三間且充廟室候太廟修奉
畢日別議遷祔勅旨依奏其神主法物樂懸皆盈孫奏重修製知
禮者稱為博洽龍紀元年十一月昭宗郊祀圓丘兩中尉楊復恭及
兩樞密皆請朝服盈孫上疏曰臣昨赴齋宮見中尉樞密內臣皆
具朝服臣尋前代及國朝典令無內官朝服制度伏以皇帝陛下
承天御歷聖祚中興祇見宗祧克陳大禮皆稟高祖太宗之成制
必循虞夏商周之舊經軒冕服章式遵彝憲若內官要衣朝服令

依所守官本品之服事雖無據粗可行之臣忝禮司合具陳奏時
中貴皆如宰相大臣朝服故盈孫論之帝雖不從嘉其所守轉祕
書少監卒

徐晦進士擢第登直言極諫制科授櫟陽尉皆自楊憑所薦及憑
得罪貶臨賀尉交親無敢祖送者獨晦送至藍田與憑言別時故
相權德輿與憑交分最深知晦之行因謂晦曰今日送臨賀誠為厚
矣無乃為累乎晦曰晦自布衣受楊公之眷方茲流播爭忍無言而
別如他日相公為姦邪所譖失意於外晦安得與相公輕別德輿
嘉其眞懇大稱之於朝不數日御史中丞李夷簡請為監察晦白
夷簡曰生平不踐公門公何取信而見獎拔夷簡曰聞君送楊臨
賀不顧犯難肯負國乎由是知名歷殿中侍御史尚書郎出為晉
州刺史入拜中書舍人寶曆元年出為福建觀察使二年入為工
部侍郎出為同州刺史兼御史中丞大和四年徵拜兵部侍郎五
年為太子賓客分司東都晦性強直不隨世態當官守正唯嗜酒
太過晚年喪明乃至沉廢以禮部尚書致仕開成三年三月卒贈
兵部尚書

史臣曰溫柳二公以文行飾躬砥礪名節當官守法侃侃有大臣
之節而竟不登三事位止正卿所以知公輔之量以和為貴漢武帝
畏汲黯而相孫弘太宗重魏徵而委玄齡其旨遠也韋崔名士薦
賢致主綽有古風鄭司空治民斯為循吏而忠規壯節至晚不衰
徐郭讜言鬱為佳士如數君者寔為令人

贊曰柳氏禮法公忠節槩搏擊為優彌綸則隘夏卿獎拔晦叔
匡將徐郭之議金玉鏘鏘

唐書列傳卷第一百一十五

左奉議郎充紹興府府學教授朱倬校正

元稹 龐嚴　白居易 行簡 敏中附　劉昫 等修

元稹字微之河南人後魏昭成皇帝稹十代祖也兵部尚書昌平公巖六代祖也曾祖延景岐州參軍祖俳南頓丞父寬比部郎中舒王府長史以稹貴贈左僕射稹八歲喪父其母鄭夫人賢明婦人也家貧爲稹自授書敎之書學稹九歲能屬文十五兩經擢第二十四調判入第四等授秘書省校書郎二十八應制舉才識兼茂明於體用科登第者十八人稹爲第一元和元年四月也制下除右拾遺稹性鋒鋭見事風生既居諫垣不欲碌碌自滯事無不言即日上疏論諫職又以前時王叔文王伾以猥褻待詔蒙幸太子永貞之際大撓朝政是以訓導太子宮官宜選正人乃獻教本書曰臣伏見陛下降明詔修廢學增胄子選司成大哉堯之爲君伯夷典禮夔教胄子之深旨也然而事有萬萬於此者臣敢冒昧殊死

而言之臣聞諸賈生曰三代之君仁且久者教之然也誠哉是言且夫周成王人之中才也近管蔡則讒入有周召則義聞豈可謂天聰明哉然而克終于道者得不謂教之然耶俾伯禽唐叔與之游禮樂詩書爲之習目不得閱淫艷妖誘之色耳不得聞優笑凌亂之音口不得習操斷擊搏之書居不得近容順陰邪之黨游不得縱追禽逐獸之樂玩不得有遐異僻絶之珍凡此數者非謂備之於前而不爲也亦將不得見之矣及其長而爲君也血氣既定游習既成雖有放心快已之事日陳于前固不能奪已成之習已定之心矣則彼忠直道德之言固吾之所習聞也陳之者有以諭焉故庸佞違道之說固吾之所積懼也諂之者有以辨焉人之情莫不欲耀其所能而當其所近苟將得志則必快其所蘊矣物之性亦然是以魚得水而游馬逸駕而走鳥得風而翔火得薪而熾此皆物之快其所蘊也今夫成王所蘊道德也所近聖賢也是以舉其近則周公左而召公右伯禽魯而太公齊快其蘊則興禮樂而

朝諸侯措刑罰而美教化之至也可不謂信然哉及夫秦則不然滅先王之學曰將以愚天下黜師保之位曰將以明君臣胡亥之生也詩書不得聞聖賢不得近彼趙高者詐官之戮人也而傅之以殘忍戕賊之術且曰恣睢天下之人人未盡愚而胡亥固已不能分鹿馬矣趙高之威慴天下而胡亥固以自幽於深宮矣彼李斯秦之寵丞相也因讒冤死無所自明而況于疎遠之臣庶乎若秦則亡有以致之也漢高承之以兵革漢文守之以廉謹卒不能蘇復大訓是景武昭宣天資甚美才可以免禍亂哀平之間則不能虞篡弑矣然而惠帝廢易之際猶賴羽翼以勝邪心是後有國之君議教化者莫不興廉舉孝設學崇儒爲意曾不知教化之不行自貴始略其貴者教其賤者無乃隣於倒置乎洎我太宗文皇帝之在藩邸以爲太子也選知道德者十八人與之遊習即位之後雖遊宴飲食之間若十八人者實在其中上失無不言下情無不達不四三年而名高盛古豈一日二日而致是乎游習之漸也貞觀已

還師傅皆宰相兼領其餘宮寮亦甚重焉馬周以位高恨不得爲司議郎此其驗也文皇之後漸疎賤之用至母后臨朝翦棄王室當中睿二聖勤勞之際雖有骨鯁敢言之士既不得在調護保安之職終不能吐扶衛之一辭而令鑿匠胡安金剖腹以明之豈不大哀哉耶兵興已來茲弊尤甚師資保傅之官非疾廢眊聵不任事者爲之即休戎罷帥不知書者處之至于友諭贊議之徒疎冗散賤之甚者搢紳恥由之夫以匹士之愛其子者猶求明哲慈惠之師以教之直諫多聞之友以成之豈天下之元良而可以疾廢眊聵不知書者爲之師乎疎冗散賤不適用者爲之友乎此何不及上古之甚也近制宮寮之外往往沉滯僻老之儒充侍直侍讀之選而又疎棄斥逐之越月踰時不得召見彼又安能傅成道德而保養其身躬哉臣以爲積此弊者豈不以皇天眷佑祚我唐德以舜繼堯傳陛下十一聖矣莫不生而神明長而仁聖以是爲屑屑習儀者故不之省耳臣獨以爲於列聖之謀則可也計傳後嗣則不

可脫或萬代之後若有周成之中才而又生於深宮優笑之間無周召保助之教則將不能知喜怒哀樂之所自矣況稼穡艱難乎今陛下以上聖之資肇臨海內是天下之人傾耳注心之日特願陛下思成王訓導之功念文皇將習之漸選重師保慎擇宮寮皆用博厚弘深之儒而又明達機務者爲之更相進見日就月將因令皇子聚諸生定齒胄講業之儀行嚴師問道之禮至德要道以成之徹膳記過以警之血氣未定則去禽色之娛以就學聖賢已備則資遊習之善以弘德此所謂一人元良萬方以貞之化也豈直修廢學選司成而足倫匹其盛哉則俾知百王莫不刎同師長同術識君道之素定知天倫之自然然後選用賢良樹爲藩屏出則有晉鄭魯衛之盛入則有東平朱虛之強蓋所謂宗子維城犬牙盤石之勢也又豈與夫魏晉以降因戚其兄弟而翦其本枝者同年而語哉憲宗覽之甚悅又論西北邊事皆朝政之大者憲宗召對問方略爲執政所忌出爲河南縣尉丁母憂服除拜監察御

○ 五十 唐傳一百一十六 三 陳達

史四年奉使東蜀劾奏故劍南東川節度使嚴礪違制擅賦又籍沒塗山甫等吏民八十八戶田宅一百一十一奴婢二十七人草千五百東錢七千貫時礪已死七州刺史皆責罰稹雖舉職而執政有與礪厚者惡之使還令分務東臺浙西觀察使韓皐封杖決湖州安吉令孫澥四日內死徐州監軍使孟昇卒節度使王沼傳送昇喪柩還京給券乘驛仍於郵舍安喪柩稹並劾奏以法河南尹房式爲不法事稹欲追攝擅令停務既飛表聞奏罰式一月俸仍召稹還京宿敷水驛內官劉士元後至爭廳士元怒排其戶稹襪而走廳後士元追之後以箠擊稹傷面執政以稹少年後輩務作威福貶爲江陵府士曹參軍稹聰警絕人年少有才名與太原白居易友善工爲詩善狀詠風態物色當時言詩者稱元白焉自衣冠士子至閭閻下俚悉傳諷之號爲元和體既以俊爽不容於朝流放荊蠻者僅十年俄而白居易亦貶江州司馬稹量移通州司馬雖通江懸邈而二人來往贈荅凡所爲詩自有三十五十韻乃

至百韻者江南人士傳道諷誦流聞闕下里巷相傳爲之紙貴觀其流離放逐之意靡不悽惋十四年自虢州長史徵還爲膳部員外郎宰相令狐楚一代文宗雅知稹之辭學謂稹曰嘗覽足下製作所恨不多遲之久矣請出其所有以豁予懷稹因獻其文自敘曰稹初不好文徒以仕無他岐強由科試及有罪譴棄之後自以爲廢滯潦倒不復爲文字有聞於人矣曾不知好事者抉摘芻蕘瀆尊重窃稱承相公特於廊廟間道稹詩句昨又面奉教約令獻舊文戰汗悚踊慙忝無地稹自御史府謫官於今十餘年矣閑誕無事遂專力於詩章日益月滋有詩句千餘首其間感物寓意可備朦瞽之風者有之辭直氣麤罪尤是懼固不敢陳露於人唯杯酒光景間屢爲小碎篇章以自吟暢然以爲律體卑庳格力不揚苟無姿態則陷流俗常欲得思深語近韻律調新屬對無差而風情宛然而病未能也江湖間多新進小生不知天下文有宗主妄相放效而又從而失之遂至於支離褊淺之辭皆目爲元和詩體稹

○ 五十 唐傳一百十六 四 時明

與同門生白居易友善居易雅能詩就中愛驅駕文字窮極聲韻或爲千言或五百言律詩以相投寄小生自審不能過之往往戲排舊韻別創新辭名爲次韻相酬蓋欲以難相排自爾江湖間爲詩者復相放效力或不足則至於顛倒詩言重複首尾韻同意等不異前篇亦自爲元和詩體而司文者考變雅之由往往歸咎於稹嘗以爲雕蟲小事不足以自明始聞相公記憶累旬已來實慮糞土之牆庇之以大廈使不復破壞永爲板築者之娛輒寫古歌詩一百首百韻至兩韻律詩一百首爲五卷奉啓跪陳或希構廈之餘一賜觀覽知小生於章句中櫽括榛楛之材盡曾量度則十餘年之邅迴不爲無用矣楚深稱賞以爲今代之鮑謝也穆宗皇帝在東宮有妃嬪左右嘗誦稹歌詩以爲樂曲者知稹所爲嘗稱其善宮中呼爲元才子荊南監軍崔潭峻甚禮接稹不以掾吏遇之常徵其詩什諷誦之長慶初潭峻歸朝出稹連昌宮辭等百餘篇奏御穆宗大悅問稹安在對曰今爲南宮散郎即日轉祠

部郎中知制誥朝廷以書命不由相府甚鄙之然辭誥所出敻然與古爲侔遂盛傳於代由是極承恩顧嘗爲長慶宮辭數十百篇京師競相傳唱居無何召入翰林爲中書舍人承旨學士中人以潭峻之故爭與稹交而知樞密魏弘簡尤與稹相善穆宗愈深知重河東節度使裴度三上疏言稹與弘簡爲刎頸之交謀亂朝政言甚激訐穆宗顧中外人情乃罷稹內職授工部侍郎上恩顧未衰長慶二年拜平章事詔下之日朝野無不輕笑之時王廷湊朱克融連兵圍牛元翼於深州朝廷俱赦其罪賜節鉞令罷兵俱不奉詔稹以天子非次拔擢欲有所立以報上有和王傅于方者故司空頔之子干進於稹言有奇士王昭王友明二人嘗客於燕趙間頗與賊黨通熟可以反間而出元翼仍自以家財資其行仍賂兵吏部令史爲出告身二十通以便宜給賜稹皆然之有李賞者知于方之謀以稹與裴度有隙乃告度云于方爲稹所使欲結客王昭等刺度度隱而不發及神策軍中尉奏于方之事乃詔三司使韓

〇 五十 唐傳一百十六 五 寺明

皐等訊鞫而害裴事無驗而前事盡露遂俱罷稹度平章事乃出稹爲同州刺史度守僕射諫官上疏言責度太重稹太輕上心憐稹止削長春宮使稹初罷相三司獄未奏京兆尹劉遵古遣坊所由潛邏稹居第稹奏訴之上怒罰遵古遣中人撫諭稹稹至同州因表謝上自敘曰臣稹辜負聖明辱累恩獎便合自求死所豈謂尚忝官榮臣稹死罪臣八歲喪父家貧無業母兄乞丐以供資養衣不布體食不充腸幼學之年不蒙師訓因感鄰里兒稚有父兄爲開學校涕咽發憤願知詩書慈母哀臣親爲教授年十有五得明經出身由是苦心爲文夙夜強學年二十四登吏部乙科授校書郎年二十八蒙制舉首選授左拾遺始自爲學止於昇朝無朋友爲臣吹噓無親戚爲臣援庇莫非苦己實不因人獨立性成遂無交結任拾遺日屢陳時政蒙先皇帝召問於延英旋爲宰相所憎出臣河南縣尉及爲監察御史又不規避專心糾繩復爲宰相怒臣不庇親黨因以他事貶臣江陵判司廢棄十年分死溝瀆元

和十四年憲宗皇帝開釋有罪始授臣膳部員外郎與臣同省署者多是臣登朝時舉人任卿相者半是臣同諫院時拾遺補闕愚臣既不料陛下天聽過卑知臣薄藝朱書授臣制誥延英召臣賜緋宰相惡臣不出其門由是百萬侵毀陛下察臣無罪寵獎踰深召臣面授舍人遣充承旨翰林學士金章紫服光飾陋軀人生之榮臣亦至矣然臣益遭誹謗日夜憂危唯陛下聖鑒昭臨彌加保任竟排羣議擢授台司臣忝有肺肝豈並尋常宰相況當行營退散之後牛元翼未出之間每聞陛下軫念之言愚臣恨不身先士卒所問于方計策遣王友明等救解深州蓋欲上副聖情豈是別懷他意不料姦人疑臣殺害裴度妄有告論塵瀆聖聰愧羞天地臣本待辨明亦了便擬殺身謝責豈料聖慈尚加薄貶同州雖違咫尺之間不遠郊圻之境伏料必是宸衷獨斷乞臣此官若遣他人商量乍可與臣遠處方鎮豈肯遺臣俯近闕廷所恨今月三日尚蒙召對延英此時不解泣血仰辭天顏乃至今日竄逐臣

〇 五十 唐傳一百十六 六 王福

自離京國目斷魂銷每至五更朝謁之時實制淚不已臣若餘生未死他時萬一歸還不敢更望得見天顏但得再聞京城鐘鼓之音臣雖黃土覆面無恨九泉臣無任自恨自慙攀戀聖慈之至在郡二年改授越州刺史兼御史大夫浙東觀察使會稽山水奇秀稹所辟幕職皆當時文士而鏡湖秦望之遊月三四焉而諷詠詩什動盈卷秩副使竇鞏海內詩名與稹酬唱最多至今稱蘭亭絕唱稹既放意娛遊稍不修邊幅以瀆貨聞於時凡在越八年大和初就加檢校禮部尚書三年九月入爲尚書左丞振舉紀綱出郎官頗乖公議者七人然以稹素無檢操人情不厭服會宰相王播倉卒而卒稹大爲路歧經營相位四年正月檢校戶部尚書兼鄂州刺史御史大夫武昌軍節度使五年七月二十二日暴疾一日而卒于鎮時年五十三贈尚書右僕射有子曰道護時年三歲稹仲兄司農少卿積營護喪事所著詩賦詔冊銘誄論議等雜文一百卷號曰元氏長慶集又著古今刑政書三百卷號類集並行於代

稹長慶末因編刪其文藁自敘曰劉歆云制不可削予以爲有可得而削之者貢謀猷持嗜慾君有之則譽歸于上臣專之則譽歸於下苟而存之其譚也非道也經制度明利害區邪正辨嫌惑存之則事分著去之則是非泯苟而削之其過也非道也元和初章武皇帝新即位臣下未有以言刮視聽者予時始以對詔在拾遺中供奉由是獻教本書諫職論事等表十數通仍爲裴度李正辭韋熏訟所言當而宰相曲道上語上頗悟召見問狀宰相大惡之不一月出爲河南尉後累歲補御史使東川謹以元和赦書劾節度使嚴礪籍塗山甫等八十八家過賦梓遂之民數百萬朝廷異之奪七刺史料悉以所籍歸於人會潘孟陽代礪爲節度使貪過礪且有所承迎雖不敢盡廢詔因命當得所藉者皆入資貢過其稀權薪鹽賦無不爲仍爲礪密狀不當得醜謚予自東川還劾礪者潛切齒矣無何分莅東都臺天子久不在都都下多不法者百司皆牢獄有裁接吏械人逾歲而臺府不得而知之者予因飛奏

○ 五十 唐傳一百十六 七 王傳

絕百司專禁錮河南尉叛官予劾之忤宰相旨監徐使死於軍徐帥鄆傳其柩柩至洛其下毆詬主郵吏予命吏徙柩於外不得復乘傳浙西觀察使封杖決安吉令至死河南尹誣奏書生尹太階請死之飛龍使誘趙寔家逃奴爲養子田季安盜娶洛陽衣冠女汴州沒入死商錢且千萬滑州賦於民以千授於人以八伯朝廷饋東師主計者悞命牛車四千三百乘飛芻越太行類是數十事或移或奏皆止之貞元已來不慣用文法內外寵臣皆喑嗚會河南尹房式詐諼事發奏攝之前所喑嗚者叫譟宰相素以劾叛官事相銜乘是黜予江陵掾後十年始爲膳部員外郎穆宗初宰相更相用事丞相段公一日獨得對因請亟用兵部郎中薛存慶考功員外郎牛僧孺予亦在請中上然之不十數日次用爲給舍他忿恨者日夜構飛語予懼罪比上書自明上憐之三召與語語及兵賦洎西北邊事因命經紀之是後書奏及進見皆言天下事外間不知多臆度陛下益憐其不漏禁中語召入禁林且欲亟用

爲宰相是時裴度在太原亦有宰相望巧者謀欲俱廢之乃以予所無構於裴裴奏至驗之皆失實上以裴方握兵不欲校曲直出予爲工部侍郎而相裴之期亦衰矣不累月上盡得所構者雖不能暴揚之遂果初意卒用予與裴俱爲宰相復有購狂民告予借客刺裴者鞫之復無狀然而裴與予以故俱罷免始元和十五年八月得見上至是未二歲僭忝恩寵無是之速者遭罹謗咎亦無是之甚者是以心腹腎腸糜費於扶衛危亡之不暇又惡暇經紀陛下之所付哉然而造次顛沛之中前後列上兵賦邊防之狀可得而存者一百二十五苟而削之是傷先帝之器使也至于陳暢辨謗之章去之則無以自明於朋友矣其餘郡縣之奏請賀慶之禮因亦附於件目始教本書至於爲人雜奏二十有七軸凡二百二十有七奏終殁吾世貽之子孫式所以明經制之難行而銷毀之易至也其自敘如此欲知其作者之意備於此篇稹文友與白居易最善後進之士最重龐嚴言其文體類己保薦之

○ 五十 唐列二百十六 八 余全

龐嚴者壽春人父景昭嚴元和中登進士第長慶元年應制舉賢良方正能直言極諫科策入三等冠制科之首是月拜左拾遺聰敏絕人文章峭麗翰林學士元稹李紳頗知之明年二月召入翰林爲學士轉左補闕再遷駕部郎中知制誥嚴與右拾遺蔣防俱爲稹紳保薦至諫官內職四年昭愍即位李紳爲宰相李逢吉所排貶端州司馬嚴坐累出爲江州刺史給事中于敖素與嚴善制既下敖封還時人凜然相顧曰于給事犯宰相怒而爲知己不亦危乎及覆制出乃知敖駮制書貶嚴太輕中外無不嗤誚以爲口實初李紳謫官朝官皆賀逢吉唯右拾遺吳思不賀逢吉怒改爲殿中侍御史充入蕃告哀使嚴復入爲庫部郎中大和二年二月上試制舉人命嚴與左散騎常侍馮宿太常少卿賈餗爲試官以裴休爲甲等制科之首有應直言極諫舉人劉蕡條對激切凡數千言不中選人咸以爲屈其所對策大行於時登科者有請以身名授蕡者嚴再遷太常少卿五年權知京兆尹以強幹不避權豪

稱然無士君子之檢操貪勢嗜利因醉而卒

白居易字樂天太原人北齊五兵尚書建之仍孫建生士通皇朝利州都督士通生志善尚衣奉御志善生溫檢校都官郎中溫生鍠歷酸棗鞏二縣令鍠生季庚建中初爲彭城令時李正已據河南十餘州叛正已宗人洧爲徐州刺史季庚說洧以彭門歸國因授朝散大夫大理少卿徐州別駕賜緋魚袋兼徐泗觀察判官歷衢州襄州別駕自鍠至季庚世敦儒業皆以明經出身季庚生居易初建立功於高齊賜田於韓城子孫家焉遂移籍同州至溫徙於下邽今爲下邽人焉居易幼聰惠絕人襟懷宏放年十五六時袖文一編投著作郎吳人顧況況能文而性浮薄後進文章無可意者覽居易文不覺迎門禮遇曰吾謂斯文遂絕復得吾子矣貞元十四年始以進士就試禮部侍郎高郢擢昇甲科吏部判入等授秘書省校書郎元和元年四月憲宗策試制舉人應才識兼茂明於體用科策入第四等授盩厔縣尉集賢校理居易文辭富豔尤

○精於詩筆自讎校至結綬畿甸所著歌詩數十百篇皆意存諷賦箴時之病補政之缺而士君子多之而往往流聞禁中章武皇帝納諫思理渴聞讜言二年十一月召入翰林爲學士三年五月拜左拾遺居易自以逢好文之主非次拔擢欲以生平所貯仰酬恩造拜命之日獻疏言事曰蒙恩授臣左拾遺依前翰林學士已與崔羣同狀陳謝但言忝冒未吐衷誠今再瀆宸嚴伏惟重賜詳覽臣謹案六典左右拾遺掌供奉諷諫凡發令舉事有不便於時不合於道者小則上封大則廷諍其選甚重其秩甚卑所以然者抑有由也大凡人之情位高則惜其位身貴則愛其身惜位則偷合而不言愛身則苟容而不諫此必然之理也故拾遺之置所以卑其秩者使位未足惜身未足愛也所以重其選者使下不忍負心上不忍負恩也夫位不足惜恩不忍負然後能有闕必規有違必諫朝廷得失無不察天下利病無不言此國朝置拾遺之本意也由是而言豈小臣愚劣闇懦所宜居之哉況臣本鄉校賤儒府縣走吏委心泥滓絕望煙霄豈意聖慈擢居近職每宴飲無不先預每慶賜無不先霑中廏之馬代其勞內廚之膳給其食朝慙夕惕已逾半年塵曠漸深憂愧彌劇未申微効又擢清班臣所以授官已來僅經十日食不知味寢不遑安唯思粉身以答殊寵但未獲粉身之所耳今陛下肇臨皇極初受鴻名夙夜憂勤以求致理每施一政舉一事無不合於道便於時者萬一事有不便於時者陛下豈不欲聞之乎萬一政有不合於道者陛下豈不欲知之乎儻陛下言動之際詔令之間小有闕遺稍關損益臣必密陳所見潛獻所聞但在聖心裁斷而已臣又職在禁中不同外司欲竭愚誠合先陳露伏希天鑒深察赤誠居易與河南元稹相善同年登制舉交情隆厚稹自監察御史謫爲江陵府士曹掾翰林學士李絳崔羣上前面論稹無罪居易累疏切諫曰臣昨緣元稹左降頻已奏聞臣內察事情外聽衆議元稹左降有不可者三何者元稹守官正直人所共知自授御史已來舉奏不避權勢秖如奏李佐公等事多是朝廷

○親情人誰無私因以挾恨或假公議將報私嫌遂使誣謗之聲上聞天聽臣恐元稹左降已後凡在位者每欲舉職必先以稹爲誡無人肯爲陛下當官守法無人肯爲陛下嫉惡繩愆內外權貴親黨縱有大過大罪者必相容隱而已陛下從此無由得知此其不可者一也昨元稹所追勘房式之事心雖徇公事稍過當既從重罰足以懲違況經謝恩旋又左降雖引前事以爲責辭然外議喧喧皆以爲稹與中使劉士元爭廳因此獲罪至於爭廳事理已具前狀奏陳況聞士元蹋破驛門奪將鞍馬仍索弓箭嚇辱朝官承前已來未有此事今中官有罪未聞處置御史無過卻先貶官遠近聞知實損聖德臣恐從今已後中官出使縱暴益甚朝官受辱必不敢言縱有被凌辱毆打者亦以元稹爲戒但吞聲而已陛下從此無由得聞此其不可二也臣又訪聞元稹自去年已來舉奏嚴礪在東川日枉法沒入平人資產八十餘家又奏王紹違法給券令監軍神柩及家口入驛又奏裴玢違敕徵百姓草又奏韓皐使

單將封杖打殺縣令如此之事前後甚多屬朝廷法行悉有懲罰
計天下方鎮皆怨元稹守官今聚為江陵判司即是送與方鎮從
此方便報怨朝廷何由得知臣伏聞德宗時有崔善貞者告李
錡必反德宗不信送與李錡錡掘坑熾火燒殺善貞曾未數年李
錡果反至今天下為之痛心臣恐元稹聚官方鎮有過無人敢言
陛下無由得知不法之事此其不可者三也若無此三不可假如
朝廷誤左降一御史蓋是小事臣安敢煩瀆聖聽至于再三誠以
所損者深所關者大以此思慮敢不極言 疏入不報又淄青節度
使李師道進絹為魏徵子孫贖宅居易諫曰徵是陛下先朝宰相
太宗嘗賜殿材成其正室尤與諸家第宅不同子孫典貼其錢不
多自可官中為之收贖而令師道掠美事實非宜憲宗深然之上
又欲加河東王鍔平章事居易諫曰宰相是陛下輔臣非賢良不
可當此位鍔誅剝民財以市恩澤不可使四方之人謂陛下得王
鍔進奉而與之宰相深無益於聖朝乃止王承宗拒命上令神策

五十 唐傳百十六 十一 張永

中尉吐突承璀為招討使諫官上章者十七八居易面論辭情切
至既而又請罷河北用兵凡數千百言皆人之難言者上多聽納
唯諫承璀事切上頗不悅謂李絳曰白居易小子是朕拔擢致名
位而無禮於朕朕實難奈絳對曰居易所以不避死亡之誅事無
巨細必言者蓋酬陛下特力拔擢耳非輕言也陛下欲開諫諍之
路不宜阻居易言上曰卿言是也繇是多見聽納五年當改官上
謂崔羣曰居易官卑俸薄拘於資地不能超等其官可聽自便
奏來居易奏曰臣聞姜公輔為內職求為京府判司為奉親也臣
有老母家貧養薄乞如公輔例於是除京兆府戶曹參軍六年
四月丁母陳夫人之喪退居下邽九年冬入朝授太子左贊善大
夫十年七月盜殺宰相武元衡居易首上疏論其冤急請捕賊
以雪國恥宰相以宮官非諫職不當先諫官言事會有素惡居易
者掎摭居易言浮華無行其母因看花墮井而死而居易作賞花
及新井詩甚傷名教不宜實彼周行執政方惡其言事奏貶為江

表刺史詔出中書舍人王涯上疏論之言居易所犯狀迹不宜治
郡追詔授江州司馬居易儒學之外尤通釋典常以忘懷處順為
事都不以遷謫介意在盆城立隱舍於廬山遺愛寺嘗與人書言
之曰予去年秋始遊廬山到東西二林間香鑪峯下見雲木泉石
勝絕第一愛不能捨因立草堂前有喬松十數株脩竹千餘竿青
蘿為牆援白石為橋道流水周於舍下飛泉落於簷間紅榴白蓮
羅生池砌居易與湊滿朗晦四禪師追永遠宗雷之迹為人外之
交每相攜遊詠躋危登險極林泉之幽邃至於翛然順適之際幾
欲忘其形骸或經時不歸或踰月而返郡守以朝貴遇之不之責
時元稹在通州篇詠贈答往來不以數千里為遠嘗與稹書因論
作文之大旨曰夫文尚矣三才各有文天之文三光首之地之文五
材首之人之文六經首之就六經言詩又首之何者聖人感人心
而天下和平感人心者莫先乎情莫始乎言莫切乎聲莫深乎
義詩者根情苗言華聲實義上自賢聖下至愚騃微及豚魚幽

五十一 唐傳百十六 十二 劍閩

及鬼神羣分而氣同形異而情一未有聲入而不應情交而不感
者聖人知其然因其言經之以六義緣其聲緯之以五音音有韻
義有類韻協則言順言順則聲易入類舉則情見情見則感易交
於是乎孕大含深貫微洞密上下通而一氣泰憂樂合而百志熙二
帝三王所以直道而行垂拱而理者揭此以為大柄決此以為大寳
也故聞元首明股肱良之歌則知虞道昌矣聞五子洛汭之歌則
知夏政荒矣言者無罪聞者作誡言者聞者莫不兩盡其心焉
洎周衰秦興採詩官廢上不以詩補察時政下不以歌洩導人情
用至於謟成之風動救失之道缺于時六義始刓矣國風變為騷
辭五言始於蘇李詩騷皆不遇者各繫其志發而為文故河梁之
句止於傷別澤畔之吟歸于怨思彷徨抑鬱不暇及他耳然去詩
未遠梗槩尚存故興離別則引雙鳧一鴈為喻諷君子小人則引
香草惡鳥為比雖義類不具猶得風人之什二三焉于時六義始
缺矣晉宋已還得者蓋寡以康樂之奧博多溺於山水以淵明之

高古偏放於田園江鮑之流又狹於此如梁鴻五噫之例者百無一二于時六義寖微矣陵夷至于梁陳間率不過嘲風雪弄花草而已意風雪花草之物三百篇中豈捨之乎顧所用何如耳設如北風其涼假風以刺威虐雨雪霏霏因雪以愍征役棠棣之華感華以諷兄弟采采芣苡美草以樂有子也皆興發於此而義歸於彼反是者可乎哉然則餘霞散成綺澄江淨如練歸花先委露別葉乍辭風之什麗則麗矣吾不知其所諷焉故僕所謂嘲風雪弄花草而已于時六義盡去矣唐興二百年其間詩人不可勝數所可舉者陳子昂有感遇詩二十首鮑防感興詩十五篇又詩之豪者世稱李杜李之作才矣奇矣人不逮矣索其風雅比興十無一焉杜詩最多可傳者千餘首至於貫穿今古覼縷格律盡工盡善又過於李焉然撮其新安石壕潼關吏蘆子關花門之章朱門酒肉臭路有凍死骨之句亦不過三四十杜尚如此況不逮杜者乎僕常痛詩道崩壞忽忽憤發或廢食輟寢不量才力欲扶起之嗟乎事有

五十　唐傳一百十六　十三　劍閣

大謬者又不可一二而言然亦不能不粗陳於左右僕始生六七月時乳母抱弄於書屏下有指之字無字示僕者僕口未能言心已默識後有問此二字者雖百十其試而指之不差則知僕宿習之緣已在文字中矣及五六歲便學為詩九歲暗識聲韻十五六始知有進士苦節讀書二十已來晝課賦夜課書間又課詩不遑寢息矣以至于口舌成瘡手肘成胝既壯而膚革不豐盈未老而齒髮早衰白瞥瞥然如飛蠅垂珠在眸子中者動以萬數蓋以苦學力文之所致又自悲家貧多故年二十七方從鄉賦既第之後雖專於科試亦不廢詩及授校書郎時已盈三四百首或出示交友如足下輩見皆謂之工其實未窺作者之域耳自登朝來年齒漸長閱事漸多每與人言多詢時務每讀書史多求理道始知文章合為時而著歌詩合為事而作是時皇帝初即位宰府有正人屢降璽書訪人急病僕當此日擢在翰林身是諫官月請諫紙啟奏之間有可以救濟人病裨補時闕而難於指言者輒詠歌之欲稍稍

進聞於上上以廣宸聽副憂勤次以酬恩獎塞言責下以復吾平生之志豈圖志未就而悔已生言未聞而謗已成矣又請為左右終言之凡聞僕賀雨詩眾口籍籍以為非宜矣聞僕哭孔戡詩眾面脈脈盡不悅矣聞秦中吟則權豪貴近者相目而變色矣聞登樂遊園寄足下詩則執政柄者扼腕矣聞宿紫閣村詩則握軍要者切齒矣大率如此不可遍舉不相與者號為沽譽號為詆訐號為訕謗苟相與者則如牛僧孺之誡焉乃至骨肉妻孥皆以我為非也其不我非者舉世不過三兩人有鄧魴者見僕詩而喜無何魴死有唐衢者見僕詩而泣未幾而衢死其餘即足下足下又十年來困躓若此嗚呼豈六義四始之風天將破壞不可支持耶抑又不知天意不欲使下人病苦聞于上耶不然何有志於詩者不利若此之甚也然僕又自思關東一男子耳除讀書屬文外其他懵然無知乃至書畫碁博可以接羣居之歡者一無通曉即其愚拙可知矣初應進士時中朝無緦麻之親達官無半面之舊策

五十　唐傳一百十六　十四　劍閣

蹇步於利足之途張空拳於戰文之場十年之間三登科第名落眾耳迹昇清貫出交賢俊入侍冕旒始得名於文章終得罪於文章亦其宜也日者聞親友間說禮吏部舉選人多以僕私試賦判為準的其餘詩句亦往往在人口中僕恧然自愧不之信也及再來長安又聞有軍使高霞寓者欲聘倡妓妓大誇曰我誦得白學士長恨歌豈同他哉由是增價又足下書云到通州日見江館柱間有題僕詩者何人哉又昨過漢南日適遇主人集眾娛樂他賓諸妓見僕來指而相顧曰此是秦中吟長恨歌主耳自長安抵江西三四千里凡鄉校佛寺逆旅行舟之中往往有題僕詩者士庶僧徒孀婦處女之口每每有詠僕詩者此誠雕篆之戲不足為多然今時俗所重正在此耳雖前賢如淵雲者前輩如李杜者亦未能忘情於其間哉古人云名者公器不可多取僕是何者竊時之名已多既竊時名又欲竊時之富貴使己為造物者肯兼與之乎今之屯窮理固然也況詩人多蹇如陳子昂杜甫各授一拾遺而屯

剥至死孟浩然輩不及一命窮悴終身近日孟郊六十終試協律
張籍五十未離一太祝彼何人哉況僕之才又不逮彼今雖謫佐
遠郡而官品至第五月俸四五萬寒有衣飢有食給身之外施及
家人亦可謂不負白氏子矣微之微之勿念我哉僕數月來檢討
囊袠中得新舊詩各以類分分爲卷目自拾遺來凡所遇所感關
於美刺興比者又自武德至元和因事立題題爲新樂府者共一
百五十首謂之諷諭詩又或退公或卧病閑居知足保和吟玩性
情者一百首謂之閑適詩又有事物牽於外情理動於内隨感遇
而形於歎詠者一百首謂之感傷詩又有五言七言長句絶句自
百韻至兩韻者四百餘首謂之雜律詩凡爲十五卷約八百首異
時相見當盡致於執事微之古人云窮則獨善其身達則兼濟天
下僕雖不肖常師此語大丈夫所守者道所待者時時之來也爲
雲龍爲風鵬勃然突然陳力以出時之不來也爲霧豹爲冥鴻寂
兮寥兮奉身而退進退出處何往而不自得哉故僕志在兼濟行

在獨善奉而始終之則爲道言而發明之則爲詩謂之諷諭詩兼
濟之志也謂之閑適詩獨善之義也故覽僕詩者知僕之道焉其
餘雜律詩或誘於一時一物發於一笑一吟率然成章非平生所尚者
但以親朋合散之際取其釋恨佐懽今銓次之間未能删去他時
有爲我編集斯文者略之可也微之夫貴耳賤目榮古陋今人之
大情也僕不能遠徵古舊如近歲韋蘇州歌行才麗之外頗近興
諷其五言詩又高雅閑澹自成一家之體今之秉筆者誰能及之
然當蘇州在時人亦未甚愛重必待身後人始貴之今僕之詩人
所愛者悉不過雜律詩與長恨歌已下耳時之所重僕之所輕
至於諷諭者意激而言質閑適者思澹而辭迂以質合迂宜人
之不愛也今所愛者並世而生獨足下耳然百千年後安知復無
如足下者出而知愛我詩哉故自八九年來與足下小通則以詩
相戒小窮則以詩相勉索居則以詩相慰同處則以詩相娛知吾
罪吾率以詩也如今年春遊城南時與足下馬上相戲因各誦新

豔小律不雜他篇自皇子陂歸昭國里迭吟遞唱不絶聲者二十里
餘樊李在傍無所措口知我者以爲詩仙不知我者以爲詩魔何
則勞心靈役聲氣連朝接夕不自知其苦非魔而何偶同人當美
景或花時宴罷或月夜酒酣一詠一吟不覺老之將至雖驂鸞鶴遊
蓬瀛者之適無以加於此焉又非仙而何微之微之此吾所以與足
下外形骸脱蹤迹傲軒鼎輕人寰者又以此也當此之時足下興
有餘力且欲與僕悉索還往中詩取其尤長者如張十八古樂府
李二十新歌行盧楊二祕書律詩竇七元八絶句博搜精掇編而
次之號爲元白往還集衆君子得擬議於此者莫不踊躍欣喜以
爲盛事嗟乎言未終而足下左轉不數月而僕又繼行心期索然
何日成就又可爲之太息矣僕常語足下凡人爲文私於自是不
忍於割截或失於繁多其間妍媸益又自惑必待交友有公鑒無
姑息者討論而削奪之然後繁簡當否得其中矣況僕與足下
爲文尤患其多已尚病況他人乎今且各纂詩筆粗爲卷第待與

足下相見日各出所有終前志焉又不知相遇是何年相見是何
地溘然而至則如之何微之知我心哉潯陽臘月江風苦寒歲暮鮮
歡夜長少睡引筆鋪紙悄然燈前有念則書言無銓次勿以繁雜
爲倦且以代一夕之話言也居易自敘如此文士以爲信然十三年冬
量移忠州刺史自潯陽浮江上峽十四年三月元稹會居易於峽口
停舟夷陵三日時季弟行簡從行三人於峽州西二十里黄牛峽口
石洞中置酒賦詩戀戀不能訣南賓郡當峽路之深險處也花木
多奇居易在郡爲木蓮荔枝圖寄朝中親友各記其狀曰荔枝
生巴峽間形圓如帷蓋葉如桂冬青華如橘春榮實如丹夏熟朶
如蒲萄核如枇杷殼如紅繒膜如紫綃瓤肉瑩白如冰雪漿液甘酸
如醴酪大略如此其實過之若離本枝一日而色變二日而香變三
日而味變四五日外色香味盡去矣木蓮大者高四五丈巴民呼
爲黄心樹經冬不凋身如青楊有白文葉如桂厚大無脊花如蓮
香色豔膩皆同房獨蕋有異四月初始開自開迨謝僅二十日元

和十四年夏命道士毋丘元志寫之惜其遐僻因以三絕賦之有
天教抛擲在深山之句咸傳於都下好事者喧然模寫其年冬召
還京師拜司門員外郎明年轉主客郎中知制誥加朝散大夫始
著緋時元稹亦徵還爲尚書郎知制誥同在綸閣長慶元年三月
受詔與中書舍人王起覆試禮部侍郎錢徽下及第人鄭朗等
一十四人十月轉中書舍人十一月穆宗親試制舉人又與賈餗陳岵爲
考策官凡朝廷文字之職無不首居其選然多爲排擯不得用其
才時天子荒縱不法執政非其人制御乖方河朔復亂居易累上
疏論其事天子不能用乃求外任七月除杭州刺史俄而元稹罷
相自馮翊轉浙東觀察使交契素深杭越鄰境篇詠往來不間
旬浹嘗會于境上數日而別秩滿除太子左庶子分司東都寶曆
中復出爲蘇州刺史文宗即位徵拜秘書監賜金紫九月上誕節
召居易與僧惟澄道士趙常盈對御講論於麟德殿居易論難鋒
起辭辨泉注上疑宿構深嗟挹之大和二年正月轉刑部侍郎封晉

○ 五十 唐傳一百二十六 十七 劉聞

陽縣男食邑三百户三年稱病東歸求爲分司官尋除太子賓客
居易初對策高第擢入翰林蒙英主特達顧遇頗欲奮厲效報
苟致身於訏謨之地則兼濟生靈蓄意未果望風爲當路者所擠
流徙江湖四五年間幾淪蠻瘴自是宦情衰落無意於出處唯以
逍遥自得吟詠情性爲事大和已後李宗閔李德裕朋黨事起是
非排陷朝升暮黜天子亦無如之何楊穎士楊虞卿與宗閔善居
易妻穎士從父妹也居易愈不自安懼以黨人見斥乃求致身散
地冀於遠害凡所居官未嘗終秩率以病免固求分務識者多之
五年除河南尹七年復授太子賓客分司初居易罷杭州歸洛陽
於履道里得故散騎常侍楊馮宅竹木池館有林泉之致家妓樊
素蠻子者能歌善舞居易既以尹正罷歸每獨酌賦詠於舟中
因爲池上篇曰都城風土水木之勝在東南偏東南之勝在履道
里里之勝在西北隅西閈北垣第一第即白氏叟樂天退老之地
地方十七畝屋室三之一水五之一竹九之一而島樹橋道間之初樂

天既爲主喜且曰雖有池臺無粟不能守也乃作池東粟廩又曰
雖有子弟無書不能訓也乃作池北書庫又曰雖有賓朋無琴酒不
能娛也乃作池西琴亭加石樽焉樂天罷杭州刺史得天竺石一華
亭鶴二以歸始作西平橋開環池路罷蘇州刺史時得太湖石五
白蓮折腰菱青板舫以歸又作中高橋通三島逕罷刑部侍郎時
有粟千斛書一車泊臧獲之習管磬絃歌者指百以歸先是潁川
陳孝仙與釀酒法味甚佳博陵崔晦叔與琴韻甚清蜀客姜發授
秋思聲甚澹弘農楊貞一與青石三方長平滑可以坐臥大和三
年夏樂天始得請爲太子賓客分秩於洛下息躬於池上凡三任所
得四人所與泊吾不才身今率爲池中物每至池風春池月秋水
香蓮開之旦露清鶴唳之夕拂楊石舉陳酒援崔琴彈秋思頹然
自適不知其他酒酣琴罷又命樂童登中島亭合奏霓裳散序
聲隨風飄或凝或散悠揚於竹煙波月之際者久之曲未竟而樂天
陶然石上矣睡起偶詠非詩非賦阿龜握筆因題石間視其粗成

○ 五十 唐傳一百二十六 十八 王介

韻章命爲池上篇云十畝之宅五畝之園有水一池有竹千竿勿謂
土狹勿謂地偏足以容膝足以息肩有堂有亭有橋有船有書
有酒有歌有絃有叟在中白鬚飄然識分知足外無求焉如鳥擇
木姑務巢安如蛙作坎不知海寬靈鶴怪石紫菱白蓮皆吾所好
盡在我前時引一杯或吟一篇妻孥熙熙雞犬閑閑優哉游哉吾
將老乎其間又效陶潛五柳先生作醉吟先生以自况文章曠達
皆此類也大和末李訓構禍衣冠塗地士林傷感居易愈無宦情
開成元年除同州刺史辭疾不拜尋授太子少傅進封馮翊縣開
國侯四年冬得風病伏枕者累月乃放諸妓女樊蠻等仍自爲墓
志病中吟詠不輟自言曰予年六十有八始患風痺之疾體瘝首眩
左足不支蓋老病相乘有時而至耳予栖心釋梵浪迹老莊因疾
觀身果有所得何則外形骸而內忘憂恚先禪觀而後順醫治旬
月以還厥疾少間杜門高枕澹然安閑吟詠興來亦不能遏遂爲
病中詩十五篇以自諭會昌中請罷太子少傅以刑部尚書致仕

與香山僧如滿結香火社每肩輿往來白衣鳩杖自稱香山居士大中元年卒時年七十六贈尚書右僕射有文集七十五卷經史事類三十卷並行於世長慶末浙東觀察使元稹爲居易集序曰樂天始未言試指之無字能不誤始既言讀書勤敏與他兒異五六歲識聲韻十五志辭賦二十七舉進士貞元末進士尚馳競不尚文就中六籍尤擯落禮部侍郎高郢始用經藝爲進退樂天一舉擢上第明年中拔萃甲科由是性習相近遠玄珠斬白蛇等賦洎百節判新進士競相傳於京師會憲宗皇帝策召天下士對詔稱旨又甲科未幾選入翰林掌制誥比比上書言得失因爲賀雨詩秦中吟等數十章指言天下事時人比之風騷焉予始與樂天同秘書之後多以詩章相贈甚子謫掾江陵樂天猶在翰林寄予百韻律體及雜體前後數十詩是後各佐江通復相酬寄巴蜀江楚間洎長安中少年遞相倣効競作新辭自謂爲元和詩而樂天秦中吟賀雨諷諭閑適等篇時人罕能知者然而二十年間禁省觀

○ 五十 【唐傳一百二十六】 十九 王介

寺郵候牆壁之上無不書王公妾婦牛童馬走之口無不道其繕寫摸勒衒賣於市井或因之以交酒茗者處處皆是其甚有至盜竊名姓苟求自售雜亂閒廁無可奈何予常於平水市中見村校諸童競習歌詠召而問之皆對曰先生教我樂天微之詩固亦不知予爲微之也又雞林賈人求市頗切自云本國宰相每以一金換一篇甚僞者宰相輒能辯別之自篇章已來未有如是流傳之廣者長慶四年樂天自杭州刺史以右庶子召還予時刺會稽因得盡徵其文手自排纘成五十卷凡二千二百五十一首前輩多以前集中集爲名予以爲陛下明年當改元長慶訖於是矣因號白氏長慶集大凡人之文各有所長樂天長可以爲多矣夫諷諭之詩長於激閑適之詩長於遣感傷之詩長於切五字律詩百言而上長於贍五字七字百言而下長於情賦贊箴誡之類長於當碑記敘事制誥長於實啓奏表狀長於直書檄辭冊剖判長於盡總而言之不亦多乎哉人以爲稹序盡其能事居易嘗寫其文集送江州東西二林寺洛城香山聖善等寺如佛書雜傳例流行之無子以其姪孫嗣遺命不歸下邽可葬於香山如滿師塔之側家人從命而葬焉

行簡字知退貞元末登進士第授秘省校書郎元和末中盧坦鎮東蜀辟爲掌書記府罷歸潯陽居易授江州司馬從兄之郡十五年居易入朝爲尚書郎行簡亦授左拾遺累遷司門員外郎主客郎中長慶末振武奏水運營田使賀拔志言營田數過實詔令行簡按覆之不實志弘自刺死行簡寶曆二年冬病卒有文集二十卷行簡文筆有兄風辭賦尤稱精密文士皆師法之居易友愛過人兄弟相待如賓客行簡子龜兒多自教習以至成名當時友悌無以比焉

敏中字用晦居易從父弟也祖鏻位終揚府錄事參軍父季庚溧陽令敏中少孤爲諸兄之所訓厲長慶初登進士第佐李聽歷河東鄭滑邠寧三府節度掌書記試大理評事大和七年丁母憂退

○ 五十 【唐傳一百二十六】 二十 駱昇

居下邽會昌初爲殿中侍御史分司東都尋除戶部員外郎還京武宗皇帝素聞居易之名及即位欲徵用之宰相李德裕言居易衰病不任朝謁因言從弟敏中辭藝類居易即日知制誥召入翰林充學士遷中書舍人累至兵部侍郎學士承旨會昌末同平章事兼刑部尚書集賢史館大學士宣宗即位加右僕射金紫光祿大夫太清宮使太原郡開國公食邑二千戶及李德裕再貶嶺南敏中居四輔之首雷同毀譽無一言伸理物論罪之五年罷相檢校司空出爲邠州刺史邠寧節度招撫党項都制置等使七年進位特進成都尹劍南西川節度副大使知節度等使十一年二月檢校司徒平章事江陵尹荊南節度使懿宗即位徵拜司徒門下侍郎平章事復輔政尋加侍中三年罷相爲河中尹河中晉絳節度使累遷中書令太子太師致仕卒

史臣曰舉才選士之法尚矣自漢策賢良隋加詩賦罷中正之法委銓舉之司疑是爭務雕蟲罕趨函杖矯首皆希於屈宋駕肩並

擬於風騷或侔箴闕之篇或勦補亡之句咸欲錙銖採葛糠粃懷沙較麗藻於碧雞鬬新奇於白鳳暨編之簡牘播在管絃未逃季緒之詆訶孰望子虛之稱賞迨今千載不乏辭人統論六義之源較其三變之體如二班者蓋寡類七子者幾何至潘陸情致之文鮑謝清便之作迨於徐庾踵麗增華纂組成而耀以珠璣瑤臺構而間之金碧國初開文館高宗禮茂才虞許擅價於前蘇李馳聲於後或位昇台鼎學際天人潤色之文咸布編集然則向古者傷於太僻徇華者或至不經齪齪者局於宮商放縱者流於鄭衛若品調律度揚搉古今賢不肖皆賞其文未如元白之盛也昔建安才子始定霸於曹劉永明辭宗先讓功於沈謝元和主盟微之樂天而已臣觀元之制策白之奏議極文章之壼奧盡治亂之根荄非徒謠頌之片言盤盂之小說就文觀行居易為優放心於自得之場置器於必安之地優游卒歲不亦賢乎

贊曰文章新體建安永明沈謝既往元白挺生但留金石長有莖

英不習孫吳焉知用兵

唐書列傳卷第一百一十六

左奉議郎紹興府府學教授朱 倬 校勘

唐書列傳卷第一百一十七

劉 昫

趙宗儒 竇易直 李逢吉

段文昌子成式 宋申錫 李程

趙宗儒字秉文八代祖彤仕後魏為征南將軍父曄為秘書少監宗儒舉進士初授弘文館校書郎滿歲又以平判入高等補陸渾主簿數月徵拜右拾遺充翰林學士時父曄秘書少監與父並命出於一日當時榮之建中四年轉屯田員外郎內職如故居父憂免喪授司門司勳二員外郎貞元六年領考功事定百吏考績黜陟公當無所畏避右司郎中獨孤良器殿中侍御史杜倫各以過黜之尚書左丞裴郁御史中丞盧紹比皆考中上宗儒貶之中中又秘書少監鄭雲逵考其同官孫昌裔入上下宗儒復入中上凡考之中上者不過五十人餘多減入中中德宗聞而善之遷考功郎中丁母憂終喪授吏部郎中十一年遷給事中十二年與諫議

大夫崔損同日以本官同中書門下平章事俱賜紫金魚袋十四年罷相為右庶子宗儒端居守道勤奉朝請而已德宗聞而嘉之二十年遷吏部侍郎召見勞之曰知卿閉關六年故有此拜曩者與先臣並命尚念之耶宗儒因俯伏流涕德宗崩順宗命為德宗哀冊文辭頗悽惋元和初檢校禮部尚書判東都尚書省事兼御史大夫充東都留守畿汝都防禦使入為禮部戶部二尚書尋檢校吏部尚書守江陵尹兼御史大夫荊南節度營田觀察等使散冗食之戍二千人六年又入為刑部尚書八年轉檢校吏部尚書興元尹兼御史大夫充山南西道節度觀察等使九年召拜御史大夫俄遷檢校右僕射河中尹兼御史大夫晉絳慈隰節度觀察等使赴鎮後擅用供軍錢八千餘貫坐罰一月俸十二年七月入為兵部尚書九月改太子少傅權知吏部尚書銓事十四年九月拜吏部尚書穆宗即位以初釋服令尚書省官試先朝所徵集應制舉人宗儒奏曰準今月十五日勑比者先朝徵集應制人等已及

時限恐皆來自遠方難於久住酌宜審事遂委有司定日就試如聞
所集之人多已分散須知審的然後裁定宜令所司商量聞奏者伏
以制科所設本在親臨南省試人亦非舊典今覃恩既畢庶政惟新
況山陵日近公務繁迫待問之士就試非多臣等商量恐須權罷
從之復拜太子少傅判太常卿事長慶元年二月檢校右僕射守
太常卿太常有師子樂備五方之色非會朝聘享不作幼君荒誕
伶官縱肆中人掌教坊者移牒取之宗儒不敢違以狀白宰相宰
相以為事在有司執守不合關白以宗儒怯不任事改太子少師
寶曆元年遷太子太保昭肅晏駕為大明宮留守太和四年拜檢校
司空兼太子太傅文宗召見詔以理道對曰堯舜之化慈儉而已
願陛下守而勿失文宗嘉納之五年宋申錫被誣上召師保已下
議其刑上以宗儒高年宜令不拜尋拜疏請老六年詔以司空致
仕是歲九月卒年八十七廢朝冊贈司徒宗儒以文學進前後三
鎮方任入領選部略於儀矩切於治生時論以此少之

五十二 唐傳二百一十七 二 陳文

○竇易直字宗玄京兆人祖元昌彭州九隴縣令父或盧州刺史易直
舉明經為秘書省校書郎再以判等授藍田尉累歷右司兵部吏
部三郎中元和六年遷御史中丞謝日賜緋魚袋八年改給事中
九月出為陝虢都防禦觀察使仍賜紫入為京兆尹萬年尉韓晤
姦贓事發易直令曹官韋正晤訊之得贓三十萬上意其未盡詔
重鞫坐贓三百萬貶易直金州刺史正晤長流昭州十三年六月
遷宣州刺史宣歙池都團練觀察等使長慶二年七月汴州將李
㝏逐其帥李愿易直聞之欲出官物以賞軍或謂易直曰賞給無
名卻恐生患乃已軍士已聞之時江淮旱水淺轉運司錢帛委積
不能漕州將王國清指以為賞激諷州兵謀亂先事有告者乃收
國清下獄其黨數千大呼入獄中篡取國清而出之因欲大剽易
直登樓謂將吏曰能誅為亂者每獲一人賞千萬衆喜倒戈擊
亂黨並擒之國清等三百餘人皆斬之九月以李德裕代還為吏
部侍郎十一月改戶部兼御史大夫判度支四年五月以本官同

平章事判使如故改門下侍郎封晉陽郡公寶曆元年七月罷判
度支太和二年十月罷相檢校左僕射平章事襄州刺史山南西
道節度使五年入為左僕射判太常卿事十一月檢校司空鳳翔尹
鳳翔隴節度使六年以疾求還京師七年四月卒贈司徒謚曰恭
惠易直自入仕十年餘常居散秩不應請辟及居方任亦以公廉
聞在相位未嘗論用親黨凡於公舉即無所避然元和中吏部尚
書鄭餘慶議僕射上日儀制不與隔品官亢禮易直時為御史中
丞奏駮餘慶所議及易直為右僕射卻行隔品致敬之禮時論非之
李逢吉字虛舟隴西人貞觀中學士李玄道曾孫祖顏父歸期逢
吉登進士第釋褐授振武節度掌書記入朝為左拾遺左補闕改
侍御史充入吐蕃冊命副使工部員外郎又充入南詔副使元和
四年使還拜祠部郎中轉右司六年遷給事中七年與司勳員外
郎李巨並為太子諸王侍讀九年改中書舍人十一年二月權知禮
部貢舉騎都尉賜緋四月加朝議大夫門下侍郎同平章事賜金

五十二 唐傳二百一十七 三 李昇

○紫其貢院事仍委禮部尚書王播署榜逢吉天與姦回妬賢傷善
時用兵討淮蔡憲宗以兵機委裴度逢吉慮其成功密沮之由是
相惡及度親征學士令狐楚為度制辭言不合旨楚與逢吉相善
帝皆黜之罷楚學士罷逢吉政事出為劍南東川節度使檢校兵
部尚書穆宗即位移襄州刺史山南東道節度使逢吉於帝有侍
讀之恩遣人密結倖臣求還京師長慶二年三月召為兵部尚書
時裴度亦自太原入朝以度招懷河朔功復留度與工部侍郎元
稹相次拜平章事度在太原時嘗上表論稹姦邪及同居相位逢
吉以為勢必相傾乃遣人告和王傅于方結客欲為元稹刺裴度及
捕于方鞫之無狀稹度俱罷相位逢吉代度為門下侍郎平章事
自是恣沛以恩澤結朝臣之不逞者造作謗言百端中傷裴度賴學
士李紳韋處厚等顯於上前言度為逢吉排斥而度於國有功不
宜擯棄故得以僕射在朝時已失河朔而王智興擅據徐州李㝏
據汴州國威不振天下延頸俟度再秉國鈞以攘暴亂及為逢吉

嫁禍奪其權四海為之側目朝士上疏論列者十餘人屬時君荒淫政出羣小而度竟逐外藩學士李紳有寵逢吉惡之乃除為中丞又欲出於外乃以吏部侍郎韓愈為京兆尹兼御史大夫放臺參以紳褊直必與愈爭及制出紳果移牒往來愈性木強遂至語辭不遜喧論於朝逢吉乃罷愈為兵部侍郎紳為江西觀察使紳中謝日帝留而不遣翼城人鄭注以醫藥得幸於中尉王守澄逢吉令其從子仲言賂注求結於守澄仲言辯譎多端守澄見之甚悅自是逢吉有助事無違者敬宗初即位年方童丱守澄從容奏曰陛下得為太子逢吉之力也是時杜元穎李紳堅請立深王為太子乃貶紳端州司馬朝士代逢吉鳴吠者張又新李續之張權輿劉栖楚李虞程昔範姜洽李仲言時號八關十六子又新等八人居要劇而胥附者又八人有求於逢吉者必先經此八人納賂無不如意者逢吉尋封涼國公邑千戶兼右僕射昭愍即位左右屢言裴度之賢曾立大勳帝甚嘉之因中使往興元即令問訊寶

五十二 【唐傳一百十七 四 葉昌

○曆初度連上章請入覲逢吉之黨坐不安席如矢攢身乃相與為謀欲沮其來張權輿撰非衣小兒之謠傳於閭巷言度相有天分應謡讖而韋處厚於上前解析言權輿所撰之言既不能沮又令衛尉卿劉遵古從人安再榮告武昭謀害逢吉武昭者有才力裴度破淮蔡時奬用之累奏為刺史及度被斥昭以門吏久不見用客于京師途窮頗有怨言逢吉冀法司鞫昭行止則顯裴度任用以沮入朝之行逢吉又與同列李程不協太學博士李涉金吾兵曹茅彙者於京師貴遊間以氣俠相許二人出入程及逢吉之門水部郎中李仍叔程之族知武昭鬱鬱恨不得官仍叔謂昭曰程欲與公官但逢吉沮之昭愈憤怒因酒與京師人劉審張少騰說刺逢吉之言審以昭言告張權輿乃聞於逢吉即令茅彙召昭相見逢吉厚相結託自是疑怨之言稍息逢吉待茅彙尤厚嘗與彙書云足下當字僕為自求僕當字足下為利見文字往來其間甚密及裴度求覲無計沮之即令訐武昭事以暴揚其迹再榮既告李仲言誠彙曰言武昭與李程同謀則活否則爾死彙曰冤死甘心誣人以自免予不為也及昭下獄逢吉之醜迹皆彰昭死仲言流象州茅彙流崖州李涉流康州李虞自拾遺為河南士曹敬宗待裴度益厚乃自漢中召還復知政事逢吉檢校司空平章事襄州刺史山南東道節度使仍請張又新李續之為參佐大和二年改汴州刺史宣武軍節度使五年八月入為太子太師東都留守東畿汝防禦使加開府儀同三司八年李訓用事三月徵拜左僕射兼守司徒時逢吉已老病足不任朝謁即以司徒致仕九年正月卒時年七十八贈太尉謚曰成

段文昌字墨卿西河人高祖志玄陪葬昭陵圖形凌煙閣祖德皎贈給事中父諤循州刺史贈左僕射文昌家于荊州倜儻有氣義節度使裴胄知之而不能用韋皋在蜀表授校書郎李吉甫刺忠州文昌嘗以文干之及吉甫居相位與裴垍同加獎擢授登封尉集賢校理俄拜監察御史遷左補闕改祠部員外郎元和十一年守本

五十三 【唐傳一百一十七 五 王翊

○官充翰林學士文昌武元衡之子壻也元衡與韋相韋貫之不協憲宗欲召文昌為學士貫之奏曰文昌志尚不修不可擢居近密至是貫之罷相李逢吉乃用文昌為學士轉祠部郎中賜緋依前充職十四年加知制誥十五年穆宗即位正拜中書舍人尋拜中書侍郎平章事長慶元年拜章請退朝廷以文昌少在西蜀詔授西川節度使同中書門下平章事文昌素洽蜀人之情至是以寬政為治嚴靜有斷蠻夷畏服二年雲南入寇黔中觀察使崔元略上言朝廷憂之乃詔文昌禦備文昌走一介之使以諭之蠻寇即退敬宗即位徵拜刑部尚書轉兵部兼判左丞事文宗即位遷御史大夫尋檢校尚書右僕射揚州大都督府長史同平章事淮南節度使大和四年移鎮荊南文昌於荊蜀皆有先祖故第至是贖為浮圖祠又以先人墳墓在荊州別營居第以置祖禰影堂歲時伏臘良辰美景享薦之徽祭即以音聲歌舞繼之如事生者搢紳非焉六年復為劍南西川節度九年三月賜春衣中使至受宣畢無

疾而卒年六十三贈太尉有文集三十卷文昌布素之時所向不偶
及其達也揚歷顯重出入將相洎二十年其服飾玩好歌鍾妓妾苟
悦於心無所愛惜乃至奢侈過度物議貶之子成式
成式字柯古以蔭入官爲秘書省校書郎研精苦學秘閣書籍披
閱皆遍累遷尚書郎咸通初出爲江州刺史解印寓居襄陽以閑
放自適家多書史用以自娱尤深於佛書所著酉陽雜俎傳於時
宋申錫字慶臣祖素父叔夜申錫少孤貧有文學登進士第釋褐
秘書省校書郎韋貫之罷相出湖南辟爲從事其後累佐使府長
慶初拜監察御史二年遷起居舍人寶曆二年轉禮部員外郎尋
充翰林侍講學士申錫始自策名及在朝行清慎介潔不趨黨與
當長慶寶曆之間時風囂薄朋比大扇及申錫被用時論以爲激
勸文宗即位拜戶部郎中知制誥大和二年正拜中書舍人復爲翰
林學士初文宗常患中人權柄太盛自元和寶曆比致宮禁之禍
及王守澄之領禁兵恃其宿舊跋扈尤甚有鄭注者依恃守澄爲

五十七　唐傳一百一十七　六　王思

姦利出入禁軍賣官販權中外咸扼腕視之文宗雅知之不能堪申
錫時居內廷文宗察其忠厚可任以事嘗因召對與申錫從容言
及守澄無可奈何令與外庭朝臣謀去之且約命爲宰相申錫頓
首謝之未幾拜左丞踰月加平章事申錫素能謹直寵遇超輩
時情大爲屬望及到中書劉斷循常望實頗不相副大和五年忽
降中人召宰相入赴延英路隋李宗閔牛僧孺等既至中書東門中
人云所召無宋申錫申錫始知被罪望延英以笏叩頭而退隋等
至文宗以神策軍中尉王守澄所奏得本軍虞候豆盧著狀告宋
申錫與漳王謀反隋等相顧愕然初守澄於浴堂以鄭注所構告
于文宗守澄即時於市肆追捕又將以二百騎就靖恭里屠申錫
之家會內官馬存亮同入諍於文宗曰謀反者適宋申錫耳何不
召南司會議今卒然如此京師企足自爲亂矣守澄不能難乃止
乃召三相告之又遣右軍差人於申錫宅捕孔目官張全真家人買
子信縁等又於十六宅及市肆追捕胥吏以成其獄文宗又召師

保僕射尚書丞郎常侍給事諫議舍人御史中丞京兆尹大理卿
同於中書及集賢院參驗其事異日開延英召宰臣及議事官帝
自詢問左常侍崔玄亮給事中李固言諫議大夫王質補闕盧鈞
之舒元褒羅泰蔣係裴休實宗直韋溫拾遺李群韋端符丁居
晦袁都等一十四人皆伏玉階下奏以申錫獄付外請不於禁中訊
鞫文宗曰吾已謀於公卿大僚卿等且出玄亮固言援引今古辭
理懇切玄亮泣涕久之文宗意稍解貶申錫爲右庶子漳王爲巢
縣公再貶申錫爲開州司馬初申錫既得密旨乃除王璠爲京兆
尹以密言諭之璠不能謀而往與守澄知之潛爲其備漳王湊文
宗之愛弟也賢而有人望豆盧著者職屬禁軍與注親表文宗
不省其詐乃罷申錫爲庶子時京城恟恟衆所譁言以爲宰相冤
連十宅謀反百寮震駭居二三日方審其詐諫官伏閤懇論文宗震
怒叱諫官令出者數四時中外屬望大寮三數人廷辯其事僕射
竇易直曰人臣無將將而必誅聞者愕然唯京兆尹崔琯大理卿

五十二　唐傳一百一十七　七

王正雅連上疏請出內獄曰且曰王師文未獲即獄未具請出豆
盧著與申錫同付外廷勘當時人情翕然推重初議申錫抵
死顧物論不可又將投於嶺表文宗終悞外廷之言乃有開州之
命初申錫既被罪怡然不以爲意自中書歸私第止於外廳素服
以俟命其妻出謂之曰公爲宰相人臣位極於此何負天子反乎
申錫曰吾自書生被厚恩擢相位不能鋤去姦亂反爲所羅織夫
人察申錫豈反者乎因相與位下申錫自居內廷及爲宰相以時
風侈靡居要位者尤納賄賂遂成風俗不暇更方遠害且與貞元
時甚相背矣申錫至此約身謹潔尤以公廉爲己任四方問遺悉
無所受既被罪爲有司驗劾多獲其四方受領所還問遺之狀朝
野爲之歎息七年七月卒於開州詔曰申錫雖不能周慎自抵憲
章聞其亡殁遐荒良用悲惻宜許其歸葬鄉里以示寬恩開成元
年九月詔復申錫正議大夫尚書左丞同中書門下平章事上柱
國賜紫兼贈兵部尚書仍以其子慎微爲城固縣尉

李程字表臣隴西人父鷫伯程貞元十二年進士擢第又登宏辭科累辟使府二十年入朝爲監察御史其年秋召充翰林學士順宗即位爲王叔文所排罷學士三遷爲員外郎元和中出爲劒南西川節度行軍司馬十年入爲兵部郎中尋知制誥韓弘爲淮西都統詔程銜命宣諭明年拜中書舍人權知京兆尹事十二年權知禮部貢舉十三年四月拜禮部侍郎六月出爲鄂州刺史鄂岳觀察使入爲吏部侍郎封渭源男食邑三伯戶敬宗即位之五月以本官同平章事敬宗沖幼好治宮室畋遊無度欲於宮中營新殿程諫曰自古聖帝明王以恭儉化天下陛下在諒闇之中不宜興作願以瓦木迴奉園陵上欣然從之程又奏請置侍講學士數陳經義程辯給多智筭能移人主之意尋加中書侍郎進封彭原郡公寶應二年罷相檢校兵部尚書同平章事太原尹北京留守河東節度使大和四年三月檢校尚書左僕射平章事河中尹河中晉絳節度使六年就加檢校司空七月徵爲左僕射中謝日奏曰臣所

忝官上禮前後儀注不同在元和長慶中僕射數人上日不受四品巳下官拜近日再定儀注四品巳下官悉許受拜王涯竇易直巳行之於前今御史臺云巳聞奏太常寺定取十五日上臣進退未知所據時中丞李漢以爲受四品巳下拜太重勑曰僕射上儀近巳詳定所緣拜禮皆約令文巳經施行不合更改宜準太和四年十一月六日勑處分程藝學優深然性放蕩不修儀檢滑稽好戲而居師長之地物議輕之七年六月檢校司空汴州刺史宣武軍節度使九年復爲河中晉絳節度使就加檢校司徒開成元年五月入復爲右僕射兼判太常卿事十一月兼判吏部尚書銓事二年三月檢校司徒出爲襄州刺史山南東道節度使卒有司謚曰繆子廓

廓進士登第以詩名聞於時大中末累官至潁州刺史再爲觀察使廓子晝亦登進士第

史臣曰宗儒易直以寬柔養望坐致公台與時沉浮壽考終吉可謂能奉身矣逢吉起徒步而至鼎司欺蔽幼君依憑內竪蛇虺其腹毒害正人而不與李訓同誅天道福淫明矣申錫小器大謀貽死爲幸程不持士範殁獲醜名君子操修豈宜容易

贊曰趙竇優柔坐致公侯蝮蛇治萬逢吉之流豈無令人主輔謨猷程錫弼諧于道難周

唐書列傳卷第一百一十七

左奉議郎充紹興府府學教授朱倬校正

唐書列傳卷第一百一十八

劉昫 等修

韋溫 蕭祐 獨孤郁 郁弟朗 錢徽 徽子可復可及
高釴 釴弟銖鍇 馮宿 弟定審 封敖

韋溫字弘育京兆人祖肇吏部侍郎父綬德宗朝翰林學士以散騎常侍致仕綬弟貫之憲宗朝宰相自有傳溫七歲時日念毛詩一卷年十一歲應兩經舉登第釋褐太常寺奉禮郎以書判拔萃調補秘書省校書郎時綬致仕田園聞溫登第愕然曰判入高等在羣士之上得非交結權幸而致耶令設席於廷自出判目試兩節溫命筆即成綬喜曰此無愧也調授咸陽尉入為監察御史以父在田里憲府禮拘難於省謁不拜換著作郎一謝即還侍省父疾溫侍醫藥衣不解帶垂二十年父憂毀瘠踰制免喪久之為右補闕忠懇救時宋申錫被誣溫倡言曰宋公履行有素身居台輔不當有此是姦人陷害也吾輩諫官豈避一時之雷電而致聖君賢相蒙蔽惑之咎耶因率同列伏閤切爭之由是知名大和五年太廟第四第六室欽漏上怒罰宗正卿李銳將作王融乃詔中使鳩工補葺之溫上疏曰臣聞吏舉其職國家所以治事歸於正朝廷所以尊夫設制度立官司事存典故國有經費而最重者奉宗廟也伏以太廟當修詔下踰月有司弛墮曾不加誠宜黜慢官以懲不恪之罪擇可任者責以繕完之功此則事歸于正吏舉其職也而聖恩不勞百職無曠今慢官不恪止于罰俸宗廟所切便委內臣是許百司之官公然廢職以宗廟之重為陛下所私羣官有司便同委棄此臣竊為聖朝惜此事也事關宗廟皆書史策苟非舊典不可率然伏乞更下詔書得委所司營繕則制度不紊官業交修上乃止內使羣臣上尊號溫上疏曰德如三皇止稱皇功如五帝止稱帝徽號之來乃聖王之末事今歲三川水災江淮旱歉恐非崇飾徽稱之時帝深嘉之乃止改侍御史李德裕作相遷禮部員外郎或以溫厚於牛僧孺言於德裕德裕曰此人堅正中立君子也

鄭注鎮鳳翔自知不為所齒求德門子弟為參佐請溫為副使或以為理不可拒拒則生患溫曰擇禍莫若輕拒之止於遠貶從之有不測之禍鄭注誅轉考功員外郎尋知制誥召入翰林為學士以父職禁廷憂畏成病遺誡不令居禁職懇辭不拜俄兼太子侍讀每晨至少陽院午見莊恪太子溫曰殿下盛年宜早起學周文王為太子雞鳴時問安西宮太子幼不能行其言稱疾上不悅改太常少卿未幾拜給事中王晏平為靈武刻削軍士贓罪發帝以智興之故減死貶官溫三封詔書文宗深獎之莊恪得罪召百寮諭之溫曰太子年幼陛下訓之不早到此非獨太子之過遷尚書右丞吏部員外郎張文規父弘靖長慶初在幽州為朱克融所囚文規不時省赴人士喧然罪之溫居綱轄首糾其事出文規為安州刺史鹽鐵判官姚勗知河陰院嘗雪冤獄鹽鐵使崔珙奏加酬獎乃令權知職方員外郎制出令勗省上溫執奏曰國朝已來郎官最為清選不可以賞能吏上令中使宣諭言勗能官且放入省溫堅執不奉詔乃改勗檢校禮部郎中翌日帝謂楊嗣復曰韋溫不放姚勗入省有故事否嗣復對曰韋溫志在銓擇清流然姚勗士行無玷梁公元崇之孫自殿中判鹽鐵案陛下獎之宜也若人有吏能不入清流孰為陛下當煩劇者此衰晉之風也上素重溫亦不奪其操出為陝虢觀察使武宗即位李德裕用事召拜吏部侍郎欲引以為相時李漢以家行不謹貶汾州司馬溫從容白德裕曰李漢不為相公所知昨以不孝之罪絀免乞加按問德裕曰親情耶溫曰雖非親昵久相知耳德裕不悅居無何出溫為宣歙觀察使辟鄭處誨為觀察判官德裕愈不悅他州人訟郡守溫按之無狀杖殺之明年瘍生於首謂愛壻張復魯曰予任校書郎時夢二黃衣人齎符來追及滻將渡一人續至曰彼壙至大功須萬日遂不涉而寤計今萬日矣與公訣矣明日卒贈工部尚書謚曰孝溫在朝時與李珏楊嗣復周旋及楊李禍作歎曰楊三李七若取我語豈至是耶初溫以楊李與德裕交怨及居位溫勸楊李徐用

德裕釋憾解慍二人不能用故及禍溫無子女適薛蒙善著文續
曹大家女訓十二章士族傳寫行于時溫剛腸寡合人多疎簡唯
與常侍蕭祐善
蕭祐者蘭陵人少孤貧耿介苦學事親以孝聞自處士徵拜左
拾遺累遷至考功郎中祐博雅好古尤喜圖畫前代鍾王遺法蕭
張筆勢編序真僞爲二十卷元和末進御優詔嘉之授兵部郎中
出爲虢州刺史御史入爲太常少卿轉諫議大夫踰月爲桂州刺
史中丞桂管防禦觀察使大和二年八月卒于官贈右散騎常侍
祐閑澹貞退善鼓琴賦詩書畫盡妙遊心林壑嘯詠終日而名
人高士多與之遊給事中韋溫尤重之結爲林泉之友
獨孤郁河南人父及天寶末與李華蕭穎士等齊名善爲文所著
仙掌銘大爲時派所賞位終常州刺史郁貞元十四年登進士第文
學有父風尤爲舍人權德輿所稱以子妻之貞元末爲監察御史
元和初應制舉才識兼茂明於體用策入第四等拜左拾遺太子
。　五十一【唐傳百一十八　三　徐宗
司議郎杜從郁拜左補闕郁與同列論之曰從郁是宰臣佑之子
父居宰執從郁不宜居諫列乃改爲左拾遺又論曰補闕之與拾
遺資品雖殊同是諫官若時政或有得失不可令子論父從郁竟
改他官四年轉右補闕又與同列拜章論中官吐突承璀不宜爲
河北招討使乃改招撫宣慰使五年兼史館修撰尋召充翰林學
士遷起居郎權德輿作相郁以婦公辭內職憲宗曰德輿乃有此
佳壻因詔宰相於士族之家選尚公主者遷郁考功員外郎充史
館修撰判館事預修德宗實錄七年以本官復知制誥八年轉
駕部郎中其年十月復召爲翰林學士九年以疾辭內職十一月
改秘書少監卒郁弟朗嘗居諫官請罷淮西用兵不協旨貶興元
戶曹入爲監察御史轉殿中十五年兼充史館修撰遷都官員外
郎長慶初諫議大夫李景儉於史館飲酒憑醉謁宰相語辭侵侮
朗坐同飲出爲漳州刺史入爲左司員外郎遷諫議大夫揚州節
度使王播罷兼鹽鐵使行賂於中人求復領鹽鐵朗上章論之

寶曆元年十一月拜御史中丞二年六月賜金紫之服侍御史李
道樞乘醉謁朗朗劾之左授司議郎憲府故事三院御史由大夫
中丞自辟請命于朝時崔晃鄭居中不由憲長而除皆丞相之僚
舊也勅命雖行朗拒而不納晃竟改太常博士居中分司東臺其
年十月高少逸入閤失儀朗不彈奏宰相銜阻崔晃事左授少逸
贊善大夫朗亦罰俸朗稱執法不稱乞罷中丞敬宗令中使諭之
不允其讓文宗即位改工部侍郎大和元年八月出爲福州刺史
御史中丞福建觀察使是月赴官暴卒於路贈右散騎常侍郁子
庠亦登進士第大中後官達亦至侍郎
錢徽字蔚章吳郡人父起天寶十年登進士第起能五言詩初從
鄉薦寄家江湖常於客舍月夜獨吟遽聞人吟於庭曰曲終人不
見江上數峯青起愕然攝衣視之無所見矣以爲鬼怪而志其一十
字起就試之年李暐所試湘靈鼓瑟詩題中有青字起即以鬼謠
十字爲落句暐深嘉之稱爲絕唱是歲登第釋褐秘書省校書郎
。　五十二【唐傳一百一十八　四　崔宗
大曆中與韓翃李端輩十人俱以能詩出入貴遊之門時號十才
子形於圖畫起位終尚書郎徽貞元初進士擢第從事戎幕元和
初入朝三遷祠部員外郎召充翰林學士六年轉祠部郎中知制
誥八年改司封郎中賜緋魚袋內職如故九年拜中書舍人十一年
王師討淮西詔朝臣議兵徽上疏言用兵累歲供饋力殫宜罷淮
西之征憲宗不悅罷徽學士之職守本官長慶元年爲禮部侍郎時
宰相段文昌出鎮蜀川文昌好學尤喜圖書古畫故刑部侍郎楊
憑兄弟以文學知名家多書畫鍾王張鄭之蹟在書斷畫品者兼
而有之憑子渾之求進盡以家藏書畫獻文昌求致進士第文昌
將發面託錢徽繼以私書保薦翰林學士李紳亦託舉子周漢賓
於徽及牓出渾之漢賓皆不中選李宗閔與元稹素相厚善初稹
以直道譴逐久之及得還朝大改前志由逕以徼進達宗閔亦急於
進取二人遂有嫌隙楊汝士與徽有舊是歲宗閔子壻蘇巢及汝
士季弟殷士俱及第故文昌李紳大怒文昌赴鎮辭日內殿面奏

言徽所放進士鄭朗等十四人皆子弟藝薄不當在選中穆宗以其
事訪於學士元稹李紳二人對與文昌同遂命中書舍人王起主客
郎中知制誥白居易於子亭重試內出題目孤竹管賦鳥散餘花
落詩而十人不中選詔曰國家設文學之科本求才實苟容僥倖則
異至公訪聞近日浮薄之徒扇爲朋黨謂之關節干撓主司每歲
策名無不先定永言敗俗深用興懷鄭朗等昨令重試意在精覆
藝能不於異書之中固求深僻題目貴令所試成就以觀學藝淺
深孤竹管是祭天之樂出於周禮正經閱其呈試之文都不知其
本事詞律鄙淺蕪累亦多比令宣示錢徽庶其深自懷愧誠宜盡
弃以警將來但以四海無虞人心方泰用弘寬宥式示殊恩特掩爾
瑕庶明予志孔溫業趙存約竇洵直所試粗通與及第裴譔特賜
及第鄭朗等十人並落下自今後禮部舉人宜准開元二十五年勑
及第訖所試雜文并策送中書門下詳覆尋貶徽爲江州刺史中
書舍人李宗閔劍州刺史右補闕楊汝士開江令初議貶徽宗閔

汝士令徽以文昌李紳私書進呈上必開悟徽曰不然苟無愧心
得喪一致脩身慎行安可以私書相證耶令子弟焚之人士稱徽
長者既而穆宗知其朋比之端乃下詔曰昔者卿大夫相與讓於
朝士庶人相與讓於列周成王刑措不用漢文帝恥言人過眞理
古也朕甚慕焉中代已還爭端斯起掩抑其言則專蔽誘掖其說
則侵誣自非責實循名不能彰善癉惡故孝宣必有告及下光武不
以單辭遽行語稱訕上之非律有匿名之禁皆以防三至之毀重兩
造之明是以爵人於朝則皆勸刑人於市則皆懼罪有歸而賞當
事也末代偷巧內荏外剛卿大夫無進思盡忠之誠多退有後言
之謗士庶人無切磋琢磨之益多銷鑠浸潤之譖進則諛言謟笑以
相求退則羣居州處以相議留中不出之請蓋發其陰私公論不
容之誅是生於朋黨擢一官則曰恩皆自我黜一職則曰事出他門
比周之迹已彰尚矜介特由徑之蹤盡露自謂貞方居省寺者不
以勤恪蒞官而曰務從簡易提紀綱者不以準繩檢下而曰密奏

風聞献章疏者更相是非備顧問者互有憎愛苟非秦鏡照膽堯
羊觸邪時君聽之安可不惑參斷一謬俗化益訛禍發齒牙言生
枝葉率是道也朕甚憫焉我國家貞觀開元同符三代風俗歸厚
禮讓皆行兵興已來人散久矣始欲導之以德不欲驅之以刑然而
信有未孚理有未至曾無恥格益用雕刓小則綜覈之權見侵於
下輩大則樞機之重旁撓於薄徒尚念因而化之亦冀去其尤者
而宰臣懼其寖淫未克澄清備引祖宗之書願垂勸誡之詔遂
伸告諭頗用殷勤各當自省厥躬與我同底于道元稹之辭也制
出朋比之徒如撻於市咸睚眦於紳稹徽明年遷華州刺史潼關
防禦鎮國軍等使文宗即位徵拜尚書左丞大和元年十二月復授
華州刺史二年秋以疾辭位授吏部尚書致仕三年三月卒時年
七十五子可復可及皆登進士第可復累官至禮部郎中大和九
年鄭注出鎮鳳翔李訓選名家子以爲賓佐授可復檢校兵部郎
中兼御史中丞充鳳翔節度副使其年十一月李訓敗鄭注誅可復

爲鳳翔監軍使所害
高釴字翹之祖鄭賓宋州寧陵令父去疾攝監察御史釴元和初
進士及第判入等補秘書省校書郎累遷至右補闕充史館修撰
十四年上疏請不以內官爲京西北和糴使十五年轉起居郎依
前充職釴孤貞無黨而能累陳時政得失長慶元年穆宗憐之面
賜緋於思政殿仍命以本官充翰林學士二年遷兵部員外郎依前
充職四年四月禁中有張韶之變敬宗幸左軍是夜釴從帝宿於
左軍翌日賊平賞從臣賜釴錦綵七十匹轉戶部郎中知制誥十二月
正拜中書舍人充職如故謝恩於思政殿因諫敬宗以求理莫若
躬親用示憂勤之旨也帝深納其言又賜錦綵五十匹寶曆二年
三月罷學士守本官大和三年七月授刑部侍郎四年冬遷吏部
侍郎銓綜之司官業振舉七年出爲同州刺史兼御史中丞八年
六月卒贈兵部尚書遺命薄葬釴少時孤貧絜己力行與弟銖
鍇皆以檢靜自立致位崇顯居家友睦爲搢紳所重

銖元和六年登進士第穆宗即位入朝爲監察御史累遷員外郎
吏部郎中大和五年拜給事中七年爲外官監考使八年十月文
宗用國子助教李仲言爲侍講銖率諫官伏閤論曰仲言素行纖
邪若聽用必亂國經上令中使宣諭曰朕要仲言講書非有聽用
也是歲先旱後水京師穀價騰踴彗星爲變舉選皆停人情雜然
流議鄭注姦謀日聞于外銖等犯難論諍冀上省悟既奉宣傳相
顧失色以其危亡可翹足而待也明年訓注竊權惡銖不附己五
月出爲越州刺史御史中丞浙東觀察使開成三年就加檢校左
散騎常侍尋入爲刑部侍郎四年七月出爲河南尹會昌末爲
吏部侍郎
鍇元和九年登進士第昇宏辭科累遷吏部員外大和三年準勅
試別頭進士明經鄭齊之等十八人牓出之後語辭紛競監察御史
姚中立以聞詔鍇審定乃昇李景王淑等八人以爲公六年二月自司
勳郎中轉諫議大夫七年遷中書舍人九年十月以本官權知禮

部貢舉開成元年春試畢進呈及第人名文宗謂侍臣曰從前文
格非佳昨出進士題目是朕出之所試似勝去年鄭覃曰陛下改
詩賦格調以正頹俗然高鍇亦能勵精選士仰副聖旨帝又曰近
日諸侯章奏語太浮華有乖典實宜罰掌書記以誡其流李石
曰古人因事爲文今人以文害事懲弊抑末實在盛時乃以鍇爲
禮部侍郎凡掌貢部三年每歲登第者四十人三年牓出後勅曰
進士每歲四十人其數過多則乖精選官途塡委要窒其源宜改
每年限放三十人如不登其數亦聽然鍇選擢雖多頗得實才抑
豪華擢孤進至今稱之尋轉吏部侍郎其年九月出爲鄂州刺史
御史大夫鄂岳觀察使卒銖子湜鍇子湘偕登進士第
湜咸通十二年爲禮部侍郎
湘自員外郎知制誥正拜中書舍人咸通年改諫議大夫坐宰相
劉瞻親厚貶高州司馬乾符初復爲中書舍人三年遷禮部侍郎
選士得人出爲潞州大都督府長史昭義節度澤潞觀察等使卒

馮宿東陽人廿歲隨父子華廬祖墓有靈芝白兎之祥宿昆弟三
人皆幼有文學宿登進士第徐州節度張建封辟爲掌書記後建
封卒其子愔爲軍士所立李師古欲乘喪襲取時王武俊且覬其
釁愔恐懼計無所出宿乃以檄書招師古而說武俊曰張公與君
爲兄弟欲同力驅兩河歸天子衆所知也今張公殁幼子爲亂兵
所脅內則誠款隔絕於朝廷外則境土侵逼於強寇孤危若此公
安得坐視哉誠能奏天子念先僕射之忠勳捨其子之迫脅使得
束身自歸則公於朝廷有靖亂之功於張氏有繼絕之德矣武俊
大悅即以表聞由是朝廷賜愔節鉞仍贈建封司徒宿以嘗從建
封不樂與其子處乃從浙東觀察使賈全府辟愔恨其去己奏貶
泉州司戶徵爲太常博士王士眞死以其子承宗不順不加謚宿
以爲懷柔之義不可遺其忠勞乃加之美謚轉虞部都官二員外
郎元和十二年從裴度東征爲彰義軍節度判官淮西平拜比部郎
中會韓愈論佛骨時宰疑宿草疏出爲歙州刺史爲刑部郎中

十五年權判考功宿以宰臣及三品已下官故事內校考別封以進
翰林學士職居內署事莫能知請依前書上考諫官御史亦請仍
舊並書中上考長慶元年以本官知制誥二年轉兵部郎中依前
充職牛元翼以深州不從王庭湊詔授襄州節度使元翼未出深
州爲庭湊所圍二年以宿檢校右庶子兼御史中丞賜紫金魚袋
往摠留務監軍使周進榮不遵詔命宿以狀聞元翼既至宿歸朝
拜中書舍人轉太常少卿敬宗即位宿常導引乘輿出爲華州
刺史以父名拜章乞罷改左散騎常侍兼集賢殿學士充考制
策官大和二年拜河南尹時洛苑使姚文壽縱部下侵擾百姓吏
不敢捕一日遇大會嘗所捕者傲睨於文壽之側宿知而捶之杖
死大和四年入爲工部侍郎六年遷刑部侍郎修格後勅三十卷
遷兵部侍郎九年出爲劍南東川節度使檢校禮部尚書開成元
年十二月卒廢朝贈吏部尚書謚曰懿有文集四十卷子圖陶韜
三人皆登進士揚歷清顯宿弟定字介夫儀貌壯偉與宿俱有文

學而定過之貞元中皆舉進士時人比之漢朝二馮君子頔牧姑蘇
也定寓焉頔友於布衣閒後頔帥襄陽定乘驢詣軍門吏不時白
定不留而去頔慙笞軍吏馳載錢五十萬及境謝之定飯逆旅復
書責以貴傲而返其遺頔深以爲恨權德輿掌貢士擢居上第後
於潤州佐薛苹幕得校書郎尋爲鄠縣尉充集賢校理定先時
居父憂因號毀得肺病趨府或不及時大學士疑其恃才簡怠乃
奪其職俾爲大理評事登朝爲太常博士轉祠部員外郎會曆
二年出爲郢州刺史長壽縣尉馬洪貽告定強奪人妻及將闕官
職田祿粟入己費用詔監察御史李顧行鞫之獄具上聞制曰馮
定經使臣推問無入己贓私所告罰錢又皆公用然長吏之體頗
涉無儀刑賞或乖宴遊不節緣經恩赦難更科書猶持郡符公
議不可宜停見任尋除國子司業河南少尹大和九年八月爲太常
少卿文宗每聽樂鄙鄭衛聲詔奉常習開元中霓裳羽衣舞以
雲韶樂和之舞曲成定總樂工閱於庭定立於其間文宗以其端

○凝若植問其姓氏翰林學士李珏對曰此馮定也文宗喜問曰豈非
能爲古章句者耶乃召昇階文宗自吟定送客西江詩吟罷益喜
因錫禁中瑞錦仍令大録所著古體詩以獻尋遷諫議大夫知匭
事是歲李訓事敗伏誅衣冠横羅其禍中外危疑及改元御殿中
尉仇士良請用神策仗衛在殿門定抗疏論罷人情危之又請許
左右史隨宰臣入延英記事宰臣不樂二年改太子詹事三年宰臣
鄭覃拜太子太師欲於尚書省上事定奏曰據六典太師居詹事
府不合於都省禮上乃詔於本司上事人推美之四年遷衛尉卿
是歲上章請老詔以左散騎常侍致仕會昌六年改工部尚書而
卒先長慶中源寂使新羅國見其國人傳寫諷念定所爲黑水碑
畫鶴記韋休符之使西番也見其國人寫定商山記於屏障其文
名馳於戎夷如此子袞顓軒巖四人皆進士登第咸通中歷位臺
省宿從弟審寬
審父子郁審貞元十二年登進士第累辟使府入爲監察御史累遷
至兵部郎中開成三年遷諫議大夫四年九月出爲桂州刺史桂
管觀察使入爲國子祭酒國子監有孔子碑睿宗篆額加大周兩
字蓋武后時篆也審請琢去僞號復大唐字從之咸通中卒於秘
書監審弟寬子緘皆進士擢第知名於時
封敖字碩夫其先渤海蓨人祖希奭父諒官卑敖元和十年登進
士第累辟諸侯府大和中入朝爲右拾遺會昌初以員外郎知制
誥召入翰林爲學士拜中書舍人敖構思敏速語近而理勝不務
奇澀武宗深重之嘗草賜陣傷邊將詔警句云傷居爾體痛在
朕躬帝覽而善之賜之宮錦李德裕在相位定策破回鶻誅劉稹
議兵之際同列或有不可之言唯德裕籌計指畫竟立奇功武宗
賞之封衛國公守太尉其制語有遏橫議於風波定奇謀於掌握
逆稹盜兵壺關畫鑠造勝嘉話開懷靜思意皆我同言不他惑制
出敖往慶之德裕口誦此數句撫敖曰陸生有言所恨文不迨意
如卿此語秉筆者不易措言座中解其所賜玉帶以遺敖深禮重

○之然敖一不持士範人重其才而輕其所爲德裕不能大用之德裕
罷相敖亦罷内職宣宗即位遷禮部侍郎大中二年典貢部多擢
文士轉吏部侍郎渤海男食邑七百戶四年出爲興元尹御史大
夫山南西道節度使歷左散騎常侍十一年拜太常卿出爲滄青
節度使入爲戶部尚書卒子彥卿望卿從子特卿皆進士及第咸
通後歷位清顯
史臣曰韋公鯁亮守官犯而得禮蕭子恬於吏隱抑亦名賢蔚
章操韻非高而從容長者郁朗襟懷鬱有世風三高並秀於一時
二馮爭驅於千里咸以擒英掞藻華國揚名潤色之能封無與讓
壽考垂慶儒何負哉
贊曰伏蒲進諫染翰爲文獨孤韋氏志在匡君馮高諸子綺繡繽
紛禁垣擅美渤海凌雲

唐書列傳卷第一百一十八 左奉議郎充紹興府府學教授朱倬校正

劉昫等修

李訓 鄭注 王涯 王璠 賈餗

舒元輿 郭行餘 羅立言 李孝本

李訓肅宗時宰相揆之族孫也始名仲言進士擢第形貌魁梧神情灑落辭敏智捷善揣人意寶曆中從父逢吉爲宰相以訓陰險善計事愈親厚之初與茅彙等欲中傷李程及武昭事發訓坐長流嶺表會赦得還丁母憂居洛中時逢吉爲留守思復爲宰相且怨裴度居常憤鬱不樂訓揣知其意即以奇計動之自言與鄭注善逢吉以爲然遺訓金帛珍寶數百萬令持入長安以賂注注得賂甚悅乘間薦于中尉王守澄乃以注之藥術訓之易道合薦于文宗守澄以訓縗粗難入禁中帝令訓戎服號王山人與注入內帝見其指趣甚奇之及訓釋服在京師大和八年自流人補四門助教召入內殿面賜緋魚其年十月遷國子周易博士充翰林侍

講學士入院日賜宴宣法曲弟子二十人就院奏法曲以寵之兩省諫官伏閤切諫言訓姦邪海內聞知不宜令侍宸扆終不聽文宗性守正嫉惡以宦者權寵太過繼爲禍胎元和末弒逆之徒尚在左右雖外示優假心不堪之思欲芟落本根以雪讎恥九重深處難與將相明言前與侍講宋申錫謀之不臧幾成反噬自是巷伯尤橫因鄭注得幸守澄俾之援訓冀黃門之不疑也訓既在翰林解易之際或語及巷伯事則再三憤激以動上心以其言論縱橫謂其必能成事遂以真誠謀於訓注自是二人寵幸言無不從而深秘之謀往往流聞於外上慮中人猜慮乃疏易義五條示於百辟有能出訓之意者賞之蓋欲知上以師友寵之九年七月改兵部郎中知制誥充翰林學士九月遷禮部侍郎同平章事仍賜金紫之服詔以平章之暇三五日一入翰林訓既秉權衡即謀誅內豎中官陳弘慶者自元和末負弒逆之名忠義之士無不扼腕時爲襄陽監軍乃召自漢南至青泥驛遣人封杖決殺王守澄自

長慶已來知樞密典禁軍作威作福訓既作相以守澄爲六軍十二衛觀軍容使罷其禁旅之權尋賜酖殺之訓愈承恩顧每別殿奏對他宰相莫不順成其言黃門禁軍迎拜戢斂訓本以纖達門庭趨附之士率皆狂怍險異之流時亦能取正人偉望以鎮人心天下之人有冀訓以致太平者不獨人主惑其言訓雖爲鄭注引用及祿位俱大勢不兩立託以中外應赴之謀出注爲鳳翔節度使俟誅內豎即兼圖注約以其年十一月誅中官須假兵力乃以大理卿郭行餘爲邠寧節度使戶部尚書王璠爲太原節度使京兆少尹羅立言權知大尹事太府卿韓約爲金吾街使刑部郎中知雜李孝本權知中丞事皆訓之親厚者冀王璠郭行餘未赴鎮間廣令召募豪俠及金吾臺府之從者俾集其事是月二十一日帝御紫宸班定韓約不報平安奏曰金吾左仗院石榴樹夜來有甘露臣已進狀訖乃蹈舞再拜宰相百官相次稱賀李訓奏曰甘露降祥俯在宮禁陛下宜親幸左仗觀之班退上乘軟舁出紫宸門

由含元殿東階升殿宰相侍臣分立於副階文武兩班列於殿前上令宰相兩省官先往視之既還曰臣等恐非真甘露不敢輕言言出四方必稱賀也上曰韓約妄耶乃令左右軍中尉樞密內臣往視之既去訓召王璠郭行餘曰來受勅旨璠恐悚不能前行餘獨拜殿下時兩鎮官健皆執兵在丹鳳門外訓已令召之唯璠從兵入邠寧兵竟不至中尉樞密至左仗聞幕下有兵聲驚恐走出閽者欲扃鐍之爲中人所叱執關而不能下內官迴奏韓約氣懾汗流不能舉首中官謂之曰將軍何及此耶又奏曰事急矣請陛下入內即舉軟輿迎帝訓殿上呼曰金吾衛士上殿來護乘輿者人賞百千內官決殿後罘罳舉輿疾趨訓攀呼曰陛下不得入內金吾衛士數十人隨訓而入羅立言率府中從人自東來李孝本率臺中從人自西來共四百餘人上殿縱擊內官死傷者數十人訓時愈急邐迤入宣政門帝瞋目叱訓內官郗志榮奮拳擊其胸訓即偃仆於地帝入東上閤門門即闔內官呼萬歲者數四須臾

内官率禁兵五百人露刃出閤門遇人即殺宰相王涯賈餗舒元輿方中書會食聞難出走諸司從吏死者六七百人是日訓中拳而仆知事不濟乃單騎走入終南山投寺僧宗密訓與宗密素善欲剃其髮匿之從者止之乃趨鳳翔欲依鄭注出山爲盩厔鎮將宗楚所得械送京師至昆明池訓恐入軍别受榜掠乃謂兵士曰所在有兵得我者即富貴不如持我首行被奪取乃斬訓持首而行訓弟仲景再從弟戶部員外郎元臯皆伏法仇士良以宗密容李訓遣人縛入左軍責以不告之罪將殺之宗密怡然曰貧僧識訓年深亦知反叛然本師教法遇苦即救不愛身命死固甘心中尉魚弘志嘉之奏釋其罪

鄭注絳州翼城人始以藥術游長安權豪之門本姓魚冒姓鄭氏故時號魚鄭注用事時人目之爲水族元和十三年李愬爲襄陽節度使注往依之愬得其藥力因厚遇之署爲節度衙推從愬移鎮徐州又爲職事軍政可否愬與之參決注詭辯陰狡善探人

五十二 【唐傳一百十九】 三

○意旨與愬籌謀未嘗不中其意然挾邪任數專作威福軍府患之時王守澄監徐軍深怒注一日以軍情患注白于愬愬曰彼雖如此實奇才也將軍試與之語苟不如言去未爲晚愬即令謁監軍守澄初有難色及延坐與語機辯縱衡盡中其意遂延于内室促膝投分恨相見之晚翌日守澄謂愬曰誠如公言實奇士也自是出入守澄之門都無限隔愬署爲巡官齒於賓席及守澄入知樞密當長慶寶曆之際國政多專於守澄注晝伏夜動交通賂遺初則讒邪姦巧之徒附之以圖進取數年之後達僚權臣爭湊其門累從山東京西諸軍歷衛佐評事御史又檢校庫部郎中爲昭義節度副使既以陰事誣陷宋申錫守道正人始側目焉大和七年罷邠寧行軍司馬入京師御史李款閤内彈之曰鄭注内通勅使外結朝官兩地往來卜射財貨晝伏夜動干竊化權人不敢言道路以目請付法司旬日内諫章十數文宗不納尋授注通王府司馬充右神策判官中外駭歎八年九月注進藥方一卷令守澄召注對浴堂門賜錦綵召對之夕彗出東方長三尺光耀甚緊其年十二月拜太僕卿兼御史大夫注起第善和里通衢永巷長廊複壁日聚京師輕薄子弟方鎮將吏以招權利閒日入禁軍與守澄款密語必移時或通夕不寐李訓既附注以進承間入謁而輕儇躁進者盈於注門九年八月遷工部尚書充翰林侍講學士召自九仙門帝面賜告身時李訓已在禁庭二人相洽日侍君側講貫太平之術以爲朝夕可致昇平兩姦合從天子益惑其說是時訓注之權赫於天下既得行其志生平恩讎絲毫必報因楊虞卿之獄挾忌李宗閔李德裕心所惡者目爲二人之黨朝士相繼斥逐班列爲之一空人人惴慄若崩厥角帝微知之下詔慰諭人情稍安訓注天資狂妄偷合苟容至於經略謀猷無可稱者初浴堂召對上訪以富人之術乃以榷茶爲對其法欲以江湖百姓茶園官自造作量給直分命使者主之帝惑其言乃命王涯兼榷茶使又言秦中有災宜興工役以禳之文宗能詩嘗吟杜甫江頭篇

五十二 【唐傳一百十九】 四

○云江頭宮殿鏁千門細柳新蒲爲誰緑始知天寶已前環曲江四岸有樓臺行宮廨署心切慕之既得注言即命左右神策軍差人淘曲江昆明二池仍許公卿士大夫之家於江頭立亭館以時追賞時兩軍造紫雲樓彩霞亭内出樓額以賜之注言無不從皆此類也九月檢校尚書左僕射鳳翔尹鳳翔節度使蓋與李訓謀事有期欲中外協勢十一月注聞訓事發自鳳翔率親兵五百餘人赴闕至扶風聞訓敗乃還監軍使張仲清已得密詔迎而勞之召至監軍府議事注倚兵衛即赴之仲清已伏兵幕下注方坐伏兵發斬注傳首京師部下潰散注家屬屠滅靡有孑遺初未獲注京師憂恐至是人人相慶注兩目不能遠視自言有金丹之術可去瘘弱重膇之疾始李愬自云得效乃移之守澄亦神其事繇是中官視注皆憐之卒以是售其狂謀而守澄自貽其患復致衣冠塗地豈一時之沴氣歟既籍没其家財得絹一百萬匹他貨稱是

王涯字廣津太原人父晃貞元八年進士擢第登宏辭科釋褐

藍田尉貞元二年十月召充翰林學士拜右拾遺左補闕起居舍人
皆充內職元和三年爲宰相李吉甫所怒罷學士守都官員外郎
再貶虢州司馬五年入爲吏部員外七年改兵部員外郎知制誥
九年八月正拜舍人十年轉工部侍郎知制誥加通議大夫清源縣
開國男學士如故十二年十二月加中書侍郎同平章事十三年八
月罷相守兵部侍郎尋遷吏部穆宗即位以檢校禮部尚書梓
州刺史劒南東川節度使其年十月吐蕃南北犄角入寇西北
邊騷動詔兩川兵拒之時蕃軍逼雅州涯上疏曰臣當道出軍徑
入賊腹有兩路一路從龍州清川鎮入蕃界徑抵故松州城是吐蕃
舊置節度之所一路從綿州威蕃柵入蕃界徑抵棲雞城皆吐蕃
險要之地又曰臣伏見方今天下無犬吠之警海內同覆盂之安每
蕃戎一警則中外咸震致陛下有旰食軫懷之憂斯乃臣等居大
官受重寄者之深責也雖承詔發卒心馳寇廷其於爲國討除使
戎人芟翦晝夜思忖何補涓毫所以懍懍愚心願陳萬一臣觀自

古長策昭然可徵在於實邊兵選良將明斥候廣貯儲杜其姦
謀險其走集此立朝士大夫皆知不獨微臣知之也秖在舉行之
耳然臣愚見所及猶欲布露者誠願陛下不愛金帛之費以鈎北
虜之心臨遣信臣與之定約曰犬戎悖亂負恩爲邊鄙患者數矣
能制而服之者唯在北蕃如能發兵深入殺若干人取若干地則受
若干之賞開懷以示之厚利以啗之所以勸發要約者異於他日
則匈奴之銳可得出矣一戰之後西戎之力衰矣穆宗不能用其謀
長慶元年幽鎮復亂王師征之未聞勍捷涯在鎮上書論用兵曰
伏以幽鎮兩州悖亂天紀迷亭育之厚德肆豺虎之非心囚繫鼎
臣戕賊戎帥毒流列郡釁及賓僚凡在有情孰不扼腕咸欲橫戈
荷戟問罪賊廷伏以國家文德誕敷武功繼立遠無不服邇無不
安矧茲二方敢逆天理臣竊料詔書朝下諸鎮夕驅以貔貅問罪
之師當猖狂失節之寇傾山壓卵決海灌熒勢之相懸不是過也
但以常山燕郡虞虢相依一時興師恐費財力且夫罪有輕重事

有後先攻堅宜從易者如聞范陽擧亂出自一時事非宿謀情亦
可驗鎮州構禍殊匪偶然扇動屬城以兵拒境如此則幽薊之衆
可示寬刑鎮冀之戎必資先討況廷湊闒茸不席父祖之恩成德
分離人多迫脅之勢今以魏博思復讎之衆昭義願盡敵之師參
之晉陽輔以滄易犄角而進易若建瓴盡屠其城然後北首燕路
在朝廷不爲失信於軍勢實得機宜臣之愚忠輒在於此臣又聞
用兵若鬭先扼其喉今瀛莫易定兩賊之咽喉也誠宜假之威柄
戍以重兵俾其死生不相知閒諜無所入而以大軍先迫冀趙次
下井陘此百擧百全之勢也臣受恩深至無以上酬輕冒陳聞不
勝戰越洎涯跡至盧士玫已爲賊劫陷瀛莫州凶勢不可遏俄而
二兇俱宥之三年入爲御史大夫敬宗即位改戶部侍郎兼御史
大夫充鹽鐵轉運使俄遷禮部尚書充職寶曆二年檢校尚書左
僕射興元尹山南西道節度使就加檢校司空大和三年正月入
爲太常卿文宗以樂府之音鄭衛太甚欲聞古樂命涯詢於舊

工取開元時雅樂選樂童按之名曰雲韶樂樂曲成涯與太常丞
李廓少府監庾承憲押樂工獻於梨園亭帝按之於會昌殿上悅
賜涯等錦綵四年正月守吏部尚書檢校司空復領鹽鐵轉運使
其年九月守左僕射領使奏李師道前據河南十二州其兗鄆淄
青濮州界舊有銅鐵冶每年額利百餘萬自收復未定稅額請
復係鹽鐵司依建中元年九月勅例制置從之七年七月以本官同
平章事進封代國公食邑二千戶八年正月加檢校司空門下侍
郎弘文館大學士太清宮使九年五月正拜司空仍令所司冊命
加開府儀同三司仍兼領江南榷茶使十一月二十一日李訓事敗文
宗入內涯與同列歸中書會食未下筯吏報有兵自閤門出逢
人即殺涯等蒼惶步出至永昌里茶肆爲禁兵所擒并其家屬奴
婢皆繫於獄仇士良鞫涯反狀涯實不知其故械縛既急搒笞不
勝其酷乃令手書反狀自誣與訓同謀獄具左軍兵馬三百人領
涯與王璠羅立言右軍兵馬三百人領賈餗舒元輿李孝本先

赴郊廟衢兩市乃腰斬於子城西南隅獨柳樹下涯以榷茶事百
姓怨恨詬罵之投瓦礫以擊之中書房吏焦寓焦璿臺吏李楚等
十餘人吏卒爭取殺之籍没其家涯子工部郎中集賢殿學士孟
堅太常博士仲翔其餘稚小妻女連襟係頸送入兩軍無少長盡
誅之自涯已下十一家資貨悉爲軍卒所分涯積家財鉅萬計兩
軍士卒及市人亂取之竟日不盡涯博學好古能爲文以辭藝登
科踐揚清峻而貪權固寵不遠邪佞之流以至赤族涯家書數萬
卷侔於書府前代法書名畫人所保惜者以厚貨致之不受貨者
即以官爵致之厚爲垣竅而藏之複壁至是人破其垣取之或剔
取函奩金寶之飾與其玉軸而弃之涯之死也人以爲冤昭義節度
使劉從諫三上章求示涯等三相罪名仇士良頗懷憂恐初宦官
縱毒凌籍南司及從諫奏論兇焰稍息人士賴之
王璠字魯玉父礎進士文辭知名元和五年擢進士第登宏辭科
風儀脩飾操履甚堅累辟諸侯府元和中入朝爲監察御史再
○　五十一　【唐傳一百一十九】　七　江文
遷起居舍人副鄭覃宣慰於鎮州長慶中累遷員外郎十四年以
職方郎中知制誥寶曆元年二月轉御史中丞時李逢吉爲宰相
與璠親厚故自郎官掌誥便拜中丞恃逢吉之勢稍橫嘗與左僕
射李絳相遇於街交車而不避絳上疏論之曰左右僕射師長庶
寮開元中名之丞相其後雖去三事機務猶總百司之權表狀之
中不署其姓尚書已下每月合衙上日百寮列班宰相居上中丞御
史列位於廷禮儀之崇中外特異所以自武德貞觀已來聖君賢
臣布政除弊不革此禮謂爲合宜苟有不安尋亦合廢近年緣有
才不當位恩加特拜者遂從權便不用舊儀酌於群情事實未
當今或有僕射初除就中丞院門相看即與欲參何殊或中丞新
授亦無見僕射處又參賀處或僕射先至中丞後來憲度乖宜尊
卑倒置儻人才忝位自合別授賢良若朝命守官豈得有虧法制
伏望下百寮詳定事體使永可遵行敕旨令兩省詳議兩省奏曰
元和中伊慎忝居師長之位太常博士韋謙削去舊儀令李絳所

論於禮甚當逢吉素惡絳之直天子雖許行舊儀中書竟無處分
乃罷璠中丞遷工部侍郎尋罷絳僕射以太子少師分司東都其
弄權怙寵如此璠二年七月出爲河南尹大和二年以本官權知東
都選十月轉尚書右丞勑選畢入朝三年改吏部侍郎四年七月
拜京兆尹兼御史大夫十二月遷左丞判太常卿事六年八月檢校
禮部尚書潤州刺史浙西觀察使八年李訓得幸累薦于上召還
復拜右丞璠以逢吉故吏自是傾心於訓權倖傾朝九年五月遷
戶部尚書判度支謝日召對浴堂錫之錦綵其年十一月李訓將
誅內官令璠召募豪俠乃授太原節度使託以募爪牙爲名訓敗
之日璠歸長興里第是夜爲禁軍所捕舉家下獄斬璠於獨柳樹
家無少長皆死璠子遐休直弘文館李訓舉事之日遐休於館中
禮上同職駕部郎中令狐定等五六人送之是日悉爲亂兵所執
定以兄楚爲僕射軍士釋之獨執遐休誅之初璠在浙西繕城壕
役人掘得方石上有十二字云山有石石有玉玉有瑕瑕即休璠覩
○　五十一　【唐傳一百一十九】　八　江文
莫知其旨京口老人講之曰此石非尚書之吉兆也尚書祖名崟崟
生礎是山有石也礎生尚書是石有玉也尚書之子名遐休休絕
也此非吉徵果赤族
賈餗字子美河南人祖渭父寧餗進士擢第又登制策甲科文史
兼美四遷至考功員外郎長慶初策召賢良選當時名士考策餗
與白居易俱爲考策官選文人以爲公尋以本官知制誥遷庫部
郎中充職四年爲張又新所構出爲常州刺史大和初入爲太常
少卿二年以本官知制誥三年七月拜中書舍人四年九月權知
禮部貢舉五年牓出後正拜禮部侍郎凡典禮闈三歲所選士
七十五人得其名人多至公卿者七年五月轉兵部侍郎八年十一
月遷京兆尹兼御史大夫九年四月檢校禮部尚書潤州刺史浙
西觀察使制出未行拜中書侍郎同平章事進金紫階封姑臧
男食邑三百戶未幾加集賢殿學士監修國史其年十一月李訓事
發兵交殿廷禁軍肆掠餗易服步行出內潛身人間翌日自投神

策軍與王涯等皆族誅餗雖中立自持然不能以身犯難排斥姦
纖脂韋其間遂至覆族逢時多僻死非其罪世多冤之
舒元輿者江州人元和八年登進士第釋褐諸府從事大和初入
朝爲監察轉侍御史初天寶中玄宗祀九宮壇於東郊壇行事御
署祝板元輿爲監察監祭事以爲太重奏曰臣伏見祀九宮貴神
祝板九片陛下親署御名及稱臣於九宮之神臣伏以天子之尊
除祭天地宗廟之外無合稱臣者王者父天母地兄日姊月而貴
神以九宮爲目是宜分方而守其位臣數其名號太一天一招搖
軒轅咸池青龍太陰天符攝提也此九神於天地猶子男也於日
月猶侯伯也陛下爲天子豈可反臣於天之子男耶臣竊以爲過
縱陰陽者流言其合祀則陛下當合稱皇帝遣某官致祭于九宮
之神不宜稱臣與名臣雖愚瞽未知其可乞下禮官詳議從之尋
轉刑部員外郎元輿自負奇才銳於進取乃進所業文章乞試效
用宰執謂其躁競五年八月改授著作郎分司東都時李訓丁母

憂在洛與元輿性俱詭激乘險蹈利相得甚歡及訓爲文宗寵遇
復召爲尚書郎九年以右司郎中知臺雜七月權知中丞事九年
拜御史中丞兼判刑部侍郎是月以本官同平章事與訓同知政
事而深謀詭筭熒惑主聽皆生於二兇也訓竊發之日兵自內
出元輿易服單馬出安化門爲追騎所擒送左軍族誅之
郭行餘者亦登進士第大和初累官至楚州刺史五年移刺汝州
兼御史中丞九月入爲大理卿李訓在東都時與行餘親善行餘
數相餉遺至是用爲九列十一月訓欲竊發令其募兵乃授邠寧節
度使訓敗族誅
羅立言者父名歡貞元末登進士第寶曆初檢校主客員外郎爲
鹽鐵河陰院官二年坐糶米不實計贓一萬九千貫鹽鐵使惜其
吏能定罪止削所兼侍御史大和中爲司農少卿主太倉出納物
以貨厚賂鄭注李訓亦重之訓將竊發須兵集事以京兆府多吏
卒用立言爲京兆少尹知府事訓敗日禁誅長安縣令孟琯貶硤
州長史萬年縣令姚中立朗州長史以兩縣捕賊官受立言指使
故也初立言集兩縣吏卒萬年捕賊官鄭洪懼禍託疾既而詐死
令家人喪服聚哭姚中立陰知其故恐以詐聞不免其累乃以狀
告洪之詐仇士良拘洪入軍洪銜中立之告謂士良曰追集所由皆
因縣令與分子何罪也故中立坐貶洪免死
李孝本者宗室之子也累官至刑部郎中而依于訓注以求進舒
元輿作相訓用孝本知臺雜權知中丞事最預訓謀竊發之日孝
本從人殺內官十餘人於殿廷知事不濟單騎走投鄭注至咸陽
西原爲追騎所捕族誅之坐訓注而族者凡十一家人以爲寃
史臣曰王者之政以德霸者之政以權古先后王率由兹道而遂
能息人靖亂垂統作則者如梓人共柯而殊工良弈同枰而獨勝
蓋任得其術則事無後艱昭獻皇帝端冕深帷憤其厮養欲鏟
宮居之弊載澄刑政之源當宜禮一代正人訪先朝耆德脩文教而
厚風俗設武備以服要荒俾西被東漸皆陶於景化柔祇者昊必

降於御名祥自然懷德以寧無思不服況區區宦者獨能悖化哉故
豎刁易牙不廢齊桓之霸韓嫣籍孺何妨漢帝之明蓋有管仲亞
夫之賢屬之以大政故也此二君者制御閹寺得其道也而昭獻
忽君人之大體惑纖狡之庸儒雖終日橫經連篇屬思但得好文
之譽庸非致治之先且李訓者狙詐百端陰險萬狀背守澄而勸
酖出鄭注以擅權秖如畫隤四星兼權八校小人方寸即又難知但
慮爲蠹蠱而採溪蓀翻獲蝮蜓之患也嗚呼明主夫何不思遠致
血賤黃門兵交青瑣苟無潘后之勢黃屋危哉涯餗綽有士風曉
爲利喪致身鬼蜮之伍何逃覆室之災非天不仁子失道也
贊曰奭旦興周斯高亡秦禍福非天治亂由人訓注姦偽血賴象
魍非時之賢君迷倒置

唐書列傳卷第一百一十九

左奉議郎充紹興府府學教授朱倬校正

唐書列傳卷第一百二十

劉昫 等修

聞人詮校刊沈桐同校

裴度

裴度字中立河東聞喜人祖有鄰濮州濮陽令父溆河南府澠池丞度貞元五年進士擢第登宏辭科應制舉賢良方正能直言極諫科對策高等授河陰縣尉遷監察御史密疏論權倖語切忤旨出爲河南府功曹遷起居舍人元和六年以司封員外郎知制誥尋轉本司郎中七年魏博節度使田季安卒其子懷諫幼年不任軍政牙軍立小將田興爲留後興布心腹於朝廷請守國法除吏輸常賦憲宗遣度使魏州宣諭興承僭侈之後車服垣屋有踰制度視事齋閤尤加宏敞興惡之不於其間視事乃除舊採訪使廳居之請度爲壁記述興謙降奉法魏人深德之興又請度遍至屬郡宣述詔旨魏人郊迎感悅使還拜中書舍人九年十月改御史中丞宣徽院五坊小使每

歲秋按鷹犬於畿甸所至官吏必厚邀供餉小不如意即恣其須索百姓畏之如寇盜先是貞元末此輩暴橫尤甚乃至張網羅於民家門及井不令出入汲水曰驚我供奉鳥雀又羣聚於賣酒食家肆情飲啖將去留蛇一篋誡之曰吾以此蛇致供奉鳥雀可善飼之無使飢渴主人賂而謝之方肯攜蛇篋而去至元和初雖數治其弊故態未絕小使嘗至下邽縣縣令裴寰性嚴刻嫉其凶暴公館之外一無曲奉小使怒構寰出慢言及上聞憲宗怒促令攝寰下獄欲以大不敬論宰相武元衡等以理開悟帝怒不解度入延英奏事因極言論列言寰無罪上愈怒曰如卿之言寰無罪即決五坊小使如小使無罪即決裴寰度對曰按罪誠如聖旨但以裴寰爲令長憂惜陛下百姓如此豈可加罪上怒色遽霽翌日令釋寰尋以度兼刑部侍郎奉使蔡州行營宣諭諸軍既還帝問諸將之才度曰臣觀李光顏見義能勇終有所成不數日光顏奏大破賊軍於時曲帝尤歎度之知人十六年月王承宗李師道俱遣刺客刺宰相武元衡亦令刺度是日度出通化里盜三以劒擊度初斷靴帶次中背纔絕單衣後微傷其首度墮馬會度帶氊帽故創不至深賊又揮刃追度度從人王義乃持賊連呼甚急賊反刃斷義手乃得去度已墮溝中賊謂度已死乃捨去居三日詔以度爲門下侍郎同中書門下平章事度劾正而言辯尤長於政體凡所陳諭感動物情自魏博使還宣達稱旨帝深嘉屬又自蔡州勞軍還益聽其言尚以元衡秉政大用未果自盜發都邑便以大計屬之初元衡遇害獻計者或請罷度官以安二鎭之心憲宗大怒曰若罷度官是姦計得行朝綱何以振舉吾用度一人足以破此二賊矣度亦以平賊爲已任度以所傷請告二十餘日詔以衛兵宿度私第中使問訊不絕未拜前一日宣旨謂度曰不用宣政衙假即延英對來及度入對撫諭周至時羣盜干紀變起都城朝野恐駭及度命相制下人情始安以爲必能殄寇自是誅賊之計日聞獻替用軍愈急十一年莊憲皇后崩度爲禮儀使上不聽政欲準故事置冢宰以攝百司度獻議曰冢宰是殷周六官之首既掌邦理實

統百司故王者諒闇百官有權聽之制後代設官既無此號不可虛設且國朝故事或置或否古今異制不必因循勅旨曰諸司公事宜權取中書門下處分識者是之六月蔡州行營唐鄧節度使高霞寓敗兵于鐵城中外恟駭先是詔羣臣各獻誅吳元濟可否之狀朝臣多言罷兵赦罪爲便翰林學士錢徽蕭俛語尤切唯度言賊不可赦及霞寓敗宰相以上必厭兵欲以罷兵爲對延英方奏憲宗曰夫一勝一負兵家常勢若帝王之兵不合敗則自古何難於用兵累聖不應留此凶賊今但論此兵合用與否及朝廷制置當否卿等唯須要害處置將帥有不可者去之勿疑兵力有不足者速與應接何可以一將不利便沮成計於是宰臣不得措言朝廷無敢言罷兵者故度計得行王稷家二奴告稷換父遺表隱没進奉物留其奴於仗內遣中使往東都檢責稷之家財度奏曰王鍔身殁之後其家進奉已多今因其奴告撿責其家事臣恐天下將帥聞之必有以家爲計者憲宗即日遣中使還二奴付京兆府決殺十二年李愬李光顏屢奏破

賊然國家聚兵淮右四年度支供餉不勝其弊諸將玩寇相視未有成功上亦病之宰相李逢吉王涯等三人以勞師弊賦意欲罷兵見上亙陳利害度獨無言帝問之對曰臣請身自督戰明日延英重議逢吉等出獨留度謂之曰卿必能爲朕行乎度俯伏流涕曰臣誓不與此賊偕全上亦爲之改容度復奏曰臣昨見吳元濟乞降表料此逆賊勢實窘蹙但諸將不一未能迫之故未降耳若臣自赴行營則諸將各欲立功以固恩寵破賊必矣上然之翌日詔曰輔弼之臣軍國是賴興化致理秉鈞以居取威定功則分閫而出所以同君臣之體一中外之任焉屬者問罪汝南致誅淮右蓋欲刷其汙俗弔彼頑人雖挈地求生者實繁有徒而嬰城執迷者未翦其類何獸困而猶闘豈鳥窮之無歸歟由是遥聽鼓鼙更張琴瑟煩我台席董兹戎旃朝議大夫守中書侍郎同平章事飛騎尉賜紫金魚袋裴度爲時降生協朕夢卜精辨宣力堅明納忠當軸而才謀老成運籌而智略有定司其樞務備知四方之事付以兵要必得萬人之心是用禱于上

○玄揀此吉日帶丞相之印綬所以尊其名賜諸侯之斧鉞所以重其命爾宜宣布清問恢壯皇猷感勵連營蕩平多壘招懷孤疾字撫夷傷況淮西一軍素効忠節過海赴難史冊書勳建中初攻破襄陽擒梁崇義比者脅於凶逆歸命無由每念前勞常思安撫所以內輟輔臣俾爲師率實欲保全慰諭各使得宜汝往欽哉無越我丕訓可門下侍郎同中書門下平章事蔡州刺史充彰義軍節度申光蔡觀察等使仍充淮西宣慰招討處置使詔出度以韓弘爲淮西行營都統不欲更爲招討請秖稱宣慰處置使又以此行既兼招撫請改翦其類爲革其志又以弘已爲都統請改更張琴瑟爲近輟樞衡請改煩我台席爲授以成算皆從之仍奏刑部侍郎馬摠爲宣慰副使太子右庶子韓愈爲彰義行軍司馬司勳員外郎李正封都官員外郎馮宿禮部員外郎李宗閔等爲兩使判官書記皆從之初德宗朝政多僻朝官或相過從多令金吾伺察密奏宰相不敢於私第見賓客及度輔政以羣賊未誅宜延接奇士共爲籌畫乃請於私居接延賓客憲宗許之自是天下賢俊得以效計議於丞相接士於私第由度之請也自討淮西王師屢敗論者以殺傷滋甚轉輸不迨擬議密疏紛紜交進度以腹心之疾不時去之終爲大患不然兩河之盗亦將視此爲高下遂堅請討伐上深委信故聽之不疑度既受命召對於延英奏曰主憂臣辱義在必死賊滅則朝天有日賊在則歸闕無期上爲之惻然流涕十二年八月三日度赴淮西詔以神策軍三百騎衞從上御通化門慰勉之度樓下銜涕而辭賜之犀帶度名雖宣慰其實行元帥事仍以郾城爲治所上以李逢吉與度不協乃罷知政事出爲劒南東川節度既離京淮西行營大將李光顔烏重胤謂監軍梁守謙曰若俟度至而有功即非我利可疾戰先事立功是月六日將出兵與賊戰於賈店爲賊所敗度二十七日至郾城巡撫諸軍宣達上旨士皆賈勇時諸道兵皆有中使監陣進退不由主將戰勝則先使獻捷偶衄則淩挫百端度至行營並奏去之兵柄專制之於將衆皆喜悅軍法嚴肅號令畫一以是出戰皆捷度遣使入蔡州元濟

○與度書曰比密有降款而索日進隔河大呼遂令三軍防元濟故歸首無路十月十一日唐鄧節度使李愬襲破懸瓠城擒吳元濟度先遣宣慰副使馬摠入城安撫明日度建彰義軍節領洄曲降卒萬人繼進李愬具櫜鞬以軍禮迎度拜之路左度既視事蔡人大悅舊令途無偶語夜不燃燭人或以酒食相過從者以軍法論度乃約法唯盗賊闘殺外餘盡除之其往來者不復以晝夜爲限於是蔡之遺黎始知有生人之樂初度以蔡卒爲牙兵或以爲反側之子其心未安不可自去其備度笑而荅曰吾受命爲彰義軍節度使元惡就擒蔡人即吾人也蔡之父老無不感泣申光之民即時平定十一月二十八日度自蔡州入朝留副使馬摠爲彰義軍留後初度入蔡州或譖度沒入元濟婦女珍寶聞上頗疑之上欲盡誅元濟舊將封二劒以授梁守謙使往蔡州度迴至郾城遇之乃復與守謙入蔡州量罪加刑不盡如詔守謙固以詔止度先以疏陳乃徑赴闕下二月詔加度金紫光祿大夫弘文館大學士賜勳上柱國封晉國公食邑三千戶

復知政事憲宗以淮西賊平因功臣李光顏等來朝欲開內宴詔六
軍使修麟德殿之東廊軍使張奉國以公費不足出私財以助用詐
於執政度從容啓曰陛下營造有將作監等司局豈可使功臣破產
營繕上怒奉國泄漏乃令致仕其後龍首渠起凝暉殿雕飾綺煥徙
佛寺花木以植于庭有程异皇甫鎛者姦纖用事二人領度支鹽鐵
數貢羨餘錢助帝營造帝又以异鎛平蔡時供饋不乏二人並命拜
同平章事度延英面論曰程异皇甫鎛錢穀吏耳非代天理物之器
也陛下徇耳目之欲拔置相位天下人騰口掉舌以為不可於陛下
無益願徐思其宜帝不省納度三上疏論之請罷己相位上都不省
事見鎛傳又賈人張陟負五坊使楊朝汶息利錢潛匿朝汶於陟家
得私簿記有負錢人盧載初云是故西川節度使盧坦大夫書迹朝
汶即捕坦家人拘之坦男不敢申理即以私錢償之及徵驗書迹乃
故鄭滑節度盧羣手書也坦男理其事朝汶曰錢已進過不可復得
御史中丞蕭俛及諫官上疏陳其暴橫之狀度與崔羣因延英對極

言之憲宗曰且欲與卿商量東軍此小事我自處置度奏曰用兵小
事也五坊追捕平人大事也兵事不理祇憂山東五坊使暴橫恐亂
輦轂上不悅帝久方省悟召楊朝汶數之曰向者為爾使我羞見宰
相遂命誅之初淮蔡既平鎮冀王承宗甚懼度遣辯士遊說客於趙
魏間使說承宗令割地入質以效順故承宗求援於田弘正由度使
客諷動之故兵不血刃而承宗鼠伏十三年李師道翻覆違命詔宣
武義成武寧橫海四節度之師與田弘正會軍討之弘正奏請取黎
陽渡河會李光顏等軍齊進帝召宰臣於延英議可否皆曰閫外之
事大將制之既有奏陳宜遂其請度獨以為不可奏曰魏博一軍不
同諸道過河之後卻退不得便須進擊方見成功若取黎陽渡河既
纔離本界便至滑州徒有供餉之勞又生顧望之勢況弘正光顏並
少威斷更相疑惑必恐遷延然兵士不從中制一定處分或慮不可
若欲於河南持重則不如河北養威不然則且秣馬厲兵候霜降水
落於楊劉渡河直抵鄆州但得至陽穀已來下營則兵勢自盛賊形

自撓上曰卿言是矣乃詔弘正取楊劉渡河及弘正軍既濟河而南
距鄆州四十里築壘賊勢果蹙頃之誅師道度執性不回忠於事上
時政或有所闕靡不極言之故為姦臣皇甫鎛所構憲宗不悅十四
年檢校左僕射同中書門下平章事太原尹北都留守河東節度使
穆宗即位長慶元年秋張弘靖為幽州軍所囚田弘正於鎮州遇害
朱克融王廷湊復亂河朔詔度以本官充鎮州四面行營招討使時
驕主荒僻輔相庸才制置非宜致其復亂雖李光顏烏重胤等稱為
名將以十數萬兵擊賊無尺寸之功蓋以勢既橫流無能復振然度
授命之日蒐兵補卒不遑寢息自董西師臨於賊境屠城斬將屢以
捷聞穆宗深嘉其忠款中使撫諭無虛月進位檢校司空兼充押北
山諸蕃使時翰林學士元稹交結內官求為宰相與知樞密魏弘簡
為刎頸之交稹雖與度無憾然頗忌前達加於己上度方用兵山東
每處置軍事有所論奏多為稹輩所持天下皆言稹恃寵熒惑上聽
度在軍上疏論之曰臣聞主聖臣直今既遇聖主輒為直臣上答殊

私下塞羣謗誓除國蠹無以家為苟獻替之可行何性命之足惜伏
惟皇帝陛下恭承丕業光啓雄圖方殄頑人之風以立太平之事而
逆豎構亂震驚山東姦臣作朋撓敗國政陛下欲掃蕩幽鎮宜肅清
朝廷何者為患有大小議事有先後河朔逆賊祇亂山東禁闈姦臣
必亂天下是則河朔患小禁闈患大小者臣等與諸戎臣必能翦滅
大者非陛下制斷非陛下覺悟無計驅除今文武百寮中外萬品有
心者無不憤忿有口者無不咨嗟直以威權方重獎用方深無所畏
避不敢抵觸恐事未行而禍已及不為國計且為身謀臣比者猶思
隱忍不願發明一則以罪惡如山怨謗如電伏料聖明必自誅殛一
則以四方無事萬樞且過雖紀綱潛壞賄賂公行俟其貫盈必自顛
覆今屬兇徒擾攘宸衷憂軫凡有制命計於安危痛此姦邪恣行欺
罔干亂聖略非止一途又翰苑舊臣結為朋黨陛下聽其所說更訪
於近臣私相計會更唱迭和蔽惑聰明所以臣自兵興已來所陳章
疏事皆要切所奏書詔多有參差惜陛下委付之意不輕被姦臣抑

頃之事不少臣素知佞倖亦無讎嫌秖是昨者臣請乘傳詣闕面陳戎事姦臣之徒最所畏懼知臣若到御坐之前必能悉數其過以此百計止臣此行臣又請領兵齊進逐便攻討姦臣之黨曲加阻礙恐臣統率諸道或有成功進退皆受羈牽意見悉遭蔽塞復共一二憸狡同辭合力或兩道招撫逗留旬時或遣蔚州行營拖曳日月但欲令臣失所使臣無成則天下理亂山東勝負悉不顧矣為臣事君一至於此且陛下左右前後忠良至多亦有熟會典章亦有飽諳師旅足得任使何獨斯人以臣愚見若朝中姦臣盡去則河朔逆賊不討而自平若朝中姦臣尚在則逆賊縱平無益臣讀國史知代宗朝蕃戎侵軼直犯都城代宗不知蓋被程元振蒙蔽幾危社稷當時柳伉乃太常一博士耳猶能抗表歸罪為國除害今臣所處兼總將相豈肯坐觀凶邪有噎日月不勝感憤嫉惡之至謹附中使趙奉國以聞儻陛下未信忠言猶惑姦黨伏乞出臣此表令三事大夫與百寮集議彼不受責臣合伏辜天鑒孔明照臣肝血但得天下之人知臣不

負陛下則雖死之日猶生之年繼上三章辭情激切穆宗雖不悅然懼大臣正議乃以魏弘簡為弓箭庫使罷元稹內職然寵稹之意未衰俄拜稹平章事罷度兵權守司徒同平章事充東都留守諫官相率伏閤請延英門者日二三帝知其諫不即被召皆上疏言時未偃兵度有將相全才不宜置之散地帝以章疏旁午無如之何知人情在度遂詔度自太原由京師赴洛及元稹為相請上罷兵洗雪廷湊克融解深州之圍蓋欲罷度兵柄故也二年三月度至京師既見先叙克融廷湊暴亂河朔受命討賊無功次陳除職東都許令入覲辭和氣勁感動左右度伏奏龍墀涕泗嗚咽帝為之動容口自諭之曰所謝知朕於延英待卿初人以度無左右之助為姦邪排擯雖度勳德恐不能感動人主及度奏河北事慷慨激切揚於殿廷在位者無不聳動雖武夫貴介亦有咨嗟出涕者翌日以度守司徒揚州大都督府長史充淮南節度使進階光祿大夫時朱克融王廷湊雖授朝廷節鉞未解深州之圍度初發太原與二鎮書諭以大義克融解圍而去廷湊亦退舍有中使自深州來言之穆宗甚喜即日又遣中使往深州取牛元翼更命度致書與廷湊度公路奉詔中使得度書云朝謝後即歸留務恐廷湊知度無兵權即背前約請度易之中使乃進度書草具奏其事及度至京師進退明辯帝方憂深州之圍遂授度淮南節度使先是監軍使劉承偕恃寵凌節度使劉悟三軍憤發大譟擒承偕欲殺之已殺其二傔悟救之獲免而囚承偕詔遣歸京悟託以軍情不時奉詔至是宰臣延英奏事度亦在列上顧謂度曰劉悟拘承偕而不遣如何處置度辭以藩臣不合議軍國事上固問之且曰劉悟負我我以僕射寵之近又賜絹五百萬疋不思報功翻縱軍衆淩辱監軍我實難奈此事度對曰承偕在昭義不法臣盡知之昨劉悟在行營與臣書數論其事是時有中使趙弘亮在臣軍仍持悟書將去欲自奏不知奏否上曰我都不知悟何不密奏其事我豈不能處置度曰劉悟武臣不知大臣體例雖然臣竊以悟縱有密奏陛下必不能處置今日事狀如此臣等面論陛下猶未能決悟

單辭豈能動聖聽哉上曰前事勿論直言此時如何處置度曰陛下必欲收忠義之心使天下戎臣為陛下死節唯有下半紙詔書言任使不明致承偕亂法如此令悟集三軍斬之如此則萬方畢命羣盜破膽天下無事矣苟不能如此雖與劉悟改官賜絹臣亦恐於事無益上俛首良久曰朕不惜承偕緣是太后養子今被囚縶太后未知如卿處置未得可更議其宜度與王播等復奏曰但配流遠惡處承偕必得出上以為然承偕果得歸度方受冊司徒徐州奏節度副使王智興自河北行營率師還逐節度使崔羣自稱留後朝廷駭懼即日宣制以度守司徒同平章事復知政事乃以宰相王播代度鎮淮南度與李逢吉素不協度自太原入朝而惡度者以逢吉善於陰計足能構度乃自襄陽召逢吉入朝為兵部尚書度既復知政事而魏弘簡劉承偕之黨在禁中逢吉用族子仲言之謀因醫人鄭注與中尉王守澄交結內官皆為之助五月左神策軍奏告事人李賞稱和王府司馬于方受元稹所使結客欲刺裴度詔左僕射韓皋給事中

鄭覃與李逢吉三人鞫于方之獄未竟罷元稹爲同州刺史罷度爲左僕射李逢吉代度爲宰相自是逢吉之黨李仲言張又新李續等內結中官外扇朝士立朋黨以沮度時號八關十六子皆交結相關之人數也而度之醜聲日聞俄出度爲山南西道節度使不帶平章事長慶四年襄陽節度使牛元翼卒其家先在鎮州朝廷累遣中使取之王廷湊遷延不遣至是聞元翼卒乃盡屠其家昭愍皇帝聞之嗟惋累日因歎宰輔非才致姦臣悖逆如此翰林學士韋處厚上言曰臣聞汲黯在朝淮南不敢謀叛干木處魏諸侯不敢加兵王霸之理皆以一士而止百萬之師以一賢而制千里之難臣伏以裴度勳高中夏聲播外夷廷湊克融皆憚其用吐蕃迴鶻悉服其名今若置之巖廊委其參決西夷北虜未測中華河北山東必稟朝算況幽鎮未靜尤資重臣管仲曰人離而聽之則愚合而聽之則聖理亂之本非有他術順人則理違人則亂伏承陛下當食歎息恨無蕭曹今有一裴度尚不留驅使此馮生所以感悟漢文云雖有廉頗李牧不能

用也夫御宰相當委之信之親之禮之如於事不効於國無勞則置之散寮黜之遠郡如此則在位者不敢不勵將進者不敢苟求陛下存終始之分但不永棄則君臣之厚也今進皆負四海責望退不失六部尚書不肖者無因而勸臣與李逢吉素無讎嫌臣嘗被裴度因事貶黜今之所陳上荅聖明下達羣議披肝感激伏地涕流伏望鑒臣愛君矜臣體國則天下幸甚昭愍憬然省悟見度奏狀不帶平章事謂處厚曰度曾爲宰相何無平章事處厚因奏爲逢吉所擠度自僕射出鎮興元遂於舊使銜中減落帝曰何至是也翌日下制復兼同平章事然逢吉之黨巧爲毀沮恐度復用有陳留人武昭者性果敢而辯舌度之討淮西也昭求進於軍門乃令入蔡州說吳元濟元濟臨之以兵昭氣色自若善待而還度以爲可用署之軍職隨度鎮太原奏授石州刺史罷郡除袁王府長史昭既在散位心徼恨鬱而有怨逢吉之言而姦邪之黨使衛尉卿劉遵古從人安再榮告事言武昭欲謀害李逢吉獄具而武昭死蓋欲訐度舊事以汙之也然士君

子公論皆佑度而罪逢吉天子漸明其端每中使過興元必傳密旨撫諭且有徵還之約寶曆元年十一月度疏請入覲京師明年正月度至帝禮遇隆厚數日宣制復知政事而逢吉黨有左拾遺張權輿者尤出死力度自興元請入朝也權輿上疏曰度名應圖讖宅據岡原不召自來其心可見先是姦黨忌度作謠辭云非衣小兒坦其腹天上有口被驅逐天口言度嘗平吳元濟也又帝城東西橫亘六崗合易象乾卦之數度平樂里第偶當第五崗故權輿取爲語辭昭愍雖少年深明其誣謗獎度之意不衰姦邪無能措言時昭愍欲行幸洛陽宰相李逢吉及兩省諫官累疏論列帝正色曰朕去意已定其從官宮人悉令自備糗糧不勞百姓供饋逢吉頓首言曰東都千里而近宮闕具存以時巡遊固亦常典但以法駕一動事須備儀千乘萬騎不可減省縱不費用絕廣亦須豐儉得宜豈可自備糗糧頓失大體今干戈未甚戢邊鄙未甚寧恐人心動搖伏乞稍迴宸慮帝不聽令度支員外郎盧貞往東都已來檢計行宮及洛陽大內朝廷方

懷憂恐會度自興元來因延英奏事帝語及巡幸度曰國家營創兩都蓋備巡幸然自艱難已來此事遂絕東都宮闕及六軍營壘百司廨署悉多荒廢陛下必欲行幸亦須稍稍修葺一年半歲後方可議行帝曰羣臣意不及此但云不合去若如卿奏不行亦得止後期旋又朱克融史憲誠各請以丁匠五千助修東都帝遂停東幸幽州朱克融執留賜春衣使楊文端奏稱衣段踈薄又奏今歲三軍春衣不足擬於度支請給一季春衣約三十萬端匹又請助丁匠五千修東都上憂其不遜問宰臣曰克融所奏如何處分我欲遣一重臣往宣慰便索春衣使可乎度對曰克融家本兇族無故又行凌悖必將滅亡陛下不足爲慮譬如一豺虎於山林間自吼自躍但不以爲事則自無能爲此賊秪敢於巢穴中無禮動即不得今亦不須遣使宣慰亦不要索所留勅使但更緩旬日已來與一詔云聞中官到彼稍失去就待到我當有處分所賜卿春衣有司製造不謹我甚要知之已令科處所請丁匠五千人及兵馬赴東都固是虛語臣料賊中必出

不得令欲直挫其姦意即報云卿所請丁匠修宮闕可速遣來已勑
魏博等道令所在排比供擬村得此詔必章惶失計若未能如此猶
示含容則報云東都宮闕所要修葺事在有司不假卿遣丁匠遠來
又所言三軍春衣自是本道常事比來朝廷或有事賜與皆緣徵發
須是優恩若尋常則無此例我固不惜三二十萬端疋祗是事體不
可獨與范陽卿宜知悉祗如此處分即得陛下更不要介意上從之
遂進詔草至皆如度所料不旬日幽州殺克融并其二子時帝童年
驕縱倦接羣臣度從容奏曰比者陛下每月約六七度坐朝天下人
心無不知陛下躬親庶政乃至河北賊臣遠聞亦皆聳聽自兩月已
來入閤開延英稍稀或恐大段公事須稟奏謀者有所擁滯伏冀陛
下乘涼數坐以廣延問伏以頤養聖躬在於順適時候若飲食有節
寢興有常四體惟和萬壽可保道書云春夏早起取鷄鳴時秋冬晏
起取日出時蓋在陽則欲及陰涼在陰則欲及溫煖令陛下憂勤庶
政親覽萬機毎御延英召臣等奏對方屬盛夏宜在清晨如至巳午

舊傳百二十　十二

之間即當炎赫之際雖日昃忘食不憚其勞仰瞻宸旒亦似煩熱臣
等已曾陳論切望聽納自後視事稍頻未幾兼領度支屬盜起禁闈
宮車晏駕度與中貴人密謀誅劉克明等迎江王立爲天子以功加
門下侍郎集賢殿大學士太清宮使餘如故以贊導之勳進階特進
時滄景節度使李全略死其子同捷竊弄兵柄以求繼襲度請行誅
伐踰年而同捷誅因拜疏上陳調兵食非宰相事請歸諸有司詔從
之賜實封三百戶度年高多病上疏懇辭機務恩禮彌厚文宗遣御
醫診視日令中使撫問四年六月詔曰昔漢以孔光降几之詔晉
以鄭沖申奉冊之命雖優隆耆德顯重元臣而議政不及於咨詢用
禮止在於安逸朕勤求至理所資唯賢顧諟舊勞敢不加敬繇是委
宰制於大政釋忝決於繁務時因聽斷誠望彌諧遷秩上公式是殊
寵特進守司徒兼門下侍郎同中書門下平章事充集賢殿大學士
上柱國晉國公食邑三千戶食實封三百戶裴度稟河嶽之英靈受
乾坤之間氣珪璋特達城府洞開外茂九功內苞一德器爲社稷之
鎭才實邦國之楨故能祗事累朝宣融景化在憲宗時掃滌區宇爾
則有出車殄寇之勳在穆宗時混同文軌爾則有柔戎入輔之績在
敬宗時皐康兆庶爾則有活國庇人之勤迨朕躬摠齊方夏爾則
有弔伐底寧之力皆不遺廟筭布在簡編功利及人不可悉數而朝
論益重我心實知方用皐陶之謨適值留侯之疾瀝懇牢讓備列奏
章塞詔上言動形顏色果聞勿藥之喜更俟調鼎之功而體力未和
音容尚阻不有優崇之命孰彰寵待之恩宜其協贊機衡弘敷教典
論道而儀刑卿士宣德而鎭撫華夷嗇養精神保綏福履爲國元老
毗予一人可司徒平章軍國重事待疾損日每三日五日一度入中
書散官勳封實封如故仍備禮冊命度表辭曰伏以公台崇禮典冊
威儀庸臣當之實謂忝越況累承寵命亦爲便蕃前後三度已行此
禮令臣猶忝樞近竊懼無以彌諧重此勞煩有靦面目伏乞天恩且
課臣効官責臣實事冊命之儀特賜停罷則素餐高位空負恥於中
心弁冕輕車免譏誚於衆口優詔從之九月加守司徒兼侍中襄州

舊傳百二十　十二

刺史充山南東道節度觀察臨漢監牧等使度素稱堅正事上不回
故累爲姦邪所排幾至顚沛及晚節稍浮沉以避禍初度支鹽鐵使
王播廣事進奉以希寵度亦掇拾羨餘以効播士君子少之復引韋
厚叔南卓爲補闕拾遺俾彌縫結納爲自安之計而後進宰相李宗
閔牛僧孺等不悅其所爲故因度謝病罷相位復出爲襄陽節度初
元和十四年於襄陽置臨漢監牧廢百姓田四百頃其牧馬三千二
百餘匹度以牧馬數少虛廢民田奏罷之除其使名八年三月以本
官判東都尚書省事充東都留守九年十月進位中書令十一月誅
李訓王涯賈餗舒元輿等四宰相其親屬門人從坐者數十百人下
獄訊劾欲加流竄度上疏理之全活者數十家自是中官用事衣冠
道喪度以年及懸輿王綱版蕩不復以出處爲意東都立第於集賢
里築山穿池竹木叢萃有風亭水榭梯橋架閣島嶼迴環極都城之
勝槩又於午橋創別墅花木萬株中起涼臺暑館名曰綠野堂引甘
水貫其中釃引脉分映帶左右度視事之隙與詩人白居易劉禹錫

酣宴終日高歌放言以詩酒琴書自樂當時名士皆從之遊每有人士自都還京文宗必先問之曰卿見裴度否上以其足疾不便朝謁而年未甚衰開成二年五月復以本官兼太原尹北都留守河東節度使詔出度累表固辭老疾不願更典兵權優詔不允文宗遣吏部郎中盧弘往東都宣旨曰卿雖多病年未甚老爲朕臥鎮北門可也促令上路度不獲已之任三年冬病甚乞還東都養病四年正月詔許還京拜中書令以疾未任朝謝詔曰司徒中書令度緯有大勳累居台鼎今以疾恙未任謝上其本官俸料宜自想日支給又遣國醫就第診視屬上巳曲江賜宴羣臣賦詩度以疾不能赴文宗遣中使賜度詩曰注令待元老識君恨不早我家柱石衰憂來學丘禱仍賜御札曰朕詩集中欲得見卿唱和詩故令示此卿疾恙未痊固無心力但異日進來春時俗說難於將攝勉加調護速就和平千百胷懷不具一二藥物所須無憚奏請之煩也御札及門而度已薨四年三月四日也上聞之震悼久之重令繕寫置之靈座時年七十五冊贈

○太傅輟朝四日賵賻加等詔京兆尹鄭復監護喪事所須皆官給上恠度無遺表中使問之家人進其藁草其旨以未定儲貳爲憂言不及家事度始自書生以辭策中科選數年之間翔泳清切逢時艱否而能奮命決策橫身討賊爲中興宗臣當元和長慶間亂臣賊子蓄銳喪氣憚度之威稜度狀貌不踰中人而風彩俊爽占對雄辯觀聽者爲之聳然時有奉使絕域者四夷君長必問度之年齒幾何狀貌孰似天子用否其威名播於憬俗爲華夷畏服也如此時威望德業侔於郭子儀出入中外以身繫國之安危時之輕重者二十年凡命將相無賢不肖皆推度爲首其爲士君子愛重也如此雖江左王導謝安坐鎮雅俗而訏謨方略度又過之有子五人識譔讓諗議

識以蔭授官累遷至通議大夫檢校右散騎常侍壽州刺史本州團練使上柱國襲晉國公食邑三千戶實封一百五十戶賜紫金魚袋大中初改潭州刺史御史中丞充河南都團練觀察使八年加檢校戶部尚書鳳翔尹鳳翔隴右節度使十一年本官移許州刺史忠武軍節度陳許觀察等使

譔長慶元年登進士第

讓初任京兆府參軍大和中度鎮襄陽奏乞讓從行

諗大中五年自太中大夫檢校右散騎常侍御史大夫宣州刺史宣歙觀察使上柱國河東男食邑三百戶賜紫金魚袋入朝權知刑部侍郎兄弟並列方鎮時人榮之

史臣曰德宗懲建中之難姑息藩臣貞元季年威令衰削章武皇帝志攄宿憤廷訪嘉猷始得杜邠公用高崇文誅劉闢中得武丞相運籌訓戎贊成睿斷終得裴晉公耀武伸威竟殄兩河宿盜雄哉章武之果斷也晉公以書生素業致位台衡逢時遘屯扼腕兇醜誓以身徇不亦壯乎夫人臣事君唯忠與義大則以訏謨排禍難小則以讜正匡過失內不慮身計外不恤人言古之所難也晉公能之誠社稷之良臣股肱之賢相元和中興之力公胡讓焉昔仲尼歎周室陵遲齊桓霸翼而有微管之論當承宗師道之濟惡也姦人遍四海刺客

○滿京師乃至闕吏禁兵附賊陰計議臣言未出口刀以揕胷苟非死義之臣孰肯橫身冒難以輔天子者苟裴令不用元和之世則時運未可知也臣所以明左衽之歎宣聖奬賢之深

贊曰晉公伐叛以身犯難用之則治捨之則亂公去巖廊復失冀方潁植之謀信爲不臧

唐書列傳卷第一百二十

唐書列傳卷第一百二十一

劉　昫　等修

聞人詮校刻沈桐同校

李渤　張仲方
裴潾張皐附　李中敏
李甘　高元裕少逸元裕兄
李漢　李景儉

李渤字濬之後魏横野將軍申國公發之後祖玄珪衛尉寺主簿父
鈞殿中侍御史以母喪不時舉流于施州渤恥其家汚堅苦不仕勵
志於文學不從科舉隱於嵩山以讀書業文爲事元和初戸部侍郎
鹽鐵轉運使李巽諫議大夫韋況更薦之以山人徵爲左拾遺渤託
疾不赴遂家東都朝廷政有得失附章疏陳論又撰禦戎新録二十
卷表獻之九年以著作郎徵之詔曰特降新恩用清舊議渤於是赴
官歲餘遷右補闕連上章疏忤旨改丹王府諮議參軍分司東都十
○二年遷贊善大夫依前分司十三年遣人上疏論時政凡五事一禮
樂二食貨三刑政四議都五辯讎渤以散秩在東都以上章疏爲己
任前後四十五封再遷爲庫部員外郎時皇甫鎛作相剝下希旨會
澤潞節度使郗士美卒渤充弔祭使路次陝西渤上疏曰臣出使經
行歷求利病竊知渭南縣長源鄉本有四百戸今纔一百餘戸閺鄉
縣本有三千戸今纔有一千戸其他州縣大約相似訪尋積弊始自
均攤逃戸凡十家之内大半逃亡亦須五家攤税似投石井中非到
底不止攤逃之弊苛虐如斯此皆聚斂之臣剝下媚上唯思竭澤不
慮無魚乞降詔書絶攤逃之弊其逃亡戸以其家産錢數爲定徵有
所欠乞降特恩免之計不數年人必歸於農矣夫農者國之本本立
然後可以議太平若不由兹而云太平者謬矣又言道途不修驛馬
多死憲宗覽疏驚異即以飛龍馬數百匹付畿内諸驛渤既以草疏
切直大忤宰相乃謝病東歸穆宗即位召爲考功員外郎十一月定
京官考不避權幸皆行昇黜奏曰宰臣蕭俛段文昌崔植是陛下君

臨之初用爲輔弼安危理亂決在此時況陛下思天下和平敬大臣
禮切固未有昵比左右倖滿自賢之心而宰相之權宰相之事陛下
一以付之實君義臣行千載一遇之時也此時若失他更無時而俛
等上不能推至公申炯誡陳先王道德以沃君心又不能正色匪躬
振舉舊法復百司之本俾教化大立臣聞政之興廢在於賞罰俛等
作相已來未聞奬一人德義舉守官奉公者使天下在官之徒有所
激勸又不聞黜一人職事不理持禄養驕者使尸禄之徒有所懼如
此則刑法不立矣邪正莫辯混然無章教化不行賞罰不設天下之
事復何望哉　一昨陛下遊幸驪山宰相翰林學士是陛下股肱心腹
宜皆知之蕭俛等不能先事未形忘軀懇諫而使陛下有忽諫之名
流於史册是陷君於過也孔子曰所謂大臣者以道事君不可則止
若俛等言行計從不當如是若言不行計不從須奉身速退不宜尸
素於化源進退戾也何所避辭其蕭俛段文昌崔植三人并翰林學
士杜元穎等並請考中下御史大夫李絳左散騎常侍張惟素右散
○騎常侍李益等諫幸驪山鄭覃等諫畋遊是皆恐陛下行幸不息恣
情無度又恐馬有銜橛不測之變風寒生疾之憂急奏無所諱國璽
委於婦人中倖之手絳等能率御史諫官論列於朝有懇激事君之
體其李絳張惟素李益三人伏請賜上下考外特與遷官以彰陛下
優忠賞諫之美其崔元略冠供奉之首合考上下縁與于翬上下考
于翬以犯贓處死準令須降請賜考中中大理卿許季同任使于翬
韋道沖韋正牧皆以犯贓或左降或處死合考中下然頃者陷劉闢
之亂弃家歸朝忠節明著今宜以功補過請賜考中中少府監裴通
職事修舉合考中上以其請追封所生母而捨嫡母是明罔於君幽
欺其先請考中下伏以昔在宰夫入寢擅飲師曠李調令愚臣守官
請書宰相學士中下考上愛聖運下振頽綱故臣懼不言之爲罪不
懼言之爲罪也其三品官考伏縁限在今月内進輒先具如前其四
品以下官續具條疏聞奏狀入留中不下議者以宰輔曠官自宜上
疏論列而渤越職釣名非盡事君之道未幾渤以墜馬傷足請告會

魏博節度使田弘正表渤爲副使杜元穎奏曰渤賣直沽名動多狂躁聖恩矜貸且使居官而干進多端外交方鎮遠求奏請不能自安久留在朝轉恐生事乃出爲虔州刺史渤至州奏還鄰境信州所移兩稅錢二百萬免稅米二萬斛減所由一千六百人觀察使以其事上聞未滿歲遷江州刺史張平叔判度支奏徵久遠逋懸渤在州上䟽曰伏奉詔勅云度支使所奏令臣設計徵塡當州貞元二年逃戶所欠錢四千四百一十貫臣當州管田二千一百九十七頃今已旱死一千九百頃有餘若更勒徇度支使所爲必懼史官書陛下於大旱中徵三十六年前逋懸臣任刺史罪無所逃臣旣上不副聖情下不忍鞭笞黎庶不敢輕持符印特乞放臣歸田乃下詔曰江州所奏實爲懇誠若不蠲容必難存濟所訴逋欠並放長慶二年入爲職方郎中三年遷諫議大夫敬宗沖年卽位坐朝常晚一日入閤久不坐羣臣候立紫宸門外有耆年衰病者幾將頓仆渤出次白宰相曰昨日拜䟽陳論今坐益晚是諫官不能迴人主之意渤之罪也請先出

閤待罪於金吾仗語次喚仗乃止渤又以左右常侍職叅規諷而循默無言論之曰若設官不責其事不如罷之以省經費若未能罷則請責職業渤充理匭使奏曰事之大者聞奏次申中書門下次移諸司諸司處理不當再來投匭卽具事奏聞如妄訴無理本罪外加一等準勅告密人付金吾留身待進止今欲留身後牒臺府冀止絕兇人從之長慶寶曆中政出多門事歸邪倖渤不顧患難章䟽論列曾無虛日帝雖昏縱亦爲之感悟轉給事中面賜金紫寶曆元年改元大赦先是鄠縣令崔發聞門外喧鬭縣吏言五坊使下毆擊百姓發怒命吏捕之曳拜旣至時已曛黑不問色目良久與語乃知是一內官天子聞之怒收發繫御史臺御樓之日放繫囚發亦在雞竿下時有品官五十餘人持仗毆發縱橫亂擊發破面折齒臺吏以席蔽之方免是日繫囚皆釋發獨不免渤䟽論之曰縣令不合曳中人中人不合毆御囚其罪一也然縣令所犯在恩前中人所犯在恩後中人橫暴一至於此是朝廷馴致使然若不早正刑書臣恐四夷之人及藩鎮奏事傳道此語則慢易之心萌矣渤又宣言于朝云郊禮前一日兩神策軍於青城內奪京兆府進食牙盤不時處置致有毆擊崔發之事上聞之按問左右皆言無奪食事以渤黨發出爲桂州刺史兼御史中丞充桂管都防禦觀察使渤雖被斥正論不已而諫官繼論其屈後宰相李逢吉竇易直李程因延英上語及崔發逢吉等奏曰崔發凌辱中人誠大不敬然發母是故相韋貫之姊年僅八十自發下獄積憂成疾伏以陛下孝治天下稍垂恩宥帝愍然良久曰比諫官論奏但言發屈未嘗言不敬之罪亦不言有老母如卿等言朕無愍惻卽遣中使送發至其家兼撫問發母韋夫人號哭對中使杖發四十拜章謝恩帝又遣中使慰安之渤在桂管二年風恙求代罷歸洛陽大和五年以太子賓客徵至京師月餘卒時年五十九贈禮部尚書渤孤貞力行操尚不苟合而闒茸之流非其沽激至於以言擯退終不息言以救時病服名節者重之子祝會昌中登進士第辟諸侯府

○張仲方韶州始興人祖九皐廣州刺史殿中監嶺南節度使父抗贈右僕射仲方伯祖始興文獻公九齡開元朝名相仲方貞元中進士擢第宏辭登科釋褐集賢校理丁母憂免服闋補祕書省正字調授咸陽尉出爲邠州從事入朝歷侍御史倉部員外郎會呂溫羊士諤誣告宰相李吉甫陰事二人俱貶仲方坐呂溫貢舉門生出爲金州刺史吉甫卒入爲度支郎中時太常定吉甫謚爲恭懿博士尉遲汾請爲敬憲仲方駮議曰古者易名請謚禮之典也處大位者取其巨節蔑諸細行垂範當代昭示後人然後書之番于不朽善善惡惡不可以誣故稱一字則至明矣定褒貶是非之宜泯同異紛綸之論贈司徒吉甫稟氣生材乘時佐治博涉多藝含章炳文爕贊陰陽經緯邦國惜乎通敏資性便媚取容故載踐樞衡疊致台衮大權在已沈謀罕成好惡徇情輕諾寡信諂淚在臉遇便則流巧言如簧應機必發夫人臣之翼戴元后者端恪致治孜孜夙夜緝熙庶績平章百揆兵者凶器不可從我始及乎伐罪則料敵以成功至使內有害輔臣

之盜外有悽毒蠆之蠹師徒暴野戎馬生郊皇上旰食宵衣公卿大夫且慙且恥農人不得在畝緝婦不得在桑耗斂賦之常貲散帑廩之中積徵邊徼之備竭運輓之勞僵尸血流胔骼成岳酷毒之痛號訴無辜勦絶羣生迨今四載禍胎之兆寔始其謀遺君父之憂而豈謂之先覺者乎夫論大功者不可以妄取不可以枉致爲資畫者體理不顯不競而豈妨令美當削平西蜀乃言語侍從之臣擒翦東吳則討謨廊廟之輔較其功則有異言其力則不倫何捨其所重而錄其所輕收其所小而略其所大且奢靡是嗜而曰愛人以儉受授無守而曰慎才以補斥諫諍之士于外豈不近之蔽聰乎舉忠烈之廟于內豈不近之曬愛也焉有蔽聰曬愛家範無制而能垂法作程憲章百度乎謹按謚法敬以直內內而不肅何以刑于外憲者法也戴記曰憲章文武又曰發慮憲義以爲敬恪終始載考歷位未嘗効一法官議一小獄及居重位以安和平易寬柔自處考其名與其行不類研其事與其道不侔一定之辭惟精惟審異日詳制貽諸史官請

俟蔡寇將平天下無事然後都堂聚議謚亦未遲憲宗方用兵惡仲方深言其事怒甚貶爲遂州司馬量移復州司馬遷河東少尹未幾拜鄭州刺史滎陽大海佛寺有高祖爲隋鄭州刺史日爲太宗疾祈福於此寺造石像一軀凡刊勒十六字以誌之歲久刓缺滎陽令李光慶重加脩飾仲方再刊石記之以聞及敬宗即位李程作相與仲方同年登進士第召仲方爲右諫議大夫敬宗童年戲慢詔淮南王播造上巳競渡船三十隻播將船材於京師造作計用半年轉運之費方得成仲方詣延英面論言甚懇激帝只令造十隻以進帝又欲幸華清宮仲方諫曰萬乘所幸出須備儀無宜輕行以失威重帝雖不從慰勞之大和初出爲福州刺史兼御史中丞福建觀察使三年入爲太子賓客五年四月轉右散騎常侍七年李德裕輔政出爲太子賓客分司八年德裕罷相李宗閔復召仲方爲常侍九年十一月李訓之亂四宰相中丞京兆尹皆死翌日兩省官入朝宣政衙門未開百官錯立於朝堂無人吏引接逡巡閤門使馬元贄斜開宣政衙門傳宣曰有勑召左散騎常侍張仲方仲方出班元贄宣曰仲方可京兆尹然後衙門大開喚仗月餘鄭覃作相用薛元賞爲京兆尹出仲方爲華州刺史開成元年五月入爲秘書監外議以鄭覃黨李德裕排擯仲方覃恐涉朋黨因紫宸奏事覃啓曰丞郎闕人臣欲用張仲方文宗曰中臺侍郎朝廷華選仲方作牧守無政安可以丞郎處之累加銀青光祿大夫上柱國曲江縣開國伯食邑七伯戶二年四月卒仲方貞確自立綽有祖風自駁謚之後爲德裕之黨擯斥坎軻而歿人士悲之有文集三十卷兄仲端位終都昌令弟仲孚登進士第爲監察御史

裴潾河東人也少篤學善隸書以門蔭入仕元和初累遷右拾遺轉左補闕元和中兩河用兵初憲宗寵任內官有至專兵柄者又以內官充館驛使有曹進玉者恃恩暴戾遇四方使多倨有至捽辱者宰相李吉甫奏罷之十二年淮西用兵復以內官爲使潾上疏曰館驛之務每驛皆有專知官畿內有京兆尹外道有觀察使刺史迭相監

臨臺中又有御史充館驛使專察過闕伏知近有敗事上聞聖聰但明示科條督責官吏據其所犯重加貶黜敢不惕懼日夜厲精若令宮闈之臣出叅館驛之務則內臣外事職分各殊切在塞侵官之源絶出位之漸事有不便必誡以初令或有妨不必在大當掃靜妖氛之日開太平至理之風澄本正名實在今日言雖不用帝意嘉之遷起居舍人憲宗季年銳於服餌詔天下搜訪奇士宰相皇甫鎛與金吾將軍李道古挾邪固寵薦山人柳泌及僧大通鳳翔人田佐元皆待詔翰林憲宗服泌藥日增躁渴流聞于外潾上疏諫曰臣聞除天下之害者受天下之利共天下之樂者饗天下之福故上自黃帝顓頊堯舜禹湯下及周文王武王咸以功濟生靈德配天地故天皆報之以上壽垂祚於無疆伏見陛下以大孝安宗廟以至仁牧黎元自踐祚已來剗積代之妖兇開削平之洪業而禮敬宰輔待以終始內能大斷外寬小故夫此神功聖化皆自古聖主明君所不及陛下躬親行之實光映千古矣是則天地神祇必報陛下以山岳之壽宗廟

聖靈必福陛下以億萬之齡四海蒼生咸祈陛下以覆載之永自然萬靈保祐聖壽無疆伏見自去年已來諸處頻薦藥術之士有韋山甫柳泌等或更相稱引迄今狂謬薦送漸多臣伏以眞仙有道之士皆匿其名姓無求於代潛遁山林滅影雲壑唯恐人見唯懼人聞豈肯干謁公卿自鬻其術今者所有誇衒藥術者必非知道之士咸爲求利而來自言飛鍊爲神以誘權貴賄賂大言怪論驚聽惑時及其假僞敗露曾不恥於逃遁如此情狀豈可保信其術親餌其藥哉禮曰夫人食味別聲被色而生者也春秋左氏傳曰味以行氣氣以實志又曰水火醯醢鹽梅以烹魚肉宰夫和之齊之以味君子食之以平其心夫三牲五穀稟自五行發爲五味蓋天地生之所以奉人也是以聖人節而食之以致康強逢吉之福若夫藥石者前聖以之療疾蓋非常食之物況金石皆含酷烈熱毒之性加以燒治動經歲月既兼烈火之氣必恐難爲防制若乃遠徵前史則秦漢之君皆信方士如盧生徐福欒大李少君其後皆姦僞事發其藥竟無所成事著史記漢書皆可驗視禮曰君之藥臣先嘗之親之藥子先嘗之臣子一也臣願所有金石鍊藥人及所薦之人皆先服一年以考其眞僞則自然明驗矣伏惟元和聖文神武法天應道皇帝陛下合日月照臨之明稟乾元利貞之德崇正若指南受諫如轉規是必發精金之刃斷可疑之綱所有藥術虛誕之徒伏乞特賜罷遣禁其幻惑使浮雲盡徹朗日增輝道化侔羲農悠久配天地實在此矣伏以貞觀已來左右起居有褚遂良杜正倫呂向韋述等咸能竭其忠誠悉心規諫小臣謬忝侍從職奉起居侍從之中最近左右傳曰近臣盡規則近侍之臣上達忠款實其本職也疏奏忤旨貶爲江陵令穆宗即位柳泌等誅徵潾爲兵部員外郎遷刑部郎中有前率府倉曹曲元衡者杖殺百姓柏公成母法官以公成母死在辜外元衡父任軍使使以父蔭徵銅柏公成私受元衡資貨母死不聞公府法寺以經恩免罪潾議曰典刑者公柄也在官者得施於部屬之內若非在官又非部屬雖有私罪必告於官官爲之理以明不得擅行鞭捶於齊人也

且元衡身非在官公成母非部屬而擅憑威力橫此殘虐豈合拘於常典柏公成取貨於讎利母之死悖逆天性犯則必誅奏下元衡杖六十配流公成以法論至死公議稱之轉考功吏部二郎中寶曆初拜給事中大和四年出爲汝州刺史兼御史中丞賜紫坐違法杖殺人貶左庶子分司東都七年遷左散騎常侍充集賢殿學士集歷代文章續梁昭明太子文選成三十卷目曰大和通選并音義目錄一卷上之當時文士非素與潾遊者其文章少在其選時論咸薄之八年轉刑部侍郎尋改華州刺史九年復拜刑部侍郎開成元年轉兵部侍郎二年加集賢院學士判院事尋出爲河南尹入爲兵部侍郎三年四月卒贈戶部尚書謚曰敬潾以道義自處事上盡心尤嫉朋黨故不爲權幸所知憲宗竟以藥忤不壽君子以潾爲知言穆宗雖誅柳泌既而自惑左右近習稍稍復進方士時有處士張皐上疏曰神慮澹則血氣和嗜欲勝則疾疹作和則必臻於壽考作則必致於傷殘是以古之聖賢務自頤養不以外物撓耳目不徇聲色敗性情由是和平自臻福慶斯集故易曰無妄之疾勿藥有喜詩曰自天降康降福穰穰此皆理合天人著在經訓然則藥以攻疾無疾㠯不可餌之也高宗朝處士孫思邈者精識高道深達攝生所著千金方三十卷行之於代其序論云凡人無故不宜服藥藥氣偏有所助令人臟氣不平思邈此言可謂洞於事理也或寒暑爲寇節宣有乖事資醫方尚須重慎故禮云醫不三代不服其藥施於凡庶猶且如此況在天子豈得自輕先朝暮年頗好方士徵集非一嘗試亦多果致危疾聞於中外足爲殷鑒皆陛下素所詳知必不可更蹈前車自貽後悔今朝野之人紛紜竊議直畏忤旨莫敢獻言臣蓬艾微生麋鹿同處既非邀寵亦又何求但泛覽古今粗知忠義有聞而默於理不安願陛下無怒芻蕘庶裨萬一穆宗歎獎其言尋令訪皐不獲

李中敏隴西人父嬰中敏元和末登進士第性剛褊敢言與進士杜牧李甘相善文章趣向大率相類中敏累從府辟入爲監察歷侍御史大和中爲司門員外郎六年夏旱時王守澄方寵鄭注及誣構宋

申錫後人側目畏之上以久旱詔求致雨之方中敏上言曰仍歲大旱非聖德不至直以宋申錫之寃濫鄭注之姦弊今致雨之方莫若斬鄭注而雪申錫士大夫皆危之疏留中不下明年中敏謝病歸洛陽及訓注誅竟雪申錫召中敏爲司勳員外郎尋遷刑部郎中知臺雜其年拜諫議大夫充理匭使上言曰據舊例投匭進狀人先以副本呈匭使或詭異難行者不令進入臣檢尋文按不見本勑所由但令云貞元奉宣恐是一時之事臣以爲本置匭函每日從内將出日暮進入意在使寃濫無告有司不爲申理者或論時政或陳利害宜開其必達之路所以廣聰明而慮幽枉也若今有司先見裁其可否即非重密其事俾壅塞自伸於九重之意臣伏請今後所有進狀及封事臣但爲引進取捨可否斷自中旨庶使名實在茲以明置匭之本從之尋拜給事中

李甘字和鼎長慶末進士擢第又制策登科大和中累官至侍御史鄭注入翰林侍講舒元輿既作相注亦求入中書甘唱於朝曰宰相

者代天理物先德望而後文藝注乃何人敢茲叨竊白麻若出吾必壞之會李訓亦惡注之所求相注之事竟寢訓不獲已貶甘封州司馬又有李款者與中敏同時爲侍御史鄭注邠寧入朝款伏閤彈注云内通勑使外結朝官兩地往來卜射財貨文宗不之省及注用事款亦被逐開成中累官至諫議大夫出爲蘇州刺史遷洪州刺史江西觀察使杜牧自有傳

高元裕字景圭渤海人祖魁父集官卑元裕登進士第本名允中大和初爲侍御史奏改元裕累遷左司郎中李宗閔作相用爲諫議大夫尋改中書舍人九年宗閔得罪南遷元裕出城餞送爲李訓所怒出爲閬州刺史時鄭注入翰林元裕草注制辭言注以醫藥奉君親注怒會送宗閔乃貶之訓注既誅復徵爲諫議大夫開成三年充翰林侍講學士文宗寵莊恪太子欲正人爲師友乃兼太子賓客四年改御史中丞風望峻整上言曰御史府紀綱之地官屬選用宜得實才其不稱者臣請出之監察御史杜宣猷柳瓌崔郢侍御史魏中庸高弘簡並以不稱出爲府縣之職尋而藍田縣人賀蘭進與里内五十餘人相聚念佛神策鎮將皆捕之以爲謀逆當大辟元裕疑其寃上疏請出賀蘭進等付臺覆問然後行刑從之會昌中爲京兆尹大中初爲刑部尚書二年檢校吏部尚書襄州刺史加銀青光禄大夫渤海郡公山南東道節度使入爲吏部尚書卒元裕兄少逸元恭

少逸長慶末爲侍御史坐弟元裕貶官左授贊善大夫累遷左司郎中元裕爲中丞少逸遷諫議大夫代元裕爲侍講學士兄弟迭處禁密時人榮之會昌中爲給事中多所封奏大中初檢校禮部尚書華州刺史潼關防禦鎮國軍使入爲左散騎常侍工部尚書卒元裕子璩登進士第大中朝由内外制歷丞郎判度支咸通中守中書侍郎平章事

李漢字南紀宗室淮陽王道明之後道明生景融景融生務該務該生思思生岌岌已上無名位至岌爲蜀州晉原尉岌生荆荆爲陝州司馬荆生漢漢元和七年登進士第累辟使府長慶末爲左拾遺敬

宗好治宮室波斯賈人李蘇沙獻沈香亭子材漢上疏論之曰若以沈香爲亭子即與瑶臺瓊室事同寶曆中王政日僻漢與同列薛廷老因入閤廷奏曰近日除授不由中書擬議多是宣出施行臣恐自此紀綱大壞姦邪恣行願陛下各勑有司稍存典故坐言忤旨出爲興元從事文宗即位召爲屯田員外郎史館脩撰漢韓愈子壻少師愈爲文長於古學剛訐亦類愈預修憲宗實録尤爲李德裕所憎大和四年轉兵部員外郎李宗閔作相用爲知制誥尋遷駕部郎中八年代宇文鼎爲御史中丞時李程爲左僕射以儀注不定奏請定制先是大和三年兩省官同定左右僕射儀注御史中丞已下與僕射相遇依令致敬歛馬側立待僕射謝官日大夫中丞三院御史就幕次參見其觀象門外立班既以後至爲重大夫中丞到班後朝堂所由引僕射就位傳呼贊導如大夫就列之儀班退贊導亦如之御史大夫與僕射道途相遇則分道而行舊事左右僕射已上御史中丞吏部侍郎已下羅拜四年中書奏曰僕射受中丞侍郎拜則似太重

荅郎官巳下拜則太輕起今後諸司四品巳下官及御史臺六品巳下并郎官並望準故事餘依元和七年勑處分可之至是因李程奏漢議曰左右僕射初上受左右丞諸曹侍郎諸司四品及御史中丞巳下拜謹按開元禮及六典並無此儀注不知所起之由或以爲僕射師長百寮此語亦無證據唯有曹魏時賈詡讓官表中一句語耳且尚書令是正長尚無受拜之文故事與御史中丞司隸校尉號三獨坐伏以朝廷比肩同事聖主南面受拜臣下何安縱有明文尚須釐革故禮記曰君於士不荅拜非其臣則荅之況御史中丞駮中御史是供奉官尤爲不可儀制令雖有隔品之文不知便是受拜否及御史大夫亦曾受御史巳下拜今並不行蓋以禮數僭逼非人臣所安元和六年七月詔崔邠段平仲與當時禮官王涇韋公肅等同議其事理甚精詳今請舉而行之庶爲折衷時程入省竟依舊儀議者以漢奏爲是七年轉禮部侍郎八年改戶部侍郎九年四月轉吏部侍郎六月李宗閔得罪罷相漢坐其黨出爲邠州刺史宗閔再貶漢

亦改汾州司馬仍三二十年不得錄用會昌中李德裕用事漢竟淪躓而卒漢弟滻洗潘皆登進士第潘大中初爲禮部侍郎漢子既亦登進士第

李景儉字寬中漢中王瑀之孫父褚太子中舍景儉貞元十五年登進士第性俊朗博聞強記頗閱前史詳其成敗自負王霸之略於士大夫間無所屈降貞元末韋執誼王叔文東宮用事尤重之待以管葛之才叔文竊政屬景儉居母喪故不及從坐韋夏卿留守東都辟爲從事竇羣爲御史中丞引爲監察御史羣以罪左遷景儉坐貶江陵戶曹累轉忠州刺史元和末入朝執政惡之出爲澧州刺史與元稹李紳相善時紳稹在翰林屢言於上前及延英辭日景儉自陳巳屈穆宗憐之追詔拜倉部員外郎月餘驟遷諫議大夫性既矜誕寵擢之後凌蔑公卿大臣使酒尤甚中丞蕭俛學士段文昌相次輔政景儉輕之形於談謔二人俱訴之穆宗不獲巳貶之制曰諫議大夫李景儉擢自宗枝嘗探儒術荐歷臺閣亦分郡符動或違仁行不由義附權幸以虧節通姦黨之陰謀衆情皆疑羣議難息據因緣之狀當寘嚴科順長養之時特從寛典勉宜省過無或徇非可建州刺史未幾元稹用事自郡召還復爲諫議大夫其年十二月景儉朝退與兵部郎中知制誥馮宿庫部郎中知制誥楊嗣復起居舍人温造司勳員外郎李肇刑部員外郎王鎰等同謁史官獨孤朗乃於史館飲酒景儉乘醉詣中書謁宰相呼王播崔植杜元潁名面疏其失辭頗悖慢宰相遜言止之旋奏貶漳州刺史是日同飲於史館者皆貶逐景儉未至漳州而元稹作相改授楚州刺史議者以景儉使酒凌忽宰臣詔令纔行遽遷大郡稹懼其物議追還授少府少監從坐者皆召還而景儉竟以忤物不得志而卒景儉疏財尚義雖不厲名節死之日知名之士咸惜之景儉弟景儒景信景仁皆有藝學知名於時景信景仁皆登進士第

史臣曰仲尼有言不得中行而與之必也狂狷乎而渤論考第仲方駮謚誠知後悔不能息言可謂狷歟當賊注挾邪之辰羣公結舌而

寢默而中敏李甘元裕或肆其言或奮其筆暴揚醜迹不憚擠陷謂之爲狂即有遺恨比夫請劒斷佞亦可同年而語也南紀有良史才足以自立而協比權幸顛沛終身君子愼獨庸可忽諸景儉自負太過蕩而無檢良驥跅弛之患也

贊曰張李切言利刃決雲裴諫方士深誠愛君言排賊注高李不羣漢儉朋比夫何足云

唐書列傳卷第一百二十一

劉昫　等修

聞人詮校刻　沈桐同校

令狐楚 楚弟定 楚子緒 綯 綯子滈 渙　牛僧孺 僧孺子蔚 蔚子徽

蕭俛 俛弟傑 傑從弟俶 俶子寘　李石 石弟福

令狐楚字殼士自言國初十八學士德棻之裔祖崇亮綿州昌明縣令父承簡太原府功曹家世儒素楚兒童時已學屬文弱冠應進士貞元七年登第桂管觀察使王拱愛其才欲以禮辟召懼楚不從乃先聞奏而後致聘楚以父掾太原有庭闈之戀又感拱厚意登第後徑往桂林謝拱不預宴遊乞歸奉養即還太原人皆義之李說嚴綬鄭儋相繼鎮太原高其行義皆辟爲從事自掌書記至節度判官歷殿中侍御史楚才思俊麗德宗好文每太原奏至能辨楚之所爲頗稱之鄭儋在鎮暴卒不及處分後事軍中喧譁將有急變中夜十數騎持刃迫楚至軍門諸將環之令草遺表楚在白刃之中搦管即成

讀示三軍無不感泣軍情乃安自是聲名益重丁父憂以孝聞免喪徵拜右拾遺改太常博士禮部員外郎母憂去官服闋以刑部員外郎徵轉職方員外郎知制誥楚與皇甫鎛蕭俛同年登進士第元和九年鎛初以財賦得幸薦俛楚俱入翰林充學士遷職方郎中中書舍人皆居內職時用兵淮西言事者以師久無功宜宥賊罷兵唯裴度與憲宗志在殄寇十二年夏度自宰相兼彰義軍節度淮西招撫宣慰處置使宰相李逢吉與度不協與楚相善楚草度淮西招撫使制不合度旨度請改制內三數句語憲宗方責度用兵乃罷逢吉相任亦罷楚內職守中書舍人元和十三年四月出爲華州刺史其年十月皇甫鎛作相其月以楚爲河陽懷節度使十四年四月裴度出鎮太原七月皇甫鎛薦楚入朝自朝議郎授朝議大夫中書侍郎同平章事與鎛同處台衡深承顧待十五年正月憲宗崩詔楚爲山陵使仍撰哀冊文時天下怒皇甫鎛之奸邪穆宗即位之四日群臣素服班於月華門外宣詔貶鎛將殺之會蕭俛作相託中官救解方貶崖州物議以楚因鎛作相而逐裴度群情共怒以蕭俛之故無敢措言其年六月山陵畢會有告楚親吏贓汙事發出爲宣歙觀察使楚充奉山陵時親吏韋正牧奉天令于翬翰林陰陽官等同隱官錢不給工徒價錢移爲羨餘十五萬貫上獻怨訴盈路正牧等下獄伏罪皆誅楚再貶衡州刺史時元稹初得幸爲學士素惡楚與鎛膠固希寵稹草楚衡州制略曰楚早以文藝得踐班資憲宗念才擢居禁近異端斯害獨見不明密隳討伐之謀潛附奸邪之黨因緣得地進取多門遂忝台階實妨賢路楚深恨稹長慶元年四月量移郢州刺史遷太子賓客分司東都二年十一月授陝州大都督府長史兼御史大夫陝虢觀察使制下旬日諫官論奏言楚所犯非輕未合居廉察之任上知之遽令追制時楚已至陝州視事一日矣復授賓客歸東都時李逢吉作相極力援楚以李紳在禁密沮之未能擅柄敬宗即位逢吉逐李紳尋用楚爲河南尹兼御史大夫其年九月檢校禮部尚書汴州刺史宣武軍節度汴宋亳觀察等使汴軍素驕累逐主帥

前後韓弘兄弟率以峻法繩之人皆偷生未能革志楚長於撫理前鎮河陽代烏重胤移鎮滄州以河陽軍三千人爲牙卒卒咸不願從中路叛歸又不敢歸州聚於境上楚初赴任聞之乃疾驅赴懷州潰卒亦至楚單騎喻之咸令櫜弓解甲用爲前驅卒不敢亂及莅汴州解其酷法以仁惠爲治去其太甚軍民咸悅翕然從化後竟爲善地汴帥前例始至率以錢二百萬實其私藏楚獨不取以其羨財治廨舍數百間大和二年九月徵爲戶部尚書三年三月檢校兵部尚書東都留守東畿汝都防禦使其年十一月進位檢校右僕射鄆州刺史天平軍節度鄆曹濮觀察等使奏故東平縣爲天平縣屬歲旱儉人至相食楚均富贍貧而無流亡者六年二月改太原尹北都留守河東節度等使楚久在并州練其風俗因人所利而利之雖屬歲旱人無轉徙楚始自書生隨計成名皆在太原實如故里及是秉旄作鎮邑老歡迎楚綏撫有方軍民胥悅七年六月入爲吏部尚書仍檢校右僕射故事檢校官高者便從其班楚以正官三品不宜從二品

之列請從本班優詔嘉之九年六月轉太常卿十月守尚書左僕射進封彭陽郡開國公十一月李訓兆亂京師大擾訓亂之夜文宗召右僕射鄭覃與楚宿于禁中商量制勑上皆欲用爲宰相楚以王涯賈餗寃死敘其罪狀浮泛仇士良等不悅故輔弼之命移於李石乃以本官領鹽鐵轉運等使先是鄭注上封置榷茶使額鹽鐵使兼領之楚奏罷之曰伏以江淮數年已來水旱疾疫凋傷頗甚愁歎未平今夏及秋稍校豐稔方須惠卹各使安存昨者忽奏榷茶實爲蠹政蓋是王涯破滅將至怨怒合歸豈有令百姓移茶樹於官場中栽植摘茶葉於官場中造作有同兒戲不近人情方在恩權孰敢沮議朝班相顧而失色道路以目而吞聲今宗社降靈姧兇盡戮聖明垂祐黎庶合安微臣蒙恩兼領使務官銜之內猶帶此名俯仰若驚夙宵知懼伏乞特廻聖聽下鑒愚誠速委宰臣除此使額緣軍國之用或闕山澤之利有遺許臣條疏續具聞奏採造將及妨廢爲虞前月二十一日內殿奏對之次鄭覃與臣同陳論訖伏望聖慈早賜處分一

唐傳一百二十二　三

○依舊法不用新條惟納榷之時須節級加價商人轉賣必校稍貴即是錢出萬國利歸有司既不害茶商又不擾茶戶上以彰陛下愛人之德下以竭微臣憂國之心遠近傳聞必當感悅從之先是元和十年出內庫弓箭陌刀賜左右街使充宰相入朝以爲翼衛及建福門而止至是因訓注之亂悉罷之楚又奏諸道新授方鎮節度使等具帑抹帶器仗就尚書省兵部參辭伏以軍國異容古今定制若不由舊斯爲改常未聞省閣之門忽內弓刀之器鄭注外蒙恩寵內蓄兇狂首創姧謀將興亂兆致王璠郭行餘之輩敢驅將吏直詣闕庭震驚乘輿騷動京國血濺朝路尸僵禁街史冊所書人神共憤既往不咎其源尚開前件事宜伏乞速令停罷如須參謝即具公服從之又奏請罷修曲江亭絹一萬三千七百匹迴修尚書省從之開成元年上巳賜百寮曲江亭宴楚以新誅大臣不宜賞宴獨稱疾不赴論者美之以權在內官累上疏乞解使務其年四月檢校左僕射興元尹充山南西道節度使二年十一月卒于鎮年七十二冊贈司空諡曰

文楚風儀嚴重若不可犯然寬厚有禮門無雜賓嘗與從事宴語方酣有非類偶至立命徹席毅然色變累居重任貞操如初未終前三日猶吟詠自若疾甚諸子進藥未嘗入口曰修短之期分以定矣何須此物前一日召從事李商隱曰吾氣魄已殫情思俱盡然所懷未已強欲自寫聞天恐辭語乖舛子當助我成之即秉筆自書曰臣永惟際會受國深恩以祖以父皆蒙褒贈有弟有子並列班行全腰領以從先人委體魄而事先帝此不自達誠爲甚愚但以永去泉扃長辭雲陛更陳尸諫猶進瞽言雖號叫而不能豈誠明之敢忘今陛下春秋鼎盛寰海鏡清是修教化之初當復理平之始然自前年夏秋已來貶譴者至多誅戮者不少望普加鴻造稍霽皇威殁者昭洗以雲雷存者霑濡以雨露使五穀嘉熟兆人安康納臣將盡之苦言慰臣永蟄之幽魄書訖謂其子緒綯曰吾生無益於人勿請謚號葬日勿請鼓吹唯以布車一乘餘勿加飾銘誌但志宗門秉筆者無擇高位當殁之夕有大星隕於寢室之上其光燭廷楚端坐與家人告訣

唐傳一百二十二　四

○言已而終嗣子奉行遺旨詔曰生爲名臣殁有理命終始之分可謂兩全鹵簿哀榮之末節難違往意謚論國家之大典須守彝章鹵簿宜停易名須準舊例後綯貴累贈至大尉有文集一百卷行於時所撰憲宗哀冊文辭情典鬱爲文士所重

楚弟定字履常元和十一年進士及第累辟使府大和九年累遷至職方員外郎弘文館直學士檢校右散騎常侍桂州刺史桂管都防禦觀察等使卒贈禮部尚書

緒以蔭授官歷隨壽汝三郡刺史在汝州日有能政郡人請立碑頌德緒以弟綯在輔弼上言曰臣先父元和中特承恩顧弟綯官不因人出自宸衷臣伏覩詔書以臣刺汝州日粗立政勞吏民求立碑頌尋乞追罷臣任隨州日郡人乞留得上下考及轉河南少尹加金紫此名已聞於日下不必更立碑頌乞賜寢停宣宗嘉其意從之

綯字子直大和四年登進士第釋褐弘文館校書郎開成初爲左拾遺二年丁父喪服闋授本官尋改左補闕史館修撰累遷庫部戶部

貟外郎會昌五年出爲湖州刺史大中二年召拜考功郎中尋知制誥其年召入充翰林學士三年拜中書舍人襲封彭陽男食邑三百戶尋拜御史中丞四年轉戶部侍郎判本司事其年改兵部侍郎同中書門下平章事綯以舊事帶尚書省官合先省上上日同列集於少府監時白敏中崔龜從曾爲太常博士至相位欲榮其舊署乃改集於太常禮院龜從手筆志其事於壁綯輔政十年累官至吏部尚書右僕射涼國公食邑二千戶十三年罷相檢校司空同中書門下平章事河中尹河中晉絳等節度使咸通二年改汴州刺史宣武軍節度使三年冬遷揚州大都督府長史淮南節度副大使知節度事累加開府儀同三司檢校司徒進食邑至三千戶九年徐州戍兵龐勛自桂州擅還七月至浙西泝江自白沙入濁河剽奪舟船而進綯聞勛至遣使慰撫供給芻米都押衙李湘白綯曰徐兵擅還必無好意雖無詔命除討權變制在藩方昨其黨來投言其數不踰二千而虛張舟航旗幟恐人見其實涉境已來心頗憂惴計其水路須出高

郵縣界河岸斗峻而水深狹若出奇兵邀之俾荻船縱火於前勁兵奮擊於後敗走必矣若不於此誅鋤俟濟淮泗合徐人負怨之徒不下十萬則禍亂非細也綯性懦緩又以不奉詔命謂湘曰長淮已南他不爲暴從他過去餘非吾事也其年冬龐勛殺崔彥曾據徐州聚衆六七萬徐無兵食乃分遣賊帥攻剽淮南諸郡滁和楚壽繼陷轂食既盡淮南之民多爲賊所噉時兩淮郡縣多陷唯杜慆守泗州賊攻之經年不能下初詔綯爲徐州南面招討使賊攻泗州急綯令李湘將兵五千人援之賊聞湘來援遣人致書于綯辭情遜順言朝廷累有詔赦宥但抗拒者三兩人耳旦夕圖去之即束身請命願相公保任之綯即奏聞請賜勛節鉞仍誡李湘但戍淮口賊已招降不得立異緣是湘軍解甲安寢去警徹備日與賊軍相對歡笑交言一日賊軍乘間步騎徑入湘壘淮卒五千人皆被生縶送徐州爲賊蒸而食之湘與監軍郭厚本爲龐勛斷手足以狥於康承訓軍時浙西杜審權發軍千人與李湘約會兵大將翟行約勇敢知名浙軍未至而湘軍敗賊乃分兵立浙南旗幟爲交鬬之狀行約軍望見急趨之千人並爲賊所縛送徐州綯既喪師朝廷以左衛大將軍徐州西南面招討使馬舉代綯爲淮南節度使十一年八月授檢校司徒太子太保分司東都十三年以本官爲鳳翔尹鳳翔隴節度使進封趙國公食邑三千戶卒子滈渙渢

滈少舉進士以父在內職而止及綯輔政十年滈以鄭顥之親驕縱不法日事遊宴貨賄盈門中外爲之側目以綯黨援方盛無敢措言及懿宗即位訟者不一故綯罷權軸既至河中上言曰臣男滈爰自孩提便從師訓至於詞藝頗及輩流會昌二年臣任戶部貟外郎時已令應舉至大中二年猶未成名臣自湖州刺史蒙先帝擢授考功郎中知制誥尋充學士繼叨渥澤遂忝樞衡事體有妨因令罷舉自當廢絕一十九年每遣退藏更令勤勵臣以祿位逾分齒髮已衰男滈年過長成未霑一第犬馬私愛實切憫傷臣二三年來頻乞罷免每年取得文解意待纔離中書便令赴舉昨蒙恩制寵以近藩伏緣

已逼禮部試期便令就試至於與奪出自主司臣固不敢撓其衡柄臣初離機務合具上聞昨延英奉辭本擬面奏伏以戀恩方切陳誠至難伏冀宸慈察臣丹懇詔令就試是歲中書舍人裴坦權知貢舉登第者三十人有鄭義者故戶部尚書澣之孫裴弘餘故相休之子魏簹故相扶之子及滈皆名臣子弟言無實才諫議大夫崔瑄上疏論之曰令狐滈昨以父居相位權在一門求請者詭黨風趨妄動者群邪雲集每歲貢闈登第在朝清列除官事望雖出於綯取捨全由於滈喧然如市旁若無人權動寰中勢傾天下及綯罷相作鎮之日便令滈納卷貢闈豈可以父在樞衡獨撓文柄請下御史臺按問文解日月者奏疏不下滈既及第釋褐長安尉集賢校理咸通二年遷右拾遺史館修撰制出左拾遺劉蛻起居郎張雲各上疏極論滈云恃父秉權恣受貨賂取李琢錢除琢安南都護遂致蠻陷交州張雲言大中十年綯以諫議大夫豆盧籍刑部郎中李鄴爲夔王已下侍讀欲立夔王爲東宮欲亂先朝子弟之序滈內倚鄭顥人誰敢言時

絢在淮南累表自雪懿宗重傷大臣意貶雲爲興元少尹蜕爲華陰令改高詹事府司直蔿爲衆所非官名不達渙風但登進士第渙位至中書舍人定子緘緘子澄湘澄亦以進士登第累辟使府

牛僧孺字思黯隋僕射奇章公弘之後祖紹父幼簡官卑僧孺進士擢第登賢良方正制科釋褐伊闕尉遷監察御史轉殿中歷禮部員外郎元和中改都官知臺雜尋換考功員外郎充集賢直學士穆宗即位以庫部郎中知制誥其年十一月改御史中丞以州府刑獄淹滯人多冤抑僧孺條疏奏請按劾相繼中外肅然長慶元年宿州刺史李直臣坐贓當死直臣賂中貴人爲之申理僧孺堅執不回穆宗面喻之曰直臣事雖僭失然此人有經度才可委之邊任朕欲貸其法僧孺對曰凡人不才止於持祿取容耳帝王立法束縛姦雄正爲才多者祿山朱泚以才過人濁亂天下況直臣小才又何屈法哉上嘉其守法面賜金紫二年正月拜戶部侍郎三年三月以本官同平章事初韓弘入朝以宣武舊事人多流言其子公武以家財厚賂權

〇　唐傳一百二十二　七

幸及多言者班列之中悉受其遺俄而父子俱卒孤孫幼小穆宗恐爲廝養竊盜乃命中使至其家閱其宅簿以付家老而簿上具有納賂之所唯於僧孺官側朱書曰某月日送牛侍郎物若干不受却付訖穆宗按簿甚悅居無何議命相帝首可僧孺之名敬宗即位加中書侍郎銀青光祿大夫封奇章子邑五百戶十二月加金紫階進封郡公集賢殿大學士監修國史寶曆中朝廷政事出於邪倖大臣朋比僧孺不奈群小拜章求罷者數四帝曰俟予郊禮畢放卿及穆宗祔廟郊報後又拜章陳退乃於鄂州置武昌軍額以僧孺檢校禮部尚書同中書門下平章事鄂州刺史武昌軍節度鄂岳蘄黃觀察等使江夏城風土散惡難立垣墉每年加板築賦菁茆以覆之吏緣爲姦蠹獘綿歲僧孺至計茆苫板築之費歲十餘萬即賦之以塼以當苫築之價凡五年墉皆甃葺蠹獘永除屬郡沔州與鄂隔江相對虛張吏員乃奏廢之以其所管漢陽汶川兩縣隸鄂州文宗即位就加檢校吏部尚書凡鎮江夏五年大和三年李宗閔輔政屢薦僧孺有才不宜居外四年正月召還守兵部尚書同平章事五年正月幽州軍亂逐其帥李載義文宗以載義輸忠於國遽聞失帥駭然急召宰臣謂之曰范陽之變奈何僧孺對曰此不足煩聖慮且范陽得失不繫國家休戚自安史已來翻覆如此前時劉總以土地歸國朝廷耗費百萬終不得范陽尺帛斗粟入于天府尋復爲梗至今日誠亦由前也載義但因而撫之俾扞奚契丹不令入寇朝廷所賴也假以節旄必自陳力不足以逆順治之帝曰吾初不詳思卿言是也即日命中使宣慰尋加門下侍郎弘文館大學士六年吐蕃遣使論董勃義入朝修好俄而西川節度李德裕奏吐蕃維州守將悉怛謀以城降德裕又上利見云若以生羌三千出戎不意燒十三橋擣戎之腹心可以得志矣上惑其事下尚書省議衆狀請如德裕之策僧孺奏曰此議非也吐蕃疆土四面萬里失一維州無損其勢況論董勃纔還劉元鼎未到比來修好約罷戎兵中國禦戎守信爲上應敵次之今一朝失信戎醜得以爲詞聞贊普牧馬茹川俯於秦隴若東襲隴坂

〇　唐傳一百二十二　八

徑走回中不三日抵咸陽橋而發兵枝梧駭動京國事或及此雖得百維州亦何補也上曰然遂詔西川不內維州降將僧孺素與德裕仇怨雖議邊公體而怙德裕者以僧孺害其功謗論沸然帝亦以爲不直其年十二月檢校左僕射兼平章事揚州大都督府長史淮南節度副大使知節度事時中尉王守澄用事多納纖人竊議時政禁中事密莫知其說一日延英對宰相文宗曰天下何由太平卿等有意於此乎僧孺奏曰臣等待罪輔弼無能康濟然臣思太平亦無象今四夷不至交侵百姓不至流散上無淫虐下無怨讟私室無強家公議無壅滯雖未及至理亦謂小康陛下若別求太平非臣等所及既退至中書謂同列曰吾輩爲宰相天子責成如是安可久處茲地耶旬日間三上章請退不許會德裕黨盛垂將入朝僧孺故得請上既受左右邪說急於太平姦人伺其銳意故訓注見用數年之間幾危宗社而僧孺進退以道議者稱之開成初搢紳道喪閹寺弄權僧孺嫌處重藩求歸散地累拜章不允凡在淮甸六年開成二年五月

加檢校司空食邑二千戸判東都尚書省事東都留守東畿汝都防禦使僧孺識量弘遠心居事外不以細故介懷洛都築第於歸仁里任淮南時嘉木怪石置之階廷館宇清華竹木幽邃常與詩人白居易吟詠其間無復進取之懷三年九月徵拜左僕射仍令左軍副使王元直賚告身宣賜舊例留守入朝無中使賜詔流例恐僧孺退讓促令赴闕僧孺不獲已入朝屬莊恪太子初薨延英中謝日語及太子乃懇陳父子君臣之義人倫大經不可輕移國本上爲之流涕是時宰輔皆僧孺僚舊未嘗造其門上頻宣召託以足疾久之上請揚州復曰僧孺稱疾不任趨朝未可即令自便四年八月復檢校司空兼平章事襄州刺史山南東道節度使加食邑至三千戸辭日賜觚散樽杓等金銀古器令中使喻之曰以卿正人賜此古器卿且少留僧孺奏曰漢南水旱之後流民待理不宜淹留再三請行方允武宗即位就加檢校司徒會昌二年李德裕用事罷僧孺兵權徵爲太子少保累加太子少師大中初卒贈太子太師謚曰文貞僧孺少與李宗閔同門生尤爲德裕所惡會昌中宗閔棄斥不爲生還僧孺數爲德裕掎摭欲加之罪但以僧孺貞方有素人望式瞻無以伺其隙德裕南遷所著窮愁志引里俗犢子之讖以斥僧孺又目爲太牢公其相憎恨如此僧孺二子蔚藂

蔚字大章十五應兩經舉大和九年復登進士第三府辟署爲從事入朝爲監察御史大中初爲右補闕屢陳章疏指斥時病宣宗嘉之曰牛氏子有父風差慰人意尋改司門員外郎出爲金州刺史入拜禮吏二郎中以祀事準禮天官司所掌班列有特擢越職者蔚奏正之爲時權所忌左授國子博士分司東都踰月權臣罷免復徵爲吏部郎中兼史館修撰遷左諫議大夫咸通中爲給事中延英謝日面賜金紫蔚封駮無避帝嘉之踰歲遷戸部侍郎襲封奇章侯以公事免歲中復本官歷工禮刑三尚書咸通末檢校兵部尚書興元尹山南西道節度使在鎮三年時中官用事急於賄賂屬徐方用兵兩中尉諷諸藩貢奉助軍蔚無所貢軍府之有三十萬端匹隨表進納中官怒即以神策將吳行魯代還及黃巢犯闕乃自京師奔道避地山南拜章請老以尚書左僕射致仕卒累贈太尉子循徽

徽咸通八年登進士第三佐諸侯府得殿中侍御史賜緋魚入朝爲右補闕再遷吏部員外郎乾符中選曹猥濫吏爲姦弊每歲選人四千餘員徽性貞剛特爲起請由是銓敘稍正能否旌別物議稱之巢賊犯京師父蔚方病徽與其子自扶藍輿投竄山南閣路險狹盜賊縱橫谷中遇盜擊徽破首流血被體而捉輿不輟盜若迫之徽拜之曰父年高疾甚不欲驚動人皆有父幸相垂恤盜感之而止及前谷又逢前盜相告語曰此孝子也即同舉輿延於其家以帛封瘡饋飲奉蔚留之信宿得達梁州故吏感恩爭來奔問時僖宗已幸成都徽至行朝拜章乞歸侍疾已除諫議大夫不拜謂宰相杜讓能曰願留兄循在朝以當門戸乞侍醫藥時循爲給事中丞相許之其年鍾家艱執喪梁漢既除以中書舍人徵未赴疾作以舍人綸制之地不可曠官請授散秩改給事中從駕還京至陳倉疾甚經年方閒宰相張濬爲招討使奏徽爲判官檢校左散騎常侍詔下鳳翔促令赴闕徽謂所親曰國步方艱皇居初復帑藏皆虛正賴群臣協力同心王室而於破敗之餘圖雄霸之舉俾諸侯離心必貽後悔也以吾衰疾之年安能爲之扞難辭疾不起明年濬敗召徽爲給事中楊復恭叛歸山南李茂貞上表請自出兵糧問罪但授臣招討使奏不待報茂貞與王行瑜軍已出疆上怒其專不時可之茂貞恃強章疏不已昭宗延英召諫官宰相議可否以邠鳳皆有中人內應不敢極言相顧辭遜上情不悅徽奏曰兩朝多難茂貞實有翼衛之功惡諸楊阻兵意在嫉惡所造次者不俟命而出師也近聞兩鎮兵入界多有殺傷陛下若不處分梁漢之民盡矣須授以使名明行約束則軍中爭不畏法帝曰此言極是乃以招討之命授之及茂貞平賊自恃浸驕多撓國政命杜讓能料兵討之徽諫曰岐是國門茂貞倔強不顧禍患萬一蹉跌挫國威也不若漸以制之及師出復召徽謂之曰卿能斟酌時事岐軍烏合朕料必平卿以爲捷在何日徽對曰臣忝侍從諫諍

之列所言軍國據理陳聞如破賊之期在陛下考蓍龜責將帥非臣之職也而王師果衄大臣被害徽尋改中書舍人歲中遷刑部侍郎封奇章男崔沆連結汴州惡徽言事改散騎常侍不拜換太子賓客天復初賊臣用事朝政不綱拜章請罷詔以刑部尚書致仕乃歸樊川別墅病卒贈吏部尚書

蕘字表齡開成二年登進士第出佐使府歷踐臺省乾符中位至劒南西川節度使黃巢之亂從幸西川拜太常卿以病求為巴州刺史不許駕還拜吏部尚書襄王之亂避地太原卒子嶠位至尚書郎

蕭俛字思謙曾祖太師徐國公嵩開元中宰相祖華襲徐國公肅宗朝宰相父恒贈吏部尚書皆自有傳俛貞元七年進士擢第元和初復登賢良方正制科拜右拾遺遷右補闕元和六年召充翰林學士七年轉司封員外郎九年改駕部郎中知制誥內職如故坐與張仲方善仲方駮李吉甫諡議言用兵徵發之弊由吉甫而生憲宗怒貶仲方俛亦罷學士左授太僕少卿十三年皇甫鎛用事言於憲宗拜

唐傳一百二十二　十二

俛御史中丞俛與鎛及令狐楚同年登進士第明年鎛援楚作相二人雙薦俛於上自是顧眄日隆進階朝議郎飛騎尉襲徐國公賜緋魚袋穆宗即位之月議命宰相令狐楚援之拜中書侍郎平章事仍賜金紫之服八月轉門下侍郎十月吐蕃寇涇原命中使以禁軍援之穆宗謂宰臣曰用兵有必勝之法乎俛對曰兵者凶器戰者危事聖主不得已而用之以仁討不仁以義討不義先務招懷不為掩襲古之用兵不斬祀不殺厲不擒二毛不犯田稼安人禁暴師之上也如救之甚於水火故王者之師有征無戰此必勝之道也如或縱肆小忿輕動干戈使敵人怨結師出無名非惟不勝乃自危之道也固宜深慎帝然之時令狐楚左遷西川節度使王播廣以貨幣賂中人權幸求為宰相而宰相段文昌復左右之俛性嫉惡延英面言播之纖邪納賄喧於中外不可以汙台司事已垂成帝不之省俛三上章求罷相任長慶元年正月守左僕射進封徐國公罷知政事俛居相位孜孜正道重慎名器每除一官常慮乖當故鮮有簡拔而涉剋深然志嫉姦邪脫屣重位時論稱之穆宗乘章武恢復之餘即位之始兩河廓定四鄙無虞而俛與段文昌屢獻太平之策以為兵以靜亂時已治矣不宜黷武勸穆宗休兵偃武又以兵不可頓去請密詔天下軍鎮有兵處每年百人之中限八人逃死謂之消兵帝既荒縱不能深料遂詔天下如其策而行之而藩籍之卒合而為盜伏於山林明年朱克融王廷湊復亂河朔一呼而遺卒皆至朝廷方徵兵諸藩籍既不充尋行招募烏合之徒動為賊敗由是復失河朔蓋消兵之失也俛性介獨持法守正以己輔政日淺超擢太驟三上章懇辭僕射不拜詔曰蕭俛以勤事國以疾退身本末初終不失其道既罷樞務俾居端揆朕欲加恩超等復吝前言而繼有讓章至於三四敦諭頗切陳乞彌堅成爾謙光移之選部可吏部尚書俛又以選曹簿書煩雜非攝生之道乞換散秩其年十月改兵部尚書二年以疾表求分司不許三月改太子少保尋授同州刺史寶曆二年復以少保分司東都文宗即位授檢校左僕射守太子少師俛稱疾篤不任赴闕

唐傳一百二十二　十三

乞罷所授官詔曰新除太子少師蕭俛代炳台耀躬茂天爵文可以經緯邦俗行可以感動神祇夷澹粹和精深敏直進退由道周旋令名近以師傅之崇疇于舊德俾從優逸冀保養頤而抗疏懇辭勇退知止嘗亦敦諭確乎難拔遂茲牢讓以厚時風可銀青光祿大夫守尚書左僕射致仕俛趣尚簡絜不以聲利自汙在相位時穆宗詔撰故成德軍節度使王士真神道碑對曰臣器褊狹此不能強王承宗先朝阻命事無可觀如臣秉筆不能溢美或撰進之後例行貺遺臣若公然阻絕則違陛下撫納之宜僶俛受之則非微臣平生之志臣不願為之秉筆帝嘉而免之俛家行尤孝母韋氏賢明有禮理家甚嚴俛雖為宰相侍母左右不異褐衣時丁母喪毀瘠踰制免喪文宗徵詔懇以疾辭既致仕于家以洛都官屬賓友避歲時請謁之煩乃歸濟源別墅逍遥山野嘯詠窮年八年以莊恪太子在東宮上欲以耆德輔導復以少師徵之俛令弟傑奉表京師復納制書堅辭痼疾詔曰不待年而求謝於理身之道則至矣其如朝廷之望何朕以肇

建元良精求師傳遐想漢朝故事玄成石慶當時重德咸歷此官吾以元子幼沖切於師訓欲以賴汝發明古今奬忠孝之規日聞于耳特遣左右至於林園而卿高道脩然屏絕趨進復遣令弟還吾詔書天爵自優貞鴻方遠不轉之志其堅若山循省來章致煩爲愧終以呂尚之秩遂其疏曠之心勵俗激貪所補多矣有益於政寄聲以聞亦有望於舊臣矣可太子太傅致仕開成二年俛弟僦授楚州刺史辭日文宗謂僦曰蕭俛先朝名相觔力未衰可一來京國朕賜俛詔書匹帛卿便賷至濟源道吾此意詔曰卿道冠時髦業高儒行著作礪濟川之効弘致君臣國之規留芳巖廊逸老林壑累降褒詔亟加崇秩而志不可奪情見乎辭鴻飛入冥吟想增歎今賜絹三百匹便令蕭僦宣示俛竟不起卒

傑字豪士元和十二年登進士第累官侍御史遷主客員外郎大和九年十月鄭注爲鳳翔節度使愼選衆佐李訓以傑檢校工部郎中充鳳翔隴觀察判官其年十一月鄭注誅傑爲鳳翔監軍使所害僦

○以蔭授官大和中累遷至河南少尹九年五月拜諫議大夫開成二年出爲楚州刺史四年三月遷越州刺史御史中丞浙東都團練觀察使會昌中入爲左散騎常侍遷檢校刑部尚書華州刺史潼關防禦等使大中初坐在華州時斷獄不法授太子賓客分司四年檢校戶部尚書兗州刺史兗沂海節度使復入爲太子賓客大中十二年以太子少保分司東都卒俛從父弟倣

倣父悟恒之弟也悟仕至大理司直倣大和元年登進士第大中朝歷諫議大夫給事中咸通初遷左散騎常侍懿宗怠臨朝政僻於奉佛內結道場聚僧念誦又數幸諸寺施與過當倣上疏論之曰臣聞玄祖之道由慈儉爲先而素王之風以仁義爲首相沿百代作則千年至聖至明不可易也如佛者生於天竺去彼王宮割愛中之至難取滅後之殊勝名歸象外理絕塵中非爲帝王而所能慕也昔貞觀中高宗在東宮以長孫皇后疾亟嘗上言曰欲請度僧以資福事后曰爲善有徵吾未爲惡善或無報求福非宜且佛者異方之教所可存而勿論豈以一女子而紊王道乎故謚爲文德日每后之論尚能如斯哲王之謨安可反是伏覩陛下留神天竺屬意桑門內設道場中開講會或手錄梵筴或口揚佛音雖時啓於延英從容四輔慮稍稀於聽政廢失萬機居安思危不可忽也夫從容者君也必曉咨於臣盡忠臣救外逆其耳內決其心陳皐陶之謨述仲虺之誥發揮王道恢益帝圖非賜對之閒徒侍坐而已夫廢失者上拒其諫下希其旨言則狎玩意在順從漢重神仙東方朔著十洲之記梁崇佛法劉孝儀詠七覺之詩致祠禱無休講誦不已以至大空海內中輟江東以此言之是廢失也然佛者當可以悟取不可以相求漢晉已來互興寶剎姚石之際亦有高僧或問以苦空究其不滅止聞有性多曰忘言執著貪緣非其旨也乞陛下力求民瘼虔奉宗祧思繆賞與濫刑其殃立至俟勝殘而去殺得福甚多幸罷講筵頻親政事昔年韓愈已得罪於憲宗今日微臣固甘心於遐徼疏奏帝甚嘉之四年本官權知貢舉遷禮部侍郎轉戶部以檢校工部尚書出爲滑州刺

○史充義成軍節度鄭滑潁觀察處置等使在鎭四年滑臨黃河頻年水潦河流泛溢壞西北隄倣奏移河四里兩月畢功畫圖以進懿宗嘉之就加刑部尚書入爲兵部尚書判度支轉吏部尚書選序平允咸通末復爲兵部尚書判度支尋以本官同平章事累遷中書門下二侍郎兼戶部兵部尚書遷左右僕射改司空弘文館大學士蘭陵郡開國侯俄而盜起河南內官握兵王室濁亂倣氣勁論直同列忌之罷知政事出爲廣州刺史嶺南節度使倣性公廉南海雖富珍奇月俸之外不入其門家人疾病醫工治藥須烏梅左右於公厨取之倣知而命還促買於市遇亂不至京師而卒

子廩咸通三年進士擢第累遷尚書郎乾符中以父出鎭南海免官侍行中和中徵爲中書舍人再遷京兆尹僖宗再幸山南廩以疾不能從襄王僭竊廩宗人遘受僞署廩懼自洛避地河朔鎭冀節度使王鎔館之於深州光化三年卒廩貞退寡合綽有家法初從父南海地多穀紙倣勑子弟繕寫缺落文史廩曰家書缺者誠宜補葺然

此去京師水陸萬里不可露覆當須儀罰人觀兼乘謂是貪財古人薏苡之嫌得爲深誡倣曰吾不之思也故濁亂之際克保令名子頎亦登進士第後官位顯達

李石字中玉隴西人祖堅父明石元和十三年進士擢第從涼國公李聽歷四鎮從事石機辯有方略尤精吏術藩府稱之自聽征伐常司留使務事無不辦大和三年爲鄭滑行軍司馬時聽握兵河北令石入朝奏事占對明辯文宗目而嘉之府罷入爲工部郎中判鹽鐵案五年改刑部郎中由兵部郎中令狐楚請爲太原節度副使七年拜給事中九年七月權知京兆尹事十月遷戶部侍郎判度支事文宗自德裕宗閔朋黨相傾大和七年已後宿素大臣疑而不用意在擢用新進孤立庶幾無黨以革前弊故賈餗舒元輿驟階大用及訓注伏誅欲用令狐楚尋而中輟石自朝議郎加朝議大夫以本官同平章事判使如故石器度豁如當官不撓自京師變亂之後宦者氣盛凌轢南司延英議事中貴語必引訓以折文臣石與鄭覃嘗謂之

○曰京師之亂始自訓注而訓注之起始自何人仇士良等不能對其勢稍抑搢紳賴之是時踰月人情不安帝謂侍臣曰如聞人心尚未安帖比日何如石對曰比日苦寒蓋刑殺太過致此陰沴昨聞鄭注到鳳翔招募士卒不至捕索誅夷不已臣恐邊上聞之乘此生事宜降詔安喻其心從之江西湖南兩道觀察使以新經訓注之亂吏卒多死進官健衣粮一百二十分充宰相募召從人石奏曰宰相上弼聖政下理群司若忠正無私宗社所祐縱逢盜賊兵不能傷若事涉隱欺心懷矯妄雖有防衛鬼得而誅臣等願推赤心以荅聖獎孟軻知非臧氏孔子不畏匡人其兩道所進衣粮並望停寢依從前制置秖以金吾手力引從可之帝又曰宰相之任在選賢任能石曰臣與鄭覃常以此事爲切但以人各有求苟遂所欲則美譽至稍不如意則謗議生只宜各委所司薦用臣等擇可授之則物議息矣其年十二月中使田令操劉行深巡邊迴走馬入金光門從者訛言兵至百官朝退倉惶駭散有不及束帶襪而乘者市人叫譟塵坌四起二相在中書人吏稍散鄭覃曰耳目頗異且宜出去石曰事勢不可知但宜堅坐鎮之冀將寧息若宰相亦走則中外亂矣必若纔亂走亦何逃任重官崇人心所屬不可忽也石視簿書沛然自若京城無頓之徒皆戎服兵仗北望闕門以俟變內使連催閉皇城門金吾大將軍陳君賞率其徒立望仙門下謂中使曰假如有賊閉門不晚請徐觀其變無宜自弱晡晚方定是日苟非石之鎮靜君賞之禦侮幾將亂矣開成元年改元大赦石等商量節文放京畿一年租稅及正至端午進奉並停三年其錢代充百姓紐配錢諸道除藥物口味茶菓外不得進獻諸司宣索製造並停三年赦後紫宸宣對鄭覃曰陛下改元御殿全放京畿一年租稅又停天下節鎮進奉恩澤所該實當要切近年赦令皆不及此上曰朕務行其實不欲崇長空文石對曰赦書須內置一本陛下時省覽之十道黜陟使發日付與公事根本令與長吏詳擇施行方盡利害之要石以從前德音雖降人君不能守姦吏從而違之故有內置之奏以諷之尋加中書侍郎集賢殿大學

○士領鹽鐵轉運使上御紫宸論政曰爲國之道致治甚難石對曰朝廷法令行則易臣聞文王陟降在上陛下推赤誠上達于天何憂不治上又曰治亂由人邪正由時運耶鄭覃對曰由聖帝由忠臣是由人也石曰亦由時運九廟聖靈鍾德於陛下時也陛下行已之道則是由人而前代帝王甚有德者當亂離無奈何之際又安得不推運耶帝曰卿言是也石又奏咸陽令韓遼請開興成渠舊漕在咸陽縣西十八里東達永豐倉自秦漢已來疏鑿其後堙廢昨遼計度用功不多此漕若成自咸陽抵潼關三百里內無車輓之勤則轅下牛盡得歸耕永利秦中矣李固言曰王涯已前已曾陳奏實秦中之利但恐徵役令非其時上曰莫有陰陽拘忌否苟利於人朕無所慮也石辭領使務八月罷鹽鐵轉運使石用金部員外郎韓益判度支案益坐贓繫臺石奏曰臣以韓益曉錢穀録用之不謂貪很如此帝曰宰相但知人則用有過則懲卿所用人且不掩其惡可謂至公從前宰相用人有過曲爲蔽之不欲人彈劾此大謬也但知能則舉舉不失

職則擬之自然易得其人何必容隱二年正月五日石自親仁里將曙入朝盜發於故郭尚父宅引弓追及矢纔破膚馬逸而廻盜已伏坊門揮刀斫石斷馬尾竟以馬逸得還私第上聞之駭愕遣中使撫問賜金瘡藥因差六軍兵士三十人衛從宰相是日京師大恐常參官入朝者九人而已旬日方安石拜章辭位者三乃加金紫光禄大夫中書侍郎同平章事江陵尹荆南節度使李訓之亂人情危迫天子起石於常寮之中付以衡柄石以身徇國不顧患難振舉朝綱國威再復而中官仇士良切齒惡之而伏戎加害天子深知其故畏偪而不能理乃至罷免及石赴鎮賜宴之儀並闕人士傷之恥君子之道消也石至鎮表讓中書侍郎乃加檢校兵部尚書兼平章事武宗即位就加檢校尚書右僕射會昌三年十月加檢校司空平章事隴西郡開國伯食邑七百戶太原尹北都留守河東節度觀察等使時澤潞劉稹阻兵以石嘗爲太原副使諳練北門軍政故代劉沔鎮之初沔以兵三千人戍横水王師之討澤潞也王逢軍於榆社訴兵少

請益之詔石以太原之卒赴榆社石乃割横水戍卒一千五百人令別將楊弁率之以赴王逢舊例發軍人給二縑石以支計不足量減一匹軍人聚怨又將及歲除促令上路衆愈不悦楊弁乘其釁謀亂出言激動軍人四年正月軍亂逐石朝廷乃以晉絳觀察使崔元式代還五年檢校司徒東都留守判東都尚書省事畿汝都防禦使以太子少保分司卒

石弟福字能之太和七年登進士第累辟使府石爲宰相自薦弟於延英言福才堪理人授監察御史累遷尚書郎出爲商鄭汝潁四州刺史大中時檢校工部尚書滑州刺史兼御史大夫充義成軍節度鄭滑潁觀察使入爲刑部侍郎累遷刑部戶部尚書乾符初以檢校右僕射襄州刺史兼御史大夫充山南東道節度四年草賊王仙芝徒黨數萬寇掠山南福團練鄉兵屯集要路賊不敢犯其秋賊陷岳鄂饒信等州十二月逼江陵節度使楊知温求援於福福即自率州兵及沙陁五百騎赴援時賊已陷江陵之郛聞福兵至乃退去僖宗嘉之就加檢校司空同平章事歸朝終於太子太傅

史臣曰彭陽奇章起徒步而昇台鼎觀其人文彪炳潤色邦典射策命中横絶一時誠俊賢也而峩冠曳組論道於皐夔之伍孰曰不然如能蹈道匪躬中立無黨則其善盡矣蕭太師貞獨嫉惡不爲利回不以夷惠儗之俾之經綸則其道至矣開成之始帝道方淪石於此時欲振頹緒幾嬰戕賊可爲咄嗟多僻之時止堪太息○贊曰喬松孤立蘿蔦黄縁柔附凌雲豈曰能賢嗚呼楚孺道喪曲全蕭李相才致之外篇

唐書列傳卷第一百二十二

唐書列傳卷第一百二十三

劉昫 等修

聞人詮校刻沈桐同校

鄭覃 覃弟朗 陳夷行 李紳 吳汝訥

李回 李珏 李固言

鄭覃故相珣瑜之子以父蔭補弘文校理歷拾遺補闕考功員外郎刑部郎中元和十四年二月遷諫議大夫憲宗用內官五人為京西北和糴使覃上疏論罷穆宗不恤政事喜遊宴即位之始吐蕃寇邊覃與同職崔玄亮等廷奏曰陛下即位已來宴樂過多畋遊無度今蕃寇在境緩急奏報不知乘輿所在臣等忝備諫官不勝憂惕伏願稍減遊縱留心政道伏聞陛下晨夜昵狎倡優近習之徒賞賜太厚凡金銀貨幣皆出自生靈膏血不可使無功之人濫霑賜與縱內藏有餘亦乞用之有節如邊上警急即支用無闕免令有司重斂百姓實天下幸甚帝初不悅其言顧宰相蕭俛曰此輩何人俛對曰諫官也帝意稍解乃曰朕之過失臣下盡規忠也乃謂覃曰閣中奏事殊不從容今後有事面陳朕與卿延英相見時久無閣中奏事覃等抗論人皆相賀鎮冀節度使王承宗死其弟承元聽朝旨移授鄭滑節度鎮之三軍留承元以難不能赴鎮承元乞重臣宣諭乃以覃為宣諭使起居舍人王璠副之初鎮卒辭語不遜覃至宣詔諭以大義軍人釋然聽命長慶元年十一月轉給事中四年遷御史中丞十一月權知工部侍郎寶曆元年拜京兆尹文宗即位改左散騎常侍三年以本官充翰林侍講學士四年四月拜工部侍郎覃長於經學稽古守正帝尤重之覃從容奏曰經籍訛謬博士相沿難為改正請召宿儒奧學校定六籍準後漢故事勒石於太學永代作則以正其闕從之五年李宗閔牛僧孺輔政宗閔以覃與李德裕相善薄之時德裕自浙西入朝復為閔孺所排出鎮蜀川宗閔惡覃禁中言事奏為工部尚書罷侍講學士文宗好經義心頗思之六年二月復召為侍講學士七年春德裕作相五月以覃為御史大夫文宗嘗於延英謂宰

相曰殷侑通經學為人頗似鄭覃宗閔曰覃侑誠有經學於議論不足聽覽李德裕對曰殷鄭之言他人不欲聞唯陛下切欲聞之覃嘗嫉人朋黨為宗閔所薄故也八年遷戶部尚書其年德裕罷相宗閔復知政與李訓鄭注同排斥李德裕李紳二人貶黜覃亦左授秘書監九年六月楊虞卿李宗閔得罪長流復以覃為刑部尚書十月遷尚書右僕射兼判國子祭酒訓注伏誅召覃入禁中草制敕明日以本官同平章事封滎陽郡公食邑二千戶覃雖精經義不能為文嫉進士浮華開成初奏禮部貢院宜罷進士科初紫宸對上語及選士覃曰南北朝多用文華所以不治士以才堪即用何必文辭帝曰進士及第人已曾為州縣官者方鎮奏署即可之餘即否覃曰此科率多輕薄不必盡用帝曰輕薄敦厚色色有之未必獨在進士此科置已二百年亦不可遽改覃曰亦不可過有崇樹帝嘗謂宰臣曰百司弛慢要重條舉因指前香爐曰此爐始亦華好用之既久乃無光彩若不加飾何由復初覃對曰丕變風俗當考實効自三十年已來多不務實取於顏情如嵇阮之流不攝職事黃石云此本因治平人人無事安逸所致今之人俗亦慕王夷甫恥不能及之上曰卿等輔朕在振舉法度而已時太學勒石經覃奏起居郎周墀水部員外郎崔球監察御史張次宗禮部員外郎溫業等校定九經文字旋令上石加門下侍郎弘文館大學士監修國史上嘗於延英論古今詩句工拙覃曰孔子所刪三百篇是也降此五言七言辭非雅正不足帝王賞詠夫詩之雅頌皆下刺上所為非上化下而作王者採詩以考風俗得失仲尼刪定以為世規近代陳後主隋煬帝皆能章句不知王者大端終有季年之失章句小道願陛下不取也覃以宰相兼判國子祭酒奏太學置五經博士各一人緣無職田請依王府官例賜祿粟從之又進石壁九經一百六十卷其年李固言復為宰相固言與李宗閔楊嗣復善覃憎之因起居郎闕固言奏曰周敬復崔球張次宗等三人皆堪此任覃曰崔球遊宗閔之門且赤墀下秉筆為千古法不可朋黨如裴中孺李讓夷臣不敢有纖芥異論乃止三年楊嗣

復自西川入拜平章事與覃尤相矛楯加之以固言李珏入對之際是非蜂起二月覃進位太子太師文宗以旱放繫囚出宮人劉好奴等五百餘人送兩街寺觀任歸親戚紫宸對李珏曰陛下放宮女數多德邁千古漢制八月選人晉武平吳亦多採擇仲尼所謂未見好德如好色今陛下以爲無益放之微臣敢賀覃曰晉武帝以採擇之失中原化爲左衽陛下以爲殷鑒放去攸宜其年十二月三上章求罷詔落太子太師餘如故仍三五日一入中書商量政事四年五月罷相守左僕射武宗即位李德裕用事欵援爲宰相固以足疾不任朝謁會昌二年守司徒致仕卒子裔綽以廕授渭南尉直弘文館覃少清苦貞退不造次與人款狎位至相國所居未嘗增飾纔庇風雨家無媵妾人皆仰其素風然嫉惡太過多所不容衆憚而惡之覃弟朗潛

朗字有融長慶元年登進士甲科再遷右拾遺開成中爲起居郎初大和末風俗稍奢文宗恭勤節儉冀革其風宰臣等言曰陛下節儉

○省用風俗已移長裾大袂漸以減損若更令戚屬絕其侈靡不慮下不從教帝曰此事亦難戶曉但去其泰甚自以儉德化之朕聞前時內庫唯二錦袍飾以金鳥一袍玄宗幸溫湯御之一即與貴妃當時貴重如此如今奢靡豈復貴之料今富家往往皆有左衛副使張元昌便用金唾壺昨因李訓已誅之矣時朗執筆螭頭下宰臣退上謂朗曰適所議論卿記錄未吾試觀之朗對曰臣執筆所記便名爲史伏準故事帝王不可取觀昔太宗欲覽國史諫議大夫朱子奢云史官所述不隱善惡或主非上智飾非護失見之則致怨所以義不可觀又褚遂良曰今之起居郎古之左右史也記人君言行善惡必書庶幾不爲非法不聞帝王躬自觀史帝曰適來所記無可否臧見亦何爽乃宣謂宰臣曰鄭朗引故事不欲朕見起居注夫人君之言善惡必書朕恐平常閑話不關理體垂諸將來竊以爲恥異日臨朝庶幾稍改何妨一見以誡醜言朗遂進之朗轉考功郎中四年遷諫議大夫會昌初爲給事中出爲華州刺史入爲御史中丞戶部侍郎判本司事大中朝出爲定州刺史義武軍節度易定觀察北平軍等使尋遷檢校戶部尚書汴州刺史宣武軍節度宋亳汴潁觀察等使入爲工部尚書判度支遷御史大夫改禮部尚書以本官同平章事加中書侍郎集賢殿大學士修國史大中十年以疾辭位進加檢校右僕射守太子少師十一年十月卒詔曰故通議大夫檢校尚書右僕射兼太子少師上柱國賜紫金魚袋鄭朗植操端方稟氣莊重謂若瑞玉澹如澄川智略合乎蓍龜誠信服于僚友自膺寵寄頗負全才竭匪躬于諫垣彰蹇蹇于瑣闥載踐方嶽亟登師壇觀風推惠愛之心訓士得撫循之術政溢聞聽念茲徵還位冠冬卿職重邦計經費有節財用不虧繄彼休功明我推擇爰嘉峭峻俾揔紀綱公望甚隆典彝具舉式諧注意且沃深衷俄叅化源以提政柄三事仰清廉之節百度見損益之能近煦和風遠淩膏雨方俟坐鎮雅俗表率庶官顧養或乖滕理生疾屢陳章疏乞遂退閑既堅乃誠式允其請冊圖鬱頷雖與有瘳何竟至於彌留而遽聞於捐代閱奏興悼臨軒載懷

○將輟視朝之儀兼列上公之秩慰茲幽壤期爾有知可贈司空潛字無悶亦登進士第

陳夷行字周道潁川人祖忠父邑夷行元和七年登進士第累辟使府寶曆末由侍御史改虞部員外郎皆分務東都大和三年入爲起居郎史館修撰預修憲宗實錄四年獻上轉司封員外郎五年遷吏部郎中四月召充翰林學士八年兼充皇太子侍讀詔五日一度入長生院侍太子講經上召對面賜緋衣牙笏遷諫議大夫知制誥餘職如故九年八月改太常少卿知制誥學士侍講如故開成二年四月以本官同平章事三年楊嗣復李珏繼入輔政夷行介特素惡其所爲每上前議政語侵嗣復遂至往復性不能堪上表稱足疾辭位不許詔中使就第宣勞七月以王彥威爲忠武節度使史孝章爲邠寧節度使皆嗣復擬議因延英對上問夷行曰所除二鎮當否夷行對曰但出自聖心即當楊嗣復曰若出自聖心當即人情皆愜如事或過當臣下安得無言帝曰誠如此朕固無私也夷行曰自三數年

來姦臣竊權陛下不可倒持太阿授人鐏柄嗣復曰齊桓用管仲於
讎虜豈有太阿之慮乎上不悅仙韶院樂官尉遲璋授王府率右拾
遺竇洵直當衙論曰伶人自有本色官不合授之清秩鄭覃曰此小
事何足當衙論列王府率是六品雜官謂之清秩與洵直得否此近
名也嗣復曰嘗聞洵直幽今當衙論一樂官幽則有之亦不足恠夷
行曰諫官當衙祗合論宰相得失不合論樂官然業已陳論須與處
置今後樂人每七八年與轉一官不然則加手力課三數人帝曰別
與一官乃授光州長史賜洵直絹百疋夷行尋轉門下侍郎上紫宸
議政因曰天寶中政事實不甚佳當時姚宋在否李珏曰姚已而宋
罷珏因言人君明哲終始尤難玄宗嘗云自即位已來未嘗殺一不
辜而任林甫陷害破人家族不亦惑乎夷行曰陛下不可移權與人
嗣復曰夷行之言容易且太宗用房玄齡十六年魏徵十五年何嘗
失道臣以為用房魏多時不為不理用邪佞一日便足夷行之言皆
指嗣復專權文宗用鄭遂為坊州刺史右拾遺宋祁論列以為不可

既而遂坐贓帝謂宰相曰宋祁論事可嘉祁授官來幾時嗣復曰去
年因曰諫官論事陛下但記其姓名稍加優獎如不當亦須令知夷
行曰諫官論事是其本職若論一事即加一官則官何由得不免有
情帝曰情固不免理平之時亦不可免上竟以夷行議論太過恩禮
漸薄尋罷知政事守吏部尚書四年九月檢校禮部尚書出為華州
刺史五年武宗即位李德裕秉政七月自華召入復為中書侍郎平
章事會昌三年十一月檢校司空平章事河中尹河中晉絳節度使
卒贈司徒弟玄錫夷實皆進士擢第玄錫又制策登科
李紳字公垂潤州無錫人本山東著姓高祖敬玄則天朝中書令封
趙國文憲公自有傳祖守一成都郫縣令父晤歷金壇烏程晉陵三
縣令因家無錫紳六歲而孤母盧氏教以經義紳形狀眇小而精悍
能為歌詩鄉賦之年諷誦多在人口元和初登進士第釋褐國子助
教非其好也東歸金陵觀察使李錡愛其才辟為從事紳以錡所為
專恣不受其書幣錡怒將殺紳遁而獲免錡誅朝廷嘉之召拜右拾

遺歲餘穆宗召為翰林學士與李德裕元稹同在禁署時稱三俊情
意相善尋轉右補闕長慶元年三月改司勳員外郎知制誥二年二
月超拜中書舍人內職如故俄而稹作相尋為李逢吉教人告稹陰
事稹罷相出為同州刺史時德裕與牛僧孺俱有相望德裕恩顧稍
深逢吉欲用僧孺懼紳與德裕沮於禁中二年九月出德裕為浙西
觀察使乃用僧孺為平章事以紳為御史中丞冀離內職易掎摭而
逐之乃以吏部侍郎韓愈為京兆尹兼御史大夫放臺參知紳剛褊
必與韓愈忿爭制出紳果移牒往來論臺府事體而愈復性訐言辭
不遜大喧物論由是兩罷之愈改兵部侍郎紳為江西觀察使天子
待紳素厚不悟逢吉之嫁禍為其心希外任乃令中使就第宣勞賜
之玉帶紳對中使泣訴其事言為逢吉所排戀闕之情無已及中謝
日面自陳訴帝方省悟乃改授戶部侍郎中尉王守澄用事逢吉令
門生故吏結託守澄為援以傾紳晝夜計畫會紳族子虞文學知名
隱居華陽自言不樂仕進時來京師省紳虞與從伯耆進士程昔範

皆依紳及耆拜左拾遺虞在華陽寓書與耆求薦書誤達於紳紳以
其進退二三以書誚之虞大怨望及來京師盡以紳嘗所密話言逢
吉姦邪附會之語告逢吉逢吉大怒問計于門人張又新李續之咸
曰搢紳皆自惜毛羽孰肯為相公搏擊須得非常奇士出死力者有
前鄧州司倉劉栖楚者嘗為吏鎮州王承宗以事繩之栖楚以首觸
地固爭而承宗竟不能奪其果銳如此若相公取之為諫官令伺紳
之失一旦於上前暴揚其過恩寵必替事苟不行過在栖楚亦不足
惜也逢吉乃用李虞程昔範劉栖楚皆擢為拾遺以伺紳隙俄而穆
宗晏駕敬宗初即位逢吉快紳失勢慮嗣君復用之張又新等謀逐
紳會荊州刺史蘇遇入朝遇能決陰事衆問計於遇遇曰上聽政後
當開延英必有次對官欲拔本塞源先以次對為慮餘不足恃羣黨
深然之逢吉乃以遇為左常侍王守澄每從容謂敬宗曰陛下登九
五逢吉之助也先朝初定儲貳唯臣備知時翰林學士杜元穎李紳
勸立深王而逢吉固請立陛下而李續之李虞繼獻章疏帝雖沖年

亦疑其事會逢吉進擬言李紳在内署時嘗不利於陛下請行貶逐帝初即位方倚大臣不能自執乃貶紳端州司馬貶制既行百寮中書賀宰相唯右拾遺呉思不賀逢吉怒改爲殿中侍御史充入吐蕃告哀使紳之貶也正人腹誹無敢有言唯翰林學士韋處厚上疏極言逢吉姦邪誣摭紳罪語在處厚傳天子亦稍開悟會禁中檢尋舊事得穆宗時封書一篋發之得裴度杜元穎與紳三人所獻疏請立敬宗爲太子帝感悟興歎悉命焚逢吉黨所上謗書由是讒言稍息紳黨得保全及寶曆改元大赦逢吉定赦書節文不欲紳量移但云左降官已經量移者與量移不言左降官與量移韋處厚復上疏論之語在處厚傳帝特追赦書添節文云左降官與量移紳方移爲江州長史再遷太子賓客分司東都大和七年李德裕作相七月檢校左常侍越州刺史浙東觀察使九年李訓用事李宗閔復相與李訓鄭注連衡排擯德裕罷相紳與德裕俱以太子賓客分司開成元年鄭覃輔政起德裕爲浙西觀察使紳爲河南尹六月檢校戶部尚書

汴州刺史宣武節度宋亳汴潁觀察等使二年夏秋旱大蝗獨不入汴宋之境詔書褒美又於州置利潤樓店四年就加檢校兵部尚書武宗即位加檢校尚書右僕射揚州大都督府長史知淮南節度大使事會昌元年入爲兵部侍郎同平章事改中書侍郎累遷守右僕射門下侍郎監修國史上柱國趙國公食邑二千戶四年暴中風恙足緩不任朝謁拜章求罷十一月守僕射平章事復出爲淮南節度六年卒紳始以文藝節操進用受顧禁中後爲朋黨所擠瀕於禍患賴正人匡救得以功名始終殁後宣宗即位李德裕失勢罷相歸洛陽而宗閔嗣復之黨崔鉉白敏中令狐綯欲貢德裕深罪大中初教人發紳鎮揚州時舊事以傾德裕初會昌五年揚州江都縣尉呉湘坐贓下獄準法當死具事上聞諫官疑其冤論之遣御史崔元藻覆推與揚州所奏多同湘竟伏法及德裕罷相羣冤方搆湘兄進士汝納詣闕訴冤言紳在淮南恃德裕之勢枉殺臣弟德裕既貶紳亦追削三任官告

呉汝納者澧州人故韶州刺史武陵兄之子武陵進士登第有史學與劉軻並以史才直史館武陵撰十三代史駁議二十卷自尚書員外郎出爲忠州刺史改韶州坐贓貶潘州司戶卒汝納亦進士擢第以季父贓罪久之不調會昌中爲河南府永寧縣尉初武陵坐贓時李德裕作相貶之故汝納以不調挾怨而附宗閔嗣復之黨同作謗言會汝納弟湘爲江都尉爲部人所訟贓罪兼娶百姓顔悅女爲妻有踰格律李紳令觀察判官魏鉶鞫之贓狀明白伏法湘妻顔顔繼母焦皆笞而釋之仍令江都令張弘思以船監送湘妻顔及兒女送澧州及揚州上具獄物議以德裕素憎呉氏疑李紳織成其罪諫官論之乃差御史崔元藻爲制使覆呉湘獄據款伏妄破程糧錢計贓準法其侍官娶百姓顔悅女爲妻則稱悅是前青州衙推悅先娶王氏是衣冠女非繼室焦所生與揚州案小有不同德裕以元藻無定奪奏貶崖州司戶及汝納進狀追元藻覆問元藻既恨德裕陰爲崔鉉白敏中令狐綯所利誘即言湘雖坐贓罪不至死又云顔悅實非

百姓此獄是鄭亞首唱元壽協李恪鍛成李回便奏遂下三司詳鞫故德裕再貶李回鄭亞等皆竄逐呉汝納崔元藻爲崔白令狐所奨數年並至顯官

李回字昭度宗室郇王禕之後父如仙回本名躔以避武宗廟諱長慶初進士擢第又登賢良方正制科釋褐滑臺從事揚州掌書記得監察御史入爲京兆府戶曹轉司録參軍登朝爲左補闕起居郎尤爲宰相李德裕所知回强幹有吏才遇事通敏官曹無不理授職方員外郎判戶部案歷吏部員外郎判南曹以刑部員外郎知臺雜賜緋開成初以庫部郎中知制誥拜中書舍人賜金紫服武宗即位拜工部侍郎轉戶部侍郎判本司事三年兼御史中丞會昌三年劉稹據潞州邀求旄鉞朝議不允加兵問罪武宗懼稹陰附河朔三鎮以沮王師乃命回奉使河朔魏博何弘敬鎮冀王元逵皆具櫜鞬郊迎回諭以朝旨言澤潞密邇王畿不同河北自艱難已來唯魏鎮兩藩列聖皆許襲而積無功欲効河朔故事理即太悖聖上但以山東三

郡境連魏鎮用軍便近王師不欲輕出山東請魏鎮兩蕃秖收山東
三郡弘敬元逵俯僂從命幽州張仲武與太原劉沔攻迴鶻時兩人
不協朝廷方用兵不欲藩帥不和回至幽州諭以和協之音仲武欣
然釋憾乃移劉沔鎮滑臺命仲武領太原軍攻潞賊平以本官同平
章事累加中書侍郎轉門下歷戶吏二尚書武宗崩回充山陵使祔
廟竟出為成都尹劍南西川節度大中元年冬坐與李德裕親善改
潭州刺史湖南觀察使再貶撫州刺史白敏中令狐綯罷相入朝為
兵部尚書復出為成都尹劍南西川節度使卒贈司徒謚曰文懿
李珏字待價趙郡人父仲朝珏進士擢第又登書判拔萃科累官至右
拾遺穆宗荒於酒色纔終易月之制即與勳臣飲宴珏與同列上疏
論之曰臣聞人臣之節本於忠蓋苟有所見即宜上陳況為陛下諫
官食陛下厚祿豈敢腹誹巷議辜負恩榮臣等聞諸道路不知信否
皆云有詔追李光顏李愬欲於重陽節日合宴羣臣儻誠有之乃陛
下念羣臣數惠澤之慈旨也然元朔未改園陵尚新雖陛下執易月

之期俯從人欲而禮經著三年之制猶服心喪今遵同軌之會適去
於中邦告遠夷之使未復其來命遏密弛禁蓋為齊人合宴內庭事
將未可夫明王之舉動為天下法王言既降其出如綸苟玷皇猷徒
章直諫臣等是以昧死上聞且光顏李愬久立忠勞今方盛秋務拓
邊境如或召見詔以謀猷褒其宿勳付以疆事則與歌鍾合宴酒食
遨歡不得同年而語也陛下自纘嗣以來發號施令無非孝理因心
形于詔勅固以感動於人倫更在敬慎威儀保持聖德而已上雖不
用其言慰勞遣之長慶元年鹽鐵使王播增茶稅初稅一百增之五
十珏上疏論之曰榷率救弊起自干戈天下無事即宜蠲省況稅茶
之事尤出近年在貞元元年中不得不爾今四海鏡清八方砥平厚
斂於人殊傷國體其不可一也茶為食物無異米鹽於人所資遠近
同俗既祛竭乏難捨斯須田閭之間嗜好尤切今增稅既重時估必增
流弊於民先及貧弱其不可二也且山澤之饒出無定數量斤論稅
所冀長多價高則市者稀價賤則市者廣歲終上計其利幾何未見

阜財徒聞斂怨其不可三也臣不敢遠徵故事直以目前所見陳之
伏望暫留聰明稍垂念慮特追成命更賜商量陛下即位之初已懲
聚斂外官押貫旋有詔停洋洋德音千古不朽今若榷茶加稅頗失
人情臣忝諫司不敢緘默時禁中造百尺樓國計不充王播希恩增
稅奉帝嗜欲疏奏不省遷吏部員外郎轉司勳員外郎知制誥大和
五年李宗閔牛僧孺在相與珏親厚改度支郎中知制誥遂入翰林
充學士七年三月正拜中書舍人九年五月轉戶部侍郎充職七月
宗閔得罪珏坐累出為江州刺史開成元年四月以太子賓客分司
東都遷河南尹二年五月李固言入相召珏復為戶部侍郎判本司
事三年楊嗣復輔政薦珏以本官同平章事珏與固言嗣復相善自
固言得位相繼援引居大政以傾鄭覃陳夷行李德裕三人凡有奏
議必以朋黨為謀屢為覃所廷折之珏自朝議郎進階正議大夫其
年十二月上疏求罷不許四年三月文宗謂宰臣曰朕在位十四年
屬天下無事雖未至理亦少有如今日之無事也珏對曰邦國安危

亦如人之身當四體和平之時長宜調適以順寒暄之節如恃安自
忽則疾患旋生朝廷當無事之時思省闕失而補之則禍難不作矣
文宗以杜悰領度支稱職欲加戶部尚書因紫宸言之陳夷行曰一
切恩權合歸君上陛下自看可否珏對曰太宗用宰臣天下事皆先
平章謂之平章事代天理物上下無疑所以致太平者也若拜一官
命一職事事皆決於君上即焉用彼相昔隋文帝一切自勞心力臣
下發論則疑凡臣下用之則宰相不用則常參苟自保陛下常語臣
云竇易直勸我宰相進擬但五人留三人兩人勾一人渠即合勸我
擇宰相不合勸我疑宰相帝曰易直此言甚鄙又曰韋處厚作相三
日薦六度師亦大可恠珏曰處厚淫於奉佛不悟其是非也其年五
月上謂宰臣曰貞元政事初年至好珏曰德宗中年好貨方鎮進奉
即加恩澤租賦出自百姓更令貪吏剝削聚貨以希恩理道故不可
也上曰人君聚斂猶自不可但輕賦節用可也珏又曰貞觀中房杜
王魏啓告文皇意秖在此請不易初心自古好事克終實難上曰朕

心終不改也尋封贊皇男食邑三百戶武宗即位之年九月與楊嗣復俱罷相出為桂州刺史桂管觀察使三年長流驩州大中二年催鉉白敏中逐李德裕徵入朝為戶部尚書出為河陽節度使入為吏部尚書累遷金紫光祿大夫檢校尚書右僕射揚州大都督府長史淮南節度使上柱國贊皇郡開國公食邑一千五百戶大中七年卒贈司空

李固言趙郡人祖并父現固言元和七年登進士甲科太和初累官至駕部郎中知臺雜四年李宗閔作相用為給事中五年宋申錫為王守澄誣陷固言與同列伏閤論之將作監王堪修奉太廟弛慢罰俸仍改官為太子賓客制出固言封還曰東宮調護之地不可令弛慢被罰之人處之改為均王傅六年遷工部侍郎七年四月轉尚書左丞奉詔定左右僕射上事儀注八年李德裕輔政出為華州刺史其年十月宗閔復入召拜吏部侍郎九年五月遷御史大夫六月宗閔得罪固言代為門下侍郎平章事尋加崇文館大學士時李訓鄭注用

事自欵竊輔相之權宗閔既逐外示公體爰立固言其實惡與宗閔朋黨九月兵部尚書出為興元節度使李訓自代固言為平章事訓注誅文宗思其讜正開成元年四月復召為平章事判戶部事二年羣臣上徽號上紫宸言曰中外上章請加徽號朕思理道猶鬱實愧岳牧之請如聞州郡甚有無政處固言曰人言鄧州王堪衰老隋州鄭襄無政帝曰堪是貞元時御史秖有此一人鄭覃曰臣以王堪舊人舉為刺史鄭襄比來守官亦無敗事若言外郡不理何止二人帝曰濟濟多士文王以寧德宗時班行多閑員豈時乏才耶李石對曰十室之邑必有忠信安有大國無人蓋貞元中仕進路塞所以有才之人或託迹他所此乃不敘進人才之過也固言曰求才之道有人保任便宜奬用隨其稱職與否昇黜之上曰宰相薦人莫計親疎竇易直作相未嘗論用親情若已非相才自宜引退若是公舉親亦何嫌人鮮全才但用其所長爾尋進階金紫判戶部事其年十月以門下侍郎平章事出為成都尹劍南西川節度使代楊嗣復上表讓門下侍郎乃檢校左僕射會昌初入朝歷兵戶二尚書宣宗即位累授檢校司徒東都留守東畿汝都防禦使大中末以太常卿孫簡代之拜太子太傅分司東都卒

史臣曰陳鄭諸公章疏議論綽有端士之風天子待以賢能付之以鼎職延英獻納罕聞康濟之謨文皆數歇莫副具瞻之望加以互生傾奪競起愛憎惟回奉使命而諭藩臣救危邦而除宿憾況昭獻文章可為世範德行可以為人師有啓誦之上才非栢靈之失道詎可不思已過秖務面欺輔弼之宜安可垂訓若俾韓非之言進矣子輩安可逃乎土運之衰斯為罔魎悲夫

贊曰愛而知惡憎不忘善平心救非可居鼎鉉吠聲濟惡結黨專朝謀身壞國何名燮調

唐書列傳卷第一百二十三

劉昫　等修
聞人詮校刻沈桐同校

李德裕　德裕子燁

李德裕字文饒趙郡人祖栖筠御史大夫父吉甫趙國忠公元和初宰相祖父自有傳德裕幼有壯志苦心力學尤精西漢書左氏春秋恥與諸生從鄉賦不喜科試年纔及冠志業大成貞元中以父譴逐蠻方隨侍左右不求仕進元和初以父再秉國鈞避嫌不仕臺省累辟諸府從事十一年張弘靖罷相鎮太原辟爲掌書記由大理評事得殿中侍御史十四年府罷從弘靖入朝眞拜監察御史明年正月穆宗即位召入翰林元學士帝在東宮素聞吉甫之名旣見德裕尤重之禁中書詔大手筆多詔德裕草之是月召對思政殿賜金紫之服踰月改屯田員外郎穆宗不持政道多所恩貸戚里諸親邪謀請謁傳導中人之言與權臣往來德裕嫉之長慶元年正月上疏論之

曰伏見國朝故事駙馬緣是親密不合與朝廷要官往來玄宗開元中禁止尤切訪聞近日駙馬輒至宰相及要官私第此輩無他才伎可以延接唯是洩漏禁密交通中外群情所知以爲甚弊其朝官素是雜流則不妨來往若職在清列豈可知聞伏乞宣示宰臣其駙馬諸親今後公事即於中書見宰相請不令詣私第上然之尋轉考功郎中知制誥二年二月轉中書舍人學士如故初吉甫在相位時牛僧孺李宗閔應制舉直言極諫科二人對詔深詆時政之失吉甫泣訴於上前由是考策官皆貶事在李宗閔傳元和初用兵伐叛始於杜黄裳誅蜀吉甫經畫欲定兩河方欲出師而卒繼之元衡裴度而韋貫之李逢吉沮議深以用兵爲非而韋李相次罷相故逢吉常怒吉甫裴度而德裕於元和時久之不調而逢吉僧孺宗閔以私怨恒排擯之時德裕與李紳元稹俱在翰林以學識才名相類情頗款密而逢吉之黨深惡之其月罷學士出爲御史中丞時元稹自禁中出拜工部侍郎平章事三月裴度自太原復輔政是月李逢吉亦在襄陽入朝乃密賂纖人構成于方獄六月元稹裴度俱罷相稹出爲同州刺史逢吉代裴度爲門下侍郎平章事旣得權位銳意報怨時德裕與牛僧孺俱有相望逢吉欲引僧孺懼紳與德裕禁中沮之九月出德裕爲浙西觀察使尋引僧孺同平章事繇是交怨愈深潤州承王國清兵亂之後前使竇易直傾府藏賞給軍旅寖驕財用殫竭德裕儉於自奉留州所得盡以贍軍雖施與不豐將卒無怨二年之後賦輿復集德裕壯年得位銳於布政凡舊俗之害民者悉革其弊江嶺之間信巫祝惑鬼怪有父母兄弟厲疾者舉室棄之而去德裕欲變其風擇鄉人之有識者諭之以言繩之以法數年之間弊風頓革屬郡祠廟按方志前代名臣賢后則祠之四郡之內除淫祠一千一十所又罷私邑山房一千四百六十以清寇盜人樂其政優詔嘉之昭愍皇帝童年纘曆頗事奢靡即位之年七月詔浙西造銀盝子粧具二十事進内德裕奏曰臣百生多幸獲遇昌期受寄名藩常憂曠職孜孜夙夜上報國恩數年已來災旱相繼罄竭微慮粗免流亡物

力之間尚未完復臣伏準今年三月三日赦文常貢之外不令進獻此則陛下至聖至明細微洞照一恐聚斂之吏緣以成姦一恐凋瘵之人不勝其弊上弘儉約之德下敷惻憫之心萬國群甿鼓舞未息昨奉五月二十三日詔書令訪茅山眞隱將欲師虔謙守約之道發務實去華之美雖無人上塞丹詔實率土已偃玄風豈止微臣獨懷抃賀況進獻之事臣子常心雖有勅文不許亦合竭力上貢唯臣當道素號富饒近年已來比舊即異貞元中李錡任觀察使日職兼鹽鐵百姓除隨貫出榷酒錢外更置官酤兩重納榷獲利至厚又訪聞當時進奉亦兼用鹽鐵羡餘貢獻繁多自後莫及至薛苹任觀察使時又奏置榷酒上供之外頗有餘財軍用之間實爲優足自元和十四年七月三日勅却停榷酤又準元和十五年五月七日赦文諸州羨餘不令送使唯有留使錢五十萬貫每年支用猶欠十三萬貫不足常須是事節儉百計補塡經費之中未免懸欠至於綾紗等物猶是本州所出易於方圓金銀不出當州皆須外處迴市去二月中奉

宣令進盝子計用銀九千四百餘兩其時貯備都無二三百兩乃諸
頭妝市方獲制造上供昨又奉宣令進䋲具二十件計用銀一萬
三千兩金一百三十兩尋令併合四節進奉金銀造成兩具進納訖
今差人於淮南收買旋到旋造星夜不輟雖力營求深憂不迨臣若
因循不奏則負陛下任使之恩若分外誅求又累陛下慈儉之德伏
乞陛下覽前件榷酤及諸州羨餘之目則知臣軍用褊短本末有由
伏料陛下見臣奏論必賜詳悉知臣竭愛君守事之節盡納忠罄直
之心伏乞聖慈宣令宰臣商議何以遣臣上不違宣索下不闕軍儲
不困疲人不斂物怨前後詔勑並可遵承輒冒宸嚴不勝戰汗之至
時準赦不許進獻踰月之後徵貢之使道路相繼故德裕因訴而諷
之事奏不報又詔進可幅盤條繚綾一千匹德裕又論曰臣昨緣宣
索已具軍資歲計及近年物力聞奏伏料聖慈必垂省覽又奉詔旨
令織定羅紗袍段及可幅盤條繚綾一千匹伏讀詔書倍增惶灼臣
伏見太宗朝臺使至涼州見名鷹諷李大亮獻之大亮密表陳誠太

唐傳一百二十四　三

宗賜詔云使遣獻之遂不曲順再三嘉歎載在史書又玄宗命中使
於江南採鵁鶄諸鳥汴州刺史倪若水陳論玄宗亦賜詔嘉納其鳥
即時皆放又令皇甫詢於益州織半臂背子琵琶扞撥鏤牙合子等
蘇頲不奉詔書輒自停織太宗玄宗皆不加罪欣納所陳臣竊以鵁
鶄鏤牙至為微細若水等尚以勞人損德瀝欵效忠當聖祖之朝有
臣如此豈明王之代獨無其人蓋有位者蔽而不言必非陛下拒而
不納又伏覩四月二十三日德音云方召侯伯有位之士無或棄吾
謂不可教其有違道傷理徇欲懷安面刺廷攻無有隱諱則是陛下
納誨從善道光祖宗不盡忠規過在臣下況玄鵝天馬椈豹盤條文
彩珍奇只合聖躬自服今所織千匹費用至多在臣愚誠亦所未諭
昔漢文帝衣弋綈之衣元帝罷輕纖之服仁德慈儉至今稱之伏乞
陛下近覽太宗玄宗之容納遠思漢文孝元之恭己以臣前表宣示群
臣酌臣當道物力所宜更賜節減則海隅蒼生無不受賜臣不勝懇
切兢惶之至優詔報之其繚綾罷進元和以來累勑天下州府不得

私度僧尼徐州節度使王智興聚貨無厭以敬宗誕月請於泗州置
僧壇度人資福以邀厚利江淮之民皆群黨渡淮德裕奏論曰王智
興於所屬泗州置僧尼戒壇自去冬於江淮已南所在懸牓招置江
淮自元和二年後不敢私度自聞泗州有壇戶有三丁必令一丁落
髮意在規避王傜影庇資產自正月已來落髮者無筭臣今於蒜山
渡點其過者一日一百餘人勘問唯十四人是舊日沙彌餘是蘇常
百姓亦無本州文憑尋已勒還本貫訪聞泗州置壇次第凡僧徒到
者人納二緍給牒即迴別無法事若不特行禁止比到誕節計江淮
已南失却六十萬丁壯此事非細繫於朝廷法度狀奏即日詔徐州
罷之敬宗荒僻日甚遊幸無恒踈遠賢能昵比群小坐朝月不二三
度大臣罕得進言海內憂危慮移宗社德裕身居廉鎮傾心王室遣
使獻丹扆箴六首曰臣聞心乎愛矣遐不謂矣此古之賢人所以篤
於事君者也夫迹踈而言親者危地遠而意忠者忤然臣竊念拔自
先聖偏荷寵光若不愛君以忠則是上負靈鑒臣頃事先朝屬多陰

唐傳一百二十四　四

沴嘗獻大明賦以諷頗蒙先朝嘉納臣今日盡節明主亦由是心昔
張敞之守遠郡梅福之在遐徼尚竭誠盡忠不避尤悔況臣嘗學舊
史頗知箴諷雖在踈遠猶思獻替謹獻丹扆箴六首仰塵睿鑒伏積
兢惶其宵衣箴曰先王聽政昧爽以俟鷄鳴既盈日出而視伯禹大
聖寸陰為貴光武至仁反支不忌無俾姜后獨去簪珥彤管記言克
念前志其正服箴曰聖人作服法象可觀雖在宴遊尚不懷安汲黯
莊色能正不冠楊阜毅然亦譏縹紈四時所御各有其官非此勿服
惟辟所難其罷獻箴曰漢文罷獻詔還騄耳鑾輅徐驅焉用千里厥
後令王亦能恭己翟裘既焚筒布則毀道德為麗慈仁為美不過天
道斯為至理其納誨箴曰惟后納誨以求厥中從善如流乃能成功
漢驁流湎舉白浮鍾魏叡侈汰淩霄作宮忠雖不忤而善亦從以視
為瑱是謂塞聰其辯邪箴曰居上處深在察微萌雖有讒慝不能蔽
明漢之有昭德過周成上書知偽照姦得情燕蓋既折王猷洽平百
代之後乃流淑聲其防微箴曰天子之孝敬遵王度安必思危乃無

遺虞亂臣猖蹶非可遽數玄黃莫辨觸瑟始仆栢谷微行豺豕塞路睹皃獻飱斯可誡懼帝手詔答曰卿文雅大臣方隅重寄表率諸部肅清全吳化洽行春風澄坐嘯眷言善政想歎在懷卿之宗門累著聲績冠內廷者兩代襲侯伯者六朝果能激愛君之誠喻詩人之旨在遠而不忘忠告諷上而常深慮微博我以端躬約予以循禮三復規諫累夕稱嗟置之座隅用比韋弦之益銘諸心腑何啻藥石之功卿既以投誠朕每懷開諫苟有過舉無忘密陳山川既遐睠屬何已必當克己以副乃誠德裕意在切諫不欲斥言託箴以盡意宵衣諷坐朝稀晚也正服諷御乖異也罷獻諷徵求玩好也納誨諷侮棄讜言也辨邪諷信任群小也防微諷輕出遊幸也帝雖不能盡用其言命學士韋處厚殷勤答詔頗嘉納其心焉德裕久留江介心戀闕廷因事寄情望迴聖獎而逢吉當軸枳棘其塗竟不得內徙寶曆二年亳州言出聖水飲之者愈疾德裕奏曰臣訪聞此水本因妖僧誑惑狡計丐錢數月已來江南之人奔走塞路每三二十家都顧一人

取水擬取之時疾者斷食葷血既飲之後又二七日蔬飧危疾之人侯之愈病其水斗價三貫而取者益之他水沿路轉以市人老疾飲之多至危篤昨點兩浙福建百姓渡江者日三五十人臣於蒜山渡已加捉搦若不絕其根本終恐無益黎甿昔吳時有聖水宋齊有聖火事皆妖妄古人所非乞下本道觀察使令狐楚速令塡塞以絕妖源從之敬宗爲兩街道士趙歸眞說以神仙之術宜訪求異人以師其道僧惟貞齊賢正簡說以祠禱修福以致長年四人皆出入禁中日進邪說山人杜景先進狀請於江南求訪異人至浙西言有隱士周息元壽數百歲帝即令高品薛季稜往潤州迎之仍詔德裕給公乘遣之德裕因中使還獻疏曰臣聞道之高者莫若廣成玄元人之聖者莫若軒黃孔子昔軒黃問廣成子理身之要何以長久對曰無視無聽抱神以靜形將自正神必自清無勞子形無搖子精乃可長生愼守其一以處其和故我修身千二百歲矣吾形未嘗衰又云得吾道者上爲皇而下爲王玄元語孔子曰去子之驕氣與多欲態色

與淫志是皆無益於子之身吾所告子者是已故軒黃發謂天之歎孔子興猶龍之感前聖於道不其至乎伏惟文武大聖廣孝皇帝陛下用玄祖之訓修軒黃之術凝神閑館物色異人將以覿冰雪之姿屈順風之請恭惟聖感必降眞仙若使廣成玄元混迹而至語陛下之道授陛下之言以臣度思無出於此臣所慮赴召者必迂怪之士苟合之徒使物淖冰以爲小術衒耀邪僻蔽欺聰明如文成五利一無可驗臣所以三年之內四奉詔書未敢以一人塞詔實有所懼臣又聞前代帝王雖好方士未有服其藥者故漢書稱黃金可成以爲飲食器則益壽又高宗朝劉道合玄宗朝孫甑生皆成黃金二祖竟不敢服豈不以宗廟社稷之重不可輕易此事炳然載於國史以臣微見儻陛下睿慮精求必致眞隱唯問保和之術不求餌藥之功縱使必成黃金止可充於玩好則九廟靈鑒必當慰悅寰海兆庶誰不歡心臣思竭愚衷以裨玄化無任兢憂之至息元至京帝館之於山亭問以道術自言識張果葉靜能詔寫眞待詔李士昉問其形狀圖

之以進息元山野常人本無道學言事誕妄不近人情及昭愍遇盜而殂文宗放還江左德裕深識守正皆此類也文宗即位就加檢校禮部尚書大和三年八月召爲兵部侍郎裴度薦以爲相而吏部侍郎李宗閔有中人之助是月拜平章事懼德裕大用九月檢校禮部尚書出爲鄭滑節度使德裕爲逢吉所擯在浙西八年雖遠闕庭每上章言事文宗素知忠盡採朝論徵之到未旬時又爲宗閔所逐中懷於悒無以自申賴鄭覃侍講禁中時稱其善雖朋黨流言帝乃心未已宗閔尋引牛僧孺同知政事二憾相結凡德裕之善者皆斥之於外四年十月以德裕檢校兵部尚書成都尹劍南西川節度副大使知節度事管內觀察處置西山八國雲南招撫等使裴度於宗閔有恩度征淮西時請宗閔爲彰義觀察判官自後名位日進至是恨度援德裕罷度相位出爲興元節度使牛李權赫於天下西川承蠻寇剽虜之後郭釗撫理無術人不聊生德裕乃復葺關防繕完兵守又遣人入南詔求其所俘工匠得僧道工巧四千餘人復歸成都五

年九月吐蕃維州守將悉怛謀請以城降其州南界江陽岷山連嶺而西不知其極北望隴山積雪如玉東望成都若在井底一面孤峯三面臨江是西蜀控吐蕃之要也至德後河隴陷蕃唯此州尚存吐蕃利其險要將婦人嫁與此州閽者二十年後婦人生二子成長及蕃兵攻城二子內應其州遂陷吐蕃得之號曰無憂城貞元中韋皋鎮蜀經畧西山八國萬計取之不獲至是悉怛謀遣人送款德裕疑其詐遣人送錦袍金帶與之託云候取進止悉怛謀乃盡率郡人歸成都德裕乃發兵鎮守因陳出攻之利害時牛僧孺沮議言新與吐蕃結盟不宜敗約語在僧孺傳乃詔德裕却送悉怛謀一部之人還維州贊普得之皆加虐刑德裕六年復修邛峽關移巂州於臺登城以扞蠻德裕所歷征鎮以政績聞其在蜀也西拒吐蕃南平蠻蜑數年之內夜犬不驚瘡痏之民粗以完復會監軍王踐言入朝知樞密嘗於上前言悉怛謀縛送以快戎心絕歸降之義上頗尤僧孺其年冬召德裕爲兵部尚書僧孺罷相出爲淮南節度使七年二月德裕

○以本官平章事進封贊皇伯食邑七百戶六月宗閔亦罷德裕代爲中書侍郎集賢大學士其年十二月文宗暴風恙不能言者月餘八年正月十六日始力疾御紫宸見百寮宰臣退問安否上歎嬖無名工者久之由是王守澄進鄭注初注構宋申錫事帝深惡之欲令京兆尹杖殺之至是以藥稍効始善遇之守澄復進李訓善易其年秋上欲授訓諫官德裕奏曰李訓小人不可在陛下左右頃年惡積天下皆知無故用之必駭視聽上曰人誰無過俟其悛改朕以逢吉所託不忍負言德裕曰聖人有改過之義訓天性姦邪無悛改之理上顧王涯曰商量別與一官遂授四門助教制出給事中鄭肅韓佽封之不下王涯召肅面喩令下俄而鄭注亦自絳州至訓注惡德裕排己九月十日復召宗閔於興元授中書侍郎平章事代德裕出德裕爲興元節度使德裕中謝日自陳戀闕不願出藩追勅守兵部尚書宗閔奏制命已行不宜自便尋改檢校尚書左僕射潤州刺史鎮海軍節度蘇常杭潤觀察等使代王璠德裕至鎮奉詔安排宮人杜仲

陽於道觀與之供給仲陽者漳王養母王得罪放仲陽於潤州故也九年三月左丞王璠戶部侍郎李漢進狀論德裕在鎮厚賂仲陽結託漳王圖爲不軌四月帝於蓬萊殿召王涯李固言路隨王璠李漢鄭注等面證其事璠漢加誣構結語甚切至路隨奏曰德裕實不至此誠如璠漢之言微臣亦合得罪群論稍息尋授德裕太子賓客分司東都其月又貶袁州長史路隨坐證德裕罷相出鎮浙西其年七月宗閔坐救楊虞卿貶處州李漢坐黨宗閔貶汾州十一月王璠與李訓造亂伏誅而文宗深悟前事知德裕爲朋黨所誣明年三月授德裕銀青光祿大夫量移滁州刺史七月遷太子賓客十一月檢校戶部尚書復浙西觀察使德裕凡三鎮浙西前後十餘年開成二年五月授揚州大都督府長史淮南節度副大使知節度事代牛僧孺初僧孺聞德裕代己乃以軍府事交付副使張鷺即時入朝時揚州府藏錢帛八十萬貫匹及德裕至鎮奏領得一十四萬仍半爲張鷺支用訖僧孺上章訟其事詔德裕重檢括果如僧孺之數德裕稱初

○到鎮疾病爲吏隱欺請罰詔釋之補闕王績魏謨崔黨韋有翼拾遺令狐綯韋楚老樊宗仁等連章論德裕妄奏錢帛以傾僧孺上竟不問四年四月就加檢校尚書左僕射五年正月武宗即位七月召德裕於淮南九月授門下侍郎同平章事初德裕父吉甫年五十一出鎮淮南五十四自淮南復相今德裕鎮淮南復入相一如父之年亦爲異事會昌元年兼左僕射開成末迴紇爲黠戞斯所攻戰敗部族離散烏介可汗奉太和公主南來會昌二年二月牙於塞上遣使求助兵糧收復本國權借天德軍以安公主時天德軍使田牟請以沙陁退渾諸部落兵擊之上意未決下百寮商議議者多云如牟之奏德裕曰頃者國家艱難之際迴紇繼立大功今國破家亡竄投無所自居塞上未至侵淫以窮來歸遽行殺伐非漢宣待呼韓邪之道也不如聊濟資粮徐觀其變宰相陳夷行曰此借寇兵而資盗粮非計也不如擊之便德裕曰田牟韋仲平言沙陁退渾並願擊賊此緩急不可恃也夫見利則進遇敵則散是雜虜之常態必不肯爲國家扞

禦邊境天德一城戍兵寡弱而欲與勁虜結讎陷之必矣不如以理卹之俟其越軼用兵爲便帝以爲然許借米三萬碩俄而迴紇宰相嗢沒斯殺赤心宰相以其衆來降赤心部族又投幽州烏介勢孤而不與之米其衆飢乏漸近振武保大栅把頭峯突入朔州川界沙陁退渾皆以其家保山險雲州張獻節嬰城自固虜大縱掠卒無拒者上憂之與宰臣計事德裕曰把頭峯北便是沙磧彼中野戰須用騎兵若以步卒敵之理難必勝今烏介所恃者公主如令勇將出奇奪得公主虜自敗矣上然之即令德裕草制處分代北諸軍固關防以出奇形勢授劉沔沔令大將石雄急擊可汗于殺胡山敗之迎公主還宮語在石雄傳尋進位司空三年二月趙蕃奏黠戛斯攻安西北庭都護府宜出師應援德裕奏曰據地志安西去京七千一百里北庭去京五千二百里承平時向西路自河西隴右出玉門關迤邐是國家州縣所在皆有重兵其安西北庭要兵便於側近徵發自艱難已後河隴盡陷吐蕃若通安西北庭須取迴紇路去今迴紇破滅又

唐傳一百二十四　九

○不知的屬黠戛斯否縱令救得便須却置都護須以漢兵鎮守每處不下萬人萬人從何徵發饋運取何道路今天德振武去京至近兵力常苦不足無事時貯粮不支得三年朝廷力猶不及況保七千里安西哉臣所以謂縱令得之實無用也昔漢宣帝時魏相請罷車師之田漢元帝時賈捐之請棄珠崖郡國朝賢相狄仁傑亦請棄四鎮立斛瑟羅爲可汗又請棄安東却立高氏蓋不欲貪外虛內耗竭生靈此二臣者當自有之時尚欲棄之以肥中國況隔越萬里安能救之哉臣恐蕃戎多計知國力不及偽且許之邀求中國金帛陛下不可中悔此則將實費以換虛事即是滅一迴紇而又生之恐計非便乃止德裕又以大和五年吐蕃維州守將以城降爲牛僧孺所沮終失維州奏論之曰臣在先朝出鎮西蜀其時吐蕃維州首領悉怛謀雖是雜虜久樂皇風將彼堅城降臣本道臣尋差兵馬入據其城飛章以聞先帝驚歎其時與臣不足者望風嫉臣遽獻疑言上罔宸聽以爲與吐蕃盟約不可背之必恐將此爲辭侵犯郊境詔臣還却此

城兼執送悉怛謀等令彼自戮復降中使迫促送還昔白起殺降終于杜郵致禍陳湯見徙是爲郅支報讎感歎前事愧心終日今者幸逢英主忝備台司輒敢追論伏希省察且維州據高山絕頂三面臨江在戎虜平川之衝是漢地入兵之路初河隴盡没此州獨存吐蕃潛將婦人嫁與此州門子二十年後兩男長成竊開壘門引兵夜入因茲陷没號曰無憂因併力於西邊遂無虞於南路憑陵近甸旰食累朝貞元中韋皐欲經略河湟須以此城爲始盡鋭萬旅急攻累年吐蕃愛惜既甚遂遣舅論莽熱來援雉堞高峻臨衝難及於層霄爲逕屈盤猛士多糜於礧石莫展公輸之巧空擒莽熱而還及南蠻負恩掃地驅劫臣初到西蜀衆心未安外揚國威中緝邊備其維州熟臣信令乃送款與臣臣告以須俟奏聞所冀探其情偽其悉怛謀尋率一城之兵衆并州印甲仗塞途相繼空壁歸臣臣即大出牙兵受其降禮南蠻在列莫敢仰視況西山八國隔在此州比帶使名都成虛語諸羌久苦蕃中征役願作大國王人自維州降後皆云但得臣

唐傳一百二十四　十

○信牒帽子便相率內屬其蕃界合水棲雞等城既失險阨自須抽歸可減八處鎮兵坐收千里舊地臣見莫大之利乃爲恢復之基繼具奏聞請以酬賞臣自與錦袍金帶顒俟詔書且吐蕃維州未降已前一年猶圍魯州以此言之豈守盟約況臣未嘗用兵攻取彼自感化來降又沮議之人不知事實犬戎遲鈍土曠人稀每欲乘秋犯邊皆須數歲就食臣得維州踰月未有一使入疆自此之後方應破膽豈有虞其後怨敢此游詞臣受降之時指天爲誓寧忍將三百餘人性命棄信偷安累表上陳乞垂矜赦答詔嚴切竟令執還加以體被桎梏舁於竹畚及將就路冤叫呼天將吏對臣無不流涕其部送者便遭蕃帥譏誚曰既以降彼何須送來乃却將此降人戮于漢界之上恣行殘害用固攜離乃至擲其嬰孩承以槍槊臣聞楚靈誘殺蠻子春秋明譏周文外送鄧叔簡冊深鄙況乎大國負此異類絕忠款之路快兇虐之情從古以來未有此事臣實痛悉怛謀舉城受酷由臣陷此無辜乞慰忠魂特加褒贈帝意傷之尋賜贈官其年德裕兼守

司徒四月澤潞節度使劉從諫卒軍人以其姪稹擅總留後三軍請降旄鉞帝與宰臣議可否德裕曰澤潞國家內地不同河朔前後命帥皆用儒臣頃者李抱眞成立此軍身殁之後德宗尚不許繼襲令李緘護喪歸洛泊劉悟作鎮長慶中頗亦自專屬敬宗因循遂許從諫繼襲開成初於長子屯軍欲與晉陽之甲以除君側與鄭注李訓交結至深外託効忠實懷窺伺自疾病之初便令劉稹管兵馬若不加討伐何以號令四方若因循授之則藩鎮相効自茲威令去矣帝曰卿筭用兵必尅否對曰劉稹所恃者河朔三鎮耳但得魏鎮不與稹同破之必矣請遣重臣一人傳達聖旨言澤潞命帥不同三鎮自艱難已來列聖皆許三鎮嗣襲已成故事今國家欲加兵誅稹禁軍不欲出山東其山東三州委鎮魏出兵攻取上然之乃令御史中丞李回使三鎮諭旨賜魏鎮詔書云卿勿爲子孫之謀欲存輔車之勢何弘敬王元逵承詔聳然從命初議出兵朝官上疏相繼請依從諫例許之繼襲而宰臣四人亦有以出師非便者德裕奏曰如師出無

功臣請自當罪戾請不累李紳讓夷等及弘敬元逵出兵德裕又奏曰貞元大和之間朝廷伐叛詔諸道會兵纔出界便費度支供餉遲留逗撓以困國力或密與賊商量取一縣一柵以爲勝捷所以師出無功今請處分元逵弘敬只令收州勿攻縣邑帝然之及王宰石雄進討經年未拔澤潞及弘敬元逵收邢洺磁三州稹黨遂離以至平殄皆如其筭時王師方討澤潞三年十二月太原橫水戍兵因移戍榆社乃倒戈入太原城逐節度使李石推其都將楊弁爲留後武宗以賊稹未殄又起太原之亂心頗憂之遣中使馬元貫往太原宣諭覘其所爲元貫受楊弁賂欲保祐之四年正月使還奏曰楊弁兵馬極多自牙門列隊至柳子十五餘里明光甲曳地德裕奏曰李石比以城內無兵抽橫水兵一千五百人赴榆社安能朝夕間便致十五里兵甲耶元貫曰晉人驍敢盡可爲兵重賞招致耳德裕曰招召須財昨橫水兵亂止爲欠絹一匹李石無處得楊弁從何致耶又太原有一聯甲並在行營安致十五里明光耶元貫詞屈德裕奏曰楊弁

微賊決不可恕如國力不及寧捨劉稹即時請降詔令王逢起榆社軍又令王元逵兵自土門入會于太原河東監軍呂義忠聞之即日召榆社本道兵誅楊弁以聞自開成五年冬迴紇至天德至會昌四年八月平澤潞首尾五年其籌度機宜選用將帥軍中書詔奏請雲合起草指蹤皆獨決於德裕諸相無預焉以功兼守太尉進封衛國公三千户五年武宗上徽號後累表乞骸不許德裕病月餘堅請解機務乃以本官平章事兼江陵尹荊南節度使數月追還復知政事宣宗即位罷相出爲東都留守東畿汝都防禦使德裕特承武宗恩顧委以樞衡決策論兵舉無遺悔以身扞難功流社稷及昭肅棄天下不逞之伍咸害其功白敏中令狐綯在會昌中德裕不以朋黨疑之置之臺閣顧待甚優及德裕失勢抵掌戟手同謀斥逐而崔鉉亦以會昌末罷相怨德裕大中初敏中復薦鉉在中書乃相與掎摭構致令其黨人李咸者訟德裕輔政時陰事乃罷德裕留守以太子少保分司東都時大中元年秋尋再貶潮州司馬敏中等又令前永寧

縣尉吳汝納進狀訟李紳鎮揚州時謬斷刑獄明年冬又貶潮州司戶德裕既貶大中二年自洛陽水路經江淮赴潮州其年冬至潮陽又貶崖州司戶至三年正月方達珠崖郡十二月卒時年六十三德裕以器業自負特達不群好著書爲文奬善嫉惡雖位極台輔而讀書不輟有劉三復者長於章奏尤奇待之自德裕始鎮浙西迄於淮甸皆參佐賓筵軍政之餘與之吟詠終日在長安私第別構起草院院有精思亭每朝廷用兵詔令制置而獨處亭中凝然握管左右侍者無能預焉東都於伊闕南置平泉別墅清流翠篠樹石幽奇初未仕時講學其中及從官藩服出將入相三十年不復重遊而題寄歌詩皆銘之於石今有花木記歌詩篇録二石存焉有文集二十卷記述舊事則有次柳氏舊聞御臣要略伐叛志獻替録行於世初貶潮州雖蒼黃顛沛之中猶留心著述雜序數十篇號曰窮愁志其論冥數曰仲尼罕言命不語神非謂無也欲人嚴三綱之道奉五常之教修天爵而致人爵不欲信富貴于天命委福祿於冥數昔衛卜協于

少丘爲謚巳久秦塞蜀於臨洮名子不悟朝歌未滅而國流丹烏白
帝尚在而漢斷素虵皆兆發於先而符應於後不可以智測也周孔
與天地合德與神明合契將來之數無所遁情而狼跋於周鳳衰于
楚豈覩戚之義不可去也人倫之教不可廢也條侯之貴鄧通之富
死於兵革可也死于女室可也准不宜以餒終此又不可以理得也
命偶時來盜有名器者謂禍福出於胷懷榮枯生於口吻沛然而安
溘然而笑曾不知黃雀遊於茂樹而挾彈者在其後也乙丑歲予自
荆楚保釐東周路出方城閒有隱者困于泥塗不知其所如謂方城
長曰此官人居守後二年南行萬里則知憾予者必因天譴譖予者
乃自鬼謀雖抱至寃固不爲恨予嘗三遇異人非卜祝之流皆遁世
者初掌記北門管涔隱者謂予曰君明年當在人君左右爲文翰之
職須值少主予聞之愕然變色隱者亦悔失言避席求去予問曰何
爲事少主對曰君與少主巳有宿緣其年秋登朝至明年正月穆宗
纘緒召入禁苑及爲中丞閩中隱者叩門請見予下榻與語曰時事

非久公不早去冬必作相禍將至矣若亟請居外則代公者受患公
後十年終當作相自西而入是秋出鎭吳門時年三十六歲經八稔
尋又伏鉞南燕秋暮有邑子于生引鄴郡道士至纔升階未及命席
謂予曰公當爲西南節制孟冬望舒前符節至矣三者皆與之協不
差歲月自憲闈竟十年居相位由西蜀而入代予持憲者俄亦竄逐
唯再謫南荒未嘗有前知之士爲予言之豈禍患不可移者神道所
秘莫得預聞其自序如此斯論可以警夫躁競者故書於事末德裕
三子燁檢校祠部員外郎汴宋亳觀察判官大中二年坐父貶象州
立山尉二子幼從父歿於崖州燁咸通初量移郴州郴縣尉卒於桂
陽子延古

史臣曰臣總角時亟聞耆德言衛公故事是時天子神武明於聽斷
公亦以身犯難酬特達之遇言行計從功成事遂君臣之分千載一
時觀其禁掖彌綸巖廊啓奏料敵制勝襟靈獨斷如由基命中罔有
虛發實奇才也語文章則嚴馬扶輪論政事則蕭曹避席罪其竊位
即太深文所可讓者不能釋憾解仇以德報怨泯是非於度外齊彼
我於環中與夫市井之徒力戰錐刀之末淪身瘴海可爲傷心古所
謂攫金都下忽於市人離婁不見於眉睫才則才矣語道則難

贊曰公之智決利若青萍破虜誅叛摧枯建瓴功成北闕骨葬南溟
嗚呼煙閣誰上丹青

唐書列傳卷第一百二十四

唐書列傳卷第二百二十五

劉　昫　等修

聞人詮校刻沈桐同校

憲宗二十子　穆宗五子　敬宗五子　文宗二子
武宗五子　宣宗十一子　懿宗八子　僖宗二子
昭宗十子

憲宗二十子穆宗皇帝宣宗皇帝惠昭太子寧澧王惲深王悰洋王忻絳王悟建王恪鄜王憬瓊王悅沔王恂婺王懌茂王愔淄王協衡王憺澶王恍棣王惴彭王惕信王憻榮王憒

惠昭太子寧憲宗長子也母曰紀美人貞元二十一年四月封平原郡王元和元年八月進封鄧王四年閏三月立爲皇太子改名宙尋復今名其年有司將行册禮以孟夏孟秋再卜日臨事皆以雨罷至十月方行册禮元和六年十二月薨年十九廢朝十三日時勑國子司業裴茝攝太常博士西内勾當茝通習古今禮儀嘗為太常博士

及官至郎中每兼其職至改司業方罷兼領因典無皇太子薨禮故又命茝領之廢朝十三日蓋用期服以日易月之制也謚曰惠昭

澧王惲憲宗第二子也本名寬貞元二十一年封同安郡王元和元年進封澧王七年改今名時吐突承璀恩寵特異惠昭太子薨議立儲副承璀獨排群議屬澧王欲以威權自樹賴憲宗明斷不惑上將册拜太子詔翰林學士崔群代澧王作讓表一章群奏曰凡事已合當之而不為則有退讓焉上深納之及憲宗晏駕承璀死王亦薨於其夕以元和十五年四月丁丑發喪廢朝三日長子漢東陽郡王次子源安陸郡王第三子演臨安郡王

深王悰本名察憲宗第四子也貞元二十一年封彭城郡王元和元年進封深王改今名長子潭河内郡王次子淑吴興郡王

洋王忻本名寰憲宗第五子也貞元二十一年封為高密郡王元和元年進封洋王七年改今名大和二年薨長子沛大和八年封頴川郡王

絳王悟本名寮憲宗第六子也貞元二十一年封文安郡王元和元年進封絳王七年改今名實曆二年冬遇害長子洙大和八年封新安郡王第二子滂封高平郡王

建王恪本名審憲宗第十子也元和元年八月淄青節度李師古卒其弟師道擅領軍務以邀符節朝廷方興討罰之師不欲分兵兩地乃封審爲建王間一日授開府儀同三司鄆州大都督充平盧軍淄青等州節度營田觀察處置陸運海運押新羅渤海兩蕃等使而以師道爲節度留後不出閤七年改今名長慶元年薨○鄜王憬長慶元年封開成四年七月薨長子溥平陽郡王

瓊王悅長慶元年封第二子津河間郡王　沔王恂長慶元年封長子瀛晋陵郡王　婺王懌長慶元年封長子清新平郡王

茂王愔長慶元年封長子滮武功郡王　淄王協憲宗第十四子也長慶元年封開成元年薨長子澣大和八年八月封許昌郡王第三子渙馮翊郡王　衡王憺長慶元年封長子涉晋平郡王

○澶王恍長慶元年封長子滘鴈門郡王　棣王惴大中六年封咸通三年薨　彭王惕大中三年封　信王憻大中十四年封咸通八年薨　榮王憒咸通三年封廣明元年八月十九日授開府儀同三司守司空其年十月九日封其子令平嗣王

穆宗五子敬宗皇帝文宗皇帝武宗皇帝懷懿太子湊安王溶

懷懿太子湊穆宗第六子少寬和温雅齊莊有度長慶初封漳王文宗以王守澄恃權深怒閹官欲盡誅之密令宰相宋申錫與外臣謀畫其計守澄門人鄭注伺知其事欲先事誅申錫以漳王賢而有望乃令神策虞候豆盧著告變言十六宅宫市典晏敬則朱訓與申錫親事王師文同謀不軌朱訓與王師文言聖上多病太子年小若立兄弟次是漳王要先結託乃於師文處得銀五鋌絹八百匹又晏敬則於十六宅將出漳王吴綾汗衫一領熟線綾一匹以荅申錫其事皆鄭注憑虛結構而擒朱訓等於黄門獄鍛鍊僞成其款居三四日朝臣方悟其誣構諫官崔玄亮等閤中極諫叩頭出血請出申錫獄

付外勘鞫鄭注輩恐其僞迹敗露乃請行貶黜制曰王者敎先入愛
義不遺親豈於同氣之中可致異詞之間如或慎修不至詿誤有聞
猶爲厲階犯我邦紀未加殛竄尚屈彝章漳王湊手足之親盤石是
固居宗室秩列在戚藩頃多克順之心亦有尚賢之志而潛蓄生患
敗覆是圖姦宄會同謀議聯及汚我皇化彰于外朝初駭于衷再驚
羣聽尚以未具獄詞猶資審慎建侯之命姑務從寛可降封巢縣公
制下上令中使齎巢縣官告就十宅賜湊言國法須此爾宜寛勉八
年薨贈封齊王鄭注伏誅帝思湊被陷而心傷之開成三年正月制
曰褒善飾終王者常典況我友于之愛手足之親永言痛悼之懷用
錫元良之命故齊王湊孕靈天宇擢秀本枝孝敬知於孩提惠和洽
於親愛將固磐石遂分茅社學探蟻術之精智有象舟之妙好書樂
善造次不失其清規置醴尊師風雨不忘其至敬方期台耇以保怡
怡天胡不仁殲我同氣念周宣好愛之分長慟莫追覽魏文榮樂之
言軫懷無已繇是稽諸前典式展追榮特峻彝章表恩泉壤雖禮命

之儀則爾而天倫之恨何攄遐想幽魂宜膺寵數可贈懷懿太子有
司擇日册命

安王溶穆宗第八子母楊賢妃長慶元年封太和八年授開府儀同
三司檢校吏部尚書開成初勅安王潁王並依百官例逐月給料錢
武宗即位李德裕秉政或告文宗崩時楊嗣復以與賢妃宗家欲立
安王爲嗣故王受禍嗣復貶官

敬宗五子悼懷太子普梁王休復襄王執中紀王言揚陳王成美

悼懷太子普敬宗長子也母曰郭妃寶曆元年封晉王太和二年薨年
五歲上撫念之甚厚册贈悼懷太子

梁王休復開成二年八月詔曰王者胙土畫疆封建子弟所以承衞
帝室蕃茂本枝祖宗成式朕曷敢廢況天付正性夙奉至訓尊賢好
善體仁由禮是可舉建侯之命膺分社之榮親親賢賢於是乎在敬
宗皇帝第二子休復第三子執中第四子言揚第六子成美皆氣蘊
沖和行推敬慎游泳墳索佩服師言宜開土宇之封用申睦族之典
休復可封梁王執中可封襄王言揚可封紀王成美可封陳王宜令
有司擇日備禮册命

襄王執中與梁王同時授封第三男宗樂平郡王紀王與襄王同時
授封陳王成美與紀王言揚同時授封開成四年十月詔曰古先哲
王之有天下也何嘗不正國本而承天序建儲貳而主重器朕以寡
昧祗荷丕圖虔恭寅畏思固鴻業慎擇全懿曠千旬時而卿士獻謀
龜筮告吉以爲少陽虛位願舉盛儀列聖垂休俾合予志選賢而立
式表無私敬宗皇帝第六男陳王成美天假忠孝日新道德溫文合
雅謙敬保和裕端明之體度尚詩書之辭訓言皆中禮行不違仁是
可以訓考舊章欽若成命授之七鬯以奉粢盛宜迴朱邸之榮俾踐
青宮之重可立爲皇太子宜令所司擇日備禮册命自莊恪太子薨
將相大臣洎職言者拜章面陳凡累月上遂命立陳王未行册禮復
降仍舊其年殂於藩邸第十九男儼宜城郡王

文宗二子莊恪太子永蔣王宗儉

莊恪太子永文宗長子也母曰王德妃太和四年正月封魯王六年
上以王年幼思得賢傅輔導之時王傅和元亮因待制召問元亮出
於卒吏不知書一不能對後宰相延英奏事上從容曰魯王質性可
教宜擇賢士大夫爲官屬不可復用和元亮之輩因以戶部侍郎庾
敬休守本官兼魯王傅太常卿鄭肅守本官兼王府長史戶部郎中
李踐方守本官兼王府司馬其年十月降詔册爲皇太子上自即位
承敬宗盤遊荒怠之後恭儉惕慎以安天下以晉王謹愿且欲建爲
儲貳未幾晉王薨上哀悼甚不復言東宮事久之今有是命中外慶
悅後以王起陳夷行爲侍讀開成三年上以皇太子宴遊敗度不可
教導將議廢黜特開延英召宰臣及兩省御史臺五品已上南班四
品已上官對宰臣及衆官以爲儲后年小可俟改過國本至重願寛
宥御史中丞狄兼謩上前雪涕以諫詞理懇切翌日翰林學士六人
洎神策六軍軍使十六人又進表陳論上意稍解其日一更太子歸
少陽院以中人張克己植常心充少陽院使如京使王少華判官表

戴和及品官白身內園小兒官人等數十人連坐至死及剥色流竄
尋詔侍讀竇宗直周敬愼依前隔日入少陽院其年薨勑兵部尚書
王起撰哀册文曰維大唐開成三年歲次戊午十月乙酉朔十六日
庚子皇太子薨于少陽院十七日辛丑遷座于大吉殿十一月乙卯
朔二十四日戊寅命册使太子太師兼右僕射門下侍郎國子祭酒
平章事鄭覃副使中書侍郎平章事楊嗣復持節册謚曰莊恪十二
月乙酉朔十二日丙申葬于驪山之北原莊恪陵禮也玉琯歲窮金
壺漏盡祖奠告徹哀笳將引庭滅燎而月寒路摇旌而風緊皇帝念
主鬯之缺位悼佩觿之夭年銅樓已閉銀牓徒懸方追思於對日遽
實寔而寫天典册具舉文物咸備爰詔侍臣顯揚上嗣其詞曰皇矣
帝緒肇基錫古種德尊道宗文祖武上聖開成天下和平儲祉發祥
是生元良畢許之初岐嶷用彰藴才游藝玉裕金相旣免孩提是加
封殖俾維城於東曾錫介珪於上國辭榮朱邸正位青宫尊師重傳
養德含聰畏馳道而不絶問寢門而益恭招賢警戒齒胄謙冲異日

躋於三善奉天慈於九重漢莊好學旣顯於外魏丕能文方循於內
美不二於顔過嘉得三於鯉退焜燿甲觀鏗鏘瑜珮方積善於爲山
何反眞而游岱嗚呼哀哉憂兢損壽沉痾始遘群望並走百靈冝祐
旻穹之間徒爲越人之方靡救占前星之掩曜知東朝之降咎天垂
象而則然人由己而何有嗚呼哀哉稅駕乘華兮即宫夜臺鳳笙長
絶兮蜃輅徐來啓青宫而右出歷玄灞而左迴度㝢林兮魂斷入曠
野兮心摧木助挽而幽咽雲帶旻而徘徊悲佳城之已掩見新廟之
方開嗚呼哀哉授經兮曷期執紼兮增欷九原作兮何嗟及七日還
兮安可希有少海之波逝無西園之蓋飛商山之羽翼已散望苑之
賓客咸歸瑟筱玉簡閟于泉扉用申信於文字願不昧於音徽嗚呼
哀哉初上以太子稍長不循法度昵近小人欲加廢黜迫於公卿之
請乃止太子終不悛改至是暴薨時傳云太子德妃之出也晚年寵
衰賢妃楊氏恩渥方深懼太子他日不利於己故日加誣譖太子終
不能自辨明也太子旣薨上意追悔四年因會寧殿宴小兒緣橦有

一夫在下憂其墮地有若狂者上問之乃其父也上因感泣謂左右
曰朕富有天下不能全一子遂召樂官劉楚材宫人張十十等責之
曰陷吾太子皆爾曹也今已有太子更欲踵前耶立命殺之
蔣王宗儉文宗第二子開成二年封　武宗五子杞王峻開成五
年封益王峴　兗王岐德王嶧昌王嵯皆會昌二年封　宣宗十
一子懿宗皇帝餘並封王靖懷太子漢會昌六年封雍王大中六年
薨册贈靖懷太子　雅王涇宣宗第二子大中元年封　衛王
灌大中十一年封十四年薨　夔王滋宣宗第三子也會昌六年
封咸通四年薨　慶王沂第四子也會昌六年封大中十四年薨
濮王澤第五子也大中二年封　鄂王潤第六子也大中五年封
乾符三年薨　懷王洽第七子也大中八年封　昭王汭第八
子也大中八年封乾符三年薨　康王汶大中八年封　廣王
澭大中十一年封　懿宗八子僖宗皇帝昭宗皇帝餘並封王
魏王佾咸通三年封　涼王健咸通三年封乾符六年薨　蜀

王佶咸通三年封　威王偘咸通六年封郢王十年改封今王
吉王保咸通十三年封文德元年八月九日授開府儀同三司檢校
太傅仍加食邑三百戶　睦王倚咸通十三年封　僖宗二子
建王震中和元年九月十六日封　益王陞光啓三年十一月十
四日封　昭宗十子哀帝餘並封王　德王裕昭宗長子也大
順二年六月二十八日封乾寧四年二月十四日册爲皇太子時駕
在華州韓建畏諸王主兵誘防城卒張行思花重武相次告通王以
下欲殺建建他日又造詐言云諸王欲劫遷車駕別幸藩鎮諸王懼
詣建自陳建乃延入卧内密遣人奏云今日睦王濟王韶王通王彭
王韓王儀王陳王等八人到臣理所不測事由臣竊量事體不合與
諸王相見兼恐久在臣所於事非宜忽然及門意不可測又上疏抗
請歸十六宅如是者數四帝不允建懼爲諸王所圖乃以精甲數千
圍行宫請誅定州護駕軍都将李筠帝懼甚詔斬筠於大雲橋其三
都軍士尋放還本道殿後都亦與三都元繞行宫扈蹕至是並急詔

散之罷諸王兵柄建慮上不悅乃上表請立德王爲皇太子其年八
月嗣延王戒丕自太原還詔與通王已下八王並賜死于石堤谷光
化末樞密使劉季述王仲先等幽昭宗於東內冊裕爲帝及天復初
誅季述仲先與寺人藏於右軍群臣請殺之昭宗曰太子冲幼爲賊
輩所立依舊令歸少陽院及朱全忠自鳳翔迎駕還京以德王眉目
踈秀春秋漸盛常惡之謂崔胤曰德王曾竊居寶位天下知之大義
滅親何得久留是教後代以不孝也請公密啓胤然之昭宗不納他
日言於全忠全忠曰此國家大事臣安敢竊議乃崔胤賣臣也尋以
哀帝爲天下兵馬元帥後昭宗至洛下一日幸福先寺謂樞密使蔣
玄暉曰德王朕之愛子全忠何故須令廢之又欲殺之言訖淚下因
齧其中指血流玄暉具報全忠由是轉恚昭宗遇弑之日蔣玄暉於
內西置社筵酒酣德王已下六王皆爲玄暉所殺投屍九曲池
棣王祤乾寧元年十月八日封　虔王禊沂王禋遂王禕並與棣
王同時封冊　景王秘乾寧四年十月二十二日封　祁王祺

○《唐傳一百二十五　七

與景王同時封冊　雅王禛瓊王祥並光化元年十一月九日封
嗣
襄王熅性柔善無他能光啓二年春車駕在寶雞西軍逼請幸岐隴
帝以數十騎自大散關幸興元時熅有疾不能從因爲朱玫所挾至
鳳翔有臺省官從行未及者僅百人四月玫乃與宰相蕭遘裴徹率
群寮冊熅爲監國熅以鄭昌圖判度支而鹽鐵戶部各置副使三司
之事一以委焉目曰廢置相公五月熅遣僞戶部侍郎栁陟等十餘
人分諭關東河北諸道納僞命者甚衆十月朱玫率蕭遘等冊熅爲
帝改元曰永貞遥尊僖宗爲太上元皇聖帝初河中王重榮表率東
諸侯進貢唯蔡賊與太原不順秦宗權自僭號太原不協于朱玫故
也及王行瑜殺朱玫熅奔至渭上王重榮使人迎之熅與僞百官並
別謂曰朕見重榮當令與卿等各備所服以接卿殺朱玫之亟日熅
爲鄭州亂軍所殺行瑜遂函首送行在熅四月監國至十二月死凡
在僞位九月矣　朱玫者邠州人也少從邊以功歷郡守乾符末
領邠寧節制中和中收復京師與太原李克用東方逵同制加使相
光啓元年冬受詔招討河中軍敗以軍容使田令孜失策時諸軍皆
怒乃徇人情表請誅令孜令孜與楊復恭挾帝西幸玫又失策乃虜
嗣襄王熅與蕭遘等同立爲帝大行封拜以啖諸侯而天下之人歸
者十五六焉與李昌符始謀冊立及後玫自稱大丞相吐握在己昌
符怒之乃以表送款行在復密結樞密使楊復恭人心乃離時行在
出令有能斬朱玫首者則授以邠帥賊將王行瑜以大唐峯不利退
保鳳州終慮得罪與腹心密謀徑入京師時玫有第在和善里行瑜
率兵仗入見玫猶責以擅還行瑜曰我要代爾領邠州節制何復多
言遂斬之　王行瑜者邠州人也少隸本軍事朱玫爲偏將平巢
寇有功光啓二年玫冊嗣襄王熅爲僞帝授天平軍節度使領兵守
大散關攻大唐峯爲李鋋所敗乃送款行在以部下反攻朱玫于關
下斬之因授邠州節度使後平楊守亮于山南以功累加至中書令
景福中逼朝廷加尚書令宰臣韋昭度密奏不可會韓建李茂貞稱

○《唐傳一百二十五　八

兵入覲欲行廢立不果乃請殺昭度與李磎是歲又遣弟行約攻河
中河中引太原軍至由是大敗行約行實刼駕不獲遂歸邠州行瑜
率兵屯梨園王師圍急行實行約先敗次保龍泉行瑜又遁至邠州
不能守乾化二年十一月挈族至慶州爲部下所殺○史臣曰自天寶
已降內官握禁旅中闈纂繼皆出其心故手纔攬於萬機目眩於
六宅防閑禁錮不近人情文宗好古睦親至敦友悌悔前非於齊奏
襄以儲闈付後事於陳王歸其冑胤或降輿朱邸對食瓊筵怡怡申
肺腑之情穆穆盡棣華之義近朝盛美可洽風謠昭肅惑讒毒流安
邸雖覽大臣之議欲使磐維竟無出閤之儀終身幽枉谷風之怨可
爲傷心大中咸通已來寶圖世及犬牙麟趾雖不迨於姬周亘什布
謠未甚悲於宗籍於姬不足比魏有餘○贊曰周封子弟運祚綿長曹
蔡勳絕魯魏克昌誅叛賞順王者大綱法不私親棣蕚其芳

唐書列傳卷第一百二十五

唐書列傳卷第一百二十六

劉　昫　等修

聞人詮校刻沈桐同校

李宗閔　楊嗣復子授 損 技 拭 㧑

楊虞卿弟漢公 虞卿從兄汝士 汝士弟魯士 汝士子知溫 知遠 知權附　馬植

李讓夷　魏謩　周墀　崔龜從　鄭肅

盧商

李宗閔字損之宗室鄭王元懿之後祖自仙楚州別駕父曶宗正卿出為華州刺史鎮國軍潼關防禦等使曶兄夷簡元和中宰相宗閔貞元二十一年進士擢第元和四年復登制舉賢良方正科初宗閔與牛僧孺同年登進士第又與僧孺同年登制科應制之歲李吉甫為宰相當國宗閔僧孺對策指切時政之失言甚鯁直無所迴避考策官楊於陵韋貫之李益等又第其策為中等又為不中第者注解牛李策語同為唱誹又言翰林學士王涯甥皇甫湜中選考覈之際不先上言裴垍時為學士居中覆視無所異同吉甫泣訴於上前憲

宗不獲已罷王涯裴垍學士垍守戶部侍郎涯守都官員外郎吏部尚書楊於陵出為嶺南節度使吏部員外郎韋貫之出為果州刺史王涯再貶虢州司馬貫之再貶巴州刺史僧孺宗閔亦久之不調隨牒諸侯府七年吉甫卒方入朝為監察御史累遷禮部員外郎元和十二年宰相裴度出征吳元濟奏宗閔為彰義軍觀察判官賊平遷駕部郎中又以本官知制誥穆宗即位拜中書舍人時曶自宗正卿出刺華州父子同時承恩制人士榮之長慶元年子壻蘇巢於錢徽下進士及第其年巢覆落宗閔涉請託貶劍州刺史時李吉甫子德裕為翰林學士錢徽牓出德裕與同職李紳元稹連衡言於上前云徽受請託所試不公故致重覆比相嫌惡因是列為朋黨皆挾邪取權兩相傾軋自是紛紜排陷垂四十年復入為中書舍人三年冬權知禮部侍郎四年貢舉事畢權知兵部侍郎寶曆元年正拜兵部侍郎父憂免大和二年起為吏部侍郎賜金紫之服三年八月以本官同平章事時裴度薦李德裕將大用德裕自浙西入朝為中人助宗閔者所沮復出鎮壽引牛僧孺同知政事二人唱和凡德裕之黨皆逐之累轉中書侍郎集賢大學士七年德裕作相六月罷宗閔知政事檢校禮部尚書同平章事興元尹山南西道節度使宗閔為吏部侍郎時因駙馬都尉沈𦗟結託女學士宋若憲及知樞密楊承和二人數稱之於上前故獲徵用及德裕秉政群邪不悅而鄭注李訓深惡之文宗乃復召宗閔於興元為中書侍郎平章事命德裕代宗閔為興元尹既再得權位輔之以訓注尤恣所欲進封襄武侯食邑千戶九年六月京兆尹楊虞卿得罪宗閔極言救解文宗怒叱之曰爾嘗謂鄭覃是妖氣今作妖覃耶爾耶翌日貶明州刺史尋再貶處州長史七月鄭注發沈𦗟宋若憲事內官楊承和韋元素沈𦗟及若憲姻黨坐貶者十餘人又貶宗閔潮州司戶時訓注竊弄威權凡不附已者目為宗閔德裕之黨貶逐無虛日中外震駭連月陰晦人情不安九月詔曰朕承天纘曆燭理不明勞虛襟以求賢勵寬德以容眾頃者或台輔乖弼違之道而具寮扇朋附之風翕然相從實斁彝憲

致使薰蕕共器賢不肖並馳退迹者成後時之夫登門者有迎吠之客縲戾之氣堙鬱和平而望陰陽順時疵癘不作朝廷清肅班列和安自古及今未嘗有也今既再申朝典一變澆風掃清朋比之徒匡飭貞廉之俗凡百卿士惟新令猷如聞周行之中尚蓄疑懼或有妄相指目令不自安今斯曠然明喻朕意應與宗閔德裕或親或故及門生舊吏等除今日已前黜遠之外一切不問各安職業勿復為嫌文宗以二李朋黨繩之不能去嘗謂侍臣曰去河北賊非難去此朋黨實難宗閔雖驟放黜竟免李訓之禍開成元年量移衢州司馬三年楊嗣復輔政與宗閔厚善欲拔用之而畏鄭覃沮議而託中人密諷於上上以嗣復故因紫宸對謂宰相曰宗閔在外四五年宜別受一官鄭覃曰陛下憐其地遠宜移近內地三五百里不可再用姦邪陛下若欲用宗閔臣請先退陳夷行曰比者宗閔得罪以朋黨之故恕死為幸寶曆初李續之張又新蘇景胤等朋比姦險幾傾朝廷時

號八關十六子李珏曰主此事者罪在逄吉李續之居喪服闋不可不與一官臣恐中外衣冠交興議論非爲續之輩也夷行曰昔舜逐四凶天下治朝廷求理何惜此十數纖人嗣復曰事貴得中不可但徇憎愛上曰與一郡可也鄭覃曰與郡太優止可洪州司馬耳夷行曰宗閔養成鄭注之惡幾覆邦家國之巨蠹也嗣復曰比者陛下欲加鄭注官宗閔不肯陛下亦當記憶覃曰嗣復黨庇宗閔臣觀宗閔之惡甚於李林甫嗣復曰覃語太過昔玄宗季年委用林甫妬賢害能破人家族宗閔在位固無此事況大和末宗閔德裕同時得罪二年之間德裕再領重鎮而宗閔未離貶所陛下懲惡勸善進退之理宜均非臣獨敢黨庇昨殷侑與韓益奏官及章服臣以益前年犯贓未可其奏鄭覃託臣云幸且勿論孰爲黨庇翌日以宗閔爲杭州刺史四年冬遷太子賓客分司東都時鄭覃陳夷行罷相嗣復方再拔用宗閔知政事俄而文宗崩會昌初李德裕秉政嗣復李珏皆竄嶺表三年劉稹據澤潞叛德裕以宗閔素與劉從諫厚上黨近東都宗

○ 唐傳一百二十六 三

閔分司非便出爲封州刺史又發其舊事貶郴州司馬卒於貶所子琨瓚大中朝皆進士擢第令狐綯作相特加奬拔瓚自員外郎知制誥歷中書舍人翰林學士綯罷相出爲桂管觀察使御軍無政爲卒所逐貶死自天寶艱難之後宗室子弟賢而立功者唯鄭王曹王子孫耳夷簡再從季父汧國公勉德宗朝宰相夷簡諸弟夷亮夷則夷範皆登進士第宗閔弟宗冉宗冉子深湯湯累官至給事中咸通中踐更臺閣知名於時○楊嗣復字繼之僕射於陵子也初於陵十九登進士第二十再登博學宏詞科調補潤州句容尉浙西觀察使韓滉有知人之鑒見之甚悅滉有愛女方擇佳壻謂其妻柳氏曰吾閱人多矣無如楊生貴而有壽生子必爲宰相於陵秩滿寓居揚州而生嗣復後滉見之撫其首曰名位果踰於父楊門之慶也因字曰慶門嗣復七八歲時已能秉筆爲文年二十進士擢第二十一又登博學宏詞科釋褐秘書省校書郎遷右拾遺直史館以嗣復深於禮學改太常博士元和十年累遷至刑部員外郎鄭餘慶爲詳定禮儀使奏

爲判官改禮部員外郎時父於陵爲戶部侍郎嗣復上言與父同省非便請換他官詔曰應同司官有大功已下親者但非連判及勾檢之官并官長則不在迴避之限如官署同職司異雖父子兄弟無所避嫌再遷兵部郎中長慶元年十月以庫部郎中知制誥正拜中書舍人嗣復與牛僧孺李宗閔權德輿皆貢舉門生情義相得進退取捨多與之同四年僧孺作相欲薦拔大用又以於陵爲東都留守未歷相位乃令嗣復權知禮部侍郎寶曆元年二月選貢士六十八人後多至達官文宗即位拜戶部侍郎以父於陵太子少傅致仕年高多疾懇辭侍養不之許大和四年丁父憂免七年三月起爲尚書左丞其年宗閔罷相德裕輔政七月以嗣復檢校禮部尚書梓州刺史劍南東川節度觀察等使九年宗閔復知政事三月以嗣復檢校戶部尚書成都尹劍南西川節度副大使知節度事觀察處置等使開成二年十月入爲戶部侍郎領諸道鹽鐵轉運使三年正月與同列李珏並以本官同平章事領使如故進階金紫弘農伯食邑七百戶

○ 唐傳一百二十六 四

上以幣輕錢重問鹽鐵使何以去其大甚嗣復曰此事累朝制置未得但且禁銅未可變法法變擾人終亦未能去弊李珏曰禁銅之令朝廷常典但行之不嚴不如無令今江淮已南銅器成肆市井逐利者銷錢一緡可爲數器售利三四倍遠民不知法令率以爲常縱國家加鑪鑄錢何以供銷鑄之弊所以禁銅之令不得不嚴八月紫宸奏事曰聖人在上野無遺賢陸洿上疏論兵雖不中時事意亦可奬閑居蘇州累年宜與一官李珏曰士子趨競者多若奬陸洿貪夫知勸矣非賞洵直論事陛下賞之以幣帛況與陸洿官耶帝曰洵直奬其直心不言事之當否鄭覃曰若苞藏則不可知嗣復曰臣深知洵直無邪惡所奏陸洿官尚未奉聖旨鄭覃曰陛下須防朋黨嗣復曰鄭覃疑臣朋黨乞陛下放臣歸去因拜乞罷免李珏曰比來朋黨近亦稍弭覃曰近有小朋黨生帝曰此輩凋喪向盡覃曰楊漢公張又新李續之即今尚在珏曰今有邊事論奏覃曰論邊事安危臣不如珏嫉惡則珏不如臣嗣復曰臣聞左右佩劍彼此相笑臣今不知鄭

覃指誰為朋黨因當香案前奏曰臣待罪宰相不能申䕫龍之道唯
以朋黨見譏必乞陛下罷臣鼎職上慰勉之文宗方以政事委嗣復
惡覃言切帝延英謂宰臣曰人傳符讖之語自何而來嗣復對曰漢
光武好以讖書決事近代隋文帝亦信此言自是此說日滋只如班
彪王命論所引蓋矯意以止賊亂非所重也李珏曰喪亂之時佐命
者務神符命理平之代只合推諸人事上曰卿言是也帝又曰天后
用人有自布衣至宰相者當時還得力否嗣復曰天后重行刑辟輕
用官爵皆自圖之計耳凡用人之道歷試方見其能否當艱難之時
或須拔擢無事之日不如且循資級古人拔卒為將非治平之時蓋
不獲已而用之也上又問新修開元政要敘致何如嗣復曰臣等未
見陛下若欲遺之子孫則請宣付臣等參詳可否玄宗或好遊畋或
好聲色與貞觀之政不同故取捨須當方堪流傳四年五月上問延
英政事逐日何人記錄監修李珏曰是臣職司陳夷行曰宰相所錄
必當自伐聖德即將掩之臣所以頻言不欲威權在下珏曰夷行此

言是疑宰相中有賣威權貨刑賞者不然何自為宰相而出此言臣
累奏求退若得王傅臣之幸也鄭覃曰陛下開成元年二年政事至
好三年四年漸不如前嗣復曰元年二年是鄭覃夷行用事三年四
年臣與李珏同之臣蒙聖慈擢處相位不能悉心奉職鄭覃云三年
之後一年不如一年臣之罪也陛下縱不誅夷臣合自求泯滅因叩
頭曰臣今日便辭玉階不敢更入中書即趨去上令中使召還勞之
曰鄭覃失言卿何及此覃起謝曰臣性愚拙言無顧慮近日事亦漸
好未免些些不公亦無甚處臣亦不獨斥嗣復遽何至此所為若是
乃嗣復不容臣耳嗣復曰陛下不以臣微才用為中書侍郎時政善
否其責在臣陛下月費俸錢數十萬時新珍異必先賜與蓋欲輔佐
聖明臻于至理既一年不如一年非惟臣合得罪亦上累聖德伏請
別命賢能許臣休退上曰鄭覃之言偶然耳奚執咎耶嗣復數日不
入上表請罷帝方委用乃罷鄭覃夷行知政事自是政歸嗣復進加
門下侍郎明年正月文宗崩先是以敬宗子陳王為皇太子中尉仇

士良違遺令立武宗武宗之立既非宰相本意甚薄執政之臣其年
秋李德裕自淮南入輔政九月出嗣復為湖南觀察使明年誅樞密
薛季稜劉弘逸中人言二人頃附嗣復李珏不利於陛下武宗性急
立命中使往湖南桂管殺嗣復與珏宰相崔鄲崔珙等亟請開延英
因極言國朝故事大臣非惡逆顯著未有誅戮者願陛下復思其宜
帝良久改容曰朕纘嗣之際宰相何嘗比數李珏季稜志在扶冊陳
王嗣復弘逸志在樹立安王立陳王猶是文宗遺旨嗣復欲立安王
全是希楊妃意旨嗣復嘗與妃書云姑姑何不斅則天臨朝珙等曰
此事曖昧真虛難辨帝曰楊妃曾卧疾妃弟玄思文宗令入內侍疾
月餘此時通導意旨朕細問內人情狀皎然我不欲宣出於外向使
安王得志我豈有今日然為卿等恕之乃追潭桂二中使再貶嗣復
潮州刺史宣宗即位徵拜吏部尚書大中二年自潮陽還至岳州病
一日而卒時年六十六贈左僕射謚曰孝穆子損授技拭攜而授最
賢

授字得符大中九年進士擢第釋褐從事諸侯府入為鄠縣尉集賢
校理歷監察御史殿中分務東臺再遷司勳員外郎洛陽令兵部員
外郎李福為東都留守奏充判官改兵部郎中由吏部拜左諫議大
夫給事中出為河南尹盧攜作相召拜工部侍郎黃巢犯京師僖宗
幸蜀徵拜戶部侍郎以母病求散秩改秘書監分司車駕還拜兵部
侍郎宰相有報怨者改左散騎常侍國子祭酒又轉太子賓客從昭
宗在華下改刑部尚書太子少保卒贈左僕射子贇字公隱進士及
第再遷左拾遺昭宗初即位喜遊宴不恤時事贇上疏極諫帝面賜
緋袍象笏崔安潛出鎮青州辟為支使不至鎮改太常博士歷主客
戶部二員外郎關中亂崔胤引朱全忠入京師乃挈家避地湖南官
終諫議大夫

損字子黙以蔭受官為藍田尉三遷京兆府司錄參軍入為殿中侍
御史家在新昌里與宰相路巖第相接巖以地狹欲易損馬廄廣之
遣人致意時損伯叔昆仲在朝者十餘人相與議曰家門損益特時

相何可拒之損曰非也凡尺寸地非吾等所有先人舊業安可以奉
權臣窮逵命也嚴不悅會差制使鞫獄黔中乃遣損使焉踰年而還
改戶部員外郎洛陽縣令入為吏部員外出為絳州刺史路巖能相
徵拜給事中遷京兆尹盧攜作相有宿憾復拜給事中出為陝虢觀
察使時軍亂逐前使崔蕘損至盡誅其亂首踰年改青州刺史御史
大夫淄青節度使又檢校刑部尚書鄆州刺史天平軍節度使未赴
鄆復留青州卒於鎮損進士及第位至中書舍人拭官終考功員外
郎攜終兵部郎中拭攜並進士擢第。楊虞卿字師皐虢州弘農人祖
燕客父寧貞元中為長安尉少有梗遁之志以處士徵入朝有口辯
優游公卿間竇參尤重之會參貶仕進不達而卒虞卿元和五年進
士擢第又應博學宏辭科元和末累官至監察御史穆宗初即位不
修政道盤遊無節虞卿上疏諫曰臣聞鳶烏遺害則仁鳥逝誹謗不
誅則良言進況詔言勉諭許陳愚誠故臣不敢避誅以獻狂瞽竊聞
堯舜受命以天下為憂不聞以位為樂況北虜猶梗西戎未賓兩河

之瘡痏未平五嶺之妖氛未解生人之疾苦盡在朝廷之制度莫修
邊儲屢空國用猶屈固未可以高枕無虞也陛下初臨萬寓有憂天
下之志宜日延輔臣公卿百執事疑蔬而問造膝以求使四方內外
有所觀焉自聽政已來六十日矣八開延英獨三數大臣仰龍顏承
聖問其餘侍從詔誥之臣偕入而齊出何足以聞政事哉諫臣盈廷
忠言未聞於聖聽臣實羞之蓋由主恩尚疎而衆正之路未啓也夫
公卿大臣宜朝夕接見論道賜與從容則君臣之情相接而理道備
聞矣今自宰相已下四五人時得頃刻侍坐天威不遠鞠躬隕越隨
言上下無能往來此由君太尊臣太卑故也自公卿已下雖歷踐清
地曾未祗奉天聰以承下問對塞正路偷安倖門況陛下神聖如五
帝臣下莫能望清光所宜周徧顧問恙其氣色使支體相輔君臣喻
明陛下求理於公卿公卿求理於臣輩自然上下孜孜相問使進忠
若趨利論政若訴冤如此而不聞過失不致昇平者未之有也自古
帝王居危思安之心不相殊而居安忘危之心不相及故不得皆為

聖帝明王小臣疎賤豈宜及此獨不忍冒榮偷祿以負聖朝惟陛下
圖之帝深獎其言尋令奉使西北邊犒賞戍卒遷侍御史再轉禮部
員外郎史館修撰長慶四年八月改吏部員外郎大和二年南曹令
史李賓等六人偽出告身籤符賣鑿空偽官令赴任者六十五人取
受錢一萬六千七百三十貫虞卿按得偽狀捕賓等移御史臺鞫劾
賓稱六人共率錢二千貫與虞卿廳典溫亮求不發舉偽濫事迹乃
詔給事中嚴休復中書舍人高鉞左丞韋景休充三司推案而溫亮
逃竄賓等既伏誅虞卿以檢下無術停見任及李宗閔牛僧孺輔政
起為左司郎中五年六月拜諫議大夫充弘文館學士判院事六年
轉給事中七年宗閔罷相李德裕知政事出為常州刺史虞卿性柔
佞能阿附權幸以為姦利每歲銓曹貢部為舉選人馳走取科第占
員闕無不得其所欲升沈取捨出其脣吻而李宗閔待之如骨肉以
能朋比唱和故時號黨魁八年宗閔復入相尋召為工部侍郎九年
四月拜京兆尹其年六月京師訛言鄭注為上合金丹須小兒心肝

密旨捕小兒無算民間相告語扃鎖小兒甚密街肆恟恟上聞之不
悅鄭注頗不自安御史大夫李固言素嫉虞卿朋黨乃奏曰臣昨窮
問其由此語出於京兆尹從人因此扇於都下上怒即令收虞卿下
獄虞卿弟漢公并男知進等八人自繫撾鼓訴冤詔虞卿歸私第翌
日貶虔州司馬再貶虔州司戶卒於貶所子知進知退堪弟漢公皆
登進士第知退歷都官戶部二郎中堪庫部吏部二員外郎漢公大
和八年擢進士第又書判拔萃釋褐為李絳興元從事絳遇害漢公
遁而獲免累遷戶部郎中史館修撰大和七年遷司封郎中漢公子
範籌皆登進士第累辟使府虞卿初從兄汝士汝士字慕巢元和四
年進士擢第又登博學宏詞科累辟使府長慶元年為右補闕坐弟
殷士貢舉覆落貶開江令入為戶部員外再遷職方郎中大和三年
七月以本官知制誥時李宗閔牛僧孺輔政待汝士厚尋正拜中書
舍人改工部侍郎八年出為同州刺史九年九月入為戶部侍郎開
成元年七月轉兵部侍郎其年十二月檢校禮部尚書梓州刺史劍

南東川節度使時宗人嗣復鎮西川兄弟對居節制時人榮之四年九月入爲吏部侍郎位至尚書卒子知温知遠知權皆登進士第知温累官至禮部郎中知制誥入爲翰林學士戶部侍郎轉左丞出爲河南尹陝虢觀察使遷檢校兵部尚書襄州刺史山南東道節度使知温弟知至累官至比部郎中知制誥坐故府劉瞻罷相貶官知至亦貶夔州司馬入爲諫議大夫累遷京兆尹工部侍郎知温知至皆位至列曹尚書汝士弟魯士

魯士字宗尹本名殷士長慶元年進士擢第其年詔翰林覆試殷士與鄭朗等覆落因改名魯士復登制科位不達而卒初汝士中第有時名遂歷清貫其後諸子皆至正卿鬱爲昌族所居靜恭里知温兄弟並列門戟咸通中昆仲子孫在朝行方鎮者十餘人○馬植扶風人父曛植元和十四年進士擢第又登制策科釋褐壽州團練副使得秘書省校書郎三遷饒州刺史開成初遷安南都護御史中丞安南招討使植文雅之餘長於吏術三年奏當管羈縻州首領或居巢穴

自固或爲南蠻所誘不可招諭事有可虞臣自到鎮約之以信誡曉之以逆順今諸首領拋發忠言願納賦稅其武陸縣請升爲州以首領爲刺史從之又奏陸州界廢珠池復生珠以能政就加檢校左散騎常侍加中散大夫轉黔中觀察使會昌中入爲大理卿植以文學政事爲時所知久在邊遠及還朝不復顯官心微有望李德裕素不重之宣宗即位宰相白敏中與德裕有隙凡德裕所薄者必不次拔擢之乃加植金紫光祿大夫行刑部侍郎充諸道鹽鐵轉運使轉戶部侍郎領使如故俄以本官同平章事遷中書侍郎兼禮部尚書敏中罷相植亦罷爲太子賓客分司東都數年出爲許州刺史檢校刑部尚書忠武軍節度觀察等使大中末遷汴州刺史宣武軍節度觀察等使卒于鎮○李讓夷字達心隴西人祖悅父應規讓夷元和十四年擢進士第釋褐諸侯府大和初入朝爲右拾遺召充翰林學士轉左補闕三年遷職方員外郎左司郎中充職九年拜諫議大夫開成元年以本官兼知起居舍人事時起居舍人李褒有痼疾請罷官宰臣李石奏闕官上曰褚遂良爲諫議大夫嘗兼此官卿可盡言今諫議大夫姓名石遂奏李讓夷馮定孫簡蕭俶帝曰讓夷可也李固言欲用崔球張次宗鄭覃曰崔球遊宗閔之門赤墀下秉筆記注爲千古法不可用朋黨如裴中孺李讓夷臣不敢有纖芥異論其爲人主大臣知重如此二年拜中書舍人以鄭覃此言深爲李珏楊嗣復所惡終文宗世官不達及德裕秉政驟加拔擢歷工戶二侍郎轉左丞累遷檢校尚書右僕射俄拜中書侍郎同平章事宣宗即位罷相以太子賓客分司卒

魏謩字申之鉅鹿人五代祖文貞公徵貞觀朝名相曾祖殷汝陽令祖明亦爲縣令父馮獻陵臺令謩大和七年登進士第楊汝士牧同州辟爲防禦判官得秘書省校書郎汝士入朝薦爲右拾遺文宗以謩魏徵之裔頗奇待之前邕管經略使董昌齡枉殺錄事參軍衡方厚坐貶溆州司戶至是量移硤州刺史謩上疏論之曰王者施渙汗之恩以赦有罪唯故意殺人無赦昌齡比者錄以微効受之方隅不

能祇慎寵光恣其狂暴無辜專殺事跡顯彰妻孥銜冤萬里披訴及按鞫伏罪貸以微生中外議論以爲屈法今若授之牧守以理疲人則殺人者拔擢而冤苦者何伸交紊憲章有乖至理疏奏乃改爲洪州別駕御史中丞李孝本皇族也坐李訓誅有女沒入掖廷謩諫曰臣聞治國家者先資於德義德義不修家邦必壞故王者以德服人以義使人服使之術要在修身修身之道在於孜孜夫一失百虧之戒存乎久要之源前志曰勿以小惡而爲之勿以小善而不爲斯則懼於漸也臣又聞君如日焉顯晦之微人皆瞻仰照臨之大何以掩藏前代設敢諫之鼓立誹謗之木貴聞其過也陛下即位已來誕敷文德不恍聲色出後宮之怨婦配在外之鰥夫洎今十年未嘗採擇自數月已來天睠稍迴留神妓樂教坊百人二百人選試未已莊宅司收市亹亹有聞昨又宣取李孝本之女入內宗姓不異寵幸何名此事深累慎修有虧一簣陛下九重之內不得聞知凡此之流大生物議實傷理道之本未免塵穢之嫌夫欲人不知莫若勿爲諺曰止

寒莫若重裘止謗莫若自修伏希陛下照鑒不惑崇千載之盛德去一旦之玩好敎坊停息宗女遣還則大正人倫之風深弘王者之體疏奏帝即日出孝本女遷謩右補闕詔曰昔乃先祖貞觀中諫書十上指事直言無所避諱每覽國史未嘗不沉吟伸卷嘉尚久之爾爲拾遺其風不墜屢獻章疏必道其所以至於備灑掃於諸王非自廣其聲妓也恤髫亂之宗女固無嫌於徵取也雖然疑似之間不可家至而戶曉爾能詞旨深切是傳我之意多也噫人能匪躬謇諤似其先祖吾豈不能虛懷延納仰希貞觀之理歟而謩居官日淺未當敍進吾豈限以常典以待直臣可右補闕帝謂宰臣曰昔太宗皇帝得魏徵裨補闕失弼成聖政我得魏謩於疑似之間必能極諫不敢希貞觀之政庶幾處無過之地矣敎坊副使雲朝霞善吹笛新聲變律深愜上旨自左驍衛將軍宣授兼揚府司馬宰臣奏曰揚府司馬品高郎官剌史迭處不可受伶官上意欲授之因宰臣對亟稱朝霞之善謩聞之累疏陳論乃改授潤州司馬荆南監軍使呂令琮從人擅

○入江陵縣毀罵縣令韓忠觀察使韋長申狀與樞密使訴之謩上疏曰伏以州縣侵屈只合上聞中外關連須存舊制韋長任膺廉使體合精詳公事都不奏聞私情擅爲踰越況事無巨細不可將迎縣令官業有乖便宜理罪監軍職司侵越即合聞天或以慮煩聖聽何不但申門下令則首紊常典理合糺繩伏望聖慈速加懲誡疏奏不出時論惜之三年轉起居舍人紫宸中謝帝謂之曰以卿論事忠切有文貞之風故不循月限授卿此官又謂之曰卿家有何舊書詔對曰比多失墜惟簪笏見存上令進來鄭覃曰在人不在笏上曰鄭覃不會我意此即甘棠之義非在笏而已謩將退又召誡之曰事有不當即須奏論謩曰臣頃爲諫官合伸規諷今居史職職在記言臣不敢輒踰職分帝曰凡兩省官並合論事勿拘此言謩以本官直弘文館四年拜諫議大夫仍兼起居舍人判弘文館事紫宸入閤遣中使取謩起居注欲視之謩執奏曰自古置史官書事以明鑒誡陛下但爲善事勿畏臣不書如陛下所行錯忤臣縱不書天下之人書之臣以陛下爲文皇帝陛下比臣如褚遂良帝又曰我嘗取觀之謩曰由史官不守職分臣豈敢陷陛下爲非法陛下一覽之後自此書事須有廻避如此善惡不直非史也遺後代何以取信乃止謩初立朝爲李固言李珏楊嗣復所引數年之內至諫議大夫武宗即位李德裕用事謩坐楊李之黨出爲汾州剌史楊李貶官謩亦貶信州長史宣宗即位白敏中當國量移郢州剌史尋換商州二年內徵爲給事中遷御史中丞謝日面賜金紫之服彈駙馬都尉杜中立贓罪貴戚憚之兼戶部侍郎判本司事謩奏曰御史臺紀綱之地不宜與泉貨吏雜處乞罷中司專綜戶部公事從之尋以本官同平章事判使如故謝日奏曰臣無夔契之才驟叨夔契之任將何以仰報鴻私今邊戍粗安海內寧息臣愚所切者陛下未立東宮俾正人傅導以存副貳之重因泣下上感而聽之先是累朝人君不欲人言立儲貳若非人主已欲臣下不敢獻言宣宗春秋高嫡嗣未辨謩作相之日率先啓奏人士重之尋兼集賢大學士詹毗國獻象謩以其性不安中土請還

○其使從之太原節度使李業殺降虜北邊大擾業有所恃人不敢非謩即奏其事乃移業滑州加中書侍郎大理卿馬曙從人王慶告曙家藏兵甲曙坐貶官而慶無罪謩引法律論之竟杖殺慶進階銀青光祿大夫兼禮部尚書監修國史修成文宗實錄四十卷上之其修史官給事中盧眈太常少卿蔣偕司勲員外郎王渢右補闕盧告膳部員外郎牛叢皆頒賜錦綵銀器序遷職秩謩轉門下侍郎兼戶部尚書大中十年以本官平章事成都尹劍南西川節度副大使知節度事十一年以疾求代徵拜吏部尚書以疾未痊乞授散秩改檢校右僕射守太子少保十二年十二月卒時年六十六贈司徒謩儀容魁偉言論切直與同列上前言事他宰相必委曲規諷唯謩讜言無所畏避宣宗每曰魏謩綽有祖風名公子孫我心重之然竟以語辭太剛爲令狐綯所忌罷之謩嘗鈔撮子書要言以類相從二十卷號曰魏氏手略有文集十卷子潛滂潛登進士第潛子敎甥後琮爲相潛歷顯官

周墀字德升汝南人祖頎父霈墀長慶二年擢進士第大和末累遷至起居郎墀能爲古文有史才文宗重之補集賢學士轉考功員外郎仍兼起居舍人事開成二年冬以本官知制誥尋召充翰林學士三年遷職方郎中四年十月正拜中書舍人內職如故武宗即位出爲華州刺史鎮國軍潼關防禦等使改鄂州刺史御史中丞鄂岳觀察使會昌六年十一月遷洪州刺史江南西道觀察使大中初檢校禮部尚書滑州刺史義成軍節度鄭滑觀察等使上柱國汝南男食邑三百戶入朝爲兵部侍郎判度支尋以本官同平章事累遷銀青光祿大夫中書侍郎監修國史兼刑部尚書罷相檢校刑部尚書梓州刺史御史大夫劍南東川節度使未行追制改檢校右僕射加食邑五百戶歷方鎮卒

崔龜從字玄告清河人祖璜父誠官微龜從元和十二年擢進士第又登賢良方正制科及書判拔萃二科釋褐拜右拾遺太和二年改太常博士龜從長於禮學精歷代沿革問無不通時饗宗廟於敬宗

室祝板稱皇帝孝弟龜從議曰臣審詳孝字載考禮文義本主於子孫理難施於兄弟按禮記卜虞之文子孫曰哀兄弟曰某然則虞之稱哀與祭之稱孝其義一也於祖禰則理宜稱考於伯仲則止可稱名又東晉溫嶠議宗廟祝辭於孝字非子者則不稱傍親直言敢告當時朝議咸以爲宜今臣上考禮經無兄弟稱孝之義下徵晉史有不稱傍親之文臣謂饗敬宗廟宜去孝弟兩字又以祀九宮壇舊是大祠龜從議曰九宮貴神經典不載天寶中術士奏請遂立祠壇事出一時禮同郊祀臣詳其圖法皆主星名縱司水旱兵荒品秩不過列宿今者五星悉是從祀日月猶在中祠豈容九宮獨越常禮備列王事誠虧百官尊卑乖儀莫甚於此若以嘗在祀典不可廢除臣請降爲中祠制從之龜從又以大臣薨謝不於聞哀日輟朝奏議曰伏以廢朝軫悼義重君臣所貴及哀尤宜示信自頃已來輟朝非奏報之時備禮於數日之外雖遵常制似不本情臣不敢遠徵古書請引國朝故事貞觀中任瓌卒有司對仗奏聞太宗責其乖禮今文本既歿其夕爲罷警嚴張公謹之亡哭之不避辰日是知閔悼之意不宜過時臣謂大臣薨禮合輟朝縱有機務急速便殿須召宰臣不臨正朝無爽事體如此則由衷之信載感於幽明稱情之文無虧於典禮又奏文武三品官薨卒輟朝有未經親重之官今任又是散列者爲之禮變誠恐非宜自今後文武三品以上官非曾任將相及曾在密近宜加恩禮者餘請不在輟朝之限從之累轉考功郎中史館修撰九年轉司勳郎中知制誥十二月正拜中書舍人開成初出爲華州刺史三年三月入爲戶部侍郎判本司事四年權判吏部尚書銓事大中四年爲中書侍郎同平章事兼吏部尚書五年七月撰成續唐曆三十卷上之六年罷相檢校吏部尚書汴州刺史宣武軍節度觀察等使累歷方鎮卒

鄭肅滎陽人祖烈父閔世儒家肅苦心力學元和三年擢進士第又以書判拔萃歷佐使府大和初入朝爲尚書郎六年轉太常少卿肅能爲古文長於經學左丘明三禮儀注疑議博士已下必就肅決之

時魯王永有寵文宗擇名儒爲其府屬用戶部侍郎庾敬休兼王傅戶部郎中李踐方兼司馬以肅本官兼長史由是知名明年魯王爲太子肅加給事中九年改刑部侍郎尋改尚書右丞權判吏部西銓事開成初出爲陝虢都防禦觀察使兼御史大夫二年九月召拜吏部侍郎帝以肅嘗侍太子言論典正復令兼太子賓客爲東宮受經既而太子失寵上不悅有廢斥意肅因召見深陳邦國大本君臣父子之義上改容嘉之而太子竟以楊妃故得罪乃以肅檢校禮部尚書兼河中尹河中節度晉絳觀察等使會昌初武宗思太子永之無罪盡誅陷永之黨朝議稱肅忠正有大臣之節召拜太常卿累遷戶部兵部尚書五年以本官同平章事加中書門下二侍郎監修國史兼尚書右僕射素與李德裕親厚宣宗即位德裕罷知政事肅亦罷相復爲河中節度使以疾辭拜太子太保卒子洎咸通中累官尚書郎出爲刺史洎子仁規仁表俱有俊才文翰高逸仁規累遷拾遺補闕尚書郎湖州刺史尚書郎知制誥正拜中書舍人卒仁表擢第後

從杜審權趙騭爲華州河中掌書記入爲起居郎仁表文章尤稱俊拔然恃才傲物人士薄之自謂門地人物文章具美嘗曰天瑞有五色雲人瑞有鄭仁表劉鄴少時投文於泊仁表兄弟嗤鄙之咸通末鄴爲宰相仁表竟貶死南荒

盧商字爲臣范陽人祖昂澧州刺史父廣河南縣尉商元和四年擢進士第又書判拔萃登科少孤貧力學釋褐秘書省校書郎范傳式廉察宣歙辟爲從事王播段文昌相繼鎮西蜀商皆佐職爲記室累改禮部員外郎入朝爲工部員外郎河南縣令歷工部度支司封三郎中大和九年改京兆少尹權大理卿事開成初出爲蘇州刺史中謝日賜金紫之服初郡人苦鹽法太煩姦吏侵漁商至籍見戶量所要自售無定額蘇人便之歲課增倍宰相領鹽鐵以其績上遷潤州刺史浙西團練觀察使入爲刑部侍郎轉京兆尹三年朝廷用兵上黨飛輓越太行者環地六七鎮以商爲戶部侍郎判度支兼供軍使軍用無闕逆稹盪平加檢校禮部尚書梓州刺史劍南東川節度使

宣宗即位入爲兵部侍郎尋以本官同平章事范陽郡開國公食邑二千戶加兼工部尚書數年檢校工部尚書出爲鄂岳觀察使就加檢校兵部尚書大中十三年以疾求代徵拜戶部尚書其年八月卒于漢陰驛時年七十一子知遠知微知宗僧朗蕘

史臣曰宗閔嗣復承宗室世家之地冑有文學政事之美名徊翔清華出入隆顯茍能義以爲上群而不黨議太平於稷契之列致人主於勛華之盛遺時得位誰曰不然而捨彼鴻猷狎茲鼠輩養虞卿而射利抗德裕以報仇矛盾相攻幾傾王室沒身蠻瘴其利伊何古者廉藺解仇與全國體而激懽釋憾寔亂大倫世道銷刓一至於此崔魏二丞相嘉言啓奏無忝正人撝讓史才肅之禮學商之長者或登三事或踐六卿以道始終夫何不韙

贊曰漢誅鈎黨魏破疽囊何鄧之後二李三楊倫權報怨任國存亡書茲覆轍敢告巖廊

唐書列傳卷第一百二十六

劉昫等修

聞人詮校刻　沈桐同校

崔慎由 父從　從伯父能　弟安潛　慎由子胤　崔珙 兄琯　弟璵　球　璵子澹　澹子遠
盧鈞　裴休 兄儔　弟俅　楊收 兄發　弟嚴　發子注　收子鑒　鉅　鏻　韋保衡
路巖　夏侯孜 子潭　澤　劉瞻　劉瑑　曹確
畢諴　杜審權 子讓能　彥林　弘徽　劉鄴　豆盧瑑

崔慎由字敬止清河武城人高祖融位終國子司業謚曰文自有傳曾祖翹位終禮部尚書東都留守祖異位終渠州刺史父從少孤貧寓居太原與仲兄能同隱山林苦心力學屬歲兵荒至於絕食弟兄採梠拾橡實飲水棲衡而講誦不輟怡然終日不出山巖如是者十年貞元初進士登第釋褐山南西道推官府公嚴震待以殊禮以父憂免喪不應辟命久之西川節度使韋皐開西南夷置兩路運糧使奏從掌西山運務後權知邛州事及皐薨副使劉闢阻命欲并東川以謀告從從以書諭闢闢怒出兵攻之從嬰城拒守卒不從之高崇文平蜀從事坐累多伏法惟從以拒闢免盧坦在宣州辟爲團練觀察副使元和初入朝累遷吏部員外郎九年裴度爲中丞奏從爲侍御史知雜守右司郎中度作相用從自代爲中丞從氣貌孤峻正色立朝彈奏不避權幸事關臺閣或付伏內者必抗章論列請歸有司選辟御史必先質重貞退者改給事中數月出爲陝州大都督府長史陝虢團練觀察使兼御史中丞賜紫金魚袋入爲尚書右丞淄青賊平鎮州王承宗懼上章請割德棣二州自贖又令二子入侍憲宗選使臣宣諭以從中選議者以承宗罪惡貫盈每多姦譎入朝二子必非血胤人頗憂之從次魏州田弘正以路由寇境欲以五百騎援之從辭之以童奴十數騎徑至鎮州於鞠場宣勑三軍大集從諭以逆順辭情慷慨軍士感動承宗泣下禮貌益恭遂按德棣戶口符印而還其年八月出爲興元尹御史大夫山南西道節度觀察等使監軍使知上意欲大用之每爲中貴傳達

意旨欲其賂遺從終不答穆宗即位召拜尚書左丞長慶二年檢校禮部尚書鄜州刺史鄜坊丹延節度等使鄜畤內接畿甸神策軍鎮相望踰禁犯法累政不能制而從撫遇舉奏軍士惕然党項羌有以羊馬來市者必先遺帥守從皆不受撫諭遣之群羌不敢爲盜四年入爲吏部侍郎尋改太常卿寶曆二年檢校吏部尚書充東都留守大和三年入爲戶部尚書李宗閔秉政以從與裴度李德裕厚善惡之改檢校尚書右僕射太子賓客東都分司從請告百日罷官物論咎執政宗閔懼四年三月召拜檢校左僕射兼揚州大都督府長史御史大夫充淮南節度副大使知節度事揚府舊有貨麴之利資產奴婢交易者皆有貫率羊有口筭每歲收利以給用從悉除之舊制官吏祿俸有布帛加估之給節度使獨不在此例從至一例估折給之六年十月卒于鎮贈司空謚曰貞從少以貞晦恭讓自處不交權利忠厚方嚴正人多所推仰階品合立門戟終不之請四爲大鎮家無妓樂士友多之

慎由大和初擢進士第又登賢良方正制科聰敏強記字量端厚有父風釋褐諸侯府大中初入朝爲右拾遺員外郎知制誥正拜舍人召充翰林學士戶部侍郎再歷方鎮入朝爲工部尚書十年以本官同平章事兼集賢殿大學士轉監修國史上柱國加太中大夫兼禮部尚書初慎由與蕭鄴同在翰林情不相洽及慎由作相罷鄴學士俄而鄴自判度支爲平章事恩顧甚隆鄴引劉瑑同知政事十二年二月詔曰太中大夫中書侍郎兼禮部尚書同中書門下平章事監修國史上柱國賜紫金魚袋崔慎由繼美德門承家貴位搢紳倚望禮樂上流挺松筠之貞姿服蘭蓀之懿行自居名器累歷清華禁林才擅於多能綸閣詞推於巨麗物情愈茂延譽甚高再列二卿之崇秉闡六條之化爰加獎任益委重難屢啓嘉謨俄參大柄而周涉寒暑備見器能道已著於始終恩豈殊於中外可檢校禮部尚書梓州刺史兼御史大夫劍南東川節度使咸通初改爲華州刺史潼關防禦鎮國軍等使加檢校司空河中尹河中晉絳節度使入爲吏部尚

書移疾請老拜太子太保分司東都卒子胤弟安潛
安潛字進之大中三年登進士第咸通中累歷清顯出爲許州剌史
忠武軍節度觀察等使乾符中遷成都尹劒南西川節度等使黃巢
之亂從僖宗幸蜀王鐸爲諸道行營都統奏安潛爲副收復兩京以
功累加至檢校侍中龍紀初青州王敬武卒以安潛代敬武于師範
拒命安潛赴鎮至棣州剌史張蟾出州兵攻青州爲師範所敗朝廷
竟授之節鉞安潛還京師累加太子太傅卒贈太師諡曰貞孝子梲
纖梲景福中爲起居郎纖爲右拾遺梲累官至尚書從兄能少勵志
苦學累辟使府元和初爲蜀州剌史六年轉黔中觀察使坐爲南蠻
所攻陷郡邑貶永州剌史穆宗即位弟從居顯列召拜将作監長慶
四年九月出爲廣州剌史御史大夫嶺南節度使卒子彥曾有幹局
大中末歷三郡剌史咸通初累遷太僕卿七年檢校左散騎常侍徐
州剌史御史大夫充武寧軍節度使彥曾通於法律性嚴急以徐軍
驕命彥曾治之長於撫養而短於軍政用親吏尹戡徐行儉當要職

○二人貪猥不恤軍旅士卒怨之先是六年南蠻寇五管陷交阯詔徐
州節度使孟球召募二千人赴援分八百人戍桂州舊三年一代至
是戍卒求代尹戡以軍帑匱乏難以發兵且留舊戍十年其戍卒家
人飛書桂林戍卒怒牙官許佶趙可立王幼誠劉景傳寂張實王弘
立孟敬文姚周等九人殺都頭王仲甫立糧料判官龐勛爲都将群
伍突入監軍院取兵甲乃剽湘潭衡山兩縣虜其丁壯乃擅迴戈沿
江自浙西入淮南界由濁河達泗口其衆千餘人每将過郡縣先令
倡卒弄傀儡以觀人情虞其邀擊既離泗口彥曾令押牙田厚簡慰
喻又令都虞候元密伏兵任山館龐勛遣吏送狀啓訴以軍士思歸
勢不能遏願至府外解甲歸兵便還家彥曾怒誅之勛等擁衆攻宿
州陷之出官帑召募翌日得兵二千人乃虜奪舟船五千餘艘步卒
在船騎軍夾岸鼓譟而進元密發伏邀之爲賊所敗時亡命者歸賊
如市彥曾驅城中丁男城守九年九月十四日賊逼徐州十五日後
每旦大霧不開十六日彥曾並誅逆卒家口十七日昏霧尤甚賊四

面斬關而入龐勛先謁漢高祖廟便入牙城監軍張道謹相見不交
一言乃止大彭館收尹戡徐行儉及判官焦璐李棁崔蘊温廷皓韋
廷乂並殺之翌日賊将趙可立害彥曾龐勛自稱武寧軍節度使慎
由子胤

胤字昌遐乾寧二年登進士第王重榮鎮河中辟爲從事入朝累遷
考功吏部二員外郎轉郎中給事中中書舍人大順中歷兵部吏部
二侍郎尋以本官同平章事時王室多故南北司爭權咸樹朋黨外
結藩帥胤長於陰計巧於附麗外示凝重而心險躁自李茂貞王行
瑜怙亂兵勢不遜杜讓能韋昭度繼遭誅戮而宰臣崔昭緯深結行
瑜以自固而待胤以宗人之分屢加薦用累遷中書侍郎判戶部事
昭宗出幸石門胤與同列徐彥若王摶等從車駕還宮加禮部尚書
並賜號扶危匡國致理功臣三年李茂貞犯京師昭宗幸華州帝
復雪杜讓能韋昭度李谿之枉懲昭緯之前慝罷胤政事檢校兵部
尚書廣州剌史嶺南東道節度等使時朱全忠方霸於關東胤密致

○書全忠求援全忠上疏理胤之功不可離輔弼之地胤已至湖南復
召拜平章事胤既獲汴州之援頗弄威權恨徐彥若王摶發昭緯前
事深排抑之俄出彥若爲南海節度又誣王摶交結勅使同危宗社
令全忠上疏論之光化中貶摶溪州司馬賜死於藍田驛誅中尉宋
道弼景務修自是朝廷權政皆歸於胤兼領三司使務宦官側目不
勝其忿及劉季述幽昭宗於東内以德王監國季述畏全忠之强不
敢殺胤但罷知政事落使務守本官而已胤復致書於全忠請出師
反正故全忠令大将張存敬急攻晉絳河中胤以天子幽囚諸侯觀
釁有神策軍巡使孫德昭者頗怒季述之廢立胤伺知之令判官石
戩與德昭遊伺其深意每酒酣德昭泣下戩知其誠乃與之謀曰今
中外大臣自廢立已來無不含怒至於軍旅亦懷憤惋今謀反者獨
季述仲先耳足下誅此二豎復帝寶位垂名萬代今正其時持疑不
斷則功落他人之手也德昭謝曰予軍吏耳社稷大計不敢自專如
相公委使不敢避也胤乃割衣帶手書以通其意十一月晦德昭伏

兵誅季述昭宗反正胤進位司空復知政事兼領度支鹽鐵三司等
使明年夏朱全忠攻陷河中晉絳進兵至同華中尉韓全誨以胤交
結全忠慮汴軍逼京師請罷知政事落使務其年冬全誨挾帝幸鳳
翔胤怨帝廢黜不肯從遣使告全忠請於岐陽迎駕令太子太師盧
知猷率百官迎全忠入京師初全忠至華州遣掌書記裴鑄入奏鳳
翔言欲以兵士迎駕及入京師又上表曰臣獨兼四鎮迫事兩朝分
數千里之封疆受二十年之恩渥微同物類猶解感知忝齒人倫寧
忘報効臣昨將兵士奔赴闕庭尋過京畿遠迎車駕初因幕吏面奉
德音尋有宰臣頻飛密札或以京都紛擾委制置於中朝或以鑾輅
播遷俾奉迎於近甸臣是以遠離藩鎮不憚疲勞昨奉詔書兼宣口
勅令臣速抽兵士且歸本藩仍遣百官俾赴行在覩綸言於鳳紙若
面丹墀認御札於龍衣如親翠蓋然知從來書詔出自宰臣每降宣
傳皆非聖旨致臣俟將師旅遽入關畿比令迎駕之行翻掛脅君之
過臣今見與茂貞要約釋兩地猜嫌早致萬乘歸京以副八紘懇望
○

其宰臣百官已下非臣輒有阻留伏乞詔赴行朝以備還駕昭宗得
全忠表怒胤尤甚是月二十六日詔曰食君之祿合務於盡忠秉國
之鈞宜思於致理其有疊膺異渥繼執重權遽萌狂悖之心忽構傾
危之計人知不可天固難容扶危定亂致理功臣開府儀同三司守
司空兼門下侍郎同平章事充太清宮使弘文館大學士延資庫使
諸道鹽鐵轉運等使判度支上柱國魏國公食邑五千戶崔胤奕葉
公台蟬聯珪組冠歲名升於甲乙壯年位列於公卿趣向有聞行藏
可尚朕採於群議詢彼輿情有異小康遂登大用殊不知漏卮難滿
小器易盈曾無報國之心但作危邦之計四居極位一無可稱豈有
都城合聚兵甲暗養死士將亂國經聚貔武以保其一坊致刁斗遠
連於右轄始則將京兆府官錢委元規召卒後則用度支使權利令
陳班聚兵事去公朝權歸私室百辟休戚由其顧眄之間四方是非
繫彼指呼之際令狐渙姦纖有素操守無堪用作腹心共張聲勢遂
令濫居深密日在禁闈罔惑朕躬僞行書詔致茲播越職爾之由豈

有權重位崇恩深獎厚曾無惕厲轉恣睢盱顯構外兵將圖不軌朕
以士庶流散兵革繁多遂命宰臣與之商議五降內使一貢表章堅
臥不來拒召如此況又拘留庶吏廢闕晨趨人既奔驚朕須巡幸果
見兵纏輦轂火照宮闈煙塵張天干戈匝野致朕奔迫及於岐陽暨
輦未安鐵騎旋至圍逼行在焚燒屋廬覩此阽危咎將誰執近省全
忠章表兼遣幕吏敷陳言宰臣繼飛密緘促其兵士西上靜詳構扇
孰測苞藏無功及人爲國生事於戲君人之道委之宰衡庶務殷繁
豈能親理盡將機事付爾主張召我何多構亂至此仍存大體不謂
無恩可責授朝散大夫守工部尚書初天復反正之後宦官尤畏胤
事無大小咸稟之每內殿奏對夜則繼之以燭常說昭宗請盡誅內
官但以宮人掌內司事中尉韓全誨張弘彥袁易簡等伺知之於帝
前求哀請命乃詔胤密事進囊封勿更口奏宦官無由知其謀乃求
知書美婦人進內以偵陰事由是胤謀頗洩宦官每相聚流涕愈不
自安故全誨等爲劫幸之謀由胤忌嫉之太過也及全忠攻鳳翔胤
○

寓居華州爲全忠畫圖王之策天復二年全忠自岐下還河中胤迎
謁于渭橋捧卮上壽持板爲全忠唱歌仍自撰歌辭贊其功業三年
李茂貞殺韓全誨等與全忠通和昭宗急詔徵胤赴行在凡四降詔
三賜朱書御札稱病不赴及帝出鳳翔胤乃迎於中路即日降制復
舊官知政事進位司徒兼判六軍諸衛事仍詔移家入左軍賜帳幄
器用十車胤奏京兆尹鄭元規爲六軍副使胤與全忠奏罷左右神
策內諸司等使及諸道監軍副監小使內官三百餘人同日斬之于
內侍省諸道監軍隨處斬首以聞昭宗初幸鳳翔命盧光啓韋貽範
蘇檢等作相及還京胤皆貶斥之又貶陸扆爲沂王傅王溥太子賓
客學士薛貽矩夔州司戶韓偓濮州司戶姚洎景王府咨議應從幸
羣官貶逐者三十餘人唯用裴贄爲相以其孤立易制也內官既盡
屠戮諸使悉罷天子宣傳詔命惟令宮人寵顏等宣事而欺君蠹國
所不忍聞胤所悅者闒茸下輩所惡者正人君子人人悚懼朝不保
夕其年十月全忠子友倫宿衛京師因擊鞠墜馬而卒全忠愛之殺

會鞠者十餘人而疑偁陰謀由是怒偁初天子還宮全忠東歸偁以事權在己慮全忠急於篡代乃與鄭元規謀招致兵甲以扞茂貞爲辭全忠知其意從之偁毀城外木浮圖取銅鐵爲兵仗全忠令汴州軍人入關應募者數百人及友倫死全忠怒遣其子宿衞軍使友諒誅偁而應募者突然而出四年正月初貶太子賓客尋爲汴軍所殺偁傾險樂禍外示寬弘初拜平章事其季父安潛謂所親曰吾父兄刻苦樹立門戶一旦終當爲緇郎所壞果如其言偁累加至侍中封魏國公初朱全忠雖竊有河南方鎮憚河朔河東未萌問鼎之志及得偁爲鄉導乃電擊潼關始謀移國自古與盜合從覆亡宗社無如偁之甚也子有鄰

崔珙傳陵安平人祖懿父頲貞元初進士登第元和初累官至少府監四年出爲同州刺史卒頲有子八人皆至達官時人比漢之荀氏號曰八龍長曰琯貞元十八年進士擢第又制策登科釋褐諸侯府入朝爲尚書郎大和初累遷給事中宣慰幽州稱旨俄而興元兵亂

殺李絳命琯平亂寬中三軍寂然從命使還改工部侍郎四年冬拜京兆尹五年四月改尚書右丞六年十二月出爲江陵尹御史大夫荊南節度使八年入爲兵部侍郎轉吏部權判左丞事開成二年眞拜左丞時弟珙爲京兆尹兄弟並居顯列以本官權判兵部西銓吏部東銓事三年檢校戶部尚書判東都尚書省事東都留守東畿汝都防禦等使會昌中遷銀青光祿大夫檢校吏部尚書興元尹充山南西道節度使以弟珙罷相貶官琯以罷鎮歸東都五年卒詔曰孔氏以顏冉之行首於四科漢代以荀陳之門方之八凱乃睠時哲得茲令名用舉飾終之恩以抒纖良之歎故山南西道節度使崔琯誠明履正粹密鄰幾有子政之精忠得公綽之不欲禮樂二事以爲身文仁義五常自成家範往以茂器列于大寮實賢相受誣廟堂議法由長孺之道以估正人微京兆之言豈聞非罪旣是魏其之直益彰王鳳之邪壯色于朝群公聳視讜詞不撓淑問攸歸歷踐名藩皆留遺愛居常愼獨淸則畏知爰自靑衿迄于白首厲冀之志始終不渝未陟台階實著公論追榮左相式示優崇可贈尚書左僕射

珙琯之母弟也以書判拔萃高等累佐使府性威重尤精吏術大和初累官泗州刺史入爲太府卿七年正月拜廣州刺史嶺南節度使延英中謝帝問以撫理南海之宜珙奏對明辯帝深嘉之時高瑀鎮徐州承智興之後軍驕難制軍士數犯法上欲擇威望之帥以臨之久難其才會珙言事慷慨謂宰臣曰崔珙言事神氣精爽比可以臨徐人耶以王茂元代珙鎮廣南授珙兼檢校工部尚書徐州刺史兼御史大夫充武寧軍節度徐泗濠觀察使開成初就加檢校兵部尚書二年檢校吏部尚書右金吾大將軍充街使六月遷京兆尹是歲京畿旱珙奏滻水入內者十分量減九分賜貧民溉田從之三年正月盜發親仁里欲殺宰相李石其賊出於禁軍珙坐捕盜不獲罰俸料會昌初李德裕用事與珙親厚累遷戶部侍郎充諸道鹽鐵轉運等使尋以本官同中書門下平章事累兼刑部尚書門下侍郎進階銀青光祿大夫兼尚書左僕射素與崔鉉不叶及李讓夷引鉉輔政

代珙領使務乃掎摭珙領使日妄破宋滑院鹽鐵錢九十萬貫又言珙嘗保護劉從諫坐貶澧州刺史再貶恩州司馬宣宗即位以赦召還爲太子賓客出爲鳳翔節度使三年崔鉉復知政事珙辭疾請罷制曰將相大臣與國同體誠欲自便豈宜不從苟非其時涉于避事前鳳翔隴州節度觀察處置等使光祿大夫檢校尚書右僕射兼鳳翔尹御史大夫上柱國安平郡開國公食邑二千戶崔珙早以器能周歷顯重行己每稱其友悌在公亦竭其精忠自負讜前朝遠移南徼及我嗣守頗聞嘉名由是剖竹近關揚於右輔爲國垣翰適資謀猷近者大戎輸誠歸我故地下議納款且籌開疆宜其率先啓行副此寵待忽覽退閑之請頗乖毗倚之誠陳力之方豈無其道匪躬之故或異於是以其故老特爲優容俾居靑宮之輔仍從分洛之命君臣禮分予無愧焉可太子少師分司東都未幾卒子涓大中四年進士擢第珙弟瓚璪璵球珦

瓚以書判拔萃開成中累遷至刑部郎中會昌中歷三郡刺史位終

方鎮璪開成初爲吏部郎中轉給事中會昌初出爲陝虢觀察使遷河南尹入爲御史中丞轉吏部侍郎大中初改兵部侍郎充諸道鹽鐵轉運使崔鉉再輔政罷璪使務檢校兵部尚書兼河中尹御史大夫充河中晉絳慈隰等州節度觀察使七年入爲左丞再遷刑部尚書子滔大中初登進士第

瑱字朗士長慶初進士擢第又制策登科開成末累遷至禮部員外郎會昌初以考功郎中知制誥拜中書舍人大中五年遷禮部侍郎六年選士時謂得才七年權知戶部侍郎進封博陵子食邑五百戶轉兵部侍郎子澹

澹大中十三年登進士第累遷禮部員外郎位終吏部侍郎澹子遠

遠龍紀元年進士登第大順初以員外郎知制誥召充翰林學士正拜中書舍人乾寧三年轉戶部侍郎博陵縣男食邑三伯戶轉兵部侍郎承旨尋以本官同平章事遷中書侍郎兼吏部尚書天祐初從昭宗東遷洛陽罷相守右僕射二年爲柳璨希朱全忠旨累貶白州

長史行至滑州被害於白馬驛遠文才清麗風神峻整人皆慕其爲人當時目爲釘座梨言席上之珍也

球字叔休寶曆二年登進士第會昌中爲鳳翔節度判官入朝爲尚書郎子濆

濆大中末亦進士登第崔氏咸通乾符間昆仲子弟紆組拖紳歷臺閣踐藩嶽者二十餘人大中已來盛族時推甲等

盧鈞字子和本范陽人祖炅父繼鈞元和四年進士擢第又書判拔萃調補校書郎累佐諸侯府大和五年遷左補闕與同職理宋申錫之枉由是知名歷尚書郎出爲常州刺史九年拜給事中開成元年出爲華州刺史潼關防禦鎮國軍等使其年冬代李從易爲廣州刺史御史大夫嶺南節度使南海有蠻舶之利珍貨輻湊舊帥作法興利以致富凡爲南海者靡不梱載而還鈞性仁恕爲政廉潔請監軍領市舶使已一不干預自貞元已來衣冠得罪流放嶺表者因而物故子孫貧悴雖遇赦不能自還凡在封境者鈞減俸錢爲營槥櫝其家疾病死喪則爲之醫藥殯殮孤兒稚女爲之婚嫁凡數百家由是山越之俗服其德義令不嚴而人化三年將代華蠻數千人詣闕請立生祠銘功頌德先是土人與蠻獠雜居婚娶相通吏或撓之相誘爲亂鈞至立法俾華蠻異處婚娶不通蠻人不得立田宅由是徼外肅清而不相犯會昌初遷襄州刺史山南東道節度使四年誅劉稹以鈞檢校兵部尚書兼潞州大都督府長史昭義節度澤潞邢洺磁觀察等使是冬詔鈞出潞軍五千戍代北鈞升城門餞送其家設幄觀之潞卒素驕因與家人訣別乘醉倒戈攻城門監軍以州兵拒之至晚撫勞方定詔鈞入朝拜戶部侍郎判度支遷戶部尚書大中初檢校尚書右僕射汴州刺史御史大夫宣武軍節度宋亳汴潁觀察等使就加檢校司空四年入爲太子少師進位上柱國范陽郡開國公食邑二千戶六年復檢校司空太原尹北都留守河東節度使九年詔曰河東軍節度使盧鈞長才博達敏識宏深藹山河之靈抱瑚璉之器多能不懽用晦而彰由嶺表而至太原五換節鉞仁聲載路公論彌高藩垣之和氣不衰臺閣之清風常在宜升揆路以表群寮

可尚書左僕射鈞踐歷中外事功益茂後輩子弟多至台司至是急徵謂當輔弼雖居端揆心殊失望常移病不視事與親舊遊城南別墅或累日一歸宰臣令狐綯惡之乃罷僕射仍加檢校司空守太子太師物議以鈞長者罪綯弄權綯懼十一年九月以鈞檢校司徒同中書門下平章事興元尹充山南西道節度使入爲太子太師卒

裴休字公美河內濟源人也祖宣父肅肅貞元中自常州刺史兼御史中丞越州刺史浙東團練觀察等使時山賊栗鍠誘山越爲亂陷浙東郡縣肅召州兵討平之因紀其事號平戎記上之德宗嘉賞肅生三子儔休俅皆登進士第休志操堅正童齓時兄弟同學于濟源別墅休經年不出墅門晝講經籍夜課詩賦虞人有以鹿贄儔者儔俅烹之召休食休曰我等窮生菜食不充今日食肉翌日何繼無宜改饌獨不食長慶中從鄉賦登第又應賢良方正升甲科大和初歷諸藩辟召入爲監察御史右補闕史館修撰會昌中自尚書郎歷典數郡大中初累官戶部侍郎充諸道鹽鐵轉運使轉兵部侍郎兼御

史大夫領使如故六年八月以本官同平章事判使如故自大和巳
來重臣領使者歲漕江淮米不過四十萬石能至渭河倉者十不三
四漕吏狡蠹敗溺百端官舟沉溺者歲七十餘隻緣河姦吏大紊劉
晏之法洎休領使分命僚佐深按其弊因是所過地里悉令縣令兼
董漕事能者奬之自江津達渭口以四十萬之傭歲計緡錢二十八
萬貫悉使歸諸漕吏巡院無得侵牟舉新法凡十條奏行之又立稅
茶法十二條奏行之物議是之初休典使三歲漕米至渭河倉者一
百二十萬斛更無沉舟之弊累轉中書侍郎兼禮部尚書休在相位
五年十年罷相檢校戶部尚書汴州刺史御史大夫充宣武軍節度使
其年冬進階金紫光祿大夫上柱國河東縣子食邑五百戶守太子
少保分司東都十一年冬檢校戶部尚書潞州大都督府長史御史
大夫充昭義節度潞磁邢洺觀察使十三年十月加檢校吏部尚書
太原尹北都留守河東節度觀察等使十四年八月以本官兼鳳翔
尹充鳳翔隴州節度使咸通初入為戶部尚書累遷吏部尚書太子

少師卒休性寬惠為官不尚皦察而吏民畏服善為文長於書翰自
成筆法家世奉佛休尤深於釋典太原鳳翔近名山多僧寺視事之
隙遊踐山林與義學僧講求佛理中年後不食葷血常齋戒屏嗜慾
香爐貝典不離齋中詠歌贊唄以為法樂與尚書紇干臮皆以法號
相字時人重其高潔而鄙其太過多以詞語嘲之休不以為忤休字
冠識亦登進士第休子弦

楊收字藏之同州馮翊人自言隋越公素之後高祖悟虛應賢良制
科擢第位終朔州司馬曾祖幼烈位終寧州司馬祖藏器邠州三水
丞父遺直位終濠州錄事參軍家世為儒遺直客於蘇州講學為事
因家于吳遺直生四子發假收嚴

發字至之大和四年登進士第又以書判拔萃釋褐校書郎湖南觀
察推官再辟西蜀從事入朝為監察轉侍御史累遷至禮部郎中大
中三年改左司郎中宣宗追尊順宗憲宗等尊號禮院奏廟中神主
已題舊號請改造及重題詔禮官議發與都官郎中盧搏獻議曰臣
等伏尋禮典累主升祔之後在禮無改造之文亦無重加尊謚改題
神主之例求之曠古竟無其文周加太王王季文王之謚但以德合
王周遂加主號未聞改謚易主且文物大備禮法可稱最在兩漢並
無其事光武中興都洛陽遣大司馬鄧禹入關奉高祖已下十一帝
后神主祔洛陽宗廟蓋神主不合新造故也自魏晉迄於周隋雖代
有放恣之君亦有知禮講學之士不聞加謚追尊改主重題書之史
策可以覆視今議者唯引東晉重造鄭太后神主事為證伏以鄭太
后本瑯琊王妃薨後已祔瑯琊邸廟其後毋以子貴將升祔太廟賀
循請重造新主改題皇后之號備禮告祔當時用之伏以諸侯廟主
與天子廟主長短不同若以王妃八寸之主上配至極禮似不同時
謟神貪君之私用此謬禮改造神主比量晉事又絕非宜且宣懿非
穆宗之后實武宗之毋毋以子之貴已祔別廟正為得禮饗薦無虧
今若從祀至尊題主稱為太后因臣因子正得其宜今乃別造新主
題去太字即是穆宗上僊之後臣下追致作嬪之禮瀆亂正經實驚

有識臣當時並列朝行實知謬戾以漢律擅論宗廟者以大不敬論
又其時無詔下議遂默塞不敢出言今又欲重用東晉謬禮褻黷聖
朝大典猥蒙下問敢不盡言臣謹按國朝前例甚有明文武德元年
五月備法駕於長安通義里舊廟奉迎宣簡公懿王景皇帝神主升
祔太廟既言於舊廟奉迎足明必奉舊主其加謚追尊之禮自古本
無其事自則天太后攝政之後累有之自此之後數用其禮歷檢國
史並無改造重題之文若故事有之無不書於簡冊臣等愚見宜但
告新謚于廟而止其改造重題之文開元初太常卿韋縚以高宗廟
題武后神主云天后聖帝武氏縚奏請削去天后聖帝之號別題云
則天順聖皇后武氏詔從之即不知其時削舊題耶重造主耶亦不
知用何代典禮禮之疑者決在宸衷以臣所見但以新謚寶冊告陵
廟正得其宜改造重題恐乖禮意時宰相覆奏就神主改題而知禮
者非之以發議為是改授太常少卿出為蘇州刺史蘇發之鄉里也
恭長慈幼人士稱之遷改福州刺史福建觀察使甌閩之人美其能

政耆老以善績聞朝廷以發長於邊事移授廣州刺史嶺南節度使
屬前政不率蠻夏咸怨發以嚴為理軍亂為軍人所囚致於鄭舍坐
貶婺州刺史卒于治所子乘亦登進士第有俊才尤能為歌詩歷顯
職
假字仁之進士擢第故相鄭覃刺華州署為從事從覃鎮京口得大
理評事入為監察轉侍御史由司封郎中知雜事轉太常少卿出為
常州刺史卒官初遺直娶元氏生發假繼室長孫氏生收嚴收長六
尺二寸廣顙深頤踈眉秀目寡言笑方於事上傳聞强記初家寄涔
陽甚貧收七歲喪父居喪有如成人而長孫夫人知書親自教授十
三略通諸經義善於文詠吳人呼為神童兄發戲令詠蛙即曰兔邊
分玉樹龍底耀銅儀會當同鼓吹不復問官私又令詠筆仍賦鑽字
即曰雖匪囊中物何堅不可鑽一朝操政事定使冠三端每良辰美
景吳人造門觀神童請為詩什觀者壓敗其藩收嘲曰爾幸無羸角
何用觸吾藩若是升堂者還應自得門收以母奉佛幼不食肉母亦

唐傳一百二十七　十三

○勗之曰侯爾登進士第可肉食也收以仲兄假未登第久之不從鄉
賦開成末假擢第是冬收之長安明年一舉登第年纔二十六時發
為潤州從事因家金陵收得第東歸路由淮右故相司徒杜悰鎮揚
州延收署節度推官奏授校書郎悰領度支以收為巡官悰罷相鎮
東蜀奏授掌書記得協律郎悰移鎮西川復管記室宰相馬植奏授
渭南尉充集賢校理改監察御史收辭曰僕兄弟進退以義頃仲兄
假鄉賦未第收不出衡門今假從事侯府僕不忍先為御史相公必
欲振恤孤生俟僕稟兄言命可也馬公嘉之收即密達意於西蜀杜
公願復為參佐悰即表為節度判官馬公乃以收弟嚴為渭南尉集
賢校理代收之任周墀罷相鎮東蜀表嚴為掌書記墀至鎮而卒悰
乃辟嚴為觀察判官兄弟同幕為兩使判官時人榮之俄而假自浙
西觀察判官入為監察御史收亦自西川入為監察兄弟並居憲府
特為新例裴休作相以收深於禮學用為太常博士時收弟嚴亦自
揚州從事入為監察尋丁母喪歸蘇州既除崔珙罷相鎮淮南以收

為觀察支使入為侍御史改職方員外郎分司東都宰相夏侯孜領
度支用收為判官罷職改司勳員外郎長安令秩滿改吏部員外郎
上言先人未葬旅殯毗陵擬遷卜於河南之偃師請兄弟自往從之
及葬東周會葬者千人時故府杜悰夏侯孜皆在洛二公聯薦收於
執政宰相令狐綯用收為翰林學士以庫部郎中知制誥正拜中書
舍人賜金紫轉兵部侍郎學士承旨左軍中尉楊玄价以收宗姓深
左右之乃加銀青光祿大夫中書侍郎同平章事累遷門下侍郎刑
部尚書收以交阯未復南蠻擾亂請治軍江西以壯出嶺之師乃於
洪州置鎮南軍屯兵積粟以餉南海天子嘉之進位尚書右僕射太
清太微宮使弘文館大學士晉陽縣男食邑三百戶收居位稍務華
靡頗為名輩所譏而門吏僮奴倚為姦利時楊玄价弟兄掌機務招
來方鎮之賂屢有請託收不能盡從玄价以為背己由是傾之八年
十月罷知政事檢校工部尚書出為宣歙觀察使韋保衡作相又發
收陰事言前用嚴譔為江西節度納賂百萬明年八月貶為端州司

唐傳一百二十七　十四

○馬尋盡削官封長流驩州又令內養郭全穆齎詔賜死九年三月十
五日全穆追及之宣詔訖收謂全穆曰收為宰相無狀得死為幸心
所悲者弟兄淪喪將盡只有弟嚴一人以奉先人之祀子欲昧死上
塵天聽可容一刻之命以俟秉筆乎全穆許之收自書曰臣昧亂下
才謬當委任心乖報國罪積彌天特舉朝章賜之顯戮臣誠悲誠感
頓首死罪臣出自寒門旁無勢援幸逢休運累污清資聖獎曲流遂
叨重任上不能罄輸臣節以答寵光下不能迴避禍胎以延侯乂苟
利尸素頻歷歲時果至聖朝難寬大典誠知一死未塞深愆固不合
特梟壤之詞上塵天聽伏乞陛下哀臣愚惷稍緩雷霆臣頃蒙擢在
台衡不敢令弟嚴守官闕下旋蒙聖造令刺浙東所有罪愆是臣自
負伏乞聖慈貸嚴微命臣血屬皆幼更無近親只有弟嚴才力尪悴
家族所恃在嚴一人俾存殁曲全在陛下弘覆臣無任魂魄望恩之
至全穆復奏懿宗愍然宥嚴判官朱侃常滌閻均族人楊公慶嚴季
寔楊全益何師玄李孟勲馬全祐李羽王彥復等皆配流嶺表收子

鑒鉅鏻皆登進士第鉅乾寧初以尚書郎知制誥召充翰林學士拜
中書舍人戶部侍郎封晉陽男食邑三百戶從昭宗東遷為左散騎
常侍卒鏻登第後補集賢校理藍田尉乾寧中累遷尚書郎
嚴字凜之會昌四年進士擢第是歲僕射王起典貢部選士三十人
嚴與楊知至竇緘源重鄭朴五人試文合格物議以子弟非之起覆
奏武宗勅曰楊嚴一人可及第餘四人落下嚴釋褐諸侯府咸通中
累遷吏部員外轉郎中拜給事中工部侍郎尋以本官充翰林學士
兄收作相封章請外職拜越州刺史御史中丞浙東團練觀察使收
罷相貶官嚴坐貶邵州刺史收得雪嚴量移吉王傅乾符四年累遷
兵部侍郎五年判度支其年病卒二子涉涯涉乾符二年登進士第
昭宗朝累遷吏部郎中禮刑二侍郎乾符四年改吏部侍郎天祐初
轉左丞從昭宗遷洛陽改吏部尚書輝王即位本官平章事加中書
侍郎涉性端厚秉禮乾寧之後賊臣竊發王室寖微及天祐東遷大
事去矣涉為時所嬰不能自退及命相之日與家人相向灑泣曰吾

唐傳一百二十七　十五

不能脫此網羅禍將至矣謂其子凝式曰今日之命吾家重不幸矣
必累爾等涉謙退善處竟以令終涯中和二年進士登第昭宗朝累
官考功員外刑部郎中尋知制誥正拜中書舍人召充翰林學士累
遷戶部侍郎輝王纘曆兄涉為宰相涯避嫌辭內職守戶部侍郎
韋保衡者字蘊用京兆人祖元貞父慤皆進士登第慤字端士大和
初登第後累佐使府入朝亟歷臺閣大中四年拜禮部侍郎五年遷
士頗得名人載領方鎮節度卒保衡咸通五年登進士第累拜起居
郎十年正月尚懿宗女同昌公主公主郭淑妃所生妃有寵出降之
日傾宮中珍玩以為贈送之資尋以保衡為翰林學士轉郎中正拜
中書舍人兵部侍郎承旨不朞年以本官平章事保衡恃恩權素所
不悅者必加排斥王鐸貢舉之師蕭遘同門生以素薄其為人皆擯
斥之以楊收路巖在中書不加禮接媒孽逐之自起居郎至宰相二
年之間階至特進扶風縣開國侯食邑二千戶集賢殿大學士十一
年八月公主薨自後恩禮漸薄咸通末進徐盜起素所惡者發其陰

事保衡竟得罪賜死弟保乂進士登第尚書郎知制誥召充翰林學
士歷禮戶兵三侍郎學士承旨坐保衡免官○路巖者字魯瞻陽平
冠氏人也祖季登大曆六年登進士第累辟諸侯府升朝為尚書郎
遷左諫議大夫卒生三子群庠單皆登進士第群字正夫既擢進士
又書判拔萃累佐使府入朝為監察御史穆宗初即位遣使西北邊
犒宴軍士稱旨累加兵部郎中大和二年遷諫議大夫以本官充侍
講學士四年罷侍講為翰林學士五年正拜中書舍人學士如故群
精經學善屬文性仁孝志行貞潔父母歿後終身不茹葷血歷踐臺
閣受時君異寵未嘗以勢位自矜與士友結交榮達如一八年正月
病卒君子惜之二子嶽巖大中中相次進士登第巖幼聰敏過人父
友踐方鎮書幣交辟久之方就數年之間出入禁署累遷中書舍人
戶部侍郎咸通三年以本官同平章事年始三十六在相位八年累
兼左僕射懿宗時王政多僻宰臣用事巖既承委遇稍務奢靡頗通
賂遺及韋保衡尚公主素惡巖為人保衡作相罷巖知政事以檢校

唐傳一百二十七　十六

左僕射出為成都尹劍南西川節度使未幾改荊南節度詔令六月
下峽赴鎮尋復罷之嶽歷兩郡刺史入為給事中子德延
夏侯孜字好學本譙人父審封孜寶曆二年登進士第釋褐諸侯府
累遷婺絳二郡刺史入為諫議大夫轉給事中十年改刑部侍郎十
一年兼御史中丞遷尚書右丞上柱國賜紫金魚袋十一年二月遷
朝議大夫守戶部侍郎判戶部事再加兵部侍郎充諸道鹽鐵轉運
等使懿宗即位以本官同平章事領使如故累加左僕射門下侍郎
封譙郡侯與路巖楊收同輔政咸通八年罷相檢校司空同平章事
兼成都尹充劍南西川節度使屬南蠻入寇蜀中飢饉軍儲不備蠻
陷嶲州蜀川大擾尋移孜為河中尹檢校司徒河中晉絳節度使九
年龐勛據徐州南蠻深入天子懲孜治蜀無政詔曰河中晉絳磁隰
節度使開府儀同三司檢校司徒同中書門下平章事河中尹上柱
國譙郡開國公食邑二千戶夏侯孜早以文詞遂登科第累更清貫
亦有能名東陽推撫俗之能故絳著臨人之稱其後用司風憲寵領

藩條皆以公才不辜時選洎掌于經費備歷重難居然要會之權頗得均平之道録其績効擢處鈞衡造膝之時亦聞其筭晝沃心之際備見其謀猷於是念彼邊隅控臨巴蜀籍其才術再靜蠻陬翻致帑庫空虛軍資窘竭宄流閩境冦逼連甍雖易帥已來頻移星琯而無備之後歲有干戈昨者徼障初安瘡痍復聚斂尋事實果驗根由既乖經濟之源益昧君臣之義出於物論非獨予懷是議難處近藩爰更散秩可太子少保分司東都未幾卒子潭澤皆登進士第潭累官至禮部侍郎中和三年選士多至卿相子坦

劉瞻字幾之彭城人祖升父景瞻太中初進士擢第四年又登博學宏詞科歷佐使府咸通初升朝累遷太常博士劉瑑作相以宗人遇之薦爲翰林學士轉員外郎中正拜中書舍人戶部侍郎承旨出爲太原尹河東節度使入拜京兆尹復爲戶部侍郎翰林學士十年以本官同平章事加中書侍郎兼刑部尚書集賢殿大學士十一年八月同昌公主薨懿宗尤嗟惜之以翰林醫官韓宗召康仲殷等用藥

無効收之下獄兩家宗族枝蔓盡捕三百餘人狴牢皆滿瞻召諫官令上疏無敢極言瞻自上疏曰臣聞修短之期人之定分賢愚共一今古攸同喬松蕣花稟氣各異至如籛鏗壽考不因有智而延齡顏子早亡不爲不賢而促壽此皆含靈稟氣修短自然之理也一昨同昌公主久嬰危疾深軫聖慈醫藥無徵幽明遽隔陛下過鍾宸愛痛切追思爰責醫工令從嚴憲然韓宗召等因緣藝術備荷寵榮想於診候之時無不盡其方術亦欲病如沃雪藥暫通神其奈禍福難移竟成差跌原其情狀亦可哀矜而差悞之愆死未塞責自陛下雷霆一怒朝野震驚囚九族於狴牢因兩人之藥悞老幼械繫三百餘人咸云宗召荷恩之日寸祿不霑進藥之時又不同議此乃禍從天降罪匪巳爲物議沸騰道路嗟嘆陛下以寬仁厚德御宇十年四海萬邦咸歌聖政何事遽移前志頓易初心以達理知命之君涉肆暴不明之謗且殉宮女而違道囚平人而結冤此皆陛下安不思危忿不顧難者也陛下信崇釋典留意生天大要不過喜捨慈悲方便布施

不生惡念所謂福田則業累盡消往生忉利比居濁惡未可同年伏望陛下盡釋繫囚易怒爲喜虔奉空王之教以資愛主之靈中外臣寮同深懇激帝閱疏大怒即日罷瞻相位檢校刑部尚書同平章事江陵尹充荊南節度等使再貶康州刺史量移虢州刺史入朝爲太子賓客分司翰林學士戶部侍郎鄭畋右諫議大夫高湘比部郎中知制誥楊知至禮部郎中魏簹兵部員外張顔刑部員外崔彥融御史中丞孫瑝等皆坐瞻親善貶逐京兆尹温璋仰藥而卒

劉瑑者彭城人祖璠父煟瑑開成初進士擢第會昌末累遷尚書郎知制誥正拜中書舍人大中初轉刑部侍郎瑑精於法律選大中巳前二百四十四年制勅可行用者二千八百六十五條分爲六百四十六門議其輕重別成一家法書號大中統類奏行用之出爲河南尹遷檢校工部尚書汴州刺史宣武軍節度使十一年五月加檢校禮部尚書太原尹北都留守河東節度觀察等使其年十二月入朝拜戶部侍郎判度支尋以本官同平章事領使如故十二年累加集

賢殿大學士罷相又歷方鎮卒第項亦登進士第

曹確字剛中河南人父景伯貞元十九年進士擢第又登制科確開成二年登進士第歷聘藩府入朝爲侍御史以工部員外郎知制誥轉郎中入内署爲學士正拜中書舍人賜金紫權知河南尹事入爲兵部侍郎咸通五年以本官同平章事加中書侍郎監修國史確精儒術器識謹重動循法度懿宗以伶官李可及爲威衛將軍確執奏曰臣覽貞觀故事太宗初定官品令文武官共六百四十三員顧謂房玄齡曰朕設此官員以待賢士工商雜色之流假令術踰儕類止可厚給財物必不可超授官秩與朝賢君子比肩而立同坐而食大和中文宗欲以樂官尉遲璋爲王府率拾遺竇洵直極諫乃改授光州長史伏乞以兩朝故事別授可及之官帝不之聽可及善音律尤能轉喉爲新聲音辭曲折聽者忘倦京師屠沽效之呼爲拍彈同昌公主除喪後帝與淑妃思念不已可及乃爲歎百年舞曲舞人珠翠盛飾者數百人畫魚龍地衣用官絁五千匹曲終樂闋珠璣覆地詞

語悽惻聞者涕流帝故寵之嘗於安國寺作菩薩蠻舞如佛降生帝益憐之可及嘗爲子娶婦帝賜酒二銀樽啓之非酒乃金翠也人無敢非之者唯確與中尉西門季玄屢論之帝猶顧待不衰僖宗即位崔彥昭奏逐之死於嶺表確累加右僕射判度支事在相位六年九年罷相檢校司徒平章事潤州刺史鎮海軍節度觀察等使以出師扞龐勛功就加太子太師弟汾亦進士登第累官尚書郎知制誥正拜中書舍人出爲河南尹遷檢校工部尚書許州刺史忠武軍節度觀察等使入爲戶部侍郎判度支弟兄並列將相之任人士榮之確與畢諴俱以儒術進用及居相位廉儉貞苦君子多之稱爲曹畢

畢諴者字存之鄆州須昌人也伯祖構高宗時吏部尚書構弟栩鄆王府司馬生凄凄爲汾州長史生勻爲協律郎勻生諴少孤貧燃薪讀書刻苦自勵既立博通經史尤能歌詩端慤好古交遊不雜大和中進士擢第又以書判拔萃尚書杜悰鎮許昌辟爲從事悰領度支諴爲巡官悰鎮揚州又從之悰入相諴爲監察轉侍御史武宗朝宰

相李德裕專政出悰爲東蜀節度悰之故吏莫敢餞送問訊唯諴無所顧慮問遺不絕德裕怒出諴爲磁州刺史宣宗即位德裕得罪凡被譴者皆徵還諴入爲戶部員外郎分司東都歷駕部員外郎倉部郎中故事勢門子弟鄙倉駕二曹居之者不悅唯諴受命恬然恭遜口無異言執政多之改職方郎中兼侍御史知雜尋年召爲翰林學士中書舍人遷刑部侍郎自大中末党項羌叛屢擾河西懿宗召學士對邊事諴即援引古今論列破羌之狀上悅曰吾方擇能帥安集河西不期頗牧在吾禁署卿爲朕行乎諴忻然從命即用諴爲邠寧節度河西供軍安撫等使諴至軍遣使告喻叛徒諸羌率化又以邊境禦戎以兵多積穀爲上策乃召募軍士開置屯田歲收穀三十萬石省度支錢數百萬詔書嘉之就加檢校工部尚書移鎮澤潞充昭義節度使二年改太原尹北都留守河東節度使太原近胡九姓爲亂諴明賞罰謹斥候朞年諸部革心就加檢校尚書左僕射移授汴州刺史充宣武軍節度宋亳汴觀察等使其年入爲戶部尚書領度支月餘改禮部尚書同平章事累遷中書侍郎兵部尚書集賢大學士在相位三年十月以疾固辭位詔守兵部尚書以其本官同平章事出鎮河中十二月二十三日卒于鎮時年六十二諴謹重長於文學尤精吏術在相位以同官任情不法固辭而免君子美之子紹顏知顏登進士第累歷顯官

杜審權字殷衡京兆人也國初萊成公如晦六代孫祖佐位終大理正佐生二子元穎元絳元穎穆宗朝宰相絳位終太子賓客絳生二子審權蔚並登進士第審權釋褐江西觀察判官又以書判拔萃拜右拾遺轉左補闕大中初遷司勳員外郎轉郎中知雜又以本官知制誥正拜中書舍人十年權知禮部貢舉十一年選士三十人後多至達官正拜禮部侍郎其年冬出爲陝州大都督府長史陝虢都團練觀察使加檢校戶部尚書河中尹河中晉絳節度使懿宗即位召拜吏部尚書三年以本官同平章事累加門下侍郎右僕射九年罷相檢校司空兼潤州刺史鎮海軍節度使蘇杭常等州觀察使時徐

州戍將龐勛自桂州擅還據徐泗大擾淮南審權與淮南節度使令狐綯判南節度使崔鉉奉詔出師犄角討賊而浙西饋運不絕繼破徐戎賊平召拜尚書左僕射十一年制曰開府儀同三司檢校司空守尚書左僕射上柱國襄陽郡開國公食邑二千戶杜審權韻合黃鍾行真白璧沖粹孕靈嶽之秀精明涵列宿之光塵外孤標雲間獨步踐歷華貫餘二十年鑒裁名流凡幾百輩清切之任無不試重難之務無不經靜而立名嚴以肅物絕分毫徇巳之意秉尺寸度量之懷貞方飾躬溫茂繕性儉不偪下畏以居高語默適時喜慍莫見頃罷機務鎮于金陵值淮夷猖狂干戈悖起累發猛士挫彼賊鋒屢備糇糧助茲軍食深惟將相之大體頗覩文武之全才王導以蕭灑之名不忘戎事謝安以恬淡之德亦在兵間及駟馬來朝擢居端揆嚴重自處恬曠不渝虞芮之故都前蹤尚邇郇瑕之舊地往事依然兼以股肱之良爲吾腹心之寄改佩相印更握兵符仍五教之崇名極一時之盛禮可檢校司徒同平章事河中尹充河中晉絳節度觀察

等使數年以本官兼許州刺史忠武軍節度觀察等使入爲太子太傅分司東都卒贈太師謚曰德三子讓能彥林弘徽讓能咸通十四年登進士第釋褐咸陽尉宰相王鐸鎮汴奏爲推官入爲長安尉集賢校理丁母憂以孝聞服闋淮南節度使劉鄴辟掌記室得殿中賜緋入爲監察牛蔚鎮興元奏爲節度判官入爲右補闕歷侍御史起居郎禮部兵部員外郎蕭遘領度支以本官判度支案黃巢犯京師奔赴行在拜禮部郎中史館修撰尋以本官知制誥正拜中書舍人謝日面賜金紫之服尋召充翰林學士六飛在蜀關東用兵徵發招懷書詔雲委讓能詞才敏速筆無點竄動中事機僖宗嘉之累遷戶部侍郎從駕還京加禮部尚書進階銀青光祿大夫封建平縣開國子食邑五伯戶轉兵部尚書學士承旨沙陀逼京師僖宗蒼黃出幸是夜讓能宿直禁中聞難作步出從駕出城十餘里得遺馬一匹無韁勒以紳束首而乘之駕在鳳翔朱玫兵遽至僖宗急幸寶雞近臣唯讓能獨從翌日孔緯等六七人至邠師攻關帝幸梁漢棧道爲石

協所毀崎嶇險阻之間不離左右帝顧謂之曰朕之失道再致播遷險難之中卿常在側古所謂忠于所事卿無負矣讓能謝曰臣家世歷重任蒙國厚恩陛下不以臣愚權居近侍臨難苟免臣之恥也獲扞牧圉臣之幸也至褒中加金紫光祿大夫改兵部侍郎同平章事時朱玫立襄王稱制天下牧伯附之者十六七貢賦追絕朝士纔十數人行朝無寸金衛兵不宿飽帝垂泣側席無如之何讓能首陳大計請以重臣使河中諭王重榮以大義果承詔請雪以圖討逆京師平拜特進中書侍郎兼兵部尚書集賢殿大學士進封襄陽郡開國公食邑二千戶駕在鳳翔李昌符作亂倏然變起讓能單步入侍時朝臣受僞署者衆法司請行極法以戒事君讓能固爭之獲全者十七八昭宗纂嗣賜扶危啓運保乂功臣加開府儀同三司尚書左僕射封晉國公增邑千戶仍賜鐵券誅秦宗權許蔡平定加司空門下侍郎監修國史昭宗郊禮畢進位司徒太清宮使弘文館大學士延資庫使諸道鹽鐵轉運等使加食邑一千戶明年冊拜太尉加食邑

一千戶自大順已來鳳翔李茂貞大聚兵甲恃功驕恣會楊復恭走山南茂貞欲兼有梁漢之地亟請問罪詔未允而出師昭宗怒其專不得已而從之及山南平詔授以茂貞鎮興元徐彥若鎮鳳翔仍割果閬兩州隸武定軍茂貞怒上章論列語辭不遜又與讓能書曰宰相之職外撫四夷內安百姓陰陽不順猶資燮理之功宇宙將傾須假扶持之力即萬靈紓慘四海安危盡繫朝綱咸由廟筭既爲重任方屬元臣況今國步循艱皇居未壯曩日九衢三市草擁荒墟當時萬戶千門霜凝白骨大廈傾欹而未已沉痾綿息以無餘皆云非賢后無以拯社稷之危非眞宰無以革寰區之弊今明公捨棨入夢投竿爲師踐履中台制臨外閫不究興亡之理罕聞沉斷之機盡意有所不平心有所未悟輒思上問願審臧謀竊見楊守亮擅舉干戈阻艱西道將圖割據吞併東川居巴賨爲一窟犲狼在梁漢致十年荊棘果聞敗衄尋挫兇狂既前去而不諧思却歸而無地當道與邠州見爲隔絕綱運方舉問罪兵師忽聞朝廷授武定之雙旌割果閬之

兩郡未審是何名目酬何功勞柰大國之紀綱蠹天子之州縣非惟取笑於童稚抑亦包羞於馬牛自謂奇謀信爲獨見伏慮是明公賞凶黨無君之輩挫忠臣奉國之心要助姦邪須摧正直又聞公切於保位利在安家商量不自於中書剸割全通於內地雖知深奧罕測津涯亦聞駭異群情頗是喧騰衆口其悖戾如此京師百姓聞茂貞聚兵甲群情恟恟數千百人守闕門候中尉西門重遂出擁馬論列曰乞不分割山南請姑息鳳翔與百姓爲主重遂曰此非吾事出於宰相也昭宗怒詔讓能只在中書調發畫計不歸第月餘宰相崔昭緯陰結邠岐爲城社凡讓能出一言即日達於茂貞行瑜茂貞令健兒數百人雜市人於街崔昭緯鄭延昌歸第市人擁肩輿訴曰岐帥無罪幸相公不加討伐致都邑不寧二相輿中喻之曰大政聖上委杜太尉吾等不預市豪褰簾熟視又不之識因投瓦石擊二相之輿崔鄭下輿散走匿身獲免是日喪堂印公服天子怒捕魁首誅之由是用兵之意愈堅京師之人相與藏竄嚴刑不能已讓能奏曰陛下

初臨大寶國步未安自艱難已來且行貞元故事姑息藩鎮茂貞遍
在國門不宜起怨臣料此時未可行也帝曰政刑削弱詔令不出城
門此賈生慟哭之際也又書不云乎藥不瞑眩厥疾弗瘳朕不能孱
孱度日坐觀凌弱卿爲我主張調發用兵吾委諸王讓能對曰陛下
憤藩臣之倔强必欲强幹弱枝以隆王室此則中外大臣所宜戮力
以成陛下之志不宜獨任微臣帝曰卿位居元輔與朕同休共戚無
宜避事讓能泣辭曰臣待罪台司未乞骸骨者思有以報國恩耳安
敢愛身避事況陛下之心憲祖之志也但時有所不便勢有所必然
他日臣雖受晁錯之誅但不足以殄七國之患敢不奉詔繼之以死
景福二年秋上以嗣覃王爲招討使神策將李鐬副之率禁軍三萬
送彥若赴鎮崔昭緯密與邠鳳結託心害讓能言討伐非上意出於
太尉也九月茂貞出軍逆戰王師敗于盩厔岐兵乘勝至三橋讓能
奏曰臣固預言之矣請歸罪於臣可以紓難上涕下不能已曰與卿
訣矣即日貶爲雷州司戶茂貞在臨皐驛請誅讓能尋賜死時年五

○十三駕自石門還京念讓能之冤追贈太師子光乂曉以父枉橫不
求聞達曉入梁位亦至宰輔彥林弘徽乾符中相次登進士第彥林
光化中累官至尚書郎知制誥拜中書舍人天祐初爲御史中丞弘
徽累官至中書舍人遷戶部侍郎充弘文館學士判館事與兄同日
被害

劉鄴字漢藩潤州句容人也父三復聰敏絶人幼善屬文少孤貧母
有癈疾三復丐食供養不離左右久之不遂鄉賦長慶中李德裕拜
浙西觀察使三復以德裕禁密大臣以所業文詣郡干謁德裕閱其
文倒屣迎之乃辟爲從事管記室母亡哀毀殆不勝喪德裕三爲浙
西凡十年三復皆從之大和中德裕輔政用爲員外郎居無何罷相
復鎮浙西三復從之汝州刺史劉禹錫以宗人遇之深重其才嘗爲
詩贈三復序曰從弟三復三爲浙右從事凡十餘年往年主公入相
薦用登朝中復從公之京口未幾而罷昨以尚書員外郎奉使至潞
旋承新命改轅而東三從公皆在舊地徵諸故事曼無其比因賦詩

餞別以志之又從德裕歷滑臺西蜀揚州累遷御史中丞會昌中德
裕用事自諫議給事拜刑部侍郎弘文館學士判館事朝廷用兵誅
劉稹澤潞既平朝議以劉從諫妻裴氏是裴問之妹欲原之法司定
罪以劉稹之叛裴以酒食會潞州將校妻女泣告以固逆謀三復奏
曰劉從諫苞藏逆謀比雖已露今推窮僕妾尤得事情據其圖謀語
言制度服物人臣僭亂一至於斯雖生前幸免於顯誅而死後已從
於追戮凡在朝野同深慶快且自古人臣叛逆合有三族之誅尚書
曰乃有顛越不恭我則劓殄滅之無遺育無俾易種于茲新邑如此
則阿裴已不得免於極法矣又況從諫死後主張狂謀罪狀非一劉
稹年既幼小逆節未深裴爲母氏固宜誡誘若廣說忠孝之道深陳
禍福之源必冀虺毒不施梟音全革而乃激厲兇黨膠固叛心廣招
將校之妻適有酒食之宴號哭激其衆意贈遺結其群情遂使叛黨
稽不捨之誅孽童延必死之命以至周歲方就誅夷此阿裴之罪也
雖以裴問之功或希減等而國家有法難議從輕伏以管叔周公之

○親弟也有罪而且誅之以周公之賢尚不捨兄弟之罪況裴問之功
效安能破朝廷法耶據阿裴廢臣妾之道懷逆亂之謀裴問如周公
之功尚合行周公之戮況於朝典固在不疑阿裴請準法從之三復
未幾病卒鄴六七歲能賦詩李德裕尤憐之與諸子同硯席師學大
中初德裕貶逐鄴無所依以文章客遊江浙每有制作人皆稱誦高
元裕廉察陝虢署團練推官得秘書省校書郎咸通初劉瞻高璩居
要職以故人子薦爲左拾遺召充翰林學士轉尚書郎中知制誥正
拜中書舍人戶部侍郎學士承旨鄴以李德裕貶死珠崖大中朝以
令狐綯當權累有赦宥不蒙恩例懿宗即位綯在方鎮鄴郊天大赦
鄴奏論之曰故崖州司戶參軍李德裕其父吉甫元和中以直道明
誠高居相位中外咸理訏謨有功德裕以偉望宏才繼登台袞險夷
不易勁正無群稟周勃厚重之姿慕楊秉忠貞之節頃以微累竄于
遐荒既迫衰殘竟歸冥寞其子燁坐貶象州立山縣尉去年遇陛下
布惟新之命覃作解之恩移授郴州郴縣尉今已殁於貶所僅德裕

循有親援可期振揚微臣固不敢上論以招浮議今骨肉將盡生涯已空皆傷桀戟之門遠作荆榛之地孤骨未歸於塋兆一男又沒於湘江特乞聖明俯垂哀愍俾還遺骨兼賜贈官上弘録舊之仁下激徇公之節詔從之鄴尋以本官領諸道鹽鐵轉運使其年同平章事判度支轉中書侍郎兼吏部尚書累加太清宫使弘文館大學士僖宗即位蕭倣崔彦昭秉政素惡鄴乃罷鄴知政事檢校尚書左僕射同平章事揚州大都督府長史淮南節度使是日鄴押班宣麻竟通事引鄴内殿謝不及匆記鄴自敘十餘句語云霖雨無功深愧代天之用煙霄失路未知歸骨之期帝為之惻然黄巢渡淮而南詔以浙西高駢代還尋除鳳翔尹鳳翔隴右節度使以疾辭拜左僕射巢賊犯長安鄴從駕不及與崔沆豆盧瑑匿於金吾將軍張直方之家旬日賊嚴切追捕三人夜竄為賊所得迫以僞命稱病不應俱為賊所害

豆盧瑑者河東人祖愿父籍皆以進士擢第瑑大中十三年亦登進士科咸通末累遷兵部員外郎轉戶部郎中知制誥召充翰林學士正拜中書舍人乾符中累遷戶部侍郎學士承旨六年與吏部侍郎崔沆同日拜平章事宣制日大風雷雨拔樹左丞韋蟾與瑑善往賀之瑑言及雷雨之異蟾曰此應相公為霖作解之祥也瑑笑荅曰霖何甚耶及巢賊犯京師從僖宗出開遠門為盜所制乃匿於張直方之家遇害識者以風雷不令之兆也弟瓚璙皆進士登第累歷清要瓚子華中興位亦至宰輔

史臣曰近代衣冠人物門族昌盛從趣之後寔富名流而彦曾屬徐亂之秋亂接李亡之數計則繆矣天可逃乎楊劉曹畢諸族門非世胄位以藝升伏膺典墳俯拾青紫而收得位求後以至敗名行已飭躬此為深誡杜氏三世相輔太尉陷於横流臨難忘身可為流涕

賛曰漢代荀陳我朝崔杜有子有弟多登宰輔裴士改節楊子敗名膏粱移性信而有徵

唐書列傳卷第一百二十七

唐書列傳卷第一百二十八

劉昫 等修

聞人詮校刻沈桐同校

趙隱 隱弟騭 隱子光逢 光裔 光胤　張裼 裼子文蔚 貽憲 濟美

李蔚 蔚子渥 洵澤　崔彦昭

鄭畋 畋子凝績　盧攜 附　王徽

趙隱字大隱京兆奉天人也祖植建中末朱泚之亂德宗幸奉天時蒼卒變起羽衞不集數日間賊來攻城植以家人奴客奮力拒守仍獻家財以助軍賞天子嘉之賊平咸寧王渾瑊辟為推官累遷殿中侍御史貞元初遷鄭州刺史鄭滑節度使李融奏兼副使十年融病軍府之政委於植大將宋朝晏構三軍為亂中夜火發植與監軍列卒待之遲明亂卒自潰即日誅斬皆盡帝優詔嘉之入為衞尉少卿三遷尚書工部侍郎十七年出為廣州刺史兼御史大夫嶺南東道節度觀察等使卒於鎮子存約滂存約大和三年為興元從事是時

軍亂存約與節度使李絳方宴語吏報新軍亂突入府廨公宜避之絳曰吾為帥臣去之安往麾存約令遁存約曰荷公厚德獲奉賓階背恩苟免非吾志也即欲部分左右拒賊是日與絳同遇害隱以父罹非禍泣守松楸十餘年杜門讀書不應辟命會昌中父友當權要敦勉仕進方應弓招累為從事大中三年應進士登第累遷郡守尚書郎給事中河南尹歷戶兵二侍郎領鹽鐵轉運等使咸通末以本官同平章事加中書侍郎兼禮部尚書進階特進天水伯食邑七佰戶隱性仁孝與弟騭尤稱友悌少孤貧弟兄力耕稼以奉親造次不干親戚既居宰輔不以權位自高退朝易衣弟兄侍母左右歲時伏臘公卿大臣盈門通訊而大臣及母之榮無如其比乾符中罷相檢校兵部尚書潤州刺史浙西觀察等使入為太常卿轉吏部尚書累加尚書左僕射廣明中卒二子光逢光裔光胤弟騭亦以進士登第大中末與兄隱並踐省閣咸通初以兵部員外郎知制誥轉郎中正拜中書舍人六年權知貢舉七年選士多得名流拜禮部侍郎御史中

丞累遷華州刺史潼關防禦鎮國軍等使子光逢乾符五年登進士第釋褐鳳翔推官入朝為監察御史丁父憂免僖宗還京授太常博士歷禮部司勳吏部三員外郎集賢殿學士轉禮部郎中景福中以祠部郎中知制誥尋召充翰林學士正拜中書舍人戶部侍郎學士承旨改兵部侍郎尚書左丞學士如故乾寧三年從駕幸華州拜御史中丞改禮部侍郎劉季述廢立之後宰相崔胤與黃門爭權衣冠道喪光逢移疾退居洛陽閉關却掃六七年昭宗遷洛起為吏部侍郎復為左丞歷太常卿鼎没於梁累官至宰輔封齊國公

光裔光啓三年進士擢第乾寧中累遷司勳郎中弘文館學士改膳部郎中知制誥賜金紫之服弟兄對掌內外制命時人榮之季述廢立之後光胤歸洛光裔旅遊江表以避患嶺南劉隱深禮之奏為副使因家嶺外光胤大順二年進士登第天祐初累官至駕部郎中入梁歷顯位中興用為宰輔

張裼字公表河間人父君卿元和中舉進士詞學知名累歷郡守裼

會昌四年進士擢第釋褐壽州防禦判官于琮布衣時客遊壽春郡守待之不厚裼以琮衣冠子異禮遇之琮將別謂裼曰吾餉逆旅翁五十千郡將之惠不登其數如何裼方奉母家貧適得俸絹五十匹盡以遺琮約曰他時出處窮達交相郵也裼累辟太原掌書記大中朝琮為翰林學士俄登宰輔判度支琮召裼為司勳員外郎判度支尋用為翰林學士轉郎中知制誥拜中書舍人戶部侍郎學士承旨咸通末琮為韋保衡所構譴逐裼坐貶封州司馬保衡誅琮得雪裼量移入朝為太子賓客遷吏部侍郎京兆尹乾符三年出為華州刺史其年冬檢校吏部尚書鄆州刺史天平軍節度觀察等使四年卒于鎮時年六十四子文蔚濟美貽憲

文蔚乾符二年進士擢第累佐使府龍紀初入朝為尚書郎乾寧中以祠部郎中知制誥正拜中書舍人賜紫崔胤擅朝政與蔚同年進士尤相善用為翰林學士戶部侍郎轉兵部從昭宗遷洛陽輝王時拜中書侍郎平章事入梁卒濟美貽憲相繼以進士登第貽憲覆試落籍為戶部巡官集賢校理

李蔚字茂休隴西人祖上公位司農卿元和初為陝虢觀察使父景素大和中進士蔚開成末進士擢第釋褐襄陽從事會昌末調選又以書判拔萃拜監察御史轉殿中監大中七年以員外郎知臺雜尋知制誥轉郎中正拜中書舍人咸通五年權知禮部貢舉六年拜禮部侍郎轉尚書右丞懿宗奉佛太過常於禁中飯僧親為贊唄以旃檀為二高座賜安國寺僧徹逢入飯萬僧蔚上疏諫曰臣聞孔丘聖者也言則引周任之言符融賢者也諫必稱王猛之議誠以事求師古詞貴達情陛下自纘帝圖克崇佛事止當修外未甚得中臣畧採本朝名臣啓奏之言以證奉佛初終之要天后時曾營大像功費百萬狄仁傑諫曰夫寶鉸殫于綴飾瓌材竭于輪奐功不使鬼必在役人物不天來皆從地出非苦百姓物何以求物生有時用之無度臣每思惟實所悲痛至如往在江表像法盛興梁武簡文施捨無限及乎三淮沸浪五嶺騰煙列剎盈衢無救危亡之禍緇衣蔽路豈益勤

王之師況近年已來風塵屢擾水旱失節征役稍繁必若多費官財又苦人力一隅有難將何以救此切當之言一也中宗時公主外戚奏度僧尼姚崇諫曰佛不在外求之于心佛圖澄最賢無益於後趙羅什多藝不救於姚秦何充符融皆遭敗滅齊襄梁武未免災殃但志發慈悲心行利益若蒼生安樂即是佛身此切當之言二也睿宗為金仙玉真二公主造二道宮辛替否諫曰自夏已來淫雨不解穀荒于壠麥爛于場入秋已來亢旱為災苗而不實霜損蟲暴草菜枯黃下人咨嗟未加賑貸陛下愛兩女而造兩觀燒瓦運木載土塡沙道路流言皆云用錢百萬陛下聖人也遠無不知陛下明君也細無不見既知且見知倉有幾年之儲庫有幾年之帛知百姓之間可存活乎三邊之士可轉輸乎今發一卒以扞邊陲追一兵以衛社稷多無衣食皆帶飢寒賞賜之間迥無所出軍旅驟敗莫不由斯而陛下破百萬貫錢造不急之觀以賈六合之怨以違萬人之心此切當之言三也替否又諫造寺曰釋教以清淨為基慈悲為主常體道以濟

物不利已而害人每去已以全眞不營身以害教今三時之月築山
穿池損命也殫府虛藏損人也廣殿長廊營身也損命則不慈悲損
人則不濟物營身則不清淨豈大聖至神之心乎佛書曰一切有為
法如夢幻泡影如露亦如電臣以為減雕琢之費以賑貧人是有如
來之德息穿掘之苦以全昆蟲是有如來之仁罷營葺之直以給邊
陲是有湯武之功廻不急之祿以購清廉是有唐虞之治陛下緩其
所急急其所緩親未來而疎見在失眞實而冀虛無重俗人之所為
輕天子之功業臣實痛之此切當之言四也臣觀仁傑天后時上公
也姚崇開元時賢相也替否睿宗之直臣也臣每覽斯言未嘗不廢
卷而太息痛其言之不行也伏以陛下深重緇流妙崇佛事其為樂
善實邁前蹤但細詳時代之安危卧黎昔賢之敷奏則思過半矣道
遠乎哉臣過忝渥恩言虧匡諫但舉從繩之義少裨負扆之明營繕
之間稍宜停減優詔嘉之尋拜京兆尹太常卿尋以本官同平章事
加中書侍郎與盧攜鄭畋同輔政罷相出為襄州刺史山南東道節

○度使入為吏部尚書加檢校尚書右僕射汴州刺史宣武軍節度觀
察等使咸通十四年轉揚州大都督府長史淮南節度副大使知節
度事乾符三年受代百姓詣闕乞留一年從之四年復為吏部尚書
尋遷檢校司空東都留守東畿汝都防禦使六年河南軍亂殺崔季
康詔以邠寧李侃鎮太原軍情不伏以蔚嘗為太原從事軍民懷之
八月以蔚為太原尹北都留守河東節度觀察等使其年十月到鎮
下車三日暴病卒弟縉從兄繪累官至刺史蔚三子扆洵澤扆咸通
末進士及第釋褐太原從事累拜中書舍人禮部侍郎光化三年選
貢士洵至福建觀察使

崔彥昭字思文清河人父豈彥昭大中三年進士擢第釋褐諸侯府
咸通初累遷兵部員外郎轉郎中知制誥拜中書舍人再遷戶部侍
郎判本司事彥昭長於經濟儒學優深精於吏事前治數郡所莅有
聲動多遺愛十年檢校禮部尚書孟州刺史河陽懷節度使進階金
紫十二年正月加檢校刑部尚書太原尹北都留守河東節度管內

觀察等使時徐泗用兵之後北戎多冦邊沙陀諸部動干紀律彥昭
柔以恩惠來以兵威三年之間北門大治軍民歌之考滿受代耆老
數千詣闕乞留詔報曰彥昭早著令名累更劇任入司邦計開張用
經緯之文出統藩維撫馭得韜鈐之術自臨并部殷若長城但先和
衆安人不欲恃險與馬遂致三軍百姓瀝懇同詞備述政能唯恐罷
去顧茲重鎮方委長材旣獲便安未議移替想當知悉僖宗即位就
加檢校吏部尚書時趙隱高璩知政事與彥昭同年進士薦彥昭長
於治財賦十五年三月召為吏部侍郎充諸道鹽鐵轉運使乾符初
以本官同平章事判度支先是楊收路巖韋保衡皆以朋黨好賂得
罪蕭倣秉政頗革前弊而彥昭輔政數月百職斯舉察而不煩士君
子稱之二年因其轉官僖宗詔曰彥昭歷試有勞僉諸無媿涉於六
月秉是一心修乃文可以興文教勵乃武可以成武功重整前規兩
司大計清能壁立政乃風行姦欺屏絶於多岐請託銷摧於正議不
煩內庫有助消毫不假外藩有進絲髮軍食所入餘剩於明年郊廟

○所供克辦於今歲頗符神化眞謂廟謀不有良臣安能富國宜酬勲
於黃閤俾正位於紫垣敬服誡詞永堅茂業嗚呼秉鈞之道何所難
哉覆車之塗近已多矣與其樹黨不若修身與其收恩不如秉直買
譽勝者貽其汞敗沽小智者囊其大愚不貴及人唯爭自我初誠潤
屋尋以危家金玉滿堂莫之能守縱經營而得位用枉撓而當辜唯
爾選自朕心採於人望宣詔旣畢閉門未知來遂奔車退無私謁獨
推元老曾請急徵以守道而自臻實榮親之最重爾其堅持正直允
執規程但畏幽陰必歸公當甘言可憚敘往可嗤獎善須明懲姦須
銳利於人者雖難必舉利於已者雖易勿為頻念孤寒每思耕織常
自勤於數事便有望於中興彰朕知臣在卿匡國必使恩從下布法
自上行但立直標終無曲影苟致我於堯舜亦比爾於皐夔可中書
侍郎依前判度支事彥昭事母至孝雖位居宰輔退朝侍膳與家人
雜處承奉左右未嘗高言歲時慶賀公卿拜席時人榮之累遷門下
侍郎兼刑部尚書充大清宮使弘文館大學士與鄭畋李蔚同知政

事三加兼官皆領度支如故進階特進累兼尚書右僕射罷相歷方鎮以太子太保分司卒子保謙

鄭畋字台文滎陽人也曾祖鄭祖穆父亞並登進士第亞字子佐元和十五年擢進士第又應賢良方正直言極諫制科吏部調選又以書判拔萃數歲之內連中三科聰悟絕倫文章秀發李德裕在翰林亞以文干謁深知之出鎮浙西辟為從事累屬家艱人多忌嫉久之不調會昌初始入朝為監察御史累遷刑部郎中中丞李回奏知雜遷諫議大夫給事中五年德裕罷相鎮渚宮授亞正議大夫出為桂州刺史御史中丞桂管都防禦經畧使大中二年吳汝納訴冤德裕再貶潮州亞亦貶循州刺史卒畋年十八登進士第釋褐汴宋節度推官得秘書省校書郎二十二吏部調選又以書判拔萃授渭南尉直史館事未行亞出桂州畋隨侍左右大中朝白敏中令狐綯相繼秉政十餘年素與德裕相惡凡德裕親舊多廢斥之畋久不偕於士伍咸通中令狐綯出鎮劉瞻鎮北門辟為從事入朝為虞部員外郎

右丞鄭薰令狐之黨也撫畋舊事覆奏不放入省畋復出為從事五年入為刑部員外郎轉萬年令九年劉瞻作相薦為翰林學士轉戶部郎中畋以久罹擯弃幸承拔擢因授官自陳曰臣十八進士及第二十二書判登科此時結綬王畿便貯青雲之望洎一沉風水久換星霜猒外府之鐏罍渴明庭之禮樂咸通五年方始登朝若匪遭逢聖君無以發揚幽迹臣任刑部員外郎日累於閤內對敭去冬蒙擢宰萬年又得延英中謝傾耋幸依於白日捨盆終覩於青天昨以京縣浩穰苦心為政疲羸粗息強禦無蹤方專宰字之心用副憂勤之化陛下過垂採聽超授恩榮擢於百里之中致在三清之上纔超翰苑遽改郎曹尋加知制誥又自陳曰臣會昌二年進士及第大中首歲書判登科其時替故昭義節度使沈詢作渭南縣尉兩考罷免楊收以結綬替臣詢則備歷顯榮殁經數載收則寵極台輔繼已三年臣則外困宦途內甘散秩仰窺霄漢空歎雲泥雖云賦命之奇實以遭人排忌其因事自洗滌如此俄遷中書舍人十年王師討徐方禁庭書詔旁午畋灑翰泉涌動無滯思言皆破的同僚閣筆推之尋遷戶部侍郎充承旨畋以本官充承旨畋以德望先達淪滯久之既冠禁庭當為宰輔因謝承旨自陳曰禁林素號清嚴承旨尤稱峻重偏膺顧問首冠英賢今之宰輔四人三以此官騰躍其為盛美更異尋常豈謂凡流繼茲芳躅臣所以憂不稱承旨之任也至若繼劉瞻之慎密守保衡之規程瀝懇事君披肝翊聖以貞方為介冑用忠信作藩籬丹青帝文金玉王度臣亦不敢讓承旨之職況沉舟墜羽因聖主發揚有薄藝微才受鴻恩知遇再周寒暑六忝官榮由郎吏以至於貳卿自末僚而遷於上列其切於大用如此其年八月劉瞻以諫囚懿宗族罷相出為荊南節度使畋草制過為美詞懿宗省之甚怒責之曰畋頃以行跡玷穢為時棄捐朝籍周行無階踐歷竟因由徑遂致叨居塵忝既多狡蠹尤甚且居承旨合體朕懷一昨劉瞻出藩朕豈無意爾次當視草過為美詞逞譎詭於筆端籠愛憎於形內徒知報瞻欵曙之惠誰思蔑我拔擢之恩載詳言偽而堅果明同惡相

濟人之多僻一至於斯宜行竄逐之科用屏回邪之黨可梧州刺史僖宗即位召還授右散騎常侍改兵部侍郎乾符四年遷吏部侍郎尋降制曰頃者時鬱正途權歸邪幸爾畋執心無惑秉節被讒徵復舊行愈洽人望既負彌綸之業宜居輔弼之司可本官同平章事僖宗上尊號禮畢進加中書侍郎進階特進轉門下侍郎兼禮部尚書集賢殿大學士五年黃巢起曹鄆南犯荊襄東渡江淮衆歸百萬所經屢陷郡邑六年陷安南府據之致書與浙東觀察使崔璆求鄆州節鉞璆言賊勢難圖宜因授之以絕北顧之患天子下百寮議初黃巢之起也宰相盧携以浙西觀察使高駢素有軍功奏為淮南節度使令扼賊衝尋以駢為諸道行營都統及崔璆之奏朝臣議之有請假節以紓患者畋採群議欲以南海節制縻之携以始用高駢欲立奇功以圖勝携曰高駢将畧無雙淮土甲兵甚銳今諸道之師方集蕞爾纖寇不足平殄何事捨之示怯而令諸軍解體耶畋曰巢賊之亂本因饑歲人以利合乃至寔繁江淮以南荐食殆半國家久不用

兵士皆忘戰所在節將閉門自守尚不能枝不如釋咎包容權降恩澤彼本以饑年利合一遇豐歲孰不懷思鄉土其衆一離則巢賊几上肉耳此所謂不戰而屈人兵也若此際不以計攻全恃兵力恐天下之憂未艾也群議然之而左僕射于琮曰南海有市舶之利歲貢珠璣如令妖賊所有國藏漸當廢竭上亦望騈成功乃依攜議及中書商量制勑畋曰妖賊百萬橫行天下高公遷延玩寇無意翦除又從而保之彼得計矣國祚安危在我輩三四人畫度公倚淮南用兵吾不知稅駕之所矣攜怒拂衣而起袂染於硯因投之僖宗聞之怒曰大臣相詬何以表儀四海二人俱罷政事以太子賓客分司東都廣明元年賊自嶺表北渡江浙虜崔璆陷淮南郡縣高騈止令張璘控制衝要閉壁自固天子始思畋前言二人俱徵還拜畋禮部尚書尋出為鳳翔右節度使是冬賊陷京師僖宗出幸畋聞難作候駕於斜谷迎謁垂泣曰將相悞陛下以至於此臣實罪人請死以懲無狀上曰非卿失也朕以狂寇凌犯且駐蹕興元卿宜堅扼賊衝勿令滋

蔓畋對曰臣心報國死而後已請陛下無東顧之憂然道路艱虞奏報梗澁臨機不能遠稟聖旨願聽臣便宜從事上曰苟利宗社任卿所行畋還鎮蒐乘補卒繕修戎仗濬飾城壘盡出家財以散士卒晝夜如臨大敵中和元年二月賊將尚讓王璠率衆五萬欲攻鳳翔畋預知賊至令大將李昌言等伏於要害賊以畋儒者必不能拒步騎長驅部伍不整畋以銳卒數千陳于高岡虛立旗幟延袤數里距賊十餘里伐鼓而陣賊不之測衆寡始欲列卒而陣後軍未至而昌言等發伏擊之其衆大撓日既晡矣歧軍四合追擊於龍尾陂賊委兵仗自潰斬馘萬計得其鎧仗歧軍大振天子聞之謂宰相曰予知畋不盡儒者之勇甚慰予懷即授畋檢校尚書左僕射同平章事充京西諸道行營都統時畿內諸鎮禁軍尚數萬賊巢汙京師後衆無所歸畋承制招諭諸鎮將校皆率歧陽畋分財以結其心與之盟誓期匡王室又傳檄天下曰鳳翔隴節度使檢校尚書左僕射同中書門下平章事充京西諸道行營都統上柱國滎陽郡開國公食邑二千戶鄭畋移檄告諸藩鎮郡縣侯伯牧守將吏曰夫屯亨有數否泰相沿如日月之蔽虧似陰陽之徭伏是以漢朝方盛則莽卓肆其姦兇夏道未衰而羿浞騁其殘酷不無僭越尋亦誅夷即知妖孽之生古今難免代有忠貞之士力為匡復之謀我國家應五運以承乾踐三王之垂統綿區歆化匝宇歸仁十八帝之鴻猷銘於神鼎三百年之睿澤播在人謠加以政尚寬弘刑無枉濫翼翼勤行於王道孜孜務恤於生靈足可傳寶祚於無窮御瑤圖於不朽近歲螟蝗作害旱暵延災因令無賴之徒遽起亂常之暴雖加討逐猶肆猖狂草賊黃巢奴僕下才豺狼醜類寒耕熱耨不勵力於田疇媮食靡衣務偷生於剽奪結連兇黨驅迫平人始擾害於里閭遂侵凌於郡邑屬以藩臣不武戎士貪財徒加討逐之名竟作遷延之役致令滋蔓累有邀求聖上愛育情深含弘道廣指萬方而罪已用百姓以為心假以節旄委之藩鎮冀其悛革免困疲羸而殊無犬馬之誠但恣蟲蛇之毒剽掠我征鎮覆没我京都凌辱我衣冠屠殘我士庶視人命有同於草

芥謂大寶易取如弈碁而乃竊據宮闈偽稱名號爛羊頭而拜爵續狗尾以命官鷰巢幕以誇安魚在鼎而猶戲殊不知五侯拗怒期分項羽之屍四塚既成待葬蚩尤之骨猶復廣侵田宅濫瀆貨財比磎壑以難盈類鳥鳶而縱攫茫茫赤縣僅同夷貊之鄉惴惴黔黎若在狴牢之內固以人神共怒行路傷心畋謬領藩垣榮兼將相每枕戈而待旦常泣血以忘餐誓與義士忠臣共翦狐鳴狗盜近承詔命會合諸軍皇帝親御六師即離三蜀霜戈萬隊鐵馬千群雕虎嘯以風生應龍驤而雲起淮南高相公會關東諸道百萬雄師計以夏初會於關內畋與涇原節度使程宗楚秦州節度使仇公遇等已驅組練大集關畿爭麾隴右之蛇矛待掃關中之蟻聚而吐蕃党項以久被皇化深憤國讎願以沙漠之軍共獻盪平之捷此際華戎合勢蕃鎮連衡旌旗煥爛於雲霞劍戟晶熒於霜雪莫不持繩待誡賈勇爭先思垂竹帛之功誓雪朝廷之恥矧茲殘孽不足殄除況諸道世受國恩身縻好爵皆貯匡邦之略咸傾致主之誠自函洛構氛鑾輿避狄

莫不指銅駝而背裂望王壘以魂銷聞此勤王固宜投袂更希憤激速殄寇讎永圖社稷之勳以報君親之德迎鑾反正豈不休哉時駕在坤維音驛阻絶以為朝廷無能復振及畋傳檄諸藩督勤各治勤王之師巢賊聞之大懼自是賊騎不過京西當時非畋扼賊之衝褒蜀危矣尋進位檢校司空其年冬畋暴病以岐山方禦賊衝冝須驍將鎮守表薦大將李昌言詔可之詔畋赴行在二年正月至成都以王鐸代畋將兵收復畋尋以僕射平章事以疾久之不拜累表乞解機務二年冬罷相授太子少保僖宗以畋子給事中凝績為龍州刺史詔侍畋就郡養疾薨於郡舍時年五十九光啓末李茂貞授鳳翔節度使畋會兵時茂貞為博野軍小校在奉天畋盡召其軍至岐下以茂貞勤於軍旅甚奇之委以遊邏之任至是茂貞思畋獎待之恩上表論之曰臣伏見當道故檢校司空同平章事鄭畋瑞應星精祥閒月角建洪鑪於聖代成庶績於明時鳳毛方洛於春池龍節忽移於右輔旋以群鷄嘯聚萬蝟鋒攢蒼黃而玉輅省方多第而金門徹鑰九

州相望初猶豫以從風百辟無歸半狐疑而委質而畋衝冠怒髮投袂治兵羅劍戟於轅前練貔貅於閫外坎牲誓衆纍鼓出師馳羽檄於四方暢皇威於萬里身為地軸決橫流而盡入東溟手正天關掃妖星而重尊北極及至囊沙滅竈代鼓揚旌四咒方修於獸心一陣盡塗於龍尾大振建瓴之捷只於反掌之閒不期天柱朝摧將星夜隕竹帛徒書於茂烈松楸未煥於易名臣始是從戎爰承指顧稟三令五申之戒預一臣九合之謀今則謬以微功獲居重鎮尋武侯之遺愛城壘宛然念叔子之高蹤涕零何極伏惟特加贈謚以慰泉扃昭宗嘉之詔贈司徒謚曰文昭畋文學優深器量弘恕美風儀神彩如玉尤能賦詩與人結交榮悴如一始為員外郎為鄭薰不放省上畋不以為憾及畋作相薰子為郎畋特獎拔為給事中列曹侍郎其以德報怨多此類弛凝績景福中歷刑部戶部侍郎

盧攜字子升范陽人祖損父求寶曆初登進士第應諸府辟召位終郡守攜大中九年進士擢第授集賢校理出佐使府咸通中入朝為右拾遺殿中侍御史累轉員外郎中長安縣令鄭州刺史召拜諫議大夫乾符初以本官召充翰林學士拜中書舍人乾符末加戶部侍郎學士承旨四年以本官同中書門下平章事累加門下侍郎兼兵部尚書弘文館大學士五年黃巢陷荊南江西外郛及虔吉饒信等州自浙東陷福建遂至嶺南陷廣州殺節度使李岧遂抗表求節鉞初王仙芝起河南攜舉宋威齊克讓曾袞等有將畧用為招討使及宋威殺尚君長致賊充斥朝廷遂以宰臣王鐸為都統攜深不悅浙帥崔璆等上表請假黃巢廣州節鉞上令宰臣議攜以王鐸為統帥欲激怒黃巢堅言不可假賊節制止授率府率而已與同列鄭畋爭論投硯於地由是兩罷之為太子賓客分司六年高駢大將張璘頻破賊攜素待高駢厚常舉可為統帥天子以駢立功復召攜輔政及王鐸失守罷都統以高駢代之由是自潼關已東汝陝許鄧汴滑青兗皆易帥王鐸鄭畋所授任者皆易之攜內倚田令孜外以高駢為援朝廷大政高下在心時攜病風精神恍惚政事可否皆決於親吏

温季脩貨賄公行及賊擾淮南張璘被殺而許州逐帥殺水丘濆朝廷震懼皆歸罪於攜及賊陷潼關罷攜相為太子賓客是夜仰藥而死子晏天祐初為河南縣尉為柳璨所殺

王徽字昭文京兆杜陵人其先出於梁魏魏為秦滅始皇徙關東豪族實關中魏諸公子徙於霸陵以其故王族遂為王氏後周同州刺史熊徽之十代祖葬咸陽之鳳歧原子孫因家焉曾祖擇從兄易從天后朝登進士第從弟明從言從睿宗朝並以進士擢第昆仲四人開元中三至鳳閣舍人故時號鳳閣王家其後易從子定定子逢逢弟仲周定兄密密子行古行古子收收子超皆以進士登第王氏自易從已降至大中朝登進士科者一十八人登臺省歷牧守賓佐者三十餘人擇從大足三年登進士第先天中又應賢良方正制舉升乙第再遷京兆士曹參軍充麗正殿學士祖察至德二年登進士第位終連州刺史父自立位終緱氏令徽大中十一年進士擢第釋褐秘書省校書郎戶部侍郎沈詢判度支辟為巡官宰相徐商領鹽鐵

又奏為參佐時懿宗詔宰相於進士中選子弟尚主或以畋籍上聞畋性沖澹遠勢利聞之憂形於色畋登第時年踰四十見宰相劉瑑哀祈具陳年已高矣居常多病不足以塵汚禁臠瑑於上前言之方免從令狐綯歷宣武淮南兩鎮掌書記得大理評事召拜右拾遺前後上疏論事二十三人難言者必犯顏爭之人士翕然稱重會徐商罷相鎮江陵以畋舊僚欲加奏辟而不敢言畋探知其旨即席言曰僕在進士中荷公重顧公佩印臨戎下官安得不從商喜甚奏授殿中侍御史賜緋荊南節度判官高湜時持憲綱奏為侍御史知雜兼職方員外郎轉考功員外時考簿上中下字朱書吏緣為姦多有揩改畋白僕射請以墨書遂絶姦吏之弊宰相蕭倣以畋明於吏術尤重之乾封初遷司封郎中長安縣令學士闕人倣用畋為翰林學士改職方郎中知制誥正拜中書舍人延英中謝面賜金紫遷戶部侍郎學士承旨改兵部侍郎尚書左丞學士承旨如故廣明元年十二月三日改戶部侍郎同平章事是日黃巢入潼關其夜僖宗出幸畋

○與同列崔沆豆盧瑑僕射于琮至曙方知車駕出幸遂相奔馳赴行在畋夜落荊榛中墜於崖谷為賊所得迫還京師將授之偽命畋示以足折口瘖雖白刃環之終無懼色賊令與歸第命醫工視之月餘守視者稍怠畋乃雜於負販竄之河中遣人間道奉絹表入蜀天子嘉之詔授光祿大夫守兵部尚書將赴行在尋詔畋以本官充東面宣慰催陣使時王鐸都統行營兵馬在河中累年未能破賊畋與行營都監楊復光謀赦沙陀三部落令赴難其年夏代北軍至渭戰累捷收復京師以功加尚書右僕射光啟中潞州軍亂殺其帥成麟以兵部侍郎鄭昌圖權知昭義軍事時孟方立割據山東三州別為一鎮上黨支郡唯澤州耳而軍中之人多附方立昌圖不能制宰相奏請以重臣鎮之乃授畋檢校尚書左僕射同平章事潞州大都督府長史澤潞邢洺磁觀察等使時鑾輅未還關東聚盜而河東李克用與孟方立方爭澤潞以朝廷兵力必不能加上表訴之曰臣聞量才授任本切於安人奉上推忠莫先於體國臣早逢昌運備歷華資止仗竭誠幸無蹉跌六年內署雖叨侍從之榮一日台司未展匡扶之志敢忘急病用副憂勤況重鎮兵符元戎相印特膺寵寄出自宸衷豈合憚勞更陳衷款但以鄭昌圖主留累月將結深根孟方立專據三州轉成積釁招其外則路人胥怨撫其內則邢將益疑禍方熾於既焚計奈何於已失須觀勝負乃決安危欲遵命而勇行則寢興百慮思奉身而先退則事體兩全伏乞聖慈俯求廷議擇其可付理在從長免畋臣負懷寵之譏使上黨破必爭之勢觸藩知難庶無愧於前言報國圖功豈無伸於此日天子乃以昌圖鎮之以畋為諸道租庸供軍等使餘官如故時京師收復之後宮寺焚燒園陵毀廢故車駕久而未還乃以畋為大明宮留守京畿安撫制置修奉園陵等使畋方治財賦又兼制置王畿之人太半流喪乃招合遺散撫之如子數年之間版戶稍葺東內齊閣繕完有序畋拜表請車駕還京曰昨者狂寇將逃延災方甚而端門鳳畤鎮福地而獨存王氣龍蟠鬱祥煙而不散足表宗祧降祉臨御非遙今雖初議修崇未全壯麗式示

○卑宮之儉更凝馭道之尊且肅宗纔見捷書便離岐下德宗雖當盛暑不駐漢中故事具存昌期難緩願迴鑾輅早復京師臣謬以散材叨膺重寄閭閻深念拜章累陳審時事之安危繫廟謀之得失臣雖隨宜制置竭力撫綏如或鑾駕未迴必恐人心後散縱成微効終負殊私勢有必然理宜過慮以茲淹駐轉失機宜實希永推宸聰亟還清蹕帝深嘉納進位檢校司空御史大夫權知京兆尹事中外權臣遣人治第京師因其亂後多侵犯居人百姓告訴相繼畋不避權豪平之以法由是殘民安業而權幸側目惡其強乃以其黨薛杞為少尹知府事杞方居父喪畋執奏不令入府權臣愈怒奏罷畋使務以本官畋赴行在尋授太子少師移疾退居蒲州滿十旬請罷僖宗還宮復授太子少師疾未任朝謁宰相以畋怨望奏貶集州刺史畋乃輿疾赴貶所不旬日沙陀逼京師僖宗出幸寶雞而軍容田令孜得咎天子以畋無罪召拜吏部尚書封瑯琊郡侯食邑千戶畋將赴行在而襄王僭偽邠岐兵士追逼乘輿天子幸漢中畋不能進李煴僞

制至河中府召徽赴闕徽託以風疾不能步履溫將僭號逼內外臣
寮署誓狀徽稱臂緩不能秉筆竟不署名朱玫既誅天子自褒中還
至鳳翔召徽拜御史大夫車駕還宮徽上章以足膝風痺不任朝拜
乞除散秩復授太子少師及便殿中謝昭宗顧瞻進對曰王徽神氣
尚強安可自便乃改授吏部尚書大亂之後銓選失緒吏為姦蠹有
重疊補擬者徽從初注授便置手曆一一檢視人無擁滯內外稱之
進位檢校司空守尚書右僕射大順元年十二月卒贈太尉謚曰貞
子三人椿櫄松

史臣曰議兵之難古無百勝蓋以行權制變決斷在於臨機出奇無
窮聲實懸於中的昔晉國之平孫皓賈公閭堅沮渡江吳人欲拒曹
瞞張輔吳終懟失策彼之賢俊未免悔尤況盧子昇平代書生素迷
軍志只保高駢之平昔不料高駢之苞藏以至力困黃巢毒流赤縣
絕吭仰藥何所補焉台文氣激壯圖志攄宿憤慷慨誓衆叱咤臨戎
竟扼賊喉以康天步謂之不武斯焉取斯崔趙以鼎職奉親天倫並

○達積慶垂裕播美士林徽志吐盜泉脫身虎口功名不隳君子多之

贊曰武以伸威謀以制敵何必臨戎陳師衽席高駢玩寇盧攜保姦
聖斷一悞崎嶇劒山

唐書列傳卷第一百二十八

唐書列傳卷第一百二十九

劉昫

蕭遘 弟蘧　孔緯 子崇弼　韋昭度　崔昭緯
張濬　朱朴　鄭綮　劉崇望 兄崇龜 崇謨 弟崇魯
徐彥若 父商 子綰 弟彥樞　陸扆　柳璨 弟瑊 瑀

蕭遘蘭陵人開元朝宰相太師徐國公嵩之四代孫嵩生衡衡生
復德宗朝宰相復生湛湛生寘咸通中宰相寘生遘以咸通五年
登進士第釋褐祕書省校書郎太原從事入朝為右拾遺再遷起
居舍人與韋保衡同年登進士保衡以幸進無藝同年門生皆
薄之遘形神秀偉志操不羣自比李德裕同年皆戲呼太尉保衡
心銜之及保衡作相摭遘之失貶為播州司馬途經三峽維舟月
夜賦詩自悼慮保衡見害遘有神人謂之曰相公勿憂予常禦侮
奉衛遘心異之過峽州經白帝祠即所覩之神人也保衡誅以禮
部員外郎徵還轉考功員外郎知制誥乾符初召充翰林學士正

○拜中書舍人累遷戶部侍郎翰林承旨黃巢犯闕僖宗出幸以供
饋不給須近臣掌計改兵部侍郎判度支中和元年三月自褒中
幸成都次綿州以本官同平章事加中書侍郎累兼吏部尚書監
修國史遘少負大節以經濟為己任洎處台司風望尤峻奏對朗
拔天子器之光啟初王綱不振是時天下諸侯半出羣盜強弱相
噬怙衆邀寵國法莫能制有李凝古者從支詳為徐州從事詳為
衙將時溥所逐而賓佐陷於徐及溥為節度使因食中毒而惡凝
古者譖之云為支詳報讎行酖溥收凝古殺之凝古父損時為右
常侍溥上章披訴言損與凝古同謀內官田令孜受溥厚賂曲奏
請收損下獄中丞盧渥附令孜鍛鍊其獄侍御史王華嫉惡堅執
證損無罪令孜怒奏損[illegible]獄按問王華拒不奉詔奏曰
李損位居近侍當化安民卻辱於黃門之手遘非時進狀請
開延英奏曰李凝古行酖之謀其事曖昧已遭屠害今不復論李
損父子相別三四年音問斷絕安得誣罔同謀時溥恃勳壞法凌

蔑朝廷而抗表請按侍臣悖戾何甚厚誣良善人皆痛心若李損
羅織而誅行當便及臣等帝爲之改容詹得免止於停任時田令
孜專總禁軍公卿寮庶無不候其顏色唯濬以道自處未嘗屈降
是年冬令孜奏安邑兩池鹽利請直屬禁軍王重榮上章論列
乃奏移重榮別鎮重榮不受令孜請率禁軍討之重榮求援於太
原李克用引軍赴之拒戰沙苑禁軍大敗逼京城僖宗懼出幸鳳
翔諸藩上章抗論令孜生事離間方面濬素惡令孜乃與裴澈致
書召朱玫玫以邠州之軍五千迎駕仍與河中太原修睦請同匡
王室由是諸鎮繼上章請駕還京令孜聞玫軍至迫脅天子幸陳
倉時僖宗蒼卒出城夜中百官不及扈從玫怒令孜弄權又以天
子不諒其忠語辭怨望乃訴于濬曰主上六年奔播百端艱險中
原士庶與賊血戰肝腦塗地十室九空比至收復京都十亡七八
殘民遺老方喜車駕歸宫主上不念生靈轉輸之勞甲士血戰之
効將勤王之功業爲勅使之寵榮而更志在亂邦與國生事召戎

○ 五十四 唐傳百二十九 二 黄曄

結怨不自他人昨奉指蹤徑來奔問不蒙見信翻類脅君古者忠
而獲罪正如此也吾等報國之心極矣戰賊之力殫矣安能垂頭
疊翼喘喘於閹寺之手哉春秋之義變君有君相公徐思其宜改
圖可也濬曰主上臨御十餘年未聞過行此來喪亂播越失於授
任非才近年令孜掣肘動不如意上每言之流涕不已昨去陳倉
上無行意令孜陳兵帳下列卒堦前造次迫行不容俟旦靜言此
賊罪不容誅至尊之心孰不深鑒足下乃心王室止有歸兵還鎮拜
表迎鑾德業功名益光圖史捨此已往理或未安改圖之言未敢
聞命玫曰李家王子極多有天下者豈一王哉濬曰廢立危事雖
有伊尹霍光之賢尚貽後悔古人云勿爲福始勿爲禍先如公矢
謀未見其利玫退而宣言曰我冊箇王子爲主不從者斬及立襄
王請濬爲冊文濬曰少嬰衰疾文思減落比來禁署未免倩人請
命能者竟不措筆乃命鄭昌圖爲之玫滋不悅及還長安以昌圖
代濬爲相罷濬太子太保乃移疾滿百日退居河中之永樂縣濬

在相位五年累兼尚書右僕射進封楚國公僖宗再還京宰相孔
緯與濬不協以其授僞命奏貶官尋賜死於永樂咸通中王鐸掌
貢籍濬與韋保衡俱以進士中選而保衡暴貴與鐸同在中書及
僖宗在蜀濬又與鐸並居相位帝嘗召宰臣鐸年高昇階足跌踣
句陳中濬旁掖起帝見之喜曰輔弼之臣和予之幸也謂濬曰適見
卿扶王鐸予喜卿善事長矣濬對曰臣扶王鐸不獨司長臣應舉
歲鐸爲主司以臣中選門生也上笑曰王鐸選進士朕選宰相於
卿無負矣濬謝之而退濬爲大臣士行無缺逢時不幸爲僞煴所
汚不以令終人士惜之弟灈時爲永樂令

孔緯字化文魯曲阜人宣尼之裔曾祖岑父位終秘書省著作佐
郎諫議大夫巢父兄也祖戣位終禮部尚書自有傳父遵孺終華
陰縣丞緯少孤依諸父溫裕溫業皆居方鎮與名公交故緯譽籍
早達大中十三年進士擢第釋褐秘書省校書郎崔慎由鎮梓州
辟爲從事又從崔鉉爲揚州支使得協律郎崔慎由鎮華州河中

○ 五十四 唐傳百二十九 三 劉闓

緯皆從之歷觀察判官宰相楊收奏授長安尉直弘文館御史中
丞王鐸奏爲監察御史轉禮部員外郎宰相徐商奏兼集賢直學
士改考功員外郎丁内憂免服闋以右司員外郎入朝宰臣趙隱
嘉其能文薦爲翰林學士轉考功郎中知制誥賜緋正拜中書舍
人累遷戶部侍郎謝日面賜金紫之服乾符中罷學士出爲御史
中丞緯器志方雅嫉惡如讎既總憲綱中外不竦而自肅歷戶部
兵部吏部三侍郎居選曹動循格令權要有所託私書盈几不之
省執政怒之改太常卿黄巢之亂從僖宗幸蜀改刑部尚書判戶
部事宰臣蕭遘在翰林時與緯情旨不協至是因戶部取給不充
移之散秩改太子少保光啓元年從駕還京是時田令孜軍敗沙
陀逼京師帝移幸鳳翔邠帥朱玫引兵來迎駕令孜挾帝幸山南
時中夜出幸百官不及扈從而隨駕者黄門衛士數百人而已帝
駐寶雞候百官詔授緯御史大夫遣中使傳詔令緯率百寮赴行
在時京師急變從駕官屬至盩厔並爲亂兵所剽資裝殆盡蕭遘承

命見宰相論事蕭遘裴徹以田令孜在帝左右意不欲行辭疾不
見緯緯遣臺吏促百官上路皆以袍笏不具為詞緯無如之何乃
召三院御史謂之曰吾輩世荷國恩身居憲秩雖六飛奔迫而咫
尺天顏累詔追徵皆無承稟非臣子之義也凡布衣交舊緩急猶
相救卹況在君親策名委質安可背也言訖泣下三院曰夫豈不
懷但盜屋剽剝之餘乞食不給今若首途聊營一日之費俟信宿
繼行可也緯拂衣起曰吾妻危疾且不保夕丈夫豈以妻子之故
怠君父之急乎公輩善自為謀吾行決矣即日見李昌符告曰主
上再有詔命令促百寮前進觀尊公立意未有發期僕忝憲闈不
宜居後道途多梗明公幸假五十騎送至陳倉昌符嘉之謂緯曰
路無頓遞裹糧辦耶乃送錢五十緡令騎士援緯達散關緯知朱
玫必蓄異志奏曰關城小邑不足以駐六師請速幸梁州翌日車
駕離陳倉纔入關而邠岐之兵圍寶雞攻散關微緯之言幾危矣
至褒中改兵部侍郎同中書門下平章事尋改中書侍郎集賢殿

○大學士王行瑜斬朱玫平定京城遷門下侍郎監修國史從駕還
京駐蹕岐陽進階特進兼吏部尚書領諸道鹽鐵轉運使車駕還
宮進位左僕射賜持危啓運保乂功臣食邑四千戶食實封二百戶
賜鐵券恕十死罪賜天興縣莊善和里宅各一區兼領京畿營田
使僖宗晏駕充山陵使僖宗祔廟緯準故事不入朝昭宗遣中使
召赴延英令緯依舊視事進加司空以國學盜火所焚令緯宇葺
仍兼領國子祭酒蔡賊秦宗權伏誅進階開府儀同三司進位司
徒封魯國公十一月昭宗謁郊廟兩中尉內樞密請朝服所司申
前例中貴人無例朝服助祭之禮少府監亦無素製冠服中尉怒
立令製造下太常禮院禮官舉故事亦稱無中尉朝服助祭之文
諫官亦論之緯奏曰中貴不衣朝服助祭國典也陛下欲以權道
寵內臣則請依所兼之官而為之服天子召諫官謂之曰大禮日
近無宜立異為朕容之於是內官以朝服助祭郊禮畢進位兼太
保大順元年夏幽州汴州請討太原宰臣張濬請自率禁軍為招

討上持疑未決問計於緯緯以討之為便語在濬傳其年秋濬軍
為太原所擊大敗而還濬罷相貶官緯坐附濬以檢校太保江陵
尹荊南節度觀察等使未離闕下再貶均州刺史緯濬密遣人求
援於汴州朱全忠上章論救緯至商州有詔俾令就便遂寓居華
州乾寧二年五月三鎮入京師殺宰相韋昭度李谿帝以大臣朋
黨外交方鎮思用骨鯁正人遣中使趣華州召緯入朝以疾未任
上路六月授太子賓客其日之夕改吏部尚書翌日拜司空兼門
下侍郎同平章事太清宮使修奉太廟弘文館大學士延資庫使
階爵功臣名食邑並如故旬日之內騶騎敦促相望于路扶疾至
京師延英中謝奏曰臣前時待罪宰相智術短淺有負弼諧陛下
特貸刑書曲全腰領臣期於死報泉壤不望生叩玉階復拜龍顏
實臣榮幸然臣比嬰衰疾伏枕累年形骸雖存生意都盡平居勉
強御事猶疎況比厄亂寧勝重委國祚方泰英彥盈庭豈以朽腐
之人再塵機務臣力疾一拜殿庭乞陛下許臣自便因嗚咽流涕

○緯久疾拜蹈艱難上令中使止之改容軫念令閤門使送緯中書
視事不旬日沙陀次河中同州王行約入京師謀亂天子出幸石
門緯從駕至莎城疾漸危篤先還京城九月卒於光德里第贈太
尉緯家尚節義挺然不屈雖權勢熏灼未嘗假以恩禮大順初天
武都頭李順節恃恩頗橫不朞年領浙西節度使俄加平章事謝
日臺吏申中書稱天武相公衙謝準例班見百寮緯判曰不用立
班順節麤暴小人不閑朝法盛飾趨中書既見無班心甚怏怏他
日因會順節微言之緯曰必知公慊也夫百辟卿士天子庭臣也比
來班見宰相以輔臣居班列之首奉長之義也公握天武健兒而
於政事廳受百寮班見意自安乎必若須此儀俟去都頭二字可
也順節不敢復言其秉禮不回多此類也孔氏子元和後昆仲貴
盛至正卿方鎮者六七人未有為宰輔者至緯始在鼎司子崇弼亦
登進士第仕至散騎常侍

韋昭度字正紀京兆人祖縃父逢昭度咸通八年進士擢第乾符

中累遷尚書郎知制誥正拜中書舍人從僖宗幸蜀拜戶部侍郎中和元年權知禮部貢舉明年以本官同平章事兼吏部尚書昭宗即位閬州刺史王建攻陳敬瑄於成都陽絕貢奉乃以昭度檢校司空同平章事成都尹劍南西川節度招撫宣慰等使昭度赴鎮敬瑄不受代詔東川顧彥朗與王建合勢討之昭度爲行營招討卒歲止拔漢州王建謂昭度曰相公勞師弊衆遠事蠻夷訪聞京洛以東羣侯相噬禍難未已朝廷不治腹心之疾也相公宜亟還京師咨謀匡合平定兩河國家之利也敬瑄小醜以日月制之擒之必矣此事責建可辦昭度然之奏請還都昭度未及京師建以重兵守劍門急攻成都下之殺敬瑄自稱留後昭度還以檢校司空充東都留守召還爲右僕射景福二年冬宰相杜讓能爲鳳翔所殺復委昭度知政事與李谿並命時宰相崔昭緯專政惡李谿之爲人降制日令知制誥劉崇魯哭麻以沮之谿上表論列天子待谿益厚明年春復命谿同平章事昭緯不勝其忿先是邠州王行瑜

○　五十四　唐傳一百二十九　六　劉岡

求爲尚書令昭度奏議云國朝已來功如郭子儀未省曾兼此官乃賜號尚父崔昭緯宗人鋋曾爲行瑜從事朝廷每降制勅不便於昭緯者即令鋋訴於行瑜俾上章論列朝三日小有依違即表章不遜至是李谿入拜昭緯謂鋋曰前時尚父之命已行而昭度沮之今又引谿同列此人姦纖惑上視聽宗社不寧恐復有杜太尉之事行瑜與李茂貞上章言命相非其人懼危宗社天子優詔曉諭言谿有才其年五月行瑜茂貞華州韓建以兵入覲面奏昭度李谿之姦邪請加譴逐制勅未行三鎮兵害昭度於都亭驛及行瑜誅降制復其官爵令其家收葬

崔昭緯清河人也祖庇滑州酸棗縣尉父璙鄂州觀察使昭緯進士又第昭宗朝歷中書舍人翰林學士戶部侍郎同平章事性姦纖忌前達內結中人外連藩閫屬朝廷微弱每託援以凌人主昭宗明察心不能堪以誘召三鎮將兵詣闕賊殺宰輔內臣帝深切齒會太原之師誅行瑜罷相授右僕射後又以託附汴州再貶梧州司馬尋降制曰崔昭緯頃居內署粗著微勞擢於侍從之司委以燮調之任不能忠貞報國端慎處身潛交結於姦臣致漏泄於機事星霜累換匡輔甚聞爾罪一也又快其私忿輒恣陰謀託崔鋋之險巇連行瑜之計畫遂致稱兵向闕怙衆脅君故宰臣韋昭度李谿並以無辜見害幾危宗社顯辱君親爾罪二也及行瑜敗滅京國甫安而乃自懼欺誣別謀託附又於藩閫潛請薦論不唯苟免罪愆兼亦再希任用貪榮冒寵僭濫無厭敗俗傷風賢愚共鄙爾罪三也又將厚賂欲結諸王輕侮我憲章玷瀆我骨肉貨財之數文字具存賴諸王作朕腹心嫉其蠹害盡將昭緯情款兼其親吏姓名直具奏聞拒其求託昭緯曾居宰輔久歷清崇但欲遂其回邪都不顧其事體觀其識見實駭聽聞爾罪四也自姦邪既露情狀難容尚示寬刑未行嚴憲投于荒裔冀其自新而不能退省過尤恭承制命速赴貶所用守常規而猶自務晏安尋聞所在留駐攪擾藩鎮侮慢朝章曾無戀闕之心可驗苞藏之計固知愆

○　五十四　唐傳百二十九　七　余昊

咎唯謗朝廷爾罪五也朕以恩澤者帝王之雨露刑法者邦國之雷霆無雨露則庶物不榮無雷霆則萬邦不肅朕體天道以化育遵王度以澄清罪既昭彰理難含垢凡百多士宜體予懷宜所在賜自盡時昭緯行次至荊南中使至斬之兄昭符仕至禮部尚書昭愿太子少保昭矩給事中昭遠考功員外郎

張濬字禹川河間人祖仲素位至中書舍人父鐸官卑家寓州濬倜儻不羈涉獵文史好大言爲士友之所擯棄初從鄉賦隨計咸薦其爲人濬憤憤不得志乃田衣野服隱於金鳳山學鬼谷縱橫之術欲以捭闔取貴仕乾符中樞密使楊復恭因使遇之自處士薦爲太常博士累轉度支員外郎黃巢將逼關輔濬託疾請告侍其母挈族避亂商州賊犯京師僖宗出幸途無供須衛軍不得食漢陰令李康獻糗餌數百馱軍士始得食僖宗召康問曰卿爲縣令安操心及此康對曰臣爲塵吏敢有此進獻張濬員外教臣也帝異之急召至行在拜兵部郎中未幾拜諫議大夫其年冬宰

相王鐸至滑臺兼充天下行營都統方徵兵諸侯奏用濬爲都統
判官時王敬武初破弘霸郎軍威大振累詔徵平盧兵敬武獨不
赴援鐸遣濬往說之敬武已受僞命復怙強不迎詔使濬至謁見
責之曰公爲天子守藩王臣齎詔宣諭而倨慢詔使既未識君臣
禮分復何顏以御軍民哉敬武愕然謝咎既宣詔軍士按兵默然
濬並召將佐集於鞠場面諭之曰人生效忠仗義所異粗分逆順懸
知利害黃巢前日販鹽虜耳公等捨累葉天子而臣販鹽白丁何
利害之可論耶今諸侯勤王天下響應公等獨據一州坐觀成敗
賊平之後去就何安若能此際排難解紛陳師鞠旅共誅寇盜迎
奉鑾輿則富貴功名指掌可取吾惜公輩捨安而即危也諸將改
容引過謂敬武曰諫議之言是也即時出軍從濬入援京師賊平
累遷戶部侍郎僖宗再幸山南拜平章事判度支濬初發迹依楊
復恭及復恭失勢乃依田令孜以至重位而反薄復恭及再幸山
南復恭代令孜爲中尉罷濬知政事昭宗初在藩邸深嫉宦官復

○ 五十四 【唐傳百二十九 八 姚瑹

恭有援立大勳恃恩任事上心不平之當時趨向者多言濬有方
略能畫大計復用爲宰相判度支上嘗問濬致理何事最急對曰
莫若強兵兵強而天下服上繇是專務蒐補兵甲欲以武功勝天
下後延英論前代爲治得失濬曰不必遠徵漢晉之弊臣竊見陛
下春秋鼎盛英睿如此內外偪於強臣臣每思之實痛心而泣血
也會朱全忠誅秦宗權安居受殺李克恭以潞州降全忠幽州李
匡威雲州赫連鐸等奏請出軍討太原詔四品已上官議皆言國
祚未安不宜生事假如得太原亦非國家所有濬議曰先帝頻至
播越王室不寧原其亂階由克用全忠之矛盾也請因其衰乘釁
忠立功可斷兩雄之勢上曰收復之功克用第一今乘其危困而
加兵諸侯其謂我何濬懇論用兵之利害蓋欲示外勢而擠復恭
也上旨未決宰臣孔緯曰張濬所陳萬代之利也陛下所惜即目之
利也以臣所料師渡河而賊必自破非計度軍中轉餉犒勞一二
年間必無關事陛下斷意行之既二相俱論乃以濬爲河東行營

兵馬都招討宣慰使以京兆尹孫揆副之仍授揆昭義節度使華
州韓建爲供軍使朱全忠爲太原西南面招討使李匡威赫連鐸
爲太原東北面招討使全忠以汴軍三千爲濬牙隊大順元年六
月濬率軍五十二都兼邠寧鄜夏雜虜共五萬人騎發自京師昭
宗御安喜樓臨送濬酒酣泣奏曰陛下動爲賊臣掣肘臣所以誓
死憤惋爲陛下除其僭偪楊復恭聞之不悅中尉內使餞於長樂
復恭奉卮酒屬濬濬辭曰聖人賜酒已醉矣復恭戲曰相公握禁
兵擁大旆獨當一面不領復恭意作面子耶濬笑曰賊平之後方
見面子復恭銜之時汴華邠岐之師渡河會濬於晉州汴將朱崇
節權知潞州事太原將李存孝攻之濬慮賊平汴人據昭義乃令
孫揆分兵赴鎮中使韓歸範送旌節至軍八月揆與歸範赴潞州
至潞並爲存孝擒送太原九月汴將葛從周棄潞州十月濬軍至
陰地邠岐華三鎮之師營平陽李存孝擊之一戰而敗委兵仗遺
散進攻晉州數日中夜濬斂衆遁走比曙喪師殆半存孝進收晉

○ 五十五 【唐傳百二十九 九 劉閏

絳慈隰等州濬狼狽由含山踰王屋出清河堐屋未縛筏濟河部
下離散將盡李克用上章論訴曰晉州長寧關使張承暉於當道
録到張濬牓并詔曰張濬充招討制置使令率師討臣兼削臣屬
籍官爵者臣誠冤誠憤頓首頓首伏以宰臣張濬欺天蔽日廊廟
不容讒臣於君奪臣之位憑燕帥妄奏與汴賊結恩矯託皇威擅
宣王命鳩集師旅撓亂乾坤悞陛下中興之謀資黔黎重傷之困
臣實何罪而陛下伐之此則宰臣持權面欺陛下況臣父子二代受
恩四朝破徐方救荊楚收鳳闕碎梟巢致陛下今日冠通天之冠
佩白玉之璽臣之屬籍懿皇所賜臣之師律先帝所命臣無逆節
濬討何名陛下若厭逐功臣欲用文吏自可遷臣封邑以侯就第奈
何加諸其罪孰肯無詞若以臣雲中之伐獲罪於時則拓拔思恭
取鄜延朱全忠侵徐鄆陛下何不討之假令李孝德不忠於主伐
之爲是則朱瑄時溥有何罪耶此乃同坐而異名賞彼而誅此使
天下藩服強者扼腕弱者自動欲言竊議爲臣怨嗟固非中興之

術也且陛下阽危之秋則獎臣爲韓彭伊霍既安之後罵臣曰戎羯蕃夷海内握兵立事如臣者衆矣寧不懼陛下他時之罵哉臣昨遇燕軍以禮退舍臣威淺昧厚自矜誇乃言臣中矢石覆士卒致内外吠聲一發短謀競陳惟陛下君臣之分況命官選將自有典刑不必幸臣之弱而後取之儻臣延期挺命尚固一方彼實何顔以見陛下此則姦邪朋黨輕弄邦典陛下疑旒端扆何由知之今張濬既以出軍微臣固難束手臣便欲叫閽輕騎面叩玉階訴邪佞於陛下之彤墀納詔命於先皇之宗廟然後束身司敗甘處憲章時克用令所擒中使奉表表至而濬敗朝廷聳震制曰漢武因恭儉富庶之後建置朔方孫弘沮之十不得一而良史以弘有宰相體者誠以愛人治國爲先拓境開疆爲末及孝宣值雄才削平之餘將議北征魏相爭之五將尋罷果致中興號爲賢輔況朕承天猷兵戈之後人思休息之時敢望皐夔共成堯日庶幾孫魏粗及漢年苟易於斯如何倚注光祿大夫門下侍郎兼戶部尚書

同中書門下平章事上柱國清河郡開國伯食邑一千二百戶充河東行營諸道兵馬招討制置宣等使張濬早以盛名稱爲奇士雖是再加徵用委以鈞衡謂其必致小康克勝大任而乃罔思守道但欲邀功用不詭之詢謀起無名之兵革自云一舉止在旬時堅請抗論勢莫能奪輕葛亮渭濱之役小裴度淮右之行經歷寒暄耗費百萬虛誕彰于朝野詐詭布於華夷構草莽聞燎原愈急俾擁旄乘騶之使因在虜庭勤王奉國之軍懷歸本土忘廊廟之威重結藩屏之仇讎欲使海内生靈竭其貢賦不獨河中郡邑蕩爲丘墟潛生厲階欲誰歸咎於戲衛晁錯之故事思王恢之舊章國有明文爾當何逭尚以愛人以禮理體宜然棗鎭劇權武昌善地宜罷樞軸之務仍停支度之司勉自思惟以逃後命可檢校戶部尚書鄂州刺史武昌軍節度觀察等使尋貶連州刺史馳驛發遣行至藍田關不行留華州依韓建時朝廷微弱音不能詰乾寧二年三鎭救韋昭度帝召孔緯欲大用亦以濬爲兵部尚書又領天下租庸使三年天子幸華州罷濬使務守尚書右僕射上疏乞致仕授左僕射致仕乃還洛陽居於長水縣別墅濬雖退居山墅朝廷或有得失必章疏上言德王廢立之際濬致書諸藩請圖匡復王師範青州起兵欲取濬爲謀主事雖不果其迹頗泄朱全忠將圖篡代懼濬搆亂四方不欲顯誅密諷張全義令圖之乃令牙將楊麟率健卒五十人有如劫盜圍其墅而殺之天復三年十二月晦夜也永寧縣吏葉彥者張氏待之素厚楊麟之來彥知之告濬第二子格曰相公之禍不可免郎君宜自爲謀格濬父子號咷而已濬謂格曰留則併命去或可免汝自圖之勿以吾爲累冀存後祀也格拜辭而去葉彥率義士三十人送渡漢江而旋格由荊江上峽入蜀王建僭號用爲宰相中興平蜀任圜攜格而還格感葉彥之惠訪之身已殁而厚報其家濬第三子寘於楊行密自乾寧之後賊臣内侮王室寖微昭宗不堪凌弱欲簡拔奇材以爲相然採於群小之論未嘗獲一名人登用之徒無不爲時嗤誚有

朱朴者乾寧中爲國子博士腐儒木強無他才伎道士許巖士出入禁中嘗依朴爲姦利從容上前薦朴有經濟才昭宗召見對以經義甚悅即日拜諫議大夫平章事在中書與名公齒筆札議論動爲笑端數月巖士事敗俱爲韓建所殺

鄭綮者以進士登第歷監察殿中倉部二員外金刑右司三郎中家貧求郡出爲廬州刺史黃巢自嶺表還經淮南剽掠綮移黃巢文牒請不犯郡界巢笑而從之一郡獨不被寇天子嘉之賜緋魚袋罷郡有錢千緡寄州帑後郡數陷盜不犯鄭使君寄庫錢至楊行密爲刺史送所寄於京師還綮綮善爲詩多侮劇刺時故落格調時號鄭五歇後體初去廬江與郡人別云唯有兩行公廨淚一時灑向渡頭風滑稽皆此類也王徽爲御史大夫奏綮爲兵部郎中知臺雜遷給事中賜金紫僖宗自山南還以宰相杜讓能弟弘徽爲中書舍人綮以弘徽兄在中書弟不宜同居禁近封還制書天子不報綮即移病休官無幾以左散騎常侍徵還朝政有闕無

不上章論列事雖不行喧傳都下執政惡之改國子祭酒物議以摩臣諫而置之散地不可執政懼復用為常侍光化初昭宗還宮庶政未愜綮每形於詩什而嘲之中人或誦其語於上前昭宗見其激訐謂有蘊蓄就常奏班簿側注云鄭綮可禮部侍郎平章事中書胥吏詣其家恭謁綮笑而問之曰諸君大悞俾天下人並不識字宰相不及鄭五也胥吏曰出自聖旨特恩來日制下抗其手曰萬一如此笑殺他人明日果制下親賓來賀搔首言曰歇後鄭五作宰相時事可知矣累表遜讓不獲既入視事偘然守道無復詼諧終以物望非宜自求引退三月餘移疾乞骸以太子少保致仕光化二年卒時議以昭宗命台臣濬朴綮三人尤謬季末之妖也

劉崇望字希徒其先代郡人隋元魏孝文帝徙洛陽遂為河南人八代祖隋大理卿坦生政會輔太宗起義晉陽官至戶部尚書封諭國公圖形凌煙閣政會生玄意尚太宗女南平公主歷洪饒八州採訪使玄意生奇位至吏部侍郎奇生愼知仕至獲嘉令愼知生

藜仕至東阿令藜生蔚蔚位終秘書郎蔚生符符進士登第咸通中位終蔡州刺史生八子崇龜崇望崇魯崇謩最知名崇龜咸通六年進士擢第累遷起居舍人禮部兵部二員外丁母憂免廣明元年春鄭從讜罷相鎮太原奏崇龜為度支判官檢校吏部郎中御史中丞賜金紫中和三年入朝為兵部郎中拜給事中大順中遷左散騎常侍集賢殿學士判院事改戶部侍郎檢校戶部尚書出為廣州刺史清海軍節度嶺南東道觀察處置等使卒崇望咸通十五年登進士科王凝廉問宣歙辟為轉運巡官戶部侍郎裴坦領鹽鐵辟為從事崔安潛鎮許昌成都崇望昆仲四人皆在安潛幕下入為長安尉直弘文館遷監察御史右補闕起居郎弘文館學士轉司勳吏部二員外郎崔安潛為吏部尚書崇望判南曹滌除宿弊復請選部田令孜干政藩鎮怨望河中尤甚不修職貢僖宗在山南以蒲坂近關欲其効用選使諭旨以崇望為諫議大夫既至諭以大義重榮奉詔恭順誓心臣復請殺朱玫自贖使還上

悅召入翰林充學士累遷戶部侍郎承旨轉兵部在禁署四年昭宗即位拜中書侍郎同平章事累兼兵部吏部尚書大順初同列張濬畫策討太原崇望以為不可濬果敗濬黜崇望代為門下侍郎監修國史判度支明年玉山都頭楊守信協楊復恭稱兵闕下陣于通化門上陳兵於延喜門是夜命崇望守度支庫明日曉入含光門未開門內禁軍列于左右候門開即劫掠兩市及聞傳呼宰相來門方啟崇望駐馬慰諭之曰聖上在街東親揔戎事公等禁軍何不樓前殺賊立取功名切不可剽掠街市圖小利以成惡名也將士唯唯從崇望至長樂門守信見兵來即遁去軍士呼萬歲是日庫市獲全軍人不亂繫崇望之方略也尋加左僕射時溥與朱全忠爭衡全忠謀兼徐泗上表請以重臣鎮徐乃以崇望守本官充武寧軍節度使溥不受代行至華陰而還拜太常卿王重盈死王珂王珙爭河中節鉞朝廷以宰相崔胤為河中節度使珂李克用之子壻也河東進奏官薛志勤揚言曰崔相雖重德如

作鎮河中代王珂不如光德劉公於我公事素也及三鎮以兵入朝殺害大臣以志勤之言責授崇望昭州司馬及王行瑜誅太原上表言崇望無辜放逐時已至荊南有詔召還拜吏部尚書未至王摶再知政事兼吏部尚書乃改崇望兵部尚書時西川侵寇顧彥暉欲併東川以崇望檢校右僕射平章事梓州刺史劍南東川節度使未至鎮召還復為兵部尚書光化二年卒時年六十二冊贈司空崇魯廣明元年登進士第鄭從讜奏充太原推官時兄崇龜為節度判官昆仲同居幕府尋轉掌書記中和三年入朝拜右拾遺左補闕景福初以水部員外郎知制誥二年杜讓能得罪昭宗復命韋昭度為相翰林學士李谿同平章事崇魯與崔昭緯相善昭緯恃邠岐之援讓能既誅之後權歸於己昭宗師李谿為文懼居位得寵則恩顧漸衰乃私與崇魯謀沮之及谿宣制之日出班而哭謂昭緯曰朝廷雖乏賢不可用纖人為宰輔谿比依復恭重遂居內職前日杜太尉狼籍為朝廷深恥今則削弱如此安

可更遵覆敕乎由是谿命不行谿自十一月初至歲暮晞上十表訴寃其詞詆毀所不忍聞明年春復命谿爲平章事昭緯召李茂貞王行瑜韓建稱兵入朝殺昭度與谿其年太原誅王行瑜昭緯貶官崇魯坐貶崖州司戶初崇龜在外聞崇魯哭麻大恚歎曰不食謂所親曰吾家兄弟進身有素未嘗以聲利敗名五門不幸生此等兒崇謨中和三年進士及第乾寧末爲太常少卿弘文館直學士

徐彥若天后朝大理卿有功之裔曾祖宰祖陶父商三世繼登進士科商字義聲大中十三年及第釋褐祕書省校書郎累遷侍御史改禮部員外郎尋知制誥轉郎中召充翰林學士拜中書舍人戶部侍郎判本司事檢校戶部尚書襄州刺史山南東道節度等使入爲御史大夫咸通初加刑部尚書充諸道鹽鐵轉運使遷兵部尚書東莞子食邑五伯戶四年以本官同平章事六年罷相檢校右僕射江陵尹荆南節度觀察等使入爲吏部尚書累遷太子太保卒彥若咸通十二年進士擢第乾符末以尚書郎知制誥

正拜中書舍人昭宗即位遷御史中丞轉吏部侍郎檢校戶部尚書代李茂貞爲鳳翔隴節度使茂貞不受代復拜中丞改兵部侍郎同平章事進加中書侍郎累兼左僕射監修國史扈昭宗石門還宮加開府儀同三司守司空進封齊國公太清宮修奉太廟等使加弘文館大學士賜扶危匡國致理功臣名昭宗自華還宮進位太保門下侍郎時崔胤專權以彥若在己上欲事權萃於其門二年九月以彥若檢校太尉同平章事廣州刺史清海軍節度嶺南東道節度等使卒于鎮第彥樞位至太常少卿子綰天祐初歷司勳兵部二員外戶部兵部二郎中

陸扆字祥文本名允迪吳郡人徙家于陝今爲陝州人曾祖澧位終殿中侍御史祖師德淮南觀察支使父鄯陝州法曹叅軍扆光啓二年登進士第其年從僖宗幸興元九月宰相韋昭度領鹽鐵奏爲巡官明年宰相孔緯奏直史館得校書郎尋丁母憂免龍紀元年冬召授藍田尉直弘文館遷左拾遺兼集賢學士中丞柳玭奏改監察御史大順二年三月召充翰林學士改屯田員外郎賜緋景福元年加祠部郎中知制誥二年元日朝賀面賜金紫之服五月拜中書舍人扆文思敏速初無思慮揮翰如飛文理俱愜同舍服其能天子顧待特異嘗金鑾作賦命學士和扆先成帝覽而嗟挹之曰朕聞貞元時有陸贄吳通玄兄弟能作內廷文書後來絕不相繼今吾得卿斯文不墜矣乾寧初轉戶部侍郎二年改兵部進階銀青光祿大夫嘉興男三百戶三年正月宣授學士承旨尋改左丞其年七月改戶部侍郎同平章事故事三署除拜有光署錢以宴舊僚內署即無斯例扆拜輔相之月送學士光院錢五百貫特與新例內署榮之八月加中書侍郎集賢殿大學士判戶部事九月覃王率師送徐彥若赴鳳翔師之起也扆堅請曰播越之後國步初集不宜與近輔交惡必爲他盜所窺加以親王統兵物議騰口無益於事秪貽後患昭宗巳發兵怒扆沮議是月十九日責授硤州刺史師出果敗車駕出幸四年二月復授扆工部尚書八月轉兵部尚書從昭宗自華還宮明

年正月復拜中書侍郎同平章事光化三年四月兼戶部尚書進封吳郡開國公食邑一千戶九月轉門下侍郎監修國史天復元年五月進階特進兼兵部尚書加食邑五百戶車駕幸鳳翔還京赦後諸道皆降詔書獨鳳翔無詔扆奏曰鳳翔近在國門責其心迹罪實難容然比來職貢無虧朝廷未與之絕一朝獨無詔命示人不廣也崔胤怒奏貶扆沂王傅分司東都削階至正議大夫居無何崔胤誅復授吏部尚書階封如故從昭宗還洛其年秋昭宗遇弒明年五月責授濮州司戶與裴樞崔遠獨孤損等被害於滑州白馬驛時年五十九子璪後爲緱氏令

柳璨河東人曾祖子華祖公器僕射公綽之再從弟也父遵璨少孤貧好學僻居林泉晝則採樵夜則燃木葉以照書性謇直無緣飾宗人璧玭貴仕於朝鄙璨朴鈍不以諸宗齒之光化中登進士第尤精漢史魯國顏蕘深重之蕘爲中書舍人判史館引爲直學士璨以劉子玄所撰史通譏駁經史過當璨紀子玄之失別爲十卷號柳氏釋史學者伏其優贍遷

左拾遺公卿朝野託為嚴奏時譽日洽以其博奧目為柳篋子昭宗好文初寵待李谿頗厚洎谿不得其死心常惜之求文士似谿者或薦璨高才召見試以詩什甚喜無幾召為翰林學士崔胤得罪前一日召璨入內殿草制敕胤死之日既夕璨自內出前驅傳呼相公來人未見制敕莫測所以翌日對學士上謂之曰朕以柳璨奇特似可獎任若令預政事宜授何官承旨張文蔚曰陛下拔用賢能固不拘資級恩命高下出自聖懷若循兩省遷轉拾遺超等入起居郎臨大位非宜也帝曰超至諫議大夫可乎文蔚曰此命甚愜即以諫議大夫平章事改中書侍郎任人之速古無茲例同列裴樞獨孤損崔遠皆宿素名德遽與璨同列意微輕之璨深蓄怨昭宗遷洛諸司內使宿衛將佐皆朱全忠腹心也璨皆將迎接之以恩厚相交結故當時權任皆歸之二年五月西北長星竟天掃太微文昌帝座諸宿全忠方謀篡代而妖星譴見占者云君臣俱災宜刑殺以應天變蔣玄暉張廷範謀殺衣冠宿望難制者璨即首疏素所不快者三十餘人相次誅殺班行為之一空冤聲載路傷害既甚

○朱全忠心惡之會全忠授九錫蔣玄暉等別陳意見王殷至大梁誣玄暉等通導宮掖欲興復李氏全忠怒捕廷範令河南聚眾五車分裂之兼誅璨臨刑呼曰負國賊柳璨死其宜矣初璨遷洛後累兼戶部尚書守司空進階光祿大夫鹽鐵轉運使其弟瑀瑊坐璨笞死

史臣曰嗚呼李氏之失馭也孛沴之氣紛如仁義之徒殆盡狐鳴鴟嘯瓦解土崩帶河礪嶽之門寂無遐邇奮挺揭竿之類唯効敢立手未捨於棘矜心已萌于問鼎加以囂浮士子闒茸鄙儒昧管葛濟時之才無王謝扶顛之業徼功射利陷族喪邦濬緯養虎於前胤璨剝廬於後逐徐薛於瘴海置裴朴於巖廊殿廷有哭制之夫輔弼走破家之黨九疇既紊百怪斯呈木將朽而蠹蝎生厲既篤而魈魅見妖徒若此亡國宜然何必長星更臨衰運

贊曰蕭召朱玫孔緯張濬身世罹殃邦家起釁如木斯蠹自潰於中抵巇侮亂安責伏哉

唐書列傳卷第一百二十九　左奉議郎充紹興府府學教授朱倬校正

唐書列傳卷第一百三十

劉昫　等修

朱克融　李載義　楊志誠史元忠附

張仲武子直方　張允伸　張公素

李可舉　李全忠子匡威　匡籌

朱克融賊泚之從孫也祖滔父洄克融少為幽州軍校事節度使劉總總將歸朝慮其有變籍軍中素有異志者薦之闕下時克融亦在籍中宰相崔植杜元穎不知兵且無遠略謂兩河無虞遂奏勒歸鎮長慶初幽州軍亂因其帥張弘靖時洄發疾於家軍中素伏其謀略至是衆欲立之洄自以老且病推克融統軍務焉朝廷尋加檢校左散騎常侍授以符節寶曆二年遣使送方鎮及三軍時服克融怒所賜疎弱執中使以聞上特優容別命中使宣諭仍改賜衣物旅其使楊文端等先是克融執中使奏稱竊聞陛下欲幸東都請將兵馬并丁匠五千人修理宮闕迎候車駕又上言

○無衣擬於朝廷請三十萬端疋以備一歲所費不然則三軍不安天子怒其悖慢取宰臣裴度謀優容之語見別卷克融官至檢校司空吳興郡王其年五月本州軍亂殺之子延齡亦遇害次子延嗣竊立尋為大將李載義所殺

李載義字方穀常山愍王之後代以武力稱繼為幽州屬郡守載義少孤與鄉曲之不令者遊有勇力善挽強角觝劉濟為幽州節度使見而偉之致於親軍從征伐以功遷衙前都知兵馬使檢校光祿大夫兼監察御史寶曆中幽師殺朱克融其子延嗣竊襲父位不遵朝旨虐用其人載義遂殺之數其罪以聞敬宗嘉之拜檢校戶部尚書兼御史大夫封武威郡王充幽州盧龍等軍節度副大使知節度事未幾李同捷據滄景以邀襲父爵載義上表請討同捷以自効上嘉其誠懇特加檢校右僕射累破賊軍以功加司空進階金紫大和三年平滄景策勳加平章事仍賜實封三百戶四年奚寇邊以兵擊走之仍虜其名王就加太保五年春為其

部下楊志誠所逐因入覲上以載義有平滄景之功又能恭順朝
旨冊拜太保同平章事其年改山南西道節度觀察處置等使兼興元
尹七年遷北都留守兼太原尹充河東節度觀察處置等使尋加
開府儀同三司丁丑憂起復驃騎大將軍餘如故迴鶻每遣使入
朝所至強暴邊城長吏多務苟安不敢制之以法但嚴兵防守虜
益驕悍或突入市肆暴橫無所憚至是有迴鶻將軍李暢者曉習
中國事知不能以法制馭益驕恣鞭捶驛吏貪求無已載義因召
李暢與語曰可汗使將軍朝貢以固舅甥之好不當使將軍暴踐
中華今朝廷饔餼至厚所以禮蕃客也苟有不至吏當坐死若將
軍之部伍不戢凌侮上國剽掠廬舍載義必殺爲盜者將軍勿以
法令可輕而不戒勵之遂罷防守之兵而使兩卒司其門虜知其
不爲下無敢犯令九年加侍中開成二年卒年五十贈太尉載義
晚年驕恣慘暴一方以楊志誠復爲部下所逐過太原載義躬自
毆擊遂欲殺之賴從事救解以免然而擅殺志誠之妻孥及將卒

朝廷錄其功曲法不問

○楊志誠大和五年爲幽州後院副兵馬使事李載義時朝廷賜載
義德政碑文載義延中使擊鞠志誠亦與焉遂於鞠場叫呼謀亂
載義奔于易州志誠乃爲本道馬步都知兵馬使文宗聞之驚急
召宰臣時牛僧孺先至上謂曰幽州今日之事可奈何僧孺曰此
不足煩聖慮臣被召疾趨氣促容臣稍緩息以對上良久曰卿以
爲不足憂何也僧孺對曰陛下以范陽得失繫國家休戚耶且自
安史之後范陽非國家所有前時劉總向化以土地歸闕朝廷約用
錢八十萬貫而未嘗得范陽尺布斗粟上供天府則今日志誠之
得猶前日載義之得也陛下但因而撫之亦事之宜也且范陽國
家所賴者以其北捍突厥不令南寇今若假志誠節鉞惜其土地
必自爲力則爪牙之用固不計於逆順臣固曰不足煩聖慮上大喜
曰如卿之言吾洗然矣尋以嘉王運遙領節度以志誠爲節度觀
察留後檢校左散騎常侍兼幽州左司馬尋改檢校工部尚書節

度副大使知節度事七年轉檢校吏部尚書詔下進奏官徐迪詣
中書白宰相曰軍中不識朝廷體位只知自尚書改僕射爲遷何
知工部轉吏部爲美且軍士盛飾以待新恩一旦復爲尚書軍中必
慚今中使往彼其勢恐不得出及使至其廉奔還奏曰楊志誠怒
不得僕射三軍亦有怨言春衣使魏寶義兼他使焦奉鸞尹士恭
並爲志誠縶留矣志誠遣將王文穎謝恩并讓官復賜官告批荅
文穎不受而歸朝廷納裴度言務以含垢下詔諭之因再遣使加
尚書右僕射八年爲三軍所逐而立史元忠元忠進志誠所造衮
龍衣二副及被服鞍韉皆繡飾鸞鳳日月之形或爲王字因付御
史臺按問流嶺南行至商州殺之初元忠既逐志誠詔以通王淳
遙領節度授元忠左散騎常侍幽州大都督府左司馬知府事充
節度留後明年轉檢校工部尚書節度副大使知節度事後爲偏
將陳行泰所殺

○張仲武范陽人也仲武少業左氏春秋擲筆爲薊北雄武軍使

會昌初陳行泰殺節度使史元忠權主留後俄而行泰又爲次將
張絳所殺令三軍上表請降符節時仲武遣軍吏吳仲舒表請以
本軍伐叛上遣宰臣詢其事仲舒曰絳與行泰皆是遊客主軍人
心不附仲武是軍中舊將張光朝之子年五十餘兼曉儒書老於
戎事性抱忠義願歸心闕廷李德裕因奏陳行泰張絳皆令大將
上奏邀求節旄所以必不可與今仲武上表布誠先陳密款因而拔
用即似有名許之乃授兵馬留後詔撫王紘遙領節度尋改仲武
節度副大使知節度事檢校工部尚書幽州大都督府長史兼御
史大夫蘭陵郡王俄而迴鶻擾邊時迴鶻有將勒那頡啜擁赤心
宰相一族七千帳東逼漁陽仲武遣其弟仲至與裨將游奉寰王
如清等率銳兵三萬人大破之前後收其侯王貴族千餘人降三
萬人獲牛馬橐駝旗纛罽幕不可勝計遣從事李周瞳牙門將
國從玘相次獻捷詔加檢校兵部尚書兼東面招撫迴鶻使先是
奚契丹皆有迴鶻監護使督以歲貢且爲漢諜至是遣裨將石公

緒等諭意兩部凡戮八百餘人又迴鶻初遣宣門將軍等四十七人詭詞結歡潛伺邊隙仲武使密賂其下盡得隂謀且欲驅入五原驅掠雜虜遂逗遛其使緩彼師期人馬病死竟不遣之迴鶻烏介可汗既敗不敢近邊乃依康居求活盡徙餘種寄託黑車子仲武由是威加北狄表請於薊北立紀聖功銘勒李德裕為之文其銘曰大和之初赤氛宵興開成之末彤雲暮凝異鳥南來胡滅之徵北夷殲掃厥國土崩逼迫遷徙震我邊鄙長蛇去穴奔鯨失水上都薊門兵連千里曾不畏天猶為驕子亟我邊陲邀我王師假我一城建彼幡旗歸計強漢郅支蹤躓狼顧朔野伏莽見嬴鴈門之北羌戎雜處戢滅羣羊茫茫大鹵縱其梟騎驚我牧圉暴若豺狼疾如風雨皇赫斯怒羽檄徵兵謀而臬默斷乃霆聲沉機變化動合神明沙漠之外虜無隱情漁陽突騎燕歌壯氣起趙元戎耽耽虎視金鼓誓衆千旄蔽地爰命其弟屬之大事翩翩飛將董我三軍直梟兄之制代帥之勳威略火烈胡馬星分戈迴白日劒薄浮雲

天街之北旄頭已落絕漠之野豈尤未殲俾我元侯恢弘遠略終取單于係之徽索陰山寢鋒亭徼弢弓萬里寬夷九譯而通蠻夷旣同天子之功儒臣篆美列石垂鴻仲武歷官至司徒中書門下平章事大中年卒謚曰莊子直方以幽州節度副使襲父位動多不法慮為將卒所圖三年冬託以遊獵奔赴闕庭尋授金吾將軍直方性率暴行豪奪之事以罪累貶郴州司馬十一年遷右驍衛將軍分司東都咸通中位至羽林統軍中和歲賊巢犯闕公卿侍其高豪多隱藏于第直方納招亡命謀欲劫巢或有告者由是以兵圍而害之

張允伸字逢昌范陽人也曾祖秀檀州刺史祖巖納降軍使父朝掖贈太尉允伸世仕幽州軍門累職至押衙兼馬步都知兵馬使大中四年戎帥周綝寢疾表允伸為留後朝廷可其奏加右散騎常侍其年冬詔賜旌節遷檢校工部尚書咸通九年累加至光祿大夫檢校司徒兼太傅同中書門下平章事燕國公十年餘人作亂請以弟允皐領兵伐叛懿宗不允進助軍米五十萬石鹽二萬石詔嘉之賜以錦綵玉帶金銀器等十月又加特進兼侍中十二年以風恙拜章請就醫藥詔許之以子簡會檢校工部尚書充節度副大使十三年允伸冊上表進納所賜旌節朝命未至其年正月二十五日卒年八十八冊贈太尉謚曰忠烈允伸領鎮凡二十三年克勤克儉比歲豐登邊鄙無虞軍民用乂至今談者美之有子十四人簡貞幽府左司馬先允伸卒簡壽右領軍衛大將軍餘或昇朝籍或為刺史郡佐

張公素范陽人咸通中為幽州軍校事張允伸累遷至平州刺史允伸卒子簡會權主留後事公素領本郡兵赴焉三軍素畏公素威望簡會知力不能制即時出奔遂立為帥朝廷尋授節旌累加至中書門下平章事無幾李茂勳奪其位公素歸闕貶復州司戶參軍

李可舉本迴鶻阿布思之族也張仲武破迴鶻可舉父茂勳與本

部侯王降焉茂勳善騎射性沉毅仲武器之常遣拓邊以功封郡王賜姓名咸通末納降軍使陳貢言者幽之宿將人所信服茂勳密謀劫而殺之聲云貢言舉兵張公素以兵逆擊不利公素走茂勳入城軍民方知其非貢言也既有其衆遂推而立之朝廷即降符節無幾以疾告老授右僕射致仕表可舉自節度副使幽州左司馬加右散騎常侍為節度留後中和中累官至檢校太尉中和末以太原李克用兵勢方盛與定州王處存密相締結可舉慮其窺伺山東終為己患遂遣使構雲中赫連鐸乘其背則與鎮州合謀舉兵兼言易定是燕趙之餘云得其地則正其疆理而分之時可舉遣將李全忠攻易州有次將劉仁恭者多權數攻之彌月不下乃穴地道以入其城既下易州士卒稍驕王處存引輕軍三千以羊皮蒙之夜伏於城外仍別於間道以騎士伺之燕軍望見謂之羣羊爭趨焉處存乘其無部伍一擊大敗之尋復其城全忠遁歸懼可舉罪之收其餘衆反攻幽州可舉危急收集其族登樓自燔而死

李全忠范陽人廣明中爲棣州司馬有蘆生于室一尺三節心惡之謂别駕張建曰吾室生蘆無乃怪歟建曰蘆茅類得澤而滋公家有茅土之慶殆天意乎其生三節必傳節鉞者三人公勉樹功名無忘斯言全忠秩滿還鄉里事節度使李可舉爲牙將時可舉兵鋒方盛欲與鎮人分易定遣全忠將兵攻之爲定州軍大敗於易水全忠懼率其餘衆掩攻幽州可舉死三軍推全忠爲留後朝廷因以節鉞授之光啓元年春也全忠卒子匡威自襲父位稱留後匡威素稱豪變屬遇亂離繕甲燕薊有吞四海之志赫連鐸據雲中屢引匡威與河東爭雲代交兵積年景福初鎮州王鎔誘河東將李存孝克用怒加兵討之時鎔童幼求援於燕匡威親率軍應之二年春河東復出師井陘鎔再乞師匡威來援匡威弟匡籌妻張氏有國色師將發家人會别匡威酒酣留張氏報之匡籌私懷憤怒匡威軍至博野匡籌乃據城自爲節度匡威部下聞之亡歸者半匡威退無歸路將入覲京師時匡威留於深州遣判官李

抱貞奉章以聞屬京師大亂之後聞匡威來朝市人震恐咸曰金頭王來謀社稷士庶有亡竄山谷者匡威其實不行欲圖鎮州示無留意鎔以匡威再來援己致其失師遣使迎歸府第父事之匡威爲鎔城郛繕甲指陳方略視鎔如子每陰謀驟施以悅人心鎮之三軍素忠於王氏惡其所爲會鎔過匡威第慰忌辰匡威縞衣裹甲伏兵劫鎔入牙城鎔兵逆戰燔東偏門軍士呼譟登屋矢下如雨鎔僕墨君和亂中扶鎔登屋免難而斬匡威以徇是歲匡籌出師攻鎮之樂壽武強以報恥匡威部曲劉仁恭歸於河東乾寧元年冬河東聽仁恭之謀出師進討二月敗燕軍於居庸匡籌挈其族遁去將赴京師至景城爲滄州節度使盧彥威所殺掠其輜車妓妾匡籌妻張氏產於路不能進劉仁恭獲之獻於李克用後立爲夫人嬖寵專房李氏父子三葉十年而亡

史臣曰大都偶國亂之本也故古先哲王建國公侯之封不過千乘所以強幹弱枝防其悖慢彼幽州者列九圍之一地方千里而遥其民剛強厥田沃壤遠則慕田光荆卿之義近則染祿山思明之風二百餘年自相崇樹雖朝廷有時命帥而土人多務逐君習苦忘非尾大不掉非一朝一夕之故也其李載義張仲武張允伸因利乘便獲領旌旗以仁守之恭順朝旨亦足多也如朱克融楊志誠史元忠張公素李可舉李全忠以不仁得之靡非更自暴志或尋爲纂奪或僅傳子孫咸非令終蓋其宜也

贊曰碣石之野氣勁人豪二百餘載自相尊高載義仲武亦有忠勞餘因篡得不仁何逃

唐書列傳卷第一百三十

教授朱倬校正

劉昫 等修

史憲誠 子孝章　何進滔　韓允忠
樂彥禎　羅弘信 子威

史憲誠其先出於奚虜今為靈武建康人祖道德開府儀同三司
試太常卿上柱國懷澤郡王父周洛為魏博軍校事田季安至征
馬大使銀青光祿大夫檢校太子賓客兼御史中丞柱國北海郡
王憲誠始以材勇隨父歷軍中右職兼監察御史元和中田弘正
討李師道令憲誠以先鋒四千人濟河累下其城柵復以大軍齊
進乘勢逐北魏之全師迫于鄆之城下師道窮蹙劉悟斬首投魏
軍錄功超授憲誠兼中丞鎮州王承宗死弘正自魏移領鎮州居
數月為王庭湊所殺遂以兵叛朝廷以弘正子布為魏博節度使
領兵討伐俾復父冤時幽州朱克融援助廷湊布不能制因自引
決軍情囂然憲誠為中軍都知兵馬使乘亂以河朔舊事動其人

心諸軍即擁而歸魏共立為帥國家因而命之時克融廷湊並據
兵為亂憲誠喜得旌節雖外順朝旨而中與朱王為輔車之勢長
慶二年正月也尋遣司門郎中韋文恪宣慰時李㝏為亂與憲誠
書問交通憲誠表請與㝏節鉞仍於黎陽驤身不欲渡河及見文
恪舉止驕倨其言甚悖旋聞㝏為帳下所殺乃從改過謂文恪曰
憲誠蕃人猶狗也唯能識主雖被棒打終不忍離其狡譎如此朝
廷每為優容尋加左僕射敬宗即位進秩司空大和二年滄景節度
使李全略卒其子同捷竊據軍城表邀符節舉兵伐之先是憲誠
與全略婚媾及同捷叛復潛以粮餉為助上屢發使申諭尋又就
加平章事憲誠嘗遣驍將王闕下恣為張大宰相韋處厚以語折
挫之憲誠不敢復與同捷為應時憲誠示出師共討同捷及滄景
平加司徒憲誠心不自安乃遣子孝章入覲又飛章願以所管奉
命上嘉之乃加侍中移鎮河中憲誠素懷向背不能以忠誠感激
其衆未及出城大和三年六月二十六日夜為軍衆所害冊贈太尉

孝章幼聰晤好學元和中李愬為魏帥取大將子弟列于軍籍孝
章倡言願効文職愬奇之令攝府參軍及憲誠領節鉞改士曹參
軍兼監察御史賜緋孝章以父在鎮多違朝旨嘗雪涕極諫備陳
逆順之理朝廷聞而嘉之乃授檢校太子左諭德兼侍御史充節
度副使累遷至散騎常侍兼御史大夫賜紫領本道兵同平滄景
加工部尚書尋請赴闕文宗慰勞甚厚憲誠亦因懇乞朝覲上知
憲誠之入覲自孝章之謀遂加禮部尚書分相衞澶三州別為一
鎮俾孝章領之孝章未到鎮憲誠遇害上以孝章有忠節起復為
右金吾衞將軍間歲授鄜坊節度使居四年遷于滑一歲入為右
領軍大將軍改右金吾大將軍俄授邠寧節度孝章歷三鎮雖無
異績而謹身畏法以保初終開成三年十月卒贈右僕射
何進滔靈武人也曾祖孝物祖俊並本州軍校父默夏州衙前兵
馬使檢校太子賓客試太常卿以進滔之貴贈左散騎常侍進滔
客寄於魏委質軍門事節度使田弘正弘正奉詔討鄆州破李師

道時進滔為衙內都知兵馬使以功授兼侍御史大和三年軍衆
害史憲誠連聲而呼曰得衙內都知兵馬使何端公知留後即三
軍安矣推而立之朝廷因授進滔左散騎常侍魏博等州節度觀
察處置等使為魏帥十餘年大得民情累官至司徒平章事卒子
弘敬襲其位朝廷時遣河中帥李執方滄州帥劉約各遣使勸令
歸闕別俟朝旨弘敬不從竟就加節制及劉稹反不時起兵鎮州
王元逵下邢洺二州兵次上黨弘敬方出師壓境大中後宣宗務其
姑息繼加官爵亦至使相咸通初卒子全皡嗣之朝廷尋降符節
累官亦至同平章事十一年為軍人所害子孫相繼四十餘年
韓允忠魏州人也舊名君雄懿宗改賜今名父國昌歷本州右職
會昌中從何弘敬破劉稹以功為貝州刺史兼御史中丞以允忠
故累贈兵部尚書允忠少仕軍門繼升裨校潞州之役亦與其行
咸通十一年何全皡為軍衆所殺推允忠為帥時僖宗為普王即
降詔遙領節度授允忠左散騎常侍兼御史中丞充節度觀察留

後不數月轉檢校工部尚書魏州大都督府長史充魏博節度觀察等使累加至檢校司空同平章事乾符元年十一月卒年六十一累贈太尉子簡自允忠初授戎帥便爲節度副使乾符初累官至檢校工部尚書允忠卒即起復爲節度觀察留後踰月加檢校右僕射其後累加至侍中封昌黎郡王賊巢之亂諸葛爽受其僞命河陽節度使時僖宗在蜀寇盜蜂起簡據有六州甲兵強盛竊懷僭亂之志且欲啓其封疆乃舉兵攻河陽爽弃城而走簡遂留兵保守因北掠邢洺而歸遂移軍攻鄆鄆帥曹全晸出戰爲簡所敗死之鄆將崔君裕收合殘衆保鄆州簡進攻其城半年不下河陽復爲諸葛爽所襲簡因欲先討君裕次及河陽乃舉兵至鄆君裕請降尋移軍復攻河陽行及新鄉爲爽軍逆擊敗之簡單騎奔迴憂憤疽發背而卒時中和元年十一月也

樂彥禎魏州人也父少寂歷澶博貝三州刺史贈工部尚書彥禎少爲本州軍校韓簡之領節旄也以彥禎爲馬步軍都虞候轉

○博州刺史下河陽走諸葛爽有功遷澶州刺史簡再討河陽之敗也彥禎以一軍先歸魏人遂共立之朝廷尋授檢校工部尚書知魏博留後俄加戶部尚書充節度觀察處置等使中和四年累加至尚書左僕射同平章事僖宗自蜀迴加開府儀同三司冊拜司徒彥禎志滿驕大動多不法一旦徵六州之衆板築羅城約河門舊堤周八十里月餘而畢人用怨咨又其子從訓天資悖逆王鐸自滑移鎮滄州過魏郊從訓見其女妓利之先伏兵於漳南高雞泊俟鐸之至圍而害之掠其所有時朝廷微弱不能詰魏人素知鐸名望議者惜之而罪從訓從訓又召亡命之徒五百餘輩出入臥內號爲子將委以腹心軍人籍籍各有異議從訓聞而忌之易服遁出止於近縣彥禎因命爲六州都指揮使未幾又兼相州刺史到任之後般輦軍器取索錢帛使人來往交午途路軍府疑貳彥禎危憤而卒衆推都將趙文玣知留後事從訓自相州領兵三萬餘人至城下文玣按兵不出衆懷疑懼復害文玣推羅弘信爲帥弘信以兵出戰敗之從訓招集餘衆次於洹水弘信遣將程公佐領兵討擊大敗之梟從訓首於軍門時文德元年春也

羅弘信字德孚魏州貴鄉人曾祖秀祖珍父讓皆爲本州軍校弘信少從戎役歷事節度使韓簡樂彥禎光啓末彥禎子從訓忌牙軍出居於外軍衆廢彥禎推趙文玣權主軍州事衆復以爲不便因推弘信爲帥先是有鄰人密謂弘信曰某嘗夜遇一白鬚翁相告云君當爲土地主如是者再三弘信竊異之及廢文玣軍人聚呼曰孰願爲節度使者弘信即應之曰白鬚翁早以命我衆乃環而視之曰可也由是立之僖宗聞之文德元年四月詔加工部尚書權知節度留後七月復加金紫光祿大夫檢校尚書右僕射充魏博節度觀察處置等使龍紀中加檢校司空同平章事封豫章郡公乾寧中朱全忠急攻兗鄆朱瑄求援於太原太原發軍假道於魏令大將李存信屯莘縣存信御軍無法侵魏之芻牧弘信不平之全忠復遣人謂之曰太原志吞河朔迴戈之日貴道堪憂弘信乃

○託好於汴出師三萬攻存信敗之太原怒舉兵攻魏營於觀音門外汴將葛從周援之屯於洹水李克用子落落時爲鐵林軍使爲從周所擒乃退歸自是太原之師每歲侵擾相魏魏人患之朱全忠方事兗鄆懼弘信離貳每歲時賂遺必卑辭厚禮書貺全忠對魏使北面拜而受之曰六兄比予倍年已上兄弟之國安得以常鄰遇之弘信以爲厚己亦推心焉弘信累官至檢校太師守侍中臨淸王光化元年九月卒年六十三贈太師追封北平王謚曰莊肅子威

威字端己文德初授左散騎常侍充天雄軍節度副使自龍紀至乾寧十年之中累加官爵弘信卒襲父位爲留後朝廷從而命之天復末累加至檢校太傅兼侍中長沙王天祐初授檢校太尉守侍中進封鄴王賜號忠勤宣力致理功臣魏之牙中軍者自至德中田承嗣盜據相魏澶博衞貝等六州召募軍中子弟置之部下遂以爲號皆豐給厚賜不勝驕寵年代寖遠父子相襲親黨膠固其兇戾者強買豪奪踰法犯令長吏不能禁變易主帥有同兒戲

如史憲誠何進滔韓君雄樂彥禎皆爲其所立優獎小不如意則舉族被害威懲其往弊雖以貨賂姑息而心銜之威嗣世之明年正月幽州劉仁恭擁兵十萬謀亂河朔進陷貝州長驅攻魏威求援於汴朱全忠遣將李思安屯於洹水葛從周自邢洺引軍入魏燕將劉守文單可及攻汴軍於內黃思安逆戰大敗之乘勝追躡從周出會掩擊復敗燕軍斬首三萬三年威引汴軍攻滄州以報之自是威感全忠援助之恩合從景附天祐二年七月十三日夜牙軍裨校李公佺作亂威僅以身免公佺出奔滄州自是愈懼遣使求援於全忠密謀破之全忠遣李思安會魏博軍再攻滄州全忠女妻威子廷規先是卒全忠遣長直軍校馬嗣勳選兵千人密於𣫍中實兵甲入魏言助女葬事三年正月五日嗣勳至全忠親率大軍濟河言視行營於滄景威欲因而出迎至期即假全忠帳下銳卒入而夾攻之牙軍頗疑堅請不出威恐洩其事慰納之是月十四日夜率廝養百十輩與嗣勳合攻之時宿於牙城者千人遲明

殺之殆盡凡八千家皆破其族魏軍攻滄州者在歷亭聞有變其將史仁遇擁之保于高堂六州之內皆爲讎敵累月平之威仕梁數年後卒年三十四位至守太師兼中書令贈尚書令謚曰貞壯威性明敏達於吏道伏膺儒術招納文人聚書至萬卷每花朝月夕與賓佐賦詠甚有情致錢塘人羅隱者有當世詩名自號江東生威遣使賂遺敘其宗姓推爲叔父隱亦集其詩寄之威酷嗜其作目已所爲曰偷江東集凡五卷今鄴中人士諷詠之

史臣曰魏鎮燕三鎮不能制之也久矣兵強地廣合從連衡爵命雖假於朝廷羣臣自謀於元帥如史憲誠等五家其初皆因此而得之其後亦因此而失之蓋不知取之以權守之以仁則遠矣若善繼者史氏羅氏之二子有焉其餘不足觀也

贊曰逆取順守古亦有之如其逆守滅亡必隨史何韓樂世數盛衰足以爲鑒念茲在茲

唐書列傳卷第一百三十一　左奉議郎充紹興府府學教授朱倬校正

唐書列傳卷第一百三十二　劉昫　等修

王重榮　王處存 弟處直　諸葛爽
高駢 畢師鐸 秦彥　時溥　朱瑄 弟瑾

王重榮河中人父縱鹽州刺史咸通中有邊功重榮以父蔭補軍校與兄重盈俱號驍雄名龍臺中廣明初重榮爲河中馬步軍都虞候巢賊據長安蒲帥李都不能拒稱臣於賊賊僞授重榮節度副使河中密邇京師賊徵求無已軍府疲於供億賊使百輩塡委傳舍重榮謂都曰吾以外援未至詭謀附賊以紓難今軍府積實苦被徵求復來收兵是賊危我也儻不改圖危亡必矣請絕橋道嬰城自固都曰吾兵微力寡絕之立見其患唯公圖之願以節鉞假公翌日都歸行在重榮知留後事乃斬賊使求援鄰藩既而賊將朱溫舟師自同州至黃鄴之兵自華陰至數萬攻之重榮戒勵士衆大敗之獲其兵仗軍聲益振朝廷遂授節鉞檢校司空時中

和元年夏也俄而忠武監軍楊復光率陳蔡之師萬人與重榮合賊將李祥守華州重榮合勢攻之擒祥以徇俄而朱溫以同州降賊既失同華狂躁益熾黃巢自率精兵數萬至梁田坡時重榮軍華陰南楊復光在渭北犄角破賊出其不意大敗賊軍獲其將趙璋巢中流矢而退而重榮之師亡耗殆半懼賊復來深憂之謂復光曰軍雖小捷銳旅亡失萬一賊黨復來其將何軍以應吾之成敗未可知也復光曰鴈門李僕射與僕家世事舊其尊人與僕父兄同患難僕射奮不顧身死義知己儻得李鴈門爲援吾事濟矣因遣使傳詔徵兵明年李克用領軍至大敗巢賊收復京城其倡義啓道之功實重榮居首京師平以功檢校太尉同平章事瑯琊郡王光啓元年僖宗還京喪亂之後六軍初復國藏虛竭觀軍容使田令孜奏以安邑解縣兩池榷課直屬省司以充贍給舊事河中節度兼榷使每年額輸省課重榮累表論列既循往例兼恃大功令孜不許奏請移重榮爲定州節度制下不奉詔令孜率禁軍

攻之屯于沙苑爲重榮擊敗之十二月令孜挾天子出幸寶雞太
原聞之乃與重榮入援京師遣使迎駕還宮令孜尤懼劫幸山
南及朱玫立襄王稱制重榮不受命會太原之師於河西以圖興
復明年王行瑜殺朱玫僖宗反正重榮之忠力居多重榮用法稍
嚴季年尤甚部下常行儒者嘗有所譴罰深銜之光啓三年六月
行儒以兵攻府第重榮夜出於城外別墅詰旦爲行儒所害行儒
乃推重盈爲帥重盈既立誅行儒與其黨安集軍民境宇初重盈
卒軍府推行軍司馬王珂爲留後重盈子珙時爲陝帥瑤爲絳州
刺史珂即重榮兄重簡子出繼重榮爲是爭爲蒲帥瑤珙上章論
列又與朱溫書云珂非吾兄弟子家之蒼頭也小字蟲兒安得繼
嗣珂上章云亡父有興復之功遣使求援於太原太原保薦於朝
珙厚結王行瑜李茂貞韓建爲援三鎮互相表薦昭宗詔諭之曰
吾以太原與重榮有再造之功已俞其奏矣故明年五月茂貞等
三人率兵入覲賊害時政請以河中授珙珙瑤連兵攻河中李克用

怒出師討三鎮瑤珙兵退克用拔絳州斬瑤乃師於渭北天子以珂
爲河中節度授以旄鉞仍充供軍糧料使既誅王行瑜克用以女
妻之珂親至太原太原令李嗣昭將兵助珂攻珙珙毋戰頻敗珙
性慘刻人有蹉犯必斬首置於座前言笑自若部下咸苦之因其
削弱皆懷離叛光化二年六月部將李璠殺珙自稱留後光化末
朱溫初伏鎮定將圖關輔屬劉季述廢立之際京師假援崔胤潛
乞師於汴以圖反正溫謂其將張存敬侯言曰王珂恃太原之勢
侮慢藩鄰骨肉相殘自大其事爾爲我持一繩以縛之存敬等率
兵數萬渡河由含山出其不意天復元年正月兵攻晉絳珂將絳
州刺史陶建釗晉州刺史張漢瑜既無備即開門降溫令別將何
絪守晉州扼其援路二月存敬大軍逼河中珂遣告急於太原晉
絳既當兵衝援師不能進珂妻書告太原曰賊勢攻逼朝夕爲俘
囚乞食大梁大人安忍不救克用曰賊阻前途衆寡不敵救則與
爾兩亡可與王郎歸朝廷珂計無從出即謀歸京師又使人告李

茂貞曰聖上初返正詔藩鎮無相侵伐同匡王室朱公不顧國家
約束率遣賊臣急攻弊邑則朱公之心可見矣弊邑若亡則同華
邠岐非諸君所能保也天子神器拱手而授人矣此自然之勢也
公可與華州令公早出精銳固潼關以應弊邑僕自量不武請於
公之西偏求爲鎮守此地請公有之關西安危國祚延促繫公此
舉也茂貞不荅珂勢蹙將渡河歸京師人情離合時河橋毀圯凌
澌鯁塞舟楫難濟珂挾艤舟有日珂夜自慰諭守陴者默然無應
牙將劉訓夜半至珂寢門珂叱之曰兵欲反耶訓解衣袒索曰公苟
懷疑訓請斷臂珂曰事勢如何計將安出訓曰若夜出整棹待濟
人必爭舟苟一夫鳴張其禍莫測不如俟明旦以情諭三軍願從者
必半然後登舟赴闕可以前濟不然則召諸將校且爲款狀以緩
賊軍徐圖向背策之上也珂然之即登城謂存敬曰吾於汴王有
家世事分公宜退舍俟汴王至吾自聽命存敬即日退舍三月朱
溫自洛陽至先哭於重榮之墓悲不自勝陳辭致祭蒲人聞之感

悅珂欲面縛牽羊以見溫報曰太師阿舅之恩何時可忘郎君
若以亡國之禮相見黃泉其謂我何及珂出迎之於路握手歔欷
聯轡而入居半月以存敬守河中珂舉家徙于汴後溫令珂入覲
遣人殺之於華州傳舍自重榮初帥河中珂三政二十年

王處存京兆萬年縣勝業里人世隸神策軍爲京師富族財產數
百萬父宗自軍校累至檢校司空金吾大將軍左街使遙領興元
節度宗善興利乘時貿易由是富擬王者仕宦因貲而貴侯服玉
食僮奴萬指處存起家右軍鎮使累至驍衛將軍左軍巡使乾符
六年十月檢校刑部尚書義武軍節度使明年黃巢犯闕僖宗出
幸處存號哭累日不俟詔命即率本軍入援遣二千人間道往山
南衛從車駕時李都守河中降賊會王重榮斬偽使通使於處存
乃同盟誓師營於渭北時巢賊僭號天下藩鎮多受其偽命唯鄭
畋守鳳翔鄭從讜守太原處存王重榮首倡義舉以招太原俄而
鄭畋破賊前鋒王鐸自行在至故諸鎮翻然改圖以出勤王之師

中和元年四月涇原行軍唐弘夫敗賊將林言尚讓軍乘勝進逼京師處存自渭北親選驍卒五千皆以白繻爲號夜入京城賊已遁去京師故人見處存遮道慟哭歡呼塞路軍人皆釋兵爭據第宅坊市少年多帶白號雜軍人翌日賊偵知自灞上復襲京師市人以爲王師歡呼迎之處存爲賊所迫收軍還營賊怒召集兩市丁壯七八萬併殺之血流成渠處存家在京師世受國恩以賊寇未平鑾輿出狩每言及時事未嘗不噎嗚流涕諸軍義之前後遣使十輩迎李克用旣奕世姻好特相款昵洎收京師王鐸第其功勤王舉義處存爲之最收城破賊克用爲之最以功檢校司空後又遣大將張公慶率勁兵三千合諸軍滅賊巢於泰山以功檢校司徒田令孜討王重榮詔處存爲河中節度處存上章申理言重榮無罪有大功於國不宜輕有除改以搖藩鎮之心初幽鎮兩藩兵甲強盛易定於其間疲於侵寇及匡威得志驕盈恒欲兼并之賴與太原姻好每爲之援處存亦睦鄰以禮優撫軍民折節下士人多歸

○之以至抗衡列鎮累加侍中檢校太尉乾寧二年九月卒年六十五贈太子太師謚曰忠肅三軍以河朔舊事推其子副大使郜爲留後朝廷從而命之授以旄鉞尋加檢校司空同平章事累至太保光化三年七月汴將張存敬進寇幽州旋入祁溝郜遣馬步都將王處直將兵拒之爲存敬所敗退營沙河汴人進擊營於懷德驛處直之衆奔撓城中大恐十月郜委城攜族奔於太原太原累表授檢校太尉天復初卒於晉陽其弟鄴克用以女妻之歷嵐石洺三州刺史大同軍防禦使天祐中卒

處直字允明處存母弟也初爲定州後院軍都知兵馬使汴人入寇處直拒戰不利而退三軍大譟推處直爲帥及郜出奔乃權留後事汴將張存敬攻城梯衝雲合處直登城呼曰敝邑於朝廷未嘗不忠於藩鄰未嘗失禮不虞君之涉吾地何也朱温遣人報之曰何以附太原而弱鄰道處直報曰吾兄與太原同時立勳王室地又親鄰脩好往來常道也請從此改圖温許之仍歸罪於孔目吏梁問出縑十萬匹牛酒以犒汴軍存敬脩盟而退温因表授旄鉞檢校左僕射天祐元年加太保封太原王後仕僞梁授北平王檢校太尉不數歲復於莊宗後十餘年爲其子都廢歸私第尋卒年六十一

諸葛爽青州博昌人役屬縣爲伍伯爲令所笞乃弃役以里謳自給會龐勛之亂乃委身爲徐卒累軍功至小校官軍討徐龐勛勢蹙率百餘人與泗州守將陽羣歸國累授汝州防禦使李琢爲招討使討沙陀於雲州表爽爲副廣明元年賊陷京師詔爽率代北行營兵馬赴難關中爽軍屯櫟陽潼關不守車駕出幸爽乃降賊巢以爽爲河陽節度使巢賊敗復表歸國進位檢校司徒時魏博韓簡軍勢方盛中和元年四月魏人攻河陽大敗爽軍於修武爽弃城遁走簡令大將守河陽乃出師討曹全晸於鄆州十月孟州人復誘爽爽自金商率兵千人復入河陽乃犒勞魏人令趙文玠率之而去十一月爽攻新鄉簡自鄆來逆戰軍於獲嘉西北時簡將引魏人入趨關輔誅除巢孽自有圖王之志三軍屢諫不從偏將樂

○彥禎因衆心搖說激之牙軍奔歸魏州爽軍乘之簡鄉兵八萬大敗奔騰亂死清水爲之不流明年正月簡爲牙軍所殺爽軍由是大振及巢賊將敗爽復歸國爽雖起群盜旣貴之後善於爲理所至法令澄清人無怨歎人士以此多之光啓二年爽卒帳中將劉經張言以爽子仲方爲孟帥俄而蔡賊孫儒率衆攻之城陷於賊仲方歸於汴儒遂據孟州

高駢字千里幽州人祖崇文元和初功臣封南平王自有傳父承明神策虞候駢家世仕禁軍幼而朗拔好爲文多與儒者遊喜言理道兩軍中貴翕然稱重乃歷之勇爵累歷神策都虞候會党項羌叛令率禁兵萬人戍長武城時諸將禦羌無功唯駢伺隙用兵出無不捷懿宗深嘉之西蕃寇邊移鎮秦州尋授秦州刺史本州經略使先是李琢爲安南都護貪於貨賄虐賦夷獠人多怨叛遂結蠻軍合勢攻安南陷之自是累年亟命將帥未能收復五年移駢爲安南都護至則匡合五管之兵朞年之內招懷溪洞誅其首惡

一戰而蠻卒遁去收復交州郡邑又以廣州饋運艱澁駢視其水路自交至廣多有巨石梗途乃購募工徒作法去之由是舟楫無滯安南儲備不乏至今賴之天子嘉其才遷檢校工部尚書鄆州刺史天平軍節度觀察等使治鄆之政民吏歌之南詔蠻寇巂州擾瀘肆掠乃以駢爲成都尹劍南西川節度觀察等使蜀土散惡成都比無垣墉駢乃計每歲完葺之費甃之以塼甓雉堞由是完堅傳檄雲南以兵壓境講信脩好不敢入寇進位檢校尚書右僕射江陵尹荆南節度觀察等使乾符四年進位檢校司空潤州刺史鎮海軍節度浙江西道觀察等使進封燕國公時草賊王仙芝陷荆襄宋威率諸道師討逐其衆離散過江表天子以駢前鎮鄆軍民畏服仙芝徒黨鄆人也故授駢京口節鉞以招懷之尋授諸道兵馬都統江淮鹽鐵轉運等使駢令其將張璘梁纘分兵討賊前後累捷降其首領數十人賊南趨嶺表天子嘉之六年冬進位檢校司徒揚州大都督府長史淮南節度副大使知節度事兵馬

都統鹽鐵轉運使如故駢至淮南繕完城壘招募軍旅土客之軍七萬乃傳檄徵天下兵威望大振朝廷深倚賴之進位檢校太尉同平章事既而黃巢賊合仙芝殘黨復陷湖南浙西州郡衆號百萬巢據廣州求天平節鉞朝廷議欲以南海節鉞授之宰相盧攜與駢素善以駢前在浙西立討賊之効今方集諸道之師於淮甸不宜捨賊以弱士心鄭畋議且宜假賊方鎮以紓難二人爭論於朝以言詞不遜由是兩罷之駢方持兵柄聞朝議異同心頗不平之廣明元年夏黃巢之黨自嶺表北趨江淮由採石渡江張璘勒兵天長欲擊之駢怨朝議有不附已者欲賊縱横河洛令朝廷聳振則從而誅之大將畢師鐸曰妖賊百萬所經鎮戍若蹈無人之境今朝廷所恃者都統破賊要害之地唯江淮爲首彼衆我寡若不據津要以擊之俾北渡長淮何以扼東中原陷覆必矣駢駭然曰君言是也即令出軍有愛將呂用之者以左道媚駢駢頗用其言用之懼師鐸等立功即奪已權從容謂駢曰相公勳業高矣

妖賊未殄朝廷已有間言賊若盪平則威望震主功居不賞公安稅駕耶爲公良畫莫若觀釁自求多福駢深然之乃止諸將但握兵保境而已其年冬賊陷河洛中使促駢討賊冠蓋相望駢終逗撓不行既而兩京覆没盧攜死駢大閲軍師欲兼并兩浙爲孫策三分之計天子在蜀亟命出師中和二年五月雉雊於揚州廨舍占者云野鳥入室軍府將空駢心惡之其月盡出兵於東塘結壘而處每日教閲如赴難之勢仍與浙西周寶書請同入援京師寶大喜即點閲將赴之遣人偵之知其非實駢在東塘凡百日復還廣陵蓋禳雉雊之異也僖宗知駢無赴難意乃以宰臣王鐸爲京城四面諸道行營兵馬都統崔安潛副之韋昭度領江淮鹽鐵轉運使增駢階爵使務並停駢既失兵柄又落利權攘袂大詬累上章論列語詞不遜其末章曰臣伏奉詔命令臣自省更勿依違者臣仰天訴地血淚交流如劒戟攢心若湯火在己只如黃巢大寇圖逼天長小城四旬有餘竟至敗走臣散衛諸道兵甲盡出家財賞

給而諸道多不發兵財物即爲己有縱然遣使徵得勑旨不許過淮其時黃巢殘兇纔及二萬經過數千里軍鎮盡若無人只如潼關已東止有一徑其爲險固甚於井陘豈有狂寇奔衝略無阻礙即百二之地固是虛言神策六軍此時安在陛下蒼黃西去內官奔命東來黎庶盡被殺傷衣冠悉遭屠戮今則園陵開毀宗廟荆榛遠近痛傷遐邇嗟怨雖然姦臣未悟陛下猶迷不思宗廟之焚燒不痛園陵之開毀臣之痛也實在於斯此事見之多年不獨知於今日況自崔蕭盜起朝廷徵用至多上至帥臣下及裨將以臣所料悉可坐擒用此爲謀安能辦事陛下今用王鐸盡主兵權誠知狂寇必殲梟巢即覆臣讀禮至宣尼射於矍相之圃蓋觀者如堵牆使子路出延射曰僨軍之將亡國之大夫與爲人後者不入於射也嚴誡如斯圖功也豈宜容易陛下安忍委敗軍之將陷一儒臣崔安潛到處貪殘只如西川可爲驗矣委之副貳詎可平戎況天下兵驕在處僭越豈三儒士能戢彊兵萬一乖張將何救助願

陛下下念黎庶上爲宗祧無使百代有抱恨之臣千古留刮席之
恥臣但慮寇生東土劉氏復興即軹道之災豈獨往日乞陛下稍
留神慮以安宗社今賢才在野憸人滿朝致陛下爲亡國之君此
等計將安出伏乞戮賣官鬻爵之輩徵鯁直公正之人委之重難
置之左右剋復宮闕莫尚於斯若此時誘諂忠臣沉埋烈士臣復
宗社未見有期臣受國恩深不覺語切無任憂懼之至詔報駢曰
省表具悉卿一門忠孝三代勳庸銘於景鐘煥在青史卿承祖父
之訓襲弓冶之基起自禁軍從微至著始則囊錐露穎稍有知音
尋則天驥呈才急於試効自秦州經略使授交阯節旄聯翩寵榮洊
漫富貴未嘗斷絕僅二十年卿報國之功亦可悉數最顯赫者安南
拒蠻至今海隅尚守次則汶陽之日政聲洽平洎臨成都脅歸驃
信三載之內亦無侵凌創築羅城大新錦里其爲雄壯實少比儔
渚宮不暇於施爲便當移鎮建鄴纔聞於安靜旋即渡江自到廣
陵併鍾多壘即亦招降草寇救援臨淮大約昭灼功勳不大於此

五十四 【唐傳一百三十二】 八 方成

數者朝廷累加渥澤靡悋徽章位極三公兵環大鎮銅鹽重務綰
握約及七年都統雄藩幅圓幾於萬里朕瞻如太華倚若長城凡
有奏論無不依允其爲託賴豈愧神明自黃巢肆毒咸京卿並不
離隋苑豈金陵苑水能遮鶂鷁之雄風伯雨師終阻帆檣之利自
聞歸止寧免鬱陶卿既安住蕪城鄭畋以春初入覲遂命上相親領
師徒因落卿都統之名固亦不乖事例仍加封實貴表優恩何廼
疑忿太深指陳過當移時省讀深用震嗟聊舉諸條粗申報復卿
表云自是陛下不用微臣固非微臣有負陛下者朕拔卿汶上超領
劍南荆潤維揚聯居四鎮綰利則牢盆在手主兵則都統當權直
至京北京南神策諸鎮悉在指揮之下可知董制之雄而乃貴作
司徒榮爲太尉以爲不用何名爲用乎卿又云若欲俯念舊勳佇觀
後効何不以王鐸權位與臣主持必能糾率諸侯誅鉏羣盜者朕
緣久付卿兵柄不能翦滅元兇自天長漏網過淮不出一兵襲逐奄
殘京國首尾三年廣陵之師未離封部忠臣積望勇士興譏所以

擢用元臣誅夷巨寇心期貔武便掃欃槍卿初委張璘請放却諸
道兵士辛勤召置容易放還璘果敗亡巢益顚越卿前年初夏遥
發神機與京中朝貴書題云得靈仙教導芒種之後賊必殄平尋
聞圍逼天長必謂死在卿手豈知魚跳鼎釜狐脫網羅遽過長淮
竟爲大憝都統既不能禦過諸將更何以枝梧果致連犯關河繼
傾都邑從來倚仗之意一旦控告無門凝睇東南惟增悽惻及朕
蒙塵入蜀宗廟劫於賊庭天下人心無不憤歎既知曆數猶在謳謡
未移則懷忠抱憤之臣貯救難除姦之志便須果決安可因循況
恩厚者其報深位重者其心急此際天下義舉皆望淮海率先豈
知近輔儒臣先爲首唱而窮邊勇將誓志平戎關東寂寥不見干
羽洎乎初秋覽見表方云仲夏發兵便詔軍前并移汶上喜聞兵勢
漸見旌幢尋稱宣潤阻艱難從天討謝玄破苻堅於淝水裴度平
元濟於淮西未必儒臣不如武將卿又云若不斥逐邪佞親近忠
良臣既不能保家陛下豈能安國忽當今日棄若寒灰者未委誰

五十四 【唐傳一百三十二】 九 陳綱

是忠良誰爲邪佞終日寵榮富貴何嘗不保其家無人扞禦寇戎
所以不安其國豈有位兼將相使帶銅鹽自謂寒灰眞同愎語卿
又云不痛園陵之開毀不念宗廟之焚燒臣實痛之實在茲也且
龜玉毀於櫝中誰之過也鯨鯢漏於網外抑有其由卿手握強兵身
居大鎮不能遮圍擒戮致令猖獗雖則上繫天時抑亦旁由
人事朕自到西蜀不離一室之中屏棄笙歌杜絕遊獵蔬食適口
布服被身焚香以望園陵雪涕以思宗廟省躬罪己不敢遑安莫
臣未悟之言誰人肯認陛下猶迷之語朕不敢當卿又云自來所
用將帥上至帥臣下及裨將以臣所料悉可坐擒用此爲謀安能
集事者且十室之邑猶有忠信天下至大豈無英雄況守固城池
悉嚴兵甲縱非盡美安得乎欺卿尚不能縛黃巢於天長安能坐
擒諸將只如拓拔思恭諸葛爽輩安能坐擒耶勿務大言不堪垂
訓卿又云王鐸是敗軍之將兼微引曩相射義者昔曹沫三敗終
復魯讎孟明再奔竟雪秦恥近代汾陽尚父咸寧太師亦曾不利

敲聲章彰則功成鐘鼎而安知王鐸不立大勳卿又云無使百代有抱恨之臣千古留刮席之恥但慮寇生東土劉氏復興即軹道之災豈獨往日者我國家景祚方遠天命未窮海內人心尚樂唐德朕不荒酒色不虧刑名不結怨於生靈不貪財於寓縣自知運曆必保延洪況巡省已來禎祥薦降西蜀半年之內聲明又以備全塞北日南悉來朝貢黠戛蠻國並至梯航但慮天寶建中未如今日倩官復國必有道期卿云劉氏復興不知誰為其首遽言刮席之恥比朕於劉盆子耶仍憂軹道之災方朕於秦子嬰也雖稱直行何太周諷三復斯言尤深駭異卿又云賢才在野憸人滿朝致陛下為亡國之君此子等計將安出伏乞戮賣官鬻爵之輩徵鯁直公正之臣者且唐虞之世未必盡是忠良今巖野之間安得不遺賢彥朕每令銓擇亦遣訪求其於選將料兵安人救物但屬收復之業講求理化之基自有長才同臣大計賣官鬻爵之士中外必不有之勿聽狂辭以貪游說且朕遠違宮闕寄寓巴邛所失恩者

甚多尚不興怨御落一都統何足介懷況六步未傾皇綱尚整三靈不昧百度猶存但守君臣之軌儀正上下之名分宜遵教約未可隳凌朕雖沖人安得輕侮但以知卿歲久許卿分深貴存終始之恩勿所猜嫌之慮所宜深省無更過言駢始以兵權欲臨藩鎮吞併江南一朝失之威望頓減陰謀自困故累表堅論欲其復故明年四月王鐸與諸道之師敗賊關中收復京城駢聞之悔恨萬狀而部下多叛計無所出乃託求神仙屏絕戎政軍中可否取決於呂用之光啓初僖宗再幸山南李煴僭號偽授駢中書令諸道兵馬都統江淮鹽鐵轉運等使駢方怨望而甘於偽署稱藩納賄不絕於途寢安自得曰以神仙為事呂用之又薦暨工諸葛殷張守一有長年之術駢並署為牙將於府第別建道院院有迎仙樓延和閣高八十尺飾以珠璣金鈿侍女數百皆羽衣霓服和聲度曲擬之鈞天日與用之守一三人授道家法籙談論於其間賓佐罕見其面府第有隋煬帝所造門屋數間俗號中書門最為宏壯

光啓元年無故自壞明年淮南饑蝗自西來行而不飛浮水緣城而入府第道院竹木一夕如翦經像幢節皆齧去其首撲之不能止旬日之內蝗自食噉而盡其年九月雨魚是月十日夜大星隕于延和閣前其聲如雷火光爍地自二年十一月雨雪陰晦至三年二月不解比歲不稔食物踴貴道殣相望饑骸蔽地是月浙西周寶為三軍所逐駢喜以為妖異當之三月蔡賊過淮口駢令畢師鐸出軍禦之師鐸與高郵鎮將張神劍鄭漢璋等率行營兵反攻揚州四月城陷師鐸囚駢於道院召宣州觀察使秦彥為廣陵帥既而蔡賊楊行密自壽州率兵三萬乘虛攻城城中米斗五十千餓死太半駢家屬並在道院秦彥供給甚薄薪蒸亦闕奴僕徹延和閣欄檻煮革帶食之互相篡啖駢召從事盧涚謂之曰予三朝為國粗立功名比擺脫塵埃自求清淨非與人世爭利一旦至此神道其何望耶掩涕不能已初師鐸之入城也愛將申及謂駢曰逆黨人數不多即目弛於防禁願奉令公潛出廣陵依投支郡以圖雪恥

賊不足平也若持疑不決及旦夕不得在公左右駢怯懦不能行其謀九月師鐸出城戰敗慮駢為賊內應又有尼奉仙自言通神謂師鐸曰揚府災當有大人死應之自此善也秦彥曰大人非高令公耶即令師鐸以兵攻道院侍者白駢曰有賊攻門曰此秦彥來整衣候之賊而亂卒升階曳駢數之曰公上負天子恩下陷揚州民淮南塗炭公之罪也駢未暇言首已墮地矣駢既死左右奴客踰垣而遁入行密軍行密聞之舉軍縞素繞城大哭者再日仍焚紙貨酒信宿不已駢與兒姪死於道院都一坎瘞之裹之以氈行密入城以駢孫愈為判官令主喪事葬送未行而愈卒後故吏鄺師虔收葬之初師鐸入城呂用之張守一出奔楊行密詐言所居有金行密入城掘其家地下得銅人長三尺餘身被桎梏釘其心刻高駢二字於胸蓋以魅道厭勝蠱惑其心以至族滅

畢師鐸者曹州冤朐人乾符初與里人王仙芝嘯聚為盜相與陷曹鄆荊襄師鐸善騎射其徒目為鷂子仙芝死來降高駢初敗黃

巢於浙西皆師鐸梁纘之効也頗寵待之駢末年惑於呂用之舊
將俞公楚姚歸禮皆爲用之讒構見殺師鐸意不自安有愛妾復
爲用之所奪光啓三年三月蔡賊楊行密逼淮口駢令師鐸率三
百騎戍高郵戍將張神劒亦怨用之兩人謀自安之計用之伺知
亟請召還師鐸母在廣陵遣信令師鐸遁去或謂師鐸曰請殺神
劒併高郵之兵趨府令公必殺用之爲解又曰不如投徐州則身存
而家保師鐸曰非計也呂用之誑惑主帥塗炭生民七八年來鬼
怨人怒今日之事安知天不假手誅妖亂而康淮甸耶又曰鄭漢
璋是我歸順時副使常切齒於用之今率精兵在淮口聞吾此舉
即樂從也乃趨淮口與漢璋合得兵千人又相與至高郵問計於
張神劒神劒曰公見事晚耶用之一妖物耳前受襄王僞命作鎮
廣州遷留不行志圖淮海節鎮今公已奪其魄彼一旦成事焉能
北面事妖物耶即刲騂血爲盟推師鐸爲盟主稱大丞相移檄郡
縣以誅用之守一爲名乃署其卒長唐宏王朗格女眞倪詳逯本

趙簡等分董其卒三千人四月趨廣陵營於大明寺揚州大駭呂
用之分兵城守高駢登延和閣聞鼓譟聲怪之用之曰師鐸兵士
迴戈止過不得適已隨宜處置公幸勿憂苟不聽徒勞玄女一符
耳師鐸陳兵數日用之屢出戰師鐸夏憂其不剋求救于宣州秦
彥曰苟得廣陵則迎公爲師彥令牙將秦稠率兵三千助之師鐸
門客畢慕顏自城中出曰人心已離破之必矣秦稠軍至兵威漸振
駢聞其變謂用之曰吾以心腹仗爾不能駕馭此輩使我何多百
姓遭羅飢饉不可虐用吾自枉手札喻師鐸可令大將一人自行
用之即以其黨許戡送駢書師鐸怒曰梁纘韓問何在今爾來耶
即斬之用之選勁兵自衞一日至道院駢叱去之乃令猶子傑握牙
兵令師鐸毋作書遣大將古鍔與師鐸子出城諭之師鐸令子還
白曰不敢負令公恩德正爲淮南除弊但斬用之守一即日退還
高郵秦稠攻西南隅城中應之即日城陷呂用之由參佐門遁走
駢聞師鐸至改服俟之與師鐸交拜如賓主之儀即日署爲節度

副使漢璋神劒皆署職事秦稠點閱府庫監守之仍密召彥於宣
州或謂師鐸曰公昨舉兵誅二妖物故人情樂從今軍府已安以
事理論之公宜還政高公自典兵馬戎權在手取捨自由藩鄰聞
之不失大義議者皆言秦稠破城之日已召秦彥彥若爲帥兵權
非足下有也公感其援但以金玉報之阻其渡江最爲上策若秦
彥作帥則楊行密朝聞夕至如高令復帥外寇必自卷懷師鐸猶
豫未決而秦彥軍至五月彥爲節度使署師鐸爲行軍司馬移居
牙外心頗不悅是月楊行密引軍攻揚州彥兵拒戰繼敗八月師
鐸與鄭漢璋出軍萬人擊行密皆大敗而還自是不復出九月師
鐸殺高駢十月秦彥師鐸突圍而遁十一月秦彥師鐸引蔡賊孫
儒之兵三萬圍揚州行密求救于汴朱全忠遣大將李璠率師往
口以爲聲援孫儒以廣陵未下而汴卒來又慮秦彥師鐸異志四
年正月孫儒斬秦彥師鐸于高郵之南鄭漢璋亦死焉

秦彥者徐州人本名立爲卒隸徐軍乾符中坐盜繫獄將死夢人
謂之曰爾可隨我及寤械破乃得逸去因改名彥乃聚徒百人殺
下邳令取其資裝入黃巢軍巢兵敗於淮南乃與許勍俱降高駢
累奏授和州刺史中和二年宣歙觀察使竇潏病彥以兵襲取之遂
代潏爲觀察使朝廷因而命之光啓三年揚州牙將畢師鐸因其帥
高駢懼外寇來侵乃迎彥爲帥彥召池州刺史趙鍠知宣州事自率
衆入揚州師鐸推彥爲帥五月壽州刺史楊行密率兵攻彥遣其將
張神劒令統兵屯灣頭山光寺行密屯大雲寺北跨長岡前臨大道
自揚子江北至槐家橋栅壘相聯秦彥登城望之懼形於色令秦稠
師鐸率勁卒八千出關爲行密所掩盡沒稠死之彥急求援於蘇
州刺史張雄雄率兵赴之屯于東塘重圍半年城中蒭粮並盡草
根木實市肆藥物皮囊革帶食之亦盡外軍掠人而賣人五十千死
者十六七縱存者鬼形鳥面氣息奄然張雄多軍粮相約交市城
中以寶貝市米金一斤通犀帶一得米五升雄軍得貨不戰而去九
月畢師鐸出戰又敗自是日與秦彥相對嘆惋問神尼奉仙何以獲

溥尼曰走爲上計也十月彥與師鐸突圍投孫儒並爲所殺江淮之間廣陵大鎮富甲天下自師鐸秦彥之後孫儒行密繼踵相攻四五年間連兵不息廬舍焚蕩民戶喪亡廣陵之雄富掃地矣

時溥彭城人徐之牙將黃巢據長安詔徵天下兵進討中和二年武寧軍節度使支詳遣溥與副將陳璠率師五千赴難行至河陰軍亂剽河陰縣迴溥招合撫諭其衆復集懼罪屯于境上詳遣人迎犒悉恕之溥乃移軍向徐州旣入軍人大呼推溥爲留後送詳於大彭館溥大出資裝遣陳璠援詳歸京詳宿七里亭其夜爲璠所殺舉家屠害溥以璠爲宿州刺史晉以違命殺詳溥誅璠又令別將帥軍三千赴難京師天子還宮授之節鉞及黃巢攻陳州秦宗權據蔡州與賊連結徐蔡相近溥出師討之軍鋒益盛毋戰屢捷黃巢之敗也其將尚讓以數千人降溥後林言又斬黃巢首歸徐州時溥功居第一詔授檢校太尉中書令鉅鹿郡王宗權未平仍授溥徐州行營兵馬都統蔡賊平朱全忠與之爭功遂相嫌怨淮南亂朝廷以全忠

遙領淮南節度以平孫儒行密之亂汴人應援路出徐方溥阻之全忠怒出師攻徐自光啓至大順六七年間汴軍四集徐泗三郡民無耕稼頻歲水災人喪十六七溥窘蹙求和于汴全忠曰移鎮則可然之朝廷以尚書劉崇望代溥以溥爲太子太師溥懼出城見害不受代汴將龐師古陳兵于野溥求援于兗州朱瑾出兵救之值大雪糧盡而還城中守陴者飢甚加之病疫汴將王重師牛存節夜乘梯而入溥與妻子登樓自焚而卒景福二年四月也地入于汴

朱瑄宋州人父慶坐盜鹽抵法瑄逃於青州爲王敬武牙卒中和初黃巢據長安詔徵天下兵敬武遣牙將曹全晸率兵三千赴難關西瑄已爲軍候會青州聞急敬武召全晸還路由鄆州時鄆帥薛崇爲草賊王仙芝所殺鄆將崔君裕權知州事全晸知其兵寡襲殺君裕據有鄆州自稱留後以瑄有功署爲濮州刺史留將牙軍光啓初魏博韓簡欲兼幷曹鄆以兵濟河收鄆全晸出兵逆戰爲魏軍所敗全晸死之瑄收合殘卒保州城韓簡攻圍半年不能拔會魏軍亂退去朝廷嘉之授以節鉞時瑄有衆三萬其弟瑾勇冠三軍有爭天下之心秦宗權之盛也屢侵鄆汴朱全忠爲賊所攻甚窘求救於瑄瑄令朱瑾出師援之擊敗秦宗權全忠乃與瑄情極隆厚全忠狡譎翻覆虎視藩鄰會宗權誅乃急攻徐州時溥求援于瑄瑄與全忠書請釋溥脩好僞許之瑄以恩及全忠遣使讓之又令朱瑾出軍援溥及徐泗平全忠乃移兵攻鄆三四年間每春秋入其境剽掠人不得耕織民爲俘者十五六瑄禦備殫竭景福末與弟瑾合兩鎭之兵與汴人大戰于魚山下瑄瑾俱敗兵士陷沒汴將朱友裕以長塹圍之乾寧四年正月城中食竭瑄與妻榮氏出奔至中都爲野人所害傳首汴州榮氏至汴州爲尼

朱瑾瑄之毋弟驍果善戰初乾符末朝廷以將軍齊克讓爲兗州節度瑾將襲取之乃求婚於克讓及親迎瑾選勇士衞從禮會之夜竊發逐克讓遂據城稱留後朝廷不獲已以節鉞授之及朱瑄平汴人移兵攻兗經年食盡瑾出城求食比還爲別將所拒不得

入乃渡淮依楊行密行密寵待之用爲壽州刺史大敗汴軍于清口自此全忠不敢以兵渡淮瑾楊溥時謀亂爲徐知訓所殺

史臣曰疾風知勁草世亂見忠臣誠哉是言也土運中微賊巢僭越藩伯勤王赴難者率有聲而無實唯重榮斬賊使於近關處存舉義師於安喜橫身泣赴不顧禍患遂得義徒雲合逆黨勢窮宜乎服冕乘軒傳家胙土而重榮傷於峻法嚴而少恩禍發輿臺誠悲枉橫高駢起家禁旅頗立功名玩寇崇妖致茲狼籍後來勳德可誡前車瑄溥不以善取固宜凶終瑾持此狼心安逃虎口王綱之紊羣盜及茲復何言哉

贊曰王者撫運居安慮危不以德處卽爲盜闚乾坤盪覆生聚流離讀駢章疏可爲涕洟

唐書列傳卷第一百三十二

左奉議郎充紹興府府學教授朱倬校正

唐書列傳卷第一百三十三　　劉昫

外戚

獨孤懷恩　竇德明 姪懷貞 族弟孝諶 孝諶子希瑊 希球 希瓘 希瓘子鍔 希瓘從父弟偉 鍪

長孫敞　武承嗣 子延秀 從父弟三思 三思子崇訓 從祖弟懿宗 攸暨 攸暨妻太平公主 從父弟攸緒

薛懷義　韋溫　王仁皎 子守一

吳溆 弟湊　竇覦 柳晟附　王思勍 子難得 難得子子顏

自古后族能以德禮進退全宗保名者鮮矣蓋恃宮掖之寵擅宴私之歡高爵厚祿驕其內聲色服翫惑於外莫知師友之訓不達危亡之道故以中才處之罕不覆敗亦由重植之木自然顛拔也明哲之君知驕侈之易滿榮寵之難保授任各當其才祿位不過其量告之以天命不易誡之以大義戚親使居無過之地永享不貲之福與國終始不失其所以親也易曰震來虩虩恐致福也又曰父子嘻嘻失家節也與其愛而失節曷若懼而致福魏氏懲漢之敗著矯枉之法幼主嗣位母后不得臨朝外氏無功時主不得封爵雖曰刻薄而卞氏之族竟無大過皇唐受命長孫竇氏以勳賢任職而武氏韋氏以盈滿致覆夫廢興者豈天命哉蓋人事也竇威長孫無忌各自有傳其餘載其得失為外戚傳以存鑒誡焉

獨孤懷恩元貞皇后弟之子也父整隋涿郡太守懷恩幼時以獻皇后之姪養於宮中後仕為鄠縣令高祖平京城授長安令在職嚴明甚得時譽及高祖受禪擢拜工部尚書時虞州刺史韋義節擊堯君素於蒲州而義節文吏怯懦頻戰不利高祖遣懷恩代總其衆懷恩督兵城下為賊所拒頻戰不利高祖切讓之因是怨望高祖嘗戲之曰弟姑子悉為天子次當舅子乎懷恩遂自以為符命每扼腕曰我家豈女獨富貴耶由是陰圖異計時虞鄉南山多羣盜劉武周將宋金剛寇陷澮州高祖悉發關中卒以隸太宗屯於栢壁懷恩遂與解縣令榮靜前五原縣主簿元君寶謀引王行本兵及武周連和與山賊劫永豐倉而斷栢壁糧道割河東地以唱武周事臨發會夏縣人呂崇茂殺縣令據縣起兵應武周高祖遣懷恩與永安王孝基陝州總管于筠內史侍郎唐儉攻崇茂宋金剛潛兵來襲諸將盡沒君寶與開府劉讓亦同陷于賊中遂洩懷恩之謀既而懷恩逃歸高祖復令率師攻蒲州唐儉在賊中說賊將尉遲敬德請使讓還連和罷兵遂使發其事會堯君素為其下所殺小帥王行本以蒲州降懷恩勒兵入據其城高祖將濟河已御舟矣會讓至迺使召懷恩懷恩不知事已洩輕舟來赴及中流而執之收其黨按驗遂誅之時年三十六籍沒其家

竇德明太穆順聖皇后兄之孫也祖照尚後魏文帝女義陽公主封鉅鹿公父彥襲父封仕隋為西平郡守德明少師事陳留王孝逸頗涉文史會漢王諒作亂遣其將綦良攻黎州德明時年十八募得五千人倍道而進號令嚴整一戰破之以功累拜齊王府屬坐事免及義師圍長安永安王孝基襄邑王神符江夏王道宗及高祖之婿竇誕趙慈景並繫獄隋將衛文昇陰世師欲殺之德明

謂文昇曰罪不在此輩殺之無傷於彼適足招怨文昇乃止及謁見高祖竟不自言時人稱其長者武德初拜考功郎中從太宗擊王世充頻有戰功封顯武男貞觀初歷常愛二州刺史尋卒弟德玄高宗時為左相德玄子懷貞

懷貞少有名譽時兄弟宗族並以輿馬為事懷貞獨折節自修衣服儉素聖曆中為清河令治有能名俄歷越州都督揚州大都督府長史所在皆以清幹著稱神龍二年累遷御史大夫兼檢校雍州長史時韋庶人及安樂公主等干預朝政懷貞每諂順委曲取容改名從一以避后父之諱自是名稱日損庶人微時乳母王氏本蠻婢也特封莒國夫人嫁為懷貞妻俗謂乳母之婿為阿奢懷貞每因謁見之次及進表疏列在官位必曰皇后阿奢時人或以國奢呼之初無慙色宦官用權懷貞尤所畏敬每視事聽訟見無鬚者誤以接之監察御史魏傳弓嘗以內常侍輔信義尤縱暴將奏劾之懷貞曰輔常侍深為安樂公主所信任權勢甚高言成禍

福何得輒有彈糾傳子曰今王綱漸壞君子道消正由此輩擅權
耳若得今日殺之明日受誅無所恨懷貞無以荅但固止之韋庶
人敗左遷濠州司馬尋擢授益州大都督府長史以附會太平公
主累拜侍中兼御史大夫代韋安石為尚書左僕射監脩國史賜
爵魏國公睿宗為金仙玉真二公主創立兩觀料功甚多時議皆
以為不可唯懷貞贊成其事躬自監役懷貞族弟詹事司直維
鍌謂懷貞曰兄位極台衮當思獻可替否以輔明主奈何校量瓦
木廁跡工匠之間欲令海內何所瞻仰也懷貞不能對而監作如
故時人為之語曰竇僕射前為韋氏國䝰後作公主邑丞言懷貞
伏事公主同於邑官也先天二年太平公主逆謀事洩懷貞懼罪
投水而死追戮其屍改姓毒氏德明族弟孝諶
孝諶刑部尚書誕之子昭成順聖皇后父也則天時歷太常少卿
潤州刺史長壽二年后母龐氏被酷吏所陷誣與后呪詛不道孝
諶左遷羅州司馬而卒子希瑊希球希瓘並流嶺南神龍初隨
○ 五十四 【唐傳一百三十三】 三 江文
例寧免景雲元年追贈孝諶太尉邠國公希瑊襲爵玄宗即位加贈
孝諶太保希瑊等以舅氏甚見優寵希瑊累遷太子少傅幽國公
尋卒希球官至太子賓客封冀國公開元二十七年卒及卒謚曰
靖希瓘初賜爵畢國公後改名璥初為左散騎常侍及希球卒因
授開府儀同三司玄宗以早失太后尤重外家璥兄弟三人皆國
公食實封璥子鍔又尚玄宗女永昌長公主恩寵賜賚為厚矣
而兄弟皆貪鄙過自封植璥又甚之天寶七年有竇勉嘗交巫祝
勉犯法璥坐信其詭說被停官放歸田園尋以尊老又授開府儀
同三司依舊朝會十二載十二月卒玄宗哭於行在贈司徒賻賚
萬璥從父弟維鍌好學以撰著為業時宗族咸以外戚崇飾輿馬
維鍌獨清儉自守中書令張說黃門侍郎盧藏用給事中裴子餘
皆與之親善官至水部郎中卒撰吉凶禮要二十卷行於代
長孫敞文德順聖皇后之叔父也仕隋為左衛郎將煬帝幸江都
留敞守京城禁苑義旗入關率子弟迎謁於新豐從平京城以

功除將作少監出為杞州刺史貞觀初坐贓免太宗以后親常令
內給絹以供私費尋拜宗正少卿致仕加金紫光祿大夫累封平
原郡公卒贈幽州都督謚曰良陪葬昭陵敞從父弟操周大司徒
薛國公覽之子也武德中為陝東道行臺金部郎中出為陝州刺
史自州東引水入城以代井汲百姓于今利之貞觀中歷洺州刺史
益揚二州都督府長史並有善政二十三年以子詮尚太宗女新城
公主拜岐州刺史永徽初加金紫光祿大夫賜爵樂壽男尋卒贈
吏部尚書并州都督謚曰安詮官至尚衣奉御詮即侍中韓瑗妻
弟也及瑗得罪事連於詮減死配流巂州詮至流所縣令希旨杖
殺之詮之甥有趙持滿者工書善射力搏猛獸捷及奔馬而親仁
愛眾多所交結京師無貴賤皆愛慕之初為涼州長史嘗逐野馬
自後射之無不洞于胷腋邊人深伏之許敬宗懼其作難誣與詮
及無忌同反及拷訊終無異詞且曰身可殺辭不可奪吏竟代為
款以殺之
○ 五十四 【唐傳一百三十三】 四 江文
武承嗣荊州都督士彠之孫則天順聖皇后兄子也初士彠娶相
里氏生元慶元爽又娶楊氏生三女長適越王府功曹賀蘭越石
次則天次適郭氏士彠卒後兄子惟良懷運及元爽等遇楊氏失
禮及則天立為皇后追贈士彠為司徒周忠孝王封楊氏代國夫
人賀蘭越石早卒封其妻為韓國夫人尋又加贈士彠為太尉楊
氏改封為榮國夫人時元慶任為宗正少卿元爽為少府少監惟
良為衛尉少卿榮國夫人恨其曩日薄己諷皇后抗疏請出元慶
等為外職佯為退讓其實惡之也於是元慶為龍州刺史元爽為
濠州刺史惟良為始州刺史元慶至州病卒元爽自濠州又配流
振州而死乾封年惟良與弟淄州刺史懷運以岳牧例集於泰山
之下時韓國夫人女賀蘭氏在宮中頗承恩寵則天意欲除之諷
高宗幸其母宅因惟良等獻食則天密令人以毒藥貯賀蘭氏食
中賀蘭氏食之暴卒歸罪於惟良懷運乃誅之仍諷百寮抗表請
改其姓為蝮氏絕其屬籍元爽等緣坐配流嶺外而死乃以韓國

夫人之子敏之爲士彠嗣改姓武氏累拜左侍極蘭臺太史襲爵周國公仍令鳩集學士李嗣眞吳兢之徒於蘭臺刊正經史并著撰傳記敏之既年少色美烝於榮國夫人恃寵多愆犯則天頗不悅之咸亨二年榮國夫人卒則天出内大瑞錦令敏之造佛像追福敏之自隱用之又司衛少卿楊思儉女有殊色高宗及則天自選以爲太子妃成有定日矣敏之又逼而淫焉及在榮國服内私釋衰絰著吉服奏妓樂時太平公主尚幼往來榮國之家宫人侍行又嘗爲敏之所逼俄而姦汙事發配流雷州行至韶州以馬韁自縊而死承嗣元爽子也敏之死後自嶺南召還拜尚衣奉御襲祖爵周國公俄遷祕書監則天臨朝追尊士彠爲忠孝太皇置崇先府官屬五代祖已下皆爲王嗣聖元年以承嗣爲禮部尚書尋除太常卿同中書門下三品垂拱中轉春官尚書依舊知政事載初元年代蘇良嗣爲文昌左相同鳳閣鸞臺三品兼知内史事天授元年於東都創置武氏七廟追尊周文王爲始祖文皇帝王子

○武爲睿祖康皇帝云武氏之先也后五代祖贈太原靖王居常爲嚴祖成皇帝高祖贈趙肅恭王克己爲肅祖章敬皇帝曾祖贈魏康王儉爲烈祖昭安皇帝祖贈周安成王華爲顯祖文穆皇帝考忠孝太皇爲太祖孝明高皇帝妣皆隨帝號曰皇后元慶爲梁憲王元爽爲魏德王又追封伯父及兄弟俱爲王諸姑姊爲長公主於是封承嗣爲魏王元慶子夏官尚書三思爲梁王后從父兄子納言攸寧爲建昌王太子通事舍人攸歸爲九江王司禮卿重規爲廣平王左衛親府中郎將載德爲潁川王右衛將軍攸暨爲千乘王司農卿懿宗爲河内王左千牛中郎將嗣宗爲臨川王右衛勳二府中郎將攸宜爲建安王尚乘直長攸望爲會稽王太子通事舍人攸緒爲安平王攸止爲恒安王又封承嗣男延基爲南陽王延秀爲淮陽王三思男崇訓爲高陽王崇烈爲新安王后兄子贈陳王承業男延暉爲嗣陳王延祚爲咸安王承嗣嘗諷則天革命盡誅皇室諸王及公卿中不附己者承嗣從父弟三思又盛贊其

計天下于今寬之俄又賜承嗣實封千戶仍監脩國史承嗣自爲次當爲皇儲令鳳閣舍人張嘉福諷諭百姓抗表陳請則天竟不許如意元年授特進尋拜太子太保罷知政事承嗣以不得立爲皇太子怏怏而卒贈太尉并州牧謚曰宣子延基襲爵則天避其父名封爲繼魏王尋與其妻永泰郡主及懿德太子等話及張易之兄弟出入宫中恐有不利後忿爭不協洩之則天聞而大怒咸令自殺復以承嗣次子延義爲繼魏王中宗即位侍中敬暉等以唐室中興武氏諸王宜削其王爵乃率羣官上表曰臣聞神器者天下之至公必歸乎有德皇極者域中之大寶必順乎天命歷考前古詳觀帝業皆不並興莫有二主故三皇氏没而五帝氏興夏商氏衰而周漢氏作何則帝王之曆數必應乎五行水盛則火衰木衰則金盛天地之運也合乎四時春往則夏來暑退則寒集則知五行之數也帝王不可違違之則宗社不安生人不理四時之序天地不能變變之則霜露不均水旱交錯自有隋失御海内崩

○離天曆之重歸于唐室萬方樂業荷撥亂之功三聖重光布生成之德可謂有功於四海有德於烝人自弘道遏密生靈降禍百辟哀號如喪考妣則天皇后臨御帝圖明目達聰躬親庶績則有讒邪凶孽誣惑叡德構害宗枝誅夷殆盡英藩賢戚百不一存餘類在者投竄荒裔寃酷人神感傷天地忠臣義士實所痛心自天授之際時稱改革武家子姪咸樹封建十餘年間實亦榮極于時唐室藩屏豈得並封故知事有升降時使然也今則天皇帝厭倦萬機神器大寶重歸陛下百姓謳歌欣復唐業上至卿士下及蒼生黄髮之倫童兒之輩莫不歡欣舞抃如見父母豈不以唐家恩德感幽祇之心陛下仁明順天下之望今皇業重構聖祚中興神祇之道有助於先德矣黎人之誠無負於陛下矣臣又聞之業不兩盛事不兩大故天無二日土無二王前聖之格言先哲之明誡自皇明反正天命惟新武家諸王封建依舊生者既加茅土死者仍追賦邑萬姓失望卿士寒心何則開闢已來罕有斯理帝王之道實無

此法陛下縱欲開恩以行私惠豈可違五行之曆數乖四時之序者乎又海内衆情朝廷竊議為武氏諸王身計亦適將有損何則處之未得其所居之實恐不安陛下雖欲寵之翻乃陷之不遵古典故也且唐曆有歸周命已去爵重則難保祿薄則易全又則天皇帝親政之時武氏諸王亦分外職今居京輦不降舊封天下之心竊將不可陛下縱欲敦崇外戚曲流恩貸奈宗廟社稷之計何奈卿士黎庶之議何伏願陛下為社稷之遠圖割私情之小愛内崇經邦之要外順遐邇之心豈不固宗社之基允人靈之願則陛下巍巍之業貫三光而洞九泉親親之義上有倫而下有序臣特承榮寵恩竭丹赤既為唐臣實為唐計伏乞聖慈俯垂矜納中書舍人岑羲之詞也上荅曰朕嘗因暇景博覽前脩帝籍皇圖略稽其迹至若二靈肇判三才聿興驪連栗陸之辰尊盧大庭之日時猶朴略未著圖書洎乎出震應期畫八卦而成象炎皇御曆播百穀以興農車服創於軒轅之朝曆象建於唐堯之代封建之事

闕焉無聞自周漢已來方崇藩屏至於三微更王五運迭興以古揆今事迹有奏比者別宗攄曆異姓興邦伏以則天大聖皇帝内輔外臨將五十載在朕躬則為慈母於士庶即是明君往者垂拱之中嗣皇臨政當此之際魯衛並存及乎全節興妖瑯琊構逆災連七國釁結三監既行大義之懷遂有竝誅之事周唐革命蓋為從權子姪封王國之常典卿等表云天授之際武家封建唐家藩屏豈得並封者至如千里一房不預逆謀還依姓李無改舊恩豈非善惡區分申明逆順矣今以聖上乘豫高枕怡神委政朕躬篡承丕緒昨者二月之首攸暨等屢請削封朕獨斷襟懷不依來請昔漢祖以布衣取天下猶封異姓為王況朕以累聖開基豈可削封外族羣公等以天無二日土無二主抗表紫庭用申丹懇者然以賞罰之典經國大綱攸暨三思皆悉預告凶謀雖不親冒白刃而亦早獻丹誠今若却除舊封便虞有功難勸於是降封梁王三思為德靜郡王量減實封二百戶定王駙馬都尉攸暨為樂壽郡王河内郡王懿宗為耿國公建昌郡王攸寧為江國公會稽郡王攸望為鄴國公臨川郡王嗣宗為管國公建安郡王攸宜為息國公高平郡王重規為鄶國公繼魏王延義為魏國公安平郡王攸緒為巢國公高平郡王駙馬都尉崇訓為酆國公淮陽郡王延秀為桓國公咸安郡王延祚為咸安郡公中宗時嗣宗至曹州刺史攸宜工部尚書重規岐州刺史相次病卒攸望至太常卿左遷春州司馬而死延秀伏誅後武氏宗屬緣坐誅死及配流殆將盡矣先天二年制削士彠帝號依舊追贈太原王妻楊氏亦削后號依舊為太原王妃

延秀承嗣第二子也則天時突厥默啜上言有女請和親制延秀與閻知微俱往突厥將親迎默啜女為妻既而默啜執知微入寇趙定等州故延秀久不得還神龍初默啜更請通和先令延秀送款始得歸封桓國公又授左衛中郎將時武崇訓為安樂公主壻即延秀從父兄數引至主第延秀久在蕃中解突厥語常於主第

延秀唱突厥歌作胡旋舞有姿媚主甚喜之及崇訓死延秀得幸遂尚公主主韋后所生男女中最小初中宗遷於房州欲達州境生於路次性惠敏容質秀絕中宗韋后愛寵日深恣其所欲奏請無不允許恃寵橫縱權傾天下自王侯宰相已下除拜多出其門所營第宅并造安樂佛寺擬於宮掖巧妙過之令楊務廉於城西造定昆池於其莊延袤數里出降之時以皇后仗發於宮中中宗與韋后御安福門觀之燈燭供擬徹明如晝延秀拜席自授太常卿兼右衛將軍駙馬都尉改封桓國公實封五百戶發休祥宅於金城坊造宅窮極壯麗帑藏為之空竭崇訓子數歲因加金紫光祿大夫太常卿同正員左衛將軍封鎬國公賜實封五百戶以嗣其父公主產男滿月中宗韋后幸其第就第放赦遣宰臣李嶠文士宋之問沈佺期張說閻朝隱等數百人賦詩美之延秀既恃恩放縱無所忌憚又公主府倉曹符鳳知延秀有不臣之心遂說曰今天下蒼生猶以武氏為念大周必可再興按讖書云黑衣神孫

披天裳駙馬即神皇之孫也毋勸令著早襖子以應之及韋庶人敗延秀與公主在內宅格戰良久皆斬之後追貶爲教逆庶人

三思元慶子也少以后族累轉右衛將軍則天臨朝擢拜夏官尚書及革命封梁王賜實封一千戶尋拜天官尚書證聖元年轉春官尚書監修國史聖曆元年檢校內史二年進拜特進太子賓客仍並依舊監修國史三思略涉文史性傾巧便僻善事人由是特蒙信任則天數幸其第賞賜甚厚時薛懷義張易之昌宗皆承恩顧三思與承嗣每折節事之懷義欲乘馬承嗣三思必爲之執轡又贈昌宗詩盛稱昌宗才貌是王子晉後身仍令朝士遞相屬和三思又以則天厭居深宮又欲與張易之昌宗等扈從馳騁以弄其權乃請創造三陽宮于嵩高山興泰宮于萬壽山請則天每歲臨幸前後工役甚衆百姓怨之神龍初進拜司空同中書門下三品加實封五百戶固辭不受未幾隨例降封爲德靜郡王量減實封二百戶尋拜左散騎常侍則天遺制令復其所減實封初敬暉

等立功後掌知國政三思慮其更爲己患而令其子崇訓因安樂公主構誣敬暉等並流于嶺表而死自是三思威權日盛軍國政事多所參綜敬暉等所斥黜者皆能引復舊職令百官復修則天之法時人皆言其陰懷篡逆以比曹孟德司馬仲達雍州人韋月將高軫等並上疏言三思父子必爲逆亂三思知而求索其罪有司希旨奏月將坐當弃市軫配流嶺外黃門侍郎宋璟執奏云月將所犯不合至死三思妒嫉斥宋璟爲外職三思既猜嫌正士嘗言不知何等名作好人唯有向我好者是好人耳又與其所親兵部尚書宗楚客將作大匠宗晉卿太府卿紀處訥鴻臚卿甘元柬遞相引致干黷時政侍御史周利用冉祖雍太僕丞李俊光祿丞宋之遜監察御史姚紹之等五人嘗爲其耳目時人呼爲三思五狗中宗尋又制武氏崇恩廟一依天授時舊禮享祭其吳陵順陵並置官員皆三思意也三思既與韋庶人及上官昭容私通嘗忌節愍太子又因安樂公主密謀廢黜之三年七月太子率羽林大將軍李多祚等發左右羽林兵殺三思及其子崇訓于其第并殺其親黨十餘人俄而事變太子既死中宗爲三思舉哀廢朝五日贈太尉追封梁王謚曰宣安樂公主又以節愍太子首致祭于三思及崇訓靈柩前睿宗踐祚以三思父子俱有逆節制令斲棺暴屍平其墳墓

崇訓三思第二子也則天時封爲高陽郡王長安中尚安樂郡主時三思用事於朝欲寵其禮中宗爲太子在東宮三思宅在天津橋南自重光門內行親迎禮歸於其宅三思又令宰臣李嶠蘇味道詞人沈佺期宋之問徐彥伯張說閻朝隱崔融崔湜鄭愔等賦花燭行以美之其時張易之昌宗宗楚客兄弟貴盛時假詞於人皆有新句崇訓授左衛中郎將神龍元年拜駙馬都尉遷太常卿兼左衛將軍降封酇國公仍賜實封五百戶尋徙封鎬國公二年兼太子賓客檢校左衛將軍及爲節愍太子所殺優制贈開府儀同三司追贈魯王謚曰忠

懿宗則天伯父士逸之孫也父元忠高宗時仕至倉部郎中天授年

封士逸爲蜀王懿宗封爲河內郡王歷遷洛州長史左金吾衛大將軍萬歲通天年中契丹賊帥孫萬榮寇河北命懿宗爲大總管討之軍次趙州及聞賊將至冀州懿宗懼便欲弃軍而遁人或謂曰賊衆極多然其軍無輜重以抄掠爲資若按兵以守勢必離散因而擊之可有大功也懿宗不聽遂退據相州時人嗤其怯懦由是賊衆進屠趙州而去尋又令懿宗安撫河北諸州先是百姓有脅從賊衆後得歸來者懿宗以爲同反總殺之仍生刳取其膽後行刑流血盈前言笑自若初孫萬榮別帥何阿小攻陷冀州亦多屠害士女至是時人號懿宗與阿小爲兩何謂之語曰唯此兩何殺人最多懿宗又自天授已來嘗受中旨推鞫制獄王公大臣多被陷成其罪時人以爲周興來俊臣之亞焉神龍初隨例降爵封耿國公累轉懷州刺史尋卒

攸暨則天伯父士讓孫也天授中封士讓爲楚王攸暨封千乘郡王賜爵實封三百戶兄攸寧爲建昌郡王實封四百戶攸寧歷遷

鳳閣侍郎納言冬官尚書病卒攸暨初爲右衛中郎將尚太平公
王授駙馬都尉累遷右衛將軍進封定王又加實封三百戶俄又改
安定郡王歷遷司禮卿左散騎常侍加特進神龍中拜司徒復封
定王實封滿一千戶固辭不拜尋而隨例降封樂壽郡王拜右散
騎常侍加開府儀同三司延秀等誅後又降封楚國公延和元年
卒贈太尉并州大都督追封定王尋以公主謀逆令平毀其墓
太平公主者高宗少女也以則天所生特承恩寵初永隆年降駙
馬薛紹垂拱中被誣告與諸王連謀伏誅則天私殺攸暨之妻
以配主焉公主豐碩方額廣頤多權略則天以爲類己每預謀議
宮禁嚴峻事不令洩公主亦畏懼自檢但崇飾邸第二十餘年天
下獨有太平一公主父爲帝母爲后夫爲親王子爲郡王貴盛無比
永淳已前親王食實封八百戶有至一千戶公主出降三百戶
公主加五十戶太平食湯沐之邑一千二百戶聖曆初加至三千戶
神龍元年預誅張易之謀有功進號鎮國太平公主相王加號安

國相王並食實封通前五千戶賞賜不可勝紀公主薛氏二男二
女武氏二男一女並食實封又相王衛王重俊成王千里宅遣衛士
宿衛環其所居十步置一仗舍持兵巡徼同於宮禁太平長寧安
樂三公主置鋪一如親王二年正月置公主府景龍二年公主男崇
簡崇敏崇行同授三品與漁陽王兄弟四人同制時中宗仁善韋
后上官昭容用事禁中皆以爲智謀不及公主甚憚之公主日益
豪橫進達朝士多至大官詞人後進造其門者或有貧窘則遺之
金帛士亦翕然稱之及唐隆元年六月韋后作逆稱制僞尊溫王
玄宗居臨淄邸憤之將清內難公主又預其謀令男崇簡從之及
立溫王數日天下之心歸於相府難爲其議公主入啓幼主以王
室多故責於長君乃提下幼主因與玄宗大臣尊立睿宗公主頻
著大勳益尊重乃加實封五千戶通前滿一萬戶公主子崇行崇
敏崇簡三人封異姓王崇行國子祭酒四人九卿三品每入奏事坐
語移時所言皆聽薦人或驟歷清職或至南北衙將相權移人

主軍國大政事必參決如不朝謁則宰臣就第議其可否公主由
是滋驕田園遍於近甸膏腴而市易造作器物吳蜀嶺南供送相
屬於路綺疏寶帳音樂輿乘同於宮掖侍兒披羅綺常數百人蒼
頭監嫗必盈千數外州供狗馬玩好滋味不可紀極有胡僧惠範
家富於財寶善事權貴公主與之私奏爲聖善寺主加三品封公
殖貨流於江劍公主懼玄宗英武乃連結將相專謀異計其時宰
相七人五出公主門常元楷李慈掌禁兵常私謁公主先天二年
七月玄宗在武德殿事漸危逼乃勒兵誅其黨竇懷貞蕭至忠
岑羲等公主遽入山寺數日方出賜死于家公主諸子及黨與死
者數十人籍其家財貨山積珍奇寶物侔於御府馬牧羊牧田園
質庫數年徵斂不盡惠範家產亦數十萬貫
攸緒惟良子也少有志行天授中封安平郡王歷遷殿中監出爲
揚州大都督府長史聖曆中棄官隱于嵩山以琴書藥餌爲務中
宗即位以安車備禮徵之降書曰朕聞大隱忘情不去朝市至人

無迹何所凝滯王高標峻尚雅操孤貞有咸一之用弘體二之德學
究深遠理實精微草芥貂蟬錙銖纓紱蔭松山而辭竹苑去朱邸
而臥青溪逍遙林壑傲睨箕穎有年歲矣朕虔膺聖曆重闡皇
基俾乂邦家寧輯區寓求賢採彥俯谷窺山王之所居接近嵩岳
長望高烈思滿風煙駐蹕喬巖追尋大隗鳴鑾峒岫詢訪廣成機
務殷繁有懷莫遂今遣國子司業杜慎盈以禮命徵辟掃蒼龍之
第虛稷契之筵神化丹青朕之志也豈以黃屋之貴傾彼白雲之心
通變之宜希從降志延佇閭闔若在汾陽攸緒應召至都授太子
賓客尋請歸嵩山制從之令京官五品已上餞送于定鼎門外及
三思延秀等構逆諸武多坐誅戮唯攸緒以隱居不預其禍時論
美之睿宗即位又降敕曰頃以賊臣結黨后族擅權扇動宮闈肆
行鴆毒靈祇所感姦惡伏誅令得宗社又安天地交泰卿久厭簪
紱早慕林泉守道不回見機而作興言高尚有足嘉稱但愆用不
遷罪無相及爲善有驗卿之謂與或慮驚疑故令慰諭其見重如

止尋衛爲太子賓客不就開元二年攸緒又請就廬山居止制不
許仍令州縣數加存問不令外人侵擾十一年卒年六十九
薛懷義者京兆鄠縣人本姓馮名小寶以鬻臺貨爲業偉形神有
膂力爲市於洛陽得幸於千金公主侍兒公主知之入宮言曰小寶
有非常材用可以近侍因得召見恩遇日深則天欲隱其迹便於
出入禁中乃度爲僧又以懷義非士族乃改姓薛令與太平公主
婿薛紹合族令紹以季父事之自是與洛陽大德僧法明處一惠
儼棱行感德感知靜軌宣政等在內道場念誦懷義出入乘廄馬
中官侍從諸武朝貴匍匐禮謁人間呼爲薛師垂拱初說則天於
故洛陽城西脩故白馬寺懷義自護作寺成自爲寺主頗恃恩狂
蹶其下犯法人不敢言右臺御史馮思勗屢以法劾之懷義遇勗
於途令從者毆之幾死又於建春門內敬愛寺別造殿宇改名佛
授記寺垂拱四年拆乾元殿於其地造明堂懷義充使督作凡役
數萬人曳一大木千人置號頭頭一鬨千人齊和明堂大屋凡三層

計高三百尺又於明堂北起天堂廣袤亞於明堂懷義以功拜左
威衛大將軍封梁國公永昌中突厥默啜犯邊以懷義爲清平道
大總管率軍擊之至單于臺刻石紀功而還加輔國大將軍進右
衛大將軍改封鄂國公柱國賜帛二千段懷義與法明等造大雲
經陳符命言則天是彌勒下生作閻浮提主唐氏合微故則天革
命稱周懷義與法明等九人並封縣公賜物有差皆賜紫袈裟銀
龜袋其僞大雲經頒於天下寺各藏一本令昇高座講說則天將
革命誅殺宗屬諸王唯千金公主以巧媚善進奉獨存抗疏請以
則天爲母因得曲加恩寵改邑號爲延安大長公主加實封賜姓
武氏以子克乂娶魏王武承嗣女內門參問不限早晚見則盡歡
長壽二年默啜復犯塞又以懷義爲代北道行軍大總管以李多
祚蘇宏暉爲將未行改朔方道行軍大總管以內史李昭德爲行
軍長史鳳閣侍郎平章事蘇味道爲行軍司馬契苾明曹仁師沙
吒忠義等十八將軍以討之未行虜退乃止懷義後厭入宮中多

居白馬寺刺血畫大像選有膂力白丁度爲僧數滿千人侍御史
周矩疑其姦奏請劾之不許固請之則天曰卿且退朕即令去矩
至臺薛師亦至乘馬蹋階而下便坦腹於牀矩召臺吏將按之遽
乘馬而去矩具以聞則天曰此道人風病不可苦問所度僧任卿
勘當矩按之窮其狀以聞諸僧悉配遠州遷矩天官員外郎自爲
薛師所構下獄免官後有御醫沈南璆得幸薛師恩漸衰恨怒頗
甚證聖中乃焚明堂天堂並爲灰燼則天愧而隱之又令懷義充
使督作乃於明堂下置九州鼎鑄銅爲十二屬形象置於本辰位
皆高一丈懷義率人作號頭安置之其後益驕倨則天惡之令太
平公主擇膂力婦人數十密防慮之人有發其陰謀者太平公主
乳母張夫人令壯士縛而縊殺之以畚車載屍送白馬寺其侍者
僧徒皆流竄遠惡處
韋溫中宗韋庶人從父兄也父玄儼高宗末官至許州刺史玄儼
弟玄貞初爲普州參軍以女爲皇太子妃擢拜豫州刺史中宗嗣

位妃爲后及帝降爲廬陵王玄貞配流欽州而死后母崔氏爲欽
州首領甯承兄弟所殺玄貞有四子洵浩洞泚亦死於容州后二
妹逃竄獲免聞行歸長安及中宗復位韋氏復爲皇后其日追贈
玄貞爲上洛郡王左拾遺賈虛己上疏諫曰孔子曰惟名與器不可
以假人且非李氏而王自古盟書所弃今陛下創制謀始垂範將
來爲皇王令圖子孫明鏡臣復未幾后族有私臣雖庸愚尚知未
可史官執簡必是直書今萬姓顒然聞一善令莫不途歌里頌延
頸向風欣然慕化日恐不及陛下奈何行私惠使樵夫議之即先
朝贈太原王殷鑒不遠同雲生於膚寸尋木起於蘗栽誠可惜也
渙汗既行難改成命臣望請皇后抗表固辭使天下知弘讓之風
彤管著沖謙之德是則巍巍聖鑒無得而稱疏奏不省尋又追贈
玄貞爲太師雍州牧益州大都督玄儼爲特進并州大都督魯國
公遣使迎玄貞及崔氏喪柩歸京師又遣廣州都督周仁軌率兵
討斬甯承兄弟以其首祭于崔氏擢拜仁軌左羽林大將軍賜爵

汝南郡公食實封五百戶及玄貞等柩將至上與后登長樂宮望
喪而泣加贈玄貞爲酆王謚曰文獻仍號其廟曰褒德陵曰榮先
各置官員并給戶一百人守衞灑掃又贈玄貞子洵爲吏部尚書
汝南郡王浩太常卿武陵郡王洞衞尉卿淮南郡王泚太僕卿上
蔡郡王亦遣使迎其喪柩於京師溫神龍中累遷禮部尚書封魯
國公弟胥左羽林將軍封曹國公后妹夫陸頌爲國子祭酒馮太
和爲太常少卿太和尋卒又適嗣虢王邕胥子捷尚成安公主溫
從祖弟濯尚定安公主皆拜駙馬都尉景龍三年溫遷太子少保
同中書門下三品仍遥授揚州大都督溫等既居榮要熏灼朝野
時人比之武氏胥及陸頌相次病卒賻贈甚厚及中宗崩后令溫總
知內外兵馬守援宮掖又引從子播族弟璿弟捷濯等分掌屯營
及左右羽林軍臨淄王討韋氏溫等皆坐斬宗族無少長皆死語
在韋庶人傳睿宗即位仍令削平玄貞及洵等墳墓
○王仁皎玄宗王庶人之父也景龍中官至長上果毅玄宗即位以后

父歷將作大匠太僕卿遷開府儀同三司封祁國公仁皎不預朝
政但厚自奉養積子女財貨而已開元七年卒贈太尉官供葬事
柩車既發上於望春亭遥望之令張說爲其碑文玄宗親書石焉
子守一
守一與后雙生守一與玄宗有舊及上登極以淸陽公主妻之從討
蕭至忠岑羲等有功自尚乘奉御遷殿中少監特封晉國公累轉
太子少保父卒襲爵祁國公十一年坐與庶人潛通左道左遷柳
州司馬行至藍田驛賜死守一性貪鄙積財巨萬及籍沒其家財
帛不可勝計
吳溆章敬皇后之弟也濮州濮陽人祖神泉位終縣令父珪益州
郫縣丞寶曆二年代宗始封拜外族贈神泉司徒令珪太尉令珪
母弟前宣城令令瑶爲開府儀同三司太子家令封濮陽郡公中
郎將令瑜爲開府儀同三司太子諭德濟陽郡公溆時爲盛王府
錄事參軍拜開府儀同三司太子詹事濮陽郡公以元舅遷鴻臚

少卿金吾將軍建中初遷大將軍溆雖居戚屬恭遜謙和人皆重
之涇師之亂從幸奉天盧杞白志貞謂德宗曰臣細觀朱泚心迹
必不至爲戎首佇當効順宜擇大臣一人入京師慰諭以觀其心上
召從幸羣臣言之皆憚其行溆起奏曰不以臣才望無堪臣願此
行德宗甚悅溆退而謂人曰人臣食君之祿死君之難臨危自計非
忠也吾忝戚屬今日委身於賊誠知必死不欲聖情慊於無人犯
難也即日齎詔見泚深陳上待屬之意時泚逆謀已定貌雖從命
而心已異乃留溆於客省竟被害上聞之悲悼不已贈太子太傅
賜其家實封二百戶一子五品正員官勑收城日葬事官給弟湊
湊寶曆中與兄溆同日開府授太子詹事俱封濮陽郡公湊以兄
弟三品固辭太過乞授卑官乃以湊檢校太子賓客兼太子家令
充十宅王使累轉左金吾衞大將軍湊小心謹愼習識周敏特承
顧問偏見委信大曆中滑帥令狐彰汴帥田神功相次歿於理所
時藩方兵驕乘戎帥喪亡人情多梗代宗命湊銜命撫慰至必委

曲說諭隨所欲爲之奏請皆得軍民和協帝深重之宰臣元載弄
權招致賄賂醜迹日彰帝惡之將加之法恐左右漏洩無與言者
唯與湊密計圖之及收載於內侍省同列王縉其黨楊炎王昂韓
洄包佶韓會等皆當從坐籍沒湊諫救百端言法宜從寬縉等從
坐理不至死若不降以等差一例極刑恐虧損聖德繇是縉等得
減死徙貶之大曆末丁繼母喪免建中初起爲右衞將軍兼通州
刺史貞元初入爲太子賓客出爲福州刺史御史中丞福建觀察
使爲政勤儉淸苦美譽日聞宰相竇參以私怨惡之數加譖毀又
言湊風病不任趨馳德宗召湊至京師對于別殿上令殿上行走
以驗其病否由是悟參之誣因是惡參尋以湊爲陝州大都督府
長史陝虢觀察使以代參之黨李翼會劉玄佐卒以湊檢校兵部
尚書汴州刺史御史大夫宣武軍節度使時汴州軍亂殺牙將曹
金岸縣令李邁謀立玄佐子士寧上將遣兵送湊赴鎭召宰臣議
竇參深沮其行恐軍中拒命乃召湊迴授右金吾衞大將軍而以

梁宋節鉞授士寧貞元十四年春夏旱穀貴人多流亡京兆尹韓皐以政事不理黜官上召湊面授京兆尹即日令視事經宿方下制湊孜孜爲理以勤儉爲務人樂其政時宮中選內官買物於市倚勢強買物不充價人畏而避之呼爲宮市掌賦者多與中貴人交結假借不言其弊湊爲京尹便殿從容論之曰物議以中人買物於市稍不便於人此事甚細虛擾流議凡宮中所須責臣可辦不必更差中使若以臣府縣外吏不合預聞宮中所須則乞選內官年高謹重者充宮市令庶息人間論議又奏掌閑彍騎飛龍內園芙蓉及禁軍諸司等使雜供手力資課太多量宜減省上多從之初府掾吏以湊起自戚藩不諳簿領凡有疑獄難決之事多候湊將出時方呈稟冀指擿瑕病湊雖蒼卒閱視必指其姦倖之處下筆決斷無毫釐之差掾吏非大過不行笞責而召面按問詰責而釋之吏尤惕厲庶務咸舉文敬太子義章公主相繼薨歿上深追念葬送之儀頗厚召集工役載土築墳妨民農務湊候上顧問極

○言之宗屬門吏以湊論諫太繁恐上猒苦每以簡約規之湊曰聖上明哲憂勞四海必不以公主太子之鍾念而忽疲民但人多順旨不言若再三啓諫必動宸情則生民受賜長吏不言是爲阿旨如窮民上訴罪在何人議者重之以能政兼兵部尚書官街樹缺所司植榆以補之湊曰榆非九衢之玩亟命易之以槐及槐陰成而湊卒人指樹而懷之湊於德宗爲老舅漢魏故事多退居散地纔免罪戾而已湊自貞元已來特承恩顧歷中外顯貴雖聖獎隆深亦由湊小心辦事奉職有方故也湊既疾不召巫醫藥不入口家人泣而勉之對曰吾以凡才濫因外戚進用起家便授三品歷顯位四十年壽登七十爲人足矣更欲何求古之以親戚進用者罕有善終吾得歸全以侍先人幸也德宗知之令御醫進藥不獲已服之貞元十六年四月卒時年七十一贈尚書左僕射罷朝一日

寶覦昭成皇后族姪父光華原尉覦以親蔭釋褐右衛率府兵曹參軍鄜坊節度臧希讓奏爲判官累授監察殿中侍御史檢校工部員外郎坊州刺史興元元年討李懷光於河中詔覦以坊州兵七百人屯郃陽賊平以功兼御史中丞遷同州刺史入朝爲戶部侍郎覦無他才伎爲吏有計數又以韓滉子壻故藩府辟召遂歷牧守宰相竇參覦再從姪參少依覦及參秉政力薦於朝故有貳卿之拜數月爲揚州大都督府長史御史大夫充淮南節度副大使知節度事既非德舉人咸薄之赴鎮旬日暴卒詔贈禮部尚書

柳晟者肅宗皇后之甥母和政公主父潭官至太僕卿駙馬都尉晟少無檢操代宗於諸甥之中特加撫鞠俾與太子諸王同學授詩書恩寵罕比累試太常卿德宗即位以與晟幼同硯席尤親之涇師之亂從幸奉天晟密啓曰願受詔入京城遊說羣賊冀其攜貳德宗壯而許之晟與賊帥多有舊出入其門說誘之事洩爲朱泚所擒械之於獄晟有力乃於獄中穿垣破械而遁落髮爲僧間道歸行在還將作少監元和初檢校工部尚書興元尹山南西道節

○度使罷鎮入朝以違詔進奉爲御史元稹所劾詔宥之俄充入迴鶻冊立使復命遷左金吾衛大將軍元和十三年卒贈太子少保

王子顏瑯琊臨沂人莊憲皇后之父也祖思敬少從軍累試太子賓客父難得有勇決善騎射天寶初爲河源軍使吐蕃贊普王子郎支都有勇乘諸眞馬寶鈿裝鞍出陣求鬬無敢與校者難得挾槍奮馬突前刺殺郎支都斬其首傳於京師軍還玄宗召見之令於殿前乘馬挾槍作刺郎支都之狀賜以錦袍金帶累拜金吾將軍同正員天寶七載從哥舒翰擊吐蕃於積石軍吐谷渾王子悉弄恭及子壻悉頰藏而還累拜左武衛將軍關西遊弈使九載擊吐蕃收五橋拔樹敦城補白水軍使十三載從收九曲加特進祿山之叛從哥舒翰戰於潼關關門不守從肅宗幸靈武時行在闕軍賞難得進絹三千疋及金銀器等至德初試衛尉卿興平軍使兼鳳翔都知兵馬使進收京城與賊軍戰其下斬元曜戰酣墮馬難得馳救之賊射之中眉皮穿披下鄣目難得自拔去箭并皮掣落

馳馬復戰血流被面而抗賊不已肅宗深嘉之從郭子儀攻安慶緒於相州累封琅琊郡公英武軍使寶應二年卒贈潞州大都督子顏少從父征役累官金紫光祿大夫檢校衛尉卿生后而卒順宗內禪以后生憲宗皇帝發贈先代贈思敬司徒難得太傅子顏太師顏子重榮官至福王傅用官至太子賓客金吾將軍

贊曰戚里之賢避寵畏權不卹禍患鮮能保全福盈者敗勢壓者顛武之惟良明於自然

唐書列傳卷第一百三十三

唐書列傳卷第一百三十四　　劉　昫　等修

宦官

楊思勖　高力士　袁思藝　李輔國　程元振
魚朝恩　劉希暹　賈明觀　竇文場　霍仙鳴
俱文珍　吐突承璀　王守澄　仇士良　田令孜
楊復光　楊復恭　劉季述　王奉先　韓全誨

唐制有內侍省其官員內侍四人內常侍六人內謁者監六人內給事八人謁者十二人典引十八人寺伯二人寺人六人別有五局掖廷局掌宮人簿籍宮闈局掌宮內門禁其屬有掌扇給使等員奚官局掌宮人疾病死喪內僕局掌宮中供帳燈燭五局有令丞皆內官為之貞觀中太宗定制內侍省不置三品官內侍是長官階四品至永淳末向七十年權未假於內官但在閤門守御黃衣廩食而已則天稱制二十年間差增員位中宗性慈務崇恩貸神

龍中宦官三千餘人超授七品以上員外官者千餘人然衣朱紫者尚寡玄宗在位既久崇重宮禁中官稍稱旨者即授三品左右監門將軍得門施棨戟開元天寶中長安大內大明興慶三宮皇子十宅院皇孫百孫院東都大內上陽兩宮大率宮女四萬人品官黃衣已上三千人衣朱紫者千餘人後李輔國從幸靈武程元振翼衛代宗怙寵邀君乃至三公封王爵干預國政亦未全握兵權代宗時子儀共伐親王東討遂特立觀軍容宣慰使命魚朝恩為之然自有統帥亦監領而已德宗避涇師之難幸山南內官竇文場霍仙鳴擁從賊平之後不欲武臣典重兵其左右神策天威等軍欲委宦者主之乃置護軍中尉兩員中護軍兩員分掌禁兵以文場仙鳴為兩中尉自是神策親軍之權全歸於宦者矣自貞元之後威權日熾蘭錡將臣率皆子蓄藩方戎帥必以賄成萬機之與奪任情九重之廢立由己元和之季毒被乘輿長慶纘隆徒鬱枕干之憤臨軒暇逸旋忘塗地之冤而易月未除滔天盡

怒甲第名園之賜莫匪伶官朱袍紫綬之榮無非巷伯是時高品
白身之數四千六百一十八人內則參秉戎權外則監臨藩嶽文宗包
祖宗之恥痛肘腋之讎思翦厲階去其太甚宋申錫言未出口尋以
破家李仲言謀之不臧幾何敗國何寶之徒轉蹴讓珪之勢尤狂
五十餘年禍胎踰熾昭宗之季所不忍聞臣遍覽前書考茲覆
轍試言大較庶竭其源何者自書契已來不無閽寺況垂之天象
備見職官即如秦皇漢武宮闈之內宦官以侍宴遊但英睿之君
措置斯得及荒僻之主奢蕩是求委蕃聚蹶橘之徒飾姬姜狗馬
之玩外言不入惟欲是從雖並列五侯猶爲賞薄遍封萬戶尚慊
恩疎苟思捧日之勤遂據迴天之勢及三綱錯亂四海崩離秉本
初之入廿官無鬚殆盡石冉閔之攻鄴下內豎咸誅旋至殄瘁邦
家不獨感傷和氣淫刑斯逞可爲傷心向使不假威權但趨帷扆
何止四星終吉抑亦萬乘延洪昔賢爲社鼠之喻豈不其然乎今錄
楊思勗已下所行事以爲鑒誡云

○楊思勗本姓蘇羅州石城人爲內官楊氏所養以閹從事內侍省預
討李多祚功超拜銀青光祿大夫行內常侍思勗有膂力殘忍好殺
從臨淄王誅韋氏遂從王爲爪士累遷右監門衛將軍開元初安南
首領梅玄成叛自稱黑帝與林邑真臘國通謀陷安南府詔思勗將
兵討之思勗至嶺表鳩募首領子弟兵馬十餘萬取伏波故道以進
出其不意玄成遽聞兵至惶惑計無所出竟爲官軍所擒臨陣斬之
盡誅其黨與積屍爲京觀而還十二年五谿首領覃行璋作亂思勗
復授詔率兵討之生擒行璋斬其黨三萬餘級以軍功累加輔國大
將軍後從東封又加驃騎大將軍封虢國公十四年邕州賊帥梁大
海擁賓橫等數州反叛思勗又統兵討之生擒梁大海等三千餘人斬
餘黨二萬餘級復積屍爲京觀十六年瀧州首領陳行範何遊魯馮
璘等聚徒作亂陷四十餘城行範自稱帝遊魯稱定國大將軍璘稱
南越王割據嶺表詔思勗率永連道等兵及淮南弩手十萬人進討
兵至瀧州臨陣擒遊魯馮璘斬之行範潛竄深州投雲際盤遼二洞
思勗悉衆攻之生擒行範斬之斬其黨六萬級獲口馬金玉巨萬
計思勗性剛決所得俘囚多生剝其面或劈髮際掣去頭皮將士
已下望風懾憚莫敢仰視故所至立功內給事牛仙童使幽州受
張守珪厚賂玄宗怒命思勗殺之思勗縛架之數日及探取其心
截去手足割肉而啖之其殘酷如此二十八年卒時年八十餘
高力士潘州人本姓馮少閹與同類金剛二人聖曆元年嶺南討
擊使李千里進入宮則天嘉其黠惠總角脩整令給事左右後因
小過撻而逐之內官高延福收爲假子延福出自武三思家力士
遂往來三思第歲餘則天復召入禁中隸司宮臺廩食之長六尺
五寸性謹密能傳詔勅授宮闈丞景龍中玄宗在藩力士傾心奉
之接以恩顧及唐隆平內難昇儲位奏力士屬內坊日侍左右擢
授朝散大夫內給事先天中預誅蕭岑等功超拜銀青光祿大
夫行內侍同正員開元初加右監門衛將軍知內侍省事玄宗尊
重宮闈中官稍稱旨即授三品將軍門施棨戟故楊思勗黎敬仁林

○招隱尹鳳祥等貴寵與力士等楊則持節討伐黎林則奉使宣傳
尹則主書院其餘孫六韓莊楊八牛仙童劉奉廷王承恩張道斌
李大宜朱光輝郭全邊令誠等殿頭供奉監軍入蕃教坊武德主
當皆爲委任之務監軍則權過節度出使則列郡辟易其郡縣
豐贍中官一至軍則所冀千萬計脩功德市鳥獸詣一處則不啻千
貫皆在力士可否故帝城中甲第畿甸上田果園池沼中官參半
於其間矣每四方進奏文表必先呈力士然後進御小事便決之
玄宗常曰力士當上我寢則穩故常止於宮中稀出外宅若附會
者想望風彩以冀吹噓竭肝膽者多矣宇文融李林甫李適之蓋
嘉運韋堅楊慎矜王鉷楊國忠安祿山安思順高仙芝因之而取
將相高位其餘職不可勝紀肅宗在春宮呼爲二兄諸王公主皆
呼阿翁駙馬輩呼爲爺力士於寢殿側簾帷中休息殿側亦有院
中有脩功德處雕瑩璀璨窮極精妙力士謹慎無大過然自宇
文融已下用權相噬以紊朝綱皆力士之由又與時消息觀其勢

候肆至親愛臨覆敗皆不之救力士義父高延福夫妻正授供奉
嶺南節度使於瀧州求其本母麥氏送長安令兩媼在堂備於甘
脆金吾大將軍程伯獻與力士結爲兄弟麥氏亡伯獻於靈筵散
髮具縗絰受賓弔荅十七年贈力士父廣州大都督麥氏越國夫
人開元初瀛州呂玄晤作吏京師女有姿色力士娶之爲婦擢玄
晤爲少卿刺史子弟皆爲王傅呂夫人卒葬城東葬禮甚盛中外
爭致祭贈充溢衢路自第至墓車馬不絕天寶初加力士冠軍大
將軍右監門衛大將軍進封渤海郡公七載加驃騎大將軍力士
貲產殷厚非王侯能擬於來庭坊造寶壽佛寺興寧坊造華封
道士觀寶殿珍臺侔於國力於京城西北截灃水作碾並轉五輪
日破麥三百斛初寶壽寺鐘成力士齋慶之舉朝畢至凡擊鐘者
一擊百千有規其意者擊至二十杵少尚十杵其後又有華州秦思
藝特承恩顧然力士巧密人悅之思藝驕倨人士疎懼之十四載
置內侍省內侍監兩員秩正三品以力士思藝對任之玄宗幸蜀思

藝走投祿山力士從幸成都進封齊國公從上皇還京加開府儀
同三司賜實封五百戶上元元年八月上皇移居西內甘露殿力士
與內官王承恩魏悅等因侍上皇登長慶樓爲李輔國所構配流
黔中道力士至巫州地多薺而不食因感傷而詠之曰兩京作斤
賣五谿無人採夷夏雖不同氣味終不改寶應元年三月會赦歸
至朗州遇流人言京國事始知上皇厭代力士北望號慟歐血而
卒代宗以其耆宿保護先朝贈揚州大都督陪葬泰陵

李輔國本名靜忠閑廄馬家小兒少爲閹貌陋粗知書計爲僕事
高力士年且四十餘令掌廄中簿籍天寶中閑廄使王鉷嘉其畜
牧之能薦入東宮祿山之亂玄宗幸蜀輔國侍太子扈從至馬嵬
誅楊國忠輔國獻計太子請分玄宗麾下兵北趨朔方以圖興復
輔國從至靈武勸太子即帝位以係人心肅宗即位擢爲太子家
令判元帥府行軍司馬事以心腹委之仍賜名護國四方奏事御
前符印軍號一以委之輔國不茹葷血常爲僧行視事之隙手持

念珠人皆信以爲善從幸鳳翔授太子詹事改名輔國肅宗還京
拜殿中監閑廄五坊宮苑營田栽接總監等使又兼隴右羣牧京
畿鑄錢長春宮等使勾當少府殿中二監都使至德二年十二月加
開府儀同三司進封郕國公食實封五百戶宰臣百司不時奏事
皆因輔國上決常在銀臺門受事置察事廳子數十人官吏有
小過無不伺知即加推訊府縣按鞫三司制獄必詣輔國取決隨
意區分皆稱制勑無敢異議者每出則甲士數百人衛從中貴人
不敢呼其官但呼五郎宰相李揆山東甲族位居台輔見輔國執
子弟之禮謂之五父肅宗又爲輔國娶故吏部侍郎元希聲姪擢
女爲妻擢弟炮時並引入臺省擢爲梁州長史輔國判元帥行軍
司馬專掌禁兵賜內宅居止上皇自蜀還京居興慶宮肅宗自夾
城中起居上皇時召伶官奏樂持盈公主往來宮中輔國常陰候
其隙而間之上元元年上皇嘗登長慶樓與公主語劍南奏事官
過朝謁上皇令公主及如仙媛作主人輔國起微賤貴達日近不

爲上皇左右所禮慮恩顧或衰乃潛畫奇謀以自固因持盈待
客乃奏云南內有異謀矯詔移上皇居西內送持盈於玉眞觀高
力士等皆坐流竄二年八月拜兵部尚書餘官如故詔群臣於尚書省送
上賜御府酒饌太常樂武士戎服夾道朝列畢會輔國驕恣日甚求爲宰
臣肅宗曰以公勳力何官不可但未允朝望如何輔國諷僕射裴冕聯章
薦己肅宗密謂宰臣蕭華曰輔國欲帶平章事卿等欲有章薦信
乎華不對問裴冕曰初無此事吾臂可截宰相不可得也華復入
奏上喜曰冕固堪大用輔國銜之寶應元年四月肅宗寢疾宰臣
等不可謁見輔國誣奏華專權請黜之上不許輔國固請不已
乃罷華知政事守禮部尚書及帝崩華竟被斥逐代宗即位輔國
與程元振有定策功愈恣橫私奏曰大家但內裏坐外事聽老奴
處置代宗怒其不遜以方握禁軍不欲遽責乃尊爲尚父政無巨
細皆委參決五月加司空中書令食實封八百戶程元振欲奪其
權請上漸加禁制乘其有間乃罷輔國判元帥行軍事其閑廄

已下使名並分授諸貴仍移居外輔國始懼茫然失據詔進封博陸王罷中書令許朝朔望輔國欲入中書脩謝表閤吏止之曰尚父罷相不合復入此門乃氣憤而言曰老奴死罪事郎君不了請於地下事先帝上猶優詔荅之十月十八日夜盜入輔國第殺輔國携首臂而去詔刻木首葬之仍贈太傅

程元振以宦者直內侍省累遷至內射生使寶應末肅宗晏駕張皇后與太子有隙恐不附已引越王係入宮欲令監國元振知其謀密告李輔國乃挾太子誅越王幷其黨與代宗即位以功拜飛龍副使右監門將軍上柱國知內侍省事尋代輔國判元帥行軍司馬專制禁兵加鎮軍大將軍右監門衛大將軍封保定縣侯充寶應軍使九月加驃騎大將軍封邠國公贈其父元貞司空母鄭氏趙國夫人是時元振之權甚於輔國軍中呼爲十郎元振常請託於襄陽節度使來瑱瑱不從及元振握權徵瑱入朝瑱遷延不至廣德元年破裴茙遂入朝拜兵部尚書元振欲報私憾誣

五十五 【唐傳一百三十四 六 黃[illegible]

○瑱之罪竟坐誅宰臣裴冕爲肅宗山陵使有事與元振相違乃發小吏贓私貶冕施州刺史來瑱名將裴冕元勳二人既被誣陷天下方鎮皆解體元振猶以驕豪自處不顧物議九月吐蕃党項入犯京畿下詔徵兵諸道卒無至者十月蕃軍至便橋代宗蒼黃出幸陝州賊陷京師府庫蕩盡及至行在太常博士柳伉上疏切諫誅元振以謝天下代宗顧人情歸咎乃罷元振官放歸田里家在三原十二月車駕還京元振服縗麻於車中入京城以規任用與御史大夫王昇飲酒爲御史所彈詔曰族談錯立法尚不容同惡陰謀議當從重有一於此情實難原程元振性惟凶愎質本庸愚暮齒之身合當萬死頃以寬其嚴典念以微勞屈法伸恩放歸田里仍乖克己尚未知非既忘含煦之仁別貯覬覦之望敢爲嘯聚仍欲動搖不令之臣共爲睥睨妄談休咎仍懷怨望東兵畢甲變服潛行無顧君親將圖不軌按驗皆是無所逃刑首足異門未云塞責朕猶不忘薄効再捨罪人特寬斧鉞之誅俾正投荒之典宜

長流溱州百姓委京兆府差綱遞送路次州縣差人防援至彼捉搦勿許東西縱有非常之赦不在會恩之限凡百寮庶宜體朕懷

魚朝恩天寶末以宦者入內侍省初爲品官給事黃門性黠惠善宣荅通書計至德中常令監軍事九節度討安慶緒於相州不立統帥以朝恩爲觀軍容宣慰處置使觀軍容使名自朝恩始也以功累加左監門衛大將軍時郭子儀頻立大功當代無出其右朝恩妬其功高屢行間諜子儀悉心奉上殊不介意肅宗英悟特察其心故朝恩之間不行自相州之敗史思明再陷河洛朝恩常統禁軍鎮陝以殿東夏廣德元年西蕃入犯京畿代宗幸陝時禁軍不集徵召離散比至華陰朝恩大軍遽至迎奉六師方振繇是深加寵異改爲天下觀軍容宣慰處置使時四方未寧萬務事殷上方注意勳臣朝恩專典神策軍出入禁中賞賜無筭朝恩性本凡劣恃勳自伐靡所忌憚時引腐儒及輕薄文士於門下講授經籍作爲文章粗能把筆釋義乃大言於朝士之中自爲有文

五十五 【唐傳一百三十四 七 恭俊

○武才幹以邀恩寵上優遇之加判國子監事光祿鴻臚禮賓內飛龍閑廄等使赴國子監視事特詔宰臣百寮六軍將軍送上京兆府造食教坊賜樂大臣羣官二百餘人皆以本官備章服充附學生列於監之廊下待詔給錢萬貫充食本以附學生厨料朝恩恣橫求取無猒凡有奏請以必允爲度幸臣未有其比大曆二年朝恩獻通化門外賜莊爲寺以資章敬太后冥福仍請以章敬爲名復加興造窮極壯麗以城中材木不足充費乃奏壞曲江亭館華清宮觀樓及百司行廨將相没官宅給其用土木之役僅逾萬億三年詔判國子監事加韓國公章敬太后忌日百寮於興唐寺行香朝恩置齋饌於寺外之車坊延宰臣百寮就食朝恩恣口談時政公卿惕息戶部郎中相里造殿中侍御史李衎以正言折之朝恩不悅乃罷會後嘗釋奠於國子監宰臣百寮皆會朝恩講易發鼎卦覆餗之義以譏元載載心銜之陰圖除去之上以朝恩太橫亦惡之載欲伺其便巧中傷之乃用腹心崔昭爲京兆尹伺朝恩出

虞昭不悛財賂潛與朝恩黨陝州觀察使皇甫溫相結溫與昭
協自是朝恩動靜載皆知之巨細悉以聞上益怒朝恩未之察日
以驕橫載奏加朝恩實封又加皇甫溫權位以肆其欲五年朝恩
所昵武將劉希暹微有過忤上諷之詔罷朝恩觀軍容使加實封
通前一千戶朝恩始疑然每朝謁恩顧如常亦不以載為意會寒
食宴近臣朝恩入謁先是每宴罷必出還營是日有詔留之朝恩
始懼言頗悖慢上亦以舊恩不之責是日朝恩還第縊經而卒劉
希暹亦下獄賜死
希暹出自戎伍有膂力形貌光偉以騎射聞朝恩用之為神策都
虞候封交河郡王善候朝恩意旨深被委信累遷至太僕卿與
兵馬使王駕鶴同掌禁兵所為不法諷朝恩於北軍置獄召坊市
兇惡少年羅織城內富人誣以違法捕置獄中忍酷考訊錄其家
產並沒於軍或有舉選之士財貨稍殷客於旅舍遇橫死者非
一坊市苦之謂之入地牢捕帥者有賈明觀者尤凶蠹以屢置大

五十五 舊唐傳一百三十四 八 林俊

○獄家產巨萬希暹黨之地在禁密人無敢言者朝恩死上寬宥之
以素志非順慮不見容常自疑懼與王駕鶴聯職希暹辭多不
遜駕鶴純謹上信任之至是以希暹語上聞乃誅之
賈明觀者本萬年縣捕賊吏事希暹恣為兇惡毒甚豺狼朝
恩希暹既死元載復受希暹姦謀潛容之特奏令江西効力明觀
將出城百姓數萬人懷塼石候之載令市吏止約明觀在洪州二
年觀察使魏少遊容之及路嗣恭代少遊至郡之日召明觀笞殺
之識者減魏之名多路之正朝恩素待禮部尚書裴士淹戶部侍
郎判度支第五琦二人亦坐貶官
竇文場霍仙鳴者始在東宮事德宗初魚朝恩誅後內官不復
典兵德宗以親軍委白志貞志貞多納豪民賂補為軍士取其傭
直身無在軍者但以名籍請給而已涇師之亂帝召禁軍禦賊志
貞召集無素是時並無至者唯文場仙鳴率諸宦者及親王左右
從行志貞貶官左右禁旅悉委文場主之從幸山南兩軍漸集德

宗還京頗忌宿將凡握兵多者悉罷之禁旅文場仙鳴分統焉貞
元十二年六月特立護軍中尉兩員中護軍兩員以帥禁軍乃以文
場為左神策護軍中尉仙鳴為右神策護軍中尉右神威軍使張尚
進為右神策中護軍內謁者監焦希望為左神策中護軍自文場
等始也時竇霍之權振於天下藩鎮節將多出禁軍臺省清要
時出其門文場累加驃騎大將軍是歲仙鳴病帝賜馬十匹令於
諸寺為僧齋以祈福久病不愈十四年蒼卒而卒上疑左右小使
正將食手加毒配流者數十人仙鳴死後以開府內常侍第五守
亮為右軍中尉文場連表請致仕許之十五年已後楊志廉孫榮
義為左右軍中尉亦踵竇霍之事怙寵驕恣貪利冒寵之徒利
其納賄多附麗之至於貞元末宦官復盛順宗即位王叔文用事
與韋執誼謀奪神策軍權乃用宿將范希朝為京西北禁軍都
將事未行為內官俱文珍等所排叔文貶而止
俱文珍貞元末宦官後從義父姓曰劉貞亮性忠正剛蹈義順宗

○ 五十五 舊唐傳一百三十四 九 洪閏

即位風病不能視朝政而宦官李忠言與牛美人侍病美人受旨
於帝復宣之於忠言忠言受之王叔文叔文與朝士柳宗元劉禹
錫韓曄等圖議然後下中書俾韋執誼施行故王之權振天下
叔文欲奪宦者兵權每忠言宣命內臣無敢言者唯貞亮建議
與之爭知其朋徒熾慮隳朝政乃與中官劉光琦薛文珍尚衍解
玉等謀奏請立廣陵王為皇太子勾當軍國大事順宗可之貞亮
遂召學士衛次公鄭絪李程王涯入金鑾殿草立儲君詔及太子
受內禪盡逐叔文之黨政事悉委舊臣時議嘉貞亮之忠盡累
遷至右衛大將軍知內侍省事元和八年卒憲宗思其翊戴之功
贈開府儀同三司
吐突承璀幼以小黃門直東宮性敏慧有才幹憲宗即位授內常
侍知內省事左監門將軍俄授左軍中尉功德使四年王承宗叛
詔以承璀為河中河南浙西宣歙等道赴鎮州行營兵馬招討
等使內侍省常侍宋惟澄為河南陝州河陽已來館驛使內官

曹進玉劉國珍馬江朝等分爲河北行營糧料館驛等使諫官御史上疏相屬皆言自古無中貴人爲兵馬統帥者補闕獨孤郁段平仲尤激切憲宗不獲已改爲充鎮州已來招撫處置等使及承璀率禁軍上路帝御通化門樓慰諭遣之出師經年無功乃遣密人告王承宗令上疏待罪許以罷兵爲解仍奏昭義節度使盧從史素與賊通許爲承宗求節鉞乃誘潞州牙將烏重胤謀執從史送京師及承宗表至朝廷議罷兵承璀班師仍爲禁軍中尉段平仲抗疏極論承璀輕謀弊賦請斬之以謝天下憲宗不獲已降爲軍器使俄復爲左衛上將軍知內侍省事時弓箭庫使劉希先取羽林大將軍孫璹錢二十萬以求方鎮事發賜死辭相告訐事連承璀乃出爲淮南節度監軍使太子通事舍人李涉性狂險投匭上書論希先承璀無罪不宜貶戮諫議大夫知匭事孔戣見涉疏之副本不受其章涉持疏於光順門欲進之戣上疏論其纖邪貶涉硤州司倉上待承璀之意未已而宰相李絳在翰林時數論承璀之過故出之八年欲召承璀還乃罷絳相位承璀還復爲神策中尉惠昭太子薨承璀建議請立澧王寬爲太子憲宗不納立遂王宥穆宗即位銜承璀不佑已誅之敬宗時中尉馬存亮論承璀之冤詔雪之仍令假子士曄以禮收葬

〇 五十五 唐傳一百三十四 十 劉閏

王守澄元和末宦者憲宗疾大漸內官陳弘慶等弑逆憲宗英武威德在人內官秘之不敢除討但云藥發暴崩時守澄與中尉馬進潭梁守謙劉承偕韋元素等定冊立穆宗皇帝長慶中守澄知樞密事初元和中守澄爲徐州監軍遇翼城醫人鄭注出入節度使李愬家注敏悟過人博通典藝棊弈醫卜尤臻於妙人見之者無不歡然注嘗爲李愬煑黃金服一刀圭可痿弱重腿之疾復能反老成童愬與守澄服之頗効守澄知樞密薦引入禁中穆宗待之亦厚注多奇詭每與守澄言必通夕文宗即位守澄爲驃騎大將軍充右軍中尉注復得幸於文宗後依倚守澄大爲姦弊文宗以元和逆黨尚在其黨大盛心常憤惋端居不怡翰林學士宋申錫嘗獨對探知上旨言其意申錫請漸除其偪帝亦以申錫沉厚有方略爲其事可成乃用爲宰相申錫謀未果爲注所察守澄乃令軍吏豆盧著誣告申錫與漳王謀逆申錫坐貶宰相李逢吉從子訓與注交通訓亦機詭萬端二人情義相得俱爲守澄所重復引訓入禁中爲上講周易旣得幸又探知帝旨復以除宦官謀中帝意帝以訓才辯縱橫以爲其事必捷待以殊寵自流人中用爲學官充侍講學士時仇士良有翌上之功爲守澄所抑位未通顯訓奏用士良分守澄之權乃以士良爲左軍中尉守澄不悅兩相矛盾訓因其惡大和九年帝令內養李好古賫酖賜守澄秘而不發守澄死仍贈揚州大都督其弟守涓爲徐州監軍召還至中牟誅之守澄豢養訓注反羅其禍人皆快其受佞而惡訓注之陰狡李訓旣殺守澄復惡鄭注乃奏用注爲鳳翔節度使訓欲盡誅宦官乃與金吾將軍韓約新除太原節度使王璠新除邠寧節度使郭行餘權御史中丞李孝本權京兆尹羅立言謀其年十一月二十日上御宣政殿百寮班定韓約不奏平安乃奏曰臣當仗廨內石榴樹夜來降甘露請陛下幸仗舍觀之帝乘輦趨金吾仗中尉仇士良與諸官先往石榴樹觀之伺知其詐又聞幕下兵仗聲蒼黃而還奏曰南衙有變遂扶帝輦入閤門李訓從輦大呼曰邠寧太原之兵何不赴難衛乘輿者人賞百千於是誰何之卒及御史臺從人持兵入宣政殿院宦官死者甚衆輦旣入閤門內官呼萬歲俄而士良等率禁兵五百餘人露刃出東上閤門逢人即殺王涯賈餗舒元輿李訓等四人宰相及王璠郭行餘等十一家屍横闕下自是權歸士良與魚弘志至宣宗即位復誅其甚者而閹寺之勢仍握軍權之重焉

〇 五十五 唐傳百三十四 十一 阮宗

田令孜本姓陳咸通中從義父入內侍省爲官者頗知書有謀略自諸司小使監諸鎮用兵累遷神策中尉左監門衛大將軍乾符中盜起關東諸軍誅盜以令孜爲觀軍容制置左右神策護駕十軍等使京師不守從僖宗幸蜀鑾輿返正令孜頗有匡佐之功

時令孜威權振天下時關中寇亂初平國用虛竭諸軍不給令孜請以安邑解縣兩池榷鹽課利全隸神策軍詔下河中王重榮抗章論列言使名久例隸當道省賦自有常規令孜怒用王處存爲河中節度使重榮不奉詔令孜率禁軍討之重榮引太原軍爲援戰於沙苑禁軍大敗京師復亂僖宗出幸寶雞又移幸山南方鎮皆憾令孜生事令孜懼引前樞密楊復恭代已從幸梁州求爲西川監軍西川節度使陳敬瑄即令孜之弟也昭宗即位三川大亂詔宰相韋昭度鎮西川陳敬瑄不受代令孜引閬州刺史王建爲援建素以父事令孜時建方亂東川聞其召也以西蜀可圖欣然赴之建以所領千餘兵至漢州陳敬瑄以建雄豪難制辭而遣之建曰十軍阿父召予及門而拒鄰藩聞之孰肯相容爲予報令公建至此無所歸也遂遣使上表請討陳敬瑄以自効朝廷嘉之即命昭度爲招討入蜀加兵經年無功昭度還京建遂絕棧道不通詔使歲中急擊成都陳敬瑄計窘遣令孜出城與建通和建竟自爲蜀帥令孜以義父之故依倚仍舊監軍事既而陳敬瑄遇酖令孜亦爲建所殺

○ 五十五 【唐傳一百三十四 十二 王田

楊復光內常侍楊玄价之養子也幼以宦者入內侍省慷慨負節義有籌略爲小黃門監鎮兵征討乾符中賊渠黃巢之犯江西復光爲排陣使遣判官吳彥宏入城諭朝旨巢即令其將尚君長奉表歸國招討使宋威害其功併兵擊賊巢怒復作剽朝廷誅尚君長怨怒愈熾宋威戰敗復光總其兵權進攻洪州擒賊將徐唐莒詔以荊南節度使王鐸爲招討代宋威復光監忠武軍屯于鄧州以遏賊衝京師陷賊節度使周岌授僞命賊使往來旁午岌嘗夜宴急召復光左右曰周公歸賊必謀害內侍不如勿往復光曰事勢如此義不圖全即赴之酒酣岌言本朝事復光因泣下良久曰丈夫所感者恩義不規利害非丈夫也公自匹夫享公侯之貴豈捨十八葉天子而北面臣賊何恩義利害之可言乎聲淚俱發岌亦爲之流涕岌曰吾不能獨力拒賊貌奉而心圖之故召公瀝酒爲盟是夜復光遣其養子守亮殺賊使於傳舍時秦宗權叛岌據蔡州復光得忠武之師三千入蔡州說宗權俾同義舉宗權遣將王叔率衆萬人從復光收荊襄次鄧州王叔逗留不進復光斬之併其軍分爲八都鹿晏弘晉師泰王建韓建等皆八都之大將也進攻南陽賊將朱溫何勤來逆戰復光敗之進收鄧州獻捷行在中和元年五月也復光乘勝追賊至藍橋丁母憂還尋起復受詔充天下兵馬都監押諸軍入定關輔王重榮爲東面招討使復光以兵會之二年七月至河中賊將朱溫守同州復光遣使諭之九月溫以所部來降時賊將李詳守華州巢寇益盛王重榮憂之謂復光曰臣賊則負國拒戰則兵微今日成敗未可知也公其圖之復光曰鴈門李僕射以雄武振北陲其家尊與吾先世同患難李鴈門奮不顧身自播遷已來徵兵未至者蓋太原阻路也如以朝旨諭鄭公詔到其軍至重榮曰善王鐸遣使奉墨詔之太原太原以兵從之及收京城三敗巢賊復光與其子守亮守宗等身先犯難功烈居多

○ 五十五 【唐傳一百三十四 十三 江文

其年六月卒於河中時年四十二復光雖黃門近幸然慷慨有大志善撫士卒及死之日軍中慟哭累日身後平賊立功者多是復光部下門人故將也諸假子守亮興元節度使守宗忠武節度使守信商州防禦使守忠洋州節度使其餘以守爲名者數十人皆爲牧守將帥

楊復恭貞元末中尉楊志廉之後志廉子欽義大中朝爲神策中尉欽義子三人玄翼玄价玄寔玄翼咸通中掌樞密玄寔乾符中爲右軍中尉玄价河陽監軍復恭即玄翼子也以父幼爲宦者入內侍省知書有學術每監諸鎮兵龐勛之亂監陣有功自河陽監軍入爲宣徽使咸通十年玄翼卒起復爲樞密使時黃巢犯關左軍中尉田令孜爲天下觀軍容制置使專制中外復恭每事力爭得失令孜怒左授復恭飛龍使乃稱疾退於藍田僖宗自蜀還京田令孜出師失律車駕再幸山南復用復恭爲樞密使尋代令孜爲右軍中尉時行在制置內外經略皆出於復恭車駕還京授

觀軍容使封魏國公僖宗畏駕迎壽王踐祚文德元年加開府金
吾上將軍專典禁兵既軍權在手頗擅朝政昭宗惡之政事多訪
於宰臣故韋昭度張濬杜讓能每有陳奏即舉大中故事稍抑宦
者之權上性明察由是偏聽之釁生焉國舅王瓌頗居中任事復
恭惡之奏授黔南節度至吉栢江覆舟而殁物議歸咎於復恭上
每切齒道復恭復恭假子天威軍使守立權勇冠於六軍人皆避
之上欲罪復恭懼守立爲亂乃謂復恭曰吾要卿家守立在左右
可進來乃賜姓李名順節恩寵特異勢侔樞要乃與復恭爭權每
中傷其陰事授順節鎮海軍節度使同平章事大順二年九月詔
復恭致仕賜杖屨復恭既失勢欲退止商山別居第在昭化里近
玉山營假子守信爲玉山軍使守信時候復恭於其第或誣告云
玉山軍使與復恭謀亂詔李順節率禁軍攻之昭宗御延喜樓
守信以兵拒之順節屢敗際晚守信復恭挈其族出通化門趨興
元守信令部將張綰殿其後綰戰敗被擒復恭至興元節度使楊

五十五 唐傳一百三十四 十四 江文

○守亮乃糾合請守義兄弟舉兵以討順節爲名天子詔李茂貞王
行瑜討之明年守亮兵敗復恭與守亮挈其族將奔太原入商山
至乾元縣爲華州兵所獲執送京師皆梟首於市李茂貞收興元
進復恭前後與守亮私書六十紙内訴致仕之由云承天是隋家
舊業大姪但積粟訓兵不要進奉吾於荆榛中援立壽王有如此
負心門生天子既得尊位乃廢定策國老其不遜如是後復恭假
子彥博奔太原收復恭骸骨葬於介休縣之抱腹山復恭之後
宦者西門重遂爲右軍中尉李茂貞初併山南兵衆強盛干預朝
政宰相杜讓能與重遂等謀誅之師興爲茂貞所敗重遂被誅乃
以内官駱全瓘劉景宣爲左右軍中尉乾寧二年春李茂貞王行
瑜以兵入朝殺宰相韋昭度李谿河東節度使李克用率師渡
河討邠岐二帥軍於渭北駱全瓘與茂貞宿衛將閻圭脅天
子幸岐州昭宗蒼黃幸莎城茂貞以太原問罪乃誅全瓘閻圭以
自解昭宗幸華州宦官稍微及光化還宮内官景務脩宋道弼

復專國政宰相崔胤深惡之中外不睦宰相徐彥若王摶有度量
見其陰險相傾懼危時事嘗奏曰人君當務大體平心御物無有
偏私偏任偏聽古人所患今中官怙寵道路目之皆知此弊然未
能卒改俟多難漸平以道消息之陛下勿泄聖謨啓其姦詐崔胤
知摶所奏頗銜之他日見上曰王摶姦邪已爲勅使外應不可在
相位二年六月貶摶官賜死於藍田道弼務脩亦賜死以樞密使
劉季述王奉先爲兩軍中尉出徐彥若鎮南海崔胤秉政而排擯
宦官季述等外結藩侯以爲黨援十一月六日季述矯詔以皇太
子監國遂廢昭宗居東内奪傳國寶授太子昭宗以何皇后宮嬪
數人隨行幽于東宮季述手持銀撾於上前以撾畫地數上罪狀
云某時某事你不從我言其罪一也其悖逆如此乃令李師虔以
兵圍之鎔錫錮其扃鑰時方凝冽嬪御無衾哭聲聞于外穴牆通
食者兩月十二月晦崔胤等謀反正誅季述奉先復迎昭宗即位
改元天復元年其歲十一月朱全忠寇河中華州陷之京師振恐

五十五 唐傳一百三十四 十五 王介

○中尉韓全誨請上且幸鳳翔全忠追逼乘輿兵圍鳳翔者累年三
年正月茂貞殺兩軍中尉韓全誨張弘彥樞密使袁易簡周敬容
等二十二人皆斬首以布囊貯之令學士薛貽矩送於全忠求和是
月全忠迎駕還長安詔以崔胤爲宰相兼判六軍諸衛胤奏曰高
祖太宗承平時無内官典軍旅自天寶已後宦官寖盛貞元元和
分羽林衞爲左右神策軍以使衞從令宦官主之唯以二千人爲定
制自是參掌樞密由是内務百司皆歸宦者上下彌縫共爲不法
大則傾覆朝政小則構扇藩方車駕頻致播遷朝廷漸加微弱原
其禍作始自中人自先帝臨御已來陛下纂承之後朋儕日熾交
亂朝綱此不翦其本根終爲國之蟊賊内諸司使務宦官主者望
一切罷之諸道監軍使並追赴闕廷即國家萬世之便也詔曰宦
官之興肇于秦漢趙高閻樂貢滅嬴宗張讓段珪遂傾劉祚肆
其志則國必受禍悟其事則運可延長朕所以斷在不疑祈天永
命者也先皇帝嗣位之始年在幼沖羣豎相推奄專大政於是毒

流宇內兵起山東遷幸三川幾淪神器迴鑾之始率土思安而田令孜妬能忌功遷摇近鎮陳倉播越患難相仍洎朕纂承益相侮慢復恭重遂逞其禍道弼季述繼其兇幽辱朕躬淩脅孺子天復返正罪己求安兩軍內樞一切假借韓全誨等每懷憤惋曾務報雠視將相若血仇輕君上如木偶未周星歲亨致播遷及在岐陽過於羈絏上憂宗社傾墜下痛民庶流離茫然孤居無所控告全忠位兼二柄深識朕心駐兵近及於三年獨斷方誅於元惡今謝罪郊廟即宅宮闈正刑當在於事初除惡宜絕其根本先朝及朕五致播遷王畿之地減耗太半父不能庇子夫不能室妻言念于茲痛深骨髓其誰之罪爾輩之由帝王之為治也內有宰輔卿士外有藩翰大臣豈可令刑餘之人參預大政況此輩皆朕之家臣也比於人臣之家則奴隸之流恣橫如此罪惡貫盈天命誅之罪豈能捨橫屍伏法固不足矜含容久之亦所多愧其第五可範已下並宜賜死其在畿甸同華河中並盡底處置訖諸道監軍使已下

○及管內經過并居停內使勅到並仰隨處誅夷訖聞奏已令準國朝故事量留三十人各賜黃綃衫一領以備宮內指使仍不得輒有養男其左右神策軍並令停廢是日諸司官官百餘人及隨駕鳳翔羣小又二百餘人一時斬首於內侍省血流塗地及宮人宋柔等十一人兩街僧道與內官相善者二十餘人並笞死於京兆府內諸司一切罷之皆歸省寺自是京城並無宦官天子每宣傳詔命即令宮人出入崔胤雖復仇快志國祚旋亦覆亡悲夫

贊曰崇墉大廈壯其楹礎殿邦禦侮亦俟明德胥人意撓動不量力投鼠敗器良堪太息

唐書列傳卷第一百三十四

左奉議郎元紹興府府學教授朱倬校正

唐書列傳卷第一百三十五上

劉昫 等修

聞人詮校刻沈桐同校

良吏上

韋仁壽 陳君賓
張允濟 李桐客
李素立 薛大鼎
賈敦頤弟敦實 李君球
崔知溫 高智周
田仁會子歸道 韋機
權懷恩 馮元常
蔣儼 王方翼
薛季昶

漢宣帝曰使政平訟息民無愁歎與我共理其惟良二千石乎故漢

○代命官重外輕內郎官出宰百里郡守入作三公世祖中興尤深吏術慎選名儒為輔相不以吏事責功臣政優則增秩賜金績負則論輸左校選任之道皇漢其優隋政不綱彝倫斯紊天子事巡遊而務征伐具寮逞側媚而竊恩權是時朝廷無正人方岳無廉吏跨州連郡莫非豺虎之流佩紫懷黃悉奮爪牙之毒以至土崩不救旋踵而亡武德之初餘風未殄太宗皇帝削平亂迹湔洗污風唯思稼穡之艱不以珠璣為寶以是人知恥格俗尚貞修太平之基率由茲道洎天后玄宗之代貞元長慶之間或以卿士大夫泣方州或以御史郎官宰畿甸行古道也所病不能自武德已還歷年三百其間岳牧不乏循良令錄其政術有聞為之立傳所冀表吏師而儆不恪也

韋仁壽雍州萬年人也大業末為蜀郡司法書佐斷獄平恕其得罪者皆曰韋君所斷死而無恨高祖入關遣使定巴蜀使者承制拜仁壽嶲州都督府長史時南寧州內附朝廷每遣使安撫類皆受賄邊人患之或有叛者高祖以仁壽素有能名令檢校南寧州都督寄聽

政於越巂使每歲一至其地以慰撫之仁壽將兵五百人至西洱河承制置八州十七縣授其豪帥爲牧宰法令清肅人懷歡悅及將還酋長號泣曰天子遣公鎮撫南寧何得便去仁壽以城池未立爲辭諸酋長乃相與築城立廨舍旬日而就仁壽又曰吾奉詔但令巡撫不敢擅住及將歸蠻夷父老各揮涕相送因遣子弟隨之入朝貢方物高祖大悅仁壽復請徙居南寧以兵鎮守有詔特聽以便宜從事令益州給兵送之刺史竇軌害其功託以蜀中山獠反叛未遑遠略不時發遣經歲餘仁壽病卒

陳君賓陳鄱陽王伯山子也仕隋爲襄國太守武德初以郡歸款封東陽公拜邢州刺史貞觀元年累轉鄧州刺史州邑喪亂之後百姓流離君賓至纔朞月皆來復業二年天下諸州並遭霜澇君賓一境獨免當年多有儲積蒲虞等州戶口盡入其境逐食太宗下詔勞之曰朕以隋末亂離毒被海內率土百姓零落殆盡州里蕭條十不存一寤寐思之心焉若疚是以日昃忘食未明求衣曉夜孜孜唯以安

○ 唐傳百三五上 二

養爲慮每見水旱降災霜雹失所撫躬責己自慚德薄恐貧乏之黎庶不免饑餒傾竭倉廩普加賑恤其有一人絕食若朕奪之分命庶寮盡心匡救去年關內六州及蒲虞陝鼎等復遭亢旱禾稼不登糧儲既少遂令分房就食比聞刺史以下及百姓等並識朕懷逐糧戶到處相安養迴還之日各有贏糧乃別齎布帛以申贈遺如此用意加歎良深一則知水旱無常或此遞相拯贍不慮凶年二則知禮讓興行輕財重義四海士庶皆爲兄弟變澆薄之風敷仁慈之俗政化如此朕復何憂其安置客口官人支配得所並令考司錄爲功最養戶百姓不吝財帛已勑主者免今年調物宜知此意善相勸勉其年入爲太府少卿轉少府少監九年坐事除名後起授虔州刺史卒

張允濟青州北海人也隋大業中爲武陽令務以德教訓下百姓懷之元武縣與其鄰接有人以牸牛依其妻家者八九年牛孳產至十餘頭及將異居妻家不與縣司累政不能決其人詣武陽質於允濟允濟曰爾自有令何至此也其人垂泣不止具言所以允濟遂令左右縛牛主以衫蒙其頭將詣妻家村中云捕盜牛賊召村中牛悉集各問所從來處妻家不知其故恐被連及指其所訴牛曰此是女壻家牛也非我所知允濟遂發蒙謂妻家人曰此即女壻可以牛歸之妻家叩頭服罪元武縣司聞之皆大慚又嘗道逢一老母種葱者結菴守之允濟謂母曰但歸不煩守也若遇盜當來告令老母如其言居一宿而葱大失母以告允濟悉召葱地十里中男女畢集允濟呼前驗問果得盜葱者曾有行人候曉先發遺衫於路行十數里方覺或謂曰我武陽境內路不拾遺但能迴取物必當在如言果得遠近稱之政績尤異遷高陽郡丞時無郡將允濟獨統大郡吏人畏悅及賊帥王須拔攻圍時城中糧盡吏人取槐葉藁節食之竟無叛者貞觀初累遷刑部侍郎封武城縣男出爲幽州刺史尋卒

李桐客冀州衡水人也仕隋爲門下錄事大業末煬帝幸江都時四方兵起謀欲徙都丹陽召百寮會議公卿希旨俱言江右黔黎皆思望幸巡狩吳會勒石紀功復禹之跡今其時也桐客獨議曰江南卑

○ 唐傳百三五上 三

濕地狹州小內奉萬乘外給三軍吳人力屈恐不堪命且踰越險阻非社稷之福御史奏桐客謗毀朝政僅而獲免後隋滅宇文化及至黎陽轉沒竇建德建德平太宗召授秦府法曹參軍貞觀初累遷通巴二州所在清平流譽百姓呼爲慈父後卒於家

李素立趙州高邑人北齊梁州刺史義深曾孫也祖騊駼散騎常侍父政藻隋水部郎中大業末充使淮南爲盜所殺素立武德初爲監察御史時有犯法不至死者高祖特命殺之素立諫曰三尺之法與天下共之法一動搖則人無所措手足陛下甫創鴻業遐荒尚阻奈何輦轂之下便棄刑書臣忝法司不敢奉旨高祖從之自是屢承恩顧素立尋丁憂高祖令所司奪情授以七品清要官所司擬雍州司戶參軍高祖曰此官要而不清又擬秘書郎高祖曰此官清而不要遂擢授侍御史高祖曰此官清而復要貞觀中累轉揚州大都督府司馬時突厥鐵勒部相率內附太宗於其地置瀚海都護府以統之以素立爲瀚海都護又有闕泥孰別部猶爲邊患素立遣使招諭降之

夷人感其惠率馬牛以饋素立素立唯受其酒一盃餘悉還之爲建立廨舍開置屯田久之轉綿州刺史永徽初遷蒲州刺史及將之任所餘糧儲及什物皆令州司收之唯齎已之書籍而去道病卒高宗聞而特爲廢朝一日諡曰平其孫至遠有重名長壽中爲天官郎中內史李昭德重其才薦於則天擢令知流內選事或勸至遠謝其私恩至遠曰李公以公見用豈得以私謁也竟不謝遂爲昭德所銜因事出爲壁州刺史卒至遠子畬初爲汜水主簿處事敏速有聲稱雖村童廁養之輩一閱之後無不知替代姓名者累轉國子司業事母甚謹閨門邕睦累代同居每歲時拜慶長幼男女咸有禮節及妻卒時母已尤病畬恐傷母意約家人不令哭聲使聞于母朝夕定省不曾見其憂念之色士友甚以此稱之及母終過毀卒于喪至遠弟從遠景雲中歷黃門侍郎太府卿素立從兄子遊道則天時官至冬官尚書同鳳閣鸞臺三品

○薛大鼎蒲州汾陽人周太子少傅博平公善孫也父粹隋介州長史

漢王諒謀反授絳州刺史諒敗伏誅大鼎以年幼免死配流辰州後得還鄉里義旗初建於龍門謁高祖因說請勿攻河東從龍門直渡據永豐倉傳檄遠近則足食足兵既揔天府據百二之所斯亦拊背扼喉之計高祖深然之時將士咸請先攻河東遂從衆議授大將軍府察非掾貞觀中累轉鴻臚少卿滄州刺史州界有無棣河隋末塡廢大鼎奏開之引魚鹽於海百姓歌之曰新河得通舟檝利直達滄海鹽魚至昔日徒行今騁駟美哉薛公德滂被大鼎又以州界卑下遂決長蘆及漳衡等三河分洩夏潦境內無復水害時與瀛州刺史賈敦頤曹州刺史鄭德本俱有美政河北稱爲鐺脚刺史永徽四年授銀青光祿大夫行荊州大都督府長史明年卒有二子克構克勤克構天授中官至麟臺監克勤歷司農少卿爲來俊臣所陷伏誅克構坐配流嶺表而死

賈敦頤曹州冤句人也貞觀中歷遷滄州刺史在職清潔每入朝盡室而行唯弊車一乘羸馬數匹羈勒有闕以繩爲之見者不知其刺史也二十三年轉瀛州刺史州界滹沱河及滱水每歲泛溢漂流居人敦頤奏立隄堰自是無復水患永徽五年累遷洛州刺史時豪富之室皆籍外占田敦頤都括獲三千餘頃以給貧乏又發姦擿伏有若神明尋卒弟敦實

敦實貞觀中爲饒陽令政化清靜老幼懷之時敦頤復授瀛州刺史舊制大功以上不復連官朝廷以其兄弟在職俱有能名竟不遷替咸亨元年累轉洛州長史甚有惠政時洛陽令楊德幹杖殺人吏以立威名敦實曰政在養人義須存撫傷生過多雖能亦不足貴也常抑止德幹德幹亦爲之稍減四年遷太子右庶子初敦頤爲洛州刺史百姓共樹碑于大市通衢及敦實去職復刻石頌美立于兄之碑側時人號爲棠棣碑敦實後爲懷州刺史永淳初以年老致仕及病篤子孫迎醫視之敦實曰未聞良醫能治老也終不服藥垂拱四年卒時年九十餘子膺福先天中歷左散騎常侍昭文館學士坐預竇懷貞等謀逆伏誅

○李君球齊州平陵人也父義滿屬隋亂糺合宗黨保固村閭外盜不敢侵逼以功累授齊郡通守武德初遠申誠款詔以其宅爲譚州仍拜爲總管封平陵郡公君球少任俠頗涉書籍貞觀中齊州都督齊王據州城舉兵作亂君球與兄子行均守縣城事平太宗聞而嘉之擢授游擊將軍仍改其本縣爲全節縣君球累補左驍衛義全府折衝都尉龍朔三年高宗將伐高麗君球上疏諫曰臣聞心之病者不能緩聲事之急者不能安言性之慈者不能隱情且食君之祿者死君之事今臣食陛下之祿矣其敢愛身乎臣聞司馬法曰國雖大好戰必亡天下雖安忘戰必危兵者凶器戰者危事故聖主明王重行之也愛人力之盡恐府庫之殫懼社稷之危生中國之患故古人云務廣德者昌務廣地者亡昔秦始皇好戰不已至于失國是不愛其內而務其外故也漢武遠討朔方殆乎萬里廣拓南海分爲八郡終於戶口減半國用空虛至於末年方垂哀痛之詔自悔其失彼高麗者僻側小醜潛藏山海之間得其人不足以彰聖化棄其地不足以

損天威何至乎疲中國之人傾府庫之實使男子不得耕耘女子不得蠶織陛下為人父母不垂惻隱之心傾其有限之貲貪於無用之地設令高麗既滅即不得不發兵鎮守少發則兵威不足多發則人心不安是乃疲於轉戍萬姓無聊生也萬姓無聊即天下敗矣天下既敗陛下何以自安故臣以為征之不如不征滅之不如不滅書奏不納尋遷蔚州刺史未行改為興州刺史累遷揚州大都督府長史政尚嚴肅人吏憚之盜賊屏跡高宗頻降書勞勉時有吐谷渾犯塞以君球素有威重轉為靈州都督尋卒官

崔知溫許州鄢陵人祖樞司農卿父義眞陝州刺史知溫初為左千牛麟德中累轉靈州都督府司馬州界有渾斛薛部落萬餘帳數侵掠居人百姓咸廢農業習騎射以備之知溫表請徙於河北斛薛不願遷移時將軍契苾何力為之言於高宗遂寢其奏知溫前後十五上詔竟從之於是百姓始就耕穫後斛薛入朝因過州謝曰前蒙奏徙河北實有怨心然牧地豐腴水草不乏部落日富始荷公恩拜伏

而去知溫四遷蘭州刺史會有党項三萬餘衆來寇州城城內勝兵既少衆大懼不知所為知溫使開城門延賊賊恐有伏不敢進俄而將軍權善才率兵來救大破党項之衆善才因其降欲盡坑之以絕後患知溫曰弗逆克奔古人之善戰誅無噍類禍及後昆又谿谷崢嶸草木幽蔚萬一變生悔之何及善才然其計又欲分降口五百人以與知溫知溫曰向論安危之策乃公事也豈圖私利哉固辭不受党項餘衆由是悉來降附知溫累遷尚書左丞轉黃門侍郎同中書門下三品兼修國史永隆二年七月遷中書令永淳三年三月卒年五十七贈荊州大都督

子泰之開元中官至工部尚書少子諤之

諤之神龍初為將作少匠預誅張易之有功封博陵縣侯賜實封二百戶開元初累遷少府監知溫兄知悌

知悌高宗時官至戶部尚書

高智周常州晉陵人少好學舉進士累補費縣令與丞尉均分俸錢政化大行人吏刊石以頌之尋授秘書郎弘文館直學士預撰瑤山玉彩文館辭林等三遷蘭臺大夫時孝敬在東宮智周與司文郎中賀凱司經大夫王眞儒等俱以儒學授詔為侍讀總章元年請假歸葬其父母因謂所親曰知進而不知退取患之道也乃稱疾去職俄起授壽州刺史政存寬惠百姓安之每行部必先召學官見諸生試其講誦訪以經義及時政得失然後問及墾田獄訟之事咸亨二年召拜正諫大夫兼檢校禮部侍郎尋遷黃門侍郎同中書門下三品兼修國史俄轉御史大夫累表固辭煩劇之任高宗嘉其意拜右散騎常侍又請致仕許之永淳二年十月卒於家年八十二贈越州都督府智周少與鄉人蔣子慎善同詣善相者曰明公位極人臣而胤嗣微弱蔣侯官祿至薄而子孫轉盛子慎後累年為建安尉卒其子繪來謁智周智周已貴矣曰吾與子父有故子復有才因以女妻之永淳中為緱氏尉鄭州司兵卒繪子捷舉進士開元中歷臺省仕至湖延二州刺史子貴贈揚州大都督捷子冽渙並進士及第冽歷禮

吏戶部三侍郎尚書左丞渙天寶末給事中永泰初右散騎常侍高氏殄滅已久果符相者之言初冽兄弟在父艱廬於墓側植松柏千餘株又同時榮貴人推其友愛冽子鍊渙子銖亦進士舉

田仁會雍州長安人祖軌隋幽州刺史信都郡公父弘陵州刺史襲信都郡公仁會武德初應制舉授左衛兵曹累遷左武候中郎將貞觀十八年太宗征遼發後薛延陀數萬騎抄河南太宗令仁會及執失思力率兵擊破之逐北數百里延陀脫身走免太宗嘉其功降璽書慰勞永徽二年授平州刺史勸學務農稱為善政轉郢州刺史屬時旱仁會自曝祈禱竟獲甘澤其年大熟百姓歌曰父母育我田使君精誠為人上天聞田中致雨山出雲倉廩既實禮義申但願常在不患貧五遷勝州都督州界有山賊阻險劫奪行李仁會發騎盡捕殺之自是外戶不閉盜賊絕跡入為太府少卿麟德二年轉右金吾將軍所得祿俸估外有餘剩以納官時人頗譏其邀名仁會強力疾惡晝夜巡警自宮城至於衢路絲毫越法無不立發每日廷引百餘

人躬自問罰畧無寬者京城貴賤咸畏憚之時有女巫蔡氏以鬼道
惑衆自云能令死者復生市里以爲神明仁會驗其假妄奏請徙邊
高宗曰若死者不活便是妖妄若死者得生更是罪過竟依仁會所
奏仁會總章二年遷太常正卿咸亨初又轉右衛將軍以年老致仕
儀鳳四年卒年七十八謚曰威神龍中以子歸道贈戶部尚書歸道
弱冠明經舉長壽中累補司賓丞仍通事舍人內供奉久之轉左衛
郎將聖曆初突厥默啜遣使請和制遣左豹韜衛將軍閻知微入蕃
册爲立功報國可汗默啜又遣使入朝謝恩知微遇諸途便與之緋
袍銀帶兼表請蕃使入都日大備陳設歸道上言曰突厥背恩積稔
悔過來朝宜待聖恩寬其罪戾解辮削衽須稟天慈知微擅與袍帶
國家更將何物充賜望反初服以俟朝恩且小蕃使到不勞大備之
儀則天然之及默啜將至單于都護府乃令歸道攝司賓卿迎勞之
默啜又奏請六胡州及單于於都護府之地則天不許默啜深怨遂
拘縶歸道將害之歸道辭色不撓更責以無厭求請兼喻其禍福默

○ 唐傳一百三十五上 八

啜意稍解會有制賜默啜粟三萬碩雜綵五萬段農器三千事并許
之結婚於是歸道得還遂面陳默啜不利之狀請加防禦則天納焉
頃之默啜果叛扶閻知微入寇趙定等州擢拜歸道夏官侍郎甚見
親委累遷左金吾將軍司膳卿兼押千騎未幾除尚方監加銀青光
祿大夫轉殿中監仍令依舊押千騎宿衛於玄武門敬暉等討張易
之昌宗也遣使就索千騎歸道既先不預謀拒而不與及事定暉等
將誅之歸道執辭免令歸私第中宗嘉其忠壯召拜太僕少卿驟除
殿中少監右金吾將軍歲餘病卒贈輔國大將軍追封原國公中宗
親爲文以祭之子寘庭開元中爲光祿卿
韋機雍州萬年人祖元禮隋浙州刺史父恪洛州別駕機貞觀中爲
左千牛冑曹充使往西突厥册立同俄設爲可汗會石國反叛路絕
三年不得歸機裂裳錄所經諸國風俗物產名爲西征記及還太宗
問蕃中事機因奏所撰書太宗大悅擢拜朝散大夫累遷至殿中監
顯慶中爲檀州刺史邊州素無學校機敦勸生徒創立孔子廟圖七

十二子及自古賢達皆爲之贊述會契苾何力東討高麗軍衆至檀
州而灤河泛漲師不能進供其資糧數日不乏何力全師還以其事
聞高宗以爲能超拜司農少卿兼知東都營田甚見委遇有宦者於
苑中犯法機杖而後奏高宗嗟賞賜絹數十疋謂曰更有犯者卿即
鞭之不煩奏也上元中遷司農卿檢校園苑造上陽宮并移中橋從
立德坊曲徙於長夏門街時人稱其省功便事有道士朱欽遂爲天
后所使馳傳至都所爲橫恣機囚之因密奏曰道士假稱中宮驅使
依倚形勢臣恐虧損皇明爲禍患之漸高宗特發中使慰諭機而欽
遂配流邊州天后由是不悅儀鳳中機坐家人犯盜爲憲司所劾免
官永淳中高宗幸東都至芳桂宮驛召機令白衣檢校園苑將復本
官爲天后所擠而止俄令檢校司農少卿事會卒子餘慶
餘慶官至右驍衛兵曹早卒餘慶子岳
岳亦以吏幹著名則天時累轉汝州司馬會則天幸長安召拜尚舍
奉御從駕還京因召見則天謂曰卿是韋機之孫勤幹固有家風也

○ 唐傳一百三十五上 九

卿之家事朕悉知之因問家人名賞慰良久尋拜太原尹岳素不習
武固辭邊任由是忤旨左遷宋州長史歷海虢二州刺史所在皆著
威名睿宗時入爲殿中少監甚承恩顧及竇懷貞李晉等伏誅以岳
嘗與交往爲姜皎所陷左遷渠州別駕稍遷陝州刺史開元中卒於
潁州別駕岳子景駿
景駿明經舉神龍中累轉肥鄉令縣北界漳水連年泛溢舊隄迫近
水漕雖修築不息而漂流相繼景駿審其地勢拓南數里因高築隄
瀑水至隄南以無患水去而隄北稱爲神腴田漳水舊有架柱長橋
每年修葺景駿又改造爲浮橋自是無復水患至今賴焉時河北飢
景駿躬撫合境村閭必通贍恤貧弱獨免流離及去任人吏立碑頌
德開元中爲貴鄉令縣人有母子相訟者景駿謂之曰吾少孤每見
人養親自恨終天無分汝幸在溫凊之地何得如此錫類不行令之
罪也因垂泣嗚咽仍取孝經付令習讀之於是母子感悟各請改悔
遂稱慈孝累轉趙州長史路由肥鄉人吏驚喜競來犒餞留連經日

有童稚數人年甫十餘歲亦在其中景駿謂曰計吾爲此令時汝輩未生既無舊恩何慇懃之甚也咸對曰此間長宿傳說縣中廨宇學堂館舍隄橋並是明公遺跡將謂古人不意親得瞻覩不覺欣戀倍於常也其爲人所思如此十七年遷房州刺史州帶山谷俗參蠻夷好淫祀而不修學校景駿始開貢舉悉除淫祀又通狹路并造傳館行旅甚以爲便二十年轉奉先令未行而卒

權懷恩雍州萬年人周荊州刺史千金郡公景宣玄孫也其先自天水徙家焉祖弘壽大業末爲臨汾郡司倉書佐高祖鎮晉陽引判留守事以從義師之功累轉秦王府長史太宗遇之甚厚又從平王世充拜太僕卿累封盧國公卒謚曰恭父知讓襲爵官至博州刺史懷恩初以蔭授太子進馬咸亨初累轉尚乘奉御襲爵盧國公時有奉乘安畢羅善於調馬甚爲高宗所寵懷恩奏事遇畢羅在帝左右戲無禮懷恩退而杖之四十高宗知而嗟賞之謂侍臣曰懷恩乃能不避強禦眞良吏也即日拜萬年令爲政清肅令行禁止前後京縣令

○〈舊唐傳一百三十五上〉　十　〈

無及之者後歷慶萊衛刑四州刺史洛州長史懷恩姿狀雄毅束帶之後妻子不敢仰視所歷皆以威名御下人吏重足而立俄出爲宋州刺史時汴州刺州揚德幹亦以嚴肅與懷恩齊名至是懷恩路由汴州德幹送之出郊懷恩見新橋中途立木以禁車過者謂德幹曰一言處分豈不得何用此爲德幹大慙時議以爲不如懷恩也轉益州大都督府長史尋卒姪楚璧官至左領軍衛兵曹參軍開元十年駕在東都楚璧乃與故兵部尚書李迥秀男齊損從祖弟金吾淑陳倉尉盧玢及京城左屯營押官長上折衝周履濟楊楚劍元令琪等舉兵反立楚璧兄子梁山年十五詐稱襄王男號爲光帝擁左屯營兵百餘人梯上景風門踰城而入踞長樂恭禮門入宮城求留守刑部尚書王志愔不獲屬天曉屯營兵自相翻覆盡殺梁山等傳首東都楚璧並坐籍沒懷恩叔祖萬紀

萬紀性強正好直言貞觀中爲治書侍御史以公事奏劾魏徵溫彥博等太宗以爲不避豪貴甚禮之遷尚書左丞封冀氏男再轉齊王祐府長史祐既失德數匡正之竟爲祐所殺語在祐傳祐既死贈萬紀齊州都督武都公謚曰敬子玄福高宗時爲兵部侍郎

馮元常相州安陽人自長樂徙家焉北齊右僕射子琮曾孫也舉明經高宗時累遷監察御史爲劍南道巡察使興利除害蜀土賴焉永淳中爲尚書左丞元常清鑒有理識甚爲高宗之所賞嘗密奏中宮權重宜稍抑損高宗雖不能用深以其言爲然則天聞而甚惡之及臨朝四方承旨多獻符瑞嵩陽令樊文進瑞石則天命於朝堂示百官元常奏言狀涉諂僞不可誣罔士庶則天不悅出爲隴州刺史俄而天下岳牧集乾陵會葬則天不欲元常赴陵所中途改授眉州刺史劍南先時光火賊夜掠居人晝潛山谷元常至喻以恩信許其首露仍切加捕逐賊徒捨器杖面縛自陳者相繼又轉廣州都督便道之任不許詣都尋屬安南首領李嗣仙殺都護劉延祐剽陷州縣勑元常討之率士卒濟南海先馳檄示以威恩喻以禍福嗣仙徒黨多相率歸降因縱兵誅其魁首安慰居人而旋雖屢有政績則天竟不

○〈舊唐傳一百三十五上〉　十一　〈

賞之尋爲酷吏周興所陷追赴都下獄死元常閨門雍肅雅有禮度雖小功之喪未嘗寢于私室甚爲士類所稱從父弟元淑則天時爲清漳令政有殊績百姓號爲神明又歷浚儀始平二縣令皆單騎赴職未嘗以妻子之官所乘馬午後則不與芻云令其作齋身及奴僕每日一食而已俸祿之餘皆供公用并給與貧士人或譏其邀名元淑曰此吾本性不爲苦也中宗時降璽書勞勉仍令史官編其事跡卒於祠部郎中

蔣儼常州義興人貞觀中爲右屯衛兵曹參軍太宗將征遼東募使高麗者衆皆畏憚儼謂人曰主上雄畧華夷畏威高麗小蕃豈敢圖其使者縱其凌虐亦是吾死所也遂出請行及至高麗莫離支置於窟室中脅以兵刃終不屈撓會高麗敗得歸太宗奇之拜朝散大夫再遷幽州司馬以善政爲巡察使劉祥道所薦擢爲會州刺史再遷殿中少監數陳意見高宗每優納之再轉蒲州刺史蒲州戶口殷劇前後刺史多不稱職儼下車未幾令行禁止稱爲良牧永淳元年拜

太僕卿以父名鄉固辭乃除太子右衛副率時徵隱士田遊巖爲太子洗馬在宮竟無匡輔儼乃貽書以責之曰足下負巢由之峻節傲唐虞之聖主養煙霞之逸氣守林壑之遁情有年載矣故能聲出區宇名流海内主上屈萬乘之重申三顧之榮遇子以商山之客待子以不臣之禮將以輔導儲貳漸染芝蘭耳皇太子春秋鼎盛聖道未周拾遺補闕臣子恒務僕以不才猶參廷諍誠以素非德望位班卒伍言以人廢不蒙採掇足下受調護之寄是可言之秋唯唯而無一談悠悠以卒年歲向使不食周粟僕何敢言祿及親矣將何酬塞想爲不達謹書起予遊巖竟不能荅儼尋檢校太常卿文明中封義興縣子歷右衛大將軍太子詹事以年老致仕垂拱三年卒于家年七十八文集五卷

王方翼并州祁人也高宗王庶人從祖兄也祖裕武德初隋州刺史裕妻即高祖妹同安大長公主也太宗時以公主屬尊年老特加敬異數幸其第賞賜累萬方翼父仁表貞觀中爲岐州刺史仁表卒妻

○《唐傳一百三十五上》 十二

李氏爲主所斥居於鳳泉別業時方翼尚幼乃與傭保齊力勤作苦心計功不虛弃數年闢田數十頃修飾館宇列植竹木遂爲富室公主卒後歸長安友人趙持滿犯罪被誅暴尸於城西親戚莫敢收視方翼歎曰欒布之哭彭越大義也周文之掩朽骼至仁也絕友之義蔽主之仁何以事君乃收其屍具禮葬之高宗聞而嘉歎由是知名永徽中累授安定令誅大姓皇甫氏盜賊止息號爲善政五遷肅州刺史時州城荒毀又無壕塹數爲寇賊所乘方翼發卒濬築引多樂水環城爲壕又出私財造水碾磑稅其利以養飢餒宅側起舍十餘行以居之屬蝗儉諸州貧人死於道路而肅州全活者甚衆州人爲立碑頌美會吏部侍郎裴行儉西討遮匐奏方翼爲副兼檢校安西都護又築碎葉鎮城立四面十二門皆屈曲作隱伏出沒之狀五旬而畢西域諸胡競來觀之因獻方物永隆中車簿反叛圍弓月城方翼引軍救之至伊麗河賊前來拒因縱擊大破之斬首千餘級俄而三姓咽麪悉發衆十萬與車簿合勢以拒方翼屯兵熱海與賊連戰流矢貫臂徐以佩刀截之左右莫有覺者既而所將蕃兵懷貳謀執方翼以應賊方翼密知之悉召會議佯出軍資以賜之續續引去便令斬之會大風又振金鼓以亂其聲遂誅七千餘人因遣裨將分道討襲咽麪等賊既無備因是大潰擒首領突騎施等三百人西域遂定以功遷夏州都督屬牛疫無以營農方翼造人耕之法施關鍵使人推之百姓賴焉永淳二年詔徵方翼將議西域之事於奉天宮謁見賜食與語方翼衣有戰時血漬之處高宗問其故方翼具對熱海苦戰之狀高宗使袒視其瘡歎曰吾親也賞賜甚厚俄屬綏州白鐵余舉兵反乃詔方翼副程務挺討之賊平封太原郡公則天臨朝以方翼是庶人近屬陰欲除之及程務挺被誅以方翼與務挺連職素善追赴都下獄遂流于崖州而死子琁珣瑨並知名琁瑨開元中皆爲中書舍人珣至秘書監

薛季昶絳州龍門人也則天初上封事解褐拜監察御史頻按制獄稱旨累遷御史中丞萬歲通天元年夏官郎中侯味虛統兵討契丹

○《唐傳一百三十五上》 十三

不利奏言賊徒熾盛常有蛇虎導其軍則天命季昶按驗其狀便爲河北道按察使季昶先馳至軍斬味虛以聞又有藁城尉吳澤者貪虐縱橫嘗射殺驛使截百姓子女髮以爲髢州將不能制甚爲人吏所患季昶又杖殺之由是威震遠近州縣望風懾懼然後布以恩信旌揚善吏有汴州孝女李氏年八歲父卒柩殯在堂十餘載每日哭臨無限及年長母欲嫁之遂截髮自誓請在家終養及喪母號毀殆至滅性家無丈夫自營棺槨州里欽其至孝送葬者千餘人葬畢廬於墓側蓬頭跣足負土成墳手植松柏數百株季昶列上其狀有制特表門閭賜以粟帛久視元年季昶自定州刺史入爲雍州長史威名甚著前後京尹無及之者俄遷文昌左丞歷魏陝二州刺史長安末爲洛州長史所在皆以嚴肅爲政神龍初以預誅張易之兄弟功加銀青光祿大夫拜戶部侍郎時季昶勸敬暉等因兵勢殺武三思暉等不從竟以此敗語在暉傳季昶亦因是累貶自桂州都督授儋州司馬初季昶與昭州首領周慶立及廣州司馬光楚客不協及將

之儋州懼慶立見殺將往廣州又惡楚客乃歎曰薛季昶行事至是耶因自製棺仰藥而死睿宗即位下制曰故儋州司馬薛季昶剛幹義烈早承先顧驅策中外績譽昭宣有莊湯之推舉同汲黯之強直屬醜正操衡除其異已橫加竄責卒至殂亡言念忠烈有懷嘉悼可贈左御史大夫仍同敬暉等例與一子官

唐書列傳卷第一百三十五上

唐書列傳卷第一百三十五下

劉　昫　等修
聞人詮校刻沈桐同校

良吏下

裴懷古　張知謇（兄知玄　弟知泰　知晦　知默）
楊元琰（子仲昌）　倪若水
李濬（子麟）　陽嶠
宋慶禮　姜師度
強循（和逢堯）　潘好禮
楊茂謙　楊瑒
崔隱甫　李尚隱
呂諲　蕭定
蔣沇　薛珏（子存慶）
李惠登　任迪簡
范傳正　袁滋
薛苹　閻濟美

裴懷古壽州壽春人也儀鳳中詣闕上書授下邽主簿長壽中累轉監察御史時姚巂蠻首反叛詔懷古往招輯之懷古申明賞罰賊徒歸附者日以千數乃俘其魁首處其居人而還蠻夷荷恩立碑頌德時恒州鹿泉寺僧淨滿為弟子所謀密畫女人居高樓仍作淨滿引弓而射之藏於經笥已而詣闕上言僧呪詛大逆不道則天命懷古按問誅之懷古究其辭狀釋淨滿以聞則天大怒懷古奏曰陛下法無親疎當與天下畫一豈使臣誅無辜之人以希聖旨向使淨滿有不臣之狀臣復何顏能寬之乎臣今慎守平典雖死無恨也則天意乃解聖曆中閻知微充使往突厥懷古監其軍至虜庭默啜立知微為南面可汗將授懷古偽職懷古不從將殺之懷古抗辭曰寧守忠以就死不毀節以求生請就斬所不避也乃禁錮隨軍因挺身奔竄以歸拜祠部員外郎時姚巂蠻首相率詣闕頌懷古綏撫之狀請為

牧守以撫之遂授姚州都督以疾不行轉司封郎中時始安賊歐陽倩擁徒數萬剽陷州縣授懷古桂州都督仍充招慰討擊使綖及嶺飛書招誘示以禍福賊徒迎降自陳爲吏人侵逼乃舉兵耳懷古知其誠懇乃輕騎以赴之左右曰夷獠難親未可信也懷古曰吾仗忠信可通於神明況於人乎因造其營以慰諭之羣賊喜悅歸其所掠財貨納於公府諸洞酋長素持兩端者盡來款附嶺外悉定復歷相州刺史并州大都督府長史所在爲人吏所慕神龍中遷左羽林大將軍行未達都復授并州長史吏人聞懷古還老幼相携郊野歡迎時崔宣道代懷古爲并州下車而罷出郊以候懷古懷古恐傷宣道之意命官吏驅逐出迎之人而百姓奔赴愈衆其爲人所思如此俄轉幽州都督徵爲左威衛大將軍尋卒

張知謇蒲州河東人也徙家于岐少與兄知玄知晦弟知泰知默五人勵志讀書皆以明經擢第儀質瓌偉眉目疏朗曉於玄理清介自守故當時名公爭引薦之遞歷畿赤知謇知泰知默調露後又歷臺

省知謇天授後歷房和舒延德定稷晉洛宣貝十一州刺史所涖有威嚴人不敢犯通天中知泰爲洛州司馬知默爲秋官郎中知謇自德州入計則天重其才幹又目其狀貌過人命畫工寫之以賜其本曰人或有才未必有貌卿家昆弟可謂爲兩絕時人稱之尋以知泰爲夏官地官侍郎益州長史中臺右丞初知謇爲房州時中宗以廬陵王安置房州制約甚急知謇與董玄質崔敬嗣相次爲刺史皆保護供擬豐贍中宗德之及神龍元年中宗踐極自貝州追知謇爲左衛將軍加雲麾將軍封范陽郡公知泰自兵部侍郎授右御史大夫加銀青光祿大夫進封漁陽郡公鬚髮華皓同貴於朝時望甚美之知泰以忤武三思出爲并州刺史天平軍使仍帶本官尋又爲魏州刺史景龍二年卒優詔褒贈謚曰定時知謇爲洛州長史東都副留守又歷左右羽林大將軍同華州刺史大理卿致仕開元中卒年八十知謇敏於從政性亮直不喜有請託求進無才而冒位者故子姪經義不精不許論舉知默嘗與來俊臣周興等同掌詔獄陷於酷吏子孫禁錮知泰開元中累贈刑部尚書特進知玄子景昇知泰子景佚開元中皆至大官門列棨戟

楊元琰虢州閿鄉人隋禮部尚書希曾孫也初生時數歲不能言相者曰語遲者神定此必成大器也及長偉姿儀以器局見稱初爲平棘令號爲善政載初中累遷安南副都護又歷蘄蒲晉魏宣許六州刺史涼梁二都督荊府長史前後九度清白昇進累降璽書褒美長安中張柬之代元琰爲荊州長史與元琰泛江中流言及則天革命議諸武擅權之狀元琰發言慷慨有匡復之意及柬之知政事奏引元琰爲右羽林將軍至都柬之謂曰記昔江中之言乎今日之授意不細也乃結元琰與李多祚等定計誅張易之兄弟及事成加雲麾將軍封弘農郡公食實封五百戶仍賜鐵券恕十死俄而張柬之敬暉等爲武三思所構元琰覺變奏請削髮出家仍辭官爵實封中宗不許敬暉聞而笑曰向不知奏請出家合贊成其事剃却胡頭豈不妙也元琰多鬚類胡暉以此言戲之元琰曰功成名遂不退將危此

由衷之請不徒然也暉知其意瞿然不悅及暉等得罪元琰竟以先覺獲全尋加金紫光祿大夫轉衛尉卿明年李多祚等被誅元琰以曾與多祚同立功亦被繫獄問狀賴中書侍郎蕭至忠保明之竟得免罪又轉光祿卿景龍中抗疏請削在身官爵迴贈父官中宗許之乃追贈其父越州長史睿宗即位三遷刑部尚書改封魏國公開元初拜太子賓客致仕六年卒于家年七十九子仲嗣容州刺史仲昌吏部郎中

倪若水恒州槀城人也開元初歷遷中書舍人尚書右丞出爲汴州刺史政尚清靜人吏安之又增修孔子廟堂及州縣學舍勸勵生徒儒教甚盛河汴間稱詠不已四年玄宗令宦官往江南採鵁鶄等諸鳥路由汴州若水知之上表諫曰方今九夏時忙三農作苦田夫擁耒蠶婦持桑而以此時採捕奇禽異鳥供園池之翫遠自江嶺達於京師水備舟船陸倦檐負飯之以魚肉間之以稻粱道路觀者豈不以陛下賤人貴鳥也陛下方當以鳳皇爲凡鳥麒麟爲凡獸即鵁鶄

鴻鵠鳥足貴也陛下昔潛龍藩邸備歷艱虞今氛祲廓清高居九五玉帛子女充於後庭職貢珍奇盈於內府過此之外復何求哉臣承國厚恩超居重任草芥賤命常欲殺身以効忠葵藿微心常願隳肝以報主瞻望庭闕敢布腹心直言忤旨甘從鼎鑊手詔答曰朕先使人取少雜鳥其使不識朕意採鳥稍多卿具奏其事辭誠忠懇深稱朕意卿達識周材義方敬直故輟綱轄之重委以方面之權果能閑邪存誠守節彌固骨鯁忠烈遇事無隱言念忠讜深用嘉慰使人朕已量事決罰禽鳥並令放訖今賜卿物四十段用答至言尋入拜戶部侍郎七年復授尚書右丞卒

李濬隴西人祖世武睿宗即位加銀青光祿大夫上在東宮選爲太子中允又出爲麟州刺史政有能名開元初置諸道按察使盛選能吏授濬潤州刺史江東按察使累封真源縣子州人孫處玄以學行著名濬特加禮異累表薦之仍令子麟與之結交處玄竟稱疾不起濬尋拜虢潞二州刺史又拜益州長史劍南節度使攝御史大夫所

歷皆以誠信待物稱爲良吏及去職咸有遺愛八年卒官贈戶部尚書謚曰成子麟自有傳

陽嶠河南洛陽人其先自北平徙焉北齊右僕射休之玄孫也儀鳳中應八科舉授將陵尉累遷詹事司直長安中桓彥範爲左御史中丞袁恕己爲右御史中丞爭薦嶠請引爲御史內史楊再思素與嶠善知嶠不樂搏擊之任謂彥範等曰聞其不情願如何彥範曰爲官擇人豈待情願唯不情願者尤須與之所以長難進之風抑躁求之路再思然其言擢爲右臺侍御史景龍末累轉國子司業嶠恭謹好學有儒者之風又勤於政理循循善誘及在學司時人以爲稱職奏修先聖廟及講堂因建碑前庭以紀崇儒之事睿宗即位拜尚書右丞時分建都督府以統外臺精擇良吏以嶠爲涇州都督府尋停不行又歷魏州刺史充兗州都督荊州長史爲本道按察使所在以清白聞魏州人詣闕割耳請嶠重臨其郡又除魏州刺史入爲國子祭酒累封北平伯薦尹知章范行恭趙玄默等爲學官皆稱名儒時學徒漸弛嶠課率經業稍行鞭箠學生怨之頗有喧謗乃相率乘夜於街中毆之上聞而令所由杖殺無理者由是始息嶠素友悌撫孤姪如己子常謂人曰吾雖位登方伯而心不異於曩時一尉耳識者甚稱歎之尋以年老致仕卒于家謚曰敬

宋慶禮洺州永年人舉明經授衛縣尉則天時侍御史桓彥範受詔於河北斷塞居庸岳嶺五迴等路以備突厥特召慶禮以謀其事慶禮雅有方略彥範甚禮之尋遷大理評事仍充嶺南採訪使時崖振等五州首領更相侵掠荒俗不安承前使人懼其炎瘴莫有到者慶禮躬至其境詢問風俗示以禍福於是安堵遂罷鎮兵五千人開元中累遷貝州刺史仍爲河北支度營田使初營州都督府置在柳城控帶奚契丹則天時都督趙文翽政理乖方兩蕃反叛攻陷州城其後移於幽州東二百里漁陽城安置開元五年奚契丹各款塞歸附玄宗欲復營州於舊城侍中宋璟固爭以爲不可獨慶禮甚陳其利乃詔慶禮及太子詹事姜師度左驍衛將軍邵宏等充使更於柳城

築營州城興役三旬而畢俄拜慶禮御史中丞兼檢校營州都督開屯田八十餘所追拔幽州及漁陽淄青等戶并招輯商胡爲立店肆數年間營州倉廩頗實居人漸殷慶禮爲政清嚴而勤於聽理所歷之處人吏不敢犯然好興功役多所改更嘗於邊險置弃立槍以邀賊路議者頗嗤其不切事也七年卒贈工部尚書太常博士張星議曰宋慶禮大剛則折至察無徒有事東北所亡萬計所謂害於而家凶於而國案謚法好巧自是曰專請謚曰專禮部員外郎張九齡駮曰慶禮在人苦節爲國勞臣一行邊陲三十年所戶庭可樂彼獨安於傳遞稼穡爲艱又能實於軍廩莫不服勞辱之事而匪懈其心守貞堅之規而自盡其力有一於此人之所難況營州者鎮彼戎夷扼喉斷臂逆則制其死命順則爲其主人是稱樂都其來尚矣往緣趙翽作牧馭之非才自經隳廢便長寇讎故二十年間有事東鄙僵屍暴骨敗將覆軍蓋不可勝紀大明臨下聖謀獨斷恢祖宗之舊復大禹之迹以數千之役徒無甲兵之強衛指期遂往稟命而行於是量

春築執鼙鼓親總其役不愆所慮俾柳城爲金湯之險林胡生腹心之疾蓋爲此也尋而罷海運收歲儲邊亭晏然河朔無擾與夫興師之費轉輸之勞較其優劣孰爲利害而云所亡萬計一何謬哉及契丹背誕之日懼我犄角之勢雖鼠穴自固而駒牧無侵蓋張星彼都緊賴之力也安有踐其跡以制其實貶其謚以徇其虛採慮始之謗聲忘經遠之權利義非得所孰謂其可請以所議更下太常庶素行之迹可尋易名之典不墜者也星復執前議慶禮兄子辭玉又詣闕稱冤乃謚曰敬

姜師度魏人也明經舉神龍初累遷易州刺史兼御史中丞爲河北道監察兼支度營田使師度勤於爲政又有巧思頗知溝洫之利始於薊門之北漲水爲溝以備奚契丹之寇又約魏武舊渠傍海穿漕號爲平虜渠以避海艱糧運者至今利焉尋加銀青光祿大夫累遷大理卿景雲二年轉司農卿開元初遷陝西刺史州西太原倉控兩京水陸二運常自倉車載米至河際然後登舟師度遂鑿地道自上

○注之便至水次所省萬計六年以蒲州爲河中府拜師度爲河中尹令其繕緝府寺先是安邑鹽池漸涸師度發卒開拓疏決水道置爲鹽屯公私大收其利再遷同州刺史又於朝邑河西二縣界就古通靈陂擇地引雒水及堰黃河灌之以種稻田凡二千餘頃內置屯十餘所收穫萬計特加金紫光祿大夫尋遷將作大匠明年左拾遺劉彤上言請置鹽鐵之官收利以供國用則免重賦貧人使窮困者獲濟疏奏令宰相議其可否咸以爲鹽鐵之利甚裨國用遂令師度與戶部侍郎強循並攝御史中丞與諸道按察使計會以收海內鹽鐵其後頗多沮議者事竟不行師度以十一年病卒年七十餘師度既好溝洫所在必發衆穿鑿雖時有不利而成功亦多先是太史令傅孝忠善占星緯時人爲之語曰傅孝忠兩眼看天姜師度一心穿地傳之以爲口實

強循者鳳州人亦以吏幹知名官至大理卿又有和逢堯者岐州岐山人性詭譎有辭辯睿宗時突厥默啜請尚公主許之逢堯以御史中丞攝鴻臚卿充使報命既至虜庭默啜遣其大臣謂逢堯曰敕書送金鏤鞍檢乃銀胎金塗豈是天子意爲是使人換却如此虛假公主必應非實請還信物罷和親之事遂策馬而去逢堯大呼命左右引馬迴謂曰漢法重女壻令送鞍者秖取平安長久之義何必以金銀爲升降耶若爾乃是可汗貪金而輕銀豈是重人而貴信默啜聞之曰承前漢使不敢如此不可輕也遂設宴備禮逢堯又說默啜令裹頭著紫衫南面再拜遣子隨逢堯入朝逢堯以奉使功驟遷戶部侍郎尋以附會太平公主左遷朗州司馬開元中累轉栝州刺史卒于官

潘好禮貝州宋城人少與鄉人孟溫禮楊茂謙爲莫逆之友好禮舉明經累授上蔡令理有異績擢爲監察御史開元三年累轉邠王府長史俄而邠王出爲滑州刺史以好禮兼邠王府司馬知滑州事王欲有所遊觀好禮輒諫止之後王將鷹犬與家人出獵好禮聞而遮道請還王初不從好禮遂臥於馬前呼曰今正是農月王何得非時

○將此惡少狗馬踐暴禾稼縱樂以損於人請先蹋殺司馬然後聽王所爲也王慙懼謝之而還好禮尋遷豫州刺史爲政孜孜而繁於細事人吏雖憚其清嚴亦厭其苛察其子請歸鄉預明經舉好禮謂曰國法須平汝若經業未精則不可妄求也乃自試其子經義未通好禮大怒集州寮笞而枷之立於州門以徇於衆俄坐事左遷溫州別駕卒好禮常自以直道不附於人又未嘗敘累階勳服用麤陋形骸土木議者亦嫌其邀名

楊茂謙者清河人竇懷貞初爲清河令甚重之起家應制舉拜左拾遺出爲臨洺令時洺州稱茂謙與清漳令馮元淑肥鄉令韋景駿皆有政理之聲茂謙以清白聞擢爲秘書郎時竇懷貞爲相數稱薦之由是歷遷大理正御史中丞開元初出爲魏州刺史河北道按察使與司馬張懷玉本同鄉曲初善而末隙遂相糾訐坐貶桂州都督尋轉廣州都督以疾卒

楊瑒華陰人高祖縉陳中書舍人以辭學知名陳亡始自江左徙關

中祖琮絳州刺史瑒初爲麟遊令時御史大夫竇懷貞檢校造金仙
玉眞二觀移牒近縣徵百姓所隱逆人資財以充觀用瑒拒而不受
懷貞怒曰焉有縣令卑微敢拒大夫之命乎瑒曰所論爲人寃抑不
知計位高卑懷貞壯其對又中宗時韋庶人上表請以年二十二爲
丁限及韋氏敗省司舉徵租調瑒執曰韋庶人臨朝當國制書非一
或進階卿士或赦宥罪人何獨於已役中男重徵丁課恐非保人之
術省司遂依瑒所執一切免之瑒由是知名擢拜殿中侍御史開元
初遷侍御史時崔日知爲京兆尹貪暴犯法瑒與御史大夫李傑將
糾劾之傑反爲日知所構瑒廷奏曰糺彈之司若遭恐脅以成姦人
之謀御史臺固可廢矣上以其言切直遽令傑依舊視事貶日知爲
歙縣丞瑒歷遷御史中丞戶部侍郎上嘗於延英殿召中書門下與
諸司尚書及瑒議戶口之事瑒因奏人間損益甚見嗟賞時御史中
丞宇文融奏括戶口議者或以爲不便敕百寮省中集議時融方在
權要公卿已下多雷同融議瑒獨與盡理爭之尋出爲華州刺史十

六年遷國子祭酒表薦滄州人王迥質瀛州人尹子路汴州人白履
忠皆經學優長德行純茂堪爲後生師範請追授學官令其教授以
獎儒學之路及追至迥質起家拜諫議大夫仍爲皇太子侍讀履忠
以年老不任職事拜朝散大夫放歸家子路直弘文館教授瑒又奏
曰竊見今之舉明經者主司不詳其述作之意曲求其文句之難每
至帖試必取年頭月日孤經絶句且今之明經習左傳者十無一二
若此久行臣恐左氏之學廢無日矣臣望請自今已後考試者盡帖
平文以存大典又儀禮及公羊穀梁殆將廢絶若無甄異恐後代便
弃望請能通周儀禮公羊穀梁者亦量加優獎於是下制明經習左
氏及通周禮等四經者出身免任散官遂著於式由是生徒爲瑒立
頌於學門之外再遷大理卿以老疾辭職二十三年拜左散騎常侍
尋卒贈戶部尚書謚曰貞瑒常歎禮儀廢絶雖士大夫不能行之其
家子女婚冠及有吉凶之會皆按據舊文更爲儀注使長幼遵行焉
崔隱甫貝州武城人隋散騎侍郎儦之曾孫也祖濟太子洗馬父元

彥太平令隱甫開元初再遷洛陽令理有威名九年自華州刺史轉
太原尹人吏刊石頌其美政十二年入爲河南尹十四年代程行諶
爲御史大夫時中書令張說當朝用事隱甫與御史中丞宇文融李
林甫劾其犯狀說遂罷知政事隱甫在職強正無所迴避自貞觀年
李乾祐爲御史大夫別置臺獄有所鞫訊便輒繫之由是自中丞侍
御史已下各自禁人牢扉常滿隱甫引故事奏以爲不便遂掘去之
又憲司故事大夫已下至監察御史競爲官政略無承稟隱甫一切
督責事無大小悉令諮決稍有忤意者便列上其罪前後貶黜者殆
半群寮側目是冬敕隱甫校外官考舊例皆委細參問經春未定隱
甫召天下朝集使一時集省中一日校考便畢時人伏其敏斷帝嘗
謂曰卿爲御史大夫海內咸云稱職甚副朕之所委也隱甫既與張
說有隙俄又遞爲朋黨帝聞而惡之特免官令歸侍母歲餘復授御
史大夫遷刑部尚書毋憂去官二十一年起復太原尹仍爲河東採
訪處置使復爲刑部尚書兼河南尹二十四年車駕還京以隱甫爲

東都留守爲政嚴肅甚爲人吏之所嘆服尋卒
李尚隱其先趙郡人世居潞州之銅鞮近又徙家京兆之萬年弱冠
明經纍舉補下邽主簿時姚珽爲同州刺史甚禮之景龍中爲左臺
監察御史時中書侍郎知吏部選事崔湜及吏部侍郎鄭愔同時典
選傾附勢要逆用三年員闕士庶嗟怨尋而相次知政事尚隱與同
列御史李懷讓於殿庭劾之湜等遂下獄推究竟貶黜之時又有睦
州刺史馮昭泰誣奏桐廬令李師等二百餘家稱其妖逆詔御史按
覆之諸御史憚昭泰剛愎皆稱病不敢往尚隱歎曰豈可使良善陷
枉刑而不爲申明哉遂越次請往竟推雪李師等奏免之俄而崔湜
鄭愔等復用尚隱自殿中侍御史出爲伊闕令懷讓爲魏縣令湜等
既死尚隱又自定州司馬擢拜吏部員外郎懷讓自河陽令擢拜兵
部員外郎尚隱纍遷御史中丞時御史王旭頗用威權爲士庶所患
會爲讎者所訟尚隱按之無所容貸獲其姦贓鉅萬旭遂得罪尚隱
尋轉兵部侍郎再遷河南尹尚隱性率剛直言無所隱處事明斷其

御下謡如也又詳練故事近年制勑皆暗記之所在稱爲良吏十三
年夏妖賊劉定高夜犯通洛門尚隱坐不能覺察所部左遷桂州都
督臨行帝使謂之曰知卿公忠然國法須爾因賜雜綵百匹以慰之
俄又遷廣州都督仍充五府經略使及去任有懷金以贈尚隱者尚
隱固辭之曰吾自性分不可改易非爲愼四知也竟不受之累轉京
兆尹歷蒲華二州刺史加銀青光祿大夫賜爵高邑伯入爲大理卿
代王鉷爲御史大夫時司農卿陳思問多引小人爲其屬吏隱盜錢
穀積至累萬尚隱又舉按之思問遂流嶺南而死尚隱三爲憲官輒
去朝廷之所惡者時議甚以此稱之二十四年拜戸部尚書東都留
守二十八年轉太子賓客壽卒年七十五謚曰貞

呂諲蒲州河東人志行修整勤於學業少孤貧不能自振里人程楚
賓家富於財諲娶其女楚賓及子震皆重其才厚與資給遂遊京師
天寶初進士及第調授寧陵尉本道採訪使韋陟嘉其才辟爲支使
隴右河西節度使哥舒翰奏充度支判官累兼衛佐太子通事舍人

諲性謹守勤於吏職雖同寮追賞而塊然視事不離案簿翰益親之
累兼虞部員外郎侍御史祿山之亂哥舒翰敗肅宗即位于靈武諲
馳赴行在內官朱光輝李遵驟薦有才帝深遇之超拜御史中丞進
奏無不之允從幸鳳翔遷武部侍郎賜金紫之服十月克復兩京詔
諲與三司官詳定陷賊官陳希烈已下數百人罪戾輕重諲用法太
深君子薄之乾元二年三月以本官同中書門下平章事知門下省
事七月丁母憂免十月起復授本官兼充度支使遷黃門侍郎上元
元年正月加同中書門下三品賜門戟既立於第門或謂諲曰吉慶
之事不宜凶服受之諲遂權釋縗麻當中而拜人皆笑其失禮累加
銀青光祿大夫東平男諲既爲相用妻父程楚賓爲衛尉少卿子震
爲員外郎中官馬上言出納詔命諲昵之有納賂於上言求官者諲
補之藍田尉五月上言事洩笞死以其肉令從官食之諲坐貶太子
賓客七月授諲荊州大都督府長史兼御史大夫充澧荊忠硤五州
節度觀察處置等使諲至治所上言請於江陵置南都九月勑改荊
州爲江陵府永平軍團練三千人以遏吳蜀之衝又析江陵置長寧
縣又請割潭衡連道邵郴涪等七州隸江陵府先是張惟一爲荊州
長史已爲防禦使陳希昂爲司馬希昂衡州酋帥家兵千人在部下
自爲藩衛有年遂金仕至將軍爲惟一親將與希昂積憾率兵入惟
一衙索遂金之首惟一懼即令斬首與之自是軍政歸於希昂及諲
至奏追希昂赴上都除侍御史出爲常州刺史本州防禦使希昂路
由江陵諲伏甲擊殺之部下皆斬積屍於府門府中懾服始奏其罪
又妖人申泰芝以左道事李輔國擢爲諫議大夫輔國奏於道州界
置軍令泰芝爲軍校誘引羣蠻納其金帛賞以緋紫用橐中勑書賜
衣以示之人用聽信軍人例衣朱紫作剽碊洞吏不敢制已積年矣
潭州刺史龐承鼎忿之因泰芝入奏至長沙縶之首贓巨萬及左道
文記一時捜獲遣使奏聞輔國黨泰芝奏召泰芝赴闕既得召見具
言承鼎曲加誣陷詔鞫承鼎諲罔之罪令荊南府按問諲令判官監
察御史嚴郢鞫之諲上疏論其事肅宗怒流郢於建州承鼎竟得雪

後泰芝竟以贓敗流死人重諲之守正其剛斷不撓皆此類也初諲
作相與同列李揆不協及諲被斥二年以善政聞揆惡之因言置軍
湖南不便又使人往荊湖密伺諲過諲知之乃上疏論揆揆坐貶袁
州長史諲素羸疾元年建卯月卒贈吏部尚書有司謚曰肅故吏度
支員外郎嚴郢請以二字曰忠肅博士獨孤及堅議以肅爲當從之
諲在台司無異稱及理江陵三年號爲良守初郡人立祠諲歿後歲
餘江陵將吏合錢十萬於府西爽塏地大立祠宇四時祠禱之

蕭定字梅臣江南蘭陵人左僕射宋國公瑀曾孫也父恕虢州刺史
以定贈工部尚書定以蔭授陝州參軍金城丞以吏事清幹聞給事
中裴遵慶奏爲選補黜陟使判官迴改萬年主簿累遷侍御史考功
員外郎左右司二郎中爲元載所擠出爲秘書少監兼袁州刺史歷
信湖宋睦潤五州刺史所涖有政聲大曆中有司條天下牧守課績
唯定與常州刺史蕭復豪州刺史張鎰爲理行第一其勸農桑均賦
稅逋亡歸復戸口增加定又冠焉尋遷戸部侍郎太常卿朱泚之逆

變姓名藏匿里閭閒京師平肯蒙旌擢除太子少師興元元年卒年七十七加贈太子太師

蔣沇萊州膠水人吏部侍郎欽緒之子也性介獨好學早有名稱以孝廉累授治陽尉監察御史與兄演溶弟清俱以幹局吏事擅能名於天寶中長史韓朝宗裴迥咸以推覆檢勾之任委之處事平允訖斷精當動爲羣寮楷式乾元後授陸渾盩厔咸陽高陵四縣令當軍旅之後瘡痍未平沇竭心綏撫所至安輯副元帥郭子儀每統兵由其縣必誡軍吏曰蔣沇令清而嚴幹供億故當有素士衆得蔬飯凡饋則足無撓清政其爲名人所知如此稍遷長安令刑部郎中兼侍御史領渭橋河運出納使時元載秉政廉潔守道者多不更職沇以故滯於郎位久不徙官大曆十二年常衮以羣議稱沇屈擢拜御史中丞東都副留守尋遷刑部侍郎删定副使改大理卿持法明審號爲稱職建中元年冬鑾駕幸奉天沇奔行在爲賊候騎所拘執欲以僞職誘之因絶食稱病潜竄里閭閒京師平肯蒙旌擢拜右散騎常侍尋以疾終年七十四追贈工部尚書

○薛珏字温如河中寶鼎人祖寶胤邠州刺史父紘蒲州刺史珏少以門廕授懿德太子廟令累授乾陵臺令無幾拜試太子中允兼渭南陵奏課第一閒歲復以清白尤異聞遷昭德令縣人請立碑紀政珏固讓不受遷楚州刺史本州營田使先是州營田宰相遥領使刺史得專達俸錢及他給百餘萬田官數百員奉厮役者三千戶歲以優授官者復十餘人珏皆條去之十留一二而租入有贏爲觀察使誣奏左授硤州刺史遷陳州刺史建中初上分命使臣黜陟官吏淮南李丞以珏楚州之去煩政簡使山南趙贊以珏硤州之廉清使淮南盧翰以珏之肅物皆以陟狀聞加中散大夫賜紫宣武軍節度使劉玄佐署奏兼御史大夫汴宋都統行軍司馬無幾李希烈自汴州走除珏汴州刺史遷河南尹入爲司農卿當是時詔天下舉可任刺史縣令者殆有百人有詔令與羣官詢考及延問人間疾苦及胥吏得失取其有惻隱通達事理者條舉什纔一二宰相將以辭策校之珏曰求良吏不可兼責以文學宜以聖君愛人之本爲心執政卒無難之皆叙進官頗多稱職貞元五年拜京兆尹珏剛嚴明察練達法理以勤身率下失於纖巧無文學大體八年坐竇參改太子賓客無幾除嶺南節度觀察使以疾卒年七十四廢朝一日贈工部尚書有子存慶自有傳

李惠登平盧人也少爲平盧裨將安禄山反遂從兵馬使董秦海轉杖滄棣等州輕師遠鬭賊不能支史思明反復陷于賊脱身投山南節度使來瑱奏授試金吾衛將軍李希烈反授惠登兵二千鎮隋州貞元初舉州歸順授隋州刺史兼御史中丞遣李忠臣希烈殘戮之後野曠無人惠登朴素不知學居官無枝葉率爲心政皆與理順利人者因行之病人者因去之二十年間田疇闢戶口加諸州奏吏入其境無不歌謡其能及于頔爲山南東道節度以其績上聞加御史大夫升其州爲上尋加檢校國子祭酒及卒故加贈洪州都督

○任迪簡京兆萬年人舉進士初爲天德軍使李景略判官性重厚嘗有軍宴行酒者誤以醯進迪簡知誤以景略性嚴慮坐主酒者乃勉飲盡之而僞容其過以酒薄白景略請换之於是軍中皆感悅及景略卒衆以迪簡長者議請爲帥監軍使聞之拘迪簡於別室軍衆連呼而至戶發扃取之表聞德宗使察焉具以軍情奏除豐州刺史天德軍使自殿中授兼御史大夫再加常侍追入拜太常少卿汝州刺史左庶子及張茂昭去易定以迪簡爲行軍司馬既至屬虞候楊伯玉以府城叛俄而衆殺之迪簡兵馬使張佐元又叛迪簡攻殺之乃得入尋加檢校工部尚書充節度使初茂昭奢蕩不節公私殫罄迪簡至欲饗士無所取給乃以糲食與士同之身居戟門下凡周月軍吏感之請歸堂寢迪簡乃安其位三年以疾代除工部侍郎至京竟不能朝謝改太子賓客卒贈刑部尚書

范傳正字西老南陽順陽人也父倫戶部員外郎與郡人李華敦交友之契傳正舉進士又以博學宏辭及書判皆登甲科授集賢殿校書郎渭南尉拜監察殿中侍御史自比部員外郎出爲歙州刺史轉

湖州刺史歷三郡以政事脩理聞擢爲宣歙觀察使受代至京師憲宗聞其里第過侈薄之因拜光祿卿以風恙卒贈左散騎常侍傳正精悍有立好古自飭及爲廉察頗事奢侈厚以財貨問遺權貴視公藏如私藏幸而不至甚敗褐衣時遊西邊著西陲要略三卷

袁滋字德深陳郡汝南人也弱歲強學以外兄道州刺史元結有重名往來依焉每讀書玄解旨奧結甚重之無何黜陟使趙贊以處士薦授試校書郎何士幹鎮武昌辟爲從事累官詹事府司直部有邑長下吏誣以盜金滋察其冤竟出之御史中丞韋縚聞之薦爲侍御史轉工部員外郎貞元十九年韋皐始通西南蠻夷酋長異牟尋貢琛請使朝廷方命撫諭選郎吏可行者皆以西南遐遠憚之滋獨不辭德宗甚嘉之以本官兼御史中丞持節充入南詔使未行遷祠部郎中使如故來年夏使還擢爲諫議大夫俄拜尚書右丞知吏部選事出爲華州刺史兼御史中丞潼關防禦使鎮國軍使以寬易清簡爲政百姓有至自他境者皆給地以居名其居曰義合里專以慈惠

爲本人甚愛之然百姓有過犯者皆縱而不理擒盜輒捨或以物償之徵拜金吾衛大將軍耆耋鰥寡遮道不得進楊於陵代其任宣言謂百姓曰於陵不敢易袁公之政然後羅拜而訣上始監國與杜黃裳俱爲相拜中書侍郎平章事會韋皐歿劉闢擁兵擅命滋持節安撫行及中路拜檢校吏部尚書平章事劍南西川節度使賊兵方熾滋懼而不進貶吉州刺史俄拜義成軍節度使百姓立生祠禱之徵拜戶部尚書連爲荊襄二帥改彰義軍節度隨唐鄧申光等州觀察使逆賊吳元濟與官軍對壘者數年滋竟以淹留無功貶撫州刺史未幾遷湖南觀察使卒年七十贈太子少保滋工篆籀書雅有古法因使行著雲南記五卷嘗讀劉暉悲甘陵賦嘆其褒善懲惡雖失春秋之旨然其文不可廢因著甘陵賦後序子都仕至翰林學士

薛苹河東寶鼎人也少以吏事進累官至長安令拜虢州刺史朝廷以尤課擢爲湖南觀察使又遷浙江東道觀察使以理行遷浙江西道觀察使廉風俗守法度人甚安之理身儉薄嘗衣一綠袍十餘年不易因加賜朱紱然後解去苹歷三鎮凡十餘年家無聲樂俸祿悉以散諸親族故人子弟除左散騎常侍致仕時有年過懸車而不知止者唯苹年至而無疾請告角巾東洛時甚高之卒年七十四贈工部尚書

閻濟美登進士第累歷臺省有長者之譽自婺州刺史爲福建觀察使復爲潤州刺史浙西觀察使所至以簡澹爲理兩地之人常賦之外不知其他入拜右散騎常侍華州刺史潼關防禦鎮國軍使入爲秘書監以年及懸車上表乞骸骨以工部尚書致仕後以恩例累有進改及歿于家年九十餘

贊曰聖人造世才傑濟時在理致治無爲而爲坑陘非議簡易從規樂只君子邦家之基

唐書列傳卷第一百三十五下

唐書列傳卷第一百三十六上

劉　昫　等修

聞人詮校刻沈桐同校

酷吏上

來俊臣　周興
傅遊藝　丘神勣
索元禮　侯思止
萬國俊　來子珣
王弘義　郭霸
吉頊

古今御天下者其政有四五帝尚仁體文德也三王仗義立武功也五霸崇信取威令也七雄任力重刑名也蓋仁義既廢然後齊之以威刑威刑既衰而酷吏爲用於是商鞅李斯譎詐設矣持法任術尊君卑臣奮其策而鞭撻宇宙持危救弊先王不得已而用之天下之

人謂之苛法降及兩漢承其餘烈於是前有郅都張湯之徒持其刻後有董宣陽球之屬肆其猛雖然異代亦克公方天下之人謂之酷吏此又鞅斯之罪人也然而網既密而姦不勝矣夫子曰刑罰不中則人無所措手足誠哉是言也唐初革前古之敝務於勝殘垂衣而理且七十載而人不敢欺由是觀之在彼不在此逮則天以女主臨朝大臣未附委政獄吏剪除宗枝於是來俊臣索元禮萬國俊周興丘神勣侯思止郭霸王弘義之屬紛紛而出然後起告密之刑制羅織之獄生人屏息莫能自固至於懷忠蹈義連頸就戮者不可勝言哉武后因之坐移唐鼎天網一舉而卒籠八荒酷之爲用斯害也已遂使酷吏之黨橫噬於朝制公卿之死命擅王者之威力貴從其欲毒侈其心天誅發於釁吻國柄棄於掌握凶慝之士榮而慕之身赴鼎鑊死而無悔若是者何要時希旨見利忘義也嘗試而論之今夫國家行斧鉞之誅設狴牢之禁巳防盜者雖云固矣而猶踰垣掘塚揭篋探囊死者於前盜者於後何者以其間有欲也然所徇者不過數金之資耳彼酷吏與時上下取重人主無怵惕之憂坐致尊寵杖起卒伍富擬封君豈唯數金之利耶則盜官者爲幸矣故有國者則必窒覬覦之路杜僥倖之門可不務乎況乎樂觀時變恣懷陰賊斯又郅都董宣之罪人也異哉又有効於斯者中興四十載而有吉溫羅希奭之蠹政又數載而有敬羽毛若虛之危法朝經四棄獄訟再起比周惡黨勦絕善人屢撓將措之刑以傷大和之氣幸災樂禍荷售其身此又來索之罪人也嗚呼天道禍淫人道惡殺既爲禍始必以凶終故自鞅斯至于毛敬蹈其跡者卒以誅夷非不幸也嗚呼執愚貫害任天下之怨反道辱名歸天下之惡或肆諸原野人得而誅之或投之魑魅鬼得而誅之天人報應豈虛也哉俾千載之後聞其名者曾虵豕之不若悲夫昔春秋之義善惡不隱今爲酷吏傳亦所以示懲勸也語曰前事不忘將來之師意在斯乎意在斯乎

來俊臣雍州萬年人也父操博徒與鄉人蔡本結友遂通其妻因樗蒲贏本錢數十萬本無以酬操遂納本妻入操門時先已有娠而生

。俊臣凶險不事生產反覆殘害舉無與比曾於和州犯奸盜被鞫遂妄告密召見奏剌史東平王續杖之一百後續天授中被誅俊臣復告密召見奏言前所告密是豫博州事枉被續決杖遂不得申則天以爲忠累遷侍御史加朝散大夫按制獄少不會意者必引之前後坐族千餘家二年擢拜左臺御史中丞朝廷累息無交言者道路以目與侍御史侯思止王弘義郭霸李仁敬司刑評事康暐衛遂忠等同惡相濟招集無賴數百人令其告事共爲羅織千里響應欲誣陷一人卽數處別告皆是事狀不異以惑上下仍皆云請付來俊臣推勘必獲實情則天於是於麗景門別置推事院俊臣推勘必獲專令俊臣等按鞫亦號爲新開門但入新開門者百不全一弘義戲謂麗景門爲例竟門言入此門者例皆竟也俊臣與其黨朱南山輩造告密羅織經一卷皆有條貫支節布置事狀由緒俊臣每鞫囚無問輕重多以醋灌鼻禁地牢中或盛之瓮中以火圜遶炙之並絕其糧餉至有抽衣絮以噉之者又令寢處糞穢備諸苦毒自非身死終不得

出每有赦令俊臣必先遣獄卒盡殺重囚然後宣示又以索元禮等
作大枷凡有十號一曰定百脉二曰喘不得三曰突地吼四曰著即
承五曰失魂膽六曰實同反七曰反是實八曰死猪愁九曰求即死
十曰求破家復有鐵籠頭連其枷者輪轉于地斯須悶絶矣因人無
貴賤必先布枷棒于地召囚前曰此是作具見之魂膽飛越無不自
誣矣則天重其賞以酬之故吏競勸爲酷矣由是告密之徒紛然道
路名流僶俛閲日而已朝士多因入朝默遭掩襲以至于族與其家
無復音息故每入朝者必與其家訣曰不知重相見不如意元年地
官尚書狄仁傑益州長史任令暉冬官尚書李遊道秋官尚書袁智
宏司賓卿神基文昌左丞盧獻等六人並爲其羅告俊臣既以族人
家爲功苟引之承反乃奏請降勅一問即承同首例得减死及脅仁
傑等反仁傑嘆曰大周革命萬物惟新唐朝舊臣甘從誅戮反是實
俊臣乃少寬之其判官王德壽謂仁傑曰尚書事已爾得减死德壽
今業已受驅策欲求少階級憑尚書牽楊執柔可乎仁傑曰若之何

○德壽曰尚書昔在春官時執柔任某司員外引之可也仁傑曰皇天
后土遣狄仁傑行此事以頭觸柱血流被面德壽懼而止焉仁傑既
承反有司但待報行刑不復嚴備仁傑得憑守者求筆硯拆被頭帛
書之叙寃苦置于綿衣遣謂德壽曰時方熱請付家人去其綿德壽
不復疑矣家人得衣中書仁傑子光遠持之稱變得召見則天覽之
愕然召問俊臣曰卿言仁傑等承反今子弟訟寃何多也俊臣曰此
等何能自伏其罪臣寢處甚安亦不去其巾帶則天令通事舍人周
綝視之俊臣遽令獄卒令假仁傑等巾帶行立於西命綝視之綝懼
俊臣莫敢西顧但視東唯諾而已俊臣令綝少留附進狀乃令判官
妄爲仁傑等作謝死表代署而進之鳳閣侍郎樂思晦男年八九歲
其家已族宜隸于司農上變得召見言俊臣苛毒願陛下假條反狀
以付之無大小皆如狀矣則天意少解乃召見仁傑曰卿承反何也
仁傑等曰不承反臣已死於枷棒矣則天曰何謂作謝死表仁傑曰
無因以表示之乃知其代署遂出此六家俊臣復按大將軍張虔勗

大將軍內侍范雲仙於洛陽牧院虔勗等不堪其苦自訟於徐有功
言辭頗厲俊臣命衛士以亂刀斬殺之雲仙亦言歷事先朝稱所司
寃苦俊臣命截去其舌士庶破膽無敢言者俊臣累坐贓爲衛吏紀
履忠所告下獄長壽二年除殿中丞又坐贓出爲同州參軍逼奪同
列參軍妻仍辱其母萬歲通天元年召爲合宮尉擢拜洛陽令司農
少卿則天賜其奴婢十人當受於司農時西蕃酋長阿史那斛瑟羅
家有細婢善歌舞俊臣因令其黨羅告斛瑟羅反將圖其婢諸蕃長
詣闕割耳剺面訟寃者數十人乃得不族時綦連耀劉思禮等有異
謀明堂尉吉頊知之不自安以白俊臣發之連坐族者數十輩俊臣
將擅其功復羅告頊得召見僅而免俊臣先逼娶太原王慶詵女俊
臣與河東衛遂忠有舊遂忠行雖不著然好學有詞辯嘗携酒謁俊
臣俊臣方與妻族宴集應門者紿云已出矣遂忠知妄入其宅慢罵
毀辱之俊臣恥其妻族命毆擊反接既而寃之自此構隙俊臣將羅
告武氏諸王及太平公主張易之等遂相掎摭則天屢保持之而諸

○武及太平公主恐懼共發其罪乃棄市國人無少長皆怨之競剮其
肉斯須盡矣中宗神龍元年三月八日詔曰國之大綱惟刑與政刑
之不中其政乃虧劉光業王德壽王處貞屈貞筠鮑思恭劉景陽等
庸流賤職姦吏險夫以麤暴爲能官以凶殘爲奉法往從按察害虐
在心倏忽加刑呼吸就戮曝骨流血其數甚多寃濫之聲盈於海內
朕唯布新澤恩被人祇撫事長懷尤深惻隱光業等五人積惡成釁
並謝生涯雖其人已殂而其跡可貶所有官爵並宜追奪其枉被殺
人各令州縣以禮埋葬還其官蔭劉景陽身今見在情不可矜特以
會恩免其嚴罰宜從貶降以雪寃情可棣州樂單縣員外尉自今內
外法官咸宜敬慎其文深刺骨跡徇凝脂高下任情輕重隨意其酷
吏丘神勣來子珣萬國俊周興來俊臣魚承曄王景昭索元禮傅遊
藝王弘義張知默裴籍焦仁亶侯思止郭霸李仁敬皇甫文備陳嘉
言等其身已死自垂拱已來枉濫殺人有官者並令削奪唐奉一依
前配流李秦授曹仁哲並與嶺南惡處開元十三年三月十二日御

史大夫程行諶奏周朝酷吏來子珣萬國俊王弘義侯思止郭霸焦
仁亶張知默李敬仁唐奉一來俊臣周興丘神勣索元禮曹仁哲王
景昭裴籍李秦授劉光業王德壽屈貞筠鮑思恭劉景陽王處貞二
十三人殘害宗枝毒陷良善情狀尤重子孫不許與官陳嘉言魚承
曄皇甫文備傅遊藝四人情狀稍輕子孫不許近任

周興者雍州長安人也少以明習法律爲尚書省都事累遷司刑少
卿秋官侍郎自垂拱已來屢受制獄被其陷害者數千人天授元年
九月革命除尚書左丞上疏除李家宗正屬籍二年十一月與丘神
勣同下獄當誅則天特免之徙於嶺表在道爲讎人所殺

傅遊藝衛州汲人也載初元年爲合宮主簿左肅政臺御史除左補
闕上書稱武氏符瑞合革姓受命則天甚悅擢爲給事中數月加同
鳳閣鸞臺平章事同月又加朝散大夫守鸞臺侍郎依舊同平章事
其年九月革命改天授元年賜姓武氏二年正月加銀青光祿大夫
兄神童爲冬官尚書兄弟並承榮寵踰月除司禮少卿停知政事夢

○登湛露殿旦而陳於所親爲其所發伏誅時人號爲四時仕宦言一
年自青而綠及於朱紫也希則天旨誣族皇枝神龍初禁錮其子孫
初遊藝請則天發六道使雖身死之後竟從其謀於是萬國俊輩恣
斬戮矣

丘神勣左衛大將軍行恭子也永淳元年爲左金吾衛將軍弘道元
年高宗崩則天使於巴州害章懷太子既而歸罪於神勣左遷疊州
刺史尋復入爲左金吾衛將軍深見親委受詔與周興來俊臣鞫制
獄俱號爲酷吏垂拱四年博州刺史瑯琊王沖起兵以神勣爲清平
道大總管尋而沖爲百姓孟青棒吳希智所殺神勣至州官吏素服
來迎神勣揮刃盡殺之破千餘家因加左金吾衛大將軍天授二年
十月下詔獄伏誅

索元禮胡人也光宅初徐敬業起兵揚州以匡復爲名則天震怒又
恐人心動搖欲以威制天下元禮探其旨告事召見擢爲游擊將軍
令於洛州牧院推案制獄元禮性殘忍推一人廣令引數十百人衣
冠震懼甚於狼虎則天數召見賞賜張其權勢凡爲殺戮者數千人
於是周興來俊臣之徒效之而起矣時有諸州告密人皆給公乘州
縣護送至闕下於賓館以廩之稍稱旨必授以爵賞以誘之實以威
於遠近元禮尋以酷毒轉甚則天收人望而殺之天下之人謂之來
索言酷毒之極又首按制獄也載初元年十月左臺御史周矩上疏
諫曰頃者小人告訐習以爲常內外諸司人懷苟免姑息臺吏承接
強梁非故欲規避誣構耳又推劾之吏皆以深刻爲功鑿空爭能相
矜以虐泥耳籠頭枷研楔揩脅籤爪懸髮薰耳臥隣穢溺曾不聊
生號爲獄持或累日節食連宵緩問晝夜搖撼使不得眠號曰宿囚
此等既非木石且救目前苟求賒死臣竊聽輿議皆稱天下太平何
苦須反豈被告者盡是英雄以求帝王耶只是不勝楚毒自誣耳何
以覈之陛下試取所告狀酌其虛實者付令推微訊動以探其情所
推者必上下其手希聖旨也願陛下察之今滿朝側息不安皆以爲
陛下朝與之密夕與之讐不可保也聞有追攝與妻子即爲死訣故

○爲國者以仁爲宗以刑爲助周用仁而昌秦用刑而亡此之謂也願
陛下緩刑用仁天下幸甚則天從之猶是制獄稍息

侯思止雍州醴泉人也貧窮不能理生業乃樂事渤海高元禮家性
無賴詭譎時恒州刺史裴貞杖一判司則天將不利王室羅反之徒
已興矣判司教思止說游擊將軍高元禮因請狀乃告舒王元名及
裴貞反周興按之並族滅授思止游擊將軍元禮懼而曲媚引與同
坐呼爲侯大曰國家用人以不次若言侯大不識字即奏云獬豸獸
亦不識字而能觸邪則天果如其言思止以獬豸對之則天大悅天
授三年乃拜朝散大夫左臺侍御史元禮復教曰在上知侯大無宅
儻以諸役官宅見借可辭謝而不受在上必問所由即奏云諸反逆
人臣惡其名不願坐其宅則天復大悅恩澤甚優思止既按制獄苛
酷日甚嘗按中丞魏元忠曰急認白司馬不然即喫孟青白司馬者
洛陽有坂號白司馬坂孟青者將軍姓孟名青棒即殺瑯琊王沖者
也思止閭巷庸奴常以此謂諸囚也元忠辭氣不屈思止怒而倒曳

元忠元忠徐起曰我薄命如乘惡驢墜脚爲鐙所挂被拖曳思止大怒又曳之曰汝拒捍制使奏斬之元忠曰侯思止汝今爲國家御史須識禮數輕重如必須魏元忠頭何不以鋸截將無爲抑我承反奈何爾佩服朱紫親銜天命不行正直之事乃言白司馬孟青是何言也非魏元忠無人抑教思止驚起悚怍曰思止死罪幸蒙中丞教引上牀坐而問之元忠徐就坐自若思止言竟不正時人効之以爲談謔之資侍御史霍獻可笑之思止以聞則天怒謂獻可曰我已用之卿笑何也獻可具以其言奏則天亦大笑時來俊臣棄故妻逼娶太原王慶詵女思止亦奏請娶趙郡李自挹女勑政事商量鳳閣侍郎李昭德撫掌爲諸宰相曰大可笑諸宰相問故昭德曰往年來俊臣賊劫王慶詵女已大辱國今日此奴又請索李自挹女無乃復辱國乎竟爲李昭德搒殺之

萬國俊洛陽人少諂異險詐垂拱後與來俊臣同爲羅織經屠覆宗枝朝貴以作威勢自司刑評事俊臣同引爲判官天授二年攝右臺

舊傳一百八十六上 七

○監察御史常與俊臣同按制獄長壽二年有上封事言嶺南流人有陰謀逆者乃遣國俊就按之若得反狀便斬決國俊至廣州遍召流人置于別所矯制賜自盡並號哭稱寃不服國俊乃引出擁之水曲以次加戮三百餘人一時併命然後鍛鍊曲成反狀仍誣奏云諸流人咸有怨望若不推究爲變不遥則天深然其奏乃命右衛翊二府兵曹參軍劉光業司刑評事王德壽苑南面監丞鮑思恭尚輦直長王大貞右武衛兵曹參軍屈貞筠等並攝監察御史分往劒南黔中安南等六道鞫流人尋擢授國俊朝散大夫肅政臺侍御史光業等見國俊盛行殘殺得加榮貴乃共肆其凶忍唯恐後之光業殺九百人德壽殺七百人其餘少者咸五百人亦有遠年流人非革命時犯罪亦同殺之則天後知其寃濫下制被六道使所殺之家口未歸者並遞還本管國俊等俄亦相次而死皆見鬼物爲祟或有流竄而終

來子珣雍州長安人永昌元年四月以上書陳事除左臺監察御史時朝士有不帶靴而朝者子珣彈之曰臣聞束帶立於朝舉朝大噱則天委之按制獄多希旨賜姓姓武氏字家臣天授中丁父憂起復朝散大夫侍御史時雅州刺史劉行實及弟渠州刺史行瑜尚衣奉御行威并兄子鷹揚郎將軍虔通等爲子珣誣告謀反誅又於盱眙毀其父左監門大將軍伯英棺柩俄又轉爲游擊將軍右羽林中郎將常衣錦半臂言笑自若朝士誚之長壽元年配流愛州卒

王弘義冀州衡水人也告變授游擊將軍天授中拜右臺殿中侍御史長壽中拜左臺侍御史來俊臣羅告衣冠延載元年俊臣貶弘義亦流放瓊州妄稱勑追時胡元禮爲侍御史使嶺南道次于襄鄧會而按之弘義詞窮乃謂曰與公氣類元禮曰足下任御史元禮任洛陽尉元禮今爲御史公乃流囚復何氣類乃搒殺之弘義每暑月繫囚必於小房中積蒿而施氈褥遭之者斯須氣絶矣苟自誣引則易於他房與俊臣常行移牒州縣慴懼自矜曰我之文牒有如狼毒野葛也弘義常於鄉里傍舍求瓜主恡之弘義乃狀言瓜園中有白兎縣官命人捕逐斯須園苗盡矣內史李昭德曰昔聞蒼鷹獄吏今見

舊傳一百八十六上 八

○白兎御史

郭霸廬江人也天授二年自宋州寧陵丞應革命舉拜左臺監察御史如意元年除左臺殿中侍御史長壽二年右臺侍御史初舉集召見於則天前自陳忠鯁云往年征徐敬業臣願抽其筋食其肉飲其血絶其髓則天悅故拜焉時人號爲四其御史時大夫魏元忠臥疾諸御史盡往省之霸獨居後比見元忠憂懼請示元忠便液以驗疾之輕重元忠驚悚霸悅曰大夫糞味甘或不瘳今味苦當即愈矣元忠剛直殊惡之以其事露朝士嘗推芳州刺史李思徵搒捶考禁不勝而死聖曆中屢見思徵甚惡之嘗因退朝遽歸命家人曰速請僧轉經設齋須臾見思徵從數十騎上其廷曰汝枉陷我我今取汝霸周章惶怖援刀自刳其腹斯須蛆爛矣是日閭里亦見兵馬數十騎駐于門少頃不復見矣時洛陽橋壞行李弊之至是功畢則天嘗問羣臣比在外有何好事舍人張元一素滑稽對曰百姓喜洛橋成幸郭霸死此即好事

吉頊洛州河南人也身長七尺陰毒敢言事進士舉累轉明堂尉萬歲通天二年有冀州刺史劉思禮自云學於張憬藏善相云洛州録事參軍綦連耀應圖讖有兩角騏驎兒之符命頊告之則天付武懿宗與頊對訊懿宗與頊誘思禮令廣引朝士必全其命思禮乃引鳳閣侍郎李元素夏官侍郎孫元通天官侍郎劉奇石抱忠鳳閣舍人王處來庭主簿柳璆給事中周潘涇州刺史王勔監察御史王助司議郎路敬淳司門員外郎劉愼之右司員外郎宇文全志等三十六家微有忤意者必構之楚毒百端以成其獄皆海內賢士名家天下寃之親故連累竄逐者千餘人頊由是擢拜右肅政臺中丞日見恩遇明年突厥寇陷趙定等州則天召頊檢校相州刺史以斷賊南侵之路頊以素不習武爲辭則天曰賊勢將退藉卿威名鎭遏耳初太原有術士温彬茂高宗時老臨死封一狀謂其妻曰吾死後年名垂拱卽詣闕獻之愼勿開也垂拱初其妻獻之狀中預陳則天革命及突厥至趙定之事故則天知賊至趙州而退頊初至州募人略無應

者俄而詔以皇太子爲元帥應募者不可勝數及賊退頊入朝奏之則天甚悅聖曆二年臘月遷天官侍郎同鳳閣鸞臺平章事時易之昌宗諷則天置控鶴監官員則天以易之爲控鶴監頊素與易之兄弟親善遂引頊以殿中少監田歸道鳳閣舍人薛稷正諫大夫員半千夏官侍郎李迥秀俱爲控鶴內供奉時議甚不悅初則天以頊幹辯有口才偉儀質堪委以心腹故擢任之及與武懿宗爭趙州功於殿中懿宗短小傴僂頊聲氣凌厲下視懿宗嘗不相假則天以爲卑我諸武於我前其可倚與其年十月以弟作僞官貶琰川尉後改安固尉尋卒初中宗未立爲皇太子時易之昌宗嘗密問頊自安之策頊云公兄弟承恩旣深非有大功於天下則不全矣今天下士庶咸思李家廬陵旣在房州相王又在幽閉主上春秋旣高須有付託武氏諸王殊非屬意明公若能從容請建立廬陵及相王以副生人之望豈止轉禍爲福必長享茅土之重矣易之然其言遂承間奏請則天知頊首謀召而問之頊曰廬陵王及相王皆陛下之子先帝顧託於陛下當有主意唯陛下裁之則天意乃定頊旣得罪時無知者睿宗即位左右發明其事乃下制曰故吏部侍郎同中書門下平章事吉頊體識宏遠風規久大嘗以經緯之才允膺匡佐之委時王命中否人謀未輯首陳返政之議克副祈天之基永懷遺烈寧忘厥効可贈左御史臺大夫

唐書列傳卷第一百三十六

唐書列傳卷第一百三十六下

劉昫 等修
聞人詮校刻沈桐同校

酷吏下

姚紹之 周利貞
王旭 吉温
羅希奭 毛若虛
敬羽

姚紹之湖州武康人也解褐典儀累拜監察御史中宗朝武三思恃庶人勢駙馬都尉王同皎謀誅之事洩令紹之按問而誅同皎紹之初按問同皎張仲之祖延慶謀衣袖中發調弩射三思伺其便未果宋之遜以其外妹妻延慶曰今日將行何事而以妻爲之遜固抑而延慶且洽其心矣之遜子曇竊發之乃勑右臺大夫李承嘉與紹之按於新開門內初紹之將直盡其事詔宰相李嶠等對問諸相懼三

思威權但偃僶佯不問仲之延慶言曰宰相中有附會三思者嶠與承嘉耳言復説誘紹之其事乃變遂密置人力十餘命引仲之對問至即爲紹之所擒塞口反接送獄中紹之還謂仲之曰張三事不諧矣仲之固言三思反狀紹之命棒之而臂折大呼天者六七謂紹之曰反賊臂且折矣命已輸汝當訴爾於天帝因裂衫以束之乃自誣反而遇誅紹之自此神氣自若朝廷側目累遷左臺侍御史奉使江左經汴州辱録事參軍魏傳弓尋拜監察御史紹之後坐贓汚詔傳弓按之獲贓五千餘貫以聞當坐死韋庶人妹保持之遂黜放爲嶺南瓊山尉傳弓初按紹之紹之在揚州色動謂長吏盧萬石曰頃辱傳弓今爲所按紹之死矣逃入西京爲萬年尉擒之撃折其足因授南陵令員外置開元十三年累轉括州長史同正員不預知州事死

周利貞神龍初爲侍御史附託權要爲桓彥範敬暉等五王嫉之出爲嘉州司馬時中書舍人崔湜與桓敬普武三思用事禁中彥範憂之託心腹於湜湜反露其計於三思爲三思所中盡流嶺南湜勸盡殺之以絶其歸望三思問誰可使者利貞即湜之表兄因舉爲此行利貞至皆鴆殺之因擢爲左臺御史中丞先天元年爲廣州都督時湜爲中書令與僕射劉幽求不叶陷幽求徙于嶺表諷利貞殺之爲桂州都督王晙護之逗留獲免無何玄宗正位利貞與薛季昶宋之問同賜死於桂州驛

王旭太原祁人也曾祖珪貞觀初爲侍中尚永寧公主旭解褐鴻州參軍轉兗州兵曹神龍元年正月張柬之桓彥範等誅張易之昌宗兄弟尊立孝和皇帝其兄昌儀先貶乾封尉旭斬之賫其首赴于東都遷幷州録事參軍唐隆元年玄宗誅韋庶人等幷州長史周仁軌韋氏之黨有詔誅之旭不覆勑又斬其首馳赴西京開元二年累遷左臺侍御史時光祿少卿盧崇道以崔湜妻父貶於嶺外逃歸匿於東都爲讎家所發詔旭究其獄旭欲擅其威權因捕崇道親黨數十人皆極其楚毒然後結成其罪崇道及三子並杖死於都亭驛門生親友皆決杖流貶時得罪多是知名之士四海寃之旭又與御史大

夫李傑不叶遞相糾訐傑竟左遷衢州刺史旭既得志擅行威福由是朝廷畏而鄙之五年遷左司郎中常帶侍御史旭爲吏嚴苛左右無敢支梧每銜命推劾一見無不輸款者時宋王憲府掾紀希虬兄任劍南縣令被告有贓私旭使至蜀鞫之其妻美旭逼威之因奏決殺縣令納贓數千萬至六年希虬遣奴詐爲祗承人受顧在臺事旭累月旭賞之召入宅中委以腹心其奴密記旭受饋遺囑託事乃成數千貫歸謂希虬希虬銜泣見憲叙以家寃憲憫之執其狀以奏詔付臺司劾之贓私累巨萬貶龍平尉憤恚而死甚爲時人之所慶快

吉温天官侍郎頊弟琚之孽子也譎詭能諂事人遊於中貴門愛若親戚性禁害果於推劾天寶初爲新豐丞時太子文學薛嶷承恩倖引温入對玄宗目之而謂嶷曰是一不良漢朕不要也時蕭炅爲河南尹河南府有事京臺差温推詰事連炅堅執不捨賴炅與右相李林甫善抑而免之及温選炅已爲京兆尹一唱萬年尉即就其官人爲危之時驃騎高力士常止宿宮禁或時出外第炅必謁焉温先馳

與力士言譴甚洽握手呼行第㒵覩之歎伏及他日溫謁㒵於府庭遽布心腹曰他日不敢隳國家法今日已後洗心事公㒵復與盡歡會林甫與左相李適之駙馬張垍不叶適之兼兵部尚書垍兄均爲兵部侍郎林甫遣人訐出兵部銓曹主簿事令史六十餘人僞濫事圖覆其官長詔出付京兆府與憲司對問數日竟不究其由㒵使溫劾之溫於院中分囚於兩處溫於後廳佯取兩重囚訊之或杖或壓痛苦之聲所不忍聞即云若存性命乞紙盡答令史輩素諳溫各自誣伏罪及溫引問無敢違者晷刻間事輯驗囚無栲訊決罰處常云若遇知己南山白額獸不足縛也會李林甫將起刑獄除不附己者乃引之於門與羅希奭同鍛鍊詔獄五載因中官納其外甥武敬一女爲盛王琦妃擢京兆府士曹時林甫專謀不利於東儲以左驍衛兵曹柳勣杜良娣妹婿令溫推之溫追著作郎王曾前右司禦率府倉曹王修己左武衛司戈盧寧左威衛騎曹徐徵同就臺鞫數日而獄成勣等杖死積屍於大理寺六載林甫又以戶部侍郎兼御史中

○丞楊慎矜違忤其旨御史中丞王鉷與慎矜親而嫉之同構其事云蓄圖讖以己是隋煬帝子孫闚於興復林甫又奏付溫鞫焉慎矜下獄繫之使溫於東京收捕其兄少府少監慎餘弟洛陽令慎名於汝州捕其門客史敬忠敬忠頗有學嘗與朝貴遊蹉跎不進與溫父琚情契甚密溫孩孺時敬忠嘗抱撫之溫令河南丞姚開就擒之鎖其頸布袂蒙面以見溫溫驅之於前不交一言欲及京使典誘之云楊慎矜今款招已成須子一辨若解人意必活忤之必死敬忠迴首曰七郎乞一紙溫佯不與見詞懇乃於桑下令答三紙辯皆符溫旨喜曰丈人莫相怪遂徐下拜及至溫湯始鞫慎矜以敬忠詞爲證及再搜其家不得圖讖林甫恐事洩危之乃使御史盧鉉入搜鉉乃袖讖書而入於隱僻中詬而出曰逆賊牢藏秘記今得之矣指於慎矜小妻韓珠團婢見舉家惶懼且行捶擊誰敢忤焉獄乃成慎矜兄弟賜死溫自是威振衣冠不敢偶言溫早以嚴毒聞頻知詔獄忍行枉濫推事未訊問已作奏狀計贓數及被引問便懾懼即隨意而書無敢

惜其生者因不加栲擊獄成矣林甫深以溫爲能擢戶部郎中常帶御史林甫雖倚以爪牙溫又見安祿山受主恩驃騎高力士居中用事皆附會其間結爲兄弟常謂祿山曰李右相雖觀察人事親於三兄必不以兄爲宰相溫雖被驅使必不超擢若三兄奏溫爲相即奏兄堪大任擠出林甫是兩人必爲相矣祿山悅之時祿山承恩無敵驟言溫能玄宗亦忘曩歲之語十載祿山加河東節度因奏溫爲河東節度副使幷知節度營田及管內採訪監察留後事其載又加兼鴈門太守仍知安邊郡鑄錢事賜紫金魚袋及丁所生憂祿山又奏起復爲本官尋復奏爲魏郡太守兼侍御史楊國忠入相素與溫交通追入爲御史中丞仍充京畿關內採訪處置使溫於范陽辭祿山令累路館驛作白紬帳以候之又令男慶緒出界送攏馬出驛數十步及至西京朝廷動靜輒報祿山信宿而達十三載正月祿山入朝拜左僕射充閑廄使因奏加溫武部侍郎兼御史中丞充閑廄苑內營田五坊等副使時楊國忠與祿山嫌隙已成溫轉厚於祿山國忠

○又忌之其冬河東太守韋陟入奏於華清宮陟自謂失職託於溫結歡於祿山曆載河東土物饋於溫又及權貴國忠諷評事吳豸之使鄉人告之召付中書門下對法官鞫之陟伏其狀貶桂嶺尉溫澧陽長史溫判官員錫新興尉明年溫又坐贓七千匹及奪人口馬對穢事發貶端州高要尉溫至嶺外遷延不進依於張博濟止於始安郡八月遣大理司直蔣沇鞫之溫死於獄中博濟及始安太守羅希奭死於州門初溫之貶斥玄宗在華清宮謂朝臣曰吉溫是酷吏子姪朕被人誑惑用之至此屢勸朕起刑獄以作威福朕不受其言今去矣卿等皆可安枕也初開元九年有王鈞爲洛陽尉十八年有嚴安之爲河南丞皆性毒虐笞罰人畏其不死皆杖訖不放起須其腫憤徐乃重杖之懊血流地苦楚欲死鈞與安之始眉目喜暢故人吏懾懼溫則售身權貴噬螫衣冠來頫異耳溫九月死始興十一月祿山起兵作亂人謂與溫報讎耳祿山入洛陽城即僞位玄宗幸蜀後祿山求得溫一子幾六七歲授河南府參軍給與財帛初溫之按楊慎

矜侍御史盧鉉同其事鉉初為御史作韋堅判官及堅為李林甫所嫉鉉以堅欵曲發於林甫冀售其身及按慎矜鉉先與張瑄同臺情言素厚貴取媚於權臣誣瑄與楊慎矜共解圖讖持之為驢駒板櫪以成其獄又為王鉷閑廐判官鉷緣邢縡事朝堂被推鉉證云大夫將白帖索廐馬五百匹以助逆我不與之鉷死在晷刻鉉忍誣之衆咸怒恨焉及被貶為廬江長史在郡忽見瑄為祟乃云端公何得來乞命不自由鉉須臾而卒

羅希奭本杭州人也近家洛陽鴻臚少卿張博濟堂外甥為吏持法深刻天寶初右相李林甫引與吉溫持獄又與希奭姻婭自御史臺主簿再遷殿中侍御史自韋堅皇甫惟明李適之柳勣裴敦復李邕鄔元昌楊慎矜趙奉璋下獄事皆與溫鍛鍊故時稱羅鉗吉網惡其深刻也八載除刑部員外轉郎中十一載李林甫卒出為中部始安二太守仍充當管經略使十四載以張博濟吉溫韋陟韋誡奢李從一員錫等流貶皆於始安希奭或令假攝右相楊國忠奏遣司直蔣

沇往按之復令張光奇替為始安太守仍降勑曰前始安郡太守充當管經略使羅希奭幸此資序叨居牧守地列要荒人多寵殊尤加委任既絕姦訛翻乃嘯結逋逃羣聚不逞應是流貶公然安置或差攝郡縣割剝黎甿或輒借館宇侵擾人吏不唯輕侮典憲實亦隳壞紀綱擢髮數愆豈多其罪可貶海東郡海康尉員外置張博濟往託回邪跡惟憑恃嘗自抵犯又坐親姻前後貶官歲月頗久逗留不赴情狀難容及命按舉仍更潛匿亡命逭刑莫斯為甚並當切害合峻常刑宜於所在各決重杖六十使夫為政之士克守章程負罪之人期於悛革凡厥在位宜各悉心時員錫李從一韋誡奢吉承恩並決杖遣司直宇文審往監之

毛若虛絳州太平人也眉毛覆於眼其性殘忍初為蜀川縣尉使司以推勾見任天寶末為武功丞年已六十餘矣肅宗收兩京除監察御史審國用不足上策徵剝財貨有潤於公者日有進奉漸見任用權言每推一人未鞫即先收其家資以定贓數不滿望即攤徵鄉里近親峻其威權人皆懼死輸納不差晷刻乾元二年鳳翔府七坊押官先行剽劫州縣不絕制因有劫殺事縣尉謝夷甫因衆怒遂搒殺之其妻訴於李輔國輔國奏請御史孫瑩鞫之瑩不能正其事又令中丞崔伯陽三司使雜訊之又不證成其罪因令若虛推之遂歸罪於夷甫伯陽與之言若虛頗不遜伯陽數讓之若虛馳謁告急肅宗曰卿且出對曰臣出即死矣肅宗潛留若虛簾內召伯陽至伯陽頗短若虛上怒叱出之因流貶伯陽同推官十餘人皆於嶺外遠惡處宰相李峴以左右於瑩等亦被貶斥於是若虛威震朝列公卿懾懼矣尋擢為御史中丞上元元年貶賓化尉而死

敬羽寶鼎人也父昭道開元初為監察御史羽皃寢而性便僻善候人意言天寶九載為康成縣尉安思順為朔方節度使引在幕下及肅宗於靈武即大位羽尋擢為監察御史以苛刻徵剝求進及收兩京後轉見委任作大枷有鶻鷺尾榆著即悶絕又臥囚於地以門關輾其腹號為肉餺飥掘地為坑實以棘刺以敗席覆上領囚臨坑訊

之必墜其中萬刺攢之又捕逐錢貨不減毛若虛上元中擢為御史中丞太子少傅宗正卿鄭國公李遵為宗子通事舍人李若冰告其贓私詔羽按之羽延遵各危坐於小牀羽小瘦遵豐碩頃問即倒請垂足羽曰尚書下獄是囚羽禮延坐何得慢耶遵絕倒者數四請問羽徐應之授紙筆書贓數千貫奏之肅宗以勳舊捨之但停宗正卿及嗣薛王珍潛謀不軌詔羽鞫之羽召支黨羅於廷索鶻鷺榆枷之布栲訊之具以繞之信宿成獄珍坐死右衛將軍竇如玢試都水使者崔昌等九人並斬太子洗馬趙非熊陳王府長史陳闓楚州司馬張昴左武衛兵曹參軍焦自榮前鳳翔府郿縣主簿李岳廣文館進士張夐等六人決殺駙馬都尉薛履謙賜自盡左散騎常侍張鎬貶辰州司戶胡人康謙善賈資產億萬計楊國忠為相授安南都護至德中為試鴻臚卿專知山南東路驛人嫉之告其陰通史朝義謙髭鬢長三尺過帶按之兩宿鬢髮皆秃膝踝亦栲碎視之者以為鬼物非人類也乞捨其生以後送狀奏殺之沒其資產羽與毛若虛在

臺五六年間臺中囚繫不絕又有裴昇畢曜同爲御史皆酷毒人之陷刑當時有毛敬裴昇之稱裴畢尋又流黔中羽寶應元年貶爲道州刺史尋有詔殺之羽聞之衣凶服南奔溪洞爲吏所擒臨刑袖中執州縣官吏犯贓私狀數紙曰有人通此狀恨不得推究其事主州政者無宜寢也

贊曰王德將衰政在姦臣鷹犬搏擊縱之者人遭其毒螫可爲悲辛作法爲害延濫不仁

唐書列傳卷第一百三十六下

唐書列傳卷第一百三十七上

劉昫等修
聞人詮校刻沈桐同校

忠義上

語曰無求生以害仁有殺身以成仁孟軻曰生亦我所有義亦我所有捨生而取義可也古之德行君子動必由禮守之以仁造次顛沛不愆于素有若仲由之結纓鉏麑之觸樹紀信之蹈火豫讓之斬衣此所謂殺身成仁臨難不苟者也歟受刑一代顧瞻七族不犯難者有終身之利隨市道者獲當世之榮苟非氣義不群貞剛絕俗安能碎所重之支體狥他人之義哉則由麑信讓之徒君人者常宜血祀況自有其臣乎即如安金藏剖腹以明皇嗣段秀實挺笏而擊元兇張巡姚誾之守城杲卿真卿之罵賊又愈於金藏秀實等各見本傳今採夏侯端李憕已下附于此篇

夏侯端壽州壽春人梁尚書左僕射詳之孫也仕隋爲大理司直高祖龍潛時與其結交大業中高祖帥師於河東討捕廼請端爲副時煬帝幸江都盜賊日滋端頗知玄象善相人說高祖曰金玉牀搖動

此帝座不安熒惑得歲必有真人起於實沉之次天下方亂能安之者其在明公但主上曉察情多猜忍切忌諸李強者先誅全才既死明公豈非其次若早爲計則應天福不然者則誅矣高祖深然其言及義師起端在河東爲吏所捕送于長安因之高祖入京城釋之引入卧內與語極歡授秘書監屬李密爲王世充所破以衆來降關東之地未有所屬端固請往招諭之乃加大將軍持節爲河南道招慰使至黎陽李勣發兵送之自澶水濟河傳檄郡縣東至于海南至于淮二十餘州並遣使送款行次譙州會亳州刺史丁叔則及汴州刺史王要漢並以所部降於世充路遂隔絕端素得衆心所從二千人雖糧盡不忍委去端知事必不濟乃坐澤中盡殺私馬以會軍士因歔欷曰今王師已敗諸處並沒卿等土壤悉皆從偽特以共事之情未能見委然我奉王命不可從卿有妻子無宜効我可斬吾首持歸於賊必獲富貴衆皆流涕端又曰卿不忍見殺吾當自刎衆士抱持之皆曰公於唐家非有親屬但以忠義之故不辭於死諸人與公共事經涉艱危豈有害公而取富貴復與同進潛行五日餒死者十三四又爲賊所擊奔潰相失者大半端唯與三十餘人東走採生豆而食之猶持節與之俱臥起謂衆人曰平生不知死地乃在此中我受國恩所以然耳今卿等何乃相伴死乎可散投賊猶全性命吾當抱此一節與之俱殞衆又不去屬李公逸爲唐守杞州聞而勒兵迎館之于時河南之地皆入世充唯公逸感端之義獨堅守不下世充遣使召端解衣遺之禮甚厚仍送除書以端爲淮南郡公吏部尚書端對其使者曰夏侯端天子大使豈受王世充之官自非斬我頭將往見汝何容身苟活而屈於賊乎遂焚其書援刀斬其所遺衣服因發路西歸解節旄懷之取竿加刃從間道得至宜陽初山中險峻先無蹊徑但冒履榛梗晝夜兼行從者三十二人或墮崖溺水遇猛獸而死又半其餘至者皆鬢髮落形貌枯瘠端馳驛奉見但謝無功殊不自言艱苦高祖憫之復以爲秘書監俄出爲梓州刺史所得料錢皆散施孤寡貞觀元年病卒

劉感岐州鳳泉人後魏司徒高昌王豐生之孫也武德初以驃騎將軍鎮涇州薛仁杲率衆圍之感嬰城拒守城中糧盡遂殺所乘馬以分將士感一無所噉唯煮馬骨取汁和木屑食之城垂陷者數矣長平王叔良援兵至仁杲解圍而去感與叔良出戰爲賊所擒仁杲復圍涇州令感語城中云援軍已敗徒守孤城何益也宜早出降以全家室感許之及至城下大呼曰逆賊飢餓亡在朝夕秦王率數十萬衆四面俱集城中勿憂各宜勉以全忠節仁杲大怒執感於城邊埋腳至膝馳騎射殺之至死聲色逾厲賊平高祖購得其屍祭以少牢贈瀛州刺史封平原郡公謚曰忠壯令其子襲官爵并賜田宅

常達陝人也初仕隋爲鷹揚郎將數從高祖征伐甚蒙親待及義兵起達在霍邑從宋老生來拒戰老生敗達懼自匿不出高祖謂達已死令人閱屍求之及達奉見高祖大悅以爲統軍武德初拜隴州刺史時薛舉屢攻之不能尅乃遣其將仵士政以數百人偽降達達不之測厚加撫接士政伺隙以其徒刼達擁城中二千人而叛牽達以見於舉達詞色抗厲不爲之屈舉指其妻謂達曰識皇后否達曰正是癭老嫗何足可識竟釋之有賊帥張貴謂達曰汝識我否答曰汝逃死奴瞋目視之貴怒拔刀將斫達人救之獲免及仁杲平高祖見達謂曰卿之忠節便可求之古人命起居舍人令狐德棻曰劉感常達須載之史策也執仵士政撲殺之賜達布帛三百段復拜隴州刺史卒

羅士信齊州歷城人也大業中長白山賊王薄左才相孟讓來寇齊郡通守張須陀率兵討擊士信年始十四固請自効須陀謂曰汝形容未勝衣甲何可入陣士信怒重著二甲左右雙鞬而上馬須陀壯而從之擊賊濰水之上陣纔列士信馳至賊所刺倒數人斬一人首擲於空中用槍承之戴以略陣賊衆愕然無敢逼者須陀因而奮擊賊衆大潰士信逐北每殺一人輒劓其鼻而懷之及還則驗鼻以表殺賊之多少也須陀甚加歎賞以所乘馬遺之引置左右每戰須陀先登士信爲副煬帝遣使慰喻之又令畫工寫須陀士信戰陣之圖

上于内史及須陀爲李密所殺士信隨裴仁基率衆歸于密署爲總管使統所部隨密擊王世充敗士信躍馬突進身中數矢乃陷於世充軍世充知其驍勇厚禮之與同寢食後世充破李密得密將邴元真等盡拜爲將軍不復專重之士信恥與爲伍率所部千餘人奔于穀州高祖以爲陝州道行軍總管使圖世充及大軍至洛陽士信以兵圍世充千金堡中有大罵之者士信怒夜遣百餘人將嬰兒數十至于堡下詐言從東都來投羅總管因令嬰兒啼譟既而佯驚曰此千金堡吾輩錯矣忽然而去堡中謂是東都逃人遽出兵追之士信伏兵於路候其開門奮擊大破之殺無遺類世充平擢授絳州總管封剡國公尋從太宗擊劉黑闥於河北有洺水人以城來降遣士信入城據守賊悉衆攻之甚急遇雨雪大軍不得救經數日城陷爲賊所擒黑闥聞其勇意欲活之士信詞色不屈遂遇害年二十太宗聞而傷惜購得其屍葬之謚曰勇士信初爲裴仁基所禮嘗感其知己之恩及東都平遂以家財收斂葬於北邙又云我死後當葬此墓側

及卒果就仁基左而託葬焉

呂子臧蒲州河東人也大業末爲南陽郡丞高祖尅京師遣馬元規撫慰南山子臧堅守不下元規遣使諷諭之前後數輩皆爲子臧所殺及煬帝被殺高祖又遣其婿薛君倩賫手詔諭旨子臧乃爲煬帝發喪成禮而後歸國拜鄧州刺史封南陽郡公時朱粲新敗子臧率所部數千人與元規併力將擊之謂元規曰朱粲新破之後上下危懼一戰可擒若更遷延部衆稍集力強食盡必死戰於我爲患不細也元規不納子臧請以本兵獨戰又不許俄而粲衆大至元規懼退保南陽子臧謂元規曰言不見納以至於此老夫今坐公死矣粲果率兵圍之遇霖雨城壁皆壞所親者知城必陷固勸其降子臧曰安有天子方伯降賊者乎於是率其麾下赴敵而死俄而城陷元規亦遇害

張道源并州祁人也年十五父死居喪以孝行稱縣令郭湛改其所居爲復禮鄉至孝里道源嘗與友人客遊友人病中宵而卒道源恐驚擾主人遂共屍卧達曙方哭親步營送至其本鄉里高祖舉義召授大將軍府戶曹參軍及平京城遣道源撫慰山東燕趙之地爭來欵附高祖下書褒美累封范陽郡公後拜大理卿時何稠士澄有罪家口籍沒仍以賜之道源歎曰人有否泰蓋亦是常安可因己之泰利人之否取其子女以爲僕妾豈近仁者之心乎皆捨之一無所取尋轉太僕卿後歷相州都督武德七年卒官贈工部尚書謚曰節道源雖歷職九卿身死日唯有粟兩碩高祖深異之賜其家帛三百段

族子楚金

楚金少有志行事親以孝聞初與兄越石同預鄉貢進士州司將罷越石而薦楚金辭曰以順則越石長以才則楚金不如固請俱退時李勣爲都督歎曰貢士本求才行相推如此何嫌雙居也乃俱薦擢第楚金高宗時累遷刑部侍郎儀鳳年有妖星見楚金上疏極言得失高宗優納賜帛二百段則天臨朝歷位吏部侍郎秋官尚書賜爵南陽侯爲酷吏周興所陷配流嶺表竟卒於徙所著翰苑三十卷紳誡三卷並傳於時

李公逸汴梁雍丘人也隋末與族弟善行以義勇爲人所附初歸王世充知其必敗遣間使請降高祖因以雍丘置杞州拜爲總管封陽夏郡公又以善行爲杞州刺史世充遣其從弟辯率衆攻之公逸遣使請援高祖以其懸隔賊境未即出兵公逸乃留善行居守自入朝請救行至襄城爲世充伊州刺史張殷所獲送于洛陽世充謂曰卿越鄭臣唐有說安在公逸答曰我於天下唯聞有唐世充怒斬之善行竟沒於賊高祖聞而悼惜封其子爲襄邑縣公

張善相許州襄城人也大業末爲里長每督縣兵逐小盜爲衆所附遂據本郡歸於李密密敗以城歸國高祖授伊州總管王世充數攻之善相頻遣使請救兵既不赴城中糧盡自知必敗謂寮屬曰死當斬吾頭以歸世充衆皆泣曰寧與公同死終不獨生後城陷被擒送於世充辭色不撓罵世充極口尋被害高祖歎曰吾負善相善相不負吾封其子爲襄城郡公

李玄通雍州藍田人仕隋鷹揚郎將義兵入關率所部歸國累除定州總管劉黑闥反叛攻之城陷被擒黑闥重其才欲以爲大將玄通歎息曰吾荷朝恩作藩東夏孤城無援遂陷虜庭當守臣節以忠報國豈能降志輒受賊官拒而不受故吏有以酒食餽之者玄通曰諸君哀吾困辱故以酒食來相寬慰吾當爲諸君一醉遂與樂飲謂守者曰吾能舞劒可借吾刀守者與之及曲終太息而言大丈夫受國厚恩鎮撫方面不能保全所守亦何面目視息世間哉因潰腹而死高祖聞而爲之流涕拜其子伏護爲大將

敬君弘絳州太平人齊右僕射顯儁曾孫也武德中爲驃騎將軍封黔昌縣侯掌屯營兵於玄武門加授雲麾將軍隱太子建成之誅也其餘黨馮立謝叔方率兵犯玄武門君弘挺身出戰其所親止之曰事未可知當且觀變待兵集成列而戰未晚也君弘不從乃與中郎將呂世衡大呼而進並遇害太宗甚嗟賞之贈君弘左屯衛大將軍世衡右驍衛將軍

○馮立同州馮翊人也有武藝略涉書記隱太子建成引爲翊衛車騎將軍託以心膂建成被誅其左右多逃散立歎曰豈有生受其恩而死逃其難於是率兵犯玄武門苦戰久之殺屯營將軍敬君弘謂其徒曰微以報太子矣遂解兵遁於野俄而來請罪太宗數之曰汝在東宮潛爲間構阻我骨肉汝罪一也昨日復出兵來戰殺傷我將士汝罪二也何以逃死對曰出身事主期之効命當職之日無所顧憚因伏地歔欷悲不自勝太宗慰勉之立歸謂所親曰逢莫大之恩幸而獲濟終當以死奉答未幾突厥至便橋立率數百騎與虜戰於咸陽殺獲甚衆太宗聞而嘉歎拜廣州都督前後作牧者多以黷貨爲蠻夷所患由是數怨叛立到不營產業衣食取給而已嘗至貪泉歎曰此吳隱之所酌泉也飲一盃水何足道哉吾當汲而爲食豈止一盃耶安能易吾性乎遂畢飲而去在職數年甚有惠政卒於官

謝叔方雍州萬年人也初從巢剌王元吉征討數有戰功元吉奏授屈咥直府左車騎太宗誅隱太子及元吉于玄武門叔方率府兵與馮立合軍拒戰于北闕下殺敬君弘呂世衡太宗兵不振秦府護軍尉遲敬德傳元吉首以示之叔方下馬號哭而遁明日出首太宗曰義士也命釋之歷遷西伊二州刺史善綏邊鎮胡戎愛而敬之如事嚴父貞觀末累加銀青光祿大夫歷洪廣二州都督永徽中卒

王義方泗州漣水人也少孤貧事母甚謹博通五經而謇傲獨行初舉明經因詣京師中路逢徒步者自云父爲潁上令聞病篤倍道將往焉徒步不前計無所出義方解所乘馬與之不告姓名而去俄授晉王府參軍直弘文館特進魏徵甚禮之將以姪女妻之義方竟娶徵之姪女告人曰昔不附宰相之勢今感知己之言故也轉太子校書無何坐與刑部尚書張亮交通貶爲儋州吉安丞行至海南舟人將以酒脯致祭義方曰黍稷非馨義在明德乃酌水而祭爲文曰思帝鄉而北顧望海浦而南浮必也行忿諸己義負前修長鯨擊水天吳覆舟因忠獲戾以孝見尤四維霧廓千里安流靈應如響無作神羞時當盛夏風濤蒸毒既而閑霽南渡吉安蠻俗荒梗義方召諸首領

○集生徒親爲講經行釋奠之禮清歌吹籥登降有序蠻酋大喜貞觀二十三年改授洹水丞時張亮兄子皎配流在崖州來依義方而卒臨終託以妻子及致屍還鄉義方與皎妻自誓於海神使奴負柩令皎妻抱其赤子乘義方之馬身獨步從而還先之原武葬皎告祭張亮送皎妻子歸其家而往洹水轉雲陽丞擢爲著作佐郎顯慶元年遷侍御史時中書侍郎李義府執權用事婦人淳于氏有美色坐事繫大理義府悅之託大理丞畢正義枉法出之高宗又勑給事中劉仁軌侍御史張倫重按其事正義自縊高宗特原義府之罪義方以義府姦蠹害政將加彈奏以問其母母曰昔王陵母伏劍成子之義汝能盡忠立名吾之願也雖死不恨義方乃先奏曰臣聞春鸎鳴於獻歲蟋蟀吟於始秋物有微而應時人有賤而言忠臣去歲冬初雲陽下縣丞耳今春及夏陛下擢臣著作佐郎極文學之清選未幾又拜臣侍御史濫朝廷之雄職顧視生涯隕首非報唯欲有犯無隱以廣天聽伏以李義府枉殺寺丞陛下已赦之臣不應更有鞫問然天

子置三公九卿二十七大夫八十一元士本欲水火相濟鹽梅相成然後庶績咸熙風雨交泰亦不可獨是獨非皆由聖旨昔唐堯失之於四凶漢祖失之於陳豨光武失之於逄萌魏武失之於張邈此四帝者英傑之主然失之於前得之於後今陛下繼聖撫育萬邦蠻陬夷落猶懼踈網況輦轂咫尺姦臣肆虐足使忠臣抗憤義士扼腕縱令正義自縊彌不可容便是畏義府之權勢能殺身以滅口此則生殺之威上非王出賞罰之柄下移佞寵臣恐履霜堅冰積小成大請重鞫正義死由雪冤氣於幽泉誅姦臣於白日乃廷劾義府曰臣聞附下罔上聖主之所宜誅心狠貌恭明時之所必罰是以隱賊掩義不容唐帝之朝竊幸乘權終齒漢皇之劒中書侍郎李義府因緣際會遂階通顯不能盡忠竭節對敭王休策蹇勵駑祇奉皇眷而反憑附城社蔽虧日月請託公行交遊群小貪冶容之美原有罪之淳于恐漏洩其謀殞無辜之正義雖挾山超海之力望此猶輕廻天轉日之威方斯更劣此而可恕孰不可容金風屆節玉露啓塗霜簡與秋

○典共清忠臣將鷹鸇並擊請除君側少荅鴻私碎首玉階庶明臣節高宗以義方毀辱大臣言詞不遜左遷萊州司戶參軍秩滿家于昌樂聚徒教授母卒遂不復仕進總章二年卒年五十五撰筆海十卷文集十卷門人何彥光負半千為義方制師服三年喪畢而去半千者齊州全節人也事義方經十餘年博涉經史知名河朔則天時官至天官侍郎撰三國春秋二十卷行於代自有傳

成三郎幽州漁陽人也光宅年為左豹韜衛長上果毅李孝逸之討徐敬業以為前鋒與賊戰於高郵官軍敗績被擒送于江都賊黨唐之奇給其衆曰此李孝逸也將斬之三郎大呼曰我是果毅成三郎不是將軍李孝逸官軍已圍爾數重破爾在於朝夕我死妻子受榮爾死家口配沒終不及我之奇怒斬之敬業平贈左監門將軍謚曰勇時曲阿令尹元貞亦死敬業之難尹元貞者瀛州河間人也任曲阿聞敬業攻陷潤州率兵赴援及戰敗被擒敬業臨以白刃脅令附己將加任用元貞詞色慷慨竟不之屈尋遇害敬業平贈潤州刺史謚曰壯

高叡雍州萬年人隋尚書左僕射熲孫也父表仁穀州刺史叡少以明經累除桂州都督尋加銀青光祿大夫轉趙州刺史封平昌縣子聖歷初突厥默啜來寇叡嬰城固守長史唐波若見城圍甚急遂潛謀應賊叡覺之將自殺不死俄而城陷被擒更令招喻諸縣未降者叡竟不從遂為所殺初賊將至州境或謂叡曰突厥所向無前百姓喪膽明公力不能禦不若降之叡曰吾為天子刺史不戰而降其罪大矣則天聞而深歎息之贈冬官尚書謚曰節及賊退唐波若伏誅家口籍沒因下制曰故趙州刺史高叡狂賊既至死節不降長史唐波若不能固城相率歸賊高叡已加褒贈波若等身死破家賞罰既行須敦懲勸宜頒示天下咸使知聞子仲舒博通經史尤明三禮及詁訓之書神龍中為相王府文學王甚敬重之開元中累授中書舍人侍中宋璟中書侍郎蘇頲每詢訪故事焉時又有中書舍人崔琳深達政理璟等亦禮焉嘗謂人曰故事問高仲舒今事問崔琳則又

○何所疑矣仲舒累遷太子右庶子卒

王同皎相州安陽人陳侍中駙馬都尉寬之曾孫其先自瑯琊仕江左陳亡徙家河北同皎長安中尚皇太子女定安郡主授朝散大夫行太子典膳郎敬暉等討張易之兄弟也遣同皎與右羽林將軍李多祚迎太子於東宮請太子至玄武門指麾將士太子初拒而不許同皎諷諭切至太子乃就駕以功授右千牛將軍封瑯琊郡公賜實封五百戶及郡主進封為公主拜同皎為駙馬都尉尋加銀青光祿大夫遷光祿卿神龍二年同皎以武三思專權任勢謀為逆亂乃招集壯士期以則天靈駕發引劫殺三思同謀人撫州司倉冉祖雍具以其計密告三思三思乃遣校書郎李悛上言同皎潛謀殺三思後將擁兵詣闕廢黜皇后帝然之遂斬同皎于都亭驛前籍沒其家臨刑神色不變天下莫不冤之睿宗即位令復其官爵執冉祖雍李悛並誅之初以同皎叶謀有武當丞

周憬者壽州壽春人也事既洩遁於比干廟中自刎而死臨終謂左

右曰比干古之忠臣也儻神道聰明應知周憬忠而死也韋后亂朝寵樹邪佞武三思干上犯順虐害忠良吾知其滅亡不久也可懸吾頭於國門觀其身首異門而出其後皆如其言

蘇安恒冀州武邑人也博學尤明周禮及春秋左氏傳大足元年投匭上疏曰陛下欽聖皇之顧託受嗣子之推讓應天順人二十年矣豈不思虞舜褰裳周公復辟良以大禹至聖成王既長推位讓國其道備焉故舜之於禹事其親族旦之舉成王不離叔父且族親何如子之愛叔父何如母之恩今太子孝敬是崇春秋既壯若使統臨宸極何異陛下之身陛下年德既尊寶位將倦機務殷重浩蕩心神何不禪位東宮自怡聖體臣聞自昔明王之孝理天下者不見二姓而俱王也當今梁定河內建昌諸王等承陛下之蔭覆並得封王臣恐千秋萬歲之後於是非便臣請黜爲公侯任以閑簡臣又聞陛下有二十餘孫今無尺土之封此非長久之計也臣請四面都督府及要衝州郡分土而王之縱今年尚幼小未閑養人之術請擇立師傅成其

孝敬之道將以夾輔周室屏藩皇家使累葉重光饗祀不輟斯爲美矣豈不大哉疏奏則天召見賜食慰諭而遣之長安二年又上疏曰忠臣不順時而取寵烈士不惜死而偷生故君道不明者忠臣之過歟臣道不軌者烈士之過歟昔者先皇晏駕留其顧託將以萬機殷廣令陛下兼知其事雖唐堯虞舜居其位而共工驩兜在其間陛下骨肉之恩阻陛下子母之愛忘臣謂聖情以運祚將衰極斯大節天下謂陛下微弱李氏貪天之功何以年在耄倦而不能復子明辟使忠言莫進姦佞成朋夷狄紛擾屠害黎庶陛下雖納隍軫念亦罔能救此生靈臣聞天下者神堯文武之天下也昔有隋失馭小人道長群雄駭鹿四海聽烏皇唐親事戎旃鳳翔參野削平寓縣龍踐宸極歃血爲盟指河爲誓非李氏不王非功臣不封陛下雖居正統實唐氏舊基故詩曰惟鵲有巢唯鳩居之此言雖小可以喻大陛下自坤生徒乘乾作主豈不以上符天意下順人心東宮昔在諒陰相王又非長子陛下恐宗祀中絕所以應其謳謌當太子逗留年德俱盛陛下貪其寶位而忘母子深恩臣聞京邑翼翼四方取則陛下蔽太子之元良枉太子之神器何以教天下母慈子孝焉能使天下移風易俗焉惟陛下思之將何聖顏以見唐家宗廟將何誥命以謁大帝墳陵陛下何故日夜積憂不知鍾鳴漏盡臣愚以天意人事還歸李家陛下雖安天位殊不知物極則反器滿則傾故語曰當斷不斷反受其亂此之謂也陛下不如高揖機務自怙聖躬命史臣以書之令樂府以歌之斯亦太平之盛事也臣聞見過不諫非忠臣也畏死不言非勇士也臣何惜一朝之命而不安萬乘之國哉故曰苟利國家雖死可矣願陛下稍輟萬機詳臣愚見陛下若以臣爲忠則從諫如流擇是而用若以臣爲不忠則斬取臣頭以令天下疏奏不納明年御史大夫魏元忠爲張易之兄弟所構安恒又抗疏申理之曰臣聞明王有含天下之量有濟天下之心能進天下之善除天下之惡若爲君王而不行此四者則當神冤鬼怒陰錯陽亂欲使國家榮泰其可得乎陛下革命之初勤於庶政親摠萬機傅採謀猷傍求俊乂故

海內以陛下爲之主矣暮年已來怠於政教讒邪結黨水火成災百姓不親五品不遜故四海之內以陛下爲受佞之主矣邪正莫辯訴訟含冤豈陛下昔是而今非蓋居安忘危之失也臣竊見御史大夫檢校太子右庶子同鳳閣鸞臺平章事魏元忠廉直有聞位居宰輔履忠正之基者用元忠爲龜鏡踐邪佞之路者嫉元忠若仇讎麟臺監張易之兄弟在身無德於國無功不逾數年遂極隆貴自當飲冰懷懼酌水思清夙夜兢兢以荅恩造不謂溪壑其志豺狼其心欲指鹿而獻馬先害忠而損善將斯亂代之法汙我明君之朝自元忠下獄臣見長安城內街談巷議皆以陛下委任姦宄斥逐賢良以元忠必無不順之言以易之必有交亂之意相逢偶語人心不安雖有忠臣烈士空撫髀於私室而鉗口不敢言者皆懼易之等威權恐無辜而受戮亦徒虛死耳今賊虜強盛徵斂煩重以臣言之萬姓不勝其弊況又聞陛下縱逸讒慝禁錮良善賞刑失中則遐邇生變臣恐四夷因之則窺覦得失以爲邊郡之患百姓因之即結聚義兵以除君

側之惡復恐逐鹿之黨叩關而至亂階之徒從中相應爭鋒於朱雀門内問鼎於大明殿前陛下將何事以謝之復何方以禦之臣今爲陛下計安百姓之心者莫若收雷電之威解元忠之網復其爵位君臣如初則天下幸甚陛下好生惡殺縱不能斬佞臣頭以塞人望臣請奪其榮寵翦其羽翼無使權柄在手驕横日滋專國倍於穰侯廻天過於左悺則社稷危矣惟陛下圖之臣本微賤不識元忠易之豈此可親而彼可踈但恐讒邪長而忠臣絶伏願陛下暫垂天鑒察臣此心卽微臣朝志得行夕死無恨疏奏易之等大怒欲遣刺客殺之賴正諫大夫朱敬則鳳閣舍人桓彦範著作郎魏知古等保護以免安恒神龍初爲集藝館内教節愍太子之殺武三思也或言安恒預其謀遂下獄死睿宗即位知其冤下制曰故蘇安恒文學基身鯁直成操往年抗疏忠讜可嘉屬回邪擅構奄從非命興言軫悼用惻于懷宜贈寵章式旌徽烈可贈諫議大夫時又有俞文俊王求禮亦以直言見稱

○俞文俊者荆州江陵人則天載初年新豐因風雷山移乃改縣名爲慶山四方畢賀文俊詣闕上書曰臣聞天氣不和而寒暑併人氣不和而疣贅生地氣不和埴阜出今陛下以女主處陽位反易剛柔故地氣隔塞而山變爲災陛下謂之慶山臣以爲非慶也臣愚以爲宜側身修德以荅天譴不然恐殃禍至矣則天大怒流於嶺外後爲六道使所殺

王求禮者許州長社人則天時爲左拾遺時武懿宗統兵討契丹畏慄不敢進及賊平懿宗奏滄瀛等數百家從賊請誅之求禮廷折之曰此等素無武備城池不完遇賊畏懼苟從之以求生豈素有背叛之心也懿宗擁強兵數十萬聞賊輒退使其滋蔓又欲移罪於草澤詿誤之人豈爲臣之道臣請先斬懿宗以謝河北懿宗不能荅則天遂寛脅從者之罪後都城三月雨雪鳳閣侍郎蘇味道以爲瑞雪率群官表賀求禮曰公爲宰相不能爕理陰陽非時降雪又將災而爲瑞誣罔視聽若以三月雪爲瑞雪即臘月雷亦爲瑞雷耶味道不從求禮累遷左臺殿中侍御史神龍初爲衛王掾病卒○燕欽融洛州偃師人也景龍末爲許州司户參軍時韋庶人干預國政威封拜群從子弟又與悖逆庶人及駙馬都尉武延秀中書令宗楚客等將圖危宗社欽融連上奏其事庶人大怒勸中宗召欽融廷見撲殺之宗楚客又私令執法者加刃欽融因而致死睿宗即位下制曰故許州司户參軍燕欽融先陳忠讜頗列章奏雖干非其位而進不顧身永言奄亡誠所傷悼方開諫路宜尉窀穸可贈諫議大夫仍令備禮改葬特受一子官先是定州人郎岌亦備陳韋庶人及宗楚客將爲逆亂之狀中宗不納而韋庶人勸杖殺之睿宗即位追贈諫議大夫

安金藏京兆長安人初爲太常工人載初年則天稱制睿宗號爲皇嗣少府監裴匪躬内侍范雲仙並以私謁皇嗣腰斬自此公卿已下並不得見之唯金藏等工人得在左右或有誣告皇嗣潛有異謀者則天令來俊臣窮鞫其狀左右不勝楚毒皆欲自誣唯金藏確然無辭大呼謂俊臣曰公既不信金藏之言請剖心以明皇嗣不反卽引

○佩刀自剖其胷五藏並出流血被地因氣絶而仆則天聞之令轝入宫中遣醫人却内五藏以桑白皮爲線縫合傅之藥經宿金藏始甦則天親臨視之歎曰吾子不能自明不如爾之忠也卽令俊臣停推睿宗由是免難金藏神龍初喪母寓葬於都南闕口之北廬於墓側躬造石墳石塔晝夜不息原上舊無水忽有湧泉自出又有李樹盛冬開花犬鹿相狎本道使盧懷慎上聞勅旌表其門景雲中累遷右武衛中郎將玄宗卽位追思金藏忠節下制褒美擢拜右驍衛將軍乃令史官編次其事開元二十年又特封代國公仍於東岳等諸碑鐫勒其名竟以壽終贈兵部尚書

唐書列傳卷第一百三十七上

劉 昫 等修

聞人詮校刻沈桐同校

忠義下

李憕太原文水人父希倩中宗神龍初右臺監察御史憕早聰敏以明經舉開元初爲咸陽尉時張説自紫微令燕國公出爲相州刺史河北按察使有洺州劉行善相人説問寮寀後誰貴達行乃稱憕及臨河尉鄭巖説乃以女妻巖妹壻陰行眞女妻於憕及説爲并州長史太平軍大使引憕常在幕下九年入爲相憕又爲長安尉屬宇文融爲御史括田戶奏知名之士崔希逸咸廙業宇文順于孺卿李宙及憕爲判官攝監察御史分路檢察以課並遷監察御史憕驟歷兵吏部郎中給事中憕有吏幹明於几案甚有當官之稱二十八年爲河南少尹時蕭炅爲尹依倚權貴涖事多不法憕以公直正之人用繫賴又道士孫甑生以左道求進託以修功德往來嵩山求請無度憕必挫之炅及甑生患之而構於朝廷天寶初出爲清河太守十一載累轉河南太守本道採訪謁於行在所改尚書右丞京兆尹十四載轉光祿卿東京留守判尚書省事其載十一月安祿山反於范陽人心震懼玄宗遣安西節度封常清兼御史大夫爲將召募於東京以禦之憕與留臺御史中丞盧弈河南尹達奚珣綏輯將士完繕城郭遏其侵逼遷憕禮部尚書依前留守自逆徒發范陽至渡河令嚴覘候計絶及渡河陷陳留滎陽二郡殺張介然崔無詖數日間已至都城下祿山所統皆蕃漢精兵訓練已久常清之衆多市井之人初不知戰及兵交之後被鐵騎唐突飛矢如雨皆竄惜色沮望賊奔散憕謂弈曰吾曹荷國重寄誓無避死雖力不敵其若官守何弈亦便許頽守本司於宅憕居留守宅弈獨居臺中及常清西奔祿山領其衆椎鼓大呼以入都城殺掠數千人箭及宮闕然後住居於閑廄中令擒憕及弈判官蔣清等三人害之以威於衆祿山傳憕弈清三人之首以徇河北信宿至平原太守顔眞卿斬其使浴其首殮以木函祭而瘞之以聞玄宗贈憕司徒仍與一子五品官弈武部尚書崔無詖工部尚書各與一子官蔣清文部郎中憕豐於產業伊川膏腴水陸上田脩竹茂樹自城及闕口別業相望與吏部侍郎李彭年皆有

地癖鄭巖天寶中仕至絳郡太守入爲少府監田產亞於憕憕有子十餘人二子爲僧與憕同遇害二子彭源存焉源時年八歲爲賊所俘轉徙流離凡七八年及史朝義走河北洛陽故吏有義源者贖之於民家代宗聞之授河南府參軍轉司農寺主簿以父死禍難無心祿仕誓不昏妻不食酒肉洛陽之北惠林寺憕之舊墅也源乃依寺僧寓居一室依僧齋戒人未嘗見其所習先穴地爲墓預爲終制時時偃仰於穴中長慶三年御史中丞李德裕表薦之曰處士李源即故禮部尚書東都留守贈司徒忠烈公李憕之少子天與忠孝嗣玆貞烈以父死國難哀纏終身自司農寺主簿絕心祿仕垂五十年暨乎衰暮多依惠林佛寺本憕之墅也寺之正殿即憕之寢室源過殿必趨未嘗登踐隨僧一食已五十年其端心執孝無有不至抱此貞節弃於清朝臣竊爲陛下惜之詔曰禮著死綏傳稱握節捐生守位取重人倫爲義甚明其風或替言念於此慨然興懷而朝之公卿有上言者云天寶之季盜起幽陵振蕩生靈噬吞河洛贈司徒忠烈公

賢處難居自正色受屠兩河聞風再固危堞首立殊節到今稱之其子源有曾閔之行可貫于神明有巢由之風可希于太古山林以寄其迹爵祿不入于心泊然無營五十餘載夫褒忠可以勸臣節旌孝可以激人倫尚義可以警澆浮敬老可以厚風俗舉茲四者大儆于時是用擢自衡門立於文陛處以諫職冀聞讜言仍加印紱式示光寵可守左諫議大夫賜緋魚袋仍勅河南尹差官就所居敦諭遣發穆宗尋令中使齎手詔緋袍牙笏絹二百匹往洛陽惠林寺宣賜源受詔對中使苦陳疾甚年高不能趨拜附表謝恩其官告服色絹皆辭不受竟卒於寺彭以一子官累歷州縣令長子宏仕官愈早生三子景讓景莊景溫自元和後相繼以進士登第景讓大和中爲尚書郎出爲商州刺史開元二年入朝爲中書舍人二年十月出爲華州刺史潼關防禦鎮國軍使四年入爲禮部侍郎五年選貢士李蔚後至宰相楊知退爲尚書大中朝爲襄州刺史山南道節度使入爲吏部尚書十一年轉御史大夫景讓有大志事親以孝聞正色立朝言無避

忌爲大夫時宣宗舅鄭光卒詔贈司徒罷朝三日景讓曰國舅雖親朝典有素無容過越乃上言曰鄭光是陛下親舅外族之愛誠軫聖心況皇太后哀切之時理合加等而賜之粟帛隆其第宅自家刑國允謂合宜今以輟朝之數比於親王公主則前例所無縱有亦不可施用何者先王制禮所以防微大凡人情於外族則深於宗廟則薄所以先王制禮割愛厚親士庶猶然況當萬乘親王公主宗屬也舅氏外族也今朝廷公卿以至庶人據開元禮外祖父母及親舅喪服小功五月若親伯叔親兄弟即服齊縗周年所以疎其外而密於內也有天下者尤不可使外戚強盛故西漢有呂氏之侈幾滅劉氏國朝有則天之簒殆革唐命豈非一朝一夕其所由來漸也今鄭光輟朝日數與親王公主同設使陛下遽改詔命輟朝一日或兩日示其升降有差因禮無僭使四方見陛下欽明之德青史傳陛下制度之文垂之百王播之芳烈臣愚不肖謬竊恩私實願陛下處於堯舜之上義軒之列所以甘心鼎鑊伏進危言優詔報之乃罷兩日景讓復爲吏部尚書卒謚曰孝景溫登第後踐歷臺閣咸通中自工部侍郎出爲華州刺史潼關防禦鎮國軍使景莊亦至達官

張介然者蒲州猗氏人也本名六朗謹慎善籌算爲郡守在河隴及天寶中王忠嗣皇甫惟明哥舒翰相次爲節將並委以營田支度等使進位衛尉卿仍兼行軍司馬使如故及加銀青光祿大夫帶上柱國因入奏稱旨特加賜賚介然乘間奏曰臣今三品合列棨戟若列於帝城鄉里不知臣貴臣河東人也請列戟於故鄉玄宗曰所給可列故鄉京城佇當別賜介然拜謝而出仍賜絹五百匹令宴集閭里以寵異之本鄉列戟自介然始也哥舒翰追在西京薦爲少府監安祿山將犯河洛以介然爲河南防禦使令守陳留陳留水陸所湊邑居萬家而素不習戰介然至任數日賊已渡河雖率兵登城兼守要害虜騎十萬所過殺戮煙塵亘天瀰漫數十里介然之衆聞吹角鼓譟之聲授甲不得氣已奪矣故至覆敗初玄宗以祿山起逆於河南要路懸牓以購其首又諭已殺其子慶宗等祿山入陳留北郭安慶

緒見牓白於祿山祿山於輿中兩手撫膺大哭數聲曰我有何罪已殺我兒便縱凶毒前有陳留兵將降者向萬人行列於路東陷祿山命其牙將殺戮皆盡流血如川乃斬介然於軍門祿山氣乃稍解頓軍於陳留郭下以其將李庭望爲節度鎮之十五載玄宗贈介然工部尚書與一子五品官

崔無詖者京兆長安人也本博陵舊族父從禮中宗韋庶人之舅景龍中衛尉卿時中書令酇國公蕭至忠才位素高甚承恩顧勅亡先女冥婚韋庶人亡弟無詖婚至忠女后爲女家中宗爲兒家供擬甚厚時人爲之語曰皇后嫁女天子娶婦及韋庶人敗至忠女亦死無詖坐累久貶在外開元中爲益州司馬會楊國忠爲新都尉與之歡甚國忠因事引用之累轉陝郡太守少府監滎陽郡太守安祿山率衆南向無詖召募拒之及賊陷陳留郡後凶威轉盛戈矛鼓角驚駭城邑兩宿及滎陽乘城自墜如雨故無詖及官吏盡爲賊所虜賊以其將武令珣鎮之

盧弈黃門監懷慎之少子也與其兄奐齊名大腹豐下眉目疎朗謹愿寡慾不尚輿馬克己自勵開元中任京兆司錄參軍天寶初爲鄠縣令兵部郎中所歷有聲皆如奐之所治也天寶八載轉給事中十一載爲御史中丞始懷慎及弈並爲中丞父子三繼清節不易時人美之弈留臺東都又分知東都武部選事十四載安祿山犯東都人吏奔散弈在臺獨居爲賊所執與李憕同見害玄宗聞而愍之贈兵部尚書太常議謚博士獨孤及議曰盧弈剛毅朴忠直方而清勵精吏事所居可紀天寶十四載洛陽陷沒于時東京人士狼狽鹿駭猛虎磨牙而爭其肉居位者皆欲保命而全妻子或先策高足爭脫羿彀或不恥苟活甘飲盜泉弈獨正身守位義不去以死全節誓不辱勢窘力屈以朝服就執猶慷慨感憤數賊梟獍之罪觀者股栗弈不變其色而北面辭君然後受害雖古烈士方之者鮮矣或曰洛陽之存亡操兵者實任其咎非執法吏所能抗師敗將奔去之可也委身寇讐以死誰懟及以爲不然勇者禦而忠者守必社稷是衛則死生

唐傳一百三十七下　五

以之危而去之是智免也於忠何有昔荀息殺身於晉不食其言也仲由結纓於衛食焉不避其難也玄冥勤其官而水死守位而忘軀也伯姬待保姆而火死先禮而後身也彼四人者死之日皆於事無補夫豈愛死而賈禍也以爲死輕於義故蹈義而捐生古史書之使事君者勸然則祿山之亂大於里克孔悝弈廉察之任切於玄冥之官分命所繫不啻於保姆逆黨兵威甚于水火于斯時也能與執干戈者同其戮力挽之不來推之不去豈不以師可虧免不可苟身可殺節不可奪故全其特操於白刃之下孰與夫懷安偷生者同其風哉謹按謚法圖國忘身曰貞秉德遵業曰烈弈執憲戎馬之間志藩王室可謂圖國國危不能拯而繼之以死可謂忘身歷官一十任言必正事必果而清節不撓去之若始至可謂秉德先黃門以直道佐時弈嗣之以忠純可謂遵業請謚曰貞烈從之

蔣清者故吏部侍郎欽緒之子舉明經調補太子校書郎鄠縣丞盧弈留之憲府清與諸兄溢演沇知名于時弈之被害清亦死焉

顏杲卿琅琊臨沂人世仕江左五代祖之推北齊黃門侍郎修文館學士亡入周始家關內遂爲長安人焉曾伯祖師古貞觀中秘書監自有傳曾祖勤禮崇文館學士祖甫曹王侍讀父元孫垂拱初登進士第考功員外郎劉奇牓其詞策文瑰俊拔多士聳觀歷官長安尉太子舍人亳州刺史卒杲卿以蔭受官性剛直有吏幹開元中爲魏州錄事參軍振舉綱目政稱第一天寶十四載攝常山太守時安祿山爲河北河東採訪使常山在其部內其年十一月祿山舉范陽之兵詣闕十二月十二日陷東都杲卿忠誠感發懼賊遂寇潼關即危宗社時從弟真卿爲平原太守初聞祿山逆謀陰養死士招懷豪右爲拒賊之計至是遣使告杲卿相與起義兵掎角斷賊歸路以紓西寇之勢杲卿乃與長史袁履謙前真定令賈深前內丘丞張通幽等謀開土門以背之時祿山遣將欽湊高邈率衆五千守土門杲卿欲誅欽湊開土門之路時欽湊軍隸常山郡屬欽湊遣高邈往幽州未還杲卿遣吏召欽湊至郡計事是月二十二日夜欽湊至舍之於傳

唐傳一百三十七下　六

舍會飲既醉令袁履謙與參軍馮虔縣尉李栖默手力翟萬德等殺欽湊中夜履謙與欽湊首見杲卿相與垂泣喜事交濟也是夜藁城尉崔安石報高邈還至蒲城即令馮虔翟萬德與安石往圖之詰朝高邈之騎從數人至藁城驛安石皆殺之俄而邈至安石紿之曰太守備酒樂於傳舍邈方據廳下馬馮虔等擒而繫之是日賊將何千年自東都來趙郡馮虔萬德伏兵於醴泉驛千年至又擒之即日縛二賊將還郡杲卿遣子安平尉泉明及賈深張通幽翟萬德函欽湊之首械二賊送於京師至太原節度使王承業留泉明賈深等寢杲卿之表承業自上表獻之以爲己功玄宗不之知擢拜承業大將軍牙官獲賞者百數玄宗尋知杲卿之功乃加衛尉卿兼御史大夫以袁履謙爲常山太守杲卿爲司馬杲卿既斬賊將收兵練卒乃檄告河北郡縣言朝廷以榮王爲河北兵馬大元帥哥舒翰爲副統衆三十萬即出土門郡縣聞之皆殺賊守將遠近響應時十五郡皆爲國家所守時安祿山遣使傳李憕盧弈之首徇河北至平原真卿殺賊

使收藏燈等首清池尉賈載亦斬偽署景城守劉玄道傳首於平原饒陽郡守盧全誠亦據郡舉兵會于真卿時常山平原二郡兵威大振祿山方自率衆而西已至陝號聞河北有變而還乃命史思明蔡希德率衆渡河十五年正月思明攻常山郡城中兵少衆寡不敵禦備皆竭其月八日城陷杲卿履謙爲賊所執送於東都思明既陷常山遂攻諸郡鄴廣平鉅鹿趙郡上谷博陵文安魏郡信都復爲賊守祿山見杲卿面責之曰汝昨自范陽戶曹我奏爲判官遂得光祿太常二丞便用汝攝常山太守負汝何事而背我耶杲卿瞋目而報曰我世爲唐臣常守忠義縱受汝奏署復合從汝反乎且汝本營州一牧羊羯奴耳叨竊恩寵致身及此天子負汝何事而汝反耶祿山怒甚令縛於中橋南頭從西第二柱節解之比至氣絕大罵不息是日杲卿幼子誕姪詡及袁履謙皆被先截手足何千年弟在傍含血噴其面因加割臠路人見之流涕其年二月李光弼郭子儀之師自土門東下復收常山郡杲卿履謙等妻女數百人繫之獄中光弼破械

○出之令行喪服給遺周厚至德二年冬廣平王收復兩京史思明以河朔歸國時真卿爲蒲州刺州乃令泉明於河北求訪血屬杲卿妹先適故楡次令張景儋妹女流落賊中泉明一女亦落賊中俱索贖錢三萬泉明悉索所賫贖姑女而還比復納贖已女遂失而袁履謙已下父之將吏妻子奴隸等三百餘人轉徙賊中窮窘無告泉明悉以歸蒲州真卿贍給久之隨其所詣而資送之泉明求其父屍於東都得其行刑者言杲卿被害時先斷一足與履謙同坎瘞之及發瘞得屍果無一足即日與履謙之屍各爲一柩扶護還長安初履謙妻疑夫柩殮衣儉薄發棺視之一與杲卿等履謙妻號踊感歎待之如父泉明之志行仁義如此乾元元年五月詔曰故衞尉卿兼御史中丞恒州刺史顏杲卿任彼專城志梟狂虜艱難之際忠義在心憤羣兇而慷慨臨大節而奮發遂擒元惡成此茂勳屬胡虜憑陵流毒方熾孤城力屈見陷寇讐身歿名存實彰忠烈夫仁者有勇驗之於臨難臣之報國義存於捐軀嘉其死節之誠未備飾終之禮可贈太子太保

薛愿河東汾陰人父紹禮部郎中兄崇一尚惠宣太子女宣君縣主女弟爲廢太子瑛妃愿坐宮廢貶官祿山之亂南陽節度使魯炅奏用愿爲潁川太守本郡防禦使時賊已陷陳留滎陽汝南等郡方圍南陽潁川當其來往之路愿與防禦副使龐堅同力固守城中儲蓄無素兵卒單寡自至德元年正月至十一月賊晝夜攻之不息距城百里廬舍墳墓林樹開發斬徹殆盡而外救無至賊將阿史那承慶悉以銳卒倂攻爲木驢木鵝雲梯衝棚四面雲合鼓譟如雷矢石如雨力攻十餘日城中守備皆竭賊夜半乘梯而入愿堅俱被執送於東都將支解之或說祿山曰薛愿龐堅義士也人各爲其主屠之不祥乃繫於洛水之濱屬苦寒一夕凍死堅武德功臣玉之玄孫初娶邠王守禮女建寧縣主魯炅奏爲潁州郡長史兼防禦副使

張巡蒲州河東人兄曉開元中監察御史兄弟皆以文行知名巡聰悟有才幹舉進士三以書判拔萃入等天寶中調授清河令有能名

○重義尚氣節人以危窘告者必傾財以恤之祿山之亂巡爲真源令說譙郡太守令完城募市人爲拒賊之勢時吳王祇爲靈昌太守奉詔糾率河南諸郡練兵以拒逆黨濟南太守李隨副之巡與單父尉賈賁各召募豪傑同爲義舉時雍丘令令狐潮欲以其城降賊民吏百餘人不從命潮皆反接仆之于地將斬之會賊來攻城潮遽出鬭而反接者自解其縛閉城門拒潮召賁賁與巡引衆入雍丘殺潮妻子嬰城守備吳王祇承制授賁監察御史數日賊來攻城賁出鬭而死巡乃合賁之衆城守令狐潮引賊將李廷望攻圍累月賊傷夷太半祿山乃於雍丘北置杞州築城壘以絕餉路自是內外隔絕又相持累月賊鋒轉熾城中益困時許遠爲睢陽守與城父令姚誾同守睢陽城賊攻之不下初祿山陷河洛許叔冀守靈昌薛愿守潁川許遠守睢陽皆城孤無援愿守一年而城陷叔冀一年而自拔獨睢陽堅守賊將尹子奇攻圍經年巡以雍丘小邑儲備不足大寇臨之必難保守乃列卒結陣詐降至德二年正月也玄宗聞而壯之授巡主

客郎中兼御史中丞尹子奇攻圍既久城中粮盡易子而食析骸而爨人心危恐慮將有變巡乃出其妾對三軍殺之以饗軍士曰請公爲國家戮力守城一心無二經年乏食忠義不衰巡不能自割肌膚以啖將士豈可惜此婦人坐視危迫將士皆泣下不忍食巡强令食之乃括城中婦人既盡以男夫老小繼之所食人口二三萬人心終不離變時賀蘭進明以重兵守臨淮巡遣帳下之士南霽雲夜縋出城求援於進明進明日與諸將張樂高會無出師意霽雲泣告之曰本州强寇凌逼重圍半年食盡兵窮計無從出初圍城之日城中數萬口今婦人老幼相食殆盡張中丞殺愛妾以啖軍人今見存之數不過數千城中之人分當餌賊但睢陽既拔即及臨淮皮毛相依理須援助霽雲所以冒賊鋒刃匍匐乞師謂大夫深念危亡言發響應何得宴安自處殊無救恤之心夫忠臣義士之所爲豈宜如此霽雲既不能達主將之意請嚙一指留於大夫示之以信歸報本州霽雲自臨淮還睢陽繩城而入城中將吏知救不至慟哭累日十月城陷

○巡與姚誾南霽雲許遠皆爲賊所執巡神氣慷慨每與賊戰大呼誓師眥裂血流齒牙皆碎城將陷西向再拜曰臣智勇俱竭不能戍遏強寇保守孤城臣雖爲鬼誓與賊爲厲以荅明恩及城陷尹子奇謂巡曰聞君每戰眥裂嚼齒皆碎何至此耶巡曰吾欲氣吞逆賊但力不遂耳子奇以大刀剔巡口視其齒存者不過三數巡大罵曰我爲君父義死爾附逆賊犬彘也安能久哉子奇義其言將禮之左右曰此人守義必不爲我用素得士心不可久留是日與姚誾霽雲同被害唯許遠執送洛陽

姚誾者浹州平陸人故相梁國公崇之姪孫父弇開元初歷處州刺史誾性豪蕩好飲謔善絲竹歷壽安尉城父令與張巡素相親善以守睢陽之功至德二年春加檢校尚書侍郎賈賁者故閬州刺史璹之子也

許遠者杭州鹽官人也世仕江右曾祖高陽公敬宗龍朔中宰相自有傳遠清幹初從軍河西爲磧西支度判官章仇兼瓊鎮劍南又辟爲從事慕其門欲以子妻之遠辭兼瓊怒積他事中傷貶爲高要尉後遇赦得還祿山之亂不次拔將帥或薦遠素練戎事玄宗召見拜睢陽太守累加侍御史本州防禦使及賊將尹子奇攻圍遠與張巡姚誾嬰城拒守經年外救不至兵粮俱盡而城陷尹子奇執送洛陽與哥舒翰程千里俱囚之客省及安慶緒敗渡河北走使嚴莊皆害之初賀蘭進明與房琯素不相叶及琯爲宰相進明時爲御史大夫琯奏用進明爲彭城太守河南節度使兼御史大夫代嗣虢王巨復用靈昌太守許叔冀爲進明都知兵馬使亦兼御史大夫重其官以挫進明虢王巨受代之時盡將部曲而行所留者揀退羸兵數千人劣馬數百匹不堪扞賊叔冀恃部下精鋭又名位等於進明自謂匹敵不受進明節制故南霽雲之乞師進明不敢分兵懼叔冀見襲兩相觀望坐視危亡致河南郡邑爲墟由執政之乖經制也

程千里京兆人身長七尺骨相魁岸有勇力本磧西募人累以戎勳官至安西副都護天寶十一載授御史中丞十二載兼北庭都護充

○安西北庭節度使突厥首領阿布思先率衆內附隸朔方軍玄宗賜姓名曰李獻忠李林甫遥領朔方節度用獻忠爲副將後有詔移獻忠部落隸幽州獻忠素與祿山有隙懼不奉詔乃叛歸磧北數爲邊患玄宗憤之命千里將兵討之十二載十一月千里兵至磧西以書喻葛祿令其相應獻忠勢窮歸葛祿部葛祿縛獻忠并其妻子及帳下數千人送之千里飛表獻捷天子壯之十三載三月千里獻俘於勤政樓斬之於朱雀街以功授右金吾衛大將軍同正仍留佐羽林軍上下祿山之亂詔千里於河東召募充河東節度副使雲中太守十五載正月遷上黨郡長史特進攝御史中丞以兵守上黨賊來攻城屢爲千里所敗以功累加開府儀同三司禮部尚書兼御史大夫至德二年九月賊將蔡希德圍城數以輕騎挑戰千里恃其驍果開懸門率百騎欲生擒希德勁騎摶之垂將擒而希德救兵至千里斂騎而退橋壞墜坑反爲希德所執仰首告諸騎曰非吾戰之過此天也爲我報諸將士乍可失帥不可失城軍人聞之泣下晝夜嚴兵城

守賊竟不能拔東都安慶緒捨之僞署特進因之客省及慶緒敗走爲嚴莊所害其年十月上御丹鳳樓大赦節文曰忠臣事君有死無貳烈士徇義雖殁如存其李憕盧奕袁履謙張巡許遠張介然蔣清龐堅等即與追贈訪其子孫厚其官爵家口深加優恤自是赦恩無不該於節義而程千里終以生執賊庭不沾褒贈

袁光庭者河西戍將天寶末爲伊州刺史祿山之亂西北邊戍兵入赴難河隴郡邑皆爲吐蕃所拔唯光庭守伊州累年外救不至虜百端誘説終不之屈部下如一及矢石既盡糧儲並竭城將陷沒光庭手殺其妻子自焚而死朝庭聞之贈工部尚書

邵真者恒州節度使李寶臣之判官也累加檢校司封郎中兼御史中丞專掌文翰寶臣深所信任寶臣死其子惟岳擅領父衆李正已田悅遣人説惟岳同叛真泣諫曰先公位兼將相受國厚恩大夫纔經之中遽欲違命同鄰道之惡違先公之志必不可也田悅與我密邇絶之又恐速禍正已稍遠絶之易耳但令悅使還報請徐思其宜

執正已使于京師因請致討朝廷必嘉大夫之忠而旌節可得惟岳然之令真草奏將發孔目吏胡震謂惟岳曰此事非細請與將吏會議長史畢華曰先公與二道親好二十餘年一朝背之伏恐生事今執其來使送於京師大善脫未爲朝廷所信正已兵強忽來襲城孤軍無援何以敵之不若仍舊勿絶徐觀其變惟岳又從之真又勸惟岳遣其弟惟簡入朝仍遣軍吏薛廣嗣詣河東節度馬燧軍求保薦屯兵東鹿田悅聞其謀遣人謂惟岳曰邵真惑亂軍政必速殺之不然吾且討其罪矣惟岳懼遂殺真朝廷聞而嘉之贈戶部尚書

符璘者田悅之將初馬燧李抱真李芃等破田悅於洹水燧等進屯魏州時悅與李納會於濮陽因請助兵納分麾下數千人隨之至是納爲河南諸軍所逼自濮陽奔歸濮州徵兵於悅悅遣璘將三百騎護送之納兵既歸遂悉其衆降於燧遷璘試太子詹事兼御史中丞封義陽郡王實封一百戶璘父令奇初爲悅部將至是因璘之出遂令三子同降於燧悅怒執令奇令奇大呼慢罵之悅族其家贈令奇戶部尚書

趙曄字雲卿鄧州穰人其先自天水徙焉貞觀中主客員外郎德言曾孫也父敬先殿中侍御史曄志學善屬文開元中舉進士連擢科第補太子正字累授大理評事貶北陽尉移雷澤河東二丞河東採訪使韋陟以曄履操清直頗推敬之表爲賓僚陟罷陳留採訪使郭納復奏曄爲支使及安祿山陷陳留因沒于賊時有京兆韋氏夫任畿官以不供賊軍遇害韋被逆賊沒入爲婢江西觀察使韋儇族兄弟也曄哀其冤抑以錢贖之俾其妻置之別院厚供衣食而曄竟不面其人明年收復東都曄以家財資給而訪其親屬歸之識者咸重焉乾元初三司議罪貶晉江尉數年改錄事參軍徵拜左補闕未至福建觀察使李承昭奏爲判官授試大理司直兼監察御史試司議郎兼殿中侍御史入爲膳部比部二員外膳部倉部二郎中祕書少監曄性孝悌敦重交友雖經艱危不改其操少時與殷寅顔真卿柳

芳陸據蕭穎士李華邵軫同志友善故天寶中語曰殷顔柳陸蕭李邵趙以其重行義敦交道也而曄早擅高名在宦途五十年累經貶謫蹇躓備至入仕三十年方霑省官身在郎署子嘗徒步官既散曹俸祿單寡衣食不充以至亡殁服名檢者爲之歎息建中四年冬涇原兵叛曄竄于山谷尋以疾終追贈華州刺史子宗儒別有傳

石演芬本西域胡人也以武勇爲朔方邠寧節度兵馬使兼御史大夫李懷光養爲子累至右武鋒都將時懷光軍屯三橋將與朱泚通謀演芬乃使門客郜成義密疏且言懷光無狀請罷其總統成義至奉天乃反以其言告懷光子璀璀密告其父懷光乃召演芬責之曰以爾爲子奈何欲破我家今死可乎演芬對曰天子以公爲腹心公上負天子安可責演芬且演芬胡人不解異心欲守事一人幸免呼爲賊死常分也懷光使左右臠食之皆曰此忠烈士也可令速死乃以刀斷其頸德宗追思義烈贈兵部尚書仍賜錢三百千又捕得郜成義于朔方戮之先是詔懷光鐵券懷光奉詔倨慢左都將張名振

大呼軍門曰太尉見賊不擊天使到不迎固將反耶且安史兩賊僕固懷恩今皆族滅公欲何爲是資忠義之士立功勳耳懷光聞之召謂曰我不反爲賊強盛須蓄銳俟時耳無幾懷光引軍入咸陽名振曰公乃言不反今此來何也何不急攻朱泚收復京城以圖富貴懷光曰名振病狂使左右殺之

張伾建中初以澤潞將鎮臨洺田悅攻之伾度兵力不能出戰嚴設守備嬰城拒守賊不能拔累月攻之益急士多死傷粮儲漸乏救兵未至伾知事不濟無以激士心乃悉召將卒於軍門命其女出拜之謂曰將士辛苦守戰伾之家無尺寸物與公等獨有此女幸未嫁人願出賣之爲將士一日之費衆皆大哭曰誓爲將軍死戰幸無慮也會馬燧與太原之師至與衆合擊悅於城下大敗之伾乘勢出戰士卒無不一當百圍解以功遷泗州刺史在州十餘年拜右金吾衛大將軍詔未至病卒貞元二十一年贈尚書右僕射有子重政軍吏欲立爲郡將重政毋徐氏固拒不從詔曰前昭義軍泗州行營衙前兵〇馬使太中大夫試太子賓客兼監察御史張重政門有勳力惟推義勇夙聞克家之美常稱撫衆之才近者其父初亡群小扇惑誘以奇計俾執軍麾而重政與其毋兄號泣固拒遂全懇願奔告元戎不爲利回成其先志於家爲孝子在國爲忠臣軍政又安行義昭著念茲名節感歎良深宜洽恩榮俾弘激勸禮無避於金革理當由於權奪戎章憲府式示兼崇可起復雲麾將軍守金吾衛大將軍員外置同正員檢校太子詹事兼御史中丞仍委淮南節度使與要職事任使又詔曰張重政毋高平郡夫人徐氏族茂姻閥行表柔明懷正家之美有擇鄰之識頃當變故曾不詭隨保其門宗訓成忠孝雖圖史所載何以加之念其令子已申獎用特彰毋儀之德俾崇封國之榮可封魯國太夫人

甄濟字孟成中山無極人家於衛州少孤天寶中隱居衛州青岩山人伏其操行約不敢漁採訪使安祿山表薦之授試大理評事充范陽郡節度掌書記天寶末安祿山有異志謀以智免衛縣令齊玘誠信可托乃求使至衛具以誠告弟煜密求羊血以爲備至夜僞嘔血疾不能支遂舁歸及祿山反使僞節度使蔡希德領行戮者李掞等二人封刀來召濟濟詐不起即就戮之濟以左手書云去不得李掞持刀而前濟引首以待希德歔欷嗟歎之曰李掞退以實病報祿山後安慶緒亦使人至縣強舁至東都安國觀經月餘代宗收東京濟起詣軍門上謁乃送上都肅宗館之於三司使令授僞命官瞻望以媿其心授秘書郎轉太子舍人寶應初拜刑部員外郎少遊奏授著作郎兼侍御史終於襄州元和中襄州節度使袁滋奏其節行詔曰符風樹節謂之立名歿加褒贈所以誘善故朝散大夫秘書省著作郎兼侍御史甄濟早以文雅見稱於時嘗因辟召亦佐戎府而能保堅貞之正性不履危機覩逆亂之潛萌不從脅汚義聲可傳於竹帛顯贈未賁於松楸藩方所陳允叶彝典追加命秩以獎忠魂可贈秘書少監

劉敦儒開元朝史官左散騎常侍子玄之孫敦儒毋有心疾非日鞭〇人不安子弟僕使不勝其苦皆逃遁他處唯敦儒侍養不息體常流血及毋亡居喪毀瘠骨立洛中謂之劉孝子元和中東都留守權德輿具奏其至行詔曰孝子劉敦儒生於儒門稟此至性王祥篤行起孝敬而不移曾參養志積歲年而罔怠用弘勸獎而服官常分曹洛師俾遂私志可左龍武軍兵曹參軍分司東都

高沐渤海人父憑從事于宣武軍知曹州事李靈曜作亂憑密遣使奏賊中事狀詔除曹州刺史無何李正巳盜有曹濮憑遂陷于賊數年卒沐貞元中進士及第以家族在鄆李師古置爲判官居數年師道擅襲每謀不順沐與同列郭昈李公度等必廣引古今成敗諭之前後說師道爲善者凡千言其判官李文會孔目官林英皆爲師道信用秉間相與涕泣於師道前曰文會等血誠憂尚書家事反爲高沐輩所嫉尚書柰何不惜十二州之城成高沐等百代之名乎復日夜讒構繇是漸見疑忌令沐知萊州事林英因奏事至京邸吏密報師道云高沐潛有誠款至朝廷矣師道大怒李文會從而構成之

沐遂遇害於遷所而囚郭昕於萊州其血屬皆徙遠地及淮西平師道漸懼李公度與其將李英曇乘其懼也説師道獻三州及入質長子初甚然之中悔將殺公度賈直言聞之謂師道用事奴曰今大禍將至豈非高沐寃氣所爲又殺公度是益其疾也乃止逐英曇於萊州未至縊殺之又有崔承寵楊偕陳佑崔清皆以伏順爲賊所惡李文會呼爲高沐之黨沐遇害承寵等同被囚放郭昕名亞於沐雖不死備嘗困辱矣及劉悟平賊遷召李公度執手歔欷既除滑州節度首辟昕及公度爲從事元和十四年四月詔曰圖難忘死爲臣之峻節顯忠旌善有國之令猷日者妖竪反覆侮我朝章而濮州刺史高沐刼在兇威潜輸忠款諷其不庭之咎將冀革心數其煮海之饒聿求利國伏奏必陳於逆節漏師常破其陰謀竟以盜憎遂死王事殁而不朽風聲凛然式表漏泉之澤且彰勁草之節可贈吏部尚書仍委馬摠訪其遺骸以禮收葬優恤其家若有子孫具名聞奏

賈直言者父道冲以伎術得罪貶之賜酖於路直言僞令其父拜四

。一《唐傳百三十七下　十五

方辭上下神祇伺使者視稍怠即取其酖以飲遂迷仆而死明日酖洩于足而復蘇代宗聞之減父死直言亦自此病躄後從事於李師道師道不恭朝命直言冒刃説者二輿櫬説者一師道訖不從及劉悟斬師道節制鄭滑得直言於禁錮之間又嘉其所爲因奏置幕中後遷於潞亦與之俱行悟纖微乖失直言必盡理箴規以是美譽日聞於朝穆宗以諫議大夫徵之悟拜章乞留復授檢校右庶子兼御史大夫依前充昭義軍行軍司馬悟用其言終身不虧臣節後歷太子賓客元和九年三月卒廢朝一日贈工部尚書

庾敬休字順之其先南陽新野人祖光烈與仲弟光先禄山迫以僞官皆潛伏奔竄光烈爲大理少卿光先爲吏部侍郎父河當賊泚盜據宫與季弟倬逃竄山谷河終兵部郎中敬休舉進士以宏詞登科授秘書省校書郎從事宣州旋授渭南尉集賢校理遷右拾遺集賢學士歷右補闕稱職轉起居舍人俄遷禮部員外郎入爲翰林學士遷禮部郎中罷職歸官又遷兵部郎中知制誥丁憂服闋改工部侍郎權知吏部選事遷吏部侍郎上將立魯王爲太子慎選師傅改工部侍郎兼魯王傅奏劒南西川山南西道每年税茶及除陌錢舊例委度支巡院勾當榷税當司於上都召商人便換太和元年戶部侍郎崔元略與西川節度使商量取其穩便遂奏請茶税事使司自勾當每年出錢四萬貫送省近年已來不依元奏三道諸色錢物州府逗留多不送省請取江西例於歸州置巡院一所自勾當收管諸色錢物送省所冀免有逋懸欲令巡官李濆專往與德裕遵古商量制置續具奏聞從之又奏兩川米價騰踊百姓流亡請糴兩川闕官職田禄米以救貧人從之再爲尚書左丞大和九年三月卒于家敬休姿容温雅襟抱夷曠不飲酒茹葷不邇聲色著諭善録七卷贈吏部尚書

辛讜故太原尹雲京之孫壽州刺史晦之猶子也性慷慨重然諾專務賑人之急年五十不求苟進有濟時匡難之志咸通十年龐勛亂徐泗時杜慆守泗州賊以郡當江淮要害極力攻之時兩淮郡縣皆

。一《唐傳百三十七下　十六

陷慆守臨淮久之援軍雖集賊未解圍時讜寓居廣陵乃仗劒挐小艇趨泗口貫賊柵入城見慆慆素聞有義而不相面喜讜至握手謝曰判官李延樞方話子爲人何遽至耶吾無憂矣時賊三面攻城王師結壘于洪源驛相顧不前讜夜以小舟穿賊壘至洪源驛見監軍郭厚本論泗州危急且宜速救厚本然之淮南都將王公弁謂厚本曰賊衆我寡無宜輕舉當俟可行讜坐中援劒瞋目謂公弁曰賊百道攻城陷在旦夕公等奉詔赴援而逗留不進更欲何爲不唯有負國恩丈夫氣義亦宜感發假如臨淮陷賊淮南即是寇場公何獨存耶即欲揮刃向公弁厚本持之讜望泗州大哭經日帳下爲之流涕厚本義其心選用士三百隨讜入泗州夜半斬賊柵大呼由水門而入賊軍大駭既知援兵入賊乃退舍人心遂固浙西觀察使杜審權遣大將翟行約率軍三千赴援屯蓮塘驛慆欲遣人勞之將吏皆憚其行讜曰杜相公以大夫宗盟急難相赴安得令使者無言而還即齎慆書幣犒其使淮南大將李湘率師五千來援賊詐降敗于淮口

湘與郭厚本皆為賊所執自是無援賊併兵急攻以鐵鏁斷淮流梯衝雲合凡周七月晝夜不息乘城之士不遑寢寐面目生瘡軍儲漸少分食稀粥賴讜犯難伏義求救於淮北諸軍既而馬舉以大軍至賊解圍而去讜無子猶子山僧元老等寄在廣陵毋出城則書二姓名謂慆曰志之得嗣為幸慆益感之賊平授讜泗州團練判官侍御史慆遷鄭滑節度讜亦從之為賓佐慆卒乃退歸江東以隱居為事

贊曰獬觸邪草能指佞烈士徇義見危致命國有忠臣亡而復存何以褒邪姦邪受恩

唐書列傳卷第一百三十七下

唐書列傳卷第一百三十八

劉昫 等修

聞人詮校刻沈桐同校

孝友

李知本 張志寛

劉君良宋興貴張公藝等附 王君操周智壽弟智爽許坦王少玄附

趙弘智 陳集原

元讓 裴敬彝

裴守眞 李日知

崔沔 陸南金弟趙壁

張琇兄瑝 梁文貞李處恭張義貞呂元簡等附

崔衍 丁公著

羅讓

善父母為孝善兄弟為友夫善於父母必能隱身錫類仁惠逮于胤嗣矣善於兄弟必能因心廣濟德信被于宗族矣推而言之可以移於君施於有政承上而順下令終而善始雖蠻貊猶行焉雖窘迫猶亨焉自昔立身揚名未有不偕孝友而成者也前代史官所傳孝友傳多錄當時旌表之士人或微細非衆所聞事出閭里又難詳究今錄衣冠盛德衆所知者以為稱首至於州縣薦飾者必覆其殊尤可以勸世者亦載之

李知本趙州元氏人後魏洛州刺史靈六世孫也父孝端隋獲嘉丞初孝端與族弟太冲俱有世閥而太冲官宦最高孝端方之為劣鄉族為之語曰太冲無兄孝端無弟知本頗涉經史事親至孝與弟知隱甚稱雍睦子孫百餘口財物僮僕纖毫無間隋末盜賊過其閭而不入因相讓曰無犯義門同時避難者五百餘家皆賴而獲免知本貞觀初官至夏津令知隱至伊闕丞知本孫瑱開元中為給事中楊州刺史知隱孫顒有文詞亦歷給事中太保少卿從祖兄弟凡為給事者四人

張志寛蒲州安邑人隋末喪父哀毀骨立為州里所稱賊帥王君廓

屢為寇掠聞其名獨不犯其閭鄰里賴之而免者百餘家後為里正詣縣稱毋疾急求歸縣令問其狀對曰毋嘗有所苦志寬亦有所苦向患心痛知毋有疾令怒曰妖妄之辭也繫之於獄馳驗其毋竟如所言令異之慰喻遣去及丁毋憂負土成墳廬於墓側手植松栢千餘株高祖聞之遣使就弔授員外散騎常侍賜物四十段表其門閭

劉君良瀛州饒陽人也累代義居兄弟雖至四從皆如同氣尺布斗粟人無私焉大業末天下饑饉君良妻勸其分析乃竊取庭樹上鳥鷇交置諸巢中令羣鳥鬪競舉家怪之其妻曰方今天下大亂爭鬪之秋禽鳥尚不能相容況於人乎君良從之分別後月餘方知其計中夜遂攬妻髮大呼曰此即破家賊耳召諸昆弟哭以告之是夜弃其妻更與諸兄弟同居處情契如初屬盜起閭里依之為堡者數百家因名為義成堡武德七年深州別駕楊弘業造其第見有六院唯一飼子弟數十人皆有禮節咨嗟而去貞觀六年詔加旌表又有宋興貴者雍州萬年人累世同居躬耕致養至興貴已四從矣高祖

聞而嘉之武德二年詔曰人稟五常仁義為重士有百行孝敬為先自古哲王經邦致治設教垂範皆尚於斯叔世澆訛人多偽薄修身克己事資誘勸朕恭膺靈命撫臨四海愍茲弊俗方思遷導宋興貴立操雍和志情友穆同居合爨累代積年務本力農崇謙履順弘長名教敦勵風俗宜加褒顯以勸將來可表其門閭蠲免課役布告天下使明知之興貴壽卒

鄆州壽張人張公藝九代同居北齊時東安王高永樂詣宅慰撫旌表焉隋開皇中大使邵陽公梁子恭亦親慰撫重表其門貞觀中特勑吏加旌表麟德中高宗有事泰山路過鄆州親幸其宅問其義由其人請紙筆但書百餘忍字高宗為之流涕賜以縑帛

王君操萊州即墨人也其父隋大業中與鄉人李君則鬪競因被毆殺君操時年六歲其毋劉氏告縣收捕君則弃家亡命追訪數年弗獲貞觀初君則自以世代遷革不慮國刑又見君操孤微謂其無復讎之志遂詣州府自首而君操密袖白刃剌殺之刳腹取其心肝咀食立盡詣刺史具自陳告州司以其擅殺戮問曰殺人償死律有明文何方自理以求生路對曰亡父被殺二十餘載聞諸典禮父讎不可同天早願圖之久而未遂常懼亡滅不展冤情今大恥既雪甘從刑憲州司據法處死列上其狀太宗特詔原免

周智壽者雍州同官人其父永徽初被族人安吉所害智壽及弟智爽乃候安吉於途擊殺之兄弟相率歸罪於縣爭為謀首官司經數年不能決鄉人或證智爽先謀竟伏誅臨刑神色自若顧謂市人曰父讎已報死亦何恨智壽頓絕衢路流血徧體又收智爽屍䑛取智爽血食之皆盡見者莫不傷焉

豫州人許坦年十歲餘父入山採藥為猛獸所噬即號叫以杖擊之獸遂奔走父以得全太宗聞而謂侍臣曰坦雖幼童遂能致命救親至孝自中深可嘉尚授文林郎賜帛五十段

博州聊城人王少玄者父隋末於郡西為亂兵所害少玄遺腹生年十餘歲問父所在其毋告之因哀泣便欲求屍以葬時白骨蔽野無

由可辯或曰以子血霑父骨即滲入焉少玄乃刺其體以試之凡經旬日竟獲父骸以葬盡體病瘡歷年方愈貞觀中本州聞薦拜徐王府參軍

趙弘智洛州新安人後魏車騎大將軍肅孫父玄軌隋陝州刺史弘智早喪毋事父以孝聞學通三禮史記漢書隋大業中　為司隸從事武德初太禮卿郎楚之應詔舉之授詹事府主簿又預修六代史初與秘書丞令狐德芬齊王文學袁朗等十數人同修藝文類聚轉太子舍人貞觀中累遷黃門侍郎兼弘文館學士以疾出為萊州刺史弘智事兄弘安同於事父所得俸祿皆送於兄處及兄亡哀毀過禮事寡嫂甚謹撫孤姪以慈愛稱稍遷太子右庶子及宮廢坐除名尋起為光州刺史永徽初累轉陳王師高宗令弘智於百福殿講孝經召中書門下三品及弘文館學士太學儒者並預講筵弘智演暢微言備陳五孝學士等難問相繼弘智酬應如響高宗怡然曰朕頗耽墳籍至於孝經偏所習覩然孝之為德弘益實深故云德教加於百

姓刑于四海是知孝道之爲大也顧謂弘智宜略陳此經切要者以輔不逮弘智對曰昔者天子有諍臣七人雖無道不失其天下微臣顓愚願以此言奏獻帝甚悅賜綵絹二百匹名馬一疋尋遷國子祭酒仍爲崇賢館學士四年卒年八十二謚曰宣有文集二十卷

陳集原隴州開陽人也代爲嶺表首長父龍樹欽州刺史集原幼有孝行父纔有疾即終日不食永徽中丧父嘔血數升枕服苫廬悲感行路資財田宅及僮僕三十餘人並以讓兄弟則天時官至左豹韜衛將軍

元讓雍州武功人也弱冠明經擢第以母疾遂不求仕躬親藥膳承侍致養不出閭里者數十餘年及母終廬於墓側蓬髮不櫛沐菜食飲水而已咸亨中孝敬監國下令表其門閭永淳元年巡察使奏讓孝悌殊異擢拜太子右內率府長史後以歲滿還鄉里鄉人有所爭訟不詣州縣皆就讓決焉聖曆中中宗居春宫召拜太子司議郎及謁見則天謂曰卿既能孝於家必能忠於國今授此職須知朕意宜

○以孝道輔弼我兒尋卒

裴敬彝絳州聞喜人也曾祖子通隋開皇中大中大夫母終廬於墓側哭泣無節目遂喪明俄有白烏巢於墳樹子通弟兄八人復以友悌著名詔旌表其門鄉人至今稱爲義門裴氏敬彝少聰敏七歲解屬文性又端謹宗族咸重之號爲甘露頂年十四侍御史唐臨爲河北巡察使敬彝父智周時爲內黄令爲部人所訟敬彝詣臨論其寃臨大奇之因令作詞賦智周事得釋特表薦敬彝備陳王府典籤智周在官暴卒敬彝時在長安忽泣涕不食謂所親曰大人每有痛處吾即輙然不安今日心痛手足皆廢事在不測得無感乎遂請急還倍道言歸果聞父喪毁瘠逾禮事母復以孝聞乾封初累轉監察御史時母病有醫人許仁則足疾不能乘馬敬彝每肩輿之以候母焉及母卒特詔贈以縑帛仍官造靈轝服闋拜著作郎兼修國史儀鳳中自中書舍人歷吏部侍郎左庶子則天臨朝爲酷吏所陷配流嶺南尋卒

裴守眞絳州稷山人也後魏冀州刺史叔業六世孫也父眘大業中爲淮南郡司戶屬郡人楊琳田瓚擾郡作亂盡殺官吏以眘素有仁政相誡不許驚害仍令人護送眘及妻子還鄉貞觀中官至鄭令守眞早孤事母至孝及母終哀毁骨立殆不勝喪復事寡姊及兄甚謹閨門禮則士友所推初舉進士及應八科舉累轉乾封郡屬永淳初關中大饑守眞盡以祿俸供姊及諸甥身及妻子爨糲不充初無倦色尋授太常博士守眞尤善禮儀之學當時以爲稱職高宗時封嵩山詔禮官議射牲之事守眞奏曰據周禮及國語郊祀天地天子自射其牲漢武唯封太山令侍中儒者射牲行事至於餘祀亦無射牲之文但親春射牲雖是古禮久從廢省據封禪祀禮曰未明十五刻宰人以鸞刀割牲質明而行事比鸞駕至時宰牲總畢天皇唯奠玉酌獻而已今祀前一日射牲事即傷早祀日方始射牲事又傷晚若依漢武故事即非親射之儀事不可行又神功破陣樂功成慶善樂二舞每奏上皆立對守眞又議曰竊唯二舞肇興諷吟攸屬贊九功

○之茂烈叶萬國之歡心義均韶夏用兼賓祭皆祖宗盛德而子孫享之詳覽傳記未有皇王立觀之禮况升中大事華夷畢集九服仰垂拱之安百蠻懷率舞之慶甄陶化育莫匪神功豈於樂舞別申嚴敬臣等詳議奏二舞時天皇不合起立時並從守眞議會高宗不豫事竟不行及高宗崩時無大行凶儀守眞與同時博士韋叔夏輔抱素等討論舊事創爲之當時稱爲得禮之中守眞天授中爲司府丞則天特令推究詔獄務存平恕前後奏免數十家由是不合旨出爲汴州司錄累轉成州刺史爲政不務威刑甚爲人吏所愛俄轉寧州刺史成州人送出境者數千人長安中卒子餘事繼母以孝聞舉明經累補鄠縣尉時同列李朝隱程行諶皆以文法著稱子餘獨以詞學知名或問雍州長史陳崇業子餘與朝隱行諶優劣崇業曰譬如春蘭秋菊俱不可廢也景龍中爲左臺監察御史時涇岐二州有隋代蕃戶子孫數千家司農卿趙履溫奏悉沒爲官戶奴婢仍充賜口以給貴幸子餘以爲官戶承恩始爲蕃戶又是子孫不可抑之爲賤奏

劾其事時嚴溫依附宗楚客等與子餘廷對曲直子餘詞色不撓嚴
溫等詞屈從子餘奏爲定開元初累遷冀州刺史政存寬惠人吏稱
之又爲岐王府長史加銀青光祿大夫十四年卒謚曰孝子餘居官
清儉友愛諸兄弟兄弟六人皆有志行次弟巨卿衛尉卿耀卿别有
傳
李日知鄭州滎陽人也舉進士天授中累遷司刑丞時用法嚴急日
知獨寬平無冤濫嘗免一死囚少卿胡元禮請斷殺之與日知往復
至于數四元禮怒曰元禮不離刑曹此囚終無生理荅曰日知不離
刑曹此囚終無死法因以兩狀列上日知果直端明其事神龍初爲
給事中日知事母至孝時母老嘗疾病日知取急調侍數日而鬢髮變白
尋加朝散大夫其母未受命婦邑號而卒將葬發引吏人賫告身而
至日知於路上即時殯絕久之乃蘇左右皆哀慟莫能仰視巡察使
衛州司馬路敬潛將聞其孝悌之跡使求其狀日知辭讓不報服闋
累遷黃門侍郎時安樂公主池館新成中宗親往臨幸從官皆預宴

○賦詩日知獨存規誡其末章曰所願暫思居者逸莫使時稱作者勞
論者多之景雲九年同中書門下平章事轉御史大夫知政事如故
明年進拜侍中先天元年轉刑部尚書罷知政事頻乞骸骨請致仕
許之初日知將有陳請而不與妻謀歸家而使左右餝裝將出居別
業妻驚曰家產屢空子弟名宦未立何爲遽辭職也日知曰書生至
此已過本分人情無厭若恣其心是非止足之日及歸田園不事產
業但葺構池亭多引後進與之談讌開元三年卒初日知以官在權
要諸子弟年纔總角皆結婚名族時議以爲失禮之中卒後少子伊
衡以妾爲妻費散田宅仍列訟諸兄家風替矣
崔沔京兆長安人周隴州刺史士約玄孫也自博陵徙關中世爲著
姓父皚庫部員外郎汝州長史沔淳謹口無二言事親至孝博學有
文詞初應制舉對策高第俄被落第者所援則天令所司重試沔所
對策又工於前爲天下第一由是大知名再轉陸渾主簿秩滿調選
吏部侍郎岑羲深賞重之謂人曰此今之郄詵也特表薦擢爲左補

闕累遷祠部員外郎沔爲人舒緩訥於造次當官正色未嘗撓沮睿
宗時徵拜中書舍人時沔母老疾在東都沔不忍捨之固請閑官以
申侍養由是改爲虞部郎中無何檢校御史中丞時監察御史宋宣
遠特盧懷慎之親頗犯法沔舉劾之又姚崇之子光祿少卿彝留司
東都頗通賓客廣納賄賂沔又將按驗其事姚盧時在政事遽薦沔
有吏才轉爲著作郎其實去權也開元七年爲太子左庶子母卒哀
毀逾禮常於廬前受弔賓客未嘗至於靈座之室謂人曰平生非至
親者未嘗升堂入謁豈可以存亡而變其禮也中書令張說數稱薦
之服闋拜中書侍郎或謂沔曰今之中書皆是宰相承宣制命侍郎
雖是副貳但署位而已甚無事也沔曰不然設官分職上下相維各
申所見方爲濟理豈可俛默偷安而爲懷祿士也自是每有制敕及
曹事沔多所異同張說頗不悅焉尋出爲魏州刺史奏課第一徵還
朝廷分掌吏部十銓事以清直歷秘書監太子賓客二十三年制令
禮官議加籩豆之數及服制之紀太常卿韋縚奏請加宗廟之奠每

○座籩豆各十二外祖服請加至大功九月舅服加至小功五月堂姨
堂舅舅母服請加至袒免時又令百官詳議可否沔建議曰竊聞議
禮樂之情者能作達禮樂之文者能述述作之義聖賢所重禮樂之
本古今所崇變而通之所以久也所謂變者變其文也所謂通者通
其情也祭祀之興肇於太古人所歆食必先嚴獻未有火化茹毛飲
血則有毛血之薦未有麴糵汙罇杯飲則有玄酒之奠施及後王禮
物漸備作爲酒醴伏其犧牲以致馨香以極豐潔故有三牲八簋之
盛五齊九獻之殷然以神道至敬可備而不敢廢也是以血腥爛熟
玄罇犧象靡不畢登於明薦矣然而薦貴於新味不尚褻雜則備物
猶存節制故禮云天之所生地之所長苟可薦者莫不咸在備物之
情也三牲之俎八簋之實美物備矣昆蟲之異草木之實陰陽之物
備矣此則節制之文也鉶俎籩豆簠簋罇罍之實皆周人之時饌也
其用通於讌饗賓客而周公制禮咸與毛血玄酒同薦於先晉中郎
盧諶近古之知禮著家祭禮者也觀其所薦皆晉時常食不服純用

禮經舊文然則當時飲食不可闕於祭祀明矣是變禮文而通其情也我國家由禮立訓因時制範考圖史於前典稽周漢之舊儀清廟時享禮饌畢陳用周制也而古式存焉園寢上食時膳具設遵漢法也而珍味極焉職貢來祭致遠物也有新必薦順時令也苑囿之內躬稼所收蒐狩之時親發所中莫不割鮮擇美薦而後食盡誠敬也若此至矣復何加焉但當申勑有司祭如神在無或簡怠最 增廣誠其進貢珍羞或時物鮮美考諸祠典無有漏落皆詳名目編諸甲令因宜而薦以類相從則新鮮肥濃盡在是矣不必加於籩豆之數也至於祭器隨物所宜故羹古食也盛於甄甄古器也和羹時饌也盛於時器故毛血盛於盤玄酒盛於罇未有薦時饌而追用古器者由古質而今文便於事也雖加籩豆十二未足以盡天下美物而措諸清廟有兼倍之名近於侈矣魯人丹桓宮之楹又刻其桷春秋書以非禮御孫諫曰儉德之恭也侈惡之大也先君有恭德而君納諸惡無乃不可乎是不可以越禮而崇侈於宗廟也又據漢書藝文志

○墨家之流出於清廟是以貴儉由此觀之清廟之不尚於奢舊矣太常所請恐未可行又按太常奏狀今酌獻酒爵制度全小僅未一合執持甚難不可全依古文由望稍須廣大者竊據禮文有小爲貴者獻以爵貴其小也小不及制敬而非禮是有司之失其傳也固可隨失釐正無待議而後革然禮失於敬猶奢而寧儉非大過也未知今制何所依準請兼詳今式據文而行又按太常奏狀外祖服請加至大功九月舅服請加至小功五月堂姨堂舅舅母請加至祖免者竊聞大道既隱天下爲家聖人因之然後制禮禮教之設本於正家家道正而天下定矣正家之道不可以貳總一之義理歸本宗所以父以尊崇母以厭降豈亡愛敬宜存倫序是以內有齊斬外服皆緦尊名所加不過一等此先王不易之道前聖所志後賢所傳其來久矣昔辛有適伊川見被髮而祭於野者曰不及百年此其戎乎其禮先亡矣往修新禮時改舊章漸廣渭陽之恩不遵洙泗之典及弘道之後唐元之間國命再移於外族矣禮亡徵兆儻或斯見天人之際可不試哉開元初補闕盧履冰嘗進狀論喪服輕重勑令僉議于時羣議紛挐各安積習太常禮部奏依舊定陛下運稽古之明特降別勑一依古禮事符典故人知向方式固宗盟社稷之福史圖異議竊所未詳時職方郎中韋述戶部郎中楊伯成禮部員外郎楊仲昌監門兵曹劉秩等亦建議與沔相符俄又令中書門下參詳爲定於是宗廟之典籩豆每座各加至六親姨舅爲小功舅母加緦麻堂姨至祖免餘依舊定乃下制施行焉沔既善禮經朝廷每有疑議皆取決焉二十七年卒時年六十七贈禮部尚書

陸南金蘇州吳郡人也祖士季從同郡顧野王學左氏傳兼通史記漢書隋末爲越王侗記室兼侍讀侗稱制授著作郎時王世充將行篡奪侗不平之謂士季曰隋有天下三十餘載朝廷文武遂無烈者乎士季對曰見危授命臣之宿心請因其啓事便加手刃事頗洩遂停士季侍讀貞觀初爲太學博士兼弘文館學士尋卒南金初爲奉禮郎開元初太常少卿盧崇道犯罪流嶺表逃歸東都時南金以母

○喪在家崇道事急假稱吊賓造南金言其情南金哀而納焉崇道俄爲讐人所發詔使侍御史王旭按其事遂捕獲崇道連引南金旭遂繩以重法南金弟趙璧詣旭自言藏崇道請代兄死南金固稱弟實自誣身請當罪兄弟爭死旭怪而問其故趙璧曰兄是長嫡又能幹家事亡母未葬小妹未嫁自惟幼劣生無所益身自請死旭遂列上狀上嘉其友義並特宥之南金由是大知名南金頗涉經史言行修謹左丞相張說及宗人太子少保象先皆欽重之累轉庫部員外郎以疾固辭不堪繁劇轉爲太子洗馬卒年五十餘

張琇者蒲州解人也父審素爲巂州都督在邊累載俄有糾其軍中贓罪勑監察御史楊汪馳傳就軍按之汪在路爲審素黨與所劫對汪殺告事者脅汪令奏雪審素之罪俄而州人翻殺審素之黨汪始得還至益州奏稱審素謀反因深按審素構成其罪斬之籍沒其家琇與兄瑝以年幼坐徙嶺外尋各逃歸累年隱匿汪後累轉殿中侍御史改名萬頃開元二十三年瑝琇候萬頃於都城挺刃殺之瑝雖

年長其發謀及手刃皆琇爲之既殺萬頃繫表於斧刃自言報讎之狀便逃奔將就江外殺與萬頃同謀構父罪者行至汜水爲捕者所獲時都城士女皆矜琇等幼稚孝烈能復父讎多言其合矜恕者中書令張九齡又欲活之裴耀卿李林甫固言其國法不可縱報讎上以爲然因謂九齡等曰復讎雖禮法所許殺人亦格律具存孝子之情義不顧命國家設法焉得容此殺人成復讎之志赦之虧律格之條然道路諠議故須告示乃下勑曰張瑝等兄弟同殺推問款承律有正條俱各至死近聞士庶頗有諠詞矜其爲父復讎或言本罪冤濫但國家設法事在經久蓋以濟人期於止殺各申爲子之志誰非徇孝之夫展轉相繼相殺何限咎繇作士法在必行曾參殺人亦不可恕不能加以刑戮肆諸市朝宜付河南府告示決殺瑝琇既死士庶咸傷愍之爲作哀誄牓於衢路市人斂錢於死所造義井并葬瑝琇於北邙又恐萬頃家人發之并作疑冢數所其爲時人所傷如此

梁文貞虢州閿鄉人少從征役比迴而父母皆卒文貞恨不獲終養○乃穿壙爲門礎道出入晨夕灑掃其中結廬墓側未嘗暫離自是不言三十年家人有所問但畫字以對其後山水衝斷驛路更於原上開道經文貞墓前由是行旅見之遠近莫不欽歎有甘露降塋前樹白兔馴擾鄉人以爲孝感所致開元初縣令崔季友刊石以紀之十四年刺史許景先奏文貞持學絕倫泣血廬墓三十餘年請宣付史官是歲御史大夫崔隱甫廷奏恒州鹿泉人李處恭張義貞兩家祖父自國初已來異姓同居至今三代百有餘年又青州北海人吕元簡四代同居至所畜牛馬羊狗皆異母共乳請加旌表仍編入史館制皆許之

崔衍左丞倫之子繼母李氏不慈於衍衍時爲富平尉倫使于吐蕃久方歸李氏衣弊衣以見倫倫問其故李氏稱自倫使于蕃中衍不給衣食倫大怒召衍責詬命僕隸拉于地袒其背將鞭之衍涕泣終不自陳倫弟殷聞之趨往以身蔽衍杖不得下因大言曰衍每月俸錢皆送嫂處殷所具知何忽乃言衍不給衣食倫怒乃觧由是倫遂

不聽李氏之譖及倫卒衍事李氏益謹李氏所生子郃每多取子母錢使其主以契書徵負于衍衍歲爲償之故衍官至江州刺史而妻子衣食無所餘後歷蘇虢二州刺史虢居陝華二州之間而稅重數倍其青苗錢華陝之郊畝出十有八而虢之郊每徵十之七衍乃上其事時裴延齡領度支方務聚斂乃紿衍以前後刺史無言者衍又上陳人困曰臣所治多是山田且當郵傳衝要屬歲不稔頗甚流離舊額賦租特望蠲減臣伏見比來諸郡論百姓間事患在長吏因循不爲申請不詣實不患朝廷不矜放有以不言受譴者未有言而獲罪者陛下拔臣牧大郡委臣撫疲民臣所以不敢顧望苟求自安敢罄狂瞽上干聖覽帝以衍詞理切直乃特勑度支令減虢州青苗錢遷宣歙池觀察使政務簡便人頗懷之其所擇從事多得名流時有位者待賓僚率輕傲衍獨加禮敬幕中之士後多顯達貞元中天下好進奉以結主恩徵求聚斂州郡耗竭韋皐劉贊裴肅爲之首贊死而衍代其位衍雖不能驟革其弊居宣州十年頗勤儉府庫盈溢○及穆贊代衍宣州歲饉遂以錢四十二萬貫代百姓稅故宣州人不至流散貞元二十一年詔加工部尚書

丁公著字平子蘇州吳郡人祖裹父緒皆不仕公著生三歲喪所親七歲見鄰母抱其子哀感不食因請於父絕粒奉道冀其幽贊父憫而從之年十七父勉令就學年二十一五經及第明年又通開元禮授集賢校書郎秩未終歸侍鄉里不應請辟居父喪躬負土成墳哀毀之容人爲憂之里閭聞風皆敦孝悌觀察使薛華表其行詔賜粟帛旌其門閭淮南節度使李吉甫慕其才行薦授太子文學兼集賢殿校理吉甫自淮南入相 廷薦其行即日授右補闕遷集賢直學士尋授水部員外郎充皇太子及諸王侍讀著皇太子及諸王訓十卷轉駕部員外仍兼舊職穆宗即位未及聽政召居禁中詢訪朝典以宰相許之公著陳情詞意極切超授給事中賜紫金魚袋未幾遷工部侍郎仍兼集賢殿學士寵青宮之舊也知吏部選事公著知將欲大用以疾辭退因求外官遂授浙江西道都團練觀察使二年授河

南尹皆以清靜為理改尚書右丞轉兵部吏部侍郎遷禮部尚書翰林侍講學士上以浙西災沴詢求良帥命檢校戶部尚書領之詔賜米七萬碩以賑給浙民賴之改授太常卿以疾請歸鄉里未至而終年六十四贈右僕射廢朝一日著禮志十卷公著清儉守道每得一官未嘗不憂色滿容年四十喪室以至終身無妓妾聲樂之好凶問至日中外痛惜之

羅讓字景宣祖懷操父珦官至京兆尹讓少以文學知名舉進士應詔對策高等為咸陽尉丁父憂服闋除尚書麻茹菜不從四方之辟者十餘年李獻為淮南節度使就其所居請為從事除監察御史轉殿中歷尚書郎給事中累遷至福建觀察使兼御史中丞甚著仁惠有以女奴遺讓者讓問其所因曰本某等家人兄姊九人皆為官所賣其留者唯老母耳讓慘然焚其券書以女奴歸其母入為散騎常侍未幾除江西都團練觀察使兼御史大夫年七十一卒贈禮部尚書子劭京字子峻進士擢第又登科讓再從弟詠詠子劭權字昭衡進士擢第劭京劭權知名於時並歷清貫

贊曰麒麟鳳凰飛走之類唯孝與悌亦為人瑞表門賜爵勸乃錫類彼禽者梟傷仁害義

唐書列傳卷第一百三十八

唐書列傳卷第一百三十九上

劉昫 等修

聞人詮校刻沈桐同校

儒學上

徐文遠 陸德明

曹憲 許淹 李善 公孫羅 歐陽詢 子通

朱子奢 張士衡

賈公彥 張後胤

蓋文達 谷那律

蕭德言 許叔牙 子儒附

敬播 劉伯莊

秦景通 羅道琮

古稱儒學家者流本出於司徒之官可以正君臣明貴賤美教化移風俗莫若於此焉故前古哲王咸用儒術之士漢家宰相無不精通一經朝廷若有疑事皆引經決定由是人識禮教理致昇平近代重文輕儒或參以法律儒道既喪淳風大衰故近理國多劣於前古自隋氏道消海內版蕩彝倫攸斁戎馬生郊先代之舊章往聖之遺訓掃地盡矣及高祖建義太原初定京邑雖得之馬上而頗好儒臣以義寧三年五月初令國子學置生七十二員取三品以上子孫太學置生一百四十員取五品以上子孫四門學生一百三十員取七品以上子孫上郡學置生六十員中郡五十員下郡五十員上縣學並四十員中縣三十員下縣二十員武德元年詔皇族子孫及功臣子弟於秘書外省別立小學二年詔曰盛德必祀義存方策達人命世流慶後昆建國君人弘風闡教崇賢彰善莫尚於茲自八卦初陳九疇攸叙徽章互垂節文不備爰始姬旦匡翊周邦創設禮經尤明典憲啓生人之耳目窮法度之本源化起二南業盛八百豐功茂德冠于終古暨乎王道既衰頌聲不作諸侯力爭禮樂陵遲粵若宣父天資睿哲經綸齊魯之內揖讓洙泗之間綜理遺文弘宣舊制四科之

教歷代不刊三千之文風流無歇惟茲二聖道著群生守祀不修明褒尚闕朕君臨區宇興化崇儒永言先達情深紹嗣宜令有司於國子學立周公孔子廟各一所四時致祭仍博求其後且以名聞詳考所宜當加爵土是以學者慕嚮儒教聿興至三年太宗討平東夏海内無事乃銳意經籍於秦府開文學舘廣引文學之士下詔以府屬杜如晦等十八人爲學士給五品珍膳分爲三番更直宿于閣下及即位又於正殿之左置弘文學舘精選天下文儒之士虞世南褚亮姚思廉等各以本官兼署學士令更日宿直聽朝之暇引入内殿講論經義商畧政事或至夜分乃罷又召勳賢三品已上子孫弘文舘學士貞觀二年停以周公爲先聖始立孔子廟堂於國學以宣父爲先聖廟顔子爲先師大徵天下儒士以爲學官數幸國學令祭酒博士講論畢賜以東帛學士能通一大經已上咸得署吏又於國學增築學舍一千二百間國學四門博士亦增置生員其書筭合置博士學生以備藝文凡三千二百六十員其玄武門屯營飛騎亦給博士

授以經業有能通經者聽之貢舉是時四方儒士多抱負典籍雲會京師俄而高麗及百濟新羅高昌吐蕃等諸國酋長亦遣子弟請入於國學之内鼓篋而升講筵者八千餘人濟濟洋洋焉儒學之盛古昔未之有也太宗又以經籍去聖久遠文字多訛謬詔前中書侍郎顔師古考定五經頒於天下命學者習焉又以儒學多門章句繁雜詔國子祭酒孔穎達與諸儒撰定五經義疏凡一百七十卷名曰五經正義令天下傳習十四年詔曰梁皇侃褚仲都周能安生沈重陳太沈文何用弘正張譏隋何安劉炫等並前代名儒經術可紀加以所在學徒多行其疏宜加優異以勸後生可訪其子孫見在者録名奏聞當加引擢二十一年又詔曰左丘明卜子夏公羊高穀梁赤伏勝高堂生戴聖毛萇孔安國劉向鄭衆杜子春馬融盧植鄭玄服虔何休王肅王弼杜元凱范甯等二十一人並用其書垂於國胄既行其道理合襃崇自今有事太學可與顔子俱配享孔子廟堂其尊重儒道如此高宗嗣位政教漸衰薄於儒術尤重文吏於是醇醲日去

華競日彰猶火銷膏而莫之覺也及則天稱制以權道臨下不恡官爵取悅當時其國子祭酒多授諸王及駙馬都尉準貞觀舊事祭酒孔穎達等赴上日皆講五經題至是諸王與駙馬赴上唯判祥瑞按三道而已至於博士助教唯有學官之名多非儒雅之實是時復將親祠明堂及南郊又拜洛封嵩岳將取弘文國子生充齋郎行事皆令出身放選前後不可勝數因是生徒不復以經學爲意唯苟希僥倖二十年間學校頓時隳廢矣玄宗在東宮親幸太學大開講論學官生徒各賜東帛及即位數詔州縣及百官薦舉經通之士又置集賢院招集學者校選募儒士及博涉著實之流以爲儒學篇

徐文遠洛州偃師人陳司空孝嗣玄孫其先自東海徙家焉父徹梁秘書郎尚元帝女安昌公主而生文遠屬江陵陷被虜於長安家貧無以自給其兄休鬻書爲事文遠日閲書于肆博覽五經尤精春秋左氏傳時有大儒沈重講于太學聽者常千餘人文遠就質問数日便去或問曰何辭去之速荅曰觀其所説悉是紙上語耳僕皆先已

誦得之至於奥賾之境翻似未見有以其言告重者重呼與議論十餘反重甚歎服之文遠方正純厚有儒者風竇威楊玄感李密皆從其受學開皇中累遷太學博士詔令往并州爲漢王諒講孝經禮記及諒反除名大業初禮部侍郎許善心舉文遠與包愷褚徽陸德明魯達爲學官遂擢授文遠國子博士愷等並爲太學博士時人稱文遠之左氏褚徽之禮魯達之詩陸德明之易皆爲一時之最文遠所講釋多立新義先儒異論皆定其是非然後詰駮諸家又出已意博而且辨聽者忘倦後越王侗署爲國子祭酒時洛陽飢饉文遠出城樵採爲李密軍所執密令文遠南面坐備弟子禮北面拜之文遠曰老夫疇昔之日幸以先王之道仰授將軍時經興替倏焉已久今將軍屬風雲之際爲義衆所歸權鎮萬物威加四海猶能屈體弘尊師之義此將軍之德也老夫之幸也既荷茲厚禮安不盡言乎但未審將軍意耳欲爲伊霍繼絶扶傾雖遲暮猶願盡力若爲莽卓乘危迫險則老夫耄矣無能爲也密頓首曰昨奉朝命垂拜上公冀竭庸虚

臣奉國難所以未朝見者不測城內人情且欲先征化及報復寃恥
立功贖罪然後凱旋入拜天闕此密之本意惟先生教之文遠曰將
軍名臣之子累顯忠節前受誤於玄感遂乃墜家聲行迷未達而
迴車復路終於忠孝用康家國天下之人是所望於將軍也密又頓
首曰敬聞命矣請奉以周旋及征化及還而王世充已殺元文都等
權兵專制密又問計於文遠荅曰王世充亦門人也頗得識之是人
殘忍意又褊促旣乘此勢必有異圖將軍前計為不諧矣非破王世
充不可朝覲密曰嘗謂先生儒者不學軍旅之事今籌大計殊有明
畧及密敗復入東都王世充給其廪食而文遠盡敬見之先拜或問
曰聞君踞見李密而敬王公何也荅曰李密君子也能受酈生之揖
王公小人也有殺故人之義相時而動豈不然歟後王世充僭號復
以為國子博士因出樵採為羅士信獲之送于京師復授國子博士
武德六年高祖幸國學觀釋奠遣文遠發春秋題諸儒設難蜂起隨
方占對皆莫能屈封東莞縣男年七十四卒官撰左傳音三卷義疏

六十卷孫有功自有傳

○陸德明蘇州吳人也初受學於周弘正善言玄理陳大建中太子徵
四方名儒講于承光殿德明年始弱冠往參焉國子祭酒徐克開講
恃貴縱辯衆莫敢當德明使與抗對合朝賞歎解褐始興王國左常
侍遷國子助教陳亡歸鄉里隋煬帝嗣位以為秘書學士大業中廣
召經明之士四方至者甚衆遣德明與魯孔褒俱會門下省共相交
難無出其右者授國子助教王世充僭號封其子為漢王署德明為
師就其家將行束脩之禮德明恥之因服巴豆散卧東壁下王世充
子入跪牀前對之遺痢竟不與語遂移病於成皐杜絶人事王世充
平太宗徵為秦府文學館學士命中山王承乾從其受業尋補太學
博士後高祖親臨釋奠時徐文遠講孝經沙門惠乘講波若經道士
劉進喜講老子德明難此三人各因宗指隨端立義衆皆為之屈高
祖善之賜帛五十匹貞觀初拜國子博士封吳縣男尋卒撰經典釋
文三十卷老子疏十五卷易疏二十卷並行於世太宗後嘗閱德明
經典釋文甚嘉之賜其束帛二百段子敦信龍朔中官至左侍極同
東西臺三品

曹憲揚州江都人也仕隋為秘書學士每聚徒教授諸生數百人當
時公卿已下亦多從之受業憲又精諸家文字之書自漢代杜林衞
宏之後古文泯絶由憲此學復興大業中煬帝令與諸學者撰桂苑
珠叢一百卷時人稱其該博憲又訓注張揖所撰博雅分為十卷煬
帝令藏于秘閣貞觀中揚州長史李襲譽表薦之太宗徵為弘文館
學士以年老不仕乃遣使就家拜朝散大夫學者榮之太宗又嘗讀
書有所難字書所闕者録以問憲憲皆為之音訓及引證明白太宗
甚奇之年一百五歲卒所撰文選音義甚為當時所重初江淮間為
文選學者本之於憲又有許淹李善公孫羅復相繼以文選教授由
是其學大興於代

許淹者潤州句容人也少出家為僧後又還俗博物洽聞尤精詁訓
撰文選音十卷

○李善者揚州江都人方雅清勁有士君子之風明慶中累補太子內
率府録事參軍崇賢館直學士兼沛王侍讀嘗注解文選分為六十
卷表上之賜絹一百二十匹詔藏于秘閣除潞王府記室參軍轉秘
書郎乾封中出為經城令坐與賀蘭敏之周密配流姚州後遇赦得
還以教授為業諸生多自遠方而至又撰漢書辯惑三十卷載初元
年卒子邕亦知名

公孫羅江都人也歷沛王府參軍無錫縣丞撰文選音義卷行於代

歐陽詢潭州臨湘人陳大司空頠之孫也父紇陳廣州刺史以謀反
誅詢當從坐僅而獲免陳尚書令江總與紇有舊收養之教以書計
雖貌甚寢陋而聰悟絶倫讀書即數行俱下博覽經史尤精三史仕
隋為太常博士高祖微時引為賓客及即位累遷給事中詢初學王
羲之書後更漸變其體筆力險勁為一時之絶人得其尺牘文字咸
以為楷範焉高麗甚重其書嘗遣使求之高祖歎曰不意詢之書名
遠播夷狄彼觀其跡固謂其形魁梧耶武德七年詔與裴矩陳叔達

撰藝文類聚一百卷奏之賜帛二百段貞觀初官至太子率更令弘文館學士封渤海縣男年八十餘卒

子通少孤毋徐氏教其父書毋遺通錢紿云質汝父書迹之直通慕名甚銳晝夜精力無倦遂亞於詢儀鳳中累遷中書舍人丁毋憂居喪過禮起復本官毋入朝必徒跣至皇城門外直宿在省則席地藉藁非公事不言亦未嘗啓齒歸家必衣縗絰號慟無恒自武德已來起復後而能哀感合禮者無與通比年凶未葬四年居廬不釋服家人冬月密以氈絮置所眠席下通覺大怒遽令徹之五遷垂拱中至殿中監賜爵渤海子天授元年封夏官尚書二年轉司禮卿判納言事爲相月餘會鳳閣舍人張嘉福等請立武承嗣爲皇太子通與岑長倩固執以爲不可遂忤諸武意爲酷吏所陷被誅神龍初追復官爵

朱子奢蘇州吳人也少從鄉人顧彪習春秋左氏傳後博觀子史善屬文隋大業中直秘書學士及天下大亂辭職歸鄉里尋附于杜伏

○ 唐傳一百三十九上 六

威武德四年隨伏威入朝授國子助教貞觀初高麗百濟同伐新羅連兵數年不解新羅遣使告急乃假子奢員外散騎侍郎充使喻可以釋三國之憾雅有儀觀東夷大欽敬之三國王皆上表謝罪賜遺甚厚初子奢之出使也太宗謂曰海夷頗重學問卿爲大國使必勿藉其束修爲之講説使還稱旨當以中書舍人待卿子奢至其國欲悅夷虜之情遂爲發春秋左傳題又納其美女之贈使還太宗責其違旨猶惜其才不至深譴令散官直國子學累轉諫議大夫弘文館學士遷國子司業仍爲學士子奢風流蘊藉頗滑稽又輔之以文義由是數蒙宴遇或使論難於前十五年卒

張士衡瀛州樂壽人也父之慶齊國子助教士衡九歲喪母哀慕過禮父友齊國博士劉軌思見之每爲掩泣謂其父曰昔伯饒號張曾子亦豈能遠過吾聞君子不親教當爲成就之及長軌思授以毛詩周禮又從熊安生及劉焯受禮記皆精究大義此後徧講五經尤攻三禮仕隋爲餘杭令後以年老歸鄉里貞觀中幽州都督燕王靈夔備玄纁束帛之禮就家迎聘北面師之庶人承乾在東宮又加旌命及至洛陽宮謁見太宗延之升殿賜食擢授朝散大夫崇賢館學士承乾見之問以齊氏滅亡之由緒對曰齊後主悖虐無度昵近小人至如高阿那瓌駱提婆韓長鸞等皆奴僕下才兇險無賴是信是使以爲心腹誅害忠良踈忌骨肉窮極奢靡剥喪黎元所以周師臨郊人莫爲用以至覆滅實此之由承乾又問曰布施營功德有果報不對曰事佛在於清淨無欲仁恕爲心如其貪婪無厭驕虐是務雖復傾財事佛無救目前之禍且善惡之報若影隨形此是儒書之言豈徒佛經所説是爲人君父當須仁慈爲人臣子冝盡忠孝仁慈忠孝則福祚攸永如或反此則殃禍斯及此理昭然願殿下勿爲憂慮及承乾廢黜勑給乘傳令歸本鄉十九年卒士衡既禮學爲優當時受其業擅名於時者唯賈公彦爲最焉

賈公彦洺州永年人永徽中官至太學博士撰周禮義疏五十卷儀禮義疏四十卷子大隱官至禮部侍郎時有趙州李玄植又受三禮

○ 唐傳一百三十九上 七

於公彦撰三禮音義行於代玄植兼習春秋左氏傳於王德韶受毛詩於齊威博涉漢史及老莊諸子之説貞觀中累遷太子文學弘文館直學士高宗時屢被召見與道士沙門在御前講説經義玄植辨論甚美申規諷帝深禮之後坐事左遷汜水令卒官

張後胤蘇州昆山人也父中有儒學隋漢王諒出牧并州引爲博士後胤從父在并州以學行見稱時高祖鎮太原引居賓館太宗就授春秋左氏傳武德中累除燕王諮議參軍貞觀中後胤上言陛下昔在太原問臣隋氏運終何族當得天下臣奉對李姓必得公家德業天下繫心若於此首謀長驅關右以圖帝業孰不幸賴此實微臣早識天命太宗曰此事並記之耳因詔入賜宴言及平昔從容謂曰今弟子何如後胤對曰昔孔子領徒三千達者無子男之位臣翼贊一人爲萬乘主計臣功逾於先聖太宗甚悅賜良馬五匹拜燕王府司馬遷國子祭酒轉散騎常侍永徽初請致仕加金紫光祿大夫給賜並同職事卒贈禮部侍郎陪塟昭陵

蓋文達冀州信都人也博涉經史尤明三傳性方雅美鬚須貌有士君
子之風刺史竇抗嘗廣集儒生令相問難其大儒劉焯劉軌思孔頴
達咸在坐文達亦參焉旣論難皆出諸儒意表抗大奇之問曰蓋生
就誰受學劉焯對曰此生岐嶷出自天然以多問寡焯爲師首抗曰
可謂氷生於水而寒於水也武德中累受國子助教太宗在藩召爲
文學館直學士貞觀十年遷諫議大夫兼弘文館學士十三年除國
子司業俄拜蜀王師以王有罪坐免十八年授崇賢館學士尋卒其
宗人文懿亦以儒業知名當時稱爲二蓋焉文懿者貝州宋城人也
武德初歷國子助教時高宗別於秘書省置學教授王公之子時以
文懿爲博士文懿嘗開講毛詩發題公卿咸萃更相問難文懿發揚
風雅甚得詩人之致貞觀中卒於國子博士
谷那律魏州昌樂人也貞觀中累補國子博士黃門侍郎褚遂良稱
爲九經庫尋遷諫議大夫兼弘文館學士嘗從太宗出獵在塗遇雨
因問油衣若爲得不漏那律曰能以瓦爲之必不漏矣意欲太宗不

○ 唐傳一百三十九上 八

爲畋獵太宗悅賜帛二百段永徽初卒官
蕭德言雍州長安人齊尚書左僕射思話玄孫也本蘭陵人陳亡徙
關中祖介梁侍中都官尚書父引陳吏部侍郎並有名於時德言博
涉經史尤精春秋左氏傳好屬文貞觀中除著作郎兼弘文館學士
德言晚年尤篤志於學自晝達夜畧無休倦每欲開五經必束帶盥
濯危坐對之妻子候間請曰終日如是無乃勞乎德言曰敬先聖之
言豈憚如此時高宗爲晉王詔德言受經講業及升春宮仍兼侍讀
尋以年老請致仕太宗不許又遺之書曰朕歷觀前代詳覽儒林至
於顏閔之才不終其壽游夏之德不逮其學惟卿幼挺珪璋早標美
譽下帷閉戶包括六經映雪聚螢牢籠百氏自隋季版蕩庠序無聞
儒道隳泥塗詩書塡坑穽眷言墳典每用傷懷頃年已來天下無事
方欲建禮作樂偃武修文卿年齒已衰教將何恃所冀才德猶茂卧
振高風使濟南伏生重在於茲日關西孔子故顯於當今令問令望
何其美也念卿疲朽何以可言尋賜爵封陽縣侯十七年拜秘書少

監兩宮禮賜甚厚二十三年累表請致仕許之高宗嗣位以師傅恩
加銀青光祿大夫永徽五年卒于家年九十七高宗爲之輟朝贈太
常卿文集三十卷曾孫至忠自有傳
許叔牙潤州句容人少精於毛詩禮記尤善諷詠貞觀初累授晉王
文學兼侍讀尋遷太常博士升春宮加朝散大夫遷太子洗馬兼崇
賢館學士仍兼侍讀嘗撰毛詩纂義十卷以進皇太子太子賜帛百
段兼令寫本付司經局御史大夫高智周嘗謂人曰凡欲言詩者必
須先讀此書貞觀二十三年卒子子儒
子儒亦以學藝稱長壽中官至天官侍郎弘文館學士子儒居選部
不以藻鑑爲意委令史句直以爲腹心注官之次子儒但高枕而卧
時云句直平配由是補授失序無復綱紀道路以爲口實其所註史
記竟未就而終
敬播蒲州河東人也貞觀初舉進士俄有詔詣秘書内省佐顏師古
孔頴達修隋史尋授太子校書史成遷著作郎兼修國史與給事中

○ 唐傳一百三十九上 九

許敬宗撰高宗太宗實錄自創業至于貞觀十四年凡四十卷奏之
賜物五百段太宗之破高麗名所戰六山爲駐蹕播謂人曰聖人者
與天地合德山名駐蹕此蓋以鑾輿不復更東矣卒如所言時梁國
公房玄齡深稱播有良史之才曰陳壽之流也玄齡以顏師古所注
漢書文繁難省令播撮其機要撰成四十卷傳於代尋以撰實錄功
遷太子司議郎時於此官置極爲清望中書令馬周歎曰所恨資品
罔高不獲歷居此職參傳晉書播與令狐德棻陽仁卿李嚴等四人
揔類會其刑部奏言准律謀反大逆父子皆坐死兄弟處流此則輕
而不懲望請改從重法制遣百寮詳議播議曰昆季孔懷天倫雖重
比於父子性理已殊生有異室之文死有別宗之義今有高官重爵
本廕唯迨子孫祚土錫珪餘光不及昆季豈有不沾其廕輒受其辜
背禮違情殊爲太甚必期反茲春令踵彼秋荼創次骨於道德之辰
違深文於措刑之日臣將以爲不可詔從之永徽初拜著作郎與許
敬宗等撰西域圖後歷諫議大夫給事中並依舊兼修國史又撰太

宗實錄從貞觀十五年至二十三年爲二十卷奏之賜帛三百段後坐事出爲越州都督府長史龍朔三年卒官播又著隋略二十卷

劉伯莊徐州彭城人也貞觀中累除國子助教與其舅太學博士侯孝遵齊爲弘文館學士當代榮之尋遷國子博士其後又與許敬宗等參修文思博要及文館詞林龍朔中兼授崇賢館學士撰史記音義史記地名漢書音義各二十卷行於代子之宏亦傳父業則天時累遷著作郎兼修國史卒於相王府司馬睿宗即位以故吏贈秘書少監

秦景通常州晉陵人也與弟暐尤精漢書當時習漢書者皆宗師之常云景通爲大秦君暐爲小秦君若不經其兄弟指授則謂之不經師匠無足採也景通貞觀中累遷太子洗馬兼崇賢館學士爲漢書學者又有劉納言亦爲當時宗匠納言乾封中歷都水監主簿以漢書授沛王賢及賢爲皇太子累遷太子洗馬兼充侍讀常撰詩謗集十五卷以進太子及東宮廢高宗見而怒之詔曰劉納言收其餘藝

參侍經史自府入官久淹歲月朝遊夕處竟無匡替闕忠孝之良規進諛諂之鄙說儲宮敗德抑有所由情在好生不忍加戮宜從屏弃以勵將來可除名後又坐事配流振州而死

羅道琮蒲州虞鄉人也祖順武德初爲興州刺史勤於學業而慷慨有節義貞觀末上書忤旨配流嶺表時有同被流者至荊襄間病死臨終泣謂道琮曰人生有死所恨委骨異壤道琮曰我若生還終不獨歸弃卿於此瘞之路左而去歲餘遇赦得還至殯所屬霖潦瀰漫屍柩不復可得道琮設祭慟哭告以欲與俱歸之意若有靈者幸相警示言訖路側水中忽然湧沸道琮又呪云若所沸處是願更令一沸呪訖又沸道琮便取得其屍銘誌可驗遂附之還鄉當時識之稱道琮誠感所致道琮尋以明經登第高宗末官至太學博士每與太學助教康國安道士李榮等講論爲時所稱尋卒

唐書列傳卷第一百三十九上

唐書列傳卷第一百三十九下

劉昫 等修

聞人詮校刻沈桐同校

儒學下

邢文偉 高子貢

郎餘令 路敬淳

王元感 王紹宗

韋叔夏 祝欽明

郭山惲 柳冲

盧粲 尹知章

徐岱 蘇弁（兄袞 冕）

陸質 馮伉

韋表微（子蟾） 許康佐

邢文偉滁州全椒人也少與和州高子貢壽州裴懷貴俱以博學知名於江淮間咸亨中累遷太子典膳丞時孝敬在東宮罕與宮臣接見文偉輒減膳上書曰臣竊見禮戴記曰太子既冠成人免於保傅之嚴則有司過之史徹膳之宰史之義不得不司過宰之義不得不徹膳徹膳則死今皇帝式稽前典妙簡英俊自庶子已下至諮議舍人及學士侍讀等使翼佐殿下以成聖德近日已來未甚延納談議不狎謁見尚稀三朝之後但與內人獨居何由發揮聖智使睿哲文明者乎今史雖闕官宰當奉職忝備所司未敢逃死謹守禮經輒申減膳太子答書曰顧以庸虛早尚墳典每欲研精政術極意書林但往在幼年未閑將衛竭誠耽誦因即損心比日以來風虛更積中奉恩旨不許重勞加以趨侍含元溫凊朝夕承親以無專之道遵禮以色養爲先所以屢闕坐朝時乖學緒公潛申最戒聿薦忠規敬尋來請良符宿志自非情思審諭義均弼諧豈能進此藥言形於簡墨撫躬三省感愧兼深文偉自是益知名其後右史缺官高宗謂侍臣曰邢文偉事我兒能減膳切諫此正直人也遂擢拜右史則天臨朝累

遷鳳閣侍郎兼弘文館學士載初元年遷內史天授初內史宗秦客以姦贓獲罪文偉坐附會秦客貶授珍州刺史後有制使至其州境文偉以爲殺己遽自縊而死

高子貢者和州歷陽人也弱冠遊太學徧涉六經尤精史記與文偉及亳州朱敬則爲莫逆之交明經舉歷秘書正字弘文館直學士鬱鬱不得志棄官而歸屬徐敬業作亂於揚州遣弟敬猷統兵五千人緣江西上將逼和州子貢率鄉曲數百人拒之自是賊不敢犯以功擢授朝散大夫拜成均助教號王鳳之子東莞公融曾爲和州刺史從子貢受業情義特深及融爲申州陰懷異志令黃公譔結交於子貢推爲謀主潛謀密議書信往復諸王內外相應皆出自其策尋而事發被誅

郎餘令定州新樂人也祖楚之少與兄蔚之俱有重名隋大業中蔚之爲左丞楚之爲尚書民曹郎煬帝重其兄弟稱爲二郎楚之武德初爲大理卿與太子少保李綱侍中陳叔達撰定律令後受詔招諭山東爲竇建德所獲脅以兵刃又誘以厚利楚之竟不爲屈及還以年老致仕貞觀初卒時年八十餘令父知運貝州刺史兄餘慶高宗時萬年令理有威名京城路不拾遺後卒於交州都督餘令少以博學知名舉進士初授霍王元軌府參軍數上詞賦元軌深禮之先是餘令從父知年爲霍王友亦見推仰元軌謂人曰郎氏兩賢人之望也相次入府不意培塿而松柏成林轉幽州錄事參軍時有客僧聚衆欲自焚長史裴照率官屬欲往觀之餘令曰好生惡死人之性也違越教義不近人情明公佐守重藩須察其姦詐豈得輕舉觀此妖妄照從其言因收僧按問果得詐狀孝敬在東宮餘令續梁元帝孝德傳撰孝子後傳三十卷以獻甚見嗟重累轉著作佐郎撰隋書未成會病卒時人甚痛惜之

路敬淳貝州臨清人也父文逸隋大業末閭門遇盜文逸潛匿草澤晝伏於死人中夜行避難自傷窮梗閉口不食同侶閔其謹愿勸以不當滅性捃拾以食之遞負之而行遂免於難貞觀末官至申州司

馬敬淳與季弟敬潛俱早知名敬淳尤勤學不窺門庭徧覽墳籍而孝友篤敬遭喪三年不出廬寢服免方號慟入見其妻形容羸毀妻不之識也後舉進士天授中歷司禮博士太子司議郎兼修國史仍授崇賢館學士數受詔修緝吉凶雜儀則天深重之萬歲通天二年坐與綦連耀結交下獄死敬淳尤明譜學盡能究其根源枝派近代已來無及之者撰著姓略記十卷行於時又撰衣冠本系未成而死神龍初追贈秘書少監敬潛仕至中書舍人

王元感濮州鄄城人也少舉明經累補博城縣丞兗州都督紀王慎深禮之命其子東平王續從元感受學天授中稍遷左衛率府錄事兼直弘文館是後則天親祠南郊及享明堂封嵩岳元感皆受詔共諸儒撰定儀注凡所立議衆咸推服之轉四門博士仍直弘文館元感時雖年老猶能燭下看書通宵不寐長安三年表上其所撰尚書糾謬十卷春秋振滯二十卷禮記繩愆三十卷并所注孝經史記稾草請官給紙筆寫上秘書閣詔令弘文崇賢兩館學士及成均博士詳其可否學士祝欽明郭山惲李憲等皆專守先儒章句深譏元感掎摭舊義元感隨方應答竟不之屈鳳閣舍人魏知古司封郎中徐堅左史劉知幾右史張思敬雅好異聞每爲元感申理其義連表薦之尋下詔曰王元感質性溫敏博聞強記手不釋卷老而彌篤掎前達之失究先聖之旨是謂儒宗不可多得可太子司議郎兼崇賢館學士魏知古嘗稱其所撰書曰信可謂五經之指南也中宗即位以春宮舊僚進加朝散大夫拜崇賢館學士尋卒

王紹宗揚州江都人也梁左民尚書銓曾孫也其先自瑯琊徙焉紹宗少勤學徧覽經史尤工草隸家貧常傭力寫佛經以自給每月自支錢足即止雖高價盈倍亦即拒之寓居寺中以清淨自守垂拱十年文明中徐敬業於揚州作亂聞其高行遣使徵之紹宗稱疾固辭又令唐之奇親詣所居逼之竟不起敬業大怒將殺之之奇曰紹宗人望殺之恐傷士衆之心由是獲免及賊平行軍大總管李孝逸以其狀聞則天驛召赴東都引入禁中親加慰撫擢拜太子文學累轉

秘書少監仍侍皇太子讀書紹宗性澹雅以儒素見稱當時朝廷之士咸敬慕之張易之兄弟亦加厚禮易之伏誅紹宗坐以交往見廢卒于鄉里

韋叔夏尚書左僕射安石兄也少而精通三禮其叔父太子詹事琨嘗謂曰汝能如是可以繼丞相業矣舉明經調露年累除太常博士後屬高宗崩山陵舊儀多廢缺叔夏與中書舍人賈大隱太常博士裴守貞等草創撰定由是授春官員外郎則天將拜洛及享明堂皆別受制共當時大儒祝欽明郭山惲撰定儀注凡所立議衆咸推服之累遷成均司業久視元年特下制曰吉凶禮儀國家所重司禮博士未甚詳明成均司業韋叔夏太子率更令祝欽明等博涉禮經多所該練委以參掌輿弘典式自今司禮所修儀注並委叔夏等刊定訖然後進奏長安四年擢春官侍郎神龍初轉太常少卿充建立廟社使以功進銀青光祿大夫三年拜國子祭酒累封沛國郡公卒時年七十餘撰五禮要記三十卷行於代贈兗州都督修文館學士謚曰文子縚太常卿

○祝欽明雍州始平人也少通五經兼涉衆史百家之說舉明經長安元年累遷太子率更令兼崇文館學士中宗在春宮欽明兼充侍讀二年遷太子少保中宗即位以侍讀之故擢拜國子祭酒同中書門下三品加位銀青光祿大夫歷刑部禮部二尚書兼修國史仍舊知政事累封魯國公食實封三百戶尋以匿忌日爲御史中丞蕭至忠所劾貶授申州刺史久之入爲國子祭酒景龍三年中宗將親祀南郊欽明與國子司業郭山惲二人奏言皇后亦合助祭遂建議曰謹按周禮天神曰祀地祇曰祭宗廟曰享大宗伯職曰祀大神祭大祇享大鬼理其大禮若王有故不預則攝而薦豆籩又追師職掌王后之首服以待祭祀又追內司服職掌王后之六服凡祭祀供后之衣服又九嬪職大祭祀后祼獻則贊瑤爵亦如之據此諸文即皇后合助皇帝祀天神祭地祇明矣故鄭玄注司服云闕狄皇后助王祭群小祀之服然則小祀尚助王祭中大推理可知闕狄之上猶有兩服第一褘衣第二揄狄第三闕狄此三狄皆助祭之服闕狄即助祭小祀即知揄狄助祭中祀褘衣助祭大祀鄭舉一隅故不委說唯祭宗廟周禮王有兩服先王袞冕先公鷩冕鄭玄因此以后助祭宗廟亦分兩服云褘衣助祭先王揄狄助祭先公不言助祭天地社稷自宜三隅而反且周禮正文凡祭王后不預既不專言宗廟即知兼祀天地故云凡也又春秋外傳云禘郊之事天子親射其牲王后親春其粢故代婦職但云詔王后之禮事不主言宗廟也若專主宗廟者則內宗外宗職皆言掌宗廟之祭祀此皆禮文分明不合疑惑舊說以天子父天母地兄日姊月所以祀天於南郊祭地於北郊朝日於東門之外以昭事神訓人事君必躬親以禮文有故然後使攝此其義也禮記祭統曰夫祭也者必夫婦親之所以備內外之官也官備則具備又哀公問於孔子曰冕而親迎不亦重乎孔子愀然作色而對曰合二姓之好以繼先聖之後以爲天地宗廟社稷之主君何謂已重焉又漢書郊祀志云天地合祭先祖配天先妣配地合精夫婦

○判合祭天南郊則以地配一體之義也據此諸文即知皇后合助祭望請別修助祭儀注同進帝頗以爲疑召禮官親問之太常博士唐紹蔣欽緒對曰皇后南郊助祭於禮不合但欽明所執是祭宗廟禮非祭天地禮謹按魏晉宋及齊梁周隋等歷代史籍至於郊天祀地並無皇后助祭之事帝令宰相取兩家狀對定欽緒與唐紹及太常博士彭景直又奏議曰周禮凡言祭祀享三者皆祭之互名本無定義何以明之按周禮典瑞職云兩珪有邸以祀地則祭地亦稱祀也又司筵云設祀先王之胙席則祭宗廟亦稱祀也又內宗職云掌宗廟之祭祀此又非獨天稱祀地稱祭也又按禮記云惟聖人爲能享帝此即祀天帝亦言享也又按孝經云春秋祭祀以時思之此即宗廟亦言祭祀也經典此文不可備數據此則欽明所執天曰祀地曰祭廟曰享未得爲定明矣又周禮凡言大祭祀者祭天地宗廟之總名不獨天地爲大祭也何以明之按爵人職云大祭祀與量人授舉斝之卒爵尸與斝皆宗廟之事則宗廟亦稱大祭祀又欽明狀引九嬪

職大祭祀后祼獻則贊瑤爵攄祭天無祼亦無瑤爵此乃宗廟禰大祭祀之明文欽明所執大祭祀即爲祭天地未得爲定明矣又周禮大宗伯職云凡大祭祀王后有故不預則攝薦而豆籩欽明唯執此文以爲王后有祭天地之禮欽緒等攄此乃是王后薦宗廟之禮非祭天地之事何以明之按此文凡祀大神祭大祇享大鬼帥執事而卜宿視滌濯涖玉鬯省牲鑊奉玉齍制大號理其禮制相天王之大禮若王不與祭祀則攝位此已上一凡直是王兼祭天地宗廟之故通言大神大祇大鬼之祭也已下文云凡大祭祀王后不與則攝而薦豆籩徹此一凡直是王后祭廟之事故唯言大祀也若云王后助祭天地不應重起凡大祭祀之文也爲嫌王后有祭天地之疑故重起後凡以別之耳王后祭廟自是大祭祀何故取上凡相天王之禮以混下凡王后祭宗廟之文此是本經科段明白又按周禮外宗掌宗廟之祭祀佐王后薦玉豆凡后之獻亦如之王后有故不預則宗伯攝而薦豆籩外宗無佐無祭天地之禮但天地尚質宗廟尚文玉

豆宗廟之器初非祭天所設請問欽明若王后助祭天地在周禮使何人贊佐若宗伯攝后薦豆祭天又合何人贊佐並請明徵禮文即知攝薦是宗廟之禮明矣按周禮司服云王祀昊天上帝則服大裘而冕享先王則袞冕內司服掌王后祭服無王后祭天之服按三禮義宗明王后六服謂褘衣揄翟闕翟鞠衣展衣褖衣褘衣從王祭先王則服之揄翟祭先公及饗諸侯則服之鞠衣以采桑則服之展衣以禮見王及見賓客則服之褖衣燕居服之王后無助祭於天地但自先王已下又三禮義宗明二夫人之服云后不助祭天地五岳故無助天地四望之服按此則王后無祭天服明矣三禮義宗明王后五輅謂重翟厭翟安車翟車輦車也重翟者后從王祭先王先公所乘也厭翟者后從王饗諸侯所乘也安車者后宮中朝夕見於王所乘也翟車者后求桑所乘也輦車者后遊宴所乘也按此則王后無祭天之車明矣又禮記郊特牲義贊云祭天無祼鄭玄注云唯人道宗廟有祼天地大神至尊不祼圓丘之祭與宗廟祫同朝踐王酌泛齊以獻是一獻后無祭天之事大宗伯次酌醴齊以獻是爲二獻按此則祭圓丘大宗伯次王爲獻非攝王后之事欽明等所執王后有故不預則宗伯攝薦豆籩更明攝王后宗廟之薦非攝天地之祀明矣欽明建議引禮記祭統曰夫祭也者必夫婦親之按此是王與后祭宗廟之禮非關祀天地之義按漢魏晉宋後魏齊梁周陳隋等歷代史籍興王令主郊天祀地代有其禮史不闕書並不見往代皇后助祭之事又高祖神堯皇帝太宗文武聖皇帝南郊祀天無皇后助祭處高宗天皇大帝永徽二年十一月辛酉親有事于南郊又摠章元年十二月丁卯親拜南郊亦並無皇后助祭處又按大唐禮亦無皇后南郊助祭之禮欽緒等幸忝禮官親承聖問竭盡聞見不敢依隨伏以主上稽古志遵舊典所議助祭實無明文時尚書左僕射韋巨源又希旨協同欽明之議上納其言竟以后爲亞獻仍補大臣李嶠等女爲齋娘以執籩豆及禮畢特詔齋娘有夫婿者咸爲改官景雲初侍御史倪若水劾奏欽明及郭山惲曰欽明等本自腐儒素無操

行崇班列爵賞爲叨忝而涓塵莫効諂佞爲能遂使曲臺之禮圓丘之制百王故事一朝墜失所謂亂常改作希旨病君人之不才遂至於此今聖明馭曆賢良入用惟茲小人猶在朝列臣請並從黜放以肅周行於是左授欽明饒州刺史後入爲崇文館學士尋卒

郭山惲蒲州河東人少通三禮景龍中累遷國子司業時中宗數引近臣及修文學士與之宴集嘗令各効伎藝以爲笑樂工部尚書張錫爲談容娘舞將作大匠宗晉卿舞渾脫左衛將軍張洽舞黃麞左金吾衛將軍杜元琰誦婆羅門呪給事中李行言唱駕車西河中書舍人盧藏用效道士上章山惲獨奏曰臣無所解請誦古詩兩篇帝從之於是誦鹿鳴蟋蟀之詩奏未畢中書令李嶠以其詞有好樂無荒之語頗涉規諷怒爲忤旨遽止之翌日帝嘉山惲之意詔曰郭山惲業優經史識貯古今八索九丘由來徧覽前言往行寔所該詳昨者因其預遊式宴朝彥既乗驩洽咸使詠歌遂能志在匡時潛申規諷謇謇之誠彌切諤諤之操逾明宜示褒揚美茲鯁直賜時服一副

李與祝欽明同獻皇后助祭郊祀之議景雲中左授括州長史開元初復入爲國子司業卒于官

柳沖蒲州虞鄉人也隋饒州刺史莊曾孫也其先仕江左世居襄陽陳亡還鄉里父楚賢大業末爲河北縣長時堯君素固守郡城以拒義師楚賢進說曰隋之將亡天下皆知唐公名應圖籙動以信義豪傑響應天所贊也君子見機而作不俟終日轉禍爲福今其時也君素不從楚賢潛行歸國高祖甚悅拜侍御史貞觀中累轉光祿少卿使突厥撫李思摩才突厥贈馬百疋及方物悉拒而不受累轉交桂二州都督皆有能名卒於杭州刺史沖博學尤明世族名亞路敬淳天授初爲司府主簿受詔往淮南安撫使還賜爵河東縣男景龍中累遷爲左騎常侍修國史初貞觀中太宗命學者撰氏族志百卷以甄別士庶至是向百年而諸姓至有興替沖乃上表請改修氏族中宗命沖與左僕射魏元忠及史官張錫徐堅劉憲等八人依據氏族志重加修撰元忠等施功未半相繼而卒乃遷爲外職至先天初沖

《唐傳》百三十九下　八

。始與侍中魏知古中書侍郎陸象先及徐堅劉子玄吳兢等撰成姓族系録二百卷奏上沖後歷太子詹事太子賓客宋王傅昭文館學士以老疾致仕開元二年又勅沖及著作郎薛南金刊定系録奏上賜絹百疋五年卒

盧粲幽州范陽人後魏侍中陽烏五代孫祖彥卿撰後魏紀二十卷行於時官至合肥令叔父行嘉亦有學涉高宗時爲雍王記室粲博覽經史弱冠舉進士景龍二年累遷給事中時節愍太子初立韋庶人以非已所生深加忌嫉勸中宗下勅令太子却取衛府封物每年以供服用粲駮奏曰皇太子處繼明之重當主鬯之尊歲時服用自可百司供擬又據周官諸應用財器歲終則會唯王及太子應用物並不會此則儲君之貴咸與王同今與列國諸侯齊衡入封豈所謂憲章在昔垂法將來者也必謂青宮初啓服用所資自當廣支庫物不可長存藩封詔從之後安樂公主婿武崇訓爲節愍太子所殺特追封爲魯王令司農少卿趙履溫監護葬事履溫諷公主奏請依永泰公主故事爲崇訓造陵詔從其請粲駮奏曰伏尋陵之稱謂本屬皇王及儲君等自皇家以來諸王及公主墓無稱陵者唯永泰公主承恩特葬事越常塗不合引以爲名春秋左氏傳云衛孫桓子與齊戰衛新築大夫仲叔于奚救孫桓子桓子以免衛人賞之以邑于奚辭請曲懸繁纓以朝許之仲尼聞之曰惜也不如多與之邑唯名與器不可以假人若以假與之政也政亡則國家從之聖人知微知章不可不慎魯王哀榮之典誠別承恩然國之名器豈可妄假又塋兆之稱不應假永泰公主爲名請比貞觀以來諸王舊例足得豐厚手勅荅曰安樂公主與永泰公主無異同穴之義古今不殊魯王緣自特爲陵制不須固執粲又奏曰臣聞陵之稱謂施於尊極不屬王公已下且魯王若欲論親等第則不親於雍王雍王之墓尚不稱陵魯王則不可因尚公主而加號且君之舉事則載於方冊或稽之往典或考自前朝臣歷檢貞觀已來駙馬墓無得稱陵者且君人之禮服絶於傍朞蓋爲不獨親其親不獨子其子陛下以膝下之恩愛施及其

《唐傳》百三十九下　九

。夫贈賵之儀家榮足備豈得使上下無辨君臣一貫者哉又安樂公主承兩儀之澤履福祿之基指南山以錫年仰北辰而永庇魯王之葬車服有章加等之儀備有常數塋兆之稱不應假永泰公主爲名非所謂垂法將來作則群辟者也帝竟依粲所奏公主大怒粲以忤旨出爲陳州刺史累轉秘書少監開元初卒

尹知章絳州翼城人少勤學嘗夢神人以大鑿開其心以藥內之自是日益開朗盡通諸經精義未幾而諸師友北面受業焉長安中駙馬都尉武攸暨重其經學奏授其府定王文學神龍初轉太常博士中宗初即位建立宗廟議者欲以涼武昭王爲始祖以備七代之數知章以爲武昭遠世非王業所因特奏議以爲不可當時竟從知章之議俄拜陸渾令以公坫弃官時散騎常侍解琬亦罷職歸田園與知章共居汝洛間以修學爲事睿宗初即位中書令張說薦知章有古人之風足以坐鎮雅俗拜禮部員外郎俄轉國子博士後秘書監馬懷素奏引知章就秘書省與學者刊定經史知章雖居吏職歸家

則講授不輟尤明易及莊老玄言之學遠近咸來受業其有貧匱者知章盡其家財以衣食之性和厚喜慍不形於色未嘗言及家人產業其子嘗請併市樵米以備歲時之費知章曰如汝所言則下人何以取資吾幸食祿不宜奪其利也竟不從開元六年卒時年五十有餘所注孝經老子莊子韓子管子鬼谷子頗行於時門人孫季良等立碑於東都國子監之門外以頌其德孫季良者河南偃師人也一名翌開元中爲左拾遺集賢院直學士撰正聲詩集三卷行於代

徐岱字處仁蘇州嘉興人也家世以農爲業岱好學六籍諸子悉所探究總辨問無不通難莫能詘大曆中轉運使劉晏表薦之授校書郎浙西觀察使李栖筠厚遇之勑故所居爲復禮鄉尋爲朝廷推援改河南府偃師縣尉建中年禮儀使蔣鎮特薦爲太常博士掌禮儀從幸奉天興元改膳部員外郎兼博士貞元初遷水部郎中充皇太子及舒王已下侍讀尋改司封郎中擢拜給事中加兼史館修撰並依舊侍讀承兩宮恩顧時無與比而謹慎過甚未嘗洩禁中語亦不

○　〈舊傳百三十九下〉　十

談人之短婚嫁甥姪之孤遺者時人以此稱之然恡嗇頗甚倉庫管鑰皆自執掌獲譏於時卒時年五十上歎惜之賻以帛絹皇太子又遺絹一百疋贈禮部尚書

蘇弁字元容京兆武功人曾叔祖良嗣天后朝宰相國史有傳弁少有文學舉進士授秘書省正字轉奉天主簿朱泚之亂德宗倉卒出幸縣令杜正元上府計事聞大駕至官吏惶恐皆欲奔竄山谷弁諭之曰君上避狄臣下當伏難死節昔肅宗幸靈武至新平安定二太守皆潛遁帝命斬之以徇諸君知其事乎衆心乃安及車駕至迎扈儲備無闕德宗嘉之就加試大理司直賊平拜監察御史歷三院累轉倉部郎中仍判度支案裴延齡卒德宗聞其才特開延英面賜金紫授度支郎中副知度支事仍命立於正郎之首副知之號自弁始也承延齡之後以寬簡代煩霅人甚稱之遷戶部侍郎依前判度支改太子詹事弁初入朝班位失序殿中侍御史鄒儒立對仗彈之弁於金吾待罪數刻特釋放舊制太子詹事班次太常宗正卿已下貞元三年御史中丞竇參叙定班秩詹事在河南太原尹之下弁乃引舊班制立甚官詰之仍給云自已宰相請依舊故爲儒立彈之旋坐給長武城軍粮朽敗貶河州司戶參軍當德宗時朝臣受譴少蒙再錄至晚年尤甚唯弁與韓皋得起爲刺史授滁州轉杭州弁與兄冕衮皆以友弟儒學稱冕纂國朝政事撰會要四十卷行於時弁聚書至二萬卷皆手自刋校至今言蘇氏書次於集賢秘閣焉貞元二十一年卒于家

衮自贊善大夫貶永州司戶參軍勑蘇衮貶官本緣弟連坐拾其年暮加以疾患宜令所在勒廻任歸私第衮年且七十兩目無見已逾年以弁之故竟未停官及貶上聞之哀憫故許還家尋卒初冕既坐弁貶官或有人言衮才學上悔不早知業已貶出又復還衮難於再追冕乃止

陸質吳郡人本名淳避憲宗名改之質有經學尤深於春秋少師事趙匡匡師啖助助匡皆爲異儒頗傳其學由是知名陳少遊鎮揚州

○　〈舊傳百三十九下〉　十一

愛其才辟爲從事後薦於朝拜左拾遺轉太常博士累遷左司郎中坐細故改國子博士歷信台二州刺史順宗即位質素與韋執誼善由是徵爲給事中皇太子侍讀仍改賜名質時執誼得幸順帝寢疾與王叔文等竊弄權柄上在春宮執誼懼質已用事故令質入侍而潛伺上意因用解及質發言上果怒曰陛下令先生與寡人講義何得言他質惶懼而出未幾病卒質著集注春秋二十卷類禮二十卷君臣圖翼二十五卷並行於代貞元二十一年卒

馮伉本魏州元城人父玠後家于京兆少有經學大曆初登五經秀才科授秘書郎建中四年又登博學三史科三遷尚書膳部員外郎充睦王已下侍讀澤潞節度使李抱貞卒爲弔贈使抱貞男遺伉帛數百匹不納又專送至京伉因表奏固請不受屬醴泉闕縣令宰臣進人名帝意不可謂宰臣曰前使澤潞不受財帛者此人必有清政可以授之遂改醴泉令縣中百姓多猾爲著諭蒙十四篇大略指明忠孝仁義勸學務農每鄉給一卷俾其傳習在縣七年韋渠牟薦爲

給事中充皇太子及諸王侍讀召見於別殿賜金紫著三傳異同三卷順宗即位拜尚書兵部侍郎改國子祭酒同三州刺史入拜左散騎常侍復領太學元和四年卒年六十六贈禮部尚書子菂進士擢第又登制科仕至尚書郎

韋表微始舉進士登第累佐藩府元和十五年拜監察御史逾年以本官充翰林學士遷左補闕庫部員外郎知制誥滿歲權遷中書舍人俄拜户部侍郎職並如故時自長慶寶曆國家比有變故凡在翰林遷擢例無滿歲由是表微自監察六七年間秩正貳卿命服金紫承遇恩渥感于一時卒年六十表微少時尅苦自立著九經師授譜一卷春秋三傳總例二十卷子蟾進士登第咸通末爲尚書左丞

許康佐父審康佐登進士第又登宏詞科以家貧母老求爲知院官人或怪笑而不荅及母亡服除不就侯府之辟君子始知其不擇禄養親之志也故名益重遷侍御史轉職方員外郎累遷至駕部郎中充翰林侍講學士仍賜金紫歷諫議大夫中書舍人皆在內庭爲户

部侍郎以疾解職除兵部侍郎轉禮部尚書卒年七十二贈吏部尚書撰九鼎記四卷弟堯佐元佐堯佐子道敏並登進士第歷官清顯

贊曰積學成功開談辨治儒道玄機聖人雅言出必由户行跡其軌邈有其人光乎信史

唐書列傳卷第一百三十九下

唐書列傳卷第一百四十上

劉　昫　等修

聞人詮校刻沈桐同校

文苑上

孔紹安　袁朗　賀德仁
庾抱　蔡允恭　鄭世翼
謝偃　崔信明　張蘊古
劉胤之　張昌齡　崔行功
孟利貞　董思恭　元思敬
徐齊聃　杜易簡 從祖弟審言
盧照鄰　楊炯　王勃 兄勔勮
駱賓王　鄧玄挺

臣觀前代秉筆論文者多矣莫不憲章謨誥祖述詩騷遠宗毛鄭之訓論近鄙班楊之述作謂采采芣苢獨高比興之源湛湛江楓長擅詠歌之體殊不知世代有文質風俗有淳醨學識有淺深才性有工拙昔仲尼演三代之易刪諸國之詩非求勝於昔賢要取名於今代寔以淳朴之時傷質民俗之語不經故飾以文言考之絃誦然後致遠不泥永代作程即知是古非今未爲通論夫執鑿鳶形持衡品物非伯樂不能分駑驥之狀非延陵不能別雅鄭之音若空混吹竽之人即異聞韶之歎近代唯沈隱侯斟酌二南剖陳三變攄雲淵之抑揚振潘陸之風徽俾律呂和諧宮商輯洽不獨子建總建安之霸客兒擅江左之雄爰及我朝挺生賢俊文皇帝解戎衣而開學飾賁帛而禮儒生門羅吐鳳之才人擅握蛇之價靡不發言爲論下筆成文足以緯俗經邦豈止雕章縟句韶諧金奏詞炳丹青故貞觀之風同乎三代高宗天后尤重詳延天子賦橫汾之詩臣下繼柏梁之奏巍巍濟濟煇爍古今如燕許之潤色王言吳陸之鋪揚鴻業元稹劉蕡之對策王維杜甫之雕蟲並非肄業使然自是天機秀絶若彌邑澤無假淬磨孔璣翠羽　自成華彩　致之文苑實煥緗圖其間爵位崇

高别爲之傳今採孔紹安已下爲文苑三篇覬懷才憔悴之徒千古見知於作者

孔紹安越州山陰人陳吏部尚書奐之子少與兄紹新俱以文詞知名十三陳亡入隋徙居京兆鄠縣閉門讀書誦古文集數十萬言外兄虞世南歎異之紹新嘗謂世南曰本朝淪陷分從湮滅但見此弟竊謂家族不亡矣時有詞人孫萬壽與紹安篤忘年之好時人稱爲孫孔紹安大業末爲監察御史時高祖爲隋討賊於河東詔紹安監高祖之軍深見接遇及高祖受禪紹安自洛陽間行來奔高祖見之甚悅拜内史舍人賜宅一區良馬兩匹錢米絹布等時夏侯端亦嘗爲御史監高祖軍先紹安歸朝授秘書監紹安因侍宴應詔詠石榴詩曰祇爲時來晚開花不及春時人稱之尋詔撰梁史未成而卒有文集五卷子禎高祖時爲蘇州長史曹王明爲刺史不循法度禎每進諫明曰寡人天子之弟豈失於爲王哉禎曰恩寵不可恃大王不奉行國命恐今之榮位非大王所保獨不見淮南之事乎明不悅明

左右有侵暴下人者禎捕而杖殺之明後果坐法遷於黔中謂人曰吾愧不用孔長史言以及於此禎累遷絳州刺史封武昌縣子卒謚曰温子季詡早知名官至左補闕紹安孫若思若思孤毋褚氏親自教訓遂以學行知名年少時有人賫褚遂良書跡數卷以遺若思唯受其一卷其人曰此書當今所重價比黄金何不總取若思曰若價比金寶此爲多矣更截去半以還之明經舉累遷庫部郎中若思常謂人曰仕至郎中足矣至是持一石止水置於座右以示有止足之意尋遷給事中中宗即位敬暉桓彦範等知國政以若思多識故事所有改革大事及疑議多訪於若思再轉禮部侍郎出衛州刺史先是諸州别駕皆以宗室爲之不爲刺史致敬由是多行不法若思至州舉奏别駕李道欽犯狀請加鞫訊乃詔别駕於刺史致禮自若思始也俄以清白稱加銀青光禄大夫賜絹百疋歷汝州刺史太子右諭德封梁郡公開元十七年卒謚曰惠

袁朗雍州長安人陳尚書左僕射樞之子其先自陳郡仕江左世爲冠族陳亡徙關中朗勤學好屬文在陳釋褐秘書郎甚爲尚書令江總所重嘗製千字詩當時以爲盛作陳後主聞而召入禁中使爲月賦朗染翰立成後主曰觀此賦謝希逸不能獨美於前矣又使爲芝草嘉蓮二頌深見優賞歷太子洗馬德教殿學士遷秘書丞陳亡仕隋爲尚書儀曹郎武德初授齊王文學祠部郎中封汝南縣男再轉給事中貞觀初卒官太宗爲之廢朝一日謂高士廉曰袁朗在任雖近然其性謹厚特使人傷惜因勑給其喪事并存問妻子有文集十四卷從父弟承序陳尚書僕射憲之子武德中齊王元吉聞其名召爲學士府廢累轉建昌令在任清静士吏懷之高宗在藩太宗選學行之士爲其僚屬謂中書侍郎岑文本曰梁陳名臣有誰可稱復有子弟堪招引否文本因言隋師入陳百司奔散莫有留者唯袁憲獨在其主之傍王世充將受隋禪郡僚表請勸進憲子給事中承家托疾獨不署名此父子足稱忠烈承家弟承序清貞雅操寔繼先風由是召守晉王友仍令侍讀加授弘文館學士未幾卒朗從祖弟利貞

陳中書令敬之孫也高宗時爲太常博士周王侍讀永隆二年王立爲皇太子百官上禮高宗將會百官及命婦於宣政殿并設九部伎及散樂利貞上疏諫曰臣以前殿正寢非命婦宴會之地象闕路門非倡優進御之所望請命婦會於别殿九部伎從東西門入散樂一色伏望停省若於三殿别所自可備極恩和微臣庸蔽不閑典則忝預禮司輕陳狂瞽帝納其言即令移於麟德殿至會日酒酣帝使中書侍郎薛元超謂利貞曰卿門承忠鯁能抗疏直言不加厚賜何以奬勸賜物百段俄遷祠部員外郎卒中宗即位以侍讀恩追贈秘書少監朗十三代祖漢司徒滂滂生魏國郎中御史大夫渙渙生晉尚書準準生東晉右將軍豫章太守冲冲生司徒從事中郎眈眈生瓌瑯內史質質生丹陽尹宋公長史豹豹生宋吳郡太守洵累代有高名重位前史有傳五代叔祖宋太尉淑高祖父左僕射雍州刺史顗高祖司空粲昔死國難曾祖梁中書監司空穆公昂仕齊爲吳興太守及梁高祖禪齊久辭朝命父樞叔父憲仕陳皆爲陳僕射叔祖敬

中書令及陳亡憲冒難扶護後主朗自以中外人物爲海內冠族雖瑯琊王氏繼有台鼎而歷朝首爲佐命鄙之不以爲伍朗孫誼又虞世南外孫神功中爲蘇州刺史嘗因視事司馬清河張沛通謁沛即侍中文瓘之子誼揖之曰司馬何事沛曰此州得一長史是隴西李亶天下甲門誼曰司馬何言之失門戶須歷代人賢名節風教爲衣冠顧矚始可稱舉此老夫是也夫山東人尚於婚媾求於祿利作時柱石見危授命則曠代無人何可說之以爲門戶沛懷慚而退時人以爲口實

賀德仁越州山陰人也父朗陳散騎常侍德仁少與從兄德基俱事國子祭酒周弘正咸以詞學見稱時人語曰學行可師賀德基文質彬彬賀德仁德仁兄弟八人時人方之荀氏陳鄱陽王伯仙爲會稽太守改其所居甘滂里爲高陽里德仁事陳至吳興王友入隋僕射楊素薦之授豫章王府記室參軍王以師資禮之恩遇甚厚及煬帝即位豫章王改封齊王又授齊王府屬及齊王獲譴府僚皆被誅責

唯德仁以忠謹免罪出補河東郡司法素與隱太子善及高祖平京師隱太子封隴西公用德仁爲隴西公友尋遷太子中舍人以衰老不習吏事轉太子洗馬時蕭德言亦爲洗馬陳子良爲右衛率府長史皆爲東宮學士貞觀初德仁轉趙王友無幾卒年七十餘有文集二十卷德仁弟子紀敳亦以博學知名高宗時紀官至太子洗馬修五禮敳至率更令兼太子侍讀兄弟並爲崇賢館學士學者榮之

庾抱潤州江寧人也其先自潁川徙家焉祖衆陳御史中丞父超南平王記室抱開皇中爲延州參軍事後累歲調吏部尚書牛弘知其有學術給筆札令自序援翰便就弘甚奇之後補元德太子學士禮賜甚優會皇孫載誕太子宴賓客抱於坐中獻嫡皇孫頌深被嗟賞後爲越嶲主簿稱病不行義寧中隱太子引爲隴西公府記室時軍國多務公府文檄皆出於抱尋轉太子舍人未幾卒有集十卷

蔡允恭荊州江陵人也祖點梁尚書儀曹郎父大業後梁左民尚書允恭有風彩善綴文仕隋歷著作佐郎起居舍人雅善吟詠煬帝屬詞賦多令諷誦之嘗遣教宮女允恭深以爲恥因稱氣疾不時應召煬帝又許授以內史舍人更令入內教宮人允恭固辭不就以是稍被疎絕江都之難允恭從宇文化及西上沒於竇建德及平東夏太宗引爲秦府參軍兼文學館學士貞觀初除太子洗馬尋致仕卒于家有集十卷又撰後梁春秋十卷

鄭世翼鄭州滎陽人也世爲著姓祖敬德周儀同大將軍父機司武中士世翼弱冠有盛名武德中歷萬年丞揚州錄事參軍數以言辭忤物稱爲輕薄時崔信明自謂文章獨步多所凌轢世翼遇諸江中謂之曰嘗聞楓落吳江冷信明欣然示百餘篇世翼覽之未終曰所見不如所聞投之於江信明不能對擁檝而去世翼貞觀中坐怨謗配流嶲州卒文集多遺失撰交遊傳頗行於時

謝偃衛縣人也本姓直勒氏祖孝政北齊散騎常侍改姓謝氏偃仕隋爲散從正員外貞觀初應詔對策及第歷高陵主簿十一年駕幸東都穀洛泛溢洛陽宮詔求直諫之士偃上封事極言得失太宗稱

善引爲弘文館直學士拜魏王府功曹偃嘗爲塵影二賦甚工太宗聞而召見自制賦序言區宇乂安功德茂盛令其爲賦偃奉詔撰成名曰述聖賦賜綵數十匹偃又獻惟皇誡德賦以申諷曰臣聞理忘亂安忘危失此四者人君莫不皆然是以夏桀以瑤臺璇室爲麗而不悟鳴條南巢之禍殷辛以象箸玉杯爲華不知牧野白旗之敗故當其盛也謂四海爲已力及其衰焉乃匹夫之不制當其信也謂天下爲無危及其疑也則顧眄皆讐敵是知必有其德則誠結戎夷化行荒裔苟失其度則變生骨肉釁起腹心矣是以爲人主者不可忘初處殿堂則思前主之所以亡朝萬國則思今己之所以貴巡府庫則思今己之所以得視功臣則思其爲己之始見名將則思其用力之初苟弗忘舊則人無易心則何患乎天下之不化故旦行之則爲堯舜暮失之則爲桀紂豈異人哉其詞曰周墳籍以遐觀總宇宙而一窺結繩往而莫紀書契崇而可知惟皇王之迭代信步驟之恒規莫不慮失者常得懷安者必危是以戰戰慄慄日慎一日守約守儉去

奮去逸外無荒禽內無荒色唯賢是授唯人斯恤則三皇不足六五帝不足十若夫恃聖驕力狠戾倔強忠良是棄諂佞斯獎構崇臺以造天穿深池以絕壤厚賦重斂積寶藏鏹無罪加刑有功不賞則夏桀可二殷辛易兩在危所恃居安勿忘功臣無逐故人無放放故者亡逐功者喪四海岌岌九土漫漫覆之甚易存之實難是以一人有悅萬國同歡一人失所兆庶俱殘喜則隆冬可熱怒則盛夏成寒一動而八表亂一言而天下安舉君過者曰忠述主美者爲佞苟承顏以順旨必蔽視而稱聖故使曲者亂直邪者疑正改華服以就胡變雅音而入鄭雖往古之軌躅亦當今之龜鏡往見龍殿赫奕鳳門苕四海以稱主冠天下而獨尊既兄日而姊月亦父乾而母坤視則金翠溢目聽則絲竹盈耳信賞罰之在躬寔榮辱之由己語羲皇而易匹言堯舜之可擬驕志自此而生侈心因茲而起常懼覆而懼亡必思足而思止勿忘潛龍之初當懷布衣之始在位稱寶居器曰神鑊鼓庭設王帛階陳得必有兆失必有因一替一立或周或秦既承前

代當思後人唯德可以乂天道無常親時李才樂工為五言詩而偃蓋作賦時人稱爲李詩謝賦焉十七年府廢出爲湘潭令李文集十卷

崔信明青州益都人也後魏七兵尚書光伯曾孫也祖縮北海郡守信明以五月五日日正中時生有異雀數頭身形甚小五色畢備集于庭樹鼓翼齊鳴聲清宛亮隋太史令史良使至青州遇而占之曰五月爲火火爲離離爲文彩日正中文之盛也又有雀五色奮翼而鳴此兒必文藻煥爛聲名播於天下雀形既小祿位殆不高及長博聞強記下筆成章鄉人高孝基有知人之鑒每謂人曰崔信明才學富贍雖名冠一時但恨其位不達耳大業中爲堯城令竇建德僭號欲引用之信明族弟敬素爲建德鴻臚卿說信明曰隋主無道天下咒沸衣冠禮樂掃地無餘兄遁跡下僚不被收用謙讓所以不報范中行稱以衆人遇我者也夏王英武有併吞天下之心士女襁負而至者不可稱數此時不立功 立事豈是見幾而作者乎信明曰昔申胥海畔漁者尚能固其節吾終不能屈身僞主求斗筲之職遂踰城而遁隱於太行山貞觀六年應詔舉授興世丞遷秦川令李信明頗蹇傲自伐常賦詩吟嘯自謂過於李百藥時人多不許之又矜其門族輕侮四海士望由是爲世所譏子冬日則天時爲黃門侍郎被酷吏所殺

張蘊古相州洹水人也性聰敏博涉書傳善綴文能背碑覆局尤曉時務爲州閭所稱自幽州總管府記室直中書省太宗初即位上大寶箴以諷其詞曰今來古往俯察仰觀惟辟作福爲君實難宅普天之下處王公之上任土貢其所求具僚和其所唱是故競懼之心日弛邪僻之情轉放豈知事起乎所忽禍生乎無妄固以聖人受命拯溺亨屯歸過於己推恩於民大明無偏照至公無私親故以一人治天下不以天下奉一人禮以禁其奢樂以防其佚左言而右事出警而入蹕四時同其慘舒三光同其得失故身爲之度而聲爲之律勿謂無知居高聽卑勿謂何害積小成大樂不可極極樂生哀欲不可

縱縱欲成災壯九重於內所居不過容膝彼昏不知瑤其臺而瓊其室羅八品於前所食不過適口唯狂罔念丘其糟而池其酒勿內荒於色勿外荒於禽勿貴難得之貨勿聽亡國之音內荒伐人情外荒蕩人心難得之貨侈亡國之聲淫勿謂我尊而傲賢侮士勿謂我智而拒諫矜己聞之夏王據饋頻起亦有魏帝牽裾不止安彼反側如春陽秋露巍巍蕩蕩惟漢高大度撫茲庶事如履薄臨深戰戰慄慄用周文小心詩云不識不知書曰無偏無黨一彼此於胷臆思好惡於心想衆棄而後加刑衆悅而後命賞弱其強而治其亂申其屈而直其枉故曰如衡如石不定物以數物之懸者輕重自具如水如鏡不示物以情物之鑒者妍媸自生勿渾渾而濁勿皎皎而清勿沒沒而闇勿察察而明雖冕旒蔽目而視於未形雖黈纊塞耳而聽於無聲縱心乎湛然之域遊神於至道之精扣之者應洪纖而效響酌之者隨深淺而皆盈故曰天之清地之寧王之貞四時不言而代序萬物無爲而受成豈知帝有 其力而天下和平吾王撥亂戡以智力民

懼其威未懷其德我皇撫運爰以淳風民懷其始未保其終爰述金
鏡窮神盡聖使文以心應言與行苞括治體抑揚詞令天下爲公一
人有慶開羅起祝援琴命詩一日二日念茲在茲唯人所召自天祐
之爭臣司直敢告前疑太宗嘉之賜以束帛除大理丞初河内人李
孝德素有風疾而語涉妄妖蘊古究其獄稱好德癲病有徵法不當
坐治書侍御史權萬紀劾蘊古家住相州好德之兄厚德爲其刺史
情在阿縱奏事不實太宗大怒曰小子乃敢亂吾法耶令斬於東市
太宗尋悔因發制凡決死者命所司五覆奏自蘊古始也
劉胤之徐州彭城人也祖穆之後魏臨淮鎮將胤之少有學業與隋
信都丞孫萬壽宗正卿李百藥爲忘年之友武德中御史大夫杜淹
表薦之再遷信都令甚存惠政永徽初累轉著作郎弘文館學士與
國子祭酒令狐德棻著作郎楊仁卿等撰成國史及實錄奏上之封
陽城縣男尋以老不堪著述出爲楚州刺史卒弟子延祐弱冠本州
擧進士累補渭南尉刀筆吏能爲畿邑當時之冠司空李勣嘗謂曰

足下春秋甫爾便擅大名宜稍自貶抑無爲獨出人右也後歷右司
郎中檢校司賓少卿封薛縣男徐敬業之亂揚州初平所有刑名莫
能決定延祐奉使至軍所決之時議者斷受賊五品官者斬六品者
流延祐以爲諸非元謀迫脅從盜則寘極刑事涉枉濫乃斷受賊五
品者流六品已下但除名而已其得全濟者甚衆出爲箕州刺史轉
安南都護舊嶺南俚戶舊輸半課及延祐到遂勸全輸由是其下皆怨
謀欲將叛延祐乃誅其首惡李嗣仙垂拱三年嗣仙黨與丁建李思
慎等遂率衆圍安南府時城中勝兵不過數百乃禁門堅守以俟鄰
境之援廣州大族馮子猷幸災樂禍欲因危立功遂按兵縱敵使其
爲害滋甚延祐遂爲思慎所害其後桂州司馬曹玄靜率兵討思慎
等擒之盡斬於安南城下胤之從父兄子藏器亦有詞學官至宋州
司馬藏器子知柔開元初爲工部尚書知柔弟知幾避玄宗名改子
玄自有傳
張昌齡冀州南宮人弱冠以文詞知名本州欲以秀才擧之昌齡以

時廢此科已久固辭乃充進士貢擧及第貞觀二十一年翠微宮成
請闕獻頌太宗召見試作息兵詔草俄頃而就太宗甚悅因謂之曰
昔禰衡潘岳皆恃才傲物以至非命汝才不減二賢宜追鑒前軌以
副吾所取也乃勑於通事舍人裏供奉尋爲崑山道行軍記室破盧
明月平龜茲軍書露布皆昌齡之文也再轉長安尉出爲襄州司戶
丁憂去官後賀蘭敏之奏引於北門修撰尋又罷去乾封元年卒文
集二十卷兄昌宗亦有學業官至太子舍人修文館學士撰古文紀
年新傳三十卷
崔行功恒州井陘人北齊鉅鹿太守伯讓曾孫也自傳陵徙家焉行
功少好學中書侍郎唐儉愛其才以女妻之儉前後征討所有文表
皆行功之文高宗時累轉吏部郎中以善數奏嘗兼通事舍人内奉
坐事貶爲游安令尋徵爲司文郎中當時朝廷大手筆多是行功及
蘭臺侍郎李懷儼之詞先是太宗命秘書監魏徵寫四部羣書將進
内貯庫別置讎校二十人書手一百人徵改職之後令虞世南顏師

古等續其事至高宗初其功未畢顯慶中罷讎校及御書手令工書
人繕寫計直酬傭擇散官隨番讎校其後又詔東臺侍郎趙仁本東
臺舍人張文瓘及行功懷儼等相次充使檢校又置詳正學士以校
理之功仍專知御集遷蘭臺侍郎咸亨中官名復舊改爲秘書少監
上元元年卒官有集六十卷兄子玄暐別有傳行功前後預撰晉書
及文思博要等同時又有孟利貞董思恭元思敬等並以文藻知名
孟利貞者華州華陰人也父神慶高宗初爲沁州刺史以清介著名
利貞初爲太子司議郎中宗在東宮深懼之受詔與少師許敬宗崇
賢館學士郭瑜顧胤董思恭等撰瑤山玉彩五百卷龍朔二年奏上
之高宗稱善加級賜物有差利貞累轉著作郎加弘文館學士垂拱
初卒又撰續文選十三卷兄允忠垂拱中爲天官侍郎
董思恭者蘇州吳人所著篇詠甚爲時人所重初爲右史知考功擧
事坐預泄問目配流嶺表而死
元思敬者總章中爲協律郎預修芳林要覽又撰詩人秀句兩卷傳

於世

徐齊聃湖州長城人也父孝德以女爲才人官至果州刺史齊聃少善屬文高宗時累遷蘭臺舍人時勑令有突厥酋長子弟事東宮齊聃上疏曰昔姬誦與伯禽同業晉儲以師曠爲友臣唯尊賴師資固亦詳觀近習皇太子自可招集園綺寤寐應劉階闥小臣必採於端士驅馳所任並歸於正人方流好善之風永播崇賢之美今乃使氈裘之子辮而侍春闈冒頓之苗削袵而陪望苑在於道義臣竊有疑詩云敬愼威儀以近有德書曰任官惟賢才左右惟其人蓋殷勤於此防微之至也齊聃又嘗上奏曰齊獻公即陛下外氏雖子孫有犯不合上延于祖今周忠孝公廟甚修崇而齊獻公廟遂毁壞不審陛下將何以重示海內以彰孝理之風帝皆納其言齊聃善於文誥甚爲當時所稱高宗愛其文令侍周王等屬文以職在樞劇仍勑間日來往焉以漏泄機密左授蘇州司馬俄又坐事配流欽州咸亨中卒年四十餘睿宗即位追録舊恩累贈禮部尚書子堅別有傳

○ 舊傳一百四十上 十

杜易簡襄州襄陽人周硤州刺史叔毘曾孫也九歲能屬文及長博學有高名姨兄中書令岑文本甚推重之登進士舉累轉殿中侍御史咸亨中爲考功員外郎時吏部侍郎裴行儉李敬玄相與不叶易簡與吏部員外郎賈言忠希行儉之旨上封陳敬玄罪狀高宗惡其朋黨左轉易簡爲開州司馬尋卒易簡頗善著述撰御史臺雜注五卷文集二十卷行於代易簡從祖弟審言

審言進士舉初爲隰城尉雅善五言詩工書翰有能名然恃才謇傲甚爲時輩所嫉乾封中蘇味道爲天官侍郎審言預選試判訖謂人曰蘇味道必死人問其故審言曰見吾判即自當羞死矣又嘗謂人曰吾之文章合得屈宋作衙官吾之書跡合得王羲之北面其矜誕如此累轉洛陽丞坐事貶授吉州司戶參軍又與州僚不叶司馬周季重與員外司戶郭若訥共搆審言罪狀繫獄將因事殺之既而季重等府中酣讌審言子并年十三懷刃以擊之季重中傷死而并亦爲左右所殺季重臨死曰吾不知審言有孝子郭若訥誤我至此審言因此免官還東都自爲文祭并士友咸哀并孝烈蘇頲爲墓誌劉允濟爲祭文後則天召見審言將加擢用問曰卿歡喜否審言蹈舞謝恩因令作歡喜詩甚見嘉賞拜著作佐郎俄遷膳部員外郎神龍初坐與張易之兄弟交往配流嶺外尋召授國子監主簿加修文館直學士年六十餘卒有文集十卷次子閑閑子甫別有傳

盧照鄰字昇之幽州范陽人也年十餘歲就曹憲王義方授蒼雅及經史博學善屬文初授鄧王府典籤王甚愛重之曾謂群官曰此即寡人相如也後拜新都尉因染風疾去官處太白山中以服餌爲事後疾轉篤徙居陽翟之具茨山著釋疾文五悲等誦頗有騷人之風甚爲文士所重照鄰既沉痼攣廢不堪其苦嘗與親屬執別遂自投潁水而死時年四十文集二十卷兄光乘亦知名長壽中爲隴州刺史

楊烱華陰人伯祖虔威武德中官至右衛將軍烱幼聰敏博學善屬文神童舉拜校書郎爲崇文館學士儀鳳中太常博士蘇知幾上表

○ 舊傳二百四十上 十一

以公卿已下冕服請別立節文勑下有司詳議烱獻議曰古者太昊庖羲氏仰以觀象俯以察法造書契而文籍生次有黃帝軒轅氏長而敦敏成而聰明垂衣裳而天下理其後數遷五德君非一姓體國經野建邦設都文質所以再而復正朔所以三而改夫改正朔者謂夏后氏之建寅殷人建丑周人建子至於以日繫月以月繫時以時繫年此三王相襲之道也夫易服色者謂夏后氏尚黑殷人尚白周人尚赤至於山龍華蟲宗彝藻火粉米黼黻此又百代可知之道謹按虞書曰予欲觀古人之象日月星辰山龍華蟲作會宗彝藻火粉米黼黻絺繡由此言之則其所從來者尚矣日月星辰者明光照下土也山者布散雲雨象聖王大澤霑下也龍者變化無方象聖王應機布教也華蟲者雉也身被五彩象聖王體兼文明也宗彝者武蜼也以剛猛制物象聖王神武定亂也藻者逐水上下象聖王隨代而應也火者陶冶烹飪象聖王至德日新也粉米者人恃以生象聖王物之所賴也黼能斷割象聖王臨事能決也黻能兩已相背象君臣

可否相濟也迨有周氏乃以日月星辰爲旌旗之飾又登龍於山登
火於宗彝於是乎制袞冕以祀先王也九章者法陽數也以龍爲首
章袞者卷也龍德神異應變潛見表聖深沉遠智卷舒神化也又制
鷩冕以祭先公鷩者雉也有耿介之志表公有賢才能守耿介之節
也又制毳冕以祭四望岳瀆之神也武蜼者山林所生明其象也制
絺冕以祭社稷土穀之神也社稷粉米由之成象其功也又制玄冕
以祭群小祀百神異形難可遍擬但取黻之相背異名也夫以周公
之多才也故化理制禮功成作樂夫以孔宣之將聖也故行夏之時
服周之冕先王之法服乃此之自出矣天下之能事又於是乎畢矣
今知幾表狀請制大明冕十三章乘輿服之者謹按日月星辰者已
施於旌旗矣龍武山火者又不踰於古矣而云麟鳳有四靈之名玄
龜有負圖之應雲有紀官之號水有盛德之祥此蓋別表休徵是無
比象然則皇王受命天地興符仰觀則璧合珠連俯察則銀黃玉紫
殫南宮之粉壁不足寫其形狀罄東觀之鉛黃未可紀其名實固不

可畢陳於法服也雲也者龍之氣也水者藻之自生也又不假別爲
章目也此蓋不經之甚也又鷩冕八章三公服之者鷩者太平之瑞
也非三公之德也鷹鸇者鷙鳥也適可辨祥刑之職也熊者猛獸也
適可以旌武臣之力也又稱藻爲水草無所法象引張衡賦蔕倒茄
於藻井披紅葩之狎獵請爲蓮華取其文彩者夫茄者蓮也若以蓮
代藻變古從今既不知草木之名亦未達文章之意此又不經之甚
也又毳冕六章三品服之者按此王者祀四望服之名也今三品乃
得同王之毳冕而三公不得同王之袞名豈唯顛倒衣裳抑亦自相
矛盾此又不經之甚也又黻冕四章五品服之考之於古則無其名
驗之於今則非章首此又不經之甚也若夫禮唯從俗則命爲制令
爲詔乃秦皇之故事猶可以適於今矣若夫義取隨時則出稱警入
稱蹕乃漢國之舊儀猶可以行於代矣亦何取變周公之軌物改宣
尼之法度者哉由是竟寢知幾所請炯俄遷詹事司直則天初坐從
祖弟神讓犯逆左轉梓州司法參軍秩滿選授盈川令如意元年七
月望日宮中出盂蘭盆分送佛寺則天御洛南門與百寮觀之炯獻
盂蘭盆賦詞甚雅麗炯至官爲政殘酷人吏動不如意輒榜殺之又
所居府舍多進士亭臺皆書牓額爲之美名大爲遠近所笑無何卒
官中宗即位以舊寮追贈著作郎文集三十卷炯與王勃盧照鄰駱
賓王以文詞齊名海內稱爲王楊盧駱亦號爲四傑炯聞之謂人曰
吾愧在盧前恥居王後當時議者亦以爲然其後崔融李嶠張說俱
重四傑之文崔融曰王勃文章宏逸有絕塵之跡固非常流所及炯
與照鄰可以企及盈川之言信矣說曰楊盈川文思如懸河注水酌
之不竭既優於盧亦不減王恥居王後信然愧在盧前謙也開元中
說爲集賢大學士十餘年常與學士徐堅論近代文士悲其凋喪堅
曰李趙公崔文公之筆術擅價一時其間孰優說曰李嶠崔融薛稷
宋之問之文如良金美玉無施不可富嘉謨之文如孤峰絕岸壁立
萬仞濃雲鬱興震雷俱發誠可畏也若施於廊廟則駭矣閻朝隱之
文如麗服靚粧燕歌趙舞觀者忘疲若類之風雅則罪人矣問後進

詞人之優劣說曰韓休之文如大羹旨酒雅有典則而薄於滋味許
景先之文如豐肌膩體理雖穠華可愛而微少風骨張九齡之文如
輕縑素練實濟時用而微窘邊幅王翰之文如瓊杯玉斝雖爛然可
珍而多有玷缺堅以爲然慶威子德幹高宗末歷澤齊汴相四州刺
史治有威名郡人爲之語曰寧食三斗蒜不逢楊德幹子神讓天授
初與徐敬業於揚州謀叛父子伏誅

王勃字子安絳州龍門人祖通隋蜀郡司戶書佐大業末棄官歸以
著書講學爲業依春秋體例自獲麟後歷秦漢至於後魏著紀年之
書謂之元經又依孔子家語揚雄法言例爲客主對荅之說號曰中
說皆爲儒士所稱義寧元年卒門人薛收等相與議謚曰文中子二
子福時福郊勃六歲解屬文構思無滯詞情英邁與兄勔勮才藻相
類父友杜易簡常稱之曰此王氏三珠樹也勃年未及冠應幽素舉
及第乾封初詣闕上宸遊東岳頌時東都造乾元殿又上乾元殿頌
沛王賢聞其名召爲沛府修撰甚愛重之諸王鬬雞互有勝負勃戲

為檄英王雞文高宗覽之怒曰據此是交構之漸即日斥勃不令入府久之補虢州參軍勃恃才傲物為同僚所嫉有官奴曹達犯罪勃匿之又懼事洩乃殺達以塞口事發當誅會赦除名時勃父福時為雍州司戶參軍坐勃左遷交趾令上元二年勃往交趾省父道出江中為採蓮賦以見意其辭甚美渡南海墮水而卒時年二十八勮弱冠進士登第累除太子典膳丞長壽中擢為鳳閣舍人時壽春王成器衡陽王成義等五王初出閣同日授冊有司撰儀注忘載冊文及百寮在列方知闕禮宰相相顧失色勮立召書吏五人各令執筆口占分寫一時俱畢詞理典贍人皆歎服尋加弘文館學士兼知天官侍郎勮頗任權勢交結非類萬歲通天二年綦連耀謀逆事泄勮坐與耀善并弟勔並伏誅勔累官至涇州刺史神龍初有詔追復勮勔官位福時天后朝以子貴累轉澤州長史卒初吏部侍郎裴行儉典選有知人之鑒見勮與蘇味道謂人曰二子亦當掌銓衡之任李敬玄尤重楊炯盧照鄰駱賓王與勃等四人必當顯貴行儉曰士之致

○遠先器識而後文藝勃等雖有文才而浮躁淺露豈享爵祿之器耶楊子沉靜應至令長餘得令終為幸果如其言勃文章邁捷下筆則成尤好著書撰周易發揮五卷及次論等書數部勃亡後並多遺失有文集三十卷勃聰警絕衆於推步曆算尤精嘗作大唐千歲曆言唐德靈長千年合承周隋短祚其論大旨云以土王者五十代而一千年金王者四十九代而九百年水王者二十代而六百年木王者三十代而八百年火王者二十代而七百年此天地之常期符曆之數也自黃帝至漢並是五運真主五行已遍土運復歸唐德承之宜矣魏晉至于周隋咸非正統五行之沴氣也故不可承之大率如此

駱賓王婺州義烏人少善屬文尤妙於五言詩嘗作帝京篇當時以為絕唱然落魄無行好與博徒遊高宗末為長安主簿坐贓左遷臨海丞怏怏失志棄官而去文明中與徐敬業於楊州作亂敬業軍中書檄皆賓王之詞也敬業敗伏誅文多散失則天素重其文遣使求之有兗州人郄雲卿集成十卷盛傳於世

鄧玄挺雍州藍田人少善屬文累遷左史坐與上官儀善出為頓丘令有善政璽書勞問累授中書舍人性俊辨機捷過人每有嘲謔朝廷稱為口實則天臨朝遷吏部侍郎既不稱職甚為時談所鄙又患消渴之疾選人目為鄧渴為牓於衢路自有唐已來掌選之失未有如玄挺者坐此左遷澧州刺史在州復以善政聞遷晉州刺史召拜麟臺少監重為天官侍郎其失又甚於前玄挺女為道王子諲妻又與蔣王子煒相善諲謀迎中宗於房陵以問玄挺煒又嘗謂玄挺曰欲作急計如何玄挺雖皆不荅而以不告永昌元年得罪下獄死

唐書列傳一百四十上

劉　昫　等修
聞人詮校刊　沈桐同校

文苑中

郭正一定州彭城人貞觀中舉進士累轉中書舍人弘文館學士永隆二年遷秘書少監檢校中書侍郎與魏玄同郭待舉並同中書門下平章事宰相以平章事爲名自正一等始也永淳二年正除中書侍郎正一在中書累年明習舊事兼有詞學制勅多出其手當時號爲稱職則天臨朝轉國子祭酒罷知政事尋出爲晉州刺史入爲麟臺監又檢校陝州刺史永昌元年爲酷吏所陷流配嶺南而死家口籍没文集多遺失先是儀鳳中吐蕃入寇工部尚書劉審禮率兵十八萬與蕃將倫欽陵戰于青海王師大敗審禮没于陣高宗駭然乃召侍臣問以禦戎之策正一對曰吐蕃作梗年歲已深命將興師相繼不絶空勞士馬虚費糧儲近討則徒損兵威深入則未窮巢穴臣望少發兵募且遣備邊明立烽候勿令侵擾伺國用豊足人心叶同寬之數年可一舉而滅給事中劉齊賢皇甫文亮等亦以爲嚴守爲便正一才略率多此類

元萬頃洛陽人後魏景穆皇帝之衞祖白澤武德中總管萬頃善屬文起家拜通事舍人乾封中從英國公李勣征高麗爲遼東道總管記室别帥馮本以大軍援裨將郭待封船破失期待封欲作書與勣恐高麗知其救兵不至乘危迫之乃作離合詩贈勣勣不達其意大怒曰軍機急切何用詩爲必斬之萬頃爲解釋之乃止勣嘗令萬頃作文檄高麗其語有譏高麗不知守鴨緑之險莫離支報云謹聞命矣遂移兵固守鴨緑官軍不得入萬頃坐是流于嶺外後會赦得還拜著作郎時天后諷高宗廣召文詞之士入禁中修撰萬頃與左史范履冰苗神客右史周思茂胡楚賓咸預其選前後撰列女傳臣軌百寮新誡樂書等凡千餘卷朝廷疑議及百司表疏皆密令萬頃等參決以分宰相之權時人謂之北門學士萬頃屬文敏速然性踈曠不拘細節無儒者之風則天臨朝遷鳳閣舍人無幾擢拜鳳閣侍郎萬頃素與徐敬業兄弟友善永昌元年爲酷吏所陷配流嶺南而死時神客楚賓已卒履冰思茂相次爲酷吏所殺

范履冰者懷州河内人自周王府戸曹召入禁中凡二十餘年垂拱中歷鸞臺天官二侍郎尋遷春官尚書同鳳閣鸞臺平章事兼修國史載初元年坐嘗舉犯逆者被殺

苗神客者滄州東光人官至著作郎

周思茂者貝州漳南人少與弟思鈞俱早知名自右轉太子舍人與范履冰在禁中最蒙親遇至於政事損益多參預焉累遷麟臺少監崇文舘學士垂拱四年下獄死

胡楚賓者宣州秋浦人屬文敏速每飲半酣而後操筆高宗每令作文必以金銀杯盛酒令飲便以杯賜之楚賓終日酣宴家無所藏費盡復入待詔得賜又出然性慎密未嘗言禁中事醉後人或問之荅以他事而已自殷王文學拜右史崇賢直學士而卒

喬知之同州馮翊人也父師望尚高祖女廬陵公主拜駙馬都尉官至同州刺史知之與弟侃備並以文詞知名知之尤稱俊才所作篇

詠時人多諷誦之則天時累除右補闕遷左司郎中知之有侍婢曰
窈娘美麗善歌舞爲武承嗣所奪知之怨惜因作綠珠篇以寄情密
送與婢婢感憤自殺承嗣大怒因諷酷吏羅織知之偪開元初爲兖
州都督備預脩三教珠英長安中卒於襄陽令時又有汝州人劉希
夷善爲從軍閨情之詩詞調哀苦爲時所重志行不脩爲姦人所殺
劉允濟洛州鞏人其先自沛國徙焉南齊彭城郡丞瓛六代孫也少
孤事母甚謹博學善屬文與絳州王勃早齊名特相友善弱冠本州
舉進士累除著作佐郎允濟嘗採摭魯哀公後十二代至于戰國遺
事撰魯後春秋二十卷表上之遷左史兼直弘文館垂拱四年明堂
初成允濟奏上明堂賦以諷則天甚嘉歎之手制褒美拜著作郎天
授中爲來俊臣所構當坐死以其母老特許終其餘年仍留繫獄久
之會赦免貶授大庾尉長安中累遷著作佐郎兼修國史未幾擢拜
鳳閣舍人中興初坐與張易之款狎左授青州長史爲吏清白河南
道巡察使路敬潛甚稱薦之尋丁母憂服闋而卒

○富嘉謨雍州武功人也舉進士長安中累轉晉陽尉與新安吳少微
友善同官先是文士撰碑頌皆以徐庾爲宗氣調漸劣嘉謨與少微
屬詞皆以經典爲本時人欽慕之文體一變稱爲富吳體嘉謨作雙
龍泉頌千蠋谷頌少微撰崇福寺鍾銘詞最高雅作者推重并州長
史張仁亶待以殊禮坐必同榻嘉謨後爲壽安尉預修三教珠英中
興初爲左臺監察御史卒有文集五卷少微亦舉進士累至晉陽尉
中興初調於吏部侍郎韋嗣立稱薦拜右臺監察御史臥病聞嘉謨
死哭而賦詩尋亦卒有文集五卷嘉謨與少微在晉陽魏郡谷倚爲
太原主簿皆以文詞著名時人謂之北京三傑倚後流寓客死文章
遺失微子肇開元中爲中書舍人

員半千本名餘慶晉州臨汾人少與齊州人何彥先同師事學士王
義方義方嘉重之嘗謂之曰五百年一賢足下當之矣因改名半千
及義方卒半千與彥先皆制服喪畢而去上元初應八科師舉授武
陟尉屬頻歲旱饑勸縣令殷子良開倉以賑貧餒子良不從會子良
赴州半千便發倉粟以給饑人懷州刺史郭齊宗大驚因而按之時
黃門侍郎薛元超爲河北道存撫使謂齊宗曰公百姓不能救之而
使惠歸一尉豈不愧也遽令釋之尋又應岳牧舉高宗御武成殿召
諸州舉人親問曰兵書所云天陣地陣人陣各何謂也半千越次而
進曰臣觀載籍此事多矣或謂天陣星宿孤虛地陣山川向背人陣
偏伍彌縫以臣愚見謂不然矣夫師出以義有若時雨得天之時此
天陣也兵在足食且耕且戰得地之利此地陣也善用兵者使三軍
之士如父子兄弟得人之和此人陣也三者去矣其何以戰高宗甚
嗟賞之及對策擢爲上第垂拱中累補左衛胄曹仍充宣慰吐蕃使
及引辭則天曰久聞卿名謂是古人不意乃在朝列境外小事不足
煩卿宜留制也即日使入閣供奉證聖元年半千爲左衛長史與鳳
閣舍人王處知天官侍郎事石抱忠並爲弘文館直學士仍與著作
佐郎路敬淳分日於顯福門待制半千因撰明堂新禮三卷上之則
天封中嶽半千又撰封禪四壇碑十二首以進則天稱善前後賜絹

○千餘匹長安中五遷正諫大夫兼右控鶴內供奉半千以控鶴之職
古無其事又授斯任者率多輕薄非朝廷進德之選上疏請罷之由
是忤旨左遷水部郎中預脩三教珠英中宗時爲濠州刺史睿宗即
位徵拜太子右諭德兼崇文館學士加銀青光祿大夫累封平原郡
公開元二年卒文集多遺失半千同時學士丘悅

丘悅者河南陸渾人也亦有學業景龍中爲相王府掾與文學韋利
器典籤裴耀卿俱爲王府直學士睿宗在藩甚重之官至岐王傅開
元初卒撰三國典略三十卷行於時

劉憲宋州寧陵人也父思立高宗時爲侍御史屬河南河北旱儉遣
御史中丞崔謐等分道存問賑給思立上疏諫曰今麥序方秋蠶功
未畢三時之務萬姓所先敕使撫巡人皆竦抃忘其家業冀此天恩
踊躍奔迎必難抑止集衆既廣妨廢亦多加以途程往還兼之晨夕
停滯既緣須立簿書本欲安存卻成煩擾又無驛之處其馬稍難簡
擇公私須預追集雨後農務特切常情暫廢須臾即虧歲計每爲一

馬遂勞數家從此相乘恐更滋甚望且委州縣賑給待秋閑時出使
褒貶既奏謚等遂不行後遷考功員外郎始奏請明經加帖進士試
雜文自思立始也尋卒官憲弱冠舉進士累除冬官員外郎天授中
受詔推按來俊臣憲嫉其酷暴欲因事繩之反爲俊臣所構貶鄭水
令再遷司僕丞及俊臣伏誅擢憲爲給事中尋轉鳳閣舍人神龍初
坐嘗爲張易之所引自吏部侍郎出爲渝州刺史俄復入爲太僕少
卿兼脩國史加脩文館學士景雲初三遷太子詹事玄宗在東宮留
意經籍憲因上啓曰自古及今皆重于學至于光耀盛德發揚令問
安靜身心保寧家國無以加焉殿下居副君之位有絶人之才豈假
尋章摘句蓋資略知大意用功甚少爲利極多伏願克成美志無棄
暇日上以慰至尊之心下以荅庶寮之望侍讀褚無量經明行修耆
年宿望時賜召問以察其言幸甚玄宗甚嘉納之明年憲卒贈兖州
都督有集三十卷初則天時勑吏部糊名考選人判以求才彥憲與
王適司馬鍠梁載言相次判入第二等

王適幽州人官至雍州司功
司馬鍠洛州温人也神龍中卒于黃門侍郎
梁載言博州聊城人歷鳳閣舍人專知制誥撰具員故事十卷十道
志十六卷並傳於時中宗時爲懷州刺史
沈佺期相州内黃人也進士舉長安中累遷通事舍人預脩三教珠
英佺期善屬文尤長七言之作與宋之問齊名時人稱爲沈宋再轉
考功員外郎坐贓配流嶺表神龍中授起居郎加脩文館直學士後
歷中書舍人太子詹事開元初卒有文集十卷弟全交及子亦以文
詞知名
陳子昂梓州射洪人家世豪富子昂獨苦節讀書尤善屬文初爲感
遇詩三十首京兆司功王適見而驚曰此子必爲天下文宗矣由是
知名舉進士會高宗崩靈駕將還長安子昂詣闕上書盛陳東都形勝
可以安置山陵關中旱儉靈駕西行不便曰梓州射洪縣草莽愚臣
子昂謹頓首冒死獻書闕下臣聞明王不惡切直之言以納忠烈士

不憚死亡之誅以極諫故有非常之策者必待非常之時得非常之
時者必待非常之主然後危言正色抗義直辭赴湯鑊而不廻至誅
夷而無悔豈徒欲詭世誇俗厭生樂死者哉實以爲殺身之害小存
國之利大故審計定議而甘心焉况乎得非常之時遇非常之主言
必獲用死亦何驚千載之跡將不朽於今日矣伏惟大行皇帝遺天
下棄羣臣萬國震驚百姓屠裂陛下以徇齊之聖承宗廟之重天下
之望喁喁如也莫不冀蒙聖化以保餘年太平之主將復在於茲矣
况皇太后又以文母之賢協軒宮之耀軍國大事遺詔決之唐虞之
際於斯盛矣臣伏見詔書梓宮將遷西京鑾輿亦欲陪幸計非上策
智者失圖廟堂未聞有骨鯁之謨朝廷多見有順從之議臣竊惑以
爲過矣伏自思之生聖日沐皇風摩頂至踵莫非亭育不能歷册鳳
抵濯龍北面玉堦東望金屋抗音而正諫者聖王之罪人也所以不
顧萬死乞見一言願蒙聽覽甘就鼎鑊伏惟陛下察之臣聞秦都咸
陽之時漢都長安之日山河爲固天下服矣然猶北取胡宛之利南

資巴蜀之饒自渭入河轉關東之粟踰沙絶漠致山西之儲然後能
削平天下憚壓諸侯長轡利策横制宇宙今則不然燕代迫匈奴之
侵巴隴嬰吐蕃之患西蜀疲老千里贏糧北國丁男十五乘塞歲月
奔命其弊不堪秦之首尾今爲闕矣即所餘者獨三輔之間耳頃遭
荒饉人被荐飢自河已西莫非赤地循隴以北罕逢青草莫不父兄
轉徙妻子流離委家喪業膏原潤莽此朝廷之所備知也賴以宗廟
神靈皇天悔禍去歲薄稔前秋稍登使羸餓之餘得保性命天下幸
甚可謂厚矣然則流人未返田野尚無白骨縱横阡陌無主至於蓄
積猶可哀傷陛下不料其難貴從先意遂欲長驅大駕按節秦京千
乘萬騎何方取給况山陵初制穿復未央土木工匠必資徒役今欲
率疲弊之衆興數萬之軍徵發近畿鞭撲羸老鑿山採石驅以就功
春作無時秋成絶望凋瘵遺噍再罹艱苦儻不堪弊必有逋逃子來
之頌將何以述之此亦宗廟之大機不可不審圖也况國無兼歲之儲家鮮匝
時之蓄一旬不雨猶可深憂忽加水旱人何以濟陛下不深察始終獨遺

群議臣恐三輔之弊不止如前日矣且天子以四海爲家聖人包六合爲宇歷觀邃古以至於今何甞不以三王爲仁五帝爲聖雖周公制作夫子著明莫不祖述堯舜憲章文武爲百王之鴻烈作千載之雄圖然而舜死陟方葬蒼梧而不返禹會群后殁稽山而永終豈其愛蠻夷之鄉而鄙中國哉實將欲示聖人無外也故能使墳籍以爲美談帝王以爲高範況我巍巍大聖轢帝登皇日月所照莫不率俾何獨秦豐之地可置山陵河洛之都不堪園寢陛下豈不察之愚臣竊爲陛下惜也且景山崇麗秀冠群峰北對嵩邙西望汝海居祝融之故地連太昊之遺墟帝王圖跡縱橫左右園陵之美復何加焉陛下曾未察之謂其不可愚臣鄙見良足尚矣況瀍澗之中天地交會北有太行之險南有宛葉之饒東壓江淮食湖海之利西馳崤澠據關河之寶以聰明之主養純粹之人天下和平恭己正南而已陛下不思瀍洛之壯觀關隴之荒蕪乃欲棄太山之安履焦原之險忘神器之大寶徇曾閔之小節愚臣暗昧以爲甚也陛下何不覽爭臣之

策采行路之謠諮謨太后平章宰輔使蒼生之望知有所安天下豈不幸甚昔者平王遷都光武都洛山陵寢廟不在東京宗社墳塋並居西土然而春秋美爲始王漢書載爲代祖豈其不願孝哉何聖賢褒貶於斯濫矣實以時有不可事有必然蓋欲遺小存大去禍歸福聖人所以貴也夫小不忍亂大謀仲尼之至誠願陛下察之若以臣愚不用朝議遂行臣恐關隴之憂未時休也臣又聞太原蓄鉅萬之倉洛口積天下之粟國家之資斯爲大矣今欲捨而不顧背以長驅使有識驚嗟天下失望儻鼠竊狗盜萬一不圖西入陝州之郊東犯武牢之鎮盜敖倉一杯之粟陛下何以遏之此天下之至機不可不深料也雖則盜未旋踵誅刑已及滅其九族焚其妻子泣辜雖恨將何及焉故曰先謀後事者逸先事後謀者失國之利器不可以示人斯言豈徒設也固願陛下念之則天召見奇其對拜麟臺正字則天將事雅州討生羌子昂上書曰麟臺正字臣子昂昧死上言臣聞道路云國家欲開蜀山自雅州道入討生羌因以襲擊吐蕃執事者不

審圖其利害遂發梁鳳巴蜓兵以狥之臣愚以爲西蜀之禍自此結矣臣聞亂生必由於怨雅州邊羌自國初已來未甞一日爲盜今一旦無罪受戮其怨必甚怨甚懼誅必蜂駭西山西山盜起則蜀之邊邑不得不連兵備守兵久不解則蜀之禍構矣昔後漢末西京喪敗蓋由此諸羌此一事也且臣聞吐蕃桀黠之虜君長相信而多姦謀自敢抗天誅邇來向二十餘載大戰則大勝小戰則小勝未甞敗一隊亡一夫國家往以薛仁貴郭待封爲虓武之將屠十一萬衆於大非之川一甲不返又以李敬玄劉審禮爲廊廟之器辱十八萬衆於青海之澤身囚虜庭是時精甲勇士勢如雲雷然竟不能擒一戎馘一醜至今而關隴爲空今乃欲以李處一爲將驅憔顇之兵將襲吐蕃臣竊憂之而爲此虜所笑此二事也且夫事有求利而得害者則蜀昔時不通中國秦惠王欲帝天下而幷諸侯以爲不兼賓不取蜀勢未可舉乃用張儀計飾美女譎金牛因間以啖蜀侯蜀侯果貪其利使五丁力士鑿通谷棧褒斜置道於秦自是險阻不關山谷不閉

張儀躡蹤乘便縱兵大破之蜀侯誅賓邑滅至今蜀爲中州是貪利而亡此三事也且臣聞吐蕃羯虜愛蜀之珍富欲盜之久有日矣然其勢不能舉者徒以山川阻絕障隘不通此其所以頓餓狼之喙而不得侵食也今國家乃亂邊羌開隘道使其收奔亡之種爲鄉導以攻邊是乃借寇兵而爲賊除道舉全蜀以遺之此四事也臣竊觀蜀之西南一都會國家之寶庫天下珍貨聚出其中又人富粟多順江而下可以兼濟中國今執事者乃圖僥倖之利悉以委事西羌地不足以富國徒殺無辜之衆以傷陛下之仁糜費隨之無益聖德又況僥倖之利未可圖哉此五事也夫蜀之所寶恃險者也人之所安無殺者也今國家乃開其險役其人險開則便寇人役則傷財臣恐未見羌戎已有姦盜在其中矣往年益州長史李崇眞圖此姦利傳檄稱吐蕃欲寇松州遂使國家盛軍師大轉餉以備之未二三年巴蜀二十餘州騷然大弊竟不見吐蕃之面而崇眞贓鐵已計鉅萬矣蜀人殘破幾不堪命此之近事猶在人口陛下所親知臣愚意者不有

姦臣欲圖此利復以生羌爲計者哉此六事也且蜀人尫劣不習兵
戰一虜持矛百人莫敢當又山川阻曠去中夏精兵處遠今國家若
擊西羌掩吐蕃遂能破滅其國奴虜其人使其君長係首北闕計亦
可矣若不到如此臣方見蜀之邊陲不守而爲羌夷所橫暴昔辛有
見被髮而祭伊川者以爲不出百年此其爲戎臣恐不及百年而蜀
爲戎此七事也且國家近者有廢安北拔單于棄龜茲放疏勒天下
翕然謂之盛德所以者何蓋以陛下務在仁不在廣務在養不在殺
將以此息邊鄙休甲兵行三皇五帝之事者也今又徇貪夫之議謀
動兵戈將誅無罪之戎而遺全蜀之患將何以令天下乎此愚臣所
以不甚悟者也況當今山東饑關隴弊歷歲枯旱人有流亡誠是聖
人寧靜思和天人之時不可動甲兵興大役以自生亂臣又流聞西
軍失守北軍不利邊人忙動情有不安今者復驅此兵投之不測臣
聞自古亡國破家未嘗不由黷兵今小人議夷狄之利非帝王之至
德也又況弊中夏哉臣聞古之善爲天下者計大而不計小務德而

不務刑圖其安則思其危謀其利則慮其害然後能長享福祿伏願
陛下熟計之再轉右拾遺數上疏陳事詞皆典美時有同州下邽人
徐元慶父爲縣尉趙師韞所殺後師韞爲御史元慶變姓名於驛家
傭力候師韞手刃殺之議者以元慶孝烈欲捨其罪子昂建議以爲
國法專殺者死元慶宜正國法然後旌其閭墓以褒其孝義可也當
時議者咸以子昂爲是俄授麟臺正字武攸宜統軍北討契丹以子
昂爲管記軍中文翰皆委之子昂父在鄉爲縣令段簡所辱子昂聞
之遽還鄉里簡乃因事收繫獄中憂憤而卒時年四十餘子昂褊躁
無威儀然文詞宏麗甚爲當時所重有集十卷友人黃門侍郎盧藏
用爲之序盛行於代子昂卒後益州成都人閭丘均亦以文章著稱
景龍中爲安樂公主所薦起家拜太常博士而公主被誅均坐貶爲
循州司倉卒有集十卷
宋之問虢州弘農人父令文有勇力而工書兼屬文高宗時爲左驍
衞郎將東臺詳正學士之問弱冠知名尤善五言詩當時無能出其

右者初徵令與楊炯分直內教俄授洛州參軍累轉尚方監丞左奉
宸內供奉易之兄弟雅愛其才之問亦傾附焉預修三教珠英常扈
從遊宴則天幸洛陽龍門令從官賦詩左史東方虬詩先成則天
以錦袍賜之及之問詩成則天稱其詞愈高奪虬錦袍以賞之及易
之等敗左遷瀧州參軍未幾逃還匿於洛陽人張仲之家仲之與駙
馬都尉王同皎等謀殺武三思之問令兄子發其事以自贖及同皎
等獲罪起之問爲鴻臚主簿由是深爲義士所譏景龍中再轉考功
員外郎時中宗增置修文館學士擇朝中文學之士之問與薛稷杜
審言等首膺其選當時榮之及典舉引拔後進多知名者尋轉越州
長史睿宗即位以之問嘗附張易之武三思配徙欽州先天中賜死
於徙所之問再被竄謫經途江嶺所有篇詠傳布遠近友人武平一
爲之纂集成十卷傳於代世人以之問父爲三絕之問以文詞知名
弟之悌有勇力之遜善書議者云各得父之一絕之悌開元中自右
羽林將軍出爲益州長史劍南節度兼採訪使尋還太原尹

閻朝隱趙州欒城人也少弟仙舟俱知名朝隱文章雖無風雅之體
善構奇甚爲時人所賞累遷給事中預脩三教珠英張易之等所作
篇什多是朝隱及宋之問潛代爲之聖曆二年則天不豫令朝隱往
少室山祈禱朝隱乃曲申悅媚以身爲犧牲請代上所苦及將康復
賜絹綵百匹金銀器十事俄轉麟臺少監易之伏誅坐徙嶺外尋召
還先天中復爲秘書少監又坐事貶爲通州別駕卒官朝隱脩三教
珠英時成均祭酒李嶠與張昌宗爲修書使盡收天下文詞之士爲
學士預其列者有王無競李適尹元凱並知名於時自餘有事跡者
各見其本傳
王無競者字仲烈其先瑯琊人因官徙居東萊宋太尉弘之十一代
孫父侃棣州司馬無競有文學初應下筆成章舉及第解褐授趙州
欒城縣尉歷秘書省正字轉右武衛倉曹洛陽縣尉遷監察御史轉
殿中舊例每日更直於殿前正班時宰相宗楚客楊再思常離班偶
語無競前曰朝禮至敬公等大臣不宜輕易以慢恒典楚客等大怒

轉無競爲太子舍人神龍初坐訶詆權倖出爲蘇州司馬及張易之等敗以嘗交往再貶嶺外卒於廣州年五十四

李適者雍州萬年人景龍中爲中書舍人俄轉工部侍郎睿宗時天台道士司馬承禎被徵至京師及還適贈詩敘其高尚之致其詞甚美當時朝廷之士無不屬和凡三百餘人徐彦伯編而敘之謂之白雲記頗傳於代尋卒

尹元凱者瀛州樂壽人初爲磁州司倉坐事免乃棲遲山林不求仕進垂三十年與張說盧藏用特相友善徵拜右補闕卒於幷州司馬

賈曾河南洛陽人也父言忠乾封中爲侍御史時朝廷有事遼東言忠奉使往支軍糧及還高宗問以軍事言忠畫其山川地勢及陳遼東可平之狀高宗大悅又問諸將優劣言忠曰李勣先朝舊臣聖鑒所悉龐同善雖門將而持軍嚴整薛仁貴■勇冠三軍名可振敵高偘儉素自處忠果有謀契苾何力沉毅持重有統御之才然頗有忌前之癖諸將夙夜小心忘身憂國莫過於李勣者高宗深然之累轉

吏部員外郎坐事左遷邠州司馬卒曾少知名景雲中爲吏部員外郎玄宗在東宮盛擇宮寮拜曾爲太子舍人時太子頻遣使訪召女樂命宮臣就率更署閱樂多奏女妓曾啓諫曰臣聞作樂崇德以感人神韶夏有容咸英有節婦人媟黷無豫其間昔魯用孔子幾至於霸齊人懼之饋以女樂魯君既受孔子所以行戎有由餘兵強國富秦人反間遺之女妓戎王耽悅由餘乃奔斯則大聖名賢嫉之已久良以婦人爲樂必務治容哇咬動心蠱惑喪志上行下効淫俗將成敗國亂人實由茲起伏惟殿下神武命代文思登庸宇內顒顒瞻仰德化而渴賢之美未被於民心好妓之聲或聞於人聽豈所以追啓誦之徽烈襲堯舜之英風者哉至若監撫餘閑宴私多豫後庭妓樂古或有之非以風人爲弊猶隱至於所司教習章示群寮慢伎淫聲實虧睿化伏願下教令發德音屏倡優敦雅頌率更女樂並令禁斷請使採召一切皆停則朝野內外皆知殿下放鄭遠佞輝光日新凡在含生孰不忻戴太子手令答曰比嘗聞公正直信亦不虛寡人近日頗尋典籍至於政化偏所留心女樂之徒亦擬禁斷公之所言雅符本意俄特授曾中書舍人曾以父名忠固辭乃拜諫議大夫知制誥明年有事於南郊有司立議唯祭昊天上帝而不設皇地祇之位曾奏議請於南郊方設皇地祇及從祀等坐則禮得稽古義得緣情睿宗令宰相及禮官詳議竟依曾所奏開元初復拜中書舍人曾又固辭議者以爲中書是曹司名又與曾父音同字別於禮無嫌曾乃就職與蘇晉同掌制誥皆以詞學見知時人稱爲蘇賈曾後坐事貶洋州刺史開元六年玄宗念舊特恩甄敘繼歷慶鄭等州刺史入拜光祿少卿遷禮部侍郎十五年卒子至

至天寶末爲中書舍人祿山之亂從上皇幸蜀時肅宗即位於靈武上皇遣至爲傳位冊文上皇覽之歎曰昔先帝遜位於朕冊文則卿之先父所爲今朕以神器大寶付儲君卿又當演誥累朝盛典出卿父子之手可謂難矣至伏於御前嗚咽感涕寶應二年爲尚書左丞時禮部侍郎楊綰上疏請依古制縣令舉孝廉於刺史刺史試其所

通之學送名於省省試每經問義十條對策三道取其通否詔令左右丞諸司侍郎大夫中丞給舍等參議議者多與綰同至議曰夏之政尚忠殷之政尚敬周之政尚文然見文與忠敬皆統人之行也是故前代以文取士本行也由詞以觀行則及詞也宣父稱顏子不遷怒不貳過謂之好學至乎修春秋則游夏不能措一辭不亦明乎間者禮部取人有乖斯義試學者以帖字爲精通而不窮旨義豈能知遷怒貳過之道乎考文者以聲病爲是非唯擇浮豔豈能知移風易俗化天下之事乎是以上失其源下襲其流乘流波蕩不知所止先王之道莫能行也夫先王之道消則小人之道長小人之道長則亂臣賊子由是出焉臣弑其君子弑其父非一朝一夕之故其所由來者漸矣漸者何儒道不舉取士之失也夫一國之事繫一人之本謂之風贊揚其風繫卿大夫也卿大夫何嘗不出於士乎今取士試之小道不以遠者大者使干祿之徒趨馳末術是誘導之差也所以祿山一呼四海震蕩思明再亂十年不復向使禮讓之道弘仁義之風

著則忠臣孝子比屋可封逆節不得而萌也人心不得而搖也且夏有天下四百載禹之道喪而殷始興焉殷有天下六百祀湯之法棄而周始興焉周有天下八百年文武之政弊而秦始并焉觀三代之選士任賢皆考實行故能風俗淳一運祚長遠秦坑儒士二代而亡漢興雜用三代之政弘四科之舉終彼四百豈非學行道扇化行於鄉里哉自魏至隋僅四百載竊號僭位德義不脩是以子孫速顛享國咸促國家革魏晉梁隋之弊承夏殷周漢之業四隩既宅九州攸同覆燾生育德合天地安有捨皇王舉士之道從亂代取人之術此公卿大夫之辱也今西京有太學州縣有小學兵革一動生徒流離儒臣師氏祿廩無由貢士不稱行實胄子何嘗講習禮部每歲擢甲乙之第謂弘獎勸不其謬歟祇足以長浮薄之風啓僥倖之路矣其國子博士等望加員數厚其祿秩通儒碩生間居其職十道大郡量置太學館令博士出外兼領郡官召置生徒依乎故事保桑梓者鄉里舉焉在流寓者庠序推焉朝而行之夕見其利議者然之宰臣等奏

○以舉人舊業以成難於速改其今歲舉人望且依舊貢至所議來年允之廣德二年轉禮部侍郎是歲至以時艱歲歉舉人赴省者奏請兩都試舉人自至始也永泰元年加集賢院待制大曆初改兵部侍郎五年轉京兆尹兼御史大夫卒

許景先常州義興人後徙家洛陽少舉進士授夏陽尉神龍初東都起聖善寺報慈閣景先詣闕獻大像閣賦詞甚美麗擢拜左拾遺累遷給事中開元初每年賜射節級賜物屬年儉甚費府庫景先奏曰近巳三九之辰頻賜宴射巳著格令猶降綸言但古制不存禮章多闕官員累倍帑藏未充水旱相仍繼之師旅既不足以觀德又未足以威邊耗國損人且爲不急夫古之天子以射選諸侯以射飾禮樂以射觀容志故有騶虞貍首之奏采蘩采蘋之樂天子則以備官爲節諸侯則以時會爲節卿大夫以循法爲節士以不失職爲節皆審志固行德美事成陰陽克和暴亂不作故諸侯貢士亦試於射宮容體有虧則絀其地是諸侯君臣皆盡志於射之禮也大矣哉今則不然衆官既多鳴鏑亂下以苟獲爲利以偶中爲能素無五善之容顧失三侯之禮冗官厚秩禁衛崇班動盈累千其算無數近河南河北水潦處多林胡小蕃見寇郊壘軍書日至河朔騷然命將除兇未圖克捷興師十萬日費千金去歲豫亳兩州微遭旱損庸賦不辦以致流亡聖人憂勤降使招恤流離歲月猶未能安人之困窮以至於此今一箭偶中是一丁庸調用之既無惻隱獲之固無恥慚考古循今則爲未可且禁衛武官隨番許射能中的者必有賞焉此則訓武習戎時習不闕待寇寧歲稔率由舊章則愛禮養人幸甚幸甚自是乃停賜射之禮俄轉中書舍人自開元初景先與中書舍人齊澣王丘韓休張九齡掌知制誥以文翰見稱中書令張說嘗稱曰許舍人之文雖無峻峰激流嶄絕之勢然屬詞豐美得中和之氣亦一時之秀也十年夏伊汝泛溢漂損居人廬舍溺死者甚衆景先言於侍中源乾曜曰灾眚所降必資脩德以禳之左傳所載降服出次即其事也誠宜發德音遣大臣存問憂人罪巳以荅天譴明公位存輔弼當發明

○大體以啓沃明主不可緘默也乾曜然其言遽以聞奏乃下詔遣戶部尚書陸象先往賑給窮乏十三年玄宗令宰臣擇刺史之任必在得人景先首中其選自吏部侍郎出爲虢州刺史後轉岐州入拜吏部侍郎卒

賀知章會稽永興人太子洗馬德仁之族孫也少以文詞知名舉進士初授國子四門博士又遷太常博士皆陸象先在中書引薦也開元十年兵部尚書張說爲麗正殿脩書使奏請知章及秘書員外監徐堅監察御史趙冬曦皆入書院同撰六典及文纂等累年書竟不就後轉太常少卿十三年遷禮部侍郎加集賢院學士又充皇太子侍讀是歲玄宗封東嶽有詔應行從群臣並留於谷口上獨與宰臣及外壇行事官登於嶽上齋宮之所初上以靈山清潔不欲喧繁召知章講定儀註因奏曰昊天上帝君位五方諸帝臣位帝號雖同而君臣異位陛下享君位於山上羣臣祀臣位於山下誠足垂範來葉爲變禮之大者也然禮成於三獻亞終合於一處上曰朕正欲如是

故問卿耳於是勑三獻於山上行事五方帝及諸神座於下壇行事
俄屬惠文太子薨有詔禮部選挽郎知章取捨非允為門蔭子弟喧
訴盈庭知章於是以梯登牆首出決事時人咸嗤之由是改授工部
侍郎兼秘書監同正員依舊充集賢院學士俄遷太子賓客銀青光
祿大夫兼正授秘書監知章性放曠善談笑當時賢達皆傾慕之工
部尚書陸象先即知章之族姑子也與知章甚相親善象先常謂人
曰賀兄言論倜儻眞可謂風流之士吾與子弟離闊都不思之一日
不見賀兄則鄙恡生矣知章晚年尤加縱誕無復規檢自號四明狂
客又稱秘書外監遨遊里巷醉後屬詞動成卷軸文不加點咸有可
觀又善草隸書好事者供其牋翰每紙不過數十字共傳寶之時有
吳郡張旭亦與知章相善旭善草書而好酒每醉後號呼狂走索筆
揮灑變化無窮若有神助時人號為張顛天寶三載知章因病恍惚
乃上疏請度為道士求還鄉里仍捨本鄉宅為觀上許之仍拜其子
典設郎曾為會稽郡司馬仍令侍養御制詩以贈行皇太子已下咸

○就執別至鄉無幾壽終年八十六肅宗以侍讀之舊乾元元年十一
月詔曰故越州千秋觀道士賀知章器識夷淡襟懷和雅神清志逸
學富才雄挺會稽之美箭蘊崑崗之良玉故飛名仙省侍講龍樓常
靜默以養閑因談諧而諷諫以暮齒辭祿再見款誠願追二老之蹤
克遂四明之客允叶初志脫落朝衣駕青牛而不還狎白衣而長往
丹壑非昔人琴兩亡惟舊之懷有深追悼宜加縟禮式展哀榮可贈
禮部尚書先是神龍中知章與越州賀朝萬齊融揚州張若虛邢巨
湖州包融俱以吳越之士文詞俊秀名揚於上京朝萬止山陰尉齊
融崑山令若虛兖州兵曹巨監察御史融遇張九齡引為懷州司戶
集賢直學士數子人間往往傳其文獨知章最貴神龍中有尉氏李
澄之善五言詩蹉跌不偶六十餘為宋州參軍卒

席豫襄陽人湖州刺史固七世孫徙家河南豫進士及第開元中累
官至考功員外郎典舉得士為時所稱三遷中書舍人與韓休許景
先徐安貞孫逖相次掌制誥皆有能名轉戶部侍郎充江南東道巡
撫使兼鄭州刺史入為吏部侍郎玄宗謂之曰卿以前為考功職事
修舉故有此授豫典選六年復有令譽天寶初改尚書左丞尋檢校
禮部中書封襄陽縣子玄宗幸温泉宮登朝元閣賦詩羣臣屬和帝
以豫詩為工手制褒美曰覽卿所進實詩人之首出作者之冠冕也
豫與弟晉俱以詞藻見稱而豫性尤謹雖與子弟書疏及吏曹簿領
未嘗草書謂人曰不敬他人是自不敬也或曰此事甚細卿何介意
豫曰細猶不謹而況巨耶七載卒于位時年六十九疾篤謂其子曰
吾亡三日斂斂已即葬勿更久留貽公私之煩家無餘財可賣所居
聊備葬禮人嘉其達贈江陵大都督謚曰文

徐安貞者信安龍丘人尤善五言詩嘗應制舉一歲三擢甲科人士
稱之開元中為中書舍人集賢院學士上每屬文及作手詔多命安
貞視草甚承恩顧累遷中書侍郎天寶初卒

齊澣定州義豐人少以詞學稱弱冠以制科登第釋褐蒲州司法參
軍景雲二年中書令姚崇用為監察御史彈劾違犯先於風教當時

○以為稱職開元中崇復用為給事中遷中書舍人論駁書詔潤色王
言皆以古義謨誥為準的侍中宋璟中書侍郎蘇頲並重之秘書監
馬懷素右常侍元行冲受詔編次四庫羣書乃奏澣為編脩使改秘
書少監尋丁憂免十二年出為汴州刺史河南汴為雄郡自江淮達
于河洛舟車輻輳人庶浩繁前後牧守多不稱職唯倪若水與澣皆
以清嚴為治民吏歌之中書令張說擇左右丞之才舉懷州刺史王
丘為左丞以澣為右丞李元紘杜暹為相以開府廣平公宋璟為吏
部尚書又用戶部侍郎蘇晉與澣為吏部侍郎當時以為高選時開
府王毛仲寵幸用事與龍武將軍萬福順為姻親故北門官見毛仲
奏請無不之允皆受毛仲之惠進退隨其指使澣惡之乘間論之曰
福順典兵馬與毛仲婚姻小人寵極則姦生若不預圖恐後為患惟
陛下思之況腹心之委何必毛仲而高力士小心謹慎又是閹官便
於禁中驅使臣雖過言庶裨萬一臣聞君不密則失臣臣不密則失
身惟聖慮密之玄宗嘉其誠諭之曰卿且出朕知卿忠義徐俟其宜

會大理丞麻察坐事出爲興州別駕澣與察善出城餞之因語禁中
諫語察性譚諸遽以澣語奏之玄宗怒令中書門下鞫問又召澣於
內殿謂之曰卿向朕道君不密則失臣臣不密則失身而疑朕不密
而翻告麻察是何密耶麻察輕險無行常遊太平之門此日之事卿
豈不知耶澣免冠頓首謝罪乃貶高州良德丞又貶察爲潯州皇德
尉澣數年量移常州刺史二十五年遷潤州刺史充江南東道採訪
處置使潤州北界隔吳江至瓜步尾紆匯六十里船繞瓜步多爲風
濤之所漂損澣乃移其漕路於京口塘下直渡江二十里又開伊婁
河二十五里即達揚子縣自是免漂損之災歲減腳錢數十萬又立
伊婁埭官收其課迄今利濟焉數年復爲汴州刺史淮汴水運路自
虹縣至臨淮一百五十里水流迅急舊用牛曳竹索上下流急難制
澣乃奏自虹縣丁開河三十餘里入于清河百餘里出清水又開河
至淮陰縣北岸入淮免淮流湍險之害久之新河水復迅急又多僵
石漕運難澁行旅弊之澣因高力士中助連爲兩道採訪使遂興開

漕之利以中人主意復勾剝貨財賂遺中貴物議薄之又納劉戒之
女爲妾凌其正室專制家政李林甫惡之遣人掎摭其失會澣判官
犯贓澣連坐遂廢歸田里天寶初起爲員外少詹事留司東都時絳
州刺史嚴挺之爲林甫所擠除員外少詹事留司東都與澣皆朝廷
舊德既廢居家巷每園林行樂則杖屨相過談讌終日林甫聞而患
之欲離其勢五年用澣爲平陽太守卒於郡肅宗即位爲林甫所陷
者皆得雪澣受褒贈

王澣并州晉陽人少豪蕩不羈登進士第日以蒱酒爲事并州長史
張嘉貞奇其才禮接甚厚澣感之撰樂詞以敘情於席上自唱自舞
神氣豪邁張說鎮并州澣益至會說復知政事以澣爲秘書正字擢
拜通事舍人遷駕部員外櫪多名馬家有妓樂澣發言立意自比王
侯頤指儕類人多嫉之說既罷相出澣爲汝州長史改仙州別駕至
郡日聚英豪從禽擊鼓恣爲歡賞文士祖詠杜華常在座於是貶道
州司馬卒有文集十卷

李邕廣陵江都人父善嘗受文選於同郡人曹憲後爲左侍極賀蘭
敏之所薦引爲崇賢館學士轉蘭臺郎敏之敗善坐配流嶺外會赦
還因寓居汴鄭之間以講文選爲業年老疾卒所注文選六十卷大
行於時邕少知名長安初內史李嶠及監察御史張廷珪並薦邕詞
高行直堪爲諫諍之官由是召拜左拾遺俄而御史中丞宋璟奏侍
臣張昌宗兄弟有不順之言請付法推斷則天初不應邕在階下進
曰臣觀宋璟之言事關社稷望陛下可其奏則天色稍解始允宋璟
所請既出或謂邕曰吾子名位尚卑若不稱旨禍將不測何爲造次
如是邕曰不愿不狂其名不彰若不如此後代何以稱也及中宗即
位以妖人鄭普思爲秘書監邕上書諫曰蓋人有感一餐之惠殞七
尺之身況臣爲陛下官受陛下祿而目有所見口不言之是負恩矣
自陛下親政日近復在九重所以未聞在外群下竊議道路籍籍皆
云普思多行詭惑妄說妖祥唯陛下不知尚見驅使此道若行必撓
亂朝政臣至愚至賤不敢以胷臆對揚天威請以古事爲明證孔丘

云詩三百一言以蔽之曰思無邪陛下今若以普思有奇術可致長
生久視之道則爽鳩氏久應得之永有天下非陛下今日可得而求
若以普思可致仙方則秦皇漢武久應得之永有天下亦非陛下今
日可得而求若以普思可致佛法則漢明梁武久應得之永有天下
亦非陛下今日可得而求若以普思可致鬼道則墨翟干寶各獻於
至尊矣而二王得之永有天下亦非陛下今日可得而求此皆事涉
虛妄歷代無効臣愚不願陛下復行之於明時唯堯舜二帝自古稱
聖臣觀所得故在人事敦睦九族平章百姓不聞以鬼神之道聽天
理下伏願陛下察之則天下幸甚疏奏不納以與張東之善出爲南
和令又貶富州司戶唐隆元年玄宗清內難召拜左臺殿中侍御史
改戶部員外郎又貶崖州舍城丞開元三年擢爲戶部郎中邕素與
黃門侍郎張廷珪友善時姜皎用事與廷珪謀引邕爲憲官事洩中
書令姚崇嫉邕險躁因而構成其罪左遷括州司馬後徵爲陳州刺
史十三年玄宗車駕東封迴邕於汴州謁見累獻詞賦甚稱上旨由

是頗自矜衒自云當居相位張說為中書令甚惡之俄而陳州贓汙
事發下獄鞫訊罪當死許州人孔璋上書救邕曰臣聞明主御寓捨
過舉能取材棄行烈士抗節勇不避死見危授命晉用林父豈念過
乎漢用陳平豈念行乎禽息殞身豈愛死乎向若林父誅陳平死百
里不用晏嬰見逐是晉無赤狄之土漢無皇極之尊秦不并西戎齊
不霸東海矣臣伏見陳州刺史李邕學成師範文堪經國剛毅忠烈
難不苟免往者張易之用權人畏其口而邕折其角韋氏恃勢言出
禍應而邕挫其鋒雖身受屈終姦謀中損即邕有大造於我邦家也
且斯人所能者拯孤恤窮救乏賑惠積而便散家無私聚今聞坐贓
下吏鞫訊待報將至極刑死在朝夕臣聞生無益於國不若殺身以
明賢臣朽賤庸夫輪轅無取獸息禽視雖生何為況賢為國寶社稷
之衛是臣痛惜深矣臣願六尺之軀甘受膏斧以代邕死臣之死所
謂落一毛邕之生有足照千里然臣與邕生平不款臣知有邕邕不
知有臣臣不逮邕明矣夫知賢而舉仁也代人任患義也臣獲二善

○ 唐傳百四十中 十九

而死且不朽則又何求陛下若以臣之賤不足以贖邕鴈門縱被有
效矣伏惟陛下寬邕之生速臣之死令邕率德改行想林父之功使
臣得瞑目黃泉附北郭之迹臣之大願畢矣陛下即以陽和之始難
於用鉞俟天成命敢忘伏劍豈煩大刑然後歸死皇天后土實照臣
之心昔吳楚七國叛因亞夫得劇孟則寇不足憂夫以一賢之能敵
七國之衆伏惟數含垢之道存棄瑕之義遠思劇孟近取李邕豈惟
成愷悌之澤實亦歸天下之望況大禮之後天地更新赦而復論人
誰無罪惟明主圖之臣聞士為知己者死且臣不為死者所知甘於
死者豈獨為惜邕之賢亦成陛下矜能之德惟明主圖之疏奏邕以
會減死貶為欽州遵化縣尉璋亦配流嶺南而死邕後於嶺南從中
官楊思勗討賊有功又累轉括淄滑三州刺史上計京師邕素負美
名頻被貶斥皆以邕能文養士賈生信陵之流執事忌勝剥落在外
人間素有聲稱後進不識京洛阡陌聚觀以為古人或將眉目有異
衣冠望風尋訪門巷又中使臨問索其新文復為人陰中竟不得進

天寶初為汲郡北海二太守邕性豪侈不拘細行所在縱求財貨馳
獵自恣五載姦贓事發又嘗與左驍衛兵曹柳勣馬一匹及勣下獄
吉溫令勣引邕議及休咎厚相賂遺詞狀連引勑刑部員外郎祁順
之監察史羅希奭馳往就郡決殺之時年七十餘初邕早擅才名尤
長碑頌雖貶職在外中朝衣冠及天下寺觀多齎持金帛往求其文
前後所製凡數百首受納饋遺亦至鉅萬時議以為自古鬻文獲財
未有如邕者有文集七十卷其韓公行狀洪州放生池碑批韋巨源
諡議文士推重之後因恩例得贈秘書監

孫逖潞州涉縣人曾祖仲將壽張丞祖希莊韓王府典籤父嘉之天
冊年進士擢第又以書判拔萃授蜀州新津主簿歷曲周襄邑二縣
令以宋州司馬致仕卒年八十三逖幼而英俊文思敏速始年十五
謁雍州長史崔日用日用小之令為土火爐賦逖握翰即成詞理典
贍日用覽之駭然遂為忘年之交以是價譽益重開元初應哲人奇
士舉授山陰尉遷秘書正字十年應制登文藻宏麗科拜左拾遺張

○ 唐傳百四十中 二十

說尤重其才逖日遊其門轉左補闕黃門侍郎李暠出鎮太原辟為
從事暠在鎮與遊州節度使李商隱　于百欒州逖為之記文士盧
稱之二十一年入為考功員外郎集賢脩撰逖選貢士二年多得俊
才初年則杜鴻漸至宰輔顏真卿為尚書後年拔李華蕭穎士趙驊
登上第逖謂人曰此三人便堪掌綸誥二十四年拜逖中書舍人逖
自以通籍禁闈其父官纔邑宰乃上表陳情曰臣父嘉之雖當耄齒
幸遇明時綿歷驅馳纔及今長臣夙荷嚴訓累登清秩頻遷省闥又
拜掖垣地近班榮臣則過量途遙日暮父乃後時在公府有偷榮之
責於私庭無報德之効反慚烏鳥徒厠鴛鴻伏望降臣一外官特乞
微恩稍霑臣父玄宗優詔獎之授嘉之宋州司馬致仕尋丁父喪免
二十九年服闋復為中書舍人其年充河東遊黜陟使天寶三載權
判刑部侍郎五載以風病求散秩改太子左庶子逖掌誥八年制勑
所出為時流歎服議者以為自開元以來蘇頲齊澣蘇晉賈曾韓休
許景先及逖為王言之最逖尤善思文理精練加之謙退不伐人多

稱之以疾沉廢累年轉太子詹事上元中卒廣德二年詔贈尚書右僕射謚曰文有集三十卷子宿絳成遜弟遹遘造遹終左武衛兵曹宿歷河東掌記代宗朝歷刑部郎中中書舍人出爲華州刺史卒成字思退以父蔭累授雲陽長安尉歷監察御史轉殿中隴右副元帥李抱玉奏充掌書記入爲屯田司勳二員外郎丁母喪免終制出爲洛陽令轉長安令時兄宿爲華州刺史因失火驚懼成瘖病成素孝悌蒼黃請急不俟報而趨華代宗嘉之歎曰急難之切觀過知仁歷倉部郎中京兆少尹出爲信州刺史有惠政郡人請立碑頌德優詔褒美轉蘇州刺史貞元四年改桂州刺史桂管觀察使五年卒宿子公器官至信州刺史邕管經略使公器子簡範並舉進士會昌後兄弟繼居顯秩歷諸道觀察使簡兵部尚書子紓㣲並登進士第

唐書列傳卷第一百四十中

唐書列傳卷第一百四十下

劉　昫

文苑下

李華　蕭穎士（李翰附）　陸據　崔顥

王昌齡　孟浩然　元德秀　王維

李白　杜甫　吳通玄（兄通微）　盧景亮

王仲舒　崔咸　唐次（子扶 持 弟欽 欽子枚 持子彥謙）

劉蕡　李商隱（弟義叟）　溫庭筠　薛逢（子廷珪）

李拯　李巨川　司空圖

李華字遐叔趙郡人開元二十三年進士擢第天寶中登朝爲監察御史累轉侍御史禮部吏部二員外郎華善屬文與蘭陵蕭穎士友善華進士時著含元殿賦萬餘言穎士見而賞之曰景福之上靈光之下華文體温麗少宏傑之氣穎士詞鋒俊發華自以所業過之疑其誣詞乃爲祭古戰場文熏汙之如故物置於佛書之閣華與穎士因閱佛書得之華謂之曰此文何如穎士曰可矣華曰當代秉筆者誰及於此穎士曰君稍精思便可及此華愕然

華著論言龜卜可廢通人當其言祿山陷京師玄宗出幸華扈從不及陷賊僞署爲鳳閣舍人收城後三司類例減等從輕貶官遂廢於家卒華嘗爲魯山令元德秀墓碑顏眞卿書李陽冰篆額後人爭模寫之號爲四絕碑有文集十卷行於時

蕭穎士者字茂挺與華同年登進士第當開元中天下承平人物駢集如賈曾席豫張垍韋述輩皆有盛名而穎士皆與之遊由是縉紳多譽之李林甫採其名欲拔用之乃召見時穎士寓居廣陵母喪即縗麻而詣京師徑謁林甫於政事省林甫素不識遽見縗麻大[illegible]穎士大忿乃爲伐櫻桃賦以刺林甫云擢無庸之[illegible]因本[illegible]而自庇洎枝幹而非據專廟廷之右地雖先寢而或薦豈和羹之正味其狂率不遜皆此類也然而聰警絕倫嘗與李華陸據同遊洛南龍門三人共讀路側古碑穎士一閱即能

誦之華再閱據三閱方能記之議者以三人才格高下亦如此是
時外夷亦知穎士之名新羅使入朝言國人願得蕭夫子爲師其
名動華夷若此終以誕傲褊忿困躓而卒華宗人翰亦以進士知
名天寶中寓居陽翟爲文精密用思苦澀常從陽翟令皇甫曾求
音樂毎思涸則奏樂神逸則著文祿山之亂友人張巡客宋州巡
率州人守城賊攻圍經年食盡矢窮方陷當時薄巡者言其降賊
翰乃序巡守城事迹撰張巡姚闇等傳兩卷上之肅宗方明巡之
忠義士友稱之上元中爲衛縣尉入朝爲侍御史

陸據者周上庸公騰六代孫少孤文章俊逸言論縱橫年三十餘
始遊京師舉進士公卿覽其文稱重之辟爲從事累官至司勳員
外郎天寶十三載卒開元天寶間文士知名者汴州崔顥京兆王
昌齡高適襄陽孟浩然皆名位不振唯高適官達自有傳

崔顥者登進士第有俊才無士行好蒱博飲酒及遊京師娶妻擇
有貌者稍不愜意即去之前後數四累官司勳員外郎天寶十三

年卒

王昌齡者進士登第補祕書省校書郎又以博學宏詞登科再遷
汜水縣尉不護細行屢見貶斥卒昌齡爲文緒微而思清有集五卷

孟浩然隱鹿門山以詩自適年四十來遊京師應進士不第還襄
陽張九齡鎮荊州署爲從事與之唱和不達而卒

元德秀者河南人字紫芝開元二十一年登進士第性純朴無緣
飾動師古道父爲延州刺史德秀少孤貧事母以孝聞開元中從
鄉賦歲遊京師不忍離親毎行則自負板輿與母詣長安登第後
母亡廬於墓所食無鹽酪藉無茵席刺血畫像寫佛經久之以孤
幼牽於祿仕調授邢州南和尉佐治有惠政黜陟使上聞召補龍
武錄事參軍德秀早失恃怙縗麻相繼不及親在而娶既孤之後
遂不娶婚族人以絕嗣規之德秀曰吾兄有子足繼先人之祀以
兄子婚娶家貧無以爲禮求爲魯山令先是墮車傷足不任趨拜
故郡守以客禮待之部人爲盜吏捕之繫獄會縣界有猛獸爲暴
盜自陳曰願格殺猛獸以自贖德秀許之胥吏曰盜詭計苟免擅
放官囚無乃累乎德秀曰吾不欲負約累則吾坐必請不及諸君
即破械出之翌日格猛獸而還誠信化人大率此類秩滿南遊陸
渾見佳山水杳然有長往之志乃結廬山阿歲屬飢歉庖廚不爨
而彈琴讀書怡然自得好事者載酒肴過之不擇賢不肖與之對
酌陶陶然遺身物外琴觴之餘間以文詠率情而書語無雕刻所
著季子聽樂論蹇士賦爲高人所稱天寶十三年卒時五十九門
人相與諡爲文行先生士大夫高其行不名謂之元魯山

王維字摩詰太原祁人父處廉終汾州司馬徙家于蒲遂爲河東
人維開元九年進士擢第事母崔氏以孝聞與弟縉俱有俊才博
學多藝亦齊名閨門友悌多士推之歷右拾遺監察御史左補闕
庫部郎中居母喪柴毀骨立殆不勝喪服闋拜吏部郎中天寶末
爲給事中祿山陷兩都玄宗出幸維扈從不及爲賊所得維服藥
取痢僞稱瘖病祿山素憐之遣人迎置洛陽拘於普施寺迫以

僞署祿山宴其徒於凝碧宮其樂工皆梨園弟子教坊工人維聞
之悲惻潛爲詩曰萬戶傷心生野烟百官何日再朝天秋槐花落
空宮裏凝碧池頭奏管絃賊平陷賊官三等定罪維以凝碧詩聞
于行在肅宗嘉之會縉請削己刑部侍郎以贖兄罪特宥之責授
太子中允乾元中遷太子中庶子中書舍人復拜給事中轉尚書
右丞維以詩名盛於開元天寶間昆仲宦遊兩都凡諸王駙馬豪
右貴勢之門無不拂席迎之寧王薛王待之如師友維尤長五言
詩書畫特臻其妙筆蹤措思參於造化而創意經圖即有所缺
如山水平遠雲峯石色絕迹天機非繪者之所及也人有得奏樂
圖不知其名維視之曰霓裳第三疊第一拍也好事者集樂工按
之一無差咸服其精思維弟兄俱奉佛居常蔬食不茹葷血晚年
長齋不衣文綵得宋之問藍田別墅在輞口輞水周於舍下別
漲竹洲花塢與道友裴迪浮舟往來彈琴賦詩嘯詠終日嘗聚
其田園所爲詩號輞川集在京師日飯十數名僧以玄談爲樂齋

中無所有唯茶鐺藥臼經案繩牀而已退朝之後焚香獨坐以禪
誦爲事妻亡不再娶三十年孤居一室屏絕塵累乾元二年七月
卒臨終之際以縉在鳳翔忽索筆作別縉書又與平生親故作別
書數幅多敎厲朋友奉佛脩心之旨捨筆而絕代宗時縉爲宰相
代宗好文常謂縉曰卿之伯氏天寶中詩名冠代朕嘗於諸王座
聞其樂章今有多少文集卿可進來縉曰臣兄開元中詩百千餘
篇天寶事後十不存一比於中外親故間相與編綴都得四百餘
篇翌日上之帝優詔褒賞縉自有傳
李白字太白山東人少有逸才志氣宏放飄然有超世之心父爲
任城尉因家焉少與魯中諸生孔巢父韓沔裴政張叔明陶沔等
隱於徂來山酣歌縱酒時號竹溪六逸天寶初客遊會稽與道士
吳筠隱於剡中既而玄宗詔筠赴京師筠薦之于朝遣使召之與
筠俱待詔翰林白既嗜酒日與飲徒醉於酒肆玄宗度曲欲造樂
府新詞亟召白白已臥於酒肆矣召入以水灑面即令秉筆頃之

成十餘章帝頗嘉之嘗沉醉殿上引足令高力士脫靴由是斥去
乃浪迹江湖終日沉飲時侍御史崔宗之謫官金陵與白詩酒唱
和嘗月夜乘舟自採石達金陵白衣宮錦袍於舟中顧瞻笑傲傍
若無人初賀知章見白賞之曰此天上謫仙人也祿山之亂玄宗
幸蜀在途以永王璘爲江淮兵馬都督揚州節度大使白在宣州
謁見遂辟爲從事永王謀亂兵敗白坐長流夜郎後遇赦得還竟
以飲酒過度醉死於宣城有文集二十卷行於時
杜甫字子美本襄陽人後徙河南鞏縣曾祖依藝位終鞏令祖審
言位終膳部員外郎自有傳父閑終奉天令甫天寶初應進士不
第天寶末獻三大禮賦玄宗奇之召試文章授京兆府兵曹參軍
十五載祿山陷京師肅宗徵兵靈武甫自京師宵遁赴河西謁肅
宗於彭原郡拜右拾遺房琯布衣時與甫善時琯爲宰相請自帥
師討賊帝許之其年十月琯兵敗於陳濤斜明年春琯罷相甫上
疏言琯有才不宜罷免肅宗怒貶琯爲刺史出甫爲華州司功參

軍時關畿亂離穀食踊貴甫寓居成州同谷縣自負薪採梠兒女
餓殍者數人久之召補京兆府功曹上元二年冬黃門侍郎鄭國公
嚴武鎭成都奏爲節度參謀檢校尚書工部員外郎賜緋魚袋武
與甫世舊待遇甚隆甫性褊躁無器度恃恩放恣嘗憑醉登武之
牀瞪視武曰嚴挺之乃有此兒武雖急暴不以爲忤甫於成都浣
花里種竹植樹結廬枕江縱酒嘯詠與田畯野老相狎蕩無拘檢
嚴武過之有時不冠其傲誕如此永泰元年夏武卒甫無所依及
郭英乂代武鎭成都英乂武人麤暴無能刺謁乃遊東蜀依高適
既至而適卒是歲崔寧殺英乂楊子琳攻西川蜀中大亂甫以其
家避亂荊楚扁舟下峽未維舟而江陵亂乃泝沿湘流遊衡山寓
居耒陽甫嘗遊岳廟爲暴水所阻旬日不得食耒陽聶令知之自
棹舟迎甫而還永泰二年啗牛肉白酒一夕而卒於耒陽時年五
十九子宗武流落湖湘而卒元和中宗武子嗣業自耒陽遷甫之
柩歸葬於偃師縣西北首陽山之前天寶末詩人甫與李白齊名

而白自負文格放達譏甫齷齪而有飯顆山之嘲誚元和中詞人元
稹論李杜之優劣曰予讀詩至杜子美而知小大之有所總萃焉
始堯舜之時君臣以賡歌相和是後詩人繼作歷夏殷周千餘年
仲尼緝拾選練取其干預敎化之尤者三百餘無所聞騷人作而
怨憤之態繁然猶去風雅日近尚相比擬秦漢已還採詩之官既
廢天下妖謠民謳歌頌諷賦曲度嬉戲之辭亦隨時間作至漢武
賦柏梁而七言之體具蘇子卿李少卿之徒尤工爲五言雖句讀
文律各異雅鄭之音亦雜而辭意簡遠指事言情自非有爲而爲
則文不妄作建安之後天下之士遭罹兵戰曹氏父子鞍馬間爲
文往往橫槊賦詩故其抑揚冤哀悲離之作尤極於古晉世風
槩稍存宋齊之間敎失根本士以簡慢歙習舒徐相尚文章以風
容色澤放曠精淸爲高蓋吟寫性靈留連光景之文也意義格力無
取焉陵遲至於梁陳淫艷刻飾佻巧小碎之詞劇又宋齊之不取
也唐興官學大振歷世之文能者互出而又沈宋之流研練精切

穩順聲勢謂之爲律詩由是之後文變之體極焉然而莫不好古
者遺近務華者去實效齊梁則不逮於魏晉工樂府則力屈於五
言律切則骨格不存閑暇則纖濃莫備至於子美蓋所謂上薄風
騷下該沈宋言奪蘇李氣吞曹劉掩顏謝之孤高雜徐庾之流麗
盡得古今之體勢而兼人人之所獨專矣使仲尼考鍛其旨要尚
不知貴其多乎哉苟以爲能所不能無可無不可則詩人已來未
有如子美者是時山東人李白亦以文奇取稱時人謂之李杜予
觀其壯浪縱恣擺去拘束模寫物象及樂府歌詩誠亦差肩於子
美矣至若鋪陳終始排比聲韻大或千言次猶數百詞氣豪邁而
風調清深屬對律切而脫棄凡近則李尚不能歷其藩翰況堂奥
乎予嘗欲條析其文體別相附與來者爲之準特病懶未就爾自
後屬文者以稹論爲是甫有文集六十卷

吳通玄海州人父道瓘爲道士善教誘童孺大曆中召入宮爲太
子諸王授經德宗在東宮師道瓘而通玄兄弟出入宮掖侍太

子遊故遇之厚通玄與兄通微俱博學善屬文文彩綺麗通玄幼
應神童舉釋褐秘書正字左驍衛兵曹大理評事建中初策賢良
方正等科通玄應文詞清麗登乙第授同州司戶京兆戶曹貞元
初召充翰林學士遷起居舍人知制誥與陸贄吉中孚韋執誼等
同視草陸贄當詞藻特承德宗重顧經歷艱難通玄弟兄又以東
宮侍上由是爭寵頗相嫌恨贄性褊急屢於上前短通玄又言承
平時工藝書畫之徒待詔翰林比無學士只自至德後天子召集
賢學士於禁中草書詔因在翰林院待進止遂以爲名奔播之時
道途或豫除改權令草制今四方無事百揆時序制書職分宜歸
中書舍人學士之名理須停寢贄以通玄援引朋黨於禁中叶力
排己故欲廢之德宗[illegible]計會贄權知兵部侍郎知貢舉乃正拜之
罷內職皆通玄譖之也十年自起居郎拜諫議大夫知制誥通玄
自以久次當拜中書舍人而反除諫議殊失望陸贄與宰相竇參
相惡參從子給事中申參尤寵之每預中書擬議所至人呼申爲

喜鵲申嗣虢王則之從父甥也申與則之親善則之爲金吾將軍
好學有文申與則之潛結吳通玄兄弟爲參共傾陸贄則之令人
造謗書言贄考試舉人不實招納賄賂時通玄取宗室女爲外婦
德宗知之既聞申則之譖陸贄綱紀伺之果與通玄結構其謀帝
大怒罷竇參知政事尋貶郴州司馬竇申錦州司戶李則之昭州
司馬通玄泉州司馬帝召見之親自臨問責以汙辱近屬行至華
州長城驛賜死尋以陸贄爲中書侍郎平章事代竇參通微建
中四年自壽安縣令入爲金部員外召充翰林學士尋改職方郎
中知制誥與弟通玄同職禁署人士榮之七年改禮部郎中尋轉
中書舍人通玄死素服待罪於國門帝特宥之通微不敢爲變
服通玄詞藻婉麗帝尤憐之貞元初昭德王皇后崩詔李紓爲謚
冊文宰相張延賞柳渾爲廟樂章及進皆不稱旨並詔通玄重撰
凡中旨撰述非通玄之筆無不慊然重之如此

王仲舒字弘中太原人少孤貧事母以孝聞嗜學工文不就鄉舉

凡與結交必知名之士與楊頊梁肅裴樞爲忘形之契貞元十年
策試賢良方正能直言極諫等科仲舒登乙第超拜右拾遺裴延
齡領度支矯誕大言中傷良善仲舒上疏極論之累轉尚書郎元
和五年自職方郎中知制誥仲舒文思溫雅制誥所出人皆傳寫
京兆尹楊憑爲中丞李夷簡所劾貶臨賀尉仲舒與憑善宣言於
朝言夷簡掎摭憑罪仲舒坐貶硤州刺史遷蘇州穆宗即位復召
爲中書舍人其年出爲洪州刺史御史中丞江南西道觀察使江
西前例榷酒私釀法深仲舒至鎮奏罷之又出官錢二萬貫代貧
戶輸稅長慶三年冬卒于鎮

崔咸字重易博陵人祖安石父銳位終給事中咸元和二年進士
擢第又登博學宏詞科鄭餘慶李夷簡辟爲賓佐待如師友及
登朝歷踐臺閣獨行守正時望甚重敬宗欲幸東都人心不安裴
度以勳舊自興元隨表入覲既至李逢吉不欲度復入中書京兆
尹劉栖楚逢吉黨也栖楚等十餘人駕肩排度而朝士持兩端者

日擁度門一日度留客命酒栖楚矯求度之歡曲躬附裴耳而語咸嫉其矯舉爵罰度曰丞相不當許所由官囁耳語度笑而飲之栖楚不自安趨出坐客皆壯之累遷陝州大都督府長史陝虢觀察等使自旦至暮與賓僚痛飲恒醉不醒簿領堆積夜分省覽剖判決斷無毫釐之差胥吏以爲神人入爲右散騎常侍祕書監大和八年十月卒初銑佐李抱眞爲澤潞從事有道人自稱盧老曾事隋朝雲際寺李先生預知過往未來之事屬河朔禁遊客銑館之於家一旦辭去且曰我死當與君爲子因指口下黑子願以爲志咸之生也果有黑子其形神即盧老也父即以盧老字之既冠慷心高尚志於林壑往往獨遊南山經時方還尤長於歌詩或風景晴明花朝月夕朗吟意愜必悽愴霑襟言趣高奇名流嗟挹有文集二十卷

唐次并州晉陽人也國初功臣禮部尚書儉之後建中初進士擢第累辟使府貞元初歷侍御史竇參深重之轉禮部員外郎八年

○ 五十二【唐傳一百四十下 八 周诰

參貶官次坐出爲開州刺史在巴峽閒十餘年不獲進用西川節度使韋皋抗表請爲副使德宗密諭皋令罷之次久滯蠻荒孤心抑鬱怨謗所積孰與申明乃採自古忠臣賢士遭羅讒謗放逐遂至殺身而君猶不悟其書三篇謂之辨謗略上之德宗省之猶怒謂左右曰唐次乃方吾爲古之昏主何自諭如此改夔州刺史憲宗即位與李吉甫同自峽內召還授次禮部郎中尋以本官知制誥正拜中書舍人卒章武皇帝明哲嫉惡尤惡人朋比傾陷嘗閱書禁中得次所上書三篇覽而善之謂學士沈傳師曰唐次所集辨謗之書實君人者時宜觀覽朕思古書中多有此事次編錄未盡卿家傳史學可與學士類例廣之傳師奉詔與令狐楚杜元穎等分功脩續廣爲十卷號元和辨謗略其序曰臣聞乾坤定而上下分矣至於播四時之候遂萬物之宜在驗乎妖祥二氣祥氣降則爲豐爲茂妖氣降則爲沴爲災君臣立而卑高陳矣至於彪神明之輿詢獻納之辭在審乎邪正之二說正言勝則爲忠爲讜邪言勝則爲讒爲諛故詩云萋兮斐兮成是貝錦刺其組織之甚巧也語曰邪徑敗良田讒口亂善人惡其變言之害政也蓋謂似信而詐似忠而非便便可以動心捷捷可以亂德豈止鷃鳩彫卉蠹政惑珠者哉況立國家自中徂外道偏則刑罰不中讒勝則忠孝靡彰逖覽前聞緬想近古招賢容諫遠佞嫉邪慮之則深防之未至伏惟睿聖文武皇帝陛下垂衣御寓化洽文明謨猷博訪於搢紳蒞賁屢臻於巖穴尚復廣四目周四聰制理皆在於未萌作範將垂於不朽乃詔掌文之臣令狐楚等上自周漢下洎隋朝求史籍之忠賢罹讒謗之事迹敘瑕釁之本末紀謠詠之淺深編次指明勒成十卷昔虞舜有聖讒之命我皇脩辨謗之書千古一心同垂至理將俟法宮退日昃之政別殿備乙夜之觀則聖慮先辨謗何由興上天不言而民自信矣憲宗優詔荅之次子扶持

扶字雲翔元和五年進士登第累佐使府入朝爲監察御史出爲刺史大和初入朝爲屯田郎中十五年充山南道宣撫使至鄧州

○ 五十七【唐傳一百四十下 九 王國

奏內鄉縣行市黃澗兩場倉督鄧琬等先主掌湖南江西運到糙米至浙川縣於荒野中囤貯除支用外六千九百四十五碩裛爛成灰塵度支牒御元掌所由自貞元二十年鄧琬父子兄弟至玄孫相承禁繫二十八年前後禁死九人今琬孫及玄孫見在枷禁者敕曰如聞鹽鐵度支兩使此類極多其鄧琬等四人資產全已賣納禁繫三代瘐死獄中實傷和氣鄧琬等並疏放天下州府監院如有此類不得禁經三年已上速便疏理以聞物議嘉扶有宣撫之才俄轉司勳郎中八年充弘文館學士判院事九年轉職方郎中權知中書舍人事開成初正拜舍人踰月授福州刺史御史中丞福建團練觀察使四年十一月卒于鎮扶佐幕立事登朝有名及廉問甌閩政事不治身歿之後僕妾爭財詣闕論訴法司按劾其家財十萬貫歸於二妾又嘗枉殺部人爲其家所訴行已前後不類時論非之

持字德守元和十五年擢進士第累辟諸侯府入朝爲侍御史尚

書郎大中末自工部郎中出爲容州刺史御史中丞容管經略招
討使入爲給事中大中末檢校左散騎常侍靈州大都督府長史
朔方節度靈武六城轉運等使進位檢校戶部尚書潞州大都督
府長史昭義節度澤潞邢洺磁觀察處置等使卒子彥謙字茂
業咸通末應進士才高負氣無所屈降十餘年不第乾符末河南
盜起兩都覆沒以其家避地漢南中和中王重榮鎮河中辟爲從
事累奏至河中節度副使歷晉絳二州刺史彥謙博學多藝文詞
壯麗至於書畫音樂博飲之技無不出於輩流尤能七言詩少時
師溫庭筠故文格類之光啓末王重榮爲部下所害朝議責參佐
彥謙與書記李巨川俱貶漢中掾曹時楊守亮鎮興元素聞其名
彥謙以本府參承守亮見之喜握手曰聞尚書名久之矣邂逅於
茲翌日署爲判官累官至副使閬壁三郡刺史卒於漢中有詩數
百篇吏部侍郎薛廷珪爲之序號鹿門先生集行於時子渙位亦
至郡守文弟歡款欣

○ 五十七 唐傳二百四十下 十 徐宗

欵貞元六年登進士第累辟使府登朝爲御史出爲郡守卒子技
技字己有會昌末累遷刑部員外轉郎中累歷刺史卒
劉蕡字去華昌平人父勉蕡寶曆二年進士擢第博學善屬文尤
精左氏春秋與朋友交好譚王霸大略耿介嫉惡言及世務慨然
有澄清之志自元和末閹寺權盛握兵宮闈橫制天下天子廢立
由其可否干橈庶政當時目爲南北司愛惡相攻有同水火蕡草
澤中居常憤惋文宗即位恭儉求理大和二年策試賢良曰朕聞
古先哲王之理也玄默無爲端拱思道陶民心以居簡凝日用而不
宰厚下以立本推誠而建中繇是天人通陰陽和俗躋仁壽物無
疵癘噫盛德之所臻夐乎莫可及也三代令王質文迭救百僞滋
熾風流寖微自漢而降足徵蓋寡朕顧惟昧道祗荷丕構奉若謨
訓不敢怠荒任賢惕厲宵衣旰食詎追三五之遐軌庶紹祖宗之
鴻緒而心有所未達行有所未孚由中及外闕政斯廣是以人不
率化氣或堙厄災旱竟歲播植愆時國廩罕蓄乏九年之儲吏道

多端微三載之績京師諸夏之本也將以觀理而豪猾時逾檢太
學明教之源也期於變風而生徒多墮業列郡在乎頒條而干禁
或未絕百工在乎按度而淫巧或未衰俗怪風靡積訛成蠹其擇
官濟理也聽人以言則枝葉難辨御下以法則恥格不形其阜財
發號也生之寡而食之衆煩於令而鮮於理思所以究此繆盩致
之治平茲心浩然若涉泉水故前詔有司博延群彥佇啓宿懵冀
臻治平子大夫識達古今明於康濟造廷待問副朕虛懷必當箴
主之闕辨政之疵明綱條之致紊稽富庶之所急何施斯革於前
弊何澤斯惠乎下士何脩而理古可近何道而和氣克充推之本
源著於條對至於夷吾輕重之權孰輔於理嚴尤底定之策孰叶
於時元凱之考課何先叔子之克平何務推此龜鏡擇乎中庸期
在洽聞朕將親覽時對策者百餘人所對止循常務唯蕡切論黃
門太橫將危宗社對曰臣誠不佞有臣國致君之術無位而不得
行有犯顏敢諫之心無路而不得進但懷憤鬱抑思有時而一發

○ 五十七 唐列二百四十下 十一 趙寶

耳常欲與庶人議於道商旅謗於市得通上聽一悟主心雖被祅
言之罪無所悔焉況逢陛下以至德嗣興以大明垂照詢求過闕
咨訪謨猷制詔中外舉直言極諫者臣既辱斯舉專承大問敢
不悉意以言至於上之所忌時之所禁權幸之所諱惡有司之所
與奪臣愚不識伏惟陛下少加優容不使聖朝有讜直而受戮者
乃天下之幸也謹昧死以對伏惟聖策有思先古之理念玄默之
化將欲通天人以齊俗和陰陽以煦物見陛下慕道之深也臣以
爲哲王之理其則不遠惟陛下致之之道何如爾伏惟聖策有祗
荷丕構而不敢荒寧奉若謨訓而罔有怠忽見陛下憂勞之志也
若夫任賢惕厲宵衣旰食宜黜左右之纖佞進股肱之大臣若夫
追蹤三五紹復祖宗宜鑒前古之興亡明當時之成敗心有所未
達以下情塞而不得上通行有所未孚以上澤壅而不得下浹欲
人之化也在脩已以先之欲氣之和也在遂性以導之救災患在
致乎精誠廣播植在視乎食力國廩罕蓄本乎冗食尚繁吏道多

端本乎選用失當豪猾踰制由中外之法殊生徒隳業由學校之官廢列郡干禁由授任非人百工淫巧由制度不立伏以聖策有擇官濟理之心阜財發號之歎見陛下敎化之本也且進人以行則枝葉安有難別乎防下以禮則恥格安有不形乎念生育而食衆可罷斥惰游念令煩而理鮮要察其行否博延群彥願陛下必納其言造廷待問則小臣安敢愛死伏以聖策有求賢箴闕之言審政辨疵之念見陛下咨訪之勤也遂小臣屏對豪之志則弊革於前守陛下念康濟之心則惠敷於下邪正之道分則理古可近禮樂之方著而和氣克充至若夷吾之法非皇王之權嚴尤所陳無最上之策元凱之所先不若唐虞之考績叔子之所務不若重華之舞干且俱非大德之中庸未爲上聖之龜鑑何足以爲陛下道之哉或有以繫安危之機兆存亡之變臣請披瀝肝膽爲陛下別白而重言之臣前所謂格王之理其則不遠者在陛下愼思之力行之終始不懈而已臣謹按春秋元者氣之始也春者歲之始

也春秋以元加於歲以春加於王明王者當奉若天道以謹其始也又舉時以終歲舉月以終時春秋雖無事必書首月以存時明王者當奉若天道以謹其終也王者動作終始必法於天以其運行不息也陛下既能謹其始又能謹其終懋而脩之勤而行之則可以執契而居簡無爲而不宰廣立本之大業崇建中之盛德矣又安有三代循環之弊而爲百世滋熾之漸乎臣故曰惟陛下致之之道何如耳臣前所謂若夫任賢惕厲宵衣旰食宜罷黜左右之纖佞進股肱之大臣者實以陛下憂勞之至也臣聞不宜憂而憂者國必衰宜憂而不憂者國必危今陛下不以國家存亡之事社稷安危之策而降於清問臣未知陛下以布衣之臣不足以定大計耶或萬機之勤而聖慮有所未至耶不然何宜憂而不憂者乎臣以爲陛下宜先憂者宮闈將變社稷將危天下將傾海內將亂此四者國家已然之兆故臣謂聖慮宜先及之夫帝業既艱難而成之故不可容易而守之昔太祖肇其基高祖勤其績太宗定

其業玄宗繼其明至于陛下二百有餘載矣其間明聖相因憂亂繼作未有不委用賢士親近正人而能紹興其徽烈者也或一日不念則顚覆大器宗廟之恥萬古爲恨臣謹按春秋人君之道在體元以居正者昔董仲舒爲漢武帝言之略矣其所未盡者臣得爲陛下備而論之夫繼故必書即位所以正其始也終必書所終之地所以正其終也故爲君者所發必正言所履必正道所居必正位所近必正人臣又按春秋閽弑吳子餘祭不書其君春秋譏其疏遠賢士昵近刑人有不君之道矣伏惟陛下思祖宗開國之勤念春秋繼故之誡將明法度之端則發正言而履正道將杜篡弑之漸則居正位而近正人遠刀鋸之賤親骨鯁之直輔相得以專其任庶職得以守其官奈何以褻近五六人總天下大政外專陛下之命內竊陛下之權威懾朝廷勢傾海內群臣莫敢指其狀天子不得制其心禍稔蕭牆姦生帷幄臣恐曹節侯覽復生於今日此宮闈將變也臣謹按春秋魯定公元年春王不言正月者春秋

以其先君不得正其終故後君不得正其始故曰定無正也今忠賢無腹心之寄閽寺恃廢立之權陷先君不得正其終致陛下不得正其始況皇儲未建郊祀未脩將相之職不歸名分之宜不定此社稷之所以將危也臣謹按春秋王子札殺邵伯毛伯春秋之義兩下相殺不書而此書者重其專王命也且天之所授者在君君之所授者在命操其命而失之者是不君也侵其命而專之是不臣也君不君臣不臣此天下所以將傾也臣謹按春秋晉趙鞅以晉陽之兵叛入于晉書其歸者以其能逐君側之惡人以安其君故春秋善之今威柄淩夷藩臣跋扈或有不達人臣之節首亂者以安君爲名不究春秋之微稱兵者以逐惡爲義則政刑不由乎天子征伐必自於諸侯此海內之所以將亂也又樊噲排闥而雪涕爰盎當車以抗詞京房發憤以殞身竇武不顧而畢命此皆陛下明知之矣臣謹按春秋晉狐射姑殺陽處父書襄公殺之者以其上漏言也襄公不能固陰重之戒處父所以及戰賊之禍故春

秋非之失上漏其情則下不敢盡意上泄其事則下不敢盡言傳
有造膝詭辭之文易有殺身害成之戒今公卿大臣非不能爲陛
下言之慮陛下必不能用之陛下既忽之而不用必洩其言臣下
既言之而不行必嬰其禍適足以鉗直臣之口重姦臣之威是以
欲盡其言則起失身之懼欲盡其意則有害成之憂故徘徊鬱塞
以俟陛下感悟然後盡其啓沃耳陛下何不以聽朝之餘時御便
殿召當時賢相與舊德老臣訪持變扶危之謀求定傾救亂之術
塞陰邪之路屏褻狎之臣制侵陵迫脅之心復門戶掃除之役戒
其所宜戒憂其所宜憂既不能治於前當治於後既不能正其始
當正其終則可以虞秦典謨克承丕構終任賢之効無旰食之憂
矣臣前所謂若夫追蹤三五紹復祖宗宜鑒前古之興亡明當時
之成敗臣聞堯舜之爲君而天下之人理者以其能任九官四岳十
二牧不失其舉不貳其業不侵其職居官惟其能左右惟其賢元
凱在下雖微必舉四凶在朝雖強必誅考其安危明其取捨至秦

○　五十七【唐傳一百四十下　十四　吳圭

之二代漢之元成咸欲措國如唐虞致身如堯舜而終敗亡者以
其不見安危之機不知取捨之道不任大臣不辨姦人不親忠良
不遠讒佞伏惟陛下察唐虞之所以興而景行於前鑒秦漢之所
以亡而戒懼於後陛下無謂廟堂無賢相庶官無賢士今紀綱未
絕典刑猶在人誰不欲自致爲王臣致時爲太平陛下何忽而不
用之耶又有居官非其能左右非其賢其惡如四凶其詐如趙高
其姦如恭顯陛下又何憚而不去之耶神器固有歸天命固有分
祖廟固有靈忠臣固有心陛下其念之哉昔秦之亡也失於強暴
漢之亡也失於微弱強暴則賊臣死傷而害上微弱則姦臣竊權
而震主伏見敬宗皇帝不虞亡秦之禍不翦其萌伏惟陛下深軫
亡漢之憂以杜其漸則祖宗之鴻業可紹三五之遐軌可追矣臣
前所謂陛下心有所未達以下澤壅而不得下浹者且百姓塗炭
之苦陛下無由而知則陛下有子育之心百姓無由而信臣謹按春秋
書梁亡不書取者梁自亡也以其思慮昏而耳目塞上出惡政人爲寇

盜皆不知其所以然自取其滅亡也臣聞國君之所以尊者重其
社稷也社稷之所以重者存其百姓也苟百姓之不存則社稷不
得固其重苟社稷之不重則國君不得保其尊故治天下不可不
知百姓之情夫百姓者陛下之赤子也陛下宜令仁慈者親育之
如母傅焉如乳哺焉如師之教導焉故人信於上也敬之如神明
愛之如父母今或不然陛下親其貴倖分曹建署補除卒吏召致
賓客因其貨賄假其氣勢大者統藩方小者爲牧守居上無清惠
之政而有饕餮之害居下無忠誠之節而有姦欺之罪故人之於
上也畏之如豺狼惡之如讎敵今海內困窮處處流散飢者不得
食寒者不得衣鰥寡孤獨者不得存老幼疾病者不得養加以國
之權柄專在左右貪臣聚斂以固寵姦吏因緣而弄法冤痛之聲
上達于九天下流于九泉鬼神怨怒陰陽爲之愆錯君門萬里而
不得告訴士人無所歸化百姓無所歸命官亂人貧盜賊並起土
崩之勢憂在旦夕即不幸因之以疾癘繼之以凶荒臣恐陳勝吳

○　五十七【唐傳一百四十下　十五　朱圖

廣不獨起於秦赤眉黃巾不獨起於漢故臣所以爲陛下發憤扼
腕痛心泣血爾如此則百姓有塗炭之苦陛下何由而知之陛下
有子育之心百姓安得而信之乎致使陛下行有所未孚心有所
未達者固其然也臣聞昔漢元帝即位之初更制七十餘事其心
甚誠其稱甚美然而紀綱日紊國祚日衰姦究日強黎元日困者
以其不能擇賢明而任之失其操柄也自陛下御宇憂勤兆庶屢
降德音四海之內莫不抗首而長思自喜復生於死亡之中也伏
惟陛下愼終如始以塞萬方之望誠能揭國權以歸其相持兵柄
以歸其將去貪臣聚斂之政除姦吏因緣之害惟忠賢是近惟正
直是用內寵便僻無所聽焉選清愼之官擇仁惠之長敏之以利
煦之以和教之以孝慈導之以德義去耳目之塞通上下之情俾
萬國懽康兆民蘇息則心無不達行無不孚矣臣前所謂欲兆人
之化也在脩己以先之者臣聞德以脩己教以導人脩之也則人
不勸而自至導之也則人敦行而率從是以君子欲政之必行也

故以身先之欲人之從化也故以道御之今陛下先之以身而政未必行御之以道而人未從化豈不以立教之首未盡其方也夫立教之方在乎君以明制之臣以忠行之君以知人爲明臣以匡時爲忠知人則任賢而去邪匡時則固本而守法賢不任則重賞不足以勸善邪不去則嚴刑不足以禁非本不固則民流法不守則政散而欲教之使必至化之使必行不可得也陛下能斥姦邪不私其左右舉賢正不遺其疎遠則化浹於朝廷矣愛人以敦本分職而奉法脩其身以及其人始於中而成於外則化行於天下矣臣前所謂欲氣之和也在遂於性以導之者當納人於仁壽也夫欲人之壽在乎立制度脩教化夫制度立則財用省財用省則賦斂輕賦斂輕則人富矣教化脩則爭競息爭競息則刑罰清刑罰清則人安矣既富矣則仁義興焉既安矣則壽考至焉仁壽之心感於下和平之氣應於上故災害不作休祥荐臻四方底寧萬物咸遂矣臣前所謂救災旱在致乎精誠者臣謹按春秋魯僖公

五十七　唐傳一百四十下　十六　朱圀

○七月之中三書不雨者以其人君有恤人之志也魯文公三年之中一書不雨者以其君無憫人之心也故僖公致精誠而旱不害物文公無卹憫而旱則成災陛下誠能有卹人之心則無成災之變矣臣前所謂廣播植在視乎食力者臣謹按春秋君人者必時視人之所勤人勤於力則功築罕人勤於財則貢賦少人勤於食則百事廢今財食與人力皆勤矣願陛下廢百事之勞廣三時之務則播植不衍矣臣前所謂國廩罕蓄本乎冗食尚繁者臣謹按春秋臧孫辰告糴于齊春秋譏其國無九年之蓄一年不登而百姓飢臣願斥游墮之人以篤其耕植省不急之費以贍其黎元則廩蓄不乏矣臣前所謂吏道多端本乎選用失當者由國家取人不盡其才任人不明其要故也今陛下之用人也求其聲而不得其實故人之趨進也務其末而不務其本臣願覈考課之實定遷序之制則多端之吏息矣臣前所謂豪猾踰檢由中外之法殊者以其官禁不一也臣謹按春秋齊桓公盟諸侯不以日而葵丘之

盟特以日者美其能一明天子之禁率奉王官之法故春秋備而書之夫官者五帝三王之所建也法者高祖太宗之所制也法宜畫一官宜正名今又分外官中官之員立南司北司之局或犯禁於南則亡命于北或正刑于外則破律於中法出多門人無所措實由兵農勢異而中外法殊也臣聞古者因井田而制軍賦間農事以脩武備隄封約卒乘之數命將在公卿之列故兵農一致而文武同方可以保乂邦家式遏禍亂暨太宗皇帝肇建邦典亦置府兵臺省軍衞文武參掌居閒歲則橐弓力穡將有事則釋耒荷戈所以脩復古制不廢舊物今則不然夏官不知兵籍止於奉朝請六軍不主兵事止於養勳階軍容合中官之政戎律附內臣之職首一戴武弁嫉文吏如仇讎足一蹈軍門視農夫如草芥謀不足以翦除兇逆而詐足以抑揚威福勇不足以鎮衞社稷而暴足以侵軼里閭羈紲藩臣干凌宰輔隳裂王度汩亂朝經張武夫之威上以制君父假天子之命下以御英豪有藏姦觀釁之心

五十七　唐傳一百四十下　十七　盡昂

○無伏節死難之義豈先王經文緯武之旨耶臣願陛下貫文武之道均兵農之功正貴賤之名一中外之法還軍衞之職脩省署之官近崇貞觀之規遠復成周之制自邦畿以刑于下國始天子以達于諸侯則可以制豪猾之強無踰檢之患矣臣前所謂生徒墮業由學校之官廢者蓋以國家貴其祿而賤其能先其身而後其行故庶官乏通經之學諸生無脩業之心矣臣前所謂列郡干禁由授任非其人者臣以爲刺史之任理亂之根本繫焉朝廷之法制在焉權可以抑豪猾恩可以惠孤寡強可以禦姦寇政可以移風俗其將校有曾經戰陣及功臣子弟各請隨宜酬賞如無治人之術者不當授任此官則絕干禁之患矣臣前所謂百工淫巧由制度不立者臣謂以官位祿秩制其器用車服禁人金銀珠玉錦繡雕鏤不蓄於私室則無蕩心之巧矣臣前所謂辨枝葉者考其言以詢行也臣前所謂形于恥格者道德而齊禮也臣前所謂念生寡而食衆可罷斥惰遊者已備之於前矣臣前所謂令煩而理

斷要察其行否者臣聞號令者乃理國之具也君審而出之臣奉而行之或虧上言罪在不赦今陛下令煩而理鮮得非持之者有所蔽欺乎臣前所謂博延群彥願陛下必納其言造廷待問則小臣一不敢愛死者臣聞晁錯爲漢畫削諸侯之策非不知禍之將至也忠臣之心壯夫之節苟利社稷死無悔焉今臣非不知言發而禍應計行而身戮蓋所以痛社稷之危哀生人之困豈忍姑息時忌竊陛下一命之寵哉昔龍逄死而啓殷比干死而啓周韓非死而啓漢陳蕃死而啓魏今臣之來也有司或不敢薦臣之言陛下又無以察臣之心退必受戮於權臣之手臣幸得從四子於地下固臣之願也所不知殺臣者臣死之後將孰爲啓之哉至於人主之闕政教之疵前日之弊臣既言之矣若乃流下土之惠脩近古之理而致其和平者在陛下行之而已然上之所陳者實以臣親奉聖問敢不條對雖臣之愚以爲未極敎化之大端皇王之要道伏惟陛下事天地以敎人敬奉宗廟以敎人孝養高年以敎人悌長字百姓以敎人慈幼調元氣以煦育扇大和於仁壽可以逍遥無爲垂拱成化至若念陶鈞之道在擇宰相而任之使權造物之柄念保定之功在擇將帥而任之使脩分閫之寄念百度之未貞在擇庶官而任之使專職業之守念百姓之愁痛在擇長吏而任之使明惠育之術自然言足以爲天下敎行足爲天下法仁足以勸善義足以禁非又何必宵衣旰食勞神惕慮然後以致其理哉是歲左散騎常侍馮宿太常少卿賈餗庫部郎中龐嚴爲考策官三人者時之文士也覩蕡條對歎服嗟悒以爲漢之晁董無以過之言論激切士林感動時登科者二十二人而中官當途考官不敢留蕡在籍中物論喧然不平之守道正人傳讀其文至有相對垂泣者諫官御史扼腕憤發而執政之臣從而弭之以避黃門之怨惟登科人李郃謂人曰劉蕡不第我輩登科實厚顏矣請以所授官讓蕡事雖不行人士多之令狐楚在興元牛僧孺鎮襄陽辟爲從事待如師友位終使府御史

五十七 【唐傳一百四十下】 十八 黃昂

李商隱字義山懷州河内人曾祖叔恒年十九登進士第位終安陽令祖俌位終邢州錄事參軍父嗣商隱幼能爲文令狐楚鎮河陽以所業文干之年纔及弱冠楚以其少俊深禮之令與諸子遊楚鎮天平汴州從爲巡官歲給資裝令隨計上都開成二年方登進士第釋褐祕書省校書郎調補弘農尉會昌二年又以書判拔萃王茂元鎮河陽辟爲掌書記得侍御史茂元愛其才以子妻之茂元雖讀書爲儒然本將家子李德裕素遇之時德裕秉政用爲河陽帥德裕與李宗閔楊嗣復令狐楚大相讎怨商隱既爲茂元從事宗閔黨大薄之時令狐楚已卒子綯爲員外郎以商隱背恩尤惡其無行俄而茂元卒來遊京師久之不調會給事中鄭亞廉察桂州請爲觀察判官檢校水部員外郎大中初白敏中執政令狐綯在内署共排李德裕逐之亞坐德裕黨亦貶循州刺史商隱隨亞在嶺表累載三年入朝京兆尹盧弘正奏署掾曹令典牋奏明年令狐綯作相商隱屢啓陳情綯不之省弘正鎮徐州又從爲掌書記府罷入朝復以文章干綯乃補太學博士會河南尹柳仲郢鎮東蜀辟爲節度判官檢校工部郎中大中末仲郢坐專殺左遷商隱廢罷還鄭州未幾病卒商隱能爲古文不喜偶對從事令狐楚幕楚能章奏遂以其道授商隱自是始爲今體章奏博學強記下筆不能自休尤善爲誄奠之辭與太原溫庭筠南郡段成式齊名時號三十六文思清麗庭筠過之而俱無持操恃才詭激爲當塗者所薄名宦不進坎壈終身弟羲叟亦以進士擢第累爲賓佐商隱有表狀集四十卷

溫庭筠者太原人本名岐字飛卿大中初應進士苦心硯席尤長於詩賦初至京師人士翕然推重然士行塵雜不脩邊幅能逐絃吹之音爲側豔之詞公卿家無賴子弟裴誠令狐縞之徒相與蒱飲酣醉終日由是累年不第徐商鎮襄陽往依之署爲巡官咸通中失意歸江東路由廣陵心怨令狐綯在位時不爲成名既至與新進少年狂遊狹斜久不刺謁又乞索於揚子院醉而犯夜爲虞

五十七 【唐傳一百四十下】 十九 王忝

候所擊敗而折齒方還揚州訴之令狐綯捕虞候治之極言庭筠
狹斜醜迹乃兩釋之自是汙行聞于京師庭筠自至長安致書公
卿間雪冤屬徐商知政事頗爲言之無何商罷相出鎮楊收怒之
貶爲方城尉再遷隋縣尉卒子憲以進士擢第弟庭皓咸通中爲
徐州從事節度使崔彥曾爲龐勛所殺庭皓亦被害庭筠著述
頗多而詩賦韻格清拔文士稱之
薛逢字陶臣河東人父倚逢會昌初進士擢第釋褐祕書省校書
郎崔鉉罷相鎮河中辟爲從事鉉復輔政奏授萬年尉直弘文館
累遷侍御史尚書郎逢文詞俊拔論議激切自負經畫之略久之
不達應進士時與彭城劉瑑尤相善而瑑詞藝不逮逢逢每侮之
至大中末瑑揚歷禁署逢愈不得意自是相怨俄而瑑知政事或
薦逢知制誥瑑奏曰先朝立制兩省官給事中舍人除拜須先歷
州縣逢未嘗治郡宜先試之乃出爲巴州刺史既而沈詢楊收王
鐸由學士相繼爲將相皆逢同年進士而逢文藝最優楊收作相

○ 五十七 【唐傳一百四十下】 二十 王介

逢有詩云須知金印朝天客同是沙隄避路人威鳳偶時皆瑞
聖應龍無水謾通神收聞大銜之又出爲蓬州刺史收罷相入爲
太常少卿給事中王鐸作相逢又有詩云昨日鴻毛萬鈞重今朝
山岳一塵輕鐸又怨之以恃才褊忿人士鄙之遷祕書監卒子廷
珪中和中登進士第大順初累遷司勳員外郎知制誥正拜中書
舍人乾寧三年奉使太原復命昭宗幸華州改左散騎常侍移疾
免客遊成都光化中復爲中書舍人遷刑部吏部二侍郎權知禮
部貢舉拜尚書左丞入梁至禮部尚書
李拯字昌時隴西人咸通十二年登進士第乾符中累佐府幕黃
巢之亂避地平陽僖宗還京召拜尚書郎轉考功郎中知制誥僖
宗再幸寶雞拯扈從不及在鳳翔襄王僭號逼爲翰林學士拯既
汙僞署心不自安後朱玫秉政百揆無叙典章濁亂拯嘗朝退駐
馬國門望南山而吟曰紫宸朝罷綴鴛鸞丹鳳樓前駐馬看唯
有終南山色在晴明依舊滿長安吟已涕下及王行瑜殺朱玫襄
王出奔京城拯爲亂兵所殺妻盧氏知書能文有姿色拯既死伏
其屍慟哭賊逼之堅哭不動又臨之以兵至於斷一臂終不顧爲
賊所害人皆傷之
李巨川字下己隴右人國初十八學士道玄之後故相逢吉之姪
曾孫父循大中八年登進士第巨川乾符中應進士屬天下大亂
流離奔播切於祿位乃以刀筆從諸侯府王重榮鎮河中辟爲掌
書記時車駕在蜀賊據京師重榮匡合諸藩叶力誅寇軍書奏請
堆案盈几巨川文思敏速翰動如飛傳之藩鄰無不聳動重榮收
復功巨川之助也及重榮爲部下所害朝議罪參佐貶爲漢中掾
時楊守亮帥興元素知之聞巨川至喜謂客曰天以李書記遺我
也即命管記室累遷幕職景福中守亮爲李茂貞所攻城陷以部
下數百人欲投太原入秦爲華軍所擒巨川時從守亮亦被械繫
在途巨川題詩於樹葉以遺華帥韓建詞情哀鳴建欣然解縛
守亮誅即命爲掌書記俄而李茂貞犯京師天子駐蹕於華韓建

○ 五十七 【唐傳一百四十下】 二十一 洪虎

以一州之力供億萬乘慮其不濟遣巨川傳檄天下請助轉餉同
匡王室宇葺京城四方書檄酬報輻湊巨川灑翰陳敘文理俱愜
昭宗深重之即時巨川之名聞于天下昭宗還京特授諫議大夫
仍留佐建光化初朱全忠陷河中進兵入潼關建懼令巨川見全
忠送款至河中從容言事巨川指陳利害全忠方圖問鼎聞巨川
所陳心惡之判官敬翔亦以文筆見知於全忠慮得巨川減落名
價謂全忠曰李諫議文章信美但不利主人是日爲全忠所害
司空圖字表聖本臨淮人曾祖遂密令祖彖水部郎中父輿精吏
術大中初戶部侍郎盧弘正領鹽鐵奏輿爲安邑兩池榷鹽使檢
校司封郎中先是鹽法條例疏闊吏多犯禁輿乃特定新法十條
奏之至今以爲便入朝爲司門員外郎遷戶部郎中卒圖咸通十
年登進士第主司王凝於進士中尤奇之凝左授商州刺史圖請
從之凝益知重洎廉問宣歙辟爲上客召拜殿中侍御史以赴闕
遲留責授光祿寺主簿分司東都乾符六年宰相盧攜罷免以賓

客分司圖與之遊携壽其高節厚禮之嘗過圖舍手題于壁曰姓氏司空貴官班御史畢老夫如且在不用念屯奇明年推乃復入朝路由分陜謂陜帥盧渥曰司空御史高士也公其厚之渥即日奏爲賓佐其年携復知政事召圖爲禮部員外郎賜緋魚袋遷本司郎中其年冬巢賊犯京師天子出幸圖從之不及乃退還河中時故相王徽亦在蒲待圖頗厚數年徽受詔鎭潞乃表圖爲副使徽不赴鎭而止僖宗自蜀還次鳳翔召圖知制誥尋正拜中書舍人其年僖宗出幸寶雞復從之不及退還河中龍紀初復召拜舍人未幾又以疾辭河北亂乃寓居華陰景福中又以諫議大夫徵時朝廷微弱紀綱大壞圖自深惟出不如處移疾不起乾寧中又以戶部侍郎徵一至闕廷致謝數日乞還山許之昭宗在華徵拜兵部侍郎稱足疾不任趨拜致章謝之而已昭宗遷洛鼎欲歸梁柳璨希賊旨陷害舊族詔圖入朝圖懼見誅力疾至洛陽謁見之日墮笏失儀旨趣極野璨知不可屈詔曰司空圖俊造登科朱紫

升籍既養高以傲代類移山以釣名心惟樂于漱流仕非專於祿食匪夷匪惠難居公正之朝載省載思當徇棲衡之志可放還山圖有先人別墅在中條山之王官谷泉石林亭頗稱幽棲之趣自考槃高卧日與名僧高士遊詠其中晚年爲文尤事放達嘗擬白居易醉吟傳爲休休亭記曰司空氏禎貽溪之休休亭本名濯纓亭爲陜軍所焚天復癸亥歲復葺於壞垣之中乃更名曰休休休休也美也既休而具美存焉蓋量其才一宜休揣其分二宜休耄且聵三宜休又少而惰長而率老而迂是三者皆非濟時之用又宜休也尚慮多難不能自信既而晝寢遇二僧謂予曰吾嘗爲汝師汝昔矯於道銳而不固爲利慾之所拘幸悟而悔將復從我於是溪耳且汝雖退亦嘗爲匪人之所嫉宜耐辱自警庶保其終始與靖節醉吟第其品級於千載之下復何求哉因爲耐辱以居士歌題於東北楹曰咄諾休休休莫莫莫伎倆雖多性靈惡賴是長教閑處著休休休莫莫莫一局棊一鑪藥天意時情可料度白日偏催快活人黃金難買堪騎鶴若曰爾何能荅云耐辱莫其詭激嘯傲多此類也圖既脫柳璨之禍還山乃預爲壽藏終制故人來者引之壙中賦詩對酌人或難色圖規之曰達人大觀幽顯一致非止暫遊此中公何不廣哉圖布衣鳩杖出則以女家人鸞臺自隨歲時村社雩禜祠禱鼓舞會集圖必造之與野老同席曾無傲色王重榮父子兄弟尤重之伏臘饋遺不絕於途唐祚亡之明年聞輝王遇弑于濟陰不懌而疾數日卒時年七十二有文集三十卷圖無子以其甥荷爲嗣荷官至永州刺史以甥爲嗣嘗爲御史所彈昭宗不之責

贊曰國之華彩人文化成間代傑出奮藻摛英騏驥逸步咸韶正聲燦流緗素下視嫗嬴

唐書列傳卷第一百四十下

左奉議郎充紹興府府學教授朱倬校正

唐書列傳卷第一百四十一　劉昫　等修

方伎

崔善爲　薛頤　甄權弟立言　宋俠
許胤宗　乙弗弘禮　袁天綱　孫思邈
明崇儼　張憬藏　李嗣眞　張文仲
尚獻甫裴知古附　孟詵　嚴善思
金梁鳳　張果　葉法善　僧玄奘
神秀六祖慧能弟子普寂義福附　一行泓師　桑道茂

夫術數占相之法出於陰陽家流自劉向演鴻範之言京房傳焦贛之法莫不望氣視祲懸知災異之來運筴揲蓍預定吉凶之會固已詳於魯史載彼周官其弊者肆業非精順非行僞而庸人不脩德義妄冀遭逢如魏豹之納薄姬孫皓之邀青蓋王莽隨式而移坐劉歆聞讖而改名近者綦連耀之構異端蘇玄明之犯宮禁皆因占候輔此姦兇聖王禁星緯之書良有以也國史載袁天綱前知武后恐匪格言而李淳風刪方伎書備言其要舊本錄崔善爲已下此深於其術者兼桑門道士方伎等並附此篇

崔善爲貝州武城人也祖顒後魏員外散騎侍郎父權會齊丞相府參軍事善爲好學兼善天文筭曆明達時務弱冠州舉授文林郎屬隋文帝營仁壽宮善爲領丁匠五百人右僕射楊素爲總監巡至善爲之所索簿點人善爲手持簿暗唱之五百人一無差失素大驚自是有四方疑獄多使善爲推按無不妙盡其理仁壽中稍遷樓煩郡司戶書佐高祖時爲太守甚禮遇之善爲以隋政傾頹乃密勸進高祖深納之義旗建引爲大將軍府司戶參軍封清河縣公武德中歷內史舍人尚書左丞甚得譽諸曹令史惡其聽察因其身短而傴嘲之曰崔子曲如鉤隨例得封侯髆上全無項胷前別有頭高祖聞之勞勉之曰澆薄之人醜正惡直昔齊末姦吏歌斛律明月而高緯愚暗遂滅其家朕雖不德幸免斯事因購流言者使加其罪時傅仁均所撰戊寅元曆議者紛然多有同異李淳風又駁其短十有八條高祖令善爲考校二家得失多有駁正貞觀初拜陝州刺史時朝廷立議戶殷之處得徙寬鄉善爲上表稱畿內之地是謂戶殷丁壯之人悉入軍府若聽移轉便出關外此則虛近實遠非經通之議其事乃止後歷大理司農二卿名爲稱職坐與少卿不協出爲秦州刺史卒贈刑部尚書

薛頤滑州人也大業中爲道士解天文律曆尤曉雜占煬帝引入內道場亟令章醮武德初追直秦府頤嘗密謂秦王曰德星守秦分王當有天下願王自愛秦王乃奏授太史丞累遷太史令貞觀中太宗將封禪泰山有彗星見頤因言考諸玄象恐未可東封會褚遂良亦言其事於是乃止頤後上表請爲道士太宗爲置紫府觀於九嵕山拜頤中大夫行紫府觀主事又勑於觀中建一清臺候玄象有災祥薄蝕謫見等事隨狀聞奏前後所奏與京臺李淳風多相符契後數歲卒

甄權許州扶溝人也嘗以母病與弟立言專醫方得其旨趣隋開皇初爲祕書省正字後稱疾免隋魯州刺史庫狄嶔苦風患手不得引弓諸醫莫能療權謂曰但將弓箭向垛一針可以射矣針其肩隅一穴應時即射權之料疾多此類也貞觀十七年權年一百三歲太宗幸其家視其飲食訪以藥性因授朝散大夫賜几杖衣服其年卒撰脈經鍼方明堂人形圖各一卷

立言武德中累遷太常丞御史大夫杜淹患風毒發腫太宗令立言視之既而奏曰從今更十一日午時必死果如其言時有尼明律年六十餘患心腹鼓脹身體羸瘦已經二年立言診脈曰其腹內有蟲當是誤食髮爲之耳因令服雄黃須臾吐一蛇如人手小指唯無眼燒之猶有髮氣其疾乃愈立言尋卒撰本草音義七卷古今錄驗方五十卷

宋俠者洺州清漳人北齊東平王文學孝正之子也亦以醫術著名官至朝散大夫藥藏監撰經心錄十卷行於代

許胤宗常州義興人也初事陳為新蔡王外兵參軍時柳太后病風不言名醫治皆不愈脉益沉而噤胤宗曰口不可下藥宜以湯氣薰之令藥入腠理周理即差乃造黃耆防風湯數十斛置於牀下氣如煙霧其夜便得語由是超拜義興太守陳亡入隋歷尚藥奉御武德初累授散騎侍郎時關中多骨蒸病得之必死遞相連染諸醫無能療者胤宗每療無不愈或謂曰公醫術若神何不著書以貽將來胤宗曰醫者意也在人思慮又脉候幽微苦其難別意之所解口莫能宣且古之名手唯是別脉脉既精別然後識病夫病之於藥有正相當者唯須單用一味直攻彼病藥力既純病即立愈今人不能別脉莫識病源以情臆度多安藥味譬之於獵未知兔所多發人馬空地遮圍或冀一人偶然逢也如此療疾不亦疎乎假令一藥偶然當病復共他味相和君臣相制氣勢不行所以難差諒由於此脉之深趣既不可言虛設經方豈加於舊吾思之久矣故不能著述耳年九十餘卒

乙弗弘禮貝州高唐人也隋煬帝居藩召令相己弘禮跪而賀曰大王骨法非常必為萬乘之主誠願戒之在得煬帝即位召天下道術人置坊以居之仍令弘禮統攝帝見海內漸亂玄象錯謬內懷憂恐嘗謂弘禮曰卿昔相朕其言已驗且占相道術朕頗自知卿更相朕終當何如弘禮逡巡不敢荅帝迫曰卿言與朕術不同罪當死弘禮曰臣本觀相書凡人之相有類於陛下者不得善終臣聞聖人不相故知凡聖不同耳自是帝嘗遣使監之不得與人交言初泗州刺史薛大鼎隋時嘗坐事没為奴貞觀初與數人詣之大鼎次至弘禮曰君奴也欲何所相咸曰何以知之弘禮曰觀其頭目直是賤人但不知餘處何如耳大鼎有慙色乃解衣視之弘禮曰看君面不異前言占君自胷已下當為方岳之任其占相皆此類也貞觀末卒

袁天綱益州成都人也尤工相術隋大業中為資官令武德初蜀道使詹俊赤牒授火井令初天綱以大業元年至洛陽時杜淹王珪韋挺就之相天綱謂淹曰公蘭臺成就學堂寬博必得親糾察之官以文藻見知謂王曰公三亭成就天地相臨從今十年已外必得五品要職謂韋曰公面似大獸之面交友極誠必得士友攜接初為武職復謂淹等貳拾年外終恐三賢同被責黜暫去即還淹尋遷侍御史武德中為天策府兵曹文學館學士王珪為太子中允韋挺隋末與隱太子友善後太子引以為率至武德六年俱配流巂州淹等至益州見天綱曰素公洛邑之言則信矣未知今日之後何如天綱曰公等骨法大勝往時終當俱受榮貴至九年被召入京共造天綱天綱謂杜公曰即當得三品要職年壽非天綱所知王韋二公在後當得三品官兼有年壽然晚途皆不稱愜韋公尤甚淹至京拜御史大夫檢校吏部尚書王珪尋授侍中出為同州刺史韋挺歷御史大夫太常卿貶象州刺史皆如天綱之言大業末竇軌客遊德陽嘗問天綱天綱謂曰君額上伏犀貫玉枕輔角又成必於梁益州大樹功業武德初軌為益州行臺僕射引

天綱深禮之天綱又謂軌曰骨法成就不異往時之言然目氣赤脉貫瞳子語則赤氣浮面如為將軍恐多殺人願深自誡慎武德九年軌坐事被徵將赴京謂天綱曰更得何官曰面上家人坐仍未見動輔角右畔光澤更有喜色至京必承恩還來此任其年果重授益州都督則天初在襁褓天綱來至第中謂其母曰唯夫人骨法必生貴子乃召諸子令天綱相之見元慶元爽曰此二子皆保家之主官可至三品見韓國夫人曰此女亦大貴然不利其夫乳母時抱則天衣男子之服天綱曰此郎君子神色爽徹不可易知試令行看於是步於牀前仍令舉目天綱大驚曰此郎君子龍睛鳳頸貴人之極也更轉側視之又驚曰必若是女實不可窺測後當為天下之主矣貞觀八年太宗聞其名召至九成宮時中書舍人岑文本令視之天綱曰舍人學堂成就眉覆過目文才振於海內頭又生骨猶未大成若得三品恐是損壽之徵文本官至中書令尋卒其年侍御史張行成馬周同問天綱天綱曰馬侍御伏

犀貫腦兼有玉枕文背如負物當富貴不可言近古已來君臣道合罕有如公者公面色赤命門色暗耳後骨不起耳無根只恐非壽者周後位至中書令兼吏部尚書年四十八卒謂行成曰公五岳四瀆成就下亭豐滿得官雖晚終居宰輔之地行成後至尚書右僕射天綱相人所中皆此類也申國公高士廉嘗謂曰君更作何官天綱曰自知相命今年四月盡矣果至是月而卒

孫思邈京兆華原人也七歲就學日誦千餘言弱冠善談莊老及百家之說兼好釋典洛州總管獨孤信見而歎曰此聖童也但恨其器大適小難爲用也周宣帝時思邈以王室多故乃隱居太白山隋文帝輔政徵爲國子博士稱疾不起嘗謂所親曰過五十年當有聖人出吾方助之以濟人及太宗即位召詣京師嗟其容色甚少謂曰故知有道者誠可尊重羨門廣成豈虛言哉將授以爵位固辭不受顯慶四年高宗召見拜諫議大夫又固辭不受上元元年辭疾請歸特賜良馬及鄱陽公主邑司以居焉當時知名之

士宋令文孟詵盧照鄰等執師資之禮以事焉思邈嘗從幸九成宮照鄰留在其宅時庭前有病梨樹照鄰爲之賦其序曰癸酉之歲余臥疾長安光德坊之官舍父老云是鄱陽公主邑司昔公主未嫁而卒故其邑廢時有孫思邈處士居之邈道合古今學殫數術高談正一則古之蒙莊子深入不二則今之維摩詰耳其推步甲乙度量乾坤則洛下閎安期先生之儔也照鄰有惡疾醫所不能愈乃問思邈名醫愈疾其道何如思邈曰吾聞善言天者必質之於人善言人者亦本之於天天有四時五行寒暑迭代其轉運也和而爲雨怒而爲風凝而爲霜雪張而爲虹蜺此天地之常數也人有四支五藏一覺一寐呼吸吐納精氣往來流而爲榮衛彰而爲氣色發而爲音聲此人之常數也陽用其形陰用其精天人之所同也及其失也蒸則生熱否則生寒結而爲瘤贅陷而爲癰疽奔而爲喘乏竭而爲燋枯診發乎面變動乎形推此以及天地亦如之故五緯盈縮星辰錯行日月薄蝕孛彗飛流此天地之危診也寒暑不時天地之蒸否也石立土踊天地之瘤贅也山崩土陷天地之癰疽也奔風暴雨天地之喘乏也川瀆竭涸天地之燋枯也良醫導之以藥石救之以鍼劑聖人和之以至德輔之以人事故形體有可愈之疾天地有可消之災又曰膽欲大而心欲小智欲圓而行欲方詩曰如臨深淵如履薄冰謂小心也赳赳武夫公侯干城謂大膽也不爲利回不爲義疚行之方也見機而作不俟終日智之圓也思邈自云開皇辛酉歲生至今年九十三矣詢之鄉里咸云數百歲人話周齊間事歷歷如眼見以此參之不啻百歲人矣然猶視聽不衰神采甚茂可謂古之聰明博達不死者也初魏徵等受詔脩齊梁陳周隋五代史恐有遺漏屢訪之思邈口以傳授有如目覩東臺侍郎孫處約將其五子侹儆俊佑佺以謁思邈思邈曰俊當先貴佑當晚達佺最名重禍在執兵後皆如其言太子詹事盧齊卿童幼時請問人倫之事思邈曰汝後五十年位登方伯吾孫當爲屬吏可自保也後齊卿爲徐州刺史思邈孫溥果

爲徐州蕭縣丞思邈初謂齊卿之時溥猶未生而預知其事凡諸異迹多此類也永淳元年卒遺令薄葬不藏冥器祭祀無牲牢經月餘顏貌不改舉屍就木猶若空衣時人異之自注老子莊子撰千金方三十卷行於代又撰福祿論三卷攝生眞錄及枕中素書會三教論各一卷子行天授中爲鳳閣侍郎

明崇儼洛州偃師人其先平原士族世仕江左父恪豫州刺史崇儼年少時隨父任安喜令父之小吏有善役召鬼神者崇儼盡能傳其術乾封初應封岳舉授黃安丞會刺史有女病篤崇儼致他方殊物以療之其疾乃愈高宗聞其名召與語悅之擢授冀王府文學儀鳳二年累遷正諫大夫特令入閣供奉崇儼每因謁見輒假以神道頗陳時政得失帝深加允納潤州栖霞寺是其五代祖梁處士山賓故宅帝特爲製碑文親書於石論者榮之四年爲盜所殺時議以爲崇儼密與天后爲厭勝之法又私奏章懷太子不堪承繼大位太子密知之潛使人害之優制贈侍中謚曰莊仍拜

其子琎爲秘書郎琎開元中仕至懐州刺史
張憬藏許州長社人少工相術與袁天綱齊名太子詹事蔣儼年少時嘗遇憬藏因問禄命憬藏曰公從今二年當得東宮掌兵之官秩未終而免職免職之後厄在三尺土下又經六年據此合是死徵然後當享富貴名位俱盛即又不合中夭至六十一爲蒲州刺史十月三十日午時禄絶儼後皆如其言嘗奉使高麗被莫離支囚於地窖中經六年然後得歸及在蒲州年六十一矣至期召人吏妻子與之告別自云當死俄而有勅許令致仕左僕射劉仁軌微時嘗與鄉人靖思賢各齎縑贈憬藏以問官禄憬藏謂仁軌曰公居五品要官雖暫見解黜終當位極人臣仁軌後自給事中坐事令白衣向海東効力固辭思賢之贈曰公當孤獨客死及仁軌爲僕射思賢尚存謂人曰張憬藏相劉僕射則妙矣吾今已有三子田宅自如豈其言亦有不中也俄而三子相繼而死盡貨田宅寄死於所親園内憬藏相人之妙皆此類竟不仕以壽終

○李嗣眞滑州匡城人也父彦琮趙州長史嗣眞博學曉音律兼善陰陽推筭之術弱冠明經舉補許州司功時左侍極賀蘭敏之受詔於東臺脩撰奏嗣眞弘文館參預其事嗣眞與同時學士劉獻臣徐昭倶稱少俊館中號爲三少敏之旣恃寵驕盈嗣眞知其必敗謂所親曰此非庇身之所也因咸亨年京中大飢乃求出補義烏令無何敏之敗脩撰官皆連坐流放嗣眞獨不預焉調露中爲始平令風化大行時章懐太子居春宮嗣眞嘗於太清觀奏樂謂道士劉槩輔儼曰此曲何哀思不和之甚也槩儼曰此太子所作寶慶樂也居數日太子廢爲庶人槩等以其事聞奏高宗大奇之嘗拜司禮丞仍掌五禮儀注加中散大夫封常山子永昌中拜右御史中丞知大夫事時酷吏來俊臣構陷無罪嗣眞上書諫曰臣聞陳平事漢祖謀疎楚君臣乃用黃金五萬斤行反間之術項王果疑臣下陳平反間果行今告事紛紜虚多實少焉知必無陳平先謀疎陛下君臣後謀除國家良善臣恐爲社稷之禍伏乞陛下特迴天慮察臣狂瞽然後退就鼎鑊實無所恨疏奏不納尋爲俊臣所陷配流嶺南萬歲通天年徵還至桂陽自筮死日預託桂陽官屬備凶器依期暴卒則天深加憫惜勅州縣遞靈轝還鄉贈濟州刺史神龍初又贈御史大夫撰明堂新禮十卷孝經指要詩品書品畫品各一卷

○張文仲洛州洛陽人也少與鄉人李虔縱京兆人韋慈藏並以醫術知名文仲則天初爲侍御醫時特進蘇良嗣於殿庭因拜跪便絶倒則天令文仲慈藏隨至宅候之文仲曰此因憂憤邪氣激也若痛衝脅則劇難救自朝候之未及食時即苦衝脅絞痛文仲曰若入心即不可療俄頃心痛不復下藥日旰而卒文仲尤善療風疾其後則天令文仲集當時名醫共撰療風氣諸方仍令麟臺監王方慶監其脩撰文仲奏曰風有一百二十四種氣有八十種大體醫藥雖同人性各異庸醫不達藥之行使冬夏失節因此殺人唯脚氣頭風上氣嘗須服藥不絶自餘則隨其發動臨時消息之但有

風氣之人春末夏初及秋暮要得通洩即不困劇於是撰四時常服及輕重大小諸方十八首表上之文仲久視年終於尚藥奉御撰隨身備急方三卷行於代虔縱官至侍御醫慈藏景龍中光禄卿自則天中宗已後諸醫咸推文仲等三人爲首

○尚獻甫衛州汲人也尤善天文初出家爲道士則天時召見起家拜太史令固辭曰臣久從放誕不能屈事官長則天乃改太史局爲渾儀監不隷秘書省以獻甫爲渾儀監數顧問災異事皆符驗又令獻甫於上陽宮集學者撰方域圖長安二年獻甫奏曰臣本命納音在金今熒惑犯土諸侯太史之位熒火也能剋金是臣將死之徵則天曰朕爲卿禳之遽轉獻甫爲水衡都尉謂曰水能生金今又去太史之位卿無憂矣其秋獻甫卒則天甚嗟異惜之復以渾儀監爲太史局依舊隷秘書監

時又有雍州人裴知古善於音律長安中爲太樂丞神龍元年正月春享西京太廟知古預其事謂萬年令元行沖曰金石諧和當

有吉慶之事其在唐室子孫乎其月中宗即位復改國爲唐知古
又能聽婚夕環珮之聲知其夫妻終始後卒於大樂令
孟詵汝州梁人也舉進士垂拱初累遷鳳閣舍人詵少好方術甞
於鳳閣侍郎劉禕之家見其勑賜金謂禕之曰此藥金也若燒火
其上當有五色氣試之果然則天聞而不悅因事出爲台州司馬
後累遷春官侍郎睿宗在藩召充侍讀長安中爲同州刺史加
銀青光禄大夫神龍初致仕歸伊陽之山第以藥餌爲事詵年雖
晚暮志力如壯甞謂所親曰若能保身養性者常須善言莫離口
良藥莫離手睿宗即位召赴京師將加任用固辭衰老景雲二年
優詔賜物一百段又令每歲春秋二時特給羊酒糜粥開元初河
南尹畢構以詵有古人之風改其所居爲子平里尋卒年九十三
詵所居官好勾剥爲政雖繁而理撰家祭禮各一卷喪服要二卷
補養方必効方各三卷

五十八 唐傳一百四十一 九 王伸

○嚴善思同州朝邑人也少以學涉知名尤善天文曆數及卜相
之術初應消聲幽藪科舉擢第則天時爲監察御史兼右拾遺
内供奉數上表陳時政得失多見納用稍遷太史令聖曆二年熒
惑入輿鬼則天以問善思善思對曰商姓大臣當之其年文昌左
相王及善卒長安中熒惑入月鎮星犯天關善思奏曰法有亂臣
伏罪且有臣下謀上之象歲餘張柬之敬暉等起兵誅張易之昌
宗其占驗皆此類也神龍初遷給事中則天崩將合葬乾陵善思
奏議曰謹按天元房録葬法云尊者先葬卑者不合於後開入則
天太后卑於天皇大帝今欲開乾陵合葬即是以卑動尊事既不
經恐非安穩臣又聞乾陵玄闕其門以石閉塞其石縫隙鑄鐵以
固其中今若開陵必須鐫鑿然以神明之道體尚幽玄今乃動衆
加功誠恐多所驚黷又若别開門道以入玄宮即往者葬時神位
先定今更改作爲害益深又以修築乾陵之後國頻有難遂至則
天太后權總萬機二十餘年其難始定今乃更加營作伏恐還有
難生但合葬非古著在禮經緣情爲用無足依準况今事有不安

豈可復循斯制伏見漢時諸陵皇后多不合葬魏晉已降始有合
者然以兩漢積年向餘四百魏晉之後祚皆不長雖受命應期有
因天假然以循機享德亦在時文但陵墓所安必資勝地後之貴
嗣用託靈根或有不安後嗣亦難長享伏望依漢朝之故事改魏
晉之頹綱於乾陵之傍更擇吉地取生墓之法别起一陵既得從
葬之儀又成固本之業臣伏以合葬者人緣私情不合者前循故事
若以神道有知幽途自得通會若以死者無知合之復有何益然
以山川精氣上爲星象若葬得其所則神安後昌若葬失其宜
則神危後損所以先哲垂範具之葬經欲使生人之道必安死者
之神必泰伏望少迴天眷俯覽臣言行古昔之明規割私情之愛
欲使社稷長享天下乂安凡在懷生孰不慶幸疏奏不納景龍
中遷禮部侍郎出爲汝州刺史睿宗在藩善思甞謂姚元之曰相
王必登帝位及踐祚元之以事聞奏由是召拜右散騎常侍唐隆
元年鄭愔謀册譙王重福爲帝乃草僞制除善思爲禮部尚書

五十八 唐傳一百四十一 十 王伸

○知吏部選事及譙王下獄景雲元年大理寺奏善思與逆人重福
通謀合從極法給事中韓思復奏曰議獄緩死列聖明規刑疑惟
輕有國恒典嚴善思往在先朝屬韋氏擅内侍寵宫掖謀危社
稷善思此時乃能先覺因詣相府有所發明進論聖躬必登宸極
雖交遊重福謀陷韋氏勑追善思書至便發向懷逆節寧即奔命
一面疎網誠合順生三驅取禽來而可宥雖刑是恤理合昭詳請
付刑部集羣官議定奏裁以符慎獄時議者多云善思合從原宥
有司仍執前議請誅之思復又剥奏懇直睿宗納其奏竟免善思
死配流靜州無幾遇赦還年八十五開元十七年卒初善思爲御史
時中書舍人劉允濟爲酷吏所陷當死善思愍其老密表奏請允
濟乃得免誅善思後見允濟竟不自言其事韓思復奏免善思之
罪亦未曾有所言謝時人稱其長者善思子向乾元中爲鳳翔尹
寶應中授太常員外卿始善思父徐州長史延及善思俱年八十
五而卒廣德二年向卒又年八十五向兄前趙郡司馬宙長向十歲

向卒時宙並無恙
金梁鳳不知何許人也天寶十三載客於河西善相人又言玄象時哥舒翰爲節度使詔入京師裴冕爲祠部郎中知河西留後在武威梁鳳謂冕曰玄象有變半年間有兵起郎中此時當得中丞不拜中丞即得宰相不離天子左右大富貴冕曰公乃狂言冕何至此梁鳳曰有一日向東京一日入蜀川一日來向朔方此時公得相冕懼其言深謝絕之其後安祿山反南犯洛陽僭稱僞位哥舒翰東守潼關累月奏冕爲御史中丞追赴京冕又詰曰事驗也冕又問三日之兆梁鳳曰東京日即自磨滅蜀川日亦不能久此間日何轉分明不可說冕志之即潼關失守玄宗幸蜀肅宗北如靈武冕會之勸成策立改元爲至德元年冕果爲中書侍郎平章事冕奏之肅宗召拜都水使者梁鳳在河隴謂呂諲曰判官骨相合得宰相須得一大驚怖即得諲後至驛責讓驛長榜之驛吏武將性麤獷猛持弓矢突入射諲矢兩發幾中諲面諲逾牆得免以報梁

五十八　唐傳一百四十一　十一　姚孫

○鳳梁鳳曰此必入相逾年諲自黃門侍郎知政事梁鳳在鳳翔李揆盧允二人同見之俱素服自稱選人梁鳳謂之曰公等並至清望官那得云無官揆允以實對梁鳳遣二人行謂揆曰公從舍人即入相一年內事謂允曰公好即是吏部郎中及剋復兩京揆自中書舍人知禮部侍郎事入爲中書侍郎平章事乃以允爲吏部郎中其驗多此類爾後伴龔以自晦冕爲右僕射兼御史大夫成都尹劍南節度使有進止令將梁鳳行後乃病卒

張果者不知何許人也則天時隱於中條山往來汾晉間時人傳其有長年祕術自云年數百歲矣嘗著陰符經玄解盡其玄理則天遣使召之果佯死不赴後人復見之往來恒州山中開元二十一年恒州刺史韋濟以狀奏聞玄宗令通事舍人裴晤往迎之果對使絕氣如死良久漸蘇晤不敢逼馳還奏狀又遣中書舍人徐嶠齎璽書以邀迎之果乃隨嶠至東都肩輿入宮中玄宗初即位親訪理道及神仙方藥之事及聞變化不測而疑之有邢和璞者善筭人而知夭壽善惡玄宗令筭果則懵然莫知其甲子又有師夜光者善視鬼玄宗召果與之密坐令夜光視之夜光進曰果今安在夜光對面終莫能見玄宗謂力士曰吾聞飲堇汁無苦者真奇士也會天寒使以堇汁飲果果乃引飲三巵醺然如醉所作顧曰非佳酒也乃寢頃之取鏡視齒則盡燋且黧命左右取鐵如意擊齒墮藏于帶乃懷中出神仙藥微紅傅墮齒之斷復寢良久齒皆出矣粲然潔白玄宗方信之玄宗好神仙而欲果尚公主果固未知之謂秘書少監王迥質太常少卿蕭華曰諺云娶婦得公主真可畏也迥質與華相顧未曉其言即有中使至宣曰玉真公主早歲好道欲降先生果大笑竟不奉詔迥質等方悟向來之言後懇辭歸山因下制曰恒州張果先生游外方之者也跡先高尚深入窈冥是渾光塵應召城闕莫詳甲子之數且謂羲皇上人問以道樞盡會宗極今特行朝禮爰申寵命可銀青光祿大夫號曰通玄先生其年請入恒山錫以衣服及雜綵等便放歸山乃入恒山不知所之

五十八　唐傳一百四十一　十二　姚孫

○玄宗爲造棲霞觀於隱所在蒲吾縣後改爲平山縣

道士葉法善括州括蒼縣人自曾祖已三代爲道士皆有攝養占卜之術法善少傳符籙尤能厭劾鬼神顯慶中高宗聞其名徵詣京師將加爵位固辭不受求爲道士因留在內道場供待甚厚時高宗令廣徵諸方道術之士合鍊黃白法善上言金丹難就徒費財物有虧政理請覈其真僞帝然其言因令法善試之由是乃出九十餘人因一切罷之法善又嘗於東都凌空觀設壇醮祭城中士女競往觀之俄頃數十人自投火中觀者大驚救之而免法善曰此皆魅病爲吾法所攝耳問之果然法善悉爲禁劾其病乃愈法善自高宗則天中宗歷五十年常往來名山數召入禁中盡禮問道然排擠佛法議者或譏其向背以其術高終莫之測睿宗即位稱法善有冥助之力先天二年拜鴻臚卿封越國公仍依舊爲道士止於京師之景龍觀又贈其父爲歙州刺史當時尊寵莫與爲比法善生於隋大業之丙子死於開元之庚子凡一百七歲八年卒

詔曰故道士鴻臚卿員外置越國公葉法善天真精密妙理玄暢包括祕要發揮靈符固以冥默難源希夷罕測而情攄遠閱迹混朝伍保黃冠而不杖加紫綬而非榮卓爾孤秀泠然獨往勝氣絕俗貞風無塵金骨外聳珠光内應斯乃體應中仙名昇上德朕當聽政之暇屢詢至道公以理國之法數奏昌言謀參隱諷事宜弘益歎徽音之未泯悲形解之俄留曾真懲遺礙良奄及永惟平昔感愴于懷宜申禮命式旌泉壤可贈越州都督

僧玄奘姓陳氏洛州偃師人大業末出家博涉經論嘗謂翻譯者多有訛謬故就西域廣求異本以參驗之貞觀初隨商人往遊西域玄奘既辯博出羣所在必爲講釋論難蕃人遠近咸尊伏之在西域十七年經百餘國悉解其國之語仍採其山川謠俗土地所有撰西域記十二卷貞觀十九年歸至京師太宗見之大悅與之談論於是詔將梵本六百五十七部於弘福寺翻譯仍勑左僕射房玄齡太子左庶子許敬宗廣召碩學沙門五十餘人相助整比

高宗東宮爲文德太后追福造慈恩寺及翻經院内出大幡勑九部樂及京城諸寺幡蓋衆伎送玄奘及所翻經像諸高僧等入住慈恩寺顯慶元年高宗又令左僕射于志寧侍中許敬宗中書令來濟李義府杜正倫黃門侍郎薛元超等共潤色玄奘所定之經國子博士范義頵太子洗馬郭瑜弘文館學士高若思等助加翻譯凡成七十五部奏上之後以京城人衆競來禮謁玄奘乃奏請逐靜翻譯勑乃移於宜君山故玉華宫六年卒時年五十六歸葬於白鹿原士女送葬者數萬人

僧神秀姓李氏汴州尉氏人少遍覽經史隋末出家爲僧後遇蘄州雙峯山東山寺僧弘忍以坐禪爲業乃歎伏曰此真吾師也便往事弘忍專以樵汲自役以求其道昔後魏末有僧達摩者本天竺王子以護國出家入南海得禪宗妙法云自釋迦相傳有衣鉢爲記世相付授達摩齎衣鉢航海而來至梁詣武帝帝問以有爲之事達摩不說乃之魏隱於嵩山少林寺遇毒而卒其年魏使宋雲於葱嶺回見之門徒發其墓但有衣履而已達摩傳慧可慧可嘗斷其左臂以求其法慧可傳璨璨傳道信道信傳弘忍弘忍姓周氏黃梅人初弘忍與道信並住東山寺故謂其法爲東山法門神秀既師事弘忍弘忍深器異之謂曰吾度人多矣至於懸解圓照無先汝者弘忍以咸亨五年卒神秀乃往荆州居於當陽山則天聞其名追赴都肩輿上殿親加跪禮勑當陽山置度門寺以旌其德時公王已下及京都士庶聞風爭來謁見望塵拜伏日以萬數中宗即位尤加敬異中書舍人張說嘗問道執弟子之禮退謂人曰禪師身長八尺厖眉秀耳威德巍巍王霸之器也初神秀同學僧慧能者新州人也與神秀行業相埒弘忍卒後慧能住韶州廣果寺韶州山中舊多虎豹一朝盡去遠近驚歎咸歸伏焉神秀嘗奏則天請追慧能赴都慧能固辭神秀又自作書重邀之慧能謂使者曰吾形皃矬陋北土見之恐不敬吾法又先師以吾南中有緣亦不可違也竟不度嶺而死天下乃散傳其道謂神秀

爲北宗慧能爲南宗神秀以神龍二年卒士庶皆來送葬有詔賜謚曰大通禪師又於相王舊宅置報恩寺岐王範張說及徵士盧鴻一皆爲其碑文神秀卒後弟子普寂義福並爲時人所重

普寂姓馮氏蒲州河東人也年少時遍尋高僧以學經律時神秀在荆州玉泉寺普寂乃往師事凡六年神秀奇之盡以其道授焉久視中則天召神秀至東都神秀因薦普寂乃度爲僧及神秀卒天下好釋氏者咸師事之中宗聞其高年特下制令普寂代神秀統其法衆開元十三年勑普寂於都城居止時王公士庶競來禮謁普寂嚴重少言來者難見其和悅之容遠近尤以此重之二十七年終于都城興唐寺年八十九時都城士庶曾謁者皆制弟子之服有制賜號爲大照禪師及葬河南尹裴寬及其妻子並衰麻列于門徒之次士庶傾城哭送閭里爲之空焉

義福姓姜氏潞州銅鞮人初止藍田化感寺處方丈之室凡二十餘年未嘗出宇之外後隸京城慈恩寺開元十一年從駕往東都

途經蒲虢二州刺史及官吏士女皆齎幡花迎之所在途路充塞以二十年卒有制賜號大智禪師葬於伊闕之北送葬者數萬人中書侍郎嚴挺之爲製碑文神秀禪門之傑雖有禪行得帝王重之而未嘗聚徒開堂傳法至弟子普寂始於都城傳教二十餘年人皆仰之

僧一行姓張氏先名遂魏州昌樂人襄州都督郯國公公謹之孫也父擅武功令一行少聰敏博覽經史尤精曆象陰陽五行之學時道士尹崇博學先達素多墳籍一行詣崇借揚雄太玄經將歸讀之數日復詣崇還其書崇曰此書意指稍深吾尋之積年尚不能曉吾子試更研求何遽見還也一行曰究其義矣因出所撰大衍玄圖及義決一卷以示崇崇大驚因與一行談其奧賾甚嗟伏之謂人曰此後生顔子也一行由是大知名武三思慕其學行就請與結交一行逃匿以避之尋出家爲僧隱於嵩山師事沙門普寂睿宗即位勅東都留守韋安石以禮徵一行固辭以疾不應命

後步往荊州當陽山依沙門悟真以習梵律開元五年玄宗令其族叔禮部郎中洽齎勅書就荊州强起之一行至京置於光太殿數就之訪以安國撫人之道言皆切直無有所隱開元十年永穆公主出降勅有司優厚發遣依太平公主故事一行以爲高宗末年唯有一女所以特加其禮又太平驕僭竟以得罪不應引以爲例上納其言遽追勅不行但依常禮其諫諍皆此類也一行尤明著述撰大衍論三卷攝調伏藏十卷天一太一經及太一局遁甲經釋氏系錄各一卷時麟德曆經推步漸疎勅一行考前代諸家曆法改撰新曆又令率府長史梁令瓚等與工人創造黃道游儀以考七曜行度互相證明於是一行推周易大衍之數立衍以應之改撰開元大衍曆經至十五年卒年四十五賜謚曰大慧禪師初一行從祖東臺舍人太素撰後魏書一百卷其天文志未成一行續而成之上爲一行製碑文親書於石出內庫錢五十萬爲起塔於銅人之原明年幸溫湯過其塔前又駐騎徘徊令品官就塔以告其出豫之意更賜絹五十疋以蒔塔前松柏焉初一行求訪師資以窮大衍至天台山國清寺見一院古松十數門有流水一行立於門屏間聞院僧於庭布算聲而謂其徒曰今日當有弟子自遠求吾算法已合到門豈無人導達也即除一算又謂曰門前水當却西流弟子亦至一行承其言而趨入稽首請法盡授其術焉而門前水果却西流道士邢和璞嘗謂尹愔曰一行其聖人乎漢之洛下閎造曆云後八百歲當差一日必有聖人正之今年期畢矣而一行造大衍正其差謬則洛下閎之言信矣非聖人而何時又有黃州僧泓者善葬法每行視山原即爲之圖張說深信重之

桑道茂者大曆中遊京師善太一遁甲五行災異之說言事無不中代宗召之禁中待詔翰林建中初神策軍脩奉天城道茂請高其垣牆大爲制度德宗不之省及朱泚之亂帝蒼卒出幸至奉天方思道茂之言時道茂已卒命祭之

贊曰術數之精事必前知然如垂象變告無疑怪誕之夫誣罔著龜致彼庸妄幸時艱危

唐書列傳卷第一百四十一

左奉議郎充紹興府府學教授朱倬校正

唐書列傳卷第一百四十二　　劉昫　撰

隱逸

王績　田遊巖　史德義　王友貞
盧鴻一　王希夷　衛大經　李元愷
王守愼　徐仁紀　孫處玄　白履忠
王遠知　潘師正　劉道合　司馬承禎
吳筠　孔述睿　述睿子敏行　陽城
崔觀

前代賁丘園招隱逸所以重貞退之節息貪競之風故蒙叟讓王之篇玄晏高人之傳箕穎之迹粲然可觀而漢二龔之流乃心王室不事莽朝忍渴盜泉本非絕俗甚可嘉也皇甫謐陶淵明慢世逃名放情肆志逍遙泉石無意於出處之間又其善也即有身在江湖之上心遊魏闕之下託薜蘿以射利假巖壑以釣名退

○　五十八　唐傳一百四十二　一　章楷

無肥遁之貞進乏濟時之具山移見誚海鳥興譏無足多也阮嗣宗傲世佯狂王無功嗜酒放蕩才不足而智有餘傷其時而晦其用深識之士也高宗天后訪道山林飛書巖穴屢造幽人之宅堅迴隱士之車而遊巖德義之徒所高者獨行盧鴻一承禎之比所重者逃名至於出處語默之大方未足與議也今存其舊說以備雜篇

王績字無功絳州龍門人少與李播呂才為莫逆之交隋大業中應孝悌廉絜舉授揚州六合縣丞非其所好弃官還鄉里績河渚中先有田十數頃鄰渚有隱士仲長子先服食養性績重其真素願與相近乃結廬河渚以琴酒自樂嘗遊北山因為北山賦以見志詞多不載績嘗躬耕於東皐故時人號東皐子或經過酒肆動經數日往往題壁作詩多為好事者諷詠貞觀十八年卒臨終自剋死日遺命薄葬兼預自為墓誌有文集五卷又撰隋書未就而卒兄通字仲淹隋大業中名儒號文中子自有傳

田遊巖京兆三原人也初補太學生後罷歸遊於太白山每遇林泉會意輒留連不能去其母及妻子並有方外之志與遊巖同遊山水二十餘年後入箕山就許由廟東築室而居自稱許由東鄰調露中高宗幸嵩山遣中書侍郎薛元超就問其母遊巖山衣田冠出拜帝令左右扶止之謂曰先生養道山中比得佳否遊巖曰臣泉石膏肓煙霞痼疾既逢聖代幸得逍遙帝曰朕今得卿何異漢獲四皓乎薛元超曰漢高祖欲廢嫡立庶黃綺方來豈如陛下崇重隱淪親問巖穴帝甚歡因將遊巖就行宮并家口給傳乘赴都授崇文館學士令與太子少傅劉仁軌談論帝後將營奉天宮于嵩山遊巖舊宅先居宮側特令不毀仍親書題額懸其門曰隱士田遊巖宅文明中進授朝散大夫拜太子洗馬垂拱初坐與裴炎交結特放還山

史德義蘇州崑山人也咸亨初隱居武丘山以琴書自適或騎牛帶瓢出入郊郭東市號為逸人高宗聞其名徵赴洛陽尋稱疾東

○　五十八　唐傳一百四十二　二　章楷

歸公卿已下皆賦詩餞別德義亦以詩留贈其文甚美天授初江南道宣勞使文昌左丞周興表薦之則天徵赴都詔曰蘇州隱士史德義志尚虛玄業履貞確謙沖彰於里閈孝友表於閨庭固辭徵辟長往巖陵之瀨多謝簪裾高蹈愚公之谷博聞強識閱禮敦詩繕性丘園甘心畎畝朕承天革命建極開階寤寐星雲物色林壑順禎期而捐薜帶應休運而解荷裳與自海隅來遊魏闕行藏之理斯得去就之節無違風操可加啓沃攸佇特宜優獎委以諫曹可朝散大夫後周興伏誅德義坐為所薦免官以朝散大夫放歸丘壑自此聲譽稍減於隱居之前

王友貞懷州河內人也父知敬則天時麟臺少監以工書知名友貞弱冠時母病篤醫言唯啖人肉乃差友貞獨念無可求治乃割股肉以飴親母病尋差則天聞之令就其家驗問特加旌表友貞素好學讀九經皆百遍訓誨子弟如嚴君焉口不言人過尤好釋典屏絕羶味出言未曾負諾時論以為真君子也長安年歷任長水

今後罷歸田里中宗在春宮召爲司議郎不就神龍初又拜太子
中舍仍令所司以禮徵赴及至固以疾辭詔曰敦夷齊之行可
以激貪尚顏閔之道用能勸俗新除太子中舍人王友貞德義泉
藪人倫茂異孝始於事親信表於行己富有文史廉於財貨久歷
官政累聞課績有古人之風保君子之德乃抗志塵外棲情物表
深歸解脫之門誓守薰脩之誡頃加徵命作護儲闈固在辭榮
累陳情懇堅持淨義不登於車服味玆禪悅靡求於珍饌朕方崇
獎廉退懲息躁浮雖思廊廟之賢豈違山林之願宜加優秩仍遂
雅懷可太子中舍人員外置給全祿以畢其身任其在家脩道仍
令所在州縣存問四時送祿至其住所玄宗在東宮又表請禮徵
之以年老贏辭疾不赴年九十餘開元四年卒特下制曰貴德尊
賢飾終念遠此聖人所以佁天下厚風俗也王友貞稟氣元精遊心
大朴孝惟不匱獨貫於神明道則難名高謝於人代言念錫類方
期鎭俗遽爾凋殂良深愍悼生無大位雖隔外臣之儀殁有餘榮

宜贈上卿之服可贈銀青光祿大夫仍委本縣令長特加弔祭
盧鴻一字浩然本范陽人徙家洛陽少有學業頗善籀篆楷隸
隱於嵩山開元初遣備禮再徵不至五年下詔曰朕以寡薄忝膺
大位常恨玄風久替淳化未昇每用翹想遺賢冀聞上皇之訓以
卿黃中通理鉤深詣微窮太一之道踐中庸之德確乎高尚足侔
古人故比下徵書佇諧善績而每輒託辭拒違不至使朕虛心引
領于今數年雖得素履幽人之貞而失考父滋恭之命豈朝廷之
故與生殊趣耶將縱欲山林不能反乎禮有大倫君臣之迹不可
廢也今城闕密邇不足爲難便勑齎束帛之貺重宜斯旨想有以
翻然易節副朕意焉鴻一赴徵六年至東都謁見不拜宰相遣通
事舍人問其故奏曰臣聞老君言禮者忠信之所薄不足可依山
臣鴻一敢以忠信奉見上別召昇內殿賜之酒食詔曰盧鴻一應辟
而至訪之至道有會淳風爰舉逸人用勸天下特宜授諫議大夫
鴻一固辭又制曰昔在帝堯全許由之節緬惟大禹聽伯成之高

則知天子有所不臣諸侯有所不友遯之時義大矣哉嵩山隱士
盧鴻一抗跡幽遠凝情篆素隱居以求其志行義以達其道雲臥
林壑多歷年載傳不云乎舉逸人天下之人歸心焉是乃飛書巖
穴備禮徵聘方佇獻替式弘政理而矯然不羣確乎難拔靜己以
鎭其操洗心以激其流固辭榮寵將厚風俗不降其志用保厥躬
會稽嚴陵未可名屈太原王霸終以病歸宜以諫議大夫放還山
歲給米百碩絹五十疋充其藥物仍令府縣送隱居之所若知朝
廷得失具以狀聞將還山又賜隱居之服幷其草堂一所恩禮甚厚
王希夷徐州滕縣人也孤貧好道父母終爲人牧羊收傭以供葬
葬畢隱於嵩山師道士黃頤向四十年盡能傳其閉氣道養之術
頤卒更居兗州徂來山中與道士劉玄博爲栖遁之友好易及老
子嘗餌松柏葉及雜花散景龍中年七十餘氣力益壯刺史盧齊
卿就謁致禮因訪以字人之術希夷曰孔子稱己所不欲勿施於人
可以終身行之矣及玄宗東巡勑州縣以禮徵召至駕前年已九十

六上令中書令張說訪以道義宦官扶入宮中與語甚悅開元十
四年下制曰徐州處士王希夷絕學弃智抱一居貞久謝囂塵獨
往林壑朕爲封巒展禮側席旌賢賁然來思克應嘉召雖紆綺季
之跡已過伏生之年宜命秩以尊儒俾全高於尚齒可朝散大夫守
國子博士聽致仕還山州縣春秋致束帛酒肉仍賜衣一副絹一
百疋尋壽終自則天中宗已後有蒲州人衞大經邢州人李元愷
皆絜志不仕蒲州人王守愼常州人徐仁紀潤州人孫處玄皆退
身辭職爲時所稱
衞大經者篤學善易口無二言則天降詔徵之辭疾不赴與魏州
人夏侯乾童有舊聞乾童母卒徒步往弔之鄉人止之曰當夏暴暑
豈可步涉千里致書可也大經曰尺書無能盡意遂行至魏州會
乾童出行大經造門設席行弔禮不訃其家人而還開元初畢構
爲刺史謂解令孔愼言曰衞生德厚宜有旌異古人式千木之閭
禮賢故也愼言造門就謁時大經已年老辭疾不見嘗預筮死日

先鑒墓自爲誌文果如筮而終
李元愷者博學善天文律曆然性恭慎口未嘗言之鄉人宋璟年
少時師事之及璟作相使人遺元愷束帛將薦舉之皆拒而不荅
景龍中元行沖爲洺州刺史邀元愷至州問以經義因遺衣服元
愷辭曰微軀不宜服新麗但恐不能勝其美以速咎也行沖乃以
泥塗汙而與之不獲已而受及還乃以已之所蠶素絲五兩以酬行
沖曰義不受無妄之財先是定州人崔元鑒明三禮鄉人張易之
寵幸用事薦之起家拜朝散大夫致仕于家在鄉請半祿元愷誚
之曰無功受祿災也元愷年八十餘壽終
王守慎者有美名垂拱中爲監察御史時羅織事起守慎舅秋官
侍郎張知默推詔獄奏守慎同知其事守慎以疾辭因請爲僧則
天初甚怪之守慎陳情詞理甚高則天欣然從之賜號法成識鑒
高雅爲時賢所重以壽終
徐仁紀者聖曆中徵拜左拾遺三上書論得失不納謂人曰三諫
○ 五十八 唐傳一百四十一 五 黃曄
不聽可去矣遂移病歸鄉里神龍初宣慰使舉仁紀之行可以激
俗又徵拜左補闕三上書又不省乃詣執政求出俄授靈昌令妻
子不之官廨舍唯衣履及書疏而已餘無所蓄
孫處玄長安中徵爲左拾遺頗善屬文嘗恨天下無書以廣新文
神龍初功臣桓彥範等用事處玄遺彥範書論時事得失彥範竟
不用其言乃去官還鄉里以病卒
白履忠陳留浚儀人也博涉文史嘗隱居于古大梁城時人號爲
梁丘子景雲中徵拜校書郎尋弃官而歸開元十七年刑部尚書
王志愔表薦履忠隱居讀書自若守操有古人之風堪代褚無量
馬懷素入閤侍讀十七年國子祭酒楊瑒又表薦履忠堪爲學官
乃徵赴京師及至履忠辭以老病不任職事詔曰處士前秘書省
校書郎白履忠學優緗簡道貫丘園探賾以見其微隱居能達其
志故以汲引洙泗物色夷門耆嵐自高玄冕非貴几杖云暮章秩宜
加俾承禮命之優式副寵賢之美可朝散大夫履忠尋表請還鄉

手詔曰孝悌立身靜退放俗年過從耄不雜風塵盛德予聞通班
是錫豈唯旌賁山藪實欲獎勸人倫且遊上京徐還故里乃停留
數月而歸履忠鄉人左庶子吳兢謂履忠曰吾子家室屢空貴不
霑斗米足帛雖得五品何益於實也履忠欣然曰往歲契丹入寇
家家盡著括排門夫履忠特以少讀書籍縣司放免至今惶愧今
雖不得且是吾家終身高卧免徭役豈易得也尋壽終著三玄精
辯論一卷注老子及黃庭內景經有文集十卷
道士王遠知瑯琊人也祖景賢梁江州刺史父曇選陳揚州刺史
遠知母梁駕部郎中丁超女也嘗晝寢夢靈鳳集其身因而有娠
又聞腹中啼聲沙門寶誌謂曇選曰生子當爲神仙之宗伯也遠
知少聰敏博綜羣書初入茅山師事陶弘景傳其道法後又師事
宗道先生臧兢陳主聞其名召入重陽殿令講論甚見嗟賞及隋
煬帝爲晉王鎮揚州使王子相柳顧言相次召之遠知乃來謁見
斯須而鬚髮變白晉王懼而遣之少頃又復其舊煬帝幸涿郡遣
○ 五十八 唐傳一百四十二 六 黃曄
員外郎崔鳳舉就邀之遠知見於臨朔宮煬帝親執弟子之禮勅
都城起玉清玄壇以處之及幸揚州遠知諫不宜遠去京國煬帝
不從高祖之龍潛也遠知嘗密傳符命武德中太宗平王世充與
房玄齡微服以謁之遠知迎謂曰此中有聖人得非秦王乎太宗因
以實告遠知曰方作太平天子願自惜也太宗登極將加重位固
請歸山至貞觀九年勅潤州於茅山置太受觀并度道士二十七人
降璽書曰先生操履夷簡德業冲粹屏弃塵雜棲志虛玄吐故
納新食芝餌木念衆妙於三清之表返華髮於百齡之外道邁前
烈聲高自古非夫得祕訣於金壇受幽文於玉笈者其孰能與此
乎朕昔在藩朝早獲問道眷言風範無忘寤寐近覽來奏請歸
舊山已有別勅不違高志并許置觀用表宿心未知先生早晚以
屆江外所營棟宇何當就功佇聞委曲副茲引領近已令太史薛
頤等往詔令宜朕意其年遠知謂弟子潘師正曰吾見仙格以吾
小時誤損一童子吻不得白日昇天見署少室伯將行在即翌日

休浴加冠衣焚香而寢卒年一百二十六歲調露二年追贈遠知
太中大夫謚曰昇眞先生則天臨朝追贈金紫光祿大夫天授二
年改謚曰昇玄先生

潘師正趙州贊皇人也少喪母廬於墓側以至孝聞大業中度爲
道士師事王遠知盡以道門隱訣及符籙授之師正清淨寡欲居
於嵩山之逍遙谷積二十餘年但服松葉飲水而已高宗幸東都
因召見與語問師正山中有何所須師正對曰所須松樹清泉山
中不乏高宗與天后甚尊敬之留連信宿而還尋勅所司於師正
所居造崇唐觀嶺上別起精思院以處之初置奉天宮帝令所司
於逍遙谷口特開一門號曰仙遊門又於苑北面置尋眞門皆爲
師正立名焉時太常奏新造樂曲帝又令以祈仙望仙翹仙爲名
前後贈詩凡數十首師正以永淳元年卒時年九十八高宗及天
后追思不已贈太中大夫賜謚曰體玄先生

道士劉道合者陳州宛丘人初與潘師正同隱於嵩山高宗聞其

名令於隱所置太一觀以居之召入宮中深尊禮之及將封太山
屬久雨帝令道合於儀鸞殿作止雨之術俄而霽朗帝大悅又令
道合馳傳先上太山以祈福祐前後賞賜皆散施貧乏未嘗有所
蓄積高宗又令道合合還丹丹成而上之咸亨中卒及帝營奉天
宮遷道合之殯室弟子開棺將改葬其尸唯有空皮而背上開坼
有似蟬蛻盡失其齒骨衆謂尸解高宗聞之不悅曰劉師爲我合
丹自服仙去其所進者亦無異焉

道士司馬承禎字子微河内溫人周晉州刺史琅琊公裔玄孫少
好學薄於爲吏遂爲道士事潘師正傳其符籙及辟穀導引服餌
之術師正特賞異之謂曰我自陶隱居傳正一之法至汝四葉矣承
禎嘗遍遊名山乃止於天台山則天聞其名召至都降手勅以讚
美之及將還勅麟臺監李嶠餞之於洛橋之東景雲二年睿宗令
其兄承禕就天台山追之至京引入宮中問以陰陽術數之事承禎
對曰道經之旨爲道日損損之又損之以至於無爲且心目所知見者
每損之尚未能已豈復攻乎異端而增其智慮哉帝曰理身無爲
則清高矣理國無爲如何對曰國猶身也老子曰遊心於澹合氣
於漠順物自然而無私焉而天下理易曰聖人者與天地合其德
是知天不言而信不爲而成無爲之旨理國之道也睿宗歎息曰
廣成之言即斯是也承禎固辭還山仍賜寶琴一張及霞紋帔而
遣之朝中詞人贈詩者百餘人開元九年玄宗又遣使迎入京親
受法籙前後賞賜甚厚十年駕還西都承禎又請還天台山玄宗
賦詩以遣之十五年又召至都玄宗令承禎於王屋山自選形勝置
壇室以居焉承禎因上言今五岳神祠皆是山林之神非正眞之
神也五岳皆有洞府各有上清眞人降任其職山川風雨陰陽氣
序是所理焉冠冕章服佐從神仙皆有名數請別立齋祠之所玄
宗從其言因勅五岳各置眞君祠一所其形象制度皆令承禎推
按道經創意爲之承禎頗善篆隸書玄宗令以三體寫老子經因
刊正文句定著五千三百八十言爲眞本以奏上之以承禎王屋所

居爲陽臺觀上自題額遣使送之賜絹三百疋以充藥餌之用俄
又令玉眞公主及光祿卿韋縚至其所居修金籙齋復加以錫賚
是歲卒於王屋山時年八十九其弟子表稱死之日有雙鶴遶壇
及白雲從壇中涌出上連于天而師容色如生玄宗深歎之乃下
制曰混成不測入寥自化雖獨立有象而至極則冥故王屋山道
士司馬子微心依道勝理會玄遠遍遊名山密契仙洞存觀其妙
逍遙得意之場亡復其根宴息無何之境固以名登眞格位在靈
官林壑未改遐霄已曠言念高烈有愴于懷宜贈徽章用光丹籙
可銀青光祿大夫號貞一先生仍爲親製碑文

吳筠魯中之儒士也少通經善屬文舉進士不第性高潔不奈流
俗乃入嵩山依潘師正爲道士傳正一之法苦心鑽仰乃盡通其術
開元中南遊金陵訪道茅山久之東遊天台筠尤善著述在剡與
越中文士爲詩酒之會所著歌篇傳於京師玄宗聞其名遣使徵之
既至與語甚悅令待詔翰林帝問以道法對曰道法之精無如五

子言其諸枝詞蔓說徒費紙札耳又問神仙修鍊之事對曰此野人之事當以歲月功行求之非人主之所宜適意每與緇黃列坐朝臣啓奏筠之所陳但名教世務而已間之以諷詠以達其誠玄宗深重之天寶中李林甫楊國忠用事綱紀日紊筠知天下將亂堅求還嵩山累表不許乃詔於岳觀別立道院祿山將亂求還茅山許之既而中原大亂江淮多盜乃東遊會稽嘗於天台剡中往來與詩人李白孔巢父詩篇酬和逍遙泉石人多從之竟終於越中文集二十卷其玄綱三篇神仙可學論等爲達識之士所稱筠在翰林時特承恩顧繇是爲群僧之所嫉驃騎高力士素奉佛嘗短筠于上前筠不悅乃求還山故所著文賦深詆釋氏亦爲通人所譏然詞理宏通文彩煥發每製一篇人皆傳寫雖李白之放蕩杜甫之壯麗能兼之者其唯筠乎

孔述睿越州人也曾祖昌寓膳部郎中祖舜監察御史父齊參寶鼎令述睿少與兄克符弟克讓皆事親以孝聞既孤俱隱於嵩山

述睿好學不倦大曆中轉運使劉晏累表薦述睿有顏閔之行游夏之學代宗以太常寺協律郎徵之轉國子博士歷遷尚書司勳員外郎史館脩撰述睿每加恩命暫至朝廷謝恩旬日即辭疾却歸舊隱德宗踐祚以諫議大夫銀章朱紱命河南尹趙惠伯齎詔書玄纁束帛就嵩山以禮徵聘述睿既至召對於別殿特賜第宅給以廐馬兼爲皇太子侍讀旬日後累表固辭依前乞還舊山詔報之曰卿懷伊摯臣時之道有廣成嘉遁之風養素丘園屢辭命秩朕以嵩山間道渭水求師亦何必務執勞謙固求退讓無違朕旨且啓乃心述睿既懇辭不獲方就職久之改祕書少監兼右庶子再加史館脩撰述睿精於地理在館乃重修地理志時稱詳究而又性謙和退讓與物無競每親朋集會嘗恂恂似不能言者人皆敬之時令狐峘亦充脩撰與述睿同職多以細碎之事侵述睿述睿皆讓之竟不與爭時人稱爲長者貞元四年命齎詔并御饌衣服數百襲往平涼盟會處祭陷殁將士骸骨以述睿性精慤故也九年以疾上表請罷官詔不許報之曰朕以卿德重朝端行敦風俗不言之教所賴攸深未依來請想宜悉也述睿再三上表方獲允許乃以太子賓客賜紫金魚袋致仕放還鄉里仍賜帛五十疋衣一襲故事致仕還鄉者皆不給公乘德宗優寵儒者特命給而遣之貞元十六年九月卒年七十一贈工部尚書子敏行

敏行字至之舉進士元和五年禮部侍郎崔樞下擢第呂元膺廉問岳鄂辟爲賓佐丁母憂而罷後元膺爲東都留守移鎮河中敏行皆從之十四年入爲右拾遺遷左補闕長慶中爲起居郎改左司員外郎歷司勳郎中充集賢殿學士遷吏部郎中餞拜諫議大夫上疏論興元監軍楊叔元陰激募卒爲亂殺節度使李絳人不敢發其事敏行上表極諍之故叔元得罪時論稱美敏行名臣之子少而脩絜爲人所稱及游宦與當時豪俊爲友雖名華爲一時而自規雅操與父遠矣大和九年正月卒年四十九贈尚書工部侍郎

陽城字亢宗北平人也代爲宦族家貧不能得書乃求爲集賢寫書吏竊官書讀之晝夜不出房經六年乃無所不通既而隱於中條山遠近慕其德行多從之學閭里相訟者不詣官府詣城請決陝虢觀察使李泌聞其名親詣其里訪之與語甚悅泌爲宰相薦爲著作郎德宗令長安縣尉楊寧齎束帛詣夏縣所居而召之城乃衣褐赴京上章辭讓德宗遣中官持章服衣之而後召賜帛五十疋尋遷諫議大夫初未至京人皆想望風彩曰陽城山人能自刻苦不樂名利今爲諫官必能以死奉職人咸畏憚之及至諸諫官紛紜言事細碎無不聞達天子益厭苦之而城方與二弟及客日夜痛飲人莫能窺其際皆以虛名譏之有造城所居將問其所以者城望風知其意引之與坐輒強以酒客辭城輒引自飲客不能已乃與城酬酢客或時先醉仆席上城或時先醉卧客懷中不能聽客語約其二弟云吾所得月俸汝可度吾家有幾口月食米當幾何買薪菜鹽凡用幾錢先具之其餘悉以送酒媼無留也未嘗有

所蓄積雖所服用有切急不可闕者客稱某物佳可愛城輒喜舉而授之有陳萇者候其始請月俸常往稱其錢帛之美月有獲焉時德宗在位多不假宰相權而左右得以因緣用事於是裴延齡李齊運韋渠牟等以姦佞相次進用誣譖時宰毀詆大臣陸贄等咸遭枉黜無敢救者城乃伏閤上疏與拾遺王仲舒共論延齡姦佞贄等無罪德宗大怒召宰相入議將加城罪時順宗在東宮為城獨開解之城賴之獲免於是金吾將軍張萬福聞諫官伏閤諫趨往至延英門大言賀曰朝廷有直臣天下必太平矣乃造城及王仲舒等曰諸諫議能如此言事天下安得不太平已而連呼太平太平萬福武人年八十餘自此名重天下時朝夕欲相延齡城曰脫以延齡為相城當取白麻壞之竟坐延齡事改國子司業城既至國學乃召諸生告之曰凡學者所以學為忠與孝也諸生寧有久不省其親者乎明日告城歸養者二十餘人有薛約者嘗學於城性狂躁以言事得罪徙連州客寄無根蔕臺吏以蹤跡求得之

於城家城坐臺吏於門與約飲酒訣別涕泣送之郊外德宗聞之以城黨罪人出為道州刺史太學生魯郡季償等二百七十人詣闕乞留經數日吏遮止之疏不得上在道州以家人法待吏人宜罰者罰之宜賞者賞之不以簿書介意道州土地產民多矮每年常配鄉戶貢其男號為矮奴城不平其以良為賤又憫其編甿歲有離異之苦乃抗疏論而免之自是乃停其貢民皆賴之無不泣荷前刺史有贓罪觀察使方推鞫之吏有幸於前刺史者拾其不法事以告自為功城立杖殺之賦稅不登觀察使數加誚讓州上考功第城自署其第曰撫字心勞徵科政拙考下下觀察使遣判官督其賦至州怪城不出迎以問州吏吏曰刺史聞判官來以為有罪自囚於獄不敢出判官大驚馳入謁城於獄曰使君何罪某奉命來候安否耳留一二日未去城因不復歸館門外有故門扇橫地城晝夜坐臥其上判官不自安辭去其後又遣他判官往按之他判官義不欲按乃載妻子行中道而自逸順宗即位詔徵之而城已卒士君子惜之是歲四月賜其家錢二百貫文仍令所在州縣給遞以喪歸葬焉

崔觀梁州城固人為儒不樂仕進以耕稼為業老而無子乃以田宅家財分給奴婢令各為生業觀夫妻遂隱於城固南山家事一不問約奴婢遞過其舍至則供給酒食而已夫婦林泉相對以嘯詠自娛山南西道節度使鄭餘慶高其行辟為節度參謀累邀方至府第為吏無方略苦不達人事餘慶以長者優容之大和八年左補闕王直方上疏論事得召見文宗便殿訪以時事直方亦興元人與觀城固山為鄰是日因薦觀有高行詔以起居郎徵之觀辭疾不起卒於山

贊曰高士忘懷不隱不顯依隱釣名眞風澌鮮結廬泉石投紱市朝心無出處是曰逍遙

○ 唐書列傳卷第一百四十二

左奉議郎充紹興府府學教授朱倬校正

唐書列傳卷第一百四十三　　劉昫等修

烈女

李德武妻裴氏　楊慶妻王氏（獨孤師仁乳母王氏附）

楊三安妻李氏　魏衡妻王氏　樊會仁母敬氏

絳州孝女衛氏　濮州孝女賈氏　鄭義宗妻盧氏

劉寂妻夏侯氏　楚王靈龜妃上官氏　楊紹宗妻王氏

于敏直妻張氏　冀州女子王氏　樊彥琛妻魏氏

鄒保英妻奚氏（古玄應妻高氏附）　宋庭瑜妻魏氏

崔繪妻盧氏　奉天縣竇氏二女　盧甫妻李氏（王泛妻裴氏附）

鄒待徵妻薄氏　李湍妻　董昌齡母楊氏

韋雍妻蘭陵縣君蕭氏　衡方厚妻武昌縣君程氏

女道士李玄真　孝女王和子　鄭神佐女

女子稟陰柔之質，有從人之義。前代誌貞婦烈女，蓋善其能以禮自防。至若失身賊庭，不汚非義，臨白刃而慷慨，誓丹衷而激發，粉身不顧，視死如歸，雖在壯夫，恐難守節，窈窕之操，不其賢乎！其次梁鴻之妻無辭偕隱，恭姜之誓不踐二庭，婦道母儀，克彰圖史，又其長也。末代風靡，貞行寂寥，聊播椒蘭，以貽閨壼，彤管之職，幸無忽焉。

李德武妻裴氏，字淑英，戶部尚書安邑公矩之女也。性婉順有容德，事父母以孝聞。適德武一年，而德武坐從父金才事徙嶺表。矩時為黃門侍郎，奏請德武離婚，煬帝許之。德武將與裴別，謂曰：「燕婉始爾，便事分離，方遠投瘴癘，恐無還理，尊君奏留，必欲改嫁耳，於此即事長訣矣。」裴泣而對曰：「婦人事夫，無再醮之禮。夫者，天也，何可背乎！守之以死，必無他志。」因操刀欲割耳自誓，保者禁之乃止。裴與德武別後，容貌毀悴，常讀佛經，不御膏澤。李氏之姊妹在都邑者，歲時朔望，必命左右致敬而省焉。裴又嘗讀列女傳，見稱述不改嫁者，乃謂所親曰：「不踐二庭，婦人常理，何為以此載於記傳乎？」後十餘年間，與德武音信斷絕，矩欲奪其志，時有柳直求婚，許之，期有定日。乃以剪刀斷其髮，悲泣絕粒，矩不可奪，乃止。德武已於嶺表娶爾朱氏為妻，及遇赦得還，至襄州，聞裴守節，乃出其後妻，重與裴合，生三男四女。貞觀中，德武終於鹿城令，裴歲餘亦卒。

楊慶妻王氏，世充兄之女也。慶即隋河間王弘之子，大業末封郇王，為滎陽太守。後陷於世充，世充以兄女妻之，授管州刺史。及太宗攻圍洛陽，慶謀背世充，欲與其妻俱來歸國，妻謂慶曰：「鄭國以妾奉箕箒於公者，所以結公心耳。今既二三其行，負恩背義，自為身謀，妾將奈何？若至長安，則公家之婢耳，願送至東都，公之惠也。」慶不聽。伺慶出後，謂侍者曰：「唐兵若勝，我家則滅；鄭國無危，吾夫又死。進退唯谷，何以生焉！」乃飲藥而卒。慶既入朝，官至宜州刺史。時又有獨孤武都謀叛王世充歸國，事覺誅死。武都子師仁年始三歲，世充以其年幼不殺，使禁掌之。乳母王氏，號蘭英，請髡鉗求入保養，世充許之。蘭英撫育提攜，備盡筋力。時喪亂年飢，人多餓死，蘭英扶路乞丐，捃拾遇有所得，便歸與師仁，蘭英唯啖土飲水而已。後詐採拾，乃竊師仁歸于京師。高祖嘉其義，下詔曰：「師仁乳母王氏，慈惠有聞，撫鞠無倦，提攜遺幼，背逆歸朝，宜有褒隆，以錫其號，可封永壽郡君。」

楊三安妻李氏，雍州涇陽人也。事舅姑以孝聞。及舅姑亡，三安亦死，二子孩童，家至貧窶，李晝則力田，夜則紡績，數年間葬舅姑及夫之叔姪兄弟者七喪，深為遠近所嗟尚。太宗聞而異之，賜帛二百段，遣州縣所在存恤之。

魏衡妻王氏，梓州郪人也。武德初，薛仁杲舊將房企地侵掠梁郡，因獲王氏，逼而妻之。後企地漸強盛，衡謀以城應賊。企地領眾將趨梁州，未至數十里，飲酒醉臥，王氏取其佩刀斬之，攜其首入城，賊眾乃散。高祖大悅，封為崇義夫人，捨衡同賊之罪。

樊會仁母敬氏，字像子，蒲州河東人也。年十五，適樊氏，生會仁而夫喪事舅姑婣以謹順聞及服終母兄以其盛年將奪其志微加諷諭便悲恨嗚咽如此者數四母兄乃潛許人爲婚矯稱母患以召之凡所營具皆寄之鄰里像子既至省母無疾鄰家復具肴饍像子知爲所欺佯爲不悟者其嫂復請像子沐浴像子私謂會仁曰吾不幸孀居誓與汝父同穴所以不死者徒以我母高年老汝身幼弱今汝舅欲奪吾志將加逼迫於汝何如會仁失聲啼泣像子撫之曰汝勿啼吾向僞不覺者令汝舅不我爲意聞汝啼知吾覺悟必加防備則吾難爲計矣會仁便佯睡像子於是伺隙攜之遁歸中路兄使追及之將逼與俱返像子誓以必死辭情甚切其兄感歎而止後會仁年十八病卒時像子母已終既葬像子謂其所親曰吾老母不幸又夫死子亡義無久活於是號慟不食數日而死

絳州孝女衛氏字無忌夏縣人也初其父爲鄉人衛長則所殺無忌年六歲母又改嫁無弟兄及長常思復讎無忌從伯常設宴爲樂長則時亦預坐無忌以甎擊殺之既而詣吏稱父讎既報請就刑戮巡察大使黃門侍郎褚遂良以聞太宗嘉其孝烈特令免罪給傳乘徙於雍州并給田宅仍令州縣以禮嫁之

孝女賈氏濮州鄄城人也年始十五其父爲宗人玄基所害其弟強仁年幼賈氏撫育之誓以不嫁及強仁成童思共報復乃候玄基殺之取其心肝以祭父墓遣強仁自列於縣司斷以極刑賈氏詣闕自陳己爲請代強仁死高宗哀之特下制賈氏及強仁免罪移其家於洛陽

鄭義宗妻盧氏幽州范陽人盧彥衡之女也略涉書史事舅姑甚得婦道嘗夜有強盜數十人持杖鼓譟踰垣而入家人悉奔竄唯有姑獨在室盧冒白刃往至姑側爲賊捶擊之幾至於死賊去後家人問曰羣兇擾橫人盡奔逃何獨不懼荅曰人所以異於鳥獸者以其仁義也昔宋伯姬守義赴火流稱至今吾雖不敏安敢忘義且鄰里有急尚相赴救況在於姑而可委棄若萬一危禍豈宜獨生其姑又每云古人稱歲寒然後知松栢之後凋也吾今乃知盧新婦之心矣貞觀中卒

劉寂妻夏侯氏滑州胙城人字碎金父長雲爲鹽城縣丞因疾喪明碎金乃求離其夫以終侍養經十五年兼事後母以至孝聞及父卒毀瘠殆不勝喪被髮徒跣負土成墳廬於墓側每日一食如此者積年貞觀中有制表其門閭賜以粟帛

楚王靈龜妃上官氏秦州上邽人父懷仁右金吾將軍上官年十八歸于靈龜繼楚哀王後本生具存朝夕侍奉恭謹彌甚凡有新味非舅姑嘗訖未曾先嘗經數載靈龜薨及將葬其前妃閻氏嫁不踰年而卒又無近族衆議欲不舉之上官氏曰必神而靈寧可使孤魂無託於是備禮同葬聞者莫不嘉歎服終諸兄姊謂曰妃年尚少又無所生改醮異門禮儀常範妃可思之妃掩泣對曰丈夫以義烈標名婦人以守節爲行未能即先犬馬以殉溝壑寧可復飾粧服有他志乎遽將截鼻割耳以自誓諸兄姊知其志不可奪歎息而止尋卒

楊紹宗妻王氏華州華陰人也初年三歲所生母亡爲繼母鞠養至年十五父又征遼而歿繼母尋亦卒王乃收所生及繼母屍柩并立父形像招魂遷葬訖廬於墓側陪其祖母及父母墳永徽中詔曰故楊紹宗妻王氏因心爲孝率性成道年迫桑榆筋力衰謝以往在隋朝父歿遼左招魂遷葬負土成墳又葬其祖父母等竭此老年親加板築痛結晨昏哀感行路永言志行嘉尚良深宜標其門閭用旌敏德賜物三十段粟五十碩

于敏直妻張氏營州都督皖城公儉之女也數歲時父母微有疾即觀察顏色不離左右晝夜省侍宛若成人及稍成長恭順彌甚適延壽公于欽明子敏直初聞儉有疾便即號踊自傷期於必死儉卒後凶問至號哭一慟而絕高宗下詔賜物百段仍令史官錄之

冀州鹿城女子王阿足者早孤無兄弟唯姊一人阿足初適同縣李氏未有子而夫亡時年尚少人多娉之爲姊年老孤寡不能捨去

乃誓不嫁以養其姊每晝營田業夜便紡績衣食所須無非阿足出者如此二十餘年及姊喪葬送以禮鄉人莫不稱其節行競令妻女求與相識後數歲竟終于家

樊彥琛妻魏氏楚州淮陰人彥琛病篤將卒魏泣而言曰幸以愚陋託身明德奉侍衣裳二十餘載豈意釁妨所招遽見此禍同入黃泉是其願也彥琛荅曰死生常道無所多恨君宜免勵養諸孤使其成立若相從而死適足貽累非吾所取也彥琛卒後屬李敬業之亂乃爲賊所獲賊黨知其素解絲竹逼令彈箏魏氏歎曰我夫不幸亡歿未能自盡苟復偷生今復見逼管絃豈非禍從手發耶乃引刀斬指弃之於地賊黨又欲妻之魏以必死自固賊等忿怒以刃加頸語云若不從我即當殞命乃厲聲罵曰爾等狗盜乃欲污辱好人今得速死會我本志賊乃斬之聞者莫不傷惜

鄒保英妻奚氏不知何許人也萬歲通天年契丹賊李盡滅來寇平州保英時任刺史領兵討擊既而城孤援寡勢將欲陷奚氏乃率家

○僮及城內女丁相助固守賊退所司以聞優制封爲誠節夫人時有古玄應妻高氏亦能固守飛狐縣城卒免爲突厥所陷下詔曰頃屬默啜攻城咸憂陷沒夫夫固守猶不能堅婦人懷忠不憚流矢由茲感激危城重安如不褒昇何以獎勸古玄應妻可封爲徇忠縣君

宋庭瑜妻魏氏定州鼓城人隋著作郎彥泉之後也世爲山東士族父克已有詞學則天時爲天官侍郎魏氏善屬文先天中庭瑜自司農少卿左遷涪州別駕魏氏隨夫之任中路作南征賦以敘志詞甚典美開元中庭瑜累遷慶州都督初中書令張說年少時爲克己所重魏氏恨其夫爲外職乃作書與說敘亡父疇昔之事幷爲庭瑜申理乃錄南征賦寄說說歎曰曹大家東征之流也庭瑜尋轉廣州都督道病卒魏氏旬日亦殞時人莫不傷之

崔繪妻盧氏幽州范陽人也爲山東著姓祖幼孫常州刺史父獻有美名則天時歷鸞臺侍郎文昌左丞天授中爲酷吏來俊臣所陷左遷西鄉令而卒繪早終盧既年少諸兄常欲嫁之盧輒稱病固辭盧亡姊之夫李思仲神龍初爲工部侍郎又求續親時思仲當朝美職諸兄不之拒將婚之夕方以告盧盧又固辭不可仍令人防其門盧謂左右曰吾自誓久已定矣乃夜中出自竇中奔歸崔氏毀面盡爲糞穢所污宗族見者皆爲之垂淚因出家爲尼諸尼欽其操行皆尊事之開元中以老病而卒

奉天縣竇氏二女伯娘仲娘雖長於村野而幼有志操住與邠州接界永泰中草賊數千人持兵刃入其村落行剽劫聞二女有容色姊年十九妹年十六藏於巖窟間賊徒擬爲逼辱乃先曳伯娘出行數十步又曳仲娘出賊相顧自慰行臨深谷伯娘曰我豈受賊污辱乃投之於谷賊方驚駭仲娘又投於谷深數百尺姊尋卒仲娘腳折面破血流被體氣絕良久而蘇賊義之而去京兆尹第五琦感其貞烈奏之詔旌表門閭乃長免丁役二女葬事官給京兆戶曹陸海首賦以美之

原武尉盧甫妻李氏隴西成紀人也父瀾永泰元年春任蘄縣

○令界內先有草賊二千餘人瀾挺身入賊結以誠信賊並降附百姓復業者二百餘家時曹昇任徐州刺史知賊乃領兵掩襲賊得脫後入縣殺瀾瀾將被殺從父弟渤詣賊救瀾請代兄死瀾又請留弟弟兄爭死瀾女盧甫妻又泣請代父死並爲賊所害宣慰使吏部侍郎李季卿以節義聞又有尉氏尉王泛妻裴氏儀王傅巨卿之女也素有容範爲賊所俘賊逼之裴曰吾衣冠之子當死即死終不苟全一命受污於賊賊脅之以兵逼之以刃裴堅罵抗之賊怒乃支解裴氏至死不屈季卿亦以狀迹聞詔曰鄭州原武縣尉盧甫亡妻李氏汴州尉氏縣尉王泛亡妻裴氏等懿範傳家柔明植性頃因寇難克彰義烈或請代父死表因心之孝或誓逐夫亡標難奪之節宜膺贈飾俾光休美李氏可贈孝昌縣君裴氏可贈河東縣君仍編入史冊瀾渤亦贈官秩

鄒待徵妻薄氏待徵大曆中爲常州江陰縣尉其妻爲海賊所掠薄氏守節出待徵官告於懷中託付村人便謂待徵曰義不受辱

乃投江而死賊退潮落得妻屍焉江左文士多著節
婦文以紀之

李湍妻湍吳元濟之軍人也元和中淮南未平湍心懷向順乃忽渡溵河東降烏重胤其妻遂爲賊束縛在樹臠而食之至死叫其夫曰善事烏僕射觀者義之至是重胤以其事請列史冊十三年憲宗下詔從之

董昌齡母楊氏昌齡常爲泗州長史世居于蔡少孤受訓於母累事吳少誠少陽至元濟時爲吳房令楊氏潛誡曰逆順之理成敗可知汝宜圖之昌齡志未果元濟又署爲郾城令楊氏復誡曰逆黨欺天天所不福汝當速降無以前敗爲慮無以老母爲念汝爲忠臣吾雖歿無恨矣及王師逼郾城昌齡乃以城降且說賊將鄧懷金歸款於李光顏憲宗聞之喜急召昌齡至闕直授郾城令兼監察御史乃賜緋魚昌齡泣謝曰此皆老母之訓憲宗嗟歎良久元濟囚楊氏欲殺之而止者數矣蔡平楊氏幸無恙元和十五年

○陳許節度使李遜旌楊氏之強明節義以聞乃封北平郡太君

韋雍妻蕭氏雍故太子賓客張弘靖鎮幽州日奏授觀察判官攝監察御史時屬朝廷制置未備幽州俗本兇悍尤不樂文儒爲主帥賓佐習於常態忽其變通議論不密卒然起亂雍時家亦從劫蕭氏聞難號呼專執夫袂左右格去以死不從又雍臨刃蕭氏歸而告曰妾不幸年少義不苟活今日之事願先就死執刃者斷其臂而殺雍蕭氏詞氣不撓雖兇悍圍視無不嗟歎其夕蕭氏亦卒大和六年節度使楊志誠表明其事因降勅追封蘭陵縣君

衡方厚妻程氏方厚大和中任邕州都督府錄事參軍爲招討使董昌齡誣枉殺之程氏力不能免乃抑其哀如非寃者昌齡雅不疑慮聽其歸葬程氏故得以徒行詣闕截耳於右銀臺門告夫被殺之寃御史臺鞫之得實諫官亦有章疏故昌齡再受譴逐程氏開成元年降勅曰乃者吏爲不道虐殺爾夫詣闕申寃徒行萬里崎嶇偏畏殞於危亡血誠既昭幽憤果雪雖古之烈婦何以加焉如聞孤孀無依晝哭待盡俾榮祿養仍賜旌封可封武昌縣君仍賜一子九品正員官

女道士李玄真越王貞之玄孫曾祖珍子越王第六男也先天中得罪配流嶺南玄真祖父皆亡歿於嶺外雖曾經恩赦而未昭雪玄真進狀曰去開成三年十二月內得嶺南節度使盧鈞出俸錢接借哀妾三代旅櫬暴露各在一方特與發遣歸就大塋合祔今護四喪已到長樂旅店權下未委故越王墳所在伏乞天恩允妾所奏許歸大塋妾年已六十三孤露家貧更無依倚詔曰越王事跡國史著明枉陷非辜尋以洗雪其珍子他事配流數代漂零不還京國玄真弱女孝節卓然啓護四喪綿歷萬里況是近族必可加恩行路猶或嗟稱朝廷固須恤助委宗正寺京兆府與訪越王墳墓報知如不是陪陵任祔塋卜葬其葬事仍令京兆府接借必使備禮葬畢玄真如願住京城便配咸宜觀安置

孝女王和子者徐州人其父及兄爲防秋卒戍涇州元和中吐蕃寇邊

父兄戰死無子母先亡和子時年十七聞父兄歿於邊上被髮徒跣縗裳獨往涇州行丐取父兄之喪歸徐營葬手植松柏翦髮壞形廬於墓所節度使王智興以狀聞詔旌表之又大中五年兗州瑕丘縣人鄭神佐女年二十四先許適驍雄牙官李玄慶神佐亦爲官健戍慶州時党項叛神佐戰死其母先亡無子女以父戰歿邊城無由得還遂乃翦髮壞形自往慶州護父喪還至瑕丘縣進賢鄉馬青村與母合葬便廬於墳所手植松檟誓不適人節度使蕭俶以狀奏之曰伏以閭里之中罕知禮教女子之性尤昧義方鄭氏女痛結窮泉哀深陟岵投身沙磧歸父遺骸遠自邊陲得還閭里感其孝義以積恨守丘墓以誓心克彰孝理之仁足厲貞方之節詔旌表門閭

贊曰政教隆平男忠女貞禮以自防義不苟生彤管有煒蘭閨振聲關雎合雅始號文明

唐書列傳卷第一百四十三　左奉議郎充紹興府府學教授朱倬校正

劉昫 等修

突厥上

突厥之始啓民之前隋書載之備矣祇以入國之事而述之始畢可汗咄吉者啓民可汗子也隋大業中嗣位值天下大亂中國人奔之者衆其族強盛東自契丹室韋西盡吐谷渾高昌諸國皆臣屬焉控弦百餘萬北狄之盛未之有也高視陰山有輕中夏之志可汗者猶古之單于妻號可賀敦猶古之閼氏也其子弟謂之特勤別部領兵者皆謂之設其大官屈律啜次阿波次頡利發次吐屯次俟斤並代居其官而無員數父兄死則子弟承襲高祖起義太原遣大將軍府司馬劉文靜聘于始畢引以爲援始畢遣其特勤康稍利等獻馬千疋會于絳郡又遣二千騎助軍從平京城及高祖即位前後賞賜不可勝紀始畢自恃其功益驕踞每遣使者至長安頗多橫恣高祖以中原未定每優容之武德元年始畢使骨吐祿特勤來朝宴于太極殿奏九部樂賚錦綵布絹各有差二年二月始畢帥兵渡河至夏州賊帥梁師都出兵會之謀入抄掠授馬邑賊帥劉武周兵五百餘騎遣入句注又追兵大集欲侵太原是月始畢卒其子什鉢苾以年幼不堪嗣位立爲泥步設使居東偏直幽州之北立其弟俟利弗設是爲處羅可汗處羅可汗嗣位又以隋義城公主爲妻遣使入朝告喪高祖爲之舉哀廢朝三日詔百官就館弔其使者又遣內史舍人鄭德挺往弔處羅賻物三萬段處羅此後頻遣使朝貢先是隋煬帝蕭后及齊王暕之子政道陷于竇建德三年二月處羅迎之至于牙所立政道爲隋王隋末中國人在虜庭者悉隸于政道行隋正朔置百官居于定襄城有徒一萬時太宗在藩受詔討劉武周師次太原處羅遣其弟步利設率二千騎與官軍會六月處羅至并州總管李仲文出迎勞之留三日城中美婦人多爲所掠仲文不能制俄而處羅卒義城公主以其子奧射設醜弱廢不立之遂立處羅之弟咄苾是

爲頡利可汗

頡利可汗者啓民可汗第三子也初爲莫賀咄設牙直五原之北高祖入長安薛舉猶據隴右遣其將宗羅睺攻陷平涼郡北與頡利連結高祖患之遣光祿卿宇文歆齎金帛以賂頡利歆說之令絕交於薛舉初隋五原太守張長遜因亂以其所部五原城隸於突厥歆又說頡利遣長遜入朝以五原地歸于我頡利並從之因發突厥兵及長遜之衆並會於太宗軍所武德三年頡利又納義城公主爲妻以始畢之子什鉢苾爲突利可汗遣使入朝告處羅死高祖爲之罷朝一日詔百官就館弔其使頡利初嗣立承父兄之資兵馬強盛有憑陵中國之志高祖以中原初定不遑外略每優容之賜與不可勝計頡利言辭悖傲求請無厭四年四月頡利自率萬餘騎與馬邑賊苑君璋將兵六千人共攻鴈門定襄王胡大恩擊走之先是漢陽公蘇瓌太常卿鄭元璹左驍衛大將軍長孫順德等各使于突厥頡利並拘之我亦留其使前後數輩至是爲大恩所挫於是乃懼仍放順德還更請和好獻魚膠數十斤欲令二國同於此膠高祖嘉之放其使者特勤熱寒阿史德等還蕃賜以金帛五年春胡大恩奏言突厥飢荒馬邑可圖詔大恩與殿內少監獨孤晟帥師討苑君璋期以二月會于馬邑晟後期不至大恩不能獨進頓兵新城以待之頡利遣數萬騎與劉黑闥合軍進圍大恩王師敗績大恩沒于陣死者數千人六月劉黑闥又引突厥萬餘騎入抄河北頡利復自率五萬騎南侵至于汾州又遣數千騎西入靈原等州詔隱太子出幽州道太宗出蒲州道以討之時頡利攻圍并州又分兵入汾潞等州掠男女五千餘口聞太宗兵至蒲州乃引兵出塞七年八月頡利突利二可汗舉國入寇道自原州連營南上太宗受詔北討齊王元吉隸焉初關中霖雨糧運阻絕太宗頗患之召諸將憂見於色頓兵於豳州頡利突利率萬餘騎奄至城西乘高而陣將士大駭太宗乃親率百騎馳詣虜陣告之曰國家與可汗誓不相負何爲背約深入吾地我秦王也

故來一決可汗若自來我當與可汗兩人獨戰若欲兵馬揔來我唯百騎相禦耳頡利弗之測笑而不對太宗又前令騎告突利曰爾往與我盟急難相救爾今將兵來何無香火之情也亦宜早出一決勝負突利亦不對太宗前將渡溝水頡利見太宗輕出又聞香火之言乃陰猜突利因遣使曰王不須渡我無惡意更欲共王自斷當耳於是稍引卻各斂軍而退太宗因縱反間於突利突利悅而歸心焉遂不欲戰其叔姪內離頡利欲戰不可因遣突利及夾畢特勒阿史那思摩奉見請和許之突利因自託於太宗願結爲兄弟思摩初奉見高祖引昇御榻頓顙固辭高祖謂曰頡利誠心遣特勤朝拜今見特勤如見頡利固引之乃就坐尋封思摩爲和順王八年七月頡利集兵十餘萬大掠朔州又襲將軍張瑾于太原瑾全軍並沒脫身奔於李靖出師拒戰頡利不得進屯于幷州太宗帥師討之突茾蒲州頡利引兵而去太宗旋師九年七月頡利自率十餘萬騎進寇武功京師戒嚴己卯進寇高陵行軍揔管

左武候大將軍尉遲敬德與之戰于涇陽大破之獲俟斤阿史德烏没啜斬首千餘級癸未頡利遣其腹心執失思力入朝爲覘自張形勢云二可汗揔兵百萬今已至矣太宗謂之曰我與突厥面自和親汝則背之我實無愧又義軍入京之初爾父子並親從我賜汝玉帛前後極多何故輒將兵入我畿縣爾雖突厥亦須頗有人心何故全忘大恩自誇強盛我當先戮爾矣思力懼而請命太宗不許縶之於門下省太宗與侍中高士廉中書令房玄齡將軍周範馳六騎幸渭水之上與頡利隔津而語責以負約其酋帥大驚皆下馬羅拜俄而衆軍繼至頡利見軍容大盛又知思力就拘由是大懼太宗獨與頡利臨水交言麾諸軍卻而陣焉蕭瑀以輕敵固諫于馬前上曰吾已籌之非卿所知也突厥所以掃其境內直入渭濱應是聞我國家初有內難朕又新登九五將謂不敢拒之朕若閉門虜必大掠強弱之勢在今一策朕故獨出以示輕之又耀軍容使知必戰事出不意乖其本圖虜入既深理當自懼與戰

則必剋與和則必固制服匈奴自茲始矣是日頡利請和詔許焉車駕即日還宮乙酉又幸城西刑白馬與頡利同盟于便橋之上頡利引兵而退蕭瑀進曰初頡利之未和也謀臣猛將多請戰而陛下不納臣以爲疑既而虜自退其策安在上曰我觀突厥之兵雖衆而不整君臣之計唯財利是視可汗獨在水西酋帥皆來謁我我因而襲擊其衆勢同拉朽然我已令無忌李靖設伏於幽州以待之虜若奔還伏兵邀其前大軍躡其後覆之如反掌矣我所以不戰者即位日淺爲國之道安靜爲務一與虜戰必有死傷又匈虜一敗或當懼而脩德結怨於我爲患不細我今卷甲韜戈啗以玉帛頑虜驕恣必自此始破亡之漸其在茲乎將欲取之必固與之此之謂也九月頡利獻馬三千疋羊萬口上不受詔頡利所掠中國戶口者悉令歸之貞觀元年陰山已北薛延陀迴紇拔也古等餘部皆相率背叛擊走其欲谷設頡利遣突利討之師又敗績輕騎奔還頡利怒拘之十餘日突利由是怨望內欲背之其

國大雪平地數尺羊馬皆死人大飢乃懼我師出乘其弊引兵入朔州揚言會獵實設備焉侍臣咸曰夷狄無信先自猜疑盟後將兵忽踐疆境可乘其便數以背約因而討之太宗曰匹夫一言尚須存信何況天下主乎豈有親與之和利其災禍而乘危迫險以滅之耶諸公爲可朕不爲也縱突厥部落叛盡六畜皆死朕終示以信不安討之待其無禮方擒取耳三年突利遣使奏言與頡利有隙奏請擊之詔秦武通以幷州兵馬隨便應接三年薛延陀自稱可汗于漠北遣使來貢方物頡利始稱臣尚公主請脩壻禮頡利每委任諸胡疏遠族類胡人貪冒性多翻覆以故法令滋彰兵革歲動國人患之諸部攜貳頻年大雪六畜多死國中大餒頡利用度不給復重斂諸部由是下不堪命內外多叛之上以其請和後復援梁師都詔兵部尚書李靖代州都督張公謹出定襄道幷州都督李勣右武衛將軍丘行恭出通漢道左武衛大將軍柴紹出金河道衛孝節出恒安道薛萬徹出暢武道並受靖節度以

討之十二月突利可汗及郁射設蔭奈特勤等並帥所部來奔四
年正月李靖進屯惡陽嶺夜襲定襄頡利驚擾因徙牙於磧口
胡酋康蘇密等遂以隋蕭后及楊政道來降二月頡利計窘竄于
鐵山兵尚數萬使執失思力入朝謝罪請舉國內附太宗遣鴻臚
卿唐儉將軍安脩仁持節安撫之頡利稍自安靖乘間襲擊大破
之遂滅其國頡利乘千里馬獨騎奔于從姪沙鉢羅部落三月行
軍副總管張寶相率衆奄至沙鉢羅營生擒頡利送于京師太宗
謂曰凡有功於我者必不能忘有惡於我者終亦不記論爾之罪
狀誠為不小但自渭水曾面為盟從此以來未有深犯所以錄此
不相責耳仍詔還其家口館於太僕廩食之頡利鬱鬱不得志與
其家人或相對悲歌而泣帝見羸憊授虢州刺史以彼土多獐鹿
縱其畋獵庶不失物性頡利辭不願往遂授右衛大將軍賜以田
宅五年太宗謂侍臣曰天道福善禍淫事猶影響昔啓民亡國奔
隋文帝不恡粟帛大興士衆營衛安置乃得存立既而強盛當須

〇 五十八 唐傳一百四十四上 五 綦道

子子孫孫思念報德纔至始畢即起兵圍煬帝於鴈門及隋國將
亂又恃強深入遂使昔安立其家國者身及子孫並為頡利兄弟
之所屠戮今頡利破亡豈非背恩忘義所致也八年卒詔其國人
葬之從其俗禮焚屍於灞水之東贈歸義王謚曰荒其舊臣胡祿
達官吐谷渾邪自刎以殉渾邪者頡利之母婆施氏之媵臣也頡
利初誕以付渾邪至是哀慟而死太宗聞而異之贈中郎將仍葬
於頡利墓側樹碑以紀之

突利可汗什鉢苾者始畢可汗之嫡子頡利之姪也隋大業中突利
年數歲始畢遣領其東牙之兵號為泥步設隋淮南公主之北也
遂妻之頡利嗣位以為突利可汗牙直幽州之北突利在東偏管奚
霫等數十部徵稅無度諸部多怨之貞觀初奚霫等並來歸附頡
利怒其失衆遣北征延陁又喪師旅遂囚而撻焉突利初自武德
時深自結於太宗太宗亦以恩意撫之結為兄弟與盟而去後頡
利政亂驟徵兵於突利拒之不與由是有隙貞觀三年表請入朝

上謂侍臣曰朕觀前代為國者勞心以憂萬姓世祚乃長役人以
奉其身社稷必滅今北蕃百姓喪亡誠由其君不君之故也至使
突利情願入朝若非困迫何能至此夷狄弱則邊境無虞朕亦甚為
慰然見其顛狽又不能不懼所以然者慮已有不逮恐禍變亦爾
朕今視不能遠見聽不能遠聞唯藉公等盡忠匡弼無得憚於諫
諍也突利尋為頡利所攻遣使來乞師太宗謂近臣曰朕與突利
結為兄弟不可以不救杜如晦進曰夷狄無信其來自久國家雖
為守約彼必背之不若因其亂而取之所謂取亂侮亡之道太宗
然之因令將軍周範屯太原以圖進取突利乃率其衆來奔太宗
禮之甚厚頻賜以御膳四年授右衛大將軍封北平郡王食邑封
七百戶以其下兵衆置順祐等州帥部落還蕃太宗謂曰昔爾祖
啓民亡失兵馬一身投隋隋家竪立遂至強盛荷隋之恩未嘗報
德至爾父始畢反為隋家之患自爾已後無歲不侵擾中國天實
禍淫大降災變爾衆散亂死亡略盡既事窮後乃來投我我所以

〇 五十八 唐傳一百四十四上 六 黃安

不立爾為可汗者正為啓民前事故也改變前法欲中國久安爾
宗族永固是以授爾都督當須依我國法整齊所部不得妄相侵
掠如有所違當獲重罪五年徵入朝至并州道病卒年二十九太宗
為之舉哀詔中書侍郎岑文本為其碑文子賀邏鶻嗣突利弟
結社率貞觀初入朝歷位中郎將十三年從幸九成宮陰結部落
得四十餘人并擁賀邏鶻相與夜犯御營踰第四重幕引弓亂發
殺衛士數十人折衝孫武開率兵奮擊乃退北走渡渭水欲奔其
部落尋皆捕而斬之詔原賀邏鶻流于嶺外頡利之敗也其部落
或走薛延陁或走西域而來降者甚衆詔議安邊之術朝士多言
突厥恃強擾亂中國為日久矣今天實喪之窮來歸我本非慕
義之心因其歸命分其種落俘之河南兗豫之地散居州縣各使
耕織百萬胡虜可得化為百姓則中國有加戶之利塞北可常空
矣唯中書令溫彥博議請準漢建武時置降匈奴於五原塞下
全其部落得為捍蔽又不離其土俗因而撫之一則實空虛之地二

則示無猜心若遣向河南兗豫則乖物性故非含育之道太宗將從之祕書監魏徵奏言突厥自古至今未有如斯之破敗者也此是上天勦絶宗廟神武且其世寇中國百姓冤讎陛下以其降伏不能誅滅即宜遣還河北居其故土匈奴人面獸心非我族類強必寇盜弱則卑服不顧恩義其天性也秦漢患其若是故發猛將以擊之收取河南以為郡縣陛下奈何以內地居之且今降者幾至十萬數年之間孳息百倍居我肘腋甫邇王畿心腹之疾將為後患尤不可河南處也溫彥博奏曰天子之於物也天覆地載有歸我者則必養之今突厥破滅之餘歸心降附陛下不加憐愍弃而不納非天地之道阻四夷之意臣愚甚謂不可遣居河南所謂死而生之亡而存之懷我德惠終無叛逆魏徵又曰晉代有魏時胡落分居近郡平吳已後郭欽江統勸武帝逐出塞外不用欽等言數年之後遂傾瀍洛前代覆車殷鑒不遠陛下必用彥博之言遣居河南所謂養獸自遺患也彥博又曰聞聖人之道無所不通古

○ 五十八 唐傳一百四十四上 七 朱因

先哲王有教無類突厥餘魂以命歸我我援護之收居內地稟我指麾教以禮法數載之後盡為農民選其酋首遣居宿衛畏威懷德何患之有光武居南單于於內郡為漢藩翰終乎一代不有叛逆彥博既口給引類百端太宗遂用其計於朔方之地自幽州至靈州置順祐化長四州都督府又分頡利之地六州左置定襄都督府右置雲中都督府以統其部衆其酋首至者皆拜為將軍中郎將等官布列朝廷五品已上百餘人因而入居長安者數千家自結社率之反也太宗始患之又上書者多云處突厥於中國殊謂非便乃徙於河北立右武候大將軍化州都督懷化郡王思摩為乙彌泥孰候利苾可汗賜姓李氏率所部建牙於河北

思摩者頡利族人也始畢處羅其貌似胡人不類突厥疑非阿史那族類故歷處羅頡利世常為夾畢特勤終不得典兵為設武德初數來朝貢高祖封為和順郡王及其國亂諸部多歸中國唯思摩隨逐頡利竟與同擒太宗嘉其忠除右武候大將軍化州都督令統頡利舊部落於河南之地尋改封懷化郡王及將徙於白道之北思摩等咸憚薛延陁不肯出塞太宗遣司農卿郭嗣本賜延陁璽書曰突厥頡利可汗未破已前自恃強盛抄掠中國百姓被其殺者不可勝紀我發兵擊破之諸部落悉歸化我略其舊過嘉其從善並授官爵同我百寮所有部落愛之如子與我百姓不異但中國禮義不滅爾國前破突厥止為頡利一人為百姓之害所以廢而黜之實不貪其土地利其人馬也自黜廢頡利以後恒欲更立可汗是以所降部落等並置河南任其放牧今戶口羊馬日向滋多元許冊立不可失信即欲遣突厥渡河復其國土我策爾延陁日月在前今突厥理是居後後者為小前者為大爾在磧北突厥居磧南各守土境鎮撫部落若其踰越故相抄掠我即將兵各問其罪此約既定非但有便爾身貽厥子孫長守富貴也於是命禮部尚書趙郡王孝恭齎書就思摩部落築壇於河上以拜之弁賜之鼓纛突厥及胡在諸州安置者並令渡河北還其舊部

○ 五十八 唐傳一百四十四上 八 朱因

又以左屯衛將軍阿史那忠為左賢王左武衛將軍阿史那泥孰為右賢王以貳之薛延陁聞太宗遣思摩渡河北慮其部落翻附磧北預蓄輕騎伺至而擊之太宗遣勑之曰擅相侵者國有常刑延陁曰至尊遣莫相侵掠敢不奉詔然突厥翻覆難信其未破前連年殺中國人動以千萬計至尊破突厥須收為奴婢將與百姓而反養之如子結社率竟反此輩獸心不可信也臣荷恩甚深請為至尊誅之時思摩下部衆渡河者凡十萬勝兵四萬人思摩不能撫其衆皆不愜服至十七年相率叛之南渡河請分處於勝夏二州之閒詔許之思摩遂輕騎入朝尋授右武衛將軍從征遼東為流矢所中太宗親為吮血其見顧遇如此未幾卒于京師贈兵部尚書夏州都督陪葬昭陵立墳以象白道山詔為立碑於化州

先是貞觀中突厥別部有

車鼻者亦阿史那之族也代為小可汗牙在金山之北頡利可汗之敗北荒諸部將推為大可汗遇薛延陁為可汗車鼻不敢當

遂率所部歸於延陁爲人勇烈有謀略頗爲衆附延陁惡而將誅之車鼻密知其謀竄歸於舊所其地去京師萬里勝兵三萬人自稱乙注車鼻可汗西有歌邏祿北有結骨皆附隸之自延陁破後遣其子沙鉢羅特勤來朝貢方物又許身自入朝太宗遣將軍郭廣敬徵之竟不至太宗大怒貞觀二十三年遣右驍衛郎將高偘潛引迴紇僕骨等兵衆襲擊之其酋長歌邏祿泥孰闕俟利發乃拔塞匐處木昆莫賀咄俟斤等率部落背車鼻相繼來降永徽元年偘軍次阿息山車鼻聞王師至召所部兵皆不赴遂攜其妻子從數百騎而遁其衆盡降偘率精騎追車鼻獲之送于京師仍獻于社廟又獻于昭陵高宗數其罪而赦之拜左武衛將軍賜宅于長安處其餘衆於鬱督軍山置狼山都督以統之車鼻長子羯漫陁先統拔悉密部車鼻未敗前遣其子菴鑠入朝太宗嘉之拜左屯衛將軍更置新黎州以統其衆車鼻既破之後突厥盡爲封疆之臣於是分置單于瀚海二都護府單于領狼山雲中桑乾三

○都督蘇農等一十四州瀚海都護領瀚海金微新黎等七都督仙蕚賀蘭等八州各以其首領爲都督刺史高宗東封泰山狼山都督葛邏祿社利等首領三十餘人並扈從至岳下勒名於封禪之碑自永徽已後殆三十年北鄙無事調露元年單于管內突厥首領阿史德溫傅奉職二部落始相率反叛立泥孰匐爲可汗二十四州並叛應之高宗遣鴻臚卿蕭嗣業右千牛將軍李景嘉率衆討之反爲溫傅所敗兵士死者萬餘人又詔禮部尚書裴行儉爲定襄道行軍大總管率太僕少卿李思文營州都督周道務等統衆三十餘萬討擊溫傅大破之泥孰匐爲其下所殺并擒奉職而還永隆元年突厥又迎頡利從兄之子阿史那伏念於夏州將渡河立爲可汗諸部落復響應從之又詔裴行儉率將軍曹懷叔程務挺李崇直李文暕等討之伏念窘急詣行儉降行儉遂虜伏念詣京師斬于東市永淳二年突厥阿史那骨篤祿復反叛

骨咄祿者頡利之疎屬亦姓阿史那氏其祖父本是單于右雲中都督舍利元英下首領三十襲吐屯啜伏念既破骨咄祿鳩集亡散入總材山聚爲羣盜有衆五千餘人又抄掠九姓得羊馬甚多漸至強盛乃自立爲可汗以其弟默啜爲殺咄悉匐爲葉護時有阿史德元珍在單于檢校降戶部落嘗坐事爲單于長史王本立所拘繫會骨咄祿入寇元珍請依舊檢校部落本立許之因而便投骨咄祿骨咄祿得之甚喜立爲阿波達干令專統兵馬事永淳二年進寇蔚州豐州都督崔智辯擊之反爲賊所殺文明元年又寇朔州殺掠人吏則天詔左武威衛大將軍程務挺爲單于道安撫大使以備之垂拱二年骨咄祿又寇朔代等州左玉鈐衛中郎將淳于處平爲陽曲道總管與副將中郎將蒲英節率兵赴援行至忻州與賊戰大敗死者五千餘人三年骨咄祿及元珍又寇昌平詔左鷹揚衛大將軍黑齒常之擊却之其年八月又寇朔州復以常之爲燕然道大總管擊賊於黃花堆大破之追奔四十餘里賊衆遂散走磧北右監門衛中郎將爨寶璧又率精兵一萬三千人

○出塞窮追反爲骨咄祿所敗全軍盡沒寶璧輕騎遁歸初寶璧見常之破賊遽表請窮其餘黨則天詔常之與寶璧計議遥爲聲援寶璧以爲破賊在朝夕貪功先行又令人出塞二千餘里覘候見元珍等部落皆不設備遂率衆掩襲之既至又遣人報賊令得設備出戰遂爲賊所覆寶璧坐此伏誅則天大怒因改骨咄祿爲不卒祿元珍後率兵討突騎施臨陣戰死骨咄祿天授中病卒

默啜者骨咄祿之弟也骨咄祿死時其子尚幼默啜遂篡其位自立爲可汗長壽二年率衆寇靈州殺掠人吏則天遣白馬寺僧薛懷義爲代北道行軍大總管領十八將軍以討之既不遇賊尋班師焉默啜俄遣使來朝則天大悅冊授左衛大將軍封歸國公賜物五千段明年復遣使請和又加授遷善可汗萬歲通天元年契丹首領李盡忠孫萬榮反叛攻陷營府默啜遣使上言請還河西降戶即率部落兵馬爲國家討擊契丹制許之默啜遂攻討契丹部衆大潰盡獲其家口默啜自此兵衆漸盛則天尋遣使冊立默

啜爲特進頡跌利施大單于立功報國可汗聖曆元年默啜表請
與則天爲子并言有女請和親初咸亨中突厥諸部落來降附者
多處之豐勝靈夏朔代等六州謂之降戶默啜至是又索此降戶
及單于都護府之地兼請農器種子則天初不許默啜大怨怒言
辭甚慢拘我使人司賓卿田歸道將害之時朝廷懼其兵勢納言
姚璹鸞臺侍郎楊再思建議請許其和親遂盡驅六州降戶數
千帳并種子四萬餘碩農器三千事以與之默啜寖强由此也其
年則天令魏王武承嗣男淮陽王延秀就納其女爲妃遣右豹韜
衛大將軍閻知微攝春官尚書右武威衛郎將楊齊莊攝司賓卿
大齎金帛送赴虜庭行至黑沙南庭默啜謂知微等曰我女擬嫁
與李家天子兒你今將武家兒來此是天子兒否我突厥積代已
來降附李家今聞李家天子種末總盡唯有兩兒在我今將兵助
立遂收延秀等拘之別所僞號知微爲可汗與之率衆十餘萬襲
我靜難及平狄清夷等軍靜難軍使左玉鈐衛將軍慕容玄崱

以兵五千人降之俄進寇嬀檀等州則天令司屬卿武重規爲天兵
中道大總管右武威衛將軍沙吒忠義爲天兵西道前軍總管幽
州都督張仁亶爲天兵東道總管率兵三十萬擊之右羽林衛大
將軍閻敬容爲天兵西道後軍總管統兵十五萬以爲後援默啜
又出自恒岳道寇蔚州陷飛狐縣俄進攻定州殺刺史孫彥高焚
燒百姓廬舍虜掠男女無少長皆殺之則天大怒購斬默啜者封
王改默啜號爲斬啜尋又圍逼趙州長史唐波若翻城應之刺史
高叡抗節不從遂遇害則天乃立廬陵王爲皇太子令充河北道
行軍大元帥軍未發而默啜盡抄掠趙定等州男女八九萬人從
五回道而去所過殘殺不可勝紀沙吒忠義及後軍總管李多祚
等皆持重兵與賊相望不敢戰河北道元帥納言狄仁傑總兵十
萬追之無所及三年默啜立其弟咄悉匐爲左廂察骨咄祿子默
矩爲右廂察各主兵馬二萬餘人又立其子匐俱爲小可汗位在兩
察之上仍主處木昆等十姓兵馬四萬餘人又號爲拓西可汗自是

連歲寇邊久視元年掠隴右諸監馬萬餘匹而去制右肅政御史
大夫魏元忠爲靈武道行軍大總管以備之又命安北大都督相
王且爲天兵道元帥統諸軍討擊會竟未行而賊退長安三年默啜
遣使莫賀達干請以女妻皇太子之子則天令太子男平恩王重俊
義興王重明廷立見之默啜遣大臣移力貪汗入朝獻馬千匹及
方物以謝許親之意則天讌之於宿羽亭太子相王及朝集使三
品已上並預會重賜以遣之中宗即位默啜又寇靈州鳴沙縣靈
武軍大總管沙吒忠義拒戰久之官軍敗績死者六千餘人賊遂
進寇原會等州掠隴右羣牧馬萬餘匹而去忠義坐免中宗下制
絕其請婚仍購募能斬獲默啜者封國王授諸衛大將軍賞物二
千段又命内外官各進破突厥之策右補闕盧俌上疏曰臣聞
有虞啟熙苗人逆命殷宗大化鬼方不賓則戎狄交侵其來遠矣
漢高帝納婁敬之議與匈奴和親妻其宗女賂以鉅萬冒頓益驕
邊寇不止則遠荒之地凶悍之俗難以德綏可以威制而降自三代

無聞上策今匈奴不臣擾我亭障皇赫斯怒將整元戎臣聞方
叔帥師功歌周雅去病耀武勳烈燕山則萬里折衝在於擇將春
秋謀元帥取其說禮樂敦詩書晉臣杜預射不穿札而建平吳
之勳是知中權制謀不在一夫之勇其番將沙吒忠義等身雖驍
悍志無遠圖此乃騎將之材本不可當大任且師出以律將軍死
綏秦剋長平趙括受戮胡去馬邑王恢坐誅則弃軍有刑古之常
典近者鳴沙之役主將先逃輕挫國威須正邦憲又其中軍既敗
陣亂矢窮義勇之士猶能死戰功合紀錄以勸戎行賞罰既明將
士盡節此擒敵之術也臣聞以蠻夷攻蠻夷中國之長筭故陳湯
統西域而郅支滅常惠用烏孫而匈奴敗請購辯勇之士班傅之
儔旁結諸蕃與圖攻取此又犄角之勢也臣聞晉置新秦以實塞
下宜因古法募人徙邊選其勝兵免其行役大廬伍明教令則知
習戎事究識夷險其所虜獲因而賞之近戰則守家遠戰則利貨
趨赴鋒鏑不勞訓誓朝賦暮歌秋杜十年之後可以久安臣

聞漢拜郅都匈奴避境趙命李牧林胡遠竄則朔方之安危邊城之勝負地方千里制在一賢其邊州刺史不可不慎擇得其人而任之蒐乘訓兵屯田積粟謹設烽燧精飾戈矛來則懲而禦之去則備而守之此又古之善經也去歲亢陽天下不稔利在保境不可窮兵使内郡黔黎各安其業擇其宰牧輕其賦傜事無過舉爵不以私愛人之財節其浮役惜人之力不廣臺榭察地利天時以趣耕穫命秋獮冬狩以教戰陣則數年之後有勇知方帑藏山積金革犀利然後整六軍絶大漠雷擊萬里風掃二庭斬蹛林之酋懸首稾街之邸使百蠻震怖五兵載戢則上合天時下順人事理内以及外綏近以來遠以惠中國以靜四方臣少慕文儒不習軍旅奇正之術多媿前良獻替是司輒陳瞽議上覽而善之默啜於是殺我行人假鴻臚卿臧思言思言對賊不屈節特贈鴻臚卿仍命左屯衛大將軍張仁亶攝右御史臺大夫充朔方道大總管以禦之仁亶始於河外築三受降城絶其南寇之路睿宗踐祚默啜又

○ 五十八 【唐傳一百四十四上 十三 江氏

遣使請和親制以宋王成器女爲金山公主許嫁之默啜乃遣其男楊我支特勒來朝授右驍衛員外大將軍俄而睿宗傳位親竟不成初默啜景雲中率兵西擊娑葛破滅之契丹及奚自神功之後常受其徵役其地東西萬餘里控弦四十萬自頡利之後最爲强盛自恃兵威虐用其衆默啜既老部落漸多逃散開元二年遣其子移涅可汗及同俄特勒妹壻火拔頡利發石阿失畢率精騎圍逼北庭右驍衛將軍郭虔瓘嬰城固守俄而出兵擒同俄特勒于城下斬之虜因退縮火拔懼不敢歸携其妻來奔制授左衛大將軍封燕北郡王封其妻爲金山公主賜宅一區奴婢十人馬十疋物千段明年十姓部落左廂五咄六啜右廂五弩失畢五俟斤及子壻高麗莫離支高文簡䟦跌都督䟦跌思泰等各率其衆相繼來降前後總萬餘帳制令居河南之舊地授高文簡左衛員外大將軍封遼西郡王䟦跌思泰爲特進右衛員外大將軍兼䟦跌都督封樓煩郡公自餘首領封拜賜物各有差默啜女壻阿史德

胡祿俄又歸朝授以特進其秋默啜與九姓首領阿布思等戰于磧北九姓大潰人畜多死阿布思率衆來降四年默啜又北討九姓拔曳固戰于獨樂河拔曳固大敗默啜負勝輕歸而不設備遇拔曳固迸卒頡質略於柳林中突出擊默啜斬之便與入蕃使郝靈佺傳默啜首至京師骨咄祿之子闕特勤鳩合舊部殺默啜子小可汗及諸弟并親信略盡立其兄左賢王默棘連是爲毗伽可汗毗伽可汗以開元四年即位本蕃號爲小殺性仁友自以得國是闕特勤之功固讓之闕特勤不受遂以爲左賢王專掌兵馬是時奚契丹相率款塞突騎施蘇祿自立爲可汗突厥部落頗多携貳乃召默啜時衙官暾欲谷爲謀主初默啜下衙官盡爲闕特勤所殺暾欲谷以女爲小殺敦遂免死廢歸部落及復用年已七十餘蕃人甚敬伏之俄而降戶阿悉爛䟦跌思泰等復自河曲叛歸初降戶南至單于左衛大將軍單于副都護張知運盡收其器仗令渡河而南蕃人怨怒御史中丞姜晦爲巡邊使蕃人訴無弓矢不

○ 五十八 【唐傳一百四十四上 十四 姿

得射獵晦悉給還之故有抗敵之具張知運既不設備與降戶戰于青剛嶺爲降戶所敗臨陣生擒知運擬送與突厥朔方總管薛訥率兵追討之賊至大斌縣又爲將軍郭知運所擊賊衆大潰散投黑山呼延谷釋張知運而去上以張知運喪師斬之以徇小殺既得降戶謀欲南入爲寇暾欲谷曰唐主英武人和年豐未有間隙不可動也我衆新集猶尚疲羸須且息養三數年始可觀變而舉小殺又欲修築城壁造立寺觀暾欲谷曰不可突厥人戶寡少不敵唐家百分之一所以常能抗拒者正以隨逐水草居處無常射獵爲業人皆習武强則進兵抄掠弱則竄伏山林唐兵雖多無所施用若築城而居改變舊俗一朝失利必將爲唐所幷且寺觀之法教人仁弱本非用武爭强之道不可置也小殺等深然其策八年冬御史大夫王晙爲朔方大總管奏請西徵拔悉密東發奚契丹兩蕃期以明年秋初引朔方兵數道俱入掩突厥衙帳於稽落河上小殺聞之大恐暾欲谷曰拔悉密今在北庭與兩蕃東西

相去極遠勢必不合王晙兵馬計亦無能至此必若能來候其臨到即移衙帳向北三日唐兵糧盡自然去矣且拔悉密輕而好利聞命必是先來王晙與張嘉貞不協奏請有所不愜必不敢動若王晙兵馬不來拔悉密獨至即須擊取之勢易爲也九月秋拔悉密果臨突厥衙帳而王晙兵及兩蕃不至拔悉密懼而引退突厥欲擊之暾欲谷曰此衆去家千里必將死戰未可擊也不如以兵躡之去北庭二百里暾欲谷分兵間道先掩北庭因縱卒擊拔悉密之還衆遂散走投北庭而城陷不得入盡爲突厥所擒并虜其男女而還暾欲谷迴兵因出赤亭以掠涼州羊馬時楊敬述爲涼州都督遣副將盧公利判官元澄出兵邀擊之暾欲谷曰敬述若守城自固即與連和若出兵相當即須決戰我今乘勝必有功矣公利等兵至刪丹遇賊元澄令兵士揎臂持滿仍急結其袖會風雪凍烈盡墜弓矢由是官軍大敗元澄脫身而走敬述坐削除官爵白衣檢校涼州事小殺由是大振盡有默啜之衆俄又遣使請

和乞與玄宗爲子上許之仍請尚公主上但厚賜而遣之十三年玄宗將東巡中書令張說謀欲加兵以備突厥兵部郎中裴光庭曰封禪者告成之事忽此徵發豈非名實相乖說曰突厥比雖請和獸心難測且小殺者仁而愛人衆爲之用闕特勤驍武善戰所向無前暾欲谷深沉有謀老而益智李靖徐勣之流也三虜協心動無遺策知我舉國東巡萬一窺邊何以禦之光庭請遣使徵其大臣扈從則突厥不敢不從又亦難爲舉動說然其言乃遣中書直省袁振攝鴻臚卿往突厥以告其意小殺與其妻及闕特勤暾欲谷等環坐帳中設宴謂振曰吐蕃狗種唐國與之爲婚奚及契丹舊是突厥之奴亦尚唐家公主突厥前後請結和親獨不蒙許何也袁振曰可汗既與皇帝爲子父子豈合爲婚姻小殺等曰兩蕃亦蒙賜姓猶得尚主但依此例有何不可且聞入蕃公主皆非天子之女今之所求豈問眞假頻請不得實亦羞見諸蕃振許爲奏請小殺乃遣其大臣阿史德頡利發入朝貢獻因扈從東巡玄宗

發都至嘉會頓引頡利發及諸蕃酋長入仗仍與之弓箭時有兎起於御馬之前上引弓傍射舍拔獲之頡利發便下馬捧兎蹈舞曰聖人神武超絕若天上則不知人間無也上因令問飢否對曰仰觀聖武如此十日不食猶爲飽也自是常令突厥入仗馳射起居舍人呂向上疏曰臣聞鴟梟不鳴未爲瑞鳥猛虎雖伏豈齊仁獸是由醜性毒行久務賞積故也今夫突厥者正與此類安忍殘賊莫顧君親陛下持武義臨之文德來之既懾威靈又沐聲教以力勢不得不庭故稽顙稱臣奔命遣使陛下乃能收其傾劾雜以從官赴封禪之禮忝玉帛之會此德業自盛固不可名焉因復詔許侍遊召入禁仗仰英姿之四照送神藝之百發恩意俱極誠無得踰焉乃更賜以馳逐使操弓矢競飛鏃於前同獲獸之樂是盾略太過未敢取也雖聖肖豁達與物無猜而愚心徘徊與時加慄儻此等各懷犬吠交肆盜憎荊卿詭動何羅竊至暫逼嚴蹕稍冒淸塵縱即殪女方墟幽土單于爲醢亏盧爲污何塞過責特顧陛

下勿復親近使知分限特不失常歸於得所以謂迴兩曜之鑒袪九宇之憂孰不幸甚上納其言遂令諸蕃先發東封迴上爲頡利發設讌厚賜而遣之竟不許其和親十五年小殺使其大臣梅錄啜來朝獻名馬三十疋時吐蕃與小殺書將計議同時入寇小殺幷獻其書上嘉其誠引梅錄啜宴於紫宸殿厚加賞賚仍許於朔方軍西受降城爲互市之所每年齎縑帛數十萬疋就邊以遺之二十年闕特勤死詔金吾將軍張去逸都官郎中呂向齎璽書入蕃弔祭幷爲立碑上自爲碑文仍立祠廟刻石爲像四壁畫其戰陣之狀二十年小殺爲其大臣梅錄啜所毒藥發未死先討斬梅錄啜盡滅其黨既卒國人立其子爲伊燃可汗詔宗正卿李詮往申弔祭幷冊立伊燃爲立碑廟仍令史官起居舍人李融爲其碑文無幾伊燃病卒又立其弟爲登利可汗

登利者猶華言果報也登利年幼其母即暾欲谷之女與其小臣飫斯達干姦通干預國政不爲蕃人所伏登利從叔父二人分掌

兵馬在東者號爲左殺在西者號爲右殺其精銳皆分在兩殺之下二十八年上遣右金吾將軍李質齎璽書　冊立登利爲可汗俄而登利與其母誘斬西殺盡併其衆而左殺懼禍及己勒兵攻登利殺之自立號烏蘇米施可汗左殺又不爲國人所附拔悉密部落起兵擊之左殺大敗脫身遁走國中大亂西殺妻子及默啜之孫勃德支特勒毗伽可汗女大洛公主伊燃可汗小妻余塞匐登利可汗女余燭公主及阿布思頡利發等並率其部衆相次來降天寶元年八月降虜至京師上令先謁太廟仍於殿庭引見御花萼樓以宴之上賦詩以紀其事

唐書列傳卷第一百四十四上

唐書列傳卷第一百四十四下

劉　昫　等修

閩人詮校刻沈桐同校

突厥下

西突厥本與北突厥同祖初木杆與沙鉢略可汗有隙因分爲二其國即烏孫之故地東至突厥國西至雷翥海南至疏勒北至瀚海在長安北七千里自焉耆國西北七日行至其南庭又正北八日行至其北庭鐵勒龜茲及西域諸胡國皆歸附之其人雜有都陸及弩失畢歌邏祿處月處密伊吾等諸種風俗大抵與突厥同唯言語微差其官有葉護有特勤常以可汗子弟及宗族爲之又有乙斤屈利啜闔洪達頡利發吐屯俟斤等官皆代襲其位

處羅可汗隋煬帝大業中與其弟闕達設及特勤大奈入朝仍從煬帝征高麗賜號爲曷薩那可汗遇江都之亂從宇文化及至河北化及敗歸長安高祖爲之降榻引與同坐封歸義郡王獻大珠於高祖

高祖勞之曰珠信爲寶朕所重者　赤心珠無所用竟不受之先與始畢有隙及在京師始畢遣使請殺之高祖不許群臣諫曰今若不與則是存一人而失一國也後必爲患太宗曰人窮來歸我殺之不義驟諫於高祖由是遲廻者久之不得已乃引曷薩那於內殿與之縱酒既而送至中書省縱北突厥使殺之太宗即位令以禮改葬闕達設初居於會寧有部落三千餘騎至隋末自稱闕達可汗武德初遣使內屬拜吐烏過拔闕可汗厚加撫慰尋爲李軌所滅特勤大奈隋大業中與曷婆那可汗同歸中國及從煬帝討遼東以功授金紫光祿大夫後分其部落於樓煩會高祖舉兵大奈率其衆以從隋將桑顯和襲義軍於飲馬泉諸軍多已奔退大奈將數百騎出顯和後掩其不備擊大破之諸軍復振拜光祿大夫及平京城以力戰功賞物五千段賜姓史氏武德初太宗破薛舉又從平王世充破竇建德劉黑闥並有殊功賜宮女三人雜綵萬餘段貞觀三年累遷右武衛大將軍檢校豐州都督封竇國公實封三百戶十二年卒贈輔國大

將軍初爲薩那之朝隋也爲煬帝所拘其國人遂立薩那之叔父曰射匱可汗射匱可汗者達頭可汗之孫也既立後始開土宇東至金山西至海自玉門已西諸國皆役屬之遂與北突厥爲敵乃建庭於龜茲北三彌山尋卒弟統葉護可汗代立統葉護可汗勇而有謀善攻戰遂北并鐵勒西拒波斯南接罽賓悉歸之控弦數十萬霸有西域據舊烏孫之地又移庭於石國北千泉其西域諸國王悉授頡利發并遣吐屯一人監統之督其征賦西戎之盛未之有也武德三年遣使貢條支巨卵時北突厥作患高祖厚加撫結與之并力以圖北蕃統葉護許以五年冬大軍將發頡利可汗聞之大懼復與統葉護通和無相征伐統葉護尋遣使來請婚高祖謂侍臣曰西突厥去我懸遠急疾不相得力今請婚其計安在封德彝對曰當今之務莫若遠交而近攻正可權許其婚以威北狄待之數年後中國盛全徐思其宜高祖遂許之婚令高平王道立至其國統葉護大悅遇頡利可汗頻歲入寇西蕃路梗由是未果爲婚貞觀元年遣真珠統俟斤

與高平王道立來獻萬釘寶鈿金帶馬五千疋時統葉護自負強盛無恩於國部衆咸怨歌邏祿種多叛之頡利可汗不悅中國與之和親數遣兵入寇又遣人謂統葉護曰汝若迎唐家公主要須經我國中而過統葉護患之未克婚爲其伯父所殺而自立是爲莫賀咄侯屈利俟毗可汗太宗聞統葉護之死甚悼之遣齎玉帛至其死所祭而焚之會其國亂不果至而止

莫賀咄侯屈利俟毗可汗先分統突厥種類爲小可汗及此自稱大可汗國人不附弩失畢部共推泥孰莫賀設爲可汗泥孰不從時統葉護之子咥力特勤避莫賀咄之難亡在康居泥孰遂迎而立之是爲乙毗鉢羅肆葉護可汗連兵不息俱遣使來朝各請婚於我太宗答之曰汝國擾亂君臣未定戰爭不息何得言婚竟不許仍諷令各保所部無相征伐其西域諸國及鐵勒先役屬於西突厥者悉叛之國內虛耗肆葉護既是舊主之子爲衆心所歸其西面都陸可汗及莫賀咄可汗部豪帥多來附之又興兵以擊莫賀咄大敗之莫賀咄遁於金山尋爲咄陸可汗所害國人乃奉肆葉護爲大可汗

肆葉護可汗立大發兵北征鐵勒薛延陁逆擊之反爲所敗肆葉護性猜狠信讒無統馭之略有乙利可汗者於肆葉護功最多由是授小可汗以非族滅之群下震駭莫能自固肆葉護素憚泥孰而陰欲圖之泥孰遂適焉耆其後設卑達官與突厥弩失畢二部豪帥潛謀擊之肆葉護以輕騎遁於康居尋卒國人迎泥孰於焉耆而立之是爲咄陸可汗

咄陸可汗泥孰者亦稱大渡可汗父莫賀設本隸統葉護武德中嘗至京師時太宗居藩務加懷輯與之結盟爲兄弟既被推爲可汗遣使詣闕請降太宗遣使賜以名號及鼓纛貞觀七年遣鴻臚少卿劉善因至其國冊授爲吞阿婁拔奚利邲咄陸可汗明年泥孰卒其弟同娥設立是爲沙鉢羅咥利失可汗

沙鉢羅咥利失可汗以貞觀九年上表請婚獻馬五百疋朝廷唯厚加撫慰未許其婚俄而其國分爲十部每部令一人統之號爲十設

每設賜以一箭故稱十箭焉又分十箭爲左右廂一廂各置五箭其左廂號五咄六部落置五大啜一啜管一箭其右廂號爲五弩失畢置五大俟斤一俟斤管一箭都號爲十箭其後或稱一箭爲一部落大箭頭爲大首領五咄六部落居於碎葉已東五弩失畢部落居於碎葉已西自是都號爲十姓部落咥利失既不爲衆所歸部衆攜貳爲其統吐屯所襲麾下亡散咥利失以左右百餘騎拒之戰數合統吐屯不利而去咥利失奔其弟步利設與保焉耆其阿悉吉闕俟斤與統吐屯等召國人將立欲谷設爲大可汗以咥利失爲小可汗統吐屯爲人所殺欲谷設兵又爲其俟斤所破咥利失復得舊地弩失畢處密等並歸咥利失十二年西部竟立欲谷設爲乙毗咄六可汗乙毗咄六可汗既立與咥利失大戰兩軍多死各引去因與咥利失中分自伊列河已西屬咄六已東屬咥利失咄六可汗又建庭於鏃曷山西謂爲北庭自厥越失拔悉彌駁馬結骨火燖觸木昆諸國皆臣之十三年咥利失爲其吐屯俟利發與欲谷設通謀作難咥利失窮

變奔拔汗那而死弩失畢部落酋帥迎咥利失弟伽那之子薄布特勒而立之是爲乙毗沙鉢羅葉護可汗

乙毗沙鉢羅葉護可汗既立建庭於睢合水北謂之南庭東以伊列河爲界自龜茲鄯善且末吐火羅焉耆石國史國何國穆國康國皆受其節度累遣使朝貢太宗降璽書慰勉貞觀十五年令左領軍左右將軍張大師往授馬賜以鼓纛于時咄陸可汗與葉護頻相攻擊會咄陸遣使詣闕太宗諭以敦睦之道咄陸于時兵衆漸強西域諸國復來歸附未幾咄陸遣石國吐屯攻葉護擒之送於咄陸尋爲所殺咄陸可汗既并其國弩失畢諸姓心不服咄陸皆叛之咄陸復率兵擊吐火羅破之自恃其強專擅西域遣兵寇伊州安西都護郭恪率輕騎二千自烏骨邀擊敗之咄陸又遣處月處密等圍天山縣郭恪又擊走之恪乘勝進拔處月俟斤所居之城追奔及於遏索山斬首千餘級降其處密之衆而歸咄陸初以泥孰啜自擅取所部物斬之以徇尋爲泥孰啜部將胡祿居所襲衆多亡逸其國大亂貞觀十

○五年部下屋利啜等謀欲廢咄陸各遣使詣闕請立可汗太宗遣使齎璽書立莫賀咄乙毗可汗之子是爲乙毗射匱可汗

乙毗射匱可汗立乃發弩失畢兵就白水擊咄陸自知不爲衆所附乃西走吐火羅國中國使人先爲咄陸所拘者射匱悉以禮資送歸長安復遣使貢方物請賜婚太宗許之詔令割龜茲于闐疏勒朱俱波葱嶺等五國爲聘禮及太宗崩賀魯反叛射匱部落爲其所併

阿史那賀魯者曳步利設射匱特勒之子也初阿史那步真既來歸國咄陸可汗乃立賀魯爲葉護以繼步真居於多邏斯川在西州直北一千五百里統處密姑蘇歌羅祿失畢五姓之衆其後咄陸西走吐火羅國射匱可汗遣兵迫逐賀魯不常厥居貞觀二十二年乃率其部落內屬詔居廷州尋授左驍衛將軍瑤池都督高宗即位進拜左驍衛大將軍瑤池都督如故永徽二年與其子咥運率衆西遁據咄陸可汗之地總有西域諸郡建牙于雙河及千泉自號沙鉢羅可汗統攝咄陸弩失畢十姓其咄陸有五啜一曰處木昆律啜二曰胡祿居闕啜賀魯以女妻之三曰攝舍提暾啜四曰突騎施賀邏施啜五曰鼠尼施處半啜弩失畢有五俟斤一曰阿悉結闕俟斤最爲強盛二曰哥舒闕俟斤三曰拔塞幹暾沙鉢俟斤四曰阿悉結泥孰俟斤五曰哥舒處半俟斤各有所部勝兵數十萬並隸屬賀魯西域諸國亦多附隸焉賀魯尋立咥運爲莫賀咄葉護數侵擾西蕃諸部又進寇庭州三年詔遣左武候大將軍梁建方右驍衛大將軍契苾何力率燕然都護所部迴紇兵五萬騎討之前後斬首五千級虜渠帥六十餘人四年咄陸可汗死其子眞珠護與五弩失畢請擊賀魯破其牙帳斬首千餘級顯慶二年遣右屯衛將軍蘇定方燕然都護任雅相副都護蕭嗣業左驍衛大將軍瀚海都督迴紇婆閏等率師討擊仍使右武衛大將軍阿史那彌射左屯衛大將軍阿史那步真爲安撫大使定方行至曳咥河西賀魯率胡祿居闕啜等二萬餘騎列陣而待定方率副總管左雅相等與之交戰賊衆大敗斬大首領都搭達官等二百餘人賀魯及闕啜輕騎奔竄渡伊西麗河兵馬溺死

○者甚衆嗣業至千泉賀魯下牙之處彌射進軍至伊麗水處月處密等部各率衆來降彌射又進次雙河賀魯先使步失達官鳩集散卒據柵拒戰彌射步真攻之大潰又與蘇定方攻賀魯於碎葉水大破之賀魯與咥運欲投鼠耨設至石國之蘇咄城傍人馬飢乏城主伊阻達官許將酒食出迎賀魯信其言入城遂被拘執蕭嗣業既至石國鼠耨設乃以賀魯屬之賀魯謂嗣業曰我破亡虜耳先帝厚我而我背之今日之敗天怒我也舊聞漢法殺人皆於都市至京殺我請向昭陵使得謝罪於先帝是本願也高宗聞而愍之及俘賀魯至京師令獻於昭陵及太廟詔特免死分其種落置崑陵濛池二都護府其所役屬諸國皆分置州府西盡于波斯並隸安西都護府四年賀魯卒詔葬于頡利墓側刻石以紀其事

阿史那彌射者室點密可汗五代孫也初室點密從單于統領十大首領有兵十萬衆往平西域諸胡國自爲可汗號十姓部落世統其衆在本蕃爲莫賀咄葉護貞觀六年詔遣鴻臚少卿劉善因就蕃立

爲奚利邲咄陸可汗賜以鼓纛綵帛萬段其族兄步真欲自立爲可汗遂謀殺彌射弟姪二十餘人彌射旣與步真有隙以貞觀十三年率所部處月處密部落入朝授右監門大將軍其後步真遂自立爲咄陸葉護其部落多不服委之遁去步真復攜家屬入朝授左屯衞大將軍彌射後從太宗征高麗有功封平襄縣伯顯慶二年轉右武衞大將軍及討平賀魯乃册立彌射爲興昔亡可汗兼右衞大將軍崑陵都護分押賀魯下五咄六部落步真授繼往絶可汗兼右衞大將軍濛池都護仍分押五弩失畢部落因下詔曰自西蕃罹亂三十餘年比者賀魯猖狂百姓重被劫掠朕君臨四海情均養育不可使凶狡之虜恣行侵漁無辜之甿久遭塗炭故遣右屯衞將軍蘇定方等統率驍勇北路討逐卿等宣暢朝風南道撫育遂使凶渠畏威夷人慕德伐叛柔服西域悉平賀魯父子旣已擒獲諸頭部落須有統領卿早歸闕庭久參宿衞深感恩義甚知法式所以册立卿等各爲一部可汗但諸姓從賀魯非其本情卿等纔至即降亦是赤心向國

唐傳一百四十四下　六

○卿宜與盧承慶等準其部落大小位望高下節級授刺史以下官龍朔中又令彌射步真率所部從驄海道大總管蘇海政討龜茲步真嘗欲并彌射部落遂密告海政云彌射欲謀反請以計誅之時海政兵纔數千懸師在彌射境內遂集軍吏而謀曰彌射若反我輩即無噍類今宜先舉事則可克捷乃僞稱有勑令大總管齎物數百萬段分賜可汗及諸首領由是彌射率其麾下隨例請物海政盡收斬之其後西蕃咸言彌射非反爲步真所誣而海政不能審察濫行誅戮則天臨朝十姓無主數年部落多散失垂拱初遂擢授彌射子左豹韜衞翊府中郎將　元慶爲左玉鈐衞將軍兼崑陵都護令襲興昔亡可汗押五咄六部落步真子斛瑟羅爲右玉鈐衞將軍兼濛池都護押五弩失畢部落尋進授元慶左衞大將軍如意元年爲來俊臣誣謀反被害其子獻配流崖州長安三年召還累授右驍衞大將軍襲父興昔亡可汗充安撫招慰十姓大使獻本蕃漸爲默啜及烏質勒所侵遂不敢還國開元中累遷右金吾大將軍卒于長安

阿史那步真者在本蕃授左屯衞大將軍與彌射討平賀魯加授驃騎大將軍行右衞大將軍濛池都護繼往絶可汗押五弩失畢部落尋卒其子斛瑟羅本蕃爲步利設垂拱初授右玉鈐衞將軍兼濛池都護襲繼往絶可汗押五弩失畢部落天授元年拜左衞大將軍改封竭忠事主可汗仍賜濛池都護尋卒子懷道神龍年累授右屯衞大將軍光祿卿轉太僕卿兼濛池都護十姓可汗自垂拱已後十姓部落頻被突厥默啜侵掠死散殆盡及隨斛瑟羅纔六七萬人徙居內地西突厥阿史那氏於是遂絶突騎施烏質勒者西突厥之別種也初隸在斛瑟羅下號爲莫賀達干後以斛瑟羅用刑嚴酷衆皆畏之尤能撫恤其部落由是爲遠近諸胡所歸附其下置都督二十員各統兵七千人嘗屯聚碎葉西北界後漸攻陷碎葉徙其牙帳居之東北與突厥爲鄰西南與諸胡相接東南至西庭州斛瑟羅以部衆削弱自則天時入朝不敢還蕃其地並爲烏質勒所併景龍二年詔封爲西河郡王令攝御史大夫解琬就加册立未至烏質勒卒其長子

唐傳一百四十四下　七

○娑葛代統其衆詔便立娑葛爲金河郡王仍賜以宮女四人初娑葛代父統兵烏質勒下部將闕啜忠節甚忌之以兵部尚書宗楚客當朝任勢密遣使齎金七百兩以賂楚客請停娑葛統兵楚客乃遣御史中丞馮嘉賓充使至其境陰與忠節籌其事幷自致書以申意在路爲娑葛遊兵所獲遂斬嘉賓仍進兵攻陷火燒等城遣使上表以索楚客頭景龍三年娑葛弟遮弩恨所　分部落少於其兄遂叛入突厥請爲鄉導以討娑葛默啜乃留遮弩遣兵二萬人與其左右來討娑葛擒之而還默啜顧謂遮弩曰汝於兄弟尚不和協豈能盡心於我遂與娑葛俱殺之默啜兵還娑葛下部將蘇祿鳩集餘衆自立爲可汗

蘇祿者突騎施別種也頗善綏撫十姓部落漸歸附之者衆二十萬遂雄西域之地尋遣使來朝開元三年制授蘇祿　爲左羽林軍大將軍金方道經略大使進爲特勤遣侍御史解忠順齎璽書册立爲忠順可汗自是每年遣使朝獻上乃立史懷道女爲金河公主以妻

之時杜暹爲安西都護公主遣牙官齎馬千疋詣安西互市使者宣公主教與暹暹怒曰阿史那氏女豈合宣教與吾節度耶杖其使者留而不遣其馬經雪寒死並盡蘇祿大怒發兵分寇四鎮會杜暹入知政事趙頤貞代爲安西都護城守久之由是四鎮貯積及人畜並爲蘇祿所掠安西僅全蘇祿既聞杜暹入相稍引退俄又遣使入朝獻方物十八年蘇祿使至京師玄宗御丹鳳樓設宴突厥先遣使入朝是日亦來預宴與蘇祿使爭長突厥使曰突騎施國小本是突厥之臣不宜居上蘇祿使曰今日此宴乃爲我設不合居下於是中書門下及百寮議遂於東西幕下兩處分坐突厥使在東突騎使在西宴訖厚賚而遣之蘇祿性尤清儉每戰伐有所克獲盡分與將士及諸部落其下愛之甚爲其用潛又遣使南通吐蕃附突厥突厥及吐蕃亦嫁女與蘇祿既以三國女爲可敦又分立數子葉護費用漸廣先既不爲積貯晚年抄掠所得者留不分之又因風病一手攣縮其下諸部心始攜貳有大首領莫賀達干都摩度兩部落最爲強盛百

姓又分爲黃姓黑姓兩種互相猜阻二十六年夏莫賀達干勒兵夜攻蘇祿殺之都摩度初與莫賀達干連謀俄又相背立蘇祿之子咄火仙爲可汗以輯其餘衆與莫賀達干自相攻擊莫賀達干遣使告安西都護蓋嘉運嘉運率兵討之大敗都摩度之衆臨陣擒咄火仙并收得金河公主而還又欲立史懷道之子昕爲可汗以鎮撫之莫賀達干不肯曰討平蘇祿本是我之元謀若立史昕爲主則國家何以酬賞於我乃不立史昕便令莫賀達干統衆二十七年二月嘉運率將士詣闕獻俘玄宗御花萼樓以宴之仍令將吐火仙獻于太廟俄又黃姓黑姓自相屠殺各遣使降附

史臣曰中原多事外國窺邊周獫狁漢匈奴之後其類寔繁前史論之備矣突厥自隋文修王道肅軍容示恩威以羈縻之煬帝失政教生戎心肇亂離以啓發之高祖借其力而入平京師群賊附其強而迭據河朔高祖同御楊以延其使太宗幸便橋以約其和當其時焉不其盛矣竟滅其族而身死於國者何也咸謂太宗有馭夷狄之道李勣著戡定之功殊不知突厥之始也賞罰明而將士戮力遇煬帝之亂亡命蓄怒者既附之其興也宜哉頡利之衰也兄弟構隙而部族離心當太宗之理謀臣猛將討逐之其亡也宜哉泊武后亂朝默啜犯塞玄宗纂嗣傳首京師東封太山西戎扈蹕開元之代繼踵來降西突厥諸族遇其理則衆心悅附而甲兵興焉遇其亂則族類怨怒而本根破矣理亂二道華夷一途或賢言於盛衰倚伏未爲確論

贊曰中國失政邊夷幸災理亂之道取鑒將來

唐書列傳卷第一百四十四下

唐書列傳卷第一百四十五

劉昫等修

聞人詮校刻沈桐同校

迴紇

迴紇其先匈奴之裔也在後魏時號鐵勒部落其象微小其俗驍強依託高車臣屬突厥近謂之特勒無君長居無恒所隨水草流移人性凶忍善騎射貪婪尤甚以寇抄爲生自突厥有國東西征討皆資其用以制北荒隋開皇末晉王廣北征突厥大破步迦可汗特勒於是分散大業元年突厥處羅可汗擊特勒諸部厚歛其物又猜忌薛延陁恐爲變遂集其渠帥數百人盡誅之特勒由是叛特勒始有僕骨同羅迴紇拔野古覆羅步號俟斤後稱迴紇焉在薛延陁北境居娑陵水側去長安六千九百里隨逐水草勝兵五萬人口十萬人初有特健俟斤死有子曰菩薩部落以爲賢而立之貞觀初菩薩與薛延陁侵突厥北邊突厥頡利可汗遣子欲谷設率十萬騎討之菩薩

領騎五千與戰破之於馬鬣山因逐北至於天山又進擊大破之俘其部衆迴紇由是大振因率其衆附于薛延陁號菩薩爲活頡利發仍遣使朝貢菩薩勁勇有膽氣善籌策每對敵臨陣必身先士卒以少制衆常以戰陣射獵爲務其母烏羅渾主知爭訟之事平反嚴明部內齊肅迴紇之盛由菩薩之興焉貞觀中擒降突厥頡利等可汗之後北虜唯菩薩薛延陁爲盛太宗冊北突厥莫賀咄爲可汗遣統迴紇僕骨同羅思結阿跌等部迴紇酋帥吐迷度與諸部大破薛延陁多彌可汗遂併其部曲奄有其地貞觀二十年南過賀蘭山臨黃河遣使入貢以破薛延陁功賜宴內殿太宗幸靈武受其降款因請迴鶻已南置郵遞通管北方太宗爲置六府七州府置都督州置刺史府州皆置長史司馬已下官主之以迴紇部爲瀚海府拜其俟利發吐迷度爲懷化大將軍兼瀚海都督時吐迷度已自稱可汗署官號皆如突厥故事以多覽爲燕然府僕骨爲金微府拔野古爲幽陵府同羅爲龜林府思結爲盧山府渾部爲皐蘭州斛薩爲闕州阿跌爲雞田州契苾爲榆林溪州跌結爲雞鹿州阿布思爲歸林州白霫爲寘顔州又以迴紇西北結骨爲堅昆府其北骨利幹爲玄闕州東北俱羅勃爲燭龍州於故單于臺置燕然都護府統之以導賓貢貞觀二十二年吐迷度爲其姪烏紇所殺初烏紇烝其叔母遂與俱陸莫賀達干俱羅勃潛謀殺吐迷度以歸車鼻烏紇俱羅勃並車鼻之壻也烏紇遂夜領騎十餘刼吐迷度殺之燕然副都護元禮臣遣人紿烏紇云將奏而爲都督替吐迷度也烏紇輕騎至禮臣所跪拜致謝禮臣擒而斬之以聞太宗恐迴紇部落携離十月遣兵部尚書崔敦禮往安撫之仍以敦禮爲金山道副將軍贈吐迷度左衛大將軍賻物及衣服設祭甚厚以吐迷度子前左屯衛大將軍翊左郎將婆閏爲左驍衛大將軍大俟利發使持節迴紇部落諸軍事瀚海都督後俱羅勃來朝太宗留之不遣詔西突厥可汗阿史那賀魯統五啜五俟斤二十餘部居多羅斯水南去西州馬行十五日程迴紇不肯西屬突厥永徽二年賀魯破北庭詔將軍梁建方契苾何力領

兵二萬取迴紇五萬騎大破賀魯收復北庭顯慶元年賀魯又犯邊詔程知節蘇定方任雅相蕭嗣業領兵并迴紇大破賀魯於陰山再破於金牙山盡收所據之地西逐至耶羅川賀魯西奔石國婆閏隨蘇定方逐賀魯至石國西北蘇咄城城主伊沮達執賀魯送洛陽以其地置濛池崑陵府以阿史那彌射阿史那步真爲二府都督統十姓左廂五弩失畢右廂五咄陸以賀魯種落分置州縣西盡波斯加婆閏右衛大將軍兼瀚海都督永徽六年迴鶻遣兵隨蕭嗣業討高麗龍朔中婆閏死妹比粟毒主領迴鶻與同羅僕固犯邊高宗命鄭仁泰討平僕固等比粟毒敗走因以鐵勒本部爲天山縣永隆中獨解支嗣聖中伏帝匐開元中承宗伏帝難並繼爲酋長皆受都督號以統蕃州左殺右殺分管諸部開元中迴鶻漸盛殺涼州都督王君㚟斷安西諸國入長安路玄宗命郭知運等討逐退保烏德健山南去西城一千七百里西城即漢之高闕塞也西城北去磧石口三百里有十一都督本九姓部落一曰藥羅葛即可汗之姓二曰胡咄葛

三曰咄羅勿四曰貊歌息訖五曰阿勿嘀六曰葛薩七曰斛嗢素八
曰藥勿葛九曰奚耶勿每一部落一都督破拔悉密收一部落破葛
邏祿收一部落各置都督一人統號十一部落每行止鬬戰常以二
客部落為軍鋒天寶初其酋長葉護頡利吐發遣使入朝封奉義王
三載擊破拔悉密自稱骨咄祿毗伽闕可汗又遣使入朝因冊為懷
仁可汗及至德元載七月肅宗於靈武即位遣故邠王男承寀封為
燉煌王將軍石定番使于迴紇以脩好徵兵及至其牙可汗以女嫁
於承寀遣首領來朝請和親封迴紇公主為毗伽公主肅宗在彭原
遇之甚厚二載二月迴紇又使首領大將軍多攬等十五人入朝九
月戊寅加承寀開府儀同三司拜宗正卿納迴紇公主為妃迴紇遣
其太子葉護領其將帝德等兵馬四千餘衆助國討逆肅宗宴賜甚
厚又命元帥廣平王見葉護約為兄弟接之頗有恩義葉護大喜謂
王為兄戊子迴紇大首領達干等一十三人先至扶風與朔方將士
見僕射郭子儀留之宴設三日葉護太子曰國家有難遠來相助何
○
唐傳一百四十五　三
暇食為子儀固留之宴畢便發其軍每日給羊二百口牛二十頭米
四十碩及元帥廣平王率郭子儀等至香積寺東二十里西臨灃水
賊埋精騎於大營東將襲我軍之背朔方左廂兵馬使僕固懷恩指
迴紇馳救之匹馬不歸因收西京十月廣平王副元帥郭子儀領迴
紇兵馬與賊戰於陝西初次于曲沃葉護使其將軍車鼻施吐撥裴
羅等旁南山而東遇賊伏兵于谷中盡殪之子儀至新店遇賊戰軍
郤數里迴紇望見踰山西嶺上曳白旗而趨擊之直出其後賊衆大
敗軍而北坑逐北二十餘里人馬相枕藉蹂踐而死者不可勝數斬
首十餘萬伏尸三十里賊黨嚴莊馳告安慶緒率其黨背東京北走
渡河而葉護從廣平王僕射郭子儀入東京初收西京迴紇欲入城
劫掠廣平王固止之及收東京迴紇遂入府庫收財帛於市井村坊
剽掠三日而止財物不可勝計廣平王又賚之以錦罽寶貝葉護大
喜及肅宗還西京十一月癸酉葉護自東京至敕百官於長樂驛迎
上御宣政殿宴勞之葉護升殿其餘酋長列於階下賜錦繡繒綵金

銀器皿及辭歸蕃上謂曰能為國家就大事成義勇者卿等力也葉
護奏曰迴紇戰兵留在沙苑今且須歸靈夏取馬更收范陽討除殘
賊己丑詔曰功濟艱難義存邦國萬里絕域一德同心求之古今所
未聞也迴紇葉護特稟英姿挺生奇略言必忠信行表溫良才為萬
人之敵位列諸蕃之長屬凶醜亂常中原未靖以可汗有兄弟之約
與國家興父子之軍奮其智謀討彼兇逆一鼓作氣萬里摧鋒二旬
之間兩京克定力拔山岳精貫風雲蒙犯不以辭其勞急難無以踰
其分固可懸之日月傳之子孫豈惟裂土之封誓河之賞而已矣夫
位之崇者司空第一名之大者封王最高可司空仍封忠義王每載
送絹二萬匹至朔方軍宜差使受領乾元元年五月壬申朔迴紇使
多亥阿彼八十人黑衣大食酋長閤之等六人並朝見至閤門爭長
通事舍人乃分為左右從東西門並入六月戊戌宴迴紇使於紫宸
殿前秋七月丁亥詔以幼女封為寧國公主出降其降蕃日仍以堂
弟漢中郡王瑀為特進試太常卿攝御史大夫瑀充冊命英武威遠
○
唐傳一百四十五　四
毗伽可汗使以堂姪左司郎中巽為兵部郎中攝御史中丞鴻臚卿
副之兼充寧國公主禮會使特差重臣開府儀同三司行尚書右僕
射冀國公裴冕送至界首癸巳以冊立迴紇英武威遠毗伽可汗上
御宣政殿漢中王瑀受冊命甲午肅宗送寧國公主至咸陽磁門驛
公主泣而言曰國家事重死且無恨上流涕而還及瑀至其牙帳毗
伽闕可汗衣赭黃袍胡帽坐於帳中榻上儀衛甚盛引瑀立於帳外
謂瑀曰王是天可汗何親瑀曰是唐天子堂弟又問於王上立者為
誰瑀曰中使雷盧俊可汗又報曰中使是奴何得向郎君上立雷盧
俊竦懼跳身向下立定瑀不拜而立可汗報曰兩國主君臣有禮何
得不拜瑀曰唐天子以可汗有功故將女嫁與可汗結姻好比者中
國與外蕃親皆宗室子女名為公主今寧國公主天子真女又有才
貌萬里嫁與可汗可汗是唐家天子女婿合有禮數豈得坐於榻上
受詔命耶可汗乃起奉詔便受冊命翌日冊公主為可敦蕃酋歡欣
曰唐國天子貴重將真女來瑀所送國信繒綵衣服金銀器皿可汗

盡分與衙官酋長等及瑀回可汗獻馬五百匹貂裘白氎八月迴紇使王子骨啜特勤及宰相帝德等驍將三千人助國討逆肅宗嘉其遠至賜宴會命隨朔方行營使僕固懷恩押當九月甲申迴紇使大首領蓋將等謝公主下降兼奏破堅昆五萬人宴於紫宸殿賜物有差十二月甲午迴紇使三婦人謝寧國公主之聘也賜宴紫宸殿乾元二年迴紇骨啜特勤等率衆從郭子儀與九節度於相州城下戰不利三月壬子迴紇王子骨啜特勤及宰相帝德等十五人自相州奔于西京肅宗宴之于紫宸殿賞物有差其月庚寅迴紇特勤辭還行營上宴之于紫宸殿賜物有差乙未以迴紇王子新除左羽林軍大將軍員外置骨啜特勤為銀青光祿大夫鴻臚卿員外置夏四月迴紇毗伽闕可汗死長子葉護先被殺乃立其少子登里可汗其妻為可敦六月丙午以左金吾衛將軍李通為試鴻臚卿攝御史中丞充弔祭迴紇使毗伽闕可汗初死其牙官都督等欲以寧國公主殉葬公主曰我中國法壻死即持喪朝夕哭臨三年行服今迴紇娶婦須慕中國禮若今依本國法何須萬里結婚然公主亦依迴紇法剺面大哭竟以無子得歸秋八月寧國公主自迴紇還詔百官於明鳳門外迎之上元元年九月己丑迴紇九姓可汗使大臣俱陸莫達干等入朝奉表起居乙卯迴紇使二十人於延英殿通謁賜物有差十一月戊辰迴紇使延支伽羅等十人於延英殿謁見賜物有差寶應元年代宗初即位以史朝義尚在河洛遣中使劉清潭徵兵於迴紇又脩舊好其秋清潭入迴紇庭迴紇已為史朝義所誘云唐家天子頻有大喪國亂無主請發兵來收府庫可汗乃領衆而南已八月矣清潭賫勑書國信至可汗曰我聞唐家已無主何為更有勑書中使對曰我唐家天子雖棄萬國嗣天子廣平王天生英武往年與迴紇葉護兵馬同收兩京破安慶緒與可汗有故又每年與可汗繒絹數萬匹可汗豈忘之耶然迴紇業已發至三城北見荒城無戍卒州縣盡為空壘有輕唐色乃遣使北收單于兵馬倉糧又大辱清潭清潭發使來奏云迴紇登里可汗傾國自來有衆十萬羊馬不知其數京

師大駭上使殿中監藥子昂馳勞之及於太原北忻州南子昂密數其丁壯得四千人老小婦人相兼萬餘人戰馬四萬匹牛羊不紀先是毗伽闕可汗請以子婚肅宗以僕固懷恩女嫁之及是為可敦與可汗同來請懷恩及懷恩母相見上勑懷恩自汾州見之於太原懷恩又諫國家恩信不可違背初欲自蒲關入取沙苑路由潼關東向破賊子昂說之云國家頻遭寇逆州縣虛乏難為供擬恐可汗失望不如取土門路入直取邢洺衛懷賊中兵馬盡在東京可汗收其財帛東裝南向最為上策可汗不從又說取懷州太行路南據河陰之險直扼賊之喉亦上策也可汗又不從又說取陝州太陽津路食太原倉粟而東與澤潞河南懷鄭節度同入亦上策也可汗從之子昂因入奏上以雍王适為兵馬元帥加懷恩同中書門下平章事又以子昂兼御史中丞與前潞府兼御史中丞魏琚為左右廂兵馬使以中書舍人韋少華充元帥判官兼掌書記給事中李進兼御史中丞充元帥行軍司馬東會迴紇登里可汗營於陝州黃河北元帥雍王領子昂等從而見之可汗責雍王不於帳前舞蹈禮倨子昂辭以元帥是嫡孫兩宮在殯不合有舞蹈迴紇宰相及車鼻將軍庭詰曰唐天子與登里可汗約為兄弟今可汗即雍王叔叔姪有禮數何得不舞蹈子昂苦辭以身有喪禮不合又報云元帥即唐太子也太子即儲君也豈有中國儲君向外國可汗前舞蹈相拒久之車鼻遂引子昂李進少華魏琚各榜捶一百少華琚因榜捶一宿而死以王少年而未諳事放歸本營而懷恩與迴紇右殺為先鋒及諸節度同攻賊破之史朝義率殘寇而走元帥雍王退歸靈寶迴紇可汗繼進於河陽列營而止數月去營百餘里人被剽劫逼辱不勝其弊懷恩常為軍殿及諸節度收河北州縣僕固瑒與迴紇之衆追躡二千餘里至平州石城縣梟朝義首而歸河北悉平懷恩自相州西出崞口路而西可汗自河陽北出澤潞與懷恩會歷太原遣使拔賀那上表賀收東京并進逆賊史朝義旌旗等物辭還蕃代宗引見於內殿賜綵二百段初迴紇至東京以賊平恣行殘忍士女懼之皆登聖善寺及白

馬寺二閣以避之迴紇縱火焚二閣傷死者萬計累旬火焰不止及
時朝賀又縱橫大辱官吏以陝州節度使郭英乂權知東都留守時
東都再經賊亂朔方軍及郭英乂魚朝恩等軍不能禁暴與迴紇縱
掠坊市及汝鄭等州比屋蕩盡人悉以紙爲衣或有衣經者代宗御
宣政殿出冊文加冊可汗爲登里頡咄登密施含俱錄英義建功毗
伽可汗可敦加冊爲娑墨光親麗華毗伽可敦頡咄華言社稷法用
登密施華言封竟含俱錄華言婁羅毗伽華言足意智娑墨華言得
憐以散騎常侍兼御史大夫王翊充使就可汗行營行冊命馬可汗
可敦及左右殺諸都督內外宰相已下共加實封二千戶令王翊就
牙帳前禮冊左殺封爲雄朔王右殺封爲寧朔王胡祿都督封金河
王拔覽將軍封爲靜漠王諸都督一十一人並封國公尋而懷恩叛
投靈武有朔方舊將任敷張韶等收合餘燼衆至數萬廣德二年秋
乃引吐蕃之衆數萬人至奉天縣朔方節度郭子儀率衆拒之而退
永泰元年秋懷恩遣兵馬使范至誠任敷將兵又誘迴紇吐蕃吐谷

渾党項奴剌之衆二十餘萬以犯奉天醴泉鳳翔同州等處被其逆
命先以郭子儀屯涇陽渾日進屯奉天數摧其鋒又聞懷恩死吐蕃
將馬重英等十月初引退取邠州舊路而歸迴紇首領羅達干等率
其衆二千餘騎詣涇陽請降子儀許之率衆被甲持滿數千人迴紇
譯曰此來非惡心要見令公子儀曰我令公也迴紇曰請去甲子儀
便脫兜鍪槍甲策馬挺身而前迴紇酋長相顧曰是也時太子太保
李光進兼御史大夫路嗣恭戎裝介馬在子儀之側子儀指視迴紇曰
此是渭北節度李太保又曰此是朔方軍糧使路大夫迴紇便下馬
羅拜子儀亦下馬迴紇之衆爲左右翼各數百人漸進子儀麾下亦
馳而至子儀麾退之子儀命酒與之飲贈之纏頭綵三千匹子儀執
迴紇大將可汗弟合胡祿都督藥羅葛等手責讓之曰我國家知汝
迴紇有功報汝大厚汝何背約負信犯我王畿我須與汝戰何乃降
爲我一身挺入汝營任汝拘縶我麾下將士須與汝戰迴紇又譯曰懷
恩負心來報可汗云唐國天子今已向江淮令公亦不主兵我是以

致來今知天可汗見在上郭令公爲將懷恩天又殺之今請追殺吐
蕃收其羊馬以報國恩然懷恩子可敦兄弟請勿殺之合胡祿都督
等與宰相磨咄莫賀達干宰相暾莫賀達干宰相護都毗伽將軍宰
相揭拉裴羅達干宰相梅錄大將軍羅達干平章事海盈闕達干等
子儀先執杯合胡祿都督請呪子儀呪曰大唐天子萬萬歲迴紇可
汗亦萬歲兩國將相亦萬歲若起負心違背盟約者身死陣前家口
屠戮合胡祿都督等失色及杯至即譯曰如令公盟約皆喜曰初發
本部來日將巫師兩人來云此行大安穩然不與唐家兵馬鬬見一
大人即歸今日領兵見令公令公不爲疑脫去衣甲單騎相見誰有
此心膽是不戰鬬見一大人巫師有徵矣歡躍久之子儀撫其背首
領等分纏頭綵以賞巫師請諸將同擊吐蕃子儀如其約翌日使領
迴紇首領開府石野那等六人入京朝見又五日朔方先鋒兵馬使
開府南陽郡王白元光與迴紇兵馬合於涇州靈臺縣西五十里赤
山嶺共破吐蕃等十餘萬衆斬首五萬餘級生擒一萬餘人駝馬牛

羊凡百里相繼不可勝紀收得蕃落五千餘人初白元光等到靈臺
縣西探知賊勢爲月明思火陰晦迴紇使巫師便致風雪及遲明戰
吐蕃盡寒凍弓矢皆廢披氈徐進元光與迴紇隨而殺之蔽野僕固
名臣懷恩之姪尤爲驍將亦領千餘騎來降尋而子儀又使迴紇宰
相護地毗伽將軍宰相梅錄大將軍開府儀同三司試太常卿羅達
干等一百九十六人來見上賜宴於延英殿錫賚甚厚閏月子儀自
涇陽領僕固名臣入奏迴紇進馬及宴別前後賚繒綵十萬匹而還
時帑藏空虛朝官無祿俸隨月給手力謂之資課錢稅朝官閏十月
十一月十二月課以供之大曆六年正月迴紇於鴻臚寺擅出坊市
掠人子女所在官奪返毆怒以三百騎犯金光門朱雀門是日皇城
諸門盡閉上使中使劉清潭宣慰乃止七年七月迴紇出鴻臚寺入
坊市强暴逐長安令邵說於含光門之街奪說所乘馬將去說脫身
避走有司不能禁八年十一月迴紇一百四十人還蕃以信物一千餘
乘迴紇恃功自乾元之後屢遣使以馬和市繒帛仍歲來市以馬一

四易絹四十匹動至數萬馬其使候遣繼留於鴻臚寺者非一蕃得帛無厭我得馬無用朝廷甚苦之是時特詔厚賜遣之示以廣恩且俾知愧也是月迴紇使使赤心領馬一萬匹來求市代宗以馬價出於租賦不欲重困於民命有司量入計許市六千匹十年九月迴紇白晝刺人於東市市人執之拘於萬年縣其首領赤心聞之自鴻臚寺馳入縣獄劫囚而出斫傷獄吏十三年正月迴紇寇太原過榆次太谷河東節度留後太原尹兼御史大夫鮑防與迴紇戰于陽曲我師敗績死者千餘人代州都督張光晟與迴紇戰于羊武谷破之迴紇引退先是辛雲京守太原迴紇懼雲京不敢窺并代知鮑防無武略乃敢凌逼賴光晟邀戰勝之北人乃安德宗初即位使中官梁文秀告哀於迴紇且脩舊好可汗移地健不為禮而九姓胡素屬於迴紇者又陳中國便利以誘其心可汗乃舉國南下將乘我喪其宰相頓莫賀達干諫曰唐大國也且無負於我前年入太原獲羊馬數萬計可謂大捷矣以道途艱阻比及國傷耗殆盡今若舉而不捷將安歸

○乎可汗不聽頓莫賀乘人之心因擊殺之并殺其親信及九姓胡所誘來者凡二千人頓莫賀自立號為合骨咄祿毗伽可汗使其酋長建達干隨文秀來朝命京兆尹源休持節冊為武義成功可汗貞元三年八月迴紇可汗遣首領墨啜達干多覽將軍合闕達干等來貢方物且請和親四年十月迴紇公主及使至自蕃德宗御延喜門見之時迴紇可汗喜於和親其禮甚恭上言昔為兄弟今為子壻半子也又詈辱吐蕃使者及使大首領等妻妾凡五十六婦人來迎可敦凡遣人千餘納聘馬二千德宗令朔州太原分留七百人其宰相首領皆至分館鴻臚將作癸巳見於宣政殿乙未德宗召迴紇公主出使者對於麟德殿各有頒錫庚子詔咸安公主降迴紇可汗仍置府官屬視親王例以殿中監嗣滕王湛然為咸安公主婚禮使關播檢校右僕射送咸安公主及冊迴紇可汗使貞元五年十二月迴紇汨咄祿長壽天親毗伽可汗薨廢朝三日文武三品已上就鴻臚寺弔其來使貞元六年六月迴紇使移職伽達干歸蕃賜馬價絹三十萬

匹以鴻臚卿郭鋒兼御史大夫充冊迴紇忠貞可汗使是歲四月忠貞可汗為其弟所殺而篡立時迴紇大將頡干伽斯西擊吐蕃未回其次相率國人縱殺篡者而立忠貞之子為可汗年方十六七及六月頡干伽斯西討回將至牙帳次相等懼其後有廢立不欲漢使知之留鋒數月而回頡干伽斯之至也可汗等出迎郊野郭鋒所送國信器幣可汗與次將相等皆俯伏自說廢立之由且請命曰惟大相生死之悉以所陳器幣贈頡干伽斯以悅之可汗又拜泣曰兒愚幼無知今幸得立惟仰食於阿爹可汗以子事之頡干伽斯以卑遜與感乃相持號哭遂執臣子之禮焉盡以所贈器幣頒賜左右諸從行將士已無所取自是其國稍安乃遣達北特勤梅錄將軍告忠貞可汗之哀于我且請冊新君使至廢朝三日仍令三品已上官就鴻臚寺弔其使是歲吐蕃陷北庭都護府初北庭安西既假道於迴紇以朝奏因附庸焉吐蕃徵求無厭北庭差近凡生事之資必強取之又有沙陀部落六千餘帳與北庭相依亦屬於迴紇肆行抄奪尤所厭苦

○其先葛祿部落及白服突厥素與迴紇通和亦憾其侵掠因吐蕃厚賂見誘遂附之於是吐蕃率葛祿白服之衆去冬寇北庭迴紇大相頡干伽斯率衆援之頻敗吐蕃急攻之北庭之人既苦迴紇乃舉城降焉沙陀部落亦降節度使檢校工部尚書楊襲古將麾下二千餘衆出奔西州頡干利亦還十年秋悉其國丁壯五萬人召襲古將復焉俄為所敗死者太半頡干利收合餘燼晨夜奔還襲古餘衆僅六十百將復入西州頡干伽斯紿之曰互與我同至牙帳當送君歸本朝既及牙帳留而不遣竟殺之自是安西阻絕莫知存亡唯西州之人猶固守焉頡干伽斯敗葛祿乘勝取迴紇之浮圖川迴紇震恐悉遷西北部落羊馬於牙帳之南以避之貞元七年五月庚申朔以鴻臚少卿庾鋋兼御史大夫冊迴紇可汗及弔祭使是月迴紇遣使律支達干等來朝告小寧國公主薨廢朝三日故肅宗以寧國公主降迴紇又以榮王女媵之及寧國來歸榮王女為可敦迴紇號為小寧國公主歷配英武英義二可汗及天親可汗立出居於外生英武二子

焉天親可汗所殺無幾薨七年八月廻紇遣使獻敗吐蕃葛禄於北庭所捷及其俘畜先是吐蕃入靈州及廻紇所敗夜以火攻駭而退十二月廻紇遣殺支將軍獻吐蕃俘大首領結心德宗御延喜門觀之八年七月以廻紇藥羅靈檢校右僕射靈本唐人姓吕氏因入廻紇爲可汗養子遂以可汗姓爲藥羅靈在國用事因來朝寵賚甚厚仍給市馬絹七萬匹九年九月遣使來朝貢貞元十一年六月庚寅冊拜廻紇騰里邏羽録没密施合禄胡毘𢘽信可汗元和四年藹德曷里禄没弭施合密里迦可汗遣使改爲廻鶻義取廻旋輕捷如鶻也八年四月廻鶻請和親使伊難珠還蕃宴于三殿賜以銀器繒帛是歲廻鶻數千騎至鸊鵜泉邊軍戒嚴十二月二日宴歸國廻鶻摩尼八人令至中書見宰臣先是廻鶻請和親憲宗使有司計之禮費約五百萬貫方内有誅討未任其親以摩尼爲廻鶻信奉故使宰臣言其不可乃詔宗正少卿李孝誠使于廻鶻太常博士殷侑副之諭其來請之意長慶元年毘伽保義可汗薨輟朝三日仍令諸司三品

〈唐書傳一百四十五〉 十二

。已上官就鴻臚寺弔其使者四月正衙冊廻鶻君長爲登羅羽録没密施句主録毗伽可汗以少府監裴通爲檢校左散騎常侍兼御史大夫持節冊立兼弔祭使五月廻鶻宰相都督公主摩尼等五百七十三人入朝迎公主於鴻臚寺安置勑太和公主出降廻鶻爲可敦宜令中書舍人王起赴鴻臚寺宣示以左金吾衛大將軍胡鉦檢校戸部尚書持節充送公主入廻鶻及冊可汗使光禄卿李憲加兼御史中丞充副使太常博士殷侑改殿中侍御史充判官吐蕃犯青塞堡以廻紇和親故也鹽州刺史李文悦發兵擊退之廻鶻奏以一萬騎出北庭一萬騎出安西拓吐蕃以迎太和公主歸國其月勑太和公主出降廻紇宜持置府其官屬宜視親王例廻鶻自咸安公主殁後累歸欵請繼前好久未之許至元和末其請彌切憲宗以北虜有勲劳於王室又西戎比歳爲邊患遂許以妻之既許而憲宗崩穆宗即位踰年乃封第十妹爲太和公主將出降廻紇登邏骨没密施合毘伽可汗遣使伊難珠句録都督思結并外宰相駙馬梅録司馬兼

公主一人葉護公主一人及達干并駝馬千餘來迎太和公主發赴廻紇國穆宗御通化門左个使臨送百寮章敬寺前立班儀衛甚盛士女傾城觀馬十一月振武節度張惟清奏準詔發兵三千赴蔚州數内已發一千人訖餘二千人待太和公主出界即發遣又奏天徳轉牒云廻鶻七百六十人將駝馬及車相次至黄蘆泉迎候公主豐州刺史李祐奏迎太和公主廻鶻三千於鸊泉下營拓吐蕃二年二月賜廻紇馬價絹五萬匹三月又賜馬價絹七萬匹是月裴度招討幽鎮之亂廻鶻請以兵從度討伐朝議以寳應初廻紇收復兩京恃功驕恣難制咸以爲不可遂命中使止廻紇令歸會其已上豐州北界不從上詔發繒帛七萬匹賜之方還五月命使冊立登囉骨没密施合毘伽禮可汗遣品官田務豐領國信十二車使廻鶻賜可汗及太和公主長慶二年閏十月金吾大將軍胡鉦副使光禄卿李憲婚禮使衛尉卿李鋭副使宗正少卿李子鴻判官虞部郎中張敏太常博士殷侑送太和公主至自廻紇皆云初公主去廻紇牙帳尚可信

〈唐書傳一百四十五〉 十三

。宿可汗遣数百騎來請與公主先從他道去胡鉦曰不可虜使曰前咸安公主來時去花門数百里即先去今何獨拒我鉦曰我天子詔送公主以授可汗今未見可汗豈宜先往虜使乃止既至虜庭乃擇吉日冊公主爲廻鶻可敦可汗先升樓東向坐設氊幄於樓下以居公主使群胡主教公主以胡法公主始解唐服而衣胡服以一嫗侍出樓前西向拜可汗坐而視公主再俯拜訖復入氊幄中解前所服而披可敦服通裾大襦皆茜色金飾冠如角前指後出樓俯拜可汗如初禮虜先設大輿曲扆前設小座相者引公主升輿廻紇九姓相分負其輿隨日右轉於庭者九公主乃降輿升樓與可汗俱東向坐自此臣下朝謁并拜可敦可敦自有牙帳命二相出入帳中鉦等將歸可敦宴之帳中留連號啼者竟日可汗因贈漢使以厚貺大和元年命中使以絹二十萬匹付鴻臚寺宣賜廻鶻充馬價三年正月中使以絹二十三萬匹賜廻紇充馬價七年三月廻紇李義節等將駝馬到且報可汗三月二十七日薨以冊親弟薩特勒廢朝三日仍令

諸司文武三品尚書省四品已上官就鴻臚寺弔其使者以左驍衞將軍皇城留守唐弘實爲金吾將軍兼御史大夫持節充入迴鶻弔祭冊立使九年六月入朝迴鶻進太和公主所獻馬射女子七人沙陁小兒二人開成初其相有安允合者與特勒柴草欲篡薩特勒可汗薩特勒可汗覺殺柴草及安允合又有迴紇相掘羅勿者擁兵在外怨誅柴草安允合又殺薩特勒可汗以盧級特勒爲可汗有將軍句録末賀恨掘羅勿走引黠戛斯領十萬騎破迴鶻城殺盧級斬掘羅勿燒蕩殆盡迴鶻散奔諸蕃有迴鶻相馺職者擁外甥特龐勤及男鹿并遏粉等兄弟五人一十五部西奔葛邏禄一支投吐蕃一支投安西又有近可汗牙十三部以特勒烏介爲可汗南來附漢初黠戛斯破迴鶻得太和公主黠戛斯自稱李陵之後與國同姓遂令達干十人送公主至塞上烏介途遇黠戛斯使達干等並被殺太和公主却歸烏介可汗乃質公主同行南度大磧至天德界奏請天德城與太和公主居有迴鶻相赤心者與連位相姓僕固者與特勒那頡

啜擁部衆不賓烏介赤心欲犯塞烏介遣其屬唱没斯先布誠於天德軍使田牟然後誘赤心宰相同謁烏介可汗戮赤心於可汗帳下并僕固二人那頡戰勝全占赤心下七千帳東瞰振武大同據室韋黑沙榆林東南入幽州雄武軍西北界幽州節度使張仲武遣弟仲至率兵大破那頡之衆全收七千帳殺戮收擒老小近九萬人那頡中箭透駝群潛脫烏介獲而殺之烏介諸部猶稱十萬衆駐牙大同軍北閭門山時會昌二年秋頻劫東陝已北天德振武雲朔比羅俘戮詔諸道兵悉至防捍以河東節度使劉沔充南面招撫迴鶻使以幽州節度使張仲武充東面招撫迴紇使二年冬三年春迴鶻特勒龐俱遮阿敦寧二部迴紇公主密羯可敦一部外相諸洛固阿跌一部及牙帳大將曹磨你等七部共三萬衆相次降於幽州詔配諸道有特勒嗢没斯阿歷支習勿啜三部迴紇相受耶勿弘順迴鶻尚書吕衡等諸部降振武三部首領皆賜姓李氏及名思忠思貞思惠思恩充歸義使有特勒葉被沽兄李二部南奔吐蕃有特勒可質力二

部東北奔大室韋有特勒荷勿啜東討契丹戰死會昌三年迴紇尚書僕固繹到幽州約以太和公主歸幽州烏介去幽州界八十里下營其親信骨肉及摩尼志浄等四人已先入雄武軍是夜河東劉沔率兵奄至烏介營烏介驚走東北約四百里外求和解室韋下營不及將太和公主同走豐州刺史石雄兵遇太和公主帳因迎歸國烏介部衆至大中元年詣幽州降留者漂流餓凍數十萬所存止三千已下烏介嫁妹與室韋託附之爲迴鶻相美權者逸隱啜逼諸迴鶻殺烏介於金山以其弟特勒遏捻爲可汗復有衆五千以上其食用糧羊皆取給於奚王石舍郎大中元年春張仲武大破奚衆其迴鶻無所取給日有耗散至二年春唯存名王貴臣五百人已下依室韋張仲武因賀正室韋經過幽州仲武却令還蕃遣送遏捻等來向幽州遏捻等懼是夜與妻葛禄子特勒毒斯等九騎西走餘衆奔之不及迴鶻諸相達官老幼大哭室韋分迴鶻餘衆　爲七分七姓室韋各占一分經三宿黠戛斯相阿播領諸蕃兵稱七萬從西南天德北

界來取遏捻及諸迴鶻大敗室韋迴鶻在室韋者阿播皆收歸磧北在外猶數帳散藏諸山深林盜劫諸蕃皆西向傾心望安西龐勤之到龐勤已自稱可汗有磧西諸城其後嗣君弱臣強居甘州無復昔時之盛到今時遣使入朝進玉馬二物及本土所產交易而返

史臣曰自三代已前兩漢之後西羌北狄互興部族其名不同爲患一也蔡邕云邊陲之患爲手足之疥中國之困爲胷背之疽突厥爲煬帝之患深矣隋竟滅中國之困其理昭然自太宗平突厥破延陁而迴紇興焉太宗幸靈武以降之置州府以安之以名爵玉帛以恩之其義何哉蓋以狄不可盡而以威惠羈縻之開元中三綱正百姓足四夷八靈翕然向化要荒之外畏威懷惠不其盛矣天寶末奸臣弄權於內逆臣跋扈於外内外結釁而車駕遷還華夷生心而神器將墜肅宗誘迴紇以復京畿代宗誘迴紇以平河朔戡難中興之功大即大矣然生靈之膏血已乾不能供其求取朝廷之法令並弛無以抑其馮陵忍恥和親姑息不暇僕固懷恩爲叛尤甚阽危郭子儀

之能軍終免侵軼比昔諸戎於國之功最大爲民之害亦深及勢利日隆盛衰時變永消瓦解如存若亡竟爲手足之疥焉儻昭之世黃朱迭興竟爲肩背之疽焉手疥背疽誠爲確論

贊曰土德初隆比屋可封朝綱中否邊鄙興戎安史亂國迴紇恃功恃功伊何成讓姑息民不聊生國殫其力華夷有截盛衰如織彼既長惡我乃脩德疽疥之義百代可則

唐書列傳卷第一百四十五

唐書列傳卷第一百四十六上

劉昫等修
聞人銓校刻沈桐同校

吐蕃上

吐蕃在長安之西八千里本漢西羌之地也其種落莫知所出也或云南涼禿髮利鹿孤之後也利鹿孤有子曰樊尼及利鹿孤卒樊尼尚幼弟傉檀嗣位以樊尼爲安西將軍後魏神瑞元年傉檀爲西秦乞佛熾盤所滅樊尼招集餘衆以投沮渠蒙遜蒙遜以爲臨松太守及蒙遜滅樊尼乃率衆西奔濟黃河逾積石於羌中建國開地千里樊尼威惠夙著爲群羌所懷皆撫以恩信歸之如市遂改姓爲窣勃野以禿髮爲國號語訛謂之吐蕃其後子孫繁昌又侵伐不息土宇漸廣歷周及隋猶隔諸羌未通於中國其國人號其王爲贊普相大論小論以統理國事無文字刻木結繩爲約雖有官不常厥職臨時統領徵兵用金箭寇至舉烽燧百里一亭用刑嚴峻小罪刖眼鼻或皮鞭鞭之但隨喜怒而無常科囚人於地牢深數丈二三年方出之宴異國賓客必驅犛牛令客自射牲以供饌與其臣下一年一小盟刑羊狗獼猴先折其足而殺之繼裂其腸而屠之令巫者告于天地山川日月星辰之神云若心遷變懷奸反覆神明鑒之同於羊狗三年一大盟夜於壇墠之上與衆陳設肴饌殺犬馬牛驢以爲牲呪曰爾等咸須同心勠力共保我家惟天神地祇共知爾志有負此盟使爾身體屠裂同於此牲其地氣候大寒不生秔稻有青稞麥豌豆小麥喬麥畜多犛牛猪犬羊馬又有天鼠狀如雀鼠其大如貓皮可爲裘又多金銀銅錫其人或隨畜牧而不常厥居然頗有城郭其國都城號爲邏些城屋皆平頭高者至數十尺貴人處於大氈帳名爲拂廬寢處汙穢絕不櫛沐接手飲酒以氈爲盤捻麨爲椀實以羹酪并而食之多事羱羝之神人信巫覡不知節候麥熟爲歲首圍碁陸博吹蠡鳴鼓爲戲弓劍不離身重壯賤老母拜於子子倨於父出入皆少者在前老者居其後軍令嚴肅每戰前隊皆死後隊方進重兵死

惡病終累代戰沒以為甲門臨陣敗北者懸狐尾於其首表其似狐之怯稠人廣衆必以徇焉其俗耻之以為次死拜必兩手據地作狗吠之聲以身再揖而止居父母喪截髮青黛塗面衣服皆黑既葬即吉其贊普死以人殉葬衣服珍玩及嘗所乘馬弓劍之類皆悉埋之仍於墓上起大室立土堆插雜木為祠祭之所貞觀八年其贊普棄宗弄讚始遣使朝貢弄讚弱冠嗣位性驍武多英略其鄰國羊同及諸羌並賓伏之太宗遣行人馮德遐往撫慰之見德遐大悅聞突厥及吐谷渾皆尚公主乃遣使隨德遐入朝多齎金寶奉表求婚太宗未之許使者既反言於弄讚曰初至大國待我甚厚許嫁公主會吐谷渾王入朝有相離間由是禮薄遂不許嫁弄讚遂與羊同連發兵以擊吐谷渾吐谷渾不能支遁於青海之上以避其鋒其國人畜並為吐蕃所掠於是進兵攻破党項及白蘭諸羌率其衆二十餘萬頓於松州西境遣使貢金帛云來迎公主又謂其屬曰若大國不嫁公主與我即當入寇遂進攻松州都督韓威輕騎覘賊反為所敗邊人

大擾太宗遣吏部尚書侯君集為當彌道行營大總管右領軍大將軍執失思力為白蘭道行軍總管左武衛將軍牛進達為闊水道行軍總管右領軍將軍劉蘭為洮河道行軍總管率步騎五萬以擊之進達先鋒自松州夜襲其營斬千餘級弄讚大懼引兵而退遣使謝罪因復請婚太宗許之弄讚乃遣其相祿東贊致禮獻金五千兩自餘寶玩數百事貞觀十五年太宗以文成公主妻之令禮部尚書江夏郡王道宗主婚持節送公主于吐蕃弄讚率其部兵次柏海親迎于河源見道宗執子婿之禮甚恭既而歎大國服飾禮儀之美俯仰有愧沮之色及與公主歸國謂所親曰我父祖未有通婚上國者今我得尚大唐公主為幸實多當為公主築一城以誇示後代遂築城邑立棟宇以居處焉公主惡其人赭面弄讚令國中權且罷之自亦釋氊裘襲紈綺漸慕華風仍遣酋豪子弟請入國學以習詩書又請中國識文之人典其表疏太宗伐遼東還遣祿東贊來賀奉表曰聖天子平定四方日月所照之國並為臣妾而高麗恃遠闕於臣禮天子自領百萬度遼致討隳城陷陣指日凱旋夷狄纔聞陛下發駕少進之間已聞歸國鴈飛迅越不及陛下速疾奴忝預子壻喜百常夷夫鵝猶鴈也故作金鵝奉獻其鵝黃金鑄成其高七尺中可實酒三斛二十二年右衛率府長史王玄策使往西域為中天竺所掠吐蕃發精兵與玄策擊天竺大破之遣使來獻捷高宗嗣位授弄讚為駙馬都尉封西海郡王賜物二千段弄讚因致書于司徒長孫無忌等云天子初即位若臣下有不忠之心者當勒兵以赴國除討并獻金銀珠寶十五種請置太宗靈座之前高宗嘉之進封為賓王賜雜綵三千段因請蠶種及造酒碾磑紙墨之匠並許焉乃刊石像其形列昭陵玄闕之下永徽元年弄讚卒高宗為之舉哀遣右武候將軍鮮于臣濟持節賫璽書弔祭弄讚子早死其孫繼立復號贊普時年幼國事皆委祿東贊祿東贊姓薛氏雖不識文記而性明毅嚴重講兵訓師雅有節制吐蕃之并諸羌雄霸本土多其謀也初太宗既許降文成公主贊普使祿東贊來迎召見顧問進對合旨太宗禮之有異諸

蕃乃拜祿東贊為右衛大將軍又以琅邪長公主外孫女段氏妻之祿東贊辭曰臣本國有婦父母所聘情不忍乖且贊普未謁公主陪臣安敢輒娶太宗嘉之欲撫以厚恩雖奇其答而不遂其請祿東贊有子五人長曰贊悉若早死次欽陵次贊婆次悉多于次教論及東贊死欽陵兄弟復專其國後與吐谷渾不和龍朔麟德中遞相表奏各論曲直國家依違未為與奪吐蕃怨怒遂率兵以擊吐谷渾吐谷渾大敗河源王慕容諾曷鉢及弘化公主脫身走投涼州遣使告急咸亨元年四月詔以右威衛大將軍薛仁貴為邏娑道行軍大總管左衛員外大將軍阿史那道真右衛將軍郭待封為副率衆十餘萬以討之軍至大非川為吐蕃大將論欽陵所敗仁貴等並坐除名吐谷渾全國盡沒唯慕容諾曷鉢及其親信數千帳來內屬仍徙於靈州自是吐蕃連歲寇邊當悉等州諸羌盡降之上元三年進寇鄯廓等州殺掠人吏高宗命尚書左僕射劉仁軌往洮河軍鎮守以禦之儀鳳三年又命中書令李敬玄兼鄯州都督往代仁軌於洮河鎮

守仍召募關內河東及諸州驍勇以為猛士不簡色役亦有嘗任文武官者召入殿庭賜宴遣往擊之又令益州長史李孝逸巂州都督拓王奉等發劍南山南兵募以防禦之其年秋敬玄與工部尚書劉審禮率兵與吐蕃戰于清海官軍敗績審禮沒于陣敬玄按軍不敢救俄而收軍卻出頓於承風嶺阻泥溝不能動賊屯於高岡以壓之偏將左領軍員外將軍黑齒常之率敢死之士五百人夜斫賊營賊遂潰亂自相蹂踐死者三百餘人敬玄遂擁衆鄯州坐貶為衡州刺史往劍南兵募於茂州之西南築安戎城以壓其境俄有生羌為吐蕃鄉導攻陷其城遂引兵守之時吐蕃盡收羊同党項及諸羌之地東與涼松茂巂等州相接南至婆羅門西又攻陷龜茲疏勒等四鎮北抵突厥地方萬餘里自漢魏已來西戎之盛未之有也高宗聞審禮等敗沒召侍臣問綏禦之策中書舍人郭正一曰吐蕃作梗年歲已深命將興師相繼不絕空勞士馬虛費糧儲近討則徒損兵威深入則未窮巢穴望少發兵募且遣備邊明烽堠勿令侵抄使國用豐

足人心叶同寬之數年可一舉而滅給事中劉齊賢皇甫文亮等皆言嚴守之便尋而黑齒常之破吐蕃大將贊婆及素和貴於良非川殺獲二千餘級吐蕃遂引退詔以常之為河源軍使以鎮禦之儀鳳四年贊普卒其子器弩悉弄嗣位復號贊普時年八歲國政復委於欽陵遣其大臣論寒調傍來告喪且請和高宗遣郎將宋令文入蕃會葬永隆元年文成公主薨高宗又遣使弔祭之則天臨朝命文昌右相韋待價為安息道大總管安西大都護閻溫古為副永昌元年率兵往征吐蕃遲留不進待價坐流浦州溫古處斬待價素無統禦之才遂狼狽失據士卒飢饉皆轉死溝壑明年又命文昌右相岑長倩為武威道行軍大總管以討吐蕃中路退還軍竟不行如意元年吐蕃大首領曷蘇率其所屬并貴州部落請降則天令右玉鈐衛大將軍張玄遇率精卒二萬充安撫使以納之師次大渡水曷蘇事洩為本國所擒又有大首領昝捶率羌蠻部落八千餘人詣玄遇內附玄遇以其部落置葉川州以昝捶為刺史仍於大度西山勒石紀功

而還長壽元年武威軍總管王孝傑大破吐蕃之衆克復龜茲于闐疏勒碎葉等四鎮乃於龜茲置安西都護府發兵以鎮守之萬歲登封元年孝傑復為肅邊道大總管率副總管婁師德與吐蕃將論欽陵贊婆戰于素羅汗山官軍敗績孝傑坐免官萬歲通天元年吐蕃四萬衆奄至涼州城下都督許欽明初不之覺輕出按部遂遇賊拒戰久之力屈為賊所殺時吐蕃又遣使請和則天將許之論欽陵乃請去安西四鎮兵仍索分十姓之地則天竟不許之吐蕃自論欽陵兄弟專統兵馬欽陵每居中用事諸弟分據方面贊婆則專在東境與中國為鄰三十餘年常為邊患其兄弟皆有才略諸蕃憚之聖曆二年其贊普器弩悉弄年漸長乃與其大臣論巖等密圖之時欽陵在外贊普乃佯言將獵召兵執欽陵親黨二千餘人殺之發使召欽陵贊婆等欽陵舉兵不受召贊普自帥衆討之欽陵未戰而潰遂自殺其親信左右同日自殺者百餘人贊婆率所部千餘人及其兄子授布支等來降則天遣羽林飛騎郊外迎之授贊婆輔國大將軍行

右衛大將軍封歸德郡王優賜甚厚仍令領其部兵於洪源谷討擊尋卒贈特進安西大都護久視元年吐蕃又遣其將麴莽布支寇涼州圍逼昌松縣隴右諸軍州大使唐休璟與莽布支戰于洪源谷斬其副將二人獲首二千五百級長安二年贊普率衆萬餘人寇悉州都督陳大慈與賊凡四戰皆破之斬首千餘級於是吐蕃遣使論彌薩等入朝請求和則天宴之於麟德殿奏百戲於殿庭論彌薩曰臣生於邊荒由來不識中國音樂乞放臣親觀則天許之於是論彌薩等相視笑忭拜謝曰臣自歸投聖朝前後禮數優渥又得親觀奇樂一生所未見自顧微瑣何以仰荅天恩區區褊心唯願大家萬歲明年又遣使獻馬千匹金二千兩以求婚則天許之時吐蕃南境屬國泥婆羅門等皆叛贊普自往討之卒於軍中諸子爭立久之國人立器弩悉弄之子棄隸蹜贊為贊普時年七歲中宗神龍元年吐蕃使來告喪中宗為之舉哀廢朝一日俄而贊普之祖母遣其大臣悉薰然來獻方物為其孫請婚中宗以所養雍王守禮女為金城公主許

嫁之自是頻歲貢獻景龍三年十一月又遣其大臣尚贊吐等來迎女中宗宴之於苑內毬場命駙馬都尉楊慎交與吐蕃使打毬中宗率侍臣觀之四年正月制曰聖人布化用百姓爲心王者垂仁以八荒無外故能光宅遐邇裁成品物由是隆周理曆恢柔遠之圖強漢乘時建和親之議斯蓋禦寇長策經邦茂範朕受命上靈克纂洪業庶幾前烈永致和平睠彼吐蕃僻在西服皇運之始早申朝貢太宗文武聖皇帝德侔覆載情深億兆思偃兵甲遂通姻好數十年間一方清淨自文成公主化往其國因多變革我之邊隅亟興師旅彼之蕃落頗聞彫弊頃者贊普及祖母可敦酋長等屢披誠款積有歲時思託舊親請崇新好金城公主朕之少女豈不鍾念但爲人父母志恤元黎若允乃誠祈更敦和好則邊土寧晏兵役服息遂割深慈爲國大計築茲外館聿膺嘉禮降彼吐蕃贊普即以今月進發朕親自送于郊外中宗召侍中紀處訥謂曰昔文成公主出降則江夏王送之卿雅識蕃情有安邊之略可爲朕充吐蕃使也處訥拜謝既而以不

練邊事固辭上又令中書侍郎趙彥昭充使彥昭以既充外使恐失其權寵不悅司農卿趙履溫私謂之曰公國之宰輔而爲一介之使不亦鄙乎彥昭曰然計將安出履溫因陰託安樂公主密奏留之於是以左衛大將軍楊矩使焉其月帝幸始平縣以送公主設帳殿於百頃泊側引王公宰相及吐蕃使入宴中坐酒闌命吐蕃使進前諭以公主孩幼割慈遠嫁之旨上悲泣歔欷久之因命從臣賦詩餞別曲赦始平縣大辟罪已下百姓給復一年改始平縣爲金城縣又改其地爲鳳池鄉愴別里公主既至吐蕃別築一城以居之睿宗即位攝監察御史李知古上言姚州諸蠻先屬吐蕃請發兵擊之遂令知古徵劍南兵募往經略之蠻酋傍名乃引吐蕃攻知古殺之仍斷其屍以祭天時張玄表爲安西都護又與吐蕃比境互相攻掠吐蕃內雖怨怒外敦和好時楊矩爲鄯州都督吐蕃遣使厚遺之因請河西九曲之地以爲金城公主湯沐之所矩遂奏與之吐蕃既得九曲其地肥良堪頓兵畜牧又與唐境接近自是復叛始率兵入寇開元二年秋吐蕃

大將坌達焉乞力徐等率衆十餘萬寇臨洮軍又進寇蘭渭等州掠監牧羊馬而去楊矩悔懼飲藥而死玄宗令攝左羽林將軍薛訥及太僕少卿王晙率兵邀擊之仍下詔將大舉親征召募將士克期進發俄而晙等與賊相遇于渭源之武階驛前軍王海賓力戰死之晙等率兵而進大破吐蕃之衆殺數萬人盡收得所掠羊馬賊餘黨奔北相枕藉而死洮水爲之不流上遂停親征命紫微舍人倪若水往按軍實仍弔祭王海賓而還吐蕃遣其大臣宗俄因子至洮河祭其死亡之士仍款塞請和上不許之自是連年犯邊郭知運王君㚟相次爲河西節度使以捍之吐蕃既自恃兵強每通表疏求敵國之禮言詞悖慢上甚怒之及封禪禮畢中書令張說奏言吐蕃醜逆誠負萬誅然又事征討實爲勞弊且十數年甘涼河鄯徵發不息縱令屢勝亦不能補聞其悔過請和惟陛下遣使許其稽顙內屬以息邊境則蒼生幸甚上曰待吾與王君㚟籌之說出謂源乾曜曰君㚟勇而無謀常思僥倖兩國和好何以爲功若入陳謀則吾計不遂矣尋而

君㚟入朝奏事遂請率兵深入以討之十五年正月君㚟率兵破吐蕃於青海之西虜其輜重及羊馬而還先是吐蕃大將悉諾邏率衆入攻大斗谷又移攻甘州焚燒市里君㚟畏其鋒不敢出戰會大雪賊凍死者甚衆遂取積石軍西路而還君㚟先令人潛入賊境於其歸路燒草悉諾邏軍還至大非山將士息甲牧馬而野草皆盡馬死過半君㚟與秦州都督張景順等率衆襲其後入至青海之西時海水冰合將士並乘冰而渡會悉諾邏已度大非川輜重及疲兵尚在青海之側君㚟縱兵俘之而還其年九月吐蕃大將悉諾邏恭祿及燭龍莽布支攻陷瓜州城執刺史田元獻及王君㚟之父壽盡取城中軍資及倉糧仍毀其城而去又進攻玉門軍及常樂縣縣令賈師順嬰城固守凡八十日賊遂引退俄而王君㚟爲迴紇餘黨所殺乃命兵部尚書蕭嵩爲河西節度使以建康軍使左金吾將軍張守珪爲瓜州刺史修築州城招輯百姓令其復業時悉諾邏恭祿威名甚振蕭嵩乃縱反間於吐蕃云其與中國潛通贊普遂召而誅之明年秋

吐蕃大將悉末朗復率衆攻瓜州守珪出兵擊走之隴右節度使鄯州都督張忠亮引兵至青海西南渴波谷與吐蕃接戰大破之俄而積石莫門兩軍兵馬摠至與忠亮合勢追討破其大莫門城生擒千餘人獲馬一千匹犛牛五百頭器仗衣資甚衆又焚其駱駝橋而還八月蕭嵩又遣副將杜賓客率弩手四千人與吐蕃戰于祁連城下自辰至暮散而復合賊徒大潰臨陣斬其副將一人賊敗散走投山哭聲四合初上聞吐蕃重來入寇謂侍臣曰吐蕃驕暴恃力而來朕今按地圖審利害親指授將帥破之必矣數日而露布至十七年朔方大摠管信安王禕又率兵赴隴右拔其石堡城斬首四百餘級生擒二百餘口遂於石堡城置振武軍仍獻其俘囚于太廟於是吐蕃頻遣使請和忠王友皇甫惟明因奏事面陳通和之便上曰吐蕃贊普往年嘗與朕書悖慢無禮朕意欲討之何得和也惟明曰開元之初贊普幼稚豈能如此必是在邊軍將務邀一時之功偽作此書激怒陛下兩國既鬬興師動衆因利乘便公行隱盜偽作功狀以希勳

舊唐傳一百四十六上 八

○爵所損鉅萬何益國家今河西隴右百姓疲竭事皆由此若陛下遣使往視金城公主因與贊普面約通和令其稽顙稱臣永息邊境此永代安人之道也上然其言因令惟明及內侍張元方充使往問吐蕃惟明元方等至吐蕃既見贊普及公主具宣上意贊普等欣然請和盡出貞觀已來前後勑書以示惟明等令其重臣名悉獵隨惟明等入朝上表曰外甥是先皇帝舅宿親又蒙降金城公主遂和同為一家天下百姓普皆安樂中間為張玄表李知古等東西兩處先動兵馬侵抄吐蕃邊將所以互相征討迄至今日遂成釁隙外甥以先代文成公主今金城公主之故深識尊卑豈敢失禮又緣年小枉被邊將讒構鬬亂令舅致怪伏乞垂察追留死將萬足前數度使人入朝皆被邊將不許所以不敢自奏去冬公主遣使人婁衆失若將狀專往蒙降使看公主來外甥不勝喜荷謹遣論名悉獵及副使押衙將軍浪些紇夜悉獵入朝奏取進止兩國事意悉獵所知外甥蕃中已處分邊將不許抄掠若有漢人來投便令却送伏望皇帝舅遠察赤心許依舊好長令百姓快樂如蒙聖恩千年萬歲外甥終不敢先違盟誓謹奉金胡瓶一金盤一金椀一馬腦盃一零羊衫段一謹充微國之禮金城公主又別進金鴨盤盞雜器物等十八年十月名悉獵等至京師上御宣政殿列羽林仗以見之悉獵頗曉書記先曾迎金城公主至長安當時朝廷皆稱其才辯及是上引入內宴與語甚禮之賜紫袍金帶及魚袋并時服繒綵銀盤胡瓶仍於別館供擬甚厚悉獵受袍帶器物而却進魚袋辭曰本國無此章服不敢當殊異之賞上嘉而許之詔御史大夫崔琳充使報聘仍於赤嶺各豎分界之碑約以更不相侵時吐蕃使奏云公主請毛詩禮記左傳文選各一部制令秘書省寫與之正字于休烈上疏請曰臣聞戎狄國之寇也經籍國之典也戎之生心不可以無備典有恒制不可以假人傳曰齊不謀夏夷不亂華所以格其非心在乎有備無患昔東平王入朝求史記諸子漢帝不與蓋以史記多兵謀諸子雜詭術夫以東平漢之懿戚尚不欲示征戰之書今西戎國之寇讎豈可貽經典之事且

舊唐傳一百四十六上 九

○臣聞吐蕃之性慓悍果決敏情持銳善學不迴若達於書必能知戰深於詩則知武夫有師干之試深於禮則知月令有廢興之兵深於傳則知用師多詭詐之計深於文則知往來有書檄之制何異借寇兵而資盜糧也臣聞魯秉周禮齊不加兵吳獲乘車楚疲奔命一以守典存國一以喪法危邦可取鑒也且公主下嫁從人遠適異國合慕夷禮返求良書愚臣料之恐非公主本意也慮有奔北之類勸教於中若陛下慮失蕃情以備國信必不得已請去春秋當周德既衰諸侯強盛禮樂自出戰伐交興情偽於是乎生變詐於是乎起則有以臣召君之事取威定霸之名若與此書國之患也傳曰于奚請曲縣繁纓仲尼云惜也不如多與之邑惟名與器不可假人狄固貪婪貴貨易土正可錫之錦綺厚以玉帛何必率從其求以資其智臣忝叨列位職刊祕籍實痛經典棄在戎夷昧死上聞惟陛下深察疏奏不省二十一年又制工部尚書李暠往聘吐蕃每唐使入境所在盛陳甲兵及騎馬以矜其精銳二十二年遣將軍李佺於赤嶺與吐蕃

分界立碑二十四年正月吐蕃遣使貢方物金銀器玩數百事皆形
制奇異上令列於提象門外以示百寮其年吐蕃西擊勃律遣使來
告急上使報吐蕃令其罷兵吐蕃不受詔遂攻破勃律國上甚怒之
時散騎常侍崔希逸爲河西節度使於涼州鎮守時吐蕃與漢樹柵
爲界置守捉使希逸謂吐蕃將乞力徐曰兩國和好何須守捉妨人
耕種請皆罷之以成一家豈不善也乞力徐報曰常侍忠厚必是誠
言但恐朝廷未必皆相信任萬一有人交搆掩吾不備後悔無益也
希逸固請之遂發使與乞力徐殺白狗爲盟各去守備於是吐蕃畜
牧被野俄而希逸傔史孫誨入朝奏事誨欲自邀其功因奏言吐蕃
無備若發兵掩之必剋捷上使內給事趙惠琮與孫誨馳往觀察事
宜惠琮等至涼州遂矯詔令希逸掩襲之希逸不得已而從之大破
吐蕃於青海之上殺獲甚衆乞力徐輕身遁逸惠琮孫誨皆加厚賞
吐蕃自是復絶朝貢希逸以失信怏怏在軍不得志俄遷爲河南尹
行至京師與趙惠琮俱見白狗爲祟相次而死孫誨亦以罪被戮詔

唐傳二百四十六上　十

○以岐州刺史蕭炅爲戶部侍郎判涼州事代希逸爲河西節度使鄯
州都督杜希望爲隴右節度使太僕卿王昱爲益州長史劍南節度
使分道經略以討吐蕃仍令毁其分界之碑二十六年四月杜希望
率衆攻吐蕃新城拔之以其城爲威武軍發兵一千以鎮之其年七
月希望又從鄯州發兵奪吐蕃河橋於河左築鹽泉城吐蕃將兵三
萬人以拒官軍希望引衆擊破之因於鹽泉城置鎮西軍時王昱又
率劍南兵募攻其安戎城先於安戎城左右築兩城以爲攻拒之所
頓兵於蓬婆嶺下運劍南道資糧以守之其年九月吐蕃悉銳以救
安戎城官軍大敗兩城並爲賊所陷昱脱身走免將士已下數萬人
及軍糧資仗等並没于賊昱坐左遷括州刺史初昱之在軍謬賞其
子錢帛萬計并擅與紫袍等所費鉅萬坐是尋又重貶爲端州高要
尉而死二十七年七月吐蕃又寇白草安人等軍勑臨洮朔方等軍
分兵救援時吐蕃於中路屯兵斷臨洮軍之路白水軍守捉使高東
于拒守連旬俄而賊退蕭炅遣偏將掩其後擊破之王昱既敗之後

詔以華州刺史張宥爲益州長史劍南防禦使主客員外郎章仇兼
瓊爲益州司馬防禦副使宥既文吏素無攻戰之策兼瓊遂專其戎
事俄而兼瓊入奏盛陳攻取安戎之策上甚悦徙張宥爲光禄卿拔
兼瓊令知益州長史事代張宥節度仍爲之親畫取城之計二十八
年春兼瓊密與安戎城中吐蕃翟都局及維州別駕董承宴等通謀
都局等遂翻城歸款因引官軍入城盡殺吐蕃將士使監察御史許
遠率兵鎮守上聞之甚悦中書令李林甫等上表曰伏以吐蕃此城
正當衝要憑險自固恃以窺邊積年已來蟻聚爲患縱有百萬之衆
難以施功陛下親紆祕策不興師旅頃令中使李思敬曉諭羌族莫
不懷恩翻然改圖自相謀陷神筭運於不測睿略通於未然累載逋
誅一朝蕩滅又臣等今日奏事陛下從容問臣等曰卿等但看四夷
不久當漸摧喪德音纔降遽聞戎捷則知聖與天合應如響至前古
已來所未有也請宣示百寮編諸史策手制荅曰此城儀鳳年中羌
引吐蕃遂被固守歲月既久攻伐亦多其地險阻非力所制朝廷群

唐傳二百四十六上　十一

○議不合取之朕以小蕃無知事須處置授以奇計所以行之獲彼戎
心歸我城守有足爲慰也其年十月吐蕃又引衆寇安戎城及維州
章仇兼瓊遣禆將率衆禦之仍發關中彍騎以救援焉時屬凝寒賊
久之自引退詔改安戎城爲平戎城二十九年春金城公主薨吐蕃
來遣使告哀仍請和上不許之使到數月後始爲公主舉哀於光順
門外輟朝三日六月吐蕃四十萬衆承風堡至河源軍西長寧橋至
安仁軍渾崖峯騎將臧希液以衆五千攻而破之十二月吐蕃又襲
石堡城節度使蓋嘉運不能守玄宗憤之天寶初令皇甫惟明王忠
嗣爲隴右節度皆不能克七載以哥舒翰爲隴右節度使攻而拔之
改石堡城爲神武軍天寶十四載贊普乞黎蘇籠獵贊死大臣立其
子婆悉籠獵贊爲主復爲贊普玄宗遣京兆少尹崔光遠兼御史中
丞持節賫國信册命弔祭之及還而安禄山已竊據洛陽以河隴兵
募令哥舒翰爲將屯潼關昔秦以隴山已西爲隴西郡漢懷匈奴於
河右置姑臧張掖酒泉伊吾等郡又於磧外置西城都護控引胡國

又分隴西爲金城 西平等郡褋以氐羌居之歷代喪亂常爲賢豪所據則爲達夷侵廢迨千年矣武德初薛仁杲奄有隴上之地至於河虜李軌盡有涼州之城通於磧外貞觀中李靖破吐谷渾侯君集平高昌阿史那社爾開西域置四鎮前王之所未伏盡爲臣妾秦漢之封域得議其土境耶於是歲調山東丁男爲戍卒繒帛爲軍資有屯田以資糗糧牧使以蕃羊馬大軍萬人小軍千人烽戍邏卒萬里相繼以却於強敵隴右鄯州爲節度河西涼州爲節度安西北庭亦置節度關内則於靈州置朔方節度又有受降城單于都護庭爲之藩衛及潼關失守河洛阻兵於是盡徵河隴朔方之將鎮兵入靖國難謂之行營曩時軍營邊州無備預矣乾元之後吐蕃乘我間隙日蹙邊城或爲虜掠傷殺或轉死溝壑數年之後鳳翔之西邠州之北盡蕃戎之境堙没者數十州肅宗元年建寅月甲辰吐蕃遣使來朝請和勑宰相郭子儀蕭華張遵慶等於中書設宴將詣光宅寺爲盟誓取三牲血歃之無向佛寺之事請明日須於鴻臚寺以血以申蕃戎之

○禮從之寶應元年六月吐蕃使燭番莽耳等二人貢方物入朝乃於延英殿引見勞賜各有差而劍南西山又與吐蕃氐羌隣接武德已來開置州縣立軍防即漢之笮路乾元之後亦陷於吐蕃寶應二年三月遣左散騎常侍兼御史大夫李之芳左庶子兼御史中丞崔倫使于吐蕃至其境而留之廣德元年九月吐蕃寇陷涇州十月邠州又陷奉天縣遣中書令郭子儀西禦吐蕃以吐谷渾党項 羌之衆二十餘萬自龍光度而東郭子儀退軍車駕幸陝州京師失守降將高暉引吐蕃入上都城與吐蕃大將馬重英等立故邠王男廣武王承宏爲帝立年號大赦署置官員尋以司封崔瓌等爲相郭子儀退軍南保商州吐蕃居城十五日退官軍收上都以郭子儀爲留守初車駕東幸衣冠戚里盡南投荆襄及隱竄山谷於是六軍將士持兵剽刼所在阻絶郭子儀領部曲數百人及其妻子僕從南入牛心谷馳馬車牛數百兩子儀遲留未知所適行軍判官中書舍人王延昌監察御史李蕚謂子儀曰令公身爲元帥主上蒙塵于外家國之事一至於此今吐蕃之勢日逼豈可懷安于谷中何不南趨商州漸赴行在子儀遽從之延昌曰吐蕃知令公南行必分兵來逼若當大路事即危矣不如取玉山路而去出其不意子儀以從之延昌與李蕚皆從子儀子儀之隊千餘人山路狹隘連延百餘里人不得馳延昌與蕚恐狹徑被追前後不相救至倒迴口遂與子儀別行踰絶澗登七盤趨于商州先是六軍將張知節與麾下數百人自城奔于商州大掠避難朝官士庶及居人資財鞍馬已有日矣延昌與蕚既至說知節曰將軍身掌禁兵軍敗而不赴行在又恣其下虜掠何所歸乎令郭令公元帥也已欲至洛南將軍若整頓士卒喻以禍福請令公來撫之以圖收長安此則將軍非常之功也知節大悅其時諸軍將臧希讓高昇彭體盈李惟誥等數人各有部曲率其數十騎相次而至又從其計皆相率爲軍約不侵暴延昌留于軍中至約蕚以數騎往迎子儀去洛南十餘里及之遂與子儀迴至商州諸將大喜皆遵其約束吐蕃將入京師也前光祿卿殷仲卿逃難而出鞍馬衣服盡

○爲土賊所掠仲卿至藍田糺合散兵及諸驍勇願從者百餘人南保藍田以拒吐蕃其衆漸振至千人子儀既至商州未知仲卿之舉募人往探賊勢羽林將軍長孫全緒請行以二百騎隸之又令太子賓客第五琦攝京兆尹同收長安全緒至韓公堆晝則擊鼓廣張旗幟夜則多燃火以疑吐蕃仲卿探知官軍其勢益壯遂相爲表裏以狀聞于子儀仲卿二百餘騎遊奕直渡滻水吐蕃懼問百姓百姓皆紿之曰郭令公自商州領衆却收長安大軍不知其數賊以爲然遂抽軍而還餘衆尚在城軍將王撫及御史大夫王仲昇頓兵自苑中入椎鼓大呼仲卿之師又入城吐蕃皆奔走乃收上都郭子儀乘之鼓行入長安人心乃安吐蕃遠至鳳翔節度孫志直閉門拒之吐蕃圍守數日會鎭西節度兼御史中丞馬璘領精騎千餘自河西救楊志烈迴引兵入城遲明單騎持滿直衝賊衆左右願從者百餘騎璘奮擊大呼賊徒披靡無敢當者賊疲而歸賊衆恃其驍勇翌日又逼城請戰璘被甲開懸門賊乃抽退皆曰此將不惜死不可當且避之

又復居原會成渭之地十二月乘輿還上都二年五月放李之芳還九月叛將僕射大寧郡王僕固懷恩自靈武遣其黨范志任敷等引吐蕃吐谷渾之衆來犯王畿十月懷恩之衆至邠州挑戰節度白孝德及副元帥先鋒郭鋒因城拒之以挫其鋒賊衆遂逼奉天縣西二十里為營郭子儀屯於奉天又按軍不戰郭鋒於邠州西三十里令精騎二百五十人步卒五十人斫懷恩營破五千衆斬百千餘級生擒八十五人降其大將四人馬五百匹十一月僕固懷恩引吐蕃之衆退廣德二年河西節度楊志烈被圍守數年以孤城無援乃跳身西投甘州涼州又陷於寇永泰元年三月吐蕃請和遣宰相元載杜鴻漸等於興唐寺與之盟而罷秋九月僕固懷恩誘吐蕃迴紇之衆南犯王畿吐蕃大將尚結息贊磨尚悉東贊尚野息及馬重英率二十萬衆至奉天界邠州節度使白孝德不能禦京城戒嚴先是朔方先鋒兵馬使渾日進孫守亮屯軍於奉天以拒之於是詔追副元帥郭子儀於河中府領衆赴援屯於涇陽諸將各屯守要害初吐蕃列

營奉天渾日進單騎衝之驍騎二百人繼進衝突其營左右擊刺賊徒驚駭無不應弦而斃日進挾一蕃將躍馬而歸蕃將奮身失其撤飯一日進之衆無中鋒鏑者軍中望而益振明日吐蕃悉衆圍之日進命拋車夾石投之雜以弓弩賊死傷衆數日斂軍圍營尋又日進夜斫賊營於梁毋神下殺千餘人生擒五百人獲駝馬器械上又下詔親征括朝官馬京城置團練鎮西節度馬璘遇吐蕃遊奕四百餘人於武功東原使五十人擊而盡殺之無噍類自十七日至二十五日晚際始止議者以為天助吐蕃移營於醴泉縣九嵕山北因攻掠醴泉京城大駭人畜室大戶繫纍以出逆黨任敷以兵五千餘人犯白水縣渾日進露布而至屯於奉天馬嵬店今月十九日巳後至二十五日巳前交戰二百餘陣破吐蕃一萬餘衆斬首五千級生擒一百六十人馬一千二百四十二匹駞一百一十五頭器械幡旗共三萬餘事朝官震懼家口迴避者十室八九禁之不止自前年吐蕃犯王畿後於中渭橋鄠豐城以營兵至是功畢吐蕃退至永壽北遇迴紇之衆雖聞懷恩死皆悖其衆相誘而奔復來寇至奉天兩蕃猜貳爭長別為營壘吐蕃遊奕至黨底吐蕃又至馬嵬店因縱火焚居人廬舍而退迴紇三千騎詣涇陽降欵請擊吐蕃為効子儀許之於是朔方先鋒兵馬使開府南陽郡王白元光與迴紇合於涇陽靈臺縣東五十里攻破吐蕃斬首及生擒獲駝馬牛羊甚衆上停親征京師解嚴宰臣上表稱賀

唐書列傳卷第一百四十六上

劉　昫　等修

聞人詮校刻沈桐同校

吐蕃下

永泰二年二月命大理少卿兼御史中丞楊濟修好于吐蕃四月吐蕃遣首領論立藏等百餘人隨濟來朝且謝申好大曆二年十月靈州破吐蕃二萬餘衆生擒五百人獲馬一千五百匹十一月和蕃使檢校戶部尚書兼御史大夫薛景仙自吐蕃使還首領論泣陵隨景仙來朝景仙奏云贊普請以鳳林關爲界俄又遣使路悉等十五人來朝三年八月吐蕃十萬寇靈武大將尚書摩寇邠州邠寧節度使馬璘破二萬餘衆擒其俘以獻之九月寇靈州朔方騎將白元光破之俄又復破二萬衆於靈武獲羊馬數千計關內副元帥郭子儀於靈州破吐蕃六萬餘衆十二月以蕃寇歲犯西疆增修鎮守乃移馬璘鎮涇州仍爲涇原節度使劍南西川亦破吐蕃萬餘衆五年五月

徙置安悉拓靜恭五州于山陵要害之地以備吐蕃八年秋吐蕃六萬騎寇靈武蹂踐我禾稼而去十月寇涇邠等州郭子儀遣先鋒將渾瑊與賊戰于宜祿我師不利副將史籍等三人死之村墅居人爲驅掠者凡千餘人是夜瑊收合散卒襲賊營會馬璘亦襲其輜重凡殺數千人賊遂潰子儀大破吐蕃十餘萬衆初吐蕃犯我邠郊馬璘以精卒二千餘人潛夜掩賊營射賊豹皮將中目賊衆扶之號泣遂舉營遁去璘因收獲朔方兵徒二百餘人百姓七百餘人駞馬數百四九年四月以吐蕃侵擾預爲邊備乃降勑宜令子儀以上郡北地四塞五原義渠稽胡鮮卑雜種步馬五萬衆嚴會栒邑克壯舊軍抱玉以晉之高都韓之上黨河湟義徒汧隴少年凡三萬衆橫絕高壁斜界連營馬璘以西域前庭車師後部熱廣武之戍下蔡之徭凡三萬衆屯于洄中張大軍之援忠誠以武落別授右地奇鋒凡二萬衆出岐陽而北會希讓以三輔太常之徒六郡良家之子自渭上而西合汴宋淄青河陽幽薊總四萬衆分列前後魏成德昭義求地總六

萬衆大舒左右朕內整禁旅親誓諸將資以千金之費錫以六牧之馬其戎裝戰器軍用邊備各有司存素皆精辦咨爾將相文武宣力之臣夫師克在和善戰不陣各宜保據疆界屯據要衝斥堠惟明首尾相應若旣悔過何必勞人如或不恭自當伐罪然後春求統一以制諸軍進取之宜俟於後命十一年正月劍南節度使崔寧大破吐蕃故洪等四節度兼突厥吐渾互蠻羌党項等二十餘萬衆斬首萬餘級生擒蠟城兵馬使一千三百五十人獻于闕下牛羊及軍資器械不可勝紀十二年九月入寇坊州掠党項羊馬而去十月崔寧破吐蕃望漢城十四年八月命太常少卿韋倫持節使吐蕃統蕃俘五百人歸之十月吐蕃率南蠻衆二十萬來寇一入茂州過汶川及灌口一入扶文過方維白壩一自黎雅過邛峽關連陷郡邑乃發禁兵四千人及幽州兵五千人同討大破之建中元年四月韋倫至自大曆中聘使前後數輩皆留之不遣俘獲其人必遣中官部統徙江嶺因緣求財及給養之費不勝其弊去年冬吐蕃大興師以三道來侵

會德宗初卽位以德綏四方徵其俘囚五百餘人各給衣一襲使倫統還其國與之約和勑邊將無得侵伐吐蕃始聞歸其人不之信及蕃俘入境部落皆畏威懷惠其贊普乞立贊謂倫曰不知是來也而有三恨柰何倫曰未達所謂乞立贊曰不知大國之喪而弔不及柰一也不知山陵之期而贈不成禮二也不知皇帝舅聖明繼立已發衆軍三道連衡今靈武之師聞命輟已而山南之師已入扶文蜀師已趨灌口追且不及是三恨也及發使奉贄不二旬而復命蜀師尋復其戎俘有司請準舊事頒爲徒隸上曰要約著矣言稱二乎乃各給縑二匹衣一襲而歸之五月以韋倫爲太常卿復使吐蕃其冬遣宰相論欽明思等五十五人隨倫至且獻方物吐蕃見倫拜至甚歡旣就館聲樂以娛之留九日而還兼遣其渠帥報命二年十二月入蕃使判官常魯與吐蕃使論悉諸羅等至自蕃中初魯與其使崔漢衡至列館贊普令止之先命取國信勑旣而使謂漢衡曰來勑云所貢獻物並領訖今賜外甥少信物至領取我大蕃與唐舅甥國耳何

得以臣禮見處又所欲定界雲州之西請以賀蘭山爲界其盟約請
依景龍二年勅書云唐使到彼外甥先與盟誓蕃使到此阿舅亦親
與盟乃邀漢衡遣使奏定會使還奏焉爲改勅書以貢獻爲進以賜
爲寄以領取爲領之且謂曰前相楊炎不循故事致此誤爾其定界
盟並從之三年四月放先没蕃將士僧尼等八百人歸還報歸蕃俘
也九月和蕃使殿中少監兼御史中丞崔漢衡與蕃使區頰贊至時
吐蕃大相尚結息忍而好殺以嘗覆敗於劍南思刷其耻不肯約和
其次相尚結贊有材畧因言於贊普請定界明約以息邊人贊普然
之竟以結贊代結息爲大相終約和好期以十月十五日會盟於境
上以崔漢衡爲鴻臚卿以都官員外郎樊澤兼御史中丞充入蕃計
會使初漢衡與吐蕃約定月日盟誓漢衡到商量未决已過其期遂
命澤詣結贊復定盟會期且告遣隴右節度使張鎰與之同盟澤至
故原州與結贊相見以來年正月十五日會盟于清水西四年正月
詔張鎰與尚結贊盟於清水將盟鎰與結贊約各以二千人赴壇所

○執兵者半之列於壇外二百步散從者半之分立壇下鎰與賓佐齊
映齊抗及會盟官崔漢衡樊澤常魯于頔等七人皆朝服結贊與其
本國將相論悉頰藏論臧熱論利陁斯官者論力徐等亦七人俱升
壇爲盟初約漢以牛蕃以馬鎰耻與之盟將殺其禮乃謂結贊曰漢
非牛不田蕃非馬不行今請以羊豕犬三物代之結贊許諾塞外無
豕結贊請出羝羊鎰出犬白羊乃於壇北刑之雜血二器而歃盟文
唐有天下恢奄禹跡舟車所至莫不率俾以累聖重光歷年惟永彰
王者之丕業被四海之聲教與吐蕃贊普代爲婚姻固結隣好安危
同體甥舅之國將二百年其間或因小忿棄惠爲讐封疆騷然靡有
寧歲皇帝踐祚愍茲黎元俾釋俘隸以歸蕃落蕃國展禮同茲叶和
行人往復累布成命是必詐謀不起兵車不用矣彼猶以兩國之要
求之永久古有結盟今請用之國家務息邊人外其故地棄利蹈義
堅盟從約今國家所守界涇州西至彈箏峽西口隴州西至清水縣
鳳州西至同谷縣暨劍南西山大渡河東爲漢界蕃國守鎮在蘭渭

原會西至臨洮又東至成州抵劍南西界磨些諸蠻大渡水西南
爲蕃界其兵馬鎮守之處州縣見有居人彼此兩邊見屬漢諸蠻以
今所分見住處依前爲定其黃河以北從故新泉軍直北至大磧直
南至賀蘭山駱駝嶺爲界中間悉爲閑田盟文有所不載者蕃有兵
馬處蕃守漢有兵馬處漢守並依見守不得侵越其先未有兵馬處
不得新置并築城堡耕種今二國將相受辭而會齋戒將事告天地
山川之神惟神照臨無得愆墜其盟文藏於宗廟副在有司二國之
成其永保之結贊亦出盟文不加於坎但埋牲而已盟畢結贊請鎰
就壇之西南隅佛幄中焚香爲誓誓畢復升壇飲酒獻酬之禮各
用其物以將厚意而歸二月命崔漢衡持節答蕃遣區頰贊等歸上
初令宰相尚書與蕃相區頰贊盟於豐邑里壇所盟以清水之會不
定遂罷因留頰贊未遣復令漢衡使於贊普六月答蕃使判官于頔
與蕃使論頰没藏等至自青海七月以禮部尚書李揆加御史大夫
爲入蕃會盟使又命宰相李忠臣盧杞關播右僕射崔寧工部尚書

○喬琳御史大夫于頎太府卿張獻恭司農卿段秀實少府監李昌夔
京兆尹王翃左金吾衛將軍渾瑊等與區頰贊等會盟於壇所初于
頔至自蕃中與尚結贊約彊場既定請歸其使從之以豐邑坊盟壇
在京城之内非便請卜壇於京城之西其禮如清水之儀先盟二日
命有司告太廟監盟官致齋三日朝服陞壇關播跪讀盟文盟畢宴賜
而遣之興元元年二月以右散騎常侍兼御史大夫于頎往涇州已
來宣慰吐蕃仍與州府計會頓遞時吐蕃款塞請以兵助平國難故
遣使焉四月命太常少卿兼御史中丞沈房入蕃計會及安西北庭
宣慰使是月渾瑊與吐蕃論莽羅依衆大破朱泚將韓旻張廷芝宋
歸朝等於武功之武亭川斬首萬餘級貞元二年十命倉部郎中兼侍
御史趙聿爲入吐蕃使八月吐蕃寇涇隴邠寧數道掠人畜取禾稼
西境騷然諸道節度及軍鎮咸閉壁自守而已京師戒嚴上遣左金
吾將軍張獻甫與神策將李昇雲蘇清沔等統兵屯於咸陽召河中
節度駱元光率衆戍咸陽以援之九月以吐蕃遊騎及於好時上復

遣張獻甫等統兵屯於咸陽又詔遣左監門將軍康成使於吐蕃初吐蕃大相尚結贊累遣使請盟會定界乃命成使之至若原與結贊相見令其使論乞陁與成同來是月鳳翔節度使李晟以吐蕃侵軼遣其將王佖夜襲賊營率驍勇三千人入汧陽誡之曰賊之大衆當過城下甚無擊其首尾首尾雖敗中軍力全若合勢攻之汝必受其弊但候其前軍已過見五方旗虎豹衣則其中軍也出其不意乃是奇功佖如其言出擊之則衆果敗副將史廷王力戰死之又寇鳳翔城下李晟出兵禦之一夕而退十月李晟遣兵襲吐蕃之摧沙堡大破之焚其歸積斬蕃酋扈屈律設贊等七人傳首京師十一月吐蕃陷塩州初賊來也刺史杜彦光使以牛酒犒之吐蕃謂曰我欲州城居之聽爾率其人而去彦光乃悉衆奔鄜州十二月陷夏州刺史托拔乾暉率衆而去復據其城又寇銀州素無城壁人皆奔散三年春命檢校左庶子兼御史中丞崔澣爲入吐蕃使相次又遣左庶子李銛使之河東保寧等道節度使馬燧來朝初尚結贊既陷塩夏等州

各留千餘人守之結贊大衆屯於鳴沙自去冬及春羊馬多死糧餉不給時詔遣華州潼關節度駱元光邠寧節度韓遊瓌統衆與鳳翔鄜邠及諸道戍卒屯於塞上又命燧率師次於石州分兵隔河與元光等犄角討之結贊聞而大懼累遣使請和仍約盟會上皆不許又遣其大將論頰熱厚禮卑詞求燧請盟燧以奏焉上又不許惟促其合勢討逐燧喜賂信詐乃與頰熱俱入朝盛言其可保信許盟約上於是從之燧既赴朝也諸軍但閉壁而已結贊遽悉其衆棄夏州而歸馬既多死有徒行者乃是夏平涼之會竟渝盟馬燧亦由此失兵柄而奉朝請矣四月崔澣至自鳴沙初澣至鳴沙與尚結贊相見詢問其違約陷鹽夏州之故對曰本以定界碑被牽倒恐二國背盟相侵故造境上請修舊好又蕃軍頃年破朱泚之衆於武功未獲酬償所以來耳及徙涇州其節度使閉城自守音問莫達又徙鳳翔請通使於李令公亦不見納及遣康成王真之來皆不能達大國之命日望大臣充使兼展情禮實無至者乃引軍還及鹽夏二州之師二州

懼我之衆請以城與我求全而歸非我所攻陷也今君以國親將命若結好復盟蕃之願也盟會之期及定界之所唯命是聽君歸奏決定當以鹽夏相還也又云清水之會同盟者少是以和好輕慢不成今蕃相及元帥已下凡二十一人赴靈州節度使杜希全稟性和善外境所知請令主盟會涇州節度李觀亦請同主之又同華表上聞澣誘賂蕃中給役者求其人馬真數凡五萬九千餘人馬八萬六千餘匹可戰者僅三萬人餘悉童幼備數而已是日改崔澣爲鴻臚卿再入吐蕃令澣報尚結贊曰杜希全職在靈州不可出境李觀今已改官以侍中渾瑊充盟會使約以五月二十四日復盟於清水又令告以鹽夏二州歸于我纔就盟會上疑蕃情不實以得州爲信焉五月渾瑊以充盟會使來辭且受命以兵部尚書崔漢衡爲盟會副使司勳員外郎鄭叔矩爲判官渾瑊赴會盟所上令瑊統衆二萬餘人遣華州潼關節度駱元光赴之上令宰臣召吐蕃使論泣贊等於中書議會盟之所初崔澣與尚結贊約復會於清水且先歸我鹽夏二

州結贊云清水非吉地請會於原州之土梨樹又請盟畢歸二州澣遣使與泣贊等同奏上將務懷柔遠皆從之約以五月十五日盟于土梨樹上召宰臣謀之先是左神策將馬有麟奏土梨樹地多險隘恐蕃軍隱伏不利于我平涼川四隅坦平且近涇州就之爲便由是乃定盟所於平涼川時蕃使論泣贊已復命遽追還酷遣之渾瑊與尚結贊會於平涼初瑊與結贊約以兵三千人列於壇之東西散手四百人至壇下及將盟又約各益遊軍相覘伺結贊擁精騎數萬於壇西蕃之遊軍貫穿我師瑊之將梁奉貞率六十騎爲遊軍纔至蕃中皆被執留瑊不虞也結贊又遣人請瑊曰請侍中已下服衣冠劒珮以俟命蓋誘其下馬將刼持之瑊與崔漢衡監軍特進宋鳳朝等皆入幕次坦無他慮結贊命伐鼓三聲其衆呼譟而至瑊遽出自幕後偶得他馬跨而奔歸時馬不加銜瑊伏於鬣而手加之凡馳十餘里銜方及口故追騎之矢過而不傷焉唯瑊之裨將辛榮招合數百人據北阜與賊接戰須臾賊衆四合榮力屈而降鳳朝及瑊判官韓

弃並爲亂兵所殺漢衡及中官劉延邕俱文珍李清朝漢衡判官鄭叔矩路泌掌書記袁同直大將扶餘準馬寧及神策鳳翔河東大將孟日華李至言樂演明范澄馬弇等六十餘人皆陷焉餘將士及夫役死者四五百人驅掠者千餘人咸被解奪其衣初漢衡爲亂兵所擊其從吏呂温以身蔽之刃中温而漢衡獲免漢衡乃夷言謂執者曰我漢使崔尚書也結贊與我善如若殺我結贊亦殺汝乃捨之盡驅而西旣已面縛各以一木自領至趾約於身以毛繩三束之又以毛繩連其髮而約之夜皆踣於地以髮繩各繫一橛又以毛罽都覆之守衛者卧其上以防其亡逸也至故原州結贊坐於帳中召與相見數讓國家因怒渾瑊曰武功之捷皆我之力許以涇州靈州相報皆食其言負我深矣舉國所忿本劫是盟在擒瑊也吾遣以金飾桎梏待瑊將献贊普旣以失之虚致君等耳當遣君輩三人歸也呂温帶瘡亦至結贊嘉其義厚給賫之結贊率其衆於石門遣中官俱文珍渾瑊之將馬燧馬燧之將馬弇歸于我遂送漢衡叔矩等囚於河

。 唐傳一百四十六下　七

州辛榮扶餘準等於故廓州鄯州分囚之結贊本請杜希全李觀同盟將執二節將挫其鋭師來犯京師希全等旣不行又欲執渾瑊長驅入寇其謀也如此上遣中官王子恒賫詔書以遺結贊蕃界不納而還初瑊與駱元光將發涇州元光謂瑊曰本奉詔令營於潘原堡以應援侍中竊以潘原去盟所六十七里蕃情多詐侍中儻有急何由知之請次侍中爲營以虞其變瑊以非詔旨固止之元光與同進瑊之營西去盟所二十餘里元光之營次之其濠柵頗深固瑊之濠柵可踰越焉及瑊單騎奔歸未及其營守將李朝彩不能整衆多已奔散瑊之至空營而已器械資糧悉棄之賴元光之衆陣於營中瑊旣入賊追騎方退元光乃先遣輜重次與瑊俱申其號令嚴其部伍而還瑊復鎮于奉天六月盐夏二州吐蕃焚城門及廬舍毁城壁而歸七月詔曰乃者吐蕃犯塞毒我生靈俶擾隴東深入河曲朕以兵戈粗定傷夷未瘳務息戰伐之謀遂從通和之請亦知戎醜志在貪婪重違修睦之辭乃允尋盟之會果爲隱慝變發壝宫縱犬羊兇狡之群乘文武信誠之衆蒼黃淪陷深用惻然此皆由朕之不明致其至此旣無德於萬衆亦有愧於四方宵旰貽憂何嗟而及今兵部尚書崔漢衡等皆國之良士朝之藎臣嬰縶窮廬耽然殊域念其家室或未周於晏空録以息男庚或資於薄俸漢衡宜與一子七品官司勲員外郎鄭叔矩檢校戶部郎中路泌殿中侍御史韓弇及大將孟日華辛榮李至言范澄王良貴樂演明陽昔權交成等各與一子八品官試左金吾兵曹參軍袁同直楡次尉裴頲及副兵馬使巳下各與一子九品官仍並與正員官餘將士各與一子官仍委本使即具名銜聞奏於是遣決勝軍使唐良臣以衆六百人自成陽戍潘原堡神策副將蘇太平率其衆五百人戍隴州八月崔漢衡至自吐蕃初漢衡與同陷者並至河州尚結贊令召漢衡與神策將孟日華中官劉延邕俱至石門而遣之結贊令五十騎送至境上且賫表請進及潘原李觀使止曰有詔不許更納蕃使受其表而返其人自是吐蕃率羌渾之衆犯塞分屯於潘口及青石嶺先是吐蕃之衆自潘口東分

。 唐傳一百四十六下　八

爲三道其一趨隴州其一趨汧陽之東其一趨釣竿原是日相次屯於所趨之地連營數十里其汧陽賊營距鳳翔四十里京師震恐士庶奔駭賊遣羌渾之衆衣漢戎服僞稱邢君牙之衆奄至吳山及寶鷄北界焚燒廬舍驅掠人畜斷吳山神之首百姓丁壯者驅之以歸羸老者咸殺之或斷手鑿目棄之而去初李晟在鳳翔令伐大木塞安化峽及是賊並焚之九月詔神策軍將石季章以衆三千戍武宮召唐良臣自潘原戍百里城是月吐蕃大掠汧陽吳山華亭等界人庶男女萬餘口悉送至安化峽西將分隷羌渾等乃曰從爾輩東向哭辭鄉國衆遂大哭其時一慟而絶者數百人投崖谷死傷者千餘人聞者爲之痛心焉渾瑊遣其將任蒙王以衆三千戍好時是月吐蕃之衆復至分屯於豐義及華亭百寮入計以吐蕃圍隴州刺史韓清沔與蘇太平夜出兵伏於大像龕及夜半令城中及龕谷舉火相應賊大驚因襲其營賊乃退散時吐蕃攻陷華亭初賊之圍華亭也先絶其汲水道其守將王仙鶴及鎮兵百姓凡三千人皆在圍中使

人間道請救於隴州刺史韓清沔令蘇太平率一千五百人赴之及中路其遊騎百餘沒於賊太平素懦怯寡謀遽引衆退歸賊自是每日令遊騎千餘至隴州州兵不敢復出凡四日閫中絶水援軍不至賊又積柴城下將焚之仙鶴遂降於賊賊竝焚廬舍毀城壁虜士衆十三四收丁壯棄老而去北攻連雲堡又陷堡之三面頗峭峻唯北面連原以濠爲固賊自其北建拋樓七具擊堡中堡中唯一井投石俄而湍焉又飛梁架濠而過苦攻之堡將張明遂與其衆男女千餘口東向慟哭而降涇州之西唯有連雲堡每偵候賊之進退及是堡陷涇州不敢啓西門西門外皆爲賊境樵蘇殆絶收刈禾稼必布陣於野而收獲之穫既失時所得多空穗於是涇人有飢憂焉吐蕃驅掠連雲堡之衆及邠涇編戶逃竄山谷者并牛畜萬計悉其衆送至彈箏峽自是涇隴邠等賊之所至俘掠殆盡是秋數州人無積聚者邊將唯遣使表賀賊退而已十月吐蕃數千騎復至長武城韓全義率衆禦之韓遊瓌之將請以衆助之遊瓌不許及暮賊退全義亦引

還自是賊之騎常往來涇邠之間諸城西門莫敢啓者賊又修故原州城其大衆屯馬四年五月吐蕃三萬餘騎犯塞分入涇邠寧慶麟等州焚彭原縣廨舍所至燒廬舍人畜沒者約二三萬計凡二旬方退陳許行營將韓全義自長武城率衆抗之無功而還遊瓌素無軍政且疾不能興閉城自守莫敢禦也先是吐蕃入寇恒以秋冬及春則多遇疾疫而退是來也方盛暑而無患蓋華人陷者爲其資產質其妻子爲戎虜所將而侵軼焉九月吐蕃將尚悉董星論莽羅等寇寧州節度使張獻甫率衆禦之斬首百餘級賊轉寇鱗坊等州縱掠而去五年十月劍南節度使韋皋遣將王有道等與東蠻兩林苴那時勿鄧夢衝等師兵於故巂州臺登北谷大破吐蕃青海獵城二節度殺其大兵馬使乞藏遮遮悉多楊朱斬首二千餘級其投崖谷赴水死者不可勝數生擒籠官四十五人收獲器械一萬餘事馬牛羊一萬餘頭匹遮遮者吐蕃驍勇者也或云尚結贊之子頻爲邊患自其死也官軍所攻城柵無不降下數年間盡復巂州之境

六年吐蕃陷我北庭都護府初北庭安西既假道於迴紇朝奏因附庸焉蕃性貪狠徵求無度北庭近羌凡服用食物所資必強取之人不聊生矣又有沙陀部六千餘帳與北庭相依亦屬於迴紇迴紇肆其抄奪尤所厭苦其葛祿部及白服突厥素與迴紇通和亦憾其奪掠因吐蕃厚賂見誘遂附之於是吐蕃率葛祿白服之衆去歲各來寇北庭迴紇大相頡干迦斯率衆援之頻戰敗績吐蕃攻圍頗急北庭之人既苦迴紇是歲乃舉城降於吐蕃沙陀部落亦降焉北庭節度使楊襲古與麾下二千餘人出奔西州頡干迦斯不利而還七年秋又悉其丁壯五六萬人將復北庭仍召襲古偕行俄爲吐蕃葛祿等所擊大敗死者太半頡干迦斯紿之曰且與我同至牙帳當送君歸本朝也襲古從之及牙帳留而不遣竟殺之自是安西阻絶莫知存否唯西州之人猶固守焉頡干迦斯既敗與葛祿之衆乘勝取迴紇之浮圖川迴紇震恐悉遷西州部落羊馬於牙帳之南以避之八年四月吐蕃寇靈州掠人畜攻陷水口城進圍州城塞水口及支渠

以營田詔河東振武分兵爲援又分神策六軍之卒三千餘人戍於定遠懷遠二城上御神武樓勞遣之吐蕃引去六月吐蕃數千騎由青石嶺寇涇州掠田軍千餘人還及連雲堡守捉使唐朝臣遣兵出戰大將王進用死之九月西川節度使韋皋攻吐蕃之維州獲大將論贊熱及首領獻于京師十一月山南西道節度嚴震擊破吐蕃於芳州及黑水堡焚其積聚并獻首虜九年二月詔城鹽州是州先爲吐蕃所毀自此塞外無堡障靈武勢隔西逼鄜坊甚爲邊患故命城之二旬而畢又詔兼御史大夫紇干遂統兵五千與兼御史中丞杜彥光之衆戍之是役也上念將士之勞厚令度支供給又詔涇原劍南山南諸軍深討吐蕃以分其力由是板築之際虜無犯塞者及畢中外咸稱賀焉是月西川韋皋獻獲吐蕃首虜器械旗幟牛馬於闕下初將城鹽州上命皋出師以分吐蕃之兵皋遣大將董勔張芬出西山及南道破峨和城通鶴軍吐蕃南道元帥論莽熱率衆來援又破之殺傷數千人焚定廉故城凡平柵堡五十餘所十年南詔蠻蒙

興年尋大破吐蕃於神明使來獻捷語在南詔傳十三年八月黄少卿攻陷欽横潯貴四州吐蕃渠帥論乞髯蕩没藏悉諾律以其家屬來降明年並以為歸德將軍十二年九月吐蕃寇慶州及華池縣殺傷頗甚十三年正月邢君牙奏請於隴州西七十里築城以備西戎名永信城吐蕃贊普遣使農桑昔賞表請修和好邊將以聞上以其豺狼之性數負恩背約不受表狀任其使却歸五月十七日吐蕃於劍南山馬嶺三處開路分軍下營僅經一月進軍逼臺登城嶲州刺史曹高任率領諸軍將士并東蠻子弟合勢接戰自朝至午大破生擒大籠官七人陣上殺獲三百人餘被刀箭者不可勝紀收獲馬畜五百餘頭匹器械二千餘事十四年十月夏州節度使韓全義破吐蕃於鹽州西北十六年六月鹽州破吐蕃於烏蘭橋下十七年七月吐蕃寇鹽州又陷麟州殺刺史郭鋒毀城隍大掠居人驅党項部落而去次鹽州西九十里横槽烽頓軍呼延州僧延素輩七人稱徐舍人召其火隊吐蕃没勤遽引延素等疾趨至帳前皆馬韋梏手毛繩

唐傳一百四十六下　十一

○縲頸見一吐蕃年少身長六尺餘赤髭大目乃徐舍人也命解縛坐帳中曰師勿懼余本漢人司空英國公五代孫也屬武后斲喪王室高祖建義中泯子孫流播絶域今三代矣雖代居職位世掌兵要思本之心無涯顧血族無由自拔耳此蕃漢交境也復九十里至安樂州師無由歸東矣延素曰僧身孤親老殷祈全活悲不自勝又曰余奉命率師備邊因求資食遂涉漢疆展轉東進至麟州城既無備援兵又絶是以拔之知郭使君是勲臣子孫必將活矣不幸為亂兵所害適有飛鳥使至飛鳥猶中國驛騎也云術者上變召軍亟還遂歸之時詔韋皐分遣偏將勒步騎合二萬出城都西山南北九道並進逼棲雞老翁故維州保州松州諸城以紓北邊故也九月韋皐大破吐蕃於維州十八年正月韋皐擒吐蕃大首領衆莽熱來獻賜崇仁里宅以居之莽熱吐蕃内大相也先貞元十六年韋皐累破吐蕃二萬餘衆於黎州嶲州吐蕃遂大搜閲築壘造舟潛謀寇邊皐悉挫之於是吐蕃酋師兼監統曩貢獵城等九節度嬰籠官馬定德與其大將八十七人舉部落來降定德有計畫習知兵法及山川地形吐蕃每用兵定德常乘驛計議將稟其成筭至是自以邊功不立懼得罪而歸心焉其明年吐蕃昆明城管磨些蠻千餘戶又來降吐蕃以其衆外潰遂北寇靈朔陷麟州詔韋皐出兵成都西山以紓北邊皐遂命鎮静軍兵馬使崔堯臣率兵一千出龍溪石門路南由維州保州兵馬使仇冕兼保霸兩州刺史董振等率兵二千進逼吐蕃維州城中北路兵馬邢玼并諸州刺史董懷愕等率兵四千進攻棲鷄老翁等城都將高倜王英俊等率兵二千進逼故松州隴東路兵馬使元膺并諸將郝宗等復分兵八千出南道雅邛黎嶲等路又令邛州鎮南軍使御史大夫韋良金發鎮兵一千三百進軍維州經畧使路惟明與三部落主趙日進等率兵三千進攻逋租偏松等城黎州經畧使王有道率三部落郝金信等二千過大渡河深入吐蕃界嶲州經畧使陳孝陽與行營兵馬使何大海韋義等及磨些蠻三部落主苴那時率兵四千進攻昆明諸濟城自八月至于十二月累破

唐傳一百四十六下　十二

○十六萬衆拔其七城五軍鎮受降三千餘戶生擒六千餘人斬首一萬餘級遂圍維州救軍再至轉戰千餘里吐蕃連敗靈朔之寇引衆南下於贊普遣莽熱以内大相兼東境五道節度兵馬使都統群牧大使率雜虜十萬衆來解維州之圍王師萬餘衆據險設伏以待之先以千人挑戰莽熱見我師之少也悉衆來追入于伏中諸將四面疾擊遂擒莽熱虜衆大潰十九年五月吐蕃使論頰熱至六月以右龍武大将軍薛伾兼御史大夫使于吐蕃二十年三月上旬贊普卒廢朝三日命工部侍郎張薦弔祭之贊普以貞元十三年四月卒長子立一歲卒次子嗣立命文武三品已上官弔其使四月吐蕃使臧河南觀察使論乞冉及僧南撥特計波等五十四人來朝十二月遣使論臘熱郭志崇來朝二十一年二月順帝命左金吾衛將軍兼御史中丞田景度持節告哀于吐蕃以庫部員外郎兼御史中丞熊執易為副使七月吐蕃使論悉諾等來朝永貞元年十月贊普使論乞縷教藏來貢助德宗山陵金銀衣服牛馬等十一月以衛尉少卿兼

御史中丞侯幼平充入蕃告册立等使元和元年正月福建道送到
吐蕃生口十七人詔給遞乘放還蕃六月遣使論敎䕺來朝五年五
月遣使論思耶熱來朝并歸鄭叔矩路泌之柩及叔矩男文延等一
十三人叔矩泌平涼之盟陷焉凡二十餘年竟不屈節因没於蕃中
至是請和故歸之六月命宰相杜佑等與吐蕃使議事中書令廳且
言歸我秦原安樂州地七月遣鴻臚少卿攝御史中丞李銘爲入蕃
使册王府長史兼侍御史吴暈副之六年至十年遣使朝貢不絶十
二年四月吐蕃以贊普卒來告以右衛將軍烏重玘兼御史中丞充
弔祭使殿中侍御史段鈞副之十三年十月吐蕃圍我宥州鳳翔上
言遣使修好是月靈武於定遠城破吐蕃二萬人殺戮二千人生擒
節度副使一人判官長行三十九人獲羊馬甚衆平涼鎮遏使郝玼
破二萬餘衆收復原州城獲羊馬不知其數夏州節度田縉於靈武
亦破三千餘人十一月鹽州上言吐蕃入河曲夏破五萬餘人靈武
破長樂州州羅城焚其屋宇器械西川節度使王播攻拔峨和棲雞

等城十四年正月勑曰朕臨御萬邦推布誠信西戎納款積有歲時
中或屬遠亦嘗苞貢我有殊德寧不是思重譯貢珍道途相繼申恩
示禮曾無闕焉昨者蕃使奉章又至京輦將君長之命陳和好之誠
臨軒召見館餼加厚復以信幣諭之簡書亦既言旋繹及近甸遽聞
蟻聚來犯封陲河曲之間頗爲暴擾背惠棄約斯謂無名公議物情
咸請誅絶朕深惟德化之未被豈慮夷俗之不賓其國失信其使何
罪釋其維縶以遂性示之弘覆以忘懷予褭苟孚庶使知感其蕃使
論矩立藏等并後般來使並宜放歸本國仍委鳳翔節度使以此意
曉諭八月吐蕃營於慶州方渠大軍至河州界十月吐蕃節度論三
摩及宰相尚塔藏中書令尚綺心兒共領軍約十五萬衆圍我鹽州
數重党項首領亦發兵驅羊馬以助閲歷三旬賊以飛梯鵝車木驢
等四面齊攻城欲陷者數四刺史李文悦率兵士乘城力戰城穿壞
不可守撤屋版以禦之晝夜防拒或潛兵斫營開城出戰約殺賊萬
餘衆諸道救兵無至者凡二十七日賊乃退十五年二月以秘書少

監兼御史中丞田洎入吐蕃告哀并告册立三月攻掠我青塞堡七
月遣使來弔祭十月侵逼涇州命右軍中尉梁守謙充左右神策京
西京北行營都監統神策兵四千人并發八鎮全軍往救援以太府
少卿兼御史中丞邵同持節入吐蕃充荅請和好使貶前入吐蕃使
秘書少監田洎郴州司戶初洎入蕃爲弔祭使蕃請於長武城下會
盟洎懦怯不得還唯唯而已至是西戎入寇且曰田洎許我統兵馬
赴盟誓遂貶之戎人實以邊將擾之致忿徙假洎爲辭也涇州上言
吐蕃大將並退於是罷神策行營兵自田縉統夏州以貪很侵擾党
項告之屢引西戎犯塞及是大兵入寇邊將郝玼數襲擊蕃壘殺戮
甚衆邠州李光顔復以全師而至戎人懼而退蓋田縉始生國患而
賴光顔郝玼之驅戮也十一月夏州節度使李佑自領兵赴長澤鎮
靈武節度使李聽自領兵赴長樂州並奉詔討吐蕃也十二月吐蕃
千餘人圍烏白池長慶元年六月犯青塞堡以我與迴紇和親故也
鹽州刺史李文悦發兵進擊之九月吐蕃遣使請盟上許之宰相欵

重其事請告太廟太常禮院奏曰謹按肅宗代宗故事與吐蕃會盟
並不告廟唯德宗建中末與吐蕃會盟於延平門欲重其誠信特令
告廟至貞元三年會於平涼亦無告廟之文伏以事出一時又非經
制求之典禮亦無其文今謹參[illegible]恐不合告從之乃命大理卿兼御
史大夫劉元鼎充西蕃盟會使以兵部郎中兼御史中丞劉師老爲
副尚舍奉御兼監察御史李武京兆府奉先縣丞兼監察御史李公
度爲判官十月十日與吐蕃使盟宰臣及右僕射六曹尚書中執法
太常司農卿京兆尹金吾大將軍皆預焉其詞曰維唐承天撫有八
紘聲教所臻靡不來廷兢業胥粟懼其隕顛纘武紹文疊慶重光克
彰濬哲罔忝洪緒十有二葉二百有四載則我太祖權明號而建不
拔鋪鴻名而垂永久類上帝以荅嘉應享皇靈以酬景福曷有怠已
越歲在癸丑冬十月癸酉文武孝德皇帝詔丞相臣植臣播臣元穎
等與大將和蕃使禮部尚書訥羅論等會盟于京師壇于城之西郊
坎于壇北凡讀誓刑牲加書復壞陟降周旋之禮動無違者盖所以

偃兵息人崇姻継好懋建遠畧規恢長利故也原夫昊穹上臨黄祇
下載茫茫蠢蠢之類必資官司爲厥宰臣苟無統紀則相滅絶中夏
見管維唐是君西裔一方大蕃為主自今而後屏去兵革宿忿舊悪
廓焉消除追崇舅甥曩昔結援邊堠撤警戍烽韜煙患難相恤暴掠
不作亭障甌脫絶其交侵襟帶要害謹守如故彼無此詐此無彼虞
嗚呼愛人爲仁保境為信畏天爲智事神為禮有一不至搆災于躬
塞山崇崇河水湯湯日吉辰良奠其兩疆西為大蕃東實巨唐大臣
執簡播告秋方大蕃贊普及宰相鉢闡布尚綺心兒等先寄盟文要
節云蕃漢二邦各守見管本界彼此不得征不得討不得相爲寇讐
不得侵謀境土若有所疑或要捉生問事便給衣糧放還今並依從
更無添改預盟之官十七人皆列名焉其劉元鼎等與論訥羅同赴
吐蕃本國就盟仍勑元鼎到彼令宰相已下各於盟文後自書名靈
武節度使李進誠於太谷山下破吐蕃三千騎二年二月遣使來請
定界六月復遣使來朝鹽州奏吐蕃千餘人入靈武界遣兵逐便邀

截又言擒得嗢党項送書信吐蕃一百五十人是月劉元鼎自吐蕃
使迴奏云去四月二十四日到吐蕃牙帳以五月六日會盟訖初元
鼎往來蕃中並路經河州見其都元帥尚書令尚綺心兒云迴紇小
國也我以丙申年踰磧討逐去其城郭二百日程計到即破滅矣會
我聞本國有喪而還迴紇之弱如此而唐國待之厚於我何哉元鼎
云迴紇於國家有救難之勳而又不曾侵奪分寸土地豈得不厚乎
是時元鼎往來渡黄河上流在洪濟橋西南二千餘里其水極為淺
狹春可揭涉秋夏則以船渡其南三百餘里有三山山形如鏊河源
在其間水甚清冷流經歷水色遂赤續為諸水所注漸既黄濁又其
源西去蕃之列館約四驛每驛約二百餘里東北去莫賀延磧尾濶
五十里向南漸狹小北自沙州之西乃南入吐渾國至北轉微故號
磧尾計其地理當劔南之直西元鼎初見贊普於悶懼盧川蓋贊普
夏衙之所其川在邏娑川南百里臧河之所流也時吐蕃遣使論悉
諾息等隨元鼎來謝命太僕少卿杜載使以荅之三年正月遣使論
荅熱來朝賀四年九月遣使求五臺山圖十月貢犛牛及銀鑄成犀
牛羊鹿各一寶曆元年三月遣使尚綺立熱來朝且請和好九月遣
光祿卿李鋭為使以荅之大和五年至八年遣使朝貢不絶我亦時
遣使報之開成元年二年皆遣使來會昌二年贊普卒十二月遣論
贊等來告哀詔以將作少監李璟弔祭之大中三年春宰相尚恐熱
東道節度使以秦原安樂等三州并石門木硤等七關欵塞涇原節
度使康季榮以聞命太僕卿陸耽往勞焉其年七月河隴耆老率長
幼千餘人赴闕上御延喜樓觀之莫不歡呼抃舞更相解辮争冠帶
于康衢然後命善地以處之觀者咸稱萬歳

史臣曰戎狄之爲患也久矣自秦漢已還載籍大備可得而詳也但
世罕小康君無常聖我衰則彼盛我盛則彼衰盛則侵我郊圻衰則
服我聲教懷柔之道備預之方儒臣多議於親和武將唯期於戰勝
此其大較也彼吐蕃者西陲開國積有歳年蠶食隣蕃以恢土宇高
宗朝地方萬里與我抗衡近代已來莫之與盛至如式遏邊境命制

出師一彼一此或勝或負可謂勞矣迨至幽陵盜起乘輿播遷戍卒
咸歸河湟失守此又天假之也自兹寖逼京邑時縱寇掠雖每遣行
人來修舊好玉帛纔至於上國烽燧已及於近郊背惠食言不顧禮
義即可知也夫要以神明貴其誠信平涼之會喬其詐謀此又不可
以忠信而御也孔子曰夷狄之有君不如諸夏之亡也誠哉是言

贊曰西戎之地吐蕃是強蠶食隣國鷹揚漢疆乍叛乍服或弛或張
禮義雖攝其心豺狼

唐書列傳一百四十六

唐書列傳卷第一百四十七

劉　昫　等修

聞人詮校刻沈桐同校

南蠻　西南蠻

林邑　婆利　盤盤
真臘　陁洹　訶陵
墮和羅　墮婆登　東謝蠻
西趙蠻　牂牁蠻　南平獠
東女國　南詔蠻　驃國

林邑國漢日南象林之地在交州南千餘里其國延袤數千里北與驩州接地氣冬溫不識氷雪常多霧雨其王所居城立木爲柵王著白氎古貝斜絡膊繞腰上加真珠金鎖以爲瓔珞卷髮而戴花夫人服朝霞古貝以爲短裙首戴金花身飾以金鎖真珠瓔珞王之侍衛有兵五千人能用弩及稍以藤爲甲以竹爲弓乘象而戰王出則列象千頭馬四百匹分爲前後其人拳髮色黑俗皆徒跣得麝香以塗身一日之中再塗再洗拜謁皆合掌頓顙嫁娶之法得取同姓俗有文字尤信佛法人多出家父母死子則剔髮而哭以棺盛屍積柴燔柩收其灰藏於金瓶送之水中俗以二月爲歲首稻歲再熟自此以南草木冬榮四時皆食生菜以檳榔汁爲酒有結遼鳥能解人語武德六年其王梵志遣使來朝八年又遣使獻方物高祖爲設九部樂以宴之及賜其王錦綵貞觀初遣使貢馴犀四年其王范頭黎遣使獻火珠大如雞卵圓白皎潔光照數尺狀如水精正午向日以艾蒸之即火燃五年又獻五色鸚鵡太宗異之詔太子右庶子李百藥爲之賦又獻白鸚鵡精識辯慧善於應答太宗憫之並付其使令放還於林藪自此朝貢不絕頭黎死子范鎮龍代立太宗崩詔於陵所刊石圖頭黎之形列於玄闕之前十九年鎮龍爲其臣摩訶漫多伽獨所殺其宗族並誅夷范氏遂絕國人乃立頭黎之女壻婆羅門爲王後大臣及國人感思舊主乃廢婆羅門而立頭黎之嫡女爲王自林邑

已南皆卷髮黑身通號爲崑崙

婆利國在林邑東南海中洲上其地延袤數千里自交州南渡海經林邑扶南赤土丹丹數國乃至焉其人皆黑色穿耳附璫王姓刹利耶伽名護路那婆世有其位王戴花形如皮弁裝以真珠瓔珞身坐金牀侍女有金花寶鏤之飾或持白拂孔雀扇行則駕象鳴金擊鼓吹蠡爲樂男子皆拳髮被古貝布橫幅以繞腰風氣暑熱恒如中國之盛夏穀一歲再熟有古貝草緝其花以作布麤者名古貝細者名白氎貞觀四年其王遣使隨林邑使獻方物

盤盤國在林邑西南海曲中北與林邑隔小海自交州船行四十日乃至其國與狼牙修國爲隣人皆學婆羅門書甚敬佛法貞觀九年遣使來朝貢方物

真臘國在林邑西北本扶南之屬國崑崙之類在京師南二萬七百里北至愛州六十日行其王姓刹利氏有大城三十餘所王都伊奢那城風俗被服與林邑同地饒瘴癘毒海中大魚有時半出望之如山每五六月中毒風氣流行即以牛豕祠之不者則五穀不登其俗東向開戶以東爲上有戰象五千頭尤好者飼以飯肉與鄰國戰則象隊在前於背上以木作樓上有四人皆持弓箭國尚佛道及天神天神爲大佛道次之武德六年遣使貢方物貞觀二年又與林邑國俱來朝獻太宗嘉其陸海疲勞錫賚甚厚南方人謂真臘國爲吉蔑國自神龍已後真臘分爲二半以南近海多陂澤處謂之水真臘半以北多山阜謂之陸真臘亦謂之文單國高宗則天玄宗朝並遣使朝貢

水真臘國其境東西南北約員八百里東至奔陀浪州西至墮羅鉢底國南至小海北即陸真臘其王所居城號婆羅提拔國之東界有小城皆謂之國其國多象元和八年遣李摩那等來朝

陁洹國在林邑西南大海中東南與墮和羅接去交阯三月餘日行賓服於墮和羅其王姓察失利字婆未婆那土無蠶桑以白氎朝霞布爲衣俗皆樓居謂之干欄貞觀十八年遣使來朝二十一年又遣使獻白鸚鵡及婆律膏仍請馬及銅鐘詔並給之

訶陵國在南方海中洲上居東與婆利西與墮婆登北與真臘接南臨大海豎木爲城作大屋重閣以棕櫚皮覆之王坐其中悉用象牙爲牀食不用匙筯以手而撮亦有文字頗識星曆俗以椰樹花爲酒其樹生花長三尺餘大如人膊割之取汁以成酒味甘飲之亦醉貞觀十四年遣使來朝大曆三年四月皆遣使朝貢元和十年遣使獻僧祇僮五人鸚鵡頻伽鳥并異種名寶以其使李訶內爲果毅訶內請迴授其弟詔褒而從之十三年遣使進僧祇女二人鸚鵡玳瑁及生犀等

墮和羅國南與盤盤北與迦羅舍佛東與真臘接西隣大海去廣州五月日行貞觀十二年其王遣使貢方物二十三年又遣使獻象牙大珠請賜好馬詔許之

墮婆登國在林邑南海行二月東與訶陵西與迷黎車接北界大海風俗與訶陵略同其國種稻每月一熟亦有文字書之於貝多葉其死者口實以金又以金釧貫於四支然後加以婆律膏及龍腦等香

○

舊傳一百四十七　三

積薪以燔之貞觀二十一年其王遣使獻古貝象牙白檀太宗璽書報之并賜以雜物

東謝蠻其地在黔州之西數百里南接守宮獠西連夷子北至蠻土宜五穀不以牛耕但爲畬田每歲易俗無文字刻木爲契散在山洞間依樹爲層巢而居汲流以飲皆自營生業無賦稅之事謁見貴人皆執鞭而拜有功勞者以牛馬銅鼓賞之有犯罪者小事杖罰之大事殺之盜物倍還其贓婚姻之禮以牛酒爲聘女歸夫家皆母自送之女夫慙逃避經旬乃出讌聚則擊銅鼓吹大角歌舞以爲樂好帶刀劍未嘗捨離丈夫衣服有衫襖大口袴以綿紬及布爲之右肩上斜束皮帶裝以螺蚌虎豹猨狖及犬羊之皮以爲外飾坐皆蹲踞男女椎髻以緋束之後垂向下其首領謝元深既世爲酋長其部落皆尊畏之謝氏一族法不育女自云高姓不可下嫁故也貞觀三年元深入朝冠烏熊皮若今之髦頭以金銀絡額身披毛帔爲皮行縢而著履中書侍郎顏師古奏言昔周武王時天下太平遠國歸款周史乃書其事爲王會篇今萬國來朝至如此輩章服實可圖寫今請撰爲王會圖從之以其地爲應州仍拜元深爲刺史領黔州都督府又有南謝首領謝強與西謝隣共元深俱來朝見爲南壽州刺史後改爲莊州貞元十三年正月西南蕃大酋長正議大夫檢校蠻州長史繼襲蠻州刺史資陽郡開國公賜紫金魚袋宋鼎左右大首領朝散大夫前檢校邛州刺史賜紫金魚袋謝汕左右大首領繼襲攝蠻州巴江縣令賜紫金魚袋宋萬傳界首子弟大首領朝散大夫牂州錄事參軍謝文經黔中經畧招討觀察使王礎奏前件刺史建中三年一度朝貢自後更不許隨例入朝今年懇訴稱州接牂牁同被聲教獨此排擯竊自慙恥謹遣隨牂牁等朝賀伏乞特賜優諭兼同牂牁刺史授官其牂牁兩州戶口殷盛人力強大隣側諸蕃悉皆敬憚請比兩州每三年一度朝貢仍依牂牁輪環差定并以才幹位望爲衆推者充勅旨曰宋鼎等已改官訖餘依舊

西趙蠻在東謝之南其界東至夷子西至昆明南至西洱河山洞阻

○

舊傳一百四十七　四

深莫知道里南北十八日行東西二十三日行其風俗物產與東謝同首領趙氏世爲酋長有戶萬餘貞觀三年遣使入朝二十一年以其地置明州以首領趙磨爲刺史

牂牁蠻首領亦姓謝氏其地北去充州一百五十里東至辰州二千四百里南至交州一千五百里西至昆明九百里無城壁散爲部落而居土氣鬱熱多霖雨稻粟再熟無徭役唯征戰之時乃相屯聚刻木爲契其法劫盜者二倍還贓殺人者出牛馬三十頭乃得贖死以納死家風俗物產畧與東謝同其首領謝龍羽大業末據其地勝兵數萬人武德三年遣使朝貢授龍羽牂州刺史封夜郎郡公貞觀四年十二月遣使朝貢開元十年閏五月大酋長謝元齊死詔立其嫡孫嘉藝襲其官封二十五年大酋長趙君道來朝且獻方物大曆中貞元初數遣使朝貢七年二月授其酋長趙主俗官以其歲初朝貢不絕褒之也自七年至十八年凡五遣使來元和三年五月勅自今巳後委黔南觀察使差本道軍將充押領牂牁昆明等使四年正月

遣使來朝是月遣中使魏德和領其使并賫國信物降璽書賜其王
焉七年九年十一年凡三遣使來其年十二月又遣使來賀正長慶
中亦朝貢不絶寶曆元年十二月遣使謝良震來朝大和五年至會
昌二年凡七遣使來

南平獠者東與智州南與渝州西與涪州接部落四千餘戶土氣多
瘴癘山有毒草及沙虱蝮蛇人並樓居登梯而上號爲干欄男子左
衽露髮徒跣婦人橫布兩幅穿中而貫其首名爲通裙其人美髮爲
髽髻垂於後以竹筒如筆長三四寸斜貫其耳貴者亦有珠璫土多
女少男爲婚之法女氏必先貨求男族貧人無以嫁女多賣與富人
爲婢俗皆婦人執役其王姓朱氏號爲劒荔王遣使內附以其地隸
于渝州

東女國西羌之別種以西海中復有女國故稱東女焉俗以女爲王
東與茂州党項接東南與雅州接界隔羅女蠻及白狼夷其境東西
九日行南北二十日行有大小八十餘城其王所居名康延川中有

弱水南流用牛皮爲船以渡戶四萬餘衆勝兵萬餘人散在山谷間
女王號爲賓就有女官曰高霸平議國事在外官僚並男夫爲之其
王侍女數百人五日一聽政女王若死國中多斂金錢動至數萬更
於王族求令女二人而立之大者爲王其次爲小王若大王死即小
王嗣立或姑死而婦繼無有篡奪其所居皆起重　屋王至九層國
人至六層其王服青毛綾裙下領衫上披青袍其袖委地冬則羔裘
飾以紋錦爲小鬟髻飾之以金耳垂璫足履鞣䩞俗重婦人而輕丈
夫文字同於天竺以十一月爲正其俗每至十月令巫者齎楮詣山
中散糟麥於空大呪呼鳥俄而有鳥如鷄飛入巫者之懷因剖腹而
視之每有一穀來歲必登若有霜雪必多災異其俗信之名爲鳥卜
其居喪服飾不改爲父母則三年不櫛沐貴人死者或剝其皮而藏
之內骨於瓶中糅以金屑而埋之國王將葬其大臣親屬殉死者數
十人隋大業中蜀王秀遣使招之拒而不受武德中女王湯滂氏始
遣使貢方物高祖厚資而遣之還至隴右會突厥入寇被掠於虜庭

及頡利平其使復來入朝太宗送令反國并降璽書慰撫之垂拱二
年其王歛臂遣大臣湯劍左來朝仍請官號則天冊拜歛臂爲左玉
鈐衛員外將軍仍以瑞錦製蕃服以賜之天授三年其王俄琰兒來
朝萬歲通天元年遣使來朝開元二十九年十二月其王趙曳夫遣
子獻方物天寶元年命有司宴於曲江令宰臣已下同宴又封曳夫
爲歸昌王授左金吾衛大將軍賜其子帛八十匹放還後復以男子
爲王貞元九年七月其王湯立悉與哥鄰國王董臥庭白狗國王羅
陀忽逋租國王弟鄧吉知南水國王姪薛尚悉曩弱水國王董辟和
悉董國王湯息贊清遠國王蘇唐磨咄霸國王董藐蓬各率其種落
詣劒南西川內附其哥鄰國等皆散居山川弱水王即國初女國之
弱水部落其悉董國在弱水西故亦謂之弱水西悉董王舊皆分隸
邊郡祖父例授將軍中郎果毅等官自中原多故皆爲吐蕃所役屬
其部落大者不過三二千戶各置縣令十數人理之土有絲絮歲輸
於吐蕃至是悉與之同盟相率獻款兼賫天寶中國家所賜官誥共

三十九通以進西川節度使韋皐處其衆於維霸保等州給以種糧
耕牛咸樂生業立悉等數國王自來朝召見於麟德殿授立悉銀青
光祿大夫歸化州刺史鄧吉知試太府少卿兼丹州長史薛尚悉曩
試少府少監兼霸州長史董臥庭行至綿州卒贈武德州刺史命其
子利囉爲保寧都督府長史襲哥鄰王立悉妹乞悉漫頗有才智從
其兄來朝封和義郡夫人其大首領董卧卿等皆授以官俄又授女
國王兄湯厥銀青光祿大夫試太府卿清遠王弟蘇歷顛銀青光祿
大夫試衞尉卿南國王薛莫庭及湯息贊董藐蓬女國唱後湯佛庭
美王鉢南郎唐並授銀青光祿大夫試太僕卿其年西山松州先生
等二萬餘戶相繼內附其黏信部落主董夢葱龍諸部落主董辟忽
皆授試衞尉卿立悉等並赴明年元會訖錫以金帛各遣還尋詔加
韋皐統押近界羌蠻及西山八國使其部落代襲刺史等官然亦潛
通吐蕃故謂之兩面羌

南詔蠻本烏蠻之別種也姓蒙氏蠻謂王爲詔自言哀牢之後代居

蒙舍州爲渠帥在漢永昌故郡東姚州之西其先渠帥有六自號六詔兵力相埒各有君長無統帥蜀時爲諸葛亮所征皆臣服之國初有蒙舍龍生迦獨龐迦獨生細奴邏高宗時來朝細奴邏生邏盛武后時來朝其妻方娠邏盛次姚州聞妻生子曰吾且有子死於唐地足矣子名曰盛邏皮邏盛至京師賜錦袍金帶歸國開元初邏盛死子盛邏皮立盛邏皮死子皮邏閣立二十六年詔授特進封越國公賜名曰歸義其後破洱河蠻以功策授雲南王歸義漸強盛餘五詔浸弱先是劍南節度使王昱受歸義賂奏六詔合爲一詔歸義既併五詔服群蠻破吐蕃之衆兵日以驕大每入覲朝廷亦加禮異二十七年徙居大和城天寶四載歸義遣孫鳳迦異來朝授鴻臚卿歸國恩賜甚厚歸義意望亦高時劍南節度使章仇兼瓊遣使至雲南與歸義言語不相得歸義常銜之七年歸義卒詔立子閣羅鳳襲雲南王無何鮮于仲通爲劍南節度使張虔陁爲雲南太守仲通褊急寡謀虔陁矯詐待之不以禮舊事南詔常與其妻子謁見都督虔陁皆

私之有所徵求閣羅鳳多不應虔陁遣人罵辱之仍密奏其罪惡閣羅鳳忿怨因發兵反攻圍虔陁殺之時天寶九年也明年仲通率兵出戎嶲州閣羅鳳遣使謝罪仍與雲南錄事參軍姜如芝俱來請還其所虜掠且言吐蕃大兵壓境若不許當歸命吐蕃雲南之地非唐所有也仲通不許因其使進軍逼大和城爲南詔所敗自是閣羅鳳北臣吐蕃吐蕃令閣羅鳳爲贊普鍾號曰東帝給以金印蠻謂弟爲鍾時天寶十一年也十二年劍南節度使楊國忠執國政仍奏徵天下兵俾留後侍御史李宓將十餘萬輦餉者在外涉海瘴死者相屬於路天下始騷然苦之宓復敗於大和城北死者十八九會安祿山反閣羅鳳乘釁攻陷嶲州及會同軍西復尋傳蠻大曆十四年閣羅鳳子迦異先閣羅鳳死立迦異子是爲異牟尋頗知書有才智善撫其衆吐蕃役賦南蠻重數又奪諸蠻險地立城堡歲徵兵以助鎮防牟尋益厭苦之有鄭回者本相州人天寶中舉明經授嶲州西瀘縣令嶲州陷爲所虜閣羅鳳以回有儒學更名曰蠻利甚愛重之命教

鳳迦異及異牟尋立又令教其子尋夢湊回久爲蠻師凡授學雖牟尋夢湊回得箠撻故牟尋以下皆嚴憚之蠻謂相爲清平官凡置六人牟尋以回爲清平官事皆咨之秉政用事餘清平官五人事回卑謹或有過回輒撻之回嘗言於牟尋曰自昔南詔嘗款附中國中國尚禮義以惠養爲務無所求取今棄蕃歸唐無遠戍之勞重稅之困利莫大焉牟尋善其言謀內附者十餘年矣會劍南西川節度使韋皋招撫諸蠻苴烏星虜望等歸化微聞牟尋之意因令蠻寓書於牟尋且招懷之時貞元四年也七年又遣間使持書諭之道出磨些蠻其魁主潛告吐蕃使至雲南吐蕃已知之令詰牟尋牟尋懼因紿吐蕃曰唐使本蠻也韋皋許其求歸無他謀遂執送吐蕃吐蕃益疑之多召南詔大臣之子爲質牟尋愈怨九年四月牟尋乃與酋長定計遣使趙莫羅眉由兩川楊大和堅由黔中或由安南使凡三輩致書於韋皋各齎生金丹砂爲贄三分前皋所與牟尋書各持其一爲信歲中三使皆至京師且曰牟尋請歸大國永爲藩國所獻生金以喻向北

之意如金也丹砂示其赤心耳上嘉之乃賜牟尋詔書因命韋皋遣使以觀其情皋遂命巡官崔佐時至牟尋所都陽苴咩城南去太和城十餘里東北至成都二千四百里東至安南如至成都通水陸行是時也吐蕃使數百人先佐時在南詔牟尋悉召諸種落與議歸化或未畢至未敢公言密令佐時稱牂牁使衣以牂牁服而入佐時不肯曰我大唐使安得服小夷之服牟尋不得已乃夜迎佐時設位陳燈燭佐時乃大宣詔書牟尋恐吐蕃知顧左右無色而業已歸唐久矣歔欷流涕皆俯伏受命其明年正月異牟尋使其子閣勸及清平官等與佐時盟於點蒼山神祠盟書一藏於神室一沉於西洱河一置祖廟一以進天子閣勸即尋夢湊也鄭回見佐時多所指導故佐時探得其情乃請牟尋斬吐蕃使數人以示歸唐又得其吐蕃所與金印牟尋尋遣佐時歸仍刻金契以獻閣勸賦詩以餞之牟尋乃去吐蕃所立帝號私於佐時請復南詔舊名佐時與盟訖留二旬有六日而歸初吐蕃因爭北庭與迴鶻大戰死傷頗衆乃徵兵於牟尋須

萬人牟尋既定計歸我欲因徵兵以襲之乃示寡弱謂吐蕃曰蠻軍素少僅可發三千人吐蕃少之請益至五千乃許牟尋遽遣兵五千人戍吐蕃乃自將數萬踵其後晝夜兼行乘其無備大破吐蕃於神川遂斷鐵橋遣使告捷且請韋皐使閱其所虜獲及城堡以取信焉時常皐上言牟尋收鐵橋已來城壘一十六擒其王五人降其衆十餘萬以祠部郎中兼御史中丞袁滋持節冊南詔仍賜牟尋印鏤用黃金以銀爲窠文曰貞元冊南詔印先是常皐奏南詔前遣清平官尹仇寬獻所受吐蕃印五二用黃金今賜請以黃金從蠻夷所重傳示無窮從皐之請也十年八月遣使蒙湊羅棟及尹仇寬來獻鐸槊浪人劍及吐蕃印八紐湊羅棟牟尋之弟也錫賚甚厚以尹仇寬爲檢校左散騎常侍餘各授官有差俄又封尹仇寬爲高溪郡王十一年三月遣清平官尹輔酋隨袁滋來朝又得先沒蕃將衛景昇韓演等并南詔所獲吐蕃將帥俘馘百人至京師奏羅棟歸國在道而卒贈右散騎常侍授尹輔酋檢校太子詹事兼御史中丞餘亦差次授

○官又降勑書賜異牟尋及子閤勸清平官鄭回尹仇寬等各一書書左列中書三官宣奉行復舊制也九月異牟尋遣使獻馬六十匹十二年常皐於雅州會野路招收得投降蠻首領高萬唐等六十九人戶約七千兼萬唐等先授吐蕃金字告身五十片十四年異牟尋遣酋望大將軍王丘各等賀正兼獻方物十九年正月旦上御含元殿受南詔朝賀以其使楊鎮龍武爲試太僕少卿授黎州廓清道蠻首領襲恭化郡王劉志寧試太常卿二十年南詔遣使朝貢元和二年八月遣使鄧傍傳來朝授試殿中監三年十二月以異牟尋卒廢朝三日四年正月以太常少卿武少儀充弔祭使仍冊牟尋之子驃信苴蒙閣勸爲南詔仍命鑄元和冊南詔印七年十月皆遣使朝貢十一年五月以龍蒙盛卒廢朝三日遣使來請冊立其君長以少府少監李銑充冊立弔祭使左贊善大夫許堯佐副之十二年至十五年比年遣使來朝或年內二三至者寶曆二年大和元年亦遣使來三年杜元穎鎮西川以文儒自高不練戎事南蠻乘我無備大舉諸部入寇牧守屢陳亦不之信十一月蜀川出軍與戰不利陷我邛州逼成都府入梓州西郭驅刼玉帛子女而去上聞之大怒再貶元穎爲循州司馬明年正月其王蒙嵯顛以表自陳請罪兼疏元穎過失國家方事柔遠尋釋其罪後遣使來朝五年八年亦遣使來貢方物開成四年五年會昌二年皆遣使來朝

驃國在永昌故郡南二千餘里去上都一萬四千里其國境東西三千里南北三千五百里東隣真臘國西接東天竺國南盡溟海北通南詔些樂城界東北拒陽苴咩城六千八百里往來通聘迦羅婆提等二十國役屬者道林王等九城食境土者羅君潛等二百九十部落其王姓困沒長名摩羅惹其國相名摩訶思那其王近適則昇以金繩牀遠適則乘象嬪妹甚衆常數百人其羅城構以塼甃周一百六十里壕岸亦構塼相傳本是舍利佛城城內有居人數萬家佛寺百餘區其堂宇皆錯以金銀塗以丹彩地以紫鑛覆以錦罽其俗好生惡殺其土宜菽粟稻粱無麻麥其理無刑名桎梏之具犯罪者以

○竹五十本東之復犯者撻其背數止五輕者止三殺人者戮之男女七歲則落髮止寺舍依桑門至二十不悟佛理乃復長髮爲居人其衣服悉以白氎爲朝霞繞腰而已不衣繒帛云出於蠶爲其傷生故也君臣父子長幼有序華言謂之驃自謂突羅成闍婆人謂之徒里掘古未嘗通中國貞元中其王聞南詔異牟尋歸附心慕之八年乃遣其弟悉利移因南詔重譯來朝又獻其國樂凡十曲與樂工三十五人俱樂曲皆演釋氏經論之詞意尋以悉利移爲試太僕卿

史臣曰禹畫九州周分六服斷長補短止方七千國賦之所均王教之所備此謂華夏者也以圓蓋方輿之廣廣谷大川之多民生其間胡可勝道此謂蕃國者也西南之蠻夷不少矣雖言語不通嗜欲不同亦能候律瞻風遠脩職貢但患已之不德不患人之不來何以驗之貞觀開元之盛來朝者多也

贊曰五方異氣所稟不同維南極海曰蠻與戎惡我則叛好我則通不可不德使其瞻風

唐書列傳卷第一百四十七

唐書列傳卷第一百四十八

劉　昫　等修
聞人銓校刻沈桐同校

西戎

泥婆羅國在吐蕃西其俗翦髮與眉齊穿耳揎以竹筩牛角綴至肩者以為姣麗食用手無匕箸其器皆銅多商賈少田作以銅為錢面文為人背文為馬牛不穿孔衣服以一幅布蔽身日數盥浴以板為屋壁皆雕畫俗重博戲好吹蠡擊鼓頗解推測盈虛兼通曆術事五天神鐫石為像每日清水浴神烹羊而祭其王那陵提婆身著真珠玻瓈車渠珊瑚琥珀瓔珞耳垂金鉤玉璫佩寶裝伏突坐獅子牀其堂內散花香大臣及諸左右並坐於地持兵數百列侍其側宮中有七層之樓覆以銅瓦欄檻楹栱皆飾珠寶樓之四角各懸銅槽下有金龍激水上樓注於槽中從龍口而出狀若飛泉那陵提婆之父為其叔父所篡那陵提婆逃難於外吐蕃因而納焉克復其位遂羈屬吐蕃貞觀中衛尉丞李義表往使天竺塗經其國那陵提婆見之大喜與義表同出觀阿耆婆沴池周迴二十餘步水恒沸雖流潦暴集爍石焦金未嘗增減以物投之即生烟焰懸釜而炊須臾而熟其後王玄策為天竺所掠泥婆羅發騎與吐蕃共破天竺有功永徽二年其王尸利那連陀羅又遣使朝貢

党項羌在古析支之地漢西羌之別種也魏晉之後西羌微弱或臣中國或竄山野自周氏滅宕昌鄧至之後党項始強其界東至松州西接葉護南雜舂桑迷桑等羌北連吐谷渾處山谷間亘三千里其種每姓別自為部落一姓之中復分為小部落大者萬餘騎小者數

千騎不相統一有細封氏費聽氏往利氏頗超氏野辭氏房當氏米擒氏拓拔氏最爲強族俗皆土著居有棟宇其屋織犛牛尾及羊毛覆之每年一易俗尚武無法令賦役其人多壽年一百五十六歲不事產業好爲盜竊互相凌刼尤重復讐讐人未得必蓬頭垢面跣足蔬食要斬讐人而後復常男女並衣裘褐仍披大氈畜犛牛馬驢羊以供其食不知稼穡土無五穀氣候多風寒五月草始生八月霜雪降求大麥於他界醞以爲酒妻其庶母及伯叔母嫂子弟之婦淫穢烝褻諸夷中最爲甚然不婚同姓老死者以爲盡天年親戚不哭少死者則云天枉乃悲哭之死則焚屍名爲火葬無文字但候草木以記歲時三年一相聚殺牛羊以祭天自周及隋或叛或朝常爲邊患貞觀三年南會州都督鄭元璹遣使招諭其酋長細封步賴舉部內附太宗降璽書慰撫之步賴因來朝宴賜甚厚列其地爲軌州拜步賴爲刺史仍請率所部討吐谷渾其後諸姓酋長相次率部落皆來內屬請同編戶太宗厚加撫慰列其地爲崌奉巖遠四州各拜其

首領爲刺史有羌酋拓拔赤辭者初臣屬吐谷渾甚爲渾主伏允所暱與之結婚及貞觀初諸羌歸附而赤辭不至李靖之擊吐谷渾赤辭屯狼道坂以抗官軍廓州刺史久且洛生遣使諭以禍福赤辭曰我被渾主親戚之恩腹心相寄生死不貳焉知其他汝可速去無令汚我刀也洛生知其不悟於是率輕騎襲之擊破赤辭於肅遠山斬首數百級虜雜畜六千而還太宗又令岷州都督李道彥說諭之赤辭從子思頭密送誠款其黨拓拔細豆又以所部來降赤辭見其宗黨離始有歸化之意後岷州都督劉師立復遣人招誘於是與思頭並率衆內屬拜赤辭爲西戎州都督賜姓李氏自此職貢不絕其後吐蕃強盛拓拔氏漸爲所逼遂請內徙始移其部落於慶州置靜邊等州以處之其故地陷於吐蕃其處者爲其役屬吐蕃謂之弭藥又有黑党項在於赤水之西李靖之擊吐谷渾也渾王伏允奔黑党項居以空閑之地及吐谷渾舉國內屬黑党項酋長號敦善王因貢方物又有雪山党項姓破丑氏居於雪山之下及白狗舂桑白蘭等諸羌自龍朔已後並爲吐蕃所破而臣屬焉其在西北邊者天授三年內附凡二十萬口分其地置朝吳浮歸等十州仍散居靈夏等界內自至德已後常爲吐蕃所誘密以官告授之使爲偵道故時或侵叛尋亦底寧寶應初其首領來朝請助國供靈州軍糧優詔褒美其在涇隴州界者後上元元年率其衆十餘萬詣鳳翔節度使崔光遠請降寶應元年十二月其歸順州部落乾封州部落歸義州部落順化州部落和寧州部落和義州部落保善州部落寧定州部落羅雲州部落朝鳳州部落並詣山南西道都防禦使梁州刺史臧希讓請州印希讓以聞許之貞元三年十二月初禁商賈以牛馬器械於党項部落貿易十五年二月六州党項自石州奔過河西党項有六府部落曰野利越詩野利龍兒野利厥律兒黃野海野窣等居慶州者號爲東山部落居夏州者號爲平夏部落永泰大曆已後居石州依水草至是永安城鎮將阿史那思昧擾其部落求取駝馬無厭中使又贊成其事党項不堪其弊遂率部落奔過河元和九年五月復置宥

州以護党項十五年十一月命太子中允李寮爲宣撫党項使以部落繁富時遠近商賈齎繒貨入貿羊馬至大和開成之際其藩鎮統領無緒恣其貪惏不顧危亡或強市其羊馬不酬其直以是部落苦之遂相率爲盜靈鹽之路小梗會昌初上頻命使安撫之兼命憲官爲使分三印以統之在邠寧延者以侍御史內供奉崔君會主之在鹽夏長澤者以侍御史內供奉李鄠主之在靈武麟勝者以侍御史內供奉鄭賀主之仍各賜緋魚以重其事久而無狀尋皆罷之

高昌者漢車師前王之庭後漢戊己校尉之故地在京師西四千三百里其國有二十一城王都高昌其交河城前王庭也田地城校尉城也勝兵且萬人厥土良沃穀麥歲再熟有蒲萄酒宜五果有草名白疊國人採其花織以爲布有文字知書計所置官亦採中國之號焉其王麴伯雅即後魏時高昌王嘉之六世孫也隋煬帝時入朝拜左光祿大夫車師太守封弁國公仍以戚屬宇文氏女爲華容公主以妻之武德二年伯雅死子文泰嗣遣使來告哀高祖遣前河州刺

史朱惠表往弔之七年文泰又獻狗雄雌各一高六寸長尺餘性甚
慧能曳馬銜燭云本出拂菻國中國有拂菻狗自此始也太宗嗣位
復貢玄狐裘因賜其妻宇文氏花鈿一具宇文氏復貢玉盤西域諸
國所有動靜輒以奏聞貞觀四年冬文泰來朝及將歸蕃賜遺甚厚
其妻宇文氏請預宗親詔賜李氏封常樂公主下詔慰諭之時西戎
諸國來朝貢者皆塗經高昌文泰後稍壅絕之伊吾先臣西突厥至
是內屬文泰又與葉護連結將擊伊吾太宗以其反覆下書切讓徵
其大臣冠軍阿史那矩入朝將與議事文泰竟不遣乃遣其長史麴
雍來謝罪初大業之亂中國人多投於突厥及頡利敗或有奔高昌
者文泰皆拘留不遣太宗詔令括送文泰尚隱蔽之又尋與西突厥
乙毘設擊破焉耆三城虜其男女而去焉耆王上表訴之太宗遣虞
部郎中李道裕往問其狀十三年太宗謂其使曰高昌數年來朝貢
脫略無藩臣禮國中署置官號準我百僚稱臣於人豈得如此今茲
歲首萬國來朝而文泰不至增城深塹預備討伐日者我使人至彼
○文泰云鷹飛于天雉竄于蒿貓遊于堂鼠安于穴各得其所豈不活
耶又西域使欲來者文泰悉拘留之又遣使謂薛延陁云既自為可
汗與漢天子敵也何須拜謁其使事人闕禮離間鄰好惡而不誅善
者何勸明年當發兵馬以擊爾是時薛延陁可汗表請為軍向導以
擊高昌太宗許之令民部尚書唐儉至延陁與謀進取太宗冀其悔
過復下璽書示以禍福徵之入朝文泰稱疾不至太宗乃命吏部尚
書侯君集為交河道大揔管率左屯衛大將軍薛萬均及突厥契苾
之衆步騎數萬衆以擊之時公卿近臣皆以行經沙磧萬里用兵恐
難得志又界居絕域縱得之不可以守競以為諫太宗皆不聽文泰
謂所親曰吾往者朝覲見秦隴之北城邑蕭條非復有隋之比設今
伐我發兵多則糧運不給若發三萬以下吾能制之加以磧路艱險
自然疲頓吾以逸待勞坐收其弊何足為憂也及聞王師臨磧口惶
駭計無所出發病而死其子智盛嗣立既而君集兵奄至柳谷進趨
田地城將軍契苾何力為前軍與之接戰而退大軍繼之攻拔其城

虜男女七千餘口進逼其都智盛移君集書曰有罪於天子者先王
也咎深譴積身已喪亡智盛襲位無幾君其赦諸君集謂曰若能悔
禍當面縛軍門也又命諸軍引衝車拋車以逼之飛石雨下城中大
懼智盛窮蹙出城降君集分兵掠地下其三郡五縣二十二城戶八
千口三萬七千七百馬四千三百匹其界東西八百里南北五百里
先是其國童謠云高昌兵馬如霜雪漢家兵馬如日月日月照霜雪
迴手自消滅文泰使人捕其初唱者不能得初文泰與西突厥欲谷
設通和遺其金帛約有急相為表裏及聞君集兵至欲谷設懼而西
走不敢救君集尋遣使告捷太宗大悅宴百寮班賜各有差曲赦高
昌部內從軍兵士已上父子犯死罪已下朞親犯流已下大功犯徒
已下小功緦麻犯杖罪悉原之時太宗欲以高昌為州縣特進魏徵
諫曰陛下初臨天下高昌夫婦先來朝謁自後數月商胡被其遏絕
貢獻加之不禮大國遂使王誅載加若罪止文泰斯亦可矣未若撫
其人而立其子所謂伐罪弔民威德被於遐外為國之善者也今若
○利其土壤以為州縣常須千餘人鎮守數年一易每及交番死者十
有三四遣辦衣資離別親戚十年之後隴右空虛陛下終不得高昌
撮穀尺布以助中國所謂散有用而事無用臣未見其可太宗不從
竟以其地置西州又置安西都護府留兵以鎮之初西突厥遣其葉
護屯兵於可汗浮圖城與高昌相影響至是懼而來降以其地為庭
州於是勒石紀功而旋其智盛君臣及其豪右皆從中國趙氏有國
至智盛凡九世一百三十四年而滅尋拜智盛為左武衛將軍封金
城郡公弟智湛為右武衛中郎將太山縣公及太宗崩刊石像智盛
之形列於昭陵玄闕之下智湛麟德中終於左驍衛大將軍西州刺
史天授初其子崇裕授左武衛大將軍交河郡王卒封爵遂絕
吐谷渾其先居於徒河之清山屬晉亂始度隴止於甘松之南洮水
之西南極白蘭數千里有城郭而不居隨逐水草廬帳為室以肉酪
為糧其官初有長史司馬將軍近代已來有王公僕射尚書郎中其
俗頗識文字男子通服長裙　帽或戴羃䍦婦人以金花為首飾辮髮

縈後綴以珠貝其婚姻富家厚出聘財貧人竊女而去父卒妻其庶
母兄亡妻其諸嫂喪有服制葬訖而除國無常稅用度不給輙斂富
室商人以取足而止殺人及盜馬者罪死他犯則徵物以贖罪氣候
多寒土宜大麥蔓菁頗有菽粟出良馬犛牛銅鐵朱砂之類有青海
周迴八百里中有小山至冬放牝馬於其上言得龍種嘗得波斯馬
放入海因生驄駒能日行千里故代稱青海驄焉地兼鄯善且沫西
北有流沙數百里夏有熱風傷弊行旅風之將至老駝便知之則引
項而鳴以口鼻埋沙中人以爲候即以氈擁蔽口鼻而避其患隋煬
帝時其王伏允來犯塞煬帝親總六軍以討之伏允以數十騎潛於
泥嶺而遁其仙頭王率男女十餘萬口來降煬帝立其質子順爲王
送之本國令統餘衆尋復追還大業末伏允悉收故地復爲邊患高
祖受禪順自江都來歸長安時李軌猶據涼州高祖遣使與伏允通
和令擊軌以自効當放順返國伏允大悅興兵擊之戰于庫門交綏
而退頻遣使朝貢以順爲請高祖遽遣之太宗即位伏允遣其洛陽

○ 唐傳二百四十八 六

公來朝使未返大掠鄯州而去太宗遣使責讓之徵伏允入朝稱疾
不至仍爲其子尊王求婚於是責其親迎以羈縻之尊王又稱疾不
肯入朝有詔停婚遣中郎將康處直諭以禍福伏允遣兵寇蘭廓二
州時鄯州刺史李玄運上言吐谷渾良馬悉牧青海輕兵掩之可致
大利於是遣左驍衛大將軍段志玄率邊兵及契苾党項之衆以擊
之去青海三十里志玄與左驍衛將軍梁洛仁不欲戰頓軍遲留不
進吐谷渾遂驅青海牧馬而遁亞將李君羨率精騎別路及賊於青
海之南懸水鎮擊破之虜牛羊二萬餘頭而還時伏允年老昏耄其
邪臣天柱王惑亂之拘我行人鴻臚丞趙德楷太宗頻遣宣諭使者
十餘返竟無悛心貞觀九年詔特進李靖爲西海道行軍大總管兵
部尚書侯君集爲積石道行軍總管任城王道宗爲鄯州道行軍總
管仍爲靖副涼州都督李大亮爲且沫道行軍總管岷州都督李道
彥爲赤水道行軍總管利州刺史高甑生爲鹽澤道行軍總管并突
厥契苾之衆以擊之諸將頻與賊遇連戰破之獲其高昌王慕容孝
雋孝雋有雄略伏允心膂之臣也靖等進至赤海遇其天柱三部落
擊大破之遂歷于河源李大亮又俘其名王二十人雜畜數萬至且
沫西境或傳伏允西走渡圖倫磧欲入于闐將軍薛萬均率輕銳追
奔入磧數百里及其餘黨破之磧中乏水將士皆刺馬血而飲之侯
君集與江夏王道宗趣南路登漢哭山飲馬烏海獲其名王梁屈忽
經塗二千餘里空虛之地盛夏降霜多積雪其地乏水草將士噉冰
馬皆食雪又達于柏梁北望積石山觀河源之所出焉兩軍會於大
非川至破邏真谷伏允子大寧王順窮蹙斬其國相天柱王舉國來
降伏允大懼與千餘騎遁于磧中衆稍亡散能屬之者纔百餘騎乃
自縊而死國人乃立順爲可汗稱臣內附順即伏允之嫡子也初爲
侍子於隋拜金紫光祿大夫父不得歸伏允遂立他子爲太子及得
返國意常怏怏會李靖等諸軍所向剋捷自以失位欲因此立功由
是遂降乃詔曰吐谷渾擅相君長竊據荒裔志在凶德政出權門實
渠攜貳種落怨憤長惡不悛野心彌熾莫顧藩臣之禮曾無事上之

○ 唐傳二百四十八 七

節草竊疆場虔劉北鄙積惡既稔天亡有徵朕君臨四海含育萬類
一物失所責深在予所以爰命六軍申茲九伐義存活國情非黷武
其子大寧王慕容順隋氏之甥志懷明悟長自中土幸慕華風爰見
時機深識逆順以其愎諫遠衆獨蹈迷途遂誅邪臣存茲大計翻然
改轍代父歸罪忠孝之美深有可嘉子能立功足以補過既往之釁
特宜原免然其建國西鄙已歷年代即從廢絕情所未忍繼其宗祀
允歸命胤可封順爲西平郡王仍授趉胡呂烏甘豆可汗太宗恐順
不能靜其國仍遣李大亮率精兵數千爲其聲援順既久質於隋國
人不附未幾爲臣下所殺其子燕王諾曷鉢嗣立諾曷鉢既幼大臣
爭權國中大亂太宗遣兵援之封爲河源郡王仍授烏地也拔勤豆
可汗遣淮陽王道明持節冊拜賜以鼓纛諾曷鉢因入朝請婚十四
年太宗以弘化公主妻之資送甚厚十五年諾曷鉢所部丞相王專
權陰謀作難將徵兵詐言祭山神因欲襲擊公主劫諾曷鉢奔于吐
蕃期有日矣諾曷鉢知而大懼率輕騎走鄯善城其威信王以兵迎

之鄯州刺史杜鳳舉與威信王合軍擊丞相王破之殺其兄弟三人遣使言狀太宗命民部尚書唐儉持節撫慰之太宗崩刻石圖諾曷鉢之形列於昭陵之下高宗嗣位以其尚主拜駙馬都尉賜物四十段其後與吐蕃互相攻伐各遣使請兵救援高宗皆不許之吐蕃大怒率兵以擊吐谷渾諾曷鉢既不能禦脫身及弘化公主走投涼州高宗遣右威衛大將軍薛仁貴等救吐谷渾為吐蕃所敗於是吐谷渾遂為吐蕃所併諾曷鉢以親信數千帳來內屬詔左武衛大將軍蘇定方為安置大使始徙其部衆于靈州之地置安樂州以諾曷鉢為刺史欲其安而且樂也垂拱四年諾曷鉢卒子忠嗣忠卒子宣趙嗣聖曆三年授宣趙左豹韜衛員外大將軍仍襲父烏地也拔勤豆可汗宣趙卒子曦皓嗣曦皓卒子兆嗣及吐蕃陷我安樂州其部衆又東徙散在朔方河東之境今俗多謂之退渾蓋語急而然貞元十四年十二月以朔方節度副使左金吾衛大將軍同正慕容復為襲長樂州都督青海國王烏地也拔勤豆可汗未幾卒其封襲遂絕吐谷渾自晉永嘉之末始西渡洮水建國於群羌之故地至龍朔三年為吐蕃所滅凡三百五十年

○焉耆國在京師西四千三百里東接高昌西鄰龜茲即漢時故地其王姓龍氏名突騎支勝兵二千餘人常役屬於西突厥其地良沃多蒲萄頗有魚鹽之利貞觀六年突騎支遣使貢方物復請開大磧路以便行李太宗許之自隋末罹亂磧路遂閉西域朝貢者皆由高昌及是高昌大怒遂與焉耆結怨遣兵襲焉耆大掠而去西突厥莫賀設與咄陸弩失畢不協奔于焉耆咄陸復來攻之六年遣使言狀并貢名馬時西突厥國亂太宗遣中郎將桑孝彥領左右并曹韋弘機往安撫之仍冊立咥利失可汗可汗既立素善焉耆今與焉耆為援十二年處月處密與高昌攻陷焉耆五城掠男女一千五百人焚其廬舍而去十四年侯君集討高昌遣使與之相結焉耆王大喜請為聲援及破高昌其王詣軍門稱謁焉耆人先為高昌所虜者悉歸之由是遣使謝恩并貢方物其年西突厥重臣屈利啜為其弟娶焉耆王女由是相為脣齒朝貢遂闕安西都護郭孝恪請擊之太宗許焉會焉耆王弟頡鼻葉護兄弟三人來至西州孝恪選步騎三千出銀山道以頡鼻弟栗婆準為鄉導焉耆所都城四面有水自恃險固不虞於我孝恪倍道兼行夜至城下潛遣將士浮水而渡至曉一時攀堞鼓角齊震城中大擾孝恪縱兵擊之虜其王突騎支首虜千餘級以栗婆準導軍有功留攝國事而還時駕幸洛陽宮孝恪鏁突騎支并其妻子送行在所詔宥之初西突厥屈利啜將兵來援焉耆孝恪還師三日屈利啜乃囚栗婆準而西突厥處般啜令其吐屯來攝焉耆遣使朝貢太宗數之曰焉耆者我兵擊得汝何人輒來統攝吐屯懼而返國焉耆又立栗婆準從父兄薛婆阿那支為王處般啜乃執栗婆準送於龜茲皆為所殺薛婆阿那支既得處般啜為援遂有國及阿史那杜爾之討龜茲阿那支大懼遂奔龜茲保其東城以禦官軍杜爾擊擒之數其罪而斬焉求得阿那支從父弟先那準立為王以修職貢及太宗葬昭陵乃刻石像龍突騎支之形列於玄闕之下自是朝貢不絕

○龜茲國即漢西域舊地也在京師西七千五百里其王姓白氏有城郭屋宇耕田畜牧為業男女皆剪髮垂與項齊唯王不剪髮學胡書及婆羅門書筭計之事尤重佛法其王以錦蒙項著錦袍金寶帶坐金獅子牀有良馬封牛饒蒲萄酒富室至數百碩高祖即位其主蘇伐勃駃遣使來朝勃駃尋卒子蘇伐疊代立號時健莫賀俟利發貞觀四年又遣使獻馬太宗賜以璽書撫慰甚厚由此歲貢不絕然臣於西突厥安西都護郭孝恪來伐焉耆龜茲遣兵援助自是職貢頗闕伐疊死其弟訶黎布失畢代立漸失蕃臣禮二十年太宗遣左驍衛大將軍阿史那社爾為崑山道行軍大總管與安西都護郭孝恪司農卿楊弘禮率五將軍又發鐵勒十三部兵十餘萬騎以伐龜茲社爾既破西蕃處月處密乃進師趨其北境出其不意西突厥所署焉耆王弃城而遁社爾遣輕騎追擒之龜茲大震守將多弃城而走社爾進屯積石去其都城三百里遣伊州刺史韓威率千餘騎為前

鍮右驍衛將軍曹繼叔次之西至多褐城與龜茲王相遇及其相那相羯獵等有衆五萬逆拒王師威乃僞遁而引之其王侯利發見威兵少悉衆而至威退行三十里與繼叔軍會合擊大破之其王退保都城社爾進軍逼之王乃輕騎而走遂下其城令孝恪守之遣沙州刺史蘇海政尚輦奉御薛萬備以精騎逼之行六百里其王窘急退保于撥換城社爾等進軍圍之擒其王及大將羯獵顛等其相那利僅以身免潛引西突厥之衆并其國兵萬餘人來襲孝恪殺之官軍大擾倉部郎中崔義起與曹繼叔韓威等擊之那利敗走尋爲龜茲人所執以詣軍前後破其大城五所虜男女數萬口杜爾因立其王之弟葉護爲王勒石紀功而旋俘其王顛黎布失畢及那利羯獵河等獻於社廟尋以訶黎布失畢爲左武翊衛中郎將那利已下授官各有差太宗之葬昭陵乃刻石像其形列於玄闕之前永徽元年又以訶黎布失畢爲右驍衛大將軍尋放還蕃撫其餘衆依舊爲龜茲王賜物一千段先是太宗既破龜茲移置安西都護府於其國城以

郭孝恪爲都護兼統于闐疎勒碎葉謂之四鎮高宗嗣位不欲廣地勞人復命有司弃龜茲等四鎮移安西依舊於西州其後吐蕃大入焉耆已西四鎮城堡並爲賊所陷則天臨朝長壽元年武威軍總管王孝傑阿史那忠節大破吐蕃克復龜茲于闐等四鎮自此復於龜茲置安西都護府用漢兵三萬人以鎮之既徵發內地精兵遠逾沙磧并資遣衣糧等甚爲百姓所苦言事者多請棄之則天竟不許其安西都護則天時有田揚名中宗時有郭元振開元初則張孝嵩杜暹皆有政績爲夷人所伏

疎勒國即漢時舊地也西帶葱嶺在京師西九千三百里其王姓裴氏貞觀中突厥以女妻王勝兵二千人俗事祆神有胡書文字貞觀九年遣使獻名馬自是朝貢不絕開元十六年玄宗遣使冊立其王裴安定爲疎勒王

于闐國西南帶葱嶺與龜茲接在京師西九千七百里勝兵四千人其國出美玉俗多機巧好事祆神崇佛教先臣于西突厥其王姓尉遲氏名屈密貞觀六年遣使獻王帶太宗優詔答之十三年又遣子入侍及阿史那杜爾伐龜茲其王伏闍信大懼使其子以駝萬三百四饋軍及將旋師行軍長史薛萬備謂杜爾曰今者既破龜茲國威已振請因此機願以輕騎羈取于闐之王杜爾乃遣萬備率五十騎抵于闐之國萬備陳國威靈勸其入見天子伏闍信於是隨萬備來朝高宗嗣位拜右驍衛大將軍又授其子葉護玷爲右驍衛將軍並賜金帶錦袍布帛六十段并宅一區留數月而遣之因請留子弟以宿衛太宗葬昭陵刻石像其形列於玄闕之下垂拱三年其王伏闍雄復來入朝天授三年伏闍雄卒則天封其子璥爲于闐國王開元十六年復冊立尉遲伏師爲于闐王數遣使朝貢乾元三年以于闐王尉遲勝弟守左監門衛率葉護曜爲太僕員外卿仍同四鎮節度副使權知本國事以勝至德初領兵赴國難因堅請留宿衛故有是命事在勝傳

天竺國即漢之身毒國或云婆羅門地也在葱嶺西北周三萬餘里

其中分爲五天竺其一曰中天竺二曰東天竺三曰南天竺四曰西天竺五曰北天竺地各數千里城邑數百南天竺際大海北天竺拒雪山四周有山爲壁南面一谷通爲國門東天竺東際大海與扶南林邑鄰接西天竺與罽賓波斯相接中天竺據四天竺之會其都城週迴七十餘里北臨禪連河云昔有婆羅門領徒千人肄業於樹下樹神降之遂爲夫婦宮室自然而立僮僕甚盛於是使役百神築城以統之經日而就此後有阿育王復役使鬼神累石爲宮闕皆雕文刻鏤非人力所及阿育王頗行苛政置炮烙之刑謂之地獄今城中見有其迹焉中天竺王姓乞利咥氏或云刹利氏世有其國不相纂弒厥土卑濕暑熱稻歲四熟有金剛似紫石英百鍊不銷可以切玉又有旃檀鬱金諸香通於大秦故其寶物或至扶南交阯貿易焉百姓殷樂俗無簿籍耕王地者輸地利以齒貝爲貨人皆深目長鼻致敬極者舐足摩踵家有奇樂倡伎其王與大臣多服錦罽上爲螺髻於項餘髮剪之使拳俗皆徒跣衣重白色唯梵志種姓披白疊以爲

異死者或焚屍取灰以爲浮圖或委之中野以施禽獸或流之於河以飼魚鱉無喪紀之文謀反者幽殺之小犯罰錢以贖罪不孝則斷手刖足截耳割鼻放流邊外有文字善天文筭曆之術其人皆學悉曇章云是梵天法書於貝多樹葉以紀事不殺生飲酒國中往往有舊佛跡隋煬帝時遣裴矩應接西蕃諸國多有至者唯天竺不通帝以爲恨當武德中其國大亂其嗣王尸羅逸多練兵聚衆所向無敵象不解鞍人不釋甲居六載而四天竺之君皆北面以臣之威勢遠振刑政甚肅貞觀十五年尸羅逸多自稱摩伽陀王遣使朝貢太宗降璽書慰問尸羅逸多大驚問諸國人曰自古曾有摩訶振旦使人至吾國乎皆曰未之有也乃膜拜而受詔書因遣使朝貢太宗以其地遠禮之甚厚復遣衛尉丞李義表報使尸羅逸多遣大臣郊迎傾城邑以縱觀焚香夾道逸多率其臣下東面拜受勅書復遣使獻火珠及欝金香菩提樹貞觀十年沙門玄奘至其國將梵本經論六百餘部而歸先是遣右率府長史王玄策使天竺其四天竺國王咸遣

使朝貢會中天竺王尸羅逸多死國中大亂其臣那伏帝王阿羅那順簒立乃盡發胡兵以拒玄策玄策從騎三十人與胡禦戰不敵矢盡悉被擒胡並掠諸國貢獻之物玄策乃挺身宵遁走至吐蕃發精鋭一千二百人并泥婆羅國七千餘騎以從玄策玄策與副使蔣師仁率二國兵進至中天竺國城連戰三日大破之斬首三千餘級赴水溺死者且萬人阿羅那順棄城而遁師仁進擒獲之虜男女萬二千人牛馬三萬餘頭匹於是天竺震懼俘阿羅那順以歸二十二年至京師太宗大悅命有司告宗廟而謂群臣曰夫人耳目玩於聲色口鼻耽於臭味此乃敗德之源若婆羅門不刧掠我使人豈爲俘虜耶昔中山以貪寶取弊蜀侯以金牛致滅莫不由之拜玄策朝散大夫是時就其國得方士那羅邇娑婆寐自言壽二百歲云有長生之術太宗深加禮敬館之於金飈門内造延年之藥令兵部尚書崔敦禮監主之發使天下採諸奇藥異石不可稱數延歷歲月藥成服竟不効後放還本國太宗之葬昭陵也刻石像阿羅那順之形列於玄闕之下五天竺所屬之國數十風俗物産略同有伽沒路國其俗開東門以向日王玄策至其王發使貢以奇珍異物及地圖因請老子像及道德經那揭陀國有醯羅城中有重閣藏佛頂骨及錫杖貞觀二十年遣使貢方物天授二年東天竺王摩羅枝摩西天竺王尸羅逸多南天竺王遮婁其拔羅婆北天竺王婁其那那中天竺王地婆西那並來朝獻景龍四年南天竺國復遣使來朝景雲元年復遣使貢方物開元二年西天竺復遣使貢方物八年南天竺國遣使獻五色能言鸚鵡其年南天竺國王尸利那羅僧伽請以戰象及兵馬討大食及吐蕃等仍求有及名其軍玄宗甚嘉之名軍爲懷德軍九月南天竺王尸利那羅僧伽寶多枝摩爲國造寺上表乞寺額勅以歸化爲名賜之十一月遣使冊利那羅伽寶多爲南天竺國王遣使來朝十七年六月北天竺國三藏沙門僧密多獻質汗等藥十九年十月中天竺國王伊沙伏摩遣其大德僧來朝貢二十九年三月中天竺王子李承恩來朝授游擊將軍放還天寶中累遣使來

罽賓國在葱嶺南去京師萬二千二百里常役屬於大月氏其地暑濕人皆乘象土宜秔稻草木凌寒不死其俗尤信佛法隋煬帝時引致西域前後至者三十餘國唯罽賓不至貞觀十一年遣使獻名馬太宗嘉其誠欵賜以繒綵十六年又遣使獻褥特鼠喙尖而尾赤能食蛇有被蛇螫者鼠輒嗅而尿之其瘡立愈顯慶三年訪其國俗云王始祖馨孽至今曷擷支父子傳位已十二代其年改其城爲修鮮都督府龍朔初授其王修鮮等十一州諸軍事兼修鮮都督開元七年遣使來朝進天文經一夾秘要方并蕃藥等物詔遣冊其王爲葛羅達支特勒二十七年其王烏散特勤灑以年老上表請以子拂菻罽婆嗣位許之仍降使冊命天寶四年又冊其子敎匐準爲襲罽賓及烏萇國王仍授左驍衛將軍乾元元年又遣使朝貢又有敎律國在罽賓吐蕃之間開元中頻遣使朝獻八年冊立其王蘇麟陀逸之爲敎律國王朝貢不絶二十二年爲吐蕃所破

東國即漢康居之國也其王姓溫月氏先居張掖祁連山北昭武城

爲突厥所破南依葱嶺遂有其地枝庶皆以昭武爲姓氏不忘本也其人皆深目高鼻多鬚髯丈夫剪髮或辮髮其王冠氈帽飾以金寶婦人盤髻幪以皁巾飾以金花人多嗜酒好歌舞於道路生子必以石蜜內口中明膠置掌內欲其成長口常甘言掌持錢如膠之黏物俗習胡書善商賈爭分銖之利男子年二十即遠之傍國來適中夏利之所在無所不到以十二月爲歲首有婆羅門爲之占星候氣以定吉凶頗有佛法至十一月鼓舞乞寒以水相潑盛爲戲樂隋煬帝時其王屈术支娶西突厥葉護可汗女遂臣於西突厥武德十年屈术支遣使獻名馬貞觀九年又遣使貢獅子太宗嘉其遠至命秘書監虞世南爲之賦自此朝貢歲至十一年又獻金桃銀桃詔令植之於苑囿萬歲通天年則天封其大首領篤娑鉢提爲康國王仍拜左驍衛大將軍鉢提尋卒又冊其子泥涅師師爲康國王師師以神龍中卒國人又立突昏爲王開元六年遣使貢獻鎖子甲水精杯馬腦瓶駝鳥卵及越諾之類十九年其王烏勒上表請封其子咄曷爲曹

○國王默啜爲米國王許之二十七年烏勒卒遣使冊咄曷襲父位天寶三年又封爲欽化王其母可敦封爲郡夫人十一載十三載並遣使朝貢

波斯國在京師西一萬五千三百里東與吐火羅康國接北鄰突厥之可薩部西北拒拂菻正西及南俱臨大海戶數十萬其王居有二城復有大城十餘猶中國之離宮其王初嗣位便密選子才堪承統者書其名字封而藏之王死後大臣與王之群子共發封而視之奉所書名者爲主焉其王冠金花冠坐獅子牀服錦袍加以瓔珞俗事天地日月水火諸神西域諸胡事火祆者皆詣波斯受法焉其事神以麝香和蘇塗鬚點額及於耳鼻用以爲敬拜必交股文字同於諸胡男女皆徒跣丈夫剪髮戴白皮帽衣不開襟并有巾帔多用蘇方青白色爲之兩邊緣以織成錦婦人亦巾帔裙衫辮髮垂後飾以金銀其國乘象而戰每一象戰士百人有敗衄者則盡殺之國人生女年十歲已上有姿貌者其王收而養之以賞有功之臣俗右尊而左卑以六月一日爲歲首斷獄不爲文書約束口決於庭其繫囚無年限唯王者代立則釋之其叛逆之罪就火祆燒鐵灼其舌瘡白者爲理直瘡黑者爲有罪其刑有斷手刖足髡鉗劓刵輕罪剪鬚或繫牌於項以志之經時月而釋焉其強盜一入獄至老更不出小盜罰以銀錢死亡則棄之於山制服一月而即吉氣候暑熱土地寬平知耕種多畜牧有鳥形如橐駝飛不能高食草及肉亦能噉犬攫羊土人極以爲患又多白馬駿犬或赤日行七百里者駿犬今所謂波斯犬也出騾及大驢獅子白象珊瑚樹高一二尺琥珀車渠瑪瑙火珠玻瓈琉璃無食子香附子訶黎勒胡椒蓽撥石蜜千年棗甘露桃隋大業末西突厥葉護可汗頻擊破其國波斯王庫薩和爲西突厥所殺其子施利立葉護因分其部帥監統其國波斯竟臣於葉護及葉護可汗死其所令監統者因自擅於波斯不復役屬於西突厥施利立一年卒乃立庫薩和之女爲王突厥又殺之施利之子單羯方奔拂菻於是國人迎而立之是爲伊怛支在位二年而卒兄子伊嗣候立

○二十一年伊嗣候遣使獻一獸名活褥蛇形類鼠而色青身長八九寸能入穴取鼠伊嗣候懦弱爲大首領所逐遂奔吐火羅未至亦爲大食兵所殺其子名卑路斯又投吐火羅葉護獲免卑路斯龍朔元年奏言頻被大食侵擾請兵救援詔遣隴州南由縣令王名遠充使西域分置州縣因列其地疾陵城爲波斯都督府授卑路斯爲都督是後數遣使貢獻咸亨中卑路斯自來入朝高宗甚加恩賜拜右武衛將軍儀鳳三年令吏部侍郎裴行儉將兵冊送卑路斯爲波斯王行儉以其路遠至安西碎葉而還卑路斯獨返不得入其國漸爲大食所侵客於吐火羅國二十餘年有部落數千人後漸離散至景龍二年又來入朝拜爲左威衛將軍無何病卒其國遂滅而部衆猶存自開元十年至天寶六載凡十遣使來朝并獻方物四月遣使獻瑪瑙牀九年四月獻火毛繡舞筵長毛繡舞筵無孔真珠乾元元年波斯與大食同寇廣州劫倉庫焚廬舍浮海而去大曆六年遣使來朝獻真珠等

拂菻國一名大秦在西海之上東南與波斯接地方萬餘里列城四百邑居連屬其宮宇柱櫳多以水精瑠璃爲之有貴臣十二人共治國政常使一人將囊隨王車百姓有事者即以書投囊中王還宮省發理其枉直其王無常人簡賢者而立之國中災異及風雨不時輒廢而更立其王冠形如鳥舉翼冠及瓔珞皆綴以珠寶著錦繡衣前不開襟坐金花牀有一鳥似鵞其毛緑色常在王邊倚枕上坐每進食有毒其鳥輒鳴其都城疊石爲之尤絶高峻凡有十萬餘戶南臨大海城東面有大門其高二十餘丈自上及下飾以黃金光輝燦爛連曜數里自外至王室凡有大門三重列異寶雕飾第二門之樓中懸一大金秤以金丸十二枚屬於衡端以候日之十二時焉爲一金人其大如人立於側每至一時其金丸輒落鏗然發聲引唱以紀日時毫釐無失其殿以瑟瑟爲柱黃金爲地象牙爲門扇香木爲棟梁其俗無瓦擣白石爲末羅之塗屋上其堅密光潤還如玉石至於盛暑之節人厭囂熱乃引水潛流上徧於屋宇機制巧密人莫之知觀者惟聞屋上泉鳴俄見四檐飛溜懸波如瀑激氣成涼風其巧妙如此風俗男子翦髮披帔而右袒婦人不開襟錦爲頭巾家貲滿億封以上位有羊羔生於土中其國人候其欲萌乃築牆以院之防外獸所食也然其臍與地連割之則死唯人著甲走馬及擊鼓以駭之其羔驚鳴而臍絶便逐水草俗皆髡而衣繡乘輜軿白蓋小車出入擊鼓建旌旗幡幟土多金銀奇寶有夜光璧明月珠駭鷄犀大貝車渠瑪瑙孔翠珊瑚琥珀凡西域諸珍異多出其國隋煬帝常將通拂菻竟不能致貞觀十七年拂菻王波多力遣使獻赤玻瓈緑金精等物太宗降璽書答慰賜以綾綺焉自大食強盛漸陵諸國乃遣大將軍摩栧伐其都城因約爲和好請每歲輸之金帛遂臣屬大食焉乾封二年遣使獻底也伽大足元年復遣使來朝開元七年正月其主遣吐火羅大首領獻獅子羚羊各二不數月又遣大德僧來朝貢

大食國本在波斯之西大業中有波斯胡人牧駝於俱紛摩地那之山忽有獅子人語謂之曰此山西有三穴穴中大有兵器汝可取之穴中并有黑石白文讀之便作王位胡人依言果見穴中有石及矟刃甚多上有文教其反叛於是糾合亡命渡恒曷水刼奪商旅其衆漸盛遂割據波斯西境自立爲王波斯拂菻各遣兵討之皆爲所敗永徽二年始遣使朝貢其姓大食氏名噉密莫末膩自云有國已三十四年歷三主矣其國男兒色黑多鬚鼻大而長似婆羅門婦人白晳亦有文字出駝馬大於諸國兵刃勁利其俗勇於戰鬭好事天神土多沙石不堪耕種唯食駝馬等肉俱紛摩地那山在國之西南鄰於大海其王移穴中黑石寘之於國又嘗遣人乘舡將衣糧入海經八年而未及西岸海中見一方石石上有樹幹赤葉青樹上總生小兒長六七寸見人皆笑動其手脚頭著樹枝其使摘取一枝小兒便死收在大食王宮又有女國在其西北相去三月行龍朔初擊破波斯又破拂菻始有米麵之屬又將兵南侵婆羅門吞併諸胡國勝兵四十餘萬長安中遣使獻良馬景雲二年又獻方物開元初遣使來朝進馬及寶鈿帶等方物其使謁見唯平立不拜憲司欲糾之中書令張說奏曰大食殊俗慕義遠來不可寘罪上特許之尋又遣使朝獻自云在本國惟拜天神雖見王亦無致拜之法所司屢詰責之其使遂請依漢法致拜其時西域康國石國之類皆臣屬之其境東西萬里東與突厥施相接焉一云隋開皇中大食族中有孤列種代爲酋長孤列種中又有兩姓一號盆泥奚深一號盆泥末換其奚深後有摩訶末者勇健多智衆立之爲主東西征伐開地三千里兼尅夏臘一名釤城釤音所殳摩訶末後十四代至末換末換殺其兄伊疾而自立復殘忍其下怨之有呼羅珊木鹿人並波悉林舉義兵應者悉令著黑衣旬月間衆盈數萬鼓行而西生擒末換殺之遂求得奚深種大食阿蒲羅拔立之末換已前謂之白衣大食自阿蒲羅拔後改爲黑衣大食阿蒲羅拔卒立其弟阿蒲恭拂至德初遣使朝貢代宗時爲元帥亦用其國兵以收兩都寶應大曆中頻遣使來恭拂卒子迷地立迷地卒子牟栖立牟栖卒弟訶論立貞元中與吐蕃爲勍敵蕃軍太半西禦大食故鮮爲邊患其力不足也十四年詔以黑衣大食使含

羋馬雜沙比三人並爲中郎將各放還蕃
史臣曰西方之國綿亘山川自張騫奉使已來介子立功之後通於
中國者多矣有唐拓境遠極安西弱者德以懷之強者力以制之開
元之前貢輸不絕天寶之亂邊徼多虞邠郊之西即爲戎狄藁街之
邸來朝亦稀故古先哲王務寧華夏語曰近者悅遠者來斯之謂矣
贊曰大蒙之人西方之國與時盛衰隨世通塞勿謂戎心不懷我德
貞觀開元藁街充斥

唐書列傳卷第一百四十八

唐書列傳卷第一百四十九上

劉昫等修
聞人詮校刻沈桐同校

東夷 高麗 百濟 新羅 倭國 日本

高麗者出自扶餘之別種也其國都於平壤城即漢樂浪郡之故地
在京師東五千一百里東渡海至于新羅西北渡遼水至于營州南
渡海至于百濟北至靺鞨東西三千一百里南北二千里其官大者
號大對盧比一品總知國事三年一代若稱職者不拘年限交替之
日或不相祗服皆勒兵相攻勝者爲之其王但閉宮自守不能制禦
次曰太大兄比正二品對盧已下官總十二級外置州縣六十餘城
大城置傉薩一比都督諸城置道使比刺史其下各有僚佐分掌曹
事衣裳服飾唯王五綵以白羅爲冠白皮小帶其冠及帶咸以金飾
官之貴者則青羅爲冠次以緋羅插二鳥羽及金銀爲飾衫筒袖袴
大口白韋帶黃韋履國人衣褐戴弁婦人首加巾幗好圍棊投壺之
戲人能蹴鞠食用籩豆簠簋罇俎罍洗頗有箕子之遺風其所居必
依山谷皆以茅草葺舍唯佛寺神廟及王宮官府乃用瓦其俗貧窶
者多冬月皆作長坑下燃煴火以取暖種田養蠶略同中國其法有
謀反叛者則集衆持火炬競燒灼之燋爛備體然後斬首家悉籍沒
守城降敵臨陣敗北殺人行劫者斬盜物者十二倍酬贓殺牛馬者
沒身爲奴婢大體用法嚴峻少有犯者乃至路不拾遺其俗多淫祀
事靈星神五神可汗神箕子神國城東有大穴名隧神皆以十月王
自祭之俗愛書籍至於衡門廝養之家各於街衢造大屋謂之扃堂
子弟未婚之前晝夜於此讀書習射其書有五經及史記漢書范曄
後漢書三國志孫盛晉春秋玉篇字統字林又有文選尤愛重之其
王高建武即前王高元異母弟也武德二年遣使來朝四年又遣使
朝貢高祖感隋末戰士多陷其地五年賜建武書曰朕恭膺寶命君
臨率土祗順三靈綏柔萬國普天之下情均撫字日月所照咸使乂安
王既統攝遼左世居藩服思稟正朔遠循職貢故遣使者跋涉山川

申布誠懇朕甚嘉焉方今六合寧晏四海清平玉帛既通道路無壅方申輯睦永敦聘好各保疆埸豈非盛美但隋氏季年連兵構難攻戰之所各失其民遂使骨肉乖離室家分析多歷年歲怨曠不申今二國通和義無阻異在此所有高麗人等已令追括尋即遣送彼處有此國人者王可放還務盡撫育之方共弘仁恕之道於是建武悉搜括華人以禮賓送前後至者萬數高祖大喜七年遣前刑部尚書沈叔安往冊建武爲上柱國遼東郡王高麗王仍將天尊像及道士往彼爲之講老子其王及道俗等觀聽者數千人高祖嘗謂侍臣曰名實之間理須相副高麗稱臣於隋終拒煬帝此亦何臣之有朕敬於萬物不欲驕貴但據有土宇務共安人何必令其稱臣以自尊大即爲詔述朕此懷也侍中裴矩中書侍郎溫彥博曰遼東之地周爲箕子之國漢家玄菟郡耳魏晉已前近在提封之內不可許以不臣且中國之於夷狄猶太陽之對列星理無降尊俯同藩服高祖乃止九年新羅百濟遣使訟建武云閉其道路不得入朝又相與有隙屢

相侵掠詔員外散騎侍郎朱子奢往和解之建武奉表謝罪請與新羅對使會盟貞觀二年破突厥頡利可汗建武遣使奉賀并上封域圖五年詔遣廣州都督府司馬長孫師往收瘞隋時戰亡骸骨毀高麗所立京觀建武懼發其國舉築長城東北自扶餘城西南至海千有餘里十四年遣其太子桓權來朝并貢方物太宗優勞甚至十六年西部大人蓋蘇文攝職有犯諸大臣與建武議欲誅之事洩蘇文乃悉召部兵云將校閱并盛陳酒饌於城南諸大臣皆來臨視蘇文勒兵盡殺之死者百餘人焚倉庫因馳入王宮殺建武立建武弟大陽子藏爲王自立爲莫離支猶中國兵部尚書兼中書令職也自是專國政蘇文姓錢氏鬚貌甚偉形體魁傑身佩五刀左右莫敢仰視恒令其屬官俯伏於地踐之上馬及下馬亦如之出必先布隊仗導者長呼以辟行人百姓畏避皆自投坑谷太宗聞建武死爲之舉哀使持節弔祭十七年封其嗣王藏爲遼東郡王高麗王又遣司農丞相里玄奬賫璽書往說諭高麗令勿攻新羅蓋蘇文謂玄奬曰高麗

新羅怨隙已久往者隋室相侵新羅乘釁奪高麗五百里之地城邑新羅皆據有之自非反地還城此兵恐未能已玄奬曰既往之事焉可追論蘇文竟不從太宗顧謂侍臣曰莫支離賊弑其主盡殺大臣用刑有同坑穽百姓轉動輒死怨痛在心道路以目夫出師弔伐須有其名因其弑君虐下敗之甚易也十九年命刑部尚書張亮爲平壤道行軍大總管領將常何等率江淮嶺硤勁卒四萬戰船五百艘自萊州汎海趨平壤又以特進英國公李勣爲遼東道行軍大總管禮部尚書江夏王道宗爲副領將軍張士貴等率步騎六萬趨遼東兩軍合勢太宗親御六軍以會之夏四月李勣軍渡遼進攻蓋牟城拔之獲生口二萬以其城置蓋州五月張亮副將程名振攻沙卑城拔之虜其男女八千口是日李勣進軍於遼東城帝次遼澤詔曰頃者隋師渡遼時非天贊從軍士卒骸骨相望徧於原野良可哀歎掩骼之義誠爲先典其令並收瘞之國內及新城步騎四萬來援遼東江夏王道宗率騎四千逆擊大破之斬首千餘級帝渡遼水詔撤橋梁

以堅士卒志帝至遼東城下見士卒負擔以塡塹者帝分其尤重者親於馬上持之從官悚動爭齎以送城下時李勣已率兵攻遼東城高麗聞我有抛車飛三百觔石於一里之外者甚懼之乃於城上積木爲戰樓以拒飛石勣列車發石以擊其城所遇盡潰又推撞車撞其樓閣無不傾倒帝親率甲騎萬餘與李勣會圍其城俄而南風甚勁命縱火焚其西南樓延燒城中屋宇皆盡戰士登城賊乃大潰燒死者萬餘人俘其勝兵萬餘口以其城爲遼州初帝自定州命每數十里置一烽屬于遼城與太子約克遼東當舉烽是日帝命舉烽傳入塞師次白崖城命攻之右衛大將軍李思摩中弩矢帝親爲吮血將士聞之莫不感勵其城因山臨水四面險絕李勣以撞車撞之飛石流矢雨集城中六月帝臨其西北城主孫伐音潛遣使請降曰臣已願降其中有貳者詔賜以旗幟曰必降建之城上伐音舉幟於城上高麗以爲唐兵登也乃悉降初遼東之陷也伐音乞降既而中悔帝怒其反覆許以城中人物分賜戰士及是李勣言於帝曰戰士奮厲

爭先不顧矢石者貪虜獲耳今城垂拔柰何更許其降無乃辜將士之心乎帝曰將軍言是也然縱兵殺戮虜其妻孥朕所不忍也將軍麾下有功者朕以庫物賞之庶因將軍贖此一城遂受降獲士女一萬勝兵二千四百以其城置巖州授孫伐音爲巖州刺史我軍之渡遼也莫離支遣加尸城七百人戍蓋牟城李勣盡虜之其人並請隨軍自効太宗謂曰誰不欲爾之力爾家悉在加尸爾爲吾戰彼將爲戮矣破一家之妻子求一人之力用吾不忍也悉令放還車駕進次安市城北列營進兵以攻之高麗北部傉薩高延壽南部耨薩高惠真率高麗靺鞨之衆十五萬來援安市城賊中有對盧年老習事謂延壽曰吾聞中國大亂英雄並起秦王神武所向無敵遂平天下南面爲帝北夷請服西戎獻款今者傾國而至猛將銳卒悉萃於此其鋒不可當也今爲計者莫若頓兵不戰曠日持久分遣驍雄斷其饋運不過旬日軍粮必盡求戰不得欲歸無路此不戰而取勝也延壽不從引軍直進太宗夜召諸將躬自指麾遣李勣率步騎一萬五千

於賊西嶺爲陣長孫無忌率牛進達等精兵一萬一千以爲奇兵自山北於狹谷出以衝其後太宗自將步騎四千潛鼓角偃旌幟趣賊營北高峯之上令諸軍聞鼓角聲而齊縱因令所司張受降幕於朝堂之側曰明日午時納降虜於此矣遂率軍而進明日延壽獨見李勣兵欲與戰太宗遥望無忌軍塵起令鼓角並作旗幟齊舉賊衆大懼將分兵禦之而其陣已亂李勣以步卒長槍一萬擊之延壽衆敗無忌縱兵乘其後太宗又自山而下引軍臨之賊因大潰斬首萬餘級延壽等率其餘寇依山自保於是命無忌勣等引兵圍之徹東川梁以斷歸路太宗按轡徐行觀賊營壘謂侍臣曰高麗傾國而來存亡所繫一麾而敗天佑我也因下馬再拜以謝天延壽惠真率十五萬六千八百人請降太宗引入轅門延壽等膝行而前拜手請命太宗簡傉薩以下酋長三千五百人授以戎秩遷之內地收靺鞨三千三百盡坑之餘衆放還平壤獲馬三萬疋牛五萬頭明光甲五千領他器械稱是高麗國振駭后黄城及銀城並自拔數百里無復人烟

因名所幸山爲駐蹕山領將作造破陣圖命中書侍郎許敬宗爲文勒石以紀其功授高延壽鴻臚卿高惠真司農卿張亮又與高麗再戰於建安城下皆破之於是列長圍以攻焉八月移營安市城東李勣遂攻安市擁延壽等降衆營其城下以招之城中人堅守不動每見太宗旌麾必乘城鼓譟以拒焉帝甚怒李勣曰請破之日男子盡誅城中聞之人皆死戰乃令江夏王道宗築土山攻其城東南隅高麗亦埤城增雉以相抗李勣攻其西面令拋石撞車壞其樓雉城中隨其崩壞即立木爲柵道宗以樹條苞壤爲土屯積以爲山其中間五道加木被土於其上不捨晝夜漸以逼城道宗遣果毅都尉傅伏愛領隊兵於山頂以防敵土山自高而陟排其城城崩會伏愛私離所部高麗百人自頹城而戰遂據有土山而塹斷之積火縈盾以自固太宗大怒斬伏愛以徇命諸將擊之三日不能尅太宗以遼東倉儲無幾士卒寒凍乃詔班師歷其城城中皆屏聲偃幟城主登城拜手奉辭太宗嘉其堅守賜絹百疋以勵事君之節初攻陷遼東城其中

抗拒王師應沒爲奴婢者一萬四千人並遣先集幽州將分賞將士太宗愍其父母妻子一朝分散令有司準其直以布帛贖之赦爲百姓其衆歡呼之聲三日不息高延壽自降後常積歎尋以憂死惠真竟至長安二十年高麗遣使來謝罪并獻二美女太宗謂其使曰歸謂爾主美色者人之所重爾之所獻信爲美麗憫其離父母兄弟於本國留其身而忘其親愛其色而傷其心我不取也並還之二十二年又遣右武衛將軍薛萬徹等往青丘道伐之萬徹渡海入鴨綠水進破其泊灼城俘獲甚衆太宗又命江南造大船遣陝州刺史孫伏伽召募勇敢之士萊州刺史李道裕運粮及器械貯於烏胡島將欲大舉以伐高麗未行而帝崩高宗嗣位又命兵部尚書任雅相左武衛大將軍蘇定方左驍衛大將軍契苾何力等前後討之皆無大功而還乾封元年高藏遣其子入朝陪位於太山之下其年蓋蘇文死其子男生代爲莫離支與其弟男建男產不睦各樹朋黨以相攻擊男生爲二弟所逐走據國內城死守其子獻誠詣闕求哀詔令左驍衛六

將軍契苾何力率兵應接之男生脫身來奔詔授特進遼東大都督
兼平壤道安撫大使封玄菟郡公十一月命司空英國公李勣爲遼
東道行軍大總管率裨將郭待封等以征高麗二年二月勣度遼至
新城謂諸將曰新城是高麗西境鎭城最爲要害若不先圖餘城未
易可下遂引兵於新城西南據山築柵且攻且守城中窘迫數有降
者自此所向剋捷高藏及男建遣太大兄男産將首領九十八人持
帛幡出降請使入朝勣以禮延接男建猶閉門固守總章九年九月
勣又移營於平壤城南男建頻遣兵出戰皆大敗男建下捉兵總管
僧信誠密遣人詣軍中許開城門爲内應經五日信誠果開門勣從
兵入登城鼓譟燒城門樓四面火起男建窘急自刺不死十一月拔
平壤城虜高藏男建等十二月至京師獻俘於含元宮詔以高藏政
不由已授司平太常伯男産先降授司宰少卿男建配流黔州男生
以鄉導有功授右衛大將軍封汴國公特進如故高麗國舊分爲五
部有城百七十六户六十九萬七千乃分其地置都督府九州四十二

○
縣一百又置安東都護府以統之擢其酋渠有功者授都督刺史及
縣令與華人參理百姓乃遣左武衛將軍薛仁貴總兵鎭之其後頗
有逃散儀鳳中高宗授高藏開府儀同三司遼東都督封朝鮮王居
安東鎭本蕃爲主高藏至安東潛與靺鞨相通謀叛事覺召還配流
邛州幷分徙其人散向河南隴右諸州其貧弱者留在安東城傍高
藏以永淳初卒贈衛尉卿詔送至京師於頡利墓左賜以葬地兼爲
樹碑垂拱二年又封高藏孫寶元爲朝鮮郡王聖曆元年進授左鷹
揚衛大將軍封爲忠誠國王委其統攝安東舊户事竟不行二年又
授高藏男德武爲安東都督以領本蕃自是高麗舊户在安東者漸
寡少分投突厥及靺鞨等高氏君長遂絶矣男生以儀鳳初卒於長
安贈幷州大都督子獻誠授右衛大將軍兼令羽林衛上下天授中
則天嘗内出金銀寶物令宰相及南北衙文武官内擇善射者五人
共賭之内史張光輔先讓獻誠爲第一獻誠復讓右玉鈐衛大將軍
薛吐摩支摩支又讓獻誠既而獻誠奏曰陛下令簡能射者五人所

得者多非漢官臣恐自此已後無漢官工射之名伏望停寢此射則
天嘉而從之時酷吏來俊臣嘗求貨於獻誠獻誠拒而不荅遂爲俊
臣所構誣其謀反縊殺之則天後知其寃贈右羽林衛大將軍以禮改葬
百濟國本亦扶餘之別種嘗爲馬韓故地在京師東六千貳
百里處大海之北小海之南東北至新羅西渡海至越州南渡海至
倭國北渡海至高麗其王所居有東西兩城所置内官曰内臣佐平
掌宣納事内頭佐平掌庫藏事内法佐平掌禮儀事衛士佐平掌宿
衛兵事朝廷佐平掌刑獄事兵官佐平掌在外兵馬事又外置六帶
方管十郡其用法叛逆者死籍没其家殺人者以奴婢三贖罪官人
受財及盜者三倍追贓仍終身禁錮凡諸賦稅及風土所産多與高
麗同其王服大袖紫袍青錦袴烏羅冠金花爲飾素皮帶烏革履官
人盡緋爲衣銀花飾冠庶人不得衣緋紫歲時伏臘同於中國其書
籍有五經子史又表疏並依中華之法武德四年其王扶餘璋遣使
來獻果𩣡馬七年又遣大臣奉表朝貢高祖嘉其誠欵遣使就册爲

○
帶方郡王百濟王自是歲遣朝貢高祖撫勞甚厚因訟高麗閉其道
路不許來通中國詔遣朱子奢往和之又相與新羅世爲讎敵數相
侵伐貞觀元年太宗賜其王璽書曰王世爲君長撫有東蕃海隅遐
曠風濤艱阻忠欵之至職貢相尋尚想徽猷甚以嘉慰朕自祗承寵
命君臨區宇思弘王道愛育黎元舟車所通風雨所及期之遂性咸
使乂安新羅王金眞平朕之藩臣之鄰國每聞遣師征討不息阻兵
安忍殊乖所望朕已對王姪信福及高麗新羅使人具勑通和咸許
輯睦王必須忘彼前怨識朕本懷共篤鄰情即停兵革璋因遣使奉
表陳謝雖外稱順命内實相仇如故十一年遣使來朝獻鐵甲雕斧太
宗優勞之賜綵帛三千段并錦袍等十五年璋卒其子義慈遣使奉
表告哀太宗素服哭之贈光祿大夫賻物二百段遣使册命義慈爲
柱國封帶方郡王百濟王十六年義慈興兵伐新羅四十餘城又發
兵以守之與高麗和親通好謀欲取党項城以絶新羅入朝之路新
羅遣使告急請救太宗遣司農丞相里玄奬齎書告諭兩蕃示以禍

福及太宗親征高麗百濟懐二乘虚襲破新羅十城二十二年又破其十餘城數年之中朝貢遂絶高宗嗣位求徴二年始又遣使朝貢使還降璽書與義慈曰至如海東三國開基自久並列疆界地實犬牙近代已來遂構嫌隙戰爭交起略無寧歲遂令三韓之氓命懸刀俎尋戈　肆憤朝夕相仍朕代天理物載深矜愍去歲王攻高麗新羅等使並來入朝朕命釋玆讎怨更敦款穆新羅使金法敏奏書高麗百濟脣齒相依競舉兵戈侵逼交至大城重鎮並爲百濟所併疆宇日蹙威力並謝乞詔百濟令歸所侵之城若不奉詔即自興兵打取但得故地即請交和朕以其言既順不可不許昔齊桓列土諸侯尚存亡國況朕萬國之主豈可不卹危藩王所兼新羅之城並宜還其本國新羅所獲百濟俘虜亦遣還王然後解患釋紛韜戈偃革百姓獲息肩之願三蕃無戰爭之勞比夫流血邊亭積屍疆場耕織並廢士女無聊豈可同年而語矣王若不從進止朕已依法敏所請任其與王決戰亦令約東高麗不許遠相救恤高麗若不承命即令契

丹諸蕃度遼澤入抄掠王可深思朕言自求多福審圖良策無貽後悔六年新羅王金春秋又表稱百濟與高麗靺鞨侵其北界已沒三十餘城顯慶五年命左衛大將軍蘇定方統兵討之大破其國虜義慈及太子隆小王孝演僞將五十八人等送於京師上責而宥之其國舊分爲五部統郡三十七城二百戶七十六萬至是乃以其地分置熊津馬韓東明等五都督府各統州縣立其酋渠爲都督刺史及縣令命右衛郎將王文度爲熊津都督總兵以鎮之義慈事親以孝行聞友于兄弟時人號海東曾閔及至京數日而卒贈金紫光祿大夫衛尉卿特許其舊臣赴哭送就孫皓陳叔寶墓側葬之并爲竪碑文度濟海而卒百濟僧道琛舊將福信率衆據周留城以叛遣使往倭國迎故王子扶餘豐立爲王其西部北部並翻城應之時郎將劉仁願留鎮於百濟府城道琛等引兵圍之帶方州刺史劉仁軌代文度統衆便道發新羅兵合契以救仁願轉鬭而前所向皆下道琛等於熊津江口立兩柵以拒官軍仁軌與新羅兵四面夾擊之賊衆退

走入柵阻水橋狹墮水及戰死萬餘人道琛等乃釋仁願之圍退保任存城新羅兵士以糧盡引還時龍朔元年三月也於是道琛自稱領軍將軍福信自稱霜岑將軍招誘叛亡其勢益張使告仁軌曰聞大唐與新羅約誓百濟無問老少一切殺之然後以國付新羅與其受死豈若戰亡所以聚結自固守耳仁軌作書具陳禍福遣使諭之道琛等恃衆驕倨置仁軌之使於外館傳語謂曰使人官職小我是一國大將不合自參不荅書遣之尋而福信殺道琛併其兵衆扶餘豐但主祭而已二年七月仁願仁軌等率留鎮之兵大破福信餘衆於熊津之東拔其支羅城及尹城大山沙井等柵殺獲甚衆仍令分兵以鎮守之福信等以眞峴城臨江高險又當衝要加兵守之仁軌引新羅之兵乘夜薄城四面攀堞而上比明而入據其城斬首八百級遂通新羅運糧之路仁願乃奏請益兵詔發淄青萊海之兵七千人遣左威衛將軍孫仁師統衆浮海赴熊津以益仁願之衆時福信既專其兵權與扶餘豐漸相猜貳福信稱疾臥於窟室將候扶餘豐

問疾謀襲殺之扶餘豐覺而率其親信掩殺福信又遣使往高麗及倭國請兵以拒官軍孫仁師中路迎擊破之遂與仁願之衆相合兵士大振於是仁師仁願及新羅王金法敏帥陸軍進劉仁軌及別帥杜爽扶餘隆率水軍及糧船自熊津江往白江以會陸軍同趨周留城仁軌遇扶餘豐之衆於白江之口四戰皆捷焚其舟四百艘賊衆大潰扶餘豐脫身而走僞王子扶餘忠勝忠志等率士女及倭衆並降百濟諸城皆復歸順孫仁師與劉仁願等振旅而還詔劉仁軌代仁願率兵鎮守乃授扶餘隆熊津都督遣還本國共新羅和親以招輯其餘衆麟德二年八月隆到熊津城與新羅王法敏刑白馬而盟先祀神祇及州谷之神而後歃血其盟文曰往者百濟先王迷於逆順不敦鄰好不睦親姻結託高麗交通倭國共爲殘暴侵削新羅破邑屠城略無寧歲天子憫一物之失所憐百姓之無辜頻命行人遣其和好負險恃遠侮慢天經皇赫斯怒恭行弔伐旌旗所指一戎大定固可潴宮汚宅作誡來裔塞源拔本垂訓後昆然懷柔伐叛前王之

令典興亡繼絕往哲之通規事必師古傳諸曩冊故立前百濟太子司稼正卿扶餘隆爲熊津都督守其祭祀保其桑梓依倚新羅長爲與國各除宿憾結好和親恭承詔命永爲藩服仍遣使人右威衛將軍魯城縣公劉仁願親臨勸諭具宣成旨約之以婚姻申之以盟誓刑牲歃血共敦終始分災恤患恩若弟兄祗奉綸言不敢失墜既盟之後共保歲寒若有棄信不恒二三其德興兵動衆侵犯邊陲明神鑒之百殃是降子孫不昌社稷無守禋祀磨滅罔有遺餘故作金書鐵契藏之宗廟子孫萬代無或敢犯神之聽之是饗是福劉仁軌之辭也歃訖埋幣帛於壇下之吉地藏其盟書於新羅之廟仁願仁軌等既還隆懼新羅尋歸京師儀鳳二年拜光祿大夫太常員外卿兼熊津都督帶方郡王令歸本蕃安輯餘衆時百濟本地荒毀漸爲新羅所據隆竟不敢還舊國而卒其孫敬則天朝襲封帶方郡王授衛尉卿其地自此爲新羅及渤海靺鞨所分百濟之種遂絕

○新羅國本弁韓之苗裔也其國在漢時樂浪之地東及南方俱限大海西接百濟北鄰高麗東西千里南北二千里有城邑村落王之所居曰金城周七八里衛兵三千人設獅子隊文武官凡有十七等其王金真平隋文帝時授上開府樂浪郡公新羅王武德四年遣使朝貢高祖親勞問之遣通直散騎侍郎庾文素往使焉賜以璽書及畫屏風錦綵三百段自此朝貢不絕其風俗刑法衣服與高麗百濟略同而朝服尚白好祭山神其食器用柳桮亦以銅及瓦國人多金朴兩姓異姓不爲婚重元日相慶賀燕饗每以其日拜日月神又重八月十五日設樂飲宴賚群臣射其庭婦人髮繞頭以綵及珠爲飾髮甚長美高祖既聞海東三國舊結怨隙遞相攻伐以其俱爲藩附務在和睦乃問其使爲怨所由對曰先是百濟往伐高麗詣新羅請救新羅發兵大破百濟國因此爲怨每相攻伐新羅得百濟王殺之怨由此始七年遣使冊拜金真平爲柱國封樂浪郡王新羅王貞觀五年遣使獻女樂二人皆鬒髮美色太宗謂侍臣曰朕聞聲色之娛不如好德且山川阻遠懷土可知近日林邑獻白鸚鵡尚解思鄉訴請還國鳥猶如此況人情乎但愍其遠來必思親戚宜付使者聽遣還家是歲真平卒無子立其女善德爲王宗室大臣乙祭總知國政詔贈真平左光祿大夫賻物二百段九年遣使持節冊命善德柱國封樂浪郡王新羅王十七年遣使上言高麗百濟累相攻襲亡失數十城兩國連兵意在滅臣社稷謹遣陪臣歸命大國乞偏師救助太宗遣相里玄獎齎璽書賜高麗曰新羅委命國家不闕朝獻爾與百濟宜即戢兵若更攻之明年當出師擊爾國矣太宗將親伐高麗詔新羅纂集士馬應接大軍新羅遣大臣領兵五萬人入高麗南界攻水口城降之二十一年善德卒贈光祿大夫餘官封並如故因立其妹真德爲王加授柱國封樂浪郡王二十二年真德遣其弟國相伊贊子金春秋及其子文正來朝詔授春秋爲特進文正爲左武衛將軍春秋請詣國學觀釋奠及講論太宗因賜以所制溫湯及晉祠碑并新撰晉書將歸國令三品已上宴餞之優禮甚稱永徽元年真德大破百濟之衆遣其弟法敏以聞真德乃織錦作五言太平頌以獻之其詞

○曰大唐開洪業巍巍皇猷昌止戈戎衣定修文繼百王統天崇雨施理物體含章深仁偕日月撫運邁陶唐幡旗既赫赫鉦鼓何鍠鍠外夷違命者翦覆被天殃淳風凝幽顯遐邇競呈祥四時和玉燭七曜巡萬方維嶽降宰輔維帝任忠良五三成一德昭我唐家光帝嘉之拜法敏爲太府卿五年真德卒爲舉哀詔以春秋嗣立爲新羅王加授開府儀同三司封樂浪郡王六年百濟與高麗靺鞨率兵侵其北界攻陷三十餘城春秋遣使上表求救顯慶五年命左武衛大將軍蘇定方爲熊津道大總管統水陸十萬仍令春秋爲嵎夷道行軍總管與定方討平百濟俘其王扶餘義慈獻于闕下自是新羅漸有高麗百濟之地其界益大西至于海龍朔元年春秋卒詔其子太府卿法敏嗣位爲開府儀同三司上柱國樂浪郡王新羅王三年詔以其國爲鷄林州都督府授法敏爲鷄林州都督法敏以開耀元年卒其子政明嗣位垂拱二年政明遣使來朝因上表請唐禮一部并雜文章則天令所司寫吉凶要禮并於文館詞林採其詞涉規誡者勒成

五十卷以賜之天授三年政明卒則天爲之舉哀遣使弔祭冊立其子理洪爲新羅王仍令襲父輔國大將軍行豹韜衛大將軍鷄林州都督理洪以長安二年卒則天爲之舉哀輟朝二日遣立其弟興光爲新羅王仍襲兄將軍都督之號興光本名與太宗同先帙則天改爲開元十六年遣使來獻方物又上表請令人就中國學問經教上許之二十一年渤海靺鞨越海入寇登州時興光族人金思蘭先因入朝留京師拜爲太僕員外卿至是遣歸國發兵以討靺鞨仍加授興光爲開府儀同三司寧海軍使二十五年興光卒詔贈太子太保仍遣左贊善大夫邢璹攝鴻臚少卿往新羅弔祭并冊立其子承慶襲父開府儀同三司新羅王璹將進發上製詩序太子以下及百寮咸賦詩以送之上謂璹曰新羅號爲君子之國頗知書記有類中華以卿學術善與講論故選使充此到彼宜闡揚經典使知大國儒教之盛又聞其人多善奕碁因令善碁人率府兵曹楊季鷹爲璹之副璹等至彼大爲蕃人所敬其國碁者皆在季鷹之下於是厚賂璹等

。唐傳二百四十九上　十二

金寶及藥物等天寶二年承慶卒詔遣贊善大夫魏曜往弔祭之冊立其弟憲英爲新羅王并襲其兄官爵大曆二年憲英卒國人立其子乾運爲王仍遣其大臣金隱居奉表入朝貢方物請加冊命三年上遣倉部郎中兼御史中丞賜紫金魚袋歸崇敬持節齎冊書往弔冊之以乾運爲開府儀同三司新羅王仍冊乾運母爲太妃七年遣使金標石來賀正授衛尉員外少卿放還八年遣使來朝并獻金銀牛黃魚牙納朝霞紬等九年至十二年比歲遣使來朝或一歲再至建中四年乾運卒無子國人立其上相金良相爲王貞元元年授良相檢校太尉都督鷄林州刺史寧海軍使新羅王仍令户部郎中蓋塤持節冊命其年良相卒立上相敬信爲王令襲其官爵敬信即從兄弟也十四年敬信卒其子先敬信亡國人立敬信嫡孫俊邕爲王十六年授俊邕開府儀同三司檢校太尉新羅王令司封郎中兼御史中丞韋丹持節冊命丹至鄆州聞俊邕卒其子重興無詔冊還來貞元年詔遣兵部郎中元季方持節冊重興爲王元和元年十一月放宿衛王子金獻忠歸本國仍加試秘書監三年遣使金力奇來朝其年七月力奇上言貞元十六年奉詔冊臣故主金俊邕爲新羅王母申氏爲太妃妻叔氏爲王妃冊使韋丹至中路知俊邕薨其冊却迴在中書省今臣還國伏請授臣以歸勑金俊邕等冊宜令鴻臚寺於中書省受領至寺宣授與金力奇令奉歸國仍賜其叔彥昇門戟令本國準例給四年遣使金陸珍等來朝貢五年王子金憲章來朝貢七年重興卒立其相金彥昇爲王遣使金昌南等來告哀其年七月授彥昇開府儀同三司檢校太尉持節大都督鷄林州諸軍事兼持節充寧海軍使上柱國新羅國王彥昇妻貞氏冊爲妃仍賜其宰相金崇斌等三人戟亦令本國準例給兼命職方員外郎攝御史中丞崔廷持節弔祭冊立以其質子金士信副之十一年十一月其入朝王子金士信等遇惡風飄至楚州鹽城縣界淮南節度使李鄘以聞是歲新羅飢其衆一百七十人求食於浙東十五年十一月遣使朝貢長慶二年十二月遣使金柱弼朝貢寶曆元年其王子金昕來

。唐傳二百四十九上　十三

朝大和元年四月皆遣使朝貢五年金彥昇卒以嗣子金景徽爲開府儀同三司檢校太尉使持節大都督鷄林州諸軍事兼持節充寧海軍使新羅王景徽母朴氏爲太妃妻朴氏爲妃命太子左諭德兼御史中丞源寂持節弔祭冊立開成元年王子金義琮來謝恩兼宿衛二年四月放還蕃賜物遣之五年四月鴻臚寺新羅國告哀質子及年滿合歸國學生等共一百五人並放還會昌元年七月勑歸國新羅官前入新羅宣慰副使前充兗州都督府司馬賜緋魚袋金雲卿可淄州長史

倭國者古倭奴國也去京師一萬四千里在新羅東南大海中依山島而居東西五月行南北三月行世與中國通其國居無城郭以木爲柵以草爲屋四面小島五十餘國皆附屬焉其王姓阿每氏置一大率檢察諸國皆畏附之設官有十二等其訴訟者匍匐而前地多女少男頗有文字俗敬佛法並皆跣足以幅布蔽其前後貴人戴錦帽百姓皆椎髻無冠帶婦人衣純色裙長腰襦束髮於後佩銀花長

八寸左右各數枝以明貴賤等級衣服之制頗類新羅貞觀五年遣
使獻方物太宗矜其道遠勑所司無令歲貢又遣新州刺史高表仁
持節往撫之表仁無綏遠之才與王子爭禮不宣朝命而還至二十
二年又附新羅奉表以通起居

日本國者倭國之別種也以其國在日邊故以日本爲名或曰倭國
自惡其名不雅改爲日本或云日本舊小國併倭國之地其人入朝
者多自矜大不以實對故中國疑焉又云其國界東西南北各數千
里西界南界咸至大海東界北界有大山爲限山外卽毛人之國長
安三年其大臣朝臣眞人來貢方物朝臣眞人者猶中國戶部尚書
冠進德冠其頂爲花分而四散身服紫袍以帛爲腰帶眞人好讀經
史解屬文容止溫雅則天宴之於麟德殿授司膳卿放還本國開元
初又遣使來朝因請儒士授經詔四門助教趙玄默就鴻臚寺教之
乃遺玄默闊幅布以爲束修之禮題云白龜元年調布人亦疑其僞
此題所得錫賚盡市文籍泛海而還其偏使朝臣仲滿慕中國之風

○因留不去改姓名爲朝衡仕歷左補闕儀王友衡留京師五十年好
書籍放歸鄉逗留不去天寶十二年又遣使貢上元中擢衡爲左散
騎常侍鎭南都護貞元二十年遣使來朝留學生橘免勢學問僧空
海元和元年日本國使判官高階眞人上言前件學生藝業稍成願
歸本國便請與臣同歸從之開成四年又遣使朝貢

唐書列傳卷第一百四十九上

唐書列傳卷第一百四十九下

劉　昫　等修

閩人銓校刻沈桐同校

北狄

鐵勒　契丹　奚
室韋　靺鞨　渤海靺鞨
霫　烏羅渾

鐵勒本匈奴別種自突厥強盛鐵勒諸郡分散衆漸寡弱至武德初
有薛延陀契苾迴紇都播骨利幹多覽葛僕骨拔野古同羅渾部思
結斛薛奚結阿跌白霫等散在磧北薛延陀者自云本姓薛氏其先
擊滅延陀而有其衆因號爲薛延陀部其官方兵器及風俗大抵與
突厥同初大業中西突厥處羅可汗始強大鐵勒諸部皆臣之而處
羅徵稅無度薛延陀等諸部皆怨處羅大怒誅其酋帥百餘人鐵勒
相率而叛共推契苾哥楞爲易勿眞莫賀可汗居貪汗山北又以薛

○延陀乙失鉢爲也咥小可汗居燕末山北西突厥射匱可汗強盛延
陀契苾二部並去可汗之號以臣之迴紇等六部在鬱督軍山者東
屬于始畢乙失鉢所部在金山者西臣于葉護貞觀二年葉護可汗
死其國大亂乙失鉢之孫曰夷男率其部落七萬餘家附于突厥遇
頡利之政衰夷男率其徒屬反攻頡利大破之於是頡利北諸姓多
叛頡利歸于夷男共推爲主夷男不敢當時太宗方圖頡利遣遊擊
將軍喬師望從間道齎冊書拜夷男爲眞珠毗伽可汗賜以鼓纛夷
男大喜遣使貢方物復建牙於大漠之北鬱督軍山下在京師西北
六千里東至靺鞨西至葉護南接沙磧北至俱倫山迴紇拔也古阿
跌同羅僕骨霫諸大部落皆屬焉三年夷男遣其弟統特勒來朝太
宗厚加撫接賜以寶刀及寶鞭謂曰汝所部有大罪者鞭之夷男甚
喜四年平突厥頡利之後朔塞空虛夷男率其部東返故國建庭於
都尉揵山北獨邏河之南在京師北三千三百里東至室韋西至金
山南至突厥北臨瀚海卽古匈奴之故地勝兵二十萬立其二子爲

南北部太宗亦以其強盛恐爲後患十二年遣使備禮冊命拜其子皆爲小可汗外示優崇實欲分其勢也會朝廷立李思摩爲可汗處其部衆於漠南之地夷男心惡思摩甚不悦十五年太宗幸洛陽將有事於太山夷男謀於其國曰天子封太山萬國必會士馬皆集邊境空虛我於此時取思摩如拉朽耳因命其子大度設勒兵二十萬屯白道川據善陽嶺以擊思摩之部思摩遣使請救詔英國公李勣蒲州刺史薛萬徹率步騎數萬赴之踰白道川至青山與大度設相及追之累月至諾眞水大度設知不脫乃亘十里而陳兵先是延陀擊沙鉢羅及阿史那社爾等以步戰而勝及其將來寇也先講武於國中教習步戰每五人以一人經習戰陣者使執馬而四人前戰克勝即授馬以追奔失應接罪至於死沒其家口以賞戰人至是遂行其法突厥兵先合輒退延陀乘勝而逐之勣兵拒擊而延陀萬矢俱發傷我戰馬乃令去馬步陣率長矟數百爲隊齊奮以衝之其衆潰散副總管薛萬徹率數千騎收其執馬者其衆失馬莫知所從因

〈唐傳一百四十九下〉 二

。大縱斬首三千餘級獲馬萬五千匹甲仗輜重不可勝計大度設跳身而遁萬徹將數百騎追之弗及其餘衆大奔走相騰踐而死者甚衆伏屍被野夷男因乞與突厥和并遣使謝罪十六年遣其叔父沙鉢羅泥孰俟斤來請婚獻馬三千匹太宗謂侍臣曰北狄世爲寇亂今延陀崛強須早爲之所朕熟思之唯有二策選徒十萬擊而虜之滅除凶醜百年無事此一策也若遂其來請結以婚姻緩轡羈縻亦足三十年安靜此亦一策也未知何者爲先司空房玄齡對曰今大亂之後瘡痍未復且兵凶戰危聖人所愼和親之策實天下幸甚太宗曰朕爲蒼生父母苟可以利之豈惜一女遂許以新興公主妻之因徵夷男備親迎之禮仍發詔將幸靈州與之會夷男大悦謂其國中曰我本鐵勒之小帥也天子立我爲可汗今復嫁我公主車駕親至靈州斯亦足矣於是稅諸部羊馬以爲聘財或說夷男曰我薛延陀可汗與大唐天子俱一國主何有自往朝謁如或拘留悔之無及夷男曰吾聞大唐天子聖德遠被日月所照皆來賓服我歸心委質

冀得覩天顏死無所恨然磧北之地必當有主捨我別求固非大國之計我志決矣勿復多言於是言者遂止太宗乃發使受其羊馬然夷男先無府藏調歛其國往返且萬里既涉沙磧無水草羊馬多死遂後期太宗於是停幸靈州既而其聘羊馬來至所耗將半議者以爲夷狄不可禮義畜若聘財未備而與之婚或輕中國當須要其備禮於是下詔絕其婚既而李思摩數遣兵侵掠之延陀復遣突利失擊思摩至定襄抄掠而去太宗遣英國公李勣援之見虜已出塞而還太宗以其數與思摩交兵璽書責讓之十七年謂其使人曰語爾可汗我父子並東征高麗汝若能寇邊者但當來也夷男遣使致謝復請發兵助軍太宗答以優詔而止其冬太宗拔遼東諸城破駐蹕陣而高麗莫離支潛令靺鞨誑惑夷男啗以厚利夷男氣懾不敢動俄而夷男卒太宗爲之舉哀夷男少子肆葉護拔灼襲殺其兄突利失可汗而自立是爲頡利俱利薛沙多彌可汗拔灼性褊急馭下無恩多所殺戮其下不附是時復以太宗尚在遼東遂發兵寇夏州將

〈唐傳一百四十九下〉 三

。軍執失思力擊敗之虜其衆數萬拔灼輕騎遁去尋爲迴紇所殺宗族殆盡其餘衆尚五六萬竄於西域又諸姓俟斤遞相攻擊各遣使歸命二十年太宗遣使江夏王道宗左衛大將軍阿史那社爾爲瀚海道安撫大使右領軍大將軍執失思力領突厥兵代州都督薛萬徹營州都督張儉右驍衛大將軍契苾何力各統所部兵分道並進太宗親幸靈州爲諸軍聲援既而道宗渡磧遇延陀餘衆數萬來拒戰道宗擊破之斬首千餘級萬徹又與迴紇相遇二將各遣使諭以綏懷之意其酋帥見使者皆頓顙歡呼請入朝太宗至靈州其鐵勒諸部相繼至數千人仍請列爲州縣北荒悉平詔曰惟天爲大合其德者弗違謂地蓋厚體其仁者光被故能彌綸八極囊蓋二儀振絕代之英聲畢天下之能事彼匈奴者與開闢而俱生奄有龍庭共上皇而並列僭稱驕子分天街於紫宸仰應旄頭抗大禮於皇極緬窺遼古能無力制自朕臨御天下二紀于茲粵以眇身一匡寰宇始勤勞於昧旦終致治於昇平曩者聊命偏師遂擒頡利今茲始弘廟略

巳殄延陁雖麾駕出征未踰郊甸前驅所轢繞掩塞垣長策風行巳
振金徼之表揚威電發遠讋沙場之外鐵勒諸姓迴紇月祿侯利發
等緫百餘萬户散處北溟遠遣使人委身内屬請同編列並爲州郡
收其瀚海盡入提封解其辮髮並垂冠帶上變星昴歸於東井之躔
下檐蹛林袪入南山之圍混元巳降殊未前聞無疆之業永貽來裔
古人所不能致今旣吞之前王所不能屈今咸殄之斯實書契所未
有古今之壯觀豈朕一人獨能盖由上靈儲祉錫以太康宗廟威靈
成玆克定即宜備禮告于清廟仍頒示普天其後延陁西遁之衆共
推夷男兄子咄摩支爲伊特勿失可汗率部落七萬餘口西歸故地
乃去可汗之號遣使奉表請居鬱督軍山北詔兵部尚書崔敦禮就
加綏撫而諸部鐵勒素服薛延陁之衆及咄摩支至也九姓渠帥莫
不危懼朝議恐爲磧北之患復令英國公李勣進加討擊勣率九姓
鐵勒二萬騎至于天山咄摩支見官軍奄至惶駭不知所爲且聞詔
使蕭嗣業在迴紇中因而請降嗣業與之俱至京師詔授右武衛將
軍賜以田宅咄摩支入國後鐵勒酋帥潛知其部落仍持兩端李勣

○（唐傳一百四十九下）　四

因縱兵追擊前後斬五千餘級虜男女三萬計二十二年契苾迴紇
等十餘部落以薛延陁亡散殆盡乃相繼歸國太宗各因其地土擇
其部落置爲州府以迴紇部爲瀚海都督府僕骨爲金微都督府多
覽葛爲燕然都督府拔野古部爲幽陵都督府同羅部爲龜林都督
府思結部爲盧山都督府渾部爲臯蘭州斛薛部爲高闕州奚結部
爲雞鹿州阿跌部爲雞田州契苾部爲榆溪州思結別部爲蹛林州
白霫部爲寘顔州凡一十三州拜其酋長爲都督刺史給玄金魚以
爲符信又置燕然都護以統之是歲太宗以鐵勒諸部並皆内屬詔
賜京城百姓大酺三日永徽元年延陁首領先逃逸者請歸國高宗
更置溪彈州以安恤之至則天時突厥强盛鐵勒諸部在漠北者漸
爲所併迴紇契苾思結渾部徙于甘涼二州之地其骨利幹北距大
海去京師最遠自古未通中國貞觀中遣使來朝貢遣雲麾將軍康
蘇密往慰撫之仍列其地爲玄闕州俄又遣使隨蘇密使入朝獻良

馬十匹太宗奇其駿異爲之制名號爲十驥一曰騰霜白二曰皎雪
驄三曰凝露驄四曰懸光驄五曰決波騟六曰飛霞驃七曰發電赤
八曰流金騧九曰翔麟紫十曰奔虹赤又爲文以叙其事自延陁叛
後朝貢遂絶

契丹居黄水之南黄龍之北鮮卑之故地在京城東北五千三百里
東與高麗鄰西與奚國接南至營州北至室韋冷陘山在其國南與
奚西山相崎地方二千里逐獵往來居無常處其君長姓大賀氏勝
兵四萬三千人分爲八部若有徵發諸部皆須議合不得獨舉獵則
別部戰則同行本臣突厥好與奚鬬不利則保入青山及鮮卑山其
俗死者不得作冢墓以馬駕車送入大山置之樹上亦無服紀子孫
死父母晨夕哭之父母死子孫不哭其餘風俗與突厥同武德初數
抄邊境二年入寇平州六年其君長咄羅遣使貢名馬豐貂貞觀二
年其君摩會率其部落來降突厥頡利遣使請以梁師都易契丹太
宗謂曰契丹突厥本是別類今來降我何故索之師都本中國人據

○（唐傳一百四十九下）　五

我州城以爲盜竊突厥無故容納之我師往討便來救援計不久自
當擒殄縱其不得終不以契丹易之太宗伐高麗至營州會其君長
及老人等賜物各有差授其蕃長窟哥爲左武衛將軍二十二年窟
哥等部咸請内屬乃置松漠都督府以窟哥爲左領軍將軍兼松漠
都督府無極縣男賜姓李氏顯慶初又拜窟哥爲左監門大將軍其
曾孫枯莫離則天時歷左衛將軍兼檢校彈汗州刺史歸順郡王又
契丹有別部酋帥孫敖曹初仕隋爲金紫光祿大夫武德四年與靺
鞨酋長突地稽俱遣使内附詔令於營州城傍安置授雲麾將軍行
遼州總管至曾孫萬榮垂拱初累授右玉鈐衛將軍歸誠州刺史封
永樂縣公萬歲通天中萬榮與王妹壻松漠都督李盡忠俱爲營州
都督趙翽所侵侮二人遂舉兵殺翽據營州作亂盡忠即窟哥之胤
歷位右武衛大將軍兼松漠都督則天怒其叛亂下詔改萬榮名爲
萬斬盡忠爲盡殄尋自稱無上可汗以萬斬爲大將前鋒略地
所向皆下旬日兵至數萬進逼檀州詔令右金吾大將軍張玄遇左

鷹揚衛將軍曹仁師司農少卿麻仁節率兵討之與萬斬戰于西硤石谷官軍敗績玄遇仁節並爲賊所虜又令夏官尚書王孝傑左羽林將軍蘇宏暉領兵七萬以繼之與萬斬戰于東硤石谷孝傑左陣陷沒宏暉弃甲而遁萬斬乘勝率其衆入幽州殺略人吏清邊道大總管建安郡王武攸宜遣裨將討之不能尅又詔左金吾大將軍河內王武懿宗爲大總管御史大夫婁師德爲副大總管右武衛將軍沙吒忠義爲前軍總管率兵三十萬以討之俄而李盡滅死萬斬代領其衆萬斬又遣別帥駱務整何阿小爲遊軍前鋒攻陷冀州殺刺史陸寶積屠官吏子女數千人俄而奚及突厥之衆掩擊其後掠其幼弱萬斬弃其衆以輕騎數千人東走前軍副總管張九節率數百騎設伏以邀之萬斬窮蹙乃將其家奴輕騎宵遁至潞河東解鞍憩於林下其奴斬之張九節傳其首于東都自是其餘衆遂降突厥開元三年其首領李失活以默啜政衰率種落內附失活即盡忠之從父弟也於是復置松漠都督府封失活爲松漠郡王拜左金吾衛大將軍

兼松漠都督其所統八部落各因舊帥拜爲刺史又以將軍薛泰督軍以鎮撫之明年失活入朝封宗室外甥女楊氏爲永樂公主以妻之六年失活死上爲之舉哀贈特進失活從父弟娑固代統其衆遣使冊立仍令襲其兄官爵娑固大臣可突于驍勇頗得衆心娑固謀欲除之可突于反攻娑固娑固奔營州都督許欽澹令薛泰帥驍勇五百人又徵奚王李大輔者及娑固合衆以討可突于官軍不利娑固大輔臨陣皆爲可突于所殺生拘薛泰營府震恐許欽澹移軍西入渝關可突于立娑固從父弟鬱于爲主俄又遣使請罪上乃令冊立鬱于令襲娑固官爵仍赦可突于之罪十年鬱于入朝請婚上又封從妹夫率更令慕容嘉賓女爲燕郡公主以妻之仍封鬱于爲松漠郡王授左金吾衛員外大將軍兼靜析軍經略大使賜物千段鬱于還蕃可突于來朝拜左羽林將軍從幸并州明年鬱于病死弟吐于代統其衆襲兄官爵復以燕郡公主爲妻吐于與可突于復相猜阻十三年攜公主來奔便不敢還改封遼陽郡王因留宿衛可突于

立李盡忠弟邵固爲主其冬車駕東巡邵固詣行在所因從至岳下拜左羽林軍員外大將軍靜析軍經略大使改封廣化郡王又封皇從外甥女陳氏爲東華公主以妻之邵固還蕃又遣可突于入朝貢方物中書侍郎李元紘不禮焉可突于怏怏而去左丞相張說謂人曰兩蕃必叛可突于人面獸心唯利是視執其國政人心附之若不優禮縻之必不來矣十八年可突于殺邵固率部落并脅奚衆降于突厥東華公主走投平盧軍於是詔中書舍人裴寬給事中薛侃等於京城及關內河東河南河北分道募壯勇之士以忠王浚爲河北道行軍元帥以討之師竟不行二十年詔禮部尚書信安王禕爲行軍副大總管領衆與幽州長史趙含章出塞擊破之俘獲甚衆可突于率其麾下遠遁奚衆盡降禕乃班師明年可突于又來抄掠幽州長史薛楚玉遣副將郭英傑吳克勤鄔知義羅守忠率精騎萬人并領降奚之衆追擊之軍至渝關都山之下可突于領突厥兵以拒官軍奚衆遂持兩端散走保險官軍大敗知義守忠率麾下遁歸英傑

克勤沒于陣其下六千餘人盡爲賊所殺詔以張守珪爲幽州長史兼御史中丞以經略之可突于漸爲守珪所逼遣使偽降俄又迴惑不定引衆漸向西北將就突厥守珪遣管紀王悔等就部落招諭之時契丹衙官李過折與可突于分掌兵馬情不叶每潛誘之過折夜勒兵斬可突于及其支黨數十人二十三年正月傳首東都詔封過折爲北平郡王授特進檢校松漠州都督賜錦衣一副銀器十事絹綵三千疋其年過折爲可突于餘黨泥禮所殺并其諸子唯一子剌乾走投安東得免拜左驍衛將軍天寶十年安祿山誣其酋長欲叛請舉兵討之八月以幽州雲中平盧之衆數萬人就黃水南契丹衙與之戰祿山大敗而還死者數千人至十二年又降附迄于貞元常間歲來修蕃禮貞元四年與奚衆同寇我振武大掠人畜而去九年十年復遣使來朝大首領悔落拽何已下各授官放還十一年大首領熱蘇等二十五人來朝自後至元和長慶寶曆大和開成時遣使來朝貢會昌二年九月制契丹新立五屈戍可雲麾將軍守右武衛

将軍員外置同正員幽州節度使張仲武上言屈戍等云契丹舊用
迴紇印今懇請聞奏乞國家賜印允之以奉國契丹之印爲文
奚國蓋匈奴之别種也所居亦鮮卑故地即東胡之界也在京師東
北四千餘里東接契丹西至突厥南拒白狼河北至霫國自營州西
北饒樂水以至其國勝兵三萬餘人分爲五部每部置俟斤一人風
俗並於突厥每隨逐水草以畜牧爲業遷徙無常居有氊帳兼用車
爲營牙中常五百人持兵自衛此外部落皆散居山谷無賦稅其人
善射獵好與契丹戰爭武德中遣使朝貢貞觀二十二年酋長可度
者率其所部内屬乃置饒樂都督府以可度者爲右領軍兼饒樂都
督封樓煩縣公賜姓李氏顯慶初又授右監門大將軍萬歲通天年
契丹叛後奚衆官屬突厥兩國常遞爲表裏號曰兩蕃景雲元年其
首領李大輔遣使貢方物睿宗嘉之宴賜甚厚延和元年左羽林將
軍檢校幽州大都督孫儉率兵十二萬以襲其部落師次冷陘前軍
左驍衛將軍李楷洛等與大輔會戰我師敗績儉懼不敢進救遣使
。《唐傳二百四十九下》八
矯報大輔云我奉勑來此招諭其蕃將李楷洛等不受節度而輒用
兵請斬以謝大輔曰若奉勑招諭有何國信物儉率軍中繒帛萬餘
段并袍帶以與之大輔曰將軍可南還無相驚擾儉軍漸失部伍大
輔乃率衆逼之由是大敗兵士死傷者數萬儉及副將周以悌爲大
輔所擒送于突厥默啜並遇害開元三年大輔遣其大臣粵蘇梅落
來請降詔復立其地爲饒樂州封大輔爲饒樂郡王仍拜左金吾員
外大將軍饒樂州都督五年大輔與契丹首領松漠郡王李失活咸
請於柳城依舊置營州都督府上從之勑太子詹事羊師度充使督
作役功八千餘人其年大輔入朝詔封從外甥女辛氏爲固安公主
以妻之賜物一千五百疋遣右領軍將軍李濟持節送還蕃八年大
輔率兵救契丹戰死其弟魯蘇嗣立十年入朝詔令襲其兄饒樂郡
王右金吾員外大將軍兼保塞軍經略大使賜物一千段仍以固安
公主爲妻而公主與嫡母未和遞相論告詔令離婚復以成安公主
之女韋氏爲東光公主以妻之十四年又改封魯蘇爲奉誠王授右

羽林軍員外將軍十八年奚衆爲契丹衙官可突干所脅復叛降突
厥魯蘇不能制走投渝關東光公主奔歸平盧軍其秋幽州長史趙
含章發清夷軍兵擊奚破之斬首二百級自是奚衆稍稍歸降二十
年信安王禕奉詔討叛奚奚酋長李詩瑣高等以其部落五千帳來
降詔封李詩爲歸義王兼特進左羽林軍大將軍同正仍充歸義州
都督賜物十萬段移其部落於幽州界安置天寶五載又封其王娑
固爲昭信王仍授饒樂都督自大曆後朝貢時至貞元四年七月奚
及室韋寇振武十一年四月幽州奏破奚六萬餘衆元和元年其王
饒樂府都督襲歸誠王梅落來朝加檢校司空放還蕃三年以奚首
領索低爲右武威衛將軍同正充檀薊兩州遊奕兵馬使仍賜姓李
氏八年遣使來朝十一年遣使獻名馬爾後每歲朝貢不絕或歲中
二三至故事常以范陽節度使爲押奚契丹兩蕃使自至德之後蕃
臣多擅封壤朝廷優容之彼務自完不生邊事故二蕃亦少爲寇其
每歲朝賀常各遣數百人至幽州則選其酋渠三五十人赴闕引見
。《唐傳二百四十九下》九
於麟德殿錫以金帛遣還餘皆駐而館之率爲常也
室韋者契丹之别類也居猱越河北其國在京師東北七千里東至
黑水靺鞨西至突厥南接契丹北至于海其國無君長有大首領十
七人並號莫賀弗世管攝之而附于突厥兵器有角弓楛矢尤善射
時聚弋獵事畢而散其人土著無賦斂或爲小室以皮覆上相聚而
居至數十百家剡木爲犂不加金刃人牽以種不解用牛夏多霧雨
冬多霜霰畜宜犬豕豢養而敢之其皮用以爲韋男子女人通以爲
服被髮左袵其家富者項著五色雜珠婚嫁之法男先就女舍三年
役力因得親迎其婦役日已滿女家分其財物夫婦同車而載鼓舞
共歸武德中獻方物貞觀三年遣使貢豐貂自此朝貢不絕又云室
韋我唐有九部焉所謂嶺西室韋山北室韋黄頭室韋大如者室韋
小如者室韋婆萵（烏戈及）室韋訥北室韋駱駝室韋並在柳城郡之東北
近者三千五百里遠者六千二百里今室韋最西與迴紇接界者烏
素固部落當俱輪泊之西南次東有移塞沒部落次東又有塞曷支

部落此部落有良馬人戶亦多居峩河之南其河彼俗謂之燕支河次又有和解部落次東又有烏羅護部落又有那禮部落又東北有山北室韋又北有小如者室韋又北有婆萵室韋東又有嶺西室韋又東南至黃頭室韋此部落兵強人戶亦多東北與達姤接嶺西室韋北又有訥北之室韋此部落校小烏羅護之東北二百餘里那河之北有古烏丸之遺人今亦自稱烏丸國武德貞觀中亦遣使來朝貢其北大山之北有大室韋部落其部落傍望建河居其河源出突厥東北界俱輪泊屈曲東流經西室韋界又東經大室韋界又東經蒙兀室韋之北落俎室韋之南又東流與那河忽汗河合又東經南黑水靺鞨之北北黑水靺鞨之南東流注于海烏丸東南三百里又有東室韋部落在猛越河之北其河東南流與那河合開元天寶間比年或間歲入貢大曆中亦頻遣使來貢貞元八年閏十二月室韋都督和解熱素等一十人來朝大和五年至八年凡三遣使來九年十二月室韋大勝督阿成等三十人來朝開成會昌中亦遣使來朝貢不絕

唐傳一百四十九下 十

〇靺鞨蓋肅愼之地後魏謂之勿吉在京師東北六千餘里東至於海西接突厥南界高麗北鄰室韋其國凡爲數十部各有酋帥或附於高麗或臣於突厥而黑水靺鞨最處北方尤稱勁健每恃其勇恒爲鄰境之患俗皆編髮性凶悍無憂戚貴壯而賤老無屋宇並依山水掘地爲穴架木於上以土覆之狀如中國之塚墓相聚而居夏則出隨水草冬則入處穴中父子相承世爲君長俗無文字兵器有角弓及楛矢其畜宜猪富人至數百口食其肉而衣其皮死者穿地埋之以身襯土無棺歛之具殺所乘馬於屍前設祭有酋帥突地稽者隋末率其部千餘家內屬處之於營州煬帝授突地稽金紫光祿大夫遼西太守武德初遣間使朝貢以其部落置燕州仍以突地稽爲總管劉黑闥之叛也突地稽率所部赴定州遣使詣太宗請受節度以戰功封耆國公又徙其部落於幽州之昌平城會高開道引突厥來攻幽州突地稽率兵邀擊大破之貞觀初拜右衛將軍賜姓李氏尋卒子謹行偉貌武力絕人麟德中歷遷營州都督其部落家僮數千人以財力雄邊爲夷人所憚累拜右領軍大將軍爲積石道經畧大使吐蕃論欽陵等率衆十萬人入寇湟中謹行兵士樵採素不設備忽聞賊至遂建旗伐鼓開門以待之吐蕃疑有伏兵竟不敢進上元三年又破吐蕃數萬衆於青海降璽書勞勉之累授鎭軍大將軍行右衛大將軍封燕國公永淳元年卒贈幽州都督陪葬乾陵自後或有酋長自來或遣使來朝貢每歲不絕其白山部素附於高麗因收平壤之後部衆多入中國汨咄安居骨室等部亦因高麗破後奔散微弱後無聞焉縱有遺人並爲渤海編戶唯黑水部全盛分爲十六部部又以南北爲稱開元十三年安東都護薛泰請於黑水靺鞨內置黑水軍續更以最大部落爲黑水府仍以其首領爲都督諸部刺史隷屬焉中國置長史就其部落監領之十六年其都督賜姓李氏名獻誠授雲麾將軍兼黑水經畧使仍以幽州都督爲其押使自此朝貢不絕

唐傳一百四十九下 十一

〇渤海靺鞨大祚榮者本高麗別種也高麗既滅祚榮率家屬徙居營州萬歲通天年契丹李盡榮反叛祚榮與靺鞨乞四比羽各領亡命東奔保阻以自固盡榮既死則天命右玉鈐衛大將軍李楷固率兵討其餘黨先破斬乞四比羽又度天門嶺以迫祚榮祚榮合高麗靺鞨之衆以拒楷固王師大敗楷固脫身而還屬契丹及奚盡降突厥道路阻絕則天不能討祚榮遂率其衆東保桂婁之故地據東牟山築城以居之祚榮驍勇善用兵靺鞨之衆及高麗餘燼稍稍歸之聖曆中自立爲振國王遣使通于突厥其地在營州之東二千里南與新羅相接越憙靺鞨東北至黑水靺鞨地方二千里編戶十餘萬勝兵數萬人風俗與高麗及契丹同頗有文字及書記中宗即位遣侍御史張行岌往招慰之祚榮遣子入侍將加冊立會契丹與突厥連歲寇邊使命不達睿宗先天二年遣郎將崔訢往冊拜祚榮爲左驍衛員外大將軍渤海郡王仍以其所統爲忽汗州加授忽汗州都督自是每歲遣使朝貢開元七年祚榮死玄宗遣使弔祭乃冊立其嫡

子桂婁郡王大武藝襲父爲左驍衛大将軍渤海郡王忽汗州都督十四年黑水靺鞨遣使來朝詔以其地爲黑水州仍置長史遣使鎮押武藝謂其屬曰黑水途經我境始今與唐家相通舊請突厥吐屯皆即知同去今不計會即請漢官必是與唐家通謀腹背攻我也遣母弟大門藝及其舅任雅發兵以擊黑水門藝曽充質子至京師開元初還國至是謂武藝曰黑水請唐家官吏即欲擊之是背唐也唐國人衆兵強萬倍於我一朝結怨但自取滅亡昔高麗全盛之時強兵三十餘萬抗敵唐家不事賓伏唐兵一臨掃地俱盡今日渤海之衆數倍少於高麗乃欲違背唐家事必不可武藝不從門藝兵至境又上書固諫武藝怒遣從兄大壹夏代門藝統兵徵門藝欲殺之門藝遂弃其衆間道來奔詔授左驍衛将軍武藝尋遣使朝貢仍上表極言門藝罪狀請殺之上密遣門藝往安西仍報武藝云門藝遠來歸投義不可殺今流向嶺南已遣去訖乃留其使馬文軌怱勿雅別遣使報之俄有洩其事者武藝又上書云大國示人以信豈有欺誑

之理今聞門藝不向嶺南伏請依前殺却由是鴻臚少卿李道邃源復以不能督察官屬致有漏洩左遷道邃爲曹州刺史復爲澤州刺史遣門藝暫向嶺南以報之二十年武藝遣其将張文休率海賊攻登州刺史韋俊詔遣門藝往幽州徵兵以討之仍令太僕員外卿金思蘭往新羅發兵以攻其南境屬山阻寒凍雪深丈餘兵士死者過半竟無功而還武藝懷怨不已密遣使至東都假刺客刺門藝於天津橋南門藝格之不死詔河南府捕獲其賊盡殺之二十五年武藝病卒其子欽茂嗣立詔遣内侍段守簡往册欽茂爲渤海郡王仍嗣其父爲左驍衛大将軍忽汗州都督欽茂承詔赦其境内遣使隨守簡入朝貢獻大曆二年至十年或頻遣使來朝或間歳而至或歳内二三至者十二年正月遣使獻日本國舞女一十一人及方物四月十二月使復來建中三年五月貞元七年正月皆遣使來朝授其使大常靖爲衛尉卿同正令還蕃八月其王子大貞翰來朝請備宿衛十年正月以來朝王子大清允爲右衛将軍同正其下三十餘人拜官有差十一年二月遣内常侍殷志贍册大嵩璘爲渤海郡王十四年加銀青光禄大夫檢校司空進封渤海郡王嵩璘父欽茂開元中襲父位爲郡王左金吾大将軍天寶中累加特進太子詹事賓客寳應元年進封國王大曆中累加拜司空大尉及嵩璘襲位但授其郡王将軍而已嵩璘遣使敘理故再加册命十一月以王姪大能信爲左驍衛中郎将虞候婁蕃長都督茹富仇爲右武衛将軍放還二十一年遣使來朝順宗加嵩璘金紫光禄大夫檢校司空元和元年十月加檢校太尉十二月遣使朝貢四年以嵩璘男元瑜爲銀青光禄大夫檢校秘書監忽汗州都督依前渤海國王五年遣使朝貢者二七年亦遣使來朝八年正月授元瑜弟權知國務言義銀青光禄大夫檢校秘書監都督渤海國王遣内侍李重旻使焉十三年遣使來朝且告哀五月以知國務大仁秀爲銀青光禄大夫檢校秘書監都督渤海國王十五年閏正月遣使來朝加大仁秀金紫光禄大夫檢校司空十二月復遣使來朝貢長慶二年正月又遣使來四年二月

大叡等五人來朝請備宿衛寳曆中比歳修貢大和元年四月皆遣使來朝五年大仁秀卒以權知國務大彝震爲銀青光禄大夫檢校秘書監都督渤海國王六年遣王子大明俊等來朝七年正月遣同中書右平章事高寳英來謝册命仍遣學生三人隨寳英請赴上都學問先遣學生三人事業稍成請歸本國許之二月王子大先晟等六人來朝開成後亦修職貢不絶

霫匈奴之別種也居于潢水北亦鮮卑之故地其國在京師東北五千里東接靺鞨西至突厥南至契丹北與烏羅渾接地周二千里四面有山環繞其境人多善射獵好以赤皮爲衣縁婦人貴銅釧衣襟上下懸小銅鈴風俗畧與契丹同有都倫紇斤部落四萬户勝兵萬餘人貞觀三年其君長遣使貢方物

烏羅渾國蓋後魏之烏洛侯也今亦謂之烏羅護其國在京師東北六千三百里東與靺鞨西與突厥南與契丹北與烏丸接風俗與靺鞨同貞觀六年其君長遣使獻貂皮焉

史臣曰北狄密邇中華偏邊蓋有之矣東夷隔礙瀛海作梗罕常聞之非惟勢使之然抑亦稟於天性太平之人仁空峒之人武信矣隋煬帝縱欲無厭興兵遼左急斂暴欲由是而起亂臣賊子得以爲資不戢自焚遂亡其國我太宗文皇帝親馭戎輅東征高麗雖有成功所損亦甚及凱還之日顧謂左右曰使朕有魏徵在必無此行矣則是悔於出師也可知矣何者夷狄之國猶石田也得之無益失之何傷必務求虛名以勞有用但當修文德以來之被聲教以服之擇信臣以撫之謹邊備以防之使重譯來庭航海入貢茲庶得其道也

贊曰東夷之人北狄之從爰考周官是稱蠻服未得無傷已得何足宜務懷柔謂之羈束

唐書列傳卷第一百四十九下

唐書列傳卷第一百五十上

劉　昫　等修
聞人詮校刻沈桐同校

安祿山子慶緒　高尚　孫孝哲
史思明朝義

安祿山營州柳城雜種胡人也本無姓氏名軋犖山母阿史德氏亦突厥巫師以卜爲業突厥呼鬬戰爲軋犖山遂以名之少孤隨母在突厥中將軍安波至兄延偃妻其母開元初與將軍安道買男俱逃出突厥中道買次男貞節爲嵐州別駕收獲之年十餘歲以與其兄及延偃相攜而出感愧之約與思順等並爲兄弟冒姓爲安及長解六蕃語爲互市牙郎二十年張守珪爲幽州節度祿山盜羊事覺守珪剝坐欲棒殺之大呼曰大夫不欲滅兩蕃耶何爲打殺祿山守珪見其肥白壯其言而釋之令與鄉人史思明同捉生行必剋獲拔爲偏將常嫌其肥以守珪威風素高畏懼不敢飽食以驍勇聞遂養爲

子二十八年爲平盧兵馬使性巧黠人多譽之授營州都督平盧軍使厚賂往來者乞爲好言玄宗益信嚮之天寶元年以平盧爲節度以祿山攝中丞爲使入朝奏事玄宗益寵之三載代裴寬爲范陽節度河北採訪平盧軍等使如故採訪使張利貞常受其賂數載之後黜陟使席建侯又言其公直無私裴寬受代及李林甫順旨並言其美數公皆信臣玄宗意益堅不搖矣後請爲貴妃養兒入對皆先拜太真玄宗怪而問之對曰臣是蕃人蕃人先母而後父玄宗大悅遂命楊銛已下並約爲兄弟姊妹六載加大夫常令劉駱谷奏事與王鉷俱爲大夫李林甫爲相朝臣莫敢抗禮祿山承恩深入謁不甚磬折林甫命王鉷鉷趨拜謹甚祿山悚息腎漸曲每與語皆揣知其情而先言之祿山以爲神明每見林甫雖盛冬亦汗洽林甫接以溫言中書廳引坐以已披袍覆之祿山欣荷無所隱呼爲十郎駱谷奏事先問十郎何言有好言則喜躍若但言大夫須好檢校則反手據牀曰阿與我死也李龜年嘗斅其說玄宗以爲笑樂晚年益肥壯腹垂

過腠重三百三十斤每行以肩膊左右擡挽其身方能移步至玄宗前作胡旋舞疾如風焉爲置第宇窮極壯麗以金銀爲筹筐笊籬等上御勤政樓於御坐東爲設一大金雞障前置一榻坐之卷去其簾十載入朝又求爲河東節度因拜之男十一人長子慶宗太僕卿少子慶緒鴻臚卿慶宗又尚郡主祿山陰有逆謀於范陽北築雄武城外示禦寇內貯兵器積穀爲保守之計戰馬萬五千匹牛羊稱是兼三道節度進奏無不允引張通儒李庭堅平洌李史魚獨孤問俗在幕下高尚掌書記劉駱谷留居西京爲耳目安守忠李歸仁蔡希德牛庭玠向潤容崔乾祐尹子奇何千年武令珣能元皓田承嗣田乾真皆拔於行間每月進奉生口駝馬鷹犬不絕人無聊矣既肥大不任戰前後十餘度欺誘契丹宴設酒中著莨菪子預掘一坑待其昏醉斬首埋之皆不覺死每度數十人十一載八月祿山幷率河東等軍五六萬號十五萬以討契丹去平盧千餘里至土護真河即北黃河也又倍程三百里奄至契丹牙帳屬久雨弓箭皆張濕將士困極

。奚又夾攻之殺傷略盡祿山被射折其玉簪以麾下奚小兒二十餘人走上山墜坑中其男慶緒等扶持之會夜解走投平盧城楊國忠屢奏祿山必反十二載玄宗使中官輔璆琳覘之得其賄賂盛言其忠國忠又云召必不至洎召之而至十三載正月謁於華清宮因涕泣言臣蕃人不識字陛下擢臣不次被楊國忠欲得殺臣玄宗益親厚之遂以爲左僕射却廻其月又請爲閑厩隴右群牧等都使奏吉溫爲武部侍郎兼中丞爲其副又請知摠監事既爲閑厩群牧等使上筋腳馬皆陰選擇之奪得樓煩監牧及奪張文儼馬牧三月一日歸范陽疾行出關日行三四百里至范陽人言反者玄宗必大怒縛送與之十四載玄宗又召之託疾不至賜其子婚令就觀禮又辭十一月反于范陽矯稱奉恩命以兵討逆賊楊國忠以諸蕃馬步十五萬夜半行平明食日六十里以高尚嚴莊爲謀主孫孝哲高邈何千年爲腹心天下承平日久人不知戰聞其兵起朝廷震驚禁衛皆市井商販之人乃開左藏庫出錦帛召募因以高仙芝封常清等相次

爲大將以擊之祿山令嚴莊得士死力無不一當百遇之必敗十二月渡河至陳留郡河南節度張介然城陷死之傳首河北陳留郭門祿山男慶緒見誅慶宗傍泣告祿山祿山在轝中驚哭曰吾子何罪而殺之狂而怒官軍之降者夾道命交相斫焉死者六七千人遂入陳留郡太守郭納初拒戰至是出降至滎陽太守崔無詖拒戰城陷死之次于泥水罌子谷將軍荔非守瑜蹲而射之殺數百人及鐵轝子祿山不敢過乃取谷南而過守瑜箭盡投河而死東京留守李憕中丞盧奕使採訪判官蔣清燒絕河陽橋祿山怒率軍大至封常清自苑西隤牆使伐樹塞路而奔祿山入東京殺李憕盧奕蔣清召河南尹達奚珣使之涖事初常清欲殺珣恐應賊憕奕諫止之常清既敗唯與數騎走至陝郡高仙芝率兵守陝城皆弃甲西走潼關懼賊追躡相蹂藉而死者塞路陝郡太守竇庭芝走投河東賊使崔乾祐守陝郡臨汝太守韋斌降于賊十五年正月賊竊號燕國立年聖武達奚珣已下署爲丞相五月南陽節度魯炅率荊襄黔中嶺南子弟

。十萬餘與賊將武令珣戰于葉縣城北滍河王師盡沒六月李光弼郭子儀出土門路大破賊衆於常山郡東嘉山河北諸郡歸降者十餘祿山窘急圖欲却投范陽會哥舒翰自潼關領馬步八萬與賊將崔乾祐戰于靈寶西爲賊覆敗翰西奔潼關爲其帳下執送于賊關門不守玄宗幸蜀太子收兵靈武賊乃遣張通儒爲西京留守田乾真爲京兆尹安守忠屯兵苑中十一月遣阿史那承慶攻陷潁川屠之祿山以體肥長帶瘡及造逆後而眼漸昏至是不見物又著疽疾俄及至德二年正月朔受朝瘡甚而中罷以疾加躁急動用斧鉞嚴莊亦被捶撻莊乃日夜謀之立慶緒於戶外莊持刀領豎李豬兒同入祿山帳內豬兒以大刀斫其腹祿山眼無所見牀頭常有一刀及覺難作捫牀頭不得但撼幄帳大呼曰是我家賊腹腸已數斗流在牀上言訖氣絕因掘牀下深數尺爲坑以氈罽包其屍埋之又無哭泣之儀莊即宣言於外言祿山傳位於晉王慶緒尊祿山爲太上皇慶緒縱樂飲酒無度呼莊爲兄事之大小必咨之初豬兒出契丹部

落十數歲事祿山甚黠慧祿山持刃盡去其勢血流數升欲死祿山以灰火傅之盡日而蘇因爲閹人祿山頗寵之最見信用祿山肚大每著衣帶三四人助之兩人擡起肚豬兒以頭戴之始取裙褲帶及繫腰帶玄宗寵祿山賜華清宮湯浴皆許豬兒等人助解著衣服然終見剸者豬兒也

慶緒祿山第二子也母康氏祿山糟糠之妻慶緒善騎射祿山偏愛之未二十拜鴻臚卿兼廣陽太守初名仁執玄宗賜名慶緒爲祿山都知兵馬使嚴莊高尚立爲僞主慶緒素懦弱言詞無序莊恐衆不伏不令見人莊爲僞御史大夫馮翊郡王以專其政厚其軍將官秩以固其心二月肅宗南幸鳳翔郡始知祿山死使僕固懷恩使于廻紇結婚請兵討逆其月郭子儀抜河東郡崔乾祐南遁八月廻紇三千騎至九月廣平王領蕃漢之衆收西京走安守忠賊之死者積如山阜十月賊將尹子奇攻陷睢陽郡殺張巡姚誾等王師乘勝至陝郡賊俱令嚴莊傾其驍勇而來拒廣平王遣副元帥郭子儀等與賊

○戰于陝西曲沃大破之於新店逐北二十里斬首十餘萬伏屍三十里嚴莊奔至東京告慶緒慶緒率其餘衆奔河北保鄴郡嚴莊至河內南來歸順賊將阿史那承慶等麾下三萬餘人悉奔恒趙范陽從慶緒者唯疲卒一千三百而已僞中書令張通儒秉政改相州爲成安府署置百官旬日之內賊將各以衆至者六萬餘兇威復振僞青齊節度能元皓獨率衆歸順明年改乾元元年僞德州刺史王暕貝州刺史宇文寬等皆歸順河北諸軍各以城守累月賊使蔡希德安太清急擊復陷于賊虜之以歸臠食其肉其下潛謀歸順者衆矣賊皆易置之以縱屠戮人心始離又不親政事繕治亭沼樓船爲長夜之飲高尚等各不相叶蔡希德兵最銳性剛直張通儒譖而縊殺之三軍冤痛不爲用以崔乾祐爲天下兵馬使權領中外兵乾祐性愎戾士卒不附九月肅宗遣郭子儀等九節度率步騎二十萬攻之以魚朝恩爲軍容使初子儀之列陣也使善射者三千人伏於壘垣內明日接戰子儀麾其屬僞奔慶緒逐之伏兵齊發賊黨大潰使薛嵩求救於史思明言禪讓之禮思明先遣李歸仁以步卒一萬馬軍三千先往滏陽以應及至滏陽子儀之圍已固築城穿壕各三重樓櫓之盛古所未有又引水以灌城下城中水泉大上井皆滿溢以安太清代乾祐爲都知兵馬使思明南攻魏州節度使崔光遠南走思明據其城數日即乾元二年正月一日也思明僞稱燕王立年號慶緒自十月被圍至二月城中人相食米斗錢七萬餘鼠一頭直數千馬食隤牆麥麲及馬糞濯而飼之思明引衆來救三月六日子儀等戰敗遂解圍而南斷河陽橋以守穀水思明領其衆營於鄴縣南慶緒使收子儀等營中糧尚六七萬石復與孫孝哲乾祐謀閉門自守議更拒思明諸將曰今日安可更背史王乎張通儒高尚平冽謂慶緒曰史王遠來臣等皆合迎謝對曰任公暫往見思明思明與之涕泗厚其禮復命歸城經三日慶緒不至思明密召安太清令誘之慶緒不獲已以三百騎詣思明思明引入令三軍擐甲執兵待之及諸弟領至于庭再拜稽首曰臣不克負荷棄失兩都久陷重圍不意大王

○以太上皇故將兵遠救思明曰棄失兩都用兵不利亦何事也爾爲人子殺汝父以求位篡非大逆乎吾爲太上皇討賊即牽出并其四弟及高尚孫孝哲崔乾祐皆縊殺之祿山父子僭逆三年而滅初王師之圍相州也意朝夕屠陷唯術士桑道茂曰三月六日西師必散此城無憂卒如其言

高尚幽州雍奴人也本名不危母老乞食於人尚周遊不歸侍養嘗居河朔縣界於令狐潮鄰里通其婢生一女遂收之尚頗篤學贍文詞嘗嘆息謂汝南周銑曰高不危寧當舉事而死終不能咬草根以求活耳縣尉有姓高者以其宗盟引置門下遂以尚入籍爲兄弟李齊物爲懷州刺史舉高尚不仕送京師并助錢三萬齊物寓書於中官將軍吳懷實以託之懷實引見高力士置賓館中令與男承相錫爲學無問家事一以委之無何令妻父呂令皓特表薦之天寶元年拜左領軍倉曹參軍同正員六載安祿山奏爲平盧掌書記出入祿山臥內祿山肥多睡尚執筆在旁或通宵焉繇是浸親厚之遂與祿

山解圖讖勸其反天寶十一年祿山表爲屯田員外郎及隨祿山寇
陷東京僞授中書侍郎僞赦書制勑多出其手始尚與嚴莊孫孝哲
計畫白祿山以爲事必成及顏杲卿殺李欽湊於土門揚聲言榮王
琬哥舒翰二十萬衆狥河北十七郡皆歸順顏眞卿破袁知泰三萬
衆於堂邑賀蘭進明再拔信都李光弼郭子儀繼收常山趙郡河北
路絶者再河南諸郡皆有防禦潼關有哥舒翰之師祿山大懼怒尚
等曰汝元向我道萬全必無所畏今四邊若此賴鄭汴數州尚存向
西至關一步不通河北並已無矣萬全何在更不須見我尚等遂數
日不得見祿山憂悶不知所爲會田乾眞自潼關至曉諭祿山曰自
古帝王皆有勝敗然後成大事豈有一舉而得之者乎今四邊兵馬
雖多皆非精鋭豈我之比縱事不成收取數萬衆橫行天下爲一盜
跖亦十年五歲矣豈有人能制我耶尚莊等皆佐命元勲何得隔絶
不與相見令其憂懼只此數人豈不能爲患乎外間聞之必心揺動
祿山喜曰阿浩非汝誰能開豁我心事今無憂矣爲之奈何乾眞

○曰不如喚取慰勞之遂召尚等飲宴作樂祿山自唱歌以送酒待之
如初阿浩乾眞小字也及慶緒至相州僞授侍中
孫孝哲契丹人也母爲祿山所通因得狎近及祿山僭逆僞授殿中
監閑廐使封王孝哲尤用事亞於嚴莊裘馬華侈頗事豪貴每食皆
備珍饌性殘忍果於殺戮聞者畏之祿山使孝哲與張通儒同守西
京妃王宗枝皆罹其酷與嚴莊爭權不睦及祿山死奪其使以鄧季
陽代之慶緒之奔莊懼爲所圖因而來奔○史思明本名窣干營州寧
夷州突厥雜種胡人也姿瘦少鬚髮鳶肩傴背嶔目側鼻性急躁與
安祿山同鄉里先祿山一日生思明除日生祿山歲日生及長相善
俱以驍勇聞初事特進烏知義每令騎覘賊必生擒以歸又解六蕃
語與祿山同爲互市郎張守珪爲幽州節度奏爲折衝天寶初頻立
戰功至將軍知平盧軍事嘗入奏玄宗賜坐與語甚奇之問其年曰
四十矣玄宗撫其背曰卿貴在後勉之遷大將軍北平太守十一載
祿山奏授平盧節度都知兵馬使十四載安祿山反命思明討饒陽

等諸郡陷之十五載正月六日思明與蔡希德圍顏杲卿於常山九
日拔之又圍饒陽二十九日不能拔李光弼出土門拔常山郡思明
解圍而拒光弼光弼列兵於城南相持累月光弼草盡使精卒以車
數乘於旁縣取草輙被擊之其後率十匹唯共得兩束草至剉蒿薦
以飼之初祿山以賈循爲范陽留後謀歸順爲副留守向潤容所殺
以思明代之又以征戰在外令向潤容代其任四月朔方節度郭子
儀以朔方蕃漢二萬人自土門而至常山軍威遂振南拔趙郡思明
退保博陵五月十日子儀光弼擊之敗思明於沙河上又攻之思明
以騎卒奔嘉山光弼擊之思明大敗走入博陵郡光弼圍之城幾拔
屬潼關失守肅宗理兵于朔方使中官邢廷恩追朔方河東兵馬光
弼入土門思明隨後徼擊之巳而迴軍併行擊劉正臣正臣易之初
不設備遂弃軍保北平正臣妻子及軍資二千乘盡没思明將卒頗
精鋭皆平盧戰士南拔常山趙郡又攻河間爲尹子奇所圍巳四十
餘日顏眞卿使和琳以一萬二千人馬百匹以救之至河間二十餘

○里北風勁烈鼓聲不相聞敗亂擊之擒和琳以至城下思明既至合
勢賊軍益盛李奐爲賊所擒送東京又攻景城擒李暐暐投河而死
遂使康没野波攻平原眞卿覺之兵馬既盡渡河而南攻清河粮盡
城陷擒太守王懷忠以獻祿山將軍莊嗣賢圍烏承恩於信都承恩
母妻先爲安祿山所獲思明獲其男從則使諭承恩承恩遂降思明
與之把臂飲酒饒陽陷李系投火死河北悉陷尹子奇以五萬衆渡
河至青州欲便向江淮會迴紇二千騎奄至范陽范陽閉門二日然
後向太原子奇行千里以救之二年正月思明以蔡希德合范陽上
黨兵馬十萬圍李光弼於太原光弼使爲地道至城陣前驍賊方戲
弄城中人地道中人出擒之敵以爲神呼爲地藏菩薩思明留十月
會安祿山死慶緒令歸范陽希德留百餘日皆不能拔而歸自祿山
陷兩京常以駱駝運兩京御府珍寶於范陽不知紀極由是恣其逆
謀思明轉驕不用慶緒之命安慶緒爲王師所敗投鄴郡其下蕃漢
兵三萬人初不知所從思明擊殺三千人然後降之慶緒使阿史那

承慶安守忠徵兵於思明且欲圖之判官耿仁智忠謀之士謂思明曰大夫崇重人不敢言仁智請一言而死思明曰試言之對曰大夫久事祿山祿山兵權若此誰敢不服如大夫比者逼於兇威耳固亦無罪今聞孝感皇帝聰明勇智有少康周宣之略大夫發使輸誠必開懷見納此轉禍爲福之上策也思明曰善承慶等以五千騎至范陽思明悉衆介冑以逆之衆且數萬去之一里使謂之曰相公及王遠至將士等不勝喜躍此皆邊兵怯懦頗懼相公之來莫敢進也請弛弓以安之從之思明遂以承慶守忠入內廳飲樂之別令諸將於其所分收其甲仗其諸郡兵皆給糧恣歸之欲留者分隸諸營遂拘承慶斬守忠李立節之首李光弼使衙官敬俛招之遂令衙官竇子昂奉表以所管兵衆八萬人及以僞河東節度高秀巖來降肅宗大悅封歸義王范陽長史御史大夫河北節度使朝義已下并爲列卿秀巖雲中太守以其男如岳等七人爲大官使內侍李思敬將軍烏承恩宣慰使令討殘賊明年改乾元元年四月肅宗使烏承恩爲副

○ 唐傳二百五十上　八

使候伺其過而殺之初承恩父知義爲節度思明常事知義亦有開奬之恩以此李光弼冀其無疑因謀殺之承恩至范陽數漏其情夜取婦人衣詣諸將家以翻動之意諭之諸將以白思明思明甚懼無以爲驗有頃承恩與思敬從上京來宣恩命畢將歸私第思明留承恩且於館中明當有所議已令幃其所寢之牀伏二人于其下承恩有小男先留范陽思明令省其父夜後私於其子曰吾受命除此逆明便授吾節度矣牀下二人叫呼而出以告思明思明令執之搜其衣囊得朝廷所與阿史那承慶鐵券及光弼與承恩之牒云承慶事了即付鐵券不了不可付之又得簿書數百紙皆載先所從反軍將名思明語之曰我何負於汝而至是耶承恩稱死罪此太尉光弼之謀也思明集軍將官吏百姓西向大哭曰臣以十三州之地十萬衆之兵降國家赤心不負陛下何至殺臣因榜殺承恩父子因李思敬遣使表其事朝廷又令中使慰諭云國家與光弼無此事乃承恩所爲殺之善也又有使從京至執三司議罪人狀思明曰陳希烈已下皆重

臣上皇弃之幸蜀既收復天下此輩當慰勞之今尚見殺况我本從祿山反乎諸將皆云烏承恩之前事情狀可知光弼尚在憂不細也大夫何不取諸將狀以誅光弼以謝河北百姓主上若不惜光弼爲大夫誅之大夫乃安不然爲患未已思明曰公等言是乃令耿仁智張不矜修表請誅光弼以謝河北若不從臣請臣則自領兵往太原誅光弼不矜初以表示思明及封入函耿仁智盡削去之寫表者密告思明思明大怒執二人於庭曰汝等何得負我命斬之仁智事思明頗久意欲活之却令召入謂之曰我任使汝向三十年今日之事我不負汝仁智大呼曰人生固有一死須存忠節今大夫納邪說爲反逆之計縱延旬月不如早死請速加斧鉞思明大怒亂捶殺之腦流于地十月郭子儀領九節度圍相州安慶緒偷道求救於思明思明懼軍威之盛不敢進十二月蕭華以魏州歸順詔遣崔光遠替之思明擊而拔其城光遠脫身南渡思明於魏州殺三萬人平地流血數日即乾元二年正月一日也思明於魏州北設壇僭稱爲大聖燕

○ 唐傳二百五十上　九

王以周贄爲行軍司馬三月引衆救相州官軍敗而引退思明召慶緒等殺之并有其衆四月僭稱大號以周贄爲相以范陽爲燕京九月寇汴州節度使許叔冀合於思明思明益振又陷洛陽與太尉光弼相拒思明恣行兇暴下無聊矣上元二年潛遣人反說官軍曰洛中將士皆幽朔人咸思歸魚朝恩以爲然告光弼及諸節度僕固懷恩衛伯玉等可速出兵以討殘賊光弼等然之乃出師南道齊進次榆林賊委物僞遁將士等不復設備皆入城虜掠賊伏兵在北邙山下因大下士卒咸弃甲奔散魚朝恩衛伯玉退保陝州光弼懷恩弃河陽城退居聞喜步兵散死者數千人軍資器械盡爲賊所有河陽懷州盡陷於賊思明至陝州爲官軍所拒於姜子坂戰不利退歸永寧築三角城約一月內畢以貯軍糧朝義築城畢未泥思明至詬之對曰緣兵士疲乏暫歇耳又怒曰汝惜部下兵違我處分令隨身數十人立馬看泥斯須而畢又曰待収陝州斬却此賊朝義大懼思明居驛朝義在店中思明令腹心曹將軍摠中軍兵嚴衛朝義將駱悅

幷許叔冀男季常等言主上欲害王悅與王死無日矣因言廢興之
事古來有之欲喚取曹將軍舉大事可乎朝義廻面不應悅曰若不
應悅等卽歸李家王亦不全矣朝義然之令許季常命曹將軍至悅
等告之不敢拒其夜思明夢而驚悟據牀惆悵每好令人寢食置左
右以其殘忍皆恨之及此問其故曰吾向夢見水中沙上羣鹿渡水
而至鹿死水乾言畢如廁令人相謂曰鹿者祿也水者命也胡祿命
俱盡矣駱悅入問思明所在未及對殺數人因指在廁思明覺變踰
牆出至馬槽鞴馬騎之悅等至令傔人周子俊射中其臂落馬曰是
何事悅等告以懷王思明曰我朝來語錯今有此事然汝殺我太疾
何不待我收長安終事不成矣因急呼懷王者三曰莫殺我卻罵曹
將軍曰這胡誤我這胡誤我悅遂令心腹擒思明赴柳泉驛曰事已
成矣朝義曰莫驚聖人否莫損聖人否悅曰無有時周贄許叔冀統
後軍在福昌朝義令許季常往告之贄聞驚欲仰倒朝義領兵廻贄
等來迎因殺贄思明至柳泉驛縊殺之朝義便僭僞位朝義思明孽

子也寬厚人附之使人往范陽殺僞太子朝英等僞留守張通儒覺
之戰於城中數日死者數千人始斬之時洛陽四面數百里人相食
州縣爲墟諸節度使皆祿山舊將與思明等夷朝義徵召不至寶應
元年十月遣元帥雍王領河東朔方諸節度廻紇兵馬赴陝僕固懷
恩與廻紇左殺爲先鋒魚朝恩郭英義爲後殿自澠池入李抱玉自
河陽入副元帥李光弼自陳留入雍王留陝州二十九日與朝義戰
于邙山之下逆賊敗績走渡河斬首萬六千生擒四千六百降三萬
二千人器械不可勝數朝義走投汴州汴州僞將張獻誠拒之乃渡
河北投幽州二年正月賊僞范陽節度李懷仙於莫州生擒之送款
來降梟首至闕下又以僞官以城降者恒州刺史成德軍節度張忠
志爲禮部尚書餘如故趙州刺史盧淑定州程元勝徐州劉如伶相
州節度薛嵩幽州李懷仙鄭州田承嗣並加封爵領舊職思明乾元
二年僭號至朝義寶應元年滅凡四年

唐書列傳卷第一百五十上

唐書列傳卷第一百五十下

劉　昫　等修

聞人詮校刻沈桐同校

朱泚　黃巢　秦宗權

朱泚幽州昌平人曾祖利贊善大夫贈禮部尚書祖思明太子洗馬
贈太子太師父懷珪天寶初事范陽節度使裴寬爲衙前射授折衝
將軍及安祿山史思明叛累爲管兵將寶應中李懷仙歸順奏爲薊
州刺史平盧軍留後柳城軍使大曆元年卒累贈左僕射祖父之贈
皆以泚故也泚以父資從軍幼壯偉腰帶十圍騎射武藝亦不出人
外若寬和中頗殘忍然輕財好施每征戰所得賞物輒分與麾下將
士以是爲衆所推故得濟其兇謀初隸李懷仙爲部將改經略副使
朱希彩旣殺李懷仙自爲節度以泚宗姓甚委信之希彩爲政苛酷
人不堪命大曆七年秋希彩爲其下所殺倉卒之際未有所從泚營
在城北弟滔主衙內兵亦得衆心滔變詐多端潛使百餘人於衆中

大言曰節度使非城北朱副使莫可衆旣無從因共推泚泚遂權知
留後遣使奉表京師十月拜檢校左散騎常侍兼御史中丞幽州盧
龍節度等使幽州長史兼御史大夫其年泚上表令弟滔率兵二千
五百人赴京西防秋代宗嘉之手詔褒美九年就加檢校戶部尚書
賜實封百戶幽州及河北諸鎮自天寶末便爲逆亂之地李懷仙朱
希彩與連境三節度名雖向順未嘗朝謁至是泚率先上表請自領
步騎三千人入覲詔修甲第以待之九月泚至京師代宗御內殿引
見賜御馬兩匹戰馬十匹金銀錦綵甚厚又以器物十牀馬四十匹
縑二萬匹衣一千七百襲賜其將士宴犒之盛近時未有泚又上表
請留京師從之因授其弟滔兼御史大夫幽州節度留後仍以河陽
永平軍防秋兵郭子儀統之決勝軍楊猷兵李抱玉統之淮西鳳翔
兵馬璘統之汴宋淄青兵俾泚統焉十一年八月加拜同平章事令
出鎮奉天行營復賜金銀繒綵幷內庫弓箭以寵之十二年加檢校
司空代李抱玉爲隴右節度使權知河西澤潞行營兵馬事德宗嗣

位加太子太師鳳翔尹實封至三百戶建中元年涇州將劉文喜阻
兵爲亂加泚四鎮北庭行軍涇原節度使與諸軍討之涇州平加泚
中書令還鎮鳳翔而以舒王謨遥領涇原節度二年加泚太尉朱滔
將反叛陰使人與泚計議以帛書内蠟丸中置髮髻間河東節度馬
燧捜獲之以聞并送帛書及所遣使泚惶懼頓首乞歸罪有司上勉
之曰千里不同謀非卿之過三年四月以張鎰代泚爲鳳翔隴右節
度留後留泚京師加實封至一千戶與一子正員官其幽州盧龍節
度太尉中書令並如故四年十月涇原兵叛鑾駕幸奉天叛卒等以
泚嘗統涇州知其失權廢居怏怏思亂羣寇無帥幸泚政寬乃相與
謀曰朱太尉久囚空宅若迎而爲主事必濟矣姚令言乃率百餘騎迎
泚於晉昌里第泚乘馬擁從北向燭炬星羅觀者萬計入居含元殿
明日移處白華殿但稱太尉朝官有謁泚者悉勸奉迎鑾駕既不合
泚意皆逡巡而退源休至遂屏人移時言動悖逆又盛陳成敗稱述
符命勸其僭偽泚甚悦之又李忠臣張光晟繼至咸以官閑積憤樂

○

《舊傳一百五十下》 二

於禍亂鳳翔涇原大將張廷芝段誠諫以潰卒三千餘自襄城而至
賊泚自謂衆望所集僭竊之心自此而定乃以源休爲京兆尹判度
支李忠臣爲皇城使段秀實久失兵柄故推心委之遂發鋭師三千
言奉迎乘輿實陰有逆謀秀實與劉海賓謀誅泚且虞叛卒之震驚
法駕乃潛爲賊符追所發兵至六日兵及絡繹而廻因與海賓同入
見泚爲陳逆順之理而海賓於靴中取匕首爲其所覺遂不得前秀
實知不可以義動遽奪源休象笏挺而擊泚仍大呼曰反虜萬段泚
舉臂衛首秀實格拉之恟恟然李忠臣馳助泚泚素多力絶破其面
逆徒譟集秀實海賓遂併見害明日聲言以親王權主社稷士庶競
往觀之八日源休姚令言李忠臣張光晟等八人導泚自白華入宣
政殿僭即僞位自稱大秦皇帝號應天元年愚智莫不憤心侍衛皆
卒伍行列不過十餘人下僞詔曰幽囚之中神器自至豈朕薄德所
能經營彭偃之詞也僞署姚令言爲侍中李忠臣爲司空兼侍中源
休爲中書侍郎平章事判度支蔣鎮爲吏部侍郎樊系爲禮部侍郎

禮儀使許季常爲京兆尹洪經綸爲太常少卿彭偃爲中書舍人裴
揆崔幼貞爲給事中崔莫爲御史中丞張光晟仇敬忠敬釭張寶何
望之段誠諫張廷芝杜如江爲節度使仍以其兄子遂爲太子遥封
弟滔爲冀王太尉尚書令尋又號皇太弟十月泚自領兵侵逼奉天
竊威儀輦輅闐溢道途蟻聚之衆軍勢頗盛以姚令言爲元帥張光
晟爲副以李忠臣爲京兆尹皇城留守居中書省尋以蔣鎮爲門下
侍郎李子平爲諫議大夫兼平章事泚軍合於城下渾瑊韓遊瓌與
之泚衆大敗死者萬計泚收軍於奉天東三里下營大修攻具明日
泚又分兵營於乾陵下瞰城内大震十一月三日杜希全與泚衆戰
於漠谷官軍不利自是泚益驕大王師乘城而戰人百其勇賊多敗
衂或出野戰官軍又獲利焉泚乃大驅百姓塡塹夜攻城城中設奇
以應之賊乃退縮西明寺僧法堅有巧思爲泚造雲梯十五日辰時
梯臨城東北隅城内震駭渾瑊使侯仲莊設大坑爲地道陷之又縱
火焚其梯東風起吹我軍衆頗危俄而風廻吹賊軍瑊益薪潑油萬

○

《舊傳一百五十下》 三

鼓齊震風吹俱熾須臾雲梯與兇黨同爲灰燼城中三門悉出兵王
師又捷其夜兵復出攻泚衆敗績李懷光以五萬人來援自河北至
泚衆惶駭因而大潰長圍遂解焉衆庶以懷光三日不至城則危矣
三十日夜泚走至京城時姚令言於城中造戰格抛樓每坊團結人
心大異泚自奉天廻乃悉令去之曰攻戰吾自有計前此每三五日
即使人僞自城外來周走號令曰奉天已破百姓聞之莫不歔泣道
路閴寂時有入臺省吏人不過十數輩郎官六七人而亦令依常年
舉選初有數十人陳狀旬日亦皆屏退泚自號其宅曰潛龍宫悉移
内庫珍貨瓌寶以實之識者曰易稱潛龍勿用此敗徵也無幾百姓
剽奪其珍寶泚不能禁止明年正月一日泚改僞國號曰漢稱天皇
元年二月李懷光既圖叛逆遣使與泚通和鑾駕幸梁洋自此衣冠
之潛匿者出授僞官十七人焉懷光初與泚往復通好甚密以錢穀
金帛互相饋遺泚與書事之如兄約云削平關中當割據山河永爲
鄰國及懷光決計背叛逼乘輿遷幸泚乃下僞詔書待懷光以臣禮

仍徵兵馬懷光既爲所責慙怒憤耻遂領衆遁歸河中三月李晟駱元光尚可孤之衆悉於城東累敗泚衆四月泚使韓旻宋歸朝張庭芝等寇武功渾瑊以衆及吐蕃論莽羅大敗歸朝殺逆黨萬餘人於武亭川五月泚又使仇敬忠寇藍田尚可孤擊之大破泚衆擒敬忠斬之李晟駱元光尚可孤遂悉師齊進晟屯光泰門逆徒拒官軍王師累捷二十八日官軍入苑收復京師逆黨大潰泚與姚令言張庭芝源休李子平朱遂以數千人西走其餘黨或奔竄或來降泚衆緣路潰散乃奔涇州纔百餘騎田希鑒閉門登埤泚令謂鑒曰我與爾節度何故背恩希鑒乃使人自城上擲泚所送旌節於外續又投火焚之泚遂過數里息於逆旅泚將梁庭芬入涇州說田希鑒曰公比日殺馮河清背叛今雖歸順國家必不能久容公他日不免受禍何如開門納朱公與共成大事希鑒以爲然庭芬乃追及泚言之泚大悅使庭芬却往涇州庭芬請授己尚書平章事泚不從梁庭芬既求宰相不得不復往涇州從泚至寧州彭原縣西城屯復與泚心腹朱

惟孝共射泚泚走墜故窖中泚左右韓旻薛綸高幽嵒武震朱進卿董希芝共斬泚使宋膺傳首以獻泚死時年四十三姚令言投涇州源休李子平走鳳翔尋並斬獲宋歸朝之敗武功降於李懷光送興元斬之唯不獲朱遂傳爲野人所殺或云與泚壻僞金吾將軍馬悅潛走党項部落數月得達幽州泚之僭逆宦豎朱重曜頗親密用事泚每呼之爲兄時賊中以臈月大雨僞星官謂泚曰當以宗中年長者禳其災變泚乃毒殺重曜而以王禮葬焉及京師平亦出其屍而斬之姚令言自有傳

黃巢曹州冤句人本以販鹽爲事乾符中仍歲凶荒人飢爲盜河南尤甚初里人王仙芝尚君長聚盜起於濮陽攻剽城邑陷曹濮及鄆州先有謠言云金色蝦蟇爭努眼翻却曹州天下反及仙芝盜起時議畏之左金吾衛上將軍齊克讓爲兖州節度使以本軍討仙芝仙芝懼引衆歷陳許襄鄧無少長皆虜之衆號三十萬三年七月陷江陵十月又遣將徐君莒陷洪州時仙芝表請符節不允以神策統軍使宋威爲荊南節度招討使中使楊復光爲監軍復光遣判官吳彥宏諭以朝廷釋罪別加官爵仙芝乃令尚君長蔡溫球楚彥威相次詣闕請罪且求恩命時宋威害復光之功並擒送闕勑於狗脊嶺斬之賊怒悉精銳擊官軍威軍大敗復光收其餘衆以統之朝廷以王鐸代爲招討五年八月收復亳州斬仙芝首獻於闕下先是君長弟讓以兄奉使見誅率部衆入嵖岈山黃巢黃揆昆仲八人率盜數千依讓月餘衆至數萬陷汝州虜刺史王鐐又掠關東官軍加討屢爲所敗其衆十餘萬尚讓乃與羣盜推巢爲王號衝天大將軍仍署官屬藩鎮不能制時天下承平日久人不知兵僖宗以幼主臨朝號令出於臣下南衙北司迭相矛楯以至九流濁亂時多朋黨小人讒勝君子道消賢豪忌憤退之草澤既一朝有變天下離心巢之起也人士從而附之或巢馳檄四方章奏論列皆指目朝政之弊蓋士不逞者之辭也巢徒黨既盛與仙芝爲形援及仙芝殁東攻亳州不下乃襲破沂州據之仙芝餘黨悉附焉時王鐸雖銜招討之權緩于攻取

時高駢鎮淮南表請招討賊許之議加都統巢乃渡淮僞降于駢駢遣將張璘率兵受降于天長鎮巢擒璘殺之因虜其衆尋南陷湖湘遂據交廣託越州觀察使崔璆奏乞天平軍節度朝議不允又乞除官時宰臣鄭畋與樞密使楊復恭奏欲請授同正員將軍盧携駁其議請授率府率如其不受請以高駢討之及巢見詔大詬執政又自表乞安南都護廣州節度亦不允然巢以士衆烏合欲據南海之地永爲窠穴坐邀朝命是歲自春及夏其衆大疫死者十三四衆勸請北歸以圖大利巢不得已廣明元年北踰五嶺犯湖湘江浙進逼廣陵高駢閉門自固所過鎮戍望風降賊九月渡淮十一月十七日陷洛陽留守劉允章率分司官迎之繼攻陝虢逼潼關陷華州留將喬鈐守之河中節度使李都詐進表于賊朝廷以田令孜率神策博野等軍十萬守潼關時禁軍皆長安富族世籍兩軍豐給厚賜高車大馬以事權豪自少迄長不知戰陣初聞科集父子聚哭憚於出征各於兩市出直萬計傭雇負販屠沽及病坊窮人以爲戰士操刀載戟

不知鐵銳復任宦官爲將帥驅以守關關之左有谷可通行人平時捉稅禁人出入謂之禁谷及賊至官軍但守潼關不防禁谷以爲谷旣官禁賊無得而踰也尚讓林言率前鋒由禁谷而入夾攻潼關官軍大潰博野都徑還京師燔掠西市十二月三日僖宗夜自開遠門出趨駱谷諸王官屬相次奔命觀軍容使田令孜王若儔收合禁軍扈從四日賊至昭應金吾大將軍張直方率在京兩班迎賊灞上五日賊陷京師時巢衆累年爲盜行伍不勝其富遇窮民於路爭行施遺旣入春明門坊市聚觀尚讓慰曉市人曰黃王爲生靈不似李家不惜汝輩但各安家巢賊衆競投物遺人十三日賊巢僭位國號大齊年稱金統仍御樓宣赦且陳符命曰唐帝知朕起義改元廣明以文字言之唐已無天分矣唐去丑口而安黃天意令黃在唐下乃黃家日月也土德生金予以金王宜改年爲金統賊搜訪舊宰相不獲以前浙東觀察使崔璆楊希古尚讓趙章爲四相孟楷蓋洪爲左右軍中尉費傳古爲樞密使王燔爲京兆尹許建朱實劉塘爲軍庫使

○朱温張言彭攢李逵爲諸衛大將軍四面遊奕使又選驍勇形體魁梧者五百人曰功臣令其甥林言爲軍使比之控鶴中和元年二月尚讓寇鳳翔鄭畋出師禦之大敗賊於龍尾坡畋乃馳檄告喻天下藩鎮四月涇原行軍唐弘夫之師屯渭北河中王重榮之師屯沙苑易定王處存之師屯渭橋鄜延拓拔思恭之師屯武功鳳翔鄭畋之師屯盩厔六月邠寧朱玫之師屯興平中武之師三千屯武功是歲諸侯勤王之師四面俱會十二月宰臣王鐸率荆襄之師自行在至鄭畋帳下小校竇玫者驍勇無敵每夜率敢死之士百人直入京師放火燔諸門斬級而還賊人悚駭時京畿百姓皆砦於山谷累年廢耕耘賊坐空城賦輸無入穀食騰踊米斗三十千官軍皆執山砦百姓鬻於賊爲食人獲數十萬朝士皆往來同華或以賣餅爲業因奔於河中宰相崔沆豆盧瑑扈從不及匿之别墅所由搜索嚴急乃微行入永寧里張直方之家朝貴怙直方之豪多依之旣而或告賊云直方謀反納亡命賊攻其第直方族誅沆瑑數百人皆遇害自此賊

始酷虐族滅居人遣使傳命召故相駙馬都尉于琮於其第琮曰吾唐室大臣不可佐黃家草昧加之老疾賊怒令誅之廣德公主幷賊號咷而謂曰予卽天子女不宜復存可與相公俱死是日幷遇害二年王處存合忠武之師敗賊將尚讓乘勝入京師賊遁去處存不爲備是夜復爲賊寇襲官軍不利賊怒坊市百姓迎王師乃下令洗城丈夫丁壯殺戮殆盡流血成渠九月賊將同州刺史朱温降重榮十一月李克用率代北之師自夏陽渡河屯沙苑三年正月敗黃揆於沙苑進營乾坑二月賊將林言趙章尚讓率衆十萬援華州克用合河中易定忠武之師戰於梁田坡大敗賊軍俘斬數萬乘勝攻華州塹柵以環之克用騎軍在渭北令薛志勤康君立每夜突入京師燔積聚俘級而旋黃揆棄華州官軍收城四月八日克用合忠武騎將龐從遇賊於渭南決戰三捷大敗賊軍十日夜賊巢散走詰旦克用由光泰門入收京師巢賊出藍田七盤路東走關東天下兵馬都監押楊復光露布獻捷於行在陳破賊事狀曰頃者妖興霧市盜嘯叢

○祠而岳牧藩侯備盜不謹謂大同之運常可容姦謂無事之秋縱其長惡賊首黃巢因得充盈窟穴蔓延萑蒲驅我烝黎御其兇逆展鉏鶴以成鋒刃殺耕牛以恣燔炮魑魅晝行虺蜴反噬自南海失守湖外喪師養虎災深馴梟逆大物無不害惡靡不爲豺狼貽朝市之憂瘡痏及腹心之痛遂至毒流萬姓盜汙兩京衣冠銜塗炭之悲郡邑起丘墟之嘆萬方共怒十道齊攻仗九廟之威靈殄積年之兇醜河中節度使王重榮神資壯烈天付機謀誓立功名志安家國至於屯田待敵率士當衝收百姓十萬餘家降賊黨三萬餘衆法當持重功照於國門遊騎俯臨於灞岸旣知四隅斷絶百計奔衝如窮鳥觸籠似飛蛾赴燭鴈門節度使李克用神傳將略天付忠貞機謀與武藝皆優臣節共本心相稱殺賊無非手刃入陣率以身先可謂雄才得名飛將自統本軍南下與臣同力前驅雖在寢餐不忘寇孽今月八日遣衙隊前鋒楊守宗河中騎將白志遷橫野軍使滿存躡雲都將

丁行存朝邑鎮将康師貞忠武黄頭軍使龐從等三十都隨李克用自光泰門先入京師力摧兇寇又遣河中将劉讓王瓌冀君武孫珙忠武将喬從遇鄭滑将韓從威荊南将申屠悰滄州将賈滔易定将張仲慶壽州將張行方天德將顧彦郎左神策弩手甄君楚公孫佐横衝軍使楊守亮躡雲都將高周彛忠順都将胡貞絳州監軍毛宜伯壽弘裕等七十都繼進賊尚爲堅陣來抗官軍鴈門李克用率勵驍雄整齊金革叫譟而聲將動尾喑嗚而氣欲吞沙寬列戈矛密張羅網於是鼉軍背擊分騎横衝日明而劒躍飛輪風急而旗開走電使賊如狼便可塞流使賊如山亦須折角蹂踐則横尸入地騰蹙則積血成塵不煩即墨之牛若駕昆陽之象楊守宗等齊驅直入合勢夾攻從卯至申羣兇大潰自望春宮前蹴殺至昇陽殿下攻圍戈不濫揮矢無虛發其賊一時奔走南入商山徒延漏刃之生佇作飲頭之器自收平京闕二面皆立大功若破敵摧兇李克用實居其首其餘將佐同效驅馳兼臣所部領萬餘人數歲櫛風沐雨與兹平盪並

○録以聞五月巢賊先鋒將孟楷攻蔡州節度使秦宗權以兵逆戰爲賊所敗攻城急宗權乃稱臣於賊遂攻陳許營於溵水陳州刺史趙犨迎戰敗賊前鋒生擒孟楷斬之黄巢素寵楷悲惜之乃悉衆攻陳州營於城北五里爲宮闕之制曰八仙營於是自唐鄧許汝孟洛鄭汴曹濮徐兖數十州畢罹其毒賊圍陳郡　百日關東仍歲無耕稼人餓倚牆壁間賊俘人而食日殺數千賊有舂磨砦爲巨碓數百生納人於臼碎之合骨而食其流毒若是趙犨求援於太原四年二月李克用率山西諸軍由蒲陝濟河會關東諸侯赴援陳州三月諸侯之師復集四月官軍敗賊於太康俘斬萬計拔其四壁又敗賊將黄鄴於西華拔其壁巢賊大恐收軍營於故陽里官軍進攻之五月大雨震雷平地水深三尺壞賊壘賊自離散復聚於尉氏逼中牟翌日營汴水北是日復大雨震電溝塍漲流賊分寇汴州李克用自鄭州引軍襲擊大敗之獲賊將李用楊景殘衆保胙縣寃句官軍追討賊無所保其將李讜楊霍葛從周張歸厚張歸霸各率部下降于大梁尚讓率部下萬人歸時溥賊自相猜間相殺於營州所殘者千人中夜遁去克用追擊至濟陰而還賊散於兖鄆界黄巢入泰山徐帥時溥遣將張友與尚讓之衆掩捕之至狼虎谷巢將林言斬巢及二弟鄴揆等七人首幷妻子皆送徐州是月賊平

秦宗權者許州人爲郡牙將廣明元年十月巢賊渡淮而北十一月忠武軍亂逐其帥薛能是月朝廷授别校周岌爲許帥初軍城未變宗權因調發至蔡州聞府軍亂乃閲集蔡州之兵欲赴難俄聞府主殂周岌未至巢賊充斥日寇郡城宗權乃督勵士衆登城拒守洎岌至即令典郡事天子幸蜀姑務翦寇上蔡有勁兵萬人宗權即與監軍楊復光同議勤王出師破賊以蔡牧授之仍置節度之號中和三年巢賊走關東宗權逆戰不利因與合從爲盜巢賊既誅宗權復熾僭稱帝號補署官吏遣其將秦彦亂江淮秦賢亂江南秦誥陷襄陽孫儒陷孟洛陝虢至於長安張晊陷汝鄭盧塘攻汴州賊首皆慓鋭慘毒所至屠殘人物燔燒郡邑西至關内東極青齊南出江淮北至

○衛滑魚爛鳥散人烟斷絶荆榛蔽野賊既乏食啖人爲儲軍士四出則鹽屍而從關東郡邑多被攻陷唯趙犨兄弟守陳州朱温保汴州城門之外爲賊疆場汴帥與兖鄆合勢屢敗賊軍兇勢日削龍紀元年二月其愛將申叢執宗權撾折其足送於汴朱温出師迎勞接之以禮謂之曰下官屢以天子命達於公如前年中翻然改圖與下官同力勤王則豈有今日之事乎宗權曰僕若不死公何以興天以僕覇公也略無懼色乃檻送京師昭宗御延喜樓受俘京兆尹孫揆以組練礫之徇於兩市宗權檻中引頭謂揆曰尚書明鑒宗權豈反者耶但輸忠不効耳衆大笑與妻趙氏俱斬於獨柳之下

史臣曰我唐之受命也置器於安十年惟永百蠻嚮化萬國來王但否泰之無恒故夷險之不一三百箕祀二十帝王雖時有竊邑叛君之臣乘危徼倖之輩莫不才興兵革即就誅夷其間沸騰大盜三發安禄山朱泚黄巢是也夫謀危社稷將害君親轘裂潴宮未塞其罪故不俟於多談也然盜之所起必有其來且無問於天時宜決之於

人事祿山母爲巫者身是牙郎偶緣微立邊功遂至大加寵用揔知馬牧特委兵權愛天子之獨尊與國忠之相忌故不能以義制事以禮制心遂稱向闕之兵以期非望之福此所以爲亂也朱泚家本漁陽性惟兇狡耳習聞於篡奪心本乏於忠貞暨弟爲亂階身留京邑小不如意別懷異圖但樂荒雜之鳴唯幸和鑾之動緣幽帥之嘗因亂得謂神器之可以徼求黃巢闒茸微人萑蒲賤類因飢饉之歲蹋王尚之蹤志在殺戮謀非遠大一旦長驅江表徑入關中見五輅之蒙塵謂寶命之在我必若玄宗採九齡之語行三令之威不然使祿山名位不高委任得所則羣黎未必陷於塗炭萬乘未必越於岷峨德宗能含垢匿瑕不佳兵尚勇不然則取李承之言不委希烈伐叛不然則取公輔之諫早令朱泚就行如此則未必有涇原之亂兵未必有奉天之危急僖宗能知人疾苦惠彼困窮不然則從鄭畋之謀赦羣偷之罪如此則黃巢不必能犯順鑾御未必須省方蓋差之毫釐失之千里蛇螫不能斷腕蟻穴所以壞隄後之帝王足爲殷鑒史

朝義桑宗權乘彼亂離肆行暴虐虔劉我郡邑僭竊我衣裳終雖滅亡爲害斯甚茲亦沴氣之餘也

贊曰天地否閉反逆亂常祿山犯闕朱泚稱皇賊巢陵突羣堅披攘徼其所以存乎慢藏

唐書列傳卷第一百五十下

跋

石晉時劉昫等奉敕撰原稱唐書自歐宋重修本出始以舊別之全書二百卷是本存宋刻志卷第十一至十四卷第二十一至二十五卷第二十八至三十列傳卷第十五至二十八卷第三十八至四十七卷第五十至六十卷第七十八至八十三卷第一百十五至一百十九卷第一百二十九至一百三十四卷第一百四十下至一百四十四上凡六十七卷又子卷二卷餘均以有明嘉靖聞人詮沈桐校刻本配聞人自敘謂窮搜力索得宋遺籍文徵明敘謂是書刻於越州卷後有教授朱倬名倬忤秦檜出爲越州教授當是紹興初年是本宋刻卷末有左奉

議郎充紹興府府學教授朱倬校正一行者凡十五卷與聞沈所據本正同顧紹興原刻每半葉十四行行二十五字嘉靖覆刻行數猶同而字數增一爲微異耳文敘又言世無善本沈君僅得舊刻數册較全書才十之六七偏訪藏書之家殘章斷簡悉取以從事校閱惟審一字或數易云云夫字爲數易則必無原書可據而出於臆改可知沈氏記借書者陳沂王延喆王穀祥張汴四人皆吳中藏書家是本鈐有紹興府鎮越堂官書印者若干卷疑彼時必猶庋越中未爲沈氏所見故其中如志卷十四曆三第二十葉求九服所在每氣蝕差節并二率半之六而一爲夏率二率相減六一爲差置總差六而

一爲氣半氣差以加夏率又以總差減之爲冬率（冬率即是冬至之率也）每以氣差加之各爲每氣定率明本竟誤爲井二率半之六而一爲夏總差減之爲冬率（冬率即是冬至之率也）每以氣差加之各差以加夏率又以率二率相減六一爲差置總差六而一爲氣半氣爲每氣定率又卷二十一地理四第二十四葉廣州中都督府節其年又以下明本又奪義寧新會二縣立岡州今督廣韶端康封岡雜藥隴竇義雷循潮十四州永徽後以廣桂容邕安南府皆隸廣府都督統攝謂之五府節度使名嶺南五管天寶元年改爲南海郡乾元元年復爲廣州州內七十八字列傳卷一百四十下第四葉李白傳隱於剡中下明本又奪既

而玄宗詔筠赴京師筠薦之於朝遣使召之與筠俱待詔翰林白二十六字武英殿本雖未明言其所自出然實以聞沈刻本爲主上列三條明本已佚而殿本無之猶可言也乃何以明本具存而殿本亦闕如志卷九音樂二第十二葉制氏在太樂能記鏗鏘鼓舞河間下奪王著樂記八佾之舞與制氏不甚相遠又舞八佾之明文也漢儀云二十六字又同葉充庭七十二架下奪武后遷都乃省之皇后廟及郊祭並二十架十七字又卷十七五行第七葉溺死者數千人三年下奪夏山東河北二十餘州大旱饑饉死者二千餘人景龍二年正月二十五字又卷二十一地理四第十五葉戎州中都督府節以

處生獠也下奪戎州都督府羈縻州十六武德貞觀後招慰羌戎開置也二十二字又卷二十四職官三第十一葉衞尉寺節卿一員從三品下奪古曰衞尉梁加卿字隋品第二龍朔改爲司衞正卿咸亨復衞尉卿也二十七字又同卷第十三葉鴻臚寺節卿一員從三品下奪周曰大行人中大夫秦曰典客漢曰大鴻臚梁加卿字後周曰賓部中大夫隋官從三品龍朔爲同文正卿光宅曰司賓四十六字又第十四葉司農寺節景帝改爲大農武帝加下奪司字梁置十二卿以署爲寺以官爲卿十五字又第十五葉太府寺節梁置後周曰下奪太府中大夫隋爲太府卿品第三龍朔改爲外府正卿光宅爲

司府卿神龍復也三十一字列傳卷一百三十五下第十四葉袁滋傳拜檢校吏部尚書平章事劍南西川節度使下奪賊兵方熾滋懼而不進貶吉州刺史俄拜義成軍節度使二十二字又卷一百四十九上高麗傳第四葉因下馬再拜以謝天延壽下奪惠眞率十五萬六千八百人請降太宗引入轅門延壽二十一字他類是者不勝枚舉此則館臣校勘之疎實不能自辭其咎矣或有爲之解者曰信如是說何以又有宋明二本俱無其文而獨見於殿本且文義確似較勝者曰宋明二本固不能一無譌脫然吾敢言殿本所獨有者必非劉氏原書何以言之聞沈二氏所得宋本因有殘缺以意修訂故與

宋本時有異同沈德潛等殿本校勘跋語明言合之新書以核其異同徵之通鑑綱目以審其裁制博求之通典通志通考與夫英華文粹等書以廣其參訂參錯者更之謬誤者正之然則殿本之異於宋明二本者必出於采用以上之書是祇可謂爲清代重修之本而不得視爲劉氏原撰之本也清道光時揚州羅士琳劉文淇輩嘗校是史以宋人所引書爲之考證其異於今之殿本者往往轉與太平御覽册府元龜元和郡縣志太平寰宇記唐會要諸書相合然則清代重修之本抑猶有未可盡信者歟尤有證者諸突厥部呼可汗之子爲特勤余於隋書後跋已詳言之是本列傳卷七第十葉張長遜傳

遂附於突厥號長遜爲割利特勤又卷十第五葉裏武王琛傳遣骨咄祿特勤隨琛貢方物又卷十二第九葉李大亮傳北荒諸部相率內屬有大度設拓設泥熟特勤及七姓種落等尙散在伊吾殿本均誤爲特勒請更舉數字宋本吾勿言卽在明本已誤者亦勿論其未誤者如列傳卷十六房玄齡傳第四葉高昌叛換於流沙吐渾首鼠於積石又卷三十四裴行儉傳第九葉吐蕃叛換干戈未息又卷九十九歸崇敬傳第八葉以兩河叛換之徒初稟朝命此叛換二字殿本均改爲叛奐又本紀卷十一代宗紀第十六葉其天下見禁囚死罪降從流流已下釋放左降流人移隸等委司奏聽進旨又列傳卷

一百十五溫造傳第十二葉卽合待罪朝堂候取進旨又卷一百四十下第六葉吳通玄傳天子召集賢學士于禁中草書詔因在翰林院待進旨遂以爲名此進旨二字殿本均改爲進止又列傳卷一百二十九張濬傳第八葉張濬所陳萬代之利也陛下所惜卽目之利也又列傳卷一百三十二高駢傳第十一葉逆黨人數不多卽目弛於防禁此卽目二字殿本均改爲卽日又列傳卷二十七第十二葉崔義玄傳兼採衆家皆爲解釋傍引證據各有條流又卷一百十五柳公綽傳第四葉乃下中書條流人數自是吏不告勞又柳仲郢傳第六葉武宗有詔減冗官吏部條流欲牒天下州府取戶額官員此

條流二字殿本均改爲條疏是不過以其罕用而易以習見之詞然不知已蹈竄亂古書之弊矣錢大昕精於史學其所撰廿二史攷異論本書地理者關內道鳳翔府下改雍州爲鳳翔縣句謂州字衍而明本實作雍縣不作雍州（見志卷十八第十葉首九行）又河南道河南府下領洛鄭熊穀嵩管伊汝管句謂兩管字必有一誤而明本實作伊汝魯不作伊汝管（見同卷第二十葉首六行）又鄆州下天寶元年改爲河陽郡句謂河陽當爲濟陽之譌而明本實作濟陽不作河陽（見同卷第三十一葉首九行）又棣州下猷次漢當平縣句謂當平蓋富平之譌而明本實作富平不作當平（見同卷第三十六葉後十四行）又山南道利州下漢葭萌縣地屬爲漢壽縣句謂屬當作蜀而

明本實作蜀不作屬（見志卷十九第三十二葉後三行）錢氏多讀異書斷無不見聞沈刻本之理而茲數卷者以上文所言證之則確爲其所未覩明本罕祕在錢氏時已然况紹興原刻更在其前四百年者乎聞人敍曰古訓有獲私喜無涯校閱既竟吾於是書亦云海鹽張元濟